U0954599

作者在昆明寓所

作者出外考察

作者在瑞典议会前

作者夫妇在墨西哥城

作者与印第安人合影

作者与毛利人合影

作者在雅典

作者在伊什塔门前（柏林帕加马博物馆陈列）

作者应邀在印第安人“纪念结合 500 年”会议上发言后留影

作者与导游在吴哥寺

作者参观阿姆斯特丹国家艺术博物馆（与郎安克、苏恒翰教授等合影）

作者夫妇在梵蒂冈

作者夫妇和在美国的儿孙们

童年时代的作者及与父母合影

青年时代的作者及与父母合影

汪寧生集

壹

汪宁生 著

學苑出版社

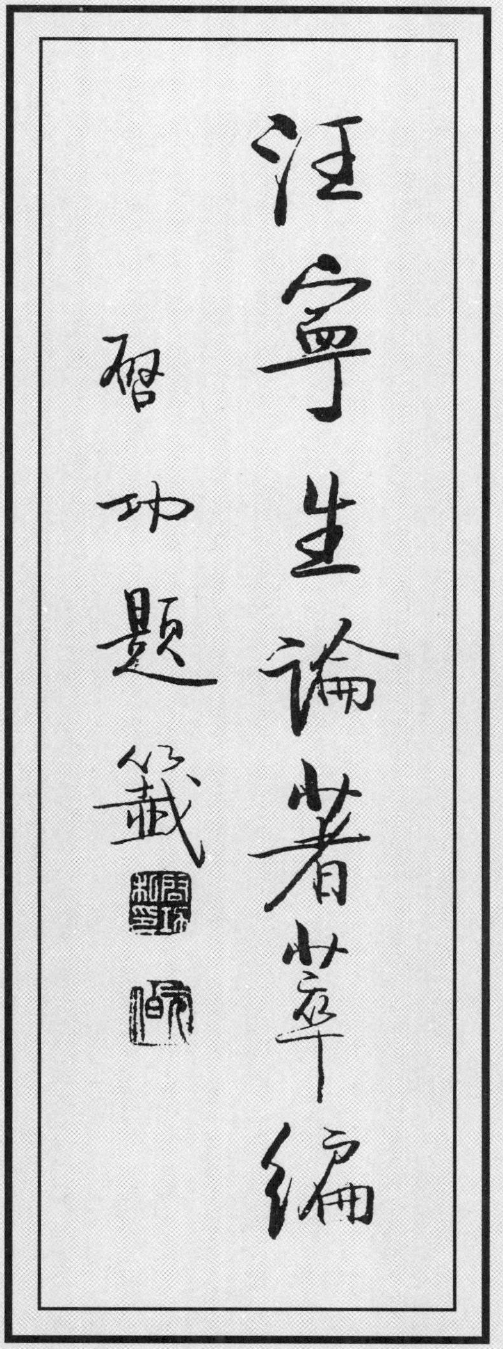

启功先生为作者论著第一次结集所题写的书名

出版说明

汪宁生先生从事学术活动已逾半个世纪。他的研究工作涉及中国考古学和古代史、文化人类学和中国西南民族历史和文化几个领域，尤以运用民族志资料研究中国考古学和考释古史，开一代风气之先，受到学界的重视，他的论文多曾在海内外重要刊物（《考古学报》、《历史研究》、《考古》、《文物》、《故宫文物月刊》、《大陆杂志》等）上发表。

他为了取得第一手资料，几十年来一直从事民族调查工作，几乎走遍了中国西南大地。改革开放之后，他又是较早走出国门的学者之一。迄今为止，他应邀出国讲学、演讲或开会，足迹遍及五大洲二三十个国家，故他与那些只专注自己专业对外部世界的变化不闻不问的书斋学者有所不同，堪称阅历丰富，知识广博，笔端常流露出对社会、对民生的人文关怀。他的著作除同行之外还受到社会其他人士的喜爱，好几种著作能在短短一二十年间重印再版，并非偶然。

2001 年，曾有《汪宁生论著萃编》两卷本问世，收书八种。这十年来，汪先生又有一些新作发表。我们现在把汪先生所有论著搜集起来出版印行。过去《萃编》未曾收入之作品（如译作及英文论文）及仅收入部分内容的日记这次一并收入。现共收书 11 种，以类相从，分为四卷。

第一卷收入《民族考古学论集》及《古俗新研》两种，是汪先生以自己所倡导的民族考古学方法即三种或多重证据法研究问题的实践，是他投入精力最多的研究重点。前者包括民族考古学理论方法和若干专题研究；后者是以民族学资料探索中国古史上疑难问题乃至考释古文字的尝试。

第二卷都是有关云南考古和古史的论著，收书三种。《云南沧源崖画的发现和研究》是中国崖壁艺术的第一本专著，介绍和研究作者本人在云南一次重要的考古发现。现在沧源崖画已列为全国重点文物保护单位。《云南考古》是对云南从古至今考古资料的整理和综合研究。《中国西南民族的历史和文化》则是作者对西南地区（主要是云南）的考古学和民族史上一系列专题研究的结集。

第三卷属于文化人类学的范畴，收书四种。《文化人类学调查——正确认识社会的方法》原是作者的讲稿，向初学者介绍西方文化人类学科学的调查方法，兼及自己在中国西南地区田野工作的经验。《文化人类学论集》收入论文中有作者对国内外民族进行调查或短期考察的记录，也有以较新的人类学视野观察中国民族地区的社会问题后提出的意见。后者多是参加国际会议提交的论文，作者自谦在这方面是“半路出家”、“基础甚差”，然它们多有英文本问世，在国外仍有一定的影响。《铜鼓与南方民族》是以文化人类学观点对中国南方重要文物——铜鼓的专题研究，其中包括作者对佤、壮、水、苗等族现仍在使用铜鼓习俗的调查成果，为前人所未曾注意的崭新资料。译著《事物的起源》是一本人类学名著，原作者为德国人 Julius E. 利普斯，全书深入浅出，文字风趣幽默，自中译本问世以来，已出了第三版，至今风行不衰。

第四卷收入作者的日记、序跋及自编年谱等。《西南访古卅五年——民族调查日记选辑》及《始信昆仑别有山——海外游学日记选辑》两种日记，除保存大量有用的科学资料外，还包含作者从国内偏僻地区到国外发达国家的所见所闻，从后进民族的奇风异俗到文明古国的文物古迹的生动描述，其中既有世界各地轶闻奇事，也有对中国社会弊端的分析，应属于雅俗共赏的读物。此外，我们还请人搜集历年报刊上发表有关汪先生及其作品的评介，附于全书之后；又从汪先生手中保存的一些著名学者给他的来信中，选择若干封有学术内容特别对他著作有所评论的，一并收入，供读者阅读本书时参考。

全书出版前曾经过汪先生校阅。凡他认为自己过去论述不妥之处及原来出版中排印错误，已加以改正。凡过去图片不清晰者，也尽可能予以更换。故本集所收诸书，虽过去曾单独印行，面貌已与过去大不相同。

由于全书卷帙浩繁，涉及多方面的知识，此次编印可能还有不少错误，敬请广大读者不吝指正是幸。

学苑出版社

总目录

第四卷

后记

目 录

民族考古学论集

古俗新研

附 录

民族考古学论集

民族考古学论集

费孝通 题

自序

在国外多种考古学辞典和教科书中，对民族考古学可能作不同的表述，但对这门学科的性质和作用的界定并无异议。它就是为了考古学目的而进行的民族学调查和研究。这门新兴的边缘学科在考古资料的解释方面日益起着重要的作用，而且运用同样的方法也可以诠释历史文献，从而为全面研究古代历史和文化作出贡献。这一点几成共识。

但在中国，民族考古学尚未完全得到正确的理解。有人似乎以为凡是在有少数民族分布地区从事考古工作就算民族考古学，把自己一般性的考古论著随意冠上“民族”两字（如《中国西南民族考古论文集》、《中国西南民族考古》之类），并不从事民族考古学研究的单位也可称为“民族考古中心”。此属于缺乏有关知识，疏于查考，可不必置评。另有个别人士，由于自己著作在民族考古学方法检验之下，破绽百出，受到学术性的批评（参见本书《仰韶文化葬俗和社会组织的研究》一文），便恼羞成怒，竟对民族考古学这一学科加以否定，说它“缺乏自身研究对象”，无存在之必要（参见本书《三谈民族考古学》一文）。对此只想请大家看一下不幸早逝的张光直教授的一篇短文《建议中国文物考古工作者熟读民族学》（见所著《考古人类学随笔》，三联书店，1999 年），不难判断是非。此文对于为什么考古人要研究民族学，如何利用民族学提供的“蓝图”研究考古学问题（特别是利用考古资料全面复原当时的社会）已有言简意赅的分析。

上世纪 60 年代初，我开始在中国西南部进行民族考古学研究，备受艰辛。当时中国与世界学术主流完全隔绝，在对外界茫无所知状态下，全靠自己暗中摸索，积累经验（80 年代初有机会走出国门，才开始接触国外的同行和有关书刊）。学界朋友不以我僻居边地浅学鄙陋而相弃，凡有关民族考古学之作多已在重要刊物上发表。1989 年曾结集一次，名曰《民族考古学论集》，承费孝通教授题签，由文物出版社出版。

后重加编次，加入近 20 年来的新作，删去前集中不完全属于民族考古学的文字，按出版社方面的要求，曾以《民族考古学探索》之名印行。实际上它仍属过去《民族考古学论集》的增补本或重编本，当然其面貌已与过去大不相同。

编辑既竟，翻阅旧作，感慨良多。虽然目前还在工作，还未放下手中的笔，毕竟是年届八旬，精力日衰，不能再作过多的研究。原来计划中还有很好的题目可从西南民族取得类比材料进行研究者（如酋邦和早期政权、宗法制度、远程贸易等）已难完成。半个世纪过去，仅留下此寥寥十数篇文字，即再加上通过民族学资料的类比考证中国古史的《古俗新研》（繁体字本已由台北的兰台出版社 2001 年出版，简体字本已由敦煌文艺出版社 2001 年出版）所收，亦不过二三十篇而已。毕生心力多萃于此，而成果如此之少。这除了应归咎自己之因循怠惰外，实由于我们这一代人大半生是在大讲阶级斗争的不安定的时代中度过。一次又一次政治运动，被迫从事不是自己专业的工作和为了改造思想的体力劳动，不知消耗了多少人大好年华。更为不幸的是缺乏起码学术自由，一切研究要为政治服务，因言获罪、以文兴狱之事不时发生，即使与现实政治毫无关联的纯学术的研究，也被斥为“为学术而学术”，屡遭批判。

现在阶级斗争时代已经结束，转入经济建设为中心的时代，研究工作又被要求“与经济挂钩”。纯学术的研究，仍然得不到社会的重视和支持，此从每年国家社科基金所列选题即可看出。殊不知某些学科是不能对当前社会有什么直接用处的。例如，研究一种已经灭绝的古代文字，注释一部古代重要经籍、专门研究某一朝代的历史、专门研究一位作家的生平和作品，都需要一个优秀学者付出毕生精力。民族考古学的研究也属此类。它们不能创造出经济效益，但它们可以丰富人类的知识宝库，具有长久的普遍的价值。它们的目的就是取得真知，它们的社会功能也就在此。

章太炎先生《与钟君论学书》云：“学在求是，不以致用；用在亲民，不以干禄。”又顾颉刚先生有云：“在学问上则只当问真不真，不当问用不用”，“学问固然可以应用，但应用只是学问的自然的结果，而不是着手做学问的目的”（《古史辨》自序）。看来，做学问自来有“求是”和“致用”两个层次。做学问的目的首先是“求是”，即追求真理。假如某些研究取得真知灼见后有裨于国计民生（“亲民”），有应用的价值，那当然很好。但不能为了谋取自己功名利禄而曲学阿世；或像今天一些“学者”为了谋取职称、地位、待遇或项目经费，勉强从事自己并不熟悉的应时的研究而不管能否获得有益的成果，那样就是太炎先生所骂的“干禄”了。可悲的是今天中国学术界“干禄”的人实在太多！今天大家重温一下上一世纪著名学者这些话，看来很有必要。

在报刊上网络上常见到人们慨叹今天中国人文科学社会科学某些学科水平下降，甚至远逊于上世纪二三十年代。人们不想从事认真的研究，垃圾文章充斥报刊，抄袭剽窃成风，其原因之一即在于长时期来片面强调应用，而又不讲实效。每年受到国家社科基金资助的研究项目取得有价值成果的究有几项？其中能真正产生经济效益的又有几项？每年花费国家大量经费，没有获得预期的结果，却助长了急功近利、浮夸急躁、弄虚作假之风。

但世界上有价值的东西不会完全湮没，学者治学必须具备的“独立之精神、自由之思想”（陈寅恪《王观堂先生纪念碑铭》）终将复兴。相信不久的未来人们就会认识到今人的褊狭和缺乏远见，而给“为学术而学术”的纯科学研究以应有的地位。人们只根据自己的兴趣和学养选择研究的题目，而不考虑利害和得失。那时就会有较多的人来继续研究中国的民族考古学，这本书若能对他们有所启发，便不辜负作者为此学科所做一点“筚路蓝缕”的工作。

汪宁生

2007 年岁次丁亥冬月初吉重编竣事

2010 年 7 月修订

谈民族考古学

民族考古学（ethnoarchaeology）是近年兴起的一个考古学的分支。它萌芽较早[1]，但作为一门有自己理论和方法的边缘学科，是20世纪60年代才出现的。

近30年来，欧美出版民族考古学的专书已有十余种，发表论文近百篇，并召开了专题的讨论会[2]。民族考古学者通过这些书刊和会议，报道自己田野工作的收获，并就这门学科的性质和一些理论问题，展开讨论。现在已有很多大学的考古系开设置了民族考古学的课程。由于民族考古学的价值和作用日益为人们所了解，当前世界上有愈来愈多的考古学者投身于民族考古学工作。大家了解到，它不仅可扩大考古学的研究领域，解释史前社会和古代社会中一些单凭物质遗存本身不能解释的问题；还可抢救和补充记录过去民族学者很少注意的材料，大大丰富民族志档案；而且通过探讨物质遗存和社会组织、人类行为之间关系之类问题，对人类学本身的理论也有新的刺激和建树。

什么是民族考古学？国内有些书刊把它视为少数民族地区的考古工作，这实是一种误会。它是有特定含义的。美国一本最新出版的考古学词典这样写道：

> 民族考古学，是从考古学观点对“活的社会”（living society）的研究。民族考古学家研究这样社会的目的是进一步了解考古学发现的物质遗存，特别是在物质文化模式和社会其他方面建立起系统的关系。……[3]

可见民族考古学是要通过民族学调查来研究考古学的问题。这一点国外学者意见一致，虽然谈

1　16世纪末17世纪初，英国人已以美洲印第安人和古代不列颠的布立吞人（Briton）相比较。17世纪末18世纪初，人们正是从民族志材料中受到启发，才否定了“雷斧”的传说，首次辨认出石器是人类最早使用的武器和工具。18世纪一位法国学者以加拿大的印第安人习俗来印证《圣经》。美国由于当地就有印第安人，更是经常用民族志材料解决考古学上的问题（如巨冢问题），并以考古调查结合印第安人传说来寻找新的遗址。据研究，“民族考古学家”一词是1900年一位美国学者首次使用的。1961年，第一次出现了专门讨论考古学类比的方法论的文章，标志着民族考古学的开始形成。参见I.Hodder，*The Present Past：An Introduction to Anthropology for Archaeology*，London：B.T.Batsford，1982，pp.31—40. D.Stiles Ethnoarchaeology：A Discussion of Methods and Applications，Man 12（1977），pp.87—89.

2　这类会议有1975年在美国圣菲（Santa Fe）举行的专题讨论会（论文集名*Exploration in Ethnoarchaeology*，由R.A.Gould编辑，新墨西哥大学1978年出版）；1978年在加拿大魁北克召开的“考古学家的民族志”会议（论文集名*Ethnography by Archaeologists*，由E.Tooker编辑，华盛顿1982年出版）。

3　R.D.Whitehouse（ed.），*The Fact on File Dictionary of Archaeology*，New York：Fact on File Inc.，1983，p.166.

到具体问题，还存在一些争论。一派认为，只有考古学者亲自到后进民族中从事田野工作，亲自取得材料来与考古材料进行类比才算民族考古学。[1] 另一派主张，民族考古学就是民族志材料和考古学材料的比较研究。这民族志材料，可以来自自己的田野工作，也可以依赖前人的记载。[2] 前一派可以说是狭义的民族考古学，后一派可以说是广义的民族考古学。故有些学者为前者另起一个名称，称为"活的考古学（living archaeology）"，把它隶属于民族考古学之下。[3]

我无疑是赞同后一派的。

按人类学者多有自己的理论体系和特殊兴趣，很少记录下对考古学有用的材料（特别如物质文化方面的材料），其他非专业性作者（商人、殖民者、旅行者或牧师）留下民族志记录又多简略而含混。因此，已有的民族志材料，常常不能满足考古学者的需要。为了更好地解决问题，确实有必要亲自去民族地区做田野工作，通过自己直接观察，有目的、有计划地搜集材料。笔者毕生所做的正是这样的工作，至今乐此不疲。

但是，后进民族的变化很快，传统的文化正在不断消失。有些习俗已不见于今日，而前人却可能留下记录，虽仅片语只字，也能给人以很大启发。例如：凉山彝族保存一种类似古代筮法的占卜法，幸赖前人留下简略记录，我们才知道它对研究古代八卦极为有用（参见《八卦起源》）。而且根据我的经验，要解决好考古学上的一个问题，常常需要搜集很多民族的材料来进行类比，由于各种条件限制不可能全靠自己调查。又如研究中国地下出土石器之用途或仰韶文化多人二次合葬这样的问题，国内已没有哪个民族仍然使用石器或实行多人二次合葬，而国外民族在这方面却有保存（参见《谈几种石器的用途和用法》、《仰韶文化葬俗和社会组织的研究》），可是这也很难亲自去调查。在这些情况下，只能利用前人的记录。把前人记录统统排斥在自己研究范围之外，将是不现实的和不明智的。而且即使是自己做调查，也经常要事先查阅前人的民族志记录，从中取得线索和材料。因此，若把民族考古学规定为必须是自己到民族地区做调查，则不仅束缚了自己的手脚，也将排斥更多的人从事这方面研究工作，使民族考古学始终局限于较小的范围。

当然，这并不是说只要随意征引一两条民族志材料用以说明考古学问题，就是民族考古学，因为在一般考古学著作中也可以找到这样的引证。但我们认为，任何人（不仅仅是考古学者）只要有目的有计划地系统搜集民族志材料（不管来自自己做调查还是前人的记录）来与考古学材料进行类比，经过严格的验证后用以解决考古学问题者，都可算民族考古学。

从中国实际情况出发，根据中国固有的学术传统，我们今天要提倡的也正是这种广义的民族考古学。

按民族考古学的基本方法和观点，对中国人并不陌生。中国在这方面是有悠久历史和优良传统的。中国人很早就知道先进地区已经消失的事物，在边疆偏僻地区可能还有保存。如孔子欲去"九夷"地区，说"君子居之，何陋之有？"。[4] 又说"道不行，乘桴浮于海"[5]。就是因为边远

1 M.B.Stanslawski,The Relationship of Ethnoarchaeology,Traditional and Systems Archaeology,*Ethnoarchaeology*,Edited by C.B.Donnan and C.W. Clewlow,Los Angeles:Institute of Archaeology of UCLA,1974,p.18.

2 D.Stiles,Ethnoarchaeology:A Discussion of Methods and Applications,*Man* 12,p.87.

3 R .A.Gould,Some Current Problems in Ethnoarchaeology,*Ethnoarchaeology*,p.29.

4《论语 · 子罕》。

5《论语 · 公冶长》。

和海外地区犹保存孔子所向往的往昔的制度。孔子还从熟悉古代以鸟名官制度的郯子学习，说："天子失官，学在四夷"[1]。又传说孔子在陈发现带箭的隼，立即辨认出那种以楛木为杆以石为镞的箭，是"肃慎氏之矢"，武王分赠贵族的贡品中即有此物。[2] 用今天的话说，这是用民族文物和古代文物相印证。中国古代许多学问都托始于孔子，以上是否全为孔子所说之话和实有之事，自无法肯定。但至少在孔子的时代，中国已有这种以今例古的思想。后来把这种思想归结为"礼失而求诸野"[3]，或"中国失礼，求之四夷"[4]，并以此作为一种治学方法。学者常用此法考证古代名物制度，如郑玄注三《礼》，杜预注《左传》，即曾引边裔民族习俗为例证；而记述边疆少数民族习俗的著作，又常联系古代制度，慨叹"古道犹存"。[5]

这一做学问的方法自古至今延绵不绝。"五四"新文化运动的倡导者、也是首先把西方民族学传入中国的蔡元培先生，即曾以国外民族原始记事方法和原始取火方法来说明中国古代"结绳记事"和"钻木取火"实有其事。他还第一次指出考古材料有待"用民族学来证明，才能知道详细的作用"[6]。著名史学家顾颉刚先生著有《浪口村随笔》及由此改写而成的《史林杂识》，专用民族学和民俗学材料印证古代习俗和名物制度，而且所用材料大部分得自自己的所见所闻，这可算是中国民族考古学的最早专著。民族学家凌纯声先生关于古代中国和太平洋地区文化史的一系列论著中[7]，也有不少可称为民族考古学之作。他研究每一问题，无论是对中国古代社稷、宗庙、陵寝制度或玉石礼器的考证，还是探讨造纸、海船之起源或各种特殊葬俗之分布，总是从各个方面搜集有关资料，加以综合研究后得出自己的结论。这些资料中既包括考古材料，也包括民族志材料，还有大量中国古文献资料。考古学以物质遗存为研究对象，但中国很早就开始有文字记录，历史文献极为丰富；在中国，民族考古学和整个考古学一样，是离不开文献的。这也许是中国民族考古学的一个特点。凌纯声先生正是由于不斤斤计较于各学科的研究范围，一切以解决问题为旨归[8]，才使他许多论著达到很高的水平。很多前辈学者研究中国考古学或古史时，均曾采取以今例古的方法，做出很好的成绩，这里不能一一列举。以上可视为民族考古学在中国的萌芽阶段。

1949 年以后，一些民族学家和考古学家继续注意到民族学和考古学之间的密切关系，一再强调两门学科之间的合作。[9] 在前辈学者启发之下，中国有一些受到过考古学训练的或对古代文化有兴趣的学者先后走向民族地区，从事民族调查或搜集民族文物，并常联系考古学问题进行研究。尽管当时没有使用"民族考古学"这一名称，而大家所做的正是民族考古学的工作。

1《左传·昭公十七年》。

2《国语·鲁语》下。

3《汉书·艺文志》。

4《三国志·魏志·乌桓鲜卑东夷传》。

5 刘敦愿：《"天子失官，学在四夷"解》，《民族学报》1982 年第 2 期。

6 蔡元培：《说民族学》，《一般》杂志 1929 年 2 月号。

7 有关目录，参见李亦园：《凌纯声先生对中国民族学之贡献》，《中央研究院民族学所研究集刊》29，1960 年。

8 见张光直为凌纯声《美国东南和中国华东丘墩文化》一书（台北，南港，1968 年）写的序言。

9 见费孝通：《开展少数民族地区和与少数民族历史有关地区的考古工作》，《考古通讯》1956 年 3 期；林耀华：《什么是民族学》，载《民族学研究》，中国社会科学出版社，1985 年。夏鼐也有同样看法（见《考古学通论讲义》），他在 1983 年 1 月 10 日给笔者的信中写道："利用民族材料以研究考古学上问题，为一很有前途的途径"。

笔者从20世纪60年代初开始，也一直从事这方面的探索。《民族考古学论集》便是20多年来个人探索路途中留下的足印。个人在探索过程中，曾不断注意改善工作的方法，现藉此机会，谈谈个人对民族考古学方法论的若干体会。

民族考古学的方法，一是田野工作方法，二是研究方法。关于前者，虽然已有学者在积累自己的经验，总结出民族考古学调查的一些特点[1]；而其基本方法，如如何选点，如何交朋友，如何选择报告人（informant），如何交谈，如何记录等等，与人类学家的田野工作方法并无不同，无须细说。这里只谈后者。民族考古学研究方法的核心是类比。类比（analogy）是哲学上或者说是逻辑学上的概念，即从已知事物辨识同类的未知事物的一种推理方法。其前提是两种现象在一个方面相似或相同，在其他方面也可能相似或相同。例如，出土石器若和后进民族所用石器外形相同，即可能具有相同的用途。由于仅仅是可能，不适当地应用类比，便会导致错误。只有依靠一套科学的方法，才可以避免错误或把错误缩小到最低限度。故民族考古学研究方法，从根本上说就是如何恰当地选用民族志材料来和考古学材料进行类比的问题。

一　选择什么样的民族志材料

关于这个问题，存在两种不同的意见。一种称为“直接的历史方法”（direct historic approach），认为对考古材料之复原以同一地区的民族志材料来类比。另一种称为“普遍比较”（general comparative），即认为可从大量民族志材料中归纳出一些带普遍性的模式，供复原考古材料时类比之用。[2]这些民族志材料当然不限于同一地区。

前者虽较可靠且有说服力，但只能用于今天仍有大量后进民族分布的地区（美洲、澳大利亚及太平洋岛屿等），对地球上大部分地区是不适用的。在中国，大概只有西藏和云南边疆可以认为从史前到后世有一定的文化连续性。故当今大多数民族考古学者主张“普遍比较”的类比，并致力于改善这方面的方法。

对中国的民族考古学来说，也只能采取普遍类比的方法。例如，要研究中原地区的新石器时代的一些问题，若只许用本地区民族志材料来进行类比，将无法进行，因为中原地区早不存在还处于简单社会的民族可供类比。

普遍类比之可行的理论依据，就在于人类文化有差异性，也有共性；而且愈是原始的文化，这种共性愈加显著。在两种素无接触的民族之间，可以找到相同的或相似的工具、习俗乃至思维方法。这恐是大家共同的体会，任何一个曾广泛接触后进民族的人类学工作者，都能举出自己的例证来。

当然，普遍类比也并非没有限度的。已有学者提出类比要具备的条件，即选择民族志材料时要考虑到自然环境和文化背景是否可以比较。[3]

---

1 *The Present Past: An Introduction to Anthropology for Archaeologists*, pp.41—46.

M. Schiffen, Methodological Issue in Ethnoarchaeology, *Exploration in Ethnoarchaeology*, pp.234—238.

2 K. C. Chang, Major Aspects of the Interrelationship of Archaeology and Ethnology, *Current Anthropology*, Vol 8: 3 (1967).

3 R. J. Sharer, W. Ashmore, *Fundamentals of Archaeology*, Menlo Park: The Benjamin/Cummings Publishing Company, Inc., 1979, pp.463—464.

从原则上看，这种有条件的类比无疑是合理的。但是说起来容易，实行起来困难很多。以自然环境来说，中国文明孕育于气候温和的黄土地带，在世界上很难找到同样的黄土地带而今天仍居住着后进民族可供调查的地方。关于文化背景，这确实是应该考虑的。如最好以狩猎、采集为生的民族来印证旧石器文化，以经营早期农业的民族来印证新石器文化。但对此不能绝对化。一种习俗可以残存于后世，如早期农业民族定期集体狩猎的仪式，同样可以印证考古学上所见的狩猎文化。

从中国实际出发，我在如何选择民族志材料方面，为自己规定了一个“先近后远”的原则。例如，研究中原地区新石器时代某一问题，首先从国内比较原始的少数民族中寻找类比材料；如不可得，再从东南亚和太平洋地区甚至美洲印第安人寻找；如仍不可得，则其他地区民族志材料只要可供类比者也可考虑使用。这是因为从民族来源及亲疏关系来说，华夏民族首先和国内民族关系密切，其次和太平洋周围地区民族应该说也有一定历史渊源。如众所知，太平洋地区玻利尼西亚人、美拉尼西亚人和密克罗尼西亚人，甚至南北美洲印第安人正是从亚洲大陆陆续迁去的；尽管分居于不同地理环境之后形成不同文化，由于曾有历史渊源而保存某些共同的文化因素是可能的。更主要的是无论什么民族志材料，只不过给予人们以启发和灵感，帮助建立起一种假说，至于这假说能否成立，还有待验证，即最终要看考古材料本身是否存在足够的根据（详后）。民族志材料本身并不是决定因素。

在搜集民族志材料时，无论是亲自调查还是参考前人记录，应尽量选择那些比较完整保持传统文化的民族。若一个民族在现代文明冲击下已发生变化，则应尽量选择那些变化较小地区作为研究的重点，并区分哪些事物是固有的，哪些事物是次生的或外来的。这一点和从事一般人类学调查工作并无不同，无须赘述。

二　研究的范围

我们赞同民族考古学要解决的重点是史前考古学上的问题。[1] 对研究历史考古学来说，仍可借助于民族考古学来解决一些难题。但我们决不同意把它的研究范围无限延伸下去，甚至认为研究近代工业社会也可使用民族考古学。我们还认为研究史前或古代社会，类比材料只能从前资本主义（或前工业社会）的民族中取得。尽管我们不赞成在选择民族志材料有过多的限制，但这一界限是不能逾越的。因为近代工业社会由于物质生产的革命而引起社会生活、思想方式各方面的深刻变化，和史前的或古代的社会是完全无法类比的。有人观察西方当代城市中垃圾的情况，用以类比远古遗址堆积之形成与分散；通过20世纪五六十年代的“嬉皮士”(hippies)到80年代“庞克士”(punks)奇装异服的迅速改变，说明考古学遗物风格之变化，我们实在无法苟同。

民族考古学在研究史前社会或古代社会时，可研究问题是多种多样的。中国过去在这方面的研究只局限于制陶、葬俗等有限的几个问题，思路过于狭窄。当代民族考古学所探讨的几乎包

1 D.H.Thomas, *Archaeology*, New York: Holt, Rinehart and Winston, 1978, p.398.

括了社会的各方面。除物质文化本身外，还注意到居住模式、土地利用、生活来源、生态、人口估计，甚至政治组织等问题。[1] 我们今后不妨多选一些问题，探讨新的道路。

三　如何进行类比

民族考古学者可以做完田野工作公布材料后，仅仅笼统提出几点规律性现象供研究古代遗存之参考。例如，研究后进民族制陶（这是一个常见的民族考古学课题），只需从制坯技术、烧制技术、陶器风格、交换和贸易乃至陶片堆积的形成各个方面进行报道，并指出对研究地下出土陶器有哪些启发即可。[2] 但也可以联系某一地区具体的考古材料进行讨论。例如调查傣族制陶后，便可以此为类比材料，探讨中国内地出土陶器的一些问题。

正是在联系具体考古材料方面，不适当的类比容易使人误入歧途。为了避免错误，必须建立起一套科学的方法，按一定的程序办事。

我通过多年的摸索，为自己规定的程序是：提出问题或对旧说进行否定，通过民族志材料进行类比以建立假说，从考古材料本身寻求证据以验证假说。[3] 多年来我所讨论的大小问题虽不能说都经过这样的程序，但自己是力求按此办事的。1983 年我才开始接触欧美民族考古学的书刊，发现他们也强调验证（如 L.R.Binford 之研究北美密西西比河地区之烟熏毛皮洞穴）[4]，而且已提出类比—假说—验证的程序[5]，与我们的并无差异。当然，以上这套程序是说明人们思考和解决问题时必经之途径，并非是每篇文章都要按此顺序而写。

一次成功的类比的关键就在验证（testing）。如研究某种出土器物之用途，通过民族志材料的类比提出一种假定的解释，这时必须设想假如出土器物确作此用，在器物本身应该有什么表现（如留下哪些痕迹，在制作材料上有何要求，出土数量等等），在器物和周围关系方面又应有什么反映（如和哪些器物共生，发现地点，等等）。然后，仔细察看这器物，看是否符合你的设想。如符合，则假说可以成立；如不符合，则假说必须放弃，再寻求另外的解释。

通过验证以建立一种学说或解释，在中国有优良传统。先秦时期思想家韩非即已提出："无参验而必之者，愚也；弗能必而据之者，诬也。"[6] 事实上，研究一切学问，都应经验证的过程。只是民族考古学更需要验证而已，否则在复原过去时易导致虚假的结果。[7]

通过类比—假说—验证，可能建立一种新说；也可能仅仅否定以前的误说，并不能提出新

---

1 C.Kramer (ed.), *Ethnoarchaeology: Implication of Ethnography for Archaeology*, New York: Columbia University Press, 1979, p.6.

2 N.David and H.Hennig, *The Ethnography of pottery: a Fulani Case Seen in Archaeological Perspective*, Addison—Mesley Module 27 (1972).

3 笔者在哈佛、斯坦福和加利福尼（伯克利、洛杉矶）等大学的演说稿：Using the Assistance of Ethnographic Material to Study Ancient China.

4 L.R.Binford, Smudge Pits and Hide Smoking: The Use of Analogy in Archaeological Reasoning, *American Antiquity* 32 (1967); Methodological Consideration of the Archaeological Use of Ethnographic Data, *Man the Hunter*, Edited by Lee and Devore, Chicago, 1968.

5 D.Stile, Ethnoarchaeology: A Discussion of Methods and Application, pp.94—95.

6《韩非子·显学》。

7 R.A.Gould, *Living Archaeology*, Cambridge: Cambridge University Press, 1980, p.29.

的解释（如拙文《仰韶文化葬俗和社会组织的研究——对仰韶母系社会说及其方法论的商榷》）。这种工作，在民族考古学上被称为“破坏者”，或者说是“刺入气球的一根别针”[1]。用中国俗语来说，就是“破而不立”。这当然是不够的，但它可为今后正确解释的产生扫清道路。

通过类比—假说—验证，也可能只解决某个问题之中的一部分，而未能全作解释。在这种情况下，正确的态度只能是中国传统治学方法中的“多闻阙疑”[2]，而不可强作解人。前人在研究古文字学时，常用一种存疑的办法，即“但取其可解者著之，而尽阙其不可解者”，并认为他学无不可用[3]。在民族考古学中，这种办法确是非用不可的。

以上对民族考古学，特别是结合中国民族考古学的情况，作一简单介绍。对它的定义、历史、研究范围、研究方法，谈了自己的见解。限于篇幅，未能多举例证。不当之处，请大家不吝指教。

（原载《社会科学战线》1987 年 2 期）

1 J.Yellen,*Archaeological Approaches to the Present Models for Reconstructing the Past*. New York:Academic Press,1977.

2《论语·为政》。

3 王国维：《容庚〈金文编〉序》。

再谈民族考古学

民族考古学形成于20世纪五六十年代之美国，被视为“新考古学的战斗呐喊”[1]，是“新考古学”一个组成部分。欧洲的民族考古学是在美国影响下发展起来的。

在中国，民族考古学的调查研究工作亦于20世纪中叶开始起步，当时中国社会还处于对外封闭状态，它可说是独立发生的。由于长期与世界学术潮流脱节，不能借鉴外面的经验，它至今还缺乏系统的理论和方法论，是一块有待开拓的新园地。

关于中国民族考古学的古老传统、历史及其初步发展，过去笔者（见《谈民族考古学》一文）及其他学者已有介绍[2]。本文再介绍国外同行的最新成果和经验，对比中国民族考古学当前存在问题再作简短陈述。

一

中国民族考古学当前存在问题主要是研究视野过于狭窄。所选择的课题，偏重于出土器物本身用途和制作方法之研究。关于社会和文化一些深层次的问题，虽已有个别人作尝试性探讨，尚未能得到普遍关注。

根据欧美学者的经验，民族考古学方法可以广泛应用于考古学研究的各个领域。即使难度较大的问题（这些正是中国考古学必将遇到的问题），亦可以此方法进行探讨。兹分为五个方面介绍于下 ：

（一）技术和制造

这是民族考古学最早研究的课题，但现在人们已不满足于仅研究技术本身，而着重探讨技术与社会之关系。例如，关于制陶的民族考古学研究，不仅要记录制陶术，还要弄清陶器是分散生产还是集中生产，是专业化产品还是家庭副业产品以及工匠地位，市场和交换等等。在这些方面，国内傣族制陶可以提供很多新鲜材料，补充或更正过去的看法。如傣族制陶虽由各户分

---

1 B.J.Meggars, *Anthropological Archaeology in the America*, Washington D.C.: Anthropological Society of Washington, 1968. W.A.Longacre, *Archaeology as Anthropology*, Tuscan: Anthropological Papers of the University of Arizona 17, 1970.

2 蔡葵 ：《论中国民族考古学的形成和初步发展》，《思想战线》1992 年 4 期。

散生产，而烧陶却是集中进行，一个村落常有几个陶窑并列，以备各户联合烧陶之用。故远古遗址若有陶窑的集中分布，未必如某些论著所说，即能反映“制陶作坊”的存在。又如西双版纳傣族陶器销售于广大地区，为很多民族（布朗、哈尼、基诺等）所使用。故同一风格陶器之分布，未必如某些论著所想象，能代表某一族群或某一文化之分布区域。

即对技术本身，亦要求观察入微，提示新知。对南美 Yanomamo 人砍树进行民族考古学调查表明，不同工具和不同砍伐方法会留下不同的痕迹。考古发现中的木料，据其末端断裂痕即可复原当时砍伐的情况。[1] 这些均值得我们参考。

（二）生计

生计，即人们如何从事食物生产，自古至今都是社会赖以生存的基础。在复原史前或古代的生计方面，民族考古学的方法起着重要作用。过去一些说法，已由对“活的社会”的深入研究而得到更正。

采集（包括拣取贝类、鸟蛋等）比起狩猎来危险较小，可靠性较大，故很少有狩猎经济能脱离采集而单独存在。据研究，离赤道愈近地区，人们对采集依赖性愈大。采集和狩猎无论如何应作为同一种经济类型看待。但从事采集和狩猎的人们经常处于游徙状态，在不同季节会从事不同的生计，留下不同的遗物和遗迹，面貌可以全不相同，若不细加分析，极易错分为两种经济类型或文化。这是中国南方旧石器时代考古特别要注意的问题。

游牧活动亦常与其他生计相结合。在考古学上如何识别游牧经济，至今还在探索之中。牧人留下的遗址必具备下列特征：(1) 遗址必然位于季节性迁徙路线之上，附近必有放牧地；(2) 遗址必然呈现在每年相同季节曾被反复占用的迹象；(3) 住所必然是非长久性的帐篷和遮蔽所之类，易于拆除和重建；(4) 住所必然成群地排列，可供组成一个放牧单位的几个家庭居住；(5) 家畜骨骼和野生植物籽种的存在；(6) 储存设备及植物籽实加工工具的发现等等。[2] 在中国北方及西北广大地区自古至今有不少游牧民族来往移动，材料至为丰富，假如在这里对游牧经济做民族考古学的调查研究，定能有所发现。

农业中锄耕和犁耕，很难与世系继承相联系。虽然犁耕为男子的工作，民族志的统计表明从事犁耕农业民族只有三分之二实行父系。关于犁耕必为父系、锄耕必为母系的陈旧观点，来源于摩尔根原始社会的发展模式，目前还在中国流行。其实不必远求，在中国少数民族中即可找到很好的反证。云南宁蒗县的摩梭人实行母系却早有犁耕；而云南另一些尚不知犁耕的民族（如过去的独龙族、苦聪人等），却是实行父系的。

（三）社会组织

从考古材料研究社会组织，自来是困难的问题。过去以居住模式、埋葬制度复原亲属制度、世系传递及人们婚后居住方式等问题，民族考古学已证明其局限性。居住模式及埋葬制度不是一个社会“实际生活的镜子”。[3] 中国民族考古学的研究工作也表明，情况确是如此。

但人们仍在不断进行探索，寻求精确可靠的方法。而且社会组织的研究并不仅限于父系、母

---

1 R.L.Carneiro,Tree Felling with a Stone Axe.in *Ethnoarchaeology*, Kramer C. (ed) ,New York:Columbia University Press,1979.
2 F.Hole,The Prehistory of Herding:Some Suggesting from Ethnography, L'archeogie de l'Iraq, M.T.Barrelet (ed.), Paris,1980.
3 I.Hodder,*The Present Past:An Introduction to Anthropology for Archaeologists*, London:B.T.Batsford Ltd,1982.

系之类问题，还应包括一个社会单位的规模（人口和占用的地域）、社会身份的差异、社会分层和等级制度、政治组织等。在这些方面，民族考古学是大有用武之地的。

大量实例表明，不同的埋葬（葬式的差异、随葬品的多寡等）在简单社会中不是表明财产的差异而主要是反映死者不同的身份，如凶死或正常死亡、土著或外来者、成年或儿童、首领、宗教头人或一般成员。中国新石器时代葬俗研究中，常把随葬品的多寡都视为占有财富不均的反映，认为是贫富分化的开始，则有待商榷。在材料积累较多的地区，则可进而运用民族考古学的方法探索政治组织，是游群、部落、酋邦还是已经建立了国家。最困难的问题是从考古学上区分酋邦和早期国家。有人提出下列几项作为酋邦的考古学特征[1]：(1) 从墓葬及居住模式上可看出等级制度的存在；(2) 统治者居住于资源丰富地区，使他们易于掌握资源；(3) 专业工匠的存在；(4) 有仓库之类设施。关于早期国家的考古学特征，还未见系统的论述，但至少要有地缘已代替血缘以及已形成对公众的强制力量。

当前正在热烈讨论的中国文明起源问题，实有赖于寻找一种考古学上识别国家的方法。中国近年这方面考古材料积累丰富，而中国少数民族在数十年前还有处于国家形成前夜的社会阶段者，若能就此问题作民族考古学的研究，必能有所贡献。

（四）巫术和艺术

凡是不能解释的出土遗物，便归入仪式用物；一切原始艺术品也都视为具有巫术的意义。这种简单化处理办法在中外考古论著中屡见不鲜。民族考古学家对此有不同的意见。

欧洲从旧石器时代到青铜时代一直流行的“小雕塑人像”，长期被认为代表“地母”或生殖崇拜。根据民族志材料的类比，它们在不同社会中实有不同的用途：(1) 成丁礼中教导青年性行为之用物；(2) 纯为娱乐性的儿童玩偶；(3) 儿童用的护身符。其中仅第三项可以认为与巫术及信仰有关。[2] 中国远古遗址中也不时有人形雕像出土，它们的用途或应作同样的分析。

崖壁艺术统统解释为巫术意义（如当前中国某些研究者那样），亦非事实。澳大利亚人近世还在画崖，调查结果发现其目的有下列几项：(1) 纯粹为了娱乐；(2) 历史事件的记录；(3) 图腾形象的描绘；(4) 与交感巫术有关仪式所遗。仅 (3) (4) 两项可视为出于原始宗教信仰，其他都是世俗性的。[3]

即使属于仪式性遗迹和遗物，只有通过类比才能深究其意义。江苏铜山丘湾祭祀遗址以立石为中心，周围有人祭遗存。云南少数民族（佤、拉祜等）虽无杀人祭祀之事，仍在村落广场竖立几根石柱或木柱，代表男性生殖器，作为祭拜对象。佤族称这种柱为“考司岗”，意为“出人之柱”，可见它具有生殖崇拜的意义。丘湾遗址之石柱是否也是如此，值得进一步研究。

（五）考古田野工作

民族考古学对考古田野工作也有助益。第一，它可以帮助考古调查工作。如美国考古学家通过印第安人口头传说寻找遗址，取得很好的结果。长期争论的“巨冢”问题也是参考印第安人民族志材料弄清楚的。

---

1 C.Peebls and S. Kus,Some Archaeological Correlaters of Ranked Societies, *American Antiquity* 42,1977.

2 P.J.Ucko,*Anthropomorphic Figurines*. London:Andrew Smidla,1968.

3 P.J.Ucko and A.Rosenfeld,*Paleolithic Cave Art*. London:Weidenfeld and Nicalson,1967.

第二，它可以帮助弄清考古遗存的形成。现代考古发掘工作的特点就在于不仅揭示某一个遗址，还要能说明这个遗址是如何形成的。根据对“活的社会”观察，一个遗址废弃后不断受到天然的或人工的干扰。例如，对西赞比亚的调查表明，那里的垃圾坑在遗址废弃时是敞开的，它的填满是后世的事，是风把周围废物陆续吹入的结果。[1] 由此不禁想起中国远古黄土地带的灰坑，它们的包含物与遗址是同一时代的吗？还是有时间的差距？

二

中国民族考古学在方法论方面也有不足之处。

类比是民族考古学研究方法的核心。关于从什么样“活的社会”取得类比材料，可分为“普遍比较”及“直接的历史方法”，我前文已作介绍。以取得类比材料的方法言，还可分两种。一种称为“形式类比”（formal analogy），即从“活的社会”中寻找与出土遗物或遗迹类似事物，加以比较，尽量找到彼此相似之点。这是考古学家最早使用的类比方法，由于仅注意形式上的相似，有时会导致错误的判断。故当今民族考古学家又发展出另一种类比，称为“关系类比”（relational analogy），即从“活的社会”中找到类比资料后，还要调查它是在何环境下发生的？与周围事物的关系如何？设想一下假如出土遗物或遗迹确属同类性质，在其他方面会有什么考古发现？如条件相合才利用来作出自己的解释。由于它经过了事先选择，可以避免或减少利用过程中主观性。

中国民族考古学论著大量使用的还是“形式类比”的方法，很少达到“关系类比”的境界，这是今后要加以改进的。

总之，中国民族考古学已取得一定的成绩。特别值得高兴的是当前有愈来愈多青年学者开始涉足这一领域，作出成绩。由于中国考古学已积累了大量资料，有待研究的问题甚多；而中国边境又居住着数十种文化各异的少数民族，可供进行民族考古学的田野调查。中国民族考古学有着广阔的天地。今后应扩大其研究范围，并改进其研究方法，使民族考古学在中国考古学的现代化中发挥应有的作用。

本文介绍国外一些经验，旨在帮助人们打开眼界，未必完全适合国内情况，仅供参考。

（原载北京大学《迎接21世纪的中国考古学国际学术讨论会论文集》，科学出版社，1998年）

---

1 I. Hodder, Society, Economy and Culture: an Ethnographic Study amongst the Lozi, West Zambia, *Pattern of the Past*, I.Hodder and others (eds), Cambridge University Press, 1981.

三谈民族考古学

一　民族考古学的定位问题

什么是民族考古学？在十几年前发表的一篇文字中，我已介绍了一本考古学辞典中的定义：“以考古学的观点对‘活的社会’的研究……目的在于进一步了解考古学发现的物质遗存，特别是在物质文化模式和社会的其他方面之间建立起系统的关系。”[1]

这一定义清晰地表述了民族考古学的学科特点，那就是考古学者通过亲去“活的社会”作调查对考古发现的物质遗存作出进一步的了解，以便尽可能对当时的社会作出全面复原。

所谓“活的社会”，这里主要指现存的保留前工业时代特点的社会。我们过去常用“少数民族社会”或“民族地区”表达同样的意思，严格说来并不确切。假如一个偏僻地区的汉族社会保留我们需要的资料，那也是可以去做调查的。但都必须是民族学（即文化人类学）的调查，而不是考古学的调查。

民族学调查是民族考古学的灵魂。按民族学田野工作分为整体调查（holistic investigation）及定向调查（problem-oriented investigation）两大类。前者是对一个群体或地区作全面详细的调查，其成果可以写成一本全面记录该群体或地区社会各方面的民族志，所需时间较长（一般需要一年以上）；后者是对某个问题做专门的调查，目的在解决现实生活中某一社会问题或验证民族学某一理论问题，所需时间可以较短。[2]民族考古学者的调查属于后者，但调查的目的与一般民族学者不一样，它不是为了解决民族学的问题，更不是解决什么现实问题，它是为了解决考古学的问题。回忆我20世纪60年代初已开始摸索做一些这方面的调查，一位领导曾经开玩笑地说：“别人是古为今用，你却是今为古用。”在那个大讲“阶级斗争”的时代，这句话竟被原云南省历史研究所喜欢写批判文章（批判西方帝国主义、大泰族主义……）的几位同事用来不时对我进行“帮助”，甚至说我不应“与毛主席唱反调”云云。我口中不说，心中暗自惭愧。我确实是在以今证古，也可以说就是今为古用。但这是由于专业的需要。民族考古学这门学科需要搜集的就是对解决考古学问题有用的资料。

---

1 R.D.Whitehouse (ed.) ,*The Fact on File Dictionary of Archaeology*. New York:Fact on File Inc.,1983,p.166.

2 参见《文化人类学调查——正确认识社会的方法》，文物出版社，1996年，14页。

为了吸引更多的人从事这方面研究，也曾有人把民族考古学范围扩大，即凡是有计划有系统地从前人调查搜集资料用以解决考古学问题，也属于民族考古学。[1] 这是很有道理的，事实上，即使亲去调查，仍常需要参考前人资料。但民族考古学必须是参考民族志资料研究考古问题。这一点不容改变。因此，时下流行的把少数民族较多地区从事一般的考古工作统统称为“民族考古”，应与我们所说的“民族考古学”相区分。

民族考古学已经存在了几十年。它对当代考古学理论建构及内容增添日益起着很大作用。试看一下三四十年代史前史一类的书，讲旧石器时代不过寥寥数页，再看一下今天同类的书，你会发现其中以大量篇幅描绘出狩猎采集阶段远古人类社会生活情景。这除了由于有新的考古资料的不断发现以外，还得力于民族考古学家的一系列卓越研究，其中著名的如 R.B.Lee 对昆人(Kung，南非布须曼人一支)，L.R.Binford 对爱斯基摩人，R.A.Gould 对澳大利亚人的研究[2] 等等，正是他们用从当代世界上还残存的这些从事狩猎采集“活的社会”取得的资料解释旧石器时代考古发现中各种现象，才大大丰富了我们对人类这一早期阶段的认识。

由于民族考古学的成绩巨大，当代考古学都把民族考古学作为考古学的一个不可或缺的分支。现在考古学通论之类的著作，都设有专章讨论民族考古学问题。这已成普遍常识。在中国考古学界还有个别人，不想或无能力吸收国外考古学新的成果，却竭力反对“新考古学”，特别是作为“新考古学”思潮一部分的民族考古学。例如，张忠培就认为民族考古学“缺乏自身研究对象”，无存在的必要。[3] 殊不知民族考古学是考古学的一个分支，它的研究对象就是整个考古学的研究对象，即人类遗留下来保存在地上或地下的物质遗存。民族考古学研究对象中还多了一点东西，那就是在“活的社会”保存的民族志材料。如何能说它“缺乏自身研究对象”呢？讨论这个问题还是需要先多了解一些世界的情况，多读一些国外同行的书。“束书不观，游谈无根”，是不足取法的。

总之，正像碳十四为考古学资料的断代提供了一种新方法一样，民族考古学为考古学资料的解释提供一种新方法。我们反对上述完全否定民族考古学的存在的意见，也不大赞成又把民族考古学和考古学说成是“两个不同学科”，我们还是赞同世界考古学界较普遍的看法，把民族考古学定位为考古学的一个分支。

二　民族考古学研究方法的要点

民族考古学者从事民族学调查时，其田野工作方法与一般民族学者并无不同，例如，如何选择调查地点，如何寻找报告人，如何询问，如何记录材料而又要核实材料以保证材料的真实性，这些都可借鉴于民族学。但在取得调查资料之后如何运用于自己的考古学研究，却有自己一套方法论。

1 C.B.Donnaned (ed.) , *Ethnoarchaedogy*, Los Angels:Institute of Archaeology of UCLA,1974,p. 18.

2 见 R.B.Lee,*The Kung San*,Cambridge University Press,1979. R.B.Lee and I.DeVore (eds) ,*Kalahari Hunter—Gatherers*,Cambridge University Press,1976.L.R.Binford,*Nunamiut Ethnoarchaeology*, New York:Academic Press,1978.R.A.Gould,*Puntutjarpa Rockshelter and Australian Desert Culture*,New York:American Museum of Natural History,1977.

3《中国文物报》1995 年 7 月 30 日。

我早在 1987 年就归纳出研究民族考古学方法三个步骤，即类比—假设—验证。[1] 曾有青年朋友反映不易理解，利用今天机会对此再略作说明。

类比（analogy）不是一般意义的比较（comparison），它是一个哲学的或逻辑学的概念，即从一个事物辨识另一个同类的或有关联的事物。事实上我们对史前器物或遗迹的辨识，都有赖与我们今天同类事物相类比。例如，我们把石刀命名为刀，是因为它与今天的刀尽管质料相异形制有别，但至少在有刃这一点是相同的；我们看见地面上一系列排成圆形或方形的洞穴，便会想到房屋的柱子遗迹，是因为我们早对今天简陋房屋的建构有所了解。这种常识性类比可在头脑中不知不觉很快完成，而民族考古学的类比则是要有意识有计划进行。

如何寻找类比材料？选择什么样的类比材料？我以前文章已有详细介绍，不再多说。通过民族学调查获得可靠而又恰当的类比材料，便可对所研究的考古遗存作出一种推测性的解释，这就是假设。但这假设是否可以成立，还要经过最后一道步骤——验证，即看考古遗存本身能否找到证据来支持你的假设。例如，石刀若真是刀会在刃部会留下切割痕迹；上述洞穴若真是房屋的柱穴，可能在柱穴内发现木头残存物；等等。不仅这些遗物或遗存本身，而且其周围的共生事物，均应加以研究，看是否能印证你的假设。

石刀、房屋柱穴这类问题，根据前人研究成果甚至一般的常识已经解决，自无须一步一步加以研究。下面举一个我自己处理的中国史前考古中一个问题为例，具体说明类比—假设—验证是如何运用的。

山东大汶口文化墓葬中常出土完整的龟甲器对其用途一直没有很好的解释。1991 年我去加拿大访问易洛魁人保留地，了解到他们在宗教仪式中使用一种在龟甲内放小石子或玉米粒制成的响器，与大汶口龟甲器相类比，两者有一些相似之处，于是推测大汶口龟甲器可能也有同类用途。这时仅完成了类比、假设两个步骤，并不能得出结论。我把搜集到的有关易洛魁人龟甲响器文字资料及图片带回国内后重新翻阅已发表的龟甲器的资料，发现有些龟甲器安柄后绳索捆绑的痕迹尚清晰可见，再加上龟甲器发现时在墓中的位置也可证明它是一种手持之物，上述假设得到了验证。于是我相信大汶口文化出土龟甲器确实和易洛魁人龟甲响器有同样的用途，我才敢就此问题写了一篇小文章。[2] 民族考古学研究问题的过程和步骤大概情况就是这样。

这里最重要的一个环节是验证。如众所知，逻辑学推理方法可分演绎（deductive）和归纳（inductive）两大类。历史上许多伟大学术成就是采取归纳法取得的。如清儒的考据学就是这样，研究任何一个问题必搜集尽可能完备的证据，归纳出正确的结论，一条札记往往包括几十条史料。但包括民族考古学在内的新考古学却公开宣称自己属于演绎而非归纳[3]，其所以有别于古典的演绎法，就在于最后还有验证这道手续，使自己的推论不致流于异想天开信口开河。回想一下胡适早曾提出“大胆假设小心求证”，竟遭批判，无论如何他强调“求证”是难能可贵的，本应该加以发展，而不应加以批判。人文科学和社会科学要提高研究水平，都应该像自然科学一样，找到一种方法检验自己的研究成果，而不应像现今许多研究项目一样，课题名称响亮动人，大

---

1 见《谈民族考古学》，载《民族考古学论集》，文物出版社，1989 年。

2《释大汶口等地出土的龟甲器》，台湾《故宫文物月刊》132 期，1994 年 3 月。

3 C.Renfrewand P.Bahn,Archaeology：*Theories Methods and Practice*. New York:Thames and Hudson Inc.,1991.

块文章层出不穷，但其看法是否符合实际？假如是一个研究现实问题的项目，其成果是否能获得效益？是否能对解决这个问题起作用？一概不闻不问。民族考古学研究问题重视验证，这一点可供其他学科借鉴。

三　民族考古学在中国

中国先哲早在两千多年前就知道运用类似今天民族考古学方法来观察和解释现象。“礼失而求诸野”便是这方面最好的概括。“五四”以后，民族学传入中国，学者们更认识到民族学对研究考古学和古史的意义，在自己著作中引用国内外民族志资料。但所有这些并不能表明中国早有了民族考古学，因为如上所述，当代的民族考古学家要有计划有系统地搜集民族志资料供类比之用，最好要亲自做民族学调查。随便引用一二条民族志资料是不能称为民族考古学的，这只可以看做是民族考古学的萌芽或滥觞。西方历史学及考古学也早知引用民族志资料，民族考古学家给它另起了一个名词叫“民族志的对比”（ethnographical parallel）或“早期类比”。[1]

从 20 世纪五六十年代开始，中国一批受过考古学训练的人，参加少数民族社会调查，搜集民族志资料在考古刊物上作出报导，有时更结合考古学问题加以讨论，可以说中国自此有了民族考古学。但直至今日，中国考古学似还处于建设阶段。迄今尚无一份专业性刊物；没有出版过通论性论著；西方民族考古学已积累大量资料，出版多种专著，也少见翻译过来；概念的争论较多，专题研究较少；研究问题主要限于物质文化本身，而民族考古学原可用来研究社会组织乃至意识形态很多问题的[2]；研究（包括我个人的一些研究）多是“即兴式”的，即是说发现是偶然的，是参加少数民族社会历史调查的“副产品”，像西方民族考古学那样有计划有目的地去一个“活的社会”作较长时期调查，从而揭示一个遗址全貌或解决一个重大问题，在中国还不多见。

当前中国人文科学社会科学首要问题仍是如何摆脱单线进化论的影响，在这方面民族考古学更是大有用武之地。占据人们头脑中那套从母系社会进化到父系社会的陈腐模式，只有通过民族志资料的类比才知其非，这方面我早写过文章（如讨论仰韶葬俗及远古“长房”的文字），不再多说。

关于民族考古学这个题目，在其他场合已讲过很多次。我来前曾提醒自己，今天所讲不要与过去重复，实际上不可能完全做到，我已记不得过去讲了些什么。今天在座大概仅有田汝康教授与陈寅恪先生有过交往，我们其他人都是其生也晚，无缘一面了，但听说陈先生在西南联大每学期都上新课，讲过的话绝不重复，可是像我这样的人如何能与陈先生相比呢？诸位如在其他地方，听过我的讲话而且发现重复之处，请不要见笑。如发现不妥，请多批评。如认为有“离经叛道”之处，也欢迎批判。

（根据 1999 年在昆明举办的教育部第四届社会文化人类学高级研讨班上报告整理而成，曾载《考古》2007 年 4 期，但被删节）

1 参见 I.Hodder. *The Present past : An Introduction to Anthropology for Archaeologists*, London: B.T.Batsford Ltd., 1982.

2 参见《再谈民族考古学》，《迎接 21 世纪的中国考古学》，科学出版社，1998 年。

从原始记事到文字发明

人类在文字发明以前，曾使用各种方法来帮助记忆、表达思想和交流意见。这些方法可以统称为原始记事方法。

原始记事至少可以上溯到旧石器时代晚期。如众所知，欧洲的洞穴画有些场面已具有记录巫术仪式或祈求狩猎成功的性质。据最近研究，克罗马农人石器和骨片的一些刻纹，是对季节、时间和生产活动的记录。[1] 其中不仅有描绘具体事物的图形，而且出现抽象的符号。[2] 从原始记事到文字发明，曾经历了漫长的时期。正是人们在长期使用原始记事方法中积累起来的经验和智慧，才引导出文字的发明。因此，要探讨文字的起源问题，有必要对各种原始记事方法进行充分的了解。

研究史前时期原始记事方法，困难较多。第一，当时既然还没有文字，自不可能留下什么成文的记载。第二，原始记事大多数是刻在或画在易朽材料（如竹木、皮革）上，实物也很难保存。

幸运的是远古时期还有一些刻画在骨、石之类材料或山崖之上的原始记事遗迹，终于保存下来了。同时，在文字发明之后由于习惯的或宗教的原因，原始记事方法并未完全消失，在文献中多少还是留下一些记载，有些方法本身还残存于早已使用文字的民族的社会生活之中。如丹麦、瑞典和英国北部的偏僻农村直到中世纪还用一种方形木棒（clog almanac），刻上各种纹道和符号，来记录一年的年历和重要宗教节日；直到 17 世纪，英国政府国库还用木刻记录贷款[3]。重要的是，世界上没有文字或文字使用不普遍的后进民族，仍然大量使用原始记事方法，而由于人类思维方法有其共同性，古今原始记事所采用的原则和表达的方式，又是基本一致的。这就为我们研究和复原史前时期原始记事提供了有利的条件。

本文拟对中国少数民族保存的以及近年考古发现中所见的原始记事方法，结合文献，作一次综合介绍；并根据这些材料，对文字起源的一般规律，特别是汉字的起源问题，谈一些个人的看法。关于各少数民族的原始记事，大抵指 1949 年以前的情况，有些方法一直保存到 20 世纪 60 年代，有关材料至为丰富，本文只能举一些典型的例子。凡属其他个人或单位搜集、记录

---

1 A.Marshack,Exploring the Mind of Ice Age Man,*National Geographic*,Vol 147:1 (1975).

2 A.Forbes Jr.and T.R.Crowder,The Problem of Franco—Can tabrian Abstract Signs:Agenda for a New Approach,*World Archaeology*,Vol 10:3 (1979).

3 William A.Mason,*A History of the Art of Writing*,New York:The Macmillan Co., 1920,pp.36—38.

和报道的，尽量注明出处或收藏单位；凡未加注明者，多为笔者历年调查所得。

一　中国少数民族的原始记事方法

原始记事种类甚多，前人所用名词及分类方法很不一致。我们认为，若按记事所采用的基本原则进行分类，所有原始记事方法可分为三大类，应称为物件记事、符号记事和图画记事。本文即按这样的分类逐项进行讨论。

（一）物件记事

物件记事是以实物来记录数字或表达意见和感情。这类记事方法，前人注意不够，在论述文字起源的书籍中很少提及。实际上，这类记事方法在较原始的社会中是大量存在的。它们对其他记事方法以及后来文字的发明，都有一定的影响。

物件记事最简单的一种就是计数。少数民族数字观念较差，计算数字常借助手指、足趾或其他物件。藏族用随身佩带之念珠，其他民族则用玉米粒、小树枝、石子等可以随时取用的小物件，作为计数工具。如海南岛黎族算账时，每数至十，则放稻草一节，以便记忆。[1] 云南景颇族解决纠纷，称为“讲事”。“讲事”时双方手持玉米粒，每讲出一条“道理”，则在己方地上放一粒。最后看谁的玉米粒多，即表示道理多，即为胜方。若再计算赔偿，亦是如此。每讲到对方那件事做错了，应赔一条牛，即在地上放一粒。最后看共有几粒玉米，即知应赔偿几头牛（图版一：1）。贵州等地苗族历史上亦有此俗，称为“讲歹”；他们以草为筹，出面谈判多为能言善辩者，称为“行头”。[2]

黑龙江赫哲族以物件计时之法是，将三十根小木片（或竹片）中间穿孔，串成一串平挂起来，每过一天，向另一端移动一根，移动三十根后即知过了一个月，下月再从头开始。[3] 计算自己年龄，则用鲑鱼头，每过一年，挂一个鲑鱼头。[4] 小木片和鲑鱼头，都起着筹码的作用。

云南哈尼族计日也用木片，但只有十二个，上面涂上不同的颜色，分别代表十二地支，如红色代表鼠日，土色代表牛日，等等。每过一天翻动一片，周而复始，看木片是什么颜色，即知今天属何日，是不是“赶街子”的日期（云南少数民族称集市为“街子”，如牛街、马街、猪街等）。以颜色区分不同事物，也是物件记事的一种方法。

计算简单的数字，可以用一筹代表一物或一事。若计算复杂账目，还要用不同的筹代表不同的数。我们看过景颇族在火塘边算账，他们用小块木炭代表十位数，用小石子代表个位数，可以演算出加法、减法和简单的乘法。北京民族文化宫陈列过藏族的一套算账工具，是由八个果核、八块小瓷片和十根竹签组成，他们能用此计算复杂的数目。这些东西就相当于少数民族的“算盘”。

计数用的物件只供一时需要，或者说仅在算账那短短的时间内起帮助记忆的作用。假如把这

---

1 广东民族调查组：《保亭县毛道乡黎族合亩制调查》，1957年，131页。

2 （明）田汝成：《行边记闻》苗人条。（清）陆次云：《峒谿纤志》卷四。

3 黑龙江民族调查组：《黑龙江省抚远县街津口村赫哲族调查报告》，1958年，116页。

4 黑龙江民族调查组：《黑龙江省饶河县西林子乡四排村赫哲族情况》，1958年，93页。

些东西保存起来，则可长期帮助记忆。西藏察隅地区的僜人借出钱物后，将代表数字的玉米粒保存于家，以免遗忘。[1] 云南傈僳族过去在持续的械斗中，双方以鹅卵石记录死亡的人数，并保存起来。械斗结束进行和解，各拿出鹅卵石清算，损失多者，可向对方要求赔偿。云南省博物馆现保存这种鹅卵石共八枚，与一般鹅卵石无异。海南岛黎族则用小石子记录牛数，每生一头小牛，添一石子；死牛一头，减一石子。石子贮备于一个木盒之中。[2]

保存筹码方法可以简单记录数字，而不能记录事物本身。例如，保存五个筹码是代表五斗粮食呢，还是五块钱呢？这仍然要靠头脑的记忆。为了防止忘记，少数民族还另有办法，即把原物的一部分保存起来，既代表物件本身，又可记录数量。例如，西南一些少数民族有猎兽留头之俗，一方面是炫耀自己的勇敢，一方面即是具有计数作用。看猎人家中有几个麂子头，即知他猎获过多少麂子。西双版纳的基诺人不仅猎获大的动物要留头骨，甚至猎获松鼠、竹鼠也要留下尾巴，以此记录自己一生狩猎的成绩。有些民族猎获孔雀或其他美丽的鸟，喜欢保存其羽毛。澜沧江岸的傣族还把大鱼的头挂在室内墙上。保存鸟羽和鱼头，同样具有计数和记事之意。云南西盟佤族盛行剽牛之俗，剽牛以后留下完整牛头骨，堆放在房屋前檐之下。剽牛愈多者，牛头愈多，这些牛头起着记录剽牛次数并夸示财富的作用。从房前牛头的多少，即可判断该户是“珠米”（富人）还是穷人。

物件记事可以采取原物的一部分，也可以借助于他物，取其形状、颜色、含意或声音与原物有关的。例如，云南红河地区哈尼族典当土地，典出者收到银价若干两，则以同样重量的鹅卵石一块付给对方，作为凭据。以后赎还时按石块重量付还典金。这种鹅卵石称为“可粒”[3]，即从普通鹅卵石中选用，但要用火烧过（图一：1），因烧过以后石色变黑，与银子颜色类似，用以象征银子，易于记忆。

云南盈江景颇族亦有类似记事法。1927年左右，铜壁关刀弄寨杨某娶浪速寨一女子为妻，聘礼是牛五条、缅币一百元、铓锣五个、铜炮枪（即火药枪）一枝、红绸子三块、花布五块。结婚未久，新娘嫌新郎年老丑陋而逃走。男女双方遂发生纠纷，最后通过“讲事”解决，决定女方要赔还男方一部分聘礼，即赔还三头牛、三个铓锣、一枝铜炮枪、两块红绸子、三块花布（其他作为结婚当天的女方开支，不再要求赔偿）。女方一时无力付出这些东西，遂出具“欠条”。这个“欠条”不是用文字写的，而由三小片牛角（代表三条牛）、三枚铜钱（代表三个铓锣）、二根红绸条（代表两块红绸子）、三根花布条（代表三块花布）以及一根刻成枪形的木片（代表一枝铜炮枪）所组成。把这些物件用一根麻绳拴成一串交给男方，男方郑重其事地一直保存到50年代初期，后因人民政府号召废除债务才拿出销毁，表示愿取消这笔债务（图版二：8）。

哈尼族的“可粒”和景颇族这串物件组成的“欠条”已不是仅供个人记忆，而是当事人双方都能了解，起着凭证的作用；所用的也不再是简单的物件表数，而使用了象征的方法，如以烧过的石头象征银子的颜色，以铜钱象征铓锣的形状，以枪形木片象征真枪，等等。

物件记事不仅可以记录数字和债务，还可以用象征的方法表达更复杂的意思。云南少数民

1 中国社会科学院民族研究所：《僜人社会历史调查报告》，1978年，35页。
2 刘咸：《海南黎人刻木为信之研究》，《科学》19卷2期（1935）。
3 云南民族调查组：《云南省哈尼族社会历史调查》，1964年，139页。

族在这方面有悠久的传统。例如，南诏为了表示愿归附唐王朝，送上金镂盒子一具，盒内有绵，有当归，有朱砂，有金。“有绵者为示柔服。……有当归者永愿为内属。有朱砂者，盖献丹心向阙。有金者，言归义之意，如金之坚。”[1] 在这里，每一物件都是以其质地、颜色或声音来表达意思的。绵质软，故以表示柔服；金质硬，故以表示坚定；朱砂色红，故以表示丹心；当归有“归”的音，故以表示归附。

近世云南少数民族仍普遍使用此法。景颇族每逢械斗（“拉事”），“山官”（氏族贵族）、头人用分发一块带毛牛肉（或更加以木刻）方法来召集群众，称为“散牛毛”。这是因为景颇族每逢大事才杀牛，人们收到一小块牛肉，即知将有重大事件发生。又西盟佤族两个村寨之间若表示友好，送一根完整的牛肋骨；若表示关系破裂，送一根砍断的牛肋骨；若希望联合邻寨一起攻打敌人，则送三四根连肉的牛肋骨。在这里起着表意作用的已不是牛肋骨本身，而看牛肋骨是完整的、砍断的或者连在一起的状态。

更常用的表意物件是鸡毛、火炭、竹箭、盐、茶叶、槟榔、草烟。鸡是鸟类，鸟善飞，故有快速之意；火炭代表火；竹箭代表快；这些东西常被用以表示紧迫之事。盐和茶是人们喜爱的礼物，人们见面时互递槟榔和草烟为一种普遍的礼节，故这些东西常用来作为一种友好的表示。这几种表意物件，已成为普遍了解的信物，不同民族之间交往时亦可使用。

若要说明一件复杂的事情，还可将几种表意物件联合使用。如火炭、鸡毛常常并用，强调事情的紧迫。西盟佤族 1951 年发生过这样一件事：大马散寨“窝郎”（世袭头人）岩柳盖“大房子”，彭奇寨派使者送礼帮助，大马散人给使者带回牛肋骨一根、草烟若干及麻绳一条。完整的牛肋骨和草烟表示友好之意，麻绳一条表示希望彭奇寨把几年前抢走大马散寨的一条牛用绳子拴好送回来。[2] 在这里，牛肋骨和草烟的意思是不需解释自明的，麻绳的意思则还需要使者的解释，它是帮助使者记忆用的表意物件。

物件记事最发达的形式是景颇族的“树叶信”。实际上所用之物远不限于树叶，植物的根、茎、花、果，身边的零星小物件，均可用以表意。“树叶信”不仅用于年青男女之间的谈情说爱，一般人也用以互通消息。1973 年我们在陇川还见到缅境景颇族带回“树叶信”，向亲友们致意和问候。

“树叶信”的基本方法是把树叶或其他物件，固定地赋予某种意义，通信时按照要说的话的先后次序，把树叶等物依次排列起来，用藤或绳子捆成一束送给对方。什么树叶代表什么意义，在一定范围内是人人都能了解的。兹将景颇族中载瓦支系常用的几种与谈情说爱有关的树叶和物件，列表说明如下[3]：

---

1 樊绰：《蛮书》卷一〇。

2 云南民族调查组：《云南西盟大马散卡瓦族社会经济调查报告》，1958 年，157 页。

3 关于景颇族树叶信，原云南民族调查组搜集过两件，1973 年我们在陇川又复制过一件。本表加以综合，删其重复，请云南民族学院周兴勃先生协助翻译和解释，顺致谢意。

物件	景颇语名称	译意	说明
	“撒吉”	请吃槟榔。	景颇族男女见面互赠槟榔，故一封树叶信常以此物开头，表示友好之意。
	“德滥”	我们一起玩吧。	“滥”，与“玩耍”的音相同。
	“蒲软”	我要到达你们那里。	“蒲软”，与“到达”的音相同。
	“豆门”	你快打扮起来吧！	“豆门”，与“打扮”的音相同。
	“保锁”	我要跟着你走。	“保锁”是贝壳，与“走”的音相同。
	“洋火”	我要举着火把找你。	火柴表示点火的意思。
	“蒲谢”	无论你躲在何处，我都可以找到你。	“蒲谢”是一种占卜用的树叶，表示自己妙算如神。
	“拔业”	让我俩常在一起。	“拔业”，一种花名。开花时总是并蒂， 故以此表示永在一起。
	“石很哈”	让我们永不分离。	“石很” ，一种藤子；“哈”是其树叶。用来表示彼此像藤子一样纠缠不分。
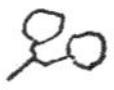	“抗吉”	无论多么苦，我们患难与共。	“抗吉”是一种苦果，用来表示同甘共苦之意。
	“文哈”	你的困难，由我承担。	“文哈”，与“背”的意同，表示承担之意。
	“额芒”	让我们白头到老。	“额芒”，与“老”的音相同。
	“脚救哈”	你不要怕家里人威胁。	“脚救”，与“威胁”的音相同。
	“则哈”	你要的东西，我全答应。	“则哈”，与“东西”的音相同。
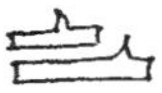	“浪诺”	你的心肠，不要学毒蛇那样狠。	“浪诺”，是一种植物名， 也是毒蛇的名称，用以表示恶毒之意。
	“泡哈”	我要把你扔掉。	“泡哈”为何表示扔掉，原因不详。

从上表可见，树叶信用来表达感情的方法共有两种。第一种是借用其音，如“德滥”、“豆门”、“蒲软”、“保锁”、“文哈”、“额芒”、“脚救哈”、“则哈”、“浪诺”。第二种是借用其意，如“撒吉”、“蒲谢”、“石很哈”、“拔业”、“抗吉”。

一封树叶信常由数十片树叶（或其他小物件）组成，青年男女可以此表达缠绵细腻的感情。在原始记事中，这是一种很有效的方法。它所用表意物件，大家自能了解，不需要传信人的解释。它能说明比较复杂的事情和思想，而不仅是数字和简单的决定（如友好和宣战）之类。它所以能做到这一点是因为大量采用借音的方法，使可供表意的树叶不断增加，就好像一个人掌握词汇多了，语言自能丰富和生动。

树叶信是物件记事的最高发展。这是广大群众世世代代创造和逐步积累起来的一种方法。在国外民族中，婆罗洲有些部落也发明了类似方法，他们用一根木棒刻出许多缺口，夹以各种树枝、树叶、树皮、羽毛等物，以其形状、排列的不同，来显示狩猎的收获，通知亲友参加婚礼和宴会，指示猎人前进的方向和途中的危险等。此物称为 tatanda 或 tatanduk[1]。

（二）符号记事

这种方法是以物件为标志或物件上作出一些符号，来表达思想和记录事情。按具体形式的不同，这种记事方法又可分为标记、结绳、木刻三种。

1.标记

最普通的标记是旅行用的路标。有些少数民族在丛林中行路，沿途砍去一些树皮作为标志，使自己及他人以后免于迷路。表示此路不通，则砍倒一棵小树，或捆扎一束荆棘，放置路口正中，使他人免蹈覆辙。这些记号颇似今天的“指路牌”。我们在滇南和滇西地区山区调查，曾经在途中见到这样的“指路牌”。

鄂温克族有按季节迁徙的习俗。每逢冬季入山，男子在前面边走边用砍刀在两旁树上砍出痕迹。第二年春季，便循着这些刀痕回到原来的地方。他们还有一种指示性的路标是在一棵大树上砍出槽来，内插树枝，枝头上悬挂一个用柳条做的圆圈，圆圈所指方向便是目的地的方位，圆圈和大树的距离便表示此处相距目的地的远近。别人若遇见这样的标记，即可找到要去的地方。[2]

有些少数民族打猎时，在安置捕机（俗称为“下套子”或“下扣子”）或挖有陷阱处做标记，如将乱草一束置于路口，以向他人示警。西双版纳僾尼人若遇家中有人分娩或生病，在房门上竖一交叉的木棒；若遇全寨祭“竜”或有其他宗教活动，则在寨门上竖立交叉的木棒，希望外人不要入内。这些标记都属于“危险信号”的性质。

更多的标记用来表示隶属关系或所有权。最早表示隶属关系的标记是加于人类自身的，这就是文身之俗。文身可以作装饰之用，也可用来表示自己属于哪一部落或村落的标志，而且代代相传。中国保存文身之俗的民族有海南岛的黎族，云南的傣族、佤族和独龙族。独龙族是女性文面；傣族、佤族文身仅限男子，一般不刺面部，而在胸前、背上或四肢刺花。这三个民族的文身现多属于一般性装饰，唯黎族文身尚保存复杂的内容。黎族只有妇女不仅刺面部，也刺手臂和小腿，各有图谱，而且各峒各村之间，图样又各有不同。[3] 熟悉此道的只要一见黎妇文身图样，即知属于某峒某村。值得注意的是，黎族文身图样除由几何花纹组成之外，有时还夹杂一些符号，更表现出特殊标记的性质。例如，图一：2 是原来南丰白沙峒黎族的腿部纹样，两腿符号互不相同。对称是美的基本要素，这样不对称的图样自非为了装饰。这些图样具有什么意义是无法作出解释的，因为原始的符号经常仅是为与他人相区别，本来就没有什么特殊的内容。

---

1 P.A.Burrough,Message Stick Used by Murut and Dusun People in Sabah,*Journal of the Malay Branch of the Royal Asiatic Society*, Vol 48,Part II (1975).

2 秋浦：《鄂温克人的原始社会形态》，中华书局，1962 年，88 页。

3 刘咸：《海南黎人文身之研究》，《民族学研究集刊》第一期，1936 年。

少数民族对于生产工具或劳动成果，也常加上一些标记，表示自己所有。最常见的是在锄头、镰刀、铲刀柄、陶拍上划些符号。西双版纳傣族制陶，据我们 1964 年和 1965 年两次调查所见，一般是不加标记的，但遇到下列情况偶亦作出标记：(1) 做好器坯后有时为了提醒自己这是刚做好的，便在底部随便划几道，以免和已干的坯相混。(2) 做坯时中途有事离开，便用手指甲在器坯壁上划一直道，表示拍打到这里，下次接着再打。以上两种刻划在以后拍打往往被消灭。(3) 若几家合烧一窑，常在自己器物底部作出符号，以免彼此相混。这些符号可留下痕迹，一般是指甲划出交叉形，也有划一直道或几道平行线条，并没有什么含意，只要认出是自己产品即可。而且同一个人这一次作的符号和下一次作的符号，也未必相同。总之，这是一种随意刻划，只是为了不与他人相混。

对于土地这类生产资料，自不能以细小的刻划符号作为标志，而别有号占之法。景颇族若要开垦一块山地，在地的两端各选一棵大树，砍一缺口，内塞乱草一束（图版二：2)。拉祜族在要占的地段四周削去树皮，划出一个范围；或铲去杂草，然后捆一束草留在该地。[1] 苦聪人将地段一棵树梢削平，在顶端放一横木，作为界桩。[2] 独龙族共有六种“号地”之法：(1) 砍倒几株树或一小片树。(2) 铲光地上的杂草。(3) 竖起木桩。(4) 以两片劈开之竹交叉地插于地上。(5) 将大树剥去一部分皮，砍出交叉形或锯齿形符号。(6) 选择地边最大的树，砍去树梢。凡是经过这样处理的地段，即表示有人要来开种。此外，独龙族打猎、捕鱼有固定的地方，称为“猎口”、“渔口”。凡是有利的“猎口”、“渔口”，亦常有个人或家庭号占，其方法略同号地之法。[3]

在云南少数民族之中，这种号占之法还广泛使用于其他方面。例如，有人看中某棵大树，先将枝叶削去一些，即表示此树已有主人，即将来砍伐。又如，有人发现野蜂窠，例先插草为记，表示此群野蜂已为人发现。再如，基诺人的茶树经常是由野生茶树培育而成的，他们看好一片野茶树后便在周围铲去一些杂草，表示这片茶树已有人开始培育。

凡是已加号占标记的东西，一般不会有人争夺。若动了别人先已号占之物，便违反习惯法，要受到舆论的谴责。独龙族还有这样的情况：行路时背的东西太重，可以丢下一部分在路旁，用树枝或草为记，以后何时来取都不会遗失。基诺人行路时拾得别人物件，则挂在树上，以小石块或其他之物做出显著的记号，引起失主注意，并告诫别人这物另有主人。这些记号从广义言之，也都属于号占标记之类。

这些号占标记（砍树、铲草、竖桩、插草等）与刻在器物的符号，貌似不同，实质一样。所谓“号”，就是作出记号和标志的意思。这些号占标记，有的可以称为“所有权标记”，有的仅仅代表个人短时的占有。

少数民族用以代表个人的还有一种标记，就是手印。怒族用火漆在大小约为 10×4 厘米的石块印上手印，作为调解凭证。西双版纳傣族每逢盖房子，要向上司交纳一定的钱物，然后由土司在小块白布上按一手印，交给盖房者，表示盖房已经过“批准”。红河哈尼族买卖或典当土地时，卖出或典出的一方也在白布上用手沾墨盖印，交对方收存（图一：3)。这些手印就等于

---

1 云南民族调查组：《云南省拉祜族社会历史调查资料》，1963 年，130 页。

2 云南民族调查组：《金平县苦聪人社会经济调查》，1963 年，5 页。

3 云南民族调查组：《云南怒江独龙族社会调查》，1964 年，197 页。

今天的签名。后进民族和我们一样，也知道各人的手纹不一样，手印是识别一个人的最好方法。哈尼族买卖土地，有时由买卖双方及中人可各在白布上盖上指印（图一：3）。显然，指印就是手印的简化和演变。这和内地订立契约时盖指印的意义上是一样的，只是他们的“契约”仅有指印而无文字。

各种标记，无论是指示方向或表示危险，是表示隶属关系还是所有关系，一旦约定俗成，不需要其他人的解释，即可以起直接表意作用。从这点来说，它是一种比较成功的原始记事方法。但标记符号自身很少赋有特定的含意，这就使它还有很大的局限性。例如，看见工具上有一些刻划，知道是别人之物，但不知究竟是谁之物；看见地边插草为记，知道已有人号占，但不知是谁号占；因此用这种方法仅能记录或表达一些简单的笼统的事情，而不能表达复杂的思想。

标记是利用各种物件作出的，但起着记事或表意作用的并不是物件本身，而是物件上的标志或符号。这一点使它和物件记事不同，而和结绳、木刻相类似。

2.结绳

结绳最简单的一种是记录数字以帮助记忆。独龙族远行，借结绳计算日子，每行一天，打一个结。若朋友约定几天相会，亦可先在一根绳子上打几个结，每过一天解开一结，结子解完即知相会之期已到。西藏米林地区的珞巴族也有类似的方法。[1] 西藏的僜人每当举行夸示豪富的宴会，向亲友们分送绳子一根，上有几个结，即表示宴会将在几天后举行，亲友们接到绳结后，每过一天，割去一结，绳结割完，即去赴宴。[2] 景颇族出行必佩长刀，他们就利用刀柄上的穗子打结，以计行路日程，不另用绳子。

结绳不仅用来计日，也可用以记录账目。例如傈僳族某人养活侄儿成人，从侄儿进家之日起，每过一月即在麻绳上打一个结，一共打了五十一个结（图一：4，上）。侄儿后来参加工作，他拿出绳子和侄儿算五十一个月的“伙食费”。[3]

广西瑶族有类似景颇族的“讲事”之俗。他们计算“道理”时不是用玉米粒，而是在绳子上打结，双方“瑶头”说出一条道理即打一结，最后看谁的结多，即表示谁的道理多。[4]

除了帮助记忆外，结绳还可起契约的作用。哈尼族买卖土地，用同样长短的麻绳两根，田价多少元即打多少结，双方各持一根作为凭证。云南省博物馆藏有这样的麻绳一对，绳甚细，长约68厘米，其上各打九结，两根绳子的结与结间距离是大体一样的（图一：4，下）。关于当事人的姓名，未曾留下记录。

类似记事之法一直保存到1949年以后。1961年我们在云南瑞丽看见景颇族是这样记工分的：每个社员备竹篾一根，自己出工一天即折一节，但不折断，隔一定时期便凭竹篾的节数到生产队会计那里结算工分，这根竹篾就是他们的“工分簿”。他们分配粮食也用同样方法，先将谷物分为若干堆，各插竹篾一根，然后一堆一堆地量，每堆有几箩，即将上插竹篾折成几节（图一：5）。这种竹篾计数法和结绳性质相同，仅是以折节代替打结而已。

---

1 中国社会科学院民族研究所：《西藏米林县珞巴族社会历史调查报告》，1978年，64页。

2《僜人社会历史调查报告》，106页。

3 李家瑞：《云南几个民族记事和表意的方法》，《文物》1963年1期。

4 陈维刚：《瑶族的原始记事方法》，《民族团结》1963年1期。

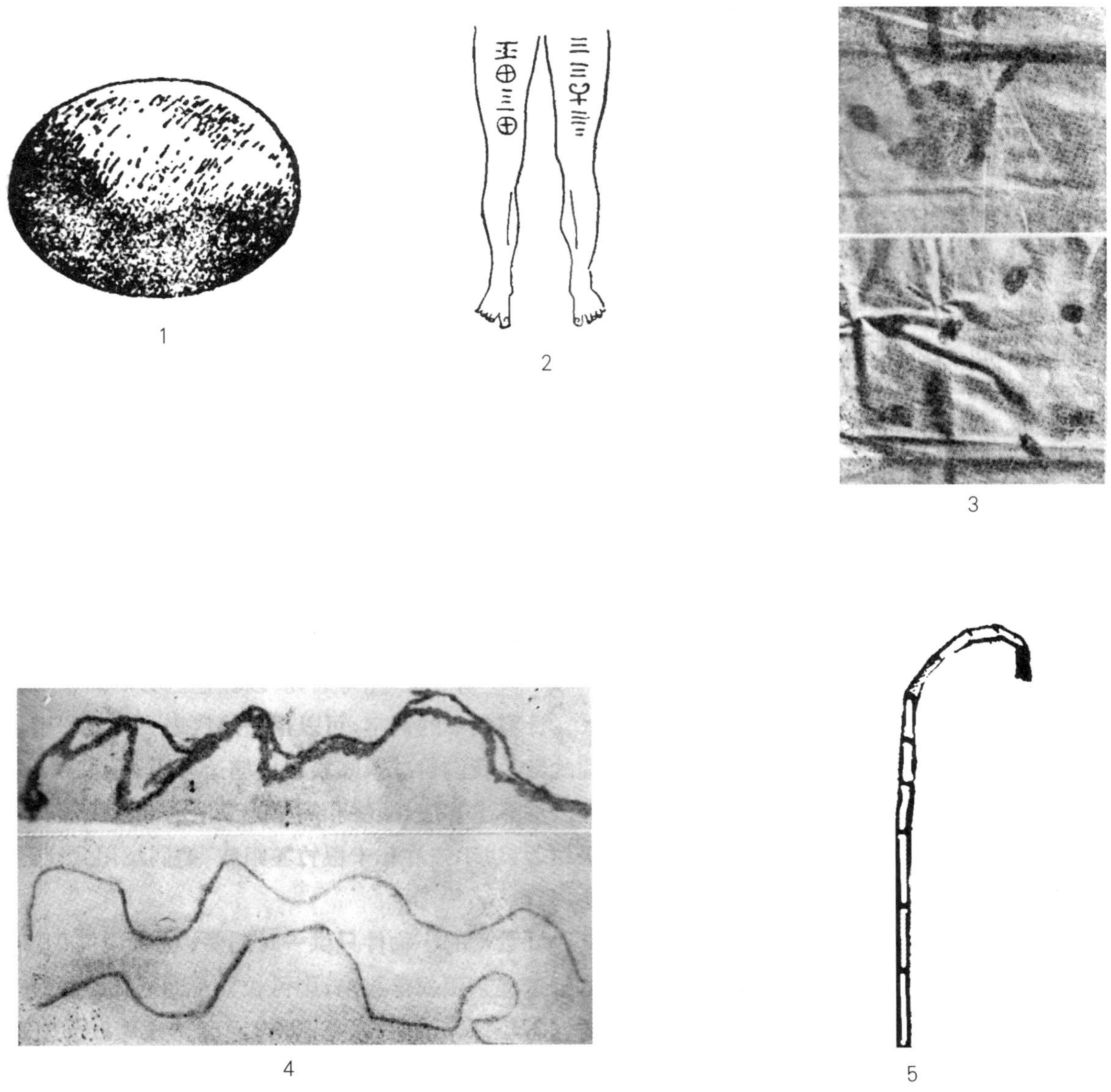

1.哈尼族典当土地凭证“可粒”——一块与典银等重烧过的卵石　2.黎族文身图样之一　3.哈尼族买卖土地“契约——一块有卖方手印的白布（上）及一块盖有中人及买卖双方中指印的白布（下）　4.傈僳族记录账目的结绳（上）及哈尼族买卖土地的结绳（下）　5.景颇族记数的竹篾

图一　少数民族物件记事、标记和结绳

结绳还用来记录比较复杂的数字和债务。其法是大小不同的结代表不同的事物。据说怒族结绳记事之法是大事用大结，小事用小结，惟我们未见实物。我们看过佤族记录债务的结绳一件，绳的上端有三大结，中间有一大结、一小结，下端又有三大结。上端表示借三元滇币，中间一大结、一小结表示半年利息是一元半滇币，下端三大结表示借出已有三个半年。

无论是记录简单的或复杂的事情，结绳主要作用仅在帮助记忆，即使是作为契约的结绳，也只有当事人双方才能理解。惟广西瑶族有一种类似结绳之物，成为社会上普遍使用的凭证。此物称为“交墨”，是将稻草穿入铜钱结成草绳，在距钱边约 65 毫米之外打一个结，不论请人吃酒，约人说理，找人办事，乃至聘妇下定礼，均以此物为凭。[1] 又云南宁蒗摩梭人以打结的羊毛绳来召集群众，称为“散羊毛疙瘩”。此类绳结具有凭证性质，是为人普遍了解和相信的，但究竟代表什么事情，仍需传信者或当事人解释。

3. 木刻

木刻的使用较结绳更为普遍。此法名曰木刻，实际上所用材料远不限于竹木，亦可刻在骨、角或金属物上。凡是通过刻划方式来记事和表意的，均可归入这一类。

木刻和结绳一样，最简单的一种是用于记日。景颇族出外旅行，若要计算日子，除在刀穗上打结外，亦有在刀柄上刻划的方法，每走一天，刻划一道。独龙族若有两个朋友约定几天后会面，各取木片一根，几天就刻上几个缺口，每过一天，削去一块，全部削完，即知相会之期已到。西盟佤族有同样方法，大马散寨和歹格拉寨发生猎头纠纷，1957 年在人民政府调解下重归于好，约定十二天后会面谈判。马散头人怕忘记此事，取一竹片，上刻十二个缺口，表示十二天，每过一天，削平一缺。[2]这一木刻为云南民族调查组搜集回来，原十二个缺口已被马散头人削平两个，残长 8 厘米（图二：1）。鄂温克人亦有木刻计日之法，约定几天后会面，每过天，在木棒上刻一纹道[3]。

木刻较多地还是用来记录账目和数字。独龙族借钱于人要“打木刻”。借出多少钱，就刻多少缺口；还了多少，再削去多少缺口。很多民族都有类似方法，有的刻缺口，有的刻纹道，其性质都是一样的。刻划为一般刻在可以移动的木棒上，也可刻在固定之处。如西藏僜人借出债务，即在板壁上刻道记数。[4]

上述木刻只起帮助自己记忆的作用。还有是做凭证用的，如红河哈尼族农民给地主交租，按租金多少在木片或竹片上刻缺口，然后一剖为二，地主和农民各执其一（图二：2）。每一缺口究竟是代表多少钱数是不一致的。一般是一缺代表一秤（每秤 25 公斤谷子），有时一缺可代表更大数字（图版二:4）。例如，有名叫李顺才者解放前夕交租后取得木刻一个，上有四个大缺口，每一缺代表十秤。

这种木刻记数之法一直保存到 20 世纪 60 年代。1965 年，我在西盟莫阿寨看见佤族的记工分法是：合作社准备两种小竹片，一种刻上八缺，一种刻上十缺，分别代表八分和十分。凡社员出工一天，视其劳动力强弱，壮年发十缺的，老人及小孩发八缺的（图二：3）。墨江哈尼族的方法是用一根木片，社员得多少工分就刻多少道，每隔十道中间刻一粗道，标明整数（图二：4）。瑞丽南景里景颇族的方法是社员自备竹片一根，出工一天自刻一缺，隔一定时期持往会计家登记。

20 世纪 50 年代初期西盟某诊所每天统计病人人数也使用木刻，看一个病人就刻一缺，每隔一定时期据木刻缺口数向上级汇报看了多少病人。在这里，木刻竟起着“机关报表”的作用。

木刻若记录比较复杂的账目，则须刻上不同的缺口或纹道。云南民族调查组搜集过西盟佤族

---

1 胡元倓：《两广瑶山调查》，中华书局，1935 年，85 页。

2《云南西盟大马散卡佤族社会经济调查报告》，156 页。

3《鄂温克人的原始社会形态》，89 页。

4《僜人社会历史调查报告》，35、36 页。

的借贷木刻一件，长 12 厘米。一边刻五十五个小缺口，代表债款共五十五元滇币；另一边刻三个大缺口，分别代表债主、中证人和债务人（图二：5）。

北京民族文化宫陈列过西盟佤族两件木刻，更是饶有趣味。莫阿寨艾给向艾草借鸦片烟六十两，言明年利三十两，双方“打木刻”为凭。木刻一端刻六十道，另一端刻三十道，分别代表本钱和利钱，每遇十道，划“×”形符号一个，代表整数。然后一剖为二，各执其一（图二：6）。后来艾给无力还账，艾草又送去木刻一个，一端刻五个小缺口，另一端刻一个大缺口。小缺口表示“希望你在五个月内还清”，大缺口表示“若你不能还清，我要来拉走牛一条或小孩一个”（图二：7）。

贡山拉宛夺村独龙族男甲要娶茂顶村女乙为妻，男方付出聘礼大牛一头、小牛一头、杀死的牛半头、杀死的大猪一头、杀死的小猪三头、三头半猪的肉、男人背去的酒（每“背”20 公斤）六瓶、女人背去的酒（每“背”10 公斤）三瓶、大铁锅一个、小铁锅一个、铁三脚架一个。男方当即“打木刻”记录。一根木片上刻有大小、形状各不相同的缺口或锯齿，分别代表上述之物（图二：8）。后女方未嫁身亡，男方拿出这根木刻与女方谈判，女方只得同意按木刻记载之物悉数赔偿。[1] 据说苗族也有这类记录聘礼或陪嫁的木刻，双方各执其一，作为凭证。

红河哈尼族典当土地的契约木刻，更为复杂。除了缺口或刻道外，还出现了各种符号。中央慰问团收集的一件是这样的：一根圆形木棒长 20 厘米，正面刻符号“*”代表百元，“×”代表五十元，两个“l”形符号各代表十元，五个“·”符号各代表一元，表示典价共有滇币一百七十五元。另外两侧各刻三个圆点，代表双方证人三人。木棒从中一剖为二，典当土地的当事人双方各执其一（图二：9；图版二：5）。

海南岛黎族木刻按典当土地所付价钱之多寡而长短不同，计有“指长押”、“掌长押”、“肘长押”三种，分别为中指之长、手掌之长及一肘之长。其上刻横纹，可代表一元，亦可代表五元。每隔横纹十道，有时加有×形。前人记录这样的木刻数件，其中一件共刻横纹十七道，每道代表五元，共八十五元；上端复有粗横道三道，代表水牛三头。全刻两头又各有缺口若干，乃供合契时验证时否相合，以防假冒。[2]

有些民族已经掌握了文字，由于习惯的原因，仍以木刻为契约，甚至在木刻上再书以本族文字。例如，明代傣族“凡与其交易借贷等项，则以缅字书日期，而刻多寡于竹上以为信”[3]。清代彝族也是“契约用木刻，书爨字于后”[4]。关于彝文木刻的实物，已有发现。[5] 由于木刻已成为契约一种固定的习见的形式，有些民族与汉人打交道时，还在木刻契约上书写汉字。著名的例子是清初吴尚贤在佤族地区开银矿，佤族曾和他“打木刻”为凭，上书“乾隆八年”等字样，这件木刻一直保存到 20 世纪 30 年代。[6] 前人还报道过一件彝族（？）买卖房屋木刻，是“乾隆五十七年

1《云南怒江独龙族社会调查》，201 页。

2《海南黎人刻木为信之研究》。

3（万历）《云南通志》卷四《景东府》。

4（道光）《宣威州志》卷五《种类》。

5 柯象峰：《罗罗文字之初步研究》附图，《金陵学报》第 8 卷 1—2 期。

6 方国瑜：《班洪风土记》及《炉房银厂故实录》，载《滇西边区考察记》，昆明，1943 年。

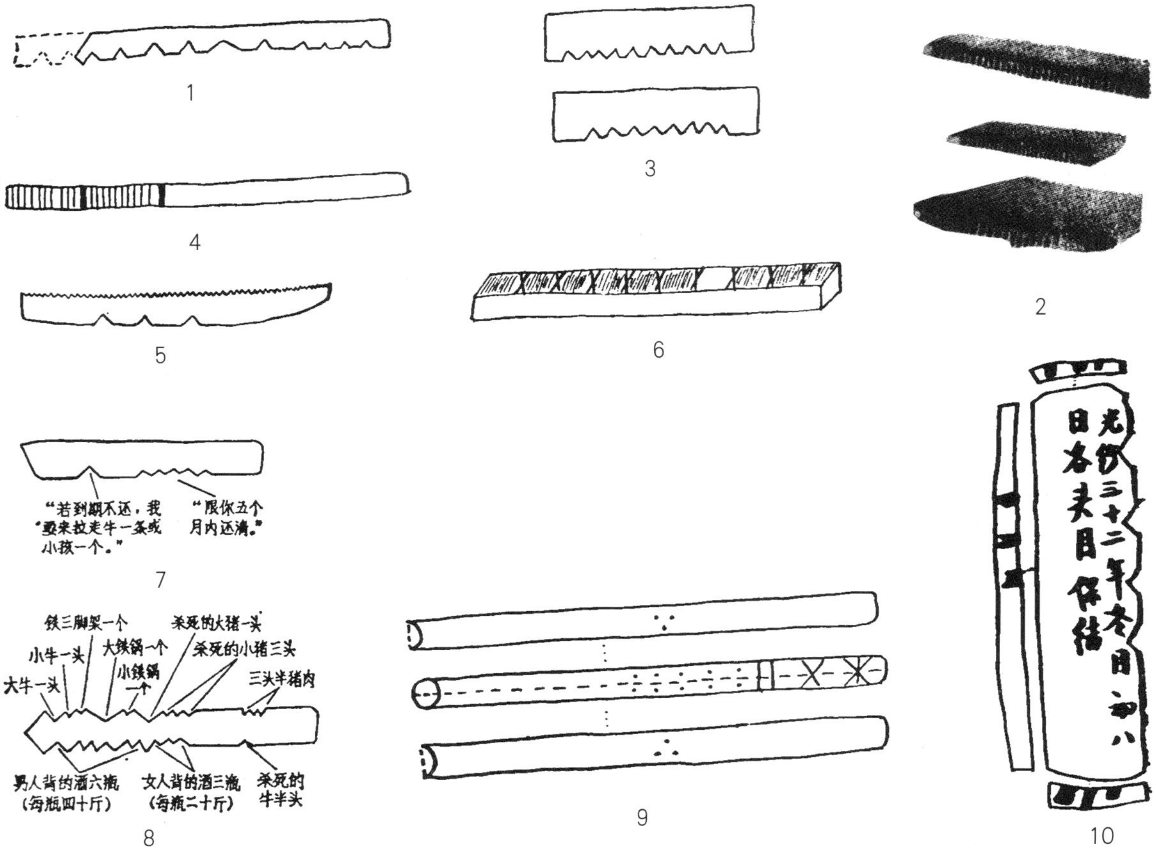

1.佤族计算日子的木刻（过一天削去一个缺口） 2.哈尼族交租木刻 3.佤族的工分牌（上：十个缺口表示十个工分；下：八个缺口表示八个工分） 4.哈尼族记工分的木刻（二十道刻纹表示二十个工分） 5.佤族记录债务的木刻（上：五十五个缺口表示借贷五十五元滇币；下：三个大缺口表示债权人、债务人、中人） 6.佤族借贷契约木刻（左：六十道刻纹表示本钱鸦片烟六十两；右：三十道刻表示利息鸦片烟三十两） 7.佤族催人还债的木刻 8.独龙族记录聘礼的木刻 9.哈尼族典当土地木刻（*表示100、x表示50，||表示20，·表示5，共175个滇币；两侧∴形表示中证人三名） 10.孟连傣族土司衙署保存的写有汉字的木刻

图二　少数民族的记账木刻

正月十六日”立的。[1]我们在孟连傣族土司衙署还见到一个具结木刻，长约 8 厘米，宽约 2 厘米，上书汉字两行：“光绪三十二年冬月初八日各头目保结”。木刻共有四缺，三边还各用墨笔画三道，表示当事人双方及中人之意；四缺代表何物或多少钱数，不知其详（图二：10）。

木刻不仅可以记录债务和作为契约，还可记录或表达各种非经济性的事务，应用于社会生活的各个方面。

景颇族过去有“吃新谷，话旧仇”之俗。老人把本家或本寨历史上和邻寨发生之纠纷，刻木记之，大事刻大缺口，小事刻小缺口。至于究竟代表何事，惟刻者知之。每逢新谷初收，人们尝新祭祖，即取出木刻，边看边说：某寨与我有仇，某寨与我有冤，这种木刻颇似他们的“备

---

1 邓之诚：《骨董琐记》卷四。

忘录”（图版一：3）。

1928年，中缅边境的景颇族派代表到当时的界务委员会请愿，拿出木刻一根，上有十一刻道，代表十一个当地最大的“山官”，表示他们誓属中国之意。[1] 此类木刻具有“决心书”的性质。

红河哈尼族过去每当庄稼成熟，村寨头人便集会决议禁止相互偷青，违者查究。然后取羊角一对，和“打木刻”一样刻上缺口，几个村寨参加会议便刻几缺，保存在发起订约或为首的村寨，作为凭证（图版二：3）。这种相邻寨结盟订约之俗，在云南相沿已久。一般是在议事以后，杀牛或杀猪，称为“吃牛丛”或“吃猪丛”[2]。大吃大喝之余便取牛肋骨或猪肋骨一根，根据参加村寨之数刻上缺道，保存在土司主要头人之家。这类肋骨实物尚有保存（图三：1），它们可看作是“盟约”、“公约”之类。

孟连拉祜族50年代初为了防御国民党残兵骚扰，实行联防。各村寨间为了互通消息，遂备竹棒一根，一剖为二，约定来往传递消息者要持此为凭。沧源岩帅地区佤族头人，对在自己管辖地区旅行的客人，发给缅刀一把，另加木刻一根，上绘红黑线条，凡持此物者所到之处皆有招待。这些木刻就相当于今天的“通行证”[3]。

鄂伦春族的木刻则应用于宗教方面。他们的巫师萨满跳神时，备方形木棍一根，称为“档士”，一端系上各种颜色布条。萨满能请来几位神，就刻几缺。神一旦被记入“档士”，据云即永不离开[4]（图三：2）。这种木刻可说是诸神的“花名册”。

我们在盈江景颇族村中搜集一例，颇能说明木刻应用之广泛。铜壁关“山官”杨某偷乐国寨“山官”铓锣一个。杨某足有残疾，从留下足印即可判断是他所偷。当乐国寨人追究时，他死不承认，并说如有此事他兄弟五人均不再当“山官”。这时便出具木刻一个，上刻五道，表示此意（图三：3）。后对方出示足印，杨某无可奈何不得不以田地一块赎回这根木刻。这一木刻应看作是一种“保证书”，当然是做了伪证。

景颇族青年男女相爱，彼此以槟榔盒、草烟盒、手镯、项圈等物相赠，其上往往用刀砍出一道刻痕，表示“一言为定”之意。若夫妻吵架离婚，则取出“火炕刀”（结婚作为礼物的一种象征性铁刀）一对，请一位中证人将两刀并列，砍上一个缺口，男女各执其一。这里所用之物虽非竹木，他们仍称“木刻”[5]，其性质确与木刻无异。有时景颇族夫妻吵架经调解又重归于好，这时也要以木刻为凭。盈江盏西地区景颇族的方法是：男女双方各找三个中证人，由村寨头人砍来带节的竹棒一根，先在竹节上砍一刀，表示“关节已经打通”，另在竹节两边各砍三道，表示双方各有三个中证人。然后头人念咒说：“山神孟标瓦听着！寨子脚的家堂鬼听着！某人与某人的事情已了，以后哪个再提前事，豹子咬他，雷打他！”说完将竹棒一劈为二，男女各执其一（图三：4）。这些木刻分别具有“订婚证书”、“离婚证书”和“和解证书”的性质。

哈尼族离婚也有类似木刻，是一根与男子中指等长的木棒，上刻四道横纹，分别代表男方、

1《续陈滇缅界务补充意见书》（云南历史研究所藏抄件）。
2 参见（天启）《滇志》卷七《沿乡训练牛丛议》，（清）张逸尘：《永昌纪乱》。
3 马子华：《滇南散记》，昆明，1946年，180页。
4 秋浦：《鄂伦春族社会的发展》，上海人民出版社，1978年，174页及有关图版。
5 云南民族调查组：《景颇族五个点调查综合报告》，1958年，208、209页。

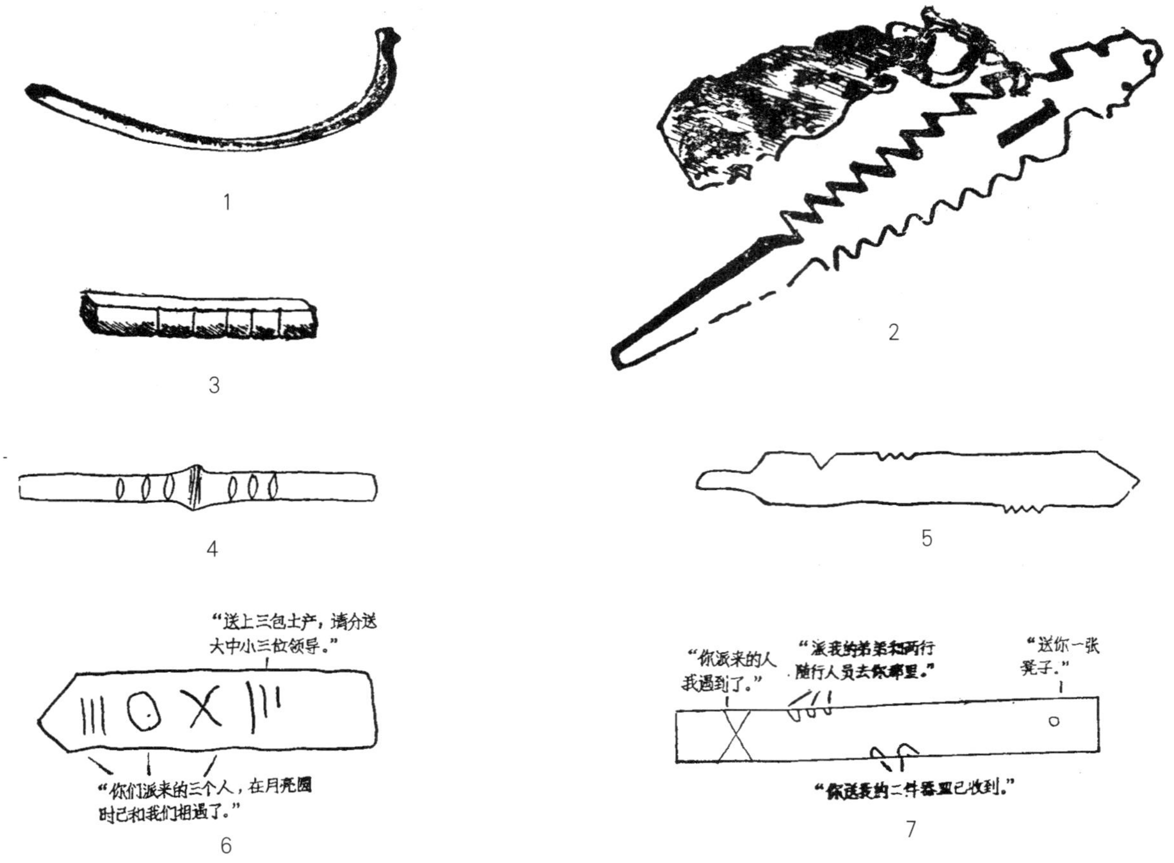

1.哈尼族刻猪肋骨订盟　2.鄂伦春族的“档士”——萨满登记神祇的木刻　3.景颇族作为“保证书”的木刻　4.景颇族夫妻和解木刻（两边三个缺口，表示双方各有中人三名）　5.独龙族通知收税人来到的木刻（上列的大缺口表示“大管事一人”，小缺口三个表示“随从三人”；下列的锯齿形四个表示需“背夫四人”）　6.傈僳族传信木刻　7.独龙族传信木刻

图三　少数民族的记事木刻

女方和双方中人。刻好后男女双方各吐口水一口，表示互相唾弃之意，然后一剖为二，男女各执其一。

西藏米林地区珞巴人若因事定约，不打木刻，而用两片石头并在一起打眼，然后各执一块，作为凭证。[1]这和上述各种木刻凭证性质是一样的。

总之，凭证木刻所用材料是多种多样的，刻划的方式和表意的方法也千差万别。同样一缺口或刻纹，可以代表完全不同的意思，只有当事人才能解释。

正如记录复杂账目要用不同符号一样，在表述复杂的事情时也要在同一件木刻上做不同的符号。例如，独龙族过去隶属于藏族察瓦龙土司，每逢土司收税，则要“打木刻”，一寨一寨传递下去，通知准备（图版一：4）。云南民族调查组搜集的一件是这样的：在一根长约66厘米的木片上，一边刻着一个缺口和三个小缺口，另一边刻出四个突出的锯齿。大缺口表示“这次来了

1《西藏米林县珞巴族社会历史调查报告》，64页。

一个大管家”，三个小缺口表示“大管家还有随从三人”，四个突出的锯齿符号表示“他们共需四个背夫”，要下一寨作做准备（图三：5）。有时还要在木刻中间划一道横线，表示“要把路修好，使他们畅行无阻”之意；或在木刻上再刻一交叉形符号“×”，表示“将在某地相遇”之意。[1]这种传信木刻，一般要将一端削尖，略成楔形，据他们解释是象征箭头，希望快点传递，或表示事情很急。很多民族将木刻用于传信时，都是如此。

20 世纪 50 年代初期，中央慰问团曾在福贡县收集到一件傈僳族传信木刻，长约 6.6 厘米，上刻四个符号。“| | |”表示三个代表，“○”表示“月亮”，“×”表示“相会”，“| ꞁ ˈ”表示“大中小三位领导”。全木刻的意思是说：“你们派来的三个代表已在月圆时和我们相会，送上三包土产，请分呈大中小三位领导”（图三：6）。

福贡人民政府曾收到来自贡山的一件木刻。一端刻交叉形符号，表示相会：另一端刻一圆圈，代表一个凳子；上边三缺，代表三个人；下边刻二缺，代表二件东西。全木刻意思是说：“你派来的人我们已经相会，带来两件东西也收到，派我两个弟弟及一个随从共三人去你处，送你一个凳子。”[2]（图三：7）

为了更好地表达复杂的意思，木刻往往和其他方法结合起来。历史上著名例证是宋人周去非记录的广西瑶族一件诉讼木刻，上有刻的符号和火烧的痕迹，还钻有小孔，内穿稻草打结。这是木刻和结绳相结合。[3]

近世少数民族常用方法则是在木刻上加以表意物件，使符号记事和物件记事相结合。例如，在宣战或传信木刻上附以鸡毛、火炭等物，强调紧急之意。上述独龙族通知各寨土司收税人即将来到的木刻上，就常常加上鸡毛、火炭，表示快到；若加上辣子，则表示这次收税人很毒辣，希望大家好好应付；若再加上一枝箭，则表示此人将像箭一样很快到来。又如西盟小马散寨佤族头人艾郎的骡子被完冷寨拉走，艾郎连送两次木刻，完冷寨人置之不理；艾郎再送木刻，上加辣子，这辣子是表示即将开战之意。此事发生在 1953 年，后经人民政府调解而作罢。再如，凉山彝族打冤家时，要先送木刻，称为“斯尔马”[4]，相当于战书，其上一般也要附以鸡毛、火炭。这类外加鸡毛、火炭的传信木刻，曾在很多民族（如独龙、怒、傈僳、彝、哈尼）流行，其一端都是削成楔形的（图版二：6、7）。

景颇族买卖土地，除打木刻计价外，还以“火炕刀”一把连同木刻交给证人，以示一刀两断之意。[5]

符号记事和物件记事相结合还有一种形式，是在表意物件上直接刻划符号。例如，20 世纪 40 年代沧源岩帅地区佤族有人在上勐允地区被杀，财物被抢。岩帅先后三次送信给上勐允，都是用原始表意之法。第一次是送去一块方形红糖，上面挖六个小洞和一个大洞，但不挖穿，表

1《云南省怒江独龙族社会调查》，31、72、240 页。

2 此件木刻中所说的送凳子，原记录未做解释，疑是少数民族对人表示尊重的一种方法。很多民族认为凳椅是高坐器具，只有头人才能享用，有时一个村寨只有一件（如沧源佤族），这在民族学上称为“头人凳”。

3（宋）周去非：《岭外代答》卷一〇木契条。

4 四川民族调查组：《普雄县瓦吉木乡社会调查报告》，1962 年，110 页。

5《景颇族五个点调查综合报告》，65 页。

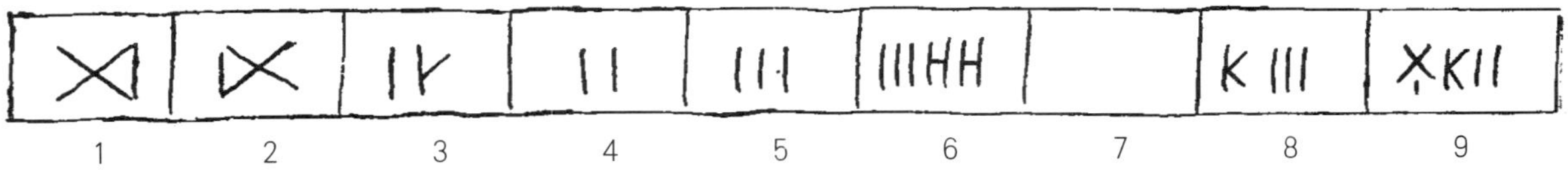

1.姑舅开亲　2.开始结亲　3.一钱五分银子（新娘过门姑方给的“踩门钱”）　4.一钱二分银子（送给亲姑娘）　5.三两盐（送新娘回家吃“姨妈饭”）　6.三斗米、一只鸭、一点肉（送新娘回娘家吃“姨妈饭”）　7.?　8.两双筷子，三个酒杯（舅方带此到姑方敬神）　9.一个丫头舂米（舅方富有，新娘带丫头回来舂米）

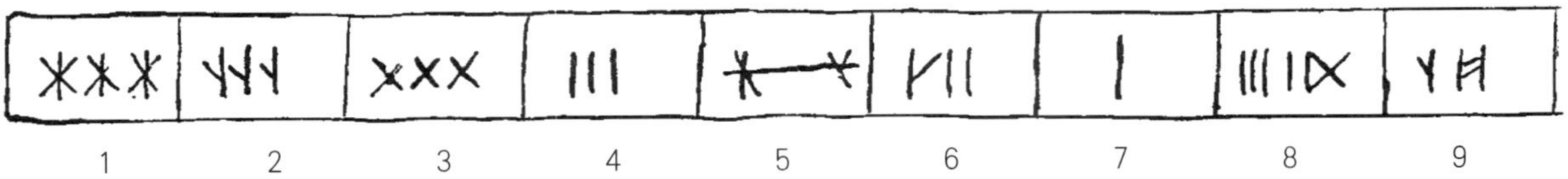

1.三百两银（舅方要的聘礼）　2.三百匹骡马（舅方再增要财礼）　3.三百只鸡（新娘回娘家，姑方应送礼物）　4.一两六钱银子（给送亲的男子）　5.?　6.一杯茶、一斤烟叶、一斗米、一斗二升谷子（送新娘回娘家招待亲友）　7.十二两盐（送新娘回娘家分送老人）　8.一只鸡、一只鸭、一升米煮稀饭（送新娘回娘家做“姨妈饭”）　9.燕子伞、蝙蝠伞、真难抬（接亲时要请人为新娘打伞）

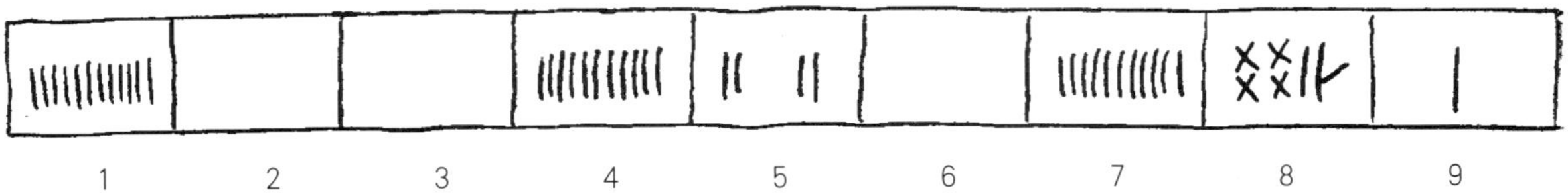

1.十二条牛（姑方拿不出这么多的聘礼，杀十二条牛请人讲理）　2.?　3.?　4.十一条牛（姑方富有，办婚事后仍有许多牛）　5.一两六钱五分银子（岳父母送给女婿）　6.?　7.十一条牛（舅方亦很富有，与姑方门当户对）　8.一个锅、一个鼎罐（煮稀饭时应由女方准备之物）　9.?

图四　炉山苗族的“刻道”

示“假如你们交出滇币六千元和凶手一人的话的，我们的关系还可以和糖一样的甜蜜”。第二次是送去方形盐一块，上挖一洞，洞已挖穿，表示“我们的关系已经破裂，已无言（盐）可说”。第三次则送去宣战木刻外加鸡毛、火炭，表示“我们很快就要来打仗”。[1]

最复杂的木刻属于苗族。贵州炉山苗族有一种赛歌之俗，每逢过年或举行婚礼时由两人对唱，一问一答，答唱不上者算输。歌手们为了防止遗忘，常备木刻一根，称为“刻道”，上画各种符号，每一符号代表一首歌的名称或首句。歌手们一时忘了歌词，便偷偷拿出来看一下，见到某一符号便能想起下面歌词。“刻道”就是苗族歌手们的“歌本”。

贵州省博物馆收藏的一件“刻道”是这样的：方柱形木棒，长36厘米，每边宽1.5厘米。上端另有一小柄，长约2.5厘米，似为手持之处。每面分为九格，共三十六格，格内以墨画一个符号，有十三个空白格，有二十三个格内有符号，各种符号及其意义见图四。[2]

这些符号所表示的意义，有的易于理解。如以十一道短线表示“十一条牛”，十二道短线表示“十二条牛”，三道短线表示“三两盐”；三个交叉符号，表示“三百只鸡”等等。但大部分

1 马子华：《滇南散记》，昆明，1946年，160—162页。

2 关于炉山苗族“刻道”的详细情况，参见贵州省博物馆筹备处：《贵州省少数民族传说故事》第一辑，77—82页。1977年我们去该馆参观此件文物，承该馆出示实物及原始记录，并赠照片，谨致谢意。

符号及其含意之间，并没有逻辑的联系。它们的意义只有画者知之。在画这些符号时，歌手可能只是随意涂抹，使今后唱歌时可以引起记忆即可，不必具有什么深意。

（三）**图画记事**

这种方法是以摹绘事物的形象来记录事情或表达某种意思和愿望。图画记事与为了美观的装饰性绘画易于混淆，经过仔细观察才可区分。

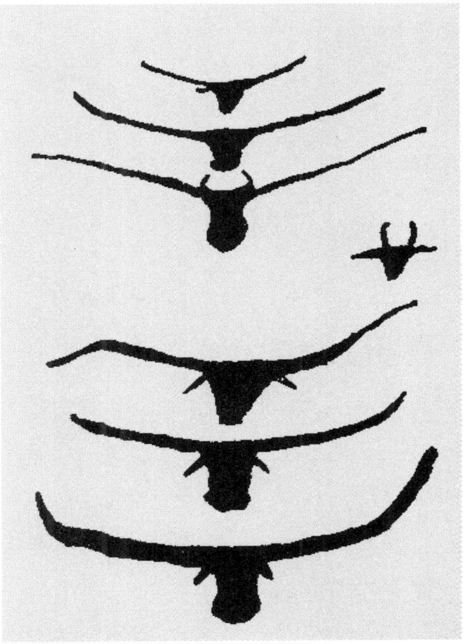

图五　西盟佤族〞大房子〞的牛头壁画

西盟佤族头人住的“大房子”墙上，常以牛血、赭土、锅灰、石灰等为颜料，画上红、黑、白各色壁画。最常见的是牛、麂子及其他动物或其头部，一排排叉手而立的人形，一个个方格形等等（图版二：1）。[1] 叉手人形代表跳舞者，方格代表田地，动物的头代表动物本身。这些图形的分布交错纵横，而不是按着对称和一定的节奏排列，显然不是为了房屋的美观。例如，图五是 1965 年我们在西盟大马散村一座已无人居住的“大房子”的一面墙壁上临摹下来的，画面上仅有用石灰画的六个水牛头、一个黄牛头。据佤族自己解释，画上这些东西是表示房屋主人即将有很多牛，打到很多的麂子，开出很多的水田，家庭富裕了即可请很多亲戚朋友来跳舞作乐。这和内地农村盖新房时，用红纸写上“人畜兴旺、家宅平安”之类吉祥语，有同样的意思。

沧源佤族在宗教用的“画布”上也有表意性的图画。这种“画布”就是白布一方，上面墨绘有各种图形，平时由头人（“达改”）保存，每逢“开门节”取出悬挂膜拜，谓可得到丰收。1964 年我们在沧源民良寨见到的一幅上有这样一些图形：人骑马者，人挽手作跳舞之状者，“干栏”式房屋，牛、马等等。据解释，骑马而来及跳舞者皆表示宾客，“干栏”房屋内布满圆点是表示粮食，牛马象征家畜。全图之意是祈求每年能够粮食满仓，牛马成群，宾客盈门。

拉祜族也有类似的“画布”。澜沧县文化馆收藏的一件，上绘水田、太阳、人形、牛角形等等，应也是祈求丰收，表示富裕之意。

海南岛黎族的皮鼓面上，常见墨画人骑马等图形，不具有装饰意义，可能也属于一种表意图画。

景颇的图画记事，也是属于祈求丰收性质。过去每当春耕，他们要先祭“官庙”。所谓“官庙”，不过是位于田野中一间茅棚。“山官”（世袭贵族）率领全村人来到这里举行象征性播种仪式，仪式主要内容之一就是要在地上竖立两根事先准备好的“鬼桩”（景颇语称为“能当尚”），“鬼桩”上绘有原始的表意性绘画（图版一：2）。现以我们在陇川拱瓦寨搜集的两件为例，具体说明之。

这两件“鬼桩”是复制品，一高一矮，高的称为“公桩”，矮的称为“母桩”。桩作长方形，

1《云南西盟大马散卡佤族社会经济调查报告》，155 页。

下端削尖，以便插入地下。“公桩”上画一曲线，把桩面分为九栏，从上而下绘有砍刀、弹丸和弹弓、水塘和鱼、犁和轭、耙和轭、锄和锄柄、犁铧、钉耙、凿子和“夺铲”、水牛、黄牛、青蛙、螃蟹。曲线本身又兼代表水渠。“母桩”用横线分为八栏，从上而下，画的是项圈、耳饰、玉米、棉花、黄瓜、向日葵和旱谷、南瓜、芋头。上述图形分别以红黑两色绘成，形象准确而生动，寥寥几笔即能把动物和植物的特征表现出来。“公桩”长 125 厘米、宽 10 厘米，“母桩”长 120 厘米、宽 10 厘米（图六）。

据景颇族老人及作画者本人解释，图画的意义是这样的：“公桩”所绘都是男子所要的东西，如弹弓、弹丸是男子打鸟的工具；水塘、水渠、鱼、青蛙、螃蟹，都是水田的象征，而管理水田正是男子的工作；牛是景颇族喜爱的家畜，而照顾牛群也主要是男子的事情。“母桩”上画的都是妇女所要的东西，如项圈、耳饰是妇女们心爱的首饰；各种瓜菜及玉米、棉花等旱地作物，都算妇女的收获物，因管理园圃和旱地是妇女的主要任务。画上这些东西总的目的就是希望当年大丰收。它的意思仿佛是说：“老天保佑吧，今年让男子能开多多的水田，繁殖多多的牛群，添置多多的工具；让女人收获很多瓜菜、玉米和棉花，添置多多的首饰。”尽管画的是一个个孤立的图形，而对景颇人来说全画就相当一篇“祷祝文”。它和过去内地土地庙门贴着“五谷丰收、六畜兴旺”之类的对联，性质是一样的。

这种“鬼桩”竖立在“官庙”之旁，举行仪式后就无人问津，任其腐烂。次年祭“官庙”又要另做新桩。从这里也可以看出图画记事和一般图画的区别，图画记事是表意性的，目的不是供人长期欣赏。图画记事和其他记事方法相较有形象化的优点，有些图形（特别是描绘具体事物的图形）人们一看即知为何物。但图

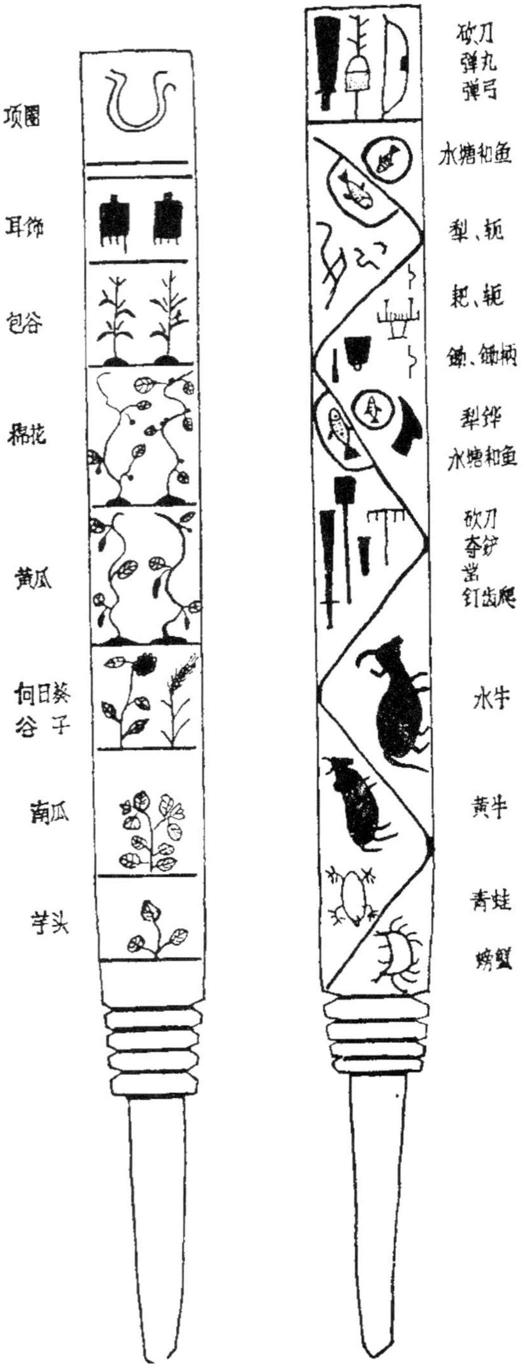

图六　景颇族“鬼桩”上祈求丰收的图画

图七　纳西族象形文字经典中残存的图画记事

形之间常常是不连贯的，在以图画表意（特别是表述抽象的概念）的时候，各人又有自己特殊的表现方法，故全图的意思仍要靠画者或当事人的解释。例如，云南丽江纳西族已发展出一种象形文字，进入有文字的民族之列。但在他们的象形文字经典中（即“东巴经”）中，仍保存大量图画记事的成分。有时一个故事只用几个图形表示，“东巴”（巫师）看了这几个图形，便能诵出长篇的诗句，而其他人（即使认识这种文字的人）看了仍莫名其妙。图七是“东巴经”的一段，只有五个图形，从右至左是织布机、手持织梭的女人、持弓欲射的男人、箭、飞在篱笆上的一只斑鸠。然而这五个图形却表述下面一篇故事：天女翠海波波正在织布的时候，斑鸠飞在篱笆上，人类始祖错若利恩带来了弓箭想射，瞄了三瞄，还不会射。翠海波波说：“射呀！射呀！”便用织布梭向错若利恩手中一撞，箭就射出去了，正打在斑鸠的膝子上。[1] 这一段就属于图画记事性质，是“东巴”为了自己备忘用的，而不是逐字逐句记录语言的文字。

总之，图画记事中的图形，和木刻、结绳中的符号一样，主要仍是帮助个人的记忆，若用以传信或表意，要经过必要的解释。

二　中国考古发现和古文献中所见的原始记事方法

根据少数民族保存的各种原始记事方法所给予的启发，我们检查一下近年考古发现及文献记载，发现这些方法在中国古代同样是存在的，有些表达方式和少数民族所用者基本一致。现将有关材料加以初步汇集，仍按上述分类法排比叙述如下。

（一）物件记事

1.筹策计数和记事

如众所知，内地古代有以筹计数之法，举行射礼或投壶之礼时，都是每中一次便投一筹。[2] 若演算复杂的历法之类更要用筹。[3] 筹亦称“策”或“算”，是有固定长度的一种竹木棒或骨棒，其实物在陕西千阳汉墓及湖北江陵第一六八号墓已有发现。千阳汉墓骨筹共三十一根，每根长12—13 厘米[4]，正与文献记载汉筹的长度（六寸）相符。

这样讲究的算筹自是后来的发展，它的前身应是稻草、细树枝之类。《方言》卷二：

> 木细枝谓之杪……燕之北鄙朝鲜洌水之间谓之策。

可见筹策之策即得名于细枝。远古时期人们也是用手边可以拿到的树枝等小物件来计数，并无专用的计数工具。

更值得注意的是，古代和今天景颇族、苗族一样，不仅以筹计数，还用筹计划事情或计算道理。《孙子兵法 · 始计》：

> 夫未战而庙算胜者，得算多也；未战而庙算不胜者，得算少也。

1 李霖灿：《么些象形文字字典》引言，四川李庄，1944 年。
2《仪礼·乡射礼》：“……乃射，若中，则释获者坐而释获，每一个释一算。”《礼记·投壶》：“有入者则司射坐而释一算也。”
3《汉书 · 律历志》：“其算法，用竹径一分，长六寸。”《说文 · 竹部》：“算，长六寸，计历数者。”按六寸正是汉代算筹固定长度。
4 中国科学院自然科学史研究所：《千阳县西汉墓中出土算筹》，《考古》1976 年 2 期，85—86 页，图二，图版壹。纪南城发掘组：《湖北江陵凤凰山一六八号汉墓发掘简报》，《文物》1975 年 9 期，5 页。

《战国策 · 魏策》：

大王已知魏之急而救不至，是大王筹筴（策）之臣无任矣。

《史记 · 留侯世家》：

（张良）运筹策帷幄之中，决胜千里之外。

这里所说的算筹或筹策，均非空泛之词，它反映古人在决定战争等大事之前要反复考虑，并以筹策计算理由。所谓“谋臣”就专搞这样的工作。例如上引《留侯世家》还记载，张良反对分封六国之后代，曾在刘邦面前“借箸为筹”，列举了八条不可分封的理由。可以想象，当时张良也和景颇族“讲事”一样，每举一条理由就放下一箸。这种以物计事方法和习惯，当然不是战国秦汉时期才兴起的，应有古老的渊源。

2. 各种符信

关于物件表意，古代内地有些方法也与少数民族相同。如以鸡毛表示“紧急”，至今仍存在于民间。

内地古代也用竹箭表示“快速”。《汉书 · 文帝纪》：

二年九月，初与郡守为铜虎符、竹使符。

《后汉书 · 杜诗传》：

旧制发兵，皆以虎符；其余征调，竹使而已。

关于调兵所用“竹使符”的形状，上引《汉书 · 文帝纪》文下颜师古注引应劭云：

竹使符，皆以竹箭五枚，长五寸镌刻篆书第一至第五。

可见“竹使符”就是竹箭。调兵贵在神速，而箭有快速之意，故调兵之符就采取箭的形式。这和独龙、傈僳、哈尼等族凡是传信木刻皆刻成象征箭头的楔形，或木刻之上再附一枝箭，是同样的道理。

汉代已有文字，故“竹使符”以篆书注明号码，但竹使符本身应来源于远古时期的表意方法。

竹箭不仅用于征调，而且用于诉讼。先秦时期处理一般案件时，诉讼者要先交纳“束矢”，即竹箭十枚。《国语 · 齐语》云：

索讼者，三禁而不可上下，坐成以束矢。

《管子 · 小匡》：

无坐抑而讼狱者，再三禁之而不直，则入束矢以罚之。

《周礼 · 大司寇》（括号内为郑玄注，下同）：

以两造禁民讼，入束矢于朝，然后听之。（讼谓以财货相告者……使讼者两至……使入束矢乃治之也。必入矢者，取其直也。）

若是重要案件，则诉讼者要先付“钧金”，即三十斤铜。《周礼 · 大司寇》：

以两剂禁民狱。入钧金，三日乃致于朝，然后听之。（使狱者各赍券书，既两券书，使入钧金。又三日乃治之，重刑也。不券书，不入金，则是亦自服而不直者也。必入金者，取其坚也。三十斤曰钧。）

综合这些记载，可以看出古代诉讼时，官方先加劝阻，若劝阻无效则按案情轻重要求对方交纳“束矢”或“钧金”。若一方不敢交，即表示己方无理；既交之后，根据券书等物证加以判决，胜者退回金矢，败者金矢则要没收。故《易·噬嗑》九四爻词有云："得金矢"，即打赢官司之意。

"束矢"和"钧金"在这里起的是保证金的作用。为什么要以箭和铜来做保证呢？郑玄的解释是："必入矢者，取其直也"；"必入金者，取其坚也"。就是说以"矢"表示己方理直，以"金"表示坚信己方有理，坚决要打官司。这里所用的完全是古老的物件表意法。

古代贵族对玉有一种特殊的爱好，故很多表意物件由玉制成。《周礼·典瑞》：

> 珍圭以征守，以恤凶荒；牙璋以起军旅，以治兵守……谷圭以和难，以聘女；琬圭以治德，以修好；琰圭以易行，以除慝。

这些作为符信的玉饰，又统称为"瑞节"，是使者所持的一种凭证。什么玉饰用于什么使命，不是平白无故的，而是据其形制或花纹的特征来确定。据郑玄的注解：珍圭之"珍"，音同于"镇"和"征"，故用以征召诸侯和镇抚灾民；牙璋边缘有牙，牙有"兵象"，故用以发兵；谷圭饰有谷纹，谷乃"善物"，故用以调解纠纷及缔结婚事；琬圭无锋芒，故用以治德修好；琰圭有锋芒，故用以征伐除恶。又《荀子·大略》："……绝人以玦，反绝以环。"玦有缺口，故表示绝交；环完整无缺，故用来表示反对绝交。显然，这不是原始社会（简单社会）所能建立的一套制度，而在实际政治生活中也未必严格实行，但它们所用的原则仍来自原始的物件表意方法。原来不过是借用玉饰之形（如玦、环）、玉饰之音（如"珍圭"），或借用玉饰之意（"谷圭"、"琬圭"、"琰圭"等），传达使命，持之备忘，行之既久，约定俗成，一些玉饰便成为社会上普遍了解的信物了。

（二）符号记事

1.器物上的符号标记

在属于个人的武器、工具或劳动产品上，刻绘符号作为标记，以免遗失或与他人相混，远在石器时代就已存在。中国也不例外。

武器、工具上的标记，当时应像今天少数民族一样，一般加于柄上。器柄多为竹木制成，故不可能保存下来。但工具标记在近年考古发现中仍有所反映。例如，西安半坡遗址发现过一件石铲，上刻交叉形；[1] 吴兴钱山漾出土一件石斧，上有墨绘回纹。[2] 这些应都是当时器物主人做的一种标记。值得注意的是交叉形，这是很普遍的一种表示所有权的标记，在古巴比伦人即常在工具上刻"×"形符号，巴比伦古文字中表示"占有"的字，即绘成一枚矛（或箭）上刻四个"×"形。[3]

标记更多的是刻在陶器之上。下面是人们已熟悉的一些例子：

西安半坡仰韶文化遗址出土的彩陶钵口沿有几何形符号，或器物未烧前就刻好，或烧好后再刻上去的。常见的共有二三十种。同类符号常出现同一地区，说明它是制造者或使用者所做的标记。[4] 特别是那些先刻后烧者，更是制造者手迹无疑。类似的符号，在距半坡不远的临潼姜寨

1 中国科学院考古研究所：《西安半坡》，文物出版社，1963年，63页，图版陆玖：1。

2 浙江省文物管理委员会：《吴兴钱山漾遗址第一、二次发掘报告》，《考古学报》1960年2月，83页，图版陆：7。按同类器物都不见这种墨绘回纹，故它不是一般的装饰。

3 *A History of the Art of Writing*, p.28, fig.80.

4《西安半坡》，196—198页，图一四一，图版壹陆玖、壹柒壹。

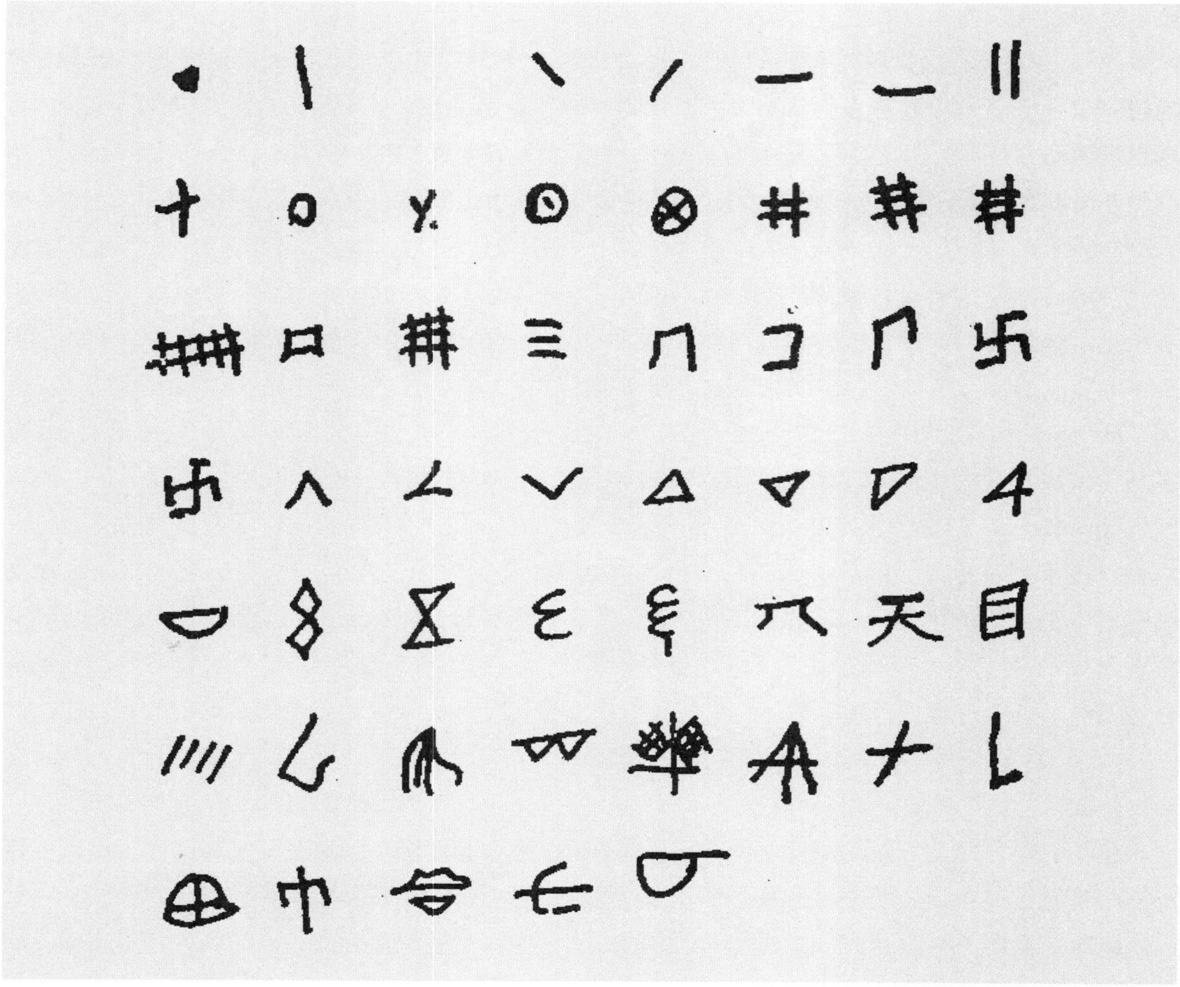

图八　青海乐都柳湾马家窑文化陶器上的符号

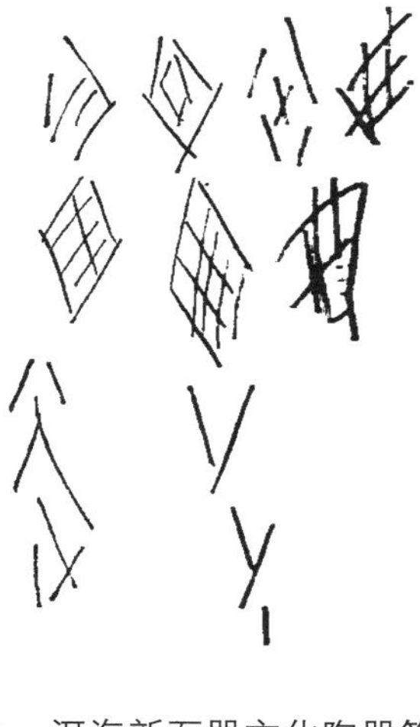

图九　洱海新石器文化陶器符号

图一〇　上海崧泽陶器符号

遗址出土陶器上也有发现。[1]

青海乐都柳湾马家窑文化墓葬出土彩陶器上，则有画的符号。符号多画在壶的腹部，共有五十余种，主要是几何形符号，有个别的似对某种物件的摹绘（图八）。无论哪一种，应都是代表制陶者或陶器主人的标记。[2]

云南洱海地区新石器文化陶器上几何形符号则较特殊。这些符号多刻划在器物颈部、肩部或腹部，共见二十四种，均由人字形和方格形二种基本因素组合而成，具有一种独特的风格（图九）。[3]

此外，山东城子崖[4]和上海崧泽[5]（图一〇）等地，新石器文化遗址出土陶器上也有少量几何形符号。甚至有了文字以后，人们制陶时留下的标记或符号，仍是屡见不鲜。

最近古文字学者们常将半坡等地陶器上的符号与古汉字联系起来，并解释其意义。[6]然陶符之分布如此广泛，延续的时间如此之晚，似乎很难说这些陶器上的符号是汉字的先驱。

据研究，器物加上标记，是世界上很多民族共有的现象。标记不外两种：一种是图形，或代表所有者所属的图腾；一种是几何线条组成的符号，一般是随意刻划，是所有者个人标记，只要自己器物不与他人相混即可。[7]中国古代器物标记情况应亦如此。

2．“结绳而用”

结绳在中国也有古老的渊源。自古相传在文字发明之前曾经有过一个“结绳而用”的时代。《易·系辞》：

> 上古结绳而治，后世圣人易之以书契，百官以治，万民以察。

《老子》第八十章：

> 使民复结绳而用之。

《庄子·胠箧》：

> 昔者……祝融氏、伏羲氏、神农氏，当是时也，民结绳而用之。

《说文解字·序》

> 神农氏结绳治，而统其事。庶业其繁，饰伪萌生。黄帝之史仓颉，见鸟兽蹏远之迹，知分理之可相别异也，初造书契。

这些记载把结绳和神农、伏羲这样一些神话人物联系起来，自不足凭信，但中国古代结绳确曾盛行，这在古文字中也有所反映。

金文中的十、二十、三十，作之𝈪形，正像一根或几根打结之绳。甲骨文由于刻划不便，把中间像绳结之点省略了，成为丨、U、山，致使原意不显。从这些字形可以看出，古代曾以结

---

1 西安半坡博物馆：《临潼姜寨新石器时代遗址的新发现》，《文物》1975年8期，82页，图一。

2 青海省考古队、考古研究所青海队：《青海乐都柳湾原始社会墓地反映出的主要问题》，《考古》1976年6期，376页，图一七。

3 吴金鼎、曾昭燏、王介忱：《云南苍洱境考古报告》，四川，1942年，35—36页，图版柒。

4 梁思永：《城子崖》，1934年，图版拾陆：1a、1b，12。

5 上海市文物保管委员会：《上海崧泽遗址的试掘》，《考古学报》1962年2期，8页，图六：39—43。

6 李孝定：《中国文字的原始与演变》和《再论史前陶文和汉字起源问题》，分载《中央研究院历史语言研究所集刊》第45本2分、50本3分。

7 *A History of the Art of Writing*, pp.26—28.

绳计数，甚至还可能像秘鲁的结绳“魁普”（Quipus）一样[1]，有把几根绳联在一起表示复杂数字的办法。

又金文之□（卖）字像眼睛注视结绳，从事交易，从贝以示其意。“□”（媵）字或像双手持结绳以进，表示嫁女赔送随从要先送代表人数之结绳，故又从人。此与《礼记·曲礼》：“献粟者，执右契……献田宅者，操书致”，所反映的是同样的习俗。[2]

这些文字反映古代确用结绳记数和记事，但它是对当时结绳情况的摹绘，是由图画记事变来的。结绳本身不能演变为文字。[3]

关于古代结绳的方法，有关记载很少，（唐）李鼎祚《周易集解》引《九家易》云：

> 事大大（结）其绳，事小小（结）其绳。结之多少，随物众寡，各执以相考，亦足以相治也。

这反映古代和今怒族、佤族一样，不仅以结之多少表示事物数量，而且还以结之大小表示事物性质。尽管如此，结绳只能为当事人帮助记忆之用，一个绳结究竟代表什么东西，是易于弄错的，特别是用来作为凭证或契约，还易于作假，弊病尤多。许慎在《说文解字·序》中说，“结绳饰伪萌生”，便指此而言。

3. 青海乐都柳湾出土的刻缺骨片

刻木记事古亦有之。古文字中有契字即是木刻[4]，所从之“丰”、“刀”即像以刀在竹木上刻齿之形[5]。

由于竹木易朽，故古代木刻实物很难保存。近年在青海乐都柳湾马家窑文化 328 号墓中，出土一套刻有缺口的骨片，为研究远古时期刻木记事方法提供了可靠的资料。这套骨片共四十枚，放在一件长颈彩陶壶中。骨片呈长方形，长 18 毫米，宽 3 毫米，厚 1 毫米。共分三种情况：一种是只刻一个缺口，有三十五枚；第二种是一边刻一个缺口，另一边刻两个缺口，有三枚；第三种是一边刻两个缺口，另一边刻三个缺口，有二枚（图一一）。[6] 同类的骨片，早在 20 世纪 20 年代安特生即曾发现。[7]

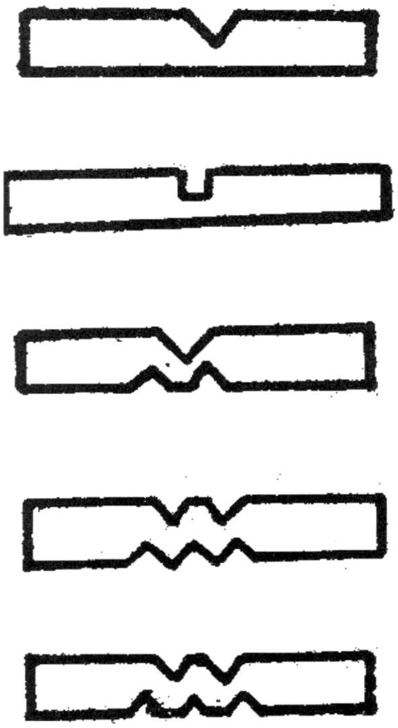

图一一　青海乐都柳湾带缺口的骨片

根据佤族、独龙族的木刻情况相印证，乐都骨片凡是在两边刻缺口的，应是分别记录不同的数字和事情。如一边是个位数，一边是十位数；或一边是大事，另一边是小事。至于其确切内容，

---

1 L. Leland Locke, The Quipu, A peruian Knot Record, *American Anthropologist*, Vol. XIV, No. 2, 1912.

2 以上诸字的解释，是徐中舒先生首先提出来的。参见所著《结绳遗俗考》，《说文月刊》第四卷（1944 年）。

3 唐兰：《中国文字学》，中华书局，1979 年，51 页。

4 《说文》：“契，刻也，从㓞从木。”又：“㓞，木约也。”《释名》卷六《释书契》：“契，刻也，刻识其数也。”

5 朱骏声：《说文通训定声》：“上古未有书契，刻齿于竹木以记事，丨像竹木，彡像齿形。”

6 《青海乐都柳湾原始社会墓地反映出的主要问题》，《考古》1976 年 6 期，376 页，图八：3。

7 安特生：《甘肃考古记》，《地质专报》甲种第五号，北京，1925 年，13 页。

即在当时亦只有当事人知之。值得注意的是骨片很多，且置于陶器之中，似为一种事先刻好的筹码以备用者；很可能如黎族在木盒中贮放石子以记录养牛数字那样，是对同类事物的积年累计。

4.券契和管节

古代和近代彝、傣等族一样，在有了文字之后，仍沿用木刻计数之法。《墨子·备城门》：

守城之法：必数城中之木，十人之所举为十挈（契），五人之所举为五挈。凡轻重以挈为人数。……

据孙诒让的解释，“十挈、五挈，谓该挈之齿以记数也”。[1]就是说古代守城要先估算城内树木之轻重，凡需五人抬者刻五道，需十人抬者刻十道。一旦战争发生，即按轻重分配人力抬木料修筑工事。这是和西藏僜人一样，在固定物件上施以刻划。至于一般记录数字的木刻，还是一根刻有锯齿的小木棒。《墨子·公孟》：

是数人之齿，而以为富。

又《列子·说符》：

宋人有于道得人造契者，密数其齿，告其邻曰：“我可以富矣。”

可见古人也有以木刻记录财富的习惯，以锯齿的多少代表财产的数字。

古代内地木刻更多的还是作为契约，这称为“券契”或“契券”。《管子·轻重》甲篇：

子大夫有五谷菽粟者……请以平贾取之。与之定其券契之齿。

《战国策·齐策》：

冯谖……约车治装，载券契而行。驱而之薛，使吏召诸民当偿者，悉来合券。

《说文·刀部》：

券，契也。……券别之书，以刀契其旁，故曰契券。

由上可见，古代券契与佤族借贷的木刻契约和哈尼族典当土地的木刻契约一样，是把数字反映在木刻上，然后一剖为二，各执其一，当还债或赎取时要以此为凭。故冯谖为孟尝君清理债务，要载“券契”而行，然后召民“合券”销毁，表示愿无条件取消债务。

古代也有在木刻契约上又写上文字的，这就称为“书契”。《周礼·小宰》：

听取予以书契。

《周礼·质人》：

掌稽市之书契。（书契，取予市物之券。其券之象，书两札而刻其侧。）

又《书·叙》孔疏引郑玄《易注》亦云：

书之于木，刻其侧为契，各持其一，后以相考合。

可见书契仍是券契的一种，特点是要书写文字，而且要“书两札”，这样在剖开“各持其一”后，双方都可见到文字内容。

古代还有质剂、约剂、傅别、券书等名称，都是木刻契约的不同形式，用途上或互有小异，不赘述。[2]

---

1 孙诒让：《墨子闲诂·备城门》。

2 参见《周礼》之《司市》、《小宰》、《质人》、《士师》、《朝士》、《司盟》、《旅师》及郑玄注。又孙诒让《周礼正义·小宰》对此有详细考证。

古代木刻契约“券契”和“书契”，还有左右之分。债权人一般是执右契，债务人执左契。[1] 这和少数民族“打木刻”定契约不分左右，是有所不同的。

关于古代带文字的木刻，还用于非经济性的事务方面。这类木刻的实物已有发现。例如，敦煌汉简中有一件，残长22厘米，宽1厘米，刻三十六个缺口，其上文字已残：

二日令□□守卒□十四木。[2]

另一件残长14.5厘米，宽0.8厘米，刻二十个缺口，最上一缺最大（内有“十三日”三字），上书文字一行：

四月威胡隧卒旦迹西乐玄武隧迹卒会界上刻券（图一二）[3]

图一二　敦煌汉简中的“刻券”

这些都不是一般的简牍，而是当时戍卒划分巡守范围的契约木刻。又居延和罗布泊发现的木简中，有字存其半的现象[4]，也属于同类之物。尽管这时早有文字，任何契约内容均可以用文字来表达，但由于习惯的原因，仍沿用木刻的形式。这和上章所引一些少数民族的带文字木刻，是同样的情况。

木刻作为符信，在古代亦曾流行。《周礼·小行人》讲古代符节的情况云：

道路用旌节，门节用符节，都鄙用管节，皆以竹为之。

所谓旌节，大概是一根竹子上系牛尾之类。所谓符节、管节，大概就像拉祜族作为通行证的木刻一样，是将一节竹管剖开，由使者执其一，以为凭证。著名的“鄂君启节”，虽以铜制，仍采取竹节的形式[5]，从中可以略窥古代竹木符节的情况。“鄂君启节”共分五片，这与少数民族的竹木符节简单地剖分两片相较，更可防止假冒和私造。

（三）图画记事

1.陶器上的图形标记

远古陶器上的所有权标记有两种，除了前面介绍的几何线条组成的符号标记外，还有一种是形象化的图形标记。后者属于图画记事的范畴。

---

1 《礼记·曲礼》：“献粟者执右契。”郑玄注：“契，券要也，右为尊。”《战国策·韩策》：“操右契，而为公责德于秦魏之王。”《史记·平原君列传》：“事成操右券以责。”《易林》中孚之坤：“符左契右……相与合齿。”然也有记载说契以左为尊，如《老子》：“圣人执左契而不责于人。”

2 张凤：《汉晋西陲木简汇编》，上海，1931年，50页。

3 《汉晋西陲木简汇编》，50页。

4 《居延汉简甲编》，科学出版社，1959年，第1930、1986A号。黄文弼：《罗布淖尔考古记》，北京，1948年，第4、6、7、9、58号简。

5 殷涤非、罗长铭：《寿县出土的“鄂君启节”》，《文物参考资料》1958年4期。

远古陶器上的图画并非所有都具有图画记事的性质，有些不过是一种装饰而已。例如，著名的河姆渡遗址出土陶器上有刻划的动物形象（猪、鱼）和植物形象（草叶、稻穗）；西安半坡遗址彩陶上绘有鱼、蛙、鹿、人面、树木、网等；甘肃辛店文化彩陶上绘有鹿、狗、太阳等等；最近在青海大通一座马家窑文化墓葬中出土的彩陶盆口沿绘有舞蹈人形。这些图形排列有序，布局注意对称和节奏的原则，它们都是当时人们喜爱的装饰，而非图形标记。西安半坡彩陶上的人面形，头有三角形饰，双耳由鱼组成，形象奇特，对其意义曾有不少推测。我们认为，它可能代表当时某种特殊的信仰，或属于某种神话中人物。但它仍应是一种具有神秘意味的装饰图案，不能列入图画记事的范畴。因在彩陶盆内壁，这种人面和鱼形相间排列，或两两相对，具有明显的装饰意义，而不像是一种图腾。

值得讨论的是，甘肃武山出土一件属于仰韶文化彩陶瓶上，只有一图形，人面有尾，尾高卷至头，仅有双足（图一三）。[1] 这一图形比较特殊而且单独存在，似不能以装饰图案来解释。我们怀疑，这可能是对当时某种动物（蜥蜴？）图腾的描绘，而被作器者用做陶器标记。个人用所属图腾作为自己的标记，在后进民族中屡见不鲜。例如，加拿大的不列颠哥伦比亚的海达－印第安人，就常把图腾刻绘在自己工具或器物之上。1683 年北美宾夕法尼亚印第安人的一个部落首领在和白人订约时，曾画一条蛇（该部落图腾）作为自己的签名。[2]

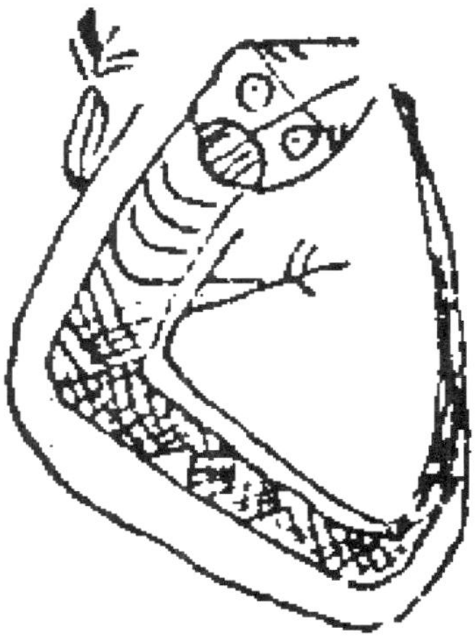

图一三　甘肃武山陶瓶上的蜥蜴图形

假如以上推测不错，则甘肃武山彩陶上这个图形应算是目前所知中国图画记事的最早例证。

比较明显的图形标记，发现在大汶口文化陶器之上。在山东莒县陵阳河和诸城前寨两个遗址出土的陶缸上，共发现刻成的四种图形（图一四）。[3] 这一发现引起了人们很大的兴趣。有些学者把石斧形释为“戉”，木锄形释为“斤”，其他两种或释为“炅”[4]，或释为“旦”[5]。我们认为，个别图形可能是后世某字的前身，而关于这几个图形总的性质，还不能说就是文字。就目前材料来看，它们属于图画记事性质。尽管日下有火、火下有山形，说明当时

图一四　山东大汶口文化陶器上的图形标记

1 甘肃省博物馆：《甘肃古文化遗存》，《考古学报》1963 年 2 期，图二：3。

2 *A History of the Art of Writing*, pp.23–24。

3《大汶口》，文物出版社，1974 年，116—118 页，图九四。

4 唐兰：《关于江西吴城文化遗址与文字的初步探索》，《文物》1975 年 7 期。

5 于省吾：《关于古文字研究的若干问题》，《文物》1973 年 2 期。

人们已能以图画方式表达一些抽象的概念；而且这一图形在两个遗址中重复出现[1]，说明当有些图形已趋于固定化，但所有这些不能证明当时已有文字，因为真正的文字要从表音开始，是能够记录语言的符号。陶器上这几个孤立的图形，还不能证明这一点。

这些图形刻于陶器上，当是作器者的一种氏族标记。例如，石斧形标记可能代表善制石斧的氏族，木锄形标记可能代表善制木锄的氏族。这些标记本身可能也就是图腾。后进民族作为图腾，不仅有动物、植物，也可以有工具和自然现象，这一点下面还要谈到。

2.殷周铜器铭文中的图形族徽

古代铜器上也能见到图画记事孑遗，这就是铜器铭文中的图形族徽。族徽是一个部落或氏族的共同标志，同时也可作为器物主人的个人标记。如前所述，后进民族常以本族图腾作为自己的签名。在铜器上刻铸族徽，就像今天人们在自己用物上写明姓氏一样。由于族徽在远古民族心目中是神圣的，书写时要率由旧章，不能擅改，这样一代一代相传下来，所以即使已有文字，而族徽仍可保存图画记事（有人称“图画文字”或“图形文字”）的特点。

族徽图形多保存在殷代铜器上，西周初年仍有存在。据《两周金文辞大系图录》所收两周典型铜器来看，自成、康迄于孝、懿，尚有十六器保存着图形族徽。孝、懿以后便不再出现了。

《金文编》附录上卷共收这类图形 562 个，这是视为不可识者。此外，尚有形体可辨已被编入正文各部之中者，据我约略统计，还有八十余个。两者合在一起，殷周铜器上保存的族徽共约 640 个左右。

这些族徽有的单独存在，一器只有一个图形；有的其下加以人名，如祖丁、父乙之类；有的其上加“大”（或释“天”）、“子”等字，可能是表示族的长幼等次，如“大宗”、“小宗”之类；更多的是外加“亚”形方框（或“亚”形加于其上）。关于“亚”形自宋代以来众说纷纭，或谓代表庙室；或谓象两已相背或两弓相背之形，有黻冕相继之意；或谓代表花押，“押”“亚”音通；[2]或谓如印章之花边，可有可无。[3]实际上，“亚”和“大”、“子”一样，也是表示族的等次。甲骨文中每见“多亚”。金文中有“诸侯大亚”（黻簋）之称。《诗·周颂·载芟》：“侯主侯伯、侯亚侯族……有略其耜，俶载南亩。”在《尚书·牧誓》、《立政》、《左传·成公二年》等篇中，亚亦与侯、旅连称。总之，凡冠“亚”之族，是表示该族的社会地位。

族徽图形依其内容来分，大体上可分为下列七类。

第一类是动物形，计有羊、牛、猪、鱼、虎、象、犬、龟、蝎子和各种鸟类（图一五）。这些动物代表当时器物主人的图腾。如众所知，古代族称常得名于动物图腾。个别前辈学者曾主张，族徽中动物图形即代表该族靠以为生之动物，如鱼形即卖鱼为业，鸟形即畜鸟为业。这一点恐非事实，因为凡是以饲养或捕捉某种动物而著称之族，其族徽另有表现法，一般要在动物旁加绘人形或工具（详后），绝不仅绘一动物形了事。

第二类是植物和自然物。属于前者的有草、木、禾、苗等，属于后者有山、雨等（图一六）。

1 按日下有火形符号，还见于华盛顿的弗利尔东方艺术博物馆所藏的一件玉镯上。参见东京国立博物馆编的《博物馆》360 号 23 页的图 1a、1b、1c。——1985 年 4 月 14 日补注。

2 以上诸说，并见张凤《图像文字名读例》，《说文月刊》第 1 卷第 2 期。

3 郭沫若：《殷彝中图形文字之一解》，《殷周青铜器铭文研究》，科学出版社，1954 年。

图一五　金文中动物形族徽

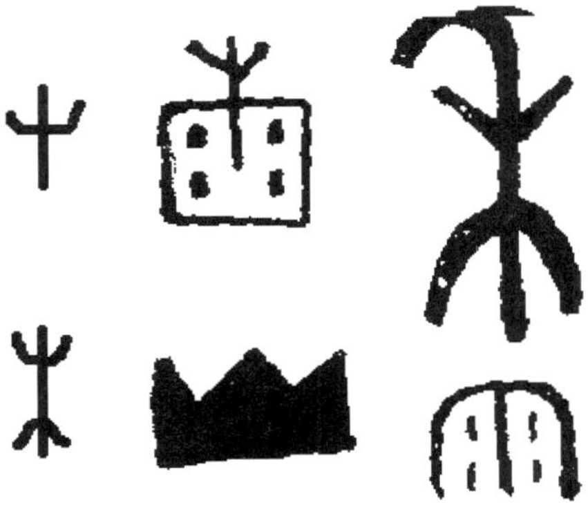

图一六　金文中植物和自然物族徽

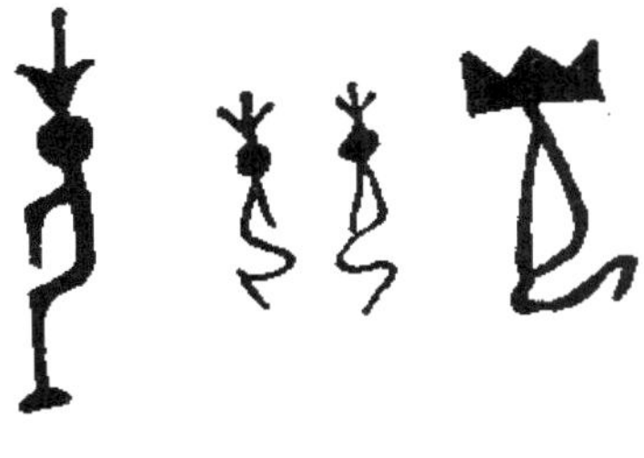

图一七　金文中人头上加以标识的族徽

这些图形作为族徽，或亦来源于图腾崇拜。远古民族信仰之图腾不限于动物，亦有植物、自然现象及其他物件。如美洲印第安人的马斯科基部落除有以各种动物命名之氏族，还有“玉蜀黍氏族”、“马铃薯氏族”、“泽胡桃氏族”。迈安密部落中有“太阳氏族”、“雪氏族”。福克斯部落中有“雷氏族”。[1] 澳洲东南部共有五百多种图腾，除动植物外，还有云、雨、日、月、风、秋、夏、冬、雷、火、烟、水、海等等。[2] 云南傈僳族不仅有“虎氏族”，还有“荞氏族”。

此外，图腾还有另一种表现法，即在人头上加“草”形、“山”形等（图一七），草、山都是所属图腾。又如“羌”字作人头上有羊形，或属同类情况。这种表示图腾方法在印第安人图画记事中也有存在。如美国达科他地区印第安人在一次人口登记中画了十九个人，人头上有树叶、马、牛、鹿、鸟等形象，表示该部落有十九个图腾氏族。又该地区舍延内（Cheyenne）部落一个成员写信头上画一龟，代表自己的图腾。[3] 中国古文字中类似图形，亦可考虑做此种解释。

第三类为各种武器、工具和器皿之形，常见的有戈、刀、弓、斧、耒、车、车轮、鼎、甗、鬲和皿、鼓。此外，尚有盛矢之箙，藏戈之椟，习射之侯，捕鸟之毕，铐手之桎梏，等等（图一八）。这部分图形成为族徽，情况较为复杂。一种可能是该族以擅长制造某种器物而得名，或是以制造某种器物为业者。例如，武王伐商后，曾赐鲁侯殷民六族，赐康叔殷民七族，其中即有索氏（搓绳索者）、长勺氏、尾勺氏（制酒勺者）、陶氏（制陶者）、锜氏（制釜者）、施氏（制旌旗者）、繁氏（编造马缨者）、樊氏（建造篱笆者）[4]，皆以职业为族称。更有可能仍得名于图腾，即源于该族对某种器物的信仰和崇拜。在远古人们的心目中，器物也是有灵魂的，一个部落竟可以是

1　摩尔根：《古代社会》，杨东莼等译，三联书店，1957年，178、187、189页。

2　林惠祥：《文化人类学》，商务印书馆，1935年，292页。

3　G.Mallery, *Picture—Writing of the American Indians*, New York: Dover Publications Inc., 1972, pp. 363—364, 88—390, fig, 472, 514（1893年首次出版）.

4《左传·定公四年》。

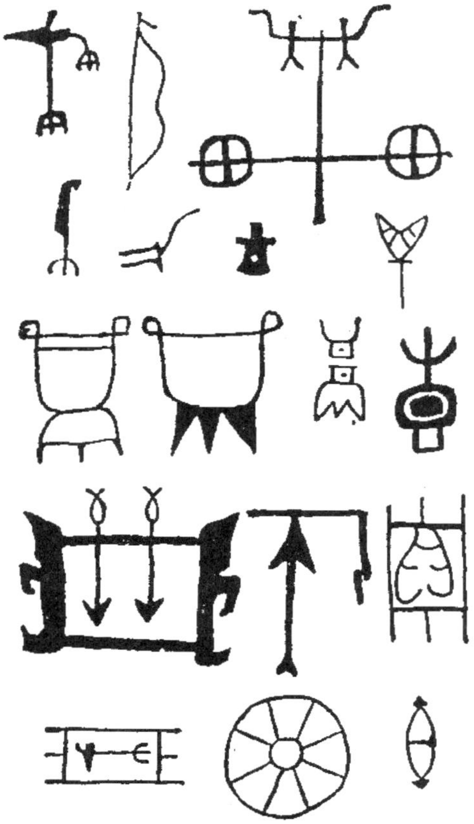

图一八　金文中工具、器物形族徽

图一九　金文中表示职业或职务的族徽

某种器物的后代。例如云南他鲁人有段姓者，他鲁语称“着扯”，意为“一段树干”。传说一个姑娘河边挑水，遇断树干而孕，今段姓即其后裔。又如有罗姓者，他鲁语称“基度”，意为“箩筐”，据云该姓祖先原是“箩筐变来”。

第四类是人形（或仅画出手形及工具形为代表）与物件相结合，这明显表示该族之职业或职务（图一九）。例如有些族似与农事有关，手持耒形表示开垦或耕作；树木旁置斧或刀形表示砍伐，为析、枝之类字的前身；两人面对树木形和一人面对树木而背有一床，似乎是看守农作物者；两人手持禾苗形，乃象征种植，前人释为园艺之艺的初文；三个妇女和植物形亦应表示种植之意。以上诸族殆以农业为生者。又如有些族似捕捉或饲养某种动物为业。手持鸟形乃善于捕鸟者；持鞭对羊乃牧羊部落；持刀对猪腹乃表示专以宰猪为业。又如有些族似又与贸易有关。手持贝形应为获贝之族，后来此字引申为“得”。人荷贝形或原为贩运海贝或从事贸易之族，后来此字乃演变为“倗”。因为贸易，社交机会增多，才有朋友这样概念的产生。[1]

又如有些族徽是有关战争和武事的。然细析之，则其中似又有分别。持刀、持戈者似负责戍守，古“戍”字即像人持戈形；荷戈者乃负责征伐，“伐”字正像荷戈之形；一手持戈一手持盾即“戎”字前身，原应泛指一般武士。一手持斧，一手牵一倒人形，乃表示该族经常俘掠奴隶，人倒绘即表示非人之意。斧下一人无头形，当以杀人为业者，即刽子手之类。在农村公社中有各种各样分工，各司一事，后变为族称，此在云南少数民族中犹可找到实例。

再如有些族徽是表示该族从事各种杂役者。人形旁加壶、鼎等器皿，应专司炊爨或献食；人背囊形乃负责背物者；人背小孩形（“保”字前身）乃为统治者带孩子，古代“太保”之职或即起源于此。手持棒击鼓形是各种仪式中司鼓者。这些族地位不高，皆为统治者服役或在村社中分工负责种种杂役而得名。

第五类是强调和突出其外部特征的人形（图二〇）。以这些图形为标志的族，大体上都是在装饰上或发式上确有特点。如头插羽毛形和头戴双角形，应是该族特有的装束。头有“辛”形标志的正面和侧面人形，是一种被奴役者形象，古文字中妾、童、仆之类均从“辛”。头有编织形者应代表被征服辫发民族。具有奴隶身份之“奚”，即像这种民族被抓获之形。甲骨文还有一字像这种民族双手反缚之形（甲 2278）。两手高举过头者则是一种散发民族（即所谓“披发”），社会地位亦低，整个图形像顺从主人、一呼百诺之状，故此图形后来就演变为“若”字。

第六类表现人之姿态及动作。这类图形已不再是摹绘具体事物，而是表达一些抽象的概念（图二一）。其中有些是表现手势的。人类很早就发展手势语言以补充有声语言之不足。美洲印第安人的手势语言最发达，近世男女童子军曾企图采用印第安人的手势信号。[2] 上述图形应借助对人们各种手势之摹绘，用以表达与手势语言同样的意思。但不知究竟代表什么意思。

有些则是借助足迹来表示人的行动或动作。这种以足迹表意之方法在后进民族图画记事中是常见的。例如，奥吉伯瓦－印第安人画足印或下肢代表“来”“去”“跑”等概念。墨西哥古代经典中，对“跑”“走”等概念通过下肢不同姿态来区别。[3] 中国上述足印图形原应表示同样的概念，后来演化为正（征）、徙、步等字（图二一）。

按族徽由来是很复杂的。有的得名于原来图腾；有的得名于该族的职业和在村社担负的职务；有的得名于异族服饰上或体质上的特征或社会地位；还有一些或得名于始居地名或某代祖先之名。至于上述表示人的姿态和动作的图形，何以成为族徽，则有待深入研究。

第七类乃复合图形，即几种图形合在一起用以表示一些复杂的概念。这一部分更难解释。这并不足怪。因为它们本来就是图画记事，请看图二二，每个族徽由很多图形组成，宛然是一幅记事的图画，很像上述少数民族那些图画记事。仅以几种孤立图形表示一连串的意思，其确切

---

1 此从马叙伦说。见所著《读金器刻词》，中华书局，1932 年，6 页。

2 W.J.Hoffman, *The Beginnings of Writing*, New York: D.Appleton & co., 1895. pp.98—110. W. Tomkius, *Indian Sign Language*, New York: Dover Publications Inc., 1969, p.9.

3 *The Beginnings of Writing*, p.48.

图二〇　金文中表示人体外表特征的族徽

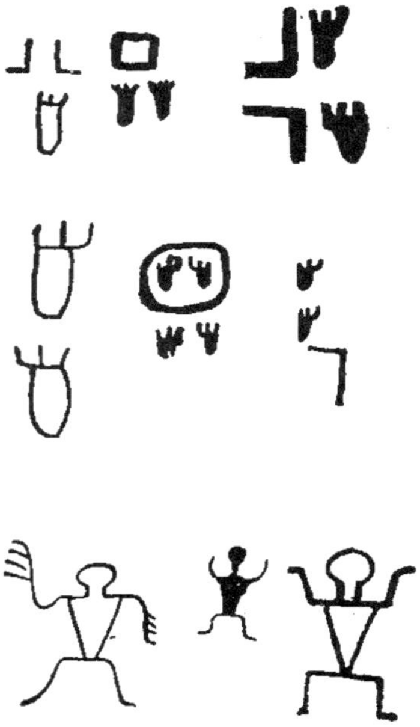

图二一　金文中以手势和行动表示的族徽

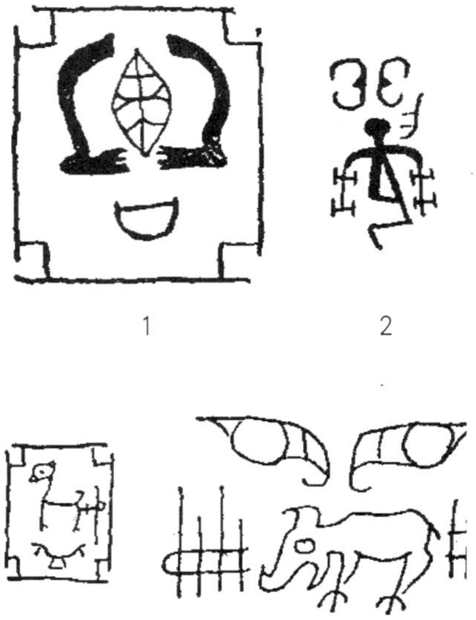

图二二　金文中复合图形组成的族徽
1.攈古　2.商周金文录遗　3.贞松　一，　4.贞松补遗　中

含义在当时亦只有当事人知之，几千年后的今天绝不是以一个字或一个词所能解释。

总之，要研究殷周铜器上的图形族徽，必须掌握其总的性质，即它们是一种图画记事，而不是真正的文字。沈兼士先生说："文字画（即指图形族徽）固可认为《说文》中象形指事字之祖先，而不得目为有音之文字"；"文字画为摹写事物图像，而非代表言语符号"。[1] 这个意见是很对的。

因此，我们要解释这些图形的真正含意，不能仅以与图形相似的文字向上推溯，还要摸索图画记事的规律，搜集世界其他民族图画记事材料来做旁证（由于人类思维方法有共同之处，有些表达方法是类似的）。这样，也许可打开新的局面，取得意想不到的收获。这当然需要对这些图形做个别的深入的研究，非本文所能详。

---

1 沈兼士：《从古器款识上推寻六书以前的文字画》，《初期意符字之特性》，并载《段砚斋杂文》，北平，1947年。

3.巴蜀铜器上的族徽

战国时期巴蜀铜器上也有一些表示族徽的图形（即所谓“巴蜀文字”），与内地殷周铜器上的族徽又有所不同，另成系统。

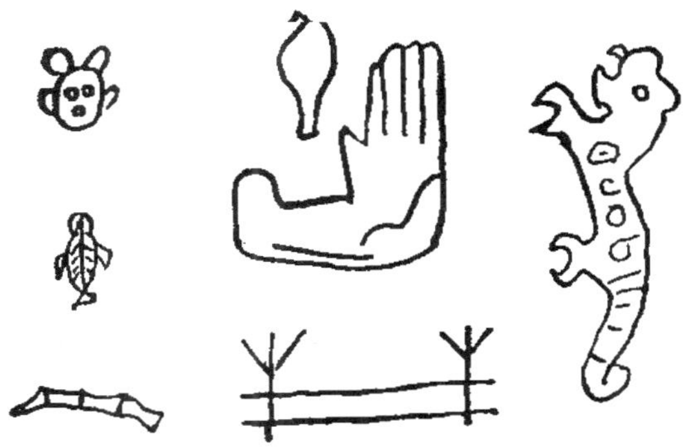

图二三　巴蜀铜器上的图形

巴蜀铜器抗战期间曾发现于成都郊区[1]，近年在巴县冬笋坝、昭化宝轮院发掘的船棺葬中有大量出土。此外芦山、涪陵、峨眉、郫县、新津、绵竹等地也有发现。所谓巴蜀文字即刻铸于这些地区出土的剑、矛、钺、戈和印章之上。巴蜀铜器上常见图形有人面、虎豹、手和心（一说花蒂）形、蚕、鱼、树木，等等（图二三）。[2]

这些图形中的动植物应是图腾。据文献记载，虎正是巴人崇拜之对象；而蚕与蜀侯蚕丛、鱼和蜀王鱼凫或有一定的关系。[3]但有些武器上常有几种图形，构成复合图画（如手和心常是同时出现的），还有一些几何纹符号以及类似汉字中的“王”字夹杂其间，这就非图腾所能解释，其中应包括复杂的意义。

尽管如此，这些图形中不能肯定有表音字的存在。[4]所以它还不算是文字，仍属图画记事的范畴。真正的文字应从表音开始。

4.云南、广西、四川的崖画

图画记事在边疆地区使用较为长久，直到秦汉以后尚存在，这就是古代少数民族遗留下来的崖画和崖雕。需要说明的是崖画和崖雕内容比较复杂，或为巫术仪式而绘或作为崇拜神祇的肖像，不尽为图画记事。可以认为具有记事性质的有下面这些例子：

云南沧源崖画呈红色，多用手指画在高山崖壁之上。内容比较丰富，已发现的已有几十组画面，每一组包含几十个甚至上百个图形。大部分画面，尚不能得到合理的解释。意义比较明确的一幅见于第二地点，全图以一椭圆形表示村落，内画“干栏”式房屋（村落右部残缺，尚可见房屋十三座）。另有表示道路的线条数道通往村落，其上走着成队的人群，或持武器，或徒手，赶着牛、猪等牲畜，做向村落行进之状。村落内除房屋外，还有舂米人形，表示即将有一次丰盛的宴会。全图表现出战士们虏获牲口胜利而归的情景，应是对当时一次掠夺战争的记录。沧源崖画年代可早到汉代。（参见《云南沧源崖画发现和研究》）

广西宁明等地沿着左江、明江两岸，也分布崖画五十余处。[5]画呈红色，与沧源崖画相较，图形较大，另有一种粗犷的风格。内容比较简单，除人形及少数动物形象外，常见表现举行与

1 卫聚贤：《巴蜀文化》，《说文月刊》3卷4期，1942年。

2 四川省博物馆：《四川船棺葬发掘报告》，文物出版社，1960年。冯汉骥、杨有润、王家祐：《四川古代船棺葬》，《考古学报》1958年2期。

3 参见《华阳国志·巴志》、《蜀志》。

4 徐中舒：《巴蜀文化初论》，《四川大学学报》（社会科学版）1959年2期。

5 广西民族调查组：《花山岩壁画资料集》，广西民族出版社，1963年。

图二四　广西宁明花山崖画的一部分

铜鼓有关的仪式，或统治者敲击铜鼓集众的记事画面。这些画面中常有少数人形象高大，腰佩环首刀，当代表统治者（图二四）。广西崖画或为汉晋以后所绘。

四川珙县分布着一种“悬棺葬”，其附近也常见崖画。已见报道崖画二十一处。[1] 画亦呈红色，内容有各种各样的人物形象，如骑马者、牵马者、站立马背之上者、持伞形物者、持弓者、舞蹈者，等等。有的人头上画一线条，似表示辫发或如彝族的“天菩萨”之类。动物形象除马外，还有鱼、猪、鸟等。在有些图形之中，还夹杂一些表意符号，如■▲●✚等，具有明显的图画记事性质。珙县悬棺的年代，由于有李京《云南志略》等文献记载相印证及青花瓷的发现，被推断为元明时期，崖画年代或稍早。

5.新疆、甘肃、内蒙古的崖雕

崖雕和崖画具有同一性质，其区别是崖雕的图形是凿刻而成，不是画出来的。新疆地区崖雕发现较早。20 世纪 30 年代中瑞合组科学考察团已在库鲁克塔克一带发现一些图形，有骆驼、鹿、羚羊、马、树形、人骑马等，较重要的还有手印的发现。[2] 按世界上很多地区（包括中国云南）的崖画、崖雕中常见手印，它是远古民族表示“自己占有”、“胜利”或宗教活动中一种常用的表意法。

1960 年在新疆北部裕民、尼勒克、霍城、温泉一带也发现了同类的崖雕，主要是羊、鹿、人骑马、犬等动物图形。裕民一幅崖雕，记事性质更为明显。全图有帐篷两个，一个帐篷前有犬一只，一人骑马，一人徒行，周围有羊群和马群[3]（图二五）。这里表现的是一次放牧活动，犬

1 四川省博物馆、珙县文化馆：《四川珙县“僰人”悬棺及岩画调查记》，《文物资料丛刊》第一期，1977 年。

2 F.Bergman, *Archaeological Researches in Sinjiang*, Stockholm, 1939, pp.183—193, pl.XV—XVIII.

3 克由木：《新疆北部的岩画》，《文物》1962 年 7、8 期。

图二五　新疆裕民崖雕中的放牧图

为牧犬，是牧人必不可少的助手。骑马放牧在西北和西南民族中是常见的事。这组岩雕应是古代新疆游牧民族一次放牧活动记录，或仍是为祈求畜群繁殖而绘。新疆岩雕年代迄今无定论，库鲁克塔克地区岩雕被认为是匈奴人在新疆活动期间开始创造的。裕民等地崖雕被认为是六七世纪古突厥人的遗迹。

甘肃崖雕是1972年在嘉峪关市黑山地区发现的。其内容主要是表现人弯弓射雁、射鹿、射牛及一些动物形象（骆驼、虎、牛、羊等），表现人们狩猎和放牧的活动。还有一组成排叉腰的人形，根据云南佤族“大房子”壁画来印证，应表现当时人们跳舞的活动。[1]这里崖雕总的目的是祈求打猎 有收获，家畜肥壮，以及人们生活富裕时常跳舞作乐。它可能是一次祈年活动的纪录。崖雕年代被推断在西汉通西域之前，是羌人或大月氏人所遗。

图二六　内蒙古狼山地区崖雕战争图

最近内蒙古阴山山脉的狼山地区又发现大批崖雕，表现狩猎、战争、舞蹈等活动，又有一些计数符号及手印、足印、动物足印夹杂其间，图形甚多而内容重复，但为研究中国古代北方民族图画记事增添了新材料（图二六）。目前仅见简报发表。[2]由于崖画附近发现了回鹘文、西夏文及蒙文的题铭，又有一处发现“大唐”字样，它的年代下限可能甚晚。

6.内蒙古札赉诺尔出土骨版上的狩猎记事

1960年内蒙古札赉诺尔出土刻纹骨版一件，据推测是东汉末年鲜卑族的遗物。骨版呈长方形，长14.9厘米，宽2.6厘米，一面有线刻图画。全图以一人为中心，人作弯弓欲射之状，前有一鹿正在奔跑。此人之后又有一鹿，倒绘。前鹿及后鹿之旁各有钻出的圆孔若干（图二七）[3]。此图若参考少数民族图画记事，其意义很易理解。正绘之鹿乃表示活鹿，倒绘之鹿乃表示已打死之鹿，这是原始图画记事常用的一种表意和计数法。例如，北美印第安人图画记事中人倒绘

1 嘉峪关市文物清理小组：《甘肃地区古代游牧民族的岩画——黑山石刻像初步调查》，《文物》1972年12期。

2 盖山林：《内蒙阴山山脉狼山地区岩画》，《文物》1980年6期。

3 内蒙古文物工作队：《内蒙古札赉诺尔古墓群发掘简报》，《考古》1961年12期，678页；图版陆：6。盖山林：《内蒙古札赉诺尔出土的狩猎纹骨板》，《考古》1964年11期。

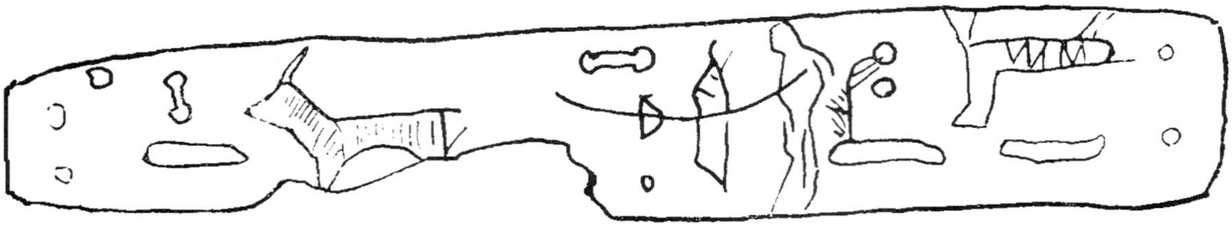

图二七　内蒙古札赉诺尔出土骨版上的狩猎图

即表示亡，墓柱上代表死亡者所属图腾的动物亦倒绘。[1] 他们在新墨西哥州还留下一幅崖画，画一羊一马，羊正绘，马倒绘，表示该处地势险要，羊可以爬上去，马要掉下摔死。[2] 中国纳西族形象文字也有类似方法，凡动物侧绘或倒绘即表示死亡。至于旁边圆圈则是计数的常用方法。这幅图表示一次狩猎中共猎获几只鹿，还有几只鹿逃脱。

7. 云南晋宁石寨山出土铜片上的财产记录

与上述表示计数骨版相似但内容更为复杂的，是晋宁石寨山西汉初年滇人墓葬群中发现的一块铜片。

铜片残长 42 厘米、宽 12.5 厘米、厚 0.1 厘米，共分五栏，每栏刻满图形，有牛头、马头、豹头、虎头、羊头、孔雀、箩筐、牛角、贝壳、人戴枷者、人被铐者、人头，等等。图形之下，又缀以圆圈和短线条两种计数符号。各种图形所表现的都是重要财富或滇人视为重要财富的东西。各种家畜的头代表家畜本身，人戴枷或被铐者代表奴隶，箩筐代表粮食，牛角代表酒，贝代表货币，野生动物的头代表猎获物，人头表示猎来的人头，等等。全图乃是对上述各种财富的记录（详见《试释晋宁石寨山出土铜片上的图画文字》一文）。

值得注意的是，铜片所绘图形形式上已固定化，如人头和戴枷者两次出现，画法都是一致的；同时以箩筐表示粮食，牛角表示酒，则是使用了象征手法。这表明铜片所使用的图画记事已处于高度发展阶段，已接近文字的发明。但目前还不能证明哪个图形有表音的性质，故仍应归入图画记事的范畴。

像这样的图画记事材料，出土实物虽仅一件，但绝不是孤证。从《华阳国志 · 南中志》可以看出，汉晋时期云南地区少数民族仍盛行图画记事。例如，诸葛亮征服南中后曾“为夷作图谱，先画天地、日、月、君长、城府；次画神龙，龙生夷及牛、马、羊；后画部主吏乘马幡盖，巡行安恤，又画牵牛负酒赍金宝诣之之象，以赐夷”。从少数民族创世神话，一直画到汉族官吏统治少数民族。这显然是利用少数民族固有的记事图画方法。

三　文字是如何发明的

（一）文字是由三类记事方法引导出来的，而不是仅仅起源于图画

“文字起源于图画”。这是关于文字如何发明的流行说法。实际上，这种说法不能认为是全面的。

1 *A History of the Art of Writing*, pp. 89—90, 111.

2 *The Beginnings of Writing*, p. 45.

从本文以上所述可见，在文字发明以前存在着各种各样的原始记事方法，归纳起来可分三类，图画记事只是其中的一类。而三类记事方法对文字的发明都有影响。

以物件记事来说，这类方法看来非常简单原始，似乎和文字之间距离甚远，很多谈文字发明的书籍和文章甚至不提这种方法。然而若细加分析，尽管方法本身不能留下什么符号或图形可以作为文字的前身，但造字的基本原则在这种方法中已肇其端。

关于造字的原则，归纳起来不外三项，即表形、表意和表音。而物件记事已分别使用了这三种方法。例如景颇族刻一木枪代表真枪，用一小条红绸代表红绸；很多民族用动物的头代表动物本身。这些都属于表形。特别是以部分代替全体这一表形原则在后来各种象形文字中是大量运用的，如甲骨文牛、羊和纳西族的“东巴文”中牛、羊均作简化的牛羊头形。

又如，各少数民族用鸡毛、火炭表示火急，用槟榔、草烟表示友好；内地古代用竹箭来调兵，在诉讼中又用箭表示“理直”，用“金”表示“坚定”；南诏送唐朝棉花，表示“柔服”，硃砂表示“丹心”，则是运用了表意的方法。

再如，景颇族树叶信中除运用表意方法以外，已大量借物之音来表达一定的意思；中国古代用“珍圭”作为“征召诸侯”或“镇抚灾民”的符信；南诏送给唐王朝“当归”表示归附之意。这些都是运用表音的原则。

再以符号记事来说，结绳不曾留下什么符号，绳结本身不能变为文字，而结绳所用的方法，以结的大小来代表大数小数或大事小事，后来却是造字时常用的方法。如原始文字常以人形大小，分别代表本族和异族、大人和小孩或统治者和被统治者，应受这种表现方法的影响。至于标记和木刻，其本身就留下一些符号，其中有些表数符号便是象形文字中数字的前身。

木刻上的表数符号原来是备忘用的，有一部分用之既久，约定俗成，社会上都能了解，则可以变为数字。例如几乎所有木刻，都以刻道“｜”代表一，“｜｜”代表二。每遇整数，则加画其他符号，如画 × 形，或画一粗线（图二：5、6），在哈尼族木刻中还出现了分别代表一百（*）、五十（×）、十（｜）的符号，而另以圆点符号（·）代表个位数（图二：9）。华夏古文字中一至四也是积画而成，五至九才借用同音的字表示。[1] 纳西族象形文字以竖线积画表示一至九，也有 ×（十）、✚（百）、⋇（千）等符号。各种象形文字中有些数字直接来源于木刻符号记事，是显而易见的。

木刻符号中还有一部分是表意性的，如以“×”代表“相遇”、“会面”，已在滇西北几个民族木刻中发现（图三：6、7）。独龙族传信木刻还以“—”代表“道路相通”。这些符号也有可能成为后世表意文字的前驱。例如，汉字的“五”字，古文作“×”，《说文·五部》：“×，古文五省”，“Ⅹ（五），五行也……阴阳在天地间交午也”。阴阳五行之说是后来的附会，但说 × 意为相交，或有古老的渊源，这与上述几个民族木刻符号“×”的意思相合。其所以又用“×”代表“五”这个数字，或谓由于实行四进位，五适为一至九之间的枢纽，故以有“交午”之意的“×”来表示；[2] 或谓“×”象征掌纹；[3] 但也有可能是五为一手之数，也算整数，故画“×”

1 丁山：《数名古谊》，《中央研究院历史语言研究集刊》第 1 本第 1 分。

2 于省吾：《释一至十之记数字》，《双剑誃殷契骈枝三编》，1943 年。

3 张秉权：《甲骨文中所见的数》，《中央研究院历史语言研究集刊》第 46 本第卷 3 分，1975 年。

形以表示之，与上述佤族、哈尼族木刻用“×”表示整数情况一样。又如，《说文》中还有“丨”字，据解释是“上下通也，引而上行读若囟，引而下行读若退”。这和独龙族木刻符号“—”之意思又可印证。古文字中有一些笔画简单意义不明的字，有可能来源于符号记事，特别是木刻上的表意符号，值得今后进行专门的研究。

最后谈到图画记事。应该承认其中大部分图形成为后来文字的前身，比起其他记事方法来，图画记事对文字的影响更大，关系更为密切。然而图画记事本身又曾借用其他记事方法的一些原则。例如，表形的图画常以物件的一部分以代表物件本身，即是物件记事常用方法；又如一些抽象的概念，图形本身很难表示，不能不加上一些符号。特别是在表示数量的时候，图画记事所使用的短线条、圆圈等等，应该是借用木刻上的计数符号，正如木刻上有时也会出现个别描绘事物的图画（如以“○”代表圆月，见图三:6）一样。而计数符号中常用的线条和圆点（或圆圈）两种，若追溯其最早来源，又似分别代表物件计数时所用的细枝和小石子之类。[1] 各种记事方法相互影响的例证不胜枚举。

总之，物件记事中已孕育着造字的基本原则，符号记事（标记和木刻）中的一部分符号是族徽、数字和表意文字的先驱，由图画记事的图形则发展出大量表形和表意文字。文字的前身来自各种记事方法，而不全部起源于图画记事。

（二）三类记事方法并行发展交错存在，从原始记事到文字发明并不是走着一条单线发展的道路

在论述文字发明的著作中，目前比较流行的说法是，先有其他原始记事方法，后有图画记事，最后发展为文字。其公式是：个人记号→帮助记忆的表意符号→图画文字→象形文字。若用本文所用名词来表述，就是：标记→木刻、结绳→图画记事→文字。物件记事则未提及，因一般人认识不到它与文字有关。

问题不在使用名词的差异，而在于究竟是否存在这样一个公式？各种原始记事方法之间是否存在有先后递嬗的关系？我们的答案是否定的。

第一，从年代早晚来看，被认为比较进步的图画记事方法，早在旧石器时代晚期已大量存在。法国、西班牙等地洞穴画中的动物被人猎中形象[2]，一般认为是祈求狩猎成功巫术仪式中留下的表意画。在一些猛犸、野牛等动物图形上，还常见画出捕机的粗略轮廓，具体表示捕机狩猎[3]，这在图画记事中已是比较发展的一种。目前还没有材料证明，物件记事和符号记事较此更早。可以肯定地说，三类记事方法都是在人类的幼年时期就出现了。

第二，从一个民族或地区的具体情况来看，没有文字的民族可以同时掌握这三类原始记事方法。例如，中国的景颇族和佤族，都是既有多种物件表意法，又会打木刻或结绳，又能以图画记事。又如，北美加利福尼亚等地印第安人的一些部落，既以结绳做买卖，又会以木刻记录牲畜数目，还在崖上留下不少图画记事的材料。若再加上以物为筹计数（这在世界上是普遍存在的），则他们的原始记事可说是方法齐全。再如，华夏民族在没有发明文字以前，也

1 陈良佐：《先秦数学的发展及其影响》，《历史语言研究所集刊》第 49 本第 2 分，1978 年。
2 H.G.Bandi and Others, *The Art of the Stone Age.Forty Thousand Years of the Rock Art*.London:Holle and Co.,1961.pp.15—17.
3 J.E.Lips,*The Origin of Things*,Chap Ⅲ ,London:George G.Harrap Co., 1949.pp.85—86.

具备三类原始记事方法，这在本文第二部分已经列举。尽管有些方法仅见于后世的文献记载或文物，但方法本身在史前时期即已存在则无疑问。总之，目前还没有哪个民族或地区，能有充分的材料为这三类原始记事方法排出先后的序列。刻划符号和图形孰为先后，是无法分辨的。

第三，从这三类方法本身来看，也无从分出原始或进步。原始记事方法原多是仅供帮助自己记忆，后来由于大家反复使用，代代相传，有些物件、符号或图形开始为社会上更多的人了解，就可以起着一定的表意的作用。每类方法都经历了从备忘到表意、从简单到复杂的过程。因此，判断一种原始记事方法是否进步，主要看它们社会化的程度。从这个意义上说，图画记事（即使是发达的图画记事）其确切意义有时仍需要当事人的解释；而一些表意的物件、号占的标记，貌似原始简单，若在一个民族社会生活中约定俗成，也能起着不需解释的表意的作用。

总而言之，三类原始记事方法各有自己发展的道路，它们是平行发展交错存在的。在文字诞生的前夕，人类已掌握着各种各样的计数、记事和表意的方法。

（三）从原始记事到文字发明的漫长过程中，表音字的出现才标志着文字的正式开始

文字是由原始记事方法发展出来的，但两者之间仍有明显的界限可分。易言之，即从原始记事到文字发明不仅是量的增长，而且还经历一次质的飞跃。

文字和原始记事中的符号或图形的主要区别有下列几个方面：

第一，文字是记录语言的，而符号或图形是脱离语言的。例如，在原始记事中，牛的图形所代表的只是牛，而不是“牛”的名称。

第二，文字为社会交际的工具，凡是识字的人都能了解其意义；而原始记事中的符号或图形主要是帮助记忆。如表达意见，则要经当事人的解释，否则其他人很难了解其确切含义。

第三，文字是连贯的，能表达完整的思想；而符号或图形是不相连续的，只表达一句话或一件事的几个重要的部分。

第四，文字形体相对说来是固定的（虽然象形文字写法仍不固定，如甲骨文中有些字还有不同写法）；而符号或图形的写法是经常变动的，甚至一个人前后所写也可能不相一致。

以上这些区别中，第一点是基本区别，其他几点都是第一点派生出来的。文字成为语言的符号后，才能逐字逐句表达完整的思想和复杂的概念，也才能为社会上说同一种语言和识得这种文字的人所了解。而要做到这一点，在写法上又必须有比较固定的统一格式，不能随意写画。

如何使原始记事中的符号或图形，成为记录语言的工具？我以为表音字的产生，是一个关键。

在以狩猎、采集或初期农业为生活来源的社会中，原始记事方法帮助人们记忆和表意，起着它应有的作用。但随着生产和交换的发展，人们的社会生活日趋复杂。频繁的商业活动，需要计算庞大的经济账目；不同民族和部落之间的交往，需要表达复杂的意见和传递重要的消息；繁琐的宗教仪式中的咒语和歌词，长期积累起来的神话传说，祖先的业绩和本族的历史，历史和生产的经验，都需要记录下来，教给后代。所有这些，都需要找到一种方法，能把自己要说的话完整地表达出来，传之永久，而任何一种原始记事方法都不能做到这一点。

当时人们不可能凭空设计一套方法来，而只能利用已有的知识和经验，对长期积累起来的原始记事方法加以改进，寻求出路。借用已有的符号和图形来表达与其音同的其他事物，是当时人比较容易寻找出来的惟一办法。表音的方法在物件记事中即已使用过，现在的问题是不用物件而以符号和图形来表音。凡易于表形表意的仍沿用原来的符号和图形，凡是画不出来就以同音的其他符号或图形来代替。这样，可以利用的符号和图形无形中增加了若干倍，要记录完整语言就没有困难了。

只有表音字的出现，文字才能成为记录语言的工具。只有作为记录语言工具的文字，才算是真正的文字。我们常说文字是人类进入文明时代的标志，指的就是这样的文字。

各种符号和图形是世世代代人们逐步积累起来的，当然是群众智慧的结晶。[1] 但符号和图形用来表音，总是先有少数人或个别人的试行和提倡，总不能大家一起动手。从这个意义上说，文字像其他事物一样，也有一个发明问题。首先应用表音方法的人，也可以说就是文字的发明者。每个有文字的民族，都有自己的“仓颉”，只是他们留在传说中或记载的姓名未必可靠，或根本没有留下姓名。

真正的文字从表音开始，具体说来即已能表音的象形文字才算最早的文字，在此以前的出现的任何符号或图形，都只能算原始记事的范畴。假如承认这一点，在研究汉字的历史时，自也应区分原始记事和真正的文字。据我们的标准，则不仅半坡陶器上的刻符根本不算文字，即大汶口陶器上四种图形，也还不能认为就是文字。因为材料太少，无从证明这四种图形已是语言的符号。据于省吾先生研究，在形声字大量出现之前，有一种部分表音的独体象形字，可称为“独体形声”。[2] 这可算是表音字正式的开始。但这种“独体形声”字何时开始出现？尚有待专家进一步研究。

据已发现的材料来看，河南偃师二里头[3]、江西清江吴城[4]和河北藁城台西村[5]商代遗址中出土陶器上的文字，是目前所知最早的文字。它们无疑是和甲骨文属于同一系统。特别是清江吴城陶文中不仅出现了表示族徽或制作标记的单字，还出现了代表句子的一圈文字，此时表音字的存在才有迹象可寻。看来，汉字的真正开始，目前只能追溯到商代中期或早期。《尚书·多士》说：“惟殷先人，有册有典。”这句话是意味深长的。大概只有殷人祖先掌握表音的象形文字，才能留下记录历史的典籍。

笔者对文字学本身了解很少。在介绍各种原始记事方法的时候，对文字发明问题不免产生一些想法，写出来就教于专家。

（原载《考古学报》1981 年 1 期）

---

1 郭沫若：《古代文字之辩证的发展》，《考古学报》1972 年 1 期。

2 于省吾：《释具有部分表音的独体象形字》，《甲骨文字释林》，中华书局，1979 年，435—443 页。

3 中国科学院考古研究所洛阳发掘队：《河南偃师二里头发掘简报》，《考古》1965 年 5 期，222 页。按二里头文化性质尚有争论，但陶文二十四种多刻于大口尊口沿，“皆属晚期”，应为商代早期物。

4 江西省博物馆等：《江西清江吴城商代遗址发掘简报》，《文物》1975 年 7 期，56—58 页，《江西清江吴城商代遗址第四次发掘的主要收获》，《文物资料科丛刊》第二辑，1978 年，5—12 页。

5 河北省博物馆、文管处：《河北藁城县台西村商代遗址 1973 年的重要发现》，《文物》1974 年 8 期，48 页。河北文管处台西考古队：《河北藁城台西村遗址发掘简报》，《文物》1979 年 6 期，37、38 页。季云：《藁城台西南商代遗址发现的陶器文字》，《文物》1974 年 8 期。

从原始计量到度量衡制度的形成

度量衡制度和文字一样，是所谓“城市革命”时期经济飞跃发展的产物，是人类步入文明的标志之一[1]。而在此以前，由于生产和生活的需要，人类早有了长短、大小和轻重的概念，并会应用当时所掌握的简单数学知识进行粗略的计量。当然，与后世以专用度量衡器具为主要标志的系统的度量衡制度比较，原始人类所用的各种计量方法非常简单，极不精确，可统称为原始计量方法。然而文明社会的度量衡制度，正是由这里引导出来的。

原始计量差不多和人类自身一样古老。人类若不掌握粗略的计算长度的方法，就不可能建成一座即使是非常简陋的风篱和茅屋，不可能从事编织和纺织，更不用想制造捕机、弓箭等复杂的器物或在器物上施以对称的花纹图案了。人类若不具备初步计算容量的方法，在从事粗放农业时就不能掌握应撒籽种的数量；人类若不具有简单的度量衡概念，一切交换（即使是原始的实物交换）都是无法进行的。

原始计量方法存在于漫长的史前时期，但缺乏直接的实物证据，仅从考古学上进行研究是很困难的。幸而今天后进民族中保存的原始计量材料极为丰富，可以帮助我们认识和探索史前时期人们计量的情况。

本文拟先介绍中国少数民族（主要是云南少数民族）在20世纪50年代还保存的各种原始计量方法；在类比材料启发下，对中国历史上存在过的原始计量材料做初步的汇集和排比；最后对从原始计量中逐步发展出一套度量衡制度的过程和规律，略加讨论。

本文所介绍的少数民族原始计量材料，凡属前人报道或提供的材料，尽可能注明出处；凡未加注明者，多为笔者历年调查所得。

一　中国少数民族的原始计量方法

（一）长度

人类计算长度，最早是以人体各部位的长度和彼此之间的距离为天然标准。世界很多后进民

1 V.G.Childe, *Man Makes Himself*, New York: The New American Library Inc., 1951. pp.153—154.

族都是如此。[1]

云南少数民族中，独龙族的社会生活比较原始。他们只有四种长度单位，均取法于人体：(1)一拳之高，称“空姆”；(2) 中指至拇指的距离，即一拃[2]，称“布达”；(3) 两臂平伸之距离，即一庹[3]之长，称为“弟兰姆”；(4) 中指尖至胸的距离，即半庹之长，称“棒敦”。这四个单位之间无固定的比例关系。凡量短物用拳用拃，凡量长物多用庹[4]。

西双版纳基诺族有七种以人体为天然标准的长度单位：(1) 一拳之高或四指之高（“第岁”）；(2) 食指第一指节之长（“第寸”）；(3) 食指至拇指的距离（“第召”），俗称“小拃”；(4) 中指到拇指的距离（“第毛”），俗称“大拃”；(5) 中指尖至肘关节之长（“第抽”），即一肘之长；(6)两臂平伸的距离（“第累”），即一庹之长；(7) 半庹之长（“第额”）。他们还为部分长度单位之间定下换算关系。如：

1 庹 =5 肘

1 肘 =2 大拃

这种比例与人体实际情况并不符合。一个正常的人，一肘之长总是大于两拃（即使是大拃）；而五肘的长度又较一庹略长。然基诺族并不认为这有什么不合适之处，因为他们并不需要精确的长度测定和换算，实际生活还没有提出这样的要求。

佤族的长度计算因地而异。西盟地区社会发展较为迟缓，那里长度单位主要有四种：大拃（“亭特”）、小拃（“亭加拇”）、肘（“所”）、庹（“托普”）。所定的单位之间比例关系与上述的基诺族相同。沧源地区社会发展程度较高，长度单位除上述四种外，又多出两种：食指前二个指节（或后一个指节）之长（“得轮特”），整个食指之长（“鹿阿轮特”）。他们的肘又有大小之分：小肘（“所”）——握紧拳头时全肘之长；大肘（“鹿阿所”）——手指伸直时由中指尖至肘关节之长。他们对各长度单位之间的关系也另有规定，即：

1 庹 =4 大肘

1 大肘 =2 大拃[5]

庹肘之间这样的比例，更接近人体实际。

德宏景颇族长度单位，则因不同支系而异。小山支（如陇川地区）的长度单位有四指之宽（“勒好”）、小拃（“勒脑”）、大拃（“勒托”）、小肘（“捉扑东”）、大肘（“勒东”）、庹（“勒郎姆”）

---

1 例如：美拉尼亚人用手臂之长量贝串（他们的钱币）以计算价值。新西兰毛利人有“马诺”(maro，两臂平伸的距离)、“耗”(hau,maro 的一半）和“康卢（konui，拇指第一指节之长）等长度单位。加利福尼亚印第安人中的胡帕人（Hupa）用手指节长度来量齿贝币。亚利桑那印第安人中的哈瓦苏派（Havasupai）部落以步量房屋，用一手之长及中指至拇指的距离量箭杆，用两臂平伸的距离量鹿皮。霍皮—印第安人（Hopi—Indians）用肘量玉米穗之长短。不列颠哥伦比亚的印第安人有一指之宽、小指至拇指的距离、食指至拇指的距离、一肘之长、两臂平伸的距离等长度单位。参见 F.Boas, *General Anthropology*, Boston：D.C.Heath & Co., 1938, p.277. R.H.Lowie, *An Introduction to Anthropology*, New York：Farrar & Richart Inc., 1940. p.381.

2 拃，“搩”之俗字。《集韵》：“搩，音磔，手度物也。”

3 庹为古字。《字汇补》：“庹，音托，两腕引长谓之庹。”云南俗语中常称平伸之距离为一“排”。

4 独龙族原始计量最有特点，前人调查材料多未涉及。这里和下文所述该族有关材料，均是 1962 年 8 月由原贡山县四区区长在昆明所提供，翻译为区长之子。

5 云南民族调查组：《云南西盟大马散佤族社会经济调查报告》，1958 年，148 页；《云南沧源佤族社会经济调查报告》，1958 年，75 页。

和半庹（“勒洛”），各单位之间的换算关系定为：

1 庹 =2 半庹

1 半庹 =2 大肘

1 大肘 =2 大拃

大山支（如盈江地区）除有上述各单位外，还多出一个单位，名“彭贡梅”，相当于一庹少一肘的距离；又把庹分为大小两种：大庹（“勒郎姆”）是伸直手指时两臂平伸的距离；小庹（“勒毒朴”）是握紧拳头时两平伸的距离。尽管有这些复杂的长度单位，而在日常生活和交易中并不常用。常用单位还是大庹、大肘、大拃等几种，其他单位只有妇女织布时才用。用景颇男子的话说，“都是女人搞的名堂”。据笔者观察，在长度的测量和计算方面，妇女确较男子熟悉。

西双版纳傣族长度单位区分更细，全源于人体。有庹、半庹、一臂之长、大肘、小肘、大拃、小拃、食指一节之长、手指之宽、手掌之宽，等等。此外，还有表示物件圆周大小的单位两种：一拳之围和双臂合抱之围，也是因手臂量物而产生的。[1] 沧源傣族关于以手量物的方法有更细微的规定，如手掌一宽（即四指之宽）规定必须在第二第三者指节之间横纹中量才合标准，而属拃的单位竟分三种之多[2]，为他族所少见。

云南其他少数民族的长度单位也不外以上几种。较特殊者，如永胜县利米人有一个单位，称“第我”，指一人举左手时从左手到左脚之长度，并规定它等于一庹半。滇西北白族支系那马人有一个单位称“阿喂美丢”，意为一根眉毛之长。[3] 这些仍都是以人体某一部位为标准的。

中国其他地区少数民族计算长度方法与上述多同，都是主要以人体各部位及彼此之间的距离为标准。如黔东南苗族常用单位也有庹、肘、拃三种，且知区分大拃（“梭”）和小拃（“突”）[4]。

唯藏族有特殊量物方法，当买卖绸缎、毛呢等贵重纺织品时，则对角折叠之，称为“方”。如宽二尺之绸缎，一“方”则为 4 平方尺。“方”下还有小的单位，称为“角”，一“方”等于四“角”（“方”、“角”均借自汉语）。当买卖自制布匹时仍以庹计算，一庹称为一“拖”。[5]

人之身材高矮不等，手臂长短差异很大，故同样一庹或一肘，实际长度并不相同。当制造工具或织布时，从头至尾以自己的身体为标准，还可应付。然进行贸易时，究竟以何方为准呢？在调查中，我们曾向陇川景颇族提出这个问题。他们笑而答曰：“做生意的人又不是小孩，而大人高矮是差不多的。”“只有你们汉族才会想得这么‘细’（意为斤斤计较），我们是景颇族，多一点少一点不怕。”

然而较多民族并不像景颇族那样采取不计较的态度，而开始有了一些习惯法的规定。如西盟佤族认为，按“阿佤礼”应以买卖双方中身高者为准，故当地有“大个子赶西盟街”之说。永德县利米人事先须讲好以何方为准，然后才议价。藏族买卖氆氇，则固定以卖主为准，按此议价。[6] 过去西双版纳的景洪街子上常有外地人来卖布匹，一律以买主为准，一旦言明每肘若干钱后，

---

1 这里及下文所引西双版纳傣族度量衡材料，多为刀世勋教授（傣族）所提供，附致谢意。

2 方国瑜：《摆夷地琐记》度量衡条，载《滇西地区考察记》，昆明，1943 年。

3 龚友德、李绍恩：《那马人的时空表述法》，《中央民族学院学报》1984 年 2 期。

4 贵州民族调查组：《台江县巫脚交经济发展情况》，1957 年，107 页。

5 刘赞廷：《三十年游藏记》（民族文化宫油印本）度量衡条。傅松林：《西康建省记》，成都，1911 年。

6《三十年游藏记》（民族文化宫油印本）度量衡条。

身材高大者购布亦不用加价，以利推销。

上述各族虽有以人体为长度单位的天然标准，并不是随时随地都要以手以臂量物。

例如，要制造大批长度相同的东西，只需先量好一件，以此为标准，很快便可以做出许多件同样的东西。如西双版纳傣族原始制陶业的主要产品是一种多用途的平底罐，大小相差不大（参见《傣族制陶的民族考古学研究》）。傣族妇女盘筑这种陶罐器坯时，事先搓好长短粗细一致泥条，便是用上述方法：先搓一根，以手量之，约两大拃（图版九：2），作为标准。我们常见少数民族编织篮子或席子，所用篾条长短、宽窄、厚薄一致，一般为一指之宽，也是先量好一根作为样子的。

有些已有固定长度的东西，也可作为尺度再去量其他的东西。例如，西双版纳傣族小乘佛教寺庙诵读的贝叶经一般是一肘之长，裁取贝叶时便曾用肘量过。因此，要知某物有几肘之长，随时用贝叶经量之即可。

要在圆周上做等距离的划分，可以用手量，也可借助于他物。例如，四川凉山彝族制造漆器颇为著名，漆器上以红黑黄三色绘上美丽的图案，由不同母题组成。[1] 要能做到对称和有节奏感，必须“以点定位”，做等距离的划分（图一）。如他们要在一个圆形器物上划分出四个相等的部分，据说其法是取草一根，围器物一圈，便得圆周之长；再把草平均折为四节，但不折断，以此围绕器物，在折痕处标以记号，便得出相等的四个部分了。

遇有较大之物，不可能直接用人体各部位来量，就取一根绳索、一根藤条或一根竹木棒，以手臂量好所需要的长度，然后以此为准。云南少数民族盖干栏式房屋，打桩时便用一根绳索来取得两边等长。国外少数民族也多用这种方法。[2]

所有这些量长度所用之物，只用于一时，用完即丢，而且长短无定。它们不算是专用的度具。

尽管少数民族有了许多长度单位，并有一些办法来测定和计算长度，都是以人体各部位为天然标准，而这一标准本身不一致。它可以满足简单社会中生产和交换的需要，要建造结构复杂的建筑物，制造大批统一规格的产品和开展大规

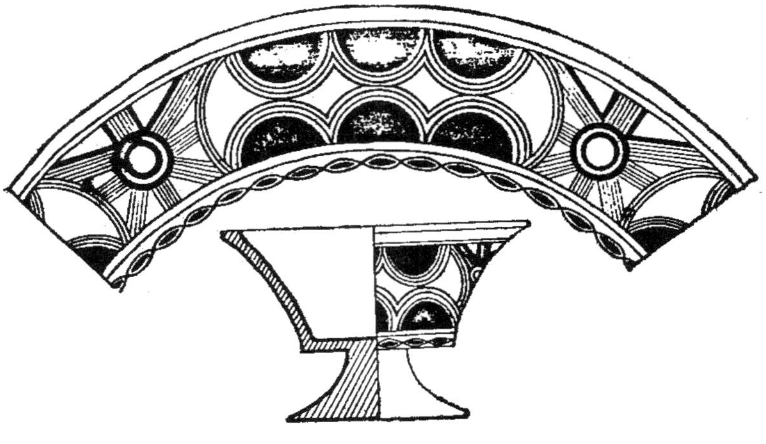

图一　凉山彝族漆器上对称美观的图案

---

1 凉山彝族自治州博物馆：《凉山彝族文物图谱》（漆器），四川民族出版社，1982 年，3—4 页。

2 例如，越南墨农人的一支 Mnong Gar 人（操孟高棉语）用藤条量棺材。美洲的胡帕－印第安人在手臂上纹以记号来量齿贝大小，看是否符合做货币。夸丘特－印第安人用绳条或杉树条量盖房子用的木板，并有一套计算方法。非洲的劳比（Lobi）人两人各持绳索一端来量物。参见 G·Condominas, *We Have Eaten the Forest*, Translated by A. Foulke, New York: Hill and Wang, 1977, p.274。又见 *General Anthropology*, pp.227—228, *An Introduction to Cultural Anthropology*, p.332。

模的贸易，这样的计算方法便大不合适。为此必须有固定的一致的长度标准，为人们公认和遵守，这便要求有尺这样一种专用度具的发明。

国内少数民族到了1949年前夕多已脱离了原始状态，固有的原始计算长度方法不能应付日趋复杂化的社会生活，已开始了尺的使用。但所用的是营造尺或市尺，是从内地自然地或人为地传入的。[1]随之而来的还有内地丈、尺、寸等概念的传入。

发明出本民族尺的是傣族。如上所述，傣族大部分地区以人体为天然标准直接地或间接地来量长度。然德宏傣族地区，由于地处中缅交通要冲，商业很早得到发展，这里1949年前曾出现过一种木尺，长度和人的一肘之长相等，这种尺本身也就称为“一肘”（“刷能”）。其长度略等于市尺的一尺五寸，上有十个刻度，即一尺分为十寸。这种肘尺一直沿用到20世纪60年代初期，1961年笔者第一次到芒市时，还见国营商店用这种尺售卖布匹。

由上可见，最早的专用度具虽仍来源于人体的标准，但它克服了人与人之间身材不同的障碍。它有固定的长度，在一定范围内为人所公认。因此，它的出现，标志着度量衡制度的开始。

原始计量中长度的计算，除取法于人体这一特点外，还有一个特点是小单位和大单位缺乏。很多少数民族没有相当于内地丈以上、寸以下的那些长度单位名称，容或有之，则全借自汉语。这一方面是由于仅以人体各部位，不可能量出过大的或过小的长度；另一方面也由于社会生活没有提出这样的要求。若日常生活中需要计算较远的距离，他们另有其法。

独龙族有一个词汇表示路程，称“第兰”，意为背着重物行路从出发到需要休息一次之距离。若形容路程的远近，则云相距若干“第兰”。

傣族有多种计算远距离的方法。在西双版纳地区，以人眼可见之距离为一个单位，称为“约”，规定一“约”等于四千庹的距离。这当然是一种粗略的估计，并且无法丈量的。德宏地区的傣族以一人叫喊可以被听见的距离，来形容路程远近，称为“着慌”。孟连傣族的表示远距离的方法更为复杂，计有“分得清是水牛还是黄牛”，“看不清是水牛还是黄牛”，“抽一根烟可以走到”，“一口气可以走到”，“黄牛帮走一站”，“马帮走一站”等等。[2]

鄂温克人把一天行程称为“小搬家”，二天行程称为“大搬家”，以此表示路途的远近。[3]

那马人喜欢这样表述距离的远近：“使劲打出一块石头那么远”，“有大弩弓射出的箭那么远”，“这架山到那架山那么远”等等。[4]

总之，少数民族对于远距离和路程，只会用视觉的、听觉的以及时间的概念来表示，做出大概估定。特别是用时间表示行程，可说是世界各民族常用的方法。[5]

随着与汉族交往的频繁，“里”的词汇也传入很多少数民族地区，但他们对于一里有多长缺

---

1 藏族地区传入市尺便纯属政治的干预。宣统元年赵尔丰从四川购大批工部尺输入藏区，“分发各县，由百姓照官价呈领”。参见刘赞廷《三十年游藏记》度量衡条。

2 “黄牛帮”、“马帮”即以黄牛或马驮物作长途运输的队商。黄牛行动迟缓，因此黄牛帮走一站比马帮走一站的距离要短得多。

3 秋浦等：《鄂温克人的原始社会形态》，中华书局，1980年，88页。

4 《那马人的时空表述法》。

5 例如：澳大利亚人去某处集会，以途中宿营几次新月出现几次来表示路的远近，参见（法）列维·布留尔《原始思维》（丁由译），商务印书馆，1981年，179页。

乏清晰的概念。说距离三十里的地方，也许要走六十里才能到达。德宏地区傣族和景颇族有“公里”的概念。原来自滇缅公路通过德宏地区，公路边出现了记录里程的石桩，他们表示路程的远近，便说有“一个石桩”、“两个石桩”等等。但无论哪个少数民族，自身都没有精确计算较远距离的方法。

（二）面积

面积是由长度引导出的单位。它的兴起较晚，狩猎者和采集者对面积大小不感兴趣，只有当农业有了一定发展以后，人们才开始对土地面积进行估算。有些少数民族已有了长度计算，仍缺乏面积的概念。最典型的例子是独龙族，他们的土地简单地以“块”来计算，如问土地多少，则答曰：“冬瓜树地几块，老林地几块”。倘再问每块究为多大，则不能做出回答。

更多少数民族开始计算土地面积大小，但不是通过测定长宽，而是采取其他的方法。

第一种方法是以播种的数量来计算。根据历年经验来估计，凡能播种一箩籽种的土地，便算做一个面积单位。此法曾在云南景颇族、阿昌族、佤族、德宏傣族中流行。在他们的心目中，一箩种或两箩种，便代表着一定的空间概念，当然是远非精确的。

有些民族（如永德县的利米人），采用内地升斗为量具，便以“一升种”和“一斗种”作为土地面积的单位。

当内地土地面积的主单位（primary unit）——亩的概念和计算方法传入某些少数民族地区后，以籽种计算地积的方法照样存在，两者常结合起来。如德宏傣族和景颇族认为，每箩种的土地约合四亩。西藏量谷用“克”（相当于斗）和“批”（相当于升），他们的面积主单位也就称为“克”和“批”，一“克”地约等于一亩。[1]

第二种方法是以收获的数量计算。例如，贵州苗族计算产量习惯上多称“禾若干把”（详后），他们的土地面积便以“禾把”为单位来计算和论价。在清代，一“禾把”的田约值一两银子。[2]广西南丹瑶族则以“挑”（每挑约30公斤）为土地面积单位，大抵是田以五“挑”折合一亩，地以三“挑”折合一亩。[3]早期农业的产量无定，用产量计算土地面积自更不精确。

第三种方法是以牛一天能耕的土地的单位。云南傈僳、怒、纳西、白，四川凉山彝族等均用此法。这些民族以双牛并架一犁而耕，一天所耕的土地面积便称一“架”，或称一“双”。那马人有两个面积单位：“一架牛”和“牛一歇气”，前者约合两亩，后者合半亩，因两牛耕一天中要歇气三次之故。此外还有半架牛的说法，“半架”自然等于一亩。[4]这种方法至迟从唐代起即出现于云南地区，并与内地之亩结合，每“双”折合五亩或四亩。[5]

以上三种方法并非截然分开，常被结合起来使用。云南永德县利米人，对旱地以“架”为面积单位，对水田则以“升”为面积单位。

---

1 西藏民族调查组：《墨竹工卡甲马封建庄园调查报告》，1964年，6、9页。

2（清）吴振棫：《黔语》卷下，田不论亩条。

3 广西民族调查组：《广西南丹县大瑶寨瑶族社会概述》，1958年，2页。

4《那马人的时空表述法》。

5（唐）樊绰《蛮书》卷八：“田曰双，汉五亩也。”（元）陶宗仪《辍耕录》卷二九引《云南杂志》：“夷有田，皆种稻……使二牛前牵，中压而后驱之。犁一日为一‘双’，以二‘乏’为一‘已’，二‘已’为‘角’，四角为‘双’。约有中原四亩地。”这处的“乏”、“已”或得名于牛之力乏和歇气，与那马人的计算土地方法可相印证。

无论哪种方法，都因为缺乏共同的标准而极不精确。同样一“箩”种的土地，由于撒播疏密而大小不同；同样可收一“挑”的水田，由于年成丰歉而大小悬殊；同样一“架”牛的山地，因土质好坏牛力强弱而有差异。原始长度计算虽不精确，还可以人体来量，总还是有一个大体相同的标准。而上述原始计算面积方法都不是建立在测量的基础上，只是一种估算而已。严格说来，它们没有能构成一种新的计量单位，只不过是借用容量单位（如“箩”、“升”、“斗”）、重量单位（如“挑”）和时间单位（如“牛耕一天”）来表示空间大小而已。

仅西双版纳傣族有自己的面积单位，不靠其他计量单位而独立存在。这个单位称为“纳”。“纳”也就是田意思，说有田若干“纳”，等于说有田若干块。现代规定一“纳”等于四分之一或五分之一亩，最早的一“纳”则不以亩折算，只是按块估算，仍不是丈量的结果。“纳”的起源不太清楚，一般认为与早期根据土地面积的大小确定官吏俸禄及赋税有关。傣文史料中常说景洪坝子某村有田若干“纳”，就是历史上定下来应交负担的田数。后来村民再开造水田，即不包括在内，故它不能代表现在各村拥有田地面积的实际情况。这种以应收赋税作为土地面积的情况，在经济比较发展的其他民族之中也有存在。

总之，在原始计量中面积是后起的一项。借用其他单位来表示土地面积大小的方法本身，就表明在开始粗略估算面积的时候，容量计算和重量计算前已存在。为赋税征收而形成土地面积单位，只能是社会生活复杂化以后的事。至于通过丈量来定面积的制度，更是人类进入文明社会很久之后才能出现的，它已不属于原始计量的范围。

（三）容量

最早的容量计算，亦以人体为天然标准，即以人手捧物之量为一单位。然人手所能捧者，终究有限，稍多之量或较大之物便无法应付。故人体之外，更多借用日常使用的容器，作为计算容量之用。世界上被使用来作为量具的器物真是多种多样。[1] 本文只以国内几个少数民族作为例子。

云南独龙族以一手所盛之量为一“把”，双手所捧之量为一“捧”。他们买卖黄连、贝母 之类药材，即以“把”、“捧”论价。而若买卖盐巴，即以吃饭之碗盛之，并就以“碗”为单位来计算。对于粮食，则用两种箩来量。一种是扁平形小箩，称“稿吉”;一种是负物用的背箩，称“佩以”。这两种箩平时用以盛物、背物，并非专作量物之用。

鄂温克人以日用木碗或皮袋量物，甚至外面传入的面粉袋、玻璃瓶等，亦可兼做量具之用。[2]

以各式各样容器兼做量具，缺乏统一的标准。因此，在计算容量时必须以某一件为准。例如，独龙族合伙耕一块山地，收获平分，其法先用上述背箩（“佩以”），按人数分为几堆，剩下的以小箩（“稿吉”）平均分配于各堆之上，最后剩下零星谷粒再一捧一捧地分配于诸堆（图版三:2）。由于他们自头至尾坚持用同一只背箩和同一只小箩来分，也能分得平均合理。[3] 当然，分配中所

1 越南 Mnong Gar 人和云南少数民族一样也用箩来量谷物。新西兰毛利人用篮子计算收获多少甜薯。加利福尼亚印第安人用蛤壳量药，用桶量其他之物。参见 *We Have Eaten Forest*, pp.21, 307. General Anthropology, p.227 及 *An Introduction to Cultural Anthopology*, p.332。

2《鄂温克人的原始社会形态》，88 页。

3 云南民族调查组：《云南怒江独龙族社会调查》，1964 年，254 页。

用之箩，并不因此而成为专用量具，下次分配又用他箩。但如借贷谷物，习惯上都是记住借时量谷所用之箩，还时仍用原箩。很多民族（如独龙族、基诺族）都是如此。买卖东西，则可根据容器大小临时论价。如在拉萨街头，你可看到藏民用罐头盒来量坚果或谷物，进行交易。

佤族有了专用量具（图版三：3、4）。西盟有"块尼"（一种箩）和"赛因"（一种竹筒），"赛因"又有大小之分。他们还为两者规定了换算关系：

1"块尼"=5"赛因"

此外，在"块尼"之上还有"担"、"亢"等单位，但无相应的量具。各村之间甚至同村各户之间量具大小是不统一的。以大马散村为例，大"赛因"约可盛谷 28.5 公两，小"赛因"可盛 17.5 公两。[1]

傣族有较多容量单位和专用量具（图版三：5、6）。以瑞丽傣族为例，共有六个容量单位："箩"、"海"、"别"、"哈"、"利"、"节烈"（箩是汉语，其他为傣语），前四者为大小不同之竹箩，后两者为竹筒（图版三：6）。各单位之间还有固定的换算关系：

1"箩"=2"海"　1"海"=4"别"

1"别"=2"哈"　1"哈"=4"利"

1"利"=2"节烈"

箩是主要容量单位。在箩之上还有"挑"，一"挑"等于两箩。"挑"得名于挑物，可算是源于人体的容量单位和重量单位。

傣族以箩为主的一套容量计算方法，影响了周围很多民族。景颇族、德昂族及部分地区的佤族均以箩为主要容量单位，箩上有"挑"，箩下有"海"、"别"等。但各地箩的标准是不同的。如以箩盛谷子，景颇族的大山支每箩约容 15—20 公斤，小山支容 20 公斤，西双版纳傣族一般容 15 公斤，沧源佤族约容 20 公斤，德宏某些地区只容 12.5 公斤左右。

尽管各地的箩大小悬殊，而就同一地区来说，却又是基本一致的。因为少数民族日常生活中普遍用的器物，虽无统一规格，然制造时多恪守传统，故大小略同。陶器如此（见前），竹编物亦如此。因此，箩被挑选作为主要量器并非偶然。作为容器的箩，在一个地区之内原已大小相似，及至作为量具之后，虽然仍由各户自己制造，不像后世度量衡器是由政府或政府指定机构统一制造出来的，却能自觉地尽量保持统一。这方面典型例证是瑞丽的傣族。这里每箩一般可盛谷 18.5 公斤，有人编箩到了最后几圈，便边编边校，必使符合标准时才收口。

藏族容量计算也有自己的特点。玉树地区的藏族买卖米面以"箱"计算，买卖青稞、糌粑以"筒"计算，每筒约合内地 7.5 公斤。[2] 筒原来也是日用容器。西藏主要容量单位为"克"和"批"，且各有相应的量具，系木片做成，每"克"等于二十"批"或三十"批"，每"克"可盛青稞 12.5—15 公斤。[3] 此外，他们尚有用铁皮或罐头盒自制的量具（图版三：1）。

随着少数民族和内地交往的增多，内地的"斗"、"升"概念及有关量具很早就传入少数民族地区。纳西族象形文字中有和，相当内地的斗和升，又有标音文字，音"斗"，显然

1《云南西盟大马散卡佤族社会经济调查报告》，148 页。

2 马鹤天：《甘肃青藏地区考察记》第二编，商务印书馆，1947 年，401 页。

3《西康建省记》。

借自汉语。[1]

内地的升、斗往往又与各族传统的容量单位结合起来，如有些地区景颇族，除箩外也用内地的升、斗，并规定 1 箩 =20 升。拉祜族则以升、斗和自己原有的筒相结合，规定其比例为：

1 斗 =5 升　1 升 =2 筒

每筒约可盛谷五斤。永德县利米人则有下列容量单位：箩、半箩、升、筒、碗。升是汉族传入的，其他都为本族固有的，均由容器转化而来。他们把这些单位组合在一起：

1 箩 =2 半箩　1 半箩 =8 升

1 升 =2 筒　1 筒 =4 碗

仍以箩为主要单位，每箩约可盛 20 公斤谷子。

公用量具的最早出现，总与交纳谷物租税有关。甚至较原始的独龙族，到了国民党时期，也备一只公用的“稿吉”，使与内地的一升相等，专作纳粮之用。基诺族的量具有竹箩（“包”）、竹筒（“达儿”）两种，每寨备一只公用的竹筒，保存于头人家，只供向傣族土司交负担时使用。瑞丽傣族民间所用的箩，大小已很相近（见前），然土司家中还备有专用以收租的量具两种，“箩”、“别”各一。土司家的量具已具有“官量”的性质。

随着商业交换的发展，有些民族市场上也出现了作为标准的公用量具。永德县利米人过去有所谓“街长”之设。他保存公秤一杆，公量两种——本族的箩和汉族的升。每逢赶街，由他帮助称物量物；遇有争执，则取出公秤、公箩来校正。报酬是每逢称盐，得盐一把；每逢量谷，由他用木刮刮平，刮下的谷物即归他所有。利米人一首描述市场情况的民歌中有句云：“当官的升，秤杆秤星。”这“当官的”即指“街长”。利米人的公量已不是为了收租收税，而是为了在交易中统一量具的标准。

（四）重量

与容量、长度相较，重量计算开始较晚。这一点已有学者指出。[2] 有些民族对长度和容量已有一些简单的计算方法，却无任何重量单位。如独龙族有重（“阿立”）和轻（“阿林”）两个专门词汇，以手掂物，也知孰轻孰重，但不能说出究重若干。

最早的重量单位，导源于人的体力。鄂温克族以一人所能背动的重量为一单位，每背约合 30 余公斤。[3] 以“背”计重，在云南少数民族之中也较普遍，凡出卖木柴、松明、马草等，以背箩运到市场，即以一“背”值钱若干议价。[4] 傣族的一挑，除作为谷物容量单位外，也是源于体力的重量单位。此外，在各族语言中，还有“一手可以提得起来”，“指头可以捏住”等表述重量的方法。

在买卖或分配之中，有时不能以人体力计重，则另有其法。

第一种方法是通过手掂、目视来估堆。这方面的典型例子是分肉。我们不止一次观看过云南

---

1 李霖灿：《么些象形文字字典》，李庄，1944 年，1142、1444、1632 号。

2 胡起望：《从民族学资料看数量观念的发展》，《民族研究》1982 年 1 期。

3《鄂温克人的原始社会形态》，88 页。

4 最早重量单位以人力为标准，似具有普遍性。例如，尼日利亚人分别以男子和妇女所能头顶之重为重量单位。参见 *An Introduction to Cultural Anthropology*，332 页。

少数民族分牛肉。他们不用称，按人数分堆，完全通过估计，也可做到基本平均。鄂伦春族以“乌力楞”（家庭公社）为单位集体狩猎，猎物在成员间平均分配，也是估堆分配的[1]。云南少数民族在街子上买卖蔬菜、水果，甚至鲜鱼，至今仍多按堆论价；买卖香蕉和芭蕉则按“把”（也称一“梳”，因一把香蕉其状如梳）论价。这些是到过少数民族地区的人常可遇到的现象。他们虽然有秤，亦很少使用，至今仍沿用着这些古老的方法。

第二种方法是把原应计重之物尽可能按数量来计算。玉树藏族买卖青草或干草，编为绳状，以若干条为一“编”计价。买卖羊毛亦如此。[2]既便运输，又免称重。云南一些缺乏燃料的少数民族地区，以松针为燃料，亦是编成辫状出售的。这种方法还应用于谷物。海南岛黎族稻谷按束计算，一束可打下谷粒 1 公斤，以六“束”为一“攒”，六“攒”为一“对”，二“对”为一“律”，二“律”为一“拇”。[3]贵州台江县苗族连秆收割稻谷后，以一手所握者为一“把”，二“把”为一“非”，十“非”为一“庋”。每“非”约合 5 公斤[4]。凡采用这种方法的民族，多半是对谷物不仅连秆收割，而且连秆保存，吃用时临时脱粒。这样的谷物无法计算容量，若又无适当计重方法，便只有化为可数之物来进行计算了。

第三种方法是把原应计重之物尽可能以容量来计算。在云南少数民族的街子上，经常可看到把酒、油、蜂蜜等论碗而不是论斤出售。他们甚至还用内地的升来买卖松子或板栗。在藏族地区也可看到同样的现象。

第四种方法是把较重之物按长度来计算。云南一些山区民族出售木柴，其法是堆成高一庹、长若干庹的柴堆，按庹计价。至今在云南一些公路旁仍可看到这样的木柴堆，供来往卡车光顾购买。对于牲畜这样不易称重的活物，也是设法以长度概念来衡量其大小。苗族的方法是以竹篾一根量待售之牛的胸围，然后再以拳量竹篾，看共有几“拳”之长；如买卖马匹，则以一根木棒以地面量至马背的放鞍处，看共有几“拳”之高，以此议价。借贷牲畜，亦用此法，但归还牲畜时要比借时多一“拳”，作为利息。[5]古代苗族甚至买卖人口亦以“拳”量人高来确定身价，“每拳价一金”（一两银子）。[6]这种所谓“拳牛比马”的方法，在云南独龙族、傈僳族、怒族[7]以及孟连傣族等地区，均有存在。海南岛黎族买卖牛时，不是量其胸围，而是量角的长度或身的长度来确定大小。[8]这种以长度概念衡量牲畜大小的方法，在世界上似具有普遍性。[9]

以上这些方法，不论是借助于计数和估堆，或是借用长度或容量单位，均不能算真正的重量计算。哪种方法也没有产生过重量单位。而借用长度、容量单位这本身就表明重量是晚于长度和容量的。

---

1 秋浦：《鄂伦春族社会的发展》，上海人民出版社，1978 年，36 页。
2《甘、青、藏边区考察记》第二编，639 页。
3 广东民族调查组：《黎族合亩制度调查综合资料》，1963 年，44—45 页。
4《台江县巫脚交经济发展状况》，63、110 页。
5（清）严如熤：《苗疆风俗考》，《小方壶斋舆地丛钞》第八帙。
6（清）陆次云：《峒谿纤志》，《小方壶斋舆地丛钞》第八帙。
7 云南民族调查组：《怒江傈僳族自治州社会概况》上册，1957 年，44 页。
8 广东民族调查组：《黎族简史简志合编》，1965 年，85 页。
9 例如，越南的 Mong Gar 人买卖或借贷牲畜，对猪量其颈围，对牛量其角长或（不经常地）量其颈围，参见 *We Have Eaten the Forest*, p.87, 168, 274。

很多少数民族除有来源于人之体力的“背”、“提”、“挑”等粗略重量单位外，由于社会生活的复杂化，以及与内地交往的频繁，很早便已采用斤、两一套内地重量单位及衡具。

西双版纳傣族以斤为重量主单位，斤以下为两、钱、分、厘，均借自汉语，以十进位计算，亦同汉族。惟斤以上则以数字表示，两斤为“千”，二十斤为“万”，二百斤为“十万”，二千斤为“百万”。这说明，斤、两等单位由汉族传入前本族无自己的重量单位，虽然他们对长度和容量的计算是有自己的一套办法的。这种现象在其他少数民族中也屡见不鲜。

属于云南少数民族自己的重量单位是“砣”和“亢”[1]，据说来自缅甸，今流行于滇西中缅边界两侧的少数民族（如德宏的景颇族和傣族，临沧地区和孟连的傣族、佤族等）之中。一“砣”约合3市斤，一“砣”等于10“亢”。关于“砣”、“亢”的语源及起源（即根据何物为标准），我们请教过不少熟悉当地民族历史、文化的人士，其解释是多种多样的。一种说法是“砣”为人手一提之重，“亢”为一种坚果。另一种说法是“砣”为平衡之意，是秤的名称，“亢”的意义不明。还有一种说法是“砣”和“亢”最早都以缅币“卢比”为标准，因“卢比”曾为天平上所用最早的砝码，十个“卢比”为“一亢”。从明代起，“砣”“亢”计重制度就已经出现在这片地区[2]，其起源很难说清。

孟连傣族以“砣”为主单位的一套重量计算方法比较系统。“砣”下有“亢”、“荒”、“札”、“海”、“母”、“贝”等单位，并有固定的比例：

1“砣”=10“亢”　1“荒”=2“札”　1“海”=2“母”

1“亢”=4“荒”　1“札”=2“海”　1“母”=2“贝”

其他民族一般只有“砣”和“亢”，并与内地传入的斤、两等单位混合起来。如沧源佤族“砣”、“亢”以下，采用内地的两、钱、分三个重量单位：

1“亢”=4两　1两=10钱　1钱=10分

景颇族也有同样情况。

内地衡具随着斤、两等重量单位很早就传入少数民族地区。纳西族象形文字已有代表秤的字，代表天平的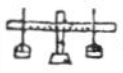字，代表戥子的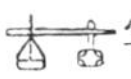字[3]。边疆少数民族之中先有戥子和天平。上引（明）朱孟震《西南夷风土记》说：“用等（戥）而不用秤。”西盟地区佤族直至近代仍是有戥无秤。沧源地区佤族社会发展程度较高，才有戥有秤。景颇族（小山支）很少用秤，但会用戥子称鸦片。孟连傣族有两种形式的天平，以他们自己那套“砣”、“亢”系统重量单位来称鸦片和银两；只是赶孟连街子时，才使用从内地买来的秤，以斤、两单位来称较重之物。从云南边疆少数民族衡具的情况可以看出，最早衡具是为了称贵重之物而设的，即主要为了称鸦片和银两。

在内地的衡具影响下，有些少数民族也能自制粗糙的衡具，用以称那些不贵重之物。西盟佤族有一种自造的秤，上刻粗纹数道，但仅供借贷时使用，借物称之，记住在某刻纹，还时仍

1“砣 ”读如zuai，“亢”读如kan，为云南民族地区常用的俗字。

2（明）朱孟震《西南夷风土记》：“度用手，量用箩，以四十两为一‘载’，论两不论斤，故用等（戥）而不用秤。”“载”即“砣”。

3《么些象形文字字典》，1178—1181号。

在原刻纹。[1] 盈江景颇族在山上打得野兽，甚至可以临时制造一个秤，以石头为秤锤，胡乱刻些刻纹，用以分肉。只要每次称肉都固定在某刻纹处，即可分得平均，而这便达到了他们的目的，他们原不想知道分得几斤几两。这样的秤不能表示任何重量单位，严格说来它还不能算是衡具。

有些民族会制造可以表示重量单位的秤。我们见过德宏傣族制造这种秤的方法：秤杆是一根圆木棒，一端系以绳索；秤盘用竹编成；随便取一块圆石，以绳兜之，即为秤锤。锤的轻重不限，然后取已知重量之物试称。若称一“亢”之物，当秤杆保持平衡时，便在系锤处刻纹一道，此道便代表一“亢”。称两“亢”之物，便在秤杆上刻上代表两“亢”的纹道。如此下去，到十“亢”时则刻x形一个，此x便代表一“砣”。为了与内地的秤相区别，少数民族常把上述自制的秤称为“阿砣”或“砣秤”（图版三：7）。

据说，过去制砣秤要以缅币“卢比”试称，来确定秤杆的位置。基诺族有同样的自制的秤，秤杆有刻纹，代表“第给”、“第罗”、“第退”、“哈费”和“第费”几种重量单位，它们分别是汉语的斤、两、钱、五分、一分转化而来。沧源佤族除使用内地传入的秤外，也有自制的秤，秤上表示出“砣”、“亢”、“两”、“钱”、“分”五个单位。

据报道，过去藏族也有自制的衡具，称“噶嘛”，中间系绳，以石为衡。[2] 它们应是模仿内地的天平，可惜我们未曾见过实物。

少数民族自制的秤极不准确，随着商业的发达，乃出现公秤。例如，除上述利米人外，瑞丽傣族土司保持着“公砣”，每逢街区，派人检查，凡有争执，以“公砣”为准，对不合格的自制之秤，当地毁去。这可视为以政治力量推行度量衡制度统一的尝试。有些民族还没有能力自己制造出比较准确的衡具，便以内地秤为公秤。如基诺族多有自制之秤，但每村还备有从汉族买来的秤，以统一对付来收购棉花、茶叶的外商。

尽管少数民族有自制的秤，而称贵重的物品（如鸦片、银两及贵重药材）的天平或戥子必用从内地买来者。

二　中国考古发现和古文献中所见的原始计量方法

关于中国内地的原始计量方法，缺乏直接的证据，但可从史前遗物的迹象中加以研究。在有关度量衡的古文献中，也保留了一些可以反映原始计量情况的零星材料。

兹仍按长度、面积、容量、重量四个方面加以叙述。

（一）长度

旧石器时代暂置不论，至迟从新石器时代起，先民已有长度概念和计算，这从当时盖房、编织和制造陶器的情况可以推知。

西安半坡遗址早期即有半穴居的正方形或长方形房子，四边相等。如F13长宽各为3.8米、2.8米，F38东西4.8米，南北3.28米。晚期改为地面建筑，仍常作方形或长方形。如F4，东西4.28米，南北3.95米，由十根柱子支撑，居住面下铺木板，宽15厘米，“放置得很整齐”（图

1《云南西盟卡佤族社会经济调查总结报告》，87页。

2《三十年游藏记》度量衡条。

二）。[1] 当时人们能建造这样方整的建筑都是曾进行长度计算的结果。顺便说说，木板宽为15厘米，正是人手一拃的长度，也是最早的一尺的长度，可以推测当时人们在设计建筑材料时，如近世少数民族一样，是以人手进行长度计算的。

河姆渡发现大型干栏式建筑遗址，一排排木桩“相互平行”、“间距相等”，特别是木构件上使用了榫卯结构，还发现圆木砌成的井架[2]，这些更需要比较复杂细致的长度测量才能为之。至于有些木桩的排列和间距有不等的情况，或是一个建筑倒塌形成堆积过程中的常见现象。[3]

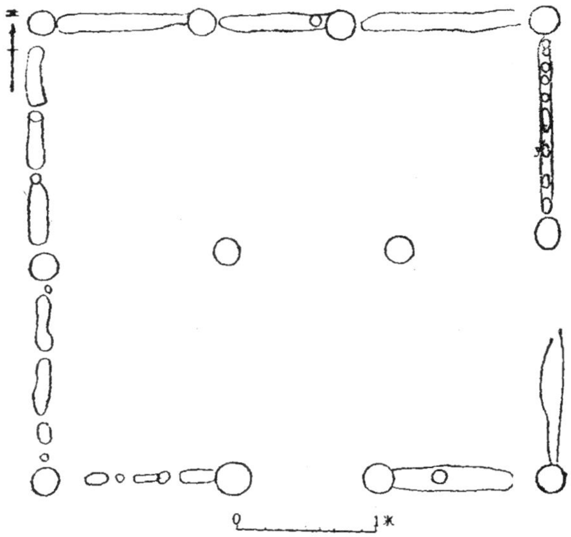

图二　西安半坡正方形房屋平面图（F24）

青海柳湾陶器，各部位对称均匀，“耳把的长宽像尺子量出来一样，大小一致”[4]。

编织也需要长度计算。西安半坡出土陶器底部印痕反映出当时竹篾编物的存在（图三）[5]，其篾条宽度多是相等的。有一种席所用竹篾，宽度约为食指之宽，使我们想起云南少数民族编织方法（见前）。浙江吴兴钱山漾出土二百多件竹编物“多用刮光的篾条编成”，有人字纹、十字纹、菱形、梅花眼等编织方法，几千年后犹可见两根篾条间距大体相等（图四）。[6]

陶器彩绘反映出远古时期人们如何在圆周上作等距离划分的情况。西安半坡彩陶图案多由不同母题组成，大部分是“对称的组合”。著名的人面和鱼纹彩陶盆，两人面和两鱼不仅大小大约相同，而且间距相等，两两相对；器物口沿彩绘图案的等距离划分尤为显著（图五、六）。[7] 半山马厂彩陶[8]和大汶口彩陶（图七）[9]也是同样的情况。可以想象，远古彩陶的绘制，和前述凉山彝族绘制漆器图案一样，曾经过一番长度计算和设计，并可能采取了以点定位的方法。

石器的制造一般只凭目测估计即可取得所需要的大小。但如东南沿海地区常见的长方形扁平石斧等石器，形制规整，每边等长，应由于手量的结果。特别如安徽潜山薛家岗发现的多孔石刀，上有五孔、七孔、九孔、十一孔，甚至十三孔，孔与孔之间距基本上是相等的（图八）[10]，必曾经

---

1 中国科学院考古研究所：《西安半坡》，文物出版社，1963年，9—34页，图一○－二四。

2 浙江省文物管理委员会：《河姆渡遗址第一期发掘报告》，《考古学报》1978年1期，42—50页，图四－六。

3 目前国外考古学家很注意研究古遗址堆积的形成原因。凡属逐步倒塌的房屋，其桩柱必然发生扭曲，柱洞的位置、形状、方向也会改变。不能认为原来房柱即是如此。胡乱排列的桩柱，是不能支撑一座房的。参见I. Hodder, The *Present Past: An Introduction to Anthropology for Archaeologists*, London: B. T. Batsford, Ltd., 1982, pp. 47—50。

4 青海省文物管理处考古队、中国社会科学院考古研究所：《青海柳湾》，文物出版社，1984年，251页。

5 《西安半坡》，161—162页，图一一九，图版壹伍壹。

6 浙江文管会：《吴兴钱山漾遗址第一、二次发掘报告》，《考古学报》1960年2期，85—86页，图版捌、玖。

7 《西安半坡》，163—181页，图一二七－一二八。

8 N. Palmgren, *Kansu Mortuary Urns of Pan Shan and Ma Chan Group*, Peiping, 1934.

9 山东文管会、济南市博物馆：《大汶口》，文物出版社，1974年，53—57页，图四三－四六。

10 安徽文管会：《潜山薛家岗新石器遗址》，《考古学报》1982年3期，309—311页，图二五。

图三　西安半坡陶器底部的竹编物印痕

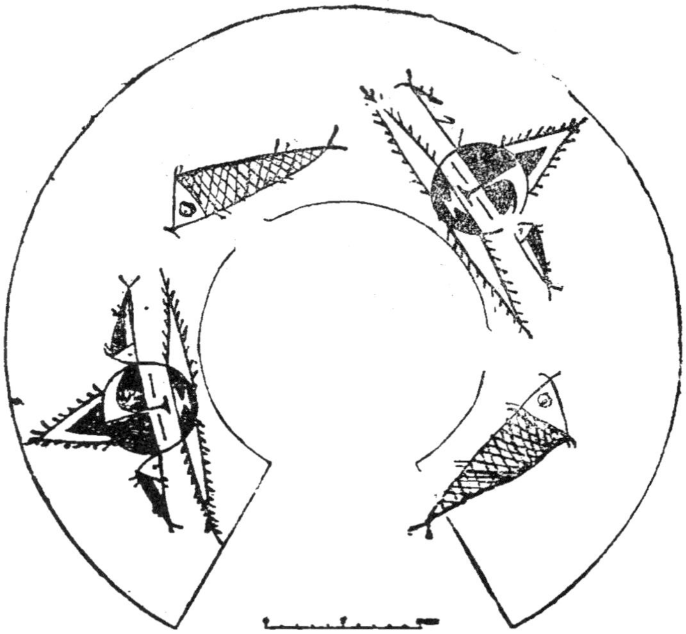

图五　西安半坡彩陶盆上人面鱼纹图案

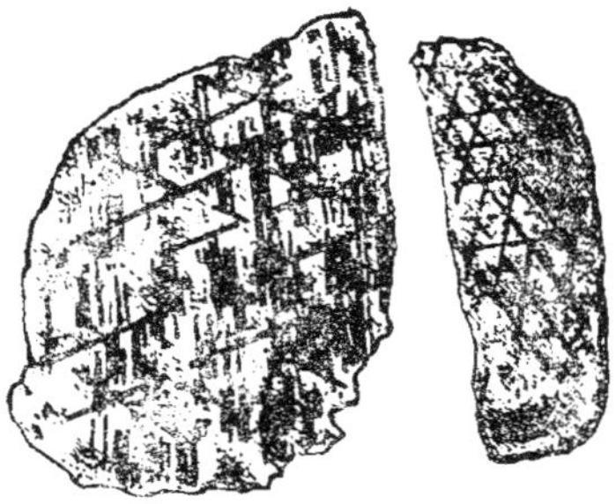

图四　吴兴钱山漾竹编物残片

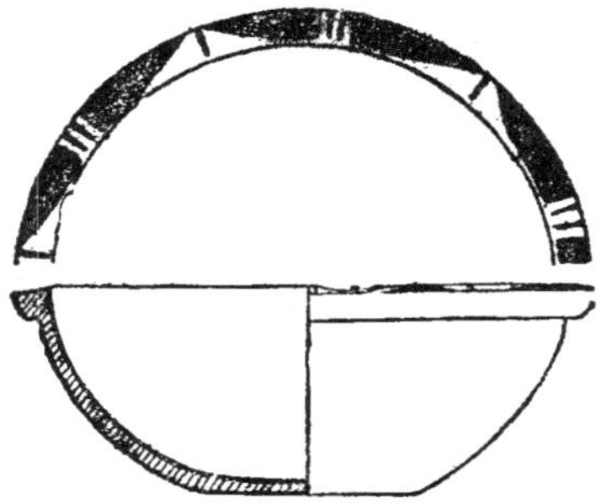

图六　西安半坡彩陶盆口沿上的图案

图七　大汶口文化的彩陶壶上的图案

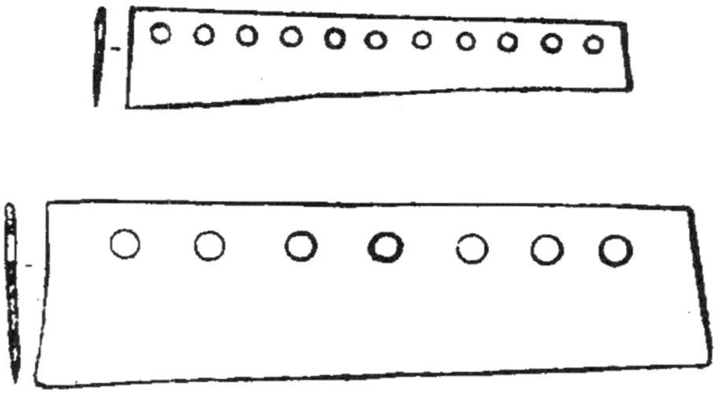

图八　安徽潜山薛家岗多孔石刀

过一番长度的测定和计算。

中国远古居民如何测量长度，虽不可能复现于今日，但有充分证据认为，当时和今少数民族一样，也是以人体各部位为天然标准。这从长度单位名称上可以推知。兹分别疏说如下：

1. 寸

《大戴礼 · 主言》：

布指知寸。

《礼记 · 投壶》“筹，室中五扶”下郑玄注：

一指按寸[1]。

《公羊传 · 僖公三十一年》“肤寸而合”下何休注：

按指为寸。

可见寸来源于一指之宽，与前述西双版纳傣族的长度最小单位同。寸字不见于甲骨金文，小篆作，象一指按腕之形。《说文》寸部：“寸，十分也。人手却一寸动脉谓之寸口”，即指距腕部一指之宽处。今中医切脉，犹称此处为“寸”。

2. 扶

此长度后世不常用，古书常见。上引《礼记 · 投壶》“筹，室中五扶……”下郑玄注：

铺四指为扶。

《尚书大传 · 禹贡》“扶寸而合”下郑玄注：

四指为扶，音肤。

又上引《公羊传 · 僖公三十一年》“肤寸而合”下何休注：

侧手为肤。

可见扶为四指之宽，亦即一拳之高，相当于基诺族的“第岁”、独龙族之“空姆”、景颇族的“靬好”。由于以手握物量其高，其动作颇类扶持，故称为扶，肤扶音通。[2]《投壶》所云室内用“五扶”之筹，即五拳之高，乃最短之筹。

3. 尺

金文中有：　

《金文编》列入附录，属“不可识”之字。今按此即尺字，象一手拃开量物之形。小篆尺字仍作。《大戴礼 · 主言》：

布手知尺。

尺的最早标准即源于人手拃开之长度。正像许多少数民族的以“拃”为长度主单位一样，中国古代亦以尺为长度主单位。传世最早的尺长度不过 15—17 厘米（详后），正与成年男子一拃的距离相符。

4. 咫

咫是由尺派生出来的。《说文 · 尺部》：

1 据王念孙说，应作“一指按曰寸”。见王引之《经义述闻》卷一六按寸条。

2 参见（清）阮福：《肤寸而合解》，载《经义丛钞》（《皇清经解》卷一三八四）。

咫，中妇人手长八寸谓之咫，周尺也，从尺只声。

可见咫亦起源于人手拃开量物，咫较尺短，盖以妇女之一拃为标准。咫和尺的区别，略如基诺、景颇、西双版纳傣族等有大拃和小拃的区分。

5.寻

甲骨文中有：

前辈学者解释不一，罗振玉释“谢”，郭沫若释“汛”，于省吾释“帅”[1]，唐兰释“寻”。[2]若从字形来看似以释“寻”较符合造字之初意。寻为双臂平伸之距离，相当于少数民族的一庹。《大戴礼·主言》

舒臂知寻。

《小尔雅·广度》：

寻，舒两肱也。

《说文·寸部》：

寻，度人之两臂为长，八尺也。

今观“寻”字，正像张臂量物或量席之形。一寻等于八尺，正如景颇族、佤族以一庹为八拃。

6.仞

仞的长度一直有不同说法。[3]《说文》人部：

仞，伸臂一寻，八尺。

然同为八尺，何以仞、寻分别为两个单位？故又有仞为七尺之说。如《仪礼·乡射礼》中郑注：

七尺曰仞，八尺曰寻。

据研究，寻与仞同源于双臂平伸量物，其差异在于“度广曰寻”（《方言》卷一），“度深曰仞”（《左传·昭公三十二年》“仞沟洫”下杜预注）。量深度时必需侧身而量，两臂不能伸直，故仞较寻略短。[4]总之，仞和寻一样，也以人体为标准。度深为仞之说亦确有据，在古文献中凡提到仞的，多是形容高度的。[5]关于一仞之长度，尚有四尺说[6]及五尺六寸说[7]，孙诒让认为均不足取[8]。

7.丈

《说文·夫部》：

夫，丈夫也。……周制：八寸为尺，人长八尺，故曰丈夫。

又《十部》：

丈，十尺也。

由于汉尺已加大，八寸正合所谓“周制”之一尺，原一丈仅合汉尺八尺，按每尺23厘米计算，

1《甲骨文字释林·释陖》。

2 唐兰：《天壤阁甲骨文存》考释。

3 关于仞字，清儒考证颇多，搜罗材料甚备。可参见段玉裁《说文解字注·人部》仞字，孙诒让《周礼正义·匠人》等。

4 此说创自程瑶田，见《通艺录·度数小计》。

5 如《论语·子张》：“夫子之墙数仞。”伪《尚书·旅獒》：“为山九仞。”

6《小尔雅·广度》：“四尺谓之仞，倍仞谓之寻。”

7 见《汉书·食货志》颜师古注引应劭之说。

8《周礼正义·匠人》。

正与成年男子平均身高相当，可见“丈”亦以人体为天然标准的。

8.步和跬

测量长度，除以人的手臂之处，还可用足。这就产生了跬、步这样的长度单位。“步”字，甲骨文、金文中已见：

做两次迈步之形。《小尔雅 · 广度》：

跬，一举足也；倍跬谓之步。

《白虎通》（《尔雅 · 释宫》疏引）：

人践三尺……再举足步。

可见步为两次举足，每步定为六尺，跬为一次举足，每跬三尺。

步应与量地有关。《汉书 · 律历志》：

古者……六尺为步，步百为亩。

测较长的距离及确定土地面积用步确较方便（今人进行粗略测量时犹以步测），而物件多以手持，故量物多用手。

总之，就上举一些常用长度单位来看，均来源于人体。正如《说文 · 尺部》所云：

周制：寸、尺、咫、寻、常[1]、仞诸度量皆以人体为法。

到了许慎的时代，尺度加大，长度单位早与原来所“取法”的人体天然标准相脱离，故诸长度单位“皆以人体为法”者乃周代制度，更多是指周代以前的原始度制。

先民量物，除用人体各部位外，亦可临时借助于他物。如像上述少数民族一样，取一根绳索先以手臂量出所需长度，再以此绳索做量物之用。盖房子便非如此不可。特别如甘肃秦安大地湾最近发现的面积达150平方米左右的仰韶文化晚期“殿堂式”建筑（F405）[2]，建筑时直接用手足来量长度是不可能准确的。《大戴礼 · 主言》：

十寻为索。

索也是古代一个长度单位名称，它的起源即与以绳索量物有关。

除绳索外，其他已知长度之物均可做临时量物之用。《周礼 · 考工记 · 匠人》：

室内度以几，堂上度以筵。

又云：

周人明堂，度九尺之筵，东西九筵，南北七筵。

---

1 “常”为由寻派生出来的长度单位。《小尔雅 · 广度》：“倍寻谓之常。”许慎说，“常”亦以人体为法，应即指此而言。然为何以“常”字代表两寻之长，则待考。

2 甘肃省博物馆文物工作队：《秦安大地湾405号新石器时代房屋遗址》，《文物》1983年第11期。

几筵长度，古有定制。筵长九尺，几一般认为长三尺[1]。当需要确定房屋或他物长度时，只要量以几、筵即可，其情况与傣族用一肘之长的贝叶经量物类似。这虽是见于战国记载，应是沿袭古老的习惯。

古代用弓量长度，为众所知。《仪礼·乡射礼》：

侯道五十弓。

郑玄注：

六尺为步，弓之古制六尺，与此相应。

可见弓固定为六尺之长，与一步相等，故当需用步测时便可以弓代替。又“疆”字从弓，是划分田界时曾以弓量之证。

专用之尺，殷代已出现。传世有一骨尺，相传为安阳殷墟出土，今藏故宫博物院，长16.95厘米，尺分十寸。又有传世两象牙尺，均相传安阳出土，尺分十寸，寸分十分。一长15.78厘米，藏中国历史博物馆；另一长15.8厘米，存上海博物馆[2]。这些虽非发掘品，据形制来看，确为古老的尺。吴大澂《权衡度量实验考》据传世圭璧，对照《周礼》所记载其尺度，考定周代每尺仅为19厘米左右。考虑到尺度从小而大的发展规律，上述三种尺较周尺更短，出土于殷墟完全有可能。其长度在15—17厘米之间，正与成人一拃之长相符。它尚未脱离人体天然标准，代表度具开始出现的阶段。

中国古代长度单位，和今少数民族一样，首先出现的是源于人体的几种：寸、尺、步、寻、丈等，这些也就成为常用长度单位。文献记载的长度单位名称尚多，如寸以下尚有分、厘、毫、秒、忽等长度小单位[3]，此外尚有可能与量布有关的端、匹等[4]。这些均是后世陆续增加的，已不属于原始计量的范畴，不赘述。

值得一提的今天常用来表示远距离的长度单位——里，亦非原始计量所能有。里原是人们聚居的基层单位[5]，用今天的话说，就是一个居民点，后来才被用来作为长度的最大单位。《诗经》中的里，仍有这两种含义。[6]直到春秋时期，行军仍不计里程，而以宿营天数表示里程。如《左传·庄公三年》：

凡师一宿为舍，两宿为信。

说明仍沿袭原始习惯。

（二）面积

面积最早出现的单位是“田”，西周金文中习见。如：

《曶鼎》：“凡用即曶田七田，人五夫，曶觅匡卅秭。”（三代4·45）

---

1 按几长有三尺、五尺、七尺诸说，以三尺说近是。见孙诒让《周礼正义·司几筵》。

2 国家计量总局主编：《中国古代度量衡图案》，文物出版社，1981年，第1页，图1、2。罗福颐：《历代传世古尺图录》，文物出版社，1957年，8页。

3《孙子算经》卷上。

4《小尔雅·广度》。

5《尔雅·释言》：“里，邑也。”《周礼·遂人》：“五家为邻，五邻为里。”

6 如《诗·周颂·臣工》：“骏发尔私，终三十里。”《小雅·六月》：“我服既成，于三十里。”此处的里表示距离；而《郑风·将仲子》“将仲子兮，无踰我里，无折我树杞”中的里，仍指居处而言。

《不娶簋》："锡（赐）汝弓一矢束，臣十家，田十田。"（三代 9 · 48）

《格伯簋》："格白（伯）受良马乘于倗生，氒（厥）卅田则析。"（三代 9 · 14）

《卯簋》："锡（赐）于□一田，锡（赐）于□一田，锡（赐）于队一田，锡（赐）于□一田。"（三代 9 · 37）

近年岐山董家村发村发现的裘卫器[1]中也不止一次提到"田"：

《卫盉》："矩白（伯）庶人取堇章（璋）于裘卫，才（财）八十朋，氒（厥）贾（租）其舍田十田；矩或（又）取……才廿朋，其舍田三田。"

《卫鼎》（甲）："……曰'余審（審）贾（租）田五田'。…… 今参（三）有嗣（司）……师履（履）裘卫厉田四田，迺舍寓（宇）于氒（厥）邑：氒（厥）逆疆眔（逮）厉田，氒（厥）东疆眔（逮）散田，氒（厥）南疆眔（逮）散田眔（及）政父田，氒（厥）西疆眔（逮）厉田。"

这里的"田 x 田"，前一个田是田地，后一个"田"便指面积单位，其情况与上述西双版纳傣族的"纳"极为相似。关于一田究为若干，或据《周礼 · 考工记 · 匠人》"田首倍之"下郑玄注：

田，一夫之所佃，百亩。

释一田为一百亩[2]。然"田首倍之"是说修沟洫时田头处应宽一倍，此处之田乃泛指，并非一个面积单位。郑玄所注乃他自己解释。像这类后来的解释，在古文献中尚有存在，说法各异，如《管子 · 乘马》：

五制为一田，二田为一夫。

据此则一田只有五十亩，只有百亩之一半。又如《国语 · 鲁语》"季康子欲以田赋"下韦昭注：

田，一井也。

按一般说法，一井为九百亩，则一田之面积又高达百亩之九倍。以上歧异原不足怪，盖古代之田和西双版纳傣族的"纳"一样，还不是一个通过丈量有固定数额的面积单位，只不过是通过估算得来的粗略的单位。"田 x 田"即田几块之意。西周时土地未必丈量，丈量土地是很晚的事。甚至到了 1949 年，一些云南少数民族仍不知道自己土地的确实数字。上引《卫鼎》甲所说"帅履裘卫厉田四田"，不过是勘查裘卫新租得厉田的四至，所以接着说明"逆疆"（北边疆界）、"东疆"、"南疆"、"西疆"各与何人之田接壤。哪些是自己的田，哪些是别人的田，这对当时人来说，才是重要的事。

在井田制度中，似乎有一套系统的计算土地面积的方法。如《周礼 · 小司徒》：

乃经土地，而井牧其田野，九夫为井，四井为邑……

郑玄注引《司马法》：

步百为亩，亩百为夫，夫三为屋，屋三为井，井十为通……

这一套面积单位和计算是否确实实行？是什么时代的产物？这些问题应和井田制度本身做同样的考虑，不是本文所要讨论的。我们感兴趣的是其中的"夫"、"屋"。《小司徒》有云：

及大比六乡四郊之吏，平教治，正政事，考夫屋。

1 岐山县文化馆、陕西省博物馆：《陕西省岐山董家村西周铜器窖穴发掘简报》，唐兰：《陕西省岐山县董家村新出西周重要铜器铭辞的译文和注释》，并载《文物》1976 年 5 期。

2 见《文物》1976 年 5 期，55 页。

又《周礼 · 匠人》

九夫为井。

郑玄注：

井者，方一里，九夫所治之田也。……三夫为屋，屋具也。

《论语 · 学而》“道千乘之国”下皇侃疏：

夫一家有夫妇子三者具，则屋道乃成，故合三夫为屋也。

“夫”、“屋”成为土地面积单位，应取意于每年一夫所能耕及一屋三人所能耕之数，其情况类似滇西北少数民族以牛耕一天为一个面积单位的方法。它们同属于原始计量方法。撇开后来有关一“夫”或一“屋”相当若干亩的规定不论，“夫”、“屋”概念本身应是从还不会直接计算土地面积的时传下来的。

至于中国至今还在使用的面积主单位——亩，兴起甚晚。亩的原始意义是田垄，亦可代表田地所在。《诗经》中的“南亩”（见《大田》、《载芟》、《良耜》、《七月》）、“南东其亩”（《信南山》）、“长亩”（《甫田》）、“亩丘”（《巷伯》）、“菑亩”（《采芑》）、“迺宣迺亩”（《緜》），均作为田垄和田地解释，非指田地面积。《国语 · 周语》说宣王即位，不籍千亩，这处的千亩仍可能是地名。古代以千亩命名之地甚多，原不限京畿。[1]《诗经》中勉强可以认为指土地面积的亩，见于《十亩之间》一诗：

十亩之间兮，桑者闲闲兮，将与子还兮。十亩之间兮，桑者泄泄兮，将与子逝兮。

此外，《春秋 · 宣公十五年》云：

秋，初税亩。

这里的亩自必指有固定数额的面积单位，否则不能据以征税。但这已是春秋时期了。按先秦一亩为一百平方步，即一步宽一百步长之土地（见《韩诗外传》卷四），故一夫每年耕一百亩是可能的。秦以后改成二百四十平方步一亩[2]，故一夫所耕之田亩数亦减少。

（三）容量

中国原始容量计算亦曾取法于人体，并多用日用容器。新石器文化一些遗址出土陶器，同一种类者一般大小相似。像青海柳湾墓葬出土的彩陶壶，“都是日常使用过的”，大小略同，高度都在 20–25 厘米之间。[3]这种普遍使用而大小大体相同的容器，可能即兼作量具之用。如前所述，量具就是从那些由于制作方法方面有共同传统因而大小原已相差不大的容器发展而来的，如傣族之箩。

关于原始容量计算的具体情况，从容量单位名称上可以更多地推知。

1. 溢

《礼记 · 丧服传》（《礼记 · 丧大记》略同）：

歠粥：朝一溢米，夕一溢米。

---

1 如《左传 · 桓公二年》：“晋穆侯之夫人……生太子……以千亩之战生，命之曰‘成师’。”杜预注：“西河界休县南有地名，名千亩。”

2 陈梦家：《亩制和里制》，《考古》1966 年 1 期。

3《青海柳湾》，32 页。

郑玄注：

二十两曰溢，为米一升二十四分升之一。

又《小尔雅·广量》：

一手之盛谓之溢。

可见溢来源于一手所捧之量，如独龙族之“一把”。

战国时期三晋地区的《长陵盉》铭有云：

容一斗二益。

据实测和计算，每溢合9.6毫升。[1]又1996年陕西咸阳新出的《安邑下官锺》铭[2]有云：

斛一斗一益少半当。

即可容一斛一斗又三分之一益。经实测，此器容积为24600毫升。以一斛十斗、一斗十升、一升为二十四溢计，则一溢为：

$24600 \div (110 \times 24 + 1\frac{1}{3}) = 9.3$ 毫升（强）

与《长陵盉》一益之数相近，而与郑玄注一溢为二十四分之一升之说亦合。一手所盛之量原不过如此。大概到战国时期犹在使用这一来源于人体的古老容量单位。

2.匊

《诗·小雅·采绿》：

终朝采绿，不盈一匊。

又《诗·唐风·椒聊》。

蕃衍盈匊，椒聊之实。

毛传：

两手曰匊。

小篆中“匊”字，象以手捧米之状。又《小尔雅·广量》：

两手谓之掬，掬四谓之豆。

可见匊（掬）为双手所捧之量，相当于独龙族之一“捧”。

3.撮和抄

《孙子算经》(《夏侯阳算经》同)：

量之所起，起于粟，六粟为一圭，六圭为一撮，十撮为一抄，十抄为一勺，十勺为一合，十合为一升，十升为一斗，十斗为一斛。[3]

这里所举容量单位甚多，其中撮和抄应属源于人体的古老容量单位，即以手指捏物和握物。1956年河南陕县唐墓出土新莽的时期“始建国元年”撮，器作长柄圆勺形，“……积百六十二分，容四圭”，自铭曰“撮”[4]；据实测，容积为1.92毫升[5]，或作2毫升[6]。手撮之量原不过如此。“始建

1 马承源：《商鞅方升和战国量制》，《文物》1972年6期。

2《战国秦“王氏”陶罐和“安邑”铜锺》，《光明日报》1974年7月9日。

3 据《永乐大典》辑本，转引自紫溪《古代量器小考》，《文物》1964年7期，下同。

4 黄河水库考古工作队：《1956年河南刘家渠汉唐墓葬发掘简报》，《考古通讯》1957年4期。

5 陈梦家：《战国度量衡略说》，《考古》1964年4期。

6 紫溪：《古代量器小考》，《文物》1964年7期。

国元年”撮出土，不仅证明汉代犹有“撮”这一容量单位，而且证明撮确来源于手撮之量。撮可认为是原始计量的小容量单位。

以上几种均是来源于人体为标准者，此外古代容量单位大多数来自容器。除上引《孙子算经》勺、合、升、斗、斛外，还有龠、豆、釜、区、锺等（见《广雅·释器》），无一不是容器或器皿的名称。可以想见先民如今少数民族一样原曾以容器做量具之用。兹只选在中国度量衡史上有影响的斗、升两种略加疏说。

4.斗

金文作：。《说文·斗部》有云：“斗，十升也。象形，有柄。”从字形看，确像一件有柄容器。而这类容器最早是用来盛酒的。《诗·小雅·大东》：

惟北有斗，不可以挹酒浆。

《诗·大雅·行苇》：

酌以大斗，以祈黄耇。

斗亦可用以取水，盥洗。《仪礼·少牢馈食礼》：

司空设罍水于洗东，有枓。

郑玄注：

枓，㪺水器也。

又《礼记·丧大记》：

浴水用盆，沃水用枓。

传世有战国铜器“但吏斗”，[1]器形与金文中“斗”字相近。

5.升

古文字中升作：。《说文·斗部》有云：

升，十龠也，从斗，亦象形。

从上述字形看，升亦为有柄勺形器。

《诗·唐风·椒聊》：

椒聊之实，蕃衍盈升。

又《韩非子·外储说》右上：

宋人有酤酒者，升概甚平，遇客甚谨，为酒甚美。

可见升原亦用以盛酒或果实之类。

中国从何时起从容器中发展出专用量具？据研究，商代遗址出土的一种大口陶尊，口沿内侧多有记数陶文，可能即是当时的量具。[2]到了春秋末年，专用量具已有多种。《左传·昭公三年》的一条记载是大家熟知的：

齐旧四量：豆、区、釜、锺。四升为豆，积压自其四，以登于釜，釜十则锺。陈氏三量，皆登一焉，锺乃大矣。以家量贷而以公量收之……其爱之如父母而归之如流水。

可见齐之量具不仅有升，还有豆、区、釜、锺。后四种自亦为容器变来。这里说的是田氏为收

1 容庚、张维持：《殷周青铜器通论》，科学出版社，1958年，图版壹肆伍：280。

2 安金槐：《商代的粮食量器》，《农业考古》1984年2期。

图九　陈纯釜

图一〇　山东邹县出土“廪”字陶量

买民心改革量具的情况，至于使用四进位的“旧量”，应在其前很久即有。

比较明确的最早量具实物属战国时期。属于齐的有“左关鉲”、“子禾子釜”、“陈纯釜”（图九），属于三晋的有“长陵盉”、”屌氏壶，属于秦的有著名的“商鞅方升”[1]。这几件不仅是专用量具，而且已具官定量具的性质。齐国陈氏三量主要用于关卡，颇类似后世海关之有专用度量衡器（如海关尺）。“商鞅方升”则是在更大范围内推行的官量。

陈氏三量铭文中都提到“节于廪釜”，可见当时还有用于仓廪的量具。1951 年山东邹县纪王城出土相当于一釜的陶量，底有“廪”字（图一〇）；1977 年河南登封古阳城遗址出土一陶量具，口沿有“亩”（廪）字[2]；均为仓廪所用旧物。仓廪量具当与征收租赋有关，仍是一种官量。

1 唐兰：《商鞅量和商鞅量尺》，《北大国学季刊》5 卷 4 号。紫溪：《古代量器小考》，《文物》1964 年 7 期。马承源：《商鞅方升和战国量制》，《文物》1972 年 6 期。

2《中国古代度量衡图集》图八三、九一、九二。

图一一　传山东临淄出土"公区"

此外，民间自有公量。如山东临淄出土两件陶量具（均藏中国历史博物馆），各有“公区”、“公豆”字样[1]（图一一）。又1972年济南出土齐国陶量二件，印有“𡊠”字，或释为“市”[2]。又传世战国陶文中有“坤（市）豆”、“坤区”、“坤釜”，据研究是当时陶量的残片[3]。这些量具可能像云南利米人公量一样，专供市廛所用。

值得注意的是山东出土的陶量具，形制各异，而多具有当地较早的陶器风格。如中腰常有附加堆纹一道（图一〇），与大汶口陶器做法相同。这再次说明量具就是由日用陶器发展而来。

从战国时起，一般铜器上经常注明容量，如著名洛阳金村出土的铜钫，铭文就有“容四斗”字样。[4]战国和汉代铜鼎等上更注明容量和重量。这些不一定是专用量具，但制造时必经过校量，反映当时容量计算已非常精密。到了战国时期，中国脱离原始计量阶段已久，中国度量衡史进入一个重要阶段，其情况已非本文论述范围。

（四）重量

中国原始计量中的重量，其起源很难追溯。从重量单位名称来看，一些古老的重量单位，仍以人力为标准，其情况与少数民族相同。如金文中常见寽字：

《说文·金部》（段玉裁注本）

锊，十一铢二十五分之十三也，从金，寽声。

又《受部》：

寽，五指捋也。从受一声，读如律。

上引金文诸寽字，亦锊之本字，正像以手指从另手取物之形。初民常以手掂重，故以手指所能捏之重为一寽。一寽之重究为若干？前人共有三说[5]：六两说（《小尔雅·广衡》），六又三分二两说（见《考工记·冶氏》“锊”下郑注），十一又二十五分之十三铢说（见上引《说文·金部》）。即按六两说，一寽不过今之二三市两而已。手指所能捏者原非重物。金文中屡见取若干锊之记载，

1《中国古代度量衡图集》图八八、八七

2《中国古代度量衡图集》图八八。

3 裘锡圭：《战国文字中的“市”》，《考古学报》1980年3期。

4 朱德熙：《洛阳金村出土方壶之校量》，《北京大学学报》（人文科学）1956年4期。

5 参见郭沫若：《两周金文辞大系考释·禽簋》，科学出版社，1957年。

乃指铜言。或以为上引金文锊字中心之圆点即代表铜饼（后世楚地蚁鼻钱类此）[1]，亦不无可能。然最早的寽仍应取法于人体自身。此从字形可以推见，寽字中间除圆点外，尚有作一划者，故知乃泛指手指所能持之重，而不限于何物。

又后世通用的“石”，虽源于石权，而最初应以人一担（挑）之重为标准。[2]

除由人之体力形成最初重量单位之外，还有以身边之物作为标准者。中国度量衡制度中的重量主单位——斤，即来源于此。斤在甲骨文、金文中作：

象附有曲柄之斧。《说文·斤部》云：

斤，砍木斧也。象形。

可见斤即斧类。斧为初民随身必备之物，远古时期曾作为一种财富和交换媒介；[3]而在交换中若需要量重，自然而然地便以斧斤为标准，从而形成一个重量单位。

作为重量单位的斧，一般应是铜斧而不是石斧，因为石斧大小轻重相差悬殊，而铜由于同范铸成，重量可以相似。总之，斤作为一种重量单位的出现应在进入金属时代之后。由于铜制斧斤经常作为交换媒介，故斤也曾为古代金属货币名称。如：“安邑半釿”、“安邑一斤”、“安邑二斤”、“梁□釿五十尚（当）爰”等[4]。这些货币多是布币，只是保留斤的名称，形制已不作斧斤的形式。凡是货币采用工具的形制，经常加以微型化。[5]同样，货币中“釿”的实际重量亦大大缩小。据对这些货币实测，每釿最多的只合 30 余克。[6]而作为一种重量单位，每斤在 250 克左右（据战国时期的衡制）[7]，正相当一个原始铜斧的重量。大概斤来源于一斧之重之说是可以成立的。

古代重量单位名称很多。《小尔雅·广衡》：

二十四铢曰两，两有半曰捷，倍捷曰锊，锊谓之锾，二锾四两谓之斤，斤十谓之衡，衡有半谓之秤，秤二谓之钧，钧四谓之石，石四谓之鼓。

其中大部分很难解释。例如，在中国衡制中至今仍广泛使用的“两”，原象车之双軶之形，车辆为其初意[8]，然何以借用作为重量单位至今不明。又中国古代很有影响的“铢”，是起源于装饰品之珠吗？上引《小尔雅·广衡》中的“举”是因人手所举之重而得名的吗？“石”是因以石块为衡具而得名，“衡”和“秤”是有了衡具以后才出现的吗？“钧”得名于称物均衡这一现象吗？这些问题均有待以后继续研究。然有一点是肯定的，即重量单位不像长度、容量单位那样有规律可循，其来源殊为复杂。

---

1 唐兰：《陕西省董家村新出土西周重要铜器铭词的译文和注释》，《文物》1976 年 5 期。

2 黄盛璋：《司马成公权的国别、年代与衡制问题》，《中国历史博物馆刊》1980 年 2 期。

3《易·巽》：“丧其资斧，贞凶。”《易·旅》：“得其资斧，我心不快。”《居后敦》：“货余一斧，舍余一斧。”

4 丁福保编：《古钱大辞典》102、105、107、226 号，中华书局，1982 年。

5 这种现象除见于中国外（如刀币、布币均如此），在工具形金属钱币发达地方的非洲也是如此，参见 J.E. 利普斯：《事物的起源》（中译本），四川民族出版社，1982 年，207 页。

6 王毓铨：《中国古代货币的起源和发展》，科学出版社，1957 年，81—82 页。

7 陈梦家：《战国度量衡略说》，《考古》1964 年 6 期。

8 于省吾：《释两》，《古文字研究》第十期（1983 年）。

虽然有些地区（如埃及）据说史前即有衡具出现[1]，但世界大部分地区重量概念及重量计算兴起较晚，多半是金属工具使用以后才发展起来的。中国少数民族如此，中国古代亦如此。斤与古代铜斧的关系正可说明这一点。

在重量单位很少的时候，古代也像云南少数民族一样，运用其他方法来处理那些本应计重之物。例如，对于谷物，古代也和黎族、苗族一样，化为数量来计算。

《广雅·释器》：

秉四[2]曰筥，筥十曰稯，稯十曰秅。

《仪礼·聘礼》：

禾三十车，每车三秅。

这里的一秉即一把禾之意。《诗·小雅·大田》有云："彼有遗秉。"又《左传·昭公二十七年》云："或取一秉秆焉。"可见古代直至西周春秋时期仍有以禾把计算谷物数量之法。

中国最早的衡具出现于楚地。过去长沙即有"钧益"砝码一套十枚出土。近在长沙、常德、衡阳等地有一百零一座楚墓中发现了天平和砝码，其中有两件完整的天平附有成套砝码（图一二）。这些墓葬的年代属春秋末年至战国中期。[3]中国历史博物馆收藏有两件战国时期的衡具，秤杆已有固定长度（均长23.1厘米，恰为当时一尺之长）和刻度（刻十等分，一等分恰为当时一寸之长），而系绳仍在中间，这可视为由天平向秤的过渡。值得注意的是据所刻"王"等字体看，它们也是楚器（图一三）。[4]楚地出现衡具独多，这一现象并非偶然。最早衡具是为了称贵重之物，不仅中国很多少数民族如此，世界其他地区亦如此。[5]楚正是使用黄金货币（"郢爰"）的最早地区。迄已发现的楚国天平的和砝码，最重者不过200—250克，即当时一斤之重。两件中间系绳的衡杆，长度不过当时一尺，尚较长沙左家公山出土完整天平之杆（长27厘米）[6]为短。它们都是为了称"郢爰"和其他贵重之物，而非为了称重物。

但战国时期是中国社会发展变化最为迅速的时期，度量衡制度在此期间得到空前发展。作为称重物的衡具也在各地迅速出现。1964年在西安阿房宫遗址出土"高奴禾石"铜权（图一四）[7]，传世的"司马成公禾石"铜权[8]，皆是当时一"石"之重。经实测重量分别为30750克和30350克。铭曰"禾石"，表明是称谷物或禾草而用。这些自身注明重量之铜权，仍是大型天平用物，而非为后世之秤砣。[9]称重物的秤出现是很晚的。[10]

上述刻铭文的衡具，一般应具有公用或官定性质。1933年安徽寿县朱家集出土的一套天平

---

1 *Man Makes Himself*, pp.154—155。

2 原作"秉十曰筥"，此依王念孙《广雅疏证》校改。

3 高至喜：《湖南楚墓中出土的天平和砝码》，《考古》1972年4期。

4 刘东瑞：《谈战国时期的不等臂秤"王"铜衡》，《文物》1979年4期。

5 印度河文化中发现公元前2500年的衡具是为了称金沙的。埃及最早衡具亦可追溯到公元前2500年的第五王朝，仅为金匠所用。参见C.Singerand Other.*A History of Technology*, Oxford, 1956.p.779.

6 湖南省文物管理委员会：《长沙出土的三座木廓墓》，《考古学报》1957年1期。

7 陕西省博物馆：《西安市郊高窑村出土秦高奴铜石权》，《文物》1964年9期。

8 于省吾：《商周金文录遗》，96页，科学出版社，1957年。黄盛璋：《司马成公权的国别、年代与衡制问题》，《中国历史博物馆刊》1980年2期。

9 商承祚：《秦权使用及辨伪》，《古文字研究》第三辑（1980年）。

10 据研究，东汉时才普遍用秤，见丘光明《中国古代权衡器简论》，《文物》1984年10期。

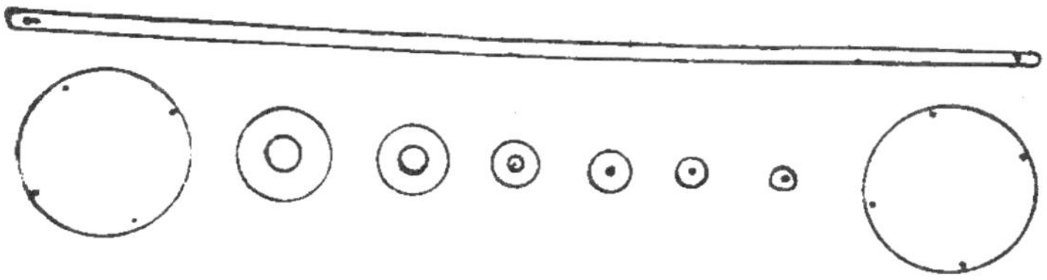

图一二　湖南常德出土天平与砝码

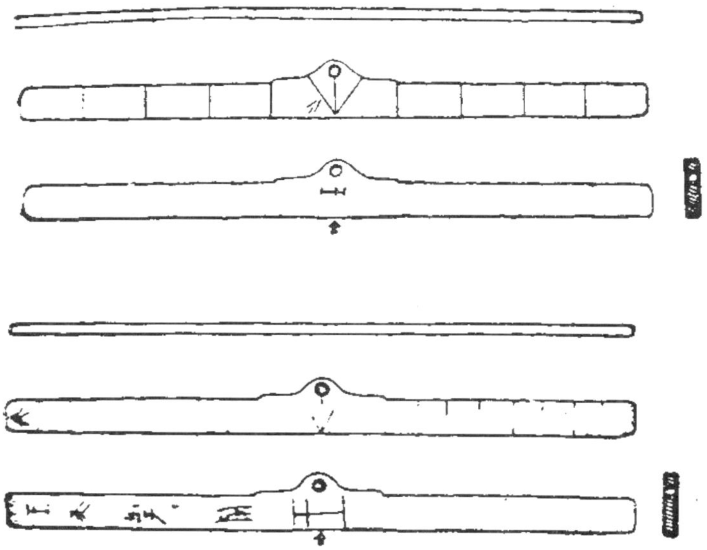

图一三　传世有“王”字铭文衡具

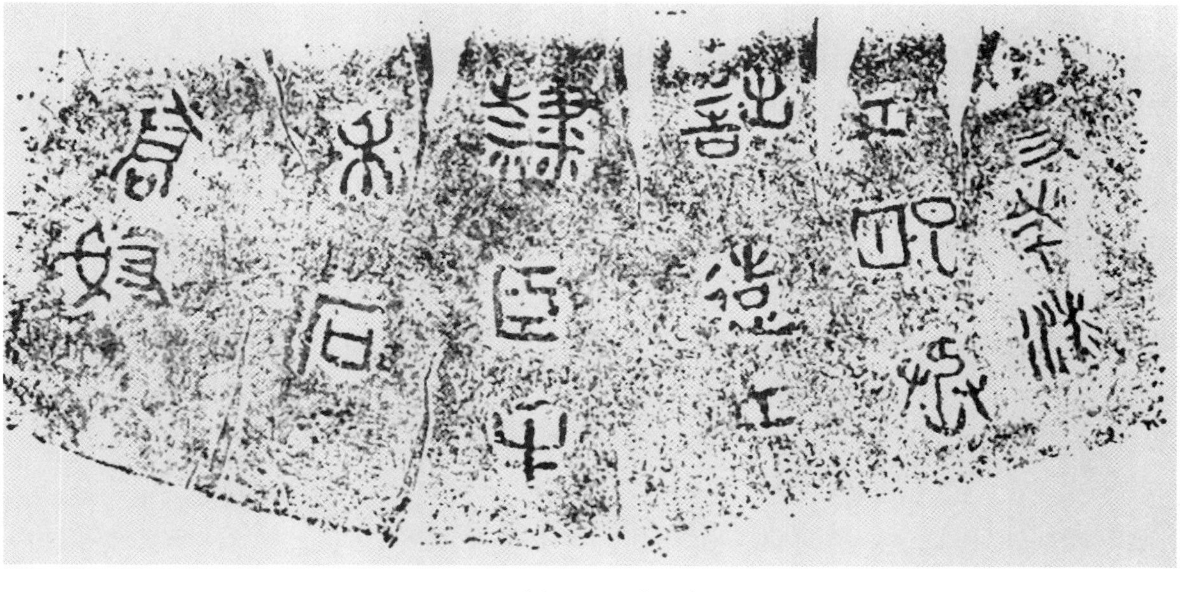

图一四　“高奴禾石”铜权铭文

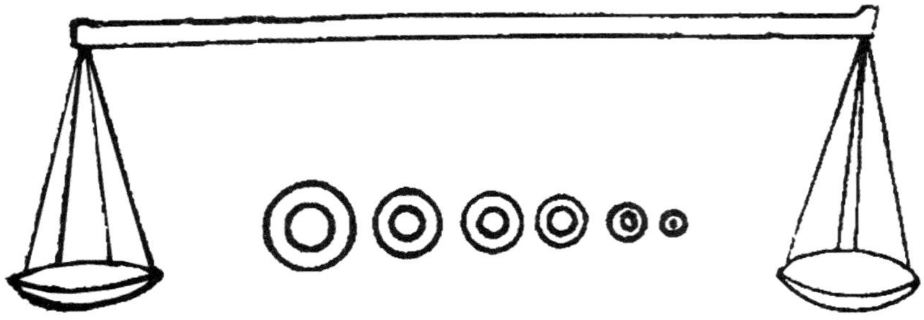

图一五　安徽寿县出土"郢子之官镮"

和六个砝码（分别为六铢、十二铢、一两、二两、四两、半斤），有铭曰"郢子之官镮"，是官府制定的和颁发衡具的证明（图一五）。[1] 这说明至迟到了战国时期，已开始借助政治力量来统一重量标准。

实际上，战国时期各地重量标准已大体趋于一致，据对楚国砝码和秦国"高奴禾石"及可能属于三晋的"司马成公禾石"的测定，一斤均合 250 克左右。

有趣的是江陵凤凰山一六八号西汉墓出土一件天平，自名"称钱衡"，铭文曰"以钱为累"[2]，说明中国古代也像德宏地区少数民族一样，有用钱币为砝码的情况。

三　关于度量衡起源的几点看法

关于中国度量衡如何起源，自古有一套说法。其中最有影响的是积黍说和黄钟说。

积黍说认为度量衡三者最早均是根据黍这种谷物制定的。以一黍的长度为一分，十分为一寸；以九十六个黍的重量为一铢；可以容一千二百个黍的容量为一龠。[3]

黄钟说认为自古就有一种竹制的标准律管。传说是"黄帝"派遣伶伦去昆仑取竹而制成。古代长度、容量和重量也以此为标准。它的长度为九寸，容积为一龠，其中可容一千二百个黍，其重量为十二铢。从它那里得到寸、龠、铢的标准量，其他一切大单位均可据此推算和产生出来。[4]

我们不赞成把这些说法目为完全荒诞而不置一顾，或简单地认为是"统治阶级"所编造[5]，以积黍说来说，说黍作为一切计量单位的标准自不可能，但如前所述，重量单位来源很复杂，某些重量小单位以谷物为标准是存在过的。古代中东地区的重量单位 shekel（约合 1/2 盎司），即以一百二十个到二百一十八个谷物为标准。[6] 众所周知，欧美至今还有一个重量小单位，称为"谷"(grain)。英国在 1305 年的法律文献中规定一英尺为三十六大麦穗从中间截断而后衔接起来的

1 《中国古代度衡图集》，图 160。
2 《湖北江陵凤凰山一六八号汉墓发掘简报》，《文物》1975 年 9 期，图版叁：2。
3 见《说苑·辨称》。
4 见《汉书·律历志》。
5 《中国度量衡的产生和发展》，《考古》1977 年 1 期，40 页。
6 *A History of Technology*, p.780.

长度。这当然很难实行，然与中国积黍为寸的想法，可谓无独有偶。特别有意义的是无论积黍说和黄钟说，一个共同特点是把度量衡三者联系起来，企图用一种物件，作为三者共同的标准器。这种思想确有实物为根据。几件传世量器即已“以度审容”，铭文中注明长度和容积。《考工记·栗氏》所记载的嘉量，容量也与长度或重量相联系。《汉书·食货志》：“黄金方寸，而重一斤。”又《后汉书·礼仪志》：“水一升，冬重十三两。”这些都符合现代计量科学原则。如众所知，现代米制（公制）正是为度量衡三者规定统一的标准，而以长度作为一切计量单位的核心。米制中的 1 升（liter）和 1 公斤（kilogram）就是以 10 厘米见方的水为标准的。

两千多年前，中国就有把度量衡三者联系起来的思想和实践，而世界上其他地区在近代科学发生以前未曾提出过这一观点。[1]

这些说法若作为古人对度量衡标准化的一种设想或设计方案看待，在科技史上自有其重要地位；然若相信所说度量衡同时产生，从一开始就各有一套系统的单位，甚至还有共同的标准，那当然也是不妥的。在当时“托古改制”思潮下，任何新的思想必须戴上“古已有之”的假面，方易为人们所接受。关于度量衡的一些文献记载也应如此看待。可惜直到近代，有些对考证中国度量衡制度卓有贡献的学者，仍然误信这种同时产生说。[2]

根据本文以上所述可以看出，度量衡制度产生以前有一个漫长的原始计量阶段。后世一套度量衡制度是从原始计量方法中陆续发展出来的。由于材料的限制，有些问题还不很清楚，但我们仍可把度量衡如何起源勾画出一个大体轮廓来。

下面便是我们的几点看法：

第一，度量衡三者非同时开始。长度发生最早，重量较晚。原始计量中常用长度来衡量那些原应以容积、体积或重量计算之物。面积作为长度的导出单位出现也较晚。

第二，最早计量标准均借助于人体自身。不仅如大家已认识，最早长度单位多源于人体各部位之长或彼此之间的距离，而且某些容量单位也源于人手所盛之量，某些重量单位则源于人体所负或人手拿之重。[3] 当需要计算那些不能用人体测定的容量和重量时，便分别以容器和器物、工具作为标准，但最早亦为人们日常生活所用或身边常备之物。

第三，最先出现的长度、容量诸单位，可说是中型的（到了后世即成为常用单位）。在原始中无使用小单位和大单位的需要。后世所用一套名目繁杂的小单位名称和大单位名称都是陆续增添起来的。惟重量情况特殊，小单位出现较早（如古代的“寽”和“铢”），以适应称金银和贵重之物的需要。

第四，最先计量单位以人体为标准，无法确定固定比例。后来勉强有一种很不符合实际情况的比例（如少数民族的一肘等于拃，一庹等于四肘）。直至脱离了人体天然标准，才能为各单位定出一套十进位的或其他进位制的比例关系来。但这是度量衡制度确立以后才有之事。

第五，在原始计量中，就以人体和人身边常用之物作计量之用，别无专用的度量衡具。专用

1 *A History of Technology*, pp. 783—784。

2 马衡：《历代度量衡之制》，载《凡将斋金石丛考》，中华书局，1977 年。

3 《史记·夏本纪》：“禹为人……其言可信，声如律，身为度，称以出。”《索隐》：“权衡亦出于其身。”这里说重量单位产生某一人体，当然是不可能的。但反映古人亦以人体为重量单位的标准。

的度具、量具的出现是度量制度形成的标志。衡具出现一般较晚，总是在那些已经使用金银为通货的较早的地区首先出现。

第六，度量衡具开始是不统一的。为了交换的方便，逐渐形成一些公众认可的公用度量衡具；到了有一个凌驾于公众之上的政治力量以后，又出现了官定或法定的度量衡具。

以上六条虽只是从少数民族和中国原始计量及向度量衡制度发展过程中观察到的现象，在某种程度上可说具有普遍性。西方度量衡似也走过同样的发展道路。[1]

中国从何时起才脱离了原始计量阶段而形成了度量衡制度？目前尚不能做出最后的结论。假如以专用度量衡具的出现为度量衡制度形成的标志，则商代已有了骨尺和象牙尺，并可能已有专用的陶量具。可以认为其时度量衡制已开始确立，虽然天平之类衡具其时尚未发现。战国时期可说是中国度量衡史上的重要时期。由于社会经济发展迅速，度量衡也有一个迅速的变化。这一时期，不仅各种度量衡具都已存在，不仅我们2000多年一直使用的以尺、斗、斤为主单位的一套计量制度已经确定，而且列国之间度量衡已基本趋于一致，接近秦汉新莽时期的标准（如以整数表述，则一尺约为23厘米，一升约为200毫升，一斤约合250克）。正是在这个基础上，秦始皇统一度量衡才有可能。而欧洲度量衡到18世纪还达不到这样的程度。[2]

度量衡从不统一到统一，是人类交往频繁、人际关系日益发展所决定的，在“老死不相往来”的原始时代，使用原始计量方法即可应付日常生活。而进入文明以后，随着商业的发展、经济

---

1 欧洲的长度单位也都来源于人体，如英寸（inch）原为中指之宽，英尺（foot）原为人足之长，呎（fathom）为平伸双臂之长，码（yard）源于盎格鲁撒克逊语gyrd，是腰围（girth）之意。此外，有相等于一肘（cubit）（原为埃及一个常用的长度单位），有相当于中国古代一指之宽的digit，一“扶”的palm，有等于一步距离的pace，有拃（span）并有大拃、小拃之分。原应称重的物件也以长度来衡量，如曾以拳高计算马的大小。而长度大单位和远距离计算发展也很晚，英里（mile）是罗马恺撒时代才有的，规定为罗马军团一个士兵一千双步。他们也有源于人体的容量单位，如撮（pinch）。大多数容量单位则来自容器，如加仑（gallon）原不过是一个酒桶。重量起源复杂。现在常用的磅（pound）原是货币，起源于地中海吕底亚，因那里制造金银货币较早；它曾作为为天平砝码使用，后变成重量单位。此外，有源于谷物的grain，约合七千分之一磅。现在计算宝石单位“克拉”（corat），是由一种角豆（caroh）引导出来的。他们的面积兴起较晚。英亩（acre）原也有一架牛的意思。苏美尔人和迈锡尼文化（公元前13至16世纪）时期的希腊人，则以籽种计算土地面积，其方法和上述中国少数民族完全一样。最先欧美各计量单位之间比例只是根据人体部位实际情况规定，故是不精确的。如1 fathom=4 cubit，1 foot=4 palm之类；但古代埃及出现了相当一肘之长（cubit）的木尺或石尺。欧洲中世纪出现一种量棒（rod），规定长度为星期日首先从教堂中出来的十六个人不穿鞋的右足长度之和。专用量具出现亦早，也源于容器，如迈锡尼文化时期即以一种杯和一种镫形罐（stinnup jar）为量器。衡器总是首先出现于冶炼金子并认用金子为通货的地方。最早天平见于秘鲁印加文化和印度的印度河文化，这两个地方正是冶炼黄金较早的地方。埃及公元前2500年即有天平，仅为金匠所用，公元前1350年才用于商业。从埃及的法老到欧洲中世纪君主们，也曾企图通过政治力量干预和统一度量衡。埃及王Menes规定他用的cubit比一般人为大。英王亨利第一规定一码之长为他自己从鼻尖到手指尖的距离（即相当中国少数民族的半庹）。10世纪时英国爱德加王（King Edgar）以自己的拇指关节为英寸的长。皇后Anne以自己的酒桶为一加仑之量。这种标准随着君主的死亡或王朝的覆灭而消失。以上参见S.C.Hirsch, *Meter Means Measure: The Story of the Metric System*, New York: the Viking Press, 1973. K.F.Weave, How Soon Will be We Measure in Metric System, *National Geographic*, Vol 152: 2. T.Chadwick, *The Mycenaen World*, Cambridge University Press, 1980, pp.102—108. C.Singer and Others, *A History of Technology*, Chap.30.

2 例如：三百年前一个旅行者横跨欧洲，发现“磅”一词代表三百九十一种不同的重量，“英尺”一词代表二百八十二种长度单位。直到18世纪，美国开国时著名政治家、度量衡制度改革者杰弗逊（Thomos Jeffson）到达欧洲，穿过一个国家，便遇到一种新的计量制度。各地的磅和英尺代表着不同的含意，英里短者3600英尺，长者可到36000英尺。他的旅伴沿着莱茵河旅行时见各地有的用短的英里，有的用长的英里，参见*Meter Means Measure: A Story of the Metric System*, pp.17, 36—37。

生活的复杂化，不仅需要有一套度量衡制度，而且逐步要求形成统一的标准。

历史发展到了今天，世界性经济的形成，科学技术的交流更促使度量衡要冲破地区之间、国家之间的界限。过去一国之内，有一个统一的度量衡制度就可以了，现在则要求全世界统一的度量衡制度。目前，全世界推行由米突制修改发展而成的国际单位制（SI），它必将代替各国自己的度量衡制。这是不以人的意志为转移的必然趋势。目前只有美国、缅甸、利比里亚等十三个国家还没有采取国际单位制。中国已决定以国际单位制为法定计量单位，1986 年是开始推行的第一年。回顾一下度量衡发生和早期发展的历程，使大家认识这一趋势，想来不是没有必要的。

（原载《考古学报》1987 年 3 期）

初民时间、空间和数字概念探源

人类进入文明社会之后，便有了成文历法、广阔的空间观念，掌握复杂的数字和计数方法。但这些文化成就却非“突然的”发明，而是从史前社会早已拥有的原始计时方法、辨别方位的初步能力和简单的计数方法引导出来的，是人们长期生活经验的结晶。

本文试据中外民族志资料的类比，对有关的考古资料和文献记载进行搜集和归纳，并加以初步的解释，就初民有关时间、空间、数字的一些基本概念的来源和如何形成，提出自己的意见，供研究远古文化史者参考。

年

真正的历法和文字一样，是人类进入文明时代才出现的。而在此之前人类早对年、月、日等时间单位有初步概念，并有了原始的计时（time-reckoning）方法。欧洲发现旧石器时代晚期骨板上刻有圆点和线条符号（图一），据近年马歇克（A. Marshack）研究，就是当时人的计时记录。[1]

要探讨人类原始计时方法困难很大。文明时代以前还没有真正的文字，也就不会留下什么文字记载。考古学者也不都有像他们欧洲同行那样的“幸运”，能够发现关于计时的实物。但人们有了历法后，原始计时方法在社会上还会有若干遗留，世界上浅化民族又保存不少原始计时方法可供类比，我们仍可以对远古人类的时间概念和计时方法进行探索。

为了叙述方便，我们对各个时间单位分别讨论，虽然讨论中仍要涉及日、月、年等之间的关系。兹篇先言年。

年的概念最早是由看到气象物候变化而逐步形成。一年中气候冷热周期是人们会普遍感觉到的。此外，渔猎民族或畜牧民族根据某些动物活动规律（如赫哲人以大马哈鱼一年一度的进入内陆河流产卵）[2] 或植物荣枯，得到年度概念；农业民族多以农作物收获一次作为一年。埃及古老

1 A. Marshack, *The Roots of Civilization*, New York: McGraw, 1972; Exploring the Mind of Ice Age Man, *National Geographic* 147:1,1975.

2 凌纯声：《松花江下游的赫哲族》，《中央研究院历史语言研究所单刊》甲种，1934 年。

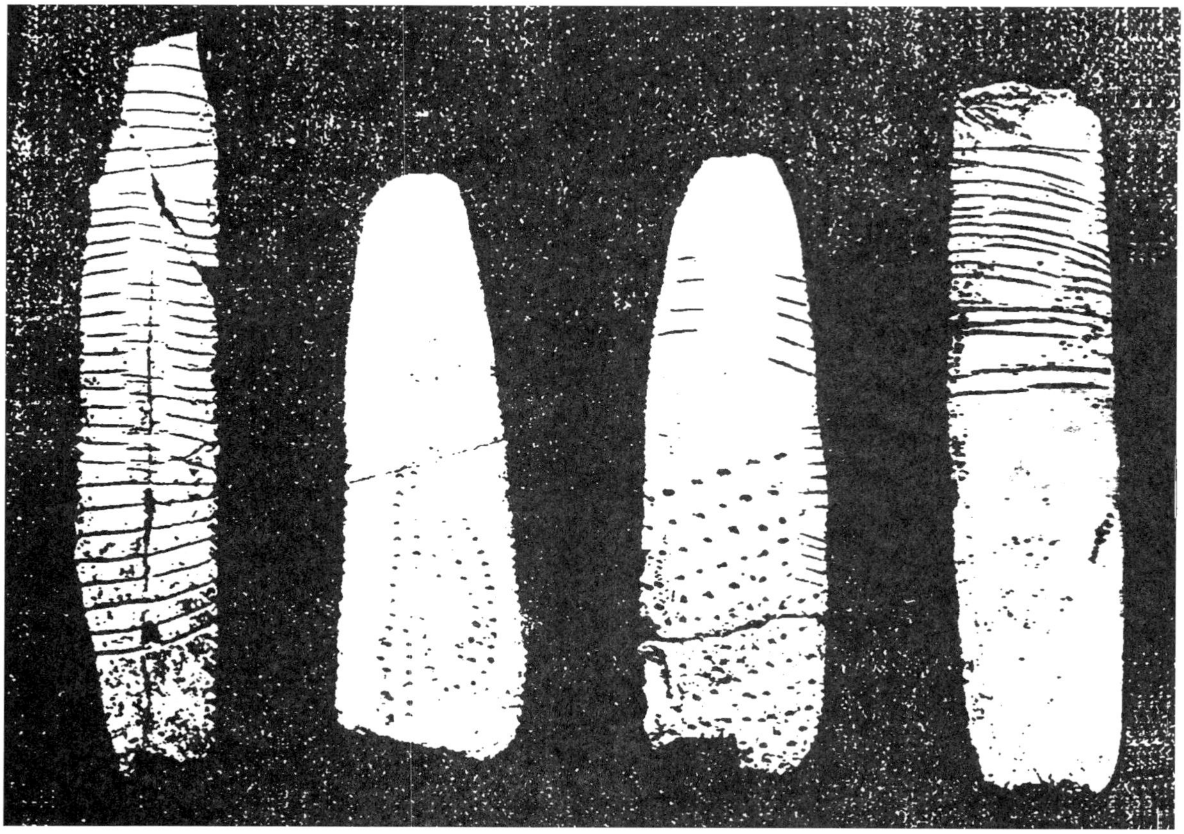

图一　欧洲旧石器时代晚期记录日子的骨板

象形文字中“年”字作ϛ，表示植物茂盛之意[1]；中国甲骨文字中之“年”作[illegible]，作负载禾谷之状。以上都是这方面的例证。

早期人类当然不知上述气象物候变化由地球绕太阳公转一周而引起，更不知一个“回归年”的确切长度。虽然早有月、日概念，他们对一年相当于多少个月多少日子，是不关心的。爱斯基摩人、阿尔贡琴（Algonquin）印第安人、加拿大卑诗省的印第安人、婆罗洲人可以有连续不断的“月历”，而不管一年究有几个月。[2]汤普逊（Thompson）的印第安人只计算十一个月，其他时间便不再过问。[3]台湾的邹族一年仅计算十个月，农事终了，不再计月。泰雅族不知一年有多少月。[4]非洲部落有的把一年等于 350 天，有的一年等于 390 天。这些或可代表早期人类并不把年和月、日联系起来的情况。

为了有利于安排生产和生活，浅化民族发现还是应找到一个办法把旧的一年和新的一年分开。最初大概就以物候变化作为年度更替的标志。如古代女真人以“草一青为一岁”；[5]美国利得

---

1 E. A Wallis Budge, *An Egyptian Hieroglyphic Dictionary*, New York: Dover Publication, Inc., 1978 (1920), cxxi.

2 E. Hadingham, *Secrets of the Ice Age*, New York: Walker Publishing Co. 1979. p.250.

3 F.Boas, *General Anthropology*, Boston: D. C. Heath and Co., 1938, p.274.

4 董作宾:《瑞岩山胞的时间观念》，载《董作宾学术论著》（下），世界书局，1962 年。管东贵:《中国古代丰收祭及其与“历年”的关系》，《中央研究院历史语言研究所集刊》第三十一本，1960 年。

5 见（宋）徐莘《三朝北盟会编》及洪皓《松漠纪闻》。

桑纳州的马里科帕（Maricopa）印第安人以树发芽为一年开始；[1] 台湾泰雅族从收获完毕那 一个月（不管是何月）第一个不见月光之夜开始结绳纪日，三十天后那一天定为新年之始，此日称为 Smato，相当于我们的元旦。[2]

物候变化伸缩性很大，人类经过长期摸索终于发现天体和气象物候一样有周期性变化，可以作为一年开始的标志。新西兰毛利人有十三个月，当六月见到 Puanga 星之日即算为新年开始。[3] 埃及人原以尼罗河泛滥作为一年的开始，而后来发现天狼星（Sirius）会在这天日出时出现，遂以天狼星为标志，此日就被称为“洪水带来之日”。初民也早发现太阳的周期性的变化，知道太阳虽然每天升起和下落，一年之中照射时间却有长有短，升落位置有所不同。中国西南的拉祜族、佤族、凉山彝族都知道以自己所在村寨周围山名来描述太阳一年之内不同的起落位置。拉祜族还把冬天太阳称为“木尼木计”（太阳骑马），夏天太阳称为“木尼瓦计”（太阳骑猪）[4]，认为冬天太阳走得“快”，夏天太阳走得“慢”，以此形容太阳照射时间长短不同。这已可看做是夏至冬至概念的萌芽，但他们不知如何具体测定两至。秘鲁古代印加人则有了较科学的测定方法。他们在王国首都库斯科周围山顶东西各竖立两根柱子，观看日影以定夏至和冬至。[5] 精确的观测只能属于像印加人这样已进入文明的民族。但浅化民族还是知道粗略地测定两至的，景颇族（大山支）在江心坡一带有过竖立六根杆子测日影之俗。美洲西北岸海达（Haida）印第安人在东墙戳出小孔，让初升之日影射在西墙，日影停在标志一年日影移动线一端便是至日，他们的新年被定在冬至之后第一个新月第二天。[6] 看来，冬至和夏至的概念的形成，开始是为了确定年度的更换。

一个“回归年”约等于 365.25 日，一个“朔望月”实际长度约为 29.53 日，不掌握天体运行知识的浅化民族易于觉察到的只能是一年十二月一月三十日。但这种整数的划分与日月实际运行时间存在矛盾，几年过去即会发现物候现象与过去不同。为了解决这一个问题，隔几年要多加一个月，这就是所谓置闰。云南少数民族有些已全盘接受汉族的农历，有些（如哈尼、基诺、拉祜、佤……）直到 20 世纪 50 年代前还实行一年十二月一月三十日不知置闰的固有计时方法，但到了年底便看周围已有较进步历法民族何时过年，是否置闰，以此纠正误差。故他们有“过年看汉族，闰年看傣族”之谚。德宏地区景颇族对过年日期更有“盈江的看汉族，陇川的看傣族，缅甸的看老缅”之说。那么他们在未和汉族接触之前是否也有自己的置闰方法呢？如何才能避免整数的年月划分与日月实际运行时间的矛盾呢？现已有不少对研究这问题的有用资料值得介绍。西盟佤族有些村寨已随周围民族置闰，如岳宋寨每到冬季十二月看近代已采用汉历的附近拉祜族是否过年，若不过年，便也随之实行十三月制，他们对多出的一个月不能理解，称为“怪月”。但有一些村寨完全依靠自己的观察，来解决置闰问题。如十二月过去应有物候现象未出现，

---

1 R. H. Lowie, *Cultural Anthropology*, New York: Farrar & Rinehart, Inc., 1940, p.332.

2 上引《瑞岩山胞的时间观念》一文。

3 *General Anthropology*, p.274.

4 庐央、邵望平：《云南四个少数民族天文历法情况调查报告》，《中国天文学史文集》（二），科学出版社，1981 年。

5 Father B. Cobo, *History of the Inca Empire*, translated and edited by R. Hamilton, Austin: University of Texas Press, 1983, pp.251—252.

6 *Cultural Anthropology*, p.333.

便知那年“月要多了”，“今年要粮荒了”。翁戛科寨在这方面有很好的经验，每年二月由“窝朗”（头人）去南锡河某一固定地点捉鱼，如鱼上水则不闰月，如三月鱼才上水就加闰月。此外还去看某一固定地点岩石上野蜂是否按时来到，如不见则是闰月。[1] 滇西北勒墨人（白族支系）先定一年为十三月，二月称为“多余的月”，看三月桃花是否开放，如开了则二月算三月，此年便只有十二月。[2] 这种根据物候现象临时决定是否加月便可代表早期人类置闰法。

由于年的计算不精确，故浅化民族过年具体时间更是不固定的，甚至同一民族不同村寨之间也不统一。每到年终村寨头人举行集会商量哪一天过年，在西南少数民族之中屡见不鲜。

原始计时方法中还有一个特点，即年月日等不用数字而以事件记录。对他们来说，时间不过是现在发生或已经发生一系列事件的组合。某时做什么事才是重要的，其时间顺序无关紧要，故他们的年、月、日及至时刻多以事件命名，或称此为“事件历法”，以此区别于我们以数字顺序纪年、纪月、纪日、纪时刻的“数字历法”。据研究，全非洲除去两个民族以外，都实行“事件历法”。[3]

事件纪年最典型的例子是印第安人的“冬季纪事”。每当年终他们就把这一年最大事件绘在牛皮上作为记录。最著名的达科他（Dakota）印第安人一位名叫“长狗”的首领留下的一卷，长达 71 年（图二）。第一年画一人满身斑点，表示这年有天花流行；第二年用黑色画三十个线条，表示这年本部落有三十个人死亡；第三年画一匹马身有卷曲纹，表示本部落此年曾从克洛人（Crow）偷了卷毛马，如此等等。[4]

由于没有数字纪年，一个人出生之年只能以这一年某件“大事”进入记忆。在西南少数民族之中调查，询问人的年龄，常会得到这样回答：“某某人生那一年我刚结婚”或“某人是种某棵树那一年出生的”。这些人不知自己的确切年龄。实行刀耕火种的民族一块地种几年后丢荒是固定的。如台湾泰雅人耕地固定五年换一次，便以一生换了多少块耕地计算年龄。景颇族也只记得自己是开某块地时出生。这样推算出来的年龄自不能准确。

从甲骨文中可看出华夏民族那时已有了阴阳历（或以为最先行太阴历[5]，但无法追溯），已知置闰。殷代早期闰月多在年终，卜辞中常见“十三月”；后改年中置闰，或在六月，或在七、八、九月，当时历法很不精确[6]。甲骨文和殷周铜器还有“十四月”的字样[7]，是年终连加两个闰月的结果。我怀疑整个当时还无固定的置闰方法，仍和上述少数民族一样，根据物候现象纠正误差，物候不符才置闰。《左传·襄公二十七年》云：“司历过也，再失闰矣”，说明直至春秋时期失闰仍是常见现象。

先秦时期无精确的历法，也没有统一的历法。史家争论不休的三正问题，其实质就是原为不同民族的夏商周以何时作为一年开始原本不同，就像西南少数民族过年日子不一致一样。在秦

---

1 云南民族调查组：《佤族社会历史调查》（二），云南人民出版社，1983 年，35、114 页。

2 张旭：《白族的古老历法》，天文学史会议（昆明，1985 年）论文。

3 J.S. Mbiti, *African Religions and Philosophy*, New York: Dover Publications, Inc., 1972 (1988—89) ,pp.266—328.

4 G.M. Mallery, *Picture Writing of the American Indians*, New York: Dover Publications, Inc., 1972 (1988—89) ,pp.266—328.

5 （日）新城新藏：《东洋天文学史研究》，沈濬译，中华学艺社，1933 年，190 页。

6 陈梦家：《殷虚卜辞综述》，科学出版社，1956 年，217—223 页。

7 丁山：《商周史料考证》，上海龙门联合书局，1960 年。孙海波《卜辞历法小记》，《燕京学报》17 期（1935 年）。

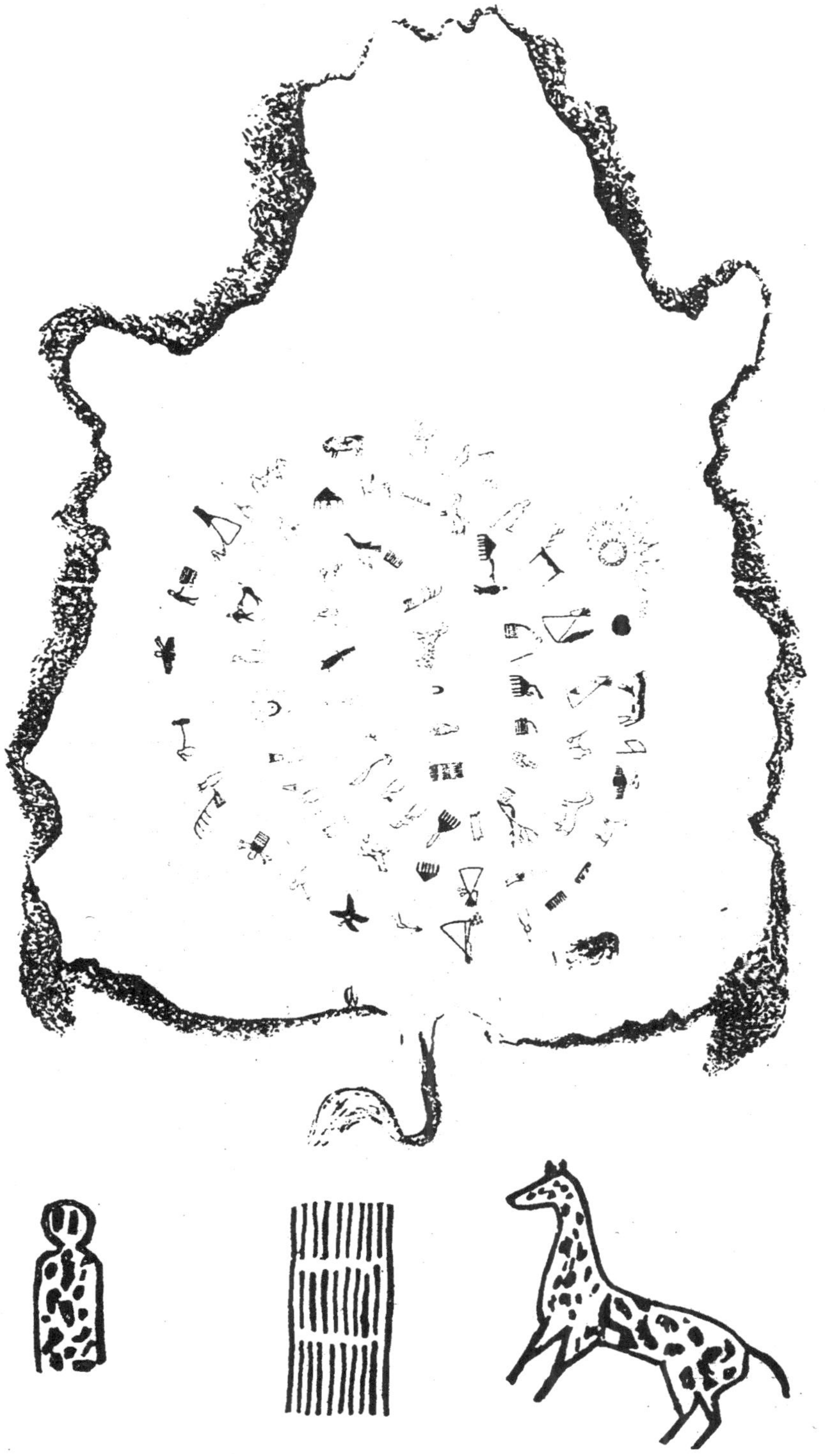

左：遍身斑点人形代表该年天花流行。
中：三十根黑色线条代表该年本部落有三十人死亡。
右：身有曲线的马代表该年本部落从他处偷了一匹卷毛的马。

图二　达科他印第安人牛皮上"冬季纪事"

统一前，中华大地上不会有一个完全统一的历法。

关于纪年方法，殷商时期虽早有干支，仅用以纪日并不用纪年。干支纪年从汉代开始，清儒对此已有考证。[1] 纪年除用“惟王 × 祀”“惟 × × 年”外，事件纪年的习惯在甲骨文、铜器铭文、古文献甚至陶文中多有保存。例如：

“惟王来征夷方”（《前编》2.15）

“惟王来征盂方”（《后编》上 18.6）

“惟明保殷成周年”（《䣄卣》）

“惟公大保来伐反夷年”（《旅鼎》）

“惟王来各（格）于成周年”（《厚趠鼎》）

“惟王大龠（禴）于宗周徭）窨（馆）莽京年”（《臣辰盉》）

“惟十又三月既生霸丁卯臤从师雝父戍于𨸏阜之年”（《臤尊》）

“王令东官追口六𠂤之年”（《陵贮簋》）

“惟王令南宫伐反虎方之年”（《中甗》）

“国差立事岁”（《国差𦉜》）

“陈猷立事岁”（《陈猷釜》）

“惟克周二年”（《书 · 金縢》）

“惟周公诞保文武受七年”（《书 · 洛诰》）

“王孙𨻰陵立事岁”（《簠斋藏陶》，2.8）

在事件纪年情况下，先秦人们和上述少数民族一样不可能知道自己准确年龄。甚至重要人物如太公望者，其相周年龄在历史记载中有近十种的说法[2]，如欲考证明白实为徒劳之举，因为当时他本人也不一定知道自己的确切年龄。

《礼记 · 曲礼》云：

问天子之年，对曰“闻之始报衣若干尺矣”。问国君之年，长曰“能从宗庙社稷之事矣”，幼曰“未能从宗庙社稷之事矣”。问大夫之子，长曰“能御矣”，幼曰“未能御也”。问士之长子，长曰“能典谒矣”，幼曰“未能典谒也”。问庶人之子，长曰“能负薪矣”，幼曰“未能负薪也”。

这里反映的不仅是不同等级应对言词应合乎礼貌问题，而且有远古沿袭下来不计年龄习惯。

又《左传 · 襄公三十年》记晋悼公施食，一位老人就食，人们疑其年龄，他说：

“臣小子也，不知纪年。臣生之岁，正月甲子朔，四百有四十五甲子矣，其季于今，三之一也”。吏走向诸朝……师旷曰：“鲁叔仲惠伯会郤成子于承匡之岁也……七十三年矣。”

生动地反映了春秋时普通人自己还不能计算年龄的情况，仅记得自己出生已有多少甲子，说明干支仅用以纪日，而事件纪年仍在使用。

干支纪年从汉代开始。而在此稍前，曾出现一套纪年方法，这就是从“摄提格”到“赤奋若”

---

1 （清）顾炎武：《日知录》卷二十，古人不以甲子名岁条；（清）赵翼《陔余丛考》卷三四，干支条。

2 顾颉刚：《史林杂识》太公望年寿条，中华书局，1963 年。

的十二个名称[1]，周而复始。此虽非数字，已属非事件纪年范畴。屈原《离骚》说他自己“惟摄提格之孟陬兮，惟庚寅吾以降”，可见战国晚期人以此记自己年龄，而这套纪年方法当时似仅行于上层人士之间。

季节

季节是从属于年的，是根据一年中气象物候现象的变化粗略划分出的几个阶段。它从来不是一个有确定长度的时间单位。最早的季节与月毫无关系。像我们把一年分为四季一季等于三个月，是浅化民族不能有的。

各地季节因地理环境气候条件差异而有不同的分法。最简单的是分为两季，如云南普米族、勒墨人及海南黎族一年仅分冷季和热季。景颇族（大山支）分为干季和雨季。沧源佤族已采取傣族历法，但在季节上仍按自己传统分为二季：“日姆良”（干季）和“日姆惹”（雨季）。也有分为三季的，哈尼族的三季为“造他（冷）”、渥都（吹风转热）、“热渥”（湿热的雨季）；德宏傣族的三季是“哈买”（热季）、“哈侯”（雨季）、“哈特”（冷季），他们称此为“古都三哈”，一年三季之意；凉山彝族的三季则是“播种季”、“收获季”、“农闲季”。即便有分为四季的，其名称和含意是我们的春夏秋冬也不尽同。如景颇族（小山支）的四季是“以里教罗”（“出嫩芽”）、“攒网”（“下雨”）、“从脱”（熬出来了）、“觉渺”（冷）。

季节的时间长短、起讫月份甚至同一民族之间也会因地而异。例如，上述凉山彝族的“农闲季”在美姑为五个月，而在普格为三个月。[2]又如傣族的三季具体时间也是各地说法不同，差异很大，而且从这一季到次一季的界限往往是不明显的。

不仅少数民族如此，即使文明古国对季节也没有整齐的四分法。埃及人一年分为三季：“洪水”、“生长”、“收获”。希腊人则分为 thallo（发芽开花）和 kanpos（果实）两季。

浅化民族一般从物候现象知道季节的转移，例如植物发芽，作物成熟等。有些会通过星象来掌握季节，安排生产。如台湾兰屿雅美人称南十字架星为“鱼纹星”，知道该星出现于海上某处时，飞鱼的汛期将至。[3]鄂伦春族不仅以北斗七星定方向而且看斗柄指向何方以定季节，傍晚指东为春季，天快亮时指南为冬季。基诺族看昴星团（Pleiades，他们称为“鸡窝星”）在日落时出现，便知撒种季节已到。

华夏民族划分季节也是很晚的。多数学者认为甲骨文中只有“春”、“秋”字而无“夏”、“冬”，“今春”、“今秋”均作今年解释，“今春”之下常缀以三、四或五月甚至七、十一或十二月。[4]《尚书》早期篇章仍是有春秋无冬夏。《诗经》中晚期诗篇才有“冬”、“夏”字。战国铜器铭文中才能看出明显的四季划分[5]，但不能说在此以前完全没有季节的概念。在四季名称中春秋最早出现，古籍中言四季多言“春秋冬夏”而不像今天说“春夏秋冬”。春秋又可合称代表一年，编年史书

1《尔雅·释天》。
2 陈宗祥等：《凉山彝族天文历法调查报告》，载《中国天文学史文集》（二），科学出版社，1981 年。
3 林衡立：《雅美历置闰法》，载《中央研究院民族学研究所集刊》第 12 期（1961）。
4 商承祚:《殷商无四时考》，《清华周刊》37 卷，9—10 期。胡厚宣:《殷代年岁称谓考》，载《甲骨学商史论丛》初集，1949 年。
5 于省吾：《岁时起源初考》，《历史研究》1961 年 4 期。

便称《春秋》。疑最早华夏民族曾如上述一些西南民族一样把一年简单地分为两季，称为“春”和“秋”。从语源上说，假借有草木萌生之意的“屯”字为春，假借有收敛五谷之称的“𪚲”字为秋[1]，也完全符合浅化民族以物候为季节命名之通例。（晋）杜预《春秋经传集解·序言》解释春秋之名由来有云：“年有四时，故错举之以为所纪之名也。”实际上，以春秋代表一年不是举例，而是一年曾经是仅分春秋两季之故。

月

月是很早出现的时间概念。在晴朗的夜空，人们抬头便看到月亮这一永恒报时者。月亮圆缺明晦的周期性变化易于察觉。它的周期较短，对数字观念不发达的初民来说，又易于记录和计算。上述欧洲旧石器时代骨板上所刻就被认为是月相的记录。科学史家认为，太阴历是世界上最早出现的历法，甚至以太阳历著称的古埃及人最初使用的也是以三十日为一月的十二个月太阴历。[2]

以什么时候作为一个月的开始，处理方法各有不同。据早期报导台湾原住民是以第一个月圆到第二个月圆为一月[3]，不知今属哪一族群；而阿美人、邹人却是以新月初现为月的开始[4]。云南沧源佤族也是如此。黎族则以早晨不见月亮为该月最后的一天。埃及人每月都从早晨不见残月那天开始，而巴比伦人却以黄昏再见月牙作为一个月的第一天。[5]

单靠看月亮，浅化民族时常面临难题，因为一个月中有两三天是完全不见月亮的。如遇恶劣天气，月亮更是隐蔽不见。为了更好确定一月的开始日期，他们要借助于观察物候和天象。温哥华岛的印第安人以 Olachen 鱼随潮汐而来到作为一个月的开始，非洲霍屯督人和南美印第安人以昴星团升起作为一个月的第一天。[6]

前已述及，浅化民族经常定一月为三十日，而一个朔望月的实际时间约为 29.53 日。按照三十日计算，几个月后新月出现的日子便会提前。分月大月小就是为了解决这一问题。浅化民族不知道月亮绕地球运行的事实及实际时间，但他们在长期对月亮的观察中早已发现三十天为一月的不足之处，他们也有自己一套办法加以纠正。云南西盟佤族和很多浅化民族一样定一月三十日，每当月终看月亮的出现情况，如有“不合”，可以任意减少一天。大概人类最早大小月的设置与此类似，带有随意性。

滇西北勒墨人的办法是先定一月三十日，新月出现之日为初三，月圆之日为十五。初二那天观看夜空，如能见新月，那天就算初三，此月便只有二十九日；如不见新月，则仍算初二，此月便有三十日。[7]基诺族、赫哲族、鄂伦春族也有类似办法。这样做可以留下伸缩的余地。总之，原始计时方法中大小月是每月临时决定的，正和每年过年日期及是否闰月临时商定一样；而真

---

1 唐兰：《殷虚文字记》释屯旾、释𪚲𪛁，中华书局，1981（1934）年。

2 F. Singer and others (ed.) , *A History of Technology*, Oxford , 1956, VolI pp.793—794.

3 林惠祥：《台湾番族之原始文化》，《中央研究院历史语言研究所集刊》3 本（1930 年）。

4 上引《中国古代丰收祭及其与历年之关系》及《雅美历置闰法》两文。

5 *A History of Technology*, p.274.

6 *General Anthropology*, p.274.

7《白族的古老历法》，天文学史会议（昆明，1985 年）论文。

正的历法必须有事先对一年时序做出固定安排的历谱。这就是两者根本区别所在。

还有些少数民族自己不知分大小月。像“过年看汉族”一样，每隔一段时期据汉族一月的朔望来纠正误差。这实际上已采用了汉族的农历，虽然表面仍沿袭本族一年十二月一月三十日的古老计时方法。

浅化民族纪月也用事件而不用数字。月的名称取自该月物候和生产、生活方面某一显著特征。盈江景颇族（大山支）的十二月名称，承本族人士为我直译并加解释，依次是（月份与农历大体相当）：

1 月“普遍欢喜之月”（是月过年，故大家欢喜）。

2 月“烧火之月”（是月为刀耕火种农业烧山之时）。

3 月“眼睛闪光之月”（是月万物复苏，鸟语花香，心中高兴）。

4 月“末尾之月”（指干季于是月结束）。

5 月“使力气之月”（是月农业劳动繁忙）。

6 月“忧愁之月”（是月青黄不接，又不断下雨）。

7 月“一对月份”（是月仍是青黄不接）。

8 月“宽心之月”（是月玉米出穗，有了希望）。

9 月“天亮之月”（是月开始收获，终于从饥饿中走出，像黑夜终于盼到天亮）。

10 月“发芽之月”（指樱桃花树于是月发芽）。

11 月“缩手缩脚之月”（是月开始寒冷）。

12 月“饱月”（是月饱食终日）。

傈僳族十二月的名称与景颇族略有相似处。据前人记录[1]依次是：

1 月 过年月	2 月 盖房月	3 月 花开月
4 月 鸟叫月	5 月 烧山月	6 月 饥饿月
7 月 采集月	8 月 采集月	9 月 收获月
10 月 收获月	11 月 酒醉月	12 月 狩猎月

这里有两个月同一名称，其他民族亦见，如上述景颇族青黄不接之月就有两个。某月之中某一“重大事件”尚未结束，下月仍以此命名。有人竟据此认为傈僳族也行十月历[2]，未免武断。

事件纪月的月名都是根据当地物候变化及生产生活情况而命名，故名称各异，甚至同一民族内部不同村寨之间也会互不一致。西盟佤族就属于这种情况。马散寨有一套月名，岳宋、永广等寨又各另有一套月名。[3]

云南少数民族以初级农业为主要生计，事件纪月反映农事较多。不同地理环境下从事其他生计的民族会有完全不同的纪月名称。例如：上述汤普逊印第安人的十一月依次是：

1 月 鹿的发情月	2 月 住入避冬房屋之月
3 月 公鹿的角脱落之月	4 月 春风月

1《傈僳族简史》，云南人民出版社，1983 年，124 页。

2 刘尧汉、陈久金：《彝族太阳历考释》，载《中国天文学史文集》（二），科学出版社，1981 年。

3《佤族社会历史调查》（一），163 页；（二），34、81 页。

5 月 走出避冬房屋之月　　6 月 捕鱼月
7 月 挖根月　　8 月 菜果收获之月
9 月 夏至月　　10 月 大马哈鱼迁徙月
11 月 鱼到达河头之月

汤普逊印第安人以渔猎采集为主要生计，故月名多与此有关。

华夏民族早在甲骨文时代已知分大小月，但大月小月是否已有固定的排列方法尚无从得知。中国古代历法把每月开始之日即朔日固定在新月初现（称为“朏日”）之前三日[1]，似乎华夏民族有一个时期也和上举勒墨人一样对大小月是每月之初临时决定的。正因每月决定朔日是件大事，故每月统治者都要告朔于太庙。[2]

甲骨文中已可见当时普遍采用数字纪月之法，但事件纪月仍有出现，如“秉月”，“𥻂月”之类。字虽未释，当与农事有关。[3] 又《尔雅 · 释天》：

> 正月为陬，二月为如，三月为寎，四月为余，五月为皋，六月为且，七月为相，八月为壮，九月为玄，十月为阳，十一月为辜，十二月为涂。

1942 年长沙子弹库发现的帛书，上书十二月[4]，与《尔雅》所述相同。这一套月名先秦两汉文献中不断出现。例如，陬月见于《离骚》及《说文·序》，余月见于《诗·小雅·小明》，玄月见于《国语·越语》，阳月见于《诗·小雅·采薇》。在当时铜器铭文中还见有“咸（月）”（《国差𦉜》）、“冰月”（《陈逆簋》）、“稷月”（《子禾子釜》），等等。

这些月名取意于一月中物候现象和社会生活中大事，如“冰月”当指结冰之月，“稷月”当指收稷之月或祭祀稷神之月，此皆无待解释者。此外，“辜月”之辜为有罪[5]，后来又引申出杀戮之意[6]。上述战国帛书每月之旁说明文字多有残泐，惟辜（姑）月下可辨有“姑，曰相杀伐，可以攻城，可以聚众，会诸侯，刑百事（吏？），戮不义（善？）”等语。按辜（姑）月为十一月，正属肃杀之季。

日

日更是很早就有的时间概念。太阳永恒地一天一次升起和降落，极易为远古人类发现，用作计算时间的天然标尺。故在很多语言中，作为时间单位的日总是与太阳同意。在早期文字中，日也借助于太阳来表示。美国阿利桑纳的阿巴契（Apache）印第安人为了说明通过他们领土要多少天，便画一个太阳，下缀以线条相连的十个圆圈，表示共需十一日之久（图三）。[7] 俄亥俄州

1《白虎通 · 日月篇》：“月三日成魄，八日成光。”《书 · 康诰》“哉生魄”下《释文》引马融注：“魄，朏也。”
2《日知录》卷四，王正月条。
3《殷虚卜辞综述》，228 页。
4 参见商承祚：《战国帛书述略》，《文物》1964 年 9 期；安志敏、陈公柔：《长沙战国缯书及其有关问题》，《文物》1963 年 9 期。N. Barnard, *The Chu Silk Manuscript: Translation and Commentary*, Canberra: ANU, 1973, Part Ⅱ.
5《诗 · 小雅 · 十月之交》“无罪无辜”，《雨无正》“舍伏有罪，既伏其辜”，《说文》辛部“辜，辠（罪）也”。
6《周礼 · 大宗伯》：“以疈辜祭四方万物。”《说文》桀部：“磔，辜也。”
7 *Picture Writing of the American Indians*, p.698.

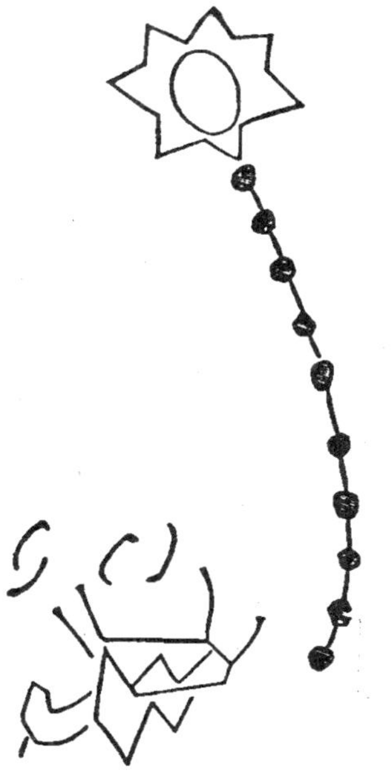

图三　阿巴契印第安人表示日数的图画文字（右侧太阳和十个圆点共代表十一天）

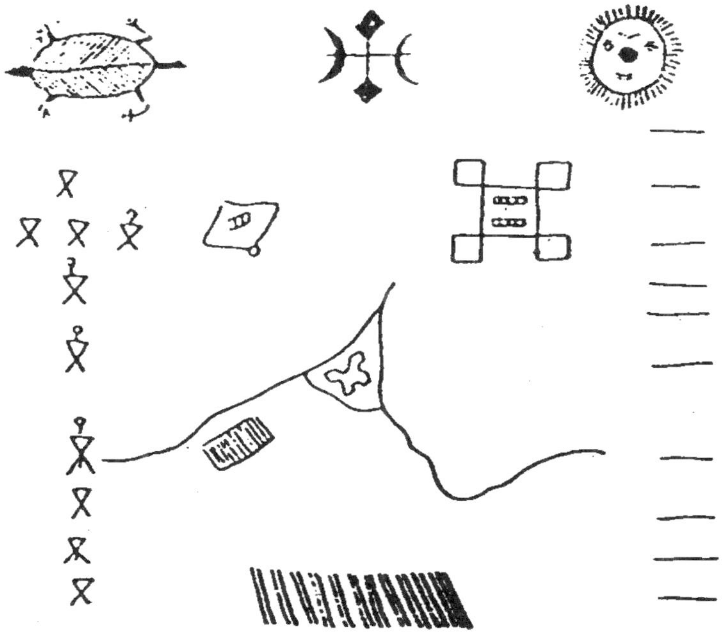

图四　美国俄亥俄州印第安人树皮画上表示日数的方法（右侧太阳及十根短线表示十天）

印第安人一幅树皮布上，绘有一个人面形太阳，下缀十根短线（图四），记录1758–1759年当地印第安人攻打英国兵站取得胜利，共花费了十日。[1]

初民的日并不与月联系。狩猎、战争、行路花费多少日子才是重要的，这些日子在某月哪一部分不必关心。即使要说明也只是需要一个大致日期，这可以用月相来表示。很多少数民族以月圆为中心，把一个月份简单地分为两半。如黎族分一月为“生月”和“死月”。也有分为好几个部分的，如台湾泰雅人把一个月除去不见月光两三天外分为五个阶段：“初生之月”、“青春之月”、“簸箩之月”（或“圆月”）、“亏缺之月”、“将灭之月”。[2] 以这些概念可大体表达出来一事件究竟发生在什么时位。

景颇族虽有十二支纪日之法，过去仅为巫师（“董萨”）或高层人士掌握。民间另有其法。他们一般五天一街，以“街一”、“街二”、“街三”、“街四”、“街五”五天周而复始计算日子。这也是一种完全脱离月份的事件纪日法。对他们来说，赶街子就是大事，记错了街期有可能白跑一天山路。

有些民族早已知数字纪日法，仍离不开月相。如凉山彝族把上半月下半月分别称为“明月”和“暗月”，以“明一”代表初一，“暗一”代表十六。傣族已有较进步历法，已有干支纪日，仍把初一说是“月出一日”，十六说是“月下一日”，如此等等。

干支纪日当然属于数字历法范畴，在西南少数民族中已很普遍。有些全部采用了汉族的干

---

1 W. A. Mason, *A History of the Art of Writing*, New York: The Macmillan co., 1920, pp.71–72.

2 上引《瑞岩山胞的时间观念》一文。

支，有些保留了自己的方法。如傣族有干有支用以纪年纪月纪日，但各有其傣语名称。黎、景颇、哈尼、拉祜等族仅有相当“十二支”一套名称纪日。他们相对应的十二生肖或与汉族相同，或大同小异。如傣族十二支中以“大蛇”代龙，另有“小蛇”；黎族以“虫”代虎，以“鱼”代蛇，以“肉”代马，以“人”代羊[1]，大概海南远古时期少有马、羊。少数民族十二支与汉族十二支应有共同的渊源。

另一些民族仅用相当十干一套名称纪日。西盟佤族纪日法是这方面的例子。永广等寨使用以下十个名称周而复始以纪日：“拢”、“岛”、“戛”、“戛普”、“那伴”、“莱”、“闷”、“布克”、“卡特”“垮特”，与傣族十干名词全同，但排列次序有异（傣族从“戛普”开始），两者有可能曾相互影响。马散、岳宋等寨则仅用九个纪日名称：“斯洛木”、“瑞”、“米仰”、“欧”、“布拉克”、“拉”、“闹姆”、“入昂”、“高姆”。芒杏寨九天名称又与上不同。或谓九天法是数完再重复第一个，即从“斯洛木”到“斯洛木”，下一个十天便从“瑞”到“瑞”，仍是十天纪日法。[2]

少数民族干支含意始终未能调查清楚，但知多与禁忌有关。如上述佤族九天或十天，哪些日子为吉，哪些日子为凶，而凶日又禁做某事，都有一定规定。上述马散九天之吉凶是：

“斯洛木”吉日

“瑞”忌盖畜厩、宜生产、砍过牛尾巴者忌做鬼

“米仰”宜盖畜厩

“欧”宜盖畜厩

“布拉克”忌盖畜厩

“拉”忌盖畜厩

“闹姆”吉日

“入昂”忌盖畜厩

“高姆”吉日

景颇族十二支纪日，也各分吉凶，例如：

牛日 宜竖柱子。

虎日 官家使用之日，民间忌用。

龙日 官家使用之日，民间忌用。

羊日 宜撒棉花。

鸡日 不用之日，即忌日。

狗日 宜结婚。

猪日 宜住入新房。

这是从陇川拱瓦寨了解到的，他寨说法又有不同。

甲骨文中可见当时已有干支纪日法。同时又有“四分一月”之法，即把一月按月相分为“初

1 广东民族调查组：《保亭县毛道乡海南黎族合亩制调查》，广州，1958 年，130 页。

2 云南民族调查组：《有关佤族计算时间一些材料》，载《云南佤族社会经济调查材料》（七），民族研究所，1980 年。

吉”、“既生霸”、“既望”、“既死霸”[1]四个阶段，一段约为七八日。在铜器铭文中常见干支附在月相之后，如：

《师晨鼎》：“惟三年三月初吉甲戌……”

《大簋》：“惟十有二年三月既生霸丁亥……”

《曶鼎》：“惟王元年六月既望乙亥……”

《颂鼎》：“惟三年五月既死霸甲戌……”

古文献中亦见同样的例子：

《书·召诰》：“惟二月既望，越六日乙未……”

在后一例中只要像后世一样说“二月乙未”已可说明是那一天（同时代的文献已有这样简单纪日的，如《书·多方》“惟五月丁亥……”），因为一个月内不可能有两个乙未。还要加上“既望”，只能解释为在不知干支纪日之前，原以四个月相名称表示大致的日期（如《书·顾命》“惟四月哉（载）生魄（霸），王不怿”，就未附干支，此应属古老纪日方法），后来有了干支纪日，积习难改，仍要加上月相名称。

古代中原地区纪日还有一个习惯是干支之外还要注明朔日之干支[2]，如：

《鲁相瑛孔子庙碑》：“元嘉三年三月丙子朔，七日壬寅。”

《史晨孔子庙碑》：“建宁二年三月癸卯朔，七日己酉。”

其实如后一例只要说“三月己酉”即可，何必如此架床叠屋？有时当天即是朔日，还要重复一次。如：

《绥民校尉熊君碑》：“建安廿一年十一月丙寅朔，一日丙寅。”

这更是“繁而无用”（顾炎武语）。在较早文献中还有注明朏日（即初见新月之日）加干支的，如：

《书·召诰》：“越若来三月，惟丙午朏，越三日戊申……”

《书·毕命》：“惟十月二年、六月庚午朏，越三日壬申……”

这些又是如何形成的呢？原来和上述干支之外又加“初吉”等四个月相名称一样，是古老纪日法在干支纪日中一种沉淀。上述几个民族在有了数字纪日之法，仍离不开月相，有“明一”或“月出一日”等名称。这与“朏”后加日情况尤为相合。大概古代纪日原用“朏 × 日”或“蹔 × 日”的方法，有了干支后竟将朔（或朏）日干支及当日干支一起加上，遂成为“× × 朔（或朏）× 日 × ×”这样一种繁琐的纪日法。

关于古代二十二个干支名称，前人的考证从未得到公认。南方少数民族中有的仅有十干，有的仅用十二支，各有自己的名称，是一个新的线索值得研究。过去总认为少数民族从汉族学会干支纪日，为何不可考虑是古代华夏民族从一些少数民族借用了十干，从另一些少数民族借用了十二支，从而形成了六十甲子，先用以纪日，后用来纪年呢？中国大地原是一个“大熔炉”（melting pot），今天中国文化是周围各族文化不断汇入不断扩大而形成。中国二十二个干支的语源或可从少数民族干支名称中得到解释，而且可能与禁忌吉凶意义有关。此有待于民族语文

1 王国维：《生霸死霸考》，载《观堂集林》卷一。按王氏四分一月说，曾受到学者的质疑（见董作宾《周金文中生霸死霸考》，载《董作宾学术论著》下）。本文暂从王说。

2《日知录》卷二〇，年月朔甲子条。

学家未来的探索。

时刻

一日之内分为几个时段为安排生产生活所必需。但像今天一天二十四小时一小时四刻这样整齐的划分却非远古人类所知，他们划分的时刻是粗略的，不以数字为次序，而且是互不相等的。

西盟佤族把一天分为“天亮”、“太阳出”、“太阳高”、“太阳中”、“太阳落”、“蒙买磨”（意为“什么人”，是黄昏时盘查外来者的问语）、“青年人串寨”、“找睡处”、“睡好了”、“夜中”、“鸡叫”。沧源佤族分为“天刚亮”、“天大亮”、“太阳出”、“太阳斜”（相当于我们的“日上三竿”）、“太阳直”（中午）、“太阳瞌睡了”、“天快黑”、“晚饭时”、“深夜”、“鸡叫”。景颇族（小山支）分为“天亮而太阳未出时”、“太阳升起时”、“早饭时”、“太阳很高”、“太阳正中”、“午饭时”、“太阳下斜”、“太阳落”、“天黑”、“晚饭时”、“深夜”。但他们还有一种更简便的划分法，因为他们有占日用的木牌（称为“样母”），骨制或木制，一边是日子一边是时刻，划分成 25 个小方格，内刻表示吉凶五个符号：∷（好）、×（不好）、□（空）、：（女）、·（男），卜问看当时是何日何时刻，一查便知吉凶。五个日子按街期排列（见上），时刻是日夜各分五段，白天是“太阳出”、“吃早饭”、“上工”、“吃晌午”、“太阳落”，夜间是“吃晚饭”、“睡觉”、“夜中”、“鸡叫”、“天亮”。这样景颇族的一天就有十个时刻。

上述时刻均据太阳升落情况、吃饭及生产安排而命名，它正是“事件历法”的特点。特别是以太阳升落表示时刻大概是世界上浅化民族共有的。例如，奥吉贝（Ojibwa）印第安人图画文字中就以人们视觉中太阳在天空运行位置表示时刻[1]（图五）。阿尔卑斯山居民称一些山峰为“十一点钟”、“ 十二点钟”等等，也来源于太阳照射山上位置计时的古老习俗。

从事某种特殊生计者会有自己一套事件纪时刻法。例如，乌干达的 Ankore 人，完全靠养牛为生，牛成为生活中心，时刻的划分和命名便离不开牛。他们的一天分为“挤奶时”（早晨）、“人牛休息时”（正午）、“抽水以便饮牛时”、“牛饮水时”、“牛饮水后开始吃草时”、“牛回家时”、“牛入厩时”、“再次挤奶时”。[2] 这是一个很少见的例子。

浅化民族主要看太阳划分时刻，遇到阴天如何办呢？他们也有足够智慧解决这一问题。第一是看植物。向日葵随日转动的习性是很多民族都了解的。沧源佤族还发现一种草（名“日不斯魏”）也和向日葵一样有随日仰俯的习性。西盟佤族看一种称为“格拉”植物的叶子卷了，或“解放草”低下头来，便知天色已晚。基诺族看一种名叫“猪草”的植物下弯，盏西景颇族看稻谷叶子上沾水，便知太阳落山。第二是看动物。牛等牲口不分阴晴都自己知道按时回家，这是放牧者都知道的常识。此外，群鸟归巢、鸦声噪晚也为在阴沉天气下劳作的人们起着报时的作用。景颇族大山支和小山支都是如此，他们说过去在山上种地“鸟回去，我们也可以回去了”。又到了傍晚，蚊子便猖獗起来，盏西景颇族感到蚊子咬叮得厉害，即知天已快黑。

日出而作，日入而息。浅化民族对夜的时刻划分一般较白天更为简单粗略（见上），很不注

---

1 *Picture Writing of the America Indians*, pp.697—698.

2 *African Religions and Philosophy*, pp.25—26.

图五　奥吉贝印第安人表示一天内不同时刻的图画文字

图六　云南瑞丽傣族的日晷模型

意。有些民族也知道夜间斗转星移现象。大概天快亮时启明星在东方出现是很多民族知道的。此外，赫哲族知道看北斗星和三星的位置估定夜间的时刻。

浅化民族当然没有时钟，但也有自己简单的测时工具。哈尼族以一根木棍竖于太阳照射之下，视日影长短变化可知时间早晚。德宏芒市傣族也有类似之法，他们以足测影，看影长短测时，一个足印（“泡洼”）为一个时数。此外，曼老寨佛寺中大佛爷在屋顶留下小孔，视日影转移测时。瑞丽傣族过去还有一种自制日晷，1973年我曾请著名歌手庄相复制一个模型（现存云南省博物馆），木制图盘上有中柱，四周划分出十六格，看日影转移以定时（图六），但制作者自己当时即认为“做得不如过去准”，这是今后引用这一资料研究远古天文学时要加注意的。芒市佛寺中过去也有此物，据说是半圆形，我们未能亲见。

汉代以前，中国人对一日内时刻划分一直是粗略不定的，而且采用事件命名。关于两个小时为一时段的以十二支纪时刻法的系统记载见于晋代[1]，但汉代已见“时加于未”、“时加于卯”等等[2]，与事件命名的时刻并存。汉代大概是两者的交替期。根据前人研究成果，可将汉代及以前时刻划分情况列表对照如下：

1《左传·昭公五年》杜预注。
2《汉书·五行志》、《翼奉传》。

殷商时代（根据甲骨文）[1]	周秦时代（根据古文献）[2]	汉代（根据汉简）[3]
	昧爽	
明	旦	平旦、日出
大采	大采	
大食	蚤（早）食	食时
中日	日中	隅中、日中
昃	昃侧	日昳
	下昃	
小食	餔	下餔
小采	少采	
	日入	日入
		黄昏
		人定
		夜半
	鸡初鸣、鸡鸣	鸡鸣

从上表所列名称可见，古代中原地区也以太阳的升落位置及吃饭等为一日划分出来的时刻命名，其划分也有时代愈早愈粗略的情况。这和上述少数民族时刻划分和命名情况若合符节。

四方

动物只有辨识道路回转巢穴的能力，惟人类才能有意识地区分方向，并各赋予名称。然今人视为极简单的东南西北四方概念，却非初民所知。某些后进民族直至近代只有东西，不知南北。如云南西盟佤族仅有东（“里赫斯艾”，意为“日出”）和西（“里吉斯艾”，意为“日落”）两个方向。[4] 在海南岛黎族语言中，东方与日出、西方与日落是同一意思，“南北概念并不显著”。[5]

有些民族感到只区分东西无法正确地辨识环绕自己的茫茫大地，便对太阳升落两个方向之外的空间另以其他概念表示。云南基诺族称东为“略奈”（日出）西为“略格纳”（日落），而另有“阿

1 董作宾：《殷代的纪日法》，载《董作宾学术论著》（下）。
2《日知录》卷二○，古无一日分为十二时条。《陔余丛考》卷三四，日十二时始于汉条。
3 劳榦：《居延汉简考释》考证之部卷二。
4《佤族社会历史调查》（一），164 页。
5《保亭县毛道乡海南黎族合亩制调查》，131 页。

比纳”一词，统称南北两方。云南景颇族一般只有东西两个方向，分别称为“背脱”和“背网”，意为日出和日入。[1] 据我自己在陇川拱瓦了解，他们有时也把南北统称为“背准”。“背”是太阳，“准”是旁边”，与基诺族情况相同。这样他们便有三个方向。把南北两个适好相反的方向合而为一，仍是极不方便且易弄错的。为了说明究竟是在太阳那一边，他们又把“背准”分为“背脱准”和“背网准”，意为“太阳出来方向之旁边”和“太阳落下方向之旁边”。这样就有了四方概念，与我们的东南西北大体相当。

类似的情况还有：云南德宏傣族四个方向分别是“望奥”（日出）、“望夺”（日入）、“斩望奥”（日出之方旁边）、“斩望夺”（日入之方旁边）。台湾泰雅族的四个方向，分别以“日出之方”、“日入之方”、“日之左方”、“日之右方”来表示。[2] 鄂伦春族也有四个方向，太阳升处为东，太阳落处为西，太阳当顶为南，而与之相反一方便是北。[3] 由上可见，这些民族南北两方向仍是靠太阳为标识。

川西及滇西北地区是横断山脉地区，河流多为南北流向，居住这一地区民族则以河流上下表示南北。永胜他鲁人称东为“伯杜”，西为“伯究”，分别意为太阳“出来之方”和“落下之方”；称北为“伯乌”，南为“伯马”，分别意为“头的方向”和“尾的方向”，“头”和“尾”即指河的上流和下流。在纳西族的图画文字中，东为，象朝阳喷薄而出之形（下为音符）；西为，象落日无光之形（下为音符）；北为，表示水头；南为，表示水尾。[4] 泸水勒墨人除以日出和日落表示东西外，另有“江上截”（北）和“江下截”（南）两个方向概念。

四川凉山彝族谚语有云：“不知东和西，看太阳和月亮；不知南和北，看水流和候鸟。”他们除以当地安宁河等河流辨别南北外，还较其他民族多出一种看候鸟飞的方向辨别南北的方法。

夜晚不见太阳，无法辨物，初民会观星辨别方向。很多少数民族（如鄂伦春、赫哲……）和汉族一样对北斗星是很熟悉的。他们虽不会背诵“惟北有斗”的诗句，知道那七颗亮星组成的星群总是位于北方。鄂伦春族、赫哲族、凉山彝族、滇西北勒墨人还知道观看启明星，知道它在天亮时出现之处为东，在傍晚时出现之处为西。凉山彝族不知道这原是一种星，竟把前者称为“公鸡啼星”，后者称为“晚星”。

若是阴雨天气，有凭植物和地理面貌以定方向的民间知识。鄂伦春族观看树木，树枝长而多者为南，短而少者为北。赫哲族认为树枝干燥光滑一面为南，粗糙潮湿且长苔藓一面为北。凉山彝族夜间走路，手摸山上石头，干燥光滑一面为南，潮湿多苔一面为北。鄂伦春族又看山坡积雪，融化较多之面必向南，融化较少之面必向北。

华夏民族早在造字时期之前已有四方概念，甲骨文中东西南北四字均已具备：

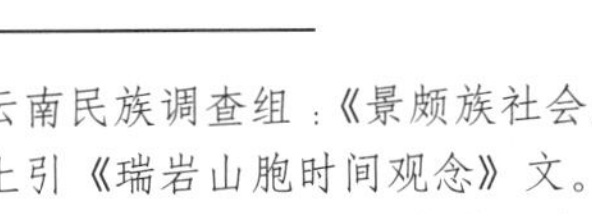

1 云南民族调查组：《景颇族社会历史调查》（二），云南人民出版社，1985 年，215 页。

2 上引《瑞岩山胞时间观念》文。

3 王胜利、邓文宽：《鄂伦春天文历法调查报告》，载《中国天文学史文集》（二），科学出版社，1981 年。

4 李霖灿：《么些象形文字字典》，四川李庄，1944 年，38，39，184，185 号。方国瑜、和志武：《纳西象形文字谱》，云南人民出版社，1981 年，158，159，160，161 号。

据甲骨文所见四字原形来看，《说文》对此四字解释多有附会，如谓东为“日在木中”，西为“鸟在巢上”，南表示“林木至南方有枝任也”，等等，已难凭信。多数古文字学家同意的说法是“东”原为象两端来紧包裹之“橐”字，与东为双声字，故假借为东。“西”原为甾字，因声近而假借为西。“南”原为钟镈之类乐器，其字应读为谷，奴空切，与南音相近，钟镈之类又是陈列于南方，故孳乳为南。“北”字确如《说文》所说作两人相背之状，北方背阳，故假借为北[1]。唐立庵先生在《释四方之名》一文曾对此四字归纳说：

依文字学观点，四方之名，均无专字，仅就他字引申或假借为之。……就语源言之……东西者日出而动（东），日入而息（西），南方受阳而北方则背阳也。

此说极有见地，远古华夏民族应与上述几种浅化民族一样，四方概念均源于用太阳作为标识。

但在我们祖先在分辨四个方向之前，是否也有一个时期只有东西两个方向而不辨南北呢？假如允许做一点大胆的推测，应是如此。今汉语中仍以“东西”一词泛指一切物件，是值得注意的一条线索。（清）梁章钜《浪迹续谈》卷七东西条有云：

物产四方而约举东西，正如史记四时而约言春秋耳。

他已看出作为空间概念东西代表万物之原由，但此非“约举”，应因为最早仅有东西两个方向，是古俗在语言中的沉淀。

在汉俚语中，还有“找北”一词，以北作为难辨方向代表，找不清方向或摸不到头绪就称“找不着北”。我们不知道这原是何处方言，然所反映的也许正是四个方向之中东西易识南北难辨的情况。

左右

左右是很早形成的空间概念。远古狩猎者要向同伴说明野兽所在方位，伸出左手或右手指点一下，是最为简单易行的方法。这就是为什么浅化民族语言中，“左”与“左手”、“右”与“右手”总是同一词。

云南西盟佤族称左为“达力奥克，右为“达力俄”；沧源佤族称左为“达高姆”，右为“达怪”；永胜他鲁人称为左为“拉我”，右为“拉由”。这些都是左手和右手的意思（其中“达”、“拉”单言之，就是手）。

古老的图画文字或象形文字中，左右便直接画作左手右手之形。纳西族东巴文中左作一人伸出左手臂之形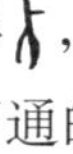，右作一人伸出右手臂之形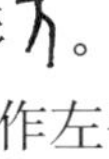。[2]埃及象形文字中已夹大量音符，但左与左手、右与右手仍是相通的[3]。中国甲骨文中左右写作左手（）右手（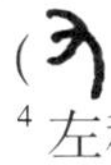）之形。受甲骨文影响的水族象形文字中，左右也象两手之形，但写法与甲骨文适好相反。[4]左和右两个空间概念起源于左

1 参见丁山：《说文阙义笺》引徐中舒《东字说》；郭沫若：《甲骨文字研究·释南》，科学出版社，1962年；唐兰：《释四方之名》，《考古社刊》4期（1936年）；《殷虚文字记·释》释青殷，中华书局，1981（1934）年。

2《纳西象形文字字谱》，166，167。

3 *An Egyptian Hieroglyphic Dictionary*，pp.53A，602B.

4 吴支贤、石尚昭：《水族文字研究》，贵州三都，1985年油印本。

手和右手，可说是世界上普遍现象。

有一个问题要在此顺带讨论，这就是左右两个方位在中国古代尚有尊卑之分。大体言之，尚左尚右因时代而异。战国至汉尚右，六朝唐宋尚左，元代以右为上，明清又为以左为尊。[1] 然追溯三代及以前情况，则尚左应较流行。《左传·桓公八年》有云：

楚人尚左。

《老子》第三十一章有云：

君子居则贵左，用兵则贵右……吉事尚左，凶事尚右。

兵事凶事所以尚右因属“不祥之事”，故意反其道而行之，使与常礼有别。在《诗》、《书》等早期记载中，凡言这两个方位必言“左右”而不说“右左”，今人口语仍是如此，应是尊左贱右习俗留在语言中的遗迹。又左属阳右属阴，在古人阴阳观念中自来是阳尊阴卑（详见拙文《阴阳观念探源》，载《古俗新研》）。

为何古人要对左右两个方位分出高下？此或与左手右手不同功能有关。据研究，今人多用右手实有古老的渊源。据欧洲旧石器时代石斧使用痕迹判断，当时即有使用右手的习惯；北京人脑部一边发达一边不发达，也是长期使用右手造成的。何以远古人类多用右手？则由于当猿人在森林活动时，为保护心脏免于树枝刺伤或他物袭击，即常以左手护住左胸右手从事劳动。右手劳动固为谋生所必需，而左手时刻保卫要害器官，关系生命安全，起着更重要的作用。在远古人心目中，左右两个方位所以有高下之分，或即来源于此。这一看法无多证据，志此姑备一说。

计数法和进位制

浅化民族使用手指足趾计数。用卵石、树枝等物件计数原不过是代替手指足趾的。正如早期人类学家E.泰勒所说：手指足趾是人类“天然的计算器”。[2] 因此，最早的数字概念多用手足表述。

南美印第安人中的塔马纳克人（Tamanacs）称“五”为“一只手”；“六”为“另一只手之一”，表示一手之指已经数完再加另手一指；“十”是“两只手”；“十一”是“足之一”，表示双手之指已经数完再加一个足趾；“二十”是“一个印第安人”，即一人手指足趾之总和；“二十一”是“另一个印第安人的手之一”；“四十”便是“二个印第安人”；“一百”便是“五个印第安人”。北美印第安人与此类似。格陵兰居民则称“二十”为“一个人完了”；“五十三”为“第三个人第一只脚之三”等等。[3]

非洲祖鲁人语言中，“六”是“拿拇指”，表示左手数完加拿上一个右手拇指；“七”是“他指了”，表示再加上右手食指，因为指指点点总是食指的工作。[4]

原始文字中数字多以短线或圆点抽象符号代替。但阿兹特克人图画文字中的“一”，还是直接画出一个手指原形，反映手指计数的古老习惯。[5]

1《陔余丛考》卷二一，尚左尚右条。

2 E. 泰勒：《人类学——人及其文化研究》，连树声译，上海文化出版社，1993 年，289 页。

3 E.Tylor, *Primitive Culture*, New York: Brentano's Publishers, 1927, vol I, chap. VII, pp.247—249.

4《人类学——人及其文化研究》，287 页。

5 *General Anthropology*, p.276 .

手指足趾计数称为“指数法”（digit numerals），曾普遍流行。据研究，此并非各族之间相互模仿，实属独立产生。[1] 人类思维方法原有共同性。

指数除用手指足趾外，也可使用人体其他部位。这种习俗今仍流行于澳大利亚、新几内亚一带。法人列维·布留尔（L. levy–Bruhl）《原始思维》一书搜罗资料甚多，兹举新几内亚人为例。他们以每一手指和人体其他部位代表一个数字，从右到左逐一点数，依次是：“一”为右手小指，“二”为右手无名指，“三”为右手中指，“四”为右手食指，“五”为右手拇指，“六”为右腕，“七”为右肘，“八”为右肩，“九”为右耳，“十”为右眼，“十一”为左眼，“十二”为鼻，“十三”为嘴，“十四”为左耳，“十五”为左肩，“十六”为左肘，“十七”为左腕，“十八”为左手拇指，“十九”、“二十”、“二十一”、“二十二”依次为左手食指、中指、无名指、小指。[2]

手指足趾计数颇为不便，较进步民族数字便脱离“指数法”而使用象征事物来表述。如印度人以“月亮”或“大地”代表“一”，“眼睛”、“翅膀”、“手臂”代表“二”，“火”代表“三”或“多”……“太阳”为“十二”。仅“二十”称“指甲”[3]，仍保留最早以手指足趾计数的痕迹。

总之，原始计数虽然多用手指足趾，情况颇为复杂，各种语言中数字不可能均以手指足趾计数方法加以解释。

手指足趾计数方法及习惯各地不同，或把二十个指趾一次数完，或只用其中几个，这就导致了各种进位制的产生。

若仅用一手计数，数完五个手指为限，便会产生五进位制。南美的奥纳人（Ona）人说“八”，先举一只手，再竖三个手指。[4] 塞内加尔人说“六”是“五 – 一”、“七”是“五 – 二”。[5] 凡此均可证明五进位制与一手计数的关系。部分北美印第安人、爱斯基摩人均曾实行五进位制。

一手计数又有不同习惯，或手指逐一弯曲数完五个为止，或以拇指指点其他四指而拇指不再计算在内（内地偏僻农村老人还是这样计数）。后者便会产生四进位制。南美巴拉圭的瓜拉尼人（Guranis）字词到四为止，应是仅数四指产生的。[6]

若两手十指计数，便产生了十进位制。这是世界上最常见最流行的进位制。若数完十个手指再加十个足趾，当然便产生二十进位制。 玛雅人二十进位制是较为著名的。凡此已为人所熟知，不再赘述。

最原始简单的进位制是二进位制，它流行于澳大利亚人、非洲布须曼人、安达曼岛民及南美的印第安人之中。例如，澳大利亚人仅有二个数词“一”和“二”，“三”便是“二 – 一”，“四”便是“二 – 二”，“五”便是“二 – 二 – 一”等等。[7] 它的产生可能与“指数法”无关，疑来源于人类早有的“二元对立”（binary opposition）观念。远古居民看到宇宙事物之间存在着两两对立的现象，如男与女、天与地、生与死等等，以为“二”便是最大数字。据最近研究，壮族

1 *Primitive Culture*, p.247.

2 L. 列维 · 布留尔：《原始思维》，丁由译，商务印书馆，1986 年，182 页。

3 *Primitive Culture*, p.247.

4 *Cultural Anthropology*, p.330.

5《人类学——人及其文化研究》，288 页。

6《原始思维》，117 页。

7《原始思维》，179 页。

基本数词就仅有“一”和“二”，分别源于男女性器官，“五”与“多”同源于一手之数，其他数词借自汉语是后来的发展。[1]

由于与其他民族的文化接触和相互影响，有些民族可以有不止一种的进位制，或一种进位制已占统治地位，而另一种还会留下痕迹。加拿大的阿塔帕斯坎（Athapaskan）印第安人计数以十进位为主，在爱斯基摩人影响下有时也使用五进位。[2] 马雅人行二十进位制，但基本数字一至四以圆点符号表示，五以上以横线符号表示，可能最早亦曾实行四进位制。英人行十进位，但英语中仍保留代表“二十”的 score 一词，一个人七十岁可以说“three scores and ten years old”，反映过去曾有二十进位的痕迹。法语中六十以下行十进位，六十至一百行二十进位。

从甲骨文看，华夏民族早在造字时期已有了系统的十进位制，计数到万，早已脱离了原始计数阶段。但最早人们如何计数？汉语中从一到十基本数字如何产生？至今尚无结论。

郭沫若说从一到十应分为两个系统，均属假借，华夏民族原先实行四进位制，后来改为十进位制。[3] 华夏民族曾实行四进位制是有史可征的。从古代度量衡制即可见，十进位制之中常混杂着四进位制，两者交叉使用[4]，这和上引世界上其他民族常有二种进位制并存的情况相合。现在问题是从一到四可用一手四指计数方法加以解释，而其他数字又是如何产生的呢？此绝非“均属假借”一语就能了结的。

我怀疑，远古华夏民族也和上述澳大利亚新几内亚等地浅化民族一样计数，除手指足趾外还用人体其他部位。四以上数字中有些就与人体其他部位有关。例如：据古文字学家研究，“七”甲骨文作十，即切字，或指手腕（今中医把腕诊脉，犹称切脉）。“八”象相背之形，(《说文》)，可释为背。“九”或谓象臂形[5]，臂肌纠曲，而纠九音同。这些迹象是否反映我们祖先在数手指后也用人体其他部位点数呢？这是值得思考的。

（原载《史前研究》，三秦出版社，2002 年）

1 覃圣敏：《壮族原始数概念的“一二五”模式简论》，壮学国际会议论文，南宁，1999 年。

2 H. E. Driver, *Indians of North America*, The University of Chicago Press, 1969, p.36.

3 《甲骨文字研究·释五十》，《卜辞通纂》7 页。

4 《左传·昭公三年》：“齐旧四量：豆、区、釜、锺，四升为豆，各自其四，以登于釜，釜十则锺。”《小尔雅》：“四两谓之斤，斤十谓之衡。……钧四谓之石，石四谓之鼓。”《广雅·释器》：“秉四曰筥，筥十曰稯，稯十曰秅。”

5 丁山：《数名古谊》，《中央研究院历史语言研究所集刊》一本一分。马叙伦：《马叙伦学术论文集》，165、196 页。

中国考古发现中的“大房子”

近年中国发掘出一批远古时期大型房屋遗址（俗称“大房子”），若能给以恰当的具体的解释，可为复原当时社会面貌提供有用的资料。笔者不揣浅陋，利用民族志上所见的几种不同的大房子作为类比材料，试对几处大房子遗址略加分析，并对今后考古工作中作如何判断这类房屋遗址的用途和性质，提出几条粗浅的意见，愿与大家共同讨论。

一　民族志上所见几种不同的“大房子”

原始的或后进的民族建造一些大型建筑，其用途各有不同。约略归类，可以分为以下几种：(一) 公共住宅（communal house）；(二) 集会房屋（meeting house 或 council house）；(三) 男子公所（men's house 或 men's club）和妇女公所（women's house）；(四) 首领住宅（chief's house）；(五) 其他。

(一) 公共住宅

以采集和狩猎为生的民族，或游徙无定，或居住分散。他们没有充分的时间和足够的技术力量来建造大型房屋。因此，在采集者和狩猎者之中，很少公共住宅的存在。例如，在北美爱斯基摩人之中，仅哈得孙湾一带有过可供三五家庭居住的石砌圆房。[1] 在澳大利亚人之中，仅昆士兰北部有可以容纳几户三十人左右居住的大茅屋，各户有固定的位置，中有公共火塘。[2]

真正的大型公共住宅属于生产比较发展过着定居生活的民族。但世界各地公共住宅从形式到内容是各不相同的。以建筑形式来说，大多数是长方形房屋，也有少数作圆形或其他形式。在长形房屋之中，有的是地面建筑，有的是干栏式建筑。以内部组织来说，共居一座住宅之中者有时是一个氏族，有时是一个大家庭，有时又是并无亲属关系的地域性团体。这些居民，有的实行母系，有的实行父系，还有的是母系和父系交错存在。以经济生活来说，公共住宅居民的定居生活大多数建立在农业基础之上但也有个别是与发达的渔业相联系的。成员们可以是集体劳动，平均分配，但更多的是各有自己独立的经济，分散劳动，各自为炊。大多数公共住宅中土地是公有的财产，但也有土地是分散的。请看下面这些例子：

---

1 F.Boas, *The Central Eskimo*, Lincoln:University of Nebraska Press,1964,pp.139 —141（1888 年首次出版）。

2 C.A. 托卡列夫，C. 托尔斯托夫：《澳大利亚和大洋洲各族人民》，李毅夫译，三联书店，1980 年，182 页。

易洛魁－印第安人（Iroquois Indians）的公共住宅颇为著名，这是一种长方形地面房屋，称为 Ho–deno–sote，意为“长房”，他们自己便称为 Hode'–no–sau–nee，意为“长房里的人”。L.H. 摩尔根曾对辛尼加部落一座长房做出详细记录，并画出图样（图一：左）。那是一幢包括二十四户的住宅，长 96 英尺，宽 17 英尺。房子两端各有一个入口，中间甬道上安置着七个炉灶，甬道左右用木板或席子隔成 6–8 英尺宽的小房间。易洛魁人实行母系，每个房间中住着已婚的妇女及其从外氏族来的丈夫。她们自认是由共同的女祖先传下来的。大家集体生产，共同消费，四个小家庭合用一个炉灶。[1]

其他部落有同样的长房。如温嫩多加部落的长房有长达 80 英尺、宽达 17 英尺者，内分二十个小房间，由二十个小家族居住，仅有一端开门。1743 年 J. 巴曲姆曾作访问并留下记录（图一：右）[2]。

美洲西北部太平洋沿岸的海达－印第安人（Haida–Indians）是以捕鱼及捕捉海兽为生的。他们公共住宅也是一种长房，用坚固的木料建成，面对海滩，排成一行，高耸的图腾柱矗立在门前。房内住着按母系原则组成的大家庭，其中包括家长、未婚的子女、外甥、已婚的女儿及其家庭，以及一两个奴隶。这种房屋大多长达 15 米以上，常常是三五十个人合在一起，卧室用席子隔开。若只有三四个个体家庭合居者只有一个炉灶，经营共同的家庭经济。[3] 附近的特林吉特－印第安人（Tlingits–Indians）对这样的大型住宅，还要取一些好听的名称，如“熊人之屋”、“你游泳而过的地方”，等等。[4]

温哥华岛上奴特卡－印第安人（Nutkas–Indians）的大型住宅用粗大的梁柱及厚的木板建成，其中可住二十到三十个家庭。每个家庭有自己的房间，各自为炊。虽在同一屋顶覆盖之下，各个房间之间却无门相通，各自有门通往外面。各家做饭的地方，便是在住房之外。大家自认是共同祖先名叫 Lareu 和 Penten 传下来的，但彼此之间谈不上有多么亲密的感情。在捕鱼或狩猎方面进行协作也并不一定非要同住一座住宅中的人不可。奴特卡人的一支马喀（Makah）部落这种房屋长约 15–20 米、宽 10–14 米、高 3–4 米，内住五六个小家庭，却又只有一个炉灶，合爨共炊。火炉旁为年长成员开会及招待客人之处，沿墙为一张张卧铺，铺着兽皮、毛毯或席子，彼此并不隔开，一对对夫妇便并排地睡在这里。[5]

北美草原印第安人（Prairie Indians）中的曼旦（Mandan）、奥玛哈（Omaha）诸部落的公共住宅形式上与以上迥异，那是一种直径长 12–16 米的圆形大房子，内住五至八个小家庭，二十至四十人，按母系原则组成，经营共同的家计。奥玛哈部落中有一座这样圆形大房子，直径竟达 100 英尺。[6]

---

1 L.H.Morgan, *House and House–Life of the American Aborigines*, Chicago: The University of Chicago Press, 1965. pp.124–127.（1881 年首次出版）按摩尔根在另一著作中介绍易洛魁人的居住情况时又说，当村民占有广大空间时，建造仅供一个家庭居住的单独住宅（树皮屋），只是当拥挤时，才建造一种“长的隔成许多房间的房子，供许多家庭居住，像古代一样”。这种房屋一般长 50 到 130 英尺，可容纳一二十个家庭，两个家庭使用一个灶。（参见所著 *League of the Iroquois*, New Jersey: The Citadal Press, 1962, pp. 315–317）。似乎在摩尔根时代易洛魁人的长房已不甚流行。

2 *Houses and House–Life of the American Aborigines*, pp.128–130.

3 柯诺（H.Cunow）：《经济通史》第一卷，吴觉先译，商务印书馆，1936 年，218–220 页。

4 利普斯（Julius E.Lips）：《事物的起源》，中译本，四川民族出版社，1982 年，14 页。

5 E.R.Service, *Profiles in Ethnology*, New York: Harnes and Row, 1958, pp, 212–213；《经济通史》195–196、212–225、253 页。

6 J.O.Dorsey, Omaha Dwellings, *Thirteen Annual Report of the Bureau of Ethnology*, Washington, 1896.

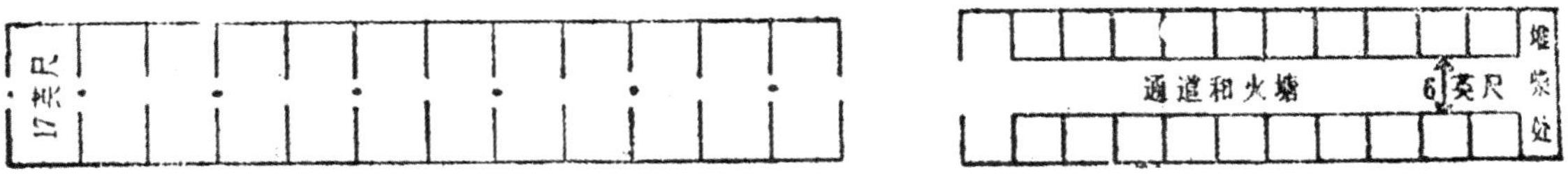

图一　辛尼加部落（左）温嫩多加部落（右）长房平面图

美国亚利桑纳州普埃布洛－印第安人（Pueblo–Indians）公共住宅形式更为特殊。它是由石块、土坯垒起的多屋楼房，后墙笔直，前面成台地状，逐层前面都有狭窄的凉台。几座楼房围成一个院落，即算一幢住宅，每个母系家庭占用其中一间。共住四百至五百人。有时一个村落住在一幢住宅中。他们的族称（“帕布罗”）就是以这种房屋而得名的[1]（图版四：1）。

南美原始部落也有公共住宅。亚马孙河流域的维托托人（Witotos）已知经营简单的农业，采集和狩猎仍占重要地位。其公共住宅是庞大的草房，屋顶以棕榈叶或茅草覆盖，一直盖到地面，无窗。时常是一个氏族住一幢房子，多达一百人。房子一般长达70英尺，宽60英尺，高30英尺。室内中央为集会、跳舞场所，后部为酋长所居。其余成员的家庭在沿墙处各占一块位置。除了公共住宅外，各家庭在自己田地旁边还各有临时居住的窝棚。与上述北美印第安人保持公共住宅的诸部落多行母系不同，维托托人家庭是由实行父系和夫方居住的一对夫妻组成，每个家庭都有属于自己的一小块的土地。[2]

波利尼西亚诸岛公共住宅也很普遍，一般是长12–22、宽8–12米的地面茅屋。一座茅屋中住一个大家庭，其中用席子隔出房间。复活节岛上这种茅屋长达110米者，形如“翻过来的船”。塔希提群岛有长达150英尺以上者，可容七十至八十人。萨摩亚人大家族（称为aiga或ainga）则同居在圆形或椭圆形公共住宅之中，这种住宅称为fale，成员约有四五十人，由一个权力很大的男性家族长（称为matai）领导。每一fale有一定的继承田，由家族共有，田中收获和捕鱼所得都是共同消费的[3]。萨摩亚人实行双方居住，父系氏族或母系氏族都是不存在的。[4]

美拉尼西亚地区公共住宅，总的说来不甚发达。仅新几内亚巴布亚人（Papuan）的长房颇为著名。这是一种干栏式的建筑，可容50多人，房内侧墙边安置着一些炉灶，成对的夫妻就住在这里，儿童通常住在房子中央的地方。虽然共居，各户的经济是独立的，甚至园圃和农田也是分开的。经营共同家计者只是例外。直到20世纪50年代，据报道，分布在低地的巴布亚人还集体居住在这种大房子中，房屋长达70米、宽10米以上。[5]

最大的公共住宅属于婆罗洲的达押克人（Dyaks），常常是同一集团数百人合住在一幢干栏式房屋之中，甚至一个村落只有一幢长房子（图版四：2）。伦都河附近的长房长达534英尺，

---

1 H.E.Drives, *Indian of North America*, *Chicago*: The University of Chicago Press, 1975, pp.125, 128；《经济通史》307–309页。

2 G.P.Murdock, *Our primitive Contemporaries*, New York: The Macmillan Co., 1938, pp.451–474, fig, 96.

3 M.Mead, *Coming of Age in Samoa*, New York: Marrow Quill Paperbacks, 1973,（1928年首次出版），pp.39–53；《经济通史》577–579页。

4 G.P.Murdock, *Atlas of World Cultures*, Pittsburgh: University of Pittsburgh Press, 1981, p.118. 下面所述世界后进民族社会组织及婚姻世系等情况，多据此书，不再一一注明。

5 《经济通史》，457–458页。《澳大利亚和大洋洲各族人民》，678页。《旅行于巴布亚人之乡》，《民族问题译丛》1957年2期。

内住五百人左右；而早期探险家在西蒙冉河部落中竟遇到长达 771 英尺的长房。有些长房内部用竹墙隔成两部分，一边为未婚男子的公共宿舍，另一边隔成若干小房间，供已婚夫妻居住。各个家庭有自己的经济自己的土地，各自为炊。[1] 同一幢房屋内各个家庭之间有的有亲属关系，有的并无血缘关系，因婆罗洲除东南部外无氏族组织。像分布在今沙捞越的海洋达押克人中的 Iban 部落就是这样，组成长房的每个家庭称为 balek，或实行夫方居住，或实行妻方居住，全凭方便或自愿，无固定规则。[2]

苏门答腊的民南加堡人（Minangkabau）的公共住宅中住的是典型的母系氏族。房间也是干栏式，屋顶作马鞍形，脊大于檐，饰以牛角。屋内后部以木板或布隔成小房间，称为 bilie，各有火塘，供已婚的或及龄的女子居住，每到夜晚她们的丈夫或朋友就来此相聚。前部则为孩子和未婚男子共同卧室，只设一个火塘。不再隔开。共居一座房屋之中者多自认为一个女祖宗所传。她们有共同的稻田、共同的坟墓、共同的住宅。每座长房中认最高辈妇女的一个最老兄弟为族长。巴东高地这样一座长房，可住七八十人。若成员增加，则将原建筑加大或另起新居。[3]

北苏门答腊的卡约人（Gajo）和亚拉士人（Alas）实行父系。他们的干栏式长房前廊专为男子活动场所，供他们宴会和行割礼。也隔出一部分地方供青年男子睡觉。后廊供妇女集体使用，为她们纺纱、补衣、织席之处，孩子们亦在这里嬉戏。已婚夫妻及子女卧室则位于房屋之中部，各户私有财产亦存放于此。每个个体家庭称为 bileq，又称“同灶”，或称“同米”（同锅吃饭之意）。虽然各户卧室都有一灶，但仅供取暖，煮饭仍要利用设在另外房间中的灶。凡长房内有人娶妻，则再隔一间卧室，或将原房加长。[4]

北苏门答腊的亚齐人（Atjeh）实行女方居住。女儿结婚，家人得给她准备一间房子，若无钱另盖，就在原屋“左右附建一所，有门通原屋后廊”。除家庭成员外，亲戚、好友都可合住。房屋是干栏式，用布隔为三部分，前廊招待客人、讨论大事及摆设宗教祭宴，中部为卧室，后廊为妇女做针线、煮饭、洗涤之处。这里一座房屋是一个经济单位，至少大部分情况是如此。苏门答腊的巴搭人（Bataks）一座干栏式住宅可住八家，行父系，一夫多妻常见。尼亚士人（Nias）干栏式住宅前部为招待客人、宴会之处，后部为卧室，为父母及已婚儿子甚至还有奴隶所居。[5] 他们也行父系。

此外，东南亚其他岛屿（如帝纹岛、塞兰岛、摩鹿加岛）上，都有类似长房的公共住宅，则是按母系原则组成的。[6]

东南亚大陆诸国的公共住宅也很广泛。例如印度支那的 Moi 和 Cham 人，黑傣和白傣（Black and White Thai），缅甸的克伦族（Karen）、克钦族和布朗族，阿萨姆的 Dafla 人，都是到近

---

1 海顿（A.C.Haddon）：《南洋猎头民族考察记》，吕一舟译，商务印书馆，1937 年，273—274 页。《经济通史》，537、632 页。

2 J.D.Freeman, The Iban of Western Borneo, *Social Structure in Southeast* Asia, Edited by G P.Murdock, Chicago: Quadrangle Books Inc, 1960, pp., 65 —87。

3 勒布（E.M.Loeb）、格尔顿（R.Heine—Geldern）：《苏门答腊民族志》，林惠祥译，厦门大学南洋研究所，1960 年，40—46 页。

4《苏门答腊民族志》，97 页。

5《苏门答腊民族志》，11、52、86 页。

6 E.M.Loeb, J.O M.Broek, Social Organization and the Long Houses in Southeast Asia, *American Anthropologist* 49:3 (1947). pp.415—422.

代还保存共居制度的。[1] 缅甸布朗族每当儿子结婚，便扩大房子，其情况和苏门答腊的卡约人和亚拉士人略同。[2] 东南亚大陆诸国的长房，有的实行母系，有的实行父系。但无论世系如何传递，共居同一长房内各户之间，不一定有非常亲密的亲属关系。例如，越南中部的 Mnong Gar 人经常是几个家庭共居一座长房，有的是由血缘关系联系在一起，有的“仅仅由于友谊而结合”，虽然这里各家庭内部是由母系相传的。[3]

在国内，云南基诺族的长房最为典型。直到 20 世纪 60 年代中期，有一个村寨（龙帕寨）还保存着八座长房。长房是干栏式建筑（图版一五：4、5），内包含若干小家庭。上层两端有门，中为一道走廊，排列着一个个火塘，两边以竹篱笆隔成许多卧室。每个小家庭占据一间卧室，拥有一个火塘。长房本身称“的着”，意为“一家子”；每个小家庭称为“的究”或“葛究”，意为“一个火塘”。在 1965 年我们调查时，最大的一幢长房还有十三个火塘，四十八人，房屋长 19 米，宽 11 米，仅室内面积有 200 余平方米之多（两边晒架不算）。一个火塘多为一对配偶及其子女组成，实行父系和夫方居住；但有部分火塘是按母系继承的。妇女离婚或夫死，都要回转娘家的长房。长房内部绝对不能通婚。同房各火塘自认是同一“老祖公”传下来的，但多无实际上的亲属关系，除了新近分家者外，彼此自己也不知是何关系，世系很难追溯。每个长房有一个族长，称为“着勒”，负责每隔几年领导大家盖新的长房，主持以长房为单位举行的宗教活动，调整分配土地，调解纠纷，合理分配各种税款和负担等等。土地基本上还是公有的，长房也是各火塘的集体财产。此外各个火塘都有自己的经济，自己种植一小块旱谷地，培育自己的茶树，拥有自己的生产资料，各有仓房。私人财物放在狭小的卧室中。彼此各自为炊，虽然火塘紧连，吃好吃坏互不过问，相互借贷还要付利息。虽是父母子女或亲兄弟姊妹，一旦分为两个火塘，即无相互赡养之责。然若在一个火塘吃饭，却吃穿一样，怡怡煦煦，从不因经济问题而争吵。尽管各个“火塘”之间无共同经济生活，却不能随意迁入迁出。下一次盖新长房仍以原有成员组成，盖房费用及劳力按各火塘人口合理分担（详见《基诺人的“长房”》）。

澜沧坝乃卡和耿马芒美的拉祜族的公共住宅也是干栏式建筑，上层隔成若干小房间，供各个体家庭居住。一家庭有一个火炉；或几个家庭使用一个火炉，而自备土锅做饭，这样一个家庭也就称为“一个土锅”（耿马芒美）。父系已经确立，但女儿结婚后还有留在父母住宅之中者。各个小家庭有自己独立经济，仅祭祀以整个大房子为单位进行，缴纳税款时也是一幢茅屋只算一户，这些都与基诺族相同。但这里共居一幢房屋者，关系比较明确，多是父母、兄弟姊妹、已婚子女或养子的关系，不像基诺族各火塘之间关系难以追溯。澜沧坝乃卡地区除公共住宅之外，各户农忙时多住田地，另盖窝棚式小屋，称为“班考”，过年过节及农闲大家才回老房子，这和上述南美维托人情况略同。这是公共住宅行将瓦解的征兆。

镇康木厂区大寨的德昂族也曾流行干栏式公共住宅，多由几代直系亲属组成，内分若干间“格斗”（一般成员住）及“格冲”（家长住）（图二）。房内虽有两三个火炉，但大家仍合伙吃饭。

---

1 见上引 Social Organization and the Long House in Southeast Asia.

2 L.Milne, *The Home of an Eastem Clan: A Study of Palaungs of the Shan States*, Oxford: The Clarendon press, 1924, p.188.

3 G.Gondominas, *We Have Eaten the Forest*, Translated by A.Fulkes, New York: Hill and Wang, 1977, p p.12, 16.

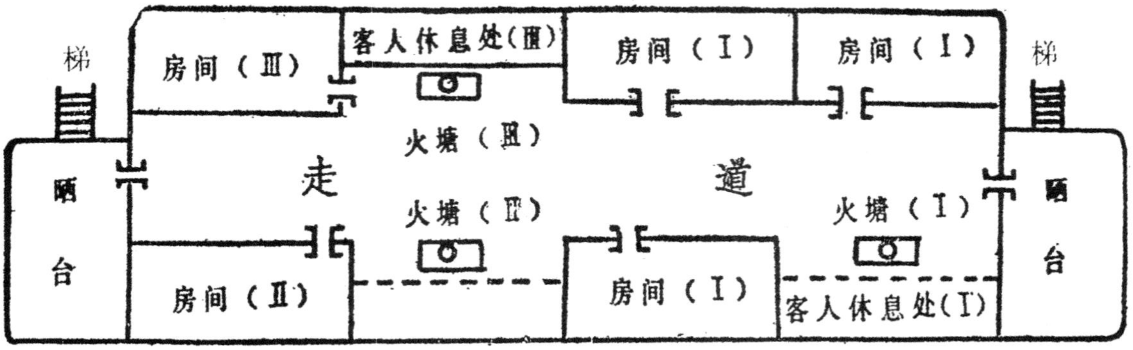

图二　镇康德昂族大房子平面图（Ⅰ、Ⅱ、Ⅲ各代表一个小家庭）

世系按父方传递，集体劳动，共同消费，但各个体家庭已开始私养家畜。[1]

勐海打洛布朗族过去曾有类似公共住宅，一幢干栏式房屋中住着父母、未婚子女、已婚子女或其他亲属，经常是划分为几个生产生活单位（称为“谋圭”），但只设一个火炉，各“谋圭”在此轮流做饭。每个公共住宅另在寨边也盖一谷仓，其中亦分成几个小格，每个“谋圭”占一格。布朗族保存浓厚的母系残余，实行子女与母亲联名，有从夫居者，也有从妻居者，故公共住宅有由几个姐妹及其丈夫组成者。[2]

德宏景颇历史上有很大的长房，“大者可容数十家”[3]，惟近代已逐渐缩小，但一个包括已婚子女、已婚兄弟及三五个奴隶（“准”）的长达七八丈的干栏式长房仍可见到。长房两端开门，其中隔为若干小间，各有火塘，全家人在一个火塘吃饭。其他火塘各有用途，“客火塘”专门招待客人，“赶脱火塘”专供青年男女谈恋爱等等。[4] 此外，较早时期的怒江独龙族、贵州三江一带侗族均有类似的公共住宅。

总之，国内外保持公共住宅的民族很多，但公共住宅的内容和形式却各不相同，几乎是一个民族一个样子。仅以东南亚地区而论，共有几十个民族集团保持长房共居制度，其中有的行母系，有的行父系，有的属于所谓双系（bilateral），或处于无氏族的状态。在婚后居住方式上，有的是女方居住，有的是男方居住，而这与该族世系如何传递又不一定相互一致。如西里伯斯岛（Celebes）的托那加人（Toradja）便是实行女方居住而非母系继嗣的。上引E.M. 勒布和J.O.M. 布洛克两氏《东南亚的社会组织和长房》一文认为，长房分为两个类型：一种是multiple-dwelling house，即是包括很多小家庭，各有房间，而且很多是各有门户，像上述易洛魁人、民南加堡人、达押克人的长房可属此类；第二种称为multiple family house，规模较小，其中不分隔房间，往往只有一个炉灶，像上述苏门答腊的巴搭人、尼阿士人的住宅可属此类。他认为第二种公共住宅已是向个体住宅过渡的形式。以此而论，中国基诺族、拉祜族的长房属

---

1 云南民族调查组:《云南省拉祜族社会历史调查资料》之一、二,1963 年;《云南省崩龙族（德昂族）社会历史调查报告》之一，1963 年。

2 云南大学历史研究所民族组：《拉祜族佤族崩龙傣族社会与家庭形态调查》，1975 年。

3（清）黄楙裁：《西辖日记》，载《永昌府文征》记载二一。

4 云南民族调查组：《景颇族五个点调查综合报告》，1958 年。

于前者，布朗、德昂、景颇等族的长房属于后者。实际上，两者之间界限不是很清楚的，还有许多中间形式不能包括在这两者之中。

（二）集会房屋

在原始村落中，除住宅外，常以村落或氏族为单位建造一些房屋，在此集会、闲谈、娱乐，招待宾客，举行盛宴，储藏宗教用品，进行宗教仪式或供一些身份特殊人物居住，有时也可作为一般成员临时住所。这种房屋面积一般较大，使用较好的建筑材料，常饰以雕刻，建造时间较长，内部布局亦与一般房屋不同。例如：

新西兰的毛利人（Maori）的集会房屋最为著名。这是一种木结构的长方形地面房屋，称为whare whakairo。一村至少有一座，一般位于村落公共广场之中，较一般住宅大得多，可容纳一千五百人左右。所有门窗、墙板、屋柱都施华丽雕画，有些雕刻人像或神像与真人等大。这里堪称为原始之“画廊”，因为其中集中了当地造型艺术家之作品，供人们欣赏和评价。这样一座房屋时常要费时五年才能建成，甚或达八年之久。房屋入口之右窗下为招待客人之处，其对面为村落首领人物的固定位置，至于最高首领则在房屋中柱（那是低等级人所不能触及的）安顿自己睡觉之处。房内不许吃饭，否则认为将亵渎此神圣之房屋及里面住的人。这座房屋是社会生活中心，部落集会之处，在艺术化的装饰上寄托了全体人民的宗教信仰和思想感情。[1]

新几内亚巴布亚人的一支Kapauku部落把这类的房屋称为“舞蹈屋”，由村中富人出资建造，他要杀很多只猪招待建造房屋的人。屋成之后，本村和外村的人齐集此屋唱歌、跳舞，常历三月之久。[2]

苏门答腊的巴搭人的集会房屋宽敞华丽，是一种干栏式房屋，它和住宅不同在于四壁都是空的，入口两旁都有架高的凳子，为客人及村内男人睡卧之处。上房贮藏着宗教物件（如杀死敌人之头骨，水牛之下颚骨，刻在树皮或竹版上的宗教文件以及军旗等），下房藏有鼓（panken）作召集村人集会或聚餐之用。集会时凡巴搭人均可进入此屋，只有已婚男人有发言权，妇女也可发表意见，如是年老之巫婆意见更易为人接受。苏门答腊其他地区（如英加老、南榜）也有长方形干栏式集会房屋，英加老的这种房屋的四壁也是无墙的。[3]

苏门答腊巴答威群岛每村分若干区，各区有一集会房屋，为社会生活中心。宗教宴会时男人不归家宿于此中，祭司有的亦宿于此。其中巴给岛上的集会房屋特殊之处在于和公共住宅结合起来。这种房屋大小都有，前后各有一道走廊，前廊为男人活动场所，举行大宴时则居住于此，中有火炉和野兽头骨，四旁排列他们睡具，此部分亦称“闲谈室”。中部有中柱，为祭台所在，也是大宴时跳舞之处。后廊则为一个个房间，为各家庭之寝室。[4]这样大房子，为他处所少见。

加利福尼亚某些印第安人供集会及庆典用的房屋是一种大圆房，可容七百人。[5]

有些存在大型公共住宅的地方，则集会房屋就不再以大为特征。如帕布罗－印第安人的霍

1 A.Goldenweiser, *Anthropology*, New York: F .S.Crofs & Co., 1937, pp.205—207.

2 L.Pospisi, *The Kapauku papuans of West New Guinea*, New York: Holt Rinehart and Winston, 1965, pp.72—75.

3 《苏门答腊民族志》，11、17、82、103 页。

4 同上，64 页。

5 苏联民族学研究所：《美洲印第安人》，史国纲译，三联书店，1960 年，166—171 页。

皮部落和其他部落多层台形楼房围成的院落之中，常建造几间较小的圆形或方形地下房屋，称为 Kiva，作为男子会议、娱乐及举行秘密典礼的场所，凯旋而归的战士也要先在这里住几天，净身沐浴和举行仪式。

中国少数民族中专为集会用的大型房屋已不多见。仅分布在贵州、广西的侗族鼓楼略具集会房屋之性质。在黎平、从江、三江、溶江、龙胜、通道等地的铜族村寨中，几乎每寨都有一个鼓楼，基部作方形，上为多角形，高四五丈，如宝塔状，檐角高翘，在建筑上甚有特色。楼上贮鼓，用以集众。举凡村民休息、娱乐及开“款会”[1]，均在楼中进行，舞蹈（“踩堂歌”）和赛歌则在楼前表演。

（三）男子公所和妇女公所

这类建筑大体相当今天的单身宿舍。男子公所多与男子同盟、年龄等级或秘密会社（secret society）相联系，或是供未婚或已婚男子常年居住之处，或是举行秘密仪式的场所。房屋面积较大，布局或建筑结构与一般房屋不同。下面仅是一些例子（由于集会房屋中活动的主要也是男子，故男子公所和集会房屋有时很难划分，在有些地方两者是结合起来的）：

美拉尼西亚的班克斯（Banks）群岛等地的男子公所颇为有名。这种建筑称为“加米尔”（gamel），是一种长方形地面房屋，双斜面的屋顶，茅草一直覆盖到地面，比一般房屋大得多，有长达 90 多米者（图版四：3）。房内以木板区分出房间，每一房间有一个灶，固定为男子同盟中某一等级居住之处，不能逾越。如父子分属两个等级，亦只能分开吃饭。要由低等级跻入高等级则必须准备大量贝币，举行一系列的仪式后才能被承认。男子在所属等级的房间中吃住，亦在其间集会和举行仪式。在举行仪式时妇女不仅不能参加，还要被赶出村外。这种房屋大小取决于该村落分为多少等级及每一等级成员多少。一端为最低等级住之房间，依次向上，另一端为最高等级所居（图三），有时该村已无最高等级则此端毁坏亦不再修理。[2]

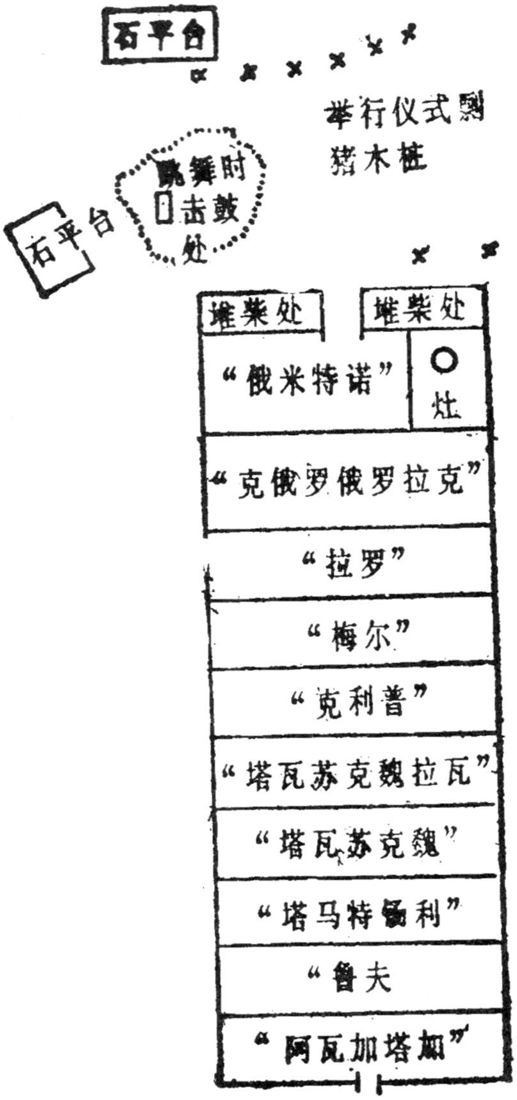

图三 班克斯群岛的男子公所平面图

1 “款”为一种村寨联合组织。由最有威信的老人担任“款首”，定期开会，处理本“款”内婚姻、债务、偷窃等案件。“款”内各寨有相互支援之义务。

2 W.H.R.Rivers, *The History of Melanesian Society*, Vol Ⅰ, Cambridge University Press, 1914, pp.36, 63.

在美拉尼西亚其他岛屿，如托列斯（Torres）、斐济（Fiji）、圣克鲁斯（Santa Cruz）都有类似的男子公所。[1]

与美拉尼西亚人接近的新几内亚巴布亚人每一居留地或每一氏族即有一个男子公所，比普通住宅大，作为会议室兼男子宿舍，白天男子在此自己做饭吃，夜间在此住宿，其家庭则另住小茅屋，妇女是不允许跨入此房门槛的。[2] 所有神秘的宗教仪式均在此举行。

密克罗尼西亚许多岛屿（如马里亚纳、特鲁克、吉尔伯特、加罗林、马绍尔等岛）每个村庄有一个专为独身青年居住的公所。成年男子也可在此集会，招待客人。在马里亚纳群岛这种房屋称为“乌利陶”。[3]

婆罗洲达押克人有很大的长房，比较起来其男子公所不是很大的。一般面积约为 40 英尺见方，但距地面高达 30 英尺左右。它们矗立于村落之前，称为“前房”（head house），供未婚的男孩子居住，也是保存猎来人头的地方。[4]

苏门答腊的卡约人和亚拉士每村都有“男子屋”，为各氏族公用，专供八岁以上男孩及鳏夫、客人住宿。已婚男子白天亦来此从事裁缝等工作。[5]

妇女公所专供未婚的或单身的妇女居住。例如：苏门答腊乌鲁人除每村有一男子公所专为十二岁以上男孩居住外，另有一妇女公所为女青年住宿之所，内有老寡妇陪伴。两者均称 tawatak。苏门答腊民答威群岛的巴给岛上，凡鳏夫及寡妇均另居，有专为他（她）们建造之屋，称为 rusuk，意为“孤身屋”。[6] 妇女公所有时与妇女同盟或妇女秘密会社有关，是她们举行秘密仪式及为女青年举行成丁礼的地方，这类妇女公所多发现于非洲[7]，在其他地区较为罕见。

值得一提的是无论男子公所或妇女公所，均和公共住宅一样，与世系传递及夫方或妻方居住没有关系。如实行母系的民南加堡人及易洛魁人，却都有男子公所。与他们的公共住宅相比，这些公所的面积较小。

国内过去保存类似男子公所和妇女公所的民族有高山族、黎族、苗族等。

高山族可以阿美、泰雅为例。马太安的阿美人的男子会与所年龄等级相联系。它较一般房屋高大，竹木结构，四面无壁，共有十一间，每室有火池及竹搭连床，分为“老人会所”、“中年会所”、“青年会所”。“老人会所”仅一间，长达 20 米、宽 6—7 米，供八十岁以上老人住宿，中间一行柱子之外侧为大头目之座位，房间有头目向村民讲演之处。“老人会所”例在丰年祭最后一天由最低等级青年人修建，平时由青年人驻守。“中年会所”二间，与厨房相连，为中年人丰年祭时居宿及为众人准备食物之处。“青年会所”共八间，供未婚青年（亦分为若干等级）居住，他们有负责保卫全村之义务。日本人占领时期，会所缩小，夜间已无人在其中住宿，变为一般

---

1 *The History of Melanesian Society*, Vol Ⅱ, pp.226, 232, 455.

2 *Anthropology*, pp.372—374, pl.xxx；《经济通史》471 页。

3《澳大利亚和大洋洲各族人民》，969、986、992 页。

4 W.R.Geddes, *Nine Dayak Night*, Oxford: Oxford University Press, 1968, pp.46—51.

5《苏门答腊民族志》，97 页。

6 同上，64、115 页。

7《事物的起源》，256—261 页。

集会房屋了。[1] 大港口的阿美人过去亦有同样的青年会所，比住宅要大，今已变为比住宅还小的开会场所 [2]。

南澳的泰雅人过去只有青年会所，是一种干栏式建筑（该地区住宅却是地面房屋），这是一种半公共性建筑，可以几家合建一处，如一家兄弟多也可以独建一个。它是未婚男子住宿处，也是他们与姑娘约会处。[3]

海南岛黎族有“寮房”，位于村内偏僻处，分为“姊妹寮房”（“布隆闺”）和“兄弟寮房”，分别供未婚女子或男子居住。屋为船形，两端开门，中间有炉灶，旁置竹藤大床。夜晚男子可到“姊妹寮房”中去拜访姑娘。[4] 这种房屋可视为男子公所和妇女公所的孑遗。近世已变成面积很小的茅屋，而历史上却是一种大型干栏式房子。[5]

苗族、壮族、仡佬族历史上有专供未婚者盖的干栏式建筑，称为“马郎房”[6] 或“罗汉楼”[7]，近世已很少见。惟贵州赫章海确寨苗族尚保存一种公房建筑，春节期间青年男女在此相聚谈情，称为“玩长房”，但不住宿其中 [8]。

景颇族这种建筑称为“晏房”。由于社会上分为“官种”、“民种”两大等级，而且互不通婚，故“晏房”也分为“官家晏房”和“民家晏房”两种 [9]。有些富户在自己大型住宅（见前）之内隔出一间作为“晏房”。[10] 近世保存“晏房”者已不多，青年男女谈情多在牛栏和谷仓中进行。

此外，西双版纳的哈尼族（爱伲人）、基诺族、路南的彝族（撒尼人）也曾有为年青男女盖的公所（一般称“公房”），近代这类房屋均已发生了很大的变化。房屋也由大变小，一般说来已不再是大房子。但它们的构造、布局及位置，多与一般住宅不同。当探讨远古村落的居住模式（seltlement pattern）时，仍可供借鉴和类比。

（四）首领住宅

有一些原始村落，和在今天文明社会一样，从房屋上即可看出主人的社会地位。凡是部落酋长、村落头人或宗教领袖的住宅，一般要比普通成员的住宅稍大，建筑材料牢固，建造时间较长，房屋装饰和内部陈设都要讲究得多。这种房屋时常又是全村的集会场所，有时还是供奉神祇的地方。总之，首领住宅常成为全村政治的或宗教的中心。例如：

波利尼西亚人中的夏威夷人，首领和贵族的房屋和普通人的大不相同。除一个供首领及其妻子所睡觉的宽敞卧室（halenoa）外，另有男子餐室、女子餐室、储藏室、制造树皮布的房间和专门存放船只的房间。还有一间小屋，距主体房屋较远，供妇女月经期居住 [11]。

---

1 李亦园等著：《马太安阿美族的物质文化》，台湾南港，1962 年，191—193 页。
2 阮昌锐：《大港口的阿美人》，台湾南港，1969 年，上册，140—146 页；下册，238—239 页。
3 李亦园：《南澳的泰雅人》下册，台湾南港，1964 年，374—378 页。
4 广东民族调查组：《黎族合亩制调查综合资料》，1963 年。
5（明）顾岕：《海槎余录》。
6（清）贝青乔：《苗俗记》。（清）李宗昉《黔记》卷三。
7（明）邝露：《赤雅》卷一罗汉楼条。
8 贵州民族调查组：《贵州赫章县海确寨苗族社会历史调查资料》，1963 年。
9（清）李学诗：《滇边野人风土记》，载《罗生山馆文稿》。
10 尹明德：《滇缅北段界务调查报告》，载《永昌府文征》记载三〇。
11 Donald D.Kiloani Mitchell, *Resource Units in Hawaii Culture*, Honolulu, 1982, pp.199—203.

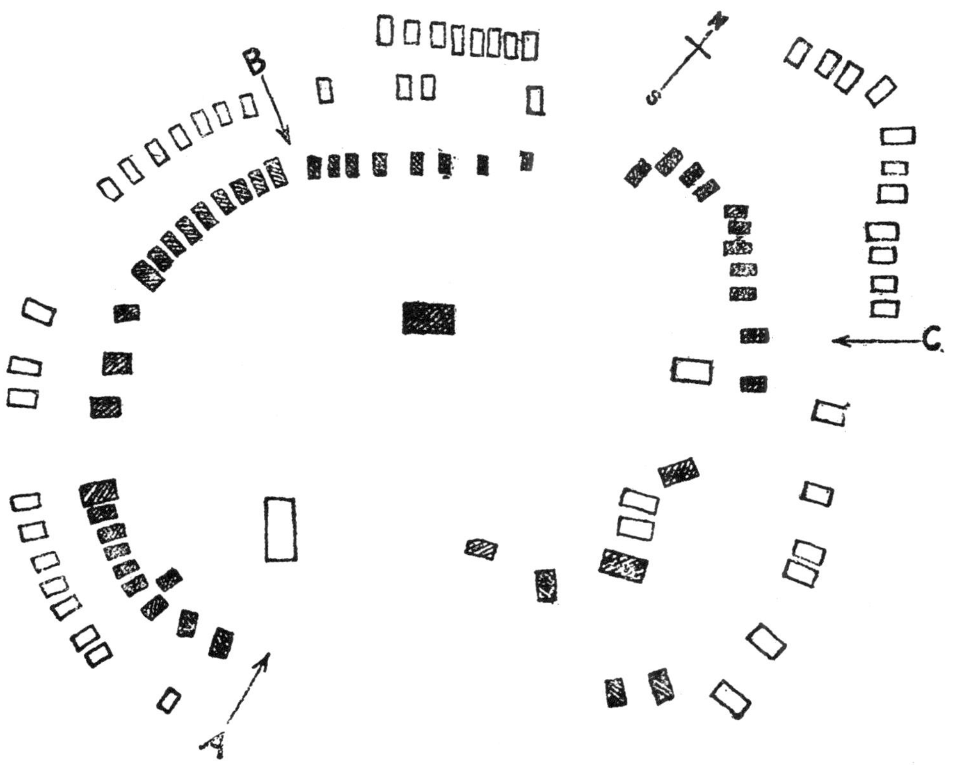

图四 特罗布里安岛村落平面图

密克罗尼西亚的马里亚纳群岛上，社会上层人物居住于五十三座大房子之中，桩柱是石砌的，而普通人则住在一百五十座左右的小茅屋中。吉尔伯特、加罗林和马绍尔等岛由于常遭海水淹没，贵族、首领把自己房屋建造在石头基础之上。[1]

苏门答腊的巴搭族首领、富人的住宅是干栏式，但全用木板，大木板上有雕刻绘画，屋顶两端饰以牛角，宽阔的内部可以住几个小家庭，设四至六个火炉。尼亚士人的首领住宅比平民住宅大得多，且富有装饰。一般人住宅几个月可造成，有一位酋长的住宅造了五年。全村集会有时即在首领家举行。此外，像北苏门答腊的亚齐人的富人也造巨房。卡约人的族长住宅，屋脊全用木制，且有雕饰[2]。

美拉尼西亚的 Trobriand 岛，是著名人类学家马凌诺斯基长期调查的地方。村落中心是一个广场，为村民集会、跳舞之处，也是墓地所在，而首领的“大房子”即在其中。广场四周分布许多小房子，外圈是村民的住宅，其中约有三分之一是首领的妻子（这里首领可以多妻）及未成年儿女所居，约有三分之一是首领的母方家族和亲属，其他是一般村民（图四）。这里婚后

1 《澳大利亚和大洋洲各族人民》，967、985 页。
2 《苏门答腊民族志》，11、52、86、98 页。

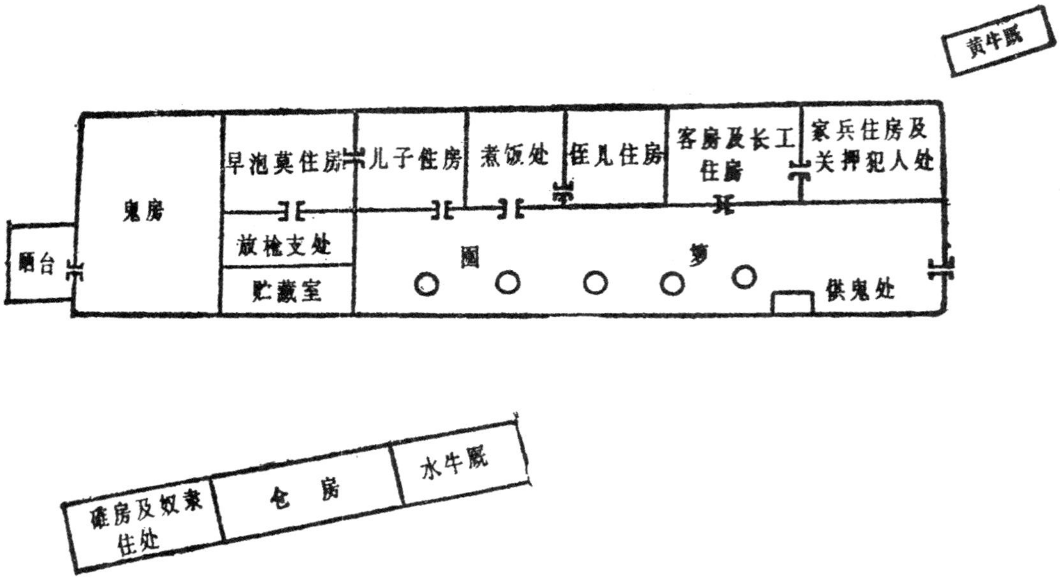

图五　潞西县古东寨山官早泡莫的住宅示意图

行夫方居住。世系却按母系传递，子女长成必须搬回母亲出身的村落。[1] 母系社会竟可以是从夫居住的；而位于村落中心的“大房子”也不是母系氏族公共住宅或集会房屋，而是拥有多妻的首领住宅，是全村政治生活和宗教生活的中心。请看这和想象中母系社会居住模式是何等不同！

在中国的诸民族中，台湾高山族中的排湾人首领住宅是与宗教建筑相结合的例证。正如古代内地统治者的宫室同时也为宗庙所在一样，排湾人的宗庙都属某一大头目所有，而其中就是该头目的住宅。例如屏东县佳平社大头目金果禄宗庙，五根木柱上刻着祖先像，室内墙壁中藏有猎来的人头，所有重要祭祀都在他家举行。他家住的后屋宽 11.5 米，进深 8.7 米，地面铺石板。排湾人行室内葬，在石板之下即为本族死者埋骨之处。近几十年来，宗庙已不住人，变为纯粹的宗教性建筑。[2]

德宏景颇族的山官住宅和平民住宅都是干栏式建筑，但前者要大得多，长达十余丈或数十丈。特别是房屋正中的柱子（称为“空枕莫”），愈粗愈好。因为这柱子是由所辖人民共同抬来，中柱粗细可以看出他的势力究竟有多大。[3] 现在这类住宅已多不存，仅潞西西山的古东寨，还保存着山官早泡莫的住宅。1973 年 4 月我们前去调查。该住宅长 50 余米，宽 9 米，约为附近平民住宅之四倍。内分隔为七部分，分别作为山官自己卧室兼客房及长工住处、客人及家兵住处、鬼房、厨房。虽然是干栏式房屋（图五），楼下用土坯叠成墙壁，上留枪洞，是过去械斗频繁之反映。在正房对面还有一排房屋，为养牛、舂碓之处和三个奴隶（“准”）的住处。猪仍在楼下放养。门前置合抱大树剖开做成之独木梯，表示自己的气派（图版四：5）。

西盟佤族之世袭头人（“窝朗”）及富人（“珠米”）干栏式房屋与一般人民房屋迥异，被称为

---

1 B. Malinowski, *The Sexual Life of Savages*, New York: Harcourt, Brace and Word, Inc., 1929, pp.8—14, fig.1.

2 凌纯声：《台湾土著族的宗庙和社稷》，《中央研究院民族学所集刊》第 6 期，1958 年。

3 参见李学诗：《滇边野人风土记》；尹梓鉴：《野人山考察记》，载《春草堂稿》。

“大房子”（“尼阿厅”），实际面积并不比一般住宅大多少。惟室内外墙壁上都有用石灰、牛血绘上动物和人物形象，门上或有雕刻，屋脊上有木雕之鸟、牛角或人像（图版四:4）。盖“大房子”时，本村及邻近村落人民皆来送礼帮助，主人则竭尽全力剽牛招待，因为这是他表现财富和权势的时机。

（五）其他

原始村落中还有一些大型房屋，不属于以上诸类者。例如：密克罗尼西亚美拉尼西亚的伊法利克有一种很大的茅屋，专供制造和修理船只、结网、搓绳之用，颇具有工作室的性质。

美拉尼西亚则有一种大房子，专门存放船只，也兼为集会娱乐场所。[1]

北美墨西哥湾印第安人有很大的公共仓库。[2]

这些具有特殊用途的建筑，并不是很常见的，而且常能留下明显的证据。我们发掘远古村落时，若遇到这类大型房屋，不难据其中遗物判断其特殊用途。故本文不拟把它们作为讨论的重点。

二　中国近年发现的“大房子”遗址

以上是民族志记录中所见几种大型房屋的基本情况。由于国内民族中现在仍保存“大房子”的已不多，本文以较多的篇幅介绍了东南亚、大洋洲乃至南北美洲的材料。我主张在民族考古学（ethnoarchaeology）研究中使用普遍类比的原则，故任何地区民族志材料均可加以利用。当然，类比只能给予人们一种启发和借鉴，最终仍靠对考古材料本身的研究。

根据民族志材料所给予的启发，我们选择近年几处考古发现中“大房子”遗址，就其性质和用途略加讨论。有关遗址的情况以公开发表的报告为依据。

（一）余姚河姆渡（河姆渡文化）

余姚河姆渡发现的原始村落遗址，是近年中国考古学重要发现之一。1973 至 1977 年先后两次发掘，在第四层和第三层，发现大量木结构建筑遗址。一排排木桩排列有序，都是从西北到东南，从其走向分析，原是一种长方形的遗存，背山面水建造。木桩下部削尖，打入生土，有些柱头或中间有洞，以便合榫；或保留天然树杈，以便缚扎。除竖立的木桩外，还发现长的横梁及长度分别为 60—70 厘米、80—95 厘米、120—130 厘米的木板（有些有火烧痕迹），以及芦苇残片。木桩范围内无坚硬的居住面，却有大量有机物堆积，应为悬空的干栏式建筑（图六）。其中有四排木桩相互平行，间距有一定规律，代表一幢干栏式建筑。就已揭露部分来看，长度至少达 23 米，宽为 8.3 米，室内应有一道宽约 1.3 米的前廊。在房屋下面堆积中发现有人们食过的橡籽、稻壳、菱壳、兽骨、鱼骨、龟甲等等。大量的文化遗物也发现在这里，其中包括所谓“骨耜”及其他骨角工具、石斧、各种装饰品及各种陶器。从可复原的器形看来，有可作炊器或食具的釜、钵、盆、盘，有容水的罐，还有陶灶。[3]

河姆渡遗址第四层和第三层代表一种新的文化，即河姆渡文化。现在已有十几个放射性碳

1《澳大利亚和大洋洲各族人民》，546 页。

2《经济通史》，283 页。

3 浙江省文管会、博物馆：《河姆渡遗址第一期发掘报告》，《考古学报》1978 年 1 期；《浙江河姆渡第二期发掘的主要收获》，《文物》1980 年 5 期。

图六 河姆渡遗址干栏式长房遗迹

素的测定数据，都证明它的年代距今6000–7000年。[1]它是中国南方最早的新石器文化之一。

报告据遗迹推测房屋结构是干栏式，这是很对的。这里需要补充的是它不是一般的干栏式建筑，应是作为公共住宅的干栏式长房。因为桩柱之间无明显的间隔，显然不是一个个单独的建筑。该遗址除这种大的长房外，又别无其他类型可以解释为住宅的房屋，故它不可能是集会房屋或单身者的公所。值得注意的是，从木桩排列可以看出房屋内部有一道前廊，除作为通道外它还可能是专供男子活动的地方。如前所述，婆罗洲达押克人、苏门答腊的民南加堡人、北苏门答腊的卡约人和亚拉士人、尼亚士人、亚齐人的干栏式长房中，都是以前廊为未婚男青年公共宿舍和招待客人、举行宴会之处的。这些民族的长房后部便分隔为小房间，供一对对已婚夫妇居住，或再划出专供妇女煮饭、编织的场所。河姆渡的长房后部是否分隔，已无痕迹可寻，可能因为远古时分隔房间用的是易朽材料（布、席子或简单的竹篱笆等）今已不存。房屋下面厚厚的食物堆积及众多的陶器似乎表明，人们炊饭即在房内。这一时期堆积中发现的陶灶，应是当时人们的炊具。就已发表的材料来看，陶灶很小，可用作煮物的陶釜，容量也不大，看来只能供几个人煮饭，推测当时人们或是各自为炊的。如上所述，很多民族有共居之俗，共居者却不一定要合在一起吃饭。

（二）西安半坡（仰韶文化半坡类型）

1954–1957年发掘的著名的西安半坡原始村落遗址中，有大型地面房屋一座（F1），作半地穴式，但凹下地面部分较浅。西部已被破坏，残存部分南北长10.8半、东西宽10.5米，它大概原是一座面积约为160平方米的长方形大房子。房子中间有四根大柱，柱子上端可能利用树杈自然形状以架横梁，周围有“附壁柱”以支持房顶；屋顶上或盖有茅草。有一长5–6、宽1米的门道可供出入（图七）。[2]

这座大房子位于整个村落之中，与它同一时期或稍有先后的大约有二十七座方形或圆形小房子，彼此保持相等的距离。小房子的门皆南向，面向这座大房子。

大房子室内有厚5–8厘米的红烧土居住面，中心被唐墓破坏，有灶与否已不可知。室内很

1 北京大学历史系考古专业碳十四实验室：《碳十四年代测定报告（四）——河姆渡遗址的测定与讨论》，《文物》1979年12期；中国社会科学院考古研究所实验室：《放射性碳素年代报告》（八），《考古》1981年4期；文物保护科学技术研究所碳十四实验室：《碳十四年代测定报告》（二），《文物》1980年2期。

2 中国科学院考古研究所：《西安半坡》，文物出版社，1963年，13–20页，图一九，图版拾陆—贰贰。

图七　半坡遗址一号大房子

少发现日用器物，仅居住面下埋一粗陶罐，南壁下发现人头骨一个。据研究，此房后部原应有隔墙，可划分为三个小房间。[1]

这座大房子被认为属于西安半坡遗址晚期。与其同期的另一房屋中出土果核经放射性碳素测定（半衰期值取 5730，下同）并经树轮校正，其年代是公元前 4290±200 年。[2]

对这座大房子颇多争论。它是氏族共居的大型住宅还是公共活动的场所？很多人把它作为当时实行母系的证据，甚或认为是母系家族中老人及未婚者所居。我们同意《西安半坡》作者的意见，它属于公共活动场所的可能性较大。既然其周围有一二十个小房子，可供各个体家庭居住，则该地不存在公共住宅可知。在此房屋内部无卧室痕迹，又很少发现日用器物，它又不像是供单身者居住的公所。它无疑应属于集会房屋，四周众多的小房子面向着它，这与上述一些民族（如新西兰的毛利人）的集会房屋多位于村落中心广场之上适可相印证。房下埋有人头及粗陶罐，或为建造房屋时举行某种仪式所遗。原始居民在建造房屋（特别是与宗教活动密切相关的集会房屋）时，常要举行一系列仪式。房屋后部又有三个小房间，似有少数人在此居住，这也不足以否定它是集会房屋。因为如前所述，有些民族（如新西兰毛利人、苏门答腊的巴答人）集会房屋中便常有专供首领、客人居住的房间，在举行庆典时一般人也要暂居于此。在集会房屋中，即使发现火塘和少量炊爨用物，也是不足为怪的。

（三）临潼姜寨（仰韶文化半坡类型）

1972 年以来，这里共进行十一次发掘。在第一期（即半坡期）文化遗存中先后发现较完整的房址一百多座，其中有五座是大型房屋。以一座大型房屋为中心，四周围绕着中小型房屋，形成一组。各组之间有广场，房屋之门面对广场。东面有壕沟两条，沟外为墓葬区。

大型房屋建筑方法与一般房屋同，有地面起筑及半地穴式两种，面积在 80 平方米以上（如 F1 长 11.7 米、宽 10 米），一般房屋只有 20 平方米左右。房内有较宽的门道，中心为大型深穴灶坑，坑两侧有高出居住面的平台两个，多用草泥涂抹并经火烧。室内中部常发

1　杨鸿勋：《仰韶文化居住建筑发展问题的探讨》，《考古学报》1975 年 1 期。

2　中国科学院考古研究所实验室：《放射性碳素测定年代报告》（二），《考古》1972 年 5 期。关于树轮较正年代，参考夏鼐《碳十四测定年代和中国史前考古学》，《考古》1977 年 4 期。

现大型柱洞二个、四个或六个。中小型房屋居住面常发现生产工具和生活用具，大型房屋内则罕见。[1]

临潼姜寨第一期文化属仰韶文化半坡类型，一块房屋木椽炭化标本经放射性碳素测定，其年代为公元前 4020±110 年。[2]

这里的大型房屋应为当时公共活动场所，是集会房屋还是公所尚难断定。按这类建筑或一村仅有一所；也可以是每一亲属集团有一所，一村共有几所（如上述苏门答腊的巴答威群岛，新几内亚巴布亚人）。姜寨大房子共有五座，四周围绕着许多小房子，适可与此相印证。灶旁平台应为人们夜晚睡觉之处。若是单身者所居，则男子公所可能性较大，因为即在世界范围内，妇女公所也只有个别的例子。

（四）华县泉护村（仰韶文化庙底沟类型）

1958 年陕西华县泉护村仰韶文化层发现大型方形房址一处（F201），建造方法与半坡方形房子相似，从地面下挖出浅坑，利用生黄土的边和底作为墙壁和地面。房屋坐北朝南，有斜坡式门道，迎门处有竖井式圆形大灶坑。房屋北部已为断崖所毁，现存部分尚有东西 15 米、南北 4 米，是一座面积不小的房子。[3]

泉护村遗址属仰韶文化的庙底沟类型。遗址本身尚未见有放射性碳素测定年代的数据发表，一般认为，庙底沟类型大约为公元前 3300—4000 年。[4]

泉护村大房子仅发现一座，周围遗迹已被破坏，仅有柱洞痕迹，情况很不清楚。原来这大房子周围房子是大型的呢？还是小型的呢？内部布局（其迎门处有灶穴）与半坡 F1 及姜寨五座大房子略同，可能属集会房屋之类。半坡类型人们的住宅已是一座座小房子，属同一文化而年代更晚的庙底沟类型看来也不存在大型的公共住宅。

（五）郑州大河村（仰韶文化晚期）

1972—1975 年在河南郑州大河村进行七次发掘，在第三期文化遗存（属仰韶晚期）发现四间连成一套的房屋（F1—4）。此四座房屋是地面建筑，F2 的东壁即 F1 的西壁，F3 是利用 F1 东壁，F4 又是利用 F3 的东壁，后两者明显是后来添盖的。F1、F2 较大，F3 和 F4 愈建愈小（图八）。房屋墙壁是在木柱间缚藤条及木棍，以芦苇束为架，外敷草拌泥。地上有白灰面，已烧成红色。F1 门北向（东墙原有一门，似在建筑 F3 时封堵），内有套间（面积约为 3.58 米 ×1.84 米）。正室及套间中均有长方形“烧土台”，套间内有火塘。F2 门向南，有三个“烧土台”。F3 门北向，有一个“烧土台”。F4 门亦应设在北墙，惜已为后世文化层打破，地面未经铺砸。四周房屋加在一起，约为 12 米 ×6.5 米。房中出土陶器数量较多，有鼎、罐、钵、壶、豆、缸、纺轮等；另有砺石和骨镞等。一件陶罐内盛炭化粮食和莲子，一件陶鼎内盛禽类之骨。

在该遗址第四期文化遗存（属仰韶文化向龙山文化过渡阶段）亦发现类似四间一套房屋

1 西安半坡博物馆、临潼县文化馆：《1972 年春临潼姜寨遗址发掘简报》，《考古》1973 年 3 期；《陕西临潼姜寨遗址第二三次发掘的主要收获》，《考古》1975 年 5 期；《临潼姜寨遗址第四至十一次发掘纪要》，《考古与文物》1980 年 3 期。

2 北京大学历史系考古专业碳十四实验室：《碳十四年代测定报告（续一）》，《文物》1978 年 5 期。

3 黄河水库考古队华县队：《陕西华县柳子镇第二次发掘的主要收获》，《考古》1959 年 2 期。

4 严文明：《论半坡类型和庙底沟类型》，《考古与文物》1980 年 1 期。

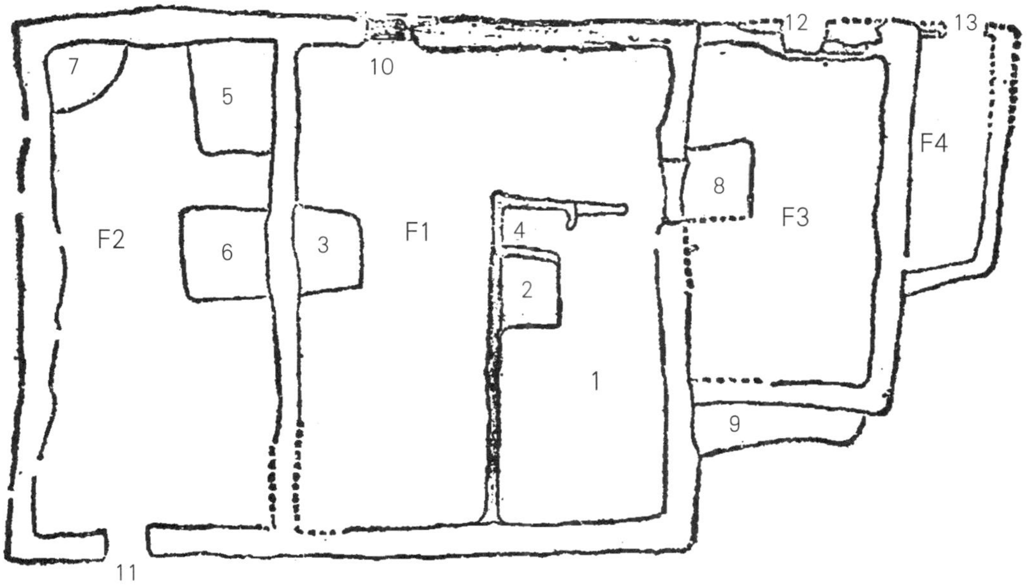

1.套间 2、3、5—8.平台 4.火池 9.房外加固墙平台 10—13.门

图八 郑州大河村大房子

(F6—9)，先建 F8、F9，后在 F8 之东墙盖 F6，在 F8 之北墙一角建 F7。F8 东边有土台。F6 有一道隔墙。F7 面积仅 1.04 平方米，应为房屋贮藏室之类。由于墙壁多破坏，除知 F7 门向南外，其他三座门向不明。全长约 11.7 米、宽 7.1 米。[1]

属于第三期的 F1—4 已有两个放射性碳素测定数据（标本取自 F2），年代分别公元前 3685±125 和 2550±140 年（后者未经树轮较正）。属第四期的 F6—9 的年代应较此为晚。[2]

这种相连的房屋无疑属于有较密切亲属关系的几个家庭的公共住宅，由不断扩建而成，已不是原来形态的大房子。如前所述，缅甸的布朗族每当儿子结婚便扩大房子；苏门答腊民南加堡人当成员增加时就将原建筑扩大；卡约人和亚拉士人娶妻，有时就将原房加长。亚齐人凡是女儿结婚，若父母无力为她另盖新房，就在原屋左右附建一所，“有门通原屋后廊”，与 F1—4 的情况尤为相合（原屋 F2 门面南，其他均面北）。各房间之间无门相通，说明各有自己的家庭经济，其情况又与上述奴特卡－印第安人类似。F1 中分出套间，F6 以隔墙一分为二，似乎为了使已婚夫妇或未婚青年与老人分开居住。“烧土台”或即是睡觉之处。

（六）郧县青龙泉（屈家岭文化）

1958—1961 年在湖北郧县屈家岭文化层中发现房址四座。其中三座是单间小房子，一座（F6）是长方形双间大房子。

这个双间大房子是地面建筑，黏土墙，内外壁抹以细泥，全长约 14 米，宽约 5.6 米，中间

1 郑州市博物馆：《郑州大河村遗址发掘报告》，《考古学报》1979 年 3 期，303 页，图三；《郑州大河村仰韶文化的房基遗址》，《考古》1973 年 6 期，331 页，图二。

2 中国科学院考古研究所实验室：《放射性碳素测定年代报告》（三），《考古》1974 年 5 期；北京大学历史系考古专业碳十四实验室：《液体闪烁法碳十四年代测定工作初步报告》，《文物》1976 年 12 期。

图九　郧县青龙泉双间大房子

有隔墙，分为南北两室，各有门能外面，面向东，且有硬土门槛。隔墙东段有一宽不到 1 米的长方形凹口，似以为沟通两室之通道（图九）。居住面涂有细泥，经火烧过。室中北部，有一高出地面之方形“烧土台”（面积约为 1.8 米 ×0.8 米）。南室中南部则有块凹下地面之“烧土面”，尺寸与烧土台略同，其上遗留有陶鼎等物。在上述土台之北及凹面之北居住面下各埋置陶罐一个，口与居住面平，内有柴灰，据推测为保存火种容器。居住面上有竹编物印痕。此外，室内还发现各种陶器、石斧、石锛、陶纺轮及一件精美的象牙梳子。[1]

青龙泉遗址已发表三个放射性碳素测定年代数据，有一出于屈家岭文化层之木炭标本的年代为公元前 2550±200 年。[2]

由于青龙泉遗址详细报告尚未发表，有很多问题不清楚。据称另三间小房子晚于此大房子，但既同属屈家岭文化层，我们认为仍应作同一文化发展阶段看待，即与大房子同时也有这类小房子存在，只是没有保存或尚未揭露而已。假如当时社会上普遍存在的是小型住宅，而此大房子便不能以公共住宅来解释。从内部发现物来看，它也不太像是集会房屋或单身者公所，因为既发现了男子用物，又发现了妇女用物，完全是一幅家庭的图像。它的面积不过 70 平方米左右，较一般住宅大，但若作为公共活动场所则又不足。我们认为，若把它解释为首领住宅似更合理。房间分隔为二，似为未婚者和已婚者分别居住而设；或如高山族中排湾人一样，一间供自己居住，另一间作举行祭祀活动供奉祖先之处。报告推测两个房间埋入地下陶罐为保存火种之处是很恰当的，附近“烧土面”应即为火塘所在。

其他地区（如宝鸡北首岭[3]、洛阳王湾[4]）新石器文化遗址也发现有大型房屋与小型房屋并存，大型房屋面积又不是很大，似都可考虑是首领住宅。

1 长办文物考古直属队：《1958—1961 年湖北郧县和均县发掘简报》，《考古》1961 年 10 期。

2 中国社会科学院考古研究所实验室：《放射性碳素测定年代报告》（六），《考古》1979 年 1 期。

3 中国科学院考古研究所宝鸡工作队：《陕西宝鸡新石器时代遗址发掘纪要》，《考古》1959 年 5 期；《宝鸡新石器时代遗址第二三次发掘的主要收获》，《考古》1960 年 2 期；《1977 年宝鸡北首岭遗址发掘简报》，《考古》1979 年 2 期。

4 北京大学考古实习队：《洛阳王湾发掘简报》，《考古》1961 年 4 期。

（七）剑川海门口（商代晚期？）

1957年云南剑川海门口发现一处铜石并用时期的文化遗址，其中有丰富的建筑遗存。据报道，在海尾河之西岸边共发现桩柱二百二十四根，粗细不一，粗者合抱，细者几根栽在一处。分布颇不规则，但沿水的一面桩柱排列成一条直线。木桩砍削得不整齐，有几根上半部发现并列凿孔两个，已发现横木两端留有树杈。分布范围长达140米，宽12米。遗物出土于木桩间，有光滑的石斧、石刀、黑色陶器、骨角器、炭化粳稻，还有十四件铜器。[1]

这遗址已遭破坏，羼入后世遗物，其时代可疑。然出土木桩经过放射性碳素测定并经树轮校正，年代为公元前1335±155年。[2]故它的建筑部分或为远古文化遗存。

简报推测它原是“五分之四在水上，五分之一在陆地”的水上房屋，证据不足，因为河道变迁，后世才为水淹没是可能的。但它是一种建在桩上的干栏式房屋则无疑问，这一点已有学者指出。[3]横木两端留有天然树杈，是为了架梁时便于缚扎，今云南佤族、景颇族盖干栏式屋架时仍是如此，因为这样就不用合榫。

我们还可提出进一步推测，即它不仅是干栏式建筑，而是像基诺族以及像巴布亚人、达押克人、东南亚很多民族那样的干栏式长房。从简报发表的木桩分布图来看，分布范围极大，基本上连成两片，各片中并看不出有什么“间隔”，而且沿水一面桩柱“排成一字平”，“略似一条不很整齐的直线”，可见它不是一座座单独的房屋，而是临水建造的大房子。木桩很粗，细者就几根合栽在一起，也说明所支撑的绝不是小型房屋。

从所发表的图来看，至少有两幢这样的大房子。它们无疑均属于公共住宅。出土物表明，家庭需要的生活用具这里几乎是应有尽有，不像集会房屋和单身者公所。至于房屋内部布局由于发掘工作不够，无法作过多的推论。

（八）圻春毛家嘴（西周）

1958年在湖北圻春毛家嘴试掘一处木结构建筑遗址，分布于三个水塘底部，范围约5000平方米。其中有一个水塘内木结构建筑形制较清楚，面积约有1600平方米，共发掘木桩一百零九根，木桩排列整齐，纵横成行，周围有木板墙。据木柱排列形式及木板墙角情况，可以复原房屋三间。三间房子形状大小不同，均作长方形，彼此相距很近，其间只有约1.3米的甬道，“看来它们不是自成一个单元的住房，而应是一个住房的组成部分”。其中的一号房子东部木桩分布较密，可能其中另有小的隔间。此房之东还发现过大块平铺楼板及楼梯的遗迹。

这一遗址中出土有漆杯、木瓢、骨栖、铜爵、人骨、卜甲和陶器。陶器种类有鼎、鬲、簋、爵、盘、尊等，其中以鬲复原较多，共有五式十二件。[4]

毛家嘴建筑遗存未见放射性碳素年代测定，据陶鬲、铜爵形制看，其年代应属西周早期。

根据大量排列有序的木柱、大块楼板及楼梯等的发现，足以说明这是一种干栏式建筑。木桩周围有木板墙并不奇怪，有些民族在干栏式建筑下层也是有围墙的（如上述潞西古东景颇族

1 云南省博物馆筹备处：《剑川海门口古文化遗址清理简报》，《考古通讯》1958年6期；李家瑞：《剑川县海门口新石器时代遗址的发掘情况及我的一些看法》，载《大理白族自治州历史文物调查资料》，云南人民出版社，1958年。

2 中国科学院考古研究所实验室：《放射性碳素测定年代报告》（二），《考古》1972年5期。

3 安志敏：《干栏式建筑的考古研究》，《考古学报》1963年2期。

4 中国科学院考古研究所湖北发掘队：《湖北圻春毛家嘴西周木构建筑》，《考古》1962年1期。

“山官”住宅）。我们认为这里的干栏建筑似属公共住宅。姑不论这三座房屋是否原属一幢，即使一座即自成一幢，就其发表的平面图来看，每座长在 75 米以上，宽在 50 米以上，已是一幢很大的房屋了。每幢房子面积基本相等，又别无小房屋，它自不可能是集会房屋或男子公所之类。众多的生活用具的发现，也说明是公共住宅。第一号房屋内部还有“小的隔间”，则可能和基诺族、达押克人、民南加堡人的干栏式长房一样，室内是分隔为小房间，供一个个家庭居住的。这里未发现炉灶痕迹，不知道当时各家庭是合炊还是各自为炊。从迹象看，各自为炊的可能性较大。众多的小陶鬲，即可能作为各个小家庭炊爨之物。正像基诺族干栏式长房内每户各有火塘和三足架一样，这里每户的主妇们各以陶鬲来烹煮自己的食物。

干栏式建筑今天仅残存于中国南方少数民族之中[1]，在古代，长江流域及以南广大地区都有分布[2]。故河姆渡、海门口、毛家嘴这样一些地方的公共住宅采取了干栏式建筑的形制，是完全合乎情理的。

结语

综合上述，西安半坡和华县泉护村的大房子应是集会房屋；临潼姜寨的五幢大房子应是集会房屋或男子公所；郧县青龙泉的双间大房子似为当时的首领住宅；其他诸遗址的大型房屋，应为公共住宅。

下面便要着重谈一下研究大型房屋遗址的方法问题。我觉得在分析研究过程中以下几点是应该引起注意的：

第一，远古时期大型房屋有各种不同的用途，有的是作为公共活动场所的集会房屋或男子公所（或有少数是妇女公所），有的是首领住宅，并非所有大型房屋都是供许多家庭集体居住的公共住宅。若一个村落中在众多的小房子中只有一两幢大房子，一般可以认为不是公共住宅。若有许多大房子并存或虽只有一两幢大房子而别无小房子存在，才可以考虑是公共住宅。在确定大房子用途时必须依靠村落布局、房屋内部布置及出土物，进行全面的考虑。

第二，即使属于公共住宅，其内部组织也是千变万化。如本文第一部分所述，共居者有时是一个氏族，有时是一个扩大家庭，有时又是一种地域性组织，并非所有大型住宅都能代表氏族共居。

第三，远古居民实行何种婚姻制度，世系如何传递，与房屋大小并无必然的联系。那种一发现大型住宅就认为当时必定存在母系氏族，是国内史前史研究工作中流行的看法，然而这种看法却不能认为是很恰当的。如前所述，在公共住宅中共居的人们有的实行父系，有的又是“两可系”。同时，有些实行母系的社会，在住宅上又不一定反映出来。例如：中国少数民族中保存母系的摩梭人，她们院落本身与滇西其他民族的院落并无不同。假如若干年后有人发掘出这样一幢住宅遗址，如何能知它是母系（而不是父系）大家族的住宅呢?

第四，从人们过着定居生活以后就可能营建公共住宅，直到进入文明社会以后仍有存在，故

---

1 参见中国建筑史编辑委员会：《中国建筑史》第一册，1958 年，234—236 页。
2 戴裔煊：《干栏——西南中国原始住宅的研究》，广州，1948 年。

公共住宅内部的经济生活也是多种多样的。如前所述，有些共居一起的人们集体劳动，合灶煮饭，有共同的经济生活；而较多的虽保存共居的习惯，却各有自己的家庭经济，各自为炊。有些人看见大型住宅，就认为其中一定实行集体劳动，平均分配，不过是出于想象。

第五，从本文所举民族学和考古学材料可以看出，不同民族、不同文化均可能兴建大房子，作为公共住宅或公共场所。那种认为大房子是某一文化的特征的说法（例如说大房子是仰韶文化的特征），或说“长房”是某一类民族传给另一类民族的说法（上引E.M. 勒布和J.O.M布洛克《东南亚的社会组织和长房》一文即持此论），也是不够恰当的。

按研究远古人类的居住模式（settlement pattern）是当代考古学上重要课题，而判明一些大型房屋遗址的性质和用途，正是复原一个村落居住模式重要的一环。要处理好这个问题，除了靠田野考古工作的细致周密外，还必须具备丰富的人类学知识。国内外民族所保存的大房子很多，均应搜集以作类比，不应只据摩尔根《古代社会》介绍的易洛魁人“长房”情况，来印证一切大房子遗址。特别是再用大房子的一些现象来研究当时的社会组织之类问题，更应全面分析，审慎从事。

（原载《考古学报》1983年3期）

仰韶文化葬俗和社会组织的研究

——对仰韶母系社会说及其方法论的商榷

本文主旨不在全面复原仰韶文化的社会组织，而是对二十多年来流行的仰韶文化为母系社会[1]说及其方法论，略抒己见。

仰韶文化母系说，主要以多人合葬墓及有关现象为依据。按葬俗和社会组织的关系，19世纪以来即有人类学家和考古学家不断进行探索。[2]当今多数学者主张，可用墓葬材料探讨史前的社会组织，但有一定的局限性。[3]如婚姻形态、婚后居住方式之类问题，就“很难据考古学材料来决定”[4]。同一民族或同一文化的葬俗往往因地而异[5]，而葬俗之形成又多受宗教意识（即关于死后世界的信仰）所制约[6]。因此，葬俗“并不是活人生活方式的镜子”[7]。

正因为以葬俗对复原社会组织有天然的局限性，有些研究中国考古学或史前史的学者，在论述仰韶文化时一般都不涉及关于母系社会的讨论，对于这一问题采取有所保留的态度。[8]

关于仰韶文化为母系社会的讨论，始于20世纪60年代初期。迄今专题论文已达十余篇。[9]最近《元君庙仰韶基地》一书的出版，为仰韶文化母系说提供了系统的论证。由于论者甚众，意见

---

1 “母系社会”或“母系氏族社会”，在国内不仅被用来指母系嗣继（matrilineal），还包括女方居住（matrilocal）或分别居住（duolocal）等概念在内。严格说来，世系传递和婚后居住方式并不一致。例如美拉尼西亚人和澳大利亚的一些部落实行母系，却是从男方居住的。参见罗维（R.H.Lowie）《初民社会》，吕叔湘译，商务印书馆，1935年，190页。

2 B.Bartel,A Historical Review of Ethnological and Archaeological Analyses of Mortuary Practice, *Journal of Anthropological Archaeology*,Vol 1, No.1 (1982).

3 L.R.Binford,Mortuary Practices:Their study and Their Potential, in *Approaches to the Social Dimensions of Mortuary Practies*,Edited by J .A.Brown,Society for Americans Archaeology Memoir 25,1971.J.A.Tainter,Mortuary Practice and the Study of Prehistoric Social Systems,*Advance in Archaeological Method and Theory*,Vol I (edited by B.Schiffer) ,New York:Academic Press,1978.S.T.Knudson,*Culture in Retrospect*, Chicago:Rand McNally College Publishing Co.,1978,pp.382—384.I.Hodder, *The Present Past:An Introduction to Anthropology for Archaeologists*,London:B.T.Batsford Ltd.,1982,pp.144—145.

4 *Culture in Retrospect*,pp,382—383.

5 A.L.Kroeber,Disposal of the Dead,*American Anthropologist* 29 : 3 (1927).

6 P.T.U cko,Ethnography and Archaeological Interpretation of Funerary Remains, *World Archaeology* I (1969).

7 *The Present Past:An Introduction to Anthropology for Archaeologists*,pp.139—140.

8 夏鼐：《三十年来中国的考古学》，《考古》1979年5期。安志敏：《略论三十年来中国的新石器时代考古》，《考古》1979年5期；《中国的新石器时代》，《考古》1981年3期。K.C.Chang,*The Archaeology of Ancient China*,New Haven:Ya e University Press,1977,pp.91—114.

9 有关论文见《考古》1961年12期；1962年1、3、7、11期；1964年4期；1965年11期；1976年3期、6期；《考古学报》1981年2期。

图一　华县元君庙 M417 号合葬墓（内有 23 具人骨）

纷纭，我们自不可能一一加以评说，而只能把持母系说学者一些共同的观点归纳为几个问题进行讨论。这些问题是：一座多人合葬墓是否必然是一个母系家族（或其他亲属集团）的共同葬身之处？墓葬中是否反映出有“母性本位”或“女性中心”的现象？是否存在“男女分别埋葬”习俗？

下面就对这几个问题，分别进行讨论和分析。

一　多人合葬墓不是母系家族的“缩影”

仰韶文化多人合葬墓是一种大的土坑中含有多人骨架的葬制。其中绝大多数是二次合葬（图一、二），也有少数一次合葬，或在二次葬中又夹杂极少数的一次葬。含有多人合葬墓的遗址，多属于半坡类型（表一），而且是半坡类型的晚期，或称“史家类型”[1]，在仰韶文化其他类型（如后岗类型）也有发现，为数极少。它的流行年代大约是从公元前第五千年中期到公元前第四千年，而在公元前第四千年中叶达到高潮。[2]

1　巩启明：《试论仰韶文化》，《史前研究》1983 年创刊号。

2　经碳十四测定并树轮校正，多人合葬墓发现最多的两个遗址渭南史家和临潼姜寨（二期）的年代，分别为公元前 3675 和 3690 年。又安阳后岗仰韶文化地层的年代为公元前 4185 和 4390，见《中国考古学中碳十四年代数据集》，文物出版社，1983 年，79、128—129 页。

表一　仰韶文化含有多人合葬墓诸遗址的各型墓葬统计表

<table>
<tr><th rowspan="3">文化类型</th><th rowspan="3">遗址</th><th colspan="9">土坑墓</th><th rowspan="3">瓮棺墓</th><th rowspan="3">资料来源</th><th rowspan="3">备注</th></tr>
<tr><th colspan="4">合葬</th><th colspan="4">单人葬</th><th rowspan="2">总计</th></tr>
<tr><th>二次</th><th>一次</th><th>葬式不明</th><th>小计</th><th>二次</th><th>一次</th><th>葬式不明</th><th>小计</th></tr>
<tr><td>半坡</td><td>西安半坡</td><td></td><td>2</td><td></td><td>2</td><td>5</td><td>170</td><td></td><td>175</td><td>177</td><td>73</td><td>《西安半坡》198–216页</td><td rowspan="12">（1）瓮棺墓中多葬儿童，也有少数成人，如宝鸡北首岭、临潼姜寨一期和二期都有这种情况。（2）合葬墓中有二次葬和一次葬混合的情况，均统计入“二次”栏中。（3）有些遗址已公布的墓葬数字不够详明者，均加问号。</td></tr>
<tr><td>半坡</td><td>宝鸡北首岭</td><td>7</td><td>6</td><td>1</td><td>14</td><td>35</td><td>310</td><td>26</td><td>371</td><td>385</td><td>66</td><td>《宝鸡北首岭》6–114、157–182页</td></tr>
<tr><td>半坡</td><td>华阴横阵</td><td>24（？）</td><td></td><td></td><td>24</td><td></td><td></td><td></td><td></td><td>24</td><td>5</td><td>《考古》1960年9期，5–9页</td></tr>
<tr><td>半坡</td><td>华县元君庙</td><td>24</td><td>2</td><td>2</td><td>28</td><td>9</td><td>5</td><td>2</td><td>16</td><td>44</td><td></td><td>《元君庙仰韶墓地》16–24、86–105、111–127页</td></tr>
<tr><td rowspan="2">半坡</td><td>临潼姜寨（一期）</td><td>2（？）</td><td></td><td></td><td>2</td><td>6（？）</td><td>168（？）</td><td></td><td>174</td><td>176</td><td>236（？）</td><td rowspan="2">《考古》1973年3期，134–145页；1975年5期，280–284页《考古与文物》1980年3期，1–13页</td></tr>
<tr><td>临潼姜寨（二期）</td><td>180（？）</td><td></td><td></td><td>180（？）</td><td></td><td></td><td></td><td></td><td>180（？）</td><td>40（？）</td></tr>
<tr><td>半坡</td><td>渭南史家</td><td>40</td><td></td><td></td><td>40</td><td></td><td>3</td><td></td><td>3</td><td>43</td><td></td><td>《考古》1978年1期，41–53页</td></tr>
<tr><td>半坡</td><td>芮城东庄村</td><td>2</td><td></td><td></td><td>2</td><td></td><td>2</td><td></td><td>2</td><td>4</td><td>1</td><td>《考古学报》1973年1期，10–11页</td></tr>
<tr><td>后岗</td><td>安阳后岗</td><td>2</td><td>1</td><td></td><td>3</td><td></td><td>7</td><td></td><td>7</td><td>10</td><td></td><td>《考古》1972年3期，15页；5期，9页；6期，582页</td></tr>
<tr><td></td><td>淅川下王岗（早一期）</td><td></td><td></td><td></td><td></td><td></td><td>22</td><td></td><td>22</td><td>22</td><td></td><td rowspan="2">《文物》1972年10期，6–17页《新中国考古发现和研究》，66页</td></tr>
<tr><td></td><td>淅川下王岗（早二期）</td><td>32（？）</td><td></td><td></td><td>32（？）</td><td></td><td>26（？）</td><td></td><td>26（？）</td><td>64</td><td>3</td></tr>
<tr><td></td><td>郧县大寺</td><td>1</td><td></td><td></td><td>1</td><td></td><td>6</td><td></td><td>6</td><td>7</td><td></td><td>《考古》1961年10期</td></tr>
</table>

持母系说的学者有一个先入为主的看法，即这种多人合葬墓成员之间必然存在着亲属关系。然对于这一点，除了一再征引摩尔根《古代社会》所说“凡是亲骨肉，彼此的骨肉就永远不分离”[1]外，别无其他根据。

按多人合葬墓既以二次葬为主，我们必须首先考虑一下二次葬的目的意义。据专门研究原

1 摩尔根（L.H.Morgan）：《古代社会》，杨东莼、马雍、马巨译，商务印书馆，1977年，80页。

始葬俗学者的意见，二次葬是“把个别或全部的死者，从暂时储存处移入永久休息地定期的移动，这一移动为社会所认可”。它出于这样的信仰：人初死时灵魂仍在尸体附近徘徊，对活人构成一种威胁，必须待尸体腐烂，灵魂才脱离肉体。这时便要举行仪式，送灵魂去它应该去的地方，二次葬便是这种告别仪式的一部分，是死者得到最终安息的标志。在未举行二次葬前，活人若遇到不幸或灾祸，常认为是死者作祟，这时二次葬便要提前举行。[1]尽管各民族对死后世界信仰的具体形式有所不同，但二次葬都是为了送死者去到“永久休息地”，并免除死者对活人的可能危害。死者将和已死亲属会合和团聚，也是一种原始信仰，并曾表现于某些葬俗之中，但二次葬的目的并非如此。

国内少数民族历史上曾流行以洗骨为仪式中心内容的二次葬[2]，到了近代已多消失。而二次葬在国外后进民族中仍有保存，有单独举行的，有集体举行的。后者即与仰韶文化多人两次合葬有类似之处。我们若能不满足于《古代社会》有关葬俗的零星记载，广泛浏览一下世界上其他民族二次葬情况，即可看到一幅与以前想象完全不同的图画。

让我们先从易洛魁人谈起。按易洛魁人曾有过各种不同的葬式，《古代社会》简单叙述过的单人土葬，是他们的普遍葬式。[3]比外，他们确有一种和仰韶文化类似的多人二次合葬。在摩尔根另一本很少为国内学者引用的著作《易洛魁同盟》中才有详细记载：“另一种非常特殊的埋葬方式也曾在他们之中流行。尸骨暴露在由柱子支撑的树皮架子上，或放在树枝上，尸体弃置在那里直至变为骨架。当这一腐烂过程在露天之下完成后，骨骼移入死者的房屋或房屋旁边专为接纳它而准备的小树皮屋中，全家的骨骼由于活人对上辈的感情而像这样代代相传。然在若干年之后，或在大家感到不安全的时候，或在居住地即将放弃的前夕，经常是把整个社会附近所有骨骼收集在一起，置于一个公共休息地。这一习俗并不限于易洛魁人，美国各地发现很多埋骨的冢墓和洞穴，无疑应归之于这一习俗。在打开这些冢墓中，时常发现骨架一层一层放置着……”[4]（着重点是本文作者加的，下同）。这里所说墓中骨架一层一层放置的情况，与渭南史家[5]和临潼姜寨二期[6]的多人二次合葬墓情况尤为相似。从上述可见，即使实行母系的易洛魁人，并非是一个母系家族而是整个社会合葬在一起的。

这种习俗在北美印第安人之中曾比较流行。与易洛魁人有密切关系的休龙人（Huron）也有同样的葬俗。他们相信，人死后灵魂将去“天上的村落”定居，每隔十二年要为这段期间死者举行一次盛大的送别宴会，由亲属把骨骼从平台上或树上取下，在一系列繁缛仪式之后，在号

1 R. Huntington, and P. Metcalf, *Celebrations of Death : The Anthropology of Mortuary Ritual*, Cambridge: Cambridge University Press, 1979, pp. 68—81.

2 S. S. Ling, The Bone—Washing Burial Custom and Ancestral Bone Worship in Southeast Asia and Around the Pacific, Annals of *Academic Sinica*, No. 2, Part 1 (1955).

3 据《古代社会》（中译本，80—81页），切罗基（Cherokee）部落把死者尸骨合放在柜子中，柜子置于屋中，似乎是一种厝柩方式，原文记述很不清楚。而已经接受基督教并已移居保留地中的图斯卡罗腊（Tuscarora）部落，分明已实行单人一次葬，与仰韶文化多人二次合葬难作比较。至于易洛魁人的塞纳卡（Seneca）部落，也是实行单人一次葬的，而且“同一氏族并不总是埋葬在共同地址”，“他们是乱葬的”。由此正可证明葬俗中并不一定“体现”出亲属关系，可是这些话在讨论仰韶文化葬俗时很少被人提到。

4 L. H. Morgan, *League of the Hode—no—sau—nee or the Iroquois*, Rochester: Sage and Brother Publisher, 1851, pp. 172—173.

5《陕西渭南史家新石器时代遗址》，《考古》1978年1期，42页。

6《临潼姜寨遗址第四至十一次发掘纪要》，《考古与文物》1980年3期，3、6页。

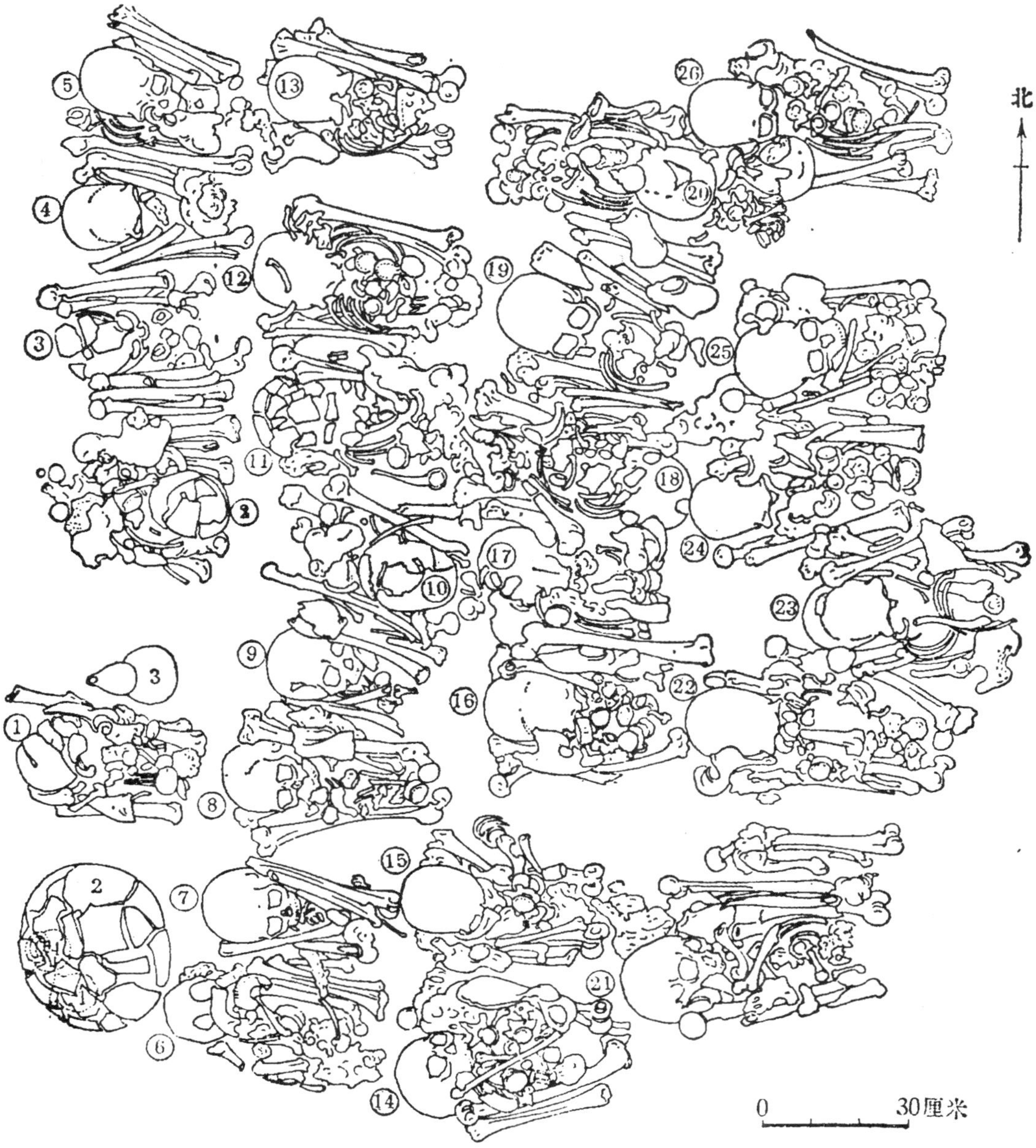

图二　渭南史家 M25 号墓（内有 26 具人骨）

啕大哭、唱歌和致词声中送到“村社的埋葬坑”中去。[1]虽然休龙人也实行母系，但集体二次葬时合葬一坑的却不属于一个母系亲属集团。

马达加斯加岛的梅里亚人（Merina），实行男方居住，并有按父系组成的大家族[2]，但他们并不按父系亲属关系合葬。每个村庄有几个石砌墓穴，任何居民婚后即要选择一个，作为自己将来藏骨之处，并从此担负起维修这墓穴的一份责任。人死数年以后，才将骨骼放入。对一个男

1 H.E.Driver,*Indian of North America*, Chicago:The University of Chicago Press,1969,p.376.A.M.Jr.Josephy,*The Indian Heritage of America*,New York:Bantam Book Inc.,1968,p.93.

2 G.P .Murdock,*Ethnographic Atlas*,University of Pittsburgh Press,1967.p.90.

子来说，可以选择祖父母的或父母的遗骨所在墓穴，也可以选择妻方的墓穴。因此每个墓穴中之人骨，有男有女，有小孩。他们不属于某一世系（lineage），而是“当地居民相互混杂在一起……有些是血亲关系，有些是姻亲关系”[1]。

婆罗洲达押克人中的马尼安人（Ma’anyan）有和梅里亚人类似的葬俗，虽然那里二次合葬采取了火葬的形式。人死先进行土葬，当墓地尸体积累达二三百具时，由全村落集体举行一种名叫 idjambe 的二次葬火化仪式。火化有计划地分批进行，每人从属于一个“塔姆巴克”(tambak，原指一种支撑在柱子上盛放集体骨灰的木盒)，同属一个“塔姆巴克”的成员便在同一批焚烧，骨灰也就合放在同一骨灰盒之中。按达押克人既缺乏母系氏族，又缺乏父系氏族，实行两可居住（ambilocal）或男方居住。同一“塔姆巴克”的成员并非属于同族，是由出生、婚姻或收养很多因素所决定的，而富有者还可自己另立一个，他便成为奠基者，“塔姆巴克”便以他命名。因此，马尼安人的一个骨灰盒，像上述梅里亚人一座合葬墓穴一样，所包括的不是某种亲属集团的遗骸。[2]

国外民族中也有以亲属集团为单位的进行二次合葬的情况。如印尼西里伯斯岛的托拉加人(Toradja)，人死先存尸于村边小屋中，由专人看守，让尸体腐烂。每隔几年，为这段时期所积累之尸骨举行集体二次葬。若有流行病发生或老鼠成灾威胁稻米收成时，便归咎于“不安分的死者”，二次葬便要经常举行。举行仪式时，尸骨由村边小屋带入村内，扎成偶像并加面具，最后分别放入崖洞，和祖先及已死亲属的遗骨合在一起。[3] 按托拉加人是实行女方居住的，但不存在母系氏族组织。[4]

复活节岛也流行二次葬。人死先将尸体置于石堆或木架上，让其腐烂后，再将骨骼移入一种名叫“阿胡”（Ahu）的石砌墓穴之中。有些“阿胡”中“骨骼多得使人不能置信”，往往属于同一族中先后死亡者。[5] 复活节岛上无论母系或父系的氏族都不存在，实行双方居住，而以男方居住为主。[6] 故一个“阿胡”之中合葬的仍非母系的亲属集团（图三）。

从上述类比材料可以看出，多人二次合葬无论其最后采取哪种葬法（土葬、火葬或崖葬），经常是当地居民不分亲属集团的集中埋葬。即使有的以亲属集团为单位，这亲属集团也并不一定就实行母系。由此可证，绝不能把《古代社会》中“凡是亲骨肉，彼此的骨肉就应该永远不分离”一句话，当成规律性的现象。它最多能代表印第安人一个部落（切罗基人）的信仰和习俗，不能代表所有民族，更不能引申到数千年前相隔万里以外的仰韶文化，认为仰韶多人合葬墓必是亲属集团的“缩影”。

若干迹象表明，仰韶文化正像上述一些后进民族一样，多人二次合葬并不按亲属集团为单位进行。根据发掘者的观察，所有合葬都可肯定是同时埋入。[7] 这使我们相信，当时是集体举行二

1 M.E.F.Bloch,Tombs and Conservation among the Merina of Madagascar,*Man* 3 : 1 (1968) .P.T.Ucko:Ethnography and Archaeological Interpretation of funerary Remains.

2 A.B.Hudson,Death Ceremonies of padju Epat Ma'anyan Dayaks,*Sarawak Museum Journal* 13 : 27 (1966) ,pp.351—358.

3 *Celebrations of Death:The Anthropology of Mortuary Ritual*,pp.83—85.

4 *Ethnographic Atlas*,p.94.

5 A.Me'traux,*Ethnology of Easter Island* ,Bishop Museum Bulletin 160,1940,pp.283—288.

6 *Ethnographic Atlas*,p.102.

7《元君庙仰韶墓地》，文物出版社，1983 年，58 页。

图三　复活节岛二次葬前置放尸体以待腐烂的石堆（下）及盛放骨骸的石砌墓室（上）

次葬，墓中死者是先后死亡而通过一次共同的二次葬仪式后埋入同一墓穴的。

又根据已发表几个墓地的墓葬材料，一座多人合葬墓所包括的人数一般都有数十人之多。按仰韶居民尚经营迁徙农业[1]，不可能形成大的村落和大的亲属组织。在正常情况下，一个亲属集团人数不过数十人，在一段时期内一般不可能有数十人死亡。像渭南史家 M5 有五十一具人骨[2]，元君庙 M426 有二十五具人骨[3]，姜寨二期一墓中遗骸竟达七十至八十具之多[4]，若谓出自同一个亲属集团，是很难令人置信的。但如包括一个部落或一个村落在一段时期内所有死亡者，则没有什么奇异之处。从已发现几个村落遗址的房屋数字来分析，一个村落大约包含五十至一百座房屋，即五十至一百户（household）。[5] 这些村落中“大房子”乃公用的集会房屋，作为各户居住的中小型房屋，面积一般为 20—30 平方米。[6] 根据我在西南少数民族之中调查的体验，这样一座原始房屋一般可容纳五至六人，则仰韶一个普通的村落可能共有二三百人。这样规模的村落在一段时期内共有数十人死亡，自是可能的。临潼姜寨村落较大（有一百多户），故只有那里出现人数较多的合葬墓，这一点并非偶然。

因此，一座多人合葬墓应包括一个村落一段时期内所有死亡者。至于那些人数很少的二次合葬墓，则可能由于一段期间内死亡者很少；或像上述托拉加人一样，由于某种灾祸而归咎于死者，二次葬仪式频繁举行所致。

总之，我们没有办法断定，仰韶文化多人合葬墓死者出于一个母系群体。目前可以肯定他们之间的关系，只是死亡日期相近共享最后的二次葬仪式而已。即使像华阴横阵十五座多人合葬

1 *The Archaeology of Ancient China*, pp.97—98.

2《考古》1978 年 1 期，48 页。

3《元君庙仰韶墓地》，118—119 页。

4《考古与文物》1980 年 3 期，6 页。

5 宝鸡北首岭晚期原始村落在中心广场周围共有四十九座房子（《宝鸡北首岭》127 页）。西安半坡除 1 号“大房子”外，共发现四十五座房屋，但并非属同一时期（《西安半坡》9、38 页）。临潼姜寨第一期文化有房屋一百多座，包括四座“大房子”（《考古与文物》1980 年 3 期，3 页）。

6 临潼姜寨（一期）和西安半坡中小房子面积一般约为 20 平方米（《考古与文物》1980 年 3 期，3 页；《西安半坡》，9 页）。宝鸡北首岭小型房屋面积在 8.7—34.2 平方米。另有三座大型房子，面积有达 85.5 平方米者（《宝鸡北首岭》，12—13 页），或可能是首领所居的“大房子”。

墓分布于三个大墓穴之中所谓“大坑套小坑”现象[1]，亦可得到合理的解释。这可能像上述马尼安人那样，是当时集体二次葬分批进行的结果。“大坑”中埋的是集体二次葬仪式的全体死者，“小坑”中则是同一批埋入的遗骸。

仰韶多人合葬墓解释为母系家族或某种亲属集团的“缩影”，还有一个最大的困难，这就是单人墓葬的普遍存在。按仰韶文化以空间言，遍及陕、豫、晋、冀、甘诸省，北到河套地区，南达湖北境内。以时间言，延续达两千年之久。碳十四测定的五十多个数据表明，约为公元前 5000—3000 年。[2] 从 20 世纪 60 年代起，学者们即开始对仰韶文化按地区并区分类型进行研究。[3] 现在材料积累更多，共区分出半坡、庙底沟、西王村、后岗、大司空等类型，并能排出彼此之间的先后序列。[4] 现已查明，多人合葬墓主要发现在半坡类型后期。不仅此后一直流行单人葬，而且在此以前即已存在单人葬。有些遗址（如临潼姜寨、淅川下王岗）上层为多人二次合葬，下层为单人一次葬。有些遗址（如华县元君庙）中多人二次全葬与单人一次葬同时并存（表一）。值得注意的是，在作为仰韶文化前身的裴李岗文化[5]和李家村文化[6]诸遗址中，单人的仰身直肢的一次葬更是惟一的葬式[7]。

假如多人合葬墓代表母系群体，则这大量存在的单人墓又代表什么社会组织？很多人曾把单人葬和少数男女合葬作为是母系氏族解体，父系个体家庭出现以后的产物。若把仰韶文化以前的或仰韶文化早期的这些单人墓也看作父系个体家庭的象征，岂非又与他们信奉的从母系到父系的模式相矛盾？这是持仰韶母系说的学者们常避而不谈或感到“无法解释”的问题。而若不能对此进行合理的解释，其他一切复原都是没有说服力的。

二 “女性本位”之说不能成立

仰韶葬俗中还被认为有“女性居于本位”或“以女性为中心”的现象。然细加考查，所谓“女性本位”现象并不存在。

（一）关于“子女与母亲合葬”

元君庙有三座成年女性和小孩的合葬墓，被断定为子女和母亲的关系。以此证明当时社会上

1《陕西华阴横阵发掘简报》，《考古》1960 年 9 期。

2 夏鼐：《碳十四测定与中国史前考古学》，《考古》1977 年 4 期。安志敏：《碳十四断代和中国新石器时代》，《考古》1984 年 3 期。

3 杨建芳：《略论仰韶文化和马家窑文化》，《考古学报》1962 年 1 期。苏秉琦：《关于仰韶文化的若干问题》，《考古学报》1965 年 1 期。严文明：《论半坡类型和庙底沟类型》，《考古与文物》1980 年 1 期。

4《新中国的考古发现和研究》，文物出版社，1984 年，42—53 页。

5 安志敏：《裴李岗、磁山和仰韶：试论中原新石器文化的渊源及发展》，《考古》1979 年 4 期。

6 魏京武：《李家村新石器时代遗址的性质文化命名问题》，载《中国考古学会第一次年会论文集》，文物出版社，1979 年。

7 这类遗址中的单人墓葬有新郑裴李岗 114 座（《河南新郑裴李岗新石器时代遗址》，《考古》1978 年 2 期；《裴李岗遗址 1978 年发掘报告》，《考古》1979 年 3 期；《1979 年裴李岗遗址发掘报告》，《考古学报》1984 年 1 期）、密县莪沟 68 座（《河南密县莪沟北岗新石器时代遗址发掘简报》，《文物》1979 年 5 期）、西乡李家村 1 座（《陕西西乡李家村新石器时代遗址 1961 年发掘简报》，《考古》1962 年 6 期）、西乡何家湾 22 座（《陕西西乡何家湾新石器时代遗址首次发掘》，《考古与文物》1981 年 4 期）、秦安大地湾 81 座（《甘肃秦安大地湾新石器时代早期遗存》，《文物》1981 年 4 期）。

“女性居于本位”和实行母系嗣继。

按仰韶文化儿童普遍采取瓮棺葬的葬式[1]，而在一些多人二次合葬墓流行的地方（如渭南史家、华县元君庙），迄无瓮棺葬的发现，小孩和成人一样实行集体二次合葬。在大多数情况下，小孩是和男女成人一起合葬的，并非只限成年女性。例如：渭南史家四十座多人合葬墓中有二十座包括小孩，成年人中男女都有，没有一座是小孩只和女性成年人合葬墓。元君庙二十五座合葬墓中有十五座是男女小孩混合葬，小孩和成年女性合葬仅三座（M420[2]、M455、M457）。这三座墓也是整个仰韶文化半坡类型近千座墓中仅有的三座（表二），以此反映当时社会上存在母系嗣继，未免证据不足。

表二　仰韶文化多人合葬墓的成员组成统计表

遗址	多人合葬墓总数	成人合葬墓				成人与小孩合葬墓			小孩合葬墓	性别年龄不明	资料来源
		男—女	男—男	女—女	小计	男—女—小孩	女—女—小孩	小计	女—女		
西安半坡	2		1	1	2						《西安半坡》206页
宝鸡北首岭	14	1	2		3					11	《宝鸡北首岭》157—182页
华县元君庙	28	3	2	1	6	15	3	18	1	3	《元君庙仰韶墓地》68、110—127页
渭南史家	40	19	1		20	20		20			《考古》1978年1期48—49页
芮城东庄村	2	1	1		2						《考古学报》1973年1期，11页

既然大量存在的是成年男女和小孩混合埋葬的现象，可见并不存在小孩必须和女性合葬的制度。如上所述，多人二次合葬墓不过是把一段时期内全部落或全村落死者集中起来共同举行仪式后留下来的，假如这段时期内死者只有成年女性和小孩，自然会形成上述三座墓的情况。他们之间有无亲属关系是无法断定的。至于说墓中死者是子女和母亲的关系，更属推测而已。

（二）关于多人二次合葬墓中的少数妇女一次葬

元君庙多人二次合葬墓中的一次葬者有些是妇女，也被认为属于“妇女本位”的现象。按夹杂一次葬的多人合葬墓仅发现八座，一次葬者或一人或二人；有女性，也有男性（如M456）[3]，

1 李仰松：《谈谈仰韶文化的瓮棺葬》，《考古》1976年6期。

2 此墓骨骼的性别，当时鉴定者就“未作详细记录”，未列入《人骨年龄性别鉴定表》，故此墓中成人是否女性尚有疑问。又两小孩是因随葬骨笄和骨珠而定为“女孩”，亦令人无不怀疑。按骨笄在男子身旁亦见（《元君庙仰韶墓地》41页），并非女性特殊用物。中原自古男子束发，自必用笄。至于骨珠，在姜寨座男孩墓M22中亦有发现（《考古》1973年3期，137页）。

3 此墓合葬七人，一次葬者为两个五十岁左右的男性。这是一次葬为突出妇女说的最大障碍，于是又出现这样的解释：“男性老人拥有较尊地位是母系制时代的习俗”。现代人类学告诉我们，除了少数贱老的民族（如爱斯基摩人和某些印第安部落）外，男性老年人由于富有生产经验和熟悉本族文化，在很多原始社会中都受人尊敬。

有小孩（如M405），还有一男一女一次葬而他人二次葬的情况（如M453），并非只有女性才能实行一次葬。因此，我们实在看不出这与男女地位有什么关系。

此外，以一次葬者地位较尊居于本位，而二次葬是迁来与之合穴的说法，也殊违后进民族的信仰。民族志材料表明，实行二次葬习俗的民族都视二次葬为最后的对死者更为重要的葬仪。例如婆罗洲的贝拉万人（Berawan），二次葬仪式比第一次埋葬要隆重得多，被认为是死者的一种荣耀。[1]一个民族若实行几种葬式，二次葬者社会地位总是高于采取其他葬式的人。例如：澳大利亚的翁加里宁（Ungariyin）部落，只有经过成丁礼的成年男子才能行二次葬。[2]新几内亚巴布亚人，仅有钱的人才享受二次葬的待遇。[3]印尼的巴厘人（Bali）亦是如此，虽然那里富人的二次葬采取了火葬的仪式。[4]

对元君庙的二次葬和一次葬来说，根本不存在社会地位高低的问题，因为两者并非只限于某种性别或年龄的死者所采用。[5]多人二次合葬中夹杂一次葬这一现象之形成，当由于举行集体二次葬仪式时，有人新死未葬，或葬后不久而尸体未腐，然亦同时参加仪式，以免危害于人。这便是数千年我们看到骨骼未乱的原因。

这虽是一种推测，若考虑到合葬墓中一次葬者人数总是很少，最多不超过两人，这一推测也许是合理的。

（三）关于“妇女厚葬”

“女性本位”另一现象据说是妇女随葬陶器数量较多。

按合葬墓中随葬陶器不是分别置放的。如元君庙合葬墓中陶器，就“难于判明属于哪一个个体”[6]。不同类型合葬墓之间也难于比较。惟一可以比较的是男女单人墓。从《元君庙仰韶墓地》（78页）的统计表中可以看出，男墓和女墓陶器数量相差不大，随葬陶器最多的一座墓（M12）属于男性，共有十二件。虽然如此，我们并不认为，此男子社会地位较高。即使是非常原始的民族，因能力较强及其他优越条件，个人及家庭可以拥有较多的日常用具、较完备的生产工具和较精致的装饰品。一种普遍的原始葬俗是人死即以生前所用之物随葬。仰韶文化墓葬随葬品情况正是如此。据观察，元君庙随葬陶器有烟熏、水锈痕迹，都是“实用器”。因此，一个人（无论其为男性或女性）墓葬中多了几件陶器而别无特殊之处，只能说明生前日用之物较多，丝毫不能证明在葬礼中对他（她）们有何厚待之处。《元君庙仰韶墓地》（53页）曾正确地写道：尽管有人随葬品稍多，“死者经济生活大体上是平等的”，“生前身份是平等的”。当然同样不能因为多一两件随葬陶器，就能证明男女身份之不同。

少数女孩或少女得到厚葬的现象，也是经常提出讨论的问题。被作为母系社会证据这样的

---

1 这里二次葬是单人举行的，称为“卢兰”（nulang），最后骨骼放入瓮中（P.Metcalf,*A Borneo Journey into Death,Berawan Eschalolgy from Its Rituals*,Philadelphia:University of Pennsylvania Press,pp.81—84 ,167;p1.4—5）。此与仰韶文化一些遗址（如临潼姜寨）的少数成人瓮棺葬，又可对照研究。

2 A.PElkin,*The Australia Aborigines*,Australia:Angus & Robertson Publishers,1974 (first Published in 1938) ,pp.356—357.

3 L.Pospisil,*The Kapauku Papuans*,New York:Holt,Rinehart and Winston,1965,pp.35—37 .

4 *Celebrations of Death:The Anthropology of Mortuary Ritual*,pp.8 5—86.

5 邵望平：《横阵仰韶文化墓地的性质与葬俗》，《考古》1976年3期。

6 见《元君庙仰韶墓地》76页。然该报告又认为M444的随葬陶器有突出其中两位妇女的现象。经查对有关插图，尚难看出这一点。

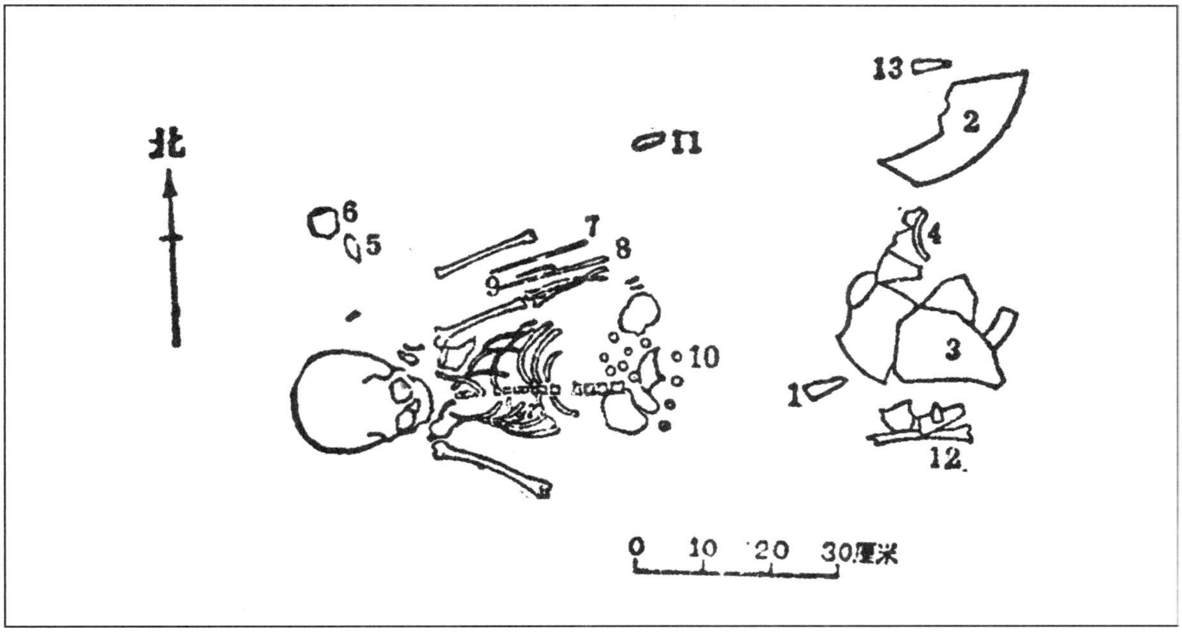

1.兽骨 2、3陶钵 4.精砂陶罐 5、9、11.骨匕 6.陶刮削器 7、8.骨笄 10.骨珠 12.陶罐 13.石凿

图四 临潼姜寨男孩厚葬墓（M22）

墓仅有三座，即（1）西安半坡 M152[1]，（2）临潼姜寨 M7[2]，（3）华县元君庙 M429[3]。可以认为，这几座墓确较特殊，儿童竟拥有比成人还多的随葬品。特别是半坡 M152 和姜寨 M7，在当地儿童葬入瓮棺情况下，独有她们采取单人土坑葬。半坡 M152 还有木板作的葬具，更显得与众不同。但是，他们在埋葬时受到厚待，仅仅因为她们是女孩吗？以元君庙墓地来说，共发现约三十个小孩的骨骼，绝大部分未作性别鉴定（按小孩骨骼确是很难鉴定性别的），其中自有若干女孩在内。若当时是普遍重视女孩，为什么只有 M429 的两个女孩得到厚葬？还有一个常被忽略的问题是，姜寨第一次发掘中除那座女孩墓（M7）外，同时还发现一座七岁左右的男孩墓（M22）。此墓随葬有陶器四件、刮削器一件、石凿一件、骨笄二件、骨匕三件及骨珠等（图四），随葬品之丰富较之女孩墓有过之而无不及。但这男孩厚葬的例子从不被人提及。

无论男孩或女孩，其所以能受到厚葬，决非因为他（她）们的性别，而应有其特殊条件。一位研究葬俗和社会的学者写道："假如考古学发现儿童埋葬比成人还要隆重的话，则大概可说明出生于较高的社会等级。"[4]

按原始社会（即简单社会）中人们没有像后世一样的等级或阶级划分，但仍因职业、职务、个人能力和品质不同而形成不同的社会地位（status）。头人、巫师、战争中的英雄、军事首领，一般都处于较高的社会地位，其家人及小孩亦能因此受到村人的尊重。当然小孩也有因自身担

1 中国科学院考古研究所：《西安半坡》，文物出版社，1963 年，214—216 页。

2《1972 年春临潼姜寨遗址发掘简报》，《考古》1973 年 3 期，136—137 页。

3《元君庙仰韶墓地》，93 页。

4 见上引：J.A.Tainter,Mortuary Practice and the Study of Prehistoric Social Systems,p.106.

任特殊职务或出于宗教原因（如在仪式中担任重要角色）而享有比同伴较高社会地位的。美国人类学家 M. 米德记述萨摩亚人（Samoa）有一种制度，有些女孩子可参加一种称为 taupo（意为“公主”）的组织。她们专门接待邻村的来访者，在仪式中充当服务人员，在一些场合成为首领妻子的助手。因此，她们地位高于原来的女伴，受到村人的尊敬，甚至头人和家族长妻子们也要以一种恭敬的口气对她说话。她们的婚礼成为全村的大事。[1]

仰韶社会和萨摩亚人社会自有不同。然由此可以旁证，仰韶小孩厚葬墓（三座女孩，一座男孩）所反映的只能是他（她）们的家庭地位或自身条件较好，而与其性别无关。更谈不上和整个社会的世系嗣继有何联系。如上述萨摩亚人有些女孩子受到特殊待遇，并非那里实行母系。萨摩亚人是实行双方居住[2]，且以父权强大著称。

三　“男女分别埋葬”问题

这个问题是由宝鸡北首岭 1958—1960 年发掘的简报所引起的。简报中说：“人死后是男女分别埋葬”[3]。这一点曾被解释为兄弟和姐妹的分别埋葬，是母系氏族社会才有的现象。但经过 1977—1978 年的发掘，又对过去发掘材料进行核实，后来在正式报告中已否定了这一长期流行的误传，以考古工作者应有的严肃性和实事求是精神指出简报所说“是不确当的。……无论同一墓地或同一墓穴都有男女错杂的情况”[4]。

现在查明，在仰韶文化中没有哪个墓地有将单人墓按男女分片排列的情况。多人合葬墓中属于同性别合葬者，也寥寥可数。以北首岭来说，十四座多人合葬墓中同性别合葬墓仅二座，其他遗址每处不过一两座。大量存在的是男女混合埋葬（表二）。

同性合葬极不普遍，根本不能构成一种葬俗，要用它来复原某种社会组织，其不可靠性已不言自明。

但我们仍愿在此澄清一个问题。云南摩梭人葬俗，常被用来说明仰韶同性合葬墓，因为摩梭人死后葬于本氏族的墓地，而且男女分别排列。[5]按摩梭人实行单人一次火葬，与多人二次合葬很难类比；更重要的是摩梭人虽实行母系，而婚后居住形式称为“双方居住”(duolocal)，是很特殊的习俗。据统计，在世界五百六十三个文化中，实行这种居住方式的只有四例。[6]假如认为仰韶文化的同性合葬墓也是在这种婚制下母系氏族中兄弟和姐妹的分别埋葬，则仰韶文化大量存在的男女混合埋葬，岂非把不能通婚的兄弟、姐妹或其他母系亲属统统埋在一起了？为何只有那少数同性别合葬墓成员遵循近亲回避的原则呢？

按照我们的看法，这少数同性合葬墓同样不难得到解释。既然多人二次合葬是为社会上一段期间所有死者举行集体二次葬的结果，假如这段期间死者只是男性，便出现男性合葬墓；只有

---

1 M.Mead, *Coming of Age in Samoa*, New York: Morrow Quill Paperbacks, 1973 (first published in 1928), pp.16—18.

2 *Ethnographic Atlas*, p.98.

3《宝鸡新石器时代遗址第二三次发掘的主要收获》,《考古》1960 年 2 期，7 页。

4《宝鸡北首岭》，文物出版社，1983 年，123 页。

5 宋兆麟：《云南永宁纳西族的葬俗——兼谈对仰韶文化葬俗的看法》,《考古》1964 年 4 期。

6 G.P.Murdock, *Atlasof World Culture*, University of Pittsburgh Press, 1981.

女性，便出现了女性合葬墓。

最近又有学者不满足过去对同性合葬墓的解释，参考贵州黎平侗族和海南岛黎族等葬俗，提出同性合葬是男女各按年龄等级的分别埋葬。[1]这确是一种较好的想法。按年龄等级（age grade）确是原始社会（简单社会）普遍存在的一种组织，按照年龄等级进行埋葬也是实际存在过的一种葬俗。除所举国内少数民族情况外，还可举澳大利亚人为例。在维多利亚及墨累（Murray）河地区，老人、成年人、年青人、妇女、儿童各有不同的葬式和葬仪。[2]但对于同性别合葬成为普遍现象的地区（如兖州王因[3]），这一解释也许是适用的，要以此说明仰韶文化葬俗还有一定的困难。因为仰韶多人合葬墓不仅是男女混合埋葬，而且经常是男女老幼都有，不分性别和年龄。

结语

通过以上分析，可以看出仰韶母系说的论据是不充分的。仰韶文化是否为母系社会还不能做出最后的结论。当然我们也不赞同以葬俗证明仰韶文化就是父系社会或处于所谓“从母系到父系”过渡阶段，因为我们至今还没有一套利用葬俗复原社会组织的有效方法。这除了墓葬材料本身的局限外，还由于原始社会并非简单地分为母系和父系两个阶段或两种类型，情况要复杂得多。[4]正是因为如此，从考古学上复原一个社会“最大困难就在亲属制度和世系方面”[5]。

本文及笔者另一篇文字[6]就是为了指出中国目前从考古学上复原社会组织的研究工作中存在的问题而写的。

但是，我们仍然高度评价前人（包括持仰韶母系说的学者）利用考古材料探索史前社会组织的努力，主张继续这方面的探索，而不断改善研究方法。

我想，今后在以葬俗研究社会组织时，在方法论方面下述几点应引起自己和中国同行的注意：

首先，应该重视埋葬制度中那些带有普遍性的事物，如仰韶文化多人二次合葬墓中男女老幼混合埋葬是普遍现象，而极少数的小孩和女人合葬、同性合葬等，只是个别现象，

第二，为了更好地复原一个社会的面貌，要采取民族考古学（Ethnoarchaeology）的方法，从民族志中搜集资料进行类比。但类比材料必须是经过选择的和恰当的。例如：仰韶多人二次

1 夏之乾：《谈谈同性埋葬习俗》，《史前研究》1984 年 4 期。

2 *The Australia Aborigines*, p.314—315, 357—358.

3 兖州王因大汶口文化墓地发现的大批二次合葬墓，“往往都是男性成年人”，如 M2240 的二十二个个体能辨别者多为男性。又有一次合葬墓二十二座，其中男性合葬十座，女性合葬七座（参见《山东兖州王因新石器时代遗址发掘简报》，《考古》1979 年 1 期，7 页）。

4 根据现代人类学的研究，在世系嗣继方面，除了父系和母系方面，还有双系（bilateral descent）、任意选择世系（ambilateral descent）等形式。在婚姻居住方面方面，除了女方居住、男方居住及分别居住外，还有单独居住（neolocal）、双方居住（ambilocal）、舅方居住（avunculocal）等方式。这些其他形式合起来，占有很大的比例（*Atlas of World Culture*, 133—134 页）。

5 *Culture in Retrospect*, p.385.

6《中国考古发现中的“大房子”》，《考古学报》1984 年 3 期。

合葬墓只能和一些民族保存的二次合葬习俗相类比。

第三，我们要不断注视新的研究方法。如最近有国外学者对墓葬遗骸作遗传学的研究，寻找不同性别个体的骨骼上可能有的遗传特征，确定彼此间的关系，从而探索婚后居住方式及其他问题。[1] 这类方法是值得我们借鉴的。

最后，研究问题要从实际情况出发，永不满足于现成的结论。摩尔根《古代社会》一书出版至今已有一百零八年，我们当然不能继续采用其中已被事实证明是不正确的说法和那陈旧的模式。我们应该根据中国考古学三十多年积累的丰富资料，重新研究中国原始社会史，包括社会组织之类问题。

（此为参加 1986 年 6 月 21—27 日在美国举行的“古代中国和社会科学一般法则”讨论会的论文。英文本发表于 *Early China* 11—12,1985—1987, 中文本发表于《文物》1987 年 4 期）

1 D.H.Thomas, *Archaeology*, New York: Holt, Rinehard and Winston, 1979, pp.322—323.

几种原始技术的探索

骨针如何穿孔

人类自旧石器时代晚期（如中国山顶洞人文化、欧洲梭鲁特文化）即有穿孔骨针。新石器时代的骨针钻孔者更多。

据针孔痕迹可以看出，骨针之孔至少有三种制作方法。一是用尖状器挖成，如山顶洞人骨针；二是用石钻类工具钻出来的，如姜寨骨针及半坡的一部分骨针；三是使用所谓“磨切钻孔法”，即先将针端磨扁，在一面或两面磨出槽来，再在槽最薄处切割成孔，如半坡和大汶口某些骨针便是如此制作的。[1]

然而无论哪种方法，前人对其制作具体过程都未曾复原清楚。一个关键问题是当时人们挖孔、钻孔或磨槽切割成孔时，如何才能避免使纤细脆弱的骨针折断。

云南西北部独龙族过去尚保存骨针制作方法，可为研究这一问题提供有用的类比材料。

按独龙族近数十年已不使用骨针，而一些老人尚知此物。1962 年我访问独龙族头人（原贡山县四区区长）于云南省民委宿舍，询问过去制作骨针具体方法。承告其工序是：先以铁刀将动物肢骨切下一长条，大于寻常骨针数倍，作为骨料；再以刀尖在一端挖出孔来（相当于上述第一种方法），然后在磨石上反复研磨，直到磨成骨针形状为止，全部工作费时最久者即在于磨。据云，只有先挖孔后磨才能成功。否则，若先将骨料磨细再行挖孔，非折断不可。

这就解决了原始技术学中一个难解之谜，即在细小之物上如何制孔问题。与我们过去想象相反，制孔应先于磨制成形。

远古有孔骨针之制作便应与上述独龙族制作骨针之具体过程相同。虽然，由于独龙族已有铁刀，故用铁刀削下骨料，并用铁刀尖挖孔，这样工具自非远古人类所能有。但这些工作在远古时期可用别的方法完成，如削片可用“磨槽裂片技术”[2]，半坡即曾发现可能是使用此法留下的骨片。[3] 而挖孔可用石器，欧洲奥瑞纳文化盛行的“雕刻器”（burin）据研究即可作此用。[4] 至于钻

1《西安半坡》，文物出版社，1963 年，81、152 页，图七二：1、2。《姜寨》，文物出版社，1988 年，98 页，图八一：1—4。《大汶口》，文物出版社，1974 年，47 页，图三九：1—3。

2 C.S.Chard,*Man in Prehistory*,New York:McGraw—Hill Book Co.,1969,p.153,fig.13：4.

3《西安半坡》，图版一〇二：2。

4 *Man in Prehistory*.pp.128—130.

孔或磨槽成孔自然也可用石器时代所能有的钻孔工具及磨槽工具来完成。无论使用哪种制孔方法，其工序应都是先制孔再磨制成型。

然而制作一件有孔骨针终究不易，故远古遗址（如半坡、大汶口、昌都卡若）中与有孔骨针并存的还有大量无孔骨针的存在，半坡还发现一端刻出凹口以便系线之骨针[1]，反映有孔骨针制作之困难。今知有孔骨针制作所以难度较大，不仅在于挖钻成孔本身，还在于必须取用大于骨针数倍之骨料先行钻孔，然后再费力磨细。

角器如何制穴

远古居民利用兽角为器，有时需要穿孔或制出凹穴。如云南丽江人文化遗物中有一件鹿角器，即有未穿透之孔穴。属于仰韶文化的陕西临潼姜寨遗址第一期文化层中出土一件鹿角锥，顶端有圆孔。按兽角质坚且硬，在其上制作孔穴较之骨器尤为困难。

这里介绍云南少数民族制作角器孔穴之一法，或可供复原原始角器制作技艺之参考。

德宏傣族有一种加工银饰物之砧类工具，系用牛角制成。即以水牛角一支，其上做出大小不同之凹穴，将银片置于其上，以牛角制成之小槌敲打成半圆形。少数民族银饰中常见之圆泡及小铃之类就是如此制出坯型的。1973 年我在芒市农村见到挑担串寨之银匠，正以银币和旧首饰溶化为原料，为顾客制作各种银饰。引起我兴趣的不是加工银饰的技术，而是所用之角砧及其上凹穴的制作法。承他们当场演示制作一件新角砧的过程，其法是以陶土搓成大小不同的圆球，置火中烧红，然后放在牛角上，排成两行，用力压之，牛角上被烙出凹穴，然后一一修整使之光滑（图一）。

傣族学会银器制作当然是进入文明时代以后的事，但他们制作角器孔穴之法却属于原始技术。

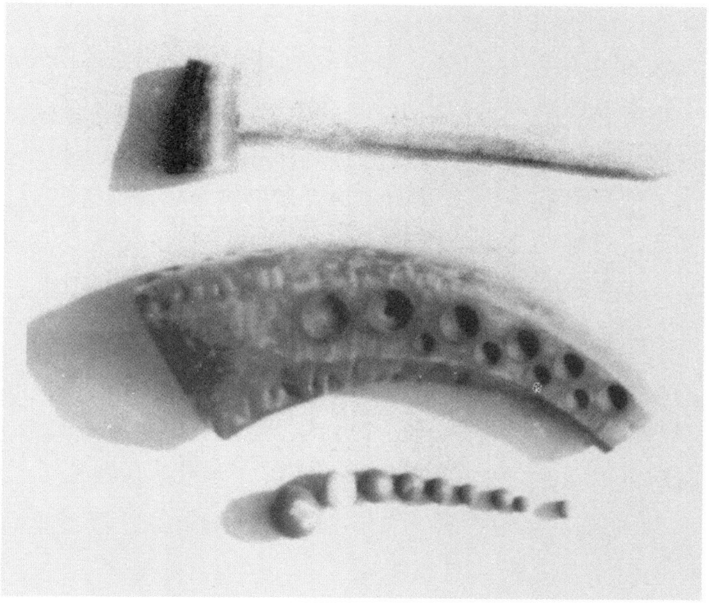

图一　傣族加工银饰之角砧（中）、制作凹穴之陶球（下）及角锤（上）

远古角器上有些孔穴（特别是一些较大而又圆整的孔穴），很可能就是这样制成；而各地远古遗址中常见之陶球、石球，可作制作孔穴之用。当然，角器上的孔穴之制作，也可以用钻法，或可以尖状工具挖成，还可能使用其他方法。究竟使用何法，据角器孔穴的制作痕迹，不难作出判断。上述火烙法制成之孔穴，一般较大，形状圆整，并可能留下烙印。

这种技术也可能施于其他器物之上，如骨器上圆孔完全可用此法

1《西安半坡》81 页，图七二：3。

制成。至今民间工匠烧红之铁条在竹器上制孔，也是同一技术之遗留。

剖木和采石的原始方法

在木工工具中，锯之发明较晚。考古发现中有些石制或骨制带齿工具（如陕县庙底沟出土所谓“骨锯”[1]，很难解释作锯木之用。远古居民剖木另有巧妙方法，可称为“楔裂法”，即以石楔或木楔按木材之纹理，排成直线钉入，则木自裂开。中国新石器文化遗址常见一端有敲砸痕迹之扁圆柱形双面刃石斧，可能即是石楔。而古籍中之“鐫”即指楔。《说文 · 金部》：“鐫，破木鐫也”。后世之楔可用金属制作，最早当不如是，不过石制、木制而已。这种以楔剖木之法在古籍中种为“剫”。《诗 · 鲁颂 · 閟宫》：

是断是度（剫）。

《说文 · 刀部》

剫，剖也。判，分也。

说明中国古代和许多后进民族一样，剖木普遍使用楔裂法。

木剖开之后，要修整使平。出土石器中一些单面刃的锛类石器（如南方“有段石锛”之类），即可用来修整木板平面。此大概也是古代工具“斤”的功能之一。《释名 · 释用器》有云：“斤，谨也。板广不得削，又有节，则用此斫之。”

人们使用金属之后，剖木之锯并未立即出现。晋宁石寨山[2]等地发现的少数铜锯，形体甚小，只能是辅助性工具。最早出现的铁工具是斧、刀之类，也不是锯。在中国，框架铁锯似在宋代《清明上河图》中始见。使用金属后很长一段时期，人们仍用“楔裂法”剖木。民族志资料中有这方面丰富资料。

国内的西藏僜人、云南易武瑶族及沧源佤族以及国外的新不列颠岛的美拉尼西亚人，都已使用金属，但他们普遍使用“楔裂法”剖木。20世纪60年代，我初至沧源调查，仍见佤族使用木楔把一棵圆木剖成几块厚木板，再以铁斧砍削木板表面，用来建造村乡公所的房屋。新不列颠岛美拉尼西亚人，据报道也是当木楔剖开木板后以外面传入钢斧修整的。[3]由于有铁工具的修整，虽仍无锯，仍大大改进了剖木的工作。原始的“楔裂法”毕竟费时耗力，而当时林木丰富，故后进民族对较细木材并不剖成木板，只是简单地一剖为二。云南沧源佤族及其他民族建造围栅或猪厩等所用木料都如此。云南晋宁石寨山青铜器模型中围栅也由圆木或半圆木建成。

人们最早如何采石，亦为原始技术学上饶有趣味的问题。

大体言之，有两种来源于金属时代之前的采石方法。第一种也是使用“楔裂法”，即在石上按直线凿出一排小孔，分别钉入木楔，再浇以水，木楔膨胀，石即裂开。古埃及神庙的巨大石柱及著名的“方尖碑”（obelisk）所用石材多以此法采得。国外学者已对此法作了详细的复原。今埃及阿斯旺尚保存古代开采“方尖碑”留下的未完成品及凿孔插楔痕迹，供旅游者参观。

1《庙底沟与三里桥》，科学出版社，1959年，81页，图版七一。

2《晋宁石寨山古墓群发掘报告》，29页，图版一四：5。

3 J.C.Goodale,Blowgun Hunters of South Pacific,*National Geographic*,Vol.129 : 6 (1966) .

第二种是利用火的力量。在石上烧火使之灼热，突然泼上冷水，由于热胀冷缩原理，石即爆裂。欧洲从古罗马直到中世纪，多用此法。使用第一种方法可按需要取得整齐的建筑用石材。第二种方法多用于开矿、凿路之类。中国古代少见大型石砌建筑，是否使用过第一种方法，尚待搜寻资料予以证明。而第二种方法无疑是实行过的。据记载，秦代著名工程师李冰不仅修筑了至今惠及百姓的都江堰，而且凿通了从四川宜宾到滇东北的“五尺道”。在凿路工程中，即采取“积薪烧之”方法。[1] 云南矿区直至清末民初仍用火烧之法开矿。云南个旧老矿工告诉我，每晚收工时在矿洞内烧一堆火，次晨上工各人背来冷水浇泼，矿石即开裂，易于凿采。

用火伐木和制造工具

在简单社会中，火对人们生活和生产更为重要。[2] 火不仅成为炊爨食物、保存食物（烤干或烟薰）、照明、取暖、防潮、抵御野兽和昆虫的侵袭所必需，而且还帮助人们开辟森林，清除草莱，进行围猎和刀耕火种。在战争、祭祀及其他社会活动中也离不开火。火是家庭生活和社会生活的中心，是群体会聚的信号。凡此，前人已有所认识。

但火还有其他方面的作用，有待进一步阐释。当原始人类制造工具或器物时，火也不可或缺。制造陶器离不开火，固不待言；制造竹木器、石器、骨角器，无不需要火的帮助。

制造木器或建筑上木构件，首先要准备木料。石器时代的人们砍伐大的树木，并非如前人所想象那样，自始至终都用石斧工作，而常要借助于火。

图二　新几内亚巴布亚人用火砍伐大树

新几内亚巴布亚人要砍伐一棵大树（特别是含树胶的大树），先搭一个四英尺的平台与树相连，上置火种，使火逐渐烧向树干。每隔一定时间，以石器刮去焦木灰烬，再烧，如此反复进行，直至树快要烧通易于砍倒为止[3]（图二）。Bowditch 岛居民用火伐木之法是当火烧到树心时再用一种介壳做的短斧来砍。每砍一树费时 10—30 天。还有一法是在树根挖一洞穴，置火烧之。[4]

甚至已步入文明的玛雅人也有用火烧树法。但他们是先砍后烧。先用石斧砍进树的一半，然后把树拉弯，剥去树皮，再行烧断。

西非布须曼人一个世纪前普遍用火伐木。最近还有人看到，一株高 130 英尺的树仍被使用

---

1 《华阳国志 · 蜀志》。

2 W.Hough, Fire : a Energy in Human Culture, *Bulletin of Museum of Natural History* 193, 1926.

3 B.Blackwood, *The Technology of a Modern Stone Age People in New Guinea*, Oxford University Press, 1950. pp.47—48, pl.XV, C.

4 O.T.Mason, *The Origin of Invention*, The MIT Press, 1966 (1895), pp.109.

此法放倒。人们先剥去树的基部的皮，然后四周堆上火，按水平方向烧进树干，直到树倒下为止。整个工作需60小时左右。[1]

制造木器也要借助于火。原始独木舟是用火烧空的。苏格兰湖沼遗址泥炭层中出土中石器时代独木舟，内部有火烧痕迹。近世新几内亚巴布亚人独木舟外部是用铁斧削砍，而内部必用火烧，“使木料变成坚硬……另一种结果可使内部开得宽大”。[2]新喀列多里亚岛居民也用火烧法制造独木舟，人们在旁注意火势，当一边火势太大时，则泼水使熄，以免烧穿。[3]

今日美国弗吉尼亚州詹姆士镇复原了殖民时期印第安人村落，由印第安人自己表现当时生产、生活面貌。我见他们制造独木舟也使用火烧之法，一人在旁扇火，注意风向，控制火势（图三）。

木容器也要用火烧其内部。马来半岛塞芒人的木臼是一段树干用火烧空而成。[4]云南少数民族的皮面木鼓或木槽鼓，内腔可见火烧痕迹；其他如喂猪之木槽，盛物之木桶，均用同法制成。

图三　美国印第安人演示用火制造独木舟

中国远古时期制作木器也有火烧之法。甚至一些木建筑构件，如河姆渡文化干栏式建筑梁柱榫穴都是烧出来的，火烧痕迹清晰可见。

掘土棒是全世界普遍存在的原始竹木工具，其尖部一般要经过火烧。云南西盟县佤族的掘土棒（或木矛）虽然是用铁刀削出尖部，仍然要用火烧，谓不如此便不坚硬。北美印第安人中奥马哈（Omaha）或苏（Sious）部落的箭杆，要用火烧以加强硬度。阿拉斯加南部除柳树外，别无他木可用，但当地印第安人借助反复烧烤和擦拭，可使柳枝达到需要的硬度。

竹木通过火烤可弯曲成所需的形状，弓背多是这样制成的。现代木工仍然使用这技术，实来自遥远的古代。爱斯基摩人和美洲西北岸印第安人采取此法可用云杉来制碟子。[5]著名的桦树皮器物有时借助于火而成形。

石器制造同样离不开火。不仅开采较大石材多用火烧以后泼水之法（参见《剖木和采石的原始方法》），页岩也经火烧后可开裂成片用以制作较小器物。云南有些双孔半月形石刀取材于页岩，据我观察即曾经过火烧。

1 C.S.Coon, *The Hunting People*, Boston: Little, Brown and Co., 1971, p.23.

2 A.C.海顿：《南洋猎头民族考察记》，吕一舟译，商务印书馆，1990年，186页。

3 上引Mason书，p.109。

4 C.D.Forde, *Habitat, Economy and Society: A Geographical Introduction to Ethnology*, London: Methuen & Co.Ltd., 1934, p.17.

5 上引Mason书，p.108—109。

角器上孔穴可用火烙（参见《角器如何制穴》），而要使骨角片弯曲成形，有时需要火烤，如复合弓即是这样制成的。

在远古制造业中，火既是一种能源和动力，又相当于一种工具，而且是非常重要的加工工具。

以竹为刀

在石器时代，最有效的切割工具并非石质，而是由其他材料制成。鲨鱼齿、野猪牙、贝壳、兽的肋骨或肩胛骨、鸟的肢骨，均可制成合用的刀具。

当然在没有合适材料的地区，人们也费力制作石刀。但它必须是非常宽大而薄的（这方面著名的例证莫过于二三百年前爱斯基摩妇女剥皮片肉用的所谓“妇人刀”了）。考古遗址中发现的类似刀形的石器，虽被命名为“石刀”，未必都能用于切割。

最普遍的原始切割工具当为竹刀，热带、亚热带或温带多竹地区都有它的流行。只是实物不易保存，未曾引起人们注意。

玻利尼西亚诸岛（如萨摩亚岛）除竹刀外，别无其他刀类。它由竹青部分做成，有锯齿状刃。[1]安达曼群岛也有竹刀，系一根竹片以贝壳加工而成形，用于切割肉食。有的另一端附有木签，进食时以竹刀割下肉块，即以木签取食（图四）[2]。

图四　安达曼人的竹刀和木签

新几内亚巴布亚人的竹刀，专供猎头之用。每当杀死敌人，必须用竹刀割下头颅。这是一根剖开的竹片，手执处由绳索缠绕。每用一次便撕去一条，取得新的锋利刃口，其情况颇类似我们的“磨刀”。为了不使手执处破裂，削前以贝壳在刃柄结合部切一缺口，这缺口兼有原始记事的功能，数一数刀上的缺口便知此刀已切过多少人头。锋利竹刀甚至可用以加工其他竹工具。[3]（图五）马来半岛的塞芒人的竹刀要用火烧烤刃部，使其坚利，用这样的竹刀甚至可以劈开竹子本身。[4]

此外，东非和东南亚（如老挝）地区曾有竹刀流行。中国古代产竹地区甚多，竹刀应曾流行，惜实物难以保存。云南苦聪人几十年前尚有竹刀，前人只简略提及，未有详细记录。1989 年我去苦聪人地区调查，询问此事，当地人已瞠目不知如何回答。

---

1 O.T.Mason,The *Origins of Invention*,The MIT Press,1966（1895）,p.45.

2 A.R.Radcliffe—Brown,*The Andaman Islanders*,New York:The Free Press,1964（1922）,p.449,fig.28.

3《南洋猎头民族考察记》，118—119 页。B.Blackwood,*The Technology of a Modern Stone Age People in New Guinea*,Oxford University Press,1964,pl. V II:B.

4 C.D.Forde,*Habitat,Economy and Society:A Geographical Introduction to Ethnology*,London:Methuer & Co.Ltd.,1961(1934),p.17.

水上房屋如何建造

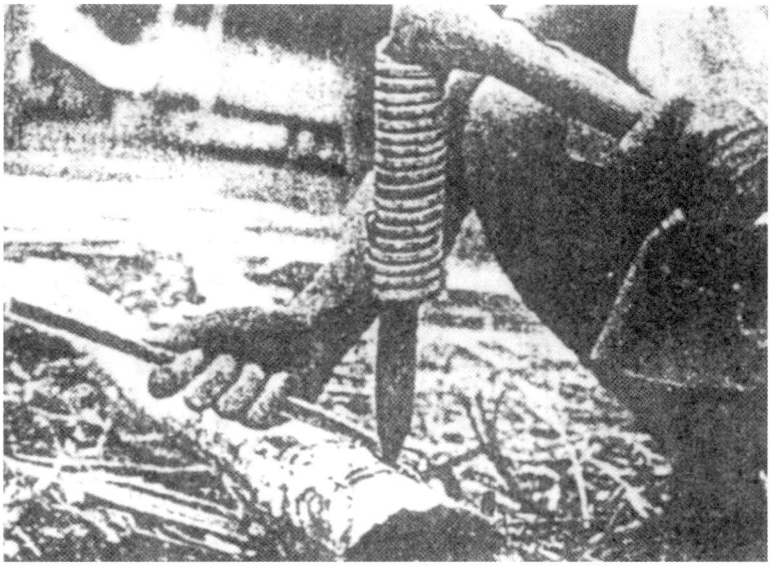

图五　新几内亚巴布亚人制造竹刀

原始居民为了便于渔捞和取水，有在水旁或水上建造房屋的习惯。古代如分布于瑞士等地的“湖居文化”，近代如老挝、泰国、印尼等东南亚及太平洋岛屿地区一些后进民族，都有这种水上房屋，作为栖身之所。

近数十年来，中国南方也发现了水上房屋遗址多处。如广东高要茅岗发现的新石器时代干栏式建筑，“建于水滨的低洼地带；[1] 云南剑川海门口距今约3000年的房屋遗存沿河岸排列，“木桩打入水中”；[2] 湖北圻春毛家嘴西周时期木结构建筑，则建于水塘之上。[3] 凡此证明中国古代也有水上房屋的分布。

今天要进行“水下作业”有各种先进的机械和设备，在大江大河之中打桩，亦非难事。而在原始的技术条件下，如何能使一根根木桩牢固地竖立于水中，则是使考古学家、建筑学家时感困惑的问题。

民族志资料中有一条记载可以解开这个疑团。上世纪末本世纪初的英国著名人类学家A.C.海顿曾去托勒斯海峡进行探险，在新几内亚等地搜集到许多极有价值的资料和文物（他搜集的文物至今仍陈列在剑桥大学的考古学和人类学博物馆）。当他见到当地巴布亚人建造在海边浅水之上的一排排“长房”时，不禁联想到欧洲“湖居文化”的房屋。他对怎样打下支撑房的桩柱，尤感兴趣。因此，他要求当地人们表演打桩的过程，进行实录。这条宝贵的资料见于他所著的《南洋猎头民族考察记》。此书已有吕一舟译本，并不难见，但至今尚未见引用，故值得摘录于下：

> 一根柱买下来了。它的一端粗糙地削尖，另一末端则系有两条长绳。一个人于低潮时到暗礁上用手挖掘一个洞，然后由几个人把桩柱支撑于那个洞中。二三个人抱住那根桩柱，同时有几个人……把它往复摇动。那抱住桩柱的人们则防止它失去平衡，逐渐藉它本身的重量，那桩柱就徐徐进入地中。有人报告我说：当一根桩柱真正地沉入海中的时候，就于靠近桩柱的顶端建立起一个轻的踏脚架，二三人立于这个架上。因此，由于他们添加的重量，那桩柱可以更快地沉入。[4]

1 杨耀林：《广东高要茅岗发现的新石器时代的干栏式建筑》，《史前研究》1985年1期。
2《剑川海门口古文化遗址清理简报》，《考古通讯》1958年6期。
3《湖北圻春毛家嘴西周木构建筑》，《考古》1962年1期。
4 见该书1937年版，91—1901页。

可以想象，考古发现中的远古水上房屋的桩柱，也是这样一根一根竖立起来的。有志于实验考古学的研究者，不妨以上述办法一试。

桩柱既立，再在上建造一个房身，其技术就和在地面建造木结构房屋无别。

玉器如何磨光

考古发现中的有些玉器（无论是环、璧之类还是圭、璋之类），平滑光亮，色泽如新，其精美程度决不逊于用先进技术制造出来的现代玉石工艺品，常使今人赞叹不已。

远古玉器是如何磨平，且使它具有光泽的？这里介绍有关玉器磨光的一种简单原始方法，以供参考。

按云南腾冲县为著名的玉器制作地和集散地，想已为众所知。这里至迟自明代起，碾玉业已相当发达。近百年来采用了较高技术。我于 1961 年及 1973 年两次路过腾冲，曾顺道对制玉技术进行调查。见他们用足踏的圆盘（据云百年前尚用铜盘）剖解玉材，用弓钻钻孔或取圆心，用粗细不一多种砂轮琢磨等等，其工艺水平与内地玉器之制作已大体相当。但老玉工告诉我，他们年青时去缅甸“玉石厂”地区采玉或购买玉材，有些需要就地加工，而又无法携带的笨重设备，不得不使用“祖先传下”的磨光方法。

这就是当玉器琢磨成型后，准备好两种砂——粗砂和细砂，将玉器置于磨石上蘸水加砂磨之，先用粗砂，后用细砂，使玉器表面达到细腻平滑而后止。最后还有一道工序他们称为“抛光”，即为玉器上光，其法是将粗竹一节剖为两半，用其一半覆盖于地，将玉器在竹皮上来回磨擦，磨到一定程度玉器上即出现光泽。

远古玉器是否也经过“抛光”这一工序？如有之，是否使用上述方法？若对玉器进行微痕研究或采用其他自然科学手段，或不难得出结论。

但这一方法无疑曾存在于内地。一位西方学者调查北京近代碾玉技术[1]，记录下类似抛光方法，惟不用竹，而在精细木片或葫芦皮上摩擦，可使玉器呈现美丽的光泽。这便是远古碾玉技术的遗留。

溜索如何架设

中国云贵高原上有些地区山陡峡深，水流湍急，既无法摆渡，更难以架桥。古人们要横渡江河，不能不利用一种传自遥远古代的原始交通设施——溜索。据《汉书 · 西域传》，汉代西域地区有“县度之厄”，是区分内地和边疆的标志。中华书局标点本把它作为地名处理，我以为“县度”即“悬渡”，即是溜索。大概古代溜索的分布是很普遍的，只是云贵高原上的溜索保存最多，直至今日仍未绝迹。（图六）

今日云南尚存之溜索，已多换上钢缆，而 20 世纪 50 年代初期尚用几股竹篾扭成之缆索。制成粗大牢固的缆索，并将这缆索拴于巨石或树桩之上，全凭人手之力。这对少数民族来说，并

1 S.W.Bushell, *Chinese Art*, London, 1924, Vol 1, Chapter 6, pp.120—135.

不困难，他们是做这些工作的“行家”。对他们来说，架设溜索最大困难之处，乃在如何使缆索到达对岸。这需要在缆索一端系上较细之绳，或称“引绳”，要先使“引绳”过岸，才能把整个缆索拖过去。

为了把“引绳”弄到对岸，当地人民使用过多种多样的方法。据我过去在滇西北一带了解，综合起来共有下列几种：

一是将“引绳”一端系以重物抛掷到对岸，这要在两岸相距不远之峡谷才可实行；

二是将“引绳”系于箭末，用弩射到对岸；

三是在水流较缓处带上“引绳”之一端冒险摆渡过去，再拖到架设溜索之处，这一方法多择枯水季节进行。

图六　滇西北的溜索

最近翻阅报刊文字，他人又记录下一种有趣方法，即通过放风筝使“引绳”一端飞到对岸，傈僳族即用这一方法。[1] 风筝虽是玩物，却曾为人类解决科学发明和技术问题。

然架设溜索毕竟是困难工作。在新的地点架设自非使用上述方法不可；已有溜索之处则尽量不待其断即加更换；这样只要有人带着“引绳”通过溜索过岸即可。故滇西北民族规定每隔一定时期不管溜索是否朽坏即予更换，既减少断索之危险，又免旧索断后架设新索之麻烦。

溜索虽是原始渡水工具，对人类交通贡献甚大。西南地区一些铁索桥均位于原来架设溜索之处，而且开始时经常是通过溜索把铁桥的钢缆弄到对岸的。

（原以专栏形式连载于《中国文物报》）

附记：

本集用“原始”一词，形容尚未使用金属的社会和文化，不含轻视之意。原始社会等于简单社会。在中文中，“原始”意味着原生状态、质朴和纯真。

1 张一峰：《傈僳族的篾溜索》，《大理民族研究》1989 年 2 期。

谈几种石器的用途和用法

30年来，中国各地发现的属于新石器时代的石器，种类繁多。其中有若干新发现的器物，人们对其用途和使用方法，尚未能作出确切的解释，或虽有所解释，不无可以商榷之处。兹不揣浅陋，试运用民族考古学（ethnoarchaeology）的方法，对其中几种的用途和用法，进行初步的讨论。

按国内诸少数民族早已脱离了石器时代，即使最后进的民族到了近代亦知用铁。[1]故本文不得不从国外民族中搜集类比材料。远古人类思维方法，原具有共同性；而且愈是原始的人类，这种共同性愈为显著。故我们用太平洋岛屿、澳大利亚、美洲等地一些民族仍然使用甚至制作石器的情况，来对照中国新石器时代的石器，是完全可行的。当然，石器方面的某些相似是否表明中国和这些地区之间古老的文化联系，那又是需要进一步研究的另一问题。

盘状石器

新石器文化遗址中，在大量磨制石器之外，常见一种主要仍由打制而成的扁圆形石器。其周边或大部分边缘打出刃锋，刃部多有使用痕迹。个别的边缘还稍有磨制的痕迹。一般直径为8–16厘米（图一：1–2）。它的分布甚广，据初步检索，见于下列遗址：江西万年仙人洞[2]、陕西西安半坡[3]、宝鸡北首岭[4]、河南陕县庙底沟[5]、山东滕县北辛[6]、甘肃永靖秦魏家[7]和大何庄[8]、张家

1 例如，一般认为独龙族石器时代的结束较晚，但至迟在进入20世纪以后，铁斧和铁砍刀已经传入，而且在当地以树枝做成的一种传统木锄上，也已安上铁尖。当地曾搜集过一些石器，均已非现实生活仍在使用之物。

2 江西省文物管理委员会：《江西万年大源仙人洞洞穴遗址试掘》，《考古学报》1963年1期，6页，图四：1–2，图版贰：4。

3 中国科学院考古研究所、西安半坡博物馆：《西安半坡》，文物出版社，1963年，89页，图七七：3、5，八〇：1，八二：2，八三：1，八四：1、2、4，图版柒柒：3、4、6，捌拾：9，捌壹：1、7、10、11、12。

4 中国科学院考古研究所：《宝鸡北首岭》，文物出版社，1983年，66页，图五三：15，图版七二：11。

5 中国科学院考古研究所：《庙底沟与三里桥》，科学出版社，1959年，54–56页，图三七：1–5，图版肆柒：10–15。

6 中国社会科学院考古研究所山东队：《山东滕县北辛遗址发掘报告》，《考古学报》1984年2期，165页，图五：11–12。

7 中国科学院考古研究所甘肃工作队：《甘肃永靖秦魏家齐家文化墓地》，《考古学报》1975年2期，69页，图八：1–2。

8 中国科学院考古研究所甘肃工作队：《甘肃永靖大何庄遗址发掘报告》，《考古学报》1974年2期，42页，图二〇：1–2、图版拾陆：1–2。

嘴[1]、内蒙赤峰药王庙和夏家店上层[2]、大连郭家村[3]等等。此物称为“盘状器”或“敲砸器”，曾被认为“用途不明”。

它的具体用途为何，如何操作，如何使用，从器物本身确实是找不到答案的。幸运的是我们从国外后进民族仍然使用的石器中，终于找到了同类的器物，这就为复原这种“盘状器”的原貌提供了可能性。下面介绍两个后进民族所使用的同类器物，以供比较和参考。

（一）澳大利亚人的“圆盘斧”

澳大利亚人和白人开始接触时仍处于石器时代，而且以打制石器为主。直到19世纪末20世纪初，仍然保存着制造石器的传统技术，前去考察的人类学家和考古学家，得以作出较翔实的记录。甚至今天，在中部沙漠地区要目睹澳大利亚人表演如何制作石器，仍非难事。

在澳大利亚人的石器中，有一类石片边缘打出刃部后再加磨制，被称为edge ground axe，分布于新南威尔士州、北部领土州和昆士兰州的中部和西北部。其中有一种呈圆盘形者，称为“圆盘斧”（discoid axe），与中国各地出土的“盘状器”，形制大小均极相似（图一：3）。

据研究，这种器物的安柄方法是以藤条或软树枝，环绕器身，余下部分即以藤竹篾或绳索缚扎成柄部。在器身装柄处及柄的缚扎处，均涂以树胶，使其牢固。

此种器物的用途是：(1) 爬悬崖时砍出立足点；(2) 敲打野蜂窝或小动物的窝；(3) 切下树的韧皮，供制造容器和独木舟之用；(4) 砍劈植物的茎（但不能砍树及粗重木材）。[4]

（二）菲律宾塔锡兑人（Tasaday）的一件石器

塔锡兑人住在菲律宾的棉淡老地区，是1971年才被发现的一个原始族群，仅27人。[5]他们拥有的石器不多，大家共用，其中有打制的刮削器，有部分磨光的石器。在后者之中有一件呈圆盘形，与中国各地发现的“盘状器”形同。

这件圆盘形器，塔锡兑人认为是“祖先传下的”，似乎他们已不再制造。但器物连柄保存完好，从中仍可看出这种器物是如何使用的。器身两端打出缺口，似为了安柄更可牢固。安柄方法与上述澳大利亚人的“圆盘斧”同，即以藤条围绕在器身有制口处，柄部更缚以细藤。周边打出刃部后稍加磨平（图一：4）。

塔锡兑人这件器物的用途是：(1) 剖开竹子和其他植物的茎；(2) 切断藤子；(3) 敲开各种坚果；(4) 从事刮削的工作。[6]

---

1 中国社会学院考古研究所甘肃工作队:《甘肃永靖张家嘴与姬家川遗址的发掘》,《考古学报》1980年2期,190、192页,图七:1—2,图版贰:5。

2 中国科学院考古研究所内蒙古工作队:《赤峰药王庙、夏家店遗址试掘报告》,《考古学报》1974年1期,119、133页,图九:8,一四:9,图版贰壹:3。

3 辽宁省博物馆:《大连市郭家村新石器时代遗址》,《考古学报》1984年3期,292、310页,图五:13,一八:1。西川西昌礼州礼州遗址联合考古发掘队:《四川西昌礼州新石器时代遗址》,《考古学报》1980年4期,440页,图七:16。

4 F.D. McCarthy, *Australian Aboriginal Stone Implements*, Sydney: Australian Museum, 1967, pp.47, 50; fig.36, 38.

5 J. Nance, *The Gentle Tasaday*, London: The Quality Scientific and Travel Book Clubs .1976, pp.13—20.

6 R.B.Fox, Notes on the Stone Tools of the Tasaday, Gathering Economies in the Philippines, and the Archaeological Record, *Further Studies on the Tasaday*, *Philippines*, Edited by D.E.Yen and J .Nance, Philippines: Manila University Press, 1976. K.Macleish, The Tasaday: Stone Age Cavemen of Mindanao, *National Geographic*, Vol 142, 1972.

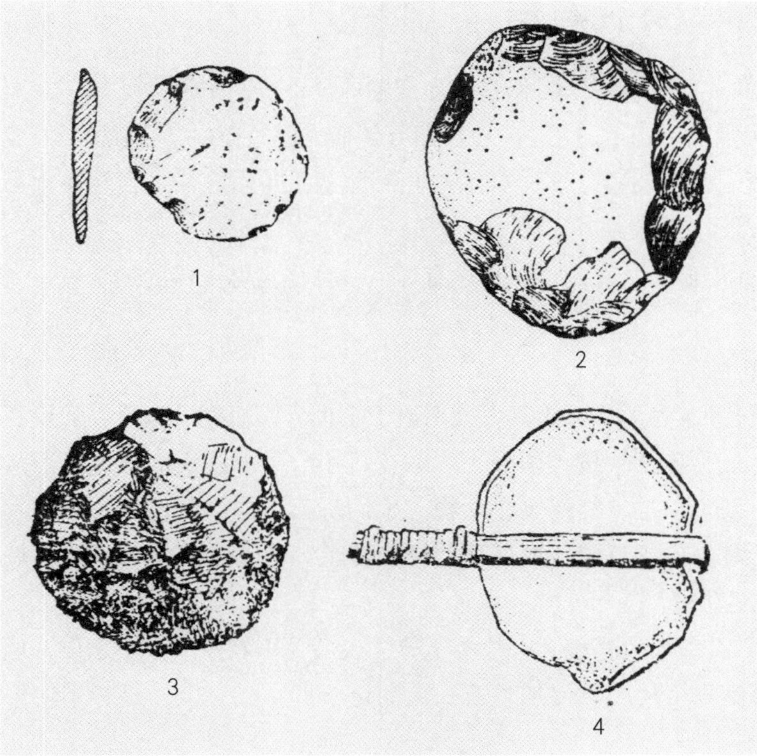

1.赤峰药王庙出土　2.江西万年仙人洞出土　3.澳大利亚的“圆盘斧”　4.菲律宾塔锡兑人的圆盘形器

图一　盘状石器

由上述类比材料所给予的启发，对中国各地出土“盘状器”的用法和用途似可作同样的考虑。

首先，它原是一种安柄的石器。周边有刃本身即说明不便直接用手握持，而安柄后则器物上下两边均有刃部可以利用。有些大部分边缘打出刃部，一小部分保留原来钝边（如西安半坡出土者），也不足以说明用手握持，因安柄时总有一部分器身包在柄内，是无须打刃的。永靖秦魏家和大何庄等地出土者，呈圆形而又两端微凹，应如塔锡兑人那件祖传圆盘形器一样，正是为了便于安柄而设。特别是赤峰药王庙出土的一件，器身安柄留下的竖痕尚依稀可辨（图一：1）。

其次，它的用途应和澳大利亚人、塔锡兑人所用同类工具一样，是多种多样的，可以砍劈、刮削、敲砸、切割，兼有斧、锤甚至刀的功能，我们很难给它起一个准确的名称。它虽用于砍劈，只限砍一细小树木的茎，不能砍伐树木，因为它与一般的斧不同，缺乏斧类工具所需的斜面。[1]“敲砸器”一词并无错误，便只是道出了它的一种用途，而不是全部用途。无以名之，姑称为“多用途工具”（multi-purpose tool）。它确实是远古人类的一种万能工具。与澳大利亚人、塔锡兑人的同类工具相较，中国出土者打出刃部后又加磨制的不多（仅赤峰药王庙出土的一件有明显磨过的痕迹），似乎它的功能更偏重于砍劈和敲砸。

以上试对长期未得解决的“盘状器”的用途，提供一种解释。但这种器物分布甚广，在很多文化（仰韶文化、齐家文化、辛店文化、夏家店文化……）中均有存在，它在各地的具体用途和用法可能还存在着差异。这需要从器物的制造痕迹和使用痕迹、出土情况、器物组合情况、周围环境和生态情况等方面，作出进一步的考察和探索。

1　远古遗址常见那种平面呈长方形或梯形，断面呈椭圆形，有足够的斜面的厚重石斧，即可作砍树之用。或从这类石器上使用痕迹，证明它主要用于斜劈（参见《考古》1982年6期615页）。国外学者已对委内瑞拉南部和印第安人如何使用这种石斧砍树，作出详细的记录和研究。参见R.L.Carneiro,Tree Felling with the Stone Axe:An Experiment Carried out Among the Yanomamo Indians of Southern Veueruela, *Ethnoarchaeology*,edited by C.Kramer,New York:Columbia University Press,1979. 故R.B.Fox氏极力反对把塔锡兑人那一件称为“斧”。见上引*Further Studies on the Tasaday*,p.8.

穿孔石器

这里要讨论的是一种形体不大的“穿孔石器”[1]，作扁圆形或扁球体，一般直径约为10—20厘米，或表面磨光，或保留河卵石的天然面（图二：1—3）。在江西万年仙人洞[2]、吉林延边地区[3]、赤峰夏家店上层文化[4]等处，均有发现。甚至还残存于长安客省庄战国时期的地层。[5]此器常被称为“穿孔石器”或“环形石器”。

按世界后进民族所用石器中与此形似者共有两种，用途有异，一种作为掘土棒的加重石，一种是棍棒的头部。兹分别介绍于下。

（一）布须曼人掘土棒的加重石

掘土棒是后进民族从事采集和早期农业的重要工具，几乎遍于全世界，而掘土棒附以加重石者却以南非布须曼人（Bushman）最为典型。按布须曼人生活在喀拉哈里大沙漠地区，男子从事狩猎，妇女负责采集及捕捉昆虫及龟、蛙、蜥蜴等小动物。她们每天结成小队出发，一根木制的掘土棒便是每人必备的主要工具。由于这里土质坚硬，掘土棒上要附有加重石，以便挖掘出深埋地下的块根和隐藏洞穴中的小动物。

这种加重石呈扁球体，中有孔，孔一般较棒稍大，故掘土棒插入后要再斜插一根小木楔，以固定它（图二：4）。用木楔插紧而不是用树胶等使加重石长久固定于掘土棒之上，是为了便于随时调节加重石上下位置，以利操作。[6]

（二）新几内亚人的棒头

棍棒是后进民族常用武器，一般由硬木制成，有时为了增加杀伤力，在木棒之一端附加一个石制的棒头。带有石制棒头的棍棒遍布美拉尼西亚、澳大利亚、新几内亚各处，南北美洲亦有之，而以新几内亚人所拥有数量最多，且种类繁杂。据我们在国外一些博物馆所见，石制棒头共可分下列几种形式：球形、扁球形、盘形、星形、菠萝形（即类似狼牙棒者）、瓜形、蛋形。其中的扁球形或盘形棒头，即与我们要讨论的“穿孔石器”相同（图二：5—6）。

直至现代，新几内亚一些部落还能制作这些石质棒头。据调查，其制作方法和过程是这样的：从河边按所要制作棒头的形状选来合用的卵石，先决定钻孔的位置。其法是以手指支撑卵石，如能保持平稳，则手指支撑处即为合适的中心点，再以同样方法找出卵石另一

1 另有一种巨大的有孔圆形石器，俗称“大石璧”，有径达70厘米者，在四川广汉曾有较多发现（见冯汉骥等：《记广汉出土的玉石器》，《文物》1976年2期）。过去学者曾用雅普岛（Yap）的石钱加以解释（见郑德坤：《四川古代文化史》，34页），是有可能的。两者形制全同，只是雅普岛的石体钱形更大，直径达3米左右者。雅普岛石钱直到20世纪60年代仍然流行，有关制造及使用的情况，鲍克兰氏（Iner De Beauclair）曾作过实地调查，著有The Stone Money of Yap Island一文（载《中央研究院民族学研究所集刊》16，1963年），可参看。由于这类器物不仅形体较大，而且制造粗糙，与我们要讨论的“穿孔石器”显然非同一类型器物，故不列入本文范围之内。

2《江西万年大源仙人洞洞穴遗址试掘》，《考古学报》1963年1期，6页，图五：1，图版叁：6。

3 佟柱臣：《吉林新石器文化的三种类型》，《考古学报》1957年3期，33页，图二：4，图版壹：4。王培新：《吉林延边出土的环状石器及其用途》，《文物》1985年4期。

4《赤峰药王庙、夏家店遗址试掘报告》，《考古学报》1974年1期，133页，图二四：9—10，图版壹：1、2、4。

5 中国科学院考古研究所：《沣西发掘报告》，文物出版社，1963年，31页，图一五，8。

6 C.D.Forde,*Habitat,Economy and Society:A Geographical Introduction to Ethnology*,London:Methuen and co.L td.,1934,pp.27—28.C.Singer and E.G.Holmyard,*A History of Technology* ,Oxford,1956,fig.3.

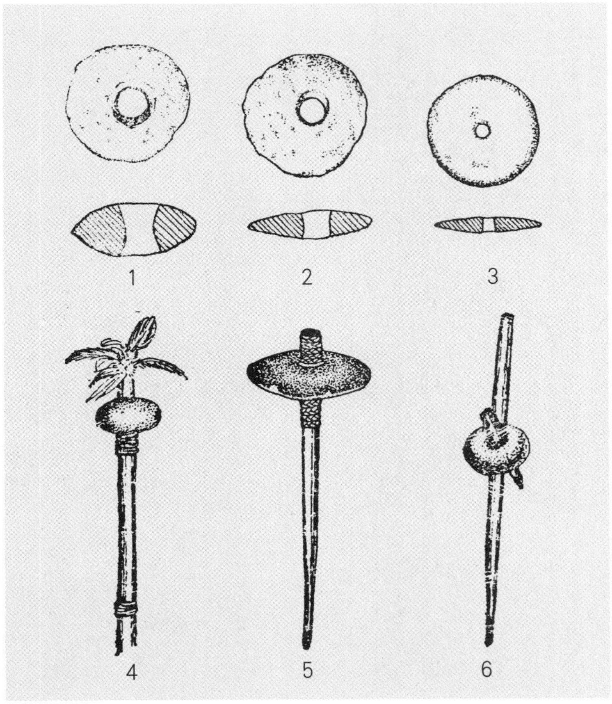

1、2.内蒙古赤峰夏家店上层出土 3.吉林延吉德新出土 4.南非布须曼人附有加重石的掘土棒 5、6.新几内亚人的扁圆形棒头

图二 穿孔石器

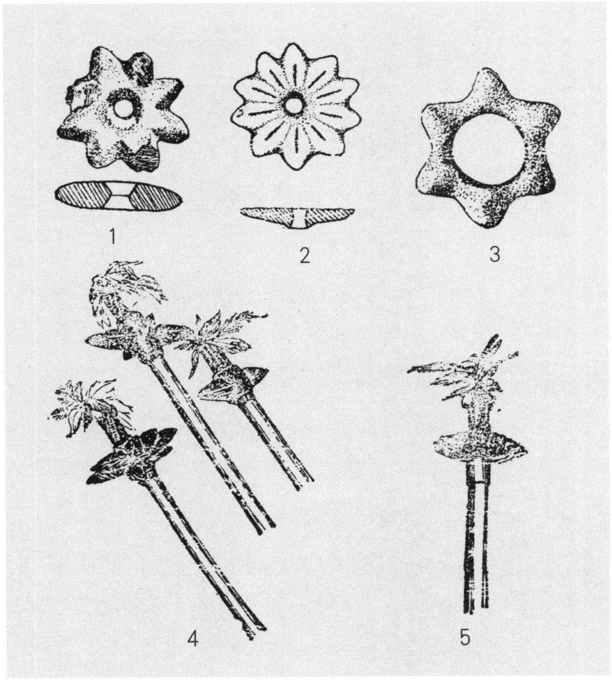

1.甘肃武威皇娘娘台出土 2.吉林延边地区出土 3.云南双江出土 4、5.新几内亚人的星形棒头

图三 星形石器

面的中心，分别作出记号，即用石锥钻孔。钻孔用两面钻法。孔钻通后，再用一种石锛修整外形，做成所要的形状，然后打磨光滑。做好的棒头还要放在火中烧一下，他们认为烧过的棒头比未烧过的要“好”。最后安柄。柄是硬木做的，一端包以树皮布，并以藤缠紧。每一棒头断断续续地要做三天，而做一根棒柄仅需四小时。几乎每村都会制造棒头，各有专长，如有的擅长制作球形，有的喜欢制作星形或菠萝形等等。这种附有石质棒头的棍棒主要用于作战[1]，当头一击，即可致敌人死命。

仅从外形上看，中国出土的“穿孔石器”与加重石及扁球形、盘形棒头是相似的。要判断它们究竟属于哪一种，必须进行个别的细致的研究。据我对国外博物馆所藏加重石及石棒头的观察，两者之间虽然形似，仍存在一些细微的差别：

第一，棒头石质较好，制作细致；加重石制作粗糙，表面多不磨光。

第二，棒头边缘偶见剥蚀处，是击打后留下的使用痕迹；加重石一般边缘呈圆钝状，形体厚重，不见因使用留下的剥蚀痕迹。

以上区别不是绝对的，仍可作为研究地下出土这类石器具体用途时参考。如延边出土者周边有“明确的使用痕迹”，似乎以释为棒头为妥。

星形石器

甘肃武威皇娘娘台齐文化遗址第四次发掘中，发现一件石器，呈八角形，中间有孔，直径10厘米，孔径6厘米，厚2.3

---

1 B.Blackwood, *The Technology of a Modern Stone Age People in New Guinea*, Oxford, 1950, pp.34—36.

厘米，称为“多头斧”。[1] 同类器物在云南双江也曾发现两件，呈六角形。[2] 又上述吉林延边地区出土环状石器中，有些作所谓“花冠状”者，当亦属于此类（图三：1–3）。

按此物是另一种棒头，即星形棒头。它分布于新几内亚、美拉尼西亚等地。有关它的制法及使用情况，同于上述新几内亚人盘形和扁球形棒头，不赘述。

这里要说明的是，附有石质棒头的棍棒除作为一般武器外，还可能是一种权力杖（mace）。这种器物只为首领所持，作为权威和尊严的象征，并非实际使用之物。凡是头部形状较特殊或有繁缛装饰者，往往属于此类。（图三：4–5）如我们现在讨论的星形棒头，在南美甚或用金属制作[3]，更具有权力杖的意义。

仅就星形棒头的形状而言，还不易判断它原附着于一般棍棒之上，还是附着于权力杖之上。但权力杖还有下列特点，可从一般棍棒中划分出来：

第一，权力杖头制作精细，选用较好石材，当作一种艺术品而制作，形状上也常表现出一种艺术性的夸张。

第二，权力杖不是实用之物，表面光滑，一般不会留下使用痕迹。

第三，权力杖不是公众普遍使用之物，在某个部落或某个村落之内，数量不会很多。

据以上几点，今后可对各地出土星形棒头作进一步的个别研究。对那些制作较精每一遗址只发现一两件者（如武威皇娘娘台所发现者），可考虑原是权力杖的可能性。

蝶形器

著名的浙江余姚河姆渡遗址出土一种形如蝶翼的石器，一面有两道平行的实脊，器身有穿孔（图四：1），共两件。同样器物也有是木制或骨制的，统称为“蝶形器”[4]。

最近已有文章，根据苏联境内爱斯基摩人地区出土的同类物件及北美印第安人所用的“旗石”（banner stone）进行对比，释为狩猎用的标枪上的附件。[5] 这样的研究方法是正确的，结论也与事实相去不远，此物确与北美印第安人的“旗石”为同类物。但我们这里要纠正的是“旗石”并非标枪本身的附件，而是投掷标枪所用的工具——投枪器上的附件。此乃重物，与箭后所附羽毛情况不同，若附着标枪之上，将影响其飞行。下面先据民族志资料对投枪器的形制、功能略加介绍，则蝶形器的用途问题自可迎刃而解。

按世界上使用投枪器的有澳大利亚人和美洲印第安人。[6] 澳大利亚人称之为 wommera，美洲印第安人称为 atlatl，后者源于 Aztec 语。[7] 这是由一根木棒做成，后端刻有小钩，前端稍粗或做

---

1 甘肃省博物馆：《武威皇娘娘台第四次发掘》，《考古学报》1978 年 4 期，434 页，图一八：5，图版叁：11。

2 张文彬：《双江新石器文物》，《民族调查研究》1984 年 2 期。

3 R.von Heine–Geldern, America Metallurgy and the Old World, *Early Chinese Art and Its Possible Influence in the Pacific Basin*, N. Barnard ed., New York: Columbia University, fig.29.

4 浙江省文物管理委员会：《河姆渡遗址第一期发掘报告》，《考古学报》1978 年 1 期，53–54 页，图九：6，图版肆：8。

5 王仁湘、袁静：《河姆渡文化中“蝶形器”的用途和名称》，《考古与文物》1984 年 5 期。

6 并非所有美洲印第安人都有投枪器。在南美，仅限南端若干部落；在北美，仅限北极地区印第安人。参见：H.E.Driver, *Indian of North America*, Chicago: The University of Chicago Press, 1969, p.5。

7 C.S.Cocn, *The Hunting of People*, Toronto: Little, Brown and Co.Ltd., 1971, pp.75–76, fig.14.

出圆球状。投掷标枪时，将标枪平置于投枪器上，标枪的柄端抵着小钩，以拇、食、中三指控住标枪的柄，小指及无名指紧握投枪器，手臂由后而前，将三指放开，则标枪飞出，而投枪器仍在手中。投枪器前端所以较粗或制成圆球形，正是为了防止投枪器滑出手外（图五）。

据研究，使用投枪器等于增长了人的手臂，较之仅用手投掷，可使标枪飞得较远，一般可增加二分之一的距离。

投枪器上除柄部常施雕刻外，一般是不附他物的。惟有美洲北极地区印第安人的投枪器上附有所谓“旗石”。这是用石、骨等材料制成的一种平衡器，具有各种形状（蝶翼形、双圈形、菱角形……），两端对称，打磨光滑，或刻花纹，是美国博物馆的特殊展品（图四：2—3）。它的作用是保持投枪器的平衡，使投出的枪不致偏离方向。它还有另一作用，即增加投枪器的重量，使投掷达到更远的距离，故此物亦称为“投枪器的加重石”（atlatl weight）。

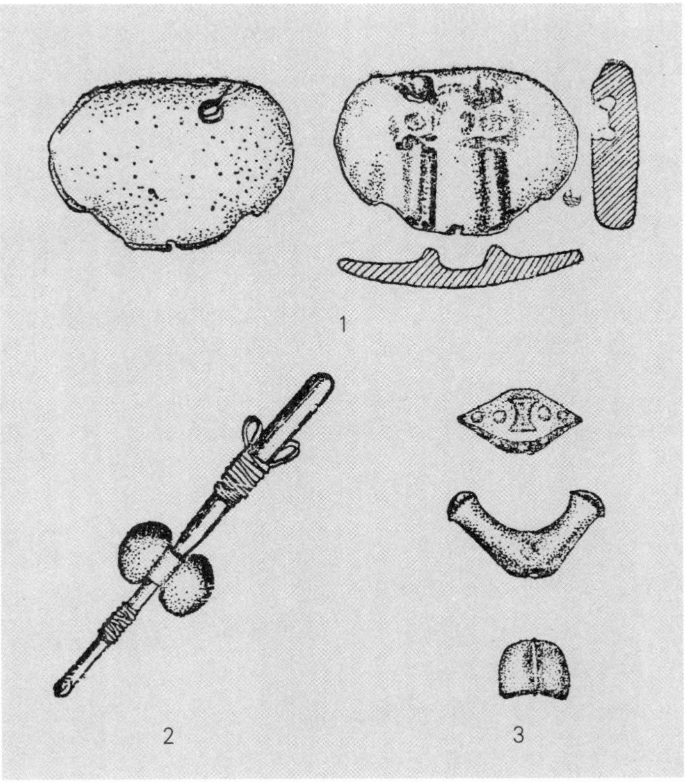

1.河姆渡“蝶形器” 2.美洲印第安人附有加重石的投枪器 3.美洲印第安人投枪器上各种形状的加重石

图四 蝶形器

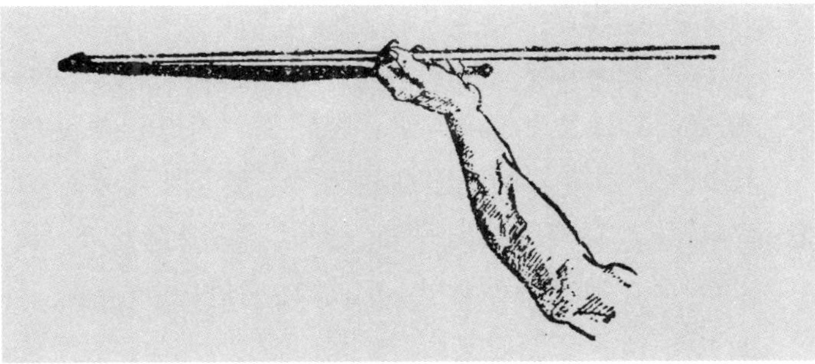

图五 投枪器的使用方法

我们认为，河姆渡出土的蝶形器无论是石制的还是骨制或木制的，当属同一用途，即是缚在投枪器上的附件，为了增加投枪器的效力。两道凸棱之间的凹槽，即是置放投枪器杆之处，周围有孔，则为了缚扎。是否如此，可据实物上微痕及共生器物情况作进一步研究。

仪式用石斧

后进民族石器中，有些虽具有工具的形状，并不实用，作为财富的象征、崇拜的对象或宗教仪式中所用之物。这些笼统地称为“仪式用石斧”（ceremonial axe）。

兹先列举几项类比材料如下，以便讨论。

（一）波利尼西亚一些岛屿，如库克岛（Cook Is.）和赫魏岛（Hewey Is.），有一种极似有段石锛的石器，磨制极为光滑，它经常附有一个支座，在有段处用藤条、绳索等缠绕在支座上。这支座也是藤竹之类做成的，有的高达数英尺。此物作为神的象征[1]，也作为交换媒介，特别是与欧洲人交换时使用（图六：1）。

（二）新内几亚有一种长方形扁平石斧，刃部略宽，打磨光滑，缚扎于藤竹之类做的柄上，柄身用藤子或绳索缠绕出图案来，或更饰羽毛。器身上端又以藤竹之类缠成一个斧刃形装饰，使与真的斧刃对称，而与柄部保持垂直（图六：2）。这原是实用的石斧，而逐渐变为财富的象征[2]，特别是偿付新娘身价时使用，而柄部装饰也愈来愈繁缛。作为工具使用的同样石斧在当地仍有存在，但柄部是无太多装饰的。

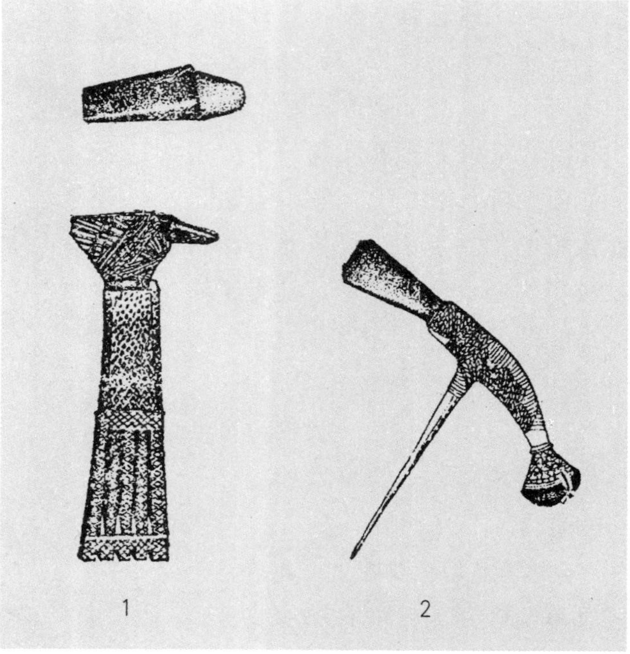

1.库克岛（Cook Is.）的有段石锛，作为神的象征（美国宾夕法尼亚大学博物馆展品）2.新几内亚的石斧，作为财富的象征（悉尼澳洲博物馆展品）

图六　太平洋岛屿地区的"仪式用石斧"

当人类即将脱离石器时代而步入文明的时候，某些石器变为非实用性，用于宗教仪式或礼仪方面。这是比较普遍的现象。即以太平洋岛屿地区来说，仪式性石器除以上两种外，其他形式尚多，如新喀里多尼亚（New Caledonia）岛的一种圆形双孔石器，称为 nbonet，用于宗教仪式中，作为权威的象征。凌纯声等学者已联系中国过去发现的形似石器进行过讨论[3]，这里不再重复。

中国考古学界对磨光石器，统统作为实用器物看待，有些考古报告更专列“生产工具”一节，把所有石斧、石锛、石刀等等罗列其下。然各地出土数以万计的磨光石器之中，是否也有仪式用石器的存在呢？既然仪式用石器在后进民族中是一种普遍现象，中国广阔土地上诸新石器时代文化中是否就毫无痕迹可寻呢？我认为，这是值得认真研究的一个新课题。

从基本形状看来，实用性石器与仪式用石器原无区别，而且哪种石器成为“仪式性”的，各文化不尽相同。因此，不必非要找到与上述玻利尼西亚人附有高高支座的有段石锛、新几内亚人柄部有繁缛装饰的扁平石斧一样的器物，才确指其为仪式用石器。我们应该掌握其基本特点，

---

1 R.U.Sayce, *Primitive Arts and Crafts:An Introduction to the Study of Material Culture*, Cambridge University Press, 1933, p.128. British Museum, *Hand book to the Ethnographical Collections*, Oxford, 1925, frontispiece plate, fig 11.

2 *Primitive Arts and Crafts:An Introduction to the Study of Material Culture*, p.126, fig.32.

3 凌纯声:《中国古代几种玉石兵器及其在太平洋区的类缘》，孔尼华（G.H.R.Von. Koenigswald）:《太平洋几种武器起源》，并载《中央研究院民族学研究所集刊》1960 年 10 期。

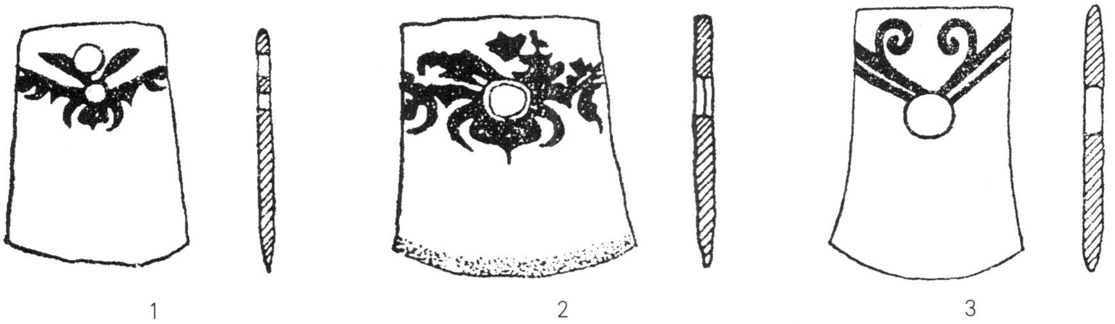

1、2.安徽潜山薛家岗出土 3.湖南安乡划城岗出土

图七 几种有朱绘图案的石斧

以便在其埋藏地下数千年后，柄部已经腐坏的情况下把它们从供实用的同类器物中辨别出来。据我在国外博物馆的观察并加以综合，“仪式用石斧”基本特点是：(1) 磨制特别精致；(2) 选材严格，石质细腻，少用粗石；(3) 由于不是日常使用之物，器物边缘几乎看不到任何剥落的痕迹；(4) 个别的饰刻花纹。

若以上述几点衡量中国诸新石器文化出土石器，则大汶口文化、典型龙山文化、马家浜文化、良渚文化一些遗址出土的扁平长方形石铲、有孔扁平石斧，以及最近安徽潜山薛家岗出土的石铲、长方形多孔石刀、有段石锛等，有些不仅石质精良，而且形状规整，磨制光滑，色泽如新，可以考虑其中有仪式用石器在内。特别是潜山薛家岗出土两件绘有红色图案的有孔石斧[1]，湖南安乡划城岗出土一件有朱绘斜线和卷云纹的石器[2]，这些花纹图案本身已透露出一种神秘的意味，暗示着它们可能是一种宗教用物（图七：1—3）。

结语

民族考古学是近年才发展起来的一种边缘科学，有自己的方法论，当运用民族志资料试图解决考古学上某个问题时，这民族志资料只能作为一种旁证。它可以给予人们以启发，打开人们的眼界，从而帮助建立起一种假说或推测，而最后的结论仍取决于考古资料本身，即必须从考古资料方面进行一番科学的严格的验证手续（testing procedures），来证实或推翻这一假说和推测。这是民族考古学方法中重要的一环。

即以研究地下出土石器用途这样小的问题来说，从后进民族所用石器找到类似之物后，并不能就此止步，还必须对出土石器做仔细的观察和考虑，验证它是否确属同样用途之物。这验证工作主要从两个方面着手：一是石器本身，即从出土数量、质地、使用痕迹、制造痕迹等方面，看是否能找到支持所拟解释的证据；二是石器与周围事物的关系，即从共生器物的组合、生态环境、社会面貌及整个物质文化的发展水平，来进行衡量，看出土石器与已知类比材料的情况

1 安徽省文物工作队：《潜山薛家岗新石器遗址》，《考古学报》1982 年 3 期，308 页，图二四：3—4。
2 湖南省博物馆：《安乡划城岗新石器时代遗址》，《考古学报》1983 年 4 期，444 页，图二一：4，图版叁：4。

是否符合。

上面所讨论的几种石器，分散收藏于全国各地，我们自不可能一一目睹实物，作验证性考察。因此，上述解释都不过是一些假说和推测。本文旨在提供一些类比材料，并提倡一种研究方法，供当地学者进一步研究这些石器用途时参考而已。

（原载《中国原始文化论集》，文物出版社，1989 年）

补记：

据新的报导，菲律宾人的塔锡兑人并非从来与世隔绝，是为了吸引旅游者的骗局。但塔锡兑人是无辜的，本文引用他们那件石器，乃“祖先留下”，或非赝品。

1988 年 10 月 15 日

再谈史前器物用途用法问题

如何确定考古发现器物的用途和用法，始终是考古工作中的难题。特别是史前时期的器物，由于去今已远，与今天我们所用之物已少相似之处，又缺乏文字记载可供征引，其用途用法之确定尤为困难。

本篇再举笔者作过初步考察的几种器物为例，具体说明当今史前器物用途研究工作中存在的问题，并提出自己粗浅意见。

三角形石刀

在中国考古学论著中，有些非生产用器物多误释为生产工具，三角形石刀就是一个例子。

江浙地区良渚文化及较晚的湖熟文化中，常见一种器体略呈三角形，顶端有一斜柄而刃在底边的三角形石器。比较典型的标本出土于下列诸遗址：杭州良渚[1]和古荡（老和山）[2]、吴兴钱山漾[3]、黄岩双宝珠[4]、嘉兴双桥[5]、舟山孙家山[6]、上海马桥[7]、松江广富林和汤庙[8]、昆山绰墩[9]、荣庄和陈墓镇[10]、吴江梅堰和龙南[11]、苏州虎山[12]、常州圩墩[13]、南京太岗寺[14]、丹徒团山[15]。此外，在太

1 施更昕：《良渚：杭县第二区黑陶文化遗址之初步报告》，杭州，1938 年，36 页，图版拾陆：2a、2b。

2《杭州古荡新石器时代遗址之试探报告》，杭州，1936 年，图版贰柒、叁叁。蒋赞初《杭州老和山遗址 1953 年第一次的发掘》，《考古学报》1958 年第 2 期，10 页，图版贰：1。

3《吴兴钱山漾第一二次发掘报告》，《考古学报》1960 年第 1 期，82 页。

4 沙孟海：《略谈浙江出土的石钺》，《考古通讯》1955 年 6 期，55 页，图版拾伍：3。

5 赵人俊：《浙江嘉兴双桥附近新石器时代遗址》，《考古通讯》1958 年 7 期，48—49 页，图一。

6 王和平、陈金山：《舟山群岛发现新石器时代遗址》，《考古》1983 年 1 期，7—8 页，图四：11、18。

7《上海马桥第一二次发掘》，《考古学报》1978 年 1 期，121 页，图一五：9、10。

8《上海松江县广富林新石器时代遗址试探》，《考古》1961 年 9 期，467 页，图版叁：1，图四：5。《上海松江县汤庙村遗址》，《考古》1985 年 7 期，587—588 页，图六：10、11。

9《江苏昆山绰墩遗址的调查与发掘》，《文物》1984 年 2 期，8 页，图六：10、11，八、十。

10 尹焕章、张正祥：《对江苏太湖地区新石器文化的一些认识》，《考古》1962 年 3 期，150—151 页，图版捌：四、九。

11《江苏江梅堰新石器时代遗址》，《考古》1963 年 6 期，310 页，图一：6。《江苏吴江龙南新石器时代遗址第十二次发掘简报》，《文物》1990 年 7 期，12、15 页，图六。

12《苏州市和吴县新石器时代遗址调查》，《考古》1961 年 3 期，152—153 页。

13《江苏常州圩墩新石器时代遗址的调查和试掘》，《考古》1974 年 2 期，113 页。

14《南京西善桥太岗寺遗址的发掘》，《考古》1962 年 3 期，119 页，图五：5。

15《江苏丹徒赵家窑团山遗址》，《东南文化》1989 年 1 期。

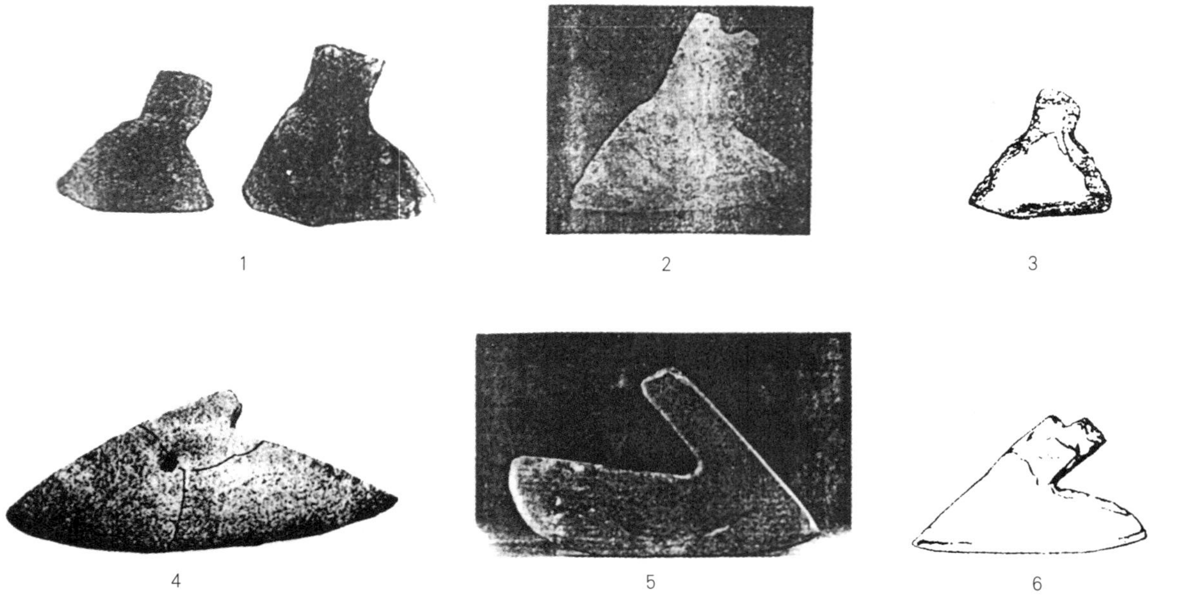

1.良渚出土 2.昆山绰墩出土 3.上海马桥出土 4.黄岩双宝珠出土 5.襄汾陶寺出土 6.松江汤庙出土

图一 各地出土三角形石刀

湖周围及钱塘江沿岸也有不少发现。在江浙以外地区，仅见于著名的山西襄汾陶寺龙山文化遗址及附近属于同一文化的曲沃方城遗址。[1]（图一）

根据现有的对良渚文化、龙山文化及湖熟文化的年代学知识（基于放射性碳素测定），这种三角形石器流行年代距今约5000—3500年。

这种石器自20世纪30年代首次在杭州良渚发现以来，以其型制特殊，一直受到人们的注意。最早释为“斧”、“钺”或“犁”，后来释为“破土器”，认为是系绳曳引开沟排水的农业生产工具。[2]后一说法至今仍有很大影响。

最近始有学者指出，此物乃“宰割和庖厨所用”之物。[3]此说比较正确。1991年我承加拿大驻华使馆提供研究基金（FRP），有机会对因纽特人（Inuit）（过去称爱斯基摩人）作短期访问，发现那里有一种称为ulu（或ulo）的传统工具，可为此说提供新的证明，并对如何安柄，如何使用作出复原。

因纽特人以狩猎、捕鱼为生，他们经常用ulu剥取和刮驯鹿、海豹及大鱼的皮，当然也可用切割肉类。由于这工具主要为妇女所用，故亦称“妇人刀”。

最原始的“妇人刀”就是一块打制而成的略呈三角形的燧石片，安上木或骨做的把手，用胶粘紧，把手安在一个斜边上[4]，著名的人类学家F. 鲍亚在土在《中部爱斯基摩人》一书中介绍的

1 《山西襄汾县陶寺遗址发掘简报》，《考古》1980年1期，19—27页，图三：9、11，八、九：1。《1978—1980年山西襄汾陶寺墓地发掘简报》，《考古》1983年1期，40页，图八：2，图版柒：7。

2 牟永抗、宋兆麟：《江浙的石犁和破土器》，《农业考古》1991年2期，80—82页。

3 纪仲庆：《略论古代石器的用途和定名问题》，《南京博物院集刊》6期（1983年），13页。

4 参见O.T. 梅森：《发明起源》，麻省理工学院出版社，1966年，45—46页，图56。

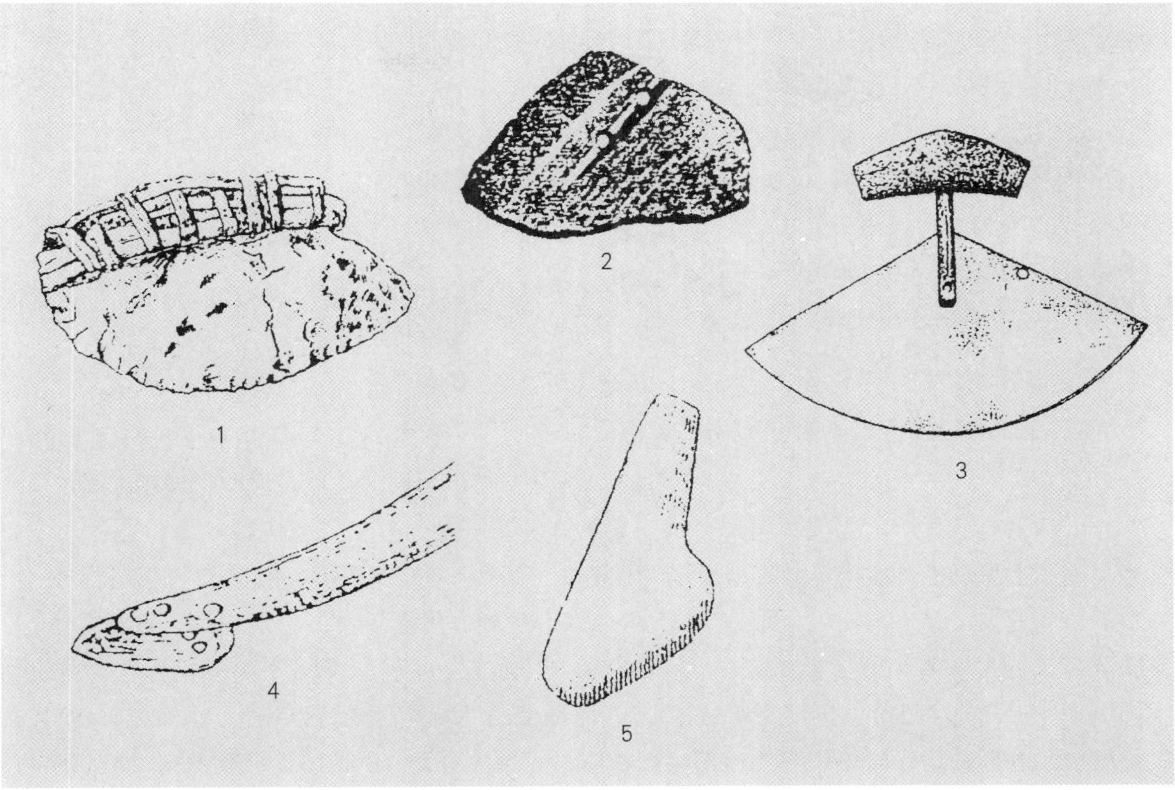

1.因纽特人最原始的“妇人刀” 2.因纽特人“妇人刀”残片 3.因纽特人铁制的“妇人刀” 4.因纽特人安有斜柄的铁刀 5.普埃布洛印第安人石刀

图二 因纽特人“妇人刀”及普埃布洛印第安人石刀

一件已经磨光并钻孔，孔排列在斜边上[1]，说明安有斜柄。后来，这种“妇人刀”改用铜制或铁制，柄安在顶端，但器体仍作三角形，有的边缘仍有钻孔，保存原来安有斜柄的痕迹。他们今天所用切割肉类的长刀，其长柄仍安在铁刃的斜边上[2]（图二：1–4）。

这种器物在美洲大陆之分布并不限于北极地区。美国德克萨斯州、新墨西哥州、蒙大拿州等地曾发现三角形附有斜柄的石刀。美国早期人类学家对这种刀作过调查研究，有一种意见认为其用途正与因纽特人“妇人刀”相同。在普埃布洛印第安人（Pueblo–Indians）的崖屋（cliff–drawing）遗址中也能找到这种石刀。惟现在他们的石刀已不再作为实物使用，而作为灵物（fetish）供奉[3]（图二：5）。

据因纽特人“妇人刀”及印第安人过去使用的三角形石刀的情况，可以看出良渚等地出土三角形石器也是一种割肉和剥皮的刀类。它一般长 20–30 厘米，少数大者可达 40–50 厘米，小者仅 10 厘米多。器形不大，而刃又在三角形底部，器身扁薄，不适合砍劈而利于切割。它不可

1 F. 鲍亚士：《中部爱斯基摩人》，内布纳斯加大学出版社，1964 年，109–110 页，图 74。

2 参见 A. 巴利克西：《海豹爱斯基摩人》，纽约，自然史出版社，1970 年，10–11、16 页，图 3、7。这是中部因纽特人的一支，分布于今加拿大西北地区的威廉王岛、布西亚半岛一带。“海豹”是当地一个湖名。

3 W. 霍夫：《一种新型石刀》，《美国人类学家》29 卷（1927），296–299 页。

图三　三种类型三角型石刀安柄方法的复原

能是“斧”、“钺”之类武器，亦非“犁”或“破土器”之类农具。已有学者取标本作过微痕观察，发现器身没有与泥土挤压留下的痕迹，而尖端之刃“棱角明显……完全没有与外物碰撞而留下的碴口”，碴口分布在刃的中间较多，而且碴口较小……应是与硬度不高的外物碰而形成的”。[1] 以实验方法证明了它不能是任何利用尖端刺土的农具。

在襄汾陶寺墓葬中这种三角形石器与木俎同出，也可说明它属于刀类。

迄今已发现三角形石刀大体可以分为三种型式。第一种是斜柄与三角形一个斜边相连，如杭州良渚、上海马桥、昆山绰墩等地出土者（图一：1—3）。第二种是斜柄甚短而器身上有钻孔，如黄岩双宝珠出土者（图一：4）。第三种是三角形器身上凿出缺口以形成斜柄，如松江汤庙、昆山陈墓镇、襄汾陶寺出土者（图一：5—6）。参考上述因纽特人“妇人刀”安柄方法，这三种不同型式之三角形石刀的安柄方法应如图三。这种刀类的特点是既可以切，又可以剖，而且在做幅度较大的剖的动作时可使整个刃部接触物体，优越性更大。剥取较大动物的皮，肢解动物，分割大块肉类，大概就是这种三角形石刀的主要用途（参见《释杭州良渚等地出土的三角形石器》，台湾《故宫文物》月刊 156 期，1996 年）。

肩胛骨器

远古人类用动物肩胛骨可做成用途不同的各种器物。近年新石器时代遗址中常有肩胛骨器的发现，难以遍举，在发掘或调查报告中几乎毫无例外地被划入“生产工具”一类。

据国外民族志材料，肩胛骨至少可做成下列五类用途、用法均不相同的器物（图四）：

（1）刀：以肩胛骨的一侧边缘磨薄成刃，以骨臼为柄，便可用于切割。澳大利亚阿纳姆兰地区即用袋鼠肩胛骨制成的这种骨刀，专供薯类切片之用。[2]

（2）刮：利用肩胛骨宽薄一端略加修整而成。因纽特人（爱斯基摩人）有鹿肩胛骨做的刮子，用以刮净已剥下的兽皮。[3]

（3）炊具：我在西盟佤族之中亲见他们用猪肩胛骨做成的锅铲，是将骨臼和骨脊部分稍加修治，以便手握。烹煮食物时用以搅拌或铲清锅底，有时也可用来炒菜。

（4）锄：以竹木棒为柄，一端凿孔或剖开插入骨臼，缚以绳索。北美东部森林区及大草原地区的印第安人（如希达查印第安人）即有用牛或鹿肩胛骨做成的这类工具，用以平整地面，壅

---

1 季曙行：《石质三角形器、三角形石刀用途考》，《农业考古》1993 年 1 期。
2 F.D. 麦卡锡：《澳大利亚土著的石工具》，悉尼，1976 年，91 页，图 69：9。
3 F. 鲍亚士：《中部爱斯基摩人》，内布纳斯加大学出版社，1964 年，112 页，图 77。

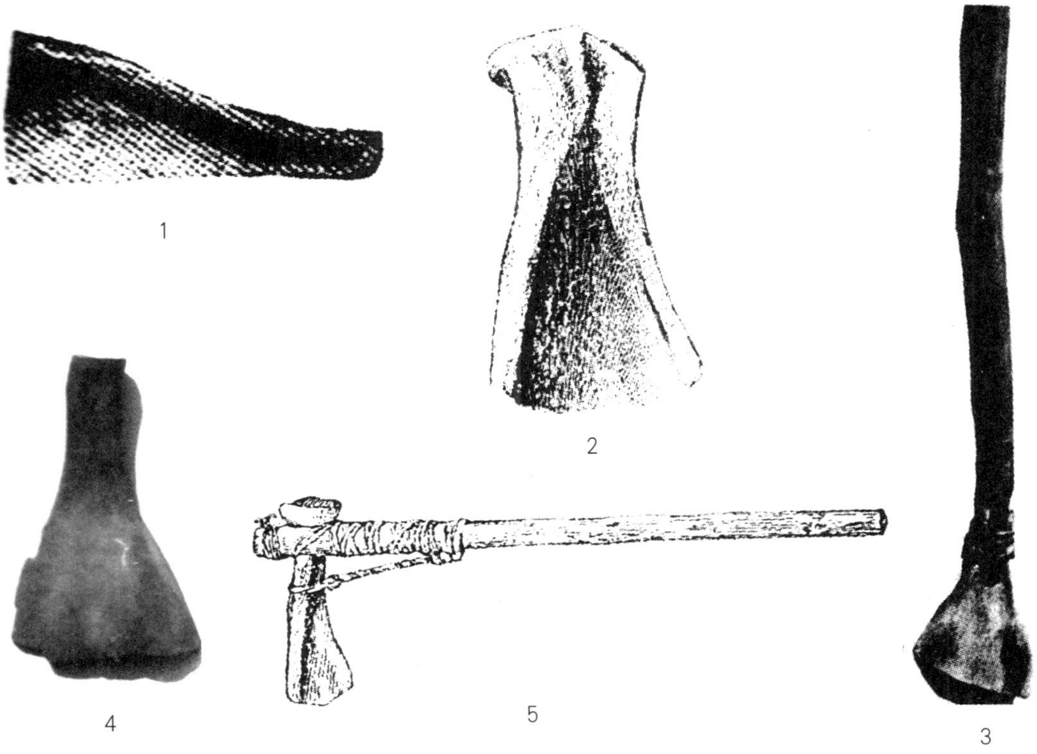

1.澳大利亚人骨刀　2.因纽特人骨刮　3.景颇族骨铲　4.佤族骨锅铲　5.希达查印第安人的骨锄

图四　肩胛骨器在后进民族之中的不同用途

土或点种。[1]

(5) 铲：即以肩胛骨安上一个竹木直柄而成。云南景颇族即有牛肩胛骨做的铲子，称为“申边”，用以刮土、铲草或清除牛粪。

上述肩胛骨器有些确是用于生产（如锄或铲），有些只是生活用具或至多在生产中做点辅助性工作。对这类器物应据微痕观察及其与周围器物关系分别确定其具体用途，未可一概归入“生产工具”。

值得注意的是20世纪70年代浙江余姚河姆渡遗址出土肩胛骨器一百多件[2]，原来安有直柄（图五），与景颇族的“申边”形同。此器自来称为“骨耜”，被认为是用来深耕细作的挖土工具。然民族志材料表明，肩胛骨做的工具，只能用于土壤表面工作，不能用于挖土。详见《河姆渡文化的“骨耜”及相关问题》一文，不赘述。

1 H.E.德赖弗：《北美印第安人》，芝加哥大学出版社，1975年，78页。C.D.福德：《居所、经济和社会：民族学的地理学导论》，伦敦，1961年，254页，图84。

2《河姆渡遗址第一期发掘报告》，《考古学报》1978年1期，54、73、80页，图一〇、二六、三三，图版伍，陆：1—3，拾贰：8、10，拾肆：7。《浙江河姆渡第二期发掘的主要收获》，《文物》1980年5期，6页，图版叁：2。

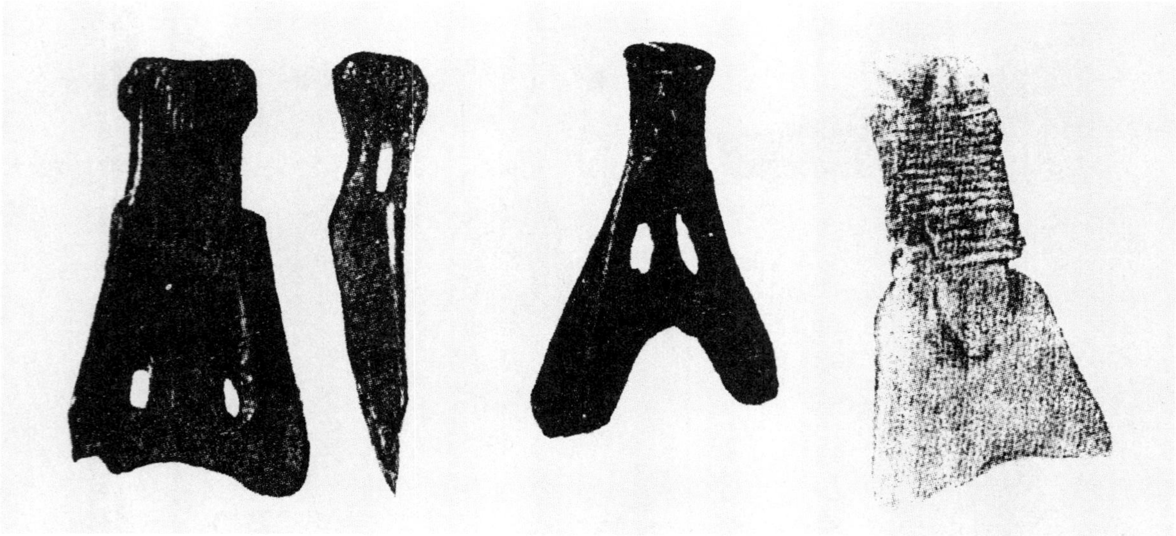

图五　河姆渡出土骨耜

龟甲器

40 年前夏鼐先生为《考古通讯》1958 年 6 期一篇简报写的按语云："考古工作常将自己不能解释用途的东西，都归之于可能是宗教上用的东西。""这种推想也只是推想而已。"这一现象至今仍然存在。我们对一些特殊的器物的用途，不能永远停留在推想阶段，应尽可能找来证据予以说明。前辈学者傅斯年先生曾经说，做学问要"上穷碧落下黄泉，动手动脚找东西"。只要努力搜寻，证据还是不难找到的。试举大汶口等地出土的龟甲器为例。

在新石器时代墓葬中时见随葬完整龟甲，内装小石子或砂子等物，背甲和腹甲上端或被截去一段，或有人工凿成之孔穴，有的背甲边缘又有一排小孔。

此物最早被认为是大汶口文化特征之一。最近发现表明，其他新石器文化也有这种器物存在。出土龟甲器的遗址属于裴李岗文化的有河南舞阳贾湖（图六：1–2）[1]，属于仰韶文化有河南淅川下王岗（仅发现一例）[2]，属于大汶口文化有山东兖州王因[3]、泰安大汶口（图六:3）[4]、邹县野店[5]、江苏邳县刘林（图六：4）[6]、大墩子[7]。

根据上述几种新石器文化现有的年代学知识，龟甲器的流行大约距今 7000–5000 年。

1《舞阳贾湖遗址的试掘》，《华夏考古》1988 年 2 期，45 页，图七。《河南舞阳贾湖遗址新石器时代遗址二至六次发掘简报》，《文物》1989 年 1 期。张居中：《舞阳贾湖遗址出土的龟甲和骨笛》，《华夏考古》1991 年 2 期。

2《淅川下王岗》，文物出版社，1989 年，25 页，图一五。

3《山东兖州王因新石器时代遗址发掘简报》，《考古》1979 年 1 期，12 页。

4《大汶口》，文物出版社，1974 年，103 页，图版 99：1–2。

5《邹县野店》，文物出版社，1983 年，97 页，图版七六：1、2。

6《江苏邳县刘林新石器时代遗址第一次发掘》，《考古学报》1962 年 1 期，90 页；图版陆，6。《江苏邳县刘林新石器时代遗址第二次发掘》，《考古学报》1965 年 2 期，29–30 页。

7《江苏邳县四户镇大墩子遗址探掘报告》，《考古学报》1964 年 2 期，29–30 页，图二二。《江苏邳县大墩子第二次发掘》，《考古学集刊》第一集，1981 年，42 页，图一〇。

龟甲器过去被推测为“巫师用物”或“佩带于腰的甲囊”，未有确证。1991年我访问加拿大境内的易洛魁印第安人保留地，了解到那里有种龟甲做的响器，或有助于揭开中国史前龟甲器之谜。

易洛魁人以其母系社会为中国读者所熟悉。现在分居美、加两国15个保留地中。因有的社会组织和传统文化已发生很大变化，一部分已信仰基督教，仍有一部分人信仰传统的宗教（称为“长房宗教”）[1]，龟甲响器是他们传统的群众性节日舞蹈及宗教仪式中仍在使用之物。

龟甲响器用当地称为“泥龟”的整个甲壳制成。早期美国人类学家L.H.摩尔根在《易洛魁人同盟》一书有一条注释，专门介绍其制作方法：先清除龟的内脏及四足，留下龟甲及周边相连的皮，俟其干却，把皮缝合，形成完整而中空的龟壳。放入一种坚硬的玉蜀黍粒后，从龟头部位插入木柄。若木柄较粗，锯去腹甲一片以增大孔穴。为了安柄牢固，要在背甲和腹甲各凿两个小孔，插入细棒，再和木柄绑扎在一起。最后把事先切下的龟头，套在木柄顶端，这样便做成一件保持龟形的响器（图七）。摇动木柄，便可发出清脆的响声。

易洛魁人有好几种响器，有南瓜壳制的，有兽角制成的，等

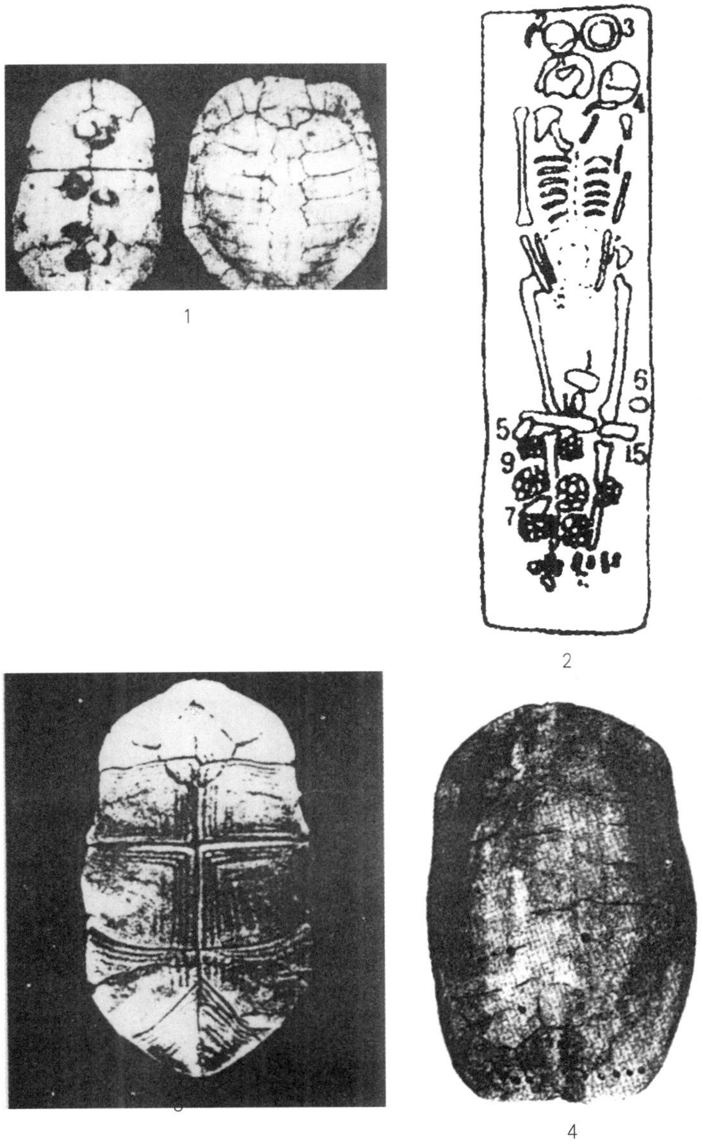

1.舞阳贾湖出土含有小石子的龟甲器　2.舞阳贾湖龟甲器发现的位置　3.泰安大汶口出土龟甲器　4.邳县刘林出土龟甲器（背甲上及边缘均有小孔）

图六　各地出土龟甲器

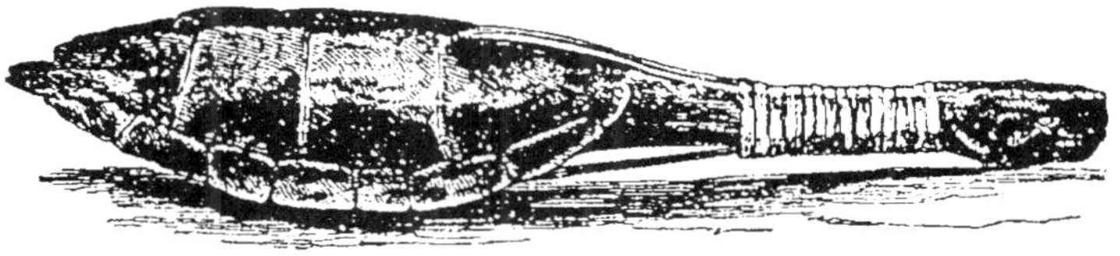

图七　易洛魁人龟甲响器的安柄方法

1 参见《易洛魁人的今昔》，《社会科学战线》1994年1期。

等。但龟甲响器只有重要节日（一二月间的仲冬节和八九月间的青玉米节）举行仪式舞蹈时才能使用。这支舞蹈队伍一般由经过挑选的15个到20个男子组成，他们身穿华丽服装，围绕着议事房（Council House）进行舞蹈；另有两人坐在房内唱歌。这两人手中即持有龟甲响器打着节拍，以此指导舞蹈者的舞步，使大家保持一致。节拍频率一般为一秒两次或三次。一曲即终，响器节拍放慢，表示休息，这时舞者便停止舞蹈，但仍随着缓慢的节奏而走步。约两分钟后，响器又急促地击打起来，两个歌手开始唱另一首歌，一场新的舞蹈又开始了。妇女如经过安排，也可参加这种舞蹈，她们跟在男性舞蹈者行列的后面。[1]男女使用的龟甲响器略有不同，妇女所用的形体较小（图八）。

龟甲响器使用另一场合是驱鬼治病仪式。易洛魁人相信生病是邪恶的鬼作祟，必须请求神祇协助治疗，为此他们组成若干个巫医会社（Medicine Society），专门进行这一仪式。这样的会社在塞内卡（Seneca）部落中就有11个，卡尤加（Cayuga）部落中有13个。[2]其中以塞内卡的“假面会社”（False Face Society）最为著名，势力最大。只要是受过这种仪式的治疗者，或梦见过有关神祇者，不分男女老幼都可以参加。当举行仪式时，会社成员都要戴上木雕的或玉蜀黍棒外皮编成的面具（它们本身也是神祇），手中即持龟甲响器。每年春秋两次，假面会社为全村人民举行大规模的驱鬼仪式（颇类似中国古代的傩）。会社成员分为两群。分别从村落两端进入村内，依次拜访每一座房屋，边走边呼，驱鬼逐邪。最后大家集中于议事房中，用龟甲响器摩擦窗棂和击打门户（图九）。这时必须由等候在房内的人（一般是首领）出去迎接，焚烧从各户搜集来的烟草，向诸神致谢辞，感谢他们为保护村落做出的贡献。若不如此，神将被“激怒”而焚毁房屋。有趣的是在感谢诸神之余，还要向龟甲器致意。谢辞中有一段话是这样的：

> 啊！强有力的Shagadyoweh神，请你享受烟草。你住在大地边缘，站得高，到处都去为人治病。还有你，在森林中面对着树，我们称为伴侣的脸（指木雕面具），也请接受烟草。还有你，用玉蜀黍棒外皮做的脸，请接受烟草……他也尽了自己的责任。……现在请他们的泥龟响器也接受烟草。

若是村中有人生病，则驱鬼治病仪式可以随时到病者家中举行。面具会社成员围绕着病人跳舞呼叫，用龟甲响器击打门窗，并把灰撒在病人的头上或身上。[3]

关于龟甲响器之由来，在易洛魁人“创世纪”神话中所有所反映。据云原来地球是一片汪洋，天空一位“首领”之女，沿着“生命和光线之树”向下降落。动物“议事会”开会商量，如何给予她帮助。大家都束手无策，只有泥龟挺身而出，在它背上给她一块立足之地。水鸟们又各叼一小片泥土放在龟背上，这才形成了大地。后来此女无夫而孕，生下双胞兄弟，分别成为善恶两神。善神即“大神”，用泥土造人，才繁衍了人类。由于龟是“大地的基础”，在祭祀重要神的活动中才要使用龟甲响器。[4]按这一神话之形成应当在龟甲响器既已使用之后，是为了“解释”

1 L.H. 摩尔根：《易洛魁人同盟》，新泽西：Citadel出版社，1962年，278—283页。

2 H.E. 德赖弗：《北美印第安人》，芝加哥大学出版社，1975年，357页。A. 麦克米伦：《加拿大土著人民和文化》，温哥华：道格拉斯和梅因泰尔出版社，1988年，84页。又见上引德赖弗书，722页。

3 A.F.C. 华莱士：《塞内卡人的死亡和再生》，纽约：Vintage书局，1972年，78—85页。

4 P.T. 福斯特，J.L. 福斯特：《北美印第安人艺术》，纽约：艺术出版社，1982年，图版228。又见上引华莱士书，85—92页。

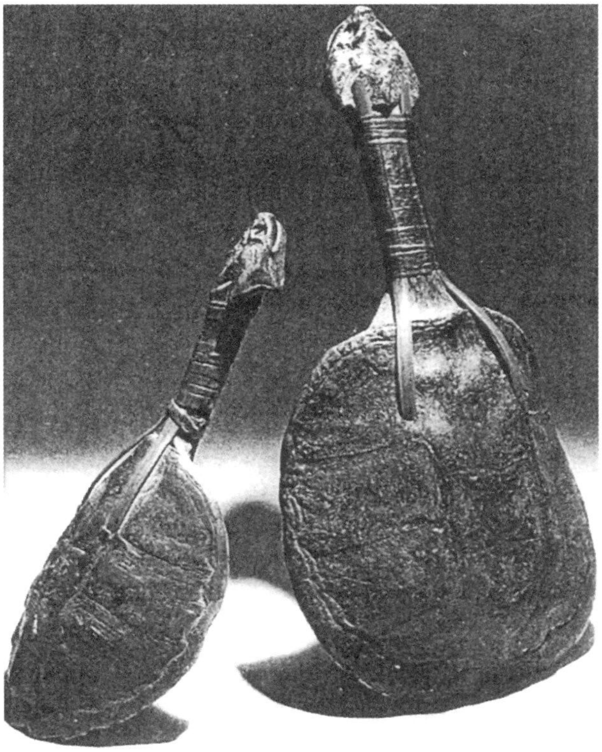

图八　六部保留地易洛魁人男女使用大小不同的龟甲器

图九　六部保留地假面会社成员手持龟甲响器举行仪式

为何使用龟甲制作响器的。初民解释事物起源的神话多是如此。在易洛魁人开始制造龟甲响器之时，未必便对龟甲有什么特殊的信仰和崇拜。在没有金属的时代，要使响器能发出更脆亮的响声，什么材料能比得上龟甲呢？

这种龟甲响器之分布不限于易洛魁等所谓东部森林区印第安人，在西北海岸印第安人原来似也有存在。1992 年我在美国西雅图见到附近印第安人制作的售于旅游者的龟甲响器（图一〇），惟不知现实生活中是否仍在使用？

由于北美印第安人龟甲响器所给予的启发，我认为大汶口等地史前龟甲器也是一种响器，可据前者形象来进行复原。让我们检查各地龟甲器留下的痕迹及出土情况，看是否足以支持以上看法。

首先，龟甲器内多装有小石子或砂粒，显然为了发出响声。有些其中已无物可见，亦不足怪，若像易洛魁人龟甲响器那样放入植物籽实，则可能早已腐烂。甲上的孔，一直使考古学家感到迷惑。边缘上一排小孔（图六：4），可以解释为系缀流苏或其他装饰物，而背甲和腹甲正中的孔究作何用呢？现从易洛魁人龟甲响器（图七）可知，它是出于安柄牢固的需要，是为了插入支撑物以便缚扎于柄而留下的。有些腹甲截去前端，亦与易洛魁人龟甲响器的情况相似，是安柄时为了增大龟甲的颈穴。邳县大墩子一件龟甲器的腹甲有绳索痕，应就是将器身绑扎于柄而遗留的。

其次，有些龟甲器并非都发现于死者的腰部，不能解释为佩带之物。龟甲器既是一种响器，

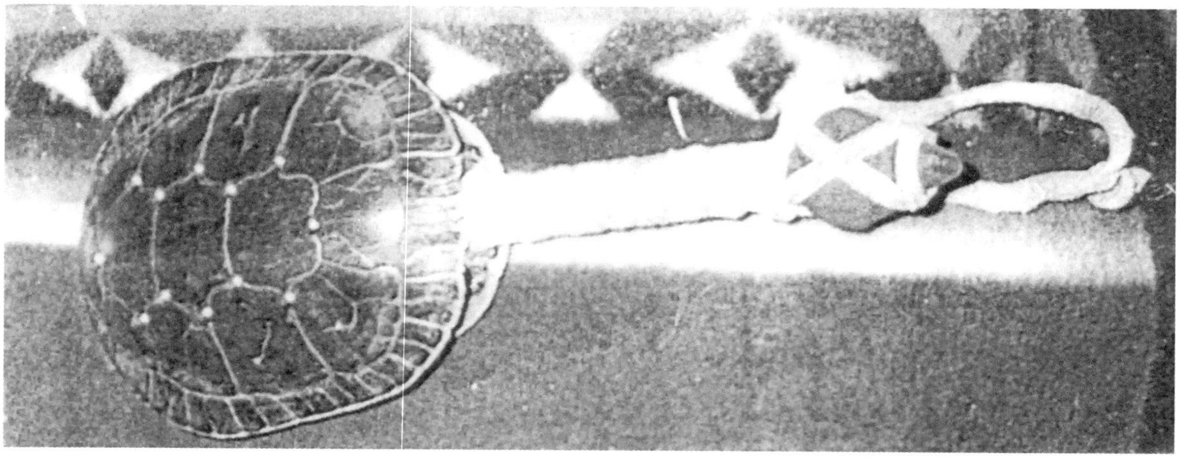

图一〇　美国西北部印第安人作为旅游纪念品而制作的龟甲响器

是有柄手执之物，随葬时自必将柄置于死者手边，木柄早腐而龟甲器身可留在死者腰部以下任何部位（图六：2）。这就是发现时龟甲器的置放并无固定位置的原因。

一个有待探讨的问题是邳县大墩子和兖州王因两个遗址的龟甲器，有的内装骨锥或骨针，应作何解释？一般来说骨针仅为女性用物，而内装骨针的龟甲器竟发现于男性墓葬（如大墩子的M44）之中。那么这几件龟甲器仍是响器（骨锥或骨针放入其中，仍可发响）呢？抑另有用途？若有条件，详细观察器物的痕迹（如有无装柄？颈口部分如何处理？），或不难作出判断。

龟甲器原来的形制及用途既已明确，还可对其使用者的身份略作推断。各地龟甲器仅发现于成年男女的墓葬，孩子的墓葬中迄今未发现，说明它是当时成年人活动中使用之物。男女墓葬多有发现，似乎所有者的身份并非巫师，一个社会中巫师或萨满不可能如此之多。但它又非发现于所有墓葬，并不是全体成员都有之物。它似乎像易洛魁人龟甲响器那样，是某种宗教仪式或节日舞蹈中所用的乐器或法器，而参加活动者似有一定的限制和规定。（参见《试释大汶口等地出土的龟甲器》，台湾《故宫文物月刊》132 期，1994 年）

余论

确定出土器物之用途，至少应从三个方面入手。第一，通过微痕观察或其他分析手段复原当时使用情况。第二，弄清与周围器物共生关系（即 context）。第三，尽可能搜集国内外后进民族曾经或仍在使用的有关器物相互类比，看是否可能有相同的用途。

按上述方法进行研究是一项费时长久的细致工作，不可能弄清每种器物用途之后再来编写考古报告。因此，如何对遗物进行分类介绍，时常使考古报告编写者感到为难。

当今考古报告习惯于把出土器物按用途分类为“生产工具”、“生活用具”等项，并非明智之举。如本文以上所举，有些器物貌似生产工具，实为生活用具。有些考古报告走得更远，分得更细。如《元君庙仰韶墓地》（张忠培执笔）仅就七枚弹丸就列出“玩具”一项，全不顾同类器物在同一文化（例如西安半坡遗址）中大量发现的情况。其实，无论是陶制的或石制的弹丸倒可算为狩猎工具，其所以也发现于小孩墓中只不过因为使用弹弓射鸟原是小孩可做之事。[1]

综上所述，我们认为器物的用途尚未弄清之前与其乱推想，不如暂付阙如。考古报告中对出土器物与其按用途进行分类，不如按质料（石器、骨器、陶器……）分类。

（原载《西安半坡博物馆成立四十周年纪念文集》，三秦出版社，1998 年）

1　例如：云南景颇族大人小孩都会使用弹弓射鸟。又弹丸只能是球状，如用“未经加工小石子”（《元君庙仰韶墓地》43 页），其命中率和形状圆整的弹丸是无法相比的。这是会使弹弓的小孩都知道的常识。

从傣族制陶谈中国远古制陶术几个问题

云南傣族的传统制陶对于研究远古人类制陶，特别对于复原中国各地出土陶器，有一定的参考价值。本文只就傣族制陶启发下所想到的有关中国远古制陶技术方面几个问题，谈一些粗浅的看法；特别是对今后如何进一步探讨这些问题，提供一些意见。傣族制陶的调查记录及有关图片，详见《傣族制陶的民族考古学研究》一文，请参看。

（一）关于泥条盘筑

泥条盘筑是普遍使用的一种制陶法。经过拍打、修整表面等工序，在陶器表面上一般不可能留下泥条盘筑痕迹，因此，判断一件地下出土陶器是否使用泥条盘筑法，应作多方面的观察和考虑。首先，看器物内壁有无泥条偶然留下的遗痕。其次，看陶片断面。即使陶器内壁泥条盘筑痕迹已被手指或木刮刮去，但断面仍能看出泥条衔接之缝，如傣族陶器即如此（图一）。最后，凡是形体较大的容器，若无轮制（wheel making）、模制（moulding）或手捏法（modeling）的明显证据，一般均可推测由泥条盘筑而成，至少器壁部分是如此。根据我在曼勒学做陶器的体会，若不用泥条盘筑法，大的陶器全凭手捏是做不好的。

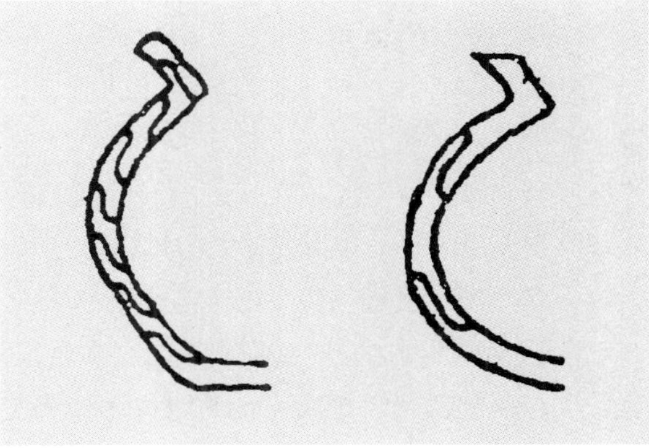

左：景洪曼勒　右：沧源俄允

图一　傣族陶器断面泥圈相接痕迹示意图

中国中原地区远古时期陶器也曾大量使用泥条盘筑法。20 世纪 30 年代吴金鼎氏曾对当时已出土新石器时代及殷商陶器，作过仔细的观察和研究。他指出在河南西部和北部的“红陶时期”（指渑池仰韶村、秦王寨等仰韶文化遗址），“凡是制作较大容器，在转盘上进行泥条盘筑，是通常的方法”。甘肃（按指马家窑文化半山类型和马厂类型）制陶，“主要用手制，特别是在转盘上使用泥条盘筑法。[1] 甚至仰韶文化中被认为“使用半球形模制成的”圜底碗，可能仍由泥条盘筑法制成。像沧源勐角傣族制作圆底器那样，泥条盘筑以后捧在手中拍打，亦可制出很圆的圜底。

1 G.D.Wu, *Prehistoric Pottery in China*, London: Courtauld Institute of Art, University of London, 1938, pp.132—135.

泥条盘筑有多种方法。当代考古学家已不能满足于仅仅指出使用泥条盘筑法，而应进一步复原所使用的是哪一种泥条盘筑法。

综合世界各地民族传统制陶情况，泥条盘筑具体方法可分为两类。一类可称为长条盘旋法（spiral building），典型的例子是以制彩绘陶器著名的普埃布罗 – 印第安人，他们做好器底以后，以一根长 2.3 英尺的泥条盘旋数周做成器壁。[1] 一类可称为泥圈盘筑法（rings building），其中又可分为两种。一种是事先做好一个个泥圈，然后叠在一起，捏合成器，可称泥圈相叠法，非洲罗得西亚北部一些部落制陶似用此法。[2] 另一种是做好一个泥圈后，再接一个泥圈，可称泥圈相接法，傣族制陶用长条盘旋及泥圈相接两种方法。判断出土陶器使用哪种泥条盘筑法，主要应从陶片断面上进行观察。

有关考古报告对于中国出土陶器的成坯方法，经常缺乏详尽的报道，对制造痕迹不加描述，我们不可能作具体的讨论。但至少可以肯定西安半坡一些陶器的器壁是用像傣族一样的泥圈相接方法制成的，因为陶器内留下的泥圈接合痕迹正是斜接起来的，“尤以内倾斜接为最多”。而且当盘转泥条时，“随时用手指捏合接缝”[3]，其情况亦与上述傣族泥条盘筑类似。但尖底瓶底部似乎使用了长条盘旋法。

此外，像上述傣族泥条盘筑方法中，两道泥圈如何相接，器底和器壁如何相接，口沿如何做成，泥条痕迹如何抹平等等，均可供复原古代制陶术的参考。

（二）转盘的使用

泥条盘筑必须在一个支撑物之上进行，做好的陶器亦即置放其上。这样的支撑物可以是一块平面的木板，也可以是一件容器。制陶者一面旋转支撑物，一面盘筑泥条，工作便易于进行。各地原始制陶者所用支撑物真是形形色色。新几内亚巴布亚人用的是破陶器底部[4]，北美加利福尼亚印第安人用的是一种形如斗笠的竹编物[5]，印度尼科巴群岛居民用碟子下垫草圈[6]。傣族用一块木板作为支撑物，已是一种较进步的方法。

为了转动的便利，时常把支撑物再支在某种东西上。如傣族妇女最常见的是把木板支在膝盖上转动。而墨西哥的瓦哈卡的 Coyotepec 人是把作为支撑物的陶碗放在另一件翻转过来的有凸面的陶器上，左手转动陶碗，右手制陶。[7] 一种具有支轴可以随意转动的固定装置——转盘，便是从这里引导出来的。

---

1 R.L.Bunzel, *The Pueblo Potter: A Study of Creative Imagination in Primitive Art*, New York: Dover Pubilcation Inc., 1972,p.7. 按此乃普埃布罗印第安人传统的制陶法，现代已改用泥圈相叠法。参见 A.O.Shepard, *Ceramics For the Archaeologist*, Ann Arbor:Braun—Brumfield Inc., 1980,p.58.

2 J. 利普斯：《事物的起源》（汪宁生译），127 页，图 122，四川民族出版社，1982 年。

3 中国科学院考古研究所：《西安半坡》，153—154 页，文物出版社，1963 年。

4 A.C. 海顿：《南洋猎头民族考察记》（吕一舟译），168 页，商务印书馆，1937 年。

5 R.H.Lowie,*An Introduction to Cultural Anthropology*,New York, 1940, p.130,fig.1—2,pl.20.

6 O.T.Mason, *The Origin of Invention: A Study of Industry among Primitive People*, Cambridge: MIT Press, 1966,p.161.

7 *Ceramics for the Archaeologist*, p.61.

转盘代表从手制到轮制的过渡阶段，转盘是陶轮的先驱。[1]最早的陶轮结构、形制多和转盘相似。两者差异在于前者旋转速度甚快，陶坯的形成靠旋转而产生的抛掷力量（throwing）提拉成型，而后者旋转速度较慢，其作用仅在方便和帮助双手制坯而已，故前人或把转盘称为“慢轮”。勐海的曼朗、曼海傣族在转盘上制作小型器物，或一手快转转盘，或由小女孩在旁帮助快转转盘，提拉成型，已可看作是轮制的开端。傣族制陶从膝盖上旋转到转盘的使用，再到快转转盘提拉成型，提供了从手制到轮制演化过程的生动例证。

转盘的质料、形制多种多样，有陶制者，有木制者，有盘状，有圆柱形，还有作其他形状者。像上述景洪傣族所用者，只是转盘的一种形式。

我们不能认为，古代内地转盘和傣族转盘一定相同，但在操作方法和作用方面，却可引为参考。例如，从傣族制陶我们至少知道下列几件事：第一，转盘可用足趾转动，以便腾出双手更好工作；第二，转盘的作用是多方面的，举凡盘筑泥条、拍打、表面修整等一切制坯工作，都在转盘上进行，从开始到结束，转盘是不停转动的。在讨论中国远古制陶时，一种流行的说法是转盘仅用于修整口沿工作，这实是一种误解。转盘为制坯工作全过程所必需。

这种误解之产生，亦不足怪。因为转盘上制坯，其他工序都不能留下痕迹，只有最后用湿布在口沿涂抹时，会留下平行周纹。但判断地下出土陶器是否使用转盘制作，却不能仅依靠口沿有无平行细纹。如上所述，不用转盘制造陶器，也要有一个支撑物，用手不断转动以制坯，而且如傣族那样，最后也有湿布涂抹口沿一道工序，也会留下平行周纹。此外，使用转盘的地方，并非所有陶坯最后都经过湿布涂抹口沿，像景洪傣族制造茶罐、水壶及宗教用小陶器，最后并不修整口沿，口沿上并无平行周纹可寻，虽然它们也是在转盘上制造的。

据我们对各地傣族制陶的观察和比较，似乎仍可提出下列几点作为判断地下出土陶器是否曾使用转盘制造的参考。(1) 转盘上制造的器物，器形一般比较圆整。像沧源俄允等地傣族不用转盘而在膝盖上制成的陶器，常有扭曲变形的情况。(2) 转盘上制造的器物口沿上假如留下平行周纹，一般比较细密规整；不用转盘而在支撑物上旋转的器物，口沿上即使留下平行周纹，一般比较粗疏，而且常有显著的弯曲。(3) 转盘制造的器物，有时在器身外表也有平行周纹，如景洪曼勒等地傣族制造素面陶罐，最后要用湿布涂抹整个器身。

中国哪些新石器文化陶器曾使用了转盘，可据以上几点对出土实物进行仔细观察来确定。据吴金鼎氏观察，河南、陕西、甘肃等地“红陶”（应指仰韶文化和马家窑文化某些陶器）多是在转盘上进行泥条盘筑而成（见前）；西安半坡晚期一部分陶器口部多用手指沾水抹平，“有非常整齐的同心圈纹”[2]，应该是使用转盘的结果；小屯出土的殷代陶器，虽然有一部分明显是由轮制

---

1 关于陶轮的起源，论著颇多。早期学者认为，它导源于车轮（见 B.Laufer, *The Beginning of Porcelain in China* pp.155—159）。此说已为一系列事实所推翻。英国著名考古学家柴尔德（G.Childe）指出：轮子的两种基本用途，可能刚好是分别独立发生的。……无论如何，它们总没有时常在一起。在西亚诸古国和印度，用轮制的罐子确和有轮的车一样的早；但在埃及，陶轮的采用却在车轮之先；而在克里特岛，则四轮车的模型，要比最早的轮制罐子早两百年。至于欧洲，不到公元前 500 年，陶轮不曾为阿尔卑斯山以北地方使用，虽说有轮车也许早一千年即已使用了（《远古文化史》，116 页，周进楷译，中华书局，1958 年）。目前很多学者主张陶轮由转盘发展出来，中国老一辈考古学家吴金鼎（见所著 *Prehistoric Pottery in China*, p.135）、李济（见所著《小屯殷墟器物》甲编，104—105 页）对陶轮的起源均主是说。

2《西安半坡》，155 页。

而成，但还有一部分口部有“周转平行细纹”，被推测仍用转盘制造。[1]

（三）几种原始制陶工具

原始制陶工具多是竹木制成的，不可能保存下来。傣族几种制陶工具，对复原中国远古制陶所用工具有很大的参考作用。下面只是一些例子。

1. 抹平泥条痕迹的工具

泥条盘筑法做好器壁以后，要把泥条痕迹抹平，这不仅为了使器皿有一个光滑的内壁，还使泥条之间结合更为紧密。抹平泥条痕迹除用手指外，还有特制工具。沧源俄允傣族用的是一种长方形竹刮刀，景洪曼勒傣族除用长方形木刮外，还有一种半圆形木刮，等等。

西安半坡陶器内外表面被压磨很光滑坚实，据推测是用木、竹或骨做的板状工具修成。[2] 马家窑文化陶器内壁，有从底部倾斜向上的刮抹痕迹，巴尔姆格伦（Nils Palmgren）氏推测是泥条盘筑之后用手指或某种木制薄片刮抹的结果。[3] 可以认为，当时所用工具应与上述傣族所用之长方形竹（木）刮和半圆形木刮相去不远。特别是马家窑文化陶器所见从下倾斜而上的涂抹方法，与傣族制陶情况尤为符合。

又据吴金鼎推测，用手指或工具刮抹器内泥条痕迹时，器外要有一种可以弯曲的工具（他推测可能是皮制的）为垫，否则将使器物变形。[4] 从傣族制陶可知，他关于操作方法的设想是正确的，但器外不一定需要某种特别工具作垫。傣族制陶者用右手刮抹，同时就用左手在器外作垫，照样可以做好陶器。

2. 拍打工具

无论泥条盘筑还是其他手制方法，器坯都要经过拍打成形手续，才能使器壁变薄并且坚实。关于拍打工具，傣族是外用素面的或刻有花纹的木拍打，内用光滑的卵石为垫。这套拍打工具其他后进民族也常使用。[5]

中国各地远古陶器常有绳纹、篮纹及方格纹等花纹。一般可以认为都是拍打工具留下来的。西安半坡陶器一些粗砂陶罐、小口尖底瓶及大口瓮类，内有“直径 2 厘米的陷窝”[6]，疑是卵石为垫的结果。

3. 修整表面工具

器坯表面修整工作所用工具，多种多样。景洪曼勒傣族用一种竹片削成的刀（见《傣族制陶的民族考古学研究》图四），在已经做好的器身上，刮去因拍打留下的木拍棱痕。西安半坡仰韶文化遗址出土的细砂陶和粗砂陶，表面都有“刀类工具刮削”的痕迹[7]，所使用者当是类似工具。

4. 刻划花纹的工具

---

1 李济：《小屯》第三本《殷墟器物 · 甲编》陶器上辑，104—107 页，台湾南港，1956 年。

2《西安半坡》，155 页。

3 N. Palmgren, *Kansu Mortuary Urns of the Pan Shan and Ma Chang Groups*, Palaeontolegia Sinica, Series C, Vol Ⅲ, Peiping, 1934, p.2.

4 *Prehistoric Pottery in China*, p.92.

5 *Ceramics for the Archaeologist*, p.59.

6《西安半坡》，154 页。

7 同上，155 页。

远古陶器上刻划花纹用什么工具，迄无所知。一般认为，制造各种形式的划纹用一根细木棒，制造篦纹用的是一种梳篦状工具。[1] 殷墟陶器上划的弦纹或波浪纹等，一道的被从为用一种“单尖笔”划成，二道或三道被认为用“双尖笔”或“三尖笔”划成。[2]

然从景洪曼勒傣族宗教用陶器划纹来看，所用的只是一种工具，即前有三四尖齿的竹片，用这种工具几乎可以制造各种划纹和篦纹。一边在转盘上旋转，一边以这种工具的一个尖齿刻划，可做单道弦纹；以数尖同时刻划，可成数道平行弦纹；若手腕再随意弯曲，可得波浪纹。篦纹是以这种工具的尖齿一排排压印而成的。这一发现为复原中国远古陶器上刻划花纹的作法，提供了新的参考材料。特别像内蒙古细石器文化中一些陶器，篦纹和划纹非常发达，而且两者经常出现在同一件器物上[3]，其制作方法应与傣族相去不远。

（四）陶窑出现前烧陶方法

个别后进民族把器坯放在家中的炉灶烧制。但比较流行的原始烧陶方法是露天烧陶法，即将燃料和器坯堆放在平地上来烧。这样燃料易于很快烧尽，不能取得必要的温度，于是人类又采取在器坯堆上再放燃料，并涂以湿泥或畜粪的办法，使火力持久。这样烧陶仍是在平地上进行，为了有别于一般平地烧陶法，可称为“燃料封闭法”或“燃料灶”。窑便是由此种方法发展和引导出来的。[4] 傣族保存几种烧陶法，为研究原始制陶技术的演进提供了具体生动的材料。

远古时期陶窑的遗址易于保存，而陶窑以前的露天烧陶法和燃料封闭法却不易留下明显的遗迹。但制陶者采取这些原始方法烧陶，若经常在固定地点进行，仍会留下一些痕迹。如上所述，景洪曼勒傣族烧陶户有自己固定的地点，故地面成了红烧土，有的竟厚达 5–10 厘米。我们即可以此为线索，来寻找远古时期无陶窑的烧陶地点。

中国新石器时代的陶窑迭有发现，但无窑烧陶的现象是否存在呢？下面进行一些探索。

江苏邳县刘林遗址中，有“残存的小块红烧土三处，面积只有 1–2 平方米，烧土呈紫红色，块大，有的还带有草拌泥的痕迹。这三处中两块烧土面，一厚 20 厘米，一厚 40 厘米。……另一处烧土面厚 60 厘米，所含烧土块较为坚硬，并有木炭屑及红沙陶掺杂其中。原报告推测，这后一处“可能是当时的烧窑遗迹”[5]。又如上海青浦崧泽遗址的中层发现“烧土面……四处……面积最大的约 5 平方米，小的约 2 平方米，形状不规整，有的略带长方形，有的为不规则圆形，表面高低不平，厚度约在 10–15 厘米之间，烧土表面常有炭灰和陶片等遗物”[6]。考虑到这些遗址无陶窑的发现，这些红烧土面中又夹杂陶片等物，可以推测它们就是当时平地烧陶的地点。这方面证据不多，尚待进一步发掘工作才能证实。

判断无窑烧陶的另一线索是出土陶器本身。无窑烧陶（即使是燃料封闭法）所达到的温度不能超于 1000℃（见前），故出土陶器火候较高者只能是陶窑的出品。勐海曼朗、曼海无箅和无顶

---

1 中国科学院考古研究所：《考古学基础》，33 页，科学出版社，1958 年。

2《小屯·殷墟器物》甲编陶器上辑，121—122 页。

3 内蒙古自治区文化局文物工作组：《内蒙古自治区发现的细石器文化遗址》，《考古学报》1957 年 1 期，15 页，图七一八。《昭乌达盟巴林左旗细石器文化遗址》，《考古学报》1959 年 2 期，11 页，图六。

4 C.Singer and others, *A History of Technology*, Oxford, 1956,Vol I, p 391—392.

5 江苏省文物管理委员会：《江苏邳县刘林新石器时代遗址第一次发掘报告》，《考古学报》1960 年 2 期，84 页。

6 上海市文物管理委员会：《上海青浦崧泽遗址的试掘》，《考古学报》1962 年 1 期，3 页。

1.沧源傣族的釜甑上覆以器盖　2.景洪傣族圜底罐煮物　3.景洪傣族圜底罐盛物　4.景洪傣族平底罐上覆以器盖

图二　傣族陶器的用法

竖穴土窑以及曼南坎无顶竖穴砖窑，又是研究考古发现中早期陶窑的最好类比材料。考古工作者报导陶窑常说“顶部已破坏”，实际上远古烧陶常用燃料封顶，陶窑根本是无顶的。

（五）几种陶器的用途和用法

远古陶器是多功能的。一器多用的现象在傣族中也极为普遍。例如，景洪曼勒傣族的主要器形——平底罐，可用来盛水、盛饭、盛放谷物，如套以竹络还可用来挑水。圜底罐主要作炊具，如下垫竹圈，亦可用以盛物（图二：3）。器盖当然主要用于覆盖容器（图二：4），但是我们也常见傣族把器盖翻转过来盛放东西。

考古发掘证明中国远古时期陶器也有一器多用现象。例如，西安半坡出土的一些粗砂器物，“有烟熏的痕迹，通体饰绳纹，外表涂泥，根据这些特点，可以确定为炊器。但有许多类似这样的陶罐，却作为储藏器，盛螺蛳或采集的果实。又如圜底罐，从形状和质料上看是水器，但在152号墓中却用来盛放粟粒”[1]。既然一种陶器具有多方面的用途，我觉得在编写考古报告时，对那些常见日用器物（如罐、钵、盐等）似乎不必分类为水器、炊器、食器等等，仅以形态分类即可。此外，中国地下出土陶器有的形态与傣族陶器类似者，对其用途和用法也可作同样的考虑。例如，像上述景洪的平顶器盖，见于长安客省庄[2]、西安半坡[3]、陕县庙底沟[4]、宁阳堡头[5]，它们的用途除覆盖器皿外，也都可翻转过来使用。又如，沧源俄允陶器中的甑，底部有大圆孔而无箅，用时再放竹制的箅（或包米于麻布中）置于釜上以蒸饭（图二:1）。在西安半坡、沣西张家坡[6]亦曾发现无箅之甑，过去常使考古工作者困惑不解。现在我们可以根据傣族无箅之甑来推知其使用方法。

再如，徐州高皇庙遗址中层出土一器，形似灯盘，口径14.5厘米，底径7.5厘米，中间一柱，

1《西安半坡》，139页。

2 中国科学院考古研究所：《沣西发掘报告》，《考古学报》1974年1期，图版贰：1。

3《西安半坡》，图一〇八：1—2。

4 中国科学院考古研究所：《庙底沟与三里桥》，科学出版社，1959年，图48B，图版陆陆：6。

5 中国科学院考古研究所：《新中国的考古收获》，文物出版社，1961年，图版拾陆：4。

6《西安半坡》，图一〇八：7；《沣西发掘报告》，图六四：1，图版伍伍：2。

高1.5厘米。报告称为“中柱盆”[1]。此物在殷墟陶器中亦见。[2]景洪曼勒傣族有一种器盖，在底部中心安一乳突状把手与此器正同。由此可证实它原是一种侈口的器盖，“中柱”实为把手。虽然傣族有些器盖可以翻转盛物，而这种器盖却是只能作为器盖的。

最后，要略谈一下宗教用陶器问题。傣族过去除信奉小乘佛教外，还保持一些原始的信仰。他们认为，每寨有一寨神（“披曼”），是全寨吉凶福祸所系，特建小草房（“哼披曼”）供奉之，其情况颇类似中国古代之社神。在这小房中要备有一些特别陶器（罐、瓶），供献清水和鲜花。这种宗教用陶器和日用陶器有很大的不同，不仅器形较小而且制作粗糙。由此我们不禁联想中国一些远古文化遗址中常有形小而粗糙的陶器出土。例如，长安客省庄发现这类陶器“形制很小，制作粗率……形状有罐、壶、杯等”[3]，南京锁金村也发现所谓“模型陶器”十八件，“包括三足器、杯、盂、罐等，器形大小不过实物的四分之一左右，都系手捏而成，不能盛物，个别的还有简单的纹饰”。[4]又徐州高皇庙发现“有方盂、盆、豆、筒形器等，器形很小，似非实用器，制作也非常粗糙”[5]。对这些小陶器，一般都推测为“玩具”或“儿童墓的随葬品”。但有关报告并未报导它们出之于墓葬，随葬品之说似乎无据。它们之中有些是否也有可能是当时祭鬼所用之物呢？这是值得注意的问题。

1965年6月初稿

2009年9月修改

1 江苏省文物管理委员会：《徐州高皇庙遗址清理报告》，《考古学报》1958年4期，11页，图版伍：5。

2 Li Chi, *The Beginning of Chinese Civilization*, Seattie:University of Washington Press, 1957,p.29及图。

3《沣西发掘报告》，67页，图版叁壹：1—16。

4 尹焕章：《南京锁金村遗址第一二次发掘报告》，《考古学报》1957年3期，18页，图版肆：14—17。

5《徐州高皇庙遗址清理报告》，12页，图版陆：8—13。

河姆渡文化的“骨耜”及相关问题

河姆渡文化的发现，是近年中国考古学的重要成就之一。它不仅对研究东南沿海地区远古社会有重要价值，而且能为考古学和史前学的理论研究提供不少有用的资料。“骨耜”就是这样的重要资料之一。

“骨耜”自出土以来，释者颇众。兹不避浅薄，草此短文，对此物之形制、用途及有关问题，提出一些与前人不同的意见，就教于海内外学者。

一

1973 年和 1977 年在浙江余姚河姆渡遗址两次发掘中，共出土“骨耜”一百余件。此物系偶蹄类动物肩胛骨制成，骨臼和骨脊削平，以便安柄。骨面中间多凿双孔以系绳，一部分在骨臼上还凿有长方形横孔。器身磨光，肩胛骨宽薄一端多已残破，说明它是实用之器。[1] 一系列碳十四数据表明，河姆渡文化的年代约为公元前 5000–4000 年。[2]

从形制及痕迹看，此物为一种安以直柄的工具无疑，借用中国典籍中古器物名称，称为“骨耜”并无不可。然若以为此物与中原地区的耜一样，是一种翻土工具，甚或把它复原为一种安有横木以供足踏的深耕工具[3]（见图一），则有可商榷之处。兹分别析述如下：

首先，此物仅有一部分在骨臼中间凿有横孔，如第一期发掘中在第四层得 31 件，其中有横孔者仅 14 件。又距河姆渡遗址不甚远之海安青墩遗址出土的同类器物，是于骨臼顶部凿一直銎以便插柄其中。[4] 可见横孔对该工具来说并非是必备的，以此证明“骨耜”上有足踏横木的存在，是不可靠的。到了第二期发掘中，发现一件标本〔T224（1）：175〕，横孔部位被十多道藤圈绕过，更进一步证明不可能再穿过横木，其作用不过和骨面中间之双孔一样，乃为了便于缚扎柄部，故后来人们再作“骨耜”之形制复原，便不再加以横木了。“足踏横木”既不存在，“骨耜”用来“掘土翻地”、“精耕细作”之说便失去依据。

1《河姆渡遗址第一期发掘报告》，《考古学报》1978 年 1 期。《浙江河姆渡第二期发掘的主要收获》，《文物》1980 年 5 期。
2《中国考古学中碳十四年代数据集》，文物出版社，1983 年，54–55 页。
3 宋兆麟：《河姆渡遗址出土骨耜的研究》，《考古》1979 年 2 期。
4《江苏海安青墩遗址》，《考古学报》1983 年 2 期。

其次，就整个自然环境及当时农业经营方式来说，河姆渡地区与黄土高原不同，并无使用翻土工具的必要（详后）。

最后，民族志知识告诉我们，动物肩胛骨做成的工具，无论其为锄类或铲类（耜类），只能用于土壤表面；若用以刺土翻耕，便易折断坏损。现代景颇族（分布于云南德宏地区）有一种牛肩胛骨做的工具，名叫“申边”（见《再谈史前器物用途用法问题》），便只能用以铲草、清除厩内牛粪等。现在云南省博物馆收藏的一件标本曾为多种论著引用者，是 1973 年 1 月我们所搜集。当时景颇族即明确告诉我们，此物不能挖土，“多么厚的牛膀（指肩胛骨），也经不住挖几下子”。又据报导，世界其他民族的骨工具也是一样，“由于材料的脆弱性，它不能刺破土壤，而只能像希达察－印第安人那样，限于爬刮疏松的表土，在生长植物的根部形成小堆”[1]。北美东部森林区和和草原地区印第安人用牛或鹿的肩胛骨做的锄，除壅土外，也只能作清理土地或点种之用。[2] 根据这些类比材料所给予的启发，若非再发现强有力的证据，我们很难把河姆渡“骨耜”释为翻地的耕具。建议有条件的部门和学者，不妨对此作一次实验考古学（experimental archaeology）的研究。

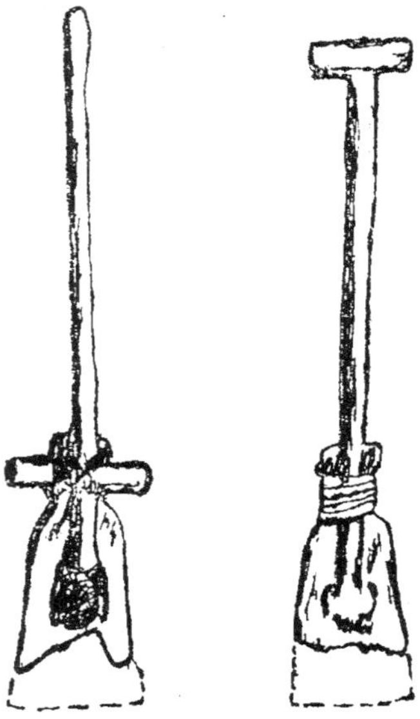

图一　前人对“骨耜”的复原

二

由于误信“骨耜”为翻耕工具，遂把河姆渡文化的农业算为一种“耜耕农业”，认为当时早已脱离了火耕，甚至已有了“水田”。

这一说法过高地估计了当时农业发展水平，且与当时的自然环境不相符合。

我们认为，当时还是一种刀耕火种农业，即以焚烧被砍倒林木取得灰烬为肥料，而不必采用人工翻地的方法。我们的理由是这样的：

第一，孢粉测定和对动植物遗存研究表明，公元前第五千年代的河姆渡自然环境面貌是气候温暖湿润，附近沼泽中生长着水生植物，森林茂密，禾本植被和森林植被并存。[3]

图二　景颇族的“申边”

1　C.D.Forde, *Habital, Economy and Society: A Geographical Introduction to Ethnology*, London: Methuen & co.Ltd., 1934, p.433.

2　H.E.Driver, *Indians of North America*, Chicago: The University of Chicago Press, 1969, p.78.

3《河姆渡遗址动植物遗存的鉴定研究》，《考古学报》1978 年 1 期。

这样的地貌和气候与亚洲南部地区并无差异，可说是从事刀耕火种的典型环境。这样的自然环境与远古黄土高原完全不同。孢粉学研究表明，黄土高原是一种半干旱的草原，有如下特点：(1) 森林稀少，草本植物（如蒿属）占压倒优势。(2) 气候寒冷干旱。(3) 黄土是风化而成，土壤松软透水。因此，黄土高原的原始农业（例如仰韶农业）就不是刀耕火种式的，也许根本就未经历刀耕火种阶段[1]，而是以短期休闲和每年翻耕方法来恢复地力，自然需要使用耒耜之类翻土农具。由于黄土疏松，原始的木质农具就可以胜任。但对像河姆渡这样的地区来说，土壤内原有丰富的腐殖物，加上树木焚烧的灰烬，不需要每年翻土，而且由于是粘土，使用原始农具无法刺土深挖。

第二，稻谷是河姆渡远古居民们的主要作物。我们要探索当地早期农业的情况，首先要弄清稻作的早期形态。按稻谷作业若加细分，可分为若干种类型，总的来说可归入两大类，即旱地作业和水田作业。前者以直播和缺乏系统的人工灌溉为特征。后者以育秧和有引水和排水的沟渠为特征（这里要说明的所谓“旱谷”，也并非不需要水，以云南少数民族而言，种旱谷必须在山间平地或缓坡上进行，而且要在雨量充沛时节抢种）。又两者另一重要区别即在前者多与刀耕火种结合而无须翻耕，后者则要犁耕或人挖。

我曾以云南几种少数民族种稻历史为根据，提出南方早期稻作形态可能类似于种旱谷方法的推断。[2] 这一说法与农史学者的研究成果竟不谋而合。[3] 据文献记载，江南地区的早期稻作形态正是采取“火耕”，而且一直保留到很晚时期。如《史记·货殖列传》云：“楚越之地，地广人稀，饭稻羹鱼，或火耕而水耨。”《汉书·地理志》云：“江南之地，或火耕水耨，民食鱼稻。”《隋书·地理志》云：“江南之地，火耕水耨，食鱼与稻。”尽管“水耨”有种种不同的解释[4]，而“火耕”除刀耕火种外却无法作其他解释的。我们没有理由认为，在江南广大区域内只有河姆渡地区早在公元前第五千年代即已脱离了“火耕”阶段，而且有了每年翻耕的水田。现有的考古发现并未提出这方面的任何证据。

第三，从河姆渡发现的工具组合中，却可以提供有关刀耕火种农业的若干证据。石器中一种断面呈椭圆形的石斧，在世界范围内普遍发现，现已证明主要是一种砍伐工具，已有人在委内瑞拉的 Yanomamo 人中就这种石斧砍树作过实验考古学的研究[5]。木器中木棒有些可作点种棒之用，那些较短且有榫头者或是复合木棒的头部。因棒头易于磨损，故用坚木制造而另安柄。拉祜族（分布于云南澜沧等县）即有这样的一种复合木棒，称为“木戳铲”。至于“骨耜”虽非作翻土之用，在刀耕火种农业中却另有“用武之地”，它可以像景颇族“申边”一样（图二），用来平整土地、爬匀草木之灰、覆种、壅土或铲草。遗址中同出的“木耜”也可考虑有同样的用途。

第四，遗址中丰富的动植物遗存表明，当时存在着发达的采集经济和渔猎经济。人们采集众

1 何炳棣：《中国农业的本土起源》（马中译），分载《农业考古》1984 年 2 期、1985 年 1—2 期。

2 参见《远古时期云南的稻谷栽培》，《思想战线》1977 年 1 期。

3 渡部忠世：《稻谷之路》（尹绍亭译），云南人民出版社，1982 年。

4 “水耨”当以释为灌水淹草以助苗长为是（参见《汉书 · 武帝纪》颜师古注引应劭说）。假如说江南原始稻作有什么特点的话，这是一个特点。

5 R.L.Carneiro, Tree Falling With The Stone Axe: An Experiment Carried out Among The Yanomamo of Southern Venezuela, *Ethnoarchaeology*, C.Kramer (ed), New York: Columbia University Press, 1979, pp.21—53.

多的果实和水生植物，猎取包括象、犀等大动物在内的猎物，并能捕捞多种鱼类和介类，这也是当时农业还处于较原始状态的旁证。采集和狩猎盛行正是农业收获尚无法保障生活需要的表现。当然并不排除在气候、雨量合适的年份，原始农业也能取得好的收成。

三

总之，我们认为公元第五千年代河姆渡的农业应是一种刀耕火种的稻作农业，所出土的“骨耜”并非作翻土地之用。“骨耜”之名已约定俗成，可以沿用，但不宜理解与黄土高原上用以“举趾”深耕的木耜有相同的功能。

我们不同意对河姆渡文化农业发展水平估计过高，这丝毫无损于这一发现的重大意义。正是因为这一文化是中国东南沿海地区古老的文化，其材料常为世人引用，对其经济生活及一些重要器物更应作出确切的、恰如其分的阐释。

本文限于时间，未能充分论证，只是初步提出问题，以供讨论。

（原载《东南文化》1991 年 1 期）

云南少数民族的取火方法
——兼谈中国古代取火

人类在旧石器时代早期已知用火。最初只会利用天然火。即从自然界偶然发生的火中取得火种，尽量保持不灭。由于这样用火不能保证经常性和持久性，随着人类社会和文化的发展，乃有人工取火方法的发明。

人工取火大约始于旧石器时代晚期。这一时期取火工具遗物有欧洲古墓中出土的黄铁矿石和火石，两者发现时排列在一起。远古人类除了击石取火以外，其他取火工具多为竹木制成，很难保存，故人们要全面研究和复原远古人类取火方法，不得不依靠民族志资料。

中国云南省少数民族在日常生活和宗教活动中仍保存多种原始取火方法，材料极为丰富，惜过去不为世人所知。从1960年以来，笔者在云南进行文化人类学调查，遇有这方面材料即注意搜集，并请人演示，记录其具体方法。兹将有关情况介绍出来，并联系中国古代取火问题略加讨论。

一　云南少数民族的原始取火方法

（一）佤族的钻法、锯法和带锯法

佤族分布于云南西南西盟、沧源等县。他们的原始取火方法除了刀耕火种时偶尔使用外，主要保存在宗教活动之中。

西盟佤族过去每逢火灾，认为是火鬼“艾荣”（即蝙蝠）作祟，必须举行“送火鬼”仪式后另取新火，这时必须使用原始取火方法。

西盟原始取火方法有好几种，视当时当地有什么合适材料而灵活运用。大体说来，可分以下三类。

第一类是钻法，即利用竹木旋转摩擦所产生的热量取火，以其材料和具体方法不同又可分为两种：

一种是取当地名叫“阿由”的树（汉语称盐酸果树）干一段，劈开作为底木，在上钻一个孔，在小孔一侧再挖出空隙，内塞火草（佤语称“门以”）。取火者坐于树干之上，取细木棒或竹棒一根，置于小孔中双手搓动之（图版五：1），摩擦到一定程度即冒烟出火点燃小孔内预放的火草，吹之即可得火。[1] 钻木时需要一定的技巧和经验。手搓速度太慢，不能达到出火的热量；若用力

1　此法为小马散寨艾列姆所提供，1965年3月25日曾在该寨为我们演示。艾列姆为该寨“魔巴”，时年约五十岁。群众公推他是最懂“阿瓦礼”的人。

过急，则磨棒时常跳出钻孔。

另一种是取一根类似蒿子的植物（佤语称为“斯皮欧”）的茎部为底木，火草垫在底木之下，取火者双足踏紧底木，搓动一根硬木棒或竹棒钻其中心，当底木钻穿，热量亦高至可以出火程度，点燃下面火草，即可得火。若磨穿尚未得火，则再行一次，直至得火为止[1]（图版五：2）。

钻法所用底木必须质软（“阿由”和“斯皮欧”中心部分皆软），钻棒要质硬。两者都必须保持干燥。每年三四月间举行，最易得火，因为这时气候干燥。得火所需时间，要看材料、季节是否合适及取火者技术是否娴熟而定。快者一两分钟，慢者达半小时甚至更长。其他取火方法亦是如此。

第二类是锯法，即利用竹木来往磨擦所产生的热量取火。取上述“阿由”树一段为底木，以铁刀刻一凹槽，深入树心。取火者以一竹片置凹槽中来往摩擦。另一人双手各持火草一小把压置于凹槽两端，兼起扶紧底木作用，摩至火草着火时为止[2]（图版五：3）。

此法除了需要干燥的气候和材料外，还需持久的臂力，故中途常要换人。

第三类是带锯法。这也是锯法的一种，同样利用来回摩擦原理，但以竹藤之类作为条带来锯。其具体方法根据底木形制及火草安置不同，又可分为甲乙两种形式：

甲式是取“阿由”树的树枝一段，以铁刀削去其皮，并将一端劈开夹以火草，取火者以足踏紧，取藤条一根，双手各持藤条一端，在底木已被劈开夹有火草处，由下而上来往抽动摩擦（图版五：4）[3]。

乙式是将上述“阿由”树枝一端削皮，以铁刀挖出一个四方形小孔，内塞火草，取火者持藤条以同样方法摩擦之[4]（图版五：5）。

带锯法要点是不能用新藤。西盟佤族妇女腰部佩带藤圈，被认为是最理想的取火工具，因为佩之既久，质地最干。这种藤圈上施黑漆，是妇女心爱之物，而取一次火往往要折断几个藤圈摩擦，才能得火。故每当有人家失火，另取新火，规定要每户妇女各出一根藤圈备取火之用。1965 年 3 月我在莫阿寨请佤族演示带锯法，藤圈从哪里来成了他们的难题。后有一个老人出来说，按“阿瓦礼”应由我居住那家房东老大妈提供。她勉强拿出两圈。表演者又笑令几个看热闹的姑娘各出一圈，才使取火得以进行。

西盟佤族在以上述各种原始方法取火时，还有一些禁忌，如不能在室内举行等等。他们认为室内摩擦取火，将再次发生火灾。

沧源佤族在一种类似内地古代“改火”仪式中，要使用原始取火方法。即取竹片一根，以铁刀将边缘削薄，竖放于地，两端以竹签固定之。另备一根竹片，上刻凹槽，但不刻穿，凹槽内钻一小孔置火草，再以另一根竹片合于其上，内塞竹屑、茅草等引火物。取火者需要两人，共持相合竹片，将其凹槽对准竖放地上之竹一边缘，来往摩擦，摩至火出，点燃小孔内火草，急

---

1 此法在大小马散、永广大寨搜集，未作实地表演。云南民族调查组过去曾搜集这种取火法的实物一件，与所述情况相符。

2 此法为永广大寨老人艾梗、艾三所述。1965 年 4 月 4 日艾三带领五六个青年人为我们演示。艾三时年约六十岁。

3 此法为莫阿寨岩柯斯（原村寨头人）及小马散寨诸老人所述。1965 年 3 月 25 日小马散区政府干部组织民兵为我们演示。

4 此法为莫阿寨岩柯斯所提供。1965 年 3 月 17 日他在莫阿寨乡政府门前为我们演示。岩柯斯曾任莫阿寨头人，人极精干，善汉语，时年约四十五岁。

吹之，火即蔓延至竹屑、茅草。[1]

沧源佤族会取火的只限少数头人，且过年才行一次，就是头人对此也很生疏，有时要一小时许，换人几次，才能得火。此种方法在沧源佤族之中正趋于失传。

（二）苦聪人的锯法和击石法

苦聪人原分布于金平县原始森林中，1957年后才出林定居。定居前他们在日常生活中仍使用原始取火方法。

他们原始取火方法有两种。一种是锯法，与上述佤族各种锯法略异，是以当地一种“白竹”劈成竹片，以铁刀在一根竹片上刻凹槽为底，另一根竹片削成刃部置于凹槽之中。取火者两人，各以一手紧持底竹，另一手持上面竹片之一端，来往剧烈摩擦（图版六：2)，其下放置芭蕉根晒干做成的引火物，摩至冒烟出火，点燃引火物为止。[2]

另一种取火方法是击石，即用两块石头相击，产生火花。据称所用是一种“黄石头”，当指黄铁矿石，因为只有含硫的铁矿石相击或与火石之类硬石相击才能打出火花。这种石头很不易找，故人们很少使用此法取火。[3]

苦聪人和许多后进民族一样，非常注意保存火种，使其长年不灭。火塘是日常保存火种之处，若迁徙时则用芭蕉叶包火种随身带走。即使平时外出，也要携带一根阴燃的木棒，以备不时之需。若非火种熄灭，他们是不轻易取火的。

（三）景颇族的锯法和压气取火法

景颇族居住在今盈江、陇川、瑞丽、潞西等县的山区。他们保存的原始火法有锯法和压气法。

锯法主要保存在宗教活动中。如盖新房时生新火及失火之后生新火，要以锯法取得。又盈江地区景颇族每逢失火，要在巫师“董萨”主持下举行“送火鬼”仪式，其后便用锯法来另生新火。如盈江莲山地区还有这样的习俗：每年春耕由一老人先放火烧山，然后大家才能烧山，这为首烧山者所用火种亦要以原始的锯法取得。

景颇族锯法都是竹与竹相锯，但具体形式是多种多样的。兹举我们记录下的两种形式为例。

瑞丽景颇族锯法是这样的：取火者用身边所佩铁长刀将竹片削薄，一端插入地下，另一端用足趾紧紧夹住。双手持一竹筒，上刻凹槽，内盛竹屑及火草等物，将竹筒凹槽对准竹片边缘，来往剧烈摩擦（图版六：3)。当竹筒摩穿，也就达到出火的程度，火星点燃竹筒内火草等物，以口吹筒，火焰即起。[4]

潞西西山景颇族锯法是这样的：将一根竹片以铁长刀削薄，竖放于地，两端以竹签固定。另将一根竹片刻出凹槽，其上再覆盖一根竹片，两两相合，内盛火草及茅草等。取火者双手持夹有引火物之竹片，将凹槽对准地上竹片边缘来往摩擦。另需一人在旁扶紧地上竹片，并准备随

---

1 此法为民良、糯良等寨老人提供。1965年1月18日民良寨原头人（“斯斩”)，人称“老政协”（因曾任县政协委员得名)，带领助手为我们演示。

2 此法为云南民族学院苦聪人学员李大1962年8月在昆明口述，并作演示。李大当时年约三十五岁。图版六：2的相片采自前云南民族调查组苦聪人科学纪录片。

3 此亦为云南民族学院苦聪人学员李大提供，由于在昆明找不到合适材料，未作演示。

4 此法为兰景里景颇族老人提供。1962年1月21日原头人（时年约五十岁）在该寨为我们演示。

时替换。有时还在引火物洒上火药，使其易燃。[1]（图版六：1）

景颇族的压气取火法，是利用空气突然压缩产生热量的原理。此法主要用于刀耕火种时放火烧山。他们认为放火烧山若用火柴则易长草，影响产量。又抗战时日本军队一度侵占滇西，火柴难购，这时压气取火法也曾普遍使用。

此法所用工具是一根竹筒或牛角筒，一端封闭，一端中空。另有一根竹棒或牛角棒，其圆径与筒之口径大小一致，棒端下凹，内可藏火草。取火时，将棒插入筒口，猛力下压，空气突然压缩，产生巨热引燃棒端火草。急忙抽出吹之，即可得火（图版六：4）。

只要具备这种工具，大人小孩均能用以取火；而制造这种工具却需要一定的技术，要做到棒和筒完全相合，过紧过松都不能得火。压气取火筒用之既久，还要会修整。若松则在棒端缠线；若紧则涂以牛油使其润滑。又对火草要求亦较其他取火方法更为严格，必须绝对干燥，或用前放在火塘中烧焦、使易于点燃。[2]此外，还有一些特殊信仰，如陇川景颇族认为，“排波”要用母牛角制造，才容易打出火来。

关于压气取火筒的来源，或说由傣族教给景颇族的，或说是景颇族先用，后来才传入傣族地区的。实际上，近代景颇族和傣族都会制造（景洪县还有一个傣族寨子“曼勐”，专门制造此物），而且各有自己的名称，德宏傣族称为“莫国约”，西双版纳傣族称为“光法以”，而景颇族称为“排波”。这种取火方法可以视为两族共有的原始技术。

二　中国文献记载和考古发现中的原始取火方法

中国古代曾发明很多种人工取火方法，前人论述[3]尚未完备。现参考上述少数民族取火实例，对几种原始取火法，作进一步的探讨。

（一）钻法

钻木取火是一种古老的取火方法。菲律宾塔锡克人（Tasaday），文化水平还处于石器时代，仍然使用打制石器作为工具，却已有了钻木取火之法。[4]

钻法在中国也有悠久的历史。关于它的发明，在古文献中多托始于燧人氏[5]或黄帝[6]这些传说人物，自难凭信。然拨开“圣人制器”的迷雾，多少反映出这种取火方法确有古老的渊源。

到了春秋战国时期，钻木取火法还是普遍使用的取火方法。《礼记·内则》云：

1　此法为弄丙寨老人木勒杜、何勒砣提供。1973 年 4 月 7 日何勒砣为我们演示，何勒砣时年已近七十岁，是当时该寨最了解景颇族传统文化者。我们问引火物上洒火药是否原有？答曰：他小时见老人取火即是如此。按在引火物上洒火药及用铁刀削治竹木取火工具，显然是有了火药和铁工具以后的事情。但取火方法的基本要点，应是过去沿袭下来的。故景颇族和其他民族的取火法一样，仍可供复原原始社会取火的参考。凡是铁刀做的工作，远古时期可用石器骨器或蚌器来完成，只是费时太多而已。

2　景颇族老人差不多均会压气取火，只要有工具，随时随地可作演示。以上几条经验是在潞西县西山所搜集。

3　参见王旭蕴：《中国古代在取火方面的发明》，《清华大学学报》7 卷 2 期，1960 年。

4　K.Macleish,The Tasadays Stone Age Caveman of Mindanao,*National Geographic*,Vol XLIV:2（1972）.据最近报道，塔锡克人并非从未曾与外人接触，乃为吸引旅游而扮演。——1988 年 10 月 15 日补记

5　参见《韩非子·五蠹》，《尸子》卷上，张华《博物志》（《太平御览》卷八六九引），王嘉《拾遗记》。

6　见《管子·轻重》戊篇。

子事父母……左佩纷帨、刀、砺、小觿、金燧，右佩玦、捍管、遰、木燧……妇事舅姑，如事父母……

这条记载列举男女随身携带物品中，就包括两种不同的取火工具。据郑玄的注解，“金燧”即所谓“阳燧”，是一种利用日光取火的铜质工具（详后）；“木燧”就是钻木取火工具。这说明古代男女都会取火，而且随身携带取火工具，以备长辈不时之需。两种之中广泛使用的只能是钻火的“木燧”，因为“金燧”取火要有日光，夜晚或天气阴霾时便不能使用，而“木燧”则不受此限制。如《史记·孙子吴起列传》云：

庞涓果夜至斫木下，见白书，乃钻火烛之。

这是夜晚钻火的生动例证。

两汉魏晋时期，钻法仍然流行不衰。如《淮南子·说林训》云：

槁竹有火，弗钻为爑。

同书又云：

凡用人之道，若以燧取火，疏之则弗得，数之则弗中，正在疏数之间。

又《易林》师卦之未济：

钻木求火，掘地索水。

从上引可见，钻木取火当时极为普遍，竟形成谚语或作为比喻。同时可以看出，钻火不仅可以用木，而且可以用竹。钻火时既不能太慢（“疏”），也不能太快（“数”），这确是经验之谈。上述西盟佤族表演钻木取火时，若双手搓动木棒太急太快，往往会使钻棒跳出小洞之外（即所谓“弗中”），太慢则又达不到产生火花的热度。又魏人邯郸淳《笑林》记录了一个古老的笑话，也是以钻木取火为内容的：

某甲夜暴疾，命门人钻火。其夜阴暝未得火，催之急。门人忿然曰：“君责人亦大无道理，今闇如漆，何以不把火照我？我当觅得钻木具。”[1]

由此可见钻法一直是民间所用的主要取火方法。

关于汉晋时期钻木取火工具实物也有一些发现。现略举如下：

1. 居延烽燧遗址：1930—1934 年中瑞合组的考古团在这里的 A19、A21、A27、A28、A32、A33 等地点，发现了钻火的木棒和木片。木棒一般较硬，一端削尖。木片质地较软。钻孔多在边缘，孔旁凿有缺口。有一木片上还书一“急”字（报告误释为“鬼”，见图一）。还有利用破木器为钻火木片的。[2]

2. 敦煌烽燧遗址：1906—1908 年及 1913—1916 年斯坦因两次在此发现了钻火木棒和木片，形制与居延发现者略同。[3]

3. 罗布泊遗址：1906—1908 年斯坦因在这里发现一套完整的钻火工具，钻棒和木片用绳子系在一起[4]（图二）。

---

1 此书收入《旧小说》甲集。

2 Bo Sommarstrom, *Archaeological Researches in the Edsen—Gol Region, Inner Mongolia*, Stockholm. 1956, Part I, pp. 276, 281—282, 296, 299, 300—311, fg. 150—152, pl. 6: 9—12.

3 Aurel Stein, *Serindia*, Oxford, 1921, pp. 57, 605, 787, 790, 680; *Innermost Asia*, Oxford, 1928, pp. 401, 427, 771, 784.

4 *Serindia*, pp. 380, 436, pl. XXXV.

4. 尼雅遗址：1906—1908年斯坦因在此地发现钻火工具多件。钻火工具与佉卢文简同出于房屋废墟中，应是当地少数民族用物，其形制与上述诸遗址出土者同。[1]

5. 安得悦遗址：1906—1908年斯坦因在此地亦发现了钻火木片，有两件是装在一个布袋之中的。[2]

据这些考古材料，可以复原出汉晋时期钻木取火方法的若干细节。钻棒用硬木，被钻的木片用软木。钻棒似用双手搓动，因为当地并无明显的钻弓之类工具共出。[3]

钻孔位于木片边缘，且凿有缺口，是为了易于排出摩擦出来的木屑，这与海南岛黎族钻法相同（图三）[4]。居延出土木片上有一“急”字，说明对钻火可能有一些巫术信仰，甚或还要举行一定的仪式。当时人们可能认为，在钻火工具上写上“急”字，即可很快得火。安得悦遗址发现钻火工具装在布袋中，这似乎表明汉晋时期西域亦像《礼记·内则》所说那样，有随身携带钻火工具的习惯。

竹木质料的钻火工具仅发现于西北地区，在中原地区罕有发现。有人据此以为，中国这种取火方法是受印度的影响。[5]殊不知钻木取火是世界上普遍的原始取火法，据文献记载中原地区自古以来即流行钻木取火，只是由于缺乏干燥的气候条件，实物很难保存而已。

钻火工具在居延地区不仅有实物发现，在这里出土的汉简中也有反映，亦称为“出火遂”：

出火遂二具（〔44〕505.1）。[6]

出火锥钻二（〔475〕305.2）。[7]

在著名的永元年间“守御器簿”中也列有：

出火遂二具。[8]

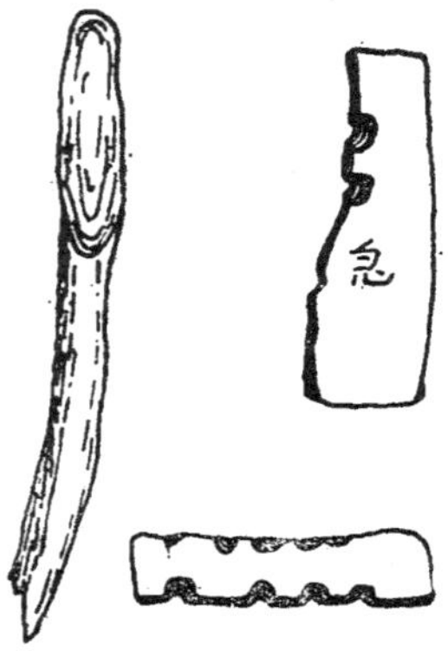

图一　居延汉代烽燧遗址出土的钻木取火工具

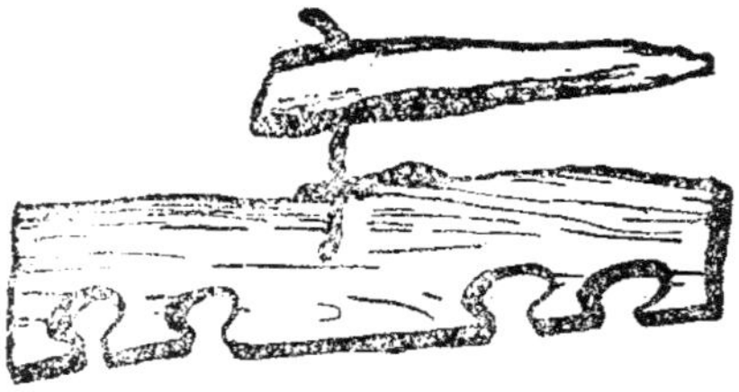

图二　新疆罗布泊遗址出土的钻木取火工具

图三　海南岛黎族钻木取火工具

1 *Serindia*, pp. 237—238, 253, 263, 266, pl. XXVIII.

2 *Serindia*, pp. 290, pl, XXVIII.

3 尼雅遗址发现一个类似钻弓之物，斯坦因推测可能用于取火（见 *Serindia*, pp. 222, 253, pl. XXVIII），但其柄较短，绳很粗壮，不能旋转，不像是取火之钻弓。

4 据报道，海南岛黎族的钻木取火法是这样的：将当地一种名叫山麻木者削平，刻一浅穴，再在旁边刻一缺口。人坐于地，足踏削好的木片，将钻棒置穴中双手搓动，木屑沿着缺口落下堆在旁边。摩到一定程度产生火花，飞出缺口，点燃其旁木屑，有烟冒起。以燃着的木屑放在一把事先准备好的干茅草里，即可吹出火焰。现代刻挖浅穴及缺口均同铁刀，据老人传说过去用石头工具。参见张寿祺：《海南岛黎族人民古代的取火工具》，《文物》1960年6期。

5 F. H. Jocye, Note a Number of Fire Sticks on the Southeast of Turkestan, *Man* XI（1901）.

6 中国科学院考古研究所：《居延汉简甲编》，科学出版社，1959年，1977号。

7 劳榦：《居延汉简考释》（释文之部）卷一，商务印书馆，1949年，200页。

8《居延汉简甲编》1991号。

由于升火报警有时要用取火工具，对屯戍在西北边疆的战士来说，这算是比较重要之物，故列入了武器的清单。

总之，从先秦到汉晋时期，人们日常生活中普遍使用的取火方法就是钻法。

当然，我们说钻法曾普遍使用，是和其他取火方法相较而言，并非说人们每天都要钻木取火。在实际生活中，古人和上述云南一些少数民族（如苦聪人）一样，非常注意保存火种。即使火种熄灭，亦可向邻人乞火。虽然有“乞人不如取燧”之谚（《淮南子 · 冥览训》），非不得已是不会费力钻木取火的。

汉晋以后，边陲偏僻地区犹有实行钻火者，如（清）陈祥裔《蜀都碎事》卷二引唐人石刻云：

> 巴黔路途阔远，亦无馆舍。凡至宿泊多倚溪岩，就水造餐，钻木取火，至今犹然。

又宋人杨佐《云南买马记》记熙宁年间由蜀入滇旅途生活有云：

> 未暮即相地架起桐材，上下周匝徽索而缠之，然后蔽以坐牌，副以网罟，将凑于其中，必积薪于其侧，钻燧火待以夜事。[1]

据此可见，唐宋时期今川滇黔地区仍然有钻火为炊之事。

在内地，汉晋以后人们日常生活很少使用钻木取火法，但宗教仪式中犹有保存。按先秦时期起即流行“改火”之俗，即每隔一定时期要灭去旧火，另以原始的方法取新火，且规定这种新火必须以钻法取得（参见《古俗新研》改火与易水）。改火仪式直至唐宋时期仍然盛行，苏轼《徐使君分新火》诗有云：

> 临皋亭中一危坐，三见清明改新火。沟中枯木应笑人，钻斫不燃谁似我。……黄州使君怜久病，分我五更红一朵。[2]

从苏轼“钻斫不燃谁似我”一语，可以想见当时钻火之困难。这是由于钻火仅保存在宗教仪式中，日常生活不常使用，必然导致技术的荒疏。

明清时期，钻木取火仍偶见记载，多是有关治病之事，如用某种树木钻火可得某种病或可治哪些病[3]，一般是无根据的臆说，或抄袭古书加以发挥，很少涉及取火的具体方法。惟清人揭宣《璇玑遗述》一书中有如下记载：

> ……如榆则取心一段为钻，柳则取心方尺为盘，中凿眼，钻头大，旁开寸许。用绳力牵如车钻，则火星飞爆出窦，薄煤成火矣。[4]

此条记载不知是否记录当时之事，然从中可见钻木取火法的一些具体情况。如古文献中只笼统说钻火要用榆柳之木，而这里则进一步说明以榆木为钻棒，以柳木为被钻的木片。按榆木质硬，柳木质软，两者与西北出土钻火材料的性能符合，所说“旁开寸许”的方法，亦与上述西北地区出土木片的钻孔之旁切开缺口之法相符，是为了排出摩擦出来的木屑。又海南岛黎族钻木取火即用这一方法。

特别重要的是这里提出钻火并不用手搓，而是“用绳力牵如车钻”，这是一种比较进步的钻

---

1 《续资治通鉴长编》卷二六七熙宁八年八月庚寅条引。

2 《东坡全集》正集卷一二。

3 参见方以智：《物理小识》卷二已疾诸火条；赵学敏：《本草纲目拾遗》卷二。

4 转引自李玄伯《中国古代社会研究》18 页。

火方法，称为“弓钻法”，即以绳或绳弓缠绕钻棒旋转。世界上不少民族（如爱斯基摩人）即以此钻火。由这条记载可以看出，中国古代也有这种方法，但有关记载仅见于此。不知它何时开始？流行于何地区？

（二）锯法

竹木相锯，亦可得火。锯法和钻法都利用竹木摩擦可以产生热量的原理，但钻法是运用旋转的力量，而锯法则是一种直线来回的运动。

锯木取火法在中国也有悠久的历史，由于人们常把它和钻木取火混为一谈，未受到应有的注意。《太平御览》卷八六九引《河图挺佐辅》云：

> 伏羲禅于伯牛，错木取火。

“错木”即指两木相锯。伏羲氏是神话中人物，无从稽考，但这种方法无疑有着古老的渊源。

战国以来锯法颇为流行。《庄子·外物》：

> 木与木相摩则然（燃），金与火相守则流。

又《淮南子·原道训》云：

> 两木相摩而然（燃），金火相守而流，……自然之势也。

唐人伪托关尹所著的《关尹子·五鉴》云：

> 物我交，心生；两木摩，火生。

这里所说的“木与木相摩”，“两木相摩”，显然都指锯法取火而言。前人只知钻木取火，不知锯木亦可得火，甚至怀疑这些记载字句有误。[1]实际上，锯木取火法不仅在世界很多民族中曾经流行，如上所述云南佤族、景颇族、苦聪人直至现代犹有保存，事实证明《庄子》等书所云尽为实录。

古代曾经存在锯法是毋庸置疑的，但留下记载不多。直至明末方以智的《物理小识》中，才有关于锯法的详细记载。该书卷二石竹火条云：

> ……以干竹破之，布纸灰，而竹瓦覆其上。竹穿一孔，更以竹刀往来切其孔上。三四回，烟起矣！千余回，火落孔中，纸灰已红。……竹火易取，常用无毒。

这时锯法大概和钻法一样，在日常生活中早不使用，方以智在这里是作为一种治病良方加以介绍的，但方法本身仍应从古代沿袭下来。从中可见，材料可用干竹，引火物是纸灰。被锯的竹片要先“穿一孔”，以便初锯时易于着力。这和上述佤、景颇、苦聪等族在被锯竹木上先刻一凹槽，原理正同。

（三）击石法

原始取火方法之中有一种是用两块黄铁矿石相击，或用黄铁矿石与火石相击。在欧洲这种方法已可上溯到旧石器时代[2]，今后中国考古发掘中应注意这方面的发现。

据文献记载，中国到汉晋之际这种方法仍然存在。《易林》贲卦之涣：

> 火石相得，干无润泽。

---

1 如俞樾：《诸子平议》卷一八有云：“两木相摩，未见其然。……疑此句亦当作木与火。”关于俞樾妄改古书，前人已加辩驳，参见刘文典《三余札记》卷二及《庄子补正》。

2 北欧这一时期坟墓中，出土过黄铁矿石和火石，而且发现时两者并列在一起，参见 Julius E. Lips, *The Origin of Things*, London：George G. Harrap, 1949, p. 36。

潘岳《河阳县作》诗：

人生天地间，百年孰能要？颎如敲石火，瞥若灾道飚。[1]

《关尹子·五鉴》：

来干我者如石火。

柳宗元《韦道安》诗：

夜发敲石火，山林如昼明。[2]

又《零陵赠李卿元侍御简武陵》诗：

阳光竟四溟，敲石安所施？[3]

唐人王起《取榆火赋》：

煌煌是求，必钻木而成燧。……朱火既飞，讵同敲石之火！[4]

(宋）苏轼《云龙观烧山得云字》诗：

束缊方熠耀，敲石俄氤氲。[5]

这些记载所说的"石火"、"敲石火"，即指像苦聪人那样的两石相击取火而言。从这些记载可见，人们照明（见《韦道安》诗)、烧山（见《云龙观烧山得云字》诗）所用之火，多由敲石取得。《取榆火赋》以钻榆木取火和敲石之火相比较，颂扬榆火不同寻常，反映唐代人们日常生活中使用击石法取火，而钻法则保存在视为神圣的宗教仪式之中。

关于取火所用之石，在古文献中亦见记载。《水经注》卷一四《鲍丘水》引《开山图》云：

(徐元）山出不灰之木、生火之石。（注云："有石赤色如丹，以二石相磨，则火发，以然（燃）无灰之木，可以终身。今则无之。")

李石《续博物志》卷九引《晋书》云：

西海郡北山有赤石、白石，以两石相打则水润，打之不已则润尽火出。

若撇开这些记载中传讹之词，可以看出所描写的正是击石取火之事。但一般石头是不能相击得火的，其中必须有一块是黄铁矿石。上引记载中的"生火之石"，当指此而言。

以石击石法的进一步发展便是火镰击石。据目前材料，似到了宋元时才普遍应用。[6]过去有人认为上引《礼记·内则》所说"金燧"即指火镰，是不可信的。"金燧"乃是"阳燧"，汉人均作如此解释而无例外。又据研究，火镰非一般的铁所能制造，必须要坚硬的高碳钢（含碳3%–4%以上）制成的火镰才能击出火来。[7]在冶铁技术没有相当发展的时代，火镰本身不会出现。

以石击石之法直至明代仍有使用者。方以智《物理小识》卷二艾火条：

凡灸艾火者……戛金、击石、钻燧入木之火，皆不可用。

1《先秦汉魏南北朝诗》晋诗卷四。"敲"一作"槁"。

2《河东先生集》卷四三。

3《河东先生集》卷四二。

4 见《古今图书集成·乾象典》卷九六引。

5《东坡全集》正集卷一〇。

6 如《水浒传》明确提到火镰击石法。该书第二十三回记武松打虎有云："众人身边有火刀、火石，随即发出火来。……看见那大虫做一堆死在那里。"

7 R.J.Forbes, *Studies in Ancient Technology*, Vol. VI, London, 1958, p.9.

又李时珍《本草纲目》卷六火部：

> 地之阳火三：钻木之火也、击石之火也、戛金之火也。

清人赵学敏《本草纲目拾遗》卷二阳火阴火条：

> 击石、戛金，必两物摩荡，热而火出。

这里所说的“戛金”指火镰击石，而击石应指两石相击而言。

结语

（一）关于原始取火方法及其分布

根据弗伯斯《古代技术研究》一书的意见，人类从古到今发明过的取火方法共有下列几种[1]：

1.竹木摩擦方法

（1）钻——手钻、弓钻、唧筒钻

（2）锯——锯、带锯

（3）犁（以木棒摩擦有凹槽的木板）

2.击石方法

（4）以石击石——黄铁矿石相击、黄铁矿石与火石相击

（5）火镰击石

3.物理方法

（6）压气取火筒

（7）反光的金属镜

（8）透光镜

（9）电花和电流

4.化学方法

（10）火柴

其中用电取火是现代技术的成就，火柴是19世纪的发明，透光镜初见于中世纪，金属镜要人类进入青铜时代后才能有之，火镰需要用含碳量较高的铁矿石制作，是冶铁技术发展到一定程度的产物。各种竹木摩擦方法（钻、锯、带锯、犁）及以石击石法，是从远古时期传留下来的，可算是原始的取火法。

值得讨论的是压气取火法。它原流行东南亚地区一些原始部落之中，由于1801–1807年欧洲一度出现过类似之物，遂使问题混淆不清。实际上，压气取火在东南亚地区大量存在，而欧洲古典时期则无此物。[2]虽然取火筒有牛角制的，在婆罗洲还出现过金属制的，而最早形式无疑仍是竹筒，原始社会居民在他们技术条件下易于制造。

根据西方学者研究成果，各种原始取火方法中，钻法分布最广，亚洲、非洲、美洲和澳大利亚均有之。弓钻主要分布于北美，唧筒钻主要分布于北美、西伯利亚和马达加斯加等地。锯法

1 *Studies in Ancient Technology*, Vol. Ⅵ, pp.5—6.

2 R.U.Sayce, *Primitive Art and Crafts*, Cambridge, 1933, pp, 243—245.

流行于东南亚、新几内亚及印度某些地区。带锯法流行于印支半岛、印尼、印度阿萨姆及美拉尼西亚等地。犁法仅存在于新几内亚和波利尼西亚等地。击石法在亚洲北部、南北美洲、澳大利亚及所罗门群岛都有发现。压气取火筒则是缅甸、泰国、马来西亚、菲律宾和印尼等东南亚国家才有之物。[1]

美国人类学家华尔特·浩（W.Hough）认为，各种原始取火方法的发明有先后之分，他曾排出一个发展序列，即锯法—带锯法—犁法—钻法和唧筒钻—击石法。[2]新的发现证明这一序列是不可靠的。欧洲旧石器时代的马德格林文化已发现打火用的黄铁矿石和火石。[3]这证明以石击石法和钻法从旧石器时代即已开始，很难说比锯法为晚。犁法、带锯法比锯法晚的说法，同样是没有根据的。实际上，每一种方法都有自己的分布范围。而就一个民族来说，常常同时具备多种方法。例如：澳大利亚人既有手钻法、唧筒钻法，又有锯法和击石法。[4]云南的苦聪人既有锯法，又有击石法；佤族兼有锯法、带锯法和钻法。我们无从分辨这些方法孰早孰晚。

在同类方法之间可能有某种演化关系，如以弓钻、唧筒钻取火，显然是由一般的钻法即手钻取火发展而来；以石击石则引导出火镰击石的发明。然无论如何，我们目前还不能将所有原始取火方法排在一个发展序列之中。

（二）如何推断史前遗址的取火方法

人离开火不能生存。从旧石器时代晚期起，任何地区史前人类都应有自己的原始取火法。惟由于竹之类木取火工具很难保存，而击火之石有时易于和一般石头相混，很难进行推断和复原。

通过在云南少数民族取火方法的调查，我觉得下列几点可供今后探索史前取火方法的参考：

(1) 原始取火必然是就地取材。例如以石击石要有铁矿石，若当地或附近地区无这种铁矿石的天然存在，一般可以把这种取火法排除在外。又如带锯法和锯法要用竹和藤，史前时期寒冷地区不可能有这两种取火法。

(2) 原始取火方法与制作工具方法是密切联系的。击石法应由人们打制石片引导出来的，钻法则与在器物上钻孔有关。假如某个史前遗址中发现的器物证明，当时人们还不会钻孔技术，没有理由认为当地曾采取钻法取火。

(3) 原始取火方法经常延续很晚。它在人们已有了先进取火法之后。继续被用于日常生活，或保存于宗教仪式中，或仍用于某些特殊场合。这是世界上普遍存在的现象，云南少数民族的调查也可充分证明这一点。因此推断某一地区史前时期用何方法取火，只看该地区后来所保存原始取火方法，即可推知大概。

（三）关于中国古代取火

根据以上所述，我们对中原远古取火一般情况推断如下：

(1) 钻法是普遍的取火法，故后世犹保留在改火仪式之中。若干迹象表明，中国远古钻法是用手钻，因为新石器时代器物上不见弓钻或唧筒钻钻孔的明显痕迹。从汉代西北烽燧遗址出土

1 *Studies in Ancient Technology*, Vol. Ⅵ, pp.7—9,13.

2 W.Hough, Aborginal Fire—making, *American Anthropologist* 3 (1901); *The Method of Fire—making*, Smithsonian Report (1890).

3 *Studies in Ancient Technology*, pp.8—9.

4 D.S.Davison, Fire—making in Australia, *American Anthropologist* 49 (1947).

钻木取火工具，可看出当时仍用手钻。弓钻仅于清代记载中一见，似非古老方法。

（2）锯法和击石法，也曾是中国先民使用的原始取火法。

（3）自金属使用以后，至迟从战国时期起，中国发明了金属镜（“阳燧”）取火法[1]。但由于此法受阳光的限制，在日常生活中使用并不普遍，上述诸原始取火法继续存在。直至火镰击石发明，才代替了原始取火法而成为人们普遍使用之物。[2]

（本文部分内容曾以《云南少数民族原始取火方法》、《中国古代取火方法的研究》为题，分别发表于《人类学研究》第1期，1984年；《考古与文物》1980年4期）

1 《周礼·司烜》：“掌以夫燧取明火于日。”又《考工记》：“金锡半，谓之鉴燧之齐（剂）。”《礼记·内则》：“左佩……金燧，右佩……木燧。”这里的“夫燧”和“金燧”，即指铜制的“阳燧”而言，实物曾见于中国历史博物馆陈列，并曾出土于长沙等地（参见商承祚：《长沙古物闻见记》卷下汉铜阳燧条；钱临照：《阳燧》，《文物参考资料》1958年7期）。所谓“木燧”，指钻木取火工具。由此可见战国时期两者并用的情况。

2 前人以为中国古代“发烛”即今之火柴。这实是一种误解。按此事见于宋元记载。（宋）陶谷《清异录》卷六一云：“夜有急，苦于作灯之缓，有智者批松条染硫磺置之待用。一与火遇，得焰穗然。”又（元）陶宗仪《辍耕录》卷五（田汝成《委巷丛谈》略同）云：“杭人剥松木为小片，其薄如纸，熔硫黄涂于片顶分许，名曰‘发烛’，又名‘焠儿’。盖以发火及代烛用也。”据此，“发烛”是在松片上涂硫黄，点火易燃，供发火（即点火）和照明之用。它本身还不是取火工具。

傣族制陶的民族考古学研究

前言

傣族自来以陶器著称。(明)《百夷传》云:“百夷人(傣族先民)……所用多陶器。”直至现代,傣族仍保存传统制陶方法,而邻近的其他民族多不会制陶。

据我掌握的线索,仅就滇西南傣族而言,截至20世纪80年代初至少还有三十个村寨保持着传统的制陶业。笔者从20世纪60年代到80年代,曾陆续调查其中的十二个村寨,有些村寨作过不止一次的调查。这些村寨是:景洪县的曼勒(1964年5–6月、1965年4月)、曼德(1965年4月、1982年2月)、曼角(1965年4月、1982年2月),沧源县勐角的俄允(1965年1–2月),大勐龙的曼南坎(1982年2月),勐海县的曼贺(1982年2月)、勐遮的曼海和曼朗(1982年2月),耿马县的那缅(1978年8月、1982年2月),双江县的曼磨(1982年1月),孟连县的帕当(1978年8月),澜沧县下允的河边寨(1982年2月)。其地理位置见图一。

我对傣族制陶的调查研究走了不少弯路,有些教训值得后人吸取。由于知识的局限性,开始调查只注意制陶的技术方面;后来才知陶器还可为研究一些社会问题,如专业化和标准化、交换和分配等等提供重要的信息。由于前工业社会陶器在人们日常生活中的重要性,它已不仅仅属于物质文化范畴,仿佛成为一种符号,透过它可以看到一些社会现象和文化现象。过去仅有考古学家重视陶片的收集、分析和研究,现在文化人类学家也对所调查社会中制陶予以特别的关注,更不用说那些调查“活的社会”本来就为了解决考古学问题的民族考古学家了。几乎没有一本民族考古学专著不以很多篇幅讨论制陶问题。

因此,后一阶段调查中我集中精力调查过去未注意的问题。在调查方法方面也学习西方学者有用的经验,除了一般性的参与观察(participant observation)及与制陶者访问交谈(interviewing)外,还注意观察制造地点、窑址、买卖陶器的集市等处地面陶片的分布情况,陶器制作者和使用者家中器物之差异,新产品或新技术的传入及其影响等等。关于傣族制陶多次调查所获,20世纪60年代发表过一篇简报[1]介绍四个村寨情况(只涉及两种类型)。1998在马六甲第16届太平洋亚洲史前史国际会议上作过一个报告,全部资料始终未曾发表,总想待收集

1 见《云南傣族制陶调查》,《考古》1965年12期。

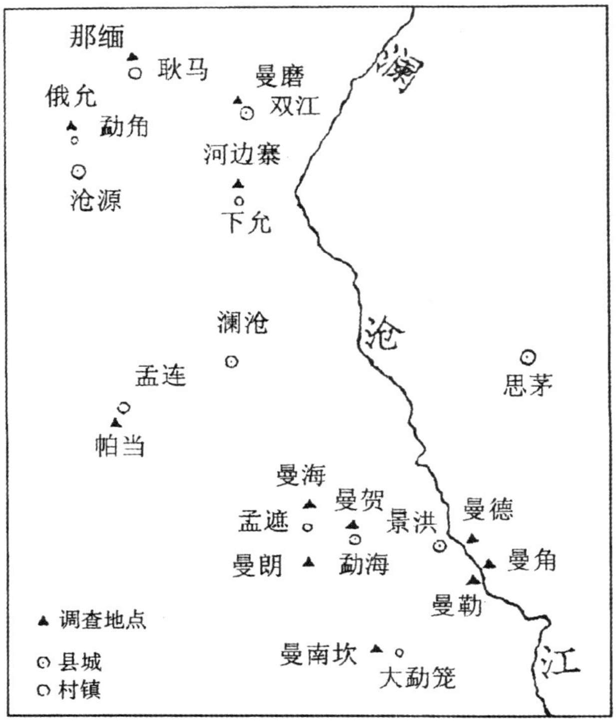

图一　滇西南傣族保存传统制陶业村寨分布图

更多资料（特别是统计资料）再写出最后报告及研究文字。殊不知岁月荏苒，时不待人，现已没有精力再去调查；而且少数民族地区近年来发生急剧变化，有朋友自西双版纳等地来，告知一些地方传统制陶术已不复存在，再想调查也不可能。

为使材料不致湮灭，兹写此文仅就已掌握的这十二个村寨制陶情况作综合介绍，并对傣族制陶有助于研究考古学制陶上几个问题提出粗浅看法。

本文还想介绍一些研究陶器的较新观点和方法，供同行参考。虽然滇西南傣族制陶已发生很大变化，其他地区傣族或其他民族传统制陶业或还有保存。即已发生变化的传统制陶业，正是研究文化变迁的极好素材。因此，对少数民族制陶的调查研究还有工作可做，而且这项工作必须迅速进行。正如著名的民族考古学家阿利桑纳大学教授郎阿克（W.A.Longacre）所说：“制陶社会迅速消失。……假如我们和我们的学生不迅速进行民族考古学研究，未来考古学将惊异于我们为何如此短见。”[1] 本文假如能唤起人们的注意，对有志于此的朋友们有所帮助，我将感到高兴；假如能得到他们的批评和讨论，我更将感到高兴。

一　傣族制陶的四种类型

十二个制陶村寨可分四种类型。为省篇幅，每一类型以一个村寨为例作全面介绍，其他村寨仅作补充介绍，指出其中值得注意之处。

（一）第Ⅰ类型（图版七、八，图二、三）

属于此一类型共有六个村寨。兹以勐海县曼贺为例。

1.概况

曼贺寨位于勐海县城附近，居民属于水傣族（自称“傣泐”）。全寨120户（1982年统计），30户会做陶器。制陶者全为妇女，且以老年妇女为主。有些重体力劳动工作如采运陶土、运送陶器需要男子帮忙。制陶为以户为单位的妇女家庭副业，收入成为她们的“私房钱”。除农业大忙季节外全年均可制陶。每逢街期，产品挑去勐海县城出售，购买者除勐海坝子不会制陶的傣族外，还有附近山区爱伲人等。传勐海坝子最早仅曼贺寨会做陶器，其他制陶村寨是因有曼贺姑娘来嫁才学会的。

1 W.A.Longacre, Ethnoarchaeology: An Introduction, in *Ceramic Ethnoarchaeology*, The University of Arizona Press, 1991.

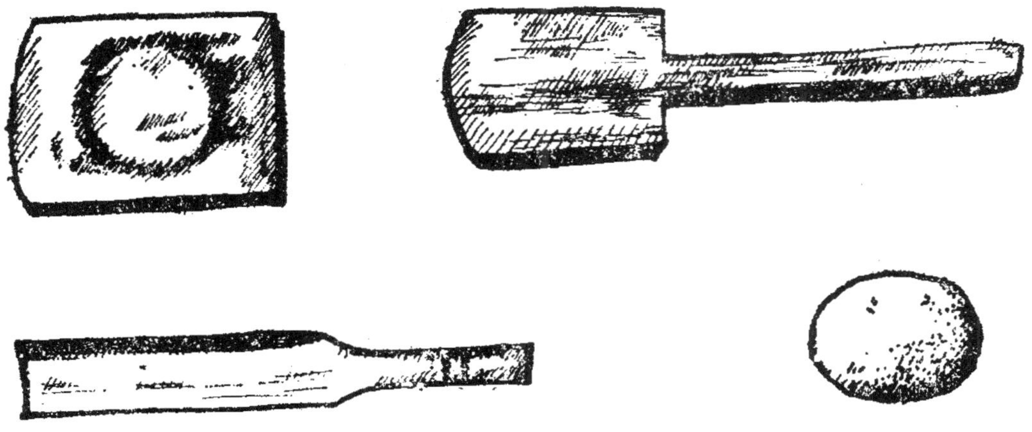

图二　沧源勐角俄允制陶工具（第 I 类型）

2.原料

陶土经鉴定为“水铝英石”与“多水高岭石”。

陶土泡软如沙，土沙比例约为 2 ： 1，放入木槽中以木杵舂之，直至完全融合成泥团，保持潮湿状态，随时取用。木槽即喂猪之槽，木杵即舂米之杵，但用作加工陶土后不再移作他用。

3.工具和设备

（1）木板：一块长宽各约 30–40 厘米之普通木板。制陶者垫于膝上，进行泥条筑盘等工作。

（2）木墩：取一段树干（或以鸡笼或其他物代替），器坯连同作垫木板移置其上，制陶者绕行之，进行拍打和修整加工。

（3）木刮：有长方形、半圆形两种。前者长 18–20 厘米，后者半径约 4–5 厘米，供修整器坯之用。

（4）木拍和卵石：木拍有素面及横纹两种。卵石选径约 6–8 厘米一手可以握住者，长期使用。制陶者一手持卵石在器内为垫，一手持拍在器外拍打，使器壁牢实。最后一道如使用横纹拍便会留下考古发现陶器上常见之篮纹。

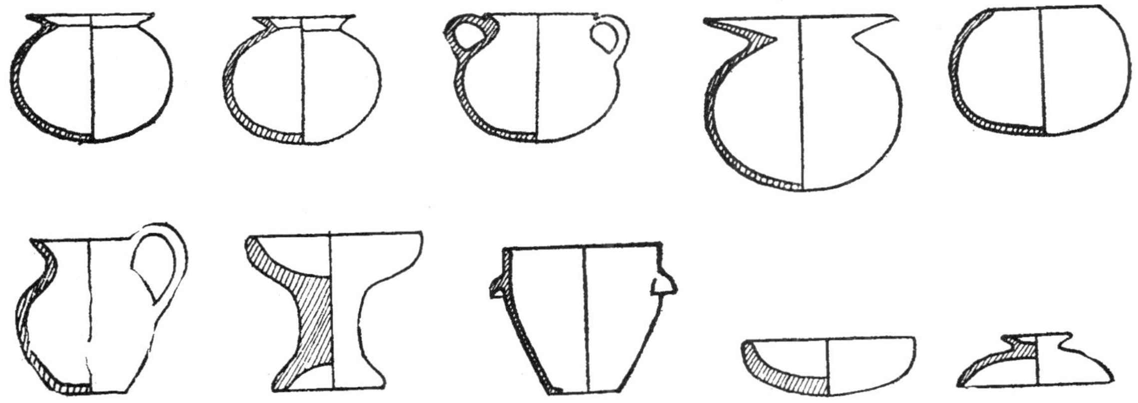

图三　沧源勐角俄允陶器（第 I 类型）

木拍及木刮请本户或邻居会做木工之男子制成。

4. 器物

陶器呈红色，但驳杂不纯，有些地方呈黑灰色或淡红色。陶胎夹心呈灰色。陶器上饰篮纹或无花纹。

该寨原会生产多种器物，我们调查时仅生产两种器物：

（1）圜底罐：折唇、鼓腹、圜底、大小不一。常见者一种腹径约 30 厘米，高约 15—20 厘米，略呈扁圆形。有盛物盛水及煮物多种用途。此罐大量生产以供出售。

（2）火盆：盘状而下有三足。口径约 35—40 厘米，高约 15 厘米，这是傣族陶业中仅有的一种三足器。在云南古代陶器中三足架也是很少见的。

5. 制坯

以制作圜底罐为例。

制陶妇女准备好陶土团及制陶工具，坐于小凳而将木板垫于膝上，先取泥团在木板上拍成圆饼状为器底，便以泥条盘筑法（coil construction）制作器壁。按泥条盘筑法主要分泥圈相接（rings building）及长条盘旋（spiral building）两种方法[1]，此寨使用前一种方式。制陶者将陶土搓成泥条，右手持泥条，左手弯曲为垫并以掌边推动木板按顺时针方向旋转，如是将泥条捺于器底之上，是为第一圈。再以同样方法接上第二圈，两道泥圈从内侧斜接，如是共筑 3—5 圈，形成桶状物。最后一圈（即未来器物口沿部分）一般要重叠一圈增加厚度。器壁筑好后左手不断转动木板，右手持木刮修整器物表面使其平整，又用手或木括在内壁刮摩抹平泥条之间痕迹使泥条结合牢固。然后用湿布涂抹口沿使其平滑。如此做成器坯之半成品。

半成品连同木板晾晒 1—2 小时，待成半干状态，连同木板放回木墩，妇女绕着木墩按逆时针方向行走，左手持卵石，右手持木拍，边行边拍打。先用素面拍，再用横纹拍，拍打器壁牢固。口沿部分要用长方形木刮轻轻拍打。又以半圆形木刮压器壁内部使器腹外鼓。最后将器坯放在两膝间再加拍打，将平底打成圜底。

火盆制坯方法如上，惟所用泥圈较少，筑成盘状之器坯，最后在底部捺上三段粗泥条为器足。

器坯做好后，放在日光下晒干，或放在檐下或“干栏式”房屋下层晾干，如阴雨天急待烧制，亦可以放在悬于火塘之上的竹架上烘干。干坯无专用设备。

6. 烧陶

烧陶全在露天进行，无固定地点，在自己菜园或住宅附近清理一块平地即可。为了减少平整土地的麻烦，不少人户常在同一地点烧陶。

烧陶日期视已干却的器坯是否积累到足够烧一次而定。烧陶要选择不下雨的日子。刮风天气也不适合烧陶，怕引起火灾。

烧陶时妇女亲临主持。先在地面上铺稻草或木片，把器坯按行列排放，一行 4—6 器，罐口与另一罐底相接，火盆一般放在圜底罐上层，足部向上，以防碰断。一次可烧 20—30 器。器上盖草或茅草，点燃后还要不断加草直至积累厚厚一层草灰，压抑火势，使内部燃料不能充分燃烧，

---

1 A.O.Shepard, *Ceramic for the archaeologists*, Washington, D.C.: Carnegie Institution of Washington, 1980, pp.57—59.

以便保持一定温度。

烧陶者确定内部火势适当而又无引起火灾的危险时便可离去。一般是傍晚烧陶，次晨来取陶器。

属于这一类型的还有沧源县勐角俄允、澜沧下允河边寨、双江县曼磨、耿马县那缅（居民均属傣族中自称"傣那"的所谓"旱傣族"）以及孟连县帕当（居民与自称"傣泐"的西双版纳傣族相近）。河边寨曾为下允土司及下允最大缅寺制陶，现全寨46户（1982年统计）全会制陶。其他四寨只有部分人户会制陶，且制陶户有日益减少趋势。如俄允1965年1–2月调查时21户中有17户制陶，到了1982年2月调查时24户只有9户制陶。制陶工作由各户妇女在完成农业劳动及家务劳动之余进行。男子要帮助挖取陶土，运送陶器去集市，制造木拍等。产品在附近街子上出售，俄允去勐角街，河边寨去一河之隔的下允街子，帕当、那缅分别去孟连县城、耿马县城赶街。来购买者除傣族外还有附近佤族、拉祜族等等。

在原料方面，上述五寨所用陶土也不外乎"水铝英石"、"多水高岭石"。一个寨子取土地点会不断转移。掺沙比例并不固定，视陶土本身含沙与否及多少而定，或可完全不掺沙。河边寨人告诉我们，只要"自己的手感到不滑"。五寨均在木槽中杵捣陶土，做成泥团备用。

在工具和设备方面，五寨与曼贺同，惟帕当陶拍上花纹较复杂，除横纹外还有横纹竖纹相间者，有斜纹，有称为菠萝纹（即方格纹中加一点）者，还有刻一朵花者。制陶户有多种陶拍，但常用者是横纹拍，故产品表面仍以篮纹为多。

在器物方面，圜底罐是五寨均有的，可说是第Ⅰ类型傣族制陶业的主要产品。此外，各寨还生产茶罐、釜与甑。釜仍同圜底罐，惟唇较宽，以便置甑。甑无箅，底有大圆孔，蒸物时须放上竹箅；那缅的甑底则有四个小孔，交叉插入两根细竹棒形成十字形，蒸物时不需再放竹箅，放一块布或丝瓜瓢即可。河边寨也制火盆，但有箅，与曼贺火盆形制有异。俄允1982年较1965年增加了一种新器物，即汉族农村常用之小风炉，烧木炭或煤，取暖外还可以在上煮物，自称新从澜沧学会。此外，帕当会制提梁壶；帕当和俄允还会制造器盖，有盘状把手，倒置之，把手成小圈足，亦可盛物。帕当有些器盖底部中心有把手作乳突状，或略呈动物形，是傣族陶器上有雕塑装饰的孤例。河边寨过去制作器物种类较多，除上述诸器外，还有献给土司及缅寺供佛用的钵、碗和葫芦形花瓶。钵口沿有孔为了系绳悬挂（图版七：5），此可供研究远古陶器（如仰韶陶器）口沿有孔用途参考。

在制坯方面，河边寨与曼贺全同。其他四寨稍异。仍以圜底罐为例。当半成品半干后不需放回木墩上绕行拍打，放在两膝之间即可拍打，先拍打周身使器壁牢实，再拍打底部使成圜底。工作效率似较曼贺稍高，技术要求也较高，因手持拍打一不小心易使器物破损。此外，双江曼磨当泥条盘筑时在两道泥圈之间再加一道泥圈，如此可使泥圈结合更为牢固。此法在第Ⅱ、Ⅲ类型各寨泥条盘筑时常见，而曼磨已肇其端。

在烧陶方面，均用露天平地烧陶法。惟曼磨在平地上还挖出浅坑（深30厘米，大小约为300x200厘米），可以置放较多器坯，一次可烧出更多器物。帕当在器坯堆上放稻草后再撒上一层牛粪，可起压抑火势的作用，不需有人在旁不断加草。此法可视为正向第Ⅱ类型"燃料封闭法"过渡。关于烧陶地点之分布视村寨内房屋是否拥挤而定。如制陶户房屋附近有空闲之园地，就在自己房屋附近进行，以便就近照料。假如寨内无空地，则集中在寨外烧陶（如那缅及曼磨）。烧陶最大隐患是引发火灾，这是他们选择烧陶地点要考虑的首要问题。如在寨外烧陶，烧陶地点便不属于某户专有，前人为了烧陶平整过的地点，只要无人正在烧陶，本寨制陶户有权使用。如那缅寨外有三处烧陶地点，由 40 个制陶户共用，有时一户已制好器坯不足烧陶一次，还可几户合烧，燃料各分摊，产品烧好后各自取回。他们对自己制作的产品是易于分清的。

（二）第Ⅱ类型（图版九、一〇，图四－八）

这一类型共有三个村寨，兹以景洪县曼德（前人调查或写成“曼斗”）为例。

1.概况

曼德位于澜沧江东岸，与景洪县城隔江相对，居民为水傣族（“傣泐”）。1965 年 4 月调查时 71 户，会制陶者 13 户；1982 年 2 月调查，住户增至 120 个，制陶户仅剩下 4 个。景洪坝子是西双版纳州首府所在，经济和社会的变化较他处更为快速，这里傣族的编制陶业在 20 世纪 80 年代初已在迅速消失之中。下面据 1965 年所见介绍而指出 1982 年已发生之变化。

制陶户不脱离农业生产，制坯及烧陶均由妇女业余为之，男子负担运送陶土、准备烧陶燃料等重体力劳动，制陶工具（如转盘、木拍）也由男子制成。

由于此间烧陶地点有小屋覆盖，干却器坯有专门设备，雨季制陶工作不必停止。一般是平时制坯，街期前一天烧陶，以便次日赶街出售。1982 年制陶工作仅有老妇为之，她们不必下田劳动，

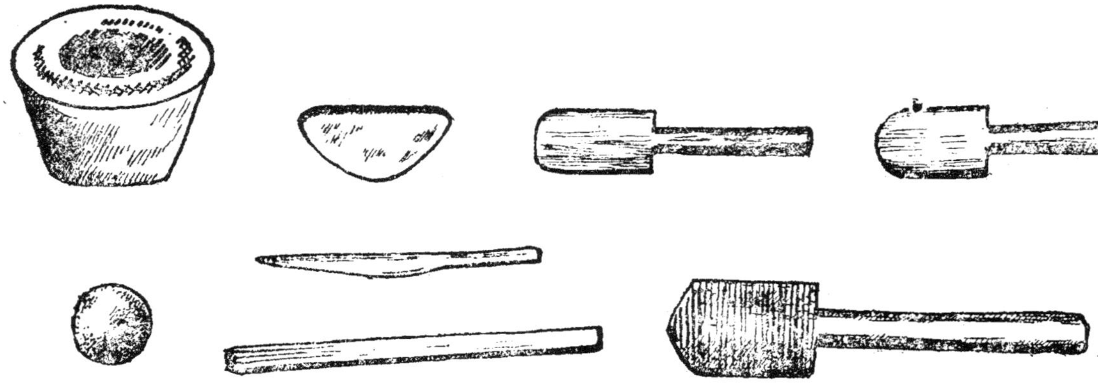

图四　景洪曼勒制陶工具（第Ⅱ类型）

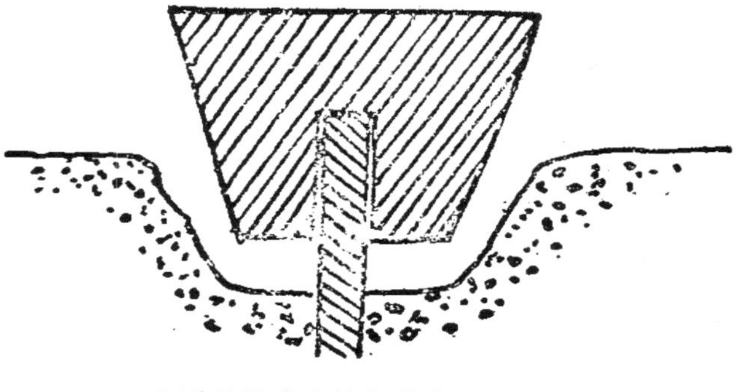

图五　景洪曼勒傣族转盘的结构（第Ⅱ类型）

终日制陶，但年老体弱，一天也做不了几件，故几个街期才烧陶一次。

传曼德制陶有曼勒传来。其开始时期有两个说法，一说“很早”，一说在 1940 年左右。

2. 原料

陶土取自本寨附近，经鉴定属“铁多水高岭石”。陶土取回后晒干，舂碎，筛去杂质，不必掺沙（制造炊器偶有掺沙者），和水揉成泥团，覆以湿布，置木板上备用。舂土用去谷壳之足碓，筛土用去糠之竹筛，均非专用制陶工具。

3. 工具和设备

（1）转盘：为第 I 类型所无。木制，形如倒置的截角圆锥体，面大底小，面径 30—40 厘米，底 20—30 厘米，高 18—20 厘米。底下有孔，嵌以竹筒，插在地下的一根圆木柱上，可以自由转动（图五）。制陶妇女以足趾缓慢拨动之，速度甚慢，若不停转动，每分钟可转 6—10 圈。制坯工作从泥条盘筑到最后修整，均在其上进行。

（2）木刮：有长方形、半圆形两种，形状及用途与第 I 类型同。

（3）竹刀：状如小刀，竹片削成，长 20—22 厘米。供截平口沿刮修器物表面等用。

（4）木板和卵石：形状及用途与第 I 类型所用者相同。惟陶拍花纹种类较多，除横纹（她们称之为“行纹”）外，还有“菠萝纹”、“棋格纹”（即方格纹）、“蛇纹”（即波浪纹）、“莲花纹”等等。常用者仍为横纹拍。有些陶拍柄上刻有几何符号，是陶拍制作者或使用者表示所有权的

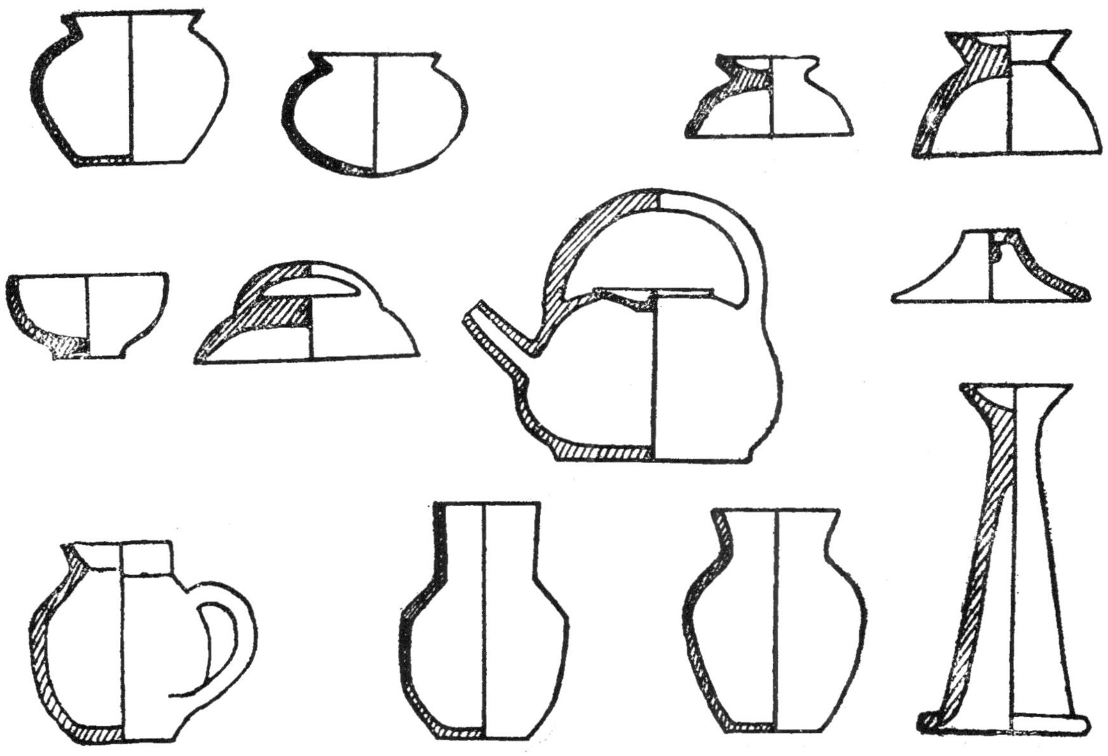

图六　景洪曼勒陶器（第 II 类型）

符号，以免与他人陶拍相混。

（5）干坯的竹架：即四根竹柱上放竹编的篱笆或木板，供晾晒器坯半成品，待成半干以便拍打，器坯做好后亦可放在其上，以待完全干却后烧陶。若急于烧制而器坯不干，亦在架下燃烧小火烘烤器坯。这种竹架并非每户均有，盖器坯放在平地或楼板上亦可自然干却。

（6）烧陶地点：此间制陶户一般各有自己固定的烧陶地点，有的还在地面上挖出长方形浅坑（3–4 平方米），上有茅棚覆盖。

4. 器物

陶器表面及陶胎均呈红色。表面或有花纹，以篮纹较多。陶胎偶见灰色夹心。器物主要有以下几种：

（1）平底罐：折唇，鼓腹，平底，腹径约 40–42 厘米，高约 28–30 厘米。有多种用途，可以盛放谷物，盛糯米饭，盛水，套以竹络还可以挑水，是该寨主要产品。

（2）圜底罐：折唇，鼓腹，圜底。腹径约 40 厘米，高约 25–30 厘米，主要用于煮物，下垫竹圈亦可盛物盛水，生产数量也较多。值得注意的以上两种陶罐大小非常一致，制陶者有意识保持其一致性。

（3）水壶：有提梁、有盖、长流，腹径 20–25 厘米，高约 20 厘米。此物已不见生产，自铝制水壶传入，人们不再购买这种既笨重又易碎的烧水用具。

（4）茶罐：口有小流，腹有把手。高约 15 厘米。

（5）灯：呈底大上小圆筒状，上有一盘，以放油脂，供照明用。底径约 15 厘米，盘径 10–12 厘米，高 35–36 厘米。1965 年已只见器物，未见生产。

（6）器盖：形如有圈足之盘，倒置之即可盖在两种陶罐之上，最大者盘径约 40–50 厘米。1982 年已不见生产。

5. 制坯

以平底罐制作过程为例。

制陶妇女面对转盘而坐，取已加工好之陶土搓成一根根泥条以手量两拃为度，使长粗相当一致（长约 25 厘米、径约 4 厘米）。在转盘上撒草灰一层，以防粘连，便开始制坯。取一小块陶土置转盘上以木拍拍打成圆饼，是为陶罐之底，以足趾拨动转盘，随着转盘作顺时针方向转动，左手弯曲作垫，右手取一根泥条捺于圆底之上，筑成高约 6–7 厘米之泥圈。再以同样方法接上第二圈。两道泥圈从内侧斜接，并在两圈之间加上细泥条，使结合牢固。共接 4 圈，最后一圈要多加一根泥条，以加厚口沿部分。用竹刀削下口沿多余之泥，以长方形木刮刮压口沿使外折成唇。再以左手为垫，右手持半月形木刮（或就用手指）在器内从下而上刮摩，刮去泥圈之间结合痕，使泥圈结合更为牢固。这样便做成一筒形物，用手急转转盘，右手持湿布在口沿涂抹使平滑，是为平底罐半成品。

以上各种工作均是在转盘之上随着转盘不停转动进行的。现在要将它轻轻搬离转盘，放在干坯竹架晾晒，俟半干后再放到转盘之上拍打。拍打也是先打器壁下部，后打器壁上部，先用素面拍，后用花纹拍，拍打时借卵石外推之力使腹部外鼓，全同第 I 类型的拍打方法。但这里制陶者既不需要绕器物而环行，也不需要双手持抱器物，只需用足趾拨动转盘，双手便可自由地

图八　景洪曼勒为土司制造的陶器

图七　景洪曼勒陶器纹饰拓本（第Ⅱ类型）

拍打自行旋转的器坯。最后用手转转盘，使它快速地作逆时针旋转，手持湿布抹口沿使平整光滑，口沿上会留下同心圆纹。

其他器物也用泥条盘筑器壁（视器物大小而决定泥条粗细及长短）再加拍打，方法如上所述，器盖圈足、茶罐把手、水壶长流等均须分别做好再捺于器壁之上。圈足即在底部接一道泥圈。把手取一段泥条用木拍压成扁薄状。长流在一根泥条中插入竹棒滚动制成。惟圜底罐要将器坯半成品抱在两膝之间拍打，将平底打成圜底，如第Ⅰ类型所用方法，而不能在转盘之上进行。

6.烧陶

此间烧陶使用“燃料封闭法”，或称“燃料灶”，亦称“粪灶”。烧前清理浅坑地面，用长的木条或竹条排列四边，底部铺树皮、碎木或竹片，其上再铺一层稻草，器物便排列其上。排列方法是平底罐圜底罐先放，一器之口与另一器之底相接（最后一器口与口相接）排成一行，如是共排3–4行。小器物插在行列之中，口部向下或向内，最后在器物顶部及四周覆盖稻草，再以泥沙和水涂在稻草之上，从外面已看不见器物，这样做成一种呈覆斗状之“沙堆”。世界其他地区有用畜粪和泥涂在草堆上者，“粪灶”之名由此而来。一次可烧20–30件器物。

烧陶必须由有经验之老年妇女主持。她以已点燃之松明，扒开“沙堆”再从四角送入，以口吹之，点燃堆内之燃料，再将四角重新用沙浆封闭，使燃料不致迅速烧尽，又用手指戳出几个小孔使空气进入，使火不会熄灭，尽量保持内部燃烧状态。点火后烧陶者还要在旁照料片刻，不断以手试“沙堆”四边，凭经验确定哪一边火力过高或过低，过高用沙浆封闭气孔，过低再戳一两个气孔，直至她认为一切正常才离开。

一般是傍晚烧陶，次晨来取，与第一类型同。

属于第Ⅱ类型的还有景洪曼勒和曼角，均距县城不远，居民为自称“傣泐”的水傣族。曼勒在 1964 年和 1965 年两次调查时共 26 户，25 户会制陶器；曼角 1965 年调查时 70 户，只有 1 户制陶。1982 年该户（户主名波香仔）已不再生产传统的产品，而改制彩釉屋顶饰件。

曼勒靠近西双版纳土司（“召片领”）所居的宣慰街，是拱卫土司十个寨子（称“三老四练”）之一，其制陶在景洪坝子中最为著名。居民都是土司远亲或家奴的后裔。[1] 传曼勒原来负责管理渡口，由于来往客人摆渡较多，曼勒人负责招待，需用陶器要由土司供应。土司不胜其烦，遂命他们自制，及至学会制陶器后，竟变成全寨一项固定负担，每年反而要向土司缴纳陶器，供土司赕佛及日常生活所用。这一传说不知是否属实，但过去曼勒确有每年向土司进献日用陶器及供赕佛及节日用陶器之义务。当然，他们的产品和曼德、曼角一样，主要还是为了出售。出售陶器地点多在景洪街和戛洒街。购买者除景洪坝子傣族寨子外，还有附近山区的基诺人、爱伲人及山达人、空格人。

曼勒和过去的曼角制陶都是妇女的家庭副业。但曼角 20 世纪 80 年代改制釉屋顶饰件后，已变为男子全天工作。我们曾调查其变化之原因。20 世纪 80 年代初，傣族固有信仰小乘佛教不再受压制，各寨兴起一股新建或重修缅寺之风，缅寺屋顶需要各种带彩釉的屋顶饰件，这包括位于屋脊正中的塔柱形装饰及屋角饰物（又分“象鼻式”及“斑鸠式”等数种），相当于内地古建筑上“鸱吻”和“兽吻”，但完全是傣族装饰风格。关于彩釉器物制作技术，一说是从内地学来，一说是傣族固有，曼角是最近从橄榄坝学会这种技术的。制作后生意很好，供不应求，于是波香仔便脱离农业劳动，终日为之（图版九：4），虽然他家主要生活来源仍是农业。他家妇女向我们解释说：“他做这个赚的钱比下田干活多，就让他做。”“你问我们妇女为什么不做，我们也不是不会，除去配‘药’（指制彩釉）要跟人学，其他还不是像做土锅一样，但我们总不能像他整天坐在这里，小孩谁带？猪鸡谁养？”这为研究制陶从妇女业余之工作转为男子全日制工作之原因提供一项主位（emic）的解释。

在原料方面，曼勒、曼角两寨所用陶土与曼德同。有一个时期三寨同从澜沧江东岸曼德、曼角之间一处地方取土。此处陶土本身含沙较多，可不必掺沙（曼勒有时掺沙，仅占五分之一）。加工陶土也用足碓和竹筛。曼角改制彩釉建筑饰件后有专用的木榧和木板，更精细地加工陶土。

在工具和设备方面，曼勒制坯工具较曼德多出一种制造篦纹和划纹的一端呈叉状的竹片。烘干和晾干器坯各有竹架，烘干竹架上或盖有草棚蔽雨。烧陶地点亦盖草棚或干栏式茅屋，使下雨时烧陶亦可照样进行。曼角改制彩釉屋顶饰件后，多出一种制造动物雕塑的木模，而制坯仍用转盘等工具，与过去无异。

在器物方面，曼勒和曼角（1982 年制造彩釉屋顶饰件之前）也会制造平底罐、圜底罐、茶罐及水壶。此外曼勒还要为土司制造赕佛用花瓶、碗钵等，其上多涂“银粉”（其制造过程未见）。

---

1 刀国栋：《西双版纳召片领封建统治组织有关调查资料》，载《傣族社会历史调查》（西双版纳之四），云南民族出版社，1983 年。

又景洪坝子各寨过去祭祀寨神（“披曼”）小屋中供神陶器（小罐、小瓶等），多是曼勒制造的，要有人请求或定购才做。

在制坯方面，基本方法和工序全同曼德。即使曼角改制彩釉屋顶饰件，主体部分器壁之筑造仍用泥条盘筑方法，而且在转盘上进行。把事先在木模上做成各种装饰附件捺上即可。制釉过程未见。据说是以“铅巴、红糖和糯米炒成粉”，调水涂在表面。烧时火力不同，可以得出不同色彩。火力不强可得绿色，火力最强可得红色等等。烧者根据需要控制火力即可烧出不同部件。

在烧陶方面，这两个村寨和曼德一样使用燃料封闭法。曼角彩釉屋顶饰件是在窑中烧出来的。窑为砖砌，无顶，有箅，与过去烧制傣瓦之窑全同。按傣族 1950 年前就会制造具有自己特点平板状瓦，其来源及制造将另文介绍。

（三）第Ⅲ类型（图版一一、一二，图九、一〇）

这一类型共有两个村寨。兹以曼朗为例。

1. 概况

曼朗位于勐海县勐遮镇之南约十公里处，居民为自称“傣泐”之水傣族。全寨 56 户，26 户制陶。制陶工作主要由妇女于劳动之余担任，费力工作如取陶土、挖窑、运送陶器去集市等，由男子承担。此间陶器上施铅釉，制釉也是男子工作。产品挑到勐遮街子上出售，购买者除附近不会制陶之傣族外，还有爱伲人。曼朗陶器被公认为勐海全境质量最好的，当地谚语有云 :“曼朗‘磨’(陶器)，人人爱”。

图九　孟遮曼朗制陶工具（第Ⅲ类型）

2. 原料

经鉴定，陶土属“单热石”，为“高岭石”向“水云母”之过渡产物，取自寨前。有专用之木棰在木板上作精细加工，舂碎后掺沙七分之一左右（亦可不掺沙）和水揉合。

3. 工具和设备

制坯工具全同第Ⅱ类型，惟多出一种弓形器物，即一根竹片弯曲后系线为弦，用以割取陶土，或将半成品割离转盘。有些制陶户已无此工具，以新近传入之尼龙线代替。干坯无第Ⅱ类型那样专门设备。

烧陶方面此间已有土窑。窑分布在寨外坡地上，平面挖出窑口，侧面挖两条火道彼此相连，中留隔梁，便成一个双火道无箅之窑。窑无顶，烧陶时靠燃料封顶。我们调查时全寨共有五窑（窑口径 1–1.5 米左右），列成一排，本寨制陶户均可使用。附近还有已坏之窑。

图一〇　勐遮曼朗陶器（第Ⅲ类型）

4. 器物

产品为一种红色陶器，素面或篮纹，情况如第Ⅱ类型。口沿或内部偶施铅釉，时常涂抹不匀。其种类有：

（1）平底罐：形状、大小、用途同于第Ⅱ类型。

（2）圜底罐：有几种不同规格，同一种规格的大小仍相当一致。常见的一种，腹径约 35–37 厘米，高 26–28 厘米。主要用作炊器及盛水。

（3）釜与甑：形同第Ⅰ类型（耿马那缅、双江曼磨、澜沧下允河边寨）同类产品，釜宽唇、圜底；甑无箅，两边有柱状把手。

（4）提梁壶：形状大小略同于第Ⅱ类型同类产品，惟流甚短。调查时仅见过去产品在使用，已不再制造。

（5）器盖：形如第Ⅲ类型之曼勒同类产品，圈足状把手，主要覆盖于甑上。

（6）碗：形如一般之瓷碗，小平底，口径 10–15 厘米。

（7）小瓶：形如中国古代酒器之尊，口径 5–10 厘米，高 15–20 厘米，缅寺用物。调查时不见生产。

5. 制坯

制坯过程略与第Ⅱ类型同，也是先做一个陶土圆饼为底，再盘筑器壁。此间盘筑多用长条盘旋法，而不是一圈一圈相接。值得注意的是盘筑二三圈后，用手急转转盘，利用转盘旋转抛掷力量（throwing），双手提拉器壁向上，即可做成筒形物。有时由小女孩（一般是制陶者的女儿）在旁急转转盘，可以使制陶者省力省时。这正是家庭中传授制陶技术的机会。用手急转转盘可达到每秒转 3–5 圈的速度。有些小的器物可以不经过泥条盘筑一次提拉成型（我在缅寺见一只瓶也如此制成)。这标志着一种新制陶技术已经出现，制坯部分工作已靠轮制原理完成。

筒形物做好再做口沿，便成为器坯半成品。搬离转盘晾晒半干，再放回转盘上拍打，其方法同第Ⅱ类型。小器物提拉成型后不再拍打。如是圜底罐，也和第Ⅰ、Ⅱ类样将半成品放在两膝间将平底打成圜底。

器物上把手、流、圈足都用手制，分别捺于器壁之上，其方法同第Ⅱ类型。

完成制坯工作后，有些还要上釉。釉自制，据了解是过去就有的，并非新从外地学来。其法是用铅条（当地供销社有售）放在破陶罐中烧溶，一边放入草灰，一边搅拌，直至完全混合为止。我访问了几家，制釉是男子，而上釉仍是妇女的工作。她们解释上釉好处是牢固，不渗水，易于洗刷。奇怪的是仅把釉涂器物口洞及内部，询问何故，她们说：“铅太贵，舍不得全用”。问是否知道这样粗制铅釉涂在内部如装食物对人健康不利，她们笑道：“老辈子就是这样”。

6.烧陶

烧陶先清除窑室，将陶片、破陶器垫于隔墙及窑壁之间，其上放置器坯。像平地烧陶一样，陶罐口底相接，共排四行，小器物插在中间，口部向下，如此形成半圆形的一堆。燃料（木材、竹片）事先已准备好。先从火道用少量燃料“烘窑”(据说开始即放很多燃料，“一下子烧不熟的”)。再慢慢放入大量燃料，加大火力；同时在器物堆上覆盖稻草，厚约二指，再用稻草束堵塞所有火苗上窜之处，压抑火势，使窑内火力得以持久。其间还要一次送入许多干竹片，使火力猛增数分钟，据说这样才能使铅釉熔化而牢固附着于器物之上。点火约一小时，不等火燃料烧尽人可离开，次日来取已冷却的陶器。陶窑虽在寨外，从不发生偷窃陶器之事。

属于这一类型的还有曼海。曼海位于勐遮之北约五公里。居民亦为自称“傣泐”之水傣族。全寨33户，30户会制陶器，经常制陶者有20户，作为妇女的一种家庭副业。此间男子除取土、找柴、熬铅釉外，还负责拉车把烧好的陶器运送街子出售。

所用陶土经鉴定属“多水高岭石”与“水铝英石”，可掺沙亦可不掺沙。此寨加工陶土除用木棰击打外，最后还要用足踩之。

工具及陶窑与曼朗全同。器物较曼朗多出一种敛口钵（形制与仰韶文化彩陶中一种钵全同）及小口直唇罐，均为缅寺用物；而器盖有把手作提梁状者，为曼朗所不见。

制坯方面，似更多使用泥条盘筑中的长条盘旋法，更经常利用转盘快转之抛掷力量提拉器壁。有些较大器物亦可提拉成形，不再拍打。我们看到一件器盖如此做成。小女孩帮助旋转转盘更常见。特别制造大的器物，因为较重，非人帮忙不可。小女孩们也乐此不疲。这里女孩子还喜欢学习制陶，不像其他寨子视制陶为老妇工作。(图版一一：3；一二：2)

烧陶方面，曼海共见四窑[1]，也是排在一起，全寨制陶户轮流使用。因陶窑所在土地为全寨公有的，谁都有权在此挖窑。而只要是空窑，谁都有权使用。问她们为什么一人挖窑他人可以使用？答曰：“挖一个窑至少可以用三年，又不是每天要烧，自己不用又不许别人用，我们傣家没有这个道理。”问现在这些窑是谁挖的，答曰：“说不清了，谁‘积极’谁挖”。

1　据西安半坡博物馆1989年调查，仍在使用的陶窑只剩三座，旁边废弃之窑共有八座。见《西双版纳州勐海县曼海寨傣族原始制陶术考察的初步研究》，载《史前研究：西安半坡博物馆成立四十周年纪念文集》，三秦出版社，1998年。

（四）第Ⅳ类型（图版一三、一四，图一一——一三）

属于这一类型只有一个村寨，这就是景洪县大勐笼的曼南坎。

1. 概况

曼南坎位于大勐笼镇之西四公里，以邻近南坎河而得名。居民全为水傣族（“傣泐”），80 户中有 12 户会做陶器。与上述三种类型不同，此地制陶业已为男子的专业性工作，妇女不加过问，而且只做缅式水瓶一种产品。

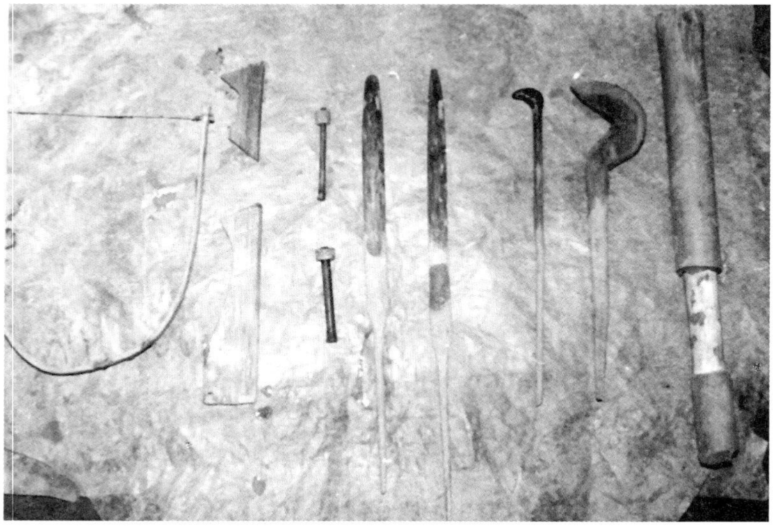
图一一　勐笼曼南坎制陶工具（第Ⅳ类型）

西双版纳傣族（特别是靠近边境的）早已使用这种水瓶，原由缅甸买来。约 20 世纪 40 年代（据云两代人之前），缅境小勐猛地区有名“先刀”（“先”为傣族村寨头人一种等级）者来此，传入制造这种水瓶的技术，有些人户由传统陶器制造转而生产这种新产品，很受欢迎，远自景洪都是来购买。产品供不应求，制陶遂由妇女业余工作改为由男子全日工作，以取得更多收入。而本户其他成员仍从事农业生产。制造这种水瓶技术并不复杂，但整天制陶是强度很大的劳动，男子比妇女更易胜任；且他们无家务干扰，可以保证工作时间的连续性。现大勐笼还有一些村寨制作传统陶器，只有曼南坎制作这种新产品。

2. 原料

陶土经鉴定为“水铝英石”和“多水高岭石”，取自寨边。陶土取来后，放在牛皮上（有人已改用塑料布）以木杵舂碎和水揉合。

3. 工具和设备

（1）转盘：木制。与Ⅱ、Ⅲ类型转盘相比，其特点是盘面甚小，直径仅有 12–15 厘米，而下嵌长竹管，插在高出地面的竹柱上。每户要备几个甚或十几个。转动用手捻之。每秒可转 2–3 圈。不仅制坯全过程在其上进行，器坯制好后即放在其上干却。

（2）弧形木刮：木制，一边呈弧形。有两种或三种，长 10–15 厘米，宽 3–4 厘米，大小及弧度不同。制造瓶颈时在外刮压，做出需要的弯曲度。

（3）弯棍：木制，长约 20–25 厘米，一端有大小不同之弧形头，制造瓶颈在内托之，使之成型。

（4）竹刀：竹片削成。长约 30–35 厘米，供裁平口沿及边缘多余之泥之用。

（5）竹弓：将一根竹片弯曲后系线为弦，如曼朗所用，其作用是割取陶土，将干却之器坯割离转盘。

（6）唧筒：一节竹筒制成，一端戳出小孔，插入竹棒，如小孩喷水玩具，长约 30 厘米。将

图一二　勐笼曼南坎转盘（第Ⅳ类型）

图一三　勐笼曼南坎制陶业惟一产品——缅式水壶（第Ⅳ类型）

调好陶土浆灌入，推之从小孔冒出陶土细条，用来制作附加堆纹。

（7）转棒：一根竹棒或木棒，一端插入牛骨制成圆头，长2—3厘米，直径约1厘米，上刻圆点或竖道。在器身上滚动，可制造小乳钉纹及栉纹等精细花纹。

（8）竹片：一根带有竹节的竹片，长约15厘米，用以制造栉纹。

（9）象豆：一种名叫榼藤子的豆科植物（Entada phaseoloides）之实，俗称“象豆”，当地人称“老鸹枕头”。器坯干却后用此豆通体打磨，使烧好器物表面平滑有光泽。

（10）陶窑：圆形，砖砌四壁，两道隔梁形成三个斜火道，无顶。窑上有棚，以便下雨时照常烧陶。全寨仅一窑，窑口直径132厘米，深154厘米，全寨12个制陶户均可使用。

4.器物

每户制作的缅式水瓶大小基本一致：小口，长颈下鼓，鼓腹，平底、圈足。全器呈葫芦状。口径5—6厘米，最大腹径23—24厘米，高33—35厘米。据说这样烧陶时“容易安排”。水壶腹部饰长条纹，颈部有附加堆纹、栉文与小乳钉纹等。器表呈黑色，陶胎略呈黑灰色，表面有光泽。

由于西双版纳天气炎热，水挑来后放在水罐中不久就会失去凉意，傣族人民喜欢备有此瓶，井水挑来后即灌满一瓶，放置室内随时取用。此瓶亦可套以竹络，直接到水井挑水。此外，曼南坎过去制造一种缅式花瓶，要有人订购才临时制作，否则“卖不出去”。

5.制坯

制陶者先在转盘上盘筑一圈，作为水瓶之圈足，再安以陶土捏成之圆饼作为水瓶之底，便开始盘筑器壁。此间亦使用长条盘旋法，先绕三圈，每圈之间手捏使结合牢固，并用手指在内部由下而上反复抹压，抹去泥条痕迹使器壁紧密。再以弯棍置内部外压便成鼓腹。以上工作均是在转盘上进行，转盘将停便用手捻，使它不断转动。再双手持竹片在腹部从上而下依此刮之，利用竹节做成一道道栉纹，如是便完成一件器坯下半部。接着继续转动转盘，盘筑泥条一圈，做瓶颈下鼓部分。以木刮弧形边在外弯棍在内压刮成型，以唧筒做成细泥条，在这一部分及与腹部结合部分做附加堆纹数圈，再于其上盘筑泥条做成长颈。以木刮弧形边在外小型弯棍在内刮压成型后，再捺上数道泥细条做成附加堆纹，并用转棒在这一部分随着转盘转动而滚动，做成小乳钉纹及栉纹，然后以竹刀裁平口沿并刮去其他部分多余之泥。至此器坯做成，连同转盘插入另一竹柱晾干，干却器坯便无需专门设备。器坯干却后，用弓形器之弦将器坯划离转盘。最后把器坯抱在怀中，用象豆在器身反复摩擦，使发亮为止。

这里制坯有两点值得注意：第一，缺少拍打这道程序。因盘筑时器壁经过反复刮压已经紧密，而且瓶口甚小，无法手持卵石伸入为垫拍打。第二，尽管全部过程在转盘上进行，手转转盘速度较足趾拨动为快，但不利用旋转造成的抛掷力量提拉器壁成型，从底到颈完全靠泥条盘筑。假如说第Ⅲ类型已经部分利用轮制原理，而这一原理却非第Ⅳ类型所知，虽然在器物装饰方面第Ⅳ类型比其他类型较为精细复杂，显示出较高的技术。

6.烧陶

烧陶无时间限制，做好并完全干却的器坯足够烧一次时，便准备烧陶。烧陶是男子的工作。先清理窑室，在火道上垫好瓦片、陶片，器坯有计划地排列，务使口部向下向内。排满后从下面火道中点火。烧到一定程度，以瓦片封顶，上面涂泥，火口亦要封闭。从点火到封火有时长达一天。值得注意的是在封火前要填进谷壳、谷糠或一种名叫“费买究”的树叶（未做植物鉴定）产生浓烟。这是烧成黑色陶器的关键，故顶部及火口要密封使烟不得冒出。当地忌讳在天气太热或太干燥时烧陶，即因火势不易控制，窑内火力大即不易造成浓烟。

兹将上述四种类型制陶业的产品及其制作方法不同之处，列成一表，以便读者：

	第Ⅰ类型	第Ⅱ类型	第Ⅲ类型	第Ⅳ类型
村寨	曼贺、河边寨、俄允、曼磨、帕当、那缅。	曼德、曼勒、曼角。	曼朗、曼海。	曼南坎
制陶者	妇女。业余工作。	妇女。业余工作（20世纪80年代曼角一户改制新产品后已成为男子专业工作）。	妇女。业余工作。	男子。专业工作。
陶器	红色陶器。表面有陶拍留下花纹。	红色陶器。表面有陶拍留下花纹。	红色陶器。表面有陶拍留下花纹，口沿及内壁有铅釉。	黑色陶器。表面有复杂花纹，通体磨光。
制坯	在支于膝盖木板上泥条盘筑（泥圈相接法）和拍打。	在转盘上泥条盘筑（泥圈相接法）和拍打。转盘用足趾缓慢拨动。	在转盘上泥条盘筑（长条盘旋法）和拍打。转盘除用足趾拨动外，有时用手（或更在另一个人帮助下）急转，利用旋转造成的抛掷力量完成制坯部分工作。	在小型转盘上用手快转，进行泥条盘筑（长条盘旋法）和修整，不加拍打。
烧陶	平地烧陶。	燃料封闭法烧陶。	有无顶双火道竖穴土窑。	有无顶三火道砖窑。

傣族制陶四种类型，可以明显分为两个系统。从第Ⅰ类型到第Ⅲ类型，属于滇西南傣族固有的传统的制陶业。尽管制坯技术（从无转盘到有转盘，从用足趾慢拨转盘到用手转转盘）和烧陶技术（从平地烧陶到燃料封闭，再到简单土窑的出现），有高有低，但制出的都是一种红色陶器。很多器物（如圜底罐、茶罐）是三种类型共有的，形制基本相同。花纹都以拍打留下的篮纹为主。陶器硬度也相差不大，都略有掺水性，这是因为烧陶技术虽有高低，所达到温度相差不大，都不超过摄氏1000度。[1] 这三种类型的产品若由考古学家进行类型学分类，会毫不迟疑地划入同一种文化的。

第Ⅳ类型制陶业则属另一系统，表面磨光的黑色陶器上饰复杂花纹，与上述三种类型的红色陶器形成鲜明的对照。

二　傣族制陶对研究远古制陶的几点启示

如何据考古发现中陶器探索和复原当时制陶业及社会面貌，傣族制陶给予我们不少有益的启示。我们仅就下面六个民族考古学家经常讨论的重要问题略抒己见。还有一些具体问题（如从陶器痕迹复原当时制陶技术和过程，某些器物用途和用法），前已讨论，不再重复。

（一）陶器的制作者和使用者

一个遗址中的陶器是本地制作的，抑或外地传入的？如何区分陶器的制作者和使用者？只有弄清这个问题后，才能顺利讨论其他问题。

若一个遗址中能找到明显的制陶遗址或遗物，当然就能证明当地制陶业的存在。但是，考古学家并不是总有这样的“幸运”。制坯多用竹木工具，很难保存。据我们观察，仅仅拍打作垫的卵石使用合手者不轻易更换，因而会在一面留下明显的磨损痕迹，与天然卵石易于区分（在田野工作中应注意寻找这种卵石）。烧陶也不一定都有遗址可寻，简单的土窑易于泯灭无存，而如就在地面烧陶，根本没有陶窑。当然烧陶地点固定，地面上会形成一层红烧土（据我们在曼勒所见，厚度可达10厘米左右）。远古遗址中若发现同样的现象，可以考虑该处曾经烧陶。[2] 总之，在田野工作中不能指望轻而易举地就找到明显的制坯或烧陶遗存，应多方搜寻证据，确定当地是否有自己制陶业。

除了寻找制陶遗址直接证据外，当今民族考古学家还试图从器物本身来区分陶器制作者和使用者。朗阿克教授等对菲律宾罗宋岛北部的卡林加人（Kalinga）制陶业调查后发现，制作者家中陶器出自本家庭成员之手因而风格一致，而使用者家中陶器购自各个村寨，会呈现出较大的差异性。[3] 但傣族制陶业共性较强，调查中未能证明这一点。朗阿克教授在一本书的序言中又指

1　我们调查时没有条件进行烧陶温度测定。据前人测定，平地烧陶最低温度为625°C，最高温度可达960°C（参见上引Shepard氏书，p.83），燃料封闭法为750°C—800°C（参见C.Singer and others, *A History of Technology*, Oxford University Press, 1956, Vol Ⅰ, p.392），而曼朗这样窑所达到温度也只有840°C±20°C〔参见徐康宁：《勐海傣族的制陶术》，载《西双版纳社会综合调查》（一），云南民族出版社，1983年〕。

2　例如：江苏邳县刘林和上海青浦崧泽均发现面积不过几平方米红烧土面，内夹陶片，即可考虑是平地烧陶所遗。见《江苏邳县刘林新石器时代遗址第一次发掘》，《考古学报》1960年2期；《上海青浦崧泽遗址的发掘》，《考古学报》1962年1期。

3　W.A.Longacre and M.T.Stark, Ceramic, Kinship and Space: A Kalinga Example, *Journal of Anthropological Archaeology* 11, 1992, pp.128—129.

出“在市场制度下，生产陶器村镇中住户平均拥有的陶器（特别那些寿命短促的陶器）较之消费者（使用者）村寨中住户为少”[1]，这不知是指数量抑或指种类。若指种类，则在傣族制陶业中却发现了正好相反的现象，即制陶户家中陶器总是种类齐全，而非制陶户家中则仅拥有一两种必要的器物。以景洪坝子为例，1964—1965 年我在那里调查时，全坝 81 个村寨中会制陶三个村寨制陶户拥有他们会制造的各种器物，有些器物已不再生产，他们会从房屋角落中突然摸出一两件，告诉你他们过去还会做这样陶器。而其他不会制陶村寨或制陶寨中不会制陶户一般只有作为炊具的圜底罐及盛水盛物的平底罐，最多还有一个茶罐。有钱的或社会地位较高的户也是如此（他们并不想在陶器方面显示富有）。陶器的数量更是相差悬殊。以盛水的平底罐为例，当你登上制陶户的竹楼，一眼就可看凉台上排列着一二十个装满了水的平底罐，而非制陶户中这种生活必需的器物也只有寥寥数件。

原因是很简单的。陶器对制作者来说除去劳动力不用花任何成本，只要家中妇女勤劳，可以随时制造。而对使用者来说，陶器虽然价钱便宜（20 世纪 60 年代一对没有任何缺点平底罐售价四角至八角），总是要花钱到集市上购买。像器盖这样的器物，在曼勒非常普遍，且有好几种形式，制陶户凉台一排排储水的平底罐上常见整整齐齐覆盖着器盖，不会制陶村寨则很少见此物。他们储水平底罐上用竹木盖或芭蕉叶覆盖，或根本不加覆盖。当时我就询问其故，对此他们的解释非常直截了当：“何必花钱去买可要可不要的东西？”

因此，从傣族制陶所给予的启示，在一系列相邻的遗址中陶器种类和数量对比情况，可作为区分陶器制作者和使用者的参考。例如，属同一文化的陶器分布范围内，某一遗址若较其他遗址陶器种类齐全，数量较多，即使无明显的制陶遗存，可以考虑原是制陶者的住地。

（二）陶器的分配和交换

陶器是如何从制作者转入使用者手中的？这就需要讨论陶器的分配和交换问题。

按文化人类学观点，人类生产的超出自身需要的东西最终要分配于他人，商品交换的实质仍是一种分配。人类产品的分配和交换自古至今不外乎三种模式，即“互惠式交换”（reciprocity exchange）、“市场交换”（market exchange）和强制性“再分配”（redistribution）。[2] 在傣族制陶的分配和交换过程中，这三种模式均有存在。

互惠式交换指不通过市场也不通过政治力量的直接交换，一般采取不固定的以物换物或以物换取某种服务的形式，是人类最早的交换的模式。亲友邻里之间交换礼物也属于这一范畴。它可以是对等的，也可以是单方面的。傣族制陶者便常把自己产品无偿馈赠于人。我们调查时在几个村寨都见过当一次成功的烧陶之后，喜悦的妇女随手把一两件陶器送给来访的亲友甚至旁观的邻居，毫无吝惜之感。20 世纪 60 年代初期我自己向傣族制陶妇女搜集陶器样品，经常也是给钱不收的。当然，受惠的一方以后会以某种方式给予回报，这便是互惠式交换。

傣族制陶业产品的绝大部分运送到邻近的农村集市（country fair）上出售，售价很低，仍略可补充农业收入之不足。这就是一种市场交换，虽然是市场交换的低级形式。市场交换可说

1 W.A.Longacre, Ethnoarchaeology:An Introduction, *Ceramic Ethnoarchaeology*, The University of Arizona Press,1991,p.10.

2 参见 K.Polanyi,The Economy as Instituted Process,in *Trade and Market in the Early Empire*,edited by Solanyi and others, New York:The Free Press,1957；汪宁生:《文化人类学调查——正确认识人类社会的方法》，文物出版社，1996 年，107—111 页。

是傣族陶器分配的主要模式，也是生产的主要目的。已调查的十二个村寨做陶器主要就为了“赶街子”出售。

再分配是在政治权力强制下的产品分配模式，即生产者被迫无偿地将产品的一部分转移到统治者手中。上述十二个村寨中有两寨20世纪50年代前有这样的义务。一个是景洪的曼勒，每年全寨规定要向西双版纳最高统治者“召片领”贡纳日用陶器（据说是大罐30对，小罐15对），还有涂“银粉”的赕佛祭神专用陶器（图八）。另一个是澜沧县下允的河边寨，全寨要向下久土司及该地最大缅寺交纳和进献日用陶器及精致的花瓶和边沿有孔可以悬挂的陶钵等（数量不详）作供佛之用。到我们调查时，两寨该项义务早已废止，器物尚见。这两个村寨制陶业并非专为统治者生产，大量陶器仍进入集市进行交换，无偿贡纳在全年陶器生产中只占一小部分。

考古发现中的陶器在分清制作者还是使用者之后，若有条件则应进一步推断其分配和交换模式。傣族制陶在这方面也有启示。仍以景洪坝子为例，1964—1965年间我们至少访问过40个寨子，除制陶户以外，见主人家中陶器必问其来源，礼物交换或赠送的陶器只存在于三个制陶寨（曼勒、曼德、曼角）及其附近村寨，距离制陶寨较远的村寨（如景洪坝子西北端的曼达，东北端的曼沙、曼列）所有陶器都购自集市（景洪街、戛洒街），不见一件由赠送或礼物交换得来陶器。

由此可见，互惠式交换由于是不固定的、分散性的，数量不大，散布范围不会太远。只有市场交换的陶器才会散布较远的地方。

在考古发现中若能查明一种文化中陶器在距制造中心较远地方也有较多分布，一般可以认为当时存在着市场交换。当然这不是现代意义上的市场，而是从简单社会就已存在的集市贸易。这种交换可以不用货币，或仅有自然物为交换媒介，但已有固定的地点和时间。

关于买卖陶器的集市，我们做的调查工作不多。但在双江县街子上曾见到买卖陶器有一个固定的地点，我们戏称为“陶器角”(potter’s corner)，陶器由曼磨等制陶寨挑来后，卖陶器的妇女（她们一般就是制作者）便集中在一起，边说笑边做生意。由于陶器易碎，运输过程中损坏者、买卖中不小心弄坏者便随手丢在当地。我们观察到这一角落附近地面及垃圾坑中布满了碎陶片，都是没有任何使用痕迹的崭新陶片。这可作为陶器集市遗址的特征。假如远古遗址中发现同样的迹象，再加上其他迹象（如没有发现任何制陶的遗存而又有其他交易遗存的发现），或可认为是当时买卖陶器集市遗址。

通过再分配得来的陶器只能存在于当时的政治中心或宗教中心。傣族制陶表明，这种陶器总会包括一些特殊的器形或装饰，不仅一般陶器使用者不可能拥有，而且在陶器制作者自己家中也不见。假如某一遗址发现比同一文化其他遗址中较为复杂特殊的陶器，当地又无制陶业的存在，再参考其他迹象，可以考虑当地是一个政治中心或宗教中心的可能，而当地与陶器制作者之间有一种再分配的关系。

（三）关于制陶的专业化

美国著名考古学家柴尔德（V.G.Childe）在20世纪30年代出版的《人创造了自己》一书中说：“民族志表明，今天简单社会人民手制陶器是妇女的家庭工作，而轮制陶器却是留给男子的专业化工作，有证据认为这一点在古代也是真实的。”[1] 此说曾被考古学和历史学著作广泛引用。

1 V.G.Childe, *Man Makes Himself*, New York: New American library, 1958 (1936), p.102.

近几十年来后进民族传统制陶业新发现的资料有些与柴尔德氏上述论断相符，有些则不相符。[1] 柴尔德上述论断已不再是一种规律性的结论。对此傣族制陶又增添了一个否定的例证。傣族制陶业包括各种类型，有业余的制陶者，也有专业的制陶者；有女性，也有男性；有手制，也有轮制。这就为深入细致讨论制陶的专业化（specialization）问题提供了广阔天地。

首先，手制和轮制如何区分？制陶都要包含手工劳动，不能全靠机械力量。[2] 故轮制只能理解为器壁主要靠陶轮旋转产生的抛掷力量（throwing）而制成（提拉成型），而不知利用这种力量一切制陶方法都属于手制。按照上述已为多数学者同意的理解，傣族制陶向我们提供了一个清晰的从手制到到轮制的发展过程。第Ⅰ类型盘筑器壁仅在一块支在膝盖的木板上进行；第Ⅱ类型在转盘上盘筑器壁；第Ⅲ类型已知加快转盘旋转速度，利用旋转造成的抛掷力量提拉器壁，完成部分（大的器物）或全部（小的器物）器壁筑造工作（参见图版一一：3–4）。这表明傣族制陶第Ⅲ类型制陶业已开始从手制向轮制过渡。这陶轮就是过去的转盘，构造和大小完全一样，只是改进了操作方法（从足趾慢拨到用手急转）。中国老一辈考古学家吴金鼎研究中国古代制陶术成绩卓著，他首先正确指出中国远古陶器口沿上同心圆纹不是轮制痕迹仅是转盘上修整造成的，而且推测最早陶轮就是从支在木柱上转盘引导出来。[3] 傣族制陶有力地证实了他的说法。到目前为止，还没有发现傣族制陶从手制过渡到轮制是向周围其他民族学会的，应该说这是傣族自己一次独立发明，是由傣族妇女完成的。她们在长期使用转盘制陶实践中，积累了丰富的经验，易于体会到旋转产生的力量。轮制陶器可由妇女担任主要工作，而且制轮技术本身可能为妇女所发明。这一事实本身就是对柴尔德上述论断的有力挑战。又云南佤族手制陶器却由男子担任，最近云南其他民族也发现由男子担任手制陶器工作的情况[4]，都是对柴尔德氏说法不利的证据。

关于专业化，我们同意其特点是全日制的工作而且工作者生活来源完全依靠这项工作，而非全日工作另有其他职业为生活来源的便属于非专业化或业余工作。[5] 制陶专业化与制陶技术（手制或轮制）关系不大。世界上有些民族手制陶器技术极为原始，却有了类似专业化的制陶业，如美拉尼西亚接近特罗布里安群岛的 Amphlett 岛民由于地多岩石难以生长作物便以制造一种粗陋的陶器为生[6]。南美印第安人中的雅诺马莫人（Yanomamo）制出陶器底厚边薄极易破碎，却固定由某一村寨制造，用作礼物交换以便巩固联盟，也可算是一种“专业化生产”。[7] 上述傣族曼南坎（第Ⅳ类型）和 20 世纪 80 年代后曼角均有专业化的制陶业。但他们却无轮制，仍在转盘上手制，不知利用转盘快转产生的抛掷力量（参见图版九：4，图版一三：2）。这两个村寨专业化制陶工作确由男子担任，但非由于妇女不能掌握其技术，而因她们有家务缠身，不能保证全日制工作之故。

关于传统制陶业男女分工、专业化程度和生产规模多种多样，并不能简单地只分二种：“妇

---

1 I.Hodder, *The Present psat: An Introduction to Anthropology for Archaeologists*, London: B.T.Batsford Ltd., 1982, pp.86–87.

2 参见李济《小屯》第三本《殷墟器物・陶器》上，台湾南港，1956 年，104–107、110–114 页。

3 G.D.Wu, *Prehistoric Pottery in China*, London: Kegan Paul, Trench, Trubner & Co.Ltd., pp.135–136.

4《文山土锅寨原始制陶工艺调查》，《云南文物》21 期（1987）。

5 I.Hodder, *The present past: An Introduction to Anthropology for Archaeologists*, London: B.T.Batsford, Ltd., 1982, pp.86–87.

6 P.K.Lauer, Amphlett Islands Pottery Trade and the kula, *Mankind* 7 (3), 1970.

7 N.A.Chagnon, Yamomamo: *The fierce People*, New York: Holt, Rinehart and Winston, 1968, pp.20–21, 100–101.

女家庭工作”和“男子专业工作”。已有学者不满于此，把制陶分为三种情况：(1) 仅为自己消费的女性制陶，(2) 男女两性为了增加家庭收入的共同制陶，(3) 作为生活主要来源的男子专业化制陶[1]，但仍难包括一切。傣族非专业化制陶寨或可归属第（2）种，在妇女主要负责制陶工作的同时，男子并非完全置身事外，他们仍要帮助运送和加工陶土、准备燃料、做制陶工具、制釉以及帮助运送产品去集市出售。而上述两个已有专业化制陶村寨（曼南坎和曼角）却不能简单地归入第（3）种。每户虽有男子全日从事制陶工作，全户其他成员仍从事农业生产，出售陶器收入在全户全年收入中占多大比例，我们未能作出精确统计，但全家未曾脱离农业生产是无疑的。他们的陶器交换还不算是一种“生计交换”(subsistence exchange)[2]。

总之，制陶业从非专业化到专业化，制陶技术从手制到轮制并非同步发展，而制陶者是女性还是男性亦与上述划分难以互相对应。因此，一些考古学家中为了探讨某一遗址陶器，想从陶器留下制造者指纹判断是男性或女性，或者从陶器制造痕迹判明是轮制还是手制，来证明当时制陶业是否为专业化。这些研究方法的科学性是值得怀疑的。陶窑与制陶专业化也经常不是同步发生。在北非 Maghreb 人之中，无窑烧陶是非专业的而有窑烧陶是专业性的，但这并不是一种规律性的现象。[3] 傣族第Ⅲ类型制陶业已有陶窑，制陶仍是以妇女为主要制作者的业余工作。中国仰韶文化烧陶多用陶窑[4]，也没有证据表明当时已有专业化制陶。有人据某些遗址陶窑有集中分布的迹象，推论当时有某种专门生产陶器的“作坊”或“集体生产”[5]，更属揣测之词。傣族非专业化制陶业中烧陶地点（如曼磨、那缅）及陶窑也都有集中在一起的情况，这是为了防止失火。烧陶地点或陶窑可以共有和轮流使用，而制陶仍是一家一户的家庭副业。

那么，究竟应如何才能据考古发现的陶器遗存去认识专业制陶的存在呢？傣族制陶为此提供了一条重要的线索。曼南坎和曼角两个村寨制陶业走向专业化都是为了集中力量生产社会需要的一种特殊陶器，而一旦这种陶器大量生产，原来陶器即不再生产。因此，假如一个遗址中如有一种陶器突然大量出现取代了原来的多种器物，应该说这是转变为专业化制陶业的反映。

（四）关于陶器的标准化

标准化（standardization）是指陶器形状、大小一致而言。过去学者多将标准化与专业化相联系，如认为“标准化可以作为全日制陶工匠产品特点”[6]。已有学者对此持怀疑态度，认为“产品一致性和专业化之间关系尚难确定”。[7]

傣族制陶对研究这一问题新的启示是：专业化和业余的制陶产品上都能看到标准化的倾向。如上所述，傣族第Ⅳ类型已走上专业化的制陶业生产出来的缅式水瓶，形状、大小一致（图

---

1 H.Balfet,Ethnographic Observations in North Africa and Archaeological Interpretaion:The Pottery of the Maghreb.in *Ceramic and Man*,edited by F.R.Mastson,Viking Fund Publication in Anthropology 4,1966.

2 B.Orme,*Anthropology for Archaeologists: An Introduction*,Cornell University Press,1981,p.178.

3 I.Hodder,*The Present Past:An Introduction to Anthropology for Archaeologists*,London:B.T.Batsford Ltd.,1992 p.86—87.

4 参见《西安半坡》，文物出版社，1963，156—160 页。《宝鸡北首岭》，文物出版社，1983 年，28—29 页；《姜寨》，文物出版社，1988，48—49 页；《淅川下王岗》，文物出版社，1989 年，58—59 页。

5《中国陶瓷史》，文物出版社，1982 年，13 页。

6 W.A.Longacre,K.L.Kramme and M.Kobayshi,Southwestern Pottery Standardization:An Ethnoarchaeological View from The Philippines,*The KIVA* 53:2,1993.

7 I.Hodder, *The Present Past:An Introduction to Anthropology for Archaeologists*,London:B.T.Batsford Ltd.,1992, p.88.

一三）；在第Ⅱ、Ⅲ类型非专业化制陶业的主要产品平底罐的形状、大小也呈现出相当的一致性。特别如曼德大部分制陶者已有意识地力求保持自己产品大小一致，在制坯时即截好一根根泥条，而且以手量两拃为度，而每个平底罐器壁一般盘筑4圈为止，故制成的器坯相差不大。（参见图版九：2）

图一四　傣族挑物的平底罐

非专业的傣族制陶业已知尽量保持自己产品的大小一致，是因为标准或接近标准化的陶器有较多优越性。前人已指出，标准化陶器便于装窑，即使平地烧陶也易于排放，出售时便于运送。[1]此外，傣族还有自己特殊原因，即他们的平底罐或圜底罐是可以下垫竹络用来挑水或挑物的。（图一四）只有大小基本一致才能保持平衡。傣族陶器是一对一对地买卖（过去曼勒贡纳土司的陶器也以“对”计算），即因同一制陶户的产品更能确保大小一致，有利作挑担之用。

图一五　马家窑文化陶器

这一发现运用于远古陶器研究中，便是要注意到标准化陶器可以是也可以不是专业化制陶业的产品。这要参考该遗址情况来进行全面考虑。例如：中国山东龙山文化典型器物表面磨光的蛋壳黑陶高柄杯，表现出较大的一致性，可能为一种专业化产品[2]；马家窑文化（无论是半山类型还是马厂类型）随葬的日用陶器，也是“器物大小悬殊不大，高度都在20厘米—25厘米之间”，“耳把的长宽像尺子量出来的一样大小一致”[3]，却不一定是专业化制陶业的产品。（图一五）

还要说明的是，传统陶器不像由机器统一生产出来的现代工业产品，所谓标准化并不意味着形制大小完全一致。即使是已走上专业化的传统制陶业生产出来的标准化陶器仍存在差异性。[4]对于传统制陶业来说，无论是专业化或非专业化的产品只能说是接近标准化或已有了标准化的

1 K.Nicklin,Stability and Innovation in Pottery Manufacture,*World Archaeology* 3,1921.

2《新中国考古发现和研究》，文物出版社，1984年，102页。

3《青海柳湾》，文物出版社，1984年，102页。

4 G.A.London,Standardization and Variation, in *Ceramic Ethnoarchaeology*, The University of Arizona Press,1991.

倾向。上述傣族几种陶器的情况就是如此。

（五）陶器与族群识别

陶器是否可作为识别族群的标志？这在国外已不成问题。陶器既是一种物质文化遗存，而“物质文化时常与某一集团不相符合。在民族志上，从加利福尼亚到玻利尼西亚，物质文化相当一致，却包含着以语言区分的不同单位”[1]。但中国学者仍习惯以某一考古学文化（陶器为其重要组成部分）与远古某一族群或大的民族集团相联系，如说以彩陶为代表的仰韶文化属于华夏，黑陶为代表的龙山文化属于东夷，等等，有些已写进历史教科书，而且这种研究方法至今仍然流行不衰，故有必要对此略加评述。

傣族制陶即可证明，同一种陶器使用者可以是同族，也可以是异族。就滇西南地区而言，使用傣族陶器者除傣族外，如本文第一部分所介绍，还有基诺族、佤族、拉祜族、布朗族、空格人、山达人等。空格人、山达人的语言系属尚待最后确定，基诺族、拉祜族操藏缅语（Tibeto–Burma speaking），佤族、布朗族操孟高棉语（Mon–Khmer speaking），与泰·卡傣语（Thai–Kadai speaking）的傣族无论语言还是历史渊源都迥然不同。我们20世纪60年代在西双版纳拜访布朗、爱伲村寨时，时常见有从街子买来的红色陶罐，他们称之为“傣族土锅”。

同一种器陶制作者也可以是不同的民族。泰国、老挝等地传统制陶业大同小异[2]。最近美国学者又在东南亚广泛开展传统制陶业的调查，有一个庞大的多年计划，已经发现泰国、老挝乃至柬埔寨、越南属不同语言的民族集团有相同的陶器及制陶技术，因而得出结论说“（制陶）技术的传播可以与民族及语言无关”。缅甸很多村寨也保持传统制陶业，他们大多数操缅语，也称操钦语（Chin）的。而“民族语言的或部落的不同并不能在制陶方面反映出来”[3]。

与此相反，同一种民族却可以有完全不同的制陶业。云南傣族制陶在此方面提供了一个有力的例证。曼南坎从1940年起专门制造的“缅式水瓶”，其器物形制、风格及其制造技术，与本寨原有的及其他傣族地区传统陶器迥然不同，是典型的“突入的陶器”（intrusive pottery），然而制造者仍是傣族。

据上所述，一种陶器的分布范围与一个族群或民族集团的分布地域可以是不一致的。因此，以陶器为其重要组成部分某一考古学文化与历史上或传说中某一民族集团等同起来的做法是不可取的。假如千万年后，我们在云南西南部乃至毗邻的泰国、老挝等地发掘，会发现一种散布很广的硬度不高的手制红陶，便以为这里只有操同一种语言的民族集团所居；或发掘曼南坎遗址，会发现在传统的红色陶器层上突然出现了以水瓶为主要器形的黑色陶器，便以为分属两种居民，反映异民族的侵入，岂非与事实相距太远！

（六）陶器与社会变迁

陶器及其制造技术的发展变化是否可以作为社会变迁的晴雨表或指示器呢？这也是值得商榷的。

---

1 T.Hodder, *The Present Past: An Introduction to Anthropology for Archaeologists*, London: B.T. Batsford Ltd., 1982, p.192.

2 W.G.Solheim, Pottery Manufacture in Sting Mor and Ban Nong Sua Kin Ma, Thailand, *Journal of the Siam Society*, Vol 52, 1964; Notes on Pottery manufacture near Luang Prabang Laos, *Journal of the Siam Society*, Vol 55, 1967.

3 L.Lefferts and L.A. Cort, A Contemporary Village–Based Earthen Ware Production in Mainland Southeast Asia; C.R.Reith, A Comparison of Ground Firing Technique in Contemporary Burmese Villages. 以上两篇为1998年马六甲第16届IPPA国际会议论文。

过去认为手制陶器属于简单社会，轮制陶器则是“城市革命”以后人类进入文明的标志。这一说法早已受到质疑，而在中国考古学界历史学界仍有较大的影响。

几十年来发现从远古留下来的传统以手制为特点制陶业保存于世界很多民族之中。较著名的有美国的普埃布洛人[1]、非洲的富拉尼人（Falani）[2]、洛齐人（Lozi）[3]、亚洲菲律宾的卡林加人[4]、中国台湾的阿美人[5]及印尼的Ambon–Lease人[6]、印度[7]和东南亚大陆上某些民族。他们在与世界文明接触以前，有些确实处于简单社会，而有些则早已进入有社会分层的复杂社会，例如印度和东南亚大陆部分民族（当然还有本文介绍的云南傣族）都是如此。制陶业在进入复杂社会以后仍然停留在手制阶段，这本身即可说明制陶技术水平不能真实反映社会发展水平。秘鲁地区从印加帝国到今天，其社会可说经历了翻天覆地的变化，而制陶技术乃至陶器形式至今几乎没有变化。早有学者认为这一众所周知的现象对于“考古学家习惯把陶器作为社会变迁的晴雨表”是一个“挑战”[8]。

有时社会未曾经历什么变化而制陶又可发生变化。云南傣族十二个制陶村寨，20世纪四五十年代前其社会和文化背景完全相同。他们都以水稻种植作为主要生活来源，有良好的灌溉系统，住干栏式房屋，有严密有效的村寨组织，内部早已出现社会分层，而其制陶技术或仍停留在手制阶段（第Ⅰ、Ⅱ类型），或开始掌握轮制的原理（第Ⅲ类型），或由于一种新产品的传入而导致了制陶业的专业化（第Ⅳ类型）。这说明制陶的变化与社会变迁并非同步发生。这是因为陶器虽是生活必需品毕竟不是食物，制陶技术还不是一种谋生（subsistence）手段，只有谋生手段的变化才会引起整个社会的重大变化。

由上可见，我们据考古遗存研究远古社会发展水平时，不能单以制陶立论。若发现陶器及其制造技术的变化，也不能就作为社会变迁的论据。

近二十年来傣族制陶业发生了巨大变化。由于塑料的金属的器皿大批拷入，取代了笨重易碎的陶器，整个傣族制陶业走向衰落，只有个别村寨（曼角）的个别制陶户适应市场需要改制彩釉屋顶饰物取得了成功。世界上其他地区工业化过程中传统制陶业也发生同样的变化，或消失，或反而有大的发展。后者如菲律宾的卡林加人，原来只在有限的范围内进行交换，近几年由于

1 R.L.Bunzel,*The Pueblo Potter:A Study of Creative Imagination in Primitive Art*,New York:Dover Publication,Inc.,1972 (1929) .K.M.Chapman, *The Pottery of Santo Domingo Pueblo:A Detailed Study of its Decoration*,Santa Fe,New Mexica:Memoirs of the Laboratory of Anthropology,Vol I,1936.

2 N.David.H.Hennig, *The Ethnography of Pottery:A.Fulani Case Seen in Archaeological Perspective* ,Addison–Wesley Modular Publication,1972.

3 I.Hodder,Society,Economy and Culture:An Ethnographic Case Study amonget the Lozi,West Zambia,in *Pattern of Psat*,edited by I.Hodder and others,Cambridge University Press,1981.

4 W.A.Longacre,Kalinga Pottery:An Ethnoarchaeological study, 载上引 *Pattern of the Past*。

5 陈奇禄：《猫公阿美族的制陶、石煮和竹煮》，载《台湾土著文化研究》，台北：联经出版公司，1972年。

6 M.Spriggs and D.Milley,Ambon–Lease:On Study of Contemporary Pottery Making and Its Archaeological Relevance,*Pottery and the Archaeologist*, edited by M.Miller,London:Institute of Archaeology,1979.

7 B.Saraswati,*Pottery–making Culture and Indian Civilization*,New Delhi:Abhinav Publication,1979.

8 A.O.Shepard,*Ceramic for the archaeologists*,Washingon, D.C.:Carnegie Institution of Washington,1980,p.349.

道路修筑改用机动车运输，交换范围扩大，逐渐走向大规模生产。[1]

近年传统制陶业上述变化确是社会变迁所引起，但不能据此认为远古社会也是如此，因为上述现象均发生在各地走向工业化和现代化过程中，而研究前工业社会的问题不宜从工业社会取得类比材料。[2]

由于陶器是散布最广数量最多的考古遗物，其中确实蕴藏着大量可供复原当时社会全貌的信息，但要把这些信息寻绎出来，只知器物分类排队是不够的，有必要提出以“活的社会”还保存的传统制陶进行类比研究。本文是以此方法探索社会问题的一次尝试，仅供考古界同行参考。

（原载《考古学报》2003 年 2 期。又本文部分内容曾于 1998 年在马来西亚马六甲举行的亚太第 16 届史前学国际会议上报告）

1 M.T.Stark and W.A.Longacre,Kalinga Ceramics and New Technologies:Social and Cultural Contexts of Ceramic Change,in *Ceramic and civilization*,edited by W.D.Kingery.Westerville,OH:The American Ceramic Society,1993.

2 《略谈民族考古学》，载《民族考古学论集》，文物出版社，1989 年。

附 录

昆明工学院鉴定陶土报告

测试编号：830005　产地：勐遮曼朗
矿物名称：单热石（高岭石——水云母的过渡产物）
化学组成：$2RO \cdot Al_2O_3 \cdot 3SiO_2 \cdot 1 \cdot 5H_2O$

测试编号：830006　产地：景洪曼德
矿物名称：铁多水高岭石
化学组成：$(Al,Fe)_2O_3 \cdot 2SiO_2 \cdot nH_2O$

测试编号：830007　产地：大勐龙曼南坎
矿物名称：水铝英石与多水高岭石
化学组成：$Al_2O_3 \cdot SiO_2 \cdot nH_2O+Al_2Si_2O_5(OH)_4 \cdot 2H_2O$

测试编号：830008　产地：勐遮曼海
矿物名称：多水高岭石与水铝英石
化学组成：$Al_2O_3 \cdot Si_2O_5(OH)_4 \cdot 2H_2O+Al_2O_3 \cdot SiO_2 \cdot nH_2O$
含有少量的白云母

测试编号：830009　产地：勐海曼贺
矿物名称：水铝英石与多水高岭石
化学组成：$Al_2O_3 \cdot SiO_2 \cdot nH_2O+Al_2Si_2O_5(OH)_4 \cdot 2H_2O$

昆明工学院地质系测试室
测试者：金世昌
测试日期：1983年4月

基诺族的“长房”

当生产发展到一定阶段，人类过着定居的生活之后，常常建造一种供许多家庭集体居住的原始公共住宅。这种公共住宅或称“长房”（long house）。例如：著名的北美印第安人中易洛魁部落便有这种长房，他们自称为“长屋之民”。实际上，世界各地的原始公共住宅建筑形成各自不同，并非都是长形的房子。

中国云南的基诺到 20 世纪 60 年代仍有一个村寨（龙帕）保存着“长房”共居制度。1956 年 4 月笔者曾去基诺山对此进行过专题调查。[1] 事隔十余年，翻阅当时记录，回忆起自已为了便于直接观察住在“长房”之中那几天愉快的生活，晚上和“长房”几十个成员围着火塘谈笑喝茶，老人们讲述古老的故事，孩子们在旁边嬉戏，其情景犹历历在目。

随着社会的变化，加上“十年浩劫”中人为破坏，基诺族原来“长房”今已不复存在。外地同志到西双版纳进行科学考察，国外友人到西双版纳观光，都因看不到基诺族“长房”的原貌而感到遗憾。近几年来，人们了解“长房”，不得不靠老人的追述，而 1965 年之前虽曾有人调查基诺山，对“长房”并未留下详细的记录。我感到有责任把自己的调查成果公布出来。对今天的基诺族来说，“长房”已是历史的陈迹，但对民族学或考古学的研究工作，它却永远是一项颇有科学价值的资料。

一　基诺族社会历史概况

基诺族自称“基诺”，他族或称之为“攸乐”，语言属汉藏语系藏缅语族彝语支。他们主要聚居在西双版纳景洪县的基诺山区，东起小勐养，西至勐仑，通往勐腊县的公路横贯其中。全区过去共有二十八个自然村，分为前半山和后半山[2]（图一）。据 1961 年统计，在此聚居区的基诺族共有 1181 户，5578 人。此外，在勐旺等地也有少量基诺族居住。

1　这次调查中，我们请该寨老人阿四为主要报告人。阿四年六十岁，是Ⅲ号长房的家长，又是全寨的“着生”（第二号村寨头人）。翻译由张春担任。

2　属前半山的有茨通、曼夺、曼雅、曼海（分大中小三寨）、曼贵、回真、回鲁、大曼山、小曼山、帕尼、俄庄、曼秀、生牛。属后兰山的有曼漂、曼坡、龙帕、曼卡、么羊、炸共、炸吕、石嘴、曼奎、曼别、钱麻、曼瓦、曼武（后两寨为称“本人族”者所居）。

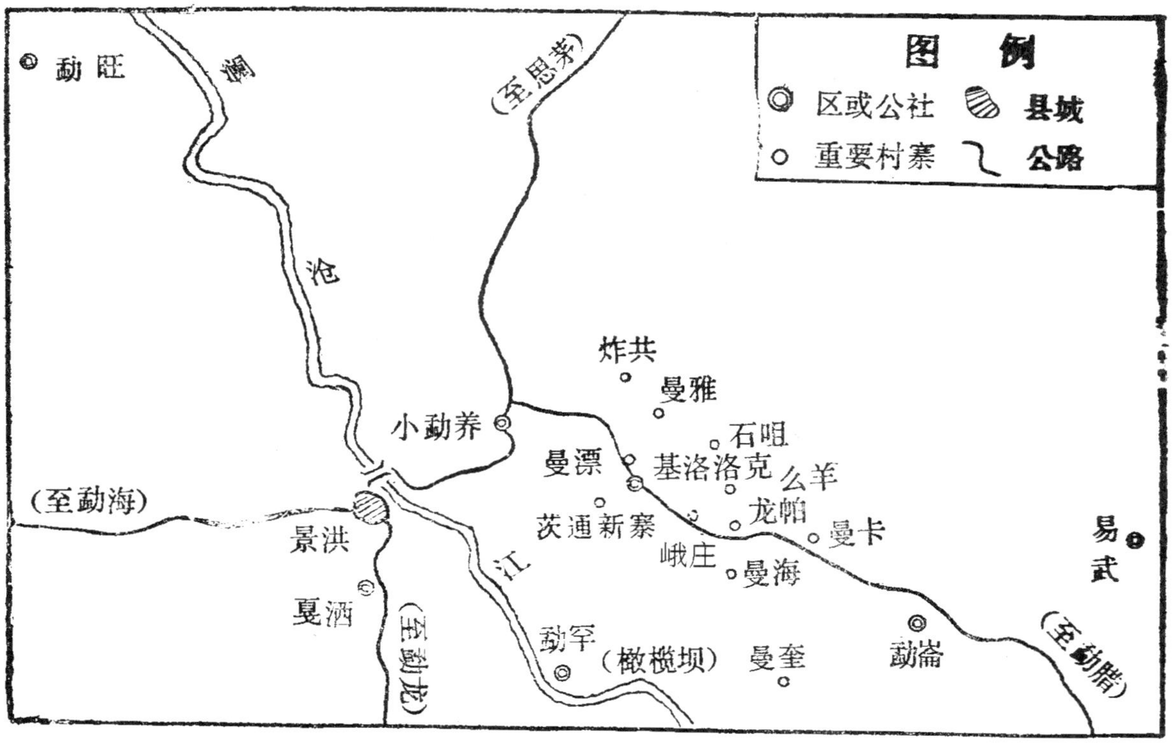

图一　基诺山地理位置图

基诺山地区不止一处发现过磨光石斧等遗物，证明很早即有人居住。这里大约自东汉时起已是永昌郡管辖范围，南诏时在银生节度统治之下，元代属彻里军民总管府，明代属车里军民宣慰使司，清代属普洱府。雍正七年（1729 年），清廷在这里设置攸乐同知，不久裁撤，又改设“攸乐土目”，隶属于思茅同知。[1] 今基诺山的茨通寨犹有“汉官的城”之称，并见汉式建筑遗存[2]；曼坡寨亦保存一处遗址，称为“旧城”[3]。两者应为原清朝官吏及士卒驻扎之处。

基诺山地区虽曾设治，王朝的统治并不深入。这里很早处于西双版纳傣族土司统治之下。[4]1941—1943 年，基诺族曾举行大规模起义，反抗国民党政府及傣族统治者。

基诺族以农业为主。种植的作物以旱谷及玉米为主，无水田，牛耕不普遍。农具有铁制的“夺铲”、弯刀、镰刀、砍刀等，全从汉区输入，本族只会修理，不会冶制。种山地采取刀耕火种方法，不知施肥，一块地开种三五年后即丢荒，产量较低。

家畜有水牛、黄牛、猪、羊等，也从事捕鱼和狩猎。狩猎工具为弹弓和弩，或采取“下扣子”方法，近几十年才用火药枪。使弩用铁镞，并有非常高明的制造毒药方法。渔猎仅于一定季节

---

1 参见（道光）《普洱府志》卷三，（道光）《云南通志 · 建置志》。

2 1965 年 4 月 29 日，我们去茨通参观这一遗址，见地面散布内地建筑常用的青灰色砖瓦甚多，还有屋顶饰及可能作为屋基的基石，石上有“大”“小”等汉字。

3 1965 年 4 月 30 日，我们去曼坡寨勘察“旧城”遗址。遗址在寨外，地面有巨大石柱础甚多，并见清代墓碑，乃流寓基诺山之汉族所遗。

4 尽管如此，傣族和基诺族还保持形式上的平等关系。据傣文史料记载，傣族土司历史上不止一次与基诺族通婚，某一傣族统治者曾得到基诺族的庇护。过去“召片领”家盖新房时要举行所谓“登郝武”仪式（意为登殿），由基诺族头人先行，新即位之“召片领”手牵基诺族身后腰带进入新房。

举行，在整个经济生活中不占重要的作用。

基诺族主要副业是采茶。基诺山是著名的六大茶山之一，著名的普洱茶中即有用这里出产的茶叶加工而成的。茶树多通过培育野茶而成，茶叶的采摘和揉烤都用手工操作。出茶最多的村寨有曼海、茨通、曼漂和保存“长房”的龙帕。他们就靠卖茶叶来换取盐、布匹和针线等生活必需品。除了种茶以外，基诺族种植棉花也有悠久的历史，并积累了一定的经验。他们会观察星的位置来决定种棉花的日子。

手工业有铁器修理、酿酒、编织竹器和纺织。商业主要靠集市贸易。基诺山上赶街子的地方有曼卡和曼别等，人们有时也去赶橄榄坝和勐仑的傣族街子。手工业和商业均于农闲时进行，本族内部无专业的手工业者和专业的商人。过去只有汉族商人（多来自易武）按时进山收购茶叶和棉花。

基诺山的土地名义上属于西双版纳傣族最高统治者“召片领”，实际上土地分属各个村寨所有。村寨间有明确的界限，或以天然的箐沟、森林、山脊为界，或设立人工的界标，即以竹木削成刀矛状插在地上。每当夏天草密钐草开路，只及本寨地界为止。打猎只能在本寨范围内进行，若在他寨土地上“下扣子”，猎获物的一部分要送给他寨头人作为礼物。一个村寨的土地，或者划分给该寨各个姓氏长期使用，或者由个人自由开种，但丢荒后本寨其他人又可占用。森林及墓地一般为全寨公有。

有些村寨也开始出现土地私有的现象。私有地绝大多数是茶地，因为茶树经过人工培育而成，被认为个人在这块土地上已付出了劳动；同时茶又是主要商品，可换取生活必需品，故人们对茶地比较重视，首先私有的便是这部分土地。土地私有化的程度各寨不同，最突出的是曼雅，那里不仅茶地私有，耕地也都分完。

土地买卖和土地租佃多采取集体方式进行。土地多的村寨可以把土地卖给或租给地少的村寨。土地的价格和租金十分低廉。一头大水牛即可换取一座山。租土地只需送该寨头人几只鸡、一口猪或少量的钱即可，或者下多少斤种子的土地即付多少斤稻谷为租金。凡是以村寨名义卖出或租出土地所得的收入，概由全寨平分，或充作全寨祭鬼及缴纳门户捐之用。有些村寨也出现个人买进或租进土地的现象。

雇佣劳动已出现。出现少数长工（基诺语称为“加者”），主人只供吃饭，不给报酬。短工（基诺语称为“加榨”）则非常普遍，工资是每天稻谷 2.5 公斤左右。

高利贷已盛行，不仅在曼雅这样土地私有、贫富分化严重的村寨，就是一些还保存土地公有制的村寨也存在放债现象。每当青黄不接之际借贷粮食，年利率是百分之五十；若借贷银钱，年利率达百分之百。但尚不知计算复利。

由于高利贷的发展，个别村寨有欠债无力归还而将孩子送给债主为养子者（基诺语称“劳姊”）。养子按习惯法应与主人子女一样看待，可继承其财产。实际上虐待养子养女之事时有所闻。

各个村寨之间不相统属。前半山和后半山各有所谓“父寨”和“母寨”。前半山的“父寨”是茨通，“母寨”是曼夺；后半山“父寨”是曼漂，“母寨”是曼坡。其他村寨在他们面前都是儿女寨。每年儿女寨要到父母寨做“大竜”（即祭大鬼），由儿女寨准备牛，交父母寨头人宰杀，然后各寨再带回一小块牛肉回本寨做“竜”。除这点宗教上的联系外，各寨之间很少联系。总之，基诺族还没有形成一个统一的权力组织，也没有出现能凌驾全山的首领。

每个村寨一般有两个头人："着巴"和"着生"，多由该寨定居最早两个姓氏的年长者担任。此外，西双版纳傣族统治者在这里也像在坝区一样，委任"叭"、"鲊"、"先"三级头人，并适应前后半山的划分，别设"金伞大叭"两人，分管前半山和后半山。通过这些头人，傣族土司向基诺族征收赋税。原来不过是象征性的贡品——几竹筒的松鼠干、腌竹鼠及棉花等，民国以后加上了"门户钱"。

以上便是20世纪50年代初基诺族社会历史一个简单的轮廓。就是在这样的社会环境之下，有一个村寨（龙帕寨）还存在古老的"长房"，保存着氏族共居制度。

龙帕寨的"长房"一直保存到20世纪60年代中期。

二　龙帕寨的"长房"及有关习俗

（一）建筑结构和内部组织

龙帕寨位于小勐养通往勐腊的公路旁边（图一）。在我们调查时，该寨共有66户，225人（男96人、女129人），分住在十座"长房"之中[1]。

据了解，在老人尚能回忆的四五十年前，该寨共有十二座"长房"。后有二座"长房"成员死绝，房屋已不复存在，故现在只剩下十座。当时"长房"规模也比现在大得多。最大的一座（即我们调查编号的Ⅲ号）[2]，共有25户、125人。现在最大的是Ⅶ号，共13户、48人（图八）；最小的是Ⅸ和Ⅷ号，只有一两户，与基诺山其他村寨一般房屋已无区别。

基诺族的"长房"是一种竹木结构的"干栏"式建筑。双斜面屋顶，上覆茅草，以竹编篱笆为墙。上层住人，下层养畜。房屋上层两端有门，门外有用竹子搭成的晒架，与房屋相连。在两端入门处设有木制的楼梯（图版一五：4—5）。

这种房屋的形式和结构，与西双版纳地区的一般"干栏"式建筑无甚区别，但面积要大好几倍。以最大的Ⅶ号来说，宽11米，长19米，再加上两边的晒架，长达35米左右，室内面积有200余平方米，是一座非常大的干栏建筑（图八）。关于各座"长房"的面积大小，我们都作了实测（详见表一）。

每座"长房"内部包括若干户。房屋上层是各户居住的地方。入门后，中间是一条狭长的通道，排列着一个个火塘，"长房"内有几户就有几个火塘，凡是某户有儿子或弟弟娶妻，分伙吃饭，或是嫁出的姑娘因夫死或离婚带子女回来，便要增加一个火塘，这就意味着"长房"内增加一户。如"长房"内某户人死而无后嗣，便撤去火塘，这就意味着"长房"内减少一户。火塘四边砌有边框，以防火灾。火塘上置三足架或支石，以便煮饭。

火塘不仅是人们煮饭、吃饭的地方，而且是整个"长房"社会生活的中心。晚上，主妇们在各自火塘边烹煮或烧烤食物，其他人则坐在这里取暖和休息。由于各户火塘是紧接着的，男人们一般就在这里相互交谈，或商量一些全"长房"的事情，如今年"长房"是否要修理，何时

1 关于龙帕寨"长房"的人口及人员组成等，除特别注明外，均指1965年4月调查时情况。

2 我们对每座"长房"按调查先后以罗马字命名，以便记录。

盖新房，盖新房的材料和费用如何分担，何时种旱谷合适等；偶尔也交流一些消息和新闻。这是他们一天中最愉快的时刻。

由于火塘是一个家庭的象征，“长房”中的每一户便称为“葛究”或“的究”，意为“火塘”或“一个火塘”。而“长房”本身则称“着”或“的着”，意为“家”或“一家子”。

在设置火塘的通道两侧用竹篱笆隔成若干小房间，面积一般为6–8平方米，为各个“火塘”成员睡觉之卧室。一个“火塘”只能有一间卧室，无论人口多少、地位高低，都无例外。对人口多者，卧室面积稍大一些，一般也不过十几平方米。凡是在一个火塘吃饭的人，都要挤住其中。其中放置一两张竹床，便无空隙，家庭财物只能放在床下。粮食贮放于村外仓房之中。大多数“火塘”是由一对夫妇及其子女组成的，合住一起自无妨碍。然还有一些情况比较特殊，如兄弟尚未分家，或儿子娶妻尚未另立门户，这样的家庭也只能挤在一间卧室之中，仅仅各分床铺而已：

> 例一：Ⅴ–1号的木拉子早已结婚，妻名曰婆墨。其弟木拉车最近又娶妻沙威。在我们调查时彼此尚未分炊，故两对夫妇只能合住一室。
>
> 例二：Ⅶ–2号的车白与其姨弟车学、白腊车合组一个火塘。现车学已经结婚，娶妻保吕。车白、白腊车尚未娶妻，不能自立“火塘”，现只能是四人合住一间卧室之中。
>
> 例三：Ⅷ–1号之沙木拉，是该“长房”家长，又是整个村寨的“着巴”，其妻早死。其子木拉学，已娶妻依墨，并生一女。现沙木拉和其子媳合住一间卧室之中。
>
> 例四：Ⅲ–2号之阿四（即我们的主要报告人），其妻尚在。有独子名沙腰，最近已娶Ⅳ–4号之依纳为妻。因大家劳动所得工分原是合在一起的，议定秋收分配后再分家。在我们调查时他们仍在一个火塘吃饭，并合住一室。
>
> 例五：Ⅶ–4号子车已娶妻沙墨，并有子女三人。其弟子布鲁最近又娶妻墨吕。他们的老母白腊都还健在。现在全家八口合住在一间十几平方米的卧室之中。

至于一对配偶和未成年的弟妹、单身年老父母或舅舅合居一室的情况更多。

在一间几平方米小屋之中，一对一对配偶合在一起，尽管各有床铺，但近在咫尺，在我们看来是极不方便的。而是基诺族看来却是很自然的事。因为凡在一起吃饭者就是一家人，不但可以而且应当住在一室，这是“长房”中一条古老的规则。

当然，像兄弟各已成婚或儿子已讨媳妇这样的情况，最终还是要分炊的。这时便要另立一个“火塘”，原来的卧室便用竹篱笆隔成两间，各住一间，居住面积并不增加。有时原有卧室实在太小，再分为两间便不能放下一张简单的床铺；或者某个“火塘”内人口增加太多，确实无法挤下去了，若这时相邻卧室的人口较少，便可协商将竹篱笆移动一下，使自己这边面积扩大一些。这种情况他们称之为“放墙”。这要通过家长（“着勒”）来解决，并经过双方协商同意。

每户的卧室有门通向通道，而卧室之间不能相通。卧室和自己的火塘一般是相对着的，以方便妇女的炊爨工作。

每座“长房”在一端靠门处，以一道竹篱笆隔出一间狭窄的门廊。这里可算是“公共储藏室”，各个火塘都可在这里堆放农具、箩筐和一些无关紧要的物件。这些东西是那狭小的卧室万万容纳不下的。门廊也是招待客人的地方。过去头人来派负担，或者汉商来收购茶叶棉花，都只能在这里安一张临时的铺位。1965年4月笔者在龙帕寨调查，即曾在X号“长房”门廊中席地而睡。

基诺族是好客的，但“长房”中每个角落都有固定的用处，除了门廊外来的人实无置足之余地。

“长房”两端晒架，是晒粮食和编织竹器的地方，各个“火塘”都可使用。房屋下层作饲养家畜和家禽之用。各个“火塘”的猪和鸡都可在这里放养，不再划分范围。

总之，“长房”只有卧室及火塘所在处属于各个“火塘”，至于门廊、晒台及整个房屋下层都由全“长房”共同使用。即卧室也不能绝对不变。如上所述，遇有人口变动或“火塘”增减，还可“放墙”，调整其内部面积。如某一“火塘”成员死绝，则整个卧室收归“长房”另行分配。由此可见，“长房”是属于全体成员公有的财产。

正是因为如此，“长房”之修理或另盖新房，要由各个“火塘”共同负责。

“长房”是草木结构，在西双版纳地区多雨的气候下，极易腐坏。现存十座“长房”中，最早的是1950年所建（Ⅵ号），到调查时也不过十余年的历史。故每隔数年要盖新房，新房仍必须由原有“火塘”组成，不能自立门户，也不能随意迁入其他“长房”；仅个别人有迁入同姓的其他“长房”的情况：

例六：Ⅸ号“长房”的沙飘之弟车白和沙少，因与沙飘关系不好，1950年搬入Ⅹ号“长房”另组“火塘”。Ⅸ号和Ⅹ号长房同属阿沙撒姓。

新房大小，以当年各“火塘”人口总数来决定。盖好后按各“火塘”人口分配卧室面积。

以上便是龙帕寨“长房”的外貌和内部组织的基本情况。为了使大家有更具体的了解，我们当时曾测绘了八座“长房”的平面图（Ⅷ号只有两户，Ⅸ号只有一户，与一般房屋无异，故未测绘），为各个“火塘”编了号[1]，表示其卧室及火塘（以○表示）所在，并注明其户主姓名及家庭人口数（图二一九）。

从这八幅图中，不仅可以看出1965年各“长房”的情况，而且也可反映出50年代“长房”的固有面貌。因为这十余年来龙帕寨尽管在政治、经济上有重大变化，而在居住方式上却没有改变。

（二）婚姻和世系

基诺族有少数村寨实行寨内婚制，龙帕寨就是这样的村寨之一，即规定结婚对象只能在本寨内部寻找。

在龙帕寨内部，共有四个姓，即“阿侧诺”、阿拉拉”、“阿沙撒”和“窝侧”。十座“长房”即分属这四姓（表一）。按原来规定，同姓之间不通婚，每人必须在他姓中寻找配偶。然近几十年来，这一限制已经松弛，出现了同姓通婚的现象：

例七：Ⅲ－2号之阿四，娶Ⅱ号“长房”之布鲁墨为妻。他们同属“阿侧诺”姓。今两人尚在（参见例四）。

例八：Ⅲ号“长房”之婆车曾娶Ⅱ号“长房”沙墨为妻，他们同属“阿侧诺”姓。今两人已死。

例九：Ⅹ－5号之子布鲁，其父名保子，其母沙墨来自Ⅴ号“长房”，他们同属“阿沙撒”姓。

---

1 我们对“长房”内每个“火塘”分别以阿拉伯数字编号，其前再冠以“长房”编号，以便识别。

以上诸例均发生在“阿侧诺”、“阿沙撒”两姓，“阿拉拉”姓、“窝侧”姓还未出现同姓结婚现象。无论如何内部不能通婚的原则已经打破，一个姓已不再成为一个氏族那样的社会组织。

尽管同姓偶有通婚现象，而在一座“长房”之中则绝对不能通婚。这条古老的规矩，是被严格遵守的。长房内有些青年男女是姨表或姑表兄弟姊妹关系，若分属两座“长房”是通婚不禁的，但合住在一起，便成为“的着”（一家人），便不能通婚。除了外寨不婚、“长房”内部不婚这两条限制外，缔结婚姻极其自由。财富和社会地位均不是选择配偶的条件，他们甚至也不考虑年龄的悬殊：

例一〇：II－4号车木拉二十九岁，妻车诺仅十五岁。

例一一：IV－2号学三十一岁，妻沙墨四十八岁。

例一二：VI－5号周白二十九岁，妻子收今已四十岁。

例一三：VII－5号阿林三十二岁，在我们调查之前不久，新娶四十二岁之寡妇沙都为妻。

婚姻全凭当事人决定，父母不加干预，在这里不知包办婚姻买卖婚姻为何物。

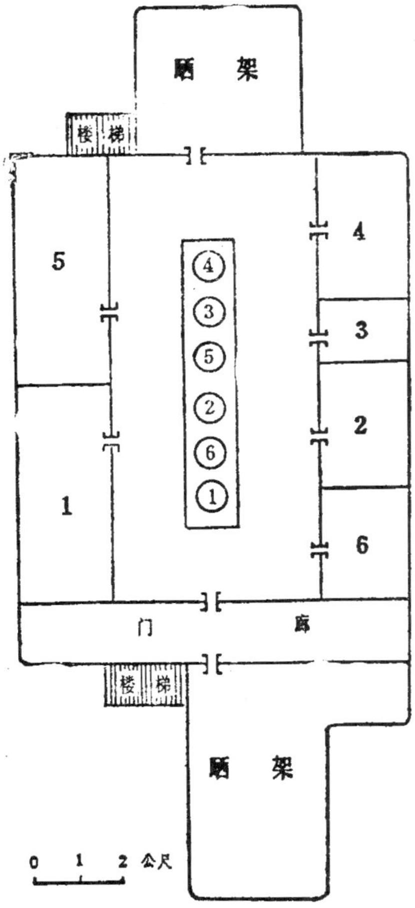

1.布鲁者，五人　2.木拉者，四人
3.标都，一人　4.木拉子，四人
5.白腊腰，三人　6.子白，二人

图二　龙帕寨 I 号长房平面图

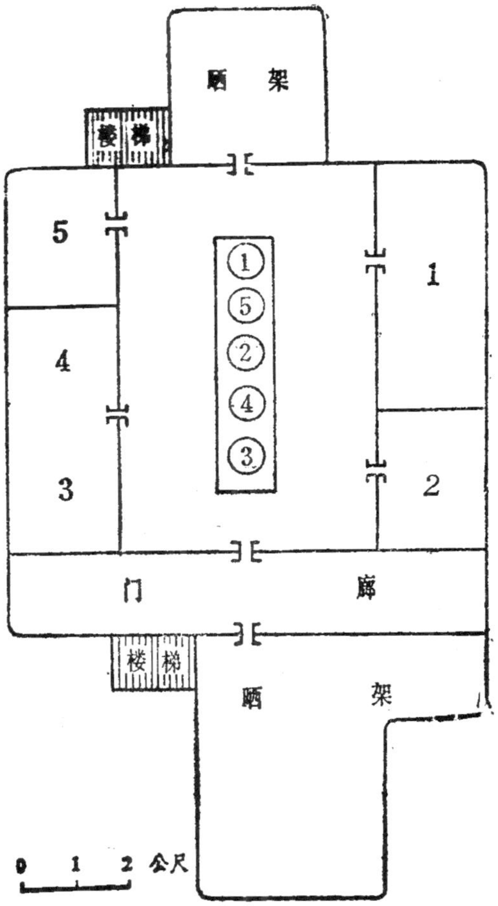

1.沙科，五人　2.木拉都，二人
3.沙美，一人　4.车木拉，四人
5.婆布鲁，二人

图三　龙帕寨 II 号长房平面图

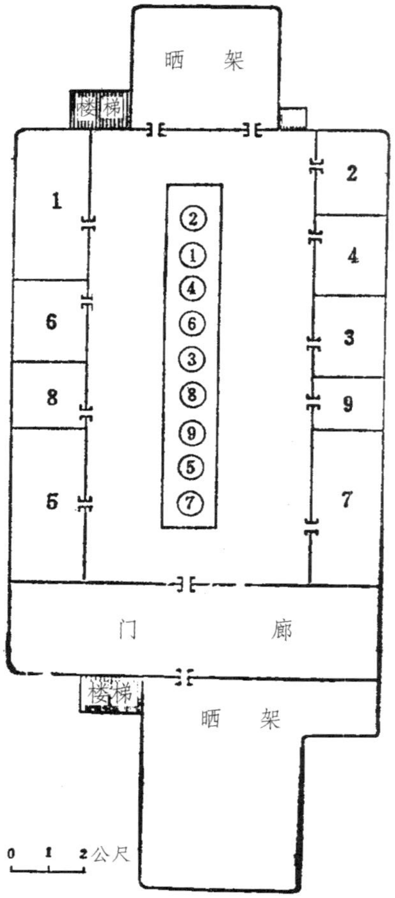

1.木拉子，五人　2.阿四，四人
3.沙腰，二人　4.沙少，三人
5.腰子，五人　6.沙木拉，三人
7.保某，七人　8.木拉姐，一人
9.布鲁都，三人

图四　龙帕寨Ⅲ号长房平面图

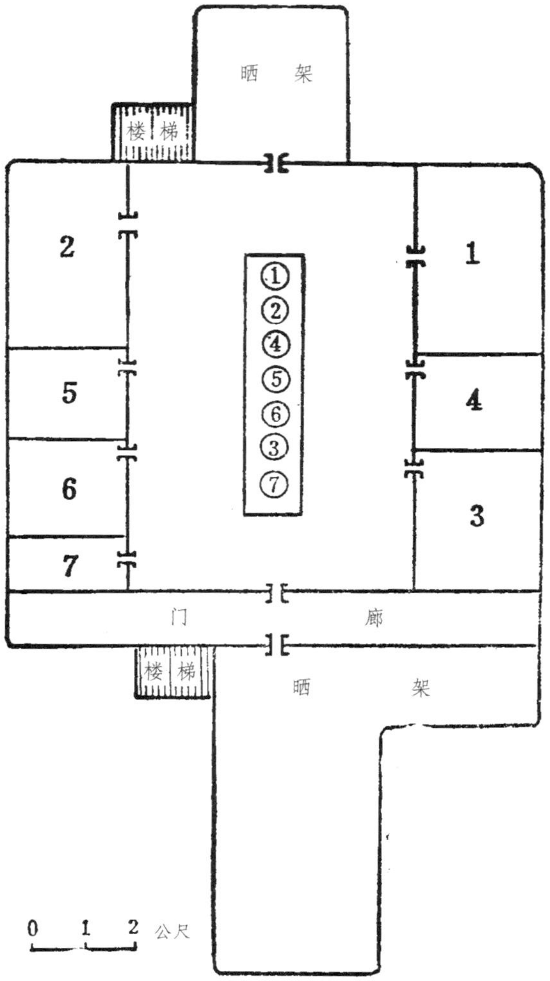

1.布鲁者，一人　2.学白，四人
3.沙木拉，四人　4.婆收，二人
5.沙都，二人　6.者都，二人
7.婆美，一人

图五　龙帕寨Ⅳ号长房平面图

年青男女婚前即过自由的性生活。过去寨子还有一“公房”，专为他（他）们娱乐、集会之用，到我们调查时“公房”已不存在。但年青男女谈情说爱，父母不加管束，社会舆论不加谴责，私生子[1]在社会上不受任何歧视。

男女相爱之后，告知父母请人说合，即可正式结婚。男方给女方舅舅二元人民币，给女方父母一元人民币，作为一种礼仪性表示，此外别无聘礼。女方除本人所用之物外，亦无陪嫁。过去有陪送茶树者，亦以姑娘自己培育者为限。

这里和其他村寨一样实行从夫居住。结婚当日，女方携带随身衣物、织布工具等进入男方的“长房”。男方邀请全寨成年人来家喝酒，在本寨“着巴”、“着生”及本“长房”家长（“着勒”）

1　在基诺族看来，婚前生孩子并不非法，故无所谓私生问题，确切地说应称为“非婚生子女”或“婚前生子女”。为了使一般读者易于了解，本文采用通俗的说法仍称“私生子”，决无轻视之意。

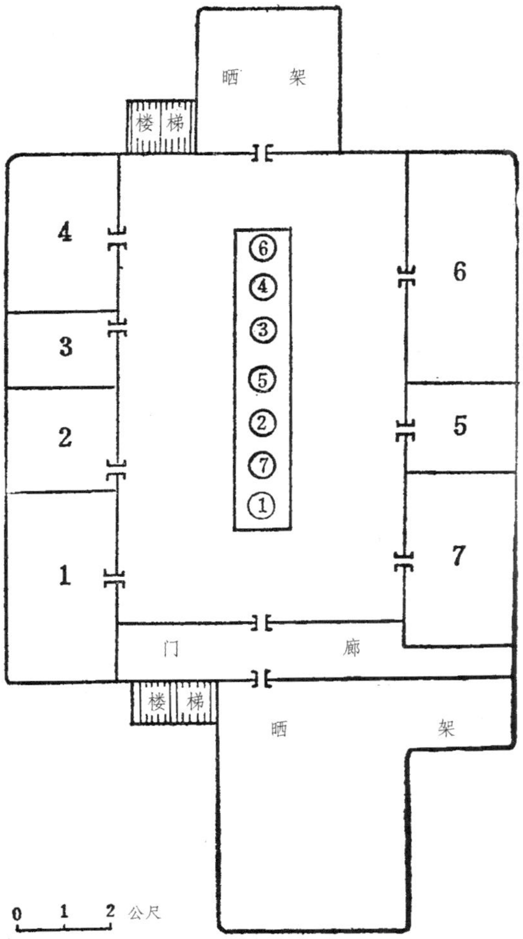

1.木拉子，四人　2.车白，二人
3.木拉收，一人　4.白腊都，四人
5.依见，一人　6.沙少，五人
7.婆布鲁，三人

图六　龙帕寨Ⅴ号长房平面图

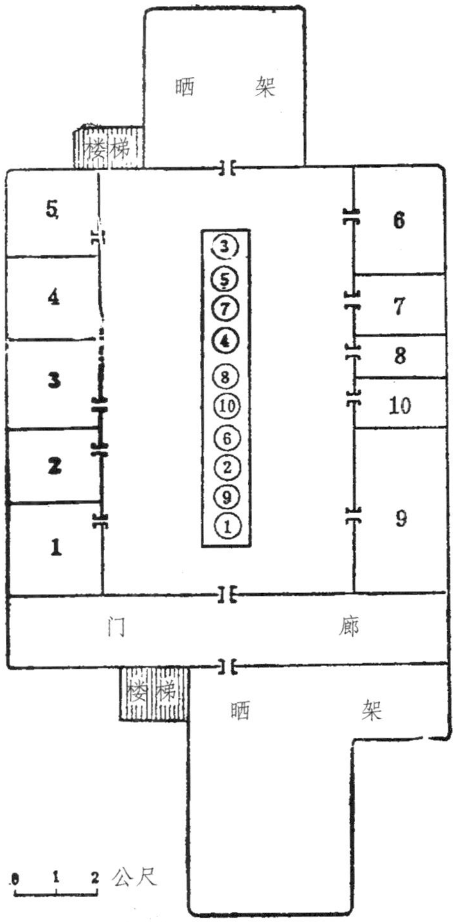

1.者少，三人　2.者都，二人
3.沙布鲁，五人　4.木拉诺，一人
5.周白，四人　6.沙布鲁，五人
7.沙腰，三人　8.飘收，一人
9.车木拉，五人　10.者牛，一人

图七　龙帕寨Ⅵ号长房平面图

及女方舅舅主持下，请巫师念经送鬼，即算婚礼告成。此后，新婚夫妇即在“长房”组成一个新的“火塘”，开始新的生活。

离婚比较普遍，一言不合即可导致离婚。男子婚后仍有性自由，而对妻子却要求严守贞操。若遇妇女婚后又与他人发生关系，更是非离婚不可。这样，就使得他们的婚姻关系较不固定。离婚手续和结婚一样简单，只需请来女方舅舅，手持酒碗说：“他们闹‘不团结’，今后男的不是女的汉子了，女的不是男的婆娘了”。即算办完离婚手续。离婚后，女方带来衣物仍归女方，结婚后积累起来的财物要平分，孩子一般归母亲。

离婚后之妇女都要回转原来的“长房”。原来的“长房”中即使已无她的直系亲属，也还要接纳她，为她让出一间卧室，由她自设“火塘”。下面是我们调查前不久发生这一例。颇能说明这方面的情况：

例一四：Ⅲ－9 号布鲁都，原嫁Ⅶ－1 号子木拉，因一些外人不知之原因突然宣告

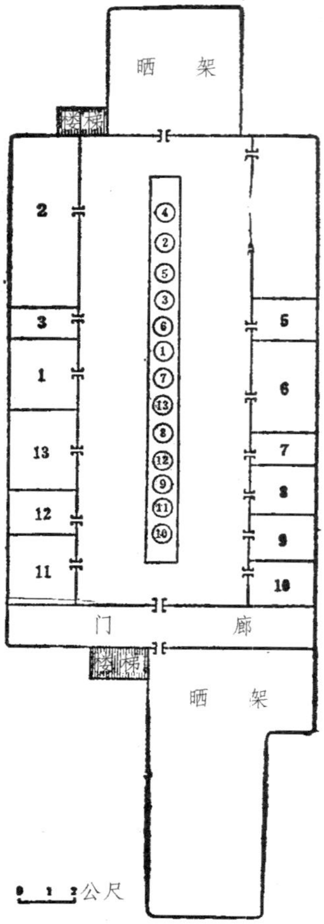

1.子木拉，三人　　2.车白，四人
3.白腊布鲁，三人　　4.子车，八人
5.阿林，三人　　6.沙木拉，五人
7.布鲁都，一人　　8.白腊车，三人
9.婆车，二人　　10.布鲁者，四人
11.布鲁木拉，六人　　12.沙飘，二人
13.沙腰，四人

图八　龙帕寨Ⅶ号长房平面图

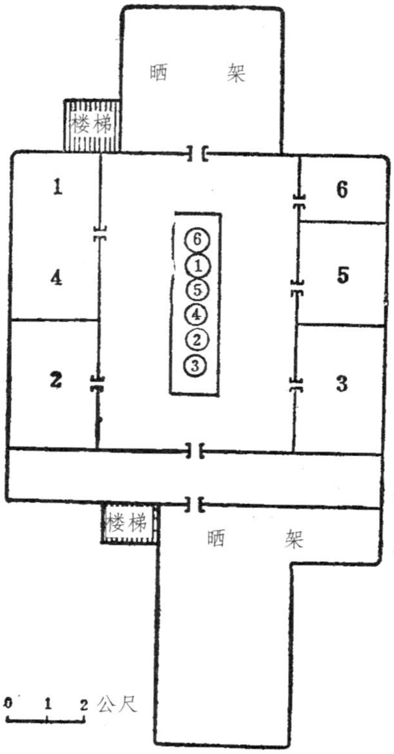

1.沙木拉，四人　　2.婆布鲁，五人
3.车白，五人　　4.者白，四人
5.子布鲁，四人　　6.婆墨，二人

图九　龙帕寨Ⅹ号长房平面图

离婚，便携带两个女儿（腰姐、木拉收）回转Ⅲ号“长房”。这时，她娘家“火塘”已不存在，火塘本身也早撤去，她在Ⅲ号“长房”无任何直系亲属。但“长房”内成员并不嫌弃她，经过反复商量，各户卧室都是挤得满满的，仅3号“火塘”之沙腰及妻子墨，年过中年尚无子女，估计人口不会再增加，便要他们将卧室隔一间供布鲁都居住。布鲁都与沙腰夫妇之间已说不清有何亲属关系，而且彼此从不交往，但沙腰为了遵循“长房”的古老规矩，仍欣然让出约4平方米的面积，隔成小室，供布鲁都母女居住。这样Ⅲ号“长房”的“火塘”便从原来八个增加到九个。到我们离开时，布鲁都尚未嫁，而Ⅶ－1号子木拉已另娶十七岁之沙妞为妻。

若父母尚在或有兄弟而又未成亲，也可依靠他们一同过活，不另设“火塘”。

有些妇女因丈夫早死，未曾留下子女或子女尚幼，亦要回转娘家“长房”，其情况与离婚妇女同：

例一五：Ⅱ－3号沙美，今年四十七岁。夫死，回转原“长房”，一人过活，自成一个“火塘”。嫁前有私生子车木拉，嫁时留在原“长房”，现已随姨母长大成家，彼此不再过问。

例一六：Ⅳ－6号者都，今年三十七岁。夫死遗一子腰纳，母子一并回娘家“长房”，自设“火塘”。

例一七：Ⅴ－7号婆布鲁之姐沙则，今年二十七岁，夫死回娘家，与婆布鲁及妹学召一同过活，不另立“火塘”（学召原生四子，均死，现无子女）。

若子女已大，亦可留在夫方“长房”中，自己单身回娘家。离婚或夫死之妇女回娘家后亦可再嫁，其子女或再带往新夫之家，或留娘家长大。

还有妇女一生不正式结婚者，便永远留在原来“长房”之中，与自己私生子女或其他亲属合组一个“火塘”，或孤身一人自立“火塘”：

例一八：Ⅱ－4号木拉都，一生未嫁，亦无私生子女，与其姐沙美之私生子车木拉合组一个“火塘”（参见例一五）。

例一九：Ⅶ－2号车白之姨母车诺，一生未嫁，车白之母车妞嫁时车白留在娘家，由车诺抚养成人。现车诺、车妞均死，车白及其姨母之私生子车学、白腊车，合组一个“火塘”（参见例二）。

例二〇：Ⅶ－3号白腊布鲁之母白腊姐一生未嫁，其母白腊威亦一生未嫁，形成两代以母系传递之家庭。现两人早死。

例二一：Ⅵ－8号飘收，今年已四十五岁，一生未嫁，亦无私生子女。现一人立一个“火塘”。

龙帕寨大部分“火塘”是一对配偶及其子女组成的父系小家庭，无一夫多妻现象，实行男方居住，男到女家上门只有个别例子：

例二二：Ⅱ－1号沙科，为私生子，母婆墨嫁后留在Ⅱ号“长房”中，成为孤儿。曾去Ⅰ号“长房”上门，不到一年即带着妻子依收回转Ⅱ号。母亲嫁后不久新夫又死，亦回来一齐过活。

然还有一部分“火塘”是由其他关系组成的。如上所述，第一，离婚或夫死带领子女回家之妇女，或自立“火塘”，或依靠父母兄弟等亲属过活。第二，一生未正式结婚之妇女与私生子自立火塘。第三，妇女出嫁时私生子女已长大，便留在娘家“长房”中，这些孩子便由外祖父母、舅舅或姨母抚养成人，最后便与舅、姨或姨表兄弟姐妹合组“火塘”。最后一种情况除上举例一八、例一九等外，还有：

例二三：Ⅲ－4号白腊车，其母嫁后随舅父沙少长大。现白腊车已娶妻，奉舅父为户主，合组一个“火塘”。

以上这三种“火塘”约占整个“火塘”数的百分之二十左右。

由一对配偶及其子女组成之“火塘”，世系按父方计算，子女与父亲连名，财产由儿子继承。而上述三种“火塘”，世系便只能按母方计算，子女与舅舅连名（若随母嫁到其他“长房”中已取名者亦可不改），孩子继承的只能是母亲或母方亲属的财产。孩子长大结婚后可以恢复父系的嗣继，但一般仍继续原来的母系嗣继。

与以上相适应的是龙帕寨舅权颇大。结婚时男方送女方舅舅的钱比送父母的钱多，结婚离婚皆要由女方舅舅主持，他们说结婚时“阿舅不请，娃娃生不多”。他们还有这样的谚语：“阿舅更比阿爹亲。”

基诺族实行子女与父亲连名制。人出生后起一个名字，其前再加上父亲的名字，构成全名。如我们调查时龙帕寨的社长的父亲名叫沙布鲁，他便叫布鲁者；会计的父亲名叫保子，他便叫子木拉。

男女起名都有固定的音节，互不混杂，从名字上即可分辨男女。男名常用的音节是：

车　木拉　者　布鲁　不勒　子　白　腰　飘　科　少　绕　保　学　纳　周　某

女名常用的音节是：

妞　姐　威　收　美　召　都　墨　诺　则　吕

这些音节的含意都无法弄清楚。由于常用的名字不外那几种，故同名者很多，一座“长房”内部常有同名者，甚至祖父和孙子同名者也不乏其例：

例二四：Ⅰ－2号三代人姓名为木拉者、者木拉、木拉者。

基诺族虽属彝族语支，他们父子连名制不像其他彝语民族那样严格，像凉山彝族那样长达数十代甚至一百多代连名的谱系是不存在的。连名的链条常因下列情况而打断：第一，凡是出生时脐带绕颈者起名为“沙×”，不再与父亲连名。第二，凡是孩子出生后多病，则起名为“婆×”。“婆”是基诺族对附近另一种少数民族——空格人的贱称，他们迷信地认为孩子起此贱名容易长大。第三，若孩子生病请巫师念经，举行过一定的仪式，则起名为“白腊×”。第四，有些人与外界交往较多，男子喜欢起一个汉族的名字（如我们的主要报告人阿四、Ⅶ－5号的阿林），妇女喜欢起一个傣族的名字（如Ⅴ－5号之依见、Ⅱ－1号之依收、Ⅲ－2号之依纳）。这些人当然也都不再与父亲连名。

更值得注意的是几乎每座“长房”中都有私生子，他们无父名可连，一般与舅舅连名。若母亲带领他们另嫁，又有与新父连名者。故各个“火塘”的世系看来似乎是一代连一代，实际上有的是父子关系，有的是舅甥关系，有的又是继父和继子的关系，情况殊为复杂，有时他们自己也无法分辨。总之，龙帕寨子女与父亲连名与严格实行父系继嗣的父子连名制是不同的。

龙帕寨基诺族亲属称谓有以下特点：第一，在直系亲属中，祖父以上即不再区分，祖父与曾祖父同称“阿普”；孙子以下即不再区分，孙与曾孙同称“立诺”。第二，自己兄弟姊妹的子女与自己子女同一称谓，外祖父母与祖父同一称谓。第三，父母之兄弟姊妹辈与父母称谓不同，但更着重区分较父母年幼者。如比父亲年长之伯、姑，和比母亲年长的姨、舅及其配偶，不分男女，统称“阿欧”；比父亲年幼之叔、姑和比母亲年幼之姨、舅及其配偶，却另有一系列称谓。第四，父母之兄弟姊妹之子女，和自己兄弟姊妹同一称谓，无姨表兄弟姊妹或堂兄弟姊妹这样的概念。第五，男子对妻及其父母，女子对夫及其父母，却又各有称谓。

总之，龙帕寨基诺族亲属称谓中有大量类分式（classificatory）的成分，这就表现在很多该区分的亲属关系只有一种称谓。与此同时，也开始出现了叙述式（descriptive）的因素。例如：

他们原有"诺苦"的称谓，是儿女的合称，但若专指儿子，前加"可波"，若专指女儿，前加"可母"，构成新词，以便区分。又如，他们有"克以"一词，相当于我们称谓中的"婿"，如指女婿，便称"诺克以"；如指孙女婿，便称"立克以"（"立"是孙的意思）。总之，他们已开始用原来的称谓加上个别描述的方法衍生出许多新称谓。

亲属称谓这些特点与"长房"有关制度是分不开的。因为有人在父方"长房"长大，有人又在母方"长房"长大，祖父母与外祖父母、兄弟姊妹与姨表兄弟姊妹、自己子女与兄弟姊妹之子女，是没有什么区别的，故只有一种称谓。但"长房"中大多数"火塘"毕竟是以一对配偶及其子女组成的父系小家庭，父母与父母之兄弟姊妹、父母与岳父母，或分居两座"长房"，或已在两个"火塘"吃饭，故应加以区别。关于为什么对父母之兄弟姊妹辈亲属只着重区分年幼者，而不区分年长者，似乎又与基诺族长子分居制有关。对一个孩子来说，比父母年长的伯、舅、姑、姨，早已分开另过，自己与年幼的叔、姑、舅、姨相处时间较长，甚或在他们抚养下成长起来（参见例一八、例一九、例二三）。孩子和这些长辈关系特别密切，故对他们首先形成一些新的专门称谓。

关于基诺族亲属称谓，还有很多问题值得研究。不能根据现成的模式硬套，也不能笼统地说比其他民族亲属称谓原始或进步。它是与基诺族婚姻家庭本身的特点密切相关的。

下面我们还要略谈一下一座"长房"内各个"火塘"之间的关系问题。

龙帕寨"长房"已经确立了父系。从道理上说，各个"火塘"应是由一个男性老祖先传下来，彼此之间应是远房的兄弟关系或叔侄关系。通过调查以后才知道事实远非如此。如上所述，"长房"中的女儿有一生不嫁者，有嫁而复回的，她们的后代便按母系传递。因此，这些"火塘"之间是兄弟姊妹关系、舅甥关系、姑侄关系、姨母和姨侄的关系，或者是姨表兄弟姊妹的关系。加之，一座"长房"从开始到现在已不知传了多少代，他们又不重谱系，子女与父亲连名制经常中断。故各个"火塘"之家世很难追溯。我们曾以谱系法对每个"火塘"的先世进行调查，一般只能追溯两三代为止。

调查表明，大部分"火塘"之间关系是不清楚的，仅有分开不久的"火塘"之间是何亲属关系，他们才说得清楚。一座长房中有的是父系亲属，有的又是母系亲属。

尽管彼此关系十分疏远，但"长房"内所有成员还是自认是一个"老祖公"传下来的。"长房"对他们来说就是"家"，他们都是"的着"，即"一家人"。"长房"中任何人都是不能婚配的（虽然像姨表兄弟姊妹这样关系，若分居两座"长房"则可通婚），是必须世世代代住在一起的。至于"火塘"，对他们来说，则是"的究"，是在"一个火塘中吃饭的人"，是一家中最亲的亲属。

各"火塘"之间只有假定的共同祖先而一部分已无事实上的亲属关系，然而彼此却要共居一座房屋之中，而且一代一代住下去，不能随意迁出。这就使得这种"长房"和内地汉族那样几代同堂的大宅院有根本区别。龙帕寨"长房"所代表的是人类古老的居住方式。

（三）经济生活

1950年以前，龙帕寨和基诺山其他村寨一样，以旱谷种植为主要生活来源，会犁耕，无水田。土地属于全寨公有，分给四个姓氏长期使用。大体说来，村寨四周土地属"阿沙撒"姓，寨西大片土地属"阿侧诺"姓，寨东土地属"窝侧"姓，最远土地属"阿拉拉"姓。其中"阿侧诺"

姓土地最多，“阿沙撒”姓土地最少。各姓土地可以互相调剂。若属某姓之“长房”内有一“火塘”要新种一块地，而本姓当年已无合适土地可开，则备少量礼物（酒、鸡等）向他姓家长情商借种，种数年后丢荒则土地又属原姓所有。关于森林则属全寨所有，不再划分，任何“长房”要盖新房，可以自由砍树，不必经任何人的同意。全寨只有一处公共墓地，位于寨北约1公里之山顶，属“阿侧诺”姓土地范围，但其他三姓亦可随意在这里埋葬死去的成员。

每个“火塘”在本姓土地范围内可自由选地，号上标记，即可耕种。今年开种的地，以后可继续耕种，直至肥力已尽为止，丢荒的土地即不再属个人。号地不必经过任何人的同意，只是当一块好地几户同时要种时，便要经过各“长房”家长要商量裁决，进行调整和协商。一般是各户分种一些，大家都得到满足。龙帕寨每年各“长房”家长要商量分配的只是这部分有争议的土地，不是所有土地打乱重分。

这里也出现了茶地私有的现象。各“火塘”在本姓土地范围内私人栽培茶树，久而久之茶树及周围土地便为他个人所有。这部分土地连同茶树可以私人买卖或作陪嫁。

龙帕寨偶有土地买卖和租佃事，都以全寨或某姓氏为单位进行，卖地钱或租金属集体所有，供各“长房”为土司出负担或祭鬼之用。此外，也开始出现私人买进邻寨集体旱谷地的个别事例：

例二五：Ⅲ－2号“着勒”阿四之父曾购进相邻的俄庄寨的集体土地一块（可下种150公斤），面积不大，价格不详。这一小块土地即永属他家所有，他人不能号种。

同时也有把自己号占土地租给本姓其他成员耕种而收报酬的现象：

例二六：Ⅷ－1号沙木拉，全寨的“着巴”，曾把自己号占下来而又种不完的土地一块让给同姓的Ⅰ－1号布鲁者耕种，种两年，收滇币三元。

以上事例看，私人出卖土地或出租地者只有个别人或家长。出租土地只对本姓（因为土地是属于全姓的），收费不多，是一种对先号占者表示感激的性质，但它仍应视为出租土地的开端。

过去龙帕寨的生产是以“火塘”为单位进行的。每个“火塘”在本姓土地范围号好土地，以自己的生产工具，种植旱谷、培育茶树，收入全归自己。在“长房”中，私人财物都是分开的，私人财物都贮放在自己卧室之中。“长房”除那幢庞大的草房本身外，没有任何公共财物。

一个“火塘”内男女有明确的分工。男子负责砍树、烧山、清除耕地等重体力劳动，妇女负责薅草、豢养家畜、照料茶树、采茶叶，还要负担织布、舂米等沉重的家务劳动。若逢播种旱谷和收割，则男女一起参加。虽然妇女在生产劳动中起同样重要的作用，但男子掌握经济大权，妇女地位较低。

“长房”内各“火塘”之间无任何经济联系，尽管火塘紧挨在一起，但吃好吃坏，互不过问，彼此并无互相帮助之义务；过去在高利贷盛行的时候，“火塘”之间借贷照样要付利息；有些“火塘”人少力弱，贫苦无依，无力单独种地，过去还有为本“长房”其他“火塘”做短工者。利率高低和短工待遇和寨内其他人一样，并不因为是“一家人”就有什么特殊的照顾和宽待。

过去龙帕寨有换工的习俗，即农忙时互相帮忙，一工换一工，不给报酬。过去还有共耕的制度，即几个“火塘”联合起来共开一块山地，共同耕作，收获平分。组成换工和共耕关系者全凭个人关系好坏及劳力强弱是否相当，可以从全寨物色伙伴，并不一定要同一“长房”的人。

不仅一般“火塘”之间是这样，即使是关系比较亲密的各“火塘”之间，如父母和子女之间、兄弟之间、姊妹之间，只要已分为两个“火塘”，即无互相赡养之责（参见例一五）。若同处在一个“火塘”之中尚未分家，或母亲、姊妹回来加入自己的“火塘”，却穿吃一样，从不闻因经济问题而发生口角之事。这一现象我们很难理解，而在他们看来却是很自然的事：因为一旦分为两个火塘吃饭即算两个家庭，吃好吃坏全靠自己了。1958年后土地全部集中，大家组织在合作社之中，在生产上全寨都已连成一片。但在生活上“长房”各个“火塘”仍然各自为炊。

“长房”内部惟一经济联系是盖新房。盖房是全“长房”的事，所需材料各“火塘”合伙准备。盖房当天请全寨帮忙，要杀牲备酒招待，这笔费用亦由各“火塘”按其人口多少合理分担。此外，“长房”内若有人打得野兽，头归自己作为纪念，其他分为三份，一份归自己，一份送本寨“着巴”、“着生”，一份分给本“长房”成员。

每个“火塘”既有自己独立的经济，因而也出现了个人财产。其中包括生产工具、粮食、牲畜及其他衣物，过去有人还拥有小块茶地。与世系基本上按父方计算相适应，这些财产亦主要按父系继承。

据龙帕寨习惯法，财产继承具体方法是这样的：(1) 父母死，若诸子未结婚，财产平分。(2) 若大儿子先已结婚，一般要另设“火塘”，这时已分去一部分财物，父母随幼子过活。父母死，所有财物便全归幼子。(3) 若死者无子嗣，财产归“长房”，在各“火塘”中平均分配，但家长“着勒”往往要多分一些。(4) 随舅舅、姨母或其他亲属长大的男孩子，可继承其财产。(5) 女儿无继承权，出嫁时只带走随身衣物和用物作为陪嫁。过去有个别人陪送茶树者，据说出嫁女儿如死去还要收回，因为生长茶树之土地属于本姓，不属于他姓。(6) 一生未嫁之女儿或嫁而复回之女儿，父兄有照顾她的义务，要协助她自立“火塘”。她的财物仍传子而不传女；若最后无子女，财物归“长房”。(7) 养子和亲生子一样有继承权：

例二七：Ⅶ－1号子木拉之父保子原是龙帕寨人，其兄偷牛被发现，借债偿还，后无力还债，遂以保子给Ⅶ号“长房”沙木拉为养子。保子来后，保持本来的名字。最后继承了沙木拉家全部财产。

总之，龙帕寨基诺族保持“长房”共居之俗，“长房”内部却无多少经济联系，各个“火塘”有自己的家庭经济。这就是“长房”经济生活的基本特点。

（四）“长房”家长和村寨头人

每座“长房”都有一个家长，基诺语称为“着勒”，规定由“长房”内男性成员中年龄最大者担任，依次递补，不需选举。

“着勒”的职责主要是：(1) 每隔几年或十几年，领导本“长房”成员盖新房子，在各“火塘”间合理分配工作和费用。(2) 每年雨季到来前，若房屋有破漏，要安排人修房子。(3) 每年烧山前要和本姓其他“长房”的“着勒”一起集会一次，商量调整和分配土地，调解偶然发生的土地纠纷。(4) 过去每当傣族土司或国民党政府来征收税捐，与其他“长房”之“着勒”及村寨所有头人商量如何合理分配负担。(5) 主持本“长房”内的宗教活动，并合理分配费用。(6) 调解各“火塘”间偶尔发生的纠纷，解决调整卧室（“放墙”）等问题。

“着勒”不脱离生产劳动，基本上无特权。仅分食祭品时要多分一些，有时能号占得较多好地。

龙帕寨和其他村寨一样，过去真正握有权力的是村寨头人，称为“着巴”和“着生”。“着巴”

固定由“阿拉拉”姓中最年长者担任，“着生”固定由“阿侧诺”姓中最年长者担任。这两个人当然也就是一座“长房”的“着勒”。如50年代龙帕寨担任“着巴”的是沙木拉，是Ⅷ号“长房”的“着勒”；担任“着生”的是阿四，是Ⅲ号“长房”的“着勒”。

“着巴”和“着生”虽身兼“着勒”，主要精力仍用来领导全寨性活动。他们的主要职责是：(1) 领导全寨性宗教活动；(2) 每年播种时由他们先播，并主持一定的仪式；(3) 对外代表全寨，解决村寨之间偶尔发生的纠纷；(4) 代表本寨去后半山的父母寨参加一年一次的祭“竜”；(5) 接待外来的客人和收税者，召集全寨成年男子开会（基诺语称“马母侧”），分配负担；(6) 处理寨内偶然发生的纠纷。

“着巴”“着生”也不脱离劳动，特权比一般“着勒”稍多。如寨内有人猎获野兽，要送他一份（经常是一条腿）；他们可以号占本姓最好的土地；一切祭祀活动，费用规定要大家分担，他们可以不出，而可多分祭品；他们甚至把号占来种不完之土地租给本寨成员，收取报酬。

西双版纳土司在龙帕寨曾委派过“老叭”一名，早死。到1950年左右又委派“老先”一人，由Ⅶ号中 ×× 担任。此人平素会酿酒，雇短工，生活较富裕，属于新兴头人。在收税中他多少可得到一些好处，但社会地位不如“着巴”和“着生”。

某些村寨头人在经济上较富裕，在政治上有一定的特权，他们不再以“长房”中平等的一员自居。假如说氏族的自由、平等、博爱原则是支持“长房”的梁柱的话，则这些人像蠹虫一样，正在腐蚀着“长房”的梁柱。但他们的权力和地位是不能世袭的，生活来源主要还是靠自己的劳动。

1950年以后，管理全寨的已是社队干部。但一部分“长房”家长和过去村寨头人在群众中仍有一定的威信。他们一般具有丰富的生产经验，并了解本族的历史。每当春耕季节，何时播旱谷，何时种玉米，常要征求他们的意见。家长仍要领导本“长房”修盖“长房”和调整卧室的工作。

（五）宗教活动和葬俗

“长房”内部经济联系不多，但有不少宗教活动却是以整个“长房”为单位而举行的。过去“长房”内宗教活动有下列几项：

(1) 祭“阿波阿母脸”（祖先鬼）：每座“长房”中置竹篾做的小桌一个。每逢过年及尝新，杀小猪或鸡一只，献给全“长房”的“阿波阿母脸”。

(2)“着脸”（铁剑鬼）：每逢“长房”中有人生病必祭此鬼。由病者出小鸡一只，在“着勒”主持下献祭。

(3) 祭谷魂：每逢下种，除全寨性活动外，以“长房”为单位杀小猪一只做鬼。谷穗长大时，再在田地里做鬼一次，杀小猪或小鸡一只，将猪或鸡的头挂在田头。

(4) 求雨：若逢雨水不好，要做鬼二次。以上活动，均由“着勒”主持。除去有人生病由自己“火塘”负担费用外，其他活动费用由各“火塘”分担，祭品大家分食。

除了上述活动外，还有一些全寨性祭祀活动。如：

(1) 祭“竜”：“竜”是云南很多少数民族的一种崇拜，相当于古代的社神。每当过年、烧山、播种时，要宰牛一头祭之。届时人不生产，不舂米，外人不许进寨。

(2) 祭“不扯脸”（一种傣族的鬼）：每年三月举行，要宰牛、杀猪、杀鸡。因为这是一种傣族的鬼，故要到外寨请会傣文的“波先”来念经（本寨无“波先”）。据说祭这种鬼可使谷子丰收。

以上这两项祭祀活动，由“着巴”和“着生”主持，全寨参加。费用通过各“长房”的“着勒”分配到“火塘”，大家分担。

龙帕寨和其他村寨一样，有巫师“摩培”在婚丧大事及生病时专门为人念经送鬼、看卦择日、招魂送魂。“摩培”不脱离生产，搞迷信活动不收费用，但要请他吃酒吃肉。

龙帕寨和其他村寨一样，人死实行土葬。葬具是整棵大树挖成的木槽棺，贫苦者只能用竹篾笆裹尸。随葬品主要是死者生前用的生产工具，偶尔也埋入银首饰和完整的牛头、猪头。

全寨有一个公共墓地，位于寨北1公里处之山顶，属“阿侧诺”姓土地范围，不同姓氏不同“长房”均在此埋葬死者。这里葬俗特殊之处是埋葬死人处不立坟堆，而在墓上盖小竹房一座，长宽一般为1.5米×1.0米，高1米左右，单斜面屋顶，有门，内置篾桌，上放盛酒竹筒及水壶等物，作为对死者的祭献。小竹房烂后亦不再盖，小房未倒前则不能在该处再埋葬他人。（图版一五：3）

“长房”内有人死亡，除了本“长房”成员外，全寨的人都来帮忙，并请“摩培”念经送魂。对帮忙者及“摩培”要请吃酒。费用由该“火塘”自己负责。

1958年以后，各种宗教活动大大减少。但古老的葬俗，大体上还完整地保存下来。

结语

（一）龙帕寨基诺族“长房”的基本特征，可以归纳为以下几点：

1.“长房”内部绝对不能通婚。各“火塘”之间只有假定的共同祖先，有些已无事实上的亲属关系，还要世世代代地共居在一起，不能随便迁徙或另立门户。长房内部不能通婚。一个长房可代表一个氏族。

2.“长房”基本保持土地公有制，“长房”本身也是公有的，其他生产资料及生活资料均为各“火塘”私有财产。各“火塘”经营自己的家庭经济，分散劳动，各自为炊。

3.“长房”内虽无共同的经济生活，宗教上社会活动上仍保持若干联系，有些宗教仪式就是以“长房”为单位共同举行的。

4.每一“长房”有家长（“着勒”）一人，领导本“长房”的有关活动。

（二）组成“长房”的“火塘”的基本特征，可以归纳为如下几点：

1.大多数“火塘”由一对配偶及其子女组成。一个火塘就是一个核心家庭。

2.由于离婚频繁，使这对配偶的结合是不固定和不巩固的。

3.各“火塘”有独立的经济。

4.大多数“火塘”实行夫方居住，按父亲一方计算世系。

（三）无论从建筑形式来看，还是从内部组织来看，基诺族“长房”和E·M·勒布和J·O·M·布洛克《东南亚社会组织和长房》（载《美国人类学家》49卷，1947年）一文介绍的东南亚大陆诸国的“长房”属同一类型。但该文认为，东南亚“长房”是由中国西南部通过云南传去的，似还得不到充分的证明。

为什么基诺族仅有一个村寨保持“长房”共居制，这也是一个值得研究的问题。[1]

（四）基诺族的“长房”在民族考古学上的重要意义就在于它提供了一个实例，说明“长房”并不限于母系社会中才有存在，“长房”内部也不一定具有共同的经济生活，从而可纠正中国原始社会史研究及“长房”遗址复原工作中的一些错误说法。

关于基诺族“长房”和世界各地“长房”及中国考古发现中“长房”遗址的比较研究，参见《中国考古发现中的“大房子”》一文，此不赘。

表一　龙帕寨“长房”登记表

编号	所属姓氏	建造年代	面积（平方米）	火塘数	人口数			家长姓名
					男	女	合计	
I	阿拉拉	1959年	12×9	6	9	10	19	木拉子
II	阿拉诺	1959年	9×9	5	6	10	16	沙科
III	阿侧诺	1960年	15×10	9	11	22	33	阿四
IV	阿拉拉	1961年	9.5×10	7	6	10	16	布鲁者
V	阿沙撒	1962年	11.5×11	7	8	12	20	沙少
VI	窝侧	1950年	13×11	10	14	16	30	沙布鲁
VII	阿侧诺	1963年	18.5×11	13	21	27	48	保子
VIII	阿拉拉	1952年		2	6	7	13	沙木拉
IX	阿沙撒	1964年		1	2	4	6	沙飘
X	阿沙撒	1957年	9.5×9.5	6	13	11	24	沙木拉
总计				66	96	129	225	

说明：人口、火塘数均指1965年4月的情况，房屋面积指室内面积，两边晒架未计算在内。VIII号只有二户，IX号只有一户，大小与一般房屋无异，故未实测。

（原载《社会科学战线》1982年3期）

1　按基诺山仅有龙帕一个村寨存在着“长房”，而且至少从20世纪二三十年代即是如此。为什么其他村寨不实行或很早就放弃了“长房”共居制度？基诺族自己的解释是这样的：“龙帕寨地面狭窄，盖大房子可以省地”；“过去缴门户捐，一座大房子只出一份”；“祭鬼以大房子为单位，可省钱”等等。这些显然不能说明“长房”这种古老的居住方式仅仅在龙帕寨长期保存的真正的原因。

他鲁人的羊骨卜

——附论古代甲骨占卜习俗

云南永胜县东南约35公里的他鲁河畔，有一部分居民，自称“他鲁苏”，他族称之为“他鲁人。语言和彝语相近，被划为彝族的一个支系。他鲁人在婚姻制度和生活习俗方面，保存不少古老的习俗，羊骨卜便是一例。这是研究中国古代甲骨占卜习俗的有用参考资料。

1962年笔者去他鲁人地区从事民族调查[1]，曾以羊骨卜作为专题之一。本文便介绍这次调查的结果，并联系古代甲骨占卜一些问题，略加阐述。

一　他鲁人羊骨卜介绍

他鲁人羊骨卜直至20世纪50年代初期在日常生活中仍然流行。卜问事项主要是婚姻、丧葬、出行、失物和疾病。卜者是本族的巫师，称为“录锡”。卜问材料是羊肩胛骨（“羊膀”）。卜前不钻不凿，也不加修治。1962年10月5日，我们请当地著名的巫师蓝朝按照过去的样子演示一次羊骨卜，问两个年青人的婚姻是否合适（图一）。兹将其全过程记录于下：

图一　他鲁人演示羊骨卜

“录锡”蹲踞在火塘旁边，命人取来碗一个、火草一小团、米一撮，并取出平日保存好的一块羊肩胛骨。他将羊骨置于碗上，左手持骨臼，右手用火草团在骨的边缘来回摩擦，同时喃喃地进行祷祝，祝词翻译出来是这样的：

这是什么骨头？羊骨头。
羊是山上吃草的，
吃干净的，不吃不干净的。
羊喝水也喝干净的，

1　调查日期是1962年9月25至10月18日，主要报告人蓝朝，时年55岁，住庄上村。他是当地著名的“录锡”（巫师的一种），熟悉本族的历史和文化，通晓汉语。

不喝不干净的。
天长地久，就用你（羊骨）来烧。
我不知道的你知道，
我看不见的你看见，
我听不见的你听见。
今天我来问你：
某某和某某，他们要成亲，
以后要有吃有喝，有子有孙；
栽一窝瓜要结十根藤子，
栽一枝花要长十枝花。
如是好的，你出“地”压“外”；
如是坏的，你出“天”压“外”；
如是不好不坏的，
你就出“主”“外”一样高的。
羊膀你不许哄我！没有吃的，给你吃点米。
（“录锡”这时将米撒羊骨上，米多落于碗中）
但你千万不许哄我！

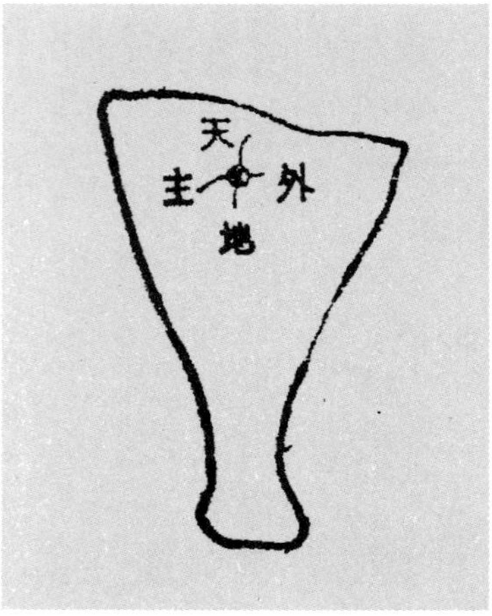

图二 他鲁人卜骨兆纹名称

祷祝以后，即将火草团用唾液粘在骨无脊的一面，然后引火点燃。因为这是一块没有用过的羊肩胛骨，照例先在骨的宽薄一端灼烧。

当火草团点燃后不到一分钟，骨面发出裂声，“录锡”急忙抹去火草余烬，伸手就在火塘旁拈了一点黑灰，在骨有脊的一面已被烧裂处涂抹一番，再用手沾一点唾液，将黑灰揩去。这时裂纹内有了黑灰，就清晰地显露出来了，这就是“卜兆”。

“录锡”手持骨臼，对骨的反面卜兆审视良久，然后向我们进行解释。这里释兆方法和四川凉山彝族的释兆方法差不多，即将卜兆裂纹按其位置不同分为四种：凡在灼痕上方的称“天”，下方的称“地”，左方的称“主”，右方的称“外”（图二）。这四种兆纹之间长短、曲直、高低的情况就是判断吉凶的根据。每次占卜祷祝词中预先说明此事吉凶应出什么样的卜兆。卜兆呈现后即和祷祝词所说的相验证，看究竟属于哪一种，是吉卦还是不吉之卦。

这次占卜的结果，据“录锡”说，适好呈现了上述祝祷词所举“出‘天’压‘外’”的情况，故算一个不吉之兆。他鲁人羊骨卜无论卜问何事，方法均一样，惟祷祝时列举卜兆不同。如“录锡”在卜问婚姻之后，因为我们即将离开，又为我们行了一次卜问出行的羊骨卜，其祷祝词首尾部分和卜问婚姻祷祝词多同，而中间一段却是这样的：

……
今天我来问你：
某某要外出。
如遇见坏人，
你出“主”、“外”均低，

或出“主”、“外”均高，
或出“主”较“外”低；
如遇见坏人，但他追赶不上，
你出“主”较“外”高；
如不遇见坏人，
你出“天”、“地”均直。
……

此外，如卜问疾病、失物等事项又各有另外的说法，互不重复。一块羊肩胛骨一般可以卜用十至二十次，都是从骨的宽薄一端先烧，依次而下，最后烧骨臼一端。直至骨臼一端也被利用了，全骨已布满灼痕不能再烧了，才随便丢掉。

二　从他鲁人羊骨卜看古代甲骨占卜

他鲁人“羊骨卜”，有助于解释和印证古代占卜习俗之处，主要有下列四项：

（一）祷祝词

古代行骨卜时所念的祷祝词已无从得知。但褚少孙补《史记·龟策列传》曾记录了龟甲卜的祷祝词，与上述他鲁人羊骨卜祷祝词颇能相互印证。兹列表对照如下：

古代龟甲卜祷祝词	他鲁人“羊骨卜”祷祝词
假之灵龟，五巫五龟，不如神龟之灵，知人死，知人生。	这是什么骨头？羊骨头。羊是山上吃草的，吃干净的，不吃不干净的。羊喝水也喝干净的，不喝不干净的。天生地久，就用你（羊骨）来烧。我不知道的你知道，我看不见的你看见，我听不见的你听见。
某日良贞，某欲求某物。	今天我来问你，某某和某某，他们要成亲，以后要有吃有喝，有子有孙。栽一窝瓜要结十根藤子，栽一枝花要长十枝花。
即得也，“头”见“足”发，“内”“外”相应。即不得也，“头”仰“足”肣，“内”“外”自垂，可得占。	如是好的，你出“地”压“外”；如是坏的，你出“天”压“外”；如是不好不坏的，你就出“主”、“外”一样高的。羊膀，你不许哄我！没有吃的，给你吃点米。但你千万不许哄我！

从上表可见，两者都是先颂扬占卜材料（龟、骨）之先知，继告以欲卜之事，最后则列举此事吉凶应出何种卜兆。词句尽管不同，其基本内容及结构竟是一样的。

又《龟策列传》在上引“卜求某物”的祷祝词以下，还有“卜占病者”、“卜病者祟”、“卜击者出不出”、“卜求财物”、“卜有卖若买臣妾马牛”、“卜击盗”、“卜求当行不行”、“卜往击盗当见不见”、“卜往候盗见不见”、“卜闻盗来不来”、“卜迁徙去官不去”、“卜居官尚吉不”、“卜居室家吉不吉”、“卜岁中禾稼孰不孰”、“卜岁中民疫不疫”、“卜岁中有兵无兵”、“卜见贵人吉不吉”、“卜请谒于人得不得”、“卜追亡人当得不得”、“卜渔猎得不得”、“卜行遇盗不遇”、“卜天雨不雨”、“卜天雨霁不霁”共二十三条。据其语气看来，都是占卜时祷祝之词，只是前面略去一段颂扬龟甲的例行文字而已。这些祷祝词列举卜兆各不相同，如“卜闻盗来不来”之词云：

> 来，“外”高“内”下，“足”肣“首”仰。不来，“足”开“首”仰，若横吉安，期之自次。

而“卜行遇盗不遇”之词云：

> 遇，“首”仰“足”开，“身”节折，“外”高“内”下。不遇，呈兆。

如前所述，他鲁人羊骨卜的卜兆正是因事而异的，在这一点上两者也完全符合。惟一的区别是古代祷祝词只列举两种情况，如遇盗或不遇盗，盗来或不来，而他鲁人祷祝词往往要列举三种情况，如卜婚姻要问：是“好”？是“坏”？还是“不好不坏”？

（二）祭品

他鲁人行“羊骨卜”时要请羊骨“吃”米。西南地区其他民族亦有类似之俗，如羌族行“羊骨卜”前要烧青稞[1]，云南中甸县北底地区纳西族行“羊骨卜”时则在骨上撒小麦[2]。而据《龟策列传》记载，古代龟甲卜有时要以“粱、卵、焍黄，祓去玉灵（龟甲之美称）之不祥”。可见占卜时用一种谷物做祭品，古今也是一样的，只是所用谷物种类不同，且古代除谷物（“粱”）外还要有蛋类（“卵”）等物。

（三）用墨显兆

古代总称卜兆裂纹为“墨”。如《礼记·玉藻》:“史定墨。”郑注:“定墨，视兆坼也。”《周礼·春官·占人》:“史占墨。”郑注：“墨，兆广也。”关于“墨”之含意，历代经师有不同解释。如《礼记·玉藻》孔颖达正义云：“史定墨者，凡卜必以墨画龟，求其吉兆。若卜从墨而兆广，谓之卜从。”[3]宋人陈祥道《礼书》和清人江永《礼记训笺择言》则对孔氏这种以墨画龟之说提出驳难，他们根据《周礼·春官·卜师》“扬火以作龟，致其墨”，正确说明“墨”是在烧灼之后才出现，不可能先画墨而后烧的。[4]元人吴澄《礼记纂言》又对“墨”提出进一步的解释，他说：“墨谓既坼之后，以墨涂之。坼大者食墨，粲然可见。”[5]

我们这次看了他鲁人羊骨卜方法，对这个问题也得到了一些启发。看来吴澄虽然去古已远，他所说烧裂之后涂墨的解释却比较接近事实。如前所述，他鲁人在灼骨之后，就要用黑灰在烧裂之处涂抹一番，实际上这就等于古代的涂墨。盖裂纹初呈现时，细如毛发，只有用墨或黑灰之类涂抹以后，纹内嵌入黑色（即所谓“食墨”），才能清晰地显示出来。古代想亦如此。大概

1《记彝、羌、纳西族的“羊骨卜”》，《考古》1963年3期，164页。

2　陶云逵：《么些族之羊骨卜及肥卜》，《人类学集刊》1卷1期（1938年）。

3《尚书·洛诰》云:“惟洛食。”伪孔传云:“卜必先墨画龟，然后灼之，兆顺食墨。”孔颖达“以墨画龟”之说或本于此。

4《礼书》（嘉庆九年郭氏重刊本）卷七三云:“《卜师》:作龟致其墨，墨则后墨也。孔氏以为先墨画乃灼之，其说误也。”《礼记训笺择言》（守山阁丛书本）卷五云：“按《周礼·卜师》:‘扬火以作龟致其墨。郑注云致其墨者，孰灼之以明其兆。’又《占人》:‘史定墨，卜人占坼。’注云：‘墨，兆广也。坼，兆　也。’墨大坼明则逢吉，是墨者火灼所裂之兆，非先以墨画而后灼也。兆之体不常，安能必其如人所画，如此则卜之能从者鲜矣。”

5《礼记纂言》（雍正五年朱轼校补本）卷四。

正是因为古代有这种墨显兆方法，卜兆裂纹才称为“墨”的，这和古代黥面之后以墨涂之而称“墨”刑，是一样的道理。

（四）卜兆

《龟策列传》记录了许多古代的卜兆名称，如“‘头’见‘足’发”，“‘内’、‘外’相应”，“‘头’仰‘足’肣”，“‘内’、‘外’自垂”，“‘外’高‘内’下”，“‘足’开‘首’仰”等等。我们对其确切含意一直不甚了解。这次见到他鲁人“羊骨卜”将卜兆裂纹按其位置不同分为“主”、“外”、“天”、“地”四种，才知道这里所说的“内”、“外”、“首（头）”“足”等也指兆纹部位而言，而“开”、“肣”、“垂”、“仰”、“高”、“下”则是形容其形状。

关于古代卜兆的“首”、“足”、“内”、“外”究竟如何排列？各指裂纹的哪一部分？目前还难确知，但在解释方法上，古代卜兆和他鲁人卜兆仍有一些共同之处。例如：他鲁人卜兆中有“主”、“外”，分别代表自己及对方。释兆时常看这两种兆纹之高低来决定对自己有利，还是对对方有利。如上举卜问出行之卦，“主”较“外”低意味着要遇见坏人，而“主”较“外”高就逢凶化吉了。古代卜兆则有“内”、“外”，名称略异，也是代表自己和对方的，《龟策列传》云“‘外’者人也，‘内’者自我也”，就是这个意思。古代释兆也常根据这两种兆纹之高低来判断吉凶，凡“外”高于“内”者多表示己弱人强。从上引“卜闻盗来不来”及“卜行遇盗不遇”两条祷祝词就可以看出，一旦卜兆呈现“‘外’高‘内’下”的情况，不是有盗要来，就是出行必然遇盗了。

综合上述，我们得出这样的印象：西南少数民族羊骨卜和古代中原地区甲骨卜基本上属于同一类型。古代骨卜方法已失传，本文提出和他鲁人羊骨卜作比较的多限于文献记载龟甲卜的一些情况，这在中原地区是由骨卜发展而来的一种占卜术，已经加上许多繁缛的仪式。[1]但尽管如此，从上面所述可以看出两者还有不少可以相互印证之处，甚至像祷祝词、卜兆和用谷致祭这样一些细节上都是相似的。这一现象颇值得注意。按兽骨占卜俗流行于世界各地，在具体方法上彼此之间差异往往很大。如中国东北的赫哲族及苏联的楚克奇人有鹿骨卜，其占卜方法就和古代大不相同。[2]而西南少数民族羊骨卜却和古代内地甲骨占卜是如此接近，这就使我们思考这样一个问题：是不是这两者之间有着共同的来源呢？或者说中国古代骨卜是从西部本土发展起来呢？这是值得进一步研究的问题。

（原载《考古》1964年2期）

1 古代龟甲卜有许多繁缛的仪式和禁忌，是西南少数民族“羊骨卜”中所没有的。如取用占卜材料有一定的季节（《周礼·春官·龟人》：“凡取龟用秋时，攻龟用春时。”），甚至占卜时卜者站在何处，占卜材料放在何处，都有一定的规则（参见《仪礼·士丧礼》等篇）。

2 赫哲族用麀鹿肩胛骨进行占卜，他们将骨直接放在火上烧，烧出裂纹既多且乱。释兆时就裂纹中成“舌头”形的加以观察，看两个“舌头”距离之远近以定吉凶。（凌纯声《松花江下游的赫哲族》，南京，1934年，135页，第254—255图）楚克奇人占卜用驯鹿之肩胛骨，灼烧用煤块。他们将骨面分为“山”、“海”等几个区域，看裂纹从何区域来的来进行释兆。（见 Bogoras, *The Chukchee*, New York, 1909, pp. 487—490）

彝族和纳西族的羊骨卜
——再论古代甲骨占卜习俗

西南少数民族之中，迄今仍保存一种以羊肩胛骨占卜的习俗。它对于研究和复原古代骨卜及由此发展而来的龟甲卜，是颇有助益的。从 20 世纪 60 年代初开始，笔者对此问题作过多次调查[1]。本文再对四川凉山彝族和云南丽江纳西族的羊骨卜，作较详细的介绍，并以此印证古代甲骨占卜习俗，略加讨论。

一　四川凉山彝族的羊骨卜

彝族分布于川、滇、黔、桂四省，历史上曾普遍流行羊骨卜，现代只在大小凉山、云南北部和东北部、贵州西北部等地还有保存。各地彝族羊骨卜方法差异很大[2]，本文所述是四川凉山的情况，而且主要以甘洛、美姑两县的材料为例[3]。

凉山彝族羊骨卜，称为“约革纪”。过去每村都有一两个卜者，现在会卜的人已不多。卜者多为“毕母”（巫师），故有“敲羊皮鼓的是‘苏臬’（较小巫师），烧羊骨头的是‘毕母’”之谚。[4]其他的人亦有会卜者，有些“毕母”不愿行卜，怕卜出杀牲祭鬼的兆，别人会说他骗肉吃，便只管灼烧、祷祝，丢骨于地后由别人进行解释。

凉山彝族卜者是非专业性的，不脱离生产，无以此为生者。但有些人精于此道，被认为特别“灵验”，常为附近居民请去占卜，便成为著名的卜者。土司或大黑彝，多有一两位固定的著名卜者，专为自己和家人行卜。例如：甘洛田坝土司家占卜，由当地一个名叫阿扯阿图的大头人担任。关于此人之“聪明”善卜，至今仍为人津津乐道。

占卜材料是羊的肩胛骨（亦称“羊膀”）。“毛羊”（绵羊）最佳，他羊亦可。羊必须是杀死或

1　过去已对这两个民族羊骨卜作过简略报道（见《记彝、羌、纳西族的“羊骨卜”》，《考古》1963 年 3 期），此后笔者又多次访问这两个民族地区，续有所获，本文是综合历次调查结果写成的。

2　例如云南武定、禄劝彝族对羊肩胛骨不加灼烧，只看其中天然纹路以定吉凶（参见马学良《云南彝族礼俗研究文集》，四川民族出版社，1983 年，106、210 页）。黔西北亦有此法（1960 年 9 月在毕节地区调查时，彝文翻译组罗国义、王兴友先生见告）。

3　调查日期和地点：1960 年 5 月，布拖；1979 年 11 月，西昌、美姑；1985 年 10 月，西昌。主要报告人先后为曲木利孤（布拖县干部）、岭光电（原甘洛田坝土司）、曲比索莫（美姑巴普地区著名“毕母”）等。

4　杨植森等：《凉山彝族谚语》，四川民族出版社，1982 年，17 页。

为祭祀而活活打死的，若是病死或被野兽咬死，其骨不能用来占卜。骨上的肉要用刀刮下或用手撕下，若用嘴啃咬，亦被认为“不灵验”。各户平时遇有合格的羊肩胛骨，辄加积聚，以备不时之需。这些羊骨忌讳放在室内，一般放于室外墙脚之下或树椏之上。

卜骨事先不加修治和钻凿，直接灼烧。用艾绒捻成圆粒状或圆柱状，置于骨的无脊面，以布绳或一种名叫“握子”的植物韧皮搓成的火绳点燃，于有脊面观兆。一般是从骨的宽薄一端开始，由上而下[1]，一排一排地依次烧向骨臼一端，直至骨面布满灼痕为止。每骨可烧八九次或十余次。（图版一六：1）

笔者曾请美姑巴普的“毕母”曲比索姆演示一次卜“本命”的羊骨卜，进行实录。兹介绍如下，以见凉山羊骨卜的具体过程和方法（图版一六：2–6）。

卜者左手持骨臼，将艾绒一小团，置于骨边来回摩擦，磨碎并捏成圆柱形，用唾液粘于骨的无脊面宽薄一端的上方。右手持火种（无火绳，便以香烟代替）绕骨数圈，点燃艾团，从这时起口中即开始念念有词，进行祷祝[2]，并不时吹火助燃。约两分钟后，骨将烧穿，卜者用火在有脊面相应部位迅速点一下，这样使有脊面也出现轻微灼痕（据解释，这是为了加速现出裂纹）。这时，祷祝词已念完，卜者将骨置于嘴边（据解释，这表示自己祷祝之事全部附于羊骨之上），再突然将骨丢于地（据解释，这是让天地神灵听见，是羊骨卜仪式重要环节）。然后卜者拣起羊骨，用唾液粘黑灰（即艾绒绕出之灰）于有脊面已现轻微灼痕处涂抹，便现出两道裂纹。裂纹是在骨丢于地之前出现的，惟由于骨不干，这次未闻裂声。卜者最后对所得之兆纹只说是一个己方无力之兆，未作详细解释。

凉山彝族占卜方法还有鸡骨卜鸡蛋卜以及一种通过数竹签或打木刻的数卜法，后者颇类似古代内地的筮法（参见《八卦起源》）。在他们心目之中，以羊骨卜最为重要。像祭祀之类大事，非行羊骨卜不可；若是生病，大病亦必须以烧羊骨卜问吉凶，伤风感冒之类才可以“打木刻”。甘洛地区有句俗话说：“丢牛丢马打木刻”，意为打木刻者皆为琐屑小事。羊骨卜在他们精神生活之中有举足轻重的地位。卜问范围几乎无所不包。打冤家、祭祀、疾病、出行、经商、有人在外、打猎、盖房子、搬家、为死人“作帛”[3]，都要以羊骨卜来决疑。更常见的是一种不为什么事情的占卜，称为卜“本命”，即卜问某人一生或最近一段时期的安危吉凶。过去凉山械斗频繁，人人自危，有时家居无事，也要请人占卜，问一问“本命”是否清吉，仇人是否在行动，有什么鬼作祟，等等。如卜问结果是吉便罢，若不吉便再卜问如何禳解，用何牲送鬼为佳，如何对付仇人，等等。这种卜“本命”，颇类似古代甲骨占卜的“贞旬”。

凉山彝族“羊骨卜”所提出问题按性质来分，可分为两大类。第一类“涅式”，第二类叫“所住”。这两个词汇，很难译为适当的汉语。大体上说，“涅式”指整个事件的凶吉祸福，“所住”是具体的对付方法。例如：卜出行，先问平安不平安，再问何日动身为好，走哪条路等等。卜

1 甘洛地区另有一种烧法，冬天从上（宽薄一端）而下（骨臼一端），夏天从下而上。以象征冬天“毛羊”从山下坝，夏天“毛羊”从坝上山。惟他处无此规定。

2 演示者所念祷祝词，未能进行翻译。另有一段前人记录的美姑地区祷祝词（见后），可参考。

3 “作帛”，一种追悼死者的仪式。以家支为单位举行，将这段期间本家支死者灵牌（一种竹编小箩内插树枝）送往深山，伴随着一系列仪式。事先全家支集会烧羊膀决定日子，会上要由年纪大者提问何日“作帛”，取得羊膀同意。而年青人不能提此事，怕死者“不高兴”而危害于他。

打冤家，先问打不打得赢，再问何日出兵为好，用何方法，由哪条路出兵等等。家有人外出未归，先问这人是否平安无事，再问何日可归等等。以上凡第一次提出的问题，都属于“涅式”，以后提的问题，则属于“所住”。

报告人岭光电先生还举出自己经历过的一件事，来具体说明“涅式”和“所住”的区别和联系。1950 年 4 月，解放军进军凉山，报告人时在昭觉。面临何去何从问题。西昌毛君如（汉族，报告人好友）写信劝他去已解放的西昌，部下有人主张先去雷波，观望待变。在不知所措的事况下，于是由“参谋”果基木古烧羊膀来决定。先问“涅式”，即这次事变中自己有无危险，结果是无危险。再问“所住”，问去西昌还是雷波？答案是去西昌好。于是率众返回西昌。他认为，这是他遇到过一次最灵验的卜例，因为结果真是一切均好。“自己走对了路”。

由上可见，“涅式”要求的是一个结论性的答案，“所住”则要求得到各种具体的指导；“涅式”只问一次，“所住”必问多次。因为卜问“所住”，不能笼统地提出问题，而必须由卜者在祷祝词中提出具体“方案”，请“羊膀”肯定或否定，一个“方案”否定了，再提出另一个，直至得到肯定为止。例如：卜有关出行的“所住”，你不能直接问“哪天出门好？”而必须问：“明天出门好吗？”若不好，再问：“后天好吗？”卜问打冤家的“所住”，你不能直接问：“由哪条路出兵好？”而必须问：“从东面的路冲进去好吗？”不好，再问：“从西面的路冲进去好吗？”等等。

最复杂的问题是祭鬼用牲。姑以有人生病为例。问了“涅式”以后，要卜问一连串的“所住”性质的问题。先问：“用一只花羊做鬼好吗？”如不好，再问：“用一只花牛做鬼好吗？”直到取得羊膀同意为止。关于用牲规格，一般是先小后大。可先从鸡问起，如不得吉兆，则表示鬼神“嫌少”，再问羊、猪、牛。在提出用何种牲时，还要具体说明牲畜的颜色。一般是猪分黑、白、花、花脚诸类，羊分黑、白、花、黑脸、花脸、花脚诸类，牛分黑、白、黄诸类。[1] 用何色牲，是根据病情及此病由何鬼作祟而定的，如足伤被认为是“血光鬼”作祟，须用黑色畜，故在祷祝词中就明确提出是否要用“黑山羊”或“黑牛”。

若卜“本命”不佳，不久将有灾祸，即要做鬼以禳解之。其用牲种类及颜色，又根据本人年龄、母亲生自己的年龄及属相等情况来决定，有一套复杂的推算方法。[2]

凉山彝族每卜一事常要连烧多次，便是由上述卜问方法所决定的。

凉山彝族的释兆方法，和他鲁人一样，是通过祷祝词先和“羊膀”进行“约定”：好，出什么样的兆文；不好，出什么样的兆纹。现兆后进行对照。祷祝词前面也有一段对羊骨颂扬之词，但比他鲁人更为复杂，要列举各种神祇的名称，请“羊膀”和他们“商量”、“谋划”。兹全文抄录美姑、甘洛两地祷祝词各一段[3]，从中略可窥知卜者的心理状态和释兆的具体方法。美姑地区关于卜“本命”的祷祝词是这样的：

1 按彝族习惯，凡是只说明颜色而不特意注明部位者（如黑脸、花脚之类），均指牲畜全身颜色而言。

2 参见岭光电：《凉山彝族习俗》，中央民族学院少数民族语言研究所，1982 年油印本。

3 这两段祷祝词，均采自岭光电《凉山彝族习俗》。由于这是个油印本，原文有抄错、误译之处，加之祷祝词本身原无定词，是卜者边想边念的产物，句子重复、颠倒，意思不相衔接之处很多，致使原文很难通读。1985 年 10 月在西昌笔者和岭光电先生对这两段祷祝词逐句进行推敲，重新整理了一遍。笔者不谙彝语，所有改动处均经过岭先生的首肯。顺致谢意。

卡乃[1]，卡阿乃！鹰眼锐利，毛羊眼也锐利。羊心是灵的。三年阉羊的羊膀啊，“它尔”[2]的羊膀。“它尔”，你有股和肢，阴天跟着雾，你听到雾的话；晴天跟着云，你听到云的话；白天跟着太阳，你听到太阳的话；黑夜跟月亮，你听到月亮的话；清晨跟星星，你听到星星的话。春来三个月，你在高山上，你听到山的话；冬来三个月，你在深谷中，你听到谷的话。上听到“昊天父”的话，下听到“玄土母”的话。[3]上是山脉之神，下是斗牛地点之神，中是人住村堡之神。道路神、墙壁神、房侧之神、檐沟之神。我不懂问你（羊膀），你不懂问所有坐着的和站着的神灵，问他们所见所闻。与所有“毕母”、“苏臬”[4]的神商议，上与“昊天父”商议，下与“玄土母”商议，与高山深谷那些“参谋”和知心朋友商议。我不懂与你商议，你不懂与坐着的站着的神灵商议。“毕母”、“苏臬”的神，山垭里的“沙渣”[5]神，祖师神灵，还有附身的神灵，你找这些能商议的朋友、同伴去商议。

今天并非为问有仇的“涅式”，也不是为问有敌的“涅式”，而是为了解释 ××× 本命的“涅式”。××× 一生，壮年齿齐全，老来鬓发白，得一千岁，获一百世，能清吉平安。这样羊膀就出“客”纹，“客”纹出得直直的；出“主”纹，“主”纹出得如箭一样；“地”纹括向内；“天”纹偏向外；四纹都出，四纹不相见，这是好的（兆）。

××× 的“涅式”不平安，不清吉，仇是力强，友的力弱。木头作枕头，灰烬抵着脚。[6]口苦于号哭，眼苦于流泪。这样，就只现“客”纹，不现“主”纹，“天”纹压向内，“地”纹偏向外。这是不好的（兆）。

甘洛田坝地区一段祷祝词是关于卜问出行的：

卡乃，卡乃，卡啊乃！山神去找“什叟”[7]来粘艾蕊（绒）。刚才临早晨，太空发白了，雄鸡叫鸣了，下面人过了，上面羊过了。马匹自死亡，老牛自衰亡，力大而气硬，夸口易招祸。[8]水啊水流的神，长稻地方的山神，所有高山的神，所有深谷的神。前是东方公山神，后是西方母山神，东南西北山神，西南东北两处神。水上桥的神，地上路的神，森林山上跳的獐鹿神，簸基[9]草坪叫的野鸡神，长竹子地方鸣的锦鸡神，悬崖上来去的过蜂神，大江之上鱼跃神。保护屋基之神，稳固檐沟之神，地边道路的神，田角道路的神。……[10]现在招天神来委托你（羊膀），招地灵来委托你，招七十“拉觉”[11]及“毕母”、“苏臬”神灵来委托你。你来指示啊，你来观察啊。秋来三个月，沼泽之水你尽喝；春来三

---

1 “卡乃”无意，是祷祝词常用的呼语。

2 “它尔”，一种大的毛羊。

3 “昊天父”指天神，“玄土母”指地神。这是岭光电先生的一种意译。

4 “苏臬”也是一种巫师。“毕母”、“苏臬”被认为各有自己的神。

5 “沙渣”，一种山神的名称。

6 彝族行火葬。这两句话形容人死架在木柴上烧的情况，自为大大的不吉。

7 “什叟”原为西昌、凉山古部落，在汉文献中称“斯叟”或“越嶲斯叟”（见《华阳国志·蜀志》、《李特、雄、期、寿、势志》），此处变为神灵。

8 以上四句说牛马无能，以对比羊之有灵，仍为颂扬羊骨之谀词。

9 凉山一种草名。此草可吃。

10 此处有四句词，原译者岭光电先生亦不明其意，故删去。下有删节号处均类此。

11 “拉觉”，众神的统称。

个月，黑白杉叶你尽吃。羊知道得很深，羊心是灵的。“毕母”（指卜者自己）之前太阳所照之处你都去过。三年羚羊膀不知道的，毛羊膀你知道；三月阉羊膀不知道的，毛羊膀你知道。

（今天）不是抛羊膀，不是试羊膀[1]。……木呷（指求卜的人）这个属猴的，走动到别处，前面没有仇，后面没有敌，脚踩石头固，手抓树木稳[2]，去时可到达，来时可回到，天神可保佑，地灵可保证，羊膀可担保，那就出“主”纹；“主”纹像牛毛一样地出[3]，“主”纹似蜂过，“主”纹似虎奔，莫减少“主”纹，莫增加“主纹”；下面有“地”纹，脚踏着石头，伸手抓住木头；“地”纹从外圈进来，“天”纹偏向到外面；“客”纹四面都不见。这是好的美的羊膀。

木呷这个属猴的，不能多担保，不能多保证，天神不保他，地灵不护他，去时不到达，来时回不到，枝上有仇，铁上有矛[4]，忧忧愁愁，呻呻吟吟，羊膀不能作担保。不能作保证，那就里面出两“主”纹，两纹均低落；外面出两“客”纹，“客”纹都抬头；两“地”纹出来，向外偏移；两“天”纹出来，压向里面。这是不好不美的羊膀。

卡乃，卡啊乃！白天日下裂（纹），太阳照耀下来裂；早晨星下裂，星光高照下来裂；晚间月下裂，月亮黑暗时来裂。小相峰十二[5]；一个裂羊膀，来裂要从容[6]。一个辦[7]羊膀，来辦要从容；一个划羊膀，来划要从容；一个解羊膀，来解要从容。说你知道的，不说你不知，莫要不作指示，莫要不好不坏。好就指好，坏就说坏。

凉山彝族把兆纹分为“天”、“地”、“主”、“客”四个部位。“天”、“地”亦称“头”、“脚”。上方为“天”，下方为“地”，这是固定的；“主”、“客”则因肩胛骨左右不同而互易，骨脊一方为“主”，他方为“客”（图一）。

由上述祷祝词中可见他们对各部们兆纹有一套形容方法，有许多术语，有些恐怕只有卜者自己才知其意。而且对兆纹解释各地区不同，甚至在同一地区亦言人人殊。

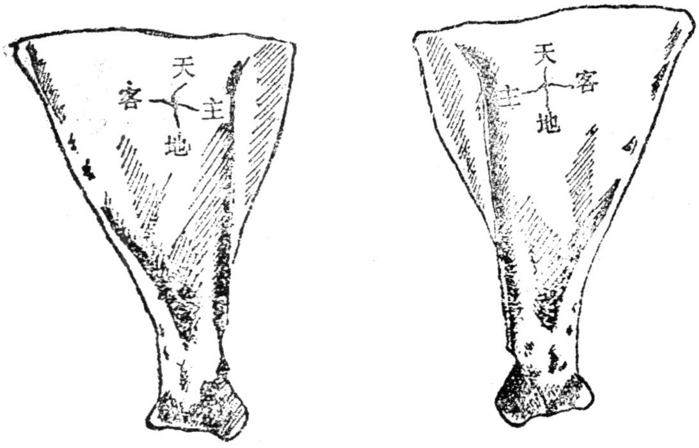

图一　四川凉山彝族卜骨兆纹部位名称

1 凉山彝族有试卜的习惯（详后），这里是说不是试验你，请你有好说好有坏说坏。
2 高山路险，人们常因足踏石头滑落或手攀树枝折断而坠崖。这两句话表示途中行路无此危险。
3 “牛毛”，形容兆纹直硬之形。
4 “枝上有仇”，彝族相信，命运不好者树枝落在头上都会死人；“铁上有矛”，即遇上铁矛，是遭到伏击之意。
5 越嶲、冕宁间有山名小相岭。这里是说该山共有十二山神。
6 “从容”，不要匆忙作出决定。
7 凉山彝族有些卜者嫌卜兆呈现太慢，确有用手压骨或辦骨之习惯，但这不算是一个好的卜者。这里说的是神灵帮忙加快现兆，自又当别论。

但各地卜者释兆仍有一些共同之处。即看“主”和“客”之间、“天”和“地”之间的对比关系来决定凶吉。一般的解释是“主”代表己方，“客”代表敌方，“天”代表鬼神等外界力量，“地”代表自己命运福泽。若“主”强“客”弱，即“主”纹直、长或高，是为吉兆；反之，则为凶兆。此外，还要参考“天”、“地”的情况，因那是代表神灵态度和自己命运的。某种兆纹是否出现，或是否出现双道裂纹，也是判断吉凶的根据。

对兆纹的解释，还因事而异。例如出现“主”强“客”弱的情况：，对人疾病来说，是表示人强鬼弱，是大吉兆；若卜问的是有关经商，则表示人劲利弱，是个不好的兆头，将无利可图。再如出现这样的兆纹：，若卜“本命”，是个“上吉”之兆，据说它象征“主”、“客”相当，“天”、“地”居中，而有人生病得了这样的兆，则说它象征烧死人的木柴，是个大大的不吉之兆。

他鲁人祷祝词提出三种结果（好、坏、不好不坏）请羊膀决定（参见《他鲁人的羊骨卜》），而凉山彝族祷祝词中只提两种：“好的美的”，“不好不美的”。这和古代内地祷祝词更为一致。当然，最后所得之兆形决不能和祷祝词所形容的完全一样，在好和不好之间有许多中间状态。故他们把卜兆分为“上吉”、“吉”、“中”、“平”、“不吉”五种。卜者据兆纹实际情况判断属于哪一种。

凉山彝族“羊骨卜”还有一种特殊的“试卜”的习惯，即正式卜问之前，先问一件很少可能出现之事，如问“某山会倒吗？”之类，若回答是肯定的，则说明羊膀在“撒谎”，今天占卜不灵，改日再卜；若说不会倒，则说明卜骨有灵，接着再卜正事。这种“试卜”办法，大概很早即有，在一个关于土司（“兹莫”）和黑彝之间战争故事中，即提到此法。[1] 除了事先“试卜”之外，还有一种重复卜的习惯，即问了“涅式”和“所住”后，仍不放心，再问一次“涅式”，如与第一次“涅式”结论同，则可放心去做；如不同或适好相反，则要重新考虑。

由于每件事既要问“涅式”，还要问各种“所住”性质问题，加之有时还要“试卜”一次或重复一次“涅式”，这使得每决定一件事情，有时有卜问几次或十几次。只有卜“本命”的“涅式”而且得到吉兆者，卜问一次即足。

用完卜骨忌讳放在屋内，一般是置于屋外墙边，可和未用卜骨放在一起。对特别灵验之卜骨，还有作为“纪念品”而保存者，惟较少见。

二　纳西族的羊骨卜

纳西族分布于云南丽江、维西、中甸、宁蒗等县。到了解放后，羊骨卜只在偏僻农村中偶有保存。下面介绍的仅是丽江的情况。[2]

纳西族羊骨卜有古老的渊源。他们象形文字中，即有一些反映羊骨卜的字[3]：

---

1 传古代甘家黑彝与美姑海乃土司双方发生战争。甘家年年出兵，均不利，人们犹豫不定。某年出兵前先进行“试卜”，问羊膀某处大树是否会倒？某处大石头是否会冲走？回答是肯定的。是年山洪暴发，果如其言。于是决定再烧羊膀，确定出兵时间和路线，最后取得胜利。

2 1961年10月去丽江，曾了解羊骨卜的情况。主要报告人为和君长（“东巴”，时年七十三岁）、和芳（“东巴”，时年七十六岁）。翻译为吴积仁等。

3 李霖灿：《么些象形文字字典》，504、778、8700，李庄，1944年。

象灸羊膀之形　　象一人手持羊膀灼烧之形

象灸羊膀之形

并有用象形文字写成的卜书。

纳西族称羊骨卜为“皮格”。卜者为“东巴”（巫师），有些猎人亦为人行卜，但必须是精于些道者。若不懂装懂乱加解释，则要受到舆论的谴责，且被认为必有后祸。有一幅宗教画，画一人生前为人胡乱行卜，死后受到羊、虎、蛇等动物的围攻（图二）。卜用材料为羊肩胛骨，平日杀羊时收集存储以备用。对卜骨不加修治，不钻不凿，用艾或火草灼烧。灼烧无脊面，而在有脊面观兆。这些方面均与凉山彝族同。关于具体方法，我们没有目睹一次占卜的实况，不能多加介绍。据前人报道过中甸地区纳西族羊骨卜，其情况与他鲁人及凉山彝族无大差异。[1]

图二　纳西族为人胡乱行卜者死后受到动物的惩罚

传说纳西族的羊骨卜即由牛牛坝的彝族传来。[2] 在东巴文经书中有《布杷过书》，记各种占卜之来源，说羊骨卜是女神盘祖萨美送给“牛纽”的。[3]

纳西族羊骨卜释兆主要根据卜书，这是和他族不同之处。卜书用象形文字（“东巴文”）写成，种类、版本很多。我们见到的一本，藏于丽江文化馆。全书共八页，每页四行，第一页写的是书名，翻译出来是《“东巴”羊骨卜之书》。全书共列二十三条，每条前面有一个羊肩胛骨图形，内画有一个兆形，后以象形之字写明若出现这样的兆，何事为吉，何事为凶，或需送何鬼用何牲。每得兆后，“东巴”们即取卜书与之对照，看属于哪种或与哪种近似，向求卜者进行解释。卜书全文及释文[4]如下：

1　陶云逵：《么些族之羊骨卜及肥卜》，《人类学集刊》1卷1期（1938年）。

2　李霖灿：《么些人的干支纪时》，《大陆杂志》10卷5期

3　和志武等：《纳西族东巴经选译》，丽江东巴文化室研究室1980年印，92页。

4　此书原由主要报告人和君长、和芳口译大意，由笔者记录。由于笔者不懂东巴文，深恐有误，过去简报中只略举数条为例，全书迄未敢公布。这次承云南历史研究所和志武先生审校全书，最后定稿。谨致谢意。

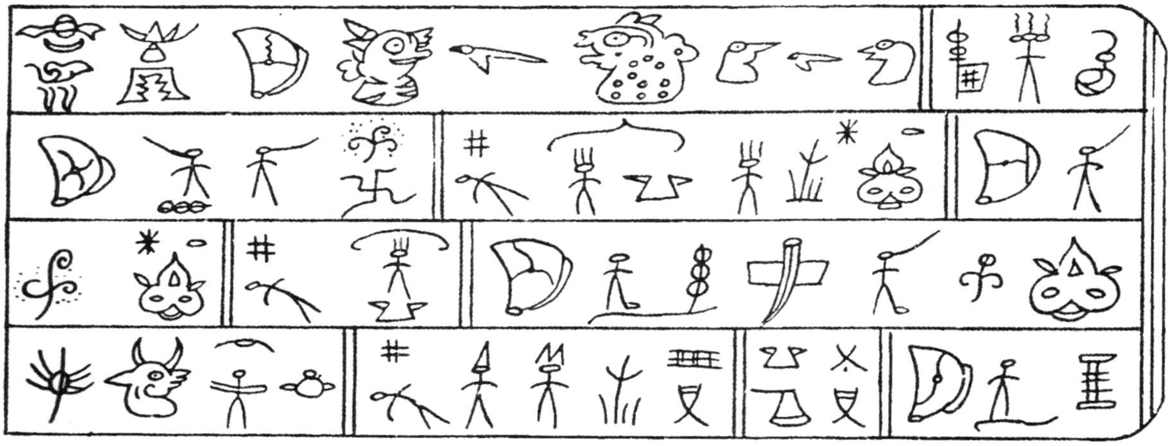

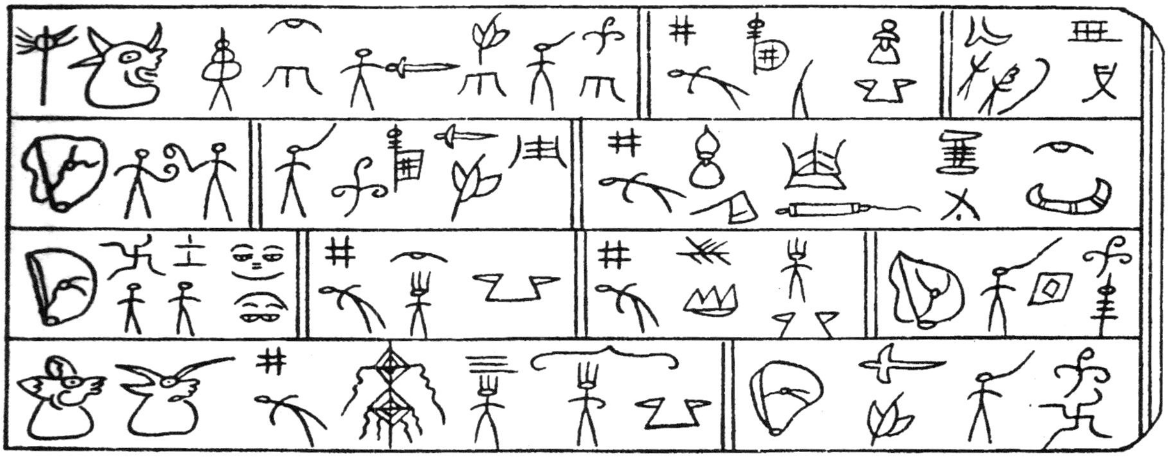

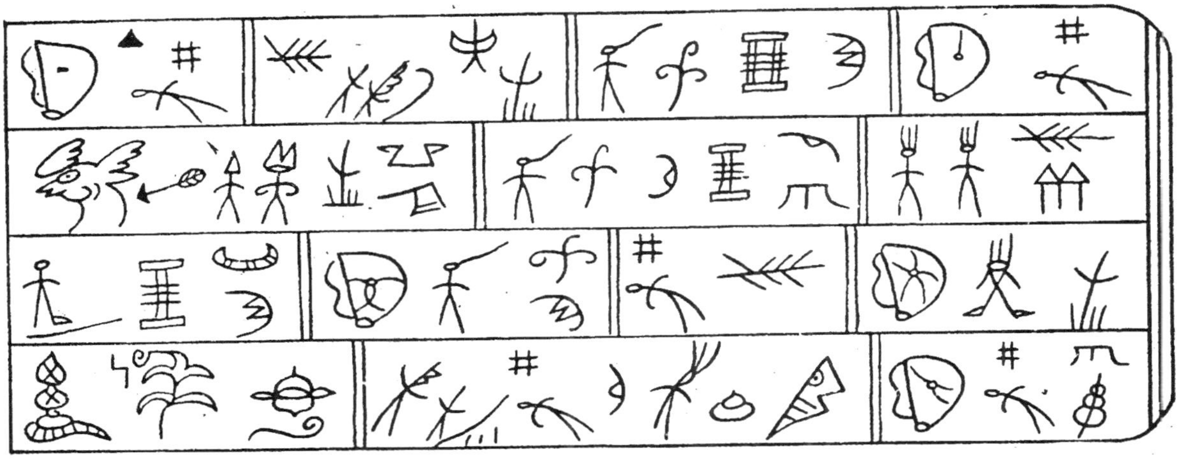

东巴羊骨卜之书

虎豹争肉鸟争食。战争胜利，安然无恙。

行人早回，诉讼得胜。病人因天鬼作祟，祭之大吉。

出行、诉讼均吉。病人因天鬼作祟。

行人早回。出行大吉。五谷、牲畜不熟悉（不吉）。病人因山鬼作祟，祭之则愈。

出行、经商、五谷、家畜，均不吉。战争、与人争执，均吉。病因鬼神作祟，要送“替命”鬼才愈。

有口舌之灾。诉讼、战争，均胜。病人要祭家神。经商，不利。

有祸事，有诉讼或分离之事。病人不吉，因火鬼作祟。

出行或诉讼，不好不坏。病人，不吉，有天鬼作祟，要祭风神。

战争、出行、诉讼，均吉。病人因牛魔王作祟，要叫魂，要祭家神、菩萨。出行、经商，吉。

出行、诉讼，不吉。出行，不利。出外经商，不利。病人要祭家鬼，不祭，菩萨不喜欢。

牲畜、五谷、家宅，均不吉。有家鬼作祟，要祭口舌鬼，要祭阎王，要叫魂。出外诉讼，不吉。

要对天忏悔，要祭口舌鬼，非此不可。出外诉讼、经商，不吉。

病人危险，要送“替命”，要祭阎王。出外诉讼、经商，不吉。

病人危险，因射着附鬼的鹿，要祭山鬼，祭土鬼。出外诉讼、经商、经商，不吉。

出外诉讼，不吉。人会生病。

要祭水鬼，祭龙王，要叫魂。病人要送“替命”，祭灶神。

病人送“替命”，早愈。好好地祭菩萨，大吉。

出外诉讼，不好不坏。出外诉讼，不吉。经商，不利。病人要祭龙王，祭天鬼，有口舌之灾。

家有山鬼作祟，故得病。出外诉讼，吉。行人，早回。病人，祭山鬼早愈。

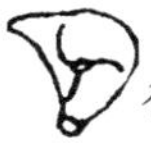行人，早回。出外诉讼，吉。

五谷丰收，家畜蕃殖。病人要祭鬼，要祭彗星。

要用黑牛一只、黑绵羊一只、黑山羊一只、黑鸡一只送“替命鬼”，非此不可。

诸事不吉，要叫魂，用鸡向山鬼、崖神、阎王、吊死鬼还愿。

这本占卜书是“古居那”山“算许此”村的阿永喜写下来的。写成后，送给了坝子北面的阿普顶。因是看肉（骨？）占卜，每到一家要卜一次。我写此书配不上在诸位“东巴”前展示，但还是值得一看。祝愿诸位“东巴”延年益寿。

纳西族对用完之卜骨，不能随便丢掉，而是集中起来，送往山脚下掩埋或焚烧，否则认为“会有祸事发生”，至少会使占卜不再灵验。

三　谈古代甲骨占卜习俗几个问题

西南少数民族羊骨卜有助于印证古代甲骨卜之处甚多，在《他鲁人的羊骨卜》一文中已有论述，现再举几个问题，略抒已见。

（一）占卜材料之存积和用过卜骨之处理

关于内地占卜材料，新石器时代（龙山文化、齐家文化）多用牛、羊、猪肩胛骨，殷商晚期始兼用龟甲。由于只有这些特定的骨料才能用于占卜，加之占卜频繁，需用量大，当时人们自必像今日凉山彝族及纳西族一样，平时就注意占卜材料之搜集和存积。

例如甘肃武威皇娘娘台齐家文化遗址，除发现二十六片卜骨外，还有不少已经修治而未见灼痕的牛、羊肩胛骨。报告说：“尚难确定是否为卜用胛骨”。[1] 现在从少数民族羊骨卜情况看来，它们应是平日存储起来备用的占卜材料。又如：安阳殷墟遗址除发现已经攻治而未使用的甲骨，还有“未曾攻治的甲骨原料堆积场所”。[2] 甲骨文有“入龟”的记载。《周礼 · 龟人》云：“取龟用秋时，攻龟用春时，各以其物，入于龟室。”凡此说明到了殷周时期，对占卜材料之存积已形成一套制度，有专用的场所，并有专人管理。

对用过的卜骨或卜甲，也有一定的处理办法。甘肃永靖大何庄齐家文化遗址中，卜骨（还有未用的三块肩胛骨）发现于可能与宗教祭祀有关的“石圆圈”周围，[3] 这和凉山彝族把已用和未用的卜骨只能放在屋外的情况多少有些类似。殷墟甲骨和周原甲骨，都有成坑埋藏的现象，这又使我们想起纳西族把用过卜骨集中起来埋在山脚之下的习俗。

过去有些研究甲骨文的学者，视殷墟甲骨成坑埋藏为处理和存储档案，这似乎尚难成为定为定论。因为同坑埋藏的不仅有有字甲骨，还有无字的甲骨。例如：1971 年小屯村西地发现 21

1 甘肃省博物馆：《甘肃武威皇娘娘台遗址发掘报告》，《考古学报》1960 年 2 期，58—59 页。

2 张秉权：《甲骨文的发现和骨卜习惯的考证》，《中央研究院历史语言研究所集刊》37 下（1967），855 页。陈梦家：《殷墟卜辞综述》，科学出版社，1956 年，10 页。

3 中国科学院考古研究所甘肃工作队：《甘肃永靖大何庄遗址发掘报告》，《考古》1974 年 2 期，38 页。

枚完整的牛肩胛骨，其中有刻辞者仅10枚。[1]1973年小屯村南地也有大量甲骨出土，其中H17共出卜骨卜甲165片，有字者107片。[2]1936年第十三次发掘殷墟发现专门储藏甲骨一个窖穴（YH127），共出土一万多片甲骨，其中有字的无字的都有。[3]再如：周原甲骨亦埋藏于房基之下的两个窖穴之中，共发现17275片，其中有字者仅292片。[4]我们认为，把占卜过甲骨埋藏起来，应出于某种宗教信仰。纳西族认为，不埋“会有祸事发生”，至少使占卜不再灵验。这种观点在古代文献中也有反映，《礼记·典礼》上“龟甲敝则埋之”下郑玄注：“此皆不欲亵之也”。《白虎通》卷三《蓍龟》：“蓍龟败则埋之何？重之不欲人亵尊者也。”为防止亵渎，应是埋藏卜骨和卜甲的真正原因。

（二）关于卜者

西南少数民族无以羊骨卜为生者，只有因善于占卜而出名的人。远古时期社会分工不发达，占卜不可能成为一种职业。甘肃永靖秦魏家齐家文化一座墓葬（M23）随葬的双耳罐中，发现一块卜骨。[5]上述武威皇娘娘台遗址H3一具人骨架旁有一块完整的占卜过的牛肩胛骨，“两者有一定的关系”。[6]这些死者生前可能和占卜有关。他们不应解释为以占卜为职业者，而应如西南少数民族那些著名卜者一样，常为人占卜，故家人以此随葬，供他去另一世界使用。

殷代甲骨文中留下很多“贞人”的名字，他们仍非专职的卜者。“贞人”或称子（如“子亘”），或称侯（“侯专”、“犬侯”），或称伯（如“而伯”）[7]，说明他们具有贵族的身份，且有自己的方国。大概像常为凉山甘洛田坝土司占卜那个大头人一样，殷代“贞人”只不过是一些擅长卜事的贵族。即使专为王室贞卜，也不一定都是卜官。专职的卜官最早见于《周礼》，有“太卜”、“卜师”专司占卜及释兆，有“龟人”专管取龟及保存占卜材料，有“菙氏”负责灼烧用具及钻凿之事，但这些至早也是西周的制度。到了汉初，民间才出现终日坐在“卜肆”中为人占卜的司马季主之类专业卜者（见《史记·日者列传》）。占卜作为一种行业，出现总是较晚的。

（三）卜骨的上下正反

关于占卜具体方法，少数民族羊骨卜在很多方面均可与内地甲骨卜相印证。在《他鲁人的羊骨卜》一文已有涉及，这里再举一些细节问题为例。

从古代卜骨文字书写方向看，总是骨臼一端为上，故今书刊中卜骨（无论有字与否）都是安排成骨臼向上，而且习惯上称骨臼一方为上方。但古代人们究竟如何看待卜骨的上下呢？易言之，辨别卜兆时以何方为“首”何方为“足”呢？这个问题对复原释兆方法并不是无关紧要的。

几次看少数民族演示羊骨卜，都是手持骨臼进行灼烧、释兆，自然而然地以宽薄一端为上，卜兆的“天”或“头”均指宽薄一端，灼烧次序也是从宽薄一端开始（图一）。纳西族象形文字

1 郭沫若：《安阳新出土的肩胛骨及其刻辞》，《考古》1972年2期。

2 中国社会科学院考古研究所：《新中国的考古发现和研究》，文物出版社，1984年，245页。

3 石璋如：《小屯后五次发掘的重要发现》，《六同别录》上，李庄，1945年，25—26页。

4 陕西周原考古队：《陕西岐山凤雏村发现周初甲骨文》，《文物》1979年10期。陈全方：《陕西岐山凤雏村西周甲文概论》，载《古文字研究论文集》，《四川大学学报丛刊》10辑（1982）。

5 中国科学院考古研究所甘肃工作队：《甘肃永靖秦魏家文化墓地》，《考古》1975年2期，68页。

6《甘肃武威皇娘娘台遗址发掘报告》，55页。

7《甲骨文的发现与骨卜习惯的考证》，857页。

卜书、宗教画中所有卜骨，也都是画成人手持骨臼，宽薄一端向上（图二），可见这是一种古老的传统习惯，并非偶然。由这一现象所给予的启发，我们细审殷墟卜骨上的卜兆记数情况，发现“一”、“二”、“三”、“亖”……的次序，也有与字的书写方向相反的，证明古代也有自宽薄一端先烧的（图三）。而且据专门研究甲骨文专家统计，这类从下而上行式，“在牛胛骨上最为普遍”。[1] 似乎内地占卜原来也是手持骨臼进行，从宽薄一端先烧；到了殷代这种习惯仍然沿袭下来（可能已不太严格），只是刻辞时为了操作方便（应是反手握紧骨臼垫于某物之上），才以骨臼为上。

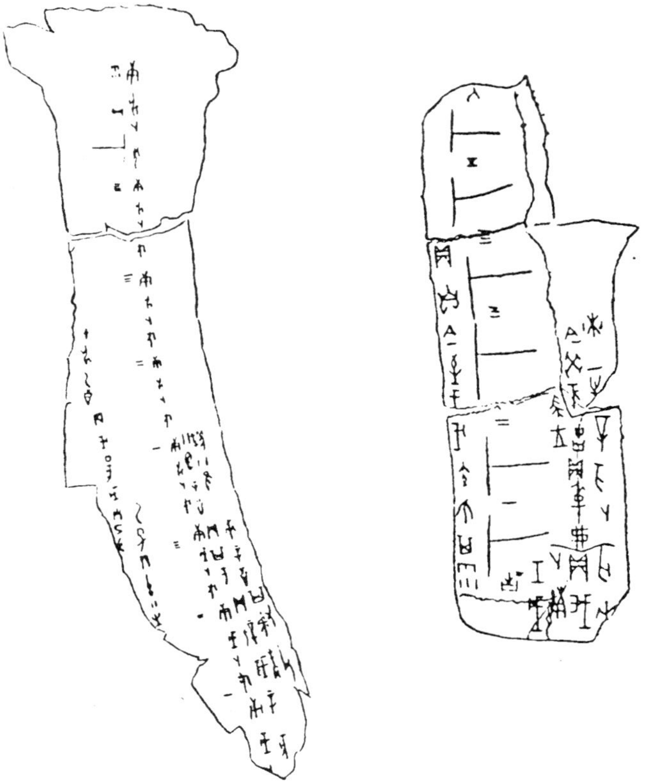

左：甲编2803（上）佚存255（下） 右：乙编2596

图三 殷墟卜骨中卜兆记数由下而上之例

卜骨何面为正何面为反，也是一个有趣的问题。假如以观兆面为正面的话，则古代骨卜当处于不加修治直接灼烧的阶段时，正与今日少数民族羊骨卜一样，是以有脊面为正面，而以无脊面为反面进行灼烧的。例如武威皇娘娘台卜骨即是如此，灼烧于无脊面上，有时“灼痕较深重者，便透过骨脊的一面”[2]。及卜骨发展到修治、钻凿并加刻辞之后，情况有了变化。即使削去骨脊，无脊面仍较原来有脊一面平滑易于刻字，遂改为在原有脊面钻凿、灼烧，而在无脊面观兆、刻辞。但仍有两面都可灼烧的情况。[3] 似乎从殷代起对卜骨以哪一面为正哪一面为反，已不再严格区分。

（四）释兆方法

远古时期甲骨卜如何释兆，是一个尚难解答之谜。新石器时期卜骨本身不能回答这一问题，自不必说；即殷代甲骨，虽有学者据直坼和歧坼夹角度数大小，结合旁边记兆术语（“上吉”、“弘吉”等），试图归纳出一套规律来，但同样角度有时是吉，“有时则否”[4]，可见其说尚难成立。《周礼·太卜》的三兆，《卜师》的四兆，历代注释家说不清究竟是何形状。有关古代卜兆较为具体

1《甲骨文的发现与骨卜习惯的考证》，861页。

2《甘肃武威皇娘娘台遗址发掘报告》，59页。

3 董作宾：《骨文例》，《中央研究院历史语言研究所集刊》第七本第一分（1936年）。

4 张秉权：《殷墟卜龟之卜兆及其有关问题》，《中央研究院院刊》第一辑（1954）。

的最早记载，仍推《史记 · 龟策列传》。

一个值得注意的现象是西南少数民族羊骨卜的兆纹部位名称，竟和《龟策列传》略同。兹列表于下：

凉山彝族	他鲁人	《龟策列传》
主	主	内
客	外	外
天（头）	天	首
地（脚）	地	足
—	—	身

所差异者只是古代内地卜兆部位不是分为四种，而是五种，“首”、“足”之外还有“身”。

以时间言，相去数千年，以空间言，相隔数千里，而卜兆部位名称仍然如此相似，这说明古代内地甲骨占卜和今日西南少数民族羊骨卜或有共同的渊源。假如这推断不错，则古代卜兆解释方法可从西南少数民族寻求启发，也应是以卜兆部位分别代表鬼神、命运、己方、他方等等，而看彼此之间孰高孰低、孰长孰短来定吉凶。关于“内”、“外”所代表的，在《龟策列传》已有反映。该传云“‘外’者，人也，‘内’者，自我也”，这与他鲁人及凉山彝族羊骨卜释兆方法正是一致的。从其“卜占病者”等二十三条祷祝词可以看出，凡是“内”、“外”相应都是吉兆，卜问求财物、买卖臣妾马牛、追捕亡人或渔猎，均有“得”。而“内”下“外”高，多是不好之兆，或有盗来，或出行遇盗，而击盗则“不胜”。只有卜雨不雨时，“外”高“内”下是有雨之兆，因为在这里“外”代表的他方，又可以释为外界力量，这和上述凉山彝族的释兆法尤为相近。卜兆的吉凶原可因事而异的。对于另外一组“首”与“足”，情况则较复杂。我们不知两者各代表什么。《龟策列传》二十三条祷祝词中最常见的是“‘首’仰‘足’肣”[1]和“‘首’仰‘足’开”两种情况，吉凶互见，因事而异。在《龟策列传》最后有一段话总结释兆之“大论”说：“病者，‘足’肣者生，‘足’开者死。行者（即有人在外），‘足’开至，‘足’肣者不至。行者（即出行者），‘足’肣不行，’足”开行。有求，‘足’开得，‘足’肣者不得。系者，‘足’肣者不出，开出。”由上可见，卜问有关出行之类与走路有关的事，凡“足”开都是吉兆，“足”肣都是凶兆。这里的“足”，就代表着人之双足。但“足”无疑还要代表另外的事物。而且“足肣”、“足开”究竟具有何种形状呢？“身节折”、“横吉安”等又是什么意思呢？这些尚无法解释。

更麻烦的问题是我们至今仍不知道《龟策列传》所记卜兆的“内”、“外”、“首”、“足”等究竟各表示哪一部位。有一点是肯定的，它们必不像西南少数民族那样分别表示四方，因为自甲骨先加钻凿再行灼烧以后，兆纹不再是向四方或无规律的裂开，而是必然出现直坼和歧坼两道裂纹。加之，古代卜兆在“首”、“足”一组中所多出一个“身”的部分，这又如何表示？或据胡煦《卜法详考》所录“吴中卜法”，推定古代卜兆图形（图四）[2]，然无法安排“内”、“外”，且与少数民族卜兆部位中“头”、“足”代表上下不合。

尽管《龟策列传》已是西汉中期的作品，尽管其中所载卜兆还有许多不可理解之处，但目前

1 该传司马贞《索隐》：“肣，音琴，谓兆‘足’敛也。”“按足敛应与足开相反。”

2 容肇祖：《占卜的源流》，《中央研究院历史语言研究所集刊》1本1分（1928年）。董作宾：《商代龟卜的推测》，载《安阳发掘报告》第2期（1929年）。

要研究甲骨文的卜兆，仍不得不由此出发向上追溯。甲骨文专家若能据《龟策列传》所载，并参考少数民族释兆方法，细审古代甲骨上的卜兆形状，对照旁边记兆术语、卜辞内容及验辞之吉凶，或可揭穿贞人们释兆的秘密。

图四 "吴中卜法" 的卜兆部位图

（五）关于卜书

释兆即使有某种共同的方法，但具体运用起来，差异很大。少数民族羊骨卜如此，古代甲骨占卜也是如此。《论衡 · 卜筮》云："武王伐纣，卜之龟犆，占者曰凶，太公曰'龟犆，以祭则凶，以战则胜'"。其他占卜术也常出现这样的情况。[1] 卜以决疑，若同一卜兆，总是可作两种相反的解释，则不能达到袪疑的目的。为了在一定范围内对卜兆之解释，立下固定的程式，使卜者可以遵循，乃有卜书的出现。

内地甲骨占卜也是有书可查的。《书 · 金縢》："既克商二年，（武）王有疾……周公乃卜三龟，一习吉；启龠见书，乃并是吉。"又《周礼 · 卜师》："开龟之四兆。"郑玄注："开，开出其占书也。"凡此可见古人曾靠卜书释兆；或如周公那样，释兆以后仍不放心，再取卜书验证。古代卜书是什么样子呢？前人认为已经"无传"[2]，实际上原书虽不可见，但在《龟策列传》中仍可看到古代卜书的面貌。

《龟策列传》在"卜占病者……""卜系者出不出……"等二十三条祷祝词以下，还有"命曰横吉安……""命曰呈兆……"等三十二条以及"此横吉……""此挺诈有'外'……"等十三条。每条在兆名之下，说明卜何事则吉，卜何事则凶。无论从口气及体例看，都和上述纳西族的卜书一样，而与前面那些只针对一事的祷祝词不同。它们就是古代卜书，可能还是两部卜书合抄在一起的。在每条之前原来可能也像纳西族羊骨卜书一样，还画有一个卜兆，具体描述该兆是何形状，大概在传抄中佚失，"此挺诈有'外'……"的"此"字应就指卜兆。兹列表对照于下：

纳西族卜书	《龟策列传》中卜书
 出行、经商、五谷、家畜，均不吉；战争、与人争执，均吉；病人，因鬼神作祟，要送"替命"鬼才愈。	此挺诈"内"、"外"自举。以卜有求，得；病，不死；系，毋罪；行、行；来，来；田、贾市、渔猎，尽喜。

《史记·龟策列传》被称为"烦芜陋略"，"言辞最鄙陋"[3]，其实它的价值就在于杂七杂八地记录了不少关于占卜的原始材料，其中有关于占卜的古老故事，有占卜的方法，有各种祷祝词的摘录，还有当时卜书的汇抄。褚少孙"游观长安"，亲自观看卜筮者如何行卜；又与"太卜待诏

1《论衡 · 卜筮》篇："鲁将伐越，筮，得'鼎折足'，子贡占卜以为凶……孔子占之以为吉。"
2 孙诒让：《周礼正义 · 卜师》。
3《史记 · 龟策列传》司马贞《索隐》及张守节《正义》。

为郎者同署”[1]，得经常访问有关掌故。他的记载决非自己杜撰，虽记录西汉中期的情况，而卜书之类应是从古代流传下来的。

（六）关于一事多卜

卜辞中有一事多卜的现象。同一事情要用肯定和否定两种语气卜问（即所谓左右对贞）。据研究，在同一甲骨上经常是一事数卜甚至十数卜。一件武丁时卜甲竟连卜十八次之多。还有为同一件事情用数块甲骨同时占卜的现象。[2]一事多卜的现象也见于文献记载。如上述的“乃卜三龟”[3]；又如《书·大诰》云：“我有大事，休，朕卜并吉”；又云：“率宁人有指疆土，矧今卜并吉”。以上皆是连卜多次皆得吉兆的卜例。《春秋·僖三十一年》“四卜郊，不从，乃不郊”，《成十年》“五卜郊，不从，乃不郊”，《襄七年》“三卜郊，不从，乃免牲”，《襄十一年》“四卜郊，不从，乃不郊”，则是连卜多次皆得凶兆的卜例。

一事多卜的现象，曾经使很多甲骨文学者感到迷惑。我觉得凉山彝族占卜习俗多少有助于解答这一问题。凉山彝族一事多卜的形成原因有二：一是出于疑虑心理，怕羊膀骗人，怕卜一次不准确，故事先“试卜”，事后或再重复卜一次；二是每卜一个问题，除吉凶的结论外（“涅式”）还要问如何对付的具体方法（“所住”）。卜辞中为同一事件卜十余次者，似乎也有这两种情况。有些是为了慎重不敢一次就决定，反复卜问同一问题，最后作出决定，像写上“兹用”二字者，应就是反复卜最后的选择。古代占卜有“卜筮不过三”[4]的规定，即反映反复卜的存在。然更多的似乎是为了同一事件而发出不同问题，像凉山彝族卜问“所住”一样，像“贞雨不雨”这样的卜辞，不能理解为连卜十余次都是简单地问这同一个问题。我们以为，卜辞中连卜多次者有的如凉山彝族卜完“涅式”又卜“所住”一样，大问题下包含着许多小问题。我们今日所见每条卜辞的命辞，只是算当时所问某事的一个标题或提纲，当时卜者实际发问的情况要复杂丰富得多。如卜问祭祀对象，应是列举许多名字一个一个地问，直至有一位祖先得到“龟从”而止；卜问用牲，必是提出各种方案一个一个地问，最后才确定用牲种类、数量及颜色。今天从卜辞所见只不过是最后的结果而已。

人们占卜不仅为了知道未来吉凶，还为获得指导自己行动的指示。这一方法非西南少数民族所特有，而具有普遍性。世界上其他后进民族也在日常生活中通过占卜指导事情的每一步骤。即以卜雨来说，印第安人的组尼部落（Zuni），除了要知道有没有雨外，还要通过占卜了解雨量多大，何时下雨，下雨时间多长等等。[5]

为了得到具体指导而不止一次地卜问，在古文献中也能得到证实。《书·洪范》：“谋及卜筮”；《诗·大雅·绵》：“爰始爰谋，爰契我龟”；《周礼·太卜》：“作龟之八命……四曰‘谋’”。可见命龟内容中有谋划具体事情的一项。又《礼记·曲礼》上：“凡卜筮日，旬之外曰‘远某日’，旬之内曰‘近某日’。丧事先远日，吉事先近日。”这表明凡卜问丧事或吉事的日子，确是像凉山彝族一样一个一个问的。为了表示留恋先人之心，丧葬之日愈远愈好，故从远日问起，这和

1《史记·日者列传》。

2 胡厚宣：《卜辞同文例》，《中央研究院历史语言研究所集刊》第9本（1947年）。

3 见《书·金縢》及《论衡·卜筮》、《知实》、《死伪》。

4《礼记·曲礼》上。

5（法）列维·布留尔：《原始思维》（丁由译），商务印书馆，1981年，279—284页。

凉山彝族卜问“作帛”日子，年青人不能提出，也有同样的用意。

（七）关于“大事卜小事筮”

古人认为甲骨卜是最重要的占卜法，不仅用以卜问隆重的事情，而且当与其他占卜法矛盾的时候，宁可相信甲骨卜的答案。如《左传·僖公四年》：“晋献公欲以骊姬为夫人，卜之不吉，筮之吉。……卜人曰：‘筮短龟长，不如从龟。’”《礼记·表记》：“卜筮不相袭。”郑玄注：“大事卜，小事筮。”均是这种观点的反映。

凉山彝族羊骨卜亦具有同样的地位，如上所述羊骨卜在他们心目之中高于其他占卜法，包括一种与古代筮法原理相近的打木刻。打木刻等处理的都是丢牛丢马之类小事或小病，而祭祀及大病非行羊骨卜不可。不意“大意卜，小事筮”的古老观念，至今在少数民族中犹有保存！

结语

在对古代内地甲骨占卜习俗和凉山彝族、纳西族羊骨卜逐一进行比较和对照之后，我们的印象是，古代骨卜当还处于不加修治直接灼烧的阶段（特别如齐家文化卜骨）时，和西南这些少数民族现已保存的羊骨卜很多方面一致，只是到了殷商时期，不仅兼用龟甲，而且发展出一套修治钻凿的技术，并在甲骨上刻辞，引起了占卜具体方法的变化，两者才形成了差异。即使如此，在用过卜骨之埋藏，卜兆之名称，释兆的原则，一事多卜的现象，卜书的体例，对羊骨卜的重视等方面，古今仍可相印证。

这再次证明古代同甲骨占卜和西南少数民族羊骨卜有着共同的渊源。

（原载《文物与考古论集》，文物出版社，1986年）

佤族铜鼓

人们谈到中国现代使用铜鼓的民族，每举苗族、布依族、水族、壮族等为例，殊不知云南佤族也是一个使用铜鼓的民族。直到 20 世纪 50 年代初期，佤族在日常生活中仍经常使用铜鼓。甚至 60 年代，铜鼓虽已不再使用，还是作为珍贵之物保存在一些人家的“干栏”式建筑中。

1965 年春季我去阿佤山区调查，看到当地还有大量铜鼓的存在，非常惊喜，感到这对考古学和民族学都是极为有用的材料，故在调查中铜鼓列为专题之一，从各方面进行了解。[1] 本文便是根据那次调查的结果写成的。

本文除了介绍佤族铜鼓及其使用情况外，还想略谈一下通过调查这些存在于现实生活中的铜鼓，对于研究古代铜鼓得到哪些启发，希望有助于铜鼓研究工作的深入开展。

一　佤族铜鼓及其使用情况

（一）分布和来源

佤族是云南少数民族之一，大多数聚居在西盟、沧源两县，少数居在孟连、耿马、镇康、澜沧等县。人口二十六万余人。

铜鼓在佤语中称为“格老”。它的分布有一定范围，集中分布在所谓“大佤”地区（西盟）。在所谓“小佤”地区（沧源及其他各县），只有个别铜鼓存在。按“小佤”受外族影响较深，“大佤”则保存固有文化较多。使用铜鼓应是佤族固有文化传统之一。

过去西盟几乎每个村寨都有铜鼓，有些人家收藏铜鼓还不止一个。如窝努寨大“珠米”艾绍姆一人，就有铜鼓五个；歹格拉寨大“珠米”艾罗斯宽和艾不勒乱，各有铜鼓四个，全寨共有铜鼓三十五个（表一）。估计西盟全县铜鼓达到四五百件之多。

我们选择了永广、新厂永龙、班哲、大马散、莫士美、芒杏、歹格拉七个村寨进行重点调查，挨户统计，结果发现 1952 年时这七个村寨中四十二户有铜鼓，共有七十八件。1952 年以后因为出卖、失火等原因，铜鼓大为减少，然到 1965 年我们调查时为止，这七个村寨还有铜鼓二十二件。（表一）

1　调查日期从 1965 年 3 月 7 日至 4 月 8 日。主要报告人为大马散寨艾老（原村寨头人，县政协委员）、新厂永龙的艾操（“珠米”）、莫士美的艾不仑等。各寨铜鼓具体情况，多由铜鼓所有者提供（见表一）。翻译先后由艾门、艾垒等担任。

表一　西盟佤族铜鼓登记表

寨名	所有者	数量	来源	价格	现在下落
永广	艾香	2	①购自完冷	男奴隶一个	现在原来的奴隶艾香家
			②购自完冷	牛二头	现存
	艾枚	1	购自新厂大寨	牛一头及其他物件	现存
	艾龙	1	祖先留下		现存
	艾格特	2	①购自小来老	黄牛一头、水牛一头	现存
			②购自大来老	黄牛一头、水牛一头	现存
	艾松	2	①祖先留下		抵债送去勐赛
			②祖先留下		已卖
	艾巩	1	购自新厂	牛三头	已卖
		2	①祖先留下		现存
			②祖先留下		现存
	艾格朴	1			现存
新厂永龙	艾操	2	①购自窝羊	黄牛一头、水牛一头	现存
			②购自邦浪	水牛二头	现存
班哲	艾买	2	①购自依体	?	流入缅境
			②购自中课窝羊	?	在西盟街上卖去
大马散	艾孔	2	①?	?	?
			②?	?	?
	艾朽	1	购自锡古	?	卖去阿莫
	艾乡	2	①?	?	流入缅境
			②?	?	流入缅境
	艾老	1	?	?	流入缅境
	?	1	?	?	流入缅境
莫士美	艾则	1	购自永邦	牛一头、大烟80两、滇币100元	已卖
	艾乃	2	①祖先留下		已卖
			②购自他郎窝羊	滇币60元	已卖
	艾省	2	①购自永不老	滇币400元	已卖
			②祖先留下		已卖
	艾格郎	1	购自班哲	水牛一头、大烟60两	已卖
	艾黑乃	2	①购自崖城	水牛一头、滇币100元	已卖
			②购自巴根	滇币45元	已卖
	艾嫩	2	①购自班哲	} 共滇币500元	已卖
			②购自班哲		已卖
	艾不楞	4	①购自马散	滇币500元	已卖
			②购自岳宋	滇币200元	已卖
			③购自永邦	滇币500元	已卖
			④祖先留下		已卖
芒杏	艾帅	2	①祖先留下	大水牛一头	已卖
			②购自岳宋		现存
	艾对	2	①祖先留下		现存
			②祖先留下		现存
	艾龙	1	购自永司劳	水牛一头	现存
	艾检	2	①购自本寨艾对	奴隶一个	已卖
			②?	?	现存

寨名	所有者	数量	来源	价格	现在下落
歹格拉	艾罗斯宽	4	①购自永别列	?	卖去班约
			②购自永别列	?	卖去班约
			③购自永别列	?	卖去班约
			④购自永别列	?	卖去班约
	艾刀先	2	①购自莫不龙	牛三头	现存
			②购自莫不龙	大烟250两	火灾烧毁
	艾来乱	2	①购自玉西	?	现存
			②购自玉西	?	已卖
	艾龙朵	2	①购自玉西	?	火灾烧毁
			②购自玉西	?	火灾烧毁
	艾根戛	2	①购自玉西	} 共牛六头	火灾烧毁
			②购自玉西		火灾烧毁
	艾斯戛	3	①购处班约	} 共黄牛六头、滇币300元	现存
			②购自班约		现存
			③购自班约		现存
	艾三啃	2	①?	?	火灾烧毁
			②?	?	火灾烧毁
	艾不列龙	1	?	?	火灾烧毁
	艾板松	2	①?	?	火灾烧毁
			②?	?	火灾烧毁
	艾巩硬	2	①?	?	火灾烧毁
			②?	?	火灾烧毁
	艾来孔	1	?	?	火灾烧毁
	艾气嘎	2	①?	} 共黄牛六头	现存
			②?		现存
	艾砍林	2	①?	?	火灾烧毁
			②?	?	火灾烧毁
	艾三老	1	?	?	火灾烧毁
	艾嘎乱	1	?	?	火灾烧毁
	艾不勒乱	4	①?	?	火灾烧毁
			②?	?	火灾烧毁
			③?	?	火灾烧毁
			④?	?	火灾烧毁
	艾所块	2	①?	?	火灾烧毁
			②?	?	火灾烧毁

说明：①铜鼓数以1952年为准。“现在下落”指1965年调查时的情况。
②由于本人已死及其他原因无法了解者，以问号表示。
③佤族数的观念较差，铜鼓价格不尽准确，有人完全不能记忆。

佤族是不会冶铜的，当然谈不上制造铜鼓。他们的铜鼓究竟从何而来？在调查中我们向佤族老人反复提出这个问题，回答是多种多样的：

“从营盘街买来的。”

“从‘白辽克’来的，这个地方在天的另一边，那里男人的乳房比女人还长。”“阿佤人十五六代以前就有铜鼓了。”

“阿佤人第一代人就用铜鼓了，这时鸟还会说话。第一代人中有个坏蛋名叫达格乃，人家恨他，后来被他老婆和别人私生的儿子所杀，大家高兴极了，当时就敲铜鼓来庆贺。”

这些回答很不具体，有些甚至是神话传说，自难使我们满足。为了进一步弄清真相，我们对上述七个村寨七十八件铜鼓的来源，逐一进行调查。

这七十八件铜鼓中有二十七件来源不明，有十一件是祖先留下的，有四十件是本人买来的。买来的四十件铜鼓实际上也是购自其他村寨的佤族。例如，永广十一件铜鼓，祖先留下的五件，购自完冷两件，购自大小莱老两件，购自新厂两件。又如，莫士美寨十四件铜鼓中，三件是祖先留下的，其他十一件分别购自窝羊、永不老、班哲、永邦、岳宋、巴根、崖城等地（表一）。这些村寨都是西盟或缅甸境内的佤族村寨。

他们说“从营盘街买来”，营盘街在缅甸境内，也是佤族进行集市贸易的地方。

总之，铜鼓虽然经常更换主人，只是在佤族内部买来卖去，不是新近才从外地传入的。佤族拥有这些铜鼓已有悠久的历史。上述一些传说（“十五六代以前就有铜鼓了”，“第一代人就有铜鼓了”），是他们很早使用铜鼓的反映。

西盟佤族铜鼓和缅甸、泰国流行的铜鼓属于同一类型，而缅甸克耶邦是这种铜鼓的铸造中心之一。克耶邦一些地区盛产铜锡，那里的威当城古代曾是铸造铜鼓最盛的地方。从阿佤山经过掸邦到克耶族地区，走近路不过三五日路程。阿佤山的铜鼓可能就是由克耶邦辗转传入的，但这已是很早以前的事情了。

（二）**形制和纹饰**

西盟佤族所有铜鼓属同一种类型。我们这次调查见到的二十几件铜鼓实物，不仅形制、花纹基本相同，即大小亦相差不多。若加以细分，亦可分为两种形式。

甲式：

一般特征是鼓面突出，鼓身作圆桶形，胴部、腰部、足部之间无明显界限。两侧各有双耳，耳自侧面观之作三角形，鼓面有蛙。鼓面中心有八角至十二角光芒。鼓面、鼓身布满细晕，内有几何花纹及鸟、鱼等图案。

现将我们搜集的一件标本详细描述如下：

鼓面径 46 厘米，上有四蛙。中心有八角光芒，八角之间有草叶纹，自中心向外共十三晕。第一晕花纹是曲线之间夹有椭圆形点，极似眼睛，我们称为眼纹。第二晕鸟纹，鸟有长喙、短身、无尾。第三晕是所谓“游旗纹”，但很狭窄，是一种简化的形式。第四、五晕是眼纹。第六、七晕是双鸟和双鱼相间，鸟长喙有尾。第八、九晕眼纹。第十晕是莲花与鱼、鸟相间，鱼的形状与六七晕同。第十一、十二晕又是眼纹。第十三晕无纹饰。鼓面边缘有谷穗纹。

鼓身高 33 厘米，两侧有双耳，上有竹篾状花纹。胴、腰、足三部分分区不明显，从上而下共有十三晕。第一晕有阴弦纹四道。第二晕眼纹。第三晕栉纹。第四、五、六、七晕眼纹。第八晕栉纹。第九晕无纹饰。第十晕栉纹。第十一、十二晕眼纹。第十三晕眼纹。鼓足还有阴弦纹四道。

此鼓足部有原残破之处，补以铜片一块，铜片大小为 11 厘米 ×5 厘米（图版一七：1）。

乙式：

一般特征与甲式相同，惟鼓面有无蛙饰，殊不一定，或仅有蛙足痕迹。足部一般有浮雕，内容为棕榈树、牛、牛头、蜥蜴等，这是佤族铜鼓与其他类型铜鼓不同的地方。兹将我们实测过的一件标本描述如下：

鼓面径 40 厘米，中心有十二角光芒，光芒内有草叶纹，自内而外十七晕，边缘有谷穗纹。各晕中为眼纹、栉纹、鸟纹鱼纹等，相间排列。鼓面无蛙，仅见痕迹。

鼓身高 38 厘米，两侧各有双耳，上有竹篾纹，自上而下共十二晕，晕内花纹与鼓面同。足部有一组浮雕，背景为一树（棕榈树？），树身为一牛头，浮雕位于鼓足无纹饰之处（图版一七：2）。

关于佤族铜鼓上一些重要的花纹、附饰的意义，我们曾请佤族老人解释，结果如下：

光芒 他们认为这不代表什么东西，只是为“好看”。还有人说，这是表示击鼓之处，“鼓槌应往这里打”。问他们是否代表太阳或星星，回答说从未听过这种说法。

青蛙 他们认为青蛙是雨水的征兆。“青蛙愈叫，人愈喜欢。”铜鼓上有蛙，是为了祈雨，他们还讲了不少关于青蛙的神话故事。如在洪水故事中，正是青蛙“教导”一个人藏在猪槽中，才得免于淹死；又是青蛙告诉这个幸存的人与牛“结婚”，才使人类得以延续下来。总之，过去佤族对青蛙是有一种特殊信仰的。

鸟 过去佤族对鸟也很崇敬。在他们信奉的各种神灵之中，鸟类占一半以上。乌鸦、画眉、布谷、斑鸠、麻雀，都认为是神。传说故事中经常提到鸟神的活动。有一种长嘴大鸟，名叫“扫哈”，被认为是世界上最早出现的动物。人类还未从“司岗里”（传说中人类发源的山洞）走出来时，就有“扫哈”了。问他们铜鼓上两种鸟的意义，大部分人说是鸟神，但不是“扫哈”。有一个人说我们搜集的标本上第六七晕那种长喙有尾的鸟就是“扫哈”。

鱼 他们认为鱼也与雨水有关。

牛 在佤族社会中牛是财富的象征，并起着交换媒介的作用。他们剽牛以后必要留头，用以表示自己的富有。对铜鼓足部的牛头浮雕，他们解释说：“有了这个，主人家就能发财”。

对铜鼓上其他几何纹饰，他们均未作出解释。有人反而指着“游旗纹”问我们：“这是什么？”

我们这次调查对象只限于永广、新厂一带老人，别的村寨可能还有一些不同的说法。总的来说，佤族重视铜鼓，而对鼓上纹饰并不太感兴趣。有些铜鼓被烟火熏黑，他们甚至不知其上还有花纹。这一现象也反映出他们不是这些铜鼓的制作者。

（三）用途和用法

佤族铜鼓主要用于下列场合：1. 死人，2. 失火，3. 举行宗教活动。在宗教活动中只限于“做大鬼”，如“砍牛尾巴”[1] 和“做老母猪鬼”[2]，才敲铜鼓。一般性祭鬼敲铓锣即可。

在上述场合敲击铜鼓，都寓有传达消息的作用。失火敲它，是为了吁请领寨援助；人死敲它，是为了把这不幸的消息通知亲邻；即做鬼时敲铜鼓也并非单纯的奏乐，用他们的话说是为了“通

1 这是一种与祭人头有关的宗教仪式。每年春天举行，由富人主办，全寨参加。富人事先准备大量的牛以便剽杀，还要杀猪杀鸡，祭祀鬼神，把木鼓房中所供的人头送往原始森林中人头桩上。然后把一条黄牛拴在木桩（称“牛尾巴桩”）上，全寨齐集，成年强壮男子手持短刀在旁等候，由巫师（“魔巴”）先将牛尾砍断，众男子便一拥而上争割牛肉，以割得牛肉多者为光荣。此仪式目的在于祈求丰收。

2 每年春天“砍牛尾巴”之前举行的一种宗教仪式，亦由富人主办。先将老母猪一只拴于石柱（称“老母猪石”）上，念咒后剽杀，然后杀猪杀鸡，以水酒请客。此仪式目的在于祈求鬼神保佑主人健康长寿。

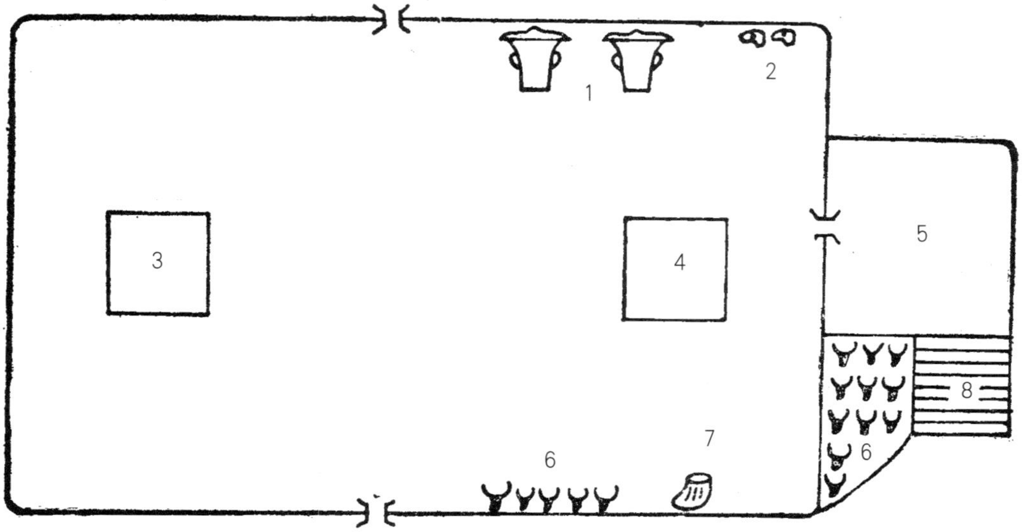

1.铜鼓和铓锣　2.野兽头骨　3.火塘　4.鬼火塘　5.晒台　6.牛头　7.人头袋　8.楼梯

图一　铜鼓存放位置图

知鬼神是哪一家做的鬼，这样才能讨鬼神的喜欢”。总之，在佤族社会生活中，铜鼓和木鼓[1]一样，首先是一种信号工具。

但是，铜鼓和木鼓又有所不同。木鼓是全寨合力制造的，每当制造新木鼓时，全寨出动拉大树来凿造，称为“拉木鼓”。木鼓属于全寨或某一姓氏集体所有，贮藏在“木鼓房”中（图版一七：3、4)。凡是全寨性活动，如战争、出外猎头便要敲木鼓召集群众。

铜鼓则是私人财富，除了失火这样不幸意外事故外，一般只供本人使用，并只能保存在私人家中。“砍牛尾巴”、“做老母猪”虽然是群众性活动，都是私人主办或合办的，在这些场合敲铜鼓是为了向群众夸示豪富。若主办者家无铜鼓，就只能敲铓锣了。铜鼓一般不外借，只有班哲、芒杏等个别村寨可以向别人借铜鼓来“做大鬼”。

佤族敲击铜鼓的方法是以绳穿耳悬于房梁之上，偶尔亦悬于树上或手提其耳敲之。敲铜鼓用的是一根头部裹布的木棒，击打鼓面光芒的正中（图版一七：5)。

佤族铜鼓作为一种信号工具，原像电报的密码一样，有整套的“鼓点”，因事而异，惜多已失传。据了解，到了现代佤族使用的“鼓点”已很简单，有时单独敲，有时和铓锣同敲。大抵是失火、死人的鼓声急促；做鬼的鼓声缓慢。假如以○代表铜鼓声，△代表铓锣声，则失火、死人的“鼓点”是：

○○○○○○○○○○○○○○○○○

或者是：

○○○○○○○○○○○○○○○○○

1　木鼓在民族学文献中或称“木槽鼓”，是以一段树干挖成。西盟佤族每个村寨都有之，供于所谓“木鼓房”中，由世袭头人“窝即”掌管。“窝郎”亦称“布勒克洛洛”，意思就是“管木鼓者”。每当召集群众进行全寨性活动（如猎头或祭人头）时便敲木鼓。敲鼓方法是由一人双手持锤而击，或骑在鼓上持木棒自上而下（像舂米一样）。据木鼓的声音、快慢、轻重，组成一套“鼓点”，因事而异。

△△△△△△△△△△△△△△△△△

做鬼的“鼓点”是：

○△○△○○△○△

据说翁戛科等地无木鼓，战争时召集群众也用铜鼓，其法是击三下铜鼓，然后鸣枪三次。这当然也可看作是一种规定的“鼓点”。[1]

佤族铜鼓不仅常和铓锣同敲，平日存放也要放在一起，而且存放位置有一定规矩，一般是将铓锣覆盖在铜鼓之上，放在墙边。1965 年 4 月 2 日我们参观西盟新厂永龙寨“珠米”艾操的“大房子”[2]，此人非常守旧，当时西盟全县只有他家还是原封不动地保存原有的生活方式。他家有两个铜鼓，其上各覆盖着铓锣，整整齐齐地排列在墙边（图一）。

（四）铜鼓的社会作用

铜鼓在佤族社会生活中的重要作用，主要不在实用方面，它已成为富人夸示财富、提高社会地位的一种物件。

佤族铜鼓经常作为一种财富买来卖去，价格视鼓的好坏及买方当时需要是否迫切而定。买铜鼓可以用牛，也可以用滇币、鸦片烟，甚至可用奴隶来交换。例如：永厂寨艾香从完冷买进一个铜鼓，代价是全劳动力奴隶一人。同寨艾巩从新厂买来一个铜鼓，代价是牛三头。上面说过新厂永龙艾操家两个铜鼓，一个从窝羊买来，付出黄牛、水牛各一头；一个从邦浪买来，付出水牛两头。莫士美艾则从永邦买来一个铜鼓，共付牛一头、鸦片烟八十两、滇币一百元。同寨艾嫩从班哲买进两个铜鼓，共付滇币五百元。芒杏艾检曾用一个奴隶和同寨艾对换一个铜鼓。歹格拉大“珠米”艾根戛共用六头牛和境外玉西寨佤族换回两个铜鼓（参见表一）。买卖铜鼓或通过熟人介绍成交，或通过串寨子或赶街子方式进行。串寨子是把铜鼓用绳索穿耳背在身上到寨子里兜售（我们调查时还见境外佤族还是这样背铜鼓来卖）。赶街子一般是赶缅境的营盘街，过去西盟街（今西盟县城）上也能买到铜鼓。以上是 20 世纪 50 年代初期的情况。到了 60 年代，佤族已很少公开买卖铜鼓。他们多把铜鼓卖给国家商业部门，换回盐巴、布匹等物。

铜鼓一般相当两三头牛的代价。这笔钱不是每个人拿得出来的，故只有富人才买得起铜鼓。西盟佤族之中早已形成一个富裕阶层，称为“珠米”，拥有铜鼓者多是他们或出身他们之中的新兴头人。例如：过去大马散赛有铜鼓者五人，三人是“珠米”，一人是拉祜族新委派的头人（“新官”），另一人是较小的头人（“火头”）。芒杏寨有铜鼓者四人，都是“珠米”。歹格拉寨十七个有铜鼓者，其中十四个是“珠米”，一个是“珠米”兼头人，只有两人属于中等之家。有些世袭头人（“窝朗”）或著名的巫师（“魔巴”），社会地位很高，假如他不富裕的话，也仍然没有铜鼓。最典型的例子是大马散的“窝郎柳”，号称是附近四十五个村寨最大头人，每逢他盖“大房子”，很多村寨都要送礼帮忙，然而他没有钱，故他家连一个铜鼓也没有。

总之，铜鼓和新兴的统治者“珠米”是联系在一起的，假如说木鼓代表世袭头人“窝朗”的原有权力，铜鼓便代表着“珠米”的财富的权势。若问“珠米”有多少财富，他们不说有多少钱，

---

1 云南民调族查组：《云南西盟翁戛科瓦族社会经济调查报告》，《西盟卡瓦族调查材料》之二，1958 年，145 页。

2 “大房子”是西盟佤族头人和富人的住宅，亦为“干栏”式房屋，但较一般人房屋为大。墙壁木板上常以石灰、牛血绘上壁画。屋顶上有木制的鸟饰和人像。

而是列举有几头牛、几支枪，还有几个铜鼓。铜鼓对佤族来说，并不是经常使用的东西，然而“珠米”还是不吝重价购买，买来以后便珍重地保存在家中，和他们心爱之物——剽牛留下的牛头、历年打猎所得的兽头、猎头用的人头袋等等，并列一起（图一），视为至宝。通过这些东西向外人夸耀自己的财富、勇敢和好运道。有些破烂铜鼓已打了补钉，还有人收买。在他们看来，铜鼓愈多愈好，不管能用与否。铜鼓就和剽牛留下的牛头一样，是富有的标志。有铜鼓的人被认为钱多，“命好”，他的社会地位也就随之提高，到处受人尊敬。即使原来不是世袭头人，在村寨集会时他说的话算数，就能逐渐变为头人，其地位凌驾于世袭头人“窝朗”之上。

由于铜鼓可以抬高人的社会地位，人们便特别崇拜铜鼓，把它说得神乎其神，给它披上一层神秘的外衣。有不少关于铜鼓的神话传说。还规定一系列禁忌，如无事不能乱敲，不能出借，平时不能拿出房外等等。例如：上述艾操家两个铜鼓，我们想拿出照相并拓片，他说“铜鼓拿出房外，主人家财气就跑出去了”，硬不同意。

“珠米”除了利用铜鼓和世袭头人争权外，也利用铜鼓恐吓普通人民。这常常以一种赤裸裸方式表现出来。如过去有些“珠米”在家喝醉了酒，竟乱敲铜鼓，叫嚷道：“我什么都有得起，连铜鼓都有几个了，哪个比得上我？”有些“珠米”和别人口角争吵，也要借助于铜鼓的噪音。他们狂敲铜鼓，边敲边骂：“你这穷鬼吵什么？我样样有，牛有，枪有，粮食有，铜鼓有。你什么都没有，还吵什么？！”或者这样说：“我铜鼓也有了，你还敢骂我？”有时还要对天鸣枪，压服对方住口。据说大马散合作化时，该寨一个“珠米”反对，也是一边敲起铜鼓一边骂人的。随着佤族社会的变化，原来的富人有些人尽管还舍不得卖掉铜鼓，但日常生活中已不再敲击。

二　佤族铜鼓对于研究古代铜鼓的几点启发

佤族铜鼓及其使用情况，对于铜鼓的研究工作提供了有意义的线索。迄今为止，中国各地收藏的铜鼓已过千件，新出土的铜鼓亦有数十件之多，但有关铜鼓的疑难问题，不是单凭铜鼓本身所能解决的，必须结合它在现实生活中的使用情况和所起的作用来寻找答案。

我们认为，佤族铜鼓有助于研究古代铜鼓者，共有下列六项：

（一）关于铜鼓的分布

铜鼓有各种分类法，像佤族铜鼓一般是单独列为一类的，即笔者分类的F型，奥人黑格尔（F.Heger）《东南亚古代金属鼓》的第Ⅲ类型。

过去认为这类铜鼓比较特殊，只分布于泰国、缅甸等地，常把它摈弃于中国铜鼓的系统之外，称为“克伦类型”或“变体”等等。今已查明它在西盟佤族地区大量存在，云南西南境其他县份也常见这类铜鼓，例如：过去芒市土司衙署收藏的铜鼓[1]、车里土司的铜鼓[2]以及澜沧拉祜族头人所藏铜鼓（今存县文化馆），均属此类。故中国应在这类铜鼓的分布范围之内。这类铜鼓尽管可能来自缅甸克耶邦，形制花纹方面受到中国其他类型铜鼓的影响，仍显然可辨（详见《试论中国古代铜鼓》）。

---

1 凌纯声：《记本校二铜鼓兼论铜鼓的起源及其分布》，台湾大学《文史哲学报》第1期（1950），图三。

2（民国）《新纂云南通志·金石考》。

解决了这类铜鼓的来源和分布问题，则可以说铜鼓的各种类型，除去印尼一种细长形的“摩科”鼓外，在中国都有存在。

（一）关于铜鼓的用途

铜鼓常被笼统地称为乐器，这种说法不能认为是很全面的。佤族铜鼓就主要作为一种传达消息的工具，如佤族谚语云：“打铜鼓，告意思”。即使祭祀时敲它，也寓有“通知鬼神”之意。尽管佤族的“鼓点”已逐渐失传而趋于简化，到我们调查时为止，还没有完全失去信号鼓的作用。

铜鼓具有传信作用，已有悠久的历史。例如：晋代广州一带僚人，“欲相攻击，鸣此鼓击众，到者如云”[1]。唐代贵州地区的“东谢蛮”，每当集会也要“击铜鼓，吹角”[2]。南诏时的一幅画上，还画出一人敲击铜鼓召集群众的形象。[3]明代川南的“都掌蛮”首领自称铜鼓的作用是“击鼓山岭，群蛮毕集”[4]。直到清代，广西少数民族还是“遇事则敲铜鼓”[5]。为什么用铜鼓召集群众会这样有效和神速呢？当时应有一套规定的“鼓点”。清人檀萃《滇海虞衡志》说：“铜鼓……会集击之，声闻百里，以传信。”传信确是铜鼓的用途之一。

当然，铜鼓还有其他用途。如过年娱乐、赛神、报时等等（参见《试论中国古代铜鼓》）。因此，当我们研究地下出土铜鼓用途时，必须作多方面的考虑。

（三）关于铜鼓的用法

佤族铜鼓的击法是侧悬而击其面部。这是最普通的一种击鼓法。晋宁石寨山青铜器图像中已见，今布依族、苗族仍如此击鼓[6]。这方面并无什么特异之处。值得注意的是佤族铜鼓常和铓锣同敲，即平时存放也是两者排在一起，这一点却可与古代习俗相印证。

按传世的开化铜鼓及国外一些铜鼓的面部图像中，已见铜鼓与锣同击的情况，惟其中的锣是成组的悬在架子上，是一种“编锣”。[7]晋宁石寨山出土大批铜鼓的同时，发现过一件锣，呈圆锥形，边有小钮，出土时覆盖于铜鼓形“贮贝器”之上[8]，与佤族鼓上盖锣情形类似。这件锣中心有八角光芒，主晕有二十三个“羽人”，细晕内为几何花纹。这样的花纹布局也与铜鼓面部相像。此外，国外发现铜鼓的地方也有这类锣的发现。[9]锣与铜鼓同击，在文献中也有记载。如《宋史·蛮夷传》云：“溪峒夷僚疾病，击铜鼓沙锣以祀神鬼。”据出土文物及历史文献记载，并以佤族的铜鼓用法相印证，可以看出锣与铜鼓自古以来就是经常配套使用的一组器物，两者之间有着密切的关系。

（四）关于铜鼓纹饰的解释

铜鼓纹饰之意义，释者颇多，众说纷纭。我们若能了解铜鼓制作者自已对这些纹饰的看法，则问题自可豁然开朗。佤族当然不会制造铜鼓，但作为一个仍在使用铜鼓的民族，他们的看法

1《太平御览》卷七八五引《广州记》。

2《新唐书·南蛮传》。

3 参见 H.B.Chapin，Yunnanese Images of Avolokitesvana，*HJAS* Vol 8，1944。

4《明史·刘显传》。

5 罗士琳：《晋义熙铜鼓考》引阮元《广陵诗事》。

6 闻宥：《古铜鼓图录》，上海，1954 年，第 64 图；《铜鼓续考》，成都，1953 年，8 页。据报道，布依族、苗族击鼓时还要以木桶在后晃动，此法为佤族所不知。

7《古铜鼓图录》第 13、16、18、19 图。

8 云南省博物馆：《云南晋宁石寨山古墓群发掘报告》77 页，图版陆拾：1，报告误称为“器盖”。

9 O.Janse，*Archaeological Researches in Indo—China*，Vol I，Harvard Univ.Press，1947，pl.3.

仍有可供参考之处。他们和制作铜鼓的民族生活在同一地理环境之中，文化上有因袭继承关系，彼此的思想意识、信仰和爱好总是有共同之处的。

例如，鼓面中心光芒图案，过去有人释为太阳，有人释为星形[1]，而根据佤族说法，这不过是为了“好看”。在晋宁石寨山和江川李家山出土一些圆形铜牌上，中心也常见这种光芒。[2]内地一些铜器中心有之。[3]很可能它确是一种装饰图案，不具有什么特殊的意义。

又如，铜鼓上蛙饰，佤族说它们象征雨水，这应来源于铜鼓制作者古老的信仰。缅甸吉耶族至今还是每逢祈雨即敲铜鼓，并唱着这样的歌谣：“蛙鸣咯咯雨水落，雨水落时鱼欢跃。鱼欢跃时河水涨……木漂浮时国富饶”。他们就称铜鼓为蛙鼓。其他各类铜鼓鼓面上铸出蛙饰，或也出于同样的信仰和愿望。

又如，佤族铜鼓上牛头浮雕，被认为可使“主人发财”。其他类型铜鼓上足部没有牛头，但牛的形象则常见。[4]可以想象，这也是作为一种财富的象征铸于铜鼓之上的。以牛计富是西南民族普遍习俗。

再如，铜鼓上的鸟纹或以为托始于一种海鸟，以此证明铜鼓乃沿海民族所创始。佤族对多种鸟都有信仰，并认为铜鼓上的鸟纹代表鸟神，可见鸟的崇拜是很普遍的习俗。铜鼓上的鸟纹应取材于当地常见的鸟（所谓“海鸟”或是云南各地常见的白鹭），不必认为所有鸟纹乃是某一种鸟的形象或由某一种鸟所演化。

（五）关于铜鼓所有者的社会身份

拥有铜鼓的人只能是上层人物，这是国内外使用铜鼓民族中普遍的现象。[5]但究竟是什么样的人呢？

通过调查佤族铜鼓，我们知道铜鼓是价昂之物，本身为一种重要的财富，拥有铜鼓者不是一般的上层，而是随着贫富分化产生的拥有较多财富的新兴统治者。

据文献记载，古代一些民族拥有铜鼓者，大家就推他为“都老”[6]，或者“僭号为寨主”[7]。可以想象，这些人原来也不是部落贵族，而是像佤族的“珠米”一样，是由于拥有财富才取得社会地位的新兴头人。所谓“僭号”，即寓有原非头人而自称头人之意。

（六）关于铜鼓的所谓族属问题

这是一个复杂而又混乱的问题。实际上，这个问题应包括两个方面。第一，铜鼓是古代哪些民族所创制？第二，现代已无任何民族会制造铜鼓，但究竟哪些民族还在使用铜鼓？由于古今民族很难等同，故以上两个问题也只能分别加以讨论。

---

1 闻宥：《四川大学历史博物馆所藏古铜鼓考》，成都，1953年，8—9页。

2《云南晋宁石寨山古墓群发掘报告》图版柒拾：2，柒壹：2。《云南江川李家山古墓群发掘报告》，《考古学报》1957年2期，图版拾陆：7。

3 参见B.Karlgren,The Date of Early Dongson Culture, *BMFEA,Vol* 14（1942）.

4《云南省博物馆铜鼓图录》，云南人民出版社，1959年，第叁图。洪声：《广西古代铜鼓研究》，《考古学报》1974年1期，图版肆。会理县文化馆：《四川会理出土的一面铜鼓》，《考古》1977年3期，图三。

5 M.Pirazzoli—t'Serstevens,The Bronze Drum of Shizhaishan：Their Social and Ritual Significance,*Early South East Asia*,edited by R.B.Smith and W.Watsion ,Oxford University Press,1979,Vol I.

6《隋书·地理志》。

7（明）朱国桢：《涌幢小品》卷四。《明史·刘显传》略同，惟“寨主”作“王”。

对前一个问题，我们已作了这样的推测，即《史记·西南夷列传》中“椎髻，耕田，有邑聚”的各族，就是铜鼓的最早铸造者和使用者（详见《试论中国古代铜鼓》）。关于后一个问题，根据目前掌握的材料，大体情况是这样的：

操苗瑶语的苗、瑶两族，一直是使用铜鼓的民族。

壮傣语各族中壮、布依、水等族也一直使用铜鼓。傣族历史上曾使用铜鼓，近代个别土司仍收藏铜鼓，但在现实生活中已不再使用。与壮傣语各族关系密切的仡佬族，百年前还使用铜鼓，到了现代已不再使用。

藏缅语各族大部分均不使用铜鼓，我们在藏、羌、普米（西番）、哈尼、景颇、阿昌等族之中调查，未见过一个铜鼓。在纳西族地区仅见过一个铜鼓，是丽江喇嘛寺（福国寺）作为古董收藏的，故纳西族不应归入使用民族的行列。拉祜族地区收藏过铜鼓，但拉祜族很少使用，故同样不应算成使用铜鼓民族。至于怒江三族（傈僳、怒、独龙）更不知铜鼓为何物，他们语言中甚至没有铜鼓的词汇。值得讨论的是彝族和白族，现代确少使用铜鼓，但他们的先民使用铜鼓却有迹象可寻。

关于孟高棉语各族是否使用铜鼓，过去一直很不清楚，西盟佤族铜鼓的大量发现正好填补了这个空白，它证明操孟高棉语民族是使用铜鼓的。

西南民族按语言来分，不外乎上述四类。这四类民族均曾与铜鼓发生关系，比较起来操藏缅语大多数族与铜鼓关系较少。总之，今天已无法把铜鼓视为某族或一类民族特有的文化财富，它已成为很多民族共同的文化。西盟佤族铜鼓的调查，进一步证实了这一看法。

（原载《古代铜鼓学术讨论会论文集》，文物出版社，1982 年）

水、苗、壮、彝诸族使用铜鼓的习俗

铜鼓是西南少数民族的文化艺术遗产。在滇、黔、川、桂诸省，不仅博物馆、文化馆中收藏和陈列着大批古代流传下来的铜鼓，而且有些少数民族迄今仍在使用铜鼓。现在铜鼓的研究工作已不再仅仅属于考古学的范畴，它也是民俗学和民族学一项重要课题。

我个人对现实生活中仍在使用的“活的铜鼓”，始终怀有浓厚的兴趣。早在1965年，即对云西盟佤族铜鼓作过调查。[1]最近一两年，利用去贵州、广西开会或旅行之便，又对水、苗、壮、彝诸族使用铜鼓的习俗进行了解。[2]虽是走马观花，然亦略有收获。

本文就个人所了解这几个民族的铜鼓及其使用情况作一介绍，而着重叙述铜鼓的有关习俗、社会功能及所有权等问题，因为这些问题不是单凭地下出土铜鼓所能解决的。

一　贵州三都水族

水族主要分布于黔南州的三都、独山、荔波和黔东南州的黎平、榕江等地。

水族地区自古有铜鼓的分布。虽然直接提到水族古代使用铜鼓的文献记载不多，但在三都等地发现一种约为明末至清代的画像石墓，墓上除人像外多刻有铜鼓面部图案[3]，说明明清时期水族使用铜鼓已很普遍，而且对于水族思想意识和社会生活有深刻影响。

三都县水族保存铜鼓最多，尽管大炼钢铁时期损失甚巨。据最近统计，全县仍有314面之多，绝大多数均属水族所有。[4]

兹以我们调查的三都中和区为例，具体介绍水族使用铜鼓的习俗。

水族称铜鼓为“良”。现存铜鼓属一种类型，即我的分类中E型，黑格尔的Ⅳ型。[5]水族自己

1《佤族铜鼓》，《古代铜鼓学术讨论会论文集》，文物出版社，1982年。

2 1986年12月及1987年3月，我先后到过贵州的都匀、三都、凯里、雷山、榕江、黎平，广西的西林、隆林等地，访问至今仍保存铜鼓的村寨，了解铜鼓及其使用情况。报告人姓名难以遍举，调查工作中先后承潘朝丰、潘世雄、黄平、吴培华诸君协助，附此致谢。

3 席克定：《贵州石板墓葬中铜鼓鼓面纹饰石刻》，《中国铜鼓研究会第二次铜鼓学术讨论会论文集》，文物出版社，1986年。宋兆麟等：《三都县荣耀村水族画像石墓》，《贵州民族研究》1983年1期。

4 焦斌：《贵州三都水族自治县的铜鼓现有情况及其他》，第三次古代铜鼓学术讨论会资料，昆明，1984年。

5《试论中国古代铜鼓》，《考古学报》1978年2期。

另有分类法，根据鼓面光芒之突起程度及形状，分为“熊爪鼓”、“鹰嘴鼓”、“鸽嘴鼓”、“乌鸦嘴鼓”、“斑鸠嘴鼓”。此外，水族铜鼓又有“公”、“母”之分。据说“公鼓”形体精巧，音洪亮；“母鼓”形体粗重，音质较差。然我们从器物类型学观点考察，实在看不出彼此有多少区别。

铜鼓使用于下列场合：

（1）过“端”过“卯”。两者是水族传统节日，相当于过年。“端”是择旧历八月到十月下旬之间逢亥之日，“卯”是九月逢卯之日。各寨具体日期不相一致。“悬铜鼓”是这些节日的重要活动之一。[1]

（2）结婚。据中和区的习惯，娶者敲铜鼓，而嫁者不敲。

（3）盖新房。

此外，据前人记录，水族在丧葬中也有敲铜鼓者[2]，现中和区一般不敲。

敲击方法是将鼓悬于屋梁，用鼓槌敲击面部，另以小竹棒（或用筷子亦可）击其胴部；另一人持木桶在鼓后作一开一合之动作，据说“不用木桶，声音传不远”。还有一人在旁击打皮鼓伴奏。敲打铜鼓只能在室内进行。男女均可击打，但20世纪50年代前女子打鼓较少。（图版一八：2、3）

中和区水族铜鼓自称“从老辈传下”。少数新购进者，亦多得自水族，很少有买他族铜鼓的情况。[3]铜鼓多属个人所有，也有家族公有者。[4]凡后一种情况都因原属同一祖先，子孙分家而铜鼓未分。一代一代相传，使所有后代都享有所有权。习惯上以铜鼓的“耳朵”为单位来划分这种所有权。如和寨石姓现有一个附近驰名的公有铜鼓，称“良格能”（按水族铜鼓多以最早所有者的名字命名，“格能”便是购进此鼓祖先的名字），被认为是音响最好的鼓，现为该村120户石姓所有。其中大房一支约100户共有“两个耳朵”，小房一支约20户也拥有“两个耳朵”。从名义上说，这120户都有权使用铜鼓并轮流保管铜鼓。但小房一支享有优先的权利。

水族铜鼓之继承，除子孙平分所有权外，还有分家时作为一种财产折价单独分给某一后裔者，这便转化为个人铜鼓。若分家时子孙宁愿少要其他财产而争铜鼓，便要采取一种特殊的类似“抽签”之法：将鼓吊于屋梁上，使其旋转，诸子环立四周，鼓停止旋转时面部向谁，便归谁所有。今中和中心小学韦老师（家住周覃区亭牌地区）有一鼓，即如此得来。

凡个人拥有铜鼓的，多半是有钱有势者。若无钱无势本人自无法购进铜鼓，即祖先留下者亦难保住。如旁寨83户，现有10具铜鼓，其中家族公有者3具，个人所有者7具。这7户过去多为富裕户或担任过保长之类。

公有铜鼓采取轮流保管方式，也可由族长或有威信之“寨老”专门保管。凡拥有所有权者遇有喜事都可使用，但用毕必须归还保管人。铜鼓保管人多属经济富裕，或有一定社会地位，因为过年过节照例是在保管人家中打铜鼓，全村群众（不仅仅是拥有所有权者）会集，必须招待

---

1 关于过“端”过“卯”的情况，参见潘一志《水族社会历史资料稿》第七章《水族的风俗习惯及其变革》，三都，1981年。

2 见岑家梧《水家仲家风俗志》186页，载《西南民族文化论丛》，广州，1949年。又，现在著名的水族铜鼓舞，即据丧葬仪式中在铜鼓伴奏下之舞蹈动作改编而成。

3 近年水族铜鼓更是卖出者多，买入者少。仅中和区，20世纪80年代以来即被瑶族买去30余具铜鼓。

4 凡公有之鼓多属同一家族，在我们调查中，公有之鼓不属同一家族者只在旁寨发现一例：原铜鼓主人贪污村寨积谷，无力偿还，以铜鼓抵价，遂归三户（均杨姓而非同支）所有。

大家吃酒、吃肉。贫者担负不了这笔费用，即使有轮流保管之权利，到时不敢接鼓。故常有一户连续多年保管铜鼓的情况，逐渐形成为专门保管人。甚至像和寨“良格能”鼓，也多年未换保管人，现在的保管人石某是因染布而发财者。保管人对铜鼓要一切负责。按和寨的乡规民约，村寨失火时，保管人要先抢救铜鼓，再抢救自己衣物。否则铜鼓损失，要赔偿黄牛 120 头、猪 120 个、酒 120 斤等等。因为该“良格能”鼓为 120 户公有，每个所有者要赔一份。此外，保管人侵占公有铜鼓因而涉讼之事，亦时有所闻。

拥有铜鼓和长期保管铜鼓，都是一件光荣之事。凡掌握铜鼓者，言谈之中流露一种自豪感。直至今日，凡经营副业而成为“万元户”者，他们首先想购买的东西不是彩电而是铜鼓。例如，堂州的潘邦信近因办运输专业队而致富，新购铜鼓一个，价人民币 1200 元；水龙地母的张报因贩牛马及经营农业有方而发财，新购铜鼓一具，价 900 元。

铜鼓平日不用，保存于家中楼上，内装白米。遇有战乱则埋于地下或藏于深山（如上述“良格能”鼓，当日寇侵占独山时，便藏于山洞中保存）。也有人因无子（或儿子不孝），将死时将铜鼓埋入地下者。故水族地区常有铜鼓发现。我们调查中得悉，中和区自 20 世纪 80 年来从土中新掘得铜鼓 3 件。

水族的铜鼓有一些信仰和禁忌，如说“老虎铜鼓”会吃人；铜鼓外借于主人不利（故私人铜鼓多不外借）；敲铜鼓前要举行“招魂”仪式，以酒三杯祭之，敲时要以酒喷鼓面，等等。

二　贵州雷山苗族

苗族散布于黔、滇、湘、桂诸省。

苗族使用铜鼓有悠久历史。据黔东南苗族传说，铜鼓是补天有功的薅妮从“天王”处得来[1]；他处苗族《创世纪》故事中也提到铜鼓[2]，可见铜鼓在苗族心目中是自古有之的。

古文献中提到“苗人”使用铜鼓之事，并非都是指苗族先民，但有些记载则明显属于苗族。(明）田汝成《炎徼纪闻》说：

> 苗人……岁时，召亲戚挝铜鼓，斗牛于野，其负者，祭而食之。大脔若掌，以牛角授子孙，曰：“某祖、某父，食牛凡几”。（李宗昉《黔记》略同）

(清）傅恒《皇清职贡图》卷七：

> 苗人，相传为槃瓠之种，楚粤黔皆有之。其在滇者，惟曲靖、东川、昭通等府花苗，随各属土流兼辖……遇节序，则击铜鼓、吹角，赛神。（雍正《云南通志》卷 24 略同）

(清）贝青乔《苗俗记》：

> 苗……椎牛歌舞，兼以赛神，名曰“吃牯脏”。红苗则兼击铜鼓，名曰“调鼓”。

(清）徐家榦《苗疆闻见录》卷下《光绪四年抄本）；

> 苗疆（指今黔东南苗族地区）有铜鼓，形圆有耳。……其平面上纹缕不一，间亦有

1 张泰明：《苗族风俗与风俗传说》，黔东南州文化局印，1984 年，28—29 页。

2 如广西西林、隆林一带偏苗的《洪水横流歌》说，远古时期洪水泛滥伏羲氏创造人种，“人种造了，就在鼓里头”。见徐松石《粤江流域人民史》。

十二辰者，与汉之十二辰鉴仿佛相类。俗传为诸葛遗器，可避瘟，呼曰“诸葛铜鼓”。用兵苗疆，时恒获之。

由上引可见，明清时期滇黔各地苗族使用铜鼓已很普遍。

到了现代，铜鼓主要保存在贵州苗族的现实生活中。抗战期间曾在贵州研究苗族的鲍克兰(I.de Beauclair) 氏说：“在西部贵州苗族与铜鼓已无关联，他们甚至不复记忆有过铜鼓。……而在东部贵州苗族之中，时能发现铜鼓”。[1] 这一说法太绝对化，但今日使用铜鼓者，确实以黔东南的清水江和都柳江流域居住的苗族最为普遍。

兹以雷山苗族为例。

这里苗族称铜鼓为“纽告”。铜鼓多为 E 型，他们自己分类为“穿山甲鼓”、“熊鼓”、“龙鼓”、“老虎鼓”等等，多因某些花纹或民间传说附会起名，并不具有器物类型学的意义。

雷山苗族铜鼓主要用于节庆活动（过苗年、吃新）和盖新房等。少数地区（如西江大寨）在重要仪式“吃牯脏”中使用铜鼓[2]，而在节庆时却不再使用。此外，他处苗族还有铜鼓用于丧葬活动的[3]。

铜鼓敲击方法是以三根木棒绑扎成架或有专置鼓架，将鼓侧悬于架，置于露天广场一块平地(或称“鼓堂”)。鼓手一边以鼓槌击鼓面，一边以小木（竹）棒击击鼓的胴部，可发出两种音响（图版一八：1)。有时还需另一人在后持木桶纵送助音。这里男女均可敲击铜鼓。

苗族铜鼓多与芦笙合奏。群众舞蹈围绕铜鼓而进行，鼓点因不同舞蹈而异。如雷山莲花乡章翁寨有十二种不同的鼓点，均以舞蹈动作而命名（如“捉螃蟹”、“喂棚鸭”、“打滚”、“鸡打架”等等)。他们根据传统舞蹈编成的“铜鼓舞”，文艺调演中屡次获奖，被称为“铜鼓之乡”。

雷山苗族铜鼓多属村寨公有或家族公有，只有少量是个人私有铜鼓。私人铜鼓传给众子孙后，亦能变为家族公有。

公有铜鼓由“牯脏头”（世袭宗教头人，领导“吃牯脏”活动者）保管，或由家族中辈分高者或有一定社会地位者保管。原则上说，每逢节庆享有所有权者都可借鼓打。实际上，每年借鼓者必然为富裕户，当年有能力杀牛、杀猪和酿酒者。盖鼓声一响，男女毕集，齐来打鼓跳舞，主人有以酒肉招待之义务。穷人实难负担这笔费用。而富者明知会耗去大量资财，仍乐于借鼓来家，因为这是一件很体面的事情。铜鼓用毕，要送还保管人。

苗族还有从外寨借鼓的习惯。例如：江西大寨 1986 年“吃牯脏”，无鼓可敲，遂向凯里县摆底租鼓使用。当前铜鼓租价一般为人民币 30 元左右。

铜鼓平日有一定的存放方法。如西江大寨原有一个铜鼓（1942 年战乱中烧毁），固定由“牯脏头”唐姓保管。他在家中划分出专门房间存放，鼓内盛满白米，谓如此可获丰收。

苗族也有一套崇拜铜鼓的仪式。每当从存放处把铜鼓取出来之前，要先祭之，称为“起鼓”；

---

1 J.de 鲍克兰：《贵州东南部的一个苗族部落及其文化形态》，《中央研究院民族学研究所集刊》10（1960 年）。

2 按苗族“吃牯脏”，又称“囊疆牛”，现在也有称为“鼓社节”者。十三年举行一次，有一系列仪式和娱乐活动，主要意义在于祭祀祖先，祈求丰产。正规的“吃牯脏“要椎杀水牛，打皮鼓并制造皮鼓，即有铜鼓亦不能打。然有些村寨”吃牯脏“活动已简化，娱乐意义超过祭祀意义，杀猪而不杀牛，称为“吃猪牯脏”。在这样的地区，打皮鼓往往为打铜鼓所代替。参见黔东南州编《苗族风俗与风俗传说》囊疆牛条及《民俗》第一集《黔东南加鸠苗族吃牯脏纪实》。

3 姚忠：《贵定仰望的苗族是如何使用铜鼓的》，第三次古代铜鼓学术讨论会资料。

向外村租借铜鼓、还鼓都有一定仪式，并向主人献干鱼；在打鼓时要先向鼓面喷酒，等等。

三 广西西林壮族

壮族主要分布于广西各县。云南东南部也有壮族支系居住，称为“侬人”、“沙人”、“土僚”等等。

壮族使用铜鼓历史悠久。(清) 阮元《广陵诗事》(罗士琳《晋义熙铜鼓考》引) 云：

> 铜鼓本造于黔粤瑶、僮部落。

又《开化府志》(《续云南通志稿 · 南蛮志》引) 云：

> 花土僚……自正月二月十日，击铜鼓、跳舞为乐，谓之“过小年”。

今广西博物馆收藏铜鼓为全国之冠，应与壮族先民曾普遍使用铜鼓有关。直至今日，广西许多县份及云南文山地区和师宗县等地的壮族仍然保存使用铜鼓的习俗。[1] 兹以广西西林县壮族为例。

20 世纪 50 年代初，西林县壮族几乎每寨都有铜鼓。大炼钢铁时期损失大半，现存者已不多。

西林壮族铜鼓自称“从老辈传下”。有个别鼓被认为从贵州买来，也属于数代以前的事情。

现有铜鼓均属 E 型。他们自己又分为“公”、“母”两种。值得注意的是有些铜鼓上有人工钻孔 (如博雅村铜鼓)，据说是为了“漏气”，声音好听。云南文山铜鼓也有小孔，并有同样的解释。

西林壮族铜鼓遇有下列场合敲打：(1) 过年。(2) 婚姻。(3) 丧葬。(4) 三月三日上坟 (此限豪富之家)。少数村寨当迁坟[2] 时也要敲铜鼓。又西林那劳的岑毓英、岑春煊家族则把铜鼓置于祠堂中，祭祀时与钟同敲。此似非一般壮族人民之习俗。

击鼓之法和很多民族一样：侧悬于屋梁，一手以鼓槌 (据称用“万年树根”做成) 击打鼓面，一手持筷子击打鼓边。这里也有用木桶在后助音之法，一开一合，可发出不同声音 (图版一八：4)。这种助音的木桶，据说要用十二种不同的木材制成，才有很好的效果。击铜鼓时，另有皮鼓配合，有各种鼓点。打鼓者只限男子。

有些村寨 (如博雅) 打铜鼓时不跳舞，只是为了“热闹”。有些村寨则舞蹈必以铜鼓伴奏。

西林壮族铜鼓，属家族公有或私人所有。凡家族公有者，多由长房保管，如博雅村现有一个李姓公有铜鼓，保管人名李金亮。他自豪地说：“我是老大，借鼓要我点头，其他人管不稳。”遇有婚丧之事，全寨任何人户 (甚至非李姓者) 均可借用。过年时，则看当年哪家杀大猪，则鼓归哪家敲打。打鼓时全寨老小男女都可参加，主人要招待喝酒吃肉。过年时若无人敢于借鼓，则只有在保管人家打鼓。故保管人不仅属于长房，还非“有钱”不可。铜鼓保管人之家自然而然地成为全寨社会生活和娱乐活动的中心，他本人在村寨中处于举足轻重的地位。广东一件传世铜鼓铭文有“古隆 (鼓撞) 百姓归”者，即可做这样解释。

铜鼓平日不用，由保管人存放在神秘之处，虽至亲好友亦不让知。他处壮族还有把铜鼓埋入

---

1 白天明:《文山铜鼓》,《民族文化》1984 年 1 期。郭愉、戴宗钦、李和林:《师宗县传世铜鼓的调查》,《民族调查研究》1986 年 2 期。

2 迁坟亦称“起祖”，就是二次葬。现在壮族一般情况下不举行二次葬，仅“风水不好”或认为死者于生人不利时才举行。届时拣取祖先遗骨放入特制陶罐 (称为“金坛”) 中，葬于另外的地方。

地下之俗，并与占卜相结合。[1]

壮族对铜鼓也有一些信仰和崇拜。例如，过年借鼓来家者，“先祭铜鼓，后祭祖先”，祭时置鼓于席上或毯子上，杀鸡以供，祷祝它“保佑老小平安，人不生病”。铜鼓耳上经常系着稻草绳，谓可防偷盗；每逢喜事加系红布，丧事加系白布，等等。

四　广西隆林彝族

彝族散布于川、滇、黔三省，在广西的西林、隆林一带也有少量分布。

彝族是否为使用铜鼓的民族，是一个曾发生争论的问题。有人未作深入了解，便得出“既没曾闻彝族历史上使用铜鼓的传说，也没有发现目前彝族使用铜鼓的事实”（《考古》1982 年 8 期 425 页）的结论。实际上，彝族先民使用铜鼓之事，不仅在彝文书中有所反映，而且在汉文献中也有明确记载。

彝族洪水故事中就曾提到铜鼓。故事说，彝族始祖笃米（即仲牟由）与“仙女”结婚，生了儿子，便敲铜鼓向天上报喜。[2] 又传说贵州彝族曾建造雄伟的九重宫殿（今贵州大方县尚存所谓“九重衙门”遗址，在“第五重宫殿”中陈列有铜鼓。[3] 这些虽属神话传说，多少反映出彝族在这些传说形成时代已知铜鼓此物。

据汉文献记载，彝族先民唐代是否使用铜鼓尚未敢确定[4]，然至少可以上溯到宋代。《宋史·蛮夷传》四：

> 庆历初，泸州言：“管下溪峒十州，有唐及本朝所赐州额，今乌蛮王子得盖居其地……”诏复建姚州，以得盖为刺史，铸印赐之。得盖死，其子窃号“罗氏鬼主”。鬼主死，子仆身袭其号，浸弱不能令诸族。
>
> 乌蛮有二酋领……常入汉地鬻马。……二酋浸强大……夷弱小，皆相与供其宝。
>
> 熙宁七年……命熊本经制之……本将蜀兵，募土丁及夷界黔州弩手，以毒矢射贼，贼惊溃。……提点刑狱范百祥作文以誓之曰：“蠢兹夷醜，涪溪之浒……杀人于货，头颅草莽……摄撮盂瓯，征代有叙……丁为帝民，地曰王土。投其器械，籍入官府。百死一赎，莫保铜鼓。”

这条记载自来研究铜鼓者很少征引，它却是古代彝族使用铜鼓的明证。如众所公认，“乌蛮”、“罗氏鬼主”即今彝族的先民。以“莫保铜鼓”喻部落之惨败，可见平时铜鼓之受重视和作为社

---

1 潘世雄：《铜鼓入土原因论》，《广西民族研究》1985 年 2 期。

2 毕节彝文翻译组《洪水与笃米》（1984 年油印本）：“（天兵问）‘你今天这时，撞钟擂铜鼓，你有么什事？它是为何因？有事的一天，才叫你擂鼓。……’笃米亲口说，‘是因生儿子，传给举祖听，传给天上听’。”

3 贵州省民族研究所毕节彝文翻译组：《西南彝志选》（贵阳，1982 年）：“第五重金殿，有鼓也有钟。……又在大地上，找到铜和铁，熔合在一起，造一个天鼓，中空形如瓮，实彝家的鼓，存放大地上，就是敞口鼓。”虽然“有鼓也有钟”的鼓不一定指铜鼓，但新造之“天鼓”，据描述的形状“中空形如瓮”“敞口”，自为铜鼓无疑。其所以称“天鼓”者，乃因彝族传说始祖所用铜鼓乃“天上”所赐（见前引《洪水与笃米》）。

4 （唐）刘恂《岭表录异》卷上有云：“南蛮酋首之家，皆有此鼓也。”“南蛮”在唐代文献中经常指南诏而言，而南诏统治者一般认为乃彝族先民。然据“南诏中兴二年画卷”所绘铜鼓集众故事，又明确指为“忙道大首领”所有（详见《南诏中兴二年画卷考释》文），当指今滇南某族而言，是否彝族先民，疑莫能明。

稷之象征。“罗氏鬼国”使用铜鼓之事，至清犹然。（清）田雯《黔书》卷一：

罗施……鬼国，醉敲诸葛之铜，醵金赛社。

这些记载表明，至少今川南及贵州地区彝族曾是使用铜鼓的民族。

关于现代彝族是否使用铜鼓问题，由于彝族人口众多，散布甚广，各地风俗差异较大，不能有一个简单的回答。总的来说，彝语支各族与铜鼓之关系，确不如他族密切。以四川凉山彝族而言，虽有古代铜鼓之出土，过去个别土司家收藏过铜鼓，作放置祖先灵牌之用[1]；民间过去也有使用铜鼓诅咒敌人之俗[2]，有关于铜鼓各种神奇传说。而在现实生活中（至少从20世纪50年代起）已不再使用铜鼓。但现在云南文山及广西一些被划为彝族居民之中，有使用铜鼓之俗。[3]

兹以广西隆林县德峨区彝族为例。前人对此已有报导[4]，下面是1986年12月我们自己了解的情况。

这里彝族自称“俄普”，他称“罗罗”。在20世纪50年代初尚有铜鼓七具（小德峨、岩头、那底、塘石村、杉树脚各一具，解邦二具），“大炼钢铁”运动及“文革”浩劫中均被毁去，现已无铜鼓。据描述的形制特征，他们的铜鼓亦属E型。

铜鼓在节日（春节、六月六）时敲击。敲法与很多民族同：将鼓侧悬于屋梁，一人击鼓，一人从后以十二片杉木做成的木桶助音。有的地方以镲与铜鼓合奏。有固定的鼓点。每寨仅一两人会敲。这里妇女不能击鼓。

德峨铜鼓均属个人所有。有鼓者都是当地比较富裕或社会地位较高者（过去担任区长、保长之类）。铜鼓（若只有一具）照例传给长子，故这里和上述水、苗等族不同，个人所有铜鼓不会转化为家族公有。

过年过节时，只能在有鼓者的家中敲鼓，全寨的人聚集作乐，主人招待酒肉。这里铜鼓是不外借的。

铜鼓平日不用，规定要放在粮食堆上，认为可以使“粮食经吃”。

德峨彝族关于铜鼓有一些神话传说和崇拜仪式。例如：传说铜鼓会和龙王打架，故铜鼓不能近水。又铜鼓耳上经常挂着山羊角，谓如此才可防止它“飞走”。敲击铜鼓前要先杀鸡祭之。打鼓必须自头至尾打完一道鼓点，中途停止会“头疼”云云。

德峨主要居民为苗族，苗族占十分之九，彝族占十分之一。有些村寨（如小德峨）是彝、苗杂居的。然这里苗族却无铜鼓，每当过年过节彝族打铜鼓，苗族在旁参观，不会敲击。这一现象很值得注意。它说明这里彝族使用的铜鼓并非新从附近民族学来，它应有古老的渊源。

结语

上述诸族使用铜鼓的习俗，不仅可反映这些民族的社会面貌和思想意识，而且有助于解释古

---

1 黄承宗：《谈谈凉山彝族与铜鼓》，第二次古代铜鼓学术讨论会资料。

2 毛瑞芬：《布拖县联布乡铜鼓考略》，《四川文物》1985年1期。

3 李家材：《云南文山州的传世铜鼓》，第二次古代铜鼓学术讨论会资料。

4 蒋廷瑜：《广西隆林彝族的铜鼓》，《中国古代铜鼓研究通讯》2期（1982年）。

代铜鼓一些现象。

下面只是几个例子：

第一，铜鼓从其出现就是财富和权势的象征。早期铜鼓仅发现属于贵族的大墓之中；有关铜鼓较早记载经常提到“有是鼓者，极为豪强”[1]，“有鼓者，号‘都老’，群情推服”[2]等等，均足以说明这一点。铜鼓与财富的关系，在云南西盟佤族之中，表现得最为突出（参见《佤族铜鼓》一文）。

本文介绍的几个民族使用铜鼓情况，现已有所变化。除了个人私有铜鼓外，还出现了家族公有或村寨公有的铜鼓，但铜鼓代表财富的功能仍然存在。不仅拥有私人铜鼓者，多半有钱有势；公有铜鼓的保管人，以及过年过节的能够借鼓来家者，仍要以富裕为前提，要有能力招待众人吃肉喝酒。家族公有铜鼓只是原私人铜鼓平分给子孙所致。

第二，铜鼓在这些民族手里，并不仅仅是一种简单的打击乐器。人们通过敲击面部、胴部，发出不同音响；并以木桶在后一开一合，利用共鸣原理而使音调更为丰富。这样，铜鼓在人们歌舞中就不仅是起节拍的作用，而成为一种不可或缺的伴奏乐器。

值得注意的是壮族铜鼓上还有人工钻成的小孔，据本族解释，是为了调节音响。这使我们想起出土铜鼓上也常有人工凿孔。过去解释偏重于宗教方面，例如越南东山文化铜鼓上的小孔，被解释为了殉葬特意为之。[3]物件必须“杀死”才能为死人所用。这确是一种普遍习俗。是否出土铜鼓上人工凿孔都应如此解释是值得怀疑的。当然，像晋宁石寨山 M15：7、江川李家山 M17：30 诸鼓面部中心凿一大圆孔[4]，使铜鼓无法敲击，自应解释为了殉葬。但有些鼓上孔甚小且排列有序（如西林鼓，见《广西西林县普驮铜鼓墓葬》，《文物》1978 年 9 期），则有可能如壮族那样为了增加音响效果。

第三，古代铜鼓很多不是出土于墓葬中，而是单独埋藏。这样的铜鼓宋代已经常发现[5]，可见是一种古老习俗。关于铜鼓入土的原因，曾有很多解释。广西瑶族、云南文山倮人用完即埋，用时再取，一年一次，作为一种安全的保存方法。[6]这样的鼓一般不会永远遗留于土中。故铜鼓之单独发现，应如水族那样，是因战乱及铜鼓主人无后而埋入地下的。据前人记载，其他地区埋铜鼓亦多出于这两种原因。[7]

第四，铜鼓为农业民族所制造和使用，故有关铜鼓之信仰多为农业民族之思想意识之所映。例如：上述水、苗、彝三族都有把鼓置于粮食堆中或内装粮食的习俗，谓如此可保丰收或使“粮

---

1 裴渊：《广州记》（《太平御览》卷七八四引）。

2《隋书·地理志》。

3 O.R.T. 阳士：《印度支那的考古研究》第三卷，布鲁日，1958 年，36、38 页。

4《云南晋宁石寨山古墓群发掘报告》，文物出版社，1959 年，79 页，图版陆拾：2。《云南江川李家山古墓群发掘报告》，《考古学报》1975 年 2 期，133 页，图八。《近年来云南出土铜鼓》，《考古》1981 年 4 期。

5（宋）范成大《桂海虞衡志·志器》：“铜鼓古蛮人所用，南边土中时有掘得者。”（宋）周去非《岭外代答》卷七：“广西土中铜鼓，耕者屡得之。”

6 姚舜安：《布努瑶与铜鼓》，第二次铜鼓讨论会资料。王大道：《云南富宁、麻栗坡两县铜鼓的调查与研究》，《中国铜鼓研究会第二次讨论会论文集》。

7 如刘锡蕃《岭表纪蛮》记广西铜鼓埋入地下之因云：“官军攻剿，战争激烈，蛮人自度必败，以其笨重难携，遂埋于僻地。”又《宾阳县志》：“铜鼓系苗瑶酋长宝物……如无子孙，则埋于土中。”

食经吃”。这是铜鼓曾和丰产仪式（fertility rites）相结合之证。云南晋宁石寨山和江川李家山铜鼓中满盛贝壳，晋宁石寨山贮贝器之仿铜鼓形制或就用铜鼓改装，应出于同样思想意识。当时人们相信，如此就可使货贝增殖。

又上述诸铜鼓均分“公”、“母”两种，此亦有古老的渊源。广西罗泊湾一号大墓出土两鼓，一大一小。[1] 近年泰国翁巴洞穴出土铜鼓六具，有成对埋藏的现象。[2] 越南传世的铜鼓（D 型）也有成对的。[3] 屈大均《广东新语》记载，南海神庙之鼓原有雌雄各一，而且清代广东地区制造铜鼓也分别雌雄：“雌雄之脐亦无别，但先炼者为雄，后炼有为雌耳……雄声宏而亮，雌声清以长，一呼一应，和谐有情”。铜鼓亦如有生命之物，有雌有雄，相互呼应，“和谐有情”，才能衍生繁殖。农业民族思想意识和感情爱好，从这里得到充分反映。

第五，铜鼓最早或为某一语系民族所创。随着时代推移和文化交流，至迟从唐宋时起，西南地区各民族已普遍使用铜鼓。现代仍然使用铜鼓民族分属完全不同的语系，就充分说明这一点。如上述的水、壮两族属泰 · 卡傣语（Tai–Kadai），苗族属苗瑶语（Miao–Yao），彝族属藏缅语（Tibeto–Burman）。而我们过去调查的佤族，又属孟高棉语（Mon–Khmer）。这些民族来源不同，语言各异，其他风俗习惯亦有差别，但大家都会使用铜鼓，而且在铜鼓的敲击方法、对铜鼓的信仰和崇拜仪式等方面，有很多一致的地方。由此可见，铜鼓已不是某族或某一族系的文化特征，它已成为一种区域性的文化。对水、苗、壮、彝铜鼓的研究再次表明，不能把某一文化现象和某一民族简单地等同起来。

〔原载王孝廉编《神与神话（御手洗胜博士退官纪念论文集）》，台北：联经出版公司，1988 年〕

1《广西贵县罗泊湾一号墓发掘简报》，《文物》1978 年 9 期。
2 P. 索伦森：《翁巴洞穴和所出土的第五鼓》，载《早期东南亚》（R.B. 斯密斯和 W. 华生编），牛津，1979 年。
3 H. 巴梦薜：《古代青铜鼓》，《法国远东学院院刊》18 期，1918 年。

阿昌族的铁器制作

前言

在云南少数民族中，阿昌族铁器制作较为发达。“户撒刀”坚韧锋利，颇负盛名。然而他们制造铁器的具体情况如何？如何起源？有哪些传统经验？还保存哪些原始的方法？过去调查报告中只有简略的记载[1]，尚不能满足研究工作的需要。

1973年5月我们路过阿昌族制造铁器的中心——户腊撒地区，对那里的铁器制造业作过一次专题调查。调查偏重于生产技术方面。由于时间短促及条件限制，这次调查仍然粗略（如未能搜集产品标本作各种科学的分析），但对阿昌族制铁技术多少增加了一些了解，增长了一些知识。

本文便是根据那次调查结果写成的，反映的是20世纪70年代的情况。

一　概况

户腊撒属陇川县，为阿昌族主要聚居区之一。这里居民中有百分之七十是阿昌族，次为傣族和汉族，也有少数傈僳族和回族。

这里历史上分属两家土司管辖，户撒土司姓赖，腊撒土司姓盖，世代相袭，至20世纪50年代初期犹存。户撒和腊撒两地实为一个狭长坝子，户撒（意为坝头）在北，腊撒（意为坝尾）在南。坝子东西相距约五公里，南北相距约三十公里。

户腊撒自然条件较好，户撒河自北而南横贯全坝。农业生产以种植水田为主，稻谷产量约为籽种二十倍至三十倍。在滇西少数民族中这样的生产水平是比较高的。除粮食外，他们还种植大量经济作物，其中草烟一项即为他们带来大量的收入。手工业生产较为发达，打铁便是其中的一项。

户腊撒几乎每个阿昌族村寨都会打铁，且各有自己的“特长”，以一种产品而著名，例如曼东的小刀、海南的犁铧、芒旦的长刀、芒东的锄头、来福的砍刀、曼雷的马掌、潘乐的锯齿镰刀等等。制造这些产品的技术是保密的。各寨各炉的产品上，过去还要加以标记，即凿上数量和排列各不相同的楔形符号，或锉上特殊的花纹，其性质如现代商品上的“商标”。如有人以假

1 参见《户腊撒阿昌族社会经济调查报告》，载《阿昌族社会历史调查材料》之一，1963年。

乱真，冒充别人的产品，则要发生纠纷，甚至引起诉讼，过去要由土司处理。作为承认和体现土司是这种类似“专利权”的保护者和仲裁人，平时各炉要向土司交纳费用，大抵是一盘炉交卢比（缅币）一文（诉讼时还要另送礼物及银钱）。这项负担兴起较晚，因为在宋项寨保存的乾隆五十八年所立永昌府命户撒土司《革除积弊酌定租派章程》碑文中，列举了人民对土司对人民各种负担，尚未提及打铁费一项。

打铁是男子的工作，妇女不能参与其事[1]，甚至不允许妇女触动工具。

打铁在农闲时进行，从农历十月收获以后到次年三月犁田这段时期是打铁的旺季。农忙时打铁工作便停止，我们调查时正值农忙，大部分炉子已熄火，每寨仅开一两盘炉，由一些老匠人维持门面。

铁匠的社会地位，在民族学上是一个谈论较多的问题。有些民族视铁匠为神圣，认为是有法术的人（如北亚布里特人、非洲一些部落）；有些民族又视铁匠为低贱（如西藏）。[2] 但在户腊撒地区，由于打铁已成为普遍的家庭副业，几乎所有成年男子都会打铁，已不把铁匠作为特殊人物看待。只是某些技术高明的师傅，受到人们尊敬而已。

1949 年前，户腊撒铁器制造业有以下几种经营方式：（一）个体经营，即一家一户经营，劳动力主要是自己子弟，忙时偶尔请一两个零工。（二）合资经营，即几户共同经营，共出成本及劳动力，按出资多少技术高低分配收益。（三）手工业作坊，即一些富裕户独资或合资经营，劳动力主要靠雇工。不管哪种方式，规模大小都按炉子多少计算，一个生产单位即称“一盘炉子”。一个打铁户一般只拥有一盘炉子，只有少数富裕户或合资经营者拥有几盘炉子。雇工分两种，一种是季节工，即从收获后开炉到次年农忙时停炉为止；一种是零工，按件计酬或按月付酬。

三种经营方式都有招收徒弟的情况。徒弟一般要学习三年，三年内徒弟劳动不但不得报酬，反而要交师父“工具磨损费”。三年后如仍留在师父炉旁者，可按雇工对待。

过去户腊撒铁器制造业产品销售方式有两种：一是卖给商人，转运去邻近各县及缅甸；一是自己赶街子，挑到附近市场上出售。

1949 年后，户腊撒阿昌族的铁器制造作为一种家庭副业，曾由合作社或生产队组织起来集体经营，雇工、学徒等制度不复存在。产品除自己继续在市场上出售外，更多的是由国家营商业部门收购，或采取事先订货的方式。由于原料供给较前充足，20 世纪 50 年代初期户腊撒铁器制造业曾一度繁荣。

二　原料、工具和设备

阿昌语中有铁的词汇，称为“夏姆”。据普查，户腊撒周围山上有铁矿之分布，但户腊撒阿昌族现在制造铁器所用原料不是直接从矿石中冶炼得来。有些人打了一辈子的铁，并未看过铁矿石是什么样子。问他们过去是否会开采和冶炼铁矿，也说不清楚。老人从记忆时即不知冶炼

---

1 据多方了解，户腊撒妇女打铁者仅有一例。过去有一妇女名叫郎良，丈夫以懒惰贪暴著名，无人愿做他的徒弟，打铁时不得不由郎良拉风箱，做助手。现郎良已死。

2 参见 J.E. 利普斯《事物的起源》（中译本）第五章，四川民族出版社，1982 年。

何事。从这些迹象来看，户腊撒阿昌族善于制造铁器而不掌握冶炼技术，至少近代已是如此。[1]

户腊撒阿昌族现在既不会冶铁，制铁原料只能靠外地进口。其中约分两类：

一是外地运来的毛铁（即生铁经过初步炒制），多为云南其他地区土法炼铁[2]的产品。腾冲曾是供应户腊撒毛铁的主要地点。后来，也由缅甸进口毛铁及钢材。

二是从外地收购来的废铁，包括破旧农具、破锅等等，多从民间收集而来。抗战以后，又加上破旧汽车和机器的零件等等，大抵由缅甸进口。

近二十年改由国家商业部门供应钢铁材料及收购站收来的废铁。原料种类有生铁，有熟铁，还有钢，多种多样，由铁匠们根据所制作器物的不同要求选用。打铁所用燃料是木炭，多由附近山区民族好挑来户腊撒，卖给各炉备用。

打铁所用工具和设备，主要有以下几种：

（1）锤：阿昌语称"患"，用来锻打器物等，有大小不同的几种。

（2）钳：阿昌语称"夏姆立阿"，锻打时夹住器物及从炉中取出器物，有大小两种。

（3）砧：阿昌语称"顿"，锻打器物时作垫。

（4）勺：阿昌语称"瓢"，溶铁时盛铁水及捞取浮渣。

（5）钎：阿昌语称"千"，通炉火用。

（6）锉：阿昌语称"立生"，用来制作花纹及锉平器物表面。

以上几种工具，形制与云南腹地汉族铁匠所用同类之物无异。

（7）凿：阿昌族语称"梯姆"，铁刃木柄，用于制作花纹，有半圆形刃及平刃两种。平刃者与一般之凿无异。以此两种凿交替使用，可做出波浪纹、栉纹、斜线纹、人字形纹等等。

（8）刨：阿昌族语称"冒卡特"，铁刃，两端有牛角柄，用时两手持之，铲平初制器物表面及在刀类工具上拉槽。刃口有宽窄两种。

（9）坩埚：阿昌语称"夏姆奥"，熔铁用，由黏土制成，壁甚厚，状如古代炼铜之"将军盔"，但底无长柄。旁有把手，可插入木棒倒铁水。坩埚容积甚小，最多可熔铁料十斤，仅够铸一个犁铧。

（10）炉：阿昌语称"夏姆本"（"本"是堆的意思，直译应为铁堆），土质，加铁箍，无底，熔铁时置坩埚其上，内盛铁料和木炭，有管通往风箱。

（11）灶炉：阿昌语亦称"夏姆本"。用砖土砌成，置碎木炭，有管通风箱，锻打时烧铁器用，与汉族铁匠所用者同。

（12）风箱：阿昌语称"吐孙"，圆形者粗圆木挖空制成，方形者与汉区风箱无异。大小不等。

（13）范：阿昌语称"道"。铸造不同器物用不同之范。如制犁用木框内敷泥制成之范，称"腾道"；制三足架用砂范（相当现代铁工场之翻砂），称"庆道"。

（14）条凳：木制，形制与一般木工用之长凳略同。凿、锉、刨、磨等工序，都于其上进行，相当于"车床"或"工作台"。

---

1 据《腾越边地状况及殖民刍言》（载《云南边地问题研究》上卷）说，民国初年腊撒制刀已多用从英国进口的钢铁，"昔日制炼之法，行将失传"。"制炼"指从矿石提炼吗？若是，似乎过去这里是掌握炼铁技术的。

2 关于云南腹地土法炼铁情况，参见黄展岳、王代之《云南土法炼铁的调查》，《考古》1962 年 7 期。

（15）水槽：木制，与一般猪槽形同，以方木一段挖空盛水，备淬火时用。

以上铁工工具和装备不仅形制多与汉区铁匠所用相同（如锤、钳、钻、风箱等），即其名称若细加考察亦多来源于汉语。例如钳称“夏姆立阿”，“夏姆”为铁，“立阿”疑为镊之音转，镊子为夹物之工具，“夏姆立阿”即铁镊子之意。又如砧称“顿”，疑即汉语之“墩”，今云南汉族犹称作垫之物为“墩子”。再如铁勺称“瓢”，铁钎称“千”，更与汉语无异。从工具之形制及名称，可以看出户腊撒制铁技术学自汉族，至少受过汉族的影响。

三　产品

据了解，户腊撒制铁业能够生产的器物共有三类十六种（图一）：

（一）**工具类**

（1）斧。（2）板锄。（3）条锄。（4）犁铧。（5）耙齿。（6）钉耙。以上六器形制和用途均与汉族农民所用者无异。

（7）“夺铲”：刃作半圆形，直銎接长木柄，用来铲草埂，亦可挖洞（如盖房时挖柱洞）。云南少数民族多用之。

（8）锯齿镰刀：如一般镰刀而稍薄小，刃有锯齿，是云南很多少数民族镰刀共同形式，用于收割。

图一　户腊撒阿昌族铁制品的一部分——犁铧、锄、长刀

（9）砍刀：长约二尺，安短木柄，多无刀尖，用于砍伐、钐草。

（二）**武器类**

（10）长刀：长约二尺，安短木柄，另配木鞘，传统产品上有凿成的或错铜的花纹，是重要防身工具，当然也可用于切割、砍伐。景颇族男子出门必佩此刀，过去是最主要的产品。

（11）短刀：即匕首，安牛角柄，刀背及刀身往往饰有花纹，皮制刀鞘，可防身，亦可杀鸡、削果皮。

（三）**生活用具类**

（12）锅。（13）钉。（14）马掌。（15）剪刀。以上器物亦与汉族所制者无异。

（16）三足架：圆圈下安置三足，上可置锅煮物，为少数民族常用炊具。

以上这些器物并非长年都在生产，而是根据某一季节农村需什么农具，市场上什么产品好卖，便生产什么。在我们调查时，户腊撒正在生产的器物是犁铧、锅和各种刀。

在各种产品中，据称先会制造生产工具，然后才是生活用具。工具中又以斧和各种刀最早，次为其他农具，最晚为犁铧。犁铧是三代以前海南寨新从腾冲花钱学来的，故制造犁铧成为该寨的特权。

阿昌族制造铁工具的发展过程，与我们了解西南边疆少数民族使用铁器的发展过程完全符合。人们总是在砍伐和切割工具方面，最先用铁，收获工具次之，挖土工具又次之。一些民族最缺乏铁器的人户，亦必有一把“万能的长刀”，作为生产工具兼武器，因为铁器用于切割和砍伐时，其优越性最易显示出来。

户腊撒制铁业产品在工艺方面较讲究的是佩带的长短刀，只有刀上才凿花纹。人们对随身佩带之物给以一定的偏爱，尽量施以装饰，是古今各种质料制成的武器共同特点。

值得提出的是户腊撒最先生产的是长刀，所谓“户撒刀”原来多指长刀而言。近数十年才大量生产短刀。现在短刀生产数量竟大大超过了长刀，刀鞘装饰也愈来愈精美，日益具有纪念品的性质。外来游客购上一把作为留念，并称此为“户撒刀”。实际上不能认为它就是户腊撒的传统产品。

四　制造方法和工艺

阿昌族现已不会从矿石中冶炼生铁，也不会把生铁炒成熟铁或炼钢的技术。幸好在他们从外地购来的铁料中有生铁，有毛铁，有熟铁，也有各种钢材，他们能根据不同器物（铸件或锻件）对原料的要求选用。这说明他们对各种铁的性能仍掌握了一定的知识，哪种废铁适合做哪种器物，他们一望而知，并能恰当地充分地加以利用。

兹介绍两种产品——犁铧和短刀的具体制造方法，前者是铸件，后者是锻件。从中可看出阿昌族制铁技术的基本面貌。下面便是我们目睹制造这两种产品的全过程的实录。

（一）海南寨制造犁铧

海南寨，我们调查时有22户，全为阿昌族，各户都有人会打铁，有三盘炉子。据称，三代以前才从腾冲学会铸造犁铧。

犁铧是铸件，故原料用生铁，也可用毛铁。制造步骤如下：

1. 修范：犁铧范为木框，内敷泥土，外范共两块，上下相合。另有内范，呈三角形，铁制，有趣的是它仍称“泥芯”，这说明过去也是土质的。每浇铸一次，范的泥面即有破损，故再铸时先要修范，即对各范表面以白胶泥涂之，使之平滑。

2. 烤范：范修好后湿度太大，故用烧红木炭置于表面烘烤。

3. 合范：外范及“泥芯”修好烤干后，遍撒草菸杆烧成之灰，然后上下范相合，“泥芯”固定在下范上。据云，撒灰为了使铸件与范不发生粘连，有时范面无破损，可不修范、烤范，仍要撒灰。

4. 熔铁：以上准备工作既完成，乃以秤称铁料。据我们所见，皆破锅片、废犁铧残片之类（铁料多从瑞丽买来），共十市斤（据称犁铧一件重九斤，要十斤“下火”，其他器物亦按如此比例），和木炭混合置于炉中，炉置坩埚上。然后一人拉动风箱，铁水逐渐熔化流入坩埚中。

5. 烧铸：一人拿走炉子，以木棒插入坩埚，举之而行，注铁水于范孔；浇注时另一人以铁勺拦住铁水上浮渣。铁水注入后不久即可开范。先以钳移去外范，再取出“泥蕊”，犁铧即铸好。然后在坩埚四周撒木屑及草灰，并留铁水少许于锅底（据云可使“不透气”），放上炉子，又急忙继续加料，接做第二个犁铧。

从拉动风箱到取出犁铧，共 25 分钟。操作者三人，拉风箱者一人，另两人负责修范、合范、看火色、浇铸。

铸不同器物用不同之范。铸小件器物以成品为模，用翻沙法。由于调查时是农忙季节，犁铧因各处犁田需要尚在生产，其他铸件一律停止，故未能得见生产具体过程。

（二）曼东寨制造短刀

曼东寨，调查时共45户，内阿昌族22户，余为汉族。阿昌族各户中都有人会制铁，有炉六盘。

刀贵在坚韧，制造时使用锻法。要用熟铁，最好用钢。阿昌族铁匠不会炼钢的技术，而钢料不易得，故制刀时常采取一种熟铁夹钢方法，即刀刃两面为熟铁，中心部分为钢，使刀口锋利。

曼东寨一位老铁匠为我们演示“熟铁夹钢”制短刀。具体步骤如下：

1. 夹钢：先从废料中挑选出一块铁料，在炉火中烧红，放在砧上锤成长条形。又取一小块钢，置炉火中烧红，锤成短条。然后将长条弯曲，短条夹于其中，形成三层，置炉火上烧红锻打，共两三次，使三层黏合。最后一次从炉火取出时加土（即一般泥土）少许，谓非如此不能黏合。他们把此土称为“铁的焊药”。

2. 锻打成型：当他们认为两层熟铁和一层钢已经黏合，再反复烧红锻打，共二三十次，打成两端有细柄之长条，然后一分为二，即成两把有柄之刀形物。

3. 铲平和开口：将此刀之雏形置条凳上，以刨刀铲平表面，铲薄边缘，形成刃部。铲刃时两面交替进行，务使刃口在正中，即钢层所在处。然后再以锉子锉平，使之更为平滑。

4. 淬火：他们称“蘸水”，即将基本已做好之短刀，再放炉火烧红，将其刃部置水槽中浸一下。“蘸水”时间长短，视材料而异，全凭经验，有“绿水”、“黄水”、“白水”（指烧红之铁件置水后水的颜色）之分。其中有何道理，他们很说不清。淬火只行一次。

5. 拉槽：将淬火后之小刀置长凳上，再以刨刀在近刀背处铲出凹槽，谓杀人杀牲时易于拔出。

6. 做花：在刀背及刀面近柄处以不同凿子交替使用，凿出相间排列之花纹，有时加上本户的标记。

7. 安柄：将刀之细柄烧红，插入先准备好之牛角柄穴孔中。事先要在孔中放上紫胶或松香，并剪铜片（有时用罐头皮）一小块盖住柄根，以防烫坏。插入后再将铜片修剪得与柄相合，从此便成为刀柄的一种装饰。

制短刀一次可做两把，从夹钢到淬火共需半小时。操作者仅锻打成型时需两人，其他工序一人即可完成。

刻花属于修饰，时间可长可短，精致者要做一两天。阿昌族匠人还会错铜技术，在凿好凹纹内灌以黄铜，然后错平。此次调查中未见制作，不详述。

五　信仰和传说

世界很多民族把打铁看成是神秘的工作，阿昌族也不例外。他们有与打铁有关的信仰和仪式，并对打铁实行一些禁忌。

每炉过去都供炉神，阿昌语称为“斯拉”，意为师父。又以汉语称为“老君嬷嬷”，即是“太上老君”。传最早每当拉风箱，天即打雷，正是他发明“八卦炉”后才不打雷；又最早打铁无砧，“放在膝盖上打”，正是他发明了砧及其他工具。对“斯拉”不设偶像，也无其他标志，仅初一、十五在炉旁烧香，供饭或米。据称若不供奉，打铁易断，或铁不黏结。

从以上信仰和仪式也可以看出，阿昌族制铁技术受过汉族的影响。

打铁工作的禁忌过去较多，现多不行。但下面几条在守旧老人心目中还是奉为信条的：

一是妇女不许拿打铁工具，甚至摸一下也不行，否则认为男人打铁时会烫伤了手。

二是小孩亦不许摸打铁工具。

三是妇女不能从铁器上跨过，否则认为刀自己会“飞”，其他器物亦“不听使唤”。

四是炉内不许投进任何杂物及有生命之物，否则认为会亵渎了炉神，自己的炉子会炸，别人的炉子也出不了铁。

关于打铁的由来，户腊撒还流传不少传说。

第一种说法是阿昌族“老辈子”传下来的，甚至说在若干万年前户撒和腊撒还分为两个坝子时就有铁匠。[1]

第二种说法是沐英教会阿昌族打铁的。

第三种说法是穆桂英传授来的。按当地杨宗保、穆桂英故事较为流行，带来铁器是这些故事一部分。

按以上传说中仅第二种传说不带神奇色彩，或接近历史的真实，因为沐英确在户腊撒地区留下了遗迹。整个户腊撒地区明代初年都属于沐氏“勋庄”，今户撒坝犹存“沐城”地名；山上有“洪国寺”，是内地式寺庙，亦与沐氏有关。直到明代末年，沐氏衰微，才设两个土司。而据土司家谱，户撒和腊撒土司祖先亦原是汉人，是从王骥征麓川有功者。[2] 按建立“沐庄”必有军民屯垦，因而把打铁技术传进户腊撒地区自是意料中事。

还有一个现象值得注意，即其他地区阿昌族中只有个别铁匠或完全不会打铁。例如梁河丙盖地区过去只有横路寨有一户父子三人会打铁；荒田寨、沙坡寨各有一人是铁匠；潞西高埂田全乡 20 世纪 50 年代前没有一户铁匠，铁器全靠外界供应。[3] 这也说明打铁不像是本族原有的技术。

六　对周围民族之影响

户腊撒阿昌族的铁器及其制作技术，对周围其他民族的社会发展，发生很大的影响。

1 关于此一故事有不同的说法，其中的一种已有简略记录，见凌溪《阿昌山寨散记》，《民族文化》第 1 期。

2 参见（乾隆）《腾越州志》卷一○《边防》。

3 参见《德宏州梁河县丙盖乡芒展村阿昌族社会历史调查报告》，《潞西县高埂田社会历史调查概况》，并载《阿昌族社会历史调查材料》之一，1963 年。

在阿昌族邻近各族中，德宏傣族虽然比较进步，但不制造铁器，如像潞西法帕、遮放、盈江芒环、盏达坝、陇川章风这样一些富庶之区的傣族1950年前都不会打铁。[1] 景颇族和德昂族有些村寨只有个别铁匠可以修理铁农具，或只能制造一些小农具。如梁河芒东及盈江大慕文的景颇族原只有一个铁区会修补铁器（后死），梁河邦角、瑞丽雷弄、盈江邦瓦等地景颇族连一个铁匠都没有。[2] 陇川章风德昂族也是如此。[3] 这些民族中的铁匠的技术原始，装备亦简陋不堪。如陇川邦瓦有一个景颇族铁匠，连钳子都没有，"以湿布包着烧热铁器手持锻打"[4]。

这些民族自己既不能大批制造铁器，他们日常所用之铁器不得不靠外界供应，一部分是购自腾冲等地汉族，一部分便靠户腊撒阿昌族供应。过去陇川、盈江、潞西、瑞丽、梁河五县农村中，到处可见从户腊撒辗转买来的犁、斧、锄和铁锅。20世纪50年代和60年代之初，这些地区所用的铁农具仍有一部分是通过国家商业部门从户腊撒收购或订购来的。至于著名的"户撒刀"，其影响所及更在德宏州境之外，怒江、临沧乃至西双版纳等地的各族群众亦以身背一把"户撒刀"为荣耀。过去和现在户腊撒的铁器还曾远销缅甸，在那里享有盛誉。

户腊撒的阿昌族铁匠不仅制造产品供应周围地区，还定期前往周围地区为各族群众修理农具。由于原料来源困难，户腊撒很早就形成一种传统，每当农闲季节，会打铁者除一部分留家生产外，多携带简单的工具，走村串寨，修理损坏的铁器，并收购废铁料。还有些铁匠更远走缅甸，为人打铁。习惯上户撒人多去国内陇川、瑞丽等地，而腊撒人多去缅甸。农闲出外打铁一直是户腊撒阿昌族一项重要副业。

周围一些民族因不会打铁，常常是铁农具小坏照样使用，大坏搁置不用。据20世纪50年代初期统计，潞西西山景颇族破损农具竟占农具总数30%左右。故户腊撒铁匠到达这样的地区，深受群众欢迎，除酒肉款待外还送钱送礼。铁匠在户腊撒地区太普遍了，故不足为奇，而一到其他民族之中，便被奉为神明，视为是有法力的人物，其地位与巫师相类。群众一年生产中遇到的各种"难题"，如锄头破损，刀尖折断，铜炮枪不响，甚至本非铁匠所会的事，都要请铁匠"帮忙"。据经常外出打铁的人告诉我们，每去一个地方，总是强留不放，"这家请，那家请"，往往超过原来计划居留的日子，及农忙将届才不得不仓促而归。户腊撒铁匠不仅为人们修好了各种农具，有时还把简单的打铁技术传给他们。

可以认为，有些不会打铁的民族，正是在户腊撒阿昌族帮助下才进入铁器时代的。

结语

从一些迹象来看，户腊撒阿昌族的铁器始于明代，最先大量制造的是作为砍伐工具和武器的

1 参见《潞西县法帕寨社会经济调查初步总结》、《潞西县遮放区户闷寨社会调查报告》、《盈江县芒环，芒捧两个傣族寨子的社会经济调查》、《盈江县盏达官纯寨民主改革前社会经济初步调查》、《陇川章风乡盾兴寨社会经济调查报告》，并载《傣族社会历史调查材料》之八，1963年。

2 参见《梁河县芒东区邦歪寨社会历史情况调查报告》、《梁河邦角盆都寨景颇族社会调查》、《盈江大慕文拱汤寨茶山社会经济情况调查报告》、《瑞丽雷弄寨景颇族调查报告》、《盈江县邦瓦寨社会情况调查报告》，以上分载《景颇族社会历史调查材料》之五、七、八，1963年。

3 参见《陇川县章风区崩龙族社会历史调查》，载《崩龙族社会历史调查材料》，1663年。

4 见《景颇族社会历史调查材料》之四，1963年。

长刀。不仅有些工具的名称和形制，有些产品的形制和制作方法，多与汉区相同；而且从当地传说（沐英士兵教会打铁技术）及信仰（奉太上老君为炉神）来看，也可证明这一点。

当然，在生产技术方面，阿昌族铁匠也积累了自己的经验。如熟铁夹钢要加土，淬火时要看水的颜色，铁水溶化倒出后要在坩埚内留少许铁水及撒灰等等，都有待以现代科学知识加以总结。此外，著名产品——“户撒刀”在精心锻造及装饰工艺方面，也确有独到之处，受到群众欢迎，并非偶然。总之，在云南乃至西南所有少数民族之中，户腊撒阿昌族的铁匠，不仅人数最多，而且技术最好。他们的产品和技术，对附近一些民族的社会生产，起着促进的作用。

户腊撒阿昌族铁器制作对民族考古学研究的价值在于：一、提供了一个民族虽会锻打、铸造铁器但不会冶炼铁矿石的实例。考古人员在一个遗址中发现了铁器，要弄清它们是当地制造的还是外来的；如是当地制造的，还要弄清楚当地是已会开采和冶炼铁矿石，还是仅仅利用外地传入铁料进行加工。即使是后一种情况，假如能制作大量铁器用于生产，对当地和邻近地区社会经济同样能发生重大影响，仍可说这一地区已经进入了铁器时代。

二、阿昌族铁器制作现在已掌握铸造和锻造两种技术，但最早只会用锻造法制作刀类，铸造犁铧是三代以前才从腾冲学会的。这表明在阿昌族冶铁史上是锻法早于铸法，可供研究古代冶铁发展史的参考，但世界各地冶铁是否都走过同样的道路，还要据当地情况做具体分析。

三、阿昌族最早制作的铁器是可兼用于砍伐和切割的长刀，其他器物是后来陆续生产的。铁器的优越性就在于它比青铜器锋利，铁必然最先用于砍伐类和切割类工具。这一点可能有普遍意义。假如仅仅发现小型的零星的铁器，不能对社会生产起重要作用，就不能认为这个地区已进入铁器时代。

纳西族的仪式用木牌和汉代烽燧遗址出土人面木牌

中国西北地区汉代烽燧遗址出土的大量简牍之中，常见一种绘有人面的木牌。对其用途，尚无合理的解释。1961年我在云南丽江纳西族地区调查[1]，发现一物，与人面木牌类似。兹略加介绍，并与古代人面木牌作比较研究。

一

纳西族过去信奉“东巴教”。这是他们固有的宗教信仰，原属一种原始宗教，后曾受到喇嘛教的影响。本文要介绍的就是“东巴教”仪式中所用的一种木牌。

根据“东巴教”的观点，举凡有人淹死、战死、被野兽咬死、被牛撞死、被雷打死、行路坠马而死、年青男女爱情不遂双双坠崖而死、遇盗被杀、因火灾或地震而死等等，均算是凶死。人们深信凶死者是因恶鬼作祟所致，而死者本人也随即变为恶鬼。这种恶鬼，纳西语称“斗”（d′ ter）。“斗”时常要危害于人，特别是凶死未久新变为“斗”者即对亲人也一样要加以危害。人们为了免除“斗”的灾难，常请巫师（“东巴”）举行禳解仪式，此种仪式即称“斗”礼。“斗”礼隆重者要延续好几天，有许多繁缛的礼节和活动。其中最重要的活动就是准备一些木牌，插在地上，中间还插上松树枝等物，“东巴”在其周围跳神念经。

“东巴教”过去还盛行龙神崇拜。在一些祭祀龙神仪式中，也要备有这种木牌，插在泉水边或河水边，用来对龙神表示敬意（图一）。

这种木牌，纳西族称为“可标”（kobyu），用松木削制而成，平均长25一30厘米、宽4−5厘米。一端削尖，以便插入地下；另一端削平或削成楔形。平头者用于祭祀那些死去不久才变为“斗”者，楔形者用于祭祀原来的“斗”及其他鬼神。每个“可标”上用红绿等色绘一个所要祭祀的鬼神图像。如鬼神被认为有“夫妻关系”者，一个“可标”上亦可绘两个图像。

“可标”上鬼神形象，都是根据其主要特征来描绘的。例如：死于地震的“斗”，绘作跌倒之状（图二:1）；被雷打死的“斗”，绘一人披蓑戴笠，天空有电下击（图二:2）；死于火灾的“斗”，绘成鸟首人身，而股下有火上烧（图二:3）；龙神多作人身蛇尾（图二:4）。此外，由于“东巴教”

1 调查日期1961年10月。主要报告人为和芳、和君长，均是著名的“东巴”。翻译为吴积仁等。

图一　纳西族在泉水边插"可标"祭祀龙神
（采自 J.F. 洛克《古代纳西王国》）

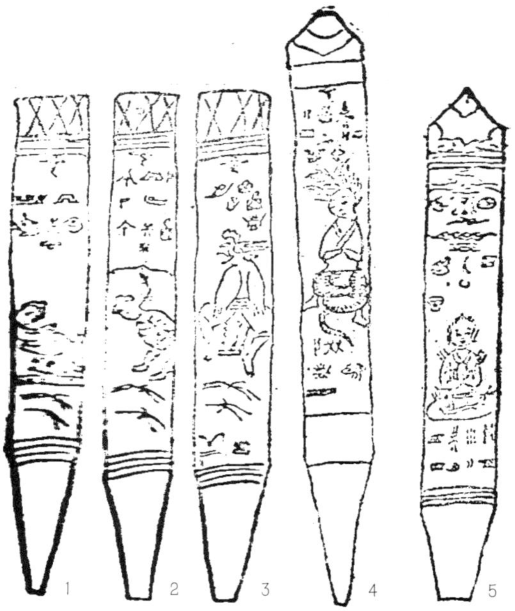

图二　纳西族"可标"上鬼神图像

曾受到喇嘛教的影响，有不少"可标"上鬼神形象又具有明显的佛像风格（图二：5）。还有"可标"上不绘鬼神，而绘一些动物，则是表示供奉神祇的牺牲。

除画像外，"可标"上还画一些花纹和写上一些纳西族象形文字，然亦有不写象形文字的。

举行一次仪式，所祭祀的鬼神往往不止一个，都要准备绘有他们形象的"可标"，故一次隆重的仪式所用"可标"常达几十个之多。"可标"例由"东巴"事先制好，鬼神形象有一定画法，有的"东巴"手中还有样本，必须照样临摹，不允许任意乱画。一个"可标"只用一次，仪式结束后即予丢弃。

"可标"是纳西族一种古老的宗教用物，其起源甚早，象形文字有  字[1]，即代表此物。20 世纪 50 年代前"可标"在纳西族地区普遍使用，50 年代后仪式已不举行，这种仪式用木牌仍作为一种民族文物而有保存。

二

西北地区出土的木牌，在考古报告或论著中称"人面形木牌"、"木橛"或"杙"。

1905—1908 年斯坦因在敦煌汉代烽遂遗址首次发现此物。[2]1927—1934 年中瑞合组的西北科学考察团发掘居延汉代遗址时，又有大量出土。[3] 最近居延出土大量汉代简牍和文物中，亦有这

1 李霖灿：《么些象形文字字典》，四川李庄，1947 年。

2 A.Stein, *Serindia*, Oxford, 1921, pp.649, 767, 769, pl.LII.

3 Bo Sommarstrom, *Archaeological Researches in the Edsen-Gol Region, Inner Mongolia*, Part I, Stockholm, 1956, pp.76、81、97、265、302、351, Fig.21—22, 179, 187, pl.15. 中国科学院考古研究所《居延汉简甲编》，科学出版社，1959 年，图版 59、62、77、122、124。

种木牌。[1]

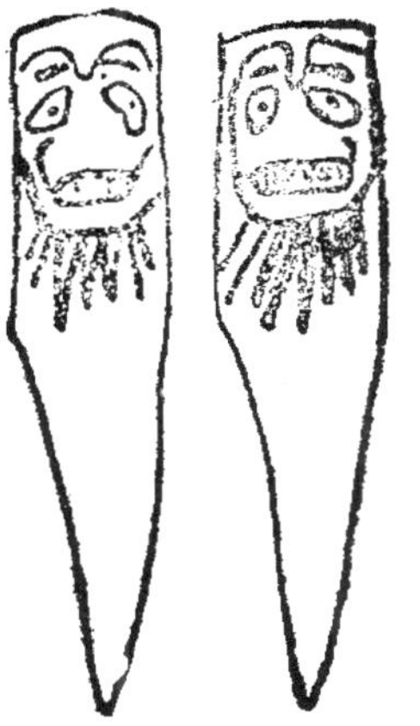

图三　敦煌出土"人面木牌"

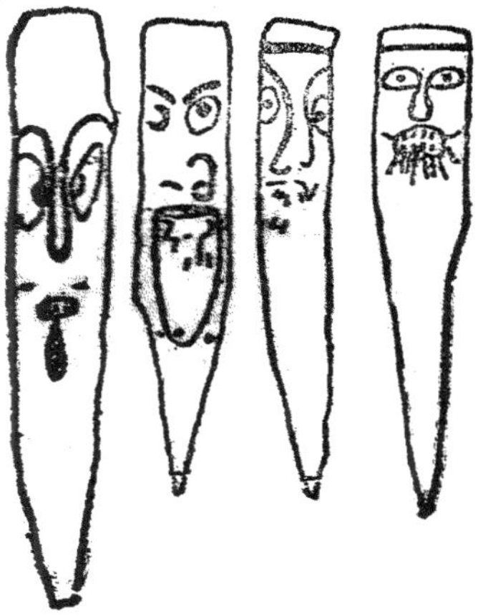

图四　居延出土的"人面木牌"

人面木牌平均长20–25厘米，宽4–5厘米，多将一端削尖，另一端作平头或楔形头；其上用黑红两色绘一个人面图像，狰狞可怖，不类生人（图三、四）。

此物虽混在简牍一起出土，其上只绘人面不写文字。[2]有人认为，它是支撑帐篷或缚系火炬所用之物[3]，然这种木牌既薄且轻，在风力甚大的西北地区，不可能用来支撑什么东西。而且若为支撑帐篷之木橛类，何以其上要绘人面？殊不可解。有人认为，它是迷信用物，这种意见无疑是对的，然究竟如何使用，则有待于通过和纳西族仪式用木牌的类比，以作出具体的阐释。以前讨论汉简时，已有人注意到这种人面木牌和纳西族仪式用木牌之相似[4]，然始终不敢肯定两者为同类之物。其故在于缺乏必要的分析。若将两者作一分析比较，不难发现在很多方面都是符合的。第一，两者形制相同。第二，人面木牌出土数量较多[5]，且制作粗糙，显然和"可标"一样也是一种大量消耗之物。第三，"可标"上绘有鬼神形象，人面木牌所绘面孔，奇形怪状，绝非真正的"人面"，显然也是代表某种鬼神的。

当然也要看到，两者图像有明显的差别，人面木牌只绘鬼神面孔，"可标"所绘则较复杂，不仅绘出鬼神全身，甚至还表现出他们的特征乃至"夫妻关系"。对此必须了解今日所见"可标"是现代"东巴教"用物，大约明代中叶喇嘛教传入纳西族地区[6]，"东巴教"逐渐改变了原始宗教简单、朴素的性质，其崇拜的鬼神已逐渐增多，有些是本族固有的，有些是喇嘛教的神祇[7]；而且每一个鬼神都有一套故事，各有自己的经历和身世。而在"东巴教"还处于原始宗教阶段，所崇拜的鬼神当不如此，它们不过是一些自然现象（山、火、风、大地、水）和动物（牛、羊），即使已被人格化，也只是粗具人的轮廓而已。可以想象，那时所用"可标"的鬼神形象，决不会像现这样复杂。总之，人面木牌和"可标"所绘鬼神形象之简单或复杂、粗糙或细致，不足以成为否定两者属于同类之物的理由。它们之间的区别只在于人面木牌是一种原始的形式，而"可标"则有了发展和变化。

人面木牌仅见于西北地区，他处迄未发现，而其同类之物却在今天纳西族之中保存。民族史

1 甘肃居延考古队：《居延汉代遗址的发掘和新出土的简册文物》，《文物》1978年1期，图二〇。

2 人面木牌写文字者也见一例，出土于居延破城子，人面形背面写有："万岁士吏师就还钱☐"（《居延汉简甲编》图版柒柒：174 16）。审其内容，似为计算钱谷的出入，与人面形无关，应是后来写上去的。

3 劳榦：《居延汉简考释（图版之部）》序言，李庄，1944年，第8页。

4 陈槃：《汉晋遗简偶述之余》，《中央研究院历史语言研究所集刊》23本下册。

5 据斯坦因说，这种木牌在敦煌"汉长城沿线都有散布"，见 *Serindia*，649页。

6 丽江最老的喇嘛寺——福国寺建于明万历年间（参见该寺保存的碑刻《丽江府福国禅林纪胜记》）。

7 参见《么些象形文字字典》鬼神类。

家多认为，纳西族原是羌人之后裔，是自西北地区南迁来的[1]，并从语言学[2]和民族习俗[3]上加以证明。假如此说属实，人面木牌及有关习俗或是羌人南迁时带来的。

按羌人原散布在西北广大地区，像敦煌、居延等地自古就属羌人活动范围之内。汉置河西四郡以后，这一带羌人军事活动仍未停止，《后汉书 · 西羌传》等文献中有关记载甚多，即在汉简中也有反映。[4]假如以木牌画鬼神形象插地祭拜原是羌人的习俗，汉代戍卒们由于和当地羌人长期接触，在文化上有可能受其影响。这就是为什么有些烽燧遗址中也出土这种木牌的原因。

综合上述，中国西北地区出土之人面木牌应和纳西族仪式用木牌一样，是在祭祀时插在地上作祭拜之用的，其上所绘人面形，即代表祭祀之对象。

（原载《思想战线》1981 年 5 期）

---

1 据《后汉书 · 西羌传》，羌人原散布在西北广大地区。大约公元前 4 世纪时，秦国势力强大，羌人被迫集中居住于赐支河流域（当指今甘肃西部、青海东部之黄河及其支流），有些部落逐步经过川西高原而南迁。"子孙各别，各自为种，任随所之。"其中有所谓"越嶲羌"者，后来或称为"摩沙夷"（《华阳国志 · 南中志》）、"磨些蛮"（《蛮书》），被认为是今纳西族直系祖先。今滇西北地区仍有"摩梭人"。据《蛮书》所言"磨些蛮"分布情况，则至迟在唐代，纳西族的先民已定居在今天四川西昌地区及滇西北地区，参见方国瑜《么些民族考》，《民族学研究集刊》第 9 期（1944 年），陶云逵《关于么些之名称、分布和迁徙》，《中央研究院历史语言研究集刊》第 7 本第一分。

2 古羌人系统遗留下的语言材料有东汉明帝永平年间"白狼"部落献给朝廷的乐诗三章（见《东观汉记》卷二二），据研究与今藏缅语族彝语支各种语言有渊源关系，而与纳西族尤为相近。

3 羌人实行父子联名制，如东汉安帝时期羌人首领滇零之子则名零吾（参见《后汉书 · 西羌传》）。纳西族在明代仍有此俗，如丽江木氏土司最初几代祖先名字是阿甲阿得—阿得阿初—阿初阿土—阿土阿地（参见《丽江木氏宦谱》，丽江文化馆 1957 年石印本）。又羌人行火葬（参见《荀子 · 大略》、《吕氏春秋 · 义赏》、《墨子 · 节葬》、《列子 · 汤问》），而火葬至今仍是纳西族传统葬法。

4 见《居延汉简考释（考证之部）》卷一，简号 26719。

附录

Yangshao Burial Customs and Social Organization: A Comment on the Theory of Yangshao Matrilineal Society and Its Methodology

The basic intent of this paper* is not to recreate the social organization of Yangshao culture, but to comment on the theory of Yangshao matrilineal society and its methodology.[1] This theory has prevailed for twenty-plus years.

The theory of Yangshao matriliny is mainly based on multiple burials and related evidence. With regard to the relations between burial customs and social organization, there have been continual explorations by anthropologists and archaeologists since the nineteenth century (Bartel 1982) At the present, many scholars (Binford 1971; Tainter 1978; Knudson 1978; Hodder 1982) maintain that burial evidence can be used to explore prehistoric social organization, taking the quantity of grave goods and the scale of the graves to reflect status differentiation among the deceased. It is difficult, however, to use burial customs to recover other aspects of social organization (Hodder 1982:144–145). For example, the question of marital residence is "difficult to determine archaeologically" (Knudson 1978:382–383). The burial customs of the same people or the same culture frequently vary by region (Kroeber 1972)and burial patterns are frequently restricted by religious belief(about the afterlife) (Ucko 1969). Patterns in death "are not mirror images of patterns in life" (Hodder 1982:139–140).

Precisely because burial customs have natural limitations with regard to reconstructing social organization, those who now study Chinese archaeology and prehistory (Xia Nai 1979; An Zhimin 1979,1981; K.C.Chang 1977:91–114) have generally, in discussing the period of Yangshao culture, not become involved with the discussion of matriarchal society and have adopted a reserved attitude towards questions of Yangshao social organization.

Discussions about Yangshao matrilineal society began in the early 1960s. Over ten articles focussed on this question have now appeared.[2] Most recently, the publication of *Yuanjunmiao Yangshao mudi* (The Yangshao cemetery at Yuanjunmiao) has provided a still more systematic demonstration of the theory of Yangshao matriliny. Because the discussions are extremely numerous and the opinions diverse, we cannot evaluate them one by one but can only select several common approaches to the theory of matriliny to provide issues for discussion. These issues are: is a collective burial necessarily the common burial place for a matrilineal family (or other kin group)? Did "maternal predominance" or a "female core" ever exist? Does the custom of "segregated male and female burial" exist?

Ⅰ. Multi-person Collective Burials Are Not a Reflection of the Matrilineal Family

Yangshao multi–person collective burials resulted from a burial system in which a number of skeletons were buried in a large pit. Most of the burials were secondary, a small number were primary, and an extremely small number of primary burials were, on occasion, included among the secondary burials. Most collective burial remains are of the Banpo type and, moreover, of the Late Banpo period, sometimes called "Shijia type" (Gong Qiming 1983). other Yangshao cultures (like the Hougang type) have also yielded such discoveries, but in extremely small numbers (table 1). The popularity of this burial type probable extended from the middle of the fifth millennium to the fourth millennium B.C., reaching its height during the middle of the fourth.[3]

Those who support the theory of Yangshao matriliny make one prejudiced assumption, namely that kin relations must have existed between the individuals found in collective burials. But, on this point, apart from quoting Morgan' s *Ancient Society* to the effect that "bone of bone,and flesh of the same flesh, should be always joined together" (Morgan 1964; Ch. tr., p. 80),[4] they have no other proof.

Burial is a kind of religious activity. Since collective burials mainly emphasized secondary burial, we must first consider the intent and significance of secondary burial. According to experts in primitive burial customs, secondary burial is "the socially sanctioned removal of the relics of some or all deceased persons from a place of temporary storage to a permanent resting place" . It derives from these beliefs: that the soul of a person when he has first died lingers by the corpse, forming a kind of threat to the living, and that one must wait until the corpse has rotted for the soul to escape from the body. Ritual activity is required at this period to see the soul off on its way to its destined place, secondary burial being one part of the ritual of farewell, an expression of the dead obtaining final peace. Before the secondary burial is carried out, misfortunes encountered by the living are frequently recognized as the curses of the dead and the performance of the secondary burial is thus moved up in time (Huntington and Metcalf 1979:68–81). Regardless of the differences among various peoples about the specific nature of the world of the dead, secondary burial is in all cases to see the dead off to their "place of eternal rest" and to avoid the possibility of the dead harming the living. Another primitive belief, in which the dead will meet and reunite with dead kin,is also manifested in certain burial customs, but this is not the important motive for secondary burial.

Minority groups within China have historically practiced secondary burial with the washing of the bones at the core of the ritual (Ling 1955), but the practice has been much reduced in modern times. It has still, however, been much preserved among primitive peoples outside China, being performed both singly and collectively. The latter has many resemblances to the multiperson collective secondary burial of Yangshao. If, dissatisfied with the miscellaneous records concerning the burial customs of various Indian tribes in *Ancient Society*,[5] we observe more broadly the circumstances of secondary burial in various tribes around the world, we can arrive at a picture that is entirely different from what had previously been imagined.

To facilitate a comparative study of Yangshao collective secondary burial, I provide below an introduction to ethnographic materials about collective secondary burial or about secondary burial ritual performed separately but with the bones still being buried collectively. These ethnographic samples seem particularly relevant to the burial customs of Yangshao culture.

If we start with the Iroquois, it may be noted that thy had various kinds of dissimilar burial customs. The single–person burial briefly recorded in *Ancient Society* was only one kind of burial custom. In addition, they also had collective secondary *The League of the Iroquois*, a book rarely quoted by Chinese scholars, Morgan wrote:

> Another and more extraordinary mode of burial anciently prevailed among them. The body of the deceased was exposed upon a bark scaffolding, erected upon poles, or secured upon the limbs of trees, where it was left to waste to a skeleton. After this had been effected by the process of decomposition in the open air, the bones were removed, either to the former house of the deceased, or to a small bark house of the deceased, or to a small bark house by its side,prepared for their reception. In this manner the skeletons of the whole family were preserved from generation to generation, by the filial or parental affection of the living. After the lapse of a number of years, or in a season of public insecurity,or on the eve of abandoning a settlement, it was customary *to collect these skeletons from the whole community around*, and consign them to a common resting–place. To this custom, which was not confined to the Iroquois, is doubtless to be ascribed the burrows and bone mounds, which have been found in such numbers in various parts of the country. On opening these mounds, the skeletons are usually found arranged in horizontal layers··· (Morgan 1851:173; italics added here and below.)

The deposition of layer on layer of skeletons described in these tombs is very like the situation of the collective secondary burials from Shijia, Weinan (*Kaogu* 1978.1:42) and Jiangjai II, Lintong (*Kaogu yu wenwu* 1980.3:6). We can see from the above that the Iroquois people, who practiced matriliny, by no means buried a matrilineal clan (or other kinship unit) together.

This kind of custom was certainly fairly common among the Indians of North America. The Huron, who had close links to the Iroquois, had a similar burial custom. They believed that after a person died his spirit went to the "village in the sky" to dwell (Josephy 1968:93), and that every twelve years one village had to carry out a magnificent farewell feast for those who had died during this time interval, with relatives ritrieving the skeletons from scaffolds and trees, and ,after a series of elaborate ceremonies, they were sent off to the "community burial pit" amid wailing, singing, and speech making (Driver 1969:376). Although the Huron also practiced matriliny, the collective burial pit at the time of collective secondary burial was by no means that of a matrilineal kin group.

The Merina of Madagascar practice virilocal residence and also have large patrilineal clans (Murdock 1967:90), but they too do not perform joint burials on the basis of patrilineal kin connections. Each village has several stone-slab tombs. Every inhabitant after marriage has to select one of them to be the future burial place of his bones and accordingly assumes part of the responsibility for maintaining that grave. The bones are only placed there several years after a man has died. With regard to a man, he can chose the grave where the bones of his grandparents or parents lay, but he can also choose the grave on his wife' s side (Bloch 1968). Thus the bones found in every grave do not belong to a particular lineage, but are "a cross-section of a local population. including males, females and children, some of them are related by marriage and some by kinship" (Ucko 1969).

The Ma' anyan Dayaks of Padju Epat have burial customs analogous to those of the Malay people, but there the secondary burial involves cremation. After death, interment in the earth is first performed ; when two-to-three-hundred corpses have accumulated in the cemetery, a secondary burial ceremony called *idjambe* is performed collectively by the entire village. The cremation is carried out in a special area; every person belongs to a *tambak* (This was originally the name for a wooden box raised on posts and filled with the collected ashes of the bones); the members of each *tambak* are burnt in the same fire and the ashes of their bones are then deposited among the bone ashes of the *tambak* to which they belong. It may be noted that the Dayak lack both matrilineal and patrilineal clans and practice ambilocal or virilocal residence. The members of the same *tambak* by no means belong to the same clan, membership being determined by many factors such as birth, marriage,and upbringing. A wealthy person can also establish an independent *tambak*, thus becoming the founder of a *tambak* bearing his name. Thus, the Ma' anyan cinerarium resembles the joint burial pits of the Merina described above, with the bone ashes they contain not belonging to any one kinship group (Hudson 1966:351—358).

Peoples outside China also practice secondary burials in which kinship groups do form the unit. The Toradja of the Celebes first store the corpse in a small hut on the edge of the village, guarded by a slave or servant, to let the corpse rot. Every few years they perform a mass secondary burial for the corpses that have accumulated in this way. If there is an epidemic or if plagues of mice attack the rice crop, then these disasters "are attributed to the unquiet dead" and the secondary burial are carried out more frequently. At the time of the ceremony, the skeletons are brought into the village from the hut beyond and are bound up into effigies with the addition of a mask, finally being placed separately in a cave in the cliff, placed together with the bones of their ancestors and dead kin (Huntington and Metcalf 1979:83—85). One may note that the Toradja practice uxorilocal residence although they do not preserve a matrilineal clan organization (Murdock 1967:94).

Secondary burial is also performed on Easter Island. Corpses are first placed on a stone pile or a wooden structure, allowing them to rot; afterwards, the bones are removed to a funerary cairn called an *ahu*. The vaults of some *ahu* were "filled with an incredible number of bones" ; they frequently belong to the dead of one lineage or one family who have died over time (Metraux 1940:115—117,283—288). On Easter Island, ambilocal residence is practiced, and virilocal residence is preferred (Murdock 1967:102). Thus those buried collectively in one *ahu* do not form a matrilineal kinship unit.

From the analogous materials presented above we can see that multi—person collective secondary burial, regardless of the final method of disposition (earth, fire, or cliff burial), were regularly not divided by kin group. Even when some burials did use the kin group as unit, that unit was by no means the matrilineal family. This proves that we definitely cannot use the passage in *Ancient Society* to the effect that "bone of bone, and flesh of the same flesh, should be always joined together" [6] as representing a regular phenomenon. At the most it can represent the belief and customs of one Indian tribe (the Cherokee); it cannot be extended to the Yangshao culture, several thousand years and over ten thousand miles distant, to show that Yangshao collective burials "reflect" kin groups.

On the contrary, certain remains indicate that Yangshao culture truly resembled that of many modern primitive peoples whose collective secondary burials were not carried out by kin unit.

On the basis of the graves in several already published cemeteries, the numbers of people included in a multi–person collective grave were generally several dozen. Since the Yangshao people still practiced shifting agriculture (K. C. Chang 1977:97–98), they were not able to form large village or large kin groups. Under normal conditions the umbers of people in a kin group would not have exceeded several dozen; thus they could not have had several dozen die in one period. For example, grave M5 from Shijia in Weinan contained 51 people (*Kaogu* 1978.1:48); M426 from Yuanjunmiao contained 25 (*Yuanjunmiao*:118–119); there were as many as 70 to 80 in one grave from Jiangjai period II (*Kaogu yu wenwu* 1980.3:60). To say they came from the same kin group would be very hard to believe. But if we were to say that these graves contained the members of one tribe or one village who had died in one period then there would be nothing surprising. On the basis of the numbers of houses in several already excavated villages, a village probably included 50 to 100 houses, that is,50 to 100 households.[7] The "large houses" in these villages were collective meeting houses for common use (Wang Ningsheng 1983). The average area of the medium to small houses in which each household lived was 20 to 30 square meters.[8] On the basis of my observations among the minorities in southwest China, these kinds of primitive dwellings generally contain 5 to 6 people. Thus a normal Yangshao village perhaps had a total population of two–to–three hundred. That villages of this order would have had several dozen people die in one period is entirely reasonable. Only at Jiangjai in Lintong, with its large village of over one hundred small houses could there have been five–to–six hundred people. So it is only at Jiangjai that collective burials with more people in them have been found. Because of this, a collective burial containing many people ought to contain all those who had died in a village over a period of time. Collective secondary burial of a small number of people and single secondary burials resulted perhaps from a period in which very few people had died; or, as with the Toradja described above, they may have resulted from the fairly frequent performances of secondary burial rituals as certain disasters were blamed on the dead.

In summary, we have no way to decide if the dead in the collective burials of Yangshao culture came from a matrilineal family. And at present we can only determine, with regard to the relations between them, that those whose deaths had been close in time had enjoyed the final rite of secondary burial together, We can also explain the case of the so–called "set of small pits within a large pit" at Hengzhen in

Huayin in which fifteen collective burials were divided into three large graves (*Kaogu* 1960.9:7). Perhaps resembling the case of the Ma' anyan describe above, this was the result of the separate performance of collective secondary burials at that time. Buried in the "large pit" were the complete corpses of those who had received a common secondary burial ritual; in the "small pits" were remains which had been buried at one and the same performance.

The interpretation of Yangshao multi-person collective burial as a "reflection" of matrilineal family or some other kind of kin group suffers from another very large difficulty, namely the widespread existence of single-person burial.

In spatial terms, Yangshao culture was distributed in Shaanxi, Henan, Shanxi, Hebei, and Gansu, reaching to the Hetao area in the north and to within the borders of Hubei in the south. In temporal terms, it lasted as long as two thousand years; over fifty Carbon-14 dates run from ca. 5000 to 3000 B.C.(Xia Nai 1977; An Zhimin 1984). Starting from the 'sixties, scholars began to study Yangshao culture on the basis of region and differentiated type (Yang Jianfang 1962; Su Bingqi 1965; Yan Wenming 1980). Now the accumulated data are still greater, and this general region has produced the regional type of Banpo, Miaodigou, Xiwang cun, Hougang, and Dasikong, which it has been possible, moreover, to arrange in a sequence (*Xin Zhongguo de kaogu faxian he yanjiu*:42-53). We have now ascertained that multi-person collective burials mainly appeared in the late Banpo period. Not only, as everyone knows, were single burials prevalent after this, continuing right down to historical times, but they also existed prior to this time. At some sites (like Jiangjai in Lintong and Xiawang' gang in Xichuan) there are multi-person secondary burials in the upper level and single-person primary burials in the lower. At other sites (like Yuanjunmiao in Hua xian)multiple secondary burials and single primary burials coexisted(table 1). It is worth noting that in sites of the Peiligang culture, which was a precursor to Yangshao culture (An Zhimin 1979:4), and the Lijia cun culture (Wei Jingwu 1979), single, supine- extended primary burial was the only type.[9]

If multi-person collective burials represent matrilineal families, then what kind of social organization does this large number of individual burial represent? In the past, it has been thought that individual burials and the small number of male-female joint burials were produced after the disintegration of matrilineal clans and the appearance of individual patrilineal families. If we also take the individual burials of pre-Yangshao and early Yangshao culture as evidence of individual patrilineal families, does this not contradict the known model of matriliny developing into patriliny? Those scholars who support the matriliny theory regularly avoid or overlook these "unresolvable" questions.

TABLE 1
FORMS OF MULTI-PERSON COLLECTIVE BURIALS AT YANGSHAO SITES

Culture Type	Site	Pit Burials									Urn Burials
		Collective Burial				Single Burial				Totals	
		secondary	primary	style not clear	subtotal	secondary	primary	style not clear	subtotal		
Banpo	Banpo		2		2	5	170		175	177	73
Banpo	Beishouling	7	6	1	14	35	310	26	371	385	66
Banpo	Hengchen	24(?)			24					24	5
Banpo	Yuanjunmiao	24	2	2	28	9	5	2	16	44	
Banpo	Jiangjai (I)	2(?)			2	6(?)	168(?)		174	176	236(?)
	Jiangjai (II)	180(?)			180(?)					180(?)	40(?)
Banpo	Shijia	40			40		3		3	43	
Banpo	Dongzhuang cun	2			2		2		2	4	1
Hougang	Hougang	2	1		3		7		7	10	
	Xiawang'gang (I)						22		22	22	
	Xiawang'gang (II)	32(?)			32		26		26	64	3
	Dasi	1			1		6		6	7	

Note: (1) Although urn burials were usually of children, a small number of adults were also given this kind of burial, as at Beishouling and Jiangjai I and II; (2) Collective graves might include both primary and secondary burials; here they are all counted under the rubric of secondary burial; (3) A question mark indicates that the published figures are insufficiently detailed. Sources: Banpo: Xi'an Banpo:198-216; Beishouling: Baoji Beishouling:6-114, 157-182; Hengchen: Kaogu 1960.9:5-9; Yuanjunmiao: Yuanjunmiao:16-24, 86-105, 111-127; Jiangjai: Kaogu 1973.3:134-145; 1975.5:280-284; Kaogu yu wenwu 1980.3:1-13; Shijia: Kaogu 1978.1:41-53; Dongzhuang cun: Kaogu xuebao 1973.1:10-11; Hougang: Kaogu 1972.3:15; 1972.5:9; 1982.6:582; Xiawang'gang: Wenwu 1972.10:6-17; Xin Zhong'guo kaogu faxian he yanjiu:66; Dasi: Kaogu 1961.10.

TABLE 2
OCCUPANTS OF YANGSHAO MULTI-PERSON COLLECTIVE BURIALS

Site	Total no. of graves	Collective burials of adults				Collective burials of adults & children			Collective burials of children	Sex and age unclear
		M-F	M-M	F-F	sub-total	M-F-C	F-F-C	sub-total	F	
Banpo	2		1	1	2					
Beishou-ling	14	1	2		3					11
Yuanjun-miao	28	3	2	1	6	15	3	18	1	3
Shijia	40	19	1		20	20		20		
Dong-zhuang cun	2	1	1		2					

Note: M = male, F = female, C = child. Sources: Banpo: Xi'an Banpo:208; Beishouling: Baoji Beishouling:157-182; Yuanjunmiao: Yuanjunmiao:68, 110-127; Shijia: Kaogu 1978.1:48-49; Dongzhuang cun: Kaogu xuebao 1973.1:11.

And if we are unable to provide an explanation from the point of view of social organization for this wide spread form of individual burial in China, which continues through every period (keightley 1985), then all other reconstructions have no power to persuade.

Ⅱ. Theories about "the Predominance of Women" Are Untenable

Yangshao burial customs have also been recognized as revealing that "women occupied the dominant position" or that "women were thought to be central" .

Collective burials, as we have seen, were by no means necessarily related to matrilineal kinship groups. Also, We have no direct proof that the "predminance of women" ever existed.

1. On the "Collective Burial of Children with Mothers"

There are three collective burials at Yuanjumiao containing adult females and children that have been identified as mother–child burials. They have been taken to prove the "predominance of women" in the society of that time and that matrilineal inheritance was being practiced.

It may be noted that Yangshao culture commonly employed the method of urn burial for its children (Li Yangsong 1976) and that in some places where multi– person collective secondary burial was popular(Shijia in Weinan, Yuanjunmiao in Huan xian) no urn burials have yet been discovered; children and adults were given collective secondary burial together. In many instances, the child was buried together with an adult male and female, not just with an adult female. For example, of the 40 collective burials at Shijia in Weinan, 20 included children and both male and female adults; not one collective burial contained only a child and an adult female. In 25 collective burials at Yuanjumiao, 15 contained a man, woman,and child; there were only 3 cases of a child being buried jointly with an adult female (M420,[10] M455, M457). That these were the only three instances in close to a thousand burials of the Yangshao Banpo type (table 2) truly reflects the lack of evidence for matrilineal descent in the society of that time.

Since there were a large number of cases in which children were buried mingled together with adults, both male and female,we can see that there was no system in which children had to be buried with a female. As shown above, multi–person collective secondary burials only resulted from assembling the dead of a tribe or village who had died in a certain period and giving them common rites; if , during that period, only adult females and children had died, then the situation of the three graves referred to above would naturally have been produced. To say that the dead in the grave were mother and child is again mere speculation.

2. The Small Number of primary Female Burials in Multi-person Collective Secondary Burials

That a certain number of the primary burials in the multi–person collective secondary burials at Yuanjunmiao were of women has also been seen as a manifestation of the "predominance of women" .

It may be noted that there were only eight instances in which a primary burial had been mixed in with a multi–person collective burial. The recipients of the primary burials were one or two people, some female, some male (as in M456);[11] some were children (as in M405); and there were also a male and female given primary burial with others who had received secondary burial (as in M453). It was by no means only for women that one carried out primary burial. Consequently, we cannot in fact see any connection between this practice and male and female status.

In addition, primitive peoples are far from considering those given primary burial as occupying the position of honor ,with those given secondary burial having been removed to be buried with them. As indicated in ethnographic records, peoples which practice secondary burial all regard it as the final and more important ritual for treating the dead. For example, the secondary burial ritual of the Berawan of Borneo has to be far more splendid than the primary and is regarded as a kind of honor for the dead.[12] If a people practice several kinds of burial methods, the social status of those who receive secondary burial is generally higher than those receiving other kinds of burial. For example, the Ungariyin tribe of Australia only perform secondary burial for adult male who have passed the initiation into manhood rites (Elkin 1974:356–357). Among the Papuans of New Guinea only the rich receive secondary burial treatment (Pospisil 1965:36–37). The same is true for the Balinese of Indonesia, although there the secondary burials of the rich involve cremation(Huntington and Metcalf 1979:85–86).

Secondary and primary burial at Yuanjunmiao definitely did not involve high or low social status, for the two kinds of burial were not restricted to the dead of a certain sex or age. The appearance of primary burials mixed in with secondary must have been due to the burial of somebody—recently dead or whose corpse had not yet decayed after burial not long before—who, in order to avoid imperilling people, was included in the ceremonies when the collective secondary burial was being performed. This then is the reason why, several thousand years later, we see the lack of disorder in the skeletons. Although this is only a speculation, it seems to be reasonable when we observe that the number of primary burials found in the collective graves is very small,at most not more than two people. We can also make a similar speculation about the dead in the "primary collective burials" , that they were the consequences of a secondary burial performed on those whose corpses had not yet decayed.

3. "Rich Burial of Females"

Another phenomenon used to support the theory of the "predominance of women" is the fairly large number of pots used as grave goods in female burials.

It may be noted that the pots in the graves were not separated, so that "it is hard to determine which body they belonged to" (*Yuanjunmiao*:76).[13] It is also hard to make comparisons between collective burials of different types. The only comparisons that can be made are between male and female single burials. We can tell from the statistical table in the report on the Yangshao cemetery at Yuanjunmiao (*Yuanjunmiao*:78) that there was no great difference in the number of pots in male and female burials. Although the burial with the largest number of pots (M12) belonged to a male, with a total of twelve, we can by no means decide that the social status of this male was higher. Even if this were an unusually primitive people ,an individual and his household might,on the basis of greater ability or other favorable conditions, possess more utensils of daily use, more complete tools, and finer ornaments. One universal, primitive burial custom is to furnish the dead with the things they had used in life. The grave goods of Yangshao culture were precisely of this type. On the basis of observation, pots found in the Yuanjunmiao graves revealed traces of soot and watermarks; they were all "objects of use" . Because of this ,when the number of pots in an individual grave (regardless of sex)was more numberous but there were no other distinctions, we can only say that the objects of daily use had been more numerous in life, and we can in no way prove that the ritual treatment in his or her burial had in any way been richer. *Yuanjunmiao* (p.53) definitely records: even when the grave goods were more numerous, "the economic lives of the deceased were by–and–large equal" , "their status in life was equal" . Similarly, we cannot prove that men and women were of different status on the basis of one or two more pots in a grave.

The rich burial of small numbers of girls or young women is a question that has frequently been introduced for discussion. There are only three burials of this type which are taken as evidence of matrilineal society: (1) M152 at Banpo, Xi' an (*Xi' an Banpo*:214–21); (2) M7 at Jiangjai, Lintong (*Kaogu* 1973.3:136–137); (3) M429 at Yuanjunmiao, Hua xian (*Yuanjunmiao*:93). We can recognize that these burials were definitely exceptional,all being provided with more grave goods than adult burials were. M152 at Banpo and M7 at Jiangjai are special, given the circumstance of infant urn burial at those sites; only in these two cases were girls given individual pit burials; the use of planking as a grave furnishing in M152 at Banpo was still more out of the ordinary. But was the rich burial they received only because they were girls? A total of about thirty child skeletons have been found at the Yuanjunmiao cemetery; the great majority have not been sexed but there were naturally some girls among them. If girls were commonly considered important at that time ,why did only the two girls who were the occupants of M429 receive a rich burial? Another frequently overlooked question is the burial of an approximately seven-year-old male (M22), found in addition to this burial of a girl(M7), in the first excavation at Jiangjiai. The grave goods in this burial were: four pots, one scraper, one stone chisel, two bone hairpins, three bone spatulas,and bone beads. The richness of the grave goods invariably exceeded that in the burial of the girl. From this we can tell that there are examples in Yangshao burials of boy similarly receiving rich burial.

Regardless of whether it was a boy or girl, the reason they received rich burial was definitely not because of his (or her) sex and must have been due to partcular factors. One scholar of burial customs and society reports: "If archaeologists find infants buried in a manner indicating a social persona larger than that possessed by some adults, a principle of social ranking by birth is probably indicated" (Tainter 1978:106).

It may be noted that in primitive (that is ,simple) society, people have no divisions of rank or class similar to those of later ages but arrive at distinctions in social status on the basis of differences in occupation, duties, and individual ability and character. Headmen, shamans, heroes in warfare, and military leaders generally achieve higher social status; their family members and children can also obtain the respect of the villagers. Naturally, some of the children also enjoy a higher social status than their companions on the basis of their undertaking particular duties or for religious reasons (as in undertaking important roles in rituals). The American anthropologist, Margaret Mead records that the Samoans have a system in which some girls may participate in an organization and then obtain the title of *taupo* (meaning "princess"). They specialize in receiving visitors from neighboring villages, they serve as the staff in the rituals ,and in certain cases they become the assistants to the chief' s wife. Because of this ,their status is higher than that of their original female companions and they are respected by the villagers to the point tha the headmen and chief wives of the tribe must speak to them in a respectful tone. Their marriage ceremony becomes a major affair for the entire village (Mead 1928:76-78).

Of course there are differences between the societies of Yangshao and Samoa. Nevertheless, the Samoan case affords collateral evidence that the rich burials of Yangshao children (of three girls and one boy)can only reflect the better status of their families of their better individual conditions; they are unrelated to their sex. Still less do they apply to the descent system of the society as a whole. Although some girl received particular treatment, the Samoans practiced ambilocal residence (Murdock 1967:98) and were famous for the strength of their patriarchy.

Ⅲ. The Question of "Segregated Male and Female Burials"

This question arose with the preliminary report of the 1958–1960 excavations at Beishouling in Baoji, which said: "after death, the men and women were buried separately" (*Kaogu* 1960.2:7). Subsequently this practice was interpreted, by analogy with Mosuo burial customs in Yunnan(Song Zhaolin 1964),as the segregated burial of brothers and sisters, a phenomenon that could only appear with matrilineal society. But with the 1977–78 excavations and a checking of the previously excavated materials, the formal report rejected this long-popular misconception; relying on the seriousness which archaeologists must possess and on the spirit of seeking truth from facts, it pointed out that what the original report had said:" was untrue……regardless of the way in which male and female were mixed together in the same cemetery or same grave" (*Baoji Beishouling*:128).

It is now established that there were no such cemeteries in other Yangshao sites in which individual burials of males and females were arranged separately. In the multi-person collective burials, those in which the same sex were buried together are also very few. On the basis of the Beishouling evidence, there are only two out of fourteen collective burials in which members of the same sex were buried together; there are no more than one or two cases at other sites. What existed in great number were the mixed burials of male and female (table 2).

Collective burial of the same sex extremely uncommon and definitely cannot be taken as forming a burial custom; its unreliability as a means for reconstructing a certain kind of social organization is self-evident.

If we do believe that a very few same sex collective burials were the segregated burials of brothers and sisters of a matrilineal clan which observed this kind of marriage system, then how can the presence of large numbers of mixed male-female collective burials not be taken as those of brothers and sisters of other matrilineal kin who were all buried together? Why did only the members of this small number of same-sex burials observe the principle of avoiding their close kin?

According to our thinking, it is not hard to explain this small number of same-sex collective burials as we have done before. Since the multi-person collective secondary burials for those of the society who had died over a certain period of time, if those who had died during that time were only males we would then have collective male burials; if only females had died, we would then have collective female burials.

Recently, some scholars (Xia Zhiqian 1984), dissatisfied with previous explanations of same-sex collective burials,have suggested that same-sex burials were the segregated burials of agemates of different sexes. This is certainly a better approach. Age grade organization is commonly found in primitive (simple) society, and burial by age grade does in fact exist as a burial custom. But if one perhaps applies this to regions(like Wangyin in Yanzhou)[14] where collective same-sex burial was a common phenomenon, there will still be a certain difficulty in using it to explain Yangshao burial customs. This is because Yangshao collective burials not only mixed males and females, but frequently contained yong and old, without distinction of sex and age.

Conclusions

On the basis of the above analysis we can see that none of the arguments for Yangshao matriliny are adequate. We cannot arrive at a final conclusion as to whether or not Yangshao culture was a matrilineal society. Nor, naturally, are we inclined to endorse the use of burial customs to prove that Yangshao culture was a patriarchal society (Xu Shunzhan 1962) or that it should be placed in the transitional stage between matriliny and patriliny (Wang Renxiang 1982); this is because up until now we still lack an effective method for using burial customs to reconstruct social organization. In addition to the limitations of the burial evidence itself, this is also due to the fact that primitive societies are by no means simply divided into two stages or types—matrilineal and patrilineal; their circumstances are far more complex. Precisely because of this, "archaeologically, kinship and descent are difficult aspects of society to reconstruct" (Knudson 1978:385).

The author of this article has written another(Wang Ningsheng 1983) pointing out the various limitations and difficulties involved in using archaeological data to reconstruct social organization.

Nevertheless, we still greatly value the effort which previous scholars (including those who have advanced the theory of matriliny)have made in using archaeological data to explore prehistoric social organization; we emphasize continuing this kind of exploration and unceasingly improving research methods.

I think that when, in the future, burial customs are used to study social organization, the following methodological considerations should be noted by myself and my colleagues in china:

First, we must emphasize the more widely spread elements of the burial system (as in the case of the multi-person collective secondary burials of Yangshao culture, the mixed collective burial of male and female, yong and old was a common phenomenon) and must not simply isolate particular phenomena (such as the extremely small number of collective burials of children with females and of persons of the same sex) while ignoring the great quantity of corresponding phenomena which existed.

Second, to better reconstruct a society' s appearance we must employ the method of ethnoarchaeology, collecting materials from the ethnic record in order to draw analogies. But the materials used for analogy must have been selected and be appropriate. For example, the multi-person collective secondary burials of Yangshao can only be compared to the collective secondary burial customs which have been preserved by some peoples.

Third, we must unceasingly pay attention to new research methods. For example, most recently some scholars have applied the study of heredity to skeletons in burials, seeking to see if some hereditary features on individual skeletons of different sex can determine the relations between them, thus permitting the exploration of marital residence patterns and other questions (Thomas 1979:322).

Finally, the topics we study must arise from the actual materials and should not be restricted by the concerns of our predecessors. Morgan' s *Ancient Society* was published 108 years ago; the developmental model of primitive society which he advanced together with some of his theses are already out-of-date. We cannot, of course, because Marx and Engels approved of this book, continue to employ theories which have been proven on the basis of facts to be incorrect. We ought, on the basis of the rich data accumulated by the last thirty years of Chinese archaeology, to study the prehistory of China from many points of view, including questions such as burial customs and social organization.

Notes

* This paper was originally delivered at the Conference on Ancient China and Social Science Generalizations held at Airlie House, Airlie, Virginia, 21-27 June 1986, under the sponsorship of the National Academy of Sciences and the Committee for Scholarly Communication with the people' s Republic of China and funded by the National Endowment for the Humanities and the Wang Institute. This version was revised by the author in October 1986. The English-language bibliography was prepared by David Honey. An abbreviated version appears in *Wenwu*, 1987,no.4.

1. Chinese academic circles, *muxi shehui* or *muxi shizu shehui* is not only used to

indicate "matrilineal" society but also includes the concepts of "matrilocal" or "duolocal". Strictly speaking ,descent and post-marital residence are by no means one and the same thing. For example, several Melanesian and Australian tribes are matrilineal but patrilocal (Lowie 1920:190[Chinese tr.]). [In translating this paper, I have chosen to render *muxi shehui*,the author' s general term, as "matrilineal society" ; readers should be aware, however,that dictionaries also offer "matriarchal society" and that its precise meaning,as used in Chinese sources, is frequently vague and may vary with time. For scholarship of the 1960s, in fact ,I have translated *fuxi shehui* as "patriarchal society" rather than "patrilineal" .—DNK.]

2. Representative works are given in the bibliography. See Wu Ruzuo 1961, Fang Yang 1962, Wang Zhen 1962, Yang Jianfang 1962a, Zhang Zhongpei 1962,1981, Song Yaolin 1964, Xia Zhiqian 1965,1976, Shao Wangping 1976, and Li Wenjie 1976. To save space below these will not be listed one by one again.

3. Calibrated C-14 dating of the two places where collective burials were most numerous, Shijia in weinan and Jiangjai (II) in Lintong, both south of the Wei River, yields dates of 3675 and 3690 B.C. The Yangshao stratum at Hougang in Anyang is dated to 4185 and 4390 B.C. (*Zhongguo kaoguxue zhong tanshisi nian dai shuju ji*:79, 128-129).

4.Lewis H. Morgan, *Ancient Society*, ed. Leslie A. White (Cambridge, Mass., 1964):77 [Morgan is ,in fact, citing James Adair, The History of the American Indians (London,1775)—DNK.]

5. According to *Ancient Society* (Chinese tr.:80-81), the Cherokee place the bodies of the dead in a bark barrel that was placed in a house; this seems to be a kind of temporary encoffining, but the original record is very unclear. The Tuscarora tribe, which had been converted to Christianity and had moved to a reservation, clearly performed single primary burials and it is hard to make a comparison with the collective secondary burials of the Yangshao. The Senėca tribe of the Iroquois also carried out single primary burials, but "the same tribe did not always bury in a common place" , "they buried randomly" . These records really prove that burial customs by no means necessarily "reflect" kin relations, but they have very rarely been noted in the discussion of Yangshao burial customs.

6. See note 4 above-DNK

7. A total of forty-nine houses lay around the central square of the primitive village at Beishouling [the original text reads Baishouling throughout—DNK] in Baoji (*Baoji Beishouling*:127). At Banpo near Xi' an, apart from the No. 1 "large house" , a total of 45 houses was discovered, but they do not all belong to the same period (*Xi'an*

Banpo:9,38). There were a hundred–plus houses at Jiangjai, period I, in Lintong, including 4 “large houses” (*Kaoguyu wenwu* 1980.3:3).

8. The average area of the medium to small houses at Jiangjai (period I) in Lintong and Banpo near Xi' an was about 20 square meters (*Kaogu yu wenwu* 1980.3:3; *Xi' an Banpo*:9). The area of the small houses at Beishouling in Baoji was from 9.7 to 34.2 square meters. There were also thee large houses whose area was as large as 85.5 square meters (*Baoji Beishouling*:12–13); they may have been the “large houses” where the chief lived.

9. Of single burials in these kinds of sites there were 114 at Peiligang in Xinzheng(*Kaogu* 1978.2; 1979.3 *Kaogu xuebao* 1984.1);68 at Egou in Mi xian (*Wenwu* 1979.5); 1 at Lijia cun in Xinxiang (*Kaogu* 1962.6);22 at Hejiawan in Xixiang(*Kaogu yu wenwu* 1981.4);81 at Dadiwan in Qin' an (*Wenwu* 1981.4).

10. With regard to the sexing of the skeletons in this grave ,the investigators “have not provided a detailed record” and have not included it in their “Skeletal Age and Sex Table” , so there is still doubt if the adults in the grave were women or not. Furthermore, the determination, on the basis of the bone hairpins and bone beads,that the two children were “girls” is also not without question. It may be noted that bone hairpins have also been found beside male corpses (*Yuanjunmiao*:41); they were by no means used exclusively by females. From antiquity onwards, men in China have bond up their hair and they naturally had to use hairpins. As to bone beads, they were also discovered in M22 at Jiangjai, the burial of a boy (*Kaogu* 1973.3:137).

11. This collective burial contained seven people, with the recipients of primary burial being two approximately fifty–year– old males. These primary burials are a great obstacle to a theory which promotes women and have thus produced this kind of explanation: “It was a custom in the matrilineal period for old males to possess fairly respected position” .Modern anthropologists, however, tell us that, apart from a small number of cases involving poor and old peoples (like the Esquimaux and certain Indian tribes). Aged males, on the basis of their rich productive experience and intimate knowledge of the tribe, always receive respect regardless of the form of the primitive society.

12. In this case the secondary burial is carried out on an individual basis and is called *nulang*; the bones are finally placed in an urn (Metcalf 1982:81–84,167;figs.4–5). This may perhaps be compared to the small number of adult urn burials at some Yangshao sites (like jiangjiai in Lintong).

13. It has been claimed that the placement of the pots in M444 at Yuangjunmiao gives prominence to two women in it (*Yuanjunmiao*:72), but it is hard to make this

out from the illustration.

14. The large group of secondary collective burials found in the Dawenkou culture cemetery at Wangyin in Yangzhou "were frequently all those of adult males" ,as in M2240 in which the twenty-two bodies which could be sexed were mostly male. There were also twenty-two primary collective burials, ten of which were male collective burials, seven were female (*Kaogu* 1979.1:7).

Bibliography

An Zhimin 安志敏

1979.4 Peiligang, Cishan he Yangshao: shilun zhongyuang Xinshiqi wenhua de yuanyuan ji fazhan" 斐李岗，磁山和仰韶：试论中原新石器文化的渊源及发展。*Kaogu* 1979.4.

1979.5 "Luelun san shi nian lai woguo de Xinshiqi shidai kaogu" 略论三十年来中国的新石器时代考古。 *Kaogu* 1979.5.

1981 "Zhongguo de Xinshiqi shidai" 中国的新石器时代。 *Kaogu* 1981.3.

1984 "Tanshisi duandai he Zhongguo Xinshiqi shidai" . 碳 –14 断代和中国新石器时代。 *Kaogu* 1984.3.

Baoji Beishouling editors

1983 Baoji Beishouling 宝鸡北首岭。 Beijing.1983.

Bartel, B.

1982 "A Historical Review of Ethnological and Archaeological Analyses of Mortuary Practice." *Journal of Anthropological Archaeology* 1. no.1.

Binford, L. R.

1971 "Mortuary Practices: Their Study and Their Potential." In *Approaches to the Social Dimensions of Mortuary Practices*, edited by J.A. Brown, pp. 6–29. Society for American Archaeology Memoir, no. 25.

Bloch, M. E. F.

1968 "Tombs and Conservation among the Merina of Madagascar." *Man* n.s.3, no. 1.

Chang, K. C.

1977 *The Archaeology of Ancient China*. New Haven.

Driver, H. E.

1969 *Indians of North America*. Chicago.

Elkin, A. P.

[1938] 1974 *The Australian Aborigines*. Sydney.

Fang Yang 方杨

1962 “Yangshao wenhua hezang xisu de jidian buchong jieshi”仰韶文化合葬习俗的几点补充解释 . *Kaogu* 1962.3.

Gong Qiming 巩启明

1983 “Shilun Yangshao wenhua”试论仰韶文化 . *Shiqian yanjiu* 史前研究（First Issue）.

Hodder, I.

1982 *The Present Past: An Introduction to Anthropology for Archaeologists*. London.

Hudson, A.B.

1966 “Death Ceremonies of Padju Epat Ma' anyan Dayaks.” In *Borneo Writing and Related Matters*, edited by T. Harrison. *Sarawak Museum Journal* 13:341–416. (Special Monograph, no. 1).

Huntington, R., and P. Metcalf.

1979 *Celebrations of Death: The Anthropology of Mortuary Ritual*. Cambridge.

Josephy, Jr. A. M.

1968 *The Indian Heritage of America*. New York.

Kaogu 考古 .

1960.2 “Baoji Xinshiqi shidai yizhi di er, san ci fajue de zhuyao shouhuo”宝鸡新石器时代遗址第二,三次发掘的主要收获 .

1960.9 “Shaanxi Huayin Hengzhen fajue jianbao”陕西华阴横阵发掘简报 .

1961.10 1958–1961 nian Hubei Yunxian he Junxian fajue jianbao”一九五八至一九六一年湖北郧县和均县发掘简报 .

1962.6 “Shaanxi Xixiang Lijia cun Xinshiqi shidai yizhi 1961 nian fajue jianbao”陕西西乡李家村新石器时代遗址 1961 年发掘简报 .

1972.3 “1971 nian Anyang Hougang fajue jianbao”1971 年安阳后岗发掘简报 .

1972.5 “1972 nian Anyang Hougang fajue jianbao”1972 年安阳后岗发掘简报 .

1973.3 “1972 nian chun Lintong Jiangjai yizhi fajue jianbao”1972 年春临潼姜寨遗址发掘简报 .

1975.5 “Shaanxi Lintong Jiangjai yizhi di er, san ci fajue de zhuyao shouhuo”陕西临潼姜寨遗址第二,三次发掘的主要收获 .

1978.1 “Shaanxi Weinan Shijia Xinshiqi shidai yizhi”陕西渭南史家新石器时代遗址 .

1978.2 “Henan Xinzheng Peiligang Xinshiqi shidai yizhi”河南新郑裴李岗新石器时代遗址 .

1979.1 “Shandong Yanzhou Wangyin Xinshiqi shidai yizhi fajue jianbao”山东兖州王因新石器时代遗址简报 .

1979.3 “Peiligang yizhi 1978 nian fajue jianbao” 裴李岗遗址 1978 年发掘简报.

1982.6 “Anyang Hougang Xinshiqi shidai yizhi de fajue” 安阳后岗新石器时代遗址的发掘.

Kaogu xuebao 考古学报

1973.1 “Shanxi Ruicheng Dongzhuang cun he Xizhuang cun yizhi de fajue” 山西芮城东庄村和西庄村遗址的发掘.

1984.1 “1979 nian Peiligang yizhi fajue baogao” 1979 年裴李岗遗址发掘报告.

Kaogu yu wenwu 考古与文物

1980.3 “Lintong Jiangjai yizhi di si zhi di shiyi ci fajue jiyao” 临潼姜寨遗址第十至第十一次发掘纪要.

1981.4 “Shaanxi Xixiang Hejiawan Xinshiqi shidai yizhi shouci fajue” 陕西西乡何家湾新石器时代遗址首次发掘.

Keightley, D. N.

1985 “Dead But Not Gone: The Role of Mortuary Practices in the Formation of Neolithic and Early Bronze Age Chinese Culture, ca. 8000 to 1000 B.C.” Conference on “Ritual and the Social Significance of Death in Chinese Society.” Oracle, Arizona, 2–7 January 1985.

Kroeber, A. L.

1927 “Disposal of the Dead.” *American Anthropologist* 29:3.

Knudson, S.J.

1978 *Culture in Restrospect*. Chicago.

Li Wenjie 李文杰

1976 “Huayin Hengzhen muxi shizu mudi pouxi” 华阴横阵母系氏族墓地剖析. *Kaogu* 1976.3.

Li Yangsong 李仰松

1976 “Tantan Yangshao wenhua de wengguanzang” 谈谈仰韶文化的瓮棺葬. *Kaogu* 1976.6.

Ling, S.S.

1985 “The Bone-Washing Burial Custom and Ancestral Bone Worship in Southeast Asia and Around the Pacific.” *Annals of Academia Sinica* no.2, part 1.

Lowie, R. H.

1920 *Primitive Society*. New York. (Chinese translation by Lü Shuxiangg 吕叔湘. Shangwu yinshuguan, 1935.)

Mead, M.

1928 *Coming of Age in Samoa: A Psychological Study of Primitive Youth for Western Civilisation*. Reprint ed., New York, 1973.

Metcalf, P.

1982 *A Borneo Journey into Death: Berawan Eschatology from Its Rituals. Philadephia*.

Metraux, A.

1940 *Ethnology of Easter Island*. Bishop Museum Bulletin 160.

Morgan, L.H.

1851 *The League of the Ho–d é –no–sau–nee,or Iroquois*. Rochester.

[1877] 1964 *Ancient Society*, edited by L. A. White. Cambridge, Mass.(Chinese translation by Yang Dongshun 杨东莼, et al. Shangwu yinshuguan,1977).

Murdock, G. P.

1967 *Ethnographic Atlas*. Pittsburgh.

1981 *Atlas of World Culture*. Pittsburgh.

Pospisil, L.

1965 *The kapauku Papuans*. New York.

Shao Wangping 邵望平

1976 "Hengzhen Yangshao wenhua mudi de xingzhi yu zangsu" 横阵仰韶文化墓地的性质与葬俗 . *Kaogu* 1976.3.

Song Zhaolin 宋兆麟

1964 "Yunnan Yongning Naxizu de zangsu—jian tan dui Yangshao wenhua zangsu de kanfa" 云南永宁纳西族的葬俗——兼谈对仰韶文化葬俗的看法 . *Kaogu* 1964.4.

Su Bingqi 苏秉琦

1965 "Guanyu Yangshao wenhua de rogan wenti" 关于仰韶文化的若干问题 . *Kaogu* xuebao 1965.1.

Tainter, J.A.

1978 "Mortuary Practice and the Study of Prehistoric Social Systems." In *Advances in Archaeololgical Method and Theory*, edited by M.B. Schiffer, 1:105–141. New York.

Thomas, D. H.

1979 *Archaeology*. New York.

Ucko, P. T.

1969 "Ethnography and Archaeological Interpretation of Funerary Remains." *World Archaeology* 1:262–280.

Wang Ningsheng 汪宁生

1983 "Zhongguo kaogu faxian zhong de 'da fangzi'" 中国考古发现中的"大房子" . *Kaogu xuebao* 1983.3.

Wang renxiang 王仁湘

1982 “Woguo Xinshiqi shidai de erci hezang ji chi shehui xingzhi”中国新石器时代的二次合葬及其社会性质．*Kaogu yu wenwu* 1982.3.

Wang Zhen 王珍．

1962 “Luelun Yangshao wenhua de chunyin he dui ‘ouyin’”略论仰韶文化的群婚和对“偶婚”.*Kaogu* 1962.7.

Wei Jingwu 魏京武

1979 “Lijia cun Xinshiqi shidai yizhi de xingzhi ji wenhua mingming wenti”李家村新石器时代遗址的性质及文化命名问题，in *Zhongguo kaogu xuehui di yici nianhui Lunwen ji* Beijing. 中国考古学会第一次年会论文集。

Wenwu 文物

1972.10 “Henan Xichuan Xiawangang yizhi de shijue”河南淅川下王岗遗址的试掘．

1979.5 “Henan Mi xian Egou Beigang Xinshiqi shidai yizhi fajue jianbao”河南密县莪沟北岗新石器时代遗址发掘简报．

1981.4 “Gansu Chin’an Dadiwan Xinshiqi shidai zaoqi yicun”甘肃秦安大地湾新石器时代早期遗存．

Wu Ruzuo 吴汝祚

1961 “Cong muzang fajue lai kan Yangshao wenhua de shehui xingzhi”从墓葬发掘来看仰韶文化的社会性质．*Kaogu* 1961.12.

Xi’an Banpo editors

1963 *Xi’an Banpo* 西安半坡．Beijing,1963.

Xia Nai 夏鼐

1977 “Tanshisi ceding yu Zhongguo shiqian kaoguxue”碳 14 测定与中国史前考古学．*Kaogu* 1977,4.

1979 “Sanshi nian lai Zhongguo de kaoguoxue”三十年来中国的考古学．*Kaogu* 1979.5.

Xia Zhiqian 夏之乾

1965 “Guanyu jieshi Banpo Leixing muzang zhidu de shangque”关于解释半坡类型墓葬制度的商榷．*Kaogu* 1965.11.

1976 “Dui Yangshao duoren hezangmu de yidian kanfa”对仰韶多人合葬墓的一点看法．*Kaogu* 1976.6.

1984 “Tantan tongxing maizang xisu”谈谈同性埋葬习俗．*Shiqian yanjiu* 1984.4

Xin Zhongguo de kaogu faxian he yanjiu editors

1984 *Xin Zhongguo de kaogu faxian he yanjiu* 新中国的考古发现和研究．Beijing. 1984.

Xu Shunzhan 许顺湛

1962 “Yangshao shiqi yi jinru fuxi shizu shehui”仰韶时期已进入父系氏族社会．

Kaogu 1962.5.

Yan Wenming 严文明

1980 "Lun Banpo Leixing he Miaodigou leixing" 论半坡类型和庙底沟类型 . *Kaogu yu wenwu* 1980.1.

Yang jianfang 杨建芳

1962 "Luelun Yangshao wenhua he Majiayao wenhua fenqi" 略论仰韶文化和马家窑文化分期 . *Kaogu xubao* 1962.1.

1962a "Yangshao shiqi yi jinru fuxi shizu shehui le ma" 仰韶时期已进入父系氏族社会了吗 . *Kaogu* 1962.11.

Yuanjunmiao Yangshao mudi editors

1983 *Yuanjunmiao Yangshao mudi* 元君庙仰韶墓地 . Beijing,1983.

Zhang Zhongpei 张忠培

1962 "Guanyu genju Banpo leixing maizang zhidu tantao Yangshao wenhua shehui zhidu wenti de shangque" 关于根据半坡类型埋葬制度探讨仰韶文化社会制问题的商榷 . *Kaogu* 1962.7

1981 "Shijia cun mudi de yanjiu" 史家村墓地的研究 . *Kaogu xuebao* 1981.2.

Zhongguo kaoguxue zhong tanshisi niandai shuju ji.1949–1966 editors

1983 *Zhongguo kaoguxue zhong tanshisi niandai shuju ji 1949–1966* 中国考古学中碳十四年代数据集（1949–1966）. Beijing,1983.

(Published in *Early China*,11–12,1985–1987.Translated by Prof. David N. Keightley)

图版一　中国少数民族的原始记事方法

1. 景颇族“讲事”时以玉米粒计算道理

2. 景颇族祭“官庙”立的“鬼桩”

3. 景颇族看木刻回忆旧仇

4. 独龙族“打木刻”下通知

图版二　中国少数民族的原始记事方法

1. 佤族“大房子”墙上祈求财富的壁画

2. 景颇族号占土地标记

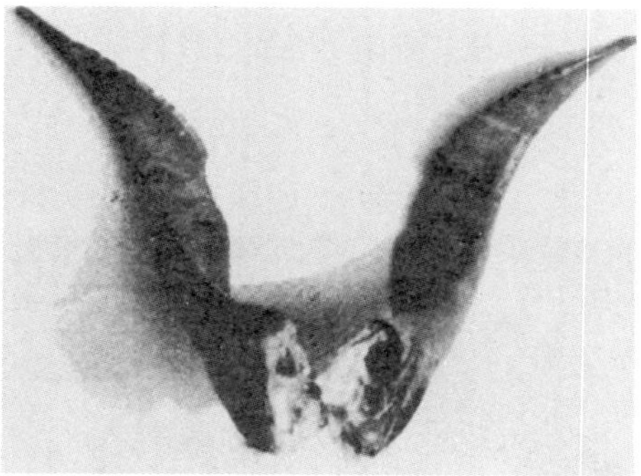

3. 哈尼族的盟约（一对刻有缺口的羊角）

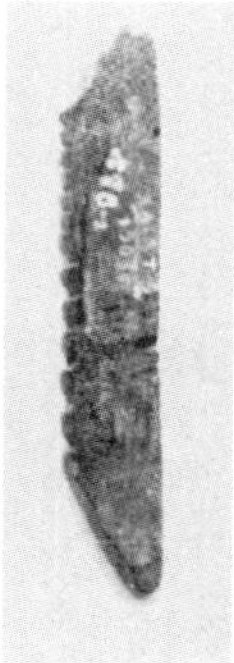

4. 哈尼族交租木刻

6. 哈尼族鸡毛火炭木刻

5. 哈尼族典当土地木刻

8. 景颇族物件表意的欠债凭证

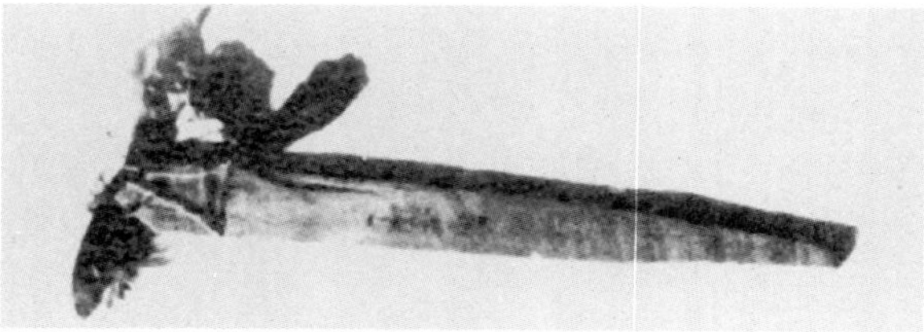

7. 独龙族鸡毛火炭木刻

图版三 中国少数民族的原始计量方法

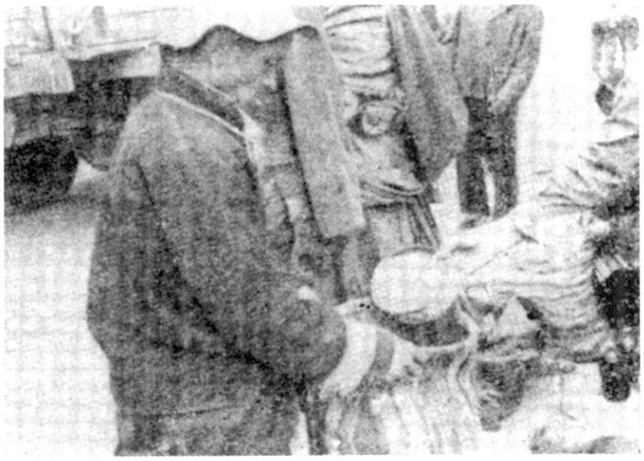

1. 藏族用自制的量具买卖谷物

2. 独龙族用箩平分粮食

3. 西盟佤族量谷的竹箩和竹筒

5. 西双版纳傣族量谷的竹筒

4. 沧源佤族量谷的竹箩和竹筒

6. 德宏傣族各种量具

7. 德宠傣族自制的秤

图版四　国内外民族几种用途不同的大房子

1. 普埃布洛—印第安人层叠式公共住宅

2. 婆罗洲达押克人的“长房”内部

3. 班克斯群岛男子公所——“加米尔”

4. 西盟佤族头人及富人的大房子

5. 潞西景颇族的“山官”住宅

图版五　西盟佤族原始取火法

1. 钻木取火

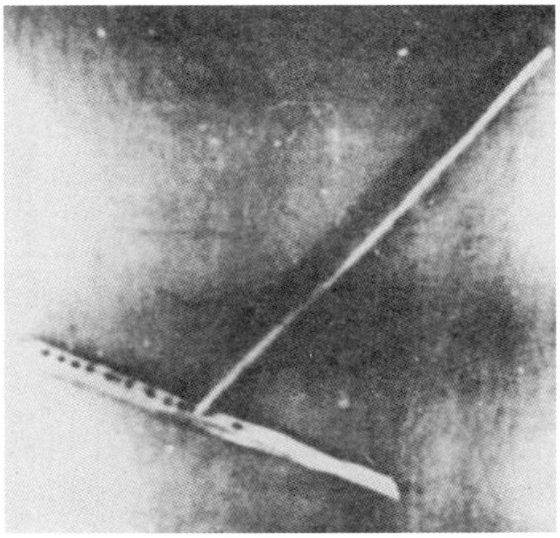

2. 钻火工具

3. 锯木取火

4. 带锯取火（甲式）

5. 带锯取火（乙式）

图版六 景颇族及苦聪人原始取火法

1. 景颇族锯竹取火

2. 苦聪人锯竹取火

3. 瑞丽景颇族锯竹取火

4. 景颇族压气取火

图版七　傣族制陶第Ⅰ类型（澜沧下允河边寨）

1. 在膝上泥条盘筑

2. 绕圈修整器坯

3. 绕圈修整器坯

4. 绕圈拍打

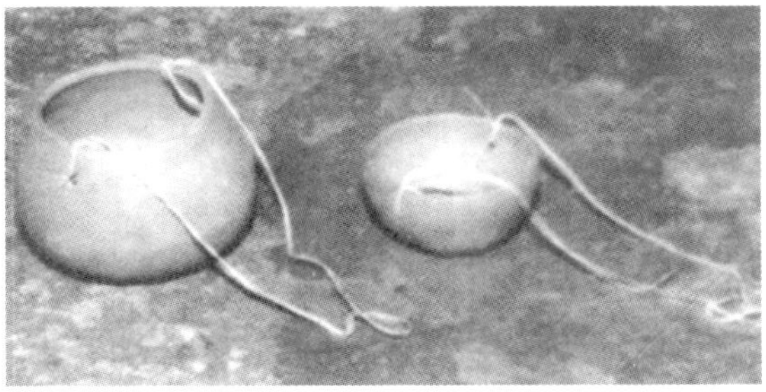
5. 陶钵边沿留孔以供悬挂

图版八　傣族制陶第Ⅰ类型（沧源勐角俄允）

1. 舂捣陶土

2. 在膝上盘筑器坯

3. 在膝上刮摩内壁

4. 在膝上拍打成圜底罐

5. 制造甑的把手

6. 堆放木柴在器坯上准备烧陶

7. 点燃稻草烧陶

图版九　傣族制陶第Ⅱ类型

1. 足趾拨动转盘方法（景洪曼德）

2. 事先备好等长泥条进行泥条盘筑（景洪曼德）

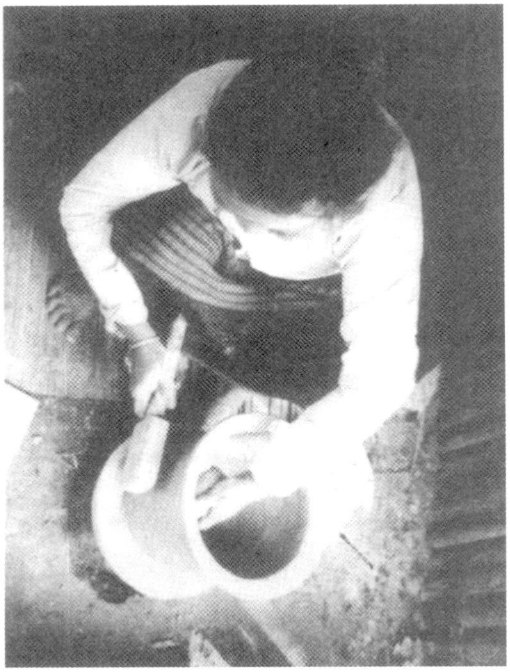

3. 在转盘上拍打器坯（景洪曼德）

4. 近年开始的男子专业制陶业（景洪曼角）

图版一〇　傣族制陶第Ⅱ类型（景洪曼勒）

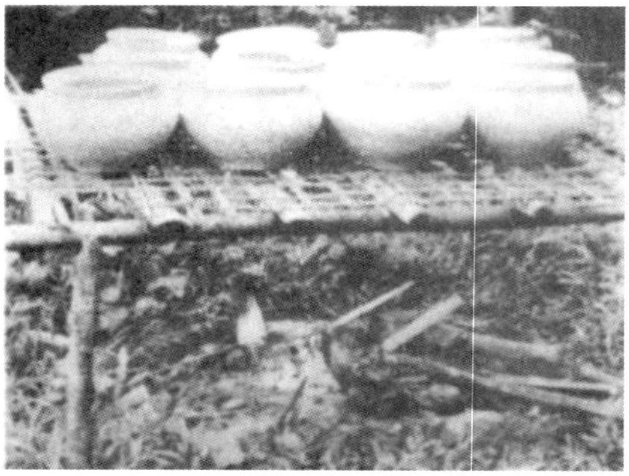

1. 烘干器坯

3. 烧陶地点（上有草棚覆盖）

2. 烧陶地点（上有小竹楼覆盖）

4. 排列器坯准备烧制

5. 器坯外堆稻草上涂泥浆

6. 从内部引火点燃

7. 戳出气孔使空气进入

图版一一　傣族制陶第Ⅲ类型

1. 足踩陶土（勐遮曼海）

2. 长条盘筑制坯（勐遮曼朗）

3. 为了加快速度小孩帮助旋转转盘（勐遮曼海）

4. 小的器物在转盘上提拉成型（勐遮曼朗）

图版一二 傣族制陶第Ⅲ类型（勐遮曼海）

1. 在器物口沿涂釉

2. 小女孩学习制陶

3. 双孔无顶土窑

4. 烧陶时在器物上盖草

图版一三　傣族制陶第Ⅳ类型（大勐笼曼南坎）

1. 在牛皮上舂捣陶土

2. 泥圈相接法盘筑器坯

3. 用弧形木刮制成器坯弯曲部分

4. 制作附加堆纹

图版一四　傣族制陶第Ⅳ类型（大勐笼曼南坎）

1. 在转盘上为器坯制造花纹

2. 修整器坯表面

3. 用“象豆”打磨器物表面

4. 烧陶砖窑

图版一五　基诺族“长房”及其居民

1. 妇女

2. 狩猎归来的男子

3. 墓地

4. VII 号“长房”

5. VII 号“长房”部分居民

图版一六　四川凉山彝族“毕母”演示羊骨卜

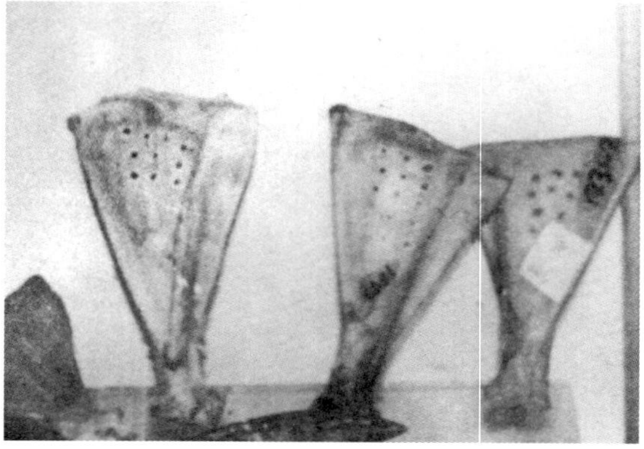
1. 凉山彝族卜骨

2. 点燃艾团

3. 祷祝

4. 吹火助燃

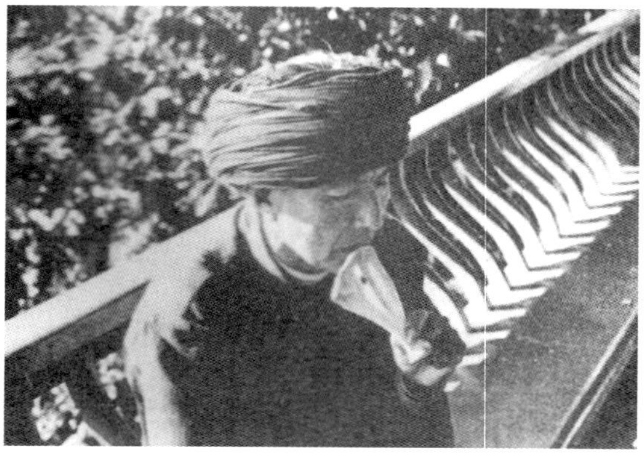
5. 置骨于嘴边“使祷祝内容附于羊骨”

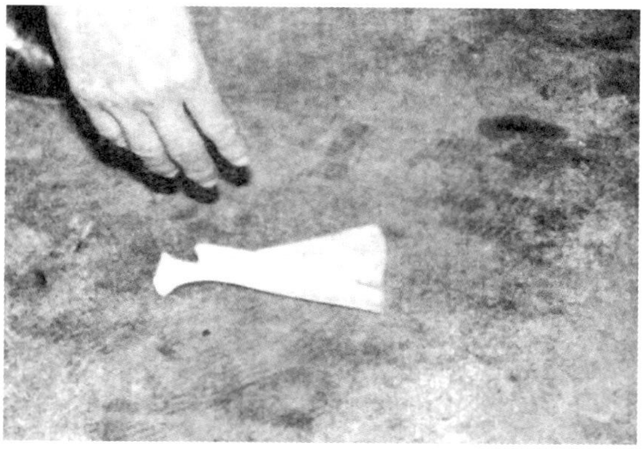
6. 丢骨于地“使天地神灵都能听见”

图版一七　西盟佤族铜鼓及其使用方法

1. 佤族铜鼓（甲式）

2. 佤族铜鼓（乙式）

3. 全寨公有的木鼓

4. 木鼓房

5. 敲击铜鼓

图版一八　水、苗、壮诸族使用铜鼓习俗

1．雷山莲花乡苗族敲击铜鼓

2．水族表演铜鼓舞

4．西林博雅壮族敲击铜鼓

3．水族铜鼓及助音木桶

古俗新研

前言

此书是近十几年新发表有关中国古代社会史和文化史论文和短文札记的结集。也有几篇发表较早，曾收入《民族考古学论集》(1989 年版)，因对澄清当前中国古史领域中混乱思潮或有助益，现一并收入。所有文字收入本集前，均作了较大幅度的修改、删节或补充。

中国史学要想不断取得发展，必须汲取当代社会科学特别是人类学新的研究成果。著名的法国人类学家列维·斯特劳斯（C.Levi-Strauss）即曾提出历史学家和人类学家应通力合作，使这两门学科“相互渗透”(见《结构人类学》一书的序言)。对此我个人的体会是史学之有赖于人类学之处更多。以中国古史而言，不仅需要不断学习人类学新的理论，以正确观点观察古代社会和分析问题，而且需要利用人类学各个分支所发现和积累的资料来滋养自身和启发新知。考古学的发掘可为古史研究提供新的实证，语言学的分析可为古史研究（特别是民族历史的研究）提供有用资料，固不待言，即民族学（文化人类学）调查来的资料，也可作为研究古代社会和文化的类比材料。研究中国古史现已不再限于王国维先生“二重证据法”，而应提倡“三重证据法”(文献、考古学和民族学资料)，甚至“多重证据法”，即有关学科所能提供一切证据均可利用。关于后进民族保存的制度和习俗有助于理解和复原古代制度和习俗，人们对此早有认识，两千多年前中国先哲即归纳为“礼失而求诸野”的方法（见《汉书·艺文志》)，但究竟应如何运用这一方法于史学研究，并未留下系统论述，全靠研究者自己不断探索，积累经验。

我个人几十年来在中国西南地区从事民族调查研究工作。在调查过程中曾有意识地从“活的社会”中搜集和积累有助考史的有用资料，针对中国古史中长期聚讼的疑难问题（明堂、八卦、耒耜、耦耕、媵、分胙、献帛、左衽等)，还有一些古文字的含义，进行专题研究，常得到与前人不同的较合理的解释。研究范围较为广泛，除上述古代社会、宗教、礼俗等重大问题外，还涉及日常生活、远古技术及古器物制造和用途等等前人不甚注意的方面。这些“小问题”似乎繁琐零碎，而今后若要全面复原古代中国社会生活，却是必须了解清楚的。现在把这些长短不一的文字编辑成集，为今后编写一本详明可靠的中国社会史或文化史做点打基础的工作。更重要的是为了提倡一种新的历史研究法，表明利用民族学资料（当然也要参考考古资料）研究古史，是大有可为的。

本书部分文字还表明，有些被视为“国粹”的典章制度和礼俗，实为浅化社会中常见现象，世界其他民族亦有，并无特殊之处。如何对待古代文化，近几年中国大地上兴起一股浮夸不实的学风。在发扬传统文化借口下，八卦被视为“中国古代哲学的结晶”，可用来“指导”现代人的生活，甚至还包含有“计算机的原理”，明堂被说成古代“人民大会堂”，作为几千年前中国已有宏伟殿堂式建筑之证明，如此等等。而中国传统文化中真正有价值的东西，特别是能较好处理人与人之间、人与自然之间关系的伦理道德和行为规范，却不加提倡和弘扬。史学界竟对五四以来以“古史辨”为代表的科学的治史方法也加以反对，似乎由于疑古使中国有文字的历史缩短，便比不上世界上其他文明古国。现在三皇五帝不再是传说人物，他们的故事几成“信史”，各地不惜巨资大修古帝王的庙宇和所谓“陵墓”，而真正有价值的文物古迹却无力保护，盗掘破坏成风。本书的出版希望能发出不同的声音，即史学是科学，应以事实为依据，以探索历史的真实面貌为惟一目标。一切为了宣扬什么主义或配合某种政治目的的史学研究，最终经受不住时间的考验。

本书所收短文札记，曾以《古俗新研》专栏形式分别在港台《大陆杂志》、《故宫文物月刊》、《华侨日报 · 学林》等报刊发表（各篇之后不再一一注明），现就以此书名，表明本书特点就是以今天“活的社会”来研究古代社会。中国古代的“俗”字，涵义广泛。例如，《周礼 · 地官 · 士均》“礼俗”下郑玄注：“邦国、都鄙民之所行先王旧礼也”。《礼记 · 曲礼》“入国而问俗”下郑玄注：“俗，谓常所行与所恶也。”由上可见“俗”绝不仅仅是 custom（风俗），还包括有 ceremony（礼仪）、etiquette（礼节）、behavior regulation（行为准则）、code of ethics（道德规范），乃至 sociopolitical system（社会政治制度）诸意。本书名中的“俗”正是在此广泛意义上使用的。

1998 年 5 月客居于台北南港
中央研究院学术活动中心

补记：

用民族民俗资料研究中国古史，顾颉刚先生的《浪口村随笔》、《史林杂识》实肇其端。本人受其启示颇多，因将纪念顾先生的两篇文字，作为本书的附录。

2001 年 1 月于昆明

明堂考略

中国古史中有些名物制度，原不过初民社会中常见事物，然而经过历代经师的附会和解释，变得神秘莫测，面目全非。明堂问题就是突出的一例。

汉代以来释明堂者数十家，由于尽信古书，不能冲破前人布下的迷雾，考释愈多，问题愈加复杂，众说纷陈，莫衷一是。正如王国维所说："古制中聚讼不决者，未有如明堂之甚者也。"[1]及至现代，具备人类学素养的学者，以新的眼光重读古书，乃发现所谓明堂实不过是世界上普遍存在的集会房屋（meeting house）和男子公所（men's house 或 club house）之类（以下简称"会所"）[2]，这才接触到明堂的实质。

然明堂原来形制如何？是否如前人所说是平面呈亚形的"五室"或"九室"？明堂因何得名？其基本功能有哪几项？这些问题尚待作进一步的阐释。

一

早期明堂的形制，并非如过去学者所复原的那样一种平面呈亚形的多室建筑，而只是较一般房屋为大的长方形或方形的简单建筑。我们的理由如下。

第一，所谓"亚形五室"或"九室"是根据《礼记·月令》(《吕氏春秋·十二纪》同)、《大戴礼·明堂》等记载复原出来的，这些记载多出于阴阳家言。按阴阳五行学说兴起于战国末期，至汉而大盛[3]，故他们所言战国以前名物制度，除非有可靠的实物证据，自难轻信。

第二，近年大量考古发现，并未提供出这方面的证据。从远古至商周的建筑遗址迭有发现，其中有一些已可确定属于会所性建筑。例如，属于仰韶文化的陕西西安半坡 1 号大房子[4]、华县泉护村的大房子[5]、临潼姜寨为小房所围绕的五座大房子[6]、甘肃秦安大地湾的405号大房子[7]、河南

1 王国维：《明堂寝庙通考》，《观堂集林》卷三。

2 凌纯声：《中国的封禅文化与两河流域的昆仑文化》，《中央研究院民族学研究所集刊》第 19 期（1965 年）。

3 参见梁启超：《阴阳五行说之来历》，顾颉刚：《五德终始说下的政治和历史》，并见《古史辨》第 5 册。

4《西安半坡》，文物出版社，1963 年，13—20 页。

5《陕西华县柳子镇第二次发掘的主要收获》，《考古》1959 年第 2 期。

6《临潼姜寨第四至十一次发掘纪要》，《考古与文物》1980 年第 3 期。

7《秦安大地湾 405 号新石器时代房屋遗址》，《文物》1983 年第 11 期。

偃师二里头的早商宫殿遗址[1]、陕西岐山凤雏村西周时期的封闭性院落建筑群[2]，基址均不作亚形。若今后考古工作仍无发现，只能认为所谓“亚形五室”或“九室”的明堂在先秦时期不曾有之，而历代经师和史家复原的各种“明堂图”，包括王国维这样值得尊敬的学者所作的复原（见所著《明堂寝庙通考》），均难信从。[3]

第三，“亚形五室”或“九室”的明堂完全根据阴阳家的理想而设计，当时人自认不讳。所谓大室居中、东南西北各接一室的“亚形五室”，是为了配合五行。《太平御览》卷五三三引《礼记外传》有云：“五室者，象地载五行也。”而“九室”则是“五室”的扩展和引申，是为了“以象九州”（见蔡邕《明堂月令论》）。还有作“十二室”的，则分明为了与十二月或十二宫相配。故顾颉刚先生早就指出：“《月令》式的明堂，乃阴阳家言之集中表现，全出理想。”[4]

第四，首先把以五室配五行的亚形明堂这一理想付诸实现的是王莽，在他之前没有实物存在。汉武帝曾令赵绾、王臧等“议立明堂”，为“不好儒术”的窦太后所阻而未成功。[5]他后来在泰山附近所建明堂，用的是济南人公玉带所献图样（详后），与亚形明堂全不相侔。元始四年（公元4年）王莽在长安建立明堂无古制可依，群臣奏云：“明堂、辟雍堕废千载莫能兴”。[6]1958年在西安南郊发掘了一座礼制形建筑，据研究即王莽时期遗迹。[7]据复原，这是一座上有重层、四隅各有一室、大厅“敞开”的建筑，基址确是呈亚形。[8]这大概就是王莽始建的，是最早的一座亚形明堂。亚形明堂的历史只能上溯到此。正因为明堂并非自古如此，在较早经典中没有留下什么记载，故明堂的建筑形制以及有关祭祀制度，后世一直在争论之中。[9]

第五，早期明堂可从汉武帝时公玉带所献“明堂图”中窥知面貌。《史记·封禅书》(《汉书·郊祀志》略同）云：“(武帝）欲治明堂，未晓其制度。……济南人公玉带上黄帝时明堂图。明堂图中有一殿，四面无壁，以茅盖，通水。……于是上令奉高作明堂汶上如带图。”这一图样所绘便是阴阳五行学说兴起以前的明堂，所言某些特征与散见于文献中有关古老明堂的记载相符。“四面无壁”与《淮南子·主术训》所云“(明堂）有盖而无方”相合；“茅盖”与《吕氏春秋·召类》所云“周明堂……茅茨蒿柱，土阶三等”及《大戴礼·明堂》“以茅盖屋”，可以相互印证。此图伪托为黄帝时，自非事实，所绘明堂却符合古制。此点前人已有论述。如宋人马端临云：“(明堂）其制大既由质而趋于文，由狭而趋于广。以是推之，黄帝特无明堂则已，苟有之，则一般无壁，盖以茅，正太古俭朴之制。又按武帝欲求仙延年，方士之谬诞者多假设黄帝之事，以售其说。……皆矫诬古圣，张大其词以迎合时主之侈心。独公玉带所上明堂之制，乃简朴如此……

1《河南偃师二里岗早商宫殿遗址发掘简报》，《考古》1974年第4期。

2《陕西岐山凤雏村西周建筑基址发掘简报》，《文物》1979年第10期；傅熹年《陕西岐山凤雏西周建筑遗址初探——周原西周建筑遗址研究之一》。王恩田：《岐山凤雏村西周建筑基址的有关问题》，并载《文物》1981年第1期；杨鸿勋：《西周岐邑建筑遗址的初步考察》，《文物》1981年第3期。

3 王国维的古史研究，成绩是巨大的。但由于时常误信伪史伪书《参见顾颉刚《古史辨》第1册自序)，不能认为他对每个问题的考证都是正确的。

4《史林杂识》明堂条，中华书局，1963年。

5《汉书·武帝纪》。

6《汉书·王莽传》。

7 黄展岳：《汉长安城南郊礼制建筑遗址群发掘报告》，《考古》1960年第7期。

8 王世仁：《汉长安城南郊礼制建筑（大土门村遗址）原状的推测》，《考古》1963年第9期。

9 刘子健：《封禅文化与宋代明堂祭天》，《中央研究所民族学研究所集刊》第18期（1964年)。

固未有以其言之并出于封禅求仙之时而例黜之也。”[1]

总之，早期明堂应就是这样“一殿”“无壁”的建筑，它的面貌可由上述考古发现中一些大房子遗址中求之，虽然目前我们还不能确指哪一处大房子就为明堂之遗迹。按明堂又称“世室”[2]，“世室”即“太室”或“大室”[3]。金文中屡见“大室”；《书·洛诰》有云：“王入太室祼”；《左传·昭公十三年》云：“埋璧于大室之庭”；《吕氏春秋·骄恣》：“齐宣王为大室，大益百亩……”；“太室”或“大室”者，即大房子之意。从已发现的大房子基址，很难判断有无墙壁，即使发现了属于“贴墙柱”的柱洞，也无法证明是完整的墙还是半墙。惟云南晋宁石寨山一件青铜贮贝器盖上，塑铸一座集会房屋的形象，确是四面无壁[4]（这条材料至少可作为旁证）。后世明堂向南一室仍然要“四面闿达”[5]，西安南郊王莽时期明堂的大厅便是向外“敞开”的[6]，似乎保留了古老明堂的遗风。

二

明堂因何得名？若依古书的解释，则一个“明”字竟寓有微言大义，无限哲理。如《逸周书·大匡》：“明堂所以明道。”《考工记·匠人》“明堂”下郑玄注：“明堂者，明政教之堂。”《续汉书·礼仪志》刘昭注引《新论》：“天称明，故命曰明堂。”蔡邕《明堂月令论》云：“明者，南方之卦也。圣人南面而听天下，向明而治，人君之位，莫正于此焉。故虽有五名，而主以明堂也。”[7]

实际上，明堂初创时期人们头脑中没有这样多的抽象思维和玄妙的思想。当时人们只能根据事物的特征来为事物命名。明堂的突出特征是什么？除室大外，便是“无壁”这一点。按国内外民族的会所之类建筑多是如此，或四面无墙，或两端或一面无墙，或只砌半墙。在热带、亚热带或温带地区，这样的会所常见。仅就手边材料略加翻检，即得数例，兹介绍于下。

1.台湾马太安的阿美人

古代会所建筑于村落中心，分老人会所、中年会所、青年会所等。“较一般房屋高大，四面无壁，屋顶竹架，前后屋缘伸延甚低。”大头目在会所中有固定座位，会所之前为聚会时头目向村民演讲之处。所有会所均朝向中央广场。古代会所毁坏后，在原地再建会所，而布局仍与过去相同，有竹编的墙壁，而向中央广场一面仍是无壁。

会所为集体活动的中心，是各年龄等级的活动场所。青年在此接受训练并负担部落守卫之责。白天村民在此活动或休憩，惟妇女不得入内。夜晚未婚男子及老人按照所属的年龄组织，宿于各自的会所中。凡遇盛大庆典，村中男女群集会所前广场唱歌跳舞，饮酒欢乐。遇有重大

1《古今图书集成》礼仪典卷一七七引。

2《尸子》（《三辅黄图》略同）记明堂之异名云：“夏后‘世室’，殷‘阳馆’、‘重屋’，周人‘明堂’。”

3 如《公羊传·文公十三年》“世室屋坏”，《左传·文公十三年》作“大室之屋坏”。以上参见孙诒让《周礼正义·匠人》，王国维：《明堂寝庙通考》。

4《云南晋宁石寨山古墓群发掘报告》，文物出版社，1959年，图版伍贰。

5（清）戴震：《戴东原集·论明堂》。

6 王世仁：《汉长安城南郊礼制建筑（大土门村遗址）原状的推测》，《考古》1936年第9期。

7《古今图书集成》礼仪典卷一七七引。

事件，村民于会所内聚会议事。[1]

2. 台湾大港口的阿美人

会所原位于村落中央地区。“其形与家屋相似，但比家屋要大……三面有墙，前面没有墙，以便活动。”现有些会所已较家屋为小。

会所是各年龄层活动场所。白天有老人在里面从事手工业制作，夜晚青年组织的前三个等级住宿其中。全村集体性经济活动和宗教活动，谋划或解决公共事务，训练青年，均以会所为中心。[2]

3. 苏门答腊的巴他族（Batak）

村中有一个处理村落公共事务的处所，一般位于广场正中，称为 soppo。其规模和美观不下于一切住房，而建筑特别坚固，隅柱粗大，梁柱上雕刻和图案画。它“没有四堵墙壁”，院落也只是围着一道仅 3 至 3.5 英尺的板墙或胸墙，隔墙可见村落的广场，“两边进口处无门”。内置宽板凳，以备村内男人及客人下榻。这种 soppo 专供议事、集会、招待宾客及行仪式之用，并储藏宗教物品（如敌人的头骨、水牛的下颚骨及鼓等）。[3]

4. 苏门答腊的英加佬人（Engano）

这里一般房屋是建造在高达 20 英尺的柱子上的圆形建筑，除入口外没有窗户，十分黑暗。而“每村却有一间四方形公所，称为 kadiofe，也筑在柱子上，没有墙”。这里“是会客、休憩的地方，也是谈论政治事件的地方”[4]。

5. 太平洋所罗门群岛

这里许多俱乐部房屋（即男子公所），较普通住房为大，且建造较好，形式上基本类似，而大小和细部有相当的差异。双斜面房顶上草片紧密相叠，使房顶较厚，捆扎工作也较精致。“有些俱乐部两端是敞开的”；“没有俱乐部房屋是有墙的，仅围以篱笆以防猪闯入”。

这是男人们集中讨论事情、举行宴会、从事交易、接待来访者、进行审判及休憩的地方。妇女不能入内，妇女死亡被认为由于走近这种房屋之故。[5]

6. 其他

美拉尼西亚诸岛上集会房屋兼作放置船或独木舟的地方，故亦称“船屋”。其外形与一般房屋相似，“但前后没有墙”[6]。波利尼西亚诸岛上也有类似的建筑，例如夏威夷的“船屋”有好几种，大的一种称为 Halau Wa'a，“有双斜面屋顶，但两边和两端是敞开的”。另有一些较小的“船屋”，兼作教导青年舞蹈及摔跤之用。[7] 今天访问夏威夷，若去“波利尼西亚文化中心”参观，即能见到这种无墙的“船屋”。近访马来西亚的吉兰丹地区，见操孟高棉语的一个族群，集会房屋仍作半墙或无墙，与一般房屋全以木板为壁有异（图一）。

---

1 李亦园等：《马太安阿美族的物质文化》，台湾南港，1962 年，192—195 页。

2 阮昌锐：《大港口的阿美族》，台湾南港，1969 年，142、154、235 页。

3 H. 柯诺：《经济通史》（吴觉先译）第 1 卷，商务印书馆，1936 年，652—653 页。

4 E.M. 勒布和 R. 海涅 · 革尔登：《苏门答腊民族志》（林惠祥译），厦门大学，1960 年，82 页。

5 D.L.Oliver, *A Solomon Island Society: Kinship and Leadership among the Siuai of Bougainville*, Boston: Beacon Press, 1967, pp.372–380.

6 C.A. 托卡列夫、C.Л. 托尔斯托夫：《澳大利亚和大洋洲各族人民》（李毅夫等译），三联书店，1980 年，546—547 页。

7 D.D.K.Mitchell, *Resource Units in Hawaiian Culture*, Honoluu: The Kamehameha School, 1982, p.199.

图一　马来西亚吉兰丹地区半壁的集会房屋

若撇开后人对明堂的夸饰之词，早期明堂在形制上实与上述一些后进民族的会所有共同的特征。第一，它较一般房屋为大。第二，它无墙壁或仅有半壁，至少有一面向外敞开。由于第一个特征，明堂已获得“大室”的称号。由于第二个特征，它便被称为“明堂”。原始房屋少有窗户，室内黑暗（如上述苏门答腊英加佬人的房屋）；而会所之类建筑，由于无墙，室内光线充足，人们很自然地便以明堂相称。明堂者，明亮的房子之谓。有些文献释明堂之得名云：“得阳气明朗，谓之明堂。”或“明者，阳也，光也，向阳受光，故曰明。”[1]这些说法若作上述理解，与事实相去不远。或谓明堂是为了崇拜太阳而设[2]，尚无法证明。

三

为什么明堂之类会所要建造成无墙的形式？这个问题应与这类建筑原来的功能联系起来考察。

按会所之类的基本功能，综合起来计有下列八项：(1) 举行祭祀及其他盛典。(2) 议事。(3) 处理公共事务。(4) 青年的教育和训练。(5) 作保卫乡土战士的戍所。(6) 老人常年居住和活动场所。(7) 招待宾客。(8) 明确和提醒社会成员各自的身份。这最后一点是通过头目和群众、

1《孝经援神契》(《玉烛宝典》引《月令章句》同)。

2 肖兵：《明堂之秘密：太阳崇拜和轮居制》，载《神与神话》，台北，联经出版公司，1988 年。

老人和青年在会所中各有自己固定的位置来实现的。有关例证，可参见《中国考古发现中的大房子》一文，又从本文上举六例中亦可见一斑。

明堂已被加上一层层神圣的外衣，剥去这些外衣，可以看出它的功能与原始的会所仍可相互类比，虽然在进入复杂社会以后，统治者曾利用明堂原有功能达到加强统治的目的。早期明堂的基本功能仍不外乎上述八项。例如：明堂是室内祭天场所，兼祀祖先，所谓“通神灵，感天地”[1]，这便是祭祀的功能。明堂被称为“天子布政之宫”[2]，是处理政事的地方，统治者要“听朔”其中，这应是从原来议事和处理公共事务功能转化而来。明堂常与辟雍、太学相连，当是曾在此进行青年训练和教育的反映。李尤《明堂铭》说明堂是“秋厉武人，冬谨关梁”[3]，这是明堂曾作为保卫乡土的武士戍所或训练之所的证明。王莽曾于明堂行“养三老五更之礼”[4]，所谓“礼三老于明堂”[5]，这是养老功能的遗留。明堂又是朝会诸侯的地方，这大概是由原始部落在此招待宾客沿袭下来的。而在会见诸侯时，各种等级的人在明堂中站在何处有严格的规定[6]，当是明堂曾以固定位置明确或提醒各人社会身份这一原有功能的强化，即所谓“明堂也者，明诸侯之尊卑也”[7]。

明乎明堂的功能，即可知它原来是公众活动场所，处理的是公共事务，其中没有什么隐私要向公众保密；有些活动还要求公众参与或目睹，以扩大影响。这就是为什么早期明堂可以甚或有意识地建造成“四面无壁”的根本原因。用今天的话说，这是原始的民主政治具有较多透明度的一种表现。这一道理前人业已发现。如《吕氏春秋 · 慎大览》云：“周明堂，外户不闭，示天下不藏也。”（清）惠栋《明堂大道录》解释明堂原四面无壁即因当初天下为公，而后来“大道即隐，天下为家……始有室及户牖矣”。云南一些少数民族直至现代，村寨头人开会议事，男性村民可随意入内旁听，尚保存原始民主政治的遗风。

综上所述，本文对明堂的看法如下：

（1）明堂原是集会房屋或男子公所，或是两者的结合，远古时期即有存在。它除较一般房屋为大外，还具有无壁的特征。由于这样的房屋较其他房屋明亮，故称明堂。

（2）古文献中所谓亚形明堂是战国末期以后阴阳家的想象或设计，王莽以前这样的明堂是否实际存在，是值得怀疑的。据目前材料，亚形明堂的历史只能上溯到王莽时期。

（3）明堂原是公众集会之处和各种集体活动的中心，具有祭祀、议事、处理公共事务、青年教育和训练、守卫、养老、招待宾客及明确各种人社会身份等功能。进入文明社会以后，明堂更成为统治者祭祀和布政施教之处。

（原载《文物》1989 年 9 期）

1《礼记 · 乐记》（《白虎通 · 辟雍》同）。
2《三辅黄图》。
3《古今图书集成》礼仪典卷一七七引。
4《汉书 · 王莽传》。
5《文选》注引《白虎通》。按今本《白虎通 · 乡射》作“享三老五更于太学”。
6《逸周书 · 明堂》（《礼记 · 明堂位》同）。
7《礼记 · 明堂位》（《大戴礼 · 明堂》略同）。

阴阳观念探源

阴阳五行观念是古代中国人宇宙观的重要组成部分，长期支配中国人的思想，影响社会和政治。“五四”以后，出现了一系列卓越的论文，如梁启超《阴阳五行说之来历》(1923)、顾颉刚《五德终始说下的政治和历史》(1930) 及由此引发的讨论文字[1]，给这个“二千年迷信的大本营”(梁启超语) 以很大冲击。然当时学者多从史学角度通过文献考订来论证阴阳五行之说兴起时间及演变，未曾从哲学和人类学观点分析其实质。

时至今日，阴阳五行之说在中国仍有很大影响。台港及近年的中国大陆流行风水、择日、算命、看相等等，即以阴阳五行之说为依据。民间迷信活动姑暂置勿论。奇怪的是近年大陆知识界兴起一股盲目信古崇古之风，否定以“古史辨”为代表学者们几十年来取得的成绩，在总结和发扬中国优秀文化遗产的旗号下，认为阴阳五行之说中也有不少对现代生活“仍然有用的东西”，是中国古代“哲学上伟大的创造”云云。这就有必要正本清源，还它本来面目。作者不揣冒昧，搜集国内外浅化民族同类的观点进行一番比较研究，并吸收前人研究成果，对阴阳五行之说实质略作分析，就正于大家。

兹篇先言阴阳。

一

甲骨文有阳（陽）无阴，金文中有阳（陽）有阴（陰）。《说文》中除从阜之阳阴外，另有昜、侌两字。段玉裁《说文解字注》谓为“阴阳正字”，乃阴阳两字之初文。昜象日光飞扬之状；侌从云今声，意为有云蔽日，可见阴阳原表示“见云不见日”及“云开而见日”两种气象。[2]

阴阳由形容天气阴晴即阳光有无又引申出受光或被光、向阳或背阳之意。古文字及较早文

1 诸文收入《古史辨》第五册下编。

2 参见朱骏声《说文通训定声》。

献中的阴阳，已有这两层意思。[1] 甲骨金文中阴阳从阜，说明当时已用以代表方位。《说文》："阜，大陆山无石者"，此当指黄土高原的"原"而言。阴阳即表示"原"上受阳背阳的不同方位，它或是黄土高原上远古居民最早的一组词汇。向阳和背阳后就作为南北之代名词，用以构成许多地名。其构成法则如《谷梁传·僖公二十八年》所云："水北为阳，山南为阳"，又《说文·阜部》："阴，闇，水之南山之北也"。地在水之北或山之南者可命名为"×阳"，如洛阳在洛水之北，沭阳在沭水之北，衡阳在衡山之南，华阳泛指华山之南（《汉书·地理志》颜注）等等；而地在水之南或山之北者则命名为"×阴"，如淮阴在淮河之南，江阴在长江之南，华阴在华山之北，山阴（绍兴）因有"会稽山在其南"（《续汉书·郡国志》），蒙阴因"蒙山在西南"（《汉书·地理志》）等等。中国地名学上这套特殊命名法，前人多能言之，然为何如此？则应略作解释。按此与中国地处北半球之地理位置有关。在北半球人们视觉中，太阳自东徂西偏南运行，向南者受阳，向北者背阳，山之南日照必多，而水之情况则相反，太阳初升河流最先受阳之处乃在北岸，水之北日照必多。这就是为什么"水北为阳山南为阳"之故。含有阴阳之地名多如此构成，一直沿用至今。[2]

阴阳由表示天气、方位的普通名词变为哲学上的阴阳观念，即阴阳被想象是宇宙的两种"气"，这一观念不知始于何时？前人多认为在孔子之后。[3] 然下述记载已明显提到阴阳二气。《国语·周语》记虢文公劝周宣王举行籍田之礼提到阴阳二气共三处：

阴瘅愤盈，土气震发。

阴气俱蒸，土膏其动。

---

1 例如《诗经》中以下诸篇中阴阳，是表示天气阴晴的：
《大雅·卷阿》："桐梧生矣，於彼朝阳。"
《大雅·公刘》："度其夕阳，豳居允荒。"
《小雅·湛露》："湛湛露斯，匪阳不晞。"
《小雅·正月》："又窘阴雨。"
《豳风·七月》："春日载阳。"
《豳风·鸱鸮》："迨天之未阴雨。"
《曹风·下泉》："凡凡黍苗，阴雨膏之。"
《卫风·谷风》："习习谷风，以阴以雨。"
《卫风·终风》："噎噎其阴，虺虺其露。"
以下记载的阳和阴是表示方位的：
《虢季子白盘》："薄伐玁狁于洛之阳"。(《三代吉金文存》17，19页)
《㕡羌钟》："先会于平阴"(《商周金文录遗》177)。
《永盂》："易矢师永氒（厥）田湆（阴）昜（阳）洛疆。"(《文物》1972年1期58页)
《大雅·公刘》："既景乃岗，相其阴阳"。
《大雅·大明》："在洽之阴。"
《大雅·皇矣》："在岐之阳。"
《周南·殷之靁》："在南山之阳。"
《鲁颂·閟宫》："居岐之阳。"
《豳风·七月》："三之日纳于凌阴。"
《易·爻辞》中孚九二："鸣鹤在阴，其子和之。"

2 以阴阳命名之地，有方向稍偏，不在山水之正南或正北者，乃由于古人对方向之认定只是大体而言，未必精确。又如水亦可指大海而言，如广东潮阳得名于在"大海之北"，而山东海阳则因大海在其南而得名。

3 有关文字见《古史辨》第五册下编。

阴阳分布，震雷出滞。

同书记伯阳父解释周幽王二年地震之成因有云：

阳伏而不能出，阴迫而不能蒸，于是有地震。

《国语》成书虽晚，没有理由认为以上所记不是宣幽时代之言论。西周时期已有阴阳二气的明确记录。

总之，阴阳共有三层意思：阴天和晴天，向阳和背阳，阴气和阳气。至迟在西周时期，这三层意思均已存在。虽然从字形及语意演变一般规律来看，抽象的阴阳二气观念或较前二者稍晚，却不是孔子之后才有。

阴阳二气不仅用以解释地震、雷电、霜冻等自然现象形成的原因（见上引《国语·周语》记载，又《易·象传》坤初六："履霜坚冰，阴始凝也"），还被认为是整个宇宙构成的基础。世界上事物均可以分属阴阳，不仅自然界如此，时空和数字观念如此，人类及人类社会也无不如此。例如，天（乾）属阳，地（坤）属阴；日属阳，月属阴；上属阳，下属阴[1]；春夏属阳，秋冬属阴[2]；东南属阳，西北属阴[3]；左属阳，右属阴[4]；奇数属阳，偶数属阴[5]；禽兽之雄（牡）者属阳，雌（牝）者属阴；男人属阳，女人属阴[6]。亲属关系中的父与子、夫与妻；反映社会分层的君与臣、贵与贱、尊与卑[7]；甚至属于社会习俗或道德范畴中的乐与礼[8]、仁与义、刚与柔[9]等等一组组概念，都与阴阳有对应的关系。正如《列子·天瑞》所说："天地之道，非阴则阳。"这就形成一种对事物的二元分类，它称为"二元分类宇宙观"，是古人常有的一种宇宙观。

在阴阳分类之外，中国还存在另一种五行分类，即认为世界万物为金木水火土五种元素相互配合（或说也是五种"气"[10]）所形成，这也是很早就存在的。《国语·郑语》有云："以土与金木水火杂以成万物。"这是史伯对郑桓公说的话，它也属于宣幽时代的事，不晚于公元前 8 世纪。故《荀子·非十二子》篇说："按往旧造说谓之五行。"五行和阴阳一样应原是中国大地上早已存在（"往旧"）的两种不同的事物分类法[11]（我们甚至可以假定，阴阳之说发源于黄土高原，而

1《易·系辞》："阴阳之意配日月。"《庄子·则阳》："天地者，形之大者也，阴阳者，气之大者也。"《墨子·辞过》："天地也则曰上下，四时也则曰阴阳。"《礼记·礼运》："故天秉阳，垂日月；地秉阴，窍于山川。"

2《管子·乘马》："春夏秋冬，阴阳之推移也。时之短长，阴阳之用也。日月之易，阴阳之化也。"同书《形势解》："春者，阳气始上，故万物生。夏者阳气毕上，故万物长；秋者，阴气始下，故万物收。冬者，阴气毕下，故万物藏。"

3《黄帝素问·五常政大论》："东南方，阳也。……西北方，阴也。"

4《礼记·内则》："凡男拜尚左手，凡女拜尚右手。"（郑玄注："左，阳也；右，阴也。"）

5《易·系辞》："阳卦奇，阴卦偶。"《礼记·郊特牲》："鼎俎奇，豆笾偶，阴阳之义也。"

6《墨子·辞过》："……四时也则曰阴阳，人情也则曰男女，禽兽也则曰牡牝、雌雄。"

7《易·文言》坤卦："阴……地道也，妻道也，臣道也。"《说苑·辩物》："其在民，则夫为阳而妻为阴；其在家，则父为阳而子为阴；其在国，则君为阳而臣为阴；故阳贵而阴贱，阳尊而阴卑，天之道也。"

8《礼记·郊特牲》："乐由阳来者也，礼由阴作者也。"

9《易·系辞》："阴阳合德而刚柔有体。"《易·说卦》："立天之道，曰阴与阳；立地之道，曰刚与柔；立人之道，曰仁与义。"

10《论衡·物势篇》："或曰，五行之气，天生万物。"《释名·释天》："五行者，五气，于其方各施行也。"

11 梁启超已指出：战国以前阴阳五行二事从未尝并为一谈。最早系统讨论这一问题的似为范文澜，见所著《与颉刚论五行说之起源》（载《古史辨》第 5 册，640—648 页）。他正确说明阴阳五行"原不是一回事"，而且都有一个从原始阶段到神化阶段的发展过程。阴阳五行之说原是两种体系合而为一的说法，现已为多种有权威性的中国古代史著作所采用，如《剑桥中国秦汉史》，见该书中译本（中国社会科学出版社，1992 年），737 页。

五行之说兴起于东土及沿海地区）。较早阴阳记录中不提及五行，有关五行记录中不提及阴阳[1]，即使两者在同一书中出现，也是互不相混杂的。阴阳和五行虽在战国以前早已存在，但把这两者结合起来确是战国末年之事，而且其诞生地应在齐国。燕齐多方士，齐国都城临淄的稷下又一度聚集了来自各地的学者，各种各样宗教的和世俗的思想观念、神话传说在这里交流和传授，阴阳之说和五行之说在这里被糅合在一起，用以解释宇宙之形成及自然界和人类社会运行之“规律”是很自然的事。齐国邹衍（前350–前270？）便是结合阴阳五行的代表人物，或者说他是最先把它们系统化的人。

邹衍据说写过“十余万言”，未曾流传下来。史载他“深观阴阳消息”，“阴阳主运显于诸侯”，又说他“论著终始五德之运”，说明在他的著作中阴阳变化和五行推移已经糅合在一起。他的言论在当时即目为“怪迂”、“闳大不经”，人们送他一个名褒实贬的外号：“谈天衍”，用今天的话来说即谈天说地不着边际。虽然其说最终“不能行之”，然邹衍不仅在齐国本土受到重视，而且他国“王公大人”们为其“闳大”言论所慑服亦给予不同寻常的礼遇：“适梁，惠王郊迎，执宾主之礼。适赵，平原君侧行撇席。如燕，昭王拥篲先驱，请列弟子之座而受业，筑碣石宫，身亲往师之”。他当时所受“尊礼”使司马迁想起孔子陈蔡绝粮，孟子齐梁受困之事，两相比较而不禁感慨万分。[2] 平允务实之说往往不受重视，而新奇怪诞之论却易哗众取宠，见重于世。[3] 今日某些学者对客观事物了解不多，动辄提出自己一套“理论体系”，构造出“新的模式”，便能称誉于一时。今犹如此，何况古代？

阴阳之说与五行之说结合以后，出现了一个更复杂的宇宙分类系统，其涵盖范围更广，而且一件事物既属于阴阳，又属于五行。例如，春夏秋冬四季与阴阳相联系，又依次分配于木火金水（土无法分配，便定在夏秋之交）；东南西北四方既分属阴阳又分配与木火金水（土无法分配，便算中央）。[4] 人之身体内部器官分为五腑（肝、心、肺、脾、肾）五脏（胃、胆、大肠、小肠、膀胱），原是对照五行的，又让它分属阴阳。[5] 有些分类之后还可再分类，如乐与礼已分属阴阳，而礼之中又有阴阳之分，乡射饮酒之礼为阳，男女婚嫁之礼为阴[6]；祭祀中禘祫之礼为“阳义”，尝烝之礼为“阴义”[7]。

分类愈演愈繁。到了后世阴阳五行分类竟包罗万象，自然和社会的几乎所有现象都可归入阴阳和五行[8]，繁琐无稽。兹仅就以上所述阴阳分类中重要范畴表列如下，以便读者：

---

1 例如，《书·洪范》是较早记录五行观点的篇章，其中无只字提到阴阳。《易·系辞》中多有阴阳的记载，只有一处提到“天数五，地数五”，后人注释谓与五行有关，但该处不涉及阴阳。

2 以上引文均见《史记·孟子荀卿列传》、《封禅书》。

3 扬雄《解嘲文》说邹衍“以颉亢而取世资”，似即可作如此理解。

4 参见《礼记·月令》（《吕氏春秋·十二纪》）、《淮南子·时则训》等。

5 见《黄帝素问·金匮真言论》。

6《周礼·大司徒》“阳礼”、“阴礼”下郑玄注。

7《礼记·祭统》。

8 例如：有一部叫《性理会通》的书，（明）钟人杰著，按动物、植物、用物、人体乃至人之性格、吉事、凶事诸项分类列成表格，将有关每一事物或概念分别归入阴或阳以及五行，达数百项之多。

阳	阴	阳	阴
天（乾）	地（坤）	男	女
上	下	夫	妻
日	月	父	子
左	右	君	臣
昼	夜	贵	贱
春夏	秋冬	尊	卑
东南	西北	乐	礼
奇	偶	刚	柔
雄	雌	仁	义
牡	牝	德	刑

阴阳分类不是建立在事物性质已有了解基础上进行归纳的结果，而是全凭想象合并归类。有些是据一些表面现象进行联想，如日月、昼夜、春夏和秋冬、东南和西北之分属阴阳，自与阳光之可见与不可见、照射时间之长短、出没之位置联想而来。有些则全属人为地任意划分，如为什么奇为阳偶为阴，而不是相反？人类社会现象及抽象概念，如仁义、乐礼等与阳阴分别对应又依据什么？这些是说不出任何道理的。

阴阳五行统一分类后牵强附会之处更多。四季四方分属阴阳很好解决，但要分属五行便无法分配，于是《月令》不得不在夏秋之交凭空加上一个“中央土”，《淮南子·时则训》的做法不同，以“季夏之月”属土，如此夏季便分割为二。又某项事物归属，常有说法不一致之处，甚至同一本书也会前后不一，相互牴牾。例如，在《淮南子·时则训》中，动物鳞类属春，羽类属夏，毛类属秋，介类属冬，如此鳞类羽类动物应属阳，毛类介类动物属阴。然同书《天文训》又云：“毛羽者，飞行之类也，故属予阳；介鳞者，蛰伏之类，故属于阴。”

阴阳五行家认为，自然和社会统一按照阴阳消长、五行相生相克的“规律”运行。每个季节穿什么颜色的衣服，祭祀什么神祇及如何祭祀，流行什么音律，实行何种政治措施等等，都有一定的规定。这就是所谓“天人感应”。统治者要顺天行事，即是顺时行事。违反了便会出现“灾异”。所谓“时得则治，时失则乱”[1]。例如，征伐、处决犯人等事只能在秋冬进行，若春“行秋令”或“行冬令”便会出现“大疫”、“大水”、“麦乃不熟”、“寒气时发”、“淫雨早降”等自然灾害。《月令》和《淮南子·时则训》整篇讲的就是这一套。其根据就在于上述对自然界和人类社会统一分类。《月令》仲秋之月有云：“必顺其时，慎因其类。”《吕氏春秋·召类》有云：“类同相召，气同则合。”可见战国秦汉时人们很重视事物的“类”的归属，认为应慎重对待。每个季节都与某种方位、颜色、音乐、神祇、祭典甚至政治措施相对应，顺时就要使用或采取与季节同“类”

1《韩诗外传》卷一第二十章。

的事物，这样“气”才可以“合”。例如，按阴阳分类，德属阳而刑属阴[1]，故用刑只能在属于阴的秋冬季节。一直到后世，已判决的犯人仍要“秋后问斩”。由上可见，阴阳五行说的基础就是阴阳分类和五行分类，一切信仰和主张均由此而来。

总之，阴阳五行说的基础乃在其对宇宙万物的分类，曾对中国历史发生重大影响的“天人感应”即以阴阳分类和五行分类为依据，而这些分类却是以幻想的联系来代替真实的联系，因而是非理性的，神秘主义的。

我们认为阴阳五行说本是一种原始思维，它和一切浅化民族的思维一样，从属于巫术－宗教。李约瑟博士的《中国科学思想史》第二卷《科学思想史》是我十分爱读之书。但他在对阴阳（他称之“两种基本力量”）五行的讨论中，反对法国学者列维·布留尔（L.Levi–Bruel）把阴阳五行说归入原始思维中数字神秘主义[2]的观点（见该书1990年中译本308页），常引起我的思考。这可能出于20世纪四五十年代学术界对原始思维的理解还与今不同。他们可能认为，阴阳五行之说能提出时间和空间相结合、自然和社会统一运行这样一种复杂细致的宇宙论，其思维能力如何可与整天与神灵打交道，头脑中充满神话幻想的浅化民族思维能力相提并论呢？然而人类学最新的研究表明，浅化民族不再如过去所想象那样，思维能力像小孩一样。他们宗教信仰、巫术行为、神话传说反映出来的宇宙观“精致得令人难以置信”[3]，很多浅化民族也能编织一个大的架构（或者说也有一个如《月令》中反映的“世界图式”）来解释宇宙、支配宇宙的力量及人在宇宙中的地位。他们对天体形成、动植物和人类来源、人类的生老病死及自然灾害和社会变动，都有自己的解释，当然多是虚妄的解释。

从人类学观点看阴阳五行之说，不仅作为依据的阴阳五行分类充满了神秘主义，而且其信仰和行为也是巫术－宗教性的。据《礼记·月令》、《淮南子·时则训》，一年四季应轮流祭祀的对象，除“皇天上帝”、“名山大川”外，还有太皞、少皞、黄帝、炎帝、颛顼等古代帝王，句芒、祝融等大神，以及户、灶、门、井、中霤五个家内的神灵，以及自己的祖先。这是十足的万物有灵论，正是巫术－宗教的特色。“天人感应”之说，即认为人和上天之间有一种神秘的联系，人类行为正确与否将带来福佑或灾难，就是根据巫术定律。如众所知，巫术定律中有一条“类似律”（Law of Similarity），即认为同类的相似的或互为象征的两种事物之间能互相影响。某种事物或行为既与某一季节同类，故顺时才可邀福。现在转入本文的主题，即像阴阳分类这类的宇宙观是否为古代中国所仅有？

二

盖初民和我们一样也想认识和说明世界。世界上事物之间原有相互对立的现象，他们使用一系列的两两相对的概念来表达和形容，这在人类学上称为“二元对立”（binary opposition）。

1 《管子·四时篇》：“阳为德，阴为刑。”

2 列维·布留尔《原始思维》曾以中国阴阳五行说作为数字神秘主义的例证，见商务印书馆1986年中译本，206—207页。虽然其中有些说法是极不准确的。

3 参见基辛（R.Keesing）：《当代文化人类学》，丁嘉云、张恭启译，台北巨流图书公司，1986年，565—566页。

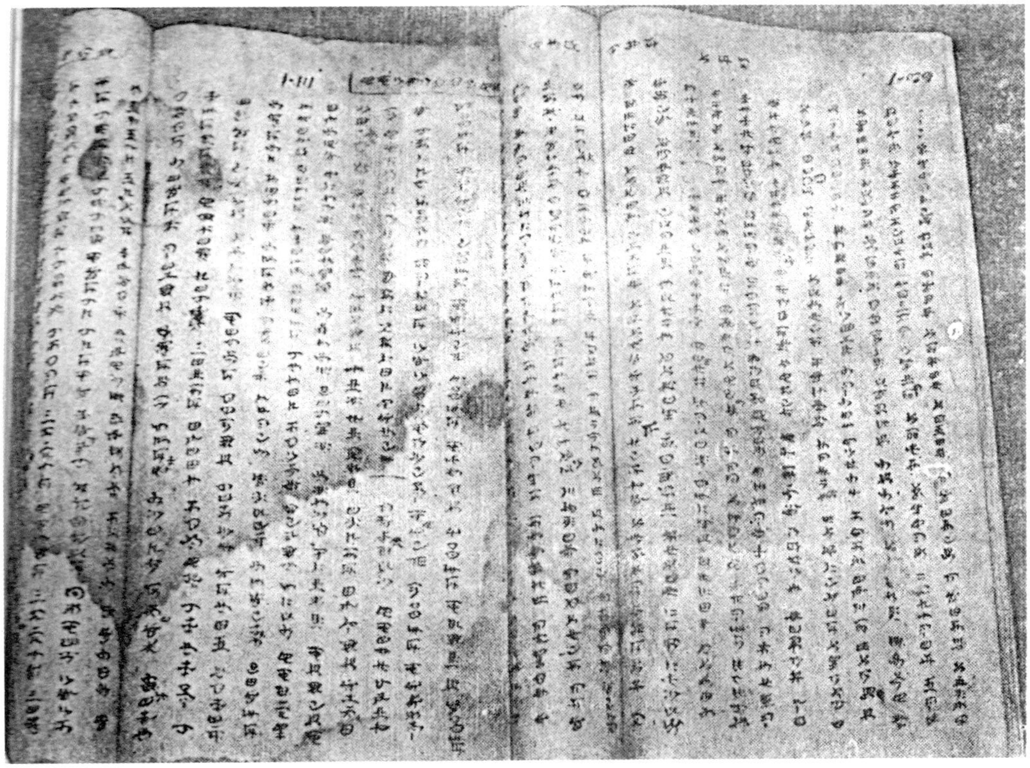

图一 《西南彝志》书影

几乎所有民族都有二元对立观点，古希腊毕达哥拉斯学派至少提出十组二元对立的概念：有限和无限，奇和偶，单一和多数，左和右，雄和雌，善和恶，动和静，光和暗，方和长方，直和曲。[1]最能反映中国人固有的二元对立观点的是《老子》一书，其中二元对立概念相当丰富，如牡牝、雌雄、天地、有无、长短、高下、重轻、直曲、前后、生死、祸福、吉凶、难易、宠辱、盈虚（冲）、静躁、巧拙、辩讷、弱强、翕张、废兴、夺与、进退、柔刚、明昧、损益、阴阳等等。《老子》成书不论早晚，其中确实包含有不少原始朴素的哲学观念。

一组组二元对立概念最早是并行的，不相统率的，并无必然的对应关系。例如《老子》也有一处提到阴阳："万物负阴而抱阳，冲气以为和"。此指阴阳二气，其他二元对立概念与阴阳只是并列的关系，没有任何从属阴阳的意思。然而初民为了进一步解释和说明世界，把一组组二元对立现象人为地构造出对应关系，并认为其中一组是分类的核心，其他分别归属，宇宙万物被简单地分类为二，如此便形成"二元分类宇宙观"。这样的宇宙观虽非各民族均有，却也是很普遍的。最常见的一种是看到人有男女，动物有雌雄，才能繁衍后代，以为世界万物也有性的区分才能被创造出来，便以男（雄）、女（雌）作为分类的核心。很多语言（如俄语、德语）中无生命之物也有阳性名词、阴性名词之分，可以认为就是这种古老观念的遗留。汉语中无性的区分，是因为华夏民族选择了阴阳为分类的核心，虽然阴阳与男女有对应关系，但阴阳原意为阳光有无，与男女无关。

1 参见李约瑟（J.Needham）：《中国科学技术史》第二卷《科学思想史》，科学出版社，1990 年，301—303 页。

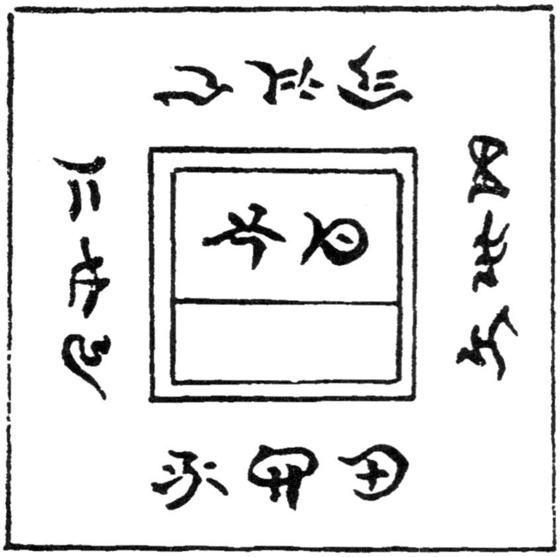

下：“哎”、南、父　上：“哺”、北、母　右：“且”、东、子　左：“舍”、西、女　中：“吐鲁”（宇宙）

图二　彝族《宇宙人文论》中四方图

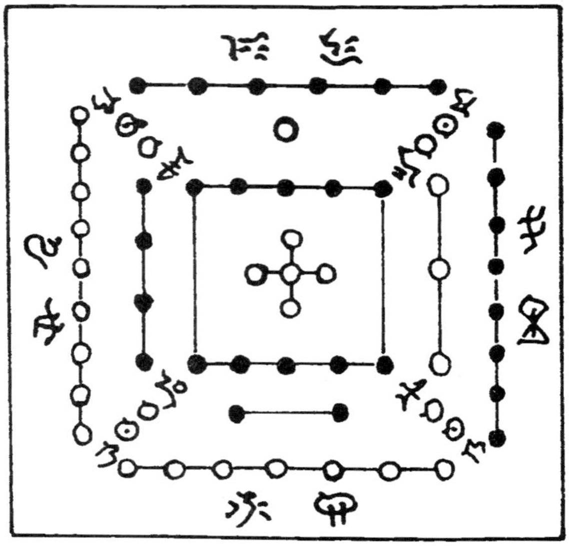

下：“哎”、南　上：“哺”、北
右：“且”、东　左：“舍”、西
四角的彝文分别意为东北、西南、东南、西北

图三　彝族《宇宙人文论》中八方图

像阴阳分类这样的宇宙观古今不乏其例。兹从国内外浅化民族之中各举一例。

分布于中国西南广大地区之彝族有本民族文字写成的典籍，包括史诗、神话传说和谱牒，很多是供宗教仪式中诵读的。近年贵州毕节专区彝文翻译组及其他机构翻译出版了一系列彝文典籍（图一），在卷帙浩繁的《西南彝志》（约成书于1604—1729年）及《宇宙人文志》、《彝族源流》等书中，经常提到一组对立的概念——“哎”和“哺”，意为清和浊（有时径称为“哎清”和“哺浊”）。他们认为“哎”、“哺”就是宇宙构成的基本力量，世界万物由其变化而来，清气是青的，上升为天；浊气是红的，下降为地。天是虚空的，像影子一样；地是实际的，为有形之物，故影属“哎”，形属“哺”。人类是“哎”和“哺”配合产生的[1]，在“哎”“哺”和人类之间还有“且”、“舍”、“木”、“确”等概念，很难确切地翻译出来。“且”、“舍”有时认为是“哎”、“哺”的子女[2]，有时又作为方位名称（图二、三）。属于“哎”或天的是女人或称“九千女”，属于“哺”或地的是男人或称“八万男”，但父亲又是属于“哎”而母亲属于“哺”的，时常有“哎父”、“哺

1《西南彝志选》（贵州民族出版社，1982年）：“当太初之世，无清浊二气，无‘哎哺’形象。先产青幽幽，后产红彤彤；青变而为‘哎’，红变而为‘哺’；在上天有天影，在下有地形；‘天’‘哎’成天体，‘地哺’成地体。”（39页）“天未产生时，地也不生，后来变化啦，出现了清气；清气青幽幽；出现了浊气，浊气红彤彤；清气升上去，升去成为天，曾浊气降下来，降来成为地。……‘哎’与‘哺’结合，人类自有了……先产生美影，先产生美形。”（12—12页）此文写就后，始读到《西南彝志》全译本（贵州民族出版社，1991年），两相比较，选本文句似更易使一般读者了解，故除出入较大者，未引全译本。

2《宇宙人文论》（罗国义、陈英译）（北京：民族出版社，1982）：“‘哎’父与‘哺’母，‘且’子与‘舍’女，宇宙四门转，一人一地司。”

母”的记录。[1]不仅天地、人类如此分类，举凡东南西北[2]、早晚、昼夜、日月[3]、君臣[4]等均分属“哎”、“哺”，甚至社会现象中一些抽象概念也被纳入“哎”、“哺”分类，如“权”（当指掌权者）属“哎”，“令”（当指执行者）属“哺”，议论属“哎”，文学属“哺”[5]等等。

此外，“哎哺”又是彝族最早两个祖先（氏族？）希幕遮、希度佐的名字，一代代传至后世，且有谱牒记录，混乱繁杂，不具引。兹将彝族“哎哺”二元分类所涉及重要者表列如下：

哎	哺	哎	哺
清	浊	南	北
天	地	东	西
青	红	晓（晨）	晚
影	形	昼	夜
女（“九千女”）	男（“八万男”）	日	月
父	母	君	臣
子	女	权	令
		议论	文学

“哎”、“哺”二元分类是彝族固有的宇宙观。翻译者有时把“哎”、“哺”径译为阳和阴，使人误会这套观点就是汉族的阴阳观。细查彝文书中直译部分，凡译为阳阴两字者，其对应词汇是父母、面底或天地，无向阳背阳之意，字音也与阴阳不同。[6]可见“哎”、“哺”意译作阴阳是任意为之。“哎”、“哺”原意为“清气”和“浊气”，《西南彝志》一书彝文名称就叫“哎哺啥额”，意为“哎哺清浊”。“哎”、“哺”分类中，属于“哎”或天的是女人（“九千女”），而属于“哺”或地的是男人（“八万男”），与阴阳分类中男女地位适好相反。还值得注意的是“哎”、“哺”分类中很多项目为阴阳分类所无，如与“哎”、“哺”天地相对应的还有青与红。以青代表蔚蓝色

1《西南彝志选》：“‘哎’、‘哺’又相配，‘且’与‘舍’生了。……‘且’与‘舍’一对，它俩又相配。‘且’有九千女，‘舍’有八万男。”（17页）“‘木’与‘确’一对，两者又相配，有了女和男。高处九千女，低处八万男。……九千女化天，八万男化地。”（23页）《彝族源流》（贵州民族出版社，1991）：“清气化为‘哎’，浊气化为‘哺’，又相互配合……‘哎女’吐芬芳，‘哺男’舍武武，互相来配合……”

2《西南彝志选》：“宇宙的南方，‘哎父’来主管，宇宙的北方，‘哺母’来主管，宇宙的东方，‘且子’来主管，宇宙的西方，‘舍’子来主管……”（422—423页）

3《西南彝志选》：“‘且’、‘舍’又相配，有了晓与晚。……晓与晚一对，两者又相配，出现了晨曦曦，出了夜暝暝。”（18页）

4《西南彝志选》：“清浊气变化，出现‘哎’和‘哺’，‘哎’翻来是君，‘哺’翻来是臣，君臣的由来，随‘哎’‘哺’产生。……‘哎’位居于天……管理地下臣。……‘哺’位居于地……在地上为臣。……日为君施令……月照臣满满。有日月普照，永远不错行，永远受爵禄。”（441—442页）

5《西南彝志选》：“‘且’与‘舍’一对，它俩又相配，根深深地出。青的是天根，红的是地根。青的是权根，红的是令根。……”（17页）“‘木’配‘确’一对，它们又相配，从而产生了，议论与文学。……它们产生后，议与文一对，两者又结合。……”（24页）

6 参见《西南彝志》卷三、四，贵州民族出版社，1991年，67、273等页。

天空，易于理解。为什么以红代表地呢？这只能因为彝族久居西南红土高原，在他们眼中，大地是一片红色，而不是黄色或其他颜色。这样的观点不可能来自中原黄土地。哎哺与阴阳说应是分别独立发生的。至于彝族文书中也提到金木水火土，与五行一致；又有八个方位名词被认为是八卦（？）。但它们是否从内地传来，自应另做研究。

上引彝文书最早不过明代，那时彝族虽有社会分层，但经济、文化较近代更不发达，却已有像阴阳分类一样的“二元分类宇宙观”，即因它原是一种从远古时代传下来的宇宙观，不必要到进入文明后才能发展起来的。

其他地区彝族对宇宙也有类似的看法。如云南彝族的史诗《阿细的先基》有云：“轻云飞上去，就变成了天，重的落下来，就变成了地。”[1] 与“哎哺”说大同小异。

下面的例子采自国外浅化的民族。

著名人类家马林诺斯基曾作长期调查的美拉尼西亚特罗布里安岛（Trobriand）上居民，他们也有“二元分类宇宙观”，更是直接与巫术－宗教信仰有关。在他们想象中，整个世界分类为上下两层，一切事物的划分均以此为出发点。祖先住在地下，自己住在地上，故灵魂在下而生人在上，非物质的无形物在下，物质的有形之物在上；死亡属下，而生命属上；地下必然黑暗，地上必然光明。由此又引申出月亮属下而太阳属上。上较下为重要，于是又引申出平民为下，头目为上；姻亲关系为下，血缘关系为上；世俗之事为下，神圣之事为上；村寨之中，周边为下，中心为上；而由于这里妇女地位较高，故女人为上而男人为下。在特罗布里安岛居民心目中，上和下（或称“上位”或“下位”）如同我们的阴阳，是二元分类的核心。对老一辈人类学家搜集资料加以综合，特罗布里安人的二元分类所涵盖的一组组二元对立概念，可表列如下[2]：

下（下位）	上（上位）	下（下位）	上（上位）
灵魂	人	女	男
非物质	物质	平民	头目
不可观者	可观	姻亲关系）	血缘关系
黑暗	光明	世俗	神圣
月	日	周边	中心

关于特罗布里安岛民们的宇宙论一定还有深层次的内容未被前人记录下来，或我们阅读未遍未能掌握。仅就以上所述已可看出，他们也有一个把天体和人类、自然现象和社会现象结合起来加以解释的“世界图式”。

1 马学良等：《彝族文化史》，上海人民出版社，1989 年，673—674 页。
2 上引 R·基辛：《当代文化人类学》，599—620 页。

三

据以上所述，阴阳观念似可简要表达为如下几点：

(1) 阴阳原为表示阴晴天气及背阳和向阳（北和南）方位的普通名词。阳气和阴气的观念就是由阳光有无的两种自然现象想象而来，在西周或以前即已存在。

(2) 阴阳最初仅为一组二元对立概念，与其他二元对立概念是并列和平行的，不相统率。后来阳气和阴气被视为构成宇宙两种基本力量，与其他二元对立概念逐一建立了对应关系，自然界和人类社会被统一分类为阳和阴，这就形成了世界浅化民族中常见的“二元分类宇宙观”。由于当时对具体事物了解有限，不得不以虚构代替事实，以幻想中事物联系代替真实的事物联系，分类是人任意划分的，因而是非理性的神秘主义的，这正是古今浅化民族思维的特点。到了战国晚期，阴阳分类又与五行分类相结合，形成更为牵强附会的阴阳五行统一分类。

(3) “二元分类宇宙观”在古今浅化民族中多有存在，虽然各个民族采用来作为分类核心的一组概念各有不同（古代中国用原意阳光有无的“阴阳”，彝族用表示清浊的“哎哺”，特罗布里安人用“上下”）。它不是中国古代才有的“哲学上伟大的创造”。

(4) 对事物分类既充满神秘主义意味，而“天人感应”所采用的又是巫术中的“类似律”原则。因此，整个阴阳五行说实质是一种原始思维。

关于对阴阳五行说的全面评价，前人论述已多。科学史家从中发现其中有不少“十分接近现代科学的观点”，如事物间相互联系和协调的观点，物质不断分离的观点，与多种学科思路相似。[1] 古人对自然的重视和探索态度，受到称道。哲学史家从中发现一些“符合辩证唯物主义”的观点，如事物间相互制约和影响，而阴阳、五行所代表的“气”是物质的东西等等。[2] 这些从本专业出发深入研究的结论，当然值得重视。但这仍不能改变阴阳五行说原始思维的实质。巫术－宗教表现出原始思维原可包括对科学发展有用的东西，“巫术哺育了科学。而且巫术家就是最早的科学家”[3]。原始朴素的宇宙观中含有所谓“辩证法”和“唯物论”的因素也不足为奇。我们假如对世界上其他浅化民族的宇宙观进行细致研究，同样可以发现类似的思想。

两千多年的阴阳五行家就企图对宇宙作出一个总体的说明，这种努力确实值得称赞。没有现代科学知识的人深信阴阳五行之说也不足深责。问题在于今天中国知识界还应信仰或盛赞阴阳五行吗？李约瑟博士正确指出，与同时代世界上其他民族的宇宙认识论相比，阴阳五行体系并不落后，“唯一毛病是它们流传到太久了，在公元 1 世纪是十分先进的东西，到了 11 世纪还勉强可说，而到了 18 世纪，就变得荒唐可厌了”[4]。这是因为从 18 世纪早期起人类已经有了现代科学，科学的宇宙观已逐渐深入人心。不意到了 20 世纪末，在中国大地上阴阳五行之说仍有很大市场，一些高级干部还有一位著名作家和一位世界知名的物理学家，竟相信与古代“阴阳先生”一脉相承的当代江湖术士，支持“耳朵认字”、“远距离施行气功”为人治病或使人长生等活动，

---

1 上引李约瑟书 299、301 页。
2 冯友兰《中国哲学史新编》第二册，人民出版社，1984 年，299—323 页。
3 上引李约瑟书，304 页。
4 上引李约瑟书，318 页。

就更加令人觉得荒唐可厌了。

无论阴阳五行说在中国科技史和思想发展史上起过多大作用，今人已很难从中“开发”出什么对现代生活“仍然有用的东西”。当然对阴阳五行这一套要有人继续加以研究，特别是我们学历史的人，若不对此有起码的了解，就不能读懂中国史（如就不会知道为什么古代犯人必须“秋后问斩”）。但没有理由误导大家都把注意力集中于此。例如，据说德国早期科学家莱布尼兹（G.W.Leibniz，1646—1716）曾称赞中国八卦中的阴爻、阳爻就是最早的二进制计数法，而今天计算机原理正是建立在二进制算术基础之上，这是当今中国知识界经常津津乐道之事。但我以为一个计算机专业的学生却不必熟知阴阳、精通《周易》，即使他对此一无所知，也不会妨碍他可能成为中国的B.盖茨。

1997 年初稿

（原载《西安半坡博物馆成立四十周年纪念论文集》，三秦出版社，2000 年）

八卦起源

我们从事文物考古工作，研究中国古代历史和文化，经常遇到八卦这个难解之谜。八卦出现在器物的装饰图案中，作为方位的名称，并是儒生、方士、巫觋崇拜的对象和他们活动中常用符号。然而，这八个奇怪的符号原来代表什么意义呢？究竟是如何创造出来的呢？

关于八卦的起源，传统说法是伏羲氏观察天地之象和鸟兽之文等等而创作[1]，或说是所谓“河出图，洛出书”[2]的产物。汉魏以来，说《易》之书不下一二百种，一再重复这套神话，而且愈说愈玄，八卦简直成了不可思议的东西。现代学人开始想对八卦起源作出科学的解释。就我们所见到的，共有过四种不同的意见。第一种意见认为，八卦中的阳爻（——）和阴爻（— —）分别是男女性器官的象征。[3]第二种意见认为，八卦是由文字引导出来的。[4]第三种意见认为，八卦是龟卜兆纹所演化。[5]第四种意见仍然相信是伏羲氏抟土成——、— —之形重叠之而成八卦；或说抟土成圭，每圭刻一卦，共八卦。[6]看来，迄今尚无一种较有说服力解释，为大家所公认。

八卦原是《周易》中的符号，而《周易》是一部以筮法占卜的卦书，因此八卦必然是和筮法这种占卜术相联系的。要想对八卦的起源作出合理的解释，应该从古代筮法及其演变过程中寻找答案。

本篇据西南少数民族保存类似古代筮法的占卜术，试对八卦起源问题提出一些看法，供进一步研究的参考。

1《易·系辞》下：“古者庖牺氏之王天下也，仰则观象于天，俯则观法于地，观鸟兽之文与地之宜，近取诸身，远取诸物，于是始作八卦。”

2《易·系辞》上。

3 钱玄同：《答顾颉刚先生书》，《古史辨》第一册，77 页；郭沫若：《中国古代社会研究》，人民出版社，1954 年，26 页。

4 郭沫若：《周易之制作时代》，载《青铜时代》，人民出版社，1954 年，68—70 页；范文澜：《群经概论》，1933 年，北京，30 页。

5（日）本田成之：《作易年代考》，见江侠庵编《先秦经籍考》上；余永梁：《易卦爻辞的时代及其作者》，《中央研究院历史语言研究所集刊》第 1 本第 1 分；屈万里：《易卦源于龟卜考》，《中央研究院历史语言研究所集刊》第 27 本（1956）。

6 马叙伦：《六书之商榷》，《国文学会丛刊》1 卷 1 期（1934 年）。高亨：《周易古经今注》，贵阳，1944 年。按高亨氏后来似已扬弃自己这一说法，认为“——象一节竹之形”，“— —象两节竹之形”。爻和卦乃象这些竹棍之形。见《周易杂论》，齐鲁书社，1979 年，4—5 页。——1985 年 4 月 12 日补注。

一

图一　四川凉山彝族演示“雷夫孜”方法

西南少数民族之中曾普遍流行以数占卜之俗，或可称之为“数卜法”。最简单的一种是通过投掷、刻划等方式，看物的正反或数的奇偶，判断吉凶。例如：

苗族把一块木头劈为两片，据两片木头落在地上的正反情况（一正一反、两正或两反），决定是吉是凶，或是不吉不凶。[1]

纳西族则有所谓“吧卜”，是用背面磨平涂上黑色的海贝来占卜。最简单的方法即以两个这样的海贝投掷于地上或碗中，看其正反情况。过去在路口山洞中便放有这样的海贝或其仿制品（“木吧”），专供行人卜问旅途的平安。[2]

西盟佤族用小木棒在地上随便划许多短线条，然后计其总数，看是奇数还是偶数，奇数主凶，偶数主吉。过去佤族巫师（“魔巴”）即用此法卜问盖房是否相宜，是否需要做鬼，等等。

这样一次就作决定，而且只能有两种（吉、凶）或三种（吉、凶、不吉不凶）答案，不能适应比较复杂的社会生活的需要。有些人在决定一些重大事件时，不想“草率从事”，而想多有几种答案以供选择，就采取多卜几次的方法。又由于“三”这个数字在很多后进民族心目中常具有一种神秘的意义，并作为多数的象征，故一般都是占卜三次，综合三次所得奇偶数的排列情况，判断是吉是凶。这种卜必三次的“数卜法”曾在很多民族之中流行。例如：

四川阿坝地区藏族用牛毛绳八根随便打结，丢在地上，如是者三次，最后看三次所得奇偶数的排列关系，以定吉凶。

阿坝地区的羌族不用牛毛绳，而用数麦秆的办法，共数三次，也可得出三个奇偶的排列关系。[3]

云南西北部的傈僳族有一种占卜法名叫“赛萨”，用竹签三十三根，一手握之，另一手数之，口中念念有词，共数三次，事情吉凶即视这三个数字的情况而定。盈江县的景颇族也从傈僳族学会这种占卜法。

以上各种占卜方法和古代以数蓍草而卜问吉凶的筮法已有若干相似之处，然而与古代筮法最相似的还要算四川凉山彝族的占卜方法，故有必要详作介绍。此法或名“雷夫孜”，其具体情况是这样的：“毕摩”（彝族巫师）取细竹或草秆一束握于左手，右手随便分去一部分，看左手所余之数是奇是偶。如此共行三次，即可得三个奇偶数字（图一）。有些地方用一根树枝或木片，以小刀在上随便划上许多刻痕，再将木片分为三个相等部分，看每一部分刻痕共有多少，亦可得出三个数字（图二）。然后“毕摩”根据这三个数是奇是偶及其先后排列，判断“打冤家”（一

---

1 （清）严如熤：《苗疆风俗考》（《小方壶斋舆地丛钞》第八帙）。

2 陶云逵：《么些族之羊骨卜及吧卜》，《人类学集刊》1 卷 1 期（1938）。

3 庄学本：《羌戎考察记》，上海，1937 年，108 页。

种氏族械斗）、出行、婚丧之吉凶。此法称为“斯也莫”。[1]

由于数分二种而卜必三次，故有八种可能的排列和组合，即共有八种答案。关于这八种排列组合情况，何者为吉，何者为凶，是因事而异的，而且各个地区或家支的解释亦有所不同。随着社会的变化，现在会作具体解释的人已不多，1960 年我们在凉山调查时想作详细了解已很困难。幸而 20 世纪 40 年代徐益棠先生曾记录下一套打木刻以卜问“打冤家”的解释方法[2]。兹摘录于下，以见一斑：

偶偶偶——不分胜负（中平）。

奇奇奇——非胜即败，胜则大胜，败则大败（中平）。

偶奇奇——战斗不大顺利（下）。

奇偶偶——战必败，损失大（下下）。

偶奇偶——战斗无大不利（中平）。

偶偶奇——战斗有胜的希望（上）。

奇奇偶——战斗与否，无甚关系（平）。

奇偶奇——战必胜，掳获必多（上上）。

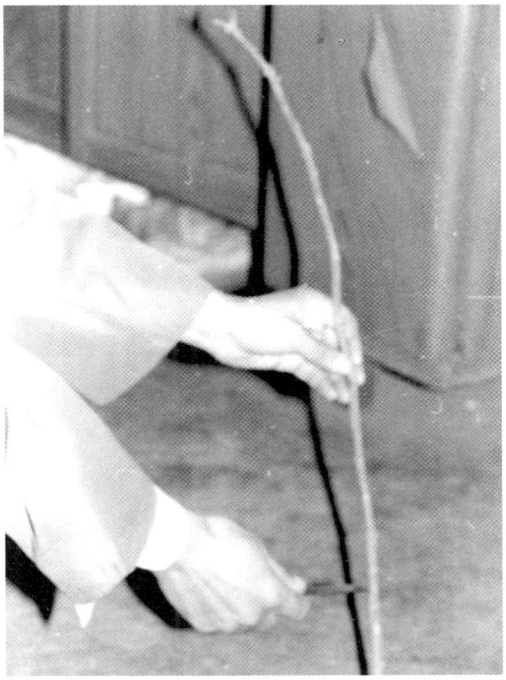

图二　四川凉山彝族演示“斯也莫”方法

每当“打冤家”之前，常要以此决定行动。如遇上卦，当然要打。如遇中卦或下卦，则要考虑是否非打不可了。[3]

二

古代筮法很明显属于“数卜法”的一种，而且它像其他事物一样，必然经历过从简单到复杂的过程。《周易》一书反映的筮法已比较复杂，不是数字观念薄弱的远古居民所能运用，故不能代表筮法开始时的情况。传统的说法是有上古之易和中古之易之分；或说伏羲画卦文王重卦。[4]

---

1 按这两种占卜原理一样，仅具体方法及所用材料不同。前者称“雷夫孜”，意为“手签”，流行于所谓“小裤脚地区”（布拖、金阳等地），后者流行于“大裤脚地区”（美姑、甘洛等地），称为“斯也莫”，意为打木刻。甘洛打木刻方法是这样的：取马桑树枝一根，长约 1 米，从上而下任意削若干道（削时不能计数），再从下而上削平两齿，使全部刻齿分隔为三部分，计算每一部分之数，看是奇是偶，综合起来，以定吉凶。——1985 年 11 月 9 早日补注。

2 徐益棠等：《打冤家——倮倮氏族间之战争》，《边政公论》1 卷 7–8 期，81–82 页。

3 除上述诸族外，他鲁人的占卜法亦与古代筮法类似。他们用四十二颗玉米粒占卜。分之为三组，各除去四或四的倍数，看其中余数各是多少。以左边一组为己，右边一组为他人，己方多者吉，反之凶。参见《云南永胜他鲁人的原始婚姻形态》，《西南民族研究》1 期（1983 年）。——1986 年 1 月 18 日补注。

4 褚少孙补《史记·日者列传》：“自伏羲作八卦，文王演三百八十四爻。”扬雄《解难》（见《汉书·扬雄传》）：“宓牺氏之作易也，绵络天地，经以八卦，文王附六爻。”《论衡·正说》：“说易者皆谓伏羲作八卦，文王演为六十四。”关于八卦和重卦的作者，还有其他说法，不再列举。参见李镜池：《周易筮辞考》，《古史辨》第三册。

撇开其中圣人制卦的神话不谈，把筮法的演进分为两个阶段则是符合实际情况的。所谓重卦，就是六十四卦；所谓画卦，应只有八卦。

重卦阶段的筮法从《易·系辞》上篇可以想见大概。即蓍草四十九根中分出几根，看其余包含四的倍数，是九、七，还是六、八，决定是阳爻还是阴爻，共卜六次，每卦包括六爻。画卦阶段的筮法是如何进行的呢？文献中没有留下任何记载，用多少蓍草及如何计数的方法很不清楚，但必然和彝族“雷夫孜”法一样，是只卜三次，每卦包括三爻。中国古代占卜习俗与“三”这个数字的关系是很密切的，占卜之事均分三类（如三兆、三梦）[1]，占卜者多用三人[2]，而且龟卜就是以三次为定[3]，最近郭沫若先生据新出土之卜骨三个一组排列情况，进一步论证了这一问题[4]。不仅卜必三次，筮法最初亦应以卜三次为准。《礼记·曲礼》说：“卜筮不过三”，应该是一句古老的成语。每次从数蓍草中得到一个奇数或偶数，共卜三次，排列起来，也就和凉山彝族“雷夫孜”法一样，只能有八种可能的排列情况，即只有八种卦象。

人们在揲蓍时，每卜一次所得结果必然要记下来以防遗忘，古代举行筮法时应也是如此。这就是所谓“画地记爻”和“书卦于木”[5]，即每得一爻先在地上划个标记，卜完以后再将爻的排列（卦）写在木板上，来判断吉凶。每次所得的奇数或偶数究竟如何表示呢？简单方便的办法就是用一画代表奇数，用二画代表偶数。我想这就是阳爻（——）和阴爻（— —）的由来。把奇数和偶数八种可能的排列情况，分别用这两种符号画出来，这就是八卦的由来。如将上述凉山彝族的“雷夫孜”法的卜问“打冤家”八种排列法用这样符号表示，不就是一套八卦吗？（如“奇奇奇”是“乾”卦，“偶偶偶”是坤卦，等等）

其实，古代筮法一直就是用阳爻和阴爻这两种符号来代表奇偶数，奇数九、七为阳爻，偶数六、八为阴爻，就已说明了这一点。而且在从下而上的各爻排列次序中，若在奇数（初、三、五）的位置上得阳爻，偶数（二、四、上）的位置上得阴爻，就叫位“正”，反之就叫位“非正”。[6]这也反映原来就是把阳爻有阴爻分别看成奇偶数的标志的。这两种符号之称为“阴”、“阳”，无疑是后来所赋予的名称。据研究，抽象的阴阳概念初见于西周晚期[7]，在《周易》卦辞、爻辞本身中还不见“阴”、“阳”两字。最早应该是仅有——、— —两个符号而没有名称。与此相适应的是八卦开始时也应该是只有卦形，而没有卦名。“乾”、“坤”、“震”、“巽”、“坎”、“离”、“艮”、“兑”这八个卦名无疑是后起的，对其来源已有的解释均难令人满意，是尚待揭开之谜。

总之，八卦原是古人举行筮法时所用一种表数符号。它既不是真正的文字，又与男女生殖器无关，当然更不是龟卜的兆纹所演化。卜兆呈交叉状，八卦却由平行线条组成，两者之间毫

1 参见《周礼·太卜》。

2《书·洪范》：“三人占，则从二人之言。”《仪礼·士丧礼》：“卜日……占者三人。”

3《书·金滕》：“乃卜三龟，一习吉。”《论衡·知实》：“乃卜三龟，三龟均吉。”

4 郭沫若：《安阳新出土牛胛骨及其刻辞》，《考古》1972年2期。

5《仪礼·士冠礼》：“筮，与席所卦者。”郑玄注：“所卦者，所以画地记爻。”《少牢馈食礼》：“卦以木卒筮，乃书卦于木。”郑玄注：“每一爻画地以识之，六爻备书于版。”

6《易·系辞》下虞翻注：“乾六爻，二、四、上非正；坤六爻，初、三、五非正。”

7《国语·周语》记幽王二年地震事说：“阳伏而不能出，阴迫而不能蒸，于是有地震。”这是关于“阴阳”代表二气的最早记载。参见冯友兰：《中国哲学史新编》，人民出版社，1962年，55—56页。

无沿袭递变之迹可寻。像《周易》所代表那样复杂的筮法是很晚的东西，若就筮法的开始来说决不会晚于卜法。只是卜法所用龟骨易于保存，筮法所用蓍草之类不能保存而已。尽管有“筮短龟长”[1]、“天子无筮”[2]、“大事卜小事筮”[3]等说法，也只能反映古人对卜法比较重视，并不能说明卜法比筮法早。相反在更多文献中却经常卜筮并称，《周礼》中既有“卜人”之官，又有“筮人”之官。筮法和卜法同样古老，就没有理由认为筮法中所用的符号一定要模仿卜法的兆纹。《礼记·曲礼》说：“卜筮不相袭”，就表明两者原属不同的占卜系统，故不能混用。

筮法和卜法一样，是由原始社会（简单社会）就流传下来的占卜方法，后成为分层社会中神道设教的一种工具。筮者感到八种卦象太少，于是将八卦相重衍变为六十四卦，这就是所谓“重卦阶段”。揲蓍之法也愈演愈繁，要经过“四营而成易”“十有八变而成卦”[4]。此外，本卦以外还有变卦，卦辞之外又加爻辞，并将各种卦象的解释固定化，写成卦书，每得一卦取卦书对照以定吉凶，这就是《周易》之类书籍的由来。据一般说法，《周易》中最早的卦辞爻辞也要到周初才逐渐形成的。[5]

《周易》原不过是一部卦书，后人作所谓“十翼”（《彖传》、《象传》、《系辞》、《文言》、《说卦》、《序卦》、《杂卦》），利用占卜之辞发挥他们自己的哲学思想，作为《周易》一书中的符号八卦便被视为神圣玄妙的东西。然八卦本身的创制纯粹是为了占卜，并非是为了说明什么哲理。假如一定要找到其中有什么哲学思想的话，那最多也只能说是一种数字神秘主义，即和公元前6世纪希腊的毕达哥拉斯学派一样，认为数的排列和组合有无穷奥妙，认为数产生万物并可预知未来。

总结上述，阴阳两爻应是古代巫师举行筮法时用来表示奇数和偶数的符号，八卦则是三个奇偶数的排列和组合。

（原载《考古》1976年4期）

补记：

这原是写给郭沫若先生的一封信，承他改成文章形式并推荐发表。近年来，由于周原甲骨中发现了数字组成的符号，张政烺先生联系传世铜器上及过去发现的卜骨中的同类符号，认出它们就是单卦（三个数字组成）和重卦（六个数字组成）（见《试释周初青铜器铭文中的易卦》，《考古学报》1980年第4期）。这不仅进一步证实了拙说，即八卦是由奇数和偶数排列组合而成，而且使我们知道在以——、——两种符号记爻以外，有直接写下数字的记爻之法。前者或是后者的简化。

1985年10月27日

1《左传·僖公四年》。

2《礼记·表记》。

3《礼记·曲礼》郑玄注。

4《易·系辞》上。

5 王国维：《古史新证》；容肇祖：《占卜的源流》，《中央研究院历史语言所集刊》第1本第1分；顾颉刚：《周易卦爻辞中的故事》，《燕京学报》第6期。

耒耜新考

耒耜是中国古代重要工具，自来为古史研究者所注意。几十年前，徐中舒先生著《耒耜考》一文（载《中央研究院历史语言研究所集刊》第二本第一分，1930 年），依据当时所能见到的材料（包括古文献、古文字和传世文物），对耒耜问题作出全面综合研究，提出不少好的见解。此文至今仍不失其重要价值。

然《耒耜考》之发表去今已有半个世纪，考古发现层出不穷，其中有不少有关耒耜的文物和资料，为当时所不及见；而随着调查者之足迹深入边陲，又发现少数民族仍在使用的工具中有一些正与耒耜相似，可以相互类比参照。兹以这些新发现之材料为出发点，对耒耜的起源、制作、用途、分布及演变等问题，略加讨论。

一 考古工作中有关耒耜的新发现

这里要介绍的是近五十年来中国大陆地区出土比较明确的耒耜遗物和遗迹。若似是而非可作其他解释者，则摒除在外。

兹分为实物、痕迹、模型与图像三大类，按器物年代早晚依次叙述。

（一）实物类

1. 余姚河姆渡之“骨耜”和“木耜”

1973 年浙江余姚县河姆渡遗址第三层和第四层，共发现“骨耜”数十件，用偶蹄类动物肩胛骨制成。骨臼和骨脊多已削平，以便安柄，骨面中间多凿双孔，以供绳索缚扎。有的骨臼上还凿有孔穴。由于长期使用，刃身磨光，刃口多已残破。

又第三层发现“木耜”一件，平刃，上端有为了安柄而留下之浅槽，槽部凿有双孔，情况与上述“骨耜”同。长约 36 厘米，宽 15.5 厘米，厚 1.5 厘米。[1]（图一：1、2）

按河姆渡遗址第四层属河姆渡文化，经碳十四测定，距今 7000—6000 年，第三层属马家浜

1《河姆渡遗址第一期发掘报告》，《考古学报》1978 年 1 期，54、73、80 页；图一〇、二六、三三；图版伍、陆：1、2、3，拾贰：8、12，拾肆：7。

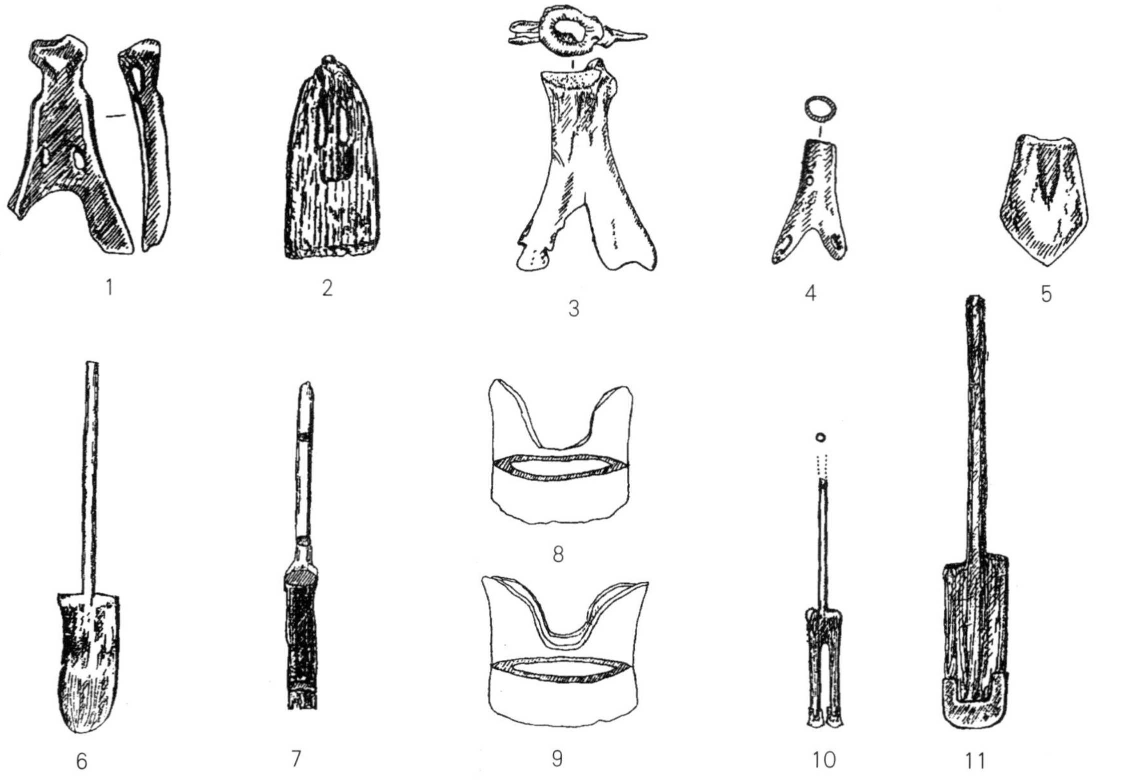

1、2. 余姚河姆渡“骨耜”（距今约 7000—6000 年）和“木耜”（距今约 6000 年） 3、4. 海安青墩“骨耜”和“鹿角耒”（距今约 5000 年） 5. 建平敖包山“石耜”（距今约 5000 年） 6. 铜绿山“木锹”（春秋战国） 7. 长沙曹娱墓“木锹”（西汉） 8. 圻春毛家嘴“铜口臿”（西周） 9. 上海博物馆藏“铜口臿”（西周？） 10. 江陵纪南城“铁口耒”（战国） 11. 长沙马王堆“铁口臿”（西汉）

图一 近年发现耒耜类工具实物

文化，碳十四测定年代距今约 6000 年左右。[1]

这里发现的“骨耜”，从其形制及痕迹来看，可肯定为安以竖柄的工具，定名为“骨耜”是可以的，但目前流行的复原图[2]，则未必可靠。如据部分骨臼上横孔，便认为安有横木，以供足踏。实际上，骨器不能耐久，无法用于深挖，如国内景颇族有同样骨工具（详后），仅用作除草等；又北美印第安人的希达查（Hidatsa）部落亦有同类工具，也是用于表土的[3]。这类工具没有必要再安足踏横木。河姆渡“骨耜”的骨臼横孔仅为了缚扎柄部，使更为牢固。

2. 海安青墩的“骨耜”和“角耒”

1978—1979 年在江苏海安县青墩遗址中下文化曾发层“骨耜”一件，系以鹿肩胛骨制成，骨

1 《中国考古学中碳十四年代数据集（1965—1981）》，文物出版社，1983 年。下文所引碳十四测定年代，均据此书，不再加以注明，又每一遗址常有好几个数据，本文加以综合后仅标以大约年代。

2 宋兆麟：《河姆渡遗址出土骨耜的研究》，《考古》1979 年 2 期。

3 C.D.Forde, *Habitat, Economy and Society*, London: Methuen & Co. Ltd., 1934, p.433.

臼及骨脊削平，与河姆渡出土者同。惟无双孔，而利用骨臼凿一竖銎，柄直接插入其中。刃部已残。

又有“角耒”三件，利用鹿角的天然枝杈制成，角干部分凿空成为圆銎，似与同出“骨耜”一样供插入竖柄之用。器身凿有小孔，以便绳索缚扎。角尖磨擦光滑，为长期使用之证。[1]（图一：3、4）

此遗址属青莲岗文化崧泽类型，其年代距今有5000多年。

近年报导出土“骨耜”者尚多，细加审视，均非竖柄的工具，不应归入耜类。如浙江桐乡县罗家角遗址，属马家浜文化，亦称发现四件“骨耜”。其骨臼凿有横銎，但不凿穿，分明为安横柄而设[2]，当是锄类。上述北美印第安人的希达查部落即有这样骨锄。

3.建平敖包山等地的“石耜”

很多考古报告称发现了“石耜”，多有可疑之处。按这类器物之柄已不存在，亦无法从痕迹上肯定原来安有竖柄。现为人们称为“石耜”者之中，有些无疑为斧类。有一种两端有缺口者，当是安有横柄的砍砸类工具。[3]发现之石器究属何类工具之头部，应由收藏单位及发掘者根据痕迹作出具体的分析。

目前根据图片能够确定属于直柄工具之“石耜”出土于辽宁建平县敖包山遗址，共三件，两件完整。其中一件长23.6厘米，宽15.1厘米，厚0.8厘米，上端磨有垂直凹槽，明显为了安置竖柄而设。下端略呈三角形，以利插入土中。[4]（图一：5）

此遗址属红山文化，其年代距今约5000年左右。

4.圻春毛家嘴等地“铜臿”

1958年在湖北圻春县毛家嘴的西周时期木结构长房遗址出土铜器一件，报告称为“斧”，呈凹字形，显系套上器物之刃口。长10.8厘米，宽10.5厘米，厚1.7厘米。[5]（图一：8）

同类器物在江苏六合县程桥及江西奉新县亦有出土。[6]上海博物馆亦藏有一件同样器物，定名为西周“铜臿”。[7]（图一：9）按战国秦汉时期曾发现大量凹形铁口臿，内有一种形式与这类铜器完全形同（详后）。

5.铜绿山古矿冶遗址“木锹”

1973年在湖北铜绿山属于春秋末年到战国时期的古矿坑中发现生产工具多件，内有一件竖柄挖掘工具，被称为“木锹”，通体木制。全长76厘米，头长16厘米，宽10厘米。[8]（图一：6）

6.江陵纪南城的铁口双齿耒

1979年今湖北江陵县楚故都纪南城遗址共发现了古井十八处，在井中共出土双齿耒三件，

1《江苏海安青墩遗址》，《考古学报》1983年2期，156页，图一一：18、19、22。

2《桐乡县罗家角遗址发掘报告》，《浙江省文物考古所学刊》，文物出版社，1981，7页，图一〇：9、10，图版贰：10。

3《试释几种石器之用途》，载《民族考古学论集》，文物出版社，1989年。

4 李宇峰：《辽宁建平县红山文化考古调查》，《考古与文物》1984年2期，18页，图二。

5《湖北圻春毛家嘴西周木构建筑》，《考古》1962年1期，5页，图七。

6《江苏六合程桥二号东周墓》，《考古》1974年2期，119页，图五：2，图版六：2。《近年江西出土的商代青铜器》，《文物》1977年9期，60页，图五：1，六：1。

7 马承源：《中国古代青铜器》，上海人民出版社，1982年，45页，图版五：2。

8《湖北古矿冶遗址调查》，《考古》1974年4期，253页，图版捌：2。

尖端均套有铁口。其中一件保存较好，全长 109 厘米，尖长 33.5 厘米，柄宽 4–3.5 厘米，尖宽 5 厘米。铁口部分呈凹形，长 7 厘米，宽 8 厘米，刃口两端上翘。铁口摩擦光滑，乃长期使用所致。这是第一次发现铁口双齿耒的实物，其年代属战国中期。[1]（图一：10）

7. 淮阳平粮台双齿耒的铁口

这里曾发现小型凹形铁器两件。发现时两者并列，当是一件双齿耒的遗留下的铁口，其柄已残。此遗址属战国时期。[2]

8. 长沙马王堆的铁口臿

1973–1974 年在马王堆第三号墓填土之中发现铁口臿一件，当系挖掘墓穴所遗。全长 139.5 厘米，圆柄，铁口部分略呈凹形（图一：11）。此墓时代为西汉初年。[3]

像这样完整的铁口臿很少发现，然凹形铁器战国秦汉的墓葬中迭有发现，分布几遍全国[4]，不必细举。其中必有一大部分为臿的铁口。[5]

9. 长沙曹娱墓“木锹”

1974 年长沙岳麓山发现一座墓，主人是一位名为曹娱的妇女。填土中发现“木锹”一具，通长 75 厘米，头长 34 厘米，宽 4 厘米。刃已残。其年代属西汉中期。[6]（图一：7）

（二）痕迹类

古代在窖穴之类坑壁上常留下当时人们挖掘工具的痕迹，是研究耒耜类工具的有用材料，其见于报导较为明确者有下列诸处：

1. 武安磁山

1976–1978 年河北武安县磁山发现一种新的新石器文化，被定名为磁山文化。在储粮窖穴的壁面可见长条状，“可能是木耒之类工具的痕迹”[7]。磁山文化经碳十四测定，距今约 7000 年，是中原地区较早的新石器文化。

2. 西安半坡

1954–1957 年发掘西安半坡村仰韶文化原始村落遗址，有些窖穴坑壁上发现挖掘工具痕迹，作“长条状”，宽 3–4 厘米，多由上而下倾斜排列，且常有交错重叠现象。挖房基也留下了相同的痕迹。[8] 如众所知，半坡遗址距今 6000 多年。

3. 临潼姜寨

1972–1973 年最初发掘陕西临潼县姜寨遗址时，在仰韶文化层发现挖掘工具数组，“形与木

1《1979 年纪南城古井发掘简报》，《文物》1980 年 10 期，46–47 页，图九：7。

2 李京华：《河南古代铁农具（续）》，《农业考古》1985 年 1 期，59 页，图九。

3《长沙马王堆二三号汉墓发掘简报》，《文物》1974 年 7 期，42 页，图版四：1、2。

4 陈文华、张忠宽：《中国古代农业考古资料索引（一）》，《农业考古》1981 年 2 期，165–166 页。

5 在很多器物上都有可能安上凹铁口，如锄头、臿类和一种铧。出土的铁口所附之木叶及柄已残，很难判断用途，故有学者建议划定一种标准，凡是作平刃或三角形刃者才可称为臿。参见黄展岳：《古代农具统一定名小议》，《农业考古》1981 年 1 期。

6《长沙咸家湖西汉曹娱墓》，《文物》1979 年 3 期，5 页，图三七：3。

7《河北武安磁山遗址》，《考古学报》1987 年 3 期，307 页。

8《西安半坡》，文物出版社，1963 年，47 页，图版四九：3、4。

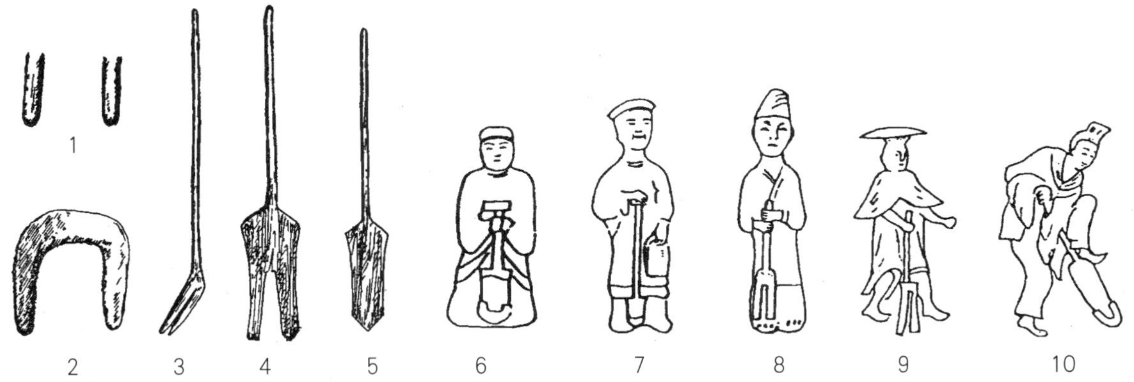

1. 陕县庙底沟木耒痕迹（龙山文化） 2. 安阳小屯西地木耒痕迹（殷） 3. 江陵凤凰山木俑手持的耒（西汉） 4、5. 长沙伍家岭等木俑所持的耒和耜（西汉） 6. 郫县持臿石人（东汉） 7. 宜宾翠屏村持臿陶俑（东汉） 8. 灵宝张湾持耒陶俑（东汉） 9. 徐州小李村画像石上持耒人像（东汉） 10. 邓县画像石上“郭巨持臿埋儿图”（东汉）

图二 近年发现耒耜类工具的痕迹和模型

耒近似”[1]。姜寨遗址属仰韶文化半坡类型，其碳十四年代约距今5500–6500年。

4.陕县庙底沟

1955年在河南县庙底沟遗址的HG553北壁上发现当时掘土留下的“双齿形工具痕迹”。齿径4厘米，齿长约20厘米，两齿之间相距4–6厘米。[2]此项发现属早期龙山文化层，或称“庙底沟二期文化”。经碳十四测定，此遗址年代距今4700年左右（图二：1）。

5.襄汾陶寺

从1963年开始，发掘了山西襄汾县陶寺遗址。在灰坑壁面上可见工具痕迹。一种作平行双齿状，齿长10余厘米；另一种为单齿，齿长约30厘米，宽10厘米，深3–4厘米。[3]该遗址仍属龙山文化，或称“陶寺类型”，距今4000多年。

6.广河齐家坪

1976年甘肃广河县齐家坪遗址一个窖穴坑壁上发现工具遗痕，有“三个齿，齿宽约10厘米……入土深度达20厘米，可能为木耒之类工具”[4]。正式报告尚未发表，是否真为三齿木耒尚待核实。该遗址属齐家文化，有一个碳十四年代数据，距今约4500年左右。

7.安阳殷墟

1958–1959年安阳殷墟发现许多窖穴，“有不少窖穴壁上发现清晰的木耒痕迹，都是双齿的”。大如小屯西地305号灰坑所发现者，齿长19厘米，齿径8厘米。小如大司空村112号灰坑所发现者，齿长18厘米，齿径4厘米，齿距4厘米。[5]（图二：2）

1《陕西临潼姜寨第二、三次发掘的主要收获》，《考古》1975年5期，283页。
2《庙底沟和三里桥》，科学出版社，1959年，23页，图一二，图版九二。
3《山西襄汾县陶寺遗址发掘简报》，《考古》1980年1期，19页。
4 何双全：《甘肃先秦农业考古概述》，《农业考古》1987年1期，58页。
5《1958–1959年殷墟发掘简报》，《考古》1961年2期，67页，图五。

（三）模型和图像类

近年出土的古代雕塑品和图画中，常见人手持耒耜类工具，为研究耒耜问题提供了形象化资料。兹列举如下：

1. 江陵凤凰山木俑

1975 年湖北江陵市凤凰山发现西汉初年古墓群，167 号墓中出土一件“持臿俑”。据摹录的图像来看，所持者是一种双齿的工具，按习惯上应称为“耒”。[1]（图二：3）

2. 长沙伍家岭木俑

20 世纪 50 年代初在长沙伍家岭第 203 号墓中，出土木俑多件，手持双齿耒，报告称为“叉形器”；另发现同类工具八件，与上述双齿耒形同，似原亦为木俑所持物，而俑已失（图二：4、5）。此墓属西汉后期。[2]

3. 郫县石人

1955 年四川郫县一座汉墓中发现一件石人，高 1 米多，双手持臿，臿有凹形刃口。[3]（图二：6）

4. 宜宾翠屏村等地的陶俑

1955 年宜宾县翠屏村古墓中，出土一批陶俑，内有一种称“执铲俑”者，作一手持臿一手提箕之状。这批墓葬属东汉初期。[4]（图二：7）

同样的陶俑在四川其他地区，如成都、重庆、新津、广汉、郫县、灌县、东山、彭山、资阳等地，经常发现，多一手持臿一手提箕。[5]臿为起土工具，而箕为盛土之器，两者常配套使用。箕亦称“笼”，所谓“负笼荷臿”（《汉书·王莽传》）即指此而言。

5. 灵宝陶俑

1972 年河南灵宝县张湾发现东汉墓葬群，在第三号墓中发现陶俑一件，手持双齿耒（报告称“臿”）。[6]（图二：8）又在该县犁湾原村亦曾收集到一件同样的持耒俑。[7]

图像中之耒耜类工具主要见于画像石和画像砖。武梁祠画像石中有“神农执耒图”和“夏禹执耒图”，前人著作已常引用。近年新发现者有：

6. 铜山小李村画像石上人像

江苏徐州地区铜山县小李村收集的东汉画像石中，有一执耒人像，耒作双齿状，与武梁祠画像石上所见者略同。[8]（图二：9）

7. 邓县画像砖上郭巨像

河南邓县发现彩色画像砖墓中有“郭巨埋儿图”，表现郭巨挖土之状，所用工具为一长方形

---

1 《江陵凤凰山一六七号汉墓发掘简报》，《文物》1976 年 10 期，33 页。陈文华：《试论中国农具史的几个问题》，《考古学报》1983 年 4 期，图四：6。

2 《长沙发掘报告》，科学出版社，1957 年，125 页，图版八八：2—4。

3 于豪亮：《汉代的生产工具——臿》，《考古》1958 年 8 期，449 页，图一。

4 《四川宜宾市翠屏村汉墓清理简报》，《考古通讯》1957 年 3 期，22 页，图版六：7。

5 史占扬：《从陶俑看四川汉代农夫形象和农具》，《农业考古》1985 年 1 期。于豪亮：《汉代的生产工具——臿》，《考古》1958 年 8 期。

6 《灵宝张湾汉墓》，《文物》1975 年 11 期，80 页，图六、二九。

7 李京华：《持耒俑》，《农业考古》1987 年 2 期，85 页。

8 《江苏徐州汉画像石》，科学出版社，1959 年，图一六。

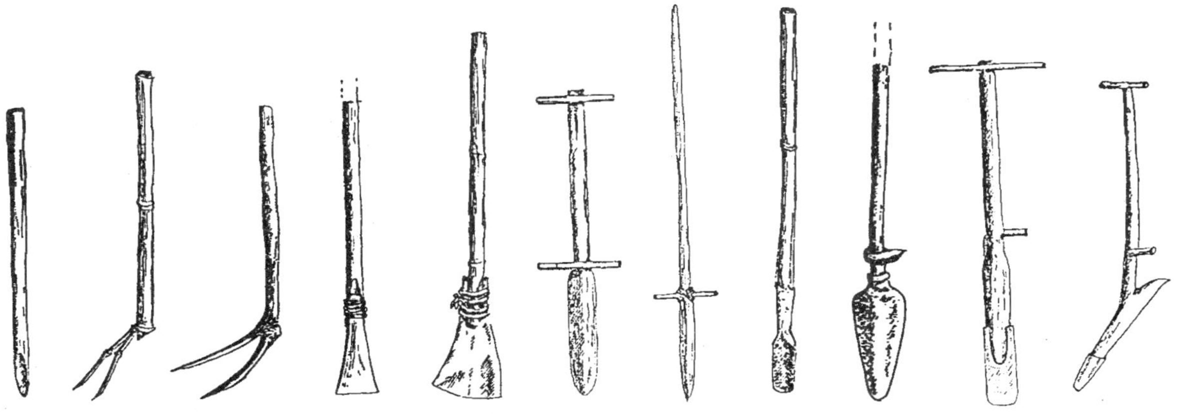

1. 苦聪人的单尖掘土棒 2、3. 独龙族的双尖掘土棒 4. 拉祜族的木“夺铲” 5. 景颇族的“申边” 6. 珞巴族的“打洛” 7. 门巴族的“卢” 8. 西双版纳傣族的“铁口戳铲” 9. 广东连南瑶族的“亚丘” 10. 水族的踏犁 11. 壮族的踏犁

图三 国内少数民族所用类似耒耜的工具

臿，臿头甚大，安有铁口，以左足踏之。[1]（图二：10）

二 中国少数民族所用耒耜类工具

中国少数民族现仍使用一些原始挖掘工具，可与耒耜相类比。这些材料是近三四十年才为世人所知的，有必要详加介绍。凡属他人调查的，悉加注明；凡未注明者，均据作者自己调查。

1.佤族的单尖掘土棒

分布在云南西盟、沧源等县的佤族，有一种掘土棒，就是选择一根直而牢固的树枝，将一端削尖后，再用火烧，使其坚硬，人们从事采集和简单农业时，用此来点种、挖洞、挖掘块根等（图三：1）。

云南金平县的苦聪人、贡山县的独龙族、福贡县的怒族、勐海县的布朗族等，也有同样的掘土棒。

2.独龙族的双尖掘土棒

独龙族分布于云南西北部的贡山县境，他们除上述单尖掘土棒外，还有一种双尖掘土棒，乃用一根带杈树枝或竹竿修治出两个尖端而成，用以除草、覆土、挖掘块根等等（图三：2、3）。

当地还有一种木锄，亦可用来除草，易与双尖掘土棒相混淆。然木锄的头部与柄成锐角，而双尖掘土棒则成钝角，两者形制有异。

3.景颇族的“申边”

景颇族分布于云南陇川、梁河、盈江、瑞丽、潞西五县。部分地区的景颇族在三四十年前还

1《邓县彩色画像石墓》，文物出版社，1958年，17页。

使用一种骨制工具，称为“申边”。它是一种复合的工具，将牛肩胛骨的骨臼部分削平，缚于竹棒或木棒之上。此物可用以铲草，清除牛粪等，但不能深挖（图三：5）。

4.拉祜族的木“夺铲”

拉祜族分布于云南西南边境，以澜沧县为主要聚居区。三四十年前仍保存一种木质工具，称为“夺铲”。用于由上而下刺土。此为一种复合的掘土棒。柄系用一根木棒，用一般木料即可。头部要用另一种特殊的坚固木料当地人称为“紫杨木”者，削成上窄下宽之状，长约15–20厘米，厚约1厘米，将窄的一端缚于木柄之上。当地人说：“紫杨木”极为耐磨，贵重难得，若通体都以它来制造，殊为浪费云云。

这种工具除点种和挖土外，除草更为合用，据云“锄下不去的地方，它能下去”（图三：4）。

5.门巴族的“卢”

门巴族分布于西藏门隅区的墨脱、错那等县。他们尚保存一种通体木制工具，称为“卢”。这实际上是一种制作精致的单尖掘土棒，用一种称为“青岗木”的材料制成，故亦称“青岗叉”。棒通长约170厘米，一端削尖，距棒尖约60厘米处安装一根长约15厘米之横木，以便作挖土时足踏用力。此器主要用途是翻耕土地。翻土时有时要两人各持一“卢”，同时共刺一穴。[1]（图三：7）

6.珞巴族的“打洛”

珞巴族分布于西藏洛渝地区及相邻的察隅、米林等县。“打洛”是他们的一种木制农具，形如上述门巴族之“卢”，惟头部宽扁如叶状。通长150厘米，头部长47厘米，宽15厘米，除足踏横木外，柄端另安横梁，以便手扶操作。由于亦用“青岗木”制成，故又称“青岗锹”。主要用于翻土。[2]（图三：6）

7.傣族的铁口“夺铲”

云南西双版纳傣族有一种由掘土棒发展而来的“夺铲”，在木棒一端安上有銎铁头，其形略如今考古田野工作中所用之探铲，惟柄较短。通长130–140厘米，铁头部分长约20厘米。傣语称铁为sham，此物亦称sham，似为傣族最早铁工具。此物用途甚广，举凡挖洞、铲草、挖草根、点种等工作均可用之（图三：8）。

云南西南边境受傣族文化影响的其他民族之中亦偶见此物。

8.瑶族的“亚丘”

广东连南县瑶族也有一种由掘土棒发展而来的铁农具，称为“亚丘”。在木柄上安装略呈三角形铁头，铁头部分长约20厘米，宽12–6厘米。在近铁头处，还安有一个铁制足踏。其主要用途为翻耕及挖掘。[3]（图三：9）

1《西藏错那县勒布门巴族社会历史调查报告》，中国社会科学院民族研究所，1978年，3–4页。又见胡德平、杜耀西：《从门巴、珞巴族的耕作方式谈耦耕》，《文物》1980年12期。

2《西藏米林县珞巴族社会历史调查报告》，中国社会科学院民族研究所，1978年，11页。又见杜耀西：《珞巴族农业生产概况》，《农业考古》1982年2期。

3《广东连南瑶族自治县南岗、内田、大掌瑶族社会调查》，广东，1958年，29页。

9.西南诸族的“踏犁”

踏犁是中国西南地区古老的铁农具。北宋周去非《岭外代答》一书中已有记载（见该书卷四踏犁条），流传千年不衰。西南很多民族，如广西的壮族、瑶族、毛难族、仫佬族，贵州的水族、侗族、苗族，四川甘洛地区的藏族（耳苏人），直到今天还在使用这种农具。[1]

据我在贵州水族和广西壮族之中的观察和了解，踏犁实由宽头掘土棒发展而来，略呈弯曲状，前端宽扁，但镶包以铁，另有足踏横木及柄首扶手。其主要用途是翻耕山地，在山坡上若由高而低翻土更易着力（图三：10、11）。

三　有关耒耜几个问题的讨论

在前两部分，我们不惮其烦地介绍各项新发现之材料，一方面因为这些材料散见各种专业刊物，把它们集中起来，或可稍免他人翻检之劳；另一方面则是为下面的讨论提供方便。我们只有时刻利用这些新材料，检验前人有关耒耜各种解释，看那些可以成立，那些应予修正、补充，才不致流入空泛的讨论。

由于新材料之发现，下面这几个问题现已可以提出与前人不同的看法。

（一）耒耜的起源——掘土棒

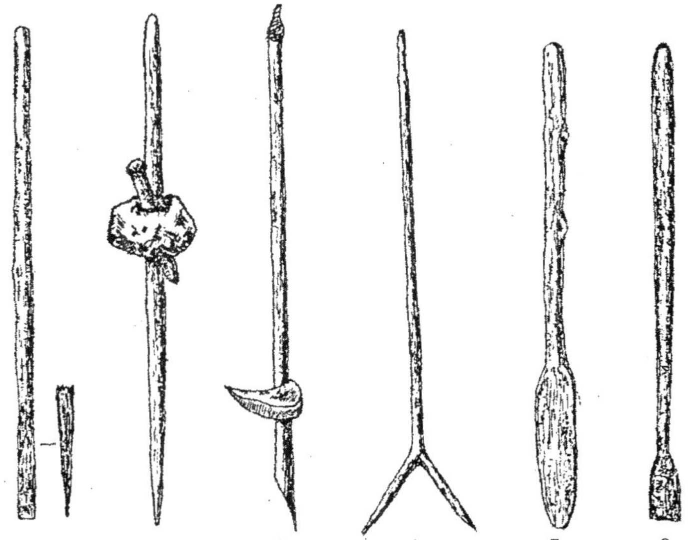

1.北美印第安人中霍皮和尤马部落的单尖掘土棒　2.南非布须曼人带有加重石的单尖掘土棒　3新西兰毛利人带有足踏的单尖掘土棒　4.南美查科人的双尖掘土棒　5.霍皮和尤马部落的宽头掘土棒　6.查科人的宽头掘土棒

图四　世界民族志中所见类似耒耜的工具

耒耜类工具起源于掘土棒，现在研究者已无异词。而为了具体探讨各类耒耜工具如何起源，还有必要从宏观的角度先对掘土棒这种世界普遍流行原始工具有较多的了解。

按掘土棒原为采集工具，随着人类从采集进入农业，遂又成为人们从事初期农业常用农具。人们用它挖掘块根、挖土、点种、打碎土块和清除草莱。当然在建房、挖墓时它也是必不可少之物，它实有后世铲、锄、镬等工具的功能，可说是一种万能工具。

一般认为掘土棒只是一根简单的有尖木棒。若把民族志中所见掘土棒综合起来，实有三种形式：

1.单尖掘土棒　此由一根树枝或竹竿做成，将其一端削尖或用火烧出尖端，或削后再烧使

1 宋兆麟：《中国古代踏犁考》，《农业考古》1981年1期。

其坚硬。除上述西南几个民族（佤、独龙、布朗）外，世界很多民族仍在使用此物。为了便于深挖，有些掘土棒近尖端处安有横木，以供足踏，新西兰的毛利人（Moari）即是如此（图四：3）；或即就制作掘土棒树枝留下短的天然桠杈，略加修治，供足踏之用，如此美纳瓦霍－印第安人（Navaho-Indians）即有这样的掘土棒。人工的足踏横木应是后来发展起来的。有些民族，如南非布须曼人（Bushmans），则在这种单尖掘土棒上套上有孔圆石，以增加掘土效能，这种圆石即称“加重石”。[1]（图四：2）

2. 双尖掘土棒 此用一根双杈的树枝修治出两个尖端而成。制作成尖端的方法同前。有的亦加足踏横木。使用这种掘土棒的民族，除国内独龙族外，还有澳大利亚人[2]和南美查科地区的印第安人[3]（图四：4）等。

3. 宽头掘土棒 这是一种头部宽扁的掘土棒，由于略似船桨，在人类学文献中有时亦称桨形棒。它原是一根上细下粗的树枝，将粗的一端削成扁平状而成。有时这种掘土棒亦加横木。上述珞巴族的“打洛”就是一种制作精致的宽头掘土棒。在世界上使用这种掘土棒的还有塔斯马尼亚人（Tasmanians）、南美阿马逊地区印第安人、菲律宾的伊戈罗特人（Igorot）及北美霍皮－印第安人（Hopi-Indians）和尤马－印第安人（Yuma-Indians）。[4]（图四：5）原始工具中石、骨或其他质料制成头部附有木柄的直插式工具，实际上都应归入复合的宽头掘土棒之内。

上述三种掘土棒各有自己的优势。双尖式和宽头式可以接触较大地面，挖土效率当然较高；若遇到坚硬的土地，则单尖式反而较易刺入。除草以宽头式最为合用。若要点种，则哪一种也比不上单尖式灵便迅速。

由于三种掘土棒原是利用不同形状的树枝做成，而且各有专门的用途，故无先后之分。在很多民族之中它们是同时存在的。国内独龙族和澳大利亚人既有单尖式，又有双尖式。南美查科地区印第安人既有双尖式，又有宽头式。[5]（图四：6）上述北美印第安人中的霍皮和尤马部落用单尖掘土棒点种，用宽头掘土棒挖草根（图四：1、5）。

中国古代像世界其他地区一样，也有这三种掘土棒的存在。耒耜工具即从这三种掘土棒中发源，或者说它们不过是这三种掘土棒制作较为精致的产品。

清人邹汉勋把耒定义为“曲柄枝刃器”，耜为“单刃器”。[6]徐中舒提出“耒下歧头，耜下一刃”。[7]人们自此已能正确地区分耒耜。半个世纪来又经几代学者的努力，现已知道中国古代耒耜类工具可分为耒和耜两大类，而耒又有单齿和双齿之分，故共有三种型式。这三种型式与上述三种掘土棒正好相对应。

有一个问题需要加以辨明，即耒耜三种型式之间是否存在演化的关系，能否排出前后的序

---

1 S. Singer and Others, *A History of Technology*, Oxford, 1956, Vol. I, p.33. H. E. Driver, *Indian of North America*, Chicago: The University of Chicago Press, 1969,p.100.

2 R. M. and C. H. Berndt, *The World of the First Australians*. Sydney: Landowre Press, 1981, p.115.

3 J. E., Lips, *The Origin of Things*. London: George G. Harrap & Co., 1949, p.93.

4 C.D., Forde, *Habitat. Economy and Society*. pp.99—100, 135, 292, 229.

5 A.B. 叶菲莫夫等编：《拉丁美洲各族文化》（李毅夫等译），三联书店，1978 年，447 页。

6 见所著《读书偶识》卷一〇。

7 徐中舒：《耒耜考》，《中央研究院历史语言研究所集刊》第二本第一分，1930 年。

列？自孙常叙提出耒耜之演化公式，认为由掘土棒加上足踏横木发展为单齿耒，然后向两方面发展，一方面由单齿耒发展为双齿耒，一方面由单齿耒加上头部而为耜。[1]学者靡然风从。实际上，并非任何事物都存在演化的关系。

我们认为，耒耜三种型式分别起源于三种掘土棒：单齿耒来自单尖掘土棒，双齿耒来源于双尖掘土棒，而耜即宽头掘土棒发展而来。正像三种掘土棒无法分辨早晚一样，耒耜这三种型式也是平行发展，即早即已同时存在。

古文字中与耒耜有关的字形，是研究耒耜问题最佳形象化资料。从中可以清晰地看到这三种型式的耒耜的存在。甲骨文“力”、“男”、“劦”、“劧”诸字中的字，为单齿耒的形象[2]：

《甲编》211　《乙编》8698　《京津》212　《续存》T.466

《后编》1.19.6　《京津》4046　《铁》5.2

甲骨文“耤”、“丽”诸字中的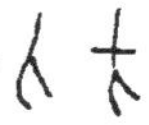即双齿耒：

《乙编》4057　《前编》7.15.3　《乙编》3290　《乙编》8151　《粹编》55

金文中的下列图像则为手执双齿耒形：

这是现在学术界几乎一致的意见，无需再加论证。问题是古文字中何为耜形？过去认为“耜”之初文为“㠯”，而“㠯”即象耜头之形。最近王贵民指出此字在甲骨文第一期作形，完全不类耜头，它只是构成耜字之声符[3]，即今天的“以”字，其说甚是。但耜的形象在古文字中还是有所反映的，上述“耤”、“丽”诸字中除双齿耒的形式外，还有在头部两竖线之间加上横线，作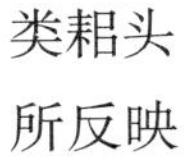诸形：

1 孙常叙：《耒耜的起源和发展》，上海人民出版社，1959年。

2 徐中舒先生正确地指出“力”、“耒”音通，甲骨文中“力”即耒形，但他认为代表双齿耒，“省却歧头之形”（见《耒耜考》），则为当前研究耒耜学者所不取。

3 王贵民：《“㠯”非耜形新探——兼及有关农具的文字语音问题》，《农业考古》1983年2期。

《佚存》700　《前编》6.17.5　《燕》718　《甲编》1762

应即代表耒端有宽平木叶之耜。画横线处即代表木叶部分。耒耜为同类工具，名称上一直相混淆（见《耒耜考》第五节），在书写上不免相互代替。[1]

从近年出土新材料，还可进一步证实耒耜三种型式并存的情况。木质工具很难保存，新石器时代遗址迄未发现耒耜类工具实物，惟从留下的挖掘工具的痕迹来看，有的清晰作双齿状（如庙底沟），有的既有“平行双齿状”，又有“单齿”状（如陶寺），是单齿耒和双齿耒同时并用之证。这说明人们使用双齿耒时，单齿耒也有存在。到了较晚时期，人们仍然使用耒耜的各种形式，长沙汉墓木俑所持者既有耜，又有双齿耒。特别是江陵凤凰山木俑所持之双齿耒，形制与独龙族双尖掘土棒相去不远。这又说明耜类工具流行数千余年后，耒类工具仍然存在。

作为复合工具的耜，出现似应稍晚。但旧石器时代人们已能于木柄上安上石尖。现已发现之河姆渡“骨耜”、“木耜”及各地“石耜”，虽然其具体形制和用途尚待进一步复原，但无疑安有竖柄，正属于耜类，它们在中国之出现至今也有六七千年的历史了。各种宽头掘土棒和单双尖掘土棒同样古老。耒耜演化之公式尚未能从新发现之文物找到证据。

（二）耒耜的制作和用途

关于耒耜之形制和用途，根据新发现之材料，有几个问题认识较前深入：

第一，关于足踏横木问题。

李根蟠《先秦农器名实考辨》（《农业考古》1986年第2期）认为，掘土棒加上足踏横木变为单齿耒，耒耜之上均有此横木，直至用铁以后才有可能取消横木。横木之有无成为耒耜的特征。这种看法有一定代表性。现在看来这种说法尚待商榷。

据上引北美印第安人的材料，足踏横木原是在制作掘土棒的树枝上故意留下一节短的枝桠，即使非常原始的掘土棒也可有之。上举国内外民族各种掘土棒，横木或无或有（图三），并无定制。耒耜之上也不一定有横木。古文献中固然留下不少足踏耒耜而耕的材料[2]，但人们可以足踏耒耜的肩部，如邓县画像砖中郭巨那样（图二：10），不一定非踏横木不可。从上引古文字中耒耜诸形来看，有的没有横木，如。近年发现战国至汉代的耒耜实物和模型不少，无一有横木的（图二：3–10）。相反，耒耜类工具开始用铁后，仍可以有足踏横木，如西南各族之踏犁、和瑶族之“亚丘”。由上可见，不能把足踏横木作为耒耜的必有特征，它之有无应与各地文化传统、土壤类型，特别是与当地对耒耜的具体使用方法有关。

第二，关于“句庛”、“直庛”。

关于耒的制作，《考工记》有云：“车人为耒……坚地欲直庛，柔地欲曲庛，直庛则利推，曲

---

1 王静如《论中国古代耕犁和田亩的发展》（《农业考古》1983年1期）一文已注意到“耤”、“丽”诸字中这种写法之意义。但他是把双齿耒和耜视为一物的。

2《诗·豳风·七月》：“三之日于耜，四之日举趾。”《淮南子·主术训》：“一人蹠耒而耕，不过十亩。”《监铁论·未通》：“民蹠耒而耕，负担而行。”

庇则利发”。是耒还有“直庇”、“曲庇”之别。宋人清人所作各种耒之复原图，均把耒复原为单齿曲庇”的形式。[1] 现在看来，不仅单齿耒还有双齿耒均可分为直曲两种。近年发现耒的模型和图像，多数作直庇，但江陵凤凰山木俑所持却是一柄典型的曲庇双齿耒。按国内外民族掘土棒原是有曲有直，如独龙族的双尖棒为曲式，而南美查科人的双尖棒则作直式。过去由于留下材料较少，人们对此问题讨论较少，现在可以认为“直庇”、“曲庇”之说是确有根据的。

第三，关于“斲木为耜”。

关于耜的制作，《易 · 系辞》有云 ：“神农氏作，斲木为耜，揉木为耒”（《汉书 · 食货志》同，“揉”作“煣”），是耜和耒同为木质农具。《周礼 · 地官 · 山虞》：“凡服、耜，斩季材”，即对制造车具和耜的木料有一定的要求。《说文》中耜作“相”或“枱”，均从木。故（宋）林希逸《鬳斋考工记解》早就指出 ：“耒耜皆以木为之。”虽然木柄上安上石、骨或其他质料的刃头，也属耜类，但真正的耜应是通体木制的。

木耜一般形制如何？《耒耜考》说是“木棒下增圆首木板”。新发现的材料证实了这一说法。原来耜的柄和头部是分别制作的，有时还要使用不同木料。河姆渡的“木耜”和拉祜族的“木戳铲”便可供复原古代的耜参考。耜原指后安上去的木制头部。[2] 由于刺土就靠的这一部分，故“刺”、“庇”和“耜”音通义同。[3] 后来把这种工具本身也称为“耜”。由于耜头是宽平状木叶，要用刀斧砍削而成，故言“斲木为耜”。

耜由宽头掘土棒变来，整体的耜当然也有存在。由于木料的限制，这种耜头不可能太宽。我们认为，长沙曹嫘墓所谓“木锹”应为这种耜的孑遗。

第四，关于耒耜之用途。

耒耜之用途，前人只知它的挖土翻耕方面，故称之为“耕具”、“翻土工具”。实际上，耒耜沿袭了掘土棒的所有功能。除翻土外（有关材料见以上“足踏横木”部分），它至少还可用于下列几个方面 ：

1. 播种　《诗 · 周颂 · 良耜》：“畟畟良耜，俶载南亩，播厥百谷，实函斯活。”《诗 · 周颂 · 载芟》：“有略其耜，俶载南亩，播厥百谷，实函斯活。”《诗 · 小雅 · 大田》：“既备乃事，以我覃耜，俶载南亩，播厥百谷。”这些记载是研究西周农业时常引用的。前人只对“畟畟良耜”，“有略良耜”这些句子感兴趣，用以证明使耜挖土之“锋利”，甚至作出必为金属所制之臆测，全不注意全诗之连贯性。这里描述的分明是人们用耜播种谷物的情况。在这之前，一切准备工作已经完成，故《大田》有云 ：“既备乃事”；《载芟》在上引几句以前提到“载芟载柞，其耕泽泽”，即已经清除了草莱，耕作了土地。若已届下种，再来翻耕土地，未免太晚。

播种工作中用耜，或者像云南西双版纳傣族的“夺铲”一样，是用以点种的 ；或者赖以敲碎

---

1 参见（宋）林希逸 ：《鬳斋考工记解》下。（清）戴震 ：《考工记图》车人为耒图。（清）程瑶田《考工创物小记》车人为耒图。

2《说文 · 木部》：“枱，耒端也。”《易 · 系辞》“斲木为耜，揉（煣）木为耒”下京房注云 ：“耜，耒下耓也 ；耒，耒上句也。”《国语 · 周语》：“民无悬耜”下韦昭注云 ：“入土曰耜，耜柄曰耒。”《考工记 · 车人》：“车人为耒”下郑云注 ：“耒下前曲接耜。”这些记载视耒耜为一物未必正确，但反映耜原指末端之木板而言。

3 参见（清）江永 ：《周礼疑义举要》卷七。（清）阮福 ：《耒耜考》（收入严杰《经义丛钞》）。（清）孙诒让 ：《周礼正义》匠人条及车人条。

土块，平整土地。

2. 除草 《说文》耒部："耒，从木推木。"木部："丰，艸蔡也"。《说文·艸部》还有"耒"字，其解释是"耕多草，从艸耒，耒亦声"。是耒亦可用以除草。朱骏声《说文通训定声·耒部》说："耒非推草之用"，未免武断。在古文献中，关于耒耜除草不乏记载。如《国语·周语》："民无悬耜，野无奥草。"《周礼·秋官·薙氏》："薙氏掌杂草……冬日至而耜之"，郑玄注："以耜测冻土划之"。耒又常与耨并用[1]，如众所知，耨即指除草或除草工具。

耒耜除草，主要是铲去草皮或挖掉草根。在这方面耜类工具似更有效。拉祜族认为他们的"木夺铲"除草比锄还好。

3. 修水利 《考工记》："匠人为沟洫，耜广五寸，二耜为耦"，是以耜修沟洫之证。传说夏禹曾持耒耜治水。《庄子·天下》："昔者禹亲自操橐耜，而九杂天下之川。"《韩非子·五蠹》："禹之王天下也，身执耒臿，以为民先。"《淮南子·要略》："禹之时，天下大水，禹身执虆垂（臿），以为民先。"[2] 从武梁祠汉画石夏禹图可见，夏禹所执者正为一双齿耒。[3] 耒耜可以起土，为修治沟渠、填堵缺口必不可少之工具。江陵纪南城古井遗址发现战国时代的铁口双齿耒，则是古代耒耜挖井的最好证明。

4. 非农业工作 正如今日不少农具可用于非农业劳动一样，古代挖掘洞穴和房基、挖矿、甚至挖墓穴亦就用耒耜起土，别无另外工具。新石器时代诸遗址和殷墟之耒痕，是当时用两种耒挖掘储粮窖穴和房基而留下的。铜绿山"木锹"是挖矿工具。长沙曹娱墓和马王堆第三号墓填土中的"木锹"和铁口臿，则是挖墓工人所遗。汉墓发现手持各种形式的耒耜的俑，包括四川汉墓陶俑中"负笼荷锸"者，他们可能是从事农业生产的奴仆，也可能是从事杂务及其他非农业劳动的家奴。

（三）耒耜之分布

《耒耜考》说："耒为殷人习用之农具，殷亡以后，即为东方诸国所承用；耜为西土习用农具，东迁以后，仍行于汧渭之间"。由于耒耜新材料的大量发现，这一说法已有待修正。

从本文第一部分列举的材料可见，耒耜之分布几乎是全国性的。西至齐家文化，东至龙山文化，各处遗址中发现长条状痕迹，可证明耒的普遍存在。而耜类工具之发现亦不限于西土，很多地区（如长沙）耒耜同时存在，与耜有直接关系的臿，更在全国各地都有分布。

徐先生在当时有限材料条件下，以双足布为耒的象形，用双足布之通行地区推测耒之流行区域。对此必须考虑到，钱币的流行有其地区性，不等于它所模仿的古农具也就局限在该地区。例如，刀币显然是模仿殷周以来流行的铜削，但刀币只行于燕齐，而削这种器物在其他广大地区都有存在。

《管子·海王》："耕者必有一耒、一耜、一铫，若其事立。"《考工记》中既记载"车人"为耒，又提到"匠人"用耜开沟。这也说明一个地区甚至一个农户之内耒耜并存的情况。它们各有具

---

1 《庄子·胠箧》："耒耨之所刺，方二千余里。"《汉书·食货志》："神农之世，斲木为耜，煣木为耒，耒耨之利，以教天下。"

2 "垂"为"臿"之误，而虆字不误，指盛土之器即"笼"而言。以上参见王念孙《读书杂志》卷一五虆垂条。

3 （清）冯云鹏、冯云鹓：《金石索·石索》三。

体用途和各自的优势，不仅可以而且有时必须并用。

(四）金属时代之耒耜

人们使用金属以后，耒耜这种原始木质工具发生了什么变化？我们认为，根据大量新发现之材料，可以得到下列几点认识：

第一，耒耜很少使用青铜制造。

耒耜上是否普遍使用青铜，是古史界经常争论的问题。虽然大多数学者对此持否定态度，仍有学者主张有青铜耒耜的普遍存在。[1]

我倾向于前一种意见。

人们常引用上海博物馆收藏的三件铜器[2]，作为青铜耒耜的例证。实际上，所谓“商耜”可能是武器上镈镦之类。[3]所谓“西周耜”，中有大圆孔，不像套在耜的木叶上物，疑为斧钺之类。所谓“西周耒”，铸成叉形，更有可疑（耒上金属刃口，一般分别安在两个尖部，后世铁口耒就是如此)。更重要的是近四十年来田野考古中出土铜器数以万计，像上述三种器物却少发现。耒耜乃普遍使用之物，若青铜确曾应用于耒耜，是应有大量遗留的。

传世铜器中还有一件上有“亚矣”铭文者[4]，亦曾被定名为“耜”。此器宽叶有尖，銎有双环，疑为矛类武器。

最近人们又称在湖北黄陂盘龙城[5]、江苏仪征破山口[6]、四川彭县竹瓦街发现了“铜耜”[7]。细审之，前两者器身呈方形，略似斧斤。后者显然为钺，四川常见同类的武器。

目前比较可能属于挖掘工具者是上述圻春毛家嘴等地发现的凹形青铜器，我们所以作此推断是因为铁臿中有同样之物[8]，但凹口铜臿已发现者仅此数件。

总之，耒耜即使有使用青铜制造者，亦极不普遍。按青铜农具发现较多者为青铜镰刀。挖掘工具少用青铜。目前所知只有南美秘鲁的莫契文化（Moche Culture）的掘土棒上安有青铜尖[9]，云南晋宁石寨山有较多青铜锄类发现，盖为特例。挖掘工具从事的乃粗笨工作，在青铜被视为宝贵情况下，人们一般不愿用它来制作这类工具。

第二，加上铁刃的耒耜——臿与双刃臿。

耒耜之上使用青铜少见，而战国以后却普遍安上铁制刃口。

先言耜。汉代及以后对耜的注释常提到是铁制的。《庄子·天下》注引《三苍》：“耜，耒头铁也。”《礼记·月令》“修耒耜”下郑玄注：“耜，耒之金也。”《汉书·食货志》“斲木为耜”下颜师古注：“耜，耒端所以施金也。”此处金亦指铁而言，即所谓“恶金”（《国语·齐语》)。故

1 参见唐兰：《中国古代社会使用青铜农具的初步研究》，《故宫博物院院刊》总2期（1960)。陈振中：《殷周的耒耜》，《文物》1908年12期。

2 马承源：《中国古代青铜器》，上海人民出版社，1952年，43、44页，图版一、二。

3 王静如：《论中国古代耕犁和田亩的发展（续)》，《农业考古》1983年2期。

4 黄濬《邺中片羽》著录，见《故宫博物院院刊》总二期（1960年）42页引。

5《盘龙城商代二里岗期的青铜器》，《文物》1976年2期，26页，图三二。

6《仪征破山口探掘出土铜器纪略》，《文物》1960年4月，86页，图六。

7 王家祐：《记四川彭县竹瓦街出土的铜器》，《文物》1961年11期，30页，图二：4。

8 陈文华：《试论中国农具史上的几个问题》，《考古学报》1981年4期，416页，图六。

9 E.P.Lanning,Peru *Before the Incas*, New Jersey：Prentice—Hall, Inc., 1967, p.147.

孙诒让《周礼正义》解释《考工记 · 匠人》条时，正确地指出“金，即耒耑铁刃着于庛者也”。

现已证明，耜头安上铁口在战国秦汉时期确是十分流行，这就是凹口铁臿。各地出土实物及模型甚多。关于耜和臿的关系，自《耒耜考》以来，由孙常叙、陈文华、李根蟠等学者列举大量材料，已证明为一物[1]，这里无须赘述。要补充的是由于臿之见于记载较晚，我们不妨只把安有的铁口者称为“臿”，而把通体木制者径称为“耜”。

不仅耜头安有铁口，安有铁口之耒亦已发现。这就是江陵纪南城发现的铁口双齿耒和淮阳平阳台发现的两个并列的小铁口。这不仅证明耒上亦可安铁口，而且对《考工记 · 匠人》郑玄注“今之耜歧头两金”这句含糊不清长期引起争论的话，可以作正确的理解。所谓“歧头两金”的“耜”，实指这种铁口双齿耒而言。这也就是文献记载的“两刃臿”。[2]

耒耜本为同类工具，用途相似，进入铁器时代后便同称为臿。

第三，木质耒耜仍然大量存在。

耒耜安上了铁口成为臿和双刃臿，大大提高工作效能。然直到汉代全用木制的耒耜至少在某些地区仍然存在。如前所述，在今两湖等地不仅发现木俑中手持没有铁口的耒耜，而且还发现了实物。《盐铁论 · 水旱》有云：“盐铁价贵，百姓不便，贫民或木耕、手耨、土耰”，当指木制耒耜而言。这些木制耒耜假如说这时也发生一些变化的话，那便是形制较前规整（参见图二：4、5、8），这是有了金属刀斧，可以很好地砍削之故。

过去认为为耒耜进入金属时代以后便安上金属刃口，或演变为其他农具。现在知道木制耒耜到了汉代仍然流行，这是由于考古学大量发现对古代社会史的一项新的认识。

结语

当代史学家要能真正开辟古史研究的新局面，必须充分利用人类学各个分支（考古学、民族学等）所积累的材料作为自己的证据。以研究中国古史而言，虽然祖先留下丰富典籍，而当认真研究某一具体问题时，会发现有关记载仍不免阙略；或记载虽多而相互重复或彼此牴牾，有用资料极少。若拘泥学科之间界限，严守“史学正宗”，对其他学科之知识和成就视而不见，必将从书本到书本，难望有新的突破；而若能充分利用近十几年国内新发现之大量考古资料，并搜集中外民族志资料作为类比，则常能取得意想不到的收获。

由于学识短浅，所见不广，解释难免错误；加之长期隔绝，信息不通，大陆以外学者之作少有涉猎，即偶有愚者一得之见，或他人早已言及，统希海内外学人和广大读者不吝赐正是幸。

（原载台湾《新史学》第一卷第二期，1990 年）

1 参见上引孙常叙《耒耜的起源和发展》，陈文华《试论中国农具史上的几个问题》，李根璠；《先秦农器名实考辨》诸文。

2 《说文 · 木部》：“茉，两刃臿也。从木丫，象形，宋魏曰茉也。釫，或从金从亏。”邹汉勋《读书偶识》卷一〇有云：“茉、丫、釫……一器也，即古之耒。”

耦耕别解

耦耕是中国古代史上值得研究的问题之一。关于它的含义，长期以来众说纷纭，尚无定论。本文就过去云南少数民族农业生产中保存的一些习俗，试对耦耕提出一个新的解释。

一

古人解释耦耕，主要根据《考工记·匠人》：

匠人为沟洫，耜广五寸，二耜为耦。

郑玄注：

古者耜一金，两人并发之。……今之耜，歧头两金，象古之耦也。

对耦耕的意见分歧就是由解释这条材料引起的。例如：唐人贾公彦说："云二耜为耦，二人各执一耜。……此两人虽共发一尺之地，未必并发。"[1] 唐人孔颖达说："计耦事者，以耕必二耜相对，共发一尺之地。"[2] 看来，他也反对"并发"之说，主张耦耕是二人二耜相对而耕的。清人程瑶田则主张耦耕时两人各执一耜而必须并头共发。他的理由是："一人之力能任一耜，而不能胜一耜之耕。何也？无佐助之者，力不得出也。故必二人并二耜而耦耕之，合力共奋，刺土得势，土乃迸发。"[3] 清人孙诒让同意贾公彦说而反对程瑶田说。他认为"耦耕但二人同耕，不必同发径尺之地。"[4] 尽管各人对是否"并发"有不同的意见，而认为耦耕就是一种使用耒耜的方法，这一点则是一致的。

古代学者解说耦耕，主要为了疏证经传，因而得不出正确的结论。近来，中国一些史学家和农史学家也探讨了耦耕问题，就笔者所见到的，有下列五种意见：

（一）耦耕就是两人运用两耜相并或相对而耕，并且同意程瑶田所说相并而耕可以达到"刺土得势，土乃迸发"的效果。[5]

1《周礼注疏·匠人》。

2《诗·大田》疏。

3《沟洫疆理小记·耦耕义述》（《皇清经解》第六七种）。

4《周礼正义·匠人》。

5 杨宽：《古史新探》，中华书局，1965 年，9—10、41—42 页。

（二）耦耕是两人共执一耜，耜上系着绳子，一人用脚踏耜入土，另一人拉绳发土。耦耕就是这样两人面对面共用一耜的耕作方法。[1]

（三）耦耕是两人共踏一耜而耕，并且指出“在木制农具时代，两人共踏一耜，不仅是可能的，而且是必须的”。[2]

（四）古代的耜和今天的犁形制和用法相似。所谓耦耕，就是两人合用一耜，一人在前拉耜，另一人在后扶耜。[3]

（五）根据《论语·微子》的记载，认为“耦耕也许是一人耕一人耰配合进行的耕作方法”[4]。

以上意见力图复原耦耕的真实面貌，但都把耦耕作为一种出于使用耒耜或某种特殊耕作方法的需要来加以解释。

二

耦耕是不是一种使用耒耜的方法呢？我感到有可以商榷之处。

把耦耕和耒耜联系起来，惟一史料就是《考工记·匠人》所说：“耜广五寸，二耜为耦”。但这里的“耜”和“耦”已成为修治沟洫的计算单位，“二耜为耦”说的是水沟宽深的标准，它不是给耦耕下定义。即使从这里可以看出古代挖水沟要用耒耜，并采用“耦”法，也不能得出结论说，所有耦耕都非使用耒耜不可。郑玄所谓“古者耜一金，两人并发之”，“并发”两字含义不明，可作各种理解；东汉时早无耦耕，他自己也说这是古代的事情。这只能看作后人对耦耕的一种解释，并不是研究耦耕的第一手材料。

假如我们把所有先秦文献中关于耦耕的记载加以综合研究，而不是仅仅根据《考工记·匠人》一条记载，就可发现古代各项农业劳动都有“耦”法，要使用各种各样的工具，不仅耒耜而已。例如：《诗·周颂·载芟》：

载芟载柞，其耕泽泽。千耦其耘，徂隰徂畛。

《逸周书·大聚》：

五户为伍，以年为长。……饮食相约，兴弹相庸，耦耕俱耘。

从这里可见，耕和耘这两种农活中都有“耦”。耘是除草[5]，所用工具应是“钱镈”之类[6]。又如，《左传·昭公十六年》记郑子产云：

昔我先君桓公与商人皆出自周，庸次比耦，以艾杀此地，斩之蓬蒿藜藋而共处之。

---

1 孙常叙：《耒耜的起源及其发展》，上海人民出版社，1959 年。

2 何兹全：《谈耦耕》，《中华文史论丛》第三辑。徐中舒：《论西周是封建社会——兼论殷代社会性质》，《历史研究》1957 年第 5 期。

3 陆懋德：《中国上古发现之铜犁考》，《燕京学报》第 37 期。

4 万国鼎：《耦耕考》，《农史研究集刊》第 1 册。

5《诗·小雅·甫田》毛传：“耘，除草也。”《说文》耒部：“䢺，耘或从芸。”“賏，除苗间秽也。”耘指除草，至今还存在人们口语之中。但孙常叙氏认为“千耦其耘”的“耘”是“賏”字之误，意即纷纷扰扰的样子。如果这样，“耦耕俱耘”又当如何解释？

6“钱”又名“铫”，“镈”又名“耨”。《诗·周颂·噫嘻》：“庤乃钱镈。”毛传：“钱，铫；镈，耨也。”《庄子·外物》：“春雨日时，草木怒生，铫镈于是乎始修。”镈是除草之具甚明。

《国语 · 吴语》记吴王夫差云 ：

譬如农夫作耦，以刈杀四方之蓬蒿。

这些记载说的是开辟荒地、清除草莱之事，所用工具应是“斧斤”及“茇”之类。[1]

即使古文献中直接提到耦耕，也不一定专指耒耜发土而言。耕字在古代和今天一样，常用来作为一切农业生产劳动的泛称。如《论语 · 微子》记载孔子及其门徒在返蔡途中所遇的事 ：

长沮、桀溺耦而耕。孔子过之，使子路问津焉。长沮曰 ：“夫执舆者为谁？”子路曰 ：“为孔丘。”……（桀溺）耰而不辍。

这里说的是“耦而耕”，而桀溺从事的却是耰的工具。耰是覆土盖种[2]，所用的工具即称为“耰”，即后世敲打土块的木槌[3]。可见长沮、桀溺这对耦耕者至少有一人也是不用耒耜的。既然古代耦耕有使用耒耜的情况，也有不使用耒耜的情况，耦的组成当然就与使用耒耜的方法无关。

因此，前人想把耦耕解释为一种使用耒耜的方法，无论如何广征博引，总是扞格难通。如上述两人共用说，其中无论那种推测（一踏一拉，并肩共踏或一拉一扶），都很难令人信服。古文字中有(前编 5.47)(曶鼎）字，象两耒之形，即寓有耦耕之意[4]，从中可见耦耕不是二人共用一件工具。又耒耜这类工具，很明显也只能由一人使用。如甲骨文中有“耤”字，作(前编 6.17.15)(乙编 3290）诸形，象一人踏而耕之状。《淮南子 · 主术训》中有“一人蹠耒而耕，不过十亩”的记载。著名的武梁祠汉画像石中神农和夏禹像，都是各人手执一耒的。[5]

我们认为，古代耦耕在需要使用耒耜的场合，应该是二人使用二耜（耒）。但二人二耜（耒）同耕时，并没有固定的操作方法。在很多情况下，耦耕者根本不使用耒耜。

耦耕不是某种使用耒耜的特殊方法。当然，我们也很难同意耦耕就是一人耕一人耰的耕作方法。因为这种说法只据《论语 · 微子》一条史料立论，同样有很大的片面性。它适合于长沮、桀溺耦耕的情况，而和其他记载又不相符合。总之，从上述几条较早文献记载来看，古代各种农活都曾用“耦”，它根本就不是某种工具使用方法或耕作方法问题。要想对耦耕问题作出合理的解释，必须打破陈说，另觅新路。

三

我过去对前人解释耦耕发生怀疑，但并不知究应如何解释为妥。后来有机会参加少数民族社会调查工作，从少数民族保存的某些习俗中受到了启发，对耦耕问题逐渐形成了自己新的看法。

云南一些民族由于社会生产力水平较低，个体经济微弱无力，故普遍保存原始互助和协作习惯。他们不仅当有重大的事情（如盖新房）时要互相帮助，就是在日常的农业劳动中也实行协作。

1 “茇”是消除草莱专用之器。《国语 · 齐语》：“耒耜枷茇。”韦昭注 ：“茇，大镰也，所以除草也。”今天云南某些山区保存一种砍草用的长刀，仍称“茇刀”。

2《孟子 · 告子》：“播种而耰之。”又《论语 · 微子》“桀溺耰而不辍”下郑玄注 ：“耰，覆种也。”

3 见（元）王桢《农书》卷一二。

4 参见徐中舒 ：《耒耜考》，见《中央研究院历史语言研究所集刊》第二本。谭戒甫 ：《西周“曶”器铭文综合研究》，见《中华文史论丛》第三辑。

5（清）冯云鹏等 ：《金石索 · 石索》三。

一种是两个人之间的协作，一种是大规模的协作。

两个人之间的协作经常采取换工方式进行。在独龙、傈僳、怒、景颇、佤、布朗等族及一部分傣族、彝族中间都有换工习惯，名称不同[1]，内容一样。其方法是甲先帮乙劳动几天，以后乙又如数帮甲劳动几天，彼此不计报酬，只需在劳动当天招待吃饭。这种换工协作在农业生产各个环节（从播种到收割）均可采用。有些民族换工采取原始平均主义的原则，不分男女老幼，都是一工抵一工，并不斤斤计较。如傈僳族和布朗族的某些村寨就是如此。在更多的民族之中，换工则按性别和年龄来组织，即男请男伴，女请女伴，老人约老人，小孩约小孩。这样劳动力相差不大，彼此均不吃亏。这些民族农业生产都是以个体家庭为单位进行的。而由于换工习俗的普遍存在，在劳动时各个主要劳动力却常有一个外面请来的“伴”。劳动时若没有“伴”，他们甚至感到不习惯。“干活没人帮”，在很多人心目之中是很大的羞耻和不幸。

两人一起劳动，是不是出于合力使用某种工具的特殊需要呢？完全不是。由于各项农活都可实行换工，要使用工具的种类很多，如除草用锄，收割用镰等等。有时两人从事不同的工序，如一人点种，一人盖种，这时则要各用不同的工具。

那么，二人一起劳动比起一人单独劳动究竟有些什么好处呢？我们在调查中经常向少数民族提出这样的问题，据他们介绍这些好处是：(1) 可以合力从事一人无法胜任的工作（如砍伐大树等）；(2) 可在农忙季节合力突击，不误农时（如抢收抢种）；(3) 可以实行简单的分工，提高劳动效率；(4) 在原始森林中采集或刀耕火种时，可以合作防御野兽的侵袭；(5) 可起激励精神的作用。面对险峻的高山和茫茫的森林，一个人容易感到孤单无力，而两人一起则可破除寂寥，增强信心，有时还可起一种竞赛的作用。总之，两人一起劳动本身就构成一种劳动协作，这虽是最简单的劳动协作，却具有劳动协作的一切优越性。

大规模的协作一般发生在合伙开荒或在公有土地上进行刀耕火种的时候。这与本文所涉及问题关系不大，故不详述。值得提出的是就在集体劳动的场合，如过去集体为统治阶级服劳役时，尽管人数很多，为了实行简单的分工，仍常常出现两人合成一组进行劳动的情况。例如，西盟佤族过去在公有土地上合伙刀耕火种，全寨一起出动，先由巫师“魔巴”杀鸡看卦，然后两人配成一组，一人在前用竹棒点穴，一人在后覆土盖种。两人动作协调，速度极快。[2] 又如过去沧源佤族和西双版纳傣族劳动人民要为头人、土司代耕一定的土地，在全寨一起出动下种时，也常常是这样两人配合进行的。这种劳动方式由于习惯的原因一直到20世纪六十年代仍然保持（图一）。

从上述少数民族结伴劳动习惯来看古代的耦耕，则有关耦耕问题可以得到比较合理的解释。

我们先探讨“耦”字的含意。古汉语中“耦”的本义就是两个[3]，由此引申为伴侣、配对、合

1 例如：独龙族称为“昂吉阿旱”，傈僳族和怒族称为“瓦纠”，沧源佤族称为“别”，凉山彝族称为“阿字”，景颇族称为“吾戈扰”。参见《怒江独龙族调查报告》（七），1964年，105页；《怒江傈僳族调查报告》（四），1958年，27页；《怒江怒族调查报告》（三），1958年，49页；《沧源佤族调查报告》，1959年，37页；《景颇族五个点调查综合报告》，1958年，128页；《布朗族调查报告》，1963年，89页；《西双版纳傣族调查报告》（二），1956年，67—68页；《云南沧源卡瓦族社会经济调查报告》，1958年，11、37页。

2 云南民族调查组：《西盟大马散佤族调查报告》，1958年，21页。

3《广雅·释诂》：“耦、两，二也。”

伙之意。例如，晋国有两个名叫“五”的人合伙进谗，被合称为“二五耦”。[1] 两姓缔结婚姻关系，亦可称“耦”。[2] 两人对弈，可以把自己的棋友称为“耦”。[3] 举行射礼配对比赛，这对射手也被称为“耦”。[4] 由此看来，耦耕的“耦”也应如此理解。所谓耦耕，就是合伙耕作，就是两人配成一对进行协作劳动，并没有“相并”、“相对”或什么其他高深的含意。

图一　西双版纳傣族两人协作点种

古代耦耕这种协作和上述云南少数民族一样，是通过换工方式进行的。《左传·昭十六年》“庸次比耦”和《逸周书·大聚》“兴弹相庸，耦耕俱耘”的“庸”字，就有换工的意思。《汉书·食货志》：“教民相与庸挽犁。”颜师古注：“庸，功也，言换功共作也。”清人王念孙引证《方言》和《说文》又作进一步阐述：“庸者，更也，迭也，代也。……然则‘庸挽犁’者，犹言‘更换挽犁’、‘代挽犁’也。”[5] 王念孙的解释是正确的。用今天的话说，“庸”就是“你帮我，我再帮你”，就是换工。上引《左传》和《逸周书》记载的耦耕，已经不是一般的两人协作，而是一种换工协作了。《汉书·食货地》说汉武帝时赵过等“教民相与庸挽犁”，可以看成是这种换工协作习俗在特殊情况（缺乏耕牛）下的一度复活。

古代耦耕也像云南某些少数民族的换工一样，要按劳动力的强弱来配对。《说苑·正谏》云：

> 楚庄王筑层台……大臣谏者七十有二人皆死矣。有诸御已者违楚百里而耕，谓其耦曰：“吾将入见于王。”其耦曰：“以身乎？吾闻之，说人主者皆闲暇之人也，然则至而死矣。今子特草茅之人耳。”诸御已曰：“若与子同耕，则比力也；至于说人主，不与子比智矣。”委其耕而入见庄王。

诸御已说“与子同耕，则比力也”，反映古代耦耕双方的劳动力是要大体相当。诸御已和他的耦就是双方可以“比力”的一个换工组。大概长沮和桀溺也是这样一个换工组。

云南少数民族的换工都是自发组成。古代耦耕不同之处在于还要由地方官吏出面组织和干预。《周礼·地官·里宰》：

> 以岁时合耦于耡，以作稼穑，趋其耕耨。（郑玄注：此言两人相助耦而耕也。……耡者，里宰治处也。若今街弹之室，于此合耦，使相佐助。）

《吕氏春秋·季冬纪》：

---

1 《左传·庄公二十八年》：“骊姬嬖，赂外嬖梁五与东关嬖五，使言于公。……二五卒与骊姬谮群公子而立奚齐，晋人谓之‘二五耦’。”

2 《左传·宣公三年》：“吾闻姬姞耦，其子孙必蕃。”

3 《左传·襄公二十五年》：“弈者举棋不定，不胜其耦。”

4 《左传·襄公二十九年》：“射者三耦。”《礼记·大射》：“遂比三耦。”

5 见《读书杂志·汉书第四》庸挽犁条。

季冬……命司农计耦耕事，修耒耜，具田器。[1]

上述古代定期“合耦”或“计耦耕事”，进一步说明耦耕是一种换工，而且这种换工要按劳动力强弱来组织的。这是涉及劳动力编组的大事，直接影响到当年的收成及租税收入，不能不引起统治阶级的重视。当然，任何一项古代制度在《周礼》等书中都已被系统化和理想化，上述合耦制度也应如此看待。

古代在集体劳动场合，例如在“公田”上为统治者服劳役时，也常常由两人合成一组进行耦耕。《诗 · 周颂 · 噫嘻》：

率时农夫，播厥百谷，骏发尔私，终三十里；亦服尔耕，十千维耦。

又上引《载芟》一诗亦有“千耦其耘”的记载。这和上述沧源佤族和西双版纳傣族为头人、土司代耕时两人一组进行劳动的情况，有类似之处。

耦耕流行的时间大约上起远古[2]，下迄春秋。战国以后有关耦耕的记载多述前代之事（如上引《说苑 · 正谏》），或记录古代制度（如上引《周礼 · 里宰》、《吕氏春秋 · 季冬纪》），均已不能作为当时仍有耦耕之证。大概战国时期因铁器普遍使用，农业生产有一个飞跃的发展，耦耕便逐渐消失。由此可见，耦耕也和一切原始的互助协作习惯一样，是低下的生产水平所决定的。

总结上述，本文对耦耕的看法可以概括如下：古代耦耕在需要使用耒耜的场合，是两人使用二耒或二耜，但也有不使用耒耜的场合。古代耦耕不是使用耒耜的方法问题，而是劳动人民在各项农业劳动中广泛实行的一种劳动协作，这种协作常常是通过换工方式进行的。耦耕的组成不是出于共同使用某种工具的需要，而是因为在社会生产力低下的条件下，两人一起劳动本身就可提高劳动效率。在耦耕流行的漫长时期，先民就依靠这种简单的劳动协作，从事农业生产，和大自然作艰苦的斗争。

（原载《文物》1977 年 4 期）

补记：

这篇小文是顾颉刚先生推荐发表的，盛情难忘。

1《礼记 · 月令》、《淮南子 · 时则训》略同，惟“司农”作“农”。又《齐民要术》卷三《杂说》引崔寔《四民月令》：“十二月……遂合耦田器。”亦是转述上引《吕氏春秋 · 季冬纪》文。

2《荀子 · 大略》：“禹见耕者耦立而式（轼）。”（《太平御览》卷八二三引董仲舒说，略同）据此传说，则夏代耦耕已流行。

说田猎

古代打猎又称为“田”。如《周易》有“田有禽”，“田无禽”，“田获三狐”，“田获三品”之句[1]，《诗经》有《叔于田》、《大叔于田》、《吉日》、《车攻》等篇，其中的“田”均指打猎而言。为何称猎为“田”？古史研究者迄无确解。兹不避浅薄，据边裔少数民族保存古老的打猎习惯，对田猎问题略抒己见，为王玉哲教授祝寿兼就教于方家。

一

打猎在早期农业社会，在经济生活中仍起一定作用。为了不妨碍农事，多与农业活动结合进行。在云南的佤、布朗等族之中，三四十年前尚可见此遗风。

兹以云南西盟县佤族为例。他们从事刀耕火种的轮作农业（shifting agriculture），一年的农事以冬末春初准备耕地开始，无论是在森林中开辟新地或者在已耕种过的熟地上清除草莱、禾秆，必须砍倒地面上一切植被，晒干后以火烧之，既可平整耕地以待播种，又赖植物灰烬以为肥料。火起时野兽逃窜，人们守在火场周围行猎。此后，田地上作物成长，在从锄草到收获各种农作中，仍不时伴随着小规模狩猎活动。每晨出耕，男子携带弩弓砍刀，妇女身背箩筐，在进行农业劳动之余，便猎取鸟类或小动物或采集野生植物。

古代打猎又称“田”者，应得名于这种与农业生产相结合的打猎方法。虽然中原地区与西南多山地区自然环境有异，农业形态未必尽同。然中原地区远古农业亦曾借助于火以整理耕地并乘机行猎，这一点颇有文献可征。卜辞中有对“焚”、“火田”的卜问，或连言获兽之事。[2]《吕氏春秋·义赏》：“焚泽而田，岂不获得，而明年无兽。”《春秋》及三《传》中有关于“焚”的记录。[3]大概到了春秋战国时期，中原地区仍有火田之事。

1 《易·师》、《易·恒》、《易·巽》、《易·解》。

2 有一条卜辞云：“其焚，毕（禽）？癸卯允焚，只（获）兕十一、豕十五、□廿五。”见胡厚宣：《殷代焚田说》，载《甲骨学商史论丛》初集。

3 见《春秋·桓公七年》、《左传·定公元年》。

二

“田”为打猎之“总名”（见下引《白虎通》），而不同季节及场合之打猎还各有专称。《尔雅 · 释天》：“春猎曰蒐，夏猎曰苗，秋猎曰狝，冬猎曰狩。”（《周礼 · 大司马》、《左传 · 隐公五年》略同）；又《公羊传 · 桓公四年》：“春曰苗，秋曰蒐，冬曰狩”。《谷梁传 · 桓公四年》：“春曰田，夏曰苗，秋曰蒐，冬曰狩”。《韩诗内传》（《御览》卷八三一引）：“春曰畋（田），夏曰苗，秋曰搜，冬曰狩。”诸家记载互异，或言一年四时行猎，或言三时行猎；某一类狩猎，或言在春，或言在夏或秋。我们自没有必要像古代经学家那样论定孰为是非，以维护自己学术门户。今天可得而言的是古代打猎确是分为各种类型实行，这些名称曾散见于先秦可靠文献之中。例如，在《春秋》中“蒐”凡五见[1]，“狩”凡三见[2]；《夏小正》中有“十有一月王狩”的记录；“苗”则见于《诗经》[3]；“狝”在《国语》、《管子》、《周礼》等书中都有记载[4]。

不仅“田”之得名可说明打猎与农耕之结合；上述打猎各种类型，溯其名称之由来，亦与农事有关。已故著名史学家顾颉刚先生对此问题极为注意，最近台湾出版《顾颉刚读书笔记》中有多条论及。[5]顾先生认为以狩猎活动平均分配于四时，乃礼家整齐故事之伎俩，其说甚是。然他怀疑“自人类进入农耕社会，自春至秋劳于农耕……安得兼务农与猎哉”[6]，这一问题今日已可作出回答。盖打猎与农作可以结合进行，且有利于农业，两者并不矛盾。从上述少数民族狩猎习惯中已得到证明。《左传 · 隐公五年》云：

故春蒐、夏苗、秋狝、冬狩，皆于农隙以讲事也。

原来古代打猎正是利用农业劳动之间隙，一年四季均可为之。只是各类狩猎之时期，可能因当地自然条件及猎物情况而定，未必绝对局限于某一季节而已。兹分别疏说于下：

蒐

“蒐”为搜索，因在农田中搜索猎物而得名。《说苑 · 修文》云：“春蒐者，不杀小麛及孕重者。……蒐者，搜索之。”《白虎通》云：“蒐，索肥者也。”《国语 · 周语》“蒐于农隙”下韦昭注：“蒐，择也，禽兽怀孕未著，搜而取之也。”又《左传 · 隐公五年》杜预注：“蒐索，择取不孕者。”《谷梁传 · 桓公四年》范宁注：“蒐，择也，舍小取大。”由上可见，这是一种有选择的狩猎，只猎取未孕者或已长大长肥者，留下那些已孕者或幼兽，让它们继续繁殖长大。这是初民狩猎时注意保护动物资源维持生态平衡的良好习惯。今天很多少数民族对于来自“文明社会”猎者不分季节不问对象一概赶尽杀绝的做法，深为反感。中国古籍中有不少关于有节制进行狩猎的规定，如《礼记 · 王制》有云：“不杀胎不殀夭，不覆巢”；《国语 · 周语》：“王田不取群”；《礼记 · 曲

1《春秋 · 昭公八年》、《春秋 · 昭公十一年》、《春秋 · 昭公二十二年》、《春秋 · 定公十三年》、《春秋 · 定公十四年》。

2《春秋 · 桓公四年》、《春秋 · 庄公四年》、《春秋 · 僖公二十八年》。

3《诗 · 小雅 · 车攻》有云：“之子于苗……搏兽于敖。”

4《周礼 · 春官 · 肆师》有云：“狝之日莅卜来岁之戒。”关于《国语》、《管子》中对“狝”的记载，详下文。

5 见《顾颉刚读书笔记》（台北：联经出版公司，1990）中《纯熙堂笔记》狩与改火之一次与多次条，《虬江市隐杂记》三田四田条、蒐春夏秋所通用条，《汤山小记》一岁二时田三时田四时田条，春蒐秋狝条，《愚修录》夏秋不可得猎条，《高春琐语》周语中之三时田条。

6《顾颉刚读书笔记 · 壬寅冬日杂钞》狩猎只冬、春蒐秋狝皆军事，夏苗为农事条。

礼》下："国君春田不围泽，大夫不掩群"。以上均出于保护生态环境及资源的考虑。这是祖先留下的可贵的民族生态学（ethnoecology）遗产，值得我们今天认真研究和继承。

"蒐"或言在春（《尔雅》、《左传》等），或言在秋（《公羊传》、《谷梁传》）。验证于其他可靠记载，应不局限于某一季节。如《春秋》经记载"蒐"凡五次，一次在春季（昭公二十二年），二次为夏季（昭公十一年、定公十三年），二次为秋季（昭公八年、定公十四年）。大概自春至秋均可进行这种小规模的有节制的狩猎。

苗

"苗"在已长庄稼之农田上进行。它的得名，应与除害兽保禾苗有关。《左传·隐公五年》杜预注："苗，为苗除害。"（《尔雅·释天》）郭璞注、《谷梁传·桓四年》范宁注略同）此颇符合初民狩猎习惯。当禾苗既长或果实已结，为防止野兽践踏破坏庄稼，初民必长期守卫，并乘此行猎。1965年我在云南墨江县曾亲见玉蜀黍结穗时期，当地居民组织人力猎猴，并请外地来的"捉猴师傅"主其事，便寓有狩猎及保护作物双重目的。大家熟知的鲁迅著名小说《故乡》，曾描写农村少年闰土看守西瓜以叉刺猹之事，也可视为这类狩猎在内地的孑遗。由于农作物生长季节有早有晚，故"苗"的举行可春（《公羊传》）可夏（《尔雅》、《左传》、《谷梁传》），不必专属某一季节。大概凡兼有保苗除害作用之狩猎，均可称"苗"。《礼记·月令》："孟夏之月……驱兽毋害五谷，毋大田猎"，即指这种类型狩猎而言。

由于夏春仍是猎物成长季节，故苗猎不能规模很大。《说苑·修文》云："苗……取之不围泽，不掩群，取禽不麛卵，不杀孕重者"；《周礼·大司马》"遂以苗田"下郑玄注："择取不孕任者"（《公羊传·桓公四年》何休注略同）。可见苗猎也是一种有节制的行猎，旨在保证动物资源的更新和再生。

狝

"狝"在秋季举行，诸家无异词。《周礼·大司马》郑玄注："秋田为狝……秋田主用罔，中杀者多也。"《左传·隐公五年》杜预注："狝，以杀为名，顺秋气也。"清代仍有"秋狝"之礼。到了秋季，猎物长肥，故"狝"为专以杀取猎物为目的之狩猎，"狝"即杀戮之意（见《尔雅·释诂》）。大概这一类型狩猎才可以用网，以便多有所获，而"蒐"与"苗"是禁止一网打尽的。"狝"为一种单纯的狩猎，与农业生产似乎无关，然我怀疑它与收获农作物仍可同时进行的。《国语·周语》云："狝于既烝"，下韦昭注："烝，升也。《月令》：'孟秋乃升谷，天子尝新'。既烝，谓仲秋也"。新谷既出，举行尝新之礼，紧接着便要大举收割。狝猎行于尝新之后，正值收获季节。

狩

狩即围守。《国语·周语》韦昭注："狩，围守而取之。"《左传·隐公五年》杜预注："狩，围守也，冬物毕成，获而取之，无所择也。"（《尔雅·释天》郭璞注、《谷梁传·桓公四年》范宁注略同）诸家解释无异词。惟《公羊传·桓公四年》何休注云："狩，犹兽也，冬时禽兽长大，遭兽可取"，说法与众不同。今从上述佤族狩猎习惯可知，围守之说近乎事实。盖狩为一年中最大一次行猎，在冬季举行，与清理耕地相结合，其特点就是用火。《尔雅·释天》：

火田为狩。

《春秋·桓公七年》正义：

放火烧草，守其下风。

《诗 · 小雅 · 车攻》“田车既好……驾言行狩”下毛《传》：

大芟草以为防[1]……然后焚而射焉。

火势既起，自不能进入火场，人们只能守在四周，以待野兽逃出时猎取。“狩”即得名于守。《说文》：“狩，犬田也”，或围守中还用犬助猎，卜辞中有司田猎的人，称“犬”或“某犬”（胡厚宣《甲骨续存》序）。

由于狩的规模最大，获取猎物甚丰，故后世狩猎连称，作为一切打猎之总称。

归纳言之，古代狩猎与农业之关系应如下所述：自人类进入农业社会，在人口较密集地区专供狩猎之广阔猎场已难寻觅，若附近有山泽自可进入行猎[2]，而一般情况下狩猎只能在农田上进行，且与农业生产一些步骤（除兽害保禾苗，火烧草莱准备耕地等）相配合。古代打猎之称“田”，其故在此，并无深奥难解之处。《白虎通》：

总名为田者何，为田除害也。

《说苑 · 修文》篇：

去禽兽害稼穑者，故以田言之。

又《礼记 · 王制》：“天子诸侯则岁三田”下孔颖达疏：

猎在田中，又为田除害，故称田也。

以少数民族同类习俗相验证，前人这些解释并非望文生义，是符合实际情况的，惜淹没在大量繁琐重复注疏之中，少为今人所注意。

三

各种类型之狩猎，从其名称来看，原为与农业相结合之生产活动。然后来在贵族主持之下，它们成为重要的“礼”。如《春秋》及三《传》中记录的“蒐”、“大蒐”、“狩”，已不应再理解为一般的生产活动，否则史官不会如此大书特书的。

古代田猎之礼，寓有多重的社会功能。首先，它在军事方面能起重要作用。《国语 · 齐语》（《管子 · 小匡》略同）有云：

春以蒐振旅，秋以狝治兵。

又《说苑 · 修文》篇：

……故苗、狝、蒐、狩之礼，简其戎事也。

杨宽先生《大蒐礼新探》一文，曾对这一古礼军事操练及检阅性质，有精辟之分析。他指出由于“战争武器就是狩猎工具，战争方式也和集体围猎相同……同样要排列阵势。……因此很

1《谷梁传 · 昭公八年》有云“艾（刈）兰以为防”，与此同意。按今少数民族刀耕火种农业烧山仍用此法。先按要烧范围砍倒树木杂草，形成一道空白地带，称为“隔火道”，主要为防止火势蔓延，以免造成林火之灾。古代的“防”通过“芟草”造成，应即指“隔火道”之类。或释“防”为栏杆（见《古史新探》234页），似非是。

2《周礼 · 地官》的山虞及泽虞，即掌管在山泽地区行猎清除草莱之事。大概清除草莱之后仍要用火烧。《诗 · 郑风 · 大叔于田》：“叔于田，乘乘马，执辔如组，两骖如舞。叔在薮，火烈具举，袒裼暴虎，献于公所。……”便是对火田之描述。按薮指大泽或已涸之泽。

自然地会借用田猎来作为进行军事训练和演习的手段"[1]，这样解释是很正确的。但他把各种类型田猎之礼均归纳于"大蒐礼"这一名词之下，恐有未妥。尽管田猎之礼在《仪礼》中未有专章叙述，从其他记载可看出，各个季节的田猎之礼内容及规模仍有区别。《周礼·大司马》对四时田猎之礼便是分别叙述的：

中（仲）春教振旅，司马以旗致民，平列陈（同阵，下同）如战之陈，辨鼓、铎、镯、铙之用……以教坐作进退疾徐疏数之节。遂以蒐田，有司表貉，誓民，鼓遂围禁。火弊，献禽以祭社。

中夏教茇舍，如振旅之陈。……百官各象其事，以辨军之夜事，其他皆如振旅。遂以苗田，如蒐之法。车弊，献禽以享礿。

中秋教治兵，如振旅之陈，辨旗物之用……其他皆如振旅。遂以狝田，如蒐之法。罗弊，致禽以祀祊。

中冬教大阅。前期，群吏戒公庶，修战法。虞人莱所田之野为表。……田之日，司马建旗于后表之中，群吏以旗物鼓铎镯铙各帅其民而致，质明弊旗，诛后至者。乃陈车徒如战之陈，皆坐，群吏听誓于陈前，斩牲以左右徇陈。……鼓戒三阕，车三发，徒三刺，乃鼓退，鸣铙且却，及表乃止，坐作如初。遂以狩田，以旌为左右和之门。群吏各帅其车徒以叙和出，左右陈车徒。……既陈，乃设驱逆之车，有司表貉于陈前。中军以鼙令鼓，鼓人皆三鼓，群司马振铎，车徒皆作遂鼓行，徒衔枚而进。大兽公之，小禽私之，获者取左耳。乃所弊，鼓皆骇，车徒皆噪。徒乃弊，致禽馌兽于郊，入献禽以烹烝。

上面不惮其烦地摘引的大段记载，可以显示出四时田猎之礼虽然经过礼家系统化，彼此仍存在相当的差异。"蒐田"、"苗田"、"狝田"之礼比较简单，这三者或可归属一种类型，它们也有军事操练性质，其中"苗田"又具有训练夜战（"以辨夜之军事"）及夏季野外宿营（"教茇舍"）的意义。然"狩田"则是一年一次军事检阅（"教大阅"），不仅规模远大于"蒐田"等，即仪式内容亦复杂得多。有关"狩田"礼之描述在上引《周礼·大司马》文中所占篇幅最多，并非偶然。这是因为"凡田之礼，惟狩最备，故……四时田法，惟狩最详"[2]。"狩"是一年中规模最大之行猎，后来自然转化成一年中最隆重的田猎之礼。

总之，由各种类型狩猎转化而来之古礼，分言之，仍应称为"蒐"、"苗"、"狝"、"狩"之礼（《说苑·修文》）；合言之，可根据古籍中现成名词称为"大田之礼"（《周礼·春官·大宗伯》），或即称"田猎之礼"。"大蒐"不宜作为一切田猎之礼的总称。

还值得一提的是，正像近世军事演习常常针对敌国或邻国而举行，古代田猎之礼有时也起着炫耀武力威慑邻国的作用。因此，会猎竟成为战争的别称[3]。

田猎之礼的第二个社会功能是在宗教方面，即可为祭祀准备祭品。《尚书大传》（陈寿祺辑本）卷三：

1《古史新探》，中华书局，1965年，263页。

2 孙诒让：《周礼正义·大司马》。

3 大家熟知的例子是公元208年赤壁之战前，曹操《与孙权书》有云"今治水军八十万，方与将军会猎于吴"（《三国志·吴书·孙权传》裴松之注引）。

必田狩者，所以共（供）承宗庙。

《谷梁传·桓公四年》：

四时之田，皆为宗庙之事。

上引《周礼·大司马》亦记载四时田猎最后仍要“献禽以祭社”，“致禽馌兽于郊，入献禽以享烝”等等。正由于猎物是要用以献祭的，故还要讲究射箭得法，保证猎获物外形的完整。《谷梁传·昭公八年》有云：“面伤不献，不成禽不献”，即是此意。由于狩猎与祭祀关系密切，或云年终最大一次祭祀祖先——腊，即得名于猎。《风俗通》卷八有云：“腊者，猎也。言田猎取兽以祭祀其先祖也。”

最后，像其他古礼一样，田猎之礼也具有维护等级制度，明确不同人群的社会身份的功能。《礼记·王制》：

天子、诸侯无事则岁三田。一为干豆，二为宾客，三为充君之庖。无事而不田，曰不敬。田不以礼，曰暴天物。天子不合围，诸侯不掩群。天子杀则下大绥，诸侯杀则下小绥，大夫杀则止佐车[1]，佐车止则百姓田猎。

又《诗·小雅·车攻》毛传：

田者，大芟草以为防……然后焚而射焉。天子发然后诸侯发，诸侯发然后大夫、士发。天子发抗大绥，诸侯发抗小绥，献禽于下。故战不出顷，田不出防，不逐奔走，古之道也。

这里所言必经过系统化，但在较小范围内，贵族与平民共同行猎，以等级尊卑而有先有后，先大贵族后小贵族，再后则“百姓田猎”，应是符合实际情况的。这方面有文献记载可以征引。《国语·周语》记载仲山父反对宣王料民于太原，曾云：

王……治农于籍，蒐于农隙……狝于既烝，狩于毕时，是皆习民数者也。

他反对进行专门的人口统计，因为王在参与农事和狩猎活动中即可得知人口数字，反映狩猎时贵族确和平民一起参加的，至少在西周后期如此。

上述田猎之礼中在贯彻等级尊卑的原则的同时，还有防止和限制贵族无节制行猎的内容。某一等级行猎到一定程度，便要用旌旗（“绥”）作出信号，或停止驱赶猎物之车，示意后面行猎的人可以开始。此外，上述“天子不合围，诸侯不掩群”，“田不出防，不逐奔走”[2]等等规定，也都寓有不要赶尽杀绝，让后面的人有物可猎的目的。“田不以礼，曰暴天物”，可见在贵族的田猎之礼中含有反对破坏和浪费自然资源的意思。

总结上述，本文的意见可以表述如下：

（1）中国中原地区自进入农业社会以后，狩猎便成为一种与农业相结合的辅助性生产活动。

---

1 “佐车”即“驱逆之车”（郑玄注）。围猎时猎物惊惶逃跑，此车作用在于驱赶猎物入内，以便合围。猎杀到一定程度，停止“佐车”，即停止驱赶，使他人可猎取逸逃之猎物。驾驭“佐车”者当然不是贵族本人，有专人负责这一工作（见《周礼·夏官·田仆》）。

2 此处之“防”，即指上述芟草而成之“防”。每次狩猎只能在此范围内进行，若有猎物逃逸“防”外，即不得追赶。《谷梁传·昭公八年》：“过防弗逐，不从奔之道也。”《说苑·修文》：“冬狩……百姓皆出……逐不出防。”均指此而言。这一规定也有使行猎时不要赶尽杀绝的含意。

狩猎不仅可与农业生产同时进行，有时且对农业生产有利（如除兽害保禾苗，火烧草莱既可围猎又可清理耕地）。这就是古代打猎又称为“田”的缘故。

（2）古代狩猎分为“蒐”、“苗”、“狝”、“狩”几种类型，据不同季节中猎物成长情况而对狩猎规模和方法有不同规定。在春夏万物生长季节，提倡有选择的有节制的狩猎，以保证动物资源不致枯竭，反映在中国传统文化中对于维持生态平衡的重要性，原有较深刻的认识。

（3）各种类型的狩猎，后来转化为贵族主持下的田猎之礼。它们寓有军事操练和阅兵，为祭祀准备祭品及维护等级制度等社会功能；同时仍包括防止和制约贵族无节制行猎，以保护动物资源的内容。

近几十年来研究中国社会史，对古礼一概加以批判，对其中一些合理的内涵阐发不够。这是今后我们要加以注意的新课题。

（原载《王玉哲先生八十寿辰纪念文集》，南开大学出版社，1994 年）

释“武王伐纣前歌后舞”

“武王伐纣，前歌后舞”，自来传为美谈，近人一些历史著作（如范文澜著《中国通史简编》），谈到周初历史亦曾引用此说作为武王深得民心、士气旺盛之证。这里的歌舞如理解为人们表示欢庆而载歌载舞，则矛盾牴牾之处甚多。兹据西南少数民族有关习俗，另作新释，供研究古史者参考。

一

关于人民前歌后舞参与伐纣事，在记述牧野之战的《书·牧誓》、《逸周书·克殷》、《逸周书·世俘》、《诗·大雅·大明》等篇中均不见记载，《史记·周本纪》中亦无只字提及。据我所见，较早的有关记载有下列几条：

《礼记·祭统》正义引皇侃所述《尚书大传》：“武王伐纣，至于商郊，停止宿夜，士卒皆欢乐歌舞以待旦。”

《太平御览》卷四六七引《尚书大传》：“惟丙午，王还师，师籔乃躁，师乃慆，前歌后舞。”（《御览》卷五七四所引略同）

《白虎通·礼乐》：“武王起兵，前歌后舞，克殷之后，民人大喜。……”

《楚辞章句·天问》：“武王三军，人人乐战，并载驱载驰，赴敌争先，前歌后舞，凫噪欢呼。”

《太平御览》卷八四引《乐稽耀嘉》：“武王承命兴师，诛于商，万国咸喜。军渡孟津，前歌后舞。后乃大安，家给人足。”

按《尚书大传》虽称传自西汉初年的伏胜，实非伏胜自撰。上引《尚书大传》两条，据研究又属于《泰誓》篇的传文。[1] 而《泰誓》问题较多，马融、郑玄已疑之，或言出现于汉武帝末年（《书·序》疏引刘向《别录》），或言宣帝时才发现（王充《论衡·正说》、陆德明《经典释文》），在司马迁的时代此说尚未形成，这就是为什么《史记·周本纪》以较多篇幅描述牧野之战，而

1《尚书大传》到了“宋世已无完本，迄明遂亡”（《左海文集》本陈寿祺序），今见诸本为清人所辑，这两条多被编入《泰誓》传文。孙星衍《尚书今古文注疏》又把“惟丙午，王还师……”一条，升传为经，作为《泰誓》篇正文的一部分。

无只字提及载歌载舞的原因。

其他诸书年代更晚。《白虎通》是东汉章帝建初四年（79 年）在白虎观召群儒讲经后由班固编集而成；《楚辞章句》是曾任东汉顺帝的侍中王逸所著（见《后汉书 · 文苑传》）；《乐稽耀嘉》是已佚的谶纬之书，其年代亦在东汉。诸书所记前歌后舞事，或据《尚书大传》两条文字引申铺衍而成。

有时一种古老的传说，即使见于较晚记载，仍不失为复原古史的参考资料。然周人前歌后舞参与伐纣的说法，与当时基本史实相违背，破绽百出，不能不使人发生怀疑。

据较可靠记载，牧野之战是殷周两个政权之间一次殊死战，是一场大搏斗和大厮杀。虽然最后由于士卒倒戈，周人取得胜利，而事先周人并无必胜把握，因为殷人的实力是很强的。《诗 · 大雅 · 大明》云："殷商之旅，其会如林，矢于牧野。维予侯兴，上帝临女，无贰尔心。"《史记 · 周本纪》云："（纣）发兵七十万人距武王。"当时殷人强大阵容由此略可想见。"上帝临女，无贰尔心"一语，生动地反映出周人面对这样阵容的惧怕心理，不得不用上帝助周这样的话来坚定信心和鼓舞士气。故武王战前发布誓词，除历数殷纣之罪及动员部下努力作战外，还要特别告诫战士们随时保持队形的整齐。《书 · 牧誓》："今日之事，不愆于六步、七步，乃止齐焉，夫子勉哉！不愆于四伐、五伐、六伐、七伐，乃止齐焉，勉哉夫子！"这就是说打几个回合或向前推进几步之后要向同伴看齐，不要乱了行列。请看当时气氛是何等紧张，周人又是何等小心翼翼和慎重其事！

而据上引《尚书大传》等记载，周人似乎不是去进行这样紧张的战斗，而是兴高采烈，如赴盛会。若谓既胜之后载歌载舞以示庆祝，犹可理解；而歌舞竟举行于战争过程之中或战前宿营之际，其时强敌当前，胜负未卜，人人生死攸关，哪有心情一再歌舞？

显然，这是一种后起的传说，是为了尊崇武王。武王伐纣一向被美化为"仁义之师"；"仁义之师"是无敌于天下的，必然是兵不血刃。所谓人民"前歌后舞"参与这次战争，只不过是为这段已被美化的历史增添一段插曲而已。

然"前歌后舞"云云又非凭空捏造。任何传说的产生必有一些史实作为"底本"。另有一类记载也说到武王伐纣歌舞之事，说法便完全不同。《华阳国志 · 巴志》：

> 周武王伐纣，实得巴蜀之师，著乎《尚书》。巴师勇锐，歌舞以凌，殷人倒戈。故世称之曰："武王伐纣前歌后舞也。"……阆中有渝水，賨民多居水左右[1]，天性劲勇，初为汉前锋陷阵，锐气喜舞。帝善之曰："此武王伐纣之歌也。"乃令乐人习学之，今所谓"巴渝舞"也。

《太平御览》卷五七四引《三巴记》：

> （阆）中有渝水，賨民锐气喜舞，高祖乐其猛锐，使乐人习之，故名巴渝舞。

《晋书 · 乐志》：

> 汉高祖自蜀汉将定三秦，阆中范因[2]率賨人以从帝为前锋。及定秦中，封因为阆中侯，复賨人七姓。其俗喜舞，高祖乐其猛锐，数观其舞，后使乐人习之。阆中有渝水，因其

1 賨民是巴地一个部落或即巴人的一支。《华阳国志 · 巴志》有云："（巴）有濮賨……夷蜑之蛮。"

2 又作"范目"，见《华阳国志 · 巴志》。

所居故名“巴渝舞”。

据这一类记载，原来“武王伐纣前歌后舞”是指巴人参与这次战争时“歌舞以凌”而言，“凌”就是进逼敌人之意。这是先头部队的一种冲锋陷阵方法，并不是真正的歌舞。而且直到西汉初年，巴賨之民还曾以这种方法助汉作战。这样的说法就比全体士卒载歌载舞的说法，要合乎情理。

按《华阳国志》等地方文献，有时能保存下一些珍贵史料。它所记“歌舞以凌”之事就是如此，因为很多民族过去确曾存在过这样的习俗。只是以上记载语焉不详，有待人们作出进一步的阐释。

二

远古战争讲究先声夺人之法，认为是取胜的必要条件。临阵时有人大声呐喊、高唱战歌或发出可怖声音；手执武器，作出各种恫吓性的刺杀动作。这就是所谓“锐气”[1]。史载巴人“锐气喜舞”，当指他们擅长这种令敌人害怕的动作。有时为了长己方“锐气”灭敌人威风，还要身穿彩衣，化妆为野兽[2]，或以野兽为前驱[3]，也都属于同类习俗。巴人“歌舞以凌”的具体情况，已不可得知，然同样的战俗在中国西南少数民族之中直至近世犹有保存，略举两例如下：

云南德宏地区景颇族过去经常发生“拉事”，即世袭贵族（“山官”）操纵下的一种掠夺性械斗。每当“拉事”之前，双方皆要推举勇敢战士充当先锋。巫师（“董萨”）卜卦决定战期后，举行“山官”对先锋“授盾牌”仪式（图一），即将一块绘有恐怖人面图形的野猪皮盾牌（称为“郭诺”）授予先锋，表示委以领战的重任，然后出征。据我们在盈江地区所了解，具体作战过程是这样的：先锋共有两人，一人称为“勒卡总楚”（汉人称为“正兵头”），一人称为“司列”（汉人称为“副兵头”），两人走在出征队伍的最前列。“勒卡总楚”一手舞刀，一手舞野猪皮盾牌。“司列”双手紧持一根长矛，作不断向前刺击之状。两人动作很像舞蹈，但情绪紧张而狂热，与舞蹈又不相同。两人口中还不时发出“啊！啊！……”的声音（据解释是模仿老虎的吼叫声），造成一种恐怖的气氛。两人边舞边吼，向敌人冲去，全队紧随其后向前推进。近代景颇族已用新式步枪，但“拉事”（械斗）时仍要推选先锋，在前挥舞刀矛和盾牌。而且他们仍然认为，这才是决定战争的关键。有一个亲自参加过“拉事”的人还神秘地告诉我们：盾牌舞得愈快愈好，枪弹打中了也会“掉在地上，伤不了人”。

四川凉山彝族1949年前各个家支之间经常发生械斗，称为“打冤家”。他们使用新式枪支前也保持类似的古老战俗。战前双方各选出先锋，称为“扎夸”（一般由黑彝担任）。战时“扎夸”

---

1 “锐气”一词不仅见于《华阳国志》所记巴人之事，亦见于古代兵书。如《孙子·军争》有云：“避其锐气，击其惰归。”

2 例如，公元前685年鲁与宋战，鲁公子偃“蒙皋比（虎皮）而先犯之”（《左传·庄公十年》）。公元前633年，晋与楚及其同盟者陈、蔡之师作战，“蒙马以虎皮”（《左传·僖公二十八年》）。公元前279年，齐国田单用火牛阵大败燕军，牛身上也披上“五彩龙文”的缯衣（《史记·田单列传》）。有关这一古代战俗，参见顾颉刚《史林杂识》初编“驱兽作战”条。

3 直到明清时期，云南少数民族作战时还以象为前导，李定国的抗清部队中即有象队。象的主要作用不在直接杀伤敌人，而在吓退敌人。（明）钱古训《百夷传》说古代傣族作战“多以象为雄势”；（明）朱孟震《西南夷风土记》说：“短兵既接，象乃突出。中华人马未经习练者见象必惊怖辟易，彼得乘其乱也”；均指此而言。

图一　景颇族演示械斗前举行的"授盾牌"仪式

图二　四川凉山彝族的彩绘皮甲

一手舞牛皮盾牌，一手舞刀，在全队之前跳跃打头阵。战士们都穿上鲜艳服装，随之冲杀；有的披戴皮甲（图二）和皮护臂，头缠红布，插以鸡毛。"扎夸"打扮尤为出众。甲胄、盾牌之上，都漆以红、黄、黑三种颜色组成的图案，鲜艳夺目。所有这些都为了造成一种令敌人害怕的场面。开打前双方"扎夸"先通报家支名称及自己的名字，发出恫吓之语，如"你们这一家支的人，被我杀过的头太多了！"或"我比老虎还凶"之类。开打后，奴隶及妇孺则在后呐喊助威，称为"吼号子"。有时还要高唱战歌，前人曾记录如下一首战歌："我是很出名的黑彝，我是杀猪的屠户。我是人上之人，我是吃人之虎。我曾剥过人皮九张，谁能比得上我。"[1]

在我们看来，这些恫吓性的动作和言词是毫无意义的，并不能决定战争的胜负。而他们却认为这种方法能在战争中起决定作用。有时一方因"扎夸"勇猛，阵容可怖而取胜。

上述两族的械斗，仅发生在村落与村落之间，或氏族与氏族之间。从规模上说自比不上牧野之战或楚汉之战，但他们保存的战俗却可供研究古代战争的参考。

从这里我们才能理解"巴人勇锐，歌舞以凌"，"前锋陷阵，锐气喜舞"的真正含意。原来所谓"歌"，就是高唱战歌或大声吼叫；所谓"舞"，不过是临阵时有人在前挥舞武器作出一种恫吓性动作而已。这是一种古老的战俗，与表示欢乐的歌舞毫不相干。巴人所以被周人选作先头部队，并非因为能歌善舞，而是他们"天性劲勇"，就像景颇族两种"兵头"和彝族的"扎夸"那样，适合冲打头阵。

巴人是中国西南一个古老民族，他们和今天西南地区一些少数民族在文化上自然有一定的联系。景颇族、彝族能保存与巴人类似的战俗，或非偶然。

1　参见徐益棠：《打冤家——罗罗氏族间之战争》，见《边政公论》第1卷7–8期。

由于巴人有“歌舞以凌”的战俗，并以此参与伐纣之役[1]，后来以讹传讹，再加上后人有意识的编造，竟把先头部队类似歌舞的冲锋动作，说成是群众的载歌载舞，以适应美化武王、周公的社会思潮。人民前歌后舞以参与伐纣之说，便是这样形成的。

三

最后略谈一下大武舞的起源问题。这个问题和“武王伐纣前歌后舞”自来是有联系的。

大武舞是中国古代重要舞蹈之一。先秦时期，要遇重大祭祀活动才能举行，对举办者的身份、地位有一定的规定。[2]秦汉以后，名称一再变易[3]，但仍是朝廷祭典中常用的舞蹈。

关于它的起源，多说是武王或周公为纪念伐纣胜利而作：

《左传·宣公十二年》：“武王克商……又作‘武’。夫‘武’禁暴戢兵，保大定功，安民和众丰财者也。”

《吕氏春秋·仲夏纪·古乐》：“武王即位，以六师伐殷。六师未至，以锐兵克之于牧野，归乃荐俘馘于京太室，乃命周公为作‘大武’。”

或据后人伪托孔子说的一段话，认为是表现西周初年从伐纣到周召分治一连串的史事：

《礼记·乐记》：“夫乐者象成者也。总干而山立，武王之事也。发扬蹈厉，太公之志也。武乱皆坐，周召之治也。且夫‘武’始而北出，再成而灭商，三成而南，四成而南国是疆，五成而分周公左召公右，六成复缀以崇天子。夹振之而驷伐，盛威于中国也。分夹而进，事早济也。久立于缀，以待诸侯之至也。”[4]

---

1 巴人参与伐纣之役，虽仅见于《华阳国志·巴志》，似非虚构。关中与巴蜀之间自古以来联系是很密切的。《书·牧誓》记载伐纣八族是“庸、蜀、羌、髳、微、卢、彭、濮”，虽未提及巴人，但濮人之中应即包括巴人在内。左思《蜀都赋》有云：“（蜀）于东则左绵巴中，百濮所充。”（《文选》卷四）。

2《礼记·明堂位》：“季夏六月，以禘礼祀周公于大庙……朱干玉戚，冕而舞大武。”《郊特牲》：“朱干设锡，冕而舞大武，乘大辂，诸侯之僭礼也。”

3 参见《隋书·音乐志》所载牛弘奏书。

4 这段话自来难读，疑其中有错简。“且夫武始而北出……六成复缀以崇天子”一段，应在“夫乐者象成者也”之前。试加改正并分段，则全文应作：

“且夫‘武’始而北出，再成而灭商，三成而南，四成而南国是疆，五成而分周公左召公右，六成复缀以崇天子。

“夫乐者象成者也。总干而山立，武王之事也。发扬蹈厉，太公之志也。武乱皆坐，周召之治也。夹振之而驷伐，盛威于中国也。分夹而进，事早济也。久立于缀，以待诸侯之至也。”

这样改后全文贯通，前一段讲全舞六“成”的主题，即所象之事；后一段讲六“成”的舞容。两者完全可以对应起来。王国维《周大武乐章考》（《观堂集林》卷二），曾据这段话列表说明大武舞六“成”所象之事及舞容，即因记载本身有误，不能不留下空格。若据以上改动，则六“成”均可复原无缺。兹另列一表，作为《周大武乐章考》的补充：

	一成	二成	三成	四成	五成	六成
所象之事	北出	灭商	南（返？）	南国是疆	分周公左召公右	以崇天子
舞容	总干而山立	发扬蹈厉	武乱皆坐	夹振之而驷伐	分夹而进	久立于缀

关于武王或周公制作大武舞之说，显然是受“制礼作乐圣人之事”的陈腐观点所影响。实际上，宫廷乐舞多采自民间，即使有人制作过某种舞蹈，那也原有所本，不可能凭空产生。至于《礼记·乐记》所云，大武舞每段都有微言大义，一段象征一件史事，简直成了绝妙的历史舞剧，这更是二三千年前所不可能出现的。

然而大武舞一再和武王伐纣相联系，亦不为无因。我们认为，大武舞就是来源于巴人参与伐纣时“歌舞以凌”的动作。

据上引《华阳国志·巴志》等记载，汉高祖见巴人冲锋陷阵时“锐气喜舞”的情况，便誉为“武王伐纣之歌”（这就是指大武舞及其乐曲而言，因为后世犹称大武舞系统的舞蹈为“武王伐纣”）[1]。若非动作相似，刘邦是不能作这样比喻的。他还令乐人模仿巴人“锐气喜舞”动作，制作了巴渝舞，后来巴渝舞一直被归入大武舞的系统[2]，也应由于两者内容大同小异，并有着共同的来源。

图三　景颇族盾牌舞

据《礼记·祭统》、《礼记·明堂位》等篇记载，大武舞者要手执“朱干玉戚”。“朱干”就是彩绘盾牌，“玉戚”则泛指一般的兵器，不一定都要玉制。湖北荆门发现一件铜戚，上有“大武□兵”四字，可能即是大武舞所用之物。[3] 后世凡是武舞，仍然要用干戚。[4] 又大武舞各种动作，若撇开后人所加附会之词，亦均表现武事。如“总干而山立，夹振之而驷伐”等等，都不过是模拟战斗的动作而已。这和景颇族、彝族作战时先锋一手持盾一手舞刀向前冲杀的情况，完全可以相对照。巴渝舞中还有“矛俞”、“弩俞”，即以持矛者和持弩者为前导[5]，这又使我们联想起景颇族战争中持矛在前冲杀的“司列”。

景颇族和彝族在战争中有推选先锋以类似舞蹈动作在前冲杀的习俗，在他们舞蹈中就有模拟先锋冲杀动作的战舞，同样是一手持盾一手持刀，其动作和先锋跳跃冲杀的动作一样（图三）。可以想象，巴人也曾存在过模拟自己冲锋动作的舞蹈。

总之，大武舞应和巴渝舞一样，都来自巴人。但不是模仿巴人一般的舞蹈，而是模拟或直接采用他们作战时“歌舞以凌”的动作。在舞蹈发展史上，这类模拟性的舞蹈（imitative dance）

1《齐书·乐志》：“宣烈舞（武舞）……今世谚呼为‘武王伐纣’。”

2《晋书·乐志》：“黄初三年，又改巴渝舞曰昭武舞。”

3 俞伟超：《“大武□兵”铜戚与巴人“大武舞”》，《考古》1963 年 3 期。

4《隋书·音乐志》：“武舞六十四人，并服武弁，朱构衣，革带，乌皮履。左执朱干，右执大戚。”《新唐书·礼乐志》：“武舞，左干右戚，执旌居前者二人。”

5《晋书·乐志》：“巴渝舞……舞曲有矛渝本歌曲，安弩渝本歌曲。”《隋书·音乐志》：“又魏晋故事，有矛俞、弩俞及朱儒为前导……其矛俞、弩俞等，盖汉高祖自汉中归，巴俞之兵，执仗而舞也。既非正典，悉罢不用。”

要比其他舞蹈出现为早。

综合上述，本文的看法可以简要地表述如下：

“武王伐纣前歌后舞”传说的产生，与巴人曾以“歌舞以凌”方法参加这次战役有关。所谓“歌”，就是高唱战歌或高声吼叫；所谓“舞”就是先锋或先头部队作出冲杀和刺击的恐吓性动作，大武舞即是模拟这些动作而产生的。

“歌舞以凌”原是古代战争中一种普遍习俗，应是实有其事的。而所谓人民拥护伐纣前歌后舞地参加战斗云云，乃出于后人的附会和夸饰。

（原载《历史研究》1981 年 4 期）

附记：

此文初稿曾送请顾颉刚先生审阅，承复函给予鼓励并提了一些宝贵意见。顾先生现已去世，谨以此小文作为对他的纪念。

读《伐檀》偶识

《伐檀》为诗三百篇中较为有影响的作品。自先秦时期起，诗中名句“彼君子兮，不素餐兮”常为人征引[1]。全诗被谱为乐章，于投壶等礼仪中演奏之。[2]到了现代，它又多次被编入大学中学语文课文，被采入古代著名文学作品选集，或译为白话诗。[3]

近来重读《伐檀》，似其中尚有剩义有待阐发。兹不避浅薄，草此小文，对前人解释试加搜集和评述，并略抒自己的理解，为张政烺老师祝寿，兼就教于方家。

一

《伐檀》为《魏风》七篇之一，凡三章，章九句。此诗早已脍炙人口，人多能诵；然为便于讨论计，仍将全诗抄录于下：

坎坎伐檀兮，寘（置）之河之干兮。河水清且涟猗。不稼不穑，胡取禾三百廛兮？不狩不猎，胡瞻尔庭有县（悬）貆兮？彼君子兮，不素餐兮。

坎坎伐辐兮，寘之河之侧兮。河水清且直猗。不稼不穑，胡取禾三百亿兮？不狩不猎，胡瞻尔庭有县特兮？彼君子兮，不素食兮。

坎坎伐轮兮，寘之河之漘兮。河水清且沦猗。不稼不穑，胡取禾三百囷兮？不狩不猎，胡瞻尔庭有县鹑兮？彼君子兮，不素飧兮。

此诗字句之训诂，无多异说，然关于诗之主旨，自来“解者不一”[4]。

古代诗经研究中，毛诗一派向来占有重要地位。该诗首章“河水清且涟猗”句下毛《传》云：

1 例如：《孟子·尽心》有云：“公孙丑曰：‘诗曰不素餐兮，君子之不耕而食何也。’孟子曰：‘君子居是国者，其君子用之，则安富尊荣。其子弟从之，则孝悌忠信。不素餐兮，孰大于是？’”《春秋繁露·仁义法》有云：“坎坎伐辐，彼君子兮，不素餐兮，先其事而后食，谓治身也。”《潜夫论·三式》有云：“先王之制……子孙虽有食旧德之义……必有功于民，乃得保位。……诗云‘彼君子兮，不素餐兮’。由此观之，未有得以无功而禄者也。”

2《大戴礼记·投壶》：“凡雅二十六篇，其八篇可歌。歌《鹿鸣》、《貍首》、《鹊巢》、《采繁》、《采蘋》、《伐檀》、《白驹》、《驺虞》。”有关《伐檀》在其他礼仪中演奏情况，参见王国维《汉以后所传乐章考》，《观堂集林》卷二。

3 翻译《诗经》之作，已有多种。即是选译，《伐檀》亦多收入。参见余冠英《诗经选译》，作家出版社，1956 年；陈子展《国风选译》，古典文学出版社，1957 年；李长之《诗经试译》，上海古籍出版社，1965 年，等等。

4 方玉润：《诗经原始》（云南丛书本）卷六。

伐檀以俟世用，若俟河水清且涟。

现已公认为东汉卫宏所作之《诗序》云：

伐檀，刺贪也。在位贪鄙，无功而受禄，君子不得进仕尔。

汉末郑玄为此诗作《笺》，即摘抄《诗序》之文，不赘引。总之，毛诗学者认为此乃“不得进仕”之君子讽刺“无功而受禄”者之作。此说对后世有很大的影响。

齐鲁韩三家诗之流行较毛诗为早，西汉初年即立于学官，惟早亡逸，仅有片断的旧说传世。其中齐诗一派认为：

伐檀，刺贤者不遇明王也。[1]

即是“不得进仕”之意。韩诗一派的看法则反映在对“素餐”的解释之中：

人但有质朴而无治民之材，名曰素餐。[2]

又《韩诗外传》为“引诗以证事”（四库馆臣语）之作，曾两引“不素餐兮”之句，以赞美自知无能因而辞官不就者。[3]学习韩诗的西汉王吉以《伐檀》为根据反对当时官吏子弟可以世代为官的“任子令”，说这些子弟“率多骄骜，不通古今”。[4]可见韩诗学者亦认为《伐檀》主旨是讽刺“无功而受禄”者。

汉末又有谓《伐檀》为魏国女子所作者：

伤贤者隐避，素飡在位，闵伤怨旷，失其嘉会。……今贤者隐退伐木，小人在位食禄。……仰天长叹，援琴而鼓之。[5]

此说出于蔡邕《琴操》，疑即出于鲁诗之言，邕所写石经即本诸鲁诗。惟范家相《三家诗拾遗》辑录三家旧说，未录此说。

汉魏以后，三家诗逐渐沦亡，而毛诗专行。唐代孔颖达《五经正义》列为科举考试必读之书，毛诗更居于统治地位。乃至宋代，朝廷有重新训释古书之旨，王安石、苏辙、郑樵等人开始反对毛诗，均有研究诗经之作问世。[6]在前人启发下，南宋朱熹著《诗集传》一书，敢于否定《诗序》，对诗三百篇多有新释。此书可说是诗经学上划时代之作，先后风靡数百年之久。其中对《伐檀》一诗的解释是：

诗人言有人于此，用力伐檀，将以为车而行陆地。今乃寘之河干，则河水清涟而无所用，虽欲自食其力而不可得矣。然其志则以为不耕不可以得禾，不猎则不可以得兽，是以甘心穷饿而不悔也。

---

1 范家相《三家诗拾遗》（守山阁丛书本）卷六引张楫之说。

2《文选·曹子建求自试表》李善注引韩诗。

3《韩诗外传》（许维遹校注本）卷二第十九章：“商容……欲以化纣而不能，遂去，伏于太行。及武王克殷，立为太子，欲以为三公。商容辞曰：‘吾……愚而无勇，不足以备乎三公。’……遂固辞不受命。……诗曰‘彼君子兮，不素餐兮’。商先生之谓也。”又同卷第二十章：“晋文公使李离为理，过听杀人，自拘于庭，请死于君。君曰：‘官有贵贱，罚有轻重，下吏有罪，非子之罪也。’……李离对曰：‘……夫无能以事君，阇行以临官，是无功以食禄也。臣不能以虚自诬。’遂伏剑而死。……诗曰：‘彼君子兮，不素餐兮。’李先生之谓也。”

4《汉书·王吉传》。

5 蔡邕：《琴操》卷上。

6 王安石著有《诗义》，早佚，现有辑佚本问世，见邱汉生《诗经钩沉》，中华书局，1982 年。苏辙著有《诗集传》，见《两苏经解》。郑樵著《诗辨妄》一书，已佚。

要之，他认为此诗乃赞美君子之词，而伐檀者即是主张“不素餐”的君子。

清人治诗，于字句训诂方面较前精密，多有发明，如陈奂《诗毛氏传疏》之类著作，虽奉毛氏为宗主，颇能搜罗毛诗、三家诗注疏旧说，择善而从，不拘守门户之见。但在诗意的解释上，仍以毛诗为依归，不敢越雷池一步。对《伐檀》的解释，一再重复毛《传》、郑《笺》和《诗序》之说，未有新义。虽有少数学者能摆脱毛诗的影响，对一些诗篇曾提出自己看法，然对《伐檀》一诗仍然贡献无多。例如，以疑古辨伪著称的崔述云：

> 《伐檀》……《序》以为刺贪，朱子以为美不素餐，然细观其词，二意实兼之。[1]

他调和折衷于《诗序》及《诗集传》之间，并未提出自己的解释。又如，清代云南杰出学者方玉润有云：

> 殊知河干伐檀，非喻君子不得仕进，乃喻君子仕于闲曹之秩也。君子食禄必有所报，今但尸位无所用力，故以素食为耻。一如伐檀为车，而今乃寘之河干之地，但见河水清且涟猗，则虽车也，将焉用之？[2]

在实质上，他所谓“仕于闲曹之秩”之君子与毛诗“不得仕进”之君子，是没有区别的。

从上述可见，从汉到宋又从宋到清，无论是毛诗还是三家诗，是相信《诗序》抑是反对《诗序》，各家对《伐檀》之理解只有枝节上的不同，而基本观点是一致的。这就是认为《伐檀》乃不得意的“君子”的慨叹。

五四以后，随着新的学术思潮的传入，学者以新的眼光重读《诗经》，反对“以义理说诗”，彻底摆脱《诗序》的影响，开始冲破古人设置的重重迷雾，人们不再相信《伐檀》一诗为“不得仕进”君子所作的迂腐之论，正确地认为《伐檀》乃伐木者对不劳而食者的鞭挞。[3]

但近人上述结论，只是“一以己意说诗”的结果，古人观点并未得到认真的分析和清理。犹如断言前人皆错，而未能指出错在何处，这就不能令所有人信服。故时至今日，仍有以《诗序》观点翻译《伐檀》者。[4]

这就有必要旧案重提，重新检查一下古人对《伐檀》穿凿附会及错误之由。

二

为何古人会认为《伐檀》是不得意的“君子”之作？他们的“根据”何在？

近人重释《伐檀》，着重阐明“君子”、“素餐”等含义，而很少注意各章首三句。实际上，一切附会都由此首句而来。盖从汉到清各家说诗，多认为《诗经》是一部谏书，但这讽谏是“曲而婉”的，是“言在此而意属于彼”[5]的，故认为《伐檀》各章首三句也寓有微言大义，是诗人有意识地所作的一种比喻。

---

1 见所著《读风偶述》卷三，载《崔东壁遗书》，上海古籍出版社，1983 年。

2 见所著《诗经原始》（云南丛书本）卷六。

3 参见顾颉刚《诗经在春秋战国间的地位》，魏建功《邶风静女的讨论》，刘大白《四谈静女》，何定生《关于诗的起兴》，并载《古史辨》第三册。

4 如马持盈《诗经今注今译》（台湾商务印书馆，1969 年）第 155 页云：“伐檀，叹清廉之不见信，且讽在位者之贪鄙也。”

5 见诸锦为范家相《诗瀋》一书所作序言，转引自顾颉刚《诗经在春秋战国间的地位》一文。

为什么像“置之河之干兮”，“河水清且涟猗”这样描绘自然景物之句，与“不得进仕”和“待明君乃仕”会有一种比喻关系呢？唐孔颖达《毛诗正义》对此有全面的阐释：

言君子之人不得进仕，坎坎然自身斩伐檀木置之于河之厓，欲为轮辐之用。此伐檀之人既不见用，必待明君乃仕。……

此人不得进仕，伐檀隐居，以待可仕之世，若待河水清且涟猗然也。河水性浊，清则难待，犹似暗主常多，明君稀出，因即以河为喻。……

后来无论是尊崇毛诗或反对毛诗，都未能脱此窠臼，大谈各章首三句的比喻意义。除上引朱熹《诗集传》、方玉润《诗经原始》等外，他如（宋）苏辙《诗集传》（二苏经解本）有云：

伐檀宜为车，今河非用车之处。

（清）李塨《诗经传注》（颜李丛书本）卷三有云：

诗人言君子不得仕进，自劳其力，坎坎伐檀为轮为辐置于河上，因而叹河水之浊几时清。王者太平嘉瑞之将出，则河水先清，然则明君不作乎？仕进其无日乎？

（清）陈启源《毛诗稽古篇》（点石斋石印皇清经解本）卷六：

《伐檀》首三句，毛传以河清兴明君，诗意当如此。河以浊显而诗三章皆言其清，取义必在是。

又（清）戴震《毛郑诗考正》（点石斋石印皇清经解本）云：

伐檀乃置于河干，盖诗人因所闻所见而言之，以喻急待其用者置之不用也。

把这些意见归纳起来，不外乎下列两点：第一，伐檀既为制车之用，何以置于河边？必是比喻有用之材置于无用之地。第二，河水混浊难清，诗言河清者乃期待明君之意。

为了说明这两点“根据”之不能成立，必须先要证明伐檀后置于河边及河水清涟均为诗人所见事实，而非诗人特意虚构用作比喻者。基于我们的观察，现已可证明两者确为自然界和社会生活中正常现象。

第一，木料泡在水中乃制车过程中常用之法。

按檀为一种坚硬木材[1]，在古代是制造车的轮辐最佳原料。《考工记·轮人》：

轮人为轮，斩三材，必以其时。

郑玄注：

三材所以为毂、辐、牙也。……今世毂用杂榆，辐以檀，牙以橿也。

又（东汉）王符《潜夫论·相列》：

檀宜于辐，榆宜为毂。

由于轮辐是车子的主要部件，故古代车子可称“檀车”[2]。直到明代，檀木仍被视为制车最佳原料之一。[3]

1《诗·郑风·将仲子》：“无折我树檀。”毛传：“檀，彊（强）忍（韧）之木。”《论衡·状留》：“树檀以五月生叶……其材强劲，车以为轴。”

2 例如：《诗·小雅·杕杜》：“檀车幝幝。”毛传：“檀车，役车也。”又《诗·大雅·大明》：“檀车煌煌。”按《大明》记述牧野之战，此处檀车当指战车。

3《天工开物》卷中《舟车》有云：“凡车质惟先择长者为轴，短者为毂，其木以槐、枣、檀、榆为上。”《群芳谱·木部》五：“檀，善木也。”

制造轮辐之木，何以要泡之于水？此实为制车备料一种必要方法。木材不怕泡水，从古到今运输木材多采用编筏顺流而下之法。木材泡水之后不仅不会腐烂，而且可以防止生虫，使木材更为坚韧。（后魏）贾思勰《齐民要术》卷五伐木条：

凡伐木，四月七月则不虫。……凡非时之木，水沤一月，或火煏取干，虫皆不生。

贾思勰自注曰：

水浸之木，更益柔韧。

明末方以智著《物理小识》一书，介绍当时科技知识，颇能“核其实际”（见该书序言），其卷八除引上述《齐民要术》文外，复举“椰（椰子）、榔（桄榔）之木”为例，进一步说明“坚木入水不朽”的事实。车轮要求坚固耐用，故车木更需泡水，至今一些偏僻地区制车备料过程仍常用此法。此或为终身困守书斋学者所未曾想及的。仅就笔者亲目所睹略加介绍，或有助于理解古人伐木置之于水之原由。

云南泸西县近郊居住的汉族和壮族（沙人）至今尚能制造一种牛车，在附近颇负盛名。这种车的轮子用整块木板拼成，是无辐的，殆即古代之“辁”[1]，是最原始的一种车子。1970—1972年我被迫在该地劳动，忙里偷闲，苦中作乐，曾对他们制车情况进行调查和实录。

这里的车子其他部件可用各种杂木制造，惟车轴和木板轮子非用柚木不可。柚木在当地算是一种最坚韧的木料，砍伐（或购买）之后先加工成木板，或更砍削使略具轮形，这可说是轮子的半成品，然后便放入村寨附近小河中。

据有经验的工匠谈，只有泡水才能防止木料干裂生虫，只有泡过水的柚木制造的轮子才经久耐用。但放在什么样的水中，又有一定的讲究。他们说，若放在死水塘中，木料仍易腐烂；必须置之于河水（他们称为“长流水”者）之中，才可收效。若是小河，木料随便放入即可；而若是大河，便不能放在河中央，而只能放在河边，这样既可防止发洪水时将木料冲走，用时又易于捞取。忆当时在该县大兴堡、纳堡一带沿河散步时，常见这种准备制作车轮的木料卧于河边浅水之中，历历可数。

以此印证《伐檀》，可见各章首三句反映的是制车备料实况。首章言“伐檀”，而次章及卒章言“伐轮”、“伐辐”者，反映古代檀木是制造轮辐的原料。伐檀之后置之于河，而指明是“河干”、“河侧”、“河漘”，据前人训释均指河边而言[2]，这与泸西县车木泡水情景正同。凡此说明伐檀之后置于河干，乃制车备料必经工序，为防止木料干裂或腐烂、生虫之良法，决非是将有用之材“置之不用”。

第二，“河虽浊而在河之干者则清”，乃常见的自然现象。

河在典籍中一般指黄河（当然也包括一些小的支流）而言，黄河在先秦时代已和今天一样，水流混浊。正因如此，才会有“俟河之清”之句。[3]然《伐檀》“河水清且涟猗”等句是否寓有微言大义，有期待明君出世之意呢？回答是否定的。

经常沿着河边行路的人，必然观察到任何浊流两边近岸处仍是比较清澈。盖浊流是由于上

1《说文·车部》：“有辐曰轮，无辐曰辁。”

2《伐檀》毛传：“干，厓也”；“侧，犹厓也”；“漘，厓也”。漘即河边。

3《左传·襄公八年》：“俟河之清，人寿几何。”

游水土流失，这种夹泥沙而俱下的水流一般急行于河床中部，而两边近岸处的水相对处于静止状态，必较河中部的水为清。如上所述，《伐檀》所言檀木伐来后正是置于河边的，则诗人所见为清水，自无足怪。"河水清且涟猗"乃真情实景，诗人触景生情，反复咏叹，以兴起以下诗句，其间何曾有什么深意？

其实，这种自然现象前人业已发现，即所谓"河虽浊而在河之干者则清"。惜乎迷信毛诗者不悟，拘泥于河水难清之说，反而直斥此说为非，硬说"诗咏河多矣，并无言河水清者，独此诗三言之，岂无意乎？"[1]遂使问题纠缠不清。

以上既已证明，伐檀以后置之于河边之中，为了保存木料，并非有用之材"置于不用"，则"君子不得进仕"之说便无所依附；河水虽浊而在河边的水仍可清澈，则期待"明君"之说便失去根据。这样，汉代以来经师们对《伐檀》的种种附会之谈，便不攻自破。

三

总之，按照前人旧说《伐檀》在"兴"、"比"、"赋"的分类中应划为"比"，如上引各家多认为各章首三句是一种"比喻"。朱熹《诗集传》更明确地说是"比也"[2]。而根据我们上面的分析，《伐檀》实属于"兴"[3]，即各章首三句所述乃诗人所见真情实景，随口咏唱用以引出以下诗句者。

《诗经》三百又五篇，为毛《传》定为"兴"者为一百一十六篇。[4]实际上绝不止此数，除《雅》及《颂》外，绝大多数诗篇应属于"兴"，但被错划为"比"。《诗经》中凡来源于古代民歌者真正属于"比"者，纵有之，亦极其少的。按旧说"兴"也是"托事于物"或"取善事以喻劝之"[5]，现已无人相信。顾颉刚先生曾正确指出，"诗歌起兴多无关义理，作者或就所见之物而起其言，或就所忆之物而引其韵"。[6]所谓"兴"，实如今少数民族民歌中之开头部分（或称"歌头"），往往与下文毫无关联。我见过西南少数民族对歌，歌手常因开头之句苦思不得而面红耳赤（俗谓"山歌好唱口难开"即指此而言），每引起听众一阵阵笑声，这时不得已便匆忙唱出一句，多属即景生情，有时甚至就重复对方或自己已唱歌词中某一句作为开头，这时哪有时间去考虑这开头之句还要与下文有什么比喻关系？古今应同此理。

当然，所谓"兴"也并非凭空产生，而总是与当时周围事物有关。正如朱自清先生所说，是"从当前习见习闻事情指指点点说起"。[7]《伐檀》各章首三句所云便是当时常见的真情实景，故说此诗为伐木者或制车者所作，或与事实相去不远。若非躬任其事，很难对周围自然景观有如此真切的观察。

---

1 陈启源：《毛诗稽古篇》（点石斋皇清经解本）卷六。

2 此据中华书局 1958 年据宋刊本的排印本。他本或作"赋也"。

3 清人姚际恒《诗经通论》（铁琴山馆道光年刊本）卷六有云："伐檀……咏君子者适见有伐檀为车用置于河干，而河水正清且涟猗之时，即所见以为兴。"他把《伐檀》归入"兴诗"，堪称卓识。

4 陈奂《诗毛氏传疏》卷一《关雎》疏引吴毓汾说。

5《周礼·春官·大师》"教六诗"下郑玄注并引郑众之说。

6 顾颉刚：《论兴诗》，载《史林杂识》（初编），中华书局，1963 年。

7 朱自清：《关于兴诗的意见》，《古史辨》第三册。

“五四”以后，提倡“一以己意说诗”，对于冲破旧说恢复《诗经》的真实面目是有益的。但这提法也有偏颇之处，会导致主观臆测。按这种主张并不始于近代，朱熹即曾言之：

> 今欲观诗，不若且置《小序》及旧说，只将原诗虚心熟读，徐徐玩味……不可先看诸家注疏。[1]

若谓不读解题式毛《诗序》以免受其影响，犹可理解；若置一切注疏而不顾，则何以了解字句弄清诗意？这种方法反对了毛公任意判断某诗为“美”某诗为“刺”，却又导致后世人以自己的政治观念作任意的解释。近几十年，这种任意说诗的风尚更有发展，《伐檀》一诗被称为“奴隶”的“反抗歌声”。说诗之作者为伐木或制车者，而非如古人所释是“君子”自道，是可以的；但身份是工匠、农民还是奴隶，则无从得知。我们大可不必据此数行小诗，就为作者划定“阶级成份”。又如，“不稼不穑，胡取禾三廛兮”云云，是对不劳而食者的鞭挞和讽刺，现已为众公认；而“彼君子兮，不素餐兮”之句是正面的赞美，还是一种“反嘲”，仍有讨论的余地，（清）姚际恒《诗经通论》卷六有云：

> 此诗……“不稼”四句，只是借小人以形君子，并借君子以骂小人，乃反衬“不素餐”耳。

我看这样的理解，即前四句责骂不劳而食者，后三句赞美“不素餐”之君子乃为了相互反衬，似乎更为自然，符合当时人的思维方式。不能要求两千多年前之人，有明确的“阶级观点”，把所有统治者都作为不劳而食者看待；更不能认为凡是不作如是观者都是“抹煞阶级对立”。这一点已有学人指出[2]，不赘述。

我觉得，研究《诗经》应以复原诗篇作者的思想及其社会背景为目的，任何时代的研究者都不应以自己观点强加于诗篇。要能做到这一点，首先必须充分利用前人训诂学的成果弄清字句含义，并对前人有关诗意的旧说（即使是明显荒谬的旧说）加以清理，廓清一切穿凿附会。在此基础上，才能恰当地作出新释。

为了更好地研究《诗经》，正如前人所指出的，还必须“多研究民族学、社会学、文学、史学”[3]，特别是“与诗经时代文化程度相当的”少数民族歌谣，“是好的参考材料”[4]。我们要补充的是注意少数民族的习俗和文化，对于深入了解某些诗篇的创作意图和社会背景，也是必不可少的。本文用云南泸西县各民族仍然保存的车木泡水之俗，解释何以伐檀以后要置于之河干，只是其中一例而已。

（原载《尽心集——张政烺先生八十寿辰论文集》，中国社会科学出版社，1996 年）

1 见《朱子语类》（王星贤点校本）卷八〇，中华书局，1981 年。
2 吴小如：《诗三百篇臆札》，《文史》第九辑。
3 胡适：《谈谈诗经》，《古史辨》第三册。
4 闻一多：《神话与诗》，人民文学出版社，1956 年，340 页。

释“辛”

一

关于辛字本意，释者颇众。或谓像一种头饰[1]；或谓像木柴之形，辛即薪之初文[2]；或谓乃兵刑之器，引申为“俘虏之记号”[3]；或谓辛即屰（逆）字，“凡辛味上擮鼻”[4]。影响最大者为郭沫若之说，他认为辛为剞劂，乃黥面工具，用作“黥刑之会意”。“古人与异族俘虏或同族之有罪而不至于死者，每黥其额而奴役之”[5]。此外，如日人加藤常贤谓辛为“黥首用之针”[6]；日人白川静谓辛为“曲刃之器用于刳肉，辛为入墨之器”[7]，均就郭说略加改易，可归入同一种说法，即黥面工具说。

曾经对辛字提出与上述诸说全然不同解释的是早期研究甲骨文的日本学者中岛竦，他说“辛为立之倒文”。李孝定《甲骨文字集释》卷一四引述其说仅此一语，书名在《引用诸家著述书名简称对照表》中又未列出，其说尚少为国人所知。据了解，中岛竦生于1860年，卒于1940年，所著《书契渊源》迄未曾见，乃请在日友人王孝廉教授复印有关部分，其主要论点如下：“辛，立之倒文。……古多倒文，辛亦其一。立，人立地上也。辛，倒县（悬）也。古者恶恶甚矣……罪辄斩首，倒悬罚责。此为最辛辣，故辛为辛苦、辛辣之义。孟子曰：如解倒悬。天下之苦，莫甚于倒悬焉”。

按中岛竦之说极有见地，远较他说为优（详后），惜迄未引起注意，当今中国古文字学界多引郭说。

长期以来，我对辛为黥面工具之说，终不能无疑。自古常刑有五：黥（墨）、劓、刖、宫、大辟。[8] 罪犯未必都受黥刑，何知黥面工具作为罪犯之标记？又古代奴隶或罪犯形象已发现多起，

---

1 于省吾：《释竟》，《双剑誃殷契骈枝三编·古文杂释》（1943年）。
2 朱芳圃：《殷周文字释义》引周伯琦说。
3 吴其昌：《金文名象疏证》，《武汉大学文哲季刊》五卷三期（1936年）。
4 林义光：《文源》（1920年）。
5 郭沫若：《释干支》，载《甲骨文字研究》，科学出版社，1962年。
6 加藤常贤：《汉字之起源》（1970年）。
7 白川静：《说文新义》（1969年）。
8 参见《书·吕刑》、《周礼·司刑》等。

如殷墟第十五次发掘所获男女陶俑和洛阳西周初年墓出土之玉人，带有手铐，均未黥面。[1] 著名的殷墟妇好墓出土玉人十余件，其中有头梳发辫赤足无衣者，可能是从异族俘掠而来之男女奴隶形象，亦未见黥面痕迹。[2] 湖北云梦睡虎地秦墓竹简中法律文书，对于黥刑适用之罪行（“盗”、“擅杀子”等）有明确规定，犯者不论是平民还是奴隶都要黥面，其他罪行则使用其他刑法。有一个案例记载，主人控诉自己的妾凶悍，要求处以“黥劓”之刑。这位女奴隶抗辩说：我确是某人之妾，然无他过失。最后官府判决：调查之后再议。[3] 可见奴隶无罪是不能黥面的。严刑酷法之秦代尚且如此，没有材料表明远古的造字时期不是如此。黥面既非奴隶普遍特征，罪犯又非全部施以黥刑，则辛象黥面工具之说似难成立，而且古代黥面是否使用剞劂这样的工具也是值得怀疑的。[4]

我对辛字旧释虽不满意，究应如何解释为妥，自己也百思莫得其解。近年读书稍多，了解一些原始记事方法及世界其他古文字材料之后，豁然开朗，始知辛字实为人形之倒绘。中岛竦之说接近事实，他能看出辛为立字之倒文是难能可贵的。只是谓辛为“倒悬责罚”罪人之直接描绘，未免拘泥。我以为，辛之绘作倒立之状，原表示死人，后转为非人之意。在古文字中辛之所以成为奴隶之符号，其故在此。谨申此说如下，就正于方家。

二

世界各地崖壁艺术中，凡是动物或人物倒绘即表示死亡。这是一种非常古老的表意方法。西班牙可能属旧石器时代晚期的 Cogul 洞穴崖画一个狩猎画面中，一人作正在刺鹿之状，旁有一鹿倒绘，表示已有一鹿刺死。[5]（图一）美国新墨西哥州一个峭壁上绘两个动物，羊作上爬状，马绘成四足朝天状，表示此处羊可攀登，马必摔死（图二）[6]，此相当今日危险道路上的警示标志。加拿大的大湖地区有一处崖画独木舟及人均倒绘，记录下当地一次舟翻人亡的事故。[7]（图三）南非布须曼人认为非洲羚羊为具有超自然力量，可使巫师神灵附体时浑身发抖（因为它临死时颤抖不已）。当地崖画中有红白两色绘的装束奇异的巫师形象，旁绘一只垂死的羚羊象征巫师正在作法，而此羚羊正是倒绘的。[8]（图四）中国崖壁艺术中也不乏动物或人物形象倒绘

1《商周考古》，文物出版社，1979 年，84 页，图六二、六三。

2《殷墟妇好墓》，文物出版社，1980 年，151、231 页；图版一二九：1，一三〇；图七九、八〇。

3《睡虎地秦墓竹简》，文物出版社，1978 年，260—261 页。

4 按古代黥面具体方法，历史记载语焉不详。《周礼·司刑》“墨刑五百”下郑玄注：“先刻其面，以墨窒之”，未言如何“刻面”，用何工具。《楚辞·哀时命》：“握剞劂而不用兮，操规矩而无所施”，剞劂分明为木工所用之具。若施于人面，有类于牛刀杀鸡，未必合适。当代少数民族虽无黥刑，文身文面之事常见，所用工具为带刺植物。如海南岛黎族是用“黄藤针”在人身刺出花纹图案，涂以烟灰（参见刘咸“海南黎人文身之研究”，《民族学研究集刊》第一期）；滇西独龙族则用一种灌木带刺之茎（参见《独龙族社会历史调查》之二，云南民族出版社，1981 年，28 页）。我以为造字时期黥面所用工具大抵类此。《国语·鲁语》有云：“中刑用刀锯，其次用钻笮。”韦昭注：“笮，黥刑。”按笮为竹类植物，钻笮当指其有尖刺如钻者。及至金属普遍使用，当然也不排除使用金属工具施黥之可能，但只能是刀针之类小型工具。

5 鸟居龙藏：《化石人类学》，张资平译，商务印书馆，1935 年，第二册，图三〇四。

6 W. J. Hoffman, *The Beginnings of Writing*, New York: Appleton and Co.,1895,p.45

7 S.Dewdney and E. Kidd, *Indian Rock paintings* of the Great Lakes, University of Toronto Press, 1962, p.39.

8 J. David Lewis—Williams, *The Rock Art of Southern Africa*,Cambridge University Press, 1983, pp.52—53, fig.19.

图一　西班牙 Cogul 洞穴崖画中狩猎画面

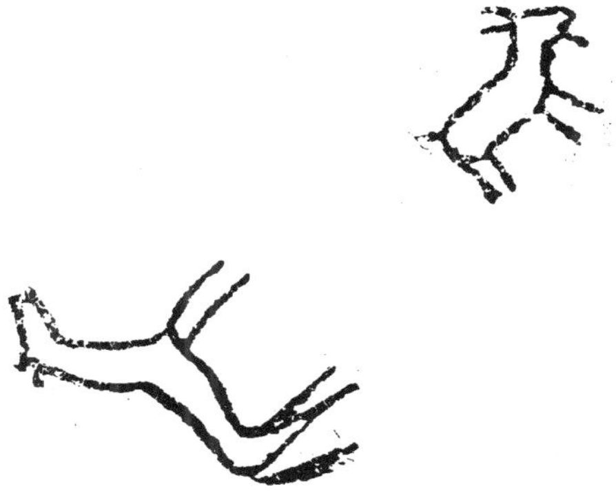

图二　美国新墨西哥州表示山路危险的崖画

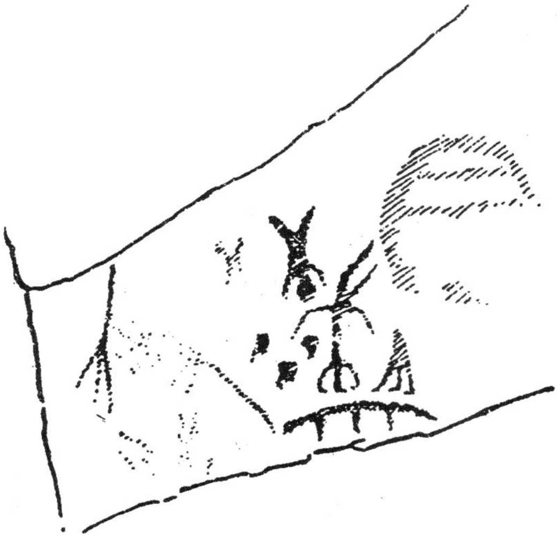

图三　加拿大大湖地区描绘舟翻人亡的崖画

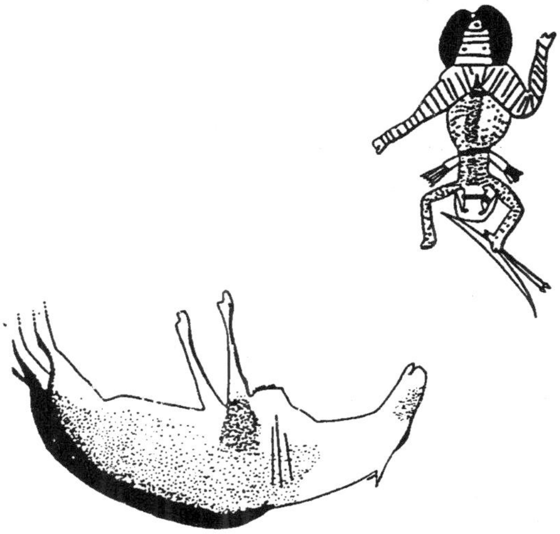

图四　南非布须曼人表示巫师作法的崖画

之例证。云南沧源崖画第一地点的一组狩猎画面中，在持弩人之前，豹、象等动物或作倒绘形，即表示已被射死；第六地点一组可能表示械斗的画面中，至少有三人绘成横卧之状，表示有人在战斗中丧身。[1] 在原始记事中，人作横卧之状与倒绘意义相同，均是表示死亡的。

近世后进民族仍保存原始的图画记事，死人多绘成倒立或横卧之状。印第安人的易洛魁部落，对战争中死亡者悉以倒绘人形计数，而且分别男女，女人画出围裙作为标志（图五）。他们自己说："我们在战场上损失的人画成腿向上之状，损失多少就画多少"。[2] 印第安人对战争还常以连环画形式记录下来。例如，1876 年苏部落（Sioux）与白人一次战争，根据其首领名"红马"者口述，作成四十一幅图画，其中死亡者均作腿伸向天空或横卧之状。[3]（图六）当然，更多

1《云南沧源崖画的发现与研究》，文物出版社，1985 年，29、54、94 页，图一四、五一。

2 G. Maliery, *Picture—Writing of the American Indians*, New York: Dover Publications Inc., 1972, p.660,fig.1072.

3 *Picture—Writing of the American Indians*, pp.563—566, pl.xxxLx—xLviii.

图五　北美印第安人易洛魁部落图画记事中表示死人的图形（左为两个男性，右为女性）

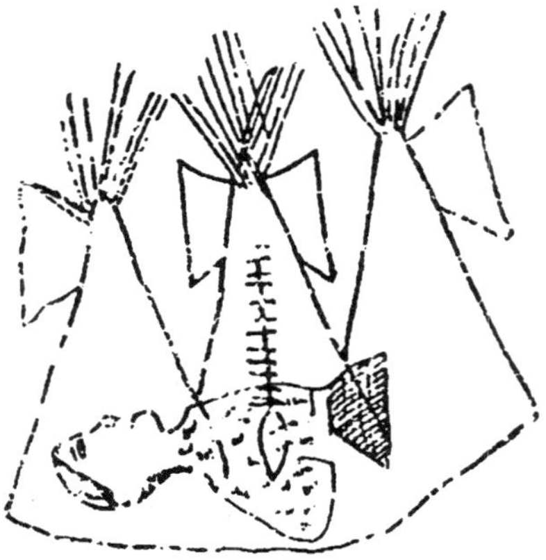

图七　印第安人奥格拉拉部落的图画记事

图六　1876 年印第安人苏部落与白人作战的图画记事

的战争画不是完全写实的。例如，1858 年苏（Sioux）和奥吉贝（Ojibwa）两个部落之间一次战争，双方损失人数以短线条表示，其下仅绘一个横卧人形表示死亡。[1] 1785—1786 年奥格拉拉（Oglalas）部落（即达科他部落）杀了奥马哈（Omaha）部落三个帐篷的人，便绘出三个帐篷，内部仅绘一人作横卧状。[2]（图七）这里人形已不再代表一个死人，而成为表示死亡的符号。值得注意的是有些印第安人图画记事中对打败的敌人虽不杀死也可绘成横卧之状。[3]（图八）原来死亡的符号，在这里又兼可表示“俘虏”、“被制服的敌人”的意义。这一点对我们研究辛字起源及演变很有启发。

在原始记事中，表示死亡的方法很多。大湖地区首领死亡，墓碑上绘一个颠倒的鹤形，因为鹤是他所属的图腾，旁边以短线条分别记录他一生所进行战争及缔结和约的次数。[4]（图九）这里所用的仍是同样的原则，即以正倒或横直表示生和死。

世界上有些象形文字仍沿袭原始记事上述方法，表示死人或死亡的字，写画成人之倒置

1 同上书，p.559，fig.786.

2 同上书，p.561，fig.788.

3 同上书，p.534，fig.748.

4 W. A. Mason, *A History of the Art of Writing*, New York：The Macmillan Co, 1920, p.89—91, fig.27.

图八　印第安人表示敌人已被制服的图画记事

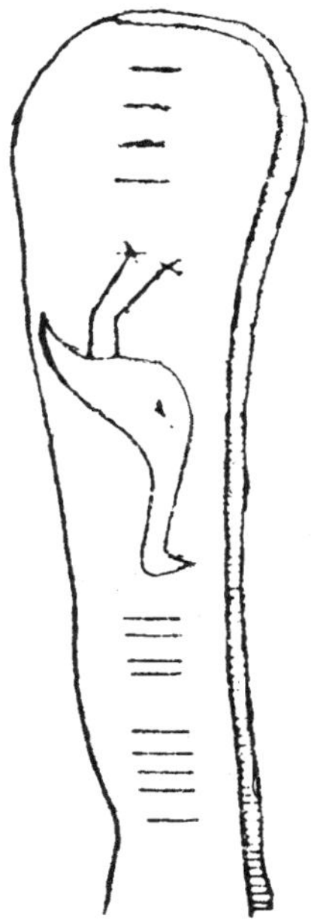

图九　大湖地区印第安人一位部落首领的墓碑

或横卧之形。例如，云南纳西族象形文字中的“死亡”一词[1]作：，埃及象形文字中“死亡”一词原始形式[2]作，它们都是图画性的，保持原始图画记事中表意符号的面貌。

埃及象形文字很早就以意符加上音符造字，其情况颇像汉字中的形声字。值得注意的是有些字或词多含有上述死亡符号。例如：

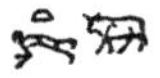	用作牺牲的动物。
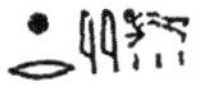	该死的人，用作牺牲的人。
	敌人、罪犯。
	被征服的首领、打败的仇敌、被杀的人。[3]

由上可见，原来仅表示“死亡”的意符，可用来构成敌人、俘虏、罪犯等词，这就为我们研究辛字提供了有价值的比较材料。

1 方国瑜、和志武：《纳西象形文字谱》，云南人民出版社，1981 年，第 573 字。
2 E.A. Wallis Budge, *An Egyptian Hieroglyphic Dictionary*, New York: Dover Publications, Inc., 1978, vol I, p. cii, 141.
3 同上书，Vol I, pp.560—561。

三

辛字在甲骨文、金文中作：

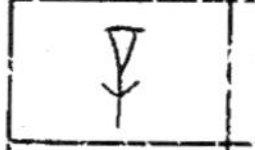			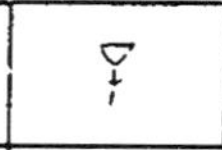			
餘1.1	前4.24.1	後1.18.3	存2737	叵尊	郙父辛卣	鳶且辛卣

			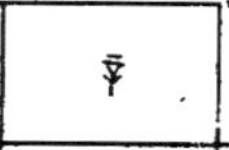			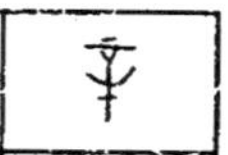
前3.75	甲2282	存2708	乙9074	鷹父辛簋	違鼎	申鼎

完全不像什么工具之形。引起误解当由于金文中个别辛字的写法，如一竖较肥，或将人形两腿之间填实，然金文铸模或以毛笔先写后刻，此乃常有现象。从大部分字形观之，辛应为人之倒绘。在古文字中正面人形构成之字颇多，以附加符号或突出某些部位相互区别。例如：大字（）原为与小孩不同之大人形象，又引申为大的事物。天字（）大（人）上加一横，表示天为人所戴。亦字（）表示腋下部位。舞字（）表示人持舞具或着长袖而舞之状。立字（）强调人站立于地之状，下加一横表示地平线。而辛字则将地平线绘在上方以示头下足上之意。辛与表示倒行之屰（）之区别，即在横线之有无。造字者唯恐人们不明其意，辛字往往在横线之上又加短横以强调其足在上（或谓构成上字[1]，说亦可通）。

像原始记事及其他古文字中倒绘人形一样，辛原有死人或死亡之意。《说文·辛部》："辜，辠也，从辛古声。，古文辜，从死。"可见辛与死可以互易。近年发现的中山国铜图壶铭文中，有一字作，正是从古从死，与古文辜同，古文字学家释此字为辜无异词[2]。这就进一步说明辛与死同意。

辛字由死亡之意符变为俘虏和奴隶之意符，不知始于何时。甲骨文时代辛作为十干之一，已大量用于计日及人名，然下述几条卜辞中辛字除了表示俘虏或奴隶是难作其他解释的：

王回曰：其有㱙佳㚔弗得辛“（后下，三六，七）。

贞令□高辛，十月”（前五，四）。

"弗得辛"者，不曾掳获辛也，"高辛"自指以辛为祭之意。

金文图画文字中有一字[3]作：，其中倒绘人形已代表俘虏而非死人。字虽不识，必表述战士俘人而归情景无疑。

1《说文·辛部》："辛，辠也，从干二，二，古文上字。"

2 张政烺：《中山国胤嗣好盗壶释文》，《古文字研究》第一辑（1979年）。朱德熙、裘锡圭：《平山中山王墓的初步研究》，《文物》1979年1期。

3 容庚：《金文编》，科学出版社，1959年，799页。

在古文字中从辛诸字（《说文》误分列辛辛两部）[1]，追溯其源，多与奴隶有关。略举数例：

妾（）——从辛从女，原为女奴之泛称。“男为人臣，女为人妾”，主人对女奴不仅拥有生杀之权，抑且享有性权利。后来妾才成为次妻之专称，造字之初及其后相当一段时期当不如是。女奴中地位低下专操杂役为婢，甲骨文有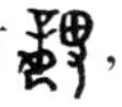，即从妾而不从女，为婢之原始字。[2]䴢亦为从辛诸字之一。

童——甲骨文未见，金文图画文字中有[3]，疑即童之初文。其下人形头部较大是小孩的形象（如子字亦突出其头部），金文中之童（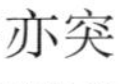）已为形声字。最早俘人为奴限于妇孺，中外皆同，取其易于降服和奴役。童原为幼奴，后成为年幼者之泛称，乃别造僮字专指幼奴。

宰（）——《说文·宀部》：“自辛（罪人）在屋下执事者”，确切言之，应是奴隶在家中管事者。此种奴隶地位高于其他奴隶，如凉山彝族中之“管家娃子”，有管理、督促其他奴隶之权。后世官僚机构中总领百官者称为宰，实为奴隶头子称谓引申而来。《周礼》中“冢宰之官”之下设有“庖人”、“世妇”、“女御”等人，所管理者仍不过是最高统治者家庭及私人生活之事。[4]

僕（）——象衣后着尾民族持箕役之状，其头上加辛表示为一种从事贱役之奴隶（详拙稿《释濮和奚》）。

辥（）——诸家解释颇多，我认为辥即孽之初文。两者不仅音读相同（见王国维《释辥》）意亦相通。辥从屮、自、辛，会意字，其中屮[5]为草木初生之貌；自者，众也；辛为奴隶之符号。全字最初含意应表示奴隶之繁衍，即奴生子也，后世凡不好的后裔便称“孽种”。

辠——奴隶最初来源为战争中俘掠来之异族人，后来本族人犯罪才可沦为奴隶。辛字作为奴隶之意符，初指异族奴隶，后来自亦包括本族犯罪沦为奴隶者。秦代之前罪字作辠，应原是本族罪犯奴隶会意字，从自从辛，表示这类奴隶是咎由自取的（《说文》说辠字取意于蹙鼻苦辛，未免穿凿附会）。由于辛可包括罪犯奴隶，辛及有些从辛之字（辠、辜……）又引申出罪恶、罪过之意。

最后，还需要讨论一个问题，即何以死亡符号可作为奴隶符号，而且这一现象出现于各种象形文字中，似有普遍性，其故安在？

我们认为，这应参考对奴隶制最新研究的成果，从古人对奴隶之看法中寻求解释。

最早奴隶从对异族战争中俘掠而来，世界文明古国多是如此。埃及人将战争俘虏变为奴隶，作为战利品而转送到需要他们的地方。一位书记（scribe）这样写道：“可怜的孩子是母亲的手臂中硬拉来的。……他的骨头像驴一样被抽打，他的身体内实际上是没有心的。”[6]罗马的“奴隶”

1《说文》将从辛诸字分列产辛两部之误，徐灏《说文段注笺》、罗振玉《殷虚书契考释》及王国维《释辥》（《观堂集林》卷六）均有辨正，郭沫若总结前人明确提出辛辛同字，“横画可多可少，直画亦可曲可直”。他又指出，有些字类似从辛，实非是，应剔除。如龙、凤两字卜辞中有从丵者实为从之变。《说文》“丵，丛生草也”，乃象龙凤头上之冠。参见前引《释干支》一文。

2 参见于省吾：《䴢》，载《甲骨文字释林》，中华书局，1979年，123—124页。

3《金文编》，802页。

4 斯维至：《两周金文所见职官考》，《中国文化研究集刊》七卷一期，1947年。

5 金文中或写作“止”，乃“屮”字之变。

6 A.Erman, *Life in Ancient Egypt* (Translated by H. M. Tirard). New York: Dover Publications, Inc., 1971, p.128.

(servi，slave）一词便得名于司令官把俘虏卖掉从而使他们的“性命保全”(servare，save)；而“奴隶财产”(maneipia，property in slaves）一词原意“手臂抢来”(manu capiantur，rnanual capture)。本族人一般是不能作为奴隶的。希腊柏拉图就主张最好以非希腊人为奴。罗马人早期法典规定，假如一个罗马人不得不沦于奴隶作为惩罚，那也必须卖去国外。伊斯兰法律更明确规定，出身穆斯林的人不能成为奴隶。[1]

既然奴隶原为战争中俘虏，原来是要被杀死的，仅仅由于主人恩惠保全下来，故他们只能算是一种“活的死人”，或者是“判处死刑的人”，只是缓期执行而已。他们也可说是“社会意义上的死人”。由于奴隶的属性便是死亡（而且算是凶死）的代替品，主人对他们有生杀予夺之权，在社会上被孤立、隔绝和虐待便视为当然。[2]在造字时期，这是一件新的事物，人们无法直接描绘奴隶这种虽生犹死的非人状态，便借用原始记事方法早已存在的死亡符号予以表示。

总之，辛字为倒绘人形。原表示死亡，后被用作奴隶的意符，它不是黥面工具或其他器物的象形字。

（繁体字本载台湾《故宫文物月刊》174 期，1997 年；简体字本载《社会科学战线》2010 年 2 期）

1 R. W. Winks, *Slavery: A Comparative Perspective*, New York University Press, 1972, pp.5—6.W. D. Phillips, *Slavery from Roman Time to the Early Transatlantic Trade*, University of Minnesota Press, 1985, p.17.

2 P.Docke's,*Medieval Slavery and Liberation* (Translated by A. Goldhammer) , Chicago, 1982, pp.4—5. O. Patterson, *Slavery and Social Death: A Comparative Study*, Cambridge, 1982, p.5.

释“臣”

关于臣字本义，自来说法不一。《说文》训为牵。[1]《广雅》训为坚。[2]杨树达据《礼记·少仪》“臣则左之”下郑玄的注释，说臣之本义为囚俘。[3]孙海波谓臣目本为一字，皆代表囚俘之头部。[4]这些解释因声为训，或据汉代人片语只字立论，完全不顾臣字原形，自难得其要领。郭沫若据甲骨文、金文材料，第一次正确地指出臣像“竖目之形”，认为臣原为奴隶，但充当奴隶主统治其他奴隶的工具。[5]此说为现在史学界大多数人所采取。

然而为什么要以象竖目之形的臣字作为一种奴隶的名称？郭沫若的解释是“人首俯而目竖”。然人俯首则必低视，自来奴才遇主，不能正视主人之面，所谓“奴才不敢抬头”，即因正视或直视主人是一种冒犯和不敬，而“臣”字的形状与这种精神状态不相符合。本文参考云南傣族有关材料，试对臣的得名由来提出另一种解释，聊供参考。

一

在中国古文字中，臣字和目字同象眼形，但写法有横竖之别，横目为目，竖目为臣。凡从横目之字多表示眼睛的正常状态，如象眼上有毛的眉字作：

明 1854

后 2.257

小臣謎簋

象眼睛流泪的 字作：

前 2.45.2

后 1.20.10

静敦

曶鼎

象人有眼可见的见字作：

1《说文·臣部》：“臣，牵也，事君也。象屈服之形。”

2《广雅·释诂》云：“……臣、牢、擥，坚也。”又《白虎通·三纲六纪》：“臣，坚也，厉志自坚固也。”

3 杨树达：《臣牵解》，载《积微居小学金石论丛》。又见《不娶簋三跋》，载《稷微居金文说》。

4 孙海波：《卜辞文字小记》，《考古社刊》第3期。

5 郭沫若：《释臣宰》，载《甲骨文字研究》。

铁 180.1　　前 1.27.1　　𨾊钟

凡从竖目之字则多表示注意力集中的望视状态。如象一人注视前方的垩（望）字，甲骨文作：

前 6.8.2　　后 2.18.1

金文则加月作：

易鼎　　望爵

象一个惊惧而在左右张望的臩字在甲骨文中作[1]：

珠 565

横目和竖目也偶有混用的情况，如望字亦有从横目的，但这应属于变体或误书，两者原来是有区别的。今天俗语犹有“竖起耳朵来听”的说法，竖目和竖耳，都是注意力集中的一种表达方法。

因此，臣字本象睁目之形，表示注视之意，就是瞋（睁）字初文。[2]《说文·目部》：“瞋，张目也。”今观臣字，正是从一个人的侧面画出其张目而视的眼睛形状。臣瞋二字音亦相通。

臣之本义为瞋目望视，何以又成为一种奴隶的名称？按奴隶最早来源是俘虏，但从俘虏到奴隶有一个转化过程。被俘者（特别是其中的成年男子）是不甘心被异族奴役的，他们要反抗、逃亡或自杀。胜利者为了制服他们遂采取分化政策，先使一些“柔顺而敏给者……怀柔之，降服之，用之以供服御（《释臣宰》）。臣就是俘虏中最早降服者。我们要补充的是这些人必负有监视同类行动的使命，为奴隶主充当耳目。特别是大规模生产中使用奴隶劳动，为了防止奴隶们怠工和逃亡，监工这类的人更是必不可少的。他们终日张目四望，监视其他奴隶的活动，故假用意为瞋目望视的臣以名之。我们作此解释并非全出推测，过去云南西双版纳傣族中有一种督耕制度对此提供了有力的佐证。

1 按此字相当于《说文》中臩字，即双目炯炯的炯字初文。穆王时有臣名伯臩，作过《臩命》一文，臩或作冏（参见《史记·周本纪》及《书序》）。《说文》：“臩，惊走也；一曰往来也……古文冏。”朱芳圃释此为奭字，谓为惧字初文（《殷周文字论丛》卷下）。

2 高鸿缙《字例》二篇 198 页：“按董作宾氏曰：臣象瞋目之形，石刻人体上有此花纹是也。此象瞋目之形，故托以寄瞋意，动词，后借为君臣之臣，乃另造瞋，瞋行而臣之本意亡。”郭沫若《青铜器时代》中有一条注释也说“臣字即眼之象形文，即古睁字。”（人民出版社，1954 年版，308 页）。两氏均未作进一步阐述。大概自臣字假借为奴隶监工的名称后，乃别造形声字的瞋，以表示瞋目望视。此字战国时已大量使用，如《庄子·秋水》：“瞋目而不见丘山。”《韩非子·守道》：“瞋目切齿。”我们今天所用的睁字更为后起，似在晋人吕忱《字林》中始见。

二

西双版纳傣族最大统治者“召片领”（意为“广大土地之主人”），除向广大农奴摊派负担勒索租税外，还拥有私庄，规定附近村寨农奴代耕，而由其中某一村寨的头人负督耕之责。如景洪县宣慰街（“召片领”所居之处）附近有私庄田一千纳（每纳约合四分之一亩），分配与曼纽、曼模、曼喝勐、曼景兰、曼浓坎五个村寨的农奴代耕，即令曼景兰的头人为固定的督耕者。又如景洪县曼景蚌附近也有私庄田一千纳，由曼景蚌及曼达两寨代耕，即令曼景蚌的头人为固定的督耕者。

督耕者在私庄田上不劳动，或只从事简单劳动，如建造篱笆、管理水利、修理仓房等。他的主要职掌在于监视各寨代耕者的行动。如发现人们不按时播种和收获，或有怠工、反抗、破坏等事，立即向“召片领”报告。“召片领”为了鼓励其效忠，特别划分一块土地地交他耕种，不必再出负担。如上述曼景蚌附近之一千纳私庄田即划分出二百七十纳为督耕者之报酬。这部分土地名义属全寨所有，实际上全由负督耕之责的头人支配和控制。[1]

这些私庄的耕作者虽是农奴已非奴隶，但督耕者却照例要由出身家奴（傣语称这种人为“领囡”）的人担任，因这种人被认为比较可靠。这反映督耕是从过去沿袭下来的一种古老制度。

这种督耕者在傣语中被称为“陇达”，划给他们的土地称为“陇达田”。广义的“陇达”尚可包括所有为统治者收租的人。如“召片领”之下一些官员或较小的土司，已不再保留私庄，全以收租方式进行剥削，为他们收租的人亦称“陇达”。可以想见，当西双版纳傣族实行全面代耕的时代，各地都有作为督耕者的“陇达”存在，后由代耕变为收租，而替统治者办事者的名称却相沿未改。

值得注意的是关于“陇达”的含意。我们请教了当地傣族和熟悉傣语的人士，大家都说“达”就是眼睛，关于“陇”则各人的解释略有差异。有人说“陇”是下面的意思，“陇达”就是“召片领”在下面的“眼睛”。有人说“陇”是尊称，“陇达”直译起来就是“眼睛大爹”或“眼睛爷爷”。无论哪一种说更符合原意，“陇达”一词总是得名于眼睛，这一点则无疑问。

内地远古时期应也有像“陇达”的人，他们最先驯服并以监视同类为业，由于他们特点是动眼不动手，遂以具有瞋目望视之意的臣字相称。这在造字时是易于采用而又比较恰当的比喻方法。用眼睛代表监工，在世界其他地区原始文字中也不乏其例。如克里特文字中有一字作眼形：

就是作监督者和治理者解释。[2] 它和中国古代的臣取意相同，只是臣假用竖目之形突出其瞋目张望之状，在表现方法上更加形象化和生动而已。

臣原指奴隶，特别是负监工之责的奴隶头子。由于他们为主子卖命，帮助主子统治他人，随着王权兴起，奴隶之臣遂又引申为君臣之臣，指为最高统治者办事的人。

1 参见云南民族调查组：《西双版纳傣族调查报告》（三），1956 年，27 页；《西双版纳傣族调查报告》（五）1957 年，31 页。
2 Arthur J. Evens, *Scripta Minoa*, Vol I, pp.267—268. 转引自蒋善国：《中国文字之原始及其构造》第一编 42 页，1933 年。

殷周时期去造字时期已远，故甲骨文、金文和古文献中出现的臣字已有多种含意，身份各有不同。例如，臣妾之臣[1]、臣仆之臣[2]，卜辞中用作人牲的臣，还有上述《礼记·少仪》“臣则左之”的臣，他们丧失自由，被驱使，被奴役，可以随时转换主人，都是泛指一般的奴隶，不必具有什么特殊的身份。又如，文献记载与王一起共事的臣，可泛指为君主效劳的百官，无论其出身如何，他们已跻入统治阶级的行列，不应再作奴隶看待。然而，作为监工和奴隶头子的臣这时仍然存在。甲骨文中有“小耤臣”[3]，又有“令众黍”的“小臣”[4]（详见《小臣称谓之由来》）。金文中下列两例是大家熟知的。

《矢令毁》：“姜商（赏）令贝十朋，臣十家，鬲百人。”

《大盂鼎》：“锡夷嗣王臣十又三白（伯），人鬲千又五十夫。”

这里和臣同时赏赐的还有鬲这种身份最低的奴隶，而臣人数少得多，甚至尊称为“伯”，似乎他们有监督这些鬲的任务。此外，如《诗·周颂·臣工》：

嗟嗟臣工，敬尔在公。……如何新畬，于皇来牟。……命我众人，庤乃钱镈，奄观铚艾。

这里的臣工，注释者或谓“诸侯之臣有职司于王室者”[5]，或谓“群臣百官”。[6]若从全诗的意义来看，说的都是要“臣工”督众准备耕作之事，相当于《礼记·月令》“季春之月……监工日号，毋悖于时”的“监工”。仍不过是一个直接管理生产的奴隶头子而已。

要之，殷和西周时期的臣已经分别指不同身份之人，只能根据情况作具体分析，不宜一概而论。到了春秋时期，等级制度濒于崩溃，“陪臣”可以“执国命”，臣可以“新登于公”[7]，这时的臣的身份就更为复杂了。

史学界讨论臣的性质，总想对出现于不同时代具有不同身份的臣，作出统一的解释，自难得出一致的意见。[8]

综合上述，我们的看法是臣字为瞋（睁）字初文，本义为瞋目望视，原指最早降服监视同类的奴隶，后引申为君主效劳和办事的人。殷周时期臣已有多种含意，但作为监工的臣仍然存在。

（原载《考古》1979年3期）

1《大克鼎》：“易女（汝）田于埜……目（以）氒（厥）臣妾。”《师白毁殷》：“仆骏百工牧臣妾。”《易·遯》：“畜臣妾，吉。”《书·费誓》：“马牛其风，臣妾逋逃。”

2《书·微子》：“商其沦丧，我罔为臣仆。”《诗·小雅·正月》：“民之无辜，并其臣仆。”

3《殷虚书契前编》6.17。

4《卜辞通纂》472，478，《殷虚书契前编》4.30.2。

5 陈奂：《诗毛氏传疏·臣工》。

6 朱熹：《诗集传·臣工》。

7《左传·哀公十六年》。

8 参见杨宽：《释臣和鬲》，《考古》1963年12期。金兆梓：《关于西周社会形态讨论中的几个问题》，《学术月刊》1960年12月。

“小臣”称谓之由来

臣为奴隶，而古文字及古文献中所见之小臣有社会地位甚高者，何以竟称为“小”？兹试作解释，就正于方家。

一

奴隶最初来源为俘虏。在尚无社会分层的部落战争中，战败一方成年男子多被杀死，被俘者仅有妇女和儿童。妇女或与战胜者结婚，儿童则被收养。例如，北美平原印第安人，接近北极的育空河地区印第安人、一部分爱斯基摩人，都是如此。[1] 易洛魁印第安人对战败者妇孺立即加以收养，成年男子要赤裸上身经过夹道鞭打的考验。凡中途倒下者，被认为不值得保全性命而处死；顺利通过者表明确有健壮身体及非凡勇气，便通过收养仪式接纳为某一长房新的成员，视若亲人，另起一个名字，与原来部落中断联系。[2] 这些被收养的人，不分年龄和性别，最终都是以平等身份加入了战胜者的社会，他们不能称为奴隶。[3]

及至奴隶制开始，由于成年男子不易驯服，俘掠为奴者也以妇女儿童为主，而且儿童经常成为养子。云南西盟佤族畜奴情况可作为这方面的例证。直到本世纪上半叶，西盟佤族村寨之间或部落之间械斗频繁，虽然以猎头和抢劫财物为主要目标，抢人之事仍非少见，所抢者多是儿童。[4] 又由于债务纠纷频繁，欠债者子女常被父母抵债或被债主强行拉走，孤儿也可能被同族之人用以抵债（图一）。这些儿童进入主人之家，先举行简单的祭鬼仪式，“通知”鬼神家中新

---

1 H.E. Driver, *The Indians of North America*, University of Chicago Press, 1969. pp.334—335.

2 有关易洛魁人对待俘虏的方法及收养仪式，在L.H. 摩尔根《古代社会》、(见杨东莼、马雍等译本，商务印书馆，1997，页78、85) 仅简略提及。在所著另一本书中则有生动详细之报导，见*League of Iroquois*, New Jersey: The Citadel Press, 1962, pp.340 —344。

3 最近有学者认为易洛魁人的养子即是奴隶，参见W.A. Strauss和R. Watkins, Northern Iroquoian Slavery, *Ethnohistory* 38：1, 1991。但多数学者并不同意。

4 前人调查材料对西盟佤族械斗中俘人为奴之事记述不详。我曾对20世纪40年代一次大的械斗作个案调查（case study），其大体情况如下：大马散一个奴隶在勐梭格龙海被猎头，大小马散遂纠集班哲、莫窝、阿莫、永邦各寨进行报复。一个夜晚进行突然袭击，除猎头数十俘掠大量财物之外，还抢走女童四人、男童三人，由俘掠者带回自己村寨。按习惯法（“阿佤礼”），俘人之后要杀牛请全寨人吃，此被俘之人才归俘掠者所有。但小马散寨艾旁和艾省各抢一个小孩，没有杀牛请客，故参与这次事件报告人对我谈起此事，犹愤愤不平。

增人口。若无不轨行为而又“听话”者，二三年后再举行一次较隆重的祭“阿依俄”仪式（这相当于易洛魁人收养仪式），由主人收为养子。从此改变姓名，连主人之家谱，一切待遇与亲生子女相同，成家时不必偿还身价，而且主人代为支付婚嫁费用，甚至分与一部分财产。至于那些被主人视为“不听话”或有不轨行为者，则不举行这第二次仪式，仍使用原有姓名，连原来的家谱；生活和劳动条件与主人家庭成员无大差异，但随时可被卖出或抵债；即使一直留在主人家中，要偿还身价才允结婚成家，否则成家之后还要为主人从事无偿劳动。前者称“官教克”（“买来的小娃”），后者称“穷教克”（“买来的人”）。[1] 前者为养子，后者为奴隶，养子的地位高于奴隶。两种称谓虽常混淆不易分辨，但未能举行正式收养仪式者，是不能称为“官教克”的。值得注意的是两者从小到老都称“官教克”或“穷教克”，而且其子女仍为“官教克”或“穷教克”，这种情况要相隔数代才会改变。在西盟佤族社会之中，“官教克”或“穷教克”代表一种出身，而不管其实际年龄多少。

图一　西盟佤族20世纪50年代初某户合影（内有四个幼奴）

世界文明古国俘虏来的异族奴隶，最初也以儿童为主。埃及一件文书把奴隶称为“可怜的孩子”，说他们是“从母亲手臂中硬拉来的”。[2] 罗马人视奴隶为一种财产，称为“手臂抢来”（manu capiantur）[3]。幼奴常能得到主人厚待和信任。荷马史诗《奥德赛》中有一女奴自称和主人的子女一起生活，常能得到“心爱的玩具”。[4] 这些人自幼在主人家中长成大人，已无反抗性，死心塌地为主人效力，故比一般奴隶易获得主人的信任。大量畜奴的社会中，幼奴（特别是成为养子者）及其后裔所受待遇必较其他奴隶为佳。

在宫廷中长大之幼奴（或养子）及其后裔，由于接近最高统治者，取得信任者更能获得重要的职位，甚或取得很大的政治权力。埃及新王国时期的奴隶就是如此。有些人从名字上可看出原是外国人，自己或其祖先是从叙利亚人等地掠来，但他们出入宫廷，自称“生来就是高贵的”，负责管理仓库、指挥建造纪念碑这样重要事务。Ramesses 三世在位时期，甚至出现两个“奴隶王子”，一个是法老的书记官和为高级祭司管理财产的“指导者”，一个是法老的代言人。[5]

1《佤族社会历史调查》(一)，云南人民出版社，1983 年，86—99 页。

2 A. Erman, *Life in Ancient Egypt* (Translated by H. M. Tirard) , New York: Dover Publications, Inc., 1971,p.128.

3 W. D. Phillips, *Slavery from Rome Times to the Early Transatlantic Trade*, University of Mennesota Press, 1985. p.17.

4 参见胡庆钧主编《早期奴隶制社会比较研究》，中国社会科学出版社，1996 年，216—217，355 页。

5 上引 Erman 书，pp.104—106，517—518。

秘鲁的印加王国有一种特殊的制度，宫廷定期从全国各地选择漂亮健康的十岁女孩和聪明能干的男孩，免除劳役，与家人割断联系。据研究，这些来自普通人家庭的儿童原非奴隶，但“实际上他们已是奴隶”，是王的奴隶。女孩送入各修道院（最大的一个设在政治中心库斯科）学习家政、宗教仪式和纺织，一部分成为王和贵族的婢妾；一部分作为“太阳神的圣女”进入神庙，终身保持童贞，终日从事纺织，其产品供祭司及宗教仪式使用；还有少数人作为祭神之人牲，这是一项最光荣的任务，她们总是“骄傲地、快乐地接受”。男孩则完全处于王的处置之下，充当王和有功贵族之侍从、监工及寺庙杂役。有些男孩，最后可上升到重要地位，跻入低级贵族(caracas) 之行列。[1]

二

中国造字时期俘虏亦以儿童为主[2]，俘字本身作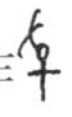或，即表示执小孩而归。小臣原来指一般幼奴。但殷周时期有些小臣已像埃及一样，指在宫廷中或贵族家中长大之幼奴或其后裔而言，其地位远高于一般奴隶。

从经过古文字学家研究而解释趋于一致之卜辞可以看出，小臣主要充当近侍，随王征伐、田猎或出行：

> （隹）小臣牆从伐，卒（擒）□□人廿人，□人五百七十。（续存下九一五）。
>
> 叀小臣牆令乎（呼）从，王受又（祐）（粹一一六一：三）。
>
> 庚午卜王贞：其乎小臣陳从，才（在）□□（甲　二八三〇）。
>
> 癸巳卜，𣪊贞：旬亡囚。王固曰：乃丝（兹）亦有祟。若偁。甲申王往逐兕，小臣甾车马硪驭王车，子央亦阤（坠）（菁　二·一）。

或充当王之耳目，出使外地，了解外地情况：

> 甲申卜，贞□日丁巳，王其乎寂！小臣使于朝。（珠　三二五·五）
>
> 小臣啬又来告。（合集　二七八八六）

或在宗教仪式中处理一些具体事务。甲骨边缘所刻占卜材料来源、数量等记录中，经常提及小臣：

> 小臣入二。（乙　二四九七）
>
> 小臣从示。（续　四·五·五）

据胡厚宣先生考证，“入二”指收入占卜材料二件，“从示”即小臣参加祭祀之意。[3]甲骨原是神圣之物，用以占卜前要经过祭祀的，近世少数民族仍是如此。

卜辞中小臣还有其他名目，负责多种工作，例如，负责籍田的“小耤臣”（图二），管理

---

1 J.A. Mason, *The Ancient Civilization of Peru*, Penguin Books, 1957, pp.180—181.

2 中国和世界其他地区一样，最早奴隶除儿童外当然还有妇女。古文字中“妥”（）字象手执妇女形，反映造字时期俘掠妇女为奴的情况。至于成年男子俘虏则称为“讯”），从人从口从系，表示拘系讯问之意，可见最早俘掠成年男子后不加杀害是为了了解敌情。金文中描述战功显赫常用“折首执讯”一词，《诗·大雅·皇矣》云：“执讯连连”，《诗·小雅·出车》云：“执讯获醜”，仍沿用古老的名称。

3 胡厚宣：《武丁时五种纪事刻辞考》，载《甲骨学商史论丛》初集，上海书局重印本。

众人种黍的“小众人臣”，管理养马的羌人奴隶“小多马羌臣”，以及可能会治病的“小疒（病）臣”。[1] 这些均非政权机构中正式职位，是代王处理事务或为王服务的工作。

总之，侍奉王的日常生活，随时听候差遣，应是小臣的主要职掌。《周礼》中“小臣”及“内小臣”所负责的仍不外这样一些工作[2]，说明从远古直至春秋战国时期尽管个别小臣曾跻入高位，参与国家大事，大部分仍充当宫廷近侍的角色。《书 · 君奭》有云：“小臣屏侯甸，矧咸奔走。”随侍左右以供奔走，确是对小臣职掌的最好概括。

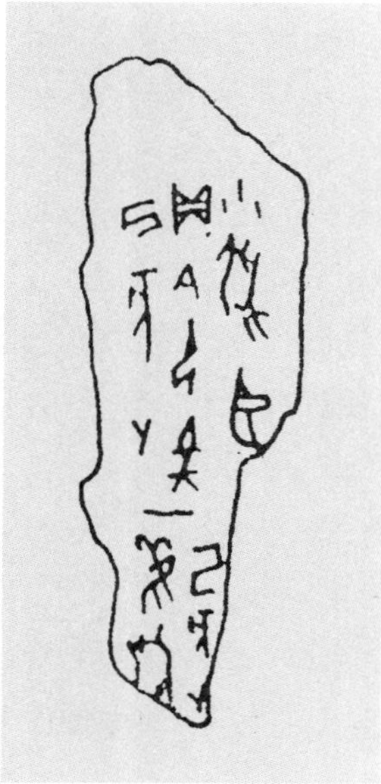

图二　有关“小耤臣”的卜辞

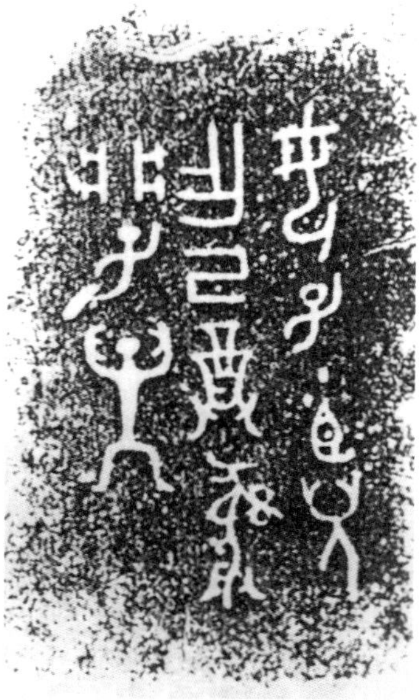

图三　《女子小臣兒卣》铭文

小臣中自有女性。曾有学者怀疑女性小臣是否存在（见《论商周时代的臣和小臣》，载《尽心集》，中国社会科学出版社，1996 年），但有传世铜器《小臣兒卣》（图三）铭曰：

女子小臣兒作己尊彝（三代　一三 · 三三）

似无可怀疑。又卜辞有云：

辛丑卜，争贞：小臣冥（娩）妫（嘉）？（掇二 · 四七八）

小臣不其妫？（丙　九〇）

女小臣难免要充当王之性奴。古文字学家多认为，这便是对女小臣分娩的贞问。（图四）

小臣出身卑微而接近权力中心。若受统治者的信任和重用，担任重要职务而工作有成绩者，经常可得到王或贵族的赏赐。遇到这样情况，他们也和贵族阶级一样，铸造铜器作为纪念。[3] 据我不完全的统计，殷周铜器中明确称为“小臣”所铸者凡十六器：

《小臣缶鼎》（三代　三 · 五三）

《小臣兒卣》（三代　一三 · 三三）

《小臣艅尊》）三代　一一 · 三四）

《小臣岀尊》（三代　一一 · 二一 · 七）

1　参见于省吾：《释小臣的职别》，载《甲骨文字释林》，中华书局，1979 年。张永山：《殷契小臣辨正》，载《甲骨文与殷商史》（胡厚宣主编），上海古籍出版社，1983 年。

2《周礼 · 夏官 · 小臣》：“小臣掌王之小命，诏相法之小法仪。掌三公及孤卿之复逆，正王之燕服位。王之燕出入，则前驱；大祭祀、朝觐，沃王盥；小祭祀、宾客、乡食、宾射掌事，如大仆之法。掌士大夫之吊劳。凡大事，佐大仆。”《周礼 · 天官 · 内小臣》：“内小臣，掌王后之命，正其服位。后出入，则前驱；若有祭祀宾客丧纪，则摈。诏后之礼事，相九嫔之礼事，正内人之礼事，彻后之俎。后有好事于四方，则使往；有好令于卿大夫，则亦如之。掌王之阴事阴令。”

3　铸器之外，还有小臣在王赏赐之物上刻铭留念之例。如鄞县方氏藏殷代小玉器，有铭曰：“乙亥王易（赐）小臣□□才（在）大室”；安阳侯家庄殷代大墓出土断耳石簋，有铭曰：“辛丑，小臣兹人㞢（禽）囿”才㝬𣪘”。参见胡厚宣《卜辞中所见之殷代农业》，载《甲骨学商史论丛》初集。

《小臣邑斝》(三代　一三·五三)
《小臣鼎》(三代　二·五一)
《小臣緣卣》(三代　一三·三五)
《小臣单觶》(三代　一四·五五)
《小臣守簋》(三代　八·四八)
《小臣宅彝》(三代　六·五四)
《小臣静卣》(缀遗　二一·一)
《曾寏伯鼎》(三代　四·四)
《小臣謰簋》(三代　九·一二)
《小臣父丁彝》(三代　六·五一)
《季娟鼎》(积左　四·一二－二二)
《小臣传卣》(愙斋　一三·一二)

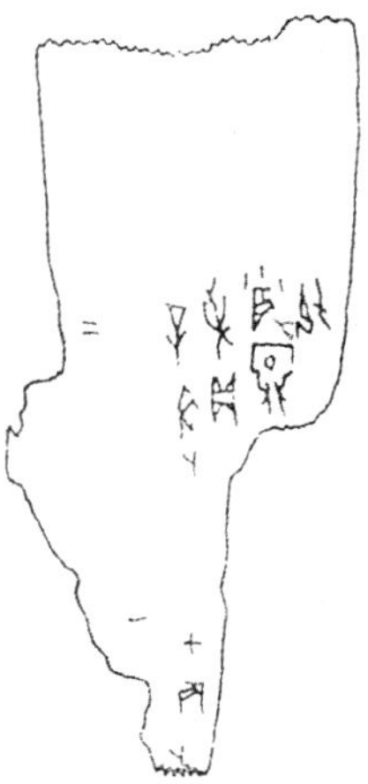

图四　卜问"小臣冥(娩)幼(嘉)?"的卜辞

此外，小臣铸器中或加族徽文字，即过去金石学家误释"析子孙"三字者(如上引《小臣告鼎》及《小臣儿卣》)，凡有这种族徽之器虽未明言小臣，可能也与小臣或其后裔有关。又这种族徽铜器还有自称"小子"者，如《小子省卣》(贞松　八·二九)、《小嚣子射尊》(缀遗　一八·一七)等，不知这是否表示铸器者已取得养子的身份?

从铜器铭文中可以看出，小臣所以受赏赐，或因参与"克商"(《小臣单觶》)或"征东夷"之役(《小臣謰簋》)，或因出"使于夷"(《小臣守簋》)，较多的是因在王之左右"即事"(《小臣静卣》)，就是克尽厥职侍奉有功。赏赐之物除贝若干朋外，还有车马等物(《小臣宅彝》)。上引《小臣父丁彝》铭曰：

□□曰□叔休于小臣贝二朋臣三家，对乃休，用作父丁隮彝。

赏赐小臣之物中竟包括"臣三家"，说明小臣这种奴隶自己又可拥有奴隶。(图五、六、七)

小臣中个别人物若特别得到信任，可由近侍进而身居要职，从事独当一面的工作，甚至入主中枢。最突出的例子当然是大家熟知的伊尹。《吕氏春秋·尊师》称他为"汤师"，《叔夷镈》说："伊少(小)臣惟補(辅)咸有九州"(两周　五五·一一五)，证实《史记·殷本纪》记载在商汤建国时期伊尹所起作用，并非后世浮夸之词。而伊尹原来就是有莘氏之小臣[1]，作为陪嫁奴隶入商，后来竟然为相。

据研究，卜辞中所见小臣也有得居高位者，如有名"小臣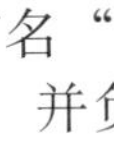"者，不仅领导农业生产(称为"小耤臣")，还省视边防，讨伐羌人及其他异族，并负责祭祀。王经常呼他来见，如有病，王还"告疒(疾)"于祖先。[2]他们当然都已跻入高层统治者的行列。由王之宠信近侍出相入将之事，从古代到近世何代蔑有?但任何时候这样的人都不会很多。

就大部分小臣而言，他们的社会地位虽然高于其他奴隶，本身仍是奴隶。小臣可以拥有奴隶，但又作为奴隶赏赐于人。《大克鼎》(图九)记厉王赐善(膳)夫克田地、臣妾之外，还有"史、

1 《墨子·尚贤》："有莘氏女之私臣，亲为庖人，汤得之，举以为相。"《楚辞·天问》："成汤东巡，有莘爰极?何乞彼小臣，而吉妃是得?"《吕氏春秋·本味》："汤于是请取妇为姓，有侁(莘)氏喜，以伊尹为媵女。"
2 参见胡厚宣：《殷非奴隶社会论》(载《甲骨学商史论丛》)所辑录有关材料。

图五　记录小臣参加“克商”的《小臣单觯》铭文

图六　记录小臣参加“征东夷”的《小臣谜簋》铭文

图七　记录小臣受赏“臣三家”的《小臣父丁彝》铭文

图八　记录小臣作人牲“献”祭先妣的卜辞

图九　记录小臣和"霝龠"、"鼓钟"等同为赏赐之物的《大克鼎》部分铭文

小臣、霝龠、鼓钟”（三代　四·四〇－四一）。卜辞中还有：

癸酉卜，贞：多妣甗小臣卅、小妾卅于帚（妇）？（合集　六三〇）

贞：今庚辰夕，用甗小臣卅、小妾卅于帚？（合集　六二九）

“甗”与“献”通，是一种祭名，说明小臣与小妾等一起还用作人牲[1]。（图八）直至春秋时期，小臣还被随意杀死或为主人殉葬[2]，生命无任何保障。

总之，小臣原指幼奴或在主人家中长大之“家生奴隶”，小臣之“小”即因此得名。它代表一种身份，而不管各人实际年龄如何。一个小臣从小到老，甚至他的后裔仍称小臣。小臣在奴隶之中最得主人信任，经常充当近侍亲随，其待遇高于一般奴隶。在宫廷中长大之小臣，由于接近最高统治者，有些担任重要职务，更具有很高的社会地位。但就整体而言，小臣仍具有奴隶的属性。他们可以高踞于广大奴隶之上，充当主人耳目和爪牙；在主人面前他们仍是奴隶。关于古文字中小臣是奴隶还是官员的种种争论，若了解小臣上述双重性的特点，便可以获得合理的解决。

（繁体字本载台湾《故宫学术季刊》18：1，2000 年，题为《释小臣》。简体字本载《华夏考古》2002 年 1 期）

---

1 胡厚宣：《中国奴隶社会的人殉和人祭》（下），《文物》1974 年 8 期。

2 《左传·僖公四年》记载，晋献公时骊姬以浸有毒药的肉“与小臣，小臣毙”。《左传·成公十年》记载，晋侯食麦太多腹涨如厕，“陷而卒，小臣……负晋侯出诸厕，遂以为殉”。

古代礼俗丛考

改火和易水

中国古代的礼，若逐一加以分析，内容殊为复杂，或为宗教仪式，或属人们应遵守之交往礼节、行为规范和社会公德，未可因其观念之虚妄行为之繁琐，一概加以否定。即宗教仪式性质之古礼之中，有些无积极之因素可言，有些仍寓有合理的内容，客观上有利于维护当时社会安全，保护当时生态环境。

改火和易水就是可以相互对照的两个例子。

改火和易水古人视为同类礼俗。《管子 · 禁藏》：

当春三月，……钻燧易火，抒井易水，所以去兹毒也。

又同书《轻重》已篇：

冬尽而春始……教民樵室、钻燧、墐灶、泄井，所以寿民也。

盖两者本诸同一宗教信仰，即认为火与水使用日久便不利于人，每隔一定时期应加改换方可免除其害。

改火按规定日期尽灭旧火，以原始的钻木取火法另生新火，并举行相关仪式。对改火日期说法不一。上引《管子》说在春季，而《论语 · 阳货》有云：

君子三年不为礼，礼必坏；三年不为乐，乐必崩。旧谷既没，新谷既升，钻燧改火，其可已矣！

当在秋末冬初。前人对上述记载之歧异考辨颇多[1]，然先秦时改火日期原未固定，或各地改火日期有所不同，似无必要判定孰是孰非。还有说一年之中要四次改火（《淮南子 · 时则训》）：“掌行火之政令，四时变国火，以救时疾”，甚或五次改火（《周礼 · 夏官 · 司爟》）下郑众注引《鄹（邹）子》）。后者明显附会阴阳家五行学说，非实有之事。

直至汉代，改火时期仍常变更。居延汉简保存有汉宣帝时丙吉奏书，建议夏至改火：

御史大夫吉昧死言……别火官先夏至一日以除燧取火，授中二千石、二千石官。在

1 参见顾炎武：《日知录》卷五用火条，孙诒让：《周礼正义》司爟条，胡玉缙：《许庼学林》（中华书局 1958 年版）卷五《论语改火考》。

长安之阳者，其民皆受，以日至易故火……[1]

“别火官”即“别火令丞”，属“大鸿胪”管辖（见《汉书·百官公卿表》）。东汉时此官一度废去（见《后汉书·百官志》本注），而《后汉书·礼仪志》有云：

日冬至，钻燧改火。

似改火之礼改在冬至之日举行。此与《论语》所云改火时间一致。

晋室南渡，北方民族入主中原，改火之礼废止，《北史·王慧晓传》：

慧晓五世孙劭，字君懋，隋文帝受著作郎……以上古有钻燧改火之义，近代废绝，于是上表请变火曰，“臣谨案：周官四时变火以救时疾，明火不数变，时疾必兴，圣人作法，岂徒然也。在晋时，有人以洛阳火渡江者，世世事之，相续不灭，火色变青。……今温酒及炙肉，用石炭木炭火、竹火、草火、麻荄火，气味各不同，以此推之，新火旧火理应有异。伏愿远遵先圣于五时取五木以变火，用功甚少，救益方大。纵使百姓习久，未能顿同。尚食内厨及东宫诸王食厨不可不依。”上从之。

后改火之礼确又恢复举行。（宋）钱易之《南部新书》卷二云：

长安每岁诸陵至清明尚食，内园官小儿于殿前钻火，先得火者进上，赐绢三匹、金碗一口。

（宋）宋敏求《春明退朝录》云：

唐时惟清明取榆柳火，以赐近臣戚里，本朝因之。

（宋）叶梦得《石林燕语》卷五：

宰执每岁有内侍省例赐新火、冰之类。

臣僚既受新火，则写赋著诗以表感激。如脍炙人口的韩翃《寒食》诗：

春城无处不飞花，寒食东风御柳斜。日暮汉宫传蜡烛，轻烟散入五侯家。

即是对清明赐火之写照。当时宫廷用榆柳之木钻火并用快马将火种传赐臣僚之盛况，由上述记载中略可想见。

宫廷改火之礼源于民间普遍存在改火之俗，而民间改火自先秦以来似未中断。杜甫《清明二首》诗云：“旅雁上云归紫塞，家人钻火用青枫”[2]；韩愈《枯树》诗：“老树无枝叶，风霜不复侵。……犹堪持改火，未肯但空心”[3]；苏轼《徐使君分新火》诗：“临皋亭中一危坐，三月清明改新火，沟中枯木应笑人，钻灼不然（燃）谁似我”。[4]皆指改火之事。从先秦迄于中古，改火时间数易，由不一致到一致，最后终于固定在清明时节举行。中国素有清明寒食之俗。其来源或云纪念介子推[5]，或云非是[6]。疑此实与改火有关。盖旧火即灭、新火未生之际，人们无法举火，自不得不寒食。

改火之俗原与古人用火方式有关。虽然旧石器时代人们即发明人工取火方法，在实际生活中并不是动辄就生新火，而是采取保存火种使其昼夜不灭方法，来保证人们取暖、炊爨、照明等

1 劳榦：《居延汉简考》（考证之部）卷一，李庄，1944年。丙吉，《汉书》有传。

2《杜工部集》卷一八。

3《韩昌黎全集》卷一〇。

4《东坡全集》正集卷一二。

5 见《后汉书·周举传》，《初学记》卷四引曹操《明罚令》，洪迈《容斋三笔》卷二引《汝南先贤传》及《邺中记》。

6 见（梁）宗懔：《荆楚岁时记》，丛书集成本；（宋）罗泌《路史》燧人改火条，丛书集成本。

日常需要。中国先秦时期已掌握多种取火方法，而用火主要仍靠保存火种。《玉篇》中有“弅”字，象双手捧火之形，即火种之意。即使家中火种熄灭，亦可向邻人借火。如《孟子 · 尽心》：

民非水火不生活，昏暮叩人之门户求水火，无弗与者。

又《韩诗外传》卷七：

妇见疑盗肉，其姑系之，恨而告于里母。里母曰：“安行？今令姑呼汝。”即束缊请火去妇之家曰：“吾犬争肉相杀，请火治之。”

火种一般保存在火塘或炉灶之中，至今中国西南很多少数民族仍是如此，需要时从火塘中取火种吹燃，即有火柴亦不轻易使用。

在远古人类心目中，万物有灵，火自不能例外。火焰不断跳动，小火可迅速变成大火，再加上火种的长年不灭，使火更像一种有生命之物。故世界上拜火习俗普遍盛行，凡是人类遭受与火有关的灾难，都认为是火的精灵作祟。而由于火种长年不灭，又使人们认为作祟者多是这些旧火。上引《北史 · 王慧晓传》说“（火）相续不灭，火色变青”，“新火旧火理应有异”，即是这种宗教思想的反映。近代民间还有物件用久自能成精的迷信。人们为了免除旧火的危害，除了平常对火要小心地供奉献祭及恪守一系列禁忌外，还要举行禳解仪式，定期改火即其中的一种。

世界很多民族，如古代希腊、罗马，均有自己的改火仪式。[1] 巴西的卡因甘人（Kaingang）于火葬后必须改火，使用钻法另取新火。[2] 下面再举国内少数民族近代仍然保存的同类习俗为例：

云南盈江一带景颇族每逢失火，认为是“男火鬼”、“女火鬼”作祟，为了防止再次失火，要在巫师“董萨”主持下举行“送火鬼”仪式：各家把火塘中的火弄熄，仅保留一根着火的木柴，由一人扛着在前奔跑，另一人持刀在后追赶，赶到村外把木柴投入污水塘，表示送走“火鬼”，然后由老人用原始的锯竹取火法来生新火。

云南西盟佤族亦有类似习俗。每逢村寨内有人家失火，即认为是火鬼“艾荣”（据认为常幻化为蝙蝠的形状）作祟，必须举行送火鬼仪式：由巫师“魔巴”背着口袋和盛水竹筒挨户作法，先取火塘中一小块火炭放入口袋，再用水灭去旧火。然后“魔巴”背着盛有各家火炭之口袋，由一老妇赶猪一只，同到寨外，将猪杀死，以口袋内火炭和泥，涂遍猪身，投入河中或水塘中，即表示鬼已送走。回寨后，由会取火的老人以原始的方法来另取新火。常用者为钻木取火法，也用带锯法（即以一根藤条在木棒下来回摩擦）或锯竹取火法。新火取得后各户来取火种，移至自家的火塘。

沧源佤族也认为失火与“火鬼”有关，但他们不是在失火以后才举行仪式，而是固定在旧历年期间选择一天进行此事。当天早晨，一人手持一鸡巡行全寨，另一人背口袋随行。每到一家取火炭一小块放入口袋中，将口袋送出寨外，杀鸡举行简单祷祝仪式，送走火鬼。这时放爆竹三声为号，各家一齐灭去火塘中旧火。同时村寨头人（“达改”）在他家用原始的锯竹取火法来升新火（图一），各户备米一小碗到“达改”家，取火种而回。此为沧源佤族过年时重要仪式之一，他们认为若不举行此仪式，则当年即会发生火灾，人畜也易死亡。

---

1 见李玄伯：《中国古代社会研究》，开明书局，1948 年，17 页。

2 J.Henry, *Jungle People: A Kaingang Tribe of the Highlands of Brazil*, New York: Random House, 1964 (1941) ,p.118.

由上述少数民族“送火鬼”仪式进行类比，可知中国古代改火实属同类禳解仪式。古今改火都是为了预防火的灾祸。景颇族、佤族改火为了预防失火。古代改火为了“去兹毒”（《管子·禁藏》），“以救时疾”（《周礼·司爟》），即预防生病，因烹煮食物要用火，有病被认为是火的“作祟”。又尽管古今改火仪式具体情节各有不同，都要包括两个方面的内容：一是灭去旧火，因为被认为作祟的都是这些用之已久的火；二是以原始方法另生新火。这种原始取火方法往往就是该地区过去最流行的取火方法，随着社会发展和文化进步，日常生活中已废弃不用，另有了更方便的方法，但在宗教仪式中一切都要率由旧章，故仍采取古老的取火法。这和有些民族杀人祭祀要用石刀，情况是一样的。

图一　沧源佤族演示改火仪式中锯竹取火之法

改火仪式原由村落中会取火者举行，并不赋予他们什么特权。取新火并不限定在什么地方，也不限定什么人，如景颇族和西盟佤族都是如此。到了阶级社会，统治者看到火是人们生活所必需，乃把取新火作为自己一种特权，用颁赐火种的方法来神化自己，固定和强调臣民对自己的隶属关系。沧源佤族规定在“达改”家中取火，各户持礼来接火种，已显示这方面的迹象。在内地，改火进入宫廷，便由普通的禳解仪式变为一项隆重礼节。许多古礼究其由来多是统治者取民间宗教仪式加以繁缛化程式化以达到神化自己的目的，不仅改火而已。

易水则来源于与预防水害之禳解仪式。改火是尽灭“旧火”另生“新火”，而易水则以淘洗水井体现之。盖中原地区多饮用井水，一年一度之易水即从井中淘尽旧水，清除井中淤泥杂物，再生之水即为“新水”。忆抗战时期为避日寇随母回转祖籍（江苏灌云板浦镇），所居院落共用水井一口。每当春节前后，合院人户必集资请人淘井。工人缒绳而下，我辈儿童好奇围观，至今记忆犹新，是易水之俗在内地偏僻乡镇直至晚近仍有保存。

西南山区居民饮水不靠水井，其一年一度之易水采取另外形式，且伴以一系列宗教活动。

云南西盟县佤族架设竹槽引来山涧之水饮用，便以更换竹槽体现易水。每年阴历十二月全寨举行“做水鬼”仪式，先由巫师（“魔巴”）念咒，祭祀水鬼，然后尽去旧槽，另架新槽，重新引来之水即为“新水”。此仪式为春节期间一系列宗教活动之开端，佤族视为大事，经此禳祓仪式方可预防水鬼来年为害于人。[1] 云南其他少数民族以竹槽引水者，多有类似仪式。

云南金平县哈尼族村寨设有蓄水池，靠蓄积泉水饮用。每年阴历二月第一个“龙日”，合寨集合于全寨最早之蓄水池举行祭龙仪式。他们信仰龙为水神，每年祭祀才能保证水源充足，水质良好。然后大家动手汲去池中陈水，挖去池中沉积杂物，清洗池壁，并砍去池周杂草乱树以

1《佤族社会历史调查》（一），云南人民出版社，1983 年，153—154 页。

利池边大树（“龙树”）生长。[1] 很多少数民族都有保护水源祭祀“龙树”之俗。

按易水与改火出于同一宗教信仰，然火分为“新”、“旧”纯属迷信，而水分“新”、“旧”定期清污，客观上却有益于饮水卫生。水井或水池使用一年，杂质积累既多，水质腐坏；竹槽历时既久，朽烂部分混入水中亦必影响水质，每年加以更换实有必要。至于保护水池四周大树，自有利于涵养水源。

人类学最新研究表明，有些宗教活动客观上有利于生态环境的保护。[2] 古今易水之俗为此提供又一证据。对于古代宗教方面的礼俗，不仅应探索其起源，抑且要分析其社会功能，分辨其中有无合理的成分，未可一概视为虚妄之举。

藏冰和赐冰

夏日炎炎，人喜凉食。今人打开冰箱，喝下一杯冷饮，便可神清气爽，暑意暂消。然若欣然以为现代人才能有此享受，则未免轻视古人。古人虽不能制冰，却有一套藏冰方法，一部分人在炎热季节也能享有冰块以降温。

中国人至迟西周时已知藏冰。《诗·豳风·七月》：

> 二之日凿冰冲冲，三之日纳于凌阴。

即二月凿下冰块，三月藏于冰室之中。又《礼记·月令》（《吕氏春秋·季冬纪》略同）：

> 季冬之月……冰方盛，水泽腹坚，命取冰。……仲春之月，天子乃鲜羔开冰，先荐寝庙。

此言十二月为凿冰季节，与《诗》说法有异，或由于各地气候差异或所行历法不同，不必深考。总之，凿冰必在大寒季节，其时冰层坚硬，不易融化，有利保藏，且便运输。《左传·昭公四年》言藏冰用冰制度甚详：

> ……其藏冰也，深山穷谷，固阴冱寒，于是采取之。其出之也，朝之禄位，宾食丧祭，于是采用之。其藏之也，黑牡秬黍，以享司寒。其出之也，桃弧棘矢，以除其灾。其出入时，食肉之禄，冰皆与焉。大夫命妇，丧浴用冰。祭寒而藏之，献羔而启之。公始用之，火出而毕赋，自命夫命妇至于老疾，无不受冰。山人取之，县人传之，舆人纳之，隶人藏之。夫冰以风壮，而以风出。其藏也周，其用也偏，则……无菑霜，疠病不降，民不夭札。今藏川池之冰，弃而不用。……雹之为灾，谁能御之？

从这段话可见，藏冰、用冰先秦时期已成为一种古礼，建立起一套制度：取冰于高山深谷阴冷之处，河流池塘之冰不宜收藏。藏冰由当地最高统治者先使用，然后颁赐予官吏及其家属乃至老人病人。藏冰要严密（“周”）以防融化，而用冰要尽量扩大范围（“偏”）。据信，人们普遍用冰有助防止自然灾害及病疫发生。藏冰及取冰时要举行宗教仪式，祭拜司冰之神，名曰“司寒”。

除上述“山人”、“县人”、“舆人”、“隶人”负责冰之凿取、运输及收藏等具体工作外，还专

---

1 《金平民族志》，云南民族出版社，1990 年，95—96 页。

2 R.A·Rappaport， *Pigs for the Ancestors Ritual in Ecology of a New Guinea People*，Yale University Press，1984，pp.3—4 页．《中国西南地区的民族生态学》，载《当代中国人类学》，三联书店，1991 年。

设官员一人总其事。《周礼·天官·凌人》云：

凌人掌冰。十有二月，令斩冰，三其凌。春，始制鉴，凡外内饔之膳羞鉴焉，凡酒浆之酒醴亦如之；祭祀共（供）冰鉴，实客共（供）冰，大丧共（供）夷（尸）盘冰。夏，颁冰掌事。秋刷。

此言“凌人”一年四季工作日程：冬天藏冰。春天开始供应贵族日常饮食、祭祀、宴请所用之冰。当时盛冰用铜鉴，盛放食物饮料之容器即放在鉴中冷却，故称“制鉴”。若遇丧事，还要准备盛放冰块大盘。古代丧礼繁缛费时较久，为防尸体腐烂必须如此。夏天炎热，人人乐于有冰，而冰不用也会融化，颁冰于众正当其时。秋天刷洗冰室，准备冬季再次藏冰。

关于先秦时期盛冰铜鉴实物屡有发现。如传世的“吴王光鉴”（公元前514年）、“攻吴王夫差鉴”（公元前5世纪初）、“智君子之弄鉴”（公元前5世纪中叶）[1]等等，均可供盛冰。近年发掘所得铜鉴，多与盛酒浆之壶同出。湖北随县曾侯乙墓出土一鉴（被称为“冰酒器”），内装方壶，底有拴扣，可将壶固定于鉴，不致倾覆。[2]足见古人用冰器具设计之巧。至于丧事用之冰盘，借用日用之盘而无专用之器，然必如“虢季子白盘”之类大盘无疑。

近年发掘清理先秦宫室遗址，如陕西凤翔之春秋时期遗址[3]、河南新郑之战国时期“郑韩故城”[4]、河北易县之战国晚期燕下都故址[5]、陕西咸阳之秦都遗址[6]等处，发现有深埋地下之窖穴。四壁或用陶井圈构筑，地面铺砖。学者一概释为古代藏冰之室[7]，似不确。穴中有兽骨，似表明原为保藏肉类之处，与专门储藏冰块之室有别。若藏冰之室兼放肉类，势必经常开取，冰易融化。当然，这类窖穴中亦可放入冰块以利肉类保存，但不得称之为专门藏冰之“凌阴”。仅上述凤翔遗址窖穴未见兽骨，且有排水设施，可以考虑是藏冰之室。

然自先秦至于后世，历代宫廷设有冰室则无疑问。《越绝书》卷二：

（吴）阊门外郭中冢者，阖庐冰室也。

此言春秋吴国都城之冰室。《水经注·浊漳水》：

（铜雀台）北曰冰井台，亦高八丈，有屋百四十五间，上有冰室，室有数井，深十五丈，藏冰及石墨焉。

此言曹魏都城邺城之冰室。（宋）张敦颐《六朝事迹编类》卷上：

覆舟山上有凌室，乃六朝每岁藏冰于此也。

此言六朝都城建康之冰室。明代冰室设在北京，有关记载尤详。（明）刘侗《帝京景物略》：

十二月八日先其凿冰方尺，（冬）至日纳冰窖中，槛深三丈，冰以已入则封之。……其窖在安定门及崇文门外。

---

1 陈梦家：《寿县蔡侯墓铜器》，《考古学报》1956年2期。容庚、张维持：《殷周青铜器通论》，科学出版社，1958年，69页；图版一四〇，二七〇；一四一，二七二。

2《湖北随县曾侯乙墓发掘简报》，《文物》1979年7期，图三六－三八，7页。

3《陕西凤翔秦国凌阴遗址发掘简报》，《文物》1978年3期。

4《郑韩故城内战国时期地下冷藏室遗址发掘简报》，《华夏考古》1991年2期。

5《河北易县燕下都故城勘察和试掘》，《考古学报》1965年1期。

6《秦都咸阳第一号宫殿遗址简报》，《文物》1976年2期。

7 安金槐：《战国时期地下冷藏遗迹初探》，《华夏考古》1991年2期。

又《明会典》卷一一六：

凡藏冰，洪武二十六年定每岁冰结之时，礼部堂上官预先奏闻，膳部官赴内官监开支钥匙，锦衣衙差拨力士或工部各备器具赴正阳内外打扫冰窖，就令户部关拨新鲜稻草并芦苇糠垫完备。伺候冰冻，检择洁净去处取冰，节次挑赴冰窖内如法收藏封锁，将钥匙送赴内官监，仍移付祠部照例祭祀，着军人看守，至暑热之时以备应用。

藏冰地点两者说法有异，或有明一代冰室非止一处。其所以规定冬至取冰，盖古人自来相信冬至前“所收者坚而耐久，冬至后所收多不坚也”[1]。清廷仍行藏冰，据云宫内设有木制冰箱五个，箱边留孔，以便融水流出，详情望熟悉清宫掌故之耆老有更多报导。

帝王向臣下赐冰之礼亦由先秦延至后世。如东汉冰室设在洛阳宣阳门内。（晋）陆机《洛阳记》（《太平御览》卷六八引）：

恒有冰，天子用赐王公众官。

臣下受冰常著诗写赋上表，以示感激。这类文字传世颇多。如唐代大诗人白居易即曾写有《谢赐冰状》，其文有云：

伏以颁冰之仪，朝廷盛典，以其非常之物，用表特异之恩。……烦暑迎销，清风随至，受此殊赐，臣何以堪。……饮之慄慄，常倾受命之心；捧之兢兢，永怀履薄之戒。[2]

又宋人孔武仲《食冰诗》（《古今图书集成·坤舆典》卷三〇引）有云：

冬冰冽冽虽可畏，夏冰皎皎人共喜；休论中使押金盘，荷叶裹来深宫里。

从诗句可见，赐冰是包以荷叶放在金盘中由太监分送，数量自不会多，只具象征性意义。赐冰之礼与改火分送新火祭祀分送胙肉一样，是明确和强调君臣之间隶属关系的一种手段，具有体现等级尊卑上级关怀下属之功能。唐代权贵杨国忠子弟夏日取冰雕作“凤兽之形”送于王公大臣[3]，即因赐冰具有这方面功能，以此联络拉拢。

宫廷之外各地州郡多有藏冰。《北齐书·赵郡王琛传》：

定州先有冰室，每岁藏冰。

（元）叶祐之《凌室记》（《古今图书集成·坤舆典》卷二九引）：

光（州）之判官张公士政于至正壬午冬言于监郡卜颜不花曰：京师与所在州郡于仲冬必藏冰待用，以济酷热，而光（州）独不然。吾为凌室，候有冰而藏之可乎？监郡曰可。遂筑室于郡之北门。……

北齐定州为河北定县，元代光州当今之河南潢川，中古之世这些地区已有冰室。

藏冰不仅是一种政府行为，民间亦知藏冰。《韩诗外传》卷七：

驷马之家不恃鸡豚之息，伐冰之家不图牛羊之入。

此言西汉时私人藏冰之事，“伐冰之家”与“驷马之家”并言，可见藏冰者为富人。

有私人藏冰便有冰之买卖。唐人著《迷楼记》，言隋炀帝时：

诸院美人各市冰为盘以望行幸，京师冰为之踊贵。

1（宋）孔平仲：《谈苑》卷一收冰法条。

2《古今图书集成·坤舆典》卷二九引。

3（后周）王仁裕：《开元天宝遗事》。

（唐）王定保《摭言》：

> 昔蒯人为商贾，卖冰于市，客苦热者将买之。蒯人自以得时，欲邀数倍之利，客怒而去，俄而其冰也散。

又云南大理苍山终年积雪，人们便采雪代冰以待夏天出售，称“六月雪”。[1]

冰可买卖，且可自由索价，并因需求而有价格之浮动，是民间普遍藏冰之证。帝王及州郡冰室中之冰只能供应大小统治者，赐冰是一小包冰凌（见前引孔武仲诗），沿袭古礼，并无实用意义。广大居民得以享受冰之降温作用，全靠民间所藏之冰。

民间藏冰及冰之买卖近世犹然。北京老人多能言之。相声大师侯宝林幼年家境贫穷，即曾以卖冰为生。[2]不仅北方如此，西南边陲地区保存更久。直至1970年，我在云南泸西县仍见一老妇携一篮碎冰块在集市上出售，遂叩询收藏之法。据云事先于太阳照射不到之处，掘一深坑，每当“下凌”，即高山结冰时，取下存放其中，覆树叶或草，再覆以土。用此方法冰块可保存四个月或长达半年。一般是阴历十一月藏冰，次年四五月取用。打开冰窖时会发现原来之冰必然融化损耗，一般只保存原量的三分之一左右。我得以具体理解《周礼 · 凌人》文中“三其凌”的含意，即藏冰难受免有部分融化，故藏冰量应为最后需要冰量之三倍。

泸西采冰于山与古代文献记载取冰于“深山穷谷”之中，藏冰由称为“山人”者取之，若合符节。他们至今仍称冰为“凌”，则为边远地区常保存古语之例。

啮臂和歃血

初民重视盟誓，血盟为盟誓的一种形式。它基于如下信仰：通过血的交换可使结盟双方建立牢不可破的联系，若一方背叛，必将受到超自然力量之惩罚。结盟者以社会活动中扮演重要角色之男性居多，故血盟在人类学上称为blood brother，以今天社会俚语译之，即“换过血之铁哥儿们”也。然举行血盟并不限于男性朋友，异性之间或亲属之间亦常实行。

中国古代的血盟经常采取啮咬或割破对方臂部方式，即所谓“啮臂为盟”。春秋时期鲁庄公追求孟任，答应立为夫人。孟任便“割臂盟公，生子般焉”[3]。此为情人之间血盟，是一种表示恩爱之海誓山盟。

著名军事家吴起离卫去鲁，与母告别，啮臂为盟云：“不为卿相，不复入卫”[4]。此为母子之间血盟，具有赌咒发誓痛下决心之意。

传说古代著名射手飞卫，收徒名纪昌。纪昌学射有成，忘恩负义，竟欲杀害师父，双方互射，飞卫以荆棘做成之箭便将纪昌之箭击落。纪昌始知师父之射术非己所及，于是“拜伏于地……剋臂以誓，不得告术于人”[5]。此为师徒之间血盟，表示徒弟认输服罪，兼有相约保守技术秘密之目的。

1（明）张泓：《滇南新语》，（清）陈鼎：《滇游记》，（清）曹树翘：《滇南杂志》。

2《侯宝林自传》（上），黑龙江工人出版社，1982年。

3《左传 · 庄公三十二年》。

4《史记 · 孙子吴起列传》。

5《列子 · 汤问》。

东汉末年，宦官单超与灵帝密谋诛杀大豪门梁冀。“帝啮超臂出血为盟”[1]。此为君臣之间订立密约之血盟。

唐德宗遇险，随行官员六人，恐有奸人危害皇帝，相与啮臂为盟，替换牵马而行，使外人不得近。此为臣下为保卫君主安全而相互立盟。从中可见多人结盟亦可实行啮臂形式。啮臂可使对方之血流入己口，以形成血之交换。

啮臂为盟习俗一直保存至今。最著名之例证见于云南易武瑶族。青年男女相爱，互约成婚，女方便咬男方左臂出血，事后观察伤口，若愈后结疤，便认为男方已将自己“记在心头”；若无疤痕，则认为男方虚心假意，婚约或竟取消。

四川某些农村男女相爱若遭阻挠而难成婚，则去庙宇烧香烙伤双方手臂，相约来世结为夫妻，此可视为啮臂为盟之变体。

血盟乃世界性习俗，中国以外中世纪之英国、匈牙利及近代之非洲多曾实行。然出血部位不必都在臂部。如东非 Kampa 人刺取胸部之血盛于杯中供结盟者共饮。苏丹的 Zande 人则将血和盐而共食，然后口念誓词云：

> 如你见有人和我——你的兄弟打架，你反而攻打我——你的兄弟，血必向你报仇！
>
> 如我来拜访你，你有啤酒却不拿出来给我喝，血必向你报仇！
>
> 如你在路上看见一位妇女，明知她是我妻还要和她性交，血必向你报仇！[2]

此誓词充分反映血盟者之信仰和动机，即视血为一种超自然力量，既已进行血的交换，若背叛必将遭受惩罚，故盟约必须坚守。这对理解中国古今血盟之含义颇有助益。

以血和酒共饮之俗则更为普遍。春秋时赵简子使成何涉他与卫灵公结盟。“灵公未喋血，成何涉他捘灵公之手搏之”[3]。今天江湖朋友刺破手指滴血于酒，高呼“有福同享，有难同当”而共饮，实遵循古俗。结盟者之血溶在一起并由各人分饮，亦可形成一种血的交换。

然使自己或亲朋流血，终非愉快之事。故人们便用动物之血代替人血。此俗先秦时期已有，即所谓“歃血为盟”。歃音“霎”，血沾于口之意。

综合有关记载，可以看出春秋战国时期歃血结盟之礼大致如下：与盟者杀牛祭祀神祇，取其血盛于“珠盘”、“玉敦”[4]，由与盟者和酒共饮。其时要由主盟者手持牛耳而滴血容器中，故“执牛耳”[5]成为盟主或居于支配地位者之代称。结盟内容书于简策或玉石之上，称为“盟书”或“载书”。杀牲取血后，肢体要掘坎而埋，“盟书”或“载书”置于牲体之上。[6]近年山西侯马发现的大批朱书玉版，便是当时的“载书”，其誓词最后云：对背叛者要“麻臺非是”[7]，即灭其全族。

这种杀牲取血共饮之俗流传后世，成为中国民间及西南少数民族普遍的结盟形式。较多情况

1《后汉书·宦者列传》。

2《云五社会科学大辞典·人类学》，127—128 页。

3《说苑》卷一三。

4 见《周礼·戎右》、《周礼·玉府》。

5《左传》襄二十七年，定公八年、十七年。

6《左传·僖公二十五年》“宵坎血加书”句下注：“掘地为坎，沥牲血坎中，加盟书其上。”《周礼·司盟》“掌盟载之法”下郑注：“盟者书词于策，杀牲取血，坎其牲加书上而埋之，谓之载书。”

7《侯马盟书》，文物出版社，1976 年。

下是杀鸡取血和酒共饮，习称“吃鸡血酒”。苗族还有杀猫结盟之事[1]，他处少见。

《淮南子 · 齐俗训》云：

越人啮臂，中国歃血，所由各异，其于信一也。

以结盟不同形式代表不同民族之文化差异。然从上引材料可见，自古以来啮臂并非南方越人所专有，而歃血亦不限中原。

大体言之，私事密约多采取啮臂形式，而重大事件则歃血而盟。

用牲诸法

古代祭祀用牲，并非如后世一样，仅仅一杀了事，视不同祭祀对象而有多种方法。大体言之，共有燎、埋、悬、沈四法。《仪礼 · 觐礼》：

祭天，燔柴；祭山丘陵，升；祭川，沈；祭地，瘗。

《尔雅 · 释天》：

祭天曰燔柴，祭地曰瘗埋，祭山曰庋悬，祭川曰浮沈。

据前人研究，卜辞言祭祀用牲已有“尞” 、“薶” 、“沈” 。[2]“尞”即“燎”或“燔柴”，架牲体于柴上烧之；“薶”即埋，牲体埋入地下；“沈”即投入水中任其浮沈。卜辞中未见“悬”或“升”，即高挂牲体之法，而《山海经 · 中山经》中有“用一羊，悬”之记载，可见此法确曾有之。

用牲采取何法，自与古人心目中神祇所居之处有关。祭天燔烧，可使烟上达于天；祭地瘗埋，可使牲体下入于地……然卜辞中一次祭祀常兼用“尞”、“沉”或兼用“尞”、“薶”，而且与代表杀牲之“卯”、“岁”同用更为常见。[3]《山海经》记载祭山之典，既可用“悬”，又可用“瘗”。可见用牲之法如何确定，除根据神祇居地外还有其他复杂因素。

在食物（特别是蛋白质食物）匮乏的远古社会，以燎、埋、悬、沈方法处理牲体实为一种浪费。随着人类思维和文化的发展，宗教仪式也由繁趋简，许多违反人性的破坏性浪费性行为逐渐废除。用人为牲之废除及自残肢体献神之停止，皆其例。用牲之法也从燎、埋、沈、悬多种方法变为杀牲一种方法。据董作宾先生研究，甲骨文中“尞”、“薶”、“沈”三者多见于第一期，以后四期少见。似这种演变自殷代晚期业已开始。杀牲祭祀，祭后可食，既履行了宗教仪式，又满足了人们对肉类之需求。王充《论衡 · 祀义》：

祭祀之意，主人自尽恩勤而已，鬼神未必享之也。……死人无知，不能饮食。

祭祀用牲原不过表示心意，到了汉代人们对此已有充分认识。

中古之世帝王祀典，虽保存燎、埋等名目，不过虚应故事。如唐代每岁祭祀天地、山川、宗庙、社稷，虽设“燎坛”、“瘗坎”，然燔烧者为“肝膋”之类，即有“俎载牲体”，放在俎上的只能是少量的肉。[4]宋代祭祀“皆不燔瘗牲体”，元丰年间才有人奏请“燔牲首”以祭天，“瘗牲

1（清）严加煜：《苗疆风俗考》。

2 参见丁山：《中国古代宗教与神话考》，上海文艺出版社，1988 年，497—503 页。

3 罗振玉：《殷墟书契前编》，7.25.1。

4《新唐书 · 礼乐志》。

之右髀”以祭地[1]，即取一部分牲体作象征性处理。

燎、埋、悬、沈几种用牲方法，在内地早已消失而在边陲少数民族之中几十年前尚有残留。此项研究古代宗教重要参考资料，至今少为人知。

云南陇川县拱瓦寨景颇族祭“地鬼”和“路鬼”，以老鼠和干鱼埋入地下。此可视为埋法。

西双版纳爱伲人每年春季或平时有人生病，必杀狗而祭，并将狗悬挂于寨门之外。此可视为悬法（参见本文磔狗祭风条）。

云南西盟县佤族举行赶火鬼仪式，由失火户出猪一头，由巫师赶出寨外，于泥塘中杀死，以泥涂遍猪身，然后放入河中任其流去。此可视为沈法。

用牲古老方法保存最多者应推云南沧源县佤族。该地每年四月祈求丰收，用公猪一头黑鸡一只，猪鸡祭后分食，猪头埋入土中，猪嘴向上。以后整治水田，若水源不畅，用一狗一鸡，鸡杀后放入沟渠任其流去，狗则埋入沟下土中。每年十月稻谷熟时，举行尝新之礼，用大公猪一头黑鸡一只，黑鸡杀死放入土锅中埋入地下，猪则杀祭分食。此外，每隔二三年的五月份，祭一种称为“蔑扬卓”之鬼，用牛一头、孕猪一头；牛烧之，猪杀祭后可食。有人生病祭一种称为“乃”的鬼（据信会使人口吐白沫），用狗及黑鸡，鸡祭后可吃，狗烧之。

由上可见，仅沧源一地佤族用牲之法即有燎有埋有沈，有时两个方法并用（如水源不畅兼用沈和埋），同时还要杀牲。我曾叩询每种用牲之法之来由，有些得到确定的回答。例如，祈求丰收及尝新皆属农业生产，一切取决土地之神，故实行埋法；水源不畅是水鬼作祟，故用沈法，埋牲也要埋于沟下土中。大部分得不到可靠的解释，特别是为什么兼用杀法，他们只是说“老祖宗留下的规矩”。所谓“鬼神之事，难言之矣”，宗教信仰之类事情，是当事人也未必全能解释的。

值得注意的无论采用何种方法，牺牲都是先行杀死，活的动物是很难顺利进行烧、埋或沈的。这些方法与杀牲之区别在于杀后之处理：杀牲祭后可以食肉，而使用他法绝不能吃肉。古代燎、埋、悬、沈诸法与各种杀牲之法（“卯”、“岁”……）之区别想亦如是。沧源佤族老人回忆说，虽然烧祭时“肉味很香，没有人敢拣肉吃”，因为“鬼神会见怪的”。

椎牛祭墓

古代杀牲方法多种多样。遇重大宴会或祭祀活动，则要举行“椎牛”。如《史记·冯唐列传》云：

> 魏尚为云中守……出私养钱，五日一椎牛，飨宾客、军吏、舍人，是以匈奴远避。

《后汉书·吴汉传》云：

> （汉）乃勃然裹创而起，椎牛飨士。

又《韩诗外传》卷七有云：

> 是故椎牛而祭墓，不如鸡豚逮亲存也。

1《宋史·礼志》。

意谓为人子者对待父母，与其死后椎牛而祭，不如生前进奉猪鸡，可见古人视椎牛为盛典。

然何谓“椎牛”？或以佤族剽牛（即以长矛刺杀）之法而释之，这是误读“椎”为“锥”所致。按“椎”即“锤”之古字，乃击物工具。《一切经音义》引《仓颉篇》云：“椎，用打物者也。”《说文》木部：“椎，所以击也。”正由于椎用于击打，无须尖锋，故含有钝意，人朴实木讷则称“椎鲁”。古代椎牛，应使用锤类工具无疑。

近代西南少数民族举行盛典时杀牛，确有使用类似于古代椎法者，然非佤族，而另有实例。黔东南苗族有“吃牯脏”之俗（今该族人士改称“鼓社节”），数年或十数年举行一次，杀牛数十条。以黔东南加鸠地区为例，其杀牛之法是将牛颈架于木叉之上，以三个竹环分别套紧牛角及牛鼻，以竹绳穿过竹环紧缚于木叉之上，再以木杆压紧，以锤当头一击，牛即死去。“吃牯脏”祭祀对象为祖先，一户决定“吃牯脏”，其他未曾杀牛祭祖人户，亦必同时举行，故一次吃牯脏可杀牛数十条（这一地区最近一次“吃牯脏”共杀牛七八十头），由各户凑集。[1]1990年我在贵州调查时得知，有些地方还规定所用必须是木棰，似更多保存古风。

纳西族传统丧葬仪式殊为复杂，历时数天，用牲多种。然吊奠时杀牛，必由孝子用斧猛击牛头致死。[2]

少数民族椎牛祭祀祖先，与古代“椎牛而祭墓”若合符节。关于古代椎牛具体方法史书记载不详，现据上述少数民族椎牛情况可想见大概。

牛为家畜中最大者。古代用牛作牺牲称为“太牢”，规格最高，隆重之礼仪始用之。然杀法却多种多样，甲骨文有“卯”若干牛、“岁”若干牛。少数民族亦有矛刺、刀杀等等多种方法。然椎为锤类工具，椎牛仅指用锤敲击牛死，其他杀法不得释为“椎牛”。

磔狗祭风

古代杀牲还有一种方法称为“磔”者。《周礼·大宗伯》：

> 以疈辜祭四方万物。（郑众注：“披磔牲以祭，若今时磔狗祭以止风。”）

又《周礼·犬人》：

> 凡祭祀共（供）牲用牷（纯色之犬）……沈、辜用駹（杂色之犬）可也。

又《礼记·月令》：

> 季春三月……命国难（拦）九门，磔攘以毕春风。（郑玄注：“此难，难阴气也。阴寒至此不止，害将及人。又磔牲以攘于四方之神。”）

又《尔雅·释天》：

> 祭风曰磔。（郭璞注：“今俗：当大道磔狗以止风。此其遗也。”）

又《史记·封禅书》：

> 德公既立……磔狗邑四门以御蛊。（《秦本纪》系此事于德公二年）

---

1 谭继尧：《黔东南加鸠地区苗族吃牯脏活动实录》，黔东南榕江县编《民俗》第一集。

2 和即贵：《纳西族丧葬古俗——丽江鸣音纳西族古礼》，《丽江文史资料》第八辑，1989年。

图二 西双版纳爱伲人村寨门前高悬狗皮祭风

图三 泰国阿卡人（即爱伲人）寨门上"张狗皮"祭风

从上述可见春秋战国时期春季要磔狗于国邑之门，目的在于"毕春风"、"止风"。春天风大，古人相信风有害于人。甲骨文中有"庚戌卜，宁于四方其五犬"，"宁"指"宁风"即使风停吹，似殷代已有此祭。[1] 从郑众、郭璞注"今时"、"今俗"云云，又知此俗汉晋时仍存。

此种禳祓仪式专用狗为牺牲，然杀法特殊，称为"磔"或"辜"。何谓之"磔"、"辜"？《说文·桀部》："磔，辜也。"段注："凡言磔者，开也，张也，刳其胸腹而张之，令其干枯不收。"《周礼·司寇》"辜"字下郑玄注："辜之言枯也。"可见"磔"为破腹，"辜"指干枯，两者为同一杀牲方法之两个步骤。这种杀牲方法，边疆少数民族地区近世仍可见之。

云南西双版纳爱伲人（亦称阿卡人），笃信鬼神，禁忌尤多。村寨入口处设竹木搭成之"寨门"，每当春季寨中有人生病，则杀狗而破其腹，以竹木棒撑开其皮，悬于"寨门"上空，迎风飘扬，直至枯干，谓如此可以辟邪免灾（图二）。爱伲人这一宗教仪式，从祭祀季节（春季）、祭祀地点（村邑之门）直至所用之牲（狗）及杀牲方法（破腹），与古代磔狗祭风之俗无一不合。不意两三千前习俗我尚能目睹！

1984年在德国海德堡大学结识F.Scholz博士。他毕生研究泰国境内之阿卡人，承告该处亦有同样习俗，称"张狗皮"，并承赐有关相片数幅。似该处是将狗皮连同狗头置于寨门顶上（图三）。

中国传统医学对许多疾病归因于风，如肢体疼痛认为"风寒"或"风湿"所致，脑溢血则称"中风"，而春季之风被认为尤不利于人。我童年体弱，慈母时常告诫不可坐于"风口"，并严禁春天过早脱去厚装。风招致疾病之观念来源甚早，或与磔狗祭风出于同一原始宗教信仰。然不知是否包含若干科学道理？此有待现代医学家予以研究整理者。

1 丁山：《中国古代宗教与神话考》，上海文艺出版社，1988年，162、510页。

分胙

古代贵族祭祀，事后有以供神之肉分送他人之俗。此肉称“胙”，谓食之可以邀福。[1]君主送胙于臣下称为“赐胙”。[2]臣下送胙于君主则称“归胙”。[3]

胙有不同种类。《左传·成公十三年》：

国之大事，在祀与戎。祀有执膰，戎在受脤，神之大节也。

“脤”是生肉，盛于介壳中[4]；“膰”是已经过炙烧之熟肉[5]。两者原或用于不同场合，然到春秋时期似已不甚区别。据上引《左传·成公十三年》文及注，“脤”是战争前祭社所用。然《左传·昭公十六年》云“受脤归脤，其祭在庙”，似祭祀宗庙之胙肉亦可称“脤”。

中古之世帝王祀典仍要分胙，仅作为仪式之一项内容，受胙者限于参加仪式人员[6]，已不见送胙归胙于千里之外之事，不像上引《左传·僖公九年》所记周王赐胙于齐侯那样，把胙肉从洛阳一直送到齐国。

分胙实来源于杀牲分肉特别是宗教仪式中与祭者分食祭肉，古今均有此俗（图四）。汉初丞相陈平未得意时蛰居家乡，每当社祭，他负责宰牲分肉，能做到“分肉食甚均”[7]，遂称誉于乡里。云南沧源县糯良地区佤族每年三月举行“改火”仪式，杀猪祭鬼，一半当场煮食，一半分与各户带回。五月祈求丰收，杀猪一头，内脏当时煮食，猪肉平分。六月祭一种称为“嫩诺克”之鬼，杀猪一半煮食，一半平分。七月为祈求水源畅通，祭一种称为“懒”之鬼，杀黄黑色小母牛一头，血倒入水沟，取一部分肉和鸡煮食，大部分平分于各户。十月尝新，杀大肥猪一头祭鬼，一半当场煮食，一半平分。有专人司分祭肉之事，称“卓谋”。汉初陈平担任之职务或即类此。除村寨头人可得头部或所得稍多外，其他人户平均分配。分到各户不过“手指长的一条”，众人仍视若珍贵，包在芭蕉叶中带回，供奉祖先之前，或用于祭鬼，然后家人分食，认为食此肉可获鬼神保佑。其他地区也有类似习俗。古代胙肉想亦如是，它的价值不在食用，而作为曾用于宗教仪式中一种神圣之物受到重视。

古代贵族对分食祭肉这种民间普遍习俗，加以程式化礼仪化，遂形成分胙之礼。用以维系贵族之间亲属联系。以此表明分居各地大小贵族原属同族或亲属，原有共同的神祇和祖先，原曾参与共同的祭祀仪式。《周礼·大宗伯》：

以脤膰之礼，亲兄弟之国。

一语道破分胙之礼的实际目的。“胙”与表示家族绵延之“祚”同音，或谓两者实是一字[8]，自非偶然。

1《说文》肉部：“胙，祭福肉也。”

2《左传·僖公九年》：“王使宰孔赐齐侯，曰‘天子有事于文武，使孔赐伯舅胙’。”

3《左传·僖公四年》：“太子（申生）祭于曲沃，归胙于公。”又《周礼·膳夫》郑玄注：“诸臣祭祀，进其余肉，归胙于王。”

4《说文》示部：“祳，社肉盛之以蜃，故谓之祳，天子所以亲遗同姓。”祳即脤。

5《说文》炙部：“鐇，宗庙火熟肉，天子所以馈同姓。”“鐇”即膰。

6 参见《新唐书·礼乐志》、《宋史·礼书》、《明会典》卷九受胙条。

7《史记·陈丞相世家》。

8 李玄伯：《中国古代社会新研》，开明书局，1948 年，20—26 页。

图四　今日西盟佤族杀牲分肉（瑞典马思中博士近摄）

许多古礼源于民间普遍流行习俗，为贵族采用以巩固自己统治。分胙之礼亦是如此。

献帛

古代贵族相见，无论是朝觐、聘问、缔结婚姻、拜见师长或是初次会面，均要持贽礼物。《礼记·表记》有云：

无辞不相接，无礼不相见也。

据郑玄注，此处之“礼”即指礼物而言。相互馈送礼物是古代很多礼节中重要内容，它本身不是一种古礼。

祭祀鬼神或祖先，有时也要陈奠礼物，与上述送人礼物种类相同。这当然出于“事死如事生”[1]，“祭如在，祭神如神在”[2]的观念。

古代礼物或称为贽，大体包括家畜（“马”、“羔”）、禽类（“雁”[3]、“雉”）、皮革（“俪皮”[4]）、玉器（“圭”、“璧”、“璜”、“璋”、“琮”等）及纺织品。各种礼物有不同组合方式及规格，视往见之人等级身份及相见所为何事而定。授受礼物有一套繁缛的礼节，受礼以后有时还要还礼，又有一套固定的程式。

在各种礼物种类组合中，必有纺织品。故原意纺织品的“币”，成为一切礼物的代称。例如，聘问之礼中常见“奠币”、“振币”、“陈币”等辞。实际上所用礼物除纺织品外，还有“乘马”（四匹马）[5]，又规定“男女非有行媒不相知名，非受币不交不亲”[6]；或云“男女无媒不交，无币不相交”[7]，实际上议媒所用礼物除纺织品外至少还要有“俪皮”等。《周礼·小行人》言其职掌是：

合六币：圭以马、璋以皮、璧以帛、琮以锦、琥以绣、璜以黼。

在“币”一词之下可包括不同种类礼物，足见纺织品在礼物构成中的重要性。

据上引《周礼·小行人》文，作为礼物之纺织品有很多种类，最常用的是一种缯类丝织品——帛，故币帛同意。[8]传夏禹会合诸侯于涂山，“执玉帛者万国”[9]。金文中屡见贵族“献帛”（帛）（“羌

1《礼记·祭义》。
2《论语·八佾》。
3 古代作为礼物之雁乃指鹅而言，参见王引之《经义述闻》卷一〇纳采用雁下大夫相见以雁条。
4“俪皮”为两张鹿皮。
5《礼记·聘义》。
6《礼记·曲礼》。
7《礼记·坊记》。
8《说文》巾部：“币，帛也”。
9《左传·哀公七年》。

伯簋”）或“帛束”（“召伯虎簋”、“大簋”）之事。故文献中常见的礼物就是“束帛”或“束帛加璧”。[1] 据王国维考证，“束帛”是帛五匹。[2]

古代这一套送礼之礼节从何起源？它实来自简单社会中人们馈赠礼物之习俗。此说前人早已提出[3]，但需作若干补充。

远古人类相互交往中以赠送礼物表示诚心与敬意。“贽”在古文献中还写作“挚”，诚挚一词当由此发源。自法国学者 M. 莫斯开始，人类学家一系列研究表明，简单社会中之送礼具有维系亲属关系的功能，“一件礼物宣示送礼者和受礼者之间的关系”。[4] 此外，通过送礼和回礼，它又是原始交换的一种形式。美拉尼西亚群岛中的特罗布里安岛上的“库拉”（kula）制度，即人们沿着固定路线先进行仪式性礼物（手镯和项圈）之交换，后开展讨价还价的真正贸易[5]，亦可说明送礼习俗与原始交换的关系。最初送礼必有回礼，及至社会分层之后，开始出现“非对称性送礼”，地位高者收礼之后可以不必还礼。

简单社会中所送礼物不过是自己狩猎、采集所获，生产所得以及随身佩带之物。《左传 · 庄公二十四年》：

> 男贽：大者玉帛，小者禽鸟，以章物也。女贽不过榛栗枣脩，以告虔也。

《谷梁传 · 庄公二十四年》：

> 男子之贽：羔雁雉腒；妇人之贽：枣栗腶脩。

大体反映中国远古礼物的情况。举凡自己猎得的禽鸟、豢养的家畜、采集的干果，乃至储存的干肉（“脩”）自可作为礼物送人。帛是纺织物，是自己的手工产品；各种玉器原是自己随身佩带玉饰和玉佩，送与他人也可作为纪念。送礼种类大抵视当时自己所有而定，有什么送什么，数量规格并无固定。《礼记 · 曲礼》：

> 庶人之贽匹。

“匹”意匹配，视收礼多少而还礼多少。春秋战国时期庶人送礼大概还沿袭古风，而贵族之间则选中某几种物品作为固定礼物，并对种类组合、数量作出一套繁琐的规定。通过授受礼物来建立和维系彼此之间的关系，明确或强化等级尊卑。币帛为纺织品，不像食品那样易于干却腐烂，不像禽畜那样不易携带，故和玉器一起被选中作为常用的重要礼物。《论语 · 阳货》有云：

> 礼云礼云，玉帛云乎哉。

玉帛竟成礼的同义语。

西南少数民族之中不见以玉器作为礼物，但以纺织品作礼物送人或敬献神佛之事常见。略作介绍于后，供研究古代币帛制度之参考。

云南沧源佤族百姓之间（如借物还物）、百姓头人之间（如结婚或盖房拜见头人）或头人与头人之间（如大头人分封小头人），经常于其他礼物之外加送白布一方。宗教仪式（如滴水节）

1 例如汉武帝犹以“束帛加璧”征召鲁申公，见《汉书 · 武帝纪》。

2 王国维：《释币》，载《王国维遗书》第九册。

3 杨宽：《贽见礼新探》，载《古史新探》，中华书局，1986 年。

4 R. 基辛：《当代文化人类学》，陈其南等译，台湾巨流图书公司，1985 年，474 页。

5 B. Malinowski, *Argonauts of the Western Pacific*, New York: E. P. Dutton, 1961 (1922), pp.27—48.

图五　西双版纳傣族敬佛的彩布

中向缅寺赕送白布一方，再加茶叶一包、芭蕉一“梳”（即一把）、蜡条一对。这白布长约一尺，宽亦如之，必积累多块缝缀起来才可实用，一般是保存起来以后又送与他人。

云南景谷傣族遇有宗教仪式向宗教头人（“布斩”）送布一捆。亲友之间遇婚丧大事亦相互送布。

云南西双版纳傣族妇女专门织成小块棉布作为礼物送与佛寺，上织彩色图案（图五）。此物并不能缝制衣服，和尚积累多块，可缀成长幡挂于殿堂之上。

又如众所知，藏族有互敬“哈达”或向佛敬奉“哈达”之礼，似亦为过去以纺织品为礼物之遗风。

值得注意的是少数民族收到作为礼物之纺织品，可以转送他人，并不实际使用。古代币帛之中有“制币”，长广有定制，可以缝衣一套（参见上引王国维《释币》文），则一般之币似只作为礼物送来送去，并不实用。

握粟卜筮

《诗·小雅·小宛》：“握粟出卜。”毛苌于此无传。顾炎武《日知录》卷三握粟出卜条云：

古时用钱未广，《诗》、《书》无货泉之文，而问卜者亦用粟，汉初犹然。

清人姚际恒[1]，近人顾颉刚[2]均沿此说，认为粟是卜具，像后世铜钱一样。惟惠栋《毛诗古义》（《昭

1 姚际恒：《诗经通论》（铁琴山馆道光丙午年版）卷一〇。

2 顾颉刚：《顾颉刚读书笔记·汤山小记》握粟卜条，台湾：联经出版公司，1990 年。

代丛书 · 甲集》补篇，卷四）云：

古者卜筮，先用精凿之米以享神。

释粟为占卜时供奉神祇用物。细考有关占卜记载，则惠氏之说是也。粟确为祭品而非卜具。《史记 · 龟策列传》：

梁卵娣黄，祓去玉灵之不祥。

是龟卜前要用谷物（“粱”）、鸡蛋（“卵”）等物供奉龟甲（“玉灵”），为之净祓。《史记 · 日者列传》：

卜而有不审，不见夺糈。

意为卜问结果即使含糊不清，也不能再把供奉龟甲之谷物（糈为精米）收回来。

不仅龟甲占卜如此，古代以蓍草举行的筮法亦要以粟敬神。《管子 · 小匡》：

握粟而筮者屡中。

此处“握粟而筮”与《诗 · 小宛》“握粟出卜”同一文例，可见卜和筮均要以粟享神，才能得出“正确的”（“中”）答案。占卜时以粟祭神者大概如古代“巫咸”之类。屈原《离骚》有云：“巫咸将夕降兮，怀椒糈而要（邀）之。”

今世少数民族占卜犹有以谷物享神之俗。川西北羌族举行羊骨卜之前，问卜者要“手持青稞、麦子，吹口气……然后赴‘端公’家求卜。‘端公’……将青稞、麦子置柏枝上烘了……以艾叶捻成小粒置羊骨上……炙出花纹。由端公察看，以断吉凶或病因”[1]。

羌族还有类似古代筮法的占卜方法，惟以羊毛绳代替蓍草，称“打索卦”。占前将羊毛绳陈列于地，“用青稞撒之”[2]。

云南纳西族行羊骨卜时备小竹筐一个，盛满麦子，以干艾草搓成团粒状置骨无脊面灼烧，“灼及骨面时，便取小筐之麦粒一撮置于灼点……后将骨上麦倒回竹筐，再将艾烬弹去，以观裂纹”[3]。

云南永胜县他鲁人在20世纪60年代犹保存羊骨卜法。我目睹巫师占卜全过程。巫师面前置碗，盛米一撮，祷祝后灼烧羊骨，其祷祝词最后必曰：“羊膀，你不许哄我，没有吃的，给你吃点米，但你千万不许哄我”。这时便撒米于羊骨上，米落于碗中（见《永胜他鲁人羊骨卜》文）。

古今相互印证，进一步说明古代卜筮所用谷物确为了享神，而不是像铜钱一样的占卜工具。

以畜计富

《礼记 · 曲礼》篇堪称为古代中国人日常生活“行为规范手册”。其述及人们应对礼节有云：

问庶人之富，数畜以对。

此说并非尽出理想，古人形容人之富有，确是列举牲畜之数。如《论语 · 季氏》云“齐景公有马千驷”。《庄子》（《太平御览》卷六〇七引逸文）云：“（叔文）相莒三年，有马千驷。”《史记 · 货殖列传》言，人若拥有“马二百蹄”、“牛角千”、“千足羊”或“千足彘”（即五十匹马、五百头牛、二百五十头羊或二百五十头猪），即可“与千户侯等”。

---

1 胡鉴民：《羌族之信仰与习为》，《边疆研究论丛》，1941 年。

2（道光）《茂州志》卷一。

3 陶云逵：《么些族之羊骨卜及肥卜》，《人类学集刊》1 卷 1 期，1938 年。

以家畜代表财富，乃古代普遍习俗。据语言学家研究，荷马史诗中屡以牛表示价值，英文 fee（费用）即源于古英文 feoh（牛）；而梵文之牛称 rupya，乃今印度货币单位 rupee（“卢比”）之词源。[1]

以畜计富之俗，在中国南方少数民族之中保存更久。（清）檀萃《滇海虞衡志》卷七云：

南中民俗，以牲畜为富。……马牛羊不计其数，以群为名，或百为群，或数百及千为群。论所有，辄曰：某有马几何群，牛与羊几何群。……凡夷俗无处不然。

此言一般情况，再举几个民族具体情况为例：

海南省黎族“以牛之有无多寡计贫富，大约有十头者，即为殷实；有养至数十头或数百头者，黎内谓之‘大家当’”。[2]

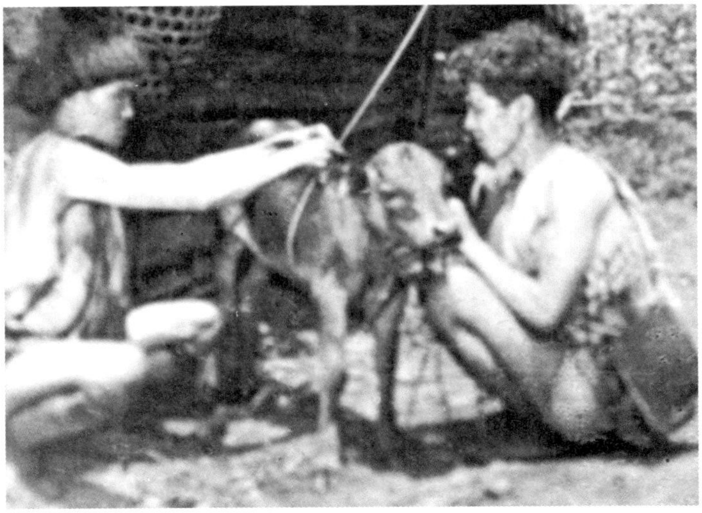

图六　云南独龙族量牛胸围计算价格

云南西盟县佤族常由富人举办宗教仪式，届时必大量剽牛以夸示豪富。事后保存牛头，堆放廊下或专盖小屋以贮。积累牛头愈多，愈为光荣，社会地位随之提高。

滇西景颇族视牛为重要财富，举凡嫁娶、赔偿、送礼、交易，常以牛为计算单位。牛具有交换媒介之功能。他们亦喜欢保存牛头，挂于屋内中柱上，以为荣耀。

滇西北民族过去也普遍以牛羊作为交换媒介（图六）。傈僳族至今仍有以畜计富之俗。1990 年我去永胜县调查，当地傈僳族经济好转，牲畜繁衍。每告我某人之富有，不称为“万元户”，而曰“牲口遍及一架山”。牛羊愈多愈受尊敬。

以畜计富，并非如当代某些史家所断言，乃畜牧社会才有之现象。当农业社会之初，土地属于最高统治者，所谓“普天之下，莫非王土”，仅有他们才能以土地计算财富。故《礼记·曲礼》有云：

问国君之富，数地以对。

庶人即使富有，亦不能拥有土地，易于计算之财产惟有家畜，故只能以家畜数量表示财富。久之成为一种应对礼节，不以此方式说话便为非礼。所谓“无辞不相接”《礼记·表记》，即不学会合乎自己身份的言辞和表达方式，不能与人交谈。沿至后世，社会变迁而积习难改，家畜继续成为衡量财富标志及表示方法。上举古今以畜计富之事例，均出于农业社会，无一为畜牧社会，可为证明。

---

1 罗常培：《语言与文化》，北京大学，1950 年。

2（清）张庆长：《黎歧纪闻》（昭代丛书本）。

夸富宴

“夸富宴”（potlatch）一词来源于美洲西北岸印第安人。据最早研究这一习俗的人类学家F．鲍亚士描述，夸扣特－印第安人（Kwakiutl Indian）氏族首领之间为了比赛豪富，举行盛大宴会甚或采取毁坏财产的方法。“一个首领烧去毯子（用作货币）、独木舟或‘铜片’（一种价格昂贵的货币），以此表示满不在乎及比对手强大有力。……宴会也是摧毁财产的一种方式。……最昂贵的宴会是那种消耗大量鱼油者……称为‘油脂宴’。凡能举办这种宴会者声威大震，忽视迅速回报者失去威信。”[1] 后来，鲍亚士的学生R．本尼迪克特又对此有所论述，她着重从心理状态上进行了分析[2]；法国著名社会学家M．毛斯认为，这是人类社会发展到一定阶段（一般是社会分层开始形成的时期）常会发生的现象[3]，其实质是社会上层人物利用竞相举行宴会分赠礼物等消耗大量财物，用以取得、巩固或提高自己的社会地位，从而凌驾于公众之上[4]。

“夸富宴”确曾在世界范围内流行。印第安人之外，太平洋岛屿及东南亚地区都有此俗见于报导。

所罗门群岛是太平洋岛屿中保存“夸富宴”习俗较为典型的地区。村落中具有较高社会地位者称为“大人”。一个人若想成为“大人”，必须举办盛大宴会招待众人。为此，事先他必须督促家人努力工作，养育很多的猪，种植很多的薯芋，宴会前还必须乞求他所属年龄等级的朋友们帮助从事一次捕鱼远征。每次宴会要耗去他多年积累起来的财物，但紧接着他又得计划和准备另一次宴会。若一个“大人”不能经常举办宴会，他可能被贬为普遍人。每个集会房屋中都有木鼓，通常是九个，大小不同。每当宴会即将举行时，特别在宴会前杀猪时，所有的木鼓齐鸣，宣告宴会即将开始。[5]

东南亚大陆实行“夸富宴”者是老挝的拉棉人（Lamet）。该族的富人称为Lem，凡拥有两个铜鼓及五六头牛者，便可成为Lem。他们头上便可包上丝质头巾，并享有一些特权，如可以代表村落接待来客，可以占种距村落较近的土地，等等。每当有人购进新的铜鼓，便要杀牛祭祖，请全村居民大吃一顿，宣告他们的财富有所增加，使大家承认他的社会地位。这里的“夸富宴”与铜鼓有着直接的联系[6]。

中国南方有些少数民族直至20世纪50年代初期仍流行“夸富宴”之俗，西方人类学文献尚少见报导。 云南盟县佤族是一个典型的例子。20世纪七八十年前佤族已出现一个比较富裕的阶层，称为“珠米”，他们定期举办“砍牛尾巴”和“做老母猪鬼”两项活动。“砍牛尾巴”于每年春天举行，其目的在于祈求丰收。举办者事先已积累了大量财富，要准备几头水牛以供剽杀。届时邀请全寨参加，在举行一系列仪式后，把一头黄牛拴在房前木桩（即称“牛尾巴桩”）

---

1 F. Boas, *Kwakiutl Ethnography*, The University of Chicago Press, 1966, pp.93—103.

2 R.Benedict, *Patterns of Culture*, Boston: Houghton Miffin Co., 1959, pp.173—219.

3 M.Mause,Gift: *Forms and Function of Exchange in Archaic Society*, New York: The Free Press, 1954 (1925) ,pp.45—46.

4 M.Harris, *Cultural Anthropology*, New. York.: Happer Row & Publishers, 1983, pp.71—73.

5 D. L. Oliver, *A Solomon Island Society*, Boston: Beacon Press, 1967, pp. 381. M. Harris, *Cow, Pigs, Wars and Witches : The Riddles of Culture*, NY: Vintage Books, 1974, pp.111—130.

6 K.G. Izikowitz, *Lamet: Hill Peasants in French Indochina*, New York: 1979, pp.116—118.

图七　佤族夸富宴剽牛留下的牛角叉形木桩（左）及"牛尾巴桩"、"老母猪石"（右）

上，全寨成年男子手持短刀在旁等候，以巫师（“魔巴”）砍断牛尾作为信号，众男子便一拥而上争割牛肉，多得肉者光荣，不得肉者为人所耻。“做老母猪鬼”在“砍牛尾巴”之前不久举行，亦由富人主办，邀请全寨参加，据说可以使主人长寿，村寨平安。主人事先备老母猪一只，拴于房前石桩（称“老母猪石”）上，由巫师念咒后杀死，然后还要举行一系列仪式。这两项活动举行仪式后都要招待众人大吃大喝，剽杀若干头牛，消耗大量财富（主要是牛），名义上是保证丰收及长寿等，实际上是夸示主人之豪富，明显具有“夸富宴”性质。主办者对于“牛尾巴桩”及“老母猪石”事后必妥善保护，作为自己举办活动之纪念。此外，凡剽牛一头，牛头必须保留，另还在房前留下牛角叉形木桩一根（图七）。每入西盟佤族村寨，若见房前有“牛尾巴桩”、“老母猪石”及叉形木桩如林者，即知其为“珠米”或有一定社会地位之家。

值得注意的是这两项活动都要敲击铜鼓。铜鼓的响声既可宣告宴会即将开始，催请宾客；又可渲染热闹气氛，表示主人富有，因为在佤族之中，一个铜鼓要用三头牛或一个奴隶才能买到，只有“珠米”及一些新兴头人才能拥有铜鼓。它是财富的标志，是佤族“夸富宴”活动中必不可少之物。[1]

贵州三都县水族也是使用铜鼓并保存“夸富宴”遗俗的民族。铜鼓为私人所有或为家族共有。后一种情况下常以铜鼓的四个环（“耳朵”）为单位划分所有权，如说某户或某几户拥有“一个耳朵”，即指四分之一个铜鼓。铜鼓由享有所有权各户轮流保管或由族长保管。铜鼓户多半是有钱有势者。在过年过节（“端”节、“卯”节）时，全寨群众即去有铜鼓者家中击鼓为乐，而主人有招待众人之义务，即使耗费大量钱财也毫不顾惜，因为通过吃喝和击鼓，可表示最近主人家“过得不错”。这种过年过节时全寨在铜鼓户聚宴，便具有“夸富宴”的性质。贫者因无力付出这笔招待费用，即使原来拥有铜鼓部分所有权，也不敢充当铜鼓保管人，久而久之，便只有

1 《佤族铜鼓》，载《古代铜鼓学术讨论会论文集》，文物出版社，1982 年。

卖掉铜鼓部分所有权。[1]

中国古代是否也有“夸富宴”？法国著名汉学家M.Granet说它在中国远古社会中一定占有重要位置。一位美国学者认为古文献记载的“乡饮酒礼”即是“夸富宴”。[2] 然通读有关文献，此宴具有“明尊长”、“明养老”的功能（《礼记·乡饮酒义》），看不出有夸示豪富的行为和动机。“夸富宴”发生于社会分层刚刚开始国家尚未形成阶段，中国中原地区即使有“夸富宴”当在夏商以前，属于遥远的古代，已难追溯。后世豪富之家石崇、王恺之流，请客竞相挥霍，史称“争豪”（参见《世说新语·汰奢》篇），显示自己之权势财富，或可视为“夸富宴”之遗风。然此是某一时期个别人之行为，与作为一种社会普遍现象之“夸富宴”仍有区别。

中国古代内地“夸富宴”之存在与否，有待搜集可靠材料进行研究；而中国南方社会发展迟缓，“夸富宴”之俗不仅存在于近世边陲少数民族之中，古代确曾有之。其主要证据就是作为“夸富宴”重要用物的铜鼓春秋战国以来一直存在，且分布甚广。

铜鼓与“夸富宴”有密切联系，不仅见于之云南佤族、水族及老挝拉棉人，而且从铜鼓本身亦可得证明。中国云南文山地区发现的“开化鼓”及相邻的越南境内发现几具铜鼓（“慕烈鼓”、“玉镂鼓”、“黄下鼓”）[3]，以图像精美著名。在鼓面主晕中，以一座顶部饰鸟的干栏房屋为中心，室内有人群作相对饮酒或聚谈状，周围人群连袂起舞，有编锣及葫芦笙伴奏。有些还有舂米图形。对照云南西盟佤族及婆罗洲、太平洋某些岛屿某些民族的习俗，屋顶饰鸟是富人或头人住宅的标志。舂米表示在为一次盛大的宴会准备食物，跳舞奏乐的人群则是应邀而来的宾客。我过去把这一图像释为“芦笙舞”[4]，只触及了表面观象，实际上所描绘的正是一次“夸富宴”的盛况。有意义的是有的图像中房屋晒台上还平置若干铜鼓，人们持棒由上而下敲击。（参见《铜鼓与南方民族》、《试论中国古代铜鼓》）这是铜鼓用于“夸富宴”的明显证据。

这样的图像在晚期铜鼓中不再出现，但几件鼓内侧有被称为“农庄图”或“庄园图”的图画[5]，反映出“夸富宴”遗风尚存。其中有代表富人住宅之高大房屋，有表示谷物丰收之晒谷架（与今贵州从江苗族所用全同），有代表水田之耙，有鱼塘，有谷仓。人群或骑马而来，或并排而舞，均代表宾客。在原始绘画中，很难直接表现大摆酒宴的情景，故以上述诸物作为象征（图八）。又广东省博物馆藏一鼓铸有“古隆（鼓撞）百姓归”铭文[6]，可理解为通过击鼓举行“夸富宴”，便可使百姓归附。古代墓葬中出土铜鼓多与铜釜共生，也有助于说明与“夸富宴”的关系。例如，云南楚雄万家坝春秋时期墓葬中除发现铜鼓五具，还发现铜釜，有一件铜釜就是在铜鼓边沿加

1《水苗壮彝诸族使用铜鼓的习俗》，载日本《御手洗胜博士退官纪念论文集》，台湾：联经出版公司，1988年。

2 E.Cooper, The Potlatch in Ancient China: Parallel in the Sociopolitical Structure of the Ancient Chinese and the American Indians of the Northwest Coast, *History of Religions*, Vol 22:2, 1982.

3 闻宥：《古铜鼓图录》，中国古典艺术出版社，1957年，第七鼓。（越）郑明轩：《越南的古铜鼓研究情况》（梁志明译），《考古学参考资料》第二期（1979年）。（越）阮文煊、黄荣：《越南发现的东山铜鼓》，河内，1975年，165—196页。

4《试论中国古代铜鼓》，《考古学报》，1978年2期。

5 商承祚：《十二家吉金图录》卷七。黄增庆：《广西出土铜鼓初探》，《考古》，1964年11期，图一三。宋曼：《一面铸有绘图内容的铜鼓》，《中国古代铜鼓研究通讯》4期，1986年。

6 杨耀林：《广东发现的带铭文的铜鼓》，《考古》1982年1期。

图八　铜鼓内侧"农庄图"

上立耳改装而成。[1]贵州赫章可乐汉墓中的死者，头部套有铜釜或铜鼓。[2]四川兴文建武乡即发现一些约当东汉魏晋时期的铜鼓，又发现巨型铜釜。[3]大的铜釜只能是大宴宾客时使用之物（图九）。

铜鼓与铜釜经常并存，在文献记载中也有反映。僚人是古代使用铜鼓最盛的民族，他们也以铜制炊具著称。史载他们"铸铜为器，大口宽腹，既薄且轻，易于熟食"[4]。明代四川都掌蛮除拥有大量铜鼓，还有，"锅状如鼎，大可函牛，刻画有文彩"。万历元年平都掌蛮之役，明军掠获铜鼓九十三具，还有"铜、铁锅各一"[5]。这些釜锅所以被大书特书，因为它们不是一般的炊器，而是和铜鼓一样作为财富和权势的标志。云南永胜、鹤庆一带少数民族的豪富之家，过去多有铜制大锅，被视为一种传家之宝，以备大型宴会中使用。

广西浦北东汉墓出土一件铜釜底部中有与铜鼓面部一样的纹饰。[6]同样的器物在越南清化也曾有发现。[7]又海南岛临高县海边发现三件大铜锅，口沿有C型鼓面部常见的立体骑马人像。[8]凡

1《楚雄万家坝古墓群发掘报告》，《考古学报》，1983年3期。

2《赫章可乐发掘报告》，《考古学报》，1986年2期。

3 1981年我去四川珙县地区参加全国悬棺葬会议时所见。

4《魏书·僚传》。

5《明史·刘显传》。

6 梁旭达、覃圣敏：《广西浦北县出土的青铜器》，《文物》1937年1期。报告称为"铜盆"。

7（越）黎文兰等：《越南青铜时代的第一批遗迹》（梁志明译），中古代铜鼓研究会，1982年印，图Ⅶ。

8 梁明桑：《广东临高出土汉代青铜釜》，《考古》，1964年9期。杨耀林：《海南岛发现汉代青铜釜》，《文物》，1979年4期。

此也可证明铜鼓与铜釜确有一种并存关系。过去总是把这种关系解释为铜鼓起源于铜釜。若说一种器物源于另一种器物，则两者不应该总是并存。按照我们现在的解释，一切自可豁然开朗。原来它们都是“夸富宴”中必用之物，铜釜用以烹煮食物，铜鼓用以敲击，宣告宴会举行。把它们一同随葬，表示墓葬主人生前经常举行“夸富宴”，其社会地位非一般人可比。

图九　四川兴文县与铜鼓同出的巨型铜釜

古文献中还直接提到古代民族敲击铜鼓宴请宾客。例如，唐代在今云南文山及广西西部的东谢蛮“会集则击铜鼓”。[1] 宋代在今广东合浦一带越疍人“亲戚宴会，即以瓠笙、铜鼓为乐”。[2] 清代黎人“富者鸣铜鼓，贫者鸣铛，以为聚会之乐”。[3] 这样的宴会之中必有一些具有“夸富宴”性质。

总之，古今使用铜鼓的民族，都有可能存在“夸富宴”之俗。铜鼓可视为“夸富宴”的象征。

头人椅

古人生活起居与今人有异。举凡宴饮、博弈、朋友会谈、师徒讲授，均作跪坐状，即双膝跪于席上，或偶以尻着蹠，并无椅凳之类高坐家具。仅设几以供凭倚，有案陈放食具而已。据研究，高坐之具乃由中亚传入。19 世纪末英人斯坦因在新疆尼雅、楼兰遗址发现东汉魏晋时期雕花木椅[4]，为中国最早之椅。宋代之后高坐习俗始遍及中土。

有关古代内地高坐习俗兴起及椅凳之始用，前人考据甚详[5]，无待我辈再作赘语。然某些少数民族之中，高坐之俗兴起更晚，椅凳之类初传入时竟成为社会特权之标志，仅高层人物可以享用，此俗或为前人所不知。

按南方少数民族直至近代仍实行席地而坐或低坐，即有坐具不过草墩之类。偶有从内地传入之高椅高凳，必属头人，于重要场合时坐之。下面仅是几个例子：

云南贡山独龙族视椅凳为权力象征。1950 年或 1951 年该族送人民政府礼物中，竟包括凳子一个，以此表示对政府官员之尊重。[6]

云南沧源佤族某些村寨仅主要头人拥有由汉地传入之高背木椅，于村寨议事或履行头人职权

1《旧唐书·南蛮传》。

2《太平寰宇记》卷一六九。

3 李调元：《南越笔记》卷六。

4 见向达编译：《斯坦因西域考古记》图版，商务印书馆，1946 年。

5 参见（清）王鸣盛《十七史商榷》卷三四箕踞条，（清）赵翼《陔馀丛考》卷三一古人跪坐相类条、高坐缘起条。

6《从原始记事到文字发明》，《考古学报》1981 年 1 期，15 页，图二：13。

图一〇　沧源佤族“头人椅”

图一一　非洲“头人椅”

（如为人调解时）用之，称为“头人椅”。1965年我在该县民良乡调查，见原来头人仍保存此物，以为荣耀（图一〇）。南撤乡某乡长竟仿效过去头人置备椅子，不准他人使用，“四清”运动中被批评有“头人思想”。

广东连南一带瑶族议事时，仅村寨长老可以坐凳。史载“凡相聚议事必设凳以延老者，无凳则以银酬之，名曰‘坐凳银’”[1]，可见该族亦视高坐为特权。

南方少数民族以座位高低区分尊卑由来已久。晋宁石寨山青铜贮贝器（M12：26）表现集会议事场景，参与者九人，一人高坐中间，八人列坐两旁[2]，以此表示参与者社会地位之差异，虽然当时高坐之具尚非后世之椅凳。

高坐者较低坐者显得身躯高大，易于体现统治者与被统治者之关系，统治者喜欢高坐的习惯可说是世界性的。非洲“头人凳”就特别发达，制作精美，欧美博物馆作为艺术品收藏（图一一）。高坐器具作为一种外来奢侈品传入中国时，正好迎合统治者需要，最先为其专有，作为显示自己权势之具。

古代中国最早专用坐具称“胡床”，传为赵武灵王始用。唐代有“绳床”，即在榻面上穿绳，

1（清）李来章：《连阳八排风土记》，中山大学出版社，1990年，62页。
2《云南晋宁石寨山发掘报告》，文物出版社，1959年，75—76页，图版五二－五五。

大抵如今之软凳。（宋）程大昌《演繁露》云：

穆宗长庆二年十二月，见群臣于紫宸殿，御大绳床。

其使用者仍限于皇帝。北宋初年已有椅子。（宋）王铚《默记》记李后主被俘入宋，徐铉往见，小卒取椅子相待，铉曰：

但正衙一椅足矣。

他不忘昔日君臣之分，请仅设一椅供李后主坐。又（宋）叶梦得《石林燕语》卷五：

殿庐幕次：三省官为一幕，枢密院为一幕，两省官为一幕，尚书省官为一幕，御史台一幕。中司则独设椅子，坐于隔门之内。

按“中司”指“佐天子，总百官，平庶政事无不统”的“同中书门下平章事”（《宋史·职官志》），地位高于群僚，故只有他“独设椅子”。中国成语形容人与人社会地位相等曰“平起平坐”，可见以座位高低表示不同社会地位之观念长期存在。

后世椅子等高坐器具普遍化，在重要场合又以坐具之位置、高低及舒适程度区分尊卑。当然，客人来访，让客于舒适座位；家人相聚，使长者坐于正中。此已属普遍礼节，中外皆然，无足为怪。然今日国人开会或合影，重要人物必按职位、级别依次安排其座位与坐具。为做出妥善安排，每令会议组织者煞费苦心，尚有未能得坐高位事后耿耿于怀者，其心态实与上述少数民族头人之看重“头人椅”无异。

古代婚丧习俗丛考

媵

中国古代婚姻丧葬习俗，凡今人不能理解者便目为怪异。然若以文化人类学观点进行分析，取民族志资料加以类比，则大部分均可得到合理的解释，并非仅为中国才有的特殊现象。先秦典籍中常见的“媵”的习俗，就是其中一例。

综合有关记载，媵制有以下内容：凡嫁一女，同时或事后要陪送两女为媵，“媵”即有“送”意[1]；而媵者为该女之妹或侄女，此即所谓“以侄娣从”[2]，“侄娣曰媵”[3]。以上乃通制，或仅适用于士大夫之间。若诸侯之间缔结婚姻，则女方以同姓之两女为媵，不必为嫁者侄娣。还有谓“诸侯一聘九女”，而天子可娶十二女者。此处显然掺入阴阳家言，附会“三”、“九”神秘数字，然据可靠记载，媵制确曾实行于先秦时代，似无可疑。《周易·归妹》：

> 帝乙归妹，其君之袂不如其娣之袂良。

《诗·大雅·韩奕》：

> 韩侯娶妻……百两（辆）彭彭……诸娣从之，祁祁如云。

某女“来媵”之具体史实，在春秋三《传》中亦屡有记载。

古代宗法制度强调长幼、嫡庶之分。媵者为幼为庶，故其社会地位较低。例如，媵侍奉正妻，虽“遇劳而无怨”[4]；在婚礼中由“媵”布席，侍奉正妻“沃盥”，并“馂主人之余”（吃主人剩下食物）；新婚之夜，“媵”侍于户外，“呼则闻”[5]。媵若单独来归，婚礼极为简单，所谓“媵，礼之轻者也”[6]，或“媵，浅事也”[7]。

文献记载媵制极为零碎，难窥全貌。今天国内少数民族之中，已无同类习俗可资参考。幸明末清初文人陈鼎，流寓滇东，曾为龙氏土司之婿，著《滇黔土司婚礼记》一书（通行的有香艳

1《尔雅·释言》。
2《公羊传·庄公十九年》。
3《释名·释亲属》。
4《诗序·召南·江有汜》。
5《仪礼·士昏礼》。
6《谷梁传·庄公十九年》。
7《谷梁传·成公八年》、《谷梁传·成公九年》。

丛书本、昭代丛书本、丛书集成本），记本人娶妻及媵之经历甚详。此书或疑为伪，我反复观摩，所述或有夸饰，并非赝作（另有考证）。兹抄录所记当时当地媵制，以与古代媵制相比较。

《滇黔土司婚礼记》述媵之来源云：

嫁嫡长女为嫡长妇，必一媵八人，古诸侯一娶九女之遗意也。然所媵或养同姓，或选良家，或庶产；嫡女则不能矣。

陈鼎娶龙氏土司嫡女为妻，即有八人为媵：

从嫁八媵，半属良人，半选民家，大都是家臣之女也。……其齿以内子居中，上而递长至四龄止，下而递幼至四龄止。

可见媵不必为正妻亲生姐妹，但为同姓即可，其年龄有小于正妻者，亦有大于正妻者。婚礼中诸媵与正妻之地位判然有别：

少顷外姑率媵出坐帘内……婿八拜于帘外，受四答四。……绯衣老媪出以软红罗丈许束婿腰牵入帘内……又遍拜诸媵姆（母），母皆跪答。……外舅姑北向，诸媵母皆侍立……新妇下车，侍女扶诸媵出，共簇新妇归卧房。相者立中堂唱礼，夫妇交拜，诸媵皆随新妇后行礼，不坐床，席地而坐。饮交杯，诸媵皆雁行列坐，新郎新妇各一饮，捱递诸媵饮毕……侍女扶媵者参新郎君，新郎君坐受一拜，答三拜。老妇递媵者酒，手奉新郎饮半，媵接跪饮毕。……诸媵者新沐毕，更衣俱来帏中……告辞各归家。鸡初鸣，诸媵俱栉沐至新房，递茶道喜，候新妇妆毕……

对媵平日起居礼仪及职掌，陈氏更有详细记述：

自是每鸡初鸣，（新妇）必起栉沐，率诸媵至姑寝门，如未醒即默候。……每日以一媵侍其役。……室老者，老年寡居有德之妇，亦龙氏宗人也……内子及诸媵稍不合，辄骂詈，轻则挥掌，重则提以杖。……各媵女独处，室老皆有法，不许偃仰纵横。既覆以衾，外加绣袱，四角镇以铜兽，重则二三斤，若不令其转侧者。寝后即禁起溲溺，帏外张灯彻夜……室老时行潜察，一闻鼾呼声，辄排闼入，提其发而扑之。……至鸡初鸡，室老辄击铜版者七，各屋室媪亦击铜版以应之，俱促诸妇起栉沐。栉沐毕，皆集正堂为主妇治妆。妆毕则偕往候姑……

凡有身者，立稍不端，坐不正，卧或偃仰纵横及酣酒茹荤者，室老皆戒之。诸媵与主妇常同坐起，或嬉戏投博者皆勿论。见主人则不敢坐，常侍立终日……主人欲与诸媵坐，必其卧榻；若于椅，室老闻之，必加挞。媵者或逢怒主人，室老必勒媵者去其下衣，当庭而痛扑之，毋赦也。凡为姑涤溺器、浣裳履、整衾枕、进饮食，生子者逢三日，女者二日，未生者一日，次弟以役，无敢或紊，皆室老主之。……家一切动用，内子总之，八媵各有分掌，一事不备，一物不工，职者耻之。

媵由“室老”管束，彼辈“老年寡居”，行为乖戾，对媵施各种虐待，并睡中打鼾、翻身亦不许，媵之身份卑微及生活之不自由，由此可知。媵之地位及职掌实同婢女，惟一区别尚有为主人生育之义务：

忽一夕，外姑携酒筵来，大张花烛于下房，令媵者兰纺严妆出拜家慈，拜余夫妇及室老诸人。……内子携双烛引余寝下房。余曰：“何为者？”内子曰：“寒门家教：凡女子适人半载不孕，即令媵者入值，冀早生子。兰姊长，当首入侍。”予方悟，乃就下房寝。鸡初鸣，室媪促媵者归。……自是间两日，兰必入值，至鸡鸣即去。《诗》所谓载星而往还者也。两月兰不孕，内母如前携花烛、酒筵来送甄姑入值。……孕者即不令入值。……外姑闻三妇皆有孕，大悦……

清初滇东媵制，虽未必如陈鼎所云“一遵周礼”，然对研究古代媵制有足资参考之处。例如，媵来自妻族，不必尽为新妇妹姪，或为“庶出”，或出身较为低微，平时有侍奉主人之责，有为主人生育之义务，皆与内地之媵相合。又有“室老”其人，负管束之责，在《仪礼 · 士昏礼》中有称为“姆”者，或与之相当。

按旧说，媵制之设“所以妨嫉妒也，令重继嗣也”，“欲使一人有子，二人喜也”[1]，或“一人有子，三人共之，若己生之也”。[2]古代妇女无子当“出”，而媵既来自同族，其子可视为己生，故“嫡得不去”。又正妻与媵之间，嫡庶、长幼、贵贱之名分早定，确可减少多妻制度下龃龉、勃谿之事。尽管媵制具有上述功能，若据此认为乃“制礼作乐”圣人有意为之设计，乃中国古代特有制度，则大错。放眼观之，媵制实为一种普遍存在之原始婚俗。

据人类学家对婚姻制度之研究，浅化民族常有姊妹数人共嫁一夫，或姊死由妹续嫁之俗。前者称“姊妹共夫制”（sororate polygyny），后者称“妻姊妹婚”（sororate）。或以为中国之媵包含这两者在内，似非是。媵仅属于前者，是一种特殊的一夫多妻制。后者一次仅娶一女，仍为一夫一妻制。

媵为史家目为怪异之处在于婚配对象可由妻妹扩大为妻之侄女。然此正为姊妹共夫制常有现象，并不足怪。北美印第安人中米沃克（Miwok）部落及南美印第安人卡利布（Carib）部落中，男子不仅可娶妻妹，且可娶妻之兄弟之女为次妻。在米沃克部落之中，两者甚至同一亲属称谓，均称 wokli。[3]内侄女不能作为婚配对象，乃出于后世等辈通婚之观念，先民并无此观念。妻之妹及侄女，均属其他氏族成员，自可婚配。

若论中国古代媵制特殊之处，即在其深受宗法制度影响，即正妻必为嫡为长，而次妻必为庶为幼，两者地位悬殊，次妻有如婢仆。此与世界其他浅化民族姊妹共夫制下众妻大体处于平等地位，有所不同。媵制可称为“宗法制度下之姊妹共夫制”。

又中国大陆流行几种中国古代史著作，常释媵为“群婚”之残余，更有不妥之处。按“群婚”乃摩尔根等据亲属称谓推论而来，在世界民族志中无一实例可寻。当代人类学家无论属何派别，对于称为“一群男子与一群女子相互婚配”之群婚，均持否定态度。故媵非群婚或其残余形态，此点已无待多辩。

奔者不禁

《周礼 · 地官 · 媒氏》：“仲春之月，令会男女，于是时也，奔者不禁。”此为中国古代社会史

1《公羊传 · 庄公十九年》何休注。

2《白虎通 · 嫁娶》。

3 R. 罗维：《初民社会》，中译本，第 46 页。E. 韦斯特马克：《婚姻进化史》，中译本，190 页。

上饶有趣味之问题，释者甚众，歧义丛生。

旧注以为“非谓淫奔也”[1]，或“奔者不待礼聘因媒请嫁而已矣”[2]，以封建礼教观点对此古俗曲为掩饰，固为陈腐之论；而当代中国史学家或以此为例证明中国远古时代有所谓“群婚”存在，更属附会之谈。

放眼观之，一个社会中部分居民于结婚之前或正式婚姻之外，又偶有其他性伴侣，自古至今可谓无处无之。初民质朴率真，对此不加掩饰，故《诗》三百篇中有桑间濮上男女幽会之描绘；成都出土汉画像石上有男女桑下交合情景。“奔者不禁”之实质，即在某一时期（如节日）内为婚外性关系提供方便并使其合法化。此俗在人类学上或称之为“节日放纵”（festival dissolution），浅化民族曾普遍流行，仅从中国南方民族之中即可举出数例。

云南大理白族有传统节日，称为“绕三灵”。每年农历四月廿三至廿五日，洱海苍山之间举行盛大集会，已婚或未婚男女列队游山逛庙，沿途对歌奏乐，边走边舞，入夜则对对情侣幽会，有春宵一度即散者，有相约明年再聚者，亦有因此而长期结合者。由于“绕三灵”中包含有拜佛或祭祀“本主”（白族信奉之地方保护神）之内容，前人调查报告或论著中常视此为纯粹之宗教活动，殊不知“绕三灵”乃汉语，此一节日在白语中称为“观沙那”，即“逛情侣”之意。[3]男女聚会原是这一节日主要目的。

云南永胜县他鲁人20世纪初尚保存所谓“采火草”之俗。每年六七月间男子携带情人前往距村寨数日路程之深山中，彼之妻又随他人前往。男女露宿野外，采集火草（当地织麻布必须掺入火草纤维），白天男割女剥，入夜则调情交合，历十余日始返。每当兴尽归来，行将进入村寨时，必有人敲铜制“锣锅”（当地宿营用之炊具）之锅盖而高呼曰：“从今日起不得乱来了，仍按老样子过日子！”[4]

贵州榕江县八达区苗族有所谓“放牛出栏”之俗，苗语称为“丢郎”。每年秋季男女平素有情者，可以相约幽会，凡三日始罢。（该县文化馆杨方明君提供，杨君为苗族）。

广东连南县瑶族亦有“放牛出栏”之俗。每当旧历除夕至初三，已婚及未婚男女均可去田野幽会，唱歌，共食糍粑，尽兴始返。[5]

上述“节日放纵”与古代内地“奔者不禁”，应为同类习俗。它并非只是未婚年轻人谈情说爱，已婚的成年人亦乘此时机约会情人。

但节日放纵之具体内容及目的，则因不同民族又有差异。中国古代“奔者不禁”，限定在仲春之月，或兼有祈求生育之意。《礼记·月令》云：“仲春之月……以大牢祠于高禖。”《后汉书·礼仪志》引蔡邕《章句》：“高，尊也；禖，媒也。……盖为人所以祈子孙之祀。”两者同于是月举行，应有一定联系。然不得谓所有“节日放纵”，均为祈求生育之巫术。如上述四族举行此项活动或在春季，或在秋季，或在冬季；或包含某些宗教内容，或与生产劳动相结合。

---

1 孙诒让：《周礼·正义》引《玉烛宝典》。

2《谷梁传·文公十二年》。

3 参见张锡录：《试论白族婚姻制度的演变》，《南诏史论丛》第三辑。张君为白族。

4 参见《云南永胜县他鲁人的原始婚姻形态》，《西南民族研究》第一辑，1982年。

5 参见《广东连南自治县南岗、内田、大掌瑶族社会调查》，1958年，121页。

无论如何，在任何情况下此俗均不代表正式婚姻关系，不得视为“群婚”或任何一种婚姻形态。

家内葬

家内葬指居住区内或就在居室之内的埋葬而言。它是一种非常古老的葬俗，人类初有埋葬制度就是实行家内葬的。旧石器时代中期的尼安德特人，在居住的洞穴中埋葬自己的亲人。[1]中国的山顶洞人[2]以及华南新石器时代早期洞穴遗址，如江西万年仙人洞[3]、广西桂林甑皮岩[4]，在居住层下都发现带有随葬品的墓葬。

当代处于狩猎采集阶段的民族有仍然实行家内葬者。例如，非洲的姆比蒂俾格米人（Mbuti Pygmy）在尼格罗人（Negro）教会他们埋葬方法以前把尸体就丢弃在死的地方，然后离开，几年以后俟“死者精灵走远”再回来。锡兰的维达人（Veddas）也将死者尸体丢弃或掩埋在住地。由于他们住有好几个岩厦，以一个岩厦作这样的用途即可，不必远离，热带雨林中的昆虫或动物很快可使尸体消失；即使掩埋在土中，当地酸性土壤在一年内也使骨架无影无踪。[5]

马来半岛的塞芒人（Semang），人死即以住房（称“寮子”）为坟场，把尸体埋在死者睡床之下。 房内一切保持原状，床上放好死者生前喜爱之用具及食品，然后全族在三天以内迁离，另辟新居，“以避免灾难，并可使死者永久安息，以免死者变成制造不幸的魔鬼，尾随到新寮子找麻烦”。塞诺人（Senoi）过去也把尸体埋在住屋地下，“他们相信鬼魂将在人间徘徊七天”。为防鬼魂骚扰，用木条竹片制成“镇魂签”插在地上；巫师死去“镇鬼鉴”则悬挂在住房中。[6]

为死者专设墓地，是人类已有固定住所过着定居生活以后的事。把活人居住区和死者安息地分开，应为文化上一大进步。但有些农业民族沿袭旧俗，仍然保留家内葬。国外的如波利尼西亚的蒂科比亚人（Tikopia）在室内或屋檐下埋葬死者，尸体包在席子或树皮中，埋在地面六英尺之下，“这样可使亲爱的人坟墓免于恶劣的气候”。埋有死者之处地面稍高，上放一块席子，较一般席子稍大。每块席子下就是一个已死成员“休息之处”，不允许在上面走路以免触犯死者。著名英国人类学家 R. 弗思在其附近放留声机也引起女主人的抗议，说父亲托梦给她，抱怨“打扰了他的休息”。[7]

非洲的 Abaluyia 人对死者根据其在家庭中地位分别埋在家中的不同地方。家庭首领埋在正妻房内，祈雨者埋在房中正中，一般妇女、只有二个以下小孩之男子、未婚男女埋在房屋后面

---

1 B.M. 费根：《地球上的人们》（中译本），文物出版社，1991 年，172 页。

2 裴文中：《中国史前时期之研究》，商务印书馆，1954 年。

3《江西万年大源仙人洞洞穴遗址的试掘》，《考古学报》1963 年 1 期。

4《广西桂林甑皮岩洞穴遗址的试掘》，《考古》1976 年 3 期。

5 C.S.Coon, *The Hunting People*, Boston: Little, Brown and Co., 1971, pp.33 1—332.

6 F.Lebar and Others, *Ethnic Groups in Mainland Southeast Asia*, New Haven: HARF, 1964, pp.181—186. 梅井：《马来亚的兄弟民族》，新加坡青年书局，1960 年，10 —12、41 页。

7 R.Firth, *We Tikopia*, Boston: Beacon Book, 1965, pp.78—79.

图一　台湾排湾人来武社宗庙（室内有头目墓葬）

图二　云南佤族儿童家内葬

左边，而只生二个以下小孩妇女就必须送回娘家埋葬，因“这样的婚姻不能算是完整的”。[1]

国内民族之中保存家内葬较为典型的是台湾的原住民，日本人侵占时期仍在实行。如泰雅人、赛厦人，把死者埋在睡床之下；曹人、邵人在屋内空地埋葬死者；排湾人把家庭中第一个死者埋在房屋西南隅，以后死亡者依次在东北方排列，其头目葬身之屋即成为宗庙所在（图一）；布农人埋在屋中央或床下；卑南人埋在灶边；鲁凯人男子埋在屋内前半部，女人埋在屋内后半部，待屋内已无下葬余地，便拆除住屋，迁往他处另起新居。据说台湾原住民实行屋内葬是由于“爱惜死者，不愿将死者于野外被野兽咬去”。[2]

更多民族仅对儿童实行家内葬。如东南亚的孟金人（Murngin）把到达一定年龄的儿童葬在营地中。云南西盟县佤族对夭死的儿童用席裹尸，不用棺木，亦无随葬品，经简单的念咒仪式后葬于房后园圃之中，不起坟堆，插竹围篱以为标志（图二）。广东连南县瑶族把夭死的婴儿埋在床铺之下。[3]

此外，还有一些民族在特殊情况下才实行家内葬。例如，上述西盟佤族过去盛行猎头，为防死者头被砍去，在猎头季节有些村寨对成年正常死亡者也埋在园圃中（平时埋于村寨壕沟之内）。又如，新几内亚巴布亚人实行平台葬，而妇女难产而死“被认为有特殊危险”，放置尸体的架子就建造在死者房中，然后将房屋封闭并废弃。[4]

中国中原地区新石器文化从距今约八千年的裴李岗文化起已有墓地埋葬死者，家内葬久已不存。李玄伯先生认为中国古代葬礼中先殡后葬是家内葬的遗意[5]，这点尚待证明。殡是停尸于家举行仪式以便送走亡灵的需要，最终尚须送去墓地“入土为安”，似与家内葬性质不同。然儿童家内葬在中原地区确是延续较久。西安半坡仰韶文化遗址中有73座以瓮棺为葬具的儿童墓，其

1 J.S. Mbiti, *Religion and Philosophy of Africa*, New York: Archer Books, 1970, pp.220—203.

2 陈国钧：《台湾土著社会婚丧制度》，台湾：幼狮书店，1961年，125—180页。

3 《广东连南瑶族自治县南岗、内田、大掌瑶族社会调查》，1958年，119—122页。

4 L.Pospisil, *The Kapauku Papuans*, New York: Holt Rinehart and Winston, 1965, pp.70—71.

5 李玄伯：《中国古代社会新研》，开明书局，1948年。

中67座在住宅旁边，另外几座亦距住宅不远。[1] 云南元谋大墩子儿童瓮棺葬“成行埋葬于建筑遗存周围”。[2] 它们均与成人墓地分开。

这一传统一直延续到有文字记载的历史时期。《礼记 · 曾子问》：

下殇土周葬于园。

按“土周”在其他记载中作“堲周”，当指不用棺椁仅有土圹之意。未成年而死称“殇”，又按年龄分为“长殇”、“中殇”、“下殇”，“下殇”指夭死八至十一岁儿童[3]，他们是葬于一般离住房不远的“园”中的。

为何实行家内葬？沿袭这一古老习俗某些民族（如前述之玻利尼西亚人及台湾原住民）说家内葬是为了使死者“免于恶劣气候”或“野兽咬去”，应是后起的解释。最早人们举行家内葬后，便要远迁（如前述之维达人、俾格米人、塞芒人等），说明古老的人类对死者是惧怕之心超过留恋之情。埋有死人的远古房屋遗存有突然放弃的现象，其故即在此。为何像半坡遗址那样独对儿童实行家内葬？时人多认为有不忍儿童远葬之意。其实是以不同埋葬地对成人葬和儿童葬一种区分。上引《礼记 · 曾子问》文下郑玄曾明确解释说：

以其去成人远，不就墓也。

幼小儿童与成人身份相差甚远，故不能葬入墓地。中国古代和世界很多民族一样，认为只有经过成丁礼的人才算社会正式成员，死后才能享受正规的葬仪，所谓“丈夫冠而不为殇，妇人笄而不为殇”[4]，早殇儿童葬于家内而不葬于公共墓地正为了体现他们尚非成人。

据研究，儿童与成人葬地有别，从后进民族到古代罗马都是如此，都具有区分儿童和成人不同身份（status）的意义。[5] 假如儿童和成人葬在同一墓地，这种区分也会在葬具、葬仪等方面体现出来。

洗骨葬

洗骨葬为二次葬的一种形式。它曾在东南亚及环太平洋地区流行[6]，新几内亚巴布亚人[7] 及特罗布里安岛居民[8] 在进行二次葬时，也要以不同方式进行洗骨。据著名人类学家C. 列维 · 斯特劳斯报导，南美的博罗罗人（Bororo）也有是俗。[9]

中国史前时期二次葬在中原地区较为普遍，新石器文化遗存中时有发现。然并非二次葬都要

1《西安半坡》，文物出版社，1963年，219页。

2《元谋大墩子新石器时代遗址》，《考古学报》1977年1期，58页。

3《礼记 · 檀弓上》：“周人以殷人之棺椁葬长殇，以夏后氏之堲周葬中殇、下殇，以有虞氏之瓦棺葬无服之殇。”郑玄注：“十六至十九为长殇，十二至十五为中殇，八至十一为下殇，七岁以下为无服之殇。”

4《礼记 · 丧服》。

5 Peter J. Ucko, Ethnography and Archaeological Interpretation of Funerary Remains, *World Archaeology* 1 (1969).

6 参见凌纯声：《洗骨及祖先崇拜在东南亚及环太平洋的公布》，《中央研究院年刊》第二期，1955年。但凌先生所举例证中有些只是二次葬，并非洗骨葬。

7 L. Pospisil, *The Kapauka Pepuans*, New York: Holt, Rinehart and Winstor, 1965, pp.70—71.

8 B. Malinowski, *The Sexual Life of Savage*, New York: Harcourt Brace & World L, 1929, pp.155—158.

9 C. Levi-Strauss, *Tristes Tropiques*, Washington Square Press, 1973, p.259。

经洗骨这一手续。中原地区二次葬中是否包括洗骨葬？尚待找到一种自然科学分析遗骨方法加以确定。进入历史时期后，二次葬在中原地区少见，然在中国南方地区一直延续下来[1]，有一部分即是洗骨葬。如《南史 · 顾宪之传》云：

宪之为衡阳内史，其土俗：人有病，辄云先亡为祸，乃开冢剖棺，水洗枯骨，名曰除祟。

直至清代，洗骨葬仍见于今江西境内。（清）赵翼《陔余丛考》卷三二洗骨葬条：

江西广信府一带风俗，既葬二三年后，辄启棺洗骨使净，别贮瓦罐内埋之。是以争风水者，往往多盗骨之弊。余友沈倬宰上饶，见库中有骨数十具，皆盗葬成讼存库者。

祖先遗骨竟可取出刷洗，非汉文化所能容忍，此必出于当时当地尚未汉化少数民族习俗。而在南方边远地区少数民族之中洗骨葬直至晚近仍有存在。文献记载中比较明确的事例如下：

贵州大方县清代有称为“六额子”者。人死葬后岁余，“祭而取其骨刷洗至白为佳，以囊布埋之。嗣后间岁一洗，至七度乃止。凡家人有病，则谓祖先骨不洁云。今经严禁，恶俗渐革”[2]。按“六额子”今称“庐”，1960年我在大方县调查时尚存五百余人[3]，问其洗骨之俗已瞠目不知所答。

贵州大方县还有称为“龙家”者。“人死三年取其尸刷之，凡三次”[4]。此族今划入当地彝族之中，洗骨葬俗今亦不存。

云南文山地区清代有“普马”人，“人死不论男女，俱埋于“掌房”（指当地一种平顶土房）下常行走处，每日以滚水浇之，俟腐取出，以肉另埋，骨则洗净，用缎为袋盛之。家人尽穿红绿，杀猪羊，令婿负之跳舞，藏于家三年乃葬。遇疾病则取出再跳，以为未洗之骨作祟也”[5]。此俗今已无闻。

上述三族洗骨葬均已消失。1949年后仍然保存洗骨葬仅有广东连南瑶族。据报导：人死先葬于各姓公共墓地之中。如有人家宅不安，病痛多，便自行选择山地，请人看风水，进行迁葬。迁葬前请“先生”问祖先要躺着葬还是要坐着葬。如躺葬用棺，如坐葬用瓦缸。迁葬时尸体未烂多用棺木。若尸已烂，则拾骸骨另葬，由儿子动手，从左至右拾骨，名“起身”。全部骸骨削净洗过，放入瓦缸，叠成一个坐着的骸骨。[6]

洗骨葬基于何种宗教意识？何以有人生病归咎于祖先遗骨“不洁”必洗之以“除祟”？此殆出于后进民族一种非常普遍之信仰：人死之后灵魂仍在尸体附近徘徊，会危害于人，必待尸体完全腐烂后灵魂才脱离尸体，前往另一世界。二次葬实质是送死者前往另一世界告别仪式。[7] 而洗骨就是以人工方法加速灵魂脱离尸体的过程，使灵魂尽快离开人世。葬后规定洗骨三次或七

1《墨子 · 节葬》下：“楚之南有炎（啖）人国……（父母死）朽其肉而弃之，然后埋其骨，乃成为孝子。”《隋书 · 地理志》：“南郡、夷陵、嘉、沔阳、春陵、清江、襄阳、舂陵、汉东、安陆、永安、义阳、九江、江夏诸郡多杂蛮……始死……敛毕送至山中，以十三年为限。先择吉日改入小棺，谓之拾骨，拾骨必须女婿。……除肉取骨，弃小取大。”

2（清）爱必达：《黔南职略》卷二四（罗绕典《黔南职方纪略》卷九、道光《大定府志》卷一四略同）。

3 陈奎章：《大方县民族历史资料》第一本，未刊稿。

4（乾隆）《贵州通志》卷七、道光《大定府志》卷一四、民国《大定府志》卷一三。

5（道光）《云南通志》卷一八六引《开化府志》。

6《广东连南瑶族自治县南岗、内田、大掌瑶族社会调查》，1958 年，118—119 页。

7 R.Huntington and P. Metcalf, *Celebration of Death: The Anthropology of Mortuary Ritual*, Cambridge University Press, 1979, pp.68—81.

次，或因人生病洗骨，都为了达到这一目标。只要存在上述信仰之处，都会导致二次葬或作为其一种形式洗骨葬的出现，故各地洗骨葬起源于某一地区（例如中国洞庭湖地区）的说法，是值得商榷的。

凌纯声先生早在40年前即对洗骨葬问题作过很好的研究，然尚有剩义有待阐发，因略作补充如上。

凶死异葬

后进民族凶死者之埋葬与常人有异，古今概莫能外。虽然对凶死之界定各有不同，下列情况一般均算凶死：被杀、自杀、意外事故而死（如淹死、野兽咬死、电击而死……）、患恶疾而死、妇女难产而死。

凶死者异葬表现在下列诸方面或某一方面：

（一）埋葬地点

若当时已有墓地，凶死者必葬于墓地之外，这方面例证甚多，毋庸列举。若当时仍实行家内葬，凶死者必葬于家外。如非洲的Abaluyia人将正常死亡者埋于房内，凶死者只能葬在院落之后，有些患恶疾者更要丢入河边丛林之中。[1]

云南古代麽梭人行火葬，凶死者焚烧也要另外择地，与正常死者分开。[2]至今凉山彝族举行火葬仪式时，凶死者和正常死亡者仍是分别对待的。[3]至于淹死一般就埋在河边。很多民族都是如此。

（二）尸体处理

凶死者葬式特殊，以示与常人有别。缅甸掸邦布朗族对雷击而死的男子和难产而死的妇女采取直立葬，尸体缚成站立状，墓穴挖成井状，无棺；而一般人是平身而葬，墓穴作长方形并使用棺木。[4]澳大利亚人对凶死者也行直立葬，墨累河地区一百多座墓葬中凡作直立葬者多是分娩而死者、年青人被处死者、死于矛刺者以及遗传异常者。[5]海南岛黎族实行土葬，一般人尸体是仰身安放，而非正常死者则俯身而葬，并用木棍从背后把尸体钉入地下，“不让凶鬼害人”[6]。古代仫佬族也实行俯身葬，作为一种厌胜之法。[7]有些民族更对凶死者尸体加以摧残，如云南景颇族对正常死亡者实行土葬，凶死者实行火葬，而夭死儿童须戮尸或砍断一足，埋于十字路口，“让人足踩脚踏”，使他不能再来投胎。[8]

（三）葬仪

凶死者不能像正常死亡者一样享受正规的葬仪。他们无葬具或仅有简陋的或特殊的葬具，

1 J.S. Mbiti, *Religion and Philosophy of Africa*, New York: Archer Books, 1970,p.203.

2（万历）《云南通志》卷一六：“麽梭人死则以竹箦舁至山下，无棺椁贵贱皆焚之，非命死者则别焚之。”

3 王昌富：《凉山彝族礼俗》，四川民族出版社，1990年，155页。

4 Leslie Milne , The *Home of an Eastern Clan*, Oxford University Press, 1924, pp.304,311.

5 Geoffry Blainey, *Triumph of the Nomads: A History of Aboriginal Australia*, New York: The Overlook Press pp.99.

6 王国全：《黎族风情》，广东民族研究所，1985，110—111页。

7（清）陆次云《峒溪纤志》：“木老……与（？）死则俯尸侧葬之，为死者避厌也。”

8《景颇族社会历史调查》（二），1985年，212页。

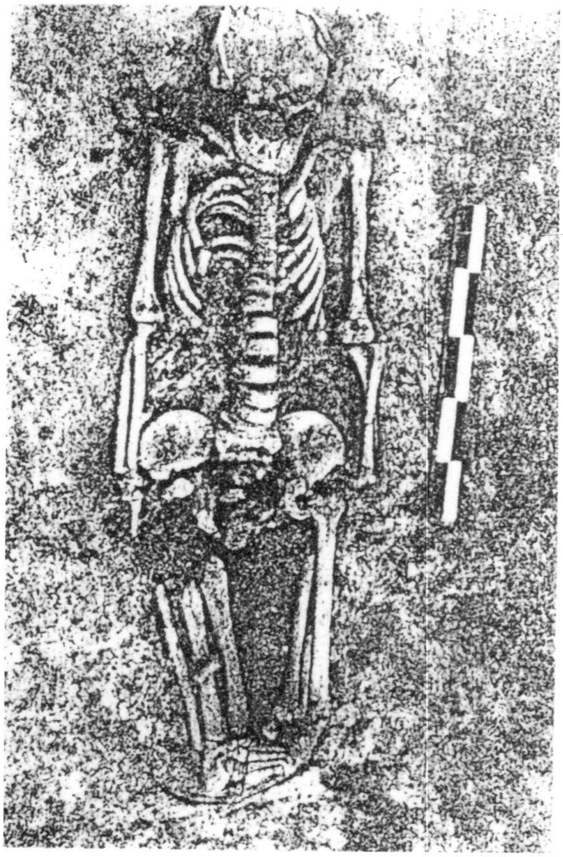

图三　西安半坡仰韶文化 66 号墓的断腿葬

无随葬品或仅有少量随葬品以平息他们的“愤怒”，不举行哀悼仪式或另有一套特殊的禳祓仪式。葬仪经历时间不会太长，一般是愈快愈好。例如，上述掸邦布朗族难产而死的妇女，除采取直立葬不用棺木外，其尸体还必须从地板挖洞运出，不许经过正门，婴儿取出另葬。[1] 金三角地区的阿卡人一般凶死者通过复杂的禳祓仪式可以葬入家族墓地，但下列三种情况绝对不许葬入：虎豹咬死、淹死、患天花而死。他们要就地掩埋或丢入丛林，而且必须杀狗一只“埋于尸体之上，防鬼外出”；男子无子嗣而死葬仪亦异于常人，尸体要破墙运出。[2] 广东连南县瑶族正常死亡者葬前可享受一套尸体缚于椅上抬之游行仪式，凶死者则先匆匆殓葬，事后以草人进行“坐椅”仪式；又生育而死妇女之埋葬仪式，妇女不能参加，“以免受到影响”。[3]

在中国史前埋葬遗存中，有些明显的凶死异葬已为人们所认识。例如，江苏邳县刘林属大汶口文化的第 152 号墓，妇女腹中有胎儿，当系生育而死，而头被折断[4]；云南元谋大墩子新石器文化第 4 号墓的骨架插有骨镞，当系被人射死，身上压有大石[5]；邯郸涧沟龙山文化层中所谓乱葬坟，人骨相互叠压，有的身首异处[6]，可视为一次战争后的掩埋。无论属于敌人或已方战死者，初民都作为凶死对待的。又如，临潼姜寨仰韶文化灰坑中发现的尸骨，或头身分置，或合葬一坑，无任何随葬品[7]；西安半坡仰韶文化第 66 号墓女性死者腿骨砍断再行埋葬[8]（图三）。以上均可视为对凶死者的处理。

如上所述，凶死异葬形式多种多样，有的可能以其他特殊形式表现出来，这就需要人们细加辨别。例如，中国古代俯身葬争论颇多，实应区分不同情况加以考虑。江苏常州圩墩遗址（马家浜文化）第一次发掘 25 具尸骨中 23 具作俯身状[9]；第三次发掘 30 具单人葬中，26 座中

1 *The Home of Eastern Clan*, p.305.

2 P.Lewis and E. Lewis, *People of the Golden Triangle: Six Tribes in Thailand*, New York: Thomes and Hudson, 1984,p.237.

3《广东连南瑶族自治县南岗、内田、大掌瑶族社会调查》，1958 年，119—121 页。杨耀林《广东连南瑶族一次葬礼的记录》，《民族学报》第 1 期，1981 年。

4《江苏邳县刘林新石器时代遗址第二次发掘》，《考古学报》1965 年 2 期，18—19 页；图一二；图版二：2，4。

5《元谋大墩子新石器时代遗址》，《考古学报》1977 第 1 期，54 页。

6《1957 年邯郸发掘简报》，《考古》1957 年第 10 期。

7《姜寨——新石器时代遗址发掘报告》，文物出版社，1985 年，63 页。

8《西安半坡》，文物出版社，1963 年，202 页，图版一七五。

9《江苏常州圩墩新石器时代遗址的调查和试掘》，《考古》1974 第 2 期。

是俯身葬[1]，这些当然只能算为一种正规的葬式。殷代俯身葬，以近年安阳殷墟的发掘为例，约占百分之二十到三十[2]，它们的意义自应继续研究。但是，如临潼姜寨仰韶文化42座单人墓中，俯身葬仅1例，无任何随葬品[3]；青海乐都县柳湾343座齐家文化单人墓中，俯身葬仅2座，无随葬品[4]；甘肃永靖秦魏家114座齐家文化单人墓中，俯身葬仅1座[5]；江苏海安青墩从崧泽文化到良渚文化的95座单人墓中，俯身葬2座，另有1个四人乱葬坑中两人是俯身葬，均无随葬品[6]。参考上到黎族及仫佬族习俗，可以认为都是凶死异葬。又如，史前埋葬遗存中曾发现头骨在上躯干及肢骨在下的情况，过去均释为二次葬，但直立葬也会形成类似的现象，通过墓穴形状（是横穴还是竖穴？）不难作出判断。参考上引掸邦布朗族及澳大利亚人的习俗，与大量正常埋葬并存的个别直立葬也可能是凶死者一种葬式。

历史时期中国人葬礼中仍包括凶死另葬的内容。《礼记 · 檀弓》上：

死而不吊者三：畏、厌、溺。

“溺”指淹死。据郑玄注“畏”是“兵刃所杀也”，当指被杀。“厌”是“行止危险之下”，当指意外事故死亡者。此外，如《周礼 · 冢人》：

凡死于兵者，不入兆域。

又《礼记 · 曾子问》：

大辱加于身，支肢毁伤，即君不臣，士不交……死不得葬昭穆之域也。

这些凶死者同样不能葬入正规墓地，也不能享受正常人之葬仪（“死而不吊”）。又《庄子 · 德充符》篇有云：

战而死者，其人之葬也，不以翣资。

翣指下葬之日棺上附饰的扇形物，战死者也是不许使用的。

总之，如何进一步辨别出从史前到历史时期埋葬遗存中的凶死异葬，是今后考古工作者一项重要的课题。

为什么初民在埋葬方面对凶死者要进行不同的对待？这来源于初民对凶死者的看法。众所周知，初民对死者具有普遍的惧怕心理，而对凶死者尤为惧怕。例如，掸邦布朗族认为凶死者的“鬼魂是凶恶的，嫉妒的，易伤害人的”[7]。云南西盟佤族甚至把鬼魂分为两种：正常死亡者变为“戈孟”，而凶死者则变为“丘”。[8]云南纳西族认为一般人的灵魂是他的影子，称“峨黑”；而凶死的则为恶的灵魂，称为“斗”。特别是新死未久者危害尤大，必须以一系列净祓仪式化解之。一切凶死异葬都是基于上述信仰的仪式行为。

1《常州圩墩新石器时代遗址第三次发掘简报》，《史前研究》，1984第2期。

2《殷墟发掘报告：1958—1961》，文物出版社，1987年，211页。

3《姜寨——新石器时代遗址发掘报告》，文物出版社，1985年，53页。

4《青海柳湾——乐都柳湾原始社会墓地》，文物出版社，1983年，177页；图一〇二右；图版二三：2。

5《甘肃永靖秦魏家齐家文化墓地》，《考古学报》1975第2期，63页；图五；图版二，1。

6《江苏海安青墩遗址》，《考古学报》1983第二期，161—164页，图二一。

7 *The Home of Eastern Clan*, p.304 .

8 此承最近在西盟佤族之中进行调查的瑞典马思中（Magnus Fiskejo）博士见告。

崖葬

崖葬是指死者遗骸（一次葬的尸体、二次葬的遗骨或火葬的骨灰）连同葬具放入崖壁天然的（或再经人工修凿扩大了的）洞穴或裂缝中的一种葬俗。在没有天然洞穴或裂缝可资利用的情况下，便在崖壁上凿出孔穴插入桩柱而架棺其上，即所谓“悬棺葬”。悬棺葬实是崖葬之一种。大抵言之，崖葬因地制宜可以有多种形式，只要是“有棺而不葬”置之于深山人迹罕至之处者，均应统称之为崖葬，不必多立名目。

据文献记载，崖葬在中国川、滇、黔、桂、鄂、湘、赣、浙、闽、台诸省，均有分布。惟古人对崖葬多作为一种神奇景观加以描述，很少亲临现场，崖葬长期笼罩在迷雾之中。

近几十年来情况有所改变。随着中国考古学的发展，人们开始对崖葬进行实地考察清理。经过清理的崖葬有四川珙县及其周围地区，三峡地区，贵州松桃、岑筑、道真，湖南酉水流域，广西武鸣等地，江西贵溪，福建崇安武夷山等。仅就以上几处崖葬遗存，我们对崖葬的内涵已比以前有较深的了解。崖葬的葬具形式不一，或为船形，或为一般棺木；随葬品多是当时当地流行的器物。各地崖葬年代相差很大，早者如福建崇安武夷山距今 4000—3500 年，江西贵溪距今 2800—2500 年；晚者如四川珙县，根据随葬的青花瓷器等物可知，有些年代不早于明代中叶。

但崖葬研究中有个问题始终困扰着考古学者，即人们如何把笨重的棺木连同尸体（假如是一次葬的话）运上高山悬崖？仅靠考古遗存本身很难作出回答，这需要从民族学志查找有关记录进行类比研究。

印尼西里伯岛的托拉加人（Toradja），一直实行崖葬的习俗。1972 年美国《国家地理》杂志出现一篇报导，虽非出于专业人类学家记录，但较生动具体，而且反映的是最近的情况。兹摘译如下：

> 邀请我们来到塔拉（Tana）托拉加人地区作客的商人，在一个下午告诉我们一次盛大的葬礼即将举行……死者 S’apang 是最高等级，因此至少要用十二条牛作为奉献。
>
> ……当举行各种仪式时，尸体躺在他的家中，要留到埋葬之日为止。无人告诉我们究竟是在几个月甚至几年之后才能举行。
>
> ……但我们对死者将要休息的坟墓留下深入的印象。我们走到相距五英里一个名叫 Londa 的地方……在垂直石灰岩崖壁阴影之下突然发现自己毛骨悚然地单独面对托拉加人的死者……一打以上木制人像从悬崖中间木头搭成平台上俯视着我们，有的站立，有的坐着，都穿着衣服……最近另一个葬礼曾在这里举行，地面还留下已空了的形同托拉加人房屋或谷仓的尸架……崖壁上挂着几个船形棺。
>
> 我们进入了一个崖洞，看到其他棺材被塞在石灰岩壁的裂缝中。许多棺材上堆着死者个人的衣服……地面上散布着来自坏棺材中的骨骸和四个头骨。……我们再一次爬到外面平台就近视察人像……它们称为 tan—tan，为了纪念死者而制，每一个 tan—tan 都是和死者遗体最后进入墓洞的……人像大小约为生人的三分之一……
>
> 把棺材运上崖壁放入天然崖洞，是较早葬俗的遗留。……在葬礼结束时，一个抬棺

图四　托拉加人爬独木梯运送尸骸上崖

图五　托拉加人爬独木梯运送木雕像上崖

人（pallbearer）把死者尸体包起来放在肩头，借助于刻出足窝的竹竿，爬上悬崖，同时有助手站在适当位置（按：据文中附图，助手也站在竹竿之上）相扶使稳。这样，把死者放入事先以同样方法运上去的棺木之中。另外的助手关上入口的木门。最后把人像……放在入口处………[1]

后听说S'apang在我们离开不久就埋葬了……

从上述引文可见托拉加人运棺上崖的具体方法，原来棺木和尸体是分别运上去的，人们爬崖就靠一根刻出足窝的竹竿，但需人在旁相扶（图四、五）。

国内少数民族最近也有一次崖葬实录见诸报刊。贵州有些地区苗族1949年已改行平地土葬，但对凶死者仍行崖葬。1985年5月罗康隆先生目睹一位口鼻出血被认为凶死的44岁妇女进行崖

1 P·A·美耶：《托拉加人的生与死》，（美）《国家地理》141：6（1972）。

葬的过程：

洞穴在一座大山的嘴檐上，高约 3 米，宽约 3 米，深约 1.5 米。……出殡时，灵柩先停在屋前的院坝间。抬棺的“丧架”两端各卡上一根直径约 5 厘米的丧杠，分别套上一个篾圈。前杠中间系一绳索，直径约 8 厘米，用篾条搓成，外面紧裹稻草，长约 70 米……8 人抬棺，67 人拉着绳索，在鞭炮声和唢呐声中离开了丧家……遇到陡坡……拉绳者更是小心翼翼，并且加大气力往前拖拉。行抵葬所时，因洞口有一笔直的石崖，足有 2 米多高，抬棺者、拉绳者每呐喊一声，便使一次劲，最多向前移动 5 寸。经过大约 40 分钟，才将棺柩送入洞穴。计从上午 8 时出殡，直到中午 12 点结束，行程 4 华里，整整花了 4 个钟头。[1]

这种方法大概只能行之于陡坡而非悬崖绝壁（如上例所述，仅在近洞穴处有“2 米多高”悬崖），至少抬者拉者要有立足之地。据报导，过去广西亦有“用绳曳棺而上”的崖葬方法。[2]

对于如何运棺上崖，文献记载中有多种说法，或谓“自山上悬索下柩”[3]，或谓“筑土为台运棺其上，事后台卸土撤而棺乃独立岩隙”[4]。近人据三峡地区崖顶有人为孔穴（“牛鼻孔”）推测可能就作穿系绳索下柩之用，又据崖壁方形凿孔作“之”字形排列（俗称“孟良梯”）推测也可供上下。[5]

本文提供了两条资料，介绍最近还曾使用且有人目睹的崖葬方法，似更有参考价值。大体说来，古代崖葬者对如何运棺上崖根据当地地理条件可能曾采取各种不同方法；而要确定某一崖葬究竟使用哪种方法，应实地搜集有关遗迹及遗物并参考民族志资料进行仔细分析之后才可确定。

杵舂守灵

杵舂是古代普遍存在的谷物加工方法。人们为了减轻这简单重复劳动之乏味和疲劳，常以杵臼作为打击乐器，将舂捣动作节奏化，打出音乐节拍，边舂边唱，使劳作与娱乐相结合。其发展形式是多人对舂，通过舂击碓臼的不同部位发出不同音响，形成合奏，中国古代南方民族曾有之，称为“舂堂”。[6]

某些民族把杵舂奏乐用于丧葬仪式之中。（明）李思聪《百夷传》（景泰云南图经本）记今云南德宏地区风俗有云：

（百夷）父母亡……诸亲戚邻人各持酒物于丧家，聚少年百数人饮酒作乐，歌舞达旦，谓之“娱尸”。妇女群聚击碓杵为戏，数日而后葬。

---

1 罗康隆：《悬棺葬安葬过程目击记》，《贵州省博物馆馆刊》1987 年 4 期。

2 梁岵卢：《广西壮族的岩墓》，《广西日报》1957 年 6 月 21 日。

3（唐）张鷟：《朝野佥载》卷二。

4 刘锡蕃：《岭表纪蛮》瑶山纪闻。

5 林向：《川东峡江地区的崖葬》，《民族学研究》4 期（1982 年）。

6（唐）刘恂《岭表录异》卷上：“广南有舂堂，以浑木刳为槽，一槽两边约十杵，男女间立，以舂稻粮，敲磕槽舷，皆有编拍，槽声如鼓，闻于数里。”（宋）周去非《岭外代答》卷四舂堂条：“静江民间……屋角有大木槽，将食时，取禾舂于槽中，其声如僧寺之木鱼。女伴以意运杵成音韵，名曰舂堂。每旦及日昃，则舂堂之声，四闻可听。”

又如，（清）爱必达《黔南识略》卷五（田雯《黔书》卷一略同）云：

镇宁州（今贵州镇宁）旧有康佐土司，其人号狗耳龙家……死以杵击臼，和歌而哭。移之幽宫，秘而无识。

图六　云南西盟县佤族杵舂奏乐

按“百夷”为今德宏傣族先民，自接受小乘佛教以后，丧事中“击碓杵为戏”之俗早已不存，“狗耳龙家”今亦不知何往。今天犹保存此俗者为西盟佤族。前人调查材料中留下一份1957年写的《大马散寨一个丧礼的记录》，摘录如下：

死者名娜惠……56年12月12日死。当日杀头猪做鬼。13日下午装殓。……晚上，有三个魔巴（巫师）在死者家里跳鬼……同时四个妇女在房外“掌子”（凉台）旁舂碓。四人交错用杵舂碓中的谷物和击木碓的边沿，发出两种不同的声音，构成有规律的节奏，非常动听。这种特殊的舂碓法，只有在死人、剽牛、盖房子、收获等大场合中才能用。舂碓的人边舂边笑，有时夹以跳跃动作……[1]

丧葬仪式中唱挽歌跳丧舞并不足奇，但佤族杵舂奏乐在其他场合也可进行（图六），而且丧事中竟可“边舂边笑”，无疑属于娱乐性的。

按丧事中竟可进行娱乐性歌舞，我辈或视为非礼，而这在中外后进民族之中并不少见。例如，云南哈尼族人死在家守灵，每十二天举行一次歌舞，青年男女聚集丧家，吹拉弹唱，甚至谈情说爱。沧源岩帅地区佤族老人死，跳夹足舞，即两人相对，双手各持竹竿一端，一开一合，舞者在其间隙中跳来跳去，这是东南亚地区很多民族流行的娱乐性舞蹈。云南永胜县他鲁人，人死则举行“打跳”，男女老少围成一圈，以足顿地，随着乐器伴奏节拍走动。祭祀或年青男女集会时也进行同样的“打跳”。非洲坦桑尼亚的尼亚库萨人（Nyakyusa）有人死亡，妇女在屋内哭泣，男子则在屋外跳战舞，因为死者“生前是个伟大的战士”，假如是个妇女，则“敬佩她能生出战士来”。[2]

后进民族对亲人死去感到痛苦之外，更多惧怕情绪。正如专门研究丧葬的人类学者所指出，

1 《云南佤族社会经济调查材料》之七，中国社会科学院民族研究所，1980年。

2 R. Huntington and P. Metcalf, *Celebrations of Death: The Anthropology of Mortuary Ritual*, Cambridge University Press, 1979, p.38.

他们怕鬼魂，怕因没有执行适当仪式激怒鬼魂会带来灾难，各种丧仪的“目的就是使鬼魂远离”。[1]

丧葬中进行歌舞，假如属于挽歌和丧舞，若细加分析其内容皆不外乎送走鬼魂，希望他们不要回来。如仅是娱乐性歌舞，则为了造成一种热闹气氛，免除惧怕心理。关于丧葬中使用舂乐，据我在西盟佤族之中了解，除了在守灵的漫漫长夜中免于惧怕之外，还有准备米粮以便招待前来吊唁人士之实际需要。

中国内地古代也有杵舂奏乐。《礼记 · 曲礼》（亦见《檀弓》上篇）：

邻有丧，舂不相；里有殡，不巷歌。（郑玄注：“相，谓送杵声也。”）

《礼记 · 乐记》：

今夫古乐……始奏以文，复乱以武，治乱以相。（郑玄注：“相即拊也，亦以节乐。”）

可见古代把杵臼击出节拍的奏乐方式称为“相”，颇类似今以竹板击拍之“数来宝”或“快板”。《荀子 · 成相篇》就是这种乐曲之歌词。梁启雄《荀子简释》说它是“舂米歌”，甚是。全篇以三字句、四字句、七字句组成，其排列是三三七四四三，推想当时杵臼击之节拍应该是：

○○○ – ○○○ – ○○○○○○○ – ○○○○ – ○○○○ – ○○○

（○代表一击，—代表停顿或击打碓臼边沿发出另一种音响）

又每段歌词之先常见“请成相”三字，有如“数来宝”艺人开头必唱“数来宝，跨大步……”，乃起兴之句。

按《淮南子》中亦有《成相篇》，现只留下极少逸文（见《艺文类聚》卷八九），全篇已佚。又《汉书 · 艺文志》者录有《成相杂辞》，今亦不存。然由此可见，“相”在中国内地曾是普遍流行的。

疑“相”在中原地区亦曾用于丧葬仪式之中，但属于遥远的过去。自原以治丧为职业的儒家在中国文化领域取得统治地位之后，由于他们主张“祭思哀，丧思敬”[2]，“丧事主哀”[3]，“丧礼，与其哀不足而礼有余也，不若礼不足而哀有余也”[4]；而娱乐性的舂乐与丧事应有的哀戚严肃气氛太不协调，遂针对过去邻里之间杵舂奏乐守灵助丧之俗，提倡“邻有丧，舂不相”以示哀悼。这方面证据不多，姑志于此，以待继续研究。

助哭

古代有助哭之俗。《周礼 · 挈壶氏》：

凡丧，悬壶以代哭者。（孔颖达疏：“未殡以前无问尊卑，哭不绝声。大敛之后，乃更代而哭，亦使哭不绝声。大夫以官、士以亲疏代哭。人君尊，又以壶为漏，分更相代。”）

《礼记 · 丧大记》：

大夫，官代哭，不悬壶；士代哭，不以官。

---

1 上引 *Celebrations of Death* 一书，36 页。

2《论语 · 子张》。

3《礼记 · 少仪》。

4《礼记 · 檀弓》上篇。

此为古代丧礼中有趣问题。人死，除亲人外，还要按死者等级尊卑请不同的人助哭，或为属僚，或为亲属，务使"哭不绝声"。而人君之丧更要分批值班代哭并用悬壶滴漏计算时间。在古代丧礼中，哭原是一种仪式行为，丧礼中不同环节应如何哭法，不同关系的人哭到什么程度，均有系统的规定。[1]助哭也是仪式行为之一。

此俗延至后世。《南史·王裕之传》：

> 隆昌元年卒。遗令：朱服不得入棺，祭则酒脯而已。世人以仆妾直（值）灵助哭，当由丧主不能淳至，欲以多声相乱。魂而有灵，我当笑之。

(唐）李国义《资暇录》：

> 丧筵之室，俾妓婢悲切声以助主人之哀者，谓之扬声。

(清）赵翼《陔馀丛考》卷三二丧次助哭条记当时社会仍有此"陋习"。直至近世，内地偏僻地区若富裕之家人丁不旺，办丧事仍请人或雇人代哭，特别是出殡下葬之日，代哭者穿孝衣随家人之后，形成一长列送葬队伍。我儿时尚及见之。

助哭为一种原始葬俗，后进民族多有。云南德宏地区傣族上层人士死，停尸于家至少七天以上，要使哭不绝声，仅靠家属亲邻已不能胜任，必请外寨农民（多为女性）前来助哭，并付报酬。同一地区景颇族亦有类似习俗，称为"帮哭"。西双版纳傣族土司死，规定由橄榄坝两个村寨（曼达岛、曼孙罕）农民专门负责助哭。这两个村寨遂被称为"哭丧寨"。传说他们有此"义务"，是因为原为土司亲随卫士后裔之故。[2]

云南永德县利米人"开吊"（追悼亡魂）仪式全过程，都有一位妇女在灵床旁号哭，此人称为"额"。我于1981年尚亲见其事。

何以人死除亲人外还要请人助哭？这来源于初民普遍存在的对死者之恐惧心理。少数民族人士告我：实行助哭多因为人死未久灵魂尚在附近"观察"活人的"反映"。若哭声不大，哭者不多，说明活人对自己死去"毫不在乎"，"这样死人会怪罪的"。只有造成一种强烈的哀悼气氛（即使是人为的），死者灵魂才会无遗憾地离开人间。故助哭是为了"给死人看的"。当然统治阶级请人代哭，又兼有讲究排场显示权势的社会功能。古今助哭习俗之意义，均应如是。

最近报载助哭之俗在中国大地又复兴起。县乡暴发户大办丧事多要请人"哭灵"。哭灵在入殓及下葬时达到高潮。"哭灵人"多选当地经费困难剧团之女演员，取其善于表演，每天付费400元。若能付酬800元，则能哭得比死者儿女还要"悲伤"，哭得"头发散乱满脸泥泪"云云。[3]

---

1 参见《礼记》之《檀弓》、《丧大记》、《曾子问》、《奔丧》、《间传》等篇。

2 刀国栋等译：《宣慰使婚丧礼仪及献礼和服役的规定》，载《傣族社会历史调查》（西双版纳之三），云南民族出版社，1983年。朱德普：《西双版纳召片领祖先神坛及其祭祀考察》，《云南文史丛刊》1994年4期。

3 王广田：《荒唐的哭灵》，《南方周末》1996年5月17日。

初民生活习俗丛考

巢居

巢居是中国远古时期居住形式之一。传有巢氏即因教民巢居而得名。[1] 甲骨文中有字，丁山释巢。[2] 古代著名隐士许由实行巢居，故字巢父。[3] 由于巢居有关记载极为简略，其具体形制自来无法知晓，幸赖近年考古学和民族学的新发现，人们对巢居始有较多了解。

云南沧源崖画第五地点有一图形，一棵大树上建有房屋，另有一根线条相连，似表示可供上下之绳索或软梯。显然，这一树上房屋即是对巢居的具体描绘。（见《云南沧源崖画发现和研究》有关图片）云南地方志书中记载，直到明清时期仍有这种树屋，而且就称它为“巢居”（有关资料已备录于《云南沧源崖画的发现和研究》，见该书 79 页）。独龙族到了近代仍实行巢居。（清）夏瑚《怒俅边隘详情》云：

> 俅人（即独龙族）多结房于树而居，如有巢氏之居者。其巢居之由，在昔野兽较多……抵御无方，故其先人创此巢居。……近则杀人拉人所在恒有，亦仍以巢居避患为乐。

到了 20 世纪 50 年代，独龙族树屋虽已不存，民族调查者尚得见其遗址。据介绍，树屋尽量利用树上枝杈以大树之直枝为柱，横枝为梁，平铺枕木为地板，编竹为壁，屋顶用芭蕉叶和竹叶覆盖。房屋之建成要迁就树之天然形状，故房屋形式多种多样，甚或建成多层树屋。树屋利用树干凿出阶梯，或备有藤制软梯，以供上下。各座树屋之间或有藤桥相通。[4] 云南苗族地区也有树上房屋（图一）。

据世界民族志材料，同样树屋在美拉尼西亚、新几内亚等地也有存在。[5]

远古巢居的情况，由上述树屋可以想见仿佛。它并非如前人所想象“如鸟之有巢”，仍是一种人工建筑物，只是建造在树上尽量利用天然树枝为梁柱而已。

---

1 《韩非子 · 五蠹》、《庄子 · 盗跖》。

2 丁山：《中国古代宗教与神话考》，上海文艺出版社，1988 年，472 页。

3 （晋）皇甫谧：《逸士传》（《文选》卷三四七注引）。

4 王均：《独龙族的穴居和巢居》，《民族调查研究》1983 年 1 期。

5 W. H. R. Rivers, *The History of Melaneisian Society*, Cambridge University Press, 1914, Vol. II, p.456.

中国巢居自来被以为是南方民族的住所。《国语·鲁语》云“桀奔南巢”。殷代有“巢伯来朝”，旧注以为是南方之国。[1] 所谓“南方巢居，北方穴处”。[2] 这一点可能符合事实。不仅现知巢居之文物古迹和遗址，只发现于南方偏僻地区，而且文献记载南方民族居住形式与巢居有一脉相承的关系。《魏书·僚传》：

依树积木，以居其上，名曰“干栏”。

（宋）乐史《太平寰宇记》卷一三六渝州风俗条：

乡俗构屋高树，谓之“阁阑”。

可见南方民族自古至今一直流行的干阑式建筑是由树屋发展而来，“干阑”一词原来是指树屋的。（宋）周去非《岭外代答》卷四有云：“深广之民，结栅以居，乃上古巢民之遗意欤？”所谓“结栅以居”，就指今干阑式建筑。古人已经看出这种建筑与古代巢居的关系。

我以为最能说明干阑式建筑来源于树屋的是其中的“独脚楼”。它建在一根木柱上。（明）邝露《赤雅》卷一罗汉楼条：

以大木一枝，埋地作独脚楼，高百尺……男子歌唱饮啖，夜归缘其上。

（清）闵叙《粤俗》系此为仡佬族风俗。此种房屋当为供男子集会之“男子公所”，今仡佬族已无此风俗。而云南西双版纳傣族祭祀寨神（“哼披曼”）之小屋仍作如此形式，今日一些村寨中犹得见之（图二）。

图一　云南苗族树屋

图二　傣族独木干栏（祭鬼小屋）

1《书·序》及郑玄注。

2《太平御览》卷七八引项峻《始学篇》。

石炊

人类自用火起即知熟食。肉食可以直接置于火上烧烤，植物类食物必赖某种器物烹煮。人类自进入新石器时代以后始有陶器（金属炊具之出现更晚），那些还未掌握或从来不曾掌握制陶技术的远古居民是如何煮物呢？原来是使用石头。

根据民族志提供的材料，人类石炊之法多种多样，但归纳起来不外下述两类。

（一）烧石

此法曾在世界范围内流行，或称“热洞法”，其要点是取天然卵石置于火中烧热，迅速投于某种容器中，将其中的水及食物煮沸。关于所用容器种类甚多，因地而异。北美草原印第安人喜用树皮，柳条等编成的篮子，或再覆盖野牛皮，可以盛水不漏；台湾阿美人以槟榔叶或椰子叶折成船形容器；而美拉尼西亚人和玻利尼西亚人就在地下掘一凹穴，铺以石板，称为“阿帕毛利”。投入烧石亦可煮物，或将块根或小动物炙熟。[1]

图三　爱斯基摩人石锅

云南少数民族保存烧石之法者，至少有独龙族和西双版纳傣族。他们都早有自制的或从外族购入的陶器或金属炊具，但由于习惯的原因对某些食物仍要用烧石法煮之。例如，西双版纳傣族烹制青苔就是如此。直至1982年我在景洪一个澜沧江边村寨中，尚得亲见。所用烧石即为江中卵石，其大如拳。由于多次使用，已烧成黑色。平时置于火塘边，用时即投入火塘烧热，放入盛有青苔之陶罐。

（二）石制炊具

在有合适石材的地方，人们用石头直接制成炊具。在国外，加拿大的因纽特人（爱斯基摩人）便用一种质软的“皂石”（soapstone）凿挖成平底之锅[2]，我曾在渥太华的加拿大国家博物馆见过此物（图三）。在国内，据前人报导，西藏的门巴族一直以石锅为主要炊具[3]，今日仍作为工艺品而制作。云南景颇族（大山支）亦曾有“石锅”[4]，但20世纪60年代初我去调查时已无人制造。

若无质软可凿之石材，亦可用页岩做成薄石板为炊具，有如我们煎物之平底锅。北美印第安

---

1 H. 柯诺：《经济通史》卷一，吴觉先译，商务印书馆，1936年，55—56、177—178、181、242页。A.C. 海顿：《南洋猎头民族考察记》，吕一舟译，商务印书馆，1937年，51页。陈奇禄：《阿美族的制陶、石煮和竹煮》，《考古人类学刊》13—14期，1959年。

2 A.Balikci, *The Netsilik Eskimo*, New York: The Natural History Press, 1970, pp.20—21, fig 12.

3 《西藏墨脱县门巴族社会历史调查报告》，北京，1978年，14页。李德润《门巴族民俗》，载《古民俗研究》，吉林文史出版社，1990年。

4 李生庄：《云南边地问题研究》（上），1936年，98页。《景颇族社会历史调查》（二），1936年，84页。

人及安达曼人便以石板架火上烧热，煎烤玉蜀黍饼或薯芋之类。[1] 国内怒族用石板煎成的玉蜀黍饼，称为“包谷粑粑”，颇负盛名（图四）。这种石板锅有不易烧裂及不粘等优点，至今仍存。[2]

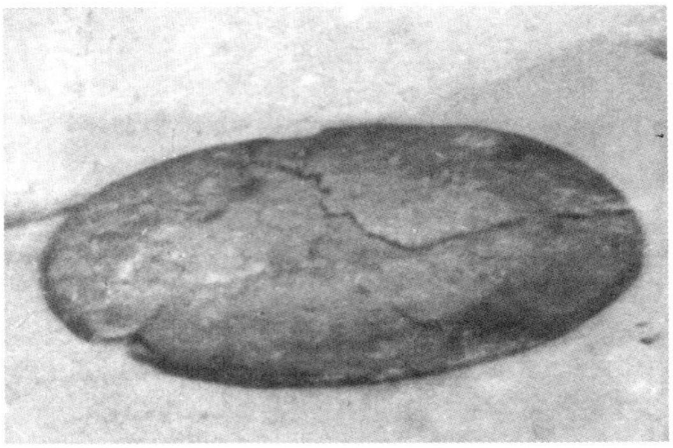

图四　怒族烤物之石板

远古时期中国内地是否也有石炊？迄今未见考古发现，而据零星文献记载，似亦曾存在。《礼记·礼运篇》“燔黍卑豚”下郑玄注：“上古未有釜甑，释米捭肉加于烧石之上而食之耳。”（蜀汉）谯周《古史考》云：“神农时食谷，加于烧石之上食之。黄帝时（始）有釜甑。”这应指第（一）类石炊法。又（宋）杜绾《云林石谱》云：“莱州……有白色石，未出土最软，工人取巧，镌治为器，甚轻巧，见风即劲。或为铛铫，又堪熟饪。”这与上述第（二）类石炊法中之石锅情况符合。

今后考古发掘中应注意寻找石炊的遗迹及遗物。

竹煮

图五　景颇族竹筒煮饭

在无陶器情况下，另一种可用来煮物的是竹筒。在亚洲南部及太平洋岛屿等多竹地区，此法曾普遍存在。中国南方少数民族竹筒煮饭之法自古至今未曾断绝。

（清）陆次云《峒溪纤志》：“徭人截大竹筒以当铛鼎，食物熟而竹不然（燃），亦异制也。”此言古代徭族。又（清）曹树翘《滇南杂志》卷一四引王尧衢《记永昌种》诗：“伲人无甑竹筒炊，采取蛇黾嘉馔奇”，此当指今德宏地区某一古代民族。到了20世纪五六十年代云南保存竹筒煮饭之俗者，就我所见，尚有景颇族（图五）、苦聪人、佤族和傣族。又台湾阿美人20世纪50年代亦有保存。

各族竹煮之法大同小异，兹举在潞西西山景颇族中所见情况为例：

取新砍下来的竹子一节，削去一端制成竹筒，内部略加清洗。米淘洗后放在大的树叶中包裹成圆柱状放入竹内，使大小相合，再以树叶将竹筒口部塞紧。燃火一堆，置竹筒于火中（吃饭人数较多，可将数个竹筒同时并烧），约数分钟后熄火，留竹筒于热灰中不立即取出，再过数分钟竹筒外部烧黑而由于新竹多含水分并未烧焦，剖开竹筒，饭刚好煮熟。竹筒煮出的米饭带有

1 上引《经济通史》卷一，135、300页。

2 罗孟：《怒族的饮食及民俗》，云南《民族学》1988年2期。

竹子清香，味美异常，非其他炊具所能及。当然，用同样方法也可烹煮蔬菜和肉食。

上述几个民族很早已有陶制的和金属的炊具，为了饭菜可口或出外露宿野营免带笨重的炊具，仍用竹煮法。今天它成为这些民族传统风味食品。

中国内地古代是否也有竹煮之法？据一些零星记载，它应该是存在过的。《孝经河图》（《御览》卷九六二引）："少室之大竹，堪为釜甑。"按《孝经河图》为讖纬之书，应成于东汉或稍晚，可见古代在产竹地区，亦曾用竹煮物。惟由于竹子不易保存，在考古遗存中很难发现。

酒之创始

中国何时开始有酒？这个问题至今未有结论。没有可靠的直接证据之前，笔者无意提出什么确定看法，仅就讨论中存在的研究方法问题贡献一点个人意见。

当世学者有的主张中国有酒始于仰韶文化时期，有的主张始于龙山文化时期[1]，多从当时农业生产发展程度进行推论，并未找到直接证据。若验证世界上其他民族酒史，这种推论有不能令人心惬之处。

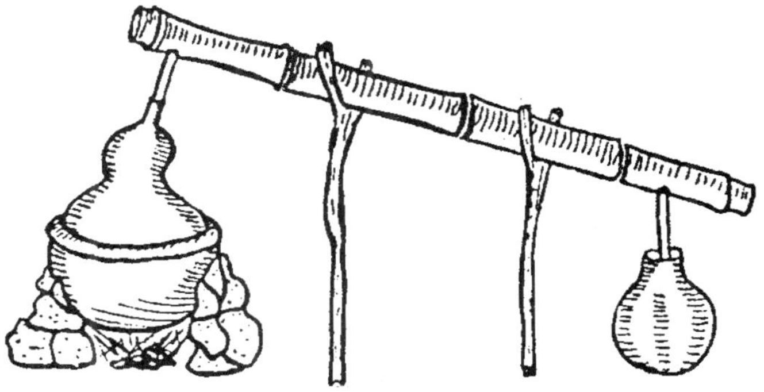

图六 印尼摩鹿加群岛居民制造棕榈酒

按酒之存在并不以农业生产为前提。人类最早酿酒原料并非人工栽培之谷物，而是野生果类或含糖分较多之野生植物。糖分遇到空气中酵母菌即可天然发酵，不像谷物多含淀粉，先要使淀粉糖化再经人工发酵才能成酒。根据技术发展先易后难由简到繁的一般规律，人类谷物酒之前应有一个果酒阶段。[2] 世界上浅化民族使用野生果类及野生植物酿酒者，例证甚多。

美洲印第安人酿酒之物共达数十种，包括野生的柿子、杏、马美苹果（mamy）、仙人掌、螺旋豆（screwbean）之荚、一种称为 sarsaaparilla 植物之根、蜂蜜和龙舌兰。特别是龙舌兰酒（pulque）至今仍享盛名。酿造上述酒之印第安人主要分布于中美，在那里有些已知农业仍用野生果类及野生植物酿酒，有些（如墨西哥东北部某些部落）不知农业却早会酿酒。[3]

太平洋岛屿和非洲一些民族用棕榈制酒（图六），他们之中有不少是以采集、狩猎为生的非农业民族。[4]

中国云南金平县的苦聪人经营迁徙无定的刀耕火种农业，已有谷物酿酒，同时也用野生马蹄

1 张子高：《论中国酿酒的起源和发展》，《清华大学学报》7 卷 2 期。李仰松：《对中国酿酒起源和探讨》，《考古》1962 年 1 期。方杨：《中国酿酒当始于龙山文化》，《考古》1964 年 2 期。

2 袁翰青：《酿酒在中国的起源和发展》，《中国化学史论文集》，三联书店，1956 年。

3 H.E.Driver, *Indians of North America*, University of Chicago Press, 1975, pp.109—110.

4 J. 利普斯：《事物的起源》（中译本），四川民族出版社，1982 年，157—158 页。

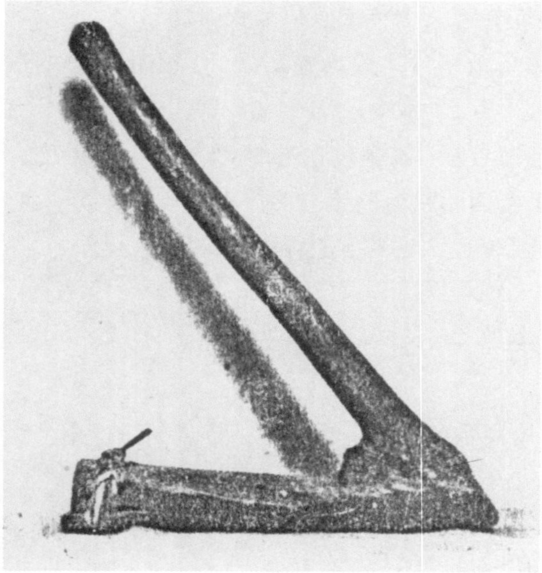

图七　独龙族加工董棕树（制酒原料）的木棰

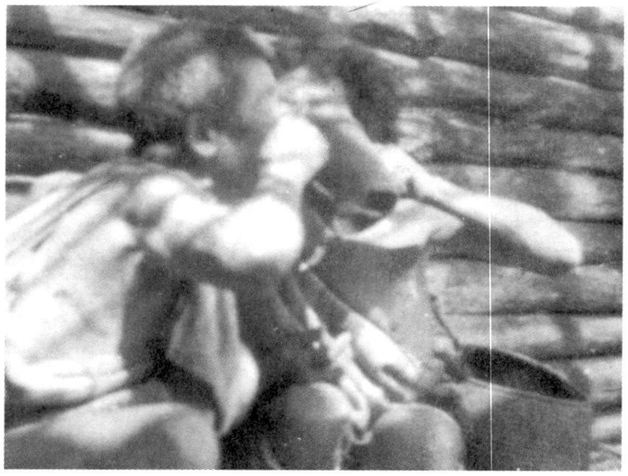

图八　独龙族饮酒

及董棕树（Caryota urens L.）为酿酒原料。董棕树先切片舂粉，蒸熟发酵成酒。[1] 独龙族也会制造董棕酒（图七）。这都是过去制作非谷物酒的遗风。

没有理由认为，中国内地在谷物酒之前不存在一个技术简单的酿造果酒或其他野生植物酒的阶段。"清盎之美，始于耒耜"一语出于《淮南子 · 说林训》，反映的是已大量制造谷物酒西汉人的看法。只能说谷物酒随着农业生产而开始，不能随便引用来概括酒的全部历史。

还有一种意见走得更远，即认为酿酒不仅以农业生产为前提，还必须要农业生产相当发展有了剩余谷物之后才有可能。这种看法在中国古史学界尤有很大影响。[2] 这种看法完全是现代人据自己的生活经验的推论，与远古社会的实际相去甚远。不必多举，仅以中国西南地区农业生产最不发达的独龙族为例。

独龙族分布于云南西北部横断山脉地区，山高谷深，无大片可耕土地，只能以刀耕火种方式在小块土地上种植玉蜀黍、荞子、洋芋等作物，产量极低。直至 20 世纪 50 年代，每一劳动力生产粮食仅可维持一个人或一个半人生活。平均每户每年缺粮四个月，多者达七八个月。这样情况自无剩余谷物可言。然而独龙族不分贫富，普遍嗜酒（图八），每年仍用大量谷物酿酒。据不精确统计，平均每户每年酿酒用粮约占收获量的五分之一。个别嗜酒者可达二分之一左右。独龙族谚语有云："宁可饿肚，不可无酒。"甚至在收获季节就把酿酒工具搬到山上，边收割边煮酒痛饮，以后如何度日全不放在心上。[3]

这种情况并非现代开始，19 世纪末 20 世纪初独龙族农业生产更为落后，开始进入农业社会未久，已经大量使用谷物酿酒。这一点常给予来访者以深刻印象。1909 年第一个到达独龙族地区的官员夏瑚所著《怒俅边隘详情》云：

俅人（独龙族）年获粮食，悉以造饭煮酒。

1《拉祜族社会历史调查》（二），云南人民出版社，1981 年，87—101 页。

2 例如颇有影响的《中国史稿》（郭沫若主编）说"夏代饮酒反映农业产量已在提高"（82 页），"商人酒的大量酿造和消耗，说明当时农业已经相当发展的"（95 页）。

3《独龙族社会历史调查》（二），云南人民出版社，1985 年，101 页。《独龙族社会历史综合考察报告》，云南省民族研究所，1983 年，33—34 页。

又李生庄《云南边地问题研究》（云南民众教育馆1937年印）卷上云：

俅子嗜酒，其所种择其良者以之酿酒。每有集会必大量痛饮。于是秋冬之交，便向汉人藏人贷谷。

又20世纪30年代首先对独龙族进行科学考察的人类学家陶云逵《俅江纪程》（《西南边疆》12—15期，1941–1942年）云：

（独龙族）除嫁娶会歌舞外，当于年收之后即将所获收成，悉数造饭酿酒，择定日期宰牛杀猪，约集亲友歌舞，且跳且食，酒肉既尽，始散而归。

以上例证生动说明浅化民族大量使用谷物酿酒并不一定表明农业生产已有剩余。储备并节约粮食，有计划安排全年生活，是比较进步社会中人的思维，绝非远古人类所知。一位史学家以殷人酗酒断定当时必有大量剩余农产品，说“不能想象，在充饥粮食尚且不足情况下，会有余粮来酿酒以供人们享乐”[1]。远古人类及浅化民族很多习俗，确实不是现代人所能想象的。

总之，没有农业以前即已有酒，有了农业便可用谷物酿酒，不必待农业生产发展有了剩余谷物之后。因此，要确定中国酿酒最早年代，不能局限于仰韶文化或龙山文化的范围，而应从更早的文化遗存开始探索。关键在于搜寻关于酒的直接证据，而不是据当时社会条件作种种推论。要找到酒的实证，必须从容器残存物中广泛采样，借助自然科学手段进行分析，看是否有酒精（乙醇）的成分存在。

顺便说明，远古人类并无专用酒具，装水盛物的陶罐陶瓮即可酿酒，葫芦、牛角甚至竹筒即可饮酒，西南少数民族至今仍是如此。酒的残存物可能存在于很多器物之中，不能只注意人们主观断定那些“盛酒”的器物，更不能考虑专用酒具的有无。专用酒具是酒史相当发展阶段才有可能出现的。

早期的酒——醪

近年考古发掘中已四次发现古酒：(一) 1974年河北藁城县台西商代遗址一个陶瓮内有含酵母的酒的残渣[2]；(二) 1979年河南罗山县商代晚期墓葬中一个密封铜卣中盛满含有乙醇的稠液[3]；(三) 1977年河北平山战国时期中山王墓中两个带盖铜壶，分别盛有两种颜色不同度数较低的酒[4]；(四)1968年河北满城西汉中山靖王刘胜夫妇合葬墓出土33件陶质酒缸，上有朱书文字：“黍酒十一石”、“稻酒十一石”、“甘醪十五石”等，内有酒的残存物[5]。

这些先秦西汉酒的实物自是中国酒史上珍贵资料，但尚难仅据此全面复原中国早期的酒酿造

---

1 李亚农：《欣然斋史论集》，上海人民出版社，1962年，469页。

2 《藁城台西商代遗址》，文物出版社，1985年。唐云明、孟繁峰：《试论河北酿酒资料考古发现与中国酿酒的起源》，载《水的外形火的性格——中国酒文化研究文集》，广东人民出版社，1987年。

3 《罗山天湖商周墓地》，《考古学报》1968年2期。欧潭生：《三千年古酒出土记》，载《水的外形火的性格——中国酒文化研究文集》。

4 《河北平山县战国时期中山国墓葬发掘简报》，《文物》1979年1期。《中山王墓出土铜壶中的液体初步鉴定》，《故宫博物院院刊》1979年4期。

5 《满城汉墓发掘报告》，文物出版社，1980年，288页，图一九二，图版二〇一。

方法。

我认为能够说明中国早期酿酒情况的是古文字资料。殷代金文有一族徽文字：

对铸有这种族徽的铜器金石学家早有著录（图九），且知出于山东益都一带。1965—1966 年益都苏埠屯发掘殷代墓地，出土铜器上果见这种族徽，进一步证明远古益都地区原为此族之分布中心。现此类铜器包括传世品和发掘品已有十五类五十六器。[1]

“亚”中之字一般被隶定为“醜”。关于此字之构成，其中人形，或谓为戴有复杂头饰仪式人物[2]，或谓乃表示奴仆（与“仆”字头部略同）[3]，此与本文讨论问题关系不大。我们感兴趣者乃人形外诸图形。阮元谓乃卣置于丌（基）上，合而为尊。[4] 张廷济谓分别像酒器、勺及陈放酒器之“舟”，合为置酒于丌上，酌酒以祀神”。[5] 容庚云：“右象人形，左象酒尊，酒倾泻而出，下承以盘”。[6] 郭沫若云：“此分明一人奉酒瓮欲饮而呈喜悦之状。酒瓮下一器乃酒瓮之座而非盘形。”[7] 赤塚忠云：“明显象倾酒尊者，必为表示倾酒之象，故不得不认为字含有做酒及倾注之会意，表示掌管含有供酒于神之宗教职业者也。”[8] 今人王树明则认为“酉”代表酿酒或盛酒用具形象，顶端所画为一勺柄之形，表示以勺出酒，其下所绘乃承接酒液之筐类物，全图表示滤酒之意。[9]

图九 “亚醜” 铜器铭文

此图形确表示倾酒而非饮酒。《金文篇》收此图象文字数十例，“酉”上箭头多向外（仅有一例向内，当系误书），非表示人之自饮可知，更不见有何“喜悦之状”。此必为酿酒职业集团之族徽，可反映远古时代酿酒方法。现代云南几

1 王献唐：《释醜》，《说文月刊》第 4 卷。殷之彝：《山东益都苏埠屯墓地和“亚醜”铜器》，《考古学报》1977 年 2 期。
2 高田忠周：《古籀篇》卷五十四。
3 马叙伦：《读金器刻识》，《国学季刊》5 卷 1 期。
4 阮元：《积古斋钟鼎彝器款识》卷一。
5 张廷济：《清仪阁所藏古器物文》卷一。
6 容庚：《武英殿彝器图录》5 页。
7 郭沫若：《殷彝中国形文字之一解》，《殷周青铜器铭文研究》，科学出版社，1961 年。
8 赤塚忠：《殷金文考释》（林洁明译），100—103 页。
9 王树明：《亚醜推论》，《华夏考古》1989 年 1 期。

个少数民族酿造谷物酒的传统方法仍是如此。

云南佤、景颇族等民族除已从内地学会制作之蒸馏酒外，仍会酿造传统之“水酒”（或称“泡酒”）。其法是以米、小红米或玉米蒸煮后，拌以“酒药”（曲）放入陶罐（或坛）中密封。数日酒成，并不将酒汁滤出，连酒滓保存于酒坛之中，插入细竹管吸之，俗称“咂酒”。今四川有些地区犹有此酒，已成为当地风味饮料。亦可插入较粗之竹管，使酒积聚管中，汲出或倾出而饮（图一〇、一一）。罐中酒汁吸尽，加水再饮。如此加水数次，酒逐渐变淡直至无味乃止。

图一〇　云南佤族用竹管从盛酒器中吸酒（马思中博士近摄）

由此可以推知，“亚醜”图形中“酉”为酿酒容器；其上形，即为竹管而非勺类，箭头表示向外倾酒；其下之，从此物置于器下非在箭头之下可知绝非承酒之筐或盘，应表示置放酒罐之草垫。少数民族圆底陶器下多有此物。[1]当然，释为承载酒坛之“箕”或“基”亦无不可。

字书中从酒之字可反映中国早期之酒与少数民族传统之酒相同。“醪”为这种酒之总称，《说文》云：“醪，汁滓酒也”，即指酒汁与酒糟尚未分离状态，有如今之“水酒”。“酎”为首酒，“醨”为尾酒（《正字通》）。酒初成其味最醇，故“酎”称美酒（《玉篇》）；加水数次最后酒味变淡，故“醨”为薄酒（《说文》）。《楚辞·渔父》：“众人皆醉，何不铺其糟而歠其醨？”大意是众人既饮而醉，首酒必已喝光，剩下尾酒和酒糟你也不妨喝点，何必清高？根据古人饮酒之俗如此理解渔夫对诗人之劝告，可能更符合原意。

《周礼·酒正》：“酒正掌酒之政令，以式法授酒材。辨五齐之名，一曰泛齐，二曰醴齐，三曰盎齐，四曰醍齐，五曰沈齐。辨三酒之物，一曰事酒，二曰昔酒，三曰清酒。”中国酒史研究者对“五齐”、“三酒”，至今各逞臆断，纠缠不清。若看过少数民族上述酿酒方法，则可作出合理解释。

“五齐”指从发酵到酒成酿造过程中出现的现象。“泛齐”是开始发酵时汁滓完全混在一起，谷物上浮。“醴齐”是一两天后略有酒味可以饮用但汁滓仍未分开，故前人解释“醴”是“一宿孰（熟）也”（《说文》），或“汁滓相将”（《周礼·酒正》郑玄注）。古代祭祀用酒之外也可用醴，即是这种未滤之酒，类似今之“水酒”。“盎齐”、“醍齐”是酒滓已经沉淀，先后出现颜色不同之酒汁。“沈齐”则是酒滓完全下沉，酒汁最为清澈，酿酒完成。故“五齐”依次是汁滓不断分离而酒汁由混浊而清醇的过程。

“三酒”则指酒的酿造先后而酒味有异，因不同场合而用。“事酒”旧注是“有事而饮”，

1《傣族原始的制陶术》图八：三，《民族考古学论集》，文物出版社，1987年。

图一一　云南景颇族以竹管从泡酒陶罐中汲酒

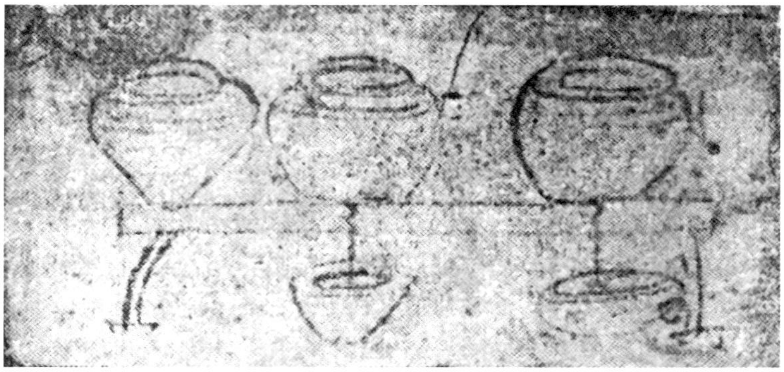

图一二　嘉峪关曹魏墓画像砖上滤酒图

“昔酒”是“无事而饮”（《周礼 · 酒正》郑众注）。因事所饮必为新酿之酒，如今少数民族因来客泡酒，故“事酒”应为酒味清醇之酒。平常饮用即所谓“无事而饮”，便非新酿，故称“昔酒”，古诗中的“旧醅”、“浊酒”即指此类，酒味较薄。“清酒”旧注谓为“祭祀之酒”，当指祭祀特殊需要而新酿之酒。事实上“事酒”、“昔酒”亦非完全不用于祭祀。有些祭祀且需“三酒”并用，“皆有罍”以陈奠（《周礼 · 司尊彝》）。

酒正职掌便是执行有关酒的法令，按规定供给酿酒原料，并能辨别酿酒过程及酒成之后的各个阶段，根据祭祀、宴会等场合的不同需要提供各种酒。

总之，“醪”代表中国早期制酒法，酒即是以自然沉淀法将醪的汁滓分离而成。仪狄造酒故事，在较早记载中作“仪狄造酒醪”[1]。（宋）朱肱《酒经》有云：“空桑秽饭，酝以稷麦，以成醇醪，酒之始也”（见涵芬楼本《说郛》卷四四）。把醪作为酒之开始，不是没有理由的。

从先秦到中古之世，中国主要制造谷物酒。虽然，西汉张骞已从西域传入葡萄，至少三国时内地已知葡萄酒。唐代诗人不止一次盛赞葡萄酒之美味，但元代以前葡萄酒在新疆以外地区似不曾推广。[2]谷物始终是制酒主要原料，酿酒基本方法也没有大的突破，制造出来的是低度酒。只在酿酒工艺方面不断有所改进，特别是酒曲更为讲求（《齐民要术》中介绍十二种制曲方法）；而且随着制酒规模的扩大，由自然沉淀改用人工过滤方法使汁滓分离。汉代制酒作坊中已出现了大规模滤酒设施。内蒙古托克托东汉闵氏墓壁画中有三个陶瓮，上书“酒”字，置于架上，酒从底部下流。[3]甘肃嘉峪关曹魏墓画像砖中有类似之图（图一二）（报告误释为“滤醋”）[4]。四

1《世本 · 作篇》。

2 张玉忠：《葡萄及葡萄酒的东传》，《农业考古》1984 年 2 期。尚衍垣、桂柄鹏：《元代西域葡萄和葡萄酒的生产及其输入内地述论》，《农业考古》1996 年 3 期。

3 罗福颐：《内蒙古托克托县新发现的汉墓壁画》，《文物参考资料》1959 年 9 期。

4《嘉峪关汉画像砖墓》图一九，《文物》1972 年 12 期。

图一三　成都曾家包东汉画像石上酿酒图

图一四　四川新都东汉画像砖上酿酒图

川成都曾家包东汉墓画像石[1]（图一三）及新都东汉墓画像砖[2]（图一四）上都有表现酿酒过程的图像。从新都画像砖可见酒瓮（坛）置于"糟床"之下以承酒，这样可以在较短时间内大量滤酒，效率更为提高。

然中国远古时代（造字时代及以前）的酿酒情况只能从少数民族制造"水酒"习俗中加以复原。顺便说说，傣语至今仍称酒为 lau，与"醪"音同。在酿酒方面华夏民族与某些南方民族似曾相互影响。

酒具和酒的计量

最早之酒具为自然物——兽角、介壳和葫芦，一些浅化民族直到晚近仍用它们为酒具。后世有些专用酒具在形制上即模仿这类器物。

牛角是浅化民族常用盛酒饮酒之物。云南撒弥人[3]、纳西族[4]曾有是俗。凉山彝族及滇东北彝族饮酒牛角上还施华丽漆绘（图一五）。云南永德县利米人平时已用瓷碗饮酒，但逢节日或举行仪式必以牛角饮酒，称"喝牛角酒"。安阳西北岗殷商铜器[5]及江苏丹徒烟墩山西周铜器中有直接模仿角形饮酒之器，广州象岗南越王墓土玉制角杯[6]，洛阳老城西汉墓壁画中人持角欲饮之图形[7]，均是远古时代以角为杯之遗风。据郭宝钧先生研究，中国古代铜器中一套特殊酒具字多从角，因由兽角演化而来。如觚为两竹夹角，爵为咢之口部加流，觯乃角削去其端者，觥（觵）乃角之宽广部横剖而成者[8]，其说多可成立。觥在诗经中屡见[9]，其较他器宽广，或由于原为犀牛角做成[10]，故又称兕觥，由于觥容量较其他酒具为大，故专作罚酒之用。[11]

介壳取其大者作为饮水饮酒之器，乃初民常见之俗。先秦时祭祀仍要用介壳装酒，《周礼·鬯人》："凡山川四方用蜃"，按鬯人所掌即有关酒事，古代酒具中平面作椭圆形之羽觞可能即模仿介壳之形制。[12]

葫芦是最佳天然容器。《诗·大雅·公刘》："酌之以匏"，便是古人用葫芦作为酒具最好写照。在中国无论是汉族或少数民族，至今仍用葫芦盛酒或直接饮酒。古代陶器和铜器中可供盛酒之壶、尊、卣、锺、罍等均可认为是由葫芦的形制演化而成。传世殷周铜壶及辉县出土战国铜壶[13]

1《四川成都曾家包东汉画像砖墓》，《文物》1981 年 10 期。
2《全国出土文物珍品选：1976—1984》，文物出版社，1987 年，图三五〇。
3《皇清职贡图》卷七："撒弥人……俗嗜酒，以角为杯。"
4 李霖灿：《么些象形文字字典》，四川李庄，1944 年，859。
5 容庚、张维持：《殷周青铜器通论》，科学出版社，1958 年，图版五五。
6《西汉南越王墓发掘初步报告》，《考古》1984 年 3 期，图版 4。
7《洛阳西汉壁画墓发掘报告》，《考古学报》1964 年 2 期，117 页，彩版 II，上。
8 郭宝均：《古器释名》，载《庆祝蔡元培先生六十五岁论文集》，1935 年。
9《诗·豳风·七月》："称彼兕觥。"《周南·卷耳》："我姑酌彼兕觥。"《小雅·桑扈》："兕觥其觩。"
10《说文》角部："觵，兕牛角可以饮者也"."觥，俗觵，从光"。后世犀牛角难得，或改用木制（见《诗·周南·卷耳》孔疏）。王国维否认觥是犀牛角做成（见《说觥》，载《观堂集林》卷三）。
11《诗·周南·卷耳》"我姑酌以兕觥"下郑笺："罚爵也"。
12（日）滨田耕作：《爵与杯》，载《古物研究》，杨炼译，商务印书馆，1936 年。
13《殷周青铜器通论》，图版一一一。《山彪镇与琉璃阁》，图版 116：1。

中尚有直接铸作葫芦之形者，金石学家常称为“瓠形壶”。

竹木质酒具亦较普遍。瑶、佤等族取竹一节削为筒状，作日常饮酒之具。凉山彝族将木块内部刨空，漆绘鲜艳图案，做成各种酒杯。北方民族则有用桦树皮或木片盘圈而成酒具。中国古代竹木质酒具自难保存至今。《左传·成公十六年》“使行人执榼承饮”的“榼”就是一种竹木酒具，但形制不明。又汉代文献中常提到“卮”，如鸿门宴上项羽赐樊哙“斗卮酒”[1]，汉高祖“奉玉卮为太上皇寿”[2]。四川古代画像砖上留有持卮饮酒图像。[3]据研究，原始的卮即木片盘圈而成的有小耳的圆形酒杯。[4]由于圈与圈结合不可能完全紧密，出现“漏卮”这一成语。

图一五　彝族漆绘牛角酒杯

最早的酒具也可用一般容器，而盛酒之具与饮酒之具更不可分。在人类有了制陶术之后，能制作各种各样大小不同的容器，才出现专门用以盛酒之壶、坛、尊，专门用以饮酒之杯、碗之类。而我们今天所用一些酒具仍沿袭新石器时代酒具的基本形制。

古人对酒的计量就是以上述常用的盛酒和饮酒之具为单位的，如《诗·大雅·韩奕》“清酒百壶”。《孔丛子》：“尧舜千钟，孔子百觚；子路嗑嗑，尚饮百榼。”《水浒传》第十七回中青面兽杨志对酒家说“先取两角酒来吃”，皆是以古老酒具计量在口语中的遗留。最常见的当然还是以杯、碗等常用饮酒之具计量，至今仍是如此。佤族等少数民族以竹筒盛酒饮酒，街子上酒的买卖便以竹筒为单位。由于同一种酒具有大有小，这样对酒的计量当然是极不精确的。“来二两白干”或“要一斤女儿红”，即以重量来精确表示酒之多少，不知何时兴起，必是较晚之事。

但古代中国曾流行过一套特殊的酒的计量方法，值得略加讨论。自先秦迄于中古，人们常以石、斗、升来表示酒量，如战国时淳于髡自称“饮一斗亦醉，饮一石亦醉”。[5]三国时管辂“顿倾三斗而清辩绮粲”。晋人周颚“能饮酒一石”。华歆“能剧饮至石余不乱”。最出名的酒徒当数刘伶，他饮酒一石微醉，又饮五斗，妻子劝止，他要妻子再拿五斗酒来当从此戒酒。妻子如其言，不意他祷祝说：“天生刘伶，以酒为名，一饮一石，五斗解酲，妇人之言，慎不可听”，又把酒喝光，“块然复醉”。[6]幼年读书至此，每惊异于升斗为量谷之器何以能用来饮酒，又古人酒量何能如此

1《史记·项羽本纪》。
2《史记·高祖本纪》。
3《重庆市博物馆藏四川汉画像砖选集》，图 12。
4 王振铎：《论汉代饮食器的卮和魁》，《文物》，1964 年 4 期。
5《史记·滑稽列传》。
6 以上参见《抱朴子》、《世说新语》等有关记载。

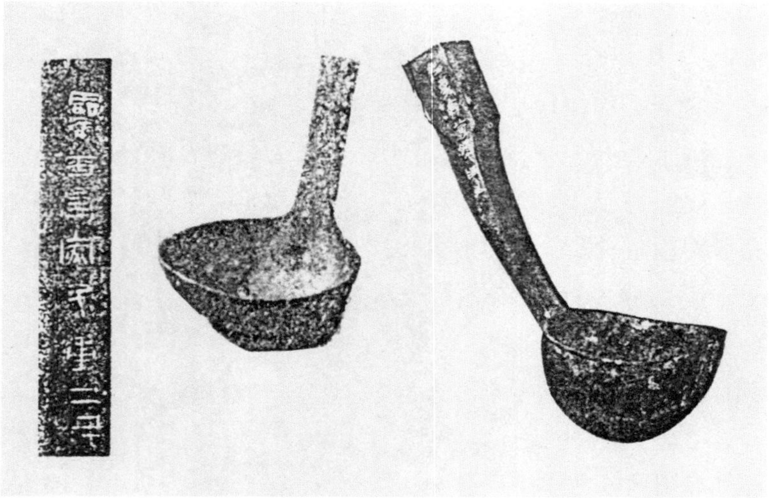

图一六　茂陵出土“□平浥家斗”（左）和传世“但吏斗”（右）

之大。

年长略窥考据之学，能辨古今习俗之异，乃知古代之酒似今之“水酒”（参见《早期的酒——醪》），饮时挹取其汁，斗升为挹酒之器，如《诗·小雅·大东》：“维北有斗，不可以挹酒浆”。《韩非子·外储说》：“宋有酤酒者，升概甚平。”这种挹酒之升斗，与量谷之升斗名同而实异，而这样的酒度数甚低，多饮自亦无碍。

关于量谷斗、升之容量，据实物进行容量实测结果，战国以后唐代以前每斗谷约2000毫升[1]，而一斗酒究竟有多少？

按挹酒之斗多有长柄以便挹注，与量谷之斗作短柄者不同；又口大底小，略呈不规整之半球形，与量谷之斗口底相等多作方形或长方形亦自有异。现可确定为挹酒之铜斗除传世之“但吏斗”外[2]，新近发现的有安徽阜阳双孤堆西汉墓“女（汝）阴侯斗”[3]及茂陵附近“□平浥家斗”[4]。（图一六）过去作容量实测之量具均为量谷之升斗（如商鞅方升、始皇斗、新嘉量等），挹酒之斗尚未见作过实测。从尺寸大小来看，“女阴侯斗”口径10.6厘米，深7.3厘米；“□平浥家斗”口径11.3–13.8厘米，深4.4厘米，按半球体计算其容量而减去球缺部分，估计约为300–400毫升，仅及量谷之斗六分之一左右。这样，即使饮酒一石不过3000–4000毫升。若当时酒的度数与今啤酒略同，则等于饮几大杯啤酒。忆1984年在慕尼黑著名之啤酒花园，见当地人士要啤酒都是一次两大杯，每杯可盛啤酒一公升。我仅要一杯，旁座之人目笑之。可见一次喝两公升低度酒乃常人之量。三四公升虽属豪饮，并非完全不可能。若对古代一斗酒以2000毫升理解，则饮酒一石合20000毫升，即使是水，亦必腹胀倒地。这样才可理解，为什么古人酒量不及一斗者又作为小酒量载入史册。晋代桓温“饮三升便醉”。南梁谢善勋“饮酒数升，醉后辄张眼大骂……时谓之‘谢方眼’”[5]。数升酒不过当今玻璃杯一杯酒而已，饮后还要发酒疯，无怪乎为当时人所嘲笑。

我以为古代饮酒以升斗计量不可能完全标准化，然必远较量谷单位之斗升为小，甚盼今后出土材料更多，收藏单位能一一作出实测，以证明或否定此说。

---

1 紫溪：《古代量器小考》，《文物》1964年7期。

2《殷周青铜器通论》，71页，图版一四五。

3《阜阳双古堆西汉汝阴侯墓发掘简报》，《文物》1978年8期，22页，图31。

4《陕西茂陵一号无名冢一号丛葬坑的发掘》，《文物》1982年9期，5页，图一七、二〇。

5《晋书·陆纳传》、《渊鉴类函》卷三九二引《梁书》。

酗酒与酒戒

殷人酗酒是中国古史家经常讨论的问题，或作为当时农业生产发展之证（见《酒之创始》），或视为殷人社会特殊问题，并沿袭旧说以为殷人亡国即由于酗酒。

按浅化民族酷爱喝酒，古今中外皆然，因酒对他们而言较之我们有更大的社会功能。酒可使人处于兴奋状态，从而打破拘束，增强感情，故酒是招待客人节日聚会不可或缺之物；酒会使人眩晕或产生幻觉，对于相信超自然力量的人来说，似乎步入另一世界，巫师（萨满）更可借助于酒达到鬼神附体的境界，故很多宗教仪式少不了酒；酒能供给人体的热量，促进血液循环，饮酒确可减轻疲劳，祛除寒气和湿气，有防治疾病的功效，故他们相信，酒是包治百病的“良方”。而浅化民族自我控制能力较差，嗜酒而无节制便会形成酗酒之风。（参见《酒与少数民族》一文）

殷代末年统治集团起确是酗酒成风。《书·微子》：“天毒降灾荒殷邦，方兴沈酗于酒”，“我用沈酗于酒……殷罔不小大，好草窃奸宄”。《诗·大雅·荡》：“文王曰咨，咨女（汝）殷商。天湎尔以酒，不义从式。既愆尔止，靡明靡晦。式号式呼，俾昼作夜。”据这些殷末周初可靠史料，殷人喝酒简直是不分昼夜，喝醉了便大声呼叫；不分贵族和平民（“罔不大小”），多因酗酒而干坏事（“好草窃奸宄”）。

殷人虽已进入“文明时代”，从遇事占卜祭祀频繁等现象观之，尚未发展出自我节制饮酒的理性思维，其酗酒属浅化民族普遍现象，不应作为特殊问题看待。至于酗酒导致殷商亡国之说，只不过是殷末周初人的看法，当时还认为这是“天”要降灾于殷才让他们喝酒的（见上引《书·微子》、《诗·大雅·荡》）。古人沿袭旧说无可深责，现代史家似不应不加科学分析而引用。一个政权之衰亡必有深刻的社会根源，酗酒虽带来若干社会问题，绝非导致亡国之根本原因。史载古代民族酗酒不只是殷人。《墨子·非乐》：

启乃溢康乐，湛浊于酒，渝食于野，万舞翼翼，章闻于大（天），天用弗式。

此乃夏初时事，夏并未因此而亡国。

殷人酗酒并非特殊现象，而早在公元前一千年左右周人提倡酒戒却是世界少有，值得大书特书。《书·酒诰》传为周公告诫康叔而作，全文不足千言，却包括丰富的内容。首述文王关于饮酒的遗训：对酒要时常戒慎，祭祀时宗族集会可以喝酒但不能喝醉（“越庶国，饮惟祀，德将无醉”）；可以用酒孝养父母（“厥父母庆，自洗腆致用酒”），敬奉老人（“尔大克羞耇，惟君，尔乃饮食醉饱”）；但有职务的臣僚平时不能喝酒（“有正有事无彝酒”）。继而说康叔要治理的卫国是殷人故地，那里就是因为酗酒，酒味上达于“天”，上天发怒才使之灭亡的（“庶群自酒，腥闻在上，故天降丧于殷”）。最后要卫叔以此为鉴分别情况制定有关饮酒之法规：群饮对社会秩序影响最大，绝不宽容，全部拘捕来周杀死（“群饮汝勿佚，尽执拘以归于周，予其杀”）；殷遗民照顾原有习惯，酗酒可以不杀但要教育（“殷之迪诸臣惟工，乃湎于酒，勿庸杀之，姑惟教之”）；一般臣僚百姓不要沉溺于酒（“勿辩乃司民湎于酒”）。提倡节制饮酒，并能针对不同人群和场合分别作出规定，而不是一概禁止喝酒；对统治集团本身严格要求，因为他们负责国务活动，酗酒更易误事。此文堪称人类酒史上最早一篇周备详明的禁酒法令。自此以后，反对酗酒，提倡酒戒即对酒持节制态度，便成为中国传统文化中一项宝贵遗产。

后世颁发禁酒法令，多遵照《酒诰》，有禁止群饮的内容。如《周礼》“司虣”之责便是“禁以属游饮食于市者”；西汉初年萧何律，规定三人以上无故群饮罚金四两。此外，凡遇饥荒，多禁止酿酒和饮酒，以节约粮食。关于历代禁酒之情况，顾炎武搜集资料甚备[1]，不赘述。

酒可满足人们某些需要，完全禁止或寓禁于征榷，都有弊病。故历代禁酒法令时张时弛，举措不定。而古代贤哲早就认识到关键问题在于养成人民的自我控制能力，对饮酒自加节制。中国古代道德规范中，一直包含酒戒的内容。

对醉酒之害古人早有认识。孔子提倡“惟酒无量不及乱”[2]，即喝酒多少不能强求一致，不能喝醉乱来。传管仲有云：“酒入口出舌出，舌出者言失，言失者弃身。与其弃身，不宁弃酒乎。”[3]醉酒之后失言，误事害己。礼仪中固然不能无酒，所谓“为酒为醴，以洽百礼”[4]，但祭祀用酒原是献给祖先鬼神的。即人们宴饮，在繁缛的礼节之下实际喝下之酒不多。《礼记·乐记》：

> 一献之礼，宾主百拜，终日饮酒而不得醉焉。此先王所以备酒祸也。

齐景公饮酒过量三日不起，晏婴谏曰：

> 古之饮酒也，足以通气合好而已矣。故不群乐以防事，不群乐以防功事。男女群乐者，周觞五献，过之者诛。今一日饮酒，而三日寝之，国治怨乎外，左右乱乎内，失所以为国矣。愿君节之也。[5]

饮酒目的是“通气合好”，即联络感情，不可喝醉而妨碍工作。在中国历史文献中，有不少著名酒徒的故事，却有更多如上述反对过度饮酒的格言和劝诫，并出现提倡节制饮酒的专文，如（魏）曹植《酒赋》、（晋）庚阐《断酒赋》、（唐）皮日休《酒箴》等[6]，强调酒虽有益于人，过饮则误国误民。有关酒戒的专书也有数种传世，如（清）金昭鉴《酒箴》、（清）程弘毅《酒警》、（清）张潮《酒律》等。

环顾世界其他古国，也有对饮酒之限制和劝诫。例如，古代埃及文献中有一篇教师对学生的训词：

> 我听说你离开了书本，尽情享乐。每天黄昏你从这一条街道到那一条街道，啤酒的味道使人们不敢接近你。酒摧毁了你的灵魂。你就像一支不能划上岸的破碎的桨，一座没有神的神庙，一所没有面包的房子。你破门而入而被人抓住，你就破坏门栅。人们逃避你，而你竟伤害他们。你要了解酒是个坏东西。[7]

古代墨西哥的阿兹忒克人大量酿造龙舌兰酒，规定酒限于“年老德劭的老年男女”饮用，而且仅仅在“七月宴”的时期。[8]又《旧约全书·箴言》云：

---

1 参见顾炎武《日知录》卷二七酒禁条，《日知录之余》（邹福保辑）卷二禁酒条。

2《论语·乡党》。

3《韩诗外传》卷一〇。

4《诗·周颂·丰年》。

5《晏子春秋·内篇·谏》景公饱酒醒三日而后发晏子谏条。

6《渊鉴类函》卷三九二辑录这类文字殊多，可参看。

7 A.Erman, *Life in Ancient Egypt*, translated by M. M. Tirard, N. Y.: Dover Publication, Inc. 1971, pp.256—257.

8《事物的起源》，161 页。

酒能人衰慢，浓酒使人喧嚷。

《新约全书·以弗所书》云：

不要醉酒，酒能人放荡。

《古兰经》（马坚译本）卷二第二章云：

（饮酒）包含着大罪，对于世人有许多利益，而其罪过比利益还大。

但比较起来，对酒之危害认识之早，酒戒历史之悠久及有关文献之多，他处是远不如古代中国的。

当前人们侈谈“酒文化”，宣传中国人饮酒的“光荣历史”。事实上，酒戒才是中国传统文化中真正的优秀遗产，值得认真研究和大力弘扬。

树皮布

初民未知纺织之前，蔽体之物有兽皮，有树叶和草编物（“卉服”当指此而言），而较普遍的则为树皮制成之布。此物在太平洋岛屿、东南亚以及中南美地区，均曾存在。[1] 中国古代亦曾流行树皮布。《史记·货殖列传》之“榻布”，《汉书·货殖列传》之“答布”，《后汉书·马援传》之“都布”，《宋书·徐堪之传》之“纳布”，均指树皮布而言。树皮布制作甚至导致了造纸术之发明。文献记载提到的“纸甲”、“纸衣”、“楮冠”实为树皮布所制并非真纸，正由于与纸有密切关系而以纸名。凌纯声先生对此论述甚详，并介绍台湾阿美人制作树皮布的情况。[2]

图一七　西双版纳傣族树皮布

然谈到民族志材料，西南少数民族制作树皮布似更普遍，在现实生活中一直保存到20世纪60年代初。我虽未曾作专题调查，然调查旅途中屡见实物，并了解其制作之法。兹取当日笔记，并参稽文献，略作介绍，聊备参考。

西南地区制作树皮布，自古有之，史不绝书。（晋）郭义恭《广志》（《御览》卷七九一引）：“黑僰濮，在永昌（今保山）西南，丈夫以谷（构）皮为衣。”（唐）樊绰《蛮书》卷四：“裸形蛮，在寻传（今德宏地区）西三百里……无衣服，收取木皮以蔽形。”《马可波罗行纪》（冯承钧译本，第一九三节）记叙州（今川南及滇东北地区）“居民用树皮为布，甚丽，夏季衣之”。（道光）《云南通志稿》卷一九七：“野蛮……以树皮毛为布，掩其脐下……去腾冲千余里。”（清）倪蜕《滇小记》亦云：“腾越州（今腾冲）

1 B. Blackwood, *The Technology of a Modern Stone Age People in New Guinea*, Oxford, 1950 ,pp.27—30. 邱新民：《树皮布》，载《东南亚古代史地论丛》，新加坡，1958年。

2 凌纯声、凌曼立：《树皮布与造纸、印刷术之发明》，台北，1960年。

外行四日为野人地方，以老树皮厚而柔者为褥，曰木皮褥，彼亦甚贵之。”又清末人曹树翘《滇南杂志》卷十六引王尧衢《记永昌种诗》有云："木叶蔽身林作屋，授衣剥尽树之皮。”这些记载所涉及均为西南地区古代居民。到了20世纪五六十年代，西南地区还有独龙族、凉山彝族及傣族，保存树皮布之制作技术。

兹以1964年我在西双版纳曼沙寨所了解者为例。

该地贫苦人民常取一种名为“梅广”的树（其学名有待鉴定）的皮，放水中浸泡一天，再加锤打，去其外面硬壳，晒干即成。击打工具即用洗衣木棒或天然卵石。制好的树皮布，视若两层，斜纹者乃外皮，平纹者乃韧皮，两者实难撕开。（见图一七）幅广约一市尺半，长度不一，有长至五市尺左右者；视其需要，尚可将小块树皮布缝合成大块。其主要用途仍和古代腾冲地区一样，制作垫褥。由于此树可制箭毒，所制床垫被认为可以防御跳蚤。

其他民族制作树皮布方法大同小异，像古代一样多用构树之皮，而用途除作垫褥外，尚可为小孩作尿布。由于各族早有纺织，已没有用树皮制作服装的情况。

值得一提的是西南既用构树制作树皮布，在土法造纸中也多用构树之皮为原料。如著名的鹤庆纸即如此。此可为造纸术导源于制作树皮布之说，增添一条旁证。

左衽

古人视发式和服装为民族之标志。此由孔子“微管仲，吾其披发左衽矣”一语（见《论语·宪问》篇）可以推知。“左衽”一词自此成为蛮夷之代称。

左衽即衣襟左掩，右衽即衣襟右掩，今人视之，似为无足轻重之小事，而古人却视为华夏与蛮夷之大防。华夏民族上衣无论长短均为右衽，人死始着左衽之衣。《礼记·丧大记》：

> 小敛、大敛，祭服不倒，皆左衽。〔郑玄注："左衽，衽乡（向）左，反生时也。"〕

死人之服与生前相反，表示已非活人。而活人穿左衽衣者，惟有“非我族类”之蛮夷。

然则左衽之衣究流行于何种“蛮夷”之中？今日犹可见之乎？

管仲尊王攘夷，与北方诸戎战，故孔子所云左衽者应包括诸戎。古代东北地区确有左衽流行，著名之辑安高句丽墓壁画人像，即作披发左衽状。宋代使臣在金人统治地区见孔子之塑像，竟作左衽[1]，对反对左衽之孔子而言，实为绝大讽刺。此类塑像明代犹存，地方官吏不断上奏朝廷拆毁。[2]然金人此举并非特意对孔子大不敬，实以当时当地流行之服装塑造古人形象而已。顾炎武《日知录》卷二八左衽条言之甚详，兹不赘。

然无论东北地区抑或其他地区，今日已不见左衽之装。故当世学者疑左衽之服已不存在，或有以藏族穿长袍右袒左袖之习惯而释之者。[3]

我多年访古于西南边陲，所见民族数十种，未见左衽之服，亦曾怀疑西南民族之中未曾流行。直至1987年在贵州从江县调查，途经一苗族村寨称为芭撒，见当地苗族男子穿自织土布上

---

1 见（宋）周必大《二老堂诗话》及岳柯《桯史》。

2《明实录》永乐八年、宣德七年、正统十三年诸条。

3 顾颉刚：《史林杂识》披发左衽条，中华书局，1963年。

衣，黑色无领，均为左衽（图一八），不禁喜出望外。自此知左衽之俗西南亦有，二千余年孔子所云左衽服装可以从中想见仿佛。

归来以此为线索，翻阅民族志资料，乃知今缅泰“金三角”地区之苗族、拉祜族、哈尼族（阿卡）之中，左衽服装更为普遍，且当地苗族妇女亦着左衽之衣。[1]

华夏民族左衽之衣在今日内地几成陈迹，而边陲左衽之衣犹有保存，可证愈是后进民族，愈不轻易改变传统服饰。从江芭撒苗族甚至规定，凡外出工作或参军回乡男子必换上传统服装，否则不允入寨。当前城市时髦青年服装数年一变之现象，绝非后进民族所知。当代人类学界据今人随意改变服饰甚至变更族群认同现象，推测古人亦必如是，自是不妥。

图一八　贵州从江县苗族左衽服装

衣着尾

据汉晋文献记载，古代内地及西南地区有衣着尾之俗。《说文》尾部：

古人或饰系尾，衣后着十尾。

《华阳国志 · 南中志》：

（哀牢）衣后着十尾。

《后汉书 · 南蛮西南夷传》：

（盘瓠之裔）好五色衣服，制裁皆有尾形。

细读以上文献，可知此为一种衣后装饰，而晋唐之际笔记野乘中有所谓“尾濮”，谓人生尾“长四五寸，欲坐，辄先穿地空，窃以安其尾”[2]云云，实由此特殊装束附会为说。

此种尾形服装究作何形式？记载简略，有待搜集新资料作合理之解释。

近年发现文物考古资料中，“衣着尾”服装已屡有表现。如青海大通县孙家寨马家窑文化彩陶盆边沿上之跳舞人形，连手而舞，皆有小尾；湖北江陵县凤凰山西汉墓中漆盾上人物形象，衣后见小卷尾；陕西郃县东汉墓石门框刻有人像，身披树叶之衣，衣后有尾形[3]；西昌东汉墓画像砖上描绘妇女舞蹈人像，两腿之间有尾形（图一九）；云南晋宁石寨山青铜器图像中男子衣后亦见长幅拖曳。以上可证，“衣着尾”之俗确曾流行古代各地。若据图像中简单抽象之线条，复原此种服装之具体形式仍嫌不足，幸西南及东南亚少数民族传统服装中尚有遗迹。据调查，这些服装中的衣后长幅或垂带即代表尾饰，此一部分至今仍称为“尾”。兹举例说明之。

1 P.Lewis and E. Lewis, *People of the Golden Triangle : Six Tribes in Thailand*, NY: Themses and Hudson, 1984, pp.25,115,129,131,173,175,213,221.

2《太平御览》卷七九引《永昌郡传》。

3 孙贯文：《古人系尾新证》，《思想战线》1985 年 7 期。

图一九　四川西昌东汉墓画像砖上“衣着尾”妇女

图二〇　云南金平县瑶族妇女有后幅之外衣

云南白族或与古代“衣后着十尾”之哀牢夷有关（明清白族碑刻常自称其祖先为“哀牢九隆”）。今剑川、大理、保山等地白族老年妇女，至今仍穿“前短后长之衣”，对此“后长”部分白族即称为“衣尾巴”，可见“衣着尾”之“尾”可指衣之后幅而言。云南金平瑶族妇女外衣，亦是前幅甚短而后幅甚长，与白族略同。瑶族自以为盘瓠之后，故至今保存“尾形”服装，更无足怪（图二〇）。

云南永德县利米人平时服装已无尾饰，惟逢节日妇女于外衣之后系布一幅，以为盛饰。

贵州黎平等县有所谓“罗汉苗”者，直至清代妇女仍有“衣着尾”之俗，即于长裤或长裙之后必加布一幅，上有刺绣，名曰“衣尾”。[1]

云南西双版纳基诺族传统服装中有腰带甚长，多余部分不垂于前而垂于后，此后垂部分亦称之“尾”。过去傣族新土司即位，举行“登殿”（傣语称“郝登武”）仪式，必由基诺族为前导，新土司即手牵基诺族之“尾”而缓行。

湖南通道县侗族每逢跳芦笙舞，舞者亦将腰带垂于后，而平时不若是。

泰国清迈傈僳族妇女在腰带之上另系一带垂于后，由若干条流苏组成，更有象征“尾巴”之效果（图二一）。

无论身后垂带或拖一长幅，实为初民披兽皮为衣而拖尾于后之遗风。云南剑川等地白族过去

1《黔省苗图》，载 *East and West*, Vol 37,1987。

除着后幅甚长外衣外，还喜身披羊皮，羊尾必须保留，若无尾则为人嘲笑[1]，即可证“衣着尾”装束与披兽皮之沿袭关系。人类最早并不以模仿动物为耻。

图二一　泰国清迈傈僳族妇女腰带后系流苏

芾

古代内地有代表等级尊卑之礼仪性服装，称“芾”。《诗·小雅·采芑》：

服其命服，朱芾斯皇，有玱葱珩。

此言周宣王南征荆楚车服之盛。又《诗·小雅·斯干》：

乃生男子……其泣喤喤，朱芾斯皇，室家君王。

此为建造宫室之颂歌（类似今日少数民族盖新房之歌），言迁入新房大吉大利，生子哭声响亮，长大仍为帝王，将穿华丽堂皇之“朱芾”云。

“朱芾”为天子之礼服，而诸侯、大夫则着“赤芾”。《诗·小雅·采菽》述诸侯朝拜天子时服装合乎礼节有云：

君子来朝，赤芾在服。

又《诗·小雅·车攻》述诸侯集会时车马服饰之盛有云：

驾彼四牡，四牡奕奕，赤芾金舄，会同有泽。（毛传：“诸侯赤芾。”）

又《诗·曹风·候人》：

彼其之子，三百赤芾。（毛传：“大夫以上赤芾乘轩。”）

身穿赤芾乃少数贵族特权，而曹国竟有三百人之多，故旧说以为《候人》乃刺曹共公亲近小人不循法度之诗。

“朱芾”和“赤芾”作为天子之服和诸侯、大夫之服代称，可见其在古代礼仪中重要性。铜器铭文记述贵族所得赏赐之物中常见“赤市”、“朱市”。“市”即“芾”。“关于芾之制度，如以不同颜色代表不同等级等等，在《礼记·玉藻》篇尚有详细记录，兹不具引。三《礼》记录古代舆服宫室制度，已经系统化和理想化，未足深考。

今日可得而言者乃芾之具体形制。《说文》市部：

市（芾），韨也，上古衣蔽前而已，芾以象之。

又《说文》韦部：

韠，韨也，所以蔽前，以韦。

1　李一夫：《南诏王室的族别初探》，载《南诏史论丛》1984 年。

图二二　云南利米人身前系白布一方举行仪式

由此类简略记载，可以推知芾起源于原始人之遮羞布。后世已有衣裳，仍以一幅布或皮蔽之于前，沿袭古老习惯。今日少数民族尚保存这类仪式服装，可作佐证。

云南永德县利米人每逢举行“作帛”等重要仪式，重要执事人员（男性）多在长裤之外系以白布一方（图二二）。

云南施甸县自称为“本人族”者、贵州镇宁县布依族以及“金三角”地区所谓“白苗”和“蓝苗”妇女[1]，亦有类似装束。

藏族妇女腰间常系巾一幅，作正方形，下与袍齐，称为“薄克”。喇嘛跳神时亦作此装，有氆氇制者，有皮制者[2]。后者与古代的芾“以韦”制成，尤为相合。

少数民族此类装束形如围裙，实为礼服，与妇女下厨始穿之围裙作用不同。礼仪性服装中常保存古代装束之一部或全部，芾之情况当亦如此。

贯头衣

贯头衣为南方民族一种特有服装，史籍屡见记载。《后汉书·南蛮西南夷传》：

（永昌太守郑纯）与哀牢夷人约：邑豪岁输布贯头衣二，盐一斛，以为常赋。

同传又云：

---

1 *People of Golden Triangle: Six Tribes in Thailand*, 116 ,117,119.

2 任乃强：《西康图经·民俗篇》。

凡交阯所统，虽置郡县，而言语各异，重译乃通。……项髻徒跣，以布贯头而着之。

以我所知有关贯头衣之记载以此为早，然极简略。此为男子服装抑为妇女服装？作何形式？在较晚记载中始有详细说明。《南齐书 · 蛮传》扶南国条：

扶南国……男子截锦为横幅，女为贯头。

又《太平御览》卷七九一引《广志》：

黑僰濮……山居，耐勤苦。其衣服，妇女幅为裙，或以贯头。

《新唐书 · 南蛮传》：

（黑僰濮）妇女以幅布为裙，贯头而系之。

同传又云：

南平僚……妇女横布两幅，穿中而贯其首，名曰桶裙。

综合上述可见，此物虽名为贯头衣，实包括裙类，乃一种妇女装束。

为何此裙称为"贯头"，应与其穿法有关。今云南傣族、布朗族、德昂族以及广西壮族妇女均以长裙为普遍服装，至今仍称"桶裙"（图二三）。此裙上下周径相同，以形如圆桶而得名。其特殊处在其穿法，裙必由头顶而套下，与古代内地妇女穿裙围之于腰迥异。推想内地移民、使臣或队商初到边陲，见当地民族由头套下之穿裙法，目为异俗，乃以"贯头"名之。

史载古代穿贯头衣者为哀牢，为濮僚，为交阯、扶南，今日穿套头桶裙者均为操壮傣语民族及孟高棉语民族，而操藏缅语民族无有穿桶裙者。从贯头衣到桶裙，可为考察古今民族文化传袭关系提供佐证，岂能视为琐屑小事而忽略之？

图二三　云南傣族身着桶裙之妇女

洗涤剂

古人也有自己的卫生习惯。人体要去污，衣着要洗涤，除水外还有赖于某种洗涤剂的使用。

碱是洗涤剂中重要成分，肥皂就是碱和脂肪的混合物。在西方，肥皂是公元前 6 世纪腓尼基人首先使用的，在没有肥皂的时代人们就用碱作为洗涤剂。长期以来，人们一直从草木灰中取得碱的成分，直到 1790 年才发明用电解法从食盐中提取纯碱。

中国古代亦以草木灰作为洗涤剂。《礼记 · 内则》："父母舅姑……冠带垢，和灰清漱；衣裳垢，和灰清浣。”这是说平时用灰和水为长辈洗涤衣冠。又《礼记·深衣》“完旦弗费”下郑玄注：“深衣者，用十五升布锻濯灰治……”这是说制作礼仪服装的布要先用灰水洗涤拍打。草木灰水在古代还有一个专门名词，称为“涚”。《考工记·㡛氏》：“以涚水沤其丝。”郑玄注：“涚水，以灰所泲水也。”同书又云：“湅帛以栏为灰渥淳其帛。……”可见古代丝和丝织品也要用灰水浸泡洗涤。由于灰是洗涤纺织物必备之物，故（东汉）仲长统《昌言》（《御览》卷八二六引）有云：“攻玉以石，浣布以灰。”用灰洗物，竟为成语，可见汉代和汉代之前此法之普遍。

图二四　景颇族制作草木灰水之装置

用草木灰为洗涤剂，在边陲偏僻地区保存长久，现代云南少数民族之中仍不时可见。兹介绍我们所见的滇西景颇族的情况为例。

景颇族制作灰水有专用竹编物，上广下狭状如鱼篓，下有漏孔连接容器或竹槽。取草木灰（一般即用家庭炉灶或火塘中之灰），盛放于竹编物中，引小股流水注入。过滤以后经漏孔流入容器，或经竹槽流入容器，即为灰水。洗衣时以灰水浸泡或涂抹，再加拍打、搓揉和漂净（图二四）。古代“涚水”如何制作，即可从景颇族制作灰水的情况想见仿佛。

图二五　傣族妇女洗发

灰水硷性较强，可用来洗涤衣物，却不利于人肤。故古人洗面洗发，还另有一种较柔和之洗涤剂，这就是淘洗谷物留下之汁。《礼记·内则》：“五日……请浴，三日具沐，其间面垢，燂潘请靧。”郑玄注：“潘，米澜也。”《说文·水部》：“潘，淅米汁也。”可见这种淘洗谷物之汁也有专有名词，称为“潘”。当时人洗面和洗发，还要用不同谷物之淘洗汁。《礼记·玉藻》：“日五盥，沐稷而靧粱。”从上引《内则》已知，靧指洗面，而沐则专指洗发而言。[1] 前者要用淘粱之汁，后者要用淘稷之汁。

此种习惯自先秦迄于后世，史不绝书。如齐简公时“陈氏方睦（沐）……遗之潘汁”[2]。西汉

1 上引《玉藻》文下孔颖达疏。
2《左传·哀公十四年》。

窦太后曾为其弟“丐沐”[1]，即乞求潘汁为弟洗发。《齐民要术》卷五记载，冬天为防皮肤皲裂，要“夜煮细糠水汤洗面拭干”，再涂以“猪胰”制成之“手药”（当如今之护肤膏之类）。

以淘洗谷物之汁为人体洗涤剂之俗，在云南某些少数民族之中至今仍有保存。兹以傣族为例，妇女习惯用淘米水洗发，淘米水必须是第二道淘洗而留下的，要存放三天使其发酵，然后煮沸，用以洗发（图二五）（据说可使头发光亮柔滑，其效果不亚于市场上价昂之“香波”），与古代潘汁之制作和使用情况相合。据上引《齐民要术》，糠水原是要“煮”的。

“涚水”和“潘汁”均见于古代典籍，然语焉不详。幸赖少数民族保存同类习俗，始得具体了解。民族志资料有助考史者，俯拾皆是，有待人们细心搜集。

蹶张弩

弩与弓同列为远射武器，故弩名“十字弓”（cross bow）而弓称“长弓”（long bow）。弩与弓类同而实异。弩有郭，设机括以扣弦，用“悬刀”（有如今手枪之扳机）以释弦；而弓则无之。

弩较弓进步，其发明较晚。《吴越春秋》卷五有云：

> 弩生于弓，弓生于弹（弹弓）。

弩晚于弓自无可疑。今世学者谓中国之弩战国时期始有，则非事实。此乃据出土之铜弩机年代立论，然在金属时代以前，弩可全用竹木制成。西南少数民族所用之弩多属此类。我曾调查沧源佤族制弩之法，弩臂为一种用特殊之竹称为“奥安克”（意为“制弩之竹”）者所制；弩身用一种称为“靠班安克”既轻又不易变形之木制成，而机郭部分用另一种称为“斯巴安克”特别坚硬之木制好后嵌入。悬刀材料则为木片或骨片。此类材料在地下很难保存，故原始之弩难有实物发现，然不可谓铜弩机之前无弩也。

弩有机关，可于射前张设给予敌人以集中打击。战国时著名之马陵之战中，孙膑即赖“万弩齐发”，大败庞涓。[2] 又弩之张设可利用畜力（如“八牛弩”之类），甚至机械之力（如用弩床之类设备借轮轴绞动以拉弦的“绞车连弩”之类[3]），故可制成强弩、大弩，其射程远大于弓。

然战士随身佩带之强弩，仍赖人体之力张设，此即所谓“蹶张弩”，较一般之弩不同之处在于仅凭双臂之力已难张设，要兼用足力。例如《汉书·申屠嘉传》云：

> （嘉）以材官（一种低级军职）蹶张，从帝击项籍。〔如淳注云：“材官之多力，能脚踏彊（强）弩张之。”〕

即指此弩。关于蹶张弩考古资料已发现多起。过去发现的山东武梁祠[4]、近年发现山东沂南及河南唐河县冯孺人墓[5]等东汉画像石中，均见蹶张弩形象。沂南汉画像石上武士口噙一箭，足踏弩臂

1《史记·外戚列传》。

2《史记·孙子吴起列传》。

3《六韬·军用》。

4 瞿中溶：《汉武梁祠堂石刻画像考》图三〇、三一。

5《沂南古画像墓发掘报告》，文化部文物管理局，1956，图版二七。《唐河汉郁平大尹冯君孺人画像石墓》图一六、一八，《考古学报》1980年2期。

图二六　沧源佤族的弩及其蹶张之法

而双手拉弦，表现尤为生动。据研究，此武士实代表善射之后羿，绘于墓室可以驱鬼除疫。[1] 然现实生活中蹶张之法当亦如是。

弩蹶张之法在内地早已消失，惟边隅地区尚有保存。1965 年我在云南沧源佤族调查制弩技术，得见其张弩之法。有一种强劲之弩，单凭臂力无法张开，射者必须坐于地，以双足踏弩臂，以双手拉弦而扣于机括之上，其姿态与沂南汉画像石所见者完全一样，诚为复原古代蹶张弩最佳比较资料（图二六）。原始之弩亦须蹶张，不必待铜制弩机之后，此于佤族之弩可以证之。

弩与弓虽属同类，却为不同文化所用。中国西南民族自古有弩而无弓。（明）王恽《秋涧先生大全文集》卷八一有云：

百夷（指今傣族先民）……兵械，有手弩而无弓矢甲胄。

又（明）钱古训《百夷传》云：

百夷……用长镖干（盾牌）弩，不习弓矢。

而中国北方及西北民族却多弓而少弩，如西汉前期曾禁止弩这种有力武器北传匈奴，特设“弩关”[2] 稽查，即其一例。此一南北民族文化差异，至今犹然，凡常至边地作调查者，均能言之，故弩之原始形态及蹶张之法今犹保存于西南民族之中，自非偶然。中原地区古代兼用弓弩，再次证明中国文化曾汇集南北地区文化因素。

鼓风皮囊

人类最早应如北美印第安人等后进民族以口吹风助燃，后始使用器械。中国古代长期使用皮囊鼓风。《老子》第五章：

天地之间，其犹橐籥，虚是不屈，动而俞（愈）出。

《淮南子 · 本经训》：

鼓橐吹埵，以销铜铁。

---

1 周长山、魏仁华：《蹶张图考》，《考古与文物》1983 年 3 期。

2 《汉书 · 昭帝纪》：“始元五年，罢天下……马弩关。”颜注引孟康曰：“旧马高五尺六寸齿未平，弩十石以上，皆不得出关，今不禁也。”

此处之“橐”即指皮囊，“籥”与“埵”则分别指皮囊相连之吹管与吹口。橐又称韛[1]，或简写作“排”，以水力拉动者为“水排”[2]，以人力拉动者为“人排”[3]。自先秦迄于中古，皮囊使用不衰。(前蜀) 薛昭《幻影录》：

叠炭埋锅，韛而焰起。

又 (前蜀) 牛峤《灵怪录》：

见一革囊，喘若韛橐。

似直至五代时期，韛橐仍然存在。木制风箱不知起于何时，《天工开物》中始留下明确形象[4]，称之为“鼓韛”，仍沿袭皮制风箱古老名称。

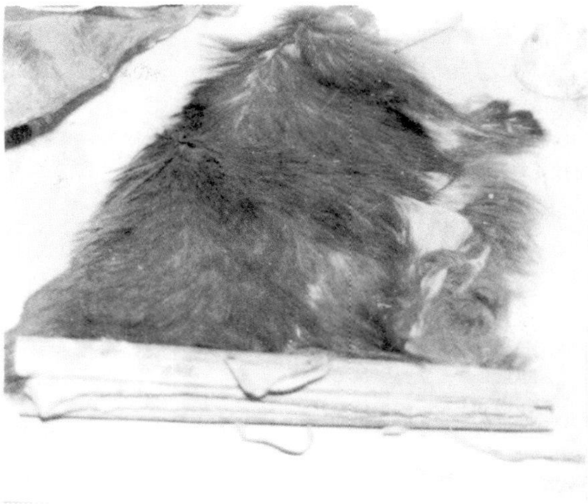

图二七　彝族鼓风皮囊

关于皮囊实物，未见考古发现。仅河南巩县铁生沟及郑州古荥镇等矿冶遗址中见有陶质吹管。吹管连接大型冶炉，必须耐火，自以陶质为佳。又在山东滕县宏道院画像石中，留下东汉时期鼓橐冶铸形象。王振铎先生已对此作出研究。[5]

但滕县画像石等所反映者乃大规模冶铸作坊的情况，所用鼓风设备形体甚大，悬吊于架，必须两人上下拉动，已是橐韛的发展形式，不足以代表其原始面貌。

云南少数民族一直使用原始鼓风皮囊，或可供复原远古时代内地橐韛形制参考。(清) 檀萃《滇海虞衡志》卷五蛮冶条：

挟皮囊与冶事数件沿寨卖冶，冶时掘一小窟，置炭（其）中，上加以铁，以皮囊鼓之，炭炽铁溶，以其简便。

又 (清) 余庆远《维西闻见录》：

皮炉，以全羖皮为之，腹际为孔，入竹筒二三寸，缝合之，人足踩皮后足，手提皮头自上至下按之，则筒之风忽吹而出以扇火，及冶皆用之。古宗（藏族先民）旅宿野处，带叶之柴而烟少者，恃此器也。

清代内地已无皮囊鼓风之事，故流寓滇南文人竟视为殊俗，不知内地自古即有。

直至 20 世纪五六十年代，此物在西南偏僻地区仍未绝迹（图二七）。我在滇西北、大小凉山及滇西南地区调查，常见走村串寨补农具之铁匠（即所谓“沿寨卖冶”者）和远途跋涉之马帮，使用此物鼓风，其形制与清人所描绘者无异，仍为整片羊皮缝成，羊毛亦不刮去，插以竹管为吹筒（盖修理铁器需用火力不大，故不妨用竹，然竹筒口部常见烧焦痕）。这种鼓风皮囊既用于冶铸，又用于炊爨。炊爨当是其原来用途，冶金术发明之后，乃借用以为冶炉鼓风。

1 见《说文》及《玉篇》。
2《后汉书 · 杜诗传》。
3《晋书 · 杜预传》。
4 见宋应星：《天工开物 · 冶铸》、《天工开物 · 五金》。
5 王振铎：《汉代冶铁鼓风炉的复原》，《文物》1959 年 5 期。

近游挪威，见偏僻山区农家偶用木柴炊爨或取暖，亦备有鼓风之皮囊以助燃，其形制与云南少数民族所用者并无大的差异，仅制作较为精致形状较为规整而已。据了解，此物在北欧比较普遍，且有古老的历史，而云南与北欧古代几无文化接触可言。人类思维方法原有共同性，可设计出相同之器械。两种文化或两个民族之间若见有相同或类似之器物及习俗，不必尽以文化传播、文化影响解释之。皮囊吹风，即为一例。

附录一

多所见闻　以证古史

——记顾颉刚先生对我的启迪和帮助

中国著名历史学家顾颉刚先生逝世已经三年了。但是他在治学方法上给予我的启迪，以及最近几年里对我的帮助和鼓励，是我难以忘却的。

20世纪60年代初期，我到云南从事民族调查工作，开始很不安心，兴趣不大，总以为是荒废了自己的专业。1963年顾先生的《史林杂识》初编出版了，我读完这本书后，心胸突然开朗起来。

顾先生用藏、白等族招赘习俗，证明古代赘婿实与奴隶无异；用傣族、苗族丢包习俗，说明内地抛彩球择婿之风的由来；考证“披发左衽”，以蒙藏人民的服饰作为实例；解释《老子》中“刍狗”一词，以喇嘛庙中酥油偶像作为比喻。此外，还指出“傻瓜”一词得名于“瓜州之戎”；“吹牛”、“拍马”为西北方言；以黄河、柳江上的连舟搭桥解释古代“造舟为梁”；以四川、湖南民间住宅的天窗说明古代“中霤”之制等等。总之，无论是边疆少数民族保存的文化习俗，还是残留于内地偏僻地区的民俗学资料，到了顾先生手中都有用处。甚至连多年前看过的一场戏曲，听到的某句方言，也能随手拈来，用以证史。我第一次感到自己正在从事的是一项有意义的工作，它对自己研究中国考古学和古代历史的夙愿，不仅不相违背，而且大有助益。

于是我边作调查，边读书，并也试探着用调查来的资料解释古史上一些疑难问题。虽是开始学步，无甚成绩可言，但多少体会到做学问的乐趣了。

在此期间，我又找来顾先生其他著作细读。《浪口村随笔》、《秦汉的方士和儒生》以及《古史辨》第一册上那篇长长的《自序》，给予我的印象尤为深刻。我逐渐体会到顾先生最可贵的治学精神就在敢于打破中国古史旧的体系，推翻陈说，或对很多似乎已成定论的问题敢于提出怀疑，即使对个别问题怀疑错了，也不应永远当作一种“罪过”。永不满足现成的结论，勇于探索，这不正是从事任何科学研究所应取的态度么？

1974年（或1975年），我经中央民族学院闻宥教授的介绍和顾先生开始通信。这已是“十年浩劫”后期，长夜漫漫，生活无聊，我只有清理过去调查资料以自遣。有时也结合古史写些读书札记之类，其中偶有自以为可以言之成理者便草成短文。在和顾先生通信时，我常把这类文字随手抄寄给他，求他指教。这类文字我当时是不想发表的，因为对那个时代来说，它太“不合时宜”了，有可能招来横祸。然而顾先生不仅复信勉励有加，并把它推荐给有关刊物。这些情况当时并不让我知道，后来顾先生在一封长信中回忆说：

前数年接贻书，并贻大作《耦耕新解》一文，胜义联翩，不胜钦佩。本为介绍至《历史研究》，然该社在“四人帮”控制下不得发表，乃送至《文物》登出。

对一个素未见面的后辈一篇习作性文字如此不惮其烦地四处推荐，全然不避自己的风险，使我看到一位老学者的正直和勇敢。为了宣扬学术和奖掖后进，他是无所畏惧的。

“四人帮”粉碎后，我和顾先生通信和交往多了起来。我继续把已发表的和未发表的文字寄他请求教益。他老人家也把在《文史》、《中国史研究》、《中华文史论丛》发表的一系列新作和再版的《秦汉的方士和儒生》一书，惠寄于我，并为我出版的一本小书题写了书名。

在顾先生来信中，不仅谈到治学方法，还经常对一些具体问题提出精辟的见解，给我很大启发。例如有一次提到铜鼓问题，他这样写道：

刚又尝游广西宁明县，见花山崖画，画中圆形物甚多，疑即铜鼓，其全图则一次大集会也。

顾先生不是专门研究考古学的，但凭借其广博的知识和敏锐的观察力，一语道破了事实的真相。古代南方有些少数民族集会必敲铜鼓，故画众多铜鼓图形象征集会，这不仅正确说明了广西崖画某些画面的含意，而且对于解释其他原始图画也是有启发的。

在顾先生来信中，更多的当然还是谈我文稿中一些问题。遇有他不同意的地方，便不吝笔墨加以指正。例如，我写过一篇稿子，题为《释“武王伐纣前歌后舞”》，用西南少数民族有关战争习俗为旁证，说明前歌后舞云云实是巴人在牧野之战中以类似歌舞动作冲锋陷阵之讹传。拙稿中曾引《书·牧誓》一段话说明周人临阵时小心翼翼随时保持队形整齐，因而不可能有载歌载舞之事。他老人家来信对这段话有不同的解释：

惟念《牧誓》所以有不愆于四伐、五伐之语，似由“大武”之舞而来，否则当干戈交接之际，似未能有此从容整齐之步伐。惟其因有此言，故来汉人巴渝舞之说。我病乍愈，尚未能作从容之讨论，先作此短札，以慰远望。他日体气稍愈，更当奉答也。

可惜的是后来一直未能谈出他老人家对这个问题的看法。我想他是不太赞同我这份稿子的基本观点的，因为他主张巴人根本未曾参加牧野之战（参见《史林杂识》初编牧誓八国条）。但尽管如此，他还是把它向《历史研究》推荐了，因为他认为“可备一说，不宜埋没”。这种真正的学者风度使我感动。正是在这些地方，显示出顾先生高尚的道德品质，永远值得我们这一代人学习。这和有些“权威”对于与自己不同观点的文章便横加指责甚至压制，真不能同日而语。

1979年春天我去北京办事，便在一个下午去三里河看望顾先生，受到他和顾师母的热情接待。他老人家当时虽年过八旬，身体清健，尤为难得的是思想仍很活跃，思路清楚。那天，他兴奋地谈了很多往事，谈民国初年他初到北京的情况，谈北大的轶事，谈他在厦门大学的生活，谈鲁迅，最后就以充满感情的词句回忆起美丽的昆明来。他告诉我抗战期间他在昆明曾住在一个僻静清幽的农村里，当时生活是那么艰苦，却做了不少工作。

那天，他还领我看了他的藏书室和工作室，谆谆告诫我说：“搞东西总是要事先把材料搞全”，“我研究《尚书》，就是先把有关《尚书》的材料（不论是中国人的日本人的）集中在这房里，再动手”。这些话反映了顾先生研究问题所持的严肃和彻底态度。现在每当我写点什么东西，想急于求成草草结束时便想起顾先生这番话，督促我重新安下心来。

那天北京天气晴朗，顾先生精神非常之好，谈锋甚健。由于怕他谈话太多，过分疲劳，我不得不告辞。临别时他老人家还说："这几天是北京最好的季节，正是中山公园花开的时候，我真想陪你出去玩玩。"说得顾师母在一旁笑了起来："你走路要人搀扶，还能陪人家出去呢？"

顾先生这种心情，我多少有点了解，因为他给我来信中不止一次提到他平生喜欢游历，以及现在不能出门的苦恼，并一再表示对我们能随时出外调查的欣羡和向往：

我年逾八十，老年慢性病日多，以致耳聋眼花，手颤足软，几成废物。荷蒙见推，示我新作，以少数民族之遗风，印合古史，顿开新境。此正今日史家应任之工作，只缘近数十年中时局过于动荡，中青年又无暇读古书，因此放弃了许多好材料。足下年龄似在四十左右，独能旁搜远绍，成此绝业，他日成就何可量耶？羡甚，喜甚。（1978 年 5 月 15 日来信）

我一生性极好游，足力又健，日可步行百里，故能多所见闻，用以证明古代史事。惟一生为教学牵制，不得长时间作调查。自到北京，受职科学院，开会太多，亦未能遂远游之愿。今则老矣，行一里即足痛矣，每一回思，徒呼负负。足下正在壮年，又居边省……得读书穷其搜讨，解决前人误解或不能解之问题，歆羡何似！希望他日大有成就，为古史界辟一新园地也。（1978 年 6 月 12 日来信）

在这里撇开对我个人过誉之词（那只能当作他对于后辈的一种鼓励和期待），可以看出他老人家晚年的心情。虽然年事已高，不能出门，仍然热爱生活，向往于出外游历。但他的"好游"，又不是一般的游山玩水，而是想"多所见闻，用以证明古代史事"。这才是他游历的真正目的。我想，他脑海中一定还蓄有许多古史疑难问题，想通过接触社会寻找启示吧！

"多所见闻，用以证明古代史事"。顾先生来信中这两句话，提示出一种研究历史的方法。顾先生一生治学，学术活动是多方面的，涉及历史学、古地理学、俗文学很多领域，留下的遗产十分丰富，在治学方法上有许多东西值得我们去学习和借鉴。多所见闻，以证古史，当然只算是他治学方法的一个方面。而由于职业的关系，在这一方面我的感受较多。

研究中国古史上任何一个问题，有关史料总是屈指可数，假如一味死守祖传家法，拘泥前人注疏，则有些问题可能永无解决之日。而如能迈步走出书斋，到边境少数民族地区看一看，或到内地偏僻地区看一看，即使是走马观花，往往会有意想不到的收获。

当然，我们要能真正做到出门有获，首先仍必须像顾先生一样，要对中国古籍作一番研究，有深入的了解，头脑中经常蓄有若干问题。这样下去后才能随时发现有用材料，而不致"入宝山而空回"；也只有这样，才能恰如其分地运用这些材料，而不致穿凿附会。因此，顾先生来信一再提到研究古代史的人要"读书"、"读古书"，这是他自己经验之谈。而在熟读古书方面，我们这一代人比起顾先生和其他史学前辈来，相差太远，这也是值得我们注意的。

顾先生享年八十有七，可谓长寿。他一生从事整理研究中国古史的工作。由于自然的规律，现在他不能再作下去了。而中国古史上存在问题尚多，有待我们这一代及下代人来继续解决。

写到这里，我不禁抬起头来仰望顾先生为我写的《荀子·劝学》那一段著名的话："吾尝跂而望矣，不如登高之博见也。……君子生非异也，善假于物也"。顾先生写这段话是寓有深意的，他希望我们研究任何学问要注意方法。只要能找到正确治学方法，大家都可做出成绩来。多所见闻，以证古史，可说是研究历史一条新的方法，这是顾先生首先提倡和力行的。让我们大家都来学习顾先生这种方法，一边读书，一边调查，共同为中国古史的研究工作开拓一个“新园地”。

（原载《社会科学战线》1984 年 3 期）

附录二

以治学为职业　作真实之贡献

——读《顾颉刚读书笔记》有感

当代史学大师顾颉刚先生逝世以后，海外学人纷纷发表哀悼或评论文字，对顾先生评价之高超过国内，誉为“中国史学现代化的最先奠基人之一”[1]。他们讨论较多的一个问题是后三十年顾先生的工作和思想情况。由于中国多年对外封闭，他们对国内情况未免隔膜。例如，或认为顾先生思想“左倾”，或传顾先生曾公开发表“反共”言论，等等。现因《顾颉刚读书笔记》（以下简称《笔记》）的出版，这类问题可以说已由顾先生本人作了最好的回答。按笔记乃为抄录读书心得，抒发自己胸怀而作，从中可以充分看出顾先生的真实思想。

《笔记》约四百万字，由台湾联经出版公司印行。1992年秋，我应邀在华盛顿大学教书，才得接触这部皇皇巨著。旅居异邦，课余多暇，这部笔记乃成为我经常翻阅的重要读物。当时曾抄摘其中足以说明顾先生这几十年思想和工作情况者，准备与海外朋友共同商讨。

现值“顾颉刚先生诞辰一百周年学术讨论会”在他的故乡苏州举行，乃先草成此文，提交讨论，并就正于海内外熟悉顾先生生平及学术思想的学者和朋友。

一

顾先生以整理、研究中国古史为己任，很不参与实际政治活动。当然，作为一个有良心的知识分子，对国家大事、民生疾苦又非无动于衷。“九一八事变”后面对日寇侵略，他便编通俗读物，宣传民族意识，不遗余力。[2] 他研究历史地理及边疆民族问题，大概也是有感于国土沦丧，以适应当时国防的需要。但从根本上看，他毕生是个纯正的学者，用他自己的话说，是“以治学为职业”或“一生治学”的人。我觉得后三十年来，顾先生对这一生活目标，未曾稍有动摇，他在继续走自己的人生道路。而一个“与现实政治无直接关系”[3]的学者，自然是谈不上“左倾”或“反共”的。在《笔记》中就找不到关于政治的评论。我们应该维护顾先生这样一个纯正学者的形象，而不要给他乱涂政治色彩。

由于他要研究的问题太多，他又是“几乎没有一天的日子不短，几乎没有一天的工作不欠”

---

1 余英时：《顾颉刚、洪业与中国现代史学》，载《史学与传统》，台北：时报出版公司，1982年。

2 顾颉刚：《我是怎样编写〈古史辨〉的》，载《古史辨》（上海古籍出版社，1981年重印本）第一册。

3 余英时：《顾颉刚的史学与思想补论》，载《史学与传统》，台北：时报出版公司，1982年。

这样一位勤奋的学者，认为天下“最可悲的事情”是“时间的浪费”。[1]1949年以后他感到最大苦恼就是干扰太多，不能做自己想做的事情。要说他对现实政治有什么意见，这就是他主要意见。这在《笔记》中时有反映：

去岁（1954）到京，任职科学院，校点《资治通鉴》，日以一卷自程。……余性急，而人事牵系，常不得如愿，以此致胸前闷痛，而失眠疾亦日剧。……倘容我在安闲之生活中作真实之贡献，则无愧矣。[2]

这种思想在给我信中也有表露：

我一生性极好游……故能多所见闻，用以证明古代史事。惟一生为教学牵制，不得长时间作调查。自到北京，受职科学院，开会太多，亦未能遂远游之志。[3]

这“开会太多”实是开展一系列政治运动的结果，每次运动是每人必须参加的。这确实不知浪费了学者们多少宝贵时间和精力。

由于不能随意支配自己的时间，从事自己喜爱的专业工作，顾先生在《笔记》中颇向往于清代学者的学术生涯，如论及王念孙与俞樾时说：

王念孙父为宰相，子（引之）为尚书，生活无问题，又享高寿，年八十始刊《杂志》，故冥悬古人。俞樾罢官，赖曾、李、彭诸大僚之助，没有安定生活，然有求于人，需日作酬酢文，既求荣宠，复获稻粱，故俞不如王。日本发现残本《淮南子·兵略训》，以《读书杂志》校之，十得六七；以《诸子平议》校之，无一合者。[4]

在论及孙诒让时说：

瑞安孙诒让……妇能文，善治事，侍居楼上。七年未出门，惟夫妇能登楼。楼上置长桌，书卷纵横，写何条注，翻何书籍，即移坐某桌，日移座位。入睡前，夫人为理书稿，七年后成《周礼正义》。张之洞督鄂，不能致者两人，一为王先谦，一为孙氏，知学望之尊。……（孙父）两任藩司……腰缠累累，让在荫育之下，生活自无问题，又配以佳妇，代安排著作生涯，故有此成就。[5]

顾先生“没有金钱的癖好”。在20世纪20年代明知有欠薪之虑，为了满足“学问的嗜好”，他仍欣然去北京任事（见《古史辨》第一册《自序》）。他在这里特意记下清代几个朴学大师的学术生涯，决非欣羡他们的世代官宦的家庭背景及优越生活条件，只不过借此说明要有“安定生活”，“生活无问题”，才可以安心治学，才能取得大的成就。必要的生活条件及安定愉快的心情，确是古今学者都需要的。

到了“文化大革命”期间，中国知识分子遇到的就不是工作条件欠佳，开会太多之类的问题了，绝大多数人被剥夺从事专业工作的权利，甚至丧失了自由。顾先生自亦难免。《笔记》对这一段经历有沉痛地描述：

---

1 顾颉刚：《古史辨》第一册《自序》，1926年。

2《顾颉刚读书笔记·膏火书》前言。

3 参见《多所见闻，以证古史——记顾颉刚先生对我的启迪和帮助》，《社会科学战线》1984年3期。

4《顾颉刚读书笔记·阳类聚》。

5《顾颉刚读书笔记·辛丑夏日杂钞》。

> 1968年出医院后，是年运动严厉。……是年秋历史所×某尽取予之笔记以去供所中审查。及十二月军工队入所，运动愈紧张，予乃销假，逐日入所，备斗批诸历程。[1]

> 及"文化大革命"运动起，旧籍为摧残之目标，藏家珍本失于俄顷。……学部负责同志虑吾书亦遭祸也，遣人携封条来，一夕间将我书库完全封闭。然所谓革命青年者仍屡次来搜索，揭去封条而入，恣意取其所需而去。余不自知所失者为何种图书，然一生搜集之地图全被携去则可知也。当其呼啸出门之际，重粘封条于门，予之不得入内取书如故。如是者历三年。北方多风，风必挟沙，室内积满灰尘，入室有如下圹……更无术看书参考如故也。更延六年……"四人帮"伏辜，我辈以治学为职业者，复有春日重来之乐。向日禁我读书写作者已闭其如簧之口。……予一生治学，而人事纷扰，恒（苦）不能得一静境以集中精力从事创作。……[2]

经过"文革"浩劫的人都知道，当时不准看书，惟经典著作、领袖言论及鲁迅著作除外。在《笔记》中凡是这方面的抄录及议论，大抵都为这一时期所写。但甚至在这情况下，顾先生仍不忘自己的研究工作，如读《鲁迅全集》时，"辄取有关古史者录之"，他自嘲这是"结习未改"。[3]

一个学者可以忍受"生计的窘迫"和"生活的枯燥"（见《古史辨》第一册自序），他的生活乐趣是从治学本身取得的。但这时竟连看书的自由都没有了，那真是一个荒谬的时代！

三十年来在这样的环境和条件下，顾先生工作不能不大受影响。正如海外学者余英时教授所说，顾先生"受政治环境影响太大，许多研究计划都无法如期实现"。"以致最后三十年的成绩不但赶不上《古史辨》时代，而且也不能与抗日战争期间相比"。[4]余先生对顾先生十分景仰，他的分析大体不错。因为顾先生自己也说过：

> （抗战）后数十年的工作计划，一直得不到安定的环境来实现，我的一生工作能力最强的一段时间就此浪掷了。[5]

但即便如此，顾先生还是做了大量工作。如整理《尚书》，根据旧著编成《史林杂识（初编）》，参加标点《史记》和《资治通鉴》，与他人合编一本《中国历史地图集》，指导编写了《古史辨》第八册，撰写了一系列有价值论文等等[6]，特别是《笔记》中很大一部分是这三十多年中写的。这说明顾先生在各种干扰下仍坚定地走自己的路，片刻也未停步。若非有坚定的信念及强韧的毅力是不易做到的。据他女儿顾洪女士回忆，直到死前他还想着他的学问，心中只有做不完的工作。[7]这才是受人敬仰顾先生的真实形象。

1《顾颉刚读书笔记·高春琐言（五）》前言。

2《顾颉刚读书笔记·林下清言》前言。

3《顾颉刚读书笔记·高春琐言》前言。

4 余英时：《顾颉刚、洪业与中国现代史学》，载《史学与传统》，台北：时报出版公司，1982年。

5 顾颉刚：《我是怎样编写〈古史辨〉的》，载《古史辨》（上海出版社1981年重印本）第一册。

6 参见王煦华：《顾颉刚主要著述年表》，载《顾颉刚选集》，天津人民出版社，1988年。

7 顾洪：《先父顾颉刚先生的读书与治学——纪念父亲逝世五周年》，载《古今掌故》（一），四川社会科学院出版社，1986年。

二

在学术思想方面，顾先生这几十年来基本上也能做到一以贯之，坚持自己的治学方法。如在史学方面，仍然强调充分占有史料，以考据、辨伪等手段整理史料，从研究具体问题入手来重建中国古史，少谈抽象空洞理论。《笔记》本身即是他时刻注意积累材料的产物。

他在笔记中说：

> 予以晚年，得参学习，闻道虽后，向往弥坚。而一生积癖，喜逐物求知，与今之求辨大是大非以解放全人类为任务者，洪纤差距过甚。此则必当以无产阶级思想纠正之者。[1]

这里虽然说到要“以无产阶级思想纠正”自己“积癖”，在其他地方也有要学习马克思列宁主义作自我批判的表示[2]，这些大概不过是一时的想法。以考证方法“逐物求知”即研究一个个具体问题究竟有什么错呢？这种工作总是要有人做的。故顾先生在《我是怎样编写〈古史辨〉的》一文中又写道：

> 我的古史研究工作，从有些人看来是脱离现实的……我以为这样的说法，未免有短视之嫌。……我要使古书仅为古书而不为现代的知识，要使古史仅为古史而不为现代政治与伦理，要使古人仅为古人而不为现代思想的权威者……
>
> 又有人说：《古史辨》的时代已过去了，这句话我也不以为然。因为《古史辨》不曾独占一个时代，以考证方式发现新事实，推倒伪史书，自宋到清不断地在工作。《古史辨》只是承接其流而已。至于没有考出结果来的，后来还得再考……所以即使我停笔不写了，到安定的社会里还是会有人继续写的。

这段话是 1979 年写的，离他逝世不过年余，可视为他对自己学术思想的最后总结。

难能可贵的他还曾公开为自己学术思想、治学方法进行辩护。1955 年当时历史所主要领导从日本归来，以日本战败后在美国占领下始有对日本神话历史的怀疑为喻，谓顾先生疑古“亦有为帝国主义服务的一面”。顾先生当即辩驳说，自己实承宋人朱熹、清人阎若璩等之余绪，宋代清代哪有帝国主义？[3]《笔记》中还记录下这样一件事：

> 1955 年……胡适批判……当初开会时，余曰：“我欲为考据学说一句公道话，考据学是反封建的”。闻者大哗，对予抨击。[4]

当时在史学界，“烦琐考据”是一顶不大不小的帽子，大家避之惟恐不及，顾先生全然不顾别人的抨击，宣称它们存在有其必要性和合理性：

> 考据学本为史料学服务，是为专家说法而非为一般人说法。烦琐自有其学术上之需要……乾嘉学派假如不在烦琐资料中极其爬梳抉剔之劳动，又安得有此成就乎。[5]

1《顾颉刚读书笔记·愚修录》前言。

2 见顾颉刚：《秦汉的方士与儒生》序，上海古籍出版社 1987 年重印本。

3《顾颉刚读书笔记·汤山小记》。

4《顾颉刚读书笔记·古柯庭杂记》义理考证词章三学条。

5《顾颉刚读书笔记·辛丑夏日杂钞》经学著作之批判条。

为了维护自己认为是对的观点，不怕得罪领导冒犯权威，不怕批判，而且敢于在会上起来争辩，在当时是需要很大勇气的。这就是一种坚持真理的精神。

由于他自己从事实际学问的研究，他对曾作出贡献的同类学者的身后寂寞，表示极大的同情：

笃学之士，每以无人标榜，致身死淡焉若忘。表而出之，实我等之责也……

他提出应该表彰的有编辑最早小学课本的张元济、蒋维乔，曾出版大量医书的丁福保，中西交通史专家张星烺，中国矿物学和地质学的前辈章鸿钊以及对古文字学和古代史都有研究的山东大学教授丁山。这些人逝世时，“报纸上绝不见一字，非不公平耶？”[1]

三

今天我们纪念顾颉刚先生，除了学习和继承他敢于疑古善于辨伪的可贵的史学遗产，学习和继承他在民俗学、民间文学、历史地理学方面的遗产，学习和发扬他和同辈学者开创的尊重容纳不同意见（《古史辨》的编集本身即体现这一点）的优良学风，更重要的是要学习他在任何环境下能坚守自己的信念、心无二用、勤奋治学的精神。

每个人只能根据自己的兴趣、爱好和才力选择一条人生道路，而一经选定就应该坚定地走下去，才能有所贡献。顾先生自幼年起就树立了自己人生宗旨，他说：“社会改造的职责当由政治家、教育家和社会运动家去担负……我没有这方面的才力也不觉什么可耻，因为我本有自己能做的工作。一个人原不必件件事情都会干的”（《古史辨》第一册《自序》）。什么是他能做的工作呢？这就是他在《笔记》中写下的“以治学为职业”，以此为社会“作真实之贡献”。

当今社会又面临新的动荡，从事基础科学（包括历史学）研究的学者除被要求继续“为政治服务”外还被要求“适应市场需求”，研究问题如不能取得“经济效益”，就会有贫困或失业的危险。假如大家都来重温一下顾先生六十多年前所说“一个人原不必件件事情都会干的”的话，想来不是没有益处的。

（原载《中华文化论坛》创刊号，1994 年）

1《顾颉刚读书笔记·兰课杂记》近百年学人无记载条。

附录三

历九州之风俗　考先民之史迹

时光如流水逝去，我来云南工作不觉已有四十余年。由于工作需要，研究方向涉及好几个领域，如崖壁艺术之发现、南诏大理国诸城址之考察、云南考古材料的综合整理（特别是对云南青铜器之考释和研究）、西南民族史的研究等等。但自己始终认为毕生所作最有意义的工作乃是利用民族学资料对中国考古学和古代史上一些问题进行的新的探索，或能纠正古人之陈说，或能冲破今人之误区，正是这一部分研究成果常引起国内外注意，较多为人所引用。

迄今为止，已出版论文集四种、专著四种，译著一种、日记一种。大部分著作还曾编成合集（《汪宁生论著萃编》，云南民族出版社，2001 年）出版。

中国先哲告诫我们，人之为学及修身应该“忘身之老也，不知年数之不足也，俛焉日有孳孳，斃而后已”（《礼记·表记》）。今后还应继续努力，尽量做一些自己想做的事情，但毕竟年过七旬，来日无多，已不可能做更多的研究工作。特别是要进行长期的田野调查已非力所能及，应该说《萃编》之出版已标志着自己学术生涯告一段落。

适逢学苑出版社朋友专程来昆邀约写出自己毕生经历，这正好给我一个机会来反思自己走过的道路，谈一些民族调查工作的苦与乐，总结一下经验和体会。假如其中能给后人以启示，我将感到高兴和欣慰。

一

今天大家都已知道利用民族学资料对考古发现的遗物和遗迹进行合理解释是一种行之有效的方法（当然也有少数例外，如张忠培，其文见《中国文物报》1995 年 7 月 30 日）。在西方早已形成一种专门的学问，这就是民族考古学。但当我开始进行民族调查时，当时中国与世界隔绝，信息不通，资料匮乏，加之长期僻居云南，对此是毫无所闻。我走上这条道路完全是自己摸索出来的，经历过一个长期的曲折的过程。

1960 年作为中央民族学院的教师奉派参加由全国人大统一领导的云南民族调查组，这时我对民族调查毫无兴趣，总感到学非所用，不能从事考古工作是个遗憾。当然有时也可以就地面文物或遗物做一些调查工作，但收获甚微。1961 年 10 月 10 日日记写道：

> 自思参加民族调查组已一年有半，不能发掘则无考古可言，徒然四处乱跑，长此以往将成为废物。

当时几乎是所到之处有什么就调查什么，从喇嘛寺直到特殊的婚姻习俗，但研究考古学和中国古史的夙愿始终未曾泯灭，兴趣仍浓，时常翻阅有关书刊聊以自娱。

有一次看到顾颉刚先生抗战期间在昆明写成的《浪口村随笔》（不久后就改名为《史林杂识》由中华书局正式出版），心胸突然开朗起来。顾先生用藏族白族招赘习俗，证明古代赘婿实与奴隶无异；用傣族苗族丢包习俗，说明内地抛彩球择婿之风的由来；考证“披发左衽”，以蒙藏人民服饰作为实例；解释《老子》中“刍狗”一词，以喇嘛庙中酥油偶像作为比喻；主张“傻瓜”一词得名于“瓜州之戎”；“吹牛”、“拍马”为西北方言；以黄河、柳江上所见的连舟搭桥解释古代的“造舟为梁”；以四川湖南民间住宅的天窗说明古代“中霤之制”等等。我才知道原来边疆少数民族保存的文化习俗，甚至残留于内地偏僻地区民俗学资料，到了顾先生手中都有用处，他能随手拈来，用以考证古代的问题。自己现在长年生活在少数民族之中，接触的“奇风异俗”更多，为什么不能用以研究考古学和中国古史问题呢？而且研究任何学问，贵在发现新的材料。记得读过傅斯年先生一篇文章，大意说是一种学问若能扩张他研究的材料便进步，不能扩张便退步。还作打油诗一首，要求研究者“上穷碧落下黄泉，动手动脚找东西”。考古资料多是残缺的零碎的，中国古史上有些长期聚讼的疑难问题也多由于“文献不足征”。假如能适当地运用民族学资料于考古学或古史领域，无异于为这些学科扩张大量研究材料。

有了这番认识，我对民族调查便发生了浓厚兴趣，不仅不再厌烦，而是乐此不疲。每当到一个民族之中，除完成领导布置的任务外，自己总要“种一点自留地”，搜集一些可能对研究考古学和古史有用的资料。

用民族学资料研究考古学问题，道理明确，不等于就能顺利进行，真是“说时容易做时难”。经常是调查以后回到昆明提起笔来想写点什么，会发现有些问题当时没有询问，不知详情，无法下笔，后悔不及。最后只能就事论事，做一些简单的描述，即使联系考古学问题也是浮光掠影，未能深入，因为所获材料有限。现在看自己最早写的东西，总是不免脸红。原来民族调查有自己一套方法，调查时应按科学程序办事，而我们民族调查组成员来自四面八方的不同专业，并未受到这方面严格训练。以我自己来说，在大学一年级上过《原始社会史》这门课，知道一些人类学普通知识，而对如何进行民族调查可说毫无所知。

当时民族学（文化人类学）和社会学一起被划为“资产阶级伪科学”，中外民族学家人类学家成为批判的对象。而“无产阶级的民族学”究竟是什么样子呢？我们应如何进行调查呢？从无人作过指导。调查出发之前领导谆谆告诫的是“随时注意改造思想，结合中心工作，为政治服务，不要违反纪律”之类，要我们多读马列的书。恩格斯《家庭、国家和私有制的起源》几乎是当时调查工作者的“圣经”，当时是人手一册的。但靠那本书就能顺利进行调查么？记得当时也曾看过一份油印的“调查提纲”，不知是哪位“专家”或“领导人物”拟定的，仅列出生产力和生产关系、经济基础和上层建筑几大标题而已，后来几千万字的调查资料，大多数按此要求而写得空洞抽象并非偶然，因为这是统一布置的结果。

按照这样的要求完成任务，写出一份公式化的调查报告，一点也不困难，因为没有人检查你的调查成果是否真实，是否真能“结合中心工作”；而要真能得到一些有用的资料，既无前人经验可以借鉴，又无详细的调查提纲可以遵循，靠这样的野外调查是无法进行的。

天性好奇，既然过去的“资产阶级民族学家”也做过调查，写过书，那他们是如何进行调查的呢？1963年和1964年上半年回到北京，中央民族学院当时几乎集中了中国民族研究领域的权威和著名学者——潘光旦、吴文藻、费孝通、林耀华、傅乐焕、闻宥、马学良等等，得以不时请教，获益良多。更重要的这段期间给我一个难得的读书机会，靠着中小学打下的英文基础，借助字典，泛阅了国外人类学和民族学的名著原文，等于自学民族学基础课，掌握了基本知识，特别是调查方法的基本知识。

这里要说明的是虽然“资产阶级的”人类学和民族学遭受批判，这方面的书籍并未在中国大地上消失。当时如北大图书馆或北图收藏的这方面图书还能借阅。中央民族学院图书馆清规戒律较多，而且藏书较少。但上面说的一些老先生家中藏书还有保存，至少“文革”前是如此。这里要特别感谢林耀华、傅乐焕、宋蜀华等先生慷慨帮助，我常从他们书架上借走想看的书。傅乐焕先生还曾送我一本德人利普斯著的《事物的起源》，后来我把它翻译出版。林耀华先生借我的英国皇家人类学会编《人类学的询问和记录》一书，对我学会调查方法帮助尤大。读了这本书我才知道调查工作原来大有学问，我才知道剖析一个社会应该调查哪些方面，调查某一方面又应询问哪些问题，原来前人早就准备好全面的具体的调查提纲；而且对如何选择报告人和训练翻译，如何询问，如何记录，都有一套方法，前人早就总结出许多有用的经验。即文字记录也绝不是仅用一个笔记本，而应该根据情况使用不同的记录形式（谱牒、日记、表格等）。这本书一直放在身边，成为调查旅途中的伴侣，直到20世纪80年代从国外找到更新的版本才把它还给林先生。

说到“改革开放”以前的中国大陆上还可以看到西方人类学民族学书刊，很多外国人表示不能相信。例如，美国人类学家顾定国先生在访问我时开始曾对此将信将疑，后来他才把这一点写入他的《中国人类学逸史》之中（见胡鸿保译本，228页—229页）。当然在上世纪50年代到70年代，中国人能在市面上买到的民族学书籍只有从前苏联翻译过来的充满政治术语材料有限的几种，被称为“资产阶级的”民族学书刊在公私藏书架上网结尘封，少人过问。但任何有价值的东西总不会完全从世界上消失，而且任何时候偷吃禁果的人总是有的。

看了大批书刊之后，再回到田野之中，感到值得调查的问题实在太多，过去自己的调查简直是胡闹，浪费时间；调查也变得容易起来。掌握了正确的方法后，对过去调查过的问题重加调查，又会发现许多新的材料。

二

调查和发掘文化遗存是考古学田野工作，民族调查便是民族考古学的田野工作。从这一点来说，我可以自豪地认为自己毕生都在田野工作中度过，尽管没有做过一次发掘工作。从上世纪六十年代初一直到九十年代初，除了“文革”初期遭难那几年之外，几乎没有那一年没有做过田野工作。有时一年至少有半年是在少数民族地区度过的。

考古调查和发掘是一项艰苦的工作，而比较起来民族调查似更为艰苦，特别是在我做田野工作的时候。今日年青人下去调查，出必专车，住必宾馆，餐有美食，日有补助，我们调查时交通和生活条件决非他们所能想象。

先说交通。以云南为例，大概仅有部分县城可通汽车，从县城去乡村一般是无车可坐的，全凭双腿。由于老百姓家中缺衣少被，要深入基层必须自带行李，因此背着背包走路可说是当时调查者常规交通方法。在有条件的地方能雇一条牛驮着行李，或随着马帮同行给点零钱把行李加在马驮之上，就会有幸福之感。而若骑马，当时会被视为“老爷作风”，回单位必遭批判；而且西南地区尽是山路，时有坠骑之危；加之这里少数民族习惯是马背上并不置鞍，只放一条垫子或毯子，马的脊骨与你的尻骨相磨擦，远不如走路舒服安心。随着马帮走路，食宿都交给“马锅头”安排，途中和他们一起在露天吃“罗锅饭”，晚上和他们一起住“马店”，听他们讲故事，说“粗话”，谈各地风土人情，一切不用自己操心，对调查者来说是轻松惬意之事。若县里派一位翻译或干部相伴而行，途中有人谈话，不会有迷路之虞，在当时要算一种“优待”。我最怕是一人独行，又要问路，又要自己解决食宿问题，一路都处于紧张状态，若遇险恶山路，无人援手，时有生命危险。有一次从巧家到会泽，便险遭不测。1960 年 9 月 8 日日记中有当时的真实记录：

> 8 月 30 日搭货车去巧家，会见原副县长龙士林，了解彝族迁徙事，毫无所获。当地迄无客车与外地交通，想再找货车回会泽已不可得，留下又无事可干，不得以于 4 日晨循金沙江边山路步行，不意屡历险境，至今思之犹觉心悸。路宽不过尺余，上有沙石，且向外倾斜，稍一滑足便下坠江中。欲手攀崖壁，岩石久经风雨侵蚀应手而落。愈走愈怕，几至无法举步。险恶处手足并用爬行而过；或坐于路上两腿下悬，双手撑地而过。曾想爬上山顶另觅佳路，爬数十步即遇峭壁，退回原路时下望大江，更觉心惊胆战，深悔冒失。自思这样死去殊为不值，只有屏定呼吸，看准落脚点，确有把握再移步。如此行走两日，4 日晚宿双河，5 日抵蒙姑，宿小旅社，心跳极快，疲劳已极仍难入睡。蒙姑……为偏僻小镇，由于交通不便，完全保持原来面貌，风俗淳厚。白天去茶馆喝茶，众人见我狼狈不堪，精神委顿，前来问讯……有人请我晚上去家中吃饭，有人劝我多留几天慢慢想办法。还有人说：抗战期间一位外籍水利工程师为了勘测金沙江通航事，就在此路掉入江中。这使我毛骨悚然。

巧家为偏僻县城，自无班车与外界交通，而一些不算偏僻地区也是如此，例如有一次从下关到永胜整整花了四天时间：

> 永胜迄今不通客车，22 日离下关，乘车至宾川（牛井）换马车前行，是日抵金沙江边而宿。23 日晨渡江，有溜索，亦有渡船，任旅客选择。我选渡船，以为可以“轻松一下”。不意行至江心，船遇漩涡打转，船工头上冒汗，幸有惊无险。下午搭拖拉机继续北行，夜宿期纳，已属永胜县境。24 日晨起，拖拉机竟弃众乘客而去。他未收车钱，有权如此。与众乘客继续步行，一路尚不寂寞。程海在望，风光宜人。……步行约 20 公里遇道班房而宿，见拖拉机亦停门前；拖拉机之速度竟与步行相侔。今日再乘拖拉机抵此，100 公里路程，共行四日。（1962 年 9 月 25 日日记）

今日从下关到永胜乘班车数小时可达，而当时竟走四天时间，乘过汽车、马车、拖拉机、渡船几种交通工具，加上“11 号车”（这是当时我们对走路的俗称），才到达目的地。

即使有车可坐，不要认为是什么舒服之事。人各一座的公共汽车当时是奢侈之物，仅从省城出发的班车才保证有之。偏僻地区即使有所谓“定期班车”不过是“解放牌”卡车一辆，并无座位。乘客蜂拥而上，各以自己行李放在四周背靠车板而坐，这便是舒服的“软席”。若未带行李，只有“席地而坐”。下面几条日记便记录下当时的实况：

> 5月30日由西昌到盐源，150公里竟走一天，夜深始达。此间客运仍用卡车，旅客以行李堆放四周为座位。司机之旁仅有之座，必须是当地重要官员或与司机有特殊关系人士才能占有。说及这一众所向往之座位，一位旅客大摆“龙门阵”：解放初期木里藏族土司去京开会，经盐源去西昌，也只能乘这样卡车。为示优待，安排他坐于司机之旁。彼问明司机之职务、身份，竟曰：“我如何能与此类人并排同坐，何不在司机头上再安一座待我？这样才合规则”。众旅客大笑。（1960年6月15日日记）
>
> 11日由西昌至会理。今由会理至鱼杂、渡金沙江抵此，便进入云南境内。由此去昆明由云南方面来车接。所谓客车仍是卡车，乘坐极为难受。已行两天，还要再走三天。（1960年6月12日日记）

那次五天卡车旅行，我便未带行李，只能坐在一张报纸之上。车底钢板又硬又凉，下车时双腿麻木，几乎不能举步。

这种作为定期班车的卡车至少还有帆布篷，可以遮阳挡雨，若在已通公路尚无定期班车的地方或途中搭车，便只有搭放空货车而行。记得去当时的基诺山，尽管景洪至勐腊公路横贯而过，仍无班车。每次必在小勐养等待放空货车，坐在傣族妇女卖物小摊前等候半天或一天是常有之事。要在路边耐心等待，要向司机卑躬屈节说上一大堆好话，才允许你手足并用从后面爬入车厢。当时空车一般不带帆布篷，下雨便成为“落汤鸡”：

> 19日晨离盘县县城，在刘官屯等车。好不容易，截住一辆放空货车。空荡荡车厢中只有我一人。原想享受独处之乐，直达贵阳。日突然大雨倾盆，浑身湿透，不得不在安顺下车休整。21日改乘客车，原定半日即达贵阳，车到平坝抛锚，又住了一天。古人叹“蜀道之难”，今虽有汽车可乘，在西南地区旅行仍非易事。（1960年7月22日记）

汽车抛锚，固然司空见惯；而雨季公路突然中断，在车上过夜或折回原地也是常有之事。

再言居住。调查应该尽量接近调查对象，这是不言而喻的事。像有些国外人类学家那样携带帐篷、吊床、睡袋甚至汽车房屋一套装备，可以住在调查者附近而又有自己的空间，对当时我们来说，简直是“天方夜谭”。我们当时一般只能在小学、区乡政府，更多是老百姓的家中，打开自己的行李，使自己晚上有个安身之地。

若在老百姓家中住宿，给你单独一个房间，或在火塘之旁与老人并榻，是很幸运的事。经常是与主人全家不少男女合住一室，床铺紧接：

> 今晚……住宿（沧源民良）老寨老五表兄家，他夫妻俩及小孩，加上今日新来之儿媳及我们二人，共七人合住一室。卧具不够，我受照顾，独得一条棉毯盖身，仍奇冷难耐，加之小孩哭闹，一夜未得好眠。（1965年1月27日日记）

这并非出于怠慢，而是他们草屋之内原不分隔房间的，云南很多少数民族原来居住条件就是如此。睡在傣族的竹楼要地板上清洁凉爽，尽管牛猪、鸡就在楼下，气味难闻，但比起睡在有些民族的家中，这里可算“天堂”。有些偏僻地区的彝族，房屋只有一层，畜栏就在床铺之旁，在这样的地方即使住上一夜也会使你终身难忘：

> 连日所宿彝家，多为单层土房，顶覆木板为瓦，畜栏即在室内，相距床铺只有咫尺之遥。入夜则牛之鼻吸声，猪之哼呼声，清晰可闻，甚难入睡。忆前读《徐霞客游记》，提及彼……曾宿彝家，亦是不分男女同居一室，一半养畜，一半居人。这种居住方式，300 年来竟未稍有改变。……（1960 年 5 月 23 日日记）

徐霞客的经历见于《游记》卷五下《滇游日记》三，其地当在今滇黔边境，我去的地方则在今四川凉山。

住入调查对象家中有利于“参加观察”，受苦受罪，理所应该。而旅途之中总应有较好住处，以便休整。但那个时代每个县城一般只有一个旅馆或招待所。像今天的“标准间”当时是没有的，若有，仅高干可以住入。一般客人能在四人或八人一个房间中觅得一个床铺，尽管被褥多时不换，夜间“五鬼”（虱子、跳蚤、臭虫、蚊子、老鼠）大闹，仍会感到满足。每当夜晚长途客车抵达宿站，跑步去旅馆排队登记是一场体力的比赛。动作稍慢或客车晚到，便会有向隅之叹。情商之下，可能给你在走廊中加床或在别人床位下加个地铺，甚或与不相识者合住一床也并非不可能：

> 车迭生故障，抵达昭觉已是深夜。车站旁小旅社全部客满，情商后加设地铺席地而卧一宿，凉气袭背。（1960 年 5 月 14 日日记）
>
> 14 日离昭通，当夜宿黑石头，沿途停车修理，抵达已是半夜。晚到之车照例必遇旅店高挂“客满”之牌。最后服务员声明，为让大家都能住下，两个人合睡一铺。与不相识人同床，实难忍受，我宁愿坐以待旦……（1960 年 9 月 15 日日记）

云南当时有些城镇，专门的旅社是没有的，多在饭店楼上备有一张张地铺，以备旅客不时之需。我在云南邓川竟然遇到过这样一些事：

> 昨晚抵此，宿小旅社，条件更不如剑川金华旅社。入睡之前，只有我一人。一觉醒来，周围床铺已满，距我铺不远处，竟是一位白族中年妇女。闻过去随马帮走路住店即常如此，男女不分，数十人合住。盖荒山野外，首先要安排所有人都能住下，不能考虑“男女有别”，只要有屋顶可以蔽身，有火塘可以取暖，免遭露宿之苦，遑论其他？（1961 年 9 月 20 日日记）

以后在其他地方，不止一次与几十人合住一室，但男女混杂居住之事再未遇到。

最后谈谈吃饭问题。民族调查原不奢望享受盛餐美食，至少要吃饱，保证基本营养，才有力气走路。但现已知道全是人为造成的“三年困难”时期，几个月不见油荤是常有之事：

> 在成都已见供应紧张。著名“天府之国”小吃店经常关门或“卖完”。由成都赴凉山沿途更觉困难，惟一不必排队抢购者只有面条。每天定量一斤粮票，可食面条 5 碗，惟辣椒太多，无法下咽，只能要求“免红”。面条上仅有一点“帽（哨）子”亦被免去，入肚全为面粉别无营养，终日饥肠辘辘。（1960 年 5 月 14 日日记）
>
> 晨起与（永胜县）兰遮村干部及群众告别，算清伙食费（每日 1 斤粮票 3 角钱）。陈 XX 说：“你来天天喝菜汤，‘他鲁粑粑’没尝一个，‘油茶’没喝一碗，还要你钱，真对不起。”十几天来，确是一天两碗红糙米饭，一钵菜汤佐餐，有盐无油。……（1962

年10月14日记）。

每天能吃上糙米饭还算幸运。旅途吃不上饭的事，也非罕见：

到达昭通城天黑已久饭店早已关门……其他旅客或回家或探亲访友，可以就食，而我晚饭无着落，饥饿难耐。从小摊上购黄梨数个，请旅店服务员帮忙加工。她好心而慷慨，又加入土豆数个，合而煮之。汤酸梨涩，味道实在太差，胡乱填肚而已。（1960年8月15日日记）

6日晚再宿黄草，7日拼命赶路直达盐源，夜已深。沿途吃饭问题尤其难，自6月2日离盐源就为此大伤脑筋。必须在开饭时间（晨10时及下午5时）赶到有伙食团之处情商搭伙。沿途农户缺粮严重，有钱有粮票并不能找到饭吃，有的说："过去你来我家就是客人，倒酒杀鸡给你吃也不会收你一文钱。现在一样没得，很对不住"。情溢于词，令我恻然。这两天饥一顿饱一顿，常挨饿赶路。从盐塘动身时，从粮库中用粮票购黄豆一斤，请老乡炒熟，作为干粮，饿时边走边吃。悔未听老乡之言，放盐炒之。终日食此，口渴难耐，沿途不断喝凉水解渴。……（1960年6月8日日记）

我毕生最难忘记的一餐饭也是在盐源附近山区吃的。一天赶到一个农村干部办的伙食团，交了半斤粮票几角钱，坐等开饭。等候良久，一个木桶抬了进来。有人为我盛上一碗饭，竟是带稻壳的米饭。吞咽一口，喉如刀割，花了很长时间才吃完这碗饭。至今想起，嗓子还有痛感。我至今弄不明白这是因为当时断炊太久来不及舂米，还是因为不去壳可以多吃一点。至少这决不是当地固有饮食习俗，而是那个特殊年代的"特殊食物"。

到了少数民族地区，还要忍受不清洁或不合口的饮食。在云南边疆地区，最麻烦的让你品尝牛肠不洗和肉同煮的汤锅，以及各种奇怪的昆虫或小动物。下面只是我在西盟佤族中遇到的一件事：

又访小马散合作社副组长等时，询该寨头人、奴隶诸事。谈话毕与多人围火塘准备吃饭，一人突然持弩走出，在黑暗中对准房梁一射，硕鼠一只应声而落。主人急忙剖腹（但不去毛）放火塘中烧熟分而食之。女主人在盛满饭的"木拉"中以老鼠腿一只插入递我。我婉拒，主人及众客皆不悦。正感无可奈何，进来一人，有饭而已无鼠。我急中生智，迅速将老鼠腿插入他的饭中，说"是你的面份"。大概合乎"阿佤礼"，众人大笑。我终免吃老鼠之苦。（1965年3月22日日记）

此外，在少数民族家中喝酒也并非是愉快之事，而是一种折磨。

此间指（西盟）调查工作较沧源更难。选定的报告人几乎无日不醉，尤以岩搜为甚。每天拉我喝酒，否则就是"心不好"。酒盛于竹筒中人喝一口，依次传递。水酒度数不大，不致醉倒。但喝了半天，一无所获，终非长策。……16日老寨有人结婚，往观……说好我去只"吃糖不喝酒"。比至，晒台上已支锅两口，切肉待煮，酒坛环列，于是又强拉大饮水酒，喝至肚胀欲吐才放归。（1965年3月17日记）

晚分别访问马散乡乡长岩龙及其父岩肯。……岩龙泡酒，强饮两大竹筒，肚胀难受。（1965年3月26日）

此间（指贵州雷山苗族）人士极为好客，劝酒甚殷，且有一套说辞。入门一般先喝两杯，因为客人是“两只脚走来的”。糟糕的是我们这次是坐车来此，车有四个轮胎，应喝四杯。当人已半醉，家中姑娘又出来敬酒，称“姑娘酒”，如不喝，“姑娘害羞，会上吊的”。甚至人已离席，还要喝一杯，称“出门酒”。酒为市上买来之白酒，盛在饭碗中，虽不倒满，连尽数碗或十数碗，数量甚为可观。幸老吴为我解围，代饮不少，仍感头晕目眩，强力支撑，未出洋相。又行至一家，见妇女多人欢声笑语，正在聚饮。原来这几天正逢喝“姐妹酒”时节。悔不该伫立门前观望，又被强拉入内。我们略饮一口，赶快夺门而逃。（1987 年 3 月 5 日日记）

无论如何热情好客总比不加理睬要好得多。特别是无人陪伴独自一人初到一个村寨时，可能找不到食宿之处：

晨沿岷江步行至雁门乡政府，办完手续，开始访问。原约定回来再安排食宿，不料直至天黑办公室仍紧锁双门，坐于门外等候。有人告知：“干部们开会去了。”无人理睬，直至深夜。幸有一位羌族青年（刘姓）打着电筒走夜路，突然发现了我，携至其家住下，方免露宿街头之苦。（1960 年 4 月 22 日日记）

当我坐在乡政府门外地上等候时，才体会到在他人熟睡的时候，自己没有一个床铺可以伸展四肢是什么滋味。

不习惯的饮食，不能适应的生活习惯，语言不通，初到时不为当地居民所接受，不能开展工作，在异文化环境产生的孤独和寂寞感等等，都属于文化震撼现象，是世界各地调查的人类学家和民族学家必然经历而又必须克服的困难。从事民族考古学的人何可幸免？但“改革开放”以前在中国搞民族调查还要加上由于匮乏物质条件带来的上述交通住宿和饮食诸方面的困难，这是今日青年学子无法想象的。

三

在如此艰苦条件下什么力量支撑自己一直坚持民族考古学的调查研究工作，是我时常被问及的问题。

为名为利吗？这类冷僻的研究工作，好不容易写出一点东西，究有几人阅读？能出多大的名？又能带来多大的利益？

为了谋生吗？到了 20 世纪 80 年代初自己总算有了安定的工作，教书以外坐在家中随便做点研究，不必耗精费神，即可安稳地度过余生，何必还要千方百计争取一切机会下去调查？

今日想来，支持毕生从事这项工作主要动力就是兴趣，就是想将头脑中的疑问求得解答的愿望。当你调查有获，久思不得其解某个问题豁然冰释，或者发现一意想不到的新鲜材料，那份愉快和兴奋实非语言所能形容。这时，调查中所受之苦便会一笔勾销。

下面只是一些例子，也可以算是自己研究工作中“得意之笔”。我辈这一生没有什么轰轰烈烈大事可供回忆，用时髦的话业说就是不曾有过什么“辉煌”，而下面这些发现带给自己的愉悦，却是终身难忘的。

（一）羊骨卜

中国远古文化遗存经常发现卜骨，占卜方法迄今未能作出很好的复原。当看到西南好几个民族仍然会用羊肩胛骨进行占卜时，似乎使我一下子回到了远古时代，看到古代“贞人”是如何行卜的。

最早是1960年在凉山布拖县彝族之中发现这一习俗的。当时还没掌握正确的调查方法，未能记录下太多有用材料。1962年调查云南永胜县他鲁人，才请巫师表演其占卜全过程，得知很多细节可与《史记·龟策列传》相印证，如祷祝要备祭品、祷祝词之结构、卜兆部位之名称，等等。《龟策列传》这篇文章在《史记》中自来视为“烦芜陋略”，“言词最鄙陋”，难以卒读，调查之后就能释其十之八九。原来其中除杂七杂八地叙录占卜的掌故、著名的卜者和卜例外，还记录了像他鲁人占卜前念的祷祝词，又包括像纳西族占卜后用以验兆的卜书，而且应是两部卜书合抄在一起的。《龟策列传》虽是记载古代龟甲卜的情况，而龟甲卜与远古羊骨卜有一脉相承的关系。远古羊骨卜与西南民族骨卜之俗无疑属于同一类型。

特别是卜兆出现之后巫师用黑灰在其上涂抹一番使裂纹清晰显露，使我懂得古书中“史定墨”（《礼记·玉藻》）、“史占墨”（《周礼·占人》）的“墨”字确切含义，原来“墨”就是用墨显兆，然后由负责占卜的“史”来决定吉凶。（参见《他鲁人的羊骨卜》文）几千年来聚讼未决的问题可由此得到确解，何快如之！

以后每到羊骨卜曾经流行的地方，便继续进行调查，积累了很多材料。最后一次是1985年10月在西昌，由最熟悉彝情的前彝族土司岭光电先生作报告人，彻底解决了脑中的疑问。这些问题也是甲骨文专家时常感到困惑的问题：为什么同一件事要问多少次？为什么甲骨有成坑埋藏的现象？“卜”字象卜兆之形而“卜”字之音是否来源于甲骨烧裂之声？（参见《彝族和纳西族羊骨卜》文）

调查结束前我把学会的占卜方法像彝族“毕摩”一样在岭光电先生面前从头到尾做了一遍，看自己是否真正掌握，最后他说：“行了，你如会说彝话，也可替人占卜，得喝酒了”。

（二）数卜

八卦是中国古代文化一套独特的符号，在社会生活很多方面留下烙印，它的来源常使文物考古工作者困惑不解。

我在凉山彝族调查羊骨卜时，发现他们还有一套数卜法，可以解开八卦这个难解之迹。

这种占卜的要点是巫师用细竹或草秆一束，随手分去一部分，再数其余部分，看是奇数还是偶数，如此共行三次，可得三个奇偶数。或取一根树枝，以小刀随便划上许多刻痕，再任意分为三部分，细数每一部分之刻痕，亦可得三个奇偶数。由于数分两种而共卜三次，故有八种可能的奇偶数排列。因此，我认为八卦就起源于古代数蓍草占卜的筮法的八种奇偶数排列。最初的“画卦阶段”只有八卦，到了“重卦”阶段，才有六十四卦。（参见《八卦起源》）

多年之后，周原甲骨上发现了数字组成的符号，张政烺先生联系传世铜器及殷墟甲骨上同类符号，论证八卦就是奇偶数组成，进一步证实了我的推想。关于八卦起源的解释和上述对骨卜的研究，不幸早逝的张光直教授称为中国考古学上运用民族学资料的“最好的例子”。（见所著《考古工作者要熟读民族学》，载《考古人类学随笔》，三联书店，1999年，125页）

（三）大房子

考古工作者曾发掘出土不止一处大型房屋遗址，对此讨论颇多，释为“母系大家庭公共住宅”。

1965 年 4 月我在基诺族看到一个村寨（龙帕寨）由十座大房子组成，最大的一座住着 13 户核心家庭（“火塘”）共 48 人，与国外民族志上经常报导的“长房”制度相合，于是开始调查。为了便于参与观察，有几天就住入“大房子”之中，与其成员一起生活，仿佛置身于史前时代。当时的日记曾留下自己的感受。

> 晨搬入副社长沙木拉之大房子，一个“火塘”一间卧室，无外人插足之地。沙木拉在楼上入口堆放农具、杂物之门廊，好不容易为我与翻译张春腾出可以放下铺盖之空间。此间即算“客房”，据云易武商人来收购茶叶，多在此安身。报告人阿四来，今天开始工作……仍由各户家谱入手……（1965 年 4 月 22 日日记）

> 每当夜幕降临，大房子正中 6 个火塘便燃起火焰，室内甚热。人们多赤裸上身。主妇在自家火塘上忙于做饭，男人坐下休息、抽烟，或与相邻“火塘”的亲戚们交谈。孩子们在旁边嬉戏。这时人们充分享受家庭的温暖和辛苦一天后的轻松。虽然每顿都是糙米饭和缺油少盐的野菜，夫妻儿女一起还是吃得津津有味。人们保持一种乐天知命的恬适态度。大房子弥漫着和平宁静的气氛。遥想远古“长房”情况当亦如是。（1965 年 4 月 25 日日记）

后来参考世界上其他民族大房子情况，写出《中国考古发现中的“大房子”》一文，指出大房中子可以有不同用途，有的是公共住宅，有的则是集会房屋、男子公所、女子公所或首领住宅。即使是公共住宅，也不一定就是母系大家庭或氏族共居之处，像基诺族大房子就是实行父系的几个核心家庭组成的。根据这些认识，对于中国发现的八处大房子遗址的性质逐一进行讨论，对每处究竟属于何种用途，据遗址的发现情况和内涵作出初步推定。

后根据大房子集会房屋多是一种无墙或半墙这一点，对于古史长期聚讼的“明堂”问题也提出自己看法。古代“明堂”原不过是一座无墙的大型茅草房屋，因为它较大，故又称“大室”或“太室”，因为它无墙，光线明亮，因而获得了“明堂”的名称。而文献记载的平面呈亚形的五堂或九室的明堂，则是王莽托古改制的产物，其前是未曾存在的。（见《释明堂》）以上关于大房子和明堂的文字得到中国古代史专家的重视。（见杨向奎《宗周社会与礼乐文明》，人民出版社，1997 年，204—210 页）

（四）特殊葬俗

埋葬遗存是考古研究主要对象。在民族调查时我特别注意搜集一些特殊葬俗，了解其动机，并参考世界上其他民族的材料，对考古发现中同类埋葬遗存重新作出解释。例如，普遍流行的二次葬及洗骨葬，都基于这样一种信仰，即人死后灵魂尚在尸体之旁徘徊，必须待尸体腐烂才能远离，二次葬洗骨葬实为了送走死者灵魂以免作祟。崖葬及悬棺葬也基本同样信仰，希望死者远离人间，不要为害生人。凶死别葬这一普通流行的葬俗，则是因为在初民思想意识之中凶死者的鬼魂特别凶恶（佤族、纳西族、布朗族均有这样的观念），必须葬在特殊地点，或对尸体作特殊处理，或举行不同的仪式才能禳解。儿童葬在家内又是因儿童尚未经过成丁礼不能与成人一样葬在正式墓地，是为了区分儿童和成人的不同社会身份，即如《礼记·曾子问》所说“以其去成人远，不就墓也”，并非有什么舐犊情深不忍儿童远离之意。

（五）人面木牌

中国西北地区汉代烽燧遗址除出土大量简牍之外，有一种绘有人面的楔形木牌，或释为支撑帐篷用的木橛。1961 年在丽江纳西族之中突然发现类似之物：

> 今去文化馆，由副县长兼文化馆长周霖先生接待。……今天有一意想不到之收获，文化馆收藏象形文字写本甚多，有老年“东巴”两人……整理翻译，观看他们工作时突然发现，室内堆放写木之旁有楔形木牌多件，上有彩画人像，脑海中立刻浮现敦煌、居延等烽燧遗址出土所谓“人面形木牌”……莫非同类之物乎？……经初步了解，此物名曰“可标”，为凶死者举行禳解仪式时插在地上，上绘之像根据祭祀对象而定。（1996 年 10 月 11 日日记）

归来查阅有关报告，从烽燧遗址人面木牌具体情况加以分析，应是同类之物，祭祀时插在地上，上绘所谓“人面”，便是所要祭拜之鬼神。（参见《纳西族的仪式木牌和汉代烽燧遗址的人面木牌》）

（六）铜鼓

铜鼓是中国南方重要文物。从公元前 7 世纪到清代南方少数民族一直在制作，直到今日铜鼓仍为少数民族所珍藏和使用。民族考古学在这一领域大有用武之地。

佤、壮、水、苗、瑶等使用铜鼓的民族我均曾作过调查。最重要的收获是发现铜鼓在这些民族社会生活中是财富和权力的象征，由此再来检查文献记载和考古发现，知古代铜鼓也是如此。正是由于这一社会功能，铜鼓才历两三千年而流行不衰。

铜鼓上一些图像，若参考少数民族习俗，多能作出较合理之解释。特别是早期铜鼓面部主晕中的写实图像向来释者颇众而意见纷纭。现在我们已知，其中房屋顶上有鸟饰表示这是豪富之家，房屋主人的身份非同一般；舞蹈人形之旁敲击铜鼓和编镈，表示宾客盈门举行庆典；房屋之旁有人舂米，表示为宾客准备食物。全图表现一次“夸富宴”的情景，这与铜鼓的社会功能是相符的。（参见《铜鼓与南方民族》）

与早期铜鼓同一时代而且属同一文化系统的云南晋宁石寨山青铜器上图像，也可参考少数民族习俗得以考释。例如，贮贝器盖上组雕场面中心常有柱形，应是表示事情发生在政治宗教中心。云南拉祜族佤族村寨常有立有木柱，称寨心柱，全体居民集会、祭祀常围绕此柱进行。又如石寨山经常发现女俑手持一伞，且置于墓的最高处，这伞或是招魂用的，广东连南瑶族保留类似习俗。

（七）取火及其他原始技术

远古人类如何取火是考古工作者经常注意的问题。钻火取火之事见于文献记载，但实物在内地迄未发现，仅西北地区气候干燥，曾发现过钻火工具。

1962 年在云南瑞丽景颇族地区首次发现原始取火方法：

> 今由县委党校王君带领去景颇族村寨兰景里略事访问。……无意中得知过去村寨失火必须重生新火，且必要用“竹子磨火”，乃请他们即兴表演。一位老人欣然从命，找

来竹筒一节，内塞竹屑、火草等物，双手持之在竹片边缘迅速磨擦，不久竹筒磨穿冒烟，口吹竹筒，火焰即起，此非传说中燧人氏钻木取火之法乎？不意石器时代技术在景颇族之中仍有保存，虽然只存在于宗教仪式之中。(1962 年 1 月 21 日)

当时说它就是钻木取火是不对的，这种方法应称为锯法。此后查阅外文资料，始知原始取火方法多种多样，有钻法、锯法（又分各种形式），有以藤条锯竹（木）的带锯法，有竹筒压气取火法，还有以石击石法。这些方法后来我在景颇族、傣族、佤族、苦聪人的宗教仪式或日常生活之中陆续发现。

但未见真正的钻木取火，总是憾事。1965 年终于在西盟佤族之中一见：

晨再访岩列姆“魔巴”，彼正高卧。询向取火方法。他证实此间不仅有各种锯法，且有钻法。当场请他表演。虽因材料不合适，冒烟而未燃，基本情节已掌握。多年寻找名副其实之“钻木取火”，竟于此处无意中得见，何快如之！(1965 年 3 月 25 日日记)

可以说大部分原始取火方法均曾为云南少数民族所掌握。

目睹了各种取火方法的细节，再来研究中国古代取火，便找到新的材料。原来中国内地远古时期取火除使用钻法外，至少还有锯法和以石击石法。这就丰富了中国古代物质文明的知识。(参见《云南少数民族的取火方法——兼谈中国古代取火》)

像取火这样的原始技术，我调查的时代在云南一些偏僻地区仍有残存，但随着社会的变化，正在迅速消失，稍瞬即逝，故我所到之处辄多方搜集，抢救出不少有用材料。如独龙族先穿针孔再磨细的制造骨针方法，傣族用陶球在角器上烙烫制成孔穴的方法，腾冲玉器在竹片上加以“抛光”的传统方法，沧源佤族、易武瑶族等利用木楔剖开木材的方法，个旧矿工用烧火泼水法开凿矿石的方法（据老矿工口述），佤族等少数民族用火加工竹木器的原始方法，独龙族、怒族的“石炊法”，景颇等、苦聪、佤诸族的“竹煮法”等等。我曾就这些发现联系考古发现和文献记载加以讨论，写成一系列短文或札记，发表于报刊之上，最后汇为《原始技术的探索》、《初民生活习俗丛考》等文。

以上这些是考古学或与考古学密切相关的问题借助于民族学资料加以研究的。还有一些纯属古史上疑难问题，我也曾尝试利用民族学资料重加解释。下面只是两个例子。

（八）耦耕

耦耕是中国农业史上长期争论的问题。论者多认为耦耕出于两人使用耒耜的需要。如细读有关文献，你会发现古代耦耕，并不都用耒耜，有时使用的是钱镈（锄）、芟（大镰刀）之类工具。在少数民族之中有较长生活经历的人都会发现，他们在农业劳动中无论使用何种工具从事何种工作，常有两人合成一组进行协作的情况。这种劳动协作可以进行简单地分工，提高劳动效益，或合力从事一人无法胜任的工作。即使两人从事同一工种，也可起破除寂寥激励精神的作用。“干活没有伴”，他们会认为是一件不光彩的事。即使在很多人一起劳动的场合，仍常保持两人一组的习惯。这种协作又时常采取换工的形式，甲先帮乙，乙再帮甲，一工换一工。

我不禁想起耦耕，它是否也是古人一种广泛实行的劳动协作呢？这不是为了使用某种工具的需要，而是因为两人劳动协作本身就有很大优越性。细读有关文献发现，古代耦耕也常实行换工的形式。《左传·昭公十六年》"庸次比耦"和《逸周书·大聚》"兴弹相庸"的"庸"字就是换工的意思，清人对此早有考证。假如我们没有民族学的视野，不知道初民的生活习惯，有用的文献记载也会被人忽略。

（九）阵前歌舞

"武王伐纣前歌后舞"，见诸史籍。过去都释为人民拥护武王而载歌载舞。然牧野之战乃几十万人参加一次殊死战和大搏斗，人人生命攸关，何能有此从容不迫态度及轻松之心情?

调查发现，过去景颇族、凉山彝族械斗时，都要有人充当先锋，在阵前大声吼叫、谩骂、高唱战歌，并挥舞盾牌和刀矛，作出类似舞蹈动作，以此恫吓敌人。归来重读有关记载，始知所谓前歌后舞也是一种阵前歌舞，是一种和上述两个民族一样的灭敌人威风长己方锐气的战俗。于是写成一文，题为《释"武王伐纣前歌后舞"》，发表于《历史研究》。此文现常为古史家所引用。（见上引《宗周社会与礼乐文明》，276—279页）

参考民族学资料研究古史，有着广阔的天地。除上述两例之外，古代礼俗、生活习俗在少数民族之中均有痕迹可寻。例如，沧源佤族之中保存定期改火仪式，西双版纳爱伲人保存磔狗祭风仪式，佤族等有类似古代分胙的分食祭肉之俗，傣族等有类似古代献帛之礼的以布帛作为礼品或敬献神佛之俗。通过今天的调查，我们可对上述仪式和习俗的实质有深入的了解。原来改火是预防火的灾害的禳解仪式；磔狗祭风是预防春风使人致病的禳解仪式；分胙是为了维系和强化同族或亲属之间的联系；献帛来源于简单社会之间礼物交换，具有建立或维系部落或个人之间关系的功能。

此外，左衽向来被认为是边裔少数民族服装的特点，甚或作为"蛮夷"的代称，贵州从江芭撒男子至今仍着黑色左衽上衣；椅子等高坐器具在中国兴起较晚，初传入时曾作为统治者专用之物，佤、独龙等族之中"头人椅"制度在上世纪50年代之前还有保存；古代冶炼皮鼓风箱称为"橐"，滇西北、大小凉山走村串寨修补农具之铁器近代仍用羊皮囊鼓风；古代"强弩"必赖足力张开，称为"蹶张弩"，沧源佤族至今仍坐在地上足踏强劲之木弩使之张开。几千年前的名物制度，今日仍能见之，真是一大快事。日记保存了我在贵州从江芭撒寨发现左衽服装情形：

> 今赴黎平途中，经过此寨见男子均着左衽，正在聚会饮酒，喜出望外，急请停车，略事访问并摄影。……男子所着左衽上衣，铜纽扣，无领……均黑色……妇女未见左衽，穿对襟衣、有褶之裙。（1987年3月10日日记）

想起这就是孔老夫子所说的"吾其披发左衽矣"的"左衽"，自来被认为已从中国大地上消失，我却有幸见之，其愉快和兴奋不下于发现一笔财富。（以上参见《初民生活习俗丛考》）

参考民族志资料可以研究古史，是否可用以考释古文字呢？在这方面我也作了一些尝试。例如，参考西双版傣族的"陇达"督耕制度，认为"臣"字原象睁目之形，即是监工的意思；参考佤族及其他民族中幼奴和其他奴隶的不同待遇，认为古代"小臣"（小臣或其祖先）即出身幼奴，故能居高位，"小臣"之小即因此而得名；参考初民原始记事方法中将人倒绘表示死人或奴隶的习惯，认为"辛"字原是倒绘之人形，而非如前人所说是黥面之工具。（参见《释臣》、《"小臣"称谓之由来》、《释辛》）

其实研究任何问题，均应以解决问题为旨归而不应拘泥于所用材料来自什么学科。王国维先生强调研究古史要用“二重证据法”，研究中国古史问题除文献记载古文字外，还应参考考古发现，很多学者都是这样做的。我们现在要提倡“三重证据法”，或“多重证据法”，民族志资料也可用来进行类比，甚至只要有利于你的研究，自然科学成果也应加以利用。

特别是中国远古历史上一些大而难的问题的研究，更必须如此。我研究文字、度量衡以及时间、空间和数字等概念的起源，就综合了文献、古文字、考古发现和民族志几个领域的材料，所得看法不一定完全正确，但至少扩大了研究材料，丰富了人们的知识，为后人进一步研究打下了基础。（参见《从原始记事到文字起源》、《从原始计量到度量衡制度的形成》、《初民时间、空间及数字概念探源》）

多年民族调查工作中还有一个意外收获，这就是沧源崖画的发现，说起来也是激动人心之事：

早饭毕即与老五去找崖画，抵达当日老彭告知，附近崖子上画有人像，群众说是“仙人”显灵……无论是真是假，不妨一观。

老五问清方位及距离后动身……过河穿过一片蚕豆地抵山脚。上山无路，灌木丛生，老五以长刀砍钐，始能前行。爬山约半小时，突见一片垂直光滑崖壁横亘眼前，走近见壁上布满红色图形，有人有牛，还有其他动物。人们用弩射猎，形象逼真。画风古朴生动，如书本所见世界其他地区崖画。有画之崖长达 30 米左右，站在其上，仿佛置身于伟大的“画廊”之中。奔走数年，今天总算在云南发现一处极为价值之文物古迹。（1965 年 1 月 20 日日记）

早饭后出发，借老黄牛一头驮物（被盖、锣锅、米、盐及乡里特批准购买的一点腊肉）。至树桥处，老牛死不肯上，不得已走向上游浅水处，牵牛涉水而过。水深至膝，寒冷侵骨，上岸后双腿麻木。

抵田房，留老五安排食宿，我一人上山工作。入晚始归。民兵已到，饭已煮得，铺已安好，谈笑甚欢。两位民兵一名田赛惹，一名田岩格朴，皆可爱佤族青年。晚饭后彼等与老五出外打鸟，我躺下休息。田房屋顶布满大洞小洞，洞中可见星光闪耀，直与露宿无异。请老天这几天不要下雨！（1965 年 2 月 6 日日记）

下午时达丁来大寨，旋由社长带领去看崖画。老五足捷先行，东行约 1 公里，突闻高呼“一样的、一样的”。比至果见红色图形分布于大片崖壁上。又发现了一个地点，大为兴奋。（1965 年 2 月 12 日日记）

以上不厌其烦抄录几段日记，旨在说明调查记录沧源崖画所经历之辛苦，但也带给自己莫大的满足。现在正式报告已经出版（《云南沧源崖画的发现和研究》），十个崖画点已列为国家级重点文物单位。关于崖画的发现及其意义已有多家媒体（人民日报、云南电视台、云南日报等）报导，此处不再赘述。

四

自 1983 年起，我开始走出国门。先在美国宾夕法尼亚大学人类学系访问一年，又在德国海德堡大学东方艺术史教书半年。此后，便不断有机会出国访问，或讲学，或开会。我参加过的仅是与考古学有关会议就有“古代中国和社会科学一般法”国际讨论会（美国弗吉尼亚，1986年）、“世界考古大会”（英国南安普敦，1986年）、“东南亚及华南青铜文化发展阶段”国际讨论会（泰国华杏，1991年）、“欧洲研究东南亚考古学者协会”第6次会议（荷兰莱顿，1996年）、“太平洋亚洲史前学会”第16次会议（马来西亚马六甲，1998年）。由于身在国外的有利条件，还去过世界很多国家拜访同行，参观博物馆，在有原住民的国度参观访问保留地，增长知识，扩展视野。利用这些机会，我与世界上一些著名的民族考古学家建立了联系，或曾通信，或曾会面交流意见，或互赠资料。更重要的是出国以后才有机会接触大量民族考古学书刊，使我得以了解世界民族考古学的成就和研究方法，打开了自己的眼界，知道自己的不足。

原来西方的民族考古学作为“新考古学”的一部分，兴起于上世纪60年代，今已成为当代考古学不可分割的一部分，几乎每本考古学教科书都设有专章讨论这一问题。各地专家还经常开会，交流意见。由于民族考古学的研究成果，特别是在澳大利亚原住南非的昆—布须曼人、北极爱斯基摩人之中卓有成效的工作，使人们对狩猎采集阶段的远古人类社会生活有了较多的了解。

在研究方法方面，他们很强调验证（testing）。在今天“活的社会”中看见考古发现中类似事物，可以记录搜集用作类比材料，不能就断定是一回事，最后结论尚有待于验证，即从考古资料本身找到足以支持自己看法的证据，才不会流于强作比附，胡乱推测。为此自己曾提出“类比—假设—验证”三步骤的研究程序。关于国外民族考古学情况以及这门学科的方法论，我曾写文章进行介绍（参见《谈民族考古学》、《二谈民族考古学》、《三谈民族考古学》），这里不想多费笔墨。

下面仅举几个例子具体说明归国以后自己是如何运用上述三个步骤研究问题。

（一）龟甲器

裴李岗文化、仰韶文化、大汉口文化中时见完整龟甲，内装小石子等物，对其用途迄今未有确解。

我访问加拿大易洛魁印第安人保留地时，了解其巫师作法用的一种响器即用龟甲制成。其制作方法是清除龟的内脏及四足，待其干却，将龟甲四边的皮缝合，放入坚硬小粒（如玉蜀黍粒），从龟头部位插入木棒为柄。为了安柄牢固，要在背甲或腹甲凿出小孔，插入细木棒和柄绑扎一起。这样便做成一件龟甲响器，摇动木柄，便会发出响声。通过比较，中国远古文化遗存发现的龟甲似乎是同类之物，但只能是一种假设，不能遽加断定，直到逐一考查各地出土龟甲后，发现如把这些龟甲解释为响器，各方面情况无一不合：出土之龟背甲和腹甲也见小孔，正可证明原来安有柄部，小孔是为插入小棒缚柄使更为牢固的。邳县大墩子的一件腹甲上还发现绳索痕迹，更证明其缚扎方法与易洛魁人龟甲响器略同。龟甲器发现于哪一部位并不固定，又可说明是手执之物而非佩带之物，龟甲响器因由死者手执以随葬柄部腐朽后便可留在死者身旁任何部位。通过龟甲上痕迹和出土情况进行验证以后，中国各地出土完整龟甲属于响器的看法才可以成立。

（二）三角形石刀

这种三角形石形器多发现于江浙良渚文化诸遗址中，过去多释为“犁”或“破土器”之类耕作工具。1991 年对加拿大爱斯基摩人作短期访问，了解他们有一种称为“妇人刀”的切肉和剥皮工具，原为石制，后为铜制或铁制。石制“妇人刀”形制与上述考古发现之三角形石刀可以相互类比。这时我们只能假定三角形石刀也是一种切割用具。后来山西襄汾出土同样的石刀，与木俎同出；又经实验考古学的微痕研究，证明它是使用刃部的工具。这一看法终于得到了验证。

（三）**盘状器**

中国各地新石器遗址中时常发现一种略呈扁圆形的打制石器，俗称“盘状器”，对其用途用法特别是如何安柄一直很不清楚。后来查阅世界民族志书刊发现，至少澳大利亚人和菲律宾的塔沙兑人之中有类似之物。它们是用一根竹篾或藤围绕器身，然后缚扎成柄。为了安柄牢固，器身两端时常敲出缺口。它们可以用于敲砸、砍劈、刮削、切割，是一种“多用途工具”。中国考古发现“盘状器”是否就是同类之物呢？我们重新细心观察各地“盘状器”的形制和特点，发现大部分边缘打出刃部说明它不仅用于敲砸，也可用来砍切和刮削；周边有刃就不便于手握必须安柄。永靖泰魏家和大河庄等地出土者，也是两端微凹，可以证明安柄方法与塔沙兑人等的石器一样，是便于藤竹之类围绕器身而设。特别是赤峰药王庙出土的一件，器身安柄留下的痕迹尚依稀可辨。这样验证的结果，出土器物本身便能找出证据，足以支持我们的假说。

与国外同行相比，我的民族考古学调查研究不足之处甚多。主要有以下两点：

第一，国外民族考古学是有计划有目的进行的。例如，为了揭示远古社会某一阶段的全貌或解决考古学上一个重大问题，去一个相对应的“活的社会”作长期的调查研究。这样的调查研究在中国还不多见，我做的工作也是“即兴的”，带有偶然的性质，当然有时发现线索后也是经多次持续不断调查才能取得成果，但与他们事先目标明确按计划有步骤进行工作，不可同日而语。

第二，国外民族考古学根据考古发现的物质文化遗存，以“活的社会”为类比，探索社会和文化的深层次问题。而我们多局限于物质文化本身，如对器物只满足于探索用途、用法及制作方法，而很少透过器物及其有关现象研究当时社会问题。当然，学习了国外同行的经验归国以后，我在这方面也略有改进。例如，对于云南傣族制陶，开始只注意以此研究考古发现的陶器制坯方法、烧制方法及器物用途等等。后来，我根据已掌握的线索进行多次调查，结果共发现了四种类型。对于制陶如何从手制转为轮制，如何区分制作者和使用者，如何判断陶器交换的分配的途径，关于陶器的专业化和标准化及与族群识别及社会变迁关系问题，进行的新的探索（见《傣族制陶的民族考古学研究》）。可是，这样的研究做得太少。现在脑中还蓄有不少很好的题目，再想有计划一个一个地继续进行研究，已感力不从心。

在中国已有一些学者从事民族考古学的工作，特别是有愈来愈多青年学者准备投入这一工作，这是很可喜的事。但就整体而言，中国考古学尚处在初建阶段。要这门学科得到发展，必须多做田野调查，多做专题研究。没有什么捷径好走。有些先生没有做多少专题研究，只进行概念的争论，写大块的文章，无助于学科的建设，这也是当前中国人文科学常见现象。至于那些未曾从事民族调查者也把自己在少数民族地区进行的一般考古工作称为“民族考古”或“民族考古学”，这是出于对民族考古学的误解，可不必置评。

在中国从事民族考古学研究，还将遇到一个普遍的难题，这就是作为中国社会科学指导思想的单线进化论。我们是1949年后进入大学的。在学校受的教育、平时读的文章，都教导我们说全人类历史是按一条社会发展规律而演进：原始社会（原始群—母系氏族社会—父系氏族社会）—奴隶社会—封建社会—资本主义社会—社会主义社会。假如深入进行一系列专题研究后你会发现实际情况并非如此。奴隶社会和封建社会如何划分？是否存在真正的奴隶社会？还有“亚细亚生产方式”究竟指何而言？从20世纪30年代起吵至现在，仍是一笔糊涂账，就因为人类社会历史的发展根本不遵循什么特定的规律。此处暂不全面论述，只谈我们研究民族考古学的人经常面临的所谓“原始社会”问题。

例如，谈到中国史前史，就说仰韶文化时期是母系氏族社会，龙山文化时期是父系氏族社会，这是写进历史教科书的。但是说仰韶文化实行母系，完全是从先入为主的单线进化论的概念出发，别无可靠证据，其主要“证据”是二次合葬墓的发现。我便搜集中外实行二次葬民族及其婚姻形态的材料进行分析，结果发现此说甚不可信。人们摘引摩尔根《古代社会》“凡是亲骨肉，彼此的骨肉就永远不分离”，断定合葬者必然是一个氏族或大家族，不顾摩尔根在另一本著作《易洛魁人同盟》所说，易洛魁人以及印第安人其他部落在美国各地留下的巨冢，是“把整个社会附近骨骼收集在一起”，“是村社的埋葬”，合葬者可以是亲属，也可以不是亲属。按人类的婚姻形态、世系传递殊为复杂，并非仅分为母系父系两种，还有两可系，双系等等；母系父系并非是两个相继的发展阶段。最早人类是狩猎采集者，当代的狩猎采集民族大多数是实行父系和两可系的，即为明证。于是写了《仰韶文化葬俗和社会组织的研究——对仰韶母系社会及其方法论的商榷》一文，在美举行的“古代中国及社会科学一般法则”会议上宣读，英文本是美国加利福尼亚大学（伯克利）著名的吉德炜教授翻译的，后发表于*Early China*，中文本发表于《文物》。我在文章末尾说“摩尔根《古代社会》一书出版至今已有108年，我们不能继续采用其已被事实证明是不正确的说法和那陈旧的模式。我们应该根据中国考古积累的丰富的资料，重新研究中国原始社会史”。这篇文章和《中国考古发现的“大房子”》一文可说是中国反对单线进化论的最早专题研究，被认为对中国学术界破除思想束缚有重要作用。（杜正胜：《考古学与中国古代史研究——一个方法学的探讨》，载《汉学研究之回顾与前瞻》，中华书局，1998年；童恩正《文化人类学》，上海人民出版社，1989年）

今日来说，这些看法不算什么，但在十几年前，还是冒着被批判的风险，因为单线进化论是马克思主义的历史观的核心。1998年我访问台湾，即有朋友问我：“你是否遇到了麻烦？”实事求是地说文章发表后，我没有遇到什么麻烦，因为毕竟已是“改革开放”的年代。但我的调查工作在当时民族调查队伍中，已是个“异类”，曾被认为以今证古就是“今为古用”，“和毛主席唱反调”，不时被“积极分子”、“左派”进行批评帮助。在这样重大问题上又发出不同的声音，当时要说一点顾虑没有，那是假话。但为了维护真理，必须大胆地说出自己的看法。

当代越来越多人类学家，反对一个研究者应有什么特定的理论取向，只应持一种假说—验证的方法，即各种理论都可以考虑，各式各样的研究方法都可以采用，但对作出的解释最后都要进行验证。所有的知识都是不确定的，将随着新的验证增强或减弱。我们永远得不到绝对真理，却将会得到越来越可信的知识。民族考古学者更强调验证，当发现某种理论与自己研究的结果不符，自应扬弃和反对，不会产生什么顾虑。但中国情况不同。因此，如何勇敢地摆脱处于指导地位的单线进化论的束缚，是在中国从事民族考古学研究工作的人面临的特殊问题，必须克服，才能前进。这也是谈到民族考古学研究方法时不能回避的。

以上简略地介绍我几十年工作历程和体会，对每项研究的具体情况这里自不可能详加叙述，好在论文都已公开发表。有兴趣进一步了解者可以参看。一个人不可能正确认识和评价自己，研究成果应由他人评价，特别是由后世论定。我听任历史的论定。

从事民族考古学的人应多学习国外同行的研究方法和经验，也应从中国古人治学精神中汲取营养。中国古代学者也并不都是从书本到书本，还是有人注意走出书斋，接触社会。在这方面做得最好的明末清初学者顾炎武，他研究中国古代社会制度和历史地理重视调查，到各地游历和调查时又不忘读书，他那“竹笈双驼万卷书”的故事，永远激励着我们。本文标题“历九州之风俗”一语就采自他的《日知录》一书。希望今日青年学者永远继承古代学者“读万卷书，行万里路”的精神。

（原载《考古人和他们的故事②》，学苑出版社，2006 年）

汪宁生论著萃编

启功题签

启功先生为作者论著第一次结集所题写的书名

铜鼓与南方民族

（译作）《事物的起源》

第四卷

西南访古卅五年——民族调查日记选辑

始信昆仑别有山——海外游学日记选辑

序跋·年谱

关于汪宁生先生及其作品的评介

后记

形之间常常是不连贯的，在以图画表意（特别是表述抽象的概念）的时候，各人又有自己特殊的表现方法，故全图的意思仍要靠画者或当事人的解释。例如，云南丽江纳西族已发展出一种象形文字，进入有文字的民族之列。但在他们的象形文字经典中（即“东巴经”）中，仍保存大量图画记事的成分。有时一个故事只用几个图形表示，“东巴”（巫师）看了这几个图形，便能诵出长篇的诗句，而其他人（即使认识这种文字的人）看了仍莫名其妙。图七是“东巴经”的一段，只有五个图形，从右至左是织布机、手持织梭的女人、持弓欲射的男人、箭、飞在篱笆上的一只斑鸠。然而这五个图形却表述下面一篇故事：天女翠海波波正在织布的时候，斑鸠飞在篱笆上，人类始祖错若利恩带来了弓箭想射，瞄了三瞄，还不会射。翠海波波说：“射呀！射呀！”便用织布梭向错若利恩手中一撞，箭就射出去了，正打在斑鸠的膝子上。[1] 这一段就属于图画记事性质，是“东巴”为了自己备忘用的，而不是逐字逐句记录语言的文字。

总之，图画记事中的图形，和木刻、结绳中的符号一样，主要仍是帮助个人的记忆，若用以传信或表意，要经过必要的解释。

二　中国考古发现和古文献中所见的原始记事方法

根据少数民族保存的各种原始记事方法所给予的启发，我们检查一下近年考古发现及文献记载，发现这些方法在中国古代同样是存在的，有些表达方式和少数民族所用者基本一致。现将有关材料加以初步汇集，仍按上述分类法排比叙述如下。

（一）物件记事

1.筹策计数和记事

如众所知，内地古代有以筹计数之法，举行射礼或投壶之礼时，都是每中一次便投一筹。[2] 若演算复杂的历法之类更要用筹。[3] 筹亦称“策”或“算”，是有固定长度的一种竹木棒或骨棒，其实物在陕西千阳汉墓及湖北江陵第一六八号墓已有发现。千阳汉墓骨筹共三十一根，每根长12–13厘米[4]，正与文献记载汉筹的长度（六寸）相符。

这样讲究的算筹自是后来的发展，它的前身应是稻草、细树枝之类。《方言》卷二：

木细枝谓之杪……燕之北鄙朝鲜洌水之间谓之策。

可见筹策之策即得名于细枝。远古时期人们也是用手边可以拿到的树枝等小物件来计数，并无专用的计数工具。

更值得注意的是，古代和今天景颇族、苗族一样，不仅以筹计数，还用筹计划事情或计算道理。《孙子兵法 · 始计》：

夫未战而庙算胜者，得算多也；未战而庙算不胜者，得算少也。

1 李霖灿：《么些象形文字字典》引言，四川李庄，1944年。

2 《仪礼 · 乡射礼》：“……乃射，若中，则释获者坐而释获，每一个释一算。”《礼记 · 投壶》：“有入者则司射坐而释一算也。”

3 《汉书 · 律历志》：“其算法，用竹径一分，长六寸。”《说文 · 竹部》：“算，长六寸，计历数者。”按六寸正是汉代算筹固定长度。

4 中国科学院自然科学史研究所：《千阳县西汉墓中出土算筹》，《考古》1976年2期，85–86页，图二，图版壹。纪南城发掘组：《湖北江陵凤凰山一六八号汉墓发掘简报》，《文物》1975年9期，5页。

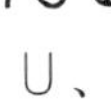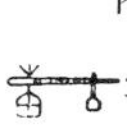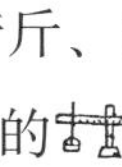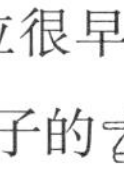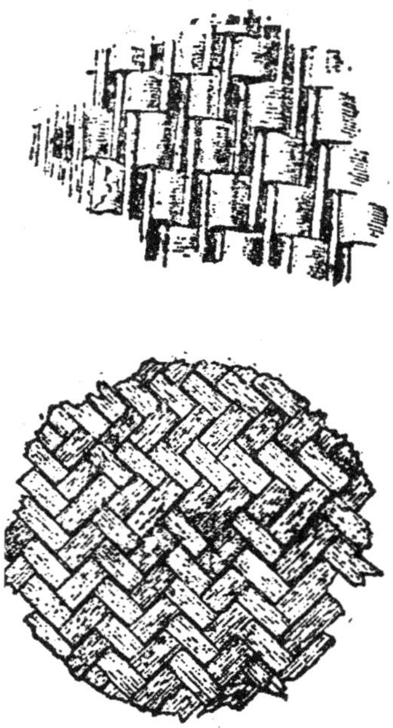

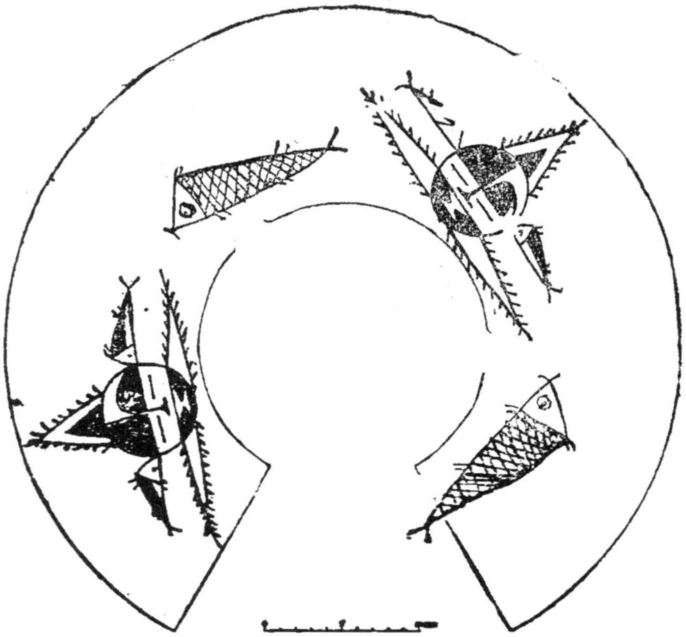

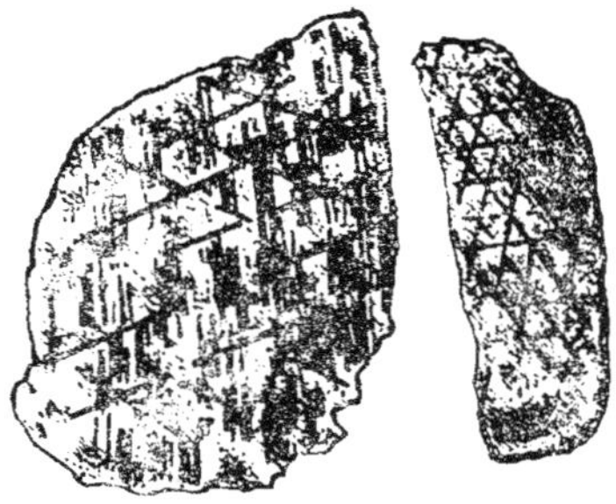

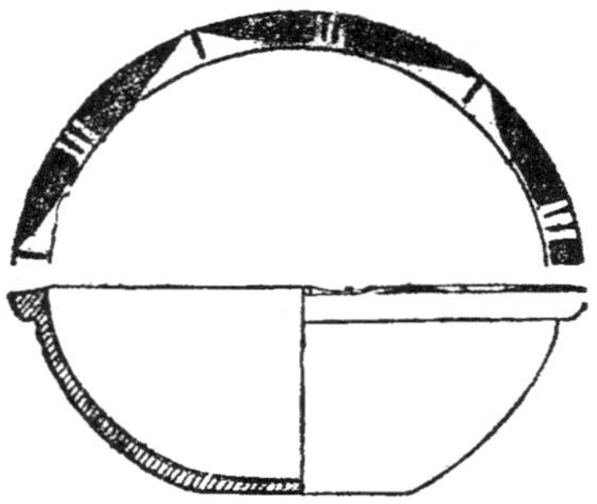

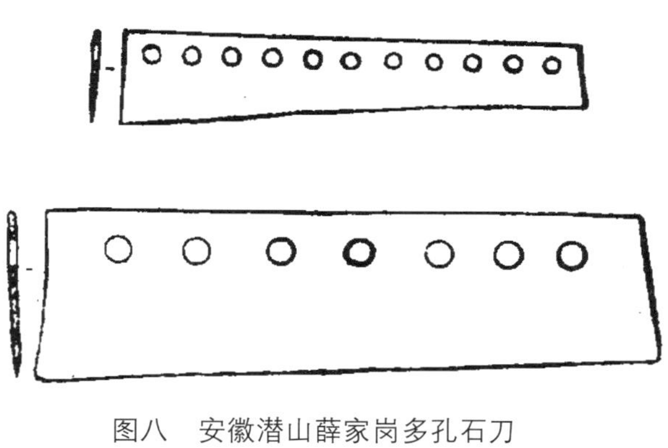

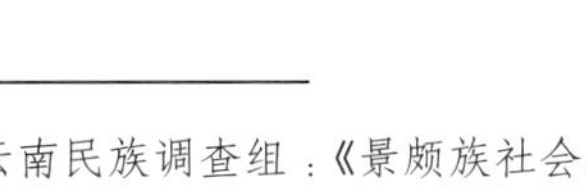

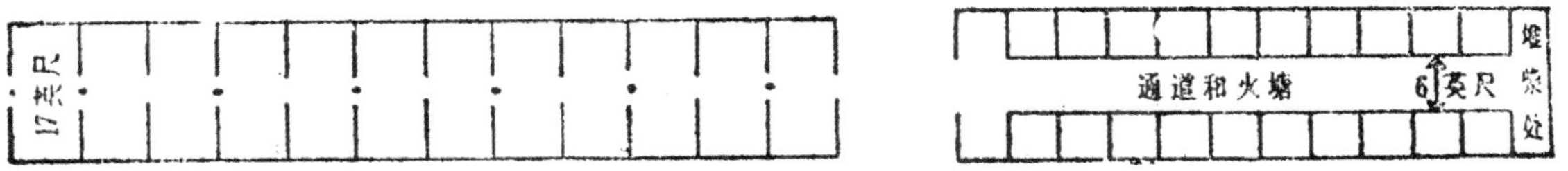

图一　辛尼加部落（左）温嫩多加部落（右）长房平面图

美国亚利桑纳州普埃布洛－印第安人（Pueblo–Indians）公共住宅形式更为特殊。它是由石块、土坯垒起的多屋楼房，后墙笔直，前面成台地状，逐层前面都有狭窄的凉台。几座楼房围成一个院落，即算一幢住宅，每个母系家庭占用其中一间。共住四百至五百人。有时一个村落住在一幢住宅中。他们的族称（“帕布罗”）就是以这种房屋而得名的[1]（图版四：1）。

南美原始部落也有公共住宅。亚马孙河流域的维托托人（Witotos）已知经营简单的农业，采集和狩猎仍占重要地位。其公共住宅是庞大的草房，屋顶以棕榈叶或茅草覆盖，一直盖到地面，无窗。时常是一个氏族住一幢房子，多达一百人。房子一般长达70英尺，宽60英尺，高30英尺。室内中央为集会、跳舞场所，后部为酋长所居。其余成员的家庭在沿墙处各占一块位置。除了公共住宅外，各家庭在自己田地旁边还各有临时居住的窝棚。与上述北美印第安人保持公共住宅的诸部落多行母系不同，维托托人家庭是由实行父系和夫方居住的一对夫妻组成，每个家庭都有属于自己的一小块的土地。[2]

波利尼西亚诸岛公共住宅也很普遍，一般是长12—22、宽8—12米的地面茅屋。一座茅屋中住一个大家庭，其中用席子隔出房间。复活节岛上这种茅屋长达110米者，形如“翻过来的船”。塔希提群岛有长达150英尺以上者，可容七十至八十人。萨摩亚人大家族（称为aiga或 ainga）则同居在圆形或椭圆形公共住宅之中，这种住宅称为fale，成员约有四五十人，由一个权力很大的男性家族长（称为matai）领导。每一fale有一定的继承田，由家族共有，田中收获和捕鱼所得都是共同消费的[3]。萨摩亚人实行双方居住，父系氏族或母系氏族都是不存在的。[4]

美拉尼西亚地区公共住宅，总的说来不甚发达。仅新几内亚巴布亚人（Papuan）的长房颇为著名。这是一种干栏式的建筑，可容50多人，房内侧墙边安置着一些炉灶，成对的夫妻就住在这里，儿童通常住在房子中央的地方。虽然共居，各户的经济是独立的，甚至园圃和农田也是分开的。经营共同家计者只是例外。直到20世纪50年代，据报道，分布在低地的巴布亚人还集体居住在这种大房子中，房屋长达70米、宽10米以上。[5]

最大的公共住宅属于婆罗洲的达押克人（Dyaks），常常是同一集团数百人合住在一幢干栏式房屋之中，甚至一个村落只有一幢长房子（图版四：2）。伦都河附近的长房长达534英尺，

---

1 H.E.Drives,*Indian of North America*,*Chicago*:The University of Chicago Press,1975,pp.125,128；《经济通史》307—309页。

2 G.P.Murdock,*Our primitive Contemporaries*,New York:The Macmillan Co.,1938,pp.451—474,fig,96.

3 M.Mead,*Coming of Age in Samoa*,New York:Marrow Quill Paperbacks,1973，（1928年首次出版），pp.39—53；《经济通史》577—579页。

4 G.P.Murdock,*Atlas of World Cultures*,Pittsburgh:University of Pittsburgh Press,1981,p.118.下面所述世界后进民族社会组织及婚姻世系等情况，多据此书，不再一一注明。

5 《经济通史》，457—458页。《澳大利亚和大洋洲各族人民》，678页。《旅行于巴布亚人之乡》，《民族问题译丛》1957年2期。

在美拉尼西亚其他岛屿，如托列斯（Torres）、斐济（Fiji）、圣克鲁斯（Santa Cruz）都有类似的男子公所。[1]

与美拉尼西亚人接近的新几内亚巴布亚人每一居留地或每一氏族即有一个男子公所，比普通住宅大，作为会议室兼男子宿舍，白天男子在此自己做饭吃，夜间在此住宿，其家庭则另住小茅屋，妇女是不允许跨入此房门槛的。[2]所有神秘的宗教仪式均在此举行。

密克罗尼西亚许多岛屿（如马里亚纳、特鲁克、吉尔伯特、加罗林、马绍尔等岛）每个村庄有一个专为独身青年居住的公所。成年男子也可在此集会，招待客人。在马里亚纳群岛这种房屋称为“乌利陶”。[3]

婆罗洲达押克人有很大的长房，比较起来其男子公所不是很大的。一般面积约为40英尺见方，但距地面高达30英尺左右。它们矗立于村落之前，称为“前房”（head house），供未婚的男孩子居住，也是保存猎来人头的地方。[4]

苏门答腊的卡约人和亚拉士每村都有“男子屋”，为各氏族公用，专供八岁以上男孩及鳏夫、客人住宿。已婚男子白天亦来此从事裁缝等工作。[5]

妇女公所专供未婚的或单身的妇女居住。例如：苏门答腊乌鲁人除每村有一男子公所专为十二岁以上男孩居住外，另有一妇女公所为女青年住宿之所，内有老寡妇陪伴。两者均称tawatak。苏门答腊民答威群岛的巴给岛上，凡鳏夫及寡妇均另居，有专为他（她）们建造之屋，称为rusuk，意为“孤身屋”。[6]妇女公所有时与妇女同盟或妇女秘密会社有关，是她们举行秘密仪式及为女青年举行成丁礼的地方，这类妇女公所多发现于非洲[7]，在其他地区较为罕见。

值得一提的是无论男子公所或妇女公所，均和公共住宅一样，与世系传递及夫方或妻方居住没有关系。如实行母系的民南加堡人及易洛魁人，却都有男子公所。与他们的公共住宅相比，这些公所的面积较小。

国内过去保存类似男子公所和妇女公所的民族有高山族、黎族、苗族等。

高山族可以阿美、泰雅为例。马太安的阿美人的男子会与所年龄等级相联系。它较一般房屋高大，竹木结构，四面无壁，共有十一间，每室有火池及竹搭连床，分为“老人会所”、“中年会所”、“青年会所”。“老人会所”仅一间，长达20米、宽6–7米，供八十岁以上老人住宿，中间一行柱子之外侧为大头目之座位，房间有头目向村民讲演之处。“老人会所”例在丰年祭最后一天由最低等级青年人修建，平时由青年人驻守。“中年会所”二间，与厨房相连，为中年人丰年祭时居宿及为众人准备食物之处。“青年会所”共八间，供未婚青年（亦分为若干等级）居住，他们有负责保卫全村之义务。日本人占领时期，会所缩小，夜间已无人在其中住宿，变为一般

1 *The History of Melanesian Society*, Vol Ⅱ, pp.226, 232, 455.

2 *Anthropology*, pp.372–374, pl.xxx；《经济通史》471页。

3 《澳大利亚和大洋洲各族人民》，969、986、992页。

4 W.R.Geddes, *Nine Dayak Night*, Oxford: Oxford University Press, 1968, pp.46–51.

5 《苏门答腊民族志》，97页。

6 同上，64、115页。

7 《事物的起源》，256–261页。

合葬墓只能和一些民族保存的二次合葬习俗相类比。

第三，我们要不断注视新的研究方法。如最近有国外学者对墓葬遗骸作遗传学的研究，寻找不同性别个体的骨骼上可能有的遗传特征，确定彼此间的关系，从而探索婚后居住方式及其他问题。[1] 这类方法是值得我们借鉴的。

最后，研究问题要从实际情况出发，永不满足于现成的结论。摩尔根《古代社会》一书出版至今已有一百零八年，我们当然不能继续采用其中已被事实证明是不正确的说法和那陈旧的模式。我们应该根据中国考古学三十多年积累的丰富资料，重新研究中国原始社会史，包括社会组织之类问题。

（此为参加 1986 年 6 月 21—27 日在美国举行的“古代中国和社会科学一般法则”讨论会的论文。英文本发表于 *Early China* 11—12，1985—1987，中文本发表于《文物》1987 年 4 期）

1 D.H.Thomas, *Archaeology*, New York: Holt, Rinehard and Winston, 1979, pp. 322—323.

厘米，称为“多头斧”。[1] 同类器物在云南双江也曾发现两件，呈六角形。[2] 又上述吉林延边地区出土环状石器中，有些作所谓“花冠状”者，当亦属于此类（图三：1—3）。

按此物是另一种棒头，即星形棒头。它分布于新几内亚、美拉尼西亚等地。有关它的制法及使用情况，同于上述新几内亚人盘形和扁球形棒头，不赘述。

这里要说明的是，附有石质棒头的棍棒除作为一般武器外，还可能是一种权力杖（mace）。这种器物只为首领所持，作为权威和尊严的象征，并非实际使用之物。凡是头部形状较特殊或有繁缛装饰者，往往属于此类。（图三：4—5）如我们现在讨论的星形棒头，在南美甚或用金属制作[3]，更具有权力杖的意义。

仅就星形棒头的形状而言，还不易判断它原附着于一般棍棒之上，还是附着于权力杖之上。但权力杖还有下列特点，可从一般棍棒中划分出来：

第一，权力杖头制作精细，选用较好石材，当作一种艺术品而制作，形状上也常表现出一种艺术性的夸张。

第二，权力杖不是实用之物，表面光滑，一般不会留下使用痕迹。

第三，权力杖不是公众普遍使用之物，在某个部落或某个村落之内，数量不会很多。

据以上几点，今后可对各地出土星形棒头作进一步的个别研究。对那些制作较精每一遗址只发现一两件者（如武威皇娘娘台所发现者），可考虑原是权力杖的可能性。

蝶形器

著名的浙江余姚河姆渡遗址出土一种形如蝶翼的石器，一面有两道平行的实脊，器身有穿孔（图四：1），共两件。同样器物也有是木制或骨制的，统称为“蝶形器”[4]。

最近已有文章，根据苏联境内爱斯基摩人地区出土的同类物件及北美印第安人所用的“旗石”（banner stone）进行对比，释为狩猎用的标枪上的附件。[5] 这样的研究方法是正确的，结论也与事实相去不远，此物确与北美印第安人的“旗石”为同类物。但我们这里要纠正的是“旗石”并非标枪本身的附件，而是投掷标枪所用的工具——投枪器上的附件。此乃重物，与箭后所附羽毛情况不同，若附着标枪之上，将影响其飞行。下面先据民族志资料对投枪器的形制、功能略加介绍，则蝶形器的用途问题自可迎刃而解。

按世界上使用投枪器的有澳大利亚人和美洲印第安人。[6] 澳大利亚人称之为 wommera，美洲印第安人称为 atlatl，后者源于 Aztec 语。[7] 这是由一根木棒做成，后端刻有小钩，前端稍粗或做

1 甘肃省博物馆：《武威皇娘娘台第四次发掘》，《考古学报》1978 年 4 期，434 页，图一八：5，图版叁：11。

2 张文彬：《双江新石器文物》，《民族调查研究》1984 年 2 期。

3 R.von Heine—Geldern,America Metallurgy and the Old World, *Early Chinese Art and Its Possible Influence in the Pacific Basin*,N. Barnard ed.,New York:Columbia University,fig.29.

4 浙江省文物管理委员会：《河姆渡遗址第一期发掘报告》，《考古学报》1978 年 1 期，53—54 页，图九：6，图版肆：8。

5 王仁湘、袁静：《河姆渡文化中“蝶形器”的用途和名称》，《考古与文物》1984 年 5 期。

6 并非所有美洲印第安人都有投枪器。在南美，仅限南端若干部落；在北美，仅限北极地区印第安人。参见：H.E.Driver,*Indian of North America*,Chicago:The University of Chicago Press, 1969,p.5。

7 C.S.Cocn,*The Hunting of People*,Toronto:Little,Brown and Co.Ltd.,1971, pp.75—76,fig.14.

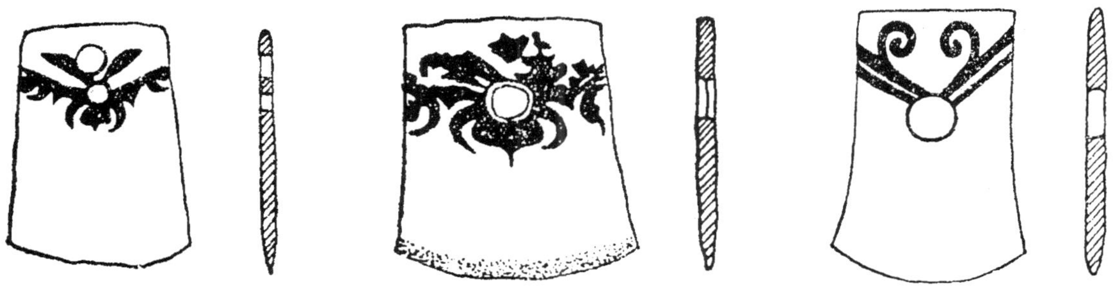

1
2
3

1、2.安徽潜山薛家岗出土　3.湖南安乡划城岗出土

图七　几种有朱绘图案的石斧

以便在其埋藏地下数千年后，柄部已经腐坏的情况下把它们从供实用的同类器物中辨别出来。据我在国外博物馆的观察并加以综合，“仪式用石斧”基本特点是：(1) 磨制特别精致；(2) 选材严格，石质细腻，少用粗石；(3) 由于不是日常使用之物，器物边缘几乎看不到任何剥落的痕迹；(4) 个别的饰刻花纹。

若以上述几点衡量中国诸新石器文化出土石器，则大汶口文化、典型龙山文化、马家浜文化、良渚文化一些遗址出土的扁平长方形石铲、有孔扁平石斧，以及最近安徽潜山薛家岗出土的石铲、长方形多孔石刀、有段石锛等，有些不仅石质精良，而且形状规整，磨制光滑，色泽如新，可以考虑其中有仪式用石器在内。特别是潜山薛家岗出土两件绘有红色图案的有孔石斧[1]，湖南安乡划城岗出土一件有朱绘斜线和卷云纹的石器[2]，这些花纹图案本身已透露出一种神秘的意味，暗示着它们可能是一种宗教用物（图七：1—3）。

结语

民族考古学是近年才发展起来的一种边缘科学，有自己的方法论，当运用民族志资料试图解决考古学上某个问题时，这民族志资料只能作为一种旁证。它可以给予人们以启发，打开人们的眼界，从而帮助建立起一种假说或推测，而最后的结论仍取决于考古资料本身，即必须从考古资料方面进行一番科学的严格的验证手续（testing procedures），来证实或推翻这一假说和推测。这是民族考古学方法中重要的一环。

即以研究地下出土石器用途这样小的问题来说，从后进民族所用石器找到类似之物后，并不能就此止步，还必须对出土石器做仔细的观察和考虑，验证它是否确属同样用途之物。这验证工作主要从两个方面着手：一是石器本身，即从出土数量、质地、使用痕迹、制造痕迹等方面，看是否能找到支持所拟解释的证据；二是石器与周围事物的关系，即从共生器物的组合、生态环境、社会面貌及整个物质文化的发展水平，来进行衡量，看出土石器与已知类比材料的情况

1　安徽省文物工作队：《潜山薛家岗新石器遗址》，《考古学报》1982 年 3 期，308 页，图二四：3—4。
2　湖南省博物馆：《安乡划城岗新石器时代遗址》，《考古学报》1983 年 4 期，444 页，图二一：4，图版叁：4。

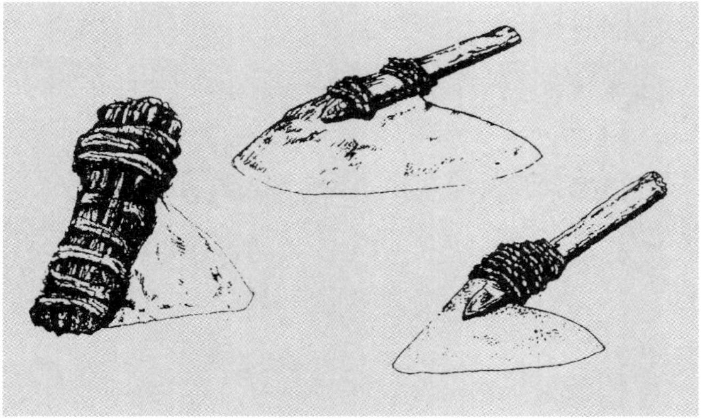

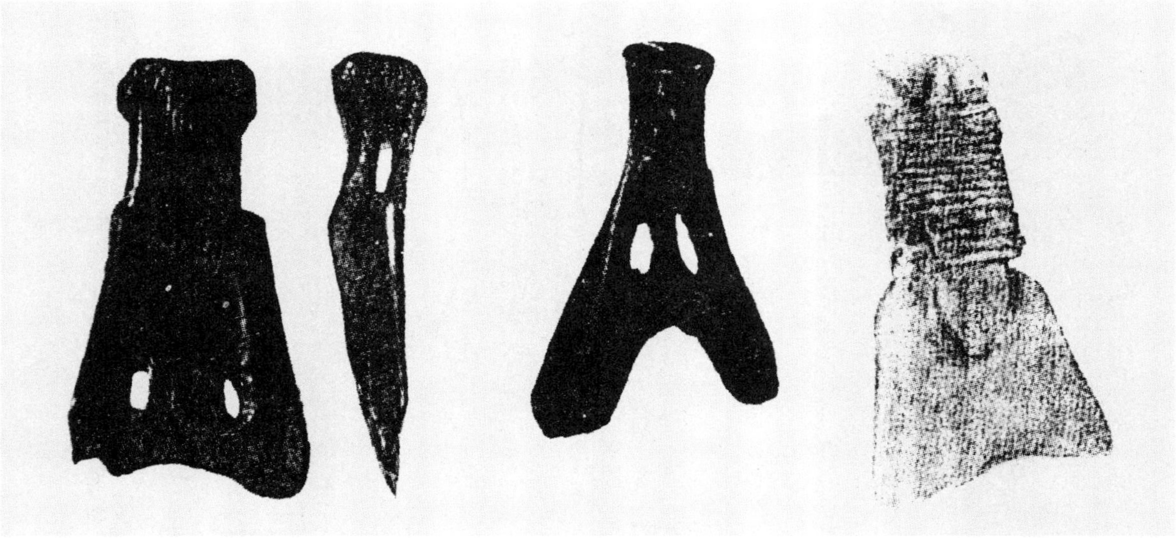

图五　河姆渡出土骨耜

龟甲器

40 年前夏鼐先生为《考古通讯》1958 年 6 期一篇简报写的按语云："考古工作常将自己不能解释用途的东西，都归之于可能是宗教上用的东西。""这种推想也只是推想而已。"这一现象至今仍然存在。我们对一些特殊的器物的用途，不能永远停留在推想阶段，应尽可能找来证据予以说明。前辈学者傅斯年先生曾经说，做学问要"上穷碧落下黄泉，动手动脚找东西"。只要努力搜寻，证据还是不难找到的。试举大汶口等地出土的龟甲器为例。

在新石器时代墓葬中时见随葬完整龟甲，内装小石子或砂子等物，背甲和腹甲上端或被截去一段，或有人工凿成之孔穴，有的背甲边缘又有一排小孔。

此物最早被认为是大汶口文化特征之一。最近发现表明，其他新石器文化也有这种器物存在。出土龟甲器的遗址属于裴李岗文化的有河南舞阳贾湖（图六：1—2）[1]，属于仰韶文化有河南淅川下王岗（仅发现一例）[2]，属于大汶口文化有山东兖州王因[3]、泰安大汶口（图六:3）[4]、邹县野店[5]、江苏邳县刘林（图六：4）[6]、大墩子[7]。

根据上述几种新石器文化现有的年代学知识，龟甲器的流行大约距今 7000—5000 年。

---

1 《舞阳贾湖遗址的试掘》，《华夏考古》1988 年 2 期，45 页，图七。《河南舞阳贾湖遗址新石器时代遗址二至六次发掘简报》，《文物》1989 年 1 期。张居中：《舞阳贾湖遗址出土的龟甲和骨笛》，《华夏考古》1991 年 2 期。

2 《淅川下王岗》，文物出版社，1989 年，25 页，图一五。

3 《山东兖州王因新石器时代遗址发掘简报》，《考古》1979 年 1 期，12 页。

4 《大汶口》，文物出版社，1974 年，103 页，图版 99：1—2。

5 《邹县野店》，文物出版社，1983 年，97 页，图版七六：1、2。

6 《江苏邳县刘林新石器时代遗址第一次发掘》，《考古学报》1962 年 1 期，90 页；图版陆，6。《江苏邳县刘林新石器时代遗址第二次发掘》，《考古学报》1965 年 2 期，29—30 页。

7 《江苏邳县四户镇大墩子遗址探掘报告》，《考古学报》1964 年 2 期，29—30 页，图二二。《江苏邳县大墩子第二次发掘》，《考古学集刊》第一集，1981 年，42 页，图一〇。

河姆渡文化的“骨耜”及相关问题

河姆渡文化的发现，是近年中国考古学的重要成就之一。它不仅对研究东南沿海地区远古社会有重要价值，而且能为考古学和史前学的理论研究提供不少有用的资料。“骨耜”就是这样的重要资料之一。

“骨耜”自出土以来，释者颇众。兹不避浅薄，草此短文，对此物之形制、用途及有关问题，提出一些与前人不同的意见，就教于海内外学者。

一

1973 年和 1977 年在浙江余姚河姆渡遗址两次发掘中，共出土“骨耜”一百余件。此物系偶蹄类动物肩胛骨制成，骨臼和骨脊削平，以便安柄。骨面中间多凿双孔以系绳，一部分在骨臼上还凿有长方形横孔。器身磨光，肩胛骨宽薄一端多已残破，说明它是实用之器。[1] 一系列碳十四数据表明，河姆渡文化的年代约为公元前 5000—4000 年。[2]

从形制及痕迹看，此物为一种安以直柄的工具无疑，借用中国典籍中古器物名称，称为“骨耜”并无不可。然若以为此物与中原地区的耜一样，是一种翻土工具，甚或把它复原为一种安有横木以供足踏的深耕工具[3]（见图一），则有可商榷之处。兹分别析述如下：

首先，此物仅有一部分在骨臼中间凿有横孔，如第一期发掘中在第四层得 31 件，其中有横孔者仅 14 件。又距河姆渡遗址不甚远之海安青墩遗址出土的同类器物，是于骨臼顶部凿一直銎以便插柄其中。[4] 可见横孔对该工具来说并非是必备的，以此证明“骨耜”上有足踏横木的存在，是不可靠的。到了第二期发掘中，发现一件标本〔T224（1）：175〕，横孔部位被十多道藤圈绕过，更进一步证明不可能再穿过横木，其作用不过和骨面中间之双孔一样，乃为了便于缚扎柄部，故后来人们再作“骨耜”之形制复原，便不再加以横木了。“足踏横木”既不存在，“骨耜”用来“掘土翻地”、“精耕细作”之说便失去依据。

1《河姆渡遗址第一期发掘报告》，《考古学报》1978 年 1 期。《浙江河姆渡第二期发掘的主要收获》，《文物》1980 年 5 期。
2《中国考古学中碳十四年代数据集》，文物出版社，1983 年，54—55 页。
3 宋兆麟：《河姆渡遗址出土骨耜的研究》，《考古》1979 年 2 期。
4《江苏海安青墩遗址》，《考古学报》1983 年 2 期。

子事父母……左佩纷帨、刀、砺、小觿、金燧，右佩玦、捍管、遰、木燧……妇事舅姑，如事父母……

这条记载列举男女随身携带物品中，就包括两种不同的取火工具。据郑玄的注解，“金燧”即所谓“阳燧”，是一种利用日光取火的铜质工具（详后）；“木燧”就是钻木取火工具。这说明古代男女都会取火，而且随身携带取火工具，以备长辈不时之需。两种之中广泛使用的只能是钻火的“木燧”，因为“金燧”取火要有日光，夜晚或天气阴霾时便不能使用，而“木燧”则不受此限制。如《史记 · 孙子吴起列传》云：

庞涓果夜至斫木下，见白书，乃钻火烛之。

这是夜晚钻火的生动例证。

两汉魏晋时期，钻法仍然流行不衰。如《淮南子 · 说林训》云：

槁竹有火，弗钻为爊。

同书又云：

凡用人之道，若以燧取火，疏之则弗得，数之则弗中，正在疏数之间。

又《易林》师卦之未济：

钻木求火，掘地索水。

从上引可见，钻木取火当时极为普遍，竟形成谚语或作为比喻。同时可以看出，钻火不仅可以用木，而且可以用竹。钻火时既不能太慢（“疏”），也不能太快（“数”），这确是经验之谈。上述西盟佤族表演钻木取火时，若双手搓动木棒太急太快，往往会使钻棒跳出小洞之外（即所谓“弗中”），太慢则又达不到产生火花的热度。又魏人邯郸淳《笑林》记录了一个古老的笑话，也是以钻木取火为内容的：

某甲夜暴疾，命门人钻火。其夜阴暝未得火，催之急。门人忿然曰：“君责人亦大无道理，今闇如漆，何以不把火照我？我当觅得钻木具。”[1]

由此可见钻法一直是民间所用的主要取火方法。

关于汉晋时期钻木取火工具实物也有一些发现。现略举如下：

1. 居延烽燧遗址：1930–1934 年中瑞合组的考古团在这里的 A19、A21、A27、A28、A32、A33 等地点，发现了钻火的木棒和木片。木棒一般较硬，一端削尖。木片质地较软。钻孔多在边缘，孔旁凿有缺口。有一木片上还书一“急”字（报告误释为“鬼”，见图一）。还有利用破木器为钻火木片的。[2]

2. 敦煌烽燧遗址：1906–1908 年及 1913–1916 年斯坦因两次在此发现了钻火木棒和木片，形制与居延发现者略同。[3]

3. 罗布泊遗址：1906–1908 年斯坦因在这里发现一套完整的钻火工具，钻棒和木片用绳子系在一起[4]（图二）。

1 此书收入《旧小说》甲集。

2 Bo Sommarstrom, *Archaeological Researches in the Edsen—Gol Region, Inner Mongolia*, Stockholm, 1956, Part I, pp. 276, 281—282, 296, 299, 300—311, fg. 150—152, pl. 6: 9—12.

3 Aurel Stein, *Serindia*, Oxford, 1921, pp. 57, 605, 787, 790, 680; *Innermost Asia*, Oxford, 1928, pp. 401, 427, 771, 784.

4 *Serindia*, pp. 380, 436, pl. XXXV.

木拍及木刮请本户或邻居会做木工之男子制成。

4. 器物

陶器呈红色，但驳杂不纯，有些地方呈黑灰色或淡红色。陶胎夹心呈灰色。陶器上饰篮纹或无花纹。

该寨原会生产多种器物，我们调查时仅生产两种器物：

（1）圜底罐：折唇、鼓腹、圜底、大小不一。常见者一种腹径约 30 厘米，高约 15–20 厘米，略呈扁圆形。有盛物盛水及煮物多种用途。此罐大量生产以供出售。

（2）火盆：盘状而下有三足。口径约 35–40 厘米，高约 15 厘米，这是傣族陶业中仅有的一种三足器。在云南古代陶器中三足架也是很少见的。

5. 制坯

以制作圜底罐为例。

制陶妇女准备好陶土团及制陶工具，坐于小凳而将木板垫于膝上，先取泥团在木板上拍成圆饼状为器底，便以泥条盘筑法（coil construction）制作器壁。按泥条盘筑法主要分泥圈相接（rings building）及长条盘旋（spiral building）两种方法[1]，此寨使用前一种方式。制陶者将陶土搓成泥条，右手持泥条，左手弯曲为垫并以掌边推动木板按顺时针方向旋转，如是将泥条捺于器底之上，是为第一圈。再以同样方法接上第二圈，两道泥圈从内侧斜接，如是共筑 3–5 圈，形成桶状物。最后一圈（即未来器物口沿部分）一般要重叠一圈增加厚度。器壁筑好后左手不断转动木板，右手持木刮修整器物表面使其平整，又用手或木括在内壁刮摩抹平泥条之间痕迹使泥条结合牢固。然后用湿布涂抹口沿使其平滑。如此做成器坯之半成品。

半成品连同木板晾晒 1–2 小时，待成半干状态，连同木板放回木墩，妇女绕着木墩按逆时针方向行走，左手持卵石，右手持木拍，边行边拍打。先用素面拍，再用横纹拍，拍打器壁牢固。口沿部分要用长方形木刮轻轻拍打。又以半圆形木刮压器壁内部使器腹外鼓。最后将器坯放在两膝间再加拍打，将平底打成圜底。

火盆制坯方法如上，惟所用泥圈较少，筑成盘状之器坯，最后在底部捺上三段粗泥条为器足。

器坯做好后，放在日光下晒干，或放在檐下或“干栏式”房屋下层晾干，如阴雨天急待烧制，亦可以放在悬于火塘之上的竹架上烘干。干坯无专用设备。

6. 烧陶

烧陶全在露天进行，无固定地点，在自己菜园或住宅附近清理一块平地即可。为了减少平整土地的麻烦，不少人户常在同一地点烧陶。

烧陶日期视已干却的器坯是否积累到足够烧一次而定。烧陶要选择不下雨的日子。刮风天气也不适合烧陶，怕引起火灾。

烧陶时妇女亲临主持。先在地面上铺稻草或木片，把器坯按行列排放，一行 4–6 器，罐口与另一罐底相接，火盆一般放在圜底罐上层，足部向上，以防碰断。一次可烧 20–30 器。器上盖草或茅草，点燃后还要不断加草直至积累厚厚一层草灰，压抑火势，使内部燃料不能充分燃烧，

---

1 A.O.Shepard, *Ceramic for the archaeologists*, Washington, D.C.: Carnegie Institution of Washington, 1980, pp.57–59.

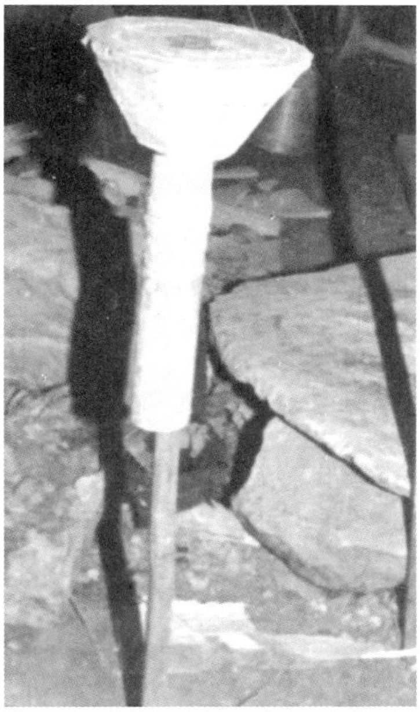

图一二　勐笼曼南坎转盘（第Ⅳ类型）

图一三　勐笼曼南坎制陶业惟一产品——缅式水壶（第Ⅳ类型）

调好陶土浆灌入，推之从小孔冒出陶土细条，用来制作附加堆纹。

（7）转棒：一根竹棒或木棒，一端插入牛骨制成圆头，长2–3厘米，直径约1厘米，上刻圆点或竖道。在器身上滚动，可制造小乳钉纹及栉纹等精细花纹。

（8）竹片：一根带有竹节的竹片，长约15厘米，用以制造栉纹。

（9）象豆：一种名叫榼藤子的豆科植物（Entada phaseoloides）之实，俗称“象豆”，当地人称“老鸹枕头”。器坯干却后用此豆通体打磨，使烧好器物表面平滑有光泽。

（10）陶窑：圆形，砖砌四壁，两道隔梁形成三个斜火道，无顶。窑上有棚，以便下雨时照常烧陶。全寨仅一窑，窑口直径132厘米，深154厘米，全寨12个制陶户均可使用。

4.器物

每户制作的缅式水瓶大小基本一致：小口，长颈下鼓，鼓腹，平底、圈足。全器呈葫芦状。口径5–6厘米，最大腹径23–24厘米，高33–35厘米。据说这样烧陶时“容易安排”。水壶腹部饰长条纹，颈部有附加堆纹、栉文与小乳钉纹等。器表呈黑色，陶胎略呈黑灰色，表面有光泽。

由于西双版纳天气炎热，水挑来后放在水罐中不久就会失去凉意，傣族人民喜欢备有此瓶，井水挑来后即灌满一瓶，放置室内随时取用。此瓶亦可套以竹络，直接到水井挑水。此外，曼南坎过去制造一种缅式花瓶，要有人订购才临时制作，否则“卖不出去”。

5.制坯

制陶者先在转盘上盘筑一圈，作为水瓶之圈足，再安以陶土捏成之圆饼作为水瓶之底，便开始盘筑器壁。此间亦使用长条盘旋法，先绕三圈，每圈之间手捏使结合牢固，并用手指在内部由下而上反复抹压，抹去泥条痕迹使器壁紧密。再以弯棍置内部外压便成鼓腹。以上工作均是在转盘上进行，转盘将停便用手捻，使它不断转动。再双手持竹片在腹部从上而下依此刮

近几十年来后进民族传统制陶业新发现的资料有些与柴尔德氏上述论断相符，有些则不相符。[1] 柴尔德上述论断已不再是一种规律性的结论。对此傣族制陶又增添了一个否定的例证。傣族制陶业包括各种类型，有业余的制陶者，也有专业的制陶者；有女性，也有男性；有手制，也有轮制。这就为深入细致讨论制陶的专业化（specialization）问题提供了广阔天地。

首先，手制和轮制如何区分？制陶都要包含手工劳动，不能全靠机械力量。[2] 故轮制只能理解为器壁主要靠陶轮旋转产生的抛掷力量（throwing）而制成（提拉成型），而不知利用这种力量一切制陶方法都属于手制。按照上述已为多数学者同意的理解，傣族制陶向我们提供了一个清晰的从手制到到轮制的发展过程。第Ⅰ类型盘筑器壁仅在一块支在膝盖的木板上进行；第Ⅱ类型在转盘上盘筑器壁；第Ⅲ类型已知加快转盘旋转速度，利用旋转造成的抛掷力量提拉器壁，完成部分（大的器物）或全部（小的器物）器壁筑造工作（参见图版一一：3—4）。这表明傣族制陶第Ⅲ类型制陶业已开始从手制向轮制过渡。这陶轮就是过去的转盘，构造和大小完全一样，只是改进了操作方法（从足趾慢拨到用手急转）。中国老一辈考古学家吴金鼎研究中国古代制陶术成绩卓著，他首先正确指出中国远古陶器口沿上同心圆纹不是轮制痕迹仅是转盘上修整造成的，而且推测最早陶轮就是从支在木柱上转盘引导出来。[3] 傣族制陶有力地证实了他的说法。到目前为止，还没有发现傣族制陶从手制过渡到轮制是向周围其他民族学会的，应该说这是傣族自己一次独立发明，是由傣族妇女完成的。她们在长期使用转盘制陶实践中，积累了丰富的经验，易于体会到旋转产生的力量。轮制陶器可由妇女担任主要工作，而且制轮技术本身可能为妇女所发明。这一事实本身就是对柴尔德上述论断的有力挑战。又云南佤族手制陶器却由男子担任，最近云南其他民族也发现由男子担任手制陶器工作的情况[4]，都是对柴尔德氏说法不利的证据。

关于专业化，我们同意其特点是全日制的工作而且工作者生活来源完全依靠这项工作，而非全日工作另有其他职业为生活来源的便属于非专业化或业余工作。[5] 制陶专业化与制陶技术（手制或轮制）关系不大。世界上有些民族手制陶器技术极为原始，却有了类似专业化的制陶业，如美拉尼西亚接近特罗布里安群岛的 Amphlett 岛民由于地多岩石难以生长作物便以制造一种粗陋的陶器为生[6]。南美印第安人中的雅诺马莫人（Yanomamo）制出陶器底厚边薄极易破碎，却固定由某一村寨制造，用作礼物交换以便巩固联盟，也可算是一种“专业化生产”。[7] 上述傣族曼南坎（第Ⅳ类型）和 20 世纪 80 年代后曼角均有专业化的制陶业。但他们却无轮制，仍在转盘上手制，不知利用转盘快转产生的抛掷力量（参见图版九：4，图版一三：2）。这两个村寨专业化制陶工作确由男子担任，但非由于妇女不能掌握其技术，而因她们有家务缠身，不能保证全日制工作之故。

关于传统制陶业男女分工、专业化程度和生产规模多种多样，并不能简单地只分二种：“妇

1 I.Hodder, *The Present psat: An Introduction to Anthropology for Archaeologists*, London: B.T.Batsford Ltd., 1982, pp.86—87.

2 参见李济《小屯》第三本《殷墟器物·陶器》上，台湾南港，1956 年，104—107、110—114 页。

3 G.D.Wu, *Prehistoric Pottery in China*, London: Kegan Paul, Trench, Trubner & Co.Ltd., pp.135—136.

4 《文山土锅寨原始制陶工艺调查》，《云南文物》21 期（1987）。

5 I.Hodder, *The present past: An Introduction to Anthropology for Archaeologists*, London: B.T.Batsford, Ltd., 1982, pp.86—87.

6 P.K.Lauer, Amphlett Islands Pottery Trade and the kula, *Mankind* 7 (3), 1970.

7 N.A.Chagnon, Yamomamo: *The fierce People*, New York: Holt, Rinehart and Winston, 1968, pp.20—21, 100—101.

一三）；在第Ⅱ、Ⅲ类型非专业化制陶业的主要产品平底罐的形状、大小也呈现出相当的一致性。特别如曼德大部分制陶者已有意识地力求保持自己产品大小一致，在制坯时即截好一根根泥条，而且以手量两拃为度，而每个平底罐器壁一般盘筑4圈为止，故制成的器坯相差不大。（参见图版九：2）

图一四　傣族挑物的平底罐

图一五　马家窑文化陶器

非专业的傣族制陶业已知尽量保持自己产品的大小一致，是因为标准或接近标准化的陶器有较多优越性。前人已指出，标准化陶器便于装窑，即使平地烧陶也易于排放，出售时便于运送。[1]此外，傣族还有自己特殊原因，即他们的平底罐或圜底罐是可以下垫竹络用来挑水或挑物的。（图一四）只有大小基本一致才能保持平衡。傣族陶器是一对一对地买卖（过去曼勒贡纳土司的陶器也以“对”计算），即因同一制陶户的产品更能确保大小一致，有利作挑担之用。

这一发现运用于远古陶器研究中，便是要注意到标准化陶器可以是也可以不是专业化制陶业的产品。这要参考该遗址情况来进行全面考虑。例如：中国山东龙山文化典型器物表面磨光的蛋壳黑陶高柄杯，表现出较大的一致性，可能为一种专业化产品[2]；马家窑文化（无论是半山类型还是马厂类型）随葬的日用陶器，也是“器物大小悬殊不大，高度都在20厘米一25厘米之间”，“耳把的长宽像尺子量出来的一样大小一致”[3]，却不一定是专业化制陶业的产品。（图一五）

还要说明的是，传统陶器不像由机器统一生产出来的现代工业产品，所谓标准化并不意味着形制大小完全一致。即使是已走上专业化的传统制陶业生产出来的标准化陶器仍存在差异性。[4]对于传统制陶业来说，无论是专业化或非专业化的产品只能说是接近标准化或已有了标准化的

1 K.Nicklin, Stability and Innovation in Pottery Manufacture, *World Archaeology* 3, 1921.

2《新中国考古发现和研究》，文物出版社，1984年，102页。

3《青海柳湾》，文物出版社，1984年，102页。

4 G.A.London, Standardization and Variation, in *Ceramic Ethnoarchaeology*, The University of Arizona Press, 1991.

女同：

例一五：II –3 号沙美，今年四十七岁。夫死，回转原“长房”，一人过活，自成一个“火塘”。嫁前有私生子车木拉，嫁时留在原“长房”，现已随姨母长大成家，彼此不再过问。

例一六：IV –6 号者都，今年三十七岁。夫死遗一子腰纳，母子一并回娘家“长房”，自设“火塘”。

例一七：V –7 号婆布鲁之姐沙则，今年二十七岁，夫死回娘家，与婆布鲁及妹学召一同过活，不另立“火塘”（学召原生四子，均死，现无子女）。

若子女已大，亦可留在夫方“长房”中，自己单身回娘家。离婚或夫死之妇女回娘家后亦可再嫁，其子女或再带往新夫之家，或留娘家长大。

还有妇女一生不正式结婚者，便永远留在原来“长房”之中，与自己私生子女或其他亲属合组一个“火塘”，或孤身一人自立“火塘”：

例一八：II –4 号木拉都，一生未嫁，亦无私生子女，与其姐沙美之私生子车木拉合组一个“火塘”（参见例一五）。

例一九：VII –2 号车白之姨母车诺，一生未嫁，车白之母车妞嫁时车白留在娘家，由车诺抚养成人。现车诺、车妞均死，车白及其姨母之私生子车学、白腊车，合组一个“火塘”（参见例二）。

例二〇：VII –3 号白腊布鲁之母白腊姐一生未嫁，其母白腊威亦一生未嫁，形成两代以母系传递之家庭。现两人早死。

例二一：VI –8 号飘收，今年已四十五岁，一生未嫁，亦无私生子女。现一人立一个“火塘”。

龙帕寨大部分“火塘”是一对配偶及其子女组成的父系小家庭，无一夫多妻现象，实行男方居住，男到女家上门只有个别例子：

例二二：II –1 号沙科，为私生子，母婆墨嫁后留在 II 号“长房”中，成为孤儿。曾去 I 号“长房”上门，不到一年即带着妻子依收回转 II 号。母亲嫁后不久新夫又死，亦回来一齐过活。

然还有一部分“火塘”是由其他关系组成的。如上所述，第一，离婚或夫死带领子女回家之妇女，或自立“火塘”，或依靠父母兄弟等亲属过活。第二，一生未正式结婚之妇女与私生子自立火塘。第三，妇女出嫁时私生子女已长大，便留在娘家“长房”中，这些孩子便由外祖父母、舅舅或姨母抚养成人，最后便与舅、姨或姨表兄弟姐妹合组“火塘”。最后一种情况除上举例一八、例一九等外，还有：

例二三：III –4 号白腊车，其母嫁后随舅父沙少长大。现白腊车已娶妻，奉舅父为户主，合组一个“火塘”。

以上这三种“火塘”约占整个“火塘”数的百分之二十左右。

由一对配偶及其子女组成之“火塘”，世系按父方计算，子女与父亲连名，财产由儿子继承。而上述三种“火塘”，世系便只能按母方计算，子女与舅舅连名（若随母嫁到其他“长房”中已

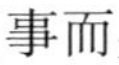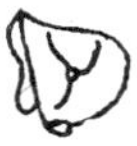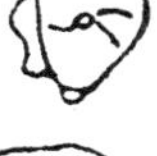

图一　纳西族在泉水边插“可标”祭祀龙神
（采自 J.F. 洛克《古代纳西王国》）

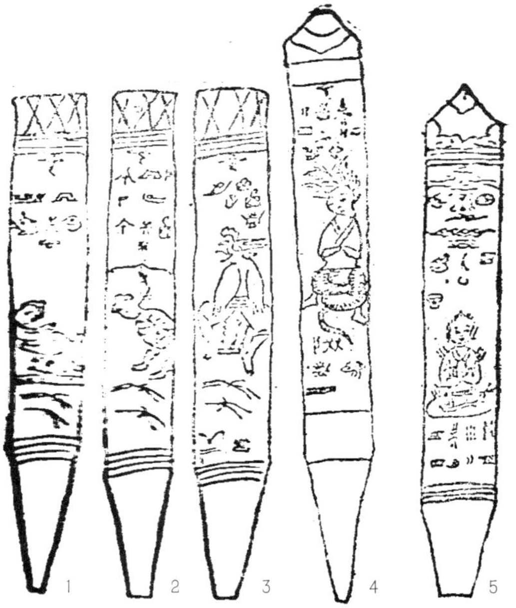

图二　纳西族“可标”上鬼神图像

曾受到喇嘛教的影响，有不少“可标”上鬼神形象又具有明显的佛像风格（图二：5）。还有“可标”上不绘鬼神，而绘一些动物，则是表示供奉神祇的牺牲。

除画像外，“可标”上还画一些花纹和写上一些纳西族象形文字，然亦有不写象形文字的。

举行一次仪式，所祭祀的鬼神往往不止一个，都要准备绘有他们形象的“可标”，故一次隆重的仪式所用“可标”常达几十个之多。“可标”例由“东巴”事先制好，鬼神形象有一定画法，有的“东巴”手中还有样本，必须照样临摹，不允许任意乱画。一个“可标”只用一次，仪式结束后即予丢弃。

“可标”是纳西族一种古老的宗教用物，其起源甚早，象形文字有字[1]，即代表此物。20 世纪 50 年代前“可标”在纳西族地区普遍使用，50 年代后仪式已不举行，这种仪式用木牌仍作为一种民族文物而有保存。

二

西北地区出土的木牌，在考古报告或论著中称“人面形木牌”、“木橛”或“杙”。

1905–1908 年斯坦因在敦煌汉代烽燧遗址首次发现此物。[2]1927–1934 年中瑞合组的西北科学考察团发掘居延汉代遗址时，又有大量出土。[3] 最近居延出土大量汉代简牍和文物中，亦有这

1 李霖灿：《么些象形文字字典》，四川李庄，1947 年。

2 A.Stein, *Serindia*, Oxford ,1921, pp.649, 767, 769, pl.LII.

3 Bo Sommarstrom, *Archaeological Researches in the Edsen–Gol Region, Inner Mongolia*, Part I, Stockholm, 1956, pp.76、81、97、265、302、351, Fig.21–22, 179, 187, pl.15. 中国科学院考古研究所《居延汉简甲编》，科学出版社，1959 年，图版 59、62、77、122、124。

TABLE 1
FORMS OF MULTI-PERSON COLLECTIVE BURIALS AT YANGSHAO SITES

Culture Type	Site	Pit Burials: Collective Burial: secondary	Collective Burial: primary	Collective Burial: style not clear	Collective Burial: subtotal	Single Burial: secondary	Single Burial: primary	Single Burial: style not clear	Single Burial: subtotal	Totals	Urn Burials
Banpo	Banpo		2		2	5	170		175	177	73
Banpo	Beishouling	7	6	1	14	35	310	26	371	385	66
Banpo	Hengchen	24(?)			24					24	5
Banpo	Yuanjunmiao	24	2	2	28	9	5	2	16	44	
Banpo	Jiangjai (I)	2(?)			2	6(?)	168(?)		174	176	236(?)
	Jiangjai (II)	180(?)			180(?)					180(?)	40(?)
Banpo	Shijia	40			40		3		3	43	
Banpo	Dongzhuang cun	2			2		2		2	4	1
Hougang	Hougang	2	1		3		7		7	10	
	Xiawang'gang (I)						22		22	22	
	Xiawang'gang (II)	32(?)			32		26		26	64	3
	Dasi	1			1		6		6	7	

Note: (1) Although urn burials were usually of children, a small number of adults were also given this kind of burial, as at Beishouling and Jiangjai I and II; (2) Collective graves might include both primary and secondary burials; here they are all counted under the rubric of secondary burial; (3) A question mark indicates that the published figures are insufficiently detailed. Sources: Banpo: *Xi'an Banpo*:198-216; Beishouling: *Baoji Beishouling*:6-114, 157-182; Hengchen: *Kaogu* 1960.9:5-9; Yuanjunmiao: *Yuanjunmiao*:16-24, 86-105, 111-127; Jiangjai: *Kaogu* 1973.3:134-145; 1975.5:280-284; *Kaogu yu wenwu* 1980.3:1-13; Shijia: *Kaogu* 1978.1:41-53; Dongzhuang cun: *Kaogu xuebao* 1973.1:10-11; Hougang: *Kaogu* 1972.3:15; 1972.5:9; 1982.6:582; Xiawang'gang: *Wenwu* 1972.10:6-17; *Xin Zhong'guo kaogu faxian he yanjiu*:66; Dasi: *Kaogu* 1961.10.

girl received particular treatment, the Samoans practiced ambilocal residence (Murdock 1967:98) and were famous for the strength of their patriarchy.

Ⅲ . The Question of "Segregated Male and Female Burials"

This question arose with the preliminary report of the 1958—1960 excavations at Beishouling in Baoji, which said: "after death, the men and women were buried separately" (*Kaogu* 1960.2:7). Subsequently this practice was interpreted, by analogy with Mosuo burial customs in Yunnan(Song Zhaolin 1964),as the segregated burial of brothers and sisters, a phenomenon that could only appear with matrilineal society. But with the 1977—78 excavations and a checking of the previously excavated materials, the formal report rejected this long—popular misconception; relying on the seriousness which archaeologists must possess and on the spirit of seeking truth from facts, it pointed out that what the original report had said:" was untrue……regardless of the way in which male and female were mixed together in the same cemetery or same grave" (*Baoji Beishouling*:128).

It is now established that there were no such cemeteries in other Yangshao sites in which individual burials of males and females were arranged separately. In the multi—person collective burials, those in which the same sex were buried together are also very few. On the basis of the Beishouling evidence, there are only two out of fourteen collective burials in which members of the same sex were buried together; there are no more than one or two cases at other sites. What existed in great number were the mixed burials of male and female (table 2).

Collective burial of the same sex extremely uncommon and definitely cannot be taken as forming a burial custom; its unreliability as a means for reconstructing a certain kind of social organization is self—evident.

If we do believe that a very few same sex collective burials were the segregated burials of brothers and sisters of a matrilineal clan which observed this kind of marriage system, then how can the presence of large numbers of mixed male—female collective burials not be taken as those of brothers and sisters of other matrilineal kin who were all buried together? Why did only the members of this small number of same—sex burials observe the principle of avoiding their close kin?

According to our thinking, it is not hard to explain this small number of same—sex collective burials as we have done before. Since the multi—person collective secondary burials for those of the society who had died over a certain period of time, if those who had died during that time were only males we would then have collective male

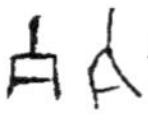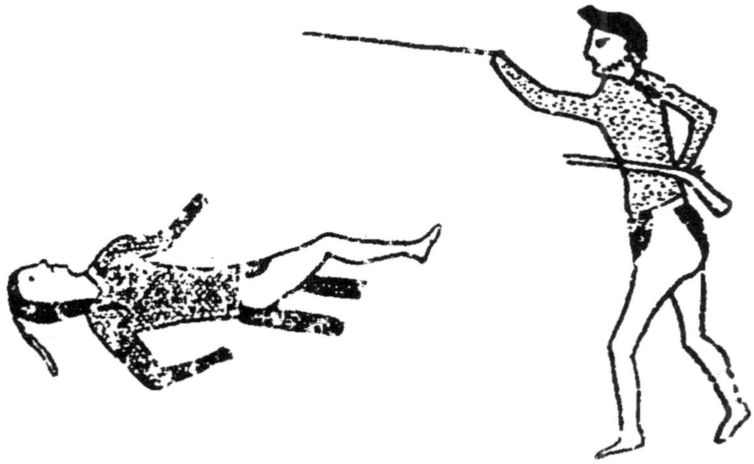

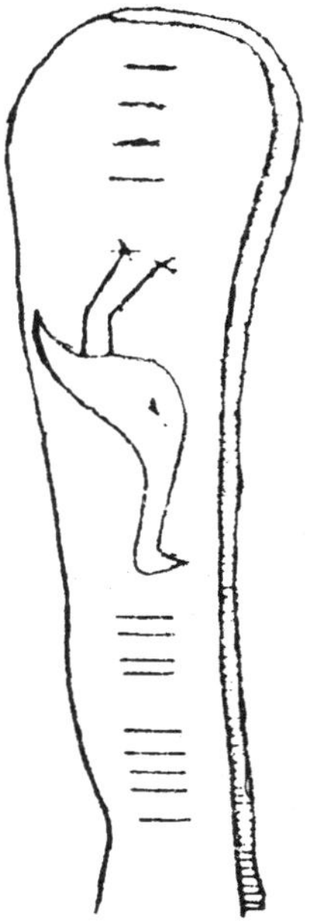

 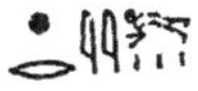   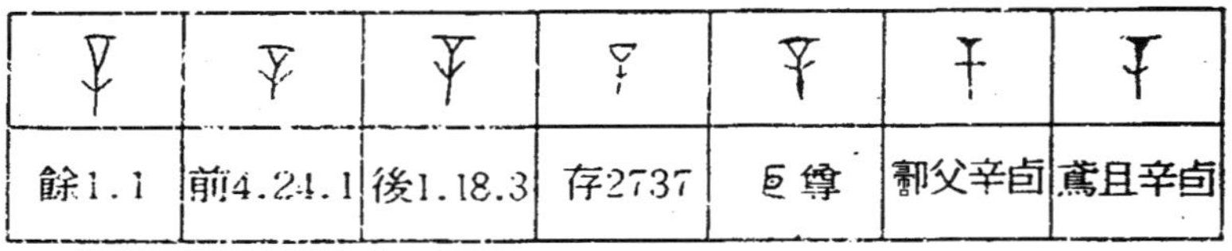

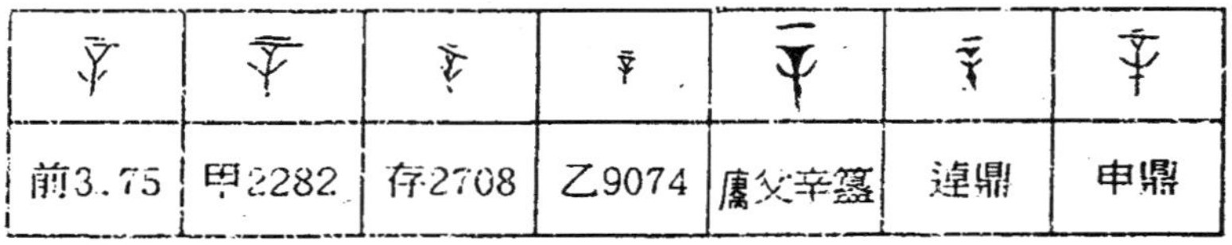

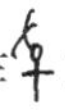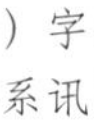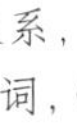《小臣邑斝》（三代　一三 · 五三）
《小臣鼎》（三代　二 · 五一）
《小臣繼卣》（三代　一三 · 三五）
《小臣单觯》（三代　一四 · 五五）
《小臣守簋》（三代　八 · 四八）
《小臣宅彝》（三代　六 · 五四）
《小臣静卣》（缀遗　二一 · 一）
《曾䆘伯鼎》（三代　四 · 四）
《小臣謎簋》（三代　九 · 一二）
《小臣父丁彝》（三代　六 · 五一）
《季娟鼎》（积左　四 · 一二 – 二二）
《小臣传卣》（蹇斋　一三 · 一二）

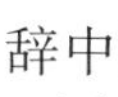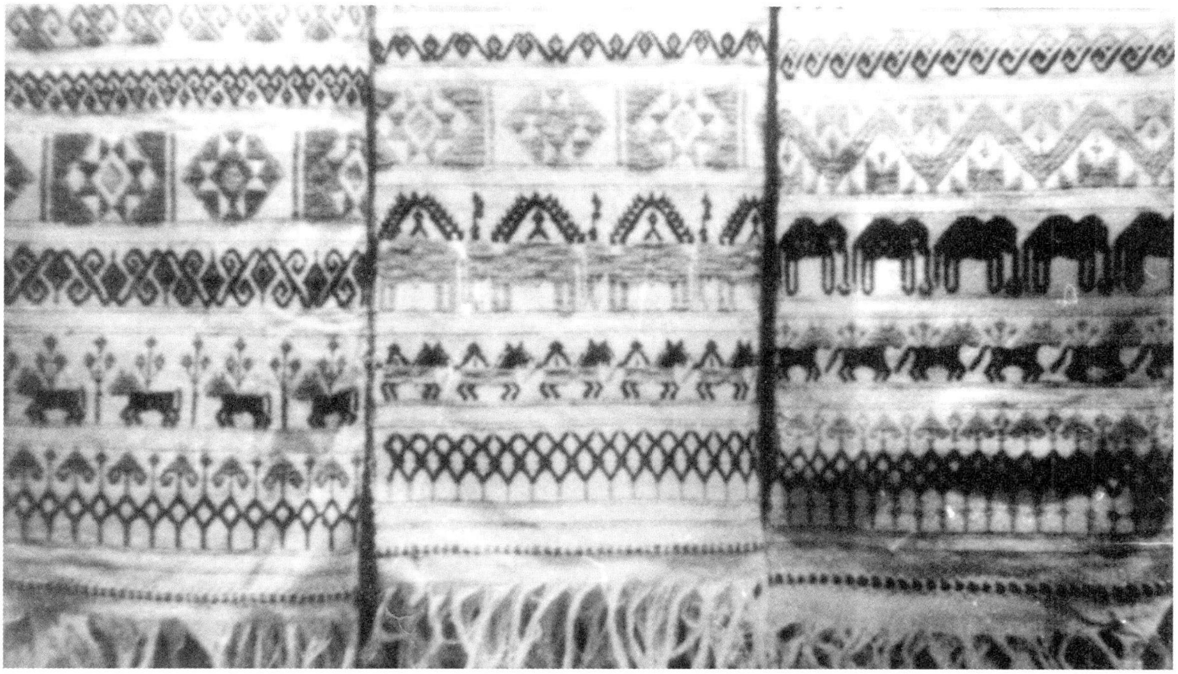

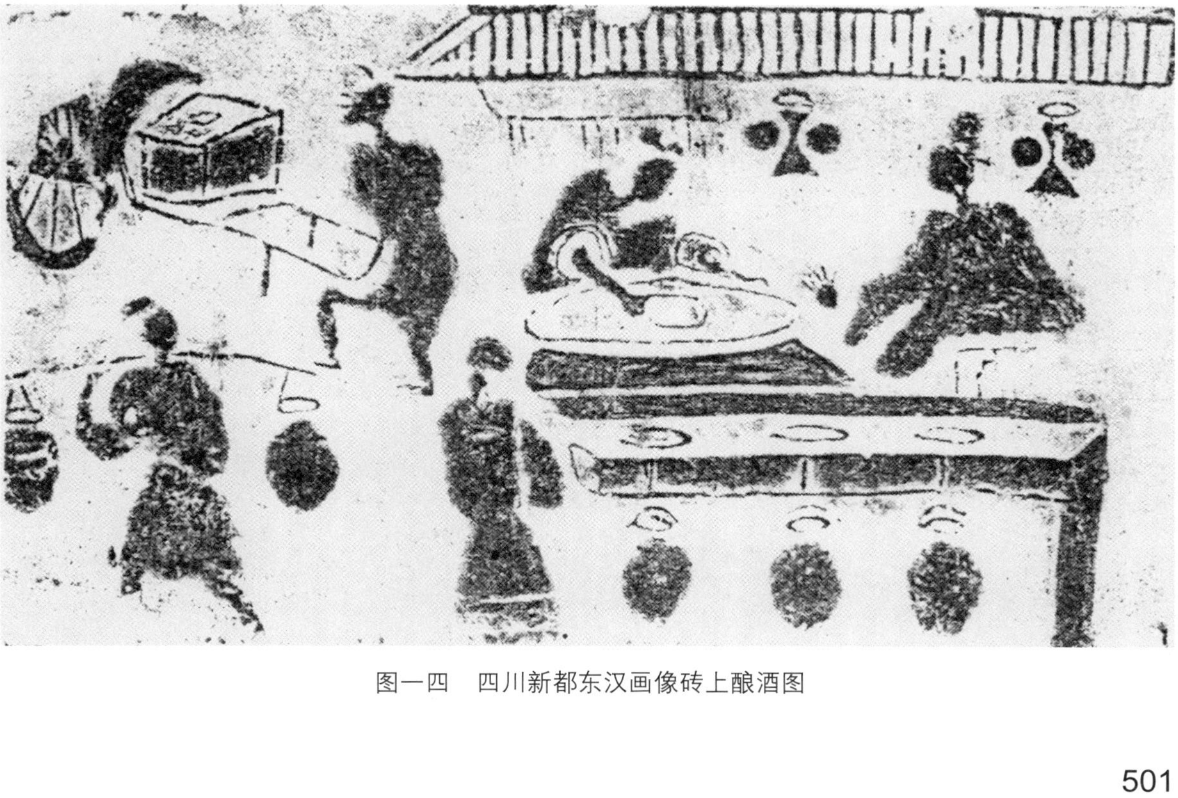

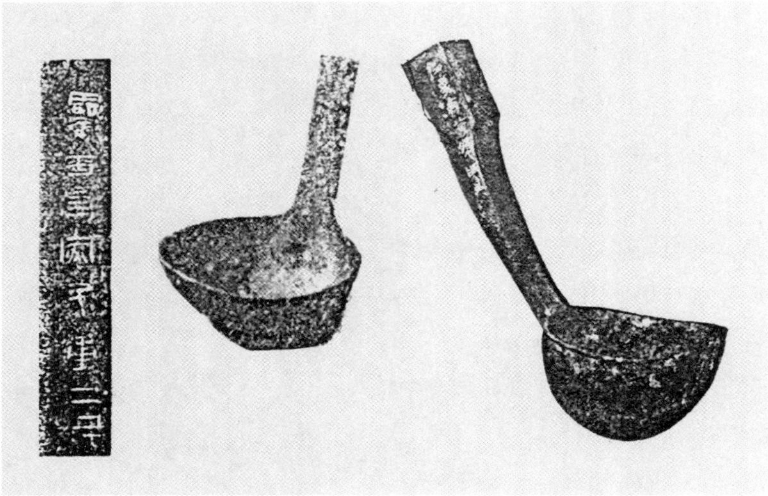

图一六　茂陵出土"□平浥家斗"（左）和传世"但吏斗"（右）

之大。

年长略窥考据之学，能辨古今习俗之异，乃知古代之酒似今之"水酒"（参见《早期的酒——醪》），饮时挹取其汁，斗升为挹酒之器，如《诗·小雅·大东》："维北有斗，不可以挹酒浆"。《韩非子·外储说》："宋有酤酒者，升概甚平。"这种挹酒之升斗，与量谷之升斗名同而实异，而这样的酒度数甚低，多饮自亦无碍。

关于量谷斗、升之容量，据实物进行容量实测结果，战国以后唐代以前每斗谷约2000毫升[1]，而一斗酒究竟有多少？

按挹酒之斗多有长柄以便挹注，与量谷之斗作短柄者不同；又口大底小，略呈不规整之半球形，与量谷之斗口底相等多作方形或长方形亦自有异。现可确定为挹酒之铜斗除传世之"但吏斗"外[2]，新近发现的有安徽阜阳双孤堆西汉墓"女（汝）阴侯斗"[3]及茂陵附近"□平浥家斗"[4]。（图一六）过去作容量实测之量具均为量谷之升斗（如商鞅方升、始皇斗、新嘉量等），挹酒之斗尚未见作过实测。从尺寸大小来看，"女阴侯斗"口径10.6厘米，深7.3厘米；"□平浥家斗"口径11.3—13.8厘米，深4.4厘米，按半球体计算其容量而减去球缺部分，估计约为300—400毫升，仅及量谷之斗六分之一左右。这样，即使饮酒一石不过3000—4000毫升。若当时酒的度数与今啤酒略同，则等于饮几大杯啤酒。忆1984年在慕尼黑著名之啤酒花园，见当地人士要啤酒都是一次两大杯，每杯可盛啤酒一公升。我仅要一杯，旁座之人目笑之。可见一次喝两公升低度酒乃常人之量。三四公升虽属豪饮，并非完全不可能。若对古代一斗酒以2000毫升理解，则饮酒一石合20000毫升，即使是水，亦必腹胀倒地。这样才可理解，为什么古人酒量不及一斗者又作为小酒量载入史册。晋代桓温"饮三升便醉"。南梁谢善勋"饮酒数升，醉后辄张眼大骂……时谓之'谢方眼'"[5]。数升酒不过当今玻璃杯一杯酒而已，饮后还要发酒疯，无怪乎为当时人所嘲笑。

我以为古代饮酒以升斗计量不可能完全标准化，然必远较量谷单位之斗升为小，甚盼今后出土材料更多，收藏单位能一一作出实测，以证明或否定此说。

1 紫溪：《古代量器小考》，《文物》1964年7期。
2《殷周青铜器通论》，71页，图版一四五。
3《阜阳双古堆西汉汝阴侯墓发掘简报》，《文物》1978年8期，22页，图31。
4《陕西茂陵一号无名冢一号丛葬坑的发掘》，《文物》1982年9期，5页，图一七、二〇。
5《晋书·陆纳传》、《渊鉴类函》卷三九二引《梁书》。

图一九　四川西昌东汉墓画像砖上″衣着尾″妇女

图二〇　云南金平县瑶族妇女有后幅之外衣

云南白族或与古代“衣后着十尾”之哀牢夷有关（明清白族碑刻常自称其祖先为“哀牢九隆”）。今剑川、大理、保山等地白族老年妇女，至今仍穿“前短后长之衣”，对此“后长”部分白族即称为“衣尾巴”，可见“衣着尾”之“尾”可指衣之后幅而言。云南金平瑶族妇女外衣，亦是前幅甚短而后幅甚长，与白族略同。瑶族自以为盘瓠之后，故至今保存“尾形”服装，更无足怪（图二〇）。

云南永德县利米人平时服装已无尾饰，惟逢节日妇女于外衣之后系布一幅，以为盛饰。

贵州黎平等县有所谓“罗汉苗”者，直至清代妇女仍有“衣着尾”之俗，即于长裤或长裙之后必加布一幅，上有刺绣，名曰“衣尾”。[1]

云南西双版纳基诺族传统服装中有腰带甚长，多余部分不垂于前而垂于后，此后垂部分亦称之“尾”。过去傣族新土司即位，举行“登殿”（傣语称“郝登武”）仪式，必由基诺族为前导，新土司即手牵基诺族之“尾”而缓行。

湖南通道县侗族每逢跳芦笙舞，舞者亦将腰带垂于后，而平时不若是。

泰国清迈傈僳族妇女在腰带之上另系一带垂于后，由若干条流苏组成，更有象征“尾巴”之效果（图二一）。

无论身后垂带或拖一长幅，实为初民披兽皮为衣而拖尾于后之遗风。云南剑川等地白族过去

1《黔省苗图》，载 *East and West*，Vol 37，1987。

汪寧生集

肆

汪宁生 著

學苑出版社

图书在版编目（CIP）数据

汪宁生集 / 汪宁生著．—北京 ：学苑出版社，
2013.9
ISBN 978-7-5077-4351-7

Ⅰ．①汪… Ⅱ．①汪… Ⅲ．①考古学－中国－文集
Ⅳ．① K870.4-53

中国版本图书馆 CIP 数据核字 (2013) 第 205815 号

出 版 人：孟 白
责任编辑：潘占伟
装帧设计：徐徐书装
出版发行：学苑出版社
社 址：北京市丰台区南方庄 2 号院 1 号楼
邮政编码：100079
网 址：www.book001.com
电子信箱：xueyuan@public.bta.net.cn
销售电话：010-67675512、67678944、67601101（邮购）
经 销：新华书店
印 刷 厂：北京信彩瑞禾印刷厂
开本尺寸：889×1194 1/16
印 张：162.5
字 数：4024 千字
版 次：2014 年 1 月第 1 版
印 次：2014 年 1 月第 1 次印刷
定 价：1800.00 元（精装全四册）

目录

序跋・年谱

附录 关于汪宁生先生及其作品的评介

西南访古卅五年

——民族调查日记选辑

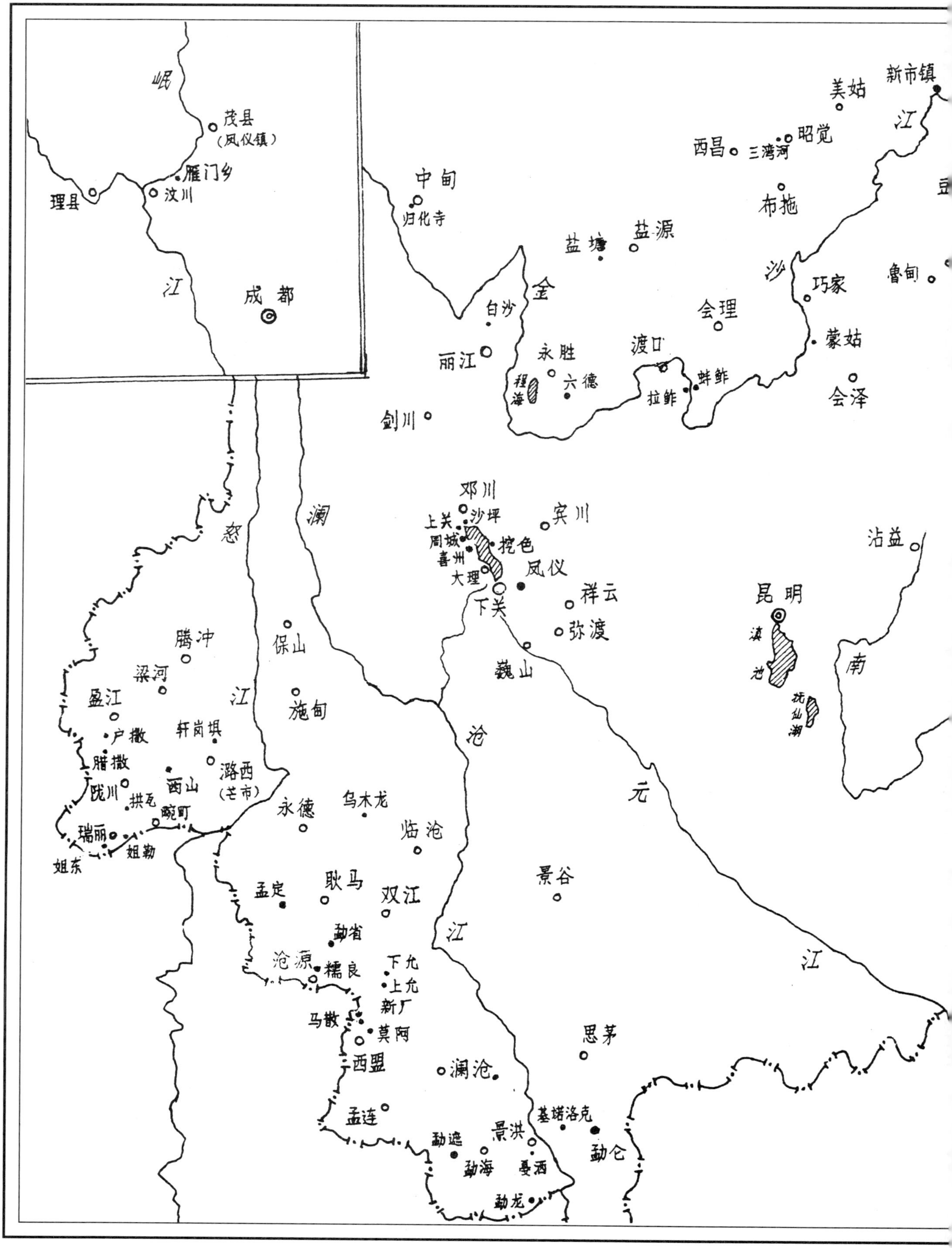

岷
茂县
(凤仪镇)
雁门乡
理县
汶川
江
成都
中甸
归化寺
美姑
新市镇
江
西昌
三湾河
昭觉
布拖
盐塘
盐源
沙
巧家
鲁甸
金
白沙
会理
蒙姑
丽江
永胜
渡口
程海
六德
拉鲊
蚌鲊
会泽
剑川
邓川
上关
沙坪
宾川
周城
挖色
喜洲
凤仪
大理
下关
祥云
弥渡
巍山
沾益
昆明
滇池
抚仙湖
南
怒
澜
腾冲
保山
梁河
江
盈江
施甸
户撒
轩岗坝
腊撒
潞西
(芒市)
陇川
畹町
瑞丽
姐勒
姐东
永德
乌木龙
临沧
沧
元
景谷
孟定
耿马
双江
勐省
江
沧源
糯良
下允
上允
新厂
马散
莫阿
西盟
澜沧
思茅
江
孟连
基诺洛克
景洪
勐遮
勐仑
勐海
曼西
勐龙

长宁
珙县
兴文
盐津
毕节
大方
威宁
贵阳
凯里
西江大寨
都匀
三都
雷山
黎平
安顺
中和
榕江
高增
从江
盘县
北盘江
红水河
江
隆林
德峨
西林
百色
田东
那劳

调查地点分布图

自序

此书为笔者在中国西南边陲从事考古学及民族学期间日记之选辑。对笔者而言，民族学调查实为搜集资料研究中国古史及考古学问题，故名《西南访古卅五年》。

调查过程中，举凡报告人谈话记录、典型事例、重要碑文、参与观察之实录、家族谱牒、重要人物自述等等，均已另作记录。所谓“日记”，只是兴之所至随手涂鸦。忙时数日不记，闲时一日数记。或为“流水账”，寥寥数语，只记生活琐事；或为“算总账”，长篇大论，追记连日观感。读者如欲了解每次调查工作之成果，只能参考调查报告或论文，从日记中殊难窥知全貌。

然十几册日记仍然如实记下当年民族调查工作之艰辛，少数民族人民善良品质和穷困生活，调查所获零星资料，以及个人调查心得，与各界人士之交往，对人对事之观感，难以语人之“牢骚”等等，故不顾文字拙劣字迹潦草，一直保存至今，诚所谓“敝帚自珍”。

中国社会科学院边疆史地研究中心马大正主任不以我鄙陋识浅，邀约就毕生调查经历写出考察记，列入《中国边疆探察丛书》之一。自量新写一书，已非目前精力所及，乃就历年日记加以选录删削，修订文字，辑为一本，聊以应命。

整理中删去“流水账”式部分并修订文字错误；涉及之人不宜直指者，略去其名；少数民族特殊词汇或为外地读者不易了解者，又旅途无书，偶引文献当时只记大意者，今尽量加以注解。此外一仍其旧，以存其真。

调查未久即已觉察，若要全面研究某一民族历史和社会，必须掌握该族语言和文字。此项工作应由本族学者担任为宜。我辈仅能选择自感兴趣一二问题而他人不屑为者或不能为者，略作研究。“人舍我取，如此而已”（1961 年 11 月 4 日日记）。故我接触民族十余种，无一有深入了解，惭愧之至。然不贤识小，日记所述多为他人视为琐屑小事而未曾注意者，其中或有足资后世参考之处，亦未可知。

岁月蹉跎，三十多年倏然而过。初来云南还算年轻，今已白发满头。毕生精力悉耗于兹土。为寻崖画，在沧源露宿荒山；为访彝家，在巧家险坠大江。深夜自思，此生如此辛苦，究竟所为何来？当今之世此类文字究有何用？辄怅然若失。但学以致用，乃古今庙堂之器大有作为者之目标。若笔者之类素无大志又不堪“改造”者，治学原为求真，兼以自娱。回忆调查期间，遨游西南大地，饱览奇异景色，接触不同文化，诚乃人生难得机遇；若获新鲜材料，破解疑团，更有无限乐趣在！似此生尚未虚度，可以无怨无悔。此种心境已非当今闭门造书以博头衔“学者”

所能体会。

自国门打开，游历考察不再限于国内。十余年来，足迹及五大洲，历国二十有二，留下日记又已盈箧。他日有暇，当再董理成书，作为此书之续篇。

是为序。

1996 年初夏

一 访问古代羌人的直系子孙

四川茂汶　羌族

1960 年

1960 年 4 月 16 日

成都

4 月 4 日调查组工作汇报会议结束，被分配去云南组。侯方岳组长命到昆明前先去羌族及凉山彝族作短期考察，从文物考古及民族学资料看两族文化有何联系，从而证明彝族族源问题。

4 月 6 日与侯同车离京。7–9 日在西安停留，拜会西北大学马长寿教授。马为山西人，前中央研究院历史语言研究所民族组成员，对西北及西南民族均有研究，通外语，前年应侯组长之邀曾去云南考察。

在火车上常与侯组长闲谈。据告四川农村已有人挨饿。侯曾为云南地下党省委领导人，第一届全国政协委员。

10 日抵成都。

连日参观四川省博物馆、四川大学博物馆及西南民族学院文物室，并拜访四川大学冯汉骥教授。

冯为考古界老前辈，湖北人，美国人类学博士，曾主持发掘王建墓，是为中国帝王陵墓第一次发掘。两年前应邀赴云南专门考察晋宁石寨山文物。他嘱咐我去云南后应注意铜器花纹主题之分析，用以考察云南古代文化与四周之关系，又介绍他在羌族地区试掘石板墓情况甚详。

羌族妇女背物途中做鞋

当谈及马长寿教授去滇时与云南大学方国瑜教授争论事。方主张写民族史应以见于正史记载开始，凡采录传说成书较晚之地方文献不可相信，而马之主张相反。在旁聆听，殊感隔阂。研究民族历史有一套方法及特殊问题，今后需要认真学习之处尚多。侯问冯对此次争论有何看法，冯说：当然以马之意见为佳，我们研究中国历史，岂非亦要从神话传说开始乎？

连日从西南民院借阅抄录与羌族有关之文献，从《史记》、《华阳国志》、《后汉书》直至茂汶地区地方志。羌族地区抗战期间即有学者前去工作（如胡鉴民调查羌族之风俗习惯，郑德坤发掘石板墓）。近年有一个小组专作羌族调查，已编出《羌族简史简志合编》（初稿），可从中了解羌族一般情况。

今去四川省民委换介绍信。由一位科长介绍情况，确定先以汶川雁门乡为调查点。

1960 年 4 月 18 日

汶川

长途汽车开车甚早，清晨永兴巷招待所开吉普车送到汽车站，仍然误车。幸搭上去马尔康之客车，坐于走道中辗转困难，甚不舒适。

车沿岷江东岸而行，溯江而上。公路从半山开凿成，下临悬崖，触目惊心。车过绵虒，即见山坡上碉楼矗立，同行旅客相告，从此即是羌族地区。过去学中国古代史，知甲骨文时代起羌人就不断活动于历史舞台，不意今日得以亲去考察。今日羌族乃古代羌人众后裔中唯一保存“羌”之名称者。

午后一时许车抵汶川。

次间汉为汶山郡地，唐为维州，宋为威州，现为茂汶羌族自治县所在地。县城威州镇，跨岷江两岸，有竹索编成之桥连接，人行桥上，摇晃不定，殊有趣味。据前人考证，这种桥即古文献中之“笮桥”，《史记 · 西南夷列传》等记载之“笮人”或因此而得名。

1960 年 4 月 20 日

汶川

19 日搬入县人委内。与羌族调查组诸君交谈，阅读所搜集之资料，并参观文化馆。

在文化馆见双耳陶罐、陶斧、陶豆、陶尊、铜车马器、半两及五铢钱，即郑德坤先生所云“理番石板墓文化”遗物；馆藏拓片照片中见隋开皇九年及唐开元十五年两种摩崖，事关隋唐时期对此地区之开发与征讨。

又威州师范校园内有唐元和年间残经幢、宋代（？）残经幢及佛像，似当地原为寺庙遗址，而佛教至迟唐宋时已传入羌族地区。一位校工告知此地原名“仁寿殿”，寺庙确切名称待查。

汶川县城之东有石砌城墙一座，当地人称“姜维城”。蜀将姜维确曾领兵至此，史有明文（见《三国志 · 蜀书 · 姜维传》）。然现在之城显为后代所筑。城附近发现明代墓葬（亦为石板墓）遗物，文化馆收集有“为善最乐”铜镜、明代历朝钱币、隆庆四年买地卷及隆庆至万历墓志数方。岂为明代戍卒所建之城乎？

1960 年 4 月 22 日

汶川雁门乡

晨沿岷江西北行至雁门乡政府办完手续，开始访问。原约定访问回来安排住宿，不料直至天黑办公室仍紧锁双门。坐于门外等候，有人告知："干部们开会去了"。无人理睬，直到深夜。幸有一位羌族青年（刘姓）招至其家住下，方免露宿荒郊之苦。

是夜宿索桥寨。

羌族喜欢白色，多头缠白帕。男女传统服装为一袭白色麻布长衫，外披皮背心（"皮挂挂"），下雨反穿之，毛朝外，谓可防雨。男女均打裹腿。妇女着尖钩鞋（男子过去亦穿），劳动、行路则穿草鞋或赤足。

捻线

1960 年 4 月 23 日

汶川雁门乡

去小寨子附近看火坟及石板墓。引导考察者袁仁林老人通晓汉语，人极精干。闻冯汉骥先生当年考古茂汶，即由他任向导。

此间现在实行火葬。人死入棺（称"方子"），连棺一起焚烧，然后取骨灰投入火坟。所谓"火坟"实即墓板搭成小房子，约五尺见方，前有小门，骨灰由此投入。一姓一坟。雁门乡每寨有数个火坟。据云石碉楼一带则是一寨一坟，数姓共用，火坟已无木制小坟房，仅用石砌成方框，在其上焚尸，骨灰即留框中。

火坟

石板墓是山坡上挖出竖洞，铺以石板。多经盗掘或清理，墓内全空，不见任何遗物。

近日石板墓问题常萦回脑中。羌族史研究者以石板墓文化为今日羌族远古文化。然石板墓是土葬之一种，而羌族行火葬。羌人至今仍不会制陶，而石板墓却出土陶器（称"戈鸡甲钵"，意为"戈鸡人的罐罐"）。这次调查所到之处，羌族自已亦不认为石板墓是其祖先墓葬，称之为"戈鸡人的洞洞"。当地传说"戈"人（或"戈鸡"人）为古老居民，羌人到此后双方大战，羌人赖"白石"为武器打败"戈"人（故至今崇拜白石神）。石板墓文化主人不可能是今天羌族直系祖先。

传说"戈"人文化水平甚高，经营农业，已用犁，善于治水，生活富有。其人种亦与羌人有异，"骨骼很粗，眼睛竖起"（《华阳国志·蜀志》中有"纵目人"不知是否有关？）。"戈"人不是羌人祖先，但“戈”人文化某些因素（如农耕）可能为羌族所继承。

1960 年 4 月 25 日

汶川雁门乡

连日观察了解羌族物质文化诸方面特点。保持浓厚民族风格者首推房屋建筑。

山顶白石神龛

羌寨房屋有住宅及碉楼两种。碉楼近年已废弃不用，仍然矗立，成为羌族地区一大景观。

住宅为四方形，二层或三层，亦有四五层者。碉楼呈六角或八角形，高者达十余层。两者建筑方法 完全一致，均先挖深沟铺以石板为基础，用石块砌墙，就石块自然形状稍加修凿，合缝严密，仅用黄泥粘之，别无石灰等粘合剂。砌好一层，架以圆木，铺好木板，再继续上砌。墙略呈内直外斜状，墙内不加木柱却能坚固耐久。据云有一碉楼为明万历年建，今仍屹立。无论楼高几层，从内部上望，墙面笔直，而所用工具不过铁凿、抹泥板等数种，别无现代先进工具。

屋顶白石神龛

石砌房屋在今日藏族地区及茂汶附近地区均有。然羌族石砌技术最为精良且一直保存至今。《后汉书 · 西南夷传》载“(汶川郡）夷人冬则避寒，入蜀为佣，夏则违暑，反其聚邑”。往汉区充当季节性佣工，主要即凭砌石技术从事土木工程，为人打井、盖房。有《羌佣行》长歌一首记其事：“负重履危若平陆，蜀人利其操作能，年年相赁亟乘屋……女者负土男者筑。”今著名都江堰水利工程维修所需石工，即多来自茂汶地区。羌人石砌技术堪称源远流长，远近闻名。

房屋均为平顶，圆木上架木板再铺细枝夯实而成，可以防雨，晒谷亦在其上。房顶供白石神，即以三块石头做成小龛，内放一块白石代表神祇。屋顶白石龛多属本户。另有全寨祭祀之白石龛设在山上树林中，形状相同，惟龛数最多。如小寨子全寨供 7 龛，分别代表天、地、山、山神之妻、关圣、龙王及名“勒波”之神，而如我住之袁家房顶仅供 5 龛，无“勒波”及龙王。已摄影。

房屋下层养牛、羊、猪等牲畜，上层住人。近日在羌寨访问，便在此层活动。室内中设火塘，上支铁三脚架，烧火煮饭，家人围于四周取暖、吃饭、待客。如为三层，则最上一层为存放农具、粮食之储藏室。

每层之间靠独木梯上下，即以一根圆木凿出凹窝，大小仅容半足。羌族人民行走其上轻松自如，身负重物亦无妨碍，而我每爬此梯心惊胆战，摇晃不稳，必手扶而上。由于地面泥泞不堪，梯上不能清洁，每上下一次，双手粘满污秽，进门后即要擦洗。此种举动常引起主人全家欢笑，姑娘们尤笑不可仰，我亦笑自己无能。

今日宿小寨子。西南民族学院玉文华副教授亦在此调查。玉为老一辈民族学家，曾在英国留学，来此已有数月。我到时彼独居一室，半躺于床，正凑近床头油灯写其调查日记。民族调查田野工作之艰苦绝不逊于考古田野工作，连日来已深有体会。

今夜我只能在玉先生“卧榻之旁”以谷草为铺而“鼾睡”。

1960 年 4 月 26 日

茂县（凤仪镇）

25 日由汶川乘汽车来此。茂县原独立为县，今归茂汶羌族自治县。宿镇上小旅店中。

当日下午即去水西寨查看“坤士司墓”，此为县文化馆及调查组诸君嘱托必须考察者。按“坤士司”即岳希土司（其祖先名坤蒲），唐代归附，元代始封，清初改土归流运动中势力削弱，直到清末百姓不堪其残酷压榨而控告官府才取消其位。据说土司出巡要百姓以“（海）参（鱼）肚席”招待，在此距海遥远之山区，海味岂易得？足见其奢侈暴虐。

石砌房屋及独木梯

该处坟堆累累，原为土司家墓地。墓已揭露两座，其一为卷顶砖墓，规模甚大，有石门，亦分前后室，后室置棺五具，其中淤泥堆积，无法插足，估计棺中尚有遗物，当为明代某两代坤士司葬身之处。从后室多棺可见，坤士司当如汉族统治者，行一夫多妻制。

连日去羌族人家访问，知过去羌族有羊肩胛骨占卜之俗，现已不行，仅杂谷脑一带有之。当是氐羌古俗留传至今者。

1960 年 4 月 27 日

汶川雁门乡

今日上午由茂县乘车回汶川，突然发现相机发生故障，连日拍摄之相片均废，而羌族火坟及白石神等相片正为将来调查报告所必须，懊丧之极。不得已于下午再步行小寨子补拍相片，承羌族调查组牟仲康兄同行。牟原为南充师范学院教师，为人甚好。

晚再宿小寨子，主人姓袁。

1960年4月28日

汶川

连日访问羌族人家，考查文化遗物，无新发现可言。然对初涉民族调查如我者，今日所见与文献所载竟可以相互印证，颇觉有趣。

东汉汶山郡有“冉駹夷”，今日茂汶地区正当汉汶山郡，羌族自称“尔玛”，“尔玛”即“冉駹”之对音。有人分“冉駹”为“冉”与“駹”两个部落，并认为来源于两个地名，亦不反对“冉駹”为今羌族之先民。

东汉冉駹夷与今日羌族文化相承关系至今尚有可追溯者：

（1）冉駹夷“皆依山居止，累石为室，高者至十八丈，为邛笼”。今天羌族所有房屋建筑均为石砌，而且防御性碉楼高达十余层者，至今仍到处可见。旧注以为“邛笼”乃土语，即碉楼之意。

（2）冉駹“死则烧其尸”。今羌族仍行火葬。

（3）史载冉駹“贵妇人，党母族”。今日羌族实行父系，但男子到女方“上门”颇多；亲戚中舅舅地位重要，婚事、分家均由舅舅主持，丧门闹事（“打丧火”）由舅舅带头；在民间信仰中崇拜石匠之妻；似乎尚存历史上“贵妇人”遗风。

（4）史载冉駹“多杂药”。今日羌地药材仍多，挖药为重要副业，药材种类有羌活、贝母、大黄、虫草等等。

按古代羌人分散各地，形成今日西北、西南许多民族。今日羌族与作为古代羌人一支之冉駹，其地望和文化特征，竟无一不合，可谓是古羌人的直系子孙。

拉杂写来，不觉夜深。想到不虚此行，连日爬高山、睡凉地之辛苦尽忘。

至于羌族文化种种特点和彝族文化如何比较，至今仍是茫然。

二 看当代的“贞人”行卜

四川凉山 彝族

1960 年、1979 年、1985 年

（一）

1960 年 5 月 9 日

成都

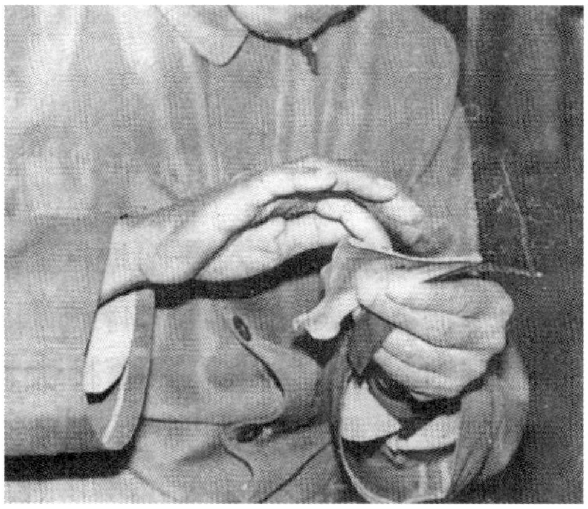

彝族〞毕母〞行羊骨卜

连日借阅摘抄图书资料，准备去凉山调查。前人多次考察凉山且有著作传世，如自然科学者编写之《雷马峨屏调查记》、林耀华《凉山彝家》、江应樑《凉山彝族奴隶制度》等，岭光电《倮情述论》（成都，1943）以本族写本族事，似价值更高。近年民族调查组亦编印出资料数种，仅记述社会经济，文化习俗方面多付阙如。

1960 年 5 月 13 日

峨边

车经新津、夹江、眉山、峨眉。沿途不断修车，抵达峨边城内已深夜二时。

峨边临大渡河，自此已入彝族地区。史载南诏攻成都，掠掳数万人而归，过大渡河时俘虏们恸哭，纷纷投水而死，即因过河即到“异邦”。今日大渡河仍是汉彝分界线。同车有彝族数人，着黑色披风，似由成都返家。

1960 年 5 月 14 日

昭觉

车迭生故障，抵达昭觉已是深夜。车站旁小旅社全部客满，情商之下加设地铺。席地而卧，

凉气袭背。

在成都已见供应紧张，著名“天府之国”小吃店经常关门或声称“卖完”。沿途更觉困难。惟一适合口味且不必排队抢购者只有面条。每天定量一斤粮票，可食面条五碗，惟辣椒太多，无法下咽，只能要求“免红”，面条上仅有一点辣味“帽子”亦被免去，入肚全为面粉别无营养，终日饥肠辘辘。

1960 年 5 月 16 日

昭觉

昨搬入州人委招待所。去州文化馆了解昭觉新近发现古墓葬情况。墓葬分布于三湾河及城郊一带，为砖室券顶墓。文化馆有墓砖数块，侧面作钱纹、菱纹、方格纹等，一块有铭文“富贵昌，乐未英（央）”，其为东汉墓无疑，与邻近之云南昭通、贵州清镇平坝同一时期墓葬相同。

在州文教处见《昭觉县志稿》一册，1911 年县长徐怀章著，著录五铢钱、五铢钱范及几何花纹砖等，录有祭文一篇，祭墓葬被盗者，可见这类墓葬早有发现。

昭觉为凉山腹心地区，向来为汉族不敢涉足之地，不意 2000 年前已有汉文化或汉族移民进入!

在文化馆见“昭觉城砖”一块，乃清代一度再次设县（属在今西昌之宁远府管辖）筑城之物。又见道光已酉年汉人墓碑一块，铭曰：“清故髦寿显考张公讳福照大人之墓”，完全是汉人礼法，当为清代来此殖垦或开矿具有自由身份之汉族。

漆器

大批彝族漆器令人瞩目。漆器为木胎，有镟圆刨光痕迹，颜色不出黑红黄三种，几何纹图案，色彩鲜艳夺目。器形有“则则”（喝酒）、“库木”（盛物）、“库佐”（盛盐）、“库杂”（盛饭）、“提提”（喝汤）、“马什子”（取食），以及一种多用途之“木沙沙”。另有一种圆形或扁圆形酒壶，底有竹管通往器内，酒由此倒入，倒置之不会流出，由器肩插一竹管可吸饮，名曰“萨里波”，极便旅行时携带。据云在“打冤家”盛行之日，还可防敌人下毒暗算，亦可备一说。此外，还有以鹰爪为座之酒杯，牛角制成及猪蹄形之酒具，“打冤家”所用皮制之盾、甲、马具、护臂、装箭竹箙等，均加漆绘。据云，漆器以美姑、喜德等地所制为佳，今已不再制造，因为是“奴隶主所用东西”云云。然盾甲等今固无用，而食具、酒具何不制造让大众亦可享用？此类能反映彝族文化特点之工艺若任其湮灭，殊为可惜也。

这类漆器不仅为彝族文化增辉，亦且可作研究彝族历史之资料。某些器形竟与内地古代铜器相同或相似，如“提提”与古之簋，“木沙沙”与古之豆，“马什子”与古之匕。此点似前人已有觉察（见道光《大定府志》、民国《西昌县志》等）。岂彝族与华夏民族远古时期即有文化联系乎？又诸葛亮南征，曾令“南中大姓”出丹漆、战马，供军事之用，想见川滇制造漆器已有悠久历史。

文化馆还收藏猴头一个，据云为奴隶主之酒具。此原无足怪。晋国赵襄子曾取智伯之头，漆为饮器；匈奴单于亦曾取大月氏王头为饮器。此皆历史上著名故事。统治者之残暴心理古今如出一辙。不知彝族奴隶主是否亦以奴隶或敌人之头饮酒？

1960 年 5 月 20 日

昭觉

连日访问凉山调查组，阅读所藏资料，请教问题，入晚则访问城郊彝家。

据调查组诸君谈，要了解凉山彝族文化习俗全貌，必须分区进行。彝族人士向来把凉山分为三个地区：

（1）“以诺”——包括美姑、马边、雷波、峨边、甘洛、越西等地，男子裤脚特大，俗称“大裤脚地区”。

（2）“所的”——包括布拖、普格、会东、宁南、盐边及昭觉南部，男子裤脚窄小，俗称“小裤脚地区”。

（3）“圣乍”——包括喜德、冕宁、西昌、盐源及昭觉北部，男子裤脚介乎两者之间，俗称“中裤脚地区”。

又“以诺”地区过火把节而他区无之，而“所的”地区保存古俗、古语较多。这可视为少数民族自己所作经济文化类型之划分，而语言工作者对凉山彝语（属彝语北部方言）亦划分为三种：“以诺土语”、“圣乍土语”、“所的土语”，与这种划分竟大体一致。

经与调查组诸君商议，确定去昭觉、布拖、美姑三县，各可代表一种类型。

凉山调查组成员多已下去调查，在家者王晓义（燕京大学毕业）、刘炎（山东大学毕业）两君，均为民族研究所研究人员。我第一次拜访时，他们正伏案改绘凉山彝族家支分布图，这无疑为一项艰苦而有意义之工作。任何研究工作，首先要弄清基本情况，较之反复征引马列主义经典名句写大块文章，更有裨于学术。参加民族调查组工作者从四处调来，不乏学有专长认真工作之士，惜乎只能在全国统一布置下行动，调查有限问题，不能根据当地情况及个人看法进行工作。

1960 年 5 月 21 日

布拖

布拖原有阿都土司，及至近代只能管辖几个村寨，大部分地区已属黑彝家支。

去文化馆看铜鼓。鼓仅余残片，仍可看出鼓面以长喙扇形尾鸟纹及“游旗汶”为主晕，中心有十二角光芒，应属黑格尔分类法中第Ⅰ式之晚期。据云鼓由衣某区一个崖洞中取来，原有两具，当地群众视之如神，有多种神话（已另纸记录）流传。在现实生活中，此间彝族并不使用铜鼓。

1960年5月23日

布拖

连日由县电影队长曲木利孤任翻译，在赤格达及托木里一带村寨调查，了解占卜、火葬及宗教等事，以便与羌族作比较。

火葬堆

凉山彝族占卜有鸡蛋卜、鸡骨卜、羊骨卜及草卜。

鸡蛋卜是将蛋打破倒入盛水碗中，看泡沫之方位决定主客方，再以泡沫大小决定对主方还是客方有利。此与羌族以煮熟鸡蛋占卜不同。

鸡骨卜是以竹签插入鸡腿骨之小孔，看其方向、距离以定吉凶，与他处鸡骨卜大体相同。

羊骨卜方法略同羌族，取羊肩胛骨以火草或其他引火物燃之，看骨上裂纹释兆。事先不钻不凿，亦不加修治，相当于中原地区龙山文化和齐家文化骨卜的水平。

此地草卜颇具特色。演示者手持一把细竹枝（过去应使用一种“很硬的草”），念念有词，然后任意分为三部分，细数每一部分是单数还是双数，视三个单双数之先后排列，判断是吉是凶。此或相当古代之蓍草卜（筮）。

占卜人人可为，原不限于毕摩。今因涉及“迷信”，会者亦曰“不会”。曲木队长一再以彝语动员，才有一人勉强走出演示竹签卜。

火葬为此间彝族普遍葬法（凶死者才行土葬）。人死选择良日，举行祭拜仪式后，抬尸至坟地置于木柴尸架上，点火燃烧，必烧尽而已。取骨灰埋入小坑，上覆土一堆（比内地坟堆小得多），再压石块数个（“使鬼魂不出”）。一个家支一个坟地，黑彝家支与白彝家支坟地更必须分开，故一寨常有几个坟地。这次参观的是一个白彝家支阿布家的坟地。

彝族无白石崇拜。祭祀天地山林对空而拜，无须用何物件为代表，惟祖先有灵牌，据云以一小节树枝代表祖先，亦非白石制成。

询问中发现彝族人民顾虑甚多，对我等“从上边来的”汉人心存惧怕，并不亲切。盖自1956年平叛以后，运动不断，甚至“毕摩”、“苏臬”（大小巫师），亦遭批判打击。他们一再向我声明“现在无人敢搞迷信”。加之，凉山比茂汶羌族地区人民生活更差（口粮问题是敏感问题，亦不敢询问），访问对象哪有心思再谈陈年旧账，回答我这个汉人提出种种古怪问题？

连日所宿彝家，多为单层土房，顶覆木板为瓦，畜栏即在室内，相距床铺只咫尺之遥。入夜则牛之鼻吸声，猪之呼声，清晰可闻，甚难入睡。

忆前读《徐霞客游记》，提及彼在西南某地曾宿彝家，亦是不分男女同居一室，一半养畜，一半居人。这种居住方式，300 年来竟未稍有改变，足见社会发展之阻滞。

1960 年 5 月 25 日

昭觉三湾河

在布拖闻有电报在昭觉待取，24 日回昭觉，见昆明来电，命由此直接去云南宁蒗小凉山调查。原定在此分三个地区了解彝族文化习俗之计划只有放弃。调查者不能自行决定调查项目和日程，似全国调查工作组均如此，我何能例外！

来电指示与已在昭觉之 S 君同去宁蒗，S 君为组长。此公领导之下虽然只有我一位正式组员，却颇有组长气派，谓上级指示必须坚决执行，催我立即动身，不得不匆促结束此间工作。不顾连日疲劳步行来此，查看三湾河已被揭露之汉墓，由一小孩（名涅都尔斤）带路，他不能汉语。

到达现场见墓地全被翻动，墓砖遍地皆是，不见其他文物，拓取砖墓几何纹数纸而归。夜宿好谷民族小学。

三湾河传曾为统治凉山之“利利”土司居留地，自古应为人户密集之处。从汉墓之密布，更可知很早有汉族移民或汉文化之传入，然今天竟是人户寥寥，一片荒凉。

1960 年 5 月 26 日

昭觉

上午由三湾河回城，立即去文化馆拓有铭文墓砖。此行未带墨拓工具，临时自制，此间又无宣纸可买，以毛边纸充数，效果尚可。

连日忙于结束此间调查工作，手忙脚乱，不断出错。今日竟遗相机在城内公共厕所中，一两小时后始发觉，急忙奔回，见相机仍放窗台上，一位彝胞如厕者正立其旁目不转睛注视，并不触动，似诧为异物。前人多言少数民族地区风俗淳厚，路不拾遗，不意今日亲自经历。

1960 年 5 月 27 日

昭觉解放沟

晨起即去昭觉车站，午后 3 时始开车，连日下雨，道路泥泞不堪，行至解放沟，司机宣布停车住宿。

此地原称罗罗沟，公路未通时即为西昌—昭觉必经之地，为著名险恶去处，过去旅客过此若不投保于当地大黑彝，必被掠卖为奴。

1960 年 5 月 29 日

西昌

昨日抵此，宿招待所。连日在公路沿途小饭店购食物果腹，碗筷甚脏，苍蝇乱飞，不幸腹泻，今日已泻数次，而明日仍需赶路。

1960年6月5日

盐塘

5月30日由西昌至盐源，150公里竟走一天，夜深始达。此间客运仍用卡车，旅客以行李堆放四周为座位。司机之旁仅有之座，必须是当地官员或与司机有关系人士才能占有。谈及这一众所向往之座位，一位旅客大摆“龙门阵”：解放初期木里藏族土司去京开会，经盐源去西昌，亦只能乘卡车，为示优待安排他坐于司机之旁。彼问明司机之职务、身份后，竟曰：我如何能与此类人并排同坐，何不在司机头上再安一座待我？这样才合“规则”。众旅客大笑。

由盐源赴宁蒗，更无车可坐，全靠步行。6月2日离盐源，夜宿树枝桠。3日宿黄草。4日晚始达盐塘。沿途无旅店、招待所之类，全凭出示介绍信，由当地干部安排住宿，在干部伙食团搭伙。

盐塘已近川滇边界，仍属盐源县管辖。至此已行三天，尚需步行二天才到宁蒗，然已筋疲力尽。全怪没有经验，穿皮鞋行山路，脚底起泡，疼痛难耐，而此间又无鞋可购，狼狈之极。

原定在此休整一天，明日继续前进。晚突接辗转传送来之昆明急电，又令我速赴昆明，不必去宁蒗。如此又要走路转回盐源。

1960年6月8日

盐源

6日晨离盐塘。当地干部相待甚好，代觅一小孩带路。小孩名王都卡，“彝族根根”，能汉语，讲好每天按当地民工标准给钱四角，而小孩临时要求每天再给粮票壹斤。如此必须减少自己已感不够口粮定量，然宁愿少吃，不可无此君做伴，否则我已完全记不得来路，不可能走出大山。

6日晚再宿黄草，7日拼命赶路直达盐源，夜已深。沿途吃饭大成问题。自6月2日离盐源，就为此大伤脑筋，必须在开饭时间（晨10时早餐，午5时晚餐）赶到有伙食团处搭伙。沿途农户缺粮严重，有钱有粮票并不能买来饭吃。有的说“过去你来我家就是客人，倒酒杀鸡给你吃，也不会收你一文钱，现在一样没得，很对不起”。情溢乎词，令我恻然！

这两天饥一顿饱一顿，常挨饿赶路。从盐塘动身时，从粮库中购得黄豆一斤，请老乡炒熟，饿时抓吃。悔未听老乡之言，放盐炒之，终日食此，口渴难耐，沿途不断以冷水解渴，然腹泻竟停。

连日行路，少见行人，空山寂寂，只有自己及一小孩，不免有恐惧感（传凉山叛乱后尚有三人未抓获，即在这一带活动）。然山景甚佳，空气清新，又令人陶醉。值得记述的是归途过一片山林，有蝴蝶成群，绵延一两百米，行走其间，蝶群扑面，诚为毕生难遇之奇观。蝶全作黄白色，翅有小黑点，显为同一品种。必是该地气候草木适合该种蝴蝶生存及繁殖，故越聚越多。闻大理有蝴蝶泉，想亦如此形成。

今日整天在招待所睡觉、休息。

1960年6月10日

西昌

9日来西昌。经磨盘山时，几乎与对面来车相撞。参观文化馆，见东汉陶楼明器一件，又见

房屋斗拱

木板瓦房屋

碉楼

与昭觉所发现相同之几何纹墓砖,似此类汉式墓在凉山地区分布甚广。寻访县志所载千佛寺遗址,现已为粮站，见残碑两块，上镌佛像，殆即“千佛碑”残片。

客旅无事，细想一下凉山之行。凉山彝族与茂汶羌族在文化上究有何异同之处？大体可归纳如下：

（1）两族均不会制陶。

（2）两族均有羊骨卜、鸡蛋卜，而具体方法迴异。

（3）两者均行火葬，而制度有别。羌族有木制之“火坟”，彝族仅有火葬场兼坟地。

（4）羌族有白石崇拜，彝族则无。

（5）彝族巫师称“毕摩”，羌族巫师或亦称“毕”（“端公”之称乃从汉语)。但两者所行仪式大有不同。

（6）凉山彝族男女有披毡（羊毛擀成）及“察尔瓦’（羊毛织成，有流苏）等等，服饰与羌族不同（仅昭觉一带妇女梳辫叠缠于头帕之外，与茂汶赤不苏一带妇女发式略有相似)。彝族男女喜爱黑色，与羌族喜穿白色，形成鲜明对照。

（7）凉山彝族木板为瓦双斜面顶（大者支以斗拱）的单层土房，与羌族石砌平顶多层房屋大相径庭。彝族亦有碉楼，但夯土筑墙，留有枪孔，称为“孙约”（近年党政部门新盖房屋之窗户，彝胞即称为“孙约”)，而一般房屋无窗。

总之，两族文化习俗有相同之处，更多相异之处。据此以为彝族全来源于古羌人，固为不可；若以此否定两者关系，亦不可。按考古学文化与人们共同体不可等同，而近代民族文化与人们共同体之关系问题，尚无人探讨。民族研究中许多问题，看来有赖于正确理论，但这理论又非是从经典著作寻章摘句，而应从大量调查材料中进行归纳。

走了数千里的“冤枉路”，花了国家不少差旅费（在北京领取的500元已快用光），所得认识仅此而已，未免事倍功半！

1960年6月12日

金沙江边之拉杂

11日由西昌至会理，今由会理至鱼杂，再舍车乘船渡金沙江抵此，便进入云南境内。西昌至此乘四川客车，由此去昆明要由云南来车。所谓客车仍是卡车，乘坐极为难受，已行二天，还要再走三天！

据云过去由川入滇马帮基本上循此路线，要走几个月。此即古代四川通往南诏之路。

盐源、西昌、会理等地仍为彝族地区。白天乘车，入晚则访问当地彝族。这一带彝族由凉山迁来，至今不超过10代，有口传家谱为证。故风俗习惯与凉山无大差异，惟会汉语者多，经营水田者多（西昌安宁河谷地区彝族有“水田罗罗”之称）；仍分家支，但受汉官管辖。

今宿江边小旅店，除同车旅客及摆渡船工外不见他人。夕阳西下，天边一抹血红。独坐江边，欣赏古渡景色，较之1956年在风陵渡从船搭浮桥（即古代“造舟为梁”）上步行过黄河，更觉苍凉。惜自己不会吟诗。

（二）

1979年11月25日

西昌

前日乘火车来此，出席彝族社会历史学术讨论会。会议明日开始，代表云集，有来自北京者，有来自西南三省者，有当地彝族干部及上层人士。其中多为旧识，20年不见，从“文革”浩劫死里逃生，各有一部辛酸史可谈。然云南与会者有些是“文革”中活跃分子，亦大谈自己“早有的”看法。

1979年12月1日

西昌

今日休会游览邛海、炉山及其上土主庙（祀南诏景庄王）。庙中设碑林，专门存放地震碑记数十方，反映当地嘉靖十五年、雍正十年、道光三十年三次大地震。此举颇有见识，设计及主办者当为有心人。

参观博物馆文物展览，又听黄承宗君（当地文物干部，勤奋而好学）介绍，知近年西昌及凉山地区有一系列重要考古发现：

（1）新石器文化遗址：已在安宁河流域发现十余处，礼州遗址已经试掘，发现稻谷，文化面貌与元谋大墩子有相似处。昭觉、美姑等凉山腹心地区，亦采集到石器。木里还发现一件石刀，磨槽而孔未穿，是研究石器钻孔技术最佳材料。

（2）晋宁石寨山式青铜器：已发现会理铜鼓（B型）、会东铜鼓、会理编钟（亦为六枚一编）、铜柄铁刃剑（木里、盐源）、花蒂形格螺旋纹柄铜剑（盐源）、铜戈范和铜镞范（会理），等等。范的发现说明当地已有铜器制造业的存在。

（3）大石墓及石板墓：前者多分布于安宁河流域，后者从昭觉到黄茅埂均有分布。两者墓葬结构有异（大石墓以大石盖顶），而出土物略同，是一种文化抑或是不同文化，四川考古界同行正在讨论。随葬物明显与茂汶石板墓有相承关系（如双耳陶罐及北方式小型铜器），又与晋宁石寨山文物有一定联系（如铜柄铁刃剑）。

（4）汉式墓葬：在西昌、礼州、冕宁、昭觉、木里等地均发现几何纹砖室墓及其遗物（水井、水田陶明器、陶俑、五铢钱等），与我 20 年前在昭觉发现并报导者相同。

看来凉山彝族史要增设新的篇章，过去有些看法要彻底改变。凉山很早就有人居住，并非荒无人烟地区；早期居民是经营原始农业的并非以牧畜业为主；他们行土葬而且有石砌墓室，而非行火葬。过去说到彝族的历史只知是氐羌南迁，事实上在氐羌到来以前，凉山已有土著居民，而且汉文化至迟在东汉时期已传布到凉山及邻近地区。

这土著居民究竟相当于文献记载中何族？现已有线索可寻。凉山彝族认为石板墓为“濮苏乌乌”（或分别“濮苏”和“乌乌”为两种人）的墓葬，就像茂汶羌族认为石板墓是“戈鸡人的洞洞”一样，是比他们早的人类所遗。这“濮苏乌乌”就是濮人。凉山奴隶有“濮节”之称，彝族又有“濮合诺合吉”的成语，意为“濮话和彝话混在一起说”，证实凉山彝族中融有濮人。忆 1961 年写《彝族简史》族源部分，大胆把濮人也作为彝族来源之一，并从《西南彝志》等彝文书中找出有关濮变彝或为彝所征服的记载为证，云南民族史学界老先生不以为然，现已“不幸而言中”。

1979 年 12 月 4 日

西昌

连日开会，听专家发言，多空洞无物，无非就家支是否具有政权功能，等级应分三个、四个还是五个，土司与黑彝关系等等问题展开争论。然本族人士发言，时常能提供新鲜有趣资料。特别是他们时常引用谚语（“尔比尔吉”）。如谈到“家支”之重要，就说：

> 没有家畜不能生活，没有粮食不能生活，没有家支不能生活。
>
> 猴依靠的是树枝，蛙依靠的是池塘，人依靠的是家支。
>
> 马有劲在腰上，牛有劲在颈上，黑彝有劲在家支上。
>
> 土司靠百姓，黑彝靠家支。

如谈到有了家支做依靠，谁也不怕谁，就说：

> 披蓑衣的家支，不怕持金棍子的家支。
>
> 鸡蛋一样大，黑彝一样大。

极为生动有趣。

晚间不看演出，抽空访问。就自己研究问题中涉及彝族者（如羊骨卜、打冤家之细节），访问彝族人士请教或核实，收获颇丰。

访问中结识岭光电及安学成先生。岭光电先生原为呷洛田坝斯补土司，国民党时期毕业于南京中央军官学校，曾任立法委员，后以在家乡办汉文学校著名。现任州政协副主席。安学成先

已成残废的奴隶

生原为布拖阿都土司（四大土司之一），现任四川省政协委员。两人通晓彝情，汉语极好，且反应很快。如说到打冤家中“扎夸”，岭先生说：这些人并非如有些报告所说是头人，只是打仗时自告奋勇带头冲锋，平时都是穷人，就像你们汉族农村里的“二杆子”一样。

1979 年 12 月 5 日

昭觉

公路已为柏油路面，半日即达。昭觉城内增加一些新房子。

下午访问收容无法独立生活之奴隶养育院。据云，凉山共有六处（分设于美姑、普格、越西……），以昭觉最大。现共有 130 人。与奴隶们见面并摄影。残疾者占约三分之一，其中瞎子 12 人、瘸子 13 人、无手者 2 人、傻呆者 6 人、疯子 11 人，皆被折磨所致。负责人介绍情况，在套话之外有一点值得注意，即奴隶很难改变过去生活方式，组织他们定期换衣（指定三人负责为大家洗衣），却遭抗拒，虽然他们在其他方面习惯于服从指挥和安排。（一位划为极右的北大同学劳改后回京，仍是蹲着捧碗吃饭，常使家人不快。他不无感慨地告诉我：一个正常人开始过囚徒生活不易，由囚徒转入正常生活亦不易。——1996 年补注）

今在昭觉还遇见一位已过正常生活的奴隶，自称会理人，1946 年为国民党兵掠卖至喜德，后不断被转卖，至解放前共被卖七次。可惜无法详细了解记录。记得前见凉山调查材料，专记一个奴隶经历，亦被卖七次（玉文华《张维品被卖入凉山的生活简史》）。

这一带自古就有汉人被俘转卖多次的记载，可见凉山奴隶买卖自古有之，并非如某些调查者认为是鸦片传入后商品经济发展的结果。

继参观博物馆。可注意者有肩部不太明显之有肩石斧，与滇池及贵州地区出土者同；有“打冤家”整套武器、戎装及旗帜，为过去所未见。又打铁用鼓风皮囊凉山亦有，名“以黑”。凉山还会制造树皮布，取桦树（？）皮浸泡、煮烂、捶打后缝连成片，一般是夹在麻布中做垫子用。

1979 年 12 月 6 日

昭觉

晨去竹核温泉洗澡。当地自然村名“尼日”，原属马家（家支名）。历史上开采过的乌抛铜矿，离此不远。中午竹核大队举办彝式宴会，吃著名之坨坨肉”（大块肉盛一大盆）。喝酒用木杯，似古之耳杯，然仅一耳。

去村内彝家探望，木板瓦土房仍然无窗，牛猪仍与人同住房内。与 20 年前相较，住的方面几乎无变化。火塘上正烹煮食物，看来吃的方面较前丰富。当地人士告诉我，人们不再挨饿，只是近两三年的事。

今发现火塘上锅庄石作𝛽形，上有花纹，与内地战国时期一种鼎足全同，正可证明鼎之三足由火塘上支物之石块变来。上次调查竟未注意，足见粗心。

1979 年 12 月 7 日

昭觉

上午去州政协座谈。参加者有果基木古（省政协副主席）、阿侯洛木子（省政协委员）、阿马利日（州政协委员）等人。值得记述者有下列几点：

(1)“土司、黑彝是一种人，其他是另一种人。”

此证实我的想法。会议就凉山彝族等级究应分为四个五个还是三个，争辩不休。窃以为若“等级”指 caste 而言，则凉山只有两大等级，曲诺、阿加、呷西之间既可升降，只能列为一种。

(2)“黑彝、白彝原是两兄弟，白彝家支‘马毕’就是黑彝家支马家的百姓中担任‘毕’的后代。黑彝的放牧地白彝也能放牧。”“曲诺中汉人成分不明显，只有阿加、呷西中才有来自汉人及其他民族者。”

大概曲诺是早被征服的异民族，彝化较早，故地位较高。先被征服者总较后被征服者得到“优待”，历史上例证颇多，如元代的“汉人”高于“南人”，清代的“汉军旗”高于汉族。

(3)“凉山过去有很多种人，都死绝了。四开考古（指昭觉发现的石板墓）就是濮苏乌乌人的。老人传说他们会用火砖（指烧的砖头）盖房子，吸烟。他们能连睡 9 天觉，只干半天活，而样样活都做得好。”

这再次证明彝族（黑彝）直系祖先（假定是氐羌人）到来之前，凉山已有居民且得到开发。

1979 年 12 月 8 日

美姑

昨晚由昭觉来此。会议已算结束，我等数人留下作短期考察，承州政府及会议领导盛情安排，并派蒋 ×× 陪同并翻译。

上午在县委开座谈会，先由统战部长致词。他的开场白是“现在把猫拴起，让狗捉耗子”。意为今天应让懂得过去的人来谈，自己的发言是“狗拿耗子多管闲事”。彝族说话之风趣生动，善于比喻，大多类此。惜我不懂彝语，很多场合翻译又只译出大意，未能领略原话之妙！

参加座谈会的当地干部及县政协委员争相发言，不成系统，正因如此却较真实可靠。综合起来值得注意的有下列诸事：

（1）最早黑彝可担任“毕母”（如岭光电祖先便是岭邦正祖先之“毕母”），“毕母”社会地位较高。后来“毕母”多由白彝担任，黑彝会“毕母”之术者亦不愿为之，认为这是“骨头屁”的人才干的事。

此说颇符合历史实际。原始社会中，巫师社会地位较高，或与头人合二而一。及至阶级社会，“巫祝占卜、文史星历”等职业才和“倡优”一样成为人主畜养戏弄的对象。

（2）黑彝再穷仍是黑彝。打冤家失败，宁愿打死亦不愿当娃子（被俘可用银子赎回），亦无人敢卖。黑彝被卖者仅知一例：有名果基阿夫者，住处离本家支较远，被邓秀廷错卖到乌坡子格家为锅庄娃子。后知真相，主人杀牛赔礼，为之“洗脸皮”。

此再次证明凉山只有黑彝与白彝两大等级，不可逾越。

（3）美姑解放最晚（1954 年），凉山叛乱以美姑为中心。1954 年已叛过一次，事件平息后政府“学诸葛亮”（指七擒七纵故事），把枪发还，还在牛牛坝杀五条牛庆祝。1955 年 12 月 25 日美姑开人代会，要改革的消息一夜传遍（通过送木刻），叛乱又起，到 1958 年 2 月才最后结束。

按调查者多集中精力于凉山奴隶制，对叛乱这类重大事件很少有人作出详细调查记录。为何民主改革会引起一些民族反抗，而在另一些民族中会顺利进行？应与该民族社会结构、政治力量乃至民族性格有关。这类事记录下来便成珍贵史料，忽略之以后便无法追溯。闻文革时期凉山某些地区还发生杀黑彝案件，至今更是讳莫如深，迄今无人作出记述和研究。

（4）叛乱以阿侯家为首。“阿侯家一向自高自大，自称能号召 10 万人。抗美援朝时其头人竟说：‘我阿侯一家就可打垮美国人。枪我们自带，给点干粮就行。他们祖先都被我们拉过娃子（指 1943 年［？］美国飞行员因飞机失事坠落凉山被俘事），没有什么了不起。”

这样的笑话，只能发生在闭塞地区。人们长期生活于狭小空间，不知天外有天。夜郎自大和滇王自大之根源在此，可统称为“夜郎现象”。其实，何止无知识的民族头人如此，当今知识界又何尝不然？

（5）彝族爱酒。“一个人只抵一匹马，一匹马只抵一桶酒。”前几年市上无酒，老百姓骂娘，后从外地调入红苕酒，就说“华主席真好”。会议庆典婚丧大事都要来请批条子购酒，若不批就骂“癞子汉人”。现在酒的消耗量愈来愈大，酗酒者比过去为多。（组织部长发言）

按少数民族过去多喝自制水酒，度数低，今普遍改喝供销社买来外地烧酒，度数高，愈喝瘾愈大，酗酒必然成为严重问题，不仅影响民族体质，而且危害社会治安。当政者不知是否注意及此？

美姑城位于山上，甚为狭小。20 年前曾计划来此调查而未果，今得遂愿，虽为时甚短，聊胜于无。此地属“大裤脚地区”，但男子裤角已不见如何之大，妇女或带花头巾，据云为近年变化。男女均已穿鞋，赤足者已少，披“察尔瓦”及披毡如故。

美姑不仅在地理上是凉山中心，过去在政治上亦被视为中心。传说中利利土司（或说就是元代罗罗斯宣慰司）曾统辖整个凉山，凡冠有“利莫”的地方（如昭觉即称“利莫昭觉”）均属利利土司。其驻地原在美姑的利莫呷谷。后黑彝势力膨胀，利利土司迁往西昌一带。但至今美姑并不能找到像贵州大方县九层衙门那样的遗址，似乎凉山始终没有形成一个政治中心。利利土司真相如何，有待于考古工作。如有人在美姑开展发掘工作，我愿执铲以从！

1979 年 12 月 9 日

美姑

参观城郊一个村落，名叫巴布，现存最大一座住宅原主人名德者哈都。房屋瓦顶，虽是极大住宅，牛猪仍与人同在一层。另一大宅，有碉楼，主人名德者那儿。

连日与蒋 ×× 闲谈，提供材料颇多，但未必全部可靠。如说凉山彝族中惟八且家不吃鱼，因某一代祖先吃鱼“卡死”。第二天开座谈会，适好县 ×× 部长为八且家支，我问是否如此，他说这是“乱说”。但所谈当前凉山婚姻情况列举不少“回潮”现象，已得美姑彝族干部证实并补充例证：

（1）买卖婚姻盛行，美姑甲谷区讨一个妻子一般要付 1200 元左右（身价 400—500 元，给舅舅、叔叔、媒人、送亲者的报酬、梳头钱、看日子钱等共约 700 一 800 元），故有 40 多人讨不上老婆。这些人说“还是婚姻改革（1976 年搞过）好”。妇女身价又因等级而异，黑彝“值钱”。美姑牛牛坝区有人靠卖酒发财，竟以 3000 元买一新妇，貌甚丑，仅仅因为她出身黑彝“骨头硬”。

（2）等级内婚恢复。美姑白彝八吉尔阿德（女）爱上电厂娃子出身的底阿佩（男），家人不许，找了妇联才能结婚，但女方旋被家支“开除”，当晚还打鸡打狗举行仪式。两人被迫搬去雷波。现男方病死，女方照顾到电厂工作。又后光木公社原民兵排长爱上了较低等级女子，硬逼他从山崖上跳下，已作为案件处理。

（3）强迫配婚抬头。美姑维旗沟干部某某“文革”中被打死，1971 年其妻转给侄儿，女方时有 30 多岁，已有三子，侄儿只有十七八岁。按习惯法，转房给家支内部任何人均可，并不管年龄辈分，更不征求妇女意见。嫁来就不能“丢”。过去不同意者要放入水牢或硬抬起走。

（4）早婚现象严重。未到结婚年龄先接新娘，成年再同房。学校招生规定要未婚的，这种人招不招？每年都在争论。

1979 年 12 月 10 日

屏山新市镇

上午乘车离美姑，车过黄茅埂时大雪纷飞，对面几不见人，堪称壮观。黄茅埂为凉山之主峰，自来视为大小凉山之分界线。过此不远至山棱岗，仍可见彝民木板瓦房屋，再往北即只见汉式草房或瓦房。新市镇过去为进入凉山之门户，是奴隶及鸦片买卖之地。

（三）

1985 年 11 月 6 日

西昌

在渡口参加石棺葬学术讨论会后来此，拟对彝族羊骨卜问题再作深入了解。大凉山可说是人类学研究的宝地，可研究问题甚多，自己原蓄有许多想法，惜大好年华已经逝去，现已无精力作新的调查。且凉山地区已大有变化，固有社会形态及文化已成陈迹，很难追溯，仅有羊骨卜问题算是为中国考古学做了一点好事，但有些问题还不清楚，还要继续深入。

今晨来凉山州奴隶制博物馆，开始访问曲比索莫。他是美姑巴布人，65 岁，岭光电称其为现在还活着的“最好的毕母”。由马尔子（27 岁，中央民族学院古彝文进修班毕业）任翻译。

先请这位毕母演示羊骨卜全过程，强调一切全按过去做法行事。羊骨、艾绒事先准备好，惟点火物（称为 bitz 的植物搓成火绳）缺乏，不得已以香烟代替。对各个环节（艾蕊粘于骨上—念祷祝词—烧灼—摔骨于地—唾沫沾灰显兆—释兆）一一摄影。曲比索莫做得非常认真。他身穿黑色彝装，头缠黑帕，那神秘的动作和严肃的表情使我联想起内地古代“贞人”行卜大概就是这个样子。他是当代的“贞人”！

演示后细问过去未搞清楚问题。这次终于弄明白：彝族四个卜兆名称“天”(gou)、“地”(gize)、“主”（fu）、“客”（bi），亦可称为“头”、“足”、“主”、“外”，这样与《龟策列传》便完全对合。又一块卜骨确是由宽薄部位烧起，因为这里“好烧”，由此逐渐烧向骨臼部位。毕母一再说“从上到下”，证明少数民族卜骨以骨臼为下方，宽薄部位为上方，与刻写甲骨文的卜骨上下恰好相反。

这次记录下打冤家、经商、婚姻、建房等事项吉凶之兆形，也是一大收获。

1985 年 11 月 8 日

西昌

连日访问岭光电先生于其西昌寓所。他太太仍著彝族老妇服装，不能汉语。岭先生还曾与雷波土司继承人杨代蒂女士联姻，解放后政策不许多妻，已离异。杨曾在汉地读书至高中毕业，为全国人大代表。“现在她的官比我大”，岭先生如是说。

岭先生极为友好。我告知是研究彝族文化老前辈马学良教授介绍我来访问的，岭先生的大作《凉山彝族习俗》我已拜读，书中介绍羊骨卜情况已很详细，但我要用羊骨卜研究古代史及甲骨文，要求更多的细节，他表现极大兴趣和热情。谈话中毫无保留又极其认真。凉山行卜不限毕母，岭先生也是行家，由于我的问题太多太“怪”，他不知道的就说不知道。他年已七旬，从早到晚谈话不休，而不稍露厌倦慢客之态，尤使我感动。

这几天岭光电先生不仅逐字逐句核实改译了已发表的两段祷祝词，还现身说法以他经历的事件说明占卜过程。最大收获是了解到一次占卜要问吉凶（“涅式”）及日子、用牲等具体事项（“所住”）两方面问题，有时再加事先的试卜，故形成一事多卜的现象。至于每个问题只能问一次，以此为准。又了解到羊骨卜和所谓打木刻也有轻重之别，与古代“大事卜，小事筮”一样。

他还演示了一次羊骨卜，方法全同曲比索莫。由于羊骨较干，这次显兆时出现裂声。“卜”字之音源于烧裂之声，而“卜”字之形源于卜兆之形，两者全不矛盾。古文字学家对“卜”字的各种推测争论，自此可以休止。

我把连日了解的复述一遍并演示给他看，得他首肯。最后他说：“你如会说彝话也可替人占卜，得喝酒了。”

最后我又请他谈谈打木刻（“斯也莫”）并作演示。他用“马桑树”之枝从上到下砍出缺口，边砍边口中念念有词，再分为三段数其单双。至于卦之吉凶，他说要看问什么事。冯敏女士在旁说：就问汪教授去昆车票是否能买到，他说，那不行，彝话中原来哪有“车票”一词？彼此大笑而罢。

岭先生也和曲比索莫一样证实类似于古代筵法之“雷夫孜”，流行于小裤脚地区，用山上一种特硬之草作签，方法同于打木刻，求出三个单双数，看其排列以定吉凶。呷洛毕母有会此道的，但他不会。他认为“雷夫孜”正确之音，应为“洛（手）夫（签）”，即手数签之意。多年疑问豁然冰释。此行算是又了一事。

三 凭吊一个被历史遗忘的王国的废墟

黔西北、滇东北、川南 彝族

1960 年、1977 年、1981 年

（一）

1960 年 7 月 16 日

盘县刘官屯

7 月 15 日离昆，开始作黔西北、滇东北调查。此行任务是以考古材料说明彝族起源地及迁徙路线。又是一个难题！

1960 年 7 月 22 日

贵阳

19 日晨离盘县县城，在刘官屯等车，好不容易截住一辆放空货车。空荡荡车厢中只有我一人，原想享受独处之乐，直达贵阳。次日突然大雨倾盆，浑身湿透，不得不在安顺下车休整。21 日乘客车，原定半日即达贵阳，车到平坝抛锚，又住了一天。古人叹“蜀道之难”，今虽有汽车可乘，在西南山区旅行仍非愉快之事。

水西土司〝九层衙门〞旧址（贵州大方）

1960 年 7 月 29 日

贵阳

这几天访贵州省博物馆，见近年出土有肩石斧（盘县、水城、毕节）、晋宁石寨山式“铜犁”（盘县）等，反映贵州与邻近省区有古老的文化联系。遵义发现南宋淳祐年间播州安抚使杨粲夫妻合葬墓，下埋铜鼓两具，以“元祐通宝”为原料，更是难得的铜鼓断代依据。

访问贵州省民族研究所。花溪风景甚好，不逊江南，素有“云贵高原花朵”之称。在所内小住 3 天，翻阅志书和调查资料，对黔西北彝族历史已有粗略了解。

1960 年 8 月 3 日

大方

7 月 31 日抵达。连日访问此间彝族著名人士陈奎章先生（县民委副主任），翻阅《大定府志》等书，并下乡考查。

此地曾为水西土司首府（“水西”乃指鸭池河以西）。水西土司是滇东北、黔西北彝族土司中最强大者，自称祖先济火曾助诸葛亮讨平孟获，宋元时“罗氏鬼国”亦为其祖先所建。最盛时贵州大半“属之安氏”。明初封为贵州宣慰使，“令土司霭翠在各宣慰之上”。地方官吏曾将其妻奢香“裸而笞其背”，欲激其变，奢香走诉京师，且自动开辟通往川南、滇东之通道，在境内设立驿站，其中应包括王阳明写《瘗旅文》（幼时曾熟读）时谪居之龙场驿（在今贵阳、大方间修文县境）。自此奢香得邀恩赏（奢香现成为维护民族团结之象征，贵阳地方剧团已将她的事迹搬上舞台）。明英宗时赐姓安，土司治所由贵阳城内迁居大方。明天启年间水西安邦彦拥兵二三十万，起兵反明，曾围贵阳达 300 天之久，西面攻下沾益。

水西土司势力强大，在彝族土司中居执牛耳地位，而且建立起一套政权机构和继承制度。君长称“苴穆”，嫡长子充任；小君长称“穆濯”，庶子、次子充任。传到下一代，“穆濯”之位又由嫡长子继承，庶子、次子为“祃裔”。再下一代，嫡长子继承“祃裔”之位，庶子、次子又封为“裔续”。最多时共有 48 个“穆濯”，120 个“祃裔”，1200 个“裔续”，均奉“苴穆”为君。

臣僚则有“九扯九纵”之说。以中国古代职官制度作不恰当之比喻，“九纵”相当于宰相、三公及大将军，总揽全局；“九扯”相当于六部，再包括处理君主私人事务机构（如清之内务府）；下辖 13 个行政区——“则溪”（意为“仓库”），一个行政区以一个仓库为中心，以便屯粮养兵，有利军事行动。据地名考证，这 13 个“则溪”在今大方、纳雍、水城、织金、黔西、修文县境。此乃水西直接统治地区，有如京畿，以此为中心，管辖广大彝族地区。

整套制度中贯串了宗法原则，严格分别大宗小宗，靠血缘纽带进行统治，很像中国古代（如周代）宗法制度。在昆明听说还有人以此与南诏官制作比较研究，迄今未见发表。水西与南诏同出“乌蛮”，南诏势力又曾达到黔州，若制度相像亦无足怪。

而中国古代早期宗法制度，去今已久，记载缺乏，若能与水西宗法制度作比较研究，必能一新耳目。然此项研究必须具备中国古代史之素养，亦颇不易。据彝文书记载，“九扯九纵”官员们“任事无禄”，授田代禄，与中国古代相同；又“九纵”之中也有相当于太傅的“更苴”、太师的“穆魁”，太保的“濯魁”之职，这三者也像古代三公一样“坐而论道”，颇有原始民主意味。

水西政权延续千年以上，统治区域相当于欧洲一个中等国家，而且有自己一套政治制度和政权机构，无论如何称得上是一个“王国”。自被中央王朝征服后，纳入土司体系（明代安氏封为“贵州宣慰使”，“穆濯”封为土目，其下封为“火头”，史称有“四十八土目，千五火头”）。但在清初改流之前其内部一直保持原有制度，实行自己统治，只是对朝廷交纳贡赋虚与委蛇而已。这样强大的一个政权，在中国史籍中它仿佛无足轻重，近人通史著作中甚至不见其名。我是一个学历史的人，若非来此考察，根本不知这里曾有一个典章制度斐然可观的政权。这应“归功于”中国正统史学家的史笔，能把异民族写成没有文明的“蛮夷”，历史上他们的政权仿佛未曾存在。

对中国边地“土司”政权，应摆脱传统史学的陈腐观点，重新加以认识。

大方县彝名“俄慕格”。水西统治者所居的“九层衙门”遗址尚在。2 日前往勘查，已成梯田，但大块方石砌成台基尚明显可见，而且逐级递高，说明这里确曾有一个多层的宫殿式建筑。我站在“九层衙门”石砌基址之下，向上仰望，想象这里曾是一个“王国”的宫殿（彝文书即称“九重宫殿”），必是威严雄伟，气象万千，而今完全被人遗忘，不免有沧桑之感。

官吏有“九扯九纵”之称，衙门亦建有“九层”，大概彝族亦和汉族一样，奉“九”为神秘数字。

大方县不仅为一个政权的政治中心，而且还是黔西北、滇东北彝族的文化中心。这里发现彝文写本很多，还有彝文碑刻材料（如嘉靖二十年《新修千岁衢碑记》），这些彝文材料很早即译为汉文，为明清贵州志书所利用。我这次了解水西历史，所参考《水西安氏本末》一书，即据彝文历史记载写成。

陈奎章先生谈到大方县境原有好几种民族，其中称为“六额子”者，父母死后三年拣骨重葬，必须洗骨使白，愈白愈好，志书多有记载，清代中叶后其俗渐改。此分明为二次葬中之一种，将能解释华县元君庙等地二次葬许多问题，惜今已无存。

1960 年 8 月 6 日

毕节

4 日来此。彝文书记载，水西彝族一度以此为统治中心。明代在此设毕节卫，今为毕节专署所在地。

连日访问专署彝文翻译组，负责人罗国义先生，为《爨文丛刻》编译者、大方县白彝罗文笔之子。二三十年代，著名地质学家丁文江先生（胡适为作年谱）过此，发现彝文书籍甚有价值，乃聘罗文笔翻译，并设计一套翻译方法，要他照程序行事。每一句话要四行（原文—注音—直译—意译）译出，保证译文忠实可靠。至今此法仍为翻译少数民族典籍必用。丁先生乃自然科学大家，却能认识少数民族文化遗产之重要，并以科学方法加以整理。老辈学识过人，绝非我们这一代人所能及。看来，搞社会科学的人也要有科学头脑，讲求研究方法的科学性。

彝文写本

彝文组设在一个旧式小院中，所藏彝文写本充盈四壁，罗国义和王兴友等先生每日在此伏案译书。译完后无法正式出版，便自己油印成册，分送全国民族研究机构。我看他们仍按《爨文丛刻》四行翻译法，工作极有条理。他们正在翻译的是近年发现的一部彝文巨著，汉译名为《西南彝志》，原藏大方县一位经师（称“慕司”，“九扯”之一，专掌经典）后人之家。全书数十万字，分《地理志》、《天文志》、《经济志》等，记录彝族谱牒（于水西土司家谱尤详）、传说故事及各种制度，已印出数卷，在昆已见。此外还翻译有《水西传全集》、《水西制度》等书。有一本称为《吴三桂入黔记》者，则以彝族眼光看待从古代到吴三桂时期彝族与外来者战争史，其中兼用汉文史料，饶有趣味。

我问有无羊骨卜书，据告还未发现，但这一带彝族骨卜有不加烧灼一法，仅审视骨内纹路即可判断吉凶。这是一个意外收获！

我们讨论了彝文何时出现问题。现存彝文碑刻（无论在大方县的，还是云南禄劝县的）最早属明代；《西南彝志》叙事到清初止，故成书不能早于清初。（万历）《云南通志．曲靖府人物志》中说唐代马龙州人阿畇发明彝文；彝文书中又提到另外一些文字发明者的名字（年代不可考）；似彝文之发明不会太早。

这里供应奇缺，误了招待所两餐糙米饭，街上买不到任何东西吃，但这几天很有收获，心情非常愉快。罗国义先生对我这个对彝族事情什么也不懂的外来者，有问必答，不厌其烦。他每月工资仅三四十元，好像家属还不在毕节，生活清苦，仍终日孜孜以求。我想，他能这样坚持下去，是为了继承乃父的事业。他们父子可视为彝族中的司马谈和司马迁！

1960 年 8 月 12 日

威宁

在大方即接领导来电，谓威宁县委要求为他们发掘古墓。不得已匆促告别毕节彝文翻译组诸位先生，于 7 日抵此。

由县委刘秘书长及一位副县长带往现场查看，果有“大土堆”数个，或为封土。然发掘事岂一人所能为？乃诚恳告之：考古本我专业，极愿发掘，一试身手，请先报告贵州省博物馆。不久即得覆电“不准”，此事遂罢。

连日与文化馆李先生谈当地历史。威宁原为彝族乌撒部，与水西彝族同属“六祖”中“默”部，其政治经济略同水西而势力较小。

威宁临近草海，多日见山不见水，至此心胸为之一爽。记不得何书记载，有外地人士在西南地区旅行，大概像我一样不胜爬山之苦，乃作联一副：“一勺死水乃称海，万里高山只算坡”。数月以来确见一些湖泊池塘称为“某海”。若草海者，周围达 130 余华里，称“海”尚不为过。

草海出产一种“细鱼”，尚可口，县方以此招待，誉为当地特产。

1960 年 8 月 15 日

昭通

12 日搭乘路过威宁之镇雄客车来此。威宁本地无车发往昭通，因分属两省之故也。

是日途中几乎遇险。车至急转弯处，突然转不过来，急忙刹住，一个前轮已经悬空，幸三轮尚在路上。车窗下望，万丈悬崖，众旅客惊呼骚动。司机大呼："左边座位的先下，右边的一个也不要动，谁动谁负责"。于是大家遵命鱼贯下车。事后有旅客赞曰："还是这位老师傅（西南人士喜欢把司机称为老师傅，即使他是个小青年）有经验。"我惊魂初定后细想：这样的"经验"还是根本没有为好。车坠下悬崖，同归于尽，也找不出谁应"负责"。

经此一番波折，到达昭通城天黑已久，饭店早已关门。最近各地供应更差，饭店只在早晨下午卖饭两次。其他旅客或回家或探亲访友，可以就食，而我晚饭无着，饥饿难耐。从小摊上购黄梨数个，请旅店服务员帮忙加工，她好心而慷慨，又加入土豆数个，合而煮熟。汤酸梨涩，味道实在太差，胡乱填肚而已。

昭通原为彝族乌蒙部故址，明清设乌蒙府，为滇东北政治经济文化中心，亦为云南通往四川必经之地，今为昭通专署所在地。

1960年8月17日

鲁甸

16日来此查看马厂遗址。文化层叠压在泥炭层（当地称为"筏子"）之下，足见时代古远，以一种黑色陶器（小平底瓶、小罐等）为特点，多与磨光石器共出。

鲁甸原为一县，今已变为昭通的一个公社。白天作考古调查，晚去附近农家闲谈。

1960年8月22日

昭通

连日去文化馆看"梁堆"（东汉魏晋墓）出土物。1954年一座"梁堆"出土"孟滕（腾）之印"，著名的孟孝琚碑亦原在"梁堆"之前，这批墓葬应为"南中大姓"（孟即为"南中大姓"之一）葬身之地，其生活方式与内地地主豪强无殊。

此行得结识当地耆宿张希鲁及谢饮涧先生，皆嗜古之士，现任教于当地中学。张先生曾在云大读书，30年代起即报道昭通文物，其名字在考古界并不陌生。谢先生为画家，兼攻金石，考证袁滋摩崖，辨正传世阳嘉铜洗中"朔令"两字为"青蛉"之误，颇见金石学功力。此间谈古之士不多，彼等视我之来，如"空谷足音"，各出著作稿本或金石拓片相赠。

张先生家藏朱提堂狼洗多具，一具铭曰"阳嘉二年邛都造"，证明邛都地区亦产洗，是他收藏中之"重器"。还有"汉叟邑长"一印，收入《新纂云南通志·金石考》时并未言出土地，后在民族史论著中便称昭通洒渔河出土，以此作为滇东北有叟人之证据（文献并无记载）。据张先生说，此物乃其友人胡亦皋从古董摊购来相赠（他在油印本《西南古物目录》中早有说明），并非当地出土，何能证明当地古有叟人？

20日去昭通郊外龙云家祠及卢汉家祠一游。其规模之大及建筑之华美（现已残破），较之内地显著家族之家祠毫不逊色。龙、卢源出凉山金阳彝族，在旧中国政治舞台上没有什么根底，白手起家，竟建立起偌大家业。

1960年8月29日

会泽

23日抵此。此地彝语称为“阿于歹”（马长寿先生认为即《蛮书》中东爨乌蛮之“阿芋路”），后为东川府治，为唐继尧的家乡，在云南是文化教育比较发达之地。从现存城墙及城内房屋观之，确较其他县城为佳。然今竟划为东川市下一个“联社”。近10年来中国行政区划和高等学校一样，随意调整、合并、改名，毫不顾及历史传统，亦是怪事。

文化馆藏铜鼓一具，为黑格尔Ⅰ式后期，余物无足观。

连日由张朝发君引导下乡调查，所去各村属华利公社和托古公社管辖范围。问彝族发源地“洛尼白”山（传说即在会泽），皆瞠目不知所答。对代表祖先之“箧箩箩”作进一步了解，才知乃在竹编小箩中置粗具人形木头一节。

夜宿农民家中，房屋土墙瓦顶，其居住布局及生活方式与云南汉族无殊。

1960年9月8日

会泽

8月30日搭货车去巧家，会见原副县长龙士林先生（彝族），了解彝族迁徙事，仍无所获。

当地迄无客车与外地交通，再找货车回会泽已不可得，留下又无事可干。不得已于4日晨循金沙江边小路步行而归，不意屡历险境，几乎坠江，至今思之犹觉心悸。

会泽彝族之“木沙沙”

路宽不过尺余，上有沙石，且向外倾斜，稍一滑足便下坠江中。欲手攀崖壁，岩石久经风雨侵蚀触手而落。愈走愈怕，几至无法举步。险恶处手足并用爬行而过，或坐于路上两腿下悬，双手撑地而过。曾想爬上山顶另觅佳路，爬数十步即遇峭壁，退回原路时下望大江，更觉心惊胆战，深悔冒失。自思这样死去殊为不值，只能屏定呼吸，看准落脚点，确有把握再移步。

如此行走两日，4日晚宿双河，5日抵蒙姑，宿小旅社，心跳不已，疲劳已极仍难入睡。

6日在蒙姑休息一天。当地为偏僻小镇，由于交通不便，完全保持原来面貌，风俗淳厚。白天在茶馆喝茶，众人见我狼狈不堪，精神委顿，主动问我有何困难。一位老者说：“人家是‘平原大坝’长大的人，没有走过这样的路，请大家想想办法。”于是几位老人集拢，议论纷纷。甲说：“可以请人遇险处抬一下。”乙说：“现在正当‘大战农业’，任何劳动力不准请假。”有人请我晚上去家中吃饭，有人劝我留下多住几天慢慢想法。还有人说：抗战期间一位外籍水利工程师为了勘测金沙江通航就在此路坠入江中，更使我毛骨悚然。最后决定请一位放农忙假回家的小学生陪行，并叫我换上草鞋。

7日晨离蒙姑，小孩在前健步如飞，遇艰险处则在路边等候扶我。未走多远，草鞋把脚磨破，于是把草鞋扔入江中，仍穿旧鞋。一路比较顺利，当晚抵以礼河。留小孩住宿一天，一再表示感谢，酬以粮票与人民币。可惜心烦意乱，竟忘问其名。

今日搭电站交通车抵此。

1960年9月15日

沾益

会泽竟无客车去昆明，欲搭邮车又未果，不得已仍经昭通返昆。14日晨离昭通，当夜宿黑石头。沿途停车修理，抵达已是半夜。晚到之车照例必遇旅店高挂“客满”之牌。最后服务员声明，为让大家都能住下，两个人合睡一铺。与不相识人同床，实难忍受，我宁愿坐以待旦。一再情商，并谎言自己有皮肤病“会传染的”，最后才独得一铺。不顾被盖甚脏，室内无灯，酣然入睡。

回忆两月以来，数千里行程，历经辛苦，虽然大开眼界，但探索彝族起源及迁徙之“主要任务”并未完成。

传说彝族老祖宗仲牟由原居“洛尼白山”，后分六支（称“六祖”），迁居各地。凉山一支迁自“兹兹玻”（传在今昭通），贵州彝族亦由滇东北经“坝底海湖”（今威宁草海）迁去，故滇东北为彝族历史之圣地。似乎只要找到这些地方，就能找到彝族发源地。著名民族史家马长寿《彝族古代史》及方国瑜《彝族简史》中均如是说。姑不论在会泽、昭通找不到这些地方，即使实有其地又如何证明这一点？昭通一带现有远古遗存（如出黑色陶器之闸心场和马厂遗址）分明不是彝族先民所遗，因彝族至今不会制陶。看来，研究民族史要重新建立一套科学的研究方法。

（二）

1977年11月1日

昭通

这次来此乃为《云南古代史大事记》搜集图片资料。

今访问张希鲁、谢饮涧先生。劫后余生，不胜感慨。听说张太太“文革”中不幸逝世。1960年初次造访时似乎见过，是一个戴眼镜中年妇女，给人以瘦弱文雅的印象。

张先生不止一遍说：“幸好我的东西找回了，都在，都在。”在一座旧式房屋小楼上，四周都是木架，上置铜洗等物。张先生以此为伴，度其晚年。

据告，1965年昭通地区新出三洗，其中“建初元年堂狼洗”是迄已发现铜洗中年代最早者。又汪家寨一座“梁堆”中新出一套三枚子母印，印主人名孟琴；又新出一银块，有铭“□盉”，皆弥足珍贵。

与张、谢两老再访孟孝琚碑，10余年来新剥蚀又有3处，而碑侧青龙、白虎图案亦为砌碑灰泥所掩。霍氏墓虽已迁入城内，若不采取现代科学方法，其壁画恐亦不能长期保存。

叩问有关“汉叟邑长”事，张先生再一次肯定出自古董摊，并非洒渔河出土。云南民族史家不顾我之率直相告，仍然以此证明滇东北汉代有叟人。“俗语不实，流为丹青”，这一错误将由其弟子们世代相传。近几十年事欲正本清源，纠正误失，尚如此之难，何况古史？

1977年11月4日

盐津豆沙关

来此看袁滋摩崖。摩崖题字在豆沙关，位于昭通通往四川马帮大道（今尚存石板铺路）之左侧山崖上，此道当沿袭秦代“五尺道”之路线。

摩崖文字前人考释已多，故未拓录，仅摄影数帧。陪同参观者告我，1956年曾把此石敲下，赖谢饮涧先生致函省文化局，得以不毁。1958年大跃进，当地人为了“献礼”，又将此石驮往昭通，被批评后运回，途中坠地，“监察御史马益”之“马”字即当时所损坏。破坏文物之行为，非自“文革”始。

摩崖对面有悬棺5具，即所谓“僰儿子坟”。遥见是以铁条插入悬崖凿孔，棺置其上，可见年代不远。

1977年11月5日

宜宾

参观博物馆，见东汉陶俑、铜镳斗、铜洗等，均如昭通“梁堆”所出。汉代川滇交通大开，昭通与川南联系自必更为密切。见铜鼓二具，E型。

继参观鹫（旧）州塔，13层，状若三塔之中塔，传隋时建，见“绍熙四年”碑。又有两塔，分峙岷江南北，为明时物，有李乔元作对联一副：

> 远望高高白塔，九层四方八面；
> 近看平平手掌，五指两短三长。

颇为工巧。又有吊黄楼、山谷祠、思坡亭等，纪念苏东坡、黄山谷，皆晚近建筑。

史载宜宾古代多“僚人”，原亦为少数民族地区。

1977年11月8日

自贡

6日抵此，宿许椿龄表兄家。参观盐井历史博物馆，陈列极有条理，资料丰富。

四川盐井开采，肇自东汉。成都出土画像砖中留有图像，《华阳国志·蜀志》多处提及“盐井”，两千年来开采不断。元代起从烧柴改用天然煤气，用圆刃铁锉舂碓法凿井（类似今冲击式钻井法），引卤水置于煤气灶上煮之。及至1840年，打井已深达1000余米，为当时世界上最深之人工凿井。从1914年起，开始使用新式机械。

陈列中提及清人李榕《自流井记》（载《十三峰书屋文稿》卷一），对盐井历史有总结性记述，归后勿忘找来一读！

昨参观东源厂。位于自贡市近郊，尚保存古老面貌，闻不久即将进行技术改造云。

该厂至今尚有碓房，靠人体重量使碓下舂，现存木架为“烂皮不烂心”之杉木（？）制成，已有88年历史。每井兼出盐卤及煤气，以一种名曰“簾盆”之有孔木盖罩于气孔上，以管引气入灶。过去一灶九锅，八小时可煮成盐。

工人劳动条件甚差。见八人一班，分站碓架两边，一边四人，跳上跳下，稍一不慎即致伤残。又煤气时有漏出，空气甚差。

据引导者谈，川滇许多地区（包括彝族地区）自来吃盐仰给于自贡。

（三）

1981年3月9日

四川珙县

7日离昆，经成都来此参加悬棺葬学术讨论会。成都有火车通此，竟走了一天，且车上无开水供应。

珙县古属叙州，明代于此设长宁宣抚司，明末土司奢崇明（彝族）曾与安邦彦同时起兵，攻下重庆直逼成都。这一带主体居民原为僰人，明代万历年间讨平都掌蛮之役即发生在此地区。当地古碑（万历三年李长春撰《平蛮碑》，今存兴文县）中迳称“都掌”为“僰”。关于这次战争，当地至今有多种故事流传，称都掌蛮首领“阿大”为“哈大王”（川南语“阿”、“哈”音近），其弟“哈二王”、其妹“哈么王”；九丝城遗址尚在，“九丝”喻城围为九两丝线之长度。若要了解彝族地区大量存在的濮人是何情况，当于这一带僰人中求之。川南之僰人应为尚未融化入彝族之中濮人之孑遗。

1981平3月14日

珙县

连日开会，代表达120人之多，来自全国各地。研究悬棺者不多，乘机参观者不少，我亦属后者。

11日去洛表参观崖画及悬棺葬。这里崖画与沧源崖画风格大同小异，惟图形分散，含有“故事”画面不多。悬棺亦称“僰儿子坟”，有两种，一种与豆沙关悬棺同，插桩入凿孔中，棺置桩上；一种是棺直接置放崖穴中。当地俗谚云：“尤罗罗、范苗子，后山何家挂岩子（悬棺）。”何家即“僰儿子”后代，过去老人还去上坟，今何姓子孙已不承认此种人为其祖先。然悬棺及崖画当为僰人所遗。

12日参观文化馆。见取下之悬棺作三角形，随葬物多属明代。人骨已经鉴定，有凿齿之俗，更可证属僰僚系统。出土木筷，上书“阿旦沐”字，以“阿”为姓亦为僚人习俗。又见铜鼓一具，C型，出土于“铜鼓包”，相传即“哈大王”得鼓之地。

1981年3月16日

宜宾

15日离珙县，参观兴文石林，天然洞穴甚大，内有石笋、石钟乳，抗战时发现后内设兵工厂，近开放供游人参观。

16 日至兴文县，参观文化馆，见铜鼓三具，有一具似 B 型而有蛙。余为 C 型，见人工凿孔，有一具与铜釜同出。午饭后乘车离兴文过长宁“竹海”，方圆数十公里皆为竹林，车行其中，满眼碧绿，竹香沁人，闻为近年所栽。这一带种竹原有传统。《史记 · 货殖列传》即云，蜀地盛产“竹木之器”。附近筠连县之“筠”即指竹子（见《蜀中广记》卷一五）。西南红土地区,气候湿热，若荒山都能种竹，面貌必大改观。

晚九时抵宜宾，路过小河名南广河，金沙江之南有小镇亦名南广，或与古南广郡有关；又忆前从昭通至宜宾，路过盐津一带，旅客告我公路往东有牛寨，亦称牛皮寨，或与犍为郡之牛鞞县有关。此等为古代地名沿袭至今可资考据者。

四 勘测南诏大理国的“城镇”

云南大理地区　白族、彝族

1961—1962 年、1974 年、1978 年

（一）

1961 年 9 月 10 日

下关

昨日抵此，宿州政协，为一典型白族院落，白族调查组假此办公。幸得独处一室。未来数月调查工作可以此为“基地”。

大理古城墙

南诏和大理国时期修建之城（《蛮书》称“城镇”），文献中有较详细记载，甚至记录下彼此相距里程和日程，有些古碑和古建筑尚存地面。根据已有线索进行考察，比漫无目标或据道听途说到处乱跑易见功效。此行想先对南诏、大理国腹心地区（即所谓“六睑”）诸城址，作一番实地勘查。此为第一次自己提出研究计划而得领导首肯者。

今日去温泉洗澡，过天生桥，风极大，几难举步。徐霞客所言“下关风”果名不虚传。

1961 年 9 月 15 日

剑川

12 日来此即发烧，去卫生院打针吃药，仍勉力支撑外出活动；否则躺在旅社无人过问亦不是滋味！

此间正举行传统之骡马大会，参加者有白族、彝族、纳西族、藏族。在市场观察牲口交易情况，并访问附近居民。

剑川城内居民亦全操白语（此为其他县城所少见）。仅遇一位老妇，经营镶牙业，能汉语，谓原籍汉口，抗战时期来此，现其子女已只全说白语，着白族服装并与白族联姻。似汉族少数民族化不需太长时间。外来移民若人数较少，即使文化较高，最终必将融入原有居民。

14 日往观赛马，为骡马大会必有节目。赛马者多为青少年，马上无鞍镫，奔驰自如。近日见骑马赶街者，马上亦多无鞍。晋宁石寨山青铜器图像中骑马者即不用鞍，《新唐书 · 南蛮传》记载云南古代“不鞍而骑”，不意此风一直保存至今。

同室旅客有一位白族老医生，马姓，邓川籍，来此赶会行医，能汉语，自称擅长外科，“我的膏药有名”。彼终年身背药箱，走方于苍山洱海之间，阅历丰富。每晚必谈白族习俗至深夜。据告各地白族风俗差异甚大，以妇女服饰言，至少下列 4 个地区各有不同：(1) 大理、邓川、宾川；(2) 剑川、兰坪；(3) 丽江九河、鹤庆；(4) 大理以南凤仪等地。每一地区之内又有差异，如剑川城区及金华地区为一种，羊岑地区又为一种。白族男子服装则各地相差不大，已同汉族，惟头缠帕，衣外加皮背心（毛或向外），是其特点。

老人人缘极好，来相邀吃饭或看病者不断。来者亦有妇女，似为旧识，谈笑毫不拘束。在当今社会，他能自由自在生活，像《老残游记》中老残一样到处旅行，不必开会、检查、批判，终日笑口常开，真是神仙中人！

我真想就此随他而去!

1961 年 9 月 16 日

剑川甸尾街

昨日来此，宿甸南小学。由张士杰老师引导查看海门口遗址。在海尾河流入剑湖入口处，乘船溯流而上，果见水中桩柱尚在，长约半里。此堪称为中国之“湖居文化”，殊为难得，惜发掘混乱，疑点甚多。

归途过一墓地，见宣德六年百户长赵坚之墓碑，已录文。

归途大雨滂沱，浑身湿透，乃停留一村寨（名“汉登箐”）歇息。主人陈姓，汉族，原为四川西昌人，初至丽江，因欠租，女儿为“木老虎”（当指木氏土司）拉去抵债，后乃迁此。现本人已能听懂白语，子女则全说白语。主人盛情，知我俩未带“晌午”食物，从屋后新近才准开辟的小块自留地，摘取包谷数穗，放火塘中烤熟相赠，黄而不焦，香气四溢。给他钱票，坚决不要。临行看一眼小块地上稀稀疏疏几十棵包谷，又被我们不速之客夺去数棵，心中不忍久之。

1961 年 9 月 17 日

剑川甸尾街

查看所谓“罗鲁城”。城在甸尾之南约一里处，上登、下登两村之间，无城墙，见螺壳、陶片堆积，无法断定年代。志书谓乃吐蕃人所筑，不知何所据?

访退休中学教师杨之华老先生于其家，叩问当地古迹，彼称上登村砖塔确为南诏物，原有碑，已毁，省博物馆李家瑞先生处尚有拓片。杨先生现年 75 岁，州政协委员。门上有新近自书对联一副曰：

指眼尚能写细字，挥锄还要垦荒田。

足见老人身体清健。“垦荒”云云自为允许农民开辟小块自留地以后实事，并非虚指。杨宅附近又见一联：

侠士胸怀英雄胆，

菩萨肚肠赤子心。

是否抄录前人，手边无书无法查考。然当今社会竟敢书此为联，主人必非同流俗。惜双扉紧闭，未能入内访问。当今春联多由政府拟定，事先刊登于历书和报纸，供人抄录，而此间人仍自撰对联，足见文化传统深厚，古风尚未泯灭。剑川过去读书人多，编《云南丛书》之赵藩即剑川人。

夜与张老师闲话，知此间每逢过年有祭“青姑娘”之俗。传说“青姑娘”受公婆虐待投水而死，有长诗咏其事，在白族地区广泛流传，文艺工作者已加整理刊布。俗谚有云“剑川婆娘鹤庆酒”，意为娶妻以剑川妇女最好，酒以鹤庆产者为佳。又有剑川妇女背丈夫赶考故事。语虽近谑，然来剑川数日，觉此间妇女勤劳贤德确较他处突出。她们普遍穿青色或蓝色服装，终日忙碌，甚少语言，多属瘦弱型，似不如他处白族妇女健壮，仍身背重物，愈加令人怜悯。“青姑娘”之文学形象正由剑川妇女之普遍性格概括而来。

1961 年 9 月 18 日

剑川

晨起去向湖村查看所谓“望德城”，在今金华镇之南约一公里之公路两侧，原有城墙，现已不见，四周壕沟痕迹宛然。西北部分有高阜，有石砌基础，其年代不可能太早。

午后往金华山看摩崖大佛，高约 6 米，中为多闻天王，右手持杵，左手托塔，两旁有二力士合掌侍立。其为南诏大理国原物无疑。

1961 年 9 月 20 日

邓川

昨晚抵此，宿小旅社，条件更不如剑川金华旅社。入睡之前，只有我一人，一觉醒来，周围床铺已住满。距我铺不远处，竟是一位白族中年妇女。闻过去随马帮走路住店即常如此，男女不分，数十人合住。荒山野外，首先要安排所有人都能住下，不能考虑“男女有别”，只要有屋顶可以蔽身，有火塘可以取暖，免遭露宿之苦，遑论其他？

今查看“德源城”。城墙尚存，夯土筑成，夯窝夯层明显可辨。明代城墙（如大理城）已多用砖，故此夯土城墙应为南诏大理国旧物。其为《蛮书》所记之邓川城乎？第一次在白族地区见到古代夯筑城墙。

城墙保存最好处距内城地面仅 1 米，外城距地面高者达 3.5 米之多。细审之，乃知利用陡峭山坡削成（人工削坡痕迹尚明显可见），突然大悟，《新唐书 · 南蛮传》云南诏“峭山深堑”，即指利用山势筑墙方法而言。此为今日又一收获。

城中心有一正方形台基，夯土筑成。上有小庙，祀“慈善夫人”，即与德源城有关“火烧松明楼”故事女主角。故事真假难辨，小庙亦近代所筑，但台基应为古建筑基址。

晚搬入区委招待所，一小楼中仅我一人，与昨晚宿处有天壤之别。

1961 年 9 月 25 日

邓川沙坪

来此间渔潭坡赶会。昨欲回下关未果，返回公社，双门紧锁。问之，始知今为中秋节，干部们“回家团圆去了”。他们不知我又回来，自难责怪。此间别无旅店，不得已情商饭店在其楼上设一地铺安身。不意今年中秋节竟如此度过！

今日中午去油鱼洞。油鱼为此间特产，且只有秋季才出。徐霞客即曾见之，誉为云南佳味，来此不可不尝。去时见小船数只正停水中捕鱼，路人告我：“你喊买鱼他们就会过来的”。如其言，小船果应声而至。鱼甚小，个个鲜活，以漱口缸令盛满，仅索价一元。回转寄宿之饭店，请代加工。鱼不剖肚即倒入锅中，略加葱姜盐，几分钟即得鱼汤一碗，未放油而满碗漂油，味鲜，但有苦胆味。询问何以不去鱼肠，服务员们大笑：“剖肚你便吃不着这么多油了。”此鱼及煮烹之法，确有特点，为他处所未见。

1961 年 11 月 10 日

大理

昨去文化馆借出《云南备征志》、《大理县志稿》、《徐霞客游记》等书，供旅途随时翻阅，免抄录之苦。《徐霞客游记》前已粗读一过，全书十余卷，《滇游日记》占大部分，多是记述滇西之游，所经之地正为我此行已去或将去之处，读之颇感亲切。惜此老当时志在山川地理，为探明水流之发源、山脉之走向，不惜攀登悬崖，而对古迹及风俗民情，似不甚注意。如在剑川，曾记录金华山多闻天王像，而对石宝山佛像石窟却无一字提及。虽然如此，其探索精神常给我以鼓励。

据丁文江所编年谱，此老游滇时已 54 岁，不仅全靠步行，且常为仆人分担行李，囊中亦不丰盈，沿途靠人赠钱赠物，游记屡见“绝粮”、“又绝粮”记载。比之于他，今日之我条件好多矣！大部分旅程可以乘车，口袋装有粮票和人民币，虽然不甚敷用，尚不致挨饿。我常想：是什么支持徐霞客如此艰苦卓绝作万里之行？最后答案只能是兴趣。今日知识分子“兴趣主义”已成缺点或恶名，时遭批判，殊不知做一件工作除责任心（或可曰“为人民服务”）外，加上兴趣岂不更好？

但愿今后我对调查工作能多一点“兴趣主义”！

文化馆有简单文物陈列，见一点红出土铜器，与晋宁石寨山铜器同一风格。

今去城北查看阳苴咩城仅存一道城墙，夯土筑成，基宽处达 6—8 米，非德源城可比，可见此城之重要。

1961 年 11 月 11 日

大理

原计划今日查看崇圣寺塔（三塔），现为军队营房，竟不许入内。只有先看弘圣寺塔（一塔）。

弘圣寺塔16级，形制与三塔之中塔同，或为同时物。塔前有嘉靖二十五年李元阳撰并书、杨升庵篆额之《大观堂修造记》，已录文。

1961年11月12日

喜州

晨离大理城，沿公路北行7公里至头铺，考察一道古城墙。墙顺溪岸蜿蜒弯曲，约长1.5公里，夯土夹石筑成（石多在基部），墙之南侧有土台（尚存15个）连楼城墙，台平均大小约为8×8米，墙外见圆锥形土台（围约30米，高约4米）三个，其为烽燧之类乎？《读史方舆纪要》载南诏为防吐蕃，从上关到下关共设有“九重城”，此城墙或为“九重城”之一。

下午抵达喜州，为大理地区著名之城镇。南诏于此建大厘城，已无城墙痕迹。镇中房屋殊为整齐，照壁、墙壁之上有绘画题诗，诗画虽不甚佳，但几乎家家如此，亦殊难得，足见此间人士讲求居处舒适，爱好文艺。

1961年11月13日

周城

晨离喜州赴圣源寺。寺距喜州西南约5华里，现只有僧二人，由释古安引导参观杨黼《词记山花·咏苍洱境》。此碑刻于《圣元西山记》（杨森撰，记杨黼之祖建立圣源寺事）之阴，以汉字记录白语（即所谓“白文”），描写苍洱风光，抒发佛教情操，长诗体裁，七言诗三句后接五言诗一句（俗称“三七一五”）。这种体裁至今仍为白族传统歌剧“大本曲”所沿用。杨黼为明初当地名士，工诗善画，信佛崇道，《明史·隐逸传》有传，而其轶闻逸事当地流传尤多。此间人士以他为荣。山花一碑为研究民族史者熟知，碑文已有多种书著录，未抄。

继参观寺之大殿大门浮雕，乃以连环画形式描绘南诏大理国诸王受神佛保佑一系列故事，与《白国因由》一书内容相同。原有门18扇，咸同以后加“示梦岑宫保绘图擒贼第十九”、“默佑杨总戎捣穴擒渠第二十”2扇，共20扇。后二者颂扬镇压杜文秀起义之岑毓英、杨玉科。此不过历史上常见的神授王权之伎俩，本不足怪，其怪在于岑毓英、杨玉科在此俨然以“白国”之继承者自居。

圣源寺为大理一年一度“绕三灵”节庆活动中游行队伍之出发点。队伍必绕行圣源寺、河邑村、丰乐亭三处佛教圣地。这一活动或谓为求雨，或谓为“建国皇帝”送丧。其时各村男女集聚，又是情侣幽会大好时机。游行队伍歌舞连日，边走边舞边唱，这种舞蹈已搬上舞台，作为白族传统舞蹈之一。

这一活动近年已不准举行。闻绕三灵活动中男女幽会，竟有作为“乱搞男女关系”而判刑者。这类“罪犯”大概至今还不知身犯何罪？他们只不过按照老祖宗传下之风俗行事。

由圣源寺至周城，沿途大雨滂沱，甚为狼狈，晚宿周城公社办公室。

此为大寨，居民数百户，当地民间故事最为丰富，而近年民间文艺工作开展亦好。有《大理日报》记者及县府干部多人正在此采访，入晚公社邀请本村老人来，一起座谈，甚为热闹。

今晚谈本主问题较详。此为白族固有信仰。“本主”或为南诏大理国诸王，或为传说中之英雄人物，或为佛道两教中著名神祇。较为特殊者尚有作战之敌方，如下关“将军洞”实为天宝之战唐将李宓之庙，他处尚有祀李宓之家庭成员及将士者。

问何以要祀李宓？座谈会上一老人称，“为了怕这些人报复”，此说比其他说法（如说李宓如何英勇仁爱）更为合理。原始民族杀死敌人甚至猎物以后，为防作祟必加祭祀。又波罗旁村一带尚有以《杨家将》故事中孟良、焦赞为“本主”者，则可能有某些偶然因素在。

“本主”有庙，据近日所见，皆类佛教寺观而简陋，根据想象中“本主”特点而塑像。各村本主祭祀日期不一，或为本主“生日”，或在节庆之日；或全村合祭，或一户独祭。周城之本主为杜朝选，传说中著名猎手，曾杀死巨蟒为民除害。他正是周城人。祭祀之日定为正月十三日，传为杜朝选“出巡”之日。

各村本主之间或有亲戚关系或家族关系，甚至结成婚姻；或互有冤仇，时常争斗。每一本主都有故事，其家庭生活及喜怒哀乐有如人间。徐嘉瑞《大理古代文化史》比喻大理为希腊，比喻本主故事为希腊神话，但又称“浪漫不足”。然惟其如此，本主故事更可反映古代白族现实生活。本主明显具有地方保护神性质，有如内地农村之土地爷。土地爷到处一样，而白族本主则各有姓名、历史、家庭、个性、爱好。白族较之其他民族，似具有较丰富的文学想象力。

1961 年 11 月 14 日

喜州

晨离周城参观蝴蝶泉。《徐霞客游记·滇游日记》卷八对此异景有详细描述：“泉上大树，当四月初，即发花如蛱蝶。……又有真蝶千万，连须钩足，自树巅倒悬而下，及于泉面，缤纷络绎，五色焕然……过五月而已。”入内果见水池上有合抱大树一棵，据云蝴蝶即群集于此树上。不知此树是否即明代旧物？今季节不合，未见一蝶。

再去上关寻访“龙首关”遗址。今城之西山坡上有一已废城址，见夯土城墙两道，亦用“峭山深堑”方法。然城墙上石砌雉堞，自非原物。

夜回喜州住宿。

1961 年 11 月 15 日

喜州

今日去沙村一游。电影《五朵金花》在此地拍摄。村俯临洱海，风景确是不恶。雇船入洱海至小岛（称“海舌”或“大鹳鹏洲”）一游，无任何人居遗迹。

归途见妇女割稻，鱼鹰捕鱼，皆摄影。鱼鹰当地称“水老鸹”。洱海边见老妇数人，各前置泥鳅一桶，跪拜祷祝。询之，今日阴历十月初八为放生之日。

今天得泛舟洱海，欣赏美景，情绪极好。不

白族少女

意乐极生悲，归途在市场购鱼，皮夹被偷，内有钱十余元及粮票数十斤。丢钱尚属次要，无粮票则今后数月何以果腹？明日即须回下关借钱借粮票，在此只有挨饿。

白族老妇放生

1961年11月24日

喜州

昨日公安局通知，命来此领回皮夹。闻为当地小孩因饥饿难耐而窃，仅用去五角钱即被捉。其情可悯，不知将遭何等处分？

继续寻访大厘城遗迹。由亚麻厂杨少良君带往访问其叔，老人告知喜州过去确有城墙，故城郊有“城东村”、“城南村”、“城西村”等名。西南郊田中可见铁黑色硬块（碎砖瓦凝成），即过去“白王城”城墙所用材料。今喜州西南隅，尚有“皇门”之称。今日喜州或压在大厘城之上。

喜州本主庙奉“本主”二人：一为“中央皇帝”，即大理国祖先段宗榜，南诏时为官；一为“九坛灵神”，不知何许人也。

1961年11月27日

弥渡

由文化馆王宏基君引导参观铁柱庙。柱在县城西北约六公里之山脚下，已覆盖于大殿之中。此柱通体由铁铸成，事在南诏王世隆建极十三年，分三段，柱上有铭，是年代可靠南诏文物之一。柱前现有男女塑像各一，即世隆夫妇。然其旁又设“孔明”及“玉皇大帝”牌位各一，貌似不伦不类，实则反映白族信仰之多元化。每年正月十五日为庙期，平素亦有人来此烧香治病，今见来朝拜者十余起。

庙之建筑非古，然殿有大树一株，盘虬屈曲，历年已久。今庙内设一小学，孩子们齐拥四周摸看相机，举步不便。

按立柱原为古俗。晋宁石寨山青铜器图像祭祀场面中心即有柱，云南边境民族每一村寨中心立有木柱或石柱，称“寨心神”。在原始宗教中，此为祭祀之对象、聚会之中心。历史记载马援铜柱及今日所见世隆铁柱，应为原始立柱之俗发展而来。惟此间铁柱庙又具有本主庙性质。

1961年11月29日

弥渡

昨为弥渡街期，给自己放假一日，看附近彝、白人民在此贸易，妇女多著传统服装，殊为热闹。

今晨由王君带领去红岩考查古城。城址在今红岩镇（昆明至下关必经地）之西约一公里，附近村落即名古城村。夯土城墙保存甚好，与王君步测城墙一圈，得1700步，折合唐代尺度，正与白崖城“周迴四里”之记载相合。城内见夯土土台，与德源城所见同，乡民谓为过去国王宫殿所在，或即白崖城内阁罗凤所建之“大厅”。此城与《蛮书·六瞼》所记白崖城之内部情况及相距里程无一不合，一大快事！

此城之西山上又见一遗址，当地人称“上古城”，已无城墙，其为白崖城之“旧城”乎？

1961 年 12 月 2 日

下关

连日整理调查材料，并翻阅文献，颇多心得。今邹汝为兄（大理州政协秘书长）有兴，随我在附近考查，谦称“学习学习”。首先看下关城西天桥江风寺之“白王城”，无法断定年代。继在下关附近再找“龙尾城”遗迹，终于发现西起天生桥，东达海边，沿洱河北岸原有一道城墙，断断续续，现存部分夯土痕迹尚可辨出，基部以土夹石夯成。有些地方两旁砌石或为后世所为。

1961 年 12 月 5 日

巍山

昨去文化馆会见黄文溶君。黄君江西人，广西大学外语系毕业，喜音乐，关心时事，谈吐不俗。晚同访省文史馆馆员张遇安老先生于其家，询彝族风俗及当地古迹，并借阅新旧县志读之。

张老先生云，巍山彝族亦分黑白两种，不能通婚；历史上行火葬，现改行土葬；有以人形小木插入篾笆代表祖先之俗；巫师不称“毕母”而称“阿毕”。

张老先生以所著文稿一卷见示，并谓哀牢夷王 77 人，8 人在本县，彼已考证出其中 6 人云云，不知何所据而云尔？

今遇一怪事。去照相馆购胶卷时竟引来公安人员，谓余之相机与该馆失窃者相似，查验后又连声道歉。忆年前在贵州某地街头照相，胶卷竟为某部队“没收”，谓当地有“保密设施”，胶卷冲出后又寄回。此类事令人啼笑皆非。

1961 年 12 月 7 日

巍山巄屽图山

昨与黄文溶君来此，先至古城村。原城作正方形，大小约为 100×100 米，城墙近年始毁，有夯土痕迹，保存最好处约高出地面 2 米。其为《蛮书》所说之蒙舍州城乎？夜宿孔雀寺云碧小学。

今日黄君称“腿疼”，由小学左老师（彝族）带领登山，访南诏统一六诏前所居之地。见省博物馆发掘之探沟尚在，遗物搜集未尽，有莲花纹瓦当及花纹砖等；报告所云石柱础尚在，圆径约 50 厘米，有孔，径 8—9 厘米，似原房柱不粗，所谓“南诏故宅”之规模不甚宏伟。当地盛传南诏家饮水用铜管引来，铜管残件附近乡民尚有保存。又山下有“米汤箐”之地名，谓南诏家淘米水流经所致。此类事只能姑妄听之。

这一带彝族称“腊鲁泼”，为巍山山区土著，原无水田，只治山田。传今巍山坝子则为“摆夷”所辟。左老师云，当地彝族亦有羊骨卜，值得今后进一步追问。又二月八日有祭“密期”之俗，用荆棘拦路，不许人入，谓之“扎大路”。所谓“密期”乃指每村之神树，其他彝区有祭“密枝林”

之俗。“密枝林”者，亦神树林也。

1961年12月10日

大理太和村

村有太和城遗址，由于德化碑尚在，无可置疑。前人已作勘查。在南诏“六赕”地区城镇中，此城有如测量学之“基点”，可由此推断确定他城之位置。

由管理区指定一位王姓老人带路，先看北城墙，东起海边，西止佛顶寺，夯土筑成，基宽底窄，与他处城墙同，为南诏旧物无疑。吴金鼎、曾昭燏《苍洱报告》竟称太和城“完全湮没”；他城夯土城墙亦全未提及，不知何故？

又往佛顶峰，见一夯土城圈，志书称“金刚城”或“南诏避暑宫”，与太和城北城墙相连，或是太和城之一部分。

佛顶山上有佛顶寺，甚小，为晚近建筑物，惟内供孔子、老子、释迦牟尼三像，诚为白族自古三教并习之最佳形象资料。惜光线太暗，未能摄影。

晌午无着落，山上又无物可购，正在附近耕作之农民，从田中挖出大萝卜一个慷慨相赠，下山边走边吃，越吃越饿。

下午独去查看南城墙，从洱边村西行不远夯土痕迹完全不见，疑前面城墙已破坏。已考查一天，腿酸腰痛，几难迈步，原想就此止步，以“南城墙西段不见”处理。犹豫再三后，决定勉力再走一段，不意行至公路六公里界石向西，夯土痕迹又再次发现，知南城墙亦大体保存，可能直至苍山之下，喜出望外。时天已垂暮，决定明日再继续进行。

今夜宿太和村大队客房，累甚难眠。忆自1950年患肺结核，医生断定已是中期，时无特效之药，终日卧床，赖父母慈爱，夜以继日，护理扶持，历时两年才得起床。自此肺活量只及常人之半，每一爬高便觉气喘，生平最恨行远爬山。自来西南调查，竟以爬山为日课，不胜痛苦。然又必须不厌走路，腿脚勤快，才能有所收获。今父母在堂，亲恩未报，竟作去家万里之远游，诚属不孝之至，思之黯然。

太和村房屋皆由石砌成，街道亦以石块铺就，附近村落也有石砌房屋、道路，远不若此间整齐划一。此是否表明《蛮书》所记太和城“巷陌皆垒石为之”之传统至今仍存？

1961年12月11日

大理太和村

继续查看太和城南村墙，断断续续直抵五指山北麓。从南城墙北行560步即为著名之“南诏德化碑”。此与《蛮书》“城中有大碑”之记载符合。

德化碑现已建亭保护，但门已坏，游人自由出入。此碑记南诏与唐廷历史关系，表明天宝之战不得已用兵之苦衷，颂扬阁罗凤之政绩，全文8000余字，直抵得半部《蛮书》，其价值众所公认，多书著录，研究者众，未加抄录。仅录碑亭中嘉庆三年李亨特《南诏碑亭记》（记《金石萃编》作者王昶发现此碑经过）而归。

1961 年 12 月 12 日

大理

再访三塔寺。前未准入，今持县介绍信来，仍大费口舌始得进。全国重点文物保护单位竟不许国人参观！

今塔 16 级，而《徐霞客游记》说“累十二层”，岂徐氏漏数抑或三塔屡经修建已与明代不同？又徐氏所见寺内“蒙氏所铸”大钟、明太祖赠释无极诗碑等，均未见。咸同年间此寺曾毁于火。

1961 年 12 月 15 日

大理

连日去三塔寺村，考察大理石生产，由工厂负责人引导参观并解答问题。现全村 260 余户，每户至少有一人从事此业。大理十九峰皆产大理石料，然以无为寺后三阳峰一带产者质佳。过去产品主要为墓碑，次为桌面、花盆、墨盒、镇纸、笔架、插牌、烟盘等。大理石按花色不同分为：(1) 水花（青白色）；(2) 羊脂白（纯白色）；(3) 水墨花（黑白两色）；(4) 彩色（红、黑、绿等色）。彩色中又有“春花”（绿色）、“夏花”（黑色）、“秋花”（诸色均有）、“冬花”（红色）之分。彩色只占百分之三十左右，难得，价贵（一块好的桌面可换一亩地），其中“春花”尤贵。然重视彩色不过百年内事。有经验之工匠从石料即可推知其花色，顺纹路而开凿。大理城内早即出现专收大理石之商号，远销外地，如华盛荣号销广东，鸿盛祥号销上海。民国 8 年出现雇工生产之作坊，最大老板为杨萃唐。

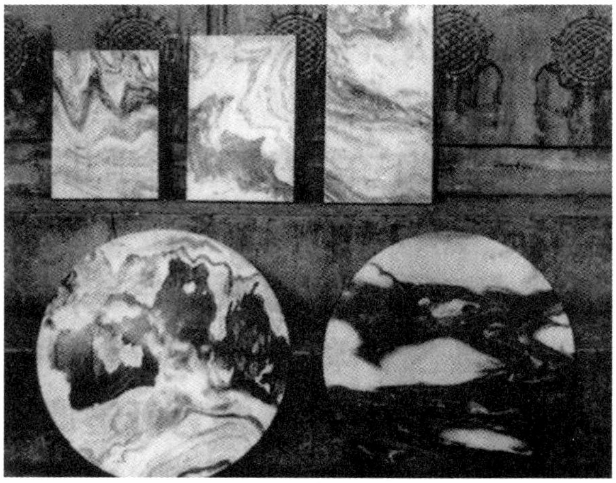

大理石精品

解放以后，组成国营大理石厂（现有 90 余人）及社办大理石厂（30 余人），多数工序（削、凿、磨光 ……）已改用机器。产品中墓碑已少，而增加建筑材料。

询问大理石开采历史，则不甚了然，惟云三塔之基础已用大理石（我在三塔未见），而大理石又名“础石”。似大理石最早用于房屋建筑。最后购镇纸二条，自书字其上以为留念。徐霞客先生 300 年前在此亦仅“市石一小方”。囊中羞涩者只能如此，古今相同。

接下关电话，滇西大学邀请为学生作报告，不得不略作准备。

1961 年 12 月 18 日

大理

前日及今日两个下午去滇西大学讲《大理地区考古》。

今日云慧来大理，共同修改《白族简史》科学文化部分。

连日在茶馆中看书写字，甚为舒适。此间茶馆多设有花园（杨家花园、李家花园……）中，座为躺椅，面对花木，茶客不多，不若四川茶馆之拥挤嘈杂，诚为极好之读书场所。惜数月来疲于奔命，未能享此清福。

1961年12月31日

下关

今晚州政协请现在下关调查组人员聚餐。政协老人亲自喂养的仅有一口年猪已经杀死，乘其肉尚温，即切割剁细，拌以调料上桌，是今日之主菜，称为“生皮”。尝之无异味，然不敢多下箸。

据《蛮书》载，南诏即喜食生，生鹅切块食之，谓之“鹅阙”；各种动物均可“半生而食之”。不意此俗流传至今。

1962年2月13日

下关

今去大理还清所借书。归途停留太和村，就德化碑及太和城再作考察，核实几条材料。继乘马车赴下末村，闻吴金鼎、曾昭燏先生苍洱考古所得陶片未能运走，悉埋于此间小学内。现小学老师已不知此事，未见一块陶片。

徒步回下关。途经观音堂（大石庵），见诵经烧香者络绎于途，多为老妇（现惟有此辈不怕“封建迷信”之帽子扣于头上）。询之堂内老僧，谓今日（阴历正月初九日）为中和寺“玉皇天尊”之圣诞。“玉皇天尊”为道教神祇，而于观音堂拜之。当地道佛兼祀，于此又得一证。

1962年2月22日

祥云

昨日来此，由文化馆成吉祥君引导参观馆内文物。继访当地老人赵××、李小西，约去茶馆座谈。问高官堡出土晋墓砖事，谓修公路时发现，为一券顶墓，彼等亲见，原物今已无存。问祥云古城，谓有古城址二处，一在云南驿，今已无遗迹；一在今城之南。下午独自亲往考查。

城址在华严村之东北角，尚可见两道城墙，当属原城之西墙及南墙，步测之，分别为440米及580米，各与今祥云县城之西墙及南墙平行，似今城即在此古城北部基础上建成。城墙保存较好处高出地面约2米。其为《蛮书》卷七所说“云南城”乎？

祥云县人士引为自豪之文物乃今兽医站墙上所嵌寿星图大理石一块，有“丘北观音、祥云寿星”之称，未得见。

此间文化馆藏有《丁格尔步行中国游记》（1911年译），在昆未见，故连夜读完。内记英人丁格尔氏1909年自昭通入滇，经昆明、大理、保山、腾冲去缅甸行程，提及其时昭通彝族畜养奴隶，尤值得注意。

1962年2月23日

凤仪

昨至清华洞搭车，又下车步行至北汤天村。

村距凤仪镇东南约 7 公里，傍山而居。村内有一大寺院，名法藏寺。大殿匾额“金銮宝刹”，为明太祖赐名。大殿两侧有大木柜，著名之南诏大理国大批佛经写本及印本即出于此。经卷已被取走，现分藏于云南省图书馆、云南省博物馆及大理州三处。仅周詠先先生（曾任商务印书馆编辑多年，于古词及云南地方文献均有研究，现供职于省图书馆古籍部，我常去借书，彼此已成忘年之交）作过简单介绍，迄今全部经卷网结尘封。有些单位自己无力研究，亦不许他人借阅。若留置当地，辟馆保存，请国内学人、高僧大德研究整理，岂不更好？看守大殿老人告我，经卷共拉走一马车，以前每年六月六日举行晒经会，来瞻仰朝拜者颇众，今已无经可晒，不再举行矣。

法藏寺之侧为董家家祠，门前有匾曰“国师府”。正面供董氏祖先之神位，有“光绪”年号；有“董氏本音图略叙碑”，叙董氏历代祖先之功业及神异，从始祖“仙胎”董伽罗尤直至明初封为国师之董贤；又有乾隆二十五年《董氏家祠碑记》，均已录文。

按南诏大理国佛教称“阿吒力”教，属密宗，但与其他密宗似又有异，其教理之特点非我等“凡夫俗子”所能了解。该派师僧在家修行，可娶妻生子，应考当官，即俗谚所云“洱海弓鱼多子，苍山和尚有妻”是也。然元明以后显教诸宗传入，如圣源寺等寺院僧人已无娶妻之事。阿吒力教退居民间，董氏为“阿吒力”世家，自明代封为“国师”，遂成为此派之中心。

步行至凤仪镇，天色已晚，住小旅店中，老鼠满床乱跑。

1962 年 3 月 9 日

下关

去飞来寺访古城。在飞来山后山上果见城墙一道，现存约三四百米，夯土筑成，保存最好处高约 2 米宽约 1 米，应原为东城墙。今飞来寺应在原城之中间。

《蛮书》说南诏“石和城”在河东州之西“坡陀之上”，“和”即“坡陀”之意；今城正在凤仪之西，且位于陡峭之山上，故《新纂云南通志》肯定此即石和城。

（二）

1974 年 1 月 14 日

剑川石宝山

为《云南古代史大事记》搜集图片资料，乃有滇西之行。同行者周君，有表演才能，沿途见可笑之人和事，辄模仿之，惟妙惟肖，极为有趣。1 月 4 日离昆，6 日抵剑川。当即参观文化馆。沙溪、甸南等地又发现遗址多处，出铜钺多件，与海门口出土者形同。

7 日上山，文化馆负责人欧阳君陪同。连日忙于测量窟的形制，抄录题记，周君负责摄影，今已大体竣事。

剑川石窟，十几年前“过门而未入”，今始得偿夙愿。粗略考察，尚不足以言研究，即已发现前人之说多有失误。

第一，石窟并非全为佛教造像。所谓“王者三窟”祀南诏王及其家庭，具有“本主”性质。“阿姎白”当为原始信仰。剑川石窟正反映白族宗教信仰之混杂情况。

第二，石窟不得笼统称为南诏文物。逐窟进行断代，只要掌握方法，并非难事。第十六窟（用省博物馆编号）有“天启十二年”题记，自可肯定南诏时凿。第一窟有“盛德四年”题记，第十五窟有“大理国妇人……”题记，自为大理国物。有元人题字之第四窟、第六窟或亦在元前。以此为标尺，对比塑像题材及风格，即可排出先后。大体言之，窟浅像少者年代早，而窟深像多者年代晚。所谓“王者三窟”（特别是七、八两窟），常作为南诏文物收入多种书刊；实际上，其年代不能超过大理国或更晚。

窟中游人题词颇多，从元至清，重要者凡十余处，前人或置之不顾，实为研究石窟有用参考资料，已一一录文。

石宝山入夜甚冷，几不能眠。

（三）

1978 年 11 月 7 日

祥云

7 日访水目寺。原分上中下三“庵”，现仅余“下庵”。塔 15 级，方形，四面有小龛，为纪念大理国相国高量成之子皎渊而建，有碑文传世（即“皎渊碑”），现塔存而碑未见。

1978 年 11 月 10 日

大理

8 日晚在下关访州政协赵老先生。多年未见，身体尚健。彼为祥云人，询皎渊碑事，谓已为“部队抬往山顶”，惜去时未能弄清真相。参观文化馆。近年出土文物甚多。大墓坪、鹿鹅山、金梭岛等地发现新石器时代遗址及青铜器。又拆城内五华楼时发现墓碑数十方，内有大理国物，他人已作研究。文化馆现有至正二十年碑，为大理石制，有黑白纹路。大理石之利用至少可上溯至元代。

今再游三塔寺。

1978 年 11 月 11 日

下关

见地委刘书记洽谈调人事宜，承派车送我去海东、挖色及金梭岛考察，这些地区久想一去而未能如愿者。

金梭岛因两山相连而著名，居民以捕鱼捞螺（用拖网）为主要生计，田地极少，惟妇女使用尖头锄与晋宁石寨山所谓“犁”者形同，仅安柄方法有异。十余年前在大理竟未见此物，是此地仅有，抑或自己过去疏忽？金梭岛既有新石器时代遗址，有青铜器遗存，又出有字瓦，南诏时代仍有人居住。或以为《蛮书》所云距大厘城“东南十余里”供南诏王“避暑”之“舍利水城”即在此。

岛有本主庙，祀所谓“三星太子”，不知是何方神圣？

去海东挖色，路极难行。挖色村落甚大，记杜文秀起事之碑已移大理。闻海东一带过去亦有“赛龙舟”之俗，每年火把节时举行，舟绘五彩，胜者得奖。过去记录调查报告中竟未提及。

五 在喇嘛寺中作客

滇西北 纳西族、藏族

1961 年、1990 年

（一）

1961 年 10 月 10 日

丽江

大理地区城址考察工作尚未结束，又作滇西北之行。盖接受州政协老先生们建议：天气渐冷，冬天再去丽江、中甸，大不合时。

滇西北地区已受藏文化影响，有喇嘛寺 10 余座，分属各种教派。在昆明翻阅前人调查资料，尚未见有专题调查，乃自告奋勇以此作为考察题目，补缺罅漏，大得领导赞成。

自思参加民族调查组已一年有半，不能发掘则无考古可言，徒然四处乱跑，长此以往将成废物。既然命定此生将以民族研究或教学工作为职业，不若尽早开始。年来所经之处于民族历史及社会情况渐生兴趣，亦非毫不关心，但只算“玩票”，从今日起彻底改行矣。

丽江福国寺前

8 日抵此。9 日去地委、县委交介绍信后漫步街头。丽江为滇西北重镇，滇藏交通必经之地。县城名大研镇，街道石板铺砌，旁有小溪，两旁植柳，水流淙淙，清澈见底，乃从城外引来泉水。妇女多就房前屋后小溪中洗衣洗菜，极为方便。闻尚有洗街之法，截堵出口，水溢街道，涤尽污秽，顺地势下泄，街道可保持清洁。

城中心有方形广场，称四方街，每日都可赶街。四周尽为店铺，门面极为矮小，多经营马具、农具之类。

城内居民以纳西族为主，说纳西语，而男子通汉话者颇多，可以交谈。男子服装已与汉族无别。妇女仍保持原有服装，以身披上缀圆形刺绣物（称为“七星”）小羊皮为特征，惟不分老幼，头戴军帽（称为“解放帽”），乃解放后兴起之装束，此为他处所少见。其他民族亦可购得此帽，何以妇女不戴？某些服饰之兴起或有偶然因素，很难解释。

纳西族妇女服饰

1961 年 10 月 11 日

丽江

今去文化馆，由副县长兼文化馆长周霖先生接待，答允随时派人协助。周为画家，以画当地山水而著称，蓄有长髯，颇有文士风度。其幼子常侍奉左右，问在何校读书，周先生云：“他不上学，跟我学画比上学好”。

今天有一意想不到之收获。文化馆内收藏象形文字写本甚多，由老年“东巴”（巫师）两人（一名和芳，76 岁；一名和正才，73 岁）整理翻译。观看他们工作时突然发现，室中堆放写本之旁有楔形木牌多件，上施彩画，描绘人像，脑海中立刻浮现敦煌、居延等烽燧遗址出土所谓“人面形”木简，形制相同，莫非同类之物乎？当即决定推迟访问喇嘛寺，先对此物进行考察。经初步了解，此物名曰“可标”，为凶死者举行禳解仪式时插在地上。上绘之像根据祭祀对象而定，吊死鬼绘颈下一绳，婚姻不遂双方殉情而死（据云过去时有发生）绘男女各一。

纳西族著名〝东巴〞——和正才、和芳

象形文字为当今世界所罕有，此间有两位老“东巴”为师，有大批写本为教材，何不趁大好时机学习一番？

1961 年 10 月 15 日

丽江

连日去文化馆访问两位“东巴”，完全不通汉语，先后由白圣兴、桑文浩、吴积仁君任翻译。

对“可标”之调查告一段落，就其制作、用途、绘画之含义等逐项进行了解记录，以便归后与西北“人面形”木牌作对比研究。纳西族源于羌人，而人面形木牌出土地正为古羌人活动频繁之区，两者之间若有关联亦无足怪。

学习象形文字．殊感困难。要学文字，必先通语言，从此专心学纳西语，置其他工作于不顾，亦非两年不可，此其一；象形文字仅有1200—1300单字，但每字有多种涵义，且一字可代表一句经文，即当地人士学会文字，仍不能通读经文，惟“东巴”看字便可引起记忆而背诵，故识文字前需从“东巴”学习诵经，此其二。

近日只对文字之构成、历史及书写方法等作一般性了解。“东巴”书写象形文字，使用一端削尖之竹棒，与彝族书写用木笔形同，忆新疆尼雅遗址等处亦曾出土木笔。似毛笔及由此产生“龙飞凤舞”书法艺术，原非西北西南古代民族所知。纸当地自制，既韧且厚，可两面书写。

忆陶云逵先生有文介绍纳西族羊骨卜，今问“东巴”，初说不知，一再比划并绘图表示，“东巴”恍然大悟曰：这是“皮格”，当地对羊骨卜之称谓也。然非所有“东巴”擅长此道，今丽江惟五区、六区有之。现馆藏东巴经书中有羊骨卜书（彼等答允找出），东巴文中有代表羊骨卜之字，足见起源较早。此为今日一大收获。

文化馆位于黑龙潭，为当地名胜之一，风景甚佳。连日来此，与“东巴”及翻译或休憩于花木之中，或负暄于秋阳之下，亲切交谈，日有所获，甚为愉快。

12日曾独自参观木氏土司故宅，在狮子山下，原有多重院落，与内地大官僚之深宅大院同。据徐霞客记载，当日木府“官室之丽，拟于王者”，“楼阁有盛，多僭制”，不愿外人进入，他经安排宿于“通事”（大管家）之“小楼”。不知是否即在此处？ 1950年后此宅作为县委、县人委办公地点，近始迁出，今房屋残破。

按木氏有家谱（杨升庵作序，文化馆以石印本相赠）传世，上溯其祖至唐宋之世，历数十世。自元封茶罕章宣慰司起，累代为土司，至明代后期最为强盛，其势力竟达中甸、德钦、四川巴塘、理塘。对朝廷虽奉贡赋，听候调遣，内部事务仍由自己做主。徐霞客由鹤庆去丽江，途经之地曰邱塘关。据描述“中辟为门，前列二狮，守者数家居其内。出入者，非奉木公命不得擅行。远方来者必止。阍者入白，命之入，乃得入，故道安诸州守从天朝选至，皆驻省中，无有入此门者。即诏命至，亦俱出迎于此，无得竟达”。朝廷命官不能随意进入，皇帝诏命亦仅在关外迎接，此关竟如“国界”！丽江木氏亦如水西安氏，握有实际政治权力，且相传千年未断。

丽江改流，事在雍正元年，最后一世土司木钟，由土知府改为土通判，归流官管辖。自是势力日渐衰落，然子孙袭职，保有家产，有“养马田”、“扫帚田”等名称，似实行劳役地租。据云其剥削尚较其他地主为轻，故农民乐于投靠云。

1961年10月16日

丽江福国寺

晨先去大觉宫观看壁画，文化馆多人同行。宫所在村落名束河，距丽江城西北约10余华里，明时始建，原为木氏所居，“拓佛寺宅中，并祠真武”。后木氏搬迁，村民捐资修葺。现存乾隆二十年碑记，言其沿革甚详。壁画全已变黑，据云所绘兼有道佛两教神祇，未遑一一辨识。惟画中有二“飞天”，形象生动，贻人深刻印象。

由大觉宫前行，至龙泉寺，见一原属大觉宫之木雕宝座，文化馆人士誉为“宝物”。又束河

丽江大宝积宫

村旁有桥，上有龙头形雕刻，已列入省级保护单位。两者皆明清物，仅因保存于边陲之地，受此“优待”。

文化馆诸君返丽江后，吴积仁君伴我赴福国寺。道路崎岖，荆棘丛生，甚难行。抵达时已垂暮。

寺中喇嘛名旦使者出面接待，取出腊肉等物以备晚餐。

晚与喇嘛围火饮茶，并开始访谈。彼等又以新摘松子佐茗，清香溢口，始知过去所食已非原味。

据云过去来此寺朝拜、游览或邀约念经者颇众，今则数月不见一人。我俩今日意外到来，彼等如见亲人，兴奋万分。除一二年老者早睡外，咸来就火说笑。

福国寺亦称解脱林，为丽江城郊五大寺中建寺最早者。原为木土司别墅，后御赐今名。徐霞客初到丽江先居于此，为土司木增校对所辑书，曾盛赞此寺为“本郡诸刹之冠”。寺中现存天启丁卯年《丽江府芝山福国禅林纪胜记》（已录文）言其历史甚详。寺中保存雍正年间《丽江各寺观田地顷亩清册》及本寺《常住册》等，对研究寺院经济情况殊有价值。

此间喇嘛寺属所谓“红教”（指噶玛噶举派中的红帽系，以戴红色帽而得名），而今日喇嘛已穿便衣，若他处遇见便不知其为僧人。此间与西藏不同，喇嘛多出生于贫苦家庭，或因谋生无计，或为逃避兵役，来寺拜师投靠。年老喇嘛为得人照顾，亦愿招为弟子，供给食宿。

全寺原有喇嘛七八十人，解放后陆续还俗。现余七人，皆无家可归者。寺产均已分散，靠种寺边土地自食其力，差可维持，然终日枯守空山，度其余生，其境遇可悯。

1961 年 10 月 17 日

丽江玉峰寺

晨起在福国寺内摄影。大殿名五凤楼，汉式建筑，与西藏喇嘛寺迥然不同。询问徐霞客当年所居何处，喇嘛甚至不知徐霞客之名。

由福国寺北行约 3 里，至玉峰寺。规模较福国寺为小。寺建于康熙年间，乾隆丙子年重修。寺中保存《乾隆二十一年建寺执照》及《乾隆三十三年三十九年买地契约》、《民国八年出入簿》等文书，殊为宝贵，已作摘录。全寺原有喇嘛 20 余人，现有 4 人。老喇嘛登进已 75 岁高龄，为防绝后，新近由福国寺分来 3 人。现负责人为得格喇嘛，人颇精干。

寺中有合抱茶花一株，据说过去花开时游人不断，今已冷落。今夜宿此，体不适，早眠。

1961 年 10 月 18 日

丽江

晨离玉峰寺，游北岳庙。近日所行之处已是玉龙雪山（山顶常年积雪，故名）之麓，此庙即祀玉龙雪山之神，南诏异牟寻曾封此山为北岳。有碑谓庙为嘉靖乙未年重修。又见一方占卜残碑，记掷“白马”（贝）以定吉凶法，亦明代所立，为研究民俗绝好资料，惜精神不支，未录文。

中午行抵白沙，有庙宇三处：大宝积宫、大定阁、金刚刹，均为明万历年间木氏所建。大宝积宫匾额称“万历壬午年建”，又有乾隆八年《重修金刚大定二刹碑记》，似后世重修。

大宝积宫及大定阁有壁画，有浓厚藏画风格，并见一组反映生产生活画面。惜光线太暗，又无闪光设备，未能摄影。宗教艺术素非己长，走马观花而已。

1961 年 10 月 22 日

中甸

20 日抵此，住于广播室内。负责人王君，鹤庆人，为人甚好。

此间甚冷，不断加衣，仍觉不支。昨晚省滇剧团在机关院落内演出，不愿离开炭火盆往观。此间海拔达 3400 余公尺，调查组同事杨君来此即病，离此即愈；外地人来此尚有突然死亡者。我至今无感觉，似可适应。

今日星期天，无法开展工作，独游县城中心镇，离住处州县机关尚有数里之遥，素为滇藏互市之地，仍保持边陲城镇面貌。今日饭馆供应牦牛肉，肉粗而味不佳。

藏族妇女与牦牛

归途见路边清代墓碑三通，死者藏族而行土葬。三碑虽清代物，在边陲地仍属难得，至今未见前人著录，摘录碑文中有助考史者如下：

（一）康公讳珠喇九，本籍鹤庆州，因祖上由□来甸。父任中甸五境副府，生公排行第三，入赘浓门为子婿，由□把总历升格咱境土千总。阀阅启放，兴天朝之重□；贤谊承家，立三代之遗风。公具乐善惠信之质，天锡□□;抱□□□□之才，人叙九鼎……大清嘉庆二十三年季春月吉旦日立。

（二）农公讳布，先籍西藏，因藏王投诚，安抚四塘地方，是以祖居中甸。自公出世，幼读汉书。长则立业西藏，贸易往来经商，继则入考官阶，联步阶授五品。寿享耄老……今令贤孙孝思纯笃，建立佳城……圣清道光三岁在癸未姑洗月上浣吉旦。

（三）公讳翁杰三珠，农布公之外孙，康珠公之长嗣也。公甫髫龄，即以孙替祖职。迄今簪缨屡叶，四世一堂，已备人世之荣，可不洩光前而裕后者欤？公生长望族，世笃忠孝，菽水承欢于祖父，棣蓼推让乎埙篪。又况肯作室家则堂构美，植田畴则阡陌连……皇清诰授武略骑尉，卿谥醇谨，享年六十八……咸丰九年岁次己未黄钟月上浣吉日敬立。

从中可见藏汉通婚及统治集团世袭其位把持当地政权之情况。三人关系可图解如下：

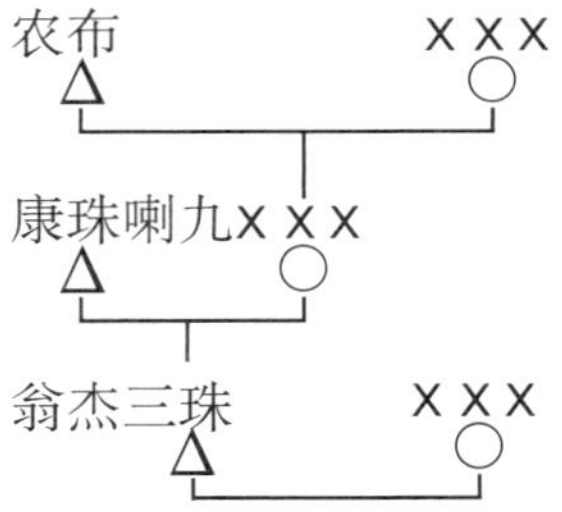

似中甸藏族较早受汉文化影响。

此间藏族妇女梳辫而包头帕；男人多著长袍而右袒，足登长靴，头戴呢帽。男女身体健壮，少见猥琐懦怯之态。儿童亦活泼大胆，马车驶过必群追攀吊，虽遭叱骂，仍嘻笑不舍。藏族确无愧为青藏高原之主人。

1961 年 10 月 24 日

中甸

连日阅读当地档案室资料。中甸古为吐蕃地，明代后期丽江木氏土司一度统治此地，被尊称“萨当汗”，康熙四年蒙古和硕特部又应达赖喇嘛之邀进入中甸。中甸原与丽江同奉“红教”（似非宁玛派的红教），此派在藏者与宗喀巴黄教斗争中失败后曾以滇西北为基地，其法王一度避难至此。后“红教”臣属黄教，康熙十八年乃于中甸建黄教大寺松赞林，即今之归化寺。归化寺之于中甸，有如三大寺之于西藏，实行政教合一式统治。雍正二年，云南总督高其倬命兵进驻，奏请设中甸厅并筑城（即中心镇），自是正式划归云南管辖，但准许归化寺保留 1200 多名喇嘛名额，官府岁给口粮，并设立“吹云会议”，由归化寺之上层喇嘛及流官共同参加，处理中甸政务，故归化寺在中甸仍居举足轻重地位。此次调查事起仓促，未遑准备，以上乃近日阅读档案及地方志形成之认识。民国 29 年中甸县长段绶滋编《中甸县志》一种，成书虽晚，材料颇丰。

在归化寺前

昨日访问归化寺。寺在州工委之西南约五公里。远望之，大片平顶房屋矗立于山坡之上，白墙在阳光下闪耀，颇有拉萨布达拉宫气派。

到达之后先由县委驻寺工作组和君引导参观全寺。喇嘛对面走来，见我等低头伸舌，初见极为惊异，后知乃表示尊敬之意，西藏亦如是。

寺以一座大殿（经堂）为中心，下层正有喇嘛念经，人数寥寥（过去此地可容1600人同时念经）。一人高坐，念经以彼为首，有如“主讲”。他人有随之而念者，亦有低头做入睡状者。在旁侍候茶水之喇嘛，虽亦念念有词，见我等进入竟点头微笑并做鬼脸。高坐喇嘛头戴五幅冠，披红色袈裟，其他喇嘛则衣冠不整。据云过去若遇此等情况，铁棒喇嘛必加责打。今日青壮年喇嘛已从事生产，只允老喇嘛念经，种种戒律自亦松弛。

大殿中层四周置放玻璃大柜，内盛佛像，还有历代皇帝诏书及珍贵经卷，尤以五世（？）达赖赐赠佛画16幅，为此间重要文物。问是否可以一看？陪行喇嘛面有难色婉拒曰：“钥匙不在。”深感冒昧。

行至一间侧室，突然见屋顶垂挂黑熊、老虎等整皮，以物充填，有如真兽，凌空欲下，状极可怖。

所有佛像之前，置放“哈达”，供水碗及糌粑酥油捏成之供品，燃酥油灯，味甚难闻。

大经堂之西另有规模较小之“新寺”（铜瓦寺）。重重院落分布四周，为喇嘛住宅，来自同一家族者居住一宅。又按地区分为八大“康参”，来自同一“康参”者聚居一片。

参观毕，开始调查，先由寺内最老喇嘛××××（75岁，州人委委员）介绍情况，喇嘛多人陪坐，谈建寺历史等等。翻译水平有限，所获甚微。彼屡提及“蒙古王”（当指蒙古和硕特部）、“木天王”（指丽江木氏土司），又谈及黄教与“红教”彼此不和事。归化寺与中甸惟一尚存之“红教”寺庙——罕批寺，相互作法，以“咒”对方，送鬼亦必送至对方，“但不见谁把谁咒死”。言及此众喇嘛皆笑，可见原有信仰业已动摇。然全寺宗教气氛尚较丽江喇嘛寺为浓。

此寺鼎盛时喇嘛达2000人，现有300人左右，最大活佛名松谋，现任迪庆州州长，不在寺内。

1961年10月25日

中甸

今访县文教科齐副科长，藏族上层人士（县志言当地土把总姓“七”，或为其祖先）。每天同在中灶食堂吃饭，已熟稔。我喝酥油茶初甚不惯，彼曰：此物最有营养，我们藏族赖此才能适应高原寒冷干燥气候，“不喝怕你支不住”。经他不断执壶相劝，近日已能连尽数碗，不可一日无此矣。

谈历史传说（此间亦有猿猴变人说）、喇嘛教之教派（此间民间尚有黑教为人送鬼）、埋葬习俗诸事。据告，活佛及大贵族行火葬，喇嘛行天葬，普通人民行水葬，而中甸城郊已改行土葬。盖改流后汉官视天葬、水葬为“不孝”，屡下令严禁之故。又夏天老鹰不来不能举行天葬者，亦须先行“盘腿”土葬。

下午由电影队松君（藏族，22岁）引导参观天葬台。属归化寺专用，位于寺东一公里之山顶，空气稀薄，爬山更觉气喘。比至，见砍尸之石及附近地面上尚有紫黑色血迹。闻不久前大头人×××死，即在此天葬。每葬一人，必置旗幡一杆及书有符咒之石板一块，此类物件在当地尚可见。

又去附近寻找水葬遗迹，在河边见插有天葬台上相同之旗幡，松君谓即不久前水葬之处。河宽不过2米，甚浅，尸体不能冲走。正如齐科长所云，所谓水葬，结果仍与天葬同，尸体多为鸟兽所食。

归途访问农户。房屋分三层，下层养畜，中层住人，上层堆放什物，全如羌族之房，惟非平顶。中层正面供佛，门上挂经符。附近有近年所建奶粉厂，兼制酥油，一切手工操作，以牛奶置竹筒中不断舂打。每100斤奶可产酥油4斤。

水葬处

1961年10月30日

丽江

衣单寒冷难耐，遂离中甸。车误点，两日始抵丽江。

沿途见圆木架成之屋，与晋宁石寨山青铜器图像中所见仓房同，惟双斜面房顶无脊大于檐者。此类建筑当地称“木楞子”，在滇西北分布尚多。

沿途见二牛抬杠犁田者颇多。一人扶犁一人中压，中压者倒坐。旅客告我，若遇生牛，必再有一人牵之。突然大悟，《蛮书》所云“二牛三夫”耕田当亦如是，行至中途果见二牛三人。不意历一千多年此俗仍然保存！

滇西北民族耕田，一人扶犁，一人压杠，有时还要一人牵牛，与《蛮书》记载“二牛三夫”耕作法全同

今晚去四方街参观纳西族群众性舞蹈。每逢周末或假日年轻男女即集会于此，完全出于自发，无人组织和领导，自1955年兴起至今未衰。舞蹈者手挽手形成圆圈，边跳边唱。舞蹈动作极为单调，前俯后仰，手臂随之甩动。伴舞音乐亦极简单，称“丽江调”，曲调与“阿利利，纳西姑娘真美丽”类似，而词则随口编成，不时加入“大办农业，大办粮食”之句。一人领唱，众人和之，另见一人吹口琴。民间歌舞固应如此简单自然，近年文艺工作者作大幅度加工搬上舞台，面目俱非，似大可不必。

1961年10月31日

丽江文峰寺

晨与吴积仁君来此。寺在丽江城西南约20里，创于“乾隆壬寅”（最盛时有喇嘛八九十人，现存六人。活佛历来“转世”丽江纳西人家，但已有三代。不肯入寺。丽江喇嘛社会地位低下，由此可以想见。

由该寺负责喇嘛松那引导，参观位于此山之静坐堂，乃今日一大收获。此为“红教”特有制度，凡曾赴藏朝参归来喇嘛可入此堂静坐，必历三年三月三日三时乃止。一人一室，大小仅可打坐不能平躺，除就餐及如厕外，不得外出，由老师分别传授密宗心法。

此堂又名“安乐吉祥林”，为道光三年立（匾额尚在），五大寺共管，以指云寺活佛为首。“学员”来自滇西北十三寺。最后一届“学员”出堂，时在1949年9月，此后未再举办。今房屋多空，我一一查看，共有23间小室，室内仅置一椅状装备，面壁向内，壁贴佛像，每室门楣书有藏文，为室之编号，每届可容23人静坐。今正门外犹见当年张贴启事一纸，极有趣味，抄录于此：

> 启者：此系经堂内门静修之内室。查以佛教之密诀相传，凡修道之僧先抱定三年三月三日三时之大决心后，方入此门，不论亲戚、朋友，不可相见。若违即犯此规也。特此请游览人士注意，到此止步，勿擅入此门，有碍法规为要。此启。

据云，当年大门紧闭，有人访问只能隔此门而语。“毕业”之日，家人亲友始能相见，且持礼物来贺，大摆筵席。又泥塑象征塔之圆锥形物（“查查”），留置静坐堂以作功德。今仍可见此物在门外堆积如山。

此寺保存乾隆四年建寺执照及历年账簿等，已摘录。松那喇嘛谓寺中尚有“宝物”是否愿看，请取出，乃铜鼓一具，属黑格尔分类之Ⅱ型。据云居丽江多年之美国人骆克屡欲购买此物，喇嘛坚决拒绝。询来自何地，初曰缅甸，继曰越南，任意推测，不足为信。又出示长画（“唐卡”）一件，长约三丈，原为跳神用物，“已很久不用了”。

1961年11月4日

丽江

连日去文化馆，继续以老“东巴”为调查对象，了解宗教及东巴经籍诸事。

学习象形文字之“野心”，现已全部放弃，因非懂纳西语无法进行。看来要深入研究民族历史及其社会，非通语言不可。无论纳西族史还是彝族史、白族史，均应由本族人士（但不包括虽自称“某族”已不能说本族话者）为之，我辈“老汉族”不宜越俎代庖。

诚然，我辈可就整理历史资料之科学方法贡献浅见，而必须少数民族人士乐于接受始可，如丁文江之于罗文笔。

我辈或可选择一二小问题为他人所不屑为或不能为者，借助翻译调查记录，作为研究中国古史之参考资料（如羊骨卜、“可标”之类）。人舍我取，如此而已。

昨日老“东巴”告我，羊骨卜书终于找出，喜出望外。老东巴手颤无法代抄，他人又不会书写象形文字，乃急忙自己动手临摹，并请老“东巴”逐句翻译。此项研究终有结果，仅此一事，已是不虚此行。

（二）

1990 年 11 月 5 日

丽江

来此参加纳西族社会历史学术研讨会，组织者和万宝先生，纳西族著名人士，曾任省委民族工作部副部长等职。

参加会议者有陈宗祥、于锦绣诸先生。陈为旧识，辅仁大学毕业，多年在川藏地区调查，语言学及外文均好。于为首次见面，曾任职于前中研院历史语言研究所，近年始“归队”，为观察彝族“作帛”仪式可连续站立数天，其报告详尽具体。此皆民族学界前辈，近几十年未能充分发挥作用。又有意大利学者两人，其一为 Dr. Roberto Ciarla，前已相识，询以石寨山铜器上牛之种属问题，承告此牛与印度等地瘤牛（zebu）不同，乃东南亚古老牛种，西方学者近年已有论述。

学无止境。稍一偷懒，疏于查考，便会出错。

1990 年 11 月 6 日

丽江

会议所闻，可供他日研究者有如下数事：

(1) 藏族称纳西族为“着”。

是否为“筰”一音之转？若是，可再次证实纳西与古“筰人”之历史渊源。

(2) 纳西族大学生人数为诸少数民族之冠，万人中竟达 33 人。古代丽江科举中试者即多，与会者曾就光绪《丽江府志稿》统计，计有清一代进士 8 人，举人 58 人（数字待核）。

古代丽江文教发达是否与明代木氏土司（木公、木增等）提倡汉文化，重视子弟教育有关？

(3) 纳西语中有“属”，前译为“龙”，非是。本意为山林川泽、风云雷电等自然现象。触犯之必遭祸，顺应之祭祀之必邀福。

此为民族生态学大好资料，通过神化保护大自然，可保生态平衡。

(4) 纳西族老年妇女有“化丛”组织，年龄相仿者组成，定期集合吃物谈心，经济上相互帮助。

此应为年龄组织之实例，国内民族无年龄组织之说可以休矣！

1990 年 11 月 7 日

丽江

下午作大会发言，题为“关于族源问题研究方法”，剖析当前认为一个民族历史愈早愈好（甚至上溯至“元谋猿人”）之非。人类起源既然一元，各族历史起点相同，仅进入文明有早有晚。发言毕有地区党校教师和湛先生前来握手，云：“感谢你带来理性思维”。

晚去茶馆欣赏纳西族老人演奏“洞经音乐”。组织者名宣科，其父曾为骆克做事，本人略通英语，善于插科打诨，外国人来听者颇众。

骆克其人，英文全名为 Joseph F. Rock。20 年前我来丽江，谈及此人概称为“美国特务”。此次来此，又尊称为“骆克博士”、“骆克教授”。前贬而今捧，无乃太过欤？据在国外所闻，此公并无“博士”、“教授”头衔，1949 年回美便无职务，蛰居意大利著述以遣余年。然毕生搜集整理纳西族东巴文资料，出书多种，足迹直至木里（西昌博物馆尚存他与木里土司的交往信函多件。著有《访问陌生的木里王国纪实》一文，载《美国地理杂志》）。其精神值得称道。

1990 年 11 月 8 日

丽江

上午参观白沙壁画及玉峰寺，旧地重游，颇有趣味。两地近年修葺，不似 30 年前残破。玉峰寺茶花大树仍在，吸引游客不少。

下午参观东巴文化研究室，和芳、和君长二老早已逝去。现有一“东巴”，年事已高。又近年翻译东巴经，出版已有数种，成绩显著。闻年轻学者已有学象形文字者，仅识单字，而不能通读经文。故若干年后象形文字及东巴经之翻译研究仍成问题。为何不趁“东巴”尚在，口诵每部经书录音，留待以后研究？冒昧进言，听者藐藐。

六 一个保存原始自由婚姻的社会

云南永胜 他鲁人

1962 年、1990 年

（一）

1962 年 9 月 25 日

永胜

前唐兆坤君来昆，告知他鲁人尚存原始婚俗，领导重视，派我对此进行调查。自宁蒗么梭人母系社会发现之后，婚姻家庭之类问题成为热门，人们总想再发现一个“母系社会”。

他鲁人青年男女

永胜迄今不通客车。22 日离下关，乘车至宾川（牛井）换马车前行，是日抵金沙江边而宿。23 日晨渡江，有溜索，亦有渡船，任旅客选择。我选渡船，以为可以“轻松一下”，不意行至江心，船遇漩涡打转，船工头上冒汗，幸有惊无险。下午搭拖拉机继续北行，夜宿期纳，已属永胜县境。

24 日晨起，拖拉机竟弃乘客而去。他未收车钱，有权如此。与众乘客结伴步行，尚不寂寞。程海在望，风光宜人，所经村寨盛产龙眼，此物在云南似不多见，一路饱食，又购二斤托同行者（风仪饭馆服务员）带回下关家中。步行约 20 公里，遇道班房而宿，见拖拉机亦停门前。拖拉机之速度竟与步行相侔。

今日再乘原拖拉机北行抵此。100 多公里路程，共行四日！

此间无招待所，宿县委会楼上一间空房中，尚舒适。

1962 年 9 月 27 日

永胜

今始确定即由唐兆坤君相伴下乡，国庆假期后才能成行。

永胜，南诏大理国时为成纪郡，由白族大姓高姓统治。元始置北胜州于此。传高泰祥抗元失败被斩，其妻抱子哭诉，竟得封为土知州，世袭其职。明设流官。清改永北直隶厅，而土知州之职一直保存。

1962 年 10 月 2 日

永胜

连日访问来县城开会他鲁人海鸿彩君，了解该族一般情况。他鲁人约 2000 人，大部分聚居于今六德公社（彼即为公社干部）。据云他鲁人种田用铁犁，地主收租等等，和附近汉族一样，就是“婚姻关系乱点”，原因他也“说不清”。

又他鲁人附近还有“纳渣”、“六德”、“莨莪”等等，风俗与他鲁人“差不多”。

1962 年 10 月 4 日

永胜兰遮村

昨与唐兄抵六德公社。他鲁人在此共约1500 人，分属云山、易水、双河三个大队。确定先来云山大队。

终日濛濛细雨，比抵大队所在地兰遮村，鞋袜尽湿。大队支书王华荣君介绍一般情况，指定会计陈 ×× 具体协助。彼家在兰遮，易于联系。应我之请再找一位熟悉情况之老人做翻译兼报告人。王与陈商量甚久，有的“出身不好”，有的“有问题”，最后确定找庄上村蓝朝，他曾是草药医生，走村串寨，对他鲁人家家户户都“一清二楚”。

此村房屋土墙草顶，火塘砌在土炕之上（称“炕床”），不像其他民族设在地下。终日生火，睡觉便不怕铺盖单薄。

我们住大队部，不能享受“炕床”优越性，入夜寒冷难耐。

1962 年 10 月 10 日

永胜兰遮村

一周来已对云山大队 4 个自然村（庄上、朱本着、衣阮毕、兰遮）按户口册逐户进行调查。这几天夜以继日拜访、询问、记录，毫不觉累。每户追溯家谱至 3 代为止；除现在配偶外，还了解过去结婚、离婚情况。蓝朝老人对情况甚为熟悉，当事人有不愿谈者，彼忙用汉语说：“回去我告诉你”。

看来，调查婚姻之类事，非从侧面了解不可，而像蓝朝这样的报告人必不可少。

先对他鲁人社会历史作一般了解。他们异口同声说自己是南京移来，并举山上大量墓碑为证。

然“南京柳树湾”来源说，在云南很多民族中流行，岂能不同民族来自一地？他鲁人尚保存自己语言，更可知原非汉族。大抵此间亦如他处，明初曾有汉族士兵随沐英大军迁入屯戍，与当地妇女结婚相互融合。

7 日访问各自然村典型户并摄影。一生未固定婚姻关系妇女（陈 ×× 及熊 ××× 等人），独身带领子女过活，家境尤为贫穷。未婚或已离婚妇女单独居住之“姑娘小屋”’各村都有，多在院外，一望便知。已一一摄影。

1962 平 10 月 13 日

永胜兰遮村

11 日唐君回永胜，我独自继续工作，每日均有收获。

姑娘小屋

现已发现此间男女交往之随便，超出想象，不仅未婚青年可自由觅偶并发生关系，已婚男女亦毫无顾忌。各寨干部来队部开会，或躺或坐，说笑打闹，动手动脚之行为经常可见。

除婚姻问题外，还了解他鲁人羊骨卜情况，蓝朝就是这方面“能手”。已请他演示并作实录。

此为第一次作真正的民族调查，一切顺利。看来此道亦可“无师自通”，而从每户基本情况及家谱入手，调查婚姻家庭之类问题，可以事半功倍。

白天调查，入晚则与蓝朝对榻而卧，聊至夜深。有时陈 ×× 亦来闲谈，夜深始归。我发现这一老一小性格相似，一生浪漫，交女朋友多，见多识广，而且对我并不见外。窗外时闻有人边走边吹树叶，其声幽怨。陈 ×× 能“以足音辨人”，就说“这人和 ××× 断了，又在找朋友了。他心烦”。据云，若去和女朋友幽会，总是悄悄地快走。

1962 年 10 月 14 日

永胜易水

晨起与兰遮干部及群众告别，算清伙食费（每日 1 斤粮票，3 角钱）。陈 ×× 说：“你来天天喝菜汤，‘他鲁粑粑’没尝一个，‘油茶’也没喝一碗，还要你钱，真对不起。”十几天来，确是一天两顿红糙米饭，一钵菜汤佐餐，有盐无油。但我辈回县城生活就可稍有改善，而他们捱到过年才能见油腥，说“对不起”的应该是我们这些“吃国家粮”的人。

王华荣支书帮我背行李，冒雨送至易水大队。

易水大队干部极为支持调查工作。开始对6个自然村（易黑姆、上易黑姆、本上、要撇、六坪子，数不住）作逐户调查。由于已有云山经验，就在大队部请干部按调查项目逐户介绍情况，情况复杂者才提问题或找当事人来。进展殊快。

1962年10月15日

永胜易水

继续工作，访问几家典型户，对已了解情况进行核实。

1962年10月18日

永胜

16日离他鲁人地区，步行至大厂，宿马店。大房间内通铺一张，我与一位赶马车“大哥”并榻而眠。四壁透风，马棚即在隔壁。

据云，过去马帮走路，沿途都住这样旅店。体验一下生活亦殊难得。晚上听同房旅客（有的曾是“马锅头”）谈趣闻，讲粗话，颇不寂寞。

17日回永胜，开始准备向县委宣传部报告调查经过及收获，此为调查之后例行公事，若不如此将有“不尊重当地党委领导”之嫌。

思之再三，大谈什么他鲁人婚姻是父系还是母系，算对偶婚还算一夫一妻制之类，未免有“故作高深”之嫌。按当前流行之“二分法”，就谈他鲁人婚姻的“优点”和“缺点”较易理解。

今天上午乃向县委宣传部汇报。大意为：

他鲁人选择配偶全凭自愿，通过父母只是形式，不讲求陪嫁和聘礼，婚礼简单，金钱在婚姻中不起作用，不存在无钱结不了婚的现象。结婚易，离婚更易，真正做到了“全以当事人的意志为转移”，不受社会的约束，特别是妇女离婚权利得到保障。这里可说是一个享有完全婚姻自由的社会，保留原始婚姻朴素、自然、纯洁的特点。

但是自由的婚姻也会出现一些新的问题。由于婚前性自由及早婚，使儿童死亡率较高，体质不良；由于离婚频繁，家庭经常改组，使子女不能得到很好的抚养和教育；而且常见单身妇女带一大群孩子过活，或只剩一个老人无依无靠，给社会带来很大负担。

人类和其他动物不同，幼儿不能自己觅食，有赖父母哺养，故人类之有婚姻制度和家庭组织，主要就是为了抚养子女，延续后代，故克制、迁就、忍让在夫妻之间大概永远是需要的。如此长篇大论之后，自以为言之成理。不料领导除赞扬“从上面来的干部能和农民同吃同住”外，只是说：“是啊，那里我去过，男女关系就是乱！”仍把一切看成“男女关系”问题。夫复何言？

（二）

1990年11月10日

永胜

丽江开会后来此。研究生王亚文、民委干部梁虹同行。距1962年调查，已28年矣！

会见王金龙副县长，他鲁人中惟一大学生（毕业于中央民族学院政治系）。她热情相邀我等一行到家中作客，杀鸡招待，并介绍情况。

现他鲁人聚居区人口由1500多人发展到3500多人，增加一倍有余。六德公社改为乡，云山、易水、双河3个大队改为3个行政村。他鲁人地区变化很大。新开水田不少，平均每户一亩多，“都吃上大米了”，家家盖了新房。以她自己的易水老家来说，去年7人共收稻谷3000—4000斤，还有包谷杂粮，现全年收入2000–3000元。有人做生意（买卖牲口、倒卖山货等）致富，但万元户还不多。

王副县长分管计划生育，这方面情况熟悉，统计数字随口而出。惜边吃边谈，无法笔记。前几年政策说可生三胎，现又只准二胎。超生的要罚款，少数民族罚840元，汉族罚1400元。他鲁人是听话的，二胎以上结扎无阻力。现在未婚怀孕仍有，但已少，县委发了一个67号文件，规定未婚生育到年龄的罚300元，不到年龄的罚350元，故现在登记结婚者增多。

1990年11月12日

永胜六德乡政府

昨日来此，无力再下村寨，殊感“老之已至”。王、梁两位下去调查并摄影。独留乡政府，翻看婚姻涉讼案件档案，并与当地干部及老人座谈。

他鲁人生活确有改善，顿顿米饭，米的质量还很不错。每村都已通电，已有黑白电视，虽不普遍。森林覆盖率达44%，都是新育林，是实行荒山承包“三定”以后的成绩，“老林都砍完，盖了房子了”。他鲁河流量也由每秒12立方米下降到7.5立方米。一眼望去，山有绿色，总是给人以希望。30年取得这点成绩未免太少，但听说这些只是近十年的事，“文革当中还不如你来时好”，又感中国这十年改革来之不易，应该珍惜！

惟一遗憾是教育进步不大。他鲁人聚居3个行政村共有4621人（包括非他鲁人），文盲半文盲占1713人（15岁以上），读过高中仅10人，中专19人，初中339人，小学1807人。

男女婚前性自由依然保存，“婚前没有发生关系反而少”（民政干事语）。“姑娘小屋”（现称“青春房”）还有，但已减少，因现在男女社交机会增多。大多数人结婚都来政府登记，“怕罚款”。若未婚怀孕，女方便要求登记结婚，发生关系时女方就要下一件信物（如收音机、手表、手电、衬衣、帽子等），不怕男子抵赖（按：不固定配偶，妇女受害最甚，故远古时婚姻制度之确立或应归功于妇女）。如已生孩子仍不登记称为“事实婚姻”（按：这个名词很好），动员登记再不听，加倍罚款。婚礼仍很简单，只请吃饭，无聘礼和赔嫁，但“他鲁粑粑”非赔送不可。离婚不许带走土地，以此限制离婚。离婚事件全乡今年7件，1989年22件，1988年14件，1987年11件，1986年8件。现在离婚后男子要负担子女抚养费，300元至500元不等，无能力者亦不计较。

此行最大收获是发现一生未固定关系者还有宗教原因，这类人家多被认为有“干蛊”（他鲁语gan–du）意即“空蛊”或“无形的蛊”，与“放蛊”（他鲁语du–zai）一词相对而言。凡与这类人结婚，后代即为“干蛊”，从此男无人嫁，女无人讨。双河有位党员名海承志，为了带头破除迷信，讨一“干蛊”妇女，至今儿子讨不到媳妇，女儿嫁不出去（这位党员事迹值得大书特书）。“年轻人谈恋爱时不管这一套，结婚时父母就要出面干涉，就是结了婚，也要离掉。”请他们举例，随口就说出最近发生一事：易水海 ×× 在水泥厂工作，已与邱 ×× 发生关系，并领了结婚证，即因邱家为“干蛊”。父母硬不同意，闹到乡里，赔了 300 元了事。过去我在调查报告中说一生未娶未嫁者“无特殊原因”，实误。

问为何以前不告诉我，他们说：“1962 年谁敢说这些，那不是宣扬封建迷信吗？而且这是‘文革’以后才恢复的”。

看来，要深入了解一个民族思想意识、宗教信仰之类问题，绝非易事！在中国调查，政治干扰太大，尤为不易。

晚访蓝 ×× 于其家。他见面就说：“我们以为是你把他鲁人划为彝族的呢。”我耐心解释这是 1954 年民族识别划定，我没有这么大的权力，我当时还未来云南。他仍坚信他鲁人祖先是汉族，“文化很高”，以墓地碑刻为证。

1990 年 11 月 13 日

永胜六德乡政府

访问附近纳渣村。前次调查集中注意于他鲁人，附近民族一概未问。今虽不能详细调查，走马观花，聊胜于无。

村在他鲁河东岸，距六德乡政府约 2 公里，80 余户，房屋新盖者多瓦顶，草顶房已少。人均水田仅 5 分许，较他鲁人穷困，至今尚未通电。但也全吃大米，“街期就可以买肉吃，有酒喝”，不必像过去那样盼望过年。

纳渣人全部人口仅 800 余人（？），与他鲁人可以通话，且可通婚。6 月 24 日过节，会“打跳”。也有“姑娘小屋”（建在院内或院外均可），结婚简单，“自己谈好，把姑娘领回家就是了”。上门者众（现全村有 10 余户），离婚也多，妇女可带子女回娘家。

今日访问之家姓蓝，有二层楼房，院落甚大，且极整洁。家有已婚之子媳及孙辈，有未婚子女，有离婚回来之女及其小孩，各占一间。

询问为何称为“纳渣”，有何含意？主人谓是“扎下”之意，似为随口附会。

七 观察远古取火法

云南德宏、保山地区 景颇族、傣族、阿昌族

1962 年、1973 年、1981 年

（一）

1962 年 1 月 9 日

梁河

昨晨离腾冲，11 时许车过九保。路边有碑，始知此地为李根源先生故里。此老虽为军政大员.颇爱金石，所著《云南金石目录》，初来滇时已翻阅一遍。

傣族村寨

昨日下午由县统战部李国仁君带领去土司衙门，访问土司族人龚安宁先生（77 岁）等人。南甸宣抚使从元代延至现代，土地最广，势力最盛时可达缅甸之八莫，号称德宏地区“十司领袖”。20 世纪 30 年代于此设梁河设治局，隶属腾冲厅，然土司仍保有强大势力，一度烧毁设治局。龚先生自称为明代随征将士之后，龚为本姓，刀为赐姓。今衙门大体保持完好，末代土司龚绶为著名统战对象。

南甸与干崖（今盈江）、盏达（今莲山）简称南干盏地区。这一带傣族汉化程度较深，行汉历，过春节，多住汉式平房，婚丧礼节略同汉族，惟流行赶“皮巴”鬼之习俗。一旦“发现”，要敲铓“送出陇川境外”，有专人从事赶鬼。与龚先生谈话时，旁有一位老人插言，他曾亲自赶送其嫂。

今上午访问此间小乘佛教寺庙（“奘房”），已无佛爷。现由龚土司家管理，供奉虔诚。去时

一位老妇正在佛前换水。寺庙建筑略同内地，惟屋顶有孔雀形雕刻。殿内有大柜，盛满傣文经书，绸裱封面，极为华丽。

下午访城郊阿昌族村寨——丙盖，属傣族土司直接管辖。前人调查已多，参观而已。此间阿昌族除妇女服饰外，习俗多同汉族，说汉话。各家供有祖先牌位，祖先有“大家鬼”、“小家鬼”之分，祭祀日期及祭品有异。大体言之，“小家鬼”属于各家祖先，而“大家鬼”则为虚拟的所有亡灵之集合体，合寨共祭，已超出祖先崇拜之范畴。前人一概目为祖先崇拜，疑非是。容他日作专门调查。

1962 年 1 月 10 日

梁河

由李君带领去河西区邦达寨查看一处古遗址，此次德宏之行主要任务即希望找到若干古文化遗存。

遗址在寨东山之缓坡上，陶片堆积甚厚。夹沙陶，呈棕黄色，如大理地区所见，器形多盆，罐等，未见石器，时代尚难确定。

1962 年 1 月 19 日

畹町

由芒市去瑞丽经过此地。小旅社中住满境外华侨来探亲者。已在国外一方不想归来，尚在国内一方出国无门，牛郎织女，天各一方，便只有在此相会。一家老小合住一室，以小炉煮饭，若当地居民。闻有在此连住数月之久者。

傍晚去边关检查站，见境外边民正鱼贯而入，女着纱笼，男穿西装，足穿拖鞋。盖今晚此间有杂技表演。

1962 年 1 月 21 日

瑞丽

昨由畹町抵此。乘马车沿河而行，河对岸缅境村寨，鸡犬之声相闻。此间傣族属水傣族，全住干栏式竹楼，竹篱为墙，编出图案，排列有序，掩映于绿树之中，风景绝美；妇女穿花布筒裙，欢声笑语结伴而行。与梁河、芒市旱傣族村寨不同，与内地农村气氛更不可同日而语。

今由县委党校王君带领去景颇族村寨南京里略事访问，与老人们座谈，了解记时、记事、计量传统方法及宗教活动。谈到当地宗教习俗，无意中得知过去村寨失火，必须重燃新火，且必要用“竹子磨火”，乃请他们立即演示。一位老人欣然从命，找来竹筒一节，内塞竹屑、火草等物，双手持之在竹片边缘来回迅速摩擦。不久竹筒磨穿冒烟，口吹竹筒，火焰即起，此非传说中燧人氏钻木取火之类乎？不意石器时代技术在景颇族中仍然保存，虽然只存于宗教仪式中。

过去景颇族还有一种取火工具“排波”，以竹筒或牛角制成，以木棒猛力压入而得火。此亦为远古时期取火方法之遗留。此物仍然使用于日常生活中。抗战时期，日寇侵入滇西，火柴缺乏，人们普遍以此取火抽烟。

1962 年 1 月 22 日

瑞丽姐勒乡邦蚌寨

昨抵此考察麓川遗迹。按麓川王国当元末明初时，势力强大，据有今德宏境，甚至侵入云南腹地直至景东，为历史上傣族建立之强大政权。首都名者兰，或谓即今姐勒，两者音同，而此间邦蚌寨附近至今尚存遗迹云。

姐勒有白塔，参观毕，即来邦蚌寨，住生产队长家。此间竹楼下层养牛，但围以竹篱，有如两层楼房。

在瑞丽姐勒白塔前

1962 年 1 月 23 日

邦蚌寨

清晨即由莫汉姆（社队派来做翻译者）引导去寨北约二公里山顶查看“城址”。荒草没径，无片瓦遗留。莫汉姆操不纯熟之汉语告我何处为宫殿，何处为城门，然地面一无所见。

莫汉姆见我失望，建议我去看孔雀，谓孔雀每当清晨必来草坪上开屏跳舞。我们潜伏良久，鞋裤尽为露水浸湿，只闻孔雀叫声，始终未见孔雀倩影。

莫汉姆甚有风趣，今年 33 岁，已离婚两次，理由是“对方思想落后”，而自己为“积极分子”，曾任联防大队队长，并去昆明演出云云。

我建议与他合影一帧以为纪念，他雀跃三丈，卷起裤脚，露出文身图案。盖此间傣族颇以文身为荣。

早饭毕返回县城。今为街期，比至街子已散。此间由于天气炎热多赶早街，并非所有少数民族都是“日中为市”。

（二）

1973 年 3 月 26 日

保山

自 1965 年秋至今，已有 8 年“不务正业”。此次德宏之行乃为博物馆搜集民族文物，并非调查研究，然趁此时机可了解民族情况，聊胜于终日开会、批判、劳动。

24 日抵此，与同行诸君去太保山一游。玉皇阁房屋建筑尚在，内部已荡然无存，自为扫四旧之“成绩”。

连日联系工作，翻阅资料。此行随身携带书刊除景颇族、傣族调查资料外，尚有《永昌府文征》一部。“读万卷书，行万里路”，对我而言已非仅是豪言壮语，而必须随时结合切实进行。旅途查书，其乐无穷，若偷懒未带必要书刊常常影响调查，教训深刻。

1973 年 3 月 29 日

芒市

27 日来此，拜会州县领导，取得支持，与民族干部座谈，确定调查地点，并查阅县档案室资料。

近年曾在景颇族之中开展“我是中国人”教育，反映景颇族原来对外部世界缺乏基本了解，如说：“遮放最大，西山最高”；“中国没有缅甸大，从中国走一天就到缅甸，而从缅甸走几天还未到头”；“中国最大的地方是芒市”。忆前在西双版纳景洪县调查，傣族形容路长，常曰：“有到大勐笼那么远”。而景洪至勐笼尚不足 100 公里。少数民族僻居群山交通不便，易于形成空间观念局限性。

档案材料中反映近年民族干部有头人作风，群众也把干部视为头人。如说：“祭鬼的肉旧社会归山官吃，新社会归社长、会计吃”；“寨子里人要算山官和社长最大，吃酒两人一起坐‘上八位’”。看来运动频繁，并未能解决人们思想意识深处存在的问题。

芒市已有多年不来，仍然是春光明媚，景色宜人。但街头大字报到处可见，高声喇叭终日广播。

1973 年 3 月 30 日

潞西县轩岗坝

昨在招待所闻知此间“发现文物”，承县委王泽民副书记大力支持派车，十时许抵轩岗公社。了解情况后，继续前行至小水沟寨，下车步行约一小时抵盘坡寨，再行约半小时抵发现地点窝子寨。

出土器物已分散。然群众闻知我等为此而来，争相取回上交，有来回跑路达数公里者，且坚决不要报酬。民风淳朴，为他处所不及。

所谓“文物”实不过铁锄、铁条锄、茶缸各一，铁耙齿钉数枚，马鹿形铜灯一对。除铜灯造型别致，堪称工艺品外，余无甚价值。器物出土于倾塌之房屋遗址中，尚有木碓残件。

今日所经村寨属�竹园大队，居民均为汉族，住草顶平房。男子服饰已无特点，而妇女完全保存古老服饰，着右衽镶边无领上衣，头挽长髻，横插以簪，老妇足缠甚小。彼等虽能说汉语，语音甚怪，若不专心甚难听懂。男女多会说少数民族语言。妇女口嚼槟榔也如少数民族。疑此间汉族为真正明代移民之后裔，长期居住闭塞山区，未经近代文明之洗礼。此间虽有公路可通公社，汽车仍不多见，我等汽车经过时，行路者辄狂奔不已。

晚宿筠竹园大队小学。当今物资缺乏，小学老师们仍罄其所有备饭招待。我等无异夺人营养，于心甚为不忍。

今日所经山区，森林茂密，环境清幽。野兽仍多。男人行路，几乎人人背铜炮枪，麂子、马鹿时能猎获。此间早有禁猎野生动物法令，然禁者自禁，猎者自猎。大队支书笑曰：“我们不打，跑去缅甸，还不是让他们打？”

1973年4月2日

潞西县西山弄丙寨

州里派曾任邮电局长之石勒板君来任翻译，并派车直送我们一行至弄丙。

此寨为西山公社所在地。前人作调查时有景颇族65户，今仅存46户，盖自1958年后陆续迁去缅甸。石君云，前几年把妇女银首饰、男人铜炮枪乃至象脚鼓、铓锣，均作“四旧”没收。群众反映“听不见铓声心都散了”。至于粮食不够吃，尚属次要原因。

据石君和当地干部言，景颇族外迁者实出无奈，“对国家及社会主义仍有感情”，谓“大青树根是稳的，只是枝桠枯死了”；“上面的水清，下面的水混”。有全寨外迁仍组合作社且由原社长领导者，有迁出又迁回者。

1973年4月4日

潞西县西山古东寨

难事先办。古东以路险难行著称（“古东”即直上直下之意），故昨离弄丙，经毛将、广令等寨来此，考查至今保存完好之景颇族大房子。古东寨原有30余户，现只有20户左右。

大房子原为山官早泡莫住宅，干栏式楼房，长约50米，宽约9米，分7间，由山官及其家人分住。下层砌有土墙，留有枪孔，乃过去械斗频繁之反映。

房屋系“汉族大师傅”名杨宝保者设计并指挥施工，山官辖区百姓来作无偿劳动（“拾瓦陇”）建成。

忙于测绘大房子并摄影，以便将来制作模型展览，于其他问题无暇做详细了解。惟知山官蓄有奴隶（“准”）3人，长工5人。长工住大房子之客房中，而奴隶住碓房中，两者待遇全然不同。

古东无法容纳多人住宿，天已垂暮，匆促离开，奔走至毛将寨而宿。摸黑行走山路，幸未扑跌。

1973年4月5日

潞西县西山毛将寨

毛将寨为大队部所在，40余户，有县农水科张君、县组织部何君（景颇族）等在此蹲点。全日在此访问、观察。

此间妇女织布者颇众，所织背包、裹腿等皆有彩色图案。原料为自纺棉线及公司购来之花线。问纺线用的棉花何来，群众笑指村寨四周曰：“这不是吗？”乃一种高与人齐之植物，当地人称“大棉”，有棉花采摘未尽尚存树上。我恍然大悟，所谓能织布之木棉，应指此。忆前在西双版纳亦见此物。张君为农业专门人材，承告此为多年生草棉，纤维不如一年生草棉长，尚可纺成线，而木棉树之攀枝花则根本不能纺

景颇族妇女织布

线。这种多年生草棉又有海洋种及大陆种之分。

前人以为古代木棉布乃“红棉花开十里香”之攀枝花织成，实误。今日有此收获，可算不虚此行。

1973年4月7日

潞西县西山弄丙寨

连日在此搜集文物，获烟盒、装火药之竹筒、绕线板等，均择有精美花纹图案者。又获压气取火筒一枚，此间至今刀耕火种仍用此点火烧山，谓用火柴则草易生。

连续找老人座谈，了解各种生活习俗，并请他们演示竹筒煮饭及锯竹取火方法。此间锯竹取火方法与前在瑞丽的南京里所见略有不同，除失火外，盖新房亦要用此法另升新火。

景颇族磨竹取火

临行馆领导谆谆告诫：此行不可“见物不见人”，时刻不要忘记“历史是劳动人民创造”的真理。拟为此间奴隶木久写份家史以便交差。此寨山官昆先共有家生奴隶两人，木久为姐，木锐为妹，其母原为奴隶。闻木久直至“四清”工作队入村才“解放”，起初“觉悟不高”，竟不许别人说山官坏话。现依靠其妹木锐过活。木锐有子名唐勒君，现为毛将寨小学教师，前日已见。

请木久谈过去奴隶生活。彼终年舂米，背水，从事沉重劳动，仅有剩菜饭可食。然自认最伤心之事乃是身背盛放死者衣物之篓为死人送葬，此称为“梭姆南”。奴隶经一套仪式后，灵魂便会“失去”。同时还需男奴一人牵马送葬，人马并留坟前供主人另一世界使用，此称“芒拉沙伯拉”。与木久同时行此仪式之男奴名麻腊，人虽未死，却已“变傻”。疑景颇族历史上原有奴隶殉葬习俗，演变为此类象征殉葬之仪式。

1973年4月9日

瑞丽

来此加参加傣族泼水节。

瑞丽街子甚为热闹，货物甚多，花生、芝麻等多年不见副食品也可购得，新鲜牛肉尤令人馋涎欲滴。询之，皆从界外缅寨贩来。仅一江之隔，自然地理环境相同，何以彼方出产如此丰富？此无他，彼方农民可专心从事生产，我方农民又要生产又要“革命”，且不许“以生产压革命”

之故也。

下午县革委请参加泼水节各单位座谈征求意见，安排日程。请求派翻译协助，承蒙答允，派文化馆龚君来。

龚君为芒市傣族，原在民族出版社工作，近始调此。人极谦和，且熟悉德宏情况。

1973 年 4 月 11 日

瑞丽

今访县委莫书记（傣族），请教麓川古城等问题。据云，者兰并非在今弄岛对面之南坎，实另有其地。今姐东之斜对面有地仍名“者兰”。由于已属缅境，无法查考证实。又麓川除首都外建城颇多，如姐勒意为“上城”，姐东意为“中城”，而姐相意为“下城”，均无遗迹可寻。今勐卯城则为平麓川后所建，非麓川王国旧物。

据告，姐勒之塔“扫四旧”时已全毁，闻之痛心。此塔传为德宏最早之塔，过去远自仰光都来朝拜。白塔与周围绿树相映，风景殊美。12 年前在塔前观摩良久，留下极佳印象，今欲再睹已不可能。据云傣族寨边大青树遭砍者也为数不少，而傣族正赖此躲避炎日（“看见大青树心中就感觉凉快”）。此种愚昧行为，今天已可判明是非，无待历史再作结论。

1973 年 4 月 12 日

瑞丽

晨，县城举行庆祝泼水节大会。县城干部、学生外，城郊农民亦乘拖拉机来，或携带编锣，乃新从缅甸购入，每架 300—400 元。原有编锣前几年均毁。

行礼如仪。语录诵毕、口号喊尽之后，有县文工团表演。在傣族及景颇族合演舞蹈中，女演员髻后一绺头发下垂，与石寨山青铜器图像中一种发式正同。

继由“县革委”以大客车送我们去姐东、广双，沿途群众向汽车泼水，极为有趣。

广双仅有 32 户，现人均产 3000 多斤稻谷，交公余粮达 2500 斤。原打成“黑样板”，今成为好典型。据介绍，主要经验在于终日搞生产，劳动强度太大，故有“可讨广双婆娘，不可女嫁广双”之谚；上面刮什么风，“干部能顶得住”云云。何以举国皆醉，惟此寨独醒？无非是地处边陲，得天独厚，所谓“天高皇帝远”也。每次运动有如投石于水，激起波澜，必愈远愈淡。

在广双寨吃午饭，参加该寨泼水。群众自发跳孔雀舞，较之舞台所见更为优美动人。圈内男子敲象脚鼓，表现雄孔雀顾盼弄姿之态；女子绕圈而舞，表现雌孔雀慕偶之情。舞队中除年轻男女外，尚有年过半百老妇，兴致之高不逊青年。舞蹈正酣，突有男子进入圈内，群众欢呼雀跃。此人名毛相，曾参加莫斯科联欢会获得奖牌，舞技确高出一筹，模仿孔雀各种姿态或开屏情景，惟妙惟肖。毛相舞罢，众男女拥集其身旁递烟倒酒。少数民族亦如城市中人，有自己喜爱和崇拜之“明星”。

此间泼水多用小罐、小桶，略洒示意而已，小孩仅以缅甸买来之水枪互射，与西双版纳大桶泼水颇异其趣。这样泼水才近乎泼水节原来习俗。

继由广双回姐东，略事逗留。此为大寨，现仍有 90 余户。去傣家做客，一位老妇在凉台上纺线，用多年生草棉为原料，其园圃中培植多株，棉桃尚在。此物傣语称“闺龙”，意为大棉。所谓“木棉布”非以攀枝花为原料，见此益信。

1973 年 4 月 13 日

瑞丽

去颠龙寨了解婚姻、家庭、姓氏、命名、青年组织等问题。

瑞丽傣族离婚普遍，上门者多，原本无姓，均与西双版纳同。此间前日有人结婚，送村寨头人、“伙冒”（男青年组织）头及“伙少”（女青年组织）头各五元，围观小孩亦各得五分。新婚夫妇对客人送钱似他处少见。

颠龙寨位于团结大沟之南，40 余户。房屋整齐，室内清洁，户户养花。楼房下层仅雨天关牛，平时不再养家畜。厨房已与正房分开。瑞丽傣族居住条件在少数民族之中堪称第一！

1973 年 4 月 14 日

瑞丽

去查看勐卯城，万历年间陈用宾建，为明清两代勐卯安抚司所居处。土司衙署及寺庙今已不存，城墙城门尚余遗迹。步测之，周约二公里，城内道路以石板铺砌。

今城内居民多为旱傣，后世迁入。住平房，近年外迁者众，房屋空无一人，而他人并不侵占，少数民族良好风俗尚存。末代土司邗景泰（？）娶梁河龚绥之女为妻，已外迁。

城中出铜炮一管，上铸楷书“头品顶戴兵部侍郎云南巡抚部院提督军务岑督令，同治辛未夏日制”。岑毓英所铸铜炮在云南少数民族地区屡见，意在威慑，未必实用。

1973 年 4 月 21 日

瑞丽班令寨

15 日来此调查并搜集文物。此寨有景颇族 100 余户，因为下山种田已分为 3 个生产队，各 30 余户。山官名早昆，家无长工及奴隶，较穷。逃缅未成被“敲死”。

来时适逢盖新房，主人何姓，邀请前往喝酒庆贺。新建房屋为平房、草顶，有简单榫卯结构，柱有石础。厨房、牛栏在住房之外。

宾客数十人，多身背酒筒等礼物而来。入门致贺词，常引起欢笑，必含幽默诙谐之词，惜石君未译。晚饭毕，房外燃篝火，敲象脚鼓、铓锣，人们围圈跳舞。次晨见新房满地都是宾客，或坐或卧，或喃喃自语，或相对而歌，醉态可掬。早饭毕，各持主人“回礼”（长刀、锄头等）而归。

连日请老人翁绍弄等人复制过去“祭官庙”（一种播种仪式）所用竹锄、竹帚等，供未来展览用，并了解号地、号树方法。

今去老寨参观，从山脚到山顶，走两小时许。沿途大树合抱，松鼠蹿跳其间，风景极为清幽。

1973 年 4 月 23 日

瑞丽

自泼水节来此，倏已两周。除下乡调查外，每住县城必由龚君陪同，访问此间著名歌手庄相老人，前后不下十余次。他能即兴唱歌，开会时以唱歌代替发言，熟悉傣族文化，谈吐机智诙谐，诚属最佳报告人。

他于泼水节当天乘拖拉机翻车伤肋，至今未愈，不时发出"啊！格，格！"之声，仍坚持谈话，盛情可感。

谈话范围甚广，涉及当地傣族度量衡、物候、占卜、命名、婚姻及历法诸事，收获颇丰。此间记时，白天有自制日晷，晚上听寺庙钟声。请庄相老人制作日晷模型一件，通体以竹制成，上书缅文。

询问此间寺庙是否有颁历之事，答曰不见。但群众不记年月，如有婴孩出生则送礼少许，请佛爷告知年月日时，并出具生日书（"占达"）一纸，颇似今天"出生证"。龚君搜集到此间老人赛屯之生日书一纸，全文如下：

> 查戛历 1268 年，腊历尾庚辰、头辛巳，三月十四日，佛日蛇（七）日，傣日乙亥，人们睡熟的时候，生下赛屯。愿他幸福长寿。赛屯的"占达"。

此间有两种历法（傣历、缅历）及多种记日法并行。

1973 年 4 月 24 日

瑞丽

上午访问邦蚌寨。传闻此间发现"宝石"，到此始知纯属子虚。12 年前在此寨住过一夜，今旧地重游。现已有 64 户，房屋多改瓦顶，也有铁皮为顶者，当地人民殊不习惯，认为"太热"。总之，进步虽有，但不显著。而隔江缅境之木姐，房屋鳞次栉比，已成市镇。

德宏傣族死者用物置于墓顶竹架上

归途见新坟一座，篾圈围绕，有竹架，上置竹凳、饭盒、铝质脸盆等日用之物。明初使臣来此，即见人死将生平所用器物置于墓上（见《百夷传》），此俗数百年未变。

1973 年 4 月 30 日

芒市

连日访问还俗佛爷李布满，由云南民族学院巫凌云君兄翻译，了解傣族干支记日及度量衡等。据云芒市过去与沧源一样，佛寺亦有颁历之事，还要由土司加盖大印，大概此为旱傣之习俗，故西双版纳及瑞丽无此。今晤陈茜兄，已由保山调任州外事组长，畅谈当前情况。

近各县文工团来此演出。景颇族及傣族刀舞很有民族特色。而傣剧《沙家浜》之古怪动作及腔调，则引起哄堂大笑，并未达到“革命路线”教育效果。此或为样板戏主办者始料所不及。

1973 年 5 月 3 日

芒市

去银器社调查传统制作银器方法，作详细记录并摄影。傣族不会冶银，只能以旧银器或银币溶化改制首饰。溶银有陶制小坩锅，似古代溶铜“将军盔”之微型。乘银溶化而未凝时，锤打成片或抽拉成丝，置印模上锤打以制出花纹。有一种上有圆窝之牛角，供敲打纽扣等用，似为原始工具，尤值得注意。器物制成后以酸角、酸木瓜之水煮之，再以钢丝刷擦之，使其光亮。焊接银器部件用硼砂为焊药，或更加以酒。现在产品有镯、帽顶、纽扣、钗、耳坠、胸花等。

1973 年 5 月 5 日

芒市

再访李布满先生，谈历法事。

与陈茜兄去银行，参观当地收购来一种椭圆形银块。前在银器社初见此物引起注意，疑与滇西自古贸易用银“铸若半卵状”（景泰云南图经本《百夷传》）有关。银行中果有此物甚多，上铸“户”、“兵”、“鼎”、“条”、“金”、“贵”等字，似为内地铸造。然不知是按当地传统制造仅在当地流通，抑或为全国通货？待查。

1973 年 5 月 7 日

陇川

昨由芒市经章凤抵此。拜会丁老五书记，并与来县开会之邦瓦、拱瓦两公社干部座谈，确定分两组开展工作。我与石勒板及罗钰两君去拱瓦。陇川调查工作前人已作多次，惟拱瓦尚未见有调查材料。

陇川县今有 9 万人，景颇族 3 万人，为景颇族（小山支）集中分布区。老城位于山之缓坡上，城内皆草顶地房，居民主要为旱傣。土司姓“多”，王骥征麓川首先归附得封，沿袭至今。土司衙门尚存，石砌基础，汉式建筑，今为学习班所在地。

1973 年 5 月 8 日

陇川拱瓦

我等一行三人与拱瓦大队副支书唐勒朋，步行一天抵此。全寨原 70 余户，下山种田 10 余户。种植面积扩大，“农活比以前累得多”。但“牛会吃谷”，故产量不高，口粮人平均 600 余斤，“不够吃”。询问何以人不管牛，唐勒朋君答云：“牛也得让吃点，才能犁田”。

1973 年 5 月 10 日

陇川拱瓦

报告人早已确定并通知，已过两天不见人影。与当地干部闲谈，走家串户，了解本寨基本情况以及婚姻、宗教等习俗。据云，景颇族作为礼物之“坑头刀”为铁刀、铁矛各一对，不能实用，遇别人结婚，又可转送。

闻此间现在死人，国内做鬼怕挨批判，便去缅境举行。

见本寨人户房前中柱挂有牛头，虽不如佤族牛头之多，意义相同。

1973 年 5 月 15 日

陇川拱瓦

请四位报告人做文物复制品，已完成“祭官庙”之鬼桩一对，“跳总戈”（景颇族最大祭祀及节庆活动）之木牌 4 面，墓上之木鸟、日月牌及“顾木绒”（颇似楚墓中之镇墓兽）一套。老人自去树林砍来木料，成型修平全用长刀。彩绘颜料均为自制，就地取材：黑色用火药，白色用石灰，红色用猪血，绿色用一种树（“蒋择扑哈”）的叶子。

景颇族〝顾木绒〞（墓顶物）

老人边做“文物”，边争论，边喝酒，兴致极高。每项文物之用途及图案花纹意义已作详细记录。

入晚则围火座谈，询问有关“拉事”（械斗）、“讲事”（调解、谈判）、赔偿、丧葬等问题。过去人命赔偿必要用牛。赔每条牛要说出理由，如说：“鸟布见”（“人缺了”），赔牛一条；“总阔台”（“人不在了”），赔牛一条；“家晒罗”（“把人糟踏了”），又要赔一条牛。另外，还要加上“洗寨子牛”、“挖坟牛”、“尸旁椎杀的牛”等等。多者一条人命要赔牛 10 条。景颇族谚语有云：“讲赔偿像数头发一样数不清。”通过杀牛举行一系列仪式才能把死者由凶死变为正常死亡。

对本寨奴隶问题亦作一般了解。奴隶所生子女都归山官，故过去奴隶不少。此间亦有“芒拉沙伯拉”及“梭姆南”，即以男奴牵马女奴背箩作象征性殉葬。老人们尚记得仪式念咒全文：

> 竹笋长到顶了，人也活到头了。男祖的世界，女祖的世界。啊，勒干姆（假定祖先名），你孙子（或儿子）勒龙（假定名）已来了，骑着盛装的马，由卑贱的奴隶牵着来了；还有卑贱的女奴隶，背着背箩在后面跟着来了。趁他们还没有折回的时候，你赶快来接吧！不要忘掉那跟在后面的人，用手拉住，用脚踩住。

此可反映送葬奴隶确有供死者在另一世界役使的含意，较在西山弄丙所了解者有所进展。

这几天供给老人饮食，并以军用水壶购酒四壶。我原想人分一壶，石勒板及唐勒朋两君连呼“不可”，说如此必全部醉倒，“一样事做不成”，要求由他们“掌握”。每隔一定时期，每人分一杯，如小孩分配糖果然。文物做好，酒壶全空，四人微醺，恰到好处。

临行时每人又分得酬金四五元，更为高兴。征求他们意见，对这几天招待极为满意，惟云希望不要把他们做的东西“随便丢失”，其心境与艺术家珍爱自己作品一样。

他们也不愧为民族艺术家，所绘图案色彩鲜艳，而且笔划准确，遇有疑难，辄相互辩驳，必大家满意乃止。尤以“祭官庙”鬼桩上所绘象征各种财富图形，寥寥数笔，即能表现事物特征，一望即知为何物。

1973 年 5 月 16 日

陇川景坎

晨起忙于收拾行装，包扎文物模型。罗钰君原为德宏知青，有劳动经验，包扎极为妥当。他们在农村养成较强独立生活能力，不像我们初来少数民族地区时手足无所措。知识青年上山下乡运动之收获惟此点尚可称道。

借牛两条，雇两人，驮载行李文物，由拱瓦下山。牛行甚慢，今夜宿此。

1973 年 5 月 18 日

陇川

在此休整。去文化馆参观，见阶级对比展览陈列品中有头骨两个，谓为山官早堵家殉葬奴隶之头，乃其曾祖时代事，距今约百年。如属实，则进一步证明景颇族历史上有以奴隶殉葬之俗。

1973 年 5 月 20 日

腊撒

来此调查阿昌族制造铁器，住曼丙小旅社。昨去附近曼东，该寨以制造小刀著名，阿昌刀闻名于滇西南各地。阿昌族不会从矿石中冶铁，只从废铁中取得原料，仍有若干古老制铁技术值得注意。

户撒、腊撒各有土司，其祖先随王骥征麓川有功，封土把总或土千总之职，清封长官司。户撒土司姓赖，腊撒土司姓盖。

户腊撒地区为群山之中一块平坝，地势较高，气候凉爽，连日辛劳燥热，至此全消。全坝古树参天，绿草如茵，人户不多，“清幽”两字当之无愧！

1973 年 5 月 21 日

户撒

此为户腊撒公社所在地，见“嘉庆十一年”铜钟一个，上记户腊撒土司及善男信女捐银数字。经过一寨名曰宋项，有古碑一方倒卧于地，已成妇女洗衣石。字迹漫漶，辨认良久，为乾隆五十八年永昌知府规定农民对土司应交之负担，极有史料价值。伏地抄录残文。

该寨有水沟穿过，流水潺潺。寨边大树两棵，傍晚栖满白鹭，成百上千，为毕生未见之奇观。闻寨有公约，不许伤害，才聚集成群。寨内石板铺路，极为整洁。

今考查此间海南寨制造铁犁铧技术，乃三代以前新从腾冲学来。

1973 年 5 月 22 日

盈江

晨离腊撒，在曼线吃饭后车复前行，抵盈江。乃一大坝，大盈江横贯其间（盈江即因此得名），北为盏达土司境，南为干崖土司境，今均属盈江县。县城距末代干崖土司刀京版所居“新城”尚有一段距离。

干崖土司自明代始封至今。30 年代有盈江设治局之设，但土司势力仍然强大，最后一任设治局长竟由干崖土司族人刀威伯担任，正如潞西设治局长一度由芒市土司之弟（“代办”）方克胜担任，均反映德宏少数民族地区“土流并设”而土官有压倒流官之倾向。

与县方联系，确定就在县城开展工作。据云能提供景颇族大山支情况最好报告人，多在县政协。

1973 年 5 月 26 日

盈江

连日与政协老人沙万福（乌帕）、杨早坝（铜壁关）、李尼弄（盏西）座谈，由县文化馆岳老三君任翻译。集中了解两问题：

一是“贡沙”、“贡龙”问题。蜚声四海的英国人类学家 E．R．李奇《缅甸山地的政治制度》一书已有所讨论，中国 50 年代起也有人调查。此为一次反对世袭酋长（山官）之斗争，有助于研究人类从原始社会向阶级社会过渡若干问题，极有科学价值。

我请三个报告人分别谈各自地区这段历史及自己看法，已以“原文”方式逐一记录，收获极大。大体言之，大山支实行“贡龙”者较多，小山支实行“贡沙”者较多。关于“贡沙”、“贡龙”的含意，从前人记录到这次三个报告人所说，解释不下十余种。我以为下述解释最为合理：“贡”意为“低头”，“龙”意为“起来”，“沙”意为“照旧”。“贡沙”表示仍然屈服，“贡龙”表示屈服者已经抬头。

二是模拟赔偿问题。这种制度在大山地区较为流行。凡打死人，要赔偿与人身各部相像之物：

头发——羊毛
脊骨——铜炮枪
头——葫芦
肋骨——火坑矛（8 个）
眼——皂角子
四肢——火坑刀（4 个）
鼻——烟管
生殖器——烟锅（男）或火镰（女）
齿——海贝
脑——银子
舌——琥珀
心——铓锣
耳——木耳
肺——铓锣
皮——龙袍
头盖骨——锅
肚——酒坛
脚——三足架
肠——料珠（一串）

景颇族“盾牌

把这些东西按人形排列起来，三足架上支锅，铜炮枪放在酒缸上，刀、矛排列四边，葫芦置于前端。做成人形。然后做鬼，“董萨”（巫师）念词云：

> 今天给你样样都有了，不要再回来了，不要和我们打招呼，不要和我们说话。你和男猴和女猴去说话吧！

据说经此仪式，被杀者即可由凶死变为“好死”。这套模拟赔偿仪式称为“康吐”，即全身之意。

凡赔偿中无用之物，仪式完成即打烂，值钱之物则归受害者家人所有。但真正的赔偿并不止此，还要赔牛。即使“讲事”完成，随时还可翻案再闹，要求继续赔偿。沙万福老人说，这叫做“为了人命九回翻，为了奸情七回翻”。

这套赔偿制度大概为景颇族所特有。

这几天还请老人们复制了各种木刻（有关赔偿、结婚、离婚、借债……）及盾牌一件。原想复制著名的石锅和竹锅，彼等均曾亲见，因缺材料未做成。石锅要用一种“挖出时很软不久变硬”的石头。竹锅要用一种嫩竹，其薄如纸，可以折叠，做生意人随身携带，用前泡水即可，佳者可换一牛。

三位老人极为有趣。沙万福为景颇族中著名“斋瓦”，是“董萨”中地位最高者，做活也极为灵巧，试验压气取火（“排波”），只有他每次都能打燃。杨早坝大概是“官种”中穷人，自称在山官家“帮吃，帮在，帮说”。他确多才善说，且对我们极为坦诚。盾牌做成，演示过去“拉事”中“兵头”（前锋）舞蹈之状，早坝持盾挥刀在前，万福两手持矛在后，不断发出呼喊声，引起我们及旁观的景颇族大笑。

临别时沙万福老人说：“还有许多事情，下次来说给你，但不知我是明年死还是后年死。”殊有惜别之意。

1973 年 5 月 27 日

盈江旧城

今来干崖土司旧城，作一般了解，并去曼黑温泉洗澡。宿当地小旅社，窗对田野，门对缅桂花数株，心旷神怡。

此间傣族谈土司家奢侈荒淫生活事例颇多。据云土司有弟名刀二疯、刀三怪者，家设“望月楼”，时常举行“赶牡丹摆”，玩弄青年妇女。凡发生过关系妇女，即不许再嫁。这种病态心理及专横行为颇似汉族古代帝王，而西双版纳傣族土司不闻有此等事。德宏傣族汉化程度较高，其统治者生活方式及对待妇女态度亦模仿汉族统治者。

1973年5月29日

腾冲

此间向以制玉著名，访玉器社，找老工匠了解古老碾玉技术。

现全城制玉业已集中经营，各道工序（剖解—琢磨—钻孔或取圆心—抛光）均在车床上进行，足踏转动，亦可用电。剖解用含锌铁皮制成之盘，而过去用铜盘；钻孔及取圆心（制作手镯、戒指必经此工序），过去使用弓钻；琢磨、抛光现用砂轮（砂有粗有细），而过去是竹子去皮一劈为二覆于地上手持磨之。后者可视为古老制玉方法。

腾冲不产玉石，原料多来自缅甸玉石厂，有新厂、老厂之别，所产之玉分别称为“新山”、“老山”。现原料来源断绝，全靠过去存货。

腾冲为云南古城，原有城墙，为日寇炸毁，现余残垣。文化馆前有景泰元年铜钟一具，横倒于地，日寇侵入时炮轰所致。城内经营手工业者颇众，除玉器外，尚有牛角制品、篾帽等。腾冲之于滇西，正如丽江之于滇西北，堪称经济文化中心。

1973年5月30日

腾冲

去此间著名华侨集中地和顺乡参观。入村有一池塘，遍植荷花。砖瓦房屋，栉比鳞次，四周古树合抱，其规模及气势胜于云南一个普通县城。村内有华侨图书馆，1929年建，原藏书20000册，“文化大革命”以来丢失10000册。

（三）

1981年10月16日

施甸

昨与王均兄来此，今去长官寺调查。长官寺实即明初设置之施甸长官司所在地，自清初改流，此地遂成寺庙。史载该地居民为蒲人，今称“本人”，原姓“阿”，后改姓“莽”。今当地村民尽为蒋姓，即“莽”姓变来，现已自称汉族。僚人姓“阿”，史有明文，故此地蒲人应原为濮僚民族。我们又一次看到濮僚民族分布之广袤及历史之古老。凉山彝族之前有“濮苏”、黔西北彝族之前有“濮人”、“僚人”，德宏地区据云原为“崩龙”（德昂族）所居，基诺山以及滇西广大地区各族公认“本人”族或“本”族最先来到，临沧地区及孟连等地傣族承认佤族比他们先来。似乎可以认为，云贵高原上古老居民为操孟高棉语民族，过去操孟高棉语民族绝不止今日偏居一隅的三种（佤、布朗、德昂），而是遍布西南大地，后来融合于其他民族之中。

施甸街头可见“本人”族。妇女仍保留传统服装，上衣外套背心，有密密一排纽扣，颈部或挂银铃，腰系围裙甚长，很有特点。

长官寺有男女拥抱、青蛙上下相接石雕，水流入池处又雕作女阴状，显为古代生育仪式之孑遗。闻“文革”前妇女尚有来此从女阴处接水以祈多子者。

村后有大片墓地，碑刻甚多，见元碑数种，仅书佛咒及墓主姓名。元碑在云南存留至今者不多。

录文如下：

〇至正五年十二月初六。南天西方阿弥陀（陀）佛。（正）南无西方阿弥陀佛。追为亡人季去识。（背）

〇延祐二年□□岁腊月初八日。（正）追为亡母赵氏文鲁香魂。南无尊胜大佛母像。（背）

〇南无尊胜大佛母。至顺二年十一月十六日。（正）追为亡人李保囡去识。当愿西方为所归。（背）

〇追为亡人杨长去识。南无西方阿弥陀佛。（正）南无尊胜大佛母。佛顶尊胜大神呪。（背）

〇追为亡人段连庆去织。南无阿弥陀佛。（正）南无尊胜大佛母像。□□尊胜陀罗尼神呪（背）

村民亦谓该地非自己祖先安葬之处。墓主人姓氏多与大理白族同，而今日施甸境内仍多白族，称“籍白子”。

1987年10月17日

施甸

昨去由旺村查看新石器时代遗址。在村西之狮子山上确有文化堆积，范围约150×100米，捡得小石斧、石镞、石斧（残）、划纹陶片、陶圆片等。另前人在此搜集石斧有上刻图画者，笔画稚拙，当为初民手迹。

狮子山上还有所谓“石鼓”，系大石支空，敲之作响，上有阴刻线条。当地人士盛传为古代敲击集众用物。

今上午去石鼓山，又见一处“石鼓”，情况相同。下午去三角村了解当地特有捉雕方法。该村有20余户擅长此道，自称汉族，始祖兄弟四人由青海来此，今全村崇拜猎神为四块石头，实代表其祖先。捉雕用地网，以囮子引诱。各户养有作囮子之雕．一般二三只，多者达六只，关于厩中或拴于树荫之下。每届秋冬雕来季节，地下支网，中间放死马、死牛、死猪之肉，让囮子入网食之。空中群雕见之，飞下同食，便翻网捉之。囮子养驯者甚至可以发声引诱，或推挤同类入网。同类相残之事人类尚不能免，何况畜类？老人描述囮子种种行为时，我不禁想起政治运动中某些人物。

捕雕合适地点称“场”，在六库、腾冲一带高山之巅设“场”，每年每户可捕70—80只。报告人杨老先生曾创一网获23只最高记录。雕肉价格与牛羊肉同，在六库每斤可卖1元。羽毛可为扇，细毛卖去湖北，均有经济价值。

据云，云南原仅此地捉雕，今云龙县傈僳族也有会捉者，乃此地一位老人传授。

八 学习原始制陶术

云南西双版纳、临沧、思茅地区 傣族

1964 年、1965 年、1978 年、1982 年

（一）

1964 年 4 月 29 日

景洪

带领中央民族学院历史系学生来此实习。来前系总支领导作报告时声色俱厉：此次是解决“革命化”问题，不是搞什么民族调查，要参加当地社会主义教育运动，师生劳动不能少于 16 天。

19 日先来昆明“打前站”。22 日同学来。25 日请云南大学方国瑜教授作报告，方先生却请一位刚从西双版纳归来老师介绍情况，大谈当前“阶级斗争”形势之严峻及社教运动之必要。

景洪傣族制陶

1964 年 5 月 2 日

景洪

连日参观州文物室、热带植物园及曼厅缅寺。既然来此，总要让学生对西双版纳历史文化略有了解。

今日下午州人委办公室主任介绍全州情况。3 个县，1500 多村寨，355000 人，其中傣族占 143000 人。全州已有合作社 1016 个，景洪地区入社者占 50%。各项工作“成绩巨大”云。数字太多，亦无法尽记。惟言傣族有歌手（“赞哈”）400—500 个，已组成“赞哈协会”云云，有进一步了

解之必要。

据云干部“沿袭过去头人那一套”，群众杀猪要送礼肉，离婚要交钱。当干部不过10余年，变化竟如此之速！应如何分析？

景洪现有两个乡为省委社教试点，6个乡为县委社教试点。我们实习队参加县委之点。

1964年5月3日

景洪

今闻县委书记在戛洒批评中央民院“知识分子”，来后不是立即“投入阶级斗争”，而且满街游逛，到处照相。全队人心惶惶。虽然临行前系方宣布实习队由党支部领导，一切活动并非由我安排，不负实际责任，但忝为老师之一仍觉脸面无光。

1964年5月4日

景洪

今去戛洒听县委社教办公室负责人报告。景洪试点6个乡，66个村寨，地富分子173户，309人，其中30%有严重破坏行为。近两年进行破坏事共有3690件。我正惊诧于犯罪率如此之高（每人平均12件），听了“具体表现”方知，原来所谓“地富破坏”竟包括与农民“认亲戚”、“认家族”，说“不是一根藤子上的瓜，也是一个架子上的瓜”；“指使”妻子与干部通奸，有一个妇女竟先后与3个支书通奸，等等。

最后宣布名单，我们师生分配去4个乡12个村寨。

1964年5月7日

景洪曼龙枫乡曼养广

连日参加劳动，平整土地，种植旱谷，希望尽早完成劳动16天之任务，如傣族人民过去“出负担”，迟早都要完成。劳动以后看是否可能做点什么有益的事。

此间种植旱谷采取“点种法”。男人持棒在前戳洞，妇女在后放种，动作甚快。所用点种之棒为一端削尖之木棒，或加铁尖如矛。我恍然于古代之矛镖之类武器实起于点种棒，或一器而多用。劳动之中竟不断思考业务问题，足见离思想彻底改造之日尚远！

曼养广原在宣慰街附近，负责为“召片领”（土司）盖房、编篱笆，1958年始来此建寨。我的房东原为曼掌宰人，因诬为“皮巴”鬼迁此。

1964年5月9日

景洪曼弄枫乡曼空章

昨奉调来此。此寨曾负责为土司养象，故名。以种旱谷为生，迄今无一条耕牛（旱谷地无须牛耕）。房内四壁挂大鱼之头11个，为彼历年在澜沧江捕鱼之成绩，与猎兽留头用意相同。

全寨今全部单干，只能为房东家劳动。他昨晨命我和另一同学挑瓦去曼勒，送还其兄盖新房。在曼勒有妇女多人正在制陶，观察良久。该寨制陶术仍停留在新石器时代水平，所用工具、设备无一是金属制造，制作方法尚未达轮制阶段；制成的红色陶器，从质量到外形，颇似仰韶文化陶器。

有文介绍西双版纳制陶，即指此寨，殊为简单，不妨重作调查。来前从林耀华先生借得《人类学的询问和记录》（英国皇家学会编）一书，沿途翻阅，略窥民族调查之门径。每一问题必从各方面调查询问，务求其详，始能成为有用资料。

今又随房东去其旱谷地锄草平地，准备种植旱谷。房东云，去年播种 200 斤（3 挑多），收获 4000 斤，约为籽种 20 倍，产量不低。每家旱谷地排放树干为界，还有人正在钉木桩。此处山地似为私有。

旱谷地有小房，中午与房东在其中吃午饭（糯米饭内包酸萝卜）及午睡。此房傣语称“杜”，与《诗经》“中田有卢”之“卢”音近。

归途见祭寨神之小屋（“哼披曼”），内放小陶罐及小陶瓶，供水及插花用，制作粗糙。询附近村民，只告知是曼勒产品，其他一概不答，连称“不是我放的”。山雨欲来风满楼，傣族人民已知运动将至。

1964 年 5 月 10 日

景洪曼弄枫乡曼空章

整日去曼勒寨调查制陶。第一次来时，制陶老妇见我拨动转盘急呼：“不要，不要！”盖此属禁忌。此间制陶，男子除挑沙外概不参加。今由工作组老陶介绍于他家房东，说明来意，终被接受。制陶时允我在旁进行观察并作实录，若有问题，便由老陶翻译，进展殊为顺利。

赕佛

其间曾试图自制一件器物，以便加深体会。我像她们一样坐于小竹凳上，以足趾拨动转盘，双手在其上进行泥条盘筑，这种动作貌似简单，做起来手足很难配合，试了数次转盘上仍是一堆泥团，自己却是满身泥浆，乃知现代人学习石器时代技术，并非易事。

曼勒原负责为车里土司管理渡口，负责招待各勐前来办事或服役者，需用器皿便去土司家索要，土司不胜其烦乃令自制。及至学会制陶后，每年全寨反而要向土司交纳大罐 15 对、小罐 20 对，一年三次赕佛所用陶器（105 对）还不计在内。现全寨 26 户，有 25 户妇女会做陶器。全寨现已组成合作社，惟制陶仍属个人副业，每一陶罐售价四角。

1964 年 5 月 20 日

景洪曼迈乡曼莫龙

12 日调来此寨。寨离景洪西北约二公里，通往勐海公路之旁。全寨 67 户，居民多旱傣，住平房而少“干栏”，以种水田为主。有缅寺一座，小和尚每晨化缘之声清晰可闻。

此一片工作组负责人刀 ××，大知识分子，看问题较他人更为“敏感”。介绍情况时举出“阶级斗争新动向”之表现有下列三点：第一，曼东老一个地主命妻女与干部私通。这类故事来此十几天已听多次，耳熟能详。然这些成分不好妇女是被迫无奈还是主动勾引？如何才能作出正确判断？第二，该寨 25 户，有 16 户当过头人。闻傣族过去为“出负担”，有轮流当头人之事。这样的“头人”若也算不纯，则还有几个好人？！第三，有 11 人联合控告合作社社长岩罕，称“过去当头人不超过 3 年，现在社长也应如此”，竟引用过去农民坚决反对土司之话说“他是水，我们不喝；他是路，我们不走；他是佛，我们不拜；他是太阳，我们不晒谷子”。岩罕下台后，一位大佛爷又说：“我以为这棵树高，那棵树还要高；我以为流沙河水深，澜沧江水还要深”。但此公始终未谈岩罕是否真有错误？不好的干部为何不能控告？若是诬告失实，何以又要撤其职？

小和尚清晨讨布施

这些天来白天参加劳动，晚上还必须参加开会，听苦大仇深者诉苦。台上诉苦，台下听众打瞌睡谈闲话，青年调情，小孩哭闹。经常无人翻译，我和同学只有陪坐，蚊子叮咬，熬至深夜。

近日劳动内容为锄地、铲草、修水沟。我主动要求参加修水沟工作。西双版纳傣族水利自有一套制度，甚有特点，利用劳动之机，进行记录和摄影。景洪全坝引流沙河及其支流灌溉，大的沟渠有五，再以小沟引入田中，按田之多少分配水量。有竹筒插入沟渠与各户水田连接处，以一种木制“量水器”量竹筒粗细（奇怪的是以“斤”、“两”为单位）进行控制。每年同用一沟水的村寨合力修沟，挖出淤泥、铲去杂草。近日参加者即这类工作。看来劳动是否可以改造思想待考，而对从事物质文化方面人类学调查却大有裨益。近日我对劳动已不再厌烦。

工作组中有刀正兴君，原议事庭（“勒司廊”）文书官（“都龙欠”），当然也是党外人士，现任县文教科副科长。党团员“留下开会”，我俩退出会场，便无事闲谈。近日对我帮助颇大。

据云，傣族传统信仰中有三件事最为重要：信佛以求来世幸福；文身以防身体被害；祭竜（神山、神树）以保地方平安。各寨祭竜“自己负责”。勐景洪共有竜山 6 处，每当插秧之后收获之前各寨合祭，由宣慰街派人主祭，所杀之牛须背蹄皆黑，有各种仪式及祭器，曼莫龙要派出 10 人与祭，还要出“鬼姑娘”，成为一项负担。这一问题值得今后详细了解。

我住之家女主人名咩三往，自称由宁江（今勐往）迁来不久，丈夫上门，现有一子一女，老母尚在。前日由她诉苦，谈她在故乡被“国民党压迫”之经过，最后竟说来景洪以后“地主不压迫”

竹络拦水抬高水位

量水器

沟渠插入竹筒控制水量

云云。幸她为世代贫农，未被怪罪。

5 月 14 日去戛洒开会一天，听各寨同学汇报来后情况。会上确定我轮流去各寨“走动走动”，辅导同学写“三史”（家史、寨史、社史）。履行老师职责，仅此一事可为。明日开始外出，仍以曼莫龙为基地。

1964 年 5 月 24 日

景洪曼达

21 日晨离曼莫龙抵此。白天或去曼宰、曼养礼、曼景康等寨看望同学，或参加劳动，晚上照例参加开会，完全无人翻译，在旁陪坐而已。此间开会更为散漫。社长（会议主持者）开会时俯身而卧，由一小孩站其背上踏之，进行傣式“按摩”，其他人嬉笑打闹，他闭目不见，全不制止。

此间规定，工作组必须为所住之家舂米，“减轻妇女负担”。今日清晨即起，与主妇并立舂米，观其神情，并不欢迎。盖舂米向为妇女工作，男人不应为之。忆前日插秧者均为妇女，仅我及同学几个男人夹杂其中，动作既慢，插秧质量又差，常引起阵阵讪笑！任何社会男女自有分工，是否非要男做女事，才能改造思想？今后绝不参加！

在曼景康附近见用竹筐盛石叠坝抬高水位，与都江堰拦水之法同。在曼达附近又见傣族烧瓦之窑。均已摄影。

今在曼达会见召存信州长，他原为西双版纳议事庭长（“召景哈”），承告景洪水利以曼景蚌一位老贫农最为了解。

曼达为老寨，传说建寨最早；又为大寨，土地最多，过去有向周围村寨出租田地之事，被尊称为“乃达”（头子曼达）。附近有温泉，一个径约一丈之池塘，水冷热适中，略呈黑色。周围有合抱大树遮阳，时有水牛缓行而过，仿佛童话世界！傍晚洗澡一次，一天劳苦均消。

1964 年 5 月 29 日

景洪曼迈乡曼莫龙

26 日由曼达回。

间与刀正兴君闲谈，承告过去“皮巴”被赶后有三个去处：(1) 曼暖典（？），又称曼景傣，该处有制服“皮巴”之神；(2) 曼列，该处养象，而象神可以制服“皮巴”；(3) 美国人教堂，专门收容带“皮巴”鬼者及麻风病人。谈起此种迷信对傣族社会不好影响，人身安全不得保障，他表同感。

1964 年 6 月 3 日

曼莫龙

近日仍是白日参加劳动或辅导学生写家史，晚上在无聊之村民大会上陪坐。偶有空闲，便翻阅《人类学之询问和记录》一书。深感人类学调查要有科学方法，我等过去调查实不足以言科学性。近日试以书中提示，对傣族离婚普遍、“上门”者众等问题，进行记录和分析，纯属练习性质。

今晚主人有客来访，乃其“老庚”，即同年出生者。虽非亲非故，却自小至老亲如兄弟。此非西方人类学所谓“年龄组织”之孑遗乎？前人调查报告称傣族年轻男女中有“伙冒”、“伙少”组织，应亦属年龄组织性质。

1964 年 6 月 5 日

景洪曼沙

4 日来曼沙看望同学。曼沙为一老寨，原为“召片领”做饭。现一半人户参加合作社，一半人户仍单干。寨南北各有一“寨门”，以木料搭成如足球门状。门上竖木叉形物，乃辟鬼之用。

昨晚此间诉苦，采取“赞哈”唱歌方式，诉过去人死必须向土司买土盖脸之类。有妇女掩面而泣。

1964 年 6 月 8 日

景洪曼列

7 日由曼沙迁此，专门了解养象问题。前人调查报告中似未及此。

曼列过去专为土司养象。传“皮巴”鬼怕象，被诬“皮巴”鬼者陆续迁此，遂成大寨。今全寨 55 户除 1 户外均参加合作社。

今日访问唯一健在之养象老人波摆，现年 73 岁，住破旧茅屋中。由曼沙小学杨老师翻译。

象最多时达 9 头，时本寨仅有 7 户，每户领养 1 头，另 2 头合寨共养。后象陆续死去，仅有公母各一（公象还是 1944 年国外送来），遂由老人专养。

由于从未养象，老人及其家人并无经验，一切全靠摸索，终于驯养成功。象为土司家运粮、运木料、运水、乘骑。每当“召片领”乘象出行，老人必坐象头驾驶，象不听话，则刺其鼻。象晚上露宿不归，有事召唤之。公象名“岩哥木”，母象名“婻罕尾”（“婻”为对贵族妇女之称呼），若不如此呼唤，“它不高兴”。 象自由觅食，有时也要喂以拌盐之糯米饭及甘蔗、芒果、菠萝等好吃之物，由“召片领”供给。

养象为全寨劳役，故各户要凑集钱粮供养老人。但老人自己仍要种田，要出门户钱。街子上杀牛杀猪时他有权讨肉 8 两。驯象成功时“召片领”曾奖赏钱和酒。养象工作极为艰苦，每逢外出，如象发脾气，乱跑，常累月不得归；坐于象头，象鼻卷起尘土飞扬，会弄脏全身。

询问有无象耕田及作战事，老人肯定回答：从未听说。

拴象锁链被认为可以锁住“皮巴”鬼。被诬“皮巴”鬼者迁来前要备 5“拳”（指畜牲胸围为五个拳头之长度）之公猪 1 只、三“拳”之母猪 1 只、鸡 24 只、酒数十碗，祭象神（“丢拉掌”）及寨神，酒肉合寨分食，方允入寨。祭前只能先住缅寺。

外寨对本寨极为歧视。女的难嫁，男的难讨。老人在曼景兰即被人骂“曼列皮巴”，曾与争论。

傍晚去看曼列供象神之小屋，内果有粗铁链一根，即原拴象之物，已摄影。

1964 年 6 月 10 日

曼列

昨就制酒问题访问老人苏腊。老人已 72 岁，曾专为土司制酒。据云景洪会制酒者 11 寨，以曼回索最佳，老人年轻时去曼回索上门，技术乃从岳父学得。景洪制酒多为老年男子。

此间制酒用蒸馏法，工具设备与前在曼养礼所见相同。冷却用圆锥形铜锅，来自内地，其他盛米之木桶，盛酒之木瓢、竹管等，皆可自制。在宣慰街制酒，工具设备自带，不给报酬，仅分种四挑种籽的田，还要出门户钱。土司给糯米 50 斤要交酒 100 碗，否则时遭责骂威胁。做一次酒从发酵到蒸馏需时 15 天。

酒药以谷子 20 斤及 22 种草药制成，每制一次可用三五个月。

制酒者每隔数月要祭酒神（“皮醪”）一次，献鸡一只，才能保证“酒做得好”。

1964 年 6 月 12 日

曼列

今曼沙举办今昔对比展览，同学参加筹办，约往观看。见树皮布，归问房东岩温跃。彼即擅长此道，遂了解制作全过程。惜无材料（一种称为“买广”之树）未演示实况。

展览中又见三个陶制锅桩，为过去买不起铁三脚架之穷人支锅所用。

晚参加“上新房”（新房落成典礼），此间工作组及我们师生七人，每人各出五角钱前往道贺。

新房楼上共设九桌，入席者皆为男子，妇女之席另在楼下；男席有酒，肉多；女席无酒，“只啃骨头”。询问如今男女平等何以仍如此，或曰：“她们穿的花钱太多，吃的就不应太好”；或曰：“睡觉也是妇女在下”。菜凡五道，有生血、生肉、生肝，不敢下箸。

晚饭毕听“赞哈”唱歌。本寨有男女“赞哈”各一。男“赞哈”唱的，据岩温跃翻译，乃新旧对比之类。女“赞哈”屡经催促，坚决不唱，终场不出一声。后有邻寨“赞哈”一人进入，众又请唱，不断发出“水！水！……”声，她只唱几句，大意是“今日波依英上新房，男男女女来庆祝，新的歌词不会唱，还要学习和锻炼”。在场还有一人会唱，岩温跃以扇子加于酒碗上置于其前，请他喝酒或唱歌，任择其一，他既不唱歌亦不喝酒，逃席而去。我在一旁观察良久，知此间群众对社教运动顾虑已深。少数民族人民也有“祸从口出”的教训。

参加〝上新房〞盛宴的傣族姑娘

今日见“赞哈”所用之扇为红色，不知与古代内地歌女之桃花扇有无渊源？

1964 年 6 月 19 日

景洪县曼迈乡曼莫龙

连日去曼勒，继续调查制陶。由于街期将临，各户赶制陶器以备出售，今下午见联合烧陶者二起，已实录。至此曼勒制陶之全过程均经目验并做详细记录。仅此一寨，调查制陶这样一个小问题，先后共历六天，访问十余人，才算大体了解，可见民族调查绝非易事。若要对傣族有全面了解，更要学会傣语，能识傣文，否则妄想成为傣族专家，岂不可笑。我辈所能为者不过是搜集若干有价值资料与古史或考古学问题作比较研究。经历多年摸索以后，才在学海中为自己找到一块合适的栖身之地

17 日去宣慰街片听诉苦会，诉苦者有“召景哈”（议事庭庭长）之家奴一人、“都龙掌”（管象）之家奴一人、“召龙纳花”（管理武装）之家奴一人（女）及寺奴一人。

今与同学去宣慰街一游。所谓车里宣慰使所居不过是极大之干栏式建筑，现已残破，人去楼空。议事庭全倒塌。

据考，车里土司元代始封，明清仍之，一直未改土归流。1911 年左右土司内乱，柯树勋带兵进入，设思普沿边总局，柯任局长，西双版纳仍是土流并设局面，原有的行政机构及政治制度在 1956 年民主改革以前仍然完整保持。在土司政权之中，它是保持自己一套制度最为长久者。其特点是设有议事庭，处理内外大事，任免各级头人，甚至“召片领”亦受其节制，为研究早期国家保留原始民主习惯最佳例证。

（二）

1965 年 4 月 13 日

景洪

结束佤山之行后由澜沧搭货车来此。司机李师傅，上海人，牢骚甚多，谓终日盘旋于大山之上，提心吊胆，极为辛苦，星期日也不能休息，只想早日退休回转上海养老。问知户口仍在云南，则迁回上海谈何容易，但我不忍说破，让老李继续在好梦中寻求安慰。

今日泼水节，参观澜沧江上龙舟竞赛。龙舟两头上翘，绑有鸟形木饰，划桨者以锣声为节拍一齐划动，船头一人亦随锣声力按船头向下，与铜鼓图像所见完全吻合，知南方龙舟竞赛之俗（包括若干细节）延续数千年之久。比赛结束，优胜之划手上岸，高举船桨左右摇摆，跳舞唱歌，大意为“今日过年，大家欢喜，请领导赏酒赏钱”之类。

此间放高升颇为壮观。大竹筒内装自制火药，下缀芦苇为尾，支于竹架上燃放，如发射火箭。

1965 年 4 月 14 日

景洪

今日泼水。参加者村寨傣族较少，多为城区汉族小青年，大泼特泼，人人浑身湿透。闻此风近年兴起，而过去不如是，不过以手蘸水略为示意而已。

我和同房旅客躲于房中，紧闭门窗，幸免于“难”。傍晚外出，仍遭数小孩追而泼水，鞋裤略湿。

今有总参某首长来，又专为他举行赛龙舟及放高升，然观者寥寥。正如汉族过年，连过两次有何意味？

1965 年 4 月 16 日

景洪

今由刀正兴先生带领去澜沧江对岸访问曼角、曼德，调查制陶事。刀先生曾与我同在曼莫龙参加“社教”，已算老朋友，故指名请县政府派他来。

曼角、曼德原为土司划船寨，制陶方法与曼勒全同。少数会制陶人户，家中必有由曼勒嫁来之妇女。

1965 年 4 月 18 日

景洪

今与刀正兴君再去曼勒，下午渡江再访曼德，核实制陶若干事。

途中刀正兴君告知，赛龙舟放高升皆以村为单位进行。此次赛龙舟胜者为橄榄坝，而放高升胜者为曼厅。又前日曾为首长“加演”龙舟比赛，曼广龙一家两人竟醉酒落水而死。行经宣慰街附近，果见有人正在江岸寻找尸体。

刀君又告知过去议事庭及“召片领”政治机构及办事规则若干事。彼自幼熟悉傣文书牍之程式及应对进退之礼节，最后得任议事庭文书官之职。原居曼岗景，为宣慰街头人住宅集中地。

今日走过此寨时他突然说："我的家就在这里，这牛心果树还是我家栽的。牛心果熟了！"对其故居不无留恋。

（三）

1978年8月1日

耿马

第二次调查沧源崖画竣事后来此。会见县宣传部段副部长。他抱病工作，对当今社会有正确看法，难能可贯。

耿马傣族妇女

耿马原属孟定。明万历年间析其地置耿马安抚司。民国以后设耿马设治局，土司仍然保留。县招待所即设在原土司小楼中。

今去距城北7公里之那缅寨调查制陶。全寨43户，均会制陶。方法与勐角土锅寨同，仅制甑颇有特点。那缅寨傣族属旱傣，住草顶土房，甚为闷热，寨内畜粪满地，较之西双版纳傣族村寨居住环境相差远甚。惟寨边有大青树三棵，令人神怡。妇女多穿青布或白布上衣，黑裙，嚼槟榔者甚多，虽年轻妇女亦不例外。

闻耿马土地较广，但缺水源，一切尚待开发。前几年外地来逃荒者络绎不绝，男子帮工，妇女拾谷，可见此间生活尚较周边地区为优。

1978年8月3日

耿马孟定

耿马孟定傣族独木舟

孟定坝呈长形，有南汀河横贯其间，物产丰富，气候湿热，稻种双季。元代于此设孟定路军民总管府，管辖包括耿马大片地区，明代耿马分出后改为孟定土知府。此后孟定统治区域日削，而耿马势力渐强。解放前夕孟定仅有一镇三乡之地。民国初年改土归流后，成为镇康县管辖下行政单位。然孟定土司仍担任区长、镇长。今孟定公社即设在原土司衙门，虽经改建，仍可看出为一座有石砌台基上汉式建筑。

傣族土司罕姓，王骥平麓川之后与耿马同由勐卯（今瑞丽）分出，当地传说与文献记载一致。然谓此傣族土司者明代始来或可，若谓此间明代始有傣族则不可。这一带佤族固为古老居民，坝区有傣族之分布至少应在明代之前。

晨起访问曼捧，位于南汀河之滨，翠竹摇曳，芭蕉成林，风景甚美。抵达时细雨濛濛，河水长天一色，仿佛置身于山水画中。全寨33户，均为水傣族，妇女服饰略同耿马，而房屋为干栏式建筑，竹篱墙壁亦编出花纹图案，一如瑞丽。

去南汀河看摆渡用“黄瓜船”，实为两端尖之独木舟，形如黄瓜，故名。行驶撑篙而不划桨。舟为整木用锛状工具挖空而成，痕迹尚见，但不知是否如世界其他地区制作独木舟先用火烧？当地尚有一老人会制船，惜今日外出。

在曼捧小学躲雨，与唯一老师（彝族姑娘）交谈良久。全校同学七人，均为女孩。男孩可以抓鱼、放牛，家长不让入学。故曾规定入学儿童可记一二工分，不久前才取消。小女孩们书桌上置放芭蕉叶包糯米饭及腐乳，边学边吃，尚有身背弟妹上课者。

下午原计划访问此间土锅寨制陶术，身体不爽，由徐康宁君一人前往。闻方法全同沧源勐角。

晚由此间工作组副组长小曹（上海知青）带领再访近郊水傣村寨。男子文身，妇女井边洗澡，有“皮巴”鬼之迷信，均与西双版纳族同。小曹云，此间傣族男子上门比例较大。小孩汉文不学，傣文不会（不送小孩当和尚已有多年），缺乏文化，不会记账。此次“双打”中查出干部利用账目混乱贪污盗窃者颇众。故根除贪污亦有赖提高全民文化教育水平。

孟连宣抚司衙署

晚公社前放电影《侦察兵》，观众多为附近各寨青年。不知因已放映多次还是不懂汉话，无人眼望银幕，互以手电对照，或拥抱调笑，电影场乃成青年谈情说爱场所。电影尚未终场，又各骑车后载女友而去。

1978年8月8日

孟连

由文化馆刀建兴君（此间著名“赞哈”）引导访问孟连土司衙署。

衙署铓锣

孟连土司从勐卯麓川土司分出。明初始建孟连长官司，康熙年间改孟连宣抚使，清末民初由设在今澜沧之镇边直隶厅管辖，但土司一直沿袭至现代。今衙门为光绪年间土司刀派华建，汉式建筑，至今保存完好，已作为省重点文物单位加以保护。衙门与住宅合而为一，前为“议事庭”，乃办公地点，后为“宫殿”，即土司居住之处；另有监狱、家奴住宅、粮仓、碓房等，均在同一院落。

末代土司刀派洪外逃已死，土司之妻刀秉团留居，曾任政协委员，及至 1968 年亦逸去。今人去衙空，然过去所用仪仗等文物及档案大体保存。

档案粗阅一过，多为清末镇边厅、普洱府给孟连土司之指令或批复，其中涉及镇压“妖女”、击毙来自英（缅）境土匪、送传教士出境、出兵攻打勐角董等数件，颇有史料价值。“妖女”云云令人想起前几年境外武装领导人卓课以“仙人”名义聚众事，大概这一带群众利用宗教起事有较悠久传统。另有募乃土司石炳麟之父讣告一纸，则可以窥知石家身世。已录文。

1978 年 8 月 9 日

孟连帕当寨

今来调查制陶，请人表演全过程，已作实录及摄影。此间制陶方法同于沧源勐角，陶拍花纹样式较多，有作花朵状者；烧陶下垫木渣，上覆稻草外撒牛粪，无人在旁加草，似为曼勒封闭烧陶法之前奏。

孟连竜林

全寨 73 户，18 户为近 10 年内强行迁入之澜沧汉族。若政府不加干涉，今后将如何保障原有傣族居民之权利?

晚回文化馆与多人座谈，了解宗教等事。孟连县即有竜山三处：帕贺福（祭给予傣族土地之佤族头人，傣历十二月祭）、龙俄（祭为全勐立功之佤族另一头人，傣历九月祭）、帕洪罕姆（祭历代土司，由土司妻刀秉团在家祭）。故竜山实为地方保护神之象征。傣族人士遥指三处竜山所在，皆有葱葱郁郁大片树林。此为边地森林赖竜山信仰得以保存最好证明。

此间傣族自云“可听懂庄相（瑞丽）及康朗甩（西双版纳）的话；听刀京版（德宏）的话要半月后才习惯”。风俗多与西双版纳同，然土司衙署之机构及制度与西双版纳有异，已加记录。

（四）

1982 年 1 月 31 日

双江

今去土锅寨（曼磨）调查制陶。距县城（“勐孟”）西北一公里许，分大小两寨，皆旱傣，住土墙平房。现仅老年妇女会制陶，方法及工具与沧源勐角土锅寨基本相同。除盘筑泥条外，拍打等工序下垫麻袋，不垫木板旋转，似更为原始。

1982年2月14日

澜沧下允

多次经过此地，均未停留。在沧源闻此间有崖画，今抵此寻访，毫无结果。夜宿供销社，此地至今无招待所和旅店。

上允下允地区原属西双版纳车里土司管辖，孟连土司祖先由勐卯迁来时双方发生战争。车里政权战败，将上下允“送与孟连”。上下允统治者向由孟连土司亲属担任。咸同年间镇压回乱，上下允助战有功，封下允土千总之职，上允土把总之职，属镇边直隶厅管辖。

下允土司驻地为一大村，称“城子”。今与王均兄先访问村内缅寺，原有二座，现仅存一座，梁柱描金彩绘，极为华丽。据云木柱上有傣文题字，为傣历1222年建，距今已有120多年。见赕佛用陶器，种类较他处为多，有缸、壶、甑、釜、钵、盆等，皆附近土锅寨制造。又发现一处傣族制陶点，甚为高兴。尤为兴奋者见陶钵边缘有圆孔，乃烧前所穿，据云是专供拴绳悬挂用。仰韶文化常见陶器边缘有同样之孔，或谓乃陶器碎后为修补而钻，今知纯属臆测。

下允傣族制陶

1982年2月15日

澜沧下允

今去土锅寨调查制陶。此寨与“城子”隔河相望，原名河边寨，46户，每户均有妇女会制陶。而“城子”相距甚近，竟无一制陶户。远古农村公社各有自己传统手工业，此地或存古风。

调查一日，除烧陶外其他工序均作实录，效率尚可，盖调查制陶已积有经验。

此间制陶最大特点乃是不用转盘，亦不用木板垫膝旋转，而置器物于凳上，人绕器物边转边加板打，应属一种新的类型。此间陶拍柄多有X形符号，询之，并非制陶者所为，乃制陶拍者自作标记。制陶拍者为一种专门技术，每只售价5角。

又与王均兄访问下允土司住宅。住宅为一大型干栏，保存尚好。落实政策后房屋归还主人，现在女主人为末代土司之孙女，已招还俗大佛爷上门。坚决留饭，情不可却，即在其家解决晚饭问题。

据说此间缅寺恢复后，又要求佛爷出来工作，“不出来怕不得”，而再当佛爷，即不能再认子女，“连一颗水果糖也不能给孩子吃”，故此事还要“商量”云云。时而动员还俗（如丽江喇嘛），时而动员出家，在中国做宗教徒何其不易！

1982 年 2 月 17 日

勐遮

此地原属十二版纳之一，曾设南峤县，今属勐海。

晚去城郊曼宰龙，由公社安排访问岩说。据云勐遮全坝有 4 个寨子会制陶，以曼朗及曼海制者为佳，人人喜买。如搬入别寨即不再制造，传统手工业经常固定于某一地区，于此又得一证。

曼宰龙缅寺，已无佛爷，小和尚由“康朗”（佛爷已还俗者）教傣文，遇“升和尚”典礼，要到外地请佛爷，“就像你们入党要请党员介绍”。前些年未当和尚的小青年，现在“又调皮又懒”，留长头发，“傣不像傣，汉不像汉”。“你们要小孩上学，请派老师到缅寺来，和尚不当不得”。岩说有二子，幼子现正当小和尚。

岩说承认分田后日子好过。此寨每一劳动力四亩水田“还不够种”。粮食多了“粮管所又不收了”，家家盖了新房。现在只是“肉不够吃”。

1982 年 2 月 18 日

勐遮曼朗

寨距勐遮公社 10 公里左右，属曼燕大队。与翻译骑自行车前往。在田埂上骑车，对自己是一次新考验，幸未翻入水田。全寨 56 户，26 户妇女会制陶。

今日最大发现为此间制陶泥条盘筑外，可一手快转转盘，一手扶器壁向上使成型，已部分使用轮制原理；烧陶已用窑，双火道，无箪，无顶，上以稻草覆盖；又部分器物某些部位开始涂自制铅釉，如非近年兴起，亦为此间制陶术较他处进步之证。

今日寨中有人死亡，不能烧陶（“烧了也不会熟”），故未得目验烧陶过程。

勐海傣族利用转盘旋转力量制坯

1982 年 2 月 19 日

勐遮曼海

全寨 33 户，3 户不会制陶，经常做者 20 多户。此间制陶方法全同曼朗，见制坯提拉成型时另有一小女孩快转转盘，“土锅大，要人帮忙”。

昨日未见制釉及烧陶，今得补作实录并摄影。此间制釉用铅置一破陶钵中，放入半锅稻草灰，加热，石杵搅之即成粉末状，烧前蘸水涂于器壁内外。铅购自供销社，每斤 1.20 元，可涂陶器 30 多件。

全寨有陶窑四个，用三年要重挖。询问窑由谁挖？属谁所有？答曰：谁“积极”谁挖。本寨人都可使用，且可几家合烧一窑。

中午此间小学休息，有傣族女老师二人。据云，学生“说不得”，说他们就不来上学了。“缅寺盖好后怕没人来了”。又云现在日子才好过一些，很多人又吸上鸦片。“为你们熬铅巴的就是一个”。

1982年2月20日

景洪

今晚访问刀世勋兄之舅刀福汉老人于其家。他在车里政权机构中任“召龙帕萨”。此职甚为重要，不仅管理“召片领”个人及家庭事务，而且参与决定军政大事,故有“内议事庭长”之称，其作用有如清代内务府总管兼军机大臣。由于持有刀世勋兄介绍信，他热情接待，且很健谈。

我就多年对西双版纳傣族观察，归纳出家庭婚姻方面若干特点（如离婚普遍，上门不限无子家庭，原来无姓，兄弟姐妹之子女即可通婚等等），问是否如此，他均加肯定。关于兄弟姐妹之子女可以结婚事，他说家庭对此并不赞成，万一离婚“亲戚不好相处”，与前数日在勐遮所闻一样，并未认识到近亲结婚之危害。他又补充说：现在父母不管儿女婚姻，故这种情况较过去为多。

勐海傣族用无顶之窑烧陶

1982年2月21日

景洪

今去曼德、曼角补充了解制陶事。曼德现只有四户制陶，已使用铅釉（自称过去已会，然上次未见）。曼角原来唯一制陶户，现已改制各种佛寺屋顶釉瓦饰物。当前各寨重盖缅寺成风，故生意很好。现制陶已由男主人波香仔担任。转盘已改进，装有滚珠设备。已使用无顶之窑，大型屋顶饰内还放入钢筋。大抵某些传统手工业原为妇女之业余工作，及至技术复杂化便改变为男子全日工作。如妇女管泡水酒，而蒸馏酒多由男子制造；手制陶器为妇女之事，而进入轮制或制造较复杂器物便成为男子工作。

景洪傣族制作缅寺顶饰

正在建筑的新缅寺

大勐龙傣族制作水壶

在曼德制陶户之一波涛回索家吃午饭，有一道菜是以新从江中捞来之青苔，用烧红之石头放入锅中煮得，殆为原始“石煮法”孑遗，惟仅用一石。

1982 年 2 月 23 日

景洪

参观州文物室。除过去所见外，有“辟邪护身”之“宝”多种，其中包括石斧、有肩石斧、圆形石球、化石、佛像，还有近代内地传入之琉璃球。沧源崖画中数见人持闪闪发光物，可以“宝物崇拜”解释之。

连日与州政协诸先生座谈。出席者除刀福汉先生外，还有召仁（江城整董土司继承人）、刀光强（“纳掌”）、刀忠强（“都龙诰”之子）、刀美珍（景讷土司之妻）等。刀光强先生任管象之官，事在 1951—1953 年，其时会“杀人”之公象已死，只有母象，后送上海动物园。临上卡车，象不肯走，逡巡久之。

晚再访刀福汉先生于其家，询问基诺族数事。据云，基诺族与傣族有亲戚关系，某代“召片领”曾娶基诺族女为妻，故后代用基诺族做“保卫工作”。他小时即见龙帕寨有大房子。何以独此寨保存，他也不知原因，但可肯定少交门户捐之解释不通，因为门户捐是按三脚架收的，合住一起也不能少交。龙帕寨大房子已在 1965 年“小四清”时拆毁。谈到大房子，他说过去在打洛境外山姆达地区（今属缅人民军管）布朗族寨，有长房六间，最大者有火塘 100 多个（？），入夜火塘齐亮，很远即可看见。

关于西双版纳自然环境，他不无忧虑地说，解放之初全州仅 23 万人（？），现加上农场人口，已达 70 余万，都要盖房子，必然砍伐森林。关于燃料问题可种黑心树（“铁刀木”）解决，人民不爱烧煤。

1982 年 2 月 25 日

景洪大勐龙

昨由李文贡君（州政协秘书）带我来此间了解制陶。大勐龙妇女服饰较景洪朴素，仍穿黑色或紫色筒裙。

下午即去制陶寨——曼南坎，在公社之西 4 公里处。全寨 80 户。制陶为缅甸小勐孟人 40 多年前来此传授，专制一种黑色水瓶，贮饮用凉水。制坯全用一种小转盘，轮较小。数个并列，以手转动。烧陶有砖砌之窑，陶器呈黑色全靠密封窑口，内填以树叶或谷壳，“靠烟熏黑”。陶器表面光亮是烧前以称为“老鸦枕头”的一种植物籽实反复磨擦的结果。

此间制陶者均为男子，为我们作表演并回答问题者为老人罕皮（75 岁）及其子波依旱（25 岁）。此再次证明技术复杂之制陶为男子专业。

据云，勐龙还有由妇女制造土锅之寨，未往观。

今参观祖孙塔（“塔布南”），传埋有“佛祖头发”。

九 深山密林觅崖画

云南沧源、西盟佤族、傣族

1964 年、1965 年、1978 年、1982 年

（一）

1964 年 12 月 31 日

沧源

25 日抵此，开始佤山之行。

沧源清代属耿马宣抚司。同治年间罕氏土司（傣族）内斗，清廷分设勐角董土司，仍由罕姓承袭，统治今沧源大部分地区。惟班洪地区另设班洪土都司，由班洪王（佤族）统治。光绪十三年于今澜沧设镇边直隶厅，勐角董土司划归其管辖。民国二十三年始设沧源设治局，土司仍然保存。

全县 8 万多人口，80%为佤族。

连日去档案室，借抄已划境外村寨之材料，系 1956 年勘界工作者亲临当地调查后所写，虽甚简单，但真实可靠。

沧源佤族姑娘

确定先去糯良，勐省区委所在地，县委社会主义教育试点。来前领导指示，今后调查工作必须与当地社教相结合，为政治服务。我感兴趣之问题离现实太远，今后只能如农民之种自留地，于业余为之。

今日岁末，看书写字度过。

1965 年 1 月 5 日

沧源糯良区政府

3 日来此，由张副县长接谈。张为大学生，南下干部，已娶永和佤族为妻，真正扎根边疆，对佤族情况极为熟悉。已答允派人协助翻译，并建议阅读社教工作队已搜集之资料。

糯良为一大寨，共 120 余户。男女穿黑色传统服装，大片干栏式建筑，掩映在树丛之中，完全保持原有面貌。四周以木桩（无论多粗的树干，简单地一剖为二）植下为篱，与石寨山青铜器房屋模型所见相同，我尤感兴趣。

今日翻译李老五（本区帕丘乡干部，曾在云南民族学院学习）来，人极朴实可爱，明日即可开始工作。

1965 年 1 月 6 日

糯良区政府

来此已两周，连日下寨访问或找人来谈，询问村寨组织、宗教习俗等事。

与过去想象相反，各寨头人之设置（即使是县城附近地区）殊不一致。凡为一“圈”之中心寨（如糯良大寨）均有“达芬”（“圈官”），而他寨无之；凡接受基督教者则有“撒拉”（传教士），而未曾接受者自不会有。凡此自无足怪。然其他分管宗教及世俗事务头人之名称及人数亦寨寨不同，与西双版纳傣族村寨头人之有定制形成对照。此应为农村公社尚未形成固定组织之反映。利用区政府召开“头人会”时机，做各寨头人登记表，以供今后研究。

近日最大发现是此间过年要尽灭旧火以原始取火法另生新火，相当于古代“改火”之俗。一些祭祀仪式中有分配祭肉之俗，参与者平均分肉一块，此与古代“分胙”之俗相似。初民视此为大事，汉初陈平即因社祭分肉平均而为人推重。又祭祀除杀牲外，另有烧、埋及沉入水中诸法，为探究古代“燎”、“霾”、“沉”多种用牲之法最佳比较资料。

昨访问糯良“达改”李岩戛，即过去主持“改火”仪式者。其媳为另一头人之女，甚为活跃，自我介绍云：“我在家里是头人之女，现又为头人之媳”。言及过去祭祀牲肉要分给群众时说：“还不是你们吃得多”，被公公叱骂，亦满不在乎，极为有趣。老人今年 59 岁，新娶一妇，竟不知其年龄。闻此间已有一套干支计年法，而一般人民不会推算。

1965 年 1 月 17 日

沧源民良乡政府

今与老五赴民良，为本区另一乡。与该乡原乡长（现任政协委员）同行。

先至民良老寨，有 90 余户。在“老政协”家（人们如此称呼他）喝水休息后继续前行，抵乡政府而宿。

此地原为傣族村寨，名曼帕，原为勐乃土司地。由于境外佤族常来猎头（有来借宿而砍尽一家之头者），人口渐稀，最后 3 户亦迁去勐乃。

途中与老五边走边谈，减少爬山之苦。他在这一带工作时亲见一次猎头：干部晚上开会归家途中突闻惨叫，回身不及援救，行在最后者之头已被砍去。其事发生在1953年。

晚饭后围火塘闲谈，过去这一带大头人、现任区政协主席的魏老大亦不请自来。大家对他仍存恐惧之心，谈话多所顾忌。他气宇轩昂，仍保持过去头人气派，丝毫没有糯良“头人会”上那些人畏缩态度。盖社教尚未在此展开。

1965年1月20日

民良乡政府

早饭毕即与老五去找崖画。抵达当日乡政府干部老彭告知，附近崖子上画有人像，群众说是仙人（“不卓”）显灵，过去常去祭拜。在座有人证实此事，并补充说该处名“帕典姆”，意即“画崖”。

在崖画前

无论是真是假，不妨一观。老五问清方位及距离后动身，东行约两小时遇一小河。是一棵大树砍倒搭于对岸（大概桥即如此起源）。过河穿过一片蚕豆地抵山脚。上山无路，灌木丛生，老五以长刀钐路，始能前行。

爬山约半小时，突见一片垂直光滑崖壁横亘眼前，走近见壁上布满红色图形，有人有牛，还有其他动物，人们用弩射猎，形象逼真，画风古朴生动，如书本所见世界其他地区崖画。有画之崖长达30米左右，站在其下，仿佛置身于伟大的“画廊”之中。奔走数年，今日总算在云南发现一处极有价值文物古迹！

观察未久，太阳西下，直射崖画，图形反而模糊难辨，于是恍然大悟，所谓“仙人显灵”，即及因阳光照射下图形或隐或现而附会。

天渐垂暮，有人烧山种田，老五怕归途烧断，一再促归。决定日后再来，以此为佤山调查重点，即使会被批评逃避“阶级斗争”，亦不后悔。

晚老寨有人结婚，往观，乃有女出嫁，新郎未见。有一老妇坐火塘旁唱调子，其声如泣。老五未翻译，猜想乃送别新娘之歌，如凉山彝族《妈妈的女儿》之类。

1965年1月21日

民良乡政府

今按事先约定去民良老寨请魏××老人制弩。他擅长此道，众所公认。全过程已作实录，并请演示蹶张之法。购弩一件，作为酬谢。

再去“老政协”家。彼原为宗教头人（“斯斩”），已与我相熟，出示一直保存祭拜之“雷斧”。

原以为不过是石器，不意在一个小竹箩中除石凿一件外尚有铜钺两件（与剑川海门口铜器风格同）。箩内放米，老人谓“它们每日要喂”。

又访问老寨最大宗教头人（“达改”）李尼惹。询问崖画，彼称不知，但出示画布一方说：“这才是仙人之物”，过去全寨对之祭拜。画墨绘，风格草率，与崖画略有相通处。彼亦出示作为护身符之“雷斧”，小箩中花样更多，除石器外，尚有矾石小猴（内地小孩玩具）一件、磨刀石残片一件、牙齿一颗及大鸟羽管数枝。大抵非常见之物，均可作为“灵物”崇拜，若传为打雷后发现，便是雷斧。人们相信有此可以辟邪。

沧源佤族制弩

继去民良上寨（60 余户）访问 94 岁之老人田岩茸（曾任“达日特”，为派款头人）。他头脑清晰，且愿谈话，开始即说：“寨里的人都是我看着从娘的屁股掉下来的”。先问崖画，他说幼时放牛即见，傣族常去祭拜，不知何人何时所绘。后采取人类学调查方法中之“非结构性访谈法”，由他想起什么说什么。据云，他小时佤族内部土地不能买卖、出租，可租种傣族土地；不种大烟，靠卖“芦子”换点零钱；不种棉花，买棉布穿；有放债，但不计算复利；有牛工、短工，但无长工。这些有助于研究百年来这一带佤族社会变化。

关于基督教在上寨传播情况，他说，下寨（老寨）信鬼，上寨信教，是“达芬”决定的。传教者撒拉松（永伟里？），是外国人，鼻子长，说话靠翻译，住在寨外，其子叫文生（永文生）。信教好处是不信鬼，有人送鬼便把土锅踢翻，“和 1958 年民兵敲烂土锅不许送鬼差不多”；不派粮派款；为人念经不要钱。这位老人大概是基督教徒。谈话中老人不断插入“老了，老了！”“累了，累了！”“有什么药给我吃点，使我年轻就好了！”之类。

今日早晚均在老五堂兄李 ×× 家中就餐，饭硬而菜味不佳，殊难下咽。老五云，现已改善多矣，过去吃饭全用手抓，现在至少已用碗筷。堂兄为一有趣人物，结婚三次，现在之妻尚比其长子年幼，而两人状极亲密。佤族结婚似不计较年龄。

1965 年 1 月 22 日

民良乡政府

今去勐角土锅寨（“俄允”）欲看傣族制陶，未果。今逢勐角街期，寨内几乎无人。我俩亦去勐角街一游。

归途几乎迷路。老五极喜打猎，出外必带弩弓，几乎每日有获。他能模仿鸟叫，又能从足迹辨别是豹子还是野猪走过。每当他身穿黑色中山服毫无声息在树林中潜行，我就想起黑豹的形象。

平日行路，总是他前我后，今日他前行太远，我误走上一条通往拉祜寨之路。后我俩按佤族办法发出“啊啊”之声相寻，始得相会。归乡政府，时已傍晚。今日老五获鸟二只。

1965 年 1 月 23 日

民良乡政府

今去勐乃问宗教头人及崖画事，他完全不知。看勐乃土司衙门旧址，现已为小学。老师相告，地下曾挖出佛像。

1965 年 1 月 24 日

民良乡政府

今日天气晴朗，再去“帕典姆”，发现两人叠立图形几组，疑与历史上以杂技表演朝贡之掸人有关。天黑方归。

这里相距住地太远，若如此早出晚归，每天最多工作二三小时。要作详细绘图及记录，今后只能在当地宿营。必须作好一切物质准备，待春节后再正式进行。

1965 年 1 月 26 日

民良乡政府

再去勐乃，会见乡长 ×××，证实傣族过去有去崖画前“做赕”（祭祀）之事，二三年前始罢。归途经小学，老师告知今日勐乃土司遗址又掘得铜佛一尊。

1965 年 1 月 27 日

民良乡政府

再去民良老寨。有人报告称该地亦有“崖画”，比至见一小洞中有用黑炭、红土绘之小人，明显为近人随意涂抹。

顺便访问民良过去之圈官，见“头人椅”，只不过内地传入之篾圈椅一张。

晚饭后去上寨再访 94 岁老人，他谈数十年前头人请“白工”（民众做无偿劳役）每年只有一两次，较后来负担为轻。有人违反寨规（如男女发生不正当关系）不罚款，只是出钱“洗寨子”。

今晚老人家留宿，但老人外逃之子近从线外回来探亲，老五怕“情况复杂”谢辞。我见老人之儿媳忙碌半天安置床铺而客人竟不留，怏怏不乐，殊感歉意。

仍宿老寨堂兄家。他夫妻及小孩，加上今日来之儿媳和我们二人，共七人合住一室。卧具不够，我受照顾，独得一条棉毯盖身，仍奇冷难耐，加之小孩哭闹，一夜不得好眠。

1965 年 1 月 28 日

糯良区政府

晨起即去民良上寨再访 94 岁老人，核实数事，即来糯良。连日累甚，午间大睡数小时。

下午张副县长等出示社教运动中搜集来之“雷斧”，真是光怪陆离。有磨制石器 10 余件、铜斧（似为红铜）二件、石蕊一件和天然卵石数件。此外，尚有可确定为打制石器者三件，摩挲已久，边缘钝滑，若为当地搜集，则当地或有旧石器文化遗址！

1965 年 2 月 1 日

沧源

29 日回勐董过春节，并购买皮尺等绘图用物。30 日下午访罕富民副县长（末代勐角董土司，1945 年袭职）、罕华清（富民之叔）及南光禄（土司署官员）诸先生，均知早有此画。南光禄说丁来大寨后崖亦有，闻之兴奋。

此间过去有缅寺五座，1948 年岩帅攻勐董，烧其一。31 日由沈应明君引导访问此间最大缅寺及其长老“召祜勐”（全勐最大佛爷）。长老精通佛学，曾作为佛教代表去过北京。询有关傣族历法及宗教若干事。彼出示今年历书（傣文）一纸，排出 12 月及每月节庆。每届泼水节“换年”，即将其贴于墙上之旧历撕下，换上新历，百姓可来抄录，殆如古代内地皇帝颁历。

“召祜勐”不知崖画事，但说佤族“画布”乃傣族传去。不知何所据？缅寺中有制作极精之大木鼓一件。谈话时两位傣族姑娘进入，屈腿行礼，将盛饭之竹箩献于长老。此间不似西双版纳每天由小和尚出外化缘，而由附近各家自动来寺献饭。如饭不够还可自煮，米从附近村寨募化而来。

继去另一缅寺看壁画，全为佛教题材，人物服饰工笔绘出，与崖画自为两种风格。

今为春节除夕，整日在纸上画格（此间无厘米格纸可购），备摹绘崖画用，以此减少思家之念。

1965 年 2 月 4 日

沧源

访罕富民之弟富国，询崖画事。自称勐乃及丁来二处均见过，“不是人所能绘”。了解过去勐董土司统治情况。

再访罕富民副县长。他对崖画事无新补充，强留下棋一盘始别。

1965 年 2 月 5 日

民良乡政府

乘车至糯良，步行来此。购买之物不少，背包甚重。

春节期间老五回家，现已归来。乡领导坚持再派民兵两人随同前往野外工作，以保证安全。一切准备就绪，议定明日动身。老五已看好崖画山脚下有田房一座可以住宿。

1965 年 2 月 6 日

“帕典姆”田房

早饭后出发，借老黄牛一头驮物（被盖、锣锅、米、盐及乡里特批的一点腊肉）。至树桥处：老牛不肯上桥，不得已走向上游浅水处，牵牛涉水而过。水深至膝，寒冷侵骨，上岸后双腿麻木。

抵田房，留老五安排食宿，我一人上山工作。入晚始归。民兵已到，饭已煮得，铺已安好，

在崖画第一地点宿营地与民兵合影

谈笑甚欢。

两位民兵一名田赛惹，一名田岩格朴，皆可爱佤族青年。晚饭后彼等与老五出外打鸟。我躺下休息，从田房屋顶大洞小洞可见星光闪耀，直与露宿无异。请老天这几天不要下雨！

1965 年 2 月 8 日

“帕典姆”田房

连日工作进展顺利。两位小田心灵手巧，了解意图后，很快用树枝、竹藤做成人字形梯，使我可以站立其上就近观察辨认图形，且可以移动。老五已会准确量出尺度，使我可以专心摹绘，不必又量又绘爬上爬下。大部分图形已经摹绘并摄影。

附近种地佤族人民常来参观，七嘴八舌，帮助辨认图形。由于他们经常打猎熟悉动物，有些动物图形赖他们认出。对崖画绘猴群下山尾上翘而上山尾下垂，他们尤为欣赏，认为与实际情况全同。羽人图形我原百思莫解，一位青年突然说：“那在头上的不是羽毛吗？像今日拉祜族一样，就是太长了点！”

白天两位小田无事时便持弩在附近射鸟，晚上与老五组成夜猎行列。几乎每天都有收获。无论是麻鸡、箐鸡还是麻雀之类小鸟，按佤族习惯剖腹剁碎，加上从附近田中摘来豌豆苗和米同煮，做成所谓“雀烂饭”，是我们每晚必备之美食，其味可与上海盖浇饭、扬州炒饭比美。

附近种地青年多与老五及二位小田相熟，亦来同享。有时锣锅饭一锅不够，要煮两次。饭毕，大家还要玩“争上游”，我时亦参加，直至夜深，有人便留下与民兵挤睡。如今夜小小田房内竟睡有六人。

这几天身心均乏，但精神愉快。

1965 年 2 月 10 日

民良乡政府

晨起上山利用阳光尚未直射崖壁时机再拍一卷胶卷，然后收拾行装，把剩余食品一齐煮食（连做糨糊用的一点面粉也做成一块粑粑），算是“最后的早餐”，愉快下山。

第一地点（今后崖画地点即以发现次序命名）野外工作自此圆满结束，共历时六天。

1965 年 2 月 12 日

沧源丁来大寨

今日开始寻找新的崖画地点。为了轻装，只带工作用物。好在现在我在佤族家中已能吃能睡。

晨 10 时动身，途经拱撒（佤族村寨，信小乘佛教）略事休息，下午 5 时始达丁来大寨。旋由社长 ××× 带领去看崖画，老五足健先行，东行约一公里，突闻高呼“一样的，一样的！”比至果见红色图形分布于大片崖壁上。又发现了一个地点！大为兴奋。

今晚即宿社长家。其妻身材高大，脸色冷峻，但待人尚好。五个女儿活泼可爱。晚饭后围火塘谈当地情况。我以茶叶铁盒示意，请彼等泡茶，主妇欢呼一声连盒拿去，丢置竹架之上。老五说，敬人茶叶或烟叶，只能取出相赠，不可以盒表示，他们以为你要送他们茶叶盒子。原来其咎在我！

彼等对相机尤感兴趣，不断注视，议论纷纷。老五告我，这几天来相机引起误会颇多。在第一地点工作时，附近村民盛传，我们将用相机照射，“打开石崖大门”，进去访问“仙人”。一位老妇丢失四元人民币，请老五帮忙，用相机“照一照看丢在哪里”。

1965 年 2 月 14 日

丁来大寨

连日记录、绘图、摄影。请两个民工协助搭架，又由小学搬来桌凳各一，工作条件较第一地点好了许多，进展顺利。现可肯定这里为一幅村落图，圆圈表示村落界限，半圆形下缀直线者乃干栏式房屋。诚乃反映崖画创作时代社会生活最佳资料，惜残缺较多。

丁来男子短发后披，妇女穿短裙，颈系银圈而不戴耳环。成年妇女乳露于外。从服饰可见此间保存传统文化较多。丁来原由海别迁来，故海别时来人派款，有一次丁来把派款者打死，其事才止。

食宿均在社长家，相处已熟。姑娘们常作恶作剧，如每过寨门必爬短梯，见我甚为费力，便从后推之，若我险跌，彼等大笑。然全家待我甚好，主妇说：“你人走了，笑声会留下来”。又说：“你要留下做老师，把家也接来。”晚上给棉毯盖身，又取出新织之麻布片“加铺盖”，仍冷不可耐。

丁来虽为偏僻村寨，风景绝佳。寨边野花盛开，与芭蕉相映成趣。近日工作有获，村民友好，甚为愉快。

1965 年 2 月 15 日

沧源曼坎

早饭毕，离丁来，下午抵此。甫入寨小孩群呼“么见永么”（“你是什么寨子的？”），一呼百应，全寨惊动，人们纷纷从竹楼探身下望。老五云，很多村寨对生人入寨都是如此。此或为一种传统防御之法。

由工作组阮君带领去盖新房处向群众了解崖画线索，不意此地竟有三处之多，连勐省大桥后山一处（距此不远），共有四处。喜出望外。

此为大寨，一百余户，现为乡政府所在地。在糯良时即闻此寨“落后”、“顽固”，至今做鬼不断。今果见一户有竹篾编物（约 10×10 厘米）两个，吊于檐下，作“挡鬼”用。

沧源崖画（第四、第五地点）

夜宿乡政府。此地入晚竟成为男女聚会场所，有如“公房”。我住之室亦挤满年轻男女，打打闹闹嘻笑不断，无法安睡，不得已下逐客令。彼等又去隔壁房间闹至夜深。

1965 平 2 月 17 日

曼坎

连日由小孩魏尼惹、赵尼不勒、魏三格特先后带领去找崖画。虽然他们放牛时曾经见过，但只记碍大致方位，究在何处仍要重新寻找。这些天走了不少弯路、险路。崖壁非人常去之处，荆棘灌木丛生，几乎都要钐草开路。

幸每处范围不大，加上已有经验，找到后立即可完成记录工作。

这三个地点有手印、有舂米、有屋顶饰鸟之房屋，是新收获。当地人说过去“有头有脸”人家屋顶两端即有木鸟，现已简化成木叉形。老五补充说，民良某头人过去房屋上即有。

1965 年 2 月 18 日

沧源勐省

清晨未吃饭即去第六地点，图像极为清晰。见有抛球图形，当如古代之“跳丸”，进一步证实崖画绘有杂技之想法，殊为高兴。

勐省今日开会，旅店全部客满。傍晚搭上客车来勐董。

途经南撤，见屋脊有交叉之木，以压草片。石寨山青铜器上屋脊交叉之木，或亦作此用。而石寨山青铜器及铜鼓图像中屋顶有鸟，应即表示鸟饰，如佤族头人房屋之木鸟。

（同日又记）

1965 年 2 月 23 日

沧源勐角土锅寨

21 日由俸兆祥君带领来此，详细调查傣族制陶术。

连日实录制陶全过程，从取土、制作直至烧制。此间制陶尚无转盘，完全手制，用一块木板支在膝盖上制作；烧陶尚不知燃料密封之法。在傣族制陶中属于一种原始类型。

食宿均在合作社社长贺特马家。其妻又要为我们做饭，又要为我们制作陶器，而肩部因劈柴负伤尚未愈，仍然终日满面笑容，丝毫不露疲劳之色，心实感之。

早饭有主妇之姐夫贺国特在座，彼 1958 年外迁，新从境外回来探亲，今日回去。据云，现耿马、双江、沧源傣族外迁者合组一寨，无田，仅种山地，“生活还好”。其在本寨已嫁之女亦来相会，以芭蕉叶饭包送其父“路上吃”，父女眼中噙泪，不舍之情可掬。所谓外迁，当时出于无奈，少数民族更重亲谊，谁愿无故离乡背井？

访此间允纳缅寺，见供佛用之紫色陶器，亦土锅寨制品，先涂紫梗而后磨光。

1965 年 2 月 26 日

沧源

晨有临沧地区文工团某君来谈。20 日糯良大寨失火，风大，仅数分钟全寨烧光，时彼正在现场。佤族或舞刀，或以火药枪射击火头，大声哭叫，为了吓退“火鬼”。

1965 年 3 月 2 日

景谷勐戛

欲由景谷去澜沧未果，再搭运盐去勐阿之车顺原路返回，今宿此。

傍晚访附近傣族村寨永美。有缅寺，小和尚已回家，尚有长老二人。寨内房屋土墙草顶，皆作椭圆形。妇女多穿黑衣黑裙，袖肥裙短，耳戴大环。我等在寨外见一 13 岁女孩，人甚俊秀，会简单汉语。据云其父劳改（“这里劳改的人很多”），其母插秧“大比武”时累死，现依兄嫂过活。谈时语气平静如说他人之事，一副经历极大痛苦后麻木神态。小小年纪，令人生怜！

1965 年 3 月 5 日

澜沧

连日坐车赶路，生病。今去县卫生院，已烧至 39 度。打针 40 万单位青霉素一次，服药两种。

1965 年 3 月 7 日

西盟

今日由澜沧来此，卡车充当客车，人挤无座，路又凸凹不平，历五小时如过五年。

见昆明电报，令参加西盟建立自治县活动，搜集资料。然自治县已于 3 月 5 日正式成立，全部活动已近尾声。

见县委宣传部岳部长，确定先去县委社教试点莫阿寨，答允派该寨小学老师查宗能君做翻译。

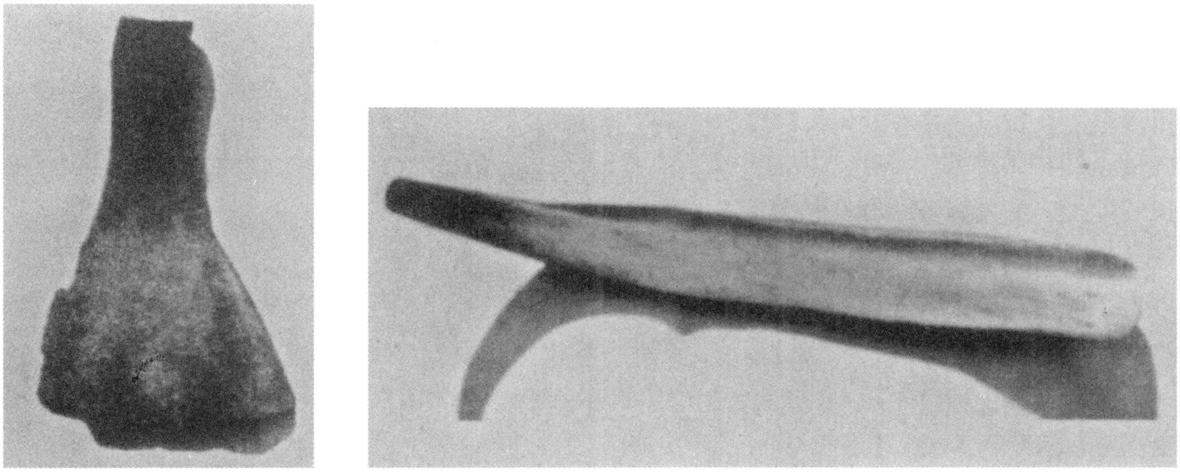

西盟佤族骨匕（右）和骨铲（左）

1965 年 3 月 10 日

西盟

由档案室借出马散、岳宋、芒杏等寨及境外山通寨资料摘录。

连日与县政协委员座谈，参加者：小马散“窝郎”岩龙、弩窝“魔巴”岩少、大马散“管事”岩老、莫阿“长爷”岩查姆。由政协秘书包贵德君任翻译，了解西盟村寨组织、奴隶、历法及猎头等问题。此间佤族人士对猎头并不视为严重之事，说时眉飞色舞。问是否也砍外国人的头？最年老之岩少说：“他们不来，砍不着，如来为什么不可砍？”

此间佤族上层人物及群众均不知何处有崖画，看来要在西盟寻找几个新地点，非全县普查不可，已非个人所能为。

无意中得知此间佤族“珠米”家中至今藏有铜鼓，且有铜鼓上不许放物之禁忌。西盟之行可以此为专题。已找政协老人专门谈了一次。

参观西盟建县展览，除各种农具、乐器外，生活中仍用骨器（如以肋骨为匕，肩胛器为锅铲），而记事仍用木刻，甚感兴趣。

西盟明清时期属孟连宣抚司管辖。同治十二年拉祜族宗教领袖“三佛祖”率众进入西盟，对西盟佤族实行政教合一式统治。“三佛祖”死，由其婿李通明继任，光绪十七年被清廷封为西盟土千总。他把西盟全境分为四个“脚马”（意为“马腿”，中心设在一个老寨子），由其亲属子侄分任头人，今澜沧县长李光华及西盟上层人物张光明皆其后代。但拉祜族统治并未能真正深人两盟佤族之中，所封“长爷”、“新爷”、“新官”等新头人与原来头人并存。民国年间，西盟属澜沧县。正式设县只是几天前之事。

1965 年 3 月 17 日

西盟莫窝乡政府

13 日与查宗能老师离城下乡。宿乡政府所在地莫窝小寨，仅 10 余户，且多干部家属。决定以莫窝大寨（52 户，247 人）、莫窝老寨（53 户，207 人）为调查点。

西盟佤族妇女织布

此间农业似较沧源落后。据云过去全乡仅有水田12亩（近年开出600亩），作物以小红米及包谷为主，后有荞子，土豆则称“汉人卵子”（“欢胡”），更明显由汉区传入。全乡有互助组12个，与合作社差别在于自留地多。大寨互助组评工记分，仍用木刻，得几分则在小竹牌上画几道，我索一个以为纪念。

来此任务是为一个名叫娜火的奴隶写家史。此事不难，已有素材。她住小寨，甚近，晚间可去访问。

去大寨访岩柯斯（头人）、岩搜（魔巴）及其子岩先（铁匠）等，问莫窝与他寨关系及猎头等事。岩柯斯演示取火，乃以藤锯木，为沧源所未见。岩柯斯引导去园圃中看其父墓葬，坟头围以竹篱，上供盛米竹筒。岩搜言，过去“好死”才埋于村寨壕沟以内，凶死（如分娩而死、被猎头者）则埋于壕沟以外。

此间调查工作较沧源更难。选定的报告人几乎无日不醉，尤以岩搜为甚。每天拉我喝酒，否则就是“心不好”。酒盛于竹筒中人喝一口，依次传递。水酒度数不大，不致醉倒。但喝了半天，一无所获，终非长策。

12日查老师引导去看大寨木鼓房。屋毁，二鼓尚存。路旁见牛角杈及牛尾巴桩，现已无人剽牛及砍牛尾巴，皆为数年前所遗。去树林中见一排人头桩，或为竖石，或为木柱（上有斜方格花纹或绘画，已模糊），人头不见，已摄影。

16日老寨有人结婚，往观。男女年龄不过十五六岁，事先“串”好，家长同意。女方住入男方已有七天，今举行“解放礼”。说好我去“只吃糖”。比至，晒台上已支锅两口，切肉待煮，酒坛环列，于是又强拉大饮水酒，喝至肚胀欲吐才放归。

1965年3月18日

莫窝乡政府

今与查老师访问班哲，距莫窝东南约40分钟路程，了解班哲一般情况。

班哲大寨有103户，400多人，从马散迁来，已有三四十代。与马散“关系好”，联合出外砍头，马散多分一些。与莫窝更是连森林也不分，谁都可砍，解放后才进行分界。

全寨有三个木鼓房。只有“珠米”艾买有两个铜鼓、两个铓锣（两者同敲），全寨有特殊事故（如砍头、失火）可借用，本家做“老母猪鬼”亦可借。

“好死”者可葬园圃，也可葬寨门之内坟地。坟内埋农具。人死有舂米之俗。

今日访问对象为乡长岩不拉及互助组组长 ×××。谈及曾去岳宋砍头事，岩不拉说：我就砍了他们一个。

1965 年 3 月 21 日

西盟

赶街。见着传统盛装佤族妇女争购盐巴，多境外来者。境内佤族卖酒者多，竹筒酒坛排列街头，买者边喝边走，醉态可笑。

借西盟详图描摹，供调查途中查考。

1965 年 3 月 22 日

西盟小马散

晨饭毕由民警两人相伴来此。为了安全，此间对外来干部都派武装人员陪行，盛意可感。

小马散寨现为马散区政府所在地。到达时区干部正在开会，只有旁听等候。与会者正讨论“阶级斗争动向”。晚邀三人座谈，询问奴隶等问题。西盟佤族奴隶多为买来或抵债而来，战争为了猎头，俘人为奴较少。现已开始对所经村寨之奴隶情况详细调查，列表登记。

1965 年 3 月 23 日

小马散

访问魔巴岩列姆（艾蒙称他为“猎头积极分子”）。他正从事竹编工作，询宗教问题，不愿回答，只忙于备酒待客。酒坛中有小红米拌酒药酿成的水酒，不断注以生水，大家传递竹管吸用。

又访小马散合作社副组长艾对，询该寨头人奴隶诸事。谈话毕与多人围火吃饭，一人突然持弩走出，在黑暗中对准房梁一射，硕鼠一只应声而落。急忙剖腹（但不去毛）放火塘中烧熟，分而食之。女主人在“木拉”中盛满饭，以老鼠腿一只插入递我。我婉拒，主人及众客皆不悦。正感无可奈何，进来一人，有饭而无鼠。我急中生智，迅速将老鼠腿插入他饭中，说：“是你的部分”。大概合乎“阿佤礼”，众大笑。终免吃老鼠之苦。

1965 年 3 月 25 日

小马散

晨再访“魔巴”岩列姆，彼正高卧，询原始取火方法。他证实此间不仅有各种锯法，且有钻法。当场请他演示，虽因材料不合适，冒烟而未燃，基本情节已掌握。多年到处寻找名副其实之“钻木取火”，竟于此处无意中求得，何快如之！

原来岩列姆老人不醉时还是头脑清晰，肯谈问题，乐于助人。以后访问最好早晨进行，他们还未及喝酒。继又由他人演示另一种藤锯法，亦很成功。

午后 3 时许，由副区长艾给及区武装部长艾顶带领来大马散。艾给，岳宋人，谈岳宋情况甚多。岳宋砍头直至 1956—1957 年，因当时规定解放军不加干预。

经窝努至大马散寨，时已垂暮。此寨原有200余户，1958年叛乱大部分焚烧，现寨内空地甚多。抵寨后即去“窝朗”柳的大房子查看，门已封闭，柳已死，其妻现在国外“帮人领孩子”。继访问头人艾孔家大房子，见白灰绘之壁画，匆促摹绘。闻此间共有大房子11座，多有壁画，准备一一摹录，作为沧源崖画之比较材料。

晚在艾顶家按汉人方式吃饭毕，访问劳动英雄艾对。适彼今猎得大野鸡一只，正做“雀烂饭”。此间做法与沧源有异，不是和米同煮，而是煮好剁碎，拌以盐、辣椒，各人饭上抓撒一把。我亦分一碗，不吃便说“嫌脏”，不得已略尝之。

晚宿此间土碉堡中，有艾给、艾顶相伴。据云，住老百姓家安全尚无保障。

1965年3月26日

西盟大马散

晨起应区领导之请为民兵照相。去大房子绘壁画，逐户统计铜鼓。艾对之妻拿甘蔗数根来，意欲招待我等。这时看热闹者一拥而至，来者便分一节。女主人手中只剩一节，适艾顶之妻又来，又一分为二，艾顶之妻还坚要较长一半而去。在此见到一次真正的“原始平均主义”！

下午与艾给返小马散。途中突见境外佤族一人，手持铁镖（此间佤族行路多持此物），披头散发，面色黝黑，坐于路之正中，见我等至，毫无让路之意。艾给一手握枪柄，一手牵我绕路而过。在阿佤山旅行已有数月，今日第一次感到害怕。

晚分别访马散乡乡长岩龙及其父岩肯，询奴隶、铜鼓、佤族命名、债务等问题。岩龙泡酒，强我饮两大竹筒，肚胀难受。

1965年3月27日

小马散

晨起补充了解数事，摄影数帧。此间保持传统服装较多。妇女披发戴箍（银制或竹木制），颈有项圈、玻璃珠，臂戴镯，耳着大圈，穿黑色无领之上衣及短裙，膝有藤圈（“斯库”），打裹腿，腰围藤圈（“斯龙”），乳及腹部常露于外。老妇尚有剃光头如拉祜族妇女者。男子裤脚甚大，头缠帕，腕戴镯，服装亦为黑色。惟年轻男女现已多着汉装。

早饭毕随解放军二人回县城。沿途谈其所见所闻特别是佤族“男女关系”之类事。又云小马散原有汉族10余家，多外逃，现尚有张、周两家，由澜沧逃避国民党拉兵逃来者，已融入佤族之中。盖房子得佤族相助，砍头可不参加，但出物支援即可。

1965年3月30日

西盟

由艾不拉（不久前与妻吵架，以枪击穿自己腿部，在家休养）任翻译，连日去政协访问来自莫士美、芒杏等地委员，问奴隶、铜鼓诸事。

西盟佤族“珠米”艾操及其大房子

1965 年 4 月 1 日

西盟新厂区政府

初由民警一人护送至阿莫，再由该地解放军两人送来新厂区政府。晚与区长艾门、区委老杨等人谈当地一般情况。

区政府靠新厂大寨。佤族地区地藏银矿，乾隆年间石屏人吴尚贤在沧源班老一带开设茂隆银矿，嘉庆年间为清廷封闭，一批汉族矿工移至永广一带又办银厂，遂名新厂。由于汉族移民之进入，这一带水田较西盟其他地区为多，使用牛耕较早，而汉族矿工遗胤尚在。

1965 年 4 月 2 日

新厂区政府

由艾门引导去附近村寨永龙，参观“大房子”。主人为“珠米”艾操，年已老，至今坚持传统生活方式，说：“艾操就是艾操，不会变了；黑炭就是黑炭，洗不白了”。故他家一切东西都原封不动地保存下来，颇为难得。。

“大房子”之屋顶木鸟仍在（大马散 11 座大房子已无一木鸟）；室内猎头用人头袋、剽牛留下之牛头、做鬼之大刀、成串的鸡卦，都放原处；两个铜鼓上覆盖两个铓锣，放在墙边；房外一根根剽牛标志之牛角叉、“做老母猪鬼”之石柱、“砍牛尾巴”之木桩，仍然直立。

请求把铜鼓拿出室外，以便摄影，艾操面有难色说：“铜鼓出屋，财气也就跑出去了”。此外他都很合作、友好。如请他站在房前摄影，他还把屋前杂物清除干净，问什么事皆如实回答。区里对艾操自无好感，称为“顽固分子”，而我颇佩服老人之勇气！

回新厂后去供销社。该社收购铜鼓甚多，约有十几具，皆属黑格尔分类之Ⅲ型。挑选花纹较特殊者摄影，并为本所购买一具标本，按重量计价，仅付 31 元。见境外佤族背铜鼓来供销社，卖鼓买盐。其背铜鼓之法，一如苏门答腊发现的人背铜鼓浮雕，颇值得注意。

1965 年 4 月 3 日

西盟永广

昨随解放军二人来此，住解放军营房中。据云这里情况复杂，住民房“太不安全”。

闻境外不远处有几股武装力量正在争斗。有名卓课者，建立一种新的宗教，反对猎头，提倡拔牛角杈、人头桩，从者颇众。缅军正与原岩帅大头人田兴文、田兴武及完冷部落联合起来攻打卓课。缅军对中国甚为惧怕，对边民宣传说：“多带烟、盐、水果糖来，不要把‘解放礼’带来”。

今去永广大寨访问，由艾三副乡长引导参观“大房子”及铜鼓。此间大房子均无壁画，惟一户门上有浮雕，作男女两人手淫之状。问其意义，答曰“好

西盟佤族“珠米”艾操及其大房子

看”。其真正含意自非如此。

原永广有汉族20余家，住今区政府处，开水田甚多，后与歹格拉寨结仇而远迁。今永广仍有四家为汉族后裔，两家尚能背诵家谱。今访岩桂于其家，60余岁，全家着佤族服装，已完全不能汉语。老辈即与佤族通婚。开矿还是他们未出生时事，尚记得其家姓邓。摄影而归。

大房子子前老母猪石桩及砍牛尾木桩

1965年4月4日

永广

去永广大寨访问艾梗老人等，询问铜鼓、取火诸事。后由艾三副乡长组织演示原始取火。此间使用锯法。

艾梗事先提出要先卖鸡于我，以后才愿谈话。遂付款1元5角购鸡一只。鸡未熟已有多人坐旁等待，后按“阿佤礼”分食。鸡甚瘦小，每人仅分得拇指大一块鸡肉。

1965年4月6日

西盟

晨由民兵岩坎及岩加护送回县城，沿国境线走，路甚平，境外村寨历历可见。岩加云，新厂一带境外来砍头事延续较久，其兄即被砍头，事在1961年。

（二）

1978年7月20日

临沧

据报又发现崖画，于是有沧源之行。同行者为徐康宁君。18日离昆，见禄丰一带饭馆中抢剩饭菜者、讨乞者、以鸡蛋换粮票者，人数不少，“文革”对生产破坏太甚，至今农村仍缺粮。

去地区文化局联系，派李成龙君配合调查。

1978年7月25日

沧源

今由勐省抵此。途中与李成龙君闲谈，他曾参加糯良“四清”，大火之日他在当场。谈起十余年前往事，不胜亲切。据云，“四清”收缴金银甚多，铓锣亦要作为财富上交，堆满一屋。班奈有大铓，径达两“庹”，专盖大房以贮，属全寨公有。当时调查竟未注意！大抵沧源虽少铜鼓，而铓之社会功能与铜鼓同。

去县委宣传部汇报，派王敬骝兄参加工作。

1978年7月28日

沧源勐省

县派车送至和平大队，当即去第七地点。图形分散，以太阳人形及五人圆圈舞最为精彩，为过去所未见。

次日去第八地点，仅有人形一排，极为简单。

和平大队为新建之寨，尽为地房，无杆栏；以树代表“木依吉”，无庙房；各寨中心有木柱称“考司岗”，作牛角状。今吃饭在养猪场，大队令三个队各出一只鸡招待，颇似过去头人下乡吃“派饭”。据云现在干部多如此。在第七地点所在之永德海见佤族仍使用偏斧。据告，剖木为板仍用木楔插入法，以偏斧修理。现已有锯，但不常用。

晚上了解佤族十干命名（指出生之日，非出生之年）、婚姻诸事。

连日见佤族生活方式仍无大变化。

1978年7月29日

勐省

去第六地点辨认图形，核对过去绘图，思考问题，不断有新的认识。牛颈牛鼻均有绳索相连，并非如过去自己所说牛不穿鼻；应是被人强拉之牛或为头牛，佤族告知，现在召集牛群仍靠找头牛（“牛也有队长”）；人前两牛角或为占卜，很多民族有此俗；妇女形象两腿间留三角形，或代表女阴；头上插羽外，臂上之毛或代表“羽

沧源崖画（第七地点）

衣”，均属仪式性装饰。

1978 年 8 月 2 日

沧源芒卡坝

由孟定至芒卡坝寻找遗址。此乃沧源方面嘱咐考察者。传遗址在农业中学中，地面已无所见。农业中学副校长（佤族，女，师院毕业生）出示石斧三件，谓当地所拣，乃“雷斧”云云。

孟定至芒卡坝路面平缓，风景绝佳。芭蕉成林，翠竹摇曳，偶见傣族妇女着黑裙青衫，款款而行。归途大雨，雨后空气更加清新，满目碧绿，令人心醉。

1978 平 8 月 6 日

澜沧

客车在此过夜。去文化馆见铜鼓一具（F 型），谓拉祜族土司所用，特殊处在于足部有蜥蜴捕螺浮雕。又见“画布”一块，白布墨绘，风格略同在民良所见。谓为卓课“反革命武装”之旗帜，只能姑妄听之。

闻李光华尚健在，改任副县长，匆促间未去访问。

（三）

1982 年 1 月 29 日

临沧

此次沧源之行一是为了记录新地点；二是补拍彩色照片，北京出版调查报告需用；三是对以前诸地点再作一次复查，核实图形。同行者杨奇威君，师院学生，请来协助绘图者。晨访地委艾群秘书长，汇报来意很得支持，派地区文化馆吴学铭君参加工作，并由地区派车。

吴君从事绘画工作。据告最近连有几批人士来调查崖画，均由彼作陪。第二地点前经发掘清理，获石器陶片，故崖画被断定属新石器时代，而该地岩厦是人们居住之处。第五地点已在画面刮取孢子花粉试验，证明画为 3000 年前物。第三地点覆盖之钟乳石亦被敲下作 C14 测定，结果为距今 3100 年云云。已耐心进行解释：钟乳石既未覆盖画面，便无法判明画属同时或以前，且崖画中已有干栏式房屋，不应再住岩厦。孢子花粉测定崖画确为首创之举，然如何取样充足而不致损害崖画？某一气候期跨度太长，又如何能用以断定崖画具体年代？

1982 年 2 月 3 日

沧源

工作进展顺利。很多地方已经通车，吉普可开至近处再步行爬山，一天至少可以完成一个地点。这几天已完成第二地点的复查工作及第九第十两个新点的记录工作。县里大力支持，派李学宏君参加工作。

今日来到第一地点，与过去不同，公路已通至山脚，附近出现一个新建村寨，即称崖画寨。

我站在高峻的画崖之下，望着那些熟悉的人物、动物图形，如对故人。17 年的光阴转瞬而过，自己已年过半百，许多该做的工作被延误了，不胜感慨万分！

1982 年 2 月 8 日

沧源

各个地点复查均已完成。新辨出图形数处，如第一地点又发现一组舂米人像；第五地点发现另一树屋；第六地点亦有木栅状物。然亦有过去尚清晰而今已模糊难辨者，事隔 20 年尚且如此，如何能长期保存！第一地点之第四区被烟熏黑，更属人为破坏。

1982 年 2 月 9 日

沧源勐角

途经土锅寨，略事访问，现有 24 户，仅 8 户会制陶，年轻人已不会做。

近年宗教活动几乎完全恢复，附近“允纳”寨有新建立寨心亭，中有一柱，上挂纸扎之牛，以祀丰收。两寨之间有“天梯”，为“做赕”所遗。皆过去所未见。

附近有一小山，树木葱郁，称“龙色勐”，为全勐之“神林”。无人敢进，故树木得以保存完好。内有植物达 2000 种，野生植物考察队数次来此进行研究。此处生态环境竟赖宗教活动得以保护。

十 居住在“长房”之中

云南西双版纳　基诺族

1965年、1976年、1985年

（一）

1965年4月19日

景洪基诺诺克区政府

基诺族“大房子”

晨乘车至小勐养，等候良久始搭上过路车来此。此地为景洪至勐腊公路必经之地，仍无客车直达。

自去年离昆，至今已近半年，疲乏之至。来此只想调查大房子问题。在昆见调查资料中提及此事，轻描淡写，语焉不详。前二年回京看了一些英文人类学书，渐知什么问题值得调查。此若为原始民族普遍存在之“长房”，实属珍贵难得。摩尔根氏即曾介绍，不知为何竟未引起以前调查者注意？

区委秘书何菊生君甚为热情，安排一切，下午便在区政府开座谈会，了解一般情况，参加者有白腊资（州政协副主席）等人。白腊资原为曼漂寨头人，自称祖先有二代为“汉官”。

基诺山全区现有28个自然村，共有基诺人1100多户，5000多人。保存大房子者仅龙帕一寨。

1965年4月21日

龙帕寨

区领导派通讯员张春（基诺族，20岁）伴我调查并作翻译。晨搭便车东行，不意至24公里石桩处即停，仍然步行。

基诺族大房子成员合影

中午至俄庄寨，在一老妇家休憩，见墙上插满肥大之鼠尾及美丽之鸟羽，乃其子历年猎获物，留此纪念。询问为何不见兽头？答曰：大办食堂时已随其他物件一齐“交公”矣！去合作社，果见檐下室内挂兽头骨及下颚骨甚多，为各户交来，食堂解散后亦不再领回。猎物留头为一种原始记事方法，不过为个人打猎成绩之记录。锅碗等物集中为集体做饭所需，而兽头交公究有何用？可以想见当地大办人民公社之“盛况”，或竟超过内地。

晚抵龙帕，暂住于仓库中。访合作社副社长沙木拉，据云全寨 66 户，200 余人，分住 10 座房中。最大一座房子有 13 户，48 人。土地不分，谁种谁收，“吃饭分开”，“你看房内有几个火塘，即有几户”。其为古老“长房”无疑。

沙木拉的大房子内有 6 个火塘，“算是少的”。

1965 年 4 月 22 日

龙帕寨

晨搬入副社长沙木拉之大房子。一个“火塘”一间卧室，无外人插足之地。沙木拉在上楼入口堆放农具、什物之门廊中，好不容易为我俩腾出可以放下铺盖之空间。此处即算客房，据云易武商人来收购茶叶，多在此安身。

报告人阿四来，今开始工作。他会打铁，原为本寨第二号头人（“着生”），汉语极好。张春乃小青年，复杂问题便不能翻译，全赖阿四翻出。本寨各户情况他无一不知。

仍由各家谱入手。此间虽行父子联名制，不像凉山彝族那样可连数十代，上溯几代即摇头不知，若请再想一想，又随口说出几代。由于此间人多名“木拉”、“者”、“车”、“布鲁”等等，追问下得来家谱未必可靠。

故调查不久即放弃记录完整家谱之企图。每户只及三代，能看出婚姻、继承关系即可。过去调查材料中有长达八九代之家谱，不知是如何“问”出来的？

1965 年 4 月 25 日

龙帕寨

连日为“大房子”编号、测量、绘平面图，并完成66户逐户调查，亲属称谓、土地划分等也作记录。现基本情况已经掌握，疑团尚多。这里已建立夫方居住及父系继承，但夫死或离婚的妇女要带子女回原来大房子，这些子女即算母亲大房子的人，与舅舅连名，这样世系如何计算？原来表兄弟姐妹是可以通婚的，若已回转母亲大房子，则不能通婚，这一现象如何解释？同一大房子之内不能通婚，但同姓（这里已有 4 个姓氏）之间已有通婚现象，究竟一个姓算不算一个氏族？这些问题只能回去以后再作分析。

基诺族猎人

基诺人这几天旱谷地农活甚忙，男女天刚亮即离家，天黑方归。白天大房子中只留下一两个老人照顾小孩，喂奶小孩也由母亲背着下地。

每当夜幕降临，大房子正中六个火塘便燃起火焰。室内甚热，人们多赤裸上身。主妇在自家火塘上忙于做饭，男人坐下休息、抽烟，或与邻近火塘的亲戚们交谈，孩子们在旁嬉戏。这时人们充分享受家庭的温暖和辛劳一天后的轻松。虽然每顿都是糙米饭和缺油少盐的野菜，夫妻儿女一起还是吃得津津有味。人们保持一种乐天知命的恬适态度，大房子中弥漫着和平宁静的气氛。遥想远古“长房”的气氛当亦如是！

我突然想到，即使是“原始社会”，财产可以共有而吃饭大概仍是各自为炊，像现在的基诺人一样。中国学界相信，原始社会中几十口或上百的人在一起吃饭，每顿饭由一位“老祖母”分食云云，不知有哪个民族可作为实例？即使在未来的“共产主义社会”（愿我能看得见！），假如人的一生都在北京大学“大饭厅”那样的环境中吃饭，即使吃得再好，亦不及家庭团聚吃饭之乐，请看人民公社“大办食堂”的结局。

1965 年 4 月 26 日

曼卡

此为本人族村寨。本人族为基诺山最早居民，基诺人多如此说，甚至可以确指何寨何处土地是本人族“卖给的”或“送的”。如龙帕寨山地就是本人族“不库”姓送的。曼空寨本人族被称为“阿博阿曼”(意为“爸爸妈妈”),后来者对先来者多如此尊称。本族说汉语较多,仍有自己语言，大概属孟高棉语。这里埋葬制度颇有特点，坟上盖小竹房，亦如龙帕，但每家一坟，每葬一人需将先死者尸骨取出扔掉。这有助于复原新石器时代葬俗，惜未亲见。

曼卡也行寨内婚，是值得注意的现象。

晚宿小学，与老师们合买狗一只杀吃。苏友权老师为有志青年，研究当地中草药，庭院内种植药材百余种。奇花异草之中小坐片刻，神清气爽。

1965 年 5 月 1 日

基诺诺克区政府

29 日去茨通及曼破，均见汉式建筑遗留。不知孰为“攸乐同知”衙门？曼破有清“道光壬辰年”墓碑一方，墓主人名陶其用。茨通为前半山“父寨”，曼破为后半山“母寨”，两者同为基诺人古老村寨，故汉人在此驻扎。

再访白腊资等人，询基诺山一般情况及历史，请他们制作传统竹筒乐器大小共七枚（代表不同音阶）作为标本。他们大谈 40 年代起义事。1941—1943 年，基诺人举行起义，反抗西双版纳傣族“宣慰司”及国民党政府，是基诺族历史上一件大事，前人讨论已多，汉文档案中有关记录已有人搜集。惟“文革”前民族文化宫展览中曾陈列当时傣族宣慰司致各寨头人调兵派粮命令一件（傣文），至今尚少为人引用，前在京曾抄全文，今移录于此：

傣历 1306 年（1943 年）4 月 7 日宣慰使命令各寨头人知晓：

第一，今年攸乐人黄头鬼发动战争，已经打到勐养，如果不去攻打，等他们打下来，我们地方就会全部烧成灰。命令下达之后，赶快调集兵丁，大寨三人，小寨二人，刀枪武器携带齐全，于 4 月 8 日早饭前到“纳花”衙门（带兵官）集中，不准缺人或迟到。

第二，每户舂米 20 斤，运到勐养大佛寺交给第二大队（国民党军队）。

基诺山墓地

这些粮食是汉人和傣族兵丁都要吃的，各寨务必按实有户口送来。

这件大事不能看成儿戏。如果哪寨不服从，就把那寨头人处以死刑，决不宽恕。

此命令要迅速传达各寨，人睡命令不能睡。

舂米

（二）

1976 年 7 月 8 日

基诺诺克区政府

7 月 6 日陪中国科学院天文调查组诸君由小勐仑植物园抵此。连日请各寨老人座谈当地天文学知识及物候知识。出席者有曼雅的白腊者、石嘴的白腊腰、茨通的大白腊者等 4 人。

基诺人对天文现象有自己的解释，且全以日常所见事物为喻，极为生动有趣。如：

（1）日月蚀——太阳、月亮在天上转，碰在一起相互“咬”。月蚀是月亮被咬（“布绕采”），日蚀是太阳被咬（“了采”）。茨通一带还有“睡”（性交）的说法，月蚀是太阳“睡”月亮，日蚀是月亮“睡”太阳，“睡在上面的把下面的遮住了”。

这比其他民族认为日月蚀乃动物吞噬的解释，较近科学真实，他们至少已知道是日月相互影响的结果。

（2）天地形成——天地皆像铁锅。天这口锅造得小了一点，罩在地这口锅上，把地“挤了一下”，这就是为什么山“拱了起来”。

（3）月中阴影——“那是月亮的大青树”。

（4）流星——“那是星星去串姑娘”。

（5）银河——“那是星星钐路”。按夏天草密，山区少数民族要用钐刀清除路上的草，以利行走。远望银河，岂不像万绿丛中一条隐约的小路？

（6）地震——“地下的人在翻身”。“地下人”是“男女都穿筒裙”。

据老人说，现在龙帕寨大房子已分开，因为“很不方便”，仍然不与外寨通婚。可惜这次不能再去。

1976 年 7 月 9 日

曼雅

今日白天白腊者相伴去曼雅访问。途遇一树有野蜂，白腊者立即砍树枝一根插在树上，表示野蜂是他发现，已经“号下”，别人不得再取。

在基诺山，曼雅过去土地私有化程度最高。其他村寨土地公有，有土地买卖时，多以寨为单位进行；而这里私人即可买卖土地。地价低廉，一头大水牛可换外寨一片山；一块地只值六个半开；茶地较贵，一块值 20—30 个半开。故曼雅富裕户多，出现雇工、放高利贷、出租土地现象。地租按亲疏关系而定，100 斤种的地本寨的交租 10—20 斤的猪一只，而本姓交一只小猪或小鸡即可。这里代表基诺山一种较发展的经济类型。

由于此行只当“配角”，未作深入了解。

（三）

1985 年 7 月 19 日

勐仑植物园

今陪 David A.Feingold 和 Heather A.Peter 两位博士由景洪来此参观，路过龙帕寨时下车略事访问。

寨已搬家，大房子已变小。问起 60 年代情况，一概摇头不知。事隔 20 年变化即如此之大，故人类学调查只能据所见情况进行分析，靠老人回忆追溯未可全作依据。

归国后中央民院朋友们相告，《社会科学战线》有人发表论文就“大房子”性质问题专门与我商榷，至今尚未见。凡不把自己调查过的民族看成是本门派或本单位“世袭领地”的人，总是欢迎他人再调查和再研究的。像大房子性质这样的问题也的确需要认真讨论。但听说该文对氏族与家族区别即在于前者出自“假定的共同祖先”这点普通常识（看过《古代社会》即知）也要商榷，讨论就无法进行了。两位博士提供了东南亚一些“长房”的情况，婆罗洲达押克人一座“长房”中也是既有父系后裔也有母系后裔，今后有必要查考一下。

十一　一个未为世人所知的族群

云南永德　利米人

1981 年

1981 年 10 月 26 日

永德乌木龙

利米人姑娘

与王均兄来此对利米人家庭婚姻形态作专题调查。1978 年临沧地区文化局李成龙君告知，此间婚姻关系“太乱”，以致曾派工作组解决云。

利米人（当地或称米利）清代始见记载，分布于当时顺宁府境，即今凤庆、云县、永德县一带。

地区及县大力支持，电话通知县民委副主任李顺亭先生（利米人）来配合工作，由公社干部张正忠君任翻译。

公社党委穆书记介绍情况。全公社 3707 户、20180 人，其中利米人约占 40%，共 1514 户，7301 人，75 个生产队，是利米人最大的聚居区。

这里是典型的高寒贫瘠地区，生产落后，生活困难。近二三年产量不断提高，现人均产量仍不过 407 斤，社员口粮仅 337 斤，现金收入人均仅 6.9 元，每年吃返销粮者约占总户数的 40%。

谈到当前存在问题，书记及在座干部牢骚甚多：29 个生产队（利米人 13 个队）合力修建邦卖水电站，水轮机是坏的，至今不能用，社员白出劳力，还要负担贷款。谁应负责？地区修永德—凤庆公路，社员工资 24000 元为何至今未付？大队干部半脱产，月仅 24—25 元，更不说那些全靠工分吃饭的干部，如何能安心工作？

他们直率陈词：“我们这些‘小民族’太可怜了，说是少数民族，得不到任何照顾。上面没有人帮讲话，什么好事也挨不到我们。你问几个人上大学？一个没有！几十年利米人只有 3 个高中生（2个还未毕业），30多个小学桌椅残缺不全，今年全公社教育补助300元，还常有人来，要招待。像你们这样从昆明来此调查，几十年来还是第一次。上面把我们忘了。”

“我们人少，不敢想成立一个民族，也不能指望成立一个自治县，但至少应成立一个自治乡吧（闻1988年3月乌木龙已成立彝族自治乡。——1996年6月注）。利米人就数我们这里多。利米人就是利米人，我们和哪个民族也不同。”

像利米人这样小的族群，在云南不知凡几。提到少数民族，人们想到的就是西双版纳、瑞丽、大理、丽江……记者、社会调查者喜欢去的多是这些风光绮丽的地区。至于穷乡僻壤人口稀少的少数民族，至今情况不明，他们的疾苦得不到应有的反映。关注一下这些迄今尚未为世人所知的小的族群吧！

今确定乌木龙大寨、平掌、崖子脚三处为村寨调查点。

1981年10月27日

乌木龙

去乌木龙大寨开始调查。根据过去行之有效方法，先从各户家谱入手。

利米人房屋是平房与干栏并存。夫妇及幼小儿女住木板瓦或草顶平房，另盖矮脚草顶小型干栏，上层供成年子女居住，下层养牛（猪另有厩）。子女结婚另盖地房，但未及盖者也可暂住干栏之中。这种小房子与他鲁人“姑娘小屋”不同，由于兄弟同住，不可在此谈情说爱。这里青年人幽会多在野外，称“买牛加”，往往彻夜不归。当地民歌有云：“太阳出来谁先知道？是‘买牛加’的人先知道。”

参观大寨、崖子脚、平掌共同祭献之神树。晚大寨张国正家留饭，喝的是街上买的白酒（原会做酒，“现没人做”）。

1981年10月28日

乌木龙

晨赶街。利米人妇女头覆黑色或黑白格布帕子，耳戴大环，穿黑色外衣，后有长幅，前有围裙，赤足或打裹腿。男子服装多已改变，仅老人或缠黑帕，穿黑色右衽外衣，无领，裤脚甚大，或亦打裹腿。

街上买卖物品甚少，仅有麻布片（幅窄，几幅缝成一片）、箩筐等数种。

下午去菖蒲塘大队山背后寨看“开吊”。人死先行土葬（凶死火葬），数年或数十年后必举行此一仪式，送灵魂去其永久住地。在此以前，灵魂仍在村寨附近游荡，不得安息。整个仪式以祭奠内装代表死者之草人小棺材为中心。

死者为尤三，1965年死，死时50多岁，前妻早死，继室尚在，有二子二女，二女已嫁，二子已分家，今均在现场忙碌。闻费用由二子平均负担云。

与队长罗贵生同往。按利米人礼节送礼并在“礼簿”中写下姓名。入门时，我们如其他亲戚一样接受孝子跪拜。先来者先入席，菜是“八大碗”，包谷饭。亲戚们不断前来，或牵羊，或捧鸡，或持糯米粑粑，有唢呐不断吹奏。

席间突闻两个“外家”（两妻之娘家）的人已来，“有一百七八十口”，停留村外不入。此次死者与前妻一起“开吊”，而长期供奉之篾箩中放的蜡人有三，竟包括尚在世之继妻。

怀抱公鸡的死者继妻

仪式于晚10时许正式开始。“灵床”（内放草人的小棺材）移至村外山坡上，前置供桌，周围插小树（称“棉花树”）。其时“外家”队伍才鱼贯入村，孝子跪地迎接。奇怪的是“外家”人一一抚摩其头，虽小孩也抚摩年近半百孝子之头。

而孝子始终拜伏不语，状极谦恭。疑此或来源于古代氏族之间闹丧之俗。“外家”先不入村，表示对葬礼不满；孝子不顾辈分跪迎，表示谢罪；而最后“外家”抚摩其头表示和解。整个过程是仪式行为，并非双方真是不和。

宴请宾客

仪式中“录锡”（巫师）六人站在灵前第一排，死者及本族人悉跪于后，而“外家”则于灵堂之后站成一排。死者之继妻怀抱大公鸡、手持包谷立于灵侧。另有妇女一人坐地不断号哭，此人称为“额”，专司哭丧之责，如内地汉族雇乞丐哭丧。

“录锡”念经唱调，“外家”一人砍树表示为死者“开路”，继双方跳舞，其间又有来自“外家”小女孩两人穿特殊之花衣，“录锡”扯下树叶令其“包火炭”，谓之“隔魂”。总之仪式甚为复杂，每一动作应有含意，惜罗贵生队长不甚了然，无法讲解，而“录锡”忙于仪式，亦不能打断。观其唱调念经，时常中辍，似他也不能尽知。盖仪式久已不行。

据云仪式将以“灵床”抬去死者墓上焚毁而结束。时已夜深，而住处距此尚有10公里，匆促而归未及观。利米人视“开吊”为大事。谚语有云：“老欠小，嫁讨；小欠老，开吊。”若不举行，将蒙不孝之名。1965年后无人敢举行，自去年起逐渐恢复。明日山背后村又有一家“开吊”。现“录锡”应接不暇，“日程一直排到明年”云云。

1981年11月1日

乌木龙

去岩子根拜访号称“利米王”李华甫之家。彼原来只不过为当地较有威信之头人。此间从未形成统一全区之政治领袖。李华甫已死，后代李建章等尚在。询问利米人一般情况。

此间很早就有水田，会犁耕，但主要作物是荞子、包谷、小麦。解放后水田、旱地不断扩大，森林不断缩小。不会制漆，不会冶铁（仅会利用废铁料打铁器）。此外，“别的民族会的手艺，我们都会”。过年如汉族，六月二十四日“过节”如彝族，各户竖立火把。谷子熟了尝新先喂狗。婚姻、丧葬、节日实行“打歌”，原在房内跳，现改室外。

利米人传说由景东迁来，人死送魂到景东。

1981年11月3日

乌木龙

今已完成5个村寨调查工作，较原定计划多调查两寨（山背后寨及邻岗寨），逐户家谱及婚姻情况均已记录，计130户。其他村寨典型事例也作为个案记录。

现在问题已很清楚。利米人和他鲁人可说是同一种婚姻形态。虽然普遍存在的是夫方居住的一夫一妻制家庭，但极不稳固，离婚频繁，常因细故而离异，手续简单，砍木刻为凭。这次调查五个村寨，未离过婚的一寨只有一两户。这里有谚语云：

三脚婆娘没有，二脚的要多少？

一年讨十二个婆娘，三十晚上没有婆娘。

类似谚语在他鲁人中亦有。

结婚手续同样简单。男女通过“买牛加”认识，经父母同意，或父母看中取得子女同意，请媒人问日子，算是订婚。10月31日在平掌寨目睹一次订婚实况。媒人持酒两瓶来，坐火塘旁，略谈数语即定，甚为随便。闻结婚仪式特殊之处是新郎要牵羊亲迎，新娘骑马（无马借之），宾客要以牛角饮酒（平常不如是）。此间男女结合惟一要遵守规则是同姓不婚，“买牛加”时与本家发生关系，不知者不怪罪，下不为例。如正式结婚，便要罚牛。

男女调情除如他鲁人一样吹树叶外，流行“赛歌”（男女对歌），有一种“唱筒”，系竹筒上蒙鸡膆子制成，连以不打结之长棉线，“像你们电话一样”。现唱歌依旧，“唱筒”已多年不见。

十二 仍在使用铜鼓的民族

黔南、桂西、黔东南 水、苗、壮、彝诸族

1986 年、1987 年

(一)

1986 年 12 月 2 日

三都

来此考察水族铜鼓。铜鼓研究近年成为热门。新鲜材料不多,高文宏论不少。甲以为是,乙以为非,各呈己见。仅分类已达十数家。我已兴趣索然。惟对少数民族现实生活仍在使用的“活的铜鼓”,仍想继续进行调查。多年前调查云南佤族铜鼓,解决脑中疑团不少,而闻黔桂两省民间收藏铜鼓更多,水、壮、苗、瑶等族使用铜鼓更为普遍。

雷山苗族的铜鼓舞

县民委潘朝丰副主任出面接待。晚盛情相邀去其家喝水族“交杯酒”(依次递酒碗于邻座嘴边劝饮),吃火锅,谈三都铜鼓情况及水族风俗。

此间水族原有铜鼓千具以上,历经“大炼钢铁”及“文革”两次破坏,现只余三四百具。近年生活变好,万元户亦如过去富人,想买铜鼓夸耀门庭,已不可得。武汉、四川新近仿制铜鼓,价 800 元左右,音色不好,无人想要。如有“老铜鼓”,可值二三千元。

水族风俗中提及以鱼祭祖事,可与先秦内地古俗相印证,值得调查。

下午曾去县文化馆参观,见明代墓葬画像石有以铜鼓面部图案为主题者。所藏铜鼓为 E 型,即所谓“麻江型”。承馆方慨赠水族表演铜鼓舞相片两帧。

水族铜鼓及助音木桶

水族染布

1986 年 12 月 3 日

三都中和区

下午开始调查。和寨共 120 户，均为石姓。原有铜鼓四具，现只有二具。一具属私人所有，系 1962 年以 800 元买来，主人石波会染布，略有积蓄，成分又为贫下中农，故运动中鼓未被“拿去”。另一具为全村公有，系祖先传下，称“良格能”（“良”为鼓，“格能”为某代祖先名），“音色太好”，远近闻名，日寇侵入时藏于山洞得以保存。全村 120 户皆拥有此鼓所有权，但因分支后子孙繁衍情况而有差别，其中 100 户拥有“二个耳朵”（即铜鼓的一半），20 户也拥有“二个耳朵”。原则上每户可保管一年。然若有遗失要赔出黄牛及猪各 120 只、米 120 斤、酒 120 斤（120 户每户一份），风险太大；加之过节时村民齐集敲鼓，要负责招待，费用可观；故家境不佳者不敢接鼓，常有一户连续保管数年之情况。现在保管人石 ×× 已保管铜鼓二年，至今尚无他人提出愿意保管。他曾任民兵连长之职。

请他们表演敲击铜鼓之法。把鼓“请”来吊于屋梁，一人以鼓槌击其面部中心，以小竹棒敲其胴部，另一人持木桶在后作开合动作，铜鼓便发出不同音响，谓“不用木桶，声音传不远”。正式敲击时还要与皮鼓同击，“皮鼓要跟着铜鼓走”。

水族妇女嫁前为夫家制作的布鞋

下午途中见送嫁妆，除被褥用物外，两人抬一木盒，内放布鞋多双。盖水族姑娘未嫁前必须为夫家所有成员及重要亲戚各做鞋一双，以示手巧，否则将遭耻笑，且蒙不孝不贤之名。我细数之，布鞋共有 15 双之多。

1986 年 12 月 6 日

三都中和区

已完成庞寨大寨铜鼓调查统计工作。此寨共 126 户，绝大多数杨姓。原有铜鼓 10 具，多于 1958 年“大炼钢铁”中被迫作废铜出卖（仅卖 10 余元）。现只有 3 具，分别为 4 户、5 户及 20 户所共有，或由于合买，或由于同一祖先传下。现在三鼓之保管者均为本寨“有头有脸”人物：一为“寨老”，一为曾任保长但受人尊重之“自然领袖”，一为现任区长。

水族村寨

谈起铜鼓损失，报告人痛心疾首：“大炼钢铁铜鼓遭难，几十个鼓堆在公路边，风吹日晒，多日无人过问。铜鼓可怜啊”。对他们来说，这是亵渎最宝贵的神圣之物。

连日白天下寨调查，晚与区干部闲谈，所获甚丰。

水族妇女

此间铜鼓平时不用，储米其中，这样“米便经吃”，我不禁想起晋宁石寨山铜鼓倒转贮贝之事。又当地流行埋藏铜鼓之俗，凡遇战乱、无子或有子不孝，即将鼓埋于神秘之处。埋者死后便永远无人知晓。和寨有名“陆良公”者曾埋一鼓，众知此事而不知地点，迄今未找到。又最近中和区附近村寨翻地接连发现三具铜鼓，却不知何时何人所埋。考古发现之铜鼓若为单独出土，无他物伴出，其埋藏原因当于水族埋鼓习俗中求之。

大家谈及因争夺铜鼓涉讼、斗殴案件多宗。区中心小学韦老师在座，谓诸子分家铜鼓如何分配常成难题。既不能砍成碎片，或又不愿集体共有。有一种办法是把铜鼓高悬，诸人环立，旋转铜鼓，看鼓面最后向谁方便属谁所有。他家铜鼓即如此分得。他是周覃区亭牌村人，鼓尚在，花纹好，有人出价万元尚未卖出云。

水族村寨多建于山之缓坡上，故房屋采取“吊脚楼”式，即后墙建于地面，前墙以木桩支撑，仍属一种干栏建筑。谷物另建仓房储藏。近日在和寨水家住宿，见其房内分隔若干小房间，一个成员一个房间，虽新婚夫妇亦分居两室。

此间妇女多着黑色或青色衣裤，插梳于髻上，是其特点。

1986年12月14日

百色

参加南宁悬棺葬会议之后，来桂西略作调查。广西民族研究所派潘世雄兄同行。

午间车过田东县。广西学术界咸以为宋代大理国与宋廷进行马匹贸易之横山寨即在此县。今该县犹有地名曰横山，而平马公社之“平马”即“马坪”之意。今日云南人仍有来此地卖马者。

昨去文管所参观，见巨型打制石器多件。广西古文化遗存丰富，欲研究中国南方新石器时代早期文化，广西为值得探索地区。

潘兄为壮族，以壮语解释西南民族族称及地名，殊有见地。如云南壮族有侬人沙人之称，“侬”即“垌”，为山间平地之意，“沙”为水边之意。广西壮族亦分“布侬”、“布沙”。两者不仅分布有高低之别，风俗亦略有差异。沿途我俩谈天说地，眺望山色美景，殊不寂寞。

1986年12月16日

西林

昨抵此，宿武装部招待所。今去博雅调查铜鼓。全村48户，均为壮族，有铜鼓一具，传10代以前由贵州买来。本村共有李、黄两姓，鼓属李姓25户共有，黄姓有事可借鼓敲击，但不能保管。访问铜鼓保管人李金亮先生（53岁）于其家。他见面就说：“我是长房，是老大，鼓轮流保管而以我为主。其他人管不稳。村里谁来借鼓，要我点头。”

壮族妇女

听说要看铜鼓，他说：“你们要看可以，我拿下来。那地方别人是不能去的”。他上楼摸索良久，始捧鼓而下。鼓仍为E型，上系稻草绳，谓可以防偷。敲击时亦用木桶助音，与皮鼓同击，情况与水族略同。

此间特殊之处是铜鼓有公母之分。现有之鼓为“母鼓”。铜鼓面部边缘乳钉被称为“铜鼓奶子”。又铜鼓有人工凿孔一个，询问何意，李先生说为了“漏气”，这样才可“发声”。出土铜鼓上有些人工凿孔或亦出于同样信仰。

李先生说：“附近村寨原均有铜鼓，办人民公社时统统收走。此鼓放在食堂中。是我取回的”；“80年代还有一位干部（我不想说出他的名字）硬要铜鼓中心部分，说其中含金，我们坚决不给”。

今县文管所黄所长及小黄同来，告知西林壮族有二次葬习俗，人死如“风水不好”，必捡骨重葬于“金坛”（一种绿釉陶坛）之中，重新埋葬。田东一带壮族则人死四五年后必须捡骨重葬。

1986年12月18日

隆林德峨

今见苗、彝各族背物来交易者颇众，盖今日正逢县城街期。全乡共有16000人左右，苗族占九成，彝族占一成。此乡苗族从不使用铜鼓，仅彝族曾有之。

此乡彝族自称“俄普”，仍保持自己语言，自云可与楚雄彝族通话，有彝文，有“毕摩”。共有1500人左右，分布于小德峨、那底、岩头、解邦等村寨。

解放前共有铜鼓六具，在“文革”中被没收，或没收后又被偷卖（每具仅卖100元），现已一具没有。

去小德峨（19户）及岩头（47户）访问，报告人韦定昆、王忠有谈过去使用铜鼓情况。用途、用法略同他族，惟以镲伴奏是其特点。此间似乎禁忌较多，如鼓上平常挂山羊角，因为“土地神怕羊”；鼓不能靠近河，否则“龙王会与鼓打仗”；取鼓要用淘米水洗，并进行祭祀；敲鼓必须“通头”（敲完一套鼓点），否则“头发会掉”；铜鼓不能外借；妇女不能打鼓，等等。

六具鼓为私人所有。所有者过去都是“有身份”的人。如小德峨韦家曾担任伪保长，岩头王家担任过区长等等。

此间彝族使用铜鼓并非新近受附近民族影响，而自有较古老的渊源。“过年敲鼓苗族来看热闹，但不会敲”。彝族仍可列入使用铜鼓民族之中。这点认识算是今天惟一收获。

又去苗族村寨大坪参观。此间苗族属偏苗，30户。妇女结髻当顶，与石寨山青铜器纺织场面一组人物发式相同。房屋较彝族简陋。另有小型干栏式草屋，下层养畜，上层堆放稻草，年轻男女多在此幽会。当地人称为“马栏”，笔记野史上屡见“麻栏”、“马郎”等等，似同音异写。

1986年12月20日

西林那劳

此间为岑毓英故乡。岑氏为晚清历史上重要人物，其弟毓宝亦居要职，其子春暄在清末民初政坛上地位更是举足轻重。闻其故宅尚在，既到西林，不可不来此一观。

岑毓英故宅

岑氏故宅当地人称“宫保府”，当因岑毓英的官衔“太子太保”而得名。房屋多已残破，而府第规模尚在。此村居民为壮族，原有铜鼓两具，已不存。原属岑府一具，放祠堂中，祭祀时与铜钟同敲。岑氏出身使用铜鼓之壮族，敲铜鼓乃循旧俗以夸示豪富；然已跻身高层，敲铜钟乃仿效内地统治者“钟鸣鼎食”之风。

询问岑氏后代情况。如他处官僚地主后代一样，已出外者仍然“日子好过”，留乡者一概划为地主。乡干部带领去见一位中年妇女，谓为岑氏之后，劳改多年放归，现以裁缝为业。去时她正踏缝纫机。询问其祖其父情况，已不甚明了。

（二）

1987 年 3 月 4 日

雷山莲花乡章翁寨

昨在都匀由黔东南州王副州长召集，邀请州文联、文物管理所、地志办、民族研究所等单位座谈，介绍全州铜鼓情况。确定首先来此寨调查。州方大力支持，派车派人。此寨以铜鼓舞著名。1959 年参加麻江、镇远文艺调演，曾获“铜鼓之乡”称号。

全寨 97 户，96 户姓吴，故行寨外婚。有鼓一具，全寨公有，谁家有事要敲均可，用后即由该家保管，直至另一家用鼓为止。

村民为我们表演。鼓悬于特制架上（原用 3 根木棒支撑），一手持锤击打鼓面中心，一手持木棒击打鼓胴。鼓声一响，男女老少齐来看热闹，立即自动组成圆圈跳舞，背小孩之妇女及一位驼背老妪（73 岁）亦加入行列中，情绪极为热烈。未久一人前来说：“鼓头没有来不能跳。”州里派来的老吴及村乡干部解释来意。他仍说：“铜鼓是开不得玩笑的。”我遂请求停止表演，以免触犯当地某种禁忌。询问是否可以拜见“鼓头”，答曰：“他搞副业去了”。

此寨苗族原每隔 13 年吃牯脏一次（近已停止），其时只敲木鼓不敲铜鼓，铜鼓仅于过年及尝新节敲之。

该寨有小庙一座，内放略似人形石头一块称“者章达”，意为“土地之家”，殆与内地土地庙同。有红纸对联多副，如“土地公公公道，全寨无事平安”；“今日烧香敬酒，明年幸福更多”。尚有一对，已缺上联，下联曰“公鸡母鸡只要肥”。

1987 年 3 月 5 日

雷山西江大寨

寨距县城 35 公里，为苗区著名大寨。现全寨 1074 户，5389 人，远望之，房屋栉比鳞次，有如城镇。1972 年失火，重建时曾规划分寨，村民咸不愿外迁分开，理由是“亲戚均在”，“他处水不好吃”，而且“跳芦笙不热闹”云云。此为历史悠久村寨具有强大凝聚力最佳例证。

人户既多，人材辈出。已故苗族学者梁聚五先生即为此寨人士，所著《苗夷民族发展史》一书，前承贵州民族研究所寄赠一册，拜读之后深觉有趣。书以蚩尤为苗族祖先，称赞蚩尤发明兵器及刑法，直斥黄帝尧舜讨伐蚩尤及三苗之非，惟肯定大禹能与苗民合作，才能治水成功云云。自成一家之言。

会见曾任“牯脏头”唐光荣先生、“寨老”侯 ×× 先生，谈寨史及铜鼓有关风俗。前者为宗教头人，世袭，地位最高；后者负责行政事务，有才能者均可担任。另有“活路头”，负责抓节令算日子，决定何时下种，“开秧门”，属第三号人物，未见。

据云，苗族选择寨址多先种“枫香树”，若成活则开始建寨，从此安土重迁。西江建寨也是如此。至今苗民崇拜“枫香树”，树枝掉地亦不许烧。苗族民歌中有《古枫之歌》。

此寨仍行每隔 13 年“吃牯脏”（今称“鼓社节”）之俗，仅杀猪而不杀牛，要敲铜鼓。本寨原有铜鼓一具，已于 1942 年烧毁，故届时要出外借鼓。如过去曾向凯里县摆底地区借鼓，送猪腿一只、鸭一只及干鱼若干。去年敲的铜鼓是向县文化馆借的。老人介绍当地风俗甚多。值得注意的是人死土葬（非正常死亡火烧），如牙齿完整，必须由其亲人敲掉一个，特别是50岁以上老人更须如此，否则会“咬子咬孙”。故古人凿齿之俗应有各种各样动机，不可尽以成丁礼释之。

苗族妇女喝〝姐妹酒〞

此间苗族人士极为好客，劝酒甚殷，且有一套说词。进门一般先喝两杯，因为客人是“两只脚走来的”。糟糕的是我们是坐车来此，车有4个轮胎，应喝4杯。当人已半醉，家中姑娘又出来敬酒，称“姑娘酒”，谓不喝姑娘害羞，“会上吊的”。甚至人已离席，还要喝一杯，称“出门酒”。酒为市上买来之白酒，盛在饭碗中，虽不倒满，连尽数碗或十数碗，数量甚为可观。幸协助调查州干部老吴为我解围，代饮不少，仍感头晕目眩，强力支撑，未出洋相。

行至一家，见妇女多人欢声笑语，正在聚饮。原来这几天正逢喝“姊妹酒”之时。悔不该伫立门前观望，又被强拉入内。我们略饮一口，赶快“夺门而逃”。

此间妇女非常活跃、大胆，且擅言词。有谚语云:“西江养的好姑娘，七排六甲好刀枪。”“七排六甲”指冶金发达之舟溪（?）地区。姑娘以刀枪为喻，可见厉害。

晚上一位定居此寨退休干部又邀赴其家喝酒，吃“酸汤鱼”。菜中放米同煮，为此间特点。他们自我调侃云：“苗人不讲礼，煮菜放把米。”

1987年3月6日

溶江

与县文管所杨方明君谈。今年六七月间他主办铜鼓展览，极为熟悉情况。全县铜鼓有103具，属麻江型，为水族、苗族所有，侗族中只发现一具。

此间苗族铜鼓用于过苗年、盖新房、结婚等场合。敲时也用木桶在后晃动，情况略同他族。“吃牯脏”时主要敲皮鼓。

解放前铜鼓较今为多，1958年“大炼钢铁”中损失甚巨，被翻转过来用以熬胶。

铜鼓有私有的，有兄弟共有的，有全寨公有的。但公有铜鼓保管人过去为头人、富人，现在为村长、支书。一般人很少有资格保管。

杨君为当地苗族，告知当地原始婚俗甚详。

1987年3月7日

溶江车江大寨

此为著名的“千户侗寨”，多为瓦顶平房。全寨从无铜鼓。侗语“铜鼓”一词借自汉语。

苗族妇女赶集

侗族撒岁庙及管事妇女

撒岁庙内的伞——祭祀用物

参观此间鼓楼。楼建自清末，其中置皮鼓，议事时敲以集众。

又参观“撒岁庙”，为一双斜面瓦顶之小房，额题“圣母祠”三字。神以白石为代表，传为两姐妹，有功于侗族。前置油灯及香烛，地面置伞一柄，为祭祀时所持之物。

祭“撒岁”为侗族主要宗教活动，向来为妇女工作，祭日“踩歌堂”（歌舞）者亦为妇女。此庙现由三位“老奶”管事。去时见其中的二位正在烧香。我们在门前探头探脑东问西问，一位老奶口中念念有词，问所念何意，村干部笑曰：“她说：这些人来得罪你了，不要见怪”。原来男子不得与闻“撒岁”之事，阴历正月初八及二月间祭祀之日（闻不久即将举行一次“大的活动”），只能喝酒，不能参加“踩歌堂”。“撒岁”问题，贵州学界论述多矣，著述如林，我们无资格进行研究，只是走马看花而已。惟由此想起考古学界一旦发掘出女神像或妇女厚葬之墓，便断定为“母系社会”，是何等荒谬！宗教信仰与世系并无必然联系。侗族“撒岁”之神为女性，祭祀者亦为女性，若干年后发掘出祭“撒岁”遗迹，当时中国考古学界仍由这类对“母系社会”情有独钟者支配，必将大喜曰：我们又掘得一处母系社会遗址矣！然侗族却是一个典型的实行从夫居及父系继承的社会。前人调查对此无异词。陪同人士说，此寨连“上门”现象亦极少见。

1987年3月9日

从江高增

侗族鼓楼

昨抵县城，正逢集期，各族人民咸来贸易。见侗族妇女装束与车江大寨又有不同，穿黑色服装（而此间气候甚热），头插银簪，颈系方块银饰不垂于胸前而垂于后背，“劳动方便”云云。

今来高增，为著名侗寨，有338户、1675人。分上下两寨，各有一个鼓楼、一个“撒岁”庙、一头斗牛。房屋为干栏式，但四周尽围木板。

此间不知铜鼓为何物，上寨干部遂建议我们去参观他们的“铁头王”。初不知何意，及至才知是一头大水牛，甚是肥壮，养于厩中，门前贴诗一首云：

本吾出生螃蟹乡，潘家主户来抚养。来自潮利平楼堂（?），英勇事迹盖三江。

全身似猛虎模样，全州有名铁头王。

此牛为上寨各户轮流喂养。下寨之牛称“矮飞王”，由称“杨公公”的一位老人专门喂养，各户凑钱。斗牛于每年秋收后进行，届时牛角要安铁帽。

村民对自己之牛赞不绝口，谓历经争斗从未失败（屡败之牛即杀）。现在不是斗牛季节，无缘一饱眼福。

下寨鼓楼为1985年新建，极为华丽，工匠皆来自本寨。询问有关建筑木工数事。鼓楼中柱既粗且高，不用现代化吊车，全凭人力竖立。先行搭架，上系钢丝绳（过去用藤子），全寨强壮男子合力拉曳竖起。

见下寨鼓楼上贴今年节令表，为寨老推算出来的，供村民随时查看。侗族鼓楼，一如傣族之缅寺，为全寨社会生活之中心。举凡发生偷盗、男女不正当关系，便要敲击楼中皮鼓，村民于楼前集会，讨论处理。参加者悉为男性，妇女不得参加。

谈话中，他们不断使用“罗汉”一词，据解释乃指16—36岁之青壮男子。自幼喜读笔记野史，自来西南调查，收入《丛书集成》、《小方壶斋舆地丛钞》记述南方地区诸种，翻阅殆遍，屡见男女幽会处称“马郎房”、“罗汉楼”。今知此等名词犹保存于黔桂诸族口语中。“马郎”（“麻栏”）为建筑物，“罗汉”为青年男子，皆少数民族语（语源自待语言专家考定），而“房”、“楼”，显为汉人所加。“罗汉”加“楼”，意为青年会所，犹可理解。“马郎”加“房”，架床叠屋，正如西双版纳“曼×”加“寨”字一样，全属多余。至于“摇马郎”云云，由于此类草木建筑物甚不坚固，登临男女幽会，自必摇晃，亦为汉语少数民族语混杂成词。

此间“罗汉”有头子，现任“罗汉头”为罗汉生、吴茂生两位先生，甚有权威；而姑娘之中亦有“姑娘头”，专管唱歌之类事。二者反映侗族有年龄组织。

从江苗族饮酒

从江苗族村寨房屋及晒谷架

1987年3月10日

从江芭撒

今赴黎平途中，经过此寨，见男子均着左衽黑衣，正在聚会饮酒，喜出望外，急请停车，略事访问并摄影。

全寨共300户，仅10户汉族，3户汉苗混血，余均为苗族。全寨分3个“斗牛单位”，各有一条斗牛，一个铓锣。此间无铜鼓，斗牛时敲铓。房屋或为瓦顶，或上覆木板，有晒谷架高耸于住房之间。由一位报告人兼翻译（易竹培，48岁，曾任会计）略作介绍。

男子着左衽或对襟上衣，铜纽扣，无领，裤腿甚肥，均黑色，当顶一髻，或四周剃光。妇女未见左衽，穿对襟衣及有褶之裙。值得注意者妇女之髻形也如男子。前作晋宁石寨山青铜器图像人物分类，男女类似服饰者划为一族，见此益加不疑。报告人称男女服饰自古如此，不容改变，参军归来也必须脱下军装改换原来服装方准入寨。

今日逢县政协扶贫训练班结束之日，村民聚餐，坐地饮酒，不过肉一盆、酒一盆而已，各以竹筒杯舀酒饮之，多人已有醉意。强拉同饮，饮半筒，已觉头昏。此寨极有调查价值，然今夜必须赶到黎平而宿，司机催促，不得不匆促离去。

原以为黔、桂两者接近内地，改变必快。近年数次来观光或作短期调查，始知保存传统文化之处远较云南为多，即如从江、溶江一带，值得考究问题甚多，惜不能作从容之调查。

过去调查全靠步行。近年偶承地方盛情，派车相送，数日旅程数小时可达，节省时间不少，却不能根据需要决定行止。看来，乘车下乡者实不足以言调查，参观而已。

途中吴君举出亲历之事，说明从江一带之闭塞封闭情况：直至80年代从江才初见汽车，有卡车及吉普车同来，村民坚信吉普车为卡车之“崽”云云。

又对从江“撒岁”问题略作了解。此间“撒岁”庙只是乱石一堆或土丘一座，栽黄杨树，伞插地上，不像车江、高增那样盖有小房；而“踩歌堂”则男女均可参加。

同日补记于黎平

始信昆仑别有山

——海外游学日记选辑

自序

自1983年首次访美以来，先后出国二十次，浪迹五大洲，历国三十，居留海外积时五载，留下日记十余册。今择日记中较有保存价值者，略作整理，编次成书。

编书既成，忆及19世纪七八十年代出使英法之曾纪泽初至欧洲有感于西方社会之进步及中国人对外部世界之无知所作诗句“始信昆仑别有山”（《曾惠敏公遗集》，岳麓书社1989年版，276页），乃借作书名，表达自己出国方知“山外有山”、“天外有天”之心情。改革开放之初出国人员，与一百年前走向世界的先驱者，其感受竟无大异！

近年中国确已发生很大变化，出国少见二十余年前我等所遇种种阻挠，不再成为难事。出国者既众，游记、访问记之类充斥报刊，有访问某国一周即能写出长篇游记连载报端达两周之久者。我才短笔懒，自愧弗如，听任日记网结尘封。今思自己日记与时贤游记大有不同，其中少有繁华世界、奇异山水、美丽景色之描述，大量记述者乃自己在国外教书、研究、演讲、开会之经历，或利用身在国外有利条件游历各地之见闻。近年几次出国虽以探亲为主，仍未停止与同行交流及考察古迹之活动。总之，拙作“游学日记”确为学术活动之实录。假如它今日还有出版之价值，其价值在此。日记主要内容有下述几项：

（一）国外大学及学术组织之简况。

20多年来，蒙海外同行抬爱，应邀访问大学数十所，世界上一些著名大学，如美国东部几所常春藤大学（宾夕法尼亚、哈佛、耶鲁、哥伦比亚），西部之斯坦福、加利福尼亚（伯克利、洛杉矶）、华盛顿、夏威夷大学，德国之海德堡大学，英国之剑桥、牛津、南安普敦大学，挪威之奥斯陆大学，澳大利亚国立大学，荷兰莱顿大学，瑞典隆德大学等，均曾有幸访问，或作为客座教授或访问学者作较长之逗留，或因开会、演讲、座谈而有短暂之接触。对这些大学的历史及专业设置等在日记中留下或多或少之记录。一些曾有联系的学会、基金会等学术组织的情况亦有所记述。

（二）与外国同行及学者之交往。

20多年来，所到国家与专业相近的学者多有结识，其中不乏世界著名的考古学家、民族学家或汉学家，有的仅有一面之缘，有的保持长期联系。相互切磋，受益匪浅，日记中对于他们成就及相互交往的情况多有反映。

（三）世界著名古迹及文物之考察。

二十多年来，由于专业的兴趣，从埃及、克里特、迈锡尼、雅典、罗马、庞培，直至小亚细亚希腊罗马殖民城市和墨西哥之蒂奥提华坎，以及英国之“石圈”、挪威之阿尔地崖雕、柬埔寨之吴哥等世界著名文化遗存，均曾实地考察。即使走马看花，总算有了感性知识，日记中有详细描述。

有些国家自身无悠久历史，博物馆中却收藏来自各国之文物珍品。迄今已看过世界上博物馆、美术馆，数以百计，有些看过非止一次，流连忘返。凡遇载诸考古学史的重要文物，或与自己研究题目有关者，或自己特感兴趣之艺术佳品，辄予记录；未及亲见者，亦必记下线索，以待他日。

（四）对世界浅化民族之访问。

二十多年来，同样由于专业的兴趣，所去之处若有浅化民族，必多方搜集有关书刊，与本族人士交谈，在条件允许下亲去住地访问。我曾拜访以母系著称的易洛魁印第安人（中国学界经常引经据典加以讨论者）保留地；作为访问学者在加拿大里贾纳大学印第安人联盟学院居留三周，调查平原印第安人情况，并有幸参加他们神秘的“太阳舞”仪式；应邀参加印第安人为哥伦布发现美洲500周年举行的会议并作发言；遍访挪威北方沙米人（拉普人）居住区，考察他们的驯鹿文化；还曾短期访问加拿大境内的因纽特人（爱斯基摩人）。凡此在日记中均有反映。

（五）随感和议论。

西方国家当然也是社会问题甚多，日记中多处指出（见“美国”部分）。但毋庸讳言，西方国家已实现现代化，仍是当今世界潮流的发展方向。对比而后知不足。在国外生活过一段时期的人，若非既得利益者或固步自封者，总会对当前中国社会弊端更有深切感受。这种心情在日记中不免时有流露，发为议论。今日看来自己当时一些看法已成老生常谈，“卑之无甚高论”。这些问题在今报刊上网络上有更精辟尖锐之讨论。自觉稍有心得的乃是日记中对古代文化的一些看法。人们承认近代中国之落后，而以古代中国的辉煌而自豪，固无可厚非。然若以为中国古代任何方面都远胜外国，任何事物都是中国出现最早，位居世界第一，则未免妄自尊大。这种情绪可称为古代文化研究中的“天朝心态”，在中国古代史或考古学研究者中尤为普遍。我出国以后彻底改变自己原来一些看法。

中国进入文明社会之始，无论为了证明“中华五千文明”再进行什么“断代工程”，以零星铜片的发现作为证据努力向上追溯，只能在公元前2000年左右，绝不早于两河流域及埃及。即克里特和迈锡尼文明也较殷商文明稍早，其出土物之精美不逊于殷商器物；而从遗存看建筑水平，米诺迷宫更非安阳殷都或郑州商城宫室所能及。若以雅典与战国时期列国都城，罗马与汉代长安或洛阳做一比较，从规模、装饰艺术、建筑水平、排水和供水各方面而言，只能说是各有千秋，至于建筑材料之优劣则显而易见，雅典和罗马一些大理石建筑至今仍矗立地面。即使是中国周边国家，向来视为落后于中国，实有自己历史的辉煌。泰国班清文化青铜器有自己特点，年代未必晚于中国殷周青铜器。高棉人创造的9—13世纪吴哥文化，至今保存几十座印度教和佛教庙宇，其石砌建筑及精美石雕，艺术上达到很高水平，并不亚于敦煌艺术。即使印第安人创造的墨西哥古代文明也不能小觑，纪元之初几个世纪开始建筑的蒂奥提华坎日月金字塔，东汉魏晋时期有什么建筑可与相比？

我曾把整理过的部分日记，电传国内外友人征求意见。一位朋友说，有的地方描述过于详细具体，一般读者会觉得繁琐无趣，确是事实。我写日记原为自己他日查考，或供写作之用，故每一国家、城市、大学、历史古迹的情况，尽可能详细地记录细节和数字。希望这部日记现在和今后对与自己有相同学术兴趣者或有详细了解异国文化愿望的读者能有参考作用。

本书日记与前人出版的日记不同，不按年代编次，而将去过之国家有关日记编在一起，便于读者了解这个国家的情况。又台湾、香港也曾数次往访，在名校（台湾之台大、清华，香港之港大和中文大学）演讲，与学者交流，获益良多。两地与大陆文化相通，社会有异，教育及科研方面制度多仿外国，其成绩足与外国相颉颃。有关日记一并编入，列为附录。

梁启超《新大陆游记》序言有云：以“短日月”游历“大世界”，所见几何？管蠡之见，徒为通人所笑云云（大意如此）。我辈何人，能与梁任公先生相提并论？在外时间既短，记录又匆促潦草，错误必然更多。在整理编辑过程中，自己即发现多处（如曾收入《汪宁生论著萃编》中几条），而自己未能发现者望海内外朋友多加指出。它只是经历长期隔绝封闭后一个中国人在海外所见所闻及其感受的一份记录，是那个时代一个历史见证而已。

北非、南欧、小亚细亚访古

埃及

（1984 年 12 月—1985 年 1 月）

1984 年 12 月 25 日

开罗

自在海德堡大学任教以来，颇多余暇，西欧地区游览殆遍。自今日起，又有埃及之旅。

忆三十年前在北大听埃及专家讲《埃及考古》，对埃及古老文明神往已久。本周适逢圣诞新年长假，学生、同事纷纷归家，教研室亦将关门，无事可为。离家至今已一年有余，远游或可稍解思家之情。

一月前去法兰克福办好签证后即去订票，不意节日期间赴埃及旅游团全已满员。幸黑策尔旅行社热心帮忙，电话联系，从斯图加特出发一个旅游团中觅得空位。交费 1406 马克，仅包括机票、车票及旅馆费，他如机场费游览点之门票及在埃及七天之生活费用尚不计在内。穷困一生，处处节约，此行可谓豪奢之举矣。

晨由学生何伟德君（Gerald Holzwarth）放弃节假日之休息，驱车送往斯图加特机场，并赠其母自制圣诞节小点心一包，盛意可感也。

飞机于 10 时 30 分准时起飞。机上座位全满，闻新年期间前往太阳神所在地之埃及旅游在德国已成风尚。机上见一位残疾人士，有美女、保镖相随，乘轮椅登机。

下午三时许到达开罗机场。办理入境手续之缓慢，从机场到市中心交通之拥挤，出乎想象之外。比至旅馆天色已晚。晚出外闲逛。甫出旅游大门，一群人蜂拥而至，要求换钱。各持一叠埃及纸币，抖索有声，极似南京 1948—1949 年银元贩子敲银元丁当作响之情景。

1984 年 12 月 26 日

开罗

每到一地，旅行社只是代订旅馆负责接送而已。团员各按自己需要自行游览，无统一安排。仅我是第一次来埃及，故专门安排今参加开罗一日游。

上午先参观埃及博物馆。馆为 1857 年一位法国考古学家所建，其坟墓尚在博物馆花园之中。

埃及吉萨三座金字塔

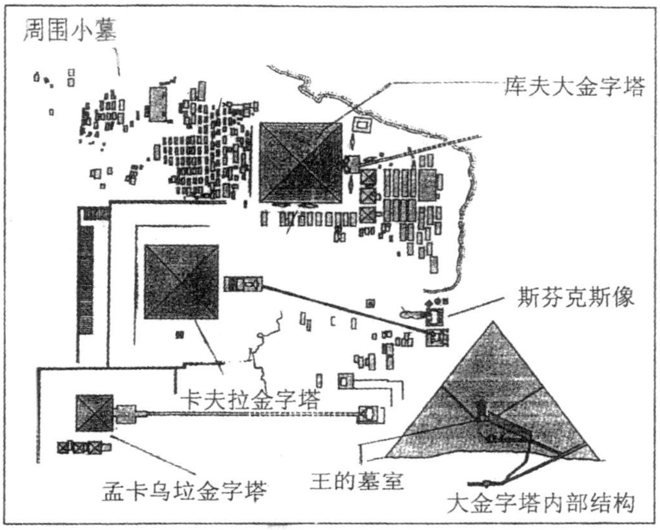

三座金字塔的平面分布和内部结构图

狮身人面的斯芬克斯像

虽然埃及古代文物可见于欧美各大博物馆中，而此地收藏法老时代文物之丰富，堪称世界之最。

馆的下层按时代先后陈列，史前时期及希腊罗马时期仅各占一两个展室，主要是从古王国到新王国重要文物。上层是专题陈列，古埃及房屋模型及日常生活，书写和图画，葬仪及有关奇奇怪怪的用具，各有专室。有几间展室专门陈列石棺及棺木。最吸引人的是木乃伊室（52 号室），收集了二十几具木乃伊，已确定尸主的身份，并通过 X 光透视等方法做出医学鉴定，尽可能确定死亡年龄及原因。如第 19 王朝有传奇色彩的法老拉美西斯二世（他在位时期长达 66 年，一生从事多次胜利的远征，留下许多雄伟建筑。娶了几十个妻子，生有 100 多个子女），据说身高 1.73 米，秃顶，死亡时约 90 岁，因器官退化而死。

木乃伊室旁还有一个展室，陈列已经木乃伊化的随葬动物及植物标本，是研究古代动植物的专家感兴趣的去处。

英人卡特（H.Carter）于 1922 年发现图坦卡门墓曾经轰动世界，现全部出土文物便陈列在上层的一端，占据好几个展室。时常作为书籍彩色插图的图坦卡门金棺及金面具，色泽如新，光辉夺目。

埃及博物馆展品给人留下美好印象。令人不快的是有人（包括门口警卫）不请自来为你向导讲解，纠缠不休，然后索要小费。

中午去一家埃及传统风味餐厅吃

饭,各人另出5个埃及镑。特殊食物有一种蔬菜叶包肉做的类似春卷之物及几种豆类做的“沙拉”,口味略似印度食物。

饭毕乘巴士离开市区，西行不久，吉萨三座金字塔便赫然在目。

金字塔故事愈传愈离奇，近来外星人建造之说更为流行。然科幻故事不能代替历史，新奇解释不能改变金字塔为法老葬身之地这一基本事实。金字塔中木乃伊均已被盗或毁坏（古王国时制木乃伊技术尚在初级阶段)，但巨大石棺仍有留存。埃及人最初埋葬死者于日光砖砌造的长方形墓（mastaba，意为“凳子”）中，第三王朝开始用石头建造的“台阶式金字塔”，第四王朝出现的斜坡式所谓“真正的金字塔”（第四王朝第一代王“弯曲的金字塔”便已是斜坡式，只是建造中途缩小规模而已)，经过一两百年埃及学的研究，其演变痕迹已很清楚。对稍具历史知识的人来说，金字塔不再有什么神秘之处，然故意渲染金字塔的神秘色彩仍在媒体上出现（这类文字至今不绝。如余秋雨随香港凤凰卫星电视台对埃及进行“考察”后说:金字塔真正的建筑目的、建造方式,我们全然一无所知,没有充分证据肯定这几座最大的金字塔是法老的墓。金字塔是“另类文明”留下云云。见所著《千年一叹》——2002年9月24日补注)，不过是为了引起轰动效应而已。

仅在三角洲地区的尼罗河西岸，金字塔不下60座，但考察所有金字塔是专家的事，一般人必看的只是吉萨的三座，它们代表金字塔发展的顶峰。

三座金字塔最大的一座位于最北方，是第四王朝第二代法老库夫（Khufu，希腊人称为Cheops）约于公元前2690所建。一般称为“大金字塔”者指此而言。关于它的大小有多种说法。传拿破仑征服埃及之后，他的将军们成功爬上金字塔尖端而自己却中途而退，便自我解嘲说：他正在计算金字塔的大小，结论是所用石块如建造10英尺高1英尺宽一道墙可以围绕法兰西一圈，随军的御用数学家立即附和他的看法。这不过出于一种估计。直到1880年，毕生研究埃及考古的学者彼特里（Sir Flinder Petrie）才用两个季度时间进行实际测量，得出一组较可靠数字。当前人们普遍采用的是埃及政府近年更为精确的测量数字：基座的四边长度是755.43（北）+755.88（东）+756.08（南）+755.77（西）英尺，现在高度是450.4英尺，原高度应为481.4英尺。估计此金字塔共用2300000块平均重2吨半的巨石（中心部分还利用了天然岩石)，由10万人历20年时间（或谓仅用农闲时间）建成。

中间一座金字塔为第四代法老卡夫拉（Khafre，希腊人称为Chephren）葬身之处，看来是最高的一座，实因所在处地势较高之故。它现在高度447.5英尺（原高度471公尺)，每边平均707.75英尺，较库夫金字塔稍小。

最小一座位于南端，是孟卡乌拉（Menkaure，希腊语称Mycerinus）金字塔，孟卡乌拉是第四王朝第五位法老。

进入金字塔内参观时，就让游览者踩着金字塔的原来石块边缘上爬，别无保护措施，殊感意外。这样日长月久必对金字塔造成损坏。由金字塔中间一洞入口，从甚窄且陡之木梯爬到金字塔之中心，极为费力，且感气闷。

每座金字塔之东，各有两座祭庙。紧接金字塔且与相通者是“上庙”，为祭奠之处。相距较远者为“下庙”，是处理尸体制成木乃伊之处，尸体要在此停放200多天，相当于殡仪馆。两庙

金字塔中的石棺

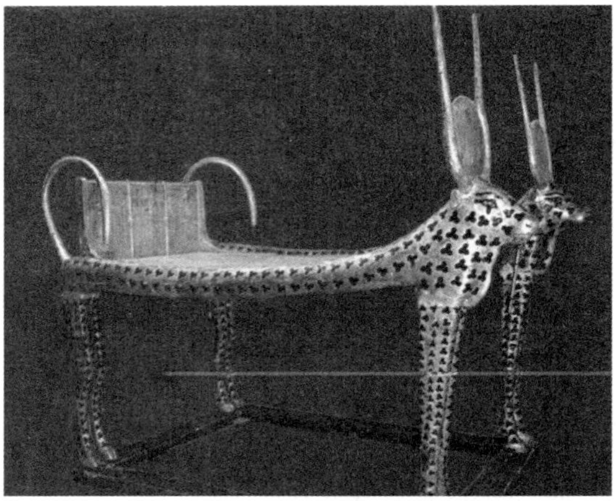

图坦卡门墓中〝葬床〞（埃及博物馆藏）

之间有通道。三座金字塔祭庙遗址以卡夫拉的下庙最为壮观，保存较好。

紧接卡夫拉金字塔下庙的便是著名的狮身人面像斯芬克斯。它原是一座石山，建造库夫大金字塔时曾在这里取石，卡夫拉时期便将剩下部分加以修凿做成狮身人面像，其面部即像卡夫拉本人。

斯芬克斯原是埃及人古老的信仰。斯芬克斯这个词则是希腊语，意为“合体”，因为兼有动物和人的形象之故（希腊人的斯芬克斯神话源于埃及，惟由男性变为女性）。埃及人相信狮子是神圣地点的保卫神，又是地下世界东西两边的守门者。很多通往神庙大道旁都有斯芬克斯，金字塔前建筑巨大斯芬克斯，都是这种信仰的反映。（按：在狮身人面像口部还有卡夫拉时期以后留下的铭刻：“我保护你坟墓的殿堂，我保卫你坟墓的墓室；我防止那些入侵的外来者，我把敌人连同他们的武器掷到地上；我把邪恶从你坟墓的殿堂赶走，我把你的敌手在他潜伏的地方摧毁，使他们不能前来。”颇为生动地反映了古埃及人心目中斯芬克斯的作用。参见I.E.S.Edwards，*The Pyramids of Egypt*，Penguin Books，1975，p.140.——2002年9月15日补注）

狮子这种动物原非中国所产，中国古代庙堂衙署门前放一对石狮子，与西方以狮子是神圣地点保卫神的观念不能无关，这种观念的来源可以一直追溯到古代埃及。此已非今天盖现代化非宗教性建筑仍喜以门前狮子表示威风的达官巨富们所能知。

狮身人面像高65.5英尺，面宽13.5英尺，口宽7.5英尺。可惜鼻子以下部分被某次战争中士兵们作为靶子射击而毁。夕阳西下，望着狮身人面像的巨大身影，想起它在这里已经默默地站立了四千多年，阅尽世事变幻人间沧桑，不胜苍凉之感。

三座大的金字塔为一代法老的死后所居。周围还分布有许多长方形墓及小的金字塔，则为法老亲属或贵族葬身之地。

从北大讲课的埃及专家到今天博物馆的讲解员，都认为金字塔建造中没有使用奴隶劳动，说工人是“自愿奉献”的。他们还可以“领工资”云云。

无论是强迫劳动还是自愿劳动，无人否认他们劳动强度很大，寿命很短。为了一个人在虚幻的死后世界得到“永生”而牺牲千万人的现实世界的幸福，是世界有生命之物中只有人类才干的蠢事。近世统治者为树立自己的丰碑，驱使大众“不怕牺牲”奋斗终生，与古代法老又何以异？

最后参观附近的纸草研究所。除有简单陈列外，还表演纸草的制造过程。纸草为一种茎的断面呈三角形之植物，开白花，颇似芦苇，高约二米，浸泡后取其内皮，交叉层叠，压三日始成。此为传统做法，今已使用机器。此为人类最古老之书写材料，据说公元前3000年第一王朝时已有纸草文书发现。英文 paper 一词即来源于纸草 papyrus。

离吉萨前，游客纷纷骑上骆驼留影。自己未能免俗，谈好是50个比阿斯特（piastres），俟骑上以后 牵骆驼者非要1个埃及镑，否则就不令骆驼下跪，使我不能下来。幸同游者群加责骂，他才遵守约定。这种情况在西欧国家旅游时迄未之见。

乘夜车离开罗赴卢克索。头等车厢，一间可住四人，同车厢者为柏林霍夫（Alfred Berlinghof）先生及其太太和女儿（名叫莎拉），家住“海德堡人”出土地附近，听说我也来自海德堡，正在海德堡大学讲考古学方面课程，颇有“他乡遇故知”之感，交谈甚欢。讨论的主题是谁的生活幸福，是古代埃及人呢还是我们这些现代人？柏林霍夫先生坚信古代埃及人比我们幸福，理由是他们虽然生活简单工作艰苦，但没有过多的欲望，思想上没有负担，任何时都会感到快乐。“他们饿时吃一块面包比我们一边想着事情一边吃一顿法国大餐要愉快得多。”

他的看法遭到太太、女儿和我的一致反对。但直至夜深他爬上铺位时还喃喃地说：“They were happy”（他们是快乐的）。

埃及铁路的路况不佳，车行甚感颠簸。站台设备较差，列车较长而站台较短，我们最后几节车厢乘客上下车不得不“上蹿下蹿”。

1984年12月27日

卢克索

晨抵此。这里是古代埃及都城第比斯所在。埃及自中王国时期（公元前2133－前1785年）起，政治中心便由孟菲斯逐渐南移第比斯，直至第三中间期（公元前1085－前664年）首都北移尼罗河三角洲地区，第比斯作为埃及政治中心共两千多年。埃及历史上极为强盛的新王国时期（公元前1575－前1085年）的权力和财富集中于此，使第比斯留下丰富的文化遗产。今天的市区在尼罗河东岸，附近有两个神庙，西岸便是法老陵墓区——王谷。

上午先参观卡纳克神庙，沿尼罗河北行约半小时即达。此庙从12王朝开始建造，到托勒密王朝时仍在增修，主要部分是新王国三个王朝所建。主庙祀阿蒙神（Amun），原是第比斯地方保护神，随着这里成为埃及政治中心，此神也成为全国重要神祇。庙由一系列塔门、殿堂、庭院、方尖碑组成。还有一个称为“神圣湖”的水池（其他神庙亦有之），作为祭师举行仪式前净身之用。

令人叹为观止的是称为“多柱大厅”的殿堂。整个建筑占地5356平方米，有16排134根柱子，中心12根巨柱，每根周长10米，高21米（连同柱头24米），四周柱子也有13米高。屋顶以巨石搭成，行走其间，深怕大石块会从天而落。其占地面积仅较科隆大教堂为小，柱子的粗细则与巴黎荣军院柱子相侔，而这个建筑却是三千多年前所建，誉为“古代最雄伟的建筑”，当之无愧。大厅柱身及南北两道墙上布满了浮雕和埃及古文字，南墙上有法老战胜“所罗门王之子”的战争图，可与《旧约》所述相印证。

还有一个图特摩斯（Tuthmosis）三世所建的“宴会大厅”，规模较“多柱大厅”稍小。这

卡纳克神庙中的方尖碑

卢索克神庙

里一个房间中曾发现了图特摩斯三世为祭奠祖先而留下的57代王的谱系（Karnak Table of Kings），是研究埃及历史的重要资料。

阿蒙神庙周围还有几个小的神庙，其中有阿蒙神的妻子莫特（Mut）之庙及其子康苏（Khonsu）之庙（埃及人对神祇往往一家三人一组并祀，除上述三位之外，还如奥里西斯 Orisis 及其姐妹兼妻子伊西斯和其子鹰头神。——2002 年 10 月 15 日补注），工匠之神普塔（Ptar）之庙及第比斯的地方神芒图（Montu）之庙。

卢克索神庙在卡纳克神庙之南，为18王朝阿门霍特普（Amenhotep）三世利用原来某一神庙基础所建，也是由庭院、殿堂、大厅等一群建筑组成，祀阿蒙神及其妻和子，尚未完成，其子阿门霍特普四世（后改名埃赫那顿，Akhenaten）改信阿吞（Aten）神，把阿蒙神的名字和形象毁掉，改建成阿吞神庙，这时王朝的政治中心也从第比斯移至 Tell–el–Amarna（在今开罗和卢克索之间）。年青的图坦卡门（Tutankhamun）即位后重新提倡对阿蒙神的崇拜，神庙也恢复原样。19 王朝的拉美西斯二世新建了带有双重柱廊的庭院及塔门入口，使整个建筑较前扩大。但总的说来卢克索神庙的规模不如卡纳克神庙。

神庙门外道路两边常排列斯芬克斯像，称为“斯芬克斯大道”。据研究，卡纳克和卢索克两个神庙之间过去的“斯芬克斯大道”，长达二半里半，今有部分保存。这里的斯芬克斯是狮身而头作公羊之状，公羊与阿蒙神有关。

参观卡纳克神庙后路过科普特人（埃及之基督教徒）一个教堂。埃及之有基督教，始于公元第二世纪。两个尖顶的教堂建筑与西方无异，由于圣诞才过新年即将来临，房屋粉刷一新。科普特人服装形式与回教徒略同，惟颜色鲜艳，今见从教堂出来的人多持 1985 日历和圣母像。与两个青年交谈，据告仅卢克索就有 8000 个科普特人，他们已说阿拉伯语，但保存原来的基督教文化和信仰。

卡纳克神庙多柱大厅

斯芬克斯大道

西第比斯巨大的阿门霍特普三世雕像

傍晚去看卢克索博物馆。此间午休很长，下午四时才开馆。陈列中有从史前时期到古典时期第比斯地区出土文物。一些雕像和浮雕殊为珍贵，18 王朝孔武有力的法老（传说他共打死 102 头狮子）阿门霍特普三世就有好几个雕像；崇拜阿吞神的遗迹，如表现“异教徒法老”阿门霍特普四世及其妻子奈费尔提蒂奉祀阿顿神的浮雕，尤为他处所少见。奈费尔提蒂是古代埃及著名美人，她的名字意为“美丽来了”。但这里她的容貌已像一位老妇人，远不如西柏林埃及博物馆那件雕像漂亮。

我更感兴趣的还是下面几种文物：

（1）卡纳克神庙第三道塔门发现的 18 王朝时一件浮雕：上有奏乐及表演“后滚翻”的情景，说明其时已有杂技。

（2）卡纳克神庙发现的 18 王朝一件浮雕：表现哈特什普苏（Hatshepsut）王后献给阿蒙神两件方尖碑。铭文说：方尖碑尖顶“覆盖着好的金子”，它的高度可以“上达天庭”。这两件方尖碑至今尚存（其一已扑倒在地），重 3150 吨，是最大的方尖碑。原来方尖碑尖部是涂金的，用以反射朝阳最初的光线，宣告万物生命之源太阳已从“地下世界”走出。陈列中有一件小的方尖碑模型，属拉美西斯三世时物，高仅 95cm，其尖确是涂金。

（3）哈特什普苏神庙发现的22王朝一位祭司木乃伊的葬盒（canopic box）：大的木盒中有四个小陶盒，盖为石制，作不同形状，分别盛放死者的内脏：豹头盖内盛心肺，人头盖内盛胃肠，鹰头盖内盖肝胆，狒狒头盖内盛各种小的器官。这四种头像代表鹰头神的四个儿子。

（4）18王朝时期墓葬出土的一件“沙娃伯梯”（shawabti）：木制，全身彩绘，右手持锄，左手持袋，表示内盛籽种，分明是一个耕作者的形象。忆北大文史楼走廊原陈列有“沙娃伯梯”，据说乃清末有金石癖某大员（端方？）出使埃及所收集，远不如这件精美。沙娃伯梯意为“侍应”（answerer），墓葬中多用此物随葬，其情况有如中国之陶俑。一般需要365个，使主人在“死后世界”每天都有人可供役使；另有36个外国人，表示在主人统治之下还有异邦来的奴仆。

（5）几件18、19王朝的藤编家具，有椅子、小桌子和篮子，保存完好，形制、技术与今天藤编物无异，却是距今三千多年之物。

卢克索人口约55000人。市中心就像一个大“巴札”（bazaar），店铺林立，几乎都在出售纪念品——各种纸草画、铜盘、仿制的护符和“沙娃伯梯”等等。经过门前，便连呼“亲爱的朋友”，强拉入内。买了一件奈费尔提蒂黄色雪花石膏半身像，旅伴们认为做工不差。

1984年12月28日

卢克索

晨起承旅行社女士们介绍，参加私人组织的“西第比斯一日游”。只有一辆破旧的中巴，车上却大书“哈桑旅行团”字样。哈桑便是车主兼司机的名字。每人付费25个埃及镑。

先乘渡船过尼罗河，见身着传统阿拉伯服装之船主用一张小纸片记录客人数，殊感兴趣，想为之摄影，竟不许。他手指头部，旁观者说他认为“照相头会疼”。

前往王谷路上游客如潮，有乘汽车者，有乘自行车者，还有骑小驴者。盖王谷在卢克索之地位有如金字塔之在开罗。

所谓王谷，就是有约二十几座新王国时期法老的墓葬埋在这一带山崖之下。这些法老有鉴于古王国金字塔被盗之厄运，决定把自己神秘地深埋山中，每位法老仍盖有祭庙，但和墓相距较远。

这里埋有18王朝的图特摩斯三世、阿门霍特普二世、图坦卡门，19王朝的拉美西斯一世、塞提一世，20王朝的拉美西斯三世等。还有一位女性，就是18王朝的哈特什普苏王后，她曾主持国事，地位有如法老。

最引人兴趣的当然是图坦卡门墓，人群拥挤不堪。出乎想象的是这位年青的法老曾以恢复对阿蒙神的崇拜而留名于埃及历史，其墓室似乎不大。很难想象这里曾容纳那么多的随葬品，它们占据了开罗博物馆几间展室。

奇怪的是王谷中不见19王朝活得最长的法老拉美西斯二世的墓，虽然其祭庙（也是书写家、画家和雕刻家的集中住地）就在附近，而且博物馆中有他的木乃伊。

后谷紧接王谷之南，三个王朝约有70座墓分布于此。后谷中埋葬的并非都是女性，还有她们的王子。例如，著名的拉美西斯二世皇后墓旁是其王子（一位将军）之墓。20王朝拉美西斯三世的王子（一位祭司）的墓也发现于此。后谷一些墓的壁画似保存更好，色泽如新。

紧接王谷之东便是王后哈特什普苏之祭庙，它依山建筑，规模甚大。哈特什普苏是18王朝图特摩斯一世之女、二世（她同父异母兄弟）之皇后，二世死后而图特摩斯三世年幼，她便掌握大权，东征西讨，颇多建树。三世亲政后为纪念她的功绩，建立此庙。庙中有表现哈特什普苏亲征庞特（Punt）人取得胜利及如何从阿斯旺运送方尖碑的浮雕，最吸引游人的注意。

哈特什普苏王后神庙

返回途中参观两个著名的巨大雕像（The Colossi of Memmon），两千年前即见诸记载，原是阿门霍特普三世神庙（今已不存）前的坐像，高达18米，身侧立着他的妻子和母亲。它们的出名是因为罗马人发现当时破损的一个在日出时会发出“音乐般的声音”。这当然由于气候变化热胀冷缩或空气中湿度变化形成的现象（忆云南石林就有一块石头叩之作悦耳之声）。但古代游客对此不能认识，故雕像上留下不少用希腊文、拉丁文的题词，表示他们的惊异。

王谷

这几天参观遗迹和文物，大多数说明牌上对年代有明确的断定，对内容有详细的解释。这应归功于神庙的柱子、墙壁和雕像上常刻埃及象形文字铭文，归功于1799年在罗塞他（Rosseta）发现的托勒密王朝时以埃及象形文字、希腊文及埃及俗体字三种文字写的石碑，归功于自1822年法国天才语言学家商博良（F · Champolian）以来几代埃及学者的成功释读和艰苦研究。〔按：近见当今流行一本游记说：埃及“一大片一大片黑黝黝的古文字完全不知其意”，并说中国人由于认识了甲骨文而历史不曾间断，埃及古文字“无法

图坦卡门墓入口

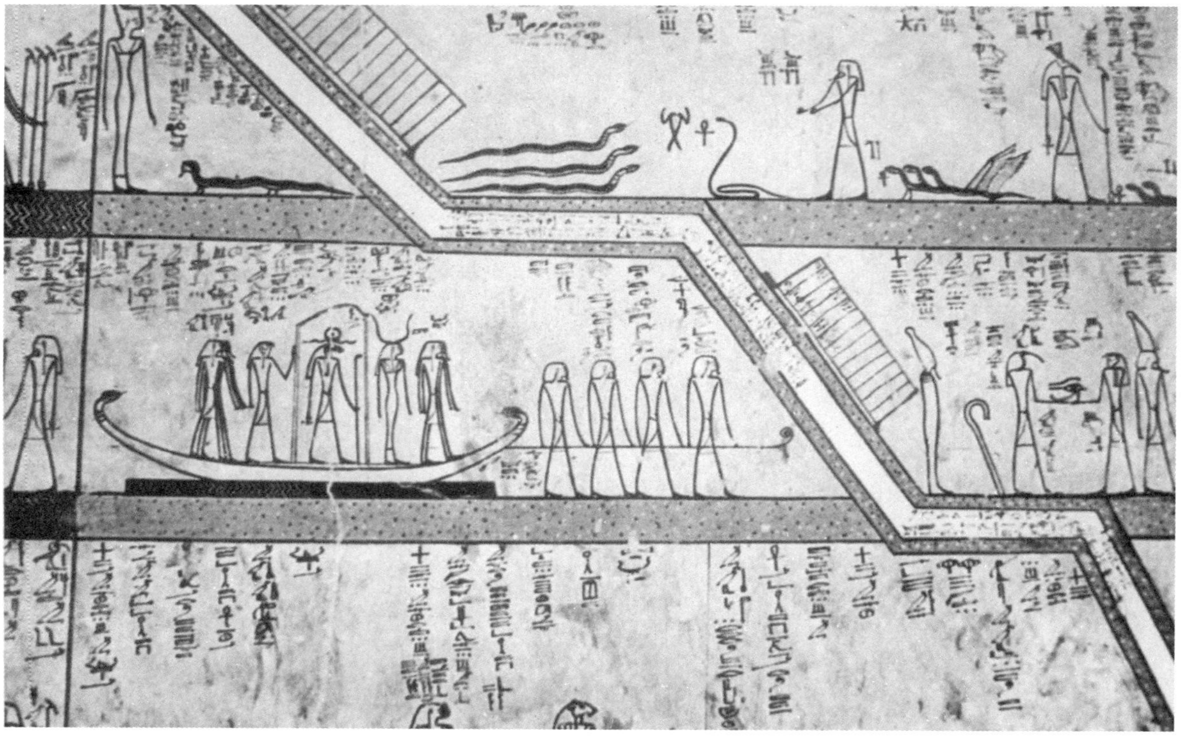

18 王朝图特摩斯三世墓中壁画

释读是埃及文明的悲剧”。（见余秋雨《千年一叹》）这一论断未免太缺乏普通常识。埃及象形文字早能释读，现已编成字典两巨册，大部分文书已译成英文者即有三大卷之多。参见 E.A.Wallis Budge，*An Egyptian Hieroghiphic Dictionary*，Dover Publications，1978；M.Lichtheim，*Ancient Egyptian Literature*，University of California Press，1973—1980。为电视写的说明文字及报告文学之类读者甚多，似乎更应注意给予公众一些正确知识，不可乱发议论。自己不了解的事物不等于世界上所有人都“不知其意”。——2002 年 9 月 26 日补注〕

1984 年 12 月 29 日

阿斯旺

上午抵此，在事先订好之克里奥佩特拉旅社放好行李后立即参观。

乘船去 Elephantine 岛，在尼罗河之西，过去为埃及和努比亚分界线。

岛上有祀 Khnum 神之庙。他为创造之神，原塑成面对陶轮之陶工形象，他在此地作公羊状，又变为尼罗河保护神，古埃及人视此地为尼罗河之源头也。庙为埃及最后几位法老所建，托勒密及罗马时期曾加重修。

阿斯旺博物馆规模较小，内有公羊木乃伊置于石棺中，为他处所未见，或与对 Khnum 神崇拜有关。

归途去看一处采石场遗址。此间采石场遗址非止一个，此遗址吸引较多游客乃因有未完成之方尖碑。其三面已经成形且表面已作粗加工，惟底部尚未剥离，盖制造中发现柱身有裂缝出现，作为废品而置之不顾。古埃及人如何按固定距离（间隔 0.75 米）钉入木楔泼水的裂石方法，方

努比亚妇女

尼罗河上努比亚船夫祈祷

尖碑制造过程以及用船运输之步骤，由此可知大概。此方尖碑长达 41.75 米，如完成，将是现存方碑中最高者。今在此徘徊较久，进行详细记录。

1984 年 12 月 30 日

阿斯旺

晨乘出租车去看阿斯旺大坝，苏联帮助建立，过去国内报导颇多。

埃及文明全靠尼罗河养育。埃及人自古重视水利事业，有一套水利设施，昨见水文标尺，属希腊化时期；闻开罗还有中古时期留下的量水设施和水利遗址。

阿斯旺之有水坝不自今日始，1898—1902 年即曾建成当时世界止最大之坝，今尚存，称为古坝（此行未见）。今大坝 1960 年始建，1971 年正式建成，拦蓄尼罗河上游来水形成水库，名曰纳赛尔湖。坝区有一现代派雕塑石柱，纪念纳塞尔。据说明，坝长 3600 米，底厚 980 米，高 111 米。

归途中我问出租车司机对此伟大工程有何看法，他摇摇头说："除去增加电力资源外没有多少好处只有坏处"。据说由于大坝阻挡，下游不会再有肥沃的土壤，也难取得制造日光砖和陶器必需的粘土；更坏的是坝底泥沙堆积不断，迟早有一天水将漫过坝身，不堪设想；原来气候干燥温和，是冬天最佳休养地，今因多水，气候变得湿热。最后他嘲笑说：只有你们这些旅游者才喜欢来此，我们当地人不想看它一眼。

记得过去与姑父聊天，他时常叨念三门峡水库泥沙逐年增加而又无法解决。看来，大自然有它自己的运行规律和平衡机制，人类"战天斗地"应有一定限度，走得太远必将遭到大自然报复。

归途令车停于菲莱（Philae）岛之神庙前边，自行参观。庙因修大坝而拆迁，得联合国教科文组织之助重建于此小岛之上。1980 年始成，萨达特夫人曾参加落成典礼。其主要部分为祀伊西斯（Isis）神之庙，托勒密王朝时始建，位于岛之中心。令人感兴趣的却是附近有最早的金字塔——第三王朝约塞（Djoser）法老阶梯形金字塔建造者伊姆霍特普（Imhotep）之庙。他是首先在建筑中使用石材者，是作家、学者和医生，后来便作为建筑、书写、医药业的保护神，一身而三任，等于埃及的鲁班、仓颉加神农。他经常以一个书写者的坐像出现。

由于伊西斯神庙是此地的中心，此神后来受到罗马人普遍信仰，故这里又留下不少罗马人的建筑——图拉真亭、奥古斯都庙、罗马城门等。

菲莱岛上有两处水文标尺，刻于岩石之上。盖此地在尼罗河之上游，古代被视为河源所在。看此地水位之高低，全流域水情便可想见。

古埃及测量水位的标尺

下午再去尼罗河边，雇船访问西岸一个努比亚人村落。仍雇昨日之船，船主约瑟夫先生，即当地努比亚人。村落有数十户，白色房屋，平顶，惟厨房作圆顶。室内有墙饰、地毯、沙发，生活水平较好。每户人口甚多，似为大家庭制。约瑟夫领至其表兄家，见有多间卧室，厨房内每人所用搪瓷碗挂在墙上，细数之，共 31 个，知此户有 31 个成员。

努比亚人为虔诚之穆斯林。归途船行至尼罗河中流，约瑟夫先生闻祈祷钟声，竟令我掌舵而彼跪于船头进行每日例行之祷告。一生未有弄潮之经历，手足无措，船在河中左右摇摆，我胆战心惊而约瑟夫先生视若无睹，事后还称赞我“干得不错”。

未完成的方尖碑

晚去一家豪华旅社观看肚皮舞。表演者为一肥胖妇女，或谓肚皮舞者必须肥胖，腹部始能抖动云。观众少数为旅游者，多数为当地青年人。每当做出令他们感兴趣之动作，必大声鼓噪，全如美国青年人。他们身上之伊斯兰文化痕迹已不复见。除肚皮舞外还有持烛之杂技表演、努比亚舞及两人对唱（歌声极似维吾尔族音乐）。每人付费 5 个埃及镑，供应啤酒一杯。

努比亚村落

村落路边置放尖底陶缸储水供行人饮用

1984年12月31日

阿斯旺

今整日游览市容。

阿斯旺位于上埃及之最南端，法老们建造雕像和神庙所需石材仰给于此，自古又是通往非洲内陆的门户，是商队来往的贸易中心。今是埃及最南端一个省的省会，人口约200000。市区位于尼罗河东岸，"巴扎"甚多，甚为热闹。街头可见各族人士——阿拉伯人、科普特人、努比亚人，甚至苏丹人亦曾一见。有的妇女穿黑衣，以头载物而行，肤色黝黑，而唇呈紫色，或谓此乃文唇之俗。

此间市面有一种炸鱼，价甚廉而味甚佳，余一日三顿购此佐餐。鱼捕自尼罗河，鱼骨、鱼刺坚硬无比，稍不留心极易弄破口舌。

来埃及数日，在紧张中度过，惟今日极感轻松惬意。旅馆虽小，服务周到，侍者礼貌极佳。

纳赛尔湖

菲莱岛神庙

阿斯旺街头

侍者赛义德先生曾服务于英国军队十八年，英语甚好，提供阿斯旺之有用资料不少。

夜车离此。

1985年1月1日

开罗

晨抵此。下午起飞，尚有余暇，独自上街小逛。

先去著名的阿资哈尔（El Azhar）大学，为伊斯兰国家最大之大学，且为世界所有大学中最早者，奠基于公元970年，而西方由修道院演变来之大学，最早者亦只能上溯到12世纪（或谓摩洛哥的加鲁因大学奠基于公元859年，世界最早，阿资哈尔大学次之。——2004年5月补注）。伊斯兰国家青年以在此学习为荣，中国阿拉伯文专家如马坚、纳忠曾受教于此。

学生穿传统长袍坐在地毯上听课，一千多年来未曾改变。学习时间可长达17年。但现在除精读《可兰经》学习传统课程（神学、伊斯兰法律、逻辑、诗歌等）外，已开设外语和科学课程，并有了实验室。今有来自30个国家20000名学生在此学习，教师达2000人。

大学仅开放少数地方供游人参观，且开放时间在中午，不能等候，仅与门卫略事交谈而归。

归途逛出售传统产品（铜器等）“巴扎”。作坊与店铺相连，街道甚狭，白天无灯照明，甚为昏暗，仿佛置身于中世纪之市镇中。

中午离开旅馆直奔机场，途中停留举行盛典群众集会之广场。萨达特在此遇刺，萨达特站在

阿资哈尔大学的学生

何处刺客位于何处，导游讲解甚详。

在机场办理登机手续，柜台前排起长龙，距起飞时间已近，人们焦急。突然所有工作人员放下手中工作，离开柜台集中祷告。旅客们不禁大摇其头。

来埃及几日集中精力参观古代文明，对当今埃及社会毫无了解。但可以看出埃及社会距现代化还有不少距离。而且这个国家对人口不加控制，近150年中人口增加了10倍，已达37000000，主要集中在尼罗河流域狭长地带，是世界上人口最密集的国家（每平方公里达1000多人）。早晨街头常见家长送孩子入学，一辆汽车中载满了孩子。

贫富之悬殊更令人咋舌。富人房前停放豪华轿车，与西方并无不同（惟此间车主喜欢在车上加个布罩），而穷人的小土屋之低矮与简陋（如在开罗郊区所见），比中国最穷之农民茅舍还有所不如。卢克索周围农民及阿斯旺努比亚人受惠于旅游业之发展，房屋比较整齐，仍以土房为主，少见砖石砌的房屋。

深夜始抵海德堡车站，天下大雪，又值新年，车站几无一人。好不容易才找到一个出租车回转大学宾馆，圆满结束埃及之旅。

次日补记

希腊

（1984 年 2 月）

1984 年 2 月 3 日

雅典

2 日傍晚车过斯科普里后，车厢中仅我一人。眺望窗外，全是山地，少见村落，马其顿地区较之多瑙河流域自然条件有天壤之别。

半夜车过南、希边境，竟令下车检查，而行李必须放在车上，令人提心吊胆，深恐丢失。在检查站盘问良久，来希何干？为何由此入境？何时何处取得签证？一一相告后还对护照端视良久始盖章放行。盖中国属不受欢迎之国家，更无人由此路线入境者，不免引起怀疑。

一位智利青年未办签证，更遭训责，不得不多付几倍费用新办签证，出检查站后对我连呼“太贵”！

今日下午抵瑞典，在车站觅一旅社，放下手提包即乘出租车直奔卫城（Acropolis，直译应为“高城”），天已垂暮，眺望神游已久之帕特浓神庙，在其附近徘徊良久始归。

1984 年 2 月 4 日

雅典

晨起再去卫城。希腊城邦多有卫城，建于险要之处，围有城墙，仿佛中国古代城市中之内城或宫城。但卫城中不一定为最高统治者所居，却必有供奉城市保护神之庙堂。它兼有军事要塞及宗教中心双重意义。

雅典卫城建于石山之上。发掘证明，新石器时代这里已有人居住，迈锡尼时期曾建有国王之宫殿。当雅典成为民主共和制城邦后，这里成为宗教圣地，上有多处神庙（有些神庙为公元前 146 年后罗马人所建），其中最著名当然是帕特浓神庙。

雅典卫城

帕特浓神庙

帕特浓神庙侧面（可见外柱向内倾斜）

道尼苏斯剧场

赫斐斯塔斯（火神）神庙

此庙建于公元前447－前438年，祀雅典娜神。她是大神宙斯之女，希腊十二大神之一，司工艺和战争，被雅典奉为城市保护神（雅典即因她而得名）。庙位于卫城最高处，全用晶莹洁白大理石砌成，在阳光照射下反映出耀眼的光辉。

帕特浓神庙为长方形建筑，长69.51米，宽30.86米，共有46柱子，柱高10.43米。此庙在建筑学上经常被提到的成就是四周柱子向内稍微倾斜，在视觉上收到好的效果，看来完全直立。

原来庙的外部山墙檐板上布满浮雕，是希腊著名的雕塑家菲狄亚斯（Pheidias）等人的杰作，描述众神的故事，特别是雅典娜的生平。当时人们仅能在外膜拜瞻仰，庙内是神圣之地不容进入，故不施装饰。但原有一尊12米高饰有黄金、象牙的雅典娜神像，也是菲狄亚斯所雕，早在拜占庭时期便运往君士坦丁堡，后毁于火。

帕特浓神庙在土耳其占领期间（1456－1521）先作军火库后改清真寺。1687年土耳其人与威尼斯军队作战，神庙毁于炮火。残余的雕塑为英国的额尔金勋爵（Lord Elgin）于1812年运往英国。前在大英博物馆见有一处专门陈放他的收藏物。这批文物有一个绰号，就称为“额尔金的大理石”。（按：他的儿子又曾掠夺圆明园文物，真可算是一个掠夺文物的“世家”！——2002年2月注）

卫城山之南麓有两个剧场，均作半圆形，看台面对戏台，逐层递高，便于全场观众观看。今

古代市场遗址

天现代化的剧场、剧院的布局，都不过是“抄袭”希腊人的设计。一个称为“道尼苏斯剧场”（道尼苏斯为戏剧之神，原来舞台正面装饰描绘他的故事，早已不存），始建于公元前 6 世纪，公元 1 世纪罗马的尼禄皇帝又加扩建，可容 17000 人，第一排规定为祭司及其他显要的专席。另一个称为“希罗德 · 阿蒂卡斯演奏场”，是公元 161 年一位富人为纪念其妻而建，便以她命名，可容 5000 人，其规模较小，保存情况却较前者为佳，现每逢夏季雅典人仍在此举办音乐会。原来两个剧场之间还建有柱廊，供观众遮蔽风雨。

我坐在剧场之山坡上略事休息，眺望剧场遗迹。遥想公元之初这两个剧场当时的盛况，仿佛看见戏台上正在上演希腊欧里庇得斯（Euripides）的悲剧、阿里斯托芬（Aristophanes）的喜剧或罗马人的什么剧目，而看台上坐满雅典居民，不禁神往。重视体育和文艺，不惜巨资建造公共场所且对公众开放，大概可算是希腊罗马文明区别于其他古代文明（例如中国）一个特点。

卫城有一个小的博物馆，专门陈列卫城及其附近地区出土器物，以及帕特浓神庙雕塑残片。

卫城之西即是著名的爱里奥帕古斯山（Areopagus），是古雅典最高法庭所在。更西则为民众集会场（Pnyx），亦如露天剧场，台阶痕迹宛然。为了节省足力，远眺而已。

卫城向北，便是雅典古代市场（Agora）。希腊城邦的市场绝不仅仅是贸易之地，它也是政治和文化中心（Agora 意为聚集地），公民们在此散步，讨论政治和哲学问题，传播消息，交流看法。戏剧表演、运动比赛、节日盛典也常在此举行。这里实是古雅典的心脏。雅典市场由美国考古学家于 20 世纪 30 年代开始发掘（由洛克菲勒基金会资助），每一建筑基址已判明性质，有说明牌竖立其旁，上书英文及希腊文，极便游览。

从最西端开始游览，先爬上一座小山，是市场区最高处。山有神庙，祀火神赫斐斯塔斯和雅典娜，建于前450—440年，与帕特浓神庙约略同时，规模较小，四周仅有34根石柱，而保存良好，雕塑装饰尚存。整幢建筑屹立至今已有两千四百多年，细观之尚无倾斜松垮迹象。从此庙之侧东望市场，全区尽收眼底。

从西而东走马看花。看到的基址有：一个群众集会处，几个神庙（内有一个祀“市场的宙斯”），一个泉水池（用陶制水管引水供市民饮用）。一处称为“皇家柱廊”者（建于前460年），是行政长官办公及开会之处，保存有改革家梭伦制定的法律。有名的爱里奥帕古斯最高法庭陪审会议也在这里召开，苏格拉底就在这里被审判和判决（事在前390年）。这一带的柱廊也是苏格拉底生前经常去的地方。

一处圆形房屋（称为Tholos，前460年建）基址，在众多的长方形建筑基址中令人瞩目，是“五百人会议”开会时议员食宿之处。免费款待他们，但规定不得超过30—36天，以限制“公费吃喝”。〔按：雅典议员及公职人员都没有报酬，古典时期希腊政治家伯里克利斯（Pericles）进行改革后才有少量报酬。——2002年2月注〕

“五百人会议”开会则另有场所，附近一处前5世纪建筑便是会议厅（Bouleuterion）。这里曾发掘出大批写在羊皮纸、纸草上或刻在大理石上的文书，包括法律条文和议会决议。

市场北区的发掘工作尚在进行之中。有一处称为“有画柱廊”，因墙上描绘马拉松战役及其他故事的壁画而得名，是1981年才发现的。柱廊在希腊文中作Stoa，著名的斯多噶学派（Stoic），即因从他们祖师爷芝诺（Cypriote Zeno）开始喜欢在柱廊之中教学和讨论问题而得名。

雅典的市场早在前6世纪梭伦改革时已初具规模，希波战争时遭到破坏，旋即重建，前5世纪时建设尤多，至前2世纪最后形成。前146年罗马人占领后，由于罗马人对希腊文明的欣赏和尊重（许多希腊的伟大雕塑都有罗马复制品即为明证），没有破坏，反而继续扩大。

最早市场仅西区有上述各种建筑物，东南两面各有柱廊，围着一个中心广场。后来广场中间及东区才兴建其他建筑，故这些地方的建筑年代较晚。一条大道从北而南通过广场直达卫城，称为“皇家大道”。每逢节日人们便列队走在这条大道上去帕特浓神庙朝拜。

最大建筑应算公元前后建在广场之中的阿格里帕演奏厅（Odeion of Agrippa，阿格里帕为罗马的一位将军，是屋大维亲密助手和女婿）。后来在此基础上建成体育馆（事在410年），兼有体育和教学双重功能。它的正面有些雕像圆柱，至今仍矗立在广场之上。

今天得略窥原貌的建筑是位于体育馆之东的阿塔罗斯柱廊（The Stoa of Attalos）。小亚细亚帕加马国王阿塔罗斯二世（前159－前138年）为感谢他在雅典所受教育而兴建此廊，作为中心广场东部屏障兼作贸易场所（共分二层，每层有21间商店）。公民们可以站在柱廊之内观看市场的热闹景象。在此建筑之前有一个方形小平台，供当时演说者面对广场慷慨陈词。这广场可说是古雅典的“海德公园”。1953—1956年阿塔罗斯柱廊按原样复原，作为市场博物馆。下层陈列从市场地区发现的文物，如水钟、度量衡等。上层展出卫城、市场、民众会场等处的模型，看了以后对古代雅典的面貌才有较多的了解。

由阿塔罗斯柱廊向东便是恺撒倡建之罗马市场，与原中心广场有路相连，路面铺以大理石，当时不许车辆通过，颇似今天的步行街。值得称道的是罗马占领时期还兴建了两个图书馆，一个为哈德良皇帝（76—138 年）所建；另一个是名为潘泰因诺斯的人所建，事在 100 年。入口处有铭刻，说明这个图书馆是“献给雅典娜女神、图拉真皇帝和雅典人民的”。后者应较前者年代稍早。潘泰因诺斯图书馆中还发现一块石碑，上刻：

不要把书拿走，因我们已经发誓。开放时间从第一小时到第六小时。

这大概是世界上最早的“图书馆阅览规则”。看来，古今图书馆中的阅读者之中总会有少数不自爱的人，连文明的雅典人也不例外。

当时市民居住何处？参观时这一问题经常使我困惑。参观市场博物馆后才知，当时市场之北、西、南三面曾发现古典时期私人房屋遗址，多为工匠、商人等“中等之家”；几座规模稍大者可能为教师（sophists）所居，盖当时流行家庭教学。上述赫斐斯塔斯神庙的山脚下曾发现制作青铜器、铁器、陶器的作坊遗址。（当时雅典市区范围一定很大，曾聚集了大量人口，据研究，前 5 世纪之雅典成年男性有 20000—30000 人，若妇孺为男子之三倍，则雅典自由民就达十万之多，加上奴隶和异邦人，数量可观。参见 A.Zimmern，*The Greek Commonwealth*，Oxford University Press，1977，p.32. ——2002 年 2 月注）

离开市场区去看苏格拉底囚禁处。最后找一家餐馆用晚餐，要一份希腊风味菜肴。称 mensseka，味道殊不合口。

游览一天，颇为尽兴。去旅馆取出行李乘地铁直奔比雷埃夫斯（Piraievs）。这里古代就是雅典海上贸易之港口，现在仍是重要码头。顺利购票登船，船名克诺索斯（Knossos），正是此行目的地，岂为这次爱琴海夜航顺利之“吉兆”乎？

1985 年 2 月 5 日

克里特岛

清晨抵达伊拉克里翁，为克里特岛首府，旋即乘巴士去克诺索斯。王宫尚未开门，坐在门前等候。入口处右侧有伊文斯（Arthur Evans）铜像。忆 30 年前作为一名考古专业学生在夏鼐先生主讲的《考古学通论》课堂上，即听过伊文思发掘米诺宫的故事，不意今能亲临其地参观！他于 1900 年开始发掘米诺宫直至 30 年代，1942 年始逝世，享年九十。

米诺宫前 A. 伊文思像

整座宫殿占地 22000 平方米，为一幢四合院式多层建筑，东西两翼较宽。四边为三层或四层楼房，门窗面向中央庭院，外墙不开门窗以利防卫。楼上楼下各房相连，估计共有 1500 多个房间，通道纵横，相传入内迷路者便为“米诺牛”所食，故有迷宫之称。现在若无指路牌，参观者仍不易顺利走出。今天参观真是走马看花，只能择要而记之。

大体言之，西翼为当时国王宫殿所在。一个房间内有石制之座，据推断就是米诺王的宝座。后有大幅壁画绘两

米诺宫南部入口（房屋内有少女壁画）

米诺宫北部入口（房屋内有公牛壁画）

米诺宫中楼梯

米诺宫中排水系统

米诺宫的〝皇家大道〞

个鸟头狮身怪兽面对王座相向而立。西翼还有祭坛等宗教性场所。十八间储藏室排列一起，储物器皿是一种大的陶瓮，称为 pithoi，上有浮雕。

东翼则是统治者居住之处，相当于内宫。一间绘有海豚及鱼的壁画的房子或为王后寝室，旁边有浴室及厕所。一个房间内也有木制王座的痕迹，或是王在内宫时的接待室。东翼也发现祭祀场所及放置大陶瓮的储藏室。还有房间被断定为制作玉石器、陶器的作坊，大概其产品专为满足王室需要，颇似中国古代的“尚方”。还有一间房子，称为双头斧大厅。

按双头斧是一种仪式用器，又是一种具有神秘意义的符号，常见于装饰图案中。据研究它与迷宫在希腊文中有同源的关系。与双头斧同样具有神秘意义的是陶制的“神圣角”，又称“腰椎骨形角”，因形似而得名。此物常被置于凉台或屋顶四周，作为护栏或一种装饰。对它尚无一致的解释，它是否就代表牛角呢？按牛在当时人们社会生活和信仰中占有重要地位，有“米诺牛”故事流行，壁画中有公牛形象，饮酒具也做成牛头的形状。

此宫始建于公元前 2000 年，前 1700 年曾遭毁坏，旋即修复，更加华丽。前 1400 年又因某

米诺宫出土公元前 1600 年持蛇女神像（伊拉克里翁博物馆藏）

16 世纪威尼斯人在克里特海岸建造之椭圆形城堡

克里特文化常见的双头斧

米诺宫的原貌（A. 伊文思的复原）

种灾难而毁。保存下来大部分建筑遗存应属前 1700– 前 1400 年之间，称为“新宫时期”。现很多地方乃发掘以后加以复原或加固，以便游人参观。

此宫建筑学上值得称道的是楼梯系统，台阶既宽且矮，走起来很不费力。其排水系统则是另一伟大成就，皇后寝宫中浴池和厕所连有管道，污水通过陶制管道可流往楼下排出院外。地面、楼梯上铺的石板今多保存。今我不解者之处是房柱，柱身红色柱头黑色，均作上粗下细之状。为何如此处理？不知是否已有建筑学家对此做出合理的解释。

宫殿北端出口为全宫最高处，上有瞭望台或关卡之类建筑，内有公牛壁画。在此小憩片刻便出宫西北行前往剧场。连接宫室和剧场是一条石铺的道路，几千年前原物，称为皇家大道。

此间剧场只有两个看台，作垂直排列状，中间建筑遗存据信原为“皇家包厢”。看台之前只有广场而无戏台，当时是在广场上演出的，与后世希腊罗马剧场多作半圆形或圆形面对一个戏台的布局，有所不同。看台台阶尚有保存。

剧场两边稍远处还有“小宫殿”和“皇家别墅”两处遗址，闻今天不开放，遂匆忙回城去看伊拉克里翁博物馆。

此馆收藏的不仅是克诺索斯还有克里特岛其他遗址（仅已发现的宫殿遗址就有好几个）出土的重要文物。双手持蛇女神像、石制牛头形酒具（贝壳镶唇、水晶作眼而牛角鎏金）、象牙制的跳跃状“杂技演员”（应表演从公牛背上跳过）等等，这些常作为书中插图的精品，均得一观。双头斧实物中有钝刃者，证明它们确非实用而为仪式用物。有一件青铜锯，长达 1 米多，表明克里特青铜文明的高度发展，中国青铜器中迄无可以解剖木料的长锯发现。米诺宫装饰艺术精品如“神王”浮雕原件亦存此馆。

参观博物馆毕，信步游览。伊拉克里翁市场中蔬菜水果品种甚多且价廉。此地自然条件极好，三千多年能建造出如此庞大复杂之建筑群，自非偶然。现本市仅有 64000 人，而据估计米诺时期人口可达 10 万人。

傍晚坐在露天酒吧中候船，远眺大海，心旷神怡。一座圆形堡垒矗立海边，乃 16 世纪威尼斯人占领时所建。与几位老人闲谈。他们称过去见过中国海员，但中国旅游者迄未之见。

1985 年 2 月 6 日

迈锡尼

晨由克里特归，即开始迈锡尼之行。时间尚早，地铁还不售票。不意在雅典火车站购票时闹了一个笑话。我说“一张票去迈锡尼”，说了几遍售票员才知其意。原来在当地迈锡尼应读如 Maiki’ni，而不是 Maisi’ni。不知是否希腊语原应如此读法？值得一记。

抵达时适遇一队旅游者，来自德国，便结伴同游。狮子门、“阿加梅农墓”等写入世界史的古迹，今得亲见。

迈锡尼的卫城位于山上，城墙用巨石砌成（每块重五六吨），至今矗立。狮子门即卫城之入口，高约 3 米，因门上狮形石浮雕而得名。双狮面对一柱（祭坛）作朝拜状，使人联想米诺宫王座后壁画两个狮身鸟头怪兽相向而立的布局，不知两者有无关系？狮子门浮雕为公元前 14 世纪留存至今伟大艺术品之一。

迈锡尼狮子门

入狮子门内便见一个墓地，外有石砌圆形墙，内有长方形石椁或墓穴。此即德国考古学家谢里曼（H.Schliemann）1876年发掘的所谓“皇家墓园”，其中有六座墓（他仅发掘五座，另一座为后人所发掘），共发现19个头骨（九男八女还有两个孩子），似当时实行家族合葬制度。这里出土包括著名金面具在内大批金器（重达14公斤）、珍宝等随葬品，使迈锡尼文明为世人所知，而且证明荷马史诗说迈锡尼为“黄金之城”并非空穴来风。

迈锡尼皇家圆形墓园

狮子门外西行百米又有一处“皇家墓园”，乃50年代新近发掘，共有4座墓，出土文物更多，年代较前一墓园为早，为前17世纪之遗留，而谢里曼发掘者乃前15世纪物。

除上述墓园外，传说中“阿加梅农墓”就在入城大道之西，有长长的墓道通往石砌圆顶墓室，俗称圆顶墓。谢里曼初来时拒绝别人建议，不发掘这座墓，认为阿加梅农不会葬在城外。后人在此发掘，却发现大批宝贵文物，称为“阿柔斯（迈锡尼王室之名）的宝藏”，现一部分保存在大英博物馆。这座墓年代定为前14世纪，不可能真是阿加梅农墓，因为特洛伊战争一般认为发生在前1180年左右。同样的圆顶墓还有8座，规模较小，有的说是阿加梅农那不忠实妻子之墓，有的说是她情夫之墓，均为无稽之谈，懒得一观。但它们和上述两处“皇家墓园”都属于王室墓葬则毋庸置疑。

迈锡尼宫殿遗址

当时居民多住城外（其房屋遗址在进山大道之东侧已有发现），最高

长墓道的圆顶墓（传说中的"阿加梅农墓"）

统治者则住城中。卫城最高点即为宫室所在，房屋无存，巨石基址尚存。何处为庭院，何者为王座所在之殿堂，已被确认，且被认为与史诗描述有相合之处。

我坐下休息，那群德国青年旅游者早已走散，周围空无一人，只见废墟石块之间生长的枯草在寒风中颤抖。这时特洛伊战争的故事便一幕幕在脑海中映过：那美丽的斯巴达王妃海伦为特洛伊王子所诱拐，希腊各城邦联合船队在盟主迈锡尼的阿加梅农率领下进行长达十年的远征，阿加梅农竟用自己女儿祭神，远征期间他的王妃和人通奸，阿加梅农胜利回归不久就被其妃及其情夫谋杀，阿加梅农独生子为了替父报仇又杀死亲生母亲及其情夫，阿加梅农之子虽为最高法庭（即在雅典爱奥帕古斯山上）所赦免而终身怀有杀母的罪恶感。

这一连串的事件中至少有三人（阿加梅农及其妻，还有妻之情夫）丧命，应该就发生在三千多年前现在我所在之处。想到这里不禁毛骨悚然，倒不是怕鬼魂显现，而是感到人类凶残本性之可怕。这段历史（假如确是历史的话）在爱情纠葛的外表下掩盖的不过是一连串权力斗争，而权力斗争在中国和全世界何曾有片刻的停止？只是换了其他借口而已。于是兴趣索然，人也突然感到十分疲劳，遂匆忙下山，乘公共汽车回雅典。

在科林斯（也曾是一个伟大的城邦）附近，经过一条把伯罗奔尼撒半岛与希腊本土分开之运河，峻壁深谷，颇为险要。

前两天住的旅馆条件太差，今晚换了一家，登记时旅馆小姐说，她是第一次见中国护照云。

1985年2月7日

雅典

希腊之游最后一日。参观希腊国家考古学博物馆。虽然所到之处均有博物馆陈列当地文物，而全希腊出土之艺术精品，皆存此馆，不可不细细观看。

陈列按希腊有文字历史几个发展阶段分为若干部分，依次是迈锡尼时期，古风（achaic）时期、古典（classic）时期、希腊化（hellenistic）时期、罗马时期。楼下有陶器演化的专题陈列，在此驻足良久，希望多学一些基本知识。一间展室复原神庙全貌，看到古雅典人如何供奉自己崇敬的神。

这里陈列的艺术精品有很像现代派作品的弹竖琴者（前2400–前2000年），迈锡尼出土与死者面孔相同的金面具和天平，古典时期各种青铜或大理石雕像如海神波赛东（Poseidon）等。

令我感兴趣的是一件大理石组雕，公元前1世纪罗马人仿制的希腊艺术杰作，表现长有蹄角牧人之神（Pan）向爱和美的女神阿芙洛狄特（Aphrodite,即维纳斯）求爱情景。女神半嗔半笑，脱下一只拖鞋作欲打之状，惟妙惟肖，生动之极；两者之间还有一带翅小孩飞翔半空，是性爱

迈锡尼发现的金面具（希腊国家考古学博物馆藏）

迈锡尼出土双角鎏金的牛头（希腊国家考古学博物馆藏）

公元前 2400—2200 年弹竖琴者像（希腊国家考古学博物馆藏）

迈锡尼发现的金天平（希腊国家考古学博物馆藏）

之神厄洛斯（Eros），点明了此件艺术品之寓意。还值得一提的是女神所著乃夹足趾之拖鞋，竟与今东南亚地区拖鞋类似。

参观博物馆毕，在雅典街头闲游。希腊城市建设及交通自不如西欧诸国，但物价便宜，食物尤贱。信奉正教，其教堂建筑形式及传教士服装与新教、天主教均有不同。

西方文明若干特征。例如，议会制（古希腊有“议事会”及“民众会”，可视为今天美国的参众两院和英国的上院下院之滥觞），重视公民权利，审判公开和陪审制度，提倡体育文艺，大力兴建剧场、运动场、图书馆等公共设备且对公众开放等等，早在古典时期的雅典已肇其端。〔1993年英美举行庆祝活动，纪念民主制度诞生2005年，是年为号称“民主之父”克里斯提尼(Cleisthenes)进行改革之年。克氏改革要点是把雅典划为136个地缘组织deme（今democracy一词便导源于此），使之成为基层政治单位，扩大一般公民的政治权利，改变过去贵族垄断之制度——2004年10月1日补注〕

希腊人街头对弈

当然享有这些权利只限自由民，但这总比其他文明古国的皇帝一人大权独揽要好得多。

因此，要了解西方文明的源头必先了解希腊，但此事谈何容易。这次来前及途中看了一些书，几天来跑了一些地方，以考古文物方面知识而言，好不容易才记住古典时代雅典建筑可分三种风格，依次是Doric（柱头无饰）、Ionic（柱头饰双卷纹）和Corinthian（柱头饰植物花纹）；我所喜爱的描绘希腊古代生活的陶瓶，有黑地红色（红为陶器本色）图像者较红地黑色图像者开始稍晚。这些只不过一些普通常识而已。

希腊正教长老

当前有人动辄大言不惭正从事中西文化比较研究云云，吾颇叹服其“胆大”。

意大利和梵蒂冈

（1992 年 5 月，2010 年 5 月）

（一）

1992 年 5 月 8 日

庞培

此为这次旅行主要目的地，清晨抵达即抓紧时间参观。出那不勒斯火车站寻出租车，讨价还价，议定来往费用（约合美金 90 元），可在内参观六小时。此间出租车不按表计价，乃西欧国家所未见。

研究庞培之书何止百种！这类书价钱太贵，实在无力购买，此次来前借阅数种抄录，结合今天所见详记如下，备他日查考也。

庞培于前 8 世纪时已有人居住，前 5（4？）世纪时萨模奈人（Samnites）在此建城。前 80 年起沦为罗马殖民地，罗马人不断迁入。当时庞培似为一自治城市，地方行政长官经过选举产生，墙上留下文字中有“候选人名单”。

〝牧人之神屋〞——庞培豪宅之一

公元 62 年此地已发生一次大地震，毁坏建筑不少（今日所存某些建筑建于 62 年之后）。公元 79 年更大灾难降临，维苏威火山大爆发，熔浆似河流奔腾而下，吞没了整个城市，具体日子已被确定下来，是 79 年 8 月 24 日。

城市埋在地下 6—7 米深处达 1000 多年。1748 年正式发掘，现在五分之四的庞培已重见天日（仅东北角尚待揭露），人们对庞培城市布局已有清晰了解。城建于山岩之上，东北高而西南低，周长约三公里，略呈椭圆形，有城墙围绕，惟西南方向城墙无存，或因归属罗马后不再需要之故。全城共有八个城门，城门或有两个门洞，小者为人行道，大者供车辆及牲畜出入。

城市西南部分最先得到发展，不断向东北部分扩展。各建筑年代已有精确的断定，大部分原建于罗马征服此城之后。

庞培所用建筑材料主要是石块（火成岩及凝灰岩），也用砖。当时已用类似“混凝土”之粘合材料。我看了介绍不免有疑，便随手拣了一小块，用手捏之始终不碎，不意历经两千年之人工合成物仍如此坚固，始知此说非虚。庞培城建筑技术及演变已属专家研究课题，非我等所能窥其堂奥。

城内道路一般宽 2.4—4.5 米，最宽者可达 7 米，路面以石块铺成。路中间较高，两边以长方形巨石条砌出边框形成排水沟。但庞培排水系统并不完善，大概垃圾又没有很好处理，路面时常积水，故每隔一段距离便在路面放置几块大石，供行人过路之用。为了便于车辆通过，两

庞培街道两旁房屋

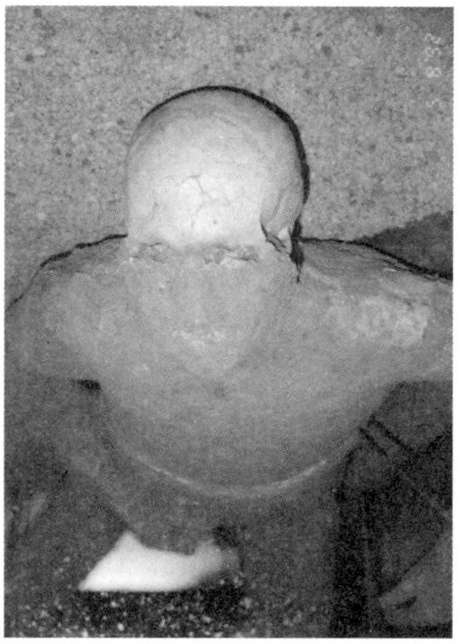

庞培仓皇逃命者遗骸

庞培地面马赛克图案

庞培道路上车辙痕迹

庞培椭圆形剧场

块大石之间又留下一定空间，当时的车辙痕迹尚隐约可见。人们据此复原当时车的尺寸，知当时车轴应长 1.4 米。这和中国考古学家据汉长安城霸城门车辙痕迹推断古代车轴长 1.5 米可谓不谋而合。

城市有一套供水系统，通过水槽把河水引入城内，并以管道流入家庭。当然，享用这种“自来水”者只是少数富人，穷人可能还得到路边水池中取水。

城之西端有一广场。官员办公处、议事厅、神庙、商场等分布广场四周，贸易就在广场上举行，这里可说是全城政治、经济中心。游客由西门入城向左转弯便达广场。我们今日参观便由此开始。

广场大小为 32×142 米，地面铺以石块，三面有柱廊围绕，中心有一讲台遗迹，当时演说者站在这里向公众表述自己的政见。广场上原竖立一些雕像，当为庞培重要人物之像，基座尚存。

广场之东南方有一集会房屋，地面及墙上覆盖大理石，据推断为议事厅所在，也在此举行选举。至少有十个入口，供投票者有序进出。官员办公处在广场之南，原来较其他建筑稍高。由于保证城市管理工作不致间断，62 年地震毁坏立即重建。还有一个厅堂位于广场正北方，据信为法庭所在，南面开五个门通往广场。紧接法庭之东是盖有房顶的商场，面向广场一面有大理石柱，内有店铺。其中一个设有水槽，庭院中央圆顶建筑内有水池，似为鱼店。鱼汁是庞培著名的产品，发掘出许多尖底陶瓶，即盛放鱼汁之用。其他与经济活动有关建筑还有粮库，今天在此存放发掘所得的文物。

广场四周有好几个宗教性建筑——朱庇特庙、维纳斯庙、阿波罗庙、家庭保护神（Lares）殿，还有奉祀罗马皇帝奥古斯都（Fortuna Augusta）及韦斯巴芗（Vespasian）的庙。广场之东一处宏伟建筑，据题刻是一位女祭司（Eumachia）花钱建造献给罗马第一个皇后、屋大维之妻利维亚（Livia）的，皇后的雕像及女祭司的雕像均有发现。

广场正北两条大路交叉口发现一处公共浴池，冷热水具备，并可来一次蒸汽浴。入浴者男女分开，有专门换衣之房间，内有木柜存放衣服，并有座位以供排队等候。一件精致的大理石浴盆上留下地方行政官员的名字，说他建造此盆共花了“5240 个 sesterees（古罗马铸币）”。城内浴池有好几处，有一处比上述还要讲究，62 年大地震后新建，但未完成。

我们参观广场及其周围建筑花了太多时间，然后顺着横贯全城的大道由西向东继续参观。

椭圆形剧场在城的最东端。公元前 80 年建，观众从外墙拱门沿斜坡走廊进入，剧场中心部分是竞技场所，有两个通道可达。像其他罗马剧场一样，靠近竞技场的低处座位专为城市重要人物保留。中间和高处座位各分 20 区，两区之间有台阶相隔，可供上下。

紧接椭圆形剧场之东有方形基址，是体育场所在，供青年人进行角力及其他运动，大小为 141 × 107 米，原有高墙围绕，西、北、南三面有柱廊。中心有游泳池，大小为 34.35 × 22.35 米，底为斜坡，水深从 1 米到 2.60 米，逐步递深，像今日游泳池一样。

城之南端有两个马蹄形剧场，一个称“大剧场”，逐层递高的看台面对舞台。从留下的座位编号得知，每个座位仅有宽 40 厘米的空间。重要人物坐在最低处。这个剧场毁于 62 年大地震，后加重建，重建者名字留了下来。

另一个称“小剧场”，紧接于大剧场东南角，仅用于音乐演奏，原来应有屋顶，公元前 1 世纪所建。大小剧院之间还有一个角斗士居所，据研究原是供观众休息的地方（罗马人的一场表演历时很长），大地震后才改为关押角斗士之处，至少在十个房间发现了角斗士用的武器和盔甲。

大小剧场之西有一个小广场，称为“三角形广场”，地势较高，可以远眺大海。附近也有神庙（伊西斯庙）、一个体育场及一个公共浴池。这一带是庞培城另一社会生活中心。

总之，庞培城公共建筑集中在三个地区：西面是广场及周围的厅堂、神庙，最东端是椭圆形剧场及体育场，南面是大小两个剧场及附近三角形广场。这些都是公众会集或商人聚集之地，私人房屋便分布在这三者之外的地方。庞培城布局大抵若是。

经一百多年的发掘和研究，上述各公共建筑性质已经明确，私人房屋及其店铺经营内容也大体确定。现在城中所有建筑一一编号，并各赋予名称，标在墙上。游人手持导游图，按图索骥，极易辨识。私人房屋从留下文字材料可确定其主人姓名者，便以之命名，如上述女祭司建造之屋，便称为“Eumachia 之屋”；如不知其名但从遗物知其职业者，便以职业命名，如“外科医生之屋”（庞培最古老建筑，始建于前 6 世纪），因为房屋中发现了外科医生之医疗器械。更多私人房屋无法确定主人姓名和职业，便以房屋壁画某项题材命名。如“阿波罗房屋”、“维纳斯房屋”、“果园房屋”（画有杏、酸苹果、樱桃、柠檬等果树）等；或以房内发现的某一雕塑品命名，如有称为“牧畜之神（Faun）房屋”者，是因为庭院中发现了一座作舞蹈状牧畜之神像，该房是庞培较讲究的住宅之一，其装饰艺术和建筑显示出罗马和希腊的双重影响。有的则根据房屋内的题字，如“爱人之房”之得名，因为该房乱涂的题字有句云：

爱人像蜜蜂一样，使生活像蜜一样甜美。

还有一座房屋题字中有这样一些训条：

仆人必须清洗并弄干宾客的脚。

床垫必须覆盖以布。麻布必须小心照管。

于是这座房屋便获得了“道德家房屋”的称号。还有些房屋全无特点，便只能根据发掘时期某

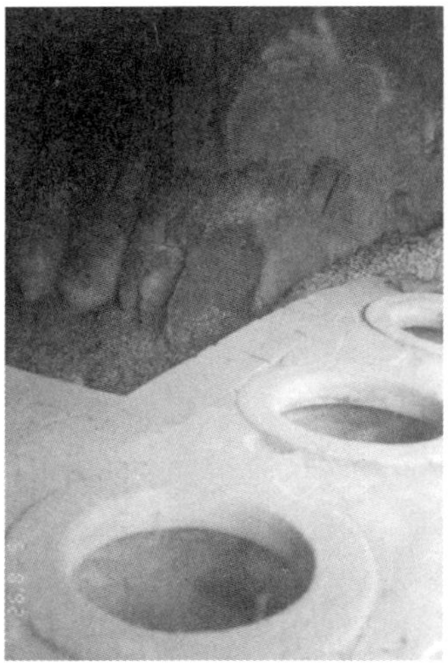

庞培酒吧

庞培面包房

件大事命名，如“银婚房屋”是因为发掘这一年适逢意大利统治者的银婚纪念。

私人房屋之规模和质量，因所有者社会地位及财富多少而相差悬殊。第一类可称豪宅，属于贵族、土地所有者、官员所有，二、三层的楼房，最上层可以远眺，在此接待宾客举行盛宴。这类房屋有庭院和花园，墙上壁画及地面马赛克非常精美。第二类算是中产之家，为商人、工匠等所有，房屋较小（300–120 平方米之间），或有较小庭院，室内装饰较为粗糙。第三类是穷人栖身之地，室内无任何装饰。

私人房屋临街一面多为店铺，个别豪宅也是如此，用以出租。根据发掘的遗物，庞培市面上当日至少有下列行业：

①面包房：发现多处，多备有谷仓、厩房、石磨、炉灶和出卖面包的柜台。石磨的底作圆锥形，上面磨石中凹，与中国农村所用石磨不同。一座面包房（编号 50）中发现了 81 块已经碳化的面包。

②洗衣房：至少发现四个洗衣房。洗衣房既洗熨罗马人爱穿的半披于肩的长袍，也为人染布。当时用人畜尿为洗涤剂，骆驼尿被认为最佳。

③酒吧：有一排曲尺形灶台，旁置尖底瓶等。这里可提供冷热饮料、熟食，还有外国来的女郎（墙下留下这方面的题字），颇似今天的夜总会。

④小旅店：仅可住九人。店主人的名字留了下来，据研究是恺撒士兵的后代。

⑤妓院：像世界各地这一行业一样，位于一条偏僻小街上。楼上楼下各有 10 张床，墙上绘有两个代表生殖之神（Priapus）的生殖器像及其他性爱内容的壁画。

⑥赌场：墙上题字记录从顾客那里赚到的钱。楼上还为年青男女赌徒提供卧室。

⑦作坊：已发现的一个（编号 71）制作布料及毡子，墙上壁画绘有这一行业的保护神，“坐在四匹象拉的车子中”。外有柜台出售自己的产品。

劫难前夕庞培大约有 8000–10000 人（一说 20000 人），百分之六十是自由民，百分之四十是奴隶。奴隶掠自东方诸国，有些为医生、教师、建筑师、画家（很多壁画出自他们之手），具有较高文化，当付出一笔赎金，或为主人或公共事务做出重大贡献之后，便可变为自由人。

劫难之前居民似毫无觉察，或者对维苏威火山一些活动迹象习以为常，以至事发当天，惊慌失措。自1860年起发掘中使用石膏复原法，把一些尸体痕迹复原出来。现放在玻璃柜中陈列，或作仓皇逃命之状，或作临死挣扎之状，其状甚惨。

纪元之初庞培所反映的罗马人物质文化、艺术成就和生活水平，远远超过当时世界文明古国中同类城市。但在大自然面前，人类便显得如此软弱无力。

城市之外还有两座别墅，一座称为“神秘别墅”者，是一座漂亮的建筑，据说壁画尤为精美。离城还有1英里左右，未去。出入口处有一座古物陈列馆，我们看完出来，已经关闭，亦未能一观，均是憾事。

与庞培同时遭劫另一城市赫尔库拉内姆（Herculaneum），虽早发现，由于埋藏很深，近年才开始发掘，闻遗存保存更好，当俟诸异日。

1992年5月9日

梵蒂冈

今游梵蒂冈。

在公共汽车站候车时遇小偷。小女孩向云慧兜售报纸，一叠报纸直抵胸前，小男孩便在报纸掩盖下打开挎包。幸旁边警察发现，赶跑小偷，护照钱物无恙，可谓有惊无险。

梵蒂冈圣彼得大教堂

梵蒂冈城在罗马城区之西北，有公共汽车直达。虽算另一国家，却无关卡之设。梵蒂冈的历史可上溯到罗马时期，基督教早期布道者——圣彼得被罗马暴君尼禄在此钉上十字架，二百多年后的罗马皇帝康士坦丁在其殉难处建立一个会堂（basilica）以为纪念。1377年教皇开始移居梵蒂冈，梵蒂冈自此一直成为全世界天主教的中心。六个世纪来历经变乱，在教徒心目中其崇高地位未曾稍有改变。

梵蒂冈宫门前换卫

圣彼得大教堂及其前面广场是整个梵蒂冈建筑群之中心。罗马时期建筑早已毁坏，教皇移居之前这里已是一片废墟。今天所见宏大建筑是16世纪初开始重建，历176年而成。几代文艺复兴时期艺术大师和工匠们为此倾注了自己的心血，其中包括著名的米开朗基罗。

著名的教堂大圆顶便是他的杰作。1546 年开始建筑，其时他已届七十高龄，八年后死去，后人继续工作，终于在 1589 年完成。仅此一项工程便历年二十有三。据云银灰色圆顶可与天穹色调相配，人们仰视有如置身天堂之下。大教堂从入门处算起长达 694 英尺，圆顶从地面算起高达 394 英尺，支撑圆顶的四根巨柱，每根高 232 英尺。从建筑规模上说，它在世界千千万万个教堂中也是屈指可数。所花费用自必可观，如众所知，为建此教堂教廷向各地教徒发行"赎罪卷"，是引起宗教改革运动原因之一。

圣彼得大教堂内米开朗基罗的"耶稣之死"雕像

大教堂两侧的柱廊则是贝尔尼尼（Bernini）的设计杰作。它设计成半圆形，象征大教堂张开双臂欢迎世界各地朝拜者。贝尔尼尼在建筑史及美术史上地位不在米开朗基罗之下，教堂内不少雕像都是他的作品。

广场中心方尖碑是 1586 年建立的。竖立此柱时有九百人参加劳动，大群教徒观礼，盛况空前。方尖碑两边各有一个喷泉，形制相同，相对而立，却为不同年代所建。

大教堂入口之上有平台，每届教皇选举，要在此宣布结果。新选教皇必先登此台作第一次祈祷，为梵蒂冈及全世界祝福。

我们步入教堂，发现游客极多，但寂静无声，有人手画十字，气氛肃穆，使我们这样不信神的人也只能闭紧嘴巴放轻脚步。

大圆顶下便是主要祭坛所在，地下埋有圣彼得之墓。五六十年代进行发掘，挖出尸骨，据说就是他本人。1968 年 6 月 26 日教皇保罗六世还正式宣布，"圣彼得遗骸认定方法我们认为是可信的"。如何认定死去两千年的人遗骸，其方法颇为我所乐闻，惜无法作进一步了解。主要祭坛之上灯烛最多，显示这里是全教堂之中心。

教堂四周树立了许多雕像（不算门廊之中者还有 57 座之多），有历届教皇像，有著名的圣徒像，均为杰出雕塑家作品。惜我们对像主名字茫然无知，更无法欣赏其艺术价值。惟知大厅右边表现耶稣之死雕像，是米开朗基罗早期作品，雕像上刻有他的名字。耶稣躺在圣母怀中状若熟睡，圣母面现戚容，此像前观众最多。

使我感兴趣的是布道讲坛之上的木座，经最近研究，原是罗马康士坦丁大帝的宝座，如果属实，则为一千六百多年前的木家具。大教堂像其他教堂一样，还有地下墓室，有楼梯可达，这里共埋葬了 20 个教皇，1 个国王和 2 个皇后。

梵蒂冈还有好几个小教堂和博物馆，颇多艺术珍品，惜无暇一观。梵蒂冈要想细看，没有三天是不行的。这次只是匆匆一过。除时间紧张外，还由于自己对欧洲历史特别是宗教史艺术史缺乏基本知识，无法细细欣赏。

回想起1956年自己在北大带头反对学习世界史之事，真是目光短浅！当时世界史教研室主任杨人楩先生，一个党外人士，且早被列为“民主个人主义者”，对课程设置他毫无发言权。我等几个浅薄无聊青年不找系领导，竟去找他理论，要求不学或少学世界史。他说的一段话至今印象深刻，大意是：青年人的脑子好比海绵，学多少东西都能吸收，现在多学点知识有什么不好？今天看来用不上的，说不定将来有用。后来的结果是考古专业的世界近现代史课程由考试改为考查，实际上让大家敷衍了事，故至今脑中对欧洲中世纪以来历史一团漆黑。假如当时多学点世界史基本知识，这几年在欧洲各地游览一定有趣得多。

1992年5月10日

罗马

昨参观市内景点。首先直奔在电影和书刊中早已熟知的角斗场，当地人称 Colosseum。这是一座庞大无比的椭圆形巨型建筑（周围527米，直径为188和156米，高57米），全用巨石砌成，有45000座位，还可站5000人（或谓共可容87000人）。墙向外一面共分四层，上三层各有80个拱门，原放置众神之像。场内看台最下一层离场地4米，有大理石座位，正中为皇帝专座，两边座位属于元老、贵族、骑兵、护民官及其他文武官员。其上三层为平民座位，已结婚的成年男人与妇女、奴仆分开，不相混杂。青年则由教师带领入场。不同等级人各有自己入口，从下层拱门按号出入。场的中间是角斗士相斗或斗兽场所，85×54米，围有4米高的栏杆防止野兽跑出。（据记载，为庆祝角斗场落成而举行的狂欢中，共有9000头野兽被杀死。——2002年3月注）像当时所有伟大建筑一样，角斗场之建造靠奴隶劳动（奴隶多来自希伯来人），于公元70—80年间完成。在欣赏这一庞大建筑同时，不能不为人类凶残本性所震惊。

角斗之风兴起于罗马共和时期后期，大概原为了提倡勇武精神，后竟发展为用奴隶来充当专

图拉真柱

角斗场

罗马广场遗址

业角斗士，成为一种表演性质活动。康士坦丁大帝曾企图禁止这一残酷娱乐活动竟告无效。它的终结在公元6世纪蛮族入侵之后，角斗场随之废弃，人们不断从这里取走大量珍贵石材盖房。今天场内已多毁圮，外墙也成断壁残垣，仅向西一面尚大体完好。

角斗场之西是罗马广场，是比角斗场更古老的文化遗存。它是共和时期罗马人社会生活和经济生活的中心，到了帝国时期仍未失去其重要性。其中有神庙（如纪念传说中罗马罗慕洛王的神庙，屋大维为恺撒盖的神庙等），有殿堂，有泉水池，有纪念性的拱门。元老院就在广场之中。为了探索西方民主制度之起源，最近看了一些希腊罗马的书，才知元老和公民可以随时在广场上向公众表达自己意见（今广场上还有一处“演讲台”遗址）；当元老院开会时，门要向外大开，虽然门外就是嘈杂的人群。前作《释明堂》一文提出远古会所不设墙壁反映政治的透明度，见此益信。

罗马广场随着西罗马的灭亡而衰落，经过851年的大地震以及1084年诺曼人攻入罗马的大火，广场沦为废墟，埋入地下。后来人们在其上进行牛的买卖，因而获得“牛场”的新名。18世纪开始有人发掘，19世纪末年进行系统发掘，广场面貌基本上显露出来，多数建筑物只余基址，只有一些柱子仍然矗立。现在整个广场比周围地面低得多。罗马发掘工作至今仍在进行之中，不断有新的发现。近年在罗马城内发现了一系列共和时期私人住宅，据说著名元老西塞罗的住宅已被辨认出来。

罗马广场之西为恺撒广场及奥古斯都广场。紧接着是卡彼托山（Capitol Hill）。山上原有神庙祀朱庇特（罗马人对宙斯神的称呼）。每当罗马将军胜利而归，经过元老批准，携有战利品、掠夺物的凯旋队伍在广场上宣布对俘虏的判决后，便上此山祀神。当时走的路线和我俩今天游览的路线大体相当。文艺复兴时期在罗马建筑废墟上兴建了以“元老宫”为中心的建筑群，出自米朗开基罗的设计。“元老宫”是得名于山下就有古代罗马元老院的旧址吗？今天华盛顿国会所在地仍称为Capitol Hill，参议员仍称为senators（元老），是想说明他们的议会制度渊源于罗马元老院的传统吗？“元老宫”今为罗马市长办公之处，两侧则为古老的卡彼托博物馆所在。

出罗马广场西北行，到达图拉真广场。如众所知，图拉真是一个雄才大略的皇帝，在位时（97—117）疆土最大。他于101年战胜达奇（Dacian）人（在今罗马尼亚）后，便决定再建一个超过前人的广场纪念自己的胜利。新的广场周围有两个图书馆（希腊文图书馆和拉丁文图书馆）、一个殿堂、一个上有许多雕像纪念胜利的拱门。广场上建筑物历经战乱已荡然无存，惟有一根高达38米的纪念柱（“图拉真柱”）还安然无恙。柱外螺旋形浮雕带，表现图拉真作战的情况，相隔太远难以看清。柱内有螺旋形楼梯可上达顶部。它矗立地面距今已有1900年之久。这正是中

威尼斯宫

国的东汉时期，我想不起东汉有什么建筑可与之比美？

图拉真广场往西便是威尼斯宫，为威尼斯人保罗二世（1461–1471）所建。这是一座白石建成文艺复兴早期风格的庞大建筑，在夕阳下发出耀眼的光辉。前有意大利统一后第一位国王维克多·伊曼纽尔二世（1820–1878）的纪念碑，房顶上塑带翅膀的胜利之神形象。威尼斯宫及其前的广场，是现代罗马城的中心。

1992年5月11日

罗马

晨起先去参观哈德良墓（Mausoleum of Hadrian）〔公元前2世纪小亚细亚哈利卡纳苏斯（Halicarnassus）王后为其夫摩索拉斯（Mausolus）建造一个巨大坟墓，从此帝王之陵墓便称Mausoleum。——2002年3月20日注〕，是仅次于角斗场的伟大建筑，昨去梵蒂冈途中已遥见之。哈德良死于外地，遗骨迁入，其继承人也埋骨于此。

此墓为圆形建筑建于方形基础之上，内分五层。一度作为城堡（称为“圣安琪儿堡”），现内仍陈放有大炮及石弹。后又作为监狱，关过不少著名的犯人。历经沧桑之后，现还基本保存完好。

哈德良墓往南便为万神殿，初建于前27年，公元80年毁于大火，哈德良重新建造，多加改动。609年后废去原来万神殿这一“异教徒的名称”，改为基督教堂，把许多圣徒和殉道者的遗骸移此埋葬。我想正有赖于此，使这座公元前后建筑物基本结构保存至今。这里还埋葬着非宗教界名人，其中包括著名艺术家拉菲尔和国王维克多·伊曼纽尔二世。其大殿内部直径达43.40米，高亦如之。原来殿内有不少青铜雕像及附饰，均被移去装饰圣彼得大教堂。故传说有人听见“会说话的雕像”的耳语：“野蛮人不曾做到的事，野蛮的巴贝尼（教皇家族名）做到了。”

由万神殿东行二三个街区，便到特莱维（Trevi）喷泉（亦称“圣女泉”），1735年建筑物，

哈德良墓

圣女泉前组雕

万神殿内部

去年重建，焕然一新。这里游客比其他景点要多。水池后一块岩石上有一组洁白的立体雕像，表现屋大维的助手和朋友阿格利帕（Agrippa）将军把净水引入罗马。传说这位罗马将军的士兵们得到少女特莱维之助，才找到水源的，故此泉以她命名。然而吸引人不是雕塑和这一传说，而是另有传说：人们若投钱币入水池或饮池中之水就能再次回到罗马。因此，游客聚集池边，纷纷投币，相互嬉戏。我俩既未投币也未饮水，因为自知以后不会再来。作为一个家无恒产月薪不足美金百元的中国人，靠偶尔外出讲学赚的少数薪金，来此一次已属豪举，岂可再乎！

向车站方向前行，便来到计划中最后一个参观点——国立罗马博物馆。馆建于 1889 年，陈列许多著名雕塑品。如众已熟知的掷铁饼者像即在此，原是前五世纪希腊雕塑家梅龙创作一件青铜像，早失，现在所见为 1 世纪的大理石复制品。此外还有高卢人杀妻群雕及好几个维纳斯像。

万神殿前

1992 年 5 月 12 日

威尼斯

此城真是一座水城。全城建在岛屿及滩地之上，城内河流纵横（据说共有 180 条运河）。横贯市区一条较宽，称为“大运河”，1495 年开凿。市内交通主要靠船，有“水上巴士”之称。十分钟一班，沿途有码头停靠，有如公共汽车之站台。

我们清晨抵达后立即乘船赴圣马可广场。

此乃古代威尼斯政治宗教中心，今天仍是威尼斯之象征。围绕广场的是著名的圣马可大教堂和总督宫、博物馆、图书馆。广场之中矗立一座 16 世纪由灯塔改建之钟塔，高 98.6 米，砖砌，尖顶上站立鎏金的安琪儿。内有好几个钟，各有名称和用途，有的召集贵族去总督宫议事，有的宣布元老会议的召开，有的通知行会工人上下班时间已到，有的宣布死刑的执行。钟塔之外另有报时之钟楼，15 世纪建成，其特别之处是钟位于屋顶之上，由两个象征摩尔人的铜人敲钟报时。钟楼正面表示时间及历象圆盘之上，有一个带翼的狮子，即威尼斯的徽章。

广场上的鸽子和游人一样的多。虽然欧美城市广场都有鸽子，但这里的鸽子却有“悠久的历史”。原来古代威尼斯统辖下的城市和属邦每年要向总督进献一对鸽子，由总督于规定之日在广场上将这些鸽子放飞。今日广场上鸽子仍是那些作为贡品鸽子繁衍出来的后代吗？

圣马可大教堂始建于 9 世纪时，为了置放两位商人从埃及亚历山大城私运来的“圣马可遗骸”（遗骸据说现仍在祭坛之下），后毁于火，今天所见为 11 世纪所建。正门平台上放置着四匹青铜马，乃教堂始建时从拜占庭取来。此已成威尼斯与拜占庭关系破裂宗教上政治上走向独立的标志。教堂内部装饰表现耶稣殉难等圣经故事。

威尼斯总督府

威尼斯圣马可广场

里奥托桥

总督宫是共和国时期威尼斯的政治中心。当时的议会、法庭、总督办公室及住宅都设于此，814年始建，14 世纪重建，窗户及拱门均作尖顶状，是典型的哥特式建筑风格。

总督住宅在第二层，装饰金碧辉煌，通过“金色楼梯”可达，由一系列房间组成，各有名称，有一间称为“哲学家室”，不知因何得名？第三层则由“十人会议厅”、“元老厅”、“讯问室”、“接待室”等组成。墙面有张着大口的狮形雕饰，当时公民可随意将诉讼状投入狮口。威尼斯共和国重视公民权利于此可见。

总督宫最后一个游览点是内有亚当与夏娃像的“司法长官厅”。此后便过一桥。桥甚高，有屋顶覆盖，名字奇怪，称“叹息桥”。罪犯在经过判决之后正是跨过此桥进入囚室，他们知道从此便失去自由甚至生命，不能不发出忏悔的或是受冤的叹息声。

今日游客也要通过“叹息桥”去囚室参观。一间间斗室，甚为低矮，前有粗大铁栏，空气令人窒息。

由圣马可广场回，游览利奥托（Rialto）地区。这里过去曾是威尼斯乃至全欧洲商业中心。莎翁的《威尼斯商人》就提到此地。剧中主人安东尼奥每见那位放高利贷的犹太人夏洛克便加责备，他们相遇之处便是利奥托。今天这里仍为繁华之区，但无现代化商场，沿街商店仍保持古老面貌，出售传统工艺品。威尼斯的彩色玻璃颇为著名，1 世纪即达很高造诣，欧洲各国后来才学会制作。购一只蓝色玻璃小天鹅作为纪念。

利奥托桥也是著名景点，原是 12 世纪一座木桥（当时过桥还要收费），1591 年改建。桥两边设有店铺，造型甚为别致。

我很想探访马可波罗遗迹，遍访不见，《马可波罗游记》及作者本身尚多争论。

威尼斯有过辉煌的历史。这一地区自 9 世纪起已是一个独立的城邦，摆脱了拜占庭的统治，11 世纪已形成共和国。14—15 世纪为高度发展时期，政治上由贵族选举出来的总督执政，由人民选出的议会监督；军事上不仅征服邻近地区，而且握有地中海的海上霸权；经济上一度执欧洲商业的牛耳。16 世纪之后，威尼斯因土耳其人横扫欧洲切断贸易通道而衰落，后为德、奥所统治，1866 年并入意大利。保持独立而实行共和制度近千年的威尼斯曾留下丰富的文化遗产，博物馆和教堂中收藏不少有价值的艺术品，此次均未及观。

（二）

2010 年 5 月 11 日

罗马

昨晚抵此。会议组织者之一斯特凡罗先生及孔令远君来接。宿火车站附近旅馆，条件极差，从进门到走入自己房间要用四把钥匙依次开门，可见治安情况不佳，而终日未见管理人员。

今天上午参观火车站旁的国立罗马博物馆新馆。1998 年才建成开放，上次来未见也。此馆专收从共和国时期到帝国初期之艺术精品。除上次已见之“掷铁饼者”外，有持矛的“希腊王子”（或谓之是一位胜利归来罗马将军）青铜像（公元前 2 世纪前半期）、正在睡觉的“阴阳人”石雕像（公元前 2 世纪中叶）和著名的“拳击手”青铜像（公元前 1 世纪）。这位拳击手似乎刚刚进行一次剧烈的争斗，额有伤痕，一眼已伤，双耳肿胀，似乎已失去听力，正作偏头倾听之状。最有趣的是在墨绿色青铜躯体上，还表现出红色的血迹，从额部脸颊一直流到右臂和腿上，整座雕像是用失蜡法分铸部件焊合而成，血迹似是用红铜镶嵌或镀涂而成。

令人印象深刻者还是从奥古斯都（屋大维）之后利维亚（Livia， 公元前 58—公元 29）别墅移来之壁画，以树木、花卉为题材。果树上累累果实、松树之针叶甚至栖息林中的小鸟，均惟妙惟肖表现出来。整整一个展室四壁都是这些壁画，绿色葱郁，可以想象罗马进入帝国时期之初这位最有权势女人豪华生活和艺术品味。

下午去看戴克里先浴场。浴场建于公元 303 年，536 年废弃，占地 13 公顷，是古罗马浴场中规模最大者，惜遭严重破坏。米开朗基罗设计的“圣母玛利亚天使大教堂”盖在此浴场遗址之中，罗马成为首都后修建街道和火车站又覆盖了遗址很大一部分。但红砖砌成之高墙仍然矗立，当日规模之雄伟可以想见。

这里今天仍是国立罗马博物馆的一部分，主要有碑刻文字陈列及从原史时期到罗马建城前后（青铜时代和早期铁器时代）之出土文物。一间大厅内复原了多座完整之墓室，有的壁有小龛，有的绘有壁画。上次已见之回廊（也是米开朗基罗之佳作）中仍然陈列雕像及有精美浮雕之石棺。

这里还保存一个 16 世纪留下之花园，范围不大，中间是一个二米高大理石做的瓶缸式喷泉座，周围墓地上及墙边散布着与埋葬有关文物——石棺、祭坛、碑刻残片等。

2010 年 5 月 12 日

罗马

与重庆师范大学李禹阶副校长及孔令远君参观卡皮托博物馆。上次来时未及参观者。

从威尼斯广场下车，沿着宽大平缓之著名台阶（Cordonato），像我这样“不良于行”的老者也能轻易地爬上卡皮托山顶，到达卡皮托广场。这要感谢台阶设计者米开朗基罗，Cordonato 一词原意就是“无台阶的缓坡”之意。

广场正中立有哲学家皇帝马卡斯 · 奥里略斯（Marcus Aurelius,161–180）骑马雕像（原件在博物馆内展出）。正面为元老宫，年代较早，过去是今天仍然是罗马市政中心，罗马市长及市议会在此办公，不向公众开放。两旁分别是 Conservatori 宫及 Nuovo 宫（似可译为“旧宫”和“新宫”），下有地道相连。广场及这两座建筑也是米开朗基罗设计的，博物馆即在这两座建筑之内。

卡皮托博物馆是世界上最早之博物馆，其收藏可上溯到 1471 年。馆中展出发掘工作留下的剖面用来表现卡皮托山的历史，原来卡皮托山上有古罗马的神庙，今天所见文艺复兴时期的建筑，就盖在神庙基础之上，巨大石块排列整齐，可见原来神庙之雄伟。

我们重点看了一些著名文物，有公元前 6 世纪的青铜狼像，腹下有后来加上的两个小孩正在吃奶，代表罗马城奠基者罗慕洛及其孪生兄弟瑞摩斯，传说他们正是吃母狼之奶长大的；有“卡皮托的维纳斯”雕像，在世界各地收藏的维纳斯像中是保存最完好的；放在庭院中的有战神（Marforio）雕像，是传说中两个“会说话雕像”之一，它敢于“嘲讽教皇”。最动人的应是“垂死之高卢人”，它和国立罗马博物馆中“高卢人杀妻”一样，都是恺撒时期对帕加马王国希腊风格青铜像的复制品。我们从中仿佛可以看出作者通过表现战争之惨烈场面，表达对不屈战士的同情和尊重，对生命之惋惜。从这里你看不到作者对战败的异族的任何丑化，而是像对自己英雄和神一样尽力表现其身躯之健壮和力量。

博物馆中还有许多重要雕像，如哲学家苏格拉底、诗人荷马、科学家阿基米德和以恺撒为首多位罗马皇帝的将军的雕像，惜足力不济，未遑一一辨识。博物馆中名画展室，更无暇一顾。我对绘画远不如对雕塑那样感兴趣。

除古典及文艺复兴时期著名雕塑、绘画外，还陈列了其他文物。古罗马火葬盛放骨灰之具，亦作小型石棺状，上有精美浮雕。还有一间专门放置埃及的文物。

卡皮托博物馆展品中，多为历代教皇、贵族乃至古罗马宫廷之收藏品。如最早收藏便是教皇 Sixtus 捐给“罗马人民”一批青铜雕像。以后的教皇也把自己的收藏和各地新发掘出的艺术品陆续送来。故此馆收藏多为精品，仿佛是中国的故宫博物院。

我们在 Conservatori 宫四楼露天凉台上喝饮料，略事休息后，便下山在威尼斯宫附近看了一个似表现意大利历史之展览，说明文字为意大利文，无法了解。

2010 年 5 月 13 日

罗马

会议开幕。

这次会议是由意大利民族考古学学会组织的。该学会附属于国际知名的意大利非洲和东方研究所（Isiaos）。该所于 1995 年由意大利两个历史悠久的研究所——近东和东方研究所（成立于 1933 年）及非洲研究所（成立于 1906 年）合并而成，是一个国立的研究机构，积累了丰富的照片、档案和图书资料，出版过很多著作。著名藏学家杜齐（G.Tucci，1894–1984），就是意大利东方研究奠基人。他的多卷本著作中文版正由该所与上海古籍出版社陆续出版。

这次会议实际上是一次国际性会议，与会 80 名代表来自意大利、英、法、西班牙、俄罗斯、蒙古、阿根廷、土耳其、马其顿、埃塞俄比亚、塞尔维亚、保加利亚等十余国家。大会分为民族古老学与物质文化、环境民族考古学、游牧民族考古学、遥感、GIS 等技术在民族考古学中的应用等专题组，依次发言。中国代表仅三人，大会也为我们成立一个专题组，名为“民族考古学在中国”。

会议发言少用英文，大部分学者都说意大利文，听不懂便觉兴趣索然，遂去非洲和东方研究

在意大利民族考古国际会议上宣读论文

访问意大利非洲东方研究所

所图书馆拜访，赠以《萃编》两卷，中文部主任 F.D.Arelli 接待，双方进行交谈，约定今后交换资料，加强合作。

下午参观卡那卡那浴场遗址。此为 206—217 年间卡那卡那皇帝所建（最后是在他儿子手中完成），故名。它的建造共历十余年（其中一个 338×328 米的平台，就是 9000 人用三年时间才建成的）。它的规模较戴克里先浴场略小（占地 10 公顷），年代要早近百年。保存较好，上无近代建筑叠压，极便发掘。从教皇保罗三世 Farnese（1534—1549）起，就曾在此发掘获得很多雕像，后成为“Farnese 收藏”的一部分。

过去书刊谓此浴场可容 1600 人共浴，今据说明，场内共可容纳 6000 人，当根据新的发现得出的结论。有各种洗浴设施，冷水、热水均备，且有蒸汽浴，称为“干浴”。罗马人洗浴的过程一般是换衣（有专门的换衣房）—运动（球戏及摔跤等）—蒸汽浴—热水浴—冷水浴。当时浴场中不仅可供人们洗浴，还有花园、商店、图书馆（共有两个，一个已经发掘）、体育馆，实是兼有健身、休闲、娱乐和社交功能的场所。

浴场内摆放着雕像，卡那卡那浴场出土赫克利斯雕像较多，他为当时皇帝家族最喜爱的神话人物。墙壁和地面有马赛克拼出的美丽的图案和图画，据说明，曾发现描绘运动员及裁判的马赛克图画。马赛克残片在全浴场遗址到处可见。

当时有专为浴场卡那卡那浴场供水的水库，有专用的水槽把水引入。热水及供暖以木柴为燃料，储藏木柴的房间已经发现。

古罗马卡那卡那浴场遗址

罗马人妇女最早是不进公共

浴场的，她们在家中沐浴。不知从何时起，公共浴场也有妇女们光顾，以致哈德良皇帝于公元117—138年间发布法令，要求两性分开入浴。（关于男女分开洗浴的具体安排，讨论颇多。参见J.Carcopino，*Daily Life in Ancient Rome*，Apelican Book，1956，p.257—260——2010年6月30日补注）

归途在万神殿停留。李、孔两位入内参观，我上次已经看过，便在殿外广场喝啤酒休息。面对此古罗马时代保留至今的建筑，看着入口大门上“M．阿格利帕公元前27年建”（今日所见建筑实为100多年后哈德良皇帝所建）一行大字和世界上最早最大圆顶（据称它甚至比圣彼得大教堂圆顶略大），不禁又想老问题：中国东汉时期的古建筑，是否有什么能和它相比？

2010年5月14日

罗马

下午报告《傣族制陶的民族考古学研究》，已有多年未参加国际会议，效果还好。会后有二位学者（一位女士是会议组织者）前来致意，表示很感兴趣，可惜时间太短，希望今后再交流意见，并邀请参加晚上宴会，以已有约会而婉辞。

在Roberto Ciarla教授及其夫人Fiorella Rispoli教授家做客

Roberto Ciarla博士于5时准时来会场相见，10多年未见，相见甚欢。他邀请我们夫妇今晚去他家吃饭，遂回旅馆接云慧前往。途中遇有古迹，必详细讲解。今始知古罗马时城墙尚有多段矗立地面，罗马时桥梁仍有保存。今罗马城内，几乎到处都有古罗马之建筑遗存，有些现代建筑就盖在罗马建筑基地甚至墙壁之上。若天假我年，当再来此小住一两个月，找意大利朋友为向导，详细访查，才能真正了解罗马。

博士之家是一座town house，其夫人Dr.Florella Rispoli早已在家等候，见面始知原是旧识，她说早就认识我，她在民院招待所住过，还是我安排的。我素来眼拙记性差，已忘记此事。她也研究东南亚及中国南方考古，现在Isiaos做研究工作。他们膝下无子女，以做学问为唯一精神寄托。

夫妇俩都喜欢中国文化，室内布置及家具均是中国式的，以中国茶招待我们。但饭菜仍是意大利口味：沙拉、通心粉；最后主菜是生的熏肉（火腿？），片薄而味鲜。

席间谈天说地，尽兴而散。

Ciarla博士曾在罗马大学获得中文及近东考古两个学位，知识极为广博。我把多年来脑中所蓄问题提出来请教，都能得到比较合理的解答。可记者有下列诸事：

（一）罗马重要建筑之墙，多是红砖砌成，用一种掺以碎石的黏合剂，不是水泥，也极为坚牢，故墙常能至今不倒。但罗马时已有水泥，万神殿圆顶建造中即已使用。

（二）罗马考古工作成绩巨大，发掘工作一直进行，不断有新的发现。对大的宅院多能确定主人，现在尼禄、奥古斯都、西塞罗等人的住宅已能辨识出来。

对古代建筑及其文化遗存如何保护，何者可以就地保护，何者需要搬迁（如利维亚别墅因顶部已无，故其中壁画搬入罗马国家博物馆保护），已积累了一套经验。彼夫妇在西安工作四年，即向中国同行传授经验。

（三）马可波罗确有其人。威尼斯的马可波罗住宅遗址基础之上盖有 17 世纪之房屋（彼从电脑中搜出有关图片见示），确实不太好找，但原为马可波罗住宅所在，已可确认。

《马可波罗游记》也确有其书，其中可能有道听途说之处，但非伪作，已发现最古老的抄本距他生活时代只有 50—60 年。

（四）spagatti 泛指所有面条，pasta 仅指通心粉且使用意大利调料者。面条既非意大利人之发明，也非中国人之发明，应是中亚西非商人首先制成。因为在丝绸之路上从事转输贸易长期跋涉者主要是他们。旅途中要携带大量不会腐烂且易烹煮之食物，面条是最好的选择（按：小麦也是这一带人民首先种植并作为主要作物，似可为此说之佐证——2010 年 6 月 28 日补注）。

意大利特殊食物应是牛蹄，可做成一味佳肴。

（五）古拉丁语与意大利语不同，只是所用文字（字母）相同而已。西方学者懂拉丁文者甚多，而他们不能说意大利话；罗马尼亚人移民来意者，仅一个月就能学说意大利话，而他们完全不知拉丁文。

今日谈话内容极为丰富，未遑全记，可能还有记错之处，尚待他日研究查考。

2010 年 5 月 16 日

佛罗伦萨

昨日上午由罗马乘火车来此。火车将开时，上来两位姑娘及一位老太太，说我们坐错了车厢，在我们移动的混乱中摸我口袋，败露后落荒而逃，原来是一个小偷集团。

佛罗伦萨老桥

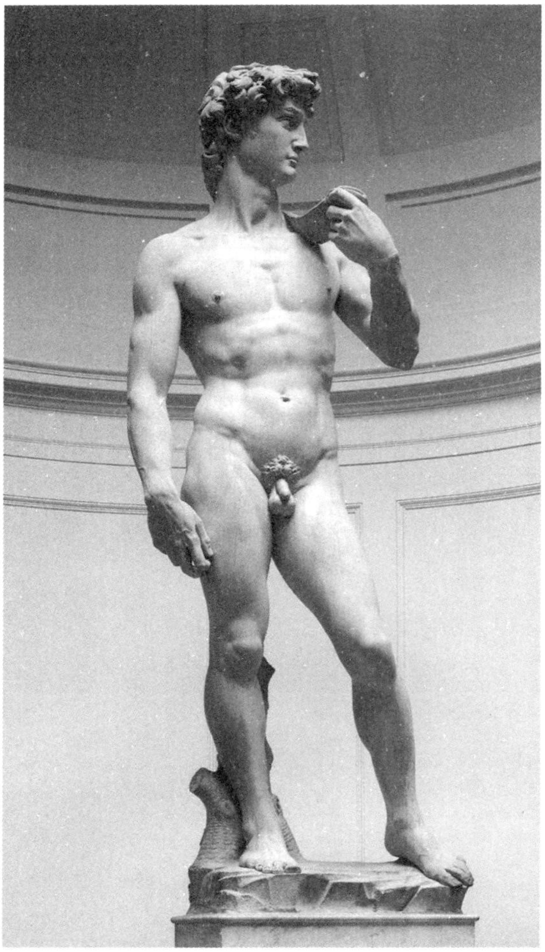

米开朗基罗"大卫"雕像（佛罗伦萨博物馆藏）

昨日除去火车站买飞机票外，在旅社休息、睡觉、看书，了解佛罗伦萨情况。

佛罗伦萨是意大利富饶的托斯卡纳地区之首府。原是罗马人定居点，12 世纪早期成为自由城邦，从 15 世纪起美弟奇家族统治佛罗伦萨达数百年之久，直至 1860 年并入意大利王国。在 1865–1871 年间，还曾一度作为全意大利的首都。有好几代美弟奇家族统治者重视文化艺术，兴建具有艺术品味的建筑，支持文化艺术的发展。这里生活过艺术大师有米开朗基罗、达·芬奇和诗人但丁，佛罗伦萨是全欧洲文艺复兴运动的发源地和中心。

全市今有人口三十余万，阿诺河（Arno）从东而西穿城而过，有桥梁数座连接两岸。我们住的波波尼旅社在河之南，就在波波尼公园之旁，因以为名。

市内基本保存几百年前的文艺复兴时期的面貌。尽是二三层或四五层楼房，未见一座摩天高楼。街道甚为狭窄，却少见堵车现象。街上行人十之八九为旅游者，闻一年四季如此，此地旅游业无旺季、淡季之分。

今与李、孔两位结伴出游。

此间值得一看之景点太多，只能择要参观，看了三处，已觉疲劳万分。

佛罗伦萨皮蒂宫前

乌菲齐（Uffici）宫：兴建于 16 世纪后期，原是全市行政中心（Uffici 者，即 Office 也）。它北接年代更早的韦奇奥宫，南与原属另一家族的皮蒂宫隔河相望。美弟奇家族统治佛罗伦萨期间，建地下通道把三处连接起来，以便往来。今宫内有著名的乌菲齐美术馆，是 17 世纪以美弟奇家族收藏为基础建立起来的。它是全世界最大的收藏意大利和佛罗伦萨艺术品的美术馆，以名画为主。达·芬奇、拉菲尔、米开朗基罗乃至其他国家的画家鲁本斯、伦勃朗等画作，均设有专室展出。对西方美术史有兴趣者，此为圣地，故为游人首选之地，每天馆前长队如龙，今天我们排队约一小时后才能购票入内。

学院美术馆：此馆规模较小，同样是游人拥挤。一件闻名于世的雕像，即米开朗基罗的“大卫”之原件即在此馆。此像高达三米，以整块大理石雕刻而成，确实雄伟，全身洁白，闻2004年曾进行科学的清洗。此次参观很多古罗马时期雕像也是色泽如新，或也经过同样的处理。

皮蒂（Petti）宫：距我们旅社甚近，波波尼公园原即为此宫之花园。此宫原属皮蒂家族，后归梅弟奇家族所有，几代统治者之官邸均设于此，故陈列中有瓷器、服饰、银器等，而且复原了统治者居住套房的原貌，卧室、起居室极为豪华。

2010年5月17日

佛罗伦萨

今乘敞篷旅游车继续参观市容。在河南岸米开朗基罗广场鸟瞰全市，市中心大教堂之圆顶清晰可见。

车行至图书馆时，据介绍，此间收藏有全市数百年档案，若把一个个档案排列起来，长达若干公里。1966年遭遇洪水，幸赖一批青年志愿者奋不顾身的抢救，这批珍贵资料始得保全。

红十字教堂内米开朗基罗墓

继参观圣红十字教堂。1294年始建，后曾扩建。其年代与市中心大教堂相近，而规模较小。它的出名因为这里有许多名人墓葬或纪念碑，如但丁、伽利略、米开朗基罗等。米开朗基罗的墓很有特点，支撑“神龛”的是三位女神的雕像，分别代表建筑、雕塑和绘画，以此说明这位大师在三个领域都取得非凡的成就。

佛罗伦萨红十字教堂

这里还有一个不可不知的典故，即教堂的建筑立面以彩色石材拼出图案和线条，极为华丽，以致法国著名作家司汤达仰望时，感到头晕目眩，几难举步。从此医学上多了一个病名，称为“司汤达症”。据云现在每年当地医生还要遇到十几个这样的病患者。

2010 年 5 月 18 日

佛罗伦萨

今日只去附近老桥一游。

老桥又称维奇奥桥，兴建于 14 世纪，桥上和威尼斯的里奥托桥一样，两边都建有店铺，以致过桥时仿佛走上另一条街道，并不知身在桥上。现在店铺出售银器和首饰，不敢问津，闲逛而已。

2010 年 5 月 19 日

比萨

晨乘出租车赴比萨机场。提前出发，为了看著名之斜塔。

斜塔始建于 1174 年，砌至三层即发现倾斜，至 1372 年始最后建成。已历 700 多年，至今未倒，故成为世界奇观之一。儿时小学教科书即提到此塔，不意今得见之。

据云斜塔每年倾斜一毫米，近来按一位英国工程师方案修整，已经停止继续倾斜，故于 2001 年向游人开放。

比萨斜塔

附近即比萨大教堂，斜塔原为教堂之钟楼。教堂始建于 1064 年，远早于托斯卡那地区其他教堂。塔及教堂基本属罗马式建筑，均以白色大理石建成，外施装饰，在今天初夏朝阳照射之下，极为壮丽。其前名“奇迹广场”，与威尼斯圣马可广场齐名。今见广场上游人如织。

比萨原为罗马海军基地及港口，公元 9–13 世纪与热那亚、威尼斯等一样，曾是一个共和国，极为繁荣。后来逐渐衰落，于 1406 年并入佛罗伦萨。1473 年梅弟奇家族把 1321 年建立之佛罗伦萨大学迁来。这个大学在历史上颇负盛名，伽利略曾在此读书和任教，现改名为比萨大学。

今天比萨是一座大学城。比萨有 8 万多人口，比萨大学学生即有 5 万名。

我们的车子从市内绕一圈而出，见这里房屋均为二三层罗马式（或称比萨—罗马式）建筑，极为整齐，街道清洁、安静。我有幸已在德国的海德堡、荷兰的莱顿、瑞典的隆德等著名的大学城小住或居留，深受熏陶，在人格上学养上获益良多，终身难忘。我真想在这里也住上几天！

准时到达机场。只怪自己在佛罗伦萨购票时说了一句“请找便宜机票”，售票小姐便从以廉价著名之瑞安航空公司（Ryanair）订得两张票，确实便宜，每票不足欧元百元。但要从比萨起飞，不仅如此，登机时只准手提 10 公斤内行李一件，托运每件要另付欧元 40 元，可谓得不偿失。

机票廉价，飞机却是崭新之空客，且服务极好。上机后才请空姐联系机场，要求轮椅服务，竟得如愿，很快办好入境手续。

土耳其

（2000 年 7 月）

2000 年 7 月 3 日

阿拉尼亚

参加旅游团来土耳其度假。昨抵安塔尼亚（Antalya）机场已是午夜，过海关时工作人员反复审视护照，口中念念有词：Chin,Chin（此间对中国人之称呼），似不知如何处理，经请示另一人员方盖章放行。大概此间虽有华人，由北欧飞来者尚不多见。

阿拉尼亚（Alanya）在安塔尼亚机场之东约有两小时路程，比至已是清晨。旅馆果然按事先约定安排一个供家庭度假之套间，有厨具冰箱，可以自炊。

此地位于土耳其南部地中海岸。传说罗马统治者安东尼曾买下此地送给埃及艳后克里奥帕特拉（Cleopatra），他俩在这一带海岸度过其浪漫岁月，沙滩是从尼罗河运来细沙铺设而成，且有专为她建立浴室云。

今日下海，海滩沙子果然细软，当然已非安东尼运来，而是今土耳其人对此新兴旅游城市苦心经营之结果，沿途可见铺设沙滩及盖造房屋之工程正在进行。

此间海水清彻见底，作深蓝色，被称为“宝石蓝的海水”，地中海沿岸这样的海滨为数不多。

来此旅游者德国人居多，次为北欧人。今在海边还见两位波兰姑娘及几个俄罗斯人，想近年东欧国家也大非昔比，人民有钱出外旅游。

晚去市中心，见一中国餐馆，称为“李小龙餐厅”，坐下用餐兼了解当地情况，订好出游计划，请老板找来一位土耳其出租汽车司机讲好价钱。老板为汉族，太太是维族，已入土耳其籍，据称此间仅有两家中国餐馆，生意不错，当地人极易相处云。

阿拉尼亚中世纪城堡

2000 年 7 月 4 日

阿拉尼亚

乘出租车去城堡参观。公元之前此地区为海盗所据（尚留遗址），后为罗马人占领。13 世纪由塞尔柱土耳其人苏丹统治，是为阿拉尼亚繁荣时期。1471 年成为奥斯曼土耳其帝国的一部分。此城堡即为古代阿拉尼亚之中心，位于山顶，或谓像直布罗陀。内原有一座拜占庭教堂，有宫室，有市场，有供贸易者住处，仅余遗址。城墙下有地道相连。最高点是临海的突出岩石，为处死犯人之处。当时规定，犯人如能远掷石块入海，可以免死，如不能及，则自己被抛下岩石。我伸头一看，海边距岩之地至少有两公里，故押来此处接受“测试”的犯人必死无疑。从城堡下山便是老城区，内有清真寺等，有城墙与堡垒相连接。堡垒中有人出售古老工艺品——葫芦上施以彩绘的玩偶，据云是当地特殊工艺品，购一个以为纪念。

安塔尼亚 14 世纪清真寺尖塔

2000 年 7 月 5 日

安塔尼亚、佩尔吉、阿斯彭德斯

清晨即起乘出租车去安塔尼亚，城在机场之西。

安塔尼亚为土耳其南部旅游中心，称为土耳其的火奴鲁鲁。公元前 12 世纪为希腊人殖民地，后并入罗马。1207 年为塞尔柱土耳其人占领，后归奥斯曼土耳其帝国。一战中土耳其战败，此地一度为意大利人所有。

安塔尼亚最古老建筑是纪念罗马皇帝哈德良来访而建的“哈德良门”；而作为城市标志建筑则是塞尔柱土耳其人建造的清真寺宣礼塔，身有凹槽，尖顶，寺毁而塔尚存。天气太热，未及细观，便匆忙进入开放冷气的博物馆。

参观安塔尼亚博物馆原是来此主要目的。附近希腊罗马殖民城市遗址出土之物收藏于此，美丽的雅典娜和阿芙诺忒特（维纳斯）的 雕像，罗马皇帝哈德良及其妻子的雕像，以及一件上有浮雕的石棺，是其中的精品。这里陈列的雕像似比希腊罗马本土所见高大，不知是否算是此间艺术特点。这里还陈列有史前遗物、中世纪基督教文物和土耳其文化遗物。匆匆吃一顿土

罗马时期雕像（安塔尼亚博物馆藏）

佩尔吉城址出土公元 2 世纪赫拉克勒斯英雄故事浮雕石棺（安塔尼亚博物馆藏）

佩尔吉城〝希腊门〞

耳其风味的快餐，便参观附近希腊罗马殖民城市遗址。

佩尔吉（Perge）遗址位于阿拉尼亚—安塔尼亚公路之北，传说奠基于特洛伊战争之后不久，一度为波斯人所据，公元前 330 年为亚历山大所征服，公元前 130 年属罗马。佩尔吉的阿特米斯神为很多城市所崇拜，她以一个女猎人的形象出现在铸币上。公元 4—6 世纪此城是拜占庭在这一带传播基督教之中心，以后随着这一地区基督教文明的没落而逐渐衰落。

进入城市之前便有一个巨大的剧场映入眼帘。这是公元 2 世纪的建筑，半圆形看台面对戏台，看台分上下两段，共有 42 排 13000 多座位。舞台有 52 米长，墙上的大理石浮雕描绘众神的形象，突出表现道尼苏斯神。这位美酒之神又是戏剧之神，戏台上当然少不了他。戏台之下相当于今天的“乐池”部分，是奴隶相互角斗和与兽相斗之处，为防奴隶、野兽逃逸，四周竖有石柱栏板。

与此相邻的一座马蹄形建筑是当时的竞赛场，也是公元 2 世纪之物，据说是地中海东部同类建筑中保存最好的一座，大小为 234 × 34 米，由 70 个拱门支撑的看台上设有 12000 个座位。拱门之内则为商店，其中保存的题刻记录下店主的姓名和经售的货物。

进入城内首先见到的城门是罗马时代修建的，北行数十步才是公元前 3 世纪建的最早城门——“希腊门”。门两侧各有一座圆形尖顶的碉堡，大部分保存至今。

城内有一个 65 米见方中心庭院，四周排列有马赛克地面的市场，有泉水池，还有不止一处的浴室（地面铺有五颜六色的马赛克）和健身场，后两者建造在一起。人们从事摔跤和其他运动以后，便进入浴室。先用冷水净身，再洗热水浴，最后又用冷水冲凉。古典时期这里不仅是运动场所，还是人们交际之处，浴室旁备有长凳供人们坐下休憩和交谈。城内原来还有殿堂之类建筑及神庙，罗马元老西塞罗曾指责一位罗马贵族从佩尔吉城神庙中盗取装饰神像的黄金。所

佩尔吉城街道两旁柱廊遗存

阿斯彭德斯城公元 2 世纪大剧场全景

阿斯彭德斯城公元 2 世纪饮水槽

有建筑今已无存，但有遗迹可寻。

佩尔吉城中令人感兴趣的乃是从“希腊门”直通北端卫城的大街，街两旁排列着巨大的石柱，至今矗立。四根柱子上端刻阿波罗等神像的浮雕。此为原来柱廊之遗存，柱廊之后是成排的商店。街道两边设有柱廊，在小亚细亚希腊罗马城市遗址中常见，便于行人冬天以避暴雨，夏天可遮烈日。大街之中还有一道宽 20 米的水渠，从城北引来的水流过全城，供人使用，也可使空气凉爽。

据介绍，此遗址中出土上百件雕像，今天在安塔尼亚博物馆所见雕像以佩尔吉出土最多最好。

车复前行约半小时，便抵阿斯彭德斯（Aspendos）城遗址。此城相传也为特洛伊战争之后建成。它和这一带其他城市一样，希腊殖民者之后一度为波斯人、亚历山大大帝所统治。当时此城政治地位不如佩尔吉重要，

阿斯彭德斯城公元 2 世纪石桥

但它却是最早以本城名称铸造钱币的城市（始于公元前 5 —前 4 世纪）。公元前 133 年由罗马人控制后，取得很好的发展。今天可见的建筑遗存多属罗马。

此城值得骄傲的建筑是建造于罗马皇帝马卡斯·奥里略斯（Marcus Aurelius，公元 161 — 180 年）时的剧场，它与上述佩尔吉剧场的年代相若，却保存完好，是保留至今希腊罗马剧场中较为完整者，至今还可使用。前几年安塔尼亚市曾在此主办电影艺术节，今天见剧场入门处张贴近日要在此演出的广告。

剧场形制构造、大小略同于佩尔吉剧场，看台直径为 95 米，也分上下两段，但上层建有 59 个拱门组成的围墙，据分析是为了使看台上部更加牢固。戏台上共有五门，供演员上场和下场，而其下还有一排小门通往与“乐池”相连的暗廊，斗兽时野兽便从这里跑出。戏台门上及两旁有神龛，原供众神之像（今均不存），让神和人一起欣赏表演。戏剧、歌剧及一切表演最初原是为了娱神。

看台上原有 41 排，10000 个到 12000 个座位（最近举行电影艺术节时竟容纳了 20000 人）。座位按社会等级分配。位于两边入口之上方是一排私人包厢，专为王室成员及圣洁的修女使用。第一排属于元老、法官和大使们。第二排坐着城市中其他显要。其他座位对全体公民开放，不过妇女习惯上坐在最上一排。各排之间和今天剧场或体育场一样有辐射性通道使观众很容易到达自己的座位。

入场要买门票。票是金属、象牙、骨头制成的，也有粘土烘成的，一面刻着图画，一面刻有座位号，看来当时已和现代剧院一样有对号入座的方法。考古学家从上段各排座位上发现了题字，记录人的姓名，说明当时也有为自己保留座位的习惯。

此剧场最大成就是奇迹般的音响效果，戏台上轻微声音可达最高一排。一个自古相传的故事说：国王允诺谁对城市作出贡献最大就把女儿嫁给他，竞争结果剩下两个候选人，一个曾把水从远处引入城内，一个便是这剧场的建筑师。正当国王准备把前一位选作自己女婿时，一个声音提醒他：“请看一看这个剧场”，并一遍一遍重复说：“公主应该嫁给我”。当时正站在剧场最高一排国王不见周围有人，殊为惊异，最后才发现是那位建筑师站在戏台上用平静的声音对自己说话。故事的结局是建筑师娶了公主，而且就在剧场中举行了婚礼。

故事或是虚构，但近两千年前建的剧场至今确还保持很好的音响效果，故今天人们仍在此表演歌剧或举办音乐会。据介绍，那位建筑师也实有其人。他是本城人士，名叫 Zeno。由于他的功绩，曾奖励他位于城内一座花园，记录此事的题铭已保存下来。在戏台两边题铭中又留下一对兄弟的姓名，是他们经办了这座剧场建设工程，“把它献给神和国王的家庭”。

此城像希腊罗马其他城市一样，还有竞赛场、殿堂、市场、浴室、健身房、泉水池、会议大厅等建筑遗址。由于烈日当空，天气太热，云慧连呼头晕，不及一一往观。值得一记的这里确有一道引水入城的高架水槽，不知是否为上述故事中那位婚姻竞争中失败者的杰作？其遗迹远远可见。据介绍当时还有高 3 米的水塔，可供应全城用水。不意公元 2 世纪中期即有这样先进的引水系统！

归途闭目养神而不禁浮想联翩，迄已看过的希腊、罗马城址为数不少，若与时代相同或相近中国古代城市作一比较，彼此究有哪些差异？建筑材料之优劣（中国多用夯土而西方重要建筑多用石材，罗马时已用类似混凝土之黏合剂，等等），显而易见，前人已经觉察。此外还有一点值得深入研究。那就是中国城市内宫室和宗庙建筑占去主要空间，希腊罗马城内虽然也有殿堂神庙之类，健身、娱乐建筑却占重要位置，而且这些建筑是对公众开放的。今天所见两个城址的剧场各有一万多个座位，当然不是仅为王室及贵族而建；即浴池（佩尔吉一个浴池大小为 13×20 米）也是公用。（据研究，罗马最早多私人浴室，公元前 2 世纪起出现公用浴室。入浴只花很少的钱，孩子免费。贵族和平民可以一起入浴，著名例证是罗马皇帝哈德良和士兵同浴，还劝他们相互搓背。参见 J.Copion，*Daily Life in Ancient Rome*，Penguin Books，1956，pp.253—262。——2002 年 1 月补注）这方面的差异当然源于社会制度之不同。中国古代王权发达，一切事情首先考虑满足最高统治者及其家庭的需要。至于剧场座位按社会等级分配，在公共场所中权要们总要占据最好的位置，即是今天也不能免。

途中进入路边一所土耳其住宅，稍事休息，得以略窥今天土耳其人民生活情况。主人是出租车司机的亲戚，似原为农民而改从其他职业者，其情况颇像中国近年来城郊及公路边较富裕之农户。他们有一座颇为宽敞住宅，室内家具则较简陋，仅有电视，以电扇驱热而无空调，却有一个极高之冰箱。女主人从中取出自制的冰凉饮料，供我们解暑消渴。

2000 年 7 月 6 日

阿拉尼亚

晨步行去看“红塔”，乃八角形堡垒（高 33 米，五层），1225 年所建，今已成为本城标志，内展览游牧民族 Yorük（意为“行走”）人文物。其下即为著名船坞，塞尔柱土耳其人曾在此制造自己的战舰，后又为奥斯曼土耳其帝国海军服务。这个已有七百多年历史长约 150 米之船坞至今仍可用来建造小船。

阿拉尼亚冰淇淋颇负盛名。按旅游书指引，我们走进那家有名的冰淇淋店，墙上果然挂满曾光顾本店的名人相片，其主要特点是侍者表演如何把一大块冰淇淋原料做成一杯可以食用之物，动作颇似舞蹈。

连日在烈日之下旅游，皮肤灼痛，疲乏不堪。今天整个下午泡在旅馆游泳池中，傍晚才去海边一家像样的餐馆，在树荫下吃一顿在土耳其“最后的晚餐”。

土耳其在 1923 年凯末尔执政后便逐渐西化，采用西历和拉丁文字母，大概还是回教国家中最早解放妇女者。今在街头、海滨已看不见一个妇女头蒙戴面纱，姑娘们多著牛仔裤和 T 恤衫。

在土耳其旅游，除城市交通稍乱外，一切与在西欧国家无异。治安良好，食物价廉而质优，不会有买假货之虞。有用樱桃榨出的纯果汁，味极佳，在欧美均未见之，可见樱桃生产之多。

阿拉尼亚“红塔”及船坞

奇怪的是通货膨胀达到惊人的地步，里拉（TL）天天贬值，我们颇后悔初到时换钱太多。进博物馆一张门票5000000里拉，一瓶矿泉水是500000里拉，商店为嫌麻烦，标价往往略去后三位数字，对外国人来说时常引起混乱。

当地人最喜欢的外币是德国马克，盖德人来此旅游较多之故也（阿拉尼亚有“小德意志”之称）。付出租车司机美金,他看了半天始肯接受。

古代小亚细亚特别是土耳其西南沿海地区居民原从希腊来，人种上、语言上、文化上与希腊本土原无不同，可说就是希腊世界的一部分。特洛伊战争就发生在今天的查纳卡尔(Canakkale)，遗址尚存；荷马本人诞生于今伊兹密尔（Izmir）（这是土耳其人的说法，按荷马诞生地共有七种不同的说法——2002年1月补注）；而希罗多德出生于今哈利卡纳苏斯（Halicarnassus)。罗马人自公元前2世纪就统治这片地区，君士坦丁堡即今伊斯坦布尔后成为东罗马帝国的政治中心。以上事实人所共知，但这次来此才知土耳其还有不少希腊罗马殖民城市遗址完好保存下来。仅阿拉尼亚和安塔尼亚之间就有十余处，由于时间紧迫，只去了两处。巨大的石柱，伟丽的雕像，显示其文化发展程度较之希腊罗马本土毫无逊色。研究希腊罗马史者不可不来一看！

西欧巡礼

英国

（1984 年 8 月—9 月，1986 年 9 月）

（一）

1984 年 8 月 31 日

伦敦

晨飞抵希思罗机场，第一次踏上欧洲土地。自行进城，住入伦敦经济和政治学院（LSE）宿舍（位于 Rosebery Ave 90），一切顺利。

下午，金斯利（Stephen A. Kingsley）夫妇来会，驾车导游伦敦市区。走过报馆及出版社集中的舰队街，有著名的英格兰银行和最早的证券交易所的针线街，有海军大将纳尔逊纪念柱及青铜狮子的特拉法尔加广场，有六个喷泉及性爱之神厄洛斯（Eros）像的皮卡德利广场，以及唐人街所在的索荷（Soho）区。他们还指点大英博物馆、皇室居住之白金汉宫、国家机关所在之白厅、大本钟、伦敦塔等等，各在何处，如何到达，今后几天可自去参观。

泰晤士河畔

自幼就从福尔摩斯侦探故事中知道伦敦“苏格兰场”，一直纳闷为何一个警察局有此名称。今天始知它是原伦敦警察总局所在地（白厅附近）的地名，后警察总局搬入新址，为了“尊重传统”仍称“新苏格兰场”。

谈起福尔摩斯，据说今日真有一座位于“贝克街221B号”的“福尔摩斯住宅”，供人参观。每天从全世界发来数十封信件请求“福尔摩斯先生”解决疑难案件。

晚金斯利夫妇请在一家西餐馆用餐。金斯利先生任推销之职。此行经大卫介绍，代为安排一切，事先预订价廉而交通方便之住所，殊可感也。

1984年9月1日

伦敦

整日参观大英博物馆，这是从学生时代起心向往之的地方。

博物馆1759年正式开放。最早收藏为斯隆爵士（Sir Hans Sloane）所捐赠，后又不断收到捐赠而扩展。原来藏品包括历史文物、民族文物、化石、标本各方面。1980年将标本、化石部分分出，成立自然史博物馆；1970年民族文物分出，成立人类博物馆；1973年图书部分出，与其他图书馆合并而成立新的大英图书馆。

大英博物馆前

现在的大英博物馆仍是世界三大博物馆之一，藏品有数百万件之多。其收藏并不限于艺术品，具有历史价值的石器、陶器及古文字材料都在其搜集范围之内。它是一个研究机构，而不仅为满足一般观众好奇心。1753年关于建立博物馆的法令中对此已作明确规定。

看这样博物馆一天时间远远不够，只能择自己感兴趣者走马观花。

埃及部分：展品中最为知名的当然是“罗塞他石”，乃公元前196年用埃及象形文字、俗体文字及希腊文三种文字写成的对托勒密五世的颂词。1799年法人发现，1802年归英所有。正赖此石，学者们得以成功释读埃及象形文字。

埃及雕像设有专室。一件公元前1370年的“玻璃鱼”，中心部分是“兰玻璃”，外加彩色线条装饰。是否早在三千多年前人们已知制作彩色玻璃?

西亚部分：这里有古巴比伦乌尔城出土物，该遗址乃宾夕法尼亚大学博物馆与大英博物馆共同发掘。

希腊罗马部分：最为丰富，共有20几个展室（其他每部分只有几个展室）。这里有克里特和迈锡尼的出土物，有雅典帕特浓神庙雕像和浮雕，有被称为世界七大奇迹之一的小亚细亚哈利卡纳苏斯国王摩索拉斯墓（前353年）中雕饰和墓顶上高达3米的大理石马。罗马雕塑品设有专室（84号室），罗马雕塑艺术继承了希腊优良传统，颇多精品。

罗马时期蓝地白色玻璃瓶——"波特兰瓶"(大英博物馆藏)

公元前1370年埃及玻璃鱼(大英博物馆藏)

伦敦罗马时期城墙

雅典帕特浓神庙表现马拉松之战的浮雕——"额尔金大理石"之一部分(大英博物馆藏)

相比之下，中国文物数量不多，陈列于“远东文物”部分。一件极大的长方形有孔石刀，上涂彩色，表明这类器物的仪式用途。一件青铜制的门轴，为国内少见之品，被定为西周物。几件西藏欢喜佛，亦颇精美。前人记载中国画中珍品《女史箴图》即存大英博物馆，未得一见。

已属大英图书馆的珍本秘籍仍保留原处，供人参观。其中有698年写绘的福音书，1215年书写的国王特许状，1453年印刷的《哥腾堡(Gutenberg)圣经》以及1623年出版的莎士比亚最早合集。中国图书最早者有斯坦因取走的597年写本《华严经》及868年印刷的《金刚般若波罗蜜经》。研究中外印刷术早期历史的重要资料会集于此。

归途观看罗马时代的城墙及伦敦大火纪念碑，后者纪念1666年9月2日伦敦发生大火事。

1984年9月2日

伦敦

晨去海德公园。原为亨利八世狩猎地，1536年建为皇家公园，占地340英亩。此园之著名在于有一公众自由演讲处，称“演说者角”(Speaker Corner)，位于园中“大理石拱门”附近。

所谓公众演讲，并非每日都有，若无重大事件发生，仅星期日上午可见。今日见演说者5人，均为男性老人。一人谈世界和平问题，有朋友举标语牌为之捧场。一人自称是“社会党”（？），似乎讲房屋问题，听众二人正与之辩论。一人讲宗教问题，不知为何又谈到“如何获得一个好的婚姻”。一人手举标语牌，上书 The End is At Hand（“世界末日即将来临”），无一听众，他似在等待，尚未开讲。另见一人举标语牌，上书 The Time is Short（“时间已经不多”），不知何指。演说者站在自带坐具之上；听众冷言冷语反驳嘲笑，或走动或坐地，多不待演说结束而去。

海德公园“演说者角”

1957 年“大鸣大放”时北大学生在大饭厅前自由发表演说，后遭批判曰“要在中国建立海德公园，颠覆政权”，多年来印象深刻而不知海德公园究为何物，故今好奇来观，记其真实情况如上。如今日所见，讲者尽管放言高论，听者自能辨清是非曲直，而且言论自由并不等于有从事违法活动之自由，海德公园之存在于英国政权固无危害可言也。

下午参观人类博物馆，即大英博物馆原民族文物部分。馆在靠近皮卡德利广场的伯林顿花园，所藏非洲、亚洲、南北美、澳大利亚及太平洋诸岛后进民族文物极为丰富，展出只是一小部分。亚洲地区展出尼泊尔纺织品；太平洋波利尼西亚地区以夏威夷人为代表，展示其传统文化和生活方式；美拉尼西亚地区展出特罗布里安岛民文物，以纪念 B. 马凌诺斯基对人类学的贡献，这一部分展览就以其著作命名称为“西太平洋的航海者”。

这个博物馆藏品有最早殖民者或探险者所收集者，其中包括发现澳洲的库克（James Cook）船长及最早考察美洲西北岸温哥华（George Vancouver）船长的收集品，其价值之高非其他人类学博物馆所可比拟。

伦敦塔前身穿都铎王朝服装的卫士

1984 年 9 月 3 日

伦敦

去旅行社安排机票。另购一票赴德，原票改为半年后由伦敦赴香港之用，如此可省费用不少。旅行社小姐态度极好，多方查询，始找到此一最佳方案。不厌其烦为旅客省钱，如此之人，国内民航岂可遇哉？

办完正事，轻松愉快，街上闲逛。伦敦虽大，交

伦敦唐人街

通极为方便。靠左行驶双层红色公共汽车及世界上最早建成之地铁易于搭乘，购得旅游手册及地图后，按图索骥，要去之景点可以顺利到达。

再去大英博物馆，补拍照片。又看钟表室陈列，从早期利用重力或滚球驱动的计时装置，直到精巧复杂以人物动物表演报时的艺术化钟具（最早见于16世纪），据云共达3000件之多。北京故宫钟表馆难以相比。

伦敦现有700万人口。二战时遭受轰炸破坏严重，40年后的今日已不见断垣残壁，凡有历史意义建筑悉按原样修复。市内公园和广场花园有数百座之多，城市空气清新宜人。

过去听说泰晤士河污染严重，这几天常在泰晤士河边行走，不见河水如何混浊。事在人为，当人们觉察到环境保护之重要性，已破坏环境仍可挽救。

回转寓所略事休息，又到伦敦经济和政治学院校区漫步。此校人类学系在人类学史上占有重要地位。自马凌诺斯基开始，一些著名人类学家曾在此受教或任教。仅就记忆就及，就有李奇（E. Leach）、伊文思·普里查德（E. Evans-Pritchard）及弗斯（R. Firth）等。中国的费孝通、田汝康在此获人类学博士学位。问正在散步一位老者，是否有一个关于马凌诺斯基生平陈列或纪念标志？答曰：没有，将来或许建立一个。

1984年9月4日

伦敦

参加伦敦一日游，参观前尚未及去之景点，可省时间及足力也。

泰特美术馆（Tate Gallery）以糖业大王泰特（Henry Tate）所藏当代艺术品为基础，经过不断扩展而成，1897年开馆。原以收藏英国人之作品为限，后扩大范围。现馆中藏品分为两大部分，一是从文艺复兴到1880年之英国名画。二是1880年后英国和欧洲各国艺术作品。有名画，也有现代派雕塑。一件用很多刮胡子涂肥皂的毛刷凝在有机玻璃中之人体状物，尤为怪诞。但人们还是欣赏具有长久美学价值之作品。罗丹（A. Rodin）的“吻”继承了希腊罗马雕塑之优良传统，男女身体的肌肉线条表现逼真，驻足欣赏的观众最多。

伦敦塔自1078年始建后不断扩大。原为城堡，后改监狱。今塔内有武器展览及王冠珍宝展。门前卫士着都铎王朝时装束，游客可与合影。其中有“血塔”和“叛逆门”，从名称即可想见本塔历史上的刀光剑影。旁边有横跨泰晤士河之桥，即称塔桥。

威斯敏斯脱教堂即旧译为“西敏寺”者，为1065年“忏悔者”爱德华所建皇家教堂，经历代重修形成今天规模。此教堂在英国历史上具有重要地位。从“忏悔者”爱德华开始，爱德华五世和八世外，历代英王均在此行加冕礼。加冕者坐的椅子已经陈旧，油漆脱落，确是王室祖

威斯敏斯特大教堂中的加冕椅

威斯敏斯特大教堂〝诗人角〞（右为莎士比亚像）

狄更斯笔下的〝老古玩店〞

先留下之物。椅下有一块石头，即“加冕石”。此教堂还是英皇、皇后及王子们葬身之所。这些皇室贵胄们墓上神龛，金碧辉煌。但观众感兴趣的却是“诗人角”。从写《坎伯雷特的故事》的乔叟开始，这里有莎士比亚、狄更斯、雪莱、朗费罗、布朗宁、哈代等著名作家、诗人的墓或纪念碑。惟拜伦情况特殊。他死于 1824 年，生前曾与同父异母姐姐有暧昧关系（他正因有负罪感，长期去国居住异邦），遭人非议不能列名于此神圣殿堂。直至 1969 年英国诗歌协会才决议原宥他的越轨行为，在此为他树立一个纪念碑。狄更斯出身贫苦，作品多对下层人民表示同情，最受英人爱戴，每逢逝世之日都放花圈，100 多年来未曾间断。教堂之内有几个小教堂（chapel），以著名君主或圣者命名。但主殿之后还有一个“皇家空军小教堂”，1947 年所建，纪念二战中牺牲的飞行员们。永受后人怀念的不仅有政治和文化精英，也包括为国捐躯无名英雄。理应如此！

圣保罗天主教堂建筑为伦敦大火以后的 1675—1710 年建成，建筑本身及堂内装饰多出名家之手。如威斯敏斯脱大教堂中有“皇家空军小教堂”一样，此教堂祭坛之后也设一个小教堂，纪念二战中驻英美军中 28000 个牺牲者，1951 年艾森豪威尔将军曾来此祭奠。这个教堂特点是从入口到达祭坛距离较长，导游便开玩笑说：“这也许为了举行婚礼的一对前往宣誓中途反悔还能来得及”。引起游伴们大笑。

一日游最后一站是一家古老的古玩店，据说即狄更斯《老古玩店》所描述者。此店建筑陈旧，地板倾斜，确已历有年所。

今日同游者多为一对对夫妇或情侣，单身如我者仅有一位日本工程师，为某大公司派遣来欧工作者，英语不好却已去过很多国家。我俩结伴同行，尚不寂寞。

1984 年 9 月 5 日

伦敦

今将书籍资料分寄德国及中国。若行李超重，运费必远超邮费。

整日无事市内闲逛。在詹姆斯公园看水禽，在特拉法尔加广场喂鸽子（这里的鸽子闻名全世），在白金汉宫外看换卫。卫士有骑马及步行两种，闻其服装及动作自古至今未有改变。最后抵著名的唐宁街，有一道栏杆阻挡游人进入。作为首相官邸的10号，门其狭小，一幢极普通的三层楼房而已。对一个看惯衙门愈大排场愈大的中国人来说，这样的“总理衙门”未免过于“寒伧”。

在公园、广场小憩时不免与伦敦人闲谈。来前朋友告诫说英人与美人如何不同，英人拘谨、矜持，不苟言笑，讲求礼节，服装如何“正规”等等。来此几天不觉英人有何特殊之处，乐于谈话。年轻人牛仔裤夹克衫，与美国青年无异。仅老年男人确是讲究着装，即使街头散步，亦必西装领带，手持长柄雨伞代杖，大概即所谓“英国绅士派头”。我却携折叠伞一把，时遭路人注目，大概此伞与主人年龄已不协调。

晚去Drury Lane剧院看戏。此剧院1663年始建，历经四次重建。原为皇家剧院，历史上在此演出多为著名演员。今晚在此古老剧院，却上演从美国来的最现代化歌舞剧——“42街”。

1984年9月7日

剑桥

昨来访问剑桥大学。在利物浦车站遇一位老太太携孙儿亦赴剑桥，遂结伴同行。男孩12岁，有志将来就读剑桥大学，此行使他先来“亲自体验”云。车到剑桥站，剑桥大学斯塔格特（Janice Stargardt）教授派其子来接，谓她近日正在意大利（瑞士？）山间度假，殊为抱歉云。斯塔格特教授为东南亚古代文明研究项目负责人。今年5月间在澳大利亚堪培拉开会时相识。

剑桥大学校园

剑桥大学历史可上溯到13世纪末，较牛津晚。由十余学院组成，与美大学不同，这里同一学院的学生食宿必在一起而可能学习不同专业。我们看了最早成立之之彼得豪斯学院（Peterhouse College）后便来到有名之“三一学院”（Trinity College），牛顿、拜伦以及22个诺贝尔奖金得主都是这里的毕业生。人类学方面则有撰写巨著《金枝》的佛累则（J.Frazer）。《金枝》最早版本放于该院历史陈列之中。师生何处用餐，何处住宿，均有说明。院中一个喷泉则是饮水之处。

学院中还有专收研究生者，如达尔文学院（Darwin College）。它拥有的建筑中有一处曾为达尔文家族所居因而得名，达尔文本人乃是基督学院（Christ College）毕业生。

最后参观人类学和考古学博物馆。A.C.海顿探险所获文物藏于此，包括猎头民族留下之成串头骨。

夜宿国王学院（King’s College），此院为皇家建立，历史亦甚悠久，著名之经济学家凯恩斯（J.M. Keynes）即为本院校友。晚上去一家小酒店（pub）小坐，乃一座传统风格之四合院

剑桥大学三一学院图书馆

A.C. 海顿搜集的猎头民族文物（剑桥大学考古学和人类学博物馆藏）

式建筑，据云莎士比亚时代演剧便在这类小酒店庭院之中。

（二）

1986 年 9 月 1 日

南安普敦

由北京起飞，在阿联酋萨迦机场略事停留，昨午后飞抵伦敦盖特威克机场，旋乘会议专车来此，住入南安普敦大学宿舍“张伯伦大楼”。忆 1984 年由美抵英正是 8 月 31 日，不觉已整两年矣。

此行乃为参加世界考古大会第一次大会。中国代表有林耀华、邹衡、安志敏及古脊椎动物古人类研究所吴汝康等数人。林先生已 78 岁高龄，来前我已对其女儿女婿立下“军令状”，一路负责照顾，保证安全回到北京。途中他老人家身体精神均佳，惟不愿说话，一切由我代劳。但偶尔说上几句英语，却是非常地道，毕竟年轻时受过正规训练，非我等所能及。

已会见大会组织者南安普顿大学教授乌克（Peter Ucko）及剑桥大学著名民族考古学家霍德（Inn Hodder）。寒暄之后他们都提到在澳大利亚发表关于崖画的论文。看来，要想工作得到国际承认，成果非用英文发表不可。

我属于“考古解释中的多元文化和民族关系”小组。昨晚应邀去一家酒吧与小组负责人申南（Stephen J. Shennan）会面，谈小组会如何进行。

今下午在小组宣读《云南青铜器图像中所见族群》论文并放幻灯，提问题者踊跃。事完如释重负。据大会安排，每日都有出外参观团，自愿报名参加，收费甚低。以后数日可满足游兴矣。

1986 年 9 月 2 日

南安普敦

今去怀特岛，乘船始达。岛上中心最高处为卡里斯布鲁克堡垒（Carisbrooke Castle），11

世纪萨克逊人为防御北欧维京人（Vikings）始建，后诺曼人续加修建，12—13 世纪时建筑大部分已完成。此堡对英国海上防务具有重要作用。17 世纪时英王查尔斯一世曾被囚禁于此（这段历史全不熟悉），他一度想跳窗逃跑，不料被窗卡住，现在此窗也成参观点。此堡孤悬山顶，若被敌人四边围困，饮水是件大事。堡垒中有一井屋，井深达 49 米，用驴拉轮提水。这套设施可上溯到 1587 年。

南安普顿中世纪城门

另一较小的雅莫斯（Yarmouth）堡垒为 16 世纪完成，在岛之西岸。

在世界考古大会上宣读论文

岛上还有维多利王女皇离宫 Osborne House。当时已有三处皇宫，她仍要“有一个属于自己的地方，安静而休闲”。最后看中有美丽的海滩、宜人的风景而来往伦敦又极方便之怀特岛。1845 年开始动工，次年完成，后来又陆续增建宾馆等房屋。女皇 1901 年死后，继承人爱德华七世把它交给国家。英国人引以为荣的维多利亚时代之辉煌从此离宫可以充分表现。房屋建筑、室内装饰和家具，无不力求完美，其精致和讲究未必逊于现代豪宅或官邸。女皇及其丈夫艾伯特王子各有自己的起居室和卧室，各按主人需要和爱好布置。墙上挂名家绘画，走廊陈列希腊罗马著名雕塑复制品。宫室周围绿草如茵，遍种树木，有些是来自国外的树种。值得一提的还有女皇游泳设备。这是一辆车子，由侍女推去海滩，既可在内换衣，又不需轻移玉步。这位女皇真会享受！

1986 年 9 月 3 日

南安普敦

全体代表参观“石圈”（Stonehenge）及“美登堡”（Maiden Castle）。“石圈”是英国著名巨石文化遗存，被誉为世界奇迹之一。巨石竖立排成两个圆圈，外圈呈圆形，内圈呈马蹄形。

巨石文化遗存（"石圈"）

外圈径达29.6米，竖有30块巨石（16块至今屹立），石高约4.1米，宽约2.1米，巨石之上架有横梁，彼此相接。马蹄形内圈共有10根巨石，分为5组，两根之上架一横梁，彼此不相连接。石圈中心有一横石，被认为是"祭坛"所在。外圈两块巨石之间（从中心算起）距离约3米，有一处较宽者则为入口，与内圈之入口均面向东方。从外圈中心点经过入口向东78米处有一块独石耸立，称为"日出之石"。每逢夏至之日，从石圈中心望去可见太阳正在"日出之石"顶上升起。

因此，考古学家推断此为远古观测天象及进行祭祀之处。

巨石圈之内还有另一组同样布局但范围较小之圆形外圈及马蹄形内圈。石块较小，多已残缺倒地或仅余洞穴，石材亦有不同（巨石为砂岩而小石为青石），是较早时期之遗存。小石圈约为公元前2100年建，巨石圈约为公元前2000年建，前者废弃之后才建立后者。至于"日出之石"被认为年代最早，可早到公元前2800左右。

这些巨石如何运输又是如何竖立？使一般观众感到困惑。有关专家提出假说：石块修凿成形后以木橇或一根带枝叶大树拖来（青石产于外地，则用独木舟运来），置于确定位置，挖出洞穴竖直填实。至于架设横梁则可能需要先建斜坡。巨石之顶及横梁之下各有凿出的凸起及凹下之"榫"使结合牢固。

"美登堡"是从石器时代到罗马占领时期遗址，堆积甚厚。1934—1937年即曾开始发掘，现在发掘工作仍在进行。

1986年9月4日

南安普敦

上午参加会议。下午去奇切斯特（Chichester）一处罗马时期宫殿遗址参观。

遗址于1960年发现。1961—1968连续发掘证明，遗址可分为三期。公元1世纪建成宫殿后，2–3世纪续有增修。初以竹木为材料，后用石块，室内装修也日益讲究。墙有壁画，地面覆盖马赛克。浴室、排水系统、取暖设备，均有发现。

据复原的模型看，这原是一座围有花园的四合院。现遗址的北翼盖屋保护兼作为博物馆，供人参观。我最欣赏一个房间（7号）地面的马赛克图案，仿佛一块"地毯"覆在黑白方块相间地面上。"地毯"中间是丘比特神骑在海豚之上，四周有带翼海马和海兽两两相对，中间夹有四个瓶状图案。这块马赛克是2世纪物，真不知今天能否烧制出这样复杂精美的产品？此宫马赛克在英国年代最早，可上溯到公元75年。大概英国人在罗马人43年来后不久，便已掌握这门技术。

根据遗址推断，宫殿属于拥有高级官位且财富不断增加之家族。历史记载，当罗马入侵时当地一位统治者对入侵的罗马人提供帮助，因而成为罗马帝国“附属国之王”（Client King），继续统治原来的人民。到了公元68年又获得“皇帝的使节”称号，从此就有资格进入元老院。据推测，这个依靠罗马势力不断攀升的家族就是宫殿最早主人。

遗址博物馆根据发现复原了一间起居室，表现房屋主人生活情形，一个贵妇人坐在椅上，生活方式与罗马人无异。

1986年9月5日

朴资茅斯港

今去朴资茅斯参观两艘古代船舰。一艘是“英国舰队胜利号”（HMS Victory），原为纳尔逊海军大将所乘的旗舰，已按1805年特拉法尔加海战时面貌加以修复，供人参观。这是一艘1765年下水的木制军舰，高三层，每层炮位十余。纳尔逊使用的餐厅至今仍作为英国海军将领招待贵宾之处。舰内一处有牌说明：“此乃纳尔逊倒下之处，1805年10月21日。”是日纳尔逊在特拉法尔加海峡击沉法国西班牙15只船取得大胜，他自己却身受重伤死于船上。

朴资茅斯英国海军胜利号（纳尔逊大将旗舰）

另一艘“玛丽玫瑰号”（Mary Rose），时代较早，是亨利八世时军舰，1545年保卫朴资茅斯海战中沉没，1982年打捞上来，橡木制的船体还基本完好。为打捞这船组织了一个委员会，由查尔斯王子任主席，王子本人乃潜水爱好者。它虽非货船，还是发现14000多件东西，反映都铎王朝时海上生活。

朴资茅斯一直是英国主要海军基地。两艘战舰陈列于此，提醒人们英国曾是一个海上霸主。

1986年9月6日

南安普顿

会议最后一天。

上午独自进城略事游览。南安普顿是英国最好的深海港口。从公元1世纪罗马占领后，这里就是重要对外口岸。1620年8月清教徒驶向新大陆所乘“五月花号”第一次从这里出发（但未成功）。1912年4月遭遇海难的“泰坦尼克号”从这里起航。1944年6月登陆诺曼底最早一批英国军队从这里上船，以后几个月又有200万士兵及成百万吨物质从这里运出。现在它是英国最大国际贸易港，也是英国南部海岸重要的金融和贸易中心，人口20多万。

此城标志性建筑为中世纪留下的石砌城门（Bargate），主要部分始建于11世纪后期，后来几个世纪续加修建。南安普顿不产石材，这些石材从海外作为压舱物运来。原来南安普顿有周长约一英里高30英尺厚6英尺的城墙围绕，上述城门就是当时的北门。

晚举行全体会议，讨论这次会议一大事件。由于南非及纳米比亚至今仍实行种族隔离政策，这两国代表被禁止出席会议。这一行动受到一些人的反对，因为国家政策不应由学者负责；史前史及远古史国际科学联盟（IUPPS）为此撤销了对世界考古大会的承认，而委托南安普敦大学筹办这次会议的原是这个组织（大会通知注明这次会议同时也是IUPPS第11次会议）。大会最后议决成立一个“指导委员会”继续和IUPPS进行协商。

南安普斯大学为这次大会召开做了出色的工作。81个国家约1000个代表，分为17个小组进行讨论，几乎每天还要安排外出参观，竟组织得有条不紊。这个大学历史不长，至多上溯到1862年成立的“哈特利学院”（哈特利得名于捐资者Henry Robinson Hartley），原只是一个以自然科学为主的专科学校，1952年始正式成立。现此校已发展为有8个学院6000多学生文理工各科俱备的英国南部有影响的大学，在英国大学排名中居于前列。只要努力，一切事原可后来居上。

此城华人不多，却已有一个“修咸顿华人协会”。闻我等来此开会主动来访，晚上接连宴请数次，谓中国人来此参加如此盛大国际会议，此为首次，他们殊感光荣云。

1986年9月8日

伦敦

昨中国全体代表由南安普顿乘火车来此，住入城市大学的“北安普顿大楼”。

昨晚罗森博士（Jessica Rawson）代表英中友协（The Great Britain–China Center）执行委员会（她现担任副主席）宴请。罗森博士专攻中国青铜器，任职于大英博物院。此行全由她负责与中国代表联系。

今其他代表参观大英博物馆。我去伦敦大学考古研究所，“欧洲研究东南亚考古学协会”第一次会议今在该所开幕，已接邀请，不克参加，特于今日前往会见朋友和同行。

伦敦大学原只有1829年始创之“大学学院”，1836年成为大学。它与一般大学不同，附属其下者有十几所英国大学和学校如著名的英国经济和政治学院、亚非学院、皇家理工学院等。这些院校学生经过申请和通过考试，即可获得伦敦大学学位。它本身原来不招学生也不开设课程，现在情况才有改变。这个大学的考古研究在世界考古学史上占有重要地位，不少著名考古学家受教于此，中国考古学前辈夏鼐、吴金鼎、曾昭燏都在此接受教育。

1986年9月9日

牛津

今访问牛津大学。

牛津乃12世纪从巴黎大学来的学者所建，为英国最古老大学，其最早的莫顿（Merton）学院建于1264年。1284年又有牛津一群学者前往剑桥建立大学。英国不少著名政治家毕业于牛津大学。

古老的建筑所在皆是，且分布密集，整个校园气氛显得雄伟而古雅。

我们重点访问皮特·里弗斯（Pitt Rivers）博物馆。按皮特·里弗斯是一位将军（1827–1900），戎马生涯中不时从事发掘，1883年把全部收藏品捐给牛津大学，成立此馆。

此馆令我感兴趣者在于建馆之始就有意识把考古学和民族学结合起来，主张“考古学和民族学是研究同一课题的过去和现在”。现在博物馆以此作为运作的指导原则。陈列中对欧亚史前工具以尚处石器时代民族所用工具来说明，两方面资料排列组合在一起。

牛津大学校园

这位将军还要求他的藏品用于教学，博物馆要培养人材，要求大学聘请进化学派人类学家泰勒（E.B.Tylor）来校任教。泰勒成为英国获得人类学教职第一人，并被选为皇家学会会员。泰勒为博物馆又收集许多民族文物（陈列中有一柜表现各种方法原始取火，是我见过欧美同类博物馆中最为完备者），贡献良多，最后获得教授的称号。

还有一些著名的人类学家曾在此馆工作，如研究澳大利亚土著的斯宾塞（W.B.Spencer）和《人类学的一百年》的作者彭尼曼（T.K.Penniman）。它的藏品中还包含库克船长第二次探险（1722-1775）所获文物。此馆在世界人类学史上的地位可想而知。

保存猎头之俗的阿萨姆人文物（牛津大学皮特·里弗斯博物馆藏）

继参观第四纪研究所，看该所专家打制石器。

德

（1984 年 9 月—1985 年 2 月）

1984 年 9 月 8 日

海德堡

昨由伦敦飞抵法兰克福机场，欧洲最大的机场之一。德麦玲（Magdalene Von Dewall）博士来接。入住大学宾馆，距海德堡城尚有数公里。博士专攻云南青铜器，已有论文数篇问世，前曾来昆访问。在宾大接她信，谓西德计划从今年开始邀请中国大陆学者来德访问，为期半年，自己进行研究之外尚须开一两门课，问我有意否？正计划从美回国途中游历欧洲，有此良机，诚乃天赐。

海德堡大学始于 1386 年，是德国最古老之大学。全称为 Ruprecht-Karls-Universität。奠基者为当时统治者鲁普雷希特（K.Ruprecht）一世。1830 年卡尔 · 弗里德里希（Karl Friedrich）重建被战火毁坏之大学。

这半年将和大学两个研究所（系）发生关系。一为麦德玲所在之南亚研究所，位于海德堡之新区，为我准备办公室，平常与学者讨论交流，作公开演讲 1-2 次。另一为东方艺术研究所，将为博士生开设《中国南方青铜器》课程。

海德堡古城堡

今晚，东方艺术史系在一家中餐馆宴请，并与同事见面。系主任雷德侯（Lothar Ledderose）博士曾在台湾学习汉学，现专攻中国古代艺术，对中国书法尤有研究（承以论文数篇及巨著《米芾》一册见赠）。一个外国学者竟能深入研究中国古代书法，殊为难得。

席间会见已退休之教授谢恺（Dietrich Seckel）。彼研究中国和日本艺术，正编辑一本有关佛教寺庙之巨型工具书云。

大学分为九个学院，即神学、法律、语言文字、哲学、经济科学、历史、社会科学、医学及自然科学。医学研究居于世界前列，陈广煜叔叔即在此获博士学位。医学院下附设 14 个诊所，其“德国癌症研究中心”尤为著名。现有学生约 27000 人，教职员及研究人员达 9000 人。20 世纪本校共有 7 人获诺贝尔奖金。哲学社会科学方面，黑格尔、韦伯等曾在本校任教或受教。

1984 年 9 月 18 日

海德堡

已去移民局、保险公司、银行办妥繁杂之手续。移民局还要求检查身体，若有病不能在德居留。

海德堡古城堡中大酒桶

总算一切顺利。

连日备课，只要天气晴朗必乘车进城，海德堡景点游览殆遍。

城堡是旅客必去之地。14 世纪初官方文献提到海德堡有两个城堡，其中之一即今之城堡，乃 15–17 世纪建筑群，耸立于山坡之上，遥远可见。观众感兴趣的是城堡之中有选侯西奥多（Karl–Theodor，1742–1799）1751 年建成的世界最大木制酒桶。原已有两个大酒桶，但这位对海德堡建树颇多的选侯做事力求完美，他的酒桶后来居上，由 130 棵橡树造成，直径 7 米，长 8.5 米，可容 221726 升酒，要爬 42 级台阶才登其顶。有管道把酒引向宴会大厅。每天城堡要消费 2000 升的酒。城堡地窖藏酒经常保持在 700000 升左右。大酒桶之旁站立一个红发侏儒塑像，名叫 Perkeo，是当时宫廷小丑，酒桶的保卫者。传说他平素以酒解渴，每天要喝 18 瓶酒。某日误喝一杯水而死。现他已成为海德堡狂欢节的保护神。

城堡地下室中有医药博物馆，其中陈列中世纪的各种医疗器械、药品和医药文献。

庭院喷泉旁立有“父亲莱茵”雕像，是一位老人形象。海德堡位于莱茵河支流内卡河谷，全赖莱茵河流域哺育成长，喻之为父，殊为恰当。

海德堡老城位于内卡河南岸，从东至西一条大道（主街）两旁排列巴罗克式建筑，其中包括大学的古老建筑群（“老大学”）。大学图书馆早在建校之初即已存

海德堡老桥

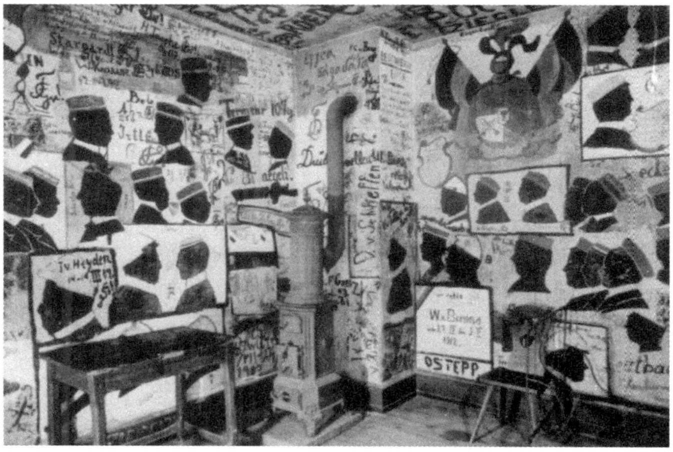

海德堡大学学生囚室

在，收藏200万册书。这里还有一座房子从1712年到1914年用于禁闭犯规之学生。每当学生喝醉，夜间吵闹斗殴，当时警察不能处罚学生，便由校方将他们禁闭在此两个星期。进入“囚室”之前，可与朋友痛饮一番告别。禁闭期间可以听课或拜访其他“囚徒”，但有人看守，不能随意出入。前三天只能靠面包和水为生，以后便可由房东主妇或餐馆从外面送来美食。现在这些特殊“囚室”墙上布满题字和绘画，均是调皮“囚徒”之作品。他们还为各房间起名，如“大旅社”“××别墅”等，厕所则称为“王座之室”。这里展示几百年前海德堡大学学生生活一个侧面。（余秋雨《行者无疆》云：“其实这个监狱只用了两年，1912—1914年。”见华艺出版社2001年版，154—155页。这里误“7”为“9”，并武断地认为“只用了两年”。这不能诿过于手民之误排，乃出于作者自己的随意和马虎。他如“校方居然私设公堂……”云云，更于事实无据。犯法不是捉将官去，而仅由校方略施处罚，是当时对学生一种优待。近来发现此公海外游记中违背事实和常识之处实在太多。准确了解事实才能发表议论，否则如其《自序》所云欲作“中华文明和欧洲文明的多方面而比较”，岂可得乎？——2004年4月补注）

从“老大学”往东便到市场区，这里有“谷物市场”、“鱼市场”、“干草市场”，与镇公所及一些历史悠久餐馆和旅馆连成一片，原来是今天仍然是海德堡社会生活中心。广场中心有一个“赫克勒斯井”。这里出售蔬菜、水果、食物的摊贩所在皆是，每隔两周这一带还举行大规模集市。

从市场区往北便是内卡河，连接两岸是古色古香之老桥，又称卡尔·西奥多桥，纪念这位18世纪海德堡统治者的功绩。从南岸上桥，两座高堡耸立，比桥的年代古老，可上溯到13世纪，现在便成为“桥之门”。桥上立有卡尔·西奥多雕像，其下还有四个雕像，分别代表莱茵、内卡、多瑙和摩泽尔四条河的神灵。

“桥之门”附近有一个猿猴之像，手拿一个镜子，旁有题字云：“不要笑我，请看看你自己”。谁说德国人缺少幽默感？

海德堡老桥边持镜铜猿像

海德堡主街上有一个博物馆（Kurpfalz Museum）。著名的“海德堡人”下鄂骨化石复制品陈列于此。闻原物尚存出土地——一个称为茅尔（Mauer）的地方。1509年制作的“十二使徒”是该馆引以为豪收藏品。令我感兴趣的却是一副画像，一位妇女美貌而睿智，前有一叠书籍。请学生羊文漪女士译其说明文字，谓为“海德堡大学之神”。大学有神，对孤陋寡闻之我而言，仅此处一见。

罗马时期海德堡地区已设居民点，海德堡之名首见于1196年官方文书之中。长期以来，统治者是普鲁士王国一个选侯，保持相当大的独立性。1815年普鲁士国王、奥地利皇帝和俄罗斯沙皇在此订约建立反对拿破仑的“神圣同盟”，是该城历史上一次重大事件。今海德堡约13万人，四分之一与大学有关，是一座真正的大学城。有现代化之设施，无大城市之喧嚣，社会治安良好，文化气息浓厚，能在此居住半年，诚乃幸事！

1984 年 9 月 19 日

慕尼黑

今与德麦玲乘火车来此。

苏联斯基泰文化金器展览，今在此间“古典艺术收藏中心”开幕。比至，开幕式已近尾声，随众参观。金器确实精美。一件表现两人共用一牛角杯同时饮酒之金牌，使人想起云南少数民族同类风俗。一件猛兽咬马金饰牌与云南青铜器风格类似。

晚又参加史前博物馆为“古代艺术中动物题材”陈列开幕而举行之招待会。展出 250 件艺术品全部来自一个名叫米尔登伯格（Leo Mildenberg）的个人收藏。地区限于近东，时代从远古至希腊罗马，专收现实生活存在之动物形象，神话动物概不包括在内，诚乃有心人也。中心负责人赠送展览画册一本，回去可细细欣赏。

慕尼黑大学民族学系 T.O. 霍尔曼博士来会，乃一年青学者，曾在台湾学习汉语，研究高山族。经他介绍又与著名汉学家弗兰克教授（Herbert Franke）见面。教授原任职于慕尼黑大学汉学研究所，已退休，仍任巴伐利亚科学院主席之职。在德国汉学界素有“南北两个弗兰克平分天下”之说，北方弗兰克指汉堡大学傅吾康（Wolfgang Franke），南方弗兰克即此公也。傅吾康研究明清史，闻此公专攻中古史及中国边疆问题云。

1984 年 9 月 21 日

慕尼黑

昨上午独自闲逛，参观巴伐利亚国家博物馆。此馆 1900 年成立，专门陈列从罗马时期、中世纪迄于 19 世纪巴伐利亚地区艺术品，而前日已去之史前博物馆则偏重收藏罗马时期以前巴伐利亚文物。

下午参加市内旅游团。其路线是火车站—大学——一个 1663—1668 年建造之教堂—市政厅—官邸博物馆—宁芬堡。

官邸乃原当地统治者维特尔斯巴赫（Wittelsbach）家族居住及办公之处。经历代经营，范围甚大，现划出一部分为博物馆，每天开放一半，如北京故宫博物院东西六宫隔日开放然。即便如此仍难走遍，今下午仅参观王冠及珍宝陈列等。

宁芬堡为维特尔斯巴赫家族之城外度夏别墅，在慕尼黑市区之西约 8 公里。17 世纪始建，后不断增置形成今天规模。主要宫殿以外还有 9 个阁楼。一个阁楼中有路德维希一世建造之“美人画廊”，64 个美女画像遍布四壁，传说均是王之情妇。其中之一腰缠蛇而手持鞭者名叫 Lola Montez，原是舞女，最受宠爱，竟获封号，惹怒臣民，从而导致 1848 年革命（？），路德维希一世退位，该舞女被驱逐出境。城堡内见有中国之物，如厨房墙面之中国图案瓷砖，房壁之中国漆画和中国人物画贴墙纸。正如中国圆明园中之有西洋建筑及喷泉（“水法”），统治者宫室有时喜欢加点异国情调。

旅游车行进途中，导游不断指点何处为著名汽车企业 BMW 大楼，何处为 1972 年奥林匹克运动会之体育场。正是那次运动会，中东一个名叫“黑九月”恐怖组织杀害了 11 个无辜的以色列运动员，引起世界愤慨。

慕尼黑斯基泰文化展览中的共饮牛角酒金牌

慕尼黑斯基泰文化展览中的猛兽噬马金牌

慕尼黑维特尔斯巴特宫室

慕尼黑宁芬堡的“美人画廊”

“美人画廊”64 个美女像之一

慕尼黑宁芬堡有中国装饰的房间

慕尼黑的啤酒花园

旅游行将结束时，导游遥指一园曰：此乃著名之啤酒花园，不可错过。时近黄昏，腹中正有需要，于是随游伴走进花园，要一杯啤酒，不意端上竟是一升。盖此间饮啤酒，全用可容一升之大杯。环顾邻座，面前竟置两大杯，见我面有难色，相视而笑。自愧浅量，甘拜下风。

久闻德国是啤酒的国度，果然不虚。人人喜饮，品牌繁多。朋友请去餐厅用餐，点要啤酒后侍者必问要什么牌子。为免张口结舌，好不容易才记住几种，Pils 和 Bock 含酒精度皆高，非我等所宜。惟有 Export 一种较淡，于是每次必点此牌。牌名“出口”，大概专为不能大饮啤酒之外国人而制。

慕尼黑啤酒更是闻名遐迩。希特勒 1923 年曾在这里发动著名之啤酒厅暴动，因而进入监狱。他取得政权后为纪念此事，把慕尼黑命名为“纳粹运动之首府”，纳粹党总部即设在此。今日纳粹党人已从历史舞台上消失，大饮啤酒之风依旧。每年十月举行的啤酒节，各地游客云集，要消耗啤酒 400 万升之多。当地古老谚语有云：“巴伐利亚只有好的和比较好的啤酒，没有坏的啤酒。”

今日上午与德麦玲、霍尔曼两位去民族博物馆，由于正建新馆，许多文物现存库房，展出者仅南美、非洲、印度几部分。又去史前博物馆，前日看“古代艺术中动物题材”，今看正式陈列。罗马时期之锁及其钥匙设计精巧，为同一时期中国文物所不可及。中午去市中心购物，在市政厅前广场看巨钟报时偶人表演。此亦为慕尼黑市景点之一，游人咸集。

慕尼黑的历史上溯到 1158 年，现有人口 130 多万，是巴伐利亚地区首府，西德第三大城市。由于柏林已被分割，此城现又公认为西德文化首都，剧场、交响乐团、博物馆甚多，文化生活极为丰富。二战虽经严重破坏，重建时尽量复原来面貌，市中心多为巴罗克式建筑。

1984 年 9 月 27 日

海德堡

与德麦玲博士及学生林春美夫妇驱车去曼海姆中餐馆金龙饭店晚餐。曼海姆乃有 30 万人口之工业城市，较海德堡繁华。据老板吴先生介绍，此间华人不多，新近始出现几家中国餐馆，生意不佳。

途中停留拉登堡（Ladenburg），略事参观。此地罗马时就有人居住，近年进行发掘，发现有罗马人建之堡垒及大厅等，可上溯到公元 1 世纪；有祭祀波斯太阳神之遗存，盖当时罗马士兵中有波斯人；还有公元 5 世纪之女性头骨呈长形，乃人工变形（海德堡博物馆亦见同样头骨），据云曾受匈人影响。古堡博物馆馆长说，该馆工作人员仅他一人，其他均为临时工。发掘工作由其他学术团体担任。

拉登堡有汽车发明人本茨（Carl Benz）住宅，1929 年去世前他一直居此。他建立的本茨公司就设在拉登堡。曼海姆街头矗立一座他的雕像。今日著名的奔驰车即以他命名。

1984 年 9 月 30 日

海德堡

近两日海德堡过“秋节”，乃过去庆祝丰收之遗俗。市场区及主街人头攒动，热闹非凡。人们或着传统服装，有出售旧物者，有出售陶器、皮货者，有表演魔术、杂技者。出卖传统食物之摊点更是繁多，很多食物为旅美时所未见，有多种形式之乳酪，有五颜六色之糖果。一种红酒加以花瓣，其味尤香。德国香肠闻名于世，今日仅街头所见不下十余种，除常见腊肠、熏肠，蒜味香肠（salami）外，有填肝者，有填血者，尚有夹橄榄之类配料者。制作精细。购买几种略尝之，确有特点，然终不及中国纯肉制成之香肠味佳。故乡月亮未必较他处圆亮，故乡食物必然较他处合口，人情之常也。

昨晚大学在新区举行招待会，庆祝中国建国 35 周年。德国人士到会者颇多，一位先生举杯来到我面前，建议为中德两国新近签约决定合作上海设厂（按：即今上海大众——2004 年 3 月补注）生产汽车而干杯。一位中国留学生告余，海德堡大学现有中国留学生及学者 100 余人，多新近出国者，国内不久前清除“精神污染”运动已无疾而终。近阅外国报纸，咸以为中国改革派已真正掌握权力。假如今后当政者不再折腾，更加开放，学习外国经验，不再如清末洋务派那样死守“中学为体西学为用”，而是“体用兼学”，前途确是一片光明。中国人智商不比外国人差，而吃苦耐劳精神过之。我等海外游子有厚望焉。

1984 年 10 月 18 日

海德堡

来此一个多月，环境已经熟悉，同事非常友好，德语难学也不打算再学，使用英语差可应付。明日将上第一堂课，一切准备就绪，今日心情特别愉快。

上午休息喝咖啡时间，照例和南亚所几个同事凑在一起闲聊，照例由那位和蔼可亲阿富汗访问学者为大家准备咖啡。窗外眺望远山，树叶变红变黄，已是一片秋色。我们闲聊各种问题，从印度锡克人冲突谈到流亡西欧阿富汗人境遇。话题转到海德堡的历史，德国朋友说海德堡不仅因它的大学而著名，且以保存许多古老建筑而骄傲，“这要归功于我们大学的几个知识分子”。我表示愿闻其详。原来二战期间在盟军轰炸之下德国城市遭受很大破坏，战争临近结束美军已迫近海德堡时，大学几个教授作为市民代表，穿过两军对垒的战线前往美军军营，请求保护这座大学城，特别是那座横跨内卡河上著名的老桥。美军答应了他们的要求，海德堡竟得以保存。他们越线时冒着双重危险：美军会视他们为敌方，希特勒军队会视他们为叛徒，而他们不顾自己安全敢于挺身而出。“这才是真正的知识分子”，朋友们如是说。

出国一年始知，西方人心目中所谓“知识分子”绝不等于“有知识的人”或靠脑力劳动谋生者。据云追溯“知识分子”（intellectual）一词的语源。原有“理性”“智者”之意。西方对有些企业人士、银行职员，即使大学毕业，若不具备上述品质，并不称为“知识分子”，只能算是“生意人”（business man）或“白领”阶层。西方知识分子与中国古代的士相当。自古士列为“四民之首”，主张“国之兴亡，匹夫有责”，能做到“先天下之忧而忧，后天下之乐而乐”，“家事国事天下事事事关心”。但中国读书人一些好的传统，近几十年来已不绝如缕。（老辈如梁漱溟、陈寅恪，同辈如亡友林昭等，敢于坚持真理不顾个人安危，可惜这样的人实在太少。——2004 年 5 月补注）

东方艺术史系选我课者五人，女性四人，男性一人。已见面交谈，或领我购物，或带我出外游玩，均极友好。他们一致要求用汉语上课，以便他们更好“学习普通话”，熟悉考古词汇云。女学生中有台湾来者两人。

1984 年 10 月 20 日

海德堡

今日又逢民俗节。与学生何伟德（Gerald Holzwarth）君上街看热闹，喝啤酒，最后去著名的施韦辛根（Schwetzingen）城堡花园参观。

此堡为选侯卡尔 · 西奥多就 14 世纪一个为水围绕城堡废墟扩展重建而成。此人对海德堡之建设真是贡献良多。他还爱好文艺，提倡文化。莫扎特是他的朋友，曾应邀来海德堡他的官邸中做客和演出。

这座城堡花园名副其实，占地甚广，宫室之外还有许多亭阁、水池、喷泉，点缀在大片绿树、草地之间，布局错落有致，可以看出经过精心安排。

园中到处可见石雕，如“鹿群”、“希腊诗人歌手阿里昂和海豚”、“牧人之神与维纳斯”、“莱茵河神”和“多

施韦辛根花园的雕塑之一——维纳斯与牧人之神（Pan）

选侯卡尔·西奥多的施韦辛根城堡花园（与何伟德君合影）

古老的邮车（法兰克福邮电博物馆）

歌德故居

瑙河神”，都是艺术佳作。园中有一座“中国桥”，惜与中国桥梁少有相似之处。园中还有一座清真寺，这位德国选侯爱好广泛于此可见。

1984年10月30日

法兰克福

昨日来此，今日又来此，为办理签证也。

一切顺利，已取得法国及埃及签证，并订好圣诞节后赴埃及之旅游票。

法兰克福为著名诗人歌德出生地，故居已辟为博物馆，前往一游。此公著作深奥，前未曾读，对其生平及思想素无所知。来此才知他原学法律，曾在莱比锡大学及斯特拉斯堡大学受教。

1749年他就出生于现博物馆所在地。这是一幢三层楼房加上顶楼两层，仍保持18世纪面貌。虽经二战破坏，重建时尽量按原状恢复，凡废墟堆中能找出原来建筑材料尽量加以利用。房内现陈列家具多取自同时期法兰克福古老住宅，厨房用物战时曾转移在安全地方，未遭破坏，多为原物。凡此均详加说明，而不像国内名人故居，对陈列之物来源讳莫如深，真假莫辨。

法兰克福有好几个博物馆，今选邮电博物馆前往一观。馆在美茵河之右岸，陈列中从原始人传递信息的信号鼓到现代化通讯工具，应有尽有。有最古老的收发电报机；有四马拉的邮车；还有一台原始的电视机，是一件木柜式庞然大物，而屏幕只相当今天9英寸，乃1935年生产。是否这就是世界上最早的电视机？

法兰克福位于欧洲中部，由于地理位置优势，一直是国际贸易要地和交通枢纽，从历史到现在很多重要国际会议曾在这里召开。今是西德最大城市，有二百多家银行及交易所。走出火车总站，沿美茵河之左岸前行，即到市中心区，市政厅在此，自1405年开始便是本市社会政治生活中心。有一条名叫Zeil的大街，号称德国最大商业街。

1984年11月11日

海德堡

今与何伟德君游格登堡（Guttenburg）

堡在内卡河谷高山之上。从远处望去，古朴粗犷，与他处城堡不同，即知历有年所。其主要部分可上溯到12世纪下半叶，历经战乱未遭大的破坏。它是德国现存为数不多的中世纪古堡之一。

欧洲古老的扑克牌（格登堡博物馆藏）

城堡内设档案馆、图书馆和博物馆。档案馆内保存1350年以来历代城堡统治者文书。图书馆庋藏15—18世纪宗教、军事、法律审判及自然科学书籍近2000册。这些当有专家作长期从容之研究。我等旅游者感兴趣者乃是图书馆中还有植物（根、茎、果甚至花粉）标本之收藏，每个标本盒做成书的形式，可以整齐竖立书架上。这套标本乃18世纪一位名叫胡伯尔（Candid Huber）僧侣所搜集。博物馆中反映城堡主人生活之展品，也是饶有趣味。有手制的扑克，也分红桃、方格等花式，但每张牌上都有人物画像，惟不知所绘何人？我未查考过扑克的历史，是否中世纪已有？还有玩扑克用的筹码，圆形，亦上绘

格登堡中的鹰棚

人像。

城堡为游人作驯鹰表演。这些猛禽各自兀立于栖息之处木桩之上，形象威猛。闻号令便能飞出，叼物而回，站立主人肘上。此当为古代城堡主人架鹰出猎之遗俗。

1984年11月18日

柏林

大学经常组织外国学者和学生周末赴各地参观，收费低廉。昨曾参加图宾根（一个类似较海德堡的大学城）之旅，今日又来柏林。

这次西柏林之行参加者踊跃，因要从东德过境，个人旅行殊为困难，而且这次为期一周之旅行兼有学术会议性质，交通食宿都是大学付费。

晨起在俾斯麦广场集中，乘旅游巴士往北。经法兰克福、卡塞尔等地便抵东西德之边界。西德警察略看护照，即挥手放行，还祝大家“旅途愉快”。东德方面办手续之复杂出于想象，汽车排成长龙。及至波兹坦再办出境手续，又经一番折腾。抵柏林，已是夜深。

1984年11月19日

柏林

上午去舍内堡（Schöneberg）附近一处会议厅，官员致欢迎词，介绍西柏林情况。在此午餐后乘车周游西柏林，有导游讲解。报告人及导游均说德语，幸购得一些英文旅游书册，对柏林情况始略有所知。

柏林自1920年划分的20个区，二战后由四个战胜国分别占领。苏联占领区最大，占原来的8个区；美国占6个区；英国占4个区；法国占2个区。1948—1949年苏军封锁进入西柏林通道，柏林人全靠美国空投必要物资维持生活，共空投25万次，总计投下约200万吨物资。飞行员及地勤人员有78人牺牲，市内有一个空投纪念碑，作滑梯状，纪念空投者的功绩。1961年东德又突然建造“柏林墙”，把西柏林与东德隔开，长达100英里，防止东德人逃往西方（在此以前每天逃亡者达2000人）。建墙以后，西柏林便成为“‘红海’中一个孤岛”，逃跑者仍络绎不绝。

柏林墙

柏林格兰登堡门

所用方法令人叫绝，有挖地道者，有从交界处楼房下跳者，有乘汽车硬闯检查站者，有乘自制气球者（此人逃跑成功后，其气球获得专利）。还有一位父亲将一把斧头连有钢缆从自家窗户抛出固定在西柏林土地上，帮助儿子乘滑轮出逃成功，书中有相片反映此事。但非所有出逃者都是“幸运儿”，逃跑时遭射击而死者不乏其人，逃跑未遂即被发现而判重刑者高达数千。

我们停在英占领区波兹坦广场一个眺望台上，观看东柏林。波兹坦广场原来是柏林繁华地区，终日车水马龙，而今为墙分隔，已成一片空地，荒草没胫，我竟看到一只兔子匆忙跑过。视线所及的一座小山下，据云便是希特勒的地下指挥部。

这一段柏林墙砖石砌成，有 12 英尺高，墙顶加粗水管，又圆又滑，使人不易攀登。这边墙面上布满年青人胡涂乱画，如西方很多城市所见。

我们坐在车上还看了 1796 年仿希腊建筑而建的勃兰登堡门，顶上有四马战车雕像。过去这里曾是进入柏林的门户，如今位于东西柏林交界处，砌有围墙，不容走近。导游介绍说，附近有二战刚结束时苏军建造之战争纪念碑，划入英国占领区后某日曾发生枪击苏军事件，故仍由苏军警卫，这一带便成为全市敏感地区，人们裹足不前。

市中还有“胜利柱”，纪念 19 世纪德国几次战争取得之胜利。顶上之像为胜利女神。

最后，我们参观普罗森塞监狱。这是希特勒处决犯人的地方。从 1933 年到 1945 年，共处决 2500 个人，包括德国人及非德国人。仅 1943 年 9 月 7 日夜到 8 日清晨，就处决了 186 人。犯人带到“死亡之室”，向他宣读判处死刑的命令，然后送入“执行之室”处决，或用断头机，或简单地绞死。刽子手处死一人可多配给 8 根香烟作为报酬。这里处死者算是经过法律程序的“正式罪犯”，至于分布德国境内或境外集中营中成批送进毒气室中的死囚，人数数十倍于此。1952 年联邦德国议会决议在此建造纪念碑悼念在此遇难者，还在纪念碑之前立有一个石制骨灰坛，放入各地集中营所在地之泥土，作为对世界各地牺牲者的纪念。

1984 年 11 月 20 日

柏林

上午听取一位专家介绍《东德及东柏林情况》，中午在一家阿根廷餐馆用餐。下午乘旅行社巴士赴有名的第三检查站（Checkpoint Charlie）。东西柏林之间虽有几个通道，外国人士出入必须经过此站。肯尼迪及赫鲁晓夫访问柏林时均曾在此登上平台眺望对面。过境时西柏林之导游及大学带队人员下车，换上一位东柏林导游女士。其他人顺利过关，惟独我之护照被收去迟迟不加放行，问为什么也不回答，大概他们惊异于为何一个中国人会参加西方旅游队伍，要作仔细研究。扣留半小时后才

柏林第三检查站

走出检查站，只见游伴焦急万分在外等候，齐来握手问好，说他们为我担心，因为上午报告中列举各种可怕事件，要求大家赴东柏林时多加小心。

一位女士问:“为什么中国和东德同是社会主义国家,反而如此对待？”一位男士代我回答说：“你难道不知中国和苏联关系不好吗？”

东德导游就在巴士上指指点点，介绍情况。许多历史名胜不加介绍，似大谈东德及东柏林建设成就。这使我想起中国接待外宾前必作之开场白。但西方大学生向来活泼而直率,纷纷提问，很像一场记者招待会，可惜全说德语，不知其意。但看那位女导游之脸色，知道问题必是尖锐。最后一站是法西斯主义和军国主义牺牲者纪念公园，大家下车散步休息后，又经原检查站而返。

晚去国际会议中心（ICC）看巴黎芭蕾舞团演出的《胡桃夹子》。散场后随游伴去喝啤酒，又谈白天我之“奇遇”。

1984 年 11 月 21 日

柏林

再去东柏林。这次是个人参观,自由组合。几位女学生提出为了安全欢迎我加入她们的行列。乘地铁过检查站时，经过商量，一位美国学生在我之前，一位澳大利亚学生在我之后。这次却未遇留难，而且不要像其他人一样付签证费。出来后一位游伴说：还是“兄弟国家”好呀，为汪教授 save money（省钱）。众大笑。

随众前行到“博物馆岛”，这是斯普瑞河围绕的一块地方，许多博物馆集中于此，故名。

帕加马祭坛（东柏林帕加马博物馆内）

先看帕加马博物馆，以著名的帕加马祭坛在此得名。当公元前 3—2 世纪阿塔罗斯一世及其继承者统治时期，帕加马发展为小亚细亚地区一个疆域广袤文化发达的王国（羊皮纸 parchment 一词便源于这个王国之名）。为了感谢神的保佑，公元前 180—159 年在其卫城用大理石建立奉祀雅典娜神的祭坛。后为拜占庭人所摧毁，大理石被用以建筑城堡。1868 年德国一位工程师受土耳其政府委派修筑道路，发现原来祭坛石块上有优美的浮雕。此后柏林博物馆便在祭坛遗址进行长达 20 年的发掘，成千块浮雕碎片运往柏林进行拼合，建立专馆陈列。1941 年曾把祭坛拆散放入防空洞中保存。1945 年一度为苏联运往列宁格勒。1959 年祭坛运回重加复原向公众开放。

整个建筑范围为 36.44×34.20 米，呈凹字形，经过宽达 20 米 28 级台阶通往带有柱廊的平台，便是祭神的地方。两端突出部分基座墙上布满浮雕，号称为希腊艺术中场面最大的雕刻佳作。

浮雕所描绘者可分两大部分。一为奥林匹斯诸神与巨人之战，以此象征帕加马人对高卢人的胜利战争。巨人或有蛇腿，或作狮头有角并有鸟翼之状。出现之神祇有宙斯、阿波罗、雅典娜以及海神波赛东、泉水和山林之神林芙、狩猎女神阿特米斯（或称戴安娜）、酒神道尼苏斯和传说中英雄大力士赫克勒斯。爱情和美丽之神维纳斯在这里作为战士出现，甚至她的孩子带有双翼的性爱之神厄洛斯也来助战。

另一部分是关于帕加马王国奠基者 Telephos 的故事。非熟悉故事内容者，不易欣赏。

浮雕历经破坏、折毁、重建，必多损失，但原来面目大抵若是。

“帕加马博物馆”这一名称之下，还包括其他几个博物馆——西亚博物馆、远东博物馆、伊斯兰博物馆。只看了西亚博物馆。馆在整个建筑的南翼，所收近东文物之丰富仅次于大英博物馆及卢浮宫，号称世界第三。其中有公元前三千年至一千多年乌鲁克出土物，有公元前一千多年赫悌人文物，有公元前七八世纪亚述人文物。最重要的是 1901 年从巴格达搬来的公元前六世纪新巴比伦“阿什塔门”(Ishtar Gate)，门道及及门的正面有马赛克装饰，狮子、公牛等动物栩栩如生。

另有博多博物馆收藏埃及文物、基督教早期文物及拜占庭文物，匆匆一过未遑细观。

来往东柏林两次，最大收获是看了“帕拉马祭坛”及“阿什塔门”，均是载诸考古学史的文物古迹。最后与游伴同逛圣诞市场，货物当然不如西柏林丰富，但价格极为便宜。

1984 年 11 月 22 日

柏林

晨去国会大厦，听专家报告《德国历史问题》。中午即在大厦内餐厅用餐。

国会大厦原是 19 世纪末期的建筑。1933 年希特勒在此策划纵火案。

今大厦内有德国历史展览，从 1800 年讲起。盖在俾斯麦辅佐威廉一世（1861–1888）于 1871 年统一全德建立帝国之前，德国实为割据之局，尚非统一国家也。

下午游夏洛特堡皇宫。此堡以索非 · 夏洛特命名，她是英国人，受过良好教育，其夫为 15

埃及第 18 王朝浮雕（柏林埃及博物馆藏）

埃及第 12 王朝木俑——供奉死者的奴仆（柏林埃及博物馆藏）

德意志歌剧院演出歌剧《阿依达》

阿塔什门（帕加马博物馆陈列）

柏林夏洛特堡

世纪起就统治柏林的霍亨索伦家族的弗里德里希·威廉，1701 年成为普鲁士第一个国王。她美貌聪明，精通几种语言，热爱音乐和文艺，并喜欢与人讨论自然科学。她以皇后的身份建议成立了艺术学院和科学院，17 世纪末柏林遂取得艺术和科学的繁荣，有“斯普瑞河上的雅典”之称。

此处皇宫原是皇室夏日居住之处，二战中破坏，经过重建焕然一新。现政府在此宴请来访各国政要。

皇宫对面是埃及博物馆。此馆有一件展品闻名于世，这就是距今 3000 多年美貌的埃及皇后奈费尔提蒂（Nefertiti）头像。据云对研究妇女化装史尤有重要价值，当代妇女打扮自己的方法——画眉、染眼睑、涂口红、擦胭脂，在头像上均已出现。

继参观附近“古物部宝藏”。陈列中多见希腊罗马文物。对希腊彩陶，除展示其上丰富的社会生活图画外，还有一室表现其制作方法，为其他博物馆所未见。对罗马时期先后与恺撒和安东尼有爱情故事的埃及艳后克里奥帕特拉，竟设有专室，陈列她的雕像及铸有她头像之钱币等物。

从夏洛特堡皇宫往北便是西门子公司所在地。再往北便是柏林城内之机场。美、英、法三国飞机允许经过东德领空在此起降，每国给予20英里宽之空中走廊，而西德飞机不能通过。

晚去柏林歌剧院观看歌剧《阿依达》。谢幕时演员双手交叉于胸，行古埃及之礼，如文物中所见，引起观众热烈掌声。

1984年11月23日

柏林

上午听报告，题为《德国的政治问题和前途》。

下午参观民族学博物馆。馆在达莱姆地区，几个博物馆集中于此，有如东柏林之“博物馆岛”。此馆展出美洲印第安人“球戏”图（用臀部击球）、非洲的贝宁文化以及太平洋诸岛几艘船只原物（有大厅专门陈放），使观众留下深刻印象。

与一位看守展室的犹太老人聊天。老人原为电力工程师，退休后在此赚点零钱以补不足。他说：二战前曾在上海工作，亲见中国人备受列强欺凌殊为同情，为什么新中国成立以后反而反对我们？犹太人从罗马时期以后便没有自己国家，也是弱小民族，“亲爱的朋友，请你告诉我，究竟为什么？”我无言以对，因为找不出像样的理由可以向一个善良的老人做出解释。阿拉伯人反对犹太人因为有宗教的领土的争执，一些欧洲人讨厌犹太人也有宗教的经济的根源，希特勒反犹则出于反动的种族主义。作为一个坚信无神论而又主张一切民族平等相处的社会主义国家，有何必要反对以色列？

密克罗尼西亚劳岛男子公所模型（柏林民族博物馆陈列）

大洋洲岛民带支架的双桅帆船（柏林民族博物馆陈列）

柏林之游最后一天。晚上游伴乘地铁赴东柏林观歌剧或芭蕾，闻票价极为便宜且艺术水平极高云。我独自到俾斯麦时代所建柏林最繁华的库菲斯滕丹大街游逛，许多雄伟建筑物已毁，但今天仍是不少咖啡店及戏院、电影院集中之地，霓虹灯下人群拥挤，使人忘却这是一座围城。走进一家据称是柏林最著名的百货商店，名叫Ka–De–We，任何东西均较海德堡为贵。广场中心矗立威廉皇帝纪念教堂，原为1895年所建，二战摧毁，

1961 年在旁又重建一个，而老教堂断壁残垣仍然保存，使人不忘战争之灾难。柏林人据其形状把老教堂称为“牙齿掉光”，新教堂称为“粉盒和唇膏”。

柏林人常为一些地方起绰号，如苏、美、英、法四个占领区分别称为“伏特加区”、“可口可乐区”、“威士忌区”、“香槟区”，空投货物的飞机被称为“投葡萄干者”。处于围城之中柏林人仍保存浓厚的幽默感。

记得国内一本书介绍各国人性格，说德国人勤奋谨严、遵守纪律，但缺乏风趣和幽默。这与事实可谓南辕而北辙。德国人说话之幽默罕有其匹，而柏林人尤甚。闻市内尚有一个地方每年秋天举行说俏皮话之比赛。孩子受其影响也以应对迅速说话机智著称。相传一位老者见不惯少年吸烟说：“假如你是我儿子，可不许你这样。”这少年答曰：“你还有机会，因为我妈妈现是单身。”当然，这似已超出幽默的范围。油嘴滑舌或耍贫嘴不算幽默。

毕加索的雕塑作品（国家现代艺术馆藏）

斯图加特国家现代艺术馆

1984 年 12 月 3 日

斯图加特

今晨来此，去希腊及瑞士领事馆办签证毕，参观国家现代艺术馆。馆系新建，设计漂亮而又新颖，上楼下楼尽为斜坡而无楼梯，运送什物推车及残疾人之轮椅，可以通行无阻；而展室内光线经过处理极其柔和，以利展品之保存。

展出尽为现代派作品。近阅读杂书，知中国人即使熟悉外国文化者多对此类作品反感。如国民党元老、旅法多年的吴稚晖有打油诗云：

远看一朵花，近看是乌鸦，原来是山水，哎呀我的妈！

而学贯中西的幽默大师林语堂以诗和之：

远看似香肠，近看蛋花汤，原来是太太，哎呀我的娘！

记得赫鲁晓夫亦曾批评苏联国内现代派画家的作品说：“一头驴用尾巴也能比这画得好。”出国一年多来，看了不少现代艺术展览，起初与以上诸公有同样感觉，但慢慢改变了看法。原来这些艺术家还是在表达自己某种感情和观点，不过以一种怪诞隐晦手法而已。即以今日在此馆所见，一幅画全纸胡乱涂以炭灰，题名为“World the Ash”（世界成为灰烬），应是反对核武器的。

另一幅画分为九格，五个格中作内容相同的画，描绘一人大步前行，对旁边街上人被吊死车被焚烧视若无睹，画家显然在指责对别人疾苦漠不关心；九格中五格均有这样的画，则表示当今世界大部分地区均是如此。现代派雕塑也给我留下深刻印象。当走进一个房间时，其中空空如也，地上坐着一位中年妇女，旁置水桶，极其辛苦地抹地，正想退出，后才看清是一件雕塑作品。作者似在讽刺空房不加利用还要耗费人力物力维持运转，这确是西方一些高楼大厦中常见现象。画家显然同情从事清洁工作的劳动者。

晚宿于车站附近旅社中。

1984 年 12 月 7 日

海德堡

近日颇忙，连去医院检查眼睛、肠道、牙齿。请学生林春美女士为翻译，医学词汇掌握太少，医生即能说英语，亦感困难也。幸好一切无事。牙齿已补，眼镜已配。此间医疗保险制度优于美国多多，疾病不分大小，急性慢性，概由保险公司“埋单”。眼镜本来一副即足，医生却坚持要配两副分别用以看书及望远，望远者且可变色有如墨镜，个人仅付镜架费用而已。

5 日为南亚研究所舒尔茨（F.Scholtz）博士学生讲《傣族制陶》，并放幻灯。舒尔兹毕生研究泰国北部之阿卡人，对其语言、历史、文化无不精通。据他人告知，他进行田野工作以前必换上阿卡人服装，仅说阿卡语，其敬业精神可佩。

前日，德麦琳女士请看阿姆斯特丹芭蕾舞团表演现代芭蕾，竟有“打篮球”之内容。音乐奏出窗户玻璃为篮球击碎声，全剧随之结束。可笑也。

大学宾馆内部文娱健身设施俱备，晚上且常举办各种活动，生活毫不寂寞。今为周五，参加宾馆每逢周末照例举行之聚会。宾馆准备糖果零食，酒及饮料自己付费。

这个宾馆堪称国际社会之缩影。入门处高挂一牌，列出住户房间号及国籍（以国旗表示）。现在共住 47 户，分属美、英、法、日、苏、匈、南、波等十余国。中国人除我以外尚有从北京外语学校来的刘女士，研究德国语言文学。大抵西方诸国学者言谈自由随便，易于交往。如英国的帕克先生，社会人类学者，极为活泼，时与我交谈。来自社会主义国家学者言谈拘谨，极少出席每周聚会。一位匈牙利学者常于周末驱车 15 小时回国探亲，两位苏联学者从不与人招呼，面若冰霜。较为可亲者是一位波兰学者，他说中国经济好转而波兰经济依然如昔是波兰对苏联依赖太多之故。问瓦文萨近况，答曰：他现在已经自由。

1984 年 12 月 15 日

纽仑堡

纽仑堡不仅因二战后审判战犯而著称于世，还有一个德国古老的圣诞市场而受人瞩目。圣诞将临，大学组织旅游团来此，方便大家采办礼物也。此间圣诞市场设于市中心广场，热闹非凡，其中有一处专门出售儿童玩具，称“孩子圣诞市场”，各种玩具花样翻新，多前所未见。本市尚有一个玩具博物馆。此地堪称为“玩具城”。

广场区有一水池，以管道自城外引水来，原供市民汲水，称为“美丽之泉”，1385—1396 年

纽伦堡市中心“美丽之泉”

纽伦堡画家丢勒故居

纽伦堡“孩子圣诞市场”

建成。池中一塔高 60 英尺，周围雕像分置四层，达 40 个之多，有教皇、传教士、先知、传说人物阿瑟王、历史人物亚历山大、恺撒和七个选侯。在看过的同类建筑物中，其内容之庞杂无过于此者。此已成纽仑堡之标志。

游市场毕，参观重要古迹。本市共有三个中世纪教堂——圣劳仑斯教堂、圣母院、圣西博尔德教堂，13—14 世纪始建，位于市场区周围不远处。圣西博尔德是本市之保护神。

纽仑堡也有一个古老堡垒，位于城北小山之上，为从 12 世纪到 17 世纪不同时期建筑群。时间匆促，未遑细观。

最后来到丢勒故居（Albrecht Durer，1471—1528）。此人名字对中国人来说比较陌生，却是文艺复兴时期德意志土地上伟大画家。他出生于本市一个金匠家庭，就死于现在所见的这幢房子。这是一座五层楼（包括二层顶楼）的普通住宅，约 16 世纪建成，二战时未遭破坏，是德国保存下来为数不多的中世纪房屋之一。房内复原他的生活和工作情况，陈列他的作品。还见一架印木刻画的简单机器，原来他还是一位木刻家。

1985 年 1 月 7 日

波恩

今应德意志考古研究所之邀请来此。此所为政府机构，其历史可上溯到一战以前的帝国时期。它在罗马、雅典、伊斯坦布尔、巴格达、德黑兰、马德里均设有工作站，长期在各国进行考古活动。

该所的韦沙彬（Sabine Werner）博士来车站迎接，旋在一家中国餐馆用餐，并游览波恩市区。波恩人口 30 万，为非工业城市，无太多雄伟建筑，却非常整洁，很像澳大利亚的堪培拉。德国人认为东西两部分迟早将会统一，波恩只不过临时的首都（Residential Capital）而已，不想在建设上花太多财力。

我们拜访波恩大学。1816年成立，其最早建筑是一位选侯之故宫，可上溯到18世纪。会见一位汉学家（抱歉介绍时竟未记得姓名），他专门研究清人碑刻。

波恩联邦德国总统府

1985年1月8日

科隆

在韦沙彬博士陪同下来此参观。中国青年考古学者黄其煦君与我们会合于远东博物馆。黄君来德已有多时，通英德两种语言，前途未可限量也。馆内正举办韩国文物展览，由韩国青年考古学者李先生引导参观。

科隆大教堂举世闻名。长144公尺，宽86公尺，高达157公尺，登上509级阶梯可以俯瞰科隆全貌。为节省足力，未上。此教堂之特殊之处，不仅是“大”，还有工期之“长”。1248年即开始动工，1560年工程中断，1880年才完工。二战时教堂多处损坏。教堂之彩色玻璃装饰具有很高艺术价值。

科隆大教堂

黄君引我游览科隆市区。科隆与波恩同在莱茵河上，相距仅24公里，两者历史均可上溯到罗马时期。科隆工业发达，为欧洲交通枢纽，人口达百万。继赴罗马日耳曼人博物馆及民族学博物馆参观。《事物的起源》作者J.E.利普斯曾在此民族博物馆工作，问工作人员他的晚年情况，摇头不知。该馆印尼之藏品颇佳。

最后去著名的香水商店。1792年年轻商人威廉·米尔亨斯结婚时，收到一份不同寻常的结婚礼物——一张写在羊皮纸上关于“神奇之水”之配方，便开始建厂制造。两年之后，拿破仑军队占领科隆，为街道店铺门牌编号，此店是4711号，米尔亨斯把这个数字作为香水商标。从此这种香水行销全世界，1900年出口即达20万吨。人们一看见到4711的商标便知它来自德国科隆。这家香水工厂是典型的家族企业，从18世纪一直传到今天，今天老板仍是那位奠基人的后代。关于羊皮纸上写的内容，至今仍是严加保守的秘密，只有企业掌门人才能进入经过特别设计的房间中配制香水，只有他掌握这个房间的钥匙。这种香水的故事生动有趣，购几小瓶作为纪念。

晚间自回波恩。

科隆大教堂内部

科隆古龙香水店

1985年1月9日

波恩

今韦沙彬女士引导参观莱茵州博物馆。这里陈列当地从远古到今天的文物。著名的尼安德特人头盖骨陈列在史前部分显著位置。尼安德特原是科隆之北杜塞尔多夫附近一个地名。令我感兴趣是哈尔斯塔特（Hallstatt）文化，这是分布中欧的青铜时代到铁器时代一种文化。自东南亚考古学先驱者海涅·革尔登把它与越南东山文化加以比较后，中国某些学者拾他人之唾余以此与石寨山文化相比附。今有幸亲见大批实物，作仔细记录和观察。欧亚这两种文化之间，除去文化发展阶段相同及绝对年代相当（公元前5世纪至公元之初），似难构成某种联系。哈尔斯塔特是最早发现遗址之地名，在奥地利萨茨堡（莫扎特出生地）之东50公里处。

罗马部分之采石场及抛石战车等模型，亦颇为精彩，获得不少知识。

继去亚历山大·柯尼格博物馆，属自然史博物馆性质。此馆之动物标本在同类博物馆中颇为著名。

1985年1月10日

波恩

今韦沙彬博士引导访问人类学研究所。研究所设在一个名叫奥古斯汀（Augustin）的小镇上，为人类学传播学派大师斯密特（Wilhelm Schmidt）神父1906年始创，著名的《人类学》（Anthropos）杂志即为该所编辑出版，从1906年至今未曾中断。

波恩贝多芬故居

中国学者比较熟悉的原辅仁大学出版的定期刊物 *Monumenta Serica*（旧译为《华裔学志》者）编辑部现亦附属于此。盖两者均为天主教会资助之机构也。

我们与《华裔学志》编辑部学者交谈，接待者为编辑部主任卜恩礼（Rev.H. Busch）博士及华裔女学者梅（Helene May）博士，介绍情况颇详。他们1949年后从北京迁到东京，再到洛杉矶，最后定居于此，历经艰难而图书资料无一损失。庋藏果然丰富，线装书籍排列井然有序。《华裔学志》至今仍按时出版，未曾中断。有始有终工作精神令人佩服。梅女士取出历年杂志抽印本，请尽量选出所需要之论文，由她邮寄，以免携带麻烦。盛意可感，略检数种以为留念。

梅博士说北京话，年事已高，对北京及老一辈学者现状多所询问，临行前殊有惜别之意。

韦沙彬博士又引导看了联邦共和国总统及首相官邸。阿登纳首相工作的地方仍保持原貌，纪念这个使西德从二战废墟中站立起来的领导人。在广场上有他一个纪念像，仅塑头部。

最后，我们到了贝多芬故居。1770年贝多芬就是这里的后室出生。房屋中陈列1793年制造的钢琴以及贝多芬10岁时为教堂做弥撒弹奏的风琴。贝多芬长大后便不住在此，但他后来的住宅已不存，此房却幸存

波恩阿登纳头像

访问奥古斯汀镇人类学研究所（立者为韦沙彬博士）

下来，且保持 18 世纪之原貌。

晚韦沙彬博士举行家宴，邀约几位研究中国的学者及外交官员与我会晤：一位是李浩然(Harald Richler)先生，在德国外交部翻译处中文组工作，还有一位是曾任驻上海领事的太太（忘其名）。韦沙彬博士本人亦研究中国考古，考古所中无远东部，她现在办公室工作，为人和善可亲，此次波恩之行全赖她代为安排。

1985 年 1 月 27 日

海德堡

近日颇忙。去法兰克福办签证，结束课程，收拾行装，时有酬酢。

18 日，乌尔苏拉·利纳特（Ursula Lienert）博士来，去一家老咖啡馆（传统的学生聚会处）会面交谈。她研究中国青铜器有年，日前在波恩相识，承赠有关中国鼎的论著（德文）两卷。

宾大研究生盛馀韵（安杰拉）女士来，交谈叙旧甚欢。她博士论文乃关于中国科技史中纺织问题，来此乃和大学有关专家交流意见，不日将赴他国云。

海德堡"哲学家小道"

日前南亚所及负责人教授耶特马特（K. Jettmart）在家宴请。教授在国际上颇负盛名，对印度、巴基斯坦等地崖画艺术亦颇有研究。他家位于"哲学家小道"不远，顺道游览。曾问德国朋友，为何称为"哲学家小道"，始终未有明确答案。今在小道上漫步良久，浮想联翩。此道蜿蜒于内卡河北岸半山之上，遥望海德堡城区及古堡，历历在目，而小道两旁绿草如茵，行走其上，有如进入图画之中，确实便于思考启人心智。想当年曾在大学受教或任教之哲学大师们必曾在此散步沉思，"哲学家小道"岂因此得名乎？

1985 年 1 月 30 日

海德堡

今在 K. 耶特马特教授主持下作正式演讲，题为《云南崖画》。幸安杰拉在此，请她这个在美长大的女士做翻译，大可放心。自己免说英语，无须紧张。

演讲毕提问，谈起年代问题，耶特马特竟说"你们中国人总喜欢把什么事情推到汉代"云云。安杰拉立即代我作出尖锐之回答。不从论据出发讨论问题，不了解崖画具体情况，如此身份作如此发言，出乎意外。

1985年2月12日

海德堡

在海德堡大学东亚艺术系介绍云南崖画

雷德侯教授昨举行告别宴会于其家。她的夫人研究日本古代艺术，亦颇有成就。有子女各一。

宴会尽欢而散。在德教上课半年圆满结束，总算未出洋相。来后不久闻此间学生对非必修课不满，可以半途退出。选课学生仅有五人，若一一退出，将何以自处？闻前不久确有外籍教授因学生一个不来听课而中途回国事，颇为紧张。幸本课无人退出，五人中有四人按时交出论文（读书报告）作为考试成绩。

今雷德侯教授及学生何伟德先生送到法兰克福机场握别。从飞机下望，欧洲大陆尽为冰雪覆盖。近日气候严寒，英国尤甚，有四个铁路员工冻死，因交通事故而死者数十人。幸安全抵达伦敦希思罗机场，登上飞往香港航班，按时起飞，一切顺利。

法

（1984 年 11 月—12 月）

1984 年 11 月 3 日

巴黎

上午乘火车抵此，皮拉诺里（Miche le Pirazzoli-t'Serstevens）博士来接。

下午博士即导我游久所向往之卢浮宫，盖门票甚贵而今日免票也。卢浮宫以 16 世纪开始的皇家收藏为基础，藏品不断扩大，今天已达 40 万件之多。1793 年起向公众开放。它的收藏偏重艺术品。古代埃及、希腊、罗马，中世纪、文艺复兴各展室中多有举世闻名之瑰宝。特别是"米诺斯的维纳斯"、"蒙娜丽莎的微笑"之前，挤满人群。雕塑品中米朗开基罗的"两个囚徒"，绘画中 E. 穆里略的"乞儿"，也极为人们欣赏。中国文物未之见，原来另有吉美博物馆专门收藏亚洲文物。

巴黎卢浮宫

傍晚蔡华（云南人）君来旅社会面，引导赴皮拉诺里博士之家宴。博士之夫为地理学家。彼夫妇两人一心治学，家中无子女，惟见家有一猫。

皮拉诺里博士，研究云南青铜文化卓有成绩，前访昆明以所著《汉代滇王国之文明》一书相赠。古滇国遗存发现已 30 年，愧中国迄无专书问世。此次巴黎之行，全赖她代为安排。

1984 年 11 月 4 日

巴黎

在皮拉诺里博士引导下整日参观。

上午参观国家民间艺术及传统博物馆。展出包括民间宗教、文学、戏剧、音乐等等，还有农耕、渔猎、畜养等生产技术，衣、食、住等生活习俗，乃至农村社会组织、家庭形式、商品交换诸方面，而且是从远古展现到近代。从这里可以看到一部全面的法国社会文化史。

中午登上凯旋门，俯瞰市区，并在附近用餐。

凯旋门前

凯旋门乃拿破仑于1806年下令建造，不久这位皇帝被放逐，工程一度停止，后来的统治者继续建造，直至1836年完成。建造一个拱门庆祝胜利原是罗马人的习俗，这座凯旋门形制沿袭罗马而规模后来居上，高达164英尺，宽147英尺。四面浮雕表现重要战役，多出自名雕塑家之手。凯旋门下面有一个无名战士墓。

下午参观以收藏亚洲之物著名之吉美博物馆，吉美（Guimet）乃里昂一位艺术收藏家的名字。闻伯希和从新疆及敦煌收集的佛像等文物藏于此处（经卷等文字材料则存法国国家图书馆），河内法国远东学院学者在越南收集品也在此馆，可见它在亚洲研究中的重要地位。中国青铜器中一件据称来自湖南极大之象尊，一件蛇形圈饰，均是国内少见之品。见到越南慕烈铜鼓（鼓面有小孔20余个）及东山村出土之明器铜鼓。一件缅甸F型鼓，鼓面蛙饰作三蛙相叠之状，为过去所未见。来自泰国之权杖星形石头及据称属班清文化一对石（玉？）玦，也值得注意。

油画〝蒙娜丽莎的微笑〞（卢浮宫藏）

1984年11月5日
巴黎

上午独自在香榭丽舍大街漫步，从协和广场行至凯旋门，路甚宽阔，伦敦、华盛顿大道无可与相比者。两排高大绿树将人行道与车道隔开，散步其中极为惬意。路右便是法国政治中心爱丽舍宫。有警卫拦在街口，不允行人进入。附近有克里蒙梭雕像，纪念一战时法国领导人。协和广场中

古埃及浮雕〝嗅花女郎〞（卢浮宫藏）

〝米诺的维纳斯像〞（卢浮宫藏）

隋代女俑（塞尔努斯希博物馆藏）

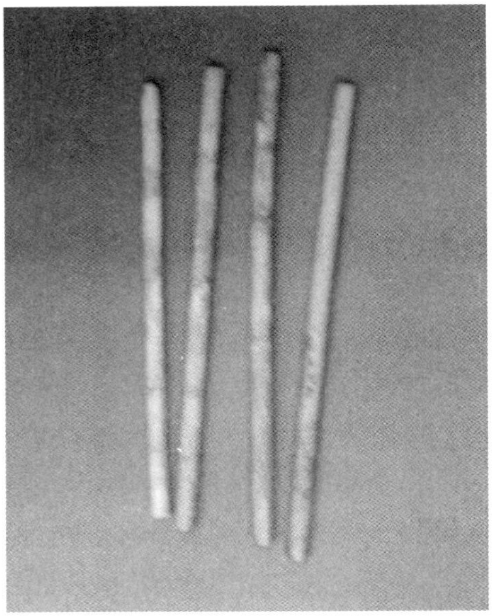

越南汉墓出土陶箸（塞尔努斯希博物馆藏）

中国出土蛇形铜饰（吉美博物馆藏）

饕餮食人卣（塞尔努斯希博物馆藏）

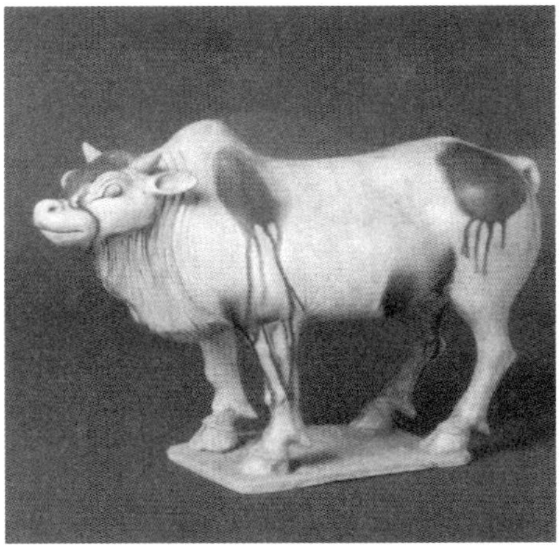

陶制瘤牛（吉美博物馆藏）

心之方尖碑为古老文物，原在埃及卢克索神庙，乃法老拉美西斯二世之纪功柱，埃及于1831年赠送法国。此广场为18世纪纪念路易十五而建，原有其雕像，法国大革命时雕像为断头台代替，路易十六及其后玛丽·安托妮特（Marie Antoinette）便在此丧命。行走疲乏，进入路边一家咖啡店喝咖啡，杯小汁浓，颇能提神。

下午参观塞尔努斯希（Cernuschi）博物馆，皮拉诺里博士及研究中国文化之吉拉德·热斯朗（Maud Girard-Geslan）女士来会。此馆为1896年银行家塞尔努斯希捐赠所藏而成立，其收藏以中国文物为主。从半山马厂彩陶、殷商玉器和铜器、汉唐陶俑，直至宋元瓷器，颇多精品。铜器中最出色的为饕餮（？）食人卣，造型精致，充满神秘恐怖之意味，可代表殷周青铜艺术之巅峰。闻同样器物还有一件现在日本，而中国却不再有之。可叹也！几件陶俑，造型殊佳。特别是一件定为隋代之女俑，作一手持杵一手挽纱之状，身材纤细，神态生动，如此佳品国内少见。中国书画亦有收藏，以时间匆促，未及细观。

1984年11月6日

巴黎

晨女建筑家夏芬婕（S.Clement Charpentier）女士来，导我参观巴黎圣母院。她汉语甚为流利。

巴黎圣母院的历史上可上溯12世纪，今天所见的面貌1345年即已如此。大革命时期因改祀“理智女神”而幸免于难，1802年恢复，两年后拿破仑在此加冕。夏芬婕女士从专家角度讲述巴黎圣母院建筑成就，特别是大门正面雕塑艺术颇详，惜自己知识太差，难以记住。惟知有描述“最后审判”故事的浮雕，而门上一排乃《圣经》中以色列诸王像，法国大革命时竟误认为法国皇帝像遭受毁坏，不禁使我想起“中国文化大革命”。

早从雨果作品中知道巴黎圣母院，特别是那位丑陋而心地善良的“钟楼怪人”，留下深刻印象。闻故事描写的背景就在此处。今顶部确有钟楼，正在整修。

中午，访问孔多明纳斯（G.Condominas）教授于东南亚研究所。他专攻东南亚民族学，曾读所著《我们吃了森林》一书，与云南边疆民族情况颇多相似。承赠论文10余篇。

下午，由一位青年学者引导参观人类博物馆。馆位于沙约宫之侧翼，收藏包括古人类学、史前史、民族学三部分之内容。楼下陈列古人类化石、打制石器及旧石器时代的艺术品。有3-4件粗具轮廓妇女雕像，竟被冠以“XX维纳斯”的名称，表现西方考古学家的幽默感。楼上展出从爱斯基摩人、南美印第安人和太平洋诸岛屿后进民族文物。

从人类博物馆走出，著名的埃菲尔铁塔便赫然在目。埃菲尔是设计者名字。它原为举办世界博览会于1889年建成，高1050英尺，重达7000吨。今已成为巴黎标志性建筑。时间已晚，远眺而已。

晚应邀去吉拉德·热斯朗女士家吃饭。彼丈夫热斯朗先生任职法外交部。此次由德申请来法，签证久批不下，幸由他出面说明情况顺利办成。她家有个三岁小女儿，极为可爱。

巴黎第一大学

与谢和耐、贝尔诺、皮拉诺里博士在巴黎索邦地区聚会

1984 年 11 月 7 日

巴黎

上午独自游巴斯底广场，即原巴斯底监狱所在。1789 年 7 月 14 日 7000 名巴黎人攻打监狱，释放囚徒，标志着法国大革命的开始。监狱早付之一炬，现广场中心立有一柱，名“七月柱”，柱上有自由神像，纪念此事。

中午，皮拉诺里博士来引导参观索邦（Sorborne）区。位于塞纳河之南，乃巴黎学术文化中心。巴黎第一大学和著名的法兰西学院（1530 创立，在法国具有崇高学术地位，约里奥·居里夫妇就在此院实验室中进行镭的研究。——2002 年补记）均在此区。巴黎大学现在已有十几个之多，是后来陆续建立的。原来只有这一个巴黎大学，成立很早，从神学院算起，至今已有约 800 年的历史。按欧洲大学的历史以意大利最早，次为法国，英国剑桥、牛津尚在其后。

继至附近一家法式菜馆，研究中国中古史而知名汉学家谢和耐（J. Gernet）和人类学家贝尔诺（L. Bernot）前来会面，同进午餐。两位是法兰西学院教授，前者曾任《通报》主编。1981 年两位曾访问云南民族学院，因而相识。

下午去凡尔赛宫，在巴黎西南十余英里，原为路易八世一个狩猎小屋，经路易十四等长期营建，成为世界上华丽雄伟的皇宫之一。路易十六及奢侈美貌的玛丽·安托尼特皇后在 1789 年押上囚车送回巴黎之前，一直居住在此。

时间太短，只能走马观花。皇宫内部金碧辉煌，房间多以神命名，如赫尔克里斯室、阿波罗室，维纳斯室等，大概都因天花板壁画描绘的神而得名。吸引观众的是玛丽·安托尼特的卧室，完全保持 18 世纪主人居住时原样。其旁为卫士房间，法国大革命时卫士多人丧命于此。皇宫内有书房，有小教堂，其中心是金碧辉煌的“镜子大厅”，巴黎和会后订立《凡尔赛条约》即在此签字，中国外交官陆征祥、顾维钧等在“五四运动”影响下拒绝签字。

晚又去香榭丽舍大街，逛商店，街头喝咖啡，欣赏巴黎夜景。

1984 年 11 月 8 日

巴黎

在法最后一天，今晚须赶回海德堡，明日还要上课也。上午匆匆参观荣军院，看拿破仑墓。拿破仑 1821 年死于外地，1840 年归葬此处。墓室正对荣军教堂圆顶之下，拿破仑之棺材放在正中。这具棺材大而复杂，共有六层之多，最内一层是铁皮，第二层是桃花心木，第三四层是铅质，第五层是乌木，最外一层是橡木。看来以多重棺木保护尸体可以“久存”之观念中外皆然。拿破仑的亲属附葬于他的巨棺之旁。

此行巴黎之行极为愉快。久闻法国人不喜说英语，自己对法文一字未识，内心不免惴惴然。一周来用英语与学者交谈，向行人问路，并未遇任何困难。他们确以法语之优美而自豪（据说一口流利的法语像音乐一样好听），但多数人会英语，小学生中 80% 在上英语课。如与财大气粗美国佬打交道时说对方的语言，他们可能感到有损民族尊严。我等非西方人士，他们自不计较。

1984 年 12 月 1 日

斯特拉斯堡

随海德堡大学参观团来此游览一天。临上车前，参观团负责人突然说：“汪教授，恐怕你今天不能成行。

巴黎凡尔赛宫的镜子大厅

斯特拉斯堡“小巴黎”地区的传统建筑

斯特拉斯堡欧洲议会

阿尔萨斯地区妇女传统服装

中国人进入法国必须先办理签证”。打开护照一看，上次签证期限甚长，竟与在德居留时间相同，而且是“多次入境”。负责人看了也很高兴，连说“OK”。自己并未想到会再次踏上法国土地，多亏法国朋友为我想的周到！

斯特拉斯堡为法国阿尔萨斯地区首府，这一地区公元前1世纪即有罗马人定居点，10—17世纪属神圣罗马帝国。阿尔萨斯与洛林两个地区位于法德边境，历史上两国反复争夺。

在汽车上突然想起幼时所学A．都德的《最后一课》一文，便以1870—1871年普法战争德军取得胜利占领阿尔萨斯后不许学校讲授法语为背景。今天去的正是这一地区。我至今仍不明白为什么日伪时期学校竟允许学习这类文字而不怕激起中国学生的反日情绪？似文网严密是“古不如今”。这篇课文给自己印象如此深刻，以至初中时因拒学日语险遭不测。

我们看了11—15世纪建立的大教堂（内有一个天文钟为16世纪始创）、18世纪建立的法国皇室以及拿破仑和约瑟芬居住过的罗昂宫（Rohan Palace）、歌德获得法学博士学位之斯特拉斯堡大学、现代艺术博物馆、阿尔萨斯博物馆以及1979年始建的欧洲议会新楼。一个称为“小法兰西”地区，位于横贯全城伊尔河畔，沿河街道排列上覆圆瓦墙有交叉型支柱的欧式木结构房屋，完全保存古老面貌。

走进一家供应当地菜肴的餐馆，女侍穿传统服装。要一份农村风味的牛排，大快朵颐，过去吃的牛排无过于此者。无怪乎曾有朋友说要到法国而且是法国的乡镇才能吃到真正法国菜。

今天在街头见有欧洲活字印刷的始创者哥腾堡（J · Gutenberg）雕像。原来1433—1445年间他曾在此地长期生活，钻研印刷技术。

瑞士

（1985 年 1 月）

1985 年 1 月 20 日

苏黎世

昨晨离海德堡。车次选择不当，在巴塞尔换车，不是最短距离，上车要补交票款。钱数甚微，还是算冤枉钱。

车中旅客多带滑雪板，盖现值滑雪季节而瑞士又为滑雪胜地也。如我这样冒着严寒仅为旅游去瑞士者全车厢中绝无仅有，真是不合时宜。

临座两位青年滑雪者来自丹麦。听说中国人口超过十亿，为之咋舌。盖丹麦全国只有四五百万人。他们说国家大小无所谓，只要人民快乐社会安定，“小国也不一定不好”。诚哉斯言！

住入小旅馆后为时尚早，即去里亚特堡博物馆参观。此馆专门收藏亚非艺术品，德国友人一再建议“非看不可”者。中国文物中较为精美者有一座北朝造像碑，一件负载丝束作跪伏状的白瓷（釉陶？）骆驼。还有一具 C 形铜鼓，鼓面有喂猪（？）雕饰代替蛙饰，为国内所未见。

苏黎世城市濒临苏黎世湖，一条河穿城而过流入湖中。新石器时代这里有著名的湖居文化，进入金属时代后属于著名的哈尔斯塔特文化分布范围。此地原为凯尔特人所居，苏黎世之名即导源于凯尔特语（原为一个人名）。公元前 58 年起由罗马管辖，罗马人在公元前 15 年曾在此建立海关。中世纪时属于德意志某一诸侯，1218 年成为自由城市。18 世纪以后并入瑞士联邦。这里历史上纺织业颇为发达，丝绸尤为著名，据说还是最早使用邮票的国家（始于 1847 年）。现

苏黎世大教堂

苏黎世古罗马海关遗址

北齐天保八年（557 年）造像碑（里亚特堡博物馆藏）

在人口 80 万，为瑞士第一大城市。瑞士首都虽在伯尔尼，金融经济中心实在苏黎世。

晨起参加市内一日游，全车五六人而已。我们游览了苏黎世湖、罗马海关遗址及城堡（Lindenhof）遗址、作为城市标志的 Grossm ü nster 大教堂（宗教改革家茨温利曾驻足于此）及隔桥相对的圣母院、位于河两岸的古城区及瑞士最大的大学——苏黎世大学。最后在著名的瑞士联邦理工学院停留较长时间。这里就是爱因斯坦读大学的地方，诺贝尔奖金得主出身该院者颇多，建筑也颇有名。导游让大家在此休息，俯瞰全城。

导游小姐自称会说五国语言，盖瑞士一国之内主要就有四种语言流行：德语、法语、意大利语、罗曼什语（Romansh）。当然，英语更是人人都会的。小姐语多幽默，如点查人数时指着结冰的湖说“是否还有人仍在湖中游泳没有上车？”她知道中国有昆明这个城市。近年昆明官员们成群结队来此访问，常由她导游，但像我这样个人游客，她还是第一次见到云。

下午又独自前往老城逛街。街道甚为狭窄，令人“发思古之幽情”。两边店铺林立，多为钟表店及巧克力店，今始知瑞士巧克力和钟表一样著名。原来还有 14 世纪建造之城墙，19 世纪拆毁。

继去瑞士国家博物馆参观，瑞士联邦政府 19 世纪时通过法令在此建立，是全瑞士最大博物馆，有几处遗址博物馆归它管辖，展览从青铜时代到 18—19 世纪的历代艺术精品，并把几百年前居室、店铺等按原貌复原。这里有史前湖居文化遗物陈列，可惜过于匆促，未能细观。

街道上曾见一处标志，说明是 1946 年丘吉尔来苏黎世演讲站立之处。丘吉尔能得诺贝尔文学奖，自必辩才无碍，大概那次演讲给予当地人以深刻印象。

驮丝骆驼俑（里亚特堡博物馆藏）

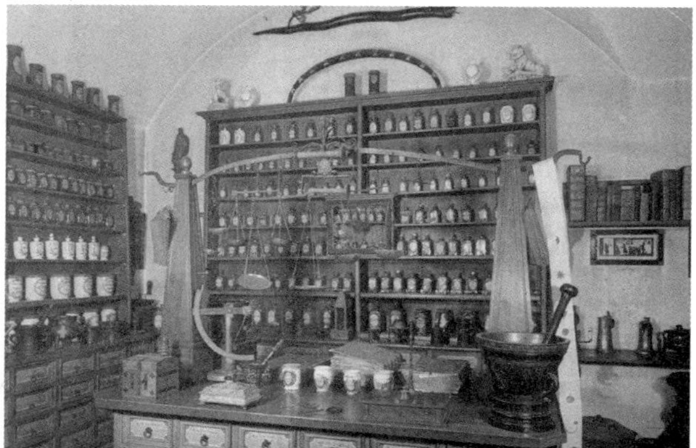

苏黎世古药铺复原（瑞士国家博物馆陈列）

1985年1月21日

日内瓦

昨下午抵达，宿车站附近国际旅社。

日内瓦市现是组成瑞士联邦二十个州之一日内瓦州的首府。罗马时期为凯尔特人所居，1536年即成立了共和国，一度隶属于法国，1851年加入瑞士联邦。苏黎世多说德语，而这里已属法语区，一眼望去，商店招牌、道路标志多为法文。城市三面环山，北临著名的莱蒙湖，有罗讷河(Rhone)由西而东穿城而过流入湖中。市区人口仅15万左右,空气清新，不闻噪音，有山有水，街道整洁，入市如进花园。

上午在以风光绮丽著称的莱蒙湖(日内瓦湖)边散步。今日阴雨连绵，湖边少见行人，气候奇冷，世界上最高之喷水泉停止喷水，作为城市景观之一的花钟为冰雪所覆盖。

今日星期天，所有博物馆关门大吉，原来想看民族学博物馆，亦难如愿。路过一所东正教堂，在周围建筑中显得颇为突兀，入内躲雨休息片刻。据管理教堂的一位老人云，此堂1937年始建，或与苏联逃亡者有关。

下午参加一日游，游览市内重要景点。有名卢梭岛者，实为罗讷河中一片滩地，这位哲人之雕像矗立岛上。原来卢梭(J.Rousseau,1712—1778)出生地就是日内瓦。他出生于贫苦的钟表匠家庭，当过仆人和音乐教师，自学成材，曾为法国启蒙运动大师狄德罗主编之《百科全书》(初版于1751—1752)撰写条文，故被归入

日内瓦东正教堂

莱蒙湖中的卢梭岛

卢梭岛上纪念恺撒浮雕

宗教改革国际纪念碑墙

宗教改革国际纪念堂

“百科全书派”。他在《论人间不平等的起源和基础》、《论社会契约》等著作中，首先提出消灭人类不平等问题，早于马克思近一百年。但与马克思不同，不主张暴力革命，而主张赋予人们平等的政治权利，另以征收大量遗产税等方法缩小贫富差距。按照我辈政治学门外汉的浮浅理解，今日西方社会实行的政策至少有一部分正在贯彻他的政治理想。

出卢梭岛不远有一处罗马恺撒的纪念碑，以画的形式表现恺撒生平，大概表现他在今瑞士境内与高卢人作战事。

罗讷河南岸为金融和商业区，多家大银行集中于此。瑞士有 1700 家银行，其服务范围是国际性的。由于瑞士是中立国，更主要由于其良好的信誉，世界富豪多喜存钱于此。一个穷措大突然接到瑞士银行通知，要他接受其祖先或远亲多年前一笔存款，连本带息遂成巨富，是西方电影中常见情节。

瑞士仅有 740 万人口，两次大战中保持中立，日内瓦成为世界各国解决冲突协商谈判的场所。1919 年成立的国联即设于此，现为联合国多个组织所在地，其中有世界卫生组织、国际劳动组织、世界教会联合会等，当然还有国际红十字会总部。这些国际组织办公大楼多分布在莱蒙湖之西岸。旅游巴士匆匆一过，导游小姐指点介绍，并未下车细观。

最后来到宗教改革国际纪念会堂，作较长时间之逗留。该处有宗教改革运动领导人雕像，其中包括加尔文（J.Calvin,1509—1564）。16 世纪兴起之宗教改革运动由德国马丁·路德发起，而瑞士也是当时新教的中心，其代表人物有二：一为茨温利（H.Zwingli,1484–1531），其活动地区主要在苏黎士；另一即为加尔文，虽出生于法国，从 1536 年起即在日内瓦活动。当时日内瓦成为推行新教的基地，日内瓦政府曾由加尔文派组成。加尔文被誉为“国际的宗教改革家”。

茨温利、加尔文和马丁·路德宗教主张并不尽同，形成不同派别，但他们都反对罗马教廷的控制和敛财（如发行“赎罪卷”之类），反对天主教的一些清规戒律。

新教的兴起适应资本主义发展的要求。最近西方颇为推崇德国哲学家韦伯（Max Weber）

的学说，其《新教伦理与资本主义精神》一书对此有专门的分析。16 世纪的瑞士经济上最为先进，又是当时欧洲最自由的共和国，实行民主，这里的统治者支持新教，能收容各地遭到迫害的新教徒来此避难，因新教的教义如主张节俭、敬业、勤奋、积累财富，符合资本主义精神，最早接受新教者多为新兴产业的管理者和劳动者，日内瓦等瑞士城市成为新教发祥地，并非偶然。西谚有云 :“新教喜欢美食，天主教喜欢美睡。”美睡象征着终日无所事事，在幻想中向往天国，美食意味着不排斥俗世现实的快乐。

天气太冷，较预先计划提前一天离瑞士。晚乘车沿莱蒙湖而行，经洛桑、伯尔尼又到巴塞尔换车，夜深始达海德堡。

奥地利

（1992 年 5 月）

1992 年 5 月 6 日

维也纳

4 日下午偕妻离奥斯陆，开始欧洲大陆之游。事先购好国际火车通票（Interrail），每人仅 2000 克朗（卧铺另购），可去西欧大多数国家，十五日内有效。

夜经瑞典哥登堡、赫尔辛堡进入丹麦。渡海时火车驶上轮船，无须换车。

5 日晨九时许抵达汉堡，才知铁路工人罢工，一切国际列车停开，不能去意大利。遂去柏林，同样罢工，柏林民俗博物馆的吴森吉先生又联系不上。幸车站上有人告知，东柏林工人不参加罢工，列车照开，匆忙赶赴东柏林车站，有车去奥地利，决定先去维也纳游览。

一切安排妥当后，漫步街头。回忆八年前从西柏林到东柏林，乘地铁或公共汽车都要换车过关，要办签证，今畅行无阻，横亘全城之柏林墙已不见踪影。这一两年世界变化之大，恍若隔世。

东柏林较之西柏林，市面明显萧条，路边停放汽车亦多陈旧，提醒人们这里不久前还曾实行另一种社会制度。从今日东西柏林铁路行业罢工步调不相一致,可推想统一以后尚未能完全整合。其详情已非我辈短期旅游者所知。

5 月晚车离东柏林站，经雷根斯堡入奥境。今晨八时抵维也纳。通过车站询问处介绍，住入车站附近旅馆，一天 520 先令，约合美金 40 元，不如预想之贵。

稍事休息，便参加市内二小时游，参观市容及重要景点。

维也纳濒临多瑙河。多瑙河沿岸著名城市甚多,作为国家首都者还有布达佩斯和贝尔格莱德。但由于小斯特劳斯那首著名乐曲（《蓝色的多瑙河》），在人们心目中维也纳与多瑙河更加密不可分。旅游巴士沿河而行，多瑙河已有多年不见，河水仍然清蓝可爱。

导游小姐带我们巡行重要景点：帝国宫、国家歌剧院，13 世纪始建之圣 · 斯蒂芬（St. Stephen）大教堂等等。一般并不下车，导游只在车上指指点点，左方或右方什么建筑，年代为何，价值何在，真是“坐车看花”！予我深刻印象是维也纳到处都有名人纪念物，熟悉的名字中除弗洛伊德外，以音乐家居多——莫扎特、贝多芬、舒伯特、李斯特，当然还有斯特劳斯父子。他们并非全出生在维也纳，有的甚至不是奥地利人，只要曾在维也纳居住，其故居多建为博物馆，他们的雕像矗立在广场之上，街道、喷泉、公园以其名字命名，即使非埋葬在维也纳者也要设立衣冠冢（Tomb of Honor）。

仅莫扎特一人就有两三个雕像，三四个故居。一处是他创作《费加罗的婚礼》的地方，便称为“费加罗屋”。凡此都表现“音乐之都”的特色。

中午小憩后又自去具有历史价值之帝国宫及其附近景点做详细参观。好在与旅馆相距不远，步行可达。

帝国宫为维也纳之中心，是统治奥地利凡 640 年的哈伯斯堡王朝（1278—1918）二十个君主居住之处。哈伯斯堡原是一个城堡名，位于今德国瑞士边境，后变为姓氏。自 13 世纪起这个家族统治奥地利，从15世纪到18世纪有的还是整个神圣罗马帝国的皇帝。过去只知英国号称为“日不落国”，今知16世纪时哈伯斯堡王朝由于联姻而兼有西班牙及其新大陆殖民地，也曾是一个“日不落国”。维也纳就是神圣罗马帝国及后来双重君主制奥匈帝国的首都，而帝国宫一直是这个首都的心脏。帝国宫原是一个中世纪的城堡，逐渐扩大成一个庞大的建筑群。可能由于二战中破坏，古老建筑留存至今只有一个小教堂和一个马厩（原西班牙骑术学校养马之处）。

维也纳帝国宫

维也纳歌剧院

今天帝国宫仍为奥地利总统办公之处，并为国家图书馆及民族博物馆所在地。维也纳民族博物馆对中国考古界人士并不陌生，研究铜鼓著称的黑格尔（F.Heger）曾在此工作，今日馆内显著位置还按他的分类法陈放四个铜鼓，云南铜鼓中图像最精美的一具（传开化出土）就放在第一位。

帝国宫四周原有城墙。在位达68年之久的哈伯斯堡王朝弗兰西斯·约瑟夫一世（Francis Jeseph I，1848–1916）认为它已失去军事作用而又妨碍城市发展，1857年下令拆除。在其基础上建造环形大道，以显示帝国的气派。道宽187英尺，全长2.5英里，历17年始成，是当时世界最宽阔之道路，今天仍在使用。

原来宫门之外便是Heldenplatz广场，矗立一战中牺牲的无名战士纪念碑和历史上曾打败土耳其人及拿破仑的将军们雕像。这里很像北京的天安门广场，但似乎位于整个帝国宫之西，与中国皇宫总是坐北朝南稍异。每有大事群众在此集会，如教皇来访时在此接受万人欢呼。1938年3月15日希特勒占领维也纳时在此组织有管弦乐队伴奏的“庆祝胜利”游行，同时就把奥地利抵抗者装上火车运往集中营。

广场前为议会，左侧是自然史博物馆和艺术博物馆，两座形制相同雄伟建筑，相对而立。自然史博物馆门前立有一个熊的雕像，三头二身，比真熊大好几倍，引起云慧的兴趣。

帝国宫花园在皇宫之南，原属皇家专用，后改公园，供人参观，内有莫扎特雕像。雕像前草坪由黄花组成一个很大的五线谱高音符号，游人从远处望去，便可猜到像主必与音乐有关。

从帝国宫花园循环形大道南行数十步，便是著名的国家歌剧院。正值不开放时间，未能入内一观。此原为宫廷剧院，在二战时一次轰炸引起大火中完全摧毁，1955年重建。现为世界上三大歌剧院之一，为著名的维也纳爱乐交响乐团常年演奏之处，指挥均为世界级大师。我们去时门前有人身穿中世纪服装正在预售戏票。票价奇昂，非我辈所敢问津。

1992 年 5 月 7 日

维也纳

今游览 Schönbrunn 宫。

原为磨房，17 世纪开始兴建，1713 年完成。统治奥地利 40 年（1740—1780）、史称欧洲最伟大的女皇玛丽亚 · 特雷莎（Maria Theresa）曾居于此。她共生育十六个子女。正是她与其继承人约瑟夫二世（1765—1790）的一系列改革（废除农奴制，建立统一国家，司法独立，废除酷刑，兴办教育并使教育摆脱宗教控制，宗教信仰自由，发展工业），使奥地利告别了中世纪。

1808—1809 年拿破仑侵占奥地利时曾以此宫为统治中心。其子拿破仑二世与奥地利公主结婚，最后即死于此。

此后哈伯斯堡王朝君主们多于夏天居此（冬天仍住帝国宫），其情况很像北京颐和园。惟一例外是在位最长的弗兰西斯 · 约瑟夫一世，喜欢常年居此，因这里是他的出生地，亦因他提倡斯巴达式生活并身体力行之故。

Schönbrunn 宫

此宫二战中几无破坏，保持欧洲宫殿固有面貌，为来维也纳旅游者必去之处。其花园尤为漂亮，绿树成屏，喷泉溅珠，令人赏心悦目。全宫有 1441 个房间，向公众开放的仅有四五十个。最吸引游客兴趣者有：六岁的莫扎特曾在此演奏的镜子大厅、特雷莎女皇与其大臣议事密室“圆形中国房间”和奥地利末代皇帝查理一世 1918 签署退位诏书（奥地利从此变为共和国）的“蓝色中国沙龙”（我们看到一些中国瓷器外，始终不知这两个房间为何以中国命名）、拿破仑与其将军议事之室和其子与奥地利公主结婚房间。一个巨型舞厅原为 19 世纪议员们跳舞之处，今日每逢外国元首来访，奥政府仍在此举行官方的招待会。

归途顺道游览世界最大的转轮（Riesenrad）。二战中已被破坏，现仅部分修复。旋转至最高处，维也纳市容尽收眼底。

虽仅逗留两日，维也纳予我极其佳印象。街头未见无家可归者。公共交通方便，街道整洁。全市 150 多万人，看来生活安详而幸福。生活水平及社会治安似好于德国。闻二战结束时维也纳也曾像柏林一样，划分为四个区（sector），由四国分别占领，与柏林不同的是城中心地区由四国轮流管辖，每月一换。1955 年四国协定撤军，使奥地利永久中立化，同年通过新宪法把这点定为国策。省了军费开支的国家必然富足。

城市建设之成就及举措，令人叹服。二战中维也纳破坏很大，战后尽量按原貌修复。原城墙之内及周围地区（称为“贵族房屋区”）凡具有一两百年历史的建筑、街道、广场，均不允许随意拆毁重建，而由国家设立基金帮助维修。想起当今中国城市中旧房动辄成片推倒，盖成一幢幢既不美观又无特色的高楼，不禁感慨系之。主其事者应愧对祖宗！

晚乘夜车经因斯布鲁克换车赴意大利。

深夜记于因斯布鲁克车站

荷兰

（1996 年 8—9 月）

1996 年 8 月 29 日

阿姆斯特丹

与过去一样，快要开会才批准出国，并不管你是否有足够办理签证时间。在京等候数日，总算顺利拿到签证。

这次赴荷是应莱顿大学亚洲研究所（IIAS）组织的欧洲研究东南亚考古学会（EurASEAA）第六届会议之邀。与会议组织者通信及电传多次，请他们致函荷驻华使馆迅速给予签证。麻烦人家太多。

EurASEAA 自第 1 届（1986 年，伦敦）起，历届（第 2 届，1988 年，巴黎；第 3 届，1990 年，布鲁塞尔；第 4 届，1992 年，罗马；第 5 届，1994 年，巴黎）均来信邀请，未去。仅首次会议适与世界考古学大会同时，于报到之日曾去伦敦考古研究所与熟人寒暄。此会最早组织者为《世界考古学》主编 I. 格洛弗博士等人。

阿姆斯特丹 17 世纪市政厅（今皇宫）

今晨 9 时乘 SK996 航班离京，经哥本哈根转机，至荷兰抵达什波尔机场（欧洲机场中位居第四）已是下午四时。出门过地道即可乘火车，通往阿姆斯特丹、莱顿、鹿特丹，直至巴黎。去阿姆斯特丹列车一小时四次，极为方便。车为双层，行驶平滑如矢，十余分钟即抵阿姆斯特丹中央车站。

由车站旅客服务中心介绍，住入车站附近旅馆，屋间甚小，但设备齐全，一天 100 个盾，约合美金 60 元。

晚旅馆附近歌声大作，见啤酒屋前搭舞台，台上有一胖子引吭狂歌，震耳欲聋。台下众男女为之喝彩，或随歌声扭动身躯，或手持啤酒而饮。据旅游书介绍，车站附近地区为吸毒者聚集地。

荷兰为低地国家，一千年前还是一片汪洋，仅有一个个相互连接之沙丘，全靠修筑堤塘拦水（堤塘长达 2000 公里），用风车戽水，与海争地（荷兰水利工程发达即出于客观需要）。今荷兰一半地区在海平面之下，故荷兰人最怕全球气候变暖，海水上升将使像莱顿这样城市完全消失。一千年中荷兰经历了 20 次大洪水，最近一次在 1995 年 2 月。

今天荷兰面积有 41864 平方公里，约与瑞士等，人口 1500 多万人，是欧洲人口较为密集之国家。除荷兰人外尚有 60 万弗里西亚人（Frisian）住在大西洋沿岸岛屿，以及少数原殖民地圭亚那及印尼的移民。荷兰语为官方语言，弗里西亚人允许在本地区使用自己的语言。荷兰以花卉、果蔬、奶制品为出口大宗，温室面积占欧洲之半。交通运输甚为发达，鹿特丹为世界第一大港。

荷兰人是一个较为世俗化的国家，57% 的人宣称不属任何宗教，25% 荷兰人信天主教，

18% 的人属荷兰“归正教会”(Dutch Reform Church)。

荷兰原为共和国（1579—1795)。1795 年拿破仑第一派其弟路易 · 波拿巴直接占领荷兰。1814 年建立尼德兰王国，比利时、卢森堡曾属之，后相继脱离。现实行君主议会制，女皇贝娅特丽克丝 (Beatrix) 于 1985 年即位，但政权操于议会之手。一战中荷兰为中立国，二战时为希特勒占领，皇室曾逃亡英国。

原市政厅内公民大厅地面大理石全球地图

荷兰 17 世纪时在艺术及经济方面于居世界前列，称为“黄金时代”，曾拥有印尼、圭亚那（1945、1975 年相继独立）等殖民地。1602 年建立的东印度公司从事海上贸易，为荷兰本土带来经济繁荣，荷兰人收入曾居世界之冠。18 世纪后因与英法不断战争而盛况不再。

具有特色的荷兰房屋山墙

1996 年 8 月 30 日

阿姆斯特丹

阿姆斯特丹东濒海湾，另三面有运河环绕，呈蜘蛛网状，以桥梁连接。1275 年建市，14—15 世纪时发展为贸易中心。很多人民出海冒险，中央车站附近有“哭泣塔”遗址，为妇女送夫出海之处。

一座座房屋栉比鳞次，紧密排列，最有特色是房屋的山墙（gable)，形状各异，装饰华丽，从 17 世纪起即开始流行。山墙可分为各种类型——铃型、颈形、台阶形、喷嘴形、冠楣形，直楣形等等。

阿姆斯特丹花店甚多，有一处花市场出售郁金香及其球茎。荷兰郁金香世界闻名。到 17 世纪中叶荷兰“郁金香热”达到高峰，当时三个名贵品种之球茎可值 30000 个盾，这笔钱能在阿姆斯特丹最好地区买一座大房子。今天郁金香仍是荷兰重要产业，年出口 20 亿个球茎，销售于 80 个国家，仅旅游旺季即可为荷兰带来 8000 万美元之收入。荷兰很多地区像种庄稼一样大面积种植郁金香。

荷兰自行车之众多不逊中国。著名的菲利普自行车即荷兰所产。从女皇到邮差均有一辆自行车，路边自行车存放成堆，拴于路边自行车被破坏者，主人亦不再过问，到处有自行车出租。阿姆斯特丹街道划出专线供自行车行驶，全国自行车道达 15000 公里，旅游者可乘自行车走遍全国。

晨起去皇宫，尚未开放，先在附近参观。

皇宫前广场（Dam Square）中心有一方形碑，纪念二战抵抗运动牺牲者（每年5月4日为纪念日）。旁有教堂，为女皇加冕之处。现内有来自莫斯科附近一个村庄 Palech 之漆画展览，有妇女现场描绘，极为精细，自非前在莫斯科购买的廉价货可比。广场中心鸽群成灾，几难举步。突见一青年手舞足蹈，如做太极拳然，行人告知乃吸毒者。对越轨青年而言，荷兰为“最自由的国度”。阿姆斯特丹曾是20世纪60年代“嬉皮士”运动之中心，现每年从复活节到10月，世界各地青年仍来荷兰集会，此广场即为集会场所之一，他们口号是：

我们在阿姆斯特丹能做在家里不允许的事。

每年阿姆斯特丹可吸引700万游客，此辈必不在少数。在阿姆斯特丹所见墙壁乱涂现象不逊于美国，乱涂中见“反对种族主义”“他妈的警察”等口号。

皇宫原为1665建成之市政厅，一位诗人称之为“世界第八奇观”。它用斯堪的那维亚运来13500棵橡树建成的，是荷兰17世纪“黄金时代”的象征，当时世界上没有哪个建筑可与相比。1818年路易·波拿巴占为宫殿，宫中留下不少拿破仑时代之家具。今天这里仍作为皇宫，仅第一层对外开放，陈列市政厅时代的情况，可以了解欧洲一个实行共和制度城市的政治机构。

中心为公民大厅。地面上有大理石镶成东半球和西半球大幅地图，使当时阿姆斯特丹公民到此开会时都能像本市商人和海员那样“跨过世界”。大厅周围围绕着一个个房间，分别为各部门办公之处：

审判厅（或高级法庭）——审理要案，宣布死刑，位于入门处，使广场公众均可听到宣判；

法厅小室——死刑犯执行前在此祈祷；

小罪审判处——判处600盾以下罚款之案件；

司法长官厅——最高司法官及九个司法官在此办公，也是一周两个下午举行婚礼之处；

市政长官办公处；

市政长官开会处：

市议会厅——向市行政长官提出忠告；

孤儿照管室——有钱人家的儿童失去父母者在此托管；

保险办公室；

破产办公室。

后两者说明保险和破产制度在17世纪的荷兰已经形成。

有趣的是每一房间以圣经或历史故事为题材之浮雕及绘画，多与该房间功能有关。例如：审判厅描绘所罗门王裁决两个妇女争一个孩子之案件；古希腊一位议员取下自己双眼使犯罪的儿子眼睛免于刺瞎；罗马执政官布鲁特斯将犯叛国罪之儿子砍头等；凡此均表示公正。保险办公室描绘希腊诗人歌手阿里昂被一只海豚救起免于淹没，表示遇意外事故有保险可以免难。破产办公室描绘伊卡洛斯（Icarus）神以羽毛和蜡做翅膀飞近太阳因蜡溶化堕入海中，象征财产消失。宣布死刑秘书官坐的椅子浮雕则是一位妇女手指放在唇上，示意禁声。请如此类，不胜列举。自己于西方历史掌故所知甚少。若非看了说明，无一可解。

下午去看伦勃朗（Rembrandt Van Rijn,1606—1669）故居，在今天的市政厅附近。伦勃朗出生于莱顿，原为莱顿一位风磨主之子（故他画的风磨非常准确），后到阿姆斯特丹学画。一生大部分时间在此房居住，许多杰作在此完成。房屋共三层（地下室顶楼不计），17 世纪所建，尚保存完好，现其内陈列他的油画及蚀刻铜版画（etching）。没有哪本美术史著作不谈到伦勃朗，他是荷兰引以为荣的人，一些街道和花园以他命名。荷兰当时为共和国，权力和财富属于商人阶层，他的画应他们要求而作（为了挂在市政厅），故多表现商人群体。又他很喜欢研究自己的脸，故多自画像传世。

另一荷兰人引以为荣之画家为梵高（Vincent Van Gogh，1853—1890），称为现代艺术奠基者，对 20 世纪艺术有很大影响。他的活动多在巴黎，晚年发疯后自杀。阿姆斯特丹有一个梵高博物馆，未及往观。

阿姆斯特丹不过 70 万人口，运河两边古老房屋均保存原状。共有 34 个博物馆和故居博物馆。今天还看了阿姆斯特丹历史博物馆，获得不少这个城市的知识。

1996 年 9 月 1 日

莱顿

昨日来此，住的旅馆称 Niew Minerva，面对河水，有极大白鹅三只游来游去。室内设备简单，但独居一室且可煮水泡茶，愉快之至。

莱顿于 1266 年建市，曾是荷兰学术研究及文艺复兴之中心。由于抵抗西班牙有功，国家允许在此建立一所大学为报，即今莱顿大学，事在 1575 年。莱顿大学是荷兰最有声望之大学，女皇及其继承人曾在此学习。这里的汉学研究有长久历史，是欧洲汉学中心之一，曾出版许多重要著作，培养出不少人才。最著名的当然是曾任重庆荷兰使馆官员之郭罗佩（R.H.Van Gulik），有关他的成就及轶事报道颇多。他是第一个系统研究中国人自己讳莫如深的中国性文化的学者，其结论是中国古代两性生活自然而正常，曾出版《中国古代房内考》及《秘戏图考》（闻这两本书今已有中译本）；为了反对中国自来无侦探小说之偏见，参考中国原有的狄公案故事，自撰若干篇狄公侦探小说（如《镜谋杀案》、《迷宫谋杀案》等）。琴棋书画无一无能，比中国人自己还要热爱中国古代文化，会刻图章，收藏古董，不但能读古籍而且能写一手典雅的古文，后一点其他汉学家难以做到。他娶中国人为妻，生活方式也中国化，喜欢起高雅的斋号，常在文后写上“高罗佩识于某某琴室”之类，宛然一个古代中国读书人。此人早死，遗书即在莱顿大学，设有专室，不知此行可有暇前往一观否？

此次会议为亚洲研究所主办，其标帜是印尼发现的不对称钺上怪鸟图案，大概原殖民地印尼是该所研究重点。该所出版《通讯》，分为“中亚”、“南亚”、“东南亚”、“东亚”（中国列入）、“西南岛屿”、“亚洲艺术”诸栏，报道新书及世界各地会议消息，获该所奖金来访问学者名单等。承按期寄赠，获益匪浅。

莱顿大学和欧美历史悠久大学一样，校舍分散，各系所自成单位，另有“中心综合大楼”，设有书店及会议室，举办全校性学术活动。

今按旅游地图，选若干景点参观。先去看风磨。风磨约于公元 700 年由十字军传入，在荷兰得到发展，以应低地抽水之需要。风磨也用以造纸、榨油及谷物加工。风磨结构是将竖轮与风车相接（风车可因风向及风力调节，风小可加帆），另将安有磨之横轮与竖轮相接。今天参观者为莱顿尚存惟一风磨称 De Valk 者，高如楼房，1743 年建成，用于磨面，为人加工抽取所得面粉之 1/16—1/24 作为报酬。现内部仍按原样布置，另有介绍风磨历史陈列，从陈列可反映风磨主生活方式及当时社会情况。风磨中奉圣维克多（原为罗马士兵，被罚身系磨石而死）为保护神。

莱顿风力磨坊

过去全荷兰有风磨数万个之多，现留下不足一千。莱顿到了 1950 年只有这个风磨尚存，1965 年最后一位主人死，改为博物馆。

莱顿最古老建筑为一个堡垒（Burcht），约为 1150 年建，去时见戏剧学校师生在此排演节目。

本市最大也是最古老教堂是圣彼得教堂，哥特式建筑，1121 年始建，伦勃朗父母葬此。

本市还有 14 世纪建的市政厅，16 世纪重建门面，1929 年大火竟未烧毁，今犹见烟熏痕迹，足见建筑之坚固。

街上有一个“秤房”（Weigh House）引人注目，为 1658 年建，文艺复兴时代风格，门楣上有浮雕，作称物状。在荷兰其他地方亦有此房，反映 17 世纪荷兰商业之发达，不知当时市场是否有公秤制度?

另见一个 17 世纪之小旅舍（现为市图书馆），当时欧洲很多小镇都有这样的小旅社。

莱顿 12 万人口，即有十几个博物馆。最著名的一个美术馆设于“服装大厅”（1640 年建筑物，莱顿原以纺织业著名），陈列荷兰著名画家的作品，伦勃朗外还有霍延（Van Goyen，1596—1656）。他也出生于莱顿，擅长描绘荷兰风光的风景画，不久这里将举办此人的画展云。国立古物博物馆门前有从努比亚迁来的 Taffeh 神庙。此外，尚有钱币博物馆、民族学博物馆和英国清教徒展览馆。17 世纪时曾有英国清教徒来此避难。

1996 年 9 月 2 日

莱顿

晨报到后即举行开幕式，由 IIAS 负责人讲话。与会者多为熟人，有（英）格洛弗、（德）德麦琳、（美）苏恒翰、（美）郎安克等。

按论文涉及国家分组，32 个组中讨论印尼有 10 个组，反映荷兰对原殖民地的重视。泰国、越南、老挝等组多介绍考古新发现，缅甸组多讨论碑铭。有两个组涉及民族考古学。中国仅我一人参加，与提交有关东山文化论文者合为一组。

晚在汉学研究所举行招待会。极为陈旧的二三层灰砖房屋，围成院落。如此知名之研究机构即设于此！尽量减少人员编制和不必要开支，多出成果，不讲排场，是西方人办事的风格。

1996年9月4日

莱顿

去阿姆斯特丹，参观国家艺术博物馆（Rijksmuseum），重点参观新办亚洲艺术陈列室，来自斯里兰卡之印度教神像，给我深刻印象。其他部分无暇参观，甚至伦勃朗名画《夜巡》亦未得一见。博物馆为我们举行了招待会。

晚会议在本市一家印度饭馆举行宴会，炸鸡一块继之以自助餐，如此而已，绝非习惯于开会必大张筵席的我们中国人所能想象。

1996年9月6日

莱顿

昨下午做报告，题为《中国西南高原上一个被遗忘的王国》，介绍黔西北彝族发现之碑刻，

参观国家艺术博物馆（与郎安克、苏恒翰教授等合影）

在莱顿大学举办的EurASEAA第六届会议上宣读论文

讨论其上汉彝文内容不同及其原因，听者二三十人，提问题者五人。

今会议闭幕。

1996 年 9 月 7 日

莱顿

今晨独去植物园参观。入门见一棵 1601 年之树。园中只有我一人，徜徉其间，殊为惬意。

大学初建时一批学者要求市政当局允许在大学附近空地种植药用植物，1590 年此园即见于官方记录。其奠基和设计者名克卢苏斯（Carolus Clusius）。当时欧洲植物园只研究药用及有毒植物。但克卢苏斯认为，一个植物园应包括所有植物。这在当时是新观念。16 世纪末已有南欧、中欧植物移入，17 世纪南非植物温室建立。郁金香、番茄、烟草、玉米、马铃薯，均是从 17 世纪开始通过莱顿植物园传入欧洲的。1830—1860 年亚洲特别是日本的植物开始在园中种植。现植物园中有下列诸园。

玫瑰园：内种植世界各地之玫瑰，从说明始知玫瑰故乡在中国；

克卢苏斯园：按 1594 年时植物园情况复原；

冯西博尔德园：1990 年始建，纪念此人在日本行医后把很多植物特别是装饰植物传入荷兰，此园建筑全为日本风格，乃日本人及其荷兰学生设计；

此外还有热带植物温室标本室等。

植物园今属大学，和荷兰国家植物标本研究所一起研究荷兰和欧洲植物学。

莱顿似海德堡一样为一大学城，殊有情趣。住此数日，享受欧洲古老城镇宁静气氛。城内运河纵横（虽不如阿姆斯特丹之多），风景优美，房屋整齐。特别是每天开会必经一条拉彭堡街，古老的建筑散布其间。从 17 世纪起有钱人即喜住于此，门对运河（拉彭堡河），建筑华丽，显示主人之富有及舒适生活。

餐馆及酒吧多临河而建，或竟建在河中。如不恣意大吃，一般饮食并不太贵。这几天常购北极虾或炸鱼一包来此，要啤酒一杯，算是晚餐。时与德麦琳等老朋友在此喝咖啡聚会闲谈。

此城每逢星期三、星期六有露天市场，很像云南“赶街子”。今在市场见一男子在路边生吃鲱鱼（鱼去骨去皮后醃泡），整条鱼纳入口中，谓为荷兰特殊食物。摄影时路人建议我也尝尝味道，终未敢试。又见一位临嫁女子，由老人（其父）陪伴，穿黑衣，戴“大鼻子”面具，向行人分送李子，不知其象征意义。

1996 年 9 月 8 日

海牙

晨起即去海牙。按 Hague 应发音为 [haag]；如按英文读为 [heig]，则当地人听不懂。

海牙为荷兰议会所在地，是荷兰另一政治中心，又是二十个省中一个省之省会。

先乘公共汽车去国际法庭，所在建筑称和平宫，为美国富豪卡耐基（Andrew Carneige）1913 年捐款所建。今日未能入内。行人告知，现在法庭开会已不在此。

从和平宫步行回车站，沿途游览。先到海牙老城之中心（Binnehop Complex），由一群建

海牙皇家画廊

筑组成，其中心称“骑士大厅”（13世纪建），每年9月第三个星期二在此举行议会开幕式，由女皇主持并宣读由政府准备好的报告。

海牙44万多人口，有博物馆20余个（纪念性建筑尚不计）。今天仅周围参观市中心几个博物馆。

皇家画廊（Maurit Shuis）：内藏名画，如伦勃朗29岁自画像，还有一幅表现讲授解剖学情况，是他来阿姆斯特丹第一年所绘，殊有趣味。

海牙国际法庭

牢狱门：1420–1828年为牢狱，故窗户小而高，内有早期司法制度有陈列。

大沃尔邦宫博物馆：1764年建，原为王室所居，今日展出莫斯科普希金博物馆收藏的1875–1912年间名画，有梵高、毕加索等人作品。

奇怪的是皇家画廊说明书有日文的，却无英文的。日本人有钱，旅游者多，似也不应如此厚待。

由牢狱门去诺登因德宫甚近，此宫为女皇在海牙居住之处，为16—17世纪建筑，粉刷一新，庭院鲜花盛开。今日不开放，见小孩在其中踏滑板，亦无人过问。

回火车站途中，过海牙图书馆，建筑甚为雄伟漂亮。

三时许回到莱顿，海牙至莱顿仅有10多分钟路程。

1996年9月9日

莱顿

清晨即离旅馆，乘公共汽车至车站转机场候机。见一群运动员足踏木鞋（clog）昂然而过。在纪念品商店中曾见此物，有大有小，厚底硬边，或施彩绘。原以为不过是模型，不料还可穿用，想来不会舒服。据云木鞋原为订婚时男方送女方礼物，已有数百年历史。木鞋和郁金香、风磨、运河、房屋上的山墙、自行车、圆奶酪，都是荷兰文化的特色。

西班牙

（2010 年 5 月）

2010 年 5 月 19 日

巴塞罗那

上午与白沙会合，参观神圣家庭大教堂，与白沙同来者 khim　Cheng 女士，马来西亚华侨，已旅欧多年，旅行经验丰富。

神圣家庭大教堂距所住旅社甚近，为现代派建筑大师 A．高迪重要杰作，是其晚期代表作，今为巴塞罗那市之标志性建筑。1882 年动工，次年即由高迪接手，负责全部工程之兴建。1926 年高迪为电车压死，后人仍按高迪的设计继续兴建，至今已近 130 年，尚未完成。今见教堂前有大吊车数辆正在施工。导游小册说，预计 2010 年内部可以竣工，以便教徒举行弥撒；2030 年全部完成。但另一书说，到了 2082 年还不知能否完成。

今教堂两边入口处，有貌似天然岩穴之建筑立面（facade)，上有系列之雕塑，分别表现“耶稣诞生及圣母玛丽亚”和“耶稣受难、受亡和复活”故事，神圣家庭之名即由此而来。

据云全部完工后，还将有第三个建筑立面雕塑表现“耶稣之荣光”。又教堂周围一共要建成 18 座高塔（现只见两边入口处各有四座)，其中 12 座献于 12 使徒，4 座献于传教士，1 座献于圣母玛丽亚，最高的 1 座（据云将高达 170 米）献于耶稣。购票入内参观，但见工人正在装修。据云高迪本人之墓即埋于教堂地下室内。

我们四人在神圣家庭教堂之前购得两日票，乘敞篷游览车游览。

今日巴塞罗那有精彩之足球赛，球迷们着统一服装，手持小旗，拥簇于大街两旁及广场之上。在火车站见还有外地球迷陆续赶来。不待晚上比赛正式开始，即不断呼喊口号及唱歌，为自己支持之队助威，见游览车过，则挥旗致意，情绪极为热烈，此当与不久南非将举行足球世界杯比赛有关。

按足球为西班牙人最爱之运动，每个城市均有自己的球队，时常举行比赛。巴塞罗那有世界最大之足球场、足球博物馆及 1894 年即成立之足球俱乐部，很多出色的足球运动员，包括著名之马拉多纳，均曾服役或受训于此。巴塞罗那足球队是和马德里队相匹敌之劲旅。

经过火车站，顺便购买赴马德里之车票。

2010 年 5 月 20 日

巴塞罗那

今游览全城。巴塞罗那游览车共分蓝、红、绿三条路线，凭票可以随时换乘。

西班牙民族来源复杂，各地区至今保存自己的风俗习惯和使用自己语言。加泰罗尼亚便是这样的地区之一，至今以自己语言文字出版报纸，播放新闻和拍摄电影，而且还编写中小学教材。巴塞罗那是加泰罗尼亚地区之首府。它是仅次于马德里的西班牙第二大城市，人口 150 多万，其经济、文化之发达为全国之冠。这里出过许多文化名人，特别现代派艺术大师（高迪、毕加索、米罗等）均曾在此长期生活，这个城市具有浓郁的文化艺术气息。

巴塞罗那市本身又分为好几个地区。最早的地区称为哥特区（此区多有古老哥特式建筑）。从这里不断向外扩展，把周围的城镇和村落囊括其中。

神圣家庭大教堂蜗牛状楼梯

我们所住旅社及神圣家庭大教堂一带称为Gracia，原来便是一个独立的小镇或大的村庄。在我们中国便算是碍眼的“城中村”了，难免全部推倒重建的命运。但Gracia自1897年后并入巴市之后却完全保留原来的面貌，建筑仍旧（只有二三层或四五层的楼房，没有一座摩天高楼），保存自己风格，每年还要定期举行装饰风格的比赛；而且至今还保存自己的不同于市中心的生活习俗，过自己的节日。街道狭窄，两旁排列着小的商店，餐厅和酒吧，安静休闲，在此仿佛身处18、19世纪的欧洲小镇之中，可以发思古之幽情，今已成为旅游者经常光顾的地方。

Gracia西北，还有一个叫Sarria的小镇，情况类似。1921年才并入巴塞罗那。

游览车到此便转向南行。我们看到西班牙广场前两座仿威尼斯钟塔建立之高塔，其后便是过去举行世博会之会场。

经过1992年奥运会会址，便看见了地中海。首次映入眼帘的是一座船形建筑，矗立于海岸。这是世界贸易中心。

车沿地中海东行，即见哥伦布纪念柱高耸入云，其旁是航海博物馆。按哥伦布并非这里人士，但他第一次从美洲归来，是在巴塞罗那接受天主教国王的接见，而加泰罗尼亚地区也有些人参与这次航行作出贡献，故立柱纪念。今纪念柱四周的雕像，便是这些加泰罗尼亚航海家。哥伦布之像立于柱顶，作手指前方之状。喜欢对一些现象作过度解读的人说这是手指西方的大西洋，向往着新的大陆，事实适好相反，实际上指的却是东方的意大利。过去的老码头，保存了一部分，称为Port Vell，突出海中，车入内绕行一圈而出。

继续东行，有两座现代化高楼，乃1992年奥运会期间运动员宿舍，现改为滨海高级住宅区，但面前海滩及游泳设施供全体市民使用，不是仅仅入住其中少数富人才能享受。海边不见中国许多海滩常见之围栏。这里是游览车从红线转绿线之换乘站，我们在此下车，顺便解决午餐问题：在海边一家餐馆吃一顿海鲜烧烤，大快朵颐。

由此再往东行，车便沿地中海岸而行，进入全新的现代化市区。一边是蓝色海洋，一边是绿草如茵，令人心旷神怡。闻这一带原是以纺织业为主之旧工业区（巴塞罗那原有“加泰罗尼亚地区之曼彻斯特”之称），随着现代化的进展，旧厂房及住宅必然淘汰，但他们并未让开发商各自为政乱拆乱盖，而是统一规划重建为全市人民可以享受之公园及休闲场所。海边矗立两座崭新之高楼。车上广播称，可容纳1500户家庭居住，包括许多当地原来住户。假如中国城市，也像这样进行旧城改造，大概不会发生强迫拆迁，不会出现“钉子户”，不会发生因拆迁死人之事。

车至论坛公园调转车头西返。这里是为2004年举行全世界文化论坛而建，有一座三角形大楼，便是举行会议场所。车至大教堂，下车游览。大教堂是在古罗马教堂基础上于1298–1450年建成之哥特式建筑，门框、窗框均作尖顶形，与欧洲他处所见哥特式建筑一样。入内见一极大之石缸，谓为11世纪物，当为教堂之前即有。教堂有一博物馆陈列表现耶稣诞生等题材之油画，绘于木板之上，均为14–15世纪物。

大教堂所在即古老之哥特区，全区建于罗马城镇之上，闻原罗马城墙尚余遗迹，未曾一观。见教堂周围建筑下部有红砖墙，当是利用罗马古建筑遗存。

这里有很多有历史价值之景点及可看之物，以足力不济，未遑参观，颇为遗憾，但人不能不服老。

哥伦布雕像

2010年5月21日

巴塞罗那

晨白沙来旅社，带领我们去她住处。该处在市区近海处，交通甚为便捷，但治安不佳。在其门外即遇青年三五人，一人摸我口袋，一人欲夺白沙手机，幸均有惊无险。

我们同游La Lambla大街。这条街颇为著名，从市中心加泰罗尼亚广场一直通往海边哥伦布纪念碑，游人云集。沿街摆摊设点，有出售旅游纪念品者，有酒吧。有不少“行为艺术家”，装扮成古代武士或电影人物，吸引旅游者与之合影，收点小钱。还有一些街头画家，出售自己现代派画作。

我们在大街一家传统风味之餐馆吃午饭。西班牙特殊食物称为paella，是一种类似海鲜烩饭之大众化食物，口味很能为中国人所接受。

这两天几乎已走遍全城，虽然“坐车看花”，对巴塞罗那还是有些感觉。这里可算是现代派艺术的中心，有很多现代派房屋建筑，街头到处可见现代派雕塑，街头画家画的、旅馆墙上装饰的都是现代派绘画。即移动电话基站也建成是现代派雕塑的形式，与之相比，你会感到其他城市同类建筑仿佛是八股文章中陈词滥调。

力图摆脱俗套的现代派艺术思潮兴起于19世纪末20世纪初，其发源地之一即在巴塞罗那。

2010年5月22日

巴塞罗那

“巴约之家”房门

今日参观“米腊之家”及“巴约之家”，乃高迪为19世纪末期巴塞罗那富豪设计之两所住宅，代表高迪现代派艺术成熟期（他早期作品还没有完全脱离传统）的作品，均已列入联合国教科文组织之世界文化遗产名单。两者均位于Eixample区。这在当时是旧市区之近郊，为当时富豪集中居住之新区。

米腊之家建于1906–1912年间，占地两个街区，由于建筑立面仿佛岩石凿成，获得“采石场”外号。整座建筑由柱子支撑而不是由墙承重，打破了当时建筑的常规作法。它的凉台护栏和大门整体由铁铸成。屋顶烟囱建成似人非人的现代派雕塑，用陶瓷碎片覆盖。内部有一层复原了当时富豪的住宅面貌，起居室、卧室、浴室等极其豪华。家具用料讲究，而且形状与众不同。房屋原主人是当时工业家贝雷·米腊，他和继承了大笔遗产的妻子具有雄厚的财力，才能建成这座非同一般的住宅。

巴约之家乃1877–1904年建成，较米腊之家略早。其时巴塞罗那市民还不习惯这些怪诞的建筑，贬之曰“尸骨之家”或“哈欠之家”（大概因每个房间凉台形如人面而得名）。它的烟囱也像米腊之家屋顶建成艺术形式，覆盖彩色陶瓷碎片。建筑正面房顶远看仿佛覆以蓝色瓦片，走近知才是一条巨龙之鳞片。我的印象是“巴约之家”较“米腊之家”色彩更为绚丽，如两者房间中心有为了采光之“天井”，这里用天蓝色瓷砖贴面。门、窗之框、楼梯、栏杆均呈曲线或波浪形形式，不像平常建筑那样呆板，即一般不受重视之壁炉也建得极富艺术趣味。这里有一层复原了房主人何塞甫·巴约先生生前住宅之原貌。

这几天看了高迪设计的现代派建筑，作为门外汉也多少有一点粗浅的体会。

这类建筑貌似怪诞，实际上却在反映大自然的真实面貌。物体总具有曲线的外形、凹凸不平的表面，自然界本无笔直的线条、完全平的表面。一棵树干的根部及顶部分枝处总是较粗，高迪设计的房柱正是故意做成上下粗细不同，甚至柱顶上也直接建成和树枝一样分支（如神圣家庭大教堂所见）。一棵倾斜的树假如对面也有一棵倾斜的树相交，形成力的平衡，便不会倒下；相反一棵孤立笔直的树却易摧折。高迪设计的房柱有时作此倾斜相交状，实来自他对自然现象的深刻观察。

高迪建筑有些地方更直接建成植物形状，如高塔之尖顶、烟囱之顶部球部装饰，细审之，实是模仿仙人球之类或花的蓓蕾。不仅植物，动物也是他仿效和借鉴的对象。米腊之家之铁铸大门图案就是一个蜘蛛网；而神圣家庭大教堂的盘旋楼梯仰视之宛如一只蜗牛。

这类建筑注意色彩之绚丽，也是在真实反映大自然。自然界原是多色的，没有一件物体包括无生命之崖石会是绝对的单色。

人类建筑与自然界线条及色彩相同，才能与周围自然环境协调而融合其中，才能给人以美感。细想一下，一座座火柴盒形完全单色的高楼建筑（可悲的是中国新盖高楼绝大多数仍作这种建筑形式）即使盖在繁花似锦花园之中，只会破坏原来花园之美。

又高迪常把建筑中次要的但不可少的设施如烟囱、壁炉加以艺术化处理，也是匠心独具。这些东西如仍按平常形式建造，便破坏了整个建筑之美观。

2010 年 5 月 23 日

马德里

晨起乘高速火车（Ave）离开巴塞罗那。车速最快时达每小时 300 公里。

眺望窗外景色，一片绿色之中偶见密集的白色房屋，应是村落。西班牙农舍原以白色房墙而著称。

我很想看到唐 · 吉诃德时代之风车，一个也未见到。后来想起唐 · 吉诃德骑着那匹瘦马游荡之处应在马德里之南平原，而我们现在车行之处，却在马德里之东。这里可能本来就没有风车，即有，可能已和一切过时之物一样消失于历史长河之中。今日想看风车，像唐 · 吉诃德和风车作战一样地可笑！

令远君为我在马德里预订的旅社非常之好，所在之处为 Plaza Mayor（大广场），距车站不远，东行数十步便是“太阳门”。它不仅是马德里而且是全西班牙的中心。西班牙历史上很多大事在此发生，从马德里到其他城市的距离也以此为测量基点。

就在“太阳门”附近按旅游指南所说找到以“蒜味对虾”著名之餐馆（La lasa del Abuelo）用晚餐。约七时到达，餐馆尚未营业，厨师甚好，特意为我们提前制作。原来西班牙人午膳时间是下午 2–3 点，晚餐应在晚 8 时之后，10 时才是高峰。所谓“蒜味对虾”，不过是把虾放在铁板上烧烤，加上蒜等调料。味道还好，主要因这里海产品绝对新鲜，非国内可比。马德里海鲜颇著名，尽管非滨海城市，但海鲜都是当天从全国海边运来，故马德里有“西班牙最大港口”之称。

2010 年 5 月 24 日

马德里

晨乘敞篷旅游车游览全城。马德里旅游线路分两条：红线为“历史上之马德里”，所经地区多为各大博物馆及有历史价值之景点；另一条经过的是使馆所在及富人区。博物馆以苏菲亚艺术中心（据称可与巴黎蓬皮杜文化中心相比）及普雷多博物馆最为著名。惜今日为周一，不开门。经过考古学博物馆下车参观，亦不开放，废兴而返。

今日只有皇宫开放。经长时排队，始得购票入内。皇宫为来自法国波旁王朝腓力普五世始建，他思念故土的凡尔赛宫，故把此座皇宫建得美轮美奂。1764 年卡尔斯三世迁入，直至 1931 年实行共和为止，一直是王室居住之地。今卡洛斯国王已不住于此，但重要仪式还在此举行。宫内共有 2800 个房间，只向公众开放一部分。

全部建筑均由白色花岗岩建成，洁白壮丽。在欧洲各国皇宫之中，无论就其规模及建筑水平而言，均是上乘。

宫内装饰华丽，地毯、家具均极讲究。予我深刻印象是狮子装饰物颇多，不知是否出于特殊信仰？又餐厅之餐桌甚长，大概一边可坐百人，在没有麦克风时代，不知筵席上宾主如何对话？

西班牙王宫前

皇宫药房最引游人兴趣。架上一排排瓷缸，木柜中一个个抽屉，分别放入草药，下不千种；舂药之杵臼、称药之天平，仍按原样陈放。看来，欧洲人在近代医药之前也和中国一样靠中草药治病，而且药房之设施和布局，亦与中国药房类似。

皇宫对面为阿姆德兰圣母大教堂，1992年新建，建筑风格与皇宫同。有栅栏阻路，要入内必须绕行，未入。

傍晚去Plaza Mayor广场小坐。此广场建于1617—1619年，为马德里人聚会、休闲娱乐之处。中间骑马人即卡尔斯三世。广场四周为餐厅、酒吧和商店。中央搭建帐篷出售货物，有卖肉类食物者、有卖乳酪食物者，有卖各种面包者，旁停汽车，似均来自城郊。还见一女郎黑色长发，赤足，在广场上铺一小毯翩翩起舞，卖艺赚钱。不知是否为吉卜赛人，正在表演西班牙著名之Flamenco舞？

2010年5月25日

马德里

晨起乘出租车赴机场，机场名为Marajas，顺利起飞，一扫多天萦绕心头对“火山灰”之焦虑。飞机上枯坐无聊，几部电影重复播放，来时已看过（中国航班经常如此！）不禁想起通过这几天西班牙之游而形成的这个国家之印象。

按西班牙和欧洲很多国家一样，原受罗马帝国之统治，公元409年为日耳曼人所有。300年后信仰伊斯兰教之摩尔人一度占领西班牙，但从8世纪起，天主教徒开展“收复失地运动”而取得成功。1492年天主教的君主便统一了西班牙。正是这一年，哥伦布发现美洲，不仅为西班牙人取得大片殖民土，而且积累了大量财富，从此开始了西班牙的“黄金时代”。它曾是欧洲最大国家。但1701–1714年“西班牙王位继承战争”中，西班牙战败；19世纪末美西战争中又败。西班牙在欧洲势力范围内大大缩小，在美洲丢失大片殖民地，从此一蹶不振。由于在欧洲大陆仍占有广袤领土，气候土壤等自然条件极佳，它仍是欧洲保持举足轻重的地位的大国。

1936–1939年在希特勒、墨索里尼支持下，佛朗哥上台执政，对内实行专制，对外站在德、意方面。但二战以后，佛郎哥未遭盟国清算，一直掌握西班牙政权直至1975年逝世。

我曾询问一位研究世界现代史的朋友其中的原因。他说佛朗哥当时在军事上外交上仍保持独立性，并未与美国等直接开战。战后，利用美苏矛盾，坚决站在美国一方；对内逐渐放松控制，给人民一定的自由。佛朗哥死前，指定卡洛斯为继承人。及至卡洛斯王子即位，看清世界走向民主的趋势，毅然取消独裁专制，实行君主立宪，完成了由专制到民主的和平转变。

看来，世界上专制政权终将一个个消失，但经由什么途径，是通过漫长过程还是突然剧变，则由各种因素而决定，无法预测，所谓“世事难料”也。

在结束西班牙之旅之前，还想补记一件事，即英语在西班牙很不流行。有一次路过一家旅行社，想请代买火车票，答曰“no English”。街上问路，经常摇头不知。无怪乎一本旅游书说，在西班牙要说英语必须住三星级以上旅社。麻烦的是出租车司机也是十有八九不懂英语，只有事先在地图上标出要去之处，用手指示意。要问路也是如此。幸好从未出错，迷路或走错地方之事不曾发生。八十老翁携带一个七十多岁老太太，行路必须策杖，无人陪伴，还不想参加旅行团，还要作“自由行”。今能平安归来，一路未出什么洋相和差错，差可告慰于为我俩担心的儿辈和朋友。

两访北欧

挪威

（1991 年 12 月—1992 年 8 月，2000 年 5—7 月）

（一）

1991 年 12 月 5 日

奥斯陆

偕妻由京飞奥斯陆。奥斯陆大学副教授勃克曼兄来接。

年初奥斯陆大学即来信，邀请访问九个月。信中言明，可偕妻子同行，机票自付。按章申请，省外办主任最后只批准本人，云南师大外办主任还说 ：“又不是国家领导人，还要带夫人出国”。如此一说，我这小民却非带“夫人”不可。于是又一次向云南省党政领导申诉，说明北大中文系一位教授同时受邀，却已偕“夫人”按时到达。同在中国生活，为何两种待遇？最后同意“夫人”改由公安局办理出境手续。经此波折在预定日期两个月后才得成行。盖命运不佳，近年适逢东欧剧变，事事收紧之故也。官员们为了保官、升官，至今仍是宁左勿右。

住入奥斯陆大学克林索公寓，乘有轨电车可直达市内。

1991 年 12 月 8 日

奥斯陆

连日挪威友人领我们上街购买生活必需品，参观市容，熟悉环境。

近日奥斯陆颇为热闹，盖诺贝尔和平奖于 12 月 10 日颁奖。今年得主为反对缅甸军人专制政权之昂山素姬。彼父昂山将军为缅甸独立运动之领袖。军政府顾及社会影响，不敢加害，软禁于家。街头见青年向行人分送苹果，并附传单，希望人们给缅甸当局写信，释放这位勇敢之女性。

今晨我俩自己上街购物，路过市中心古老教堂，17 世纪建立而尖顶后加，现为奥斯陆主要教堂，皇家宗教活动在此进行。入内参观，只见人群拥挤，争相与一位教士握手。经行人告知，始知为南非大主教图图。

下午，勃克曼兄告知，今晚达赖喇嘛将在博物馆中与奥斯陆市民见面，于是复进城“看热闹”。远远望之，达赖已显老态，能以英语回答问题，态度平和。众人环立，独设一座待之，彼多次谦让，必语多幽默，引起阵阵笑声。彼及图图皆作为诺贝尔和平奖前几届得主，应邀来此出席颁奖仪式者。

1991 年 12 月 11 日

奥斯陆

身着传统服装的挪威男女

晚应邀参加东欧和东方研究系聚会，送别旧主任 J.I. 比约费拉腾教授（邀请信尚由他署名），欢迎新主任（即研究汉学的何莫邪教授），并提前庆祝圣诞节。新旧系主任分别作去职及就任演说，必语多诙谐，全场笑声不断。最后由一位女士代表全系同仁向新旧系主任赠送礼品，各得主持会议者敲桌子用的木棰一柄，女士且作简短致辞。对新系主任说：你可用它捶你太太，也可以压制我们说话。对旧系主任说：这是你当系主任的纪念品，但你今后不能用它压制我们了。当然这一切都是搞笑，没有哪个大学系主任有如此权威，主持会议还要像法官一样敲桌子。

此间亦如美国大学，系主任由教授轮流担任，定期换届，在职务晋升、科研经费分配等方面并无特权，纯尽义务而已。今晚我见比约费拉腾教授，仿佛负重者卸下重担，一身轻松；而何莫邪初次见面就抱怨说从这学期开始又要担任系主任，又要上课，用中国话一连说了好几个"麻烦"！此与中国情况全然不同。中国大学中对院长、校长、系主任等职，人们趋之若鹜，盖可为本人带来无限好处也。一旦担任院系领导，教授、研究生导师头衔唾手可行，出国访问进修易如反掌。不久前美国弗吉利亚大学以研究葬俗著称的梅特卡尔夫（Peter Metcalf）教授来民院访问，在正式宴会上提出邀我访问一年，官员们当场表示同意，应非儿戏。现闻这一邀请已被偷梁换柱，改由某副院长自行前往云（后来一年访问期已由该副院长及某副所长"平分"，同去该校访问半年。——2001 年 2 月补注）。

今为系方组织之会议，不以"公款请客"。会后聚餐，每人自带拿手好菜一道，并出 100 克朗购酒及礼物。仅我们夫妇作为嘉宾，予以豁免。出席今晚聚会有系全体教职员、退休教职员及部分研究生共 50 余人。餐后，一位女士表演中东"肚皮舞"，作为余兴。

1992 年 1 月 19 日

奥斯陆

今下大雪，整个大地为冰雪覆盖。此间人极为兴奋，盖有利滑雪也。青年人踩滑雪板而行路，竟以此作为交通工具。

我俩虽第一次在北欧度过冬天，外出活动上班购物也一如平常。此间降雪量大，气温并不太低，仅达零下 10 余度，与北京极冷时相侔。

下午勃克曼兄持滑雪板来，欲教我们滑雪，小试几次，每次以摔跤告终，知难而退矣。

勃克曼兄自 1984 年在华盛顿全美亚洲学会上相识，1986 年在南斯拉夫世界人类学和民族学大会再次相遇。此后他又数次来云南，一直保持良好友谊。此次访问挪威之行，全赖他推荐和安排，代为申请挪威人文科学基金会奖学金。其夫人刘白沙原籍福建，在美国长大，现在东方系教汉语，与我们更易沟通。白沙之母刘永和教授原为南加州大学心理学教授，已退休，近亦移居来挪。她视云慧为同行，希望助其整理传记资料。

今年新年期间，适逢他家新居落成，盛意邀请我们在她家过年，小住三天，相聚甚欢。

在奥斯陆大学上课

1992 年 1 月 20 日

奥斯陆

来此已一月有余，生活趋于安定，7 日搬入一套较好房间，附有单独厨房。此间蔬菜水果肉类无一不贵，但每逢周末早晨可去奥斯陆湾码头从渔船购买活的海鱼及一种已经煮熟之虾，每公斤仅 30 克朗左右。

今开始《甲骨文简介》第一讲。来前议定，这次要在奥斯陆大学的东方系和考古系及特罗姆瑟大学的社会科学研究所和博物馆共两校三系一馆上课和演讲。由于来此已晚，自己不得不压缩课时，大学不得不另行安排上课时间。东方系之《中国考古学》课改为《中国考古学的若干问题》系列演讲。在奥斯陆大学的课程要于 3 月结束，以便赶赴特罗姆瑟。以后数周每周要上三次课。疲于奔命！此皆出国遭阻延期给挪方及自己带来之麻烦。

承东方系安排，云慧开始为大学图书馆编写中文书目，连日学习打字，兴致很高。已能独立行动，自行上班或上街购物，无须人陪。如此不仅可以增加少量收入，她精神亦有所寄托，否则这大半年光阴如何度过？

斯堪的那维亚之有大学较西欧诸国为晚。瑞典乌普萨拉大学最早（1477 年），丹麦哥本哈根大学次之（1479 年）。奥斯陆大学 1812 年始成立，初仅拥有城内校区，本世纪 60 年代始建成伯林顿校区，行政大楼移此。现学生约 30000 人，有神学、法学、人文、数学和自然科学、社会科学、医药及牙科医学等学院。

1992 年 2 月 23 日

奥斯陆

昨勃克曼、刘白沙全家赴其“小木屋”度假，相邀同往。

挪威人普通家庭多在山间拥有或租有小屋，以便定期走出城市，接近自然，呼吸新鲜空气，并非只有富翁才有别墅。

按中国人习惯，冬天理应闭户不出，围炉取暖，而挪威人生活习惯与思维方式与此有异。天气愈冷，愈是加强户外活动。

他们热爱自然，喜欢运动，而饮食却力求简单。上班族自带“三明治”中夹之腊肠极薄一片，与美国人整日宣传“汉堡王”、“大汉堡”以面包所夹之肉愈厚愈好，适好相反。无怪乎挪威人寿命之长居于世界前列。此应代表人类未来之生活方式。

这两天白天看他们全家滑雪，晚上闲谈。这时屋外风声凄厉，不禁想起挪威普遍流行之山妖（Troll）故事。据有关记载，山妖会变幻，且有“山山妖”、“水山妖”、“林山妖”之分，通常之形象是浑身长毛，生有长鼻，身后有尾。它会加害于人，力大无比（一个山妖可敌 50 人），但笨拙而迟钝，常在原地打转，自己迷路，连小孩子均可骗之。它怕太阳，在太阳照射下会变成石头，故冬天夜晚是他经常出没之时。它喜欢食粥（其长鼻可作搅粥之用），故旧俗圣诞之夜要以粥供奉。

此必出于挪威人固有之万物有灵信仰。盖此间冬季延续较长，一日之中少见太阳。漫漫长夜中人们为黑暗所包围，仿佛四周都有精灵活动。后各种精灵又被想象为一种怪物所幻化，此即山妖之由来。按欧洲人信耶苏教后，固有民间信仰未能尽去，此在 J. 佛累则《金枝》中有充分之例证，不独挪威人如此也。据说山妖仇恨教堂，常向教堂尖顶投掷石块，每不能中，教堂外地上多见石块即此辈所为。人们相信，晚间行走山路口念耶苏之名手画十字便可免山妖之害。凡此均可视为两种宗教信仰争斗及势力消长之反映。

1992 年 2 月 28 日

奥斯陆

本周两系三门课程全部结束，总算顺利，一身轻松，明日将赴特罗姆瑟大学矣。

东方系选《甲骨文简介》课六七人，均为研究生，开始即请人找来牛肩胛骨一块，演示灼烧释兆之法，说明甲骨文之缘起，以引起学生兴趣。彼等上课前见面已会说“其雨”？“其有来艰？”等等互开玩笑，可见多少有点了解。盖研究生们能汉语，以汉语上课，效果较好也。来听《中国考古学几个问题》系列演讲者多不谙考古，故讲述中尽量避免专门术语。考古系之课程，听者为本系本科生及部分教师，虽仍名《中国考古学》，内容与东方系自应有所不同，加强考古学史部分，介绍瑞典人安特生之工作及中国古代金石学有用遗产（器物分类与定名，保护文物之囊匣及摹拓等）。又增加“中国崖画”部分，盖挪威崖壁艺术颇为丰富也。为增加听者兴趣，自己确是煞费苦心；而用英语上课事先更必写好讲稿，每至夜深。在外国上课之苦非亲历其事者不能感受。

1992 年 3 月 13 日

特罗姆瑟

2 月 29 日飞此，特罗姆瑟大学的汉森（Lars Ivar Hansen）教授及夫人蒂卡（Dikka Storm）来接。住大学招待所，空无一人。

按预先计划，将在大学社会科学研究所演讲两次，博物馆演讲两次。由于此间有著名的阿尔他崖雕，又是沙米人分布地区，按他们要求演讲内容将以崖画及民族学为重点。今在大学演讲厅开始第一讲。题为《中国西南民族志》，放映幻灯。由于情况过于隔膜，听众人数不少，提问题者寥寥。

近日演讲及备课之余，在市内及附近游览。特罗姆瑟 9000 年前即有人居住，原为沙米人游徙之地，后迁入各地移民。1252 年已有教堂，1794 年建镇。现有 50000 人，是北极圈内人口最多之城市，又是挪威北极三个县（诺德兰、特罗姆斯、芬马克）之中心城市及交通枢纽，有“北极门户”之称，前往北极之探险队多由此地出发。

在特罗姆瑟大学演讲

博物馆中对阿尔他崖雕极有研究之赫尔斯柯格（Knut Helskog）教授赠阿尔他崖雕精美报告一册。今又驱车引导参观附近多处崖雕，有手持网状物人像，或为捕鸟者，极为趣味。现已进入3月而特罗姆瑟仍为冰雪覆盖。途中大雪纷飞，自然风光愈加迷人。此间海水作深蓝色，天空似较他处更蓝，车行于海湾及雪山之间，一眼望去你会感觉茫茫宇宙只有世界上最为纯洁和神圣的两个颜色——蓝色和白色，未被人类玷污之大自然是何等美丽！

特罗姆瑟附近的崖雕

特罗姆瑟大学是北极圈内唯一的大学，也是世界上最北的大学。1972年始正式成立，国王曾出席开幕典礼。今日演讲所在漂亮校区是1978年后陆续完成的。今大学设语言文学（有挪威语、沙米语，还有俄、德、英、芬兰诸语种）、社会科学、数学、生物和地质、医药学、法律、教师培训及渔业等系所。教学和科研尽量结合极地的特点。现有学生4800多人，教职员工850人。

特罗姆瑟博物馆现虽附属于大学，其历史却比大学悠久。1872年奠基，1874年对公众开放。现已成为北方地区性博物馆，对三县的博物馆有指导之责。它是自然史博物馆性质，馆内有动植物、地质、考古、民族学、语言学等部门。沙米的民族学研究为本馆重点，其展览已看过数遍。馆中有关沙米人书刊极为丰富，近日已复印材料多份。

1992年3月19日

特罗姆瑟

来此三周，很快度过，明将离此。今晚汉森夫妇在家设宴送行。彼夫妇均供职于博物馆，为人极好，汉森先生专门研究沙米人，承赠有关大作，三周来不时请教，获益良多。在生活方面，汉森太太照顾殊多。他们有一小女儿，名叫马格丽特，极为可爱。另畜大犬（北极犬？）一只，大如小牛，状极凶猛。余第一次入门，直立前扑，狂嗅不已。

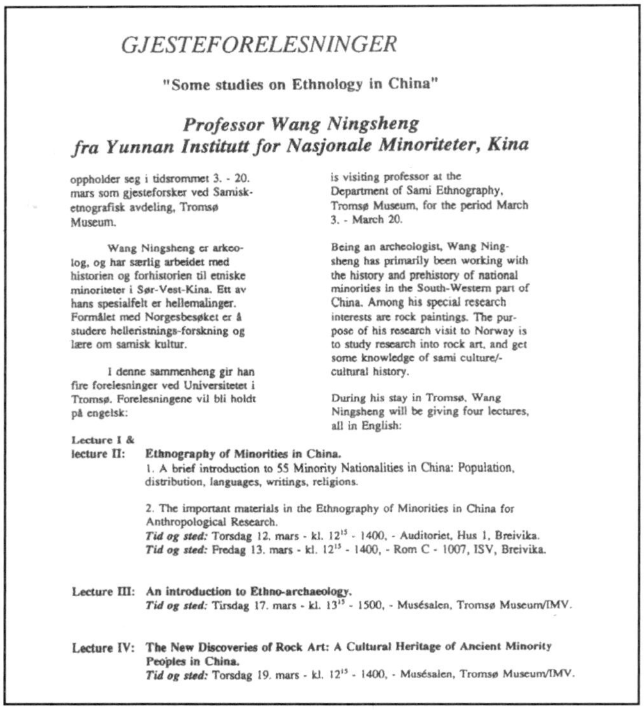

GJESTEFORELESNINGER

"Some studies on Ethnology in China"

Professor Wang Ningsheng
fra Yunnan Institutt for Nasjonale Minoriteter, Kina

oppholder seg i tidsrommet 3. - 20. mars som gjesteforsker ved Samisk-etnografisk avdeling, Tromsø Museum.

Wang Ningsheng er arkeolog, og har særlig arbeidet med historien og forhistorien til etniske minoriteter i Sør-Vest-Kina. Ett av hans spesialfelt er hellemalinger. Formålet med Norgesbesøket er å studere helleristnings-forskning og lære om samisk kultur.

I denne sammenheng gir han fire forelesninger ved Universitetet i Tromsø. Forelesningene vil bli holdt på engelsk:

is visiting professor at the Department of Sami Ethnography, Tromsø Museum, for the period March 3. - March 20.

Being an archeologist, Wang Ningsheng has primarily been working with the history and prehistory of national minorities in the South-Western part of China. Among his special research interests are rock paintings. The purpose of his research visit to Norway is to study research into rock art, and get some knowledge of sami culture/-cultural history.

During his stay in Tromsø, Wang Ningsheng will be giving four lectures, all in English:

Lecture I & lecture II: **Ethnography of Minorities in China.**
1. A brief introduction to 55 Minority Nationalities in China: Population, distribution, languages, writings, religions.

2. The important materials in the Ethnography of Minorities in China for Anthropological Research.
Tid og sted: Torsdag 12. mars - kl. 12[15] - 1400, - Auditoriet, Hus 1, Breivika.
Tid og sted: Fredag 13. mars - kl. 12[15] - 1400, - Rom C - 1007, ISV, Breivika.

Lecture III: **An introduction to Ethno-archaeology.**
Tid og sted: Tirsdag 17. mars - kl. 13[15] - 1500, - Musésalen, Tromsø Museum/IMV.

Lecture IV: **The New Discoveries of Rock Art: A Cultural Heritage of Ancient Minority Peoples in China.**
Tid og sted: Torsdag 19. mars - kl. 12[15] - 1400, - Musésalen, Tromsø Museum/IMV.

在挪威特罗姆瑟大学系列演讲海报

1992 年挪威国庆节皇宫之前游行队伍

在此居住三周，体验极地生活，诚乃人生难得之机遇。现值 3 月，竟遇大雪数次。即是晴天亦不见太阳，仅中午略有亮光而已。下午 4 时以后便漆黑如夜，办公室中终日电灯大开。城市人行道上结满坚冰，幸来前准备好带钉之鞋套，每逢出外套之而行，始免扑跌。然进入房屋或乘公共汽车，必须脱下，以免破坏地板，殊多麻烦。当地人特别是年轻人，不见用此，而我不能一日无此君。

1992 年 4 月 30 日

奥斯陆

连日去意、奥、德、丹、瑞典五国使馆办发签证，准备出游。有的当日可得，有的数日可取。幸奥斯陆为首都，各国使馆集中于此，当面申请，不必邮寄，否则很难于短期内办得多国签证也。

使馆区临近著名之雕塑公园，曾顺便参观。此公园内陈列雕塑 179 件，为维格兰（Gustav Vigeland,1869—1943）一人之作品。附近不远是维格兰博物馆，收藏所作雕塑、绘图及木刻。一人一生创作如此多之艺术品，世所罕见。

最为有趣的是公园中一具雕像，名曰“愤怒小孩”，一个两三岁的男孩作顿足嚎哭状。现在一些旅游宣传品竟以此作为插图，说挪威风情使人流连忘返，小孩不想离去。

1992 年 5 月 17 日

奥斯陆

今挪威国庆日，上街观看游行。国王及王室成员站于皇宫楼前平台之上检阅游行队伍。挪威人尚保存颇具特色的传统服装，全家一起参加游行，兴高采烈，爱国之情发自内心。学生参加者更多，游行完毕后便沿街嬉戏，以一种白色粘液喷筒相互激射，互赠名片，上印戏谑语。询之，乃即将毕业之中学生。辛苦多年，学业终于完成，此日特许彼辈放纵，路人含笑视之。

1992 年 6 月 24 日

奥斯陆

日前在何莫邪家会见列宁格勒大学东方系雅洪托夫教授，谈俄罗斯近况，略谓今俄国经济情况不佳，但人民确已享有充分自由，每人持有护照，随时出国不受阻拦。原党务工作者多半失业或改行，大学中原任马列主义课程教师已改教国际关系之类课程，而大多数人仍做原来工作，惟工资太少。雅氏精通多国语言，前在泰国会议上似已见过，现携老伴及小孙儿来挪访问，亦住克林索公寓之中，谓如去列宁格勒可在他家小住。

近日天气渐暖。每逢周末便有跳蚤市场、住户庭园拍卖或慈善机构或学校义卖。此间所谓旧货，多有尚未打开包装之新物。若衣物捐献慈善机构，必付洗衣店洗净，对他人之尊重及心地之善良于此可见。每当义卖结束，则卫生部门大卡车来，铲扫余物而去，作为垃圾处理矣。

平素去图书馆翻阅闲书，周末逛跳蚤市场。本月轻松度过。云慧时由白沙带领访问幼儿园及小学，了解挪威学前及小学教育情况。余则抽暇检查身体，医生对口腔溃疡并不视为严重问题。

接歌儿来信，知 5 月 16 日喜得一男孩，取名汪翰，小名楠楠。此间田园虽好，终非久恋之家，已过花甲之年，长年在外游荡，已非所宜，但盼顺利归国早日退隐，含饴弄孙，此其时矣。

1992 年 7 月 1 日

特罗姆瑟

上月 25 日，偕妻飞此。按原订计划进行第二次访问。此次无教学任务，专事研究，考察沙米人（过去称为拉普人）及崖壁艺术。

连日继续在博物馆搜集沙米人资料，或由狄卡驾车导往郊外游览，拜访居民，参观崖雕（有的遗址前已去过）。小姑娘玛格丽特雀跃随行。一年之中，此时气候最佳，经过漫长冬季，人们纷纷出外欣赏大自然美景。

27 日狄卡请我俩去她家吃饭。大犬第一次见到云慧，照例前扑，她惊吓不已。

今日参观北极博物馆，陈列极地动物及人们生活情况及各种狩猎方法，尤具特色。上次未曾到此。

此间现在日照时间甚长，与上次来此时适好相反。夜间仍见光亮，甚难熟睡。市面出售黑色眼罩，谓戴此可以入睡，试之，仿佛睡觉不脱眼镜，更难入睡矣。

此间市中心码头亦如奥斯陆码头，时有新鲜海鱼出售，价较奥斯陆更为便宜。所住公寓有自炊设备，虽少调料，白水煮之，亦极为可口。

今勃克曼夫妇抵此会合，已租定大学奔驰车一辆，明起将外出周游矣。

1992 年 7 月 5 日

哈默费斯特

在沙米人帐篷中做客

访问沙米人研究所

2 日晨动身，抵考图喀诺，访问北方沙米人研究所，与该所负责人及专家座谈。继访问阿尔他教育学院沙米人副教授赫达先生，在其传统住所帐篷中交谈。

3 日抵克拉索克，访问沙米人，参观沙米人文化博物馆。昨又去北角参观。沿途住宿营之小木屋，为省钱也。今晚抵此，始住入白沙朋友一座空房之中，主人全家正在外旅游。哈默费斯特是世界上最北一个城镇，人口 6900 人。

连日所经之地是沙米人集中居住区。考图喀诺及克拉索克是以沙米人为主要居民的两个城镇（在考图喀诺沙米人占百分之八十五），沙米人的政治和文化机构分布于此。沙米人最近成立之议会即位于克拉索克。

旅行途中到处可见沙米人。他们或在路边出售鹿皮做成工艺品，或在商店及机关中任职。这一带沙米人乃以驯鹿为生者，即驯鹿沙米人，偶尔可见驯鹿成群走过。关于连日访问研究人员所得、赫达先生所谈、博物馆等处陈列所见，均已另纸记录。他日参考收集之书刊，可以写一长文矣。关于沙米人在人类学研究中之重要性：第一，原以狩猎捕鱼为生，后分化为几个不同类型：驯鹿沙米人、森林沙米人、沿海沙米人、东部沙米人。不同环境采取不同生计，据此可探索人类生计如何随生态环境而变化。第二，不同季节随驯鹿作有规律之迁徙，可以了解古代游牧民族所谓“随水草而居”亦非到处乱跑。第三，他们实行两可居和两可系继承，说明游牧社会并非一定实行父系。第四，他们萨满鼓上图画文字，对研究文字起源是有用材料。

连日所经之地风景绝美，湛蓝天空之下草木葱郁。去年同样也是夏天，在加拿大爱斯基摩人地区少见草木。那里只有北纬 58.6 度。而这里已在北纬 60—70 度之间，不仅可长草木，闻冬季海水也不结冰。此乃拜海湾暖流之赐。

昨天下午所到之北角，即为欧洲大陆最北点，确切纬度是 70”10”21”。虽名北角，距北极点尚有 2000 公里。此系北冰洋中一块悬崖，历史上仅有少数探险家来此，自 1988 年后才有旅游者足迹。比至，已近午夜，太阳尚未西沉，不久太阳又复上升，此即所谓“午夜太阳”奇观。

沙米人出售驯鹿工艺品

欧洲最北端——北角

沙米人木质容器（克拉索克沙米人文化博物馆藏）

参观北角后垒石为念

沙米人的萨满鼓（克拉索克沙米人文化博物馆藏）

北极地区另一奇观为北极光，曾见照片，黑夜中天空有彩带，仿佛雨后之虹，恨无眼福，未得一见。

这里设有邮局（有专门邮戳供游人寄信留念）、酒吧、出售各种纪念品之商店外，还有一座 1988 年建立之圆形三层大厅：下层为剧场可看全景电影，中层提供望远镜远眺北冰洋，上层供游人打长途电话回家报告所见奇观。露天空地上有七个圆形浮雕，乃 1988 年五大洲七个不同种族之儿童来此所作，象征世界和平协作。游人在此除摄影外，还喜叠石留念，成为一种习俗。周围空地上石堆垒垒，皆游人所遗。

北角气候奇寒，现值盛夏，身穿羽绒服犹觉寒意袭背。

1992 年 7 月 7 日

阿尔他

昨整日参观一处发掘工地。晚宿营于小木屋中，已属阿尔他境内。

晨起由赫达副教授带领访问著名的阿尔他岩雕。场面确实伟大，无怪乎列入联合国教科文世界文化遗产名录。崖雕中常见船、驯鹿、雪橇等图形，乃当地景物在崖雕艺术中之表现。崖雕悉被涂成红色，粗心者会以为是崖画。询问工作人员，何以如此？答曰便于观众了解。否则观众为辨别图形，喜欢攀登抚摩，更易破坏图形。此种方法值得学习。赫达先生本人亦研究崖雕，承示记录崖壁艺术所用一种透明胶纸，罩于图形之上极易操作且不会失真。惜昔日我们工作无此条件。他日若重操旧业，当备此物，必可事半功倍。

参观阿尔他崖雕

继参观一处迷宫遗址，中午在赫达先生家用餐。并接受其女采访。其女为《阿尔他邮报》记者，谓此间少有中国人来此，进行学术交流者更为罕见，我等此行殊有新闻价值云（按有关文字连同相片该报已于次日头版头条刊出。——2004 年 5 月补注）。

晚深夜回特罗姆瑟。一周来驱车千余公里，不仅看了著名的阿尔他崖雕，访问挪威沙米人集中居住区；且能到北角一游，很多挪威人亦未曾到此。全赖挪威人文科学基金会提供经费，勃克曼兄合理安排日程，终日辛苦驾车，感谢不尽矣。

沙米人的驯鹿群

1992 年 7 月 9 日

特罗姆瑟

忙于收拾行装，归还借用之物，向狄卡告别并致谢，街头漫步。

现在特罗姆瑟夜晚街头极为热闹，与上次来时迥然不同，盖午夜如白天，人们蛰伏一冬，现尽情享受夜生活。青年们成群结队歌唱通宵，咖啡馆人满为患。闻上世纪末本地已很繁华，夏季夜生活丰富多彩，当时一位法国人称之为“北方之巴黎”。昨夜与勃克曼兄及其朋友喝咖啡，欣赏夜景，归寝室时已凌晨二时矣。

1992 年 8 月 1 日

奥斯陆

来挪威后，奥斯陆市之名胜古迹，尚有多处未曾一顾。今赴美讲学已经安排妥当，有暇游览。

今参观阿克胡斯（Akershaus）古堡，约 1300 年建成，乃奥斯陆中

Kineser studerer helleristningene

Wang Ningsheng fra Universitetet i Kunming (Sør-Kina) har nylig besøkt Alta for å studere helleristningene i Hjemmeluft og hellemaleriene i Transfarelv. Han er professor i etnoarkeologi, og er meget interessert i ristninger og det samiske folk, sammenlignet med ritetsfolk i Kina.

På helleristningsbesøk. Fra venstre Wang Ningsheng, Wang Yunhui, Harald Bøckman og Liu Baisha inne i labyrinten.

Av Anja H. Hætta

Wang Ningsheng er i Norge med gjesteforskerstipend fra NAVF. Han har gitt gjesteforelesninger i kinesisk arkeologi og etnografi på universitetene i Oslo og Tromsø.

Med i reisefølget er hans kone, Wang Yunhui, dosent i psykologi ved pedagogisk institutt i Kunming. Og dessuten Harald Bøckman, forsker ved Universitetet i Oslo og universitetslærer Liu Baisha som har undervist i kinesisk i 20 år ved Universitetet i Oslo.

Klippemalerier

Wang Ningsheng har forsket på klippemalerier i Nord-Kina. Han visste at det var mange helleristninger i Norge.

— Helleristningene i Norge er ganske forskjellig fra klippemaleriene i Kina, sier Wang.

— Her er figurene over store flater. De gir uttrykk for hvordan folk levde i forhistorisk tid. I Kina er figurene malt på overhengende fjellvegger. De minner litt om hellemaleriene i Transfarelv.

— Motivene i Kina viser primitivt jordbruk, malt med en rødfarge av jernholdig stoff eller okseblod.

Forskjellige motiv

Motivene er ganske forskjellig. Det er store dyr, bøfler, påfugler, griser, elefanter og slanger så store som mennesker. Mange mennesker er malt i aktivitet, på jakt og i krig. Hellemaleriene i Kina er omtrent 2000 år gamle.

Wang Ningsheng har fått Knut Helskogs bok om helleristningene, og skal bruke den til et studium når han kommer hjem til Kina. Mange av hellemaleriene og helleristningene de har i Kina har uforklarlige motiv. Han skal sammenligne dem med helleristningene i Alta, og prøve å finne fellestrekk.

I Kina er det helleristninger, men få og spredt over et stort område. Ristningene er naturalistiske, forteller Wang.

55 minoriteter

I Kina tilhører 8 prosent av befolkningen (nesten 100 millioner) til minoritetene. Det er 55 anerkjente minoriteter i Kina. Etter grunnloven har de rett til å bruke sitt eget språk, rett til lik utdanning, sin egen administrasjon og selvstyrte o der. På grunn av ulike forhold li den økonomiske og samfunns sige utviklingen blant minori litt etter.

— I Norge har jeg sett at sa lever på samme måte som menn. Når jeg har blitt introdu for samer, ser jeg at de ser litt an ledes ut, og har østlige trekk. Je ikke noen klar økonomisk forsk mellom samer og nordmenn. Sa ne har beholdt mye av sin ku Det finnes mange samer i inte tuelle yrker, synes Wang.

— Jeg kunne se at samer arbe med å beholde sin identitet. De ger opp og viser frem sin egen tur, foruten å bruke språket sitt, slutter professor i etnoarkeol Wang Ningsheng.

《阿尔他邮报》报道我们一行访问阿尔他

13 世纪建立的阿克胡斯城堡

世纪建筑中硕果仅存者。按奥斯陆约于 1050 年形成城镇，中世纪时仅有人口 4000 人，当时并非首都（特隆赫姆长期为政治中心）。1624 年毁于大火，国王克里斯蒂安即在古堡之下另建新城，即今奥斯陆市中心区，以自己之名命名，直至 1925 年始恢复今名——奥斯陆，“神之地域”之意。

今古堡中除建筑本身外，室内无多旧物。见收税用的木箱一只有锁三道，需三人同时开启，以防监守自盗，较为特殊。

奥斯陆市人口今有 40 多万人，比起欧美他国首都规模不大，而现代化设施俱备，却无大城市之拥挤和喧嚣。市内公共交通制度较佳，公共汽车、电车及地铁组成一体，手持一票，通行无阻。各站有牌注明班次时间，极为准时。只要在奥斯陆市区范围内，任何一站上车半小时内可达市中心。有此方便交通工具，挪威朋友多不备私车或有车而平素上班并不开车，故市内未见堵车之事。现在国内已有人主张大力发展汽车工业，鼓励私人买车，中国人口如此之多，土地如此之少，又是贫油之国，真不知计何出此？莫非必如人口大爆炸以后才知“计划生育”乎？

1992 年 8 月 19 日

奥斯陆

连日参观博物馆。此间博物馆约 20 多个，考古系所在之国家历史博物馆利用上课之便已多次参观。另有国家美术博物馆、当代艺术馆、国家应用艺术馆，展出多为本国艺术品。下列三个博物馆最具特色，且均与船有关。

海盗船博物馆：此馆陈列船三只，乃维京人之首领或其家属葬具。时代约在公元 800—900 年左右，于 19 世纪末 20 世纪初发现。此为真船，非船形棺。最大的一艘长达 23 米宽 5 米，以 32 支桨划动，并可用帆。1893 年造一复制品，横跨大西洋，在芝加哥世界博览会中展出。随葬品有各种纺织品及纺织用具、炊具、皮靴，还有雪橇和车。

按维京人俗称海盗，指公元 800—1100 年斯堪的纳维亚沿海居民驾船出海掠夺财物者。他们足迹遍及西欧地区沿海、英国甚至俄罗斯境内。由于卓越的造船和航海技术，所向披靡。他们带来了破坏，也促进了各地的交往和贸易。正是他们，发现和开拓冰岛、格陵兰，并可能首先到达美洲，比哥伦布早 500 年。他们的冒险精神和探索未知领域的兴趣，也是人类一项宝贵的精神遗产。

探险船博物馆：此处陈列挪威极地探险家南森（F. Nansen，1861—1930）和阿蒙森（R. Amundsen，1872—1928）所用之船“Fram 号”，距今有 100 多年。南森为极地探险家的先行者，曾出版《爱斯基摩人的生活》一书，此船乃在他建议建造。晚年从事救济难民工作，曾获诺贝

木结构教堂（奥斯陆民俗博物馆内）

奥斯陆维京人埋葬死者的船（奥斯陆维京船博物馆藏）

奥斯陆滑雪跳台

尔和平奖。阿蒙森是第一个到达南极顶点的人，也是第一个乘飞机飞越北极的人。

Kon-Tiki 博物馆：1947 年探险家海尔达尔（Thor Heyerdahl）为了证明波利尼西亚居民是从印加以前秘鲁迁去的理论，用当地的漂木（balsa）制作木筏，用了 101 天航行 4300 英里横跨太平洋，到达目的地。Kon-Tiki 就是这只木筏的名字。他又组织一些考古学家前往复活节等岛上进行发掘，所获复活节岛石像现在与木筏一起陈列。1970 年该氏又建造纸草船“Ra II号”，从摩洛哥航行 57 天横跨大西洋到达加勒比群岛，用以证明美洲在哥伦布以前即可能受过旧世界的影响。Ra 是埃及太阳神的名字，这只船的旗帜就有一个太阳图形。海尔达尔氏可说是具有人类学兴趣和素养的探险家。

三个博物馆陈列不同时代不同类型的船只及海上冒险的历史，显示挪威人在航海方面一直居于世界前列。

此外，还有两个博物馆亦颇具特色。

民俗博物馆就在上述三个与船有关博物馆附近，其中保存挪威传统房屋，多为木结构，有类似云南少数民族以圆木叠成之“井栏式”房屋者。中世纪留下之木结构教堂称为 stave church，层檐飞翅，圆瓦亦为木制，最有特色。据云此类教堂至今仅余 25—30 个，有的尚在使用。

滑雪博物馆附设于著名的霍门扣仑跳雪台。此为世界最高之跳雪台，至今已有百年历史。馆中陈列从猎人所用之简陋滑雪板到现代之滑雪装备，尽有应有。极地探险家所用之滑雪装备亦陈列于此。追溯滑雪历史，可上溯到史前时期，阿尔他等地崖雕中已见图形。滑雪殆为挪威史前时代人们一种重要的交通方法，为谋生为所必需，非仅为娱乐或运动也。

（二）

2000年5月3日

奥斯陆

偕妻乘SAS996航班离京再访挪威。

忆1991年初访北欧亦乘斯堪的那维亚航空公司（SAS）航班，机上几乎不见华人，今日乘客中华人竟占约四分之一，机上已增加华语广播（虽仅在起飞及降落时广播两次）。这说明近年与北欧交往大有发展，从一个侧面反映中国之变化。

在哥本哈根机场换机。候机大厅宽敞明亮，时见黄发碧眼的机场小姐足踏滑板车像燕子一样穿梭来往工作，既表现出工作高效率，又显得轻松愉快，较之北京机场人群之拥挤声音之噪杂工作人员效率之低与态度之坏，真有天壤之别。这又提醒我们，中国离“现代化”、“与国际接轨”的目标，为时尚远。

抵达奥斯陆，当地时间晚七时半，仍然阳光高照，正值夏季之故也。白沙来接。奥斯陆机场系新建（闻原福尼布机场已改为计算中心），机场内即有地道连接火车站，可直达市中心，一如阿姆斯特丹机场。

此次仍租住属于大学之房屋，在校本部伯林顿附近，至图书馆步行七八分钟可达。门前即有公共汽车站及有轨电车站，极为方便。房间虽小，新近装修，餐具尚未拆封。虽经十几小时之飞行，入住之后疲劳尽去。

2000年5月8日

奥斯陆

此次来挪无教学任务，专事研究，与勃克曼兄合作择中国民族地区古代碑刻中与保护生态环境有关者译为英文。此为人权研究所有关中国少数民族区域自治研究项目之一部分，而办公室则设于环境和发展中心。两者同为奥斯陆大学下属机构。

今开始工作，进展顺利，一日可译出碑文一通（当然尚待修改），视此进度，不难于三月内完成计划。

环境和发展中心（简称SUM）建立于1990年，致力于研究世界各地（主要是亚非及拉丁美洲）现代化过程中如何保护环境及合理利用资源，其方法是社会科学和自然科学多学科合作。全所50个人员，有生物学家、生态学家、经济学家、人类学和社会学家、法学家。中心的董事会则由社会科学、自然科学、法学和人文四个学院出人组成。

挪威环境保护科学一向居于世界前列。世界环境和发展委员会即由挪威前女首相布伦德兰

节日盛装的挪威男女

2000 年挪威国庆节与挪威友人霍尔魏克及李莎夫妇及刘白沙等摄于街头

(Gro Harlem Brundlan) 领导。大学之环境和发展中心负有向这个委员会提出建议之责。

今日七十初度，自己完全忘却，而勃克曼、白沙夫妇竟记得此事，送来蛋糕及盆花来寓表示祝贺，甚感。

2000 年 5 月 10 日

奥斯陆

今听美国科恩（Paul Cohn）教授演讲有关义和团问题。晚在勃克曼家餐叙，问起美国一些学者近况，彼多熟悉。最后问他对中国未来看法，他持悲观态度。谓将来危机之发生不外两端：一为贫富分化问题，一为生态破坏。他专攻中国近现代问题，自非信口开河。

归来甚晚，途经地铁国家剧院站，见青年胡闹，警察抓人。据说现在酗酒、吸毒者较多，社会治安已大不如前，而墙上乱画现象亦不时可见，且“画风”亦如美国，可恶之至！

2000 年 6 月 6 日

奥斯陆

昨应邀参加挪威亚洲学会第一次会议，在郊外旅社召开，此地原为奥斯陆通往卑尔根之驿站，旅馆已有百年多历史，尚保存 19 世纪之木柜。

我无论文，听会而已。有一篇论文题为《他妈的托福！他妈的可口可乐！他妈的克林顿！》，谈当前中国青年千方百计谋求出国却又仇外之心态。（网络上称为“愤青”者，即此辈也。当今此类人为数不少，他们可以在美国大使馆前示威抗议贝尔格勒德中国使馆被炸事件，几天后便到同一地点排队申请签证；北大女学生 M 女士以克林顿演讲时表现反美情绪而成新闻人物，然

不久便下嫁美国人。——2004 年 3 月补注）

2000 年 6 月 7 日

奥斯陆

访问挪威诺贝尔研究所，距皇宫不远。

未经大学介绍，但说明身份及来意，便受到热情接待，赠送资料数份。

研究所成立于 1904 年，主要职责是协助挪威诺贝尔基金委员会选择每届获奖人，建立图书资料库并举行有关学术活动。

关于诺贝尔和平奖及如何选出得主，过去国内报导不甚确切之处甚多。

诺贝尔研究所

诺贝尔（1833—1896）自学成才，以化学方面的发明和经营有关产业而致富。他对西方社会问题持较激进的批评态度。一生多病，寂寞，孤独，羞怯。毕生追求是为整个人类服务，留下大量财产建立基金会（诺贝尔基金会于 1900 年成立），每年基金所获利息平均分为五份，用以奖励物理、化学、生理学和医学、文学以及为增进国家之间情谊减少军备作出贡献的人，后者便是和平奖的由来。他遗嘱明确规定物理奖和化学奖由瑞典科学院授予；生理学和医学奖由斯德哥尔摩的 Karolinska 医学研究所授予；文学奖由瑞典学院授予；而和平奖要由挪威议会选出一个五人委员会来决定。

为什么和平奖要设在挪威？至今仍无定说，即诺贝尔研究所也不作最后结论。

他们仅提出三种可能供人们自去考虑。第一，诺贝尔生活时期，挪威和瑞典还联合在一个国家之中。第二，挪威及其议会当时对国际争端多持调解和中立态度，与诺贝尔观点一致。第三，诺贝尔对挪威文学特别是一位名叫 B．比约恩松的作家较为倾倒，而这位作家常致力于和平运动。

每年奖金得主从提名到选中有复杂程序，一切均在保密状态下进行，“托人情”“走后门”之事决难发生。每年 2 月 1 日以前接受提名，10 月中旬公布。12 月 10 日授奖，盖是日为诺贝尔逝世之日。原来授奖典礼就在诺贝尔研究所内举行，后移奥斯陆大学，从 1990 年开始又改在奥斯陆市政大厅。挪威国王要出席典礼。

2000 年 6 月 17 日

奥斯陆

今李莎（Lisa　Stearns）邀宴于其家，品尝其自制中东食物 cuscus（麦粒加肉粒蒸熟）。她丈夫霍尔魏克（Jan Tore Holvik）先生，前挪威驻华大使，第一次访问挪威为很快取得签证曾通电话，现任职于挪威外交部。

李莎和玛丽亚（Maria　Lungberg）同任职于大学人权研究所，负责中国研究项目，是我们此次访问的东道主。李莎，美国人；玛丽亚，丹麦人。在挪威有不少他国专家、学者在工作（何莫邪为德国人，也是一例）。现在西方学术机构每有岗位出缺，常在有关刊物或网络上发布消息，使世界各地的人都来竞争，择优录用，不一定非本国人士不可。如此吸引人才，非国人所能想象。如我所在之机构有空缺职位常用以照顾教职员家属子女，以致有一家几代同在一校者，若想保证工作人员之质量，岂可得乎？

2000 年 6 月 25 日

奥斯陆

挪威有三大文化名人，即剧作家易卜生（Henrik　Ibsen,1828—1906）、画家蒙克（Edvard　Munch，1863—1944）、音乐家格里格（Edvard　H.Grieg，1843—1907）。后者活动地区在卑尔根。奥斯陆则有易卜生故居博物馆及蒙克博物馆，近日抽空参观。

挪威名人为中国人所熟知的首推易卜生。他的《玩偶之家》很早译为中文，对“五四”时代新思潮特别是妇女解放运动有很大影响，娜拉出走之后之命运曾引起热烈讨论。他在奥斯陆的故居现辟为博物馆以资纪念（其出生地不在奥斯陆，另有纪念性博物馆）。这是一套大公寓，仍按原样陈列，易卜生居住于此凡 11 年（1895—1906），最后的两个剧作在此完成。参观完毕，讲解员提醒观众不要忘记去看一下位于奥斯陆主要街道——卡尔·约翰大街上的“大咖啡馆”，于是好奇前往（“大咖啡馆”楼上便是古老的“大旅社”，康有为访问挪威时便居住于此。见康有为遗稿《列国游记》中的挪威游记——2004 年 5 月补注）。此馆为当时文化人聚会之处，易卜生一天光顾两次，而且必在同一时间，咖啡馆为他设有专座。今墙壁挂有巨幅图画表现当年情景。侍者说，画中左下角由外而入者便是易卜生。为了保证按时到达和离开，易卜生路过大学常要对钟，此钟现在仍挂在大学临街一座古老的建筑上，供人参观。

蒙克青少年时期在奥斯陆度过，曾就读于奥斯陆工艺学院，死后遗嘱将所有油画和木刻版画捐赠于奥斯陆市，计数千件之多。画家 100 年诞辰即 1963 年，蒙克博物馆正式建成开放。蒙克为 20 世纪“表现主义”艺术先驱，开始不为人接受，他在柏林之画展曾遭关闭。我辈外行也可看出，他的画中多反映人生之痛苦和挣扎。如其代表作《呼喊》画一人作惊叫之状，还有画人与骷髅接吻等。他母亲死于肺病，自己也患精神分裂症多年，故画中又有不少表现病房和医院之作。值得一提的是他与易卜生颇有交往，两人常在“大咖啡馆”交换对艺术的看法。他为易卜生的戏剧设计舞台布景，而易卜生的《当我们死者醒来》曾受蒙克画作“斯芬克斯—女人”的启发。

瑞典

（1992 年 5 月，2000 年 5 月）

（一）

1992 年 5 月 15 日

斯德哥尔摩

晨抵达即访问远东古物博物馆。挪威方面早有电话介绍，馆长韦俊博士（Dr. Jan.C.Wirgin）亲自接待，介绍情况，导引参观。

瑞典皇宫

此馆及其集刊（*BMFEA*）为中国考古学界所熟知。发现仰韶文化之安徒生（Johan Gunnar Andersson）及研究中国铜器及古代汉语著名汉学家高本汉（Bernhard Karlgren）曾在此工作，集刊中一系列有关中国考古学的论文，今仍常被引用，已成经典。馆中见安徒生之半身塑像及高本汉画像，纪念他们为本馆及科学事业作出的贡献。

斯德哥尔摩老城

据介绍，该馆奠基于 20 年代，初以安徒生搜集的中国石器时代文物为基础。1939—1959 年担任馆长的高本汉努力收集中国铜器等文物，加上瑞典国王阿道夫（H.M.Gustav Adolf）等人捐赠，不断丰富了馆的收藏。

该馆历史不长，所在的一座黄色建筑却可上溯到 1700 年。

下午游览皇宫，此间皇宫原来也是一个城堡，称为“三皇冠”，四面环水，易于防守。城堡 1697 年为火所毁，现在的皇宫建成于 1754 年。宫内现仍为国王办公及与官员会晤之处，但对公众开放。其中珍宝馆内有 16 世纪国王埃里克十四世加冕之王冠以及 18 世纪国王古斯塔夫三世用的王冠和剑。古斯塔夫三世在瑞典历史上占有重要地位，宫外一座方尖碑，是他成功抵抗俄罗斯后对斯德哥尔摩市民的支持表示感谢而建。方尖碑当然起源于古老的埃及，欧美纪念碑常采取同样的形式（如美国的林肯纪念碑），这可说是埃及文明对世界的影响之一。昆明的护国运动纪念碑也作如此形式，大概是由于云南某位旅法前辈的设计或建议，惟是铜质而非石制，纤细难看。

皇宫周围便是老城区，称为加姆拉斯坦（Gamla stan），古老的街道卵石铺成，甚为狭窄，原来的房屋完全保存。今沿街多为餐馆及出售工艺品、纪念品的商店。

离老城后去国家艺术博物馆。此为瑞典古老而且规模最大博物馆。18 世纪末已向公众开放。所藏名画甚多。

乘夜车赴奥斯陆，在此仅逗留一天，较原计划提前回挪，因为本月 17 日逢挪威国庆日，不想错过也。

瑞典远东古物馆前

（二）

2000 年 5 月 22 日

斯德哥尔摩

下午乘火车离奥斯陆，沿途树木参天，想起中国铁路两边景象，真有天壤之别。进入瑞典境时，无人查验护照。

傍晚到站，马思中（M.Fiskesjö）博士接站后请吃晚餐。他现住公寓正是过去高本汉住处之楼下，餐桌上讲高本汉晚年轶事。邻居们反映高本汉氏晚年喜爱动画片，且把声音放得很大云。

远东古物博物馆 1996 年寄来呼吁书，谓官方准备关闭该馆，与民族学博物馆、地中海与近东博物馆一齐迁去哥登堡（Gothenburg），形成一个新的民族学博物馆，请求各国学者支持他们反对合并的要求。当时曾覆信说明本馆在中国考古学史上重要地位。现已雨过天晴，而且马思中博士已任馆长，可谓选人得当。他太太为中国人，研究中国电影，现在美工作。

晨起与林、杨两君（他们亦来参加隆德会议者）去加姆拉斯坦区域一游。此区为斯德哥尔摩古老部分。一本旅游书上说斯市之历史有如树之年轮，从内向外一圈一圈发展，而加姆拉斯坦就是树之中心。它包括皇宫及老城。今天皇宫不开放，只见换卫仪式，未能入内，遂游老城。

一位老人自称原在银行工作现已退休，自愿担任导游，陪我们参观不少有意义之遗迹：

①最早街道：可上溯到 1323 年。老城街道按一定规划，规定宽度不少于八“肘”即四米（或谓五米），以便马车（或谓一人一骑）交错而过。

②最早的房子：1340 年（？）建，原来之门尚存，上有玫瑰花装饰，称为“玫瑰门”。其窗户甚小，据云当时规定窗户大者要交税云。旁有一座住宅年代稍晚，其门上宽下窄，较为奇特，意大利风格，便于“抬棺而出”云。

③最早之公寓：15 世纪即有，每套二卧室，约 40 平方米，供人租用。楼下厕所浴室公用，另有养马处。天井甚为狭小。现仍有人居此，而月租金高达 6000 克朗云。

④最早之小学：19 世纪初年建。

⑤保险标记：此间保险制度始于 16 世纪（？）。一处房屋门楣之上有一铜饰，失火后可持此

瑞典议会前

向保险公司索赔。

⑥铁门上图像：16 世纪初期之物，表现男女驾鹰牵犬打猎情况。据此可见当时女子亦可参加狩猎。

⑦最早之花园：16 世纪初始建。后有四座房屋，分别作红、蓝、灰、黄四色，为当时房屋规定颜色。

⑧小铁人：近年所建，铁铸小人作抬头望月之状，纪念过去在码头搬运铁块之童工（所在地为过去瑞典铁矿出口之市场），由于负担过重使他们长大成人仍是身材矮小。

⑨古老股票交易所：前有广场，丹麦王曾在此砍下 82 人头（事在 1520 年 11 月 7 日），鲜血从广场流到街道。今下层仍为股票交易之处。

以上诚为研究近几百年西方城市发展有用资料。不知所说情况然是否确切可靠，他日当寻书检验，先记此备忘。

今在老城见一雕塑，表现武士骑马制服恶龙之情景。此乃根据一个古老传说：城市初由恶龙统治，每天需要两只山羊及孩子供奉，城市居民每天以抽签方式决定何家献出孩子，不意某日厄运降临到公主身上，于是圣乔治挺身而出，刺杀恶龙，挽救了公主并改变了整个城市的灾难。这是当时统治者为庆祝自己战胜丹麦人挽救斯德哥尔摩而建，斯德哥尔摩便是“公主”。此雕塑完成于 1489 年，距今已有 500 年历史。

斯德哥尔摩老城较完整保存几百年前原貌，欧洲他处尚不多见。

下午在远东古物博物馆座谈，会见索玛斯特罗姆（Bo Sommarström）博士。高本汉学生，今年 77 岁。贝格曼 1946 年死后，居延遗物由他整理，已逾半个世纪，已出报告两卷，正在编写第三卷，而他尚未到过居延。听我说久闻他的大名且读过他的书，极为兴奋，颇有遇到知己之感。座谈时拉我起立握手，说明他的心情。又以佛像浮雕照片一帧相赠，告知乃出土于本市之西，与中国河南出土者完全一样云。

他对瑞典老一辈学者情况极为熟悉，询及阳士（Olav.R.T.Janse），据云最后死在美国，晚年经常著文批评革尔登（Heine–Geldern）东南亚研究中过时的观点。

斯文赫定在蒙古搜集的古代占卜工具（民族学博物馆藏）

继参观库藏中国文物，有一件彩陶鬲及一件巨大三款足器，为前所少见。半山、马广陶罐上两个人头雕像亦得一观。

晚再来老城，赴马思中博士之宴，今晚主菜为鹿肉丸子。餐馆已有悠久历史，名叫 Creep In，“爬进”之意，房屋之纸矮可知。但餐馆生意极好，据云瑞典左翼某党派（共产党之前身）领导人之一某女士亦拥有股份，人多笑其言行不一云。此岂为“左派”之通病乎？

今议会前有非洲人示威，抗议埃塞俄比亚对邻国之侵略，希望瑞典主持公道。瑞典在北欧诸国中经济文化最为发达，科学家辈出，在政治舞台上亦举足轻重，两次大战均能置身事外，自有其立国之道。

2000 年 5 月 23 日

斯德哥尔摩

上午去民族学博物馆参观。瑞典民族学博物馆有二，另一在哥登堡。斯德哥尔摩今馆乃 1980 年建成，内陈列非洲贝宁文化及美洲印第安人文物，主人引导重点参观斯文赫定（A.Sven Hedin）所收集中国文物。一座巨大华丽的蒙古包，乃蒙古王公所赠；一个占卜工具盒内放龟甲及锯、凿、锤等七八样工具，即来自蒙古，为研究古代占卜珍贵资料。

据介绍，斯文赫定不属于哪一机构，受诺贝尔基金会及国家资助，从事探险。晚年靠演说及著书维持生活。他的搜集品现归此馆。

下午去斯德哥尔摩大学东方语言系座谈，主持者阎幽磬（J.Enwall）博士，有教授及学生多人参加。有人问对“华夏”一词的看法，如何看待马、恩单线进化论等问题，以个人意见作简单回答。据介绍，斯德哥尔摩大学原称学院，奠基于 1878 年，1960 年始改大学，现有学生 33000 人，教职员工 3450 人，是瑞典最大之大学。除董事会外，瑞典议会及政府对学校大事还有决定权。大学分为人文科学、法律、社会科学及自然科学四个学院，东方语言系属于人文科学。归途经一处建筑，据介绍即瑞典学院，每年决定诺贝尔文学奖权威机构，仅设 18 名院士，有人去世才补选。汉学家马悦然即为院士之一。

2000 年 5 月 24 日

斯德哥尔摩

晨起随马思中赴瓦萨博物馆及地中海博物馆参观。

瓦萨（Vasa）乃一艘古船之名，历三年建成。初航之日在万众欢呼中离开斯德哥尔摩港口，仅航行 1300 公尺沉没，事在 1628 年 8 月 10 日。事后检查原因，问题出在船的结构（龙骨太小而船体太大），而不是航行错误。故船长被囚不久即被释放，而设计者在船建成前已死，亦无法追究。自 1664—1665 年把船上的炮打捞上来，沉船不再过问。三百多年后以现代打捞技术加上考古学发掘方法才使整个船架浮出海面（时在 1961 年 4 月 24 日），按原样加以复原，1990 年正式对公众开放。

船上浮雕和雕刻令人瞩目，艺术风格属于德、荷文艺复兴后期及巴罗克早期，题材有大力士赫尔克里斯神、海神之情人以及 20 个罗马皇帝的像。狮的形象尤多。建造这座战船的瑞典皇帝古斯塔夫二世，当时被称为“北方之狮”，赫尔克里斯像也为了赞颂这位皇帝是有力的战士，而罗马诸帝当时被认为是北欧君主的先驱者。

塞浦路斯公元前 6 世纪陶俑（地中海与远东博物馆藏）

四周陈列船内发现物，生动反映当时船员日常生活的细节。值得一提的是 17 世纪打捞方法。当时使用一种称为“潜水钟”的设备，潜水员身着皮服皮靴，水下可达半小时，然后换人。正赖此法曾把瓦萨号 64 座炮打捞上来 55 座。当时瑞典是世界上潜水和打捞技术最先进的国家。

继参观地中海和近东博物馆，分为埃及、希腊罗马、塞浦路斯、伊斯兰几个部分，塞浦路斯出土物最为重要。1927—1931 年瑞典学者曾在塞浦路斯发掘 20 多个遗址，发现从新石器时代到罗马后期大约 18000 件文物，已发表报告四大卷，1982 年建成博物馆予以公开陈列。其重大发现是一个露天神庙中约 2000 个未经扰乱的陶俑，它们不是坟墓的随葬品，而且供神的遗物。陶俑捧着贡物面对祭坛，大小不一，大者与真人等大，很像秦始皇陵武士俑。不如秦俑数量多，但年代要早 300 多年（公元前 6 世纪物）。无论在哪里，看了这类发现我都不会有“伟大”的感觉，眼前总不免浮现出为了烧窑成片森林被砍倒的情景。

17 世纪潜水设备（瓦萨博物馆藏）

下午乘车抵隆德，所住旅馆邻近车站。

参加接待会后看电视，CNN 播送美国众院辩论是否同意中国参加 WTO 实况，最后以 235 票对 197 票通过。看来中国至少已走上市场经济的不归路。

2000 年 5 月 25 日

隆德

上午举行简短的开幕式后便开始讨论。这次会议名为“Ethnicity，Politics（原是“Society”，后改）and Cross-Border Cultures in Southwest China：Past and Present”，是我所参加名

在德隆大学学术讨论会上宣读论文

称最长内容最为复杂的一次会议。从论文来看，有明清史，有民族史，有西藏问题，还有讨论“文革”时“政治边防”的，虽然与会者不过20余人。熟悉朋友除马思中、勃克曼外还有N．塔普，他现在澳大利亚国立大学工作。会议组织是郭晓临女士及其瑞典夫君M．舍恩霍尔先生。郭女士是加拿大皮尔逊教授学生，曾由她老师介绍来访而相识。

隆德大学奠基于1666年。隆德原属丹麦，1658年割让瑞典以后，瑞典为加强这片地区与本土的联系，遂成立这个大学。大学的徽章作头戴王冠的狮子一手持剑一手持书之状，表示要成功地统治新的领土除了武力外还要有思想的征服，狮子便代表瑞典王。

今隆德大学有学生30000多人，分为技术、科学、法律、社会科学、医学、艺术和神学、表演艺术七个学院。还附设一个飞行学校，大学校长出行有自备飞机，这是其他大学校长们不免欣羡的。今天开会的地方称为主教住宅（Bishop House），过去丹麦主教所居，今成大学重要会议场所，颇像北大的临湖轩。

2000年5月26日

隆德

中午先去一处农村传统餐厅用餐，为瑞典南部风味，有鱼多种，鱼饼味道为中国人所能接受。也有生吃的鲱鱼，如荷兰所见，未敢问津。

继去参观巨大的现代派雕塑，全用烂木板大铁钉建成，名叫“城堡”。从山上通往海边，内有通道相连，长达100多米。人在其中行走，时常提防手被钉刺或脚踏烂板而坠。作者名维尔克斯（Vilks），1982年在他已工作两年时，议会即要求立刻拆迁，官司一直打到最高法庭。判他败诉并付罚金，但他不加理睬继续修筑，甚至修得比过去更大，并把他的“作品”卖给纽约一位艺术家。1993年又在海边用石头和混凝土建成另一雕塑。公众不满意这样丑陋的东西矗立在美丽的海岸上，曾纵火焚烧或用电锯肢解，但破坏之后作者又重加建造。

直到现在，官司还未有结论。人们到这里与其说看“艺术品”，还不如说是“旁听”一场可笑而复杂的官司。

继沿海岸而行，对岸丹麦赫尔辛格地区建筑隐约可见，瑞典学者遥指对岸告知，哈姆雷特故事发生之城堡所在位置，而莎翁实际上并未到过此地。

抵达一个城堡，已近黄昏，在附近一家临海餐厅用餐，远眺碧波，心旷神怡。

今天在海边现代派“城堡”之内爬上爬下，作为与会者中年龄最大者，这是一次挑战！虽然通过了考验，累甚，早眠。今日同行者中有五人未敢进入，只在山顶作壁上观。

2000 年 5 月 27 日

隆德

上午第一个报告论文，题为《公元 17—19 世纪佤山汉移民民族认同的变迁》。报告毕，郭女士悄悄告知，已超过时间。过去无论是演讲还是会议发言，都能准时结束，大概自己确已衰老！说话不知节制和“下笔不能自休”一样，都是缺乏自我控制能力之表现，今后宜少说少写为要。

隆德大教堂

中午抽空参观文化历史博物馆(Kulturen)，建立于 1882 年，实为民俗博物馆，专门展示瑞典南部从中世纪到 19 世纪风俗民情及工艺技术，把本地区古老民居和各种行业在此作集中表现。有铁匠铺等，还有反映古代印刷术发展陈列。值得一记者此间古代烹饪器皿也有三足双耳铁釜，与中国无别，再次证明相同器物未必属于同一文化。

文化历史博物馆内陈列墓石数方，有一方说明纪念其兄农庄主托梅（Tome），石中间刻一狮形，看来狮子在瑞典具有多种象征意义。

晚在车站附近由仓库改建成的餐厅用餐，算是告别宴会。邻座为舍恩霍尔及另一位瑞典学者，均曾于“文革”时居留中国者，尽谈“文革”中趣事。饮酒半酣他俩突然唱起“文革”歌“打倒牛鬼蛇神”来，我说“这使我害怕”，彼此大笑。舍恩霍尔专门研究“文革”，他不仅知道“文革”中风云人物如“五大领袖”现在的下落，还曾访问过他们。“文革”研究在中国尚为禁区，外国人在这方面的研究居于前列。

2000 年 5 月 28 日

隆德

上午讨论完毕便结束会议。

隆德大教堂内14世纪始建之天文钟

中午与勃克曼匆匆去大教堂参观。当隆德属于丹麦而且信奉天主教时，隆德不仅是大主教辖区而且是整个斯堪的那维亚的宗教中心。此教堂作为大主教的驻地初建于1104年左右，整个建筑属于罗马风格。后经丹麦宗教改革（1530年），教堂政治经济权力不复存在，建筑保留。隆德大学建立后，教堂部分资产属于大学，一些房屋作为讲堂，今大学的博士毕业典礼仍要在教堂举行。教堂中重要文物是一座中世纪留下来的天文钟，建于1380年，1923年成功修复。现仅有两个齿轮及表示一天时间的上端钟面（下端钟面表示月日）尚是原物。有趣的是上端钟面不是像我们现在钟表一样划为12时而是24小时，有时针（针端有一太阳）、秒针（针端有一圆形代表月亮）而无分针。一个小时划分为青、红、白、灰四色以代表四个时刻，因为“中世纪的人不需要确切的时间”。每逢中午及下午三时，两个钟面中间机器人便出来报时，骑士敲击他们的剑，号手吹奏14世纪的赞美歌。

教堂地下室两根有浮雕的石柱，也是古老的罗马风格。一柱雕有巨人Finn，是他接受殉道者圣劳伦士之命令完成了教堂的工程；另一柱雕有怀抱小孩的妇女，对此推测颇多，是巨人的妻子和孩子抑或是圣母玛丽亚和耶苏？

下午离境，经哥登堡换车回挪。途中见瑞典南部地区房屋多系砖石砌成（丹麦境内亦如此），在哥登堡之北则与挪威一样，以木结构房屋为主。农户多单独居住，少见聚集一起形成村落。每一农户房屋占地甚小，多为两层，与当前中国富裕农民喜把住房尽量扩大建高，迥异其趣。同是农民，思想意识差距甚大。这里住宅虽小，四周花卉围绕，掩映于绿树之中，风景绝美。中国农村尽管近年多盖新房，拥挤杂乱，实不可同日而语。

隆德是我到过又一座欧洲大学城。它和德国海德堡、荷兰莱顿一样，都以一个大学为中心。隆德人口95000人，城区不大，古树参天，街道整洁，少见行人，文化气息浓厚，仿佛世外桃源。

丹麦

（1992 年 5 月）

1992 年 5 月 14 日

哥本哈根

昨从慕尼黑上车，清晨始达。住入车站附近旅馆后，即参观丹麦国家博物馆。

丹麦皇宫

下午逛街，市中最大百货公司前人头攒动，有人示威。一人正被两个身材高大警察按倒在地，双手反剪，头脸触地，其他示威者一边呼叫口号一边逃逸。行人告知：此百货公司有美国资本，示威者反对“美资进入丹麦”，不意有人扯下公司门前悬挂印有美国国旗标志之竖幅，因此“触犯法律”。于此可见西方民主并不等于无政府主义，示威游行自有充分自由，但不得影响他人财产及人身安全，过此界限一切仍要依按法行事，毫不客气。

傍晚逛游乐园（Tivoli），号称北欧最大。其中复制有水车、磨房各种民间建筑。还有一座中国戏台，正上演西方节目，可谓不伦不类。

继去一处赌场参观。岂知男士不穿西服打领带女士不着长裙者，谢绝入内。无此准备亦可以租用服装，但每人要收费 20 美元，废兴而返。忆前去美大西洋城，任何一家赌场均无要求赌客盛装入内之规定。此为美国和欧洲文化之差异乎？不意于赌博之事上表现之，一笑。

今乘船去看“美人鱼”（当地人称 Little Mermaid），安徒生童话中人物。此间立她为像，自与童话大师安徒生是丹麦人有关。安徒生出生贫苦，经自我奋斗始得就读于哥本哈根大学，为中国人熟知他的作品是《卖火柴的小女孩》，曾收入昔日中小学的中英文课本，引起无数穷学生之同情，至今印象深刻。这两天在哥本哈根古老街区散步，眼前常浮现出那个小女孩形象，似乎就赤足行走这样的街道上。美人鱼雕像铜质，呈紫褐色，位于海滨一块圆石之上，作少女半裸屈腿而坐之状而下露鱼尾。此像创作者为雕塑家爱德华·艾里克森。（阅报知美人鱼头部竟被恶徒锯断，窃取而去，不知如今恢复否？破坏文物行为虽在文明的北欧国家亦不能免，人类之占有欲和破坏性殊可怕也。——2003 年 5 月 30 日注）

继参观皇宫。仍有政府机构在此办公，开放若干部分以供参观。皇家马厩养有大黑马数匹，毛皮光亮，陈列中有多种制作精致的马具及马车，可供了解欧洲人养马若干细节。

哥本哈根游乐园（Tivoli）

"美人鱼"雕像

哥本哈根市区人口 80 多万，约占丹麦全国人口六分之一。它像欧洲很多大城市一样，由 1167 年始建的一个城堡（克里斯蒂安堡）发展而来。

乘夜车离境，在车站见北上旅客多带火腿、腊肠、蒜味香肠等肉类食品。盖北欧诸国中丹麦气候较为温和，农业发展，食品价格远较瑞典、挪威便宜之故也。

东欧观感

塞尔维亚

（1984 年 2 月，1988 年 7 月）

（一）

1984 年 2 月 2 日

贝尔格莱德

1 日由海德堡乘国际快车南下。旅客甚多，多南斯拉夫人，不少妇女还带着孩子。南斯拉夫人在德打工者甚众，本人及家庭可自由来往。

在海德堡打过电话，答复是仅仅过境不要签证。车到奥地利边境，谓未办过境签证，要交 70 马克补办手续。力辩无效，只有照交。大概过境免签证者乃欧洲人，海德堡有关部门不知道一个中国人旅行就有如此多的麻烦。入奥第一站是萨茨堡，停车很长时间，此即莫扎特出生地。

到贝尔格莱德，未出车站即登上去雅典列车，同车厢者有位南斯拉夫飞行员，能英语，交谈甚欢，邀我回贝尔格勒德时到他家做客。

车南行，南斯拉夫人陆续下车。车过马其顿首府斯科普里，来往阿尔巴尼亚本应在此换车，然这个国家至今封闭，未通客车，故旅客甚少。最后一位南斯拉夫旅客下车前向我告别，以不纯熟的英语说从此便是南希边境，时常发生安全问题，嘱我小心，盛情可感。

记于火车上，时车停南希边境等候检查

1984 年 2 月 8 日

贝尔格莱德

昨游希腊归，又回到贝尔格勒德。早闻南斯拉夫对任何国家游客均免签证，惟以色列、南非两国除外。原以为至少要验护照，不意随着人群大摇大摆走出车站，竟无人过问。

出站时天色已晚，请车站的旅客服务处代觅旅馆，介绍至“运动中心”。时大雨滂沱，黑暗中冒雨前往，甚为狼狈，乘公共汽车约 40 分钟始达。收费低廉而条件不差。此处原为夏季青年宿营者下榻之处，现值冬季，无人居住之故也。餐馆尚未关门，饱餐一顿后一觉睡至天明。

晨起开始参观。

贝尔格莱德主要城区在多瑙河之南萨瓦河之东，约有1100000人，南斯拉夫主要工业集中于此。纪元之前贝尔格勒德先后为斯基泰人、凯尔特人占据，其最早名称Singidunum即为凯尔特语，意为“圆形城堡”，出现于前279年。公元1世纪起受罗马统治，达四个世纪之久。市内共和国广场附近曾发现罗马的井状墓葬，罗马人建立之堡垒尚存遗迹（前几年还发现了带有公共浴室的罗马集会广场，——2002年5月6日补注），今贝尔格莱德一些街道也是罗马人打下的基础。自公元395年分为东西罗马帝国之后，贝尔格莱德属东罗马即拜占庭帝国，成为具有战略地位之边境城镇，是当时东西文化交通之枢纽。441年曾为匈人所摧毁，450年又归拜占庭所有，查斯丁尼一世时得以重建，成为“光荣的值得赞美的城镇”。公元6世纪时先是蒙古人中的阿瓦尔（Avar）人后是斯拉夫人攫取了这座城市，Singidunum的名字自此从历史记载中消失，开始了斯拉夫时代。630年的记载中开始提到贝尔格莱德的名字，并与塞尔维亚人相联系。贝尔格莱德为斯拉夫语，意为“白色城市”，可能因墙刷白灰而得名。

此后几个世纪，贝尔格莱德先后为弗兰克人、保加利亚人、匈牙利人所征服。11–12世纪十字军又多次经过此城远征东方，留下破坏的痕迹。1285年一度出现塞尔维亚人建立的政权，新建的东正教教堂表现出年轻政权的财富和力量。但为时不久，全城又沦入匈牙利人之手并被摧毁，事在1319年，从此成为匈牙利人对抗塞尔维亚人的边境基地。这种情况直到土耳其人到达为止，土耳其人经过残酷斗争于1512年征服贝尔格莱德。

土耳其统治期间，贝尔格莱德变成一个相对和平的城镇，一个从威尼斯、希腊、奥地利、土耳其、塞尔维亚各地来的商人、工匠和吉卜赛人聚集之处。市场、清真寺、商店、作坊陆续建设起来。17世纪时贝尔格莱德有17000居民，成为东方和欧洲的联结点，是仅次于君士坦丁堡的贸易重地。

1688年9月土耳其人为奥地利人所击败，从此两者在此开始拉锯战，贝尔格莱德遭到很大破坏。1717–1734年奥地利统治期间，城市已失去土耳其人留下的东方色彩；而当1739年土耳其人重新占领之后，奥地利人建的房屋悉被摧毁，教堂变为清真寺，贝尔格莱德又成为东方城市。

18世纪末19世纪初是塞尔维亚民族觉醒的时期。1806年发生塞尔维亚人“第一次反抗”，贝尔格莱德成为塞尔维亚人政治中心及热爱自由的象征。1807年成立第一个议会。1813年此城又为土耳其人占领并加焚烧，导致了1815年塞尔维亚人“第二次反抗”，领导人即是著名的米洛斯（Milos Obrenovic）王子。他运用外交策略，从土耳其人手里以低价购买土地，安置很多南方来的塞尔维亚人来城定居，最后使城市大部分属塞尔维亚人所有，而土耳其人仅能占据城堡。这一期间贝尔格莱德新建许多教堂和宫殿，今天一些整齐的街道即当时所建成。

居住在城堡之中土耳其人仍是城市安全和发展的妨碍。经过协商，土耳其人1867年最后撤出，从而结束土耳其人346年的统治。

19世纪后半叶，贝尔格莱德逐渐变为一个现代化城市。连接城堡和市区的Kneza Mihajla大街成为商业中心（今日仍是如此），有了铁路（1884年）、电力供应（1893年）和电车（1894年），并有了第一家塞尔维亚银行。

一战期间贝尔格莱德为奥地利占领。1914年7月28日由于其战略地位而被协约国轰炸，是为欧洲第一个遭到空袭的城市。战争期间许多重要历史文化纪念物被毁。战后经济得到发展，人口有所增长，城市也迅速扩大，新的建筑物模仿古典的和文艺复兴的风格，使整个城市具有欧洲城市的面貌。

贝尔格莱德罗马时期公共浴室遗址

二战之初，贝尔格莱德曾宣布为不设防城市，但 1941 年 4 月 6 日突然遭到德军轰炸，4 月 12 日德国便占领全城。四年占领期间，贝尔格莱德和整个南斯拉夫人民抵抗运动未曾稍断。二战期间，全城有 20000 座房屋遭到破坏，7000 座房屋全毁，当时的 27 万人口中 10 万人丧失了生命，许多人被送入集中营。1944 年 10 月 20 日苏联红军和铁托领导的人民解放军进入这座城市。

Kalemegdan 的圆形塔门

由于两次大战的破坏，贝尔格莱德城内保留下来的历史文化遗存不算太多。

今按导游图首先选择堡垒作为游览的起点。当地称 Kalemegdan，意为“城镇—区域”，它实是一系列历史遗存的集合体，历史上不同种族和文化在此留下遗迹，虽然只是各有一小部分。

公元前 1500—1000 年鸟拉车陶模型（贝尔格莱德国家博物馆藏）

今日出外游览真是不合时宜，天气寒冷，阴雨绵绵，路少行人。先问一群中学生，他们热情带我前往，但不会英语，沟通困难。幸好遇到一位女士，曾在埃及工作，因不喜欢那里的气候及风俗习惯回国，能英语。女士撑着雨伞牵着孩子陪我参观。先到称为 Pobedmik Victor 纪念碑前（碑顶立一人手持一鹰），眺望全景，多瑙河和萨瓦河就在其下交汇。继参观各时期的历史遗存：Singidumum 时期的城墙残迹及后来重建的“罗马井”，拜占庭城堡（15 世纪重建），土耳其人统治期间留下的饮水泉、公共浴池和清真寺，18 世纪南斯拉夫人建的东正教堂以及同一时期由奥地利人建的钟楼。还有 18 世纪留下的大炮，雄踞道旁，作为此城堡屡经战斗的见证。最具特色是称为 Zindan 的塔门，由两个圆形碉堡组成，15 世纪时建，为当时整个堡垒的入口，至今仍非常坚固，其内陈列战争遗物。面向多瑙河的地方还有一个小型艺术馆（称 Zuzoric），陈列现代派金属雕塑。

走出城堡，女士又带我参观南斯拉夫国家博物馆。全国的重要文物，从史前遗物直到现代名画，尽藏于此。有一件鸟乘车的陶模型，公元前 1500–1000 年物，富有艺术趣味，堪称史前艺术之佳作。

路过贝尔格莱德大学时，女士自我介绍说，她即毕业于此大学，也曾学习考古。她陪我走了半天，盛意可感，可惜我记不住她的南斯拉夫姓名。

（二）

1988 年 7 月 22 日

贝尔格莱德

昨乘中国民航 CA941 航班离京。清晨倾盆大雨，幸未误机。

飞机升空不久，便是晴空万里，下面景色清晰可辨。从北京到中巴边界飞行约 5 小时，仅最初一小时可见绿色，其他时间只见大地一片黄色，黄土高原过去便是沙漠。中国国土条件原来如此之差，而生态环境还在破坏之中。

飞经喀喇昆仑山时，现值盛夏而两边都是雪山，飞机仿佛在雪山峡谷中穿过，蔚为壮观。

飞机一停卡加奇，再停布加勒斯特。邻座三位石油部官员在此下机，握手告别。途中相谈甚为相得。据告他们部里赴罗马尼亚机会颇多，出国虽是美差，但一听去罗马尼亚，人人推诿，盖无物可买亦且无物可食也。即使参加国宴，每人盘中不过腊肠数根而已。而罗马尼亚自然条件甚佳，历史上农业殊为发达云。

在布加勒斯特机场仅停留一小时，已可感到石油部朋友所言非虚。候机室小卖部货架上空空如也，并饮料亦无。工作人员态度之恶劣，甚至胜过他们的中国同行。一位旅客在候机室中照相留念竟被禁止。只见一位中年妇女似负责维持我们这些过境旅客之“秩序”，不说英语，但以本国语言不断吆喝，有如驱赶羊群。（无怪乎一年之后，这个国家突然垮台。1989 年 12 月 21 日中午还在布加勒斯特“万人支持政府大会”上慷慨陈词的齐奥塞斯库夫妇，不到 48 小时便被人民和士兵处死。专制政权控制一切国家机器，表面上似乎强不可摧，但人民怨恨达到顶点时一刹那便能土崩瓦解。据报导，齐奥基斯库有 21 座王宫、41 座别墅、22 间狩猎屋，而人民的居住面积按规定只能有 8 平方米。齐氏在瑞士银行存款 6—10 亿美元，为了防备有人下毒，每件衣服只穿一次，穷奢极欲，花天酒地。而人民每天只配给 300 克面包，每月半斤肉、半升油，还在报纸上大造舆论说，经过“科学计算，罗马利亚人摄入热量太高”；家中食物若有剩余，便犯“囤积居奇之罪”。齐氏十个兄弟姐妹封官晋爵，他和妻子两个家族在罗共中央委员会中占有30个位置。特别是其妻埃列娜，被任命为政治局常委、副总理、院士，排名在总理之上，仅次于齐奥塞斯库。其幼子是政治局候补委员、青年团总书记，著名的花花太岁，能在餐桌上强奸妇女。齐氏之残暴贪婪超过历史上暴君，生前却被加上“元首”、“喀尔巴千山天才”、“多瑙河之光”、“太阳神之子”、“人类头号思想家”、“天才中的天才”等桂冠。以上参见刘志侠《罗马尼亚暴君覆灭记》，香港，1990年。——2002年7月8日注）

飞抵贝尔格莱德，当地时间已是傍晚。登上出租车，请他拉到火车站附近，找一个不太贵的旅馆。他果不负所托。很快住进“旅游者旅社”，单人房间，条件不错，交通方便，著名的共和国广场就在附近。

今晨起为手表换一电池，继去一家旅行社办理归程改票事，从贝尔格莱德—北京改为莫斯科—北京。小姐打开电脑，很快办好一切。其办事效率之高不亚西方。要想改动不是本国航空公司机票，在北京即亲去民航大楼亦非易事，街头哪有旅行社可以代办这类手续？

新区“萨瓦中心”

贝尔格德气氛与昨在布加勒斯特所见迥然不同，人们多通英语，态度和蔼，南斯拉夫很早即对外开放之故。

事情办完，一身轻松，遂决定前往上次未去之处游览。

先去铁托陵墓，陵园甚大，树木郁郁葱葱。此人贫苦出身，20世纪30年代曾去西班牙参加反法西斯斗争，二战期间领导一支强大的游击队（“无产者旅”）反抗希特勒。二战以后坚持独立自主，又敢于对抗斯大林，提倡不结盟运动，谴责苏军出兵捷克及匈牙利。特别是1970年发现其夫人（名叫约婉卡）有政治野心，便毅然分居并解除其职务以绝后患。此人也是独裁者，但真正算得上“英明”。

陵墓附有陈列室，展览铁托与世界各国领导人会面相片，惟未见有中国领导人，是自己忽略未见抑或原来没有？是否因中国当时曾比苏联老大哥更加激烈批判“南修”？

由铁托墓南行不远，便是塞尔维亚历史博物馆。此处原为领导人民反抗土耳其人的米洛斯王子1834年建立之宫殿。略事参观后去一家饭店用餐。请女侍推荐南斯拉夫特色菜。她端来烤猪排一大块，甚为鲜嫩。餐桌设在绿树阴下，边喝啤酒，边赏街景，心旷神怡。

南斯拉夫经济始终不佳，自上次去希腊途中在此停留，至今已有四年，物价又涨多倍，买一点东西付出的“第纳尔”都是天文数字。公共汽车站地上小额纸币到处可见，盖已无用不足惜也。

但食物尚不匮乏，街头不见乞丐。社会秩序井然，社会风气良好。对待外国人友好而又保持尊严。即使经济困难，像中国城市中那些追着洋人要求换美元或外汇券的人迄未一见。

1998 年 7 月 23 日

贝尔格莱德

晨起再出游览，过萨瓦河到达新区，1952 年后兴建。许多外国使馆和现代化建筑集中于此。一组以大量钢架和玻璃建成的建筑群，称为萨瓦中心，内有贝尔格莱德国际旅社，可以同步翻译的会议大厅、音乐厅。当地人民颇以此建筑自豪，称为“现代建筑杰作”、“贝尔格莱德之宝石”。往北有现代艺术博物馆，建筑亦很漂亮，惜今日不开门。在路旁木椅上小坐片刻，欣赏周围风光。新区较之市区确是房屋整齐，街道整洁，空气清新。

南斯拉夫这个国家可谓饱经灾难。如众所知，第一次世界大战即以奥匈帝国的费迪南大公在萨拉热窝被刺为导火线而首先从巴尔干地区开始，第二次世界大战中德国进攻苏联之前即进入南斯拉夫。两次大战使南斯拉夫遭受很大破坏。直至被“社会主义大家庭”开除后，铁托倡导不结盟运动，政治上进入相对稳定时期。而经济上由于国营经济根深蒂固的痼疾，始终没有搞好。又由于民族成分复杂，这个国家隐患尚多。〔铁托曾说南斯拉夫是一个国家，两种文字，三种宗教（东正教、伊斯兰教、天主教）、四种语言、五个主体民族（塞尔维亚、克罗地亚、斯洛文尼亚、马其顿和黑山）、六个共和国、七个邻国，说明他已认识到南斯拉夫民族和宗教问题的复杂性。但他没有认识到进行社会制度改革的必要性。他死去十余年后各共和国相继独立，南斯拉夫现已不复存在。——2002 年 6 月 7 日注〕

克罗地亚

（1988 年 7 月）

1988 年 7 月 24 日

萨格勒布

应邀来此参加人类学和民族学国际大会（ICAES）。

此为一个人类学家世界性组织。早在 1865 年即召开过会议，正式的第一届大会 1934 年于伦敦举行，中国的杨成志先生似曾参加会议。第二届在哥本哈根召开后。由于二战，会议停止活动多年，直至 1948 年在布鲁塞尔召开第三届会议。以后每隔 4–5 年举行一次：1952 年在维也纳，1956 年在费城，1960 年在巴黎，1964 年在莫斯科，1968 年在东京，1973 年在芝加哥，1978 年在马德里，1983 年在魁北克和温哥华。今年在萨格勒布召开的已是第 12 届会议。

从 1948 年起，大会便建立了常设机构——人类学和民族学国际联盟（IUAES），主席由下届会议东道国人类学家担任，负责两次大会期间活动，并筹备下届大会。

全球约有 50 个国家参加这个组织，另外还有几百个独立参加者。中国与这个组织的关系长期中断，第 11 届加拿大会议才有代表（胡庆钧先生等）参加。

第 11 届大会曾接加拿大贝尔肖（C.S.Belshaw）教授来信邀请，因赴美访问，未果。去美后还曾多次通信，他曾准备请我赴加讲学，亦未成行。

萨格勒布大学经济系大楼前（与吴汝康先生合影）

这次收到邀请后，经向国家教委申请每年一度的学者出国开会补助，竟获批准。规定是飞机必须乘 CAAC，凭“三联单”买票。另批准外汇若干，供在外 14 天的食宿之用。访问南斯拉夫人员每天的补助标准是住宿美金 31 元，吃饭及交通美金 20 元。这是自己第一次“公费出国”，才知待遇并不太坏，无怪乎官僚及学阀们对出国是趋之若骛。

昨下午由贝尔格莱德登上火车。车上邻座为两个背包旅游者（bag packer），乃法国大学生，其一学民族学，以非洲为重点，相谈甚欢。他们已走遍欧洲各国，有些国家去过不止一次。仅阿尔巴利亚和罗马尼亚未去，不对外国人开放之故也。然闻罗马尼亚现已对法人开放（罗马尼亚语与法语同属“罗曼语系”），他们不久即将前往云。

下午七时许抵萨格勒布车站，不见会议通知所说的接待站，乃自乘出租车前往已预定的全景旅馆。香港中文大学谢剑兄亦住此，相见甚欢。

会议地点为萨格勒布大学经济系。今上午报到，收到大包资料。电车上巧遇民族所诸君。街头见身着民族服装游行队伍，边走边舞，吹奏民族乐器，盖近日此间正举办国际民俗节。

晚在大学音乐厅举行开幕式。致词者有南联邦主席团成员、克罗地亚人类学会主席（本届会议主席）、联合国教科文组织驻贝尔格勒德信息中心主任、萨格勒布大学教务长（本届会议科学委员会主席）以及萨格勒布大学人类学系主任鲁丹（Pavao Rudan）。官员们讲话无非表示欢迎之意，强调南为不结盟国家，主张世界和平及增进各国人民之间友谊，科学是人类所共有等等；但不像中国会议上那样有太多的陈话、套话。只有一人讲话中提到铁托。

致词者开首对听众既称“同志”，又加上“女士们和先生们”，直接说英文而无须翻译。最后由萨市议会主席讲这几天话动日程，并介绍了萨市的概况。

萨格勒布位于萨瓦河畔，克罗地亚共和国首府，南斯拉夫第二大城市，人口 86 万，以每年春秋两次举办全欧性集市而著名。萨市举办集市已有悠久历史，从 1907 年起便有定期集市。现在集市上除土特产外，也交易工业产品，各国企业新产品在此展销。1984 年秋季集市有 3160 个展销点，来自 67 个国家（内有 30 个是欧洲以外发展中国家）。萨市共分上下两城，住的旅馆在下城，乃市中心区，附近殊为热闹，但当地人笑告这比起一年二次的国际性集市来算不了什么。

萨格勒布地区罗马时期住有一个称为 Andautonians 土著部落。8 世纪时已有属斯拉夫族系的克罗地亚人居住，今圣斯蒂芬大教堂附近发现 11 世纪的克罗地亚人墓葬。与此同时匈牙利王在此设立主教，其中心即在今下城，至今这里仍称“首府”。后商人、工匠在下城地区陆续集中，到了 12 世纪萨市就已举行一次大的集市。

1242 年在今上城建立了“自由皇家城镇”，为防鞑靼人入侵增设城墙和城门。16 世纪在土耳其威胁下，萨格勒布之地位日益重要。1557 年克罗地亚通过法令宣布此地为王国的城市。17—18 世纪城市不断扩大，许多领主及贵族家庭移居上城，建造豪华住宅，城市其他地方也出现许多巴罗克式建筑。1850 年上下两城和郊区合而为一。奥匈帝国垮台后，萨市获得较快发展，逐渐发展为自由城市。二战时为纳粹占领，1945 年 5 月 8 日解放。

萨格勒布之得名有一传说：古代一个首领把剑插入土地，希望为其士兵挖出水来，叫道：Zayrahite（意为“舀出来吧”）！ Zagreb 由此得名。

开幕式毕，由来自南斯拉夫各民族（塞尔维亚、斯洛文尼里、马其顿、科索沃）的艺术家表演节目，最后要求会议代表穿上传统服装和表演者一起跳舞。表演之后举行招待会。

1988 年 7 月 25 日

萨格勒布

上午全体大会，有几个重要演讲。前任主席贝尔肖作《对未来社会和文化人类学的挑战》报告，一位苏联学者作《现代民族志及其前景：苏联观点》报告，还有一个语言学的报告。中国的吴汝康先生也是这次大会主席团成员，作了《生物人类学的前景》的报告。吴先生要我为他演讲时摄影一帧，作为留念。

下午上街对从莫斯科到北京的机票加以确认，并买好去布达佩斯火车票。晚谢剑兄在旅社附近餐馆请吃饭，畅谈对会议观感和趣闻。

这次会议共有几十个讨论组（symposium），民俗学、语言学、考古学、古人类学、民族考古学等传统的学科分支外，还有医药人类学、城市人类学、影视人类学、人口问题、老年问题、宗教问题、妇女人类学、儿童人类学、经济人类学、政治人类学、人类学与和平、人类学与法律、人类学与历史、人类学与发展、食物与营养等等，均各成一组或几组。讨论范围之广，论文题目之怪，均出乎想象。如“医药人类学”之下还有“人类学与国际艾滋病研究”，食物与营养”之下还有“肥胖和肥胖病之文化的和生理的研究”等。无怪乎人们认为现在“人类学是一个大杂烩”。只要愿意出钱或有某个基金会付账，来者不拒，无论文者亦可参加。参加哪个小组，绝对自由。会议休息期间，有出售饮料咖啡处可供相熟朋友聚会交谈，有人一直说下去便不再进入会场。

这次来此开会有机会结识来自印度、墨西哥、韩国、匈牙利、波兰、苏联各地人类学家，还有一位毕业于耶鲁的以色列人及一位从俄克拉荷马州来的印第安人。

1988 年 7 月 26 日

萨格勒布

上午在本组演讲，题为《中国少数民族文化之保存和发展——民族生态学的研究》，听讲者 16 人，会后提问题者尚算活跃。一位来自罗得岛的女人类学家发表评论说“很感兴趣”。我们这组名为“民俗、文化和发展”，属于“人类学和发展”讨论组。组织者为尼日利亚乔斯（Jos）大学发展研究中心副教授 J.O. 奥霍德博士，不知从何处得知我的地址，几年前来信相邀参加。据称本组提交论文者 35 人，来自 17 个国家云。

在第 12 届人类学和民族学国际大会上宣读论文

下午下半段去“中国族群和族群关系”小组旁听。此组由香港中文大学乔健及青年学者塔普（N.Tapp）组织，今日主持会议者为 G. 孔多明纳斯及 J. 勒穆纳教授。与会者还有来自台湾之石磊、胡台丽、李亦园，来自香港之谢剑，来自挪威之勃克曼，苏格兰之杰克逊，美国之郝瑞。大陆民研所诸君亦参加此组，但会议论文摘要中未见他们的论文。

下午独自游览。从共和国广场先至下城，这一带以两个教堂为中心。圣斯蒂芬大教堂的两个哥特式屋顶，高耸于空，遥远可见。圣马克教堂屋顶砌出彩色图案，较为特殊。继乘缆车（1890

古城堡晚会（与孔多明纳斯教授及杰克逊教授等合影）

萨格勒布通往上城的缆车

年已有，初用蒸汽发动，1934年改用电）爬上上城地区。见13世纪留下的石门，内供圣母玛丽亚的神像，多人正在祈祷。过去上城为贵族区，房屋整齐，鸽子成群，街道两旁有柱形街灯，路有坐椅供行人随时休憩。诗人、艺术家多喜居此，入夜小提琴演奏莫扎特优雅乐曲传出窗外，故上城有“萨格勒布的萨茨堡”之称，当地人引以为荣。

晚此间博物馆为会议举行联合招待会。萨市共有博物馆和美术馆24个。为了迎接这次大会的召开，共举办了30个展览，市议会主席讲话中称之为“视觉的讨论会”。由于时间匆忙，无暇一一参观。留下深刻印象的有“纺织的奇妙”，展出南斯拉夫具有鲜艳图案的手工纺织品（会议纪念品中便有一个羊毛挎包）；有“欧洲之诞生”，介绍Vucedo（斯洛文尼亚的一个地名）文化（从1938年开始一直在发掘中），遗物可早到公元前3000年，其黑陶底部有极似崖画之图画，一件野鸽形陶壶颈部有两个×形刻划符号，极具研究价值；还有一个是“白令海峡爱斯基摩人的精神世界”的展览。

萨市还是南斯拉夫电影业中心，动画片制作颇为有名，每两年要在此举行一次国际动画片节。据说已形成一个“动画片的萨格勒布学派”。

1988年7月27日

萨格勒布

上午参加小组会，下午乘车前往参观一个城堡（名Mokrice Castle），晚间在此举行烧烤晚会。

晚会采取原城堡贵族招待客人传统方式，入门即有男孩为来宾先献一小杯酒，饮一口几乎引起咳嗽，改变过去以为西方无烈酒的成见。此后每人又发一个粗陶杯，挂在颈上，城堡中到

萨格勒布上城及圣马克教堂

处置有葡萄酒木桶，代表们自己随意取饮。菜肴悉为烧烤肉类，味道甚香。在音乐声中代表们三三两两自由交谈。与孔多明纳斯、杰克逊、勃克曼等聚在一起，边饮边谈，十分惬意。

会议还将组织代表去参观铁托出生地（来此才知铁托为克罗地亚人，1892年出生于距萨市不远之农庄），由于即将赴匈牙利，不能参加。

此次会议组织周密，各代表来自97个国家，登记者达2500人，共分117个讨论组，一切安排丝毫不乱。开会这几天代表乘公交车一律免费，会议安排文化娱乐活动丰富多彩。参加大会服务者多为萨格勒布大学学生，英语水平颇高，很懂礼貌。萨格勒布大学1669年建立，为南斯拉夫境内最早大学。

大会最后选出墨西哥一位学者为主席，第十三次大会将在墨西哥举行。现任主席鲁丹等为副主席，而著名人类学家R.弗思、列维·斯特劳斯及吴汝康先生为荣誉会员。

克罗地亚人与塞尔维亚人同属南斯拉夫民族，语言文字相同，仅字母小异。但塞人信东正教，克人信天主教，在文化上仍不免隔阂，故今南境内民族斗争不断。在铁托统治下相对稳定，或由于铁托为克罗地亚人，对塞尔维亚大民族主义时加抵制之故。（在我访问三年之后南联邦果然分裂。鲁丹教授1991年9月18日来信说："在欧洲心脏克罗地亚共和国发生战争已经几个月了。最近全国包括首都不断发生暴行。我们看到老人、妇孺被杀害，整座村庄被破坏。医院和教育科学机构被炸平，许多文化历史纪念物被摧毁。在南联盟及塞尔维亚恐怖主义和极端主义者面前，许多人无能为力只有逃离成为难民。南斯拉夫和整个东欧一样，反对变革的力量就是保守的塞尔维亚共和国法西斯主义者的极权政治。让这些力量扼杀新的民主力量，将对南斯拉夫及全欧洲造成危险"。"请你们运用自己影响劝说自己的政府反对暴行，让南联盟军队从克罗地亚整个领土上退出，通过对话解决问题"。几个月后克罗地亚共和国的独立终于实现。——2002年7月8日注）

匈牙利

（1988 年 7 月）

1988 年 7 月 29 日

布达佩斯

昨离萨格勒布，车行约两小时许，进入匈牙利境，免于签证，盖同为社会主义国家也。晚抵布达佩斯，住入花园旅馆，单人房间，每天收 33 美元。

布达佩斯地跨多瑙河两岸，布达和佩斯原为两座城市，有六座桥梁把两者连成一体。最先得到发展的是布达，公元前 1 世纪多瑙河是罗马的天然边界，罗马人就驻扎在这里，曾发现罗马时期军营、浴池、上层人物别墅的遗迹。公元 9 世纪原为游牧部落的马札尔人（Magyar）从东部进入今匈牙利地区，1001 年建立国家政权，修建教堂。马札尔人一般认为就是匈牙利的先民（今匈牙利语属芬兰—乌尔戈语，周围国家则说斯拉夫语），而其统治中心在布达，这时的佩斯还是一片沼泽，河岔纵横。

公元 13 世纪，经过蒙古人短期入侵，匈牙利人有感于防御工事的重要，在布达修建一道石砌城墙。后来又在其中陆续建造宫殿、教堂和法庭，自此这里便一直是匈牙利人的首都。15 世纪的国王马蒂亚斯（Mathias，1458–1490），受过良好教育，爱好文艺和科学，把文艺复兴精神传播于中欧和东欧。他在位期间称为“匈牙利黄金时代”。1541 年布达被土耳其人占领，开始了 150 年的土占时期（土耳其人浴室遗址尚存）。1686 年奥地利的哈布斯堡王朝又从土耳其人夺取布达及这时已形成城市的佩斯，但他们得到的“双城”已是两个废墟。

随着民族意识的觉醒，匈牙利人不满于哈布斯堡王朝统治，不断进行斗争，终于于 1876 年争得自治权，这就是欧洲历史上著名的奥匈帝国“二元君主制”。奥地利王虽兼为匈牙利王，匈牙利有自己的宪法，自己的首都。一战结束后，匈牙利人完全独立，成立了匈牙利共和国。

多瑙河畔的匈牙利议会大厦

布达佩斯三位一体柱

布达佩斯自 1873 年合并为一个城市后获得很大发展。城市中心逐渐向佩斯转移，布达仅作为古城供人参观而已。二战之中 74% 建筑被摧毁，战后尽量按原样修复。今天布达佩斯房屋建筑仍然保持传统风格，从伊利莎白桥进入佩斯区，迎而面两座相同的巴罗克式楼房，相对矗立，就予人深刻印象。此楼称“Klotild（一位王子名）宫”，是 1902 年作为公寓而建。

总之，布达佩斯气势雄伟，建筑华丽，不愧曾为伟大奥匈帝国另一首都，非其他东欧城市可比。

布达佩斯人口达 230 万，约占全国人口四分之一。居民服装与西欧人无别，西方杂志（包括《花花公子》之类）市面上公开出售。超级市场中物品比较丰富，相当便宜。市内时有“街头画家”、“街头音乐家”凭自己技艺谋生，但不见乞丐或无家可归者。外国游客不绝于途，来自世界各地。要说改革开放，匈牙利是社会主义国家中较早的一个，自卡达尔上台后便是如此。

下午参加旅行社组织的市容游览。

匈牙利议会为市内最大建筑，1885–1904 年建，既有巴罗克式圆顶，又有哥特式门面，在建筑艺术中称为“折衷主义风格”(eclectic style)。现匈政府首脑、部长会议及议会在此办公。导游小姐介绍一些室内壁画浮雕故事，不了解当地历史及西方艺术如我者，难以尽悉。惟会议大厅门廊陈放一排排烟缸，议员中之烟民各有一格，供他们休息时在此喷云吹雾，以免到处污染环境。一位同游之英国人盛赞此为“方便与文明”之举。

布达佩斯渔夫堡

继过河去布达区。石墙围绕之城堡范围不大，径约 1 公里许。我们看了 13 世纪建立的马蒂亚斯教堂、以曲折台阶为特色的渔夫堡（当时渔夫担任守卫城堡之责）、14 世纪始建的皇宫建筑群、文艺复兴时期的马蒂亚斯塔（上有以马蒂亚斯传奇故事为题材的群雕），以及 1712–1714 年建的三位一体柱（某次瘟疫之后幸存者为谢神而立，此为当时中欧流行风俗。——2002 年 7 月 22 日注）。

同游者多从欧美来，也有莫斯科来的两个学生，还有一对带着孩子的苏丹人夫妇。匈牙利的外交路线是“谁不反对我们，谁就是朋友”。

1988 年 7 月 30 日

布达佩斯

晨先去西车站，去莫斯科票均已售完。承旅行社指点，速去东车站，终于购得一张国际列车头等票。布达佩斯共有三个车站；佩斯区有西车站 Nyugati Pu、东车站 Keleti Pu，布达区还有一个车站 Deli Pu。

车票既得，心情为之一爽。下午又参观一日游，去看昨天未看之景点。最后停在千年纪念碑前。此碑高达 36 米，碑四周有一个个青铜雕像，表现一千年来重要历史人物，有 869 年来匈的马札尔人七部落首领，有国家奠基者第一代王圣斯蒂芬（St. Stephen），有从蒙古人手上收复布达并重建城堡之贝拉四世（1235—1270），还有著名的马蒂亚斯王等等。

今昨两天导游小姐为同一人，已经相熟，略问其生活情况。承告匈牙利人收入不多，多有第二职业（她的第二职业是“写文章”），多数人有自己住宅云。

中午在一家四川餐馆“打牙祭”。老板四川人，据云生意不错。餐馆雇了六个厨师，每人月薪 1100 美元，二年换班一次；另外还有一个“顾问”，是四川机关管理局的，谓不如此便不能“顺利办理出国手续”云。

下午独去千年纪念碑公园内小憩。市民或袒露上身躺在草地上晒太阳，或玩一种特殊的纸牌，神情悠闲。看来在“社会主义大家庭”中匈牙利人民生活较好。

1988 年 7 月 31 日

布达佩斯

晨起离旅馆，先存行李于西车站。无论票购自何处，一切国际列车仍要由此出发。车站建筑本身殊为漂亮，1874—1877 年建，是当时全欧洲最好的车站。

继参观匈牙利国家博物馆及民族博物馆。

国家博物馆有从古到今历史文物陈列。史前文物中也有和仰韶文化红陶尖底瓶一样的陶器，同类器物在埃及及欧洲很多博物馆中屡见。以某种器物作为某一文化特征的研究方法大有问题！

民族博物馆奠基于 1872 年，建筑雄伟，原为高等法庭所在。其展览名为“从氏族到文明”，分为下列几个部分：

狩猎采集和氏族制度——除介绍澳大利亚人、布须曼人、火地人、爱斯基摩人外，还介绍了与匈牙利人有密切关系的 Ob–Ugrians 人。这一族群有 30000 人，居住在西伯利亚西北部苔原沼泽地，其文物他处博物馆少有，殊为珍贵。

农业和部落组织——介绍亚马逊河热带雨林中印弟安人，美拉尼西亚人及亚非一些游牧部落。

文明的边缘地区——介绍印度尼西亚人。

古典文明——介绍中国、印度、爪哇、墨西哥和秘鲁。

虽然某些安排值得商榷，但这里没有教条，不按原始社会—奴隶社会—封建社会排列，也不分“母系社会”和“父系社会”，较之中国同类展览高明多矣！展品十分丰富，盖匈牙利曾属奥匈帝国，上世纪末及本世纪初从事海外探险者大有人在，如从事西域考古之斯坦因即原为匈牙利人。

又匆忙看了两处教堂，其一属加尔文教。匈牙利人最先接受的是天主教（现在天主教仍是人数略多），但不排斥其他教派。

俄罗斯

（1988 年 8 月）

1988 年 8 月 1 日

莫斯科

31 日乘苏联列车离布达佩斯，今晨始达。头等车厢，每间两人，票价仅合美金 15 元，然服务极差。两边厕所只开一边（这一点与中国一样，盖可减少打扫也），且污秽不堪。乘务员面无笑容，经常见她坐于自己小室中编织毛线（这一点也与她的中国同行相同）。

莫斯科红场

沿途车站均不见有卖食品者，而餐车食物甚差，一碗牛尾汤，几片牛肉及胡萝卜历历可数，索价不菲。幸同车厢一位工程师，随身带有俄式大面包及自制香肠，每逢用餐时间便用刀割下两份，以一份饷我。后来见同车厢乘客均自带干粮，颇悔自己未在食物丰富之匈牙利购备。

车快到莫斯科时，大批旅客上车，这时便不管持几等车票，随处可坐，我们车厢坐满了人。一位同胞上来搭话，三言两语便转入正题 :“你如换美元或马克，不要去银行，我可给你卢布”。反正下车就要用钱，随便换了一些，他大喜而去。原答应下车帮我找出租车（他俄语十分流利），直至出站也不见踪影。

此间出租车司机多在站内兜客，不用计时表而是讨价还价（这一点颇似北京），然以美金衡之，索价不多。于是很快到达中国大使馆，人们刚刚起床。

出国多次，从不喜欢住使馆及与同胞打交道。盖说话随便，不想被人“抓辫子”之故也。前在澳大利亚与中山大学一位社会学教授一起活动，不意我人尚在国外，他的信已到昆明，说某人在澳期间言行如何不合之类。信是写给私人的，背后议论他人原是中国人流行病，不必深责。不意东南亚所一位素以云南社科界“龙头老大”自居者，获此信有如至宝，我非其下属，无法直接“管教”，竟持信找民院领导进行“揭发”。幸好现已非彼等暗中操纵策划的阶级斗争时代。

此次往入使馆情非而已。在萨格勒布开会期间，朋友告我 : 莫斯科一般旅馆不说英语，又极难找。专供西方人居住之旅馆工作人员会说英语，但房价奇贵。而大使馆每人每天仅收费 15 元美金，且有中式餐厅，早餐供应油条、豆浆云。

使馆内旅客多数为来苏出差者，少数是路过观光如我者，大家相互交谈，话题不离苏联物价及卢布比率。大家听说我在火车上换钱事，大笑我上当。原来美元实际价值高出官方比率数倍之多。从此前来要求换钱者便络绎不绝，有使馆工作人员，有来开会者，还有莫斯科大学的留学生。

克里姆林宫城 20 个塔楼之一——“三一塔楼”

有人在此工作学习多年，自称积累卢布不少，但回国要想买一两大件“孝敬老爸老妈”，“他妈的出国人员服务处非要美金不可”。我说在莫斯科不过三天，不需要多少卢布，他们便动员说可以买点东西回去，苏联电器粗重质差，但吸尘器不错，漆器等工艺品亦大有特色云云。

午饭以前，出外散步熟悉环境。大使馆位于莫斯科市中心之南，距莫斯科大学较近，这一带道路宽敞，树木甚多，少见行人，空气绝好。

使馆前有警察站岗。进出大门常听他们说些什么，几次以后才知是要“清凉油”、“圆珠笔”，看来向中国人索要小礼物已成惯例。但我从不用清凉油，笔又只有一支，殊感抱歉。但不给东西，进出也不留难。物资匮乏是社会主义国家通病，不意老大哥之匮乏竟至如此。幸好中国近几年此病渐愈。

下午参加大使馆组织的参观克里姆林宫、列宁墓之旅。

莫斯科历史可上溯到 1147 年。莫斯科像其他欧洲城市一样，原由一个城堡发展而来，这个城堡就是今天的克里姆林宫。

1156 年克里姆林宫已出现木栅城墙。1238 年蒙古拔都汗入侵，一切化为灰烬。经过一次又一次的毁灭和重建，到了 14 世纪克里姆林宫内有了白石砌成的教堂及一位公爵的宫殿。1339—1340 年克里姆林宫四周建立木栅城墙，1367—1368 年改建为石墙。后由于莫斯科地处俄罗斯人主要领土的中央，随着经济的发展而逐渐形成为主要贸易中心。15 世纪下半叶俄罗斯出现统一政权，莫斯科即成为这个政权的首都。1485—1495 年克里姆林宫原来城墙因火灾而破坏，请来意大利建筑师（当时欧洲最好的城堡建筑师多是意大利人）建成新的砖砌城墙和塔楼。今天的克里姆林宫基本上保存 15 世纪原样，只是塔楼上那些用红玻璃制成的五角星，当然是十月革命后所加。

克里姆林宫内伊凡大帝建的钟楼

从 15 世纪起直到 1712 年彼得大帝迁都圣彼得堡为止，莫斯科一直作为俄罗斯人首都，1918 年 3 月后莫斯科又成全苏联的首都。克里姆林宫长期是向广袤国土发施号令的权力中心。

今日所见克里姆林宫墙略呈三角形，莫斯科河从南边流过，墙周长 2235 米，墙高 2—9 米（因地形而异），厚 3.5—

6.5 米。城墙上有雉堞，四周共有 20 座塔楼，各有名称。城墙及塔楼呈赭红色。

塔楼多与城墙相连，仅 Kutafya 塔楼在三一门塔楼之外，隔桥相对。红场旁的 Saviour 塔楼上奏乐报时的大钟，为 1851—1852 年安装，重达 25 吨，长针达 3 米多，短针长达 2 米，显示出俄罗斯帝国的气魄。

克里姆林宫中东正教教堂共有七座之多，大教堂广场周围就有五座，屋顶多作蒜头式，金碧辉煌。一座称为 Achangel Michael 的教堂中有几代沙皇葬身之处。

克里姆林宫中心建筑是大克里姆林宫，15 世纪始建，由一系列宫室、教堂、大厅组成，共有 700 个房间。1917 年前这里是沙皇居住之处，十月革命后苏共及苏维埃在此举行会议，一直到 1961 年会议大厅建成为止。

令游客感兴趣的当然是“钟王”和“炮王”。

克里姆林宫的“炮王”

大教堂广场中心有一座伊凡大帝（Ivan the Great）1505—1508 年建的钟楼，为克里姆林官内最高建筑，若望见任何方位接近莫斯科的来犯者，21 个钟（最大一个重 70 吨）便向人们发出警告。拿破仑攻占莫斯科时钟楼一度破坏，后被修复。“钟王”和“炮王”今雄踞钟楼之两旁。

“钟王”为 1733—1735 年铸，全钟重 200 吨，高 6.6 米，1737 年克里姆林宫大火，浇水救火，钟掉下一块，就重达 11.5 吨，现仍放原地展览。

“炮王”为 1586 年建，重 40 吨，每个炮弹重一吨。这是世界上最大的炮。

十月革命后苏维埃政府在原为法庭的一组建筑中办公，列宁及其家庭亦住其中。其中心称为元老楼，现在还是部长会议办公之处。1917 年后新盖的建筑有最高苏维埃主席团大楼（1934 年）及会议大厅（1961 年）。克里姆林宫原来建筑物不逊于西欧，它和“钟王”、“炮王”一起显示俄罗斯民族的历史辉煌，而上述几座新盖建筑物却显得平淡和草率，特别是平顶的会议大厅。与周围古典建筑物极不相称（莫斯科这类建筑颇多，苏联解体后俄罗斯人戏称为“斯大林的哥特式”。——2002 年 7 月 24 日注），使人想起北京的人民大会堂和历史博物馆与故宫建筑群的情况。

宫内树木葱郁，绿草如茵。除列宁雕像外还有一个“革命的社会主义思想家纪念碑”。碑作方尖碑式，上无浮雕，仅刻姓名，除马、恩外还有圣西门、贝贝尔、李卜克内西、普列汉诺夫等，据说是列宁建议树立，多少表现出对历史的尊重。

参观时无人导引，不见英文说明，且宫内大部分区域不对游客开放。幸购得一本英文旅游手册，才略知大概。

更为扫兴的是不许携带相机，无法摄影。在入口处存放相机，必须在另一处出口，再到入口取回，两者相距至少一两公里之遥，尤使人火冒三丈。

列宁墓紧靠克里姆林宫墙而建。随众进入瞻仰一番。虽然保存尸体远古即有，但为使死者“永生”而不是给活人看的，如古埃及木乃伊便深藏地下，秘不示人。一个人遗体为了政治目的被人工保存供人膜拜，应自列宁始。

进入墓室，但见列宁躺在透明的葬具中，室内灯光极暗，但有光线直射其脸部，看其肤色白中透红且无皱纹。西方消息云，耳鼻早烂，现在脸部全系腊制。遗体每隔一年半要放在药汁中浸泡几个月，而且屡遭劫难，1934 年曾遭枪击；1960 年曾因一位观众踢碎棺材而致伤；1972 年又发生一次爆炸，幸已换了防弹棺材，尸体无损而殃及观众，死伤数人。不知是否真是如此?

棺材四周警卫环立，观众稍一停留便催促快行，室内空气不畅，本来不想久看，遂匆匆出室。

当今保存领袖遗体之事都发生在强调人民创造历史之社会主义国家（除苏联、中国外，还有越南），而强调个人作用西方资本主义国家却不若是，何也?

列宁墓之外还有苏联领导人之墓，从列宁墓中迁出之斯大林仍占有一个位置。克里姆林宫红墙上还嵌有其他要人之墓碑。列宁墓之上便是领导人检阅游行队伍站立之处。看了这些墓，便不免想起几十年来克里姆林宫墙之内的权力斗争，想起一系列镇压和清洗，想起数百万人死于非命，只能使人难受而少有崇敬之感。

真正令人感动的倒是宫墙之外的无名士兵墓。这仅是莫斯科附近抵抗纳粹而死士兵丛葬坑中的一具尸骨，1966 年 12 月 3 日迁到这里，墓顶上饰有一件军大衣一个头盔作为象征。纪念碑上书这样一句话:“他们名字是不知道的，他们的功劳却是不朽的。”墓之一端燃烧永不息灭的火焰。地上放满花束，还有人不断前来献花，多为胸前挂着勋章的老人；而在列宁其战友们墓前不见如此多的献花者。无论对苏联政权如何评价，苏联人民二战时所受苦难及作出的牺牲，世界正义人民永远不会忘记。记得在美看过一部二战纪录片，其中有莫斯科保卫战中红军殊死战斗的镜头，也有苏联人民挖掘战壕的镜头，挖掘者多是妇女，面无表情，只是拼命挥锹，可能她们的丈夫或儿子已经死亡。

红场在克里姆林宫之东，古代原是一个市场，17 世纪就获得了“红场”之名（“红”在俄语中原有“美丽”之意，而与革命无关。中国很多人误认为它是十月革命后起的名字。——2002 年 7 月 23 日注）。后不断扩建成为群众集会游行之处。若一个国家喜欢召开群众大会，人数愈多愈好，便必然需要这样一个广阔的集会场所。

列宁墓之侧是列宁博物馆，走马看花转了一圈，展室中不断播放列宁生前演讲之录音。

红场旁有教堂，见一对新婚夫妇举行婚礼后正从中走出，摄影留念。看来俄人仍保留在教堂结婚之传统。红场之北是著名的历史博物馆，不幸的是今天不开放。询问何故？答曰：正在“修改”，遗憾之至。

红场附近有是 1895 年建的国家百货公司，号称是莫斯科最大商场，不免进去闲逛一番。楼房四周有一间间店铺，靠中间屋顶玻璃采光，建筑低矮而陈旧，很像三四十年代南京中央商场。货架上没有什么可购之物，而售货员对顾客是一脸的不耐烦，服务态度之坏出乎意外。在走廊上猛听后面一声俄语棒喝：“同志”！吓了一跳，原来一位中年妇女推车过来，这大概就是请人让路的苏联方式。仍买一些小物件——漆盒、八音钟（还是上发条的古老形式）等，作为纪念。

晚去一家私人餐馆吃饭，要一份炸鸡及一盆内有蔬菜的酸汤，味道不佳，而服务态度甚好，较之白天在国家百货公司所见有天壤之别。是否服务态度恶劣是国营经济天生的痼疾？是否因为工作人员心中不满却发泄于顾客身上而又无解雇之忧?

1988 年 8 月 3 日

莫斯科

上午独去莫斯科大学，想进去观光一番，竟不许入内。又一次提醒自己现在身在苏联。西方公众可自由出入大学，甚至可以入内看书。即使今日之中国，走进任何一所大学也不会遭到阻拦。

莫斯科大学 1755 年建立，全名为“莫斯科罗蒙诺索夫大学”。建筑十分雄伟。门前除罗氏雕像外，还排列有俄罗斯其他著名科学家之雕像，如发明元素周期表的门捷列夫等。

想再去什么地方游览，问路困难。自己俄语已经忘光，行人多不会英语。幸遇一位英语教师，她建议去看“全景博物馆”，并自愿带我乘巴士前往。比至，原来是表现库图佐夫将军打败拿破仑之战的陈列，以大屏幕展示当时战场的全貌。

以后自己信步逛街参观市容。

莫斯科市位于莫斯科河畔，人口 800 万左右，以克里姆林宫为中心，道路呈辐射状，外有几道环城路围绕。街道甚宽，公共汽车不挤，地铁尤为迅速方便。地铁站干净有序，久已闻名之壁画装饰不如想象之华丽，但较之纽约地铁满墙乱写乱画，真有天地之别。城内树木草地甚多，到处都有坐椅供行人休憩，常见有人坐在椅子埋头读书。据悉俄罗斯人喜欢读书，普通人家中亦藏有大量文学名著，著名文学巨匠之全集一版再版，古典书籍从未遭禁。这样在大清洗时代，人人自危，但至少还可从文学作品中寻求安慰。

从这一点看，他们比“文革”时期之中国人幸运多矣。

莫斯科新盖房屋却不如人意，多为四五层的火柴合式楼房，一片灰色。北京解放初期盖的房屋亦多若是，大概就是当时“学习苏联”的结果。

令人费解的除市中心繁华商业区外，大部分街道绝少商店，并摊贩亦无。居民要想购物必须走上几公里，游客想买点什么更是难上加难。路边有出售饮料“克瓦斯”之机器，饮料味酸而饮具不洁，尝试以后再也不敢问津。

好不容易找到一家面包店。买一块黑面包竟排了 20 分钟的队。售货员从面包架上取出包好贴上小条子，虽然只有五个“戈比”，还要到收款处再次排队付款。

回去后和久居于此的大使馆工作人员闲谈。据告几十年来一直如此，“规矩”无人敢改。久闻苏联人购物要排长队，今天亲自领教。排队现象之形成除因物资匮乏之外，还由于商店不多，商店中工作人员又少。今日面包店中只见一个售货员和一个收款员。

但俄罗斯人民排队时的表现令人叹服。排队对中国人来说也曾是“必修课程”，但排队者并不安分——“加塞儿”，请“哥儿们”代购，口中不断骂娘，吵吵闹闹，推推搡搡，直至对骂对打，甚至大讲阶级斗争年代亦不例外。而今日所见莫斯科人购买面包，绝无插队之事，不闻埋怨之声，只是彼此拉开距离静默等候。这是反映苏联人民良好修养还是久已习惯物质匮乏生活？

但俄人的国民素质确较中国人为优，他们遵守公共道德，上下巴士从不争先恐后；诚实可靠，不会满天要价或出卖假货；国民的文化水平较高，这个民族历史上产生很多优秀的文学家、诗人、思想家和科学家，并非偶然。现在落后完全是社会制度造成。一旦发生变化，哪怕像中国改革开放一样的部分变化，以其广阔的土地丰富的资源，其前途何可限量！

七访北美

美国

（1983 年 9 月—1984 年 8 月，1986 年 6—7 月，1992 年 8 月—12 月，
1997 年 11 月—1998 年 4 月，2002 年 11 月—2003 年 1 月，
2004 年 9 月—2005 年 2 月）

（一）

1983 年 9 月 11 日

费城

7 日上午乘泛美公司航班离京。飞机准时升空，终于第一次走出国门。眺望舷窗外蓝天，想起这几年为出国屡遭刁难，不禁感慨万分。已是改革开放年代，走出国门还是如此之难！

早在 1981 年，英国伦敦大学考古研究所的华生（W. Watson）教授来函邀请去英参加讨论中国陶瓷的会议。层层申报，写了若干报告，费了多少口舌，答复竟是不准。据说是省教育厅、省社科院、省外办三家领导一致的意见，因为时间太短不能有何收获云云。这当然不能成为理由，实际原因讳莫如深，种种流言却不胫而走。或谓某人有重大问题，或谓接待外宾曾为有损人格国格之事。事关个人名誉和尊严，岂能沉默？于是写出申诉上报，请明确指出在涉外活动中究有什么错误，不许出国真正原因何在，始终不得答复，不久英国开会时期已过，此事便不了了之。以上单位领导人原为旧识，一个是“文革”中剃了阴阳头被斗得死去活来；一个是划为“右派”劳改多年；应该说身受“左”害较我更甚，不意一旦掌权仍是宁左勿右。大概他们（还加上云南社科界其他人）认为，自己还没有机会出国，某某这样的人如何能首先出国？

这次接宾夕法尼亚大学邀请信，一边正式申请，一边上书云南省党政最高领导，详细说明上次出国受阻之情况，请他们弄清是非曲直。同时指出其实质在于有人害“眼红病”，对别人出国有一种阴暗的嫉妒心理。不久即接省委书记高治国派秘书打来电话说：省委支持你出国，办手续过程中哪个部门阻难就告诉他本人，由他出面做工作云。果然从此一路绿灯，如期成行。

自己自来遇事逆来顺受不敢力争，活该挨整。我辈小民对国家大事无能为力，至少当本人正当权益受到侵害时要敢于说话。动物尚知保护自己，何况人乎？

上了飞机仿佛变成聋哑人。不仅机上广播莫知所云，即空中小姐对面讲话亦感难懂。

自以为从小即学英语，已出版一本译著，出国后语言不成问题，现在才知原来一生学的是“哑巴英语”，能看而不能说，听比说尤为困难。临行前听学《英语900句》之类，都是慢速度，字正音圆，实际生活中无人是那样讲话的。

幸好旁座是北京急救中心赴美开会的邵大夫，口语很好（抗战时当过美军翻译），时常帮忙。但自己不得不暗下决心，虽已过“知天命”之年，今后还要像小学生一样从头学习口语，否则这一年日子如何度过？若不能与人交流，则出国又与没有出国何殊？能有何收获可言？

经纽约换机，抵达费城已是深夜，白海思（Heather Peters）、金大龙（David Feingold）及其友乔尔·尤柯魏兹（Joel Jutkowitz）三位博士驾车来接。

白海思女士，耶鲁人类学博士，师从张光直，毕业论文为楚文化研究，今在宾大人类学系任助教授。此次访美得力于她向大学提名。金大龙先生，哥仑比亚大学人类学博士，现为费城人类问题研究所的四个领导人之一。

1983年9月13日

费城

连日办理各种手续，去人类学系及大学博物馆拜会负责人，从国际交流办公室获得一叠材料，介绍宾大历史甚详。

宾大（简称U Penn）奠基者为美国开国元勋B.富兰克林，他曾在董事会中任职达四十年之久。校园内有其铜像，过去新生入学要亲吻其足。前身为慈善学校，1740年成立，曾吸收摩霍克印第安人（Mohawk Indians）学习英语。1749年改称学院，对外招生，早期校友在《独立宣言》上签字者有9人，在宪法上签字者11人，独立战争中起过重要作用。1779年正式称为大学，故校史从1779年算起，1979年曾纪念建校200周年。

富兰克林本人既是政治家，又是伟大的发明家，主张“教的东西最好有用”。其影响所及，宾大从其开始便注意发展实用科学。1765年成立北美最早之医学院。1881年成立沃顿商学院（沃顿得名于工业家和慈善家Joseph Wharton）。今天这两个学院在世界各大学同类专业中位居前列。医学方面早在1896年就成立世界上最早的心理诊所，近年培养出试管婴儿，其牙科亦颇著名。沃顿毕业生，遍布美国工商业界，能得到很高的年薪，如此著名学院，它的英文名字仍称沃顿学校（Wharton School），这是为了尊重传统。中国大学过去“院系调整”，动辄废去旧名；近年忙于“升格”，专科学校纷纷又改称“学院”或“大学”。前者为了“学习苏联”，后者为了表示“成绩”。传统何足道哉？

宾大鼓励创新精神。校园威廉姆大楼和休斯顿大楼之间一座纪念性建筑物上，刻有名句：

我们将找到一条路，否则我们就创造一条。

近二十年来，本校有9人获诺贝尔奖金。

中国著名学者不乏曾在本校就读或任教者，如建筑学家梁思成、林徽音，曾任国民政府教育部副部长顾毓琇以及植物史专家李惠林。考古学前辈冯汉骥也在此间人类学系取得博士学位。

大学校园原在城东，1872年移至今址。仅校本部就占地26英亩，有建筑物116幢。

大学之下设有12个学院，人类学系隶属于文理学院。

大学最高权力机构为董事会，由51个董事组成，下设十个委员会，对重大事情有决策权。校长由董事会遴选和任命，负责全面领导全校工作，教务长是大学学术和教学方面主要负责人，给我的邀请信就是由教务长发出的。现任校长海克莱（Sheldon Haekney），教务长埃利希（Thomas Ehrlich），领导近20000名学生及近4000名教职员工这样一个大学，仅各有一个副手，即副校长、副教务长各一。中国大学校长之下必有几个副校长，再加上党委书记和副书记，吃饭可以坐满一桌，若美国人闻此必将诧为怪事。

大学校长即使德高望重，也不能专断独行。有一个由75个代表组成“大学会议”，其中大学生9名及研究生10名，其他为教师及行政人员代表，由各自组织选举产生。他们常对校方提出尖锐批评，如这几天校刊上可见学生代表对学费增加就颇多意见。

另有“教师评议会”，对学校事务及学术问题进行讨论提出建议，也拥有很大权力，特别是教师职位空缺时要由他们进行推荐。这类似中国视为大逆不道之“教授治校”。

1983年9月14日

费城

今去图书馆办理手续，熟悉情况。全校性大图书馆，称Van Pelt。各院系另有自己图书馆，庋藏专业性图书。人类学系图书馆内考古学人类学书刊极为完备。

中文书籍有50000册左右，藏于Van Pelt图书馆，《四部备要》、《四部丛刊》等常用书俱备。更多港台出版新书，很多事为过去所未闻，借了十余种抱回寓所，今后数日将有夜读之乐。主其事者郑太太（Nancy Zhen），人极热情友好。

此间图书全部开架，供读者自行取阅。未看完者尚可保存桌上，明日再看。教授借出图书册数及期限无多限制。想起国内图书馆，进入书库成为特权，查阅一套大书，一次只许取一函，限制多多，在此条件下做研究岂能不事倍功半！

1983年9月29日

费城

连日天气晴朗，漫步校园，熟悉环境。

一座四方形院落（quadrangle），据云仿牛津、剑桥 建筑风格。一个名为欧文大厅者，可举行大型会议及放映电影。学生组织集中于休斯顿大楼。这些便构成校园之中心。

每当中午，各种社团开展活动，学生们摆摊设点，分发宣传材料。有为慈善事业募捐者，有声援苏联受迫害犹太人者，有助黑人候选人竞选市长者。

宾大学生社团甚多。“大学学生会”是全体学生之组织。不同层次、类别之学生又各有自己组织，如“研究生与专科学生会”、“大学生会”、“国际学生协会”、“妇女联盟”、“黑人学生同盟”等。还有各种志愿性社团，如“学生义工中心”、“援助无家可归者协会”、“学生支援苏联犹太人协会”、“风筝和钥匙协会”(其名称当与富兰克林发明电的故事有关)。此外，还有28个“兄弟会”、7个“姊妹会”，以希腊文取名，似为自愿结合。至于学术、文娱、体育方面社团更不胜枚举。有一个“中国学生协会”，并非只有中国学生参加，而是研究中国文化和语言的组织。

大学手册上说全校共有 250 个学生组织和社团。学生们充分享受结社集会之自由，参与活动，扩大社交来往，培养自己社会活动能力。

学校印行多种报刊，琳琅满目。有大学办的《宾夕法尼亚人日报》（创刊于 1885 年，已有百年历史），每日出版，并时有不定期的增刊《时尚》、《34 街》等。有些学院自办刊物，如《沃顿杂志》。此外，有教师办的《年鉴》，校友通讯性质的《宾夕法尼亚公报》、少数民族学生办的《声音》、同性恋组织办的《宾大的男同性恋者和女同性恋者》，还有一份小报名《红与蓝》。凡此都是赠阅，校园内走上一圈，可以收集一大堆资料，借此对美国大学生活及宾大情况有所了解。

晚会见芝加哥自然史博物馆来的伯朗森（B.Bronson）博士，人极风趣，谈原在该馆工作著名汉学家劳弗尔（B. Laufer）轶事颇多。劳氏 1934 年已死，死因有各种说法：与馆长争吵后死去，患癌症而死，因赌博而死。劳氏以《中国—伊朗》一书而为中国学界所熟知。

1983 年 10 月 2 日

费城

电话终于安好。今打长途电话给田汝康先生表示感谢，这次访美全得力于他的推荐，他现在南加州大学访问。

田先生为英国伦敦经济政治学院人类学博士，马凌诺斯基的高足，复旦大学教授。我和他迄无一面之缘，仅因铜鼓一文引起他的注意，加之与他交谊颇深的马曜先生对我多有揄扬，他先后为我联系好两所美国大学，一为纽约大学石溪分校，另一便是宾大。我选择了后者。

在美一年所有费用全由卢斯基金会（Luce Foundation）资助。该基金会有鉴于 1979 年中美建交以来，中国政府派出多为理工方面学者，而人文科学和社会科学学者付之阙如，遂拨款二百万美金，设立“中国卢斯学者基金”，资助 17 所大学邀请有关专家来美访问，每校每年请 1–2 名，以五年为期。在宾大我是第二名被邀者。

卢斯基金于 1936 年创立。行销甚广《时代》和《财富》以及幼年经常翻阅《生活》杂志的创办人亨利 · 卢斯（Henry R. Luce），像很多富人一样事业成功之后便兴办文化和慈善事业。由于本人出生于山东登州，其父曾长期在中国传教，故此基金会致力于促进中美关系，曾为中国文化事业做过不少好事。过去的燕京大学以及现在香港中文大学崇基学院、台湾台中市东海大学，均曾受惠。设在纽约的中国研究所也是它所创办。现在基金会主席是亨利 · 卢斯三世。

1983 年 10 月 3 日

费城

今由本系达文波特（W.Davenport）教授亲自引领参观他所设计之波利尼西亚文化展览并参观库房中未曾展出的亚太地区民族文物，大开眼界。阿萨姆地区文化与景颇族多有相似处，尤感兴趣。达文波特二战结束后曾任职美国海军而在中国居留，谈起数十年前上海、南京往事，倍感亲切。

他说：今后有兴趣可随时自进库房观看，并告知如何借取钥匙。对一个新来未久之外国人竟如此信任，想起国内参观博物馆种种限制，不胜感慨。

大学博物馆与人类学系同在一座建筑，几乎每天均要穿过展室观赏一番。此馆所藏历史文物及民族文物，几乎来自五大洲。中近东中南美的藏品尤为丰富（很多尚未展出）。乌尔城出土的一件竖琴（琴弦已断）为公元前2500年左右之物，有牛头装饰，牛双眼向上，仿佛与观众对望，是世界级宝物。中国文物放在一个圆形展厅中，昭陵两骏陈列于此。一张相片显示1909年六骏尚完好无缺，其后未久两骏便出现在巴黎古董商手中（传为当时地方军阀借口“筹借教育经费”而卖出），1916年大学博物馆借展，两年之后买下。另有一件东魏天平三年（536年）有铭鎏金佛像，堪称精品。

中午韩书瑞（S.Naquin）副教授请在教师俱乐部见面交谈，共进午餐。她专攻明清史，汉语很好。

1983年10月8日

费城

来此一月，生活初安，用美国朋友说法，即已settled down。初来时，餐餐汉堡包、三明治，喝冷饮，真是“受洋罪”！现在可以自炊，每天回寓有茶可喝，有面条或米饭可吃。

现购物、借书、去银行从机器中取钱等等，均能自理，不再要人帮助，独自乘公交车进城已有多次。朋友们称赞我独立性强，与其他年纪较大访问学者有所不同。殊不知此乃自己毕生从事民族调查工作养成之能力。到一个陌生环境中，总得尽快了解情况，适应环境，独立生活，别无他法也。

实际上，迅速适应美国生活并非难事。研究生高楼A座16层一套房子，事先大学早代订好，已预付一年租金。一些生活问题不需自己动手，有吸尘器、洗衣机等现代化设备代劳，只是需要学会如何使用而已。不要随便串门，不要大声说话，倒垃圾有一定地方且要包好等，是维持一个环境安静清洁及尊重他人隐私所必须。一些中国人初来感觉“不习惯”正是源于本身的文化弱点，更应“入乡随俗”。

1983年10月27日

费城

《宾夕法夕亚人日报》载，同性恋者要求今日男女均穿牛仔裤，佩带特殊标志，而校方及学生组织均表支持。同性恋者在美较多，据云宾大这种人竟占10%左右。（按近年有一种怪病名AIDS者流行，据认为与同性恋有关，故此风近已稍戢。凡患此病免疫力尽失无药可医。目前全美已有2200例，费城已有33例，幸宾大尚无。——1984年6月补注）费城地区有一个“1358号法令”，规定同性恋者像妇女、黑人及其他少数族一样受到保护，若在住房、工作、公共活动等方面加以歧视便是犯法。

这种人之存在自有其生理的心理的根源，何处蔑有？中国古代“分桃”、“断袖”，载诸史籍。现在中国同性恋尚属非法。这种人为避免划为“坏分子”、“流氓”，正在“地下活动”而已。

对少数人群权利加以特别保护，原是民主政治的特色。宾大一位防止犯罪专家是黑人妇女，

在宾夕法尼亚大学博物馆表演的印第安人

鎏金青铜佛像（536 年）（宾夕法尼亚大学博物馆藏）

竞争公共安全负责人位置失败；一位社会工作学院黑人副教授抱怨对其工资处置不公，便提出控告，在校报刊载文章表达他们的愤慨。虽然不知最终结果如何，他们能根据反歧视法律充分行使自己的权利。

1984 年 10 月 29 日

费城

近日出席在本校召开的“大西洋中部亚洲研究会”（MAR/AAS）第十二届会议。参加者 400—500 人，不仅包括专业研究人员，还包括企业家、新闻机构及大使馆工作人员、中学教师等，共分 31 个组。

参加大卫主持之小组《亚洲之民族关系与政权》，由于语言障碍，收获不大，但认识一些朋友也是好事。晚间多有文娱活动，表演印度舞蹈或放电影。一部纪录片《毛后中国的艺术》反映中国近两年之变化，引起与会者兴趣。

今为家长来校日（Home Coming），校园内极为热闹。昨晚举行营火晚会，作为活动的开始。其高潮是“常春藤联盟”（Ivy League）一场橄榄球赛，由宾大对普林斯顿，入场票早订购一完。

宾大球队名为 Quaker。

按常春藤大学指东海岸八个古老的名校（哈佛、耶鲁、宾大、普林斯顿、哥仑比亚、康乃尔、达特茅斯、布朗），以其历史悠久校园墙上布满常春藤而得名。

美国青年学子以入读这类学校为荣，他们对自己学校有一种自豪感。《宾夕法尼亚人日报》报导，专家主张常春藤会破坏建筑，应该去掉，便遭到反对：假如没有常春藤，还称什么常春藤大学？不如叫红砖墙大学算了。又《今日美国》列举常春藤大学，未提宾大，便收到来自宾大学生几百个电话抗议，最后报纸不得不加以更正。

球赛啦啦队要唱之歌有一首叫《红与蓝》(红、蓝为宾大之象征色，校徽即由这两种颜色组成)。歌词中有这样的句子：

> 好哈佛有她的橘红色，老耶鲁也有她的颜色；但亲爱的宾夕法尼亚人，我们穿着红与蓝。……

这几天在《宾夕法尼亚日报》上进行争论，一些新生主张修改歌词："为什么宾大自己的歌要把哈佛、耶鲁放在前面？"

1983 年 10 月 31 日

费城

今为万圣节之前夕（Holloween，意为"神圣之夜"），其源盖出于秋季庆祝丰收。相传一年之中禁锢之鬼怪幽灵是夜尽出，少年、儿童化妆为鬼怪挨户敲门索要糖果便出于此一信仰。

入晚大卫及白海思导我赴市内一游，见住户窗下放南瓜雕成之人头形。沿途青少年面涂油彩，身着奇异服装，成群结队街头嬉闹，与之合影，兴尽而返。

1983 年 11 月 3 日

费城

今人类学系系主任正式举行午餐会，欢迎余之到来，介绍与系馆同行见面。1 日曾接到聘书，聘余为本年度该系"资深研究员"，但谓"此乃出于您卓越学术地位，而不具有终身职位之意义"，即仅为荣誉性称号也。

下午听一位英国学者有关"丝绸之路"之演讲。晚博物馆长请客，又邀余作为嘉宾与席，再次表示欢迎之意。

按人类学系及大学博物馆为同一机构，人类学系的历史从 1886 年设立第一位人类学教授位置开始，是为美国最早的人类学系。次年，大学董事会决定派遣一支远征队发掘古巴比伦遗址，又标志大学博物馆的成立，是为美国第二个附属大学的博物馆。1986 年大学博物馆将庆祝百年诞辰，现在他们在筹备纪念活动。系馆出版的刊物《探险》（*Expedition*）现已成为考古学民族学领域研究者熟知的刊物。

百年来，大学博物馆在全球很多地区从事发掘工作。从 19 世纪末开始，与彼特里（Sir Hinders Petrie）合作对古埃及宗教中心奥比多斯（Abydos）地区的发掘（至今仍在继续进行）、本世纪 20 年代与大英博物馆合作在著名考古学家伍里（Sir Leonard Woolley）指导下对两河流域乌尔（Ur）城的发掘，都已成为世界考古学史上的大事。泰国班清文化的发现则为东南亚考古学开辟新的一章。

考古工作中利用最新技术，是该馆引以为豪之事。馆中设有考古学应用科学中心（MASCA），是世界上最早测定碳十四年代的实验室之一，现在不仅继续从事碳十四及热释光等断代工作，而且能对考古遗存进行化学的、冶金学的、生物学的分析。他们对秘鲁一具孩子的木乃伊进行X光分析，证明是当时祭神的牺牲品。早在20世纪30年代就开始航空摄影，寻找玛雅文化遗址。早在1960年就在土耳其地区进行水下考古，发现据今3300年的沉船。

民族学考察在系馆建立之初即已开始，从南北美洲远到大洋洲、西伯利亚、西非各地。本世纪之初博物馆还曾聘请一位特林吉特（Tlingit）印第安人作为研究人员，抢救本民族的口述历史及文化。本馆搜集西北岸印第安人民族志资料和文物颇为完备，具有重要价值。

现在人类学系主任约翰斯敦（Francis E.Johnston）教授为体质人类学家。博物馆馆长戴森（R.H.Dyson）教授，研究近东考古颇有名气，在伊朗发掘多年，遗址名Hasanlu，堆积甚厚，从新石器时代直到公元前800年左右，以后因外敌入侵迅速废弃，一切建筑深埋地下，有如庞培，可以复原当时社会生活。惜语言障碍，今日未及深谈。

他们再次言明，我在此一年没有任何义务，可以利用系馆文物和图书资料，只做自己研究工作。作为尊贵客人，生活上工作上遇到困难尽管提出，他们乐于协助。不需要按时上班，但希望每周一两次中午休息时能到办公室，并在门上贴一纸条说明具体时间，以便研究生们有问题前来请教。实际上有关专业的研究生只有三人：本系的张澄美、东方研究系的盛余韻（Angela Sheng）和瓦列里（V.Hanson），早已相熟。她们或研究美术史，或研究科技史，或研究宋史，均非我之所长，见面只是聊天，能给予她们帮助极少。她们谈大学及美国情况，却对我帮助很大。

1983年11月9日

费城

今日市长选举揭晓，黑人古德（W.Wilson Goode）当选，是为该市第一个黑人市长。由于古德为本校校友（沃顿学校硕士），本校师生为之雀跃。竞选活动已开展多时，三个候选人在电视上进行辩论。选举之日校园内设投票点，在一个个小室内投票，秘密进行，保证选举自由。

自幼被输入一套美国黑白对立之说。历史上确是如此。然自60年代后已大改观，黑人与白人享有平等权利。马丁· 路德 · 金生日已定为全国纪念日。由于历史原因，黑人文化程度平均低于白人，获得好的职位至今仍占少数。但对有才能之黑人，仍是机会均等，古德当选即是一例。

今本馆考古学应用科学中心的皮戈特博士约谈，他专门从事考古发现金属物品之分析，介绍情况颇详，自己惭愧这方面知识太差。他赠我该室出版物*MASCA*一套。

1983年11月21日

麻省剑桥

上月张光直教授来电话，邀请去哈佛演讲，约定时间并寄来机票。17日飞抵波士顿机场，正在哈佛访问的俞伟超先生及张的学生高先生来接。

哈佛大学内约翰·哈佛铜像

18日去波士顿城内参观。先登上那六十层高楼，鸟瞰市容，远眺大西洋。此楼称“约翰·汉柯克塔”，汉柯克（John Hancock）为独立战争时麻萨诸塞代表，而且是第一个在《独立宣言》上签字者。（他把字写得特别之大，说“让英王不戴眼镜也能看见”。此后，美国人请人签字，常说“你的约翰·汉柯克，”便典出于此。参见A.Cookes, *America*, New York: Alfred A.Knopt, 1980,p.121——2004年1月补注）又访问波士顿艺术博物馆（1870年建立），著名的《历代帝王图》及《捣练图》均得一观。同行者有台湾中研院历史语言研究所青年学者杜正胜先生，专攻先秦史，著述颇多。是日晚去著名的波士顿歌剧院，看歌剧《杜兰朵》，俞先生请客。

今日正式演讲，题为《利用民族志资料研究中国古史》，由研究中国思想史提倡新儒学之杜维明教授主持，听众约20人。除张、俞、杜及研究生外，尚有史学前辈在哈佛任教多年杨联陞先生。虽来美两月，英语小有进步，长篇演讲仍力所未及，由白海思任翻译，惭愧之至。

晚张的弟子七八人在高先生家与我见面并聚餐。

连日在附近选购旧书（此间书较费城便宜，已购得八九十本），并参观哈佛校园，了解哈佛历史。

哈佛1636年兴办，当时称Harvard College。共分九院（faculty），即艺术和科学学院（相当于文理学院，是大学最古老的一部分）、商学院、设计学院、神学院、教育学院、法学院、医学院、公共健康学院以及肯尼迪政府学院。仅校本部即占地400英亩，约百座建筑，其中心称哈佛庭院（Harvard Yard），其中有教堂、最大的图书馆（Widener Library）和文理学院所在地的“大学厅”。最古建筑名为“麻省大厅”（1720年建），今为校长、副校长及教务长办公处，一年级新生也必须住此，原来或出于新生需要给予更多照顾之考虑，现仍沿袭古老传统。

大学厅之前为著名的哈佛铜像，大学即因此公而得名。这当然是大学的象征。但却被称为“三个谎言的雕像”，因为寥寥几个题字“John Harvard, Founder, 1638”之中竟包含三个错误。第一，大学奠基于1636年而不是1638年。第二，哈佛不是奠基人，他只不过是第一个捐款人（他捐了自己一半财产及400册藏书）。第三，哈佛本人并未留下自己相片或画像，雕像时以学校一个英俊男生为模特儿，并非本人。人们知道是假，更要和这“三个谎言的雕像”合影，我亦不能免俗，摄影一帧作为留念。我想这件小事传达出一个重要的信息，这就是对任何事不要轻信，不要崇拜偶像。哈佛人敢于向外人揭穿自己校史上一件错案，毫不有损于自己的光荣，更能反映世界一流大学应有的品格。（1999年2月7日再游哈佛补记于此）

波士顿全景（最高建筑为约翰·汉柯克塔）

哈佛大学植物学博物馆中的玻璃花

哈佛燕京学社，中国人文科学研究者几乎无人不知，今仍存在，而且一直进行中美学术交流，未曾间断。哈佛燕京图书馆藏书之丰富取书之方便，对中国读者来说，犹如天堂，可惜这次不能在此长期阅读。

上午参观佛格（Fogg）博物馆，馆于1891年成立，收藏各地艺术品，名画尤多。

1983年11月22日

麻省剑桥

张光直先生邀去人类学系办公室交谈。室内四壁图书充盈，可谓坐拥书城。交谈毕导我参观博物馆。地质博物馆矿石标本色彩之美丽，令人感叹造化之神奇。植物博物馆中之玻璃花，更是哈佛一绝，是外来者不可不看之景点。哈佛收藏玻璃花共847件，教学时作为标本，其形状、颜色、大小与真的花卉一样，1887–1936年制成，至今不见褪色。制作者是德国德累斯顿的布拉施卡父子（Leopold Blaschka和Rudolph Blaschka），全部用手，不用吹法。这项技术已经失传，这批玻璃花已成为空前绝后之作品，其珍贵处在此。

是夜回转费城，见歌儿来信，用英文写成，尚无大误，可喜也。

1983年11月25日

纽约长岛

23日随白海思抵此，在其父母寓所过感恩节。

感恩节起源于首批殖民者乘“五月花”号初到美洲时与当时印第安人共同庆祝丰收之活动（事在1621年）。1863年林肯总统任内宣布为固定节日。此节日仅行于北美，欧洲大陆无之，非耶稣教固有之节日也。感恩节主菜为一只烤火鸡，内填栗子等物。殖民者初到时颇受印第安人款待，教会种植玉米，赠以火鸡，为彼等在故乡未见之物，故后以此纪念。

白海思之父乃忠厚长者，好客热情，其继母亦颇健谈。两日来闲谈以外，参观附近教堂，漫步公园，或随白海思拜访邻里旧友。来美二月入住学校公寓中，与一般美国人民鲜有接触，今从长岛地区可见美国中产阶级之生活情景。

这里处处绿草如茵，环境清幽整洁，每户有独立之住宅，生活富足。人们热心公益事业，对人怀有善意。餐前祷告，白海思继母为其家人一一祝愿之后，还要说“祝汪教授……”如何如何。其祝愿发自内心并非出于礼貌。

据自己在国内所受之教育，中产阶级实等于资产阶级，脑中只有此等人如何贪婪，如何自私，如何盘剥穷人，来美后始知与事实大相径庭。富有的长岛居民，并非如过去想象均是资本家。医生、律师及公司职员占多数（如白海思之父即为会计师）。他们是劳动者，财富为毕生劳动报酬之积累。人与人之间相互防范、猜忌乃至仇视，实乃长期生活在阶级斗争环境下国人之通病。

西方有一种理论认为，只有当中产阶级在全民中占绝大多数时，社会才能趋于稳定。

晚电视中放映有关韩素音之电影。中国人对此人并不陌生。“文革”时《参考消息》刊载她的言论，盛赞当时中国一片“莺歌燕舞”。忆“文革”后期她参观云南博物馆，曾“有幸”负责接待，确是满口当时流行词汇。出国后始知国外知名人士之中，这类人还为数不少。如一位诺贝尔物理学奖金得主鼓吹“文革”伟大，说武斗并没有死多少人，夸奖毛泽东自然科学造诣之高，甚至他自己不知道的事毛也知道，由于农业学大寨，人民过着“丰衣足食”生活，他看到上海大学生和柴油机厂工人吃的比他美国大学生还要好云云。这和已定居国内他的一位同行曾在报纸上公开发表文章歌颂大跃进，说“亩产几万斤粮食”完全可以做到，真是无独有偶！贾谊说汉初不顾社会现实粉饰太平之徒是“非愚则谀”。若上述诸公成就如此之大，智商必是一流，又有条件获得足够的信息，肯定不属于“愚”的一类。

1983年12月10日

费城

今日参加大学博物馆一次别开生面的活动。下午先听一位女学者在“埃及厅”演讲，题为《古典时期的饮食》，从埃及讲到希腊、罗马，利用文献记载及考古发现，按时代次序讲解食物及烹调技术之演化，材料丰富，语言幽默，不时引起听众大笑。今日听众近200人，是我来后所参加学术活动中人数最多的一次。除馆、系工作人员外，馆外听众不少，多为老人，即平常与博物馆保持联系的“博物馆之友”。

演讲毕，听众退出，去其他展室随意参观，七时再回“埃及厅”，则已布置成餐厅。铺以白布的餐桌上，置放数十样按古代方法烹调的冷热佳肴，听人自取。每道菜除英文名字外，注以拉丁文，有“肝做的香肠”、“鸡豆”、“鱼汁蛋”等。最引人的一道菜是“加图的奶酪饼”，不知是因这位罗马政要名气太大，还是因为点心好吃，不久便一扫而空，盘空见底。

我每道略尝，味道大抵与今西餐相类，也许只有西方人而且是平素讲究饮食之美食家，才能辨别出古今之异。

饭后回寓，走在路上不禁浮想联翩。中国若能根据三《礼》等有关文献记载，加上马王堆等地零星发现的食物遗存，来一次《先秦和两汉饮食》学术活动兼会餐，必可吸引观众。

1983 年 12 月 16 日

费城

13 日中午古迪纳夫（Ward H.Goodenough）教授邀我去教师俱乐部共进午餐，相谈甚欢。承赠书三种及论文十数篇。

古迪纳夫教授乃此间人类学权威，当代美国人类学界精英。他出身耶鲁，是穆达克（George P.Murdock）的学生，应属认知人类学派，即强调调查者应避免自己的主观性，尽量了解土著人民自己语言结构及事物分类，主张文化应分解为各种因素加以研究。他的田野工作基地是美拉尼西亚卡罗林群岛，曾对其中的特鲁克（Truk）岛作出全面的研究。

1983 年 12 月 26 日

费城

近日大雪纷飞。电视报导有人冻死。接台湾留学生黎克难君电话，询问生活有无困难，有事随时打电话，可来帮忙，盛意可感也。黎君曾留学土耳其，获硕士学位，现在此攻读民俗学博士，其父在台湾任教授。受过良好学校教育及家庭教育，谈吐文雅。此间台湾留学生多人，对我均极尊敬。同楼内刘荣亮君，学习国际关系专业，数次驱车带余出游大西洋城等地，每次去城内唐人街购物，必邀余同往。至于张澄美女士，初来时全赖她代为借物、导路，甚至两次陪赴医院检查腿疾，不怕麻烦，欠她人情更多。

从台湾留学生身上可以看出，中国尊敬长者礼貌待人传统文化，在大陆已因历次政治运动和文革消失殆尽，而在台湾犹有保存。

1984 年 1 月 16 日

纽约

14 日动身去探望大表姑全家。天下大雪，天冷路滑，不能驾车。陈安理表妹及陈广煜姑父亲至纽约宾夕法尼亚车站迎接。再乘火车抵其寓所。陈叔叔已届高龄，冒严寒来迎，殊感不安。

谈三十多年来大陆亲友之遭遇，谈先君在重庆之情况，不禁唏嘘。陈叔叔赴台后经蒋介石亲自批准留学，获海德堡大学医学博士学位，现已不任国民政府医官，自行开业。

大表姑亲自下厨，萝卜丝饼佐以海鲜火锅，全然家乡口味。浓郁亲戚情谊之中三天时间很快度过。今晨随龚忠武、陈安理夫妇回纽约，顺便参观联合国。彼两人由台来美读书，现均供职于联合国。忠武兄，哈佛博士，专攻中国近代史，其毕业论文为《论张之洞》，专业相近，可谈之事颇多。然像有些海外华人一样，对大陆几十年来人民所受苦难及传统道德之破坏，认识不足。

联合国总部大楼位于纽约东河之滨，地皮乃美国富豪洛克菲勒捐助，由一群著名建筑师所设计。在我辈外行看来，前挂成员国国旗那幢39层扁形大厦与周围建筑不相调和。楼内装饰品由各成员国捐赠，走廊内象征地球运行的模型是荷兰所赠；中国政府捐赠的是牙雕等工艺品；最早的人造卫星模型和一块来自月球的岩石，当然分别是掌握宇航技术两个超级大国的礼品；海神波塞东雕像来自他的故土——希腊。另有日本和平钟，是由60个国家的孩子们捐赠铸成。

联合国总部中秘书长地位最为重要，他要领导上千名工作人员，解决世界上没完没了的冲突，协调各国之间的关系，故历届秘书长的名字刻在大厦的墙壁上。楼外一个中有圆洞的抽象派青铜雕塑，纪念曾任秘书长的瑞典人哈马舍尔德（Day Hammarskjold），彼于1961年因一次空难死于非洲，因公殉职，得此殊荣。

在联合国面临东河敞亮的餐厅内用早餐后，独自逛街，购旧书数种，回转费城已是夜深。

来美四月，自觉英语小有进步，已能独自旅行，在纽约这样复杂城市中行走自由，并未感到困难。若问我经验，多读多听多说而已。四个月来先后找人学习口语，多达四人之多。与席文太太戴克柔（Carole Sivin）及一位女大学生戴比（Debbie Kriss）互教互学（她们正学中文）。又时从博物馆同事邦尼（Bonnie Crosfield）女士及华裔李德霞女士（June Li）学习。坚持每天看电视或电影对学习语言也大有帮助。电视上放的虽是老影片，对我仍有新鲜感，此在国内属“内部电影”，是特权阶级才有之享受；学校的欧文大厅每逢周末放新影片，票价2元，比影院便宜得多，更是每场必到。由于与故事情节相联系，听懂一句终身难忘。看一场电影学会三句简单的话，就是收获。

1984年1月17日

华盛顿

与白海思及大卫来此参观泰国班清文化展览。早有计划，一再延后，今日终下决心，展览月底闭幕而展品将移去泰国矣。

班清文化1974–75年发掘，这是宾大博物馆近年一项重大发现。主其事者哥曼（C.Gorman）博士，不幸英年早逝，现由其研究生怀特（J.C.White）女士负责整理资料。来馆后与她多次交谈，承赠资料多件。

此文化分为三个阶段。早期定在前3600–1000年，在此阶段即已发现青铜器，一件尖端弯曲（据推测为了陪葬故意为之）有銎青铜矛已见诸多种报刊。对班清文化年代尚有争论，但多认为其开始不晚于公元前2000年，若果如此，尚略早于中国已发现之青铜器。过去一直认为在东亚是中国首先进入青铜时代，似应重加考虑。中期年代为前1000–300年，铁器开始出现。晚期主要使用铁工具，青铜器含锡量较高，仅用于装饰。此期出土一件彩陶罐，花纹风格与中国或任何地区均不相同。班清文化当有自己的传统。

展览设于国家自然史博物馆内，急于返回，未遑参观其他展览。

1984 年 1 月 26 日

费城

今受大陆留学生推举陪章文晋大使参观博物馆。

章氏早日留学德国，在中国外交界历任要职，基辛格秘密访华，由他负责具体安排一切，全世界人均被瞒过，自是一位见过世面胸有韬略大人物。态度平和，未见盛气凌人之态。然谈话极少，可谓谨言慎行者矣。

当参观昭陵二骏时，介绍它们辗转来美之过程，彼感兴趣，合影一帧而别。

昭陵六骏之一（宾夕法尼亚大学博物馆藏）

1984 年 1 月 28 日

费城

昨日俞伟超兄由哈佛来。参观宾大校园及博物馆后，今承白海思一位化学家朋友帮忙，驾车参观美国独立历史公园。

宾夕法尼亚大学校园（与俞伟超兄合影）

从第七街往东直至特拉华河都属于公园范围之内。这里是美国历史圣地，包括一系列独立战争时期重要纪念性建筑。我们看了“木匠厅”（原为资深木匠聚会之处），1774 年在此举行第一次“大陆会议”，发出《向英王请愿书》；看了 1732—1748 年建立的“独立厅”（原来称市政厅），1776 年第二次美洲大陆会议曾在此举行，通过托马斯 · 杰弗逊起草的独立宣言，1787 年又在此举行了美洲制宪会议，通过美国宪法；看了自由钟，独立宣言于 1776 年 7 月 4 日通过，7 月 8 日宣读时鸣响此钟以示庆祝，现作为自由的象征供在亭中，永远受人瞻仰；看了当时的社交中心——城市酒店，这里曾是志士们策划独立聚会之处，也是大陆会议举行宴会的地方。独立厅的会议室还保存一张高背椅子，是乔治 · 华盛顿主持会议所坐，背后有一个太阳形图案，称为“旭日椅”。据介绍，在制宪会议成功后，年长的费城代表富兰克林说：会议期间我一直注视着这个太阳，分不清是上升的太阳还是下沉的太阳，现在我已高兴知道它是上升的。这段话由弗吉尼吉代表詹姆斯·麦迪逊记录下来。在整个制宪期间，麦迪逊自我推荐一直担任大会记录，为美国这段历史留下详细真实的记录。

费城成为独立战争时期聚会场所，原因之一是地理位置居中，便于十三州的代表到达。

美国独立历史公园还包括附近许多有历史意义的建筑，如美国第一个银行（建于1795–97年）、费城最早股票交易所（建于1832–34年）等。特别是富兰克林广场，原是富兰克林住宅遗址所在。按费城不是富兰克林的出生地，早年流浪到此，通过努力奋斗在费城取得成功。他开办印刷厂，出版报纸《费城公报》，并创办许多新的公益事业，如首创美国第一家火灾保险公司，建立费城民兵及其巡守制度，开办费城第一家医院，创办宾大和第一个学术团体——美国哲学学会，组织全美的邮政事业。由于他的先进思想和热心公益事业，一直是费城最有威望的领袖人物，他的意见受到大家的尊重。独立战争期间，他就住在位于广场自称“好房子”的住宅（现已不存）中，参加多方面的活动、政治上调和协商各方意见，外交上力争国际支持。 1790年逝世。

费城独立厅

历史性建筑大部分按原来面貌重建或重修，多为二层或三层的红楼，风格一致，可以略窥18世纪费城中心地区的面貌。

1984年1月30日

费城

昨陪俞兄参观费尔蒙特公园（Fairmount Park）及费城艺术博物馆，这两处及昨日参观之美国独立历史公园，为来费城旅游不可不去之处，所谓“亮点（highlight）”也。

费尔蒙特公园建于1812年，因园内原有小山Faire Mount而得名。此园地跨舍尔基尔（Schuylkill）河两岸，位于费城中心，占地8900英亩，号称世界所有市内公园中最大者。其中多幢殖民地时期房屋，陈列旧有家具，保存原来面貌。园中绿树成荫，200多座雕塑品点缀其间，多为著名雕塑家之作，乃1872年“为了增加费城的美丽”而添置。其中“圣女贞德”、“正在玩耍的安琪儿”和代表美国精神的“牛仔”，尤吸引游人驻足。

公园西北隅有17世纪风格日本建筑群，包括住房、厨房、浴室和厕所、举行“茶道”房子及花园。20世纪50年代日本人为于纽约办展览而建，1976年美国建国200周年作为礼物送于美国，迁建于独立战争圣地费城。战后日本随着经济的发展，随时不忘扩张自己影响，在美国很多地方均能感到它的存在。

费城艺术博物馆奠基于1876年，原在公园另一处建筑内，1928年始移公园南端今址。古典建筑上覆蓝色琉璃瓦，殊为漂亮，但展品并不如宾大博物馆引起我俩的兴趣。二楼“远东文物”

部分，复原了一个中国殿堂。欧洲艺术是此馆重点，陈列从文艺复兴到20世纪的名画甚多。美国本土近代艺术品（绘画、雕刻、家具……）亦收藏甚丰。面对丰富的收藏，恨自己这方面欣赏能力太差。

公园之内还有一个动物园，据说是美国最早的动物园。

离开费尔蒙特公园往南不远是“富兰克林研究所”，其中有关于天文、航海、人体科学等等的陈列或演示，是普及科学知识机构。它以弗兰克林命名，当然因为富兰克林不仅是成功的企业家、政治家、外交家，而且还是世界闻名的科学家。其中有富兰克林纪念堂，大厅正中安放本人的大理石雕像，高度是真人四倍，重达300吨。

俞兄今离此赴纽约，送至30街车站而别。

近几日边游历边翻书，对宾州及费城历史有大体了解。按宾夕法尼亚地区原住民为特拉华印第安人，又称伦尼莱纳佩（Lenni Lenape）人，意为“原来的人民”，欧洲人到达时约有15000人（1790年第一次美洲人口调查时只剩下1300人）。男子游猎，妇女种植玉米，住在长房之中，处于当时印第安人中强大的易洛魁同盟的保护和遥控之下。

这片地区最早发现者是荷兰人。河名“舍尔基尔”就是荷兰语，意为“隐藏的溪流”。但最早在此建立定居点者是瑞典人，事在17世纪上半叶。到了1664年，先来者的定居点和城堡为英国军队所攻占。

大批英国移民属于在英受到迫害的贵格派（Quaker，因为提到上帝时浑身发抖而得名，或称教友派）。其领导人是身世显赫的威廉姆·潘恩（William Penn），英王查尔斯二世接受他的建议划拨新泽西之西马里兰之北大片土地以安顿他的贵格派教友，作为对其父潘恩将军之补偿（其父海军将领潘恩在英与荷兰之战中功勋卓著而且自掏腰包支付战费）。1681年签署文件时遂称此地区为Pennsylvania，拉丁语，意为“潘恩的林地”。 1682年他本人及100个追随者到达新大陆，沿河而上，确定殖民地的首府设在特拉华河和舍尔基尔河之间，命名为费城，事在该年11月8日，此日定为费城的生日。Philadelphia是希腊语，意为“兄弟之爱”（小亚细亚有同样的地名，也为早期基督徒之定居点）。在十三个殖民地中，费城由于经济繁荣和政治活跃，后来确有“新世界的雅典”之称。

威廉·潘恩有鉴于伦敦城的缺陷，来前就决定他的城镇必须是“绿色的”，道路必须宽而直而且纵横相交如方格，每座房屋四边留下空地，作为花园、葡萄园或田地，避免火灾蔓延。

城市从其开始就按一定规划建设，南北向街道以数字命名（“百老汇大街”除外），东西向大街多以生长之树命名，如“栗树街”、“核桃树街”、“云杉街”、“刺槐街”、“松树街”。城中以今潘恩广场为中心，四角各有一个广场。至今费城还保持这样的布局。今天市政厅前有一个高大的威廉·潘恩的雕像，纪念这个城市的奠基者。

据历史记载，威廉·潘恩迥异于其他早期殖民者。他对待前已到达不同国籍和教派的移民——瑞典人、荷兰人等，采取宽容的态度，给他们充分的权利，允许“在他们自己订立的法律统治之下”自由生活。他相信印第安人是以色列“走失部落的后裔”，是天然的贵族。到达一两周后便和印第安人会面，保证不用欺骗手段攫取土地（早期殖民者曾以珠子等物“买下”纽约曼哈顿岛），在他本人居美两年期间确是这样做的。他还认真地试图学习印第安人语言。在他的时代很少白人统治者能这样对待印第安人。

1984 年 2 月 4 日

费城

2 日教务长埃里希会见我和另一位卢斯学者关德栋先生，表示欢迎，赠宾大 200 年纪念章一枚作为纪念，并“祝贺春节”。我们始知是日为中国春节。为配合这次接见，国际交流计划办公室出版 *International Dimension* 发表一条消息，分别介绍我们之简历，谓今年大学有幸接待卢斯基金资助的“两位卓越的学者”，整个大学社区“欢迎他们来到我们中间”云云。

今晚张澄美女士请去她家参加春节晚会。会见一位现代派女画家，大学毕业无工作，至今仍以洗盘子为生。

美国节日甚多，每逢节日必有人请。感恩节在长岛度过。圣诞节与图书馆郑太太一起去一位老太太家中，在圣诞树内交换礼物。新年则在乔尔家度过。盖美国友人见我一人独处异乡为我破除寂寞也。他们遇事能为他人着想，经常关心他人。西方人没有人情味只认钱不认人云云，是耶非耶?

1984 年 3 月 8 日

费城

下午在东方研究系定期的专题研讨会上听一个女学者讲《谁杀了王国维》，澄清罗振玉逼债之说，结论是王国维自杀为了殉清，并无新意，但这位女士确实读了很多王国维文章和诗词，自为难得。

晚去城内重庆饭店聚餐。来此半年在人类学系活动，与东方系同行平常来往不多，现在才逐渐熟悉。比较著名的有：席文（N.Sivin），专攻中国科技史，是这一领域被认为是仅次于李约瑟的人物。由于他太太和我互教互学，学习语言，曾请我去他家做客，接触较多。卜德(Derk Bodde)，专攻中国思想史，在中国住过十年，曾在清华任冯友兰助教，把冯著《中国哲学史》翻为英文，已退休。李克（W.A.Rickett），研究《管子》，50 年代初在清华教书，夫妇两人曾以“特务”罪名入狱，据云现在却到处宣传共产党政策如何之好。梅维恒（Victor Mair），研究敦煌。另有历史系年轻副教授韩书瑞（Sue Naquin），专攻明清史。

卜德先生今已 74 岁，与我座位相邻。我问：“中外知识界对于冯友兰先生‘文革’中表现很有非议，你如何看。”他说：“冯有他的困难。”1979 年他去京访问时，要求见冯被拒，说“冯病了”，后知并非如此。他谈起此事犹愤愤不平。

1984 年 3 月 18 日

费城

中国纽约领事馆周女士来此，送留学纪念章（访问学者一年以上者始有之）及年历等，表示慰问。与谈访问澳大利亚事，取得同意。

由于领事馆有人来，大陆公费留学生近日殊为活跃，对上面指示尤为积极。每月数百元公费，有赖领馆拨付也。为省下费用购买彩电回国，彼等三四人（或更多）合租一室，交往尽为同胞，言谈必说国语，少与外国人接触，有来此一两年而口语甚差者。有终日睡大觉不上课者，此辈留学徒耗国帑而已。然留学生中杰出人士亦为数不少，已学有所成。大抵选拔留学生并非全据专业及外语水平，而掺入各种因素——家庭背景、关系等，故良莠不齐若此。

留学生组织近重申定期政治学习制度，我既非学生，又非按时领公费者，竟亦被划入某一小组参加学习。小组负责人平时不务正业，对此类事却极其认真，常来电话通知开会，令人哭笑不得。幸留学生总负责人雷君尚称通达，谓出外旅游你可参加，他事“不必理会”。

1984 年 3 月 25 日

华盛顿

22 日来此参加美国亚洲年会（AAS）第 36 届年会。会址在希尔顿旅馆，寄宿泰勒（Paul Tylor）博士之公寓。彼为研究印尼之人类学家，现供职于国家自然史博物馆。

有幸会见来自各国学者，有夏威夷大学研究东南亚考古之苏恒翰（W.G. Solheim Ⅱ）及研究东南亚语言之霍洛（Stephen O’Harrow），现在康乃尔大学访问之挪威学者伯克曼（H.Bockman）及一位年轻的缅甸学者等等。用餐及休息喝咖啡时，大家会聚交谈。

会议分若干小组，可随意旁听。与中国有关的小组有《毛后中国之繁荣、冲突与不稳》、《中国改革后中央与地方之冲突》、《当前中国法制之发展》等。不时“逃会”，独自出外闲逛，华盛顿各景点游览几遍。

华盛顿大抵以华盛顿纪念塔为中心，白宫在其北，杰弗逊纪念堂在其南，林肯纪念堂在其西，国会在其东。这几个重要建筑分布在相互交叉的东西和南北两条轴线之上，遥遥相对。

华盛顿纪念塔作方尖碑形，1885 年正式建成，高 169 米。内部四壁嵌有 190 块石雕，为美国各州及其他国家之赠品。内有一块来自中国，但不是清政府礼物，是宁波府耶稣教徒于 1853 年所赠。

杰弗逊是《独立宣言》的起草人，华盛顿任总统时任国务卿，亚当斯任总统时任副总统，1801 年任总统，连任两届。任期间美国领土扩大两倍。他还是最早主张解放奴隶的人。退休后创办了弗吉尼亚大学。纪念堂于 1943 年建成开放。大厅之内雕像周围有四块嵌板，刻着他的名言，或摘自《独立宣言》。建筑作圆顶形式，模仿罗马的万神殿。原来杰弗逊本人颇懂建筑，他主持建造的弗吉尼亚议会和弗吉尼亚大学的建筑多有万神殿式的圆顶，这是他最喜爱的建筑形式，纪念堂的设计迎合他本人的爱好。

林肯纪念堂 1867 年国会批准建立，1972 年建成开放。整幢建筑模仿雅典帕特浓神庙，36 根柱子代表林肯时代组成美国的 36 州。大厅内有林肯坐像，两壁分别刻有林肯就职演说和著名的葛底斯堡演说。

三座纪念性建筑分别模仿了埃及、希腊和罗马的古代建筑，似乎表达美国人对古代几大文明的尊重。美国国会所在名 Capitol Hill，这正是古罗马城内一个山名。

国会之前为国家广场（National Mall），周围是几个大的博物馆，统属于“斯密逊尼研究院”（Smithsonian Institution）之下。这并非是一般的学术机构，而是美国政府要员参与管理资金

参加美国亚洲年会，摄于希尔顿旅馆前（右一：金大龙，右二：苏恒翰，左一：白海思，左二：泰勒）

西周牺尊（弗利尔美术馆藏）

雄厚的学术机构集合体。1829年从未到过美国的英国科学家斯密孙（James Smithson）竟把巨大财产遗赠美国，要求在华盛顿建立学术组织，“在人类之中增加和散布知识”。遗赠的金额十分可观，相当于当时美国预算的1.5倍。国会通过法令接受斯密孙的遗赠，由副总统、大法官及参议员、众议员各三人加上公众代表组成一个评议会管理这笔基金，陆续建立了博物馆、档案馆、动物园、天文台等。仅在广场周围就有国家自然史博物馆、国家航空航天博物馆、弗利尔艺术博物馆等。斯密逊尼研究院总部也在这里，称为“城堡”，门前是第一任秘书长亨利（J.Henry）雕像。这个庞大机构（今日全体员工已达4000人，内有350个卓越的科学家）的日常事务全靠秘书长领导。

国家自然史博物馆1911年建成，收藏矿石标本、动物标本、化石及民族文物达5000万件之多。民族文物只限于尚未进入文明之民族，分为爱斯基摩人和印第安人、亚洲文化、非洲文化、太平洋文化诸部分，内多奇异之物，为过去所未知。临时展览的“班清文化”已撤去，现在展出“喀麦隆的艺术”，多为木雕，表现出神秘之韵味。人类进化及生命起源之陈列亦颇精彩。

国家航空航天博物馆观众最多。斯密逊尼研究院早在19世纪就进行航空方面研究并收集有关文物，1946年国会决定建立一个博物馆，1976年正式开放，当时总统福特主持开幕典礼。每天有成批中小学生在老师带领下来此接受科学知识，此馆也是外国游客首选的参观点，故较拥挤。它共有“航空的历史”、“一战中的飞行”、“二战中的飞行”、“火箭”、“人造卫星”、“直升飞机”、“外层空间探索”等等二十几个陈列。最使人感兴趣的当然是登月部分，说明牌用大字写道：“你现在月球之上”。阿波罗号航天飞机、在月球上行驶过的车子放在橱窗中供人参观。这里还陈列一个高尔夫球棒，据说明是宇航员心爱之物，曾经过特别批准带上月球。

佛利尔艺术博物馆与白海思、金大龙两位同去。由于事先通过电话，受到热情欢迎。由罗覃

(T.Lawton）博士（研究中国青铜器）出面接待，看未公开陈列之珍品（一件玉器上有类似大汶口之图画文字，值得注意），赠送《中国古代青铜器》等画册。该馆收藏中国文物较为重要者有几件形象生动之牺尊、战国金银错青铜器及一些魏晋佛像，均为国内少见之佳品。巩县石窟及邯郸响堂山石窟中被盗造像也在这里。该馆除中国文物外，还有日本、近东文物，共有26000件之多，已陈列的只占百分之八。此馆以弗利尔氏藏品为基础，因以为名。弗利尔（C.L.Freer）是19世纪的富豪，从1880开始收藏艺术品，原来喜爱西方艺术，后兴趣转移到东方，他本人曾到过中国。此馆于1923年建成开放。

值得一记的是这些博物馆不收门票，且可摄影。你可以整天徜徉其间，饿了里面有快餐饮料供应，尽情欣赏艺术品或搜集你所需研究资料，无人干涉。这与中国博物馆真有天壤之别!

白宫、国会也允许公众免费入内参观，要排队等候，故未入内。只见白宫前有人高举标语牌，还有人搭有帐篷在此“安营扎寨”，举行抗议。白宫门卫不加干涉，视若无睹，他们对此类事似已司空见惯。给予人民以游行示威静坐抗议之自由，让不满情绪可以正常的发泄，使政府可以听到不同的声音，只有助于政治稳定，社会安全，而不是相反。

会议今日闭幕。几家出版社在此陈列之书以八折出售。购人类学书数种。中午泰勒博士在一家埃塞俄比亚餐馆为我们饯行，每人面前一张薄饼，手撕薄饼夹菜而吃，饼尽而席散。菜肴为牛羊肉和蔬菜，酒由蜂蜜酿成，女侍为埃塞俄比亚人，极富异国情调。

晚回费城。

1984年4月6日

费城

今《宾夕法尼亚人日报》载，宾大教师工资今年可望增加百分之五云。

美国教授工资究为若干？自不能询问，当因学科及学术水平而异，估计高者年薪可达六位数，低者亦不少于五六万元。不似中国教授按时升级全国一致也。

美国教授令人羡慕者不在于薪给丰厚生活优裕，而在于可以享受充分之学术自由。教师评议会对学校大事（包括聘请教师）有发言权，可以批评系院领导，直至校长。现在校长S.海克莱上任三年来便一直受到批评，甚至要求他辞职。自副教授以上便是终身职位，若非特殊原因，校方不能随便辞退。

当然，在美国获得一个终身教职，并非易事。愈来愈多的助教授不能按期升为副教授，聘期一过便要另谋职位，有不到十年连换六个地方者，这种人称为“吉卜赛学者”，《新闻周刊》有篇文章讨论这一现象。但学生申请就读，首先看大学内有哪些好教师，故校方必多方罗致人材，有才华的人不会受到埋没。本校英文系被称为“全国最好的五个英文系”之一，近来接连有教授他调，其他教师纷纷提出意见：一个系“缺乏学术气氛，其他人也会走掉”。在中国，一个出类拔萃的教师他调，教研室同事总会有人暗暗自喜，因为没有强有力竞争者，自己方可出人头地。可能我停留时间尚短，“同行是冤家”的情况在此间竟未之见。

一位好的教授他调，学生更会提出意见，甚至引起风潮。就在我们人类学系，一位体质人类学家（未曾谋面）辞职，学生们签字要求校方挽留：“这是大学的耻辱，大学好教师如此之少，我们还要失去一个”，甚至归咎于系主任约翰斯敦先生。

1984 年 4 月 12 日

费城

近日春假，他们称为 Spring Fling。fling 者，抛开一切之谓也。

有些学生外出旅游或回家，另有些学生在校园内摆摊设桌，出售旧物或小物品，赚点零钱。这几天学生尽量享受休闲之乐。晚间则举行音乐会。

与学生接触不多，半年来深感美国大学生活真是丰富多彩。他们可以学自己想学的专业，参加自己喜欢的社团，从事自己擅长的文体活动，对学校事无大小时常表达自己的意见。例如为了抗议学校增加学费，挽留某位教授，可以静坐示威；最近对校园内是否应该放映性电影，持不同观点的学生正展开辩论。回想我这一代中国人的大学时代，一个又一个政治运动，屈辱而压抑的生活，真是不胜感慨!

学生们不以自己自由民主权利得到保证而满足，他们还关心世界大事，例如反对美国入侵格林那达而举行游行示威，抗议苏联击落一架南韩飞机使 269 人罹难而举行烛光晚会，为反对苏联迫害不同政见者及犹太人而集会声讨。平时积极参加志愿者活动，担任义工，帮助老弱病残及穷人，或为文盲填表报税。

有些学生课余参加工作，培养自己实际能力。例如沃顿学校一位二年级学生担任股票经纪人，已有 340 位雇主；一位二年级的学生在电台兼职，组织有关工业的广播取得成功；一位三年级的女学生与其父（一位教授）合写一本畅销的物理学著作，为很多大学所采用。这些杰出的学生受到了校方的表扬和鼓励。《宾夕法尼亚人日报》大篇报道他们的事迹。这样为了“成名成家”“不务正业”的学生在中国大学岂容存在?

1984 年 4 月 24 日

旧金山

昨由费城经圣路易斯飞抵旧金山，斯坦福大学东亚研究中心派格雷戈里（J.Gregory）女士及留学生施传刚君来接。施君为云南人，在此习人类学。

上午参观大学校园。

斯坦福大学乃铁路大王斯坦福（Leland Stanford）为纪念夭亡的独子而建，认为“加利福尼亚的孩子都是我们的孩子”。1885 年奠基，1891 年招生。历史虽较东岸常春藤诸校为晚，但后来居上，现已蜚声国际，美国大学评比中名次居于前列。

校园以四方形广场为中心。其南是“斯坦福教堂”，乃其夫人简 · 斯坦福（Jane Stanford）为纪念斯坦福于 1899—1903 年建成，供大学师生使用，附近社区居民亦可入内。建筑极为华丽，墙上有马赛克组画，表现圣经故事，窗户彩色玻璃上描绘耶稣生活。这个教堂的特点是不属于任何教派，开幕之日曾有 14 个不同派别的牧师参加典礼。现每逢星期日下午四时半有罗马天主教徒做弥撒，上午 11 时则为其他教派做礼拜的时间。

大学校园内有一个艺术馆，收藏欧美艺术品外还有美洲印第安人及大洋洲、非洲的土著艺术品。中国文物也略有收藏。

中午与研究台湾的文化人类学家武雅士（Arthur.P.Wolf）、研究南美的考古学家李克（John Rick）两位教授共进午餐。李克教授对南美崖画颇有研究，交谈甚欢。

下午做报告，听者十余人。

是晚住入大学教师俱乐部。夜为地震惊醒。旧金山为地震多发区也。

1984 年 4 月 25 日

伯克利

今由斯坦福乘校间交通车抵伯克利加州大学，旋即在中国研究中心演讲，由吉德炜（D.N.Keightley）教授主持。吉氏受教于哥仑比亚大学，专门研究甲骨史，是西方学界公认的这方面专家。他主编的《早期中国》（*Early China*），专门发表中国古代史及考古新发现的文章。

下午无事，漫步街头。伯克利为以加州大学为中心之小镇。据云加州大学共有七八个之多，伯克利仅为其一，但名气最大，是美国西岸最好大学之一。像其他大学城一样，校园周围旧书店特多，惟价较贵。

晚应邀赴吉德炜先生家宴。八位学者参加，一位研究西藏，一位在东欧从事发掘，一位年轻学者研究新出之马王堆《帛书》，并拟重新翻译《诗经》。

在加州大学（伯克莱）演讲

与会著名学者为侯思孟（Donald Holzman），原为德裔美国人，在耶鲁大学获博士学位，又去巴黎大学师从著名汉学家戴密微（Paul Demieville），再获博士学位。据云他因欣赏陶渊明而专攻六朝文学，其巴黎大学博士论文便是有关嵇康的。今晚交谈不多，从他写下的通信地址可见，他的汉字写得极好，至少比我要好。

斯坦福大学博物馆

1984 年 4 月 26 日

旧金山

加州大学（伯克利）前身为加利福尼亚学院，乃应 19 世纪中叶淘金潮之需要而建，仅有农业、开矿和机械等系科，1868 年形成大学，1873

年始由奥克兰迁至伯克利。它是州立大学，其历史较东海岸常春藤诸校为晚，却常是新潮流新风尚的摇篮。60年代的美国所谓“校园革命”，便从这里开始。

晨起逛旧书店，参观校园。校园中最高建筑是一座钟楼，称为萨瑟塔（Sather Tower），是本校的标志，乃1914年模仿威尼斯圣马可广场的钟塔而建，高307英尺，可乘电梯到达顶层，俯瞰校园全景。

大理国青铜佛像（亚洲艺术博物馆藏）

本校人类学博物馆颇为著名，称为罗维博物馆，其建筑称为克虏伯楼，当然为了纪念这两位曾在此任教的著名美国人类学家。馆中收藏本世纪之初印第安人雅纳（Yana）部落最后一个成员伊西（Ishi）所作的全部工艺品，这是人类学史上著名的故事。由于此行由中国研究中心接待，未能参观，深感遗憾。仅购*Ishi*一册而归。

中午路易莎（Louisa Schein）女士来，导游旧金山城。路易莎现在此攻读人类学博士学位，曾在中央民族学院进修，以中国苗族为研究方向。先去中国城用餐，此间中国城规模仅较纽约中国城稍小。继去参观金门大桥及附近的金门公园。

金门大桥位于旧金山湾出海要冲，连接旧金山市区及其北部之交通。1933年始建，历4年始成，1959年前此为世界上最长之桥，长达1.2英里。

金门公园在桥之南面，几个博物馆设于此园。亚洲艺术博物馆于1966年成立，其藏品多为布伦戴奇（Avery Brundage）捐赠。布氏对中国人来说并不陌生，他曾任奥林匹克委员会主席多年。展品中以中国和朝鲜文物居多，也有其他亚洲国家的文物。一件器盖有四个鹿形雕像，极似云南青铜器风格，值得注意，志此备忘。

还参观了加州科学研究院，内有天文馆、水族馆及植物、矿物展室和人类学展室，后者展示浅化民族——澳大利亚人、新几内亚人、爱斯基摩人及南北美印第安人，特别是加利福尼亚印第安人的生活情景。傍晚路易莎驱车送我至机场，盛意可感也。

1984年4月27日

洛杉矶

昨由旧金山飞来，加大洛杉矶分校周鸿翔教授接机，旋在中国城请饭，是夜即宿周府。

周兄专攻中国古文学，初在香港中文大学从饶宗颐先生学，后赴澳大利亚师从巴纳（N.Barnand）先生。待人极为诚恳，周太太亦甚好客。

今在加州大学洛杉矶分校演讲。此校历史上溯到1886年，初为加州师范学校，1919年改大学，1927年始移今址。校园甚大，校舍建筑并不逊于伯克利分校。

下午周兄驾车领我游好莱坞，参观“中国剧院”，一个仿制不成功的中国式建筑。一条道路

好莱坞中国剧院（与周鸿翔兄合影）

在加州大学洛杉矶分校演讲

地面上有一连串星形图案，每一星形中间有一位著名影星、导演或摄影师的名字。此即著名的“星光大道”。

1984 年 4 月 29 日

洛杉矶

昨游迪斯尼乐园，周兄来往接送，自己独自游逛。

世界上迪斯尼乐园共有三个而以此最早（另两个在东京和佛罗尼达）。老板就是创作米老鼠、唐老鸭的迪斯尼（Walt Disney），其事迹尽人皆知。入园就有人扮“米老鼠”来和游客握手。园内游乐之处太多，若每处都去，非两天不可。仅参观“潜艇漫游”、“鬼屋”、“小世界”、“加勒比海盗”等节目。“鬼屋”留下深刻印象，行走中突然旁边伸出一只“鬼”手来，同游女士们发出尖叫。

今游“环球影城”(Universal City)，周兄请廖先生负责接送。此园较迪斯尼乐园似更为有趣，人们可以知道电影中“暴风雨”、“下大雪”、“马车疾驶”、“桥梁断裂”等等如何拍摄，枪战中人被击中从高处下坠如何不会受伤。我们还亲身遭遇科幻影片中常见的激光枪“袭击”。行至一个池边，“鲨鱼”（原是塑料做成）突然游近向你张开大口。最有意思的是一辆会说话的汽车（大概与最近上映电视剧《汽车骑士》有关），可和孩子对话，会说：“很高兴见到你”，“很高兴和你讲话”，“请向我提问”，“你叫什么名字？”“请继续讲”，“你家在何处？”一个调皮小孩回答：“我没有家。”汽车竟能说“我不相信”。一个女影星坐在路旁，为影迷签名留念，这里排的队伍最长。

归途沿日落大道经过著名的贝弗利山庄，居民均为影星及富豪，每幢房屋价值千百万美元。贝弗利山庄为来洛杉矶旅游团必去之处。报载每天都有导游带领人们去看著名影星住宅，指指点点，影星们认为干扰了他们的生活，遂把旅游公司告上法庭。影星们最后败诉，现在人们照样来此参观。

1984年5月25日

火奴鲁鲁

昨由墨尔本飞此。霍洛博士来接，住夏威夷大学之“林肯大楼”。下午苏恒翰教授带领参观校园。高树浓荫，一片热带景色，较之美国本土大学校园，别有一番风光。夏威夷群岛主要岛屿有五，夏威夷是最大岛屿的名字，首府火奴鲁鲁（即檀香山）却在另一岛屿——瓦胡岛之上。夏威夷大学历史较短，原为一农业学校，1907年始改大学，现有好几个分校，分布于群岛各处，今日下榻为其主要校区。

今晨访问校内毕晓普博物馆。人类学部主任乃一日本人，人甚倨傲。话不投机半句多，立即参观。该馆展出太平洋地区民族文物却颇丰富，予我极佳印象。中午在“穆尔厅”作演讲，放幻灯介绍崖画，约20人参加，民族语言学前辈李方桂先生亦来听讲。上前略道仰慕之意，未及深谈。

下午应东西中心之约与其环境保护及政策研究所学者座谈。继参加该中心欢送一位学者安息年(Sabbatical)宴会。盖欧美大学凡享有终身职位者，每工作七年有一年假期，可离开岗位自作研究，而薪给照领。安息年乃借用宗教名词。

晚独自到校园附近闲逛。晚餐要鱼一份，为夏威夷特殊之鱼，当地人称“古姆”，中国人称为“皇帝鱼”者。街头出售多种热带水果，如番石榴、番木瓜等，多为过去所未知，每种略尝。一种称为百香果（？）做的果汁，其味尤佳。

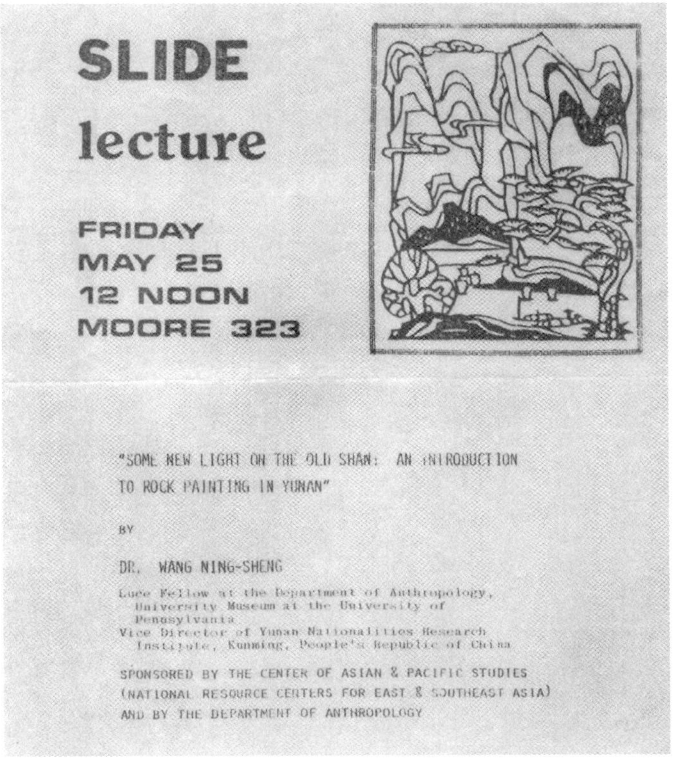

夏威夷大学演讲之海报

夏威夷人德葫芦器和小皮鼓（夏威夷大学毕晓普博物馆藏）

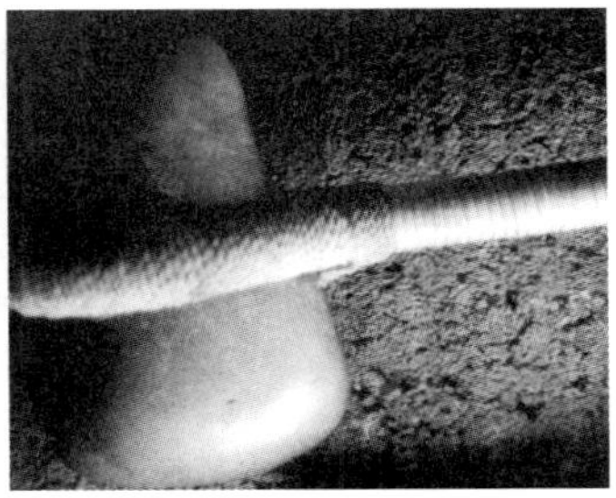

所罗门岛石斧按柄法（夏威夷大学毕晓普博物馆藏）

在夏威夷大学演讲

1984年5月26日

火奴鲁鲁

昨参加一日游。观赏热带雨林、海岸风光，最后参观波利尼西亚文化中心（PPC）。

此乃摩门教会为保存波利尼西亚传统文化而建，共复原七个村落：萨摩亚、夏威夷、斐济、汤加、塔西提、马奎萨斯及新西兰毛利人。先参加“独木舟环游”，继游各村，中心专派一位台湾女学生在此打工者为我导游。每到一村，都有来自该地之土著居民（惟马奎萨斯岛只有混血儿），表演歌舞，演示爬树取椰子，用烧石法烤面包果，村落之间乘独木舟互访等传统习俗。

过去仅从人类学书中知道之事，今日得以目睹，虽非亲历其境，聊胜于无。村落中一般住宅外多有大型茅屋，或为首领住宅，或为宾客房屋，或为集会房屋，或为船屋，或为专供妇女纺织之屋，并非尽为居民合居之住宅，证实我过去对大房子的看法。夏威夷人大房子尚分“妇女吃饭处”及“男子吃饭处”，为前所未知。

晚苏恒翰教授陪我去某教授家晚餐，餐后放幻灯，介绍缅甸原始制陶及印尼崖画。印尼崖画中多见蜥蜴。

今与苏恒翰教授及其菲律宾裔太太（她擅制作陶器）、女儿及女婿一起去山顶鸟瞰火奴鲁鲁全貌，举行野餐。烧烤之牛肉蘸以菲律宾调料，味道特殊。苏恒翰教授介绍夏威夷之历史甚详，谓19世纪中叶之前尚有国王存在，且拥有夏威夷全部土地云。

夏威夷人村落（波尼利西亚文化中心）

毛利人大房子（波尼利西亚文化中心）

塔西提妇女表演草裙舞（波尼利西亚文化中心）

1984 年 6 月 8 日

纽黑文

前日将几箱书籍交安理、忠武，请带去北京。他们即去大陆旅游，作为联合国人员，行李限制颇宽且可免检。这一年受赠及购买之书刊及资料已达数百公斤，若全部邮寄费用甚为可观也。

昨晨随他们至联合国，分手后独自游逛。行至中央公园，1858 年建，地方极大，内有许多树木及湖泊，为纽约人提供足够氧气。闻这里犯罪率极高，以治安不好著名，心中不免惴惴然。逛了一圈未遇异常，只见老人们在长凳上休息，年青人相互抱吻。

走路太多，疲倦不堪，便顺路走入一家教堂，此即纽约著名圣帕特里克天主教堂，1879 年建成。牧师在台上布道，听众寥寥，我坐下小憩。突然大家起立排队向前，无法退出，不得不“入乡随俗”，行至讲席时每人嘴中塞入一小块醮葡萄酒之面饼，“圣餐”即此物也。

昨晚由纽约中央车站乘车来此，住顾道伟（David Goodrich）先生寓所。顾氏正在攻读人类学博士学位。

耶鲁大学与哈佛齐名，所在地亦名剑桥，华人常称“康省剑桥”，与“麻省剑桥”相区别。大学于 1701 年奠基，1716 年迁至今址，捐赠资金为大学奠定基础者为耶鲁（Elihu Yale）氏，故名。1718 年正式称为耶鲁大学。

晨起参观大学内皮博迪博物馆（Peabody Museum）后，即访问大学 HRAF 研究所，为此行主要目的。事先古迪纳夫教授已有电话介绍，故接待甚为热情。领导人纳加什（Robert D.Lagace）教授亲自介绍其档案陈放情况及检索方法，并赠《东南亚大陆族群》一册，此书市面现已无购。

HRAF 乃“人类关系区域档案”之缩写，始创于 1962 年，领导其事即为著名人类学家穆达克。其工作是把世界分为六大区域，即①非洲；②环地中海（指欧洲、近东）；③东亚；④太平洋岛屿；⑤北美；⑥中南美。每一区域中不同文化又加以编号（如汉族是 E11，藏族是 E12，E 即指它们都在东亚区）。社会各个方面又分别以阿拉伯或英文字母表示之。如生计分为采集、狩猎、捕鱼、家畜饲养、农业五种，每一种按其在经济生活中之重要性分为十级，如汉族中的山东人是 00127，意为其经济生活中采集和狩猎基本上不存在，捕鱼约占 10%，家畜饲养约占 20%，而农业占 70%；又如婚后居住方面父方居住以 P 代表，母方居住以 M 代表；家庭组织方面，扩大家庭以 E 代表，核心家庭实行单偶制者以 M 为代表，实行多偶制者以 P 为代表，等等。一个社会基本情况，浓缩在一系列数码之中，需要时一查便知。

人类所有社会都像这样编码归档，列成表格，最初分期发表于《民族学》（*Ethnology*）杂志，后又编成书籍出版。他们做此工作当然是为自己理论体系（即文化因子分析）服务，客观上却把已有的世界民族志资料作一番清理和综合，有利于不同学派甚至其他学科的人查阅，进行跨文化的研究。

新派人类学者对这项工作颇多异议。〔曾向温纳格伦（Winner Gren）人类学基金会建议，对中国民族志资料用同样方法重新进行整理，盖 HRAF 搜集中国境内各族资料极不完备，且多采自通俗报刊如《人民画报》之类。迄未得到回应。——1984 年 8 月补注〕但我始终认为 HRAF 为世界人类学做了一件好事，是耶鲁大学人类学的突出成就。

访问 HRAF 毕，按预定日程访问余英时教授。他原在燕大学习，1949 年后匆匆迁港，师从钱穆先生，后赴英取得博士学位。他的专业是中国古代史，并能写政论性文字，文字犀利，学养深厚，是我接触过旅美华裔学者中古书读得较好者。相谈甚欢，承赠著作三种及近作讨论陈寅恪诗的论文多篇。陈先生旧诗最近流传海外，其晚年心情之寂寞和对政治之不满时有流露，如“文章唯是颂陶唐”、“更宜赤县遍崇神”等句，表明他对个人崇拜之厌恶。又有句云：“晚岁为诗欠砍头”，此老之感慨深矣！

晚告别耶鲁。耶鲁在中国留学生历史上占重要地位，第一个留学生容闳即从耶鲁毕业，时在 19 世纪中叶。他回国后与太平天国及清廷均有接触，提出不少富国强兵建议，不能用。仅有选拔人才到西方留学一条得到采纳。先后送出四批幼童共 120 人（后多成国家栋梁，如詹天佑）。容氏被任命为留学生副监督，其办事处即曾设在康州距耶鲁之北不远之哈特福德（Hartford），后因任正监督之官僚遇事掣肘（中国想做点事情的人难免此厄，今犹如此），留学生学业未成即被勒令回国，容氏本人遂长居美国以殁。此人殊堪纪念，盖中国之有留学生应自容闳始。闻其墓地尚在哈特福德，遗憾的是此次不能前往凭吊。

今日热甚，达华氏 90 度。

1984 年 6 月 9 日

纽约

昨夜抵此，路易莎及其男友迎我于中央车站，晚去唐人街用餐后观看纽约夜景。又去某一地方法庭参观判案，路易莎之男友即在此工作。犯罪嫌疑人坐成一排等候传唤。一位妇女被控卖淫，监禁一天（奇怪的是嫖客未见判刑）；一位妇女被控在商店偷物，保释；一位谋杀罪男犯则铐住双手，时间太晚我们不得不匆忙离开，未知判决结果。每位罪犯均有一位律师代为辩护，每一案件从指控、辩护到判决只有几分钟。

今晨路易莎带我乘地铁进城游览，路过 34 街地铁站，告诫说这里治安最坏，又为同性恋者聚会之处，他日一人前来要分外小心云。纽约地铁大概是美国最脏最乱的地方，到处可见乱涂现象（graffiti）。还有人专门对此进行研究，略谓年青人有艺术冲动，没有条件表现只有在墙上进行“创作”云。匪夷所思！

参观纽约大都会博物馆，整整看了一天，直至闭馆。

此馆于1870年奠基，1880年迁至今址，说明书上说它是“西半球最大的博物馆”。它以一群（而不是某一个）有钱人的收藏品为基础，后又不断扩展，藏品共有 3300 万件之多。从古代到现代，从美国到全世界，只要是艺术品无不在搜集收藏之范围内。这一点与华盛顿的国家艺术博物馆不同，后者似专收欧美艺术品。

今集中精力看古代文物。这里陈列希腊陶器甚多，其红底黑色或黑底红色彩绘，可表现当时社会生活情景，在此观摩最久。埃及文物亦颇丰富。中国文物陈列于远东文物部分，中国画设有专室，韩干《照夜白》即藏于此。

1984 年 6 月 17 日

费城

今与大陆留学生数人同游大西洋城及“伟大的冒险”游乐园。

游乐园与迪斯尼乐园相较，其规模相差远甚。惟模拟打猎之旅（safari），殊有趣味。第一次见到美洲特有之动物——美洲野牛、羊驼、骆马及一些前所未见之鸟类。与动物园不同，这里动物不畜于笼，象、狮、虎、犀牛任其自由行动。汽车前方会突然出现一只斑马或一只鸵鸟。入园有一系列必须遵守之规则，如不许下车，不许喂食等，还有一条规则是敞篷或布篷车辆不得入内，因为猴子会爬上车顶“抓破车顶而入”。

1984 年 6 月 23 日

威廉斯堡

昨日开始卢斯基金会安排的中国学者考察之旅。下午飞至诺福克（Norfork）机场，乘巴士至此。这里已是弗吉尼亚州境内。这次同游的卢斯学者有侯仁之、黄盛璋等十余人。导游是美国长大的华裔梅女士，夜宿“威廉斯堡招待所”。

参观一座农场。上千顷土地只雇两个工人。主人亦参加劳动，到达时他正驾驶巨大之联合收割机正在收割小麦。农场中还可种植花生，近年于政府为保护农产品价格而限定其种植面积。中午在附近一家烟草公司用餐，每人赠香烟一条。

下午参观詹姆士镇。

此为英国人在美洲第一个定居点，也是弗吉尼亚殖民地最早的首府。1606 年 12 月三艘船从英国出发，历经风浪和内部争斗种种波折，1607 年 5 月第一批殖民者 104 人终于在此登岸。在约翰 · 斯密斯领导之下建立一个三角形城堡，开始种植作物，尽量和印第安人保持和平。两年之后斯密斯受伤回英，殖民地开始进入非常艰苦的“饥饿时期”，百分之九十的殖民者死亡。

詹姆士镇原殖民者房屋及处置罪犯之木枷

幸有新的殖民者到达，使人员和供给得到补充。在名叫罗尔夫（John Rolfe）的领导人指挥下开始种植烟草，作为出口英国重要商品。罗尔夫本人娶印第安首领 Powhatan 之女 Pocahontas 为妻，从而与印第安人建立了友好关系。1619 年一艘荷兰船到达，首次带来 20 个黑奴。另一艘到此的英国船又载有 100 个年轻妇女，使这些殖民者有了家室。同年在詹姆士镇举行代表会议，成立一个新的公司，英国人在新的大陆终于有了立足之地。

印第安人首领 Powhatan 死后，白人与印第安人战斗又起，白人伤亡甚大。1624 年英王詹姆士一世（詹姆士镇即因他而得名）解散公司，成立一个皇家殖民地。由于受英国内战影响，

印第安人茅屋及妇女演示制作箭杆

殖民地内部斗争不断，殖民地政权的办公房屋（state house）烧了又盖，盖了又烧，达四次之多。1698 年弗吉尼亚的首府迁往威廉斯堡，从此詹姆士镇沦为废墟，变成种植园。

今日首先参观“詹姆士镇节日公园”。此非詹姆士镇原址，新建两个称为“旧世界”和“新世界”（陈列印第安人石器等文物）的展厅，又复原了斯密斯始建的三角形城堡、三艘最早到达的船及印第安人的村落。后者引起我的兴趣，村落房屋墙壁和圆顶均由芦苇建造，屋内挂着印第安人作为贸易品的猎物毛皮。村落之中演示印第安男子用火烧法制造独木舟，女子制造上缀羽毛的箭杆，询之，他们确为印第安人，虽然不是当地印第安人的后裔。三角形城堡之中有教堂，有储藏室，有守卫室，还有处罚犯人的木枷，反映早期殖民者紧张而残酷的生活。

继去詹姆士镇遗址参观，这里称为“詹姆士镇殖民历史公园”。仅过去教堂砖墙还有残存，其他房屋只余遗址，立有标志说明房屋的性质。两个雕像矗立在废墟之上，一个是斯密斯，另一个便是下嫁白人的印第安姑娘 Pocahontas。她对詹姆士镇的建立同样作出重要贡献。

1984 年 6 月 24 日

威廉斯堡

整日在威廉斯堡参观。

自 1633 年起已有殖民者从詹姆士镇迁此居住，时称“中部种植园”。1698 年之前这里已有教堂、商店、住宅。1693 年成立的大学——威廉和玛丽学院（College of William and Mary），是当时弗吉尼亚及马里兰地区高等教育中心，全美第二所大学，独立战争领袖人物多与它有关，托马斯·杰弗逊在此毕业，华盛顿曾任校长达 11 年之久。1698 年弗吉尼亚殖民地政治中心由詹姆士镇迁来，改名为威廉斯堡，以纪念当时的英王威廉斯四世，并按一定的规划进行建设。

弗吉尼亚是十三个殖民地最大的一个，领土广袤，人口最多，种植和出售烟草，经济力量雄厚。独立运动中弗吉尼亚人走在前列，作为首府的威廉斯堡，自然成为革命的中心。美建国以后，威廉斯堡便成为弗吉尼亚州首府。

1780 年弗吉尼亚州首府迁往里士满，威廉斯堡不再保持其重要地位。从 1926 年开始，富豪洛克菲勒（John D.Rockfeller）决定出资保护和修复这个有重要历史价值的名城。他不仅提供经费而且亲自参与规划。

全城有 88 座早期建筑，一半以上利用原来结构进行修复，已毁于火灾或倒坍者（如总督宫、议事会）则在原来位置按原貌重建。重建修复工作在各方面专家指导之下，根据可靠文献资料，并参考考古遗存进行，房屋外貌尽如旧观，房屋内的装修和家具也和过去一样，而且每座房屋

威廉斯堡古老餐馆中身穿 18 世纪服装的侍者

总督府身穿 18 世纪服装的门卫

的用途、所有者的姓名均已考证清楚。多数房屋就以房屋主人的姓名来命名。现有 50 多座房屋的 200 个房间开放供人参观。

现全镇约有 10000 个居民（包括大学生），殖民地时期留下医院和教会今日继续为社区居民服务。今学生们仍在 300 年前的校园中进行学习。制造木器（木工工具与中国木匠所用多有不同）、铜器、铁器、乐器的作坊、卖药的商店，仍按传统方式工作。参观时，使人仿佛回到 18 世纪的西方城镇。

参观总督宫是威廉斯堡旅游主要节目。总督宫位于城北偏西，1781 年毁于火，1931–1934 年重新建成。周围有很大的花园。与其他参观点不同的是入门时要假装提出某项要求拜访总督，由身穿 18 世纪服装的门卫转达，然后再由身穿 18 世纪服装导游陪同入内。房中有人办公，有人在厨房烹饪，使你感到“总督”仿佛就在其中。

一条名叫“格洛塞斯特公爵”的街道两旁有好几家酒店，仍保存 18 世纪的装潢、菜肴和饮食习惯，侍女穿当时服装。中午我们便在一家名叫“国王武装”的古老酒店用餐。据介绍，历史上它的顾客中曾包括像乔治 · 华盛顿这样的人，独立战争时此酒店曾为美方军队供应饮食，它的老板本人就是独立运动领导人之一。

下午去戏院看一场介绍威廉斯堡的电影。今天大雨滂沱，很多有趣的地方未能遍观。

1984 年 6 月 25 日

华盛顿

晨乘火车离威廉斯堡，午抵华盛顿。

参观国家艺术馆。此馆由当时财政部长梅隆（Andrew W.Mellon）捐赠其收藏并捐资，1937 年经国会批准而建，有自己的董事会，仍隶属于斯密逊尼研究院之下。此馆号称为世界最大艺术馆，以梅隆收藏品为基础，后又陆续收到其他捐赠，现共有数以万计艺术品。原来只有西翼，

1941年完成，1978年新盖东翼，有地道与西翼相通。东翼为现代派建筑，房屋结构部件多呈三角形，参观时仿佛走入另一世界。设计者即华裔建筑大师贝聿铭。

东翼为办公室及临时展览区，西翼楼上为固定陈列。名画按时代又按地区分别陈列，如“17—18世纪，意大利”、“19世纪，法兰西”等。雕塑品陈列在楼下。

下午继续在华盛顿参观，除三个纪念堂外还到美国科学院看了爱因斯坦像。像前刻了他的名言，令人感动。抄录如下，他日抄示儿辈：

如我遇事能有所选择，我将住在这样一个国家，这里所有公民在法律面前能实行个人自由，对人的容忍和平等。

这个世界的美丽和宏伟令人高兴和惊异。关于这个世界人们只有模糊的了解。

研究真理的权利也指明一种责任：一个人必须不隐藏他已认识到真理的任何部分。

——A. 爱因斯坦

还看了越战阵亡将士纪念碑。整个建筑建在地面之下，两边黑色大理石上刻着全体战死者的姓名，这里体现对生命（即使普通战士的）一视同仁的尊重。其所以把它建在地下，似因为它是一场没有取得什么成果的战争。设计者名林璎，华裔，时年21岁。

关于越战，至今仍是美国人一场噩梦。来美后看电视上不断进行反思和讨论：为什么要打这场战争？是否可以避免？付出如此牺牲有何好处？但中国援朝援越之战牺牲可能更大，其结局又是如何？受援国并无感激之情，而中国及中国人民付出太多代价。

1984年6月26日

华盛顿

今去国会图书馆麦迪逊大楼会议室听专家报告，题为《美国政府制度》，并参观图书馆。

最高法院大法官坐椅

国会图书馆始于1800年，1814年为英军焚毁后，杰弗逊又把自己图书献给国会，奠定今图书馆之基础。现这个图书馆不仅为国会成员服务，而且为公众服务。馆际借书服务计划使全国研究人员可以借到有关书籍或购买微缩胶卷。它现是世界最大图书馆，藏有60种语言文学写成的2亿册图书，包括最早印行的《圣经》，还有许多手稿、照片和地图。

我们重点参观了亚洲部，中国书籍收藏于此，是西方图书馆中收藏中国书籍最多者，共有490000册之多。它的收藏始于19世纪中叶，最早一批藏书有在华传教士捐赠给美国东方学会的图书以及同治皇帝捐赠的明清刻本933卷。

中文善本书中最早的为杭州雷峰塔倒塌后发现之975年刊印之佛经。最重要的有《永乐大典》

41卷（中国本土以外这里收藏最多），宋元版书20–30种，明版本1518种，王重民、袁同礼先生已编有目录。中国地方志达4000种之多，朱士嘉先生编有目录传世。除中文书外，还有满、蒙、藏文以及纳西象形文字写本3000余本，后者是骆克（J．F．Rock）所搜集。

在国会图书馆内午餐后参观国会山。其圆顶建筑高达258英尺。内部装饰极其华丽。

南北两翼分别是参众两院开会之处。众院地面镌有林肯等人之名，据云众议员中当过总统的人才有此殊荣。

下午3时参观最高法院，就在国会图书馆之北，相距甚近。入口之上大书“在法律之下，平等，公正”字样，说明法院之责任和性质。

院内有一个陈列说明它的历史，对久不讲求法律我辈中国人来说，那些法律运作程序过于复杂，难以明白。但至少有一点印象深刻，那就是对任何案件（包括总统本人涉案）它有最后裁决权。它是美国宪法保卫者。法院内部任人参观甚至可以入内旁听。

法院建筑内部装饰庄严富丽，其中螺旋形楼梯尤有特色。它没有支柱。我们看了审判大厅，九个大法官坐的椅子高矮不等，按各人身材特制，退休时本人可以带回作为纪念，但要付出150美元。在这些方面，中国有些干部应感惭愧。

1984年6月27日

费城

今日抵此，独自回大学宿舍查看信箱，未参加活动。盖自己在此已近一年，诸参观点已经去过。惟中午仍与全团成员一起在著名的城市酒店中用餐。

城市酒店位于第二街，1773年建立，是当时费城最好的酒店。独立战争中重要人物之一约翰·亚当斯（他后来成为第二任总统）从波士顿来参加第一次美洲大陆会议时，曾住宿于此，盛赞它在“美洲酒店中最有教养”。18世纪时所谓酒店（tavern）并不仅是餐厅，同时还是酒吧、咖啡馆、货栈、旅店和公众集会场所。商人们在此谈生意，俱乐部成员在此联欢。这里还可以看报纸，相互交换新闻。酒店实是一个城镇的社交中心。

城市酒店建立之初，费城精英们便常在此聚会，筹划抗英活动。独立战争期间它成为第二次大陆会议及制宪会议代表们用餐及举行宴会之处。随着更多餐馆旅舍的出现，它开始衰落，一度变为货栈。为了尊崇它的历史地位，1975年按原貌重建，开放营业。

坐在今天看来已嫌狭小的房间内，由身穿18世纪服装头戴白帽的女侍们端上饮料和菜肴，想起独立战争期间十三州的代表们就在这样房间中用餐，不由兴起一种历史的兴趣。这是此行最有意义的一餐，虽然菜的味道与今日并无差异。据说，当时由于缺少冷藏技术，菜单比今日单调得多，现已按现代人习惯和口味供应食物。

晚抵纽约已是深夜，下榻帝国旅馆，附近就是著名的“林肯中心”。

1984年6月28日

纽约

上午参观曼哈顿南端以华尔街为中心的金融区。进入股票交易所，这里就是世界金融的心脏。

入内但见人们进出、办事、打电话，无不来去匆匆，有侍应生奔走于部门之间，川流不息。这里的生活节奏似乎比地球上任何地方都快。

陪同讲这里运作情况，大多数同游者与我一样莫知所云。我们大半生生活在另一社会制度之下，对这些殊为陌生。这里不允许照相，是在美旅行不常遇到之事。

中午卢斯基金会主席亨利 · 卢斯三世在世界贸易中心一号塔 107 层“世界之窗”餐厅宴请并致欢迎词，介绍卢斯基金会邀请中国大陆学者访美计划及其宗旨，最后说：今后邀请对象将以青年学者为主，老年学者应由中国政府多加关心。

纽约世界贸易中心

世界贸易中心双塔各 110 层，高达 412 米，仅次于世界最高建筑芝加哥的西尔斯大楼。如此高度，乘直达电梯不到一分钟便到 107 层的餐厅。从餐厅大玻璃窗远望，纽约城尽收眼底。对我辈未见过世面穷措大来说，宴会十分豪奢，面前置放好几套刀叉，喝了好几种酒，据说餐厅共备 600 种酒供顾客挑选。但主菜仍只有一道，一份极大之鱼块，味并不佳。难得的是二三十份鱼块大小形状竟完全一致。

下午到一家保险公司大楼内听劳工专家报告，题为《美国的工作问题》，其基本论点是：保持一定失业人数有利刺激在职人员工作积极性，但超过一定比例又会引发社会问题。失业者有社会保障，不会流离失所，但经常失业或长期失业便会丧失信心（他称为 discourage），有人最终沦为街头流浪的无家可归者（homeless）。

1984 年 6 月 29 日

纽约

上午去塔里敦（Tarrytown），参观通用汽车公司设在那里的一个组装工厂。全厂 2500 人，车间不闻机器轰鸣声，环境极为干净。雪白的墙壁上只见两条标语，一条是“自豪加技巧等于质量”，另一条是“我们制作出最好的东西”。工人站在流水线前，不见汗流浃背付出费力的劳动，每隔几分钟就有一辆汽车从流水线上出来，这样的工作与坐在写字台前办公有何不同？

从曼哈顿到塔里敦经过哈莱姆（Harlem）黑人区，这里治安之坏世界知名，经过时果然有人向我们汽车投掷什物，幸未造成什么伤害。街头时见垃圾，房屋破旧不堪，商店少见。从灯红酒绿的时代广场一带走来，仿佛进入另一世界。这里代表美国社会的黑暗面。

中午在烹饪学校用餐。据云这是讲究美食的人不可不光顾之处，吃饭必须预订，今年年底以前的桌位已全部订完。主菜以前上一道海鲜沙拉，其味甚佳。这次居然还吃到印第安人的野稻。

下午游览罗斯福总统纪念遗址，地名“海德公园”，罗斯福长期生活及出生地的故居是一幢 1800 年建的房屋。

按总统卸任后建立图书馆之规定，以前未有，有之自罗斯福始。1945 年他死之后，其夫人

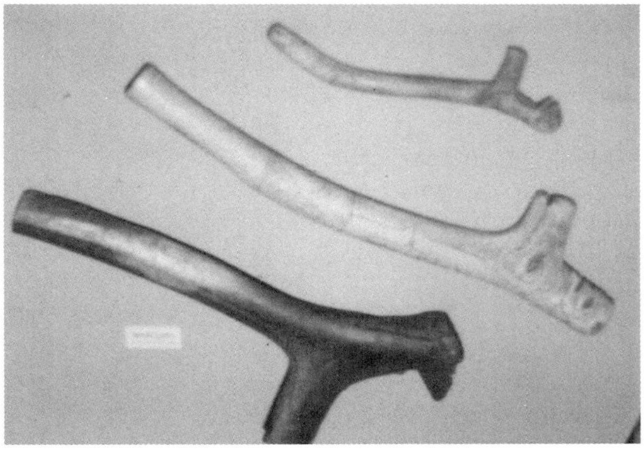

齐姆辛印第安人鹿骨棍棒（纽约自然史博物馆藏）

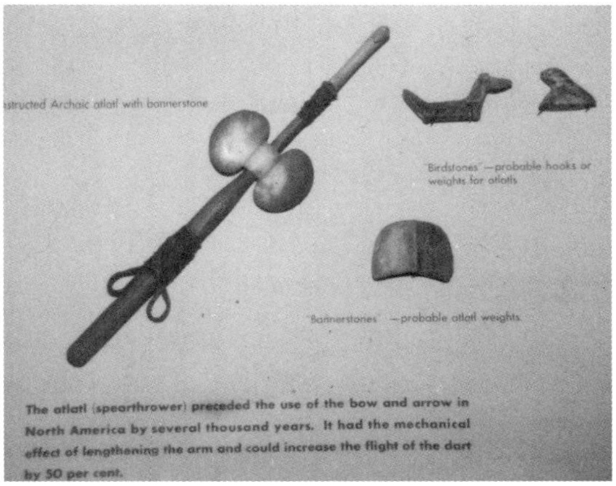

古代印第安人投矛器及加重石（"旗石"）（纽约自然史博物馆藏）

把故居连同大片土地捐献出来，建立图书馆，陈放总统之图书及在任时之文书档案，还附设一个小的博物馆，表现罗斯福的生平。罗斯福夫妇的墓也在附近花园（“玫瑰园”？）之中。

晚在洛克菲勒中心附近的音乐厅观看歌舞剧《逃走！》(Gotta Getaway)。

1984 年 6 月 30 日

纽约

原定今日上午乘游船围绕曼哈顿一周，大雨滂沱，计划取消。这次游览便告结束，各回大学。我自留纽约，为办签证也。

这次活动由卢斯基金“埋单”，而组织者却是美中关系全国委员会，它相当于美中友协。近年中国访美代表团以及高官来美参观，多由这个机构负责组织和陪同，安排的路线、日程与我们这次大体相同。他们可谓经验丰富，短短九天，让你能初步了解美国各个方面情况，从历史到现状，包括经济（工农业生产、金融……）、政治（政府运作、国会、法院、劳工……）、科学文化艺术（国会图书馆、博物馆……）。寓宣传于游览之中，并不强加于人，没有说教。演讲者谈到美国各种制度时，并不隐瞒存在的毛病，如他们常用“红带子”(red tape) 一词谴责官僚主义，每办一事档案之多竟要束之以带，可见手续之复杂。美国办事，填表殊为繁琐，人们称为 paperwork，视为苦差。

访问哥伦比亚大学（与南茜·杰维斯博士合影）

上午独自参观美国自然史博物馆，此馆在西 77 街，中央公园附近，1869 年奠基，1877 年正式开放。自然科学方面一概不看，只看民族文物，仍觉时间不够。这里民族文物极为丰富，共分为“亚洲民族”、“非洲民族”诸部分，美洲印第安人又按文化区分为几个展室 ：“西北海岸印第安人”、“东部林地和平原地区印第安人”、“墨西哥及中美”等等。有助复原考古发现之材料已详细记录并摄影，收获颇丰。

在美国看博物馆真是一大享受！

下午按事先约定，与南茜（Nancy Jervis）会合，安排住入她朋友一套空的公寓中。南茜为白海思之友，前来宾大演讲，因而熟识。本想好好休息，但南茜说今晚她要去纽黑文出席一位朋友婚礼，向我有兴看一次犹太人婚礼否？遂又欣然前往。同行者有两位年青女律师。每当遇到堵车，大家便闲谈。中国闹“文革”时她们曾参加过“校园革命”，是毛泽东的崇拜者。

犹太人婚礼特殊之处是新郎把一只玻璃杯摔在地上，作为整个仪式之高潮。

深夜方回纽约。

1984 年 7 月 2 日

纽约

昨整日休息。

今去英国领事馆申请签证，一切顺利。下午南茜带我去温纳格伦人类学研究基金会访问，主事者奥斯蒙森（Lita Osmündsen）女士称在昆明曾与我会面。承赠书多种。

事毕独自逛旧书店。在纽约已是“轻车熟路”，一人乘公共汽车或地铁，已不需问路。纽约道路纵横有序，东西街道与费城一样以数字命名，极易辨识。

来美以来搜寻旧书几乎成瘾。宾大周围几家旧书店已成常客，老板见面必打招呼，或说闲话；30 街车站内那一家更常光顾，盖其价较他处更为便宜也。纽约旧书店藏书之多，又非费城可望其项背。在美逛书店或旧书店是最好的消遣，你看上一天也不会有人干涉，有的还备有座位供你坐下细看。回想国内书店逗留稍久，必有人来你面前整理图书示意快点离开，令你不快。

1984 年 7 月 3 日

纽约

南茜带往拜访哥仑比亚大学（她在该校取得博士学位）。大学在曼哈顿之西北端，1754 年成立，是常春藤盟校之一。

会见著名人类学家弗利德（M.Fried）教授，他研究政权形成问题，著述颇多。承送所著《部落之概念》一本。他因中风而足跛。据云最近又与妻子离异，其境遇极为不幸。

又会见历史学者孔迈隆（M.Cohen），专攻明清史，他对这一时期汉族与非汉族关系及同化融合问题极感兴趣，讨论良久。这里汉学研究历史悠久，有著名之“丁龙讲座”，某富豪为其中国厨师之忠诚和高贵品质所感动而设。时间太短，未能多所了解。

归途参观美国印第安人博物馆（在西 155 街），是世界

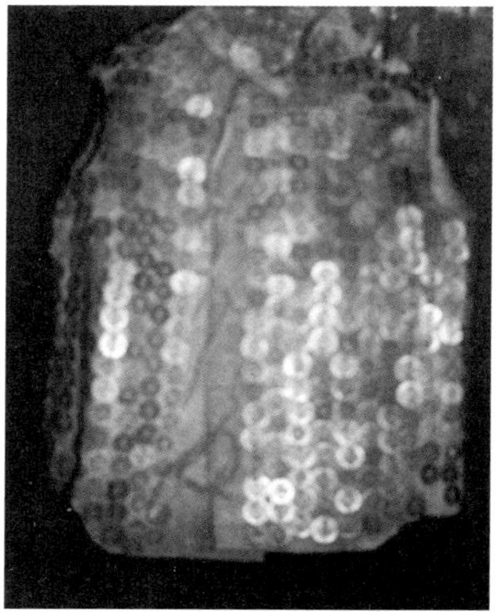

印第安人用中国〝康熙〞铜钱串成的背心（纽约印第安人博物馆藏）

上收藏印第安人文物最为丰富之处。今特别注意搜集各种石器安柄法及投矛器平衡器（“旗石”）资料。该馆陈列印第安人达科他（Dokota）、希维罗（Jivaho）等部落猎取并保存敌人头颅或头皮之俗甚详。陈列中一件用“康熙”钱币穿成的衣服，甚为奇特，据说从贸易得来。它原属于何人？印第安人与中国人是否有直接贸易？

1984年7月5日

纽约

昨美国国庆，安理、忠武有暇，驱车参观欧文（W.Irving）（1783—1859）故居。从市区往北，在塔里敦附近的哈德森河东岸有一个“睡谷保护区”（Sleep Hollow Restorations），它包括三处有历史意义的17—19世纪建筑，欧文故居便是其中之一。

欧文是美国第一个国际知名的成功作家，中国人对他也不陌生。记得过去中学英文课本中就收有所著*Rip Van Winkle*一文。大意是：一个农夫乐于助人却不善治生，为避免妻子之絮叨，一人常携犬进山狩猎。一日突遇一群身着古老服装的人在玩九柱戏，饮了他们的酒后便沉沉睡去，及至醒来已是20年之后，妻子已经死去，儿女长成，故乡已面目全非。此颇似中国“天上方七日，世上已千年”之传说。幼年学的东西，不易忘却，今天到他的故居参观，颇感有趣。此应采自当地一个传说，故事中即提到哈德森河。

1835年欧文在此买下农舍，按自己意图改建成今日所见一幢漂亮的房屋，他自己命名为“向阳”（Sunnyside），既有哥特—罗马式建筑特点，又加荷兰式山墙。他对自己房屋满意地说：他不愿以此换一个城堡。

两层楼房的上层为几个卧室，下层乃书房、餐厅及厨房等。书房中写字台乃出版商所送。另有一座三层的亭子，用以招待客人，他称之为“佛塔”。住宅周围，草木甚多，有一个池子称为“地中海”。

今日回归费城。外出已有十余日，走进房间有“回家”之感，竟忘却自己一直是客居他乡。

1984年7月9日

费城

随宾大博物馆科特（John L.Cotter）教授去城内参观一处发掘现场。此应自己之要求而由大学博物馆特意安排者。科特先生研究美国历史考古学，对中国人颇为友好，曾应邀参加赵紫阳来美访问在纽约举行之盛大宴会。

发掘负责人热情接待，介绍情况。正在发掘者乃一座黑人教堂之墓地。教堂系1809年成立，1824年移至今址（第八街和栗树街之交），属该教堂的黑人教徒便埋葬于附近。1980年建造地铁时发现墓地，1983年6月开始共发掘墓80座，死者从94岁的老人直到婴儿。遗物年代属18世纪末到19世纪初，与文献记载教堂之历史相符。据他们介绍，发掘的目的有三：（1）弄清当时美国东北部城市黑人的葬俗。美国南部这类墓葬已得到仔细的研究，反映出一些非欧美传统的习俗，而东北部迄无同类材料可资比较。（2）复原19世纪初费城黑人健康状况、死亡年龄及死因。（3）对黑人进行历史教育，过去费城黑人历史及考古学被人忽略。

据观察，他们发掘基本方法与中国并无不同，差别就在于工作认真细致，令人敬佩。发掘之前弄清附近房屋安全没有危险后，还要采取隔离措施，俾不打扰住户日常生活；搭临时工棚，防止遗址因下雨而破坏；发掘中尽量使用小工具，必要时甚至使用牙刷和牙签；发掘出沙土（包括填土）均要过筛，务使包含物不致遗漏；墓中一切遗存经过华盛顿的斯密逊尼研究院检查之后，还要重新安放到一个现代墓地之中。

对这样一个19世纪的遗存如此认真对待，在中国不可想象。我们恐怕不能用“他们没有悠久历史，没有早期遗存可以发掘”来自我解嘲。

中国边疆很多民族没有成文历史，文化遗存也发现不多，不久前废弃的村落废址若能如此发掘，将能增添无数有价值的材料。

归途参观美国最早之造币厂。

1984年7月16日

费城

宾大中国留学生组织参观尼阿加拉大瀑布，邀我参加。14日晚动身，15日清晨到达。大瀑布在纽约州水牛城，共分两段，分别为55米高、300米宽及52米高、750米宽。水由大湖区流来，原每小时流量达6060立方米，后因利用水力发电，流量已减一半。

乘游船“雾中女郎”（Maid of Mist）号参观，行近瀑布近处，但觉四周水珠飞溅，一片迷茫，无怪乎游船以雾为名。幸船上为乘客提供雨衣雨帽，否则必将全身湿透。大瀑布闻名已久，确实气势非凡，水流清澈。中国贵州黄果树瀑布不可谓不大，但水呈黄浊色，盖两者上游植被保存情况有天壤之别也。

大瀑布在美加边界，两国各拥有一段。边境有桥相通。遥见桥上汽车如梭，美、加两国国旗飘扬。

瀑布周围游览点尚多，由于时间匆促，只看了一个水族馆，匆忙返回。今晨抵达费城。来回行程约1000英里。利用夜间行车，可省旅馆费用。穷人旅游，只能如此。

1984年8月18日

费城

去纽约办好英、德签证，至此“万事俱备，只欠东风”，将东跨大西洋赴欧，得偿游历欧洲之夙愿，何快如之！

事毕纽约街头小逛，进入著名的百货公司梅西（Macy），无钱购物，游览而已。梅西历史悠久，每年纽约市感恩节庆祝活动由它主办。门前有大字广告云：

假如你没有到过纽约，你便没有到过美国；假如你没有到过梅西，你便没有到过纽约。

继去时代广场，此为纽约之中心，每年除夕在此联欢，迎接新年之开始。又去洛克菲勒中心，有洛氏之九条信念，刻于铜牌之上，每条以“我相信……”开始，殊有意义。美国富豪们并非都是只知聚敛财富之大腹贾，而有自己一套处世哲学和救世利民之理想。

1984 年 8 月 26 日

费城

与白海思及李 · 霍恩两位女博士游长木公园。李亦在博物馆工作，专门研究伊朗人类学。长木公园为来费城旅游者必去之处，1800 年左右已有人在此栽种装饰树木，1906 年杜邦家族的皮埃尔 · 杜邦（他兼任杜邦公司和通用汽车公司主席），购买这片土地，改为公园。现在每年百分之七十开支仍由该氏提供，百分之三十来自门票等收入。美政府对此公园无任何财政支持。美国很多事业均由富豪出资创办,但愿中国“先富起来”的人以后亦能如此，而不是把钱全留子孙挥霍。

长木公园

很多珍奇植物在长木公园中多能找到，如人可站在上面的“水莲”，可以捕食昆虫的植物等。一座经常变化的喷泉，称为“意大利水上公园”，不知是否源于意大利？有一处称为 Idea Garden 者，遍种常见花卉果蔬和草药，并详细说明种植的技术，是学习园艺知识最好去处。

费城地区由于威廉 · 佩恩早在 1682 年就提出要建成一个“绿色的城镇”，故一直重视公园的建设。据称，特拉华河谷地区是公园植物园最为密集地区，称为“美国花园的入门大道”，为了庆祝费城建城 300 周年而列名于“花园联合体”者就有 31 个之多，包括长木公园在内。宾大的植物园也列名其中，称为“莫里斯植物园”，来美不久曾去访问。植物园主任亲驾高尔夫球场上常见那种敞篷小汽车陪同巡游一圈。由于它是一个大学的植物园，大概偏重于研究和实验，规模远不如长木公园。

今归途经过布林 · 马尔大学，略事游览。此乃专收女生的大学，为“七姊妹”（七个著名女子大学）之一，李 · 霍恩博士毕业于此，介绍情况颇详。据云，只有学生约 1000 人。校园甚美，一幢幢不高的建筑掩映于绿树丛中，仿佛是一群害羞的女孩子。

1984 年 8 月 27 日

费城

大学博物馆举行午餐会为我送别。

自古迪纳夫、达文波特以下约 15 人参加，馆长戴森赠书并致词，盛赞我一年访问之成绩，惭愧而已。亚洲部主任波塞尔（G.L.Possehl）博士赠其有关印度河文明巨著一种，其他朋友各有赠书，今天收到有关费城之画册即有三种之多。

1984年8月30日

费城

连日去邮局、银行办事，一切办好。非常用书籍资料已直接寄回昆明，邮费几与书价等。

大卫及白海思（这一年来对他俩欠情太多）在其寓所为我举行告别宴会。凡相识者均邀参加，到会者数十人。包括宾大及人类问题研究所（ISHI）两个机构的朋友。ISHI送我纪念铜牌，上书送给“我们的同行和朋友”、“为了他对亚洲人类学的贡献”，愧不敢当矣。

宾夕法尼亚大学博物馆举行告别宴会（右一为戴森馆长，右三为波塞尔教授，右四为古迪纳夫教授）

ISHI乃一非赢利之私立研究机构，于1974年成立，为了集合不同领域之专家共同研究人类社会重大问题，交流意见。大卫即在此工作，我曾应邀访问。所址就位于大学附近的34街，规模不大，工作人员很少。成立未久而成果累累，其出版书籍涉及政治、经济、历史、人类学和社会学、民俗学、语言学许多领域。

在美一年，自己思想发生不少变化。除专业性问题外，时常思考人类社会的发展道路问题。自觉尚非盲从之人，但不得不承认，西方社会应代表世界潮流发展方向。中国近年所以能取得些许进步，即因向西方部分开放并开始学习西方而已。

当然，如美国这样之西方社会并非天堂，社会弊端仍多——贫富之悬殊、法律某些条文不合理与繁琐、官僚主义之流行、消费主义之泛滥和资源（电力、汽油、纸张……）之浪费。特别是自由权利之被滥用（如竟可合法拥有枪支）导致犯罪率居高不下。即在优美的校园之中亦时常发生不愉快之事。宾大校园之西北不远处之黑人区被视为极不安全。入校之初即收到一份“安全手册”，告诉你遇事及时报警，夜晚行路如何报请学校保安人员护送，如何应付强奸，如何应付抢劫。“当有人抢你物件时，宁愿放弃，也不要使自己受到伤害。”

一年来校园区内偷盗、伤害、骗钱、抢劫事件特别是女学生遭受骚扰之事常见报导。仅1983年暑假期间，被强奸者2人，被骚扰者6人。特别是所谓ATO案件，兄弟会5–8个男学生强奸一个女学生，一直引起全校之关注。此事发生在1983年2月17日。最后只罚此兄弟会停止活动一年，人们抗议校方处理过宽。

美国有些地方（如纽约、芝加哥）社会治安问题更为严重。肯尼迪总统被刺事至今仍未查清，遑论其他？但他们自己并不讳疾忌医，报刊上时有讨论。在权衡优劣之后，还是不能不承认丘吉尔说的对：

> 没有不坏的政府，只有比较不坏的政府。（大意如此）

（二）

1986 年 6 月 22 日

艾尔琳农庄

由北京起飞经旧金山、纽约，19 日晨抵华盛顿。

此行为参加中国社会科学院代表团出席“古代中国与社会科学一般法则”会议。

近两日在华盛顿地区参观，昨晚抵此。艾尔琳农庄（Airlie House）在弗吉尼亚州境内，乃著名之会议中心，有“思想之岛”之称。每人一室，可以容纳 200 人住宿。周围一片田园风光，保持弗吉尼亚早年面貌，有足够的宁静空间供开会者散步思考和讨论。

晚餐前举行简单开幕式，会议便告开始。这次会议由张光直、吉德炜等教授发起，王安研究所资助，美中学术交流委员会出面组织。中方正式代表 10 人：杨向奎、田昌武、李学勤、黄展岳、郑光、严文明、汪宁生、童恩正、林沄、张忠培，林甘泉（团长）。石兴邦先生正在美访问，不日亦将参加。西方代表 10 人：美国之吉德炜、张光直、许倬云、库帕（Eugene Cooper）、汉斯（Jonathan Haas）、托普（Robert Thorp）、约菲（Normar Yoffee）、叶慈（Robin Yetts）及加拿大之皮尔逊（Richard Pearson）、英国之安德森（Perry Anderson）。台湾方面也有一人（杜正胜）参加。一些青年学者如宾大之白海思、哈佛之慕容捷（Robert Murowchick）、耶鲁之顾道伟（David Goodrich）等列席会议，多为旧识，相谈甚欢。另有翻译人员数人。其中有卡玛（Carma Hinton）女士，参加过中国土改的美农业专家写过《翻身》一书的韩丁之女，在中国长大，翻译水平尤高。（后来她以拍摄纪录片《八九点钟的太阳》而闻名。——2011 年 1 月 23 日补注）

1986 年 6 月 24 日

艾尔琳农庄

昨上午第一个宣读论文《仰韶文化葬俗和社会组织之研究》，不意此文批评对象此次与会。讨论中方代表无人表示支持，尚有两人大谈马克思主义（其一之 T 君，数年以后便在国内发表

“古代中国与社会科学一般法则”会议参加者合影

长文批评摩尔根之“单线进化论”矣。——2003 年 12 月 7 日补注）。前两年大反精神污染，人人心有余悸，情有可原也。

发言既毕，一身轻松，乃与白海思乘农庄班车去华盛顿，与大卫会合后参观国会。前数次仅参观国会建筑，今则入内旁听。门前排队如长龙，幸大卫上前说明乃中国学者应邀来美访问者，竟得提前。

今日所见似为众院某一委员会讨论会。发言者站于麦克风前侃侃而谈，听众似不感兴趣，多人在会议厅外走动或喝咖啡。突然铃声大作，在外者疾步进入大厅，盖投票之时到矣。原来美国国会开会亦如学术会议一样，讲者不能引人入胜，则听者自有不听之自由，天经地义，理所当然！想起中国人开会情景，台上长篇大论陈词滥调，台下即不想听而必陪坐到底，不禁哑然失笑。

1986 年 6 月 27 日

波士顿

昨由杜勒斯机场飞来，宿“优质旅社”。

晨起赴麻省剑桥参观哈佛大学。皮博迪（Peabody）人类学及考古学博物馆，前来此未及观，今得一饱眼福。此馆成立于 1866 年，为大学同类性质博物馆中最早成立者。美洲、非洲、大洋洲诸部分既有考古发现物又有民族文物，以北美印第安人之陈列较为精彩。欧洲部分似只限史前。

在会议上发言（右为张光直、吉德炜教授）

1986 年 6 月 28 日

波士顿

晨参观波士顿艺术博物馆后便去“民兵国家历史公园”，是为独立战争纪念地点之一。按波士顿是英清教徒建立新英格兰殖民地（今马萨诸塞等六州）之中心，独立战争中曾起重要作用。反英战争第一枪就在此处打响，时在 1775 年 4 月 19 日。

继游靠近码头之市场，当殖民地时期这一带便为波士顿之商业中心。

1986 年 7 月 1 日

纽约

6 月 29 日飞纽约，住多拉尔旅社。

30 日去新泽西拜访辛格（Paul Singer）医生，参观所藏中国艺术品，颇多他处少见之物。

今参观大都会博物馆、联合国毕，去曼哈顿南端游览华尔街金融区及附近的“三一教堂”。此原为纽约最早教堂，建筑简陋，后毁于火，今日之哥特式建筑乃 1846 年盖成。代表团诸公今日飞旧金山，独留纽约。

1986 年 7 月 4 日

纽约

前两日去费城重返宾大看望老朋友，昨回纽约。

今独自上街“看热闹”。盖近日为庆祝自由女神 100 岁生日，举行一系列纪念活动。

自由女神为法国一位雕刻家所制，送与独立未久之美国人。今始知为了最终建成此像，当时马克 · 吐温、瓦特 · 惠特曼等著名作家还曾拍卖手稿给予经济支持。1886 年为把此像安放在今日之自由岛上，又有 120000 人捐款。

100 年来经海水、酸雨侵蚀，像的金属构架已有损坏，故 1981 年开始修复加固，耗资 7000 万美元，亦全靠捐赠。

捐赠者有知名人士，有小学生，有富甲天下资本家，也有打工为生新移民。自由女神已成为自由之象征，一百年来遭受德国纳粹迫害之犹太人、极权统治下的流亡者、一切在其故土无法生存期望到新的地方发展事业的人，都以美国为投奔之处。当移民者的船只驶近纽约港看到自由女神时，便知道自己新的生活即将开始。像前刻有 100 年前一首十四行诗，以女神的口吻说：

> ……你们那里疲乏不堪的那些穷人，那些渴望自由心烦意乱的人，你们那里为丰产海岸拒绝收容的不幸者，把他们给我吧。把他们送到这儿来，把那些无家可归者、在大风暴中颠簸的人送给我。我在黄金之门旁举着我的灯。

这里所说的“灯”就指她手中的火炬。

今日在斯塔腾岛，在市区街头，看见很多人头戴女神那样的冠，载歌载舞。不同肤色的新移民显得更为高兴。人们的欢乐发自内心。

焕然一新的自由女神像

自由女神像 100 周年的纽约街头

今海上举行船艇游行活动，人们不能去看自由女神像，街头备有复制的女神像，供人合影。以前只从远处眺望，现终于弄清其形象及其象征意义。原来头顶七道光芒代表七个创造之神：神圣的愿望、智慧、爱、纯洁、医治、救济、有秩序的服务，手持的书代表神的法律，足上还有一根断裂锁链（这从远处很难看清），表示已经挣脱枷锁取得自由。

闻晚间将由里根总统按动电钮点燃女神像周围的灯光，并放焰火。明日将由里根夫人及50个小学生代表（以自由女神为题作文竞赛的得奖者，每州一人）为焕然一新的女神像剪彩。

5日由纽约飞旧金山，承K.O.女士来接，陪同游览旧金山市区，晚间送我去假日旅馆，与众人会合。后天将飞北京。

5日补记于旧金山

（三）

纽约朱丽亚音乐学院（左立者为陈安理表妹）

1992年9月1日

纽约

8月27日偕妻离奥斯陆飞此，多承安理夫妇来接。行李竟未随机运到，填了若干表格花费不少口舌打了多次电话，次日送来。肯尼迪机场之大和乱，这次亲自领教。

连日游联合国及大都会博物馆，逛街，并乘游船环绕曼哈顿一周。参观联合国正值休会期间，忠武兄坚要我们夫妇坐于中国代表团座位上摄影以为纪念。“冒充”外交人员，罪过大矣！

在大都会博物馆埃及馆逗留良久，云慧首次见到多具木乃伊，殊感新奇。

29日晚6时起飞，午夜12时始抵西雅图，卡尔·胡特尔（K.Hutterer）博士来接。时夜已深。住入大学附近之公寓，一厅两室，月500元，租期四月，但要付四个半月租金。

补记于西雅图

1992年9月3日

西雅图

昨卡尔在其寓所宴请。卡尔原籍奥地利，夏威夷大学人类学博士，研究东南亚考古，师从苏恒翰教授，现任大学所属布克博物馆馆长。

小余自挪威来，借宿我寓。房间殊大，然家具尚未备齐，只有委屈客人在客厅席地而卧。

今小余租车同游西雅图市（西雅图原是当地一位印第安人酋长之名）。本市为通往阿拉斯加及太平洋重要口岸，自1851年建立以来，现已发展为拥有飞机工业（波音公司在此）、造船工业、电子工业，有50万人口的重要城市，环境优美整洁，被评为最适宜居住之地区。

“太空针”是西雅图标志性建筑。位于市中心，高185米，乘电梯仅需90秒可达旋转瞭望台，西雅图全市及附近海湾尽收眼底。其下为“西雅图中心”，有一系列娱乐性场所。它们均是30年前为举办国际商品交流会而建。继去唐人街一游。此间唐人街颇大，华人来此已有百年以上历史。

1992年9月21日

西雅图

来此多日，忙于备课，时有酬酢。

4日斯蒂凡·郝瑞（Stevan Harrell）教授家宴。郝氏研究西南民族，专攻彝族，近年声誉鹊起。前来昆调查，曾请为民族学专业学生演讲。此次得华盛顿大学之聘，多赖郝瑞教授推荐。

6日谢世忠博士夫妇导引我们逛街购物及吃冰淇淋，又赴其寓所做客。谢君，台湾人，获本校人类学博士学位，与其太太曾同去昆明西双版纳调查，交往颇多。

9日路德太平洋学院顾定国（G.E.Guldin）博士专程自塔科马（Tacoma）来会，请去唐人街吃早茶，畅谈一切。顾氏曾在中山大学任访问学者多时，研究城市人类学及中国人类学史，曾在昆接受其采访。

今中央民族学院外办主任李扬庆兄来，郝瑞邀请同去唐人街宴聚，会见人类学系研究生数人。

1992年10月4日

西雅图

今副总统候选人戈尔来此演讲，校园气氛有如节庆，情绪热烈。听众高举书有克林顿及戈尔名字之牌，然亦有少数倾向共和党之与会者则举布什之牌。戈尔演讲之中拥护者高声欢呼，反对者不时发出尖叫。然两边并不冲突，相互嬉闹说笑如常。

1992年10月6日

西雅图

今日正式上课。

来此近一月，对华盛顿大学略有了解。大学1861年奠基，原不过偏僻边远地区一所普通学校，1889年后迅速发展，1895年迁至今校园区。现已成为美国西北岸最好大学，拥有33000学生（其中25%为研究生），4000个教职人员。作为州立大学，大部分学生来自华盛顿州，本州学生每学期仅收学费726元。但对学生质量要求颇高，入学者多为高中毕业班的前三名。校园面积达694英亩，有136座建筑。共分16个学院，其中航空、航海、林学等专业水平较高。

人文科学方面以国际研究颇为有名。此次应人类学系之聘，而资金却由杰克逊国际研究学校的中国研究项目提供。每隔半月要去该校办公室领取一张支票。

今日收到课程表。课程名称颇长，称为“西南中国和东南亚：史前史、民族史和民族学”，共分十讲，与斯蒂凡及卡尔共同担任。我已写好提纲及提出参考书目。不是独自上阵，无须过分紧张矣。本课还拟请其他学者演讲，如“民族分类”拟请本校的凯斯（C.F.Keyes）教授担任。他研究 ethnicity 问题颇为著名，来后曾请我吃饭并交流意见。

第一讲《序论》，今已顺利进行。听讲者约 20 人，包括日本来的访问学者及中国留学生。

华盛顿大学校园内图腾柱

1992 年 10 月 10 日

西雅图

今随卡尔夫妇及其女儿，参观印第安人文化中心，有如集市，出售印第安人工艺品。卡尔送我一件“梦的捕捉器”，乃印第安人悬于睡处防止噩梦之网状物，甚为有趣。又见龟甲器一种，询之乃作法之响器，可以解释大汶口文化等处出土同类物用途，大快！

1992 年 10 月 25 日

西雅图

西雅图也有社会治安问题。从 8 月 6 日起至今，本市接连发生 93 起纵火事件，共有 61 座住宅 7 座教堂 25 处商业性及其他建筑烧毁，损失达 900 多万元。奇怪的是罪犯至今仍然逍遥法外。

今天《西雅图邮报》整版刊载此事。通过电脑对案件分析，案件为一人所为而非一群人共同作案，并归纳出一些“规律”，如首先点燃附近垃圾，多发生在夜间等等。防火部门提出几点意见请居民注意：邻里之间建立联防，清除垃圾，对任何可疑者即时报告。（后卡尔来昆，据告纵火果为一人所为，由其母告发而破案。警方按约奖赏，其母不受，用以捐助教堂重建云。——2003 年 12 月 26 日补注）

报载全美犯罪率自 80 年代后期起又有上升趋势，在 16 个工业化国家中美国犯罪率居于首位。1990 年全美有 23000 人被杀。据我浅见，此乃允许私人拥有枪支及对罪犯处罚太轻之故。现平均每四个美国人就拥有一枝手枪，每 50 分钟就有一人死于手枪之下，枪支管制法案始终不能通过，里根被刺痊愈后第一次记者会上还说他仍然反对管制枪支。反对者唯一“法宝”就是美国宪法条文，而那是据 200 年前情况制定。真是草菅人命！又很多州废除死刑，以至大毒枭或连环杀手至多判无期徒刑，在牢中优游岁月度过余生，故恶人们不怕犯罪！

这个国家在社会繁荣生活富足的表象下也是弊病丛生。人间何处才是乐土？

1992年10月29日

西雅图

下午在杰克逊国际研究学校作公共演讲，原报告题目为《民族考古学在中国》，已列入该校本学期计划且已公布，因准备不及，改为《中国西南少数民族生态学遗产》。听者二十余人。

1992年11月3日

西雅图

总统选举揭晓。电视不断播放最新消息。晚9时共和党失败之局已定，布什致电克林顿道贺。此前三位副总统候选人三位总统候选人分别进行电视辩论，舌剑唇枪，戈尔和奎尔相互指责“像小孩子吵架一样”（某独立候选人语），最后必握手而散。即使出于礼貌，较之极权政治下权力转换常引发斗争，将对方置诸死地，甚至殃及小民，孰优孰劣？

1992年11月12日

西雅图

每周上课一次，一切顺利。课余与妻进城逛商店，参观博物馆。

艺术博物馆（SAM），在第一和第二大道之间，所藏亚洲、非洲艺术品较为丰富，非洲木雕尤为精美。现代派艺术品也有陈列。

一个名叫“历史和工业博物馆”（MOHAI）者，实为西雅图地方史博物馆。西雅图华人之历史也有表现，早在1885年便有500个华人在此定居。一个反映1889年西雅图大火之陈列尤具特色。

水族馆位于古老码头地区。建在水边，进入水下圆厅，四周可见太平洋地区的海底世界真实面貌，千百条鱼在周围环游。

1992年12月23日

西雅图

上课已将结束，较为轻松。近日课余多暇，整日看书，图书馆中港台报刊及各种闲书，翻阅殆遍。偶与妻漫步校园或去布克博物馆参观。

访问印第安人居留地（与卡尔·胡特尔及郝瑞教授合影）

布克博物馆全名为Thomas Burke Memorial Washington State Museum，属于大学，为自然史和人类学博物馆性质，藏有地质学、古生物学、动物学标本化石及民族文物，展出仅一小部分。民族文物以西北岸印第安人为重点。馆外立有图腾柱，馆内大厅展出几具独木舟连同制作工具，颇具特色。

日前卡尔及斯蒂芬带领访问印第安人住地，渡海始达。无人接待，仅见木板屋及图腾柱。购得西雅图酋长演说词一份（1854 年发表，次年便与白人订立条约），有如他处后进民族一样，语多比喻。他把白人称为“白脸兄弟”，把印第安人称为“红人”。这是人类学上一份著名的文献，今摘译保存，供他日参考：

他们像青草一样覆盖大地，而我们则像暴风雨冲洗过的平原上稀疏的树木……白人首领传话来说，他希望买我们的土地，但允许我们保留足够地方过舒适生活。这确是宽大的……建议是聪明的，因为“红人”已不再需要大片国土。

让我们希望“红人”和他的“白脸兄弟”之间永不再有敌对。敌对使我们只会失去一切而不会获得什么东西。是的，我们的青年勇士认为报复会有所得，即使付出自己生命，但战争时期留在家中的老人看得更为清楚，母亲们会失去儿子。……

现在也是我们的伟大父亲华盛顿（无疑是个伟大的首领）传话说，假如我们按他的要求做，他将保护我们。他的勇敢的军队将为我们提供一道有力的护墙，他的大船将填满我们的港口……我们的老仇敌 Simsiams 和 Hydas 将不再威胁我们的妇女和老人。

但是他接着又对白人说：

你们的神不是我们的神，他爱你们的人民而仇恨我们的人民。他抛弃了他的“红孩子”。他使你们的人每天壮大，不久将填满大地，而我们的人像退却的潮水一样衰退，而且永不流回。

……他给白人以法律，却没有留给他的“红孩子”任何话语，他们一度多至百万，填满了广阔的大陆，就像星星填满苍穹。

不！我们是不同的种族。而且将一直如此。我们之间无共同之处。

我们的祖先骨灰是神圣的，他们最后休息地是圣地；而你们却从父亲的坟墓走开，看来毫不在乎。

你们的宗教被一个发怒神祇用铁手指写在石板上，不然你们就会忘却，红人不能记住也不能理解；我们的宗教是祖先传下的，是老人梦中伟大神灵所教导的，是酋长的预知，是写在我们人民心中。

你们的死者当他们进入坟墓之门便立即不再爱你们和他们过去出生地的家，他们远远离开去到星空之外，旋即被人忘却而且永不回来；我们的死者决不忘却曾给予他们存在的美丽世界，他们仍然爱其响动的河水、伟大的山脉和连续不断的峪沟，他们充满柔情地怀念心情寂寞的活人而且时常回来拜访和安慰他们。

白天和夜晚不能住在一起。“红人”在白人接近时便要逃避，就像山地一边变化的雾在朝阳照耀下逃避一样。

但是，你们的建议看来是个公正的建议，我想我的民众将予接受，退缩到你们所给予的保留地中。我们将分开居住，保持和平，因伟大白人首领的话看来是“大自然”对我们人民发出的声音。……

我们将在那里度过余生。无关紧要，来日已经不多。印第安人之夜注定是黑暗的，没有明亮的星星在其地平线上徘徊。忧愁的风声在远处呼啸。……

过不了几个月，过不了几个冬天，一度填满广阔土地而现在以零散的群体在荒野上徘徊，或者生活在快乐家中受到伟大神灵保护的强大主人，将无人还能留下……

但为何我要诉苦？为何我要哀悼我们人民的命运？……人们像海浪一样来去……甚至白人（他们的神像朋友一样与他们同行和谈话）也不能免此共同的命运。……

我们仔细考虑你们的建议，当我们作出决定我们将告诉你们。 但假如我们接受，我在这里现在提出首要条件，就是我们决不放弃随意拜访我们祖先和朋友坟墓而不受干预的特权。这个国家每一部分对我们人民来说都是神圣的。……

当最后的"红人"从地球上消失，白人对他们的记忆将变成神话。这些海岸将挤满我们部落那些看不见的死者，你们孩子的孩子在田野中、在商店中、在公路上感到孤独时，想到他们就不再孤独。地球上没有什么地方是寂寞之地方。

……

白人将不再孤独。让他们公正而和善地对待我们人民，因为死者不是没有力量的。

西方人类学文献或称此为"和平宣言"，西雅图酋长被尊崇为爱好和平的人，"第一个对白人友好的印第安人"。西雅图市好几个地方立有他的雕像，每年八月举行"西雅图酋长纪念日"。但上述演说词反映的实是一个睿智老人对自己族群即将衰亡的哀叹，对外来者侵略的愤怒和无奈。

按普吉特湾印第安人原来拥有丰富资源，生活较好。1792 年与白人首次接触，温哥华船长从北面来此测绘地图，受到他们友好的接待。但随着白人不断建立定居点，生活空间日益缩小，加之天花等疾病的流行，导致人口锐减百分之八十，传统文化逐渐消失。

普吉特印第安人原有 10—20 部落，属于西北岸印第安人文化区，生活习俗大体相同。他们以捕鱼、采集为生，夏天住在营地简陋的茅屋中，冬天住的永久性房屋由木板盖成。擅长编篮、织席，木雕、纺织术也颇有水平。

今天普吉特湾印第安人当然没有如西雅图酋长所忧虑那样完全灭绝，但已经改变原来传统谋生手段，以适应环境的变化。他们现在努力找回自己的传统。以西雅图酋长所在之苏卡米什部落为例，他们今有一个七人组成的部落议事会，谋求当地渔业和林业的发展，并发掘自己的文化遗产。

（四）

1997 年 11 月 29 日

巴尔的摩

24 日到达华盛顿杜勒斯机场，歌儿携孙儿楠楠来接。楠楠已 5 岁，读幼儿园，不能说华语矣！

连日因时差之困扰，夜难熟睡，头昏脑晕，不若过去出国一两日后即可适应，身心确已老化。今去华盛顿参观。已有 10 年不来，今国家广场周围又出现两个新的博物馆——国家非洲艺术博物馆及撒克勒艺术博物馆（1987 年建），至此斯密逊尼学会统辖下博物馆已达 13 个之多。撒克勒博物馆与在哈佛、北大的同名博物馆一样，多藏中国文物。据云，撒克勒医生自学生起就钟情于亚洲艺术，毕生收藏悉数捐献社会。航空及航天博物馆仍是人群如潮，妻儿对二战时以昆明为总部之陈纳德飞虎队之陈列及入门时可以手摸月亮岩石，尤感兴趣。

华盛顿斯密逊尼研究院前

1997 年 11 月 30 日

巴尔的摩

今去鲸儿家，并参观霍普金斯大学，他在此间攻读天体物理博士学位已四年有余矣！

1867 年巴市贵格派教徒及富豪约翰 · 霍普金斯（John Hopkins,1795–1873）邀集 12 个人建立大学（1876 年开学）及医院（1889 年开业），后把两者合而为一，便成为今天之霍普金斯大学。从其开始就按欧洲大学模式建立，致力于培养研究生，70 年代才招收本科生。

该校医学院（1893 年建）在世界上排名居先。天体物理学近年亦小有名气，哈勃望远镜研究所即附设于此。社会科学方面，国际关系研究方面力量较强。过去卢斯基金规定可以邀请中国学者访美的 17 所大学，该校也列名其中，对中国研究偏重当代问题。〔中国人熟知的曾任袁世凯顾问鼓吹帝制的古德诺（E.T.Goodnow），即曾任霍普金斯大学校长。——2007 年 12 月 4 日补注〕

1997 年 12 月 20 日

巴尔的摩

生活粗安。每天接送楠楠去幼儿园，周围仅一家商店，别无他处可去。在公寓附近散步，在家读《世界日报》看电视 CNN 而已。

每逢周末儿辈有暇，始得驾车出游，巴尔的摩城中景点游览殆遍。

巴尔的摩国家水族馆为美国最大水族馆之一。按不同生态环境（如海岸、岩礁、珊瑚礁等）展示海底世界。色彩鲜艳的海下生物，美不胜收，水母及鲽类摇动巨鳍，遨游海底，有如鸟类飞翔。奇怪的是竟有一处展示亚马逊河热带雨林不同层次中生存之动植物，不知何以置诸水族馆中？

表现非裔美国人遗产之蜡像博物馆，既展示黑人故乡非洲文明及生活方式，又展示历史上非裔美国人中杰出人物。令人触目惊心的还有一艘贩卖奴隶船只之模型，成人、妇孺及反抗者关在不同舱室中，遭受强奸的不仅有妇女还有男孩，有人绝食抗议则以漏斗强灌。参观完毕，可见一座马丁 · 路德 · 金的雕像置于出口处，鼓励非裔美国人以他为榜样继续为改善自己命运而斗争。

此馆空间不大，观众拥挤，十之八九为黑人。盖近日一部反映贩奴船上奴隶反抗电影 *Amistad*（台港译为《勇者无惧》者）正在上映，好评如潮，黑人想来此重温自己历史。闻巴尔的摩地区居民中黑人竟占三分之一左右（全州只占25%，全美只占12%），盖本市过去奴隶劳动甚为盛行也。

巴尔的摩艺术博物馆为马里兰州最大博物馆，藏品达10万件。欧美绘画、雕塑、家具及现代派艺术为陈列之重点。希腊罗马文物未之见，大洋洲、哥伦布以前美洲及非洲后进民族文物合占一个展室。包括中国几件陶瓷在内的亚洲文物展室更小，无足观者。

巴尔的摩内港码头

马里兰大学校园

马里兰（得名于英王查尔斯一世之皇后H．Maria）地区亦为最早之殖民地之一。1629年巴尔的摩勋爵（Lord Calvert Baltimore）首次来此，发现波托马克河及切萨皮克（Chesapeake）海湾一带土地肥沃，请求英王封赐。1632年始得许可，本人已死，其子率众分乘Ark号和Dove号两船来此。时在1634年5月27日。其时当地印第安人已知农业，已建立一个松散的同盟，彼此由信使（runner）以图画文字传递信息，相互保持联系。他们慷慨为殖民者补充给养，并分与土地，殖民者也赠以斧刀等工具及毛毯等物。17世纪初当地印第安人约有5000—7000人，由于欧洲人带来疾病，18世纪仅剩数百人。现马里兰州尚有几个印第安人保留地，据1990年调查共有13000人，有些即为原来部落之后裔。

1729年马里兰殖民地议事会颁布法令在此建城，即以殖民地之奠基者命名。

本市是一个海湾港口，为装卸货物最好地方。出口商（多为德国人）逐渐在此定居，造船业也得到发展，遂形成今天有60万人口之大城市。据歌儿一位朋友（他曾任警员）谈，本市治安情况甚差，每年凶杀而死者300余人，几乎一天一人。60—70年代起发生“白人飞走”（White Flight）浪潮，城内白人为了安全迁去郊区，而黑人迁入城内。现在城内确较萧条，购物中心都在郊区。

巴尔的摩市还有一个“名人”，即结过二次婚姻后嫁爱德华八世之辛普森夫人。皇室反对他们之间的结合（辛普森夫人有德国纳粹间谍之嫌疑），爱德华八世“不爱江山爱美人”，竟辞去皇位，这一故事人所熟知。这位夫人于1986年于其故居逝世。

1997年12月29日

巴尔的摩

24 日晚全家分乘两车赴城内度过圣诞之夜。临近霍普金斯大学一条街上，户户门前窗下悬挂彩灯，圣诞树之装饰争奇斗胜。此已形成传统，为巴市圣诞之一景，来观者不绝于途。忆儿时在故乡过元宵节，邻里之间以制作彩灯相夸耀，与此颇有相似之处。此类习俗可视为古代“夸富宴”之现代翻版。

今去华盛顿看白宫圣诞树。排队约三小时，始得入内。每人获克林顿及希拉里签名之圣诞贺卡一纸。宫内到处都有圣诞树，以在“兰屋”者最大，高 18 英尺，号称“白宫官邸之树”。树由北卡罗内纳州采来，是 1997 年全国圣诞树协会评比获奖者送给总统的礼物，由著名艺术家设计。今日雨雪交加，观众仍达三万人，队伍排如长龙而秩序井然，入宫时经过不甚严格之安全检查。虽然当前社会治安不好，每年圣诞前后照样举行这项活动竟不怕出事。

哈佛大学校园

1998 年 2 月 8 日

波士顿

天气恶劣，飞机误点，慕容捷君等来接机，宿哈佛广场旅社。

此为第三次应邀访问哈佛。张光直兄已病休，现主持东亚考古者李润权博士，华盛顿大学卡尔 · 胡特尔教授之弟子，前曾相识。正在此访问大陆学者四川大学彭邦本及武汉大学徐少华等，亦得会面。

6 日在皮博迪博物馆午餐演讲会作《中国的崖画研究》报告，到会者 20 余人。晚李润权博士请吃波士顿龙虾。

连日逛哈佛校园。现哈佛大学已有 14000 教职员

在哈佛大学演讲之海报

在哈佛大学人类学系演讲（右一：慕容捷博士，右四：李润权博士）

工，各类学生达30000人。哈佛毕业生中先后出了六个总统，教授之中曾有33个诺贝尔奖金得主（截至1996年）。参观1633年建立之最早教堂及拉德克利夫学院（Radcliffe College）。

拉德克利夫学院与哈佛相邻，该院1879年建，专收女生，哈佛教授在此兼课。现两校已合而为一，拉德克利夫学院学生可获哈佛文凭。

桑德斯剧院为重要演出及演讲场所，前不久江泽民在此演讲，抗议者及欢迎者两军对垒。参与欢迎之大陆学者某君介绍事先策划为江氏造势情况颇详，可笑也。

晚飞回巴尔的摩。

1998年2月13日

巴尔的摩

近发现卡通斯韦尔（Catonsville）镇距住处并不遥远，步行可达，有一公共图书馆，可以借书刊及录像带，生活不再寂寞矣。

据报刊载，最近大陆兴起毛泽东热，出租司机挂毛像，祈求保佑平安；当年知青唱毛歌，缅怀“峥嵘岁月”；餐馆以“毛家菜”为号召，虽然不过是红烧肉之类，却高朋满座。关于这一现象之形成，论者或谓由于怀旧，或谓不满现实而借题发挥。有一因素为论者忽略，即其忠实信徒“文革造反派”之煽动。当今中国社会许多怪事,多与彼辈有关。历次运动罗织深挖惟恐漏网，唯“文革”结束对所谓“三种人”之清理却草草收场，即所谓“宜粗不宜细”“不追究个人责任”也。现彼辈正当盛年，经过“文革”“锻炼”，活动力量极强，官居高位者有之，经商发财者有之，社会能量极为可观。如今之腐化官吏、不法奸商，若追溯其历史，十之八九为原来造反派。争权夺利，弄虚作假，为了保全自己可以出卖亲人，为了一己私利可以不择手段，早在“文革”中即已学会。故今日官场腐败假货充斥等现象不得归咎于市场经济之实行，中国人道德水平之下降也不自今日始，实导源于“文革”及其前一系列政治运动。否则无从解释：何以市场经济发达之西方社会却无此现象。

又报载大陆虽多次精简机构裁减人员，而去年政府及事业机构竟新增人员135万，如此由国库养活之人员总数竟达3670万，平均33个纳税者养活一人（八年之后，人员更多，现形成26个纳税者养活一人的局面。——2005年6月10日补注），超过历史上任何一个朝代，可怕也。若真想精简应自中央一级开始。若今总理之下必设副总理多人，人大、政协之副职更各达一二十人，中国“国家领导人”人数之多，天下罕见。世界各国之总理之下少有副总理，纵有之，不过一人；议长之下若有副议长，亦不过一人。

1998年2月14日

巴尔的摩

今日霍普金斯大学艾莉森博士（Dr. Ann Allison）请去码头地区（Inner Harbor）四川大饭店吃饭。彼专门研究冶金史。前访问昆明时，曾陪她访问斑铜厂，她对有关工艺颇感兴趣。

近美国发生最大新闻是克林顿总统桃色事件。继宝拉·琼斯控告克林顿任阿肯色州参议员时对她性骚扰之后，又传出他与白宫实习生莱温斯基竟在办公室中幽会。传与克林顿有染女人尚不止此，先后达四人之多。民意调查克林顿支持率已下降百分之十，但也有民众只算“经济账”，认为克氏仍是够格的总统：“我们要道·琼斯，不要宝拉·琼斯”。盖克氏上台以来美国经济发展股票上扬也。国家领导人丑闻可以公开报导，本人甚至必须听从法庭传唤，此非我们中国人所能想象。又欧美人士对越轨性行为并不视为严重之事，此乃对普通公民而言，对领袖人物却要求甚高。中国情况适好相反，同样行为在高级干部算“生活作风问题”，视为“小节”，而一般人必遭批判甚或因此“劳教”。

1998 年 4 月 12 日

哈珀渡

今由歌儿驱车往游哈珀渡（Harper Ferry），18 世纪中叶有名为 R. 哈珀者在此经营渡船，因而得名。此镇当马里兰、弗吉尼亚、西弗吉尼亚三州交界处，为美国最早的巴尔的摩至俄亥俄（B&O）及温彻斯特至波托马克（W&P）两条铁路与切萨皮克湾至俄亥俄（C&O）运河交汇处，地处交通要冲，工业（军工业）较早得到发展。此镇毁于南北战争中。当时南北军队在此争斗激烈，1861—1865 年间共易手八次之多。现作为国家历史公园，复原重建 18—19 世纪一部分店铺、货栈、铁匠作坊，供人参观。

哈珀渡 18—19 世纪的店铺

美国历史上不少大事在此发生。这里曾出现一个废奴主义的前驱——约翰·布朗（John Brown）。早在 1861 年南北战争爆发的前二年，1859 年 10 月 16 日他率 21 人（其中有他三个儿子和五个黑人）组成的“自由军”夺取了兵工厂及其他几个据点，终因寡不敌众而失败，本人在兵工厂一间房子内（现称“约翰·布朗堡”）被俘，同年 12 月 2 日绞死，现专设博物馆展示他对解放黑奴运动的贡献。这里还出现第一个供已解放黑奴受教育之学校，事在 1867 年。这里又曾是美国军火业之重镇，独立之后未久华盛顿总统就和国会决定在此建立兵工厂，南北战争之前以手工制造方法生产的来复枪、滑膛枪和手枪已达数十万支之多，现也设一个博物馆。

（五）

2002 年 11 月 5 日

旧金山

来此数日，仍未适应时差。夜间难以熟睡。自己身体确已大不如前。

鲸儿住处在湾区之弗利蒙特（Fremont），奥克兰之南，远离市区，极为安静，房租自亦奇贵。公寓院内既有游泳池，又有热水按摩装置（SPA），每日享受一次室外热水浴，对腰痛似颇有益。

旧金山一直是开拓者的乐园，每当美国经济或思想意识文化发生重大变革，这里都居于最前沿。19 世纪的淘金者以旧金山为出发地。上世纪 60 至 70 年代的保护环境、保护同性恋者合法权利等运动及校园革命等，从这里兴起向全国扩展。80 年代开始的信息革命，斯坦福大学师生起了很大作用，硅谷就在其附近兴起，带动了整个湾区的发展。忆二十年前来此，从斯坦福大学到伯克利加州大学之间，公路两边似很空旷，今天则房屋不断。虽然为了防震，照例盖成低矮的房屋，少见高楼大厦。

随处可见华人，公园中常见老年华人晨练或散步，大抵如我等一样，有子女在此工作。华人商店、超市、餐馆比比皆是，已有华语电视节目，一日数次播放大陆中央四台及台湾中天电视台节目。

美国电脑业专业人员外籍人士中以印度人员最多，华人次之。

这次看到美国社会发生不少变化。很多人在自己房屋顶上或门前挂上国旗，而不是像过去那样每逢节日才挂。

“911”事件只能使美国人更加警惕，更加爱国。即使其他国家人民，幸灾乐祸的毕竟是少数（不幸在我们中国这样的人还为数不少），一切思维正常的人同情美国，谴责伊斯兰原教旨主义和极端分子的所谓“圣战”。一位意大利籍女记者法拉奇（O. Fallaci），已是一位 77 岁老太太，身患癌症，原来是个左派，对美国常持批评态度。这次站出来发表长文《愤怒和自豪》。公然声称“伊斯兰恐怖分子是现代纳粹”，他们的行为“要使我们的自由和文明消失”。文章在意大利报纸上整版刊出，四小时内卖出 100 万份，后为各报转载。来后才在网上看到这篇文章。可以任意拜访各种网站，在信息海洋中随意“冲浪”，不会遇到“该页无法显示”，是此行最大乐事。

2002 年 11 月 14 日

旧金山

歌儿 6 日来此，全家相聚甚欢。

这一周来，除去墨西哥领事馆办签证外，连日出外游览。去过景点主要有：

金门大桥：地震毁坏后经过重修，面貌焕然一新。据说明牌，现大桥跨度为 4200 英尺，架桥的主要两根钢缆各长 7650 英尺。横断面直径 3 英尺，由 27572 根钢丝组成。这些钢丝排列起来共有 80000 英里长，全部达 245000 吨。

渔夫码头：原是渔船出入之处，很早有中国渔民在此居住。鱼的产量减少，码头废弃，从 70 年代起改为大众化游乐场所。其中 39 号码头模拟了 18 世纪的情况，沿岸街道上是游乐园、纪念品商店及餐馆。餐馆内出售海鲜小吃，我们也像其他游人一样，买上一份边走边吃。据说这也是渔夫码头的一景。此处的海蟹甚大，颇负盛名（码头的标志牌便以海蟹为图案），只有公蟹而无母蟹，商店人员告知：法律规定捕得母蟹必须放回。保护水产资源之良政值得国人学习。渔夫码头对岸便是阿卡特拉兹岛，上有最安全的监狱。历史上凶悍罪犯曾关押于此。

塔霍（Tahoe）湖：在旧金山东。驱车前往，经过加州首府斯卡拉门托，约三四小时始达，已接近内华达州。是日天气奇冷，路上结冰，轮上加链，始许前行。据说夏日湖边风景殊美，此次只见白色茫茫一片，已成滑雪胜地。儿辈来此原为了滑雪。

红木公园：在旧金山之南。红木是植物中最大者，易在加州气候下生长。入门处展出一段树干之年轮。公元 544 年此树开始生长，其时拜占庭查士丁尼大帝尚在人间。此后诸年如逢大事便钉上一个说明牌。公元 960 年处说明中国宋朝开始建立，此牌看得出是新近加上，当由于近年居美华人增多。粗可合抱大树比比皆是，浓荫蔽天，行走其中，仿佛置身于热带雨林中。地上残枝凋叶不加清理，树倒卧于地亦听之任之，一切保存天然风貌。

雷易斯海角（Point Reyes）：在旧金山西北。旧金山地区虽然为西班牙人所开发，但最早到达此处者却是英国人。1579 年英国冒险家德雷克（Francis Drake）曾在此修船，停留五个星期，受到当地印第安人米沃克（Miwok）部落的友好接待。后此地不断有船员来，但未停留。两百年后西班牙人才进入旧金山湾区，旧金山海湾入口（即金门）狭窄，易被人忽略之故。墨西哥独立之后，雷易斯海角由三个贵族统治。加州归入美国后，此地分为几十个奶牛养殖场。我们沿途经过养殖场，都有牌子说明其历史。最后到达海角最尖端，有一个 1870 年所建灯塔。雷易斯海角在地质学和地球物理学上颇为有名，它是“北美板块”和“太平洋板块”相交之处，两者相互压挤便是旧金山经常发生地震之原因。这里有著名的“圣安德鲁断层带”，非我等外行兴趣所在。我们在海滩欣赏巨浪及海鸟而归。来往雷易斯海角，车行在著名的 1 号公路上，一边是山峦起伏，一边是一望无际的太平洋，令人心旷神怡。

格里兹利（Grizzly）岛：在旧金山之东北。实为一片连着湖泊的沿泽地，许多水鸟栖息其间。去时见工作人员正以专用卡车运送水鸭等进行放生。湖水流入沿泽地处设有水闸，定期调节水量。人们现已认识到为了生态平衡和气候正常，保护沼泽和保护森林同样重要。

2003 年 1 月 1 日

旧金山

近日在家看书、看电视、看录像，或购物，周末去图书馆借书或出外游览。

目前去过圣克鲁兹一带海岸。有大群蝴蝶（名叫 Monarch）聚集于树梢，有海浪冲刷岩石而形成之天生桥。我感兴趣的是冲浪博物馆，介绍冲浪的历史。原来冲浪这种运动为夏威夷人所发明，15 世纪已有，1770 年首次见于库克船长的记录。1885 年始为美国人所知，其时在美上学的夏威夷王子就曾在圣克鲁兹冲浪。不过直至上世纪 20—30 年代，冲浪仍是夏威夷人特有的运动。

归途顺道参观加州大学圣克鲁兹分校的植物园。

今日又去更南的蒙特雷半岛。海狮（海豹？）约有数百，栖息于专为他们而设的码头，负暄于冬阳之下。

皮诺斯海角（Point Pinos）有一个灯塔，1855 年建立，乃西海岸一直在使用的古老灯塔（加州列为国家历史遗产最早六个灯塔之一）。二战时日本潜艇竟一度到此活动，故开始建立海岸巡逻制度。灯塔内有简单展室，表现守塔人及巡警之生活情况。

（六）

2004年10月17日

葛底斯堡

林肯演说地点纪念碑

今逢周末，从住处驱车北行约40英里来此参观。此地已属宾州地界，为美国南北战争时著名战场，今辟为国家军事公园。

1863年7月1—3日李（Robert E.Lee）将军率领南方军队75000人与米德（George G.Meade）将军率领北方军队97000人会战于此。经三日激战，南军的进攻受挫，从此走向失败，此战遂成为南北战争的转折点。

此次战役中双方共有51000人（南方28000人，北方23000人）及5000匹马死亡，不仅是美国土地上而且是美洲大陆历史上最大一场战斗。

此地之为中国人所知当然由于林肯总统那篇不朽的演说词。那是1949年以前中学英文课本必收一篇文字。因为它只有272个单词，老师常令学生朗读或背诵，会背诵此文不足炫耀也。

此战结束时尸骨遍地，有的草草掩埋，有的暴尸于野。宾州州长柯亭（Andnew Curtin）命当地律师威尔斯（David Wills）买下一片土地，为北方军阵亡者安葬。四个月后，墓地建成，1863年11月19日在此举行纪念仪式。于前一日专程由华盛顿乘火车来此的林肯就在墓地发表演说。演说词两易其稿，第二稿就完成于他寄宿于葛底斯堡威尔斯律师住宅之夜。

今日墓地中北军阵亡者按参战的州为单位，葬在一起，为每一位战士立有墓碑，无法弄清姓名的也加编号，说明尚有“无名尸骨”若干人，凡此均体现出对生命的尊重。南军阵亡者则于1865年战争结束后，运往南方安葬。

当时的战场也已根据老兵回忆作详细复原。当时两军对垒的形势，双方指挥部所在地以及南军猛攻不下的地点（称为“高水位标志”），一一立牌说明。当时用的大炮排列道旁。

葛底斯堡小镇为1786年葛底斯（James Gettys）所建，因以为名。当时仅有2400人，初为北军控制，后南军攻入，成为双方反复争夺之地。镇上街头设立的防御工事、当时的野战医院、作为临时医院的教堂、林肯乘坐的火车、演说前夜居住的房子，均加保存，供人参观。

另有一个内战博物馆，全面介绍南北战争史。陈列中对南方军队“不以成败论英雄”，李将军作为杰出军事领导人也被充分肯定。李将军1865年的告别演说与林肯演说词并列。

小镇平民战火中死亡的仅有一位姑娘，名叫珍妮·威得。她正在为北军做面包时被打入屋内的流弹击中。她的未婚夫时在战场，未久也受伤不治而死。当时的房子现成为一个博物馆，供后人凭吊，表明战争的残酷性。对老百姓来说，战争总会带来悲剧和无谓的牺牲。

2004 年 11 月 4 日

巴尔的摩

今晨总统选举结果揭晓，布什当选。

来美两月，电视整日报导竞选消息，两位候选人到处演说，并请两党著名人士参加以壮声势，即台湾所谓“站台”者。才做心脏手术之克林顿为民主党候选人克里助威。共和党则请著名影星现任加州州长家喻户晓之斯瓦辛格为布什捧场（他的讲话多用电影词汇，如称布什为“恐怖主义终结者”，而克里则是“真实的谎言”之类，真是“三句不离本行”）。竞选场面热烈，语多幽默，笑声不断。

两候选人先后举行三次辩论，分别于 9 月 30 日在弗罗里达州、10 月 8 日在密苏里州、10 月 13 日在阿利桑纳州举行。副总统候选人爱德华兹和切尼也于 10 月 5 日在俄亥俄州举行一场辩论。辩论主要内容是反恐和伊拉克战争，也涉及国内经济、就业、减税、堕胎、同性恋等问题。

双方提出今后四年施政纲领的战略性口号，早在两党代表大会上即已决定。共和党的口号是“一个更安全的世界和更有希望的美国”。民主党的口号是“国内更为强大，国际上受尊重”。前者突出布什反恐决心，暗示立场时常动摇的克里不能保证美国免于恐怖分子的袭击。仅口号尚不足吸引选民，辩论中候选人之表现至关重要。每场辩论之后，都有评论，进行民调，为候选人打分。布什首场辩论表现甚差，时常急不可待争先发言，后两场稍好。克里思维清晰冷静，以辩才而言似远胜布什。

辩论遵循严格之规则，保证公平和对等。主持人或听众向候选人轮流提问，回答时间及对方反驳时间均有限制。每当黄灯闪耀，表示时间快到；红灯闪亮，告诫发言人只剩 3 秒。辩论结束每人有 2 分钟作总结发言。尽管辩论场外各使坏招，尽量矮化对方，散会后双方握手寒暄，夫人及女儿亦上台相互致意。

昨晚各大电视台通宵广播，一幅巨大地图表现各州投票实况，某州取得结果后涂以颜色：红色代表共和党，蓝色代表民主党。

布什票数一直领先，但见美国中部南部各州一片红色，蓝色区域则分布在工业发达的太平洋沿岸及东海岸某些州。

俄亥俄州、宾州、佛罗里达州、密歇根州两党争夺剧烈，称为“战场州”。

午夜，“战场州”多计票完毕，民主党败局已定，还在期待出现转机，因为拥有 20 张“选举人票”之俄亥俄州尚未揭晓。还有 25 万张临时选票尚未统计。

爱德华兹子夜二时对聚集在波士顿民主党竞选总部前支持者说“我们已经等了四年，难道不能再等一夜？”直到清晨克里与竞选班子开会分析情况，认为还不认输将自毁形象，于是于上午 11 时打电话给布什表示祝贺。共和党方面虽早对聚集白宫前支持者说“我们赢得足以让人信服的胜利”，这时才正式宣布布什连任。

今下午一时克里在电视发表演说，谓即使临时选票计算完毕，我们也不会有足够的票数，他和布什已“有一个很好的谈话”。“我们谈到国家分裂的危险和统一的需要。……美国在一次选举中，没有输家……我们所有人一觉醒来，都是美国人”。三时布什正式发表胜选讲话，向民主党的对手和支持者致意：“我们有一个国家，一个宪法，一个未来，把我们联合在一起为了使国家更为强大，更好，我需要你们的支持”。

这次共和党可说是大获全胜，投票率也是多年以来最高者，达65%。报刊分析共和党取胜之原因是布什尽管口才不佳，说话漏洞百出，但他的强硬固执及牛仔作风使公众认为当前反恐斗争中这样的领导人似乎更为合适，而且大概西方人和中国人一样也知“阵前换将”为兵家大忌。

911对美国人情绪影响实在太大。对外倾向强硬，在同性恋、堕胎等问题上守旧势力随之抬头。选举前夕突然公布一个本·拉登讲话录像带，说哪个州选布什，就破坏哪个州，反而促使更多的人投布什的票。媒体戏言是本·拉登一脚把布什踢入白宫。

访美六次，三次适逢总统竞选。第一次是1984年里根对孟代尔，里根取胜，选举结果揭晓之日，我已在巴黎，当天《费加罗报》头版头条只有六个字母REAGAN。第二次是老布什对克林顿，我正在西雅图华盛顿大学教书，副总统候选人戈尔在校园中演说情景犹历历在目，选举之夜守在电视前等着结果，直至老布什打电话给克林顿表示祝贺。这是第三次。

美国选举制度当然是弊病甚多。候选人首先是要有本领筹集经费。一切按市场方式运作，他们自己也不讳言这一点，两党竞选班子就称为公司，共和党称为“布什—切尼2004年公司”，民主党称“约翰克里竞选总统公司”，负责选举策划、广告制作、游说宣传、政策分析各项工作。聘请竞选专家（助选已成为一些人的专长和职业）数以千计，分布在基层的还有数十万工作人员。维持一个庞大的竞选班子，在各种媒体大登广告，候选人飞来飞去作竞选演说，这些都要付出大量钞票，所以说竞选人“靠美金铺路”，完全属实。从法律上说任何美国出生的公民都可竞选，但筹集不到雄厚的选举经费，无论候选人如何优秀，政治主张如何深入人心，最后不能成功。这次有一个独立候选人名叫纳德，今年70岁，黎巴嫩移民后裔，至今单身。他认为两党都为大企业所“绑架”，是他们利益的代言人，宁愿扩军而不投资于儿童教育及老人保健事业。他不忍让“选民只能在两个烂苹果中挑一个比较不烂的”，希望给选民第三个机会。明知经济困难，难以选上，仍出来竞选。他迄今无私人汽车，竞选时只能住在支持者家中，去各地演说搭乘飞机用老人优待票。最后这个“美国的唐吉柯德”当然只能以失败而告终。

候选人的经费可以来自政府公共基金，如此必须限制竞选经费，故今年双方均选择自行筹款。为布什捐款者多为大企业；克里的赞助者多为律师、教授、演员等，当然也有个别大款如金融投机家索罗斯。截至8月为止，布什共筹得2亿4千多万，克里共筹得2亿3千多万。

对筹款人各有一套奖励制度。布什利用现任总统的地位，奖励捐款者花样更多，如付款50000元可与总统合影，握手另外加费；付款2000元可参加总统餐会，虽然只是一份汉堡包或热狗。

重要的筹款人和竞选中立下汗马功劳之人在选举取胜之后还会得到回报。2000年大选中布什筹款中的“先锋队员”一级（即筹款10万元以上者）共有538人，其中43位获得要职，2人当任部长，18人出任驻外大使。即使这些人自身有从政的条件，仍不免让人想起中国的“买官”“跑官”，两者仅形式上有所不同。

在竞选过程中为了取胜不择手段抹黑对方，在我们局外人看来也不能说是正派行为。今年冒出100多“527组织”（因2003年通过的竞选财务改革法第527条规定非营利组织接受私人捐款不必交税而得名），即专门从事此道。例如，支持布什的“快艇老兵寻求真相”组织攻击克里越战中仅受轻伤便骗取三枚勋章；民主党方面与之针锋相对，组织“德州人寻求真相”，大做广告攻击布什参加国民警卫队时享受特殊待遇。

今年选举被美国媒体称为“美国历史上花钱最多最为肮脏的选举”。

尽管如此，每隔四年的选举毕竟给予公众一次机会来选择国家最高领导人，使他们不敢胡作非为，要想当领导人必须让公众品头论足，接受公众的挑选和检验。若历史上有微小瑕疵，更不用说贪赃枉法道德败坏，均会一一揭露出来。这在非民主国度岂容发生？在美国人心目之中，总统也是常人，并非神圣不可侵犯。前不久纽约百老汇大街上表演模拟两位候选人辩论情况，这两位老兄均成了大嘴巴的怪物，大出洋相。尽管竞选演说场合中情绪热烈，欢呼不断，但观众不过是像捧一个体育明星或电影明星而已，有一日发现他为非作歹，则同样可以嘘他下台，故政治人物必须取悦和尊重每个选民。（数日后，歌儿信箱中出现布什或克里署名的感谢信各一封，内容与上述胜选演说及败选演说差不多，而歌儿根本没有投票。大概所有网民都会收到同样信件。这也多少表现出当政者对普通公民的尊重，即使是形式上的。——2005年11月8日补注）

2004年11月13日

华盛顿

今来参观美洲印第安人国家博物馆，是为斯密逊尼研究院下第16个博物馆。

馆系新建，9月21日我们抵美后才正式开幕。当日华盛顿曾举行隆重仪式，以后一连数日举行印第安人歌舞表演。传媒称此馆之建立为“印第安文化复兴之标志”。

此馆位于独立大道上，西与航空与航天博物馆相邻。整座建筑的形式、色调及用材，均按印第安人美学观点设计，其四周按切萨皮克海湾原来自然环境加以布置。进入馆内即为一圆形大厅，称为“波托马克”，与华盛顿地区之河流同名，此为印第安语，意为“货物进入之地”。大厅直径120英尺，高亦如之。今天厅内展出北极地区之皮船（kayak），由因纽特人讲解制作及操舟之法。

大厅之西为展区，共分四层。第三、四层为固定展览，一反过去按文化区或语言分类作全面介绍的做法，而是分为“我们的宇宙”“我们的人民”“我们的生活”三大部分，每一部分又由若干单元组成，分别介绍印第安人宇宙观、历史和传统文化、现代生活及文化变迁，选择从北极地区直到南美热带雨林一些有代表性部落或保留地加以表现。我很高兴地看到1991年访问过的加拿大卡纳魏克保留地在“我们的生活”中也占有一席之地。

另有临时性展览。今天展出的是当代印第安人艺术家的雕塑。二层和楼下各有一个商店，出售印第安人工艺品及纪念性。物品精美，价格自亦不低。楼下餐厅称为Mitsitam，意为“让我们吃吧”！为特拉华印第安人语。我们在此用午餐，品尝美洲野牛肉、马哈鱼，几种豆类合煮而成的“豆沙”及用印第安人蔬菜做的“沙拉”。饮用果汁则由美洲的瓜类榨成。

此馆展品多为一个名叫赫叶（G.G.Heye,1874—1957）者所捐赠。（此人全部收藏据说达80万件之多，他还在马里兰州另设文化资料中心，在纽约设有一个印第安人博物馆。——2005年5月10日补注）。陈列中尽量反映印第安人自己的观点，如“我们的生活”部分就对于印第安人的身份确定手续过于复杂表示不满。每一部分还注明有哪些印第安人担任馆员或作为顾问，表现出对印第安人的尊重。

为配合此博物馆的建立，《国家地理》杂志今年9期刊载专文，介绍美国印第安人（包括阿拉斯加土著居民）情况。1900年美国境内印第安人只余24万人，今天已有410万人。有250万人自认为是纯粹的印第安人，约占美国人口1.5%，其居住在保留地者只有八分之一，大部分已散居各地。

新建的二战纪念碑中中国战区指示牌

近年印第安人经济上、文化上、政治上均呈现出复兴的迹象。难以置信的是近年经济发展竟依赖赌博业的兴起。1988年国会批准已得到承认的印第安人在一定条件下可以经营赌博业，现在印第安人562个部落中已有百分之四十开设了共计377个赌场，每年收入达150亿美元。最成功的是康州一个名叫“狐木”的赌场，一年收入就超过10亿。由于赌博业的兴起，带动旅馆餐饮及旅游业的发展，解决了40万人的就业问题。故印第安人把赌场称为“新的野牛”。

新建的美洲印第安人国家博物馆

印第安人从赌博业获得的利润，并未大肆挥霍，而是用来铺设道路开办学校及其他文化事业，如为新建的美洲印第安人博物馆捐助部分经费。他们还认识到专靠赌博业为生终非长久之计，用钱买回原属保留地的土地，从事传统的生计。现平原印第安人大地上又出现成群野牛，大湖地区印第安人又可按时收割野稻，这些产品除供自己食用外，也用以出售（野牛肉制成的牛肉干及野稻在美国超市有购），增加收入。更重要的是通过努力，原来的生态环境得到部分恢复。苏人（Sious）保留地中消失140年的野马开始出现。

但不是所有印第安人境遇均已得到改善。有些保留地印第安人不愿或未被批准经营赌场，大部分散居于城市的印第安人（仅纽约就有8700人）多从事沉重的劳动而收入不高。印第安人平均收入仍低于全国平均收入，失业率高于全国的失业率。

印第安人面临最大问题仍是土地问题。根据美国政府和印第安人历史上订立一系列条约，印第安人原拥有大片保留地。自1887年国会曾通过“分配法令”，允许把保留地划分小块，分给个人，每个保留地中成年人可分得80—160英亩土地，遂给白人连买带骗从保留地中攫取大片土地提供可乘之机。1934年“分配法令”已被终止，但保留地的疆界已变得模糊不清。现保留地之中约有一半人为非印第安人的后裔。当前印第安人已充分利用法律武器，正在为夺回原属保留地的土地而斗争。

今天还参观了越战纪念碑及二战胜利纪念广场。后者为近年所建，分为“大西洋”及“太平洋”两大部分，著名战役均有说明。

2004年12月12日

亚历山大里亚

今去亚历山大里亚（Alexandria），在雷斯（C.Reith）女士家举行最后一次集会。此镇距华盛顿不远，已属弗吉利亚州。

迄今为止，这样集会已进行三次，勒弗斯（L.Lefferts）博士戏称为传统制陶系列讨论会（siminars），分别在撒克勒美术馆及各家举行。各自放映幻灯、录像及光碟，介绍自己研究成果。今雷斯女士放映录像中有缅甸那加人制陶情况，全用模制法，以葫芦垫在内部捏成圜底器，无泥条盘筑，亦不见拍打，应为最原始制陶术。藏缅语各族中少见制陶，此为难得例证。

在雷斯女士家中讨论东南亚传统制陶术

雷斯专门在缅甸调查，而勒弗斯及柯特（Louise Cort）博士调查遍及泰国、老挝各地。虽然他们开始调查较晚，迄已调查村寨已数以百计。有一种不用泥条盘筑而以大块泥片围成器壁之法，为云南所未见，推翻过去自己认为大型器物必须泥条盘筑之推想。

相形之下，我能展示之形象资料少得可怜，质量甚差。在我调查的年代中国不仅无录像及幻灯，甚至无彩色相片，而今天傣族传统制陶消失殆尽，此已是仅有之记录，故他们对我的工作充分理解和重视，收入《民族考古学论集》之一篇较早文字不知何时已被他们请人译为英文，准备推荐发表。

今日大家同意今后将去云南共同做一次调查，将以云南民族大学为“基地”，由我做些前期工作。此次来美进行学术交流至此结束。

10月29日去撒克勒美术馆与同行会面时乘机参观。除固定陈列外，现有两个临时陈列，一为“美洲中的亚洲：印第安纳波利斯艺术馆对中国艺术的观点”，由于该馆正在扩建，部分展品在此展出。有几件中国瓷器与撒克勒博物馆所藏完全一样，两者并列一起，柯特女士特别提醒注意。岂同为当时中国特意制作之外销瓷乎？正在筹备的还有一个称为“伊拉克和中国：陶器、贸易和革新”的陈列，将表现19世纪中国陶器对伊拉克陶器之影响。

2005年1月27日

拉斯维加斯

1月23日由巴尔的摩飞抵旧金山。是日大风雪，原定直飞航班取消，乘螺旋桨小飞机改飞匹兹堡换机。从匹兹堡至旧金山长达5小时飞行中，飞机上竟不免费供应食物。911事件后美国民航业深受影响，至今未能恢复。有的航空公司已濒临破产。

拉斯维加斯夜景

25日偕妻参加乘巴士的“美西七日游”。当日游优山美地（Yosemite），导游谓张大千曾来此作画，深感当地风景之美，此地中译名即为彼倡议云。优山美地仍属加州，乃冰川造成之河谷，19世纪末年起即列为国家公园加以保护。群山环列之中，巨树参天，飞瀑遥见。有一块巨大岩壁，平滑如人工削成，为他处所少见。是夜宿福雷斯诺（Fresno）。

优山美地国家公园

昨日抵拉斯维加斯，让游客中赌徒有一试手气之机会。今晨起乘车东北行赴著名之大峡谷参观。

途经胡佛水坝，乃上世纪30年代建成，大萧条后美国政府为振兴经济所兴建，拦科罗纳多河上游之水进行发电。坝高726英尺，为当时世界第一大坝。经过时有警察上车检查，以防恐怖分子破坏。

巴士屡出故障。途中时遇雨雪，周围一片迷茫，导游谓如此天气，至大峡谷将一无可见，一度竟准备中途折返。幸天公作美，抵达时雨过天晴，游客们不禁雀跃。大峡谷已在阿利桑纳州境内，为科罗纳多河长年冲刷而成，绵延百余公里，最宽处达20余公里，最深处达1620米。山顶下望，两边岩壁因不同之地质构成而呈现红、橙、黄等多种颜色。1919年辟为国家公园。

参观大峡谷自然博物馆，并看了一场介绍大峡谷之历史及白人早期来此探险专题片。

循原路又回拉斯维加斯，夜色已晚，游伴纷纷夜游，去赌场作最后一搏。我俩疲乏不堪，仅去附近几家赌场小逛而已。

拉斯维加斯城自1931年开放赌禁以后，在内华达州贫瘠土地上从一个小镇发展为美西地区繁华都市之一。赌场林立，排列于一条大街之两侧。入夜灯光耀眼，人群拥簇，已成世界著名之赌城。（近日报载拉斯维加斯某些赌场打出中文横幅“庆祝中国春节”云，说明今中国人也成拉市赌场主要顾客。当今中国贪官污吏暴发富商腰缠万金，出入赌场，蔚然成风，越南、朝鲜等邻近国家在边境专设赌场赚取中国人钱，早非新闻，而今中国赌徒更远渡重洋矣。中国老百

大峡谷

姓有多少血汗钱可供彼辈榨取以作千金一掷乎？一叹！——2005年1月31日）

赌场多仿世界著名景点而建，并以之命名。如称为“卢克索”者，门前布置埃及方尖碑及狮面人身像，主体建筑则作金字塔形；称为“纽约一纽约”者，门前建有布鲁克林大桥；称为“拉斯维加斯之巴黎”者门前立有埃菲尔铁塔；称为“恺撒宫”者，则仿古罗马之建筑，内部以希腊罗马雕塑为饰……使此城颇具异国情调，以便吸引顾客。但对去过这些地方旅游者而言，仿佛儿童积木堆成，不甚有趣，只觉其俗。

2005年1月30日

洛杉矶

28日由拉斯维加斯抵此，天色尚早。导游引游好莱坞星光大道，在中国剧院及相邻的颁发奥斯卡奖的柯达剧院附近散步参观。

29日游迪斯尼乐园。鬼屋、加勒比海盗、爱丽丝漫游世界等等，1984年已游，很难引起兴趣。有些剧烈活动不适宜老人者又不敢轻试。惟迪斯尼乐园对面有2001年新建“加州冒险乐园”，在此逗留较久。除歌舞剧《阿拉丁之神灯》外，还看一场模拟乘滑翔机游览加州之电影，从旧金山金门大桥到洛杉矶迪斯尼乐园，全加州之景点尽在足下掠过。较有意义的是“昆虫世界”，表现昆虫的生活。所有表演大量运用现代科技，造成声、光甚至触感、气味之效果，使人如亲历其境：蛇从屏幕上把头伸到你的眼前，小动物在你的座位上蠕动，昆虫排气时你会嗅到特殊的气味甚至感到喷在脸上的水珠。此类科技“噱头”，20年前来游时未之见也。

30日游环球影城，见新增节目不少。“侏罗纪公园”、“终结者”、“木乃伊的报复”等等，当然是有关电影问世后所建，1984年所不能有。有一处水上争斗之表演，在水池及用汽油桶破铁皮筑成之水上城堡中进行，大概原是拍摄《水世界》（中国译为《未来水世界》者）之布景。这部电影予我深刻印象，至今难忘。据云若干年后气候变暖，海水泛滥，淡水、泥土尽成珍贵之物，人的尸体要加“回收利用”。生态环境如果继续恶化，这一幻想未尝不会变成现实。

2005年2月10日

旧金山

今全家游阿卡特拉兹（Alcatraz）岛。

此岛距旧金山渔夫码头仅一又四分之一英里，乘船数分钟可达。1847年美从墨西哥手中买得此岛所有权，最初供军队使用，岛上建有堡垒及灯塔（事在1854年，乃太平洋上最早之灯塔），也曾用来关押犯规之士兵。1934年由军方移交司法部建成监狱，专门关押由其他监狱中转来带有危险性的凶恶犯人，因岛的四面均为乘直的岩壁，不易脱逃。

岛上共可关押336位囚犯，实际上从未“满员”，平均只关押260人。直至1963年废弃为止，监狱共关押过1545人，均为男性，本监狱不收女囚。在监狱29年的历史上先后共有14批36个犯人企图逃跑，不是被击毙就是被海水所吞没。最有名的一次罪犯逃跑事件发生于1962年6月1日。罪犯F.莫里斯及J.安格林、C.安格林兄弟在巧妙掩饰之下，通过夜间不断挖掘扩大了室内通气孔，顺利爬出。逃跑之夜，还塑成三个人头放在枕头上，伪装自己正在睡觉，瞒过了看守的巡视。此三人（以及另一次逃跑的二人）被认为也已溺死，盖海水温度甚低，很难泅至对岸。但未曾发现尸体，留给人想象的空间，有一部电影《逃出阿卡特拉兹》专门描述此事。此岛长期笼罩在神秘的迷雾之中。

我们参观了犯人之餐厅（墙上展出某日之菜单）、放风之庭院及囚室。囚室大小仅有5×9英尺，一人一室，室有一床、一桌及洗脸池、抽水马桶各一。室内一切行动均在看守监视之下。另有不见光亮之囚室关禁犯规之囚犯。在我们看来，这里条件不错，但美国人时常抨击其“不人道制度”，加上维持费用过高，终于关闭，现辟为游览景点。由于这里关押过不少著名的凶悍罪犯和怪人（如一个称为“鸟人”者，专门研究鸟类，成为著名的“鸟博士”），加之有囚犯逃跑之惊险故事流传，

亚洲艺术博物馆前

前往阿卡特拉兹岛船上

旧金山阿卡特拉兹岛监狱

游客络绎不绝。

监狱关闭以后，此岛又发生轰动全美事件。印第安人于 1964—1969 年间三次占领该岛，最后一次发生在 1969 年 11 月 9 日。他们以“印第安人所有部落”的名义向联邦政府要求买下全岛作为保留地，只愿付出 24 美元而且要以珠子等物件来支付。这正是 1626 年白人以欺骗手段从印第安人买下纽约曼哈顿所付代价和支付手段。这一行动得到媒体及白人同情者的支持，斗争坚持了 19 个月之久。

现鲸儿已由弗里蒙特（Fremont）搬至朴内山呑（Plesanton），仍在湾区。去年 8 月喜得一孙，取名 Linden，今已半岁矣，甚胖，爱笑，极为可爱。凡遇出游必携之而行，前日参观亚洲艺术博物馆（已由金门公园搬出，另建新馆），今日去阿尔特拉兹岛，时有游客逗弄夸赞。

加拿大

（1991 年 5 月—6 月）

1991 年 5 月 16 日

温哥华

晨离京。中国民航误点，抵达东京成田机场距加航起飞时间仅有 20 分钟。机场巴士把我们像货物一样运到带有枫叶标志的加拿大飞机之下，直接登机。无怪乎有外国人说 CAAC 就是“China airline always cancel”（“中国航班时常取消”）。

原加航有直飞北京之航班，“六四”以后取消，至今尚未恢复。

此次加拿大之行，得加拿大驻华大使馆研究基金之资助。去年开始申请，选中后去广东外语学院“集中学习”一周，介绍加拿大有关常识，进一步考察各人英语水平。待遇较为优厚，访问五周，可去四个城市，就自己专业自行研究。机票以外，每人 3000 加元，支付食宿及市内交通费用，另赠 20 册与加拿大研究有关的图书，由自己选好开列书单。一位在使馆工作中国小姐笑说“即加拿大百科全书也只算一种”，真是一个及时的提醒！这次同行者共 6 人，同一航班，到温哥华后各自单独行动矣。昨加使馆宴请我等一行。

当地时间 16 日晨 10 时抵温哥华机场，使馆委托专人接机。

住入唐人街附近之东方旅馆，同住者黄长著先生，中国社科院资料中心负责人，为人甚好。

1991 年 5 月 17 日

温哥华

今访问不列颠哥仑比亚大学（UBC）。今为全国假期（维多利亚日），无法与 R. 皮尔逊教授取得联系，遂自行参观其人类学博物馆。

美洲西北岸印第安人文物为此馆之特色。大厅中矗立粗大的图腾柱，气势非凡，如此场面美国西海岸博物馆少见。

按图腾柱为纪念高级首领而立，柱上刻绘熊、海狸、青蛙、鹰、狼及长嘴的渡鸟（raven）形象，代表立柱者家族标记或氏族图腾。首领死后不久，开始制造，举行冬季盛宴或“夸富宴”时竖立。届时宾客盈门，通过讲述本族祖先传奇经历或死者功绩，取得社会声誉，提高本族之威望和特权，并使年青人接受一次本族“历史教育”。图腾柱是美洲西北岸的印第安人传统文化中最具特色者（按：图腾柱虽是此地区所特有，并非如过去所想象那样历史悠久。殖民者到达以后，毛皮贸易促成财富积累和社会分化才引起大树图腾柱之风，而金属工具又为制造大型木雕提供可能。现存的图腾柱都是 19 世纪而且是 19 世纪下半叶的产品。参见 M. Barbeau, *Totem Poles: According to Crests and Topics*, Canadian Museum of Civilization, 1990, Vol I, pp.3—5 ——2004 年月 4 月补记）。

大厅中陈列的盛物之木盒、木箱，盛菜之木碟、木盘，无不硕大无比，木器雕刻具有神秘韵味。如“夸富宴”用的木盘，做成阴森丑陋的妇女形象。神话中她是专偷小孩的林中妖怪，名叫 Tsonoqua，但她又是财富的象征。美洲西北岸的印第安人的木雕艺术的风格是雄伟而怪谲。

不列颠哥仑比亚大学 1908 年成立，历史不长，现已成为加拿大西海岸最好的大学。

1991 年 5 月 20 日

温哥华

连日游览斯坦尼公园（斯坦尼为加拿大一位总督之名）、水族馆、科学世界、中山公园及古老的加斯镇（Gastown，得名于建城有功的 Gassy Jack 船长）。镇上矗立世界最早的蒸汽钟，还保存一棵大树，为建城之初人们的集会处。此为市中心区，出售旅游品之商店市集中于此，出售爱斯基摩人、印第安人用泥岩、皂石制作之工艺品，极有特色而价甚贵。一家商店贴出告示云：

You break it,you buy（你打坏你买）

I break it, I cry（我打坏我哭）

于是更不敢问津矣。

温哥华加斯镇世界最早的蒸汽钟

温哥华的历史从 1867 年加斯镇的形成开始，至今仅有百年，却已成为加拿大第三大城市。人口 40 余万。华人很多，逛街时不时听到广东话及台湾腔的普通话。

19 日清晨动身去维多利亚港。港在温哥华岛之南端，海滨城市，风景殊美。不列颠哥仑比亚之首府在此，人口不过 4—5 万人。此间有不列颠哥仑比亚皇家博物馆，规模较大，陈列美洲西北岸印第安人文物较之 UBC 之人类博物馆，更为丰富。翻译《事物的起源》时感到困惑的一些事物，今均得目验。例如，用一条条皮革织毯，作为货币的铜片等。“夸富宴”挥霍浪费的宴会、毁坏财富（如毁坏货币铜片还有专用的工具）、夸耀性的送礼等，更有详细的表现。19 世纪末 20 世纪初政府对此曾加禁止，1951 年又允许举行。现在客人参加“夸富宴”已不再送传统礼物，而送缝纫机、瓷器、珠饰等物，凡此均有实物陈列。一位首领的大房子属于 F. 鲍亚士调查过夸扣特人。房屋及其各种木雕、木鼓、全套家具经过主人允许悉数搬来进行复原，使人如亲历其境。

当地的印第安人（Salish Indian ？）生活方式的陈列，尤有研究价值。冬天人们集中住在三个村落的固定房屋中，其他时期以核心家庭为单位前往营地，分散住在临时住所，从事采集。这样，不同季节的不同生计和居住方式，会留下不同的考古遗存，虽然他们属于同一种人。这对反对中国学界在考古文化与人们共同体之间划等号，是个有力论据。

国外民族学调查充分，积累资料完备，也可用作中国民族考古学类比研究。由于一切均要经过最后之验证，不会流于空泛无据，此即所谓“广泛类比”也。近日自己有豁然开朗之感。

1991 年 5 月 24 日

里贾纳

21 日由温哥华飞此，谢培智兄来接机。先与几位大陆学生同住，今又搬入其友人之住宅，主人外出，一幢房屋仅我一人，舒适安静，且每天只须付少许费用。

谢兄台大毕业后赴美，在宾大师从卜德教授，获博士学位。今任里贾纳大学教授，教中国近代史之类课程。经陈永龄先生介绍，这次多承安排。他与张光直、谢剑是台大同学，而我又曾在宾大客座一年，虽系初识，可谈之事甚多，相叙甚欢。

里贾纳大学校园

昨谢兄介绍与里贾纳大学领导及学者会面。此大学原为在萨斯喀通的萨斯喀彻温大学里贾纳分校，1933 年成立，1963 年建成新的校区并改今名。1976 成立的萨省印第安人联盟学院（SIFC）附属其中，此即我要访问的主要机构。该学院乃萨省印第安人联盟与大学合办，相对独立，董事会由印第安人联盟任命，教学上遵从大学统一管理，但自聘教师。现有印第安人艺术、语言、教育及社会工作等专业，1987 年新成立经济管理学校。现共有 900 个学生，55 个教师，并在萨斯喀通成立分校。学生多来自本省，四分之一来自外地，且招国外学生。学校聘有 5 个印第安人（男 3 女 2），成立一个顾问性之“老人会”，时常提醒院方及学生不要忘记印第安人文化传统，学生可随时就本族历史文化问题向他们请教。据云成立这个组织曾遭教会及政府反对。学院图书馆收藏印第安人图书颇备。今后将在此看书，为访问保留地作准备。熟悉基本情况，他处无此条件也。

与里贾纳大学教授谢培智兄等合影

归途顺道参观议会大楼。1909—1912 年建，在本市算是一幢古老而雄伟的建筑。室内壁上挂有历届行政长官及重要议员之像，有几幅是印第安人首领。

按里贾纳地区原是克里印第安人（Cree　Indians）之营地，今城西北 20 公里处有他们猎杀大批野牛留下成堆之骨头，附近一条河名叫 Wascana，即是印第安语中“骨堆”之音变。当地

与克里印第安人 Ochapowace 保留地首领合影

克里印第安人举行仪式地点

印第安人原来猎牛之法是利用野牛嗅觉灵敏而视觉不佳之特点，建造V形栅通往一个悬崖，追赶牛群下坠而死。印第安人相信，野牛群不会离开死牛葬身之地，为吸引牛群再次来到，故将牛骨堆积起来。

里贾纳这一牛骨堆径12米，高2米，尚非加拿大最大者。猎杀野牛是印第安人传统谋生手段，及至与白人接触有了马匹及枪支以后，更形成大规模的猎杀，导致野牛的灭绝。

里贾纳地区之有白人历史不长。1857年有人见到“骨堆”留下记载，1881年首批白人抵此，1903年建市，以维多利亚女皇之名命名。今有17万多人，为萨省之首府。

1991年5月30日

里贾纳

连日在图书馆中看书，重点查阅克里人及易洛魁人资料。与大学艺术史系及人类学系教授交谈。会见印第安人联盟学院院长斯通查尔德（印第安人，副教授，曾获硕士学位），承赠《平原克里人》一书，乃一全面之民族志，甚有助我了解当地的情况。还会见一位教师，为黑足印第安人。多方接触，获益良多。

今大学安排社会工作专业德里德格（Otto H. Driedger）教授驱车带我访问保留地。

保留地名为Ochapowace，（印第安人第71号团体），首领在其办公室接待我们，用英语交谈，介绍情况。

此团体现有870人，在保留地者500人。住政府盖的房屋，多数一户一幢，少数二户一幢。传统生计（打猎）自难进行，迄今亦无新的产业（仅有一个采砂场），主要靠政府救济。出外者“若找不到工作，也很穷”。仅有老人会说本族语言。现仍实行女方居住及母系继承，传统习俗中的太阳舞和狂欢节（Powwow）等亦有保存。行土葬，有棺无坟。

保留地有首领1人，委员6人，均为高中毕业，他们算是政府工作人员，每月靠工资为生。

迁入城市的印第安人

骑警博物馆

我们进入住户参观，设备简单，各户门前停有汽车；亦如城市有学校巴士接送学生。举行仪式在帐篷（“梯皮”）中，只见架子，用时再覆盖布篷。

首领告余：印第安人私人无土地，土地属于保留地；白人私人农庄却占有很多土地，“但所有土地原来都是我们的，我们现在要求更多的权利”。

他们对中国食物很感兴趣。据告，此间惟一中国人就是附近餐馆的厨师，赌博成性，但厨艺颇佳，“中国食物很好吃，我们都长胖了”。

归途与德里德格教授细谈。他认为这个保留地发展经济困难很大，这里树木很难成长，原来就不适宜农耕，而印第安人又无经营农业的传统。后进民族如何适应现代社会？看来是个世界性问题。

初到本市时，住处附近曾见一些印第安人，即从保留地迁入城市者。我们多次聊天，一位老者还邀请去他家作客，“喝中国茉莉花茶”。他们住政府提供的房屋，只付少量租金。但很多人找不到工作，“靠政府支持，很不够”。他们流露出不满。

萨省约 100 万人，印第安人有 8 万左右。

1991 年 6 月 1 日

里贾纳

今去加拿大皇家骑警（RCMP）博物馆参观。

过去在电影中屡见骑警形象，今已发生很大变化。现在他们不是骑马，而是开车甚至乘直升飞机，奔赴需要他们的地方，但现在仍称骑警。

从 1882 年起加拿大西北领土的骑警本部即设在里贾纳，至今已有百年历史。

陈列中见早期骑警的各种用具，反映当时他们在冰天雪地中生活和活动。他们主要任务似是救助遇难者，而不仅是追捕坏人。

今天见一队学生在此进行带有军事训练性质的运动。

1991年6月5日

里贾纳

昨再访自然史博物馆，与人类学考古学部专家交谈有关崖壁艺术问题。据告，萨省境内有崖画又有崖雕。还有一种平地砌石成画，称为积石画者，美、加很多地区多有之。这是史前居民又一艺术创作形式（中国发现的地画、蚌谷砌成的图画，应属同类遗存）。承赠印第安人制作羽管有关著作一种。在玻璃珠传入以前，印第安人用染色羽管穿串构成图案，装饰自己衣服或用物。

今承博物馆盛意安排前往明登（Minton），参观一个龟形图案的积石画。比至，见龟形图案所在山顶正中尚有人砌石堆，显为祭祀场所。这类史前艺术遗存应有宗教方面之功能。

继去圣维多利亚公园，见几何线条及马蹄形图案之崖雕和红色崖画，分散漫漶，未加记录。

1991年6月6日

萨斯喀通

乘“灰狗”长途汽车由里贾纳抵此，约两小时路程，

来此乃应印第安人之邀参加“纪念结合500年”（“500 Years Coalition”）会议。明年为哥伦布发现新大陆500年，各国准备庆祝，而印第安人力持异议。他们认为这一发现导致美洲土著的大批屠杀和丧失权利，应该纪念的是500年来印第安人历经磨难终于生存下来而结合于新的社会之中。会议在上月23日已经召开，今日有小型会讨论印第安人的青年问题。闻本月20—24日在曼尼托巴省的温尼伯还将召开规模甚大的“国际原住民大会”云。

比至，邀余发言，固辞不获，略表祝贺之意而已。

下午访问萨斯喀彻温大学威廉姆逊（R .G. Williamson）教授，请教爱斯基摩人问题。此乃奇人，在极地生活40年，精通爱斯基摩人语言，曾担任广播员工作。他对我说：“你对爱斯基摩人提到我的名字，他们就会接待你。”他能盖雪屋，驾雪橇，

访问萨斯喀彻温大学（与威廉姆逊教授合影）

应邀在印第安人“纪念结合500年”会议上发言后留影

从冰层下捕鱼，在丛林中射猎。“现在爱斯基摩的年轻人已不能和我一样盖一座像样的雪屋”。

他毕生为解决爱斯基摩人在变化环境中面临的社会问题而工作。最近曾去英国为议院讨论保护动物法案时作证。他认为不能为了保护动物而伤害爱斯基摩人固有的生活方式。

他是瑞典人，妻子为爱斯基摩人，一个研究生，将去剑桥大学攻读博士学位云。承赠论文多篇，并留余住宿。晚上即有爱斯基摩人妇女背着孩子（其方式全同中国少数民族）来访，交谈甚欢。

1991年6月8日

里贾拉

清晨即起，两个印第安青年乘卡车来，接我参加太阳舞盛会。比至，一位妇女喝令“站住”，直到先行到达的印第安人里克先生（大学安排带我参观者）出来迎接才允入内。

一个大的“梯皮”中挤坐约50人，围成一圈，几位老人坐在中间，一人跪坐。中间支柱极为粗大，称为“中心柱”，上挂整幅之布匹，五颜六色。领唱者歌声一起，众皆起立而和之，随歌声节拍晃动身体，并手摇甜草或鸟羽。另有人或敲皮鼓，或摇响器。歌声一停，众人坐下休息，传吸烟管。有新来者手持布一方或数方而入，缠之于柱，柱上已满，则悬于四方。

中午仪式告一段落，抬入木桶，内盛空心粉和粥类食物。跪坐者祈祷（时夹哭泣声）毕，众皆取出自带餐具而食。余等未带餐具，只有向隅，但分得苹果及橙子各一。

参加者多数为印第安人，少数貌如白人者或为混血儿（metis），均极虔诚。

余等中途退出前，在里克指导下作顺时针方向绕行中心柱一圈；传递烟管时，亦学他人将烟管绕一圈后递于人。尊重主人礼节也。

对太阳舞之寓意，初无所知，现场气氛肃穆亦不能发问。归来查书，始知太阳舞乃还愿仪式，凡有家人生病或其他灾难，主人必向上天祷告许愿，愈后以太阳舞报答神灵。参加者为应邀而来之客人，布乃客人送给主人献神之礼物，今日所见跪坐者必是还愿之主人，歌词表达谢神之意。太阳舞要延续数天，包括许多复杂的之仪式（参见 D · G · Mandelbaum, *The Plain Cree*, University of Rigina ; Canadian Plains Research Center, 1979, pp. 183—198——2004年12月补注），简单言之大抵如是。

“太阳舞”乃白人所用的名称，印第安人另有词汇，可译为“口渴的仪式”，即仪式过程中不许喝水。今日果然不见喝水，仅可吃水果。又客人自带餐具也是遵守传统，歌词中即提及此点。我等做了一次不谙礼节的“不速之客”，活该挨饿！

对一个中国人来说，今日经历诚属毕生难遇，惜未能留下一张相片。清晨来人即告诫说：“不许带相机。”

1991年6月9日

里贾纳

在里贾纳最后一天。应邀参加此间华人组织之集体扫墓活动。各户墓地不在一处，望空祭拜而已。事后聚餐，享用露天烧烤，三五旧识相聚交谈，尽欢而散。

来此20天，经谢培智兄之介绍和揄扬，此间华人待我甚好，不时有人来拜会或邀请吃饭。

上月 26 日，余 × × 先生夫妇请去一家中餐馆吃午饭。

本月 2 日，有官维正、黄丽英夫妇来访。彼两人在此行医多年，对当地情况颇为了解，谓印第安人男子疾病多源于酗酒，妇女患子宫癌颇多，乃由于不谙妇科保健。他们有病很不能坚持医治云。

上月 31 日，参加本市华人举行之“多元的中国”（Masaic Chinese）文化节。比至，竟见有两个团体分别举办，争相邀余。此间华人不多，还有派别之分，不能联合，可叹也。

1991 年 6 月 10 日

渥太华

昨飞抵此间，住青年会。今何万成博士来，带往英领事馆办好赴香港签证，并游览市区。

参观加拿大文明博物馆（与何万成博士合影）

从渥太华标志性建筑有青铜尖顶议会大楼前匆匆一过，即参观加拿大文明博物馆，何先生在此任职。此馆系新建之现代化建筑，在渥太华河西岸赫尔（Hull）区，已属魁北克省。按安大略省与魁北克省以渥太华河为界，如此首都渥太华便分跨两省之境。我们会见考古部专家，参观陈列。爱斯基摩人皂石制作的炊具、容器及印第安人“夸富宴”中送的礼物（包括一些电器如烤面包器之类），均已摄影。大厅中复原西北岸印第安人六个不同族群（海达、齐姆辛……）首领房屋，巨大木板为壁，多施装饰，房前图腾柱耸立，场面极为雄伟。房屋构件及设备有些是 19 世纪原物，有些新制。在复原过程中有本族代表参加工作，这种工作方法值得学习。

西北岸印第安人首领房屋墙上，有手印为饰，如崖画中所见，乃值得注意之事。

在博物馆看一场大屏幕之全景电影《蓝色的星球》，由人造卫星从外层空间拍摄之地球景象组合而成，极好。旧金山地震、南美洲风暴及火山爆发，均有清晰之表现。从卫星上看夜晚的地球，北美、西欧亮光闪耀；中国仅沿海地区可见一线光亮，大部分地区则是一片黑暗，照明不足故也。

1991 年 6 月 13 日

福特奇莫

昨由渥太华乘巴士抵蒙特利尔，住特雷梅因（Tremain）夫妇之家。其女现在中央民院学习也。先生（要我称他为吉姆）供职于工厂，太太（要我称她为 Kiki）在家，多承她与福特奇莫方面联系，允予接待。今飞抵此间机场，果有人来接机，送入当地惟一旅社。一室多人，每晚尚须60加元。

福特奇莫（Fort Chimo）是白人使用的地名，应称为Kuujjuzo，意为“大河”。它确濒临通往昂加瓦湾的Koksoak河边；而且“爱斯基摩人”一词也不宜使用，应称因纽特人（意为人民）。在里贾纳时人们早有提醒。

加政府为因纽特人盖的房屋

这里只能算是亚极地带，位于北纬58.6度。由于时间匆促，选择此交通较为方便之地，对因纽特人作一次短期拜访，不足以言考察。

吃午餐时，认识出版商拉伊（Ray Woollam）及因纽特人妇女名叫艾娃者，多承指点迷津，先拜访此间行政机构，获赠多份介绍资料。

在因纽特人家中做客

拉伊领我四处参观。我第一次在苔原上行走，柔软有如地毯。此间正在树线之上，往北便不长树木，尽是苔原。

又去河边看刚刚融化的冰块流过，时值盛夏，仍感寒意逼人，而此处距真正的极地中心尚有数千公里之遥。

晚拉伊先生请去其朋友住宅吃饭，烧烤鹿肉款待。继赴艾娃之家，会见其白人丈夫及因纽特人朋友，请我品尝驯鹿肉干及海豹油（其味极怪，难以下咽）等传统食物，听传统的喉音歌唱录音，并赠我妇女用以刮皮剖鱼“妇人刀”一柄。

极地苔原

据介绍资料及艾娃提供情况，现全世界因纽特人共约10万，在加境内约23000人。因纽特人原是内地狩猎者，逐渐北移居住海岸猎取海兽是后来的发展。白人来此收购毛皮及新式枪支和装备的传入，引起因纽特人社会之变化。

加境内因纽特人可分为语言文化大同小异的8支，福特奇莫因纽特人属于昂加瓦湾的一支。

因纽特人妇女及儿童

他们靠近有树地区，濒河而居，原猎取驯鹿、捕捉鲑鱼及采集果实为生。

福特奇莫原本无人居住，1830 年哈得孙湾公司曾在此建立贸易站，1942 年一个美军基地在此建成，1949 年美军撤走，留下一个机场即今福特奇莫机场，而基地则为哈得孙湾公司拥有。1958 年后因纽特人逐渐聚集，1979 年才正式成立定居点。

这里至今没有道路与外界连接，只在夏季河不结冰，可以船运，一年的主要给养端赖于此，平常只有空运，故物价奇贵。有电无自来水。房屋为政府所盖，供因纽特人居住，仅付极少租金。

这里有哈得孙湾公司（现已改为北方公司）及合作组织（CO—OPS）两家企业，镇上所有商店及企业分属两者所有（如今日住之旅社即属于合作组织），相互竞争。

卡纳魏克保留地易洛魁人首领

因纽特人现多受雇于机场、政府机构及企业，只有少数人仍从事传统渔猎活动（“摩托船、摩托车把野兽都吓跑了”）或制作传统雕刻品卖给旅游者。

艾娃谓中国人与因纽特人必是“亲戚”，不然不会如此面貌相似（她一直称我为“叔叔”）。过去也见过中国人，乃来此收购鹿茸者。

此间因纽特人包括孩子都保存自己的语言，很多人能说英语。他们承认生活比过去好，但不如过去“快乐”。过去无酒，现年青人酗酒，斗殴，甚至还有吸毒者，社会治安问题时有发生。

又去拜会一位因纽特老妇。她与苏格兰人结婚生有三子，均已成为因纽特人领袖。其生活方式与白人无异。

因纽特人非常友好，爱笑，喜欢与人握手。生活在人迹罕至的荒凉寒冷地区，人们见面必感分外亲切，长年养成之习惯如此，我这个陌生的“不速之客”今天到处受到热情接待。

1991 年 6 月 15 日

蒙特利尔

今吉姆开车领我访问易洛魁印第安人的卡纳魏克保留地。

门前戒备森严，不久以前此间易洛魁人为土地纠纷与警察发生冲突，打死警察一人，印第安人死两人。现虽平息，附近仍见警车驻扎。吉姆说明来意，始得放行。

卡纳魏克保留地长房形式的工艺品商店

该地属易洛魁人中的摩霍克部落。在出售旅游纪念品商店中，一位年老首领出来接谈。据云，现保留地有6000人，孩子已不会说本族语言，但他还会写图画文字。母系继承依然实行，如他母亲属熊氏族，他便以熊为标志（取出颈挂之熊形饰物为证）。30年前还种玉米，现已完全放弃农业，人们均去蒙特利尔等地从事建筑等工作。各户有自己的住宅，但私人无土地，土地属保留地。传统的长房已不存在，仅商店建成长房的形式。他自称幼年受白人歧视，白人欺负其父不识字，把书倒放于其父面前，引起一阵讪笑，遂发奋读书，曾读到大学一年级。原在外工作，应保留地群众要求回来，已任首领20年，即将退休而让位于一位21岁青年云。他与我合影并送一张签字的相片为念，签的确是图画文字。合影时他郑重声明，现在各地印第安人流行戴的羽毛帽是白人“强加的”，原来的没有现在这样复杂。

我们参观了此间最早的教堂（距今已有300年历史）及易洛魁人一位圣女之墓，并去住户访问。据面貌判断很多人应为混血，居民服装已与白人无别。关于保留地及母系的情况已作详细记录。

归途顺道参观铁路博物馆。火车头前有铲雪设备，为北方严寒地区所必备，他处未有，饶有趣味。

1991年6月17日

蒙特利尔

昨日Kiki驱车带我参观市容及大学。

蒙特利尔一带原为伊洛魁印第安人住地，法人1535年首先发现，旋即在此建立毛皮贸易站，是法国殖民地“新法兰西”的一部分。 18世纪包括蒙特利尔在内的法国领地为英人占领。Kiki车上告我：现蒙市约200万人口中，四分之三说法语，居住在城市东部；四分之一说英语，居住在城市西部。说英语居民中富人较多，“他们比我们更有钱”。当车经过法语居民区时，胥见房外一侧或两侧建有楼梯，询问何故？原来是兄弟分家后，仍同居一座房屋之中，另建楼梯以便出人。“法国人和你们中国人一样，重视家族联系”，“凡是这样的房屋，其中居住的不止是一个家庭”。看来法裔和英裔不仅在语言上而且在文化模式上各自坚守自己的传统，族群界限十分明显。现魁北克省开展独立运动（昨在街头见独立运动人士在街头设摊散发宣传品，且有自己的国旗），实有其历史和文化根源。Kiki当属于法裔。

大学亦有说法语及说英语之不同。我们先参观著名的麦吉尔（McGill，这原是捐款建立大学一位毛皮商人的名字）大学，即说法语者，1821 年始建，是魁北克全省最古老的大学。中国人熟知的白求恩大夫即曾工作于此校医学院，但大学内未见有关他的纪念物。Kiki 说市内的雕像（在他长期居住地）还是中国政府捐资建立的，“他在加拿大不像在你们中国那样出名”。继游览说英语的蒙特利尔大学。Kiki 说 1989 年 12 月此校曾发生一件惨案，14 个女生被人枪杀，至今全校师生还感悲痛云。Kiki 本人曾在此校音乐系工作。

访问六部保留地（后为首领办公处）

由于时间短促，仅驱车从两座大学校园中匆匆一过，未及访问。

昨晚请吉姆和 Kiki 夫妇去中国城吃中餐，他们甚为愉快。素昧平生，竟打扰数日，承多次机场迎送，又复多次陪同出游，其情谊自非区区一饭所能报答，聊表心意而已。

六部保留地博物馆易洛魁女讲解员

中国城位于老城，占地若干街区，范围不小。中国字招牌到处可见。蒙特利尔在当地译写为“满地可”。大概最早华人不堪在西部开矿修铁路之苦役来此地，起一吉祥地名希望此间能差可人意。

由此想起，外国地名之早期中译选用汉字丝毫不顾是否贴近原音。如“绮色佳”（这大概是康奈尔大学哪位老辈留学生写情书或情诗始用）、“翡冷翠”之类，浪漫动人，无奈距原音相距太远。现某些华侨报纸仍在使用。

六部保留地陪同参观的易洛魁男子

今日阴雨，独自出外游览 1967 年博览会旧址（今为娱乐场）及老城区（街道均用石头铺成）。又此间教堂特多，有“教堂之城”之称。堪称壮观者为城下商城，开凿于今中心区之下，连接车站、地铁及市中心各大建筑，全长 13 公里，世界大城市地下商场路线之长无过于此者。商店鳞次栉比，橱窗布置争奇斗胜，彩灯闪耀，如游夜市而无雨淋之虑，行走其间却无气闷之感，不觉身在地下。此应代表未来城市发展方向，可以避免城市无限制扩大。

1991 年 6 月 21 日

多伦多

18 日是由蒙特利飞抵此间。

19 日去皇家安大略博物馆，收集甲骨之明义士（James M. Menzis）曾为此馆工作。见盛余韻博士，请她代为联系参观六部（前人译为“六国”）保留地之事，她打几个电话即安排妥当。继导我参观馆内文物。加勒比海地区的面具陈列殊好。

易洛魁人六部保留地住宅

20 日乘“灰狗”巴士去伯兰特福德(Brantford)。此地以易洛魁首领 J. 伯兰特命名。美国独立战争中摩霍克部落支持英方，战争失败后伯兰特率领族人从美国纽约州迁此，英方划给大片土地，是为今日保留地之始。后其他五个部落的后裔不断有人迁入，遂以“六部”为名。伯兰特被奉为全体易洛魁人之英雄。

此地又为电话发明家 A.G. 贝尔之居住地。世界上第一个长途电话就是从伯兰特福德打到巴黎的，当然这不是法国的巴黎，而是安大略省的一个城镇。

拜访“林区文化中心”。由中心一位易洛魁妇女引导前往六部保留地。入门即有人送上甜草做成系有珠饰的圈状物表示欢迎。全保留地现有 11000 人（若包括在外工作者共有 14000 人），在政府的帮助下每户有自己的房屋。长房已不存在。仅有 4 座举行仪式及议事公共房屋作长房形式，但已使用现代化建筑材料。长房不允外人入内参观。

我们驾车在保留地内环游，参观博物馆、以摩霍克语言教学之学校、老人公寓、上演本族英雄故事之戏院、教堂、出售工艺品之商店等。

此间易洛魁人多在外从事建筑、炼钢等工作，保留地内种植少量玉米供自己食用，参观中仅见小块玉米地。

此间青年人多会说本族语，以有本族语言教学之学校之故也。

据云 1924 年加拿大政府曾禁止实行母系，现禁令虽已取消，母系制度已不再完整存在。人们心目中仍认为自己属于母亲的氏族，如今天导游属于龟氏族便是她母亲的氏族。但一幢房屋内居住一对夫妇及其未婚子女组成的核心家庭，已是现在家庭组织的普遍形式。仅博物馆内保存长房模型，可见昔日按母系及女方共居的情况。关于历史上的母系社会之情况及今日之变化已作详细记录。

六部保留地是美、加 15 个易洛魁人保留地最大的一个，今为全体易洛魁人之政治中心。“易洛魁联盟圣火在纽约州熄灭以后又在六部保留地点燃”。他们仍然相信自己是自由的人民，不应受任何政府管辖，故至今不想纳税。

这次来加访问，不觉已有五周，计划完成，一身轻松，独往岛上公园一游。岛在安大略湖中，距岸不远，风景绝佳。晚应魏晋英、林红夫妇之邀去他家吃饭。林红之母沈女士在中央民院工作，因而相识，此次多伦多之行，全赖他们代订住处，多有协助。

拉美一瞥

墨西哥

（2002 年 11–12 月）

2002 年 11 月 28 日

墨西哥城

昨深夜乘墨西哥航空公司 145 次航班离旧金山国际机场，晨八时许抵此。中途停瓜达拉哈拉，办理入境手续。参加旅游团者或从旧金山来，或从洛杉矶来，多为台湾籍华人已在美定居多年者。

导游来接，送入旅馆，并带我们周围漫步，熟悉环境。旅馆位于市中心区，距墨西哥城最宽大道 Paseo de la Reforma 甚近。房间窗外可见大道之上独立纪念碑（纪念 1810 年开始的独立战争），大理石柱顶上有天使像，展翅欲飞，当地人称为“安琪儿”。

下午参观墨西哥最大博物馆——国家人类学博物馆。西班牙征服以前之重要文物汇萃于此。

被征服前之墨西哥，遥远之史前文化不计，曾存在好几种考古学文化，流行年代各异，除尽人皆知玛雅文化（约 1000BC——1521AD），还有奥尔梅克文化（约 1200—600BC）、蒂奥提华坎文化（约 100BC—700AD）、托尔特克文化（约 750—1200AD）、阿兹特克文化（约 1300—1521AD）。分布地区亦有所不同，大抵说来，奥尔梅克文化在濒临大西洋的墨西哥湾地区。其他几种文化分布于墨西哥中部。玛雅文化在墨西哥境内仅分布在尤卡坦半岛一隅，延伸于伯利兹、危地马拉、萨尔瓦多以及洪都拉斯和哥斯达尼加诸国境内。

这几种文化各有特性，又有若干共同点：以玉蜀黍、南瓜等为主要作物的农业，以人牲献祭神灵的习俗，建造上有神庙的金字塔，玩一种橡皮球的游戏等等。这是因为有些文化曾同时并存，自必有文化交流；有些不同时代文化曾存在于同一地区，又会发生文化继承的现象。故现在有些考古学书刊统称它们为“中美古代文明”。（归来查书，奥尔梅克文化迄未发现城市或大的宗教中心，其居住区是一个村落的水平，是否可算文明社会？但大部分书籍讲述中美进入文明时代由此开始，或称之为“前古典时代”。——2003 年 2 月 24 日补注）

今馆为 1964 年建成（其前身是墨西哥总统瓜达卢佩·维多利亚 1825 年所建）。入门即见喷水池中一个伞形顶巨柱，上雕墨西哥各个时期历史。整个建筑模仿了古代墨西哥平顶房屋形式。历史文物部分共分 12 个单元，介绍人类学一般知识、美洲人类起源及中美生态环境，并按时代按地区分别介绍上述各种文化。

奥尔梅克文化以其题材神秘的石雕和陶雕为世所知。其中有一种称“美洲虎”的雕塑，据研究是其他文化崇拜雨神的先驱。这种动物善于泅水及沿水捕猎，故作为雨水的象征。又当时流行以小孩祭神求雨的习俗，雕塑中小孩（或抱在母亲怀中小孩）形象多作哭泣状，孩子的泪水也象征雨水。（以上可参见 The Jaquar's Children: *Pre-classic Central Mexico*, New York: The Museum of Primitive Art, 1965, p.14 ——2003 年 2 月 14 日补注）

墨西哥国家人类学博物馆的伞形柱

蒂奥提华坎文化展室对著名的“羽蛇庙”进行复原，并陈列该文化的精品。一件绿松石装饰的面具曾见于多种书刊，今得一见。

托尔特克文化的分布似偏于墨西哥中部之南端，其中心遗址称为图拉（Tula）。墨西哥知有冶金术是从这一文化开始。

与中国殷周青铜器花纹相似的石器和陶器（国家人类学博物馆藏）

阿兹特克文化代表墨西哥古代文明最高峰，16 世纪时其统治范围涵括了整个墨西哥中部地区，统治下各部落要定期纳贡，堪称“阿兹特克帝国”。玛雅文化在历法、文字等方面取得更高的成就，但始终分散为一个个城邦，似没有形成统一政权。而阿兹特克人建立的国家却曾统治大片地区且有一个可以号令全区的政治中心，这就是今天的墨西哥城。墨西哥原是阿兹特克人的另一称呼，今已成为这个国家的名称。（按“阿兹特克”和“墨西哥”分别得名于他们始居地今墨西哥北部两个小地区 Aztlan 和 Mercaltitan。——2003 年 3 月 2 日补注）展室中陈列的阿兹特克人雕塑和陶器，较之其他文化似更为精致。著名的“太阳石”（或称“阿兹特克年历”）也在此室，径约 4 米，是全馆最大的一件文物。

玛雅文化展室今未开门。好在多年来在欧美各大博物馆中看过不少这一文化精品，今天不看亦无遗憾。惟楼上还有一个民族学展览，陈列今天墨西哥土著居民文物。由于临近闭馆时间，导游促归，未能一视，确是憾事。

展室之间走廊上陈列出古代墨西哥盛行的球戏有关文物及复原图，饶有趣味。球是橡皮制的，以投入巨大石环之中为胜。投掷这种球不许用手，也不许用足，而赖膝盖和臀部击球向前（至少阿兹特克人的球戏规则如此），这种运动之激烈可以想见，有时球员们被击倒地便没能再起来。这种球戏不是一般的运动，而带有赌博性质，赌注是羽毛、金子和奴隶。（参见 J.Soustelle, *Daily Life of the Aztecs*, Stanford University Press, 1961, pp.159-160——2003 年 3 月 2 日补注）

中美古代文明与中国古代文明有密切联系之说目前甚为流行，甚或认为是中国人最先发现了美洲。参观中努力寻找中国文化因素的存在，仅看到一件陶器上花纹与殷周青铜器花纹有点相似。这件器物说明他们曾受中国人的影响呢，还仅仅是一种偶然的巧合？毫无关联两种文化之间可以找到相同的器物或纹饰，在世界各地旅行常会遇到这方面的例证。

阿兹特克人臀部击球比赛（16 世纪写本插图）

2002 年 11 月 29 日

墨西哥城——阿卡可波

上午参观墨西哥城。在阿兹特克语中此地原称为 Tenochtitlan。传南迁之前，神灵告诉阿兹特克人：当看到一个湖中的岛上有抓着蛇的鹰站在仙人掌上，那便是他们安身之处。迁徙之中神谕得到了应验，他们便在此定居下来，事在 1325 年。今日墨西哥国旗蛇鹰图案便是对此故事的描绘。随着统治势力的扩展，墨西哥城从始居地逐渐形成政治宗教中心。最盛时人口达到 25 万，人们在此排水填湖从事耕作，建成当时世界上为数不多的伟大城市。（据早期殖民者所见，当时的墨西哥城四周有湖水围绕，每隔一段便有桥与陆地相连，湖中独木舟来往不绝，一幢幢一层或二层白色平顶房屋掩映于绿色园林之中，他们视为“梦中才能见到”的地方。参见 G.C.Vaillant, *The Aztecs of Mexico*, Penguin Books, 1951, p.216. ——2003 年 3 月 5 日补注）

墨西哥城中央广场大教堂

我们先到中央广场。广场中心一面大的国旗迎风飘扬，每天定时升旗降旗并举行隆重仪式。阿兹特克时期这里就是全城的中心，著名的“太阳

中央广场上出售工艺品的普埃布洛印第安人

石”就在此发现。1978年广场东北角发现了称为“大庙”的一座阿兹特克人神庙遗址，现已开放供游人参观。从基址看，当时建筑多用巨大石块，整齐坚固，达到很高的水平。据早期殖民者留下记载，当时这里矗立着许多雄伟的金字塔、神庙和国王的宫殿，都被西班牙人摧毁，其建筑材料用来建造教堂和住宅。今天广场北面有1525年建的大教堂，号称为拉丁美洲最古老的教堂，其东边紧接另一个1769年建的较小教堂。后者便是建在一个金字塔基础之上。

广场东面是原西班牙总督府（“国家宫”），乃一巴罗克式建筑，今天仍是墨西哥某些政府部门办公处。闻宫中有巨幅壁画，描绘被征服以前阿兹特克人生活背景及墨西哥的历史，导游竟不带我们入内一观，虽然原来旅游日程中有此一项。这次参加的是华人开办的“美加旅游”，天天在旧金山各大报纸登广告，不意如此不守信用！

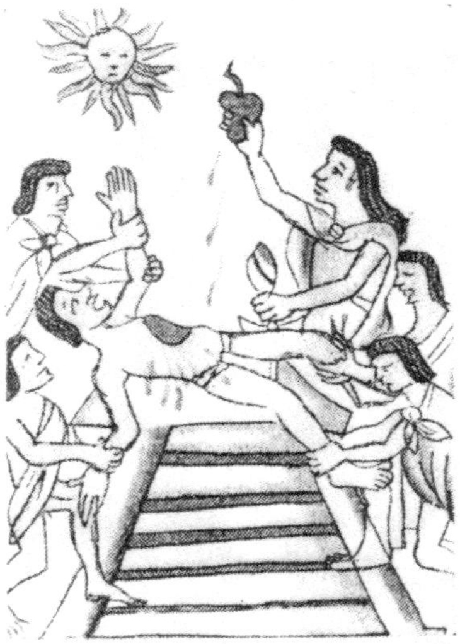

阿兹特克人挖取人心祭神（16世纪写本插图）

广场之上人群拥挤。当地人兜售纪念品者，观其面貌，明显具有印第安人血统。站在大教堂前，远眺四周，已是欧式建筑，看着这些面色棕黑的阿兹特克人后裔，他们祖先曾经建造的伟大建筑已荡然无存，不禁想起带有传奇性的墨西哥被征服史。那是年轻时学习世界史深印脑海的：西班牙的科泰斯（H.Cortes只带400名士兵和16匹马从古巴出发，1519年到达阿兹特克人首都今墨西哥城，不到两年便彻底征服了整个国家。对这一战争史上的奇迹，有过多种解释，或谓由于科泰斯的诡计多端和残酷无情（他曾劫持对他极为友好的阿兹特克国王出宫扣为人质进行要挟）；或谓由于阿兹特克人愚昧迷信，他们认为黄发白肤的科泰斯就是神谕所说1519年将出现的神灵，开始对他不加防范，待觉察后起来反抗（1920年6月3日所谓“悲惨之夜”中，科泰斯队伍损失三分之二）为时已晚；或谓由于西班牙征服者武器精良，特别是马在战争中起了关键作用，当地人从未看过马这种动物，把骑兵看成为“四条腿的妖怪背上长出一个人的身体”，作战时惊骇万分；还有一个浪漫的故事说，由于科泰斯有一位印第安情妇，能说多种语言，靠她的才能帮助了科泰斯诡计逐

阿兹特克人石刀（大英博物馆藏）

步实现（这位女性实有其人，其名字留在历史记载之中，称为 Marina。——2003 年 3 月 3 日补注）。这些或曾促成阿兹特克帝国的崩溃，但未能触及事物的本质。当今历史学家已经正确解释帝国迅速崩溃根本原因。原来阿兹特克人不仅强迫统治下各部落贡纳大量物品，还要献人作为祭神的牺牲，年达 2 万人（按挖出活人心脏祭神是古代中美流行的习俗。神庙前常有凹形石，便是放置活人心脏的地方。据描述阿兹特克用人为牲的情况是：牺牲者被推着一步一步从台阶走到神庙之前，由两个祭司按住胳膊，两个祭司按住大腿，使他仰天而卧，第五个人便用黑曜石短刀深深刺入胸膛，一下子便把心脏挖出放在凹石中，“那心脏还在不断地颤动”。参见 *The Aztecs of Mexico*, p.221. ——2003 年 3 月 20 日补注）。虽然人牲之施行在浅化民族之中多见，但如此频繁而残酷世所少有，这必然积蓄起被统治部落对阿兹特克人的仇恨。科泰斯正是联系和动员被统治各部落的力量，才能迅速摧毁这个庞大的帝国。（关于墨西哥被征服的历史，可参见亲历其事的 B. Diaz del Castillo 所著《墨西哥发现与征服》一书。——2003 年 3 月 20 日补注）

继去所谓“三文化广场”。阿兹特克未被征服前这里原是一个主要市场（当时墨西哥城有好几个市场，最大一个市场能聚集着六万人，以可可豆等为交换媒介从事贸易。可可在这一地区最先种植，当时是宝贵之物，仅上层人物可以享用，科泰斯第一次品尝巧克力饮料便是在王宫之中。——2004 年 5 月补注）。前征服时期留下一个遗址已被发掘出来，供人参观。1521 年 8 月 13 日阿兹特克帝国全部瓦解（广场上立有说明牌），1524 年就在此先建一个较小的教堂。现在四周又围绕了许多现代化建筑。由于这里有阿兹特克时期、殖民时期及独立以后时期三种风格不同建筑并存，故获得“三文化广场”的名称。

离开墨西哥城市区，穿过墨西哥大学校园区时停留片刻（附近圆形建筑，乃 1968 年举办奥运会时所建体育馆），便直奔阿卡可波。一路下坡，愈走海拔愈低（按：墨西哥城海拔高达 2000 多米），天气愈热，不断脱衣，最后只穿一件 T 恤。

阿卡可波（印第安语，意为“芦苇被摧毁的地方”）濒临太平洋，殖民时期曾为西班牙与东方进行贸易的重要口岸。独立战争后逐渐衰落。20 世纪下半叶形成旅游胜地，盖此地为距墨西哥城最近之海滨城市。今见游客很多。

旅馆房间面对太平洋，在凉台上小坐，热意全消。

晚观看跳崖表演（几个当地十五六岁少年从悬崖上跳入海湾），并在海边一家露天餐厅用晚餐。

2002 年 12 月 1 日

阿卡可波—墨西哥城—蒂奥提华坎

昨上午在阿卡可波自由游览。来该地应尽量享受海滩之乐，但仅给半天自由时间，旅游团中青年人原欲下海游泳或冲浪，只能徒呼负负。下午匆匆赶回墨西哥城。

途中看阿卡可波富人别墅区。据介绍著名影星及世界富豪（记不清他们的名字）喜欢置产于此。这里不仅可远眺太平洋，一望无际，风景绝佳，而且收税甚低之故也。

晚程志平兄驾车来邀，请吃晚饭。彼现供职于新华社墨西哥分社，通西班牙语。

今上午先去看瓜达卢佩圣母院。信徒们成队前来，人群如潮，与昨日所见教堂冷冷清清形成

结队朝拜瓜达卢佩圣母院

瓜达卢佩圣母院前的墨西哥妇女

鲜明对照。原来阿兹特克人就信仰女神 Tonantzin（意为“我们的母亲”）。早期传教士传道士讲到圣母时曾以她为喻，现在瓜达卢佩圣母院便是原来的 Tonantzin 庙旧址，圣母的形象也被想象成印第安妇女的形象。这是外来宗教利用固有信仰得以顺利传播的又一佳证。

参观圣母院毕便赴蒂奥提华坎，为此行最后一个景点，是自己久已向往的地方。

蒂奥提华坎在墨西哥城东北约 40 公里，在阿兹特克人兴起千年之前，曾是另一伟大文明的政治宗教中心。公元 1—2 世纪这里已经开始建造金字塔和雄伟的神庙，5 世纪时达到鼎盛时期，曾经聚集 12 万（一说 20 万）人，不仅是当时中美最大的城市，而且在世界上也不多见。公元 700 左右蒂奥提华坎突然灭亡。阿兹特克人所见的蒂奥提华坎城已空无一人，只余神庙和金字塔遗址，故他们认为是神灵所居，“蒂奥提华坎”是阿兹特克语，意为“众神之都”。

关于蒂奥提华坎人之所由来及其国家突然灭亡之原因，至今仍是待解之谜。

蒂奥提华坎占地约 8 平方公里。虽经多年发掘，仅揭示出遗址部分面貌。可以肯定当时的城市按一定规划建成。一条大街（俗称“死亡大道”）从北而南横贯全城，长达 1 公里，宽约 40 米，笔直而平坦。风格相同大小相似之建筑物分布在路之两侧，井然有序。它们都是当时祭司及上层人物的住宅。这里建筑特点是平顶，天井下沉，房屋低矮，最多不过两层，似与阿兹特克人房屋有共同之处。

著名的太阳金字塔在大道之东，每约边 738 英尺，高 216 英尺，其顶原有神庙，已毁。公元 150 年左右始建，经过多次增建而形成现在的规模。若就周长而言不计高度，它仅较埃及最大的库夫金字塔稍小。〔墨西哥还有更大的金字塔在距墨西哥城东南不远的丘卢拉（Cholula），每边约

1000英尺，高约170—214英尺，其建筑年代与太阳金字塔大体相同，原来顶上神庙被科泰斯拆毁而另建一个教堂。——2003年3月24日补注〕

蒂奥提华坎太阳金字塔

按中美金字塔与埃及金字塔名同而实异。它不像埃及金字塔那样是国王葬身之处（按：惟一例外是1949年尤卡坦半岛的帕伦克一座金字塔内，发现了公元615—683年间一位国王的墓葬。——2003年3月24日补注），而是祭祀的地方，顶是平的，上有神庙，故建有台阶供人爬上顶部祭神。这样的金字塔大小不等，据云有数万之多，分布在35万平方英里范围之内，比埃及金字塔分布范围要大（惟隐藏于森林之中，还有很多尚待发现），年代要晚，其流行年代从公元前300年直到公元16世纪。

蒂奥提华坎羽蛇庙

大道之北为月亮金字塔，祀与月亮有关的水神（女性），较太阳金字塔为小，公元之初始建，到了公元450年还继续建造（墨西哥的金字塔及神庙多非一次建成，而是多次扩建）。

这两座金字塔面前还有多个小的金字塔基址。原来上面应也有建筑物，从其排列来看，应为配殿或祭坛之类。

月亮金字塔之西紧接有Quetzalpapalotl宫，是当时祭司或显要的住宅。Quetzalpapalotl是一种类似蝴蝶的神话动物，房柱上有这种动物形象浮雕。墙上见有壁画。

死亡大道最南端是早期殖民者称为“城堡”的一组建筑群。它以羽蛇（Quetzalcoatl）庙（公元之初始建）为中心，包括祭司或显要的住宅。羽蛇庙原应建造在金字塔之上，上端已毁而台阶而在。台阶的两边斜坡有兽形雕塑，共有两种，分别代表羽蛇神及雨神，后者有“大圆眼”，极易区分。

蒂奥提华坎建筑无论是宗教的还是世俗的，均已经达到很高的水平。建筑物全用石材，巨大的石块切凿整齐，粘合严密，历一千多年仍矗立地面。雕塑或浮雕注意细节表现，极为生动。值得指出的是所有这些都是用原始工具完成的。墨西哥地区在公元8世纪以前尚不知金属为何物（后来阿兹特克人也只有铜铅合金，用“失蜡法”制造装饰品和少数工具，质地柔软，故他们宁可使用锋利的黑曜石制作工具和武器。参见H.E.Driver, *Indians of North America*, The University of Chicago Press, 1975, p.168.——2003年3月24日补注）。

蒂奥提华坎出土绿松石面具（国家人类学博物馆藏）

蒂奥提华坎沉入地下的住宅及其壁画

墨西哥人饮用舌兰酒前的传统仪式

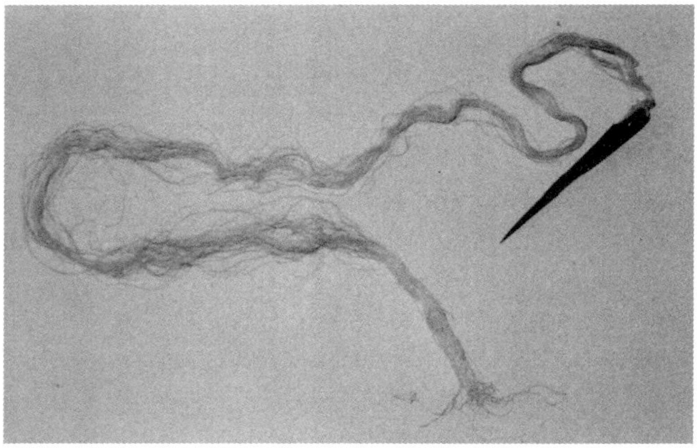

龙舌兰叶尖及相连纤维——古代墨西哥人缝纫工具

蒂奥提华坎建筑水平，在当时世界上足可与罗马城比美，也不逊于中国的长安城和洛阳城，尽管中国古代城市规模较大，也有周密的规划，但木结构和夯土墙很难留下可以长期保存的建筑物。至于雕塑方面的成就，更非古代中国雕塑所可比拟，霍去病墓前的著名的马踏匈奴像只是粗具轮廓而已。我们不可小看美洲印第安人创造的文明!

在蒂奥提华坎附近还在一家出售旅游纪念品商店观看古代墨西哥人如何利用龙舌兰之表演。首先让大家品尝人类学上著名之龙舌兰酒（pulque），饮前手上要放一点盐抛入口中，然后掺入柠檬水而饮，味不佳。龙舌兰除酿酒外，其韧皮可以作为书写材料，其纤维可以为线，其坚硬之叶尖可以为针，若叶尖连着纤维便成为一根不需穿针引线现成的缝纫工具。龙舌兰在古墨西哥人经济生活中之作用大矣。仙人掌在墨西哥也有多种用途，可以食用，有一种柱形仙人掌则可种植成排作为围栏。

参观完毕已近黄昏，便直奔机场。抵达旧金山时已是夜深，鲸儿来接。

墨西哥之行目的就是探访古迹，于今日墨西哥情况毫不了解。只知历史上疆土甚大，17 世纪时今美国有四分之一土地是在西班牙驻墨西哥总督的管辖之下。今新墨西哥、犹他、内华达、阿利桑纳以及加利福尼亚诸州原属墨西哥，1846—1847 年与美战争失败归入美国。

今天墨西哥人口近亿，是中美最大国家，是世界上说西班牙语最大国家，也可说是美洲印第安人后裔建立的最大国家。今墨西哥人中纯欧洲人血统仅占二十分之一，纯印第安血统约占五分之二左右。其他均为混血的印第安人。墨西哥人面孔是印第安人的面孔，他们都以阿兹特克人后裔而自豪。虽然信奉天主教，说西班牙语，但阿兹特克人文化因素留下深刻烙印。正如天主教教堂是用神庙石块所建成，今日墨西哥民族是在阿兹特克人基础上形成的。

次日补记于旧金山

澳亚行记

澳大利亚

（1984 年 5 月）

1984 年 5 月 3 日

悉尼

1 日夜从洛杉机登上澳大利亚航空公司（Qantas）之波音 747，经 10 余小时飞行，于次晨 10 时左右抵此，已是 5 月 3 日。

是为第一次置身于南半球。飞近澳大利亚海域时正值清晨，太阳初放光芒，天边呈现一条彩带。佳景难遇，邻座是一位女摄影家，请她摄影数帧以为纪念。

澳大利亚亚洲研究会（ASAA）秘书长英格尔森（J.Ingleson）博士接机，送我住入悉尼大学（当地人习称 Sydney U）国际大楼后，两位华裔学者沈君、陈君前来会面，请去大学的教师俱乐部用午餐并介绍情况。

悉尼大学 1850 年建立，是澳大利亚一所古老大学，文理各科齐全，并有牙科等医学专业及艺术系。校长称 Chancellor，教授之下有 Reader、高级讲师、讲师，系科之外又设若干 College，一切如英国大学。教学人员达 1200 多人，校内有陈列当代艺术作品的鲍尔美术馆等三座博物馆。

下午访问大学历史系，墙上挂有马克思、列宁画像（据告原有毛泽东、林彪画像，后被“偷”），为其他西方大学所未见。

此次访澳肇端于 1981 年。是年澳大利亚国立大学代表团一行八人，为了解中国封闭期间对东南亚之研究情况来华访问。在昆会面数次，回后在其报告中提出某某人对云南史前史之研究工作“具有学术价值”，极力推荐有关方面邀请访澳。后澳大利亚前驻华大使现任澳大利亚亚洲研究会会长费恩芬（Stephen Fitzgerald）先生及原代表团团长澳大利亚国立大学的王赓武教授分别来函，邀请于今年 5 月赴澳参加在阿德莱德举行 ASAA 第五次会议及在堪培拉举行“9—14 世纪东南亚历史讨论会”。会议之外，将安排访问澳大利亚其他大学，会见同行，共可停留三周，一切费用由澳中理事会（Australia-China Council）负担。该会的黑克尔（W.Hecker）先生又来函对这一邀请加以确认。

去美后继续联系，承英格尔森博士作出周密安排，终于成行。

1984 年 5 月 4 日

悉尼

去美领事馆申请回美签证，由于手续齐全，很快办好。

继去澳大利亚人博物馆参观，据称为“南半球最好之自然史博物馆”，1827 年建立。有澳大利亚及太平洋诸岛民族文物陈列，展品不多，惟全面复原阿贝兰（Abelam）部落（新几内亚巴布亚人的一支）一个村落，内有举行成丁礼房屋、供奉神灵房屋等，予我深刻印象。复原工作中由该部落两个老人作顾问，以保证其可靠性。

该馆海洋厅也饶有趣味，表现海底世界的鱼类和其他生物的生活，还特别展出当前海洋遭受石油、垃圾污染情况。澳大利亚人保护环境工作走在世界最前列。

下午独去中国城小逛。住处悉尼大学在市之西南隅，距中国城不远。此间中国城范围不大。已有多天未吃中国食物，吃一顿丰盛中餐，聊以解馋。

悉尼歌剧院

1984 年 5 月 5 日

悉尼

上午独自游览。有专为游览市内 20 处景点之巴士，每个景点便是一站，每隔 25 分钟发车一次，极为方便。游客若有时间和精力，乘此车可以一站接一站游遍全城。

悉尼塔高 300 米，称为“南半球最高建筑”，登上此塔可以鸟瞰全市。人们感兴趣的却是其中 UFO（不明飞行物）展览，陈列有关相片及目睹者证明，其中包括前美国总统吉米 · 卡特及一位宇航员的证明。据称有的资料来自美国军方档案。观众还可观看一个影片：“UFO 是真实的”。这里是悉尼市的中心，市政大厅、中央火车站及大的商店在其周围。

澳大利亚阿纳姆兰部落殓骨木筒（悉尼澳大利亚博物馆藏）

下午澳方接待人员引去市北海滨（码头区）参观。著名的歌剧院，1959 年始建，1973 年完成，设计者是丹麦建筑师乌茨昂（Joenn Utzon）。整个建筑呈白色，屋顶作帆形，仿佛一艘大船迎风张帆待发。此一建筑已成悉尼甚至澳大利亚的象征。

歌剧院邻近有皇家植物园，内有有一条称为“土著居民小道”者，长约 1 公里，沿途种植土

新喀里多利亚岛仪式用石斧（悉尼澳大利亚博物馆藏）

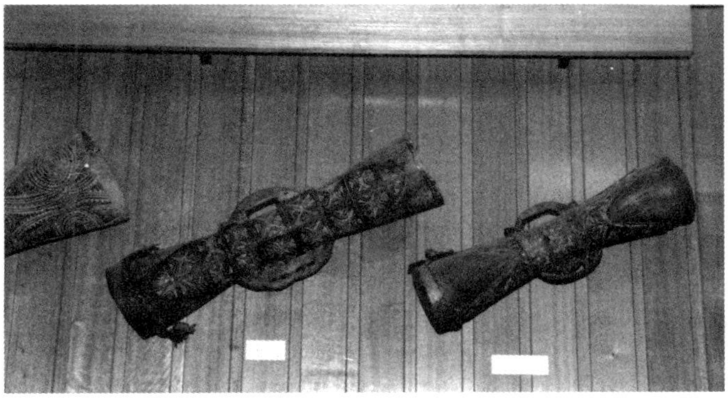

新几内亚木鼓（悉尼澳大利亚博物馆藏）

著居民曾经利用之植物，逐一加以说明。

歌剧院面临杰克逊湾，殖民者最早在此停泊。往西便到“岩石区”（Rocks）。顾名思义当地原是一片岩石，殖民者第一个正式居民点便建在此。今天这里仍保留古老的面貌，有仓库等古老建筑。在露天市场购飞去来器及袋鼠皮小包等作为纪念。

1770年英国（此前已有荷、法等国船只到此）库克船长到达悉尼时，并未进行开发。1788年英国首任总督阿瑟·菲利普指挥之舰队进入悉尼，才正式创建殖民地，悉尼即当时英国内务大臣之名。最早这里作为流放犯人之地，1810年后新的总督麦夸里终止了酷刑和混乱，从事建设，被称为“澳大利亚之父”，今悉尼有些地方以他命名。杰克逊湾一处岩石称为“麦夸里夫人的椅子”，是观赏风景最佳所在。

今悉尼是新南威士州首府，人口300万左右，澳大利亚第一大城市，全澳经济、文化中心。

澳大利亚人木槽鼓（悉尼澳大利亚博物馆藏）

继参观已有100多年的历史新南威士艺术博物馆。新馆乃1970年为纪念库克船长发现澳大利亚200周年而建。馆内陈列名画颇多，亦有土著居民艺术作品。这几天正举办现代派画展，像在美所见这类画一样令人难懂，其标题就即称“个人的象征，社会的隐喻”。另一关于名画“最后的晚餐”的展览也在举行，展出这幅画素描手稿。

晚应英格尔森博士请去他家晚餐。博士研究经济，现任教于新南威尔士大学历史系。

1984 年 5 月 6 日

悉尼

今晨新南威士大学经济系席路易（Louis Sigel）博士偕夫人孩子前来住处，澳中理事会安排今天由他负责接待。问我想去何处游览，我说愿去动物园，孩子们雀跃高兴。

动物园名 Tronga，从码头乘渡船前往，10 分钟可达。1881 年奠基，1916 年正式开放。它不像中国动物园属国家所有，而由一个基金会负责管理。园中共收养动物 4500 种，澳大利亚特有动物袋鼠、食蚁兽、鸭嘴兽等均得一观。有些鸟类奇形怪状，五颜六色，也为过去所未见。其中最受人们喜爱动物当推树熊（koala），栏前围满人群，其地位有如中国的大熊猫。最后看一场海狸表演。

席路易夫妇在码头区一家自称“澳大利亚最好”海鲜餐馆请吃午饭，餐馆名 Endeavour，意为“奋进”，乃库克所乘船名。整个餐馆布置如船，有锚有桨，作为装饰。见一女神像，谓为当时水手之保护神。餐馆供应澳大利亚特产之海鲜——墨累河之鳕鱼、雪山鳟鱼、塔斯马尼亚之贝、昆士兰泥蟹、新南威士北部之大对虾以及悉尼岩石区牡蛎。主人为我点了牡蛎，谓当地特产不可不尝。半打六个盛满一盘，确是大而新鲜。

下午又随席路易夫妇去悉尼大学经济系的霍恩教授家中喝“下午茶”，从英国习惯也。但教授自称祖先德国人，出自制造角器之家，其姓（Horn）即因职业而得名。谈话中涉及考古学，承赠《澳大利亚史前史》一册。晚赴沈钜光先生家宴，沈君夫妇现为华人代办赴澳留学手续。

1984 年 5 月 8 日

堪培拉

昨日抵堪培拉，王赓武先生来接，住澳大利亚国立大学（ANU）内乌尔苏拉学院。

王先生曾是中央大学学生，获英国博士学位，专门研究东南亚历史及华侨问题。他曾率代表团访问昆明。此次澳大利亚之行，实赖他及研究印尼蒂汶岛的人类学者福克斯（James J.Fox）博士力促其成。

国立大学于 1964 年建立，初为研究性大学，1960 年起始招收本科生。现设有七个研究院：生物、化学、地球科学、物理、医药、社会科学及太平洋亚洲研究院。另设若干学院管理学生。

今晚澳中理事会作为东道主宴请我及著名漫画家华君武，澳外交部一位司长及中国使馆一位参赞参加，另有当地华侨等多人应邀作陪。一位肥胖商人，年轻于我却自称西南联大毕业，问当时在昆学人情况，则瞠目不知所答。

1984 年 5 月 9 日

堪培拉

上午九时“9—14 世纪东南亚历史讨论会”正式开始，与会者 40 人，来自英、美、法、德、荷、缅甸、泰国、越南等国。

邀请信上已说明不需提交论文，但希望我对他人论文发表评论。限于语言水平，对这一段历史又不熟悉，实无置喙之余地。晚王赓武先生及夫人举行家宴，招待与会部分学者。

1984 年 5 月 10 日

堪培拉

今黄然伟先生带领游览堪培拉市容。黄先生研究中国古文字，现在国立大学中文系任教。

堪培拉乃是一崭新的城市。当讨论首都所在地时，悉尼及墨尔本争持不下，最后决定在两者之间另建新都。1927 年开始动工直至今日还未完全建成。当初曾以投标方式征集设计方案，最后选中美国人沃尔特 · 格里芬之设计。其惊人之举是在城中心新挖一个人工湖（现此湖即以他命名），湖之中心有一喷水泉，纪念库克船长，高 140 米，号称世界第二（最高喷水泉在日内瓦）。悉尼城内人工植树达一千多万株。

格里芬湖之南地势较高，称为“首都山”（Capital Hill），此处为澳大利亚全国的政治文化中心，总理官邸、国会、最高法院、国家图书馆、国家艺术馆均分布于此，一座新的国会大厦正在“首都山”顶兴建。

我们参观了堪培拉城市发展及其规划的展览，又在格里芬湖及首都山之间散步良久，然后拜访国家图书馆。图书馆亚洲部王先生介绍馆藏中文书情况。他本人似研究中国与澳大利亚交通史，据云中国人爱吃的一种海参，乃产于澳大利亚，由此可证彼此早有交往，而西方人不喜吃海参云。

格里芬湖畔的国家图书馆

晚会议全体代表在一家越南餐馆举行宴会。

1984 年 5 月 11 日

堪培拉

今福克斯博士导我访问澳大利亚土著居民研究所，与学者交谈，购书数种；继去解剖学研究所参观澳大利亚、新几内亚及美拉尼诸岛民族文物展览。

格里芬湖中纪念库克船长的喷泉（与黄然伟先生合影）

据展览说明，澳大利亚土著居民在和欧洲人接触前，共分 500—600 个部落，约有 30 万人。现只有 136326 人（1977 年统计材料），包括许多混血者，纯粹土著居民已不足 50000 人，塔斯马尼亚岛上原来居民竟完全灭绝（最后一人于 1877 年死去）。导致人口锐减的原因是土地被夺，生活环境变迁以及随西方文化而俱来的烈酒和病毒。澳大利亚土著居民悲惨命运在世界上“原始民族”中具有典型性。（据澳大利亚著名人类学家A.P.Elkin，*The Australian Aborigines*一书的意见，澳大利亚当局对土著居民政策早在三四十年代有所调整，现人口较前已有所回升，见该书1981年版362—386页——2002年6月16日补注）

现澳大利亚土著居民们不会种植，内地一些部落仍以狩猎、采集为生，但已有不少人制造传统工艺品（树皮画、飞去来器……）卖给旅游者。虽然从1967年起获得公民权，社会地位仍低。失业、酗酒是当前两大问题。

据说澳大利亚有人可能一辈子没有看过土著居民。我很幸运，来此几天已在街头看到他们手持酒瓶游荡，在博物馆看到他们兜售飞去来器，今天又在研究所会见已在该所工作的土著居民并与交谈，他（她）们能说很好的英语。

1984年5月12日

堪培拉

上午独去国家植物园散步，园在黑山自然保护区附近，距住处乌尔苏拉学院甚近。

晚上海留学生祝敏申君请客，祝君现师从巴纳（Noel Barnard）先生学习中国古文字学。同座者有北京来此访问的民族研究所语言学家王均先生。其兄即助李约瑟博士编《中国科技史》之王铃，现已在澳大利亚国立大学工作。

明日即将离此，今收拾行装。在国立大学校园内居住数日，空气清新，环境优美，令人留恋。整日不闻嘈杂之声，入耳只有鸟儿鸣叫。有一种鸟声似金属敲击，为他处所未闻。

澳大利亚朋友相待甚殷。太平洋研究院中诸先生王赓武、福克斯两位以外，他如史前史主任戈尔孙（Jack Golson）博士、研究东南亚考古卢夫·维索瓦（Loof-Wissowa）博士、研究越南史马尔（David G.Marr）博士、研究中国铜器及古文字的巴纳博士，均曾热情帮助或以著作相赠，深为受益。与巴纳先生交谈尤多，初次拜访时，他指办公室墙上一张金文拓片问是何年代，考古工作者的职业习惯自不允许贸然回答这类问题。最后他哈哈大笑说，乃他自己按中国古代冶铸方法所制铜器之“铭文”。

1984年5月13日

阿德莱德

晨由堪培拉起飞，经悉尼抵此，住入格罗夫纳旅馆，距阿德莱德大学只有两个街区。下午去大学俱乐部报到、晚又去大学听音乐会。

阿德莱德为南澳州之首府，人口80多万。此城以举办两年一次的国际文艺节而蜚声于世，城中心设有“节日中心”，内正陈列现代派艺术作品。

1984年5月15日

阿德莱德

连日紧张准备，今日下午终于在大学Napier大楼G01室作生平第一次英文演讲，题为《古

圣克鲁斯岛编织野生植物纤维织机（南澳博物馆藏）

掸王国的新曙光——云南沧源崖画的介绍》，来听者数十人。自觉英文说得太不像样，会后有人认为内容新颖，说明已被听懂。大会分为若干组（session），我属“南亚和东南亚”组，由王赓武先生主持。

1984年5月17日

阿德莱德

演讲完成，一身轻松。这几天在大学俱乐部用午餐，吃“上午茶”、“下午茶”，小组会议自由参加，或与人交谈（有人来问“荆州”是否就是“江陵”之类问题），或去博物馆参观。

南澳博物馆也在北特勒斯街，距所住旅馆甚近，已看数次。此为一自然史博物馆，陈列澳大利亚新几内亚及美拉尼西亚诸岛土著居民文物，其澳大利亚收

新几内亚钓鱼风筝（南澳博物馆藏）

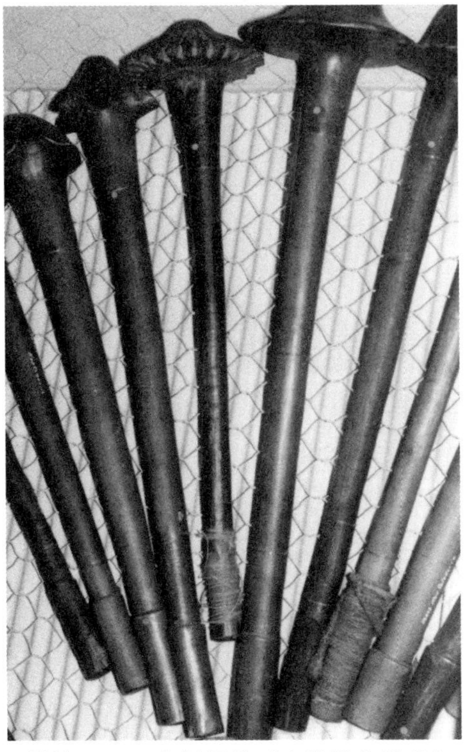

美拉尼西亚木制棍棒（南澳博物馆藏）

新几内亚附有各种形式石棒头的棍棒（南澳博物馆藏）

藏品号称“世界上最好的”。展品确实丰富，每种器物必有多件标本并列陈放。对于几种石器制作及安柄方法已作仔细观察和记录，颇多发现。见新几内亚一个部落对敌人和祖先头骨均加保存，但方法不同，晋宁石寨山铜器图像中供奉人头当为祖先头颅这一设想已获新证据。由此观之，参观博物馆必须有从容之时间，匆忙草率难有收获。

另一博物馆为南澳艺术馆，1881 年奠基，陈列近代澳大利亚之绘画、雕塑，无大兴趣。

16 日晚应邀赴颜清煌先生家宴。颜先生任教于阿德莱德大学历史系，专攻华侨史。

屋顶有鸟饰的美拉尼西亚人房屋模型（南澳博物馆藏）

1984 年 5 月 20 日

阿德莱德

此地盛产葡萄，酿酒业颇负盛名。19 日由南澳大学历史系杨进发先生带领我和中山大学某教授参观城郊一个酿酒村，品尝当地出产之美酒。

澳大利亚酒价似较美国便宜，一瓶葡萄酒 2—3 澳元，雪黎酒 3—4 澳元，白兰地稍贵亦不过 10 澳元左右。

最后爬上一块山顶草地，远眺阿德莱德市容。一位男士带着孩子正在此练习投掷飞去来器，上前交谈。原来飞去来器有好几个形式，用于不同场合，并非所有飞去来器都能收回。如猎取袋鼠及械斗中所用者大而直，打中目标后不再回收；而能飞回者必须弯度合适，主要用于赶鸟入网。投掷方法的要点是手持一端，另一端前指，平面向着掌心，凸面向外，迎着风向之右 45 度处站立，从肩后前掷，脱手时用腕力使其旋转。这位先生教我试掷数次，虽可飞回，落点甚远无法接住。接飞去来器不可如接垒球，而要双手合掌夹住，否则必伤手指。据告此物必须向土著居民定制者才能抛掷，市面所售多是工艺品性质，徒具形式，我已买几件当即如此。

参观克利兰动物保护区

今日杨先生又盛情引导游览克利兰保护区。占地甚大，树木葱郁，澳洲特有动物分区而栖，袋鼠、鸸鹋时从身边跑过，毫不惧人。后又去海边小憩，尽兴而返。

参观酿酒农庄（与杨进发先生合影）

1984 年 5 月 21 日

墨尔本

晨乘机抵此，梁肇庭博士来接，入住墨尔本大学的女皇学院。1888 年一个卫理公会派（Methodist）教会为纪念维多利亚女皇登基五十周年决定建此学院。据介绍，本学院毕业生中共出七个英国皇家学会会员，数人担任大学校长，澳大利亚前首相霍尔特（Harald Holt）亦出身于女皇学院，他们以此而自豪。

中午，与梁肇庭及李林肯两位先生同用午餐。梁先生任教于墨尔本大学，李先生任教于莫纳什大学，两位均研究历史。澳中理事会安排他们负责在墨尔本接待我们。

下午，由李、梁两位先生引导参观维多利亚博物馆。展品中有阿纳姆兰地区木柱棺，说明文字中描述土著居民二次葬的过程极为详细，增长知识不少。

晚梁、李两位及年青学者卢先生（研究物理学）请去一家中国餐厅“吃夜宵”。此间华人较多，19 世纪即有大批华人到达，加入淘金热潮。

访问莫纳什大学

墨尔本为澳大利亚第二大城市，人口 200 多万。其开发晚于悉尼，1835 年始建立居民点，1927 年前一度为澳大利亚政治中心。墨尔本是时任英国首相之名。

此地是澳大利亚之行最南的一站，由此向南航行便可一直到达南极洲。

1984 年 5 月 22 日

墨尔本

李先生带领拜访莫纳什大学，会见同行并座谈。中午该校宴请。又应邀去澳洲广播电台接受采访，谈崖画及此次访澳观感。任职该台中文部者多为华裔人士，甚为热情，听说我离家已近一年，他们决定今日访谈内容将在一个月后再播一次，要我通知家人收听，“使他们听见你的声音”。

1984 年 5 月 23 日

墨尔本

今梁先生带领访问资深教授西蒙（M.Simon）。彼曾在中国居住，与闻宥先生相识，托我向闻先生问好。

下午，又去维多利亚艺术博物馆参观，匆匆一过而已。

1984 年 5 月 24 日

墨尔本

昨拜访拉特罗布大学，此间有研究史前史及考古学的机构。再次报告沧源崖画之发现，参加者本校教师，还有校外来的学者。〔澳大利亚崖壁艺术研究协会（AURA）贝德纳里克（R.G. Bednarik）博士听报告后，来信要求在澳发表此文，不久即在《崖壁艺术研究》(*Rock Art Research*) 1984年2期发表——2002年6月27日补注〕

访问拉特罗布大学

由于彼此专业相近，与拉特罗布大学学者交谈甚欢。他们提出航班下午起飞，还有时间去看一处史前遗址。

晨起前往参观。遗址名 Keilor，在墨尔本之西北，位于去机场之路上。每一地层年代均有精确测定，其最下层距今 40000 年左右，已盖房屋保护。继去看一棵大树，上有古代土著居民剥取树皮制作盾牌后留下痕迹。

参观毕直赴机场。飞机于下午 5:30 准时起飞。

澳洲之行共历三周，拜访 4 个城市。一切活动由 ANU 的太平洋亚洲研究院作出周到安排，每到一个城市，必有专人接待，何人接机，何人带领参观，参观何处，一切按事先排好日程进行。主人之盛情可感！

澳大利亚土地广袤，资源丰富，而人口极少，发展前途不可限量。政治上实行民主制度，工会势力强大（居澳期间已发生几次罢工），劳动者权利得到较好保护。

生活习俗与英国多同，但语言有自己特点。发音较怪（即所谓“澳大利亚口音”），又另有一套惯用词汇。据介绍，“烧烤”不说 barbecue 而说 barbie；“三明治”不说 sandwich 而说 cut lunch 或 sammie；“早安”不说 good morning 而说 good day；“对不起，你说什么？”不说下半截的 pardon? 而说上半截的 beg yours；“打个电话来”不说 give me a call，而说 give me a bell；“谢谢你”不说 thank you，而说 ta。最奇怪的是“看呀”！不说 have a look，却说成 have a Captain Cook！不知出自库克船长初抵澳大利亚时什么典故？但仅是民间如此，学术界仍用普通英语。据说，澳大利亚橄榄球比赛方法也与他国不同，称为“澳大利亚规则”。

泰国

（1991 年 1 月，2010 年 11 月）

（一）

1991 年 1 月 13 日

曼谷

经香港飞此。

由于泰国领事馆签证有“过境”（Transit）字样，昆明机场检查人员要求说明目的地究为何处。分明仅去泰国开会，何来其他目的地？争执良久，始允登机，港龙航班竟为此误点半小时。一切是省外办代办手续，差错出自何方？说一句时髦语，至今仍是“一头雾水”。

此行参加的“东南亚及中国西南高原青铜文化发达阶段”会议，由夏威夷大学 S. 奥哈诺及华盛顿大学 K. 胡特尔两人发起，美中学术交流委员会提供经费。与会西方学者多为熟人，惟有越南代表二人、苏联代表二人及日本和泰国代表为初识。

周镇荣先生及其女儿前来接机，送入会议预定的旅馆。周先生广东人，在此经商多年，现开设服装厂，热爱中国文化，喜与大陆文化人交往。

1991 年 1 月 16 日

华欣

参加〝东南亚及华南青铜器文化发展阶段〞国际讨论会

14 日晨，会议代表于旅馆大厅见面。朋友们咸以为我不会获准出国，见而惊喜，寒暄叙旧，分外亲切。旋乘巴士来此度假胜地，住索非托旅馆，一人一室面对大海，临近沙滩可以游泳，馆内遍植热带花木，养有大象。

今轮我发言，题为“中国西南高地之政权形成”，以晋宁石寨山文物推断当时已有早期政权，且为原生政权而非次生政权。论文准备多时，自觉颇有新意。惟已有多年不说英语，表达极差，殊可愧也。

今晚旅馆举行晚会，有泰国歌舞表演。

由于伊拉克入侵科威特，中东战争爆发。会议休息期间，代表们各自跑回房间看 CNN 现场实况采访。美国导弹在天空划过有如流星，开战未久胜负已定，现代战争全凭科技取胜矣。

1991 年 1 月 19 日

华欣

会议昨日结束。

今回转曼谷。途中经碧武里省游览一处皇宫，西式、中式及泰国固有的建筑同时并存。宫内家具多为西式。此宫乃拉玛四世（1851—1868）所建，这位泰王即美国影片《国王与我》描写的国王，他聘请女教师安娜在宫廷中教其子女确有其事，但影片塑造的形象引起泰国人极大不满，认为是对他们国王的歪曲和诬蔑。原来这位国王既精通佛教经典，又会拉丁文及英文，且以研究天文学为业余爱好，他推断日蚀之精确令西方人敬佩不已。从相片看，他应是一位儒雅的瘦削老者，确非如影片中所见那样粗鲁无知的光头汉子。

碧武里省拉玛四世离宫

晚白海思、金大龙博士来访。

1991 年 1 月 20 日

曼谷

晨起周先生接往其家。

白天独自在街头漫步，在昭帕耶河中泛舟，参观市容。

曼谷意为“野橄榄林的村寨”。自 1782 年克里王朝（得名于王朝开创者昭帕耶 · 克里）在此建都以来，不断发展形成今日之规模。今人口达 500 万，较之二战前增长四倍，占全国人口十分之一。全国机动车百分之九十集中于此，交通拥挤出乎想象，大小汽车之间夹有摩托车，多如过江之鲫。曼谷街道极不规则，名称难记。幸能英语者多，问路尚不困难。乘出租摩托车（tuk-tuk），价格亦较公允。

市内到处可见寺庙，显示佛国之面貌。此间寺庙称“洼”，与中国傣族全同。宫殿、寺庙多涂金为饰，在烈日照射下一片金碧辉煌，而一幢幢现代化摩天大楼与之并肩而立。穷街陋巷也不时可见，小贩沿街摆摊设点，空气中弥漫着传统食物之气味和嘈杂之声。这真是一座新与旧、东方与西方文化交织一起的城市。

城市中有一处称为“皇家田”者，每年五月国王在此举行亲耕仪式，当类似中国古代“籍田”仪式，惜无缘详细了解以类比古史。

晚周先生所在之华商组织聚餐，邀我参加。饮食讲究，包厢面对舞台，有台湾歌手演唱流行歌曲。此间华人甚多，约占泰国人口百分之九，曼谷市人口中百分之六十五为华裔。华人来此者多从事商业，或已历数代，在泰国商界握有极大势力。此间似少排华事，华泰之间又不禁通婚，其境遇似较他国华侨为优。惜今日与会者多操粤语（潮州话？），难以沟通，未能详询近况。

1991 年 1 月 21 日

曼谷

晨周太太请吃广东早茶。继导赴唐人街一游。此间唐人街多金店及古董店，在一家古董店中见F型铜鼓一件，已摄影。

今参加市内一日游，游大皇宫及玉佛寺。

按王朝建立之始，拉玛一世（即昭帕耶·克里）即在曼谷大兴土木。以后诸王多有增益，其中拉玛五世（即朱拉隆功，1868—1910）对泰国及曼谷市走向现代化，建树尤多。他建立学校和医院，创办电报局和邮局。今泰国最早的大学便以他命名作为纪念。大皇宫及玉佛寺亦由拉玛一世奠定基础，这两个建筑已有200年的历史。

曼谷玉佛寺

大皇宫原仿阿瑜陀耶王朝宫殿而建，后续加建造，其中既有泰国传统建筑，也有典型的维多利亚式建筑。原来为王室居住之所及政府办公之处。自1946年发生一次宫廷谋杀后，国王迁到另一现代化皇宫，这里仅作为举行宴会接待使节的地方。今部分开放，供人参观。

玉佛寺因供奉一尊75公分高的玉佛而得名，它以整块的玉雕成，被视为国家的保护神、最为神圣的佛像，原在清莱一个寺庙中，是王朝奠基者昭帕耶·克里远征的战利品。此庙为皇家寺庙，寺庙建筑亦仿阿瑜陀耶之皇家寺庙而建。入内参观不仅要脱鞋，还有许多规矩，写在门前请游客注意。玉佛寺中见一种鎏金雕像，有翼有尾，当系神话人物，形象殊美。不知典出何处？

今还见两个铜鼓（F型）放在门外两边，似作仪仗用。

玉佛寺中鸟形女神像

1991年1月22日

曼谷

昨参加旅游团游览漂流市场及玫瑰园。

乘船一小时许达漂流市场。两岸人家房屋临岸，植柱于河，掩映于绿树丛中，风景殊美。比至，但见数十小船簇拥于一段河道之中，向岸上游客兜售蔬菜、水果及传统风味熟食。曼谷周围水道纵横，素有“东方威尼斯”之称。此间居民从事水上贸易，以物易物，原有古老的传统，今日所见非复旧观，过去如云南等地傣族一样仅在清晨贸易，以避炎热，今则至午不散。但从事贸易者多为妇女，犹保存过去的习惯。

玫瑰园在曼谷之西有32公里，原以遍植玫瑰而得名，今复现傣族传统风俗吸引游客，实一民俗村也。今见歌舞表演内有舞者戴长指套，过去以此为宫廷特有舞蹈，今知来自泰北，为欢迎客人之舞。故铜鼓图像舞蹈“羽人”有手指甚长者或可作此解释。又见斗剑、拳击等表演及

泰国人滨河而居的生活方式

漂流市场

玫瑰园驯象表演

婚礼及升和尚等仪式。大象作运木等表演，引起游人喝彩。按泰国服象有悠久历史，驯象作战屡见于历史记载。今日靠近柬埔寨的素林省每年11月仍有象战表演，可惜不能往观。白象尤受到重视，阿瑜陀耶王朝曾驯成300头战象，内有七头白象，缅甸欲加抢夺，以至爆发一次战争。东南亚民族普遍认为，白象是吉祥的象征和皇权的标志。泰国一战后参加凡尔赛和会所用国旗就是红色背景中一头白象，后来才改成今天的红、蓝、白三色条纹旗。

今又参观蛇园，群蛇攒动，种类繁多，何止万条？看驯蛇人如何喂食，如何捉蛇，如何取毒。此机构于1923年成立，原为了治疗为蛇咬伤者，世界上仅有巴西有同类机构。

1991年1月24日

阿瑜陀耶

参观阿瑜陀耶遗址（中立者为周镇荣先生）

昨周先生及其友潘先生（任职于报馆）导游阿瑜陀耶城遗址及曼巴因宫。去时乘巴士，归来乘船。

阿瑜陀耶即中国史籍称为“大城”者，原为地名，后成为在此建都之王朝名。它继素可泰王朝而兴起，其后便是克里王朝。

此城四边环水，形成一岛，1350年建成，直至1767年缅人侵泰摧毁，经历417年的辉煌。早期到此欧洲人说其中有成百个寺庙，是“东方最美好的城市”。阿瑜陀耶王朝最盛时期不仅统一泰国中部，控制马来半岛及下缅甸，并且征服清迈，攻陷吴哥。许多次胜利的远征都从这里出发，西方使臣和商人在此进进出出。如今却是一片废墟！但从巨大的柱础高耸的佛塔和庄严的佛像，仍可想见原来面貌于仿佛。

曼巴因夏宫

曼巴因原是阿瑜陀耶王朝所建之一处夏宫，也位于昭帕耶河一个岛上。1767年后克里王朝重加修建。今天所见宫殿和寺庙多为拉玛五世（朱拉隆功）所建，时在19世纪后半叶。有西方建筑，有中式建筑，也有传统的泰式建筑。一个建造在湖中的亭子内供奉朱拉隆功的铜像，重檐欲飞，极为雅丽，是泰式建筑的代表作。当今泰王仍在此接待外宾。

阿瑜陀耶故宫及曼巴因夏宫之设计及建筑水平，虽不能与明清北京城相比，不逊于当时中国其他城市。泰国古代文化曾受外来影响，但有自己浓厚特点。我们不可以“天朝心态”小觑周边各国的文明。

1991年1月25日

曼谷

曼谷之交通拥挤，闻名于世。华欣会议结束时主持人即告诫大家至少要提前三小时赴机场，以免误机，故今清晨即起，周先生派司机直送机场。

比至机场，只见万头攒动，人人惶恐不安，所乘飞香港航班延期起飞，西方旅客可改乘当天其他过港航班。惟我必须明日再来，谓抵港时赶不上去昆明航班，中国大陆人士不允许出香

阿瑜陀耶遗址

港机场，无法安排住宿。气愤之极！见一人手持扩音器维持秩序，似负一定责任，遂上前理论，要求今日飞港，至于到香港后如何转机是我自己的事。争辩良久，最后协定次晨保证起飞，今日住入机场旅馆，一宿两餐费用全免，并可打三分钟的长途电话至昆明。中国尽管已是核大国，是联合国常任理事国，在国际旅行时仍属次等国民，办理签证多有限制，甚至去即将收归中国的香港也是如此。这也全怪国人自不争气，口中说的报上写的都是国外如何不好，心中整天想的却是自己或子女如何出国，从上到下无不如此，而且不择手段。非法移民和滞留不归者太多自必引起他国戒备。

于是今晚还要在曼谷再住一天。

据说海湾战争以来这几天，航班经常取消或晚点。传闻萨达姆准备在国际大城市大搞恐怖活动，曼谷也是袭击目标之一，机场检查特别严密，行李稍有可疑便要打开检查。几个中东国家人士坐在候机室中亦被盘问半天，并勒令打开行李，大有风声鹤唳草木皆兵之势。泰国距伊拉克如此遥远，也感染到战争气氛。当今世界一处不安宁便处处不安宁，这大概是未来“世界一体化”的必有现象。

来泰国不觉已近两周，总结一下此行之印象，颇多感慨。这个国家与西方发生接触始于1511年，时当中国明末中叶，先是葡萄牙人，相继到来的为荷兰人、英国人和法国人。泰国从阿瑜陀耶王朝直至后来克里王朝，尽管对外国人之控制或紧或松，对西方文明一直采取学习而不是抗拒的态度，没有采取“禁海”或“闭关锁国”政策。朱拉隆功本人两次访欧，并派遣儿子及青年人赴欧留学，拉玛六世曾在牛津大学读书，拉玛七世是伊顿公学的学生。重要的是从朱拉隆功起就表现出某种程度的民主倾向，30年代泰国就有议会之设，是亚洲国家中较早者。

当然从东方式专制过渡到西方民主绝非易事。军人长期控制政权，1932—1980年间泰国发生军事政变达26次之多。今天的泰国总算建成类似于西方的君王立宪制，人民享有民主自由程度为亚洲之最。但这个国家为了迎合外国旅游者，当前色情泛滥，艾滋病蔓延，“人妖”之类令人作呕，与一个佛教国全不相称。城市交通及环境卫生等方面，与西方相较尚有很大距离。但愿中国西双版纳等傣族地区今后现代化过程中，吸取泰国之教训。

（二）

2010年11月23日

曼谷

相隔二十年之后，又有泰国之行。

21日抵曼谷机场，David及Heather派司机来接。晚他们在泰味餐厅宴请前先邀去其住宅小饮。两位博士承担联合国教科文组织多种项目，长住曼谷已有多年。我们相识已近三十年，回忆在费城往事，相谈甚欢。

22日游大皇宫、玉佛寺及卧佛寺后，又去看汤普孙（Jean Tompson）别墅。彼为1906年出生之美国人，二战时来泰国，原为CIA工作人员，退役后专门经营泰国丝织工业，遂成巨富。现存六座泰式柚木高脚干栏，是将外地（甚至有来自Ayuttaya者）古老建筑拆卸运到曼谷组建而成的，有的至少已有200年的历史。建房时全按泰国风俗举行有关仪式，并请占星师确定“吉日”。1959年房屋建成，他不久便将此房向公众开放，所有收入捐赠慈善机构，供保护泰国文化遗产之用。汤普孙氏于1967年在马来西亚游历时神秘失踪。他结婚两次，已离异，无子女。

访问联合国教科文组织办公室

房内陈列他收藏的佛像、瓷器等艺术品，其中有些来自中国。

晚David和Heather又在中国菜餐厅宴请，会见正在康乃尔大学攻读博士之Amanda L.Flaim及David B.Ahlquist。

23日欲赴泰国国家博物馆参观，是日不开放废兴而返，归途去唐人街一游，在华莲寺小坐。继赴教科文组织在曼谷办公地点访问，即在其员工餐厅吃午餐。

晚杨文学君来谈，议定去清莱之行程。

2010年11月25日

清迈

昨飞此。承在UNESCO工作之Stephanie Gay女士接机，住入假日花园旅馆。适逢UNESCO组织的某一会议在此召开，我等不速之客亦受优待，食宿均加优惠。

下午王建华君来谈当地情况。彼为西双版纳阿卡人（其妻为泰国阿卡人），原在昆明植物研究所获硕士学位，现在Riverside加州大学攻读博士，专门研究中外阿卡人之语言文化及生态保护问题。

始建于1391年的清迈城中心塔（Chedi Luang）

今参观清迈国家博物馆，有正在

南班大学读大学的中国留学生自愿为我们讲解。陈列中见少数石器，除佛像外未见青铜器。陈列非常简单，未能全面反映兰那王国的历史。据记载，在南班附近发现崖画，在陈列中毫无反映。值得一记者，其古代钱币奇形怪状，有作动物獠牙状者；在表现日常生活部分，有对古代斗虫游戏之复原，两只比蟋蟀大几倍的昆虫放在独木上相斗，殊为奇特。

途中经过老城。清迈城原为四方形，周约 1.5×1.5 公里，城外有护城河。后在东方两面又建外墙，城墙已残破，仍可见由红砖砌成，中夹砂石，雉堞顶部也呈尖形，与曼德勒城墙风格相同，仅较矮。东南亚各国文化原有相同之处。

清迈号称“寺庙之城”，仅城墙之内即有 36 寺，只能择要参观。有名 Chedi Luang 者（华人称为“肚脐庙”，应得名于位于城之中心），寺有一塔，奠基于 1391 年，后不断扩建，高达 90 米，1545 年毁于地震。塔座四角各雕一象，四面各雕六象，共二十八象。寺中有一棵大的 gum tree，历史与清迈城同样长久，传著名的孟莱王即为雷电击死于其附近。

下午访问 1965 年建立之清迈大学“社会科学和持续发展中心”和“民族研究和民族发展中心”，会见 Chayam Vaddhanaphuti 博士及 Prasit Leepreecha 博士，对方表示今后愿开展合作交流。

清迈城墙

2010 年 11 月 26 日

清迈

上午王建华先生驱车导引访问“唐人街”。今日周五，适逢街期，盖回教徒进城做礼拜，顺便赶街，极为热闹。此间回族多来自云南，其在清迈城者居住在街子附近，其居于城外者亦多聚族而居。他们较完整地保持其族群特性，妇女头上包巾，均记得从云南何地迁来，迁来已有几代，能说泰语，也能说汉语。与一位背孩子之妇女交谈相久，她指着孩子说，“将来要教他说汉话”。

古代兰那王国斗虫游戏（清迈国家博物馆陈列）

街上交易者主要为农产品及日常用品，无甚特殊之物。今我感兴趣是买卖谷物以小铁桶为量具，售米摊位价格表必同时写明“每公斤 ××B(泰币)”、“每桶 ××B”，每桶为 0.8 公斤。各家所用并非罐头盒之类自制的桶，而是大小一致，都从商店买来。不意以容器为量具之原始计量之俗，在中国少数民族地区正多消失，而此间犹有保存，且已形成统一的标准。

访问清迈大学

清真寺在街子附近。顺便参观，与管事老人交谈良久。其子在“公司”工作，自己在此“帮助照看”。泰国人收入不多（一般职工月收入二三万铢），但有自己房屋。墙上贴有修建寺院捐款名单，捐款者中多有中国“教亲”，每人捐人民币几百元到几千元不等，可见此间回族与中国回族之间联系之密切。

继访问汉族社区。中心称为“本头古庙”的寺庙，正中供一男一女，当系土地爷之类，兼祀财神、华佗，有老人正为人择日问卦，信徒们操粤语（潮州话？）难以交流。

清迈汉人街上回族妇女

西方学者把泰国华人分为两种，一种如上述从云南迁来者称为overlands，另一种漂洋过海而来者称oversees，前者又称Haw或Chin Haw，这两种华侨在清迈均有存在。

午饭后，王先生又引导游览位于山顶Wat Phat That，汉人称双龙寺，因阶梯两旁干栏雕成龙形而得名。传14世纪后期兰那国王欲安放佛骨，放在象背上任其觅地，象抵此山顶而跪止，前后凡三次，遂在此建塔。此地游人如织，人们可从山顶俯瞰清迈全城。

清迈为兰那王国之首都。连日从博物馆及书店购得介绍兰那历史英文书籍数种，得知大概。清迈地区原有孟族建立之王国Haripunchai，首都即在今清迈南26公里之Lamphun。1259年兰那开国之君孟莱王即位，先建都于清莱；1281年征服Haripunchai，又合并了泰北其他几个小王国（有的书中称为“城邦”），建立兰那王国，于1296年建新的清迈城并迁都于此。兰那王国于14世纪中叶到16世纪初最为强盛，称为“黄金时期”，其统治范围不仅涵盖今泰国北部，其影响达到今缅甸掸邦、老挝琅勃那邦和中国的西双版纳。兰那王国与西双版纳尤有密切关系，传孟莱王之母即娶自景洪，以后双方王室续有通婚事。

兰那王国所以能以一个强大政权出现于东南亚历史舞台，有其有利的自然条件。泰北也是山区，但几条河流自北而南穿越其中，形成大片河谷地带，地势平坦，极利农耕。从机场进城，一眼望去，四周几乎不见有山。“西双版纳”直译为“一万二千田”，而“兰那”直译是“百万稻田”。

16 世纪以后，兰那与泰国中部的大城王朝及缅甸经常发生战争。1558 年起受缅甸统治，达 100 多年之久。1774 年缅人被赶出清迈，随之兰那成为暹罗的纳贡国。1874 年暹罗向清迈派驻官员，标志着兰那王国正式成为泰国的一部分。1927 年泰王拉玛七世率领 87 头大象组成之象队首次访问清迈。1939 年清迈最后一代王子亡故。

兰那王国在中国古籍中称为“八百媳妇”，因何得名？民族史家迄今未有所说明。这次来想找当地历史学家请教，未能如愿，但从一本已有英译本泰文历史著作中找到一条资料，据说遥远的过去有一个统治者拥有八百个配偶（consorts），每个“配偶”管理一个社区。这本历史书作者的作者认为，“八百媳妇”之说便源于此。（见 S.Ongsakul,*History of Lanna*,Translated by C.Tanratanakul,Silkworm Books,2005;p.24 ）至于“八百媳妇”后又称“八百大甸”，则易理解。大甸者，大坝子也。对从云南走来的人，云南有什么坝子能比这一带的“坝子”更大呢？

2010 年 11 月 27 日

清莱

租车一辆，清晨由清迈出发，暮抵清莱。

途中顺便参观一处大象营，看象表演跳舞、绘画、踢球等。泰国为亚洲象主要栖息地，直至最近还有野象 2000—3000 头，大部分集中在泰北地区；而已被驯养的象达 100000 头，泰北约有 25000 头，今天仍在从事拖运木材等工作。在泰国，驯象是一项专门职业，驯象人称为 mahout，我们参观之处便设有驯象学校，旅游者付一定费用，在短期内便可学会如何喂养，如何对象发号施令，最后获得一纸证书。

司机在制造传统纸伞的“伞村”停留（他家在此），顺便参观其住宅。二层小楼，极为舒适。

颈戴铜圈的帕东人妇女（清迈生态农业村）

又参观一处称为 Baan Tong Luang 的生态农业村，内有几个民族（拉祜、崩龙、苗、克伦）的村落，农业活动及日常生活均保持传统方式。最引人注意的是以妇女颈载很多铜圈而著名的 padong 人村落。按 padong 人为缅甸卡伦人之一支，尚存 7000 人，近 20 年来不堪贫穷和压迫，不断跨过边界迁入泰境，据估计至少已有 300 人。今天参观的村落是 2005 年始建的，共有 16 人获得了在泰工作的许可证。现约有茅屋一二十间，分布大路两侧，路之尽头有一座教堂。每座茅屋之前有一两个姑娘织布，兼出售旅游纪念品。与一位名叫马波的姑娘交谈，她 21 岁，能说很好的英语（“从游客学会的”）。据告，女孩子从六岁起戴圈，每三年加圈一次，最多者可载 28 圈，重达六公斤（据其他材料，可达 15—16 公斤）。她自己现已戴 22 圈，重约四公斤。铜圈在缅甸商店有售，每圈约值泰币 2000B。一个妇女从小到死，铜圈只能不断加多，不能取下，“劳动时当然很不方便，但这是为了文化”。问起教堂情况，她说她信佛教，不去教堂。

傍晚抵达清莱前，参观一座整体呈银白色的寺庙（俗称“白庙”），乃近年所建。

2010 年 11 月 28 日

清莱

今去此行主要目的地美斯乐村。过去这里是恐怖之秘境，今已成为旅游胜地。

访问金三角雷雨田将军

国民党残军初入缅境，历经战斗，20 世纪 60 年代迁入泰境，以美斯乐为中心建立据点，后因帮助平定山区泰共游击队有功，泰政府最终允其合法居留，双方议定实行“归化协防辅导生产”之原则，终于铸剑为犁，开荒种植，建成十三个“自卫村”。在建设中，台湾的救济机构也起了不少作用。今日我们上山经过的陡峭但很舒适的柏油路和代替了原来茅棚的一幢幢坚固的房屋，便是他们援助的成绩。

访问原第五军参谋长后任总指挥之职的雷雨田将军于茶室。将军云南建水人，今已 94 岁，大半生均在泰缅边境度过，今日已决定在此定居并终老于此。中午吃饭的饭店及附近的旅馆便是他开办的。此间还盖有台北义民文史馆，表现这支军队的历史和今日之成就。

继赴洛河（Lao）与湄公河会合处及泰老两国交界线处一看。金三角一般即指此处而言。江边新盖寺庙，塑有大佛。

附近的鸦片博物馆，匠心独具。入门经过一条黑暗的地道进入大厅，反映了展览的主题——鸦片带给世界主要是黑暗。开始讲述鸦片种植的古代历史。苏美尔、埃及、希腊、罗马医书中就有用罂粟的记载，印度莫卧儿王朝驯象人已知在象战时给象服下鸦片。鸦片在中国的传播和带来的罪恶以及鸦片战争展览占了很多空间。一个值得注意新观点是由于英人从中国买很多茶叶、丝绸、瓷器，造成英国贸易逆差，便输入鸦片以避免经济危机，因此在陈列中摆了不少中国瓷器等物，不细看说明，使人莫名其妙。

鸦片在泰国传播也有专室表现。人们躺在床上吸食，习惯全同中国，虽早有禁烟举措，直 1959 年才真正视为非法。

最后表现鸦片之害，并以一系列“个案研究”即一些著名成功人士如何因吸食毒品而摧毁自己的故事来告诫世人。展览把当今全世界禁毒斗争称为“第二次鸦片战争”，同时列举对禁毒采取何种方法的不同意见。

归途经清赛，乃 1328 年某代王（孟莱王的孙子）所建。曾作兰那王的住地。城中也有一个名叫 Chedi Luang（1331 年始建）的塔，高 58 米。

2010 年 11 月 29 日

清莱

上午参观山区部落博物馆，仅两个陈列室。一个专门陈列各种竹编物，有竹制拖鞋、摇篮、捕鸟器及供鸡下蛋的竹箩等。

继参观 Oub kham 博物馆（Oub 指上覆金片的竹编物），收藏佛像及包括一个王座在内的兰那王室用品。一种称为“五合一”的神话动物，兼有马、鹿、象、虎（或豹）及 naga 五种形象，身贴玻璃片，殊为怪异。

清莱亦有玉佛寺，传今曼谷大皇宫中之玉佛原发现于清莱，事在 1436 年。

清莱为孟莱王 1262 年建成，城市即以他命名，王国迁都清迈以前这里应算首都，在 1311—1339 年又一度作为兰那王居住之地〔这时清迈便由未来继承王位太子（称为“诸侯王”）居住〕。后在反缅战争中，成为废墟，原有城墙、王宫早已不存，事隔多年后城市才逐渐恢复。近年发展很快，成为对外贸易要道。

马来西亚

（1998 年 7 月）

1998 年 7 月 1 日

马六甲

为参加太平洋亚洲史前学会（IPPA）第 16 届会议，于是有马来西亚之行。

6 月 30 日晨乘中国南方航空公司 CZ365 航班离京，停广州。晚九时许达吉隆坡新机场。机场三四天前始启用，一切尚未正常。飞机入港停稳后，迟迟不能下机，到了机场又等候良久，清晨四时始抵马六甲。

一夜未得好眠，头昏脑涨。报到时见日程安排，讨论民族考古学第 13 组竟改在今日下午开会，且安排我第一个发言，不得不匆促准备。

下午发言，题为《云南傣族制陶的民族考古学研究》。主持者恩格尔哈特（Richand Engelhardt）博士，略谓某某为著名学者，由他第一个发言殊为适当云云。听者 40—50 人，有人站立后排。发言后前来握手致意者 7—8 人，要论文者 5—6 人。但最后提问仅一人，问陶土是否需加搀合料。

本组有美国学者莱弗茨（Leedon Leffers），正从事东南亚制陶之全面研究，有一个大的项目，已进行多年。另一位美国女学者雷斯（Charlotte Reith）专门研究缅甸原始制陶。他们对我报告尤感兴趣，各出论文相赠。

与会者有美国 J. 怀特、德国德麦玲及萨比纳、英国格洛弗、菲律宾 E.Z. 迪森、台湾之连照美及何传坤等（此会得蒋经国基金资助）。马思中博士已见，他为大陆代表争得资助，本人却要自付食宿费。

旅馆面对著名的马六甲海峡，窗外时有大船驶过。与杨耀林兄合住，卧室外有起居室，有冰

在太平洋亚洲史前学会第 16 届会上宣读论文

箱及热水器，可以随时泡茶，一大快事。一日三顿自助餐，西餐及马亚风味之菜肴任凭选取。果冻、布丁排成图案，五颜六色，较为精致。惟菜肴多鸡、牛肉、海鲜，而无猪肉，回教为此间国教之故也。

晚开幕式，马六甲邦官员出席，表演歌舞后举行宴会。遵照回教习惯，宴会无酒，饮一种玫瑰味之饮料。

1998 年 7 月 2 日

马六甲

昨去旅馆对面商场（本市最大商场）购旅游书一册，从中略知马来西亚一般情况。马来西亚距赤道已近，有“永远是夏天之地”美称。但海风吹拂，并非热不可耐，常年平均温度在 20℃ –32℃之间。人口 2100 万人，马来人约占二分之一，华人约占四分之一，次为印度人、马来半岛土著少数民族及欧裔居民。马来语（属南岛语系）规定为官方语言。回教为国教，但印度教、基督教及华人信奉之佛教、道教及民间宗教（合称“华教”），允许存在。

马来西亚 16 世纪后沦为殖民地，二战后兴起民族独立运动，1957 年 8 月 1 日 11 个邦宣告独立并成立“马来西亚联邦”，1963 年加入沙捞越、沙巴及新加坡，1965 年新加坡退出，今天之马来西亚由 13 个邦组成。在马来半岛者：雪兰莪（Selangor）、森美兰（Negeri Sembilan）、马六甲（Melaka）、彭亨（Pehang）、丁加奴（Terengganu）、吉兰丹（Kelantan）、霹雳（Perak）、吉打（Keden）、槟榔屿（Penang）、玻璃市（Perlis），吉隆坡为单独行政单位，亦算一邦；在婆罗洲者：沙捞越（Serawak）、沙巴（Sabah）。

现马来西亚实行议会民主，但保留王位，由九个邦原有苏丹依次为王，五年一轮（此一制度在世界上独一无二），实际上由首相领导之内阁主持国事。

马来西亚自 80 年代起开始经济起飞。从原来为外国企业供应原材料及廉价劳动力而发展成“亚洲四小龙”之一，有自己的锡、橡胶、电子、电器工业。

近几月亚洲出现金融危机，马来西亚货币（RM）对美元贬值近三分之一，现美元一元可换四个 RM。人民币在此亦与美元有同样地位，100 元可换 45 RM，在商场即可自由兑换。用人民币可以在国外购物，对我而言是为第一次，中国经济近年确实“表现甚佳”。

今日民族考古学组发言结束。郎安克教授作总结发言，略谓汪教授昨日报告使我们大感兴趣，但不同意我某些观点。

今抽空与杨耀林兄初游马六甲。

马六甲为马亚半岛开发最早之区，曾为东西贸易中心，中西印文明最早接触之处。中世纪航海者称之为“风会合的地方”，盖有两股季风均经过此地。每年 5–9 月，季风由西南吹来，帆船可由印度到此，再由此至中国。每年 10 月至次年 2 月，又有季风自东北吹来，帆船可由中国至此，再由此至印度。据历史记载，15 世纪时马六甲住有中西商人和水手，海岸每年停泊几百条航海帆船，市场上可听到 84 种语言。马六甲在苏丹曼苏尔统治时期（1459–1477）达到全盛时期，其统治势力达到马来半岛大部分地区，甚至到达苏门答腊。传曼苏尔苏丹曾与中国公主通婚，建立雄伟的宫殿。正由于马六甲有辉煌的历史，马来西亚 1957 年在此地宣布独立，独立纪念碑就位于旅馆之北约数百步之处。

苏丹曼苏尔死后，马六甲开始衰落。大概有感于政治风云变幻无常，在马六甲历史和民族学博物馆中保存的曼苏尔墓碑上这样写道：

> 世界总在变化之中。世界上没有永久存在的东西。世界像蜘蛛的房子。

仿曼苏尔苏丹宫殿的文化博物馆

一个政权来去匆匆，政治中心经常转移，缺乏历史持续性，这正是古代东南亚政治历史特点，和中国古代历史具有连续性形成鲜明的对比。

这一时期西方正处在“大发现时代”。葡萄牙人于1509年首先在马六甲登陆，受到当时苏丹曼穆德（1488–1529）及人民的友好接待。这是当地人第一次见到欧洲人，称之为“白孟加拉人”。朝觐苏丹时葡人违反了当地礼仪，苏丹的宫廷便策划一次对外来者的袭击，打算在海边一次宴会中动手。但密谋深算之中竟未把爱情的力量估算在内，一位正在和葡国水手谈恋爱的女孩子，泗渡上船发出警告，结果是葡人仓皇逃脱，仅有20人被俘。

十六世纪葡萄牙人城堡

两年之后葡人卷土重来，马来人的长矛、毒箭敌不住新式大炮。葡萄牙人仅以800个老兵及600个由印度雇来的助手便攻占了马六甲。当他们的炮船沿马六甲河进入城内时，马来人宣告失败，时在1511年。

葡人占领马六甲仅为贸易利益，早期殖民者似不像后来者那样有扩张领土的野心。他们建起当时在东南亚堪称最为雄伟华丽的一座城堡（A.Famosa）居住其中，不再攻占其他地方。

1641年荷兰人取代了葡萄牙人。19世纪之初马六甲又为英人所据。这时马六甲在中西贸易中地位已日益衰落，英人为了怕马六甲影响自己新港口槟榔屿的发展竟花很大力气炸毁葡萄牙人的城堡。据当时记载，“像大象一样大的石头飞入海中”，并且砸烂不少民房。

三百年来来去匆匆的西方殖民者以及此前一度创造辉煌的马来人，在马六甲留下不少的遗物古迹，可供今人凭吊。

我们旅馆之北为“声光广场”，顶有帆篷之牛车载游人绕场环行。穿过广场，即抵圣保罗山。山足之下见一石砌建筑，只余断壁残垣，即为原城堡入门处。行至山顶，有圣保罗教堂，一位葡萄牙贵族因受到“攻击”时幸免于难于1521年所建，以此感谢上帝。现顶部已毁，但墓碑甚多，沿墙排列。碑文反映葡人及后来欧洲人初来此地时病死者甚多，一位英国贵族在不足一月之内，家人全部死亡。

葡人当时乘坐的大型帆船一个模型陈列于马六甲河口（今为航海博物馆），据此可见最早到达的葡萄牙人航海技术已相当可观。这条马六甲河自北而南穿城而过流入大海，当时葡人正是通过这条河占领横跨两岸之桥梁，从而控制全城。葡人统治虽早在四百年前即已结束，但影响尚存。由于葡人实行与当地人结婚政策，留下一个混血的族群，至今仍集中居住在马六甲之东海岸，1930 年起在今称为“葡萄牙广场”地方成立社区。他们以捕鱼为生，说古典的葡语，信仰罗马天主教，有自己的教堂，即位于城中的圣彼得教堂（圣彼得为渔民保护神）。

由圣保罗山顶向北望，可见一片草莓红建筑围绕一个广场，场中心有一座风车模型，远远已可感觉到荷兰文化的气息。该处即为著名的“荷兰广场”。四周建筑包括 1753 年建的一处教堂（Christ Church）及原来市镇大厅（约于 1650 年建）。后者原为荷兰东印度公司统治马六甲的官员办公之处，现为马六甲历史和民族学博物馆。

各种西洋式建筑之旁，矗立着一座传统的宫殿式建筑，即 1983 年模仿马六甲极盛时期曼苏尔苏丹宫殿而建的马六甲文化博物馆。陈列中有 15 世纪马六甲苏丹在宫廷接见使臣之蜡像群（使臣中明显包括中国人），有反映传统婚礼之场面，有反映传统生活方式之模型及文物。

中午天气炎热，乃与耀林兄合乘一辆三轮车而归。此间三轮车由自行车加座而成，车前有鲜艳之装饰物，或以可口可乐铁罐制成，堪称该地一绝。

1998 年 7 月 3 日

马六甲

参加南中国考古发现组旁听。

今去老城一游。老城在河之西，沿岸为货栈、商店，形成市场。过去海船泊岸后，便由舢板载货经河道入市，较西方人先来者为华人，老城成为华人聚居地。当欧洲人来到时这一带已无他们置足之处，故葡人荷人所留遗迹均在马六甲河之东。

河西华人区之福建会馆

由荷兰广场过桥，便是老城，房屋栉比鳞次，多为二三层小楼，前有深廊，可供行人避雨，楼上住人，楼下开店。满目俱是华文招牌，仿佛置身华南小城镇中。各地会馆，建筑华丽。观其名称，可知移民多来自福建及广东。店主操客家话、广东话或闽南话。有古董铺甚多，卖中国式家具、木雕、锡器、马来剑（kris）等。有一条街名 Jalan Hang Jebat，为古董店集中之处，店主能以普通话交谈。

此地华人并非近代移来，多是当地出生居民，为最早开发马来半岛华人遗胤，称为

Peranakan，意为“海峡出生的中国人”，男子称 Babas，女子称 Nyonyas（此区有一专门陈列华人生活方式之博物馆，即称 Baba-Nyony 遗产博物馆）。他们保存中国婚姻礼仪和宗教信仰（如崇拜祖先）。但其他方面早已马来化，说马来语，穿马来式服装，用手吃饭，吃马来风味食物。

似最早华人移民与马来人通婚不必改信伊斯兰教（今日则必须改教），故城西华人区所见“华教”庙宇甚多。有名“青云亭”者，年代最早，传为葡人占领期间华人总督名 Tin Kap（或 Tan Kap）者所建。（按清人王大海《海岛逸志》称，葡人曾任命第一个华人“甲必丹”，名郑甲，可能即指此人。——2002 年 7 月 22 日注）此人 1617 年死（卒年仅 45 岁），此庙已有 300 多年历史，然庙中只见“嘉庆年建”字样。旁有“三多庙”，谓与青云亭同样古老。有一老妇看守，着马来式服装，初以英语交谈，不意彼突然云：“你为何不说普通话”？她称已到过北京旅游云云，相待甚为热情。海外华人执着于中国文化，在东南亚一带似较欧美为甚，年老一代似较青年一代为甚。若近十几年出国者，恨爹娘未给予自己黄发碧眼，而以身有中国文化痕迹为耻矣。

1998 年 7 月 4 日

马六甲

今会议活动是参观森美兰邦。

晨起乘巴士北驶，公路两边见棕榈林或椰子林，绵亘数十里，浓荫蔽日，车窗外望，心神为之一爽。此等情景在西双版纳、海南岛未曾得见。盖马来西亚距赤道已近（距马六甲之南仅百余公里），第一次领略真正之热带风光。

森美兰邦三巨石

先至一个村落（Pengkalan Kempas），属森美兰邦。内有三巨石，为马来西亚巨石文化遗存。三石据其形状，分别称为剑、勺、舵，其上刻有花纹。或谓为公元二三世纪物，或谓与附近之 Sheikhn Anmad Majorun 墓有关。此人为 15 世纪之宗教领袖，剑石即象征他的佩剑。剑石上有“阿拉”两字，似不可能为公元二三世纪物。

Majorun 墓为马来西亚最早之穆斯林墓，约建于 1467-1468 年。墓前有柱，上有铭文记他生平，内容矛盾。一段说他是个圣者，另一段说他是叛徒。大概此人因反抗曼苏尔苏丹失败而死，追随者葬他于此并立柱纪念，以后苏丹又令人加上谴责之词。柱中心有一圆洞，当地人称为“神判石”，据云嫌疑犯手臂放入，如撒谎则手臂不能抽出。此石可称为古代之“测谎器”。

到了首府芙蓉（Seremban）附近，参观文化中心。首入眼帘竟是一座新建的苏门答腊民南加堡人建筑（称为 Teratak Perpatih），屋脊长过屋檐，两端高翘（导游谓象征牛角，自某次与爪哇人作战民南加堡人以斗牛取胜，屋顶及妇女头饰作此形式以为纪念），喜出望外。自见晋宁石寨山青铜器上此类房屋图像，一直多方搜寻类比材料，知苏门答腊民南加堡人房屋有这种房屋，迄无机会前往一观，不意于此见之。

右侧有两座同样建筑，屋角不甚高翘。一为1861年森美兰邦第五代统治者所建，作为送其女儿礼物，一直用到1930年。1953年毁坏后辗转移此，现为邦博物馆，有武器及铜银器皿展览。另一称鬼屋（Haunted House），1898年建，1924年曾拆散运去英国展览。此屋不仅整体为木结构，屋瓦亦为圆形木片，现内部空空如也，岂因“有鬼出没”之故欤？两房虽不如新建那座美观，实代表此类建筑原有面貌。

在工艺品商场院落中吃午餐毕，走上归途。途中参观一处古老住宅，干栏式，屋顶为木板铺成，此可代表马来人传统建筑。现仍有人居住。

沿途所见今天民居有干栏式，有平房，屋顶或用铁皮，在炎热地区竟用铁皮而不用瓦，不知何故？偶有西式洋房，掩映于椰子等高大树木之下，停有汽车，围以栅栏，自为富人所居。

进入马六甲邦北部边境，参观“小马来西亚”，其中每邦各有一座按自己传统建造之房屋。在我辈初次来访者看来，这些房屋大同小异，惟沙捞越之伊班（Iban）人长房颇有特点：干栏式，楼上一间间卧室靠一边排列，悬有门帘，另一边为走廊，有火塘二（三？）个，有窗采光，较基诺族长房明亮。火塘上悬人头骨，当与猎首习俗有关。楼板以圆竹铺成，行走其上，足感疼痛。楼前有独木梯以供上下。

“小马来西亚”之旁还有“小亚洲”，未入内。

森美兰“文化中心”中“鬼屋”

“小马来西亚”中的导游小姐

“小马来西亚”中伊班人的长房及独木梯

晚开会讨论下届会议地点及出论文集事。会前外国朋友向我提出，是否下届在云南召开，力辞无力筹办而作罢。

归旅舍后，翻阅有关资料，始知民南加堡式房屋见于马来西亚实不足怪，原来森美兰邦距苏门答腊最近处仅40公里，晴天可见对岸。据《马来史诗》，马六甲原是一位苏门答腊王子首先发现。自15世纪起苏门答腊居民即不断迁来，故民南加堡人居留此邦甚多，不仅住宅采取原来形式，其他方面也保持自己传统，如著名的母系制至今仍然流行。有当地一首民歌可证，非常有趣，抄录以备今后研究之用：

假如他是强壮的，他将是我们的伴侣；
假如他是个笨蛋，他将被我们呼来唤去；
假如他是个聪明人，我们将邀请他议事；
假如他有学问，我们将邀请他祈祷；
假如他富有，我们将花费他的金子。
当你在一个国家土地上并在它的天空下生活，
就要遵循这个国家的习俗。
一个新郎生活在他妻子亲属之中，
就像柔软的黄瓜处在多刺的榴莲之间；
假如她们滚压他，他要受伤，
假如他滚压她们，他还是要受伤。

这首歌生动反映出女系家庭中男子的处境，民南加堡人应是实行母系继嗣及女方居住制度。

有趣的这里母系社会竟能与伊斯兰的教义相容不悖。苏门答腊的民南加堡人的信仰是一种早期回教和佛教混杂物，迁来马来西亚之后，他们不得不面对严格的回教。经过多年斗争和磨合，两者达成妥协。回教徒实行父系及多妻制，此间民南加堡人被允许实行单偶制和母系继嗣，但财产不能如过去那样全部由女儿继承，女儿们只能得三分之一，三分之二要归她们的兄弟。

深夜于马六甲 Century Mohkoto 旅馆

1998年7月7日

马六甲

昨与杨、何、蒋三君雇出租车同去 Bukit China 一游。

车由旅社驰向东北方，途经锡克庙，下来参观。不收门票，庙内不见一人，殊为整洁。建筑基本色调为白色。入门见告示：不许走中间正道。从旁道进入一大殿，内有神龛状物，但不见设像，此与伊斯兰教同。

Bukit China 区域实指一大片中国人墓地而言，在一系列小山之上，共有12500个墓之多，号称中国本土之外最大中国人墓地。每墓以石砌圈，前有碑，据云早者可至明代，匆忙间未遑辨识，仅见道光×年一墓，民国三年一墓。

传苏丹曼苏尔娶明代公主 Hang Lipoh 时，此地即为安置公主及500宫女之宫殿，马来西亚华人视自己之根在此。附近至今仍有华人居住，华人商店较多。Hang Lipoh 事迹不见《明史》。

山脚下有一庙，祀“大伯公”，庭院中有一小雕像，为郑和之像。郑和来此，史有记载。

山下另有一井称 Hang Lipoh 井。又有“三保井”，传为郑和饮水之处。

中国游人来马来西亚，这一地区必为参观之处，庙殿中挂中国领导人在此参观之相片。

在中国人开设之水果摊，购马来特殊水果山竹分食之。此物称“果后”，而榴莲则为“果王”。榴莲之味早已领教，不敢问津。归途再去河西老城，购马来剑一柄。

下午再上街，看人民博物馆，在葡萄牙大船之对面。内有人体装饰展览，从浅化民族之头骨变形、长颈、凿齿、疤痕文身、唇镶盘或吊物，直到中国人之缠足、西洋人之束腰，搜集资料殊备。又有风筝展览，展出世界各地风筝，包括新西兰原始的芦苇风筝和临淄风筝节参与比赛之中外风筝；马来西亚风筝更多，其制作颇具特色。此间放风筝一百多年前开始流行，现已成为民间秋收节庆必有之节目。马航飞机尾翼上即以风筝为标志。

今会议结束，闭幕式有来自吉隆坡之器乐演奏。

明晨将离此去吉兰丹考察。住马六甲数日，印象极佳。城市不大，竟有如此多之博物馆及参观景点，古城保存原来面貌，殖民地时期建筑亦很好保存，中国号称大国，今某些古城被任意拆毁和重建，成为不中不西之丑物，主事者应该愧死！

1998 年 7 月 8 日

吉兰丹邦瓜木桑

预定上午 8 时动身，延至 9 时，代表者群集旅馆前厅，熙熙攘攘，马来西亚主人竟不出面。突然宣布二日游（仅去吉兰丹）及五日游（去沙捞越）行李应分开存放，另行运输，引起一片混乱。工作无计划无效率，岂为东方人之通病乎？

Pulai 村汉族寺庙

汽车经森美兰，从雪兰莪邦插入彭亨邦，左侧可见高楼林立之吉隆坡，未入市内。循 8 号公路北行，至劳勿吃午饭后复前行，傍晚抵吉兰丹邦南境，宿瓜木桑。

沿途城镇均见华文广告及商店招牌，华人在马分布甚广，不限马六甲也。

吉兰丹邦与已泰国接壤，有“马来西亚文化首都”之称，保存传统习俗较多，由于开发较晚（直到 20 世纪还少公路，依赖水道与外界交通）之故。

此邦历史上由二位妇女相继统治，她们养鹿为宠物，故该邦徽章上有鹿象。有许多关于她们的神奇故事流传，甚至说她们会巫术。吉兰丹风筝及蜡染均甚著名。

抵达旅馆后，乘车访问一个华人村落名 Pulai 者。濒临一河，华人来此淘洗金沙，渐成村落。

现淘金已移他处，其后裔留此种植橡胶为生。现全村 50–60 户，能说普通话，保存华人生活方式，信“华教”。附近有庙曰“水月宫”，内供观音；人户门前有神龛，上画道教符箓；河对岸有一山洞，亦为崇拜之处。

塞诺人姑娘表演敲击竹筒

居民房屋甚为简陋，竹木为壁，平房，家无长物，据云通公路通电仅数年前事，生活甚穷。村民在供青年人活动之茅屋中备茶点招待我们。与一陈姓老人交谈良久，据云居民少与回教徒通婚，若通婚则必须改教云云。

晚瓜木桑地方官员宴请。进入宴厅先敬上一枚缀以鲜花之鸡蛋（马六甲文化博物馆传统婚礼陈列中，有按宾客人数在堆满稻谷盘上插“金鸡蛋”之俗）。宴会中有节目表演，打陀螺使在空中旋转（称为 gasing），为过去所未见。

1998 年 7 月 9 日

吉兰丹邦托霍村

晨起分乘数十辆由此邦各地及吉隆坡调来之大小车辆出发，参观史前岩厦遗址。雨后道路泥泞，司机对路不熟。原计划参观三处遗址，我们之车只去两处，未去之处称 Cin Cin 正是有岩画者，初颇遗憾，继闻仅数图形（如会议标识所绘），亦无可憾。

中途在一割胶者工棚小坐，内有三个妇女二个小孩，皆当地土著居民，陪同人员谓这一地区居民皆为塞诺人（Senoi）。

继访问托霍（Tohoi）村，入村时有老人及姑娘出迎，为来访者每人戴一草圈，表示敬意，而对会议主席 P. 贝尔伍德博士则给予一条草编之带斜披于肩，似为对地位尊贵者一种致敬方法。

村中搭一舞台，有年青男女敲锣鼓及敲竹筒。数人各持竹棒直捣面前一根横竹，较为特殊。边看表演，边吃午饭。饭毕，看表演吹箭。竹管径约 1 公分，整竹做成（与马六甲街头作为纪念品出售者分为两截不同），另有套筒，上刻花纹。吹箭尾有软木，吹时再塞火草，箭头甚细如针。箭装于竹箙中，竹箙上亦有花纹。当地人可吹出十余米远，每每中的。

此村房屋共 90 座，干栏式，木结构，草顶或铁皮顶。见集会房屋数座，村民多人正坐于四周木凳上注视我等外来者。这类房屋半壁或无壁，甚大，进一步证实明堂得名于明亮之说。

傍晚改乘大巴士南行，抵吉隆坡已是夜深，宿车站附近旅社。

此行甚得吉兰丹邦政府之帮助，沿途以警车开道，且调集车辆以助考察。休息期间曾问司机，生活如何，答曰：彼为邦政府雇员，月薪 700–800 RM，已有两处住房，生活不成问题云。

塞诺人村落无壁的集会房屋

塞诺人村落半壁的集会房屋

1998 年 7 月 10 日

吉隆坡

吉隆坡位于雪兰莪邦境内，但雪兰莪邦另有首府，有如北京之于河北省。雪兰莪邦为马来西亚发达之区。

吉隆坡意为“泥河之河口”，盖为城内两条河会合之处，今两河尚在。

吉隆坡为中国人所开发。初有 87 名中国劳工来此，采河中锡沙为生（至今仍有窝棚户在河中捞取锡沙），来者渐多，1860 年变成村落，开始大规模开采。当时 Kelang 河之东岸为中国人房屋及商店集中之区（今唐人街即在此区），帮派林立，赌博斗殴成风。后有华人名 Yap Ah Loy(1837–1885）者，于 1868 年掌握统治权力，在此建立法律和秩序。又有华人名 How Ah Yohi 者，发展橡胶，促进吉隆坡之经济发展。1879 年英国才向吉隆坡派遣官吏，在此以前一直由中国人管理。1889 年吉隆坡先成为雪兰莪邦首府，1896 年成为首都。现为马来西亚第一大城市，人口达 100 万人，华人开发之功，不可没也。华人创业时极为艰苦，初来采锡者 87 人，以气候水土不服，一月后只剩下 18 人。

上午与杨、何、蒋三君参观国家博物馆。原为雪兰莪邦博物馆，二战时炸平，在废墟上建立今馆。值得记录者有：(1) 铓锣甚多，形式多样，有中心两个凸脐者，有边缘甚高者（genggong）。敲击之法亦不止一种，有数个平置而击者，有悬吊而击者。此间铓锣乃财富之象征。(2) 铜鼓仅见一具，F 型。(3) 马来剑除锈之法：先插入芭蕉杆，再以半个酸橙擦之，然后清水洗净。

该馆又有“性爱展览”，从埃及的克里奥帕特拉到福楼拜的《巴伐利夫人》，各以画或相片表现。各种“贞操带”令人作呕。据说此展览为世界“首创”云云。

下午参加吉隆坡一日游，参观景点包括：(1) 国王居住之宫殿（Istana Negara)。(2) 国家清真寺。(3) 国家纪念碑，以七个士兵形象组雕为中心，七人按其姿态分别代表领导、团结、力量、警惕、勇气、吃苦和牺牲精神，谓为任何领导人必须具备之品质。周围花园占地颇广，遍植热带农木，旁有亚洲雕塑公园。(4) 中心广场：场中悬挂国旗旗杆，谓为世界最高；右侧有 19 世纪 90 年代萨马德（Abaul Samad）苏丹建筑物，现为最高法庭所在，其金顶钟楼为吉隆坡之显著标志；左侧为英国皇家雪兰莪俱乐部，1884 年建，当时不分阶级种族均可入内，由于人员混

吉隆坡市中心广场

编锣敲击方法（马来西亚国家博物馆陈列）

杂而获得一个奇怪的名字——花斑狗（或谓得名于一幅画）；俱乐部内可以小饮，今为吉隆坡市民休憩之处。此外，在车上还见"蝴蝶园"、"泉园"等景点，均未停留。

晚去中央商场（1936年建，内有200个商店）购物，并去唐人街吃饭。像其他地区唐人街一样，营业直至夜深。

今在工艺品商店购蜡染布两段，衣一件，又皮影一件，皆马来西亚特产。蜡染（batik）一词即起源于马来语，原仅指蜡染棉布而言，今则指其他材料之蜡染甚至使用其他印花方法者。皮影戏在马来西亚之起始尚不清楚，或云来自爪哇，或云来自中国（中国皮影可早到3世纪），但其上人物形象显示出东南亚风格。

今在吉隆坡见中东回教徒旅游者颇众。妇女穿黑色衣服（马来西亚妇女服装已多用花布），仍蒙面纱，照相时取下。一日游巴士中有来自卡塔尔者，互问所来，一时想不起Qatar究为何国，彼曰："难道不知赛足球之事吗？"我只有笑答："你们胜了。"

1998年7月11日

吉隆坡

晨起即去机场。来时夜深，未及细观，今有时间对此新建机场略加观察。机场甚大，有电车接送旅客（从海关到登机口），候机厅极为宽敞，到处皆有舒适坐椅，与某些中国机场拥挤嘈杂，候机者无椅，形成鲜明对照。

此行原想顺道去新加坡，因马来西亚只给一次性入境签证而作罢。马来西亚对不同国家公民实行不同的签证规定，或全免签证，或停留短期者免签，或需要签证且极苛刻。中国照例属于后者。

当第一次可以用人民币在国外商店直接购物时颇感中国地位有所提高，再看签证等方面对中国人之限制，则中国人国际旅行仍时遭白眼。此无足怪，偷渡者及非法居留者太多也。

（当日补记于广州从化）

越南

（2002 年 3 月，2005 年 3 月）

（一）

2002 年 3 月 28 日

吉婆岛

与妻参加越南北部之旅。26—27 日乘火车经河口—老街口岸出境，此线为米轨铁路，法国人于本世纪初所修，沿途颠簸。28 日清晨抵河内火车站，旋即乘三小时汽车抵达下龙湾城。

下午乘船游览。近 3000 个石山或小岛，分布于一望无际蓝色海水之中，船穿行于奇山怪石之间，别有一番趣味。此地有“海上桂林”之称，1994 年列入联合国教科文组织的世界遗产名单。是夜宿吉婆岛。

下龙湾斗鸡石

吉婆岛当地称为 Cat Ba，为越南著名渔港。岛少耕地，而多渔民。此间打鱼小船用竹席编成涂以沥青，为过去所未见。上世纪 70 年代渔民大量外逃，今日多成富翁，乃投资故乡兴建旅馆餐馆等第三产业，使吉婆岛成为新兴旅游城市。今日见渔船上海岸上遍插越南国旗，询之，方知该岛将有盛大节日。1951 年 4 月 1 日胡志明氏来此视察，此后每逢此日，必举行庆祝活动。

2002 年 3 月 30 日

河内

29 日上午在吉婆岛海滩游逛，参观市场，下午乘快艇赴海防市，略事逗留。导游引去濒海之图山半岛（Do Sun）参观一处赌场。该赌场规模较之在美大西洋城等地所见自是瞠乎其后，乃 1994 年越南政府与香港某公司共建。入内，但见豪赌之男女多操广东话，不问可知，乃挟公款或近年所发横财自中国而来。越南人严禁入内，该赌场原为掏光中国人钱袋而设。

29 日夜抵达河内，宿西湖宾馆，乃一滨湖之欧式建筑，设备古老而讲究。近开放为三星级对外营业之旅馆，闻前不久尚为越共中央之招待所，仅高层领导人有权入住。

晨起开始游览，先去巴亭广场，颇似天安门广场，为越南政治中心。越共中央办公楼、主席府（过去为法总督府）、外交部、胡志明故居及胡志明博物馆均设于此。

胡志明陵墓是旅游团队必去之处（导游者大概奉有内部通知），陵前排成长队，浪费时间不少。瞻仰者不许照相，不许戴帽，甚至不许穿短裤短裙（但穿拖鞋不禁）。入内只见胡氏身穿黑色中式对襟短褂（此已成越南民族服装），安详静卧。据西方书籍记载，胡志明1965年立有遗嘱，死后火化，要埋在山丘之上，有利卫生，而又可“节约土地。……上面盖一座简单、宽敞、通光的房子，供参观者休息之用”。山丘植树，“参观者也可植一棵树以作纪念”，“随着时间的流逝，这些树会长成森林，使风景更加优美，且有利于农业生产”。在河内市中心建此陵墓，似继承人违反了胡氏遗愿。

吉婆岛集市上越南妇女制作煎饼

胡志明故居原是几间欧式房屋，后又盖有一座干栏式建筑，旁边连着防空洞，为越战时所建。

胡志明博物馆规模宏大，装饰颇有现代艺术风格。陈列表现胡氏之生平，说明用越、法、英三种文字。引我兴趣的是其幼年简陋居室模型：一盏油灯，从屋顶下悬一个架子，上放几本线装中文书，生动表现出幼有大志的主人夜读情景。

不论其政治哲学如何，胡志明氏较为谦虚朴素，接近人民，这是与其作战多年法国人、美国人也不否认的。我不熟悉越南历史，不知他是否在取得胜利之后也曾整肃知识分子以及过去一起奋斗的战友？

完成政治意义参观项目之后，导游才带我们参观历史古迹，主要是古代庙宇。巴亭广场附近就有一座小庙，佛殿建于一根径为1.25米独柱之上，始建于11世纪，或称“天柱寺”。传说皇帝无子嗣，梦见观音坐于莲花之上，送他一个男婴。后娶农家女果得一子，遂建此寺。独柱之寺使人联想起云南及东南亚地区干栏式房屋中的独脚干栏，西双版纳傣族供神小庙亦作此形式，此应沿袭一种古老建筑形式，原与佛教无涉也。木柱原为一根巨大橡木，今已为水泥覆盖。

河内始建于公元6世纪之镇国寺

河内最古老之佛寺自推镇国寺，位于西湖之滨，传始建于6世纪，后世重修。僧人有功于寺者埋骨于塔。见一新死者尚厝棺于庭，谓三年后始正式埋葬。寺大殿祀观音，旁配祀孔子和老子，与云南古代儒道佛三教并习，如出一辙。

文庙为历史上汉文化在越南传播之见证。1070年建，越数年，又在此建国子监，传授儒学，培育人材。越南古代仿中国科举制度，自1498—1787年共举行82届考试，中进士者1306名。庙之两厢各有41块历届考取进士者题名碑。碑文全用汉文，略读几段文字，文字颇为典雅，书法亦颇端正，一如中国某些碑廊所见，惟使用越南年号而已。古代中国边隅各族及藩属多用汉文，恐未有如越南之娴熟者。庙内有祀孔子之大殿，有泮池，全仿中国孔庙格局。

河内文庙碑廊

河内市内颇多湖泊，大小共有70个之多，除西湖外，较大湖泊为还剑湖（传某位皇帝抵抗中国战争中得此湖中神龟送他宝剑而成功，胜利后剑又没入湖中，因以为名）。此为河内老街区之中心，玉山祠便设于此湖中央，有堤相通。祠内祀13世纪打败蒙古之一位将军以及一些学者文人，殆如中国之先贤祠。

直至黄昏时刻，才宣布为旅游者自由活动时间，乃乘三轮车游览“三十六街”，即河内古老商业区也。这一地区大抵在还剑湖之北红河之西，街道狭窄，不通汽车，而摩托车则多如过江之鲫。此间三轮车是骑者在后乘者在前，面前并无遮拦，两小时游览中，觉前后左右尽是摩托，时从身边擦过，仿佛置身于《生死时速》电影之中。而车夫却满不在乎，时常指指点点说些什么，更令我胆战心惊。

名为三十六街，从地图上可见实有街道远不止此。如七十二行一样，三十六街盖为约数。原来每一街道经营一种货物，便因此命名，如丝绸街、米街、茶街、草药街、油街、豆街、香料街、糖街等等。但此间特点在于区分甚细，如既有竹街、藤街，又有席子街、篮子街、扇子街；既有鱼街，又有烤鱼街、腌鱼街；金属物中则分为锡器街、银器街、铜器街、铁匠街；容器则分为缸街、桶街、瓶街、磁器街。此外，出卖梳子、拖鞋、箱子、秤、乐器，乃至中国西南及东南亚地区流行之水烟筒，各有专街。各街道经营商品现已打破原来界限，但还可见到一条街道多为药店或一条街道尽卖灯笼的现象。

据说三十六街已有一千年的历史，但现在的房屋多为平顶二三层房屋，似沦为殖民地后所建，已非古代行市面貌。此间房屋特点是门面甚窄而内部甚深，呈狭长形。导游云此因按房屋所占街道宽度大小收税所致。然这类房屋较多阴凉可避酷暑，自有其优越性，似越南房屋多作如此形式。这类房屋另一特点便是侧面无窗，如开窗亦会被邻居房屋所遮拦。

三十六街内偶见非商业性建筑。一座圣约瑟夫天主教堂，晚期哥特式建筑，建于1886年。又有“李国师寺”、“扶拥望祠”等中式建筑，乃历史人物之祠堂。在进入三十六街之前，必经一处歌剧院，20世纪初年建，据云乃河内最漂亮建筑。今见举行婚礼者在此摄影留念。

在河内逗留时间太短。查地图，越南历史博物馆距上述歌剧院只有一两个街区（其旧址即法国远东学院），竟未得一观；而河内在18世纪之前作为越南几个王朝首都，应留有宫室，其位置何在，是否留有遗迹，亦无法考查。随团旅游，身不由己，经常留下这样的遗憾。

（二）

2005 年 3 月 7 日

胡志明市

晨过柬越边界，午间抵此。

胡志明市几涵盖湄公河三角洲，范围远较过去西贡为大（原西贡只相当今市之中心区，即第一区），人口约 500 万人，为今越南最大城市。

自 1859 年法国占领后，西贡即为法属印度支那之政治中心，而且商业贸易极为发达，曾被描述为“像法国一个省会城市”。但今日街头所见，除曾去参观的越南最大邮电局（1886—1891 年建）及其旁的天主教圣母院（1877—1883 年建）外，不见太多法国风格的建筑。有几座摩天大楼似近年所建。摩托车、三轮摩托车争相飞驰，行人过马路提心吊胆，令我想起河内景象。

此埠华人甚多，集中居住区称 Cholon，仍保持闽广人原来生活习俗及宗教信仰。参观一处马祖庙，兼祀关公。

越南 19 世纪末建成的邮局

我们重点参观历史博物馆。馆在动物园旁，为 1929 年法国印支学会建立。陈列石器中有有肩石斧、有“好”之石环等，铜器有东山文化常见器物：靴形斧、铜铃、铜釜、小型铜鼓及 B 型、F 型、E 型铜鼓各一。B 型鼓被断代为公元前 3—前 1 世纪，奇怪的是 F、E 两型也被断代为公元前 4—前 2 世纪，此与越南学者观点也大相径庭，不知是我老眼昏花还是另有根据？一件铜釜底部有花纹，全同铜鼓之面部，值得注意。还有占城、扶南时期以及来自吴哥之文物。几件“林加”石雕矗立于一个橱窗中，无怪乎吴哥遗址大部分“林加”只余空座。罗尼（D.Rooney）《吴哥》一书谓近年越南占柬时吴哥文物还曾遭受掠夺。

馆中现有水上戏台一座，供表演水上木偶戏之用。此乃越南特有之剧种。

继参观一处残疾人漆器工场，制作上镶螺铜及描花之磨光漆器。工人尽为战争中受毒气侵害而下身致残者，殊可悯也。

晚在西贡河边游船上用餐。

柬埔寨

（2005 年 3 月）

2005 年 3 月 2 日

暹粒

昨参加省文史馆组织的考察吴哥之旅，经河内飞此，住入“幸运吴哥”旅社。

暹粒意为“驯服之暹罗人”，高棉人某次战争中在此战胜暹罗人，因此得名。现为一省之都会，距吴哥城甚近，建有机场，为旅游者必经之地，发展前景未可限量也。

今上午游女人堡（Banteay Srei）。车行近时，突见一片红色建筑群映入眼帘。建筑材料全用红沙石，形制仿木结构房屋，窗之“棂”，门之“框”，屋前之“檐”，屋顶之“瓦”，均以雕刻手法一一加以表现。门楣、柱头及墙壁布满浮雕。建筑及雕刻具有异样艺术风格，使我辈看惯佛教寺庙者，耳目为之一新。

吴哥女人堡门楣上神猴争斗浮雕

公元之初，大乘佛教与印度教一同传入柬埔寨，而印度教之影响更为深远。12—13 世纪大乘佛教昌明之前，吴哥寺庙多为印度教寺庙，女人堡是接近印度教寺庙原型而保存较好者。

女人堡为 10 世纪后期建，主祀湿婆神。此为印度教大神，早期或作男性生殖器形象，称为“林加”（linga）。现主要神殿中供奉之“林加”，上端均失，仅余空座。座上有孔，或谓又可代表女性生殖器。

门楣浮雕有表现神猴相斗情景，有英雄 Rama 及其被恶魔诱拐之妻形象，显然来自印度史诗《罗摩衍那》。

女人堡不像一般宗教建筑那样高大雄伟。它的特点是建筑矮小（门高只有 1.5 米），但构造精致，其雕刻尤为细腻生动，使它获得“吴哥艺术中的宝石”美称。此建筑以其细巧美丽而称“女人堡”，实与“女人”或“女王”无涉也。

女人堡距暹粒东北约 20—30 公里。闻前数年尚有西方游客被害，前往需雇保镖，近年情况始有好转云。

来往途中经过始建于 10 世纪之“变身塔”（传为国王举行火葬之处）及 12—13 世纪时所建立“皇家浴池”，均未下车细观。

下午游塔普隆寺（Ta Prome），乃吴哥王朝一代名王阇耶跋摩七世（1181—1220）为纪念其母而建。（按吴哥王朝每一代国王都要建筑一座水库，改善灌溉系统；兴建一座寺庙，主祀当时

最受崇拜的神或佛；有时还要再建一寺庙献给其父或母。——2005 年 4 月 2 日补注）

按 1177 年吴哥曾沦陷于占婆之手，后在阇耶跋摩七世领导下收复吴哥，并俘掳占婆王囚于吴哥。此时之吴哥疆土广袤，国力强盛，有条件大力兴建寺庙及其他建筑物，今天能见到吴哥遗存多于阇耶跋摩七世时完成。但据史家研究，正由于阇耶跋摩七世大兴土木，从此吴哥王朝便走向衰落。吴哥城在他之后直至 1431 年彻底废弃为止，确未再留下什么重要建筑。

吴哥女人堡红沙石建筑（门楣上为湿婆神浮雕）

阇耶跋摩七世笃信大乘佛教，他兴建的佛教寺庙中，塔普隆寺是最大者。

据寺中梵文碑记载，当时塔普隆寺拥有 3140 个农庄 79365 人，其中包括 18 个高级祭司、2740 个官吏、615 个舞蹈者。其财产包括重达 500 公斤的金餐具、36 颗钻石、4540 颗宝石、40620 颗珍珠以及很多“中国来的”丝织品。

此寺建筑及雕塑高大，与女人堡属于不同风格。

本寺虽为佛寺（浮雕中有佛本生故事），印度教的影响仍深。时见门窗之间小龛中塑有一个个女神形象（尚有一室称为“舞蹈者大厅”者，墙上有成排女神作舞蹈状，未能进入）。这种女神称为 Apsara，代表“天国之仙女”。她头戴花冠，上身裸露，颈臂戴环，下身围布成裙，类今之“纱笼”，或更束带而垂带头于前，赤足，著足镯二圈，形象殊美。（《真腊风土记》人物条记当时妇女也是“一布缠腰……椎髻跣足……臂中戴金镯”云云，岂仙女之形象以现实生活中之妇女为“模特儿”乎？——2005 年 4 月 5 日补注）

我在众仙女雕像之前驻足欣赏良久，导游催促快走，谓他处仙女像更多更好，盖仙女为吴哥艺术中“无处不在之题材”也。导游周姓，华裔，移居来柬已三代矣。

此寺自 19 世纪重新发现以来，仅开出部分道路，至今未经全面清理，多处建筑未能进入，走马观花而已。

塔普隆寺内遍布参天大树。树根及枝桠伸入房基、墙壁甚至屋顶石块缝隙之间，造成建筑之破坏。但现存建筑又赖大树支撑免于彻底倾圮，是充分显示大自然威力一大景观。

傍晚去巴肯山，乃原来吴哥都城之中心。按阇耶跋摩二世（802—850）始建吴哥王朝，耶书跋摩一世（889—910）迁都于吴哥地区，便先在此建城。“吴哥”一词源自梵文，意为“神圣之都城”。

据古印度人宇宙观，世界中心是一座山，即须弥山（Meru），四周为海洋。深受印度文化影响之高棉人，城或寺庙中心建筑必为最高建筑，故最早都城便围绕巴肯山而建。当时人称为“耶书跋摩之城”。后人称为“最早之吴哥”，以与后来吴哥城相区别。

此城每边约 4 公里，原来建筑多已无存。游伴们登山看日落，未去，足力不济也。

晚餐观看柬埔寨民族歌舞表演。闻柬埔寨皇家歌舞极为精彩，已列入联合国文化遗产保护目录。不知去金边时可得而观否？

2005年3月3日

暹粒

上午参观吴哥城（Anghor Thom）即俗称“大吴哥”者。元朝使臣周达观曾于1296—1297年来此，归著《真腊风土记》，所见之城即此城也。他称之为“州城”，古代中国对邻邦持轻视态度，视他国之首都不过中国一州之首府而已。“州城”一词亦曾用来称呼当时占城国之首都。

巴云寺“高棉的微笑”雕像

此城为阇耶跋摩七世在前人基础上建成。它把前已存在一些建筑物包括在城墙之内。我们从南门进入，大道两旁石栏作成排神像手持巨蛇之状，南门城楼高耸，四面雕有巨大头像，此与周达观所记“桥之栏皆石为之，凿为蛇形，蛇皆九头。五十四神皆以手拔蛇，有不容其走逸之势。城门之上佛石头五……”，正相印合。其时正值清晨，见大象数只出入城门，象身置座（殆供游人乘坐者）。若非道旁停放之汽车及身着五颜六色现代服装之游客，几疑自己置身于七八百年前之吴哥都城之前。不意吴哥遗迹保存如此之好而周达观氏之记载如此翔实详明！

随身带来夏鼐校注之《真腊风土记》一册，旅途不时翻阅，兴趣盎然。（归来细读《真腊风土记》，有关“州城”记载与此行所见可相互印证之处尚多。如谓“城周围20里”，今吴哥城墙实测约为12公里；“城皆垒石为之，高可二丈”，今石砌城墙尚有保存，约高7–8米。周氏所记自出于估计，而数字竟大体不误。又谓“有五门，门各两重，惟东向开二门，余皆开一门”，今吴哥城确有五门，东面有城门两座，其一称“凯旋门”，乃专供当时国王出入者；而由于建有门楼，故门必双重，甚或多重。又谓“国宫及官舍府第皆面东”，今吴哥建筑确多东向。又周氏所说石栏“凿为蛇形，蛇皆九头”，今吴哥很多石栏均作如此形状，惟蛇多作七头，作九头者仅在吴哥寺一见。——2005年3月26日补记）

城之正中为巴云寺（Bayon，即中央之意），为全城最高建筑，相当于吴哥城之“须弥山”。

寺有两重围廊，均有浮雕。外廊浮雕描绘吴哥王朝与位于今越南中部之占婆国水陆大战场面，兼及普通百姓现实生活，尤为引人入胜。

水战场面描绘1177年占婆来攻双方在洞里萨湖中大战之事，战斗激烈，有帆战船之旁又用小船。是役吴哥大败，为占婆占领达四年之久。后阇耶跋摩七世即位，在其领导下收复吴哥，俘囚占婆王，此乃陆战场面中所表现者。阇耶跋摩本人骑于象上，有骑兵，有持兵器盾牌之步兵，除高棉战士外尚有一种梳髻蓄须之战士，谓为来助之宋朝士兵（《宋史·占城传》记占城与真腊

吴哥城南门

吴哥城内"空中宫殿"

之间战事有云："淳熙……四年，占城以舟师袭真腊，传（？）其国都。庆元以来，真腊大举，伐占城以复仇，杀戮殆尽，俘其主以归，国遂亡，其地悉归真腊"。"淳熙四年"正为1177年，是年吴哥沦陷。"庆元以来"正当阇耶跋摩七世时，真腊反攻大胜，中外史籍可相印合。惟《占城传》未言曾有宋兵来助吴哥，浮雕所描绘者可以补史之阙。大抵中古时期之柬埔寨地区文化艺术方面受印度影响甚为深远，而与中国之间商业贸易亦颇为频繁，政治上关系密切，双方使节来往不断，且有华人移居，可参见《真腊风土记》有关章节。——2005年4月5日补注）。此外，军队之外尚有乐队及妇女，据《真腊风王记》，国王出行必有嫔妃宫女随行，现知即使出外打仗亦不能没有女人侍奉。又见妇女伏地吹火，当为军队炊爨者；另有车辆尾随行军队伍之后，殆为运送辎重者。

上述水战场面之下另有一栏雕绘社会众生之相，有射猎者，有捕鱼者，有以管吸酒者，有斗鸡取乐者，有妇女生育产婆在旁照料者。当可反映洞里萨湖沿岸居民实际生活情景。

内廊浮雕所描绘者多为印度教神祇，如有十个手臂之湿婆神，有四个手臂之毗湿奴神及四张脸孔的梵天神（此为印度教三个重要神祇，他们各司其事，各有配偶子女及坐骑。湿婆坐骑为公牛；毗湿奴坐骑为一种鸟头人身怪物，称为garuda；梵天则骑在一种神鹅之上。——2005年4月6日补注）。更多的还是仙女。她们或作舞蹈状，或作飞行状，出现在画面空隙之处，似作为一种装饰，殆如敦煌壁画中之"飞天"。

中央神庙高45米，主祀观音。阇耶跋摩七世时大乘佛教盛行，而观音又为最受崇拜之对象。此时观音为四面男身，非如中国后世观音作女像也。然从上述浮雕可见，直到此时吴哥艺术中印度教之气氛仍极浓厚。

中央神庙原有塔54座，每座塔顶四面雕出神像，一如南门城楼所见，像作低眉微笑之状，即西方艺术史家所说"高棉之微笑"。有些过去视为四面观音之像，今已公认为阇耶跋摩七世之像。吴哥国王原已神化，本身即为举国崇拜之神祇。《真腊风土记》记"大佛头五"，"中置一像，饰之以金”。今在城楼及巴云寺所见塔顶之像仅有四面，是因为中间一像“饰之以金”已遭盗窃之故，抑或周达观误记？

皇宫区在巴云寺之西北隅。原来木结构房屋均已无存。惟余一殿，称“空中宫殿”，10—11世纪建筑物，阇耶跋摩七世建城之前已有，是吴哥城最具神秘色彩之处。《真腊风土记》宫室条谓“内有金塔”即指此。同条又云：“国主夜则卧其下，土人皆谓塔之中有九头蛇精，乃一国之土地主也，系女身，每夜则见，国主先与之同睡，若此精一夜不见，则番王死期至矣。若番王一夜不往，则必获灾祸。”这一传说至今流行不衰，今日此殿之下游客成群围绕导游聆听讲解者即此传说，与周达观所述仍大同小异。蛇乃印度教之大神，司雨水及丰收，其地位极高，神话传说中之高棉人本为蛇王之女与人交配繁衍之后代。

皇宫入口东向，面向广场，建有高台，称“斗象台”，国王及官员们每逢节庆必登此台举行仪式观看表演，而斗象为娱乐节目之一，《真腊风土记》正朔时序条有所记录。今台之正面墙上浮雕中成排仙女外，可见象的形象。站在台上远眺，可见广场对面有十二小塔。周达观谓为神判之所，诉讼双方坐于其中，若有一方生疮发烧便判为败诉（见《真腊风土记》争讼条）。导游谓象征十二生肖，当时柬埔寨确有十二生肖，与中国大同小异。然据当地名称，此十二小塔称为“绳舞塔”，意为节庆时表演绳伎时系绳之处。斗象台之北还有所谓“癞王台”者。传说某代国王（一说即阇耶跋摩七世）患麻风，为免传染，居于此台。台上曾发现雕像，据铭文实为14—15世纪一位“法王”之像，乃从他处移来。此像已移金边国家博物馆。今台上正中有雕像，象征“癞王”，四角又各雕一人代表侍卫（四侍卫背向主人，岂表示避免染病乎？），乃近年所作。吴哥城中建筑尚多，如建于11世纪初之巴夫昂寺及仓库等，未观。

吴哥城斗象台前大象浮雕

吴哥寺前

吴哥寺的仙女雕像

下午参观吴哥寺，俗称小吴哥，苏耶跋摩二世（1113—1150）所建，历时30年始成。此王在位期间曾打败占婆，是吴哥王朝之盛世，故吴哥寺为吴哥最大寺庙，建筑和雕塑代表吴哥艺术发展最高峰，它的形象出现在柬埔寨国旗图案上，非偶然也。

与吴哥其他建筑面东不同，吴哥寺仅有一个入口却面向西方。它既是祭祀毗湿奴神的印度教寺庙，又是埋藏苏耶跋摩二世骨灰的陵墓。中央神殿建于三层平台之上，逐层递高。有台阶可达，最高层有塔五座，大塔居中，从地面至塔顶高达65米，四小塔位于四角。吴哥寺之仙女形象尤多，第二层平台走廊据说就有1500个多仙女。吴哥寺之仙女经常二、三个并立，打破了过去呆板的传统。这些“天国的舞蹈者”貌似一律，若细观之，似乎各有个性，或似抿口微笑，或似低目含羞。一位17世纪柬埔寨诗人说“她们决非是人手所制成，而是神所创造的可爱的活的女人”。

最下一层围廊四周内墙均有浮雕，共达1200平方米，其规模及技巧在世界雕刻艺术中也是首屈一指。浮雕共分八段，仅有南面的一段描绘苏耶跋摩二世率军战胜占婆的历史，是现实世界的主题，其他七段均是描绘印度史诗故事，充满神奇色彩，如《罗摩衍那》中英雄Rama与恶魔Ravana的兰卡（今斯里兰卡）之战，《摩诃婆罗多》中毗湿奴神化身Krishna战胜魔王Bana之情景以及与Kurukshetra之战争。引人注目者还有来源于另一印度史诗之搅动乳海故事：神与魔各持巨蛇一端在“乳的海洋”搅动千年，争求长生不老之药而不得，后得毗湿奴之教导，神与魔合力搅动，并得其他神祇帮助，终于成功，不仅获得长生不老药，并且从搅动中产生了其他神祇，如三头象神、月神以及美妙的仙女。这一故事在吴哥城的内层浮雕中也有表现。

吴哥寺不仅为吴哥艺术中最佳作品，而且保存情况最好。盖自因陀罗三世（1295—1307）起，改奉小乘佛教（上座部）为国教，吴哥放弃之后此寺仍为小乘佛教僧侣们栖息之处，建筑得到保护和维护。今吴哥寺中有一处称为“千佛廊”者，即佛教僧侣所增建。今日已不见佛像，仅留基座。

今吴哥寺内还可见僧舍两幢，建筑形式略同泰国之佛寺。身穿黄衣之僧侣出入其间，我上前搭讪，欲问寺中情况，无奈彼等不通英语，摇头微笑而已。

连日所见吴哥遗存，属于不同时期，艺术风格各异（专家分为女人堡时期、巴肯山时期、吴哥寺时期、巴云寺时期、后巴云寺时期等等）。但其建筑布局及建筑方法有共同之处，其特点归纳言之：第一，建筑全用石材而砌成木结构房屋之形式。第二，建筑群平面均呈正方形或略作长方形，正中建筑必为最高建筑，象征宇宙中心。第三，四周围廊、门楼、通道等等，注意两两相对，对称排列，极为整齐统一。对东西轴线尤为强调。除少数例外，入口面东。第四，砌墙垒石技术极高，不凿榫穴，不用黏合剂（虽然已能合成沙灰，但用于墙面装饰），却能维持千年不倒。但券顶技术似不佳。第四，砌石工作完成以后再施雕刻，石块之间缝隙时常通过一个雕像之头部，似并不影响其整体之美。

吴哥石建筑和石雕无论以其数量规模或艺术价值而言，堪称世界文化瑰宝。然如参观其他伟大古迹一样，欣赏赞叹之后总不免怅然若失。统治者为了满足生前享受或死后“永生”而兴建宫室、神庙、陵墓，或仅为了表现“政绩”而建造的其他工程，都意味着千万人民长期的苦役。第一天在女人堡见工人凿石每人搭一茅篷，随时搬动以遮阳，又提醒我这里是热带地区，在烈日下开采、运输、搬动、修凿数以万计的巨大石块，其劳动之艰苦更非他处所能及。

2005 年 3 月 4 日

暹粒

上午游神剑寺及盘蛇寺。

据寺内铭文，神剑寺（Preah Khan）为阇耶跋摩七世于 1191 年建成，作为寺庙及学习中心，兼纪念其父。以“神剑”为王权之象征在东南亚国家常见，在柬埔寨更是源远流长。《真腊风土记》国主出入条云，国王出行“立于象上，手持金剑”。金剑之有无甚至关系王位之继承，“新主乃故国主之婿……其女密窃金剑以与其夫，以故亲子不得继承”。后世金边皇宫中仍藏铁刃金柄之剑，相传为天帝因陀罗赠与柬之先王者。

此寺之中央神殿原祀观音，后为 16 世纪所建灵塔所代替（据说阇耶跋摩七世之父骨灰即藏于此）。然寺中又祀湿婆神及毗湿奴神，代表湿婆神未加破坏完整之“林加”仅此处一见。这里也有“舞蹈者大厅”，则因门楣浮雕中有一群舞蹈仙女而得名。佛教与印度教神祇相混杂，乃吴哥寺庙普遍现象。

北方有一双层亭阁，相传即为供奉神剑之处。奇怪的是其柱作圆形，圆石分段垒成，与吴哥其他建筑悉以方形石柱支撑有异，其建造方法一如古代希腊建筑，疑亚历山大东征后希腊文化影响印度后又曾波及接受印度文化的东南亚地区。

此寺特殊之处还有围墙上塑造毗婆奴坐骑鸟头人身之 garuda 形象，据说共有 68 个之多。它是神剑寺的保卫者。此寺虽为佛教寺庙，印度教气氛极为浓厚。

盘蛇寺（Neak Pean）紧接神剑寺。人工修筑水池之中有一小岛，上建寺庙。寺庙之基座为双蛇，蛇尾相交，寺因此得名。此寺中央神殿祀化身为马以救世人的观音，浮雕内容有佛本生故事及其他佛教题材。中央神殿四边各有小龛，分别塑有象头、人头、狮头及马头，流出之水可以治病。整个建筑布局来自印度神话传说，从象征宇宙顶点的 Anavatapta 湖中流出地球上四

吴哥神剑寺圆柱建筑遗存

吴哥神剑寺中的"林加"

吴哥神剑寺门楣仙女舞蹈浮雕

吴哥盘蛇寺

条大河，这里以中央大池及四个出水之处来代表。

下午游洞里萨湖。此为东南亚最大之淡水湖，即《真腊风土记》中称为“淡水洋”者。其水下泄，便是洞里萨河。

比至湖边，换乘小艇游览，不意突遇麻烦。一座已废弃之浮动房屋堵在湖口，挡住很多游船去路。其上原为一座小学，供湖上人家儿童读书，经过若干年后此船上房屋不能使用，却无人过问任其漂流。后经多艘游船合力推开，水道始通。

湖上遥见有些人户亦居于同样浮动房屋之中，殆以船为家者。

由于夏秋季节雨水集中，洞里萨湖每年涨水，沿岸居民须迁至高处，雨季过去再行迁回。《真腊风土记》中曾留下记载（见该书耕种条），至今仍是如此。沿途见村庄房屋很少固定住宅，多为临时住所，有些已人去屋空。

中国史籍谓真腊有“陆真腊”“水

洞里萨湖上浮动房屋

真腊”之分。“水真腊”或包括洞里萨沿岸（包括住于船上者）之高棉人。他们生活方式特殊，故古人将其划为单独之族群。洞里萨湖地区居民传统生计为打鱼及耕种（似近年始有转向旅游业者）。此间耕种亦有特点，《真腊风土记》耕种条：“又有一等野田，不种常生，水高至一丈，而稻亦与俱高”，此即农学家所谓“深水稻”，适应当地特殊环境而产生稻之变种。法国汉学家伯希和还曾亲见，谓为“水涨虽高，稻头常在水面”。询之导游，现在仍有，惟未曾见。

从暹粒至洞里萨湖边，路甚崎岖难行。洞里萨湖水体混浊，沿途村落垃圾成堆，臭气熏天。柬埔寨生态环境前景同样不容乐观。

2005 年 3 月 5 日

金边

昨晨离吴哥，汽车屡生故障，抵此时已过午。

自 14 世纪起在泰国阿瑜陀耶王朝压迫之下，吴哥王朝走向衰落。1431 年彻底放弃吴哥城，高棉人政治中心逐渐南移，最终以金边为首都。

金边，Phnom Benh，直译应为“边之山”。“边”为一个妇女名，曾在山上建庙，现以此为金边建城之始，事在 1543 年。昨下午甫至即参观此山，华语称“塔仔山”。山有一塔（传“边”之骨灰原藏其中）。塔及雕像显系近年所建，甚为拙劣。

今参观柬皇宫，建筑风格一如泰国皇宫，乃上一世纪 30 年代建成。内有举行仪式之大殿，有观看表演之凉亭；还有所谓“观看美女”之厅堂，为他处皇宫所少见。据云美女入宫以备国王选幸时，何日著何种颜色之衣，有固定之规则，一周七天，周而复始。今厅内雕美女蜡像七尊，其“纱笼”颜色各异，以演示此俗。《真腊风土记》人物条有云：“凡人家有女美貌者，必召入内……”岂古代国王之性特权至近代柬埔寨犹存乎？

又有所谓银阁寺者，地覆 5000 多块重达 1 公斤径约 1 英尺之银片，不知何以如此侈费？岂因当地气候炎热“银砖铺地”可以给人以阴凉之感乎？银阁寺内陈列皇室所藏珍贵之物（镶有宝石之金佛等），供人参观。

几座檐角高耸宫殿建筑之中，夹杂一座西方建筑，极不协调。宫中一位女导游告知，乃殖民地时期法国总督居住之处，提醒人们柬埔寨曾是法属印度支那的一部分。此女导游乃金边大学毕业，能说英法两种语言。

皇宫之后当属内宫之地，今仍有人居住，游人不能涉足。

柬埔寨国家博物馆位于皇宫之侧。馆由法人设计，柬埔寨工匠施工，吸收吴哥艺术因素，建筑颇具特色。吴哥石雕中精美者集中于此，两个猴王争斗雕像、湿婆神及坐其膝上妻子之雕像、阇耶跋摩七世第一个妻子雕像，均是精品。

石雕以外，陈列中还有其他文物。一件 B 型铜鼓，胴有船纹；另一件铜鼓应为 D 型或 F 型。前人著录柬埔寨铜鼓两具，不知是否即此二鼓？

此馆 1917 年建立，1920 年开放，原由法国远东学院管理。1966 年始有第一个柬埔寨人任馆长。〔按法国远东学院（EFEO）对柬埔寨文物考古事业，贡献良多。吴哥遗址没于森林荒草之中约四百年，19 世纪始为法国探险家所发现，1898 年法国远东学院成立，便一直致力于记录、研究和保护吴哥遗址，并开辟进入吴哥之道路。1908 年还在暹粒成立了专门保护吴哥办公机构。红色高棉时期一切工作被迫停止，现已恢复工作。今天人们对吴哥之知识大半来自法国学者研究成果。——2005 年 4 月 14 日补注〕

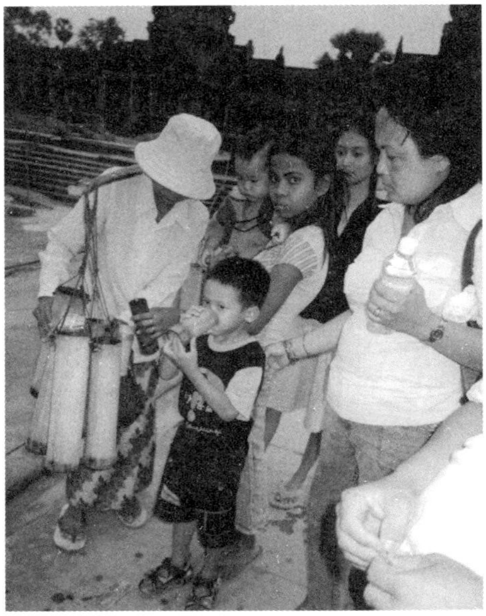

高棉妇女出售树汁饮料

柬埔寨国家博物馆

柬埔寨近百年来饱经苦难，1863 年沦为法殖民地，1945 年始取得独立（金边市中心一座红色塔形建筑即法人赠送之独立纪念碑）。以后政局数变，最终出现 1975—1979 年红色高棉恐怖统治，200 万人遣送下乡，种种暴行较之中国“文化大革命”可谓“青出于蓝而胜于蓝”，三分之一人口死于非命。导游言之，愤慨之情溢于言表。其造成之灾难影响深远，埋下地雷至今尚未能尽除，从暹粒至金边沿途见儿童乞讨者颇多，或足残，或手废，皆误触地雷所致也。

金边位于洞里萨河及湄公河相会处，作为首都有得天独厚地理条件。街上不见高楼耸立及嘈杂人群，两旁大树浓荫，尚保持东南亚城市的传统韵味，但今人口已有 80 万（？），随着经济进一步发展，他日情况未可料也。

缅甸

（2007 年 1 月）

2007 年 1 月 12 日

腊戍

11 日晚与挪威友人勃克曼、刘白沙夫妇飞抵芒市，投宿新近改建之芒市宾馆，甚为豪华，非昔日可比矣。

今晨乘出租车抵瑞丽，在姐告之“大国门”处缅甸通顺旅游公司派人来接，导引入境。

在缅甸木姐口岸停留良久，办完手续后兑换缅币。此间换钱在旅行社、旅社、商店均可进行，车费旅馆费及购买参观券，且可径付美金（某些场合甚至非美金不收）。缅方对美金和美国所持态度完全相反。至于人民币，只在中缅边境可换。今日汇率为美金 1 元换缅币 105K（Kyat 之简称），人民币 1 元换 120K。

我等加上导游、司机一行六人，乘日本产之旧车一辆，由木姐西行。沿途所经皆掸邦地，忆昔日在滇西南调查，常沿边境线独自行走，掸邦地段近在咫尺，当时若误越雷池一步，再有人揭发，便会犯下“偷越国境”之罪，故终日提心吊胆，今日思之，殊可笑也。

面涂木香粉的缅甸小女孩

掸邦地貌及风土人情看来仍与数十年前云南傣族地区无异，少见现代化建筑，房屋以竹篱为墙、草顶。公路上车辆甚少，车陈旧不堪。进入缅甸后首先看到的异俗，就是无论掸人还是缅人妇女（也有小男孩）喜欢以木香粉（用带有香气木料磨粉）涂于两颊（或更涂出图案），以此防晒保护皮肤；缅甸男子亦穿裙，与妇女类似。

下午抵腊戍，去市场小逛。市面上华文招牌到处可见，操华语者颇众，有观音寺，显示在中缅接壤地区中国文化影响颇大。

2007 年 1 月 13 日

曼德勒

按导游要求，清晨起继续乘车西行。此间中午炎热，清晨傍晚为最佳工作时间。缅甸与中国有 1.5 小时之时差。

途经昔卜（中国古书记入缅行程及行军路线时常提及“锡波河”当指此地），为掸邦之中心。有“掸王宫”在此，原为传统式建筑，二战中已毁，今存者为 1924 年建成之一座欧式建筑，位于城之北端，最后一位掸邦王子，曾留学美国，1962 年起被囚禁，至今下落不明。

王妃为奥地利人，名曰英奇 · 萨金特（Inge Sargent），逃至西方，著有《朦胧中的缅

托钵化缘的缅甸小和尚

甸：我作为掸王妃的生活》（*Twilight over Burma: My Life as a Shan Princess*）一书，谈自己的可怖经历。后来掸王宫由掸王之侄管理，每天下午四时向游人开放，闻此人不久前亦已被捕。我们去参观时，但见双门紧闭，人去园空。

昔卜雪茄颇为著名。参观一处作坊，女工三五人，全用手工操作。据告，每日工资1000K，仅可购米粉两碗而已。缅甸各行业工人工资大抵如是。

街头又见售槟榔之店。槟榔加上各种配料包入叶中，一如云南民族地区所见，然今日云南少数民族嚼槟榔者已少，而缅甸嗜者仍众，路面时见人们吐下之槟榔红色汁液。

车复前行，远远可见1903年建成之曼德勒通往腊戍铁路桥，架于高山峡谷之上。以桥距地面高度而言，此桥为世界第二。

下午四时许，抵达宾乌温市，乃殖民地时期英人休闲避暑胜地。绿草繁花围绕中之一幢幢住宅，保持维多利亚时代的建筑风格，排列于道路两侧，错落有致。当今中外豪宅，尽管高大奢华，无此品味。

参观宾乌温市著名之国家植物园（National Kandawgyi Gardens）。树木葱郁，花卉争艳，占地436.9英亩，1917年正式成立。据称内有许多珍贵的本地植物及珍贵植物，仅兰花就有270种，但每种植物不见英文说明，非专业人士不能辨识。

黄昏时分，抵曼德勒市，住Mandalay View Inn，在皇宫之东南角。服务态度极好。仅有客房十余间，极为清洁，室内多以柚木透雕为饰（按柚木乃缅甸之国树，材质耐久，极为名贵。两日来沿途见柚树甚多，圆叶直干，尚未成材，似为近年栽种。据1月13日缅甸英文报纸《缅甸新光》载，近年缅甸保护森林取得成绩，建立多处林场专门种植柚木等名贵树种，并反对乱伐乱砍。若果真如此，不仅是缅甸之幸事，而且是云南之福音。若缅甸生态破坏，一衣带衣水云南气候岂能不受影响乎？想起近年云南到缅甸贩运木材致富者实繁有徒，昆明商店、旅店及机关厅堂以摆设缅甸粗壮木材雕成的毫无艺术价值之象雕为荣，破坏森林者罪莫大焉。——2007年2月1日）

曼德勒有人口80余万，为缅甸第二大城市，历史上有“宇宙中心”“黄金之城”之称，为缅甸最后一个王朝贡榜王朝（亦称雍藉牙王朝）最后一个首都。1857年著名的敏敦（Minton）（即旧译为曼同者）王开始在此建都，1885年英占缅甸后，敏敦之子缅甸最后一位国王锡袍（Thibaw）为英人囚于印度孟买附近，缅甸政治中心逐渐移至仰光，再加上二战中破坏，曼德勒走向衰弱。最近几年随着缅甸与中国贸易之发展，曼德勒居于中缅交通要冲，又开始得到发展。

晚去旅馆附近绿象餐厅用餐。餐桌置于庭院之中，设备及服务与西方餐厅无异，收费自亦不菲。要一份缅甸风味之咖喱牛肉。此间咖喱味道远不如泰、马等国强烈。

2007 年 1 月 14 日

曼德勒

清晨起身在旅社周围散步，见和尚、尼姑化缘，皆左手托钵列队而行。每至一家，喃喃诵经，必有大人或小孩出来布施，舀一小勺米放入每个钵中。此间和尚穿红色袈裟，而尼姑则穿粉红色袈裟，为其他地区所未见。

上午参观皇宫。1857 年敏敦王移都曼德勒后开始建造皇宫，历三年始成。宫外有城墙围绕，周长 3.2 公里，高 8 公尺，外有宽达 70 公尺之护城河。墙用红砖砌造，雉堞较高，城门楼及角楼之建筑风格与泰、柬等处宫殿建筑略同，而与中国建筑迥异。

外国游客必须由东门进出。我们分乘两辆由自行车改装而成之三轮车（两人相背而坐，此种交通工具他处未之见），经过数道关卡，查验门票外还要登记护照号码，始得入内。

宫城之内一片荒芜。仅见一排排低矮简易房屋。据车夫言，乃军队驻扎之处，无怪乎盘查甚严。缅甸亡国后曼德勒皇宫一度成为英人俱乐部。1945 年英国从日寇手中收复曼德勒时，皇宫又毁于火。现仅有城墙及护城河为旧物。皇宫乃上世纪 90 年代在过去地基上使用囚犯（其中不少政治犯）劳动重建。故西方游客多拒绝来此参观，以示憎恶。无奈我等有“历史癖”，不得不花 10 元美金入内一看。

曼德勒皇宫前

皇宫位于城之中心，过去有“黄金之宫”之称。重建时大抵尚能按原状复原，大殿称“胜利厅”，乃举行仪式之处；紧接其后者为中宫，称“琉璃宫”，有玻璃镜嵌于金碧辉煌墙柱之上而得名，为王及王后住处。著名的缅甸史书《琉璃宫史》或得名于此。琉璃宫者，缅甸之权力中枢所在，一部《琉璃宫史》原是一部以国王为中心的史书，颇类似中国官修正史。

宫殿前廊陈列有原来皇宫生活及国王生活旧照片以及宫廷用物。国王仪仗和用具都为金质（鎏金？），包括扇、灯还有一双国王用的夹趾拖鞋。足着此鞋可以显示豪华威风，必定不会舒服。

国王用的金质拖鞋（曼德勒皇宫内陈列）

宫殿之西有瞭望塔，外有螺旋形梯，可以登临俯瞰全城，以足力不济，未往一观。

宫城内还建有轻便火车轨道，绕城一圈，盖在英人势力侵入缅甸后所建。今轨道及火车头仍然保存，供人参观。

从东门至皇宫中途见一处碑廊，置放600多块石碑，乃建城时从原来首都阿罗摩补摩移此，当为19世纪中叶及以前之物。有一块碑上有拉丁文，勃克曼兄能识之，谓为一位西方人士之墓碑。此间墓碑多尖首，呈不规则之圭形，与中国墓碑圆首身呈长方形者不同。

宫城之中尚有敏敦之墓，已不开放。出城之后按计划应赴曼德勒文化博物馆参观，不意又是一个“不开放”。接受出租车司机建议去看一处古物店后，瞻仰“大佛寺”（Mahamani）。

寺在曼德勒城之西南角，以一尊佛像闻名于世。相传佛像乃公元1世纪物（一说可上溯在公元前554年），贡榜王朝某一代国王于1784年从阿拉干地区抢来。像高4公尺，青铜铸成，后世信徒不断贴金，现金层已达15公分。每天清晨4时，和尚列队为佛“洗脸”“刷牙”，为曼德勒一大景观，惜不能目睹。寺庙1884年曾毁于火，今日所见乃现代重建。到达佛像前要赤足走过长长的通道，两旁商铺排列，招揽顾客，噪音盈耳，佛寺宁静气氛破坏无遗。

继去云南会馆，了解从仰光出境之手续，承会馆尹先生协助，已与旅行社取得联系。会馆建筑甚为华丽，显示此间华人实力之强。会馆除有为华侨举办庆宴及集会之大厅外，还设有佛堂。此间华人信奉小乘佛教，已与缅人同。

回旅馆小憩良久，赴曼德勒山看日落。俯瞰全城。山脚有一寺庙，金塔四周有许多白色小塔围绕，乃敏敦王为其弟所建之庙。敏敦之弟甚得重用，而在一次政变之中为人所杀，遂建此庙作为纪念。在缅甸历史上皇位更替时常发生骨肉相残的残酷斗争，新皇即位仅仅为了防范夺权便杀其兄弟或迫其自杀之事屡见记载（直至19世纪最后一位国王锡袍即位时“党人仍按前例，戮锡袍之兄弟姐妹凡七十口”，其时英人势力已进入缅甸，对此不能理解，参与此事某大臣乃语英人云：“余对此事并无遗憾，必予执行，绝无犹豫之必要。设或延至七十真主在世，登高一呼，尚能安危度日乎？……杀七十人，实已救七万人也”。以上见G.E。哈威《缅甸史》，姚楠译，商务印书馆，1957年，342页。——2007年2月7日补注）。这一表现皇族兄弟之间亲情建筑大概是少有之例。

晚在附近街道小逛，兼解决晚餐问题。此间街道交叉路口几乎不见红绿灯。路灯是横七竖八捆扎一起的日光管，亦为数不多，几乎在黑暗中行路，身边会突然驶过一辆汽车，提心吊胆。小饭店把餐桌就设在路边，尘土飞扬，广播车播送音乐，噪音震耳。

归途见我们下榻旅馆旁有剧院，正在演出木偶戏。据介绍缅甸木偶戏可上溯到蒲甘时期，一度濒于消亡，现开始恢复。缅甸舞蹈、音乐、雕刻、绘画等传统艺术，均可于木偶之制作及木偶戏演出中见之。剧情多为佛本生故事及历史传说。此间木偶比中国傀儡戏中木偶要大得多，颇似越南之水上木偶。惜无英文字幕又无人解说，无法入座欣赏。

2007年1月15日

曼德勒

今雇出租车一辆（用车一天付美金35元），参观附近几个曾作为都城之古城址。

阿摩罗补罗（Amarapura）：在曼德勒之南约10公里，有“不朽之城”之称。1783–1823年、1837–1857年两次作为贡榜王朝之首都，先后约50年。敏敦迁都曼德勒时又把原来皇宫木构件拆下建造新宫，故这里已无古迹遗留。今日仅驱车从市镇中匆匆一过而已。

此城附近最为著名古建筑乃一座建于1849年的木桥，名“乌宾桥”（以建桥时该市一位穆斯林市长命名）。桥全用柚木，长达1.2公里，由1060根木柱支撑，至今仍在使用。我们到时正当朝阳初上，桥上行人往来如梭，水面渔舟二三，或撒鱼网，或放鱼鹰，湖面浅滩上长出绿树，有茅草棚数间，风景如画。桥上原有五个供行人休憩之亭，今多残破。

柚木建造的乌宾桥

阿瓦（Ava）：原名因瓦（Inwa），乃湖口之意（还有一个巴利语的名字，意为“宝石之城”），原为掸族所建，1364年始作为都城。后缅族建立的东吁王朝（1531—1753年）于1636年及贡榜王朝第二代国王于1765年又以此为首都。〔缅甸历史上迁都频繁，并不全因外敌入侵或政权更替，如1783年贡榜王朝的国王孟云（1782—1819）因宫廷政变中流血太多，“风水不吉”，乃求商于婆罗门，决定将都城从阿瓦迁至阿摩罗普罗，强迫人民于一月内迁去。参见G.E.哈威《缅甸史》中译本，308页注四七。——2007年2月6日补注〕直到贡榜王朝迁都阿摩罗补罗为止，阿瓦城作为不同王朝的首都，断断续续共达400年之久，是缅甸都城中历史最久者。

阿瓦城内农舍

阿瓦城四面环水，乘渡船始达。（现在才知为什么1660—1662年明永历帝逃阿瓦城时缅方为了防范在城外盖草房以居之，史称“对河屯驻”；而缅方常命明廷官员“过河议事”，如黔国公沐天波即曾“渡河”觐见缅王；以上参见邓凯《也是录》及《求

阿瓦城内牛车

实皆山上金塔

阿瓦城内瞭望塔

阿瓦城路旁树下放置贮水陶罐，供行人饮用

全用柚木建成的寺庙的栏杆

野录》。邓氏为随行人员之一，所记当时流亡小朝廷寄人篱下之窘境及随扈官吏醉生梦死争财斗殴之丑行极为详尽生动。——2007 年 1 月 30 日补注）

阿瓦砖砌城墙尚隐约可见，有的地方高出地面约 1 米。城内建筑均已不存，只余瞭望塔，可供游人登临。有一处建筑基址，马车夫谓为过去游泳池，不知是否？城内大片地区已成农田，今见农民正在栽秧。据当地人说，缅甸种稻一年可以三熟。

此间农民仍保持数百年前生活方式，住在低矮的干栏式茅屋中，编篱为墙，以双牛抬杠方式拉车或拉犁（此间牛颈有高峰，与云南青铜器上之牛形象全同）。使用与云南傣族陶器一样的红陶器皿（缅甸各地时在路边大树下或盖小屋置放这种陶罐贮水，供行人饮用，亦沿袭古代良俗）；归途候船时，还见当地青年玩一种投掷六个贝壳的古老游戏。

阿瓦城附近有一所1834年建成之寺庙 Bagaya Kyaung，最能吸引游客。此庙267根木柱（最大者高18公尺，粗2.7公尺）及其他构件全用柚木，门、窗及走廊栏杆布满精细之雕刻，古朴而有品味。庙内现有一所小学，小学生和小和尚一齐上课。

实皆（Sagaing）：在伊洛瓦底江（今已改名 Aveyarwaddy）之北，与阿瓦城隔江相望，从曼德勒来往必经1834年英人建造之阿瓦桥。桥中为铁道，两边为汽车道。在中国协助下1998年于卑谬附近建成另一座桥梁之前，此为唯一横跨伊洛瓦底江之桥。

实皆1315–1364年原是掸人的都城，贡榜王朝时又曾短期（1760–1764年）作为首都。由于时间短暂，未曾留下什么历史遗址。它现以佛教胜地闻名于世。

实皆山上有许多寺庙和尼姑庵，大约有6000个和尚和尼姑在此静修（昨晨在曼德勒街头化缘者，询之，有自实皆来者），大约有500多座佛塔矗立四周。我们无暇一一瞻仰，乘车至山顶远眺而已。

晚餐仍在绿象餐厅，今晚白沙请客。

2007年1月16日

蒲甘

清晨即起，去码头乘船沿伊洛瓦底江而下。

船为游客而备之快艇，正舱座位百余，座无虚席。开船后游客可登上高层甲板欣赏江面风光。

伊洛瓦底江上运送陶器的船

这是第一次近距离观察伊洛瓦底江，突出感觉就是水面宽广，水量甚大。现是冬季，在下雨季节江面更宽，从两岸涨水时留下痕迹可以推知。无怪乎古代到达缅甸中国人称之为“大金沙江”（按景泰《云南图经专书·缅甸军民宣慰使司》有云：“金沙大江，阔五里余，水势甚盛，缅人多乘舟，恃以为险。”其他几种明代志书所记略同。想古人连过并行的几条山高谷深较为狭窄的江河——金沙江、澜沧江、怒江之后，第一次看见伊洛瓦底江时，当和我们有同样的感受。——2007年2月10日补注）。

游客多来自西方，中国人仅有我们夫妇两人，且年龄最大，颇引人瞩目。当今欧美流行一个新名词：BRIC　Tourists，意为从巴西、俄罗斯、印度、中国金砖四国来的旅游者，盖这四个国家人民近年出来旅游的人数日渐增多。但中国人出外旅游，首选之地是美国、欧洲等“繁华世界”，殊不愿花钱到缅甸这样一个比中国生活条件还差的地方。

下午抵达蒲甘，住老城之 Thande 旅社，建于 1922 年，位于伊洛瓦底江边，风景绝好。

按蒲甘传说于 849 年建成，自阿奴律陀王（Anawrahta）于 1044 年建立了缅甸历史上第一次统治缅甸大部分领土的蒲甘王朝以后，从此直到 1287 年元兵侵缅，蒲甘作为缅甸的首都共 200 多年。

蒲甘有新城老城之分。缅政府于 1990 年命令居民在一周之内迁出，在老城之南建立新居，遂形成蒲甘新城。从此蒲甘老城中居住的缅甸人仅为旅游业服务人员。

在“刺槐之荫”餐厅用晚餐，餐桌置于江边数棵巨大的刺槐树下，面对舞台，可以观看演出，欣赏音乐。

阿难陀寺（蒲甘）

2007 年 1 月 17 日

蒲甘

晨起雇车游览蒲甘周围寺庙，参考 Lonely Planet 旅游手册 *Myanman（Burma）* 一书，择要记录之，以备他日查考：

Gubyaukgyi 庙：据信原为 1113 年江喜佗王（Kyanzzittha）流亡在外时所生爱子耶婆娑鸠摩（Yazakumar）所建，以内有印度风格之壁画著称（Gubyaukgyi，意即“有画石窟庙”）。内部甚暗，用手电筒亦难看清。

旁为著名之婆耶塔（Myazedi）及碑。碑呈四方形，分别以骠、孟、缅之及巴利四种文字刻出同一内容之碑文，记述耶娑鸠摩的王子得王赏赐“三村奴隶”，王将死时王子制金佛为王祈福，并建庙供佛即以“三村奴隶”献于寺庙。此碑对研究古文字学具有重要学术价值，有“缅甸之罗塞他石”之称。（按：碑文照片及全文中译本，可参见 G.E. 哈威《缅甸史》，75 页。——2007 年 2 月 18 日补注）

Abeyadana 庙：此庙为 11 世纪物，较前庙稍早。据说江喜陀为其来自孟加拉妃子阿毗耶陀那（Abeyadana）所建。自阿奴律陀废除原来在上缅甸流行之阿利（Ari）教派，曾掠夺直通孟人之小乘佛教经典及僧人而归，小乘佛教在缅甸已取得统治地位，但此庙之塔仍有僧伽罗风格，壁画中既有印度教神祇（湿婆神、毗湿奴神……），又有大乘佛教的观音像，似乎为了照顾和尊重这位异域王妃的原有信仰。此庙壁画曾由联合国教科文组织派员清洗。

Dhammayazika 塔：始建于 1196 年，贡榜时期增修。内以一个鎏金的钟而著名。

Payahonzu 庙：意为“三塔”，13 世纪作品，蒙古兵入侵前不久废弃。据说有些画像（观音像）有似华人、西藏人形象者，反映大乘佛教的存在，未见。

Shwezigon 塔：即《缅甸史》曾提及的“瑞喜宫塔”，阿奴律陀王始建，由江喜陀王完成。

此塔的铃状造型成为后世缅甸各地造塔的样本。塔中四面青铜佛像，传 1102 年铸。这里还供 37 位官方承认的保护神（nat），蒲甘附近的普巴山（Popa）就是祭祀这些非佛教神祇的地方，它们当然源于佛教以前原始信仰。

Kyanzittha 洞窟：以江喜佗王命名，却为阿奴律陀王始建。在这里壁画中见很明显的蒙古人形象，自为 1287 年以后绘。

Ananda 寺院：这就是著名的阿难陀寺，1090—1105 江喜陀王所建，标志蒲甘艺术早期的结束和中期的开始。高 52 公尺，1990 年为庆祝建寺 900 年重新鎏金，在烈日下闪闪发光。见两位妇女面对塔诵经，状极虔诚。门两旁各有半龙半狮状动物。缅地庙、塔建筑之前常见此物，但多高大俗气，似后来新建。这两个似为原物。

Sulamani 庙：为那罗波帝悉都王（Narapatisithu,1173—1210）于 1181 年左右所建，建筑开始注意建筑内部采光，不再如早期寺庙那样黑暗。庙外围墙上有砖砌图案。现见壁画为贡榜王朝时物，画在原来壁画之上。

Dhammayangyi 庙：据传为那罗多王（Narathu，1167—1170）时物，或谓其前一代王阿隆悉都（Alungsithu，1112—1167）所建。此寺亦有围墙。

我们还曾到蒲甘老城和新城之间的 Myinkaba 村，参观制造漆器的工艺。每道工序均以手工完成，器胎全用竹篾编成，不是木胎，故器物较轻。花纹图案亦极精细，具有特殊风格。购食盒一件作为留念。

蒲甘老城西濒伊洛瓦底江，其他三面为城墙围绕，过去之城墙仍然保存，今日所见红砖城墙有后世修补痕迹，在原来墙基上进行，两者界限分明。

看来缅甸砖砌城墙至少可上溯到公元 9 世纪，比中国要早几百年之久。中国元上都、元大都城墙尚为夯土筑城，中国都城城墙用砖最早似为明初朱元璋筑的应天府（南京）城。（按归来查阅文献，始知蒲甘之前骠人已有砖砌城墙。《蛮书》卷一："骠以青砖为圆城，周行一日程"，《旧唐书·骠国传》："其罗城构以砖甓，周一百六十里，濠岸亦构砖……城内有居人数万家"。《新唐书·骠国传》略同。据西方人考察，骠人都城遗址在今卑谬附近，正作椭圆形，周长八英里。见 G.E. 哈

蒲甘佛塔

威《缅甸史》，63页，注21。——2007年2月20日补注）

我们过去总以为周边国家古代文化任何方面均落后于中国，只有亲历其境后才知事实并非如此。

蒲甘尚可看见一个原来城门，城门两边各有神龛，供城市保护神，如中国之城隍。传说是兄妹两人，因失火身死，故今日对他们不用香烛，只能清水鲜花供奉。惟不知此两神是否在37个nat之内？黄昏时分来到Shwesandaw塔，观看日落。此为阿奴律陀王于1057年征服直通后所建，据说为了安置掠夺来的一根佛发。共五台，足力不济，我们夫妇爬上第二台即已筋疲力尽。

登临之后，环顾四周，但见映入眼帘尽是佛塔，金色塔顶在夕阳照射下发出耀眼光辉。缅甸真不愧“万塔之国”之称！蒲甘周围又为寺庙及佛塔最为密集之地。据统计，原有4446个。经过1975年地震之后，1978年统计有2230个（据博物馆前说明牌，共有3122个——2007年2月20日补注）。这个数字很难准确，因为缅甸人相信造寺建塔是极大的功德，可以为来生积福，时至今日许多缅甸富人和官吏还继续在蒲甘造塔（当然有些不过是塔形的实心砖堆），仅进入二十一世纪这几年，蒲甘周围竟出现了300个新塔或砖堆。

由此联想起蒲甘文明为什么消失？1287年元兵入侵和破坏当非主要原因，因为元兵来后不久即行撤兵。看了这么多的寺庙佛塔，你会恍然大悟。蒲甘作为首

蒲甘古城门保护神

蒲甘古城墙及城门遗址

手工制作漆器的女工（蒲甘）

都200多年间造了4000多个建筑物，平均每年20个。不待元兵到达之前，已经导致国弱民穷，财力枯竭（按：西方学者早已提出同样看法。见 Paul Strachan：*Pagan：Art and Architecture of Old Burma*，Ki-scadale Publication. 1996，p.11 ——2007年1月22日补注）；而且建筑都是用砖砌成，烧砖必须砍树，森林砍光，必然干旱缺水（今日蒲甘雨量极少，用云南土话说是一个"干坝子"），农作物很难生长，便不可能养活很多人口。

总之，无论为来世造福还是为今世"政绩"，大兴土木向大自然疯狂的索取，必将遭到大自然的报复。为政者可不慎欤?

晚餐仍在"刺槐之荫"，今曰舞台上不再表演木偶剧，只奏音乐。缅甸音乐声调纸沉，节奏缓慢，不禁想起元稹《骠国乐》"千弹万唱皆咽咽"之句〔唐人写的《骠国乐颂》有云"幽若竽籁，静如景风，曲度回薄，将远而近"。以"幽""静""将远而近"等词，来形容今日缅甸音乐仍很恰当，岂今缅甸音乐（至少有一部分）一直保持古骠人的传统？——2007年2月20日补注〕。

2007年1月18日

仰光

晨起与勃克曼、白沙夫妇告别。

上午参观蒲甘考古学博物馆，1996年利用囚犯劳动建成，西方游客抵制拒绝参观，故观众寥寥，今日整幢建筑中二三人而已。门票美元5元。

可记者有数事。

一、中缅关系。

陈列中有专柜介绍中缅关系。据云，蒲甘城门曾有石碑出土，一而刻骠文，一面刻中文，字迹模糊难辨。据推测为元占蒲甘后纪功之作，原物未见陈列，疑莫能明。又蒲甘还发现中国瓷器，上有三个中国字，亦未展出。说明中据《琉璃宫史》，谈阿奴律陀曾水陆并进，兵临"南诏王国"大理城下，索要佛牙，后得佛像而归。

按阿奴律陀时代（1044–1077）南诏已为大理国所代替，阿奴律陀与大理国王段思廉（1045–1074）是同时代人，这一时期中国史籍中，未言有缅兵入侵事。此事是否真实，将成不解之谜。古代各国官修历史常充满已方胜利记录，而不提己方不光彩之事。中国史乘记载骠人曾入贡献乐，公元832年南诏掠骠人三千而归，南诏自称"骠信"即骠王之意，又南诏称"日东王"是缅语Udibwa的意译，也应源于骠人的尊称。蒲甘王朝又不止一次入贡宋廷和大理。元明还曾在缅甸设治。凡此今说明文字中更只字未提。

二、历朝宫廷复原。

有专柜陈列阿瓦、阿摩罗补罗、曼德勒以及南方的白古、直通等都城中宫室模型，大同小异，如均有"胜利大厅"，中宫均称"琉璃宫"，看来缅甸不同民族建立的不同王朝在典章制度上有极大的一致性。

三、棕榈之利用。

棕榈对古代缅甸人民生活至为重要。陈列中以绘画加以表现。棕榈树干是重要木材，用作房柱、地板和容器；其叶可以覆盖房顶（连日见茅屋顶覆盖之"草排"，似即棕榈叶编成）；其籽之汁可以做药、熬糖（即棕榈糖）和酿酒。酿酒之法是悬罐于树，置麯其中，割其籽实使汁流罐中，便发酵成酒。（按：万历《云南志》卷四缅甸军民宣慰司物产条："树类棕，高五六丈，结实大如拳。土人以麦曲纳缸中，而以索悬其罐于实下，剖其实，取其汁于缸以为酒，名曰"树头酒"。古人所记与今日所见正同。——2007年2月1日补注）至今缅甸民间仍以这种酒作为主要饮料。

晚飞仰光。在机场见一官员带最新款式旅行箱由两个随行人员陪同登机，气宇轩昂（随手就给机场人员帮运行李者一叠缅币，作为小费），与那些月挣1000K打工者仿佛来自两个世界。

刘女士之夫赵先生接机。赵先生南京人，来缅仅10余年，经商有道，已拥有几个企业。

2007年1月19日

仰光

晨由Asia Plaza旅社搬入赵先生之别墅。此房现无人居住，位于皇家湖附近。隔壁邻居为一老者，时由人搀扶到院落散步，并有人为之读报，据云为奈温将军之弟。

贡榜王朝开国之主雍藉牙（Alaugpaya,1752—1819），1755年在仰光建城。原称大光（Dagon），意为"战斗结束"。1886年后英国完成占领后，以此作为首都，名为仰光（Rangoon，今改写为Yangoo）。

仰光濒临仰光河，是缅甸重要港口，全国政治经济文化中心。

1988年缅甸政府命令15%的仰光人口迁出，但现在仰光还有500万人，约占缅甸总人口的10%。但不久前缅甸政府又突然迁都内比都。

上午参观国家博物馆。馆分王座、文字、宫廷生活、自然史、缅甸原史（从史前到公元前5世纪）、缅甸历史（从蒲甘王朝到贡榜王朝）、缅甸传统民俗、缅甸表演艺术、古代装饰品、佛像、民族文化诸展室，未遑一一参观。

馆藏最重要展品是鎏金王座。按缅王之宝座共分八个，如狮子座、鹿座、象座等，根据场合不同而用（如狮子座专用于审判），原物毁于二战，今所陈列者尽为复制品。仅狮子座为真物，乃是最后一位国王锡袍所用，后曾运往加尔格达展览，1948年缅甸独立后物归原主，是缅甸人引为自豪的国宝。

皇宫廷生活展览中有一件银编之席，他处未有。此物与金边柬埔寨皇宫以银砖铺地可谓无独有偶，乃炎热气候之下的君主们独特享受。

民族之物展室中陈列14种民族（从北方的拉伽族到南方的孟族）形象及文物。但说明中

世纪鎏金佛像（缅甸国家博物馆藏）

称为 14 个 races，现世界上恐怕没有第二个地方如此使用 races 一词，使“种族”和“民族”“族群”混同起来。这不是英语水平问题（博物馆中英文说明写得很好，比中国一般博物馆英文说明错误要少得多），反映缅甸与世界学术主流处于隔绝状态。

历史文物反映出缅甸古代文化有自己浓厚特点，中国与缅甸尽管早有政治联系和经济往来，但在文化上缅甸受中国影响，远不如受印度影响之大。缅甸古代建筑技术在某些方面超过同时代的中国，砖的使用不仅较早而且砌砖技术高超，塔内佛像浮雕有时先砌砖形成轮廓，再抹灰泥，这样自较全用灰泥不易脱落。传蒲甘阿隆悉都王残暴苛刻，他命令两块砖头之间不允许有插入一根针的间隙。在生活方式方面，缅甸至今保存一些习俗不仅与中国内地不同，与接壤的中国西南少数民族亦有明显差异。当前中国历史学和考古学界存在一种“天朝心态”，认为周边国家文化和生产技术各方面都落后于中国，均曾受惠于中国的影响。事实是他国自有特点，各有所长。除越南、朝鲜以外其他国家的传统文化中少见中国文化因子。尽管与中国接壤地区和华侨聚居地区表现出中国文化深刻影响，并未对该国主流文化有根本撼动。

晚去看瑞德宫塔（Swedagon），即俗称大金塔者，它已成缅甸的象征性建筑。缅甸佛教教徒视之为圣地，每人一生中至少要朝拜一次才能无憾，其地位有如穆斯林心目中之麦加、西藏人民心目中之布达拉宫。

关于此塔之建造有多种神话流传。相传佛陀给予缅甸商人兄弟八根头发，兄弟归来得众神及国王之助，在此安置。当头发从金盒中取出时，发出万丈光芒，盲人复明，聋者复听，哑人可言，电闪雷鸣，地动山摇，宝石下落如雨。后来此塔湮没无闻，经印度阿育王历尽艰辛，从丛林中清除出来加以复原。但传说不是历史，塔当为孟人所始建，或在 6–10 世纪间。而塔上铭刻最早只可上溯到 1485 年。据记载，皇后信修浮（Shinsawbu）曾以 40 公斤黄金（与她的体重相同）铸成金叶装饰塔顶。其婿达摩悉提王（Dammazedi）又以他自己和妻子的体重四倍之黄金加以修饰，并刻铭留念。他们都是孟人所建白古王朝的统治者。后世塔因地震及战争而破坏，1769 年 Hsinbyushin 王（1763–1776）最后一次重修，建成今天所见形式和高度。

塔建于海拔 58 公尺的小山中之上，占地五英亩，塔基平面呈八边形，四方各有一个入口，塔高 98 公尺，塔身遍贴金叶，上端实心的塔顶据说为 60 吨纯金铸成，最上端金质风信旗等处镶嵌的宝石数以万计。

塔的四周围绕很多小塔、佛龛，在霓虹灯照耀下，很多信徒或念经跪坐，或洒水浴佛，或敬香祈祷，或贴金箔。旅行社赵太太自掏腰包买两片金箔，坚要我们贴于佛像之上。

我感兴趣的是八个佛龛前各有动物形象，分别代表八个方位、八种星宿及一周的“八天”（星期三分为上、下午），依次是虎（星期一）、狮（星期二）、有齿象（星期三上午）无齿象（星期三下午）、老鼠（星期四）、鼹鼠（星期五）、（星期六）蛇、一种印度教神鸟 garuda（星期天）。今见许多信徒按其出生之日在各龛前跪拜。这与中国十二生肖全不相同，仅此一点可见中缅传统文化差异之大。

大金塔周围有一处是华侨所捐建，称为“中国人佛堂”，横匾上有“崇竺圣会”四字。

又有一钟，1775–1779 年铸，第一次英缅战争时为英人运走，落入仰光河中，屡捞不获，缅人自己利用竹木浮力打捞上来，缅人至今谈起此事甚为自豪，而且认为是“钟自己不肯去英国”。

在此塔上从古至今不知投放了多少财富。想起此行沿途所见人民现在的穷困生活，真不知道在这世界上何时才能把芸芸众生现实世界的幸福置于一切考量之上。

2007 年 1 月 21 日

仰光

20 日上午去逛出卖缅甸工艺品和纪念品昂山市场。已有 70 多年历史，是游客们必去之处。晚去皇家湖（Kandawgyi）游览。按仰光有两个湖。较大者为茵雅湖（Inya），在城之北，据说诺贝尔和平奖得主现被软禁的昂山素姬，即居住湖边某处。皇家湖较小，内有模仿皇家游艇而建之餐厅名曰 Karaweik。昨晚在此吃自助餐，看缅甸传统歌舞表演。

今上午去唐人街一游，有观音寺，乃同治十三年立，内有一室名“学塾”，似原为华侨传授子弟汉文化之处。

下午登机，虽然早已了解清楚乘汽车入境者已可乘飞机出境，而且旅行社人士亲送机场，已去移民局说明情况，还是小有波折。护照在办理手续窗口被扔了出来，因没有乘飞机时填的登记卡，幸中国民航工作人员亲送出关，才顺利登机。看来，由于朝令夕改，一般工作人员也不知现行规定。

缅甸十日，感慨良多。资源丰富，青山绿水，仍然保持一个未受污染的生态环境。人民朴实善良，虽然穷困，对外国游客仍然诚实不欺。雇车、购物、漫天要价或出售假货之徒一次未遇。但人民生活之穷困，贪污腐化（闻这里受贿竟不受处罚）、贫富悬殊之严重，出乎想象。虽然从上世纪 90 年代起已经部分改变了政策，国名中已去掉“社会主义”字样，经济已有微小进步，但仍是军人专权，街头不时可见缅文英文并列红布标语，上书“军民团结，粉碎一切危害国家安全的内外敌人“之类，不允许有人发出不同的声音；工作人员办事效率太低，交通及市政建设极为落后。一个社会政治上不加改革，不可能取得全面的社会进步！

老挝

（2009 年 11 月 –12 月）

2009 年 11 月 27 日

琅勃拉邦

昨夜宿磨憨，晨起换钱、过关，入老挝境，开始老挝之旅。同游者民族研究中心同事王亚文、张文兰、杨柽、冷雪梅。租车一部，每日 900 元；请翻译一人，每日 200 元；尚须付司机及翻译每日之食宿。所有费用五人分担。

我等在昆已办好签证，但入境验证放行时，每人要交“盖章费”5000kip（今日比价为人民币 1 元换老挝币 1220kip）。司机及翻译办理落地签证，按领事馆规定，签证费为人民币 130 元（美金 20 元），竟索要 160 元，后讨价还价以人民币 140 元“成交”。收取费用后不给单据。此类事在他国旅行很难见之，增长“见识”不少。

沿 13 号公路南行，经南塔、乌都木赛、琅勃拉邦三省境，路况甚坏，天黑始抵琅勃拉邦市。此段公路原为中国援建，但年久失修，凹凸不平。途经一处正在修理路段，堵车约两小时，见修路工人仍为中国人。

沿途所经多为山区，房屋甚小，干栏式，木板或竹篱为墙，顶覆茅草或石棉瓦，几乎不见砖瓦房屋。室内除见火塘及楼板上铺有棉毯外，真是“家无长物”，一如数十年前中国西南一些少数民族家中所见。

黄昏时分进入琅勃拉邦市境内，已是坝区，车驶在平坦道路上，两边村落房屋较大，人民服饰亦颇整洁。在东南亚和中国西南部，坝区与山区社会经济发展之差距，几乎无处不然，大抵自人们开始精耕农业以后便是如此。这就是为什么这些地区早期政权几乎都以一个或数个坝子为中心而形成；而由于坝子之间相隔丛山，一个强大的统一的国家政权很难出现，即使出现也不能长期延续。

夜宿湄公河边由原来法式二层小楼改建之旅舍。一个有简单卫生设备之标准间，每晚美金 14 元。

2009 年 11 月 28 日

琅勃拉邦

晨起游览，先去王宫博物馆。

王宫为 1904 年建，其时法国势力已进入琅勃拉邦，故兼有法国建筑及老挝传统建筑混合风格。1975 年后辟为博物馆。

大殿陈列除王座、象鞍、遮面扇等体现王权之物外，日用器物一如东南亚其他国家之君主，多为金质或加鎏金，闪闪发光。国王及王后之寝宫之布置，则学西方。从陈列中他们的画像看，服装也有明显的西方影响。

最重要的藏品当然是那尊“金佛”，高 83 公分，重 43 公斤，是高棉人于 1359 年给予老挝第一代国王法昂王，作为统治之象征。今琅勃拉邦即因金佛而得名，Luang Prabang 意为“伟大

琅勃拉邦香通寺大殿建筑

琅勃拉邦香通寺墙外浮雕

之金佛”。佛像据称为公元 1 世纪所铸，实为 14 世纪物，具有高棉艺术风格。金佛曾被泰国（时称暹罗），掠夺而去，1867 年才由泰国国王拉玛四世物归原主。现在所见这尊金佛是否原物颇有疑窦，传说原物现存万象，或说在莫斯科。

最令我感兴趣是一个房间中沿墙排列几十个铜鼓（均为 F 型），使人想起晋宁石寨山贮贝器盖上组雕中集会房屋，四周也亦有多具铜鼓排列。铜鼓展示权势之功能，古今相同。此间敲击铜鼓方法见于一张相片上，两人抬之，边行边击。

此间颇具特色之展品还有一组乐器，包括大皮鼓、腰鼓、东南亚常见之敲击木琴及一系列小锣嵌在半圆形木架上组成之编锣。

一个柜中陈列据舞蹈所用之“武器道具”——安有木柄之月牙形石斧、石制和木制剑状物等，亦为他处所少见。极大之木制“文件合”，形如大桶，有盖，盛放贝叶经卷和文书，可免折断。

极具史料价值的是古碑刻，我共见六通，有一碑为 1527 年立。据说明，乃记载寺庙买地及王室建庙等事，以“佛教文”（当指梵文或巴利文）或“老挝古文”（或指古泰文）书写，弥足珍贵。可惜在这些碑刻面前，我是全文盲。碑刻有些当是从他处移来，非王宫所原有。

王宫范围不大，所谓“后花园”极小，另见一处称“皇家剧院”者，旅游书中未见介绍，不知是否原有？今据布告，称每周六表演皇家歌舞云。

继参观香通寺，原为皇家寺庙。按琅勃拉邦原名勐塞瓦，建国不久即 1357 年一度短期改为勐香通，寺应以此得名。

此寺建于 1560 年。1887 年为“黑旗军”侵占，琅勃拉邦很多寺庙被毁，独此寺幸免。盖入侵者一位首领为白傣族，年幼时曾在此寺当和尚，进驻后便以此寺为其指挥部。

大殿屋檐低垂近地，据说是琅勃拉邦特有建筑风格。山墙上有一幅壁画，称为“生命之树”，红色背景上以马赛克做成图案。殿内墙上有黑地贴金壁画，似描绘某些民间故事。其中跳舞女郎及大门金色浮雕中两两相对之妇女形象，细腰丰乳，其艺术风格颇与吴哥窟中 Apsara 相似。

寺内一房专贮国王葬车原物，其模型在王宫博物馆已见。两端高翘之龙形木座上，中间为盛国王骨灰之高大塔形物。前后两个同类之物较小，属王室成员骨灰置放之所。老挝人行火葬，沿途路边及寺庙墙下常见骨灰塔。

下午年轻同事去数十公里去看“森林中瀑布”，独留旅社睡午觉、看书、写日记。

按琅勃拉邦在14世纪之前属在今泰北地区之“兰那”王国，中心在今清迈。1353年琅勃拉邦一位首领（史称“法昂王”）为脱离泰国之统治，在高棉人帮助下起兵反抗，攻下万象等大片地区，在老挝建成第一个政权（传法昂王原为琅勃拉邦一位王子，其父曾与其祖之妾私奔吴哥，随之而行，后娶吴哥公主为妻，遂得吴哥王国之助，借兵一万取得胜利后逼迫其祖父逊位，自为琅勃拉邦国王——2009年12月20日注）。他自称其国为Lang Xang Hom khao，意为“百万大象，白色之伞”，简称Lang Xang，此即中国古籍记载之“南掌”（有人译为“澜沧”，或称之为“澜沧王国”，似不妥。不仅易与云南澜沧之名相混，且与中国古代译法不符。按中国中央王朝曾在今老挝境设置土司，元称“老告”，明清两代称为“老挝”或“老挝家”或“南掌”。《明史·土司传》云：南掌“东至水尾，南至交阯，西至八百，北至车里”，其地望与今琅勃拉邦全同。南掌应为Lang Xang之对音。——2009年12月20日注）

法昂王奉南传佛教为国教，东征西讨，曾控制从今越南到泰国东北部大片地区，后因残暴遭臣下放逐而死。继任者Samsenthai国王在位43年，建立许多寺庙，并与泰国阿瑜陀耶王朝及兰那王国联姻。南掌王国一度成为东南亚占地最大之国家，虽然人口较为稀少。

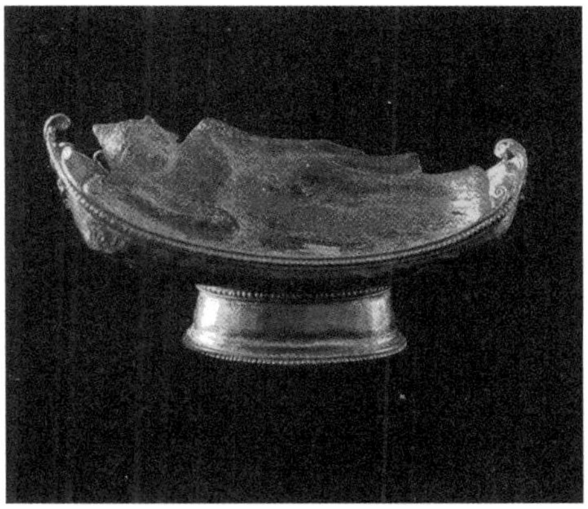
金卧佛（琅勃拉邦王宫博物馆藏）

1520年国王Phothisarat由琅勃拉邦迁都万象。17世纪在国王Suriya Vongsa统治时代继续扩展国土，此时南掌王国达到“黄金时代”。但他死后王国便陷入权力纷争，1694年分裂为三个小的王国：一个以万象为中心；一个以老挝南端的占巴塞为中心；一个仍以琅勃拉邦为中心，统治者是Vongsa王的一个孙子。

18世纪琅勃拉邦一度为缅甸所征服，19世纪下半叶又成为暹罗的卫星国。19世纪末法国占安南后逐渐把势力伸入今老挝境内，包括琅勃拉邦在内。今老挝国名Laos开始出现，所以使用复数，即表示它原是好几个寮人建立的小国的集合体。

二战末期老挝一度为日本人所占领，战后法人回转印度支那，扶植琅勃拉邦国王Sisavang Vong，使他1946年4月成为今日老挝全境的国王。经过多年的战争，在越共支持下的巴特寮（现在才知“巴特寮”是“寮人的土地”之意），于1975年取得政权，建立“老挝人民民主共和国”。其时原国王Sisavang Vong已于1959年死去，继承人Sisavang Vatthana，被任命为“总统最高顾问”。仅仅两年之后，这位国王及王后、臣僚便被送到华潘省与越南接攘地区进行“再教育”，从事劳动和学习党的“光荣历史”，美其名曰参加“习明纳尔”(sininar)。全国参加这样“习明纳尔”的有40000人（一说十余万人）。这不禁使人想起中国同类机构也曾称为“干校”或“学习班”，两者有异曲同工之妙！你还不得不承认，首先如此使用这类词汇的人是些“天才”！

后国王一家在一个山洞中病饿而死。至今当地居民还相信国王的鬼魂仍在我们上午参观的王宫内徘徊，黄昏以后便无人敢于涉足其中。

傍晚独自一人乘 tuk tuk 车逛旧书店，参观市容。琅勃拉邦市位于湄公河及南康河交汇处，中心区突出于湄公河中一个半岛上。法式小楼分布于湄公河东岸，绵延一二公里，宫殿、寺庙等传统建筑穿插其中。全市人口仅一二万人，无汽车声之乱耳，无摩天楼之障目，今已成为著名旅游胜地，称为“东南亚传统城镇之硕果仅存者”，1995 年列入联合国世界文化遗产保护名单。街上见西方游客不少。

在湄公河畔用晚餐，吃烧烤，喝老挝生产啤酒（Beer Lao）及一种热带水果混合果汁，甚为惬意。

晚餐毕逛夜市。市上出售当地手工艺品，可购者不多，但市坊极为整洁，摊贩排列有序，而且不见有“城管”“保安”之类“维持秩序”。老挝人民贫穷而诚实，购物不需讨价还价，仅乘 tuk tuk 车有漫天要价现象。

2009 年 11 月 29 日

丰沙湾

晨起参观琅勃拉邦维苏寺（Wat Visunalat）。寺为 1513 年某代国王 Visunalat 始建，故名。1887 年毁于战火，1896–1898 年重建，已算现存琅勃拉邦寺庙中最古老者。原来建筑是南印度及高棉式的木结构，重建时改用砖和灰泥材料，但窗棂仍仿过去木结构，如在吴哥神庙所见。内有鎏金木质佛像，作手指指地之状，谓表示“求雨”，被认为是当地艺术特点，惜不允照相，不能回去细作比较研究。

琅勃拉邦僧人列队接受信徒跪呈布施

寺内有一塔，为 Visunalat 王后 Nang Pathum Xieng 于 1503 年所建，因名为 That Pathum，意为“莲花塔”（按“That”与中文之“塔”，音意全同。——2009 年 12 月 24 日注）。其形制与一般泰式佛塔不同，顶作扁圆形，故又俗称“西瓜塔”。寺内原藏不少珍贵之佛像，昨在王宫博物馆所见一尊金质卧佛（佛卧于船形座上）即出于此。

琅勃拉邦维苏寺西瓜塔

旋离琅勃拉邦，去川圹省参观东南亚考古学上著名之大石坛。经 13 号公路向南转入 7 号公路而西行，傍晚抵达，匆促参观。

按大石坛散布于丰沙湾附近广大平地上，地图上或称“石坛平原”，历遭破坏，尚存数百个之多，主要可分 14 个地点，至今只有三个地点已排除了 UXO（未爆炸物），向游人开放。

我们只参观了第一地点。这里尚存石坛子最多，共有 314 个（第二地点 90 个，第三地点 150 个）。最大一个径 2.50，高 2.75 米，重达 6 吨。石坛直口，腹略鼓，底小，口沿内圈凸起，显然原来有盖（有盖之坛已有发现），现盖已失，坛内多空。

关于老挝大石坛，早在上世纪 30 年代法国考古学家以发现越南和平文化而著称的科拉尼（Madeleine Coloni）曾用三年时间进行调查并写有专书，但悬而未决问题尚多。

它的用途或谓与巨石崇拜有关，或谓贮米，或谓酿酒，还有归之于外星人者（这是对待考古学上难解之谜最时髦的办法）。

当地人认为是酿酒所用。传说一位英雄战胜敌人后，在此酿酒痛饮庆功，故称“胜利之杯”；并传说石坛是用牛皮、沙石等煅烧出来的。后一说法现在已可否定，它明显是用一种类似砂岩的石料（少数用花岗石）凿成的，在距此不远的芒绥（Muong Sui）已发现开采地及石坛子的半成品。科拉尼在一个石坛子中发现了青铜人像，这一文化遗存当在青铜时代之后。

在第一地点附近小路口，我至少看了两个警告碑，禁止前行，说还有 UXO 尚未排除。

是夜宿丰沙湾。

老挝在越战中曾是越美双方作战的主要战场，按人均计算，是世界上历次战争中落下炸弹最多的国家。川圹被轰炸尤甚。当地人回忆“当时的炸弹像撒种一样落下”，原来许多城镇和农村今已完全消失，原来川圹省的省会的川圹市也几乎炸平，不得不以丰沙湾为省会。

今日在旅游舍前商店前随处可见大大小小炸弹壳成堆排放，似以此作为“纪念”；也有人家废物利用，用弹壳盛物或种花。

2009 年 11 月 30 日

万荣

晨离丰沙湾，从川圹省进入万象省，下午抵万荣而宿，距万象尚有 100 余公里。青年同事出外游泳，独留旅社休息。

今昨两日沿途见青年男女“丢包”嬉戏，阅报始知 11 月 28 日为苗族新年。此间“丢包”已不用彩布袋，而以网球代之。今途中见庆祝“盖新房”，设筵饮酒，唱歌跳舞，歌者手持“麦克风”而唱。凡此微小改变反映文化变迁现象无时无地不在发生。自然发生之文化变迁不可避免，亦无损于一

大石坛第一地点（川圹）

石坛中最大者

种文化之根本；而当前中国在政治力量介入下为了“开发”“旅游”等目的，人为制造出来的与过去全不相同所谓“民族文化”，却意味着真正传统文化之消失。

今昨两日所经之地应多苗族。越战期间，苗族武装站在美军方面，为首者王宝一度成为新闻人物，后流亡美国，现居加利福尼亚。其后残余势力尚存在多时。万象至琅勃拉邦公路班车司机10年前尚须带枪。今途中仍见有政府军士兵巡逻，两人来车前索要水喝，矿泉水外又给予糖果、饼干，满意而去。

万荣山奇水绿，很似中国桂林，但植被茂密，山顶亦长出大树，风光远胜桂林。仅有10000多人口，环境未遭破坏，今已成为度假胜地。

2009年12月1日

万象

上午从万荣到万象。

下午先去“佛教公园”参观。公园在城南20公里外，1958年建成，以一群奇形怪状之雕像而著名。建园者为一祭师，名Bunleua Sulilat。此人把印度教及佛教糅合一体，在老挝及泰北一带曾拥有很多信徒，被尊称为“可敬的祖父”，1975年后移居泰国。

雕像塑造印度教的湿婆、毗湿奴，佛教的观音等神佛形象，据神话传说加上想象力使之“怪诞化”，材料使用钢筋水泥，技术粗劣。现雕像断手断脚露出钢筋，已不加修补。雕像之下刻有“某某先生及太太于某年捐赠”字样。还有一个极大之以手支头而侧卧的佛涅槃雕像，已成信徒膜拜主要对象，其前香火最盛。

雕塑以外，尚有一塔，分三层，代表“天堂”“人间”和“地狱”。看了雕像以后，已无兴趣登临参观。

归途经免税商店及泰老友谊大桥，闻现正修由万象通往泰国口岸廊开之铁路。如此便与泰国铁路网相连，而结束老挝无铁路的历史。见一指路牌，指明“火车站”的方位，不知是否即是未来的万象站？

晚在一家泰国人开设之饭店，请大家吃烧烤大虾，颇为新鲜，一公斤仅人民币80元。

2009年12月2日

万象

昨夜宿华人开设之旅社，位于“新唐人街”。此地华人不少。晨即在旅社门外用早餐，与一位卖面条、饺子之东北妇女及一位来自浙江义乌贩卖袜子兼换外币之妇女闲谈。据云国内“混不下去之人”才会来此，“这里不如国内一个县城”。

参观老挝国家历史博物馆，其建筑即为原来的法国总督府。

博物馆主要部分表现巴特寮革命及建国之历史，仅开始部分陈列若干古代文物。新石器时代彩陶，具有泰国班清文化风格。另见有肩石斧、权杖头、石柱等巨石文化遗存等，近年在琅勃拉邦考古调查，发现遗址多处，包括一处崖画遗存。见一张崖画相片，画作红色，仅绘出轮廓，人体不涂色，与沧源崖画风格有异。

青铜器据称有东山文化风格，陈列品中仅见铜斧等小型铜器，无甚特点。惟铜鼓较多，入门即见一具 2008 年新发现之大型铜鼓，面有四蛙，腰部有写实性羽人图像，应属 C 型鼓较早的一种。另有一具面部全失之大型残破铜鼓，胴有龙舟，舟上有牛、鹿等动物，当属 B 型。其他铜鼓尚见 C 型 2 具，D、E、F 型各 1 具。

过去写《铜鼓与南方民族》，介绍老挝铜鼓称“仅有两具”，显然有误，今后又要补正，真是学无止境！

万象沙格寺大殿

大石坛问题已有新突破。坛内已发现明显的火葬遗存，另有贝壳、以“不甚珍贵”宝石制成之珠子和其他装饰品、铜铁器等随葬，说明石坛乃供火葬后盛放骨灰之用，其年代被定为公元前 300 年到公元 300 年。石坛附近还发现一般人的火葬罐，大石坛应为富裕阶层死后所享用。陈列中还见一件石坛上有人形浮雕的相片。

陈列中尚有一些佛教雕像及一具印度教崇拜之“林加”。

继参观沙格寺，在总统府对面，1810 年国王 Chao Anow 所建。他曾在曼谷受教育，故寺庙具有泰国建筑风格。后他举兵反抗泰国失败，万象众寺庙为泰兵所毁，独此寺因像泰国寺庙而免于彻底破坏。经过法国殖民者重修，今日已算是万象保存原貌的寺庙中年代最早者。

在万象塔銮前

大殿建筑特点是四壁从底到顶布满小龛，内供各种质料制成之佛像，数达 2000 个之多；屋顶有莲花纹浮雕，仿泰国阿瑜陀耶王朝建筑。

寺内有碑刻多座，惜不能了解其内容。

玉佛寺与沙格寺隔街相望，1565 年由迁都于万象的国王 Sethathirat 所建，为了供奉从泰国得来之玉佛及作为他本人拜佛之所。1779 年玉佛为泰国人“偷去”。1828 年与泰国人战争中全寺遭毁，1936–1942 年重建时已原貌全非。但寺内保存许多佛像，颇有价值。

最后驱车前往塔銮。此不仅为老挝市标志性建筑，且为老挝国家之象征，其形象已见于国徽之上。在边饰莲花逐层递高四方形座上，矗立高 45 米之中塔，周围有小塔 30 座，象征佛教之三十个“圆满”，塔心砖砌，塔身鎏金。今日阳光明媚，在照射下塔銮闪闪发光。

传说早在公元前 3 世纪阿育王时代，该地即为埋佛骨之处。但发掘证明，今塔之下原为一座高棉人寺庙，乃 11–13 世纪建筑。16 世纪中叶国王 Setthathi 迁都于万象后，便在寺庙基础上建成此塔。塔于 18–19 世纪为战火所毁，1900 年法国人加以修复。最近一次重新鎏金在 1995 年。塔之四面原各有寺庙一座，现仅余其二。塔銮正对纪念为国牺牲战士之“胜利门”，1960 年建，建筑略似巴黎凯旋门而顶上有雕像。两者之间为一广场，周边是一些政府机构所在的高大建筑，这里应算是老挝政治中心。

今天适逢老挝国庆，到处时见插上国旗，街头未见有群众性庆祝活动。惟见越南人分乘三座旅游大巴来此，分明为旅游者，在广场集体摄影时却狂呼口号：“……Vietnam”！“……Vietnam”！气势凌人，反映越南与老挝不同寻常之关系。

Vientiene（万象），原作 Vieng Chan，意为“凉鞋木之城”。今市内人口有 13 万多人，城区濒临湄公河，高楼不多，出租车少见。路牌多用英文、老挝两种文字，但也见法文，提醒人们这里曾是法国殖民地。由于时间匆促，未能游览市容。

是夜驱车至万荣而宿。

2009 年 12 月 3 日

勐赛

万荣经琅勃拉邦至勐赛。此为乌鲁木赛省省会。

连日乘车在弯曲最多路面最坏之公路颠簸，为防腰部伤痛加重，整日以安全带把自己“捆绑”于座位之上，平均每天七八小时，疲乏不堪，今日更甚。

此行纯属参观，不可能有何学术收获。为看著名之“大石坛”，较原计划又延长一两天，更属“劳民伤财”之举。对“大石坛”明知不能作认真之考察，即据前人资料作简单介绍亦不可能，盖前人报导多为法文，自己“目不识丁”，如何介绍？一切不过是“兴趣主义”，为满足好奇心而已。

自思正是好奇心害我一生，以致耄耋之年仍像年轻时期一样争分夺秒，身心均不能休息，诚属“自找苦吃”。正在自怨自艾考虑今后是否应彻底退休之际，突然想起途中曾见一位西方老年旅游者，年纪较我稍轻，而“不良于行”与我一样，独自乘轮椅行走于少见行人之老挝公路上，其勇气和毅力决非我所及。我们彼此致意，擦肩（车）而过。看来，忘记年龄而做想做之事，不甘老死于家，也是可供老人选择的一种生活方式。

“自找苦吃”者非特在下一人而已。

今夜宿勐赛一家甚大之旅舍中，屋间装修尽用高级木材。司机告我：开设者为马来西亚人，其目的即在“储存”名贵木材，即使他日旅社倒闭（今晚见旅社入住率甚低），变卖木材亦不致亏本。

2009年12月4日

勐赛—景洪

中午12时许即抵边界,出老挝境前突来警察三人查验护照及车辆,最后谓车辆保险“有问题”(实际上此车挂老挝牌照,一切手续齐备),要罚款10万kip。

司机对此类事似已司空见惯,经过“讨价还价”,最后付5万kip外加糖果糕点,得以顺利过关。当然过关时又付“盖章费”。

警察公开勒索旅客政府,不加禁止;而旅客也视以为常,不提抗议,这大概可算是老挝之“特色”。

韩国

（2002 年 10 月、2003 年 1 月、2005 年 2 月）

（一）

2002 年 10 月 26 日

汉城

偕妻赴美探亲，在此转机。深夜抵达仁川机场，下午始有飞往旧金山航班。由于持有美国签证可以免签出关，遂趁机游览。

景福宫

由仁川机场乘巴士过汉江大桥，约 1 小时抵达汉城。选择重要历史古迹及博物馆参观。

汉城保存昔日宫殿有五，最主要者为景福宫（其他为行宫或王室重要成员居住之处）。建于 1392 年即李朝开国之后两年，作为政治中心凡二百年，是拥有 200 个殿堂的建筑群。1592—1598 年日本入侵焚毁，1865——1868 年重建，1910 年日本吞并朝鲜后又加毁坏，并就在其地建一个西洋式建筑作为总督府（庆祝朝鲜光复 50 周年时韩国为了彻底消除民族耻辱已加拆毁）。南端入口前有光化门，大抵相当于北京故宫之前门。

其内主要建筑“勤政殿”，为王召见臣僚议事之所，相当于故宫之太和殿。其他殿堂亦多用中国名称，如“广会楼”、“钦敬阁”、“万春殿”、“交泰殿”等。另有库房，以千字文排列，如“地字库”“玄字库”等。各处建筑油漆一新，不见昔日惨遭破坏痕迹，当是近代修复。宫门前站立身着传统服装佩剑和手持大刀卫士，宫内有身着宫女传统服装者以备与游人合影，令游人略可想见昔日王宫景象。

宫门前贴有“入门规则”若干条，中文朝文相对照，规定“凡守门军，毋阙入直（值）处及毋骚或乱，以干兵法”，“犯夜失号者罚”，“樗蒲忿争者罚”，还有“妇女入营者罚”等等，饶有趣味。后有“兵曹”XX 立于“朝鲜中宗三年”（当为 1508 年。——2003 年 2 月 9 日补注）字样。

宫殿建筑飞檐画梁，白石台阶，全仿中国宫殿，但不见用黄色琉璃瓦。古代汉城之整个布置亦仿中国城市设计。景福宫及其他宫殿均在城之北隅，南面则为商业区，与隋唐以来中国宫殿坐北朝南，同一格局。

国立中央博物馆在景福宫之入门左侧，是韩国最重要的博物馆。像中国的故宫博物院一样，许多藏品原是李朝宫廷之物。1908 年开始开放，1945 年成为正式博物馆。据称全部文物达十余万件，现在展出者仅 5000 件。博物馆原在日本总督府旧址，今设于一个简易建筑中，闻未来将迁他处，新馆正在建设之中。

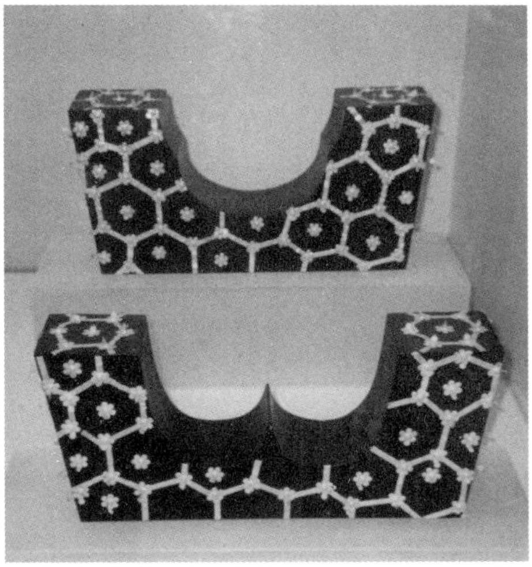

饰金漆器——枕头和枕足（国立中央博物馆藏）

代表村落保护神的木雕（国立民俗博物馆陈列）

文物按朝鲜历史几个重大阶段排列：史前时期、三国时期（新罗、百济、高句丽分别展出）、新罗统一时期。此外，尚有专题展出，如佛教文物、陶器、瓷器、景福宫原貌模型、书画等等。文物多受中国影响，但有浓厚民族风格。一些古代铜器的形制，非常特殊。一种有金饰的漆枕极似中国古代枕头，又有放置双足的同类之物，为过去所未见。

宫殿之后右侧是国立民俗博物馆，1945 年始建，1975 年移于现址。已看过世界上同类博物馆不下数十，以规模而言，这个馆假如不是最大，也是较大的一个。全馆既按历史顺序表现古代朝鲜生产生活方式之演进，又有专题陈列分别展示朝鲜传统文化各个方面（房屋、服饰、食物、运输、手工艺及音乐、游戏等等），特别是表现朝鲜人从生到死各个人生阶段的“过渡礼仪”（出生、成年礼、婚、丧），更是引人入胜。馆外空地矗立着代表村落保护神的一根根木柱，上端刻成人面形，施以彩绘，上书：

天下大将军

地下大将军

地下女将军

天上天下逐鬼大将军

东方天元逐鬼大将军

此物称为 Changsung，谓有此可以保佑人畜平安，农业丰收。木雕三年一换，届时要举行仪式，村民聚宴。据介绍，此物在公元前后即有，原来几乎每个村落均有一个，现在全国还有 250 个左右。除木雕像外还有石雕像，粗具人形。

离开民俗博物馆往北便出了景福宫的范围，对面便是著名的青瓦台，为今韩国总统府所在。

2002 年 10 月 29 日补记于旧金山

（二）

2003 年 1 月 16 日

汉城

昨中午由旧金山起飞，当地时间下午抵达仁川机场。经过长期飞行，长期枯坐，背部患处疼痛，十分难受。

由于航班不相衔接，于是再次出关进城停留一天。按照国际航空惯例，旅馆、交通及一日三餐全由航空公司付账。

昨晚航空公司巴士送我们住入汉城皇家旅馆，在上次参观之景福宫之正南方。这一带称为“明洞”，是汉城著名的商业区，旅馆周围尽为免税商店、百货公司及餐馆。

晨起精神稍好，乃在附近游逛。经一很大邮局（内有邮政博物馆）便到达南大门市场。此处原为露天市场，李朝时期便已存在，是当时城乡商品集散地。今天改建成商场，经营服装、鞋子各种日用杂货及朝鲜传统食物，似乎从事批发业务。

在南大门市场之旁可见一个传统城楼，称为“崇礼门”，原是汉城旧城的南大门。宫廷在北，商业区分布在城之南隅，正与中国古代都城布局相合。这一带大抵相当于北京的大栅栏。

两次过汉城，品尝朝鲜传统食物，惜记不住它们的名字。惟知著名的朝鲜泡菜称为 kimchi，实际上它包括很多种类，似乎很多蔬菜均可做成“泡菜”。

朝鲜人颇以他们的烹调艺术而自豪。在我等看来，它既有中国菜的味道，又受日本菜的影响（如自助餐中多有“寿司”），仅调味品多用红辣椒是其特点而已。

汉城前后短暂停留两次，深感这个国家治理有方。机场、旅馆、街道极为整洁，墙上不见美国城市常见的乱涂现象。对待外国人友好热情，彬彬有礼。有一次问路，两个年青人拿出手机帮我们了解清楚，并陪我们走一段。

这是由于该国重视教育尊崇儒学，传统道德深入人心之故。

尽管近年经济不景气，市面上各种商品充足，食物更是丰富，街道上没有看见无家可归者。人们不禁想起北朝鲜。那里的人食不果腹，仅去年一年北朝鲜人闯入北京外国使馆要求避难者就有多起，而不幸没有成功进入被迫遣返者更不知凡几。南北朝鲜国土面积相侔（北朝鲜还较大，约占朝鲜半岛的 55%），原为同一民族，在相同的环境下生活。分隔几十年后，何以差距如此之大？岂不发人深思？

（三）

2005 年 2 月 16 日

仁川

昨日旧金山飞此，大韩航空安排住入机场附近旅社 Hyatt Regency，不必再赴汉城矣。此旅社 2003 年才开始动工兴建，现代化设施、科学之管理和周到之服务，予人深刻印象。甫入房间打开电视，即映出一封有经理签字写给“汪先生和汪太太”的信，表示欢迎之意，并告知可提供那些服务及联系方式。

旅社之内设有游泳池及健身通讯、娱乐各种场所，自不待言。其餐厅更具特色，分为“日本料理”“韩式烧烤”等七个部分（故称“七餐厅”），各部分之厨房向顾客公开展示。顾客通过玻璃墙可见厨师们在清洁无烟整齐有序环境下如何操勺烹调，谓如此可引起食欲云云。餐厅中设有极大之玻璃柜，陈放世界各种名酒，据云达4000种之多。我们过境旅客，一日三餐免费供应。在此休息一天，疲劳尽去。

韩国人兴办什么事业，大如著名的三星公司，小如这个旅馆，都力求完美，争居世界前列。这就是为什么一个国土不大而资源匮乏的国家能够创造经济奇迹之故。

附录

台湾

（1998 年 5—6 月）

1998 年 5 月 10 日

台湾

7 日晨乘西北航空公司，由 BWI 机场起飞，中经底特律、大阪，到达台北已是当地时间晚八时许。联合报基金会秘书李宗霖君来接。李君台大毕业，后获某校硕士学位，原攻心理学社会学之类专业，台湾籍。

住中研院学术活动中心。中外访问学者多住此（早餐时见参加甲骨文发现 100 周年会议的大陆学者）。此次来台经费由联合报系文化基金会提供，而活动由中研院史语所安排。

9 日政大研究生郭维雄来，带往市内超市购物，书店看书，熟悉环境。

今独去市中心一游，晚逛饶河夜市。有多种小吃，如猪血做成之糕等，臭豆腐尤佳。闻此物乃国府迁台后始有，或为南京臭豆腐之“移民”乎？

台北市容似不甚佳，立体马路不少，交通堵塞，住宅拥挤。然公共汽车较为方便，由南港赴市内，有数路可达，上车多有座位，且有空调。一段票价台币 15 元，远途两段 30 元，亦不足美金一元，且老人减半。

1998 年 5 月 11 日

台北

午间联合报系文化基金会在其附近一家西餐馆接风，与同行见面，出席者有史语所杜正胜、臧振华，台大人类学系谢继昌，联合报所属《历史》月刊主编王曾才等。基金会执行长张逸东先生主持，基金会工作人员李宗霖等参加。

席上有人问：你发表文章公开反对从母系到父系的演化规律，即反对单线进化论，这是涉及马克思主义的哲学基础，发表以后没有遇到麻烦吗？我说：迄今为止没有感到什么麻烦。这毕竟是个学术问题，改革开放已有 20 年了，假如连这样文章都不能写，那与未改革前何异？

他们要我谈谈对台湾民主化看法。我说：知道不多，新闻自由完全实现。电视上可见指名道姓大骂总统李登辉。民主操作还不规范，立法院开会还要打架。他们大笑。但无论如何这里总算有了民选制度。

宴会后安排参观报社资讯室，赠送书刊并介绍联合报历史。联合报创办人王惕吾，黄埔军校八期毕业，曾任蒋介石警卫旅团长之职。1950 年起退役办《民族报》，次年与《全民日报》、《经济日报》联合出版，改称《联合报》。开办时仅有台币 30000 元及白报纸若干令，现已成为拥有亿万资产的台湾报业巨头。办有八家报纸：在台湾者《联合报》、《联合晚报》、《经济日报》、《民生报》；在美、加者《世界日报》；在欧洲者《欧洲日报》；在亚洲者《泰国世界日报》、《香港联合报》。每天发行报纸 300 万份，行销全世界。此外，还拥有一家出版公司（“联经出版事业公司”）、两种杂志（《历史》、《联合文学》）、一个通讯社（“中国经济通讯社”）以及联经资讯公司、镭射印刷公司、天利运输公司以及散布各地的世界书局。

现在联合报在台北繁华地区拥有五座相连的大楼，《联合报》发行量在台湾早已超过官办《中央日报》。

王惕吾本人从办报的门外汉成为“国际新闻协会中华民国分会”会长，受到国际重视。美、秘鲁、韩国几所大学授予他荣誉博士，美国国务院邀请他访问，美台断交消息美方先向他透露。

王惕吾本人已于 1993 年 81 岁时退休，由他的子女分别担任王氏独资企业各重要岗位，现长子王必成任董事长。

王氏可谓白手起家，他自称外行，然四十多年来竟有如此巨大成就（号称“全球最大中文报系”），其要诀何在？据《报人王惕吾》一书的分析，约有以下数端：

第一、坚持独立办报，力争新闻自由。

王惕吾与国民党有较深的渊源，担任过国民党中常委之职，但他尽量不使报纸成为政治的附庸，与国民党保持一定距离，对政府采取客观的批评态度，保持独立的立场。1961 年敢于对雷震被捕，提出批评。反对限制言论自由的出版法，当出版法实施之后（1958 年）则发表声明表示遵守：“恶法亦法”，“一项恶劣的法律比起毫无法律还有可取之处”。同时以报社名义向全体员工发出公开信征询意见，是否继续坚持报纸正确立场，结果取得 81% 员工支持。自己作出最坏打算，若他本人被捕，由各部门主管组成委员会接管，若个别记者编辑被捕，则报社负责诉讼费用，薪水照发（张逸东在宴会上说：“新闻自由是争来的。”）。

第二、“正派办报”。

这是悬挂在编辑部墙上的题匾，王惕吾手书，算是办报的方针。“正派”两字似很抽象，实包含丰富的内容，至少包括对读者负责（如为了发表蒋经国不考虑由亲属接班声明的头条新闻而追回 30 万份报纸；对偏远山区送报者给予特殊补贴；在发生水灾地区飞机运报，使报纸按时到达等）；按章纳税；反对不负责任的新闻报导；采访报导必须符合新闻标准与新闻价值。

第三，善待员工，重视人才。

员工给予高薪，实行高福利政策，在风景秀丽地区创办供员工疗养之“南园”。对报童实行“送者有其报”，使他们自己经营分销业务。对于报社内部有才干者能知人善任，做出成绩者重奖（奖金十年前即达一万美元）。对敢于顶撞者大度宽容。对于社会上有才之士加以援助（如曾帮助著名历史小说家高阳）。对于触犯当局者加以保护。俞大维曾说用人要“知他、识他、用他、谅他”，在这四点上自己不及王惕吾。

联合报在当前统独之争中反对台独，故李登辉声称“不看”联合报。报社曾受到定时炸弹之袭击（访台期间联合报大楼门前又曾发现定时炸弹，未炸。——2002 年 7 月 31 日注）。

联合报重视中国传统文化，极力赞助文化事业，建立国学文献馆，出版“明清档案”，支持中医学研究，设立文化基金会，开展与大陆文化学术交流。

文化基金会初只邀请海外民运人士，近三四年兼及大陆学术界。每年以一百万台币请学者约 10 人，访台期限少者一周多者数月。

联合报提供一个在没有新闻自由国度如何独立办报的范例，那就是在现行制度允许条件下运作，而不能硬顶致遭灭顶之实，然后锲而不舍慢慢争得新闻自由。

青年时代梦想做个新闻工作者，生不逢时，为免遭祸改习考古。若有来生，能在有新闻自由国度的报界工作，当远胜于此生抱残守缺写几部闲书消磨数十年岁月也。

中山纪念堂距联合报仅一站，入内一观。建筑极为雄伟。宋庆龄相片仅一见，自不足怪，而章太炎竟无相片，不知仓促中疏忽未见，抑或展览者有意为之？有孙中山送蒋介石对联一副，极有哲理。

1998 年 5 月 14 日

台北

昨去马来西亚驻台办事处申请签证，不予受理，理由是他们无权在有正式外交关系国家之护照上盖章。

近日办妥傅斯年图书馆借书证。史语所又在六楼专设一间办公室，随意浏览中外图书，十分惬意。

中研院迁台数十年来，规模扩大，现辖研究所二十有二，属人文科学者八所。史语所历史最为悠久，下设古史、考古学、人类学各组。《集刊》审稿制度、人员之遴选及晋升制度，仍沿袭傅斯年时代的传统，惟新增“中国古代医学”“礼俗”等研究课题。经常邀请海内外学人访问，几乎每周均有演讲或其他学术活动（如前不久方举办“傅斯年纪念活动”，海报上以傅自书“归骨于田横之岛”为标题）。经费充足，图书资料丰富（傅斯年图书馆归本所管辖），研究人员各有单独办公室，工作条件较好。

民族学研究所与史语所毗邻，1955 年成立筹备处，1965 年建所，创办者凌纯声先生（史语所人类学组仍然保留，开始由芮逸夫先生主其事）。民族学所长期以台湾原住民为调查研究对象，近年似转向人类学新理论之探讨及东亚、东南亚之区域研究。设有凌纯声博物馆，展出台湾原住民文物，另有“台湾汉人民间宗教”“太平洋地区民族”专题陈列。

以上两所，人员不多而成绩斐然，如民族学所仅 28 人（内含行政技术人员 11 人），40 年来已出集刊数十期，专刊数十种。史语所《集刊》一直出版，论著标准较高。而大陆社科院每所二三百人，有些出版物粗制滥造，人员滥竽充数，相差实不可以道里计。

究其原因：第一，他们坚持蔡元培等奠定的学术独立传统及一套行之有效管理制度。第二，政府对学术不加干预而财政上大力给予支持。据云迁台初期国府经济困难，中研院经费仍有保证。第三，研究人员素质较好，青年研究人员多为留美博士，就所接触者的而言，旧学基础自不如老一辈学人，尚能潜心研究，致力本业，少见如大陆青年人胡抄乱写者。第四，工作生活条件较优，此间研究人员平均月薪约 2000 美金，不能与国外相比，但有自己住房、办公室，生活安定，可以安心治学。

1998 年 5 月 15 日

台北

参加两岸少数民族学术研讨会开幕式。

此次会议由中国边政协会主办，具体负责人为政治大学民族研究所林恩显、萧金松诸先生。大陆代表团由各地民族研究机构负责人组成。

会议在政治大学公企教育中心综合大楼举行。每位致词者开头对与会重要人物必先一一提及并报头衔，如"××× 主席"、"××× 常务理事"、"××× 委员"，最后再说"女士们先生们"。与大陆开会之排名学，实有异曲同工之妙。此岂为中华文化之特色乎？

会毕搭史语所桑秀云研究员之车而归。桑女士为芮逸夫弟子，治民族史。途中略谈史语所情况。此间研究员 65 岁退休（仅老院士为终身职位），退休后保有自己办公室仍可进行研究云。

1998 年 5 月 16 日

日月潭

清晨即起，去师大宾馆与大陆代表团会合，出外参观。

一行 20 余人，乘旅行社巴士南行，萧金松先生带队。萧先生专攻藏学，曾赴印度达赖驻地任访问学者。据告年初曾发生达赖三个亲信被刺案，乃某一派别所为，后印度警察出动，闭门大索凶手。此派行极端主义，仅尊崇达赖。中国如欲解决西藏问题，在达赖在世时尚有可为，待其归天后，恐更无合适人选可以号令各派率众来归矣。

沿途见槟榔树颇多。在台不时可见老人，口嚼槟榔，此物有"台湾口香糖"之称。街上见卖槟榔之小店铺，店主多为袒胸露臂之妇女，或称"槟榔西施"。

九族村位于南投县，共复原九座村落（或院落），一族一村。由于参观时间只限两小时，摒弃其他景点（欧式花园、万山神石——高雄县一处岩雕之仿制物、玛雅探险、未来世界等），拼命赶路，亦仅走完八村，兰屿岛之雅美人村落未能去。

每村选择具有特色之建筑加以复原，由该族人士表演传统技艺或游戏，供应该族特殊食物及饮料。有一种米酒极好，连饮数杯。原住民不通普通话，似能日语。台湾原住民传统社会和文化可以再次证明从母系到父系理论模式之非。如阿美人为典型母系社会，农业发展程度很高，多有水田；而行父系者或半渔半农（如雅美人），或只有刀耕火种农业。

当今台湾学术界所致力研究的平埔族在九族村中尚无展现。论者或谓今台湾人由平埔族发展而来，大陆移民乃 17 世纪以后事。在此以前大陆与台湾关系并不密切，以此为台独观点摇旗呐喊。

九族村与大陆同类景点如云南民族村等相较，最大优点即复原房屋必注明原为何地何人住宅或根据何种资料复原。如：

排湾族，屏东佳平社头目舍果禄宗庙，据1937年竹岩助太郎氏调查。

鲁凯族，台东县大南社会所，据竹岩助太郎1937年调查。

如此言必有据，建筑及陈列物便具有真实性，可作科学研究之用，不徒供游人观赏而已。

继参观日月潭，为高山湖泊。中有岛，称光华岛。湖水不见污染。湖滨有文武庙，合祀关圣及孔子，又有玄奘庙，均无足观。

夜宿青年活动中心，住木屋，与林超民君同室。周围大树合抱，风景清幽。晚餐有鱼，称“总统鱼”，传因蒋介石喜食此鱼而得名。

九族文化村中的高山族妇女

九族文化村中复现过去高山族猎头习俗

1998年5月17日

阿里山

晨起乘车沿玉山（台湾最高之山）之麓而达阿里山，此山由一首歌已为大陆人士所熟知。山有受镇宫，祀玄天祖师。此间树木保存极好，在林间小路散步良久，呼吸清新空气。在嘉义县吃晚餐，夜一时归抵台北。

出游两日，沿途少见大片农田，但农产品仍为台湾出口大宗。稻种三季，各种水果均有出产。

农户住宅虽不若欧美乡村房屋之讲究，田头可见停放小汽车，可见生活富足。据云位于公路两侧农户已因地价高涨而致富云。

1998年5月19日

台北

昨秦照芬博士驱车导游淡水，观大海，又去关渡宫等处参观。

连日写《古俗新研》序言及泛览港台报刊。

报载北大百年校庆，北京隆重庆祝，会场设人民大会堂，世界著名大学校长多应邀参加，堪称盛会。国家领导人出席，以朱镕基得掌声最多云。

但海外对此次活动评价不佳，多持异议。北大党委书记报告中竟谓“马列主义一直为北大之灵魂”云云，论者谓上世纪末中国何来马列主义？又校庆日期胡适早有考证，应在1898年12月17日。改为5月4日，并未得海内外全体老北大人同意。“五四运动”学生上街游行北京各校都有，当日并未有明确之领导，后世视北大为“五四运动”之发祥地乃因《新青年》、《新潮》等杂志创办者多为北大人之故。又北大在中国近百年历史上作用无人否认，但亦应清醒看到“文革”中北大之不光彩事（如梁效文章），如只知夸耀，不知反思，不能服众云云。（忝为北大学生，对此殊有同感。我等只能爱蔡元培时代之北大，胡适之、蒋梦麟时代之北大。1949年后若马寅初、周培源时代之北大尚差可人意，但在全国大气候之下，运动不断，当时已少自由空气。历次运动之积极分子后多留校，现仍健在，对此最有发言权，假如他们也知反思的话。——2002年7月31日注）

报载海外北大人最近也纷纷举行座谈会，谈他们对北大民主和科学精神的体会。又北大近日竟接受某日本人捐款建校史馆，此日本人为40年代敌伪北大时之毕业生，还想勒石留念。果如其愿，则北大历史上又增添不光彩之一笔。即不留其名，北大校史馆亦不应用外国人特别是日本人的钱建造。若在海外北大校友募捐，必人人乐输。

今陈安理表妹及大姑、姑父邀宴于中正纪念堂餐厅。陈姑父较前几年所见，明显衰老，走路已较困难。

1998年5月23日

台北

赴市内游览，看“二二八”纪念馆。馆址原为日本占领时代“放送局”、战后之“台湾广播电台”。事件发生示威者在此广播，故建馆于此。馆前有“二二八纪念碑”，1995年新建，1997年2月28日始正式开放，据云具有“悼念、抚慰、和谐、宽容、公义、光明、团结”之意。但陈列中又见“纪念二二八，不做中国人”之句。陈列中既表现台湾民众地下抗日运动（有抗日战士黄土水之塑像），又称在“日据时期”台湾“渐渐走上近代化”，后由“文化较落后之中国接管台湾”云云。我辈实难理解。

据说明，“二二八事件”以国民党官吏贪污腐化经济凋敝为根源，打伤女烟贩枪杀民众为导火线，招致一个师登陆“大屠杀（清乡）”。事情之经过既然如此，乃腐败政权与人民之冲突，并非民族之冲突，实不应扯及中国人台湾人之关系。

继参观国内历史博物馆。内有青铜器特展，展出安阳、辉县、新郑三处商周青铜器。有铜鼓一件属D型。有铜镇墓兽，为过去所未见。另有三彩陶、彩绘陶特展，有一对大陶狗，引人注目。

又有民初十二家（北方画坛）绘画展览，展出陈衡恪、陈半丁、于非闇等人画作。

1998年5月26日

台北

昨蒋斌、何翠萍两位请在后山茶园餐厅吃午饭，尽为茶制食物，有茶果冻、茶油拌面等，入口殊为清爽。

今李宗霖君驱车送我去台大人类学系演讲，题为《中国崖画的发现和研究中存在的问题》。

会见台湾考古学家宋文薰、黄士强等，系主任谢继昌教授主持。1982年谢氏参加国际人类学和民族学会议在加拿大召开的第15届会议，竟遭大陆官僚抵制云。

台湾大学沿袭日本人1928年成立的“台北帝国大学”，今为台湾最高学府。傅斯年来台后一度为校长，今校园中铸有一钟（“傅钟”）以纪念之。

访问台湾大学人类学系

人类学系及研究所于1949年成立，原称“考古人类学系”，李济主持，1982年改今名。1997年起招收博士。现系所共有专任及兼任教师23人。本科学生123人，硕士生20人，师生之比约为6∶1。谢世忠君在此任教，现赴美未能会见。

午餐毕参观该系标本陈列室。民族文物中有布农族历板，以符号写成，说明谓为“迈入文字化过程”之例证。考古陈列中有卑南文化石棺葬，埋死者于房内地面之下，死者有拔齿及嚼槟榔之俗，甚有研究价值。另见双人形玉耳饰，颇具特色，为大陆史前文化所未见。（台中自然史博物馆何传坤先生告知，此物应是系绳穿入耳孔——2002年7月31日注）

下午李君驱车送我回南港，顺道去迪化街一带老市区一游。街道甚狭，药材店颇多。

晚看电视辩论国民党中央党部“风水墙”一案，殊有趣味。中央党部建造大楼，陈水扁任市长后认为是违章建筑，经磋商双方妥协，党部让出若干坪之土地后，市府才同意启用。但民进党仍有人不服。今由某教授（其他头衔尚多）发表电视讲话，大意谓此墙如此有利主人妨碍他人，为何至今不拆？大谈“风水”不可不讲求之道，并举例说日本人即因讲求“风水”才能不开一枪进入台北云云。令人喷饭！党派之争，竟以“风水”发难，也反映社会上信者颇众。闻今台湾兴造任何现代化建筑必先请堪舆家觅址定向，家产越大越讲“风水”云。

台湾电视天气预报，除温度晴雨外，还要兼报今天是否“黄道吉日”，列出种种禁忌。迷信并不因经济发展而消失。

1998年5月27日

台北

今志棣姐宴于某餐馆，松庚五叔亦来。互诉别后情况，不胜感慨。

继又去松庚叔家，在所开设火锅餐厅中用饭。彼出示家乡新印汪氏家谱，查到我家一支，祖父敬斋公，伯父寿文公、寿璋公及先君寿龄公之名悉在册。敬斋公名下注“太学生”字样，忆前闻先君言，实为捐得功名，并未赴京就读也。

来前不久，即与老同学吕仲衡、吴寿馀、寿钦兄弟及老邻居方仁之等多人在中央研究院学术活动中心见面。志棣姐已见两次。姐夫原为兵工专家，已退休。甥女在某大学任讲师。

1998年5月28日

台北

史语所座谈会，主题为《人类学与史学》，作主要发言，次由王明珂、何翠萍及甫由英国学成归来一位女博士作补充发言，杜正胜所长主持座谈会，管东贵及桑秀云等20余位学者或学生参加。

发言毕，有人提出不同意见，略谓“类比是危险的”云云。

下午秦照芬博士引导参观钱穆故居及林语堂故居。两者属台北市直接管辖。

钱氏卸却香港大学新亚书院院长之职于1967年来台，任中国文化大学教授，并在家授徒，终于被选为中研院院士。1986年起担任总统府资政，1990年辞世。来台后即在士林区觅得此地，原欲自建小楼终老，蒋氏父子为表现“礼贤下士”，坚持由国家出资。楼成，以无锡旧居之名称为“素书楼”，钱氏在此教学著述有年。不意市长易人，以楼为公款所建，强令迁出。迁至一套公寓房后，不数月即逝世。言者无不谴责民进党市当局之绝情。逝世后二年，辟为纪念馆。

楼两层，上层有廊，有藤椅两把，可以望远。楼下有园，可以散步。客厅兼课堂在一楼。据云来受业者甚多，有连听二十年者，有教授带弟子同来，号称五代同堂。楼上为书室，见其书多新印古籍，亦有大陆出版者，少见线装佳本。外文书未见。夫人名胡琦，能画，现健在。秦照芬女士在钱氏最后两年任其助手，钱氏死后仍定期前往钱夫人处嘘寒问暖，古道可风，当今之世不可多得矣。

我于钱氏原只喜读其《先秦诸子系年》，对其学术思想特别其对中国传统文化之态度并不欣赏，但诲人乐道，数十年一以贯之，仍有值得称道之处。

林语堂纪念馆位于阳明山地区。原为林氏1966年回台湾定居后自建之住宅，林氏一直在此从事著述，优游岁月。1976年逝世，遗骨便葬于庭院之中。林夫人廖翠凤捐出住宅连同遗物辟为纪念馆，1985年正式开放。房屋由林氏自行设计，中式四合院加上西式柱廊，柱作螺旋式，屋顶用蓝色琉璃瓦，门窗作圆形，整个建筑表现出奇特的风格，显示主人非同凡俗的性格。中庭植竹，旁有鱼池，又表现出主人讲求“生活的艺术”。

客厅中悬有林氏自书“有不为斋”匾额，壁上挂宋美龄氏所绘兰花小品一纸。书房中藏书2000余册。书桌上有张群赠送黑色镇纸，上书：“起得早，睡得好，七分饱，长跑跑；多笑笑，莫烦恼，天天忙，永不老”，深得养生之道。

林氏与钱氏同为1895年生，是中国杰出知识分子中一直与退居台湾国民党政权保持密切关系者。

1998的5月29日

台北

晨去史语所会见中国考古学前辈石璋如先生，谈安阳发掘掌故。石老已届九十高龄，每天坚

访问石璋如先生于史语所

持到所，继续整理安阳文物，精神甚健，谈吐清楚。其子石磊先生告我，他还经常抱怨“自己身体不行“云云。

石老命青年助手导观安阳出土文物，著名之商代方鼎——牛鼎、鹿鼎尚存该处。

张光直先生今日亦在史语所内，闻我在此约我见面。自上次在北大赛克勒博物馆成立典礼见面后，已有数年不见。其疾似又加深，言语不清，一臂举动不便，仍大谈商丘发掘事，情绪甚高。最后谓“可惜蒋经国基金会不再给钱了，有人反对”。问谁反对，答曰：“许 × ×”。他“可能看我不行了。但我还要争取”。中午坚决请我去学术活动中心餐厅用餐，石磊先生及两个义务照顾其生活女学生亦在座。谈话涉及他现在生活，据云准备到台湾定居，卖掉波士顿之房屋，只能在台北买一套公寓房，台北房屋贵于美国云。又称彼之病乃营养不良引起，故已不怕吃肥肉、现在病情已有好转，吃中药殊为有效云。观其情况，知他自己估计过于乐观，但何忍说破？好言安慰而已。饭毕我陪他回史语所，他坚持不要我扶，说“如摔到了你再扶我”。 其意志之坚强有若是者。谈话甚为费力，谈起云南，他突然提到金庸小说中“段王爷”，我初不解，他一遍又一遍重复直到我听懂而止。

晚秦照芬博士请去火车站对面之大亚饭店吃饭，与台湾几位史学界人士会面，有台湾师范大学王仲孚教授及正在攻读博士之石兰梅女士、史语所之管东贵教授等。

1998 年 5 月 30 日

台北

今日端午节。台湾师范大学历史系邓元忠教授（秉新兄亲家）夫妇，于联合报附近一家西餐厅请吃海鲜自助餐。秉新夫人亦在座。邓兄为国民党政要邓文仪先生哲嗣，获美博士学位，在美任教授多年，专攻现代史学。退休后应师大之聘来台教书，曾任历史系主任之职。

饭后秉新夫人引导游览龙山庙，庙祀文昌、关圣、马祖、观音。道佛及民间信仰混杂，多种神灵兼祀，台湾与南方诸省相同。

龙山庙附近为“西门町”，为著名繁华之地。晚看电视，关于台北市长选举出现戏剧性之一幕。马英九之父于候选人登记截止之前半小时突然出现，为其子办理登记，参与竞选。马英九为国民党人，哈佛博士，人极优秀，甚得选民拥护，因不得李登辉支持而拒绝担任竞选人，后选民联名上书（甚至用血签名）促其参选。八时马英九开记者会，言及陈永扁抓小偷游行乃“不懂法律”云。

1998 年 5 月 31 日

台北

中午板浦中学校友会邀宴于鼎富楼，会长董福义亲来住处接往。席开两桌，老同学尚能记忆者有吕仲衡、曹恩浓等。同乡长辈有杨培、辛子方等，多为初识。

他们谈初来台时生活甚苦，现已有一套房屋及固定退休金，子女均已长成。但言及父母兄弟姐妹留于大陆饱经劫难，临终未能见面，则不胜伤感。

谈起台独，在台亲友无不义愤填膺，或席未终匆忙离去，谓要回去投票，就靠手中的选票表达意见云云。彼等并非尽是政界中人，即曾在政府中任职亦非高官，现却如此投入政治，可见民主制度才能真正吸引民众关心国家大事。

宴罢与吕仲衡兄随秉新夫人去其家。秉新现在加拿大探亲，此次不能会面，仅通电话互通款曲而已。下午去吃永和豆浆，闻宋美龄喜在此进食，今连锁店已遍及华人世界。

1998 年 6 月 1 日

台北

参观故宫博物院，一偿多年夙愿。

晨由小秦驱车送往，由陈芳妹、邓淑苹、李玉珉三位女士分别引导参观铜器、玉器及佛像展览。在院内餐厅用午饭后，任我自由参观。

铜器除内府旧藏外还有善斋（刘体智）及颂斋（容庚）旧藏。国宝级重器如毛公鼎、宗周钟、散氏盘、颂壶、追簋、曾姬无卹壶、秦量及新嘉量等，均得一观。

玉器令人叹为观止。下述几件不仅现在独步世界，后世亦难超越：(1) 翠玉白菜：传为瑾妃陪嫁之物，就玉材天然形状及色彩雕为菜叶（绿色）及菜根（白色），菜上还伏一小虫，代表螽斯，祈求多子之意。(2) 肉形石：利用酱红色玉石雕成一块猪肉之形，肉皮、肥肉、瘦肉层理分明，可以乱真。(3) 福寿诜：雕出蝙蝠一只蟠桃一个，色泽形状无一不合。(4) 玛瑙磨：玛瑙做成，慈禧以此磨碎珍珠作养颜之用。(5) 碧玉屏风：汪精卫赠日本天皇之物。

台北故宫博物院前

玛瑙磨（故宫博物院藏）

清代翠玉白菜（故宫博物院藏）

评价文物不能是年代愈早愈好，应与同时代的同类文物比较其艺术成就和历史价值。若上述玉器不过是清代物，却可称为国宝而无愧。

故宫所藏书画总数达12700件，多为宫廷旧藏（如五代时画《江行初雪图》，《宣和画谱》中即有著录）。有80件属国宝级文物，每年展出20件，四年轮流一次，以延长其寿命。《张胜温画卷》亦在其中，今年不是它展出之年，无缘一观。今日得见王羲之《快雪时晴帖》，乾隆“三希”之一。自晋以下，唐之褚、颜、柳，宋之苏、黄、米、蔡乃至宋徽宗，多有手迹留存。若论中华文物之精华，半在台湾。

但这批中华瑰宝近几十年却颠沛流离，历经危难。

“九一八”以后，为防国宝落入日寇之手，国民政府便将故宫博物院、颐和园、奉天故宫热河避暑山庄等处文物，分批南迁。

从1933年到1935年，运至上海之文物达19650箱之多，后在南京朝天宫地下建立仓库保存。七七事变之后，文物分三路内迁。1948—1949年文物又经海上运往台湾，只占北京运出文物的四分之一，但为精品。如9000件书画中运抵台湾的5458件，留下多为宫廷画家作品或“御笔”；2789件铜器中运抵台湾2383件，几乎囊括所有重器；27840件陶瓷中，运抵台湾的17934件，仅留下景德镇新烧之品和宫中使用之器；1415箱图书中运台1334箱，留下的为大藏经之类。

经历十一年数千里的迁运，数十万件文物竟无一遗失，除少量陶瓷器外全部文物亦无损坏。工作人员之敬业精神及高度责任感，在中华文化史上值得大书特书！主其事之国民党高官，亦能尽心策划，经手如此大量价值连城的珍品而无人擅取一件，如大陆康生之流随意把国家文物随意取回家中“鉴赏”然后化为私人收藏之事，从未曾有。

故宫博物院为宫殿式建筑，依山而筑，于1965年完成（文物初抵台湾时曾在台中建库房保存）。现共收藏文物70万件，固定陈列有“商周青铜礼器”、“侯家庄1001号殷商帝王大墓”（人殉达164人）、“殷商甲骨文”（展出完整龟甲9片牛肩胛骨8件，并复原占卜全过程）、“中国历代玉器”、“历代金铜佛造像”、“藏传佛教法器”、“汉代的陶器”、“魏晋至五代陶器”、“巨幅名画”、“书画琳琅”、“民初书画名品”。另有“吉祥如意”，展出各种质料之如意；“珍玩多宝格”，展出明清人盛放文具珍玩之宝盒。楼下有“华夏文化与世界文化之关系，以图表反映中国古代文明在世界上之地位，亦颇有参考价值。原藏大内文渊阁《四库全书》及御花园摛藻堂所藏《四库全书荟要》有专馆展陈。两侧有园，分别名为“至善”和“至德”。

四楼有茶室，仿乾隆设于养心殿“三希堂”加以布置，使人很好感受古代文化气息。在此饮茶休憩良久而归。

1998 年 6 月 2 日

台北

来此多日，今始有暇在研究院内信步参观。院内就原来胡适住房，辟为纪念馆。几间平房，极为简朴，较之林语堂住宅相差甚远。闻胡氏平生无积蓄，房屋乃就任研究院院长之职后，院方为之置备。陈列中见有一信封，上书“冬秀生日，万万岁”，乃胡氏送其妻生日礼物——美金一百元，作“打麻将之赌本”，足见伉俪情深。同为包办婚姻，很多革命领袖弃家乡妻子如敝屣，另觅年轻貌美“革命伴侣”，而倡导新思想之胡氏对其小脚夫人却能信守到老，胡氏被誉为“旧道德之楷模”，确当之无愧。

胡适墓碑

院门之外有胡适公园，一代思想家埋葬于此。以“治丧委员会”名义立的墓碑用纯白话文写成，大概以此显示死者倡导白话文之功绩，为墓碑文例别树一格：

> 这是胡适先生的墓。生于中华民国纪元前二十一年。卒于中华民国五十一年。
>
> 这个为学术和文化的进步，为思想和言论的自由，为民族的尊荣，为人类的幸福而苦心焦思、敝精劳神以致身死的人，现在在这里安息了；
>
> 我们相信，形骸终要化灭，陵谷也会变易，但现在在墓中这位哲人所给予世界的光明将永远存在。

寥寥数语，写出胡氏在中华文化史的不朽地位。一方外国朋友之勒石，乃其康乃尔大学同届同学共立。

对其他曾为研究院作过贡献之学者及领导人，亦以不同方式纪念之，如凌纯声博物馆、傅斯年图书馆、世杰桥等。不忘前人业绩，注意学术传承关系，此亦非大陆所能及。当今大陆学术机构，每当新人上台便另搞一套，以此显示自己政绩及改革精神。前人业绩何足道哉！

1998 年 6 月 6 日

台北

3 日去清华大学演讲，题为《铜鼓、岩画与贝币》。魏捷兹、何翠萍夫妇安排组织，人类学系主任庄英章先生主持。要求讲的内容太多，讲了 100 分钟，超过时间，殊为汗颜。

清华大学在新竹，校园甚大。人类学系教师多由中研院民研所专家兼任。

今在台最后一日，参观顺义台湾原住民博物馆。馆在故宫博物馆院对面，乃富豪林清富捐赠所藏文物于 1991 年所建。顺义乃其企业名称。

藏品中见原住民制陶过程之录像，无转盘，平地烧制，同于傣族制陶第 I 类型。有专用于占卜之陶器，值得注意。晚台湾佛学界曾组团访问云南之兰吉富、李玉珉等，在台大附近一家餐馆宴请，畅谈甚欢。

回转住处后，秦照芬女士陪王仲孚教授前来告别，赠送书刊，盛意可感。王先生专治先秦两汉史，其论文搜罗资料颇为完备。

访问清华大学人类学系

香港

（1985 年 2 月，1986 年 9 月，1991 年 6 月，1993 年 1 月）

（一）

1985 年 2 月 14 日

香港

昨日由伦敦飞港，萧国健先生及青年朋友沈恩先生来接。萧先生现为珠海大学副教授，为罗香林教授高足，专治香港史，经杨耀林兄介绍通信而相识。

此次来港乃应香港人类学会邀请，返国途中顺道访问。香港人类学会代表团一行数人曾于 1981 年访滇，由我接待，后授我该会荣誉会员之称号。

今去香港中文大学为谢剑兄之学生讲《中国考古概况》，并访问中国文化研究所。所长郑德坤教授，中国考古界之前辈，在剑桥教书多年。该所图书馆取出拙著，要求签字留念。

晚谢剑兄邀宴，吃客家菜，该餐馆以白斩鸡出名云。

1985 年 2 月 15 日

香港

由香港人类学会诸君带往香港大学讲演，题为《沧源崖画》，听众二十余人，由该校明史专家赵令扬教授主持，著名经济学家陈坤耀教授与会。时学颜教授对崖画颇感兴趣，提的问题最多，现任港大艺术系主任。演讲要求用英语，谓为香港大学传统，而昨日在中文大学用汉语讲课，全无限制。

晚人类学会宴请，在一家韩国菜馆吃烧烤。

（二）

1986 年 9 月 27 日

香港

25 日抵港，住入中文大学宾馆，同寓还有正在此访问的张光直、丁邦新（语言学家）两教授。与张光直兄在校园漫步良久。中文大学校园可远眺大海，空气清新。

中午陈方正所长及刘殿爵教授邀请去茶楼用餐。闻该所计划轮流请大陆学者访问，我为云南应邀者第一人云。

此次来港波折颇多。去年夏中国文化研究所郑德坤先生先致函新华社香港分社许家屯说明邀请某人来访，取得同意才致函民院马曜院长，并与我议定时间。原定今年 1 月，不意办妥手续取得护照后，突然说还要经过广东省“六处”（至今不知是何机关？）审批。及至批下，约定时间已过，不得不延至今日。看来赴港比出国还难。所谓“出国要脱一层皮，去港要脱两层皮”是也。

香港中文大学中国文化研究所演讲

香港中文大学校园与萧国健教授合影

昨日中午林寿晋先生宴请，香港文物考古界人士多人参加。席间有人对某先生颇多不敬之词。似海外华人人际关系亦如国内一样复杂，岂相互倾轧为华人之通病乎？

终于会见卓斌表婶及吴振维表弟一家。畅谈别后数十年事，表婶谈起在重庆与先君的交往，为之心酸。

今由陈方正博士驱车去看望郑德坤先生。他不久前中风，已不能言语，全由郑太太接待。但他知我要来，邀请函上原由他签名也。前几年我们一直通信，我以《云南考古》及论文多篇相赠，他以《中华民族发展史纲》及论文送我。

郑先生乃第一次以英文介绍中国考古学于世界的学者，他曾出版《中国考古学》多卷，远在张光直《中国古代考古学》之前。仅由于成书较早，缺乏较新材料，今人已少加利用。

萧国健兄来住处，赠大作多种。在香港繁华世界中能如此专心治学，殊为难得。

1986 年 9 月 30 日

香港

昨下午正式演讲，题为《云南近三十年来之考古发现》，由陈方正所长主持，到会者三十余人，并有记者多人到场。《新晚报》已对演讲作出报导。今晨又应香港电视台之邀在清晨教育节目中以答记者形式与香港广大市民见面。

昨晚陈方正所长在大学之文怡阁宴请。谢剑、杨建芳、林寿晋诸先生等参加。

昨晚与饶宗颐教授通电话。彼方由法国归，而余今将离港，不及见面，互致问候而已。

晨中文大学人类学系乔健博士邀请去他家吃早饭，并看电视教育节目，一小时前自己在强烈灯光照射下极不自然之“表演”，殊为可笑。乔先生专攻文化人类学，在美获博士学位，曾读所著论文。近来其研究方向转向中国南方少数民族。

新晚報　星期二

雲南民族學院教授
汪寧生昨在中大演講
介紹滇考古重要發現
建議結合少數民族文化風俗來考據古史

【本報消息】研究雲南考古要想取得較好成果，雲南民族學院民族研究所教授汪寧生認為需使用民族考古學的方法。汪寧生是應香港中文大學的邀請到港，昨天在中大中國文化研究所主持講座，講題為《三十年來雲南考古的重要發現》。

在講座中，汪寧生列舉了雲南三十年來考古的五項重要發現，一是元謀猿人（距今一百七十萬年）及其他古人類化石，二是新石器時代諸文化遺址，三是晉寧石寨山滇王墓為代表的一種高度發展的青銅文化，四是滄源崖畫，五是南詔和大理國的文物和城鎮遺址。

他還就其中兩項研究較深的科目進行說明，並重點從方法論上談體會。他的方法論就是使用民族考古學的方法，即以現在少數民族仍然保存的文化和習俗和考古材料進行類比，用以解釋考古學的問題。例如他識別滄源崖畫的小人性別時，就是從附近的傣族人現今仍保留繪畫造型中去尋找印證的。而滇王時期，統治民族及被統治人民與今日雲南民族的關係，又可從滇王墓出土的青銅雕刻的造型與現時民族的服裝、髮型方面對照起來，加研究，從而可得到當時的統治者與今的傣族、苗族有密的關係，而被統治（昆明人）則可能

特寫

太平天國歷史，近幾十年來都是較熱門的研究範疇。不過，着眼點多在政權性質、天京內訌等犖犖大者身上。如說起太平天國的郵政，也許知其詳者甚少。現正舉行的「中國郵驛史」展覽，其中幾件展品就提供了有關這方面的資料。雖屬仿製品，對愛好集郵或有志研究歷史的觀衆，仍不失為極具趣味性及參考價值的資料。

展品之一為一通「雲馬文書」

文化快餐

中外華人電影展

▲王正方作品《北京故事》今晚九時在高山劇場放映。

音樂

▲巴斯高·路珠鋼琴演奏會今晚八時在大會堂音樂廳舉行。

▲文珊女聲合唱團主辦「中國歌樂精華」演唱會今晚八時在大會堂劇院舉行。

話劇

▲香港話劇團今晚明晚七時半在香港

贈石灣陶塑展」及「幻動詩境，現代德國雕塑」展今日明日在香港藝術館舉行。

▲「香港歷史簡介」今日明日在香港博物館舉行。

▲《認識絲綢貫錦繡——中國絲織染工藝展覽》今明在商務圖書中心舉行。

▲陳德昌「概念三」攝影展今日明日在城市當代劇場舉行。

▲「航空歷程」圖片展今日明日在太空館舉行。

《新晚报》报道在香港中文大学演讲

（三）

1991 年 6 月 27 日
香港

乘加航由多伦多飞港，参加国际亚洲历史学会（IAHA）第 12 届会议。自第一届在马尼拉开会以来，以后每隔二三年举行一次，轮流在亚洲各国召开。会议经费多由福特基金会资助。1986 年新加坡会议及 1985 年科仑坡会议均接邀请而未参加。

22 日抵港已经天黑。出租车在香港大学校园绕行数圈，才找到会议人员，抵华商旅馆已是夜深。香港出租车司机极为负责，与他们在大陆同行不可同日而语。

23 日上午举行开幕式，由本届大会主席王赓武致开幕词，提及 1964 年香港第三次会议时突遭风暴，八小时不能出门云。王先生现任香港大学校长。开幕式毕余英时教授作主题报告，题为《新文化转化及亚洲传统之再发现》。王、余两先生前已相识，开会前相互寒暄。

这次大会出席者约有 600—700 人，分为几十个组。下午在第 50 小组宣读论文，题为《西南中国之早期文明》。本组由大陆学人组成，仅五人提交论文。

当晚会议在大学 Lok Yew 厅举行招待会。会见夏威夷大学的苏恒翰夫妇、斯里兰卡考古学家班达拉奈克等熟人。

连日小组会未曾参加，忙于会友。今晚会议举行招待宴会，邻座为港大赵令扬教授，1985 年曾会见，现已将退休云。

萧国健兄来旅社叙旧并赠送资料。

（四）

1993 年 1 月 5 日

香港

在华盛顿大学访问四阅月，乘日航（JAL）经东京回国。昨在东京成田机场旅社过夜，食宿免费。但今晨入关需交签证费，与食宿花费略等，而旅客之时间损失未计也。

3 日抵港，萧兄来迎，送往事先预订之旅社。来港多次，均承接送招待，盛情可感也。

连日逛街购物。我们居住海外已一年有余，来港后吃什么东西均觉味香，一碗虾肉馄饨远胜一顿法国大餐。

前日访霍丽娜女士于其办公室。霍女士为霍英东先生女公子，现在北大考古系学习，一两年前曾访我于昆明寓所，相谈甚欢。女士为人真诚，富而不骄。中午请我们夫妇在附近一家餐馆用餐，杨建芳先生在座。

昨霍女士又请去她家作客。住宅为其父所赠。房屋为石砌成，位于海滨山上，可俯望大海。这一地区尽为富人住宅，沿途见警察设岗警卫。据告，过去仅有英人可住此区，近年才有华人富豪入住云。

女士新得一子，尚在襁褓之中，我们赠以从东京机场购得之小玩偶，尚不知玩弄。女士夫君亦受良好教育，经济专家。

中餐毕，霍小姐派自用车送我们去海洋公园游览，比至临近闭园时间，司机云时间匆忙恐难尽兴，不如改日再来。海豚表演之类在国外所见多矣，少看一次亦不觉遗憾。

昨晚陆拂为兄来，畅谈国家大事，甚欢。彼现任大公报副总编辑之职。其太太现为中国新闻社香港分社领导，兼管中国旅行社，承派人带往该社所设商店购物。

承霍小姐赠票，今晚渡海去九龙在新建之香港文化中心听音乐会。

图版一

埃及图坦卡门墓中石棺及壁画

图坦卡门金面具（开罗埃及博物馆藏）

图坦卡门墓出土香料瓶（开罗埃及博物馆藏）

图版二

壁画中的奏乐少女（开罗埃及博物馆资料）

后谷中拉美西斯二世王后之墓中壁画

埃及 18 王朝奈菲尔提蒂王后头像（柏林埃及博物馆藏）

第 22 王朝一位祭司木乃伊的葬盒（卢索克博物馆藏）

图版三

克里特岛米诺宫王座

米诺宫“神王”浮雕（希腊伊拉克里翁博物馆藏）

米诺宫中“蓝女士”壁画

米诺宫有海豚壁画的王后寝宫

图版四

前 5 世纪海神波赛东雕像（希腊国家考古学博物馆藏）

前 1 世纪拳击手雕像（国立罗马博物馆藏）

“垂死的高卢人”雕像（卡皮托博物馆藏）

“高卢人杀妻”雕像（国立罗马博物馆藏）

图版五

公元前 1 世纪复制的牧人之神向维纳斯求爱组雕（希腊国家考古学博物馆藏）

纪元之初复制的掷铁饼者雕像（国立罗马博物馆藏）

罗马利维亚皇后别墅壁画（国立罗马博物馆陈列）

图版六

巴塞罗那神圣家庭大教堂的正面（左）和背面（右）

巴塞罗那神圣家庭大教堂房柱

巴塞罗那的移动电话基站

巴塞罗那街头现代派雕塑

图版七

巴塞罗那“米腊之家”全景

“米腊之家”铁铸蜘蛛网形大门

巴塞罗那“巴约之家”烟囱

巴塞罗那“巴约之家”全景

图版八

挪威阿尔他崖雕中的射猎场面

阿尔他崖雕中的驯鹿

阿尔他崖雕中的船图形

图版九

美洲印第安人精美工艺品（华盛顿美洲印第安人博物馆陈列）

美洲西北岸印第安人木雕像（加拿大不列颠哥伦比亚大学人类学博物馆藏）

美洲西北岸印第安人巨大木容器（不列颠哥伦比亚大学人类学博物馆藏）

图版一〇

加拿大温哥华斯坦尼公园中图腾柱

印第安人“夸富宴”中待客的大木盘（加拿大文明博物馆藏）

图版一一

柬埔寨王宫

曼德勒王宫的宫墙

曼谷大皇宫

仰光瑞德宫塔（大金塔）

图版一二

老挝琅勃拉邦王宫的大殿王座

琅勃拉邦香通寺门上浮雕

马来西亚皮影

缅甸木偶

香通寺黑地贴金壁画

序跋·年谱

一 序跋

《至正河防记今释》[1]跋

先姑父杨持白先生（原名保璞，1899—1983），江苏海州人，中国水利工程界之耆宿也。民初就读于张謇主办之河海工程学校（今河海大学），毕业后赴日本考察。数十年来献身于中国水利事业，足迹遍及长江、淮河、运河诸水域，克尽职责，清廉奉公，为同行所推重。

先生于从事实际工作之余暇，兼治中国古代水利史，毕生未曾中断。忆1946年春我寄居于先生之南京寓所数阅月，先生及先姑母对我抚爱备至。先生伏案整理水利史料以毛笔书于旧式红格信纸之情景，犹历历在目。其时之我一中学生也，好奇翻阅，如读天书，只知与沂河、沭河有关。后闻先生言，50年代故乡沂沭流域之整治变盐碱之地为良田，此项资料与有功焉。1956年中央人民政府为发挥先生之特长，乃委以中国水利水电科学院水利史研究室主任之职，使专司其事。先生得遂平生之愿，益加奋发，整理资料，努力著述，成绩卓著，有关于海河历史之专著及论文多篇传于世。

先生之父杨静山老先生，同盟会员，长期追随孙中山先生从事反清反袁斗争，与国民党关系甚深，先生本人又曾在国民政府历任要职。有此家庭背景和经历人士，在“文革”浩劫中之遭遇可想而知。劫后重逢先生绝口不谈，我亦不忍叩问也，惟见先生身体日衰。1980年我又因事去京，谒先生于寓所。先生忽出示手稿一叠曰：“《至正河防记》一文汝知之乎？此文堪称为吾国科技史之伟大著作也。吾注意及此已数十年，日夕研读，略有心得。此文之难解在于所用专词术语乃古代河工所创，常为字书所无，仅于当代老河工口语中偶有保存。吾昔日治河，尝以书中难解处就教于老河工，多有所获。故此昔人目为不能卒读之书，吾今已释其十之七八，且能以现代水利科学原理说明之，并据书中资料绘出多种工程复原图。今此文注释工作甫成而吾已老，恐不能毕其事。汝若能为吾整理补订而付剞劂，供后世研究水利史者参考，亦一佳事。汝其有意乎？”我欣然而诺。此后忙于他事，又去国经年，竟无暇一顾。

1《至正河防记》，元人欧阳玄著，详记公元1351年贾鲁在今郑州附近成功堵塞黄河决口事，堪称为世界上最早之施工记录，为中国科技史上重要史料。欧阳玄（1299—1358），湖南浏阳人，曾任国子监祭酒、侍讲学士等职，《元史》有传，有《圭斋文集》行于世。《至正河防记》一书除收入此集外，并为《元史·河渠书》、《贾鲁传》所采录，今通行者有学海类编本、丛书集成本。杨持白先生《至正河防记今释》及拙跋连载于《农业考古》1986年1期和2期。

1985 年由海外归来，先生已归道山。我有负先生之托，内心常感歉疚。今夏得内子之助，重检先生所遗之稿，董理而誊清之。按原稿乃一未竟之作也，其中应校而未校、可释而未释之处尚多。然我等对水利史一无所知，深虑有违先生原意，遗误后世，未敢稍有增益。我等所能为者仅统一体例并略加句读而已。

今此文将印，而先生墓木已拱，不能目睹毕生心血所萃之作问世。因循怠惰之咎，我不能辞；而歉疚愧怍之心情，永不能免矣！

是为跋。

《云南彝族氏族谱牒译注》[1] 序

中国谱牒之学肇自晋唐，其时“人尚谱系之学，家藏谱系之书”（郑樵《通志 · 氏族略》）。宋后衰微，至清复盛，名门望族延聘鸿儒耆宿考订编纂族谱，蔚然成风；谱牒保存史料之功用，亦渐为章实斋等史学大家所认知，誉为“一家之史”或“史之别也”。

夫修谱之风原不限于内地，边裔民族亦重谱牒。彝族素有文字，其谱牒流传于世者尤多；自丁文江《爨文丛刻》以来，译为汉文者已达十余种。惟彝族谱牒每与创世神话英雄故事相混杂，史学家面对如此史料，欲加利用而踌躇。然攀附古帝名贤，侈陈祖先德业，乃古人之通病。王莽自云舜后，曹操托始黄帝，早为识者所笑。故顾亭林言及族谱有云：凡溯及“秦汉以上者，大抵不可尽信”（《日知录》氏族相传之讹条）。诚哉斯言！故利用谱牒以考史，端赖学者自有鉴别之眼力，取其可信者而舍其不可信者。谱牒如此，一切古书无不如此。若见古书某处虚妄而断言处处虚妄，则无书可用无史可考矣。

张纯德先生通晓彝文，近有《云南彝族氏族谱牒译注》之作。书成而索序于余。余观其书，收集云南各地彝族谱牒，汇为一编，分辨氏族源流，排列厘然有序；又复考证与谱牒有关之地望及祭祖礼仪，作为附录。此书问世之后，必将有裨于学术，故乐而为之序。

《白族心史——〈白古通记〉研究》[2] 序

侯冲先生近年研究云南佛教，成绩斐然可观。每有所作必在精研佛教典籍基础之上发为议论，故辄能有所发现。有关《护国司南钞》等风仪写经之研究文字，即其例也。

侯冲先生近又有《白族心史——〈白古通记〉研究》之作，对杂糅佛教神话之《白古通》系统地方文献作全面之整理，搜集资料之完备远迈前人，所论此书乃白族先民为寄托民族情感而作，尤为确不可易。此正可印证当代人类学族群关系（ethnicity）研究中“集体记忆”（collective memory）之说，盖民族起源之神话、史诗、乡土历史等等无不为加强族群凝聚力而共同塑造“集体记忆”之记录也。

充分考察第一手资料而后有所作（见本书“研究方法”一节），原为治学者必循之道，今竟

1 张纯德著：《云南彝族氏族谱牒》，云南民族出版社，1999 年。

2 侯冲著：《白族心史——〈白古通记〉研究》，云南民族出版社，2002 年。

不绝如缕。当今之世，研究古代史者不能读古书，研究外国史者不必通外文，民族学者社会学者不知以科学方法作田野调查，举国皆然，云南为甚。彼等自无力掌握第一手资料，惟知揣摩时尚，选题务合潮流；广通声气，得“道”必获多助；抄录前人论文中几条常用资料，摭拾翻译著作中若干时髦名词，拼凑成文，便成巨著，广为印行。瓦釜雷鸣而黄钟毁弃，经过长期艰苦钻研之力作，却以无利可图不易问世。

余与侯君迄无一面之雅，承蒙不弃，索序予余。余年老手懒，久焉不作，又素与佛学无缘。然有感于当今严肃纯正论著不获多见，求真务实学人为世所轻，忝属同道，岂能无言？且为学术扶正祛邪，昭示后来治学者以正确途径，固我辈应尽之责也。爰缀数语，略抒所怀。

是为序。

《破译千古易经》[1] 序言

戊子仲夏，余自京归之后二日，阿苏大岭先生枉驾来舍，出示此书，索序于余。是夜，余倚枕而读之，不忍释手，卷且终而眼始合，不觉东方之既白。

当今所谓“研究”或“考察”民族文化之作，充斥书肆，大抵浮光掠影，未曾深入；辗转相抄，少有新意。作者彝族人士，幼承家学，今自政坛息肩，乃沉潜于本族文化之整理研究，故所著之书与今坊间流行令人读而生厌者，迥然有别。

书中某些论述或不无可商之处，然新鲜之材料与见解触目皆是。如以彝文中音义两合之对应字，释汉文“占”、“卜”、“卦”、“易”诸字之初意；从语源证明彝族四方之名中“南”与“北”，原有“向阳”、“背阴”之意；以彝族祖妣灵牌必以羊毛线缠绕放入祖筒之俗，类比太极图中黑白回互环抱符号具有阴阳和合化生万物之寓意，等等；凡此均能言前人所未言，殊可贵也。

令余尤为心惬者为书中介绍彝族竹签占卜之俗。忆50年前，余在布拖调查时，此俗在当地已趋衰落，精于此道者甚少，据余当时所记，“想作详细了解殊为困难”（见拙文《八卦起源》）。幸此俗在宁蒗跑马坪等彝族地区尚有完整保存。作者所述既详且明，为余所倡八卦起源于数卜之说，又增添有力例证。

按数卜之俗在西南少数民族中迭有发现。卜具不限一物，卜法处处不同。即同族之间，亦复因地因时因人而异。然无论卜法是繁是简，凡以数之奇偶排列以定吉凶者，均可作为内地画卦阶段筮法之参照物；而卜必三次则必有八种奇偶数之排列，此即八卦之由来。

余于《周易》一书素无研究。自写《八卦起源》一文之后，易学界竟引为同调，有关刊物时来约稿，有关会议时邀参加，迄未敢有所应命，盖余乃易学之槛外人。阿苏大岭先生之作，余本无置喙之余地。

今有感于作者索序之盛情厚意及书中所含资料之重要价值，乃不揣浅陋，略抒所见，聊表敬佩之意。

是为序。

1 阿苏大岭著：《破译千古易经——兼论彝汉文化同源性》，云南民族出版社，2008年。

《民族考古译丛》[1] 编者的话

最近我们为了研究工作的需要，复制和翻译了一些外文资料，原来不过是为了自己参考。现在把它们陆续编印成集，暂称为《民族考古译丛》，不定期印行，供更多的人参考利用。

我们这个译丛专收国外有关云南及其邻近地区（包括东南亚地区）民族学和考古学方面的重要论著，分为若干辑，以类相丛，每一辑都有一个中心。

铜鼓是我国南方和东南亚的重要文物，当前各方面对铜鼓问题比较注意，故第一辑就以铜鼓为中心，共收了三篇文章。H. 巴梦薛《古代青铜鼓》一文介绍了越南地区传世铜鼓22具，他的一些观点（如说铜鼓是沿海民族所首创）今天看来已不能成立，但所介绍的材料还是有用的。高本汉《早期东山文化的年代》一文，论述铜鼓和中国中原文化的联系，他把东山文化年代断定在公元前三四世纪，后来的考古发现证明，这一说法可取。西方学者研究铜鼓的最重要著作当然首推F. 黑格尔的《东南亚古代金属鼓》，这样的巨著要全部翻译过来，自非我们力所能及，故我们翻译了I.de 鲍克兰《黑格尔〈东南亚古代金属鼓〉的解说》一文。这是一篇介绍性文字，并无什么自己的见解，但黑格尔氏原书的内容从这篇文章中仍可以得知梗概。此外，西方文献中有关铜鼓的还有V. 戈露波的两篇文章，O. 阳士的一些论文和考古报告以及R. 海涅 · 革尔登的一系列论文，都有一定的参考价值，今后当陆续翻译，另编一辑。

总之，对国外人士过去的研究成果，自然不能盲从和迷信，但也不必动辄就斥为“种族主义”“大泰族主义”“帝国主义”等“别有用心”之作。其中有些不失为严肃的学术著作，或曾提供出重要的材料，或曾提出过较好的见解，至今还有一定的影响。我们对这部分成果，应该像对待一切文化遗产一样，只能采取实事求是、具体分析的态度。

由于人力有限，这三篇文章未作统一的校正。我们是采取各负其责的办法。人名、地名以及一些花纹的名称，各有各的译法，很不一致；在内容方面也会存在不少误译之处，统请批评指正。

读者有什么意见和要求，来信请寄“昆明市云南民族学院民族研究所考古研究室”。

《地球上的人们——世界史前史导论》（中译本）[2] 前言

人类学是一门综合性学问，包括很多分支——体质人类学、社会的和文化的人类学、民族志等，甚至考古学和语言学在习惯上也包括在人类学体系之内。

中国的人类学基础薄弱，资料和人才缺乏。特别是社会的和文化的人类学，长期以来列为禁区，无人问津，完全处于停顿的状态。即使像考古学这样受到重视的学科，近四十年来确曾取得巨大成绩，而由于长期与外界隔绝，其方法和技术仍有待更新，对世界其他地区考古的了解尤为不足。

近十年来，人类学在中国恢复生机，各个分支学科均得到发展。很多高等院校设立了人类学、民族学和考古学的系和专业，开设出各种专业课程。但全国似乎还缺乏一套系统的人类学教学

1 云南省民族研究所编：《民族考古译丛》，第一辑，1979 年。

2 云南民族学院历史系民族学教研室译：《地球上的人们——世界史前史导论》（中译本），文物出版社，1991 年。

参考书，能反映各个分支学科的最新成果，传播该学科的重要基础知识，供学生作为教材或课外阅读之用。

我们的民族学专业起步更晚，师资不足，水平甚低，自知没有能力为各专业课程编出像样的讲义或教材，在教学中不得不采用或参考欧美人类学现成的书籍。现在把它们陆续翻译出来，希望能对全国人类学的教学和研究工作，作出自己的贡献。

我们所选的多是欧美各大学人类学系较新的常用教材，或社会上比较流行的人类学名著，适合学习各有关课程的研究生和大学生阅读，也可供从事这方面研究工作者参考。

“他山之石，可以攻玉”。外面的经验可以借鉴，以对照自己之不足；外面的有用成果，也可以实行“拿来主义”。但要真正地提高教学质量，反映中国人类学之学术水平，最终还要有自己编写的能结合中国实际情况的一系列人类学专著。

希望今后我们不仅能编译西方著作，还能自己撰写出人类学的教材来。……

本书译自*People of the Earth：An Introduction to World Prehistory*。作者布赖恩 · 费根(Brian M.Fagan)，是美国加利福尼亚大学圣巴巴拉分校的教授。

该书最大优点在于能概括世界各地考古学上的最新发现，并利用人类学新的理论研究史前人类。故出版以来深受读者欢迎，曾被欧美很多大学采用为教科书，甚至在澳大利亚、新西兰乃至非洲一些大学中也颇流行。对此作者曾不无得意地表示“惊异”（见该书第四版自序）。在短短十余年时间，该书接连再版了五次，说明它确实风行一时，而且至今未衰。

1988年我请美国朋友白海思（Heather Peters）博士，为历史系学生讲授“世界史前史”，即曾以此书为课本。考虑到今后我们还需要开设此课，而目前国内似乎还没有这方面合适的教材，故集中本系民族学教研室全体人员的力量，把它翻译出来并公开出版。它不仅可供大学历史学系或人类学系（民族学系）师生阅读，而且对当前学术界探索中国以外各大文明如何起源及中西文化差异的历史根源，似乎也不是没有助益的。

这个译本据1986年波士顿的Little,Brown and Company出版的该书第五版译成。为了降低印刷费用，我们删去了一些无关紧要的图版（书首一幅描绘古印第安人生活的图版，第一章中两页介绍考古学家从事发掘等情景的图版）。书后名词索引及图片资料的出处也一并删去。其他方面一仍其旧。书目未译，而将原文附于书后。盖欲查阅更多的参考资料的读者，自必能阅读原文，如一一译为汉字，于他们颇为不便。……

《西南民族老照片》读后记

此书所收乃1960年以来我在西南少数民族地区所获部分照片，其中绝大多数为自己所摄，少数为当时一起共事朋友们所赠，现在尚能记忆的其中有主持拍摄苦聪人、独龙族、景颇族及西双版纳傣族等科学记录片的谭碧波先生等。广东连南县瑶族丧葬几张照片采自深圳博物馆杨耀林先生的文章。几张乐器的照片则是中国艺术研究院音乐研究所秦序先生提供的。在此一并顺致谢意。

忆参加云南民族调查组之初，已故的侯方岳组长对我的工作比较满意和重视，特向北京的全国民族调查工作领导机构申请，为我配备德制 Rolleiflex 相机一架，当时算是全组最好的相机。在工作安排及调查经费上，对我也给予较多的照顾和方便，使我少受当时政治运动的干扰，可以独自去想去的地方，拍摄自己想拍的照片。当时我拍下的照片数量甚多。

当时规定，个人以田野工作归来所摄照片之底片必须交公，一一点清后才能报销有关费用，个人仅可保留若干照片作为纪念。当然以后为了写文章或编书，也可从图书资料室借出所需的照片底片洗印备用。云南民族调查组的照片档案中很大一部分是我所留。这批资料后归云南历史研究所，现存云南省社会科学院。后来我有机会赴川、黔、桂等省民族地区调查，又拍摄了不少照片。

近年，原云南民族调查组的照片竟成为一些与原来民族调查毫不相干的人觊觎染指的目标。有人大量采用甚至以个人名义编成整本的图集和画册，完全不提照片之来源，仿佛是自己的“成果”。当今之世，侵吞国有资产，或强拆他人房屋之事，时有发生。比较之下，这些人不过为了谋取微名小利或申请职称及奖金之需要，似已不足深究。问题在于他们不完全了解当时拍摄情况，原来照片说明文字又极不详细完整，故在利用这些照片时必然出错；对照片之价值何在，反映什么社会现象，更是茫无所知。

我个人手中保存的近千张照片，早在 2003 年即连同考古类图书一起，捐赠于重庆师范大学考古学和博物馆学中心。现在李禹阶教授和孔令远副教授在百忙之中，把它们录入光盘，编辑成书。我读了以后，非常高兴。现就我记忆所及，对说明文字加以修订，并对这批照片学术价值，略加阐释。由于年代久远，个别相片的说明也可能有误，这个责任应由我承担，而与编者无涉。

应该指出，这批照片质量不佳，除了限于个人摄影水平外，还由于几十年前中国摄影业的装备、器材及技术实在太差，非今人所能想象（在调查旅途中，整卷胶片在照相馆冲洗时被损坏，也是常见之事）。随着社会发展文化变迁，这批照片所记录下的少数民族形象及社会面貌，今天已成陈迹。其中有些画面可能是不清晰的，却是一幅幅真实的历史图卷，是今天难以追溯的。我想，老照片之价值今天为人所重视，其故在此。

这本书的出版，假如能对研究人类学及西南民族史有所助益的话，大家首先应该感谢李禹阶教授和孔令远副教授两位编者的辛勤劳动。巴蜀书社段志洪社长重视学术，不计成本慨然出版此书，在当今之世也是不同凡俗之举，同样应该受到广大读书人的称赞。

二 年谱

1930 年	1 岁	5 月，出生于南京。 父寿龄公（字松遐）时供职于国民政府经济部商标局。
1931 年	2 岁	举家随商标局迁上海。
1932—1935 年	3—6 岁	在上海读幼稚园及小学，1935 年妹沪生出生。
1936 年	7 岁	举家随商标局迁回南京，就读于南京建邺路小学。
1937 年	8 岁	弟建生出生。 是年抗日战争爆发。父随机关西迁。随母（讳许毓英）回转原籍（江苏省灌云县板浦镇）故家。
1938—1942 年	9—13 岁	祖母吴太夫人率领全家为避日寇辗转逃难于灌云县城郊各地，历尽颠沛流离之苦。逃难途中在母督课下写字读书。 就读于灌云县立第一小学。 初，灌云县士绅不愿子弟入敌伪小学，曾一度入私塾读书。当时塾师授古文以《论》、《孟》、《古文观止》为教材，并开设英文等课程。今能阅读中国古籍并涉猎英文书，实肇端于此时。授业塾师有许燕庚、燕海昆仲，方楚湘先生、朱先生、管先生等，启蒙之泽不敢忘也。
1943—1944 年	14—15 岁	就读于灌云县初级中学。曾拒绝回答日籍教师无理提问，险遭不测，受停学多日之处分。
1945 年	16 岁	8 月，日寇投降。 抗战八年之中，生活困苦缺医少药，妹沪生、弟建生夭折。全家十余人自祖母以下先后死亡者共七人。
1946 年	17 岁	5 月，赴南京，寄居于姑父母家数阅月。姑父杨持白先生乃中国水利工程界之耆宿，克尽厥职，清白为人，深受教诲。 7 月，考取国立社会教育学院附中（后改名江苏省立丹阳中学）高中部。 是年父由重庆复原回宁，母亦由原籍迁来，全家终得团聚。
1947—1948 年	18—19 岁	在丹阳中学读书。 是年父以八年抗战中未曾稍离工作岗位，勤勉奉公，获胜利勋章之褒奖。
1949 年	20 岁	6 月，进入苏南新闻专科学校学习，旋即奉派去无锡农村工作。
1950—1951 年	21—22 岁	患肺病。农村无法医疗，经批准回南京治疗。赖父母慈爱，变卖衣物医治调养，身体始得好转。
1952—1953 年	23—24 岁	在华东水利学院（今河海大学）工作。
1954 年	25 岁	7 月，被选调报考高等学校，考取北京大学历史系，以考古学为专攻方向。
1955—1956 年	26—27 岁	在北京大学读书。

1957 年	28 岁	是年开展反右派运动。北京大学为全国斗争之焦点，全校学生约 8000 人，划为右派者约 800 人。幸免于难，仍遭受批判一天。
1958 年	29 岁	9 月，赴陕西华县考古实习，为时半年。 是年全国开展“拔白旗”运动，作为一普通学生，竟“有幸”被选中为全班唯一之“白旗”。在事先周密布置和策划下，首先贴出大字报者为同班同学某君，其时彼正争取入团也。
1959 年	30 岁	是年大学毕业。 50 年代之北大虽经历多次政治运动，而远绍清儒考证之学，近接“五四”以后以科学方法整理国学之传统，尚存余绪，北大历史系尤为中国古史及考古学界著名学者集中之地，专职教授有向达、邓广铭、张政烺、商鸿逵、齐思和、苏秉琦、宿白、阎文儒等，兼课教授有夏鼐、唐兰、聂崇岐等。大学五年在老师教诲熏陶之下，稍窥读书门径，略知治学之乐。
1960 年	31 岁	初，宣布留校任助教，担任苏秉琦先生“秦汉考古”课辅导工作，一学期后，突令考“隋唐史”研究生。有愤于个人于工作及专业毫无选择之自由，乃以“交白卷”方式表示无声之抗议，时成为北大一大新闻。领导训斥群众批判之后，分配去中央民族学院历史系，5 月起参加云南民族调查组赴四川茂汶、大凉山、黔西北、滇东北调查。
1961 年	32 岁	9 月起在云南大理、丽江、中甸、德宏等地长期调查。 始有家室。妻王云慧，北京师范大学教育系毕业，同在民族调查组工作相识而结合。 是年刊出长文《从考古材料看云南和内地经济文化联系》（笔名“林声”）。
1962 年	33 岁	9—10 月，调查永胜县他鲁人。 11 月，长子歌出生。 是年刊出《几个南诏城址的考察》一文。
1963 年	34 岁	1 月，回中央民族学院，无课可上，有暇读书，开始涉猎国外人类学著作。时该院集中民族研究领域中著名学者潘光旦、费孝通、吴文藻、林耀华、闻宥、马学良诸教授，不时请教，获益良多。
1964 年	35 岁	5—7 月，带领学生赴西双版纳实习，开始调查傣族制陶问题。 10 月，由京调昆，任职于云南省历史研究所。父母亦由宁迁昆。 是年刊出《试释云南晋宁石寨山出土铜片上图画文字》、《他鲁人之“羊骨卜”》等文。
1965 年	36 岁	1 月起在滇西南长期调查，发现沧源崖画，实地考察基诺山“长房”，为此行最大收获。开始确立搜集和利用民族学资料研究考古学及中国古史的治学方向。 9 月起调去墨江参加“四清”。正值求知欲望旺盛研究兴趣浓厚之际，不能从事专业工作，日以“阶级斗争”为业，内心痛苦之极。 是年刊出《云南傣族制陶术》一文。
1966 年	37 岁	6 月，调回昆明参加“文化大革命”。自此国无宁日，个人研究计划全成泡影。 是年刊出《云南沧源崖画》一文。
1967 年	38 岁	造反英雄开始互斗，逍遥派得置身事外。日长如年，汇集云南考古已发现之资料，开始写《云南考古》，聊以自遣。 10 月，次子鲸出生。
1968—1971 年	39—42 岁	去弥勒县“五七干校”，并发配泸西县“插队落户”。在泸西务农期间，稍有自由，开始翻译《事物的起源》。
1972 年	43 岁	5 月，调入云南省博物馆。

1973 年	44 岁	3—5 月，赴德宏地区搜集民族文物，趁机继续作民族调查。 是年起奉调参加编写《云南各族古代史略》，完成任务之余，多有闲暇可以读书作文。一系列重要论文于此后数年间完成或写出初稿。
1974—1975 年	45—46 岁	是时始与顾颉刚先生通信，以民族志印证古史文章寄上请教。顾先生勉励有加，增强治学信心。
1976 年	47 岁	“文革”终于结束。 是年底，刊出《八卦起源》一文。
1977 年	48 岁	1 月，父不幸摔跤骨折，原非不治之症，未能尽心照料，遂致不起，享年八十。 是年刊有《汉晋西域与中国文明》及《耦耕新解》等文。
1978 年	49 岁	7 月，第二次调查沧源崖画。 9 月，母以久患肺心病弃世，享年仅七十有二。平素对父母很少关心照顾，以致父母一生困苦，又未能安享晚年，抱恨终身。 是年刊出《试论中国古代铜鼓》等文。
1979 年	50 岁	10 月，调入云南民族学院。 11 月，去大凉山调查，继续搜集“羊卜骨”资料。
1980 年	51 岁	是年刊有《释臣》一文，又《云南考古》出版。
1981 年	52 岁	10—11 月，调查永德县利米人。 是年刊有《原始纪事和文字发明》、《释“武王伐纣前歌后舞”》等文。
1982 年	53 岁	1—2 月，继续调查傣族制陶问题。第三次调查沧源崖画。 是年译著《事物的起源》出版。
1983 年	54 岁	9 月，获美国卢斯基金会（Luce Foundation）之奖学金赴美访问，为期一年。任宾夕法尼亚大学客座研究员。 10 月，应邀赴哈佛大学演讲。 是年刊出《中国考古发现中的“大房子”》一文。
1984 年	55 岁	5 月，应澳中理事会之邀由美赴澳大利亚访问三周，在阿德雷得召开之澳大利亚洲研究会议（ASAA）上宣读《云南崖画》论文，又在墨尔本 La Trobe 大学作同样题目演讲。全文旋在澳洲 *Rock Art Research* 及美国 *Expedition* 杂志同时发表，是为中国崖画第一篇英文论文。 赴澳及返美途中，先后应邀访问美国斯坦福大学、加州大学伯克利分校及洛杉矶分校、夏威夷大学，作学术演讲。 9 月，由美赴德，任海德堡大学东方艺术史系访问教授半年，为研究生讲授《云南青铜器》课程。授课之暇先后赴英、法、瑞士、南斯拉夫、希腊、埃及等国，访问有关大学及博物馆。每周末大学组织外籍教师及学生外出游览，又得遍访西德各大城市及东西柏林。
1985 年	56 岁	2 月，由德经香港回国。在港期间应邀访问香港中文大学及香港大学，在香港大学作公开演讲。 10 月，去大凉山继续调查“羊骨卜”，印证古代占卜习俗，颇多发现。 是年《云南沧源崖画的发现和研究》一书出版，是为中国崖壁艺术第一本专著。
1986 年	57 岁	6 月，赴美参加“古代中国及社会科学一般法则”会议（中美双方各派正式代表十人），宣读《仰韶文化葬俗和社会组织研究》论文，是为中国首先反对单线进化论之作。后英文本刊于 *Early China*，中文本刊于《文物》。 8 月，赴英参加在南安普顿召开的“世界考古大会”第一次会议，宣读英文论文《云南青铜器上所见之古代族群》，后收入 *Archaeological Approaches to Cultural Identity* 一书。 9 月，应邀赴香港中文大学中国文化研究所访问一周。以《云南近三十年来之考古发现》为题作学术演讲。 12 月，赴黔南、桂西调查。

1987 年	58 岁	3 月，赴黔东南调查。 是年刊有《从原始计量到度量衡制度的形成》、《谈民族考古学》等文。
1988 年	59 岁	7 月，去萨格勒布参加国际民族学及人类学大会第十二次会议，宣读《中国西南地区少数民族文化的保存和发展：民族生态学的研究》论文。归途游览布达佩斯及莫斯科。
1989 年	60 岁	是年刊出《释明堂》一文，又《铜鼓与南方民族》及论文集《民族考古学论集》、《中国西南民族的历史和文化》三书相继出版。
1990 年	61 岁	是年开始对历年利用民族志资料研究中国古史一得之见，写成短文札记，以“古俗新研”专栏形式，先后在《中国文物报》及台湾《大陆杂志》、香港《华侨日报 · 学林》陆续发表。
1991 年	62 岁	1 月，参加美中学术交流委员会在泰国华杳召开之东南亚及西南中国青铜文化发达阶段学术讨论会，宣读《中国西南高地早期政权之形成》论文。 6 月，获加拿大驻华使馆提供之研究基金，赴加考察，历时五周，访问平原印弟安人、易洛魁印弟安人及爱斯基摩人保留地及居住区。归途经香港参加亚洲历史学家协会（IAHA）第十二次会议，宣读题为《西南中国早期文明》论文。 12 月，应邀偕妻访问挪威，任奥斯陆大学及特罗姆瑟大学客座教授九阅月。 是年刊出《耒耜新考》一文。
1992 年	63 岁	1—8 月，在奥斯陆大学讲授《中国考古学》、《甲骨文简介》等课程。对挪威北部沙米人作短期考察，并在特罗姆瑟大学演讲。暑假期间访问奥地利、意大利、瑞典和丹麦。 5 月，长孙瀚（Janes）出生。 8 月底，由挪威赴美，在西雅图华盛顿大学人类学系任客座教授一学期，与该校教授合开《东南亚和西南中国史前史、民族学、民族史和语言学》课程。 是年《云南考古》再版。
1993 年	64 岁	1 月，由美经香港回国。 是年次子鲸赴美读书。
1994 年	65 岁	是年刊有《说田猎》、《易洛魁人的今昔》等文。
1995 年	66 岁	继续写《古俗新研》及完成其他未竟之作。
1996 年	67 岁	8 月，赴荷兰莱顿参加欧洲东南亚考古学家协会第六次会议，宣读论文《中国西南高地上一个被人遗忘的土著政权》，以碑刻资料论述彝族水西土司政权之形成及其政治制度。 是年长子歌移居美国。《以驯鹿为生的沙米人》等文及《文化人类学调查——正确认识社会的方法》一书出版。
1997 年	68 岁	11 月，偕妻赴美，就养于巴尔的摩长子歌寓所。 是年民族调查日记《西南访古卅五年》一书出版。
1998 年	69 岁	5 月，应联合报系文化基金会邀请，由美赴台湾访问，任中央研究院历史语言研究所访问学者。 6 月，赴马来西亚参加太平洋及亚洲地区史前学会（IPPA）第十六届会议。宣读《傣族制陶的民族考古学研究》论文。 是年次子鲸获美国霍布金斯大学天体物理博士学位。
1999 年	70 岁	是年开始整理海外游学日记。

2000年	71岁	5—7月，偕妻再访挪威，参加奥斯陆大学人权研究所研究项目，与挪威友人H．勃克曼合作翻译明清碑刻中之习惯法资料。是月底赴瑞典隆德大学参加会议。 7月，赴土耳其南部海滨度假，遍访希腊罗马古城遗址。是月底归国。 是年译著《事物的起源》再版。
2001年	72岁	是年论文集《古俗新研》繁体字本及简体字本分别在台湾和大陆出版。又《汪宁生论著萃编》两卷本出版，共收书八种，凡一百万余字，由启功先生题写书名。
2002年	73岁	3月，偕妻赴越南旅游。 11月，偕妻赴美，就养于旧金山次子鲸寓所。 11—12月，赴墨西哥参观考察。 是年《文化人类学调查》再版。
2003年	74岁	1月，归国。 是年刊出《傣族制陶的民族考古学研究》一文。
2004年	75岁	8月，孙亦新（Linden）出生。 10月，偕妻赴美，就养于巴尔的摩长子歌寓所。 12月，应弗利尔博物馆等机构美国同行之邀，赴华盛顿等地，先后举行三次小型讨论会，讨论东南亚及云南传统制陶问题。
2005年	76岁	2月，归国。 3月，随云南省文史馆一行赴柬埔寨参观考察。
2006年	77岁	5月起云南民族大学聘为民族研究首席科学家，主编《民族学报》。
2007年	78岁	1月，偕妻与挪威友人鲍克曼、刘白沙夫妇同去缅甸参观考察。 4月，孙开文（Kevin）出生。 是年论文集《文化人类学专题研究》出版。
2008年	79岁	是年海外游学日记《始信昆仑别有山》出版，《民族考古学论集》（改名《民族考古学探索》）再版。
2009年	80岁	11月，与民族研究中心同事一行五人赴老挝考察。
2010年	81岁	2月，孙同新（Ansel）出生。 5月，去意大利罗马参加民族考古学会议。会后去佛罗伦萨及西班牙巴塞罗那、马德里等地参观。 11月，去泰国曼谷拜访在联合国教科文组织工作之美国友人金大龙、白海思及泰国学者，并赴清迈、清莱及金三角开展口述民族史工作。 是年在*Asia Pacific Journal of Anthronology*刊出《17—19世纪佤山汉移民民族认同之变迁》英文本，又译作《事物的起源》第三次出版。
2011年	82岁	是年《汪宁生集》编成，交学苑出版社印行。共4卷，收书11种，凡400余万字。

附记：

近来名人录之类书泛滥成灾，对个人生平舛误之记述固不乐闻，溢美之词句亦于心不安，是以自编简要年谱如上。

汪宁生

2000年初稿

2011年6月26日修订增补

附录

关于汪宁生先生及其作品的评介

冷雪梅 编

前言

我最近有幸帮助汪宁生先生整理书稿，编成《汪宁生集》四卷。编书既成，学苑出版社与汪先生商定，选辑若干有关汪先生及其著作之评介及书信，附于全书之后，由我担任此事。

先生毕生致力于学术研究，与国内外学界长期保持联系，切磋商讨，来往书信甚多，现还保存的即有数百封。我翻阅整理，发现很多我读书时就已熟悉且很敬佩的名字：顾颉刚、徐中舒、闻宥、夏鼐、林耀华、马学良、季羡林……他们亲笔来信使我读后不忍释手，恨不能一一选出，但汪先生主张，书评、报导只选公开发表于报刊且有具体内容者；书信尽量选出对自己论著有所评论者，若有多封来信，只选一封，尽量挑选曾提出异议者。为了尊重先生意见，很多封只得割爱。例如，顾颉刚先生来信还存两封，现只选那封对《释“武王伐纣前歌后舞”》一文颇有不同意见的；徐中舒先生来信两封，一封对《八卦起源》充满赞誉之词，但现选的一封却是批评《耦耕新解》中换工的提法的；闻宥先生来信达数十封，现只选一封内有纠正《试论中国古代铜鼓》中一些外国地名和学术机构的译法的；夏鼐先生被选的一封来信，是对《事物的起源》使用意译提出不同意见的。

书信中除对汪先生作品有所评论外，还讨论其他方面的学术问题，是研究学界情况的有用史料。如季羡林先生询问云南梵文资料的情况；田汝康先生对汪先生出国一事的关心和指导；国外学者邀请汪先生出国讲学或要把他的论文译为外文，还有关于他到外地考察及海外联系等等，以便反映汪先生丰富阅历和多方面的学术活动。最近一些学者来信有对复刊后《民族学报》之评价和称誉，也酌量收入，因为这是汪先生以耄耋之年仍在倾注心力全力以赴的一项工作。

无论是书信，还是报刊公开发表的书评或对先生的报导，可能搜集未全，或选择不当；有些与主题无关或牵涉其他的人和事，我们已作删节；为了统一体例，原文的标题有的也略加改动。这些都是要请作者原谅的。

对于这些作者生平，就我所知加注，作一简单介绍。但我年幼学浅，对学界情况不甚熟悉，注文可能有错误之处，敬请指正，并致谢意。

冷雪梅

一 书信

顾颉刚* 来信

宁生同志：

前数年接赐书，并贻大作“耦耕新解”一文，胜义联翩，不胜钦服。本为介绍至《历史研究》。然该社在“四人帮”控制下不得发表，乃送至《文物》登出。彼时正在病中，又因受地震影响住院疗治，未寄复书。多承见念，不胜抱憾。

我年逾八十，老年慢性病日多，以致耳聋眼花，手颤足软，几成废物。荷蒙见推，示我新作，以少数民族之遗风印合古史，顿开新境，此正今日史家应任之工作。只缘近数十年中时局过于动荡，中青年又无暇读古书，因此放弃了许多好材料。足下年龄似在四十左右（?），独能旁搜远绍，成此绝业，他日成就何可量耶！羡甚，喜甚！

日前又承惠我以《武王伐纣前歌后舞新解》一篇，读之心为开朗。惟念《牧誓》所以有“不愆于四伐、五伐”之语，似由《大武》之舞而来，否则当干戈交接之际，似未能有此从容整齐之步伐，惟其因有此言，故来汉人巴渝舞之说。我病乍愈，尚未能作从容之讨论，先作此短札，以慰远望。他日体气稍愈，更当奉答也。

匆此，即祝著祺！

顾颉刚

1978.5.15

徐中舒** 来信

宁生同志：

得六月二十九日惠书，并承赠刊有大著《文物》一册。耦耕一文，多抒新义，亦近今不可多

* 顾颉刚（1893—1980），江苏苏州人，著名史学家，“古史辨”学派创始人，历任北京大学、厦门大学、中山大学、燕京大学、复旦大学诸校教授。主要著作有《古史辨》、《秦汉的方士与儒生》、《尚书通检》、《中国疆域沿革史》、《史林杂识》等。

** 徐中舒（1898—1991），安徽怀宁人，著名历史学家、古文字学家，先后任中研院史语所研究员、北京大学、武汉大学、华西大学、燕京大学、四川大学教授。主要著作有《史学论著辑存》、《论巴蜀文化》等，主持编纂《汉语大字典》、《甲骨文字典》等大型工具书。

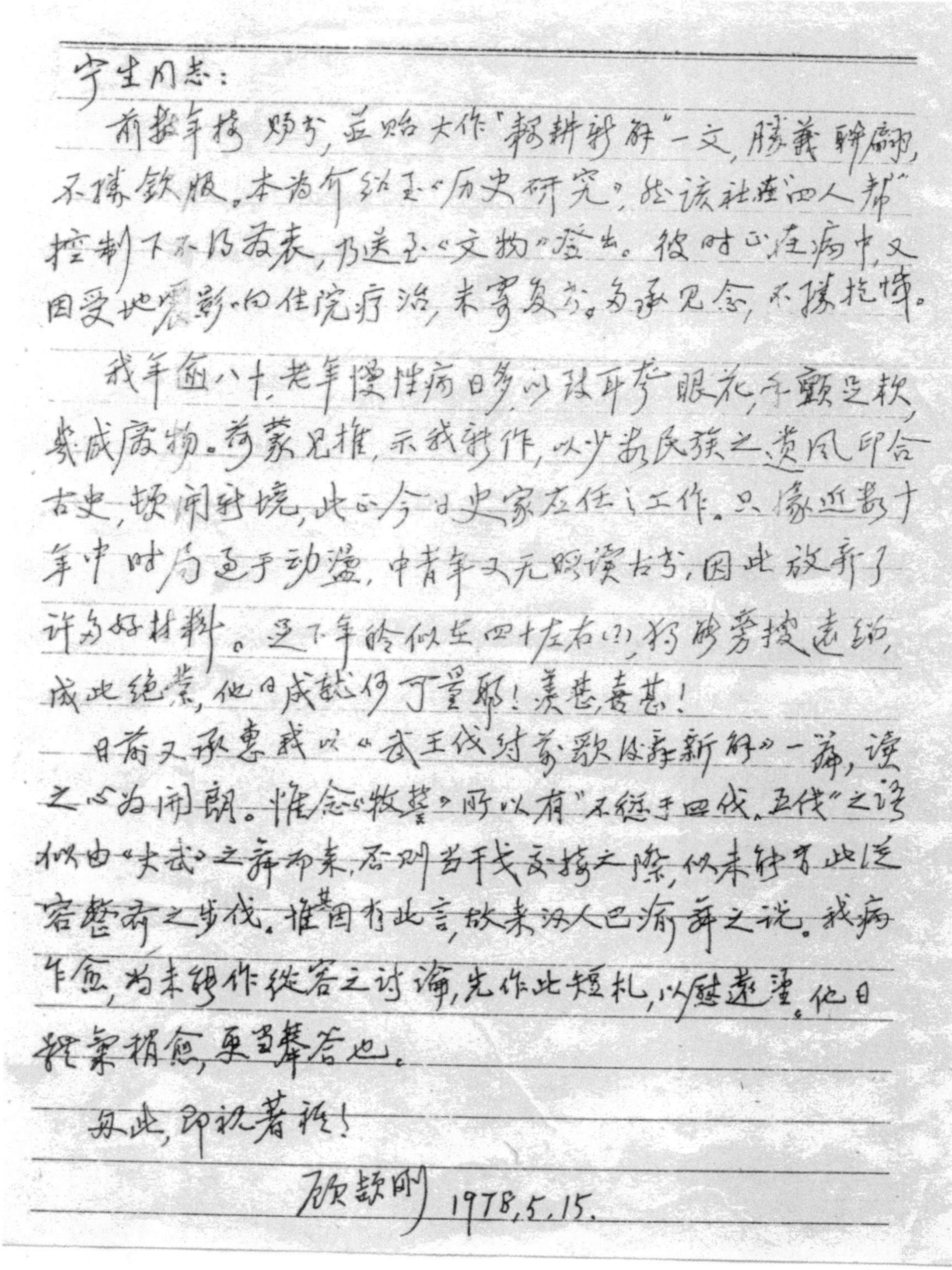
宁生同志：

前数年接惠书，并贻大作"释耕新解"一文，胜义骈阗，不胜钦服。本当介绍至"历史研究"，然该社在"四人帮"控制下不得发表，乃送至"文物"登出。彼时正在病中，又因受地震影响而住院疗治，未寄复书。多承见念，不胜抱憾。

我年逾八十，老年慢性病日多，以致耳聋眼花，手颤足软，几成废物。荷蒙兄推，示我新作，以少数民族之遗风印合古史，顿开新境，此正今日史家应任之工作。只缘近数十年中时局过于动荡，中青年又无暇读古书，因此放弃了许多好材料。足下年龄似在四十左右(?)，犹能旁搜远绍，成此绝业，他日成就何可量耶！羡甚喜甚！

日前又承惠我以"武王伐纣前歌后舞新解"一篇，读之心为开朗。惟念"牧誓"所以有"不愆于四伐、五伐"之语，似由"大武"之舞而来，否则当干戈交接之际，何来能有此从容整齐之步伐。惟因有此言，故来汉人巴渝舞之说。我病乍愈，尚未能作从容之讨论，先作此短札，以慰远望。他日体气稍愈，再当奉答也。

匆此，即祝著祺！

顾颉刚 1978.5.15.

顾颉刚先生来信影印件

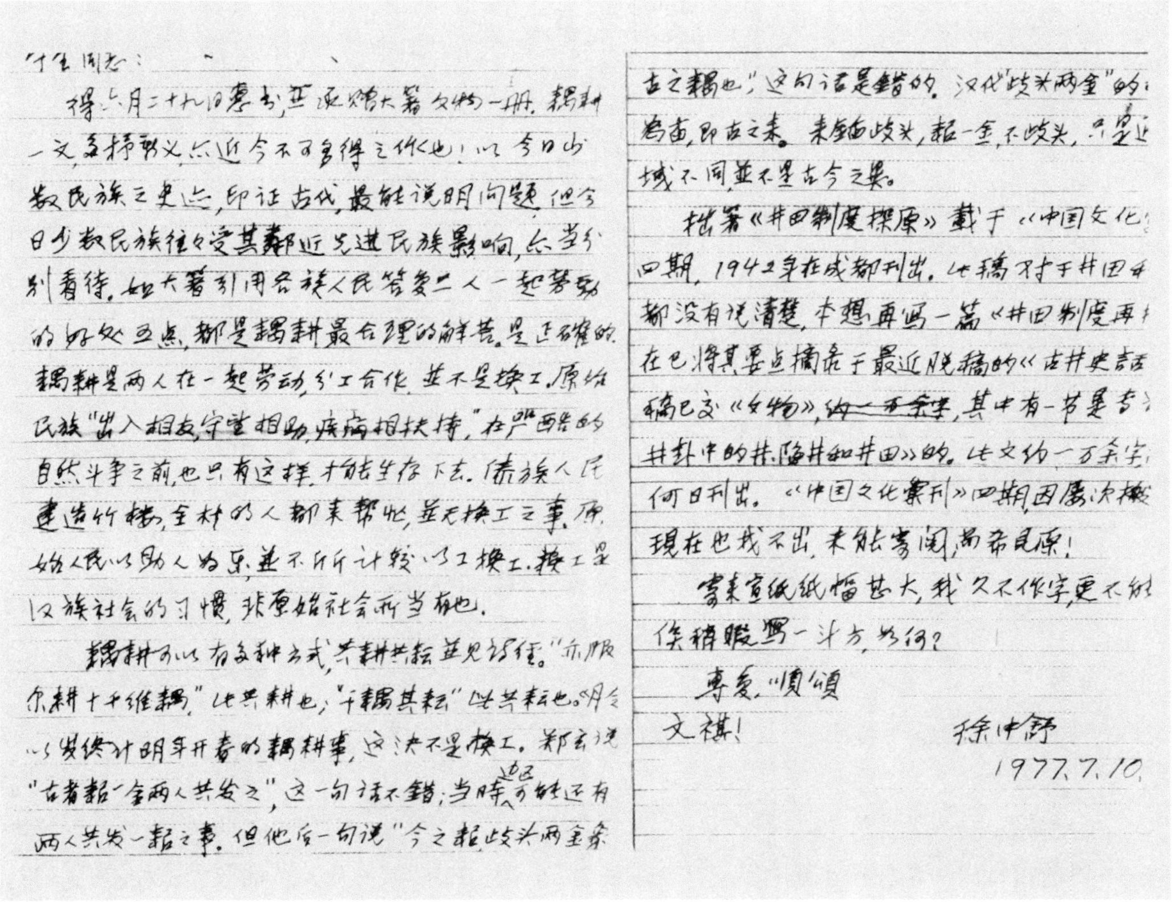

宁生同志：

得六月二十九日惠书，并承赠大著《文物》一册。耦耕一文，多持新义，亦近今不可多得之作也！以今日少数民族之史迹，印证古代，最能说明问题。但今日少数民族往往受其邻近先进民族影响，亦当分别看待。如大著引用台族人民答复二人一起劳动的好处五点，都是耦耕最合理的解答。是正确的。耦耕是两人在一起劳动，分工合作，并不是换工。原始民族“出入相友，守望相助，疾病相扶持”，在严酷的自然斗争之前，也只有这样，才能生存下去。傣族人民建造竹楼，全村的人都来帮忙，并无换工之事。原始人民以助人为乐，并不斤斤计较以工换工。换工是汉族社会的习惯，非原始社会所当有也。

耦耕可以有多种方式，共耕共耘并见诗经。“亦服尔耕，十千维耦”，此共耕也；“千耦其耘”，此共耘也。《月令》以岁终计明年开春的耦耕事，这决不是换工。郑玄说“古者耜一金两人共发之”，这一句话不错；当时可能还有两人共发一耜之事。但他后一句说“今之耜歧头两金象古之耦也”，这句话是错的。汉代“歧头两金”的为亩，即古之耒。耒备歧头，耜一金，不歧头，只是域不同，并不是古今之异。

拙著《井田制度探原》载于《中国文化四期，1942年在成都刊出。此稿对于井田都没有说清楚，本想再写一篇《井田制度再在已将其要点摘录于最近脱稿的《古井史话稿已交《文物》，~~约一万余字~~，其中有一节是专井卦中的井、陷井和井田》的。此文约一万余字何日刊出。《中国文化汇刊》四期因屡次搬现在也找不出，未能寄阅，尚希见原！

嘱书宣纸纸幅甚大，我久不作字，更不能俟稍暇写一斗方，如何？

专复，顺颂

文祺！

徐中舒

1977.7.10.

徐中舒先生来信影印件

之作也！以今日少数民族之史迹，印证古代，最能说明问题；但今日少数民族往往受其邻近先进民族影响，亦当分别看待。如大著引用各族人民答复二人一起劳动的好处五点，都是耦耕最合理的解答，是正确的。耦耕是两人在一起劳动，分工合作，并不是换工。原始民族“出入相友，守望相助，疾病相扶持”，在严酷的自然斗争之前，也只有这样，才能生存下去。傣族人民建造竹楼，全村的人都来帮忙，并无换工之事。原始人民以助人为乐，并不斤斤计较，以工换工。换工是汉族社会的习惯，非原始社会所当有也。

耦耕可以有多种方式，共耕共耘并见诗经。“亦服尔耕十千维耦”，此共耕也；“千耦其耘”，此共耘也。《月令》以岁终计明年开春的耦耕事，这决不是换工。郑玄说“古者耜一金两人共发之”，这一句话不错；当时边区可能还有两人共发一耜之事。但他后一句说“今之耜，歧头两金象古之耦也”，这句话是错的。汉代“歧头两金”的耕具通名为臿，即古之耒。耒铺歧头，耜一金，不歧头，只是通行的区域不同，并不是古今之异。

拙著《井田制度探源》载于《中国文化汇刊》四期，1942年在成都刊出。此稿对于井田和爰田都没有说清楚，本想再写一篇《井田制度再探》，现在已将其要点摘录于最近脱稿的《古井史话》中。此稿已交《文物》，其中有一节是专讲《易经井卦中的井、陷井和井田》的。此文约一万余字，尚不知何日刊出。《中国文化汇刊》四期，因屡次搬家之故，现在也找不出，未能寄阅，尚希见原！

寄来宣纸纸幅甚大，我久不作字，更不能写大字，俟稍暇写一斗方，如何？

专复，顺颂

文祺

徐中舒

1977.7.10

闻宥*来信

宁生吾兄：

一周前甫寄出一信并一小包材料，下一日即接到5月25日惠书及大著抽印本。相差只一日，有许多话便感参商，深为歉然！

拙作承删改极好，请即以此为定本。我寄来之本便不必再考虑，将来排好清样亦请不必寄来，以免周折。此次多劳吾兄费神，甚为感谢。

大作我已细读，一切完全同意。实在写得太好了。只有一小点希望改一下。172页注文的“越南北部和东京地区的铜器时代”的“越南”应改为“安南”。记得原文是L'Age du bronze au Tonkin et dans le Nord Annam。这个Annam即中圻。最好索性译为“北圻和中圻北部”以免误会。因我们过去都称整个越南为安南也。此外“远东学院”最好译为“远东博古学院”（虽

* 闻宥（1901—1985），上海淞江人，著名民族语言学家，历任华西协和大学教授兼博物馆馆长，中央民族大学教授，主要著作有《古铜鼓图录》、《四川汉代画像选集》、《论民族语言系属》、《羌语比较文法》、《保罗译语考》等。

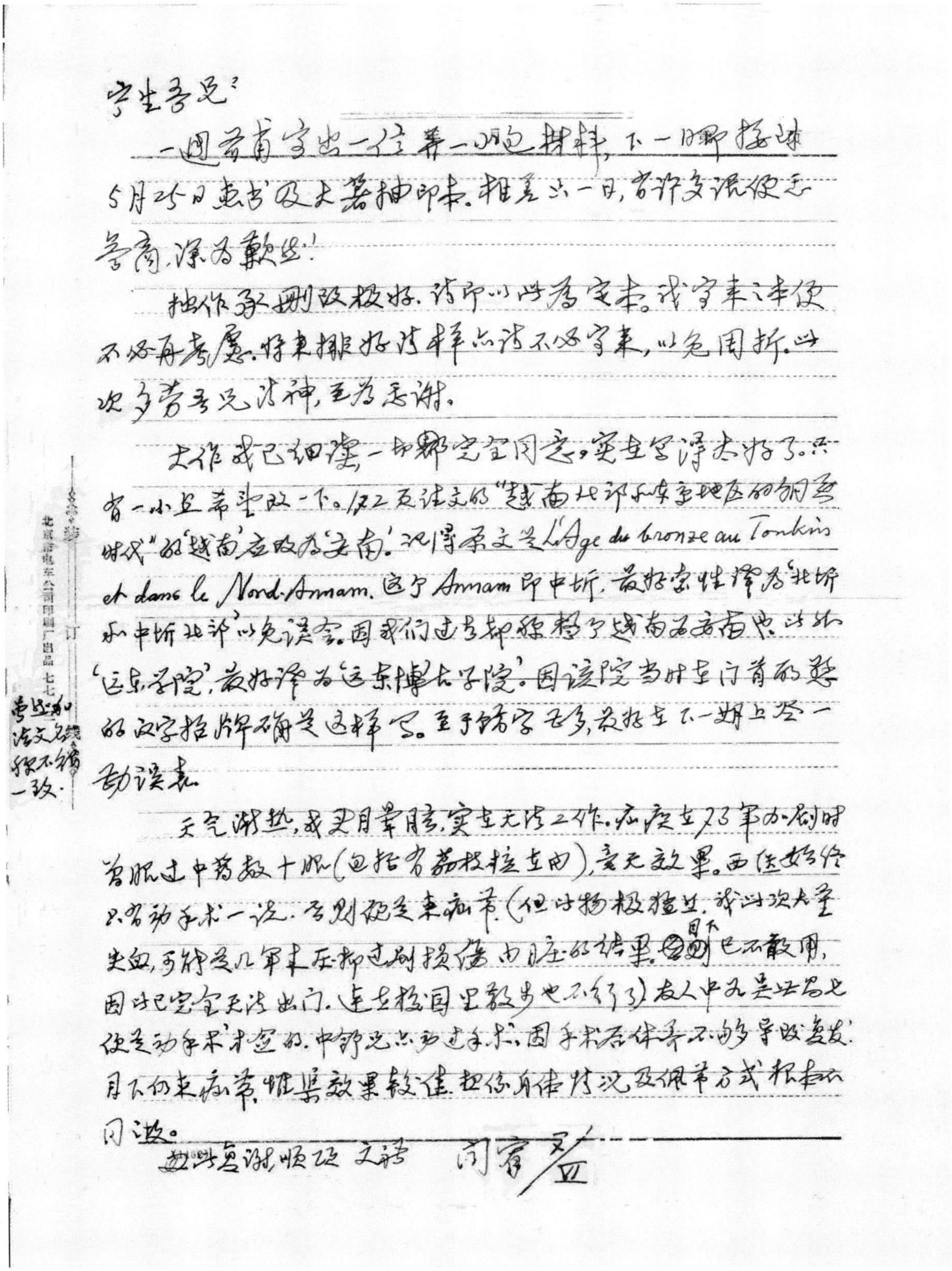

宁生吾兄：

一週前曾寄出一信并一小包材料，下一日即接读5月25日惠书及大著抽印本。相差只一日，当许多误使您等商，深为歉然！

拙作承删改极好，请即以此为定本。我寄来之本便不必再考虑。将来排好请将样本请不必寄来，以免周折。此次多劳吾兄精神，至为感谢。

大作我已细读一遍，都完全同意，实在写得太好了。只有一小点希望改一下。122页注文的"越南北部和安南地区的铜器时代"的'越南'应改为'安南'。记得原文是L'Age du bronze au Tonkin et dans le Nord-Annam。这个Annam即中圻，最好索性译为'北圻和中圻北部'，以免误会。因我们过去却称整个越南为安南也。此外'远东学院'最好译为'远东博古学院'。因该院当时在门前所悬的汉字招牌确是这样写。至于错字不多，最好在下一期上登一勘误表。

书此如法文名称不错一致。

天气渐热，我更日常眩晕，实在无法工作。疝疾已又多年加剧，时曾服过中药数十服（包括有药枝枝在内），毫无效果。西医始终只劝动手术一法，否则便是束疝带（但此物极糟，我此次大量失血，可能是几年来压抑过剧损伤内脏的结果）。目下已不敢用，因此已完全无法出门，连在校园里散步也不行了。友人中不是说最好还是动手术才适的。中部已只动过手术，因手术后休养不够导致复发。目下仍束疝带，惟其效果较佳。把你身体情况及保养方式报我同谈。

敬此道谢，顺颂 文祺

闻宥 [illegible]/VI

闻宥先生来信影印件

然和法文名称不相一致），因该院当时在门首所悬的汉字招牌确是这样写。至于错字甚多，最好在下一期上登一勘误表。

天气渐热，我头目晕眩，实在无法工作。疝疾在 73 年加剧时，曾服过中药数十服（包括有荔枝核在内），毫无效果。西医始终只有动手术一说，否则便是束疝带（但此物极猛烈，我此次大量失血，可能是几年来压抑过剧损伤内脏的结果。目下已不敢用，因此已完全无法出门。连在校园里散步也不行了）。友人中如吴世昌兄便是动手术才愈的。中舒兄亦动过手术，因手术后休养不够导致复发。目下仍束疝带，惟渠效果较佳，想系身体情况及佩带方式根本不同之故。

匆此复谢，顺颂

文祺

闻宥

六月七日

郑德坤* 来信

宁生先生：

惠赐《云南考古》一册，文图并茂，拜读之下获益良多，努力于贵省田野工作，不胜钦佩。最近此间《明报》记者来访，言谈间提及当年华西大学，提倡乡士教材情形，想先生之所乐闻者。兹复印一份，请赐正。另附《中华民族文化起源》一文，亦请教正。此文为三四年前讲稿，可用新发现资料加以订正。

专此奉复，顺颂

著祺

弟郑德坤敬复

苏秉琦** 来信

宁生同志：

许久没有写信，非常抱歉！……那篇文章，方法、论点均不错。已交“学报”安排发表，希望把近期发表的一些新材料补充包括进去，估计不费事，与原论点也不会有大的影响，做些必要的改动就可以了。

云南考古还是可以大有作为的，我有一个想法，供你参考。我觉得，云南的开发，大理一带

---

* 郑德坤（1907—2001），福建厦门人，著名考古学家，美国哈佛大学考古学博士，曾任教于英国剑桥大学等，后任香港中文大学教授、副校长，中国文化研究所长等职。主要著作有《中国考古学大系》（英文）、《中国明器图录》、《水经注引得》等。

** 苏秉琦（1907—1997），河北保定人，著名考古学家，长期担任北京大学教授、考古教研室主任，中国考古学会理事长。主要著作有《瓦鬲之研究》、《关于考古学文化的区系类型问题》、《重建中国古史的远古时代》等。

可能比昆明一带更早，云南地区原始文化的重心有可能不在东而在西，这想法的依据不多，希望在考虑工作、问题时注意一下，看是否有道理？

此致

敬礼

苏秉琦

1975.8.6

夏鼐*来信

宁生同志：

尊译《事物的起源》已由黄展岳同志转来。承蒙赐赠，谢谢！

这书我所也藏有一册，石兴邦同志读后也说很好。我们都认为有一译的价值。后来看到李毅夫同志在《民族问题译丛》上的译文，很是高兴。但是，不知怎样，只发表了两章便中止了，当时颇为惋惜。您居然能把全书译出，以嘉惠不懂英文的读者，真是功德无量。

此书文章生动，不好翻译。有些地方采取意译法，亦是不得已的办法。不过这些地方有时煞费苦心，而仍难处理妥善。例如第一章标题 Of Home and Hearth and Pots and Pans，译成《家和家具》似嫌平淡，亦不合原意，pots and pans 为英文成语，似可意译为"瓶瓶罐罐"，全题为"住宅、炉灶和瓶瓶罐罐"，似较有风趣。不知尊意以为如何？实则 hearth 即有家庭之意，home 亦然，妙语双关，不好翻译。

利用民族材料研究考古学上问题为一很有前途的途径。曾阅过几篇大作，很是钦佩。尚望继续努力，多写一些以嘉惠学林。专此敬伸谢忱，顺祝研安！

夏鼐

83年1月10日

季羡林**来信

宁生同志：

徐文堪先生转来大札影印件，十分感谢徐先生和你对于梵文贝叶经的关怀。北大东语系有一教委重点科研项目：国内收藏梵文贝叶经的调查研究。云南当然在调查之列。惟不知是否真是梵文。可否请你转请云南省图书馆将所藏"贝叶梵经"拍一两张照片，寄下。如真系梵文，则

* 夏鼐（1910—1985），浙江温州人，著名考古学家，英国伦敦大学埃及考古学博士，长期担任中国科学院考古研究所所长、中国考古学会理事长。主要著作有《考古学论文集》、《考古学和科技史》、《汉代的玉器和丝绸》（英文）等。

** 季羡林（1911—2009），山东临清人，著名历史学家，梵文、巴利文专家，德国哥廷根大学博士，曾任北京大学副校长、教授，东方语言文学系教授、系主任等职。主要著作有《中印文化关系史论集》、《印度简史》、《罗摩衍那初探》、《印度古代语言论集》、《佛教与中印文化交流》、《糖史》及译著《罗摩衍那》等。

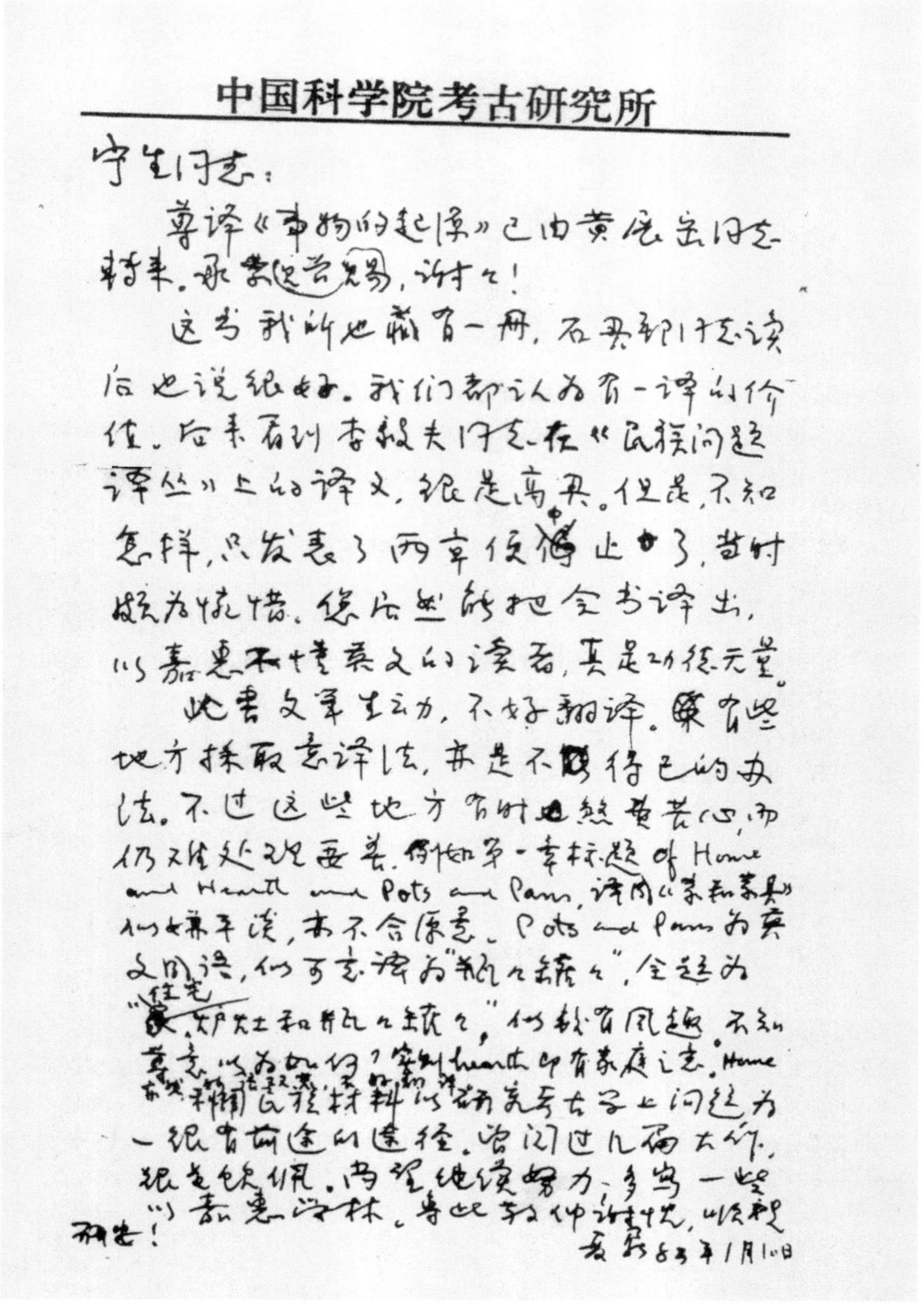
中国科学院考古研究所

宁生同志：

尊译《事物的起源》已由黄展岳同志转来。承蒙远道惠赐，谢谢！

这书我所也藏有一册，石兴邦同志读后也说很好。我们都认为有一译的价值。后来看到李毅夫同志在《民族问题译丛》上的译文，很是高兴。但是，不知怎样，只发表了两章便中止了，当时颇为惋惜。您终于能把全书译出，以嘉惠不懂英文的读者，真是功德无量。

此书文笔生动，不好翻译。某些地方采取意译法，亦是不得已的办法。不过这些地方有时虽煞费苦心，而仍难处理妥善。例如第一章标题 of Home and Hearth and Pots and Pans，译为"家和家具"似嫌平淡，亦不合原意。Pots and Pans 为英文用语，似可意译为"瓶瓶罐罐"，全题为"住宅、炉灶和瓶瓶罐罐"，似较有风趣。不知尊意以为如何？案 hearth 即有家庭之意。Home

利用民族材料以研究考古学上问题为一很有前途的途径。曾阅过几篇大作，很是钦佩。尚望继续努力，多写一些以嘉惠学林。专此致谢，顺颂

研安！

夏鼐 83年1月10日

夏鼐先生来信影印件

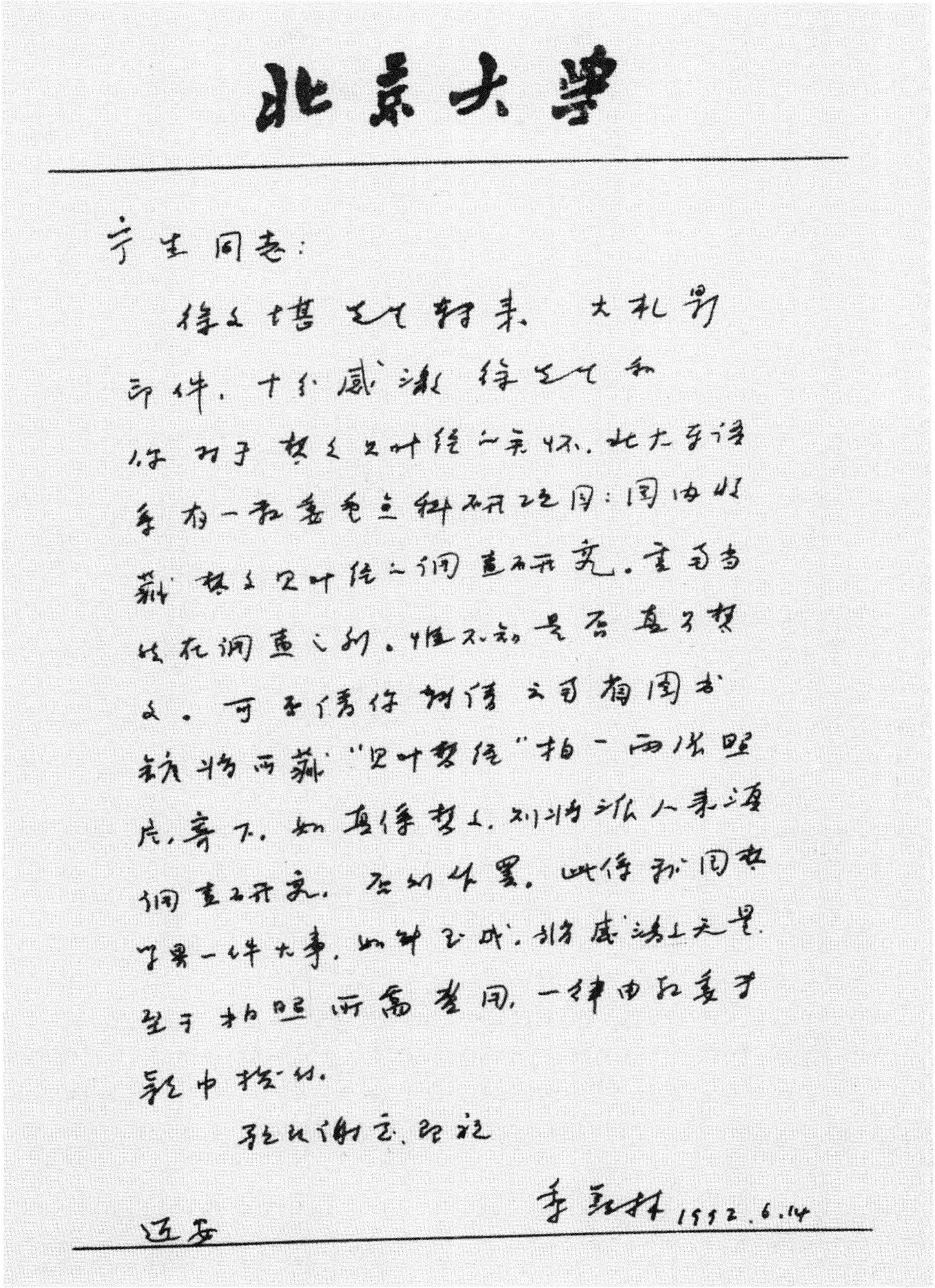
北京大學

宁生同志：

徐文堪先生转来 大札影印件，十分感谢徐先生和你对于梵文贝叶经之关怀。北大东语系有一教委重点科研项目：国内所藏梵文贝叶经之调查和研究。重点当然在调查之列。惟不知是否真系梵文。可否请你转请文物局有关当局将西藏“贝叶梵经”拍一两张照片，寄下。如真系梵文，则将派人来藏调查研究。否则作罢。此系我国梵学界一件大事，如能玉成，将感激无量。至于拍照所需费用，一律由我系于系中拨付。

预先谢谢，即祝

近安

季羡林 1992.6.14

季羡林先生来信影印件

将派人来滇调查研究，否则作罢。此系我国梵学界一件大事，如能玉成，我方感激无量，至于拍照所需费用，一律由教委专款中拨付。

致以谢意，即祝

近安

季羡林

1992.6.14

林耀华 * 来信

宁生同志：

宋蜀华同志转来的你的大作“从原始纪事到文字发明”，我收到了，很感谢你。你刻苦钻研，多出作品，我是很高兴的，特别是你能把考古学和民族学的研究结合起来，这是极可贵的事情，对学术上一定会有很大的贡献。在日本大阪国立民族学博物馆内，看到你送给他的专著《云南考古》，没有送我一部，你看说得过去吗？

金天明同志率领我所三名研究生来云南作实习调查，请你协助他们，马曜同志处也请你代问候并请他多多指导我们的研究生为感。

从前你告诉我 Notes and Queries of Anthropology 一书，在你处，请你转给天明同志带下，我因编写民族学课的教材可作参考，谢谢你。

此致

敬礼

林耀华

1981 年 3 月 24 日

马学良 ** 来信

宁生教授：

奉读大作久矣，原想读完再作复，以疏懒及杂务缠身，至今尚未读完，因而延至今日请谅。

我不是为大作写序，多谈些恭维话，而确是从心底下认为大作确是我近几年所读之书中的一本不忍释手之作，特别是为人类学初学者提供正确认识社会的方法论，这是当今之世少有之书，反而是特别需要的书。人类学蒙冤多年不见世面，幸有几位遗老薪传，未遭灭顶，更幸有如先

* 林耀华（1910—2000），著名民族学家、人类学家、历史学家，中央民族大学教授。主要著作有《金翼——中国家族制度的社会学研究》、《凉山彝家》、《从书斋到田野》等。

** 马学良（1913—1999），山东荣成人，著名民族语言文学家，中央民族大学教授。主要著作有《撒尼彝语研究》、《从彝族氏族名称中所见的图腾制度》、《倮文作斋经译注》、《倮文作祭献药供牲经译注》等。

生之后继中青年专家，在我国这有丰富人类学宝藏的大地上辛苦耕耘，继承前辈大家发扬光大，做出后出转精的大作，可喜可贺，更可慰已逝大师在天之灵。

日寇侵华是不幸之事，另一方面，因此而许多专家精英有机会到边疆开开眼界，很多地区在文化上受益很大。云南是一个多民族的省份，当时我作为一个学生，在云南呆了几年，使我从旧书堆中爬上崇山峻岭。至今我真实感到我的一点有用的知识，还是云南的少数民族教给我的，我永远不会忘的，也是永远感念那里的父老兄弟姊妹的，我死了，还有我的学生，子子孙孙，永记这门知识的来源。

我已耄耋之年，面对时下不少学子不务实，可能也受一本万利的大潮冲击了，真正肯坐冷板凳的有几人呢？我认为这些后生，该当好好读读这本大作，看看中外古今学者的成就是如何得来的。另一方面我受您这本书的启发，早就想把我一生调查研究民族语言的好坏经验，像您的这本方法论的书，写一本常识性的小本本，但以种种原因，志未得酬。我若写主要是人类学与语言学联姻，这两门学科是谁也离不开谁的。所以近年来，我培养的硕士、博士研究生，主要专业就是“语言民族学”，我想在这方面充当个红娘，如愿足矣。

谢谢您。不客气地说，盼望能看到你更多的好书！

著安

马学良叩

1997.4.2 于北京

王玉哲*来信

宁生同志：

去年冬曾收到你的大著《云南考古》和 10 月 25 日手示，当时没有给你写回信，原因是由于那时正是我刚刚评审你评职称的学术论文，怕被人怀疑我对你的评语有私情，所以尽可能先与你不通信。现在已逾半载，可能已为人所淡忘，于是今天写这封覆信。

从你来信看，得悉你从欧美访学归来，足证你的学术水平，早为国内外人士所熟知，我确曾向有关方面称颂过你，绝非过誉也。

今年秋将在吉林召开先秦史学年会，届时希望出席，我是否能参加，今尚未定。

专此致

敬礼

王玉哲

1986.3.15

* 王玉哲（1913—2005），河北深县人，著名先秦史专家，先后任华中大学、湖南大学、南开大学历史系教授。主要著作有《中国上古史纲》、《古史集林》、《中华远古史》等。

田汝康*来信

宁生：

四月八日来信收到。知一切办理很顺利，不甚代为欣幸之至！（回一电 confirm 一下——即同意八月底九月初）。

事情还多着呢，没有这么快。宾夕维尼亚大学外事部门将会寄一份叫作 IAP—66 的表格给你。你填好后，才能向美驻华大使馆申请签证。美使馆又要照手续将表格寄回华盛顿批准。表格到北京美使馆到拿到签证，一个半月的时间已经很快了。何况你现在还没有拿到宾夕维尼亚的表格呢，估计又得一个月左右。(去澳大利亚也许还要更麻烦些了)

（美国大学不能指挥美国国务院和驻外使馆，一大套外国的官僚主义）

然后接着是订飞机票。秋季开学前后，中国出国学生不少，中国民航飞机很挤，恐怕也不会太顺利。得提醒你一下，Luce Foundation 的全额钱是美金 25000 元。各校支付办法不一。但有一点是共同的，即不供给来往旅费（原因不明)。你得自己垫自己的来美飞机票。不过以后可以有钱还债。

刚才向康奈尔大学有关负责人问过。对你的邀请仍然有效。因为既然宾夕维尼亚大学已经发出请贴，他们不好同人家竞争似的抢热闹了。若是出现“奇迹”，很快拿到签证，你可以订直飞纽约的票。康奈尔大学会替你订短途飞机三刻钟来此的票。另外，总领事馆招待所对面即是 Grey Hound 长途车站，来此大约五小时。到此一切招待康奈尔大学负责。呆几个月没有问题。

情况就是这样。宾夕维尼亚方面早已有经验了。大致八月底九月初已经是最理想的时机了。你若问为什么这么麻烦。大概回答是，美国学者来中国访问签证，能三个月拿到中国签证，已经算快的了。(旅游除外）国际往来，也复杂也很简单。第一，不要紧张，仔细观察。第二，不亢不卑。目下有空，加紧一下日常生活会话，找个云大的或是师院的英语系的人相互对讲，练习一下。语言上多掌握一些，初出来时苦恼便少一些。自然，要想在国内学好英语是不容易的。

没有什么要请你办的事。上信提过，行李越少越好。但自己的研究材料得多带。

问好，向老马致意!

汝康

四月十六日

---

* 田汝康（1916—2006），云南昆明人，著名人类学家、社会学家，英国伦敦大学哲学博士，历任浙江大学、复旦大学教授，主要著作有《中国帆船贸易的兴起与衰落》、《砂捞越华人社会结构研究》、《十七世纪中叶中国帆船在东南亚洲》、《芒市边民的摆》等，另有英文著作数种问世。

斯维至 * 来信

宁生先生：

此次我的研究生杨为星乘回家之便，趋前拜访求教，并蒙允许明年上学期举行答辩时来西安主持，不胜荣幸！惠赐大作三篇，也已拜读。往时搞考古者不通文献或文化人类学、民族学，搞历史者也往往如此，此所以是先秦史学很少进步的原因，据我所知老前辈只有徐中舒先生、顾颉刚先生独能注意于此，台港学者则多如此。我对于您的治学方法是很敬佩的。我的第一届研究生郭政凯（？），他的论文为“委贽为臣”，已毕业，现在省历史博物馆工作（82 年随我一同到过西双版纳等地），第二届研究生共四人，杨的论文，您已知道，其次三人：张文为古代的饮食，刘志虎为巫史文化，张彩霞（女）为先秦的婚姻、妇女地位。因此你来主持答辩是最合适没有的……

我已退休。人一过七十，颇有衰老之感，又视力日衰（白内障），虽然我的体力尚颇顽健，但是也无法不服老。我对昆明、西双版纳、大理的风景仍甚念念不忘。社会风气日坏，我愈来愈看不惯，我如能到以上云南各地退隐，我真是向往之至！

耑此顺颂教安，并问候易向耕、马曜先生、杨永发先生（民院图书馆）好！

斯维至

87.10.14

胡庆钧 ** 来信

宁生同志：

这次来昆明，获悉您对原始社会史的研究，在充分掌握资料的基础上，敢于对前人的见解作出新的论断，深受鼓舞。学术研究必须推陈出新，不为过去的名家所局限。我近年来从事世界古代史的研究，深有同感。然而目下在我国学术界，还有那么一些人自己既不愿意在这类问题上深入一步，还认为过去某些“权威”见解已成定论。对待不同意见就妄加讥评，形成阻力。必须同时排除此类庸俗之见，才有利于学术研究的健康发展。

我希望您能把自己的新见系统地整理出来，我自己也要作出努力，就遇到的问题根据所掌握的资料，写出自己的不同看法，对于任何出自庸俗之见的阻力，则采取坚决排除态度。我想我们的研究是能够相互衔接的，今后希望以此共勉。

北京今年现在的天气还不太冷，我回京后天天见到太阳，一扫过去在四川将近一个月的天天阴霾，颇有金圣叹“不亦快哉”之感！

---

* 斯维至（1916— ），浙江诸暨人，先秦史专家，陕西师范大学教授。主要著作有《两周金文职官考》、《中国古代社会文化论稿》等。

** 胡庆钧（1918— ），湖南宁乡人，民族学家，曾在清华大学、中央民族大学任职，中国科学院民族研究所研究员。主要著作有《川南叙永苗民人口调查》、《明清彝族社会史论丛》、《凉山彝族奴隶制社会形态》等。

余不一一，顺问研安，问候您的夫人。

胡庆钧

十一月十五日

刘敦愿*来信

宁生教授：

覆示暨舍弟家书，先后收到，悉拙作小书已经奉达，并蒙省阅，且加推崇，惭愧惭愧！济南中小城市，文化事业落后，学术风气不浓，难得请教商榷之朋友，深感寂寞，三五知己友人，又天各一方，相见不易，通信过费心神，而且辞难（达）意（汉字写了一辈子，仍是艰难）。请予名片一纸，异日或藉长途通话是荷。

大作《民族考古学论集》收到多年，其中大半旧日已经拜读（有的在考古学年会亲聆教言），深佩历史文献、考古、民族三种资料结合之默契，融会贯通，颇多高见。我因六七年前发现冠心病，医嘱每日只能工作两三小时，（包括看报、读小说之类）。一九九三年因突击修订拙作校样犯病，并为校医务室（今则夸称山大医院）作了“保护性拘留”一月之久，如今已是不读书、不看报，大量的学术著作书明知应读而不敢阅读，遗憾之至。大作未读部分容后结合研究，再补此缺陷。来示所谓近年写作不勤者，想亦是余系行政事务干扰使然。纯正学者之担任官职乃是一种牺牲，领导大权落入浅薄卑鄙佞人之手，亦是灾难。今既退居二线，时间将有所保证，教师学者一般与干部不同，此生总有做不了的工作也。短篇考证乃传统写作方式、集腋可以成裘，唐宋以来名家笔记固已然矣，顾颉刚先生《史林杂识》初编（抗日战争在丁山先生处见油印本初名《浪口村随笔》）亦此之选也，心窃慕之，因此读书偶有所见则亦随手摘录若干条，后拙作异日可望再版与改版时，即以“读书偶钞”作为一栏附入，就事论事，不必如鲁迅先生所说，定要把特写拉长放大勉强凑成小说也。阁下于文献、考古资料等外，大量古今民族资料更是如数家珍，随手拈来，皆尽成文章，优为之，而且大为之可也。

贵院所译《地球上的人们》，反映最新研究成果，极为有用。此学（术）性（著作）译著者“包销”不知送何处，欲读者又无处可求，难矣哉。此书阁下主其事尤为可贵。学校削减经费，首自图书开刀，此间不得见，令人感慨（或与弟之不逛书店有关，楼层高，路远，无力跋涉攀登，有时亦难责怪）。专此即颂

著安

弟 敦愿

一九九五年六月二日

---

* 刘敦愿（1918—1997），湖北汉阳人，美术考古专家，山东大学教授。主要著作有《龙山文化若干问题质疑》、《美术考古与古代文明》等。

石兴邦*来信

宁生同志：

您好，我给您写了一封挂号信，寄到云南社会科学院，退回来了。我已将它寄到云南民族学院，不知收到否，没把握。我今在本本上看到您是在云南民族学院考古系，所以再寄来，希望您收到。

请您写关于民族考古方面的大文章，从理论到实践，只有您是最有代表的权威。在这方面，国内学者认识得还不够深透，只有两者结合起来，才有说服力。

何炳棣先生今年 90 岁，庆祝他的生日，他是在中国古代史上为祖国争得荣誉，给他祝寿也是应该的。我希望这个文集，集聚了我们搞中国古史和民族史、农业史学人最权威的人和文章。您是有权威的人之一，一定要您的巨篇以光耀学域，谨颂

研祺

石兴邦启

2001 年 6 月 30 日于西安

陈永龄**来信

宁生：

大阅奉悉，Roger and Pat Howard 夫妇你未能晤面，实在遗憾，他们在昆明只停留两天，回京后只留一天就返加了。我已把你的姓名、专业都寄给他们了，他们家的住址：9864 Millbrook Lane，Burnaby ，B.C.V3N 4m9，电话：(604) 421－5696；Office 电话：(604) 291－3595。

你去温哥华一定设法去参观 Uni.of B.C. 人类学博物馆，那里有位 Dr.Elizabeth Johnson 是 Curator of Documentation，你可向她要些资料。她的丈夫 Graham Johnson 是研究中国广东社会学的，夫妇都很热情。

你能去 Regina 大学很好，谢培智教授很熟，我也曾去他家住过。该大学研究院院长 Cam Blachford 和社会学教授 Dong Daniels 都与我很熟。另印第安联合学院院长 Oliver Brass 和副教授 Stonechild 及 Boyer 也与我熟，我曾陪同他们访问过内蒙、新疆等地（还有一位 Anaquod，是前任院长，四年前已退下来，只教书）。王辅仁曾在该学院讲学半年。那里的人他都认识。Regina 大学校长 Barber 在 1980 年曾大力支持我的研究工作，非常热情，他访华时还来我家探望。你若在萨省（Saskatchuran）停留时间长，可去北部 Cree Indian 保留地参观，有二三天时间足矣（要有小车专程去）。

---

* 石兴邦（1923— ），陕西耀县人，考古学家，陕西省考古研究所研究员，陕西省考古所所长、名誉所长。主要论著有《西安半坡——氏族部落文化聚落的发掘研究》、《半坡氏族公社》、《临潼白家村》等。

** 陈永龄（1918—2011），江苏淮阴人。民族学家。中央民族大学教授。主要著作有《中国民族学史》（英文版）、《民族学浅论文集》等。

我们夫妇已定 4 月 30 日离京赴美探亲，顺便去南加州大学作临时性讲学，预计在美停留半年，享受一下完全退休的愉快生活。五月初不能在京迎候大驾，非常遗憾。

杨文安同志如愿作藏学研究，考辅仁的博士生很有前途，他可直接与辅仁写信请教，还有时间准备。即问

全家安康

陈永龄

4 月 5 日

宋蜀华 * 来信

宁生同志：

收到大作《民族考古学论集》，十分感谢。此书汇集你多年精心工作，对西南特别是云南民族研究十分有用，你在民族考古方面的贡献是很突出的。……

在中国，文化人类学与民族学可说是一回事，原来学科分类，这两门学科在一处，颇方便，梁钊韬同志坚持划归历史组，作为历史方向的试行学科，此次评审极为不利，当然直接影响到中山大学的申报。此次讨论学科分类时，我根据不少同志意见，仍将二学科划为一处，用文化人类学或民族学均可。另外把专业补充得更完备一些，增加了民族考古与文物、民族人口、民族生态、民族社会形态等等，并作为全组建议报上去，希望能有个结果。

杨筑慧同志已在你院报到，她很满意且很幸运能在你领导和帮助下工作。对此，我自然十分感谢你，还望今后对她多加督促。

我现正积极阅读联合国有关文件报告，准备下月初去日内瓦开会，也就顾不得暑热了。余容再陈，此祝

暑祺并候谭福

宋蜀华

90.7.13

黄展岳 ** 来信

宁生兄：

喜接大著、大札。一口气读了大著中（我）关心部分。一是让我知道许多异域著名的古迹文物，

---

* 宋蜀华（1923—2004），四川成都人，民族学家。澳大利亚悉尼大学人类学硕士，中央民族大学教授，曾任中国民族学会会长、名誉会长。主要著作有《中国民族问题研究》、《百越》、《中国民族学理论探索与实践》等。

** 黄展岳（1926— ），福建南安人，考古学家，中国社科院考古研究所研究员、《考古学报》副主编。主要论著有《中国古代的人牲人殉》、《考古纪原》、《先秦两汉考古与文化》、《西汉礼制建筑遗址》、《西汉南越王墓》等。

大开茅塞；二是感触良多，虽然本著不是直接“针砭时弊”，但不禁引发联想。我们分居两地，见面少，“交心”的机会更少，只隐隐约约感到我们的“心”基本上是相通的，遭遇也大致相同，业务谈得来，对时政的看法也谈得来。具有独立人格的知识分子，都会对中国社会弊端有深切感受。上世纪四十年代后期，我是一个激进分子，深感国民党之腐败，从事地下党的对敌斗争。在地方报刊上发表一些杂文，抨击时政，没有想到换来的仍然是“一个政党，一个领袖，一个主义”（李锐语）。来信说我们：“较之遭遇横逆不得善终，我辈已属幸运”，但我感到压抑，心情舒畅不起来。文革以前不必说，只说“改革开放”初期，我就料到别这样“改革”，对为官者最有利，他们可以凭借权势，化公为私，占有资源掠夺财富，朝夕之间成为暴发户。一般老百姓都能看得见，想得到的，难道各级为政者看不见，想不到？政治改革不与经济改革同步，必然出现“权贵经济体制”，当官的当然乐在其中。

我与你一样，也有写日记的习惯，今后不准备写“考古”。决定改写年谱，根据日记编写，一年一篇，记当年经历、著述，兼记所见所闻及杂议，现已编至一九六六年。目前无所事事，但还想知道外面的动态。《炎黄春秋》《读书》《群书博览》《杂文月刊》等成了必看杂志，不知你是否有兴趣？

来信提到温州会后贵体不适，至今未痊，不免发悲观之论，这也在情理之中。其实用不着太悲观，此病于生命无害，皮肉难受而已。1994年我因腰椎间盘突出，骨质钙化，被折磨一年，在同仁医院“腰椎按摩加足穴按摩”，每天各按摩半小时，外加中药熬水泡脚，连接五个疗程（每疗程十次），到现在没有再复发，只需随时留意（不要剧烈用力、不弯腰、不坐低板凳）。请在昆明就近试试，相信会逐渐好起来的。

希望还有见面的机会，到时长谈。顺祝

贵体早日康复

弟　展岳顿首

二〇〇八年八月二十九日

蒙默*来信

宁生兄：

多年不通音讯，唯时于云南文史得知阁下不时犹云游八方，又于书肆获见大著新版，得悉贵体康健，德业日隆，不胜欣慰。弟自92年退休以来集中精力整理先人遗稿，然先人学术方面宽广，多为弟往日未曾致力者，故整理过程亦一学习过程，整理虽为费力，而学业亦略有所进为足自慰耳。02年算是整理完毕，共约二百余万言，前后几近二十年，可喜亦可叹也。近二年出版部门又就集中抽印数种，如中国史学史、经学抉原、先秦诸子与理学、儒学五论，皆思想史方面之作，此亦近年学术风气使然，且要求各写一出版前言，亦勉其难，及提笔为之，益感先人之

* 蒙默（1926— ），四川盐亭人，中国民族史专家、四川大学教授，主要著作有《蒙文通学记》、《南方民族史论集》等，整理出版蒙文通遗稿《越史丛考》、《蒙文通文集》等。

学实无愧于“博大精深”之赞（顾先生语），弟颇以未能全面承愿为愧。特别是理学部分，先君子尝言自得入深者厥作理学，而弟于此则未曾用功，故其所言，多不能领悟，惭愧无似。拟于蜀王本纪完后再着力学之，冀能于先人先圣之学有所领悟，最终能为先人作一学述，则愚愿足矣，然不幸又撄恶疾，不知能如鄙愿否也！

土家族源问题，二十多年前指导石应平硕士论文时已略抒鄙见……弟之意见与土家学者主流看法不合……故弟亦长期搁置，但近感岁月无多，颇愿了此一事，适吾兄来示约稿于是草草着笔，已无精力作通盘考虑，乃以答客问形式出之，图简便耳。拙稿前日抄毕昨日再读一遍，感到不仅不是一篇结构完整逻辑清晰的文章，而且连文字都不通顺，句读亦常不妥，真是惭愧得很，年已八十，脑子、手足都不灵光，因为答应了下半年要完成蜀王本纪，所以此稿也就只好请阁下多多见谅了。不妥之处尚请随手批改万毋吝顾也。

专此顺祝

撰祺

弟 蒙默敬上

六月一日

另外寄上《蒙文通学记》，请赐正。

张光直*来信

宁生先生：

谢谢六月十日来信，今（二十五）才收到，欣阅去澳大利亚一行及沿途访问已告顺利结束，收获必丰，代为高兴之至。

文物出版社事从未直接联洽过，过去是由俞伟超兄提出及转达的，因为我有《中国青铜时代》一书已由三联出版，所以文物出版社事目前集中在拙作《中国古代考古学》修订版中文版事，因这版尚未动手所以一时无卷可交也，谢谢。

先生代询，以后有消息再与叶先生联络如何？

明年暑假开会事积极进行之中，成功成分颇大，一有确息自即奉闻，匆此即颂暑安。

弟 光直

一九八四年六月二十五日

* 张光直（1931—2001），台湾板桥人，著名考古学家，美国哈佛大学博士，长期担任哈佛大学人类学系教授，主要著作有《中国青铜时代》、《商文明》、《古代中国考古学》、《美术、神话与祭祀》、《中国考古学论文集》等。

李范文*来信

宁生教授：

林先生在世时我若去看他，他总是以你为荣，认为您很有作为。今接来信，寄来您主编的《民族学报》，很大气，学术性很强。我当然鼎力支持，但我毕竟是研究西夏历史、语言文字的人，很难为您提供有价值的论文。但我是一个敢于讲真话的人，前年我在北戴河的发言，对中宣部、文化部、卫生部、痞子文学大加批评，引起与会者的共鸣，回后我向组织部汇报，怕找我的麻烦，第二天我直接给书记□□，没想到书记十分重视，第三天即征求我的意见，可否给副省级及常委一阅？这才使我放下心来。随信奉上，请您赐教。

我主编了一套大型丛书《西夏研究》，六辑刚出版，我寄去一内容介绍，可否能用，供您参考。十六开本，每辑七百至一千二百页左右，订价四百元左右，第一辑刚出版，销售已空，现为第二次印刷。

另外我写了一篇自述，实际上是我为西夏学奋斗一身的真实纪录，让青年人知道我们这一代人作学问多么不易！这是五一放假时，我花了三天时间写出，很粗糙，是否能用，请酌，只是我不愿辜负您对我的希望。

我计划明年八月去蒙自开会，去看您们，那里有不少老同学。匆匆，敬颂

著祺

李范文敬上

二〇〇七年五月二十九日

吴荣曾**来信

宁生兄：

好久不见，想必近来一切皆好，是颂。

今有一事相告，92 年 4 月为张政烺先生八旬大寿，我和吉林文史出版社说好，为张先生出一本纪念论文集，兄在学界素负盛名，而且过去也曾受业先生门下，因而想请你撰文一篇，不知如何？目前计划是论文可收 20 位中青年学者的论文，文章内容不拘，凡先秦、两汉历史、考古等方面皆可，现已确定的人选有：裘锡圭、高明、邹衡、林沄、俞伟超、黄展岳、王世民等，海外有王人聪、杜正胜、夏含夷等，文章字数最好不超过 1.5 万，短文 6–7 千、7–8 千亦可，91 年 8 月底前交稿，书出后按字付酬。如蒙承允，请于 5 月 1 日前后将题目、字数先行告知，以便于总体安排，匆匆叙此，即颂

撰安

吴荣曾谨上

1991.2.6

---

* 李范文（1932— ），陕西西乡人，西夏学专家，宁夏社会科学院院长、名誉院长。主要著作有《西夏研究论集》、《西夏陵墓出土残碑粹编》、《同音研究》、《宋代西北方音研究》、《西夏语比较研究》、《夏汉字典》等，并主持完成国家社科基金项目《西夏通史》。

** 吴荣曾（1928— ），北京大学历史系教授，专攻先秦及秦汉史，著有《先秦两汉史研究》等。

孔令平*来信

宁生兄：

你好!

七月十四日大札收到时，正是我参加广东省历史科学高考试卷的高潮，一直很忙，直到今天才有时间借来“文物”第4期，拜读大作！多年未读学兄的文章，士别三日真该刮目相看，您在文中给中国考古学界放了一个高当量的原子弹！其影响，我想将随日俱增的！

仰韶母系说，从去年开始，我也有疑点，但不是从学兄的葬俗制度出发。你的见解太好了！我完全支持！你的文章真使我大开眼界，特别在中国考古学界是很大的冲击，中国考古学的材料太丰实，但理论都太落后了，非常可惜，也非常遗憾，三十多年总停留在用来证据（明）摩尔根、恩格斯的结论，而不用的材料，那些闪光的宝贵材料却被束之高阁，真是太可惜了，别以为中国是马列指导，但不想前进，发展、创造，是永远没有出息的！你这一炮放得太好了，文中提到的学兄的另一篇大作“中国考古发现中的大房子”，不知刊在何刊物？请赐告，希望能早日拜读！

还是回到仰韶母系说的可疑点是半坡的壕沟（其他遗址有无类似的防御设施？我没去细找！），虽然看来不大又不大宽，但单纯是为了防御野兽？有无防御其他部落的人呢？去年暑假前我在看C.Renfrew的“The Social Archaeology of Megalithic Monument”,Sicientific American”(1983）一文时，才知道早在70年代 Renfrew提出在欧洲，特别西北处于新已出现等级制社会，其经济动力是犁耕的出现和动物畜力的第二次利用所引起的，其表现是出现设防工事（有栅栏、壕沟等）。设防工事在恩格斯的书中，是作为野蛮高级防御才有的，是作为国家出现的标志之一，这个一百多年前的观点，今天仍统治着中国考古学和社会科学界！最典型是去年5月份唱了一出“红山文化”是中国原始文明的笑剧，如果稍知一点国际学术界的新观点，就不会闹这笑料。红山的石□□，正说明是等级制的产物，而不是什么国家。

从学兄的文章中可以看出，学兄是言之不尽，一定是有更大的文章、精辟的观点，期待您的发表！可惜，您现在身处昆明这一僻地，而调动也多番挫折。有时我想，在国内调动工作之难，特别现在搞聘任制后，更加动弹不了，恐怕要比出国应聘还要难。像学兄这几年在海外结交那么多知名的学者，备受海外英美人类学界的器重，如有可能，既然在国内调动不成，何不如应聘赴海外任教几年再说。如有此可能，我劝学兄还是冲向世界较好，为国家想也是好的。

承蒙学兄关心，问及出国进修之事，跟学兄说句老实话，苦于没有门路，没人引荐。中大名气较大，但我是初来乍到，又是一个书呆子，这些美事怎会落到我头上呢！我想求学兄帮忙一下，先不敢要求过高，比如说有些国际学术会议，需要论文也行，像人类学、考古学、民族学之类，有我能适合参加的，能否帮着推荐一下？……当然有进修机会那是更好了。

来信谈文物出版社要出一套外国考古学名著一事，我第一次听到，并承蒙问及有意承担译作否？谢谢学兄的关心和看得起，我跟文物出版社素无往来，他们对我也不熟悉，但就我本人来说

---

* 孔令平，中山大学历史系教授，著有《犁耕起源问题的再研究》（《农业考古》1989年2期）、《关于农耕起源的几个问题》（《农业考古》1986年1期）、《世界现存的狩猎和采集部落及其生产活动》（《中山大学学报（哲学社会科学版）》1982年3期）等。

有合适（即我比较熟悉的领域）的考古学论著，我倒想译一译，这事对我国社会科学将是大有益处的。我不知已有什么选题，不过像 D.Clark、S.Binford、C.Renfrew 等人的书或文章可以而且应该选译一些。除了译文外，更重要的是我们自己介绍近几十年来的西方考古学，特别是理论和方法、研究课题、代表人物，可以分工合力，能在较近的时间内出成果，你说呢？先谈至此。

现寄上小照一张留念，如学兄有合适的尊照也请惠赠一帧以慰纪念。

祝好

令平

87.8.3 晚

杨宝成*来信

汪宁生同志：

近年来连续拜读了你的两篇文章，“八卦起源”和“耦耕新识”，很有感触，这也是我今天握笔给你通信的原因。

我认为这两篇文章是近几年来考古界的不可多得的好文章。

1. 运用民族学和考古学的资料，解决了古代史中的问题。“八卦”和“耦耕”是两个先秦史上经常遇到的问题，这两个概念被历代统治阶级和封建文人越说越玄，而且现在我们搞史学研究工作的一些同志也在那儿搞玄学，跟着乾嘉学派的那几个人屁股后面搞繁琐考证，把这个问题越搞越糊涂，似乎越说得神乎其神，他的学问就越大。还有的做学问的人，根本没接触过社会实践，既未参加过劳动，又未搞过社会调查、考古发掘，关在办公室去想八卦，想耦耕，想当然的结论是可笑的。然而他们是这个“家”、那个“家”，而且结论颇有历史根据，于是乎不少人就深信不疑。你的两篇文章推翻历来为人们所深信不疑的结论，这在科学上是一个大胆的行为，值得人们敬佩。

2. 文章深入浅出，学问做得深，论据扎实，观点鲜明，不兜圈子，不模棱两可。做学问，要又学、又问，不读书而做学问者，那是“四人帮”的所鼓吹的；但书读多了，又跳不出来，最后越谈越糊涂，也不可提倡。读书要带着问题读，对古人写的书要多问几个为什么。从书中找到了为什么，再去“问”，去调查、发掘，解决这个为什么。两篇文章的路子可能就是这样走的，这个做学问的路子是值得提倡的。

3. 文章结构很有逻辑，文字通俗、流畅。这种文风值得我们学习。搞考古的，搞民族学的，往往写文章都是那样冗长、呆板、无味，读者甚少，连搞专业的人都不愿意看。你的文章没有“八股味”，很清新。

上述三条是我读了你的文章的体会，是心底里的。决无半句奉承之语。本人崇敬科学真理，对埋头苦干、踏踏实实做学问的人，我是肃然起敬的；对一些以学者自居，以“学问”打人、压人、吓人的人，我抱以蔑视。

---

* 杨宝成（1939—），江苏镇江人，武汉大学考古学教授，曾任职于中国社会科学考古研究所，在殷墟发掘多年，著有《殷墟文化研究》等。

你我素不相识，又毫无工作关系，人们也不会怀疑我们之间有什么“私人关系”，而去吹捧某个人。

信写到这里，我还没有向你介绍一下自己。我是北大考古专业毕业的（六三级，与你馆张增祺同志同班）。现在考古所工作，专业是搞商周考古，近几年一直在安阳殷墟搞考古发掘，也搞点研究工作。去年上半年我和杨锡璋等同志合作在殷王陵区（武官村北地）挖掘奴隶祭祀坑，报告和文章已在今年第一期发表，谅必你已看到。去年下半年我和杨锡璋同志合作，把近几年在殷墟西区挖掘的近千座自由民的墓葬进行了整理，目前报告和文章也已脱稿。在殷代自由民墓葬中，我们发现殷代社会中有“族”的组织形式，他们聚族而葬。奴隶社会中残存着“氏族”组织的残余，这是一个商周考古中的大问题，对这个问题我们二人作了一些研究，利用了一些甲骨、文献资料，也曾打算用点民族学资料，看了几本云南大学最近出版的民族调查资料，并没有找到满意的佐证。云南有不少少数民族，解放前属奴隶社会的，他们有没有“聚族而居，合族而动，聚族而葬”的现象，或其他氏族制度的残余？你曾长期从事民族调查工作，这里特向你请教。

最近我所在历史博物馆搞了一个考古工作汇报展览，把近几年考古所的重大发现都展出了，我建议你有空到北京去看看。

关于商代的农业生产工具（包括耒耜）还有不少问题需要进行研究讨论，我看以后再找机会谈吧！啰啰嗦嗦写了这么多，如有空请来信，并希望在今后的研究工作中我们能互相帮助，共同提高。信中如有错误之处，请指正。

祝

进步

杨宝成

七七年七月八日夜于殷墟

望回信，寄：北京王府井大街27号考古所即可。

周鸿翔*来信

宁生先生：

一九八一年承惠寄大著《云南考古》一册并短札，至为感激而久未奉复，尤请勿怪。

关于尊文《从原始记事到文字发明》，于文字学研究方面，贡献殊大。原已请此间研究生着手译为英文，因故未能竣事。而翔转感对于探讨中国文字之发明（起源）问题应可从人类学资料方面着手。故放弃翻译工作，而改从研究方面着手。今年八月三十一日应邀往美国中部之威士康辛大学讲中国文字发展问题即曾引用尊文资料。

年来颇曾留意邀请先生来美一行之机会，今已有此可能，初步计划为通过路西基金会（LUCE FOUNDATION）邀请先生来敝校（及其他美国大学）访问半年，全部基金约为美元一万三千元（此数可包括来回旅费、生活费、在美旅行费，及其他费用）。时间为一九八四年之春季或秋季。

---

* 周鸿翔，旅美华裔学者，澳大利亚国立大学博士，加州大学（洛杉矶）教授，专攻中国古文字学。

未知先生对此有兴趣否？如俯允所请则请尽速将先生之履历（包括出生年月日、学历、现任职位，以及教研工作）以及著作表等资料掷下，以便进行其他手续。至于其他详情，当待稍后奉告。先生如有事下询，请勿吝示知，当评为奉复。来函请赐下址：(略)

临书未能一一，匆此顺请研安。

周鸿翔上

八三年十月二十四日

王孝廉*教授来信

宁生我兄：

云南别后，乏善可陈。

您特地为我预备的鸡㙡，我放在行李中，到北京时鸡㙡瓶子破了，结果一个旅行包全是鸡㙡和油以及瓶渣子。

到了长春，在长春十天，结果天天被拉去喝酒。东北人喝酒凶猛，白酒灌多了，结果胃痛。

四月此地开学，原以为一切可以恢复正常，结果又因运动而使坐骨神经受伤，连日走路都直不起腰来，折腾了两三星期，结果还是中医针炙治好了。如今已经大致上正常了，敬请勿念。

汪鲸事已定下来，真为他高兴。

这是他多年来求学努力的结果，真的希望他此后风顺，鹏程万里。

何时去美国，决定后请告诉我。

你写的那些短文，深入浅出，而且都有独见之处，对我个人研究和教学用处极大，真的谢谢。

我下星期（5 月 18 日 –21 日）去韩国汉城大学出席一个神话与文学的国际学术研讨会。

六月初回台北一星期，口试一个我指导的学生的论文。暑假大概都在日本，今年预备好好做点事了，有空请多联络，问云慧姐及汪鲸好。

弟 孝廉

1993 年 5 月 8 日

杜正胜**来信

宁生教授道席：

虽在海外数度聆听高见，返国后都因烦忙，疏于问讯。然时时在念中也。兹有二事报告，盼望鼎力襄赞：一是台北一些历史学年轻学者刻正筹办一份史学专业学刊，名作《新史学》，准备

---

* 王孝廉，华裔旅日学者，日本福冈西南学院大学教授，研究民俗学及中国神话，著有《中国神话世界》等。

** 杜正胜（1944—），台湾高雄人。台湾中研院院士，曾任历史语言研究所研究员、所长，《大陆杂志》、《新史学》主编，著有《周代城邦》、《编户齐民》等。

在一九九〇年正月出版，我负责第一年编务。先生学术成就与见识，我素所佩服，能否拔冗惠赐大稿（有关撰稿的资料付上），我们将感激不已；第二件台北出版一种历史普及刊物，名作《历史月刊》，希望用深入浅出的方式介绍历史知识和观念，我也参与一些工作，同样希望先生惠稿。《新史学》与《历史月刊》的发行人不相干，目的也不相同，一专业学术，一普及知识。兹请香港友人寄呈一本近期的月刊，请指正。

通讯请香港友人转，不过也许也可直接寄台北中央研究院历史语言研究所。听说有人收到大陆直接寄来的信函。

敬颂

研安

杜正胜拜上

一九八九年一月二十日

张逸东*来信

宁生教授道鉴：

承赠《西南访古卅五年》十分感激。先生在台期间，弟仅仅略尽地主之谊，招待不周之处，尚请海涵！

拜读大著，感动、佩服、羡慕兼而有之。卅多年岁月，固弹指而过，惟大江南北阅遍，少数民族文化了如指掌，此等经历，几人能够？谓之为福气，亦不为过，何怅然之有？“金陵子弟江湖老”！凡人皆如此。西南访古卅五年，当作皓首穷经实相去不远，只不过此经是“活经”而非“死经”而已！总而言之，对先生专注一事而斐然而成，至感佩服。

日记乃一个人内心最真实之纪录。“西南访古卅五年”一书，处处流露先生对人文之关怀，真实反映先生之人格也。如皮夹失窃，失而复得后，犹惦系偷皮夹之小孩，谓“其情可悯”，担心其“不知将遭何等处分”。此等注录，虽无关民族调查之学，不过，小处见大，作者予人之形象，在此处反而显得更为真切而感人。

中甸归化寺前旧照，可见先生当年英气，“翩翩一公子”耳。逢想当年，埋首边陲探察考古，蔚然成一家之言，以先生人生之抱负言，真可以“无怨无悔”名之！切望续编早日付梓，并先睹为快。日后如有游历昆明之机会，定当面请益。

耑（专）此

时绥

弟 逸东拜启

98年7月16日

---

* 张逸东（1946— ），台湾联合报系文化基金会执行长，曾任联合报主笔。

顾洪*来信

汪宁生老师：

我是顾颉刚先生的女儿顾洪，八九年前您到三里河看我父亲时我曾见过您，您可能记不得我了。我自1977年恢复高考后考入北师院历史系，后入社科院研究生院，毕业后留历史所工作，主要整理先父的读书笔记（约三四百万字），历时已近五年。父亲生前多次对我提到您的好学多思，因此我对您的学问十分景仰，只是无缘相识。今有一问题急于向您请教，故冒昧提笔。

最近我在研究中国古代的久丧（即“三年之丧”）问题，考察商代和西周，并无这一制度。到春秋后期，才在晋国首先提出，后来被儒家大加宣染用以鼓吹孝道。说它为三代之制固然不对，但久丧的习俗很可能在某些地区存在着。看到今年《文物》四期您的关于葬俗的文章给了我启示和联想。我想原始时代的“二次葬”能否与久丧有关？继而又翻阅了一些少数民族的调查材料和《后汉书》等记载，亦有类似资料。故特向您请教：一，二次葬不但有合葬似乎也有单人葬，这两种方式有什么区别？其宗教思想是什么（是否即是让死者得到永久安息）？二，二次葬间隔的时间有无规律？您的文章里似乎没有规律，遇意外灾祸可以提前，但有的记载就说是一两年。三，这一习俗流行的范围有多大？四，还有哪些参考书？望您拨冗赐教。来信请寄北京东城干面胡同61号。我母亲还住三里河。

敬颂

安好

顾洪

1987.6.24

（美）吉德伟（David N.Keightley）**来信

亲爱的汪教授：

收到你10月15号的来信，且知道你很好，我很高兴。

我已经和《古代中国》的其他编辑商量，我很欣喜地告诉你，我们很乐意在我们的刊物上发表你的文章《仰韶文化葬俗和社会组织的研究——对仰韶社会母系说及其方法论的商榷》。我们希望这篇文章将在《古代中国》1987年的第11期上发表。

我已经修改了第10页的我的翻译，并附上一份修订页面的复印件。如果你有其他任何的修订，请立即寄给我们。我还试着为你文章的两个表格准备了英文版本。如果文章在中国的刊物上发表，你要是寄给我文献细目，以便我能提醒我们的读者，我将不胜感激。

得知你工作进展顺利，我很高兴。你在艾尔琳参加我们的会议，我获益匪浅。我认为你的论

---

* 顾洪（1947— ），顾颉刚先生之女，曾任职于中国社会科学院历史研究所。著有《顾颉刚评传》、《顾颉刚学术文化随笔》等。

** 吉德伟（David N.Keightley），哥仑比亚大学博士，加利福尼亚大学（伯克利）教授，著名的汉学家。曾任《古代中国》的主编。著有《商代中国》、《商代历史史料》、《青铜时代的甲骨文》等。

Wang Ningsheng
Yunnan Nationalities Research Institute
650011 Kunming, Yunnan
People's Republic of China

Dear Professorn Wang:

It was a pleasure to receive your letter of 15 October and to know that you are well.

I have consulted with the other editors of Early China and I am happy to tell you that we would be delighted to publish your article, "Yangshao Burial Customs and Social Organization: The Theory of Yangshao Matrilineal Society and Its Methodology," in our journal. It is our hope to include it in Early China 11, which will be published in 1987.

I have corrected my translation on page 10 and am enclosing a copy of the revised page. If you have any other revisions to make please send them to me immediately. I shall also try to prepare an English version of your two tables. If the article is published in a Chinese journal, I would appreciate your sending me the bibliographical details so that I can alert our readers.

I am glad to know that your work is going well. I greatly profited from your participation in our conference at Airlie. Indeed, I think your paper made an extremely important contribution to our proceedings. I am delighted that we shall be publishing it in Early China.

All the best,

David N. Keightley

David N. Keightley
Professor

Enc: page 10

吉德伟（David N.Keightley）博士来信影印件

文的确对我们的会议作出非常重要的贡献。我很乐意在《古代中国》上发表这篇文章。

一切顺利！

吉德伟

一九八六年十一月三日

（原信为英文）

（美）白海思（Heather A.Peters）* 来信

敬爱的汪先生：

在费城向昆明表示问候。大卫和我曾发出祝你“一路平安”的电报并请你打对方付款电话给我——可惜，我想你没有收到。我们喜欢和你谈话，说声再见。

我有很多好消息告诉你。首先，你的关于崖画的论文正在印刷中，二月份我被要求写一段关于你短的简介，并加上几篇关于崖画英文参考书。他们还要求我写一段介绍关于当地语言多样化的简单介绍，使问题清楚，以便读者。

Expedition 杂志的美术工作者还在《国家地理》杂志地图基础上画了一张地图，把缅甸部分包括进去，这是很重要的，它看起来很好。我们还为论文选择一些你的相片。发表后，我们肯定会送你抽印本。

致 Wenner Gren 基金会最后的信已发出——我不知你是否需要一份复本？请告诉我，一旦 Ms.Osmundsen 有了答复，我会立即让你知晓。

又我最后写好《百夷传》的论文——我消耗一月、二月和三月的大部分时间致力于此，发现这个工作是很激动人心的。论文我已呈交“亚洲研究年会”，已被欣然接受。我肯定会加以修饰的。我们送你一份请你评论和批评。我衷心感谢你和我一起翻译，没有你，我不能完成它。Stepher O'Harrow（即夏威夷研究越南史的那位）强烈感到这个译本加上注释应该出版。顺便说说，Stepher 请我代他问好，他再一次告诉我他是多么欣赏你在访问夏威夷关于崖画的报告。

会议（今年在费城召开）上我看到许多老朋友，许多人问你近况：Lucian，Jane Hanks，Stepher O'Harrow，Harald Bøckman 和其他人，当他们知道你曾在海德堡作快乐的停留，而且现已回转昆明，都很高兴。我还有机会见到 Louisa Schein——在我从泰国回来，我曾提到过你。她也要我向你问好。

最后，我确定这个夏天要负责宾大在西安的项目，项目将在 7 月 24 日结束。我将先访问武汉和长沙，去看有关的材料（我已获得王安奖学金，于 1986 年 1 月开始把我的博士论文编成书出版），然后在八月第一星期到达昆明。大卫在这时和我会合。你能否告诉我们为这次访问我们将做些什么？我没有问题，我有西北大学作为我的“单位”，但大卫需要由你的学院的邀请，你

* 白海思（HeatherA.Peters）（1946—），耶鲁大学博士，参加曼谷的联合国教科文组织多种项目的研究，有关于中国南方及东南亚考古学、民族学论文多篇传世。

想是否有问题？哦，大卫的研究所 ISHI 已经搬家，你如需要，我会给你新的地址……大卫的称号是“研究和计划主任”。

最后一件事，告诉我你的电话号码及学校的电话号码，在我们需要迅速和你联系的时候使用。又要会见老朋友，这一定是太妙了。请向汪太太问候。我期待和她再次会面。

Heather

（原信为英文）

（德）雷德侯（Lothar Ledderose）* 来信

汪宁生教授：

您好！谢谢您返国后来信。将它搁了一年多才回覆，实在过意不去。

我们原来的翻译计划只完成了一部分——即您最后写成并补注寄来的那篇。是请这儿中文系硕士毕业的一位学生译的。Bonn 的 Müller-Karpe（您也认识的）就准备发表它。其他的，同学们忙不过来，已将它们束之高阁，不译了。希望您别见怪。

这次滇文化到欧洲展览。第一站是瑞士苏黎世。我和贵国美院金维诺教授带学生去参观。上过您的课的学生尤其兴奋，能目睹在您课上讨论过的的实物，还更怀念您呢！这批东西八月以后要到德国来展，让史都特加（斯图加特）、科隆、柏林等地的德人开开眼界。

他日有机会到昆明一定去拜访您。就先代家人谢您的问候，也代他们问候您，并且祝您暑安。

雷德侯

一九八六年七月三十日

（德）韦沙彬（Sabine Werner）** 来信

敬爱的汪教授：

很长时期你没有我的消息，我很抱歉在接到你送我有价值的沧源崖画论著后没有立即回信。我们也为我们的图书馆定购你的论著。

Müller-karpe 教授很欣赏你在《考古》1985 年 5 期发表的论文，我为他作了颇详细解释。

我们已收到 Klaus Gottheiner 对你关于石寨山发现论文的很好的翻译本，Müller-karpe 已高兴地准备在 AVA-Beiträge 杂志上发表。他希望发表在今年年底印出的第七卷上。你将会收到该卷一份及抽印本 75 份。

---

* 雷德侯（Lothar Ledderose）（1946— ），德国海德堡大学教授、东方艺术史系主任。主要著作有《米芾与中国书法的古典传统》、《兰与石——柏林东亚艺术博物馆藏中国书画》、《万物》等。

** 韦沙彬（Sabine Werner），德国考古研究院办公室主任，中国考古研究项目负责人。

你和家中人好吗？我希望你的工作非常成功。

Sabine Werner 博士

1986 年 1 月 4 日于波恩

（法）陈庆浩＊来信

宁生教授道席：

去年十一月我应社科院文研所之邀赴中国作学术访问，是时适王孝廉兄来法研究到舍下小住，因介绍向教授请教益。孝廉兄并将教授及简历见示。在华期间因文研所已安排访问华东各地学术机构，时间匆忙，不克赴昆明拜访请益，甚以为憾。孝廉兄来法三个月已于上月中离法。今暑期如大家抽出时间，或将连袂西南采风，届时当至昆明访问。

因近日整理西南各族民间故事，发现下列各族资料甚少：1. 阿昌族；2. 布朗族；3. 德昂族；4. 独龙族；5. 基诺族；6. 拉祜族；7. 格巴族；8. 门巴族；9. 怒族；10. 普米族；11. 羌族；12. 佤族。不知以上各族有否出版过民间故事书？能搜集到盼帮忙搜集寄来。如有书而已绝版者，是否可作影印。请以影印邮来。

云南少数民族多，少数民族资料之搜集和研究似较其他各省先进。近年国内编集中国民间文学三套集成，云南已完成否？在京时据钟敬文教授告知，此次先由乡村普查，再将资料集中到县，编资料册，然后到省三套集成办公室编选出书。云南省白族书已印出，不知其它各族又如何？是否能收集各县之资料册？如得省三套集成办公室协助，收集各县印出之资料应不致太困难，但不知实际能做到否？

……

云南出版甚多民间文学书，浩亦购到部分。但身处国外，不易购到国内地方出版物。即在中国国内似乎地方出版物通流不足，不易购到。不知教授能得到近年云南所出版民间文学书籍目录否？如能告知，当选择请代购。八七、八八年出版此类书籍，有便代购邮来。平邮挂号即可。所需费用示知，当汇上。

久闻大名而未识荆，即冒昧烦劳办事，心甚不安。教授研究如需外国资料或其他，亦请随时通知，我当竭诚代为收集邮上。

专此敬候

研安

陈庆浩

一九八八年三月十一日

＊ 陈庆浩（1939—），华裔法籍学者，法国科学家中心研究员，曾任法国远东学院汉文系主任，巴黎第七大学教授。著有《域外汉文小说大系》等。

（挪威）勃克曼（Harald Lars Bøckman）* 教授来信

尊敬的老汪：

你和王云慧能在昆明接待白沙真是太好了，她长期照顾日益衰老的母亲，确实需要有一段时间来休闲一下。

我早应该给你写信，有很多理由这样做。首先，我想我还没有感谢你，关于四十年代在昆明讨论“中华民族”文章的复印件，它质量很好，我已复制。论文我还要修改，在适当时机大概还要送上稿子请你评论。还要感谢你关于“中华民族”一词从民族问题角度的使用问题，我真的感到中国未来会走向民族冲突，因为现在的政府倾向于强调中国各民族有共同的祖先，如“炎黄子孙”之类。我刚从中国回来，我第一次有机会参观关中和河南地区的历史遗址和博物馆。有些博物馆如陕西省博物馆非常好，而另外一些如安阳殷墟令人失望。早些时候我主要在中国边地旅行，我想为了了解中国的复杂性，这是重要的；但我已经认识到了解古代文化中心区域也同样重要。在最近一次旅行中，我还访问了黄陵，那里有假的黄帝墓。我近对黄帝产生兴趣，收集了大量有关的书。据我所见，黄帝只是一连串神话的产物，实是神话混合物。人们可以看见，关于“中华民族”的讨论已经展开。当我看到不仅是政治家而且还有学者如李学勤，倚仗名声，企图把黄帝作为历史人物加以重建，深感失望。似乎顾颉刚及其《古史辨》同事们是白费一生心力。放眼看去也许不会有大的回潮，因为神话与民族统一主义终究无关。但我仍然害怕在这样民族理论框架下，不会给少数民族文化留下多少空间。

还要非常感谢你关于沙米人历史形成的卓越论文。我复制多份送给特罗姆瑟的友人以及（挪威）国家研究委员会和奥斯陆及特罗姆瑟两个大学的图书馆。最近从中国人权研究会来了一个高级别的代表团，由以前的文化部长朱穆之率领，他们也去了 Kautokeino 和 Karasjok，访问沙米人社区，和当地政治家谈话，我把你的论文送给他们去阅读，他们对此非常高兴，我想从今以后，你的论文将成为向中国来访代表团介绍沙米人的标准读物。这里的中国大使馆因我向他们出示这篇文章而对我表示感谢。

我仍然是一个流动性学者，现在领导一个长期的国家项目，其目的在于加强研究生学习和进一步研究东方和东南亚社会科学和近代史。你大概还记得，挪威在这些领域做得很少，特别对东南亚。除了作为一个研究工作的行政官员，我仍然在教书和指导学生，如讲授近代以前的中国史和在政治科学系开一门研究生课程。我继续作自己的研究，但我真不想发表，因为我时常感到研究不够。我附上一篇最近的文章，你可能感到新鲜。大体言之，我认为对发展的研究导致历史真实的忽略。我在注 6 中指出，这篇文章的最初观点来自许多年前我的一个同事，他抱怨说当系主任做了许多杂事。这个同事就是你!

我肯定希望今后回到云南的历史研究方面，我也感到我转向到古代中国历史也是必要的，因为我感到我在此领域一般知识非常狭窄。但我还没有回到昆明的具体计划，即使我很想这样做。

我有一个请求，1991 年在昆明我买了云南民族学院学报从 1984 年到 1990 年的合订本，你

---

* 勃克曼（Harald Lars Bøckman），奥斯陆大学生态研究所研究员，有关于纳西族及中国西南少数民族论文传于世，并翻译中国经典《孙子兵法》等为挪威文。

是否可能买到该杂志从1990年到现在的合订本，假如白沙拒绝携带回家，我以后来取。钱由她付给你。

我想，还有许多书应该购买的，但我已认识到我不可能购买所有的书。我必须有选择地购买。

希望在挪威见到你，现在我们房子很大，可供你居住，愿住多长就住多久。

向王云慧问好！

你忠诚的朋友

Harald

（原信为英文）

（瑞典）马思中（Magnus Fiskesjö）* 来信

汪宁生先生：

您好！

本人在美国芝加哥大学留学，主要学习中国和东南亚的考古学和民族学，正在攻读东亚语言文化系与人类学系考古专业的联合博士学位。我是瑞典人，以前曾在瑞典和中国的上海学过中文，还在中国工作过一段时间，所以能说一些中文。一九九一年到美国以后，才开始正式学习考古和人类学，并曾在非洲肯尼亚、日本和泰国参加过考古发掘。

特别是自从去年参加了宾西法尼亚大学博物馆与泰国考古学家在泰国联合组织的青铜器时代遗址的发掘工作以后，我对中国南方和东南亚新石器时代和青铜器时代产生了很大的兴趣，包括有关社会宗教制度、早期农业的发展和动物驯养、岩画的内容和创作目的等问题都想要多了解。在学习的过程中，常常见到汪先生的论著，并获益匪浅，特别是岩画和民族考古学一方面。在今年五月底有机会到云南，如果您六月初有时间，很希望能拜访您，并请教云南考古和民族学上的问题。最近到哈佛大学，见到Robert Murowchick先生，谈中国西南和东南亚考古，他也建议我同您联系，并且给了我您在昆明的电话。我到云南后，不知可否电话联系？

这次能够到云南，是由于设在哥伦比亚大学的美中艺术交流中心请我陪同他们组织的博物馆界的代表团当翻译，参观筹备中的云南民族博物馆等。之后，六月二日后，希望利用这次机会留下一个月左右，参观昆明的博物馆所藏云南考古文物，有可能的话，还想去参观滇文化遗址、出土地点、县博物馆等。另一方面又非常想多了解中国西南古代岩画遗址以及其同考古资料的关系。这些问题，西方似乎研究得少，因此考虑到自己能否利用自己能够阅读参考这方面的中文学术成果，做一些研究。很希望在这方面请教您。我还有专门的研究经费，这一次靠当翻译作为路费，可是如果有可能，很希望尽量学习和参观（并寄希望于将来的机会）。

除岩画外，我还有一种特别的兴趣，是当今民族间的占卜，特别是动物骨占卜及其同狩猎与宗教的关系，不知有无可能现在在云南或者是西南其他地方见到这一种活动，也很想了解。去年，

---

* 马思中（Magnus Fiskesjö），美国芝加哥大学博士，现任美国康奈尔大学人类学系副教授，曾任瑞典东方博物馆馆长，著有关于佤族论文数篇及《中国之前的中国》（与他人合著）等。

刚写完一篇文章探讨甲骨文中的狩猎卜辞和商代动物考古学的问题，在此附上摘要，并请指正。

敬祝

安好

Magnus Fiskesjö（马思中）敬上

1995.04.02 于美国芝加哥

（澳）贝德纳利克（R.G.Bednarik）* 来信

敬爱的汪宁生教授：

1984 年 5 月 24 日曾在墨尔本 La Trohe 大学参加你的演讲会。我表达我们强烈的愿望：将你的文章《掸王国的新发现——中国云南崖画的发现》，刊在我们杂志《崖壁艺术研究》上。我们相信我们读者对你的论文深感兴趣，他们应该读到它。

我们的杂志是世界性的，大约在 30 个国家传布。我们可将你的论文包括在 1984 年 11 月出版那一期上。故你如能尽快回复，我将深为感激。论文可以不加改动地刊出，但我们要求注明图片的来源。

假如此文已为他处看中，这也不妨碍你的论文在澳大利亚刊用。假如有这样的情况，一篇令人兴奋的文章在两个刊物上发表是可以的。它能保证你的工作尽可能广泛地传布。

一份 1984 年 5 月号的杂志寄上，供你参考。假如能使你的同行对这份杂志和我们的国际性学会加以关注，我们将不胜感激。

我们期盼你的答复。

〔文后附有对澳大利亚崖壁艺术研究学会（AURA）的介绍，略〕

R.G.Bednarik

1984—6—19

（原信为英文）

（日）池田末利 ** 来信

敬复：

贵札和贵稿《释武王伐纣前歌后舞》已经一并由井上隆一教授转送，我已经收到并阅读过了。我的文章《中国古代头颅崇拜·系谱试探》一文被四处转载，有不少过誉之言，实在是惭愧，让人不好意思。

---

* 贝德纳利克（R.G.Bednarik），《岩画研究》（*Rock Art Research*）的主编。

** 池田末利（1910—2000），广岛大学教授，曾任大东文化大学校长、日本学术第一会议副部长等，主要研究甲骨学及中国古代宗教学，著有《尚书通解稿》、《仪礼》等。

AURA

AUSTRALIAN ROCK ART RESEARCH ASSOCIATION

Postal address:
P. O. Box 216,
Caulfield South 3162
Victoria, Australia

Your Ref.:　　Our Ref.: 84/207　　Date: 19-6-1984

Professor Wang Ningsheng
Department of Anthropology
The University Museum
University of Pennsylvania
Philadelphia, PA 19104
U. S. A.

Dear Professor Ningsheng,

Having attended your lecture at La Trobe University, Melbourne, on 24 May 1984, I express our keen interest in having your paper "Some new light on the Old Shan Kingdom: an introduction to rock paintings in Yunnan, China" published in our journal, Rock Art Research. We believe that your article is of great interest to our readers and that they should be given access to it.

Our journal is disseminated worldwide, in about thirty countries. We could include your article already in our November 1984 issue, and we would therefore appreciate an early response. The article could be printed without alterations, but we would require the originals of the illustrations.

If publication is already contemplated elsewhere this would not necessarily preclude our use of your paper in Australia; should this be the case, simultaneous publication by two periodicals may be possible, which would ensure the widest-possible dissemination of your work.

A copy of the May 1984 issue of our journal is enclosed for your reference. We would be grateful if you could draw the attention of your colleagues to this periodical, and to our international association.

We look forward to your valued response.

Yours sincerely,

Robert Bednarik

R.G. Bednarik
Editor, AURA

Encl.

AURA promotes the study and appreciation of Australia's immovable cultural heritage, particularly prehistoric rock art, and strives to merge humanist and positivist approaches to prehistory

贝德纳利克（R.G.Bednarik）来信影印件

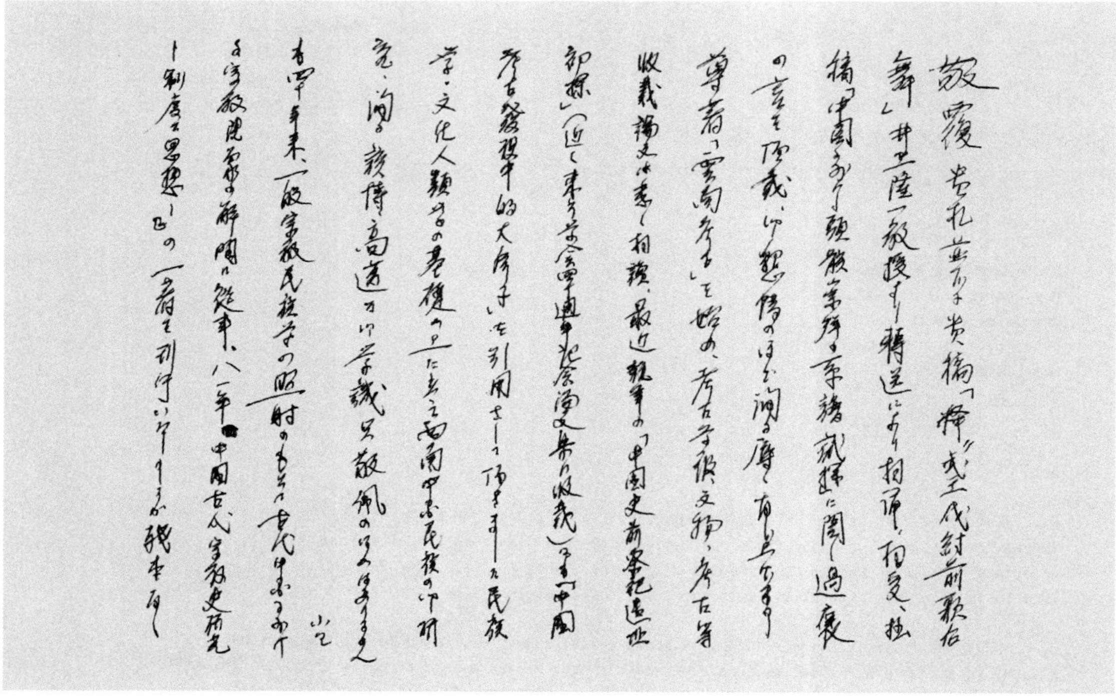

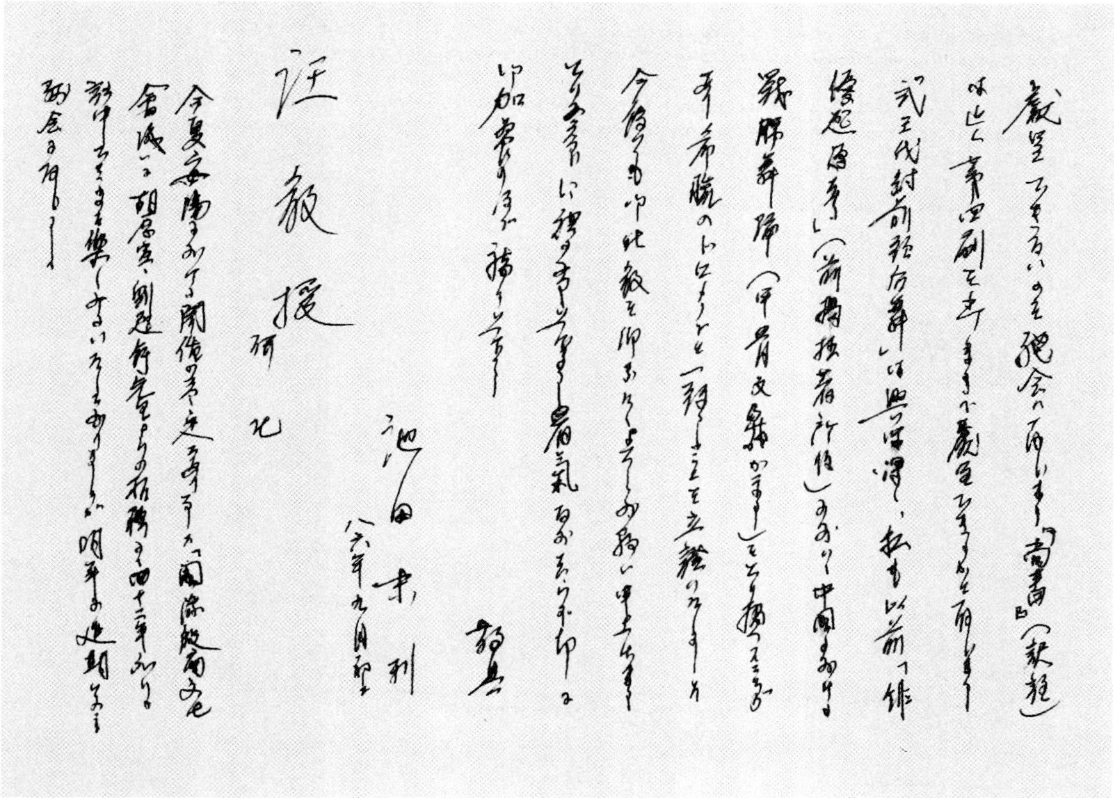

池田末利来信影印件

从先生大作《云南考古》开始，先生刊载在《考古学报》、《文物》、《考古》等刊物上的论文我都相继阅读过。最近我所执笔的《中国史前祭祀遗址初探》一文（被东方学会四周年纪念论文集所收载）引用了先生所著《中国考古发现中的大房子》中的大量材料。该文在民族学、文化人类学的基础上，对中国西南少数民族习俗进行了研究和释读，文中所体现出的广博高远的学识令吾辈敬佩。

最近四年来，我希望通过普通宗教民族学的方法对古代少数民族的宗教现象进行解释。八一年，拙著《中国古代宗教史研究——制度与思想》一书出版。在此书中，我阐述了《尚书》是“单纯的文献史料”的观点。在此书即将第四次印刷出版之时，先生所著的《武王伐纣前歌后舞》与收入拙著的《俳优起源考》一文有着密切的联系，让我对中国古代所盛行的战胜舞有了更深入的认识。〔尤其甲骨文的□（不清）字〕可能与希腊的□□□□□有着一致性，可以将其作为以后考证此类甲骨文字的立论依据，此类舞蹈应为古代专门的战争礼俗。

现在已经又是酷暑消去之时，让我又想起恩师加藤常贤先生的逝世，心里十分悲痛。敬呈汪教授研安。

池田末利

八六年九月卯

本来今年夏天要在安阳召开《国际殷商文化会议》，胡厚宣、刘起釪先生邀请我参加，以纪念安阳殷墟发掘四十二周年。我本打算带学生参加，但由于会议延期到第二年，所以只有等待来年参会了。

（原信为日文，承陈果博士译为中文，谨致谢意）

（日）今村启尔*来信

汪宁生先生：

在昆明的学术讨论会结束后，到大理、丽江旅行，在那里看到了美丽而壮观的景色和少数民族特色的风俗，感到非常高兴。我于10月28日平安回到日本。

以前我曾读过先生写的很多论文，这次和先生相见，我很感动。这次先生写的《水、苗、壮、彝诸族使用铜鼓的习俗》的论文，我怀有很深的兴趣，准备慢慢学习。

送上我写的论文，先生不懂日文，但中文中汉字很多，大概能知道我对什么抱有兴趣并在学习，敬请先生指教，

期待先生取得更多的研究成果。快乐的期待着再会之日。祝工作顺利，身体健康。

东京大学考古学研究室

今村启尔

1988年11月15日

---

* 今村启尔，日本东京大学教授，著有《古式铜鼓的变迁和起源》、《失蜡法制造的先黑格尔I式铜鼓的发现》等。

二　书评

汪宁生《云南考古》评介

丰　洲*

《云南考古》是一本深入浅出、雅俗共赏的专业性读物。它的出版，不仅为读者了解和研究云南考古提供方便，而且有助于促进各地考古研究的开展。这是值得庆幸的。

本书的最大特点是用云南考古资料作为自己的论述范围。科学的考古发掘是本书论述的重点，前人的金石著述和传世品也都加以利用。云南古代文化的分布有的跨及邻近省区，因此对有关材料也略加叙述。正如作者在《序言》中指出的，"本书坚持从材料出发，尽力避免空洞议论"。根据不同时期的考古材料，安排每一章节的内容；既不罗列堆砌，又尽可能与历史问题挂钩。又"每章另有小结，综合这一时期的总的面貌，亦尽量以考古材料来说明"，这是过去的地方志书和只靠古籍编写的地方史所不及的。

作者从云南的历史特点出发，把云南考古分为五个时期，即旧石器时代、新石器时代、春秋—西汉时期、东汉—初唐时期、南诏大理国时期。元明以后，文献增多，考古学作用相对减弱，本书不再论述。这样安排是符合考古实际的。但是，用考古材料写历史，并不是一件简单的事。怎样驾驭材料，每一篇章的详略轻重，都关系到全书的成败。本书作者是很好地解决了这些问题的。例如旧石器时代和新石器时代，文献阙如，考古材料有限，空白和缺环较多，作者还是认真地为读者勾画出云南原始社会的简明轮廓。春秋—西汉时期，大体相当于青铜时代和早期铁器时代，在云南古代史中占有重要地位。这个时期的考古工作最多，发现的遗物最丰富，因此，这一章的构思更显得邃密精深，可视为全书的精华。南诏、大理国是唐宋时代带有独立性的地方政权，有它自己的特点，在全书中也占有一定分量。这些都是应该加以肯定的。

云南的历史开端就富有绚丽的色彩。作者在全书开头的"旧石器时代"一章中，扼要介绍了"拉玛猿"化石的发现，元谋人、丽江人、西畴人和旧石器时代文化遗物的发现。接着指出，云南是探索人类起源的重要地区。在"新石器时代"一章中，作者把云南新石器文化划分为洱海、金沙江中游、滇池、澜沧江上中游、滇东等五个地区，并详细介绍了各自的文化特征。剑川海门口铜石并用时代文化放在本章之末，指出它是洱海新石器文化的延续和发展。在历史进入文明时代的

* 丰洲，黄展岳先生的笔名。参见前注。

春秋—西汉时期，作者用了五十多页的篇幅为读者描绘了一幅云南中部地区滇人奴隶制社会的长幅卷帙。以楚雄万家坝墓地、祥云大波那铜棺墓和滇池附近的安宁太极山、江川李家山、晋宁石寨山墓地为素材，全面论述了这个社会的发生与发展，阶级结构，农业、手工业、商业，以及有关诸问题。从使用带有鲜明地方特点的生产工具、武器、乐器、生活用具，谈到受中原文化的影响过程。在作了一番材料分析与文献对照之后，作者提出两个与前人看法相左的论点：一个是云南早期铁器问题，作者根据石寨山、李家山的发现，推断是当地制造出来的，一反过去认为是从四川输入的看法；另一个论点是，目前所知的分布在滇东或滇西的青铜文化，都应是定居的“椎髻”民族所遗留；反对“椎髻”的滇人居滇东，“编发”的昆明人居滇西的传统说法。我以为是有见地的。

西汉以后，云南青铜文化中具有民族风格和地方色彩的特有器物全部消失，出土遗物与内地无异。作者通过对昭通、鲁甸“南中大姓”墓的发掘，推断云南到“东汉开始进入发达的铁器时代”。公元 8 至 13 世纪，云南处于南诏、大理国的独立状态。作者根据考古材料，断定南诏蒙氏、大理国段氏统治下的主体民族是乌蛮和白蛮，即今彝族、白族以及其他某些彝族支民族的先民。肯定南诏、大理国统治下的云南社会经济的继续发展，以及他们在历史上所起的作用。这些都为云南历史的研究做出了贡献。

为适应云南考古的特点，本书增设三个附录：一是在各章之后附有注释以外，另将引用的重要论著编成《云南考古重要参考书目》附于书末；二是由于南诏、大理有自己一套年号，参考前人研究成果，编《南诏大理纪年表》，以供查阅；三是编制《铜鼓分类表》，以展示其变化分布的情况。这些都是十分必要的。

当然，我们并不奢求十全十美。一部论著的质量，首要的是看它对所能掌握的材料如何利用，以及利用得怎样作为衡量的准绳的。作者不隐讳自己的不足，他以实事求是的态度告诉读者：“云南考古虽然已有不少重要发现，但仍存在不少空白和缺环。例如：云南旧石器时代到新石器时代之间的情况，至今还是一无所知；新石器时代文化在许多地区还是空白点；青铜时代文化的遗址迄今尚无发现；东汉以后的考古工作还做得很少；南诏大理的王陵，至今未查清，等等”。作者不是用一些想象之词来掩盖空白和弥补缺环，而是明确提出，寄希望于“有关单位和考古工作者的注意，今后能有计划有目的地解决这些问题”。这种态度是可取的。

本书附插图、图版不少，比较重要的云南古代遗物，都在书中留下了形象，可惜图版大多模糊不清，编排欠齐整，这是本书的一个缺点。

（原载《考古》1982 年 2 期）

灿烂的云南古代文化画卷——《云南考古》

李惠铨*

近三十年来，云南考古工作取得了巨大成就。重要的考古收获有元谋人、西畴人、丽江人等

* 李惠铨（1942— ），云南大理人。云南人民出版社编审、副总编，著有《滇史求索录》等。

古人类化石的发现，云南各地区新石器文化遗址的调查和发掘，晋宁石寨山“滇人”墓葬群的发掘及其文化的研究，昭通等地区汉晋墓的清理，沧源崖画的发现，南诏国诸城址的试掘和考察，大理国写本佛经的发现，等等。云南民族学院民族研究所考古研究室汪宁生同志编著的《云南考古》对于上述重要发现进行了较为系统的综合、研究，它对于进一步发挥云南考古资料在历史研究、民族研究方面的作用，对于国内外文物爱好者较全面了解云南珍贵文物及名胜古迹，和改进云南的考古工作，都会有积极作用。

《云南考古》是按“旧石器时代”、“新石器时代”、“春秋—西汉时期（公元前 6 世纪—前 1 世纪）”、“东汉—初唐时期（公元 1 世纪—7 世纪）”、“南诏—大理国时期（公元 8 世纪—13 世纪）”的顺序编著。作者通过对云南猿人化石及古人类化石的考古发现及其价值的论述，简略描绘了从猿到人的进化过程，说明远在 170 万年前云南就有原始人类活动。在云南境内发现的禄丰腊玛古猿化石（国内外学术界现在倾向于认为腊玛古猿是从猿进化到人的人类的直接祖先）、元谋人化石、西畴人化石、丽江人化石，这一系列有关人类起源及远古人类的重大考古发现，不仅丰富了人类发展史的宝贵资料，而且有力地说明了云南在研究人类起源问题上的重要地位。

《云南考古》运用在今洱海地区、金沙江中游地区、滇池地区、澜沧江中上游地区、滇东北地区发现的丰富的新石器文化材料，论述了云南地区原始社会中晚期的生产水平、社会组织状况及云南新石器文化的特点、类型、分布及其体系。……

在“春秋—西汉时期”这一章里，主要论述云南古代民族创造的具有鲜明地方特点的灿烂青铜文化。作者根据大量的出土铜鼓及传世铜鼓的研究，无可辩驳地证明了铜鼓是中国西南地区古代民族所创造的，它们长期在中国西南民族中流传使用。作者还论证了云南青铜文化与北方草原青铜文化的交流与联系，分析了云南青铜文化发达的原因。可以看出，这一章较多地反映出作者多年从事云南考古所取得的一些研究成果。作者认为，随着青铜文化的出现和发展，云南存在着奴隶制；青铜冶炼技术的高度发展必然导致冶铁的出现，远在西汉末东汉初，滇池地区已开始向铁器时代过渡，“云南的历史又揭开了新的一页”。

《云南考古》论述了公元 1 世纪—7 世纪滇东北地区的墓葬——“梁堆”及墓主“南中大姓”的族属等问题；介绍了西南地区的崖墓及悬棺的情况，传世的朱提（今昭通、鲁甸一带）堂狼（今东川、会泽、巧家一带）铜器和所反映的东汉时期云南冶铜业的发展水平；作者考证和校勘了这一时期重要的碑刻如孟孝琚碑、爨龙骧碑、爨宝子碑、爨龙颜碑、王求仁碑等，并评价了它们的历史价值。

崖画在国内发现不多，作者对沧源崖画进行过较多的调查研究。沧源崖画是有学术和艺术价值的历史遗产。

关于南诏—大理国时期（公元 8 世纪—13 世纪），作者研究了太和、阳苴咩蛇歽图、拓东等城镇遗址，南诏、大理国风行的火葬墓遗物，德化碑、袁滋摩崖、昆明经幢造幢记碑等重要碑刻，大理崇圣寺三塔等佛教建筑，剑川石钟山石窟及南诏中兴二年画卷、大理国张胜温画卷等雕刻与绘画……

历史文物是历史的见证。作者通过大量的文物资料——猿人化石、古人类化石、石器、陶器、青铜器、铁器、碑刻、崖画、雕刻、画卷、火葬墓遗物、古建筑，论证了不同历史阶段的社会政治制度、生产状况、经济发展、文化特点、古代民族的日常生活习俗，等等。

《云南考古》作者治学态度严谨，亲自到省内一些地区进行实地重新考察，仔细对比研究有关文献资料，并与国内同行切磋。《云南考古》论述简练确到，独具心裁。如目前国内一般都认为170万年前的云南元谋人文化遗址中有用火遗物，于是就把人类用火的时间提前了约100万年，这在人类发展史上这是件很重要的大事。不过国内学者或报章杂志提及此事时，都谨慎地说“可能用火”。作者对实物及发掘资料进行仔细观察、认真研究之后，认为证据不充分，故书中未提元谋人用火一事。又如，书中的许多重要碑刻录文，是作者根据原碑或拓片录记的，对过去文献上碑文的错讹有所纠正。如姚安的兴宝寺德化铭碑文，《新纂云南通志·金石考》未加仔细斟酌，所述碑的形制及录文，都有错讹。这次作者认真考察原碑，正确描述了碑的形制，并纠正了《新纂云南通志 · 金石考》中的错字有十一个之多。此类情况并非孤例，就不一一提及了。

书末有“云南考古重要参考书目”、“南诏大理国纪年表”、“铜鼓分类表”等三个附录。

提到不足，是《云南考古》引用的云南及邻近地区考古材料截至1978年底，此后的新材料还待补充。其次，云南少数民族史的研究，有很高的学术价值，但应该把考古材料、文献资料及社会历史调查资料三者有机地结合起来，才能较为完满和准确。《云南考古》的若干部分引用有关的文献资料较少，现代积累的云南少数民族社会历史调查材料几乎未加引用，这就使研究古代民族的有些论点不够有力。第三，本书提出的云南考古的分期及其主要标志，以及一些论点（如云南新石器文化的分类等），似还可作进一步的探讨和讨论。第四，本书图录、注释、参考书目、纪年表、分类表等辅助性文字及附录篇幅过大，约占全书的四分之一强，其中有的虽然是必需的，有利于考古和历史专业工作者查找资料，进行更为深入的了解或研究，但略显庞杂，并稍有重复，对正文主要内容有所削弱。

《云南考古》虽略有瑕疵，但它对中国西南古代历史及古代民族研究提供了较为系统而丰富的考古资料，有相当的资料价值。对于希望系统地全面了解云南文物与名胜古迹的中外人士，《云南考古》亦不失为一本图文并茂的很好的读物。

《云南考古》共约13万字，有文中插图80幅，书后附图版104页（共收203幅云南文物古迹照片、拓片，用胶版纸精印），云南文物精品及重要名胜古迹的形象，读者从中均可看到。著名史学家顾颉刚先生为该书题写书名，使之生辉不少。

《云南考古》由云南人民出版社出版精装和平装两种版本，1980年4月前后问世。

（原载《世界图书》1980年4期）

《云南沧源崖画的发现与研究》评介

王仁湘*

这是我国第一本介绍和研究岩画的专门著作。作者主要就云南沧源崖画的发现经过和各个崖

* 王仁湘（1951— ），湖北人，中国社会科学院考古研究所研究员。主要著作有《拉萨曲贡》、《临潼白家村》、《中国史前文化》、《饮食考古初集》等。

面地点的情况作了详细介绍，并以较大篇幅对这批崖画的内容和题材、作画目的及社会作用进行了充分研究，而且对崖画的年代与分期以及崖画作者族属问题提出了自己的推论。

作者从 1965 年第一次发现沧源崖画起，曾三次亲临现场进行了艰苦的调查，前后延续时间达十七年之久。这是作者进行民族调查时的意外收获，前后一共找到了十个崖画地点，获得了大批珍贵的资料。由于沧源崖画是用以赤铁矿为主要成份的颜料绘成，年深日久，崖面风化和雨水浸蚀使得画面多有漫漶残缺，保存情况不是太好。十个地点所觅的图形以个体论有近八百之多，可识图形只有十之二三。本书以相当多的篇幅详细公布了这批材料，根据辨识结果，作者将这些图形归纳为人物、器物、房屋、动物、神祇与神话人物、自然物、符号和手印七类。这些图形所组成的画面各种各样，其中最多的是描绘狩猎活动。表现狩猎方式的画面有较多变化，除了弩射，还有长兵刺杀、设栅、围捕等，有的场面十分壮观。崖画所表现的内容还有放牧、聚落、战争、舞蹈、杂技等项，描绘得都比较生动。从崖画内容可以大致复原绘制者的生产和生活图景：人们建造有比较整齐的干栏式建筑，过着定居生活；从事种植和牧畜，还以狩猎补充生活来源；宗教活动在当时非常频繁，很多仪式都要举行表演性的舞蹈。崖画以相当多的画面记录了这一幅幅生动的场景，读来十分引人入胜。

本书作者在考察了崖画所表现的题材之后，对于这批崖面的性质作出了自己的推论。他认为沧源崖画的创作动机并不单一，各种题材的绘制可能具有不同的创作目的，大体可以归纳为宗教性的和原始记事性的两个方面。崖画大量画面都与宗教信仰有关，有的是模拟巫术的产物，有的是祈求丰产仪式的写真，有的则是其他一些重要仪式的描绘。作者认为崖画寄托了当时人们的生活期望和宗教热情，它在社会生活中起着重要的作用，既是人们精神的主要寄托，又是一项重要的文化艺术活动。

关于沧源崖画的年代问题，作者通过崖画内容本身提供的线索，结合考古材料、文献记载及周围地区发现的崖画三个方面进行比较研究，认为其时代上可到汉代，下可到明代，即从公元之初到公元 15 世纪，其主要部分为汉唐之际的作品。对于这延续达一千五百年上下的沧源崖画，作者还尽可能地进行了分期研究，划分出早晚两期。他认为早期的风格是画面比较规整，晚斯的则比较粗率。早期崖画是主体，晚期的图形较少。

作者通过人类学方面的考察，对沧源崖画绘制者的族属提出了自己的看法。在当地原主要居住民族为佤族和傣族，它们之中至今还有一些关于崖画的传说，而且还保留有崖画中所反映的若干风习，如头上插羽、双耳戴饰、狩猎用弩、吹牛角号、用牛角杯以及住干栏式房屋等。更重要的是，当地民族的绘画还直接继承了崖画文化传统，其表现技法和内容都与崖画有许多共同之处。作者认为崖画与佤族有较多的关系，与傣族先民也存在不容忽视的关系。

本书作者虽然将沧源崖画的大部分资料通过《文物》杂志（1966、1983）早已公诸于世，然而现在读了他的这部著作，令人仍然觉得相当新鲜，作者对沧源崖画的研究取得了很大成功。作者在资料的整理和对比研究中，发扬了自己严谨的治学作风，所得结论也是可靠的。当然这部著作也还存在一些不足之处，主要表现在作者对某些图形的解释还不一定十分确切。例如崖画上见到的身披翼形饰物的“鸟形人”，作者认为画的是披有羽毛做成的舞装的人，其实这种“鸟形人”都出现在围猎场上，表现的是一种身着伪装的猎人（参见原书图一二、一四、二四、

四二、四四、四六、四七、四九）。尤其是在第六地点3区所见更为清楚，一群野牛正从身着伪装的猎人头上走过。还有原书图六一所示，在一圆圈上绘一猎人，也不一定是作者所说的“太阳人”，实际上是表示猎人身在掩体中，正待放矢。另外，有的人头上方绘有动物形图案，这也不一定是作者所说的图腾标志，可能仍是一种猎人的伪装。

崖画的年代是崖画研究者最感棘手的一个问题，尽管如此，作者对沧源崖画年代的判断还是可信的。在这个问题上，本来还可以通过自然科学手段获得一些参考年代数据。像第三地点崖画下部“为崖壁长出的钟乳石所掩盖”（见1966年发表的简报），作者以为钟乳石年代不可测定，所以无法以此断定崖画的年代（原书37页注①）。事实上，石笋、钟乳石、钙华板等化学沉积物的年代完全可以用“碳十四方法测定，这类标本含碳量相当高，测出的年代大约只偏老一二千年”（中国社会科学院考古研究所：《中国考古学中碳十四年代数据集》，246页，文物出版社，1983年），此前国内业已发表过一批测定数据。沧源崖画第三地点的钟乳石标本如能采集做一次碳十四测定，对于解决该地点崖画年代的下限恐怕不会是没有帮助的（测定已做，见附）。

另外，本书在排印上也还有一些值得改进的地方，如有些图版比较模糊（彩版二，2；三，上；四，2）；第3页第10行应为图版一三，错为图版三；还有不少外文脚注词与词之间的距离排得过远，显得不大规范等等，这些都可望在有机会再版时加以修正。

汪宁生同志在本书的“后记”中，还特别介绍了国外研究崖画的方法，他希望有更多的人来继续岩画的研究。的确，我国科学的岩画研究在近年才刚刚起步，一切都在探索之中。同世界上其他许多国家一样，我国也是一个崖画的宝库。我国在黑龙江、内蒙古、宁夏、甘肃、青海、新疆、西藏、四川、云南、贵州、广西、福建和江苏等省区都发现有岩画遗迹，它们明显地区分为南北两个系统。南方如云南沧源所见，主要是用颜料画在崖壁上，这就是汪宁生同志所说的“狭义的”崖画，即是所谓“真正的崖画”（见原书1页注①）。北方则主要是在岩石上敲凿岩面成画。这两种风格的岩壁艺术都可以统称为“岩画”(rock paintings)。我国南北岩画的主要题材也有些区别，一幅幅岩画为我们提供了历史、民族、宗教等多方面的材料，具有十分重要的研究价值。新的岩画地点还需要去寻找，去进行艰苦的探索。汪宁生同志的著作是我国岩画研究的一个良好的开端，作者凭借自己在考古学、民族学和史学方面的深厚功底，把沧源崖画的研究建筑在可靠的科学基础之上，使我国的岩画研究从一开始就走上了一条正确的轨道。我们盼望在我国有更多的这类著作问世。

附：云南沧源崖画年代数据：中国科学院古脊椎动物与古人类研究所利用覆盖崖画的钟乳石进行碳十四测定，年代为距今2200年。雷作淇等通过崖画颜料的孢子花粉分析，认为时代相当于亚北方晚期至亚大西洋期，为距今2500—3500年左右（均见胡雨帆等：《用孢粉化石考证古代崖画》，《化石》1984年2期）。

（原载《考古》1987年4期）

引人入胜的文化人类学著作——评《事物的起源》中译本

祁庆富*

前些时候，我去拜访民族学界的老前辈林耀华先生。谈话间，他拿出新近出版的德国著名人类学家利普斯所著《事物的起源》的中译本给我看。早在60年代，林先生就向译者汪宁生同志推荐过这本书，现在已故的民族史学者傅乐焕先生还把自己珍藏的该书英文本赠与译者，鼓励他迻译成中文。历经二十个寒暑，译者经历诸多磨难，茹苦含辛，终于不负两位先生所教，使中译本得以问世。林先生对此，高兴之情溢于言表，他嘱我就此书为《读书》杂志撰写一篇读后感。

一

本书的作者利普斯(Julius E.Lips)生于德国的萨尔地区，曾长期在科隆大学担任人类学系主任和教授。1934年他应美国著名的人类学家弗朗士·鲍亚士(Frans Boas)的邀请，到美国哥伦比亚大学执教。他一方面在大学里教人类学，一方面受学术团体的委托，从事实地调查。他曾对加拿大拉布拉多地区的印第安人进行过长期调查，发表过一系列著作。这本《事物的起源》，是他写的一本文化人类学的综合性著作。

在我国，文化人类学至今似乎仍是一个冷僻的术语，不为人们所熟知。可是，在国外，尤其在西方，它却是一门影响颇大的重要学科。文化人类学做为一门独立学科，是19世纪中叶在欧美各国形成和发展起来的。然而，这门科学的资料积累，却直可追溯到希罗多德和司马迁的时代。人类自从进入文明时代以后，各民族共同体之间的相互交往日益频繁。古代进入文明社会的民族在与异民族的交往过程中，发现了与自己大相径庭的异民族文化，并将这种文化记载于史籍之中。文化人类学的萌芽发端于对异民族文化的研究。在我国汉代历史学家司马迁的著作中，就已不难发现这种萌芽状态中的文化人类学资料。随着社会的发展，世界各民族之间的交往日益密切。公元15至16世纪，世界范围的新航路被开辟。1492年，哥伦布航抵美洲“新大陆”。1519年至1522年，麦哲伦完成了第一次环球航行。这样，近代的地理发现打开了人类相互交往的视野。自此以后，随着西方殖民主义的侵略，对于世界各地，尤其是殖民地民族的文化了解的需求越来越迫切，文化人类学作为一门独立学科便应运而生。经过二次世界大战，随着现代科学技术的迅速发展，现代的交通手段和信息传递方式使我们的地球变得越来越小，使世界各民族之间的距离越来越近，相互交往越来越多，世界上各种不同类型的文化相互接触、交往、冲突、反馈和影响也日益频繁。以全人类文化为研究对象的文化人类学的学科地位也就更显得重要。正因如此，在当今世界大多数国家里，文化人类学都是一门颇受重视的学科。

文化人类学作为一门学科，虽然已经有了一个世纪多的历史，但至今其学科名称仍不统一。在英文中，文化人类学写作cultural anthropology。这一概念与“民族学”(ethnology)是一对

* 祁庆富（1945—），吉林汪清人，中央民族大学教授，主要著作有《朝鲜诗选校注》、《西南夷》等。

纠缠在一起难分难解的术语。按照美国人的概念，文化人类学作为“人类学”(anthropology)的分支，是一门综合性学科，它以整个人类文化及其发生发展规律为研究对象，包括民族学(ethnology)、史前考古学(prehistoric archaeology)和语言人类学(linguistic anthropology)。可是在英国，却习惯于用民族学(ethnology)的概念取代人类学(anthropology)，这样，文化人类学(cultural anthropology)又成为民族学的分支。

由此可以看出，在西方各国，对“文化人类学”或“民族学”所赋予的含义是不一致的。尽管如此，“文化人类学”和“民族学’的内涵仍然是大同小异，就主要方面而言，二者研究的对象、内容和方法都差不多。所以，不少学者主张二者是同一学科的不同术语，在西方各国及日本，文化人类学与民族学的概念仍是并行使用的。

二

利普斯这本《事物的起源》共十五章，书中征引了大量民族志和考古学材料，从人类的衣食住行，到生老病死，乃至于商品交换、信息传递，探索了各种生产活动、日用器具、社会制度和风俗习惯的起源问题。内容涉及远古人类物质文化和精神文化的许多方面。概而言之，可以说是一本简明的远古人类文化史。因此该书原来的副标题，就叫做“文化人类史”。

世界上每一个民族都具有独自特点的文化。并且，各民族文化的发展又都具有历史的连续性。探索这种历史的连续性，就是追溯世界上各种事物的起源。即使是处在原始时代的人，也在他们的口碑传说中保留着历史的记忆。进入文化社会以后，人们探索历史连续性的欲望就表现得越来越强烈，对于世上任何事物总想刨根问底，总爱问一个从何而来，何时开始。对于一般读者来说，这种溯本求源的愿望可以在这本《事物的起源》中得到某种程度的满足。作者利普斯在本书中提供了大量一般人见所未见、闻所未闻的新鲜材料。由于作者对于一般公众的心理进行过认真研究，所以他选择的“新鲜材料”并不是冷僻的，涉及的问题，亦是一般人所感兴趣的。例如，任何人都有一个“家”。那么，最古老的人类之“家”是什么样子？本书第一章《家和家具》向读者描述了远古时代的“洞穴”之家、塔斯马尼亚人的“风篱”之家、爱斯基摩人的“雪屋”之家、印第安人及其他许多民族的“帐篷”之家……当你置身在现代化的高层建筑群中，再去体会一下“家”的演变史，不能不对人类为自身生存而进行的漫长而艰巨的创造性劳动而感慨万分！

作者在序言中还写道：“写这本书是为有助于了解人类文化的发展，努力增进民族和文化之间的相互合作。”在人类短暂的文明发达史中，已创造了无比丰富的灿烂文化。当今的世界，高超的通讯手段已远远胜过神话中的“千里眼”、“顺风耳”，航天飞机遨游太空事实使嫦娥奔月的传说大为逊色。然而，日新月异的现代科学文化却是几千年来全人类共同文化的结晶。从这本书中，我们可以追溯出现代文明的最古老的起源。本书第三章题为《最早的“机器人”》，作者以丰富的民族学材料介绍了各种各样的原始类型的“捕机”：北美塔尔坦印第安人猎取熊、狼和水獭的重力捕机，拉布拉多的印第安人网套捕机，喀麦隆的钉轮捕机，西非捉老鼠的和带有鱼笼的跳柱捕机……看到这些材料，任何研究机械学的工程师，都不会否认这些捕机上的扳动装置是现代技术中占有卓越地位的继动机械结构的最早应用。本书第九章《从信号到报纸》向我们介绍了纷然杂陈的原始人类信息传递方式。在这一章中还列举了各种原始的图画文字，给读者展现了一幅幅古代无名圣者的杰作。不能不使人感到，现代人类的高度文明既不是仁慈的上帝所赋予，也不是某个超人的天才所独创，它是整个人类文化乳汁长期哺育的结果。

我们的世界，是多民族组成的人类社会。每一个民族，不管其肤色如何，不管其历史长短，不管其文化发展快慢，都在历史的进程中，创造出自己的民族文化，都为我们的地球增辉生色。这本书中，广泛地收罗了世界上许多民族，特别是那些社会发展进程还处在后进阶段上的民族的创造与发明。作者虽然是一位西方人类学家，但他较少种族偏见和民族歧视，比较公正地指出，世界上各民族都对人类文化作出过贡献，即使最原始的民族也有自己的创造。他在第五章中列举了美洲印第安人在农业、畜牧业以及工艺等方面的一系列发现和发明。他说："在我们的时代，人类学家应在自己的领域中为促使各个民族和文化之间更好了解而工作。我们从原始人那里得来的遗产，是所有种族和民族所共有的。由人类学材料所揭示出所有民族的共性，最终将为世界大同的实现作出贡献。人类文化的最早发明和赐予者不能用肤色、民族或宗教来区分——他们是无名的。但他们很多人献给人类的幸福，远比许多现代政治家为多。"

世界上存在着多种多样类型的文化，但这些文化类型，又是互相联系着的，有的可以找出相同的因子。研究各种不同类型文化的异同，对于加强人类之间的相互了解，促进相互交往，无疑是十分重要的。这本书，为我们提供了大量可资参考的比较文化人类学的资料。举例来说，就古老的搬运形式而言，扁担这种搬运工具，并非中国所独有，北美墨西哥印第安人也习惯使用扁担。该书第七章用图片形式介绍了阿兹蒂克人、印第安人、阿拉斯加人、墨西哥人、比属莫巴利人用前额负带的搬运法。今天中国的西南各族中，例如在哈尼族中，仍然流行这种搬运法。更令人惊奇的是，把该书的这种搬运法图片与云南晋宁石寨山出土的二千年前的青铜器上的图片相对照，真是何其相似乃尔！读了这本书，我们不但会对世界各民族丰富多彩的文化有了概观的了解，还可为研究中国各民族文化找到可资比较的参考资料。

三

一本妙趣横生的文化人类学著作，译成中文，弄不好就会变得晦涩难读，或索然无味，汪宁生同志的译文，笔触流畅，生动活泼，保持了原作的风趣。译者还在中译本中增加了大量注释，或纠正原书的谬误，或对某一特殊的习俗、事物及地名、人名加以解释。从中可以见出译者深厚的功底。尽管如此，这本书从着手翻译到正式出版，却整整经历了十九年！而译者所据的英文版本，还是 1949 年出版的。一本普通的文化人类学著作，不过三十万字而已，却经历了三分之一世纪才介绍过来，不能不令人叹息"何其迟也"！从傅乐焕先生保存下英文本，到汪宁生同志把它译成中文正式出版，从这段曲折的经历中，可以窥见文化人类学、民族学在中国之命运的一斑。

从世界范围讲，19 世纪中叶，文化人类学和民族学已在西方各国流行。说到它们的东渐，却是最先伴随着社会学学说传入中国的。20 世纪初，进化人类学派的理论和著作已被介绍进来。

民族学最早被译成“民种学”，1903 年林纾、魏易合译出版了德国哈伯兰的《民种学》(即《民族学》)。正式使用人类学名称是在 1906 年，如孙学悟的《人类学概论》、陈映璜的《人类学》等。“民族学”一词的正式使用，始于 1926 年蔡元培写的《说民族学》一文。自此以后，民族学和文化人类学作为一门学科，在中国取得了立足之地。解放前，涌现了一批颇有成绩的民族学和文化人类学专家和学者，出版了一批论著和译著。1934 年建立起中国民族学会。当时，国内不少知名的学府都开设了民族学或文化人类学课程。诸如《民族学研究集刊》、《人类学集刊》等许多学术刊物也相继出现。值得一提的是，1934 年出版的林惠祥先生的《文化人类学》、1938 年出版的吴文藻先生的《文化表格说明》、1944 年出版的费孝通先生译述的《文化论》等，对于介绍国外民族学和文化人类学状况，起过较大的影响。以马克思主义观点研究民族学，是解放后才正式开始的。50 年代，国家曾组织全国大批民族工作者分赴各少数民族地区进行社会历史调查，搜集整理了大量的民族学资料，成为我国民族学研究方面的一大笔宝贵财富。然而，由于“左”的思想的影响，至 1958 年，刚刚起步的新中国民族学便遭到当头一击，被宣判为“资产阶级的”。自此以后，民族学的学科名称被取消了，“民族学”三个字成了讳莫如深、无人敢提的禁区。至于“文化人类学”这一术语，更被遗弃。我们不妨翻一下 1965 年出版的《辞海》(未定稿)，洋洋十万余条的汉语语汇中，既查不到“民族学”一词，也找不到“文化人类学”一语。作为一门学科，已被冷落到何等地步！进入 70 年代末，“四人帮”被打倒了，在拨乱反正中，民族学理所当然地得到了恢复和发展。在新版《辞海》中，已有了“民族学”一席之地。不过，“文化人类学”仍是“不见经传”。1982 年 12 月出版的《辞海·百科增补本》还是未收这一术语。可是，在“文化社会学”的条目释文中却说：“19 世纪末在文化人类学的影响下形成的”。令人不解的是，被影响而产生的学科立了条目，而影响者却避而不谈，岂不怪哉！诚然，每一个国家都是根据自己的特点和习惯来确定某一学科的名称。在我国，“文化人类学”可以不做为单独学科，而把其内容归入“民族学”和“社会学”研究领域，但是，“文化人类学”这一术语毕竟是客观存在，目前在国外影响颇大。况且，这一术语在我国亦曾流行过。采取不予理睬的做法未必高明。由于多年的自我封闭，使我们对于世界上各种文化人类学流派的情况了解得太少。这在我们的民族学与文化人类学的研究中是个亟待填补的“缺环”。

从这个意义上说，汪宁生译出的这本《事物的起源》，虽然是一本旧著，并非反映当今国外最新研究水平的新书，但毕竟是一个良好的开端。

（原载《读书》1983 年 9 期）

“活的社会”探索——《民族考古学论集》评介

闻　异*

民族考古学是考古学的一个分支。近代科学考古获得了大量古代物质遗存，搞清楚了文献

* 闻异，木基元的笔名。参见下篇注。

失载或语焉不详甚至无法解释的一些古史问题。但是，也还有一些问题不是单凭物质遗存能解释清楚的，这就不能不另觅蹊径。由于人类历史发展的不平衡性，后进民族的生产、生活和社会组织还处在比较原始或早期阶段；又由于人类历史发展的有规律性，通过后进民族“活的社会”研究，就可能对原始社会和古代社会的历史获得某些从文献记载和物质遗存无法得到的认识。于是民族考古学便应运而生了。

民族考古学建立起自己的理论和方法是60年代的事。稍晚，这门科学就引起了我国考古学者的关注，并进行探索。七八十年代，我国学者尝试用民族志资料来解释原始社会的一些问题，汪宁生的《民族考古学论集》（文物出版社出版）汇集了他20多年来探索的成果。

在人类进化史上，火的利用起过巨大作用，古文献有“钻木取火”的记载，作者观看了佤族人的钻木取火和锯木取火，苦聪人的摩擦取火，景颇人利用牛角筒借空气突然压缩产生巨热取火，从而证明原始人“钻木取火”之不虚（《云南少数民族的取火方法》）。

陶器的发明在人类发展史上也是划时代的大事。作者考察了傣族人的原始制陶术，并参与了实践——实验考古，从而对古代制陶的泥条盘筑和转盘使用提出若干判断方法，对早已不存的原始制陶工具也提出若干猜测。《傣族的原始制陶术》复原了原始社会制陶的工艺技术。

文字是怎样起源？文字学家和考古学家一直探讨着这个问题。作者在民族调查中看到许多有趣的事：景颇族人家收到缅甸亲戚带来的一束树叶——一封问候的信；哈尼族人在木片上划道记工分；佤族和拉祜族人在布上无规律地画满了人、马、水田等物事；……这些都是他们记事的方法，作者归纳为“物件记事”、“符号记事”和“图画记事”三类。这几种记事方法在文献记载和考古资料中都可得到印证。他认为文字便是从这三类记事方法引导出来的，不仅仅起源于图画。但引导还不是造字。真正的文字是从表音开始，即便是象形文字也脱离了原来象形而表音。《从原始记事到文字发明》的某些观点，常常为古文字学家所引用。

民族考古学的一个重要方法，就是以民族志资料与考古资料进行类比，从而认识古代史。作者发现了（从科学意义上）基诺族的“长房”，并进入了那里，对居民的习俗、社会关系作了详细的调查研究，同时考察了国内外民族志的“大房子”，再与我国考古学资料如半坡、青龙泉等地的“大房子”比较研究。他发现，古今中外“大房子”的用途是一致的，但共居者的情况却千差万别，并不是长期以来我国考古学界的认识：“大房子”是氏族共居的住宅，而且是母系氏族。其实，它的共居者有的是一个氏族，但不一定是母系氏族；有的是一个大家族，有的又是一种地域性组织（《中国考古发现中的“大房子”》）。

《论集》收录了文章25篇，不仅显示出了它的学术价值，而且还有方法论上的意义。《论集》的研究拓宽了领域，使考古学研究呈现出一片新的天地。

（原载《中国文物报》1990年8月2日第3版）

文化人类学家的职责与使命——读汪宁生教授所著《文化人类学调查》

木基元*

文化人类学是运用实地考察方法，对各民族的文化和社会进行比较和综合研究的一门学问。自本世纪20年代初蔡元培把这门舶来学科倡引导进中国后，不少专家学者潜心于民族地区调查，研究成果迭出，丰富了独具特色的我国文化人类学学科（又称民族学）。然而，我们面对着这样一个无法回避的现实：目前许多人类学家利用前人的资料，屡出著述，却很少从事踏实的田野工作，或不按科学程序进行田野调查，对材料的分析仍受陈规模式的束缚，甚至有的大学系科、研究机构改换名称及研究方向，忽视了这一基础学科的建设。在商品经济大潮的冲击下，我国的文化人类学调查研究陷入了困惑之中。

文物出版社新近出版了我国著名民族考古学家汪宁生教授的《文化人类学调查——正确认识社会的方法》，无疑是一本为文化人类学鼓与呼的力作。作者于50年代末从北京大学考古系毕业后，一直扎根于云南民族地区从事田野调查与研究、著述甚丰。深厚的学识基础与熟练的外语水平，拓展了他与国内外的学术交流，从而掌握了一大批弥足珍贵的材料。《文化人类学调查》一书通过汪教授深入浅出地介绍文化人类学学科，总结评价中国近40年民族调查之成果，同时也剖析作者本人在西南地区调查的经验和教训，揭示广大田野工作者走向少数民族地区或内地的一个偏僻农村或乡镇，应该如何开展工作，如何观察和询问，应注意哪些问题，如何提炼材料以及调查成果的整理公布等等，导引我们进入了一个民族调查研究的领域。

汪教授的《文化人类学调查》一书共13章18万字，分别由导论、方法论、环境、生计、传统技艺、经济、社会结构、政治、宗教、科学知识、艺术、生命周期等篇目组成。为了尊重前人的调查研究成果，同时也便于读者检索，在附录中还设“参考书目”一栏，罗列了卫惠林、江应梁、马林诺斯基等中外学者著述100余种。在娓娓叙述中，使读者完全进入了角色，不知不觉间接受了一整套田野调查方法要领，吸取了多学科的知识营养，同时也阐述了作者的许多学术观点，构建了较为完备的学术体系。

《文化人类学调查》一书是汪宁生教授在云南民族学院等讲授多年的基础上修改完成的，对于正在从事或有志于从事田野工作的人们，无疑是一本必不可少的专业书籍。它可以引导你循序渐进地遨游在田野调查的领域，助你正确认识社会，并以高度的责任感去完成一个文化人类学家的使命。

（原载《云南民族报》1997年6月16日）

---

* 木基元（1962— ），丽江人，曾任云南民族博物馆研究馆员，著有《木基元纳西学论集》、《云南历史文化名城研究》等。

尽陈言之务去，乃他人所未发——汪宁生《古俗新研》读后记

宋豫秦*

凝聚着中国古代社会史和文化史研究精华的《古俗新研》一书，承台湾联合报系文化基金会资助，近由台湾兰台出版社出版。

按《荀子》、《礼记》等著，“俗”之本义涵义广泛。《古俗新研》之“俗”，并不限于“风俗”(custom)之义，还包括礼仪(ceremony)、礼节(etiquette)、行为准则（behavior regulation)、道德规范(code of ethics)、社会政治制度（sociopolitical system）诸意。

《古俗新研》一书内容涉及古代社会和文化甚为广泛。

诚如作者所言，《古俗新研》之显著特点“即所有文字都是以自己调查的或前人记录的民族志资料进行类比(analogy)方法而得出结论的”。其中的多篇短文札记，在考证远古时代之社会制度、精神文化、日常生活、生产技术、器物用途等方面所得精辟之见，或为学界所忽略，或为前人所不解。但其对于全面、深刻地认识逝去的远古社会，却又不可或缺，弥足珍贵。如《释“辛”》等三篇，将民族志类比法用于古文字考释，即是对古文字学研究的可贵贡献。

《古俗新研》作者在学术上的一个重大贡献是：其不惟使两千多年前中国先哲所叹、所倡之“礼失而求诸野”的治学之道科学地成为现实，还凭着自己坚实而独到的学术功底，对于古史研究中的诸多复杂疑难问题，剥去古今的文饰与附会，“直探其核心”，从而“常得到与前人不同的正确解释”。

《古俗新研》以其卓越的研究成果说明，研究古史，甚至包括研究自然史，不仅要注重“二重证据法”，还应努力采用“三重证据法”（文献、考古、民族）或“多重证据法”。这正是对现代科学力倡的系统科学方法论的自觉响应。

汪宁生教授1959年于北京大学历史系考古专业毕业后，即到中央民族学院任教，同时师从林耀华等名家研习民族学。自1964年至今，一直在云南考古、民族学科研与教学岗位上任职。按他自己的话说，这近40年的漫漫岁月里，他“僻居边陲”，许多时光是在近乎与外界隔绝的环境中度过的。汪先生治学兼具四长。其一，他具有良好的考古学素养，理论水平卓然；其二他的古文献功底深厚；其三，他的英语水平在考古界同龄人中出类拔萃；其四，也是最主要的，那就是他置身于民族地区40载，多次不顾生命危险在大西南的险山密林间耕耘、采撷。不言而喻，他所积累的民族志资料和民族学知识在国内考古学界绝无仅有，在民族学界也为数无几。

汪先生习以“乱说”二字批评那种想当然和人云亦云的学风。例如他曾谈及，有人认为龙山文化时期已经有了酒器，说明当时粮食已经有了剩余。其实，许多少数民族嗜酒成风，无论社会发展阶段如何，无论粮食是否有剩余，都是要酿酒喝的。后来，我在滇西北的独龙族和怒族村寨中，还有此前在西双版纳景洪县哈尼族聚居区调查时，都亲自了解到，饿着肚子酿酒者有之，

* 宋豫秦（1953— ），河南人，北京大学环境科学与工程学院教授，兼任北京大学古代文明研究中心副秘书长等职。主要著作有《驻马店杨庄——中全新世淮河上游的文化遗存与环境信息》、《中国文明起源的人地关系简论》、《西部开发的生态响应》等。

边收割边酿酒者有之，一年中数月靠采集野菜果腹却终日饮酒者也不鲜见。还有一次他向我说起，不少人面对新石器时代的穿孔骨针和骨鱼钩，惊叹当时已具备在纤细脆弱的骨针上钻孔的高超技艺，甚或联系到生产力水平何等之高云云。其实，独龙族是先在平平的骨料上钻出小孔，然后才砥磨成针，即钻孔在先，磨针在后。事隔不久我又获悉，独龙族的鱼钩制作方法是：先将细细的骨料插入生土豆之内，然后放入炭火中烧烤，待土豆烤熟之后，将放入其内的骨料取出，趁其受热后韧性甚好之际，立即用手小心地捏出弯钩，并用棕丝捆扎以定型。待其冷却后，即为成品，而根本无需砥磨之功。远古先民是否具有独龙族的骨针和骨鱼钩制作术尚不知晓，但如果将所有考古发现的骨针和骨鱼钩都视为高难度技艺所生产的产品，岂不明显失当。诸如这般绝妙之论，在《古俗新研》中比比皆是，读来不仅往往令人茅塞顿开，而且津津有味。

总之，《古俗新研》的学术贡献是广博的，它对于学术界的启迪意义更非一般。相信这部新著必能为中国考古学的未来增添新的生机和活力。

（原载《中国文物报》2002 年 3 月 1 日）

汪宁生教授《古俗新研》读后

杜正胜*

我注意到汪宁生教授的著作是从他写的《从原始记事到文字发明》开始的，发表在《考古学报》1981 年 1 期。这篇论文的特点在于妥善运用大量的民族志材料解释中国古代陶器与铜器上的图形标记或族徽，以建构中国文字发明过程的可能规则。资料丰富，说理清晰，尤其没有那时中国刊物所习见的教条主义，是一篇水准以上的论文，令我印象深刻。

两年后，即 1983 年，我们在美国哈佛大学见面，那时我是哈佛燕京学社的访问学人，汪先生则在宾州大学访问研究而应邀来哈佛演讲。犹忆当天相谈甚欢，在座还有俞伟超教授。俞汪是北京大学前后期同学，我与他们则是新识，然而以专业兴趣与治学风格都很接近，遂有一见如故之感。

汪宁生先生北大历史系考古专业出身，但长年在云南从事民族调查研究。云南不仅在中国，即使在世界上，都称得上是民族学的大宝库。汪先生得地利之便，兼以在同侪中，他算是中国古书念得相当好的一位，寖假而走出自己的一条路——运用民族志的记载解读历史文献和考古资料，形成他的“民族考古学”。在我们订交以后，他陆续发表了《中国考古发现中的“大房子”》和《从原始计量到度量衡制度的形成》，都是上述这领域内的大文章。后来连同相关著作，结集成《民族考古学论集》，1989 年出版。

过去十多年来汪宁生先生有比较多的机会到外国研究，他能把握各种机会，随时调查；并且也引用外国学者的研究，印证自己以前的思考和观察，陆续写成这本集子。他同样利用民族学的知识来解答历史文献和考古资料所涉及的中国古代社会和文化的一些问题，基本学风还是一

* 杜正胜见前注。

贯的，不过牵涉的知识较前为广，提出的问题比以前也更灵活。整体来说，虽然写作的形式不如《民族考古学论集》之学术性，但却更能触及中国古代社会和文化的核心。

今日所谓社会文化史的研究，用传统话说就是礼俗，一般的理解则把“礼”和“俗”对立起来。古人所谓“礼失而求诸野”，住在城外农庄的是“野人”，他们的生活习尚与以贵族为代表的城里人不同，后者称为“礼”，前者称为“俗”。但从中国古代社会政治的发展来看，远古万邦逐渐合并成商周的千国以至春秋的百国。在礼乐最盛的周代，大大小小城邦统治下的郊野，其上之农庄推到最早也可能是独立的政治体。所以相对于贵族之“礼”，野人之“俗”，追溯其根源，也可说是一种“礼”。另一方面，统治贵族所行的“礼”，虽然“郁郁乎文哉”，但剥掉后代逐次文饰的外衣，露出的核心内涵即是远古的文化，与城外野人之“俗”是相同成分的。因此，“礼失而求诸野”这句话其实反映“礼”和“俗”如一物的两端，是相贯通的文化。

现在利用所谓后进民族的“俗”来考证先进民族的“礼”，以活生生的民族学材料来点化历史和考古的文献，大体是本于“礼失而求诸野”的态度的。对历史文献，这种态度和方法可以清除前人基于某种信念而累积的谬论，可以超越两千年的经解而回归到三代，与古人直接对话。《古俗新研》这本集子对明堂、八卦、耦耕、田猎等的解释，充分体现这种研究方法的锐利。三篇古文字考释，释“辛”、“臣”和“小臣”，也利用民族学知识得到比纯从文字学更具说服力的解释。在解读考古文献方面，本集“原始技术研究”和“古器物研究”两篇所收的札记可以作为代表，是利用活的民族志替数千年前的古物说话，也企图起数千年前的古人于地下，让他们复活起来与今之后进民族相印证。

所谓“印证”即是类比（analogy）。任何事物只要有两个以上便可以比较，但作为类比所需的条件则更为严格。民族志的材料什么可以取来与历史文献或考古资料印证，什么不可以，其中之分际却需要高度的学术技艺（crafts）。即使同一地区，近现代的民族志材料不一定能对过去的历史文献或更早的考古资料产生什么解释作用，因为该地区之史前的、历史时期的和近现代的居民不一定同一民族。即使同一民族，也可能（或说是“必然”）因时移势迁，社会文化遂多变异，何况一般引用民族志的类比往往时空领域之差别都很大。然而民族志材料的妙用即在学者认定的类似情境中进行类比，以揭示片断之历史文献或不会说话之考古资料的涵义。所以说穿了，类比的重点是在启发，而不一定非求得一个确切的结论不可。这本集子“古代礼俗丛考”、“古代婚丧习俗丛考”以及“初民生活习俗杂谈”等篇所收札记从这个角度来理解似乎比较合适。

古人说：“相视而笑，莫逆于心。”读者如果一边阅读，一边会心而笑，便证明作者的类比实获你心，那么这种研究法的运用就算是成功了。我相信汪宁生教授的论述不会令读者失望。当然礼俗的探讨还有许多面向和层次，但汪教授已开拓一些领域，解决一些问题，剩下的部分是学术界共同的责任。

整体而言，汪宁生教授这本《古俗新研》为民族、历史与考古三门学问之会通树立一个典范，也为礼俗史的研究开启一条路径。通读全书，可以感受到汪先生知识之博雅，学风之严谨，而且娓娓道来，入木三分，是一部可读性极高的学术著作，故我欣然向读者推荐。

1998 年 5 月 25 日

汪宁生的新书《古俗新研》

佚　名

本书是台北兰台出版社2001年3月出版的一本有关中国古代社会史和文化史的论文集，书中的论文都是作者根据自己调查的或前人记录的民族志资料进行类比而得出结论的。其中大部分文章讲述了中国古史中长期聚讼的疑难问题：例如根据作者的研究，“明堂”是简单社会常见的集会房屋，这种房屋都是“大室无壁”，较一般房屋明亮，故称为“明堂”；而古人狩猎多与农业劳动相结合，故狩猎又称“田猎”；八卦中阴阳两爻原是巫师占卜时记录奇数和偶数的符号，而八卦不过是占卜三个奇偶数的排列组合；媵原是原始婚姻制度普遍存在的姐妹共夫制。此外作者又根据现今中国西南少数民族仍然存在的同类习俗作为参考，对古代礼俗中的“分胙”、“献帛”、“椎牛祭墓”、“磔狗祭风”等等提出自己的看法。

本书另有三篇论文，是作者将民族志的比对运用于古文字的考释上，提出新的解释与看法。例如，“辛”字过去都被认为像黥面工具之形，但根据本书作者最新的研究，“辛”是人形之倒绘，原意死亡，后演变为代表奴隶的符号。这样的解释，有助于我们对古代奴隶制度的深入理解及研究。同时在本书中，作者对于多为前人所忽略远古时代的日常生活、生产技术、器物用途等问题也提出精辟的见解，让我们对古代社会生活的了解与复原大有助益。

本书最重要的价值在于，作者除了在论文中提出新的历史研究法（将“礼失而求诸野”付诸实施），还倡导一种朴实求真的学风，强调对于古史中未曾解决的复杂问题，应剥去古人和今人的文饰、附会，直探核心，恢复其本来的面目。

（原载台湾《中国上古史研究专刊》2001年）

踏遍青山人未老　始信昆仑别有山
——读汪宁生先生《始信昆仑别有山——海外游学日记选辑》

陈星灿*

汪宁生先生是我素所尊敬的民族考古学家。他勤奋耕耘，著作等身。最近在他长长的著作目录之上，又加上了一本《始信昆仑别有山——海外游学日记选辑》。这不是一本学术专著，但通读此书，感到受益良多。值得向读者郑重推荐。

这本海外游学日记开始于1983年9月11日初访美国，终结于2007年1月21日访问缅甸，为时差不多四分之一个世纪。其间汪宁生先生出国十七次，足迹遍及五大洲的三十个国家和地区。日记没有纯粹按时间先后排列次序，而是以地区为纲，然后再依访问的先后叙述之。

---

* 陈星灿（1964—　），河南长葛人，中国社科院考古研究所研究员，主要著作有《中国史前考古学史研究》、《考古随笔》、《中国早期国家的形成》、《考古学的历史、理论、方法》等。

自改革开放以来，我国考古学家到海外留学、讲学、开会、访问者日多，虽然像汪先生这样跑遍五大洲的人并不多见，但有海外游学经验者不在少数。就我所知，本书是中国考古学家出版的第一本海外访学日记。因此，这与其说是一个人的海外游学记录，毋宁说是我们这个时代的中国学者重新走出国门、中国考古学敞开心扉拥抱世界的见证。迈出国门的艰难、言语不通的尴尬、见贤思齐的感喟、恨铁不成钢的抱怨、发现材料的喜悦、他乡遇故旧的开心，凡此等等，均能在日记中找到踪迹。这本是改革开放之初出国生活的共同经验，但只有汪先生把他的个人经验详细记录下来并公布于众。对我而言，这不仅是中国考古学史的珍贵史料，也是中国改革开放三十年的一个侧影。

汪先生第一次出国已过“知天命之年”，但是他对新事物的敏感，绝不在年轻人之下，且随时把所见所感记录下来，尤其值得我辈仿效。他给这本日记选辑取名为《始信昆仑别有山》，就是看到世界各地的古代文明辉煌灿烂，各有特点，并不都在古代中国之后。比如他 2002 年 12 月 1 日在参观了墨西哥城的蒂奥提华坎遗址之后，这样写道：“蒂奥提华坎的建筑水平，在当时世界上足可与罗马城媲美，也不逊于中国的长安城和洛阳城。至于雕塑方面的成就更非同一时代中国雕塑可比拟，霍去病墓前的著名的马踏匈奴只是粗具轮廓而已。我们不可小看美洲印第安人创造的文明（第 282 页）”，确是平实之论。又比如 1991 年 5 月 20 日在参观完加拿大维多利亚博物馆后写道：“当地印第安人生活方式的陈列尤有研究价值。冬天人们集中住在三个村落的固定房屋中，其他时期以核心家庭为单位前往营地，分散住在临时住所，从事采集。如此，不同季节的不同生计和居住方式，会留下不同的考古遗存，虽然他们属于同一种人。这对反驳中国学界在考古文化与人们共同体之间简单画上等号，是个有力证据”（第 259 页）。1992 年 10 月 10 日汪先生在西雅图第一次见到龟甲响器，说：“又见龟甲器一种，询之乃作法之响器，可以解释大汶口文化等处出土同类物用途，大快！”熟悉汪先生著作的读者，大概不难看到他的不少学术论文都跟他处处留心的海外游学经历有关，也跟他敏锐的观察力有很大关系。

游记当然不会是学术笔记，除了民族考古学的观察和感悟之外，汪先生也记录了学术界的许多轶闻趣事和许多学术之外的事情。他跟张光直、余英时、俞伟超、林耀华、吴汝康、Peter Ucko、Ian Hodder、石璋如、郑德坤等著名学者的交往，有的虽片言只语，却极为传神，为我们留下难得的学术史料。比如 1998 年 5 月 29 日记在台北与张光直先生见面事：“张光直兄今日亦在史语所内，闻我在此，约我见面。自上次在北大赛克勒博物馆成立典礼见面后，已有数年不见，其疾似又加深，言语不清，一臂举动不便，仍大谈商丘发掘事，情绪甚高。最后谓‘可惜蒋经国基金会不再给钱了，有人反对’。问谁反对，答曰：‘许 ××’。他‘可能看我不行了。但我还要争取’（第 363 页）”，备极传神。80 年代末期他对东欧的访问，也为我们了解东欧诸国社会剧变前的政治、经济、文化等方面的情况提供了难得的个人视角，虽篇幅有限，也弥足珍贵（第 157—180 页）。作为民族考古学家，汪先生颇有知识分子的情怀；这本民族考古学家的日记，实际上内容非常丰富，相信一般读者也会感兴趣。

写日记毕竟不是写论文，虽然眼见为实，但误听、误读的事情实属难免，更何况是在异国他乡的旅行之中！这本日记汪先生已经做了仔细的校订工作，还在文中加了补记和说明，甚至补充了相关参考文献，但仍不免错误。比如说“不列颠哥伦比亚大学 1980 年成立，历史不长，现已成为加拿大西海岸最好的大学”（第258页）。1980应为1908之误。又如研究东南亚地区考古的瑞典考古学家Olav R. T. Janse被误写为Olav. R. T. Jance(第149页)。好在这类错误不多，希望今后再版的时候加以更正。

汪先生曾出过一本《西南考古三十五年》（山东画报出版社，1998年），公布过他在西南访古的部分日记，可与此书参照阅读。为学术计，我衷心希望能够在不久的将来看到汪先生在西南从事民族考古调查的全部日记，不仅为追寻汪先生学术研究的心路历程，也为发现更多做学问的线索和材料。

（原载《中国文物报》2008年9月17日）

《汪宁生藏西南民族老照片》前言

李禹阶*、孔令远**

汪宁生先生多年从事西南地区少数民族调查研究工作，主要兴趣在于搜集民族志材料以研究中国古史和中国考古学，其研究范围和方法论与欧美流行的民族考古学(ethnoarchaeology)若合符节，经过近半个世纪以来持之以恒的努力，创建了中国民族考古学，开一代风气之先，得到学界的广泛推崇。

汪先生治学可谓博大精深，就其治学方法和学术内容可略概括为以下四个方面：

一为利用民族学材料对中国考古学和古代史问题进行新的探索，如，《仰韶文化葬俗和社会组织研究》利用丰富的国内、外存在的多人二次葬习俗对仰韶文化母系说的观点提出质疑；又如，《中国考古发现中的“大房子”》运用丰富的民族学材料说明远古时期大型房屋有各种不同用途，有的作为集会场所，有的是首领住宅，并非都是供许多家庭集体居住的公共住宅，也不能视这类大型房屋为母系氏族社会的标志。他提出应审慎使用葬俗和房屋遗址模式去复原当时的社会组织形式。他的《民族考古学论集》和《古俗新研》等书所收录的均为此类著述。

二为对中国西南地区特别是对云南各地建国以来新发现的考古材料，以及对从古代流传下来的重要文物进行系统的整理与研究，如《云南考古》、《沧源崖画的发现与研究》、《铜鼓与南方民族》等。《云南考古》自1980年初版、1992年第2版出版以来至今仍是最系统、最全面的一部关于云南考古的论著。尽管距初版已30余年，今天读来仍有新鲜感。该书坚持用材料说话，避免空洞议论，既严谨朴实，又不失生动有趣。该书的写作风格与今天几乎格式化、千篇一律的各种考古报告和考古著作相比，着实值得现今的考古学者借鉴。《云南沧源崖画的发现与研究》对沧源崖画的分布和保存情况，对崖画的内容和题材、崖画的技法与风格、崖画的制作年代等进行

* 李禹阶（1953— ），浙江绍兴人。重庆师范大学教授，副校长。主要著作有《中国传统思想与思维方式》、《政统与道统——中国文化与政治伦理思想研究》等。

** 孔令远（1968— ），南京人。重庆师范大学教授，著有《徐国的考古发现与研究》、《徐国青铜器群综合研究》(《考古学报》2011年4期)

了深入细致的研究。他还介绍自己总结出的一套崖画调查与研究的方法。该书是我国第一部系统研究崖画的专著，开创我国崖画研究之先河，具有示范的意义。

三为对人类学理论和方法的探讨、对国外人类学著作的译介，比如《文化人类学调查方法》、《文化人类学论集专题研究——关于母系社会及其他》、《事物的起源》等。《文化人类学调查》结合作者自身长期从事田野调查的经验，借鉴吸收西方人类学调查的基本理论和方法，总结出一套适合中国国情的文化人类学调查理论与方法。他的译作《事物的起源》，该书作者是德国著名人类学家利普斯（Julius E.Lips），此书征引大量民族志和考古学材料，探讨各种生产活动、日用器具、社会制度和习俗的起源问题。

四为对西南民族文物的考证和民族史的研究，这方面文章收入《中国西南民族的历史与文化》。此外，作者还编写《彝族简史》、《白族简史》、《云南各族古代史略》、《云南简史》等书的相关章节，也是这一类的著作。

学人一般提到汪宁生先生，大多都津津乐道于他的《云南考古》、《云南沧源崖画的发现与研究》等成名之作，然而汪先生本人却表示，像这类纯考古的论著，现在他自己并不十分看重，他认为像这样的工作只要搜集到丰富的材料，遵循已有的研究方法，一般人也能够做得出来，他认为自己一生中最有意义的工作是参考民族志材料研究中国古史及考古学，常能提出新的观点、新的理论与方法，并能得到中外学界重视，为民族考古学这门新兴边缘学科在中国建立作出了重要贡献，引领了一代学术风气。

我们认为先生之学可谓一以贯之。在青少年时期打下的深厚国学根基和英文基础，20 世纪 50 年代中后期在北大考古专业接受了系统的考古学训练，60 年代先后在中央民族学院任教并参加西南地区的民族调查工作，到七八十年代先生致力于民族考古学的研究，90 年代身体力行从事学术交流，借鉴吸收国外人类学的理论与方法。直至今日，先生仍笔耕不辍。尤其是到 21 世纪初先生对民族考古学理论体系的进行反思和构建，从中不难看出，先生治学的主线是运用民族志材料研究古代历史、文化，以更好地解释考古发掘材料，从而达到复原历史本来面貌的目的。由于先生有着深厚的中国传统文献功底，加之常年从事民族调查工作，获取大量珍贵的第一手民族志材料，再加上他受过系统的考古学训练，所以尽管长期处于近乎封闭的学术环境之中，竟凭着自己的摸索，走出一条有中国特色的民族考古学之路，与欧美六七十年代以来兴起的“新考古学”流派的思潮不谋而合。改革开放后，先生又多次应邀出国与国外学术界交流，得以进一步了解国外民族考古学的理论体系。

正如陈寅恪先生在评价王国维的学术成就时所云：“自昔大师巨子，其关系于民族盛衰、学术兴废者，不仅在能承续先哲将坠之业，为其托命之人，而尤在能开拓学术之区宇，补前修所未逮。故其著作，可以转移一时之风气，而示来者以轨则也。”

王国维先生首先创立和提倡著名的“二重证据法”，力主纸上材料与地下材料相结合，经史之学与古器物、古文字之学相结合，西方学术观念与我国传统学术观念相结合，不屈旧以就新，亦不绌新以从旧，并身体力行实践之，成绩斐然，声振学林。

由王国维的成功治学经验可看出：治学贵在创新，贵在开拓新的研究领域，这具体体现在：一掌握新方法；二拥有新材料；三提出新问题、新观念，从而形成新的理论体系。

汪先生所倡导的以民族志材料与考古学、古代史材料加以类比、相互印证的方法，自称为“三重证据法”，甚至是“多重证据法”（见《古俗研究》自序），无疑是一种新的研究方法。尽管中国自古以来也有学者提出类似的观点和方法，如孔子说，“夏礼，吾能言之，杞不足征也。殷礼，吾能言之，宋不足征也”；“礼失而求诸野”；“中国失礼，求之四夷”；“天子失官，学在四夷”等等。但这毕竟只是零星碎语，还不足以形成成熟的理论与方法。活的社会的材料，本是人们司空见惯的东西，向来不为学者所重视，然而汪先生却从这些普普通通的生活情景中，找到了它们与古代重要宗教礼仪制度的关系，从而达到展示古史的真实面目。这些民族志材料本身并不新，但将其与考古学材料相类比，解决古史和考古学中的相关问题，就成了崭新的材料，而这种以今例古的方法，也成为新的治学方法。

学问贵在创新，汪先生的座右铭是“尽陈言之务去，乃他人所未发”。他之所以能够做到这一点，很大程度得益于他所采用的新方法和用来考证古史和考古学问题新的民族志材料。

对民族考古学在中国的发展前景，汪先生充满信心，他曾三次撰文探讨民族考古学的学科定位和理论方法，致力于我国民族考古学理论体系的建立，他认为：“民族考古学不仅可扩大考古学的研究领域，解决史前社会和古代社会中一些单凭物质遗存本身所不能解决的问题，还可抢救和补充记录过去民族学者很少注意的材料，大大丰富民族志档案，而且通过探讨物质遗存和社会组织、人类行为之间关系这类问题，对人类学本身的理论也有新的刺激和建树”。

民族考古学就是要用民族学材料来研究考古学问题，由于人类学者或民族志工作者，多有自己的理论体系和特殊兴趣，很少记录下对考古学有用的材料（特别是物质文化方面的材料），其他的非专业性作者（如商人、殖民者、旅行者、或牧师等）留下的民族志记录又多简略而含混，因此已有的民族志材料常常无法满足考古学者的需求，为了更好地解决问题，汪先生每每不辞辛苦尽力争取多去民族地区做田野工作，通过自己直接观察，有目的有计划地搜集资料。

本书所收录的图片，绝大多数是汪先生20世纪60年代以来进行民族调查时所拍，限于当时的设备条件，有些图片效果不太理想，但从中我们可以看到先生对民族考古学的探索过程，如能结合汪先生的相关论著和日记集中研究这批照片，将会给我们更多的启发。

2003年，汪先生将其收藏的老照片和部分图书捐赠给重庆师范大学新成立的考古学与博物馆学教学与研究中心，这种无私的精神在当今社会尤为令人感动。为了使更多的读者能够利用这批材料，我们选编了这部《汪宁生藏西南民族老照片》一书。由于编者水平有限，错误之处，在所难免，恭请读者诸君不吝赐教。

2009年7月2日

（原载《汪宁生藏西南民族老照片》一书，巴蜀书社2010年1月出版）

三 报导

一个勇于探索的学人——记民族考古学家汪宁生先生

王永平[1]

汪宁生先生是享誉国际的考古学家，中国民族考古学的创始人和代表人物之一。先生扎根民族考古领域，辛勤耕耘40余年，著述颇丰，成就斐然，受到国内外同行的高度赞许。先后担任云南民族研究所副所长、云南民族学院历史系主任、国家民委学术委员会委员，受聘为德国海德堡大学、美国宾夕法尼亚大学、华盛顿大学、挪威奥斯陆大学等世界著名大学的客座教授，以及美国费城人类问题研究所荣誉研究员、联合国教科文组织国际崖壁艺术委员会成员等。曾获美国卢斯基金会和挪威人文科学基金会奖励和资助。

一

汪先生祖籍江苏灌云，1930年出生于江苏南京。少年时代适逢日寇入侵，先生随祖母转回原籍，辗转逃难于灌云县农村地区，备尝颠沛流离之苦。由于生活困苦、缺医少药，全家10余口在抗战8年之中先后亡故7人。尽管屡遭磨难，但家人还是送先生入私塾读书，诵读《论语》、《孟子》和《古文观止》，学习英语，为先生以后的治学之路初步奠定了根基。抗战胜利后，入江苏丹阳高中部读书，1949年毕业。先在无锡农村工作，后在华东水利学院（今河海大学）任职员。1954年考入北京大学历史系考古专业，受业于向达、邓广铭、张政烺、商鸿逵、齐思和、苏秉琦、夏鼐、唐兰等中国古史及考古学界知名学者，略窥学术研究之门径，初尝学术研究之乐趣。1959年毕业，留校任苏秉琦先生“秦汉考古”课助教一学期后，竟又突然安排其报考“隋唐史”研究生。先生有愤于个人对工作与专业毫无选择之自由，遂以“交白卷”方式表示无声之抗议，时成北大一大新闻。经领导训斥、群众批判之后，被分配至中央民族学院历史系工作。没想到这一变故，反而成就了汪先生在中国乃至世界民族考古学、人类学领域的杰出贡献。

1960—1964年，汪宁生奉派参加了由全国人大统一领导的西南民族调查组，到四川茂汶、

* 王永平（1972－），甘肃宁县人，历史学博士，吉林省社会科学院副研究员，《社会科学战线》综合编辑室主任，主1⁝研究中国哲学与文化，著有《儒家和谐思想的内涵及特征》（《北方论丛》2007年6期）、《周易释贞》（《学习与探索》2005年第8期）等。

凉山、黔西北、滇东北调查。先生的学术兴趣本在历史和考古，对民族学田野调查并没有兴趣，总感觉学非所用，以不能从事考古工作为遗憾。虽然身在民族调查组，但研究中国古史和考古学的夙愿始终未曾泯灭，时常翻阅有关书籍以自娱。一次读顾颉刚先生的《浪口村随笔》一书，深受顾先生以民族学和民俗学资料与中国古史之记载类比，进而揭示历史之本来面目的方法启发，心中豁然开朗，心想自己现在长期生活在少数民族之中，接触的"奇风异俗"更多，假如能适当地运用这些民族学资料于考古学和古史领域，就可以解决古史上一些由于"文献不足征"而长期聚讼的疑难问题。有了这番思想转变，先生对民族调查便产生了浓厚的兴趣，不但不再厌烦，反而乐此不疲，从此也就确立了搜集和利用民族学材料研究考古学和中国古史的毕生治学方向。

1964年底，先生由中央民族学院调到云南省历史研究所工作。1979年，调入云南民族学院（后改为云南民族大学）工作至今。40余年来，先生从未间断民族考古学和文化人类学的田野调查和研究，跋山涉水，披荆斩棘，深入民族地区搞调查，几乎走遍了中国西南少数民族地区，广泛搜集民族学和民俗学材料，借以研究中国古史和考古学上的问题；同时用考古学的观点研究少数民族历史和文化，左右逢源，创获颇丰，为中国民族考古学的创建和发展做出了巨大的贡献。

"改革开放"后，中国学术界打破了闭关自守的状态，在此背景下，汪先生走出国门。最近文物出版社出版了他的《始信昆仑别有山——海外游学日记选辑》一书，从中可见他曾游历20余国，足迹遍及五大洲，参加学术讨论会，参观世界著名博物馆，先后考察了欧洲北极圈内的沙米人、美洲的平原印第安人、易洛魁印第安人、爱斯基摩人等原住民居住地，和世界上一些著名学术机构建立联系，相互进行信息交流和资料互赠，从而积累了大量国外民族考古学材料，了解了世界民族考古学的研究方法和成就，开阔了视野，使自己的研究步入一个全新的境界。汪先生曾先后在澳大利亚墨尔本La Trobe大学、美国哈佛大学、夏威夷大学、斯坦福大学、加州大学（伯克利、洛杉矶）、德国海德堡大学、挪威奥斯陆大学等世界著名学府作学术报告，或讲授《中国考古学》、《甲骨文简介》、《云南青铜器》、《东南亚和西南中国：史前史、民族学》等课程，提高了中国学界的国际地位和世界声誉。

二

汪先生成就卓著，著述丰盈，主要著作有《云南考古》（云南人民出版社，1980年）、《云南沧源崖画的发现与研究》（文物出版社，1983年）、《民族考古学论集》（文物出版社，1989年）、《铜鼓与南方民族》（吉林教育出版社，1989年）、《中国西南民族历史与文化》（云南民族出版社，1989年）、《文化人类学调查——正确认识社会的方法》（文物出版社，1997年）、《文化人类学专题研究：关于母系社会及其他》（敦煌文艺出版社，2007年）、《古俗新研》（敦煌文艺出版社，2008年）等，已编成合集《汪宁生论著萃编》两大卷（启功先生题签）出版（云南民族出版社，2001年）。

由费孝通先生题签的《民族考古学论集》共收入汪先生在20世纪60年代至80年代发表的民族考古学论文25篇，篇篇精彩，创见迭出，最能体现汪宁生先生在民族考古学领域的成就，也是20世纪中国民族考古学界的代表性成果之一。其中《略谈民族考古学》一文，介绍了民族考古学的历史，并结合作者自己从事民族考古学研究的体会，对民族考古学的定义、研究范围、研究方法发表了看法。认为民族考古学就是民族志材料和考古材料的比较研究，要解决的重点是史前考古学上的问题。在选择民族志材料时要考虑到文化连续性、自然环境和文化背景的可比较性，坚持“先近后远”的原则。民族考古学研究方法的核心是类比，具体的程序是：提出问题或对旧说进行否定—通过民族志材料进行类比以提出假说—从考古材料本身寻求证据以验证假说。其他各篇都是用民族学材料论证史前社会和古代社会研究中的一些疑难问题。如《从原始记事到文字发明》一文，利用我国少数民族的三种原始记事方法——物件记事、符号记事、图画记事，结合考古发现和古籍记载中所见的原始记事方法，推论文字是由物件记事、符号记事、图画记事这三种记事方法引导出来的。这一成果修正了文字仅仅起源于图画的传统观点，在考古学界和古文字学界产生了很大影响。[1]《从原始计量到度量衡制度的形成》一文，介绍了我国西南少数民族的各种原始计量方法，在类比材料启发下，对考古学和古籍中有关原始计量材料作了一番汇集和排比，进而对从原始计量逐步发展出一套度量衡制度的过程和规律进行了探讨。《八卦起源》一文，利用凉山彝族等西南少数民族中流行的“数卜法”，推论《周易》中的八卦起源于“古代巫师举行筮法时所使用的一种表数符号”，从而推翻了伏羲画八卦的传统说法，也否定了近代以来八卦起源于龟卜兆纹、男女生殖器、上古文字等等一些毫无根据的推测。近年来考古学的成果，已经证明汪先生关于八卦起源的推论是正确的，八卦起源于“古代巫师举行筮法时所使用的一种表数符号”已经得到易学界大多数学者的承认。[2]《“耦耕”新解》用云南独龙、傈僳、怒、景颇、佤、布朗、彝等少数民族志材料，解释古代文献中的“耦耕”，说明它是古代劳动人民在各项农业劳动中广泛实行的一种换工协作，而不是传统所说的使用耒耜的方法。《释“武王伐纣前歌后舞”》用德宏景颇族和凉山彝族在械斗中让勇士在前舞动刀枪盾牌，大声呐喊，率队冲向敌方的事实，说明“武王伐纣前歌后舞”不是传统所谓的群众性的歌舞庆贺，而是先头部队类似舞蹈的冲锋动作。

《古俗新研》是汪先生有关中国古代社会史、文化史论文和短文札记的结集。本集所收各篇，多以民族材料印证古代的风俗习惯、典章制度和技术发展，大多篇章旨在澄清当前中国古史研究中一些混乱的思潮。近几年中国大地上兴起一股浮夸不实的学风，在发扬传统文化借口下，八卦被视为“中国古代哲学的结晶”，可用来“指导”现代人的生活，甚至还包含有“计算机的原理”；明堂被说成古代“人民大会堂”，作为几千年前中国已有宏伟殿堂式建筑之证明，如此等等，不一而足。汪先生认为，有些被视为“国粹”的典章制度和礼俗，实为浅化社会中常见现象，世界其他民族亦有，并无特殊之处。

《中国西南民族的历史与文化》共收论文19篇，重点探讨中国西南少数民族的历史、文化、科技史，以及各个民族之间的文化接触和影响。

由顾颉刚先生题签的《云南考古》，是描述与总结新中国成立30年来云南考古发现和研究情

1 参见陈伟湛、唐钰明：《古文字学纲要》，中山大学出版社，1998年。

2 参见杨庆中：《周易经传研究》，商务印书馆，2005年。

况的著作。本书汇集了云南及其毗邻地区传世的和出土的文物，结合文献记载进行分析，形象化地再现了远古至宋代云南及其毗邻地区各民族发展的历史轮廓。该书是了解和研究云南考古的基本读物，影响较大。

沧源崖画的发现和研究是汪先生在学术界产生重要影响的学术工作。1965 年，汪先生在滇西南调查时发现了沧源崖画，并开始崖画的研究工作。此后，他又于 1978 和 1982 年两次赴沧源调查崖画。《云南沧源崖画的发现和研究》是汪先生在崖画研究领域的代表作，本书前半部分主要描述崖画存在的自然环境和人文环境、发现和记录过程、分布和保存情况、技法和风格、内容和题材，后半部分对崖画的创作目的、形成年代和分期、社会作用、与当地民族的关系等进行了深入研究。该书在中国崖画研究中具有典范意义。首先，它总结了一套科学的崖画研究的田野工作方法。其次，它确立了崖画研究的一些基本规范。该书 1988 年获得国家民委哲学社会科学优秀成果一等奖，并为中国崖壁艺术研究赢得了国际声誉。

汪先生的铜鼓研究在国内外也享有盛誉。在《试论中国古代铜鼓》一文中，汪先生以考古学、民族学材料为根据，把铜鼓分为六种类型，并探讨了六类铜鼓之间的先后及演变关系，确定以云南祥云铜鼓为代表的 A 型铜鼓是最原始的铜鼓，更新了奥地利学者黑格尔对铜鼓的分期和演化的说法。更为重要的是，此文在研究方法上具有独创性，即提出了在铜鼓研究中应该先确立“标准器”，然后以“标准器”作为断代、分区的尺度，避免仅凭形制、花纹排列铜鼓先后顺序的做法。这一研究方法已被广泛接受。《铜鼓与南方民族》是汪先生运用人类学观点和方法研究铜鼓的专门性著作，它回顾了铜鼓研究的历史，梳理了铜鼓的起源、分类及各种类型铜鼓的分布情况，介绍了历史上使用铜鼓的民族和现代民族使用铜鼓的习俗，探讨了铜鼓的作用、社会功能及其所反映的宗教信仰、南方民族的文化变迁和相互关系。

《文化人类学调查——正确认识社会的方法》介绍了文化人类学田野工作的基本知识，强调文化人类学调查不仅是一种专业知识，更是人们正确观察和认识社会的方法。作者在借鉴西方文化人类学观点的基础上，结合自己多年从事田野调查的经验和教训，总结出一套系统的适合中国的文化人类学田野调查方法，此书现已成为许多大学有关专业教材或指定参考书。

《文化人类学专题研究：关于母系社会及其他》所收论文的主旨在于澄清中国文化人类学界长期存在的一些错误认识。其中《易洛魁人的今昔——兼谈母系社会的若干问题》、《以驯鹿为生的沙米人——简论游牧社会若干问题》、《他鲁人的婚姻形态》、《云南永德县彝族（利米人）的婚姻形态》几篇论文，运用对易洛魁印第安人、欧洲北极圈内以放牧驯鹿为生的沙米人以及中国云南永德县彝族利米人、他鲁人等后进民族的调查材料，说明曾由摩尔根首先提出并经恩格斯归纳出的人类婚姻家庭的演化模式，即人类婚姻由血缘婚和群婚到对偶婚再到一夫一妻制，以及与此相适应的从原始群到母系家庭再到父系家庭，未必就是人类普遍的演化模式，有利于人们摆脱仍在国内占统治地位的单线进化论。《佤山汉族矿工群族认同的改变》一文，通过考察民族志资料发现，在中国西南部，历史上既有少数民族被汉化，也有汉族少数民族化。今天的少数民族中有些人的祖先原是汉人。即使被认为“最落后的”佤山地区，历史上也有大量汉族迁入，而最终变为佤族，说明在民族涵化过程中，民族之认同转变方向未必就完全取决于经济文化发展水平，进而指出在国内仍占统治地位的“野蛮的征服者总是被那些他们征服的民族较高文明所征服”的说法是缺乏根据的片面的观点。

三

汪先生是一位严谨的学者，他的学术成果都是建立在系统的调查、严肃的思考基础之上。

搞民族调查是非常艰辛的，特别是在中国西南地区的崇山峻岭中，在“改革开放”前那个物质匮乏的年代，汪先生搞民族调查所经历的艰辛是今日学者难以想象的。《西南访古卅五年》为汪先生历年从事民族考察的原始日记的选辑，《历九州之风俗　考先民之史迹》为其晚年的学术回忆，皆可见他深入穷乡僻壤搞民族调查时所经历的艰辛。就交通而言，以云南为例，仅有部分县城可通汽车，从县城去乡村基本全凭双腿。由于老百姓缺少衣被，深入基层必须自带行李，因此背包行走是汪先生这一代人进行民族调查时常规的交通方式。在有条件的地方可以雇一头牛驮行李，或与马帮结伴而行，付一些零钱，把行李放在马驮之上。与马帮同行，食宿都交由“马锅头”安排，一切不用自己操心，而且还可以与他们谈论各地的风土人情，对汪先生来说就感到十分惬意。若一个人独行，又要问路，又要自己解决食宿，一路都处于紧张状态。若遭遇险恶山路，无人援手，还会有生命危险。[1] 一路跋涉到达目的地，一般只能在小学、区乡政府住宿，更多是住在老百姓的家里。如果在老百姓家住宿，能单独享受一个房间，或在火塘旁与主人家的老人并榻，就算是很高的待遇了。经常的情形是与主人全家不分男女合住一室，床铺紧连。一些偏远地区的彝族，房屋只有一层，畜栏就在床铺之旁，气味难闻，在这样的地方住一夜，将使人终生难忘。至于饮食，几个月见不到油荤是常见的事，每天能吃上糙米饭就算幸运，旅途有时甚至吃不上饭。

艰难的交通，不习惯的饮食，不能适应的生活习惯，加上语言不通，不能为当地居民接受，在异文化环境中产生的孤独和寂寥感等等，是民族调查工作中常见之事。但汪先生从未退缩，把这些看做是从事田野调查的民族学家和人类学家必然经历而又必须克服的困难。他认为：“当你调查有获，久思不得其解的问题涣然冰释，或发现意想不到的新鲜材料……调查中所受之苦便会一笔勾销。”[2] 今日中国学界，一些所谓的“文化人类学家”或“民族学家”几乎不做实地调查，仅摭拾外国论著中自己未必弄清楚含义的若干时髦名词，辗转抄引前人调查报告或论文中几条材料，组合拼凑，便成巨著，以此到处招摇。两相对照，汪先生等前辈学者视田野调查为民族考古学和文化人类学的灵魂，在极其艰难的境况下仍坚持田野调查的精神令人敬佩，值得后来者学习。

1　汪先生日记载：“（1960 年）8 月 30 日搭货车去巧家，会见原副县长龙士林，了解彝族迁徙事，毫无所获。当时尚无客车与外界交通，想再找货车回会泽已不可得，留下又无事可干，不得已于 4 日晨循金沙江边步行。不意屡历险境，至今思之，犹觉心悸。路宽不过丈余，上有沙石，且向外倾斜，稍一滑足便下坠江中。欲手攀崖壁，岩石久经风雨侵蚀应手而落。越走越怕，几至无法举步。险恶处手足并用爬行而过；或坐于路上两腿下悬，双手撑地而过。曾想爬上山顶另觅佳路，爬数十步即遇峭壁，退回原路时下望大江，更觉心惊胆战，深悔冒失。自思这样死去殊为不值，只有屏定呼吸，看准落脚点，确有把握再移步。如此行走两日，4 日晚宿双河，5 日抵蒙姑，宿小旅社，心跳极快，疲劳已极仍难入眠。”参见汪宁生《西南访古卅五年》，山东画报出版社，1997 年。

2《历九州之风俗 考先民之史迹》，载《考古人和他们的故事》（2），学苑出版社，2006 年。

汪先生对中国学界长期流行的以概念理论探讨为主、用一些故作高深空泛议论代替对具体问题深入研究的做法感到厌倦，认为搜集新的材料、从事实证性专题研究才是学术研究的正途。汪先生的每一部著作，每一篇论文，都是一次专题调查研究的成果。他始终坚持“尽陈言之务去，发他人所未发”的原则，对顾颉刚先生的教导“搞东西总是要事先把材料搞全”，为社会“作真实之贡献”终身奉行不悖，注意文献材料、考古材料和民族志材料的类比和印证，成功地解决了中国古史研究和考古学上的一个又一个疑难问题，纠正了学界普遍流行的一些错误认识，有效推进了古史和民族学研究的进步。

汪先生虽然长期身居西南边陲地区，但却时刻关注着世界民族考古学和文化人类学的发展，其对西方相关著作和学说的了解，和身处北京等学术中心的主流学界相比，有过之而无不及。1968 年至 1971 年在泸西插队期间，先生就开始翻译德国学者利普斯的名著《事物的起源》。该书的翻译出版[1]，不但汪先生本人获益良多，整个中国民族考古学和文化人类学界也受益匪浅。“改革开放”后，汪先生走出国门，遍游五大洲，学习和了解世界民族考古学的成就和研究方法，结合自己多年的经验，总结出一套适合于中国的民族考古学调查和研究方法，为民族考古学在中国的本土化做出了积极贡献。中国的民族考古学能有今天的一些成果，汪先生可谓居功至伟。但他认为自己只是为了满足自己学术兴趣而做了一点工作，只不过对未知事物充满好奇而勇于探索而已。

汪先生心性高洁，淡泊名利，醉心学术，自得其乐。而今已届耄耋之年，仍壮心不已，仍在主编民族研究领域享有盛誉的《民族学报》。愿先生身体康健，再推佳作以飨学界。

（原载《社会科学战线》2010 年第 2 期）

现代学林点将录·汪宁生

胡文辉[2]

西南地区在地理上为边陲，在学术上亦属边缘，然而上世纪七八十年代后，却有汪宁生、童恩正逆势而起，皆就近为学，专注于民族考古领域，又皆有国际影响，堪称西南学界的双子星座。[3]而童氏在论题上虽以西南民族为中心，但在方法上实以考古学为本位*[4]。惟汪氏真能以民族学与考古学相结合，左右逢源，成绩甚丰，在当今学林独树一帜。

---

1 该译著 1982 年由四川民族出版社出版，2000 年由敦煌文艺出版社再版。

2 胡文辉，广州人，任职于广州羊城晚报报业集团，主要著作有《最是文人》、《中国早期方术与文献丛考》、《笺释陈寅恪诗》、《现代学林点将录》等。

3 汪、童并峙，可比古文字学界的李学勤、裘锡圭；惟古文字学接近中国学术的正统，而民族考古不入主流，故一显一晦耳。

4 汪氏认为“在有少数民族分布地区从事考古工作”并不等于民族考古学，并举《中国西南民族考古论文集》一书为例，即暗指童氏（《民族考古学探索·自序》，云南人民出版社，2008 年）。按：童氏研治西南地区考古，兼及相邻的西藏、东南亚，主要论著见于《中国西南民族考古论文集》；学术之外，复以科幻小说闻名，著有《古峡迷雾》、《雪山魔笛》、《珊瑚岛上的死光》，实学界奇才也。另，郑文光著有《中国历史上的宇宙理论》（与席泽宗合作）、《中国天文学源流》，而称中国科幻文学之父，亦罕有的双栖人物。

汪氏毕业于北大历史系考古专业，原留校任苏秉琦助教。因拒绝组织安排他报考隋唐史研究生，被分配至中央民族学院，并参加云南民族调查。当时他志在考古与历史，本不安于此，但随后读顾颉刚《浪口村随笔》一书，深受其民俗证史方法的启发，从此遂全力投身于民族学调查[1]。1964年调往昆明云南历史研究所，至1979年调入云南民族学院（后改云南民族大学）至今。

汪氏最专业的论文辑为《民族考古学论集》，近时又重编为《民族考古学探索》。其中如《从原始计量到度量衡制度的形成》综述原始技术文明的发展，《中国考古发现中的"大房子"》根据民族学原理辨析考古学问题，《云南少数民族的取火方法——兼谈中国古代取火》由西南遗俗观察中原古法。又有《古俗新研》，更专门藉民族学知识印证中国上古风俗制度。如《耒耜新考》、《耦耕别解》，考辨占卜与技术，《释"辛"》、《释"臣"》释证文字与名词，其他关于礼俗、婚丧习俗、生活习俗的杂考尚多。[2]以上二集，是其论著最精萃的部分，而《古俗新研》一编尤能体现其论学旨趣。此外，尚有论文集《中国西南民族的历史与文化》、《文化人类学专题研究——关于母系社会及其他》。

专著有《云南沧源崖画的发现与研究》，分析细致，总结周到，又能多方比较，在崖画研究方面，不仅是国内的第一部专书，亦可代表至今为止的最高水平。《云南考古》、《铜鼓与南方民族》皆为扎实的综述。《文化人类学调查：正确认识社会的方法》则系人类学田野调查的指南。《西南访古卅五年》为历年从事民族考察的原始日记，《历九州之风俗　考先民之史迹》为晚年的学术回忆，皆可见他深入穷乡僻壤时的苦乐，其学问精旨，实多自艰辛中得来也。又汇辑为《汪宁生论著萃编》两大册。

一般身处边缘地区者，限于学术条件，视野易显狭窄，但汪氏绝无此病，其于西方著作及学说的了解，甚至有过于主流学界。他在60年代译出德人利普斯的名著《事物的起源》，不仅有功德于大陆的民族学研究，其本人的治学亦颇受其益。而他更能化劣势为优势，充分利用西南一带的民族资源，自人类学视角解释中国古史与考古问题，民族、考古、文献（包括文字）三种资料相互阐发，相得益彰。故他表示："研究中国史现在已不再限于王国维先生'二重证据法'，而应提倡'三重证据法'，其至'多重证据法'，即有关学科所能提供一切证据均可利用。"[3]

---

1 汪宁生《多所见闻　以证古史——记顾颉刚先生对我的启迪和帮助》，《顾颉刚学记》，三联书店，2002年；《顾颉刚先生学行录》，中华书局，2006年。

2 张光直称汪"对八卦和骨卜的研究"，是将文化人类学运用于中国考古的最佳例子(《建议文物考古工作者熟读民族学》，《考古人类学随笔》，三联书店，1999年)；而张忠培则自考古学本位立场，挑剔汪著《仰韶文化葬俗和社会组织的研究》、《彝族和纳西族的羊骨卜》的类比与解释（《民族学与考古学的关系》，《中国文物报》1995年7月30日）。

3《古俗新研·前言》，敦煌文艺出版社，2001年。汪氏后来又补充："王国维先生强调研究古史要用'二重证据法'，现在看来已经不能满足现实的需要，如现在研究中国古史问题总是除文献记载、古文字外，还应参考考古发现，这已是'三重证据法'，很多学者都是这样做的。我们现在更要提倡'多重证据法'，即民族志资料也可用来进行类比，甚至只要有利于你的研究，自然科学成果也应加以利用。"〔《历九州之风俗　考先民之史迹》，《考古人和他们的故事》（二），学苑出版社，2006年，36页〕则将"三重证据"细分为"四重证据"矣。

按：饶宗颐曾提出“三重证据法”，结合田野考古、文献、甲骨文三项，然不过老生常谈。[1] 又，杨向奎、叶舒宪特重民族调查或人类学，皆明确提出“三重证据法”，则与汪不约而同；惜杨仅系台下喝彩，未与其事，而叶在实践中颇走火入魔。[2] 唯有汪氏能亲自从事调查，结合多重材料以作证据，而不陷于过度阐释。[3]

汪氏自称“僻处边地抱残守缺”[4]，不无落寞之感，而环顾今世，瓦釜雷鸣，又有不平之意。尝有言：“今日之中国到处可遇‘文化人类学家’或‘民族学家’，几乎不做实地调查，仅摭拾外国论著中自己未必弄清含义的若干时髦名词，辗转抄引前人调查报告或论文中几条已用资料，组合拼凑，便成巨著。……至于这类‘学者’之中，整篇抄录他人论著不加注明，酿成剽窃丑闻者，则为自郐以下矣。”[5] 此似针对王铭铭而发。王处身于学术中心，高谈阔论，著作迭出，然终是书斋人类学家，纵无抄袭行径，其成绩主要仍限于引介西方人类学新说，宜为汪氏所讥也。[6]

晚近陈星灿著《考古随笔》两集，亦颇有民族考古学遗风。

诗曰：西南考古几人能，异俗奇风尚足徵。证据三重兼一手，二重证据莫相矜。

（原载《南方都市报》2009年7月19日，又收入《现代学林点将录》，广东人民出版社，2010年）

1 《谈“十干”与“立主”——殷因夏礼的一、二例证》，《饶宗颐史学论著选》，上海古籍出版社，1993年；《谈三重证据法——十干与立主》，《饶宗颐二十世纪学术文集》卷一《史溯》，中国人民大学出版社，2009年。参见沈建华《饶公与古史辨》，《华学》第七辑，中山大学出版社，2004年；曾宪通《古文字资料的发现与多重证据法的综合运用——兼谈饶宗颐先生的“三重证据法”》，《古文字研究》第二十六辑，中华书局，2006年。按：饶氏称其“三重证据”要“比王国维的‘二重证据法’了一重甲骨文”，似系“多了一重田野考古”之误；但结合考古、文献、甲骨三者，实为现代古史学家的共识，固不待饶氏立说也（傅杰《三重证据法》，《聆嘉声而响和》，华东师范大学出版社，2001年）。当世名家，如饶氏与李学勤、裘锡圭，皆缺乏考古训练；张光直专于考古，而于文献又显隔膜。惟邹衡以考古材料为骨干，引证传世文献亦丰，偶尔亦能取资于古文字，庶几可谓三结合乎？

2 杨向奎《〈文明中国的彝族十月历〉序》，刘尧汉、卢央《文明中国的彝族十月历》，云南人民出版社，1986年；叶舒宪《人类学“三重证据法”与考据学的更新》，《诗经的文化阐释——中国诗歌的发生研究》自序，湖北人民出版社，1994年。

3 傅斯年极力提倡“扩张研究的材料”、“扩张研究的工具”（《历史语言研究所工作之旨趣》），由此衡量，顾颉刚以民俗资料证史，汪宁生以民族资料证史，既是研究工具（方法）的扩张，也是研究材料的扩张。按：汪宗衍有谓：“窃维昔人以诗证史，以僧录证史，不揣梼昧，欲以书画证史……”（《广东书画徵献录·序》，香港至乐楼1988年印）近世以来，以诗证史者有陈衍、杨锺羲、郭则沄、邓之诚、陈寅恪，以僧录证史者有陈垣，而岑仲勉以金石证史，汪宗衍以书画证史，凡此皆系材料的扩张；今人周勋初提出以小说证史（周勋初、余历雄《师门问学录》，凤凰出版社，2004年，70页），姜伯勤以图像证史（《中国祆教艺术史研究》，三联书店，2004年），卞孝萱以印章证史（《“扬州八怪”六题·扬州博物馆看“扬州八怪”书画》，《冬青书屋文存》，陕西人民出版社，2008年），亦有遗风。又，以上诸家，皆就古代史而扩张材料，若治晚近历史，则图像材料尤为重要，亦尤为繁多也〔参见（英）彼得·伯克《图像证史》，北京大学出版社，2008年〕。

4 《西南访古卅五年·自序》，山东画报出版社，1997年。

5 《文化人类专题研究——关于母系社会及其他》序言，敦煌文艺出版社，2007年。

6 近时王氏有学术随笔集《中间圈：“藏彝走廊”与人类学的再构思》（社会科学文献出版社，2008年），涉及西南民族学问题，所论虽仍隔一层，然能融入个人反思，已脱出转贩西学的层面，尚有可观。

寻找“帕典姆”的人———民族考古学家、云南沧源崖画发现者汪宁生专访

罗　昕[1]

5月中旬，记者到云南民族学院访问汪宁生先生。当记者拿出《西南访古卅五年》请他签名时，他既开心又惊奇：“真没想到，还有年轻人会读这本书！”

此生合是考古人

年近古稀的汪宁生先生30年代出生于南京一个普通职员家庭。他1949年高中毕业后，在一所大学作职员。不久，作为“调干生”考上北京大学历史系考古专业。

“那时，有个说法是‘中国搞考古学的人不到一打’，我们的老师就是这些‘不到一打’的名人或学者”，汪先生回忆说，“我选择历史系是因为上中学时文科成绩较好。但主要还是兴趣所致”。就是这份“兴趣”，耗去了汪宁生先生毕生的精力。

1964年，汪宁生先生因工作需要从中央民族学院历史系调到云南省历史研究所，并与当时在大理师范学校任教的夫人团聚。“那时小城市很难调进大城市，只好从大城市去小城市啦。她（指夫人）从北师大毕业后就分到大理，我们只好在昆明‘集中’了。”汪先生风趣地说。记者从墙上一帧黑白老照片上看到：洱海边一对幸福的年轻人笑容灿烂，男的英俊潇洒，神采飞扬；女的身着白族服装，清丽可人。

其实早在1960年，汪先生就已到过云南，当时他是作为中央民族学院的老师参加调查组到云南作民族识别的考察。而沧源崖画的发现，是他正式调到云南后的1965年在糯良、民良、勐乃、曼帕一带了解佤族宗教、婚姻及村寨历史情况时的意外收获。

回忆起1965年1月20日那个令人欣喜若狂的日子时汪先生说：“按当地群众指示的方位，我们从曼帕东行，爬山约半小时，突然一片垂直的崖壁横亘眼前，壁上布满红色图形，有人，有牛，还有其他动物。人们用弩射猎……就像以前在书本上见到的世界其他地区的崖画。站在长达30米的崖画下，仿佛置身令人震憾的画廊。奔走那么多年，总算在云南发现一处极有价值的文物古迹。”

1966年，正当汪宁生先生准备继续深入研究调查时，“文革”开始了，许多工作宣告停顿，崖画研究工作也未能幸免。

1982年汪先生故地重游，站在高峻的崖壁之下，望着那些熟悉的人物、动物图形，想起17年时间一晃即逝，自己转瞬便已年过半百，许多该做的工作被延误了，他不禁感慨万千。

到接受记者采访时，又是一个17年过去了，此时的汪先生已是鹤发童颜、学富五车之人。面对自己的研究成果，他笑咪咪地告诉记者：“我很幸运，‘文革’时没受到什么大的冲击。除去干校几年外，从来没有搁下书，放下笔，做学问也从未间断，但想起那段研究停顿的时间实

1　罗昕，《云南信息报》记者。

在令人心疼”。

是真名士自风流

在融洽的访谈中，汪先生反复强调自己做学问虽极为投入，却非“书呆子”。“我年轻时，篮球照打，电影照看。”如今上了年纪的他仍视外出考察旅游为人生的最大享受：“我们工作就是和‘玩’拴在一起的。”

记者曾听云南大学历史系蔡葵教授这样谈及汪先生：“他很重视国际间的学术交流活动。有的人出国回来就带‘大件’，他的‘大件’却是资料和图片。他常说，他现在不去做的话，以后就没有机会了。我们偶尔也发生争论，但很有启发性。”

汪先生50岁以前，足迹遍及大西南；50岁以后，他游历了三十多个国家。1961年，汪先生在剑川考察时偶遇一位游方医生，到处行医旅行，颇似《老残游记》中的老残，不必开会、批判、检查，终日笑口常开，令他羡慕不已：“我真想就此随他而去！”汪先生说。

汪先生30年的心血皆浓缩于十多本日记中。兴之所至，他从满满一柜按国别整理的影集中随手取出一本，对记者讲解介绍，从罗马到埃及，从印第安酋长到爱斯基摩人家庭……他如数家珍，得意欣慰之情溢于言表。

翻看着一本本影集，记者忽然想起蔡葵教授讲的另一件事：汪先生在挪威奥斯陆大学作客座教授时，许多挪威学生听了他的课后，对云南产生了浓厚兴趣，都追随而至。有个挪威女生后来还嫁给了一名云南画家。

汪先生作为学人的魅力可见一斑。

临老不负少年游

汪先生说自己著书立说也差不多了。“现在只想完成一个心愿，跑了那么多地方”，他指指自己的脑袋，“趁这儿还管用，不把它们都整理出来，太可惜了”。

汪先生认为今后考古学的走向将更密切地与生态学相结合，而云南考古应该有规划、有重点、上规模、成系统。

在谈到自己“30年磨一剑”的心得体会时，他说主要有两点：一是珍惜时间；二是热爱自己感兴趣的工作。

汪先生在《西南访古卅五年·自序》这样总结自己的人生历程：“岁月蹉跎，30多年转眼而过。初来云南还算年轻，今已白发满头。毕生精力，悉耗于兹。为寻崖画，在沧源露宿荒山；为访彝家，在巧家险坠大江。深夜自思，此生如此辛苦，究竟所为何来？著所作文现有几人愿读？辄怅然若失。但回忆调查期间，得以遨游西南大地，饱览奇异景色，接触不同文化；若获新鲜材料，破解疑团，更有无限乐趣在！又觉此生并未虚度，可以无怨无悔。此种心境已非近年闭门造书以博头衔之时髦‘学者’所能体会。”

（原载《云南信息报》1999年5月16日）

记汪宁生校友访台

吕仲衡[1]

汪宁生，这个名字并不陌生。他是海内外知名的民族学家，他是云南民族学院历史教授，他是世界“杰出人物”，也是我板浦中学“杰出校友”。

在板中校友会编印的“板中校友”上，经常看到有关他的报导。忆及少年时期，我们同校读书，印象之中他聪颖过人，过目不忘，年年名列前茅，老师同学间咸认他将来必然会出人头地获致一番不凡的成就。如今终于获得事实的证明了。

八七年五月十二日辗转获悉：汪宁生校友已抵台湾访问。他是受台北联合报邀请来台访问一个月，并受聘为中央研究院历史语言研究所访问学者，由中研院负责安排有关访问及生活诸事宜，所以也住在中研院活动中心。

依照约定时间，我们少数几位校友，怀着十分欣喜兴奋的心情造访中研院作首次聚晤，并就近在活动中心餐厅设宴餐叙。参加者有吴寿余、吴寿钦、吕仲衡伉俪及方仁之、汪志棣、傅兰英共九人。傅女士是吴秉新校友夫人，因秉新正赴美、加探亲，傅女士乃汪宁生校友抵台后第一位取得联络者，此次聚会悉由她代劳联系，功不可没。

汪宁生校友在学术上成就非凡，允称大师级人物，但见面时给我们第一印象，却是温文儒雅，平易近人。平易中仍不失学者风度，谈吐应对中更多一份亲切感。在座者除同窗之情外，如志棣是他堂姐，寿余、寿钦是他亲戚，仁之是他旧邻，因此又融入了亲情和友情。大家又都是一别五十余年，诸多离情别绪，一时不知从何说起。我们从餐厅一直聊到隔室咖啡厅，历数小时始依依道别。

首次聚会时，带一本旅台校友通讯录，让宁生一窥旅台校友全貌，他颇希望和更多同学聚晤，当晚即与此间校友会负责人董福荫校友联络，并商定举办欢迎汪宁生校友莅台访问餐会，于是又有五月卅一日的大聚会。地点择于台北市重庆南路鼎富楼餐厅。参加者有曹恩隆、杨云龙、周光陶（天义）、李士农、韩敦善、方璧成、董福荫、葛邦祯、张立业、吴秉新（傅兰英代表）、吕仲衡诸校友，及海州文献社辛子方社长、乡亲杨培、方仁之先生共十余人，筵开两桌。其中恩隆、云龙、光陶是宁生同班同学，相聚益欢。其他校友也和他班级相近，少年同窗，白首重逢，前尘往事又历历在目矣。

用餐前，由董福荫校友报告筹备经过，杨云龙校友致欢迎词，汪宁生校友致答谢词。席间觥筹交错，乡音萦绕，真是一场难得的盛会。借此，拉近了五十年时间的长河，流露了两岸同窗的真情！

闻汪校友访台期间，在台湾大学、清华大学各作一次专题演讲，讨论“有关中国崖画诸问题”。也在中央研究院举办一次座谈会，讨论“人类学和历史学的关系”。还应邀参加蒙藏委员会和政治大学举办的“海峡两岸民族问题”讨论会，为两岸学术交流作了极大的贡献。会后并参观台湾名胜日月潭、阿里山，在台湾各地留下他的足迹。

---

1 吕仲衡（1927– ），汪先生少年同学，生平不详。

汪宁生校友访台之行虽只短短一个月（自五月七日至六月七日），但收获至为丰硕。留给旅台同学的印象更为深刻。我们一致认为：他乃多年以来同学中以特殊成就访台之第一人，不仅为母校增光，同学们更引以为荣。惜因时间仓猝，还有若干同学不克参加，是为美中不足。

（原载台湾《海州文献》20 卷 4 期，1998 年）

情在佤山　功在千秋——记汪宁生教授四进沧源考察崖画

段世琳[1]

探寻沧源崖画之谜

从 1965 年至 1982 年，一个考古学家从有“东方日内瓦”之称的春城——昆明驱车向云南边地——古称“葫芦王地”的阿佤山行进，到神奇、迷人的沧源境地进行了三次考察。他，挂着望远镜和摄像机，爬山涉水，走羊肠小道，迎浓雾、顶烈日、穿丛林、攀崖壁、钻溶洞，与阿佤老人在“干栏”竹楼坐谈，在榕树下向放牛娃了解情况。他，不顾劳累，写下了大量的调查资料，摄下了许多照片，发表了高水平的崖画专著……引起了国内外许多学者专家的关注。是他把沧源之名推向全国、推向世界。他，就是著名考古学家汪宁生教授。为了在阿佤山探“宝”，为了揭开沧源崖画之谜，他以“明知山有虎，偏向虎山行”的大无畏精神去奋斗。在云南、在中国、在世界考古学发展史上印下了深深的足迹。

是什么力量把他从美丽的滇池之滨吸引到遥远的阿佤山？是什么动力使他不畏艰难险阻，是神奇、迷人的沧源崖画！是阿佤山古老的民族文化和丰富、独特的民族风情！是他对考古事业发展的深厚感情！

汪教授毕业于北京大学历史系考古专业，长期从事云南青铜器和其他文物考古工作，曾任云南民族学院历史系主任，是云南考古学卓有成就的专家。先后出席过在英国和南斯拉夫召开的国际考古学大会和人类学大会。被美国宾夕法尼亚大学和德国海德堡大学聘为高级研究员和客座教授，在一些发达国家邀请讲学达三年之久。

汪教授于 1965、1978、1982 年三次上阿佤山考察崖画。现在考古学界公认的 10 个崖画点就是以当年汪教授考察时定的编号为准。他经过认真考察和精心研究，于 1983 年写成书，1985 年出版《云南沧源崖画的发现与研究》专著。他是发现和向国内外报道沧源崖画的第一个考古专家，也是发表专著系统研究沧源崖画的第一个专家。笔者在 1984 年秋到云南民族学院拜访他时，他热情而郑重地说：“沧源崖画有很高的学术价值，我还想再去考察。可惜我的身体有点不大好，可能这个愿望难于实现了！”可见他对沧源崖画是有着多么浓厚的兴趣。

1 段世琳（1939— ），云南凤庆人。临沧市地方志办公室编审，主要著作有《佤族历史文化探秘》等。

重返沧源崖画之乡

事过 12 年，汪教授已满头白发，步入 66 岁的年华。但他为考古事业继续作奉献，矢志不移。今年 6 月初，沧源县委、县政府特意邀请汪教授参加县志稿评审会。他不顾年高体弱和路途遥远之累，欣然应邀出席了会议。在会上，他对近年来阿佤山的变化和取得的成就表示祝贺，并对《沧源县志稿》注重突出地方特点和民族特点，把沧源崖画作升格详述表示满意。他还通报了国内外专家、特别是国外考古专家对沧源崖画关注的信息。

在会议期间，他身着简朴，不多言谈。不熟悉的人，只知道他是一个满头白发、身材高大、讲一口普通话的退休老人，谁知他还是一个名扬五洲的教授？

大会安排参观沧源崖画和新公路大桥等活动项目。但进入夏季的佤山，时有雷雨，新公路上泥滑路烂，车辆难行。参观前一天就下过一场暴雨。参观当天，虽然晴朗无雨，但路面仍然到处泥泞。汪教授则不以行路难而发愁，仍上车前进，以风雨无阻的气势开始了故地重游的考察。

笔者与汪教授同车沿勐董河岸公路直往勐来崖画点方向前进。中途，先沿勐来新公路参观落水洞新大桥。当车离开勐来乡政府几公里路时，车子在泥中被迫停下了，驾驶员叫前面远处的年轻人来帮推车。可是，汪教授和退休带病的临沧地区人大工委副主任肖子富（佤族）却齐声说："不必叫了，我们几个可以推！推不动又再叫！"说罢就踏入泥中推车。我们三人齐心合力，终于把车推出了陷泥路段。汪教授能上国际讲堂演讲，也能在阿佤山卖力推车，这是什么样的教授！什么样的精神！什么样的情感！笔者肃然而起敬，在脑海里留下了难忘的形影！

我们改乘吉普车和中巴车在新公路上继续前进，沿路参观"小桂林"山水风光。新公路大桥位于沧源县著名的的落水洞上空，依崖壁凌空飞架，约百余公尺高，俯视落水洞，极为壮观，实为一奇景。且附近又有新崖画点和藤蔓遮盖的溶洞在公路边，大家赞不绝口：青山、绿水、溶洞、崖画，依立体形分布于约 1 平方公里以内，观者心旷神怡，纷纷摄影留念。接着又参观佤族"干栏式"（佤族有"孔明帽"之说）竹楼。下一程是参观沧源崖画中图像最密集的第一崖画点。

参观第一崖画点的道路，往年都需步行过竹桥，然后登山而行。汪教授过去三次考察时都是这样经历的。近年来，沧源县委、县政府为了方便国内外客人参观崖画，开发旅游业，已下决心修了约两公里公路并架了新桥。但由于资金的困难，新公路尚未修完，汽车还不能直达崖画点，还需步行登山约 1 公里多路程。由于时晴时雨，参观人又多，路面较滑，年轻人都会跌跤，对于年岁已高的汪教授来说，于羊肠小道上登山就更为艰难了。然而，汪教授则不因年高和在参观新崖画点时摔跤折磨之苦而泄气，鼓足勇气步步升高——进行着对沧源崖画的第四次考察参观。他汗流不止，几乎是一步一把汗水。肖副主任是有爬山经验的佤族干部，他劝汪教授休息片刻再走，并折了一根枝干给汪教授做拐杖。奋斗要流汗，坚持必胜利，汪教授终于走到了他当年到达的崖画点"帕典姆"。当笔者看到他站在崖壁脚聚精会神地仰头饱览崖画时，他不停地用手帕揩着脸颊和脖子上的汗水，上衣已经湿透。

汪教授应大家的请求，讲解了崖画图的内容、结构、特点和价值等。他说："沧源崖画图像的最大特点是带有故事性，这是为国内外任何崖画所不及的。我们应加强对沧源崖画的保护、宣传和研究工作，进一步提高它在国内外的知名度，为发展民族文化做出新贡献。"他在回答佤族学者提出的“崖画上有没有饮水酒图”的问题时，指着牛角图像风趣地说：“崖画人物图像中，特别是祭祀图，手拿牛角的很多，我看可能有装水酒的！”他的话引得大家一阵满意的欢笑。认真思考一下佤族水酒起源的传说故事和以牛角杯斟水酒敬贵客礼俗的存在，汪教授的回答使人回味无穷，再受启迪。既有神话故事的韵味，又有历史的根据，拓宽了人们的思路和知识面。

汪教授到过许多国家和地区，见过许多天下名胜，应该说早已大饱眼福了。但他为什么对这块在世界地球仪上难找到的阿佤山念念不忘而愿为之再流汗呢？在汪教授四上阿佤山的几天时日里，笔者看到他时而在思考，时而在采访，时而在流露着满意的笑容显示出几分鹤发童颜的气色。他乐意在阿佤山流汗水，乐意与阿佤人交谈。他是辛苦的，他的时光是宝贵的，他肩负着国内外考古研究和讲学的重任。为什么他有那么大的劲头和勇气重返阿佤山？也许是他与神奇迷人的沧源崖画有不解之缘分，也许是他与阿佤人有深情，也许是关注着阿佤山有什么新变化。

汪教授成果累累，但他并不满足。以新的足迹和汗水在阿佤山又完成了新的征途，写下了新的一页。他实现了重返崖画之乡的夙愿，是幸福和愉快的，从他的言谈笑容中明显可见。是的，汪教授在沧源崖画之乡得到了他在国外难以得到的美感享受，在他崖画研究的征途上又迈出了新的一步。

（原载《佤山文化》49 期，1996 年 4 月）

汪宁生教授重访丽江纪事

杨树高[1]

汪宁生教授经常游学在外，足迹遍及五大洲，在很多国家的著名院校讲学，与很多研究机构进行学术交流。现他被聘为“云南民族大学民族研究首席科学家”，并成立以他为顾问的“云南民族大学民族研究中心”，并请他主编《民族学报》。此次是随省委组织部、省人事厅组织的“专家考察团”来丽江。我准确掌握了他的行踪，到古城木府去“遇”他。他身材魁梧，精神矍铄，行动自如，谈笑风生，典型的“学者风度”，很难相信他已 78 岁。

简单的自我介绍，听到我从事地方志工作，汪教授说：“我们可以算同行，我们是同事”。我害怕他三言两语把我打发了独自离去，提出要到万卷楼留影。

我陪着汪老穿行于古城。他 1961 年就考察过古城，当时我尚未出生，他对古城的记忆不断被唤醒，仿佛走的不是现在的古城，而是 46 年前的古城。他不断地向我解说着，好像是他在带着我走古城。

汪教授毕业于北京大学历史系（考古专业），1960 年 5 月参加民族调查组到云南，1961 年 10 月到大理考察，他在日记中写道：“自思参加民族调查组已一年有半，不能发掘则无考古可言，徒然四处乱跑，长此以往将成废物。既然命定此生将以民族研究或教学工作为职业，不若尽早

1 杨树高（1963— ），云南丽江人，丽江市地方志办公室主任，著有《世界的记忆 人类的遗产》等。

开始”。

这是他一生的转折点。他既定决心“改行”，第一站就选择了丽江。因为滇西北地区有10余座喇嘛寺，分属各种教派，但未见任何调查资料，前人也未作过专题研究，乃自告奋勇以此作为考察题目，于1961年10月8日抵达丽江。

一到丽江，就有意想不到的收获。文化馆内收藏有很多象形文字经典，和芳、和正才两位东巴正在整理翻译。他认定象形文字为当今世界所无，此间还有两位东巴可为师，又有大批写本为教材，曾产生了趁机学习的念头。当即决定推迟对喇嘛寺的调查，连日去文化馆访问两位东巴，调查东巴文化。

在两位老东巴的工作室，他突然发现堆放着多件楔形木牌，上施彩画，描绘人像，他的脑海中立刻浮现敦煌、居延等烽隧遗址出土的“人形”木简，形制相同，莫非同类之物？纳西族源于羌人，而“人面形”木牌出土地正是古羌人活动频繁之区，两者有无关联？就对其制作、用途、绘画之含义等逐项进行了解记录，后来与西北“人面形”木牌作了认真的对比研究，发表了《纳西族的仪式用木牌和汉代烽燧遗址出土人面木牌》的论文。

他又想到陶云逵先生有文介绍纳西族羊骨卜，在东巴字中找到了代表羊骨卜之字，认为起源较早，请老东巴在东巴经书中找出羊骨卜书。找到后他喜出望外，老东巴手颤无法代抄（和芳时年76岁，和正才时年71岁），他人又不会书写象形文字，急忙自己动手临摹，并请东巴逐句讲解。……后来发表了《彝族和纳西族的羊骨卜——再论古代甲骨占卜习俗。》

他对纳西象形文字之构成、历史、写书方法及写书工具做了全面了解后，认为学习象形文字，殊感困难。其一，要学文字，必先通语言，从此专心学纳西语言，置其他工作于不顾，亦非两年不可。其二，象形文字仅有1300多个单字，但每字有多种涵义，且一字可代表一句经文，东巴看字即可引起记忆而背诵，故识文字之前需从东巴学习诵经。于是他完全抛弃了学习象形文字之“野心”。

他认为：“深入研究民族历史和社会，非通语言不可，本应由本族人士为之，我辈‘老汉族’不宜越俎代庖。”对少数民族历史文化研究可就整理历史资料之科学方法提出自己的意见。但必须少数民族人士乐于接受才行。自己可选释他人所不屑为或不能为的一些小问题藉助翻译调查记录，作为研究中国古史之参考资料。人舍我取，如此而已。（见《西南访古卅五年》）

其间，他调查了“丽江五大寺”。1982年他听说十年浩劫间，僻处于丽江城郊群山中的“五大寺”亦无幸免后，他深感惋惜，并为当时不曾进行深入调查而深感遗憾，想到当时记录的资料，现在再去调查已不可再得，便再次整理发表。

他对木氏土司也进行了调查。文化馆赠送了《木氏宦谱》（杨升庵序本）石印本，他认真作了研究，并参阅了《徐霞客游记》。1961年10月12日，他独自考察木府。当时作为县委、县人委办公地，正在迁出，故房屋多空，他的感受是“与内地大官僚之深宅大院同”。徐霞客来时，外人随便不能出入，连作为“贵宾”的他都安排在“通事”家里，没有进入木府。“宫室之丽，拟于王者”，当时木氏正处于鼎盛时期，其势力范围也最广，对朝廷虽奉贡赋，听候调遣，内部事务完全自己作主。徐霞客途经的“邱塘关”，朝廷命言不能进入，皇帝诏书亦仅在此迎接。汪老认为，此地如“国界”，徐霞客“拟于王者”之说不仅指“宫室”，也包含当时木氏土司之“气势”。……

1962 年 9–10 月他曾对永胜他鲁人进行了认真调查，共选择 10 个自然村 307 户记录其家庭婚姻史，溯至三代，并选择 10 个典型户进行深入了解，还访问了周围的汉族和其他民族，听取对他鲁婚姻的看法，经常一个问题反复核对多次，尽量避免失实。《他鲁人羊骨卜的调查和研究》发表于 1964 年《考古》第 2 期，后又整理发表了长篇调查报告《他鲁人的婚姻形态》。这是对他鲁人的第一次全面调查和研究，也是 40 多年前最真实最权威的第一手材料。

1990 年 11 月 5 日，他应邀来到丽江参加和万宝先生组织的纳西族社会历史学术研讨会。在会上见到了陈宗祥、于锦绣两位民族学前辈……又遇到了在国外就认识的两位意大利学者，向他们询问石寨山铜器上所绘制之牛的种属，得知西方学者把它定论为东南亚古老牛种。日记中他这样感叹："学无止境，稍一偷懒，疏于查考，便会出错。"

……

1990 年 11 月 7 日下午，他作了题为"关于族源问题研究方法"的大会发言，剖析当前认为一个民族历史愈早愈好的错误观念。人类起源既然一元，各族历史起点相同，仅进入文明有早有晚。听者深受启发，地区党校和湛老师前来握着他的手说："感谢您带来理性思维"。

1990 年 11 月 8 日上午，他到白沙壁画及玉峰寺重游旧地，下午来到黑龙潭东巴文化研究室，得知和芳、和正才二老早已仙逝，令他心怀惆怅。见有一老东巴年事已高，闻年轻学者有学象形文字者，但还不能诵读经文，若干年后象形文字及东巴经之翻译研究仍成问题，便"冒昧进言"：趁"东巴"尚在，口诵每部经书录音，留以后研究！他的建议后来都得以实施。当年风华正茂壮志未酬的他，现已满头白发，虽功成名就，但仍剪不断对东巴文化丝丝缕缕的情结。

现年近 80 的汪老再次来到丽江，仍行走在 40 多年前的记忆中，每时每刻都在不懈地"考古"，对丽江的现状他全然不顾，对他来说仿佛眼前的一切都不存在。

他想起周霖，当年是他接待汪教授的。……

他说到洛克，40 多年前（指 1961 年他第一次来丽江）谈及此人概称为"美国特务"。他曾在日记中写道："此公晚年定居意大利著述以遗余年，毕生搜集整理纳西族东巴文资料，其精神值得称道。"

他多次提到和万宝，对这位"纳西族著名人士"赞不绝口。

谈到方国瑜，我告诉他其故居已修复，相关部门正在筹办方国瑜先生 100 年诞辰大型纪念活动。他说："丽江有很多人值得纪念，特别值得纪念的还有一个人，那是赵银棠，这人了不起。"赵银棠先生是纳西族中走出来的第一位女作者、女诗人、女学者，其历史意义及精神值得表彰。

（原载《丽江日报》2007 年 7 月 14 日）

后记

这次拙作承学苑出版社再次结集出版，促使我对毕生发表的文字重新校读一过，读后深感治学之难。几十年来，在中国这样的环境下，想做点真正的学问尤为不易。

我开始发表文字在上世纪60年代初，大部分著作完成于七八十年代，当时“清规戒律”较今天更多。例如，《耦耕新解》发表时赫然发现被加上一条原稿没有的毛语录，真不知“伟大领袖”的言论对耦耕这样的问题能起什么“指导作用”？又如，《汉晋西域与中国文明》发表之前就被要求必须把“中国”改为“祖国”，以此强调西域自古就是“中国的领土”。有些地方并非出于政治的考虑，而是编辑人员随意为之，例如《傣族制陶的民族考古学研究》一文所附地图，发表时发现空白处竟被加上几个不在本区域内甚至现已不用的地名。《中国大百科全书·考古卷》铜鼓条被改得面目均非，错误百出。凡此，均使人啼笑皆非。当然，由于自己长期僻居一隅，与外隔绝，信息不通，资料短缺，或由于自己粗心大意，在历年发表文字中，确有不少不妥之处，甚至是较大的错误，是要由自己负责的。

过去文章编入文集或一本书再版时，发现问题已不断作出改正。这次结集又续有更多的修改或增删。今后读者惠阅拙作，自应以这个集子为准。

自编作品与为他人编文集应有所不同。有人主张，对自己过去的文字也应保持原样，以存其真。但我更欣赏还是顾炎武的态度。顾炎武《日知录》开始印行后，他自己便“始悔向日学之不博，见之不卓，其中疏漏，往往而有，而其书已行于世不可掩”，只能“渐次增改”。他认为自己的书应以“临终绝笔为定”（《日知录》初刻自序）。古代贤哲这种不文过饰非敢于正视自己缺失的精神是值得我们学习的。为了不误导读者而不是为了迎合时势，曲学阿世，一个人对自己的文字中的错误，特别是史实的错误，还是随时发现随时改正为好。

本书所收入文字，作于不同时期，由不同刊物或出版社印行，体例各不相同，责任编辑潘占伟先生，做事认真，开始曾试图加以统一，是我主张这次算是旧书新印，保存各书原貌，亦无不可，大家应集中精力修订错误，故全书4卷收书11种，体例虽大致统一，尚有不一致之处，这是要请读者见谅的。

我大半生处在战乱及动荡不安的时代，能够存活至今还留下一些文字，又能在有生之年目睹自己的文字结集出版，可谓幸矣！我不奢望当今之世有很多人能有兴趣读这四大本耗时费神而又不能为读者带来什么现实利益的书，但假如它们能对今天或后世有同样学术兴趣的人提供一些有用的知识，于愿已足。

汪宁生

2011 年岁次辛卯，仲冬之月，全书校毕之夜

汪寧生集

叁

汪宁生 著

學苑出版社

目 录

文化人类学调查

文化人类学论集

铜鼓与南方民族

（译作）事物的起源

文化人类学调查

——正确认识社会的方法

序言

这些年来，曾在云南民族学院和中国科学院昆明植物研究所为大学生或研究生讲授《民族学调查方法》、《文化人类学概论》之类课程。这本小书便是取历次讲稿有关部分修改而成。

此书介绍的只是有关文化人类学田野工作的基本常识，都是西方人类学教科书或方法论著作[1]中经常提到的。假如其中多少也包括一些新的东西，那就是把这方面知识加以系统化，使之适合中国人的需要；顺便对中国近40年民族调查或社会调查，提出了自己的评价；介绍了自己在西南少数民族地区调查的经验和教训；举例说明问题时尽可能结合中国情况，而不是全用国外民族志的材料。我于文化人类学只算是“半路出家”，兴趣不小，基础甚差。故上述这些属于个人“即兴发挥”部分，是特别要请同行和读者指正的。

这本小书为要在中国大地上做调查的人而写，内容偏重于前工业社会。即假定田野工作者走向一个少数民族地区或内地一个偏僻农村或乡镇，应如何开展工作，如何观察和询问，以及应注意哪些问题。中国各族近40多年来经历了剧烈的变化，当前正或快或慢地走向工业化和现代化；然而在我看来，固有的社会结构特别是思想观念，在很多地区并未完全消逝。例如，当前社会上危害甚大的“关系学”现象，根源之一便是中国人重视亲属关系及乡谊固有观念的恶性发展；而几千年来一直作为中国社会基石的父系世系群（家族），至今仍在某些农村握有实际权力，妨碍国家政令的认真执行[2]。

经常有人怀疑，文化人类学调查对当今中国尚有何用。其实，其用处即在于可以帮助人们正确观察和认识社会。当前中国许多社会问题，实有赖于从中国文化传统中寻求答案；而我们对中国的事情了解实在太少，缺乏深刻的认识。

更重要的是文化人类学虽有若干可以应用的部分，主要仍是一门基础科学。像其他基础科学一样，它具有长远的学术的意义。当前中国社会有一种风气，似乎不能赚钱的事业，就没有存在的必要。这样，基础科学便遭厄运。大学系科改换名称，研究机构改变方向，还美其名曰“适

1　本书参考过的，悉见参考书目。除直接引文外，不一一注明。

2　云南泸西县有一个村寨（我曾下放那里达三年之久），家族之间斗争从未间断。一族掌权，常利用政治运动整治其他家族的人。又最近报载，甚至像湖北、山东这样不算偏僻的省区，有些农村基层政权至今仍为某一家族把持，异族人的子弟考学校也遭阻难。又有人调查160家乡镇企业，其领导者之间有血缘关系者竟占85%。（见《光明日报》1993年10月30日，《南方周末》1994年5月6日）

应市场需求”。笔者鄙陋，多少也曾接触过市场经济发达的西方社会。那里金钱至上，然对基础科学从不以金钱来衡量其价值。虽然经费短缺、求职困难也是普遍现象，还未听说有哪个主张人类学可以取消的。

总之，文化人类学的知识是有用的，其调查工作当然是必要的。问题在于如何调查，能否坚持客观的态度按照科学程序办事。假如这本小书能对那些有志于为深入认识中国社会实际进行调查的人们（哪怕只有少数人），多少有所帮助，将是笔者莫大的荣幸。

本书写作过程中，承谢国先、王东昕、熊兴诸位先生绘制图表，代为查核资料或誊抄原稿；又我曾以本书部分内容，先后在中国社会科学院民族研究所、中央民族学院民族学系文物干部进修班、南京大学、四川大学、郑州大学和陕西师范大学等处讲演，朋友们提出问题对我多有启发，在此一并表示感谢。

最后要特别感谢我接触过的少数民族人民。没有他们的慷慨帮助，我不可能顺利进行文化人类学调查，也就不可能写出这本关于调查方法的书。祝愿他们经济发展，生活改善，而又能保存原有的一切美好事物。他们应成为社会进步的受益者，而不能像世界有些后进民族那样成为“进步的牺牲品”。

1994 年夏定稿

第一章　导论

文化人类学（或民族学）是运用实地考察方法，对各民族的文化和社会进行比较和综合研究的一种学问。文化人类学家虽然也要利用图书馆、博物馆或档案馆，而其研究资料应主要来源于自己的实地考察。对一个民族或社区做调查，即通过勘测、询问、交谈、观察等手段取得所需要的研究资料，这就是文化人类学家的田野工作，即我们常说的民族调查或社会调查。田野工作时间较长，了解全面，便能写成民族志。科学的田野工作是当代人类学区别于早期人类学的重要特征。

一　文化人类学田野工作的历史

文化人类学[1]的知识积累工作可以上溯到希腊罗马时期，希罗多德、塔西佗等古典作家的著作中，已包括对异民族特殊生活方式的记录。15 世纪末年开始的“大发现时期”，殖民者、航海家、商人、传教士和探险者的足迹遍及全球，接触了大量异民族和异文化，留下了更多的著作。有些人长期生活在某一民族之中，对该民族有深刻了解，如萨哈根（Fray Bercadino de Sahagun，1529—1590）对于阿兹特克人（Aztec），拉菲托神父（Joseph.F.Lafitou）对于易洛魁人（Iroquois）等等，其著作至今仍具有重要参考价值。然而，他们的知识来自长期的生活经验，并非按照一定科学程序进行系统调查的结果。他们不能算是田野工作者。

1859 年达尔文发表《物种起源》，不仅标志着体质人类学的开始，而且启发人们用进化论观点研究人类社会，推动了文化人类学的形成。因此，早期文化人类学家都信奉进化理论，被称为进化学派。但他们尚未及发展出一套科学的田野工作方法。例如摩尔根（L.H.Morgan，1818—1881）虽与易洛魁人（特别是塞内卡部落）长期直接接触，取得第一手资料，他的《古代社会》一书很多部分仍靠发出问题表（questionaire）及与友人通信来搜集资料。泰勒（E.B.Tylor，1832—1917）的《原始文化》情况相同，虽然他也曾到古巴、墨西哥等地作长期旅行。在这些早期人类学家之中，还有完全依靠图书资料进行研究的，如佛累则（J.Frazer，1854—1941）的《金枝》十二巨册便是这样写成的。他从未去过非洲，而其非洲的知识使在那里住过 20 年的人

1　文化人类学有广义和狭义之分。广义的文化人类学甚至包括考古学（特别是史前考古学）、语言学在内，不少人类学著作，如当前流行的基辛（R.Keesing）的《当代文化人类学》一书，就是如此界定的。本书所述是狭义的文化人类学。

也自叹弗如。但如此勤奋而博学的人却不屑于做田野工作。有一次别人问他究竟调查过哪些民族，他竟半开玩笑地回答说："上帝不准！"（Hays，1958，121 页）

在进化学派人类学家之中，曾进行较长时期实地考察的要算海顿（A.C.Haddon，1855—1940）。1898—1899 年，他曾领导一支考察队在新几内亚的托列斯海峡做大规模调查，仅在墨累岛（Murray）就住了 6 个月以上。他们访问土著人民，参观仪式，搜集文物，除社会制度和风俗习惯外，还进行心理学和语言学的调查[1]。这可说是人类学史上第一支综合调查队，也是第一次长时期的调查。

继进化学派而起的传播学派，对田野工作也未作出贡献。这一派的大师们，如英国的斯密斯（G.E.Smith，1871—1931）、德国的格雷布勒（F.Graebner，1877—1934）、奥地利的斯密特（W.Schmidt，1868—1954）等，几乎不做什么调查。他们为了证明文化因素可从一个中心向四周传播的理论，需要广泛搜集很多地区的材料进行比较研究，因而没有兴趣和精力再对一个地区作深入的研究。[2]

文化人类学科学的田野工作应从号称美国人类学之父的鲍亚斯（Franz Boas，1858—1942）开始。他原是德国人，曾在海德堡大学等处学习物理学和地理学，1883 年到加拿大的北极地区做地理考察，接触到爱斯基摩人[3]，发生浓厚兴趣，从此把毕生精力投入人类学研究工作。他乘皮船（kayak）和雪橇在爱斯基摩人之中作长期调查，经常和爱斯基摩人共睡一张鹿皮和同锅吃饭。以后他又研究北美西北岸的印第安人，特别是夸扣特人（Kwakiutl），先后做过 13 次考察；直到晚年，不顾脸面抽搐而造成的发音困难，仍在努力学习当地语言。他批评进化学派根据少量资料就排列出人类社会发展阶段的轻率论断，主张对一个地区文化历史做认真仔细的研究（故被称为"批评学派"或"历史学派"），强调收集资料的重要性。鲍亚斯及其弟子们，如克虏伯（A.L.Kroeber，1876—1960）、罗维（R.H.Lowie，1881—1957）等，不仅极其重视田野工作，而且创造了不少至今仍然有用的方法，如用记音法详细记录歌谣和神话传说，用代写自传的方法记录下重要人物的事迹等等，为科学的田野工作奠定了基础。

20 世纪初，英国发展出一个新的学派——功能学派，主张文化人类学家应探讨文化各方面的社会功能及相互依存关系，理论取向与鲍亚斯全然不同，但他们同样强调田野工作的重要性，并且把田野工作方法提高到新的水平，其代表人物便是马凌诺斯基（B.Malinowski，1884—1942）和拉德克利夫·布朗（A.R.Radcliffe-Brown，1881—1953）。

马凌诺斯基原为波兰人，像鲍亚斯一样，初习自然科学，后来转而研究人类学，在伦敦经济和政治学院（LSE）获人类学博士学位。第一次世界大战期间，他在美拉尼西亚的特罗布里亚岛等地进行调查，共达四年之久。他首倡参与观察法，即主张一个文化人类学家应在所调查地区长期居留，学习当地语言，完全投入当地人民社会生活中去，才能深入了解当地的文化。这一方法至今仍为一个严肃的文化人类学家奉为田野工作的准则。

---

1 随着科学进步，这两门学科的调查需要专门知识，已非一般文化人类学家所能胜任。故本书未加论述。

2 被划入传播学派的人类学家中，还有利弗斯（H.R.Rivers，1864—1922）。但他曾参加海顿领导的托列斯海峡考察队，做过较长时期的调查。有人认为，利弗斯不应属于传播学派。

3 今天他们自称因纽特人（Innut），本书暂从旧的习惯。

拉德克利夫·布朗毕业于剑桥大学，曾在海顿指导下研究人类学，但不满足进化学派的理论，另创结构功能学说。在田野工作方面，他曾在澳洲、非洲等地长期从事调查，对于如何搜集原始社会亲属关系及社会结构方面的资料，有不少好的经验。从其著名的民族志著作《安达曼岛民》一书，即可反映出他深入细致地从事田野工作的情况。

总之，早在本世纪20年代，文化人类学田野工作已奠定了基础。自此，田野工作成为文化人类学家的常规研究方法，而“圈椅人类学家”成为贬词。

近几十年来，文化人类学各种流派纷起。为了搜集前人未曾注意过的资料来证明自己的理论，都长期从事田野工作，且各有自己的创新和发展。例如，美国的本尼迪克特（R.Benedict，1887—1948）对人格类型和社会基本人格（文化模式）的调查研究；米德（M.Mead，1901—1978）调查儿童及青少年行为和性格形成问题；赫斯柯维茨（M.Herskovits，1895—1963）为研究文化变迁及涵化（accultulation）等问题而作的调查；倡导“新进化论”的怀特（L.A.White，1900—1975）对一个社会中能量消耗和有效利用的调查和计算方法；倡导“多线进化论”的斯图尔德（J.H.Steward,1902—1978）在南美印第安人之中对生态环境和文化适应的调查；图勒（V.Turner，1920—　）和道格拉斯（M.Donglas，1921—　）等所谓“象征学派”学者在非洲一些民族之中的调查；英国的伊万斯·普里查德（E.E.Evans–Prichard，1902—1973）和李奇（E.Leach，1910—　）为发展结构功能学说而进行一系列田野工作；福特（D.Forde，1902—　）和弗斯（R.Firth，1902—　）对经济和地理环境的调查研究等等，都发展了调查方法，积累了新的经验。此外，法国的杜尔干（E.Durkheim，1858—1917）及其继承者莫斯（M.Mauss，1872—1950）对田野工作也曾提出许多有益的忠告。[1]但文化人类学田野工作一些基本方法及重要原则早在鲍亚斯、马凌诺斯基和拉德克利夫·布朗时代就已建立起来，至今并未有根本的突破。我个人认为，今天一些新潮西方文化人类学尽管新说层出不穷，花样翻新，就田野工作而言，未必都能超过前人。有些颇负盛名的人类学家，例如法国结构学派大师列维·斯特劳斯（C.Levi–Strauss，1908—　），有些理论分析确实精辟透彻，但田野工作并非上乘。正如李奇在《列维·斯特劳斯》一书（中译本18页）中所批评的，他在南美调查时“从未在一个地方呆过几周以上”。

下面还要略谈一下中国文化人类学田野工作的过去和现在。

中国文化人类学的知识积累很早即已开始，而且材料极为丰富。关于异民族和异文化的记录，不仅在廿四史中有蛮夷传或外国传，而且还有像唐代《蛮书》（樊绰著）、宋代《诸蕃志》（赵汝适著）等一批可称为古代民族志的专著。但作为一门科学的文化人类学及其田野工作，是近代才由西方传入的。

虽然早在19世纪末20世纪初已有一些外国学者来中国调查[2]，中国文化人类学的开始是以受过西方教育的中国学者在20世纪20年代和30年代初自己进行调查为标志。当时的中央研究院院长蔡元培先生本人就曾在德国研究民族学，在他倡导和组织下，有一些学者走向少数民族

---

1 如莫斯曾指出，田野工作者要注意观察一切事物细节，准确记录而不掺入自己的概念和评价，注意事物之间相互联系，等等。

2 例如，（俄）史禄国调查东北少数民族，（日）鸟居龙藏调查满、蒙及贵州苗族，开外国人在华进行调查之先河。此后，还有（德）斯图博调查海南岛黎族，（美）葛维汉调查四川苗族等等。这些人在田野工作方面，对以后中国文化人类学似乎影响不大。

地区。例如，颜复礼、商承祖调查广西凌云瑶族（1928），林惠祥调查台湾高山族（1929），凌纯声等调查东北赫哲族（1930）、湘西苗族（1932）及浙江畲族（1933），陶云逵调查云南彝族（1934），刘咸调查海南黎族（1934）等等。与此同时，在大学里工作的人类学家也开始走向田野，如杨成志、陶云逵等调查彝族（1928），费孝通、王同惠调查广西瑶族（1935）等等。事后他们都有调查报告或论文发表，其中如凌纯声的《松花江下游赫哲族》及与芮逸夫合著的《湘西苗族调查报告》，可以说是比较完整的民族志，至今仍有很高的学术价值。

抗战军兴，学者云集西南和西北，在艰苦的生活和工作条件下，文化人类学田野工作不但没有止步，反而有所发展。较重要的如徐益棠、林耀华等先后对川滇彝族的调查，田汝康、江应樑等先后对云南德宏地区傣族之调查，李安宅对甘南藏族喇嘛寺之调查，许烺光对云南大理白族之调查，陶云逵对云南独龙族、傈僳族之调查，吴泽霖对贵州苗族之调查，费孝通等对汉族聚居的城镇或农村之调查，等等。这一时期，有关文化人类学的刊物及论著，数量上超过抗战以前。好几所大学中开设了文化人类学（或社会人类学）的课程和系科，培养人材。

中国文化人类学家多数受西方教育，他们的田野工作方法自必受西方影响。比较起来，英国的功能学派的影响较大，拉德克拉夫·布朗曾于1935年来华讲学，而马凌诺斯基的《文化表格》很早即已译为中文。尽管中国文化人类学家在田野工作方法方面谈不上有什么重要创新，而且限于当时艰苦的条件，在一个地区从事调查时间一般不长；但当时大家多能忠于自己的事业，记录下实际的情况。他们的功绩不应抹煞。

1949年以后，文化人类学和社会学一起被划为“资产阶级学科”而受到禁止。这方面的学者和学生被组织起来，转入为政府民族工作服务的轨道。从1950年开始的民族识别，1950—1956为少数民族社会改革而进行准备的调查，1958年开始的为编写“五套民族丛书”而进行的社会历史调查，以参加调查的人数和规模而言，大大超过过去。数以百计调查者，足迹几乎遍及中国边远地区每一个角落，调查材料的字数以千万计，堪称壮举，然教训亦甚多。由于调查工作被规定要“为当前政治服务”、“为中心工作服务”，很多值得调查的问题被忽视或禁止调查；调查报告中充满了政治术语和套话，有用的资料很少；由于各种干扰，即使是可以调查的有限问题，亦常为了诠释经典著作、领袖言论或现行政策而不惜曲解实际情况。一些少数民族并无社会分层，也要以“阶级观点”来进行分析，头人或巫师仅仅由于按文化传统接收礼物而称为“剥削者”或“地主阶级”，即其一例。

1978年以后，文化人类学在中国得到新生，一些大学重新设立了民族学或人类学的系科专业，许多国外人类学书籍被译为中文。但当前中国文化人类学田野工作进步不大，大家忙于利用前人的资料（包括建国以后存在不少问题的民族调查资料）写出一本又一本大作，编出一套又一套丛书，而很少踏踏实实从事长期田野工作。在我工作的地方，未做过任何调查的人现也在国外自称是“民族学家”。特别是田野工作方法至今仍无人讲求，在调查中不能按照科学程序办事，对材料的分析仍受陈旧模式的束缚。

二　如何学习调查方法

对一个有志于文化人类学研究工作的青年人来说，必须有从事长期田野工作的思想准备，而且要事先掌握科学的调查方法。

前人的经验值得汲取。我们可以通过阅读前人著作来学习调查方法。一般的文化人类学教科书中常有一章讲述田野方法，比较简略，可由此入门。此外，为了学习更多的东西，还可以参考下列几种类型的著作：

（一）有关田野工作方法论的专著及论文

在本书参考书目中我们已列举了若干种，可供查阅。其中英国皇家人类学组织编写的《人类学的询问和记录》（Notes and Queries on Anthropology）一书，特别值得推荐。此书主要是处理“无文字的民族”，但所描述的方法“在一般原则上也适用于研究进步社会”（该书第六版，1967 年，28 页）。因此，对任何地区做调查的人都是有用的。它开始论述了调查工作一般方法，又在以后各章中分别论述了社会结构、社会生活、政治、经济、宗教、物质文化、民间知识和艺术等问题的调查方法；既有对文化人类学中一些重要概念的术语和界说，又列出详细的调查提纲或应提问的问题。参与编辑或审稿此书的先后有 A.C. 海顿、A.R. 拉德克利夫 · 布朗、E.E. 伊万斯 · 普里查德、D. 福德、E. 李奇等等，可说是集中了英国人类学界好几代的精英。难得的是此书并未宣扬作者们自己的理论体系（如功能学派），而是客观地介绍如何调查的方法，任何学派的人都可使用。此书之所以长期流行，历久不衰，自非偶然。今天看来，它的缺点是成书较早，虽屡经增补，一些新的人类学研究和调查方法和技术、设备未能包括，但它作为一本田野工作方法的入门书或手册，所讲述的调查工作一些原则或基本方法颇便初学，至今仍未过时。我个人这些年来多少做过一点民族调查工作，假如说有时也能略有所获，即深得此书之助。它曾是我调查旅途中随身携带的重要参考书。

（二）文化人类学家自传或传记

这类书中常介绍著名文化人类学家如何进行田野工作的情况，从中既可以学习他们田野工作方法，又可看到他们如何克服田野工作中种种困难。在自传方面，如 M · 米德的《黑草莓冬天：我的早年生涯》（1972），谈她在萨摩亚及新几内亚等地的调查经验；H. 鲍德美蔻（H.Powdermaker）《陌生人和朋友：人类学家的道路》（1966），内有她对美拉尼西亚的拉苏（Lesu）人、美国密西西比河印第安人乃至对好莱坞作调查的记述；C. 列维 · 施特劳斯《苦闷的热带》（1955），叙述他在南美的调查和旅途生活；等等。在传记或评传方面，有 A.L. 克虏伯及 R. 本尼迪克特的《鲍亚斯》（1943）、M. 赫斯柯维茨的《鲍亚斯：人类学的形成》（1953），E. 李奇的《列维 · 斯特劳斯》（1970）等等。这些书的文字生动有趣，广泛选读，大有助益，既可学习前人的经验，又可培养自己对文化人类学的兴趣。

（三）著名的民族志或调查报告

这类书常有专章介绍调查者自己田野工作的过程和方法。例如，马凌诺斯基《西太平洋的航海者》第一部分就记述他初到特罗布里安岛的工作情况和心情。伊万斯 · 普里查德《努尔人》也谈到在非洲努尔人（Nuer）之中如何作调查的情形。有些书虽无专章介绍田野工作，但若通读全书，你会发现他们在野外是如何创造性进行调查的。他们总能发现一些前人未注意的问题，或采取新的调查方法，而把文化人类学研究工作引向深入。

正如不存在毫无差异的两个社会一样，没有两次田野工作可以是完全相同的。为此，在学习前人经验之外，更重要的还要靠自己在实际工作中去学习，要在调查中学会调查。这就需要不断积累自己的经验，根据实际情况创造自己新的方法。

三　调查工作者的工作艰苦和职业道德

田野工作绝不是愉快的度假旅行，也不是浪漫的探险访幽。它意味着在生活和工作中要面临和克服一系列难以想象的困难，调查者必须对此有充分的思想准备。

人类学家初做野外工作，首先会遇到严峻的自然环境和艰苦的生活。如鲍亚斯首次调查爱斯基摩人，有一次为冰雪困在一个小岛上几乎冻死，第一次吃爱斯基摩人的饭后大量呕吐，但这些生活上的不适应比起工作上的困难和心理上不适应就不算什么了。任何人进入陌生社会，都会出现“文化震撼”现象，人类学田野工作者在这方面尤为突出。G. 弗雷诺《文化人类学：应用的前景》一书共列举了十几种“征候”（见 99 页）：嫌饮食的“难吃”，环境的“不清洁”，当地人民不友好，不理睬自己或像看猴子一样围观或取笑，不知如何开展工作，思念亲人或朋友。最后会因思想苦闷而采取各种逃避手段（饮酒、阅读小说或大睡其觉），甚至怀疑自己“究竟是干什么来了”。查格伦在巴西“凶悍”的雅诺马人（Yanomamo）之中，则遇到偷窃、揶揄、讨食及报道不实各种干扰，幸好这不是普遍的现象。

不少著名的人类学家都不讳言自己初到陌生环境时的思想苦闷。马凌诺斯基在《西太平洋航海者》一书中，曾回忆自己初到特罗布里安岛时如何感到无助和失望，他有时以看小说来消磨时间，逃避人群，“就像以酒浇愁一样”（1961，4 页）。与此相反，伊万斯·普里查德初到努尔人地区，则为无休止的访问所干扰，而无法正常工作。即在调查工作既已开展之后，还会不时发生厌倦感或孤独感。马凌诺斯基的女弟子鲍德美蔻在莱苏人（Lesu）之中调查，随身带了 16 本书，一半与专业无关，包括圣经、诗选和克里斯蒂的侦探小说。每隔一段时间便一人独处阅读小说终日，以逃避所在的社会。

我个人当然没有像上述大师们那样的丰富田野工作经历和体验。但初到一个村寨，不为当地人民所接受，手足无所措，不知如何开展工作是经常发生的。每逢这种情况，不免产生逃避和畏缩情绪，也曾以阅读小说消磨时光。记得我阅读过的小说中至今印象深刻的是艾芜的《南行记》，书中描述作者在云南边境地区遇到那些有趣人物及所经历的事情，使我神往。

一次人类学田野工作的成败或质量好坏，完全取决于田野工作者能否顺利克服“文化震撼”所带来的各种不适应，最后融入当地人民社会生活中去。这除了要具有很强的事业心和毅力外，还要具备高尚的道德品质。只有有道德的人，才能对当地人民怀有友好的感情；调查完全出于善意和科学目的，才能最终为当地人民所认识和接受。

像很多职业一样，人类学田野工作者也有自己一套特有的职业道德，是必须遵守的：

（1）调查者保证不做不利于调查对象的任何事情，要尊重他们的人权，而且每次调查事先就要取得当地人民的同意。应充分尊重当地的文化——礼仪、禁忌、宗教信仰乃至日常的生活习惯，不能伤害当地人民的感情。

（2）调查者应充分尊重调查对象的个人隐私权，有些涉及婚姻、身心缺陷以及过去犯罪等事，当事人不愿为人所知，对此你有义务为之保密。即使为了说明问题，不得不写入调查报告，亦应姑隐其名，用 ××× 代替真名。应该牢记，任何人（即使是所谓“原始人”）都有自己的隐私，同样有不让人知的权利。

（3）调查者应在力所能及的情况下为当地人民做好事，不能一味从当地人民索取材料而对他们的疾苦漠不关心。当然，做好事也要顺从当地人民的意愿而不能强加于人。不能以“救世主”和“改革家”自居。

（4）调查者应绝对忠实于自己的工作，调查的材料要反复核对，务使符合真实情况，才能笔之于书。调查所获不求其多，但不能有假，以免谬说流传，贻误后世。同时，只要是真实的材料，要敢于排除一切干扰，克服各种偏见，公布于众。

有了克服田野工作中各种困难以及遵守职业道德的思想准备，才能做好田野工作。

第二章　方法论（上）

本章要介绍的是田野工作的方法论，即调查者不论信奉何种理论，服膺哪一学派，在调查中都必须遵循的程序，应奉行的原则和应注意的事项。

一　调查课题的选择

选择一个课题，即到什么民族或社区之中调查什么问题，一般说来应根据自己研究工作的需要而提出。它是长期考虑的结果，不能是“灵机一动”的产物。

按文化人类学调查可分两种类型：(1) 全面调查（holistic investigation）——对一个人口不多的群体或地区作全面详细的调查，最后可以写成一本描述该群体或地区社会各方面的民族志。(2) 定向调查（problem-oriented investigation）——对一个或几个群体或地区作专题的调查，用以验证或检查某一人类学理论问题，或解决现实生活中某一社会问题。例如，刀耕火种农业是对生态环境的适应还是破坏，某地毒品泛滥屡禁不止之原因何在，如何抢救日趋消失的某种传统文化，等等。

你选择课题时，先要决定是做一次全面调查还是一次定向调查，这二者必居其一。一般说来，20 世纪 30 年代以前，流行全面调查；近几十年来，从事定向调查者多。但这是西方人类学界的情况，因为他们拥有丰富的民族志资料，已建立起系统的人类学档案（如耶鲁大学的 HRAF）[1]。而在中国，由于过去基础薄弱，近几十年又受干扰，很多民族尚无全面详细的民族志，对汉族社区所做工作也少，全面调查仍有其必要性和紧迫性。青年学者若能不趋时髦，不避艰苦，决心从事这一费时较久的枯寂工作，将能为中国人类学事业做出重要贡献。

当然，课题的选择是自己的事，应根据自己的志趣和能力来决定的，不能只看这一课题是否“重要”。当前中国有些人类学研究课题的选择多迎合“潮流”，从易于申请经费出发，题目名称响亮动人，如“少数民族地区现代化”、“山区改革和开发”之类，但调查者是否具备这方面的能力，调查成果是否真的能为现代化服务，全不考虑。一旦经费到手，多半不了了之，亦无人

1　这是“人类关系区域档案”（Human Relations Area Files）的缩写。该档案把大量民族志资料以代码分类编纂，以便跨文化比较研究，为原耶鲁大学穆达克教授（G.P.Murdock，1897—　）首创。

追问和检查。而在一个正常社会中，若提出自己力所不及的课题来申请基金，必然失败。因为基金会的决策者不是官僚，是不会乱花钱和被蒙混的。

二　调查方案和调查提纲的拟定

课题既定，把你的考虑和打算写下来，这就是调查方案。拟定一个好的调查方案非常必要，这不仅为了申请经费（中外人类学家多属于穷人的行列，一般不可能自掏腰包作调查），而且为了明确自己调查工作的目的性和计划性，在今后调查工作中有所遵循。

调查方案中要包括以下内容：调查地点和对象，调查日期和预计的时间长度，调查课题及其理论意义或现实意义，你自己具备的条件及准备如何进行调查。这就是西方人拟定计划时常说的五个“W”（Where，When，What，Why，How）。其中既包括了必要性，也包括了可行性。

假如调查方案获得批准或支持，还要根据你的调查课题，是全面调查抑或是定向调查，再拟一份详细的调查提纲。调查提纲中应列举你调查中准备提问哪些问题。它主要供你自己看，帮助你全面考虑问题，防止调查中有所遗漏。

前人拟定的调查提纲或问题表可供借鉴。马凌诺斯基《文化表格》（原附费孝通译《文化论》后印行，现又收入《吴文藻文集》）列举了文化三个因素和八种功能，包括经济、政治、教育、法律和秩序、巫术宗教、艺术、民间知识各个方面，可作为一次全面调查的调查提纲基础。但它仅列项目，对初学者来说不够具体；且它按功能学派观点安排，若完全照章行事，极易落入该派的理论框架而不能自拔。其他学者介绍民族志工作方法著作（见本书“参考书目”）中常附有调查提纲或问题表，亦可参考。值得推荐的仍是上述英国皇家人类学会《人类学的询问和记录》一书，它几乎为调查文化各个方面列出应提问的问题，完全可供田野工作者作随身携带的手册使用。

但前人调查提纲总不会完全适合你自己，只能参考，不能照抄。特别是定向调查当前人类学理论一些热点问题（如民族认同等等），现成经验不多，要根据课题性质自行设计调查提纲。

事先拟定的调查提纲，无论考虑得如何周全细致，总不免闭门造车，有脱离实际之处。调查者在田野工作中可随时加以修改和补充。

三　调查前的准备工作

像其他野外工作者一样，人类学田野工作者未到调查地点之前必须做好各项准备工作。准备工作充分与否，常决定调查工作是否能顺利进行，并能影响调查的质量。

关于调查前的准备，人类学比其他科学更为复杂，有自己的特殊性。大体言之，共有下列诸项：

（一）了解地理和历史

调查以前有必要对所去地区的地理情况，如该地区的自然环境（山脉、河流、矿藏、动植物）、气候条件（温度、湿度、雨量、霜期或冰期等等）、交通情况、物品供应等有所认识。此外，对当地的历史，如何时有人居住，历代建置情况，有什么重要文物古迹，历史上发生过什么重大事件，人民有什么特殊生活习俗，等等，亦应通过查阅地方志书及其他有关资料，作初步了解。这些均为调查者必须要了解的问题。

此外，还应了解当地特殊问题，如有无流行病、地方病流行，有无危害健康的昆虫或食物，社会治安情况如何等等，以便调查者注意个人安全及安排生活。

需要指出的是田野工作之前通过查阅资料对上述问题的了解，绝不能代替自己到达现场后的详尽调查。通过自己长时期的观察和勘查，总能发现一些新的情况，为前人所不知或纠正前人之误失。

（二）掌握前人调查研究成果

一切科学研究都是在前人基础上进行的。若所去地区过去已有同行作过调查，有关的调查报告和论文必须查阅，以便了解前人作过哪些调查，取得什么成果，解决了哪些问题，还有哪些问题没有解决。前人做过的工作和已解决的问题，自不必再重复。调查者参考或利用前人的调查研究成果，是很自然的事情，但必须在自己的调查报告中详加注明。分明是前人调查研究成果，原封不动或改头换面地据为己有；或分明是参考前人论著中的材料而不加注明，仿佛是自己的新发现。这种不良学风在当前中国学术界颇为流行，为一切正派学者所不齿。

有些地区迄今无人类学家作过调查，但过去地方官吏、使臣、传教士、旅游者或已留下记载。他们虽不是专业的田野工作者，但他们的记载中往往包含珍贵材料，也是调查者必须查阅参考的。例如，1909 年第一个派往云南独龙族地区的汉族官吏夏瑚著《怒俅边境详情》，便是研究独龙族传统社会文化的重要参考书，即使今天仍为去独龙河调查的人所必读。

总之，所有前人调查研究成果及有关记载，在调查以前都应充分搜集，不厌其多；或摘录要点，或复印全文，供田野工作中随时参考。为此花费一些时间是值得的，对今后调查大有助益。

（三）调查队伍的组成

早期人类学调查是“一个人的工作”(one man’s job)。人类学家通常是只身深入边远地区，长期生活在土著人民之中，调查自己感兴趣的问题；夫妇同为人类学家，亦有两人去同一地区进行调查研究的情况，如 M. 米德曾和她第二个丈夫福琼（R.F.Fortune）一起在海军大将岛调查马努人（Manu)，费孝通和王同惠一起调查广西瑶族。这些调查当然不存在队伍组成问题。

一个人知识有限，协作调查好处甚多。A.C. 海顿领导的托列斯海峡考察团中，就包括原为心理学家的利弗斯、音乐学家梅耶（S.S.Meyer)、原为病理学家的塞里格曼（C.G.Seligman）和一个摄影师。近几十年，随着科学分工和知识专门化发展，人类学家和其他专家组成一个群体共同从事一次田野工作的情况日益加多。

一个好的调查队的组成原则应该是：(1) 根据调查课题性质而有各方面专家参加；(2) 由一个有经验的人类学家为领导；(3) 调查人员中最好包括有女性，便于调查婚姻或与妇女有关的问题。

值得注意的是即使是一个调查队，其成员仍是各有研究课题，有自己的调查点，在田野中都是独立工作的。20 世纪五六十年代中国开展大规模民族调查工作，有时几个人甚至十几人一组，住在同一村寨中，调查同一问题，分工不明，意见不一，彼此牵制，这样调查的效果不问可知。

（四）装备、物品的购置

携带什么装备和物品，应根据调查时间长短及调查地区条件而定。除个人衣物及文具、书籍外，下列物件大概是一般调查者必须置备的：

（1）地图：所去地区及其附近地区的较新且较详明的行政区划图、交通图、地形图等。

（2）摄影设备：一个附有摄远镜头和广角镜头的照相机是必不可少的。如带两个相机更佳。如有条件，带一个摄像机对记录活动场面大为方便。

（3）录音设备：假如无特殊的专业需要，一个小型录音机就足够了，而不必携带笨重的录音设备。

（4）记录表格：根据要调查的问题设计一系列表格并事先印好，调查中以填表方式来记录材料，将比一般的笔录大大节省时间。除人口调查表、亲属称谓表等常用表格外，还可根据自己调查需要并参考前人调查设计其他表格。

（5）药品：根据调查者身体状况及调查地区有何疾病流行，携带一些药品是必需的（必要时事先要作防疫注射）。有了这些药品，还可给予当地人民以简单的医药帮助。防虫及净化用水的药物，有时也是必不可少的。

（6）个人证件：即旅行或长期居留所必需的身份证明或文件；在中国边疆地区调查，还应准备好边境通行证。

（7）仪器设备：如一切野外工作者常用的海拔表、罗盘、温度计、望远镜，等等。

（8）生活用物：如当地缺乏的生活必需品（包括某些食品），特殊需要的物品等等。必要时还应自带居住设备（帐篷）和照明用具。

上述物件应在出发前购置齐备。特别去偏僻地区，购物困难，更应事先准备。

四　调查的开始

调查者到达目的地要经过一段时间来熟悉环境，并使自己安顿下来，这一时期为调查的开始阶段。一般应做好下述一系列工作：

（一）选点和安排生活

到达调查地区，首先要选择一个村落和社区作为调查者的驻扎地及开始调查的地点。这个地点要有一定数量的人口，有较长的历史（不是新寨子），接近市场和集市，最好还是原来的政治文化中心，较多保存传统文化，受外界影响较少的地方。

随着调查不断深入，调查范围应不断扩展。除了受外界影响较少的地方外，还要有意识选择一些与外界交往较多的地区进行调查。今日世界上已不存在“未曾接触的社会”，调查中忽视社会文化的巨大变迁，将得出不全面不完整的看法。

选好地点后，能尽快安排好自己的食宿，使自己安顿下来（settle down）。田野工作者在调查地点一般应有自己的“家”——茅店、村内空屋或帐篷。尽管参与观察法强调深入到当地人民生活中去，并不意味着非要一直和当地人民“同吃同住”，像 20 世纪五六十年代对中国民族调查者所要求的那样。吃不习惯食物的困难犹可克服，而住在别人家中心理上精神上的负担难以消除。你要按照主人的作息时间生活，没有一个供自己工作和思考的空间和时间。而且由于你长期居住，也会影响主人的正常生活。世界上人类学家多不怕过艰苦生活，但无人愿做这种对调查不利的傻事。当然，在适当场合到当地人民家中作客，或作短时期的居住，体验一下当地人民的生活，是大有好处的。

（二）说明来意

进入你要居留的村落或社区，要尽快让公众了解你此行目的和工作性质。当地有威望的人士或地方行政官员是应该首先拜访的，出示证件或介绍信有时是必要的。与此同时，不能忽视向当地广大群众说明来意，否则在人民眼中你将是一个神秘人物或是上面派来的官员，他们有理由对你敬而远之。假如你所去之处的人民多不识字，如何以通俗言词说明你的来意是一门大学问。大讲人类学重要性，大谈自己工作如何崇高，是不合时宜的，只会引来疑虑或讪笑。前人成功的经验是说明自己要写一本书，记录他们当地的生活习俗，让世界了解他们，让子孙记住他们，而周围某某民族已有这样的书了。人类学家 H．鲍德美蔻就是这样做的。她同时还出示书刊上的有关图片，据云效果甚佳。

不能指望仅靠一两次说明来意就能消除当地人民所有的怀疑和不信任。但初来时若未能正确说明工作性质而引起的误会，却会对以后调查一直发生不利影响。

（三）熟悉环境

对自己所住的村落或社区，要尽快作一番考察，弄明它的位置和内外布局，是很有必要的。

最好通过粗略的勘测，很快画一张草图，标明自己住处、主要街道、领导人住宅或地方行政机关所在地、民宅、商店、学校、宗教建筑、周围的耕地、牧地或森林、河流、水源及对外交通情况，供自己随身携带，看图问路，大有好处。

这张图在以后长期调查过程中，通过不断增补修改，最后可作成一张精确的地图。它很可能成为你调查报告中一张重要的插图。

在熟悉环境方面，还应包括迅速了解当地一些重要的禁忌、禁地、语言忌讳、问候方式及重要礼节等等，以免做出不恰当的事情，冒犯当地习俗，伤害人民的感情。初到者的无意冒犯一般会受到原宥；但他若迅速能像当地人民一样为人处事，必更能赢得好感。

（四）查阅地方文献

这包括保存在当地未曾发表而为城市图书馆所不能看到的文献资料，如地方政府档案、家谱、当地人士搜集的民间故事、歌谣等等。这些均有助于你对当地的了解。假如取得许可，应择重要者予以复制。

（五）人口调查

这是马凌诺斯基创造的方法，后为不少人类学家所采用。初到不久，即对调查点各户作一次调查，登记在表格之中，这样可以迅速掌握该地基本情况。它标志着调查的开始，而且从这里会发现一些值得调查的问题。

在中国，由于存在户籍制度，而且已经过多次人口普查，地方行政当局都保存户籍档案，调查者可以在户籍档案的基础上再作自己的人口调查，节时省力。但户籍档案应经过自己核实才可利用。

据我自己的经验，作为调查工作开始的人口调查，包括项目不宜太多。每户只要登记户主及其成员的姓名、性别、年龄、婚姻情况、职业等。此外，该户是土著抑或新近从外地迁来，是要弄明白的。

开始调查的阶段是艰苦的，调查者因“文化震撼”而产生的思想苦闷主要发生在这一阶段。

他既需要有克服困难的毅力和决心，又要讲究正确的工作方法。假如通过上述一系列步骤，使调查步入坦途，顺利进行，调查者的思想便会逐渐安定下来，而真正进入“角色”。

五　如何接近人民及选择报告人

调查者对当地人民来说总是陌生人。彼此之间在一定时期内总不免存在隔阂。当地总会有人或者心存疑虑，冷淡疏远；或者故意接近，取悦谋利（如推销工艺品、索取物品等）。这些都会导致彼此不能以诚相待，妨碍调查正常进行。

为了获得真实材料，调查者必须主动接近人民，消除隔阂，与当地人民建立起一种亲密关系(rapport)，使彼此能相互了解，相互信任，成为真正的朋友。

A.C.海顿曾说：通过微笑和一根线就能赢得信任。一根线是为了和孩子一起做绕线游戏。能与孩子打成一片，也就易于赢得大人的友情。除此以外，当然还有其他接近人民的办法，如参加力所能及的生产活动，一起从事某种游戏或娱乐，送小礼物，共同喝酒和抽烟，给予简单的医药帮助等等。最重要的是内心深处要怀着友好的感情，对当地人民和文化要十分尊重，“诚于中而形于外”，最终总会为当地人民所了解和信任。

在建立起亲密关系之前，不要问过多的问题，特别是敏感问题。20年前在中国少数民族地区作调查，极易被村民误会为政府派来的“工作队”，因为那些年代运动不断，派往农村的工作队实在太多。我个人在沧源佤族地区曾被误会为是来查账和惩罚干部的，后一再辩解均难消除。这是因为我入村不久曾调查“头人”收礼等习俗，引起误会，这是一次深刻的教训。

与当地人民之间的亲密关系是调查过程中逐渐建立起来的。若能尽快找到几个合格的报告人(informants)，他们能起化解隔阂促进友谊的作用。

严格说来，当地人民不论男女老幼都是潜在的报告人，都有可能向你提供材料；但物色和训练一些明白事理、对你工作目的有充分理解而又愿意提供材料的人，是做好调查工作的重要环节。报告人还应根据所调查问题来选择，如宗教问题的报告人最好是巫师或其他宗教职业者，传统技艺的报告人最好是有关的工匠。这些专门职业者在有关领域总能提供出比他人更多的材料，被称为“专门报告人”(well-informed informant)。若有个别人通晓本族各方面情况，掌握的材料全面准确，敦请他们出山作为报告人，则事半功倍。但这样的人物殊为难得，就我个人交往过的来说，仅遇到少数的几位，如四川凉山彝族中曾任田坝土司的岭光电先生，云南景颇族（大山支）中曾任“斋瓦”（大巫师）的沙万福先生，两位现已过世，但他们给予我的巨大帮助使我至今难忘。

报告人要求诚实，不论提供材料多少，都应是真实的。对新的报告人，从A.C.海顿开始，就实行一种测验和训练方法，即同一问题反复询问多次，或同时询问几个报告人，看其陈述是否有前后不符之处。其实，报告人是否诚实，一个有经验的田野工作者通过观察和交谈，即不难判断。

对报告人应该给予合理的报酬。报酬应按他们花费的时间来计算。那种以为付钱愈多，即可获得愈多材料的做法是错误的，会诱发一些人编造故事骗钱的行为。

六 关于学习语言

人类学家为了深入了解某一民族的社会和文化，学会他们的语言，能与调查对象直接交谈，是理想的调查模式。许多著名人类学家从事全面调查，就是这样做的。

但不是每个人都有语言天赋，能在短期内掌握一门语言。特别是就某一问题做定向调查时，可能涉及好几种民族，在每一民族之中居留时间又不会很长，不可能也没有必要同时学会好几种语言。因此，不能要求所有人都要学会语言才能进行调查。按照科学的方法通过翻译或使用彼此相通的第二语言，仍可完成调查预期目的。正如《人类学的询问和记录》一书（42 页）所说："一次出色的工作，特别是普查性工作，可以借助翻译来完成，或者在那些土著会说双重语言的地区，可以使用彼此相通的第二种语言进行沟通。……最好和一个好的译员一起工作，而不要试图以自己学的半生不熟语言来调查。除非调查者有罕见的语言能力，大概在像六个月这样时期内不能充分掌握已可用作调查工具的一种语言。"

所谓"好的译员"，是由训练得来。对译员和对报告人一样要求诚实，即忠实于原话而不可任意增减或掺以己意。当然，有时误译或漏译并非出于故意，也不能求全责备。应告诉译员尽量采取直译法。据前人经验，首先调查谱系（详见本章《材料的记录和核实》），可使译员养成严格准确进行翻译的良好习惯。若遇有少数民族文字写成的文书，中国学者很早实行的四行翻译法极为有用：第一行民族文字原文，第二行国际音标，第三行逐字逐句的对译，第四行意译成可以通读的汉语文句。同样方法也可适用于无文字民族口头流传的神话传说、民间故事和歌谣，当然只需三行就够了。

对译员也要支付报酬，其办法和原则与对报告人同。

七 关于参与观察

科学的田野工作以参与观察（participant observation）为重要标志。参与观察方法的重要内容有：(1) 调查者住在调查地区要有一定的时间长度。一般是一年，使他有机会看到当地人民一年内因季节而异的生产活动、宗教仪式和节庆。(2) 学习当地语言。(3) 调查者要像当地社会成员一样，深入到生活之中，才能真正了解他们的文化。

最后一点尤为重要，作为参与者还是作为旁观者进行观察，其效果不大一样。我个人对此深有体会。1981 年调查云南永德县利米人时，参加一次追悼亡灵（称"开吊"或"作帛"）的仪式，曾和死者亲友一样送礼，接受孝子跪拜，并参加盛宴及仪式所有环节，使我对这一仪式性质及一切动作的意义有较多了解，至今印象深刻。而 1989 年率领学生在云南金平县实习，一个傣族村落正按传统方式举行丧葬仪式，因忙于安排和指导学生做记录，自己只是作壁上观，结果对仪式很多内容不甚了解，至今引为憾事。

但参与观察并不意味着只在遇到重要活动才进行观察。调查者在仪式、节庆或其他重要活动中集中注意力进行系统观察和记录是必要的，但还要随时随地注意观察当地人民的日常生活、行为、礼节，以及心理状态、人际关系等等一切细节。

参与观察者既要深入当地社会生活中去，又要防止“土著化”（going native），即做过分的感情投入。他不应忘记自己是一个人类学工作者。他要保持清醒的头脑来分析观察一切。

参与观察的好处是能目睹实际发生的事情，而不是报告人口述的有时只是该社会理想的行为。

而且，只有一次一次参与观察，才能真正和当地人民建立亲密关系。但参与观察所得材料仍不完整。在调查期间，没有发生的事情便无法观察。参与观察到的行为，也并非都能了解其意义。为避免分散参加活动者的注意力，当场不宜提问题，因此，事后仍需要向报告人进行了解，这就需要访谈（interview）。参与观察和访谈虽然可以分别讨论，实际上两者一直是相互配合交叉进行的。H．鲍德美蔻认为，调查者实际上每天都在把直接观察和访谈这两种搜集资料方式结合起来。

八　关于访谈

文化人类学的访谈共分两种：一种称为“结构性访谈”（structured interview），即按照预定计划提出一个个问题，请报告人依次回答。另一种称为“非结构性访谈”（unstructured interview），即提出一个范围较大的题目，由报告人自由陈述。以考试为喻，前者类似问答题，后者类似作文题。

这两者是互补的，应分别情况交互使用。一般说来，调查之初宜多用非结构性访谈，及至和当地人民建立亲密关系及有了经过训练能忠实提供情况的报告人后，再多用结构性访谈法。

无论进行哪种访谈，下列一些原则是必须遵守的：

（1）当报告人用自己的概念、术语和分类来描述文化现象时，应充分进行记录。这是反映他们文化特质的最佳材料。尽量避免把自己的思维方式强加于人。

（2）开始调查阶段应集中访谈一些不会引起误会的问题，如谋生手段、器物制造等等，而避免询问一些当地人民不想为陌生人所知的问题，如婚姻、财产、神秘的宗教仪式、秘密结社等等。

（3）访谈要按一定计划进行，有时还要排好日程，但又要有灵活性（flexibility）。当报告人回答你的问题时涉及其他方面时，应该欢迎，不能打断。访谈时如有旁观者的到来，亦不能拒之门外，只有因势利导，让他们参加到谈话圈子中来。这些场合会提供出一些意想不到的有用材料。事实上，在田野工作全过程中都应表现出灵活性。调查的计划提纲和日程，是可根据具体情况随时改变的。

（4）访谈时要把调查提纲中所列问题分解为一个个具体的提问。提问要简单明了，使报告人易于回答，以免得到模棱两可的答案。例如，你问“这里的水稻产量如何？”大概只能得到“好”。“不好”或“一般”等笼统的回答。假如问“今年每亩稻田产量多少？”“去年每亩稻田产量多少？”……则可以得到一系列具体的数字，从而归纳出实际情况。

（5）访谈一些难度较大的问题，先从搜集个案（case）入手。例如某一民族离婚普遍，你问：为什么？是些什么原因？大概没有哪一个人能全面回答，有些家务事亦非局外人所知。假如逐一搜集离婚的个案，你自己就能从中归纳出各种各样的原因。

（6）一次访谈的时间不宜过长，特别是对有些少数民族，谈话太多易感疲劳。

（7）最重要的是在访谈过程中，要对报告人充分尊重，和他们建立起良好的关系，对他们的任何陈述，不能表现出哪怕是极其微小的轻视、忽视或嘲笑的态度。不能有任何诱供式的发问。对他们不愿谈的问题，不能勉强；应尊重个人隐私，更不能在他人面前询问个人隐私。应遵守当地流行的回避习俗，如有些民族在女婿面前不能提到他的岳母。有关女性的婚姻之类事情，如有她家人在场，最好不要议论。这在很多地方都是不礼貌的行为。

除了上述两种正式访谈外，劳动休息时的闲聊，晚间火塘边的聚会，节庆宴会上的交谈，都可补充了解一些事情，扩大访谈的范围和材料的来源。

九　关于抽样

假如调查一个范围较小人口不多的社会，可以遍访全体居民。假如调查范围较大人口众多的社会，便不可能采取同样方法，而必须进行抽样，即通过调查有限的对象，来归纳出对整个社会的看法。这有限的调查对象便是样品。为了保证样品足以代表整个领域，必须有一套科学程序来选择样品，这就是抽样。

一次成功的抽样必须是样品均匀地散布于整个领域，而且每一个体都有平等的被选中的机会。最常见的抽样技术是“随机抽样”，即先确定样品多少，用类似抽签方法选择样品。

这样的机械性程序可以排除调查者的偏见。

以上是对一个同质社会的抽样。如是一个异质的社会，应先通过一次粗略普查，根据调查问题进行分类，确定每一类人口与全民之比例，然后按此比例再分别随机抽样。这称为“分类抽样”。例如，调查当前一个农村的生活水平，至少应分为全部务农者、家中有人经商者、家中有人在外工作者诸类，采取分类抽样方法，分别了解其收入，才符合实际情况。若仍统一抽样，样品万一多半出自经商者，则易得到全体农民收入大大增加的假象。

关于样品究以多少为宜，无法做统一规定。抽样原为了节省调查时间和人力，样品太多便达不到这一目的，并非是样品愈多可靠性愈大。可靠性是由科学的抽样技术决定的。但一般说来，样品的比例不要少于 5%，样品数不要少于 30 个。

抽样过去视为在工业社会或城市中做调查才用的方法，而对少数民族多用逐户调查的方法。

然当前少数民族地区变化很快，很多问题也需要掌握大量数据作量化分析研究，若逐户搜集数据进行统计，调查者有时便感力所不及，故抽样之法必将愈来愈得到广泛的应用。

十　材料的记录和核实

通过观察和访谈搜集来的材料，要随时记录以防遗忘。只有用科学方法记录的材料，才能作为今后编写报告和进行研究的依据。

在现代人类学田野工作中，材料的记录共分下述三类：

（一）影视记录

“一张相片抵上一千个字”。早期人类学家已知尽量使用照相。对于记录生态环境、生产活动、工具制造和使用等等，相片的效果绝非文字记录所可比拟。现在除照相机外，又有了摄像机（代替了过去只有专业人员才会使用的电影拍摄机），以拍摄宗教仪式、节庆活动、舞蹈和游戏等活动场面。

这里要说明的是科学书刊中多用黑白图版，可以节省印刷成本，当然，遇到绚丽的服饰、器物上彩色图案、绘画和雕塑作品，仍应拍摄彩色相片。

照相及录像都要首先取得人民的同意。中国有些少数民族认为，照相会摄去灵魂，因此拒绝照相。过去调查者因为不经同意擅自拍照，常发生不愉快之事。

照相及录像的时间、地点、内容及被拍摄者姓名等，应有详细记录。

（二）音响记录

报告人的重要谈话、老人讲述的神话故事、歌手的唱歌或对歌、巫师的念咒或祷祝等等，均应录音，以保证材料的完整、准确，并有利长期保存。

录音的时间、地点、内容、被录音者的姓名及身份，均应写在录音带标签之上；或由调查者口述，录于录音带之前。

（三）文字记录

尽管已有影视和音响的现代化手段，文字记录仍然是文化人类学田野工作中主要方法。但文字记录并非仅指笔记。我曾见一位朋友，几个月调查所得，都记在一本厚厚的笔记本上，用功甚勤，自叹翻阅不便。

假如说搜集资料方法，有参与观察及访谈两种，则记录材料至少有下列六种方法：

（1）笔记：仅用来记录报告人的谈话，人们日常行为，调查者自己对一些事物的看法和印象，等等。

（2）实录：在参与观察中记录仪式及其他重大活动。其要点是按时间顺序记录全过程及细节，务求详细具体。

（3）原文：记录重要人物的口述历史、重大事件参加者的回忆、民间故事和神话传说、神判或审判的对话，等等。这种记录方法的要点是把报告人或当事人说话以第一人称的口气原原本本地记下来。若使用的是土著语言，应先录其音，再逐句翻译。

（4）日记：记录自开始田野工作以后每天调查者个人生活和工作情况、印象和感想及遇到的困难等等。假如是一个调查队，除个人日记外，最好还应有一本工作日志，记录全队的活动。

无论是笔记、实录、原文或日记，都不要忘记注明调查和记录日期、地点及有关人员的姓名。这四种不同类型的记录应分册书写，以便查找。

（5）图表：有些事物仅用文字记录，效果不佳，应绘图或列表说明。如器物的结构，长篇描述抵不上一张简单的剖面图；又如产量增长、人口变化、森林锐减等等，堆砌数字不如编制一张历年统计表或画一张曲线图。究竟在什么地方应使用什么图表，自应由调查者根据需要自行设计。这些田野工作中作为记录手段的图表，以后略加整理精绘，便可以作为调查报告的插图和附件，这方面的劳动是不会白费的。

（6）谱系：此法为H.R.利弗斯首创，现已成为调查记录家庭组织、婚姻、继嗣和亲属制度的重要方法，值得多作介绍。谱系法的要领是以一套固定的符号代表不同性别及彼此关系，用图解法代替文字描述。兹据《人类学的询问和记录》及新出人类学著作中所用符号，综合起来介绍于下（图一）：

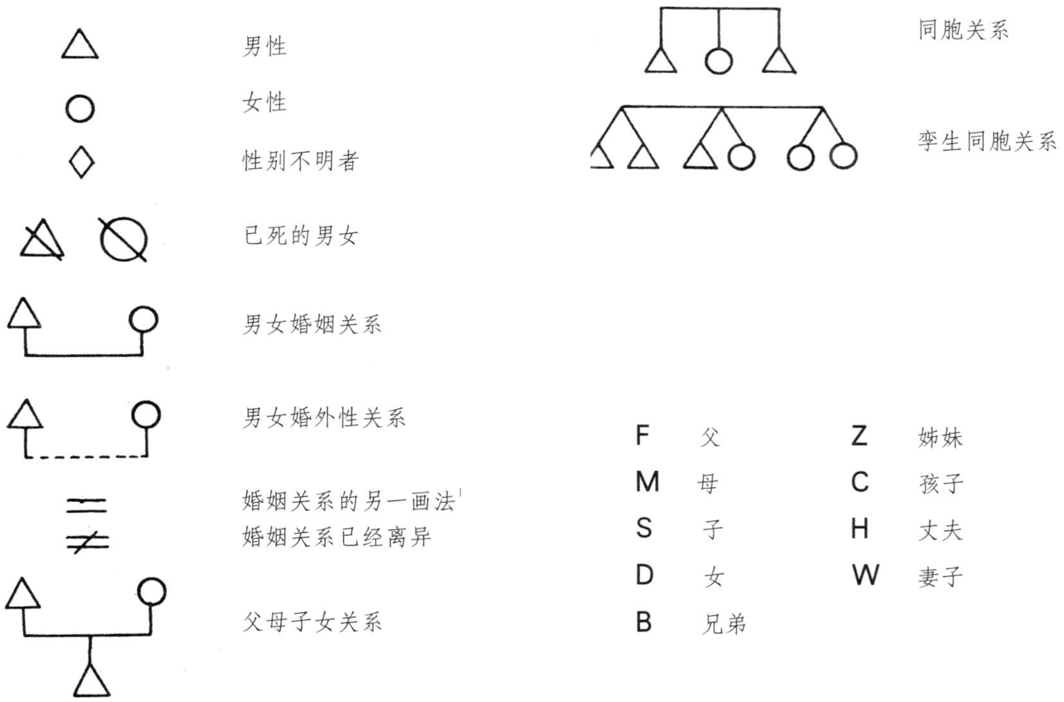

图一　表示亲属关系的符号

无论多么复杂的亲属制度，多么庞大的家庭组织，均可以上述符号表示（参见本书“家庭”、“继嗣和亲属制度”、“亲属制度和亲属称谓”）。但若具体记录一个家庭的谱系，最好在符号之下还要缀以姓名。我过去讲课涉及这一部分时，曾让学生编《红楼梦》贾府的谱系，作为课外作业。兹选出王东昕君的作业转录于下，以供参考。（图二）

1 表示婚姻关系的符号原有两种画法，有人只知＝，竟不知有凵。实际上，＝不如凵“有利”（《人类学的询问和记录》，53页），特别当表示非等辈婚（如外甥续娶舅母）时。像当前比较流行的R.基辛《当代文化人类学》一书仍采取凵符号。

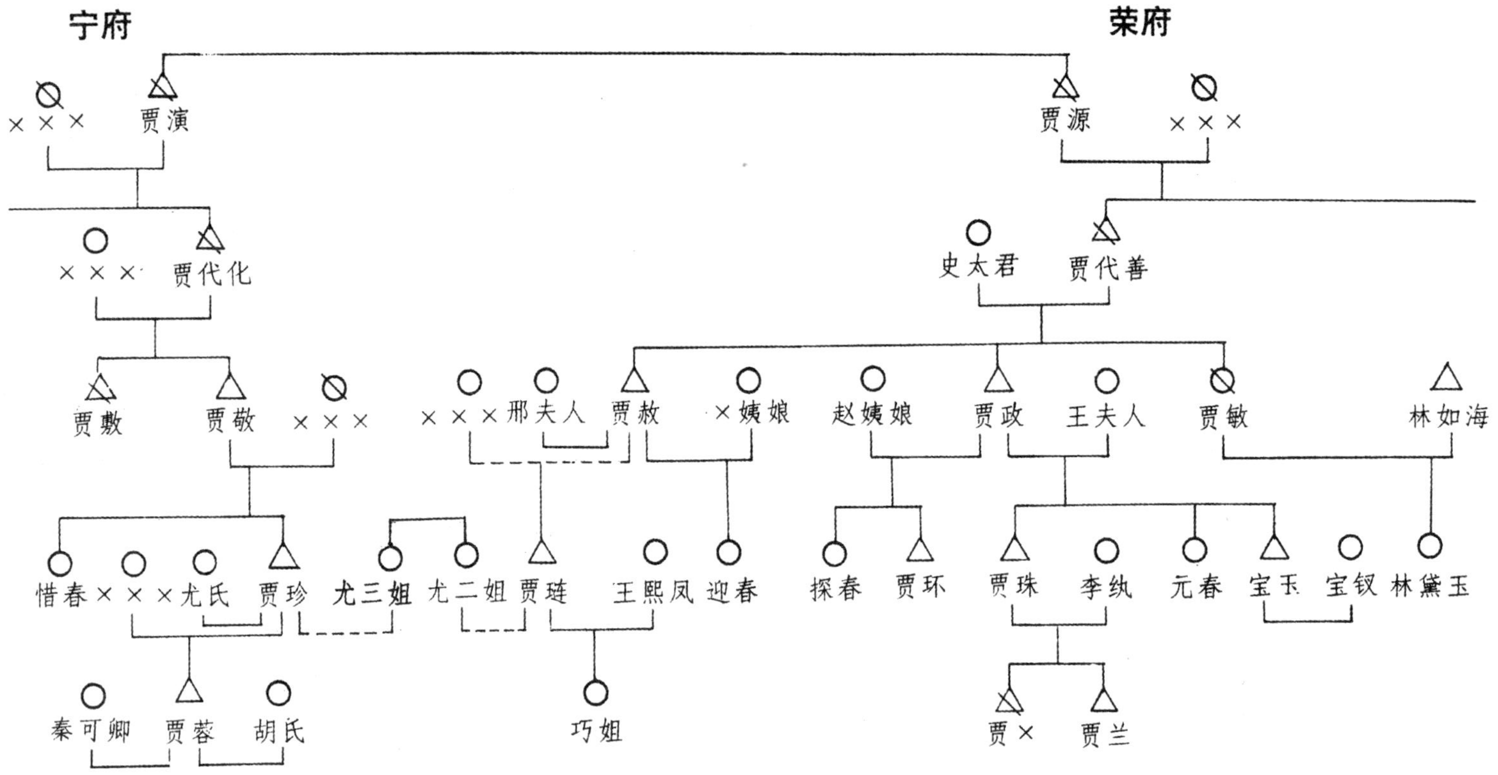

图二《红楼梦》荣、宁二府谱系

1. 以《红楼梦》第二回“贾夫人仙逝扬州城，冷子兴演说荣国府”的时间为准，在此以后死亡者，不加注明。
2.《红楼梦》中表现婚外性关系，特别是男主人与丫环的性关系甚多，不能一一画出。

不言而喻，要在充分掌握情况的基础上才能制作谱系。调查谱系应使用当地的亲属称谓（参考“亲属制度和亲属称谓”），而不可用调查者自己的亲属称谓。例如，很多民族像欧美人一样，对姑母、婶母和姨母只有一个称谓不加区分，假如按汉语的习惯询问，则报告人将不知所云。此外，调查时要遵守当地回避习俗，经常注意消除调查对象的顾虑，等等。这与调查其他问题相同，不赘述。

（四）关于核实材料

记录下来的材料要加以核实，发现错误应予改正。未经核实的材料就写入调查报告，是不负责任的行为。

核实材料应通过下述途径进行：

（1）用观察到实际发生的行为，对照报告人所述往往是过去实行的或理想的行为规范；

（2）用具体的事实来对照一般性陈述；

（3）对来源不同的材料相互核实。

这样，可发现矛盾之处，便可进行再调查，去伪存真。

十一　实物标本的搜集

当地人民特殊的工具和手工制品、反映传统美学的服饰和艺术品，以及重要的宗教用物（在不伤害当地人民宗教感情的情况下）等等，应尽可能购买原件或加以复制，带回作研究之用。搜集这些实物，要注意其完整性、系统性。如工具最好是成套的，服饰最好是包括不同性别、年龄的。当地特殊的植物、矿物等，也应搜集标本以供专家鉴定。

在地面分布的考古学遗存，在取得当地有关部门同意后，亦可列入搜集范围。对于不可移动的历史文物（如碑刻、纪念物及古代艺术品等等），当然只能拍摄相片，有文字和花纹的取得拓片（这是中国古代学者留给我们的有用方法）。如是雕塑品，可采用纸模法（以一层层湿纸压印雕塑品之上，干后取下），既可保持原形，又不易损害原物。当然，这些工作都要取得当地有关部门和人民的同意。

每件搜集品应作详细的文字说明，说明搜集者姓名、搜集地点、日期、土著名称、来源（何人制造和得自何处）以及质料、特点、制作方法等等，作成标签，系于搜集品之上。（图三）

搜集来的实物和标本，无论本身价值多高，没有文字说明，便成了一堆废物。

搜集品如何妥善包装安全运回，有不少技术问题需要讲求。搜集品干燥后才能包装，并喷洒防腐和防虫药物。包装材料应据器物性质决定。一般搜集品放在纸箱、木箱或金属箱中，塞满填料，即可托运。精品放在小盒中随身携带，较为稳妥。在这方面，中国过去盛放文物的“囊匣”，是最好的保护性运输设备，应该充分利用。

十二　调查成果的整理公布和存档

调查成果要及时整理公布，公之于众，供人参考。人类的知识应是共享的。调查以后多年不

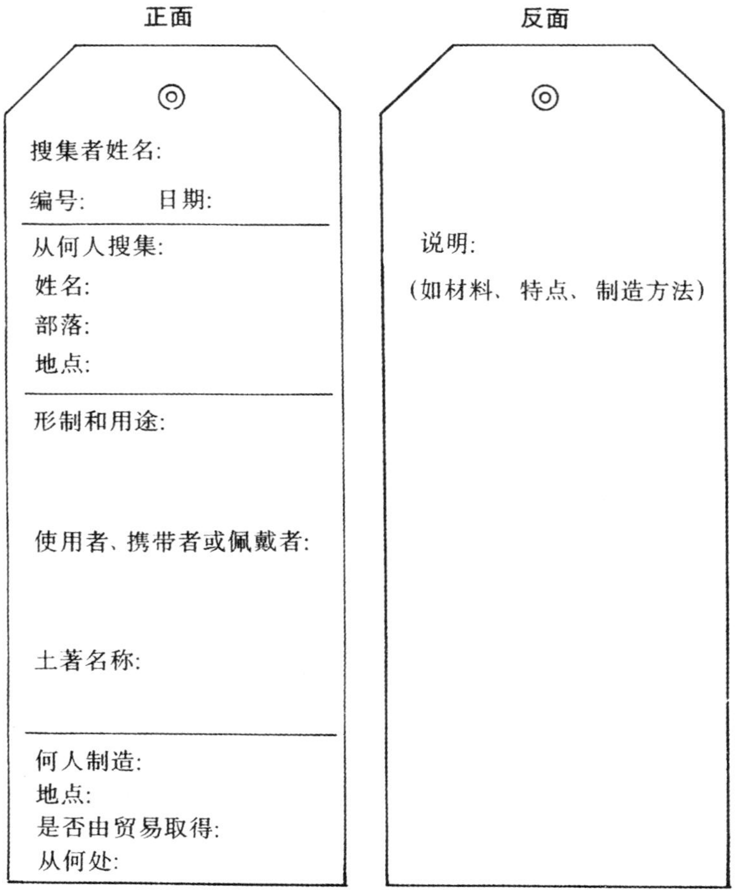

图三　搜集品标签样式

发表报告，一任调查材料网结尘封，或专留自己写论文之用，将有负于为调查提供资助和帮助的人们。

调查材料整理公布虽是离开田野以后的事，但只有发表正式调查报告，才能算调查工作的最终结束。

调查者有权信奉人类学某种理论，并通过自己调查来维护或反对某种理论。但这里有一个原则，他必须处理好事实和理论的关系。正如《人类学的询问和记录》一书（27 页）所说："事实和理论不应混杂，观察者要对自己材料进行理论的构造，应在报道事实后再另加考虑。"好的调查报告或民族志著作，都是这样做的，故具有长久学术价值。例如，鲍亚斯及其弟子们调查记录北美西北岸印第安人"夸富宴"（potlatch）习俗，马凌诺斯基调查记录美拉尼西亚地"库拉圈"（kula）贸易制度（参见"分配与交换"），当代人类学家可以不再同意他们的解释，但今天只要谈论这方面问题，仍得援引他们的报告和报道，因为其中充满了具体翔实的材料。而中国民族调查材料最大缺点，即在于一切为了证明既定的理论框架，忽视报道生动的事实。

调查报告的体例，并无固定的程式，应据调查成果的内容自行设计。在这方面，参考一些著名的调查报告和民族志的体例，无疑是有帮助的。

编写调查报告以后，各种原始记录（影视的、音响的、文字的）及实物标本，应按科学方法存档，以备自己或他人日后查考或研究。

在存档之前，所有材料应该分类编号，存放卷宗和档案柜中，要注明调查者、调查地点、调查日期及类别、内容等等。存档的房屋 要求能防火、防水、防虫及防止日光照射，保持恒温（16℃—24℃）及恒湿（40%—50%）；在存放照相底片、录像带、录音带的地方，需要较低的温度（17℃—20℃）及湿度（30%—40%）。实物标本最好送博物馆保存，那里有技术专家和专门设施，有利于搜集品的长期保存。

在有条件的地方，原始记录要留下一套复本或显微胶卷，或输入电脑制成光盘，以防意外。

关于人类学各种调查材料之存档及保存方法，新出版的《保存田野记录：考古学家和人类学家的档案技术》一书中有详细的讨论，并介绍一些运用自然科学的新的保存手段，可参看。

第三章　方法论（下）

本章继续讨论田野工作的方法论，主要阐述与田野工作密切相关的几个人类学理论问题。若不能掌握和妥善处理这几个问题，将影响田野工作的质量。

一　主位与客位

主位（emic）和客位（etic）这两个词分别来源于语音学的 phonemic 和 phonetic。主位指被调查者自己对事物的看法、分类和解释。客位指调查人员等外来者对事物看法、分类和解释。对同一事物，两者看法可以截然不同。例如，印度南部喀拉拉邦一个部落的牛群，雄性死亡率总是高于雌性。当地人民认为“公牛生来体弱”，调查者发现是因为小公牛出生不久，即不许停留在母牛之旁吃奶所致，实际上成为当地在不许杀牛禁忌下淘汰雄性保证雌性存活率以便牛群更好繁殖的一种机制（Harris,14–15）。又如，中国西南山区流行“大脖子病”（20 世纪 60 年代初在川滇边境，我曾见一个村落全体村民均患此病），当地人民认为是有“鬼”作祟，或“水不好”，而客位研究当然认为是当地食盐中缺碘所致。

田野工作中应如何处理这类问题？尽管对此曾有各种不同见解，但现在多数人都认为调查和记录应以主位为主，因为主位的看法有些即使不符合现代科学，毕竟反映了当地人民的思想和宇宙观，若视为虚妄而嗤之以鼻，将不能真正了解当地文化。正如李安宅在祖尼人中所发现，调查者所见者未必全面，且易受自己文化影响产生错误的看法（Li，1931）。但如为了解决某一社会问题而找出真正原因，就要兼顾主位与客位两个方面，否则将是不负责任的行为。如对于患缺碘病，若附和当地传统解释，不说出已为现代科学证明的真实情况，未免有悖于做人之道。

二　民族自我中心主义和文化相对主义

民族自我中心主义（ethnocentrism）是以自己文化为标准来衡量和评价其他文化，认为只有自己的文化是自然的、正常的和优秀的，自己的文化高于其他一切文化。假如再把这种文化优劣论归咎于人种之差异，便成为种族主义（racism）。种族主义只不过是民族自我中心主义的极端形式。

民族自我中心的思想可说是根深蒂固，自古有之。古代人类交往不易，各民族基本处于相互隔绝的状态之下。每个人都在一种文化中生长起来，从未接触其他文化，他自然而然地视自己生活方式、思想观念、价值观是正常的、最好的，只有自己才是真正的人类。在很多民族语言中，民族自称多与“人”同意，而对其他民族的称谓则多含贬低或诬蔑之意（如中国古代文献中边裔民族称谓多加“犬”、“虫”偏旁，甚至声称“非我族类，其心必异”），就是民族自我中心主义普遍存在的证明。直到近代，民族自我中心主义即使在科学发达国度也未根除，仍是引发战争的思想根源之一。

从事田野工作的人，也会自觉或不自觉地流露出民族自我中心主义。如当接触到不同的生活方式时，会表现出惊讶、不以为然或嘲笑的态度，甚或视生活于简单社会的人民为“落后”、“愚昧”或“野蛮”。至于到异文化中作猎奇式“调查”，也是民族自我中心的一种表现。存在这种思想必然会妨碍自己很好地做“参与观察”，不可能与被调查者建立亲密关系，因而也就不可能获得真实的资料。

为了克服田野工作者的民族自我中心主义，从鲍亚斯开始，有些人类学家强调一切文化都有它存在的道理而无从分别孰优孰劣。对异文化要充分尊重，不能以自己文化标准来判断和评价。这就是“文化相对主义”（cultural relativism）。

文化相对主义对于与民族自我中心主义作斗争，保证调查材料的客观性，是有功的。但若走向极端，则会变为是非不分的虚无主义。假如按照文化相对主义的观点引申下去，则遇到像中国过去的溺女婴，东南亚及太平洋岛屿地区的“猎头”，美洲印第安人的“剥头皮”，印度的寡妇自焚（suttee）等等，也只管进行记录，不加评价；而对于二次大战期间纳粹德国和日本法西斯主义鼓吹种族主义，实行种族灭绝暴行也就不必加以谴责了。文化人类学家对世界各种文化进行比较研究，最终目的还是为了各民族的社会进步和人民幸福。尊重异文化和保持客观态度，并不意味着可以置国际共认的道德规范和价值观于不顾，对一切事物都不表明自己的态度。

民族自我中心主义是无所不在的。调查工作中还会遇到被调查者的民族自我中心主义。以中国民族调查为例，当你被告知，某族由于当地发现猿人化石便是“历史最为悠久”，他们那里为人类的发源地；某族的文化最为优秀……你就可能是遇到了民族自我中心主义。当你调查记录“图腾”、“性自由”等常见的文化现象，而被认为是“诬蔑少数民族”时，也可能由于民族自我中心主义作梗，似乎一个“优秀民族”是不应存在这些“落后”习俗的。这类民族自我中心主义对调查工作的种种干扰，同样会妨碍对客观事物的认识。调查者要妥善处理，既不能伤害当地人民的感情，又不能屈从于偏见。最好依靠本地或本民族有识之士向公众进行充分的解释，消除隔阂。

三　文化诸方面的有机联系

功能学派人类学家即已认识到文化虽可分解为各个因素或各个方面进行描述和研究，但文化本身仍是一个整体，各个组成部分之间是相互联系、相互制约的。正如人体之有消化系统、循环系统、呼吸系统、分泌系统、排泄系统、生殖系统，功能各异，都为了维持人体的生存和健康；而且“牵一发而动全身”，某一系统的器官出了问题，都会影响其他方面。一种文化内包含经济、婚姻、宗教等等各种制度，情况也是一样。没有哪一制度不与其他制度相关联可以单独存在的。

基于以上原因，在田野工作中调查者必须注意文化诸方面的有机联系。例如，遇到简单社会中盖新房，不仅应调查其建筑技术及房屋结构，而且应观察其劳动分工和协作，为新房奠基及落成举行的仪式等等。它涉及建筑学、经济、宗教几个方面。又如，养牛业在中国西南几个民族之中非常重要，牛不仅可供食用，而且还可作为交换媒介及祭祀中的牺牲，故在对生计、经济及宗教几个方面调查，都不能不弄清牛的作用。

四　关于文化变迁

一个社会或一个民族中无时不在发生着文化的变迁。一般说来，前工业社会文化变迁较慢，而在现代社会中，文化变迁加速地进行。一个调查者看到的只能是某一文化一定时期的面貌，假如过了几十年或几年再去调查，便会发现面目全非，今非昔比。这是常见现象。文化变迁的途径是多种多样的。广义的文化变迁包括下列诸项：

（一）发明和革新

凡是创造出新的工具、技术，增添新的知识，提出新的思想观念或科学原理，或建立起新的制度，而能推广于全社会为其他人所共享者，都属于发明的范畴。

“需要是发明之母”，但只有那些适应社会需要的发明，才能得到推广。只有那些得到推广的重要发明，才对推动人类历史发展起重要作用。发明又有无意识的和有意识的之分，无意识的发明多于有意识的发明。但现有一种理论认为，发明殊非易事，人类有恪守传统的保守倾向，某项发明有了社会需要也不一定就能推广，简单社会更是如此。故发明一般在边缘地区，即受传统束缚较弱的地区发生。[1]

革新是对已有的工具、技术、思想观点、社会制度等做一些补充修改，使之适应新的社会需要。它的作用与发明同。

（二）借用

借用（adoption）是从另一群体引入新的文化因素，实际上就是文化传播的现象。据研究，任何一种文化中，其组成的因素属于自己发明者不会多于百分之十，大多数来源于其他文化。正因为有文化传播，一个地方发明的先进事物才能为各地所共享，人类进步才会加速。

借用有选择性。只有那些适应当地社会需要，优越性显而易见，而且与当地文化传统相容的事物，才能被接受。故物质文化总是比思想观念、行为模式易于借用。如日本人曾大量借用中国古代文化，却未曾借用科举制度，因为当时日本贵族不喜欢低层人民借助考试而跻身于他们的行列。科举制度是与当时日本文化不相容的。有些事物在借用之后还会根据当地需要和爱好加以改变。如意大利馅饼（pizza）传到美国便已有改变，云南丽江、大理这样地方今天也有

1　这里说的发明包括发现，实际上两者还可区分。R. 林顿认为，首先提出新的思想，增长新的知识，称为发现；而发明专指知识的新的应用而言。如首先认识物体滚动可以省力这一原理是发现，而利用这一原理制造出车轮来，便是发明。

pizza 餐馆，更不能要求其口味与原来一样。

借用又有双向性，甚至“原始的”文化，也有很多值得借用的东西。如美洲印第安人既接受了欧洲文化，又以自己一系列发明作为回报，他们曾为世界文明贡献出玉蜀黍、南瓜等栽培植物，金鸡纳等药物，鹿皮软鞋和风雪大衣等舒适衣着以及可以防湿防虫的吊床，当然还有今天使亿万人成瘾的烟草。

（三）文化丧失

由于发明和借用而增添新的事物，固然是一种文化变迁，而由此导致旧事物的丧失（如北美洲北极地区部分爱斯基摩人由于履带式雪地汽车的传入而导致狗拉雪橇的消失）；或由于生态环境及社会生活变化，在没有替代物的情况下有些文化因素自动消失（如古老的狩猎技术、繁缛的宗教仪式），这些也属于文化变迁。

传统文化某些因素被取代或自动消失，是社会进步的必然趋势，但有些优秀的文化因素（如传统手工技艺、良好的道德和行为规范等等）的丧失，将是人类不可弥补的损失。如何抢救各民族优秀的文化遗产，是当代人类学一个重要课题。

（四）涵化

处于支配从属关系的不同群体，由于长期直接接触而使各自文化发生大规模生的变迁，便是涵化（acculturation）。具体言之，涵化有下列特征：

（1）涵化可能是自然而然完成的，但更可能是在外部压力下产生的，经常伴随着军事征服或殖民主义统治[1]。

（2）涵化与个别文化因素变化的借用不同，往往意味着许多文化因素的变化。

（3）相互接触的群体，总有一个是强大的，处于支配地位，另外的则处于从属地位。从属的群体通常为支配的群体所涵化。但也存在相反的情况，若从属的群体存在强大的人口优势而又文化先进，最终被涵化的也可能是支配的群体。接触的群体有时也会各自丧失文化特性，而形成一种新的文化。

（五）文化恢复

随着被涵化民族的觉醒，他们希望找回已丧失的固有文化，如通过残存的老人追忆来恢复久已不再举行的仪式或节庆，重新穿上民族服装，教育后代学习本族语言等等。从消失或即将消失到恢复，这也是一种文化变迁现象。值得注意的是一度消失而得到恢复的宗教仪式等等，往往与原来面貌有异，或加进若干新的内容，或丧失部分内容而无法恢复。例如 1981 年我在云南永德县利米人中见到当地恢复举行追悼亡灵仪式，巫师念经往往中断，因为他们已记不得全部经文。这是调查者要加以辨别的。

文化变迁的途径虽然多种多样，造成文化变迁的普遍原因不外乎：(1) 由于环境变化而引起的社会内部需求。(2) 由于与其他群体接触而受到的外部影响。此外，一次大的社会变革之后，必然引起人口的大量流动和不同族群相互接触，更会伴随着文化变迁。

文化变迁问题在当代人类学中占有重要的地位。现在世界上很多地区正在发生的现代化过

---

1 有人把军事征服和殖民统治所发生的涵化，称为“同化”(assimilation)，以相区别。

程，实不过是发展中社会借用了发达社会已获得先进文化（技术革命、工业化、都市化），是正在经历的一次大的文化变迁而已。因此，在田野工作中，我们应对每一种文化变迁现象，进行必要的考察；传统社会在走向现代化过程中发生的问题，应从文化变迁角度做调查研究。

基于以上认识，我们在调查以下各章所述任何一项文化因素时，除了应详尽了解和描述其现状外，都要弄清它是固有的，还是新近发生的，它是通过什么途径。若是自己的发明或革新，是什么人或哪些人在什么情况下作出的；若是借用，来自何地何族，是否加以修改或改变，借用在什么基础上为了何种需要才被接受的。与此同时，是否某些文化因素正在丧失。若是涵化，被调查的群体处于支配的还是从属的地位，哪些文化因素发生了变迁；新获得哪些因素，又丧失了哪些文化因素；是否丧失以后又有恢复的情况。假如你调查的社会正处在现代化过程中，哪些方面已发生变化，是否有优秀传统文化亦随之丧失的情况，也应注意。

调查文化变迁，只能限于新近发生的事。我个人认为，三四十年内的文化变迁情况，由于当事人或目睹者尚在人间是可以调查的，但不能追溯更早的年代。历史上文化变迁，应由历史学家或民族史家根据文字记载进行研究，而不是调查工作所能解决的。

第四章 环境

任何生物离不开赖以生存的自然环境，人类自不例外。人类既受环境的影响，又对环境施以影响，并能改变自身以适应不断变化着的环境。人类的进化便是不断适应环境的结果。人类学中一个流派——文化唯物论者甚至认为，人类文化诸方面都是为了适应环境并维持生态系统平衡而形成的，不仅谋食方式、经济活动如此（这是显而易见的），而且社会结构、生活习俗，乃至宗教仪式方面的一些现象，也能从维持生态平衡的角度找到解释。例如，新几内亚一个部落定期举行杀猪大宴，客观上可节省饲料，以免薯芋匮乏影响人类食用；北美拉布拉多的纳斯卡皮人（Naskapi），以占卜决定狩猎地带，可增加狩猎的偶然性，以防止过多的杀戮，保护人们赖以生存的动物资源；中国傣族及相邻几个民族崇拜“龙山”、“神林”，实起保护森林的作用。

显然，为了给研究和解释文化诸方面及其变迁提供依据，田野工作者首先必须对当地自然环境进行充分了解。

在这方面，中国的民族调查或社会调查做得不够，调查报告中对调查地区的环境，一般只是寥寥数语，缺乏具体的描述。

所谓环境，不是仅仅指出属于“热带雨林地带”、“灌木林地带”、“沙漠干燥地带”、“草原地带”、“北方森林地带”或“极地”即可完事。环境对文化的形成有限制作用，例如，热带雨林地带不能发展出大规模畜牧业，极地也不能从事农业。但在同样的大环境下，文化面貌仍可大不相同。因此，田野工作者要深入调查和描述的是当地的具体环境。此外，还要了解当地生态系统是否平衡。据生态学的原理，即使一个小的泥洞，就能构成一个“小生境”（niche）；一个社会或一种文化也有自己的生态系统。

了解自然环境和生态系统，需要很多专门知识，涉及好几个学科，一个人知识往往不足。若是一个调查队，其中最好包括自然地理学及生态学的专家。若是个人调查，应向有关专家请教；有些问题可请有关部门提供已有的资料和数据，不一定都要亲自调查。

描述自然环境和生态系统，要使用科学术语，尽量以具体数字来说明。例如气候和雨量，不应使用“气候很热”、“雨水很多”之类空泛言词，而要说明年平均温度、最高温度、最低温度是摄氏多少度，年降雨量是多少毫米。

一　地理位置、地形和地貌

调查地区的所在位置要首先确定。无论它坐落何处，多么偏僻，均应使用国家统一规范的地名来说明，指出它位于什么地方的什么方位或距离某地多远，这地方要在一般地图上易于查找。最好查明调查地区的精确经度和纬度，并写入调查报告之中，使后人不会弄错。这方面资料，请教有关部门即不难获得。

调查地区应使用原来自然村落、乡镇或街区的名称，而不应以现在的行政区划命名。从 20 世纪 50 年代开始编写的中国少数民族调查资料中，常见“× × 公社 × × 大队”或“× 区 × 乡”的字样。现在当地人民也说不清究竟是指何处。行政区划原是经常变化的。自然村落（乡镇或街区）的名称由来及含意，是否还有其他名称，它的范围和四至，均应查明。

调查地区无论属于盆地、平原、高原、丘陵山地，还是河岸上的台地（如中国西北地区的“原”），或是位于滨海地区或岛屿之上，或是沙漠中一个绿洲，均应详细了解其地形和地貌，测量海拔高度。

当地或附近有什么山，高度多少，此山是什么山脉的一部分；当地或附近有什么河流和湖泊，河流属哪一水系或是哪条著名河流的支流，湖泊是死水湖还是与什么水系相连，其水文和水位情况如何……以上均是应该调查的项目。

当地有无地震史，是否发生过特大地震，是否发生过泥石流或雪崩，等等，应调查清楚。

当地有什么特殊的自然景观，如火山、冰川遗迹、溶洞、瀑布等，均应调查记录。说不定由于你的调查记录，今后成为供人观赏游览的胜地。

假如调查的是一个地形复杂的地区，自应对地形和地貌分为几个类型分别描述。

二　气候和雨量

温度是气候的重要因素。当地每年最高的、最低的和平均温度各是摄氏多少度，最高、最低温度各在哪一月份，早晚温度差别情况，均应测定或搜集数据。

降雨情况也是重要的。应搜集当地年降雨量、雨季起讫月份及降雨最高月份等方面的数据。

还应注意调查当地的日照、湿度、霜期、冰期、落雪时间及厚度的情况，当地哪些季节多风，风力大小，有无季候风，是否常有造成灾害的风，当地还有哪些因恶劣气候造成的自然灾害（如特大旱灾、水灾、冰雹），等等。

三　资源

资源是自然环境中那些可供人们开发利用以应付生活需要的因素。资源分为非生物资源（土地、水和矿物）和生物资源（植物和动物）。

在调查中要注意各项资源中一切可供开发利用的部分，而不仅仅是已经利用的部分；要尽可能搜集统计数据作量化分析研究，而不能只作一般性的空泛描述。

（一）土地资源

调查地区所有可以利用的耕地、牧地、狩猎地带、林地、有植被的或无植被的荒山，均应自己进行勘测或搜集已有数据，查明各有多大面积，已经利用部分所占的比例，等等。

调查土地资源时不能忽略对土壤的了解。土壤是陆地上具有一定肥力、能长成植物的疏松表面。按土壤学的分类，可分为数十种类型。对人类学田野工作者来说，不要求过细的分类。

但通过调查至少要能确定，当地土壤是属于红土、砖红土、黄土、栗钙土、褐土、棕土或灰化土之中的哪一种或哪几种，各有什么特性，适合于种植何种作物。若自己缺乏这方面的知识，可采集土壤标本带回，请有关机构和专家进行鉴定。

（二）水资源

地球上水占 71%，陆地仅占 29%。水是非常丰富的，而且通过流动、蒸发和降雨，水的总量不会变化。但与人类生活密切相关的淡水只占水的总量的 3%。近年由于人类生态环境的恶化，淡水资源还有日益枯竭和污染的危险。据悉，中国水资源人均占有量仅有 2340 立方米，远低于世界人均占有量。缺水将成为中国严重的社会问题。

一个社会拥有多少水资源，应以当地河流、湖泊、水库的流量和蓄水量来衡量。每年有多少立方米的水被用于灌溉或推动水力机械（从古老的水车、水磨到水力发电机）；若当地无大的水流，是否还有泉水、地下水可供利用；是否知道拦洪或蓄积雨水……以上问题均应调查。

在调查水资源的生产用途的同时，不能忽视人们生活用水问题。据研究，一个人若缺乏食物，在一个月内不一定有生命危险，而缺水一个星期即要死亡。现在中国缺水已非个别现象，如滇东北一些山区农村严重缺水，已威胁到人们正常的生活。每天每户要有一个劳动力专门下到金沙江边挑水，每挑一次费时一天；客人来到，招待吃饭而不请喝水。你所调查的地区是否也存在水的匮乏问题，当地居民生活用水来源如何，是井水、山泉、河水还是靠蓄积雨水，是否有什么特殊的提水（如桔槔）或引水（如沟渠、竹槽）方法，是否近年已有了自来水，都应了解。

（三）矿物资源

应查明当地有哪些矿物蕴藏（如金属矿、岩盐、特殊石材等等），其蕴藏量矿物的学名及土著名称。还应注意当地有无可以制造石器的石料、打火的燧石、制作容器的皂石（soapstone）、烧制陶瓷用的陶土和高岭土等等。这些在今天虽已不算重要矿藏，而在古代曾经是人类必不可少的原料。

各种矿物的埋藏情况，品位高低，有无露天矿（如云南矿区称为“草皮矿”者）或埋藏不深的浅矿，各种矿物资源利用情况（是否正在开采，或过去曾经开采而现已废弃），当地有无古代矿井或冶炼场的遗存，均是调查中应该查明的问题。

各项矿物的学名和品位，如何估算蕴藏量等，涉及专门知识，有必要请教专家或有关机构。

各项矿物最好采集标本带回，以供鉴定。

（四）植物资源

土地上所有的植被（从苔藓到森林），均可视为植物资源。植被因当地地形、气候和土壤条件而异，一般分为热带雨林、季风雨林、常绿阔叶林、落叶阔叶林、针叶林、混合林、草原、苔原等等，你所调查地区的植被属于哪一种类型，不难确定。问题是还要查明其特点和具体情况。

如是针叶林主要是些什么树？若是松树在植物分类上又属于哪一种属？调查者若无此方面知识，便需要采集标本以供鉴定。

一个地区植被往往非止一种类型，特别在中国西南山区，一个村落可能拥有海拔相差很大、气候悬殊的广大土地，有好几种植被。在这类地区调查，在山下峡谷或平坝中可见阔叶树，一旦爬上山顶则可看到针叶林或混合林。遇到这种情况，应分别查明各种类型植被所占据的面积，特别是各类森林覆盖面积，最后绘出全地区的植被分布图。

调查植被最终目的是要查明当地共有哪些植物可资利用：农田、果园或人工林地上有哪些栽培植物，此外还有哪些野生植物；哪些可供食用，哪些可用于医药、纺织纤维、染料，又有哪些草可供放牧；森林中的野生树木哪些可提供有用木料，哪些只能砍伐樵薪；哪些野生植物已经利用，哪些尚待开发。重要的野生植物，应该采集标本，以供专家鉴定、研究。

（五）动物资源

动物的生存取决于地形、气候及植被。在热带雨林、草原、沙漠或苔原等不同的地理环境中，动物资源各有不同。除已被畜养的动物外，还应注意当地有哪些野生动物，以及它们的经济价值和科学价值。

除陆地动物外，海洋、河流、湖泊中的鱼类及其他水生动物，也是重要的动物资源，应给予充分的注意。

四　生态系统的平衡或恶化

生态系统是生物体与其自然环境之间关系的总和。一个生态系统中各个组成之间关系协调，才能保持生态系统的平衡状态。但平衡总是相对的、暂时的，由于任何事物处于不断变化过程中，组成生态系统某一部分的任何变化，都会使生态系统处于不平衡状态。一个健康生态系统经历变化后有重新获得平衡的能力，这就是复原力。但复原力有一定限度，一旦生态系统遭受过分破坏而严重失调，便无法复原。

人类比起其他生物体来，影响环境的能力太大，一旦进入一个生态系统，往往就成为这一系统的主宰。假如人们违反自然法则，过度榨取资源或破坏环境，将导致生态系统的无法恢复。森林多次砍伐，原地便长出杂草[1]，无法再生林木。水原有自身净化的能力，但像云南滇池那样污染太重，靠自身便无法净化。特别是人口太多，超过环境所能负荷的能力，更会导致各项资源的枯竭和破坏。

调查环境最重要的环节便是查明：当地生态系统各个组成部分是否协调，生态系统基本上是平衡的还是在恶化。为了确定这一点，应从各个角度进行考察。例如：

森林覆盖率是否下降？当地森林原有面积，现存多少？导致森林破坏的原因主要是为了燃料需求、出卖木材、烧制砖瓦，还是由于森林失火及不应由当地人民负责的外在原因（如“大跃进”中全民炼钢）？当地人民是否认识到森林破坏对他们生活的影响？近年有什么植树造林的措施？

1　中国西南有些地区，森林砍伐后长出一种紫茎泽兰，或称“飞机草”、“解放草”（当地人民认为是解放以后随着飞机而来的），繁殖极快，不易铲除。此地带人工植树便很难存活。

当地是否有对路边、水源附近、村寨周围树木及神林禁止砍伐的习惯法或乡规民约?

当地河流的流量是否日益减少?井是否越打越深?河流、湖泊和池塘是否有完全干涸的情况?生活用水的水源是否枯竭而要另找远处水源?水质是否恶化(如变色或变味)?因何原因?

是否由于施用农药和化肥而造成土壤的恶化?是否由于附近企业的排放废水和废气而造成对空气、水和土壤的污染和资源的浪费?是否造成噪音而影响当地人的生活?

是否由于生态失去平衡导致旱灾或水灾较前频繁发生而且程度加重?野生动植物是否数量较前减少,而且某些品种濒于灭绝或已经灭绝?是否由于生态平衡而造成某种疾病的发生?

更重要的是人口和资源的关系是否协调?通过对当地人口总数和上述资源数量的分析,看人口的增长是否已经超过环境的负荷力。根据当地的情况,要多少可耕地或放牧地,多少水才能养活一个人?例如非洲卡拉哈里沙漠边缘居住的昆人(Kung,布须曼人的一支),100 平方公里最多养活 41 人,这是根据水井的分布所决定的极限数字。你所调查的地区制约人口增长的最重要因素是什么?现有人口是否达到或超过极限?例如滇西北横断山脉地区,高山峡谷,可耕地资源极少,是制约人口增长的重要因素。故历史上这里就是地广人稀。现在这里更应控制人口增长,防止过分开垦,否则将迅速超过环境负荷力,导致生态破坏。

假如生态系统失去平衡,当地人民和政府是否已有认识;关于导致生态失衡原因,他们自己是如何分析和解释的;近年是否已采取措施,是否由于采取某些措施而使生态系统好转。这些方面都应调查记录,并注意一些好的经验。

人类学家不是生态学家,对生态系统的调查不可能过分细致,更不可能提出整套的治理环境方案。但通过长时期的生活,发现一些现象,指出危害生态环境的原因,记录当地人民的各种反应,是责无旁贷的。为此必须学习一点生态学知识。在调查中尽可能搜集有用数据,对这方面问题要做量化分析才有说服力。

第五章　生计

人类要能生存和繁衍，必须控制和规范人的行为，保障社会安全，男女婚配，抚养和教育后代等等，更重要的是必须发展出一套能从生存环境中谋取食物的方法。人没有食物，就要死亡，社会也就不再存在。这种谋取食物的方法，便是生计（subsistence），或称为生存战略（survive strategy）。

不同环境中一定会有不同的生计，但环境仅是限制因素而不是决定性因素，否则无从解释同一环境中何以有不同的生计。例如，北京周口店地区几十万年前的“北京人”以狩猎和采集为生计，而今天那里的居民却经营农业或矿业。在同一环境中经营农业，古代不能生产出像今天一样多的食物。这些都是技术进步的结果。技术是人类利用环境提供的资源有效地满足生计及其他生活需要的主要手段。人类所以比其他生物体更能适应环境，就因为他们有可以解决生计问题的技术，而且技术能随环境变化不断发展。但技术仍受环境制约，同样的刀耕火种技术在森林再生能力不同的地区会有不同的产出，同样的灌溉技术在水资源多少不同的地区会有完全不同的效果。总之，生计是环境和技术相互作用的产物。

故在调查生计时，除了环境（参见“环境”）因素外，主要便是考察各种生计的技术问题，这包括生产工具、生产技术和经验，等等。

然由于文化诸方面的相互依存，我们在调查生计时，不能忽视有关的社会问题，如居住模式、男女分工、劳动协作，乃至宗教仪式等等。特别是从事有关生计的定向调查，若只注意其技术方面，许多现象将无法解释。

当代人类学家研究生计，已不再满足于过去一般化调查方法。从J. 怀特开始，便发明出一种计算能量以衡量各种生计的效率的方法。每人每天平均消耗多少食物，获得多少食物，都换算成热量单位“卡路里”，进行量化分析。每个成年男女能量投入总是小于能量产出，才能养活后代，社会才能延续。但各种生计中能量产出和投入的比率是不同的。据已有的研究成果，非洲昆人（布须曼人的一支）狩猎者每投入1“卡”，可获得3“卡”；新几内亚的采姆巴加人（Tsembaga）经营刀耕火种农业，每投入1“卡”，可产出16“卡”[1]。关于精耕农业，已有西方学

---

1 有人认为，这里没有计算刀耕火种过程中烧毁树木所消耗的能量，正如机械化耕作没有计算耗费汽油的能量一样，因而是不科学的（Rambo，1980）。

者根据对费孝通云南禄村调查材料分析出每投入 1 “卡”，可获 50 “卡”。能量产出比率的提高，是人类生产发展及社会进步的标志。关于消耗食物及获得食物的能量，是根据每种食物所含“卡路里”已知标准计算出来的。这一工作并不需要复杂的科学技术，但需要细致和耐心。在中国民族调查和社会调查中，迄今似乎尚无人作过这方面的分析和计算。有志者不妨一试。

人类自古至今共发展出五种生计，依次是狩猎和采集、初级农业、畜牧业、精耕农业、工业化谋食方式。前者是向自然界攫取和收集食物，后四者是生产食物。多数社会并非只实行一种谋食方式，经常是几种混合使用。如刀耕火种多兼营狩猎和采集，牧人仍要从事采集以补充植物性食物。这些在中国少数民族之中可找到许多例证。但一个社会中占主要地位的只有一种生计，它决定这个社会的发展水平。例如，我们说狩猎—采集社会，即指狩猎和采集为主要生计的社会。

一　狩猎—采集

这是最古老的谋食方式，延续时间最长。假如人类已有四百万年的历史，99% 以上时间是从事狩猎和采集为生的。估计自古以来地球上共曾生活过 800 亿人，90% 以上的人是狩猎—采集者。

到了本世纪初，世界上只剩下 163 个狩猎—采集社会；而到了本世纪中叶，全球仅有南非布须曼人、澳大利亚人、北极地区爱斯基摩人、中非及东南亚少数居民是狩猎—采集者。中国境内早不存在狩猎—采集社会。鄂伦春人至迟在 1915 年即已“弃猎归农”，云南独龙族至迟到了 1909 年夏瑚到达时已经营刀耕农业。但狩猎和采集作为一种谋食方法，在许多初级农业社会中仍占很大比重，如云南景颇族在 20 世纪 50 年代初有些人户的采集收入占全年收入 26%，而采集植物达 94 种。云南傈僳族善于狩猎，猎物有时成为肉食主要来源。这些少数民族的狩猎和采集及有关习俗正是从古代传留下来的，仍有必要进行调查。

狩猎和采集属于一种生计模式，两者不能分开[1]。

习惯上狩猎列在前面，实际上采集更为重要。以昆人为例，男人每隔数天出外狩猎一次，成功率仅 2%，平均每小时可获 800 “卡”；女人每天出外采集，每日有获，平均每小时可获 2000“卡”左右。又狩猎和采集生计中还要包括捕鱼在内。有些地区（如北美西北岸的印第安人）主要靠捕鱼（包括海兽）取得丰富的食物，维持较高的生活水平。下面我们便分别介绍调查狩猎、捕鱼、采集三者应注意的问题。

（一）狩猎

狩猎对象及狩猎工具和设备是首先要查明的问题：人们经常猎取的是哪些野生动物；使用什么传统武器（如矛、弓或弩、棍棒等），有什么狩猎装置（如各式各样的捕机、网套、陷阱等），它们是如何安置的（最好绘出示意图）；用不用诱饵，诱饵由何物充当，用不用活物或模仿声音的人工制物引诱猎物；是否使用毒药，毒药如何制造；假如已使用火药枪或新式枪支，从何时开始，这些枪和弹药从何处购得，当地是否会制造火药；等等。

关于狩猎方法，要查明是否分为个人狩猎和集体围猎两个类型，各适用于猎取何种动物，

1　只有因纽特人（爱斯基摩人）在人类学上被认为属于完全的狩猎者。1991 年我有机会拜访加拿大一个因纽特人居民点，那里除夏天偶然采集野莓之外，全靠猎取海兽及鱼为生，虽然现在已使用现代化狩猎方法。

个人狩猎有季节性还是常年均可进行；使用跟踪、潜近、伏击或高速追逐等方法，还是在某种狩猎装置之旁等候，接近动物时是否伪装；是否使用猎犬，猎鹰等帮助狩猎，对它们如何进行专门训练；集体围猎一般有季节性，在何季节进行，使用何法以惊起猎物——火攻、拍打响器、鸣枪还是大声呐喊；事先是否建造围墙导使猎物走向悬崖、陷阱或其他狩猎设置；在集体围猎中，参加者人数及彼此关系，由谁组织和指挥；猎获物如何分配，首先击中者、指挥者、社区首领有什么特殊照顾……均要调查记录。

成功的猎人有什么荣誉称号，是否相信什么是狩猎成功的预兆，狩猎之前有什么禁忌（如禁吃某种食物、禁止性交）和祈求仪式[1]，狩猎成功又要举行什么仪式[2]……以上情况，也要记录。

妇女是否完全不参加狩猎，甚至禁止接触狩猎工具和装置？在狩猎活动中男孩子是否为必要的帮手而老人负责举行仪式？猎人是否形成专门的职业集团？狩猎是否成为某些人的特权或专利？有利的狩猎地带（云南少数民族称为“猎口”）是否为个人或某一群体占有，他人不得使用？

（二）捕鱼

当地人民在何处捕鱼，共有哪些种类，各于什么季节捕捞，每天什么时候捕鱼效果最佳。

捕鱼方法计有网捞、钓、刺、设鱼笼有拦堵等，当地人民使用其中哪一种或哪几种。

若是网捞，请注意是使用抛网、拖网、手网还是像中国农村常用的鱼罾之类；各种网如何制造，网坠由何物制成，是否乘船捕捞。

若是钓鱼，请注意鱼钩、鱼竿及其他钓具的形制和制造方法；鱼钩上是否附有倒刺，鱼线上是否附有漂浮物，用何物为饵，等等。

若是刺鱼，请注意所用工具是矛、箭，还是专用的附有倒刺及拖绳的鱼镖，冬天是否在冰上凿洞以便刺鱼。

若使用鱼笼，要注意它的特殊结构，如何使鱼能进而不能出；它是如何安放的。

若是拦堵，请注意拦水的设施及选址问题。是截断水流还是沿岸筑拦水堤，是否利用涨潮和落潮。

除上述常用方法外，应注意是否还有当地特有的方法。

对上述捕鱼方法及其所用工具、设备，最好画出示意图和平面图来说明。

捕鱼除靠人力外，是否还利用鱼鹰、狗等动物的帮助，是否使用某种药物毒鱼或火药炸鱼，妇女是否从事捕鱼或只能做一些辅助性工作（为编结或修补渔网）。

乘船出海大规模捕鱼或使用拦堵法捕鱼，非个人或单独家庭所能胜任，必须集体进行。要了解如何组织，由谁指挥以及产品如何分配等问题。捕鱼是否和狩猎一样，特别重视有利的地点（云南少数民族称为“渔口”），它是否已为个人或某一群体所占有；大规模捕鱼之前和归来，是否也和狩猎一样，要举行某种仪式，或有什么特殊的禁忌。

（三）采集

采集不仅指人们收集野生的植物（坚果、浆果、块根、野菜等），还包括捡取昆虫、介类及鸟蛋等活动。所有被采集的东西均应详细列举，注明土著名称，有些特殊的还要采集标本以便

1 云南独龙族狩猎以前用谷物粉或泥土做成要猎取的动物雕像，用弩射击，谓可保证狩猎成功。

2 云南基诺族猎到较大动物归来，走近本村时便敲竹筒，防止猎物之“魂进入村内”，并通报此次狩猎的成功。

鉴定种属。

挖掘、割取、打落、耙拢等所用一切工具及装载所用的一切容器及设备，均应详细描述，最好绘图说明。此外，对各种采集物的采集季节及具体的方法，亦应注意调查。

采集是妇女的工作，一般情况应是如此，当地有无例外（例如男子帮助背负重物）；妇女采集是否有结伴而往的习惯；孩子（特别是女孩子）是否参与采集活动；等等。

假如遇到一个狩猎—采集社会，那里人口繁殖率和人口密度一定很低。要注意每平方里多少人，人口稀少是否由于环境负荷力有限。狩猎—采集者是否经常处于迁徙状态，或有一个季节性固定住所，迁徙的目的（追逐猎物、鱼汛……）、路线和季节。这样的社会中土地一般是公有的，请注意土地有无名义上的“所有者”，是否每年固定有食物匮乏季节，是否流行食物共享（相互款待，对邻人、亲戚、饥饿者有救济义务……）之俗。

无论是狩猎—采集社会或是其他生计已占主要地位的社会，对狩猎、捕鱼或采集应分别计算其能量投入和产出，以及所提供的食物所占食物总量之比例。

二　初级农业

在人类学书刊中或称园艺农业（horticulture）。对中国人来说，易误会为只种蔬菜或水果的园地，实际上，它指一切极为粗放的农业经营，从开辟小块土地种植薯芋之类块根植物，直到栽种面包树、椰子、蕉类等木本植物而收获其果实。世界上广泛存在的刀耕火种农业，也属于初级农业。它们的共同特点是使用简单农具，不知用犁、人工施肥和水利灌溉。中国西南山区还有一种耕地固定、已知用犁但因山高坡陡不便用犁的农业（即所谓“锄挖地”者），也可归入初级农业范畴。

你所调查的地区，如经营初级农业，属于上述哪一种类型；种植什么作物（认不得的要采标本鉴定）；其中哪些作为食物，哪些作为饲料、麻醉品、刺激品（如烟草等）或其他生活必需品（如染料植物）；各在什么季节下种或插苗，什么季节收获。一年中农活的时间安排应列表说明，或列入全年生产活动周期表（参见“生产”）。

共有哪些农具，应详细记录其形制、质料、用途和用法，分别摄影或绘图。同一种农具可能有好几种形式，它们可能有不同用途[1]，故应分类记录，指出各自的特点、用途和用法。

关于初级农业的耕作方法，应予充分调查。例如，刀耕火种农业（对中国调查者来说，这是经常遇到的）至少要调查选址、清除土地、焚烧草莱、下种、锄草、收获、休耕七个方面。斯彭叟（J.E.Spencer）《东南亚的轮耕农业》一书对此有详细的讨论，可参考。无论如何下述问题是必须查明的：选择一块新地的主要根据是什么，是否仅看其上植被是否茂盛，抑或已考虑土壤条件及作物性质；要记录砍倒树木及平整土地的一系列工序，砍树时是否注意保护根部以利再生；焚烧前是否先刈出“隔火道”以防林火，焚烧时是否同时进行集体围猎；在下种前是否有把清理好的土地围以篱笆的防兽害的措施，是点种、撒播还是插苗；不同作物是否用不同

1　例如，宽头方锄用于挖掘，尖头锄多用于锄草、点种等工作。即使是像掘土棒这样普遍分布的最简单农具，亦可分为单尖、双尖及宽头三种形式。单尖用于点种，双尖及宽头则用于掘土。

播种方法；如何覆土，是否锄草及锄草次数；收获前有哪些防止鸟兽伤害庄稼的方法（如“稻草人”之类），收获以后谷草是否利用；每块土地可连种几年，是种同一种作物还是轮种几种作物，休耕前是否知人工种树使植被迅速恢复[1]，每块地要休耕几年才能再种；等等。

对于刀耕火种农业，特别要注意它与生态系统是否平衡：土地轮作是否已经因人口增长，原有轮作土地已不足而导致不断砍伐新的森林，或由于休耕时间不断缩短而导致植被不能恢复。是否发生如越南墨农伽人（Mnong Gar）那样靠破坏森林维持生活所谓“吃森林”的现象（Condominas，1977）。

谷物收获之后，如何干却，如何储存，是否使用晒谷架、谷堆，或已有专门建造的仓房，仓房是建在各家之旁，还是（如基诺族那样）建造在寨外以防火灾；谷物如何脱粒，脱粒工具形制、质料、用途和用法，均应调查记录。谷物脱粒是否已知使用畜力、风力或水力；除谷物外对于块根类作物、种植的坚果、水果和其他农产品，又是如何储存的。

在初级农业全过程中，都要注意男女分工情况，男女各负责什么工序：例如，砍树、焚烧可能是男子的工作，下种、锄草可能多由妇女承担，而收获时往往是男女老幼一齐参加。平常孩子们在哪些方面（如看守庄稼）充当助手，也应记录。

初级农业者一般已过定居生活，但在早期刀耕火种阶段，可能仍不时迁徙。请调查记录迁徙和定居的情况，迁徙是否为了接近耕地。虽然初级农业通常以一户或一个核心家庭为生产单位，但遇到砍伐新的林地、焚烧等工作，可能彼此协作。请注意协作由哪些人组成，他们之间是否有亲属关系或共居同一地域的关系；领导协作是社会的首领、头人，抑或是亲属群体的家长。初级农业社会比起狩猎—采集社会来，由于生活较有保障，人口密度增大，请调查了解每平方公里有多少人口。

初级农业社会中已知饲养家畜，为了与可作为主要生计的畜牧业相区别，有时称为家畜饲养（animals husbandry）。请调查家畜、家禽的种类、数量、饲养方法、年提供肉食占食物总量的比例等等。

三　畜牧业

以畜牧业为主要生计的社会，其特点是迁徙无定，一般称为“游牧社会”（pastoralism）。今天，仅在中亚、非洲等地及北极圈内有所分布。在中国境内，新疆哈萨克、柯尔克孜等族及部分藏族，也曾处于游牧社会。

调查一个游牧社会，首先要了解：养有哪些牲畜，以何种为主，各作何用途（例如是食用，还是为了取奶）；是否用来乘骑、驮载或拉车，或帮助放牧及狩猎；家畜各个部分又是如何利用，除血、肉可作食物外，是否以骨、角制造工具，以皮为衣或帐篷，以毛织毯或制毡，畜粪是否用作燃料或建筑材料；等等。

牲畜的牧草及其他饲料，放牧专用工具（如鞭子、套索、投石器，等等），役使牲畜的有关

1　如云南独龙族新开一块土地同时就种植一种俗名“水冬瓜树”的木本植物，生长甚快，五年即可成林。一块地连种三年后丢荒两年又可再种。

工具（如鞍、轭、驮架，等等），均应调查记录。

有什么人工促进交配的方法；如何保存良种；是否某种牲畜要施以阉割，阉割目的及手术以及牲畜的正常交配季节及过程。幼畜之保护照料，也应充分了解。

以畜牧业为主要生计，就需要大批家畜维持社会的生存。如挪威北部以驯鹿为生的沙米（Sami）人，要有人均 200 头驯鹿才能生活。[1] 为了保证牧草供给，人们需要为不断更换牧地而迁徙。游牧社会迁徙共分两种类型，一种称牧畜迁徙（transhumane），另一种称为人畜己徙（nomadism），即人无固定住处，人畜一起“逐水草而居”。你所调查的游牧社会，进行哪一种迁徙？请描述固定的住所和放牧者临时性住所，游牧范围，迁徙的季节、路线及放牧的具体方法。夜晚牲畜是赶入栏厩，还是宿于野外？牧放时是否利用牧犬驱赶和保卫畜群？……

还应了解如何训练牲畜拉曳、驮载或供人乘骑；用什么方法发出声音以召唤或鼓励牲畜；如何在蹄上钉掌；对于变野的牲畜如何套捉和驯服；牲畜经常患何疾病；如何治疗；等等。

畜牧业中男女分工情况，如是否放牧、随畜迁徙、驯服、训练等主要工作由男子担任，而妇女负责挤奶、照顾幼畜等等，应予注意。

放牧是否以一个核心家庭或其他亲属群体为生产单位？随畜迁徙过程中，是否有几家联合起来放牧的临时的或固定的协作组织？由谁组织和领导？

游牧社会通常是牲畜分属各家庭，甚至是归某个家庭成员所有。请注意牲畜身上有无表示所有权的标记（头畜、奶畜，已经或未曾阉割，也会作出标记，不可混淆），用何方法（例如，截去其角、烙印等），是否利用牲畜身上天然标记及特征来辨识。

在调查中要注意牧地归属（参见“有关所有权问题”），是否在名义上属于首领、头人或某一群体而全民均可使用，牧地是否划分，游牧区域的范围大小，能牧放多少牲畜，养活多少人口，现在平均每人拥有多少牲畜，等等，均应调查统计。

牲畜（特别是主要牲畜）除食用外有时成为交换媒介及财富的象征，有一部分能进入市场交换，以换取牧民不能生产之物，请注意这方面情况。特别要查明牲畜的实际价值和价格，每头成年畜可换多少东西，按当地流行货币值多少钱。

放牧的有关宗教仪式（假如有的话），应该调查并做实录。牲畜是否充作祭祀中必不可少的牺牲，什么毛色及特征的牲畜被认为是最好的牺牲。

人类需要植物性食品，游牧民族经常兼行采集（如挪威沙米人每到夏季便采集野草莓制成果酱），甚或种植少量菜蔬及水果。还有很多民族是半农半牧的。这方面情况都应该查明。

四　精耕农业

这种农业的主要特点是犁和畜力曳引，水利灌溉和人工施肥。它的产量较高，有更多剩余产物，能养活较多人口（据费孝通禄村调查，一个劳动力可养活五人）。正是精耕农业的发明，使大多数人类进入文明时代。

1　此据我 1992 年短期调查所得材料。这一民族过去称为拉普（Lapps）人，他们自己愿称沙米人，现在仍有部分人口全靠驯鹿为生计。

关于精耕农业，同样要了解农具、耕作方法，谷物加工和储存等方面，要提问的问题和上述初级农业调查基本相同。此外，对这种农业应调查的问题还有：

当地人们认为犁耕何时开始；犁现在的形制如何，是当地自制还是他处制造，或他处制造而当地已会修理或重铸；犁由什么耕畜曳引，是水牛、黄牛、马还是其他牲口；每天每犁可耕地若干亩，每犁需要几牛几人驾驭，这与耕畜熟练程度是否有关[1]；等等。

关于灌溉技术何处传来，学自相邻的什么民族或何族移民，当地人有什么说法；灌溉水源来自何处，是引自附近河流、湖泊、水井、山泉，还是有人工蓄水设施；用何法引水，是沟渠，地下水渠，还是有什么管道；是否仅靠下雨临时堵水灌溉，或有像云南一些地区下雨栽秧的"雷响田"；等等。

耕地如何平整；在多山地区是否修筑梯田或梯地；施用什么肥料，是粪肥、绿肥还是其他，每亩每年施肥多少；为了保持土地肥力是否有不同作物轮种或间种方法；等等。

精耕农业一般是以一户为一个生产单位，请注意它是一个核心家庭、扩大家庭还是其他亲属群体；男女分工情况怎样；犁耕总是男子的工作，而妇女负责其他哪些工作；等等。

精耕农业社会由于有固定耕地，必然过着完全定居的生活。他们村落的规模及布局、所拥有耕地及人口密度，均应调查记录。还应调查，在一家一户从事农业生产的同时，是否仍存在某些临时性协作或换工。

请调查当地精耕农业生产效率具体情况：每亩每年投入的劳动时间、产量、一个劳动力种田亩数、可以养活的人口数等等。假如采取能量计算方法，在能量投入方面不要忘记为兴修水利、平整工地及制造复杂农具而花费的能量。同时要看到，比起初级农业来，精耕农业的农民每日劳动时间及劳动强度大大增加，而能量产出又非全归自己及家人消费，很大一部分由于土地所有权不属于自己（参见"关于所有权问题"）及当时已存在社会分层及复杂的政治组织（参见"社会分层"及"政治"）而为别人所攫取。

精耕农业比起初级农业来，饲养家畜和家禽种类、数量增多，饲养方法较前改进。请具体调查记录这方面情况。农民可能还养蜂、养蚕等等，应归入这一项目内。

精耕农业的各种产品会有一部分进入市场交换（参见"分配与交换"），这方面也应注意调查统计。

五　工业化谋食方式

这包括现代化农业（以科学育种，机耕，使用化肥、农药及除草剂等为特征）、使用科学方法的家畜饲养和水产养殖、利用现代机械捕鱼等等。它是现代化社会的生存基础。今日中国农村大多数地区还以精耕农业为生计，但已普遍使用化肥和农药，引进良种，部分地区使用机械耕作土地，已或多或少引入了工业化谋食方式。中国农村现在可说正处于精耕农业向工业化谋食方式过渡阶段。

---

1 如《蛮书》记载的"二牛三夫"，在今天滇西一带仍不时可见。若是新牛，便需要一人在前牵引，一人中间压犁，一人在后扶犁。若是会犁的牛，只需两人压犁和扶犁，无需专人牵引。

工业化谋食方式的效率空前提高。以现代化农业为例，在美国伊利诺斯州，1 英亩可产 81 个“蒲式耳”的谷物，按此比例美国只要有 3% 的人从事农业，即可养活全部人口。如换成能量计算，1“卡”可产生 5000 “卡”。但必须指出，在这里能量投入并未包括制造拖拉机、化肥、农药、除草剂等等所费资源及人力的能量，以及开动机械所消耗燃料的能量。现代化农业虽然能供养日益增多的人口，却是以大量消耗地球蕴藏的能源为代价的。此外，它还造成空气污染，有些地方还会使土壤恶化。工业化谋食方法对其他方面也有不良作用，如使森林中野生动植物灭绝，海洋中鱼类资源枯竭。据加拿大爱斯基摩人谈，履带式汽车和汽艇打海兽及捕鱼，是造成当地动物资源锐减的主要原因。工业化谋食方式又使地球上人口爆炸，大量人口集中城市，为市场而生产又造成盲目性和浪费。总之，工业化谋食方式利弊互见。从人类学观点来看，从人类长远利益着想，它是不是一种完全成功的生存战略，尚待历史来证明。

关于工业化谋食方式所用的机械及生产方法，除非有特殊需要，调查者不必做过多的描述。例如说到拖拉机，人们自能了解，你无须再加描述。

调查工业化谋食方式，要着重了解它的产量、效率、对社会和环境的影响以及引起社会的深刻变化。例如在中国农村，首先你要了解现代化农业与传统农业并存的情况：现代化农业（当然也包括科学方法的家畜饲养）提供的食物占食量总量的比例是多少，有多少进入市场交换，它是否使当地人民生活提高而劳动日减少，节省的多余劳动力出路如何，是否由于大规模现代化农业的需要，个体农户有联合经营或在某些农活中进行协作的趋势，工业化给农村自然环境带来哪些损害，等等。

六　关于饮食及其备制

在调查一个社会谋取食物方式之后，还应对人们饮食的总体情况有所了解。饮食水平除取决于当地的资源、人口及社会分配外，还有一个备制方法问题。为此下面这些问题是应该询问的：

当地共有哪些食物，它们各是如何备制的（例如作为食物的野生或栽培植物是如何去壳或磨粉，用什么工具或设备；对某些有毒或味劣的野生植物，如何去毒或使成为可口食物；植物性食物如何做熟，是蒸煮还是烤成饼饵之类，会不会发酵之法）；如何保存，有无防虫、防鼠的措施和设备；动物性食物又是如何做熟，是烤、炙还是放在炊器上煮熟，是否与植物性食品同煮；其保存之法如何，是烟熏、盐腌、晒干、烤干，抑或有他法；除动物的肉外，是否知道利用其血、骨或奶（不是所有牧养家畜的民族都喜饮奶的[1]）；对于利用畜奶的民族，要特别注意这种习惯的由来，取奶方法及奶制品的制作方法；等等。

有什么调味品，特别是盐的问题要给予充分注意。盐是当地制作（这只能限于有条件的地区）或由什么地方供给，如缺盐用何物代替。

饮料可分为天然饮料（水、果汁）、人工饮料（茶、咖啡等）及发酵饮料（酒）。当地人共享有哪些饮料，水是否经过净化，是否饮用果汁。在中国，茶是最普遍的人工饮料，注意茶的来源、

1　例如，中国西南民族之中有发达畜牧业的凉山彝族不利用畜乳；而白族不仅饮乳，还能制作出乳饼、乳扇等可口的乳制品。

加工方法及饮用习惯，茶或其他饮料中是否喜欢加糖、蜜或其他调味品。特别要注意饮酒问题。如当地有自己的酿酒法，要询问其原料来源，如何发酵，酒曲是自制还是购买，能制造几种酒，是否已有蒸馏法，酒内的酒精含量，社会上饮酒是否成风，酗酒是否已对社会造成危害，等等。除酒外是否还有其他的刺激品和麻醉品。

当地特有的食物和饮料及其备制方法和烹调技术，在灾荒或非常时期如何解决饮食匮乏问题，有什么代用品（像"观音土"、榆树叶之类）等，要给予更多注意。

在全面调查的基础上，对该社会所有食物和饮料开列清单。要注意当地人饮食观念中是否有"主食"、"副食"之分，这种区分是否与主要谋食方式有关（如像过去中国这样的典型农业社会便以谷物为"主食"）。

如有条件，最好对每天人均通过饮食所摄入热量作科学的计算，特别注意当地人是否已有足够的营养，饮食成分是否合理，是否包括足够的动物蛋白[1]，这也是衡量人类生活水平的标准之一。并非掌握较先进谋生手段的社会，其成员就一定享有较好的饮食。例如像昆人这样的狩猎—采集者，食物是丰富的，而从事精耕农业的农民却常常难以果腹。

在调查中既要了解社会上平均饮食情况和营养水平，还要注意不同性别、年龄及社会地位的人在饮食方面的差别。特别是在分层社会中，富者"朱门酒肉臭"，而穷者沦为"饿殍"，是常见现象。此外，饮食的季节性变化，如青黄不接时期的饮食匮乏及丰收季节的大吃大喝之类，也要注意记录。

与饮食相关的礼节及习俗，均应调查。例如，全家成员是共同进餐还是男女分吃，或孩子与老人分吃；家庭或社会是否有某些人可享用特殊的饮食；每日进餐的次数和时间；餐桌礼貌（table manner）[2]，招待客人的规则，相互宴请的习俗，饮食的禁忌（如对月经期间的妇女，祭祀前的宗教人员，出征或出猎前的男子）……以上均是值得询问的问题。

---

1 摄入动物蛋白不足，将影响人的体质。新几内亚采姆巴加人不惜付出巨大代价养猪，实质便是为了取得动物蛋白。

2 并非文明社会才有餐桌礼貌，在这方面各民族都有自己的规则，入乡随俗是必要的，而不必判断孰优孰劣，不能认为只有中国汉族筵席上或西餐桌上的吃法才算文明。

第六章　传统技艺

食物是人类最重要的但非惟一的需要。人类要能较好地生存，还有其他方面的物质需求，如服饰、房屋、旅行和运输，以及生产和日常生活中必不可少的工具和器具。为了制造这些东西，像谋取食物一样，人类也要掌握一系列技术。如何调查一个社会在谋食技术以外的技术，便是本章要讨论的问题。为了与谋食技术相区别，我们称之为“技艺”。

过去这方面的问题，被归纳在“物质文化”、“早期工业”、“人工制品”之类题目之下，曾受到早期人类学家的极大注意。有关论著颇多。近来这方面的研究已不再是人类学的热点问题。而在中国，无论是汉族还是少数民族，传统技艺保存尚多，而前人对中国传统技艺研究很少，仍值得调查。这不仅可为研究发明和借用等人类学理论问题提供新鲜资料，而且因为有些传统技艺作为优秀文化的组成部分，应加以继承。有些手工制品之精细和美观绝非单调粗糙的机器产品可比，愈来愈受到人们的尊重和喜爱。

在全面了解一个社会人工制品及其制造技艺时，应着重了解当地特有的以及那些对人类学研究有意义的问题。还必须注意传统技艺不是单纯的制造问题。制造所耗费的时间和能量（体力或其他动力），是家庭副业还是形成专门行业，是男子的工作还是妇女的工作，工匠身份、待遇及技艺传承，产品的商品化程度及对社会的作用等等，甚至有关的宗教仪式和信仰，也不容忽略。在现实生活中已不存在的古老技术或器物，如原始取火法[1]和石器，有时会复现于宗教仪式之中。

调查传统技艺时，对每一件器物和每一项技艺，除文字记录外，要比调查其他问题更多利用照相、绘图等手段。其中重要的器物还要搜集实物或复制品，重要的制造原料要采集标本。下面不再一一说明。

传统技艺的方面很多，不可能一一列举。下面分别介绍几项与生产和生活关系最密切的。假如调查者发现当地有其他值得研究的问题，自应专项调查而另拟提纲。

1　云南少数民族宗教仪式中就保存多种原始取火法，如钻木取火、锯木取火等等，材料至为丰富。

一　工具、器具及其制造

自然界的物质已为人类有意识加工、改造加以利用的部分，可统称为人工制品，共可分为工具和器具两大类。

工具是可加强人类体力以有效应对物质世界的人工制品。人类最早的工具是多用途的，随着社会生活复杂化，工具才发生分化。按用途分类[1]，工具至少可分为：

（1）敲击工具——锤、砧等；

（2）切割工具——刀、斧、楔、锯、剪等；

（3）钻孔工具——钻、锥、针、钉等；

（4）取物工具——夹、镊、钳等；

（5）修整工具——雕刻器、刮削器、锛、刨、锉等；

（6）挖掘工具——掘土棒、锄等。

此外，上述生计活动中使用的工具，当然也应列在工具清单之内。在工具中原应包括武器，最早的工具和武器是不可分的，如矛和弓箭既可用于狩猎，又可用来作战。后来两者发生分化，武器成为专用，故宜另作调查（参见“战争和对外事务”）。

工具中还应包括机械在内，机械是使工具变为快速运动的装置。原始时代人类即有简单的机械，捕捉野兽的各种捕机就是灵巧的机械，被誉为人类“最早的机器人”。弓钻、车轮、陶轮、石磨、提水的桔槔、门上的枢轴、起重的滑车，都利用了机械原理。在调查中若遇到当地固有的机械，应与工具同样处理。

器具主要指人类为了满足生活需要的人工制品。从盛放食物和水的容器、熟食的炊器，直到生活起居中的坐具、卧具等等，都属于器具之列。但某些器具在生产中亦为不可或缺之物，例如篮子是一种容器，却为采集所必需。特别在原始时代，一器多用现象是很普遍的。我们对每件器物每项用途都应加调查，而不必拘泥于分类。

对上述所有工具和器具的土著名称、质料、形制、结构、用途、用法，均应调查记录。在此基础上，编制一份当地固有的人工制品清单是有好处的。关于新近传入的现代工具和器具，由于与世界各地所用者一样，只要指出名称，人人都可了解，不必再繁琐地逐项描述。但应调查清楚：它们在何时从何处传来，当地是否已会仿制或更加以改进，它们对当地社会发生了什么影响。

人类最早工具、器具多直接利用自然物，或仅稍做加工，如树梢削尖制成的掘土棒，介壳磨边制成的刀，葫芦、椰子壳、竹筒做的容器等等。自然材料是人类最易于得到和利用的，故早期工具和器具的制作长时期来也都利用现成的自然材料，如植物的干枝和纤维，动物的角、骨、齿、皮，介类的壳及石头。而为了利用这些自然材料便有木工、编织、骨（角、齿、介壳）工、皮革工、石工等技艺，从原始时代一直存留至今。虽然由于金属工具的使用，古今技艺有粗精

[1] 关于工具还有其他分类方法。有人把工具分为原生工具（直接工作的工具）和次生工具（制造和修整工具的工具）。还有把工具分为简单工具（由一块材料制成的工具）和复合工具（由不同材料制造不同部分而组成的工具）。

之别，而基本制作方法和过程是一样的。关于工具器物制造应分为下列几项进行调查。

（一）木工

如何进行砍伐、选料（根据不同器物选用不同木料）、修整、干却及剖裂，使用什么专用工具（例如剖裂，是用斧劈，插楔还是已知用锯）；假如要做成中空的木容器，用何方法（是用原始火烧之法，是有专用刨挖工具，或是已知利用机械）；复合的木工具和器具如何结合（是针缝、榫卯、胶粘，还是已知用木钉、金属钉或螺丝；胶用什么物质制造）；木器上是否施以装饰（如磨光、雕刻、上漆或染色、绘画、镶嵌、贴面等等）；有什么方法防止木器变形、生虫、烧烫……以上均应调查。

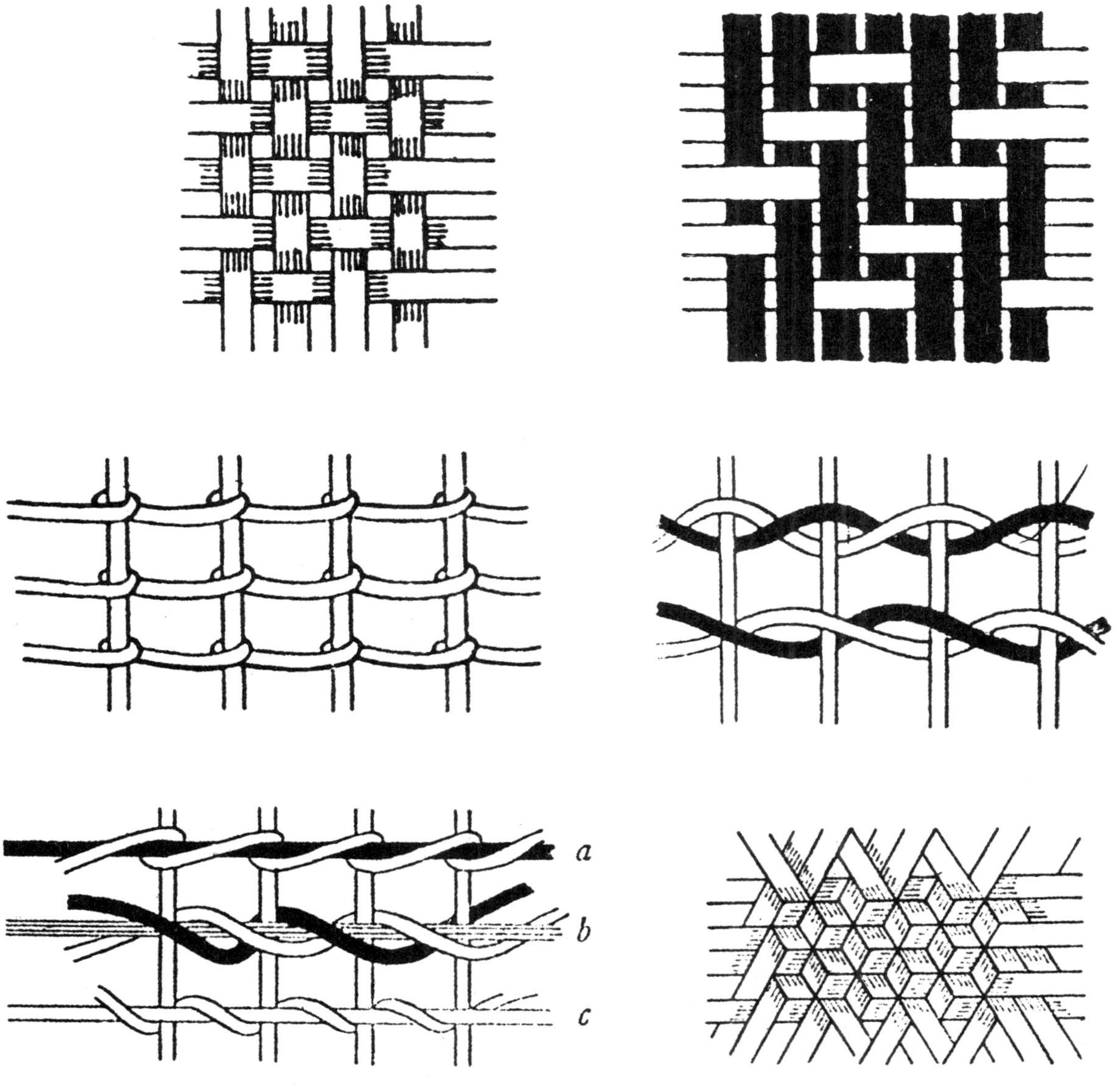

图四　编织技术中的"编连"几种样式

关于一些民族利用竹子和树皮制造器物（如北方民族桦树皮容器），也可附在这一部分进行调查。它们一些特殊的处理方法，如竹子上如何钻孔、树皮如何浸泡等等，应予特别注意。

（二）编织

编织出来的工具和器具是很多的，从房外的篱笆直到睡觉的席子都是编织物，其制造过程及方法基本一致。编织用些什么植物纤维（藤、竹篾、草等），如何储存、剥制、浸泡、裂开、弄干、捻搓，编织用什么工具（如穿洞尖棒等），是否还有什么简单机械设备（如编席架），这些都是应该注意的。

编织技术基本上有两种。一种可称为“编连”的方法，即是两根或更多的纤维不断交叉而成，像织布一样，只是所用的是非纺纤维。另一种可称为“缝圈”的方法，即先将纤维编成一个个平圈，然后缝在一起。《人类学的询问和记录》一书列举了“编连”和“缝圈”的多种模式（图四、图五），请比较一下你调查地区编织方法属于其中哪类哪式。编织物是否上色或施以装饰，某些产品（如篮、席）是否有统一规格。

搓绳、结网技术也应按照调查编织物的要求进行了解。

（三）骨（角、齿、介壳）器制造

动物的骨和角、某些动物的牙齿（如象牙）、介类的壳，质地坚硬，在金属时代以前是制作具有一定硬度工具的较好材料。即使在有了金属之后，由于它们光亮的色泽，人们仍然喜欢加以利用。应注意这些材料如何弄干净、储存或分割；如何利用它们的天然形状来制造不同的器物或器物的附件；如何挖空或钻孔，使用什么专门工具；若是复合工具或器具，如何拼合，用胶粘抑或另有其他方法；如何磨平和磨光，是否用经过加工的砂子；器物如何装饰（如雕花）；等等。

（四）皮革制造

动物的皮不仅是制造服装的原料（参见“服装的制作”），还可制作绳索、篷布、袋子等一系列有用器物。皮革的备制需要复杂的技术，应了解它们是如何剥下、刮削、弄干的，是否知道防腐处理，又是如何鞣制的，利用哪些动物的皮革，各用于哪些方面，鱼皮是否也被利用，皮革上如何施以装饰，是否利用动物的毛皮，其备制及制作器物的方法及过程如何，等等。

动物的内脏（如膀胱和肠）制作为器物及动物的节腱或皮条制成线或绳的方法，也应一并调查记录。

（五）石工

用石头制作工具已成为过去，但今天人们所用的一些辅助工具仍是石质的，更不用说石头大量被用做建筑材料了。请注意当地石头的来源、学名及土著名称；如何根据不同要求选用不同的石材；如何采石，如何裂石，如何修凿成形；假如制造容器（如石臼），如何使其中空，如何切割、钻孔和使石头平整。石工所用金属工具也应予记录。还应了解是否保有某种金属时代以前留下的古老石工技艺，如用火或用木楔裂开，石器物上如何施以装饰（浮雕或花纹）。有些地区会用石头挖成炊具或其他容器（如加拿大爱斯基摩人的石灯及石制工艺品，中国景颇族的石锅），一般需要当地蕴藏有易凿的石材（如皂石），应注意调查当地过去和现在有无这方面的石材和技艺。

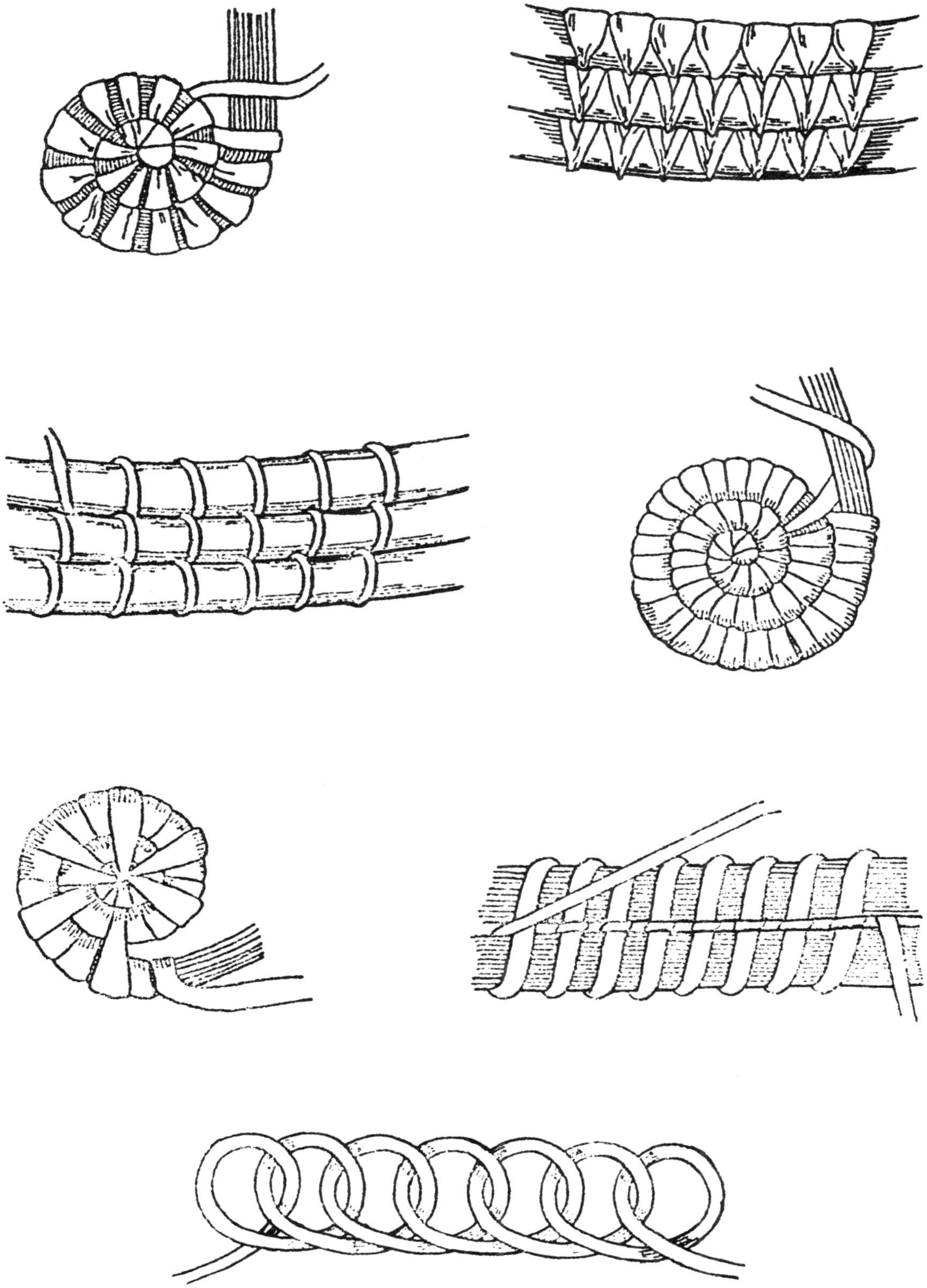

图五　编织技术中的“缝圈”几种样式

二　制陶

如众所知，新石器时代即知制陶术。陶器可视为最早利用化学方法制成的人工制品。但并非所有民族所有地区都会制陶，至今仍是如此。调查中见到陶器要询问来源，假如是外来的，要了解其输入地；假如是本地自制的，则应了解制陶技术是新近学会的，还是代代相传；还应了解关于陶器起源的传说。

制陶所用粘土属何种类，当地是否即有分布；粘土中还要掺入何种物质（如沙子、介壳粉末等）；关于陶衣、彩绘等用什么材料；假如知道上釉，釉料是什么物质；等等。

陶器制坯方法一般分为手制和轮制两种。手制法可分为手捏、模制（用一个容器为模）、泥条盘筑。当地制陶用哪种方法？假如泥条盘筑，是否放在转盘上进行？请注意转盘与陶轮的区别。假如已知使用陶轮，它是如何转动的？用手、用足还是用其他动力？

陶坯制成后如何使其干却，晾干还是烘干？在烧制之前经过什么处理？是否涂以陶衣、彩绘、磨光或上釉？是否还要加以装饰（如刻划或压印花纹，附加几何纹或人物、动物浮雕，镶嵌等）？

陶器烧制假如在露天进行，是否有固定地点？是否使用“燃料封闭法”[1]？如已有陶窑，其结构和形制如何？是否利用现成的窖穴或灶？无论哪一方法，要注意使用什么燃料，火候如何控制，烧陶中是否有意识地将烟渍渗入使陶器呈现黑色并有光泽，烧好陶器是否加以装饰（如彩绘），等等。

从制陶到烧陶所用一切工具设备，均应记录，复杂的（如陶轮及陶窑）要画结构示意图。对当地制陶业的所有产品（包括仪式性用物、艺术品及玩具等），应了解其土著名称、用途及制作中特殊问题。

当地若有砖瓦等建筑材料的烧制，应单独调查。

当地是否还知道烧制瓷器，假如有，其主要原料——高岭土来自何处，应加以调查。关于瓷器制作要调查的问题，与上述制陶相同。惟对瓷釉之配料及制作经验，要给以充分注意。

三　采矿和金属冶铸

当地使用金属品是购自外地还是自己也会制造，假如有些是当地制造的，就要了解从采矿、提炼直到铸造一系列技艺。可能当地历史上有过某种金属冶铸，现在已因现代产品大量涌入而停产，其传统技艺仍应尽可能予以调查。

还应了解哪种金属的矿石在当地有分布，是露天矿，浅矿还是深矿，其土著名称如何，是如何开采的。对于过去和现在仍在开采的矿井，要亲自考察，记录矿井挖掘、通风、排水、照明以及运出矿石的方法和工具。假如从外地获得矿石，要了解它来自何处，如何运输。

矿石如何加以冶炼，使用什么燃料，请调查记录并了解坩埚或熔炉及鼓风设备的形制、结构、所用工具、冶炼的全过程（包括熔化、精炼或提纯）以及每炉冶炼之时间。假如会制造合金，

1　这种方法或称“燃料灶”，即将器坯堆放在平坦地面上，上堆木柴、稻草等燃料，然后涂以泥浆，从内部点火。由于泥浆的封闭作用，燃料可以长期保持小火或阴燃状态，内部温度可达750℃—800℃。西双版纳傣族至今仍用此法烧陶。

则所用几种金属的比例，也要调查。

要注意当地冶炼金属的特点，例如从淘洗河沙中取得黄金，从银矿废料中炼铅，从天然铜或陨铁取得铜和铁，要调查其特殊的冶炼方法。

如何把冶炼出来的金属做成合用的器物，是冷锻（如对天然铜）还是铸造；铸造所用外范、内模及工具各用何质料制造，其形制如何；范是由砂子、粘土还是他物制成；当地是否知道“失蜡法”即通过蜡模来铸造青铜器或其他金属物；金属物制造成形后的锻造、焊接、修整及装饰的技艺及所用工具……均应予调查记录。

注意搜集当地采矿及冶铸金属积累的一切有用经验。

对当地制造的金属工具和器具的土著名称、形制、用途应该充分了解。这些产品是否全部或部分地作为商品出售，它们是否在附近地区享有盛名，也应进行调查。

四 服装的制作

关于服装的功能，人类学家解释颇多——为了美观，为了遮羞，为了代表身份等等。实际上其主要功能仍在于保护人体、防御气候等外来因素的侵袭。从这一点来说，服装也是人类生存所必需。

从热带一条简单的遮阴带到寒带多层厚衣，从头上的帽子到足下各种鞋子，都属于服装的范畴。要记录当地不同性别、年龄的人在不同季节穿着服装的质料和形状。假如一个社会中不同地位或职业的人服装有所不同，自应分别记录。

制作服装所用现成天然材料有皮革（见“皮革制造”）和树皮布。关于树皮布，在古代中国及云南某些少数民族（如傣族）都曾有之。调查中要注意它取自何种树以及剥制、浸泡、击打的一切方法。

但大多数服装的质料是植物的纤维或动物的毛做成的。为了把它们变成可以缝制服装的布料，这就是需要纺和织。

（一）纺织

纺是把可纺材料均匀地转动使其因扭转而牢固的工作。应调查使用的是何种材料，是麻、棉等野生植物纤维，还是蚕丝和动物的毛；如何浸泡，如何使其干净、松散成为可纺材料；纺的工作是借助于古老纺锤，用手捻，还是已用纺车。还应记录纺锤和纺车的形制、结构及效率（多少时间可以纺出多长的线）。纺线一般是妇女的业余工作，产品为了自己使用。假如纺线成为专业化工作，或存在为了市场而生产的作坊之类，应予特别记录。

织是把纺好的线以某种方式交织起来，形成纺织物。织机的形制和结构多种多样，但可以归纳为三大类：单杆织机、双杆织机、双梁织机。当地所用是其中哪一类，还是使用更古老的“腰机”[1]。

织机上一切附件（如梭、杼、分经杆等）都应注意。纺织品的不同模式，如平纹、斜纹等，

1 腰机仍属于单杆织机，但把经线一端系于桩柱，另一端系于织者腰上。这种织布方法，直至20世纪五六十年代在云南少数民族之中仍能见之。

都是与织的方法相联系的，而用不同颜色的线还可织出多种彩色图案。纺织技术的分析研究需要专门的知识，假如做详细的专门调查，需要请教有关专家。但对一般调查者来说，至少要对织品的基本质量有所交代，最简单的方法是记录每平方厘米内有多少根经线多少根纬线，可以表示织物的紧密程度。

假如当地纺织业能制造出好几种纺织品模式，自应分别记录。

织品的染色技艺应予注意：是在织前先染线还是织好再染，用什么为染料；若是植物性染料，是野生的还是栽培的（如蓝靛）；若是矿物性染料，是如何取得和备制的；当地是否有“蜡染”法。要调查有关染色技艺的全过程及所用工具。

（二）缝纫

把现成天然材料（皮革、树皮布）及纺织品做成衣服，这就是缝纫。所用缝纫工具（如针、锥、镊子等）及缝纫的一切技艺（从剪裁直到完成）都应记录。服装上若施以刺绣，缀以流苏，缝以花边，乃至附加一些非纺织材料的饰物，其技术亦应归入此项进行了解。其在美学上的意义，则应列入装饰艺术加以调查（参见“人体装饰和器物装饰”）。

五　住所的建造

从最早利用天然的山洞和树洞到建造围成院落的砖木结构房屋，前工业社会的人类蔽身之所多种多样。它取决于整个社会经济文化发展水平，又受自然环境及谋食方式的制约。如游徙的猎人建造简易的风篱，游牧民族居住在随时可以移动的帐篷之中，比较坚固的房屋只能属于定居者。

在调查中，无论遇到哪个类型的住所，首先要注意其地点的选择。要了解住所建造在现在的地方，是因为靠近水源、可以避风、地势较高可以防湿，还是由于某种信仰及传统习惯。

其次则要弄清它的室内布局，即在一幢房屋内如何分隔为多个空间而有不同用途（如炊爨的厨房、堆放什物的储藏所、供客人居住的客房、祭祀神灵的角落、供全家活动的起居室以及为家庭成员分别占据的卧室）。假如是一系列不同用途的小房子，则要弄清楚其院落组成方式。

不同类型住所有不同的建造方法。假如所调查的是固定房屋，则要查明从地基、墙直到屋顶各部分所用材料，房屋结构及建造的全部过程和细节。特别要注意地基是否石砌，墙是夯筑还是砖砌，是日光砖还是烧砖，屋顶是用瓦盖成还是仍用茅草覆盖，门窗如何安置。假若是楼房，则需了解楼梯是固定的还是移动的，如何制作。关于建造房屋所需石工、木工的基本技艺，当然与制造器物相同（见“工具、器具及其制造”），不必重复调查，但要注意建房特殊要求及专有工具。

在热带或亚热带地区，为了防湿或防御昆虫，人类喜欢把固定房屋建造在桩柱之上，在滨水地区甚至把桩柱全部或部分植入水中。调查中遇到这样的住所[1]，要特别注意桩柱的建造及安排情况。

建造房屋非一家一户所能完成，往往需要邻里或全社区的协作和专业的建筑工匠。这方面情

1　如众所知，这种“干栏式”建筑住所在中国南方极为普遍，一般性调查是没有意义的，要查明当地的特点和功能。

况也应注意。

在一个社区内除了居民住宅外，可能还有供公共活动的房屋（议事房、庙宇、成年人或老年人活动的“俱乐部”、青年娱乐的“公房”、首领办公处或住宅），它们比起一般住宅，可能大小不同，建造方法有异。又在分层社会中，富者和贫者住所可能有高大和低陋之别。凡此，自应分别调查记录。而整个社区的供水、排水、道路、环境卫生及防御设施（如城墙、围栅、壕沟）的布局及建造技术，均应搜集资料，予以说明。

假如所调查的是非固定住所，如帐篷之类，应询问的问题（如地点选择、室内布局、建造方法、室内设备及家具布局等等）与上述调查固定房屋并无不同。但要注意帐篷如何迅速支撑和拆卸的技术及由于住所不固定而带来的所有特点。

六　旅行和运输

人类若无交通，便不可能有相互交往，不可能有文化的传播、商品的交换及民族的迁徙，也就不会有今天的世界。人类来往不同地区的行为便是旅行，而携带货物的旅行便是运输。两者都包括复杂的技术和经验。

（一）道路的开辟和徒步旅行

“道路是人走出来的”。实际上并非所有的人都善于走路。云南土谚有云：“会走路的人走梁子，会种田的人种坝子。”山脊（梁）上既少草木，又无沟箐，假如与要去的方向一致，行走其上，便省力省时。故道路之选向也需要技术，是人类文化成就之一。今天许多通衢大道是在古代人类小径和土路基础上开拓的，它们的走向总是最为合理的选择。如著名的滇缅公路基本上就沿着过去的马帮大道修建。

在调查中，首先要注意当地与外界有哪些道路相通，它们是否是从古代沿袭下来的古道，当地有哪些找路的经验和善于找路的人；道路如何开辟和维修（如何在原来人走的小路上拓宽和加固路面，如何在险阻地区如何修建栈道、加修栏杆或凿开隧道）；路上有什么标记来表明方向或里程，标记是自然物还是人工建成的；道路每隔一定距离是否有意识设置饭店、旅店或提供饮水设施；道路是否被视为某一个人、某一群体或某一社区所有而随时可以封闭；维修费用是否由一个社区全体居民或相连接的几个社区共同负担。传统道路若已变为现代公路或铁路，也应加说明。

有时道路必须越过河流或峡谷，就需要架设桥梁。这包括石桥、木桥、藤或绳编成的吊桥、由船组成的浮桥，还有绳缆做成的溜索。请调查记录有关设备（特别是那些比较特殊的）的形制和构造的细节以及建造技术。

当然，也可通过渡船到达彼岸。关于船的情况，可和作为水上交通工具的船合并调查（参见“水上交通工具”），除非渡船比一般的船有较多的差异。

步行是人类最早的旅行方法，今天仍然是许多偏僻山区主要旅行方法。徒步旅行中许多技术和经验值得调查。

人们可以单独旅行还是必须结伴而行是个重要的问题。关于旅行时所用的装备（生活用具、防止意外用具、防御野兽及敌对势力袭击或抢劫的装备），旅行队的组织、规模和领导，休息或投宿的规则和礼节，相互帮助的习惯，均应加以描述。

在冰雪上滑行的雪鞋和冰鞋也属于个人旅行装备，其形制和构造特别底部减少地面摩擦力的装置（如冰刀），应予注意。

人们徒步旅行若携带货物，还要有各种负载方法或装备。最简单的当然是头顶、背负或手提，但负载如何包装，仍有赖技巧。请注意成年男女负载物的最大重量及体积。此外，便要注意有利负载的各种设备，如头上的垫圈或头带，肩部的垫肩，各种背带、背包和背篮、背架，挑物的扁担，担物的担架等等的形制和制作。特别注意当地关于如何负载可以省力且能持久（如身体保持什么姿态）的经验。

假如负载物是小孩，大概还有不同的设备和方法（如中国西南地区专门设计有使孩子可以坐下且可向外观望的背篮）。运输重物则有一些今天仍在使用的古老方法，如在冰雪中或斜坡上拖曳，利用滚木移动等等，均应调查记录。

调查负载和运输重物，还要注意协作的习惯，如通过喊号子保持步伐一致，通过唱歌、击鼓进行鼓励，等等。

人类进入分层社会，负载重物的工作便落在穷苦人身上，而且统治者、首领和贵族自身还要由别人负载着从事旅行。这就是各种轿子、担架和滑竿的由来。在调查中要注意被抬者和抬者的关系，例如被抬者是否为了显示自己的显赫地位，抬者是为了挣钱还是因人身隶属于被抬者。这种人抬人的现象在世界上早已绝迹，近年在中国某些旅游点又有出现。

（二）陆上交通工具

单靠人力不可能负载太多东西或行走太远路程，故人类自新石器时代饲养家畜以后即利用畜力从事旅行和运输。进入青铜时代的同时，更有车的发明，使陆上交通大为方便。

作为交通工具的家畜，各地常见的有牛、马、毛驴、骡和骆驼。此外，在南美有羊驼和驼马，在热带地区有象，在北方地区则有驯鹿和狗。

用于驮载人和货物的家畜称为骑畜和驮畜。对此应注意乘骑和驮载的一切设备（如鞍鞯、驮架等），以及当地积累的特殊经验。利用驮畜运输常有组织地进行，这就是对古代交通及文化交流起重要作用的队商（caravan），中国西南山区称为“马帮”。这曾是过去长途运输主要方法。

要调查它们的组织、规模、输入或输出的货物及其装载方法，对驮畜的喂养及照料，如何防御野兽及盗贼，以及长途跋涉中克服困难的其他重要经验。

假如把人和货物放在某种乘具内由家畜拖曳而行，这家畜称为挽畜。乘具分为无轮和有轮两种。无轮乘具包括简单的木板和北方地区由狗或驯鹿拖曳的雪橇。在调查中特别要注意雪橇底部是否加有滑板及是否有保持道路润滑的方法。有轮乘具就是车。车的优越性在于有轮滚动以减少地面摩擦力，故除调查记录各种车的全部结构、附件和形制外，要着重了解其轮子的情况：车有几轮，轮是简单的圆片形，还是有毂有辐，辐的数目，车轴与轮子如何相接，每车由几匹挽畜拖拉，辕、轭及其他车具和乘具及驾车方法和经验，均应调查记录。

（三）水上交通工具

即使是挽畜和有轮乘具，也不能运送太多的人和货物。故水上交通在人类相互交往中起更大的作用。古代世界六大文明多在大的河流兴起，近世沿海地区常常易于发展和取得繁荣，都与方便的水上交通条件有关。

水上交通工具种类繁多。原始人用自然物——一根树干、大的葫芦、树皮或芦苇束等等，进行漂浮，可以暂置不论。曾经普遍使用而今天仍能见到的即有木筏、皮筏、皮船、独木舟以及各种形式的木板船。假如它们是当地制作而不是外来的，遇到任何一种都要了解其形制、构造及制作方法和技术，特别是一些关键性技术。例如，至今仍在中国内地河流上漂浮的木筏是如何捆扎的，所用木料是否就是准备运往下游的木材，如何拆卸，上面是否有一个平台以装载乘客和货物；皮筏在中国黄河及长江上游和其发源地区曾经流行，其皮袋是如何制作和捆扎的，如何充气，如何装载。皮船只在北方地区发现，它的木质构架上覆盖着什么皮革，如何缝制而不漏水；独木舟是船的最原始的形式，在今天云南某些地区仍偶然可见（由于形似黄瓜，故称“黄瓜船”），它用什么木料和方法制成，是否借助火烧空，又是否用什么工具（如锛、凿之类）来修整，头部是否加上装饰，边部是否钉板加宽……均应了解清楚。

上述各种水上交通工具，还要了解其推进和掌握方向的方法。它们除作为交通工具外，是否也用于捕鱼或其他方面。

无论是中国还是世界其他地区，最普遍的水上交通工具当然还是木板船，有必要多加注意。

首先，要了解它使用的是什么木料，如何将木板拼合在一起，又以何方法（如涂油、上漆）使其不漏水，它的底是平的还是圜的，它有没有一根中脊（龙骨），船上是否全部或部分装有甲板而其下隔出舱位，船上是否有一层或多层船屋，等等。其次，要了解其推进方法，是桨划、篙撑，还是借助于帆乘风前进；桨或篙的形制和制作技术；每船用多少桨或篙；桨是否有固定的位置和支撑物；它们的操作方法如何；等等。假如用帆，首先要了解清楚船的桅杆数目（单桅、双桅还是三桅）、长度及植立方法，然后查明帆是什么材料和方法制成的，是整片还是缝合，帆的形制（三角形帆还是长方形帆），系帆的桁樯的形制及如何系于桅杆之上，帆索的系法及升降方法，帆船如何操作，是否只能顺风或偏风行驶，是否有什么方法（如按“之”字形路线）可使船在某种程度上逆风行驶，在海中航行当地是否已掌握季候风的知识，等等。

无论推进方法如何，如何掌握船的方向都是重要问题。船上是否有一个固定的舵或橹，如何操作；关于船上的一切设备和工具（如锚、罗盘，等等）以及一切与航行有关的知识（如何通过急流险滩，如何停泊，平时如何存放维护，遇到灾难如何应付等）；还有与航行有关气候、天文及水文知识……要调查记录。

木板船有许多种特殊形式，如海上航行常用防止倾覆的支架（outtrigger）船及双身船，假如遇到的话，其特殊结构要加注意。

从江南农村乌篷船到海上航行的巨型帆船，木板船上的乘客及船员人数相差悬殊。大型船只有众多船员协作才能正常行驶。为此又应了解其船员的组织、领导、各种职务及其分工情况。

第七章　经济

一个社会为了给成员提供食物及其他生活必需品，必须发展出一套经济制度，以便有效地控制资源，把资源从自然状态转化为有用产品，并在社会成员之中进行分配和交换。因此，在田野工作中将经济作为一个重要方面进行调查是十分必要的。

对经济制度的研究原是经济学的任务。当代经济学家忙于研究工业社会复杂的经济现象，无暇顾及前工业社会，这一任务便落在人类学家的肩上。关于当代经济学的原理是否适用于分析研究前工业社会的经济问题，自来有两种截然相反意见。一派所谓“形式论者”（formalists），认为可以适用。另一派所谓“实质论者”（substantivists），则持否定态度。实际上，前工业社会的经济与工业社会的经济既有相通之处，亦有许多特殊现象，与其陷入无休止的理论分析和争辩，不如先认真调查，做更多个案研究。

当前不少前工业社会正在走向现代化，故人类学家在调查中不可避免要遇到一些属于工业社会的经济问题。在这方面人类学家应持谨慎态度。调查情况指出问题是可以的，而不宜赶时髦凑热闹，乱提如何“兴办企业”，如何“开发”等建议。清醒的人类学家会认识到自己在这些方面原是外行。

当代人类学重视量化研究，研究经济问题尤应多搜集统计数据。如劳动量，应具体说明多少人次多少小时，农业产量，应具体说明亩产多少斤，避免“劳动艰苦”，“产量较高”之类空泛言词。前工业社会有些经济现象很难统计，则应通过典型事例加以说明。

一　关于所有权问题

生产首先必须有资源。调查地区有哪些资源，在调查环境时已经查明。但这些资源归谁控制，是群体还是个人，即各种资源的所有权问题，是研究经济制度首先要了解清楚的问题。

在前工业社会，最重要的资源是土地及土地上的动植物。

据研究，领地的概念有其生物学根源。很多食肉动物如狮子、狼以及鹰等鸟类，都有自己捕食范围，不容他群侵犯。人类也是“领土动物”之一，任何社会都有自己的领地范围[1]。但无论是

1　当然，这里所说的领地只是一个群体实际占有的地域范围，与近代国家领土的概念有所区别。这个群体若受辖于一个大的政治组织（如国家），这片地域当然就是其领土的一部分。

狩猎—采集者，还是游牧者或刀耕火种者，他们的领地界限不是很严格的。一般说来，人类进入精耕农业社会以后，领地范围才能明确划定。

你所调查的社会，无论是一个民族还是一个村落，过去领地范围是如何划定的，当地人民有些什么传说（如认为是自己祖先所开辟），领地是以山脊、河流、森林或其他天然物为界，还是有什么人工标志，领地有无名义上的主人，对侵犯领地的外来者如何处理或处罚，维护领地是全体居民的责任抑或有个别人员（如首领、头人）负责其事，领地的概念近年是否已经淡化，等等，都需调查清楚。

一个以狩猎、采集、游牧或刀耕火种农业为主要生计的社会，一般说来无真正的土地私有权，在自己的领地范围内，社会成员都有使用土地的权利。在你调查的地区，从事狩猎、放牧或从森林中开辟耕地是否完全不受限制？那里土地是否已经开始私有或划分给各个群体所有？个人是否仍可以使用土地？如果可以，是否需要得到某些个人或群众的同意？经过个人加工的小块土地（如园圃、宅基地）或个人发现有利的狩猎、捕鱼地段（“猎口”、“渔口”）总是最先私有？它是否可以出售、出租、世代继承？或是当个人不用时仍属全社会所有？中国西南几个少数民族20世纪50年代初期土地还处在土地私有权尚未完全确定的阶段，在调查中应注意这方面的情况。近几十年来，在这样的地区土地发生的一系列变化及今天土地所有权存在的问题（例如，土地归属不明确，划归个人长期使用的土地承包分配不公平等），应做实事求是的调查。

假如是一个精耕农业社会，例如像中国内地一个汉族农村那样，那里的土地早已私有。请了解过去土地是否属于地主所有而租给农民耕作或者雇人耕种土地，耕者自己是否拥有少量私有土地，关于佃户、雇工的受剥削情况，土地所有权的继承和转让（买卖、抵押）情况均应调查。此外，是否还保存部分公有土地（如墓地、荒山、学田或某种宗教圣地等等）？它们是由谁管理或控制？近几十年来，私有土地已不存在。现在划给个人长期耕作的“承包土地”是否分配公平？是否有人多占土地或占有好地的情况？村落之间是否有什么遗留问题？是否还存在有争议的土地？由于城市不断扩大，划给农民土地是否又被无偿或低价征用，或地价不能兑现？

当前农村如出现土地代种、租佃及私下买卖情况，应充分注意。

关于其他资源（如水、矿产……）的所有权问题，应仿土地问题之例进行调查。

除了资源以外，生产还要有工具、设备、耕畜等等，以及再生产必须的其他物资（如维持劳动必须的食物、籽种及家畜饲料等等）。这些在前工业社会中便是生产必需的“资本”。

工具当然属于生产者所有。但在简单社会中，借用一下不是正在使用的工具是不会被拒绝的，借一些食物或其他物资也不会要求偿还，更不会索取任何利息。从这个意义上说，它们和土地一样，也没有绝对的私人所有权。自进入复杂社会以后，工具等才变成完全私有。在调查中注意哪些是必不可少的生产资料，它们的所有权情况，例如借用是否要付报酬或利息等。

在全面调查的基础上，最后选择几个分属不同职业或阶级的典型户，每户编制一份财产清单，按不动产（土地、其他资源）和动产（工具、设备……），登记各项财产的数量、价值及所有权情况，这是很有用处的。

二　生产

生产是通过劳动把天然资源转化为有用产品以满足人们生活需要的行为。为生产服务的工作（如原材料及产品的运送）都应归入这一范畴。关于生产所必需的技术方面前已详述（见“生计”及“传统技艺”），这里要调查的是生产为了什么目的，是如何进行的。

（一）生产目的

生产目的即劳动动机。一般说来，前工业社会人们生产主要为了自己及其家庭或亲属群体的消费，完成自己对社会的义务（如支付赔偿、公共积累或祭祀费用等），或提高自己的社会地位（如美洲西北岸印第安人“夸富宴”[1]、美拉尼西亚和新几内亚等地的“猪宴”[2]之类）。在分层社会中，除上述以外，当然还为了支付地租、徭役、赋税、贡纳等等。产品还会有一部分用以交换，当今世界前工业社会也卷入市场，而且卷入程度日益加深。

在调查中要注意：该社会哪些产品是为了自己消费，哪些为了其他目的，哪些是为了交换。假如某种产品仅一部分投入市场，则应了解其占全部产品的比例。应分别不同生产门类来逐一考察其生产目的，并分别进行统计。调查中国社会，除现在情况外，也要适当追溯 1949 年以前的情况：当时每年产品和其他产品有多少供自己消费，有多少投入市场，有多少以地租、赋税等形式被攫取，是否也存在为提高社会地位而生产的现象（例如云南佤族就有富人主办祭祀活动，大量剽牛待客，以夸示豪富的习俗）。遇到这方面情况，自应深入调查。

（二）劳动分工

（1）性别和年龄分工

性别分工是古老的分工，有其生物学根源（据研究，灵长类动物雌雄两性即有某种程度的分工）。由于男女体质之不同，男子宜从事需要较强体力及能量迅速迸发之劳动，而妇女宜从事花费体力较少但需要持久性之劳动。又由于妇女要从事家务劳动，故工作地点一般离家较近。这就是为什么在采集—狩猎社会中，男子打猎，妇女采集；游牧社会中，男子放牧或随畜迁徙，而妇女负责在家照顾幼畜或挤奶；在刀耕火种农业中，妇女是从播种到锄草一系列农活的主要劳动力，而砍树、烧山、平整土地等重体力劳动仍由男子承担；在犁耕农业中，尽管妇女可以参加各种农活，但役使家畜犁田工作总是由男子承担。在各种手工制造业中，凡与坚硬材料打交道需要强劳动力的（石工、木工、采矿和金属冶铸、房屋建造等）都是男子的工作，而需要耐心持久及灵巧性的工作（如纺织和缝纫等等）都由妇女担任。

关于男女分工情况，虽然在上述调查各种技术时（参考“生计”及“传统技艺”）已经涉及，还需要做一综合性调查了解。最好用分类抽样方法选择几户职业不同的家庭，分别统计一下男子和妇女各负担哪些劳动，每项劳动每年共花费的工时，他们的劳动收入占整个家庭收入的比例。

除了性别分工以外，还要注意不同年龄阶段的人的分工情况。

前工业社会中的儿童，不像现代城市儿童那样完全脱离劳动。他们仍要参加力所能及的辅

1　当地首领或富人在节日或宗教仪式期间，举行浪费性宴会，分赠礼物，或更毁坏大量财物，以比赛豪富，加强自己的社会地位。

2　当地有一种具有较高地位的“大人”，为了维持自己社会地位，养育很多的猪，经常杀猪举行盛大宴会招待公众。

助性工作。女孩子帮助母亲照顾弟妹，从事采集和炊爨；男孩子参加放牧、狩猎及某些农业劳动。在围猎中大声呼喊惊起野兽，在庄稼将熟时守在田野中防御鸟兽之害，也是孩子的工作。到了收获季节，则全体儿童踊跃参加收获庄稼，更是普遍的现象。对孩子来说，参加劳动是学习谋生技能的大好时机。

前工业社会的老人，同样不能像现代城市中老人一样“退休”。他们可以在家中制造工具、用具和卖给旅游者的工艺品，照管家务，有的仍然掌握经济大权。特别在农业社会中，由于他们有丰富的生产经验，指挥生产的责任仍然落在男性老人身上。在云南一些少数民族中，每逢播种季节，总是由老人根据他们积累的物候及气象知识，决定何时下种或抢种。

在你调查的地区，男女两性中成人、孩子及老人各自承担什么工作，平均每年工作的总时间各是多少，应当了解。

为了具体说明性别及年龄分工情况，选择一户或几户，编制一天之内各个家庭成员工作时间表是很有用处的。

（2）专门化分工

在狩猎—采集社会、游牧社会或初级农业社会中，每人都会从事与生计有关的劳动，但在需要较高技艺的生产部门，已经开始出现一些技术能手，如某些人擅长木工或工具制造，某些人擅长建造房屋。他们在谋食之余，从事自己擅长的工作，相互交换其产品或服务。到了精耕农业社会，这种专门化分工倾向便发展起来，开始出现脱离农业生产的工匠。专职的巫师或巫医、教师等脑力劳动者也出现了。他们靠自己专门的技术或知识，提供产品或服务来换取食物，而不必自己生产食物。

你所调查的地区，究竟有哪些人掌握专门技术或知识，他们是否已脱离了主要生产活动；假如尚未脱离，则专门化工作的收入占全部收入多大比例；假如完全脱离，专门化工作带来的收入是大于、等于还是少于生计劳动……这些都是需要调查的问题。

（3）生产单位和协作

生产单位是人们为共同生产而结成的群体。

现代社会中一个生产单位（工厂或农场）的成员间不必有什么亲属关系。前工业社会的生产单位，无论是一个共同狩猎的游群、一个共同放牧的单位或一个农户，多以亲属群体为主体而组成，其中可能包括少数投靠者、雇工或奴隶（假如那里过去存在奴隶制的话），而多数成员之间都有亲属关系。这是前工作社会劳动组织的一个主要特点。

要注意调查地区共有多少生产单位，生产单位的规模（平均拥有多少人口和劳动力）及其组成情况，谁组织和指挥生产，收入如何分配；假如一户中除有亲属关系的人以外，而又包括少数投靠者、雇工或奴隶，则这些外来者待遇又如何。一个生产单位的成员若从事不同职业（如在从事农业之外还经商或制造手工业品），则收入及待遇情况自应分别调查统计。

有些大规模的生产活动，非一家一户所能完成，如围猎、联合放牧、砍树烧山、抢收抢种、出海捕鱼以及建造房屋等等，必须全社区联合起来，进行劳动协作。前工业社会的协作一般带有互尽义务的特点。

要注意所调查地区究竟在哪些场合实行协作，参加协作者之间是亲属关系、地域关系（如邻里关系）还是其他关系，劳动过程中如何合作和分工，产品如何分配，或如何进行产品和服务的交换，协作劳动由谁组织和指挥，等等。

除了大规模的协作外，是否还有仅几户参加的协作？过去在云南少数民族中这样的协作非常盛行，有好几种形式——伙耕、换工等等，近十余年来随着土地由个人承包，这些协作形式近年又有恢复。这方面调查要注意的问题与上述调查大规模协作相同。

人类进入分层社会后，在各种协作名义下，便出现着强制他人劳动的行为，即有权势者利用古老协作习惯征调公众为他们工作，不付任何报酬，不偿还相等的服务或仅招待吃饭（云南少数民族称为“白工”）。在调查中要注意过去和现在有无这种现象的存在。如有，则一个生产单位被迫无偿进行“协作”所付出的劳动人数及时间，应予调查统计。

为了显示生产全过程，有必要编制一份一年生产活动周期表，说明一个生产单位中不同年龄、性别的人在什么季节从事什么生产劳动，以及参加哪些协作生产、宗教和节庆活动（特别是那些与生产有关的，如祈求丰产或庆祝丰收）。假如一个社区中包含从事不同职业的生产单位，或一个生产单位之内从事不同职业的成员，自应分别列出。

三　分配与交换

物品生产出来以后，除了自身及家庭直接消费以外，若还有剩余可供他人消费（无论是为了换回其他生活品还是尽自己社会义务），这就需有一套分配和交换制度来进行调节。交换也是一种产品分配制度。

当代人类学家多采取经济史学者波拉尼（K.Polanyi）的学说，认为人类自古至今存在三种分配和交换模式，即互惠（reciprocity）、再分配（redistribution）和市场交换（market exchange）。

调查一个社会的分配和交换制度，最终是要确定其交换模式。若为几种模式并存，则以哪一种为主，各占多大比例。此外，无论属于哪种模式，重要的还是查明其具体情况和特点。下面试对三种模式略加介绍。

（一）互惠

互惠是不经过市场也不通过政治力量的直接交换。它是人类最古老的交换方式，以物换物，以物换取某种服务，或者如法国著名社会学家莫斯（Marcel Mause）所揭示的部落之间的送礼和回礼，都属于互惠式交换。共分三种形式。

（1）一般互惠

指不计算交换物品价值，也不指明回报时间的互惠式交换。例如，狩猎有获，便在一定范围内（某一亲属群体或地域群体）分享兽肉。国外如澳大利亚人，国内如佤、独龙等民族过去都有这一习俗。这并非如前人所想象，完全出于原始民族好客和慷慨之“天性”，而是为了他人猎获时，自己也可以分到兽肉；猎物吃不完便会腐烂，而与人分享就经常有肉可食，这实质上便是一种交换行为。但猎人分配兽肉时并不指望何时可得回报，也不可能指望得到回同样大的一份。故它属于一般互惠。

（2）平衡互惠

指在预定时期可获回报价值相等的物品或服务的交换。例如，在礼物交换之中，规定了品种和数额，便构成了平衡互惠。最著名的平衡互惠是特罗布里安岛“库拉”（Kula）贸易圈。人们选用两种贝壳做成的装饰品——项链和手镯，以交换礼物方式先和邻岛的人结成“库拉”伙伴关系，随后开展日常用品（鱼、薯芋、陶器、藤、竹……）的物物交换。由于礼物交换和贸易按固定路线进行，故形成一个贸易圈。虽然日常用品交换中可以缺斤少两，讨价还价，但作为礼物的装饰品，应大体相当，而不能有欺骗行为。“库拉”贸易可以提高自己声誉和势力，结交朋友，保证贸易在和平气氛中进行。

又如，长期住在森林中与外界隔绝的族群或部落，心存恐惧或语言不通，经常采取“无声贸易”方式，即贸易者互不见面，放下自己剩余物品，取走自己需要的物品。国外如中非俾格米人，国内如云南苦聪人，过去都有这种习俗。它也属于“平衡互惠”的交换。因为若有人采取欺骗手段，不放下价值相当的东西，下次被欺骗者便不再来，从此断绝了贸易之路。

（3）负性互惠

指期望从对方获得价值高于自己付出的物品或服务的交换。一般发生在不同群体之间，而受到欺骗的总是很少与市场货币发生关系的一方。如过去汉族商人到独龙族、怒族等之中，以一盒火柴换一碗黄连，用一根针换一升玉米；到基诺族之中用一碗酒换大量茶叶。这样的不等价交换，不是在市场上进行的，不用货币，故属于负性互惠性质的欺诈行为。

对于过去和现在互惠式交换，要了解当地是和哪些群体和地区开展交换的，交换的是哪些物品，是否还伴随着什么仪式或礼仪（如“库拉”贸易那样），以什么名义和在什么场合进行交换。最重要的当然要确定当地互惠式交换属于上述三种形式中哪一种。如是负性互惠，则其欺骗行为和不等价交换，特别是当前一些奸商利用少数民族传统习惯到偏僻地区进行负性互惠交换的情况，应予查明。

有些实行互惠交换的民族亦知根据不同贸易对象采取不同方式。最典型的例子应算云南独龙族，他们根据自己长期受人欺骗的痛苦经验，实行两种不同的交换，各有专门词汇。一种称为“布嫩年”，实行于本民族及朋友之间，不斤斤计较物品价值多少，更不欺骗对方，而且交换时有互相款待之俗；另一种称为“布伦”，实行于与异族贸易之中，虽然仍是不用交换媒介，但讨价还价，力求多换回物品。前者属于“一般互惠”或“平衡互惠”，而后者相当于“负性互惠”。在他处如亦有这种情况，自应分别调查记录。

（二）再分配

再分配是通过政治力量对剩余产品的集中和分散。如一个扩大家庭即为一个生产单位，各人生产出来的东西要汇集一起供大家消费，当然也可算是一种再分配。但真正的全社会的再分配制度，只有在形成一个政治中心之后才能出现。这包括首领或其他统治者以兴修公共工程、为了公众安全、招待旅客、筹办宗教或节庆活动等名义，向公众征收的一切费用，以及他们以土地所有者的身份征收的地租、赋税、徭役等等。这些征收来的物品或服务，除了供养不从事直接生产而承担公共事务的人们以外，其余多为统治集团所侵占。

在从平等社会向分层社会过渡时期（或称“阶等社会”，详后），统治者常将集中起来的剩余生产物举行大规模浪费性宴会招待公众，夸示豪富，以提高自己的社会地位。这也属于一种再分配。这方面的例子有美洲西北岸印第安人的“夸富宴”，美拉尼西亚、新几内亚等地的“猪宴”，中国云南佤族的大量剽牛活动等（参见“生产”）。

调查过去和现在的再分配情况，要注意公众提供的剩余生产物占每户收入的比例；若提供服务，则平均占其全部劳动时间的比例有多大，以何名义，是自愿还是强制，用什么为强制手段；集中起来的剩余生产物有多少用于公共事务，除了为夸示豪富目的而反馈于公众外，还有没有荒年救济的措施（如过去云南景颇族缺食时可到“山官”家“帮吃”，内地荒年时有富人放赈等“善举”），等等。统治者通过集中剩余生产物来为自己积累财富的情况，也应做确切调查统计。

根据国家统一规定交纳的公粮及赋税等，异地皆然，可以仅做一般性了解。在调查中要注意的是当地的特殊问题。例如，近年当地有什么以公众利益为借口而巧立名目的摊派，而这部分集中起来的剩余生产物最后又流向何方，究竟有多少真正用于公共事务，有多少被各级干部大吃大喝，中饱私囊，等等。

（三）市场交换

市场交换是通过公认的交换媒介按照供求关系而进行的物品或服务的交换。在这里，交易者之间不必有什么亲属关系、朋友关系（如“库拉”圈贸易中的伙伴关系）或政治关系。

调查前工业社会的市场交换，主要应集中在集市及交换媒介两个问题。

前工业社会交换不像现代化社会，每天都可进行，甚至买卖双方互不见面通过电话电传即可交易，一般只是在规定日期固定地方举行，这就是集市。传统的集市还是社交的或娱乐的场所，人们在这里会晤朋友，传播信息，观看表演，举行仪式，宴饮欢聚。市场不仅是经济交流的中心，往往还是文化交流的中心。

在调查中要询问：社区辖境内是否有一个或几个传统集市；其位置所在及是否邻近社区也到此交易；这个或这些市场形成的时间；其所以形成市场因为它原是一个政治文化中心，是附近村落中最大的一个，抑或因为它靠近桥梁、渡口、水井、码头或其他人们频繁往来之地；现在这传统集市是否已形成城镇；前来贸易者常有哪些族群或哪些社区的居民，各自买卖什么物品（是自己生产的物品、当地特有的原材料，抑或是辗转贩卖的商品）；集市涵盖的范围究竟有多大，是否有专门以贩卖为业的专业商人，是否有远途贸易者（long distance trader）来此贸易；集市是每日开放还是隔日举行，若是后者固定在哪一天，如何计算，是否如过去很多集市那样固定在十二生肖中某一天举行（如昆明“马街”、宜良“狗街”之类）；逢场之日是“日中为市”，抑或是整天都可交易；集市是否有专人管理和监督，其职掌为何，对违反贸易规则者（如使用不规范的度量衡器具）如何处罚；集市上有无“把头”、“街霸”等欺行霸市、巧取豪夺的情况；等等。集市一天内成交的贸易品种类、数量及金额，假如可能的话应做出统计表。

对于集市上经济行为以外的一切活动（文化娱乐、宗教、社交……）均应予注意。对集市的调查应多搜集贸易成交的个案，采取“实录”或“原文”方法来记录其讨价还价的实况。

近年来不少传统市场发生深刻变化，日益卷入全国乃至世界的市场货币体系之中。这属于重要的文化变迁，不能忽略。

人类使用过的交换媒介多种多样，有像牛这样重要的家畜，有各种介类之壳，有兽类光亮的牙齿、鸟类美丽的羽毛以及像盐、茶、布帛、酒、谷物之类生活用品和玻璃珠这样的装饰品。只是在进入文明时代以后，人类才开始使用金属铸币；而只有市场交换的进一步发展，才有纸币的发行。

现代中国各民族都已使用国家统一发行的金属铸币和纸币。但几十年前还是存在传统交换媒介和国家统一货币兼用的情况，例如过去云南少数民族交易中普遍使用牛、谷物甚至鸦片烟来计价和支付。这类问题今天虽不存在，仍值得进行询问和记录，因为它对解决前工业社会经济人类学的理论问题，能提供新颖的材料。

四　消费

消费可说是产品的最终用途。在这方面要调查的问题是，一个生产单位每年生产所得在支付再生产费用及被强制交纳各种负担以后，究竟还有多少留供生产者自身及其家庭所用；是否在维持生活所必需部分以外，还有剩余可供储蓄或扩大再生产。对此，最好以当地流通的货币金额来记录和统计，而且应注意对不同职业或属于不同社会阶级的人分别记录和统计。假如是一个人口众多的社会，当然应采取分类抽样的方法。

在上述调查基础上，应估计一下当地的生活水平，并与当地过去的、邻近地区的及全国平均的生活水平进行比较。关于生活水平，除了通过食物消费水平（详见“关于饮食及其备制”）来衡量外，还要观察衣着、居住及文化娱乐等方面的情况，而且应以一系列统计数字来说明。如每人每的食物费用多少，衣着费用多少，是否有余钱用于文娱活动，人均居住面积多少，居住卫生条件如何，等等。笼统报道当地“生活水平已有很大提高”或以调查者自身生活水平来进行比较，认为“生活水平很低”，均是没有意义的。

第八章　社会结构

人是社会动物。人类为了生存，应付面临的各种问题，不得不组成各种各样的社会群体。每个人隶属于不止一个社群，并与其他人构成复杂的社会关系。社会结构就是社会关系的全部网络。了解和剖析社会结构，过去是今天仍然是从事田野工作人类学家的重要任务。

前工业社会以亲属关系为基础，家庭又是最基本的社会单位。在通常情况下，家庭是通过婚姻建立起来和扩大的。故我们先从婚姻和家庭问题开始剖析，然后述及继嗣制度、亲属制度及更大的亲属群体。居住同一地区人们组成的各种地域性群体，年龄相仿人们组成的年龄组织，以及由共同的出生地、职业、信仰或爱好等而组成的自愿性社团，社会分层制度及由此产生的阶级或世袭阶级，多元社会中的民族群体，也将在本章进行讨论。

在调查中并不一定要按上述排列顺序进行，调查者可视具体条件进行安排。调查问题的孰先孰后，以方便为原则。但要剖析一个社会的社会结构，所有这些问题非要弄清楚不可。

一　婚姻

婚姻是男女经过社会认可的结合。撇开一些特殊的婚俗不谈，缔结婚姻的男女双方总是要在性生活、经济生活、生育和抚养后代方面相互合作，并确立与所生子女的正式关系。缔结婚姻要遵守一定的规则，各民族婚姻规则各异，故婚姻形态是多种多样的。

（一）选择配偶的规则

（1）关于禁止的规则

乱伦禁忌（incest taboo）是婚姻规则中最重要的一条，即父母与子女之间、同胞兄弟姊妹之间性行为的绝对禁止。尽管历史上曾有少数特殊例证，如托勒密王朝和罗马时代的埃及、中世纪欧洲某些国家、印加帝国、非洲的阿赞德人（Azande）及夏威夷人，允许兄弟姊妹之间通婚，但这仅限于王族内部，为了保持所谓王族“血统纯洁”，或出于宗教原因，并非当时全社会的通例。

调查中对这一问题不宜匆忙地直接询问，以免触犯当地人民的感情。只有在与当地人民建立亲密关系之后才能涉及。国内很多民族流行有兄妹成婚的创世纪神话，当然不是实际发生的行为，但可由此出发来提问：过去是否发生类似事情，现在发生这样的事如何处罚，习惯法上有何规定，等等。

关于乱伦禁忌之由来，有多少种解释，便有同样多的反对意见。如说常在一起的人会产生性冷淡，但有人举出弗洛伊德的“恋母情结”、“恋父情结”以反对；又如说近亲繁殖会对后代带来不良后果，有人则提出埃及著名女王克里奥帕特拉（Cleopatra）的祖先已有十一代是兄弟姊妹通婚，而她本人未见有什么体力的或智力的缺陷。最近比较流行的是由泰勒首先提出而经过列维·斯特劳斯进一步阐述的理论，即认为乱伦禁忌是防止家庭成员之间因性的竞争而发生冲突，是有利人类生存的一种机制。

无论如何，人类很早就有乱伦禁忌。中国学术界至今流行的人类最早实行“血缘婚”的学说，则与现代科学格格不入。最近科学研究表明，某些灵长类动物（如黑猩猩）已有避免近亲交配的倾向，可见乱伦禁忌还有生物学的根源，是自然选择的结果。在调查中，不妨就此问题询问当地人民的主位看法。例如，在西南一些少民族的兄妹成婚神话中，所生子女常是怪胎或畸形物，便反映对乱伦的憎恶恐惧。多搜集这方面的材料，对最终解决乱伦禁忌的由来问题或是有所助益的。

外婚制（exogamy）和内婚制（endogamy）的规定也是一种禁止规则。外婚制规定必须从自己所属某种群体之外选择配偶，内婚制规定必须从自己所属某种群体之内选择配偶。外婚制禁止在亲属群体（如扩大家庭、世系群、氏族）内部进行婚配，实是乱伦禁忌的延伸；内婚制并不是指亲属群体，而是禁止在本地区、本族群或自己所属等级、种性或宗教团体之外选择配偶。两者涉及的群体和范围是不相同的。

故两者可以而且经常并行于一个社会之中，互不矛盾。如我调查过的一个基诺族村寨，实行氏族外婚，同时实行村寨内婚（外寨青年来串姑娘都要罚款）；凉山彝族实行家支（氏族）外婚，同时实行等级内婚。

你调查的社会实行外婚制和内婚制的具体范围如何；违反者如何处罚，舆论如何谴责；假如实行等级内婚，是否有若干具体规定；假如实行族群内婚，是否只排除语言不通的族群，而可以通话的族群允许通婚；又是否个别上层人士有与外族通婚情况；现在外婚制和内婚制（特别是族群内婚）是否已发生了什么变化……这些都应做详细调查。

（2）关于优先或强加的规则

在前工业社会中，婚姻不仅是个人的事情，而且是维系两个家庭或更大亲属群体的纽带。据研究，乱伦禁忌和族外婚就是为了促进群体之间结合，形成更广泛的亲戚关系，以利人类的生存。为了延续和加强与其他亲属群体的联系，配偶不由当事人自己选定，而是被强加的，或者某些人应优先考虑的。这方面规则有：

交表婚（cross cousin marriage） 即一个男子应该或必须与父之姐妹之女或母之兄弟之女缔结婚姻。这种婚姻在世界上普遍存在，其目的就是为了巩固两个婚姻集团之间的关系。交表婚又可分两种形式：一种为对称的（或双向的），即一个男子可娶父之姐妹之女，也可娶母之兄弟之女。有时甚至规定这种交表婚生出来之女子必须嫁回其母之兄弟之子。云南有些少数民族戏称这种婚姻为“老母猪后面捉仔”。一种为不对称的（或单向的），即只能娶上述两种类型表姐妹中的一种。第一代交表婚如此，第二代交表婚仍是如此，在某些少数民族之中，如单向变为双向，被称为“倒流水”，是不被允许的。如景颇族便是如此，嫁出的永远嫁出，为“丈人种”，娶进的永远娶进，称“姑爷种”，而对“丈人种”来说，他们的子弟又必须固定从另一集团娶妻，他们自己又变成了“姑爷种”。这样，通婚集团至少要有三个，形成一种环状联系。这有利于建立更广泛的亲属关系，形成很大的社会势力。

平表婚（parallel cousin marriage） 即一个男子必须娶父亲兄弟之女，或母亲姊妹之女为妻。这种习俗很少见，特别是娶父亲兄弟之女的情况，只有中东和北非的某些伊斯兰教国家存在，其目的在于巩固父系大家庭或世系群，防止财产分散。中国傣族也允许此种父方平表婚，但无优先的规则。

在流行交表婚的地方，一般禁止平表婚。如中国西南一些少数民族，流行各种交表婚，而严格实行姨表不婚，而流行平表婚的地方则可以允许交表婚。

夫兄弟婚（levirate） 一个男子必须娶其已故兄弟之妻为妻。这种婚俗在中国西南少数民族中颇为流行，称为“转房”。它可以使缔结婚姻的两个群体的关系不因有人死亡而中断，且可代已故兄弟抚养遗孤，尽自己的义务。中国古代北方民族与“兄死而娶其嫂”同时存在的还有“父死则妻继母”；太平洋班克群岛（Banks Is.）的摩塔族（Mota）有舅死娶其舅母的习俗，应列入同一范畴。

妻姊妹婚（sororate） 即一个男子必须续娶其已故妻子之姐妹为继妻（若妻无亲姐妹，亦可娶其族内姐妹）。其目的亦与上述夫兄弟婚相同，使两个通婚集团之关系继续下去。

上述几种婚姻都是当事人必须履行的一种义务，但宽严程度各地不同。有些地方不顾年龄悬殊，当事人必须履行义务；有些地方如无年龄相当的合适对象，允许当事人另寻配偶，如云南少数民族的一些优先婚多属此类。

你调查的社会中有哪一种或哪几种优先婚存在，请搜集个例并作出统计。当地人对这种婚姻的主位解释，应该记录。对于交表婚，应查明是对称的还是不对称的。由于这是一种近亲结婚，注意其对后代的影响。对于夫兄弟婚及妻姊妹婚，应注意其特殊的结婚仪式。

（二）安排婚姻和自由选择配偶

婚姻既涉及家庭或氏族之利益，即使没有应优先婚配的对象，婚姻仍由家庭作出安排，当事人常常不能自主。父母包办、童养媳、指腹为婚等等，都属于这种安排婚姻。请调查当地安排婚姻（假如有的话）的经济动机和社会背景，是作为与另一群体建立关系的手段，是为了获得劳动力，还是为了财富和权势；这种安排婚姻对青年男女造成的损害、违反安排的处罚以及当前安排婚姻发生的变化。应搜集个案以说明。

在前工业社会中，婚姻并非全无自由。在不违反上述各种婚姻规则之下，有些地方（特别是简单社会）青年男女享有很大的婚前性自由和一定的婚姻自主权。请注意年青男女自由择偶的条件和标准，他们主要考虑的是外貌之美丑、年龄之匹配、劳动力的强弱，还是已开始考虑财富的多寡；自由择偶是否最后仍要经过家庭同意。关于自由择偶的过程（从婚前交往到婚配）及手续，在调查“生命周期”中还要涉及。

（三）配偶的人数

根据一个男子或妇女可以有多少配偶，婚姻可以划分为下述诸类型：

（1）单偶制（monogamy） 即一男一女至少在一定时期内独占性的结合，如以法律形式固定下来，就是我们今天流行的一夫一妻制。这是普遍而且古老的婚姻形态。灵长类动物已有成对偶居（pair-bonds）的现象，没有理由再相信单偶制在婚姻进化史上很晚才出现的陈旧说法。在调查中应查明在全部人口中这种婚姻是否占绝对优势，婚外恋或偶然的通奸在当地是否受到处罚，抑或不算对一夫一妻制的违反。

（2）多偶制（polygamy） 即一人允许有二个或更多的配偶，其中可两种形式：

一夫多妻制（polygyny） 一个男子可娶两个或更多的妻子。据统计，1154 个社会中有 1000 个允许男子多妻。若众妻是姊妹关系，则称为姊妹共夫制（sororate polygyny）。有时同嫁者不仅有妻妹，还有妻之侄女（如中国古代之“媵”制即是如此）。

一妻多夫制（polyandry） 一个妇女可有两个或更多的丈夫。若丈夫们是兄弟关系，则称为兄弟共妻制（fraternal polyandry），这种婚制较少见，世界上仅西藏、尼泊尔、印度的托达人及斯里兰卡的僧伽罗人有之。

值得指出的是多偶制往往与单偶制同时存在。特别是一夫多妻制，一般限于首领、贵族或富裕者，当地的普通人民仍然实行一夫一妻制。在大多数社会中，男女人口比例一般是 100 ∶ 103，若普遍实行一妻多夫制和一夫多妻制事实是不可能的。

在调查中要查明，上述婚制中哪一种在该社会曾有存在，存在的原因及所占的比例；假如是一夫多妻制，众妻的地位是否平等，是否像汉族一样有妻妾之分。若去西藏及其他藏区，自应特别注意一妻多夫制（包括兄弟共妻制）的调查：它究竟流行在哪些藏区，所占比例；出于何种动机（如是否防止财富分散）；当时男女出生率如何（是否女性较少）；丈夫们发生矛盾如何解决；当前发生什么变化；等等。

迄今为止，对于藏族一妻多夫制认真的全面调查研究还很缺乏，这个任务应该由藏族的人类学家担负起来。

最后在这里要澄清一个问题，即摩尔根提出的经过马克思、恩格斯肯定的“一群男子与一群女子的相互婚配”的所谓“群婚”，在世界民族志上并无实例可寻[1]。在中国民族调查报告或论著中，把年青男女在公房中成群地谈情说爱或过自由的性生活，作为“群婚”的证据或残余形态，这是不恰当的，因为这只限于婚前，无论结交多少异性朋友[2]，不算是正式的婚姻。

在调查中，对此类问题可以继续进行探索，但不宜根据已知陈旧模式硬套，对一些现象作牵强附会的解释。

（四）婚后居住

婚后居住在何处，关系到继嗣制度及男女在家庭中的地位，应通过调查予以确定。

关于婚后居住，不是只有父方居住或母方居住，共有下述六种类型：

（1）父方居住（patrilocal） 配偶居住在新郎一方。在此范畴内又可区分出男方居住（virilocal），指新郎的父方亲属并未形成一个大的亲属集团者。

---

1 惟一类似之俗见于马奎撒岛（Marquesas Is.）玻利尼西亚人。那里盛行长子继承制，他娶妻后，允许弟弟及其他男子为妻子的情人，从而使这些人成为自己的侍从。其中有些地位重要的男子还可娶第二位妻子，这个妻子同样可有几个情人，如此形成类似群婚的情况。但可以这样做的只限于长子，而有资格娶第二位妻子的人很少。

2 印度的摩利亚（Muria）人，甚至规定在公房中不准一对男女固定交往，一对男女睡在一起不能超过两个晚上。即使如此，最后仍要与其中一个人结婚，故仍非群婚。

（2）母方居住（matrilocal） 配偶居住在新娘一方。在此范畴内，又可区分出女方居住（uxorilocal），指新娘的母方亲属并未形成一个大的亲属集团者。

（3）双方居住（duolocal） 夫妻双方仍分别与自己的亲属居住在一起。云南摩梭人所谓“走访婚”，实属这种类型。南方民族“不落夫家”习俗，可视为这种居住类型的孑遗。

（4）两可居住（ambilocal） 根据需要和方便，可选择居住在夫或妻的任何一方。这在游徙不定的民族之中较为常见。

（5）单独居住（neolocal） 不依靠任何一方的亲属，另立新居。在前工业社会，人们离开亲属，很难独立生活，故这种婚后居住类型很不普遍。

（6）从舅居住（avunculocal） 与丈夫舅舅的亲属住在一起。这种类型亦较少，仅有马凌诺斯基调查过的特罗布里安岛等极少的几个例子。

值得注意的是一个社会可以存在不止一种婚后居住类型，往往以某一种为主，而又允许有其他类型存在。例如，在流行父方居住的地方，可以有几户由于女方无子嗣而实行女方居住（西南少数民族称为“上门”）；也可以有几户由于夫妻双方均无亲属可以依靠，不得不单独居住。

遇到这种情况，应询问当地人民的主位看法，是否为习惯法和社会传统所允许，这样的家庭是否会受到歧视，等等。

除确定该社会婚后居住类型，还要了解其具体的居住模式。假如与亲属同住，是在原来住宅中给新婚夫妇一个单独的房间，隔出一个角落，还是在附近新盖一幢房子。在单独居住情况下，新婚夫妇当然会有独立的经济，而若是其他婚后居住类型，新婚夫妇是否也有自己的经济生活，还是加入原来的家庭。这常常取决于当地家庭组织的情况（参见“家庭”），应联系起来加以考查。若是两可居住，应了解选择某一方是出于什么原因，是由于土地较多，房屋较大，缺乏劳动力，老人无人照顾，抑或另有原因。

（五）聘礼和嫁妆

婚姻在前工业社会中不仅仅是两个人之间的结合，还标志两个家庭或亲属群体之间关系的建立。为了强化这种联系，除举行结婚仪式（详见“生命周期”）外，还要由男方向女方支付聘礼（bride-wealth）或进行婚姻服务（bride-service），女方向男方陪送嫁妆（dowry）。有些地方，两个通婚集团之间也可以交换新娘，互不送礼，形成一种直接交换。

在调查中应查明聘礼和嫁妆的土著名称及其含意；聘礼由什么物品组成，是否包括牛等家畜，是否还可支付现金；聘礼是一次付清，还是可分期支付。若是采取婚姻服务形式，请注意服务的时间长度及从事什么工作；服务期间新郎是否要住在女方家中；嫁妆又是由哪些物品组成，仅是姑娘自己的用物和“私房钱”，还是专有一笔财物或她应继承的一份财产。

聘礼和嫁妆数量，一般与这个社会所能提供剩余生产物多少有关，而社会地位经济状况不同的人，聘礼和嫁妆的具体数额又会有所差异。关于聘礼和嫁妆，婚前双方是否要经过讨论和讨价还价。假如婚姻关系解除或一方死亡，是否有讨回聘礼和嫁妆的规定。聘礼和嫁妆中，除财物外还是否有仅具有象征意义的物品[1]。

1　例如，云南景颇族聘礼及陪嫁要用一种无实用价值的铁质刀形器，称为“炕头刀”。

（六）离婚和再婚

离婚不能认为仅是当代的社会现象。某些前工业社会中，特别是享有较多婚姻自由的社会中，离婚现象更为普遍。如我调查过的云南永胜县他鲁人和永德县利米人，离过婚的远远超过没有离过婚的[1]。当然，这些社会中离婚频繁与当代社会离婚率日益提高，有不同的社会根源。

要以逐户调查或抽样方法，统计出当地社会的离婚率。要注意搜集个例，来分析导致离婚的原因：由于性生活不和谐，与家庭其他成员关系不和，某一方不能生育、丧失劳动力或有残疾，还是由于婚外恋和通奸。在笃信超自然力量的社会中，还会因一些偶然事件而导致离婚。例如，国外如易洛魁人离婚是受“梦的指引”；国内如云南他鲁人离婚仅仅因为婚后“鸡猪常死”、“人爱生病”，西双版纳傣族妇女若被指为“比巴鬼”，更非离婚不可。遇有这方面情况，应详细记录。

离婚后财产及子女如何处理，女方带来财物或财产（嫁妆）是否由女方带回，夫妇共同财产如何分配；未婚子女随母还是随父，原从父姓的子女若随母而去，是否要改变姓氏；离婚后妇女是否要退回全部或一部聘礼，或是据导致离婚的是非曲直情况而决定；离婚是否要举行某种仪式；离婚是否会引起纠纷，假如发生纠纷，由何人调解，是否诉之于公众舆论或法律机构进行裁决；离婚后居住情况的改变，家庭成员的改组及今后保持联系与否……均应调查了解。

由于离婚或一方死亡，是否可以再婚，或仅允许“夫兄弟婚”、“妻姊妹婚”这样的再婚（参见“婚姻”），或仅允许男子再婚，而对妇女再婚持反对态度。中国自南宋以后发展起来的“寡妇守节”，便是对妇女再婚的反对。“望门寡”、“抱灵牌成婚”、“过门冲喜”等，更是反对妇女再婚极为残酷的形式。反对再婚一般具有维系两个通婚集团之间关系不致中断的意义。再婚者寻觅配偶有哪些困难，社会舆论是鼓励还是反对再婚，再婚者的结婚仪式是否比较简单或不举行什么仪式，注意搜集再婚的实例，进行分析。

二 家庭

（一）家庭组织

由于规模及组成不同，可分为下列几个家庭组织。

（1）核心家庭（nuclear family） 又称基础家庭（primary family），由一对配偶及未婚子女组成，与单偶制婚姻相适应，一直是人类最普遍的家庭组织。若家庭中夫妻离婚或有一方死亡，以及所谓单亲家庭（one-parent family）[2]，也可划入核心家庭的范畴。

（2）复合家庭（compound family） 由一个丈夫几个妻子或一个妻子几个丈夫及其未婚子女组成。它是与多偶制婚姻相适应的。

（3）扩大家庭（extended family） 由具有亲属关系的不止一对的配偶及他们的子女组成。若仅由父母及已婚子女组成的，称为主干家庭（stem family）。扩大家庭可以实行单偶制，也可

1 例如兰遮村成年男女 19 人，离过婚者 17 人。

2 由单身妇女及其非婚生子女组成的单亲家庭。这并非当代社会才有。中国西南少数民族中有些妇女一生不正式结婚有非婚生子女的情况也很普遍。

以实行多偶制。

在上述家庭组织诸类型中，当地家庭组织属于何种或以何种为主，在调查之初进行户口调查时即可确定。但要进一步了解家庭内部居住情况及经济生活：家庭成员是否有共同的房屋、共同的财产，家长的地位、权利和义务情况如何。特别是复合家庭和扩大家庭，要注意众妻（夫）之间、各个子女之间或各对配偶之间是否有平等的地位，或有什么人拥有特殊的权利，这些人口较多家庭在什么情况下会分裂和解体。

各类家庭中还可能包括前来投靠的亲戚，他们在家庭的地位及待遇也应注意。

（二）收养

一个家庭中子女可由收养而来。养子女和养父母之间可以有也可以没有亲戚关系，只要取得社会认可即可。像中国过去无子女的夫妇可过继兄弟姊妹子女承继，也属这一范畴。

在调查中应注意，收养是偶然性的还是一种流行的习俗，是个别的还是普遍的；收养出于什么动机，是缺乏子嗣、缺乏劳动力还是有其他原因；被收养又由于什么原因，是孤儿、弃婴，还是由于家中贫困；养父母是否要向养子女原来家庭付费及付费多少，收养要经过什么手续和仪式（如被收养儿童象征性地吮吸养母的奶之类），养子女是否可以继承财产；在日常生活中受到歧视或虐待，还是视若亲生；若家中有亲生子女，两者身份有何差异；养子女是否要改姓，养子女对养父母有什么义务；等等。

在曾经流行奴隶制的地方，养子女可由俘掠的奴隶转化而来（如易洛魁人就是这样）。他们的地位、待遇或与奴隶无异，还是也视同家庭成员。当地过去如有这种人，他们过去和现在的情况应予注意。

（三）家庭成员的关系

家庭内部的劳动分工，家庭成员各自的职责，首先应予调查。人们是否因性别、年龄不同而在家庭中的地位有所差异：例如妇女在家庭事务方面是否有发言权？老人是否在各方面享有较多的权利？孩子是否在生活上受到特殊的照顾？此外，还应观察家庭成员彼此相待的态度、行为和礼貌。这些方面是否随年龄增长而调整，例如兄弟和姐妹之间是否幼时为无拘无束的伴侣，长大便要有所回避。家庭内关于亲昵和回避、命令和服从等表示方法，也要加以注意。哪些人在家庭中经常表现出沉默和羞怯？

任何类型的家庭都有一个家长，照例由什么人担任，他（她）的权利、职责和地位如何，都要予以关注。

三　继嗣制度和亲属制度

一个家庭（即使是扩大家庭），力量终究有限，人类为了开展大规模协作，分享资源，互通有无，特别是应付自然灾害、战争等突发事件，不得不结成较大的亲属群体。首先是建立继嗣制度，使一群人通过追溯实际的或假想的共同祖先而联合成各种各样的继嗣群体。其次又通过婚姻关系，使配偶双方的家庭和亲属群体再连结起来，建立更广泛的亲属关系网络。

（一）继嗣制度

（1）单系　一个人生下来便被归入一个特定的继嗣群体，只以男方或女方一方计算世系，就是单系继嗣。以男方计算世系者为父系继嗣，以女方计算世系者为母系继嗣。父系继嗣制度最为普遍，在全世界563种文化中，父系223种，母系84种，其他为双重继嗣及两可系等等（Murdock，1981，134页）。研究表明，母系是在一些特殊条件下形成的，一般存在于农业社会，而在狩猎—采集社会中却实行父系或其他继嗣制度。故没有任何理由再相信，母系一定比父系更为古老。有人甚至认为"母系是父系的派生制度"（Keesing，1976，42节）。

（2）两可系　一个社会中有人实行父系继嗣，有人实行母系继嗣，或这一代实行父系，下一代实行母系，一个人可以自由选择参加父系一方或母系一方（虽然在一定时期内只能参加二者之一），这便是两可系继嗣制度。这种制度与两可制婚后居住类型有关。在太平洋岛屿及东南亚地区多有分布。中国西南过去被认为实行父系继嗣制度的民族（如西双版纳的傣族），若认真进行调查会发现，有些村寨实际上实行的是两可系。

（3）双重继嗣　父系和母系这两种继嗣制度并存，各在不同领域实行，这就是双重继嗣。例如尼日利亚的雅考族，一个人既属于父系继嗣群，又属于母系继嗣群，个人可以从父亲的亲属群体继承牧场，而从母亲的亲属群体继承牲畜及其他消费性财产。这种继嗣制度在世界上很罕见。

关于上述三种继嗣制度，用谱系图解法表示之，更易了解（图六至九）。

你所调查的社会实行何种继嗣制度，若是单系制，是父系还是母系，这在逐户进行谱系调查以后，不难确定。问题在于还要调查其细节。例如，若是一个父系社会，关于财产的继承，是诸子平分还是长子（或幼子）多得，女子是否也有继承财产的权利；若是两可系，关于世系如何计算，或是根本不加计算，子女姓氏如何确定；等等，均应了解清楚。

传统的继嗣制度今日已发生什么变化，由于实际生活的需要，当前社会中是否两可系继嗣制度日益盛行，尤应注意调查。

（二）继嗣群诸类型

由继嗣制度（主要是单系继嗣）而形成的群体，具有各种类型。最常见的有：

（1）世系群　世系群是由一个可以确知的共同祖先的后裔组成的单系继嗣群体。根据实行父系继嗣或母系继嗣，而分为父系世系群和母系世系群。父系世系群曾是中国长期存在的社会基石，所谓"宗族"、"家族"实质上便是父系世系群。

一个世系群具有较强的凝聚力，经常聚居在同一地区，可有共同财产（如共同墓地、学田等）。世系群内部不能通婚。

（2）氏族（clan）　氏族可认为是世系群的扩大。它和世系群的区别即在于共同祖先已非常遥远，难以追溯，甚至是假想的。氏族成员可以不再共同居住，一般无共同财产（在简单社会中也可以有共有土地或墓地），日常生活中不必经常联系；一般氏族常有一个以动物、植物或其他自然现象为标志的"图腾"，以便识别。氏族内部不能通婚。

（3）联族（phratries）和半偶族（moieties）　若有两个以上的氏族自认为出自一个共同的祖先，便称联族（或译为胞族）。组成联族的各个氏族由一个氏族分化而来，原来这些氏族之间不能通婚，但这一禁制会随着时间推移而取消。若一个社会仅有两个氏族，不能不固定地相互通婚，这就是半偶族（moieties，意为"一半"），而半偶族内部绝对不能通婚。这种关系亦称"两

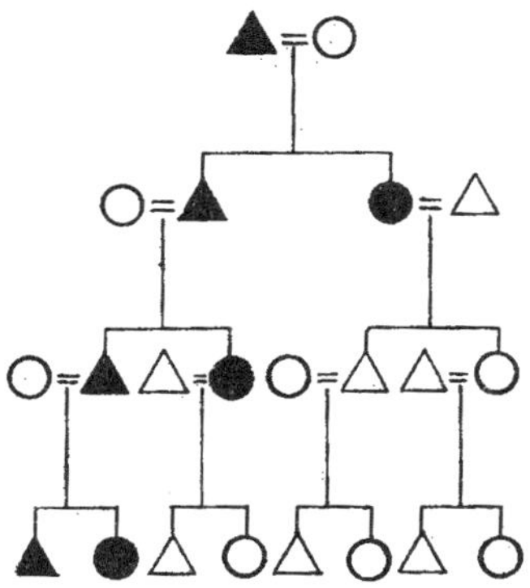

图六　单系（父系）继嗣制度

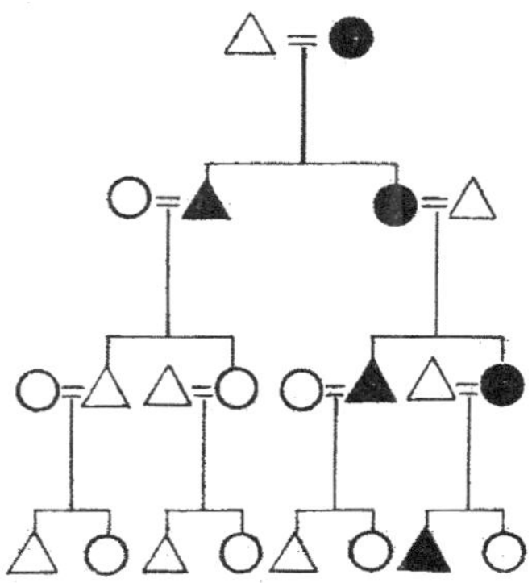

图七　单系（母系）继嗣制度

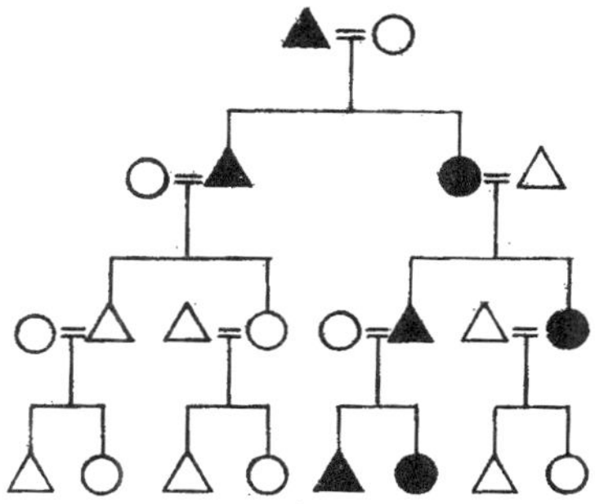

图八　两可系继嗣制度

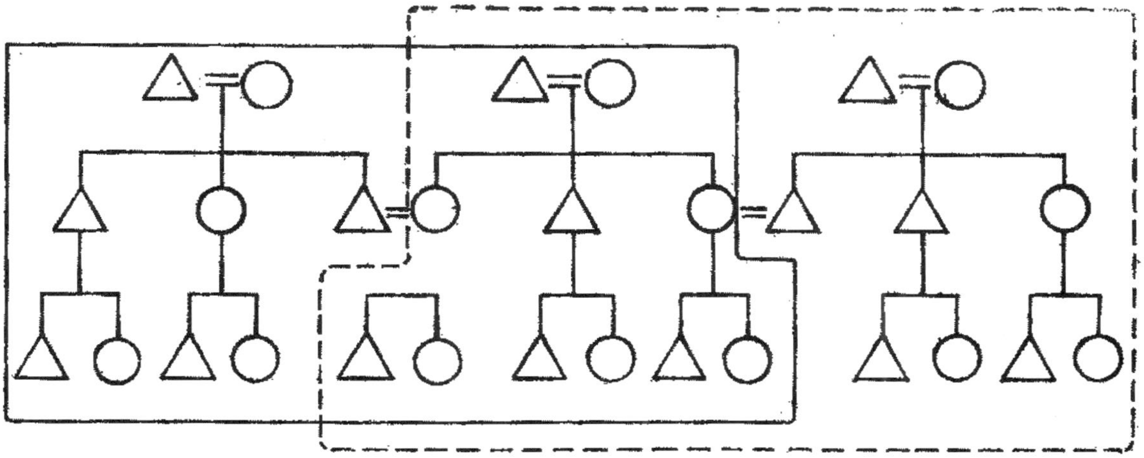

图九　双重继嗣制度

合组织”(dual organization)。

在调查中要确定当地有哪些继嗣群体的存在。例如该社会共有几个世系群，每个世系群是否聚族而居，有无公用土地及其他共同财产，有无共同参加的宗教仪式，每一世系群是否拥有实际权力的或名义上的族长，该地社会中是否存在氏族，氏族有没有某些共同财产、共同的宗教仪式，氏族有无图腾及有关来源的神话，图腾以何物为标志，等等。在中国内地调查，要注意某一地区同一姓氏是否就是原来的氏族，氏族之间不能通婚的规定是否仍在遵守。

假如当地还有联族或半偶族，则应调查其形成的历史及其内部氏族之间的关系。

（三）亲属制度和亲属称谓

（1）血亲和姻亲　血亲是指通过父母子女关系及同胞关系追溯出来的关系并得到社会承认的那些人。姻亲是婚姻的结果，指的是自己配偶的亲属或自己亲属的配偶那些人。亲属关系便是血亲和姻亲关系的总和。

每个社会都有一套亲属制度，即对血亲和姻亲的分类、相互权利和义务、彼此相待的行为和态度各有自己的规定。对亲属制度的比较研究曾是文化人类学的重要问题。

在调查中要了解当地社会承认和重视的是哪些血亲或姻亲，亲戚之间有哪些权利或义务。例如婚丧仪式中哪些亲戚必须出席，送礼有什么规定，家庭中无人继嗣，哪些近亲可以继承财产，舅舅是否受到特殊的尊重，当地如何根据亲属关系的远近而划分亲等，不同亲等的在相互权利、义务方面有何差异，是否还有一些无实际关系而视为亲属的人[1]，他们是否与真的亲属有相同的权利和义务。

对亲属关系的重视程度，常因文化而异。当前中国社会上“关系学”的盛行，以人情代替法律和规章制度，导致“走后门”及贪赃枉法成风。这当然有很多原因，而中国人长期重视亲属关系，并以亲疏远近来决定自己对他人的态度（即费孝通所说的“差序格局”），应为主要的社会根源。要注意亲属关系网络在人们经济生活和社会生活中正面和负面作用。

在亲属关系中，要注意观察亲戚在日常生活中彼此相待的行为、态度，在宗教仪式和其他社会活动中的有关礼节，以及在当前社会变动中亲戚关系的变化。

(2) 回避和亲昵　在亲戚之中，对有些人的行为和态度有特殊的规定，这就是回避（avoidance）和亲昵（familiarity）。

回避一般发生在不同性别之间，如女婿和岳母、公公和儿媳、夫兄和弟媳，等等。有时这种关系可以扩展到同类亲戚，如女婿不仅对岳母而且对岳母的姐妹都要回避。相互回避的对象不能单独相处，不能谈话提及名字，甚至不能同桌共食或共吸烟管，甚至不能正视，走路都要绕道而行。

与回避相反的是亲昵，即对某些亲属可以特别亲近，互相戏谑，如祖与孙、舅与甥等等。这种关系又被称为“开玩笑的关系”。

请注意观察和记录当地关于回避和亲昵各种表现和规定，搜集自己亲自看到的实例来说明。

(3) 亲属称谓　亲属称谓（kinship terminology）是有亲属关系人们相互称呼的一套术语。亲属称谓反映当地对血亲和姻亲分类的看法，经常是由当地婚后居住类型、继嗣制度、家庭组织所决定的。当代人类学把世界上的亲属称谓分为下述六种：

爱斯基摩制　其特点是只区分父母的兄弟姐妹，而对其他亲属不加区分。它流行于实行两可系继嗣制度的社会，在那里核心家庭是家庭组织主要形态，故只强调最亲近的亲属。

夏威夷制　其特点只知区分不同代的和不同性别的亲属，同代同性别的亲属（如父亲和父亲的兄弟及母亲的兄弟）使用同一称呼。这种制度最简单，称谓最少，通常流行在实行两可继嗣的地方。

易洛魁制　其特点是父亲与父亲的兄弟不加区别，但母亲的兄弟另有称谓，同时注意区分平表兄弟与交表兄弟。它在实行母系继嗣制度的社会中较为常见。

奥马哈制　其特点是仅注意父方亲属代与代的区别而忽视母方亲属中代与代之区别，例如母亲的兄弟竟与母亲兄弟的儿子同一称谓。它是父系继嗣制度占绝对统治地位的反映。

克劳制　其特点是仅注意区别母方亲属中代与代的区别，而忽视父方亲属中代与代的区别，例如父亲的姊妹竟与父亲姊妹的女儿同一称谓。它是母系继嗣制度的反映。

1　除上述养子女外，还有中国的结拜弟兄姐妹，欧美的教父母、教子女以及大学生中“兄弟会”（fraternity）及“女学生会”（sorority）成员等。这种人或称为“非真亲属”。中国人之间喜以“老表”、“亲家”或“兄弟”相称，同姓则称“家门”，也可视为企图建立“非真亲属”的表示。

苏丹制——其特点是使用描述的方法，对父母兄弟姊妹及其子女各有单独称呼。这种制度称谓最多，又称描述式亲属称谓（以上五种制度较多使用类分式亲属称谓）。它多存在于分层社会中，如汉族亲属称谓就属这种制度。但不能由此得出结论说，类分式亲属称谓只存在于“原始社会”中。实际上，上述六种亲属称谓在文明社会中都能找到。英、美人亲属称谓就含大量类分式成分（如交表和平表，都为 cousin，父亲的姐妹和母亲的姊妹都称 aunt，父亲的兄弟和母亲的兄弟都称 uncle）。

摩尔根氏开创亲属称谓的研究，其功不可泯灭，但他在《古代社会》提出有三种亲属称谓制，认为三者随着社会发展而演化的论断已很难成立。

兹将上述六种亲属称谓制用图解如下（图一〇至一五），而在世界各族之中这六种制度所占的比例则如图一六。

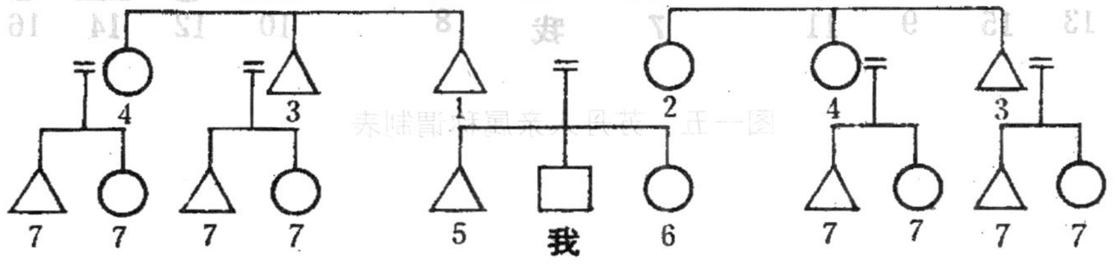

图一〇　爱斯基摩人亲属称谓制表（同一亲属称谓编号相同，下表同此）

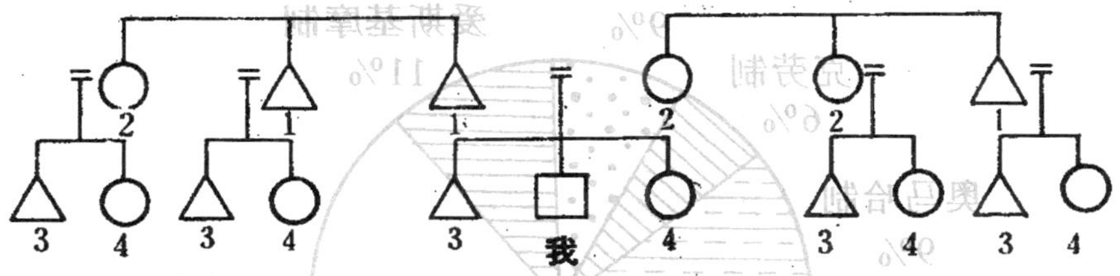

图一一　夏威夷人亲属称谓制表

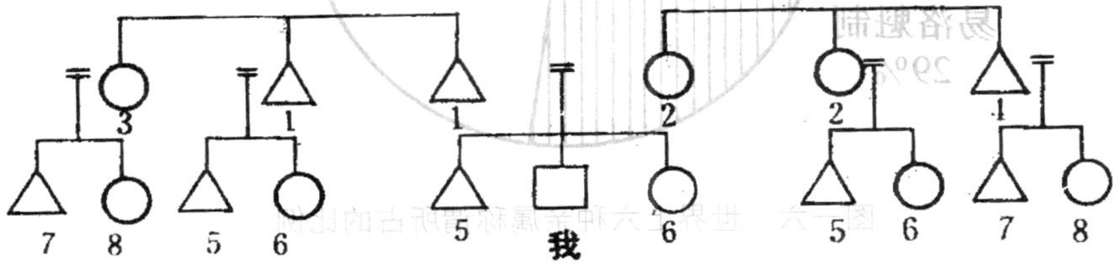

图一二　易洛魁人亲属称谓制表

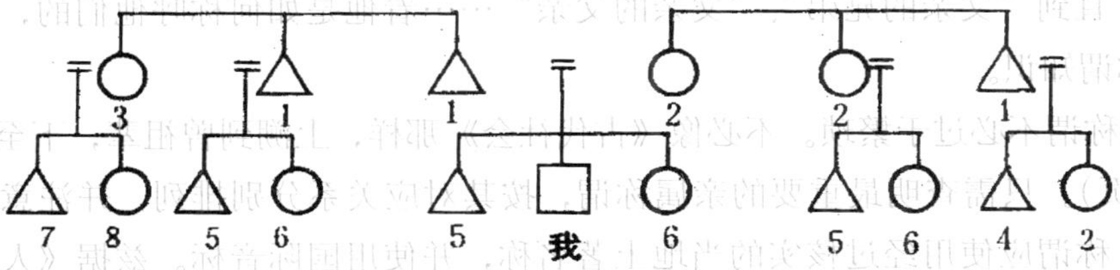

图一三　奥马哈人亲属称谓制表

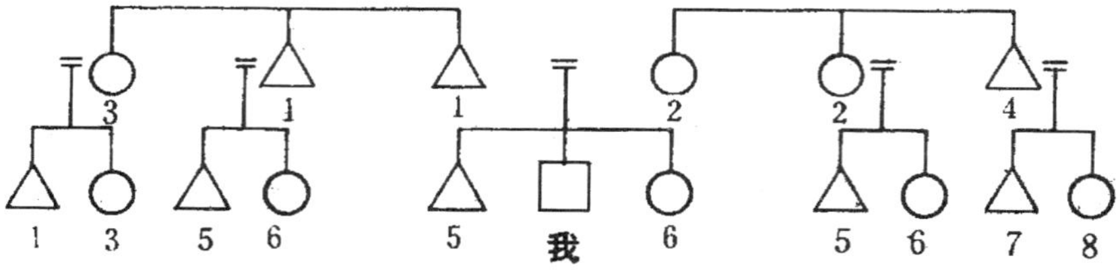

图一四　克劳人亲属称谓制表

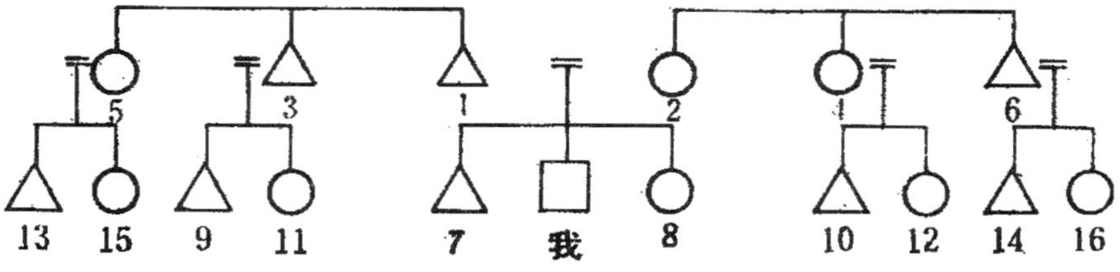

图一五　苏丹人亲属称谓制表

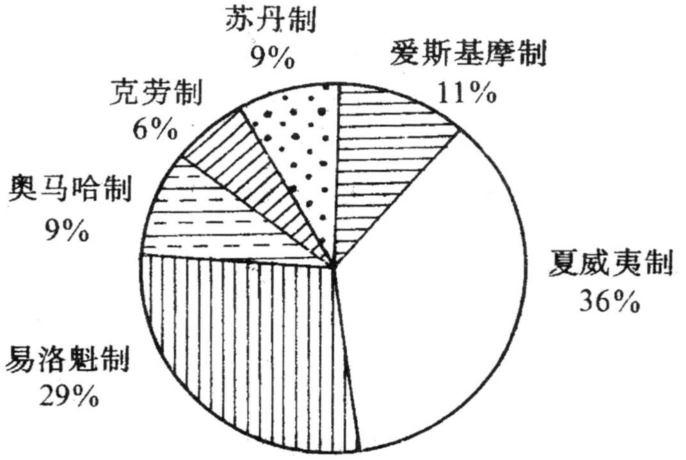

图一六　世界上六种亲属称谓所占的比例

调查亲属称谓最好从谱系入手。在询问家庭的谱系时，从报告人最近亲属问起，从近及远，如从“父亲”直到“父亲的兄弟”、“父亲的父亲”……看他是如何称呼他们的，即可得出一套完整的亲属称谓知识。

调查亲属称谓不必过于繁琐。不必像《古代社会》那样，上溯到曾祖辈，下至玄孙辈（中译本 415—422 页）。只需查明最重要的亲属称谓，按其对应关系分别排列，并注意同一关系男女称呼之不同。称谓应使用经过核实的当地土著名称，并使用国际音标。兹据《人类学的询问和记录》一书亲属称谓表，略加增减，迻录如下，供调查者在田野工作中填写 ：

亲属关系	称　　谓	亲属关系	称　　谓
父		子	
母		女	
兄		弟	
姐		妹	
父亲之兄弟		兄弟之子女（男子呼）	
父亲兄弟之妻		丈夫兄弟之子女	
父亲兄弟之子女			
父亲之姐妹		兄弟之子女（女子呼）	
父亲姐妹之夫		妻子兄弟之子女	
父亲姐妹之子女		母亲兄弟之子女	
母亲之兄弟		姐妹之子女（男子呼）	
母亲兄弟之妻		丈夫姐妹之子女	
母亲兄弟之子女		父亲姐妹之子女	
母亲之姐妹		姐妹之子女（女子呼）	
母亲姐妹之夫		妻子姐妹之子女	
母亲姐妹之子女			
父亲之父		儿子之子女（男子呼）	
父亲之母		儿子之子女（女子呼）	
母亲之父		女儿之子女（男子呼）	

亲属关系	称谓	亲属关系	称谓
母亲之母		女儿之子女（男子呼）	
丈夫		妻子	
夫之父		儿子之妻（男子呼）	
夫之母		儿子之妻（女子呼）	
夫之兄弟		兄弟之妻（男子呼）	
夫之姐妹		兄弟之妻（女子呼）	
妻之父		女儿之夫（男子呼）	
妻之母		女儿之夫（女子呼）	
妻之兄弟		姐妹之夫（男子呼）	
妻之姐妹		姐妹之夫（女子呼）*	

* 若男女对某一亲属的称呼是一样的，自不必分别列出“男子呼”和“女子呼”，但加说明即可。有些民族亲属称谓注意区分长幼，如云南基诺族对母之兄和母之弟有两种称谓。遇到这种情况，自应分开。总之，调查者据当地情况来决定哪些亲属称谓应该调查记录，并据此编自己亲属称谓表。

调查亲属称谓中值得注意的还有下列几点：

（1）不要以调查者自己的亲属称谓进行询问。如问，“你对姐夫如何称呼”，很可能使报告人感到困惑而不知所云。因为他们那里姐夫、妹夫可能就称为兄弟而无专门称谓。正确的做法是，在你已了解此人确是报告人的姐夫的情况下，不妨直呼其名而问：“你对 ××× 如何称呼？”

（2）假如要了解的不是有名有姓的人，则必须确切地描述其关系。如问：“你姐姐将来结婚后，你如何称呼那个男人呢？”

（3）在问了甲如何称乙之后，紧接着便问乙如何称甲，这样易于很快获得一组组对应的亲属称谓。

（4）同一亲属可以有好几种称谓。与他人说及用一种称谓，当面又用另一种称呼。后者或称为“亲属称谓的呼唤形式”。对中国人来说，最常见的例子是呼唤自己的妻子或丈夫为“孩子他爹”、“孩子他妈”之类；或不用称呼，只设法引起注意，如“我说”、“喂”之类，或比较文明地直呼其名，很少使用“妻子”、“丈夫”这两个正式称谓。在调查亲属称谓时，这样的习惯应加调查，而正式亲属称谓仍应以正式称谓为准。

四　地域性群体

在前工业社会中，亲属关系是社会组织的主要纽带。但非亲属关系的群体仍然存在，其中普遍存在的是地域性群体，即共同居住在同一地区而形成的人们集合体。在较简单的社会中，地域性群体与亲属群体时常有交叉和重合的关系。例如，过去中国内地有一个村落都是同姓的情况。这个地域性群体可能就是一个父系世系群，但包括嫁入的媳妇而不包括出嫁的女儿。

随着经济的发展和人口的流动，亲属关系的重要性在某些地区日益缩小，地域关系成为重要的社会纽带。

地域性群体的最基本细胞是住户（household）。一个住户可以就是一个家庭，但也可能在一个家庭以外包括少数亲戚或无亲属关系的人（雇工、投靠者……）。在调查地域性群体时应从住户入手，就像调查亲属群体时从家庭开始一样。一般在人口调查时已对各户基本情况有所掌握。但还要了解各户是否自有住所，是单独的住宅，还是一套公寓式住房，或是有亲属关系的户合住一起组成院落；一个住户为一个独立的生产单位（如农户），还是加入一个大的生产单位之中；一户内何人对外代表本户，对内握有权力，是否此人就是家庭的家长；等等。

由各户组成的一个社区，通常就是我们调查的一个点。它可以是狩猎者采集者的一个游群，可以是游牧者的一个部落，也可以是农业社会中一个村落或乡镇。社区是社会生活中真正起作用的地域性群体。

虽然在开始调查阶段已对所要调查社区的一般情况有所了解，但随着调查的深入，有必要作全面深入调查，并对开始调查时获得的数据和资料进行核实。下列问题是必须查明的：

(1) 疆界：社区的四至和范围，边界有无标志及防御性建筑。

(2) 居住模式：社区内住户的住宅如何排列，是否有亲属关系的住户集中在一起，有哪些公共建筑和设施（如会议场所、公房、俱乐部、中心广场、宗教建筑、公共墓地……），社区内部是否再分为若干行政区。

(3) 组成：共有多少住户，多少人口，其中哪些是原住居民，彼此是否有亲属关系，是否在社区内存在一个或几个较大的亲属群体；哪些是外来移民，何时和因何原因迁来，迁入社区的手续如何，由谁批准，迁入者如何获得立足之地，新近有无迁出的情况，出于何种原因。

(4) 社区成员的权利和义务：他们要履行哪些对社区的义务（如交纳税收或公共费用、从事公益劳动……），对不尽义务的成员如何处理（如公共舆论谴责，行政或法律处分……），社区成员是否享有民主权利，他们对公共事务是否有发言权，对不称职或贪赃枉法的社区领导人能否罢免。

(5) 社区领导者和领导机构：社区领导者的土著名称及其含意如何，如何产生，社区的领导权是否固定由某些住户或势力强大的亲属群体操纵。地域性组织经常与政治组织重合，注意两者的区别和联系。假如一个社区组织同时又是一个基层地方政权，是否有一个常设的领导机构，由哪些办事人员组成，他们是义务性为公众服务，还是脱离生产的专职人员。假如是后者，他们的报酬如何取得，是否高于当地平均收入。

(6) 社区经济：全社区是否拥有若干公共财产（土地、森林、牧场……），社区是否兴办什么经济实体（如最近兴起的乡镇企业），社区是否成为一个商业中心或有一个集市，社会经济活动如何管理，是否由少数人操纵而中饱私囊。

（7）社区功能：每年在哪些生产活动中进行协作（如集体围猎、刀耕火种农业中集体烧山，灌溉农业中兴修水利……），组织哪些节庆和宗教仪式。此外，还有哪些集体活动，当成员在外受人伤害时，社区是否有帮助之责；当成员之间发生纠纷时，社区是否进行调解和裁决；当与附近社区发生冲突时，是否全体成员一致对外。

在中国，一个政府机关或企业、事业机构的全体职工及其家属，经常合住在一起，形成一个所谓“单位”。它实际上具有一个社区的特点和功能。这是中国社会中特殊现象，引起国外人类学家的兴趣。在你调查地区，除普遍住户外如还有“单位”存在，也应作为地域性群体进行调查。

五　年龄组织

年龄组织是性别相同年龄相近的人组成的非亲属群体。

在某些前工业社会中，人的一生按年龄长幼分为几个阶段（至少分为青年、成年、老年）。处于同一阶段的人算是一个年龄等级。不同的年龄等级有着不同的社会地位，从事不同的社会活动，有时形成各自的组织。很多民族无系列的年龄组织，仅有青年组织。从一个年龄等级进入另一个年龄等级（特别是从青年到成年），有时要集体参加某种仪式（参见“生命周期”），经受特殊的训练和考验。

年龄组织的主要功能是克服亲属群体的界限，必要时可以用年龄组织把全社区的人力调动起来，如战争时期把强壮男子组织起来投入战斗。

在调查中，首先要弄清当地有无年龄组织。假如有，共有哪些年龄组织，年龄阶段如何划分，每一年龄组织从事什么公共活动或秘密活动，在当地社会生活中起何作用，成员有哪些权利、义务，相互对待的态度和行为有什么规定，是否彼此在生产上相互协作和生活上相互帮助，参加某一年龄组织举行什么仪式，成员是否要付费，等等。

在人类学文献中，很少提及中国年龄组织的存在。实际上，至少在少数民族之中，年龄组织是普遍存在的。例如，西双版纳傣族不仅有男青年组织（“伙冒”），还有女青年组织（“伙少”），纳西族老年男女分别有定期集会的“花着”组织，白族老年妇女有“老妈妈会”，均为不严格的老年组织。一些民族中同龄的人互称“老庚”，亲如兄弟，年龄相近的人在劳动中往往结成协作或换工的伙伴关系，也反映出年龄组织的遗留或影响。

六　自愿性社团

年龄组织是根据人的先赋特性[1]——年龄为基础的群体，凡是符合条件的人都要参加；而自愿性社团则是根据自愿原则组织起来的群体，参加者在某一方面有着共同利益，故有时亦称共

1 根据先赋特性组成的群体还有单性社团，只由男性居民或妇女居民参加，仅有个别的例子，故从略。

同利益社团。

最早自愿性社团是原始时代即已存在的秘密会社（secret society）。它们常与年龄组织相结合，但参加者要经过秘密仪式。秘密会社一般限于男性，但在非洲妇女也组成秘密会社，并具有强大的势力。此外，凡是由具有共同职业、信仰、爱好或共同经历和来源的人们组成的社团，如中世纪的行会和宗教团体，近代的同乡会、同学会、学会，乃至工会、农民协会、政党等等，均应属于自愿性社团。

在调查中应查明当地过去有哪些自愿性社团。如帮会、行会、商会和相同籍贯旅居外地的人组成的同乡会，在过去中国社会中都是很普遍的。今天当地可能又有一些新的自愿性社团，很可能它们仅是全国性或跨地区社团的一个分支或组成部分，它们在当地的组织、功能及活动，它们在当地社会中起何作用，如何维护参加者的共同利益，是否具有排外性，如何吸收成员，对成员有什么限制，成员有哪些权利和义务，领导如何产生，社团是否沦为少数人谋取特权和私利的工具，等等，也应查明。

七　社会分层

社会分层是根据占有财富多少和社会地位高低的人群划分，是一种不平等的社会结构。

如何衡量社会是平等的还是不平等的，著名德国哲学家韦伯（M.Weber）提出三项标准：(1) 财富——即所控制的资源，(2) 权力——把自己意志强加于别人的能力，(3) 威望——社会对个人的尊重和给予的荣誉（Weber，1946）。社会是否平等应看一个人在获得这三者的机会是否均等，即人生成就是由于个人能力及努力，还是得力于得天独厚的家庭背景。

根据个人机会是否均等及不平等的程度，已故的哥伦比亚大学人类学教授弗里德（M.Fried）把社会分为平等社会（egalitarian societies）、阶等社会（rank societies）和分层社会（stratified societies）（Fried，1967）。后两者是不平等社会结构，前者是平等的社会结构[1]。但在平等社会中并非人与人之间毫无差别，不同性别、年龄及能力的人仍享有不同的社会地位。

（一）平等社会

绝大多数狩猎—采集者以及部分刀耕火种者处于平等社会中，在这里没有什么人生来就获得比别人更多的资源，享有与生俱来的支配别人权力和威望。某些平等社会中男子可能比妇女有较多的权力；在决定狩猎地点、迁徙路线、播种日期，老人可能比青年人有较多的决定权；体力和智力（包括强健有力、反应灵敏、善于观察和判断等等）超群的人，可能成为头人或首领，享有较高的威望，等等，都反映出人们社会地位仍然存在差异。但这不足以改变社会平等这一基本特性，因为相同性别、年龄和能力的人，获得较高社会地位机会是均等的。

在调查中假如遇到一个平等社会，就要调查不同性别、年龄的人在生产（参见“生产”）和社会生活中所起作用，了解各自的社会地位。此外，还要了解该社会杰出人物的经历，他们具有哪些特殊能力，他们担任过什么职务，他们的权力和威望是如何产生的，他们是否拥有比别

---

1 在当代人类学书刊中，还常使用简单社会（平等社会）和复杂社会（有阶级的社会）、前工业社会和工业社会等概念。至于中国目前仍在流行的五种社会形态的划分及其单线演化的理论，则为现代科学所不取。

人较多的财富，又是如何靠自身能力逐渐积累起来的。最好用“原文”方式记录他们的自传。

中国西南有几个少数民族在1949年前处于或基本上处于平等社会。这方面的材料对人类学的理论研究极有价值，应尽可能予以搜集。今天已发生的变化及仍保留的遗风，尤应注意调查。

（二）阶等社会

这可视为从平等社会向分层社会的过渡阶段。其特征是个人获得资源机会是平等的，但获得权力及威望的机会却是不平等的，像酋长或首领这样较高的社会地位的职务，固定由某一亲属群体的人担任，时常采取世袭制。故这样的社会亦称世袭首领制。它曾流行于以初级农业或畜牧业为主要生计的民族之中。

在调查中假如遇到过去是或现在仍然是这样的社会，要特别注意是哪一亲属群体在该社会占统治地位，酋长或首领有无特殊称号，地位如何世袭（是否固定由长子或幼子继承，如本人无后嗣如何从本亲属群体推出继承人），酋长或首领拥有哪些权力或特权（例如接收贡纳和礼物、无偿征用人力等等），他们是否也承担对社区的某些义务，他们名义上是否为土地的“主人”，他们是否已经开始企图攫取较多的资源。对一些有影响力的头人或首领，进行个例调查研究，记录其自传或传记，是剖析这种社会结构的最好方法。除了酋长或首领以外，公众在占有财富方面仍然享有均等机会的情况，也应调查记录。

1949年前中国西南少数民族中，如景颇族的“山官”、西盟佤族的“窝郎”便是世袭的首领。对这些民族传统的社会结构，运用当代人类学理论进行再认识和再研究，将为世界人类学档案增添新的材料。这些民族世袭酋长或首领在历经沧桑之后，今天情况如何，他们的后代是否仍然赢得公众的尊敬或享有若干权力，也值得调查了解。

（三）分层社会

分层社会特征是在获取财富、权力和威望三方面，机会均不平等。在这样社会中，人们必然分为两个或两个以上的经济、政治和社会地位相差很大的人群。这样的人群便是阶级。

分层社会分为两种类型，一为阶级社会（class society），或称开放的阶级社会，一为世袭阶级社会（caste society）[1]，或称封闭的阶级社会。两者主要差别在于有无阶级流动性。在阶级社会中，凭借个人能力和智慧，可以从一个阶级上升到另一个阶级，但昔日王孙也可以沦为寻常百姓。中国中原地区从春秋战国以后就是这样的阶级社会，唐代开始实行的科举制度更为阶级流动增加了机会。

在世袭阶级社会中，一个人属于某一世袭阶级，是生来注定终身不变的。通常是通过法律规定，禁止低的世袭阶级向上流动，限定他们只能做又脏又累的工作。属于不同阶级的人不能通婚，相互隔离，最低的世袭阶级甚至不能与人接触。印度的世袭阶级社会最为典型。中国少数民族（如凉山彝族、西双版纳傣族或某些地区的藏族）曾程度不同地存在过类似制度。

对于阶级社会要调查的问题是：当地共分几个阶级，各阶级占有土地及其他资源的情况如何，是否有哪个阶级一无所有；哪个阶级通过代表人物掌握政治权力，他们是否享有威望，处于统治地位的阶级如何维持自己既得的利益和社会地位；一个人如要想上升到较高阶级，会遇到哪些困难和阻力，一个人由于什么原因会下降到较低阶级；不同阶级之间是否可以通婚，或通婚在表面上不禁止而实际上存在许多阻碍。对以上诸问题，最好多搜集个案加以说明。

1 caste 一词，或译为“种性”，是可以的；或译为“等级”，则不妥，因为易与由 rank 译来的“等级”相混。

对于世袭阶级社会要调查的问题是：当地共分几个世袭阶级；各有什么名称；它们是如何形成的（是由于历史上的某次征服，或有什么这方面的传说）；对于各个世袭阶级的职业、社会地位及其不可流动性，有哪些具体规定；哪个世袭阶级拥有大量财富和掌握最高政治权力；他们如何维持自己统治及维护世袭阶级制度；对于较低的世袭阶级是如何蔑视、隔离、剥削和压制的，是否有哪个世袭阶级像印度的“不可接触者”一样；不同世袭阶级的社会地位差异，如何在服饰、生活方式、社会活动和宗教仪式上表现出来；对于违反规定的人如何进行处罚；等等。在当地习惯法或成文法中，有关世袭阶级制度的条文，尤应注意整理翻译和记录。

分层社会是人类进入文明以后的主要的社会形态，今天普遍存在。在中国，是否已消灭了阶级，当前中国社会发生的贫富悬殊的现象是否算是新的社会分层，是一个值得调查研究的新问题。如上所述，判断是否分为阶级，要看人们获取财富、权力和威望的机会是否均等。因此，某些人拥有大量财富及较高社会地位，如完全是凭借自己的才能和智慧，经过这些年努力奋斗的结果，不能认为他们已形成新的阶级。假如凭借父母或亲属的权力、财富和社会地位，在职务提拔、经商或出国等方面，总比别人有更多的机会，因而获得成功，这样的人多了，并由于共同利益而结合起来，他们算不算一个正在形成的特权阶级，则是需要考虑的。

（四）奴隶制

奴隶是那些丧失人身自由完全不能享有自己劳动成果的人。奴隶制在很多分层社会中均曾存在，甚至在阶等社会中即有萌芽。从远古时期俘虏转化的奴隶到近代美国种植园中的黑奴，奴隶制的类型千差万别。当代研究表明，奴隶制从来不是一种独立的社会形态。中国学术界长期争论的所谓古史分期问题，至今未有结果，即由于在人类历史上完全的“奴隶社会”原是未曾存在的。

中国有些少数民族（如凉山彝族）在 1949 年前存在过奴隶制。今天虽已成为历史陈迹，但有关材料对人类学的理论研究具有重大价值，仍值得调查，尽量复原其真实面貌。

关于奴隶制，应分别从下述诸项进行了解。

（1）概况：奴隶的土著名称是否具有什么侮辱的含意，或是什么族称；奴隶的人数共有多少，占当地人口的百分比；蓄奴者是哪些人，是居民普遍拥有奴隶还是仅有统治阶级蓄奴。

（2）奴隶来源：是否来源于历史上被征服者，或者来自俘虏或罪犯，或由抵债或贩卖而来，或者这几种情况都有存在。

（3）奴隶的工作和待遇：奴隶从事哪些工作，是生产劳动还是家内杂役，或两者均有。奴隶是否在监视下工作，如何遭虐待、歧视或隔离。奴隶是否在强迫下进行婚配，是否允许有自己的家庭，孩子是否仍为奴隶。奴隶是否由于工作及待遇差别及与主人关系而分为不同的类型（如家内奴隶、管家奴隶或生产奴隶、已驯服的奴隶、幼奴或新来的奴隶，等等）。奴隶在什么条件下可以获得解放，或者永远不能变更。

（4）奴隶买卖：当地是否允许奴隶买卖。如允许的话，其价格如何，是否因年龄老幼及劳动力强弱而价格不同，男奴和女奴是否价格也有不同。当地或附近是否有一个买卖奴隶的市场，如何进行奴隶买卖。

（5）奴隶反抗：奴隶最常见的反抗方式是怠工、毁坏工具、自杀、杀死主人或者逃亡。请搜集有关事例。对奴隶反抗如何进行处罚。为了缓和奴隶反抗，是否也有某些限制虐待奴隶的规定，是否采用收买分化办法来防止奴隶反抗。当地历史上是否发生过奴隶大规模反抗或起义的事件。

对于当地习惯法或成文法中有关的奴隶制条文，应尽量整理、翻译和记录。假如找到过去当过奴隶的人（如四川大凉山彝族原来的奴隶现仍被收容在教养院或养老院），以“原文”方式记录他们口述的经历或自传，更可揭示原来奴隶制的面貌。

在有些地区，奴隶制虽已消灭，但对今日人们思想意识仍有影响。例如，四川大凉山彝族至今认为，黑彝比白彝“骨头重”，故讨黑彝姑娘聘礼要多。调查这方面的情况，对深入了解奴隶制及其思想意识的深刻影响，是一件很有意义的工作。

八　族群

在复杂社会中，除了社会分层之外，往往还存在着民族的划分。民族群体（ethnic group）简称族群，是由自认有共同来源的一群人组成的。一个社会若包含两个或两个以上族群，便称为多元社会，或如我们所说的多民族社会。

ethnicity 的研究是当代人类学热点问题。ethnicity 一词在 20 世纪 60 年代才频繁出现，1972 年首次出现于《牛津英语词典》上。到了 80 年代和 90 年代，有关 ethnicity 的著作大量出现。至今为止，对此词尚无公认的定义，但大家都承认它所涉及的是“族群划分及族群关系”（Eriksen，1993，4 页）。

当前 ethnicity 研究成为热点问题，并非偶然。古典人类学家所注意的孤立的小型的“部落社会”，在二战以后多已不存。随着民族觉醒和民族独立运动的兴起，民族之间关系已成为当今世界上的突出问题。1991 年全世界发生 37 次武装冲突，35 次由于内部冲突，其中大量是由族群之间冲突引起的，而未采取公开武装对抗方式的族群矛盾（如加拿大魁北克省的法裔居民要求独立运动），尚未包括在内。故研究 ethnicity 有重要的现实意义。

如何具体界定一个族群，是一个尚在继续讨论的问题。一般认为，一个族群总是有共同来源的历史或神话传说，都有强烈的认同于本族的心理状态，为了保持民族认同（ethnic identity）或实行族内婚。但同一个族群却不一定具有完全相同的文化特征，而不同的族群文化可以相同。

学者对泰国北部的 Tai Lue（与中国西双版纳傣族同一称谓）最先进行研究，发现他们虽自认是一个与众不同的族群，但被列举作为证据的文化特征在邻近的族群之中也可找到；而新几内亚诸部落，文化语言差别很大，却不认为属于不同的族群。这方面经常为人引用的例子还有挪威北部海岸的沙米人（Sami），与附近挪威人文化无别，被认为属于两个族群；而山区挪威人与其他地区的挪威人之间，文化相差很大，却无人认为他们属于两个族群。

为了进一步说明这个问题，挪威人类学家巴斯（F.Barth）提出了“族群界限”的概念，指出族群界限与文化界限是不同的，不能以文化来界定族群。而且族群界限是经常变化的，成员可以考虑政治经济利益而从一个族群变为另一族群。族群界限与文化界限的变化并非同步发生。相反的，文化上相互接近，族群界限却不一定会改变。南斯拉夫的塞尔维亚人和克罗的亚人，说同一种语言，文化相近[1]，甚至可以相互通婚，但族群界限并未泯灭。1991年6月爆发战争以后，形成势不两立局面，族群界限更得到加强（Eriksen，1993，38页）。

在中国要进行ethnicity的调查研究，首先要注意的是不可把当代人类学上“族群”概念，与中国常用的“少数民族”概念等同起来。前者是人民的自我界定，后者则经过中国政府识别和批准。例如，云南许多族群在国家规定的55种少数民族之中被划为彝族，但他们之中有些人认为自己与彝族不同，应是单一的民族。又如，云南宁蒗县摩梭人，原来按国家规定应属纳西族，但他们自己认为与纳西族不同。这样的例子，在中国西南地区屡见不鲜。对这些人群，国家可以不承认他们是新的少数民族，而人类学家可以而且应该对他们作为族群进行研究。而且，即使在被认为全属汉族之社区，是否也因来源不同以及原住居民及外来移民之别而存在族群界限，这也是不妨做一些调查了解的。

总之，我们假如运用上述当代人类学新的理论和概念，摆脱过去民族研究的陈规旧套，做一些认真的田野工作，不仅可为人类学的ethnicity理论研究，提供新颖的资料和证据，而且也能为解决民族关系一些潜在问题，消除隔阂，做出贡献。这方面必须调查和询问的问题是：

你所到的社区或村落，是单一的族群[2]居住，还是多种族群共居；它们属于国家承认的哪一种或哪几种少数民族，各有多少人口，是否每一族群居住在同一地区或街道；哪一族群是原住居民，哪些是迁入者，各有什么关于来源的神话或历史；他们是否实行族内婚，或者偶尔可相互通婚（请搜集个例及计算比例）；他们是否保持和平相处的关系，是否发生过或现仍存在冲突，冲突如何解决，冲突是与争夺资源（如土地）有关，抑或由于其他原因。

不同族群在文化上有什么相同和相异之处，是各有自己的语言而又可以相互通话，或者根本就说同一种语言，文化上如何相互交流学习和模仿的（请搜集具体事例来说明）。

当地哪些族群在政治上占统治地位，哪些族群占有较多较好资源和拥有经济优势，是否当地存在的族群关系主要表现为多数族和少数族的关系。族群划分是否与过去的阶级划分有重合的关系，即在阶级阶梯中某些族群成员总占着较高地位，而另一些族群占据较低地位。

当前中国各民族和族群已结合（integration）在统一政权之下。按宪法，少数民族在政治、经济、教育及语言文字方面的权益应得到充分的尊重。现在问题是如何认真贯彻宪法和法律，使有关条文得到实施。在一个少数民族聚居区，当地如有汉族人民，他们应像当前世界其他文明民族那样[3]，帮助支援少数民族维护自己的权益。

1　两者文化差异在所信奉基督教派不同，以及文字的字母有别。

2　为了更好地与国际人类学界对话和交流，常用的术语应有固定地对译方法。我个人的习惯是把ethnic group译为“族群”，而以nationality来译“民族”，以national minority来译中国官方承认的“少数民族”。但“民族”一词在习惯上可用作泛称，相当于people。本书中有时出现的“民族”，或“少数民族”，都是在此意义上使用的。

3　例如，挪威北部沙米人反对侵占他们土地修筑水坝，曾采取和平的示威和请愿。这一行动得到挪威人的声援。他们的要求最后得到部分满足。

第九章　政治

政治是有固定领土的群体为了防止和解决内外纠纷和争端、维护社会秩序和安全而建立的机制。任何社会，即使是最简单的社会，也有自己维持社会秩序和安全的机构，即有自己的政治组织。

一　政治组织诸类型

当代大多数人类学家都同意塞维斯（E.R.Service）的主张，认为迄今为止人类已建立的政治组织共有四种类型，即游群（band）、部落（tribe）、酋邦（chiefdom）和国家（state）。四者有按上述次序演化的关系，虽然各个地区政治演化的具体途径有所不同，而且有些地区自身未走完演化的过程即被征服或殖民化，而纳入一个大的政治组织之下。

（一）游群

游群是最简单的和古老的政治结构，规模很小，少者二三十人，多者亦不过四五百人。一个游群是由有亲属关系的人组成的，可能是几个家庭的联合。这种社会处于狩猎—采集阶段，人们经常随季节变化而迁徙。游群社会是一个平等社会。在政治上，没有正式的、永久性的领导机构。重大问题要经过全体成员一致同意作出决定。每个游群有一个或几个头人，可能是富有经验的老年男子，也可能是优秀的猎手。他们没有长期性权威，更无什么特权，而且其地位一般不能世袭。

（二）部落

部落规模较游群为大，人口密度较高，可达到数百人或千人。一般是由几个地域性群体或亲属群体（如氏族）联合而成的。部落是农耕者或游牧者的政治组织。部落社会也是平等社会，没有正式的和永久的政治机构。部落首领即使可以世袭，也无过多权力。部落事务由各个村落或亲属群体的代表组成的部落会议领导，在对付外来威胁时可形成强大的军事力量。

（三）酋邦

酋邦与游群、部落有质的不同。酋邦社会以较发展的农业或畜牧业为主要生计，是人类进入阶等社会以后的政治组织。剩余生产物的增加和社会生活复杂化，要求有正式的永久性的领导，遂出现一个具有实权的酋长及其领导下贵族集团。他们凭借神圣的宗教地位或所属亲属群体的势力，具有权威和特权。他们强制征收人们一部分产品及服务，除进行再分配外，变成他们自己的私有财产。酋长职位是终身制，并是世袭的。其他具有影响和权力的职位多由酋长亲属担任，不向所有人开放。但一般人仍能获得必要的生存资源。

（四）国家

国家是最正规的也是最复杂的政治组织，是人类进入文明时代的标志。国家产生的经济基础是发展的精耕农业、精细的专门化分工和市场交换。国家比起酋邦来一般拥有更大的领土和更密集的人口，有一个中央集权的统治机构和更多的专职官员，一般还有一支常备军来维护自己的统治。国家最高职位无论是皇帝、国王、女王或像共和时期罗马的执政官和元老们，都握有真正的权力和享有无上的权威。凡存在国家的社会都是阶级社会。财富分配是极不平衡的，重要资源操于少数人手中，而且政治权力和财富密不可分，重要职位总为掌握财富的人所占据。对一般人来说，通向资源和权力的机会是很少的。

中国现有领土很早即已结合到统一的帝国之中。实际上，在少数民族之中前国家的政治组织仍有存在，有的一直保存到 1949 年。这些传统政治组织，对政治人类学的理论研究有重要的意义。像云南西双版纳的“车里”政权[1]，就具有酋邦或早期国家性质。对于研究人类学上至今争论未衰的国家起源问题，特别是所谓“次生的”的国家[2]如何起源问题，可说是一个难得的例证。

为了具体了解传统的政治组织，我们必须对统治机构、法律和军事的制度和机构分别进行系统的考察。

二 统治机构

在游群和部落之中，没有正式的统治机构，但绝不是无政府主义。头人或首领负起政治领导之责。要了解他们是一个人还是一群人[3]，是如何产生的，是否固定出自某些亲属群体，他们有哪些权利和义务，可否世袭，他们如何实施原始民主，有无一个相当于后世议事会的组织来进行决策和选择或罢免头人、首领，哪些人才有资格参加议事会，等等。

在建立酋邦和早期国家的地方，要就下列几项，分别进行调查了解：

（一）最高统治者

他们出生于什么亲属群体或地域性群体；什么是获得权力的依据（是由于最早定居者、征服者，还是由于什么宗教原因）；有什么权力神授的神话传说；最高统治者（无论是酋长或国王）的职位如何传递（是固定实行长子或幼子继承抑或采取其他办法）；权力转换是否总要伴随着一系列明争暗斗或政变；最高统治者享有什么权力和特权，他们是否在表面上有帮助和救济臣民

---

1 这里很早实行土司制度。直到民国时期，土司（世袭的首领或王子）与中央政府委派的官吏并存，仍能对该地区按传统办法实行统治，1952 年才结束。这个土司政权不仅有复杂的行政机构，还有议事机构。

2 按当代人类学家多同意弗里德（M.Fried）等人的观点，国家应分为“原生的”和“次生的”两类，前者完全是自身演化的结果，全世界只有巴比伦、埃及、中国、印度、墨西哥及秘鲁六个古代文明建立过原生国家，后者是在前者征服或影响下产生的。

3 如云南沧源佤族一个村寨或部落有好几个头人，分工负责各方面工作。有人负责战争，有人负责祭祀，有人负责民事纠纷等。

及组织公共劳动等义务；他们的亲属及亲属群体是否也享有特权或掌握重要职位，是否已形成一个贵族阶级；在贵族内部是否还有等级的划分，他们掌握哪些重要资源，对最高统治者及其亲属有什么特别尊崇的礼仪，他们自己有什么必须遵守的特殊规则。

（二）行政机构

在最高统治者之下总要有一群官吏组成行政机构来执行最高统治者的命令，处理整个国家各种事务。首先，要调查中央行政机构的组成，即设有哪些部门和职位（记录其土著名称及其含义）；担任职位者要具备什么资格，他们的权力、责任及待遇如何；职位如何取得（是贵族子弟世袭，固定由某一群体成员担任，抑或由最高统治者量才使用或贵族推举）；对官吏们的升迁或罢黜有什么规定。

在中央政权之下，往往还建立地方性行政机构，推行中央的政令。其组成及有关情况，应与中央行政机构一样进行调查。在这里特别要注意的是中央和地方关系，中央是否和如何实行集权，集权的程度如何，是否允许地方保有若干自主权。

（三）议事机构

议事组织来源于实行原始民主的简单社会中的老人会议或公众大会。在有些建立酋邦或国家的地方，其形式被保留下来。要注意议事会的双重职能，即一方面成为最高统治者的助手，另一方面也能多少表达公众们意见并对最高统治者及其官僚体系进行监督。如西双版纳傣族议事庭，具有相当大的权力。最高统治者（“召片领”）及地方统治者的任免都要通过议事庭，议事庭对品行不端的“召片领”可以反对他即位。

要调查议事组织成员如何产生，是世袭的还是由各个地区推举的，是否还要经过最高统治者的批准，对成员资格（如年龄及资历）有何限定，他们有什么特权、权利和义务。

三　社会控制和法律

一个社会，无论其政治组织属于何种类型，为了维护社会秩序和安全，都有一套控制个人行为、防止其偏离社会规定的法规，以及实施这些法规的办法，这就是社会控制系统。法律只是“社会控制系统的一个组成部分”，它是人类“文化的一个方面”（Hoebel，1954）。

（一）非正规的社会控制

没有一个社会完全依靠法律来强迫人们遵守社会法规。对一个社会中大多数人来说，可能一生中不干触犯法律的事，不与警察或法庭打交道。人们是怎样被引导自愿遵守社会法规的呢？原来，社会控制分为两种方式，除了执行法律这正规的社会控制以外，还有非正规的社会控制。

非正规的社会控制有：（1）社会成员自幼通过传统道德规范、社会共同的价值观和宗教的教育，知道什么行为是正确的，什么行为是不对的。这一点深深植入每个人心中，从而产生自我制约能力。这就是所谓“人们自己变成了警察”。（2）人们受制于社会舆论的压力，而不敢胡作妄为。社会舆论对于行为越轨者的批评性反应，其中包括讽刺、嘲笑、回避、孤立、敌视甚至放逐。此外，借口超自然力量的存在来谴责或恐吓危害社会利益的人，也是一种非正规的社会控制。

在调查中要注意当地什么行为受到社会的称赞，什么行为社会所反对。对大多数社会来说，违反婚姻规则、强奸或通奸、偷窃和破坏他人财产、反抗公认权威、诽谤、扰乱社会安宁、被认为施行妖法或黑巫术、杀人或伤害别人等等，都是要受到反对的。还有一些行为（例如乱伦）是使人内心感到厌恶和羞愧的。这些行为规范是如何教给后代而使他们留下深刻印象的？有什么神话传说？是否有专人负责教导？是否为“成丁礼”中内容之一（参见“生命周期”）？

要注意对于违反社会法则或危害社会利益的行为，当地社会舆论是否迅速作出批评性反应，公众的意见如何表达，是仅仅背后议论还是敢于公开反对，如何采取行动，是否有什么人作为社会舆论的代言人。

还要注意在信奉超自然力量的地方，对于反社会行为有些什么说法。例如是否认为不祥的后果不久将追踪而至，给“犯者”以应有的惩罚，而无须社会的干预？或者由于犯者触犯禁忌而给整个社会带来危害必须由巫师或社会力量加以制裁？

非正规社会控制对于人类社会安全极为重要，假如社会成员“各人自扫门前雪”，对违反社会法规的行为不闻不问，不能形成一种社会舆论压力，必然助长犯罪行为。

非正规社会控制并非都是和平的。每当发生杀人等暴力事件，社会上无法律机构加以处理，受害者亲属便诉之于报复行动。这常常引起亲属群体之间一代一代的血亲报仇。由于惧怕在不断的血亲复仇中，亲属受到连累，人们不得不约束自己的行为，从而也具有非正规社会控制的作用。

（二）正规的社会控制

人与人之间的冲突和纠纷，不顾社会舆论压力而危害整个社会行为，总是难免发生的。因此，任何社会即使是非常简单的社会，都要有正规的社会控制。他们可以没有像我们社会中的警察、法庭、监狱和专业的执法人员，但同样有自己的法律及贯彻执行法律的强制力量。

对作为正规的社会控制的法律，应从下列三个方面进行调查：

（1）习惯法和成文法

有些社会的法律不一定都像我们一样写成文字。不是所有有文字的民族都曾颁布法典[1]，更不用说无文字的民族了。很多社会的法律存在于人们的记忆、社会公认的道德规范，甚至神话故事之中。这就是习惯法。

所调查社会中只要有自己的法律，无论是成文法或是习惯法，都要尽可能详尽地搜集和记录。对于成文法要搜集原件或复印件，给予准确的翻译。对于习惯法，则要采取“原文”方法逐条记录再予翻译。在大多数只有习惯法的社会中，很少有一个人能说出全部条文，而有关报告人说法又可能互不一致，这就要帮助他们追忆过去发生的案件而加以整理分析。它应是调查过程中逐步积累而完成的一项工作，而不可能指望一两个晚上在火塘边“考试”式询问就能了事。

通过习惯法和成文法的调查或记录，就可能全面了解当地有哪些种类的犯罪行为及相应的处理办法。

---

1 在中国西南民族中，仅西双版纳傣族很早就有成文法，对大小贵族之间礼仪，对百姓的征派和罚款，对犯罪和民事纠纷如何处理以及处理诉讼时“应持的态度”，均有详细的规定。

一个曾被涵化的地区，可能采取主体民族的法律。例如，中国少数民族习惯法中就可能找到与《大清律》或国民党《六法全书》类似或相同的内容。故要分辨当地法律条文中哪些是外来的，哪些是传统的，特别要注意两者如何结合和兼容的情况。

（2）审判制度

一个人违反了当地法律，如何通过审问加以判决，如何根据当地法律决定对他们的处置办法，这是法律上的审判制度。

简单的或后进的社会没有像今天文明社会有一套审判制度。澳大利亚人通过决斗来解决争端。因纽特人则以赛歌判决是非曲直。很多民族的案件以占卜、发誓或神判来决定。云南景颇族就有六种神判方法——闷水、斗田螺、捞开水、煮米、鸡蛋卜、诅咒。在调查地区遇到这类原始审判方法，应予充分调查并搜集具体案件。

如果是存在审判制度的地区，则要对从审问到判决整个法律程序进行了解。如审判规定在何时何地举行，原告如何发起诉讼，是否对危害整个社会的罪犯直接由政府充当原告，如何传讯被告，如何审问，是否有刑讯逼供现象，是否知道重视证据并允许辩护，是否严格根据当地法律进行判决（抑或因人而异随意量刑），是否有权上诉，判决如何执行，用何强制力量。值得注意的是前工业社会的审判，很少像今天审判那样充分利用证据，当事人自我陈述的好坏常常成为案件能否胜诉的关键。景颇族处理争端，采取一种“讲事”方法，计算双方列举的“理由”，“理由”数量多者为胜，而不问“理由”是否符合事实。这样的审判难免发生冤情，但案件错判现象即在现代法庭上亦不能免。

判决结果不外下列三种，即和解、赔偿和惩罚。

和解多适用于一些对整个社会影响较小的争执，如家庭内部不和、婚姻或财产纠纷，由具有权威的人士为双方调解，最后达到平等的和解；或由一方道歉、认错或赔礼了事，有时接受调解后有过失的一方要付费。景颇族对于损害名誉罪的调解办法是，过失的一方要杀牛一头或数头，招待全寨大吃一顿，称为“洗脸牛”。应注意搜集和记录当地通过和解得到解决的案件实例。

赔偿要注意在什么情况下（例如，损害名誉和人体伤害、偷窃和损害别人财产、与别人妻子通奸，等等），赔偿什么和赔偿多少，应搜集记录这方面具体案件。需要了解罚金由何物组成，是现金还是实物（如牛等家畜），罚金是否完全归受害人所有，头人或审判者是否有权索取费用或扣下部分罚金，对整个社区造成损害者如何赔偿，罚金归统治者所有抑或由公众平分，无力交纳罚金者是否没收其财产，等等。

刑罚包括监禁、鞭打、苦役、改变和残害体貌[1]、流放、变为奴隶，直到死刑，要通过具体案件了解当地过去对什么罪行施用什么刑罚，流放、监禁、苦役等期限及犯人是否戴上刑具（当地传统的刑具也应进行调查描述），死刑要注意其执行的方法（如勒死、砍头、凌迟、暴尸于市），等等。

在有了酋邦或国家的地方，对于反抗政治权威或企图推翻政权的人总是施予最重的刑罚。从这一点来说，法律在维护社会秩序和安定借口下，首先考虑的是维护统治集团的地位和既得利

1 中国古代这方面的刑罚种类特多，如“髡”（剃发）、“刖”（截足）、“宫”（去生殖器）、“劓”（割去鼻子）、“黥”（面上刺字），等等。

益，审判总是基于这种考虑来量刑的。这方面案例应予搜集研究。

还要注意犯罪对自己地域性群体和亲属群体的影响。是否有类似中国古代的“邻里连坐”或“罪及妻孥”、“祸延九族”的情况，罪行是否可通过交纳现金或财物来赎免或减轻，而家族或亲邻们是否有义务代为交纳，等等。

（3）法律机构和执法人员

在游群和部落社会中，没有专门的法律机构和专职的执法人员。负责审判的人，可能就是当地的政治组织的首脑——头人或首领，可能是有威信的巫师，也可能是有较高社会地位的老人。在有几个头人的地方，也可能推出一个头人专门负责调解纠纷和处理危害社会的行为。例如，云南西盟佤族（如大马散寨）由“小窝郎”专门调解纠纷。沧源佤族（如岩帅寨）由“达不龙”负责诉讼事宜，但他们都不是专业的。

要注意调查这些非专职的执法人员是如何进行处理案件的；他们的权力来自何方，是否为自己亲属群体或全体公众所授予；他们的权力究有多大，如判决后当事人不服怎么处理。

在这样的社会中，审判常常还是要听从社会舆论。要调查在案件发生和审判过程中，公众的意见起何作用，审判和是否有公众在场旁听。有权威的老人、宗教人员，被认为具有法术可以主持神判的人、各个家长或族长参加审判吗？他们是否可以随意表达自己的意见？他们如何支持政治权威为了社会安全而执法？

专门的法律机构和专职的执法人员在酋邦中可能存在或有若干萌芽，而在已形成国家的地方必然存在。酋长或国王一般就是最高的执法者，而且是他们授予法律机构和执法人员以权力，酋长或国王还可直接处理重大案件（如中国古代的“廷讯”和“钦定要犯”）。

要注意调查传统的法律机构由哪些部门和职位组成，其土著名称及其含义为何，危害整个社会和侵犯个人的犯罪以及人民之间的纠纷，即“刑事”和“民事”是否由不同部门处理，具有何种资格的人才能担任执法人员，这方面职位是否世袭。存在专门化法律机构的地方，总有自己的一套法律程序，尽管可能不如现代法律程序那样复杂（参见“审判制度”）。请调查了解法庭是严格按法律程序办事，还是秉承最高统治者的旨意而任意改动，法庭如何组成，法庭的强制权力表现在什么地方（如判决如何执行），法庭开庭前是否还要举行什么仪式，等等。最好搜集各种案件的实例具体说明。

除了审判法庭以外，其他的法律机构（如监牢、苦役管理部门、专门维持社会治安的机关）及其人员的情况，应作同样的调查。

即使已存在专门化法律机构的前工业社会，有些小的案件仍由社区或亲属群体直接处理，而且可能仍采取神判等原始的审判方法。例如，西双版纳傣族已有一套审判制度，但成文法仍规定“当（谁是罪犯）审判不出时，最后念经、祭神……把东西放在开水或火中，让犯罪的人用手去取”。遇有这方面习俗，自应详加了解。

酋邦和国家这样分层社会中，法律机构并非对所有的人一视同仁。同样的犯罪，不同等级或阶级的人会得到不同的判决和处理。例如，西双版纳傣族的成文法《处理诉讼应持态度和方法》规定：“百姓反对土司，家奴反对主人……不能给这些人申诉”。这方面案件实例，尤应注意搜集。

四 战争和对外事务

相邻的政治单位之间有经济文化的交往，也会发生矛盾和冲突。假如冲突采取暴力的形式，这就是战争。组织战争及处理好非战期间与其他政治单位的关系，是一个政治组织的对外职能。

狩猎—采集社会，人口稀少土地辽阔，而且只有游群这样分散的政治组织，故战争总是偶然性的和缺乏计划的，规模很小，伤亡不大。农业和畜牧业社会，为了增加生产，养活愈来愈多的人口，部落之间时常争夺土地和其他资源，使战争频繁而且规模变大。到了国家形成以后，有了权力集中的政治组织和常备军，战争更成为严重的问题。

国家之间的大规模战争，不是人类学家调查的课题，但两个社区或两个部落或村落之间的小规模战争（通常称为械斗），却是可以请当事人追忆而以“原文”方法记录下来。在中国，无论内地农村或是少数民族地区，近年械斗仍不时发生。报载 1978 年以来仅湖南即发生上千起，死伤六千余人。

关于战争，要调查的问题可分下列诸项：

（一）战争的原因

发动战争的目的是多种多样的：为了争夺土地及其他重要资源，为了争夺交易路线或某种商业利益，为了掠夺财物或牲畜，或是由于所辖两个群体之间婚姻纠纷或血亲复仇，或是由于像云南佤族猎取人头或印第安人剥取头皮那样的原始信仰，或是由于其他宗教原因（世界宗教仍常有教派之争）。还有完全以征服为目的战争，战胜一方占领全部土地，变人民为奴隶，或迫使纳贡和臣服。有关这方面的历史或传说，均应注意记录。

（二）战争组织

参加战争的是全体健壮男子，还是经过选择的一部分；是常备军还是临时招募；在存在年龄组织的地方，是否由某一年龄等级充当主要军事力量；军队是否平时加以训练；给予士兵什么报酬和特权；参加战争是一种义务还是雇佣性质。要注意是否只有国家一级才有常备军，地方性政治组织如亦拥有常备军，他们是否受中央政权统一领导，或是拥兵自重而割据一方。

部落社会的战争行动的领导者和指挥者是临时推举，还是专人负责（如云南景颇族专门负责械斗之“拉事头”之类）；在有一个权力中心的地方，是由当地政治组织的首脑直接领导和指挥，抑或另有最高军事指挥官；军队是否只为某一集团或阶级掌握。

（三）战争过程

战前如何准备（装备、供给、准备、举行仪式、战前动员……），如何宣战（如西南少数民族战前送上附有鸡毛、火炭或辣椒的木刻），是否有不宣而战的偷袭的情况，如何进行挑战（如凉山彝族“打冤家”那样辱骂恐吓和唱战歌），妇女是否参加战斗或负责供给，对敌人的房屋和生命财产是否任意焚烧摧毁，战争要继续多长时间，在什么情况下宣告结束，战争中使用什么武器，除新式武器外，是否还用古老的传统的进攻武器（如弓箭、矛、棍棒等）及防御武器（如盾牌等），战士是否身着特殊徽章或标记，等等，均要了解和描述。

（四）战争的结局

战争或以一方失败或投降而终止，或经过和解而结束。请注意战胜一方对失败一方的要求

（如赔款、惩罚某些人等等）。如双方经过调解而重归于好，有关的谈判过程及仪式等等，应予记录。

（五）和平交往

如何与相邻地区保持和平关系，仍是一个政治组织对外职能的重要方面。注意调查当地不同政治单位之间相互交往的传统规定和礼仪：例如如何保护和款待外来的客人、过境者和商人，有什么招待这些外来人的设施和专门机构，相邻地区是否定期举行群众性或统治者之间节庆、娱乐或宗教活动，统治者之间是否有定期派遣使者相互聘问或缔结婚姻，是否与其他政治单位订立条约，订约的过程和内容情况。所有这些都应了解记录一切细节及有关仪式。

第十章　宗教

什么是宗教，迄今无一致公认的定义。当前多数人类学家同意，宗教就是与超自然力量有关的信仰、态度和行为，而不管这超自然力量是什么——是神灵，是祖先，还是上帝。马凌诺斯基氏在《巫术科学和宗教》一文开头就说，“不存在没有宗教和巫术的民族，不管它们多么原始”（Malinowski，1948，17 页）。考古发现表明，早在旧石器时代中期，人类已开始有相信超自然力量的迹象；直到今天宗教在世界上仍普遍存在。我们无论到哪里调查，都不可避免要遇到当地现实生活中的宗教问题。

宗教产生根源在于人们对自然界现象的不能理解，也在于对人类社会感到险恶莫测（如战争等人为灾难）。宗教便是人们想以虚幻的形式来解释和控制外部世界改变自身命运的尝试。随着科学发展和社会进步，宗教可能日益削弱，但只要人们不能完全控制自然界及社会发展进程，宗教便不会完全消失。企图以政治力量限制和消灭宗教，常告失败。中国“文革”期间，宗教活动受到禁止，而今天许多地区竟较前更为发展，便是明证。

宗教之普遍存在由于它至少具有下述三个方面的功能，能满足人类的需要：（1）心理功能。宗教能解释人生无常，减轻人们内心疑虑；为苦难的人们提供安慰和希望，虽然只允许他们在“来世”得到幸福。宗教活动实际上起着保持人类心理平衡的作用。“宗教是人们的鸦片烟”，只能从这个意义加以理解。（2）社会功能。宗教通过定期举行仪式等活动，可以聚集人民，加强社会团结；借助于超自然力量的威慑作用，宗教又是一种非正规社会控制手段，能提供共同的价值观，使人们约束自己，减少犯罪，调和冲突。（3）生态功能。宗教还可以调节人类与自然的关系。这是最近二三十年来人类学家新的研究成果。不仅某些宗教（特别如佛教）信仰中包含保护环境及尊重自然界其他生物的教导，而且一些仪式无意中起着保持生态平衡的作用。如印度教的食牛禁忌有助于保证牛粪供给，这是他们最重要能源；加拿大印第安人依靠占卜狩猎，增加了狩猎的随机性，便保护了野生动物不被赶尽杀绝；中国西双版纳傣族，有与“龙山”、“神树”有关的禁忌和祭祀活动，实际上保护了大片森林（汪宁生，1991）。

我们在各地作调查，将能发现有关宗教各种功能的更多例证，为人类学有关宗教的理论研究作出贡献。

宗教因社会、文化的发展程度而有繁简之分。过去只把有系统教义的在世界范围内流行的称为宗教，而其他的称为“巫术”或称“原始宗教”。甚至错误地划分为“前阶级社会宗教”和“阶级社会宗教”[1]。本书按当代人类学的办法，把一切对超自然力量的崇拜都称为宗教，而把其中有系统教义的得到广泛传播的称为“世界宗教”，以相区别。

在调查中，应把注意力集中在当地固有宗教方面。在中国，一个社区或民族即使信奉某种世界宗教，仍会保存固有宗教若干因素。我们首先要调查的是这些固有宗教的信仰和仪式。

一　信仰和仪式

人们总爱把世界宗教以外的宗教信仰进行再分类[2]，如“泛灵主义”(animism) 和“泛生主义”(animatism)、“一神教”和“多神教”等等。作为一个田野工作者，与其花大力气判断某种崇拜应划属何类，不如集中精力详尽调查记录。

虽然信仰总是与一定仪式相联系的，但为了方便，可以先请报告人列举他们社会中有哪些信仰。为了启发他们的思考，可以就下列问题进行询问，看当地是否也有存在：

相信某些天体、自然物或自然现象（天、地、日、月、星、山、水、火、岩石、风、雨、雷电……）和动植物具有神奇的力量，这就是所谓“泛灵主义”信仰，几乎是全世界都有分布的。触怒它们会有什么结果，取悦它们可得到什么利益，它们是否具有人的形状甚或像人一样有家庭和子女，有其爱好和喜怒哀乐，或者被幻想为某种动物形象。还有所谓“泛生主义”信仰，即以为有一种不能看见的无所不在神奇力量（如玻利尼西亚人相信的mana）附于特定的物体或人体之上。接触和掌握他们可以获得什么好处，或者相信有什么神奇力量之物是不能接近的而列为禁忌，假如违反禁忌会带来什么后果。

是否还崇拜什么有发明创造或为人民做过好事的“文化英雄”，或崇拜什么历史人物或部落首领，他们是否仍在保护着当地人民。

祖先崇拜是普遍的信仰，但具体形式各有不同。当地是否相信死去祖先的灵魂仍在家中某一角落或房屋周围游荡，时刻参与尘世的生活，或者他们已去专为死人准备的“另一世界”，死者灵魂被想象与生前一样的形状，依附在某种动植物或对他们的纪念物之上，还是像影子、呼吸一样不具任何形式。人们对祖先之崇拜是出于怀念还是惧怕，或兼而有之。在祖先之中，是否只崇拜一种性别，是否只崇拜最亲近的祖先，或对被认为始祖的人给以特别的尊崇。是否有死者可以“转世”的“轮回”观念。

当地每一个亲属群体（特别如氏族）如与某种动物、植物或自然物联系起来，认为其是自己的祖先，此即所谓“图腾崇拜”，这些动物、植物或自然物就是他们的“图腾”。关于“图腾”有些什么神话传说，人们对图腾是否禁止食用，或仅在仪式场合上食用。此外，还对图腾持有什么特殊态度，同一图腾群体内部是否严格不能婚配，是否把“图腾”视为当地的保护者，以

1　这样划分之不正确是显而易见的。仅以中国西南少数民族为例，在一些分层社会（如凉山彝族）仍然流行“原始宗教”或“巫术—宗教”；而一些部落社会却接受了基督教（如傈僳族、佤族）或佛教（如布朗族）。

2　中国学术界流行的是再分为“自然崇拜”、“图腾崇拜”、“祖先崇拜”三类，而且认为三者依次有一种演化关系。但作为宗教最早证据的尼安德特人埋葬死者习俗表明，当时已有祖先崇拜的存在，何以证明它是晚于其他信仰？

什么为图腾标记。其形象除反映所代表之物外，是否还根据有关神话重新塑造而难辨真形。要注意的是图腾必须限于某一亲属群体的崇拜对象，社会上对某种动物若有普遍的喜爱和崇拜，并不都属于图腾崇拜。

是否相信其他某些活人（如国王、酋长和宗教领袖）具有神奇力量，把他们作为神本身加以崇拜。

是否相信人工制造物也具有“灵魂”，它们之中哪些受到特别的崇敬，工匠们是否特别崇敬他们的工具。

除上述以外，是否还有什么纯属想象出来的崇拜对象，如精灵、吸血鬼、妖怪、水仙等等。他们或形象奇怪（如挪威的troll），或善于幻化（如中国的狐仙），在当地森林中或某一偏僻角落长期生活，可以赐福也可以贻害于人。

是否如希腊人那样相信在天空或某高山之上居住着众多神祇，像人一样组成一个群体，是否相信众神之上有一个“最高神”主宰着一切，而众神之中还有等级尊卑之分（在分层社会中常能发现这样的信仰）。

对于受到信仰的超自然力量，如何通过高度程式化的行动，取悦它们以谋取俗世的利益，这就是各类仪式的由来。仪式被称为“行动中的宗教”。

当地对上述每种神灵祖先各要举行什么相对应的仪式，应逐项加以询问。很可能某项仪式的崇拜对象不止一种，也可能对某种神灵要在不同季节举行不同的仪式。

最重要的仪式是定期的或临时的祭祀。这总是为了对超自然力量有所祈求或感谢，例如求雨、求神保佑人畜平安、报答神祇的各种“丰收祭”，等等。祭祀一般要包括下列内容：祈祷、乐舞、模拟动作、供献祭品或牺牲、宴会等等。要以“实录”方式记录全过程及一切细节。祈祷词有固定的程式，甚至使用古代的语言，应记录原文。所有乐舞和模拟动作，均应摄影或录像，并弄明其内容和意义。关于祭品和牺牲，不仅要记录其种类及供献方法，还要了解其备制过程及有关仪礼或禁忌，如杀牲有哪些规则，宴会仅仅是有关人员参加还是社区成员全体参加，分食牺牲以获神佑是否为宴会内容之一。

除祭祀外，人神之间沟通还有其他形式，如为了请神解答疑难的占卜和神谕。占卜的种类很多，中国常见的如各种骨卜（牛、羊、猪、鹿的肩胛骨、鸡的腿骨、龟甲……）、各种草卜（蓍草、竹签……）、鸡蛋卜等。应调查当地流行的是哪一种或哪几种，各适用于什么场合，是否伴随有什么简单的祭祀。神谕是假定神附身于所选中人身上对某些问题作出回答（如中国内地的降神、扶乩、请亡灵均可归入此类）。对此也应以“原文”方式记录对话。某些地方请神灵附身进行“神判”，也属于神谕的一种。

占卜、神谕是人通过仪式主动的向神求教。还有相信某些自然界的某些不寻常的现象，是神主动向人示知的，这称为预兆（omen）。如中国自古以来以喜鹊和乌鸦叫声分别代表吉和凶，反常的气候和天象表示灾难临近。解释预兆称为详兆（augury），占星、圆梦等都属于同类信仰。请注意记录当地流行的这类信仰和仪式。

人们不仅相信可以请求超自然力量为自己谋利，为自己做事，还相信可以强迫超自然力量来达到有利自己或加害别人的目的，这就是巫术。巫术分为交感巫术和接触巫术。前者使用象征或模拟手法，如《红楼梦》第二十五回“魇魔法叔嫂逢五鬼”，描述马道婆“铰了两个纸人儿”，上书凤姐及宝玉年庚，“拿针钉了”，使宝玉、凤姐发疯生病。后者要利用被害者身上之物，如把头发、指甲拿去作法，便可致人死命。此外，还相信利用一些材料加上咒语，便可召唤或遥控超自然力量来使人生病或死亡。此即所谓黑巫术（black magic），又称妖法（sorcery）。中国西南民族流行的“放蛊”可归入此类。[1] 为了对抗巫术，要举行一系列仪式化解之，这称为禳祓，或定期举行以为预防，或灾害已发生而临时举行以减少或消除巫术的危害。佩带各种护符（charm）或房内放上厌胜物（amulet）也被认为可以防止巫术之害。当地若有这些巫术的信仰和行为以及针对它们各种禳祓、厌胜办法，均应查明。

二　人神之间的中介

有些仪式是任何人都可举行的，而更多仪式则需要宗教人员担任。他们是沟通人神之际的中介，可分为：

巫师　为社区或个人主持祭祀仪式，熟悉这方面的程式和礼仪。常作为前工业社会中宗教人员的泛称。

萨满　源于通古斯语，原指北亚、北美和北欧一带会施巫术的人。现在它几乎可作为巫师的同义语，但通常仍指可使神灵附身的巫师。

术士　指专门施行巫术及为人占卜、解释预兆等活动的巫师。

巫医　指专门为人治病或举行禳祓仪式的巫师。但萨满、术士亦可运用自己的“专长”为人治病。总之，上述几种宗教人员的区分不是很明确的。

祭司　指分层社会中专业化的宗教人员或负责宗教事务的官员。这个职务不仅使他们具有较高社会地位，为整个社会主持或筹办仪式，有些还掌握政治权力。

先知　指那些借口传达神谕的预言家，他们有时能发起传统宗教的复兴运动或建立新的崇拜。

在你所调查地区，是否有属于上述哪一种或哪几种宗教人员的存在，他们限于男性抑或也有女性担任，他们的土著名称及其含义。很可能当地宗教人员在上述分类中不属于哪一种或身兼数种，在田野中不必为此纠缠，只须详尽了解和描述他们的作用和分工情况，留待以后分析。他们是专业的还是业余的，他们是否世袭的或是只有某一群体的成员才能担任，他们如何得到训练，均应调查记录。

假如已存在祭司这样专业化宗教人员，他们是一个人还是一群人，是否已形成一个祭司等级，有什么特殊标记或装饰；国王或首领本人可能是崇拜对象，也可能又充当或身兼最高的祭司；是否有关于他们来源的传说及不同于常人的生活方式及应遵守的禁忌。所有这些，应该注意了解。

1　这类巫术，又可分为两类，有意识地加害于人者称为妖法（sorcery）。还有些人生来就有作恶能力，无意中即会加害于人（如相信人有“毒眼”，相望即可致祸），此称为巫技（witchcraft）。然故意还是无意，是很难分辨的。调查中尽可能记录下具体情节，而不必强为区别。

三　神圣地点和神圣物件

凡是被认为超自然力量居住的地方或经常举行仪式的地方都属于神圣地点。

要调查的是当地有哪些被想象为神灵或祖先灵魂所居之处，是一座高山、一个湖泊或小河、一块岩石、一片森林，还是一棵单独的树；社区的仪式经常在哪里举行，是村落中心广场，是上述超自然力量所居之处，还是有专供祭祀的地点和建筑——神祠、庙宇（如白族的“土主庙”）、鬼房（傣族的“披曼”）之类；家庭的仪式又在哪里举行，是否有专为祭祀祖先而设的神龛、衣冠冢等等；家庭是否还有供祭祀其他神祇的地方（如厨房中祭祀灶神、火塘边祭祀火神、谷仓中祭祀与农业丰收有关的神灵）；对这些地点是否有不准入内或触动的禁忌；违反禁忌是否会受到舆论的谴责、法律的处罚，或人为会自然而然地受到“神之惩罚”。

被认为超自然力量栖身之处假如是可移动的，以及那些被认为具有神奇力量的物件，都属于神圣物件。前者包括代表神灵或祖先雕像、小偶人灵牌等等，后者如护符、厌胜物、雷斧、猎来的头骨或祖先的遗骸、特殊的装饰品，甚至一块奇形怪状的石头、一节树枝、一块旧布、一些特殊的花草等等。只要当地人民特别保存作为崇拜对象的都算同类物。此外，仪式用物如面具、鼓、祭司的坐具和神杖、萨满召唤神灵的法器、术士作法的道具等等，当然也属于神圣物件之类。

这些神圣物品分别放置何处；如何保管；由谁保管；除由所有者或使用者保管外，是否整个社区还有专供储藏公共使用的神圣物品之处；对神圣物品各有什么神话传说（如易洛魁人每种“面具”都有自己的起源传说）；是否有不能随便触动的禁忌；平时如何供奉[1]；使用前是否举行仪式[2]……所有这些，均应予以了解。

四　世界宗教及其与固有宗教的结合

世界宗教一般指佛教、基督教和伊斯兰教。实际上，道教有系统教义及玄奥哲理，且传播不限于中国内地，对国内少数民族及周围国家都有影响。故调查中对道教应和佛教、基督教、伊斯兰教一样看待。

假如当地有这类宗教传播，应调查它是何时传入的，是普遍流行抑或只有少数人信仰，当地流行的是该教什么教派，有多少专业的宗教人员（僧侣、牧师、阿訇、道士……），他们在当地社会的生活和政治生活中起何作用，当地有没有自己的寺庙、教堂或礼拜堂，它们的内部组织如何，隶属什么更大的宗教组织。关于这些“大的宗教”本身前人多有专门研究，而且只要属于同一教派，经典和仪式相差不大，作为人类学家而非宗教学家，我们似不必再在这方面花过多精力。

我们要集中注意力于这些宗教在流传过程中如何与当地固有的宗教相结合。这种现象在中国乃至全世界普遍存在。

第一，世界宗教到来之前，当地必已存在固有宗教。为了能够立足，世界宗教常常利用和吸

---

1 如云南佤族对作为护符用的雷斧都要时常“喂米”。

2 如西南民族敲击铜鼓前要“喷酒”和祷祝。

收固有宗教若干因素。例如，在瑶族之中流行的道教吸收了原有的盘古崇拜；在云南少数民族中传教的基督教士，在灌输上帝创造人时，常常结合当地信仰的创世纪故事；西双版纳傣族小乘佛教寺庙，也举办固有宗教中祈求丰收的祭祀（如“赕他纳”），而且和尚们也参加祭祀寨神（“披曼”）、为人送鬼治病这类非佛教性质的活动。

第二，固有宗教也会接受世界宗教影响，使自身复杂化。例如，白族固有的“本主崇拜”很多方面吸收了佛教的仪轨，本主庙就是模仿佛寺而建造；而原来藏族地区固有的“本教”既给喇嘛教以影响，又受到喇嘛教影响，“本教”一些仪式是对喇嘛教的模仿。

在调查中遇到这样情况，应尽可能详尽地调查。从教义、仪式及寺庙组织三个方面观察两者相互渗透的情况。

第十一章　科学知识

现代科学是在人类世代积累的经验和知识基础上发展起来的。有些经验和知识（如有关生物学的）得自生产活动，有些则是从事宗教活动中无意中得之，如古巴比伦人从占星中获得天文学知识，中国古代部分化学知识得自道士的炼丹术。

世界各民族都积累有自己的科学知识（或称“民间知识”）。由于现代科学的飞跃发展和迅速推广，这些知识当前已不再付诸实用，但它们对研究人类文化史和科技史却是重要材料。还有一些民间的科学知识（如传统医学），至今仍在使用，其重要价值日益为人们所认识。故在田野调查中，对于当地固有的科学知识，不能视为鄙陋简单而弃之不顾，应列为专项进行调查。

一　记事和传递信息

没有文字的民族必有一套帮助记忆、传递信息的方法。正是这些方法所用的原则和符号，导致了文字的发明。即使是已有文字的民族，还要不时使用古老的记事和传递信息方法。海军通话的旗语和交通线上示警标记，不过是对过去挥舞物件传话和用交叉树枝表示此路危险的模仿和发展。

传统的记事方法有保存象征意义的物件、结绳、木刻和绘画。你所调查地区过去有过哪些方法，对不同的事情（债务、盟约、所有权、历史大事……），各用什么记事方法，要搜集个例材料，并详细摹录其符号或图形。如当地仍有原物保存，最好作为文物搜集或进行复制。

把记事的物件、结绳、木刻、绘画送给别人，表述某种约定俗成人所共知的意义，或再由送信人做一些补充解释，便可传递信息。此外，人类还使用过多种其他的传递信息方法，例如：头部、手臂、躯体做出姿势（即手势语言），面部、眼睛现出表情，挥舞物件、衣服或其他物件，来回跑动，燃烧火堆或阴燃造成浓烟（中国古代烽燧制度可说是这方面最高发展），晃动镜子反射光线，在重要地点以树枝、草束、石子等不同排列做成标记，敲打响器或鼓，等等。若用不同鼓点表达出一系列语汇，这便是鼓语。

你所调查的地区（无论是否已使用文字），用过哪些传递信息传统方法，除上述诸法外是否还有其他特殊方法，今天是否有什么方法仍在使用，凡此均应了解，并分清什么方法用于什么场合。对有些方法还要绘图表示，如手势语画出双手姿势变化，鼓语用不同音符及其相间情况来代表鼓声大小及快慢，等等。

二 计算和计量

首先要了解当地语言中的数字，最大数字是什么，有无小数、分数的使用，是否有零的概念。通过语言分析来了解，当地现有的数字中哪些是固有的，哪些是传入的（如中国西南有些少数民族“千”、“万”等词借用汉语）。

其次要了解当地人民是如何计算的；习惯上用一手还是两手来计数，或是再加以足趾或身体其他部位；是否知道用小物件代表数字的计算之法（如景颇族那样在火塘边用小块木炭及小石子，进行加、减、乘法的运算）；是否有书写计算（如西双版纳傣族的算式）；是否有什么特殊的算术口诀；还有什么计算工具（如算盘、计算板……）。

还要了解会计算的是社会全体成员还是只有少数人，是否有人不识文字却精于计算。要注意会计算的人性别和职业。从事商业活动的人是否较一般的人会计算，如云南过去有些少数民族妇女经常“赶街子”，会算账者便比男子要多。

前工业社会一般人民对抽象的数学不感兴趣，计算总是出于生产或交换的实际需要。计量便是计算的实际运用之一。

计量可分为度量衡三项分别考察。每一项都先要了解当地固有的计算单位、标准及用具：

度 当地原有哪些长度单位；它们是否以手指拃开之长、一肘之长、双手平举之距离、一步之长或人身的高度等为标准；是否有根据这些人体标准制定的专用度具（如傣族代表一肘之长的“肘尺”之类）；平时丈量是否使用绳索和有固定长度的物件；对远距离如何计量，是否以行走天数表示距离；面积又是如何计算，是否以牛耕所需时数及撒种或收获量来表示土地面积（如西南少数民族的田亩单位有“一架牛”、“一箩种”）；等等。

量 当地原有哪些容量单位；它们是否以一手或双手所捧或某种容器（箩、篮、葫芦、竹筒、大的贝壳等）所盛之量为标准；有什么容器已转化为专用量具，它们是否有统一的标准。中国内地农村很早使用的木斗或木升，也曾传入少数民族地区，但各地升斗形制及实际容量悬殊。请注意了解这方面情况及其原因。

衡 当地原有哪些重量单位；它们是否以人力所背、牛马所驮、车船所载为标准；是否有些物件不去精确计算重量而化为容量或数量计算（如稻谷以几“箩”几“把”计，木柴以几“排”长度计）；是否有当地特制的衡具（如滇西一带自制的“砣称”之类）。

调查度量衡还注意下列共同问题：

（1）当地度量衡单位，各合多少公尺、公升和公斤；它们的土著名称及其含意义为何；是否从语源上即可看出它们源于人体。

（2）当地有无统一的度量衡制度；有无公用的标准的度量衡器；当地度量衡贯彻实行依靠当地政治机构还是其他什么代表公众意志的力量；市场上有无监督检查度量衡器防止欺骗行为的人员（如云南永德利米人的“街长”之类）；私造使用不符合社会公认标准度量衡器将受到什么处罚。

（3）当地从何时起开始使用国家统一的度量衡制，是否传统的度量衡单位及用具在民间仍未完全消失。

三　历法、气象和天文

今日中国无论是内地农村还是少数民族地区，尽管都在墙上挂着统一的日历并从广播电视中听取天气预报，农业生产按传统方法计算节令预测气候仍是常见现象。这些传统计时方法和气象知识，影响甚大，值得调查。

当地过去是否使用农历，从何时起开始使用新历；如是少数民族地区，是否原有自己的历法；那里一年划分多少月，每月是否有一个反映当时生产和生活特点的名称（如"播种之月"、"青黄不接之月"等等）；一月共有几日，是否有干支计日之法；是否知道置闰之法，根据什么决定闰月的；一天之内时间如何划分，如是否分为"鸡叫"、"早饭"、"下地"、"晌午"、"赶牛回家"等时刻；本民族是否会编制成文历法，是否有什么机构来颁布历法，如沧源傣族那样由寺庙在春节时期把次年历法贴在寺门上；当地有哪些人掌握历法知识；一般人民如何计年，例如他们如何计算自己的年龄，用干支表示还是以当地大事为准……都要加以调查。

当地如何决定播种时节的到来，是查看农历还是利用传统的物候知识（如植物开花、鸟虫鸣叫等等）；除播种外当地还在哪些方面利用物候学知识；当地对气候变化有什么预测方法（如根据地面潮湿及天空云层预测下雨）；当地对自然灾害（洪水、干旱及地震等）是否相信会有预兆；当地掌握物候学或气象学知识的是否限定少数有经验的老人，他们是否因此获得较高社会地位……这些也需要调查。

观测天体或者为了生产的需要，如云南基诺族观看"茆星团"的位置来决定种棉花的日子；或者是出于宗教仪式的原因，如彝族祭祀祖先亡灵的"作帛"仪式中，要遍插代表星座的树枝；当地的观测天体，是出于何种原因；当地对天体（日、月、星）的运行有些什么解释（如基诺族称流星是"星星串姑娘"）或神话；是否能预测日、月食，当地掌握天文知识和会观测的是哪些人（如西双版纳傣族只有少数大佛爷精于此道，称为"胡腊"）……都是必须调查的问题。

四　地理和生态

人们为了谋生，必须熟悉自己周围的地理环境。在这方面，简单社会人们具有卓越的才能，绝非有些文明人终生足不出户、不辨南北所可比拟。世界民族志中著名的例子是因纽特人，他们能绘出相当精确的地图，而且能记住自己走过的山峰、河流、湖泊和道路。中国西南少数民族过去生活在丛山之中，对自己生活山区一草一木了如指掌。

在调查中要集中了解的是当地人的对自己地区的认识和有用知识：例如如何在原始森林或夜晚分辨方向，如何合理选择道路的走向，如何寻找水源，什么样的地方适合什么生计，适合种植什么作物，传统知识和经验中有什么寻找矿产资源的方法，村落的选址有什么要注意事项，哪些地方会发生山洪暴涨、泥石流等自然灾害，等等。

难能可贵的是前工业社会人民不仅熟悉自己的环境，而且知道保护自己的环境。这就是民族生态学。这方面的宝贵遗产日益受到人类学家的注意。

要了解当地人民对于人和自然的关系有些什么说法和神话；他们如何重视和大自然（即使可能被想象为鬼神或其他神奇力量）的关系的；当地人们对于成片森林、村寨周边树木、水源附近树木、道路两旁树木是如何爱惜和保护的；在习惯法或成文法中有些什么规定，违反了如何处罚；对于水源、水井或水池又是如何保护的；对于幼兽、孕兽是否有不许猎杀的规定；是否有在某一季节（如春季）不许打猎不许伐木的规定；注意当地在狩猎、采集、捕鱼或其他活动中一切有节制的行为，是否对于某种鸟类特别保护。此外还应注意搜集与上述各方面有关的谚语和格言。

在宗教活动中，一切客观上有利于保持生态平衡保护环境的仪式的禁忌，均应作为传统生态学的组成部分，加以了解和记录。

五　植物和动物

前工业社会以狩猎、采集、农业和畜牧业为主要生计，人们终日与植物和动物相接触，在这些方面积累了丰富的知识。

在浅化民族的语言中，植物和动物的词汇特别丰富。例如，同一种植物，可能因成熟略有早晚及形态些微差异而各有名称；同一种动物，可能因毛色、年龄、雄雌及其他特征而名称各异。这一点只要查看中国古老的字书《说文解字》等即可寻得证据。你调查的民族有无这方面的迹象？选择几种植物和动物作深入的调查，搜集有关的一切词汇列表说明其音读及含意，不仅对语言学而且对科学史研究均为有用材料。

有些民族对植物和动物不仅区分细致，而且还有自己的分类法。例如，从西双版纳傣族对植物的命名就反映出他们的植物分类学。凡是木本植物都称为“梅 ×”，而果树称为“马 ×”；草本植物都称为“雅 ×”，而谷物称为“考 ×”；蔬菜之类则称“帕 ×”。这里的第二个音节是该植物的名称，第一个音节则指该植物属于何类。如芒果称“马茫”，酸木瓜称为“马三普”。“茫”、“三普”是专名，而“马”则说明它们都属于结水果的树木。请注意你的调查对象有无类似的或不同的分类法。

在民间积累的植物和动物知识中，还包括有关除草保苗、防止虫害、牲畜配种、保护幼畜、兽医等各方面有用知识和经验，均应询问并记录。

六　医药卫生

世界上没有哪个民族没有自己的医药知识。这些民间医学常和巫术相混合，却包含着一些有效的良方。萨满治病符合现代医学的精神疗法。治疟特效药金鸡纳和许多麻醉药，是印第安人首先发现而贡献于近代医药科学的。这都是大家熟知的例子。在中国不仅有藏医、蒙医这样丰富的医学宝藏，即一些较小的少数民族地区也有医学遗产正待整理发掘。在我工作的地方有一位佤族朋友就已写出有关佤族传统药物学的专著，据说他用佤族传统方法治疗骨折常有奇效。

关于传统医药应分为下列诸项询问有关问题：

医生 当地有哪些可以为人治病的人，他们是业余的还是专业的，他们是否兼通巫术或本身就是宗教人员，他们的社会地位、报酬及技术传授等，应予调查记录。

诊断 当地对人患病的原因有何看法，是否相信超自然力量作祟，或者已经企图正确地找出致病的原因，当地是否有认出疾病征候的传统方法（例如观察病人脉搏、面色、舌头或手足等等），有什么诊断器械。

治疗 首先要了解药物治疗方法。当地已知多少种传统药品；无论其为植物、动物或矿物，是如何采集和备制的；什么药品治疗什么病，是有效、不十分有效还是无效（请分别举实例说明）；是否认为毒药可以治病（所谓“以毒攻毒”）；毒药从何物中提取。

除药物治疗外，是否还会使用按摩、艾灸、拔火罐、热敷、催吐、包扎、接骨等方法，会不会进行简单的外科手术，是否有某种消毒之法（如动刀割疮前用火烧消毒），是否会止血或放血，是否认为某些食物对某些疾病有疗效，是否有专门拔牙、治疗虫牙和帮助妇女分娩的医生，上述治疗工作中是否伴随着某些巫术行为或禁忌。

预防 当地是否知道预防疾病，对于某些病有传染性是否已有认识，如何对病人（如麻风患者）进行隔离。

为了预防疾病和提高生活质量，要注意和讲求个人和环境卫生，这并非是文明社会才有的认识。这方面的民间知识也值得调查。

个人卫生 只要用水便利的地方，人们总是喜欢沐浴。缺乏沐浴习惯多与缺水有关。请了解当地人一般多少天沐浴一次，是否有洗脸、洗手、漱口刷牙习惯，衣服是否常加更换，在肥皂等清洁剂传入以前当地有什么传统的清洁剂和洗涤方法（如云南景颇族使用草灰水洗衣，傣族妇女用淘米水洗发之类），是否注意饮食卫生不吃腐败食物和已死动物，有无传统的冷藏和制冰法。

环境卫生 房屋内外是否常加打扫，厕所如何保持清洁，垃圾及废物如何处理，是否知道保护食用水源的清洁，有什么使水净化的办法（如使用明矾），在习惯法或乡规民约中对于维护全社会环境卫生有什么规定，是否在节日之前集体打扫道路及公共场所，破坏公共卫生的行为如何处罚。

第十二章　艺术

艺术是人类运用想象力以象征手法表达思想和发泄感情的产物，是人类文化中最具有感染力那一部分。

人们只强调艺术的实用性或宗教性，即使对于简单社会的艺术来说，也是不恰当的。艺术有世俗和宗教之分。而在世俗艺术中，有些确是为了满足社会某些实际需要，有些仅仅为了欣赏，为了满足审美的要求。否则就无从解释素面陶罐和彩陶罐同样可以盛水，为什么仰韶文化的主人还要费力在陶器上彩绘美丽的几何纹图案。艺术的爱好植根于人类天性中爱美的本能。“为艺术而艺术”的艺术家自古至今确实存在。

一个群体或个人在艺术创作中总有自己的形式和特性，这就是所谓艺术风格。不同的社会由于文化传统的差异，必然存在不同的艺术风格。一个社会或地区的艺术风格究竟是什么，抽象地研究只能沦为玄学，只有对各个艺术部门分别进行调查，搜集具体例证来进行分析，才能说明问题。

在人类学田野工作中，一切艺术的领域均应考察。下面仅举几个重要的艺术部门为例。

一　装饰、绘画和雕刻

（一）人体装饰和器物装饰

人体本身就是早期人类进行艺术创作的“园地”。人体装饰包括文身和文面、疤痕文身、改变身体外形以及佩带装饰品。

在中国，文身或文面在少数民族（独龙、黎、傣……）之中曾经流行，至今仍有部分保留。要注意了解其花纹图样（应绘图和摄影）及其含义，文身者的性别和年龄，文身的方法、工具及有关仪式。今天，文身又在中国城乡青年之中流行，它们的社会根源及功能，自应另作了解。

装饰品自古至今在世界各地都曾普遍存在。一般可分为头饰、发饰、耳鼻唇穿塞物、颈饰、腰饰、臂饰、腿饰和足饰等。要注意男女装饰品之差异，分别记录其质料、制作方法、形状等等，搜集实物并拍摄盛装男女的相片。制作装饰品的质料多种多样，如介类的壳、动物的骨角齿革、鸟类的羽毛、玉石和金属，或取其色彩鲜艳，或取其滑润光泽，或取其形状奇特。应了解当地人民对选用装饰品有些什么看法，哪些是平时佩戴的，哪些是在特殊场合才佩戴的。服装上的

图一七　几何纹的规范名称

附件如仅具有装饰性，也应作为装饰品加以调查记录。

人体装饰或为了增加美观以吸引异性，或为了引人羡慕，或为了使人畏惧。此外，应了解是否有些装饰品成为代表社会身份、阶级、职业、年龄和婚姻情况、所属图腾或宗教信仰的标志，是否还有什么装饰品具有特殊的功能。对各种人体装饰的功能，应分别做出调查。在这方面，要多听取当地人民的主位看法。

器物装饰指工具、武器、日用器物上一切花纹图案或附饰。除制作方法外，要着重了解可能有的社会的、美学的或宗教上的意义，以及是否与器物的实际用途相结合（如工具柄部刻上花纹可防手滑便于紧握，陶器上一些附饰实为把手），等等。特定的花纹图案是否还作为制作者或使用者的标记，也应注意。

无论是人体装饰或器物装饰，常遇到的是大量几何纹图案。对此除绘图及摄影以保存原色原样外，如何准确地做出文字描述，是一个值得考究的问题。首先要分析一个图案是由哪几种花纹构成的，然后再叙述其排列和布局。同一种花纹主题必须给予一个固定的名称，前后不一致将造成混乱。《人类学的询问和记录》一书列出常见几何纹主题及其规范名称，现迻录于此，可供参考。（图一七）

关于每种几何纹代表什么意思，可以向当地人民提问，但不一定会得到什么答案。早期人类学家曾提出几何纹由写实图画演变而来的理论，实际上几何纹的存在和装饰艺术一样的古老，未必都由写实图画变化而来。调查者不必在寻绎几何纹意义方面多费精力，只要做好准确全面的记录即可。

在装饰方面，除几何纹外也会发现少量写实性绘画或雕刻，这些应作为绘画和雕刻作品加以调查研究。

（二）绘画和雕刻

要调查当地有些什么绘画作品；使用什么为绘画材料，是树皮（如澳大利亚人“树皮画”）、皮革（如北美印第安人“冬季记事”）、丝绸（如中国古代帛画），还是今天普遍使用的布或纸；是否画在建筑物甚至岩壁之上；使用哪些颜色，各由何物为颜料；使用什么画具；当地绘画有什么特殊的技法，例如是否知道表现远近比例及光线明暗；绘画常见题材是什么。

雕刻包括木刻、浮雕、雕像、玩偶、面具等等。当地会创作哪些雕刻作品，除木头外还使用什么其他材料，是否有岩壁雕刻，有什么专用的雕刻工具，以及当地雕刻、技法和常见题材，均应调查记录。

关于绘画和雕刻，还要分别弄清它们的用途和功能：哪些纯是为了装饰和欣赏，哪些是服务于宗教的，哪些具有记事的功能，哪些是对当地神话故事或历史传奇的描绘，等等。

关于当地绘画和雕刻的风格，一个非专业的调查者可能不易把握，但至少要判断出是现实主义的还是象征主义，是否使用夸张的手法，当地艺术风格是由于文化传统，抑或受邻近的什么地区或民族的影响，甚或是新近才从外地传入的。有条件的话，可搜集邻近地区绘画雕刻作品以做比较。

调查重点应放在当地人自己的绘画雕刻创作，而不是外地来的作品。为此，应着重了解当地画家和雕刻家的情况：他们是专业的还是业余的，是否某种工匠（如木匠）擅长绘画和雕刻，他们是否出自一个固定的群体，技术是世代传袭还是师徒相授，这些艺术家的社会地位如何，是否有某项艺术创作成为全地区的职业（如天津杨柳青的年画、云南剑川的木雕），艺术家和工匠是否组织自愿性社团，等等。

调查记录绘画和雕刻，均应绘图、摄影并尽可能搜集实物标本或复制品，以便带回做专门研究。

二　音乐、舞蹈和戏剧

这些统称为“动的艺术”（或称“表演艺术”），过去被认为晚于绘画雕刻之类“静的艺术”（或称“视觉艺术”）。实际上，两者同样古老，除戏剧外都可上溯人类的旧石器时代。

音乐调查首要工作是记谱。只有用五线谱或简谱把当地所有声乐或器乐的曲调（不管多么单调和重复），准确地记录下来，才能复现当地音乐的特色。但不是每个人类学田野工作者都有像鲍亚斯一样的音乐才能，能自己记录乐谱（Boas，1964）。幸运的是当今录音机非常普遍，请当地人民歌唱和演奏而录下音来，就可带回作音乐民族学的专门研究。

但关于音乐，仍有一些问题需要询问和记录：

首先，当地歌曲中哪些是本地原有的，哪些是外地传入的；若是本地固有的，哪些是古代流传下来的，哪些是新近创作的；什么歌曲是独唱，什么歌曲是对唱或合唱；若是合唱，领唱者的作用如何；歌唱是否使用和使用什么乐器伴奏；当地有无专业的作曲家和歌唱家，他们的社会身份及技巧训练情况如何；有无自己特殊的记谱法（如中国古代“工尺谱”之类）；当地有无擅长音乐的“音乐世家”；哪些歌曲是有歌词的，哪些歌曲仅由抒发感情的一系列音节组成，等等。关于歌词应作为“诗歌”进行搜集和记录。

其次，当地是否还有全用乐器演奏的器乐曲，演奏者是否组成一个乐队，在仪式、节庆活动中专门为人表演。

对于乐器，应做专门的调查统计。常见的乐器一般分为：

体鸣乐器　以敲击或摩擦造成震动而发声，如安达曼人的击板、澳大利亚人的声棒、中国内地的竹木梆子和响板、东南亚和云南民族的木鼓和木琴、各种空心响器以及金属的锣、铃、钟等等。中国南方民族重要乐器铜鼓也属此类。

膜鸣乐器　以打击紧绷的膜而发声，如单面和双面的鼓。鼓体可用不同材料（木、陶、金属……）制成，而鼓膜多用皮革。

管簧乐器　向管状物吹气造成共振而发声，这属于管乐器，如号角、喇叭、唢呐、哨子、陶埙等。若在管口再装上簧舌加强共振，这便是簧乐器，如箫、鼻箫、各种笛子、口弦、笙、芦笙等等。风琴也属于管簧乐器。

弦乐器　以拨动绷紧的弦线而发声，如弓、琵琶、阮咸、胡琴、马头琴、小提琴、吉他、竖琴等等。钢琴应属此类。

器乐演奏或声乐伴奏，各要使用哪些乐器，其中哪些是传统乐器，哪些是外地买来，传统乐器是古代留下还是至今仍会制作，都应加以调查。

关于当地音乐（无论是唱歌还是演奏乐器），还要注意它们的演唱场合和所起作用：哪些是为了抒发悲伤的或高兴的心情（如丧礼中的哀歌、婚礼节庆活动中祝酒歌），哪些是为了吸引异性（如情歌或男女对歌），哪些是配合宗教仪式（如祈神或赛神歌曲），等等。

舞蹈和音乐一样，仅靠文字描述无法复原，要使用表示步伐和路线等的图解方法进行记录，这就是舞谱。假如调查者没有这方面的知识，亦无足怪。用录像机录下当地每一舞蹈的全过程，包括整套动作、舞者的服装、道具和表情以及伴奏的乐队或歌唱者等等，以供专家研究。此外，调查中应就下述问题进行询问：

当地流行的舞蹈哪些是传统的，哪些是传入的；关于传统舞蹈有些什么传说；每一舞蹈是否有土著名称，其含意为何，表现什么主题（如模拟战争、农耕、狩猎或动物动作）；舞者动作、表情、所著服装和道具有些什么象征意义；除群众性舞蹈外是否还有什么受到公众喜爱的专业的舞蹈表演者（如瑞丽傣族的擅长孔雀舞的毛相这样的人物）；集体舞中是否有一个领舞者，他（她）是否具有什么特殊的社会身份，或原来就是宗教头人或世俗头人；专业的舞蹈者是如何学习培养的，当地有无自己的古老舞谱；什么舞蹈在什么场合举行以及它们所起的作用（例如宗教仪式中的娱神、节日和丰收时节的欢庆，社区聚会时增强团结意识，男女交往中增加接触机会，等等）……应分别了解和记录。

戏剧总是表演性的，即为了给人或神观看。它除了台词外，还常把吟诵、歌唱、舞蹈和乐器伴奏结合在一起，是一种综合的艺术。当然，它也可以是无声的，即靠动作、表情表现剧情，这就是哑剧；若全用舞蹈动作，则为舞剧。戏剧表现的内容多种多样，如神话故事、历史传说、日常生活中悲伤是或可笑之事，等等。

请调查当地有哪些戏剧流行及其形式和题材，是否使用当地语言表演，剧本哪些是由外面移植来的，哪些是当地自古流传下来或新近创作的，它们各表现什么内容和主题，演员是演出时临时凑集的还是专业性的（假如当地有一个专业的剧团，它的组织、人数及收支情况；假如只有外地剧团来此演出，则其一般情况及何以受到当地欢迎，等等）。但调查的着重点仍应放在当地的传统戏剧方面：如有无自己的剧本（如白族“大本曲”的白文剧本之类）；演员的服装、化妆、道具或面具有什么特点及其象征意义；使用什么乐器伴奏和加强音响效果；舞台是临时搭成的还是像山西等地农村那样有固定的舞台；布景和人工照明情况如何；当地演员（无论是业余的或专业的）的社会身份如何，是特别为人看不起还是受到尊崇；他们如何训练成演员的；当地戏剧是否崇拜什么保护神（如过去剧团和戏院供奉唐明皇）；戏剧演出前后要举行什么仪式；最后的也是最重要的是戏剧在哪些场合演出，它们各有什么社会作用（娱神、消遣娱乐或庆祝……）；等等。

戏剧也像音乐舞蹈一样，要借助于绘图、摄影等加以记录。要记录下某出戏剧的全过程，当然还要进行录像和录音。

利用偶人之类进行表演的傀儡戏、皮影戏等等，也应列入戏剧一类。对它们的特殊的表演技巧和装备、偶人的制作及那些幕后表演者的口技和演出才能，均应调查了解。

三　民间文学

前工业社会的文学多靠人民口头流传，这就是民间文学（或称“口头文学”）。然有文字民族（如中国藏、蒙、傣、彝、纳西等族），也会用本民族文字把民间文学作品写下来。

民间文学包括神话、故事、历史传奇、诗歌、谚语和格言、歇后语、谜语，等等。

神话　是早期人类对宇宙万物及人类本身如何起源的想象和解释。中国各族中流传的有太阳神话、洪水神话、神创造人的神话、兄妹成婚神话，等等。神话总是为现实社会中的宗教信仰和道德规范提供“理论根据”的，如西南几个民族稻谷起源神话传说是狗从远处带来的，从而说明狗是值得崇拜的动物；兄妹成婚所生后裔常常是怪胎，以此加深人们对乱伦的恐惧和厌恶。当代人类学家（如列维·斯特劳斯）对世界各地神话进行比较研究和分析，以探讨人类学一些理论问题。神话学常被划为人类学的一个分支。

历史传奇　前工业社会中对本族由来和迁徙、祖先活动和业绩的追忆和记述，常常夹杂着虚构的传说或讲述者自己的解释。甚至有文字记录的历史（如彝族的《西南彝志》、傣族的《叭那阿武的传说》等），也是如此。这样半历史性的故事，或称传奇。它们起着维系亲属群体或民族群体的团结、教育后代、加强认同感的作用。它们可以作为研究历史的素材，其本身不能算是历史，仍应视为文学的一种形式。

故事　是完全虚构的事件或人物的文学叙述。它为公众提供娱乐和消遣，但有的也寓有教育的功能。英雄故事、专为孩子讲述的童话、富有哲理的寓言和动物故事，均可归入故事一类。

诗歌　一般应指有韵律或格律可诵可唱的文学形式。专为演唱的诗歌就是歌词。诗歌按其内容分为抒情诗和叙事诗，凡是专门叙述古老的历史传奇或英雄故事的叙事诗，即为史诗。诗歌是一种最能直接而迅速发泄感情的艺术，对于社会成员之间交流情感、灌输道德规范和宗教信仰、鼓动或动员公众的情绪、男女之间表达爱情，均曾起重要的作用。

谚语和格言　以简洁的语言反映当地的道德规范和共同的价值观。

歇后语和谜语　可以认为是借助于比喻或谐音进行的语言文字游戏或智力竞赛，主要提供娱乐和消遣，有时也寓有教育的作用。

调查民间文学，无论上述哪一种形式，都应采取“原文”方式先完整地记录下来，准确地进行翻译，再进行分析研究。无论是口头流传的，还是已写下来作品，翻译一定要采取直译法，保存原作的风格。若有几种版本，对其异文或残缺之处应照原样记录和翻译，不可妄加更改、合并或删节，才能为人类学的或文学本身的研究提供有用资料。近几十年来，中国民间文学搜集工作规模甚大，出版了卷帙浩繁的《中国民间文学集成》，其缺点即在于未能做到忠实于原作。记录每一部作品，都不要忘记注明讲述者的性别、年龄、住址及其职业。

此外，调查每一种民间文学都要查明，它是当地固有的还是外地传入的；是如何流传和保存下来的；各在什么场合使用，如是否在宗教仪式聚会时讲述神话，在家族祭祖时讲述历史传奇，而谚语、格言多在调解纠纷相互辩论时使用；是否有人专门擅长某一种文学形式（如“故事大王”、“笑话大王”、“土诗人”、“歌手”）；他们之中是否有以此为职业的；等等。

还要注意的问题是调查民间文学会遇到大量单调重复的作品，调查者不可视为鄙俚无聊而弃之不顾。撇开这些作品，对有些后进民族而言，也就不再有民间文学。有独创性的具有永久艺术魅力的文学作品，即使在今天也是不多见的。

人类学家不是只对发掘宝贵文学遗产感兴趣的文学家。从大量平庸的作品中，正可看出当地社会的道德说教、价值观、宇宙观及与其他社会现象的联系。

除了民间文学以外，当地如有著名的文学家，或有因反映当地风土人情而著名的文学作品，自亦不应忽略。人所熟知的某些文学作品如在当地特别流行，应了解其社会根源及所起作用；而如果当地以本地语言复述或加以改造（如某些少数民族对于《西游记》的复述或改造），则应作为当地文学加以调查和搜集。

第十三章　生命周期

人的一生划分为几个阶段。不同阶段的人具有不同的社会身份（status）；在履行社会责任、行为、生活习惯和礼节等方面，各有不同的要求。人生从一个阶段到另一个阶段，即从一种社会身份到另一种社会身份，还要举行庆祝典礼，来标志这种转移，这就是所谓“过渡礼仪”（rites of passage）[1]。世界各地对人生阶段的划分不同，过渡礼仪繁简有异，但没有哪个民族哪种文化可以对此完全忽略。甚至今天的西方社会，仍视人生阶段的顺利转移（即所谓passage问题）为一个人的大事。因此，人类学田野工作者有必要对一个人从出生到死亡即生命周期的有关问题做系统的调查。假如说以上各章讲述了如何对文化诸方面分别进行调查，是一种横的解剖；本章要说的则是如何对人生诸阶段依次进行调查以显示文化的特征，是一种纵的考察。

在多数社会中，人的一生分为婴儿、儿童、成年、老年诸阶段，重要的过渡礼仪有出生礼、成丁礼、婚礼和葬礼。兹按生命周期的自然顺序，综合为下述几个问题进行讨论。

一　出生和命名

受孕被认为生命的开始，故在习惯上生命周期应从受孕谈起。

很多社会对于受孕的原因缺乏正确的认识。[2]现代科学关于受孕的解释距今不过一百多年的历史，至今仍未必为全世界居民所接受。你所调查的地区对于受孕有些什么看法，受孕后要多长时间才被认识，如何对待孕妇，是否给她们以特殊的食物和爱护，是否要单独居住，有什么禁忌和禁食规定，是否有对孕妇行动的限制，有什么祈求平安生育的宗教仪式，对生育男孩或女孩有什么预测或祝愿的传统方法，这些都应予以调查。

预产前如何进行准备；分娩的地点是在原住房屋之中，还是必须搬到房屋之外；分娩由何人帮助（是家庭或亲戚之中老年妇女，还是有专门的接生人员）；传统接生方法（特别如脐带的处

1　过渡礼仪在有些著作中仅被视为一种宗教仪式。我们认为，它虽包含向超自然力量祈求保佑等内容，更多的是为了个人取得社会承认，应作一种庆祝典礼看待。

2　例如：澳大利亚人认为受孕是“祖先灵魂”走入了子宫；特罗布里安岛居民认为是妇女在趟水时有民族中已死的某个人进入她的身体；美拉尼西亚的多布人（Dobu）认为是男子精子像“椰子汁”一样能使妇女血液凝固形成胎儿；中国内地农民及某些少数民族则常把不育视为都是妇女的“罪过”，或认为怀孕有赖于“送子娘娘”的慈悲。

理）是否曾影响当地的出生率；对于难产有什么信仰和仪式，有什么传统的处理方法……以上各项也需加以询问。

对于异常出生（如怪胎、双胞胎）和未婚女子分娩，有些什么说法，是否与一般分娩同样处理，产妇和婴儿是否会受到歧视或伤害，等等，也需予以关注。

分娩总是妻子的事。在有些社会中，丈夫对分娩必须回避，但也曾存在一种“产翁”（couvade）习俗，由丈夫仪式性地充当产妇哺育婴儿，而产妇却工作如常不得休息。据研究，这种习俗或为了确定和加强父亲与亲生子女的关系，或为了新生婴儿免遭怀有恶意的超自然力量之害，曾在四个地区流行——南美东北部、北美的高原地区、比利牛斯山地区及东亚。中国正在此俗流行范围之内，文献记载古代越僚民族多有此俗。到了近代，仅知贵州仡佬族保存此俗。但此外是否还有别的民族保存“产翁”的遗风或传统，在中国南方少数民族地区调查时，这是一个值得询问的问题。

要为初生婴儿举行出生礼。只有经过出生礼，婴儿才被承认为社会的一员，或像非洲某些地区那样才被承认是“人”，在此之前只能算“一种东西”，万一夭死也不能作为孩子举行埋葬而只能“随便丢弃”。出生礼固定在哪一天举行，是出生后第三天、一个月还是一百天，或者多次举行[1]。出生礼有些什么内容，例如如何向亲戚和邻居展示婴儿，婴儿是否规定要做什么打扮和佩带护符，哪些人参加典礼，要送什么礼，款待客人的宴会是否有什么特殊食物（如古代“汤饼会”之类），出生礼伴随什么宗教仪式，出生礼是否因生男或生女、初生或次生而有差别，等等，均应调查记录。

婴儿的命名常常是出生礼内容之一，或者是出生后不久必须做的事。在有些文化中，一个人只有命名以后才为社会所承认。人的一生可能起好几个名字。以汉族为例，初生婴儿是第一次命名即我们所说的“奶名”或“小名”，到读书年龄或成年还要再起一个“学名”或“大名”。对初生婴儿命名，或根据出生日期、季节、属相，或根据排行，或根据出生时体重，或是对婴儿的祝福（如“小安”、“小强”……），或表达全家的心愿（如“招弟”、“继祖”……），还有起一个不为人乐闻所谓“贱名”的，为了使孩子免遭超自然力量的“嫉妒”而易于长大。

你所调查的地区，习惯上用何方法为婴儿命名（记录其土著名称并弄清其含义）；由谁来命名（是家庭或世系群中的长者、舅舅，还是具有较高社会地位的人或被认为可赐福于婴儿的宗教人员）；是否同时起几个名字，而以抽签方式决定或由父母选择；以后是否还要起名，在哪一人生阶段起名，使用什么命名方法；是否实行反映世系的亲从子名制或子从亲名制，其具体方法如何……均应进行调查。

二　婴儿的养育和儿童的教育

婴儿和儿童年龄界限很难明确划分。一般说来，不能自己独立行走的阶段，都算婴儿。

关于婴儿养育，首先要注意喂养问题：喂奶时期需要多久；是否同时喂以其他食物；如何断

1　如许多汉族地区，新生婴儿既庆祝“三朝（日）”，又庆祝“满月”、“百日”。

奶；断奶后给予什么特殊食物；是和成人一样按固定时间喂食，还是哭闹随时喂食，有什么特殊的食物禁忌；等等。

其次则要注意如何使婴儿睡眠、学习行走、学习说话的一切方法。特别是关于教会婴儿排泄的习惯，要给予较多的注意。有一种学说认为，正是幼时关于排泄的训练，对个人的性格形成有很大影响。

照顾婴儿的方法也值得调查：婴儿是否整天由母亲随身携带，或可以放在家中；除母亲外是否家庭年老成员或较大孩子也负有照顾婴儿之责；携带孩子用什么方法，是背是抱，还是有特殊的襁褓或背篮；是否有专供婴儿使用的摇篮或小床；等等。

对于已可四处行走的孩子，便要注意如何教育他们避开危险，如何训练他们独立的进食、睡眠、玩耍。在浅化民族中，一般不责打孩子，但也不像现代文明社会中那样溺爱，更不会有"小太阳"、"小皇帝"现象。他们是善于控制孩子行为的（如口头的威胁、食物的奖诱……）。

对较大的儿童便要给以进一步的教育。这一般从多大年龄开始。如何把本社会的行为准则、道德规范、礼貌、禁忌等等传授和灌输给他们，如何逐步教给他们谋生的基本技能（是让他们在参加劳动中学习还是进行专门的训练，由谁训练）。在有文字的民族之中，如何教孩子或一部分孩子识字，当地是否有什么学校或代替学校的场所（像傣族寺庙那样），凡此都是需要弄清楚的。

当前中国农村都有小学，学龄儿童是否全部入学，妨碍他们入学的原因是什么，孩子是否从家庭和社会中获得教育和训练，巩固率如何，辍学的原因和特点……这些虽属于教育工作者应了解的问题，人类学田野工作者仍应给予一定的注意。

当地孩子有什么特殊的自制玩具，进行什么传统游戏，不同性别和年龄的孩子情况自有不同，请分别调查和记录。当地有什么儿歌和童话，男孩和女孩是否一齐玩耍，还是分开甚至对抗，是否各自形成自己的组织，也应加以询问。

三　青春期和成丁礼

性成熟标志着青春期的开始。性成熟的年龄从 11 岁到 16 岁不等。请调查当地男女各在多大年龄达到性成熟，是否以什么身体变化（如女孩子的第一次月经）为主要标志；在此以前是否给孩子以性知识的教育，还是在孩子面前讳言任何性的问题；在他（她）性成熟来临时，是否给予什么教导。

青年男女如何相互交往，谈情说爱；青年男女一般在哪里约会，是田房、小屋、仓房或专为姑娘建造的小屋，还是在偏僻的田野或丛林；年轻男女是单独约会抑或成群聚会，是否有专为年青男女聚会的"公房"；当地青年男女选择情人的标准如何；禁止通婚的人当然就不能选作情人，假如违反如何处罚；年青男女是否有婚前性自由（在重视婚前贞操的社会，婚前性自由总为社会舆论所反对，假如发生将如何处理，怀孕又将如何处理）……以上问题均应加以询问。

在了解正常的人同时，对于当地一些性异常的人（假如有的话）亦注意了解，这包括性冷淡、性无能、性怪癖，还有同性恋。这种人往往在青春期即显示若干迹象，在以后的人生阶段可能会继续存在，也可能得到纠正。关于同性恋，遇到的可能性较大。对此不能视为近代文明社会才发生的“堕落行为”，实有其生理的、心理的根源。在动物界，特别是灵长类动物如狒狒、黑猩猩、猕猴之中，即能观察到同样的现象。北美的克洛印第安人、苏丹的阿赞德人、新几内亚某些部落之中，同性恋甚至颇为流行。中国古代有关“分桃”、“断袖”等同性恋的记载也是史不绝书（潘光旦，1987）。假如今天哪里发现了同性恋行为，自不必大惊小怪，因为它并非最近发生的而是一直存在的。但深入调查这类问题，需要医学家、心理学家的配合，而且若不在一个地区做长期调查，很难获得确切可靠的材料。

人达到性成熟后，在有些地区自然而然地就逐渐步入成年，在有些地区要经过成丁礼以后社会才能承认为成年人。成丁礼是从青春期（adolescence）转移到成年期（adulthood）的标志。

关于成丁礼，男女两性总是分别举行。男性的成丁礼比女性似较为常见。成丁礼的时间不一定与个人性成熟恰好同步，因为它经常是成批进行的。世界各地成丁礼千差万别，一般都包括如下内容：长时期的与家人分离，集中训练或幽居独处，经受艰苦生活，告知原来只有成年人才知的“秘密”——本社区神话传说、道德规范等的教导，最后以经受一次重要考验，或对身体进行改变（如凿齿、文身、割包皮等），作为整个礼仪的高潮。从此，参加者便改变原来的装束，参加成年人的行列，过成年人的生活。

据A.V.杰内朴的分析，一次完整的成丁礼的全过程，通常都可由三个部分组成：分离、隔离、融合，即先使参加者离开青年时期，经受隔离考验后，再使他们进入新的人生阶段——成年时期。其他过渡礼仪也常具有类似的象征（Gennep，1961）。我们不妨对调查中遇到的成丁礼及其他过渡礼仪的每一步骤，以这样思路试做分析，可能会发现其真正含义。

中国古有成丁礼（“冠礼”），久已不存，但少数民族之中还有实行成丁礼的。最著名的例子，是云南宁蒗摩梭人的“穿裙子礼”（女）和“穿裤子礼”。瑶族“度戒”多限于巫师学徒，以参加者从高架向下跳作为仪式高潮。过去报道失之简略，值得再调查和再研究。

四　结婚和成年

在不举行成丁礼的地方，往往以结婚作为进入成年的标志。“未结婚的人都是孩子”，就是这一观念的反映。

关于缔结婚姻的有关规定（选择配偶的限制、配偶人数、婚后居住、离婚和再婚、聘礼和嫁妆等），“社会结构”部分已详。这里只谈婚礼。

婚姻出于自愿还是由父母安排；是自幼即订下婚约，还是进入青春期后才考虑婚姻问题；是否需要介绍人或媒人；结婚一般在什么年龄，男女年龄是否相当，或允许相差很大；在正式结婚以前是否举行一个订婚仪式（如有，请以“实录”方法记录仪式过程）；从订婚到结婚一般需要多长时间；订婚后的男女必须回避还是允许相互接触；订婚后双方的家庭或亲属群体是否定期互访和互赠礼物；订婚时男方是否即要送一部分聘礼给女方；订婚后如因一方死亡或其他原因而解除婚约，要经过何种手续或礼仪，聘礼是否要归还……这些都是首先需要了解的。

婚礼举行之前进行哪些准备，由哪一方做主要准备工作？婚礼之筹办及主持，是由婚后居住类型而定的，如实行父方居住，婚礼一般要包括下列内容：迎亲、送亲、交换聘礼和嫁妆、列队游行、新郎新娘表演象征结合的动作（如一起饮酒、一起吃饭、表示亲密等等），祭祀祖先和超自然力量，乐舞和宴会。有的地方还要包括女方如何抗拒或刁难男方，男方如何抢婚，送亲迎亲的双方亲友做仪式性的对抗或辩论等等。如有机会参与观察，最好先对婚礼全过程以“实录”方法进行记录并进行录像，然后细加分析每一环节可能具有的意义，你可能发现婚礼也体现出分离—隔离—融合的步骤（例如新娘离开娘家便是告别了青年阶段）。

此外，还要注意当地对举行婚礼的季节和日期，有什么传统的规定和忌讳，是否据预兆或占卜结果来决定婚期。

新娘、新郎及双方家长要求穿什么特殊服装和装束，新娘是否蒙上可能是古代抢婚遗留下的盖头或面纱，新娘离家时有什么礼仪（如仪式性的哭泣），等等，也应加以了解。

婚礼是哪些亲属必须参加的，对送礼有什么规定，是否对某些亲属（如舅舅或本亲属群体的长者）需要特殊的款待，自应加以调查。

结婚当日是否同房，是否有闹房习俗，是否有数日后回娘家的习俗，需要了解。在流行“不落夫家”习俗的地区，自应深入调查其细节及社会意义。

婚礼过程中是否伴随着一系列宗教活动，其中有些是否为了祈求子嗣，也应予以观察。 无论男女在经过成丁礼或婚礼以后便进入了成年阶段。

成年意味着要履行对社会对家庭的一系列义务，当然也就具有成年人的社会身份，比青年人享有较多的权利。他们（她们）要生儿育女，担负主要的生产活动，对维护社会安全负有主要责任。在任何社会中，成年人都是社会的中坚，承受生活的紧张和压力。

在调查中要注意一个人进入成年阶段以后，在穿着、生活方式方面有什么变化，是否起一个正式的名字，或别人对他开始要用尊敬称谓相称，在行为举止上是否表现出审慎和节制，等等。我们考察一个社会理想的行为、道德规范、礼貌和礼节，实际上都是以成年人为标准，故应就自己熟知的男子或妇女，选择个例作系统观察和调查，记录下他（她）们的一天的工作及休息时间，关于食物、睡眠、个人卫生等方面的习惯和礼节、日常生活及与人交往中的行为（包括问候致意方式、称呼他人、接待亲戚、尊敬长辈、款待宾客、照顾幼小、遵守社会公德等等）。

当地有什么供成年人聚会议事的场合，有没有成年人的年龄组织，一般的成年人在多大程度上可以参预公共事务，对社区大事有多少决定权或发言权，都应询问调查。

成年男女结婚以后是否被要求遵守贞操，或者只对妇女作这样的要求；当地社会舆论对发生婚外恋或通奸有什么反映，或法律上有什么制裁方法；社会对于不能生育的人有什么看法，是否因此导致离婚；当地对生育男孩或女孩有什么看法，是否重男轻女；当前计划生育政策是否为人们普遍接受，一般人是否仍是千方百计想多生孩子；等等。这些都应作为成年人问题进行调查。

五　老年

一个人从何时起应划入老年阶段，各地标准不一。“八十九十不稀奇，六十七十小弟弟”，这只是当前中国城市中生活富裕老年人的豪言壮语。农村和少数民族地区的人则较早进入老年。

少数民族对凡是有了孙辈的人，即以老人看待；或者认为一个正常的人不能承担主要生产劳动时，无论如何应算老年人，并不管他们实际年龄多少及自己承认与否。

人到老年，对家庭和社会的依赖性增加，而贡献减少。虽然有些老年人，由于一生在政治、经济和宗教活动中积累了丰富的经验，仍然能起作用，但这样的人在任何社会中都不会很多。

在你调查的社会中，当地认为是老年人的共有多少，占全部人口的百分比多少；他们之中多少人仍在从事什么劳动或工作，多少人仅担任某些家务劳动（如照顾小孩之类）；是否仍有少数老年人仍然在社会上担负重要工作；对那些与子女同住的老人来说，是否有的在家庭中仍具有权威或握有经济大权；谁负责老人生活费用，是子女、社区还是亲属；谁负责照顾老人的生活，是家庭还是有专门机构（如养老院之类）。这类问题不可能有统一的答案，为此必须分别不同的情况作出记录和统计。最终目的是要能说明当地是否有养老的社会风气和文化传统，说明当地老年人生活是否得到保障。某些游牧民族历史上还有“贱老”习俗，假如遇到，自应详细记录。

老年人是否参加社会活动，是否有自己的社交生活，例如是否在节日或亲友喜庆活动中出席宴会观看演出，他们是否像纳西族老年男女及白族老年妇女那样有自己的组织定期集会（参见“年龄组织”），等等，均应注意调查。

老人平时如何消遣、游戏和娱乐（如各种棋牌活动、豢养宠物、乐舞和表演……），需要加以了解。一般说来，游戏和娱乐是不分人生阶段均可进行的，而只有儿童、老人才有较多闲暇致力于此。请顺便调查当地普遍流行哪些游戏和娱乐，对其中如当地特有或擅长的应做较多的描述。赌博和娱乐两者有时不易分别，亦应顺便进行调查。还要注意男子和妇女在游戏和娱乐方面的不同爱好。

六　死亡

死亡是人生旅途的终结。这一简单的真理并非地球上所有的人都能接受。即使在科学发展的今天，仍有很大一部分人相信，死者只不过是去了另一世界——基督徒的“天堂”、穆斯林的“天国”、佛教徒的“西方极乐世界”、中国老百姓的“阴曹地府”。更不用说那些浅化民族对死亡的看法了。他们为死者所设计和想象的世界，更是光怪陆离，或在丛林，或在深山，有的和人间一样，有的充满神奇色彩。

了解这些，才可以理解为什么为死者举行的葬礼，也是“过渡礼仪”之一，因为死亡不过是从一个人生阶段到另一人生阶段的转移。在那些相信有一个死后世界的人心目中，死亡是生命周期的一个环节，而不是生命周期的终点。

你所调查的社会中，人们对死亡是如何认识的（是神鬼的作祟，是妖术的伤害，还是由于死者自己的过失而受到应有的惩罚），是否只承认年老体衰自然死亡与超自然力量无关，对于导致死亡的各种疾病有什么说法。当地语言中关于“死亡”一词兼有什么含义，有什么关于死亡的神话[1]……均应首先予以调查。

1　例如：云南景颇族就有一个《人为什么会死》神话。据说，人类原是不死的，有一个名叫屋昌的人活得不耐烦了，去到天上要来一种“白头发会死，黑头发不死”的生命（1973年作者在陇川县搜集）。

关于死后世界，应了解当地人是如何想象的。是否同一村寨同一亲属群体的死者仍然居住在一起，是否死者仍然过着尘世一样的生活，或者死后世界被想象得比尘世幸福得多，等等。关于葬礼，应对全过程进行录像并以“实录”方法进行记录。对其中每个环节，还要就下述问题进行询问：

（一）宣告死亡

当地如何判断一个病人即将死亡而不会康复，垂死者是否不能留在原睡之处而移到另一房间甚至房屋或村落之外，是否人未断气时即要通知重要亲属（如是妇女要通知娘家亲属），人死后如何向亲属群体或整个社区宣告（是逐户通知还是通过其他方法，如佤族是敲击铜鼓报丧），等等。

（二）处理尸体

尸体是否要洗净或涂以香料之类；是否要进行化妆或改变原来面貌，是穿上原来的服装，还是要穿专为死者准备的服装；这些工作由什么人担任，是最亲近的亲属还是有专门人员；在处理尸体过程中，亲属和参加者的作何表现，有何行为；等等。

（三）尸体的安置

尸体的安置有各种方法，常见者有下列几种：土葬、火葬、水葬、露天葬、二次葬、保藏尸体、尸体分解。当地可能使用其中某一种方法，或有好几种方法视死者不同情况而分别使用。对每种方法除尽可能参与观察外，还要注意了解有关问题：

土葬 仅指把尸体体埋在土中的习俗。要注意使用何种葬具，如棺椁、独木舟、陶器[1]之类，其形制如何；墓穴是深入地下还是高出地面，是否砌造墓室，墓上是否起坟，建造祭祀房屋或纪念物，或作出其他标志；墓地属于个人、亲属群体还是全社区；对墓葬的地点和方向的选择、尸体的方向的姿势（屈肢、直肢、蹲坐……）有什么规定；等等。

火葬 指一切用火销毁尸体的方法。要注意尸体是否包裹；有无固定的火葬地点；用什么为燃料；燃料如何排列（如宁蒗摩梭人火葬用木柴要堆成一个“井”字形架子）；用什么火（如是否要用原始方法取火）；骨灰是收集于某种容器之中，还是就地掩埋；等等。

水葬 即把尸体沉入大海或河流之中。要注意有无固定地点，葬后是否作出简单标志（如藏族水葬后插上旗幡），尸体水葬前是否要简单地加以包裹，是否希望或设法使尸体被水中生物吞噬等。

露天葬 即把尸体放在树上、高架上或岩石上听其自然腐烂。请调查尸体腐烂一般需要多长时间，是否收集骨骼，如何处理，其地点及置放方法，等等。

二次葬 指土葬或其他葬法之后收集骨骼再进行处理的习俗。要注意初次葬到二次葬一般相隔多长时间；是一种正规的葬法，还是那些被认为“作祟”的死者才如此实行；是拣取全部抑或是部分骨骼（如头骨）；二次葬是单独进行，还是成批举行；骨骼放在葬具（如陶罐、棺木……）之中，抑或作其他处理（如保存在家、烧毁、放入洞穴或山崖……）；在二次葬作为正规葬俗的地方，是否认为只有经过二次葬死者灵魂才得到安息；被保存的头骨或其他骨骼是否涂画或加以处理，并被认为具有神力；等等。

---

1 这里指婆罗洲的达押克人把整个尸体放入大的陶瓮之类的习俗。中国考古发现中的新石器时代儿童瓮棺葬亦属此类。至于后世的骨灰罐则是火葬和土葬的结合。

保藏尸体 指将尸体制成木乃伊，或用其他方法使尸体长期保存供人凭吊的一切方法。注意了解当地处理方法（如移去内脏、填以香料、浸泡、脱水……）及其经验。了解尸体保存在何处，(是放在坟墓之中，还是建造专门的存放房屋)，是否同一亲属群体的死者尸体存放在一起，等等。

尸体分解 指对尸体做人工肢解后再加处理。藏族的天葬实际上应算尸体分解葬法。据笔者在云南中甸藏区所了解，在固定的天葬地点先将尸体割碎，再引猛禽吞食。这种葬法其他地方很少见，详细调查记录其具体方法及意义尤具有科学价值。

在调查上述任何一种尸体安置方法时都要注意了解其前其后进行的一切宗教仪式：从仪式内容来看，对死者是惧怕还是怀恋；有些仪式目的是否在于迷惑死者，使他不能找到回家的道路，或者希望死者早日到达他应去的地方（西南一些少数民族的“送魂”仪式，汉族的“送七”便是为了尽快送走死者，使他不在活人社会游荡，以免为害于人）；又由哪些人帮助安置死者，是亲戚、邻居，还是本社区的专业的殡葬人员；有什么随葬品放在墓中或随尸体一起销毁，是死者生前所用之物还是专为死者制作之物；是否还对死者供献食物和牺牲；等等。

（四）哀悼

与死者有关系的人集合起来向死者告别和致敬，表达自己的怀恋感情，祝愿死者在另一世界安息，凡有关这方面一切活动或礼仪都属于哀悼仪式。它的举行可以在尸体安置之前，也可以在尸体安置之后。参加者可以限于亲近者和近邻，也可以是整个社区，视死者社会地位而定。

请注意了解当地哀悼仪式的次数、时间、地点及参加者的情况，调查仪式的全过程及细节。

哀悼期间死者的家庭成员在服装、饮食、生活方式方面有什么改变，哀悼者需要穿什么特别的服装和佩带什么标志，仪式中哀悼者的座次是否与死者关系亲密程度有关，哀悼者要送什么礼物，受到什么款待，哀悼仪式之后是否举行宴会，整个哀悼仪式中包括有什么宗教活动，等等。对仪式中的悼词、祷祝词、咒语甚至哭丧之词，均应以“原文”方式记录，从中可分析当地人民的生死观和宇宙观。

在哀悼重要人物仪式中，还要注意是否包含有解决死者的财富和权力的继承问题的意义，哀悼仪式中占有重要地位的往往就是死者的继承人，他（她）通过仪式来宣告或巩固自己的地位。

哀悼时期（即从死亡到家人恢复正常生活）共有多少天，在此期间死者的家属、亲属的表现，应予观察。哀悼期结束是否举行类似中国内地过去“除丧”的庆祝仪式，也应注意。

（五）纪念物

在死者坟墓尸体安置处所或原来家中，是否要建造什么纪念物，如墓碑、雕像、神龛之类，如有，请记录其形制并加摄影。死者亲属是否有定期前往祭拜的习俗？葬礼不仅因性别、年龄和社会地位而有繁简之别，而且正常死亡者和凶死者接受的葬礼更是完全不同。以上所说只是如何调查一个正常死亡的人葬礼，而对于凶死者的葬礼还要另作考虑。

首先要查明当地对于凶死的概念。在浅化民族中，被认为属于凶死的一般有：自杀、被杀、电击而死、野兽咬死、妇女难产而死、因患恶病（如天花、梅毒……）而死、夭死等等。中国内地（如山西）某农村，甚至不是死在家中者都属凶死，故病危的人在断气以前要从医院匆忙抬回家中。

你调查的地区，哪些情况的死亡算是凶死，有些什么说法，是否认为凶死者更会为害活人；

对凶死者尸体如何安置，是采取与正常死亡者完全不同的葬法，还是采取同一葬式却非常简陋；是否还举行什么宗教仪式，是否以一系列禳祓仪式和巫术来代替哀悼仪式，使凶死者的鬼魂不致危害活人；是否也要祭献少量食物，来平息他们的愤怒，……以上问题都应注意。

关于上述死亡和葬礼的调查，着重点仍在传统的习俗。但近年各地发生的丧葬改革及遇到的阻力也应适当注意。例如现代火葬法是否已在当地推广，或者在一度推广之后又恢复土葬，而且发展为建造豪华坟墓、浪费大量耕地现象；是否兴起大办丧事收礼请客之风，他们在当地是些什么人，社会舆论对此是赞同、欣羡还是反对；人们对死亡及死后世界的观念是否仍和过去一样，或者观念已有所改变；大办丧事实是否为了夸示豪富；等等。

总之，我们在调查中既要着重了解一个地区或一个民族的传统文化，又不忽略近年发生的文化变迁。本书所述文化诸方面的调查，都应如此考虑，不仅生命周期一端而已。

参考书目

（中文以作者姓氏笔画为序，英文以作者姓氏首字母排列）

卫惠林

《全国风俗调查问题表格》，《中国民族学会十周年纪念论文集》（1944）。

江应樑

《民族研究文集》，民族出版社，1992 年。

吴文藻

《人类学、社会学研究文集》，民族出版社，1990 年。

吴泽霖

《吴泽霖论著选》，载《吴泽霖纪念文集》，湖北科学技术出版社，1988 年。

岑家梧

《岑家梧民族研究文集》，民族出版社，1992 年。

汪宁生

《中国西南地区的民族生态学》，载《当代中国人类学》（陈国强等编），三联书店，1991 年。

《易洛魁人的今昔》，《社会科学战线》1994 年 1 期。

陈永龄、王晓义

《二十世纪前期的中国民族学》，《民族学研究》第一辑（1981）。

林耀华

《凉山彝家》，商务印书馆，1947 年。《民族学研究》，中国社会科学出版社，1985 年。

林惠祥

《文化人类学》，商务印书馆，1935 年。《林惠祥人类学论著》，福建人民出版社，1981 年。

杨成志译述

《人类学与现代生活》，商务印书馆，1974（1945）。

杨　堃

《民族学调查方法》，中国社会科学出版社，1992 年。

凌纯声

《民族学实地调查方法》，《民族学研究集刊》第 1 期，1936 年。

费孝通

《费孝通学术论著自选集》，北京师范学院出版社，1992 年。《社会调查自白》，知识出版社，1985 年。《乡土中国》，上海人民出版社，2006（1947）。

潘光旦

《中国文献中同性恋举例》，载所译 H. 霭理士《性心理学》，三联书店，1989（1941）。

戴裔煊

《民族学理论及方法的递演》，《民族学研究集刊》第 5 期（1946）。

Adam，R.N.and Preiss，J.J.（eds）

1960 *Human Organization Research：Field Relations and Techniques*.Homewood：Dorsey Press.《人类组织的研究：田野关系和技术》

Agar，M.H.

1980 *The Professional Stranger：An Informal Introduction to Ethnography*.New York：Academic Press.《专业的访客：对民族志的一个非正式介绍》

Ardrey，R.

1966 *The Territorial Imperative*.New York：Atheneum.《领土法则》

Barth，F.

1969 *Ethnic Groups and Boundaries：The Social Organization of Culture Difference*. Oslo：Scandinavian University Press.《民族群体和疆界：文化不同的社会组织》

Benedict，R.

1946 *The Chrysanthemum and Sword*.Boston：Houghton Mifflin.《菊与剑》（有孙志民、马小鹤、朱理胜译本，浙江人民出版社，1987）

1959（1934） *Patterns of Culture*.New York：New American Library.《文化模式》（有何锡章、黄欢译本，华夏出版社，1987；又张燕、傅铿译本，浙江人民出版社，1987）

Bernard，H.R.

1988 *Research Methods in Cultural Anthropology*.Newbury Park，California.：Sage.《文化人类学研究方法》

Boas，F.

1964（1888） *The Central Eskimo*.University of Nebraska Press.《中部爱斯基摩人》

1966 *Kwakiutl Ethnography*.The University of Chicago Press.《夸扣特人民族志》

Bodley，J.

1982 *Victims of Progress*(2nd edition).Palo Alto,California：Mayfield.《进步的牺牲品》

Brim，J.A.and Spain，D.H.

1974 *Research Design in Anthropology*.New York：Holt，Rinehart，and Winston.《人类学的研究设计》

Carneiro, R.L.

1970 A Theory of the Origin of the State.*Science* 69：733–738.《政权起源的理论》

Chagnon, N.A.

1983 *Yanomamo：The Fierce People* (3rd edition).New York：Holt, Rinehart and Winston.《雅诺马莫人——凶悍的民族》

Cohen, R.and Service.E.R. (eds)

1978 *Origins of the State：The Anthropology of Political Evolution*.Philadelphia：Institute for the Study of Human Issues.《国家的起源：政治进化人类学》

Condarminas, G.

1977 *We Have Eaten the Forest* (translated by A.Foulke) .New York：Hill & Wang.《我们吃了森林》

Douglas, L.O.

1967 (1955) *Solomon Island Society*.Boston：Beacon Press.《所罗门岛的社会》

Durkheim, E.

1961 (1912) *The Elementary Forms of the Religious Life*.New York：Collier Books.《宗教生活的基本形式》

Eillis, H.

1933 *The Psychology of Sex*.London：William Heinemann Medical Books Ltd.《性心理学》〔有潘光旦译注本，三联书店，1987（1941)〕

Ember C.R.and Ember M.

1985 *Cultural Anthropology* (4th edition).New Jersay.：Prentice Hall, Inc.（中译本名《文化的变异》，杜杉杉译，辽宁人民出版社，1988）

Eriksen, T.H.

1993 *Ethnicity & Nationalism：Anthropological Perspectives*. London, Pluto Press.《民族性和国家主义：人类学的展望》

Evans-Pritchard, E.E.

1940 *The Nuer：A Description of the Modes of Livelihood and Political Institutions of a Nilotic People.* Oxford：Clarendon Press.
《努尔人：尼罗河一个民族的生活模式和政治机构的描述》

Ferraro, G.

1992 *Cultural Anthropology：An Applied Perspective*.St.Paul：West Publishing Co.《文化人类学：应用的展望》

Fei, Hsiao-t' ung and Chang, chih-I

1976 (1943) *Earthbound China：A Study of Rural Economy in Yunnan*.Chicago：University of Chicago Press.《为土地所束缚的中国：云南农村经济研究》

Forde, C.D.

1934 *Habitat, Economy and Society*. London: Methaen & Co. Ltd. 《居住、经济和社会》

Fox, R.

1985 Kinship and Marriage. New York: Viking Penguin. 《亲属制度和婚姻》

Frazer, J.

1958 (1890) *The Golden Bough*. New York: Macmillan. 《金枝》(有徐育新、汪培基等节译本，中国民间文艺出版社，1987)

Freedman, M.

1978 *Social and Cultural Anthropology, Main Trends in Social and Human Science*. New York: Holmes & Meier Publisher, Inc. 《社会和人文科学的主要倾向》社会和文化人类学部分

Fried, M.H.

1960 On the Evolution of Social Stratification and the State, in *Culture in History, S. Diamond* ed., pp. 713–731. New York: Columbia University Press. 《社会分层和政权的演化》

1967 *The Evolution of Political Society: An Essay in Political Anthropology*. New York: Random House. 《政治社会的进化：政治人类学论文》

Goldschmidt, W. (ed.)

1959 The Anthropology of Franz Boas. *Memoir of the Am. Anthrop. Association* 89. 《鲍亚斯的人类学》

Goodenough, W.H.

1970 *Description and Comparison in Cultural Anthropology*. Cambridge University Press. 《文化人类学的描述和比较》

Gennep, A.V.

1961 *The Rites of Passage* (translated by M.B. Vizedom), University of Chicago Press. 《过渡礼仪》

Haddon, A.C.

1901 *Head-Hunters: Black, White and Brown*. London: Methuen & Co. Ltd. (中译本名《南洋猎头民族考察记》，吕一舟等译，商务印书馆，1937)

Harris, M.

1968 *The Rise of Anthropological Theory*. New York: Crowell. 《人类学理论的兴起》

1979 *Cultural Materialism: the Struggle for a Science of Culture*. New York: Random House. 《文化唯物论：为了文化的科学而战斗》(有张海洋等译本，华夏出版社，1989)

1991 *Cultural Anthropology* (3rd edition). New York: Harper-Collins. 《文化人类学》

Haviland, W.A.

1982 *Anthropology*.CBS College Publishing Co.（中译本名《当代人类学》，王铭铭译，上海人民出版社，1987）

Hays，H.R.

1958 *From Ape to Angel：An Informal History of Social Anthropology*.New York：A.A.Knopf.（《从猿猴到天使：社会人类学非正式的历史》）

Herskovits，M.

1935 *Franz Boas：the Science of Man in the Making*.New York：A.A.Knopf.《鲍亚斯：人类科学的形成》

1972 *Cultural Relativism：Perspectives in Cultural Pluralism*.New York：Vintage Books.《文化相对主义：文化多元主义的展望》

Hoebel，E.A.

1954 *The Law of Primitive Man*.Harvard University Press.《原始人的法律》（有严存生等译本，贵州人民出版社，1992）

Hsu，Francis L.K.

1948 *Under the Ancestors' Shadow*，New York：Columbia University Press.《在祖先的阴影下》

Keesing，R.M.

1976 *Cultural Anthropology：A Contemporary Perspective*.New York：Holt，Rinehart and Winston.（中译本名《当代文化人类学》，于嘉云、张恭启译，台湾巨流图书公司，1986）

Kenworthy，M.A.and Others.

1985 *Preserving Field Records：Archival Techniques for Archaeologists and Anthropologists*.The University Museum，University of Pennsylvania.《保存田野记录：考古学家和人类学家的档案技术》

Kottak，C.P.

1991 *Cultural Anthropology*（5th edition）.NewYork：McCraw.Hill Inc.《文化人类学》

Kroeber，A.L.and Kluckhohn，C.

1952 *Culture：A Critical Review of Concepts and Definitions*.Papers of the Peabody Museum of American Archaeology and Ethnology 47（1）.《文化：概念和定义的批判性评论》

Kroeber，A.L.，and Others

1943 Franz Boas：*Memoir of Am.Anthrop.Association* 61.《鲍亚斯》

Leach，E.R.

1954 *Political Systems of Highland Burma*.The Harvard University Press.《缅甸高地的政治制度》

1970 *Lévi-Strauss*.London：Fortana Press.《列维·斯特劳斯》（有王庆仁译本，三联

书店，1985）

Lee，R.B.and Devore，eds.

1977 *Kalahari Hunter-Gatherers：Studies of the Kung San and Their Neighbors*. Harvard University Press.《卡拉哈里的狩猎—采集者：昆人及其邻人的研究》

L é vi-Strauss，C.

1973 *Tristes Tropiques*.Jonathan Cape Ltd.《苦闷的热带》

Li，An-Che.

1931 Zuni：Some Observations and Queries.*American Anthropologist* 39：62-76.《祖尼人：一些观察和询问》

Linton，R.

1936 *The Study of Man*.NewYork：Appleton-Century Co.《人的研究》

Lowie，R.H.

1961（1920） *Primitive Society*.New York：Harper & Brothers.《初民社会》（有吕叔湘译本，商务印出馆，1937）

Malinowski，B.

1929 *The Sexual Life of Savages in North-Western Melanesia*.New York：Harcourt，Brace and World.《美拉尼西亚西北部野蛮人的性生活》

1948（1925） *Magic,Science and Religion,and Other Essays.* Boston：Beacon Press.《巫术、科学和宗教及其他》（有李安宅译本，中国民间文艺出版社，1986）

1961(1922) *Argonauts of the Western Pacific.* New York：Dutton.《西太平洋的航海者》

Mauss，M.

1954 *The Gift：Forms and Functions of Exchange in Archaic Societies.* New York：Free Press.《礼物：古代社会交换的形式和功能》

Mead，M.

1961（1928） *Coming of Age in Samoa.* New York：Morrow Quill.《萨摩亚人的成年》（有周晓红译本，浙江人民出版社，1988）

1972 *Blackberry Winter：My Earlier Years.* New York：Simon and Schuster.《黑莓冬天：我的早年生涯》

Moerman，M.

1965 Who are the Lue：Ethnic Identification in a Complex Civilization.*American Anthropology*.《谁是泐人：复杂文明中的民族识别》

Morgan，L.H.

1863（1877） *Ancient Society*.Cleveland：World Publishing.《古代社会》（有几种中译本，较新者为马雍等译，商务印书馆，1977）

Murdock，G.P.

1949 *Social Structure*.New York：Macmillan.《社会结构》

1967 *Ethnographic Atlas*. University of Pittsburgh Press.《民族志图表集》

1981 *Atlas of World Cultures*. University of Pittsburgh Press.《世界文化图表集》

Pelto，P.J.and Pelto G.H.

1978 *Anthropological Research*：*The Structure of Inquiry*（2nd edition）.Cambridge University Press.《人类学研究：询问的结构》

Penniman，T.K.

1965 *A Hundred Years of Anthropology*.New York：William Morrow & Co.《人类学的一百年》

Polanyi，K.

1957 The Economy as Instituted Process,in *Trade and Market in the Early Empires*, Karl Polanyi，Conard Arensberg and Harry Pearson，eds,pp.243–270.New York：The Free Press.《程序化的经济》

Plog，F.and Bates，D.G.

1980 *Cultural Anthropology*.New York：Alfred A.knopf，Inc.（中译本名《文化演进与人类行为》，吴爱明等译，辽宁人民出版社，1988）

Powdermaker，H.

1966 *Strange and Friend*：*The Way of An Anthropologist*.New York：W.W.Norton & Co.，Inc.《陌生人和朋友：一个人类学家的道路》

Radcliffe–Brown，A.R.

1964（1922） *The Andaman Islanders*.New York：The Free Press.《安达曼岛民》

1965（1952） *Structure and Function in Primitive Society*.*New York*：*The Free Press*.《原始社会的结构和功能》

Rambo，A.T.

1980 Fire and the Energy Efficiency of Swidden Agriculture. *Asian Perspectives* 23：2《刀耕火种农业中的火与能量效率》（有江川译文，《农业考古》93：3）

Rappaport，R.

1968 *Pigs for the Ancestors*：*Ritual in Ecology of a New Guinea People*.Yale University Press.《猪献祖先：新几内亚人生态学中的仪式》

Rivers，W.H.R.

1900 A Genealogical Method of Collecting Social and Vital Statistics.*Journal of the Royal Anthropological Institute of Great Britain and Ireland* 30.《搜集社会重要统计数据的谱系方法》

Sahlins，M.D.and Service，E.R.

1960 *Evolution and Culture*.Ann Arbor：University of Michigan Press.《进化和文化》

Service，E.R.

1966 *The Hunters*.Englewood Cliffs，New Jersey：Prentice–Hall.《猎人》

1971 *Primitive Social Organization: An Evolutionary Perspective*, (2nd edition). New York: Random House.《原始社会结构：演进和展望》

1975 *Origins of the State and Civilization*: The Process of Cultural Evolution. New York: W.W.Norton.《国家和文明的起源：文化进化的过程》

Spencer, J.E.

1977 *Shifting Cultivation in Southeastern Asia*. Berkeley: University. California Press.《东南亚的游耕农业》

Spradley, J.P.

1979 *The Ethnographic Interviews*. New York: Holt, Rinehart and Winston.《民族志的访谈》

Steward, J.H.

1955 *Theory of Culture Change*. University of Illinois Press.《文化变迁的理论》

Stocking, G.W. (ed.)

1983 *Observers Observed: Essays on Ethnographic Fieldwork*. University of Wisconsin Press.《对观察者的观察：民族志田野工作论文集》

The Royal Anthropological Institute of Great Britain and Ireland

1967 *Notes and Queries on Anthropology* (6th edition). London: Routledge and Kegan Paul Ltd.《人类学的询问和记录》

Thomas, W.

1967 *Field Methods in the Study of Culture*. New York: Holt, Rinehart & Winston.《研究文化的田野方法》

Tien, J.K.

1949 Pai Cults and Social Age in the Tai Tribes of the Yunnan–Burma Fronties. American. *Anthropology*. 51.《滇缅边境泰部落的"摆"和社会年龄》

Turner, V.W.

1967 *The Forest of Symbols: Aspects of Ndembu Ritual*. Ithaca: Cornell University Press.《象征的森林：恩登布人的仪式》

Tylor, E.B.

1958 (1871) *Primitive Culture*. New York: Harper Torchbooks.《原始文化》(有蔡江浓节译本，浙江人民出版社，1988)

Wax, K.H.

1971 *Doing Fieldwork*, The University of Chicago Press.《做田野工作》

Weber, M.

1946 *Essays in Sociology* (translated by H.Gerth) .Oxford University Press.《社会学论文》

White, L.A.

1959 *The Evolution of Culture : The Development of Civilization to the Fall of Rome*.New York : MacGraw-Hill.《文化的进化：罗马衰亡以前文明的发展》

Wolf，E.R.

1966 *Peasants*.Englewood Cliffs，N.J. : Prentice-Hall.《农民》

附录一

文化人类学常见词汇英汉对照表

abnormal behavior　行为异常
aborigine　土著，原住民
accommodation　顺应、调节
acculturation　涵化
action anthropology　行动人类学，施政人类学
adaptation　适应
adaptive strategy　适应战略
adolescence　青春期，青年
adoption　领养、借用
adoptive marriage　收养婚，入赘
adultery 通奸
adulthood　成年
affinal relative　姻亲
affinity　姻亲关系
age class　年龄阶段
age grade　年龄等级
age group　年龄组织
alcoholism　酗酒
ambilineal descent　两可系继嗣
ambilocal residence　两可居
amulet　护符
analogy 类比
ancestor spirit　祖灵
ancestor worship　祖先崇拜
animal domestication　动物驯养
animatism　泛生信仰

animism　泛灵信仰
anthropogeny　人类起源
anthropogeography　人类地理学
anthropological liguistics　人类语言学
applied anthropology　应用人类学
arboreal　树居
arranged marriage 包办婚姻
assimilation　同化
association　结社，社团
asymmetrical cross-cousin marriage　不对称交表婚
atheism　无神论
augury　解释预兆，详兆
avoidance　回避
avunculate　舅权
avunculocal residence　从舅居
bachelor's house　未婚男子会所
balanced reciprocity 平衡互惠
band 游群
banner stone　旗石（投矛器平衡器）
barbarism　野蛮习尚
bark cloth　树皮布
basketry　编篮术，编织术
behavioral pattern　行为模式
behavioral science　行为科学
behavioral standard　行为标准
betrothal　订婚
bilateral descent　双边继嗣
bilocal residence　双边居住
binary opposition　二元对立
birth control　节育
birth custom　生育习俗
birth rate　出生率
birth rite　生育礼
bison 美洲野牛
black magic　黑巫术
blood brother　血盟兄弟

blood covenant　血盟

blood group（blood type）　血型

blood wealth　命价

blood-feuding　血仇争斗

blowgun 吹枪

Boasian 鲍亚士学派

body language　体态语言

bola　流星石

boomerang　飞去来器

borrowing 借用

bread fruit 面包果

bride service　婚姻服务

bride wealth　聘礼

bronze age　青铜时代

bull roarer　牛吼器

calendrical rite　岁时礼仪

cannibalism　食人俗

cargo cult　船货崇拜

case study　个案研究

cassava　木薯

caste　世袭阶级、种姓

caste society 世袭阶级社会

castration　阉割

category　范畴

cave art　洞穴艺术

ceremonial license　礼仪性放纵

ceremony　礼仪

chalcolithic age　铜石并用时代

chiefdom　酋邦

circuncision　割礼

cire-perdue　失蜡法

city state　城邦

civilization　文明

clan　氏族

class 阶级

classificatory kinship　类分式亲属制

cliff burial　崖葬
cliff dwelling　崖居
code of ethics　道德规范
cognate　双边亲属
cognate descent 双边继嗣
cognition　认知
cognitive anthropology　认知人类学
collaterality　旁系
collective burial　集体葬
collective consciousness 共同意识
collective memory　共同记忆
communal feast　公共宴会
communal house　公共会所
community　社区
comparative method　比较法
complex society　复杂社会
compound family 复合家庭
concubinage　娶妾制度
confederacy　同盟
consanguineal relative　血亲关系
consanguinity　血亲
contagious magic　接触巫术
contracted burial　屈肢葬
corroborees（澳大利亚）科罗波利舞
cosmology　宇宙观
council of elders 老人会议
country fair　农村集市
couvade　产翁
cremation　火葬
critical school　批判学派
cross-cousin　交表（姑舅表兄弟姊妹）
cross-culture　跨文化
Crow kinship system 克劳亲属制度
cultural ecology　文化生态学
cultural materialism　文化唯物论
cultural pattern　文化模式

cultural relativism 文化相对论
cultural revitalization 文化复兴
cultural role 文化角色
culture area 文化区
culture change 文化变迁
culture circle 文化圈
culture circle school 文化圈学派
culture complex 文化丛
culture heritage 文化遗产
culture integration 文化整合
culture shock 文化震撼，文化碰撞
culture trait 文化特质
culture variation 文化差异
culture hero 文化英雄
customary law 习惯性
Darwinism 达尔文主义
death custom 死亡习俗
derivative term 衍生称谓
descent 继嗣
descent group 继嗣群
descent rule 继嗣法则
descriptive kinship 描述式亲属制
diffusion 传播
diffusionism 传播论
diffusionist school 传播学派
digging stick 掘土棒
direct exchange 直接交换
divination 占卜
division of labor 劳动分工
double descent 双重继嗣
dowry 嫁妆
dual organization 两合组织
duel 决斗
dumb barter 无声交换
duolocal residence 分别居住
ecological niche 生态区位，生境

economic anthropology　经济人类学
ecosystem　生态系统
effigy magic 肖像巫术
egalitarian societies　平等社会
ego 我，自己
Electra cornplex　恋父情结
elementary family　基本家庭
élite　精英
emic　主位
endogamy　内婚制
environmentalism　环境论
Eskimo kinship system　爱斯基摩亲属制
ethics　伦理，伦理学
ethnic boundary 民族界限
ethnic group　族群
ethnic identity　民族认同，民族身份
ethnicity　族群关系，族群性
ethnocentrism　民族自我中心主义
ethnography　民族志
ethnology　民族学
etic　客位
etiquette　礼节
evil eyes　毒眼
evolution　进化
evolutionism　进化论
evolutionist school　进化学派
exogamy　外婚制
extended burial　仰身葬
extended cultivation　粗放耕作
extended family　扩大家庭
fallow　休耕
familiarity　亲昵
fashion　时尚
female infanticide　杀女婴
feminist movement　女权运动
fertility rite　繁殖仪式，丰产仪式

festival dissolution　节日放纵
fetish　灵物
feudalism　封建制，封建主义
fictive kinship　虚拟亲属
fieldwork　田野工作
fire hunting　火猎
flexed burial 屈肢葬
folk religion 民间宗教
folk society　民间社会
folk knowledge　民间知识
folk literature　民间文学
folklore　民俗学
folk medicine　民间医药
folk song　民歌
foundation sacrifice　奠基用牲
fraternal polyandry　兄弟共妻婚
fraternity　兄弟关系，兄弟会
functionalism　功能论
functionalist school　功能学派
funeral murder　殉葬
genealogy　谱系
generalized reciprocity　一般互惠
geomacy　风水
geroncide　杀老
gerontocracy　老人政治
gift exchange　礼物交换
go-between　调解
godparent　教父母
going native　土著化
grave goods　随葬品
group marriage　群婚
guardian spirit　保护神
guild 行会
gynocracy　女人政治
harvest festival　收获节
Hawaii kinship system　夏威夷亲属制

head hunting　猎头
headman　头人
hereditary chief　世袭首领
hero worship　英雄崇拜
hierarchical society　阶层化的社会
hierarchy　阶层化
hieroglyphics　象形文字
historical particularism　历史特殊论
historical school　历史学派
hoe cultivation　锄耕
holistic investigation　全面调查
homeopathic magic　类感巫术
horticulture　园艺农业，初级农业
household　户
household spirit　家神
Human Relational Area Files（HRAF）　人类关系区域档案
hunter–gatherer　狩猎采集者
hunting and gathering 狩猎和采集
hunting magic　狩猎巫术
husbandary　畜养
ideal personality type　理想人格类型
ideograph　表意文字
ideology　意识形态
igloo （爱斯基摩人）雪屋
imitative magic　模拟巫术
incest　乱伦
incest taboo　乱伦禁忌
incorporcal property 无形财产
independent invention　独立发明
indigenous 土生土长的
indigenous medicine　土法医药
indirect exchange　间接交换
infanticide　杀婴俗
informant　报告人
in–group　内群
inheritance　继承

initiation rite　成丁礼、加入式
intelligence quotient（I.Q.）智商
interfamilial exchange marriage　家族交换婚
interview　访谈
invention and innovation 发明和革新
iron age　铁器时代
Iroquois kinship system　易洛魁亲属制
irregated agriculture 灌溉农业
joint family　联合家庭
joking relationship　戏谑关系
junior levirate　叔嫂接续婚
key informant　主要报告人
kindred　亲类
kinship 亲属关系，亲属
kinship system　亲属制度
kinship term　亲属称谓
kinship terminology　亲属称谓制
kula ring　“库拉”圈，贸易圈
kulturkreis　文化圈
kulturkreis school　文化圈学派
lake dwelling　湖居
land tenure 土地占有
League of the Iroquois　易洛魁联盟
levirate　夫兄弟婚
life cycle　生命周期
life style　生活方式
lineage（lineage group）世系群
lineality（lineal）直系
linked change 连锁变化
local exogamy　地域外婚制
long house 长房
love magic　爱情巫术
mace　权杖
magician　巫师
magic–religion 巫术宗教
majority　多数族

mana　灵力
marginal man　边缘人
market exchange　市场交换
marriage by capture　掠夺婚
marriage by exchange　交换婚
marriage by purchase　买卖婚
marriage by service 服务婚
mating　求偶
matriarchy　母权制
matri–clan　母系氏族
matrilateral　母方的
matrilineage　母系世系群
matrilineal　母系的
matrilineal descent　母系继嗣
matrilineal inheritance　母系继承
matrilineal kinship　母系亲属
matrilocal residence　从母居
men's house 男子会所
mesolithic age　中石器时代
message stick　传信木刻，传信棒
metallurgy 冶炼术
middle class　中层阶级
migration　迁移
minority　少数族
moiety　半偶族
monogamy　单偶婚制
monotheism 一神论
mortality rate　死亡率
mother–in–law taboo　岳母禁忌
multicentricism　多中心论
multilinear evolutionism　多线进化论
mystery numeral　神秘数字
mystery religion　神秘宗教
myth　神话
mythical animal　神话动物
mythology　神话学

name avoidance 避讳
national character 民族性
nationality 民族
native 土著
nature worship 自然崇拜
negative reciprocity 负性互惠
neoevolutionism 新进化论
neolithic age 新石器时代
neolocal residence 新居制，单独居住
nephew right 甥权
new-fire ceremony 新火礼
nomadism 游徙生活
nominal ownership 名义上所有权
nonliteral culture 无文字文化
nonverbal communication 无言交流
notched stick 木刻
nuclear family 核心家庭
Oedipus complex 恋母情结
offering 贡品
omen 预兆
Omoha kinship system 奥马哈亲属制
one parent family 单亲家庭
oracle 神谕
orator 预言家
ordeal 神判
paddy cultivation 稻田耕作
paleolithic age 旧石器时代
pantheism 泛神论
parallel cousin 平表（姨表或堂兄弟姊妹）
pariah 贱民
parricide（patricide）弑父
participant observation 参与观察
pastoralism 游牧 游牧社会
patriarchy 父权制
patri-clan 父系氏族
patrilateral 父方的

patrilineage　父系世系群
patrilineal　父系的
patrilineal descent　父系继嗣
patrilineal inheritance　父系继承
patrilineal kinship 父系亲属
patrilocal　residence 从父居
patron　保护人
pattern of residence　居住模式，聚落形态
peasant society　乡民社会，农民社会
pebble tool　投石器
personality　人格，性格
personality types　人格类型
phallism　生殖器崇拜
philosophical anthropology　哲学人类学
phratry　联族
physical anthropology　体质人类学
pictograph（picture writing）图画文字
pile dwelling　干栏式住所
pit dwelling　穴居
plastic arts　造型艺术
platform burial　高台葬
plow agriculture　犁耕农业
pluralism　多元性
political anthropology　政治人类学
polyandry 一妻多夫制
polygamy　多偶婚制
polygyny　一夫多妻制
polytheism　多神论
population density　人口密度
population explosion　人口爆炸
population growth　人口增长
post partum abstinence　产后禁房
potlatch　夸富宴
potter’s wheel　陶轮
pottery　制陶术
powwow（印第安人）狂欢集会

preferential marriage 优先婚
prehistory 史前史
preindustrial city 前工业城市
preindustrial state 前工业国家
prescriptive marriage 指定婚
priest 祭司
primitive 原始的，原始人（现已少用）
primitive art 原始艺术
primogeniture 长子继承制
pristine state 原生政权
private property 私有财产
privileged familiarity 亲昵权
problem-oriented investigation 定向调查
productive magic 生产巫术
prophecy 预言
prophet 先知
psychoanalysis 心理分析
psychological anthropology 心理人类学
puberty 成熟，成年
puberty rite 成丁礼
questionaire 调查表
quipu （秘鲁）结绳
race 种族
racism 种族主义
random sampling 随机抽样
rank 等级，阶等
real property（real estate）不动产
reciprocity 互报、互惠
redistribution 再分配
regional association 地域性社团
reincarnation 轮回
religious anthropology 宗教人类学
religious specialist 神职人员
reservation（reserve） 保留地
residence rules 居处法则
rite of passage 生命礼仪，过渡仪式

rite of solidarity 团结仪式
ritual 仪式
rock art 崖壁艺术
root society 草根社会，民间社会
rural-urban antagonism 城乡对立
rural-urban relation 城乡关系
sacred animal 神圣动物
sacred object 圣物
sacrifice 牺牲
sago 西米椰
sample 样本
sampling 抽样
sanction 制裁
savage 粗野，野蛮（现已少用）
scapulomancy 甲骨占卜
secondary burial 二次葬
secondary marriage 再婚
secondary state 次生政权
secret society 秘密会社
sect 宗派
sedentary 定居的
sedentary cultivation 固定耕种
segmentary lineage 分支世系群
segregation 隔离
serfdom 农奴制
sex ratio 性别比
shaman 萨满，巫师
shamanism 萨满信仰
shell-money 贝币
shifting cultivation 轮耕
sib 氏族
sibling 同胞
sign language 信号语
signal 信号
silent trade 无声交易
simple society 简单社会

slash-and-burn　刀耕火种
slavery　奴隶制
snowshoes　雪鞋
social anthropology 社会人类学
social control　社会控制
social Darwinism 社会达尔文主义
social distance　社会距离
social evolution　社会演化
social identity　　社会身份、社会认同
social institution 社会制度
social integration　社会整合
social mobility　社会地位流动
social norm　社会规范
social selection　社会选择
social stratification 社会分层
social structure　社会结构
socialization 社会化
sorcery　巫法，法术
sororal polygyny　姊妹共夫婚
sororate　妻姊妹婚
sorority　姊妹关系，姊妹会
spear thrower (atlatl)　标枪投掷器
species　物种
spell　咒语
spirit　精灵
spirit possession 鬼神上身
squatter settlement　窝棚区
state　国家，政权
status　身份，地位
stem family 主干家庭
stone baking　石焙
stone boiling　石煮
stratified sampling　分层抽样
stratified society 分层社会
structural analysis　结构分析
structural anthropology　结构人类学

structural-functionalism 结构功能论
structuralism 结构论
structuralist school 结构学派
structured interview 结构性访谈
style 风格
subsistence 生计
subsistence economy 生计经济
subsistenee crop 生计作物
Sudanese kinship system 苏丹亲属制
sun dance 太阳舞
sun worship 太阳崇拜
survive strategy 生存战略
suttee（印度）寡妇自焚
swidden 游耕
syllabism 音节文字
symbol 符号
symbolism 象征论
symbolist school 象征学派
symmetrical cross-cousin marriage 对称交表婚
sympathetic magic 交感巫术
synchronic 并时的
taboo 禁忌
talisman 护符
tapa 树皮布
taro 芋
tattoo 文身
tekeisonymy 子从亲名制
teknonymy 亲从子名制
temper 气质
terrace 梯田，台地
territory 领土
testing 验证
theocracy 神权政治
tipi 帐篷
tool kit 工具组合
totem 图腾

totem pole 图腾柱
totemism 图腾制
tradition 传统，传说
transhumance 牲畜季节迁徙
transition rite 过渡礼仪
travois 雪橇
tree burial 树葬
tribal society 部落社会
tribe 部落
ultimogeniture 幼嗣继承制
unilineal descent 单系继嗣
unilineal 单系的
unilinear evolutionism 单线演化论
universal evolution 普遍演化
unscheduled rite 临时礼仪
unstructured interview 非结构性访谈
untouchable class 不可接触阶级
urban anthropology 城市人类学
urban revolution 城市革命
urbanization 城市化
urn burial 瓮棺葬
use right（use ownership）使用权
uxorilocal residence 从妻居，女方居住
value attitude 价值观
variation 变体，变异
vegetarian 素食者
village exogamy 村寨外婚制
virilocal residence 从夫居，男方居住
voluntary association 自愿性社团
war dance 战舞
water burial 水葬
we-group 我群
white magic 白巫术
wickiup 蜂窝式小屋
wife hospitality 妻子待宾
wife leasing 租妻

wife lending 借妻
witch　女妖
witch doctor　巫医
witchcraft　巫技
world religion　世界宗教
yam　甘薯

说明：本表参考 Charles Winick, Dictionary of Anthroplogy (Totowa, New Jersey, 1975)；《云五社会科学大辞典》第十册《人类学》（台湾：商务，1975）及谢剑主编《中译人类学词汇》（香港：中文出版社，1979 年）编成。编入的只限狭义的文化人类学的词汇，且为一个学习文化人类学学生必须了解者，同时增加近二十年出现的一些新词。汉译方面考虑大陆的语言习惯也多有改动。

附录二

世界民族简表

英　文	中　文	主要分布地区	备　注
Achang	阿昌族	中国云南	
Afghan	阿富汗人	阿富汗	
Ahka	阿卡人	中国、泰国	中国称“爱尼”
Ainu	虾夷人	日本	
Akan	阿肯人	加纳	
Alakaluf	阿拉卡夫卢人	阿根廷、智利	
Albanian	阿尔巴尼亚人	阿尔巴尼亚、塞尔维亚	
Aleut	阿留申人	美国、俄罗斯的北极地区	
Algerian	阿尔及利亚人	阿尔及利亚	
Algonquian	阿尔衮琴	美国、加拿大	
Alorese	阿劳人	印尼	
American	美利坚人	美国	
Amhara	安哈拉人	埃塞俄比亚	
Ami	阿美人	中国台湾	
Andamanese	安达曼人	印度安达曼岛	
Apache	阿佩切人	美国新墨西哥州、亚利桑那州	
Arab	阿拉伯人	西亚、北非	
Araucanian	阿劳干人	阿根廷	
Arawak	阿拉威克人	南美	

英　文	中　文	主要分布地区	备　注
Argentinean	阿根廷人	南美	
Armenian	亚美尼亚人	亚美尼亚	
Arunta（Aranda）	阿兰塔人	澳大利亚中部	
Ashanti	阿散蒂人	西非	
Assamese	阿萨姆人	印度	
Atayal	泰雅人	中国台湾	
Atchwabo	阿奇瓦伯人	莫桑比克	
Athapaskan	阿萨巴斯克人	加拿大、美国	
Atjeh（Achinese）	亚齐人	印度尼西亚	
Australian	澳大利亚人	澳大利亚	
Australian Aborigine	澳洲土著居民	澳大利亚	澳洲各部落的统称
Austrian	奥地利人	奥地利	
Aymara	艾马拉人	南美	
Azande	阿赞德人	扎伊尔、苏丹	
Azerbaijanian	阿塞拜疆人	阿塞拜疆、伊朗	
Aztec	阿兹蒂克人	墨西哥	
Babwende	巴布温迪人	扎伊尔	
Bagielli	巴吉利人	喀麦隆	
Bagirmi	巴吉尔米人	乍得、苏丹	
Bai	白族	中国云南	
Bakwiri	巴克威里人	赤道非洲	
Balinese	巴厘人	印尼巴厘岛	
Baluchis	俾路支人	巴基斯坦、西亚	
Bambundu	巴本杜人	安哥拉	
Bamileke	巴米累克人	喀麦隆	
Banda	班达人	中非	

英 文	中 文	主要分布地区	备 注
Banjar	班查尔人	印度尼西亚	
Bantu	班图人	南非	
Barbadosian	巴巴多斯人	巴巴多斯	
Bashkir	巴什基尔人	俄罗斯	
Basque	巴斯克人	西班牙、法国	
Bassari	巴萨里人	多哥	
Basuto	巴苏托	南非、莱索托	
Batak	巴塔克人	印尼苏门答腊、加里曼丹	
Bateke	巴特克人	扎伊尔、刚果	
Bbotiya	菩提亚人	不丹、锡金、尼泊尔	
Bechuana	贝丘纳人	博茨瓦纳、南非、津巴布韦	
Beja	贝扎人	苏丹	
Bedwin	贝都因人	西亚、北非	
Bemhas	本巴人	赞比亚、扎伊尔	
Bengali	孟加拉人	孟加拉、印度	
Benglong	崩龙族	中国云南	德昂族的旧称
Bhil	比尔人	印度	
Bicol	比科尔人	菲律宾	
Bielorussian	白俄罗斯人	白俄罗斯	
Bihari	比哈尔人	印度	
Bini	比尼人	尼日利亚	
Blackfoot Indian	黑足印第安人	美国密苏里河上游	
Blang	布朗族	中国云南	
Boer	布尔人	南非	
Bolivian	玻利维亚人	玻利维亚	
Bonan	保安族	中国甘肃	

英　文	中　文	主要分布地区	备　注
Bororo	博罗罗人	巴西	
Bosnian	波斯尼亚人	波斯尼亚和黑山共和国	
Botocuto	博托库多人	巴西	
Bouyei	布依族	中国贵州	
Brazilian	巴西人	巴西	
Breton	布列吞人	法国	
Bugi	布吉人	印度尼西亚	
Bulgarian	保加利亚人	保加利亚	
Bunun	布农人	中国台湾	
Bura	布垃人（巴塔人）	尼日利亚	
Burmese	缅甸人	缅甸	
Buryat	布里亚特人	俄罗斯	
Bushman	布须曼人	南非	
Canadian	加拿大人	加拿大	
Carib	加勒比人	中南美	
Carolinese	加罗林人	加罗林群岛	
Catalan	加泰隆人	西班牙	
Chaco	查科人	南美	
Cham	占人	越南	
Chamba	昌巴人	尼日尔、乍得	
Chechen	车臣人	俄罗斯	
Cherokee	彻罗基人	美国东南部	
Cheyenne	舍安内人	美国蒙大拿州	
Chibcha	奇布查人	中南美	
Chikasaw	奇克索人	美国俄克拉何马州	
Chilean	智利人	智利	

英　文	中　文	主要分布地区	备　注
Chin	钦人	缅甸	
Chinese	中国人（华人）	中国	
Chippewa	齐佩瓦人	北美大湖地区	又称奥吉贝人（Ojibwa）
Chiripa	切里帕人	巴拉圭东部	
Chokwe	乔奎人	扎伊尔、安哥拉	
Chukchee	楚克奇人	俄罗斯楚克奇半岛	
Chuvash	楚瓦什人	俄罗斯	
Colombian	哥伦比亚人	哥伦比亚	
Comanche	科曼奇人	美国俄克拉何马州	
Congo	刚果人	扎伊尔、安哥拉、刚果	
Cookan	库克人	库克群岛	
Copt	科普特人	埃及	
Costa Rican	哥斯达黎加人	哥斯达黎加	
Cree	克里人	加拿大、美国	
Croat	克罗地亚人	克罗地亚	
Crow	克洛人	美国蒙大拿州	
Cuban	古巴人	古巴	
Czech	捷克人	捷克	
Dai	傣族	中国云南	
Dane	丹麦人	丹麦	
Daur	达斡尔族	中国内蒙、新疆、黑龙江	
Dayak	达雅克人	印尼加里曼丹	
Deng	僜人	中国西藏	
Deon	德昂族	中国云南	
Dinka	丁卡人	苏丹	
Dominican	多米尼加人	多米尼加	

英　文	中　文	主要分布地区	备　注
Dong	侗族	中国贵州、湖南	
Dongxiang	东乡族	中国甘肃、新疆	
Drung	独龙族	中国云南	
Dusun	杜松人	印尼加里曼丹	
Dutch（Hollander）	荷兰人	荷兰	
Easter Islander	复活节岛民	波尼利西亚复活节岛	
Ecuadorian	厄瓜多尔人	厄瓜多尔	
Egyptian	埃及人	埃及	
Ekoi	埃科伊人	喀麦隆	
English	英格兰人（英国人）	英国	
Eskimo	爱斯基摩人	加拿大、俄罗斯、美国阿拉斯加	因纽特人的他称
Estonian	爱沙尼亚人	爱沙尼亚	
Ewe（Fon）	埃韦人	加纳、多哥、贝宁	
Ewenki	鄂温克族	中国内蒙、黑龙江	
Fang	芳人	喀麦隆、赤道几内亚	
Fijian	斐济人	斐济	
Finn	芬兰人	芬兰	
Fjort	弗乔特人	中非	
Flamand	佛拉芒人	比利时、卢森堡、瑞士	
French	法兰西人	法国	
Fuegians	火地人	南美火地岛	
Fulbe	富尔贝人	尼日利亚、几内亚	
Galician	加利西亚人	西班牙	
Galla	加拉人	埃塞俄比亚	
Ganda	干达人	乌干达	
Gaoshan	高山族	中国台湾	台湾原住民的统称

英　文	中　文	主要分布地区	备　注
Gaucho	高乔人	阿根廷	
Gelo	仡佬族	中国贵州、广西	
Georgian	格鲁吉亚人	格鲁吉亚	
German	德意志人	德国	
Gilian	吉兰人	伊朗	
Gilyak	吉雅克人	俄罗斯北极地区	
Gin	京族	中国广西	即越南人
Gond	贡德人	印度	
Greek	希腊人	希腊、塞浦路斯	
Guarani	瓜拉尼人	南美	
Guatemalian	危地马拉人	危地马拉	
Guianian	圭亚那人	圭亚那	
Gujarati	古吉拉特人	印度	
Gurkha	廓尔喀人	尼泊尔、锡金	
Gypsy	吉普赛人	欧洲、亚洲、非洲	
Haida	海达人	加拿大、美国阿拉斯加	
Haitian	海地人	海地	
Han	汉族	中国	
Hani	哈尼族	中国云南	
Hausa	豪萨人	尼日利亚、尼日尔	
Hawaii	夏威夷人	美国夏威夷岛	
Hazara	哈扎拉人	阿富汗	
Hehe（Bena）	赫赫人（贝纳人）	坦桑尼亚	
Herero	黑勒罗人	西非州	班图人的一支
Hezhen	赫哲族	中国黑龙江	
Hidassa	希达查人	美国北达科地州	

英　文	中　文	主要分布地区	备　注
Hindustani	印度斯坦人	印度	
Hondurasan	洪都拉斯人	洪都拉斯	
Hopi	霍皮人	美国亚利桑那州	普埃布洛人的一支
Hottentot	霍屯督人	南非	
Hui	回族	中国	
Hungarian	匈牙利人	匈牙利	又称马札尔人
Hupa	胡帕	美国加利福尼亚州	
Huron	胡仑	加拿大、美国	
Iban	伊班人	印尼加里曼丹	又称“海上达雅克人”
Ibibio	伊比比奥人	尼日利亚	
Ibos	伊博人	尼日利亚	
Icelander	冰岛人	冰岛	
Ifugao	伊弗高人	菲律宾	
Igorot	伊高罗人	菲律宾吕宋岛	
Iloko	伊洛克人	菲律宾	
Indian	印第安人	南北美州	美洲土著居民统称
Indian（Hindus）	印度人	印度	
Inuit	因纽特人	加拿大、俄罗斯、美国阿拉斯加	即爱斯基摩人
Iranian	伊朗人	伊朗	
Irish	爱尔兰人	爱尔兰、英国	
Iroquois	伊洛魁	美国、加拿大	
Italian	意大利人	意大利	
Jamaican	牙买加人	牙买加	
Japanese	日本人	日本	
Javanese	爪哇人	印度尼西亚	
Jew	犹太人	以色列、欧美诸国	

英　文	中　文	主要分布地区	备　注
Jingpo	景颇族	中国云南	
Jivaro（Jibaro）	希瓦罗人	厄瓜多尔、秘鲁	
Joluo	乔卢奥人	肯尼亚	
Jukun	朱昆人	尼日利亚	
Jinuo	基诺族	中国云南	
Kabyle	卡拜尔人	北非	
Kachin	克钦人	缅甸	在中国统称“景颇”
Kaffir	卡弗人	南非	
Kalenjin	卡伦津人	肯尼亚	
Kalinga	卡林加人	菲律宾	
Kamba	坎巴人	肯尼亚	
Kamia	卡米亚人	美国加尼福尼亚州	
Kannarese	坎纳拉人	印度	
Kanuri	卡努里人	尼日利亚	
Kapauku	卡柏枯人	新几内亚	巴布亚人的一支
Karen	克伦人	缅甸	
Kashmiri	克什米尔人	巴基斯坦、印度	
Kayah	克耶人	缅甸	
Kazakh	哈萨克人	哈萨克斯坦、中国	
Khmer	高棉人	柬埔寨	
Khmu	克木人	东南亚、中国云南	
Khond	康德人	印度	
Kikuyu	基库尤人	肯尼亚	
Kirghiz	吉尔吉斯人	吉尔吉斯斯坦、中国	在中国称柯尔克孜族
Kisi	基西人	塞拉利昂、几内亚	
Klamath	克拉马思人	美国俄勒岗州	

英　文	中　文	主要分布地区	备　注
Korean	朝鲜人	朝鲜半岛、中国	
Koryak	科里雅克人	俄罗斯	
Kru	克鲁人	象牙海岸、利比亚	
Kucong	苦聪人	中国云南	
Kung Bushman	昆—布须曼人	南非	布须曼人的一支
Kurd	库尔德人	土耳其、伊朗、伊拉克	
Kurnai	库尔奈人	澳大利亚东南部	
Kwakiutl	夸丘特人	加拿大的不列颠哥伦比亚	
Lahnda	拉亨达人	巴基斯坦	
Lahu（Lohei）	拉祜族（倮黑人）	中国、东南亚	
Lamet	拉棉人	越南	
Laotian（Laos）	老挝人	老挝、泰国	
Lapp	拉普人	欧洲的北极地区	沙米人的他称
Latvian	拉脱维亚人	拉脱维亚	
Lesu	莱苏人	美拉尼西亚	
Lhoba	珞巴族	中国西藏	
Li	黎族	中国海南岛	
Libyan	利比亚人	利比亚	
Lisu	傈僳族	中国、东南亚	
Lithuanian	立陶宛	立陶宛	
Lolo	罗罗人	中国川、滇、黔	彝族的他称
Loritja	洛里察人	澳大利亚	
Luba	卢巴人	扎伊尔	
Luhiya	卢希亚人	肯尼亚、乌干达	
Lur	卢尔人	伊朗	
Luxembourger	卢森堡人	卢森堡	

英　文	中　文	主要分布地区	备　注
Macassarese	望加锡人	印度尼西亚	
Macedonian	马其顿人	马其顿	
Madura	马都拉人	印度尼西亚	
Magyar	马札尔人	匈牙利	匈牙利的主体民族
Maidu	迈杜人	美国加利福尼亚州	
Makah	马科人	美国华盛顿州	
Makonde	马孔德人	坦桑尼亚	
Makua	马夸人	莫桑比克	
Malagasy	马达加斯加人	马达加斯加	
Malawi	马拉维人	马拉维、莫桑比克	
Malayalam	马拉雅兰人	印度	
Malayan（Malay）	马来人	东南亚	
Maltese	马耳他人	马耳他	
Man（Manchu）	满族	中国	
Mandan	曼旦人	美国密执安州	
Mandingo	曼丁戈人	马里、几内亚	
Mangbetu	曼格贝图人	中非	
Manus	马鲁人	美拉尼西亚	
Maonan	毛难族	中国广西	
Maori	毛利人	新西兰	
Marathi	马拉地人	印度	
Masai	马赛人	东非	
Mauritanian	毛里塔尼亚人	毛里塔尼亚	
Maya	马雅人	中美	
Mazenderan	马曾德兰人	伊朗	
Mbaya	姆巴雅人	乌拉圭	

英　文	中　文	主要分布地区	备　注
Melanesians	美拉尼西亚人	太平洋美拉尼西亚诸岛	诸岛居民泛称
Mende	门德人	塞拉利昂	
Menominee	梅诺门尼人	美国威斯康星州、密执安州	
Mexican	墨西哥人	墨西哥、美国	
Miao（Hmong）	苗人	中国、东南亚	
Micronisians	密克罗尼西亚人	太平洋密克罗尼西亚诸岛	诸岛居民泛称
Minangkabau	米南卡保人	印度尼西亚	
Miskito（Misquito）	米斯克托人	中美	
Miwok	米沃克人	美国加利福尼亚州	
Mnong Gar	墨龙加人	越南	
Mojo	莫约斯人	玻利维亚	
Moldavian	摩尔达维亚人	俄罗斯	
Mon	孟人	东南亚	
Monba	门巴人	中国西藏	
Mongo	芒戈人	扎伊尔	
Mongolian（Mongol）	蒙古族	蒙古、中国	
Montagnais	蒙特纳斯人	加拿大	
Montenegrian	门的内哥罗人	门的内哥罗	
Moor（Moro）	摩尔人（摩洛人）	菲律宾	
Mordvinian	莫尔多瓦人	俄罗斯	
Moroccan	摩洛哥人	摩洛哥	
Moru–Mangbetu	莫鲁芒贝图人	扎伊尔、乌干达	
Mosi	莫西人	上沃尔特、加纳	
Moso	摩梭人	中国云南	
Mulam	仫佬族	中国	
Munda	蒙达人	印度	

英　文	中　文	主要分布地区	备　注
Muong	芒人	越南	
Musgu	穆斯古人	中非	
Nada	纳达人	印尼巽他群岛	
Naga	那伽人	缅甸、印度	
Narrinyeri	纳林耶里人	澳大利亚南部	
Naskapi	纳斯科皮人	加拿大拉布拉多半岛	即蒙特纳斯人
Nauruan	瑙鲁人	瑙鲁	
Navaho	纳弗和人	美国亚利桑那州、墨西哥州	
Naxi	纳西族	中国	
Negritos	尼格利陀人	菲律宾、马来半岛、印度安达曼岛	远东矮黑人种统称
Nepalese	尼泊尔人	尼泊尔、印度	
New Caledonian	新喀里多尼亚人	太平洋新喀里多尼亚岛	
New Hebridian	新赫布里底人	太平洋新赫布里底群岛	
New Zealander	新西兰人	新西兰	
Ngala	恩加拉人	扎伊尔	
Ngarigo	雅里戈人	澳大利亚	
Nicaraguan	尼加拉瓜人	尼加拉瓜	
Nootka	诺特卡人	加拿大	
Norwegian	挪威人	挪威	
Nu	怒族	中国云南	
Nubian	努比亚人	苏丹、埃及	
Nuer	努尔人	苏丹	
Nupe	努佩人	尼日利亚	
Nyamwezi	尼扬维齐人	坦桑尼亚	
Nyaruanda	尼亚卢旺达人	卢旺达、札伊尔、乌干达	
Nyoro	尼奥罗人	乌干达、坦桑尼亚	

英　文	中　文	主要分布地区	备　注
Omaha	奥马哈人	美国明尼苏达州	
Ona	奥纳人	南美火地岛	
Oraon	奥朗人	印度	
Oriya	奥里雅人	印度	
Oroqen	鄂伦春人	中国内蒙、黑龙江	
Ovimbundu	奥文本杜人	安哥拉	
Pahari	帕哈尔人	印度	
Paiwan	排湾人	中国台湾	
Pampangan	邦板牙人	菲律宾	
Panaman	巴拿马人	巴拿马	
Pangasinan	帮阿西楠人	菲律宾	
Pangwe	潘格威人	赤道非洲	
Papago	帕帕戈人	美国、墨西哥	
Papuan	巴布亚人	新几内亚	
Paraguan	巴拉圭人	巴拉圭	
Patagonian	巴塔戈尼亚人	南美巴塔戈尼亚高原	高原各族统称
Pawnee	保尼人	美国怀俄明州	
Pedi	佩迪人	南非	
Persian	波斯人	伊朗	
Peruvian	秘鲁人	秘鲁	
Philippino	菲律宾人	菲律宾	菲律宾各族的统称
Pima	皮马人	美国、墨西哥	
Plain Indians	平原印第安人	北美平原地区	该地区印第安部落的统称
Pole	波兰人	波兰	
Polynesians	玻利尼西亚人	太平洋波利尼西亚诸岛	诸岛居民泛称
Pomo	波莫人	美国加利福尼亚州	

英　文	中　文	主要分布地区	备　注
Ponapean	波纳佩人	密克罗尼西亚	
Portuguese	葡萄牙人	莆萄牙	
Primmi	普米族	中国云南、四川	
Pueblo	普埃布洛人	美国西南部	
Puerto Rican	波多黎各人	波多黎各	
Punjabis	旁遮普人	巴基斯坦 、印度	
Pushtu	普什图人	巴基斯坦 、阿富汗	
Puyuma	卑南人	中国台湾	
Pygmy	俾格米人	非洲刚果河流域	或泛指世界各地矮黑人种
Qiang	羌	中国四川	
Quechuan	奇楚亚人	南美	
Quiche	奇切人	中美	
Rajasthani	拉贾斯坦人	印度	
Rif	里夫人	摩洛哥	
Rumanian	罗马尼亚人	罗马尼亚	
Rundi	隆迪人	布隆迪、坦桑尼亚、扎伊尔	
Russian	俄罗斯人	俄罗斯	
Saisiat	赛夏人	中国台湾	
Salar	撒拉族	中国青海、甘肃	
Salishan	萨利什人	加拿大、美国	
Salvadorian	萨尔瓦多人	萨尔瓦多	
Sami	沙米人	欧洲的北极地区	
Samoan	萨摩亚人	玻利尼西亚	
Samoyed	撒摩耶人	俄罗斯西伯利亚	
Santali	桑塔尔人	印度	
Sasak	萨萨克人	印度尼西亚	

英　文	中　文	主要分布地区	备　注
Scotch（Scot）	苏格兰人	英国	
Semang	塞芒人	马来半岛	
Senoi	塞诺人	马来半岛	
Senufo	塞努福人	西非	
Serb	塞尔维亚人	南斯拉夫	
Shan	掸人	缅甸	
She	畲族	中国福建、浙江、江西	
Sherpa	夏尔巴人	尼泊尔、锡金	
Shluh	施卢赫人	摩洛哥	
Shona	绍那人	津巴布韦	
Shoshone	肖肖尼人	美国加利福尼亚、蒙大拿、犹他、怀俄明、内华达州	
Siamese	暹罗人	泰国	泰人的旧称
Sindhi	信德人	巴基斯坦、印度	
Singhalese	僧伽罗人	斯里兰卡	
Siou（Dakota）	苏人（达科他人）	美国、加拿大	很多部落的统称
Siriono	西里昂人	玻利维亚	
Slovak	斯洛伐克人	斯洛伐克	
Slovene（Slovenian）	斯洛文尼亚人	斯洛文尼亚	
Solomanese	所罗门人	所罗门岛	
Somali	索马里人	索马里、埃塞俄比亚	
Songhai	桑海人	尼日尔、马里	
Spanish	西班牙人	西班牙	
Sudanese	苏丹人	苏丹	
Sui	水族	中国贵州、广西	
Sundanese	巽他人	印度尼西亚	
Suto	苏陀人	南非、莱索托	

英　文	中　文	主要分布地区	备　注
Swahili	斯瓦希里人	坦桑尼亚、肯尼亚	
Swede	瑞典人	瑞典	
Swiss	瑞士人	瑞士	
Tagalog	他加禄人	菲律宾	
Tahitian	塔西堤人	波尼利西亚	
Tajik	塔吉克人	塔吉克斯坦、中国	
Tamil	泰米尔人	印度、斯里兰卡	
Tannzigts	塔马齐格特人	摩洛哥	
Tarahumara	塔拉奥马拉人	墨西哥	
Tasaday	塔沙第人	菲律宾	
Tasmanian	塔斯马尼亚人	澳大利亚塔斯马尼亚岛	
Tatar	塔塔尔族	中国、俄罗斯	即鞑靼人
Tehuelche	特胡尔切人	南美	
Telugu	泰卢固人	印度	
Teso（Turkana）	特索人（图尔卡纳人）	乌干达、肯尼亚	
Thai（Tai）	泰人	泰国	
Thao	邹人（邵人）	中国台湾	
Thonga	通加人	莫桑比克、南非	
Tibet（Zang）	藏族	中国西藏及青、甘、川、滇	
Tigrai	蒂格赖人	埃塞俄比亚	
Tikar	蒂卡人	喀麦隆	
Tikopia	蒂科皮亚人	波尼利西亚	
Tiv	蒂夫人	尼日利亚	
Tiwi	蒂维人	澳大利亚	
Tlingit（Tlinkit）	特林吉特人	美国、加拿大	
Toala	托拉人	印尼西里伯斯岛	

英　文	中　文	主要分布地区	备　注
Toda	托达人	印度	
Togo	多哥人	多哥	
Toltec	托尔蒂克人	墨西哥	
Tongan	汤加人	汤加	
Toradja	托拉查人	印尼	
Trobriander	特罗布里安人	美拉尼西亚特罗布里安岛	
Trukese	特鲁克人	密克罗尼西亚特鲁克岛	
Tsimshian	齐姆希安人	美国、加拿大	
Tsoneca	佐尼卡印第安人	南美巴塔戈里亚高原	
Tswana	茨瓦纳人	南非、博茨瓦纳	
Tu	土族	中国青海、甘肃	
Tuareg	图阿雷格人	西北非	
Tucano	图卡诺人	南美	
Tujia	土家族	中国湖南、湖北	
Tulu	图卢人	印度	
Tungus	通古斯人	俄罗斯	
Tunisian	突尼斯人	突尼斯	
Tupi	图皮人	南美	
Turk	土耳其人	土耳其	
Turkmen（Turkomen）	土库曼人	土库曼斯坦	
Uighur（Uygur）	维吾尔人	中国新疆	
Ukrainian	乌克兰人	乌克兰	
Uruguan	乌拉圭人	乌拉圭	
Uzbek	乌兹别克人	乌兹别克斯坦、中国	
Va（Wa）	佤族	中国、缅甸	
Vedda	维达人	斯里兰卡	

英　文	中　文	主要分布地区	备　注
Venezuelian	委内瑞拉人	委内瑞拉	
Vietnamese	越南人	越南	
Visayan	比萨扬人	菲律宾	
Wakatimi	与卡蒂米人	新几内亚	
Walloon	瓦隆人	比利时	
Wambutti	瓦姆白蒂人	赤道非洲	俾格米人的一支
Washamba	瓦桑姆巴人	东非	
Watutsi	瓦托西人	坦桑尼亚	
Wayao	瓦尧人	马拉维、坦桑尼亚	
Welsh	威尔士人	英国	
Winnebago	温尼巴戈人	美国威斯康星州	
Witoto	维托托人	巴西、秘鲁、哥伦比亚	
Wolof	沃洛夫人	塞内加尔	
Wute	伍特人	赤道非洲	
Xibe	锡伯族	中国新疆、辽宁、吉林	
Xosa	科萨人	南非	
Yakut	雅库特人	俄罗斯西伯利亚	
Yamana（Yaghan）	雅马纳人（雅甘人）	南美智利、阿根廷	
Yami	雅美人	中国台湾	
Yanomamo	雅诺马莫人	委内维拉、巴西	
Yao（Mien）	族	中国、东南亚	
Yapese	雅普人	密克罗尼西亚雅普岛	
Yi	彝族	中国川、滇、黔、桂四省区	
Yokut	约库特人	美国加利福尼亚洲	
Yoruba	鲁巴人	西非	
Yugur	裕固族	中国甘肃	

英　文	中　文	主要分布地区	备　注
Yuin	尤因人	澳大利亚东南部	
Yukagir	尤卡吉尔人	俄罗斯	
Yuki	尤基人	美国加利福尼亚州	
Yuma	尤马人	美国西南部	
Yurok	尤罗克人	美国加利福尼亚州	
Zhuang	壮族	中国广西、云南	
Zulu	祖鲁人	南非	
Zuni	组尼人	美国新墨西哥州	普埃布洛人的一支

说明：

本表不能代替一本全面详尽的工具书，所选只限于当代世界上人口众多的主要民族。中国除官定的56种民族外，还列入一些小的族群。有些族群人口虽少但具有研究价值、在文化人类学书刊中经常出现者亦酌量收入。本表参考以下资料编成：

① *Altas of World Cultures* (G.P.Murdock), University of Pittsburgh Press, 1981.
② *Ethnic Groups of Mainland Southeast Asia* (F.M.Lebar and others), HRAF, 1964.
③ *Indians of North America* (H.E.Driver), The University of Chicaco Press,1975.
④《世界民族译名手册》（李毅夫等编），商务印书馆社，1982年。

增订本后记

本书出版以来，曾被几所大学用作教材或指定参考书，反映尚好，现已无售。常有朋友或学生来函索书，难以一一满足，故增订再版，以应社会需要。

世界上每年出版文化人类学新书不下百种，论文无算，最近几年新出版者已无缘拜读。故这次增订对全书主要内容未有多少补充，但改正一些错误及错字，并增加《文化人类学常见词汇英汉对照表》、《世界民族简表》，以便初学。

文化人类学过去曾被定性为“资产阶级伪科学”而打入冷宫，有些受到正规训练老一辈人类学家不得不痛苦地改变研究方向。当时人们对此是避之唯恐不急，而今人们却趋之若鹜，在当今中国人文科学之中几乎成为“显学”。美国友人、哥伦比亚大学的人类学博士金大龙（Dr，David A.Feingold）先生最近来滇考察，对我笑说：他所接触的人士都称自己专业是“文化人类学”，正在从事云南民族文化的研究，但问起某一民族具体情况，他们便讲一段民间故事或介绍青年男女如何谈情说爱，而对文化人类学重大问题的研究似乎毫不关心。我不能不承认这一现象带有普遍性。当今不管原来从事什么专业的学者，甚至一些与学术毫不相干的人，多可成为“文化人类学家”或“民族学家”（按：最近又多成为“社会学家”了），甚至招收这些专业的硕士、博士研究生。当今充斥市场的罗列“奇风异俗”满足旅游者需要的小册子，也可称为“文化人类学专著”或“民族文化丛书”。

大家都对这门学科感兴趣，想成为这方面专家，终非坏事，但至少要对这门学科有基本的了解。文化人类学核心是对一个民族或社区的社会结构进行全面的剖析，对一种文化的特质作出科学的归纳。假如把它作为一种时髦的标签，那像过去把它打入冷宫一样，是这门学科的不幸！它是一门严肃的学问，需要作艰苦的田野工作及深入的理论探讨。

希望这本小书对当今人们正确认识社会而进行田野工作继续有所帮助。

2002 年 7 月增订

文化人类学论集

序言

长期以来，笔者在西南少数民族地区进行文化人类学调查，主要为了寻求类比材料，研究中国考古学及中国古史，这方面文字已分别收入《民族考古学论集》及《古俗新研》。此外，还曾作过一些专题调查研究，应属于文化人类学本身的范畴。兹另辑成集，单独印行。

顾炎武谈治学之道有云："今人纂辑之书，正如今人之铸钱。古人采铜于山，今人则买旧钱名之曰废铜以充铸而已。所铸之钱粗恶……承问《日知录》……应几采山之铜也。"（见《日知录初刻自序》）

这段话告诉我们,研究学问应以搜寻新鲜材料为要务。文化人类学以田野调查为自己的特点，尤应如是。

今日之中国到处可遇"文化人类学家"或"民族学家"，几乎不作实地调查，仅摭拾外国论著中自己未必弄清含义的若干时髦名词，辗转抄引前人调查成果或论文中几条已用资料，组合拼凑，便成巨著。此即所谓"买旧钱……以充铸"也。至于这类"学者"之中，整篇抄录他人论著不加注明，酿成剽窃丑闻者，则自郐以下矣。

本集所收拙作，寥寥数篇，所涉及者只是文化人类学领域中有限问题。自知质量不高，却多据亲自调查搜集之新资料，提出自己一得之见，或可忝列于"采山之铜"。本集涉及主要问题有：

中国学界据一百多年前摩尔根书常加讨论的易洛魁人，其"母系社会"是否为人类"社会发展必经阶段"？按现已查明，古老的狩猎采集民族，继嗣制度多为"两可系"甚或父系，其婚后居住方式多为"两可居"甚或男方居住，实行母系社会却多为农业民族。从母系到父系是否是普遍规律？（见《易洛魁人的今昔》）

是否游牧民族必与父系或家长制相联系？（见《以驯鹿为生的沙米人》）

初民中常见一对配偶可以随意离异的现象即所谓"对偶婚"者，是代表人类婚姻家庭一个特定发展阶段，还是初民普遍存在的一种婚姻形态？（见《他鲁人的婚姻形态》、《利米人的婚姻形态》）。

在民族涵化过程中，民族认同之变迁方向是否仅取决于经济文化发展水平？"野蛮的征服者总是被那些他们所征服的民族较高文明所征服"能否视为一种规律？（见《佤山汉族矿工族群认同的改变》）

中国近几十年遭受摧残的"草根社会"，过去曾对保护当地生态环境发挥过重要作用，他们是通过何种方法？以西南民族为例，它们是以制定地方法规（乡规民约）或通过宗教信仰及一系列禁忌客观上达到保护环境的目的。西南民族原来的刀耕火种农业为何未曾对环境造成很大的破坏？（见《中国西南民族保护生态环境的文化遗产》）

随着中国少数民族迁入城市，中国城市是否仍如某些国外人类学教科书所说和日本一样是单一民族居住的典型？（见《谈中国少数民族迁入城市》）

为什么国内外浅化民族均喜饮酒？过去不成问题现在却形成严重社会问题？（见《酒与少数民族》）

在这本小书中，对以上问题已作出自己的回答，其结论与前人多有不同。

“文章羞与俗雷同”（陈寅恪诗句）。这种境界虽难达到，却是自己一直心向往之的。但笔者一些自己的看法最终是否能够成立，当然尚有待于未来更多调查研究的检验。

易洛魁人的今昔
——兼谈母系社会的若干问题

在美洲印第安人之中，没有那个族群比易洛魁人更为中国学术界所熟悉。但大家对易洛魁人的知识，都来自一百多年前摩尔根和恩格斯的著作。他们所介绍的“母系社会”究竟情况如何？易洛魁人现在社会又发生了何种变化？迄今无人作出认真的研究。笔者1991年有机会访问加拿大，曾去两个保留地作短期考察访问。本文便是据那次访问的结果，并参考他人研究成果写成的。

一 易洛魁人的部落分布、社会结构和文化特点

易洛魁人被发现以前的历史“掩盖在朦胧之中”，相传是从“达科他人（Dakota）之中分出来的”，由密西西比河以西向东迁徙而来（摩尔根，1851，5页；1877，中译本122页）。这曾是19世纪比较流行的看法。但达科他人操苏（Sioux）语，与易洛魁语分属不同语族，两者关系尚待研究。

现在只能认为，自远古时代起操易洛魁语诸部落先民即已分布在今加拿大的安大略省、魁北克省及美国的纽约州和宾夕法尼亚州这片广大地区，从事游猎。易洛魁人至今声称这一地区原都是他们的领土。约在公元前1000年左右，从北美西南部或墨西哥传入农业技术，易洛魁人开始经营农业（德里弗，1969，11页）。

易洛魁人原有多少部落，已难查明。现知下面三个部落是很早就存在的：摩豪克（Mohawk）、塞内卡（Seneca）和鄂农达加（Onondaga）。后来从塞内卡中分出了卡尤加（Cayuga），从摩豪克中分出了奥奈达（Oneida）。这就是为什么前三个部落又称为“父部落”的缘故。由于易洛魁人与外族（主要是操阿尔贡琴语诸部落及同属易洛魁语族的休伦人等）时常进行战争，内部亦经常争斗不休。为了一致对外，必须在内部建立平等的关系和保持和平。传说在1570年左右（六部保留地易洛魁人告我早在14世纪），上述五个部落在一个名叫德加纳魏达的人（或谓是能乘“白石做成小船航行”的神）及其代言人哈尤温塔设计和领导下，开始结成“五部联盟”。到了1713年，原在北卡罗来纳州的图斯卡罗拉（Tuscarona）部落因土地被夺反抗失败加入了联盟，作为“小兄弟”而被联盟所“收养”（麦克米伦，1988，77页），遂形成了历史上著名的“六部联盟”或“易洛魁人联盟”。它不仅在易洛魁人历史上而且在整个北美洲印第安人历史上，曾是一支强大的政治力量（亨特，1940）。它曾控制美洲东部、东北部的贸易，打败或征服许多邻近部落（如在1649年一次战争中，强大的休伦人就被易洛魁人摧毁），甚至荷、法、英的殖民者

19 世纪易洛魁人男女形象

也不敢轻视他们。在美国独立战争以前，易洛魁人一直保持自己的独立和尊严。直至今日，易洛魁人心目中仍认为和加拿大或美国政府是盟友和朋友的关系，而不是统治和被统治的关系。今日所有保留地的易洛魁人都自豪地认为自己是“联盟”的后裔，愿以“六部”[1] 作为统一族称。

易洛魁人把自己的领土想象为一座大的“长房”，上述六个部落的具体位置大抵是这样的：摩豪克部落分布于东面，即从摩豪克河一直到尚普兰湖及圣劳伦斯河南岸，故称为“东门守卫者”或“贡品接收者”；塞内卡部落分布于西面，即今芬格湖一带，故称为“西门守卫者”；其他诸部落则在这两者之间，其中鄂农达加是整个联盟的中心。由于联盟会议就在这里召开，经常围着一堆篝火进行，鄂农达加一位首领负责保管记录联盟会议、法律或条约的珠带（wampum），故鄂农达加获得“篝火守护者”和“珠带守护者”的称号。

关于易洛魁人开始接触欧洲人时期的人口数字，摩尔根《易洛魁人联盟》一书曾加以讨论，最后估计为 25000 人，其中塞内卡 10000 人，卡尤加 3000 人，鄂农达加 4000 人，奥奈达 3000 人，摩豪克 5000 人（27 页），这里不包括图斯卡罗拉部落的人数。但后来他自己也认为这一数字估计太高，改为 17000 人左右。现代研究者认为可能在 17000—10000 人之间（德里弗，1969，302 页）。《加拿大大百科全书》（1988 年版）则认为只有 15000—10000 人。

易洛魁人固有的社会结构和传统文化，如完整的母系继嗣、发达的氏族组织、设计周密的联盟制度等，对人类学研究确有重要意义。为了便于国内读者正确了解，我们先对其基本特征归纳为下列几项。

（一）易洛魁人在与欧洲人接触以前不知使用金属，工具以石、骨或木头制成。农业是主要生产部门，种植玉米、南瓜、烟草及豆类作物，每隔 10—20 年更换耕地，他们经营的可谓是一种早期锄耕农业。除狗外别无其他家畜。狩猎和捕鱼在经济生活中仍起重要作用。

生产活动中男女有明显的分工。妇女负责种植和照管农作物、采集、樵薪、制陶、编织和制作树皮器皿，当然还有备制食物、炊爨和缝纫。[2] 男子负责狩猎、捕鱼、乘船航行从事远方贸易。

---

1 “六部（Six Nations）”一词旧译“六国”或“六族”，而组成著名易洛魁联盟实为六个部落。

2 值得一提的是易洛魁人不会纺织，多缝鹿皮为衣。一种有皮条流苏为饰的鹿皮衣今已成为印第安人传统服装的代表，在美、加年轻人中颇为流行。

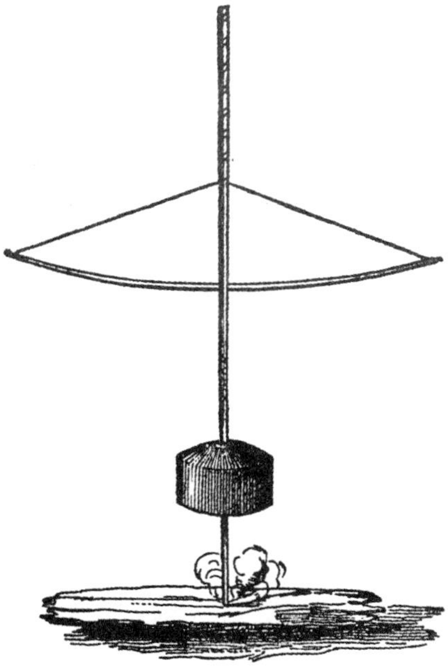

钻木取火

加工谷物的杵臼

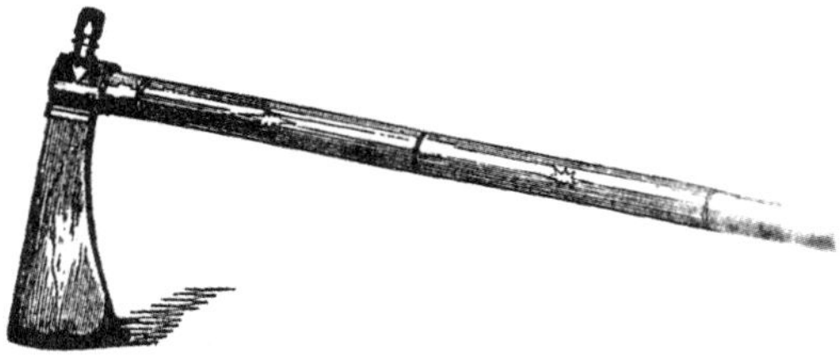

印第安人的战斧（tomahawk）

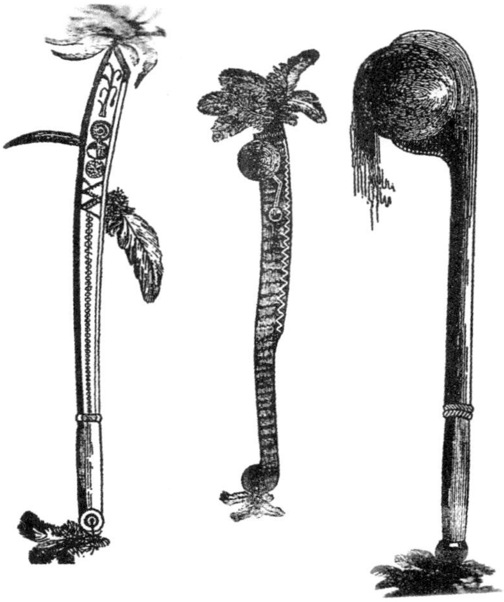

鹿角、木、石制成的战棒

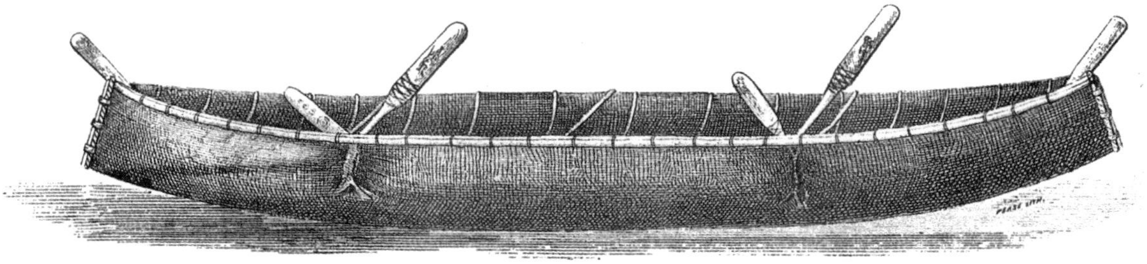

树皮制成的容器（上）小船（下）

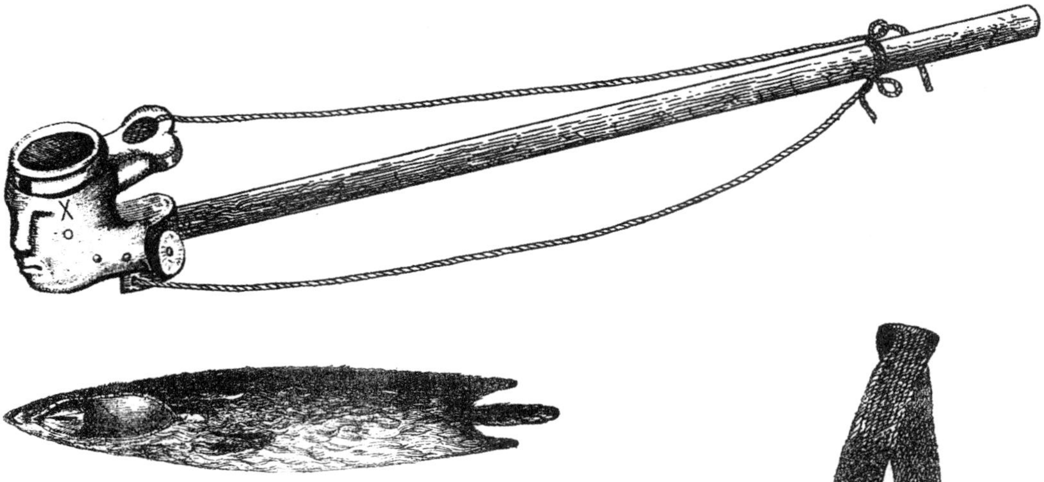

木制烟斗（上）和小动物整皮制成的烟包（下）

跳舞时用的乐器：鼓与笛

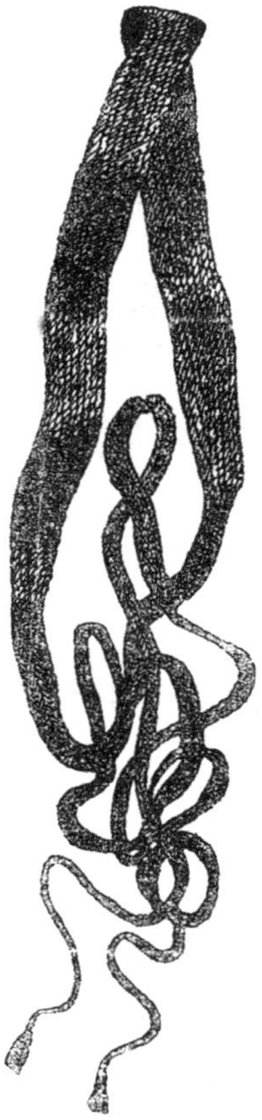

负载的带子

正如易洛魁人谚语所说："女人的世界在长房之内，男人的世界在森林之中和河流之上。"虽然妇女是农业生产主要劳动力，身挑生产和家务双重负担，由于狩猎和捕鱼所占的比重较大[1]，而且远方贸易更能带来巨大收入，男子在经济生活中的作用并不如过去所想象的是无关紧要的。还要说明的是即在农业方面，男子也并非毫无作为。每当开垦新地，男子便负责砍树，须花费很长的时间和付出大量劳动，这一点和其他农业民族并无二致。

（二）易洛魁人有婚前性自由，梦中的情人常常成为以后的妻子。由于男子经常长期外出，婚姻易于破裂。离家太久、酒醉口角、恶意中伤、未尽父母之责，均可导致离婚。但他们严格

1 据耶鲁大学 HRAF 的统计资料，易洛魁人整个社会经济中比例分别是采集占 6%—15%，狩猎占 26%—35%，捕鱼占 10%—25%，农业占 36%—45%（见穆达克，1981，124 页）。

实行单偶制（monogamy）的婚姻，多妻或多夫纵或有之，也为习惯法所不许。婚后实行女方居住（matrilocal）或分别居住（duolocal）；即使男子居住于女方长房之中，仍有义务帮助自己的长房的亲属。

继嗣按母系原则，子女随母，在母方的长房中长大，继承母亲的姓氏和财产。一个长房之内由年长辈高的妇女担任家长（matron）。

（三）易洛魁人过着相对长久的定居生活。有母系亲属关系的几对配偶及其子女合住一幢长房（一般是长方形的杉树皮覆盖的木屋），有共同的经济生活，这就是易洛魁社会的基本细胞。

一个长房，摩尔根称为一“户”（household），国内著作常误译为“家族”。按现代人类学的科学表述，它只是一个扩大家庭（extended family）而已（德里弗，1969，239 页）。

塞内卡部落有一个长房长达 96 英尺，包括 24 个家庭。鄂农达加部落有一个长房长达 80 英尺，包括 20 个家庭（摩尔根，1881，124—130 页）。这些大的长房都是作为特殊例子记录下来的，据说还有比这更长的长房。而一般的长房仅包括 10 个以下的家庭，可容纳数十人居住。长房内部两边分隔为若干房间，一对配偶及其年幼子女组成的家庭居住一间。中间为走廊，内设若干炉灶，几个家庭合用一个炉灶。各个家庭的收获物和收入均归长房公有，食物储备放在一起，在家长的控制和支配下供各家庭取用。炊爨仍以家庭为单位在与邻近房间合用的炉灶上进行。

摩尔根称这一现象为“共产主义”，在《美洲土著的房屋及其家庭生活》中，有一章标题就是“生活中的共产主义”。国内一些原始社会史著作，常以此作为“原始社会公有制”或“氏族公有制”的典型。实际上，这种公有制只限于一座长房之内，各长房之间则是没有共同经济的生活，仅在匮乏时期有相互款待之俗（摩尔根，1881，63—64 页）。每座长房不仅拥有自己的收获物，而且拥有自己开垦的熟地，这部分土地只能由本长房的成员继承（邦维莱因，1971）。即在很原始的社会，究竟有没有全社会的“公有制”和“共产主义”，是要重新考虑的。

（四）易洛魁人扩大家庭隶属于母系氏族，同一氏族之间不能通婚，按母系计算世系。氏族以一年老德劭的妇女为族长（clan mother），每个氏族有一个动物名称，这就是图腾。易洛魁人不禁止吃作为图腾的动物。

上述六个部落各包括若干氏族。氏族数目不等，但相同氏族可以存在于不同部落之中，例如熊、狼、龟三种氏族便是各部落都有的（摩尔根，1977 年中译本，68—69 页）。[1]

（五）与流行说法相反，易洛魁人真正起作用的基层社会政治组织，不是氏族，而是聚居在一起的若干个长房组成的村落。整个村落当然属于同一部落，但却包括不止一个氏族。举凡地方性事务（如狩猎地的使用，种植地的转移，村落的搬迁，接受或拒绝来访者），都要在村落会议上讨论决定。本村落的首领，参加联盟会议的首领，各长房的代表，战争中的领导人都可参加讨论，有时全体成年男性都要参加。如是否参加战争之类的大事，便要在村落会议上取得一致意见。

村落首领的职能仅限于处理和平时期日常事务，遇有战争，另由具备这方面才能的人指挥。

战争结束以后，这种人往往成为本村甚至本部落最有影响的人，或称酋长。六部保留地奠基

1　摩尔根《古代社会》提到易洛魁人之上还有胞族的存在，但又说胞族内不能通婚的禁规已取消。故胞族除了表明所属氏族有共同来源及在某些仪式中有所表现外，已无实际意义。本文从略。

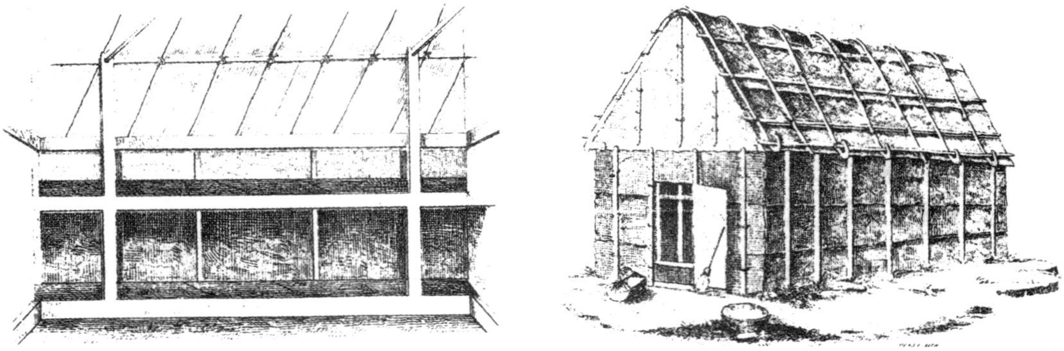

长房及其内部结构

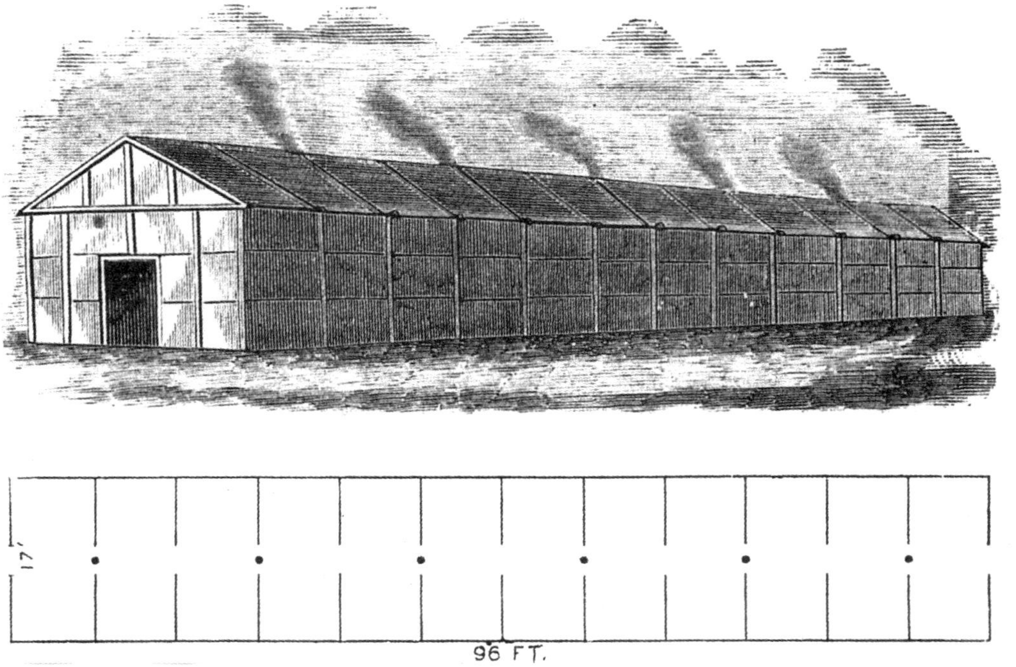

塞内卡部落最大的长房

人约瑟夫·伯兰特就是这样的人物（奥唐勒尔，1980），今天多伦多市附近的伯兰特福即以他命名。

部落只有偶然情况下才开会，主要讨论对外事务（如战争与和平等），参加会议的是所有村落的首领。以塞内卡为例，开会时可多达100人。主席由会议临时选举。若不能达成协议，最后甚至各行其是。最新研究表明，易洛魁人“部落”只是一群说同一语言的“村落集合体”（华莱士，1972，39页）。

（六）易洛魁人有一套设计周密的部落联盟制度。整个联盟由原来五个部落共推出50个首领[1]（斯图卡罗拉部落无代表参加）组成的会议领导，他们可以是也可以不是各部落和村落原有的

1　五十个首领的分配是塞内卡8个、奥奈达9个、卡尤加10个、摩豪克9个、鄂农达加14个。摩豪克部落有两个首领出任一次后便无人继承，故实际上联盟首领中有48人。也有记录说共有49人。

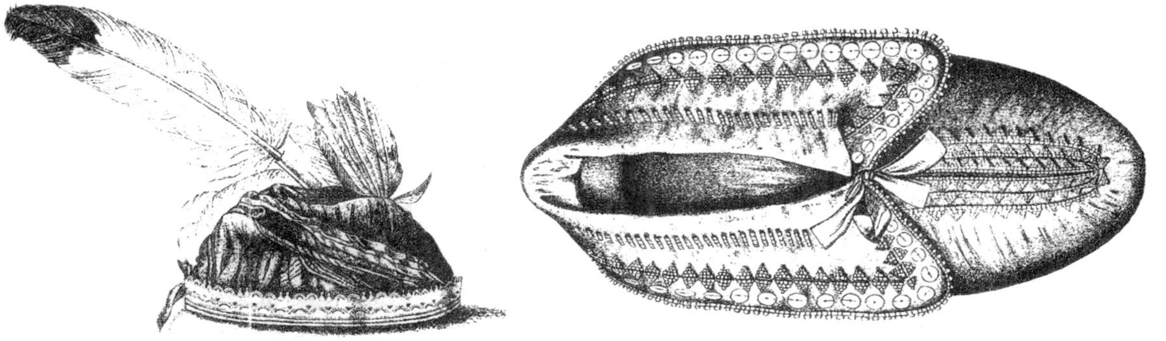

易洛魁传统服装——缀有少量羽毛的帽子（左）和鹿皮鞋（右）

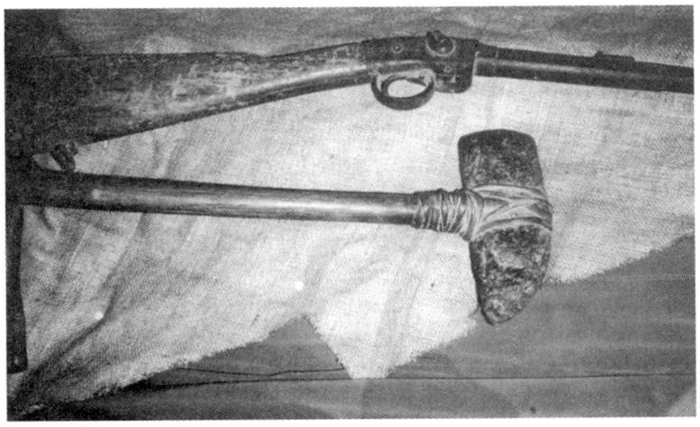

易洛魁人的石斧及与白人接触后使用的步枪（卡纳魏克保留地）

有美丽图案的传统草编物等工艺品（卡纳魏克保留地）

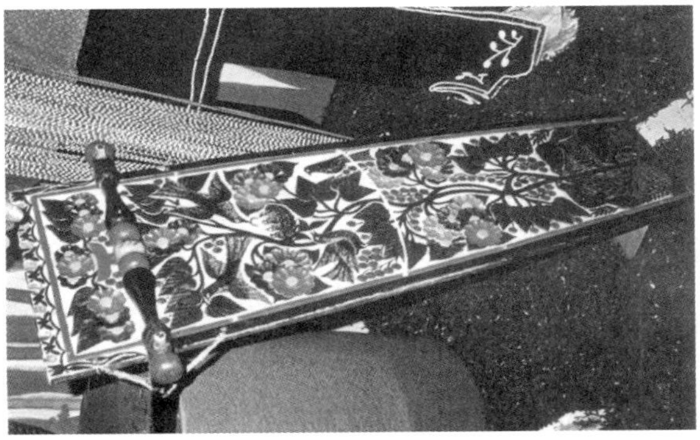

编织物上精美图案（六部保留地博物馆陈列品）

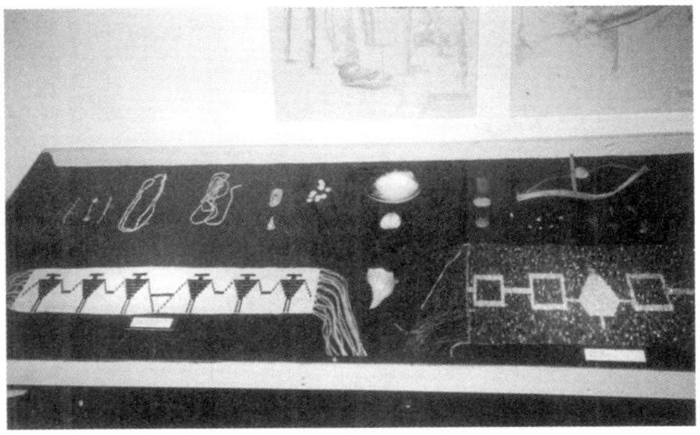

表意记事的贝珠带等（六部保留地博物馆陈列品）

首领。联盟会议经常围着篝火进行，来参加会议者各有自己固定座位，各部落参加会议的首领人数不等，但处于平等地位，即使人数少的部落也有否决权。在讨论和表决中，以部落为单位，参与会议的首领取得一致意见后推一人代表部落发言。首领个人不能自由发表意见。联盟每年开会一次，遇有特殊事务，任何一个部落可以用传送珠带方法要求召开临时会议。由于联盟会议固定在鄂农达加部落领土上召开，该部落有一个首领，称“托多达霍”，地位列为五十个首领之冠，受到特殊的尊敬。他曾被误称为“易洛魁人之王”，实不能算是全联盟的领袖。易洛魁人

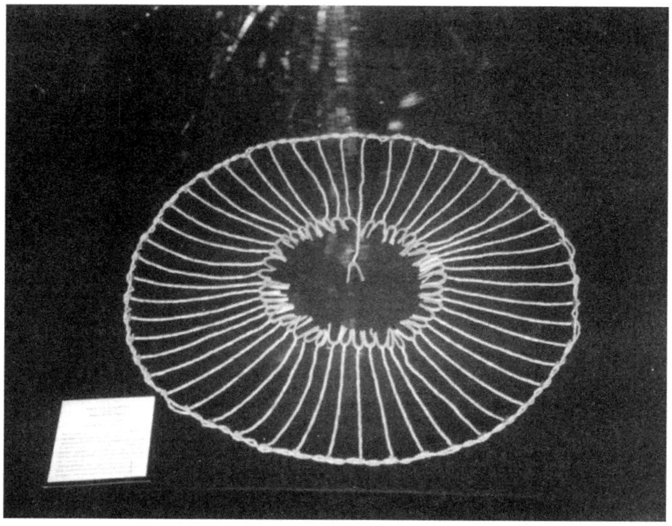

象征易洛魁联盟的贝珠带（共 50 条，代表 50 个首领）

联盟是不存在最高行政首长的。

联盟会议首领，称为“萨切姆”(sachem)，是终身职务，各有一个称号，由各部落中固定的氏族或某一长房推举，出缺时也只能由该氏族或该长房派人递补。但这时全联盟要举行“哀悼会议”，一方面追悼既逝的首领，另一方面对新首领表示认可和欢迎。

无论是部落联盟开会，还是部落内部开会议事，易洛魁人不知使用少数服从多数原则，而要全体一致同意才能作出决议。这常导致他们会议时常议而不决，或会后各搞一套。如美国独立战争时，联盟对究竟站在哪一方就未达成协议，最后，奥奈达部落站在要求独立的殖民地一方，其他部落多加入英方。

（七）在生产活动中两性的分工和作用已如上述，而在社会生活和政治生活中男女两性各自地位如何，存在较多误解，值得着重介绍。易洛魁妇女比其他民族妇女确享有较高的社会地位，在家庭和公共事务中有较多的发言权。曾记录易洛魁人早期生活的法国拉菲托（Lafitau）神父对易洛魁妇女有过这样的描述：

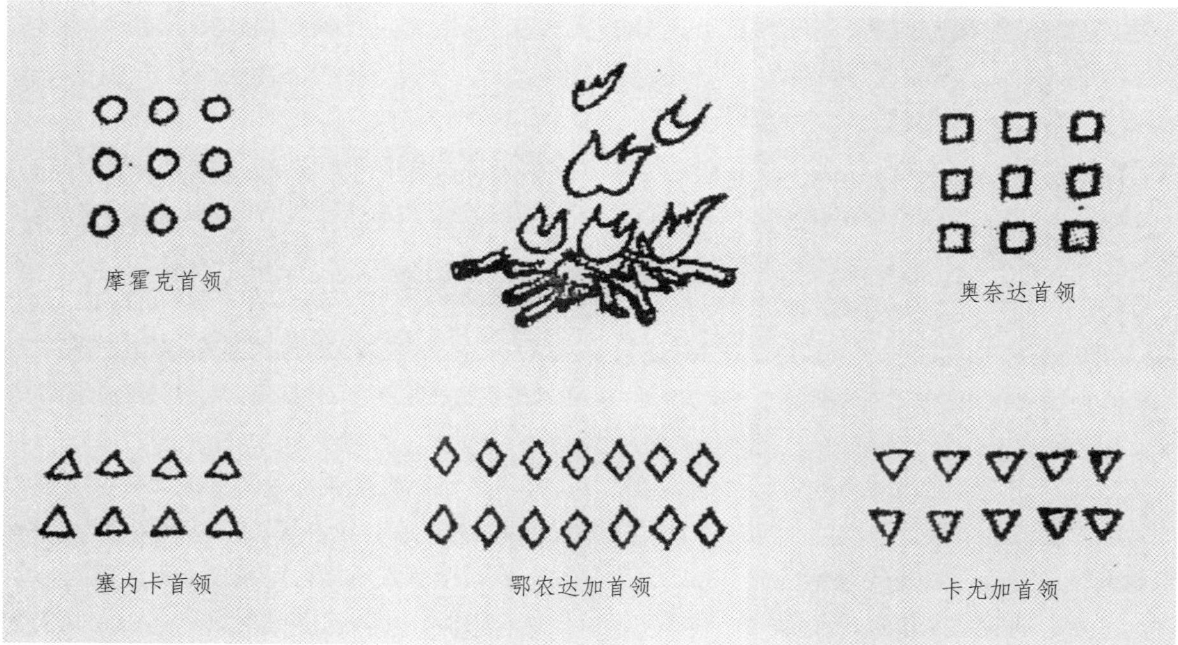

联盟会议座位示意图

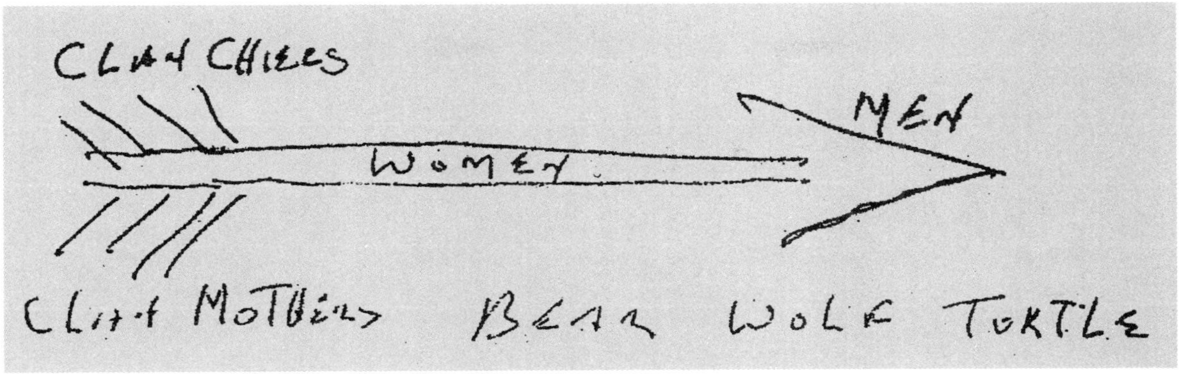

卡纳魏克保留地首领为本文作者讲述男女社会地位时画的示意图

> 土地及上面收成都归她们所有。她们是会议的主脑，是战争和和平的裁夺者。她们照管公共的库藏，管理奴隶[1]，安排子女婚姻。孩子是她们的，而继嗣的系统和继承权以她们的血统为限（拉菲托，1974，71—72 页）。

还可补充的是她们可以主动提出离婚，可以决定俘虏的命运（杀死还是收养），根据公共舆论在推举和罢免首领中起重要作用[2]，制作和保管神圣的仪式用物，在丧葬仪式中唱悼歌及在“巫医会社”中扮演重要角色（邦维莱因，1970），等等。

这里要略加解释的是拉菲托所说“会议的主脑”一语过于含混。大量材料表明，长房内部会议当然是女家长（matron）主持，妇女起重要作用；村落会议有影响的妇女也可参加；而部落或部落联盟会议，妇女是不能参加的，参加会议的首领都是由男性担任。她们只能通过男性发言人（speaker）表达自己的愿望或意见（德鲁克，1986，312 页）。

总之，在易洛魁人之中，不存在如国内某些原始社会著作所说，妇女地位高于男子的情况。说来可能无人相信，这里仍然存在类似男尊女卑的观念，照样会发生丈夫殴打妻子的事情（有时竟导致妻子的自杀）。这里引用一下摩尔根的话可能更有说服力。他指出：

> 这些印第安人（指易洛魁人）看待妇女为次等人，是依赖者，是男子的奴仆，而且根据习惯和教导，她们自己也是这样认为的（摩尔根，1851，326 页）。

当然，我们也不赞成有的学者（哈里斯，1977，93 页）据此认为易洛魁人之中，男女不平等仍然存在。我们认为，这里男女社会地位基本上是平等的，彼此各负其责。妇女在内部事务中起主要作用，对外事务仍然是男子负较多责任。易洛魁男子杰出的军事和外交才能，曾使早期殖民者甘拜下风。正如一篇专门讨论易洛魁妇女社会地位的文章所说：“易洛魁人男女有不同的文化模式，不同的价值，不同的生活目标”（兰德尔，1951，173—174 页）。在人类历史上，即使在实行母系继嗣的地方，所谓“妇女统治男子”的“母权制”，像小说中的“女儿国”一样，只不过是杜撰和想象之词（布朗，1975）。

---

1 这里的奴隶就是指俘虏中被收养者，也有称他们为“养子”的。最近有一种意见认为，他们就是奴隶。（斯塔纳和瓦特金斯，1991）

2 著名人类学家哥登卫塞（A.A.Goldenweiser）就为一本通俗读物《美洲印第安人生活》（E.C.Pavon 编，内布拉斯加大学，1922）写过一个易洛魁人首领如何被他母亲罢免的故事。

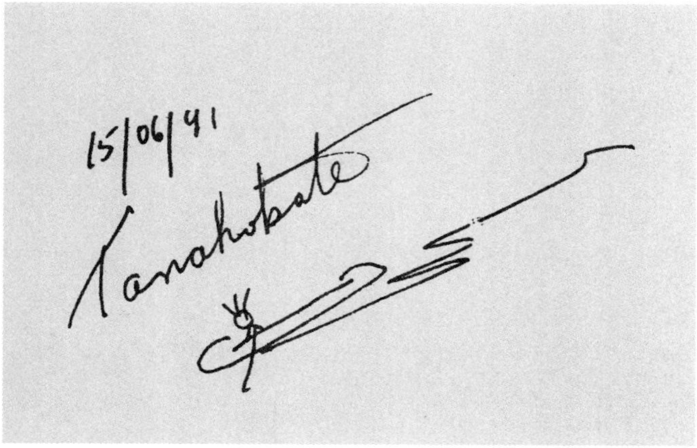

卡纳魏克保留地首领的英文签名和图画文字签名

在访问卡纳魏克保留地时，我向一位名叫坦纳荷卡特的传统首领专门请教易洛魁人男女地位问题，他为我画一枝箭作为示意图。图右下方三个字：熊、狼、龟，代表现在保留地的三个氏族。他说：易洛魁人的整个社会就像一支利箭。男子是箭头，永远是冲锋陷阵的战士，对外是部落的代表。妇女是箭杆，是社会的中坚，社会生存和种族延续主要靠她们。为整个社会掌握方向的既有男性首领，又有女性族长，两者仿佛是箭后两根羽毛，缺一不可，都是受尊敬的。最后他严肃地指出，硬要分别易洛魁人男女地位孰高孰低是不对的，也是不可能的。

（八）易洛魁人传统信仰属于“巫术—宗教”性质，在信奉的众多种神祇中，有一位至高无上的“大神”(Great Spirit)。下面又有两神，原为一对兄弟，而善恶不同。善神是一切事物的创造者，代表光明；恶神是一种破坏力量，代表黑暗和邪恶。此外，还有司狩猎和战争的太阳神，分别代表玉米、南瓜和豆类的农神三姊妹。

易洛魁人每年有一系列与农业或采集活动配合的节日和宗教活动，其实质即对这些神的感恩或祈求。以塞内卡为例，最重要者有标志一年开始的仲冬节（一月或二月）、感谢枫树节（二月或三月）、种植玉米节（五月初）、草莓节（六月）、青玉米节（八月末或九月）、收获节（十月）。其中以仲冬节最隆重，要延续九天之久（华莱士，1969，50—58页）。

易洛魁传统信仰一个特点是相信梦幻，常以梦中所见指导各种日常活动，因梦的指引而举行一次特殊仪式，发动一场战争，甚至杀人或自毁。

宗教仪式使用的龟甲响器（上）及南瓜壳响器（下）

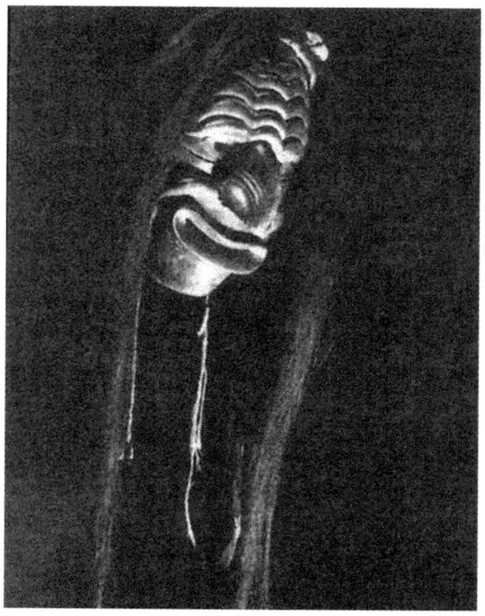

仪式舞蹈中戴的面具

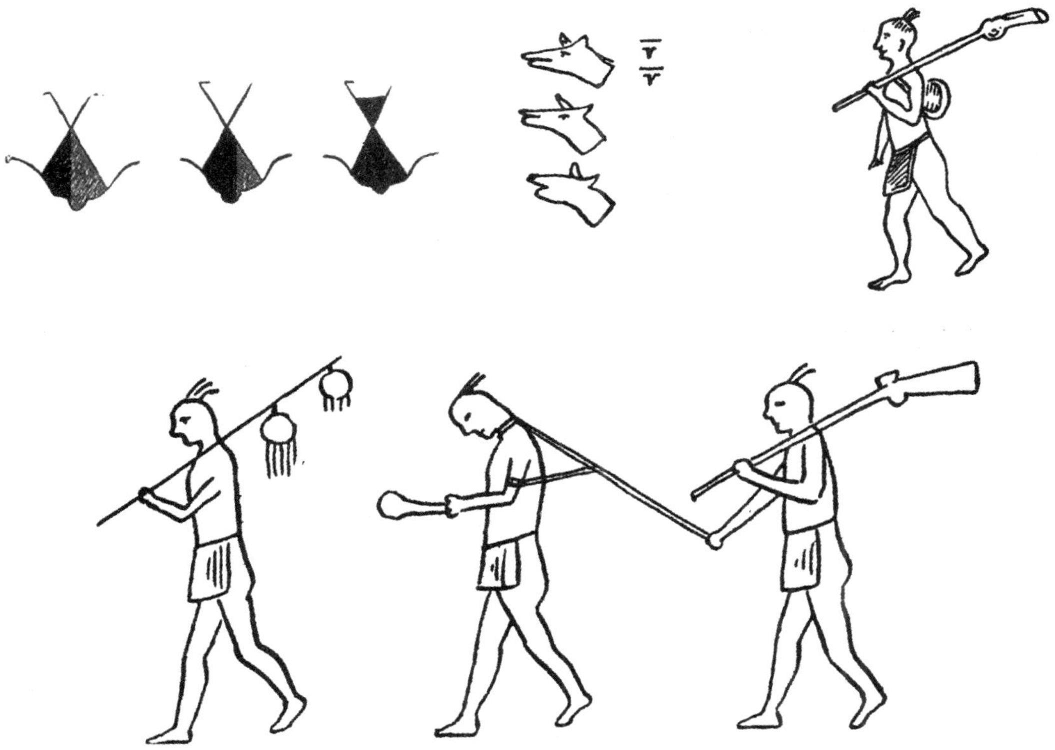

易洛魁人图画文字（上左：死亡者，左为女性；上右：狩猎的记录；下：战争俘人的记录）
（采自 G. 马勒尼，1972）

（九）易洛魁人文化方面的特征有：

（1）除图画文字外，用白紫两色贝壳串成的贝珠带记事或表意；

（2）各种会社的存在，著名的有医病驱鬼为目的“假面社”、“斗牛社”、“獭社”等；

（3）一种置尸于高架腐烂后进行集体二次葬的特殊葬俗；

（4）一种以木拍击打鹿皮球的游戏（lacrosse）和一种在雪地上抛木棒（称“雪蛇”）的竞赛；

（5）通过各种严格考验决定是否将俘虏收为养子的仪式；

（6）在宗教节日活动中，面具舞蹈极为流行。面具用木头制成，原代表神祇或梦中所见的个人保护神，最后本身也变为有喜怒哀乐可以祸福人类之神圣力量，“它们被忽视时甚至会哭泣”。

二　今日加拿大境内的易洛魁人：七个保留地的建立

易洛魁人与欧洲人接触一般认为始于 1609 年，是年他们曾与法国人遭遇发生战争。但欧洲文明对易洛魁人发生影响应从 17 世纪中期开始。荷兰人、法国人、英国人相继与易洛魁人有贸易的交往，向他们传播基督教，与他们结盟，有时也发生军事冲突。当时这几个国家在北美东北部的角逐中，易洛魁人的态度有举足轻重的作用。正是由于易洛魁人较多地靠拢英国，才决定英国在北美东北部的优势。

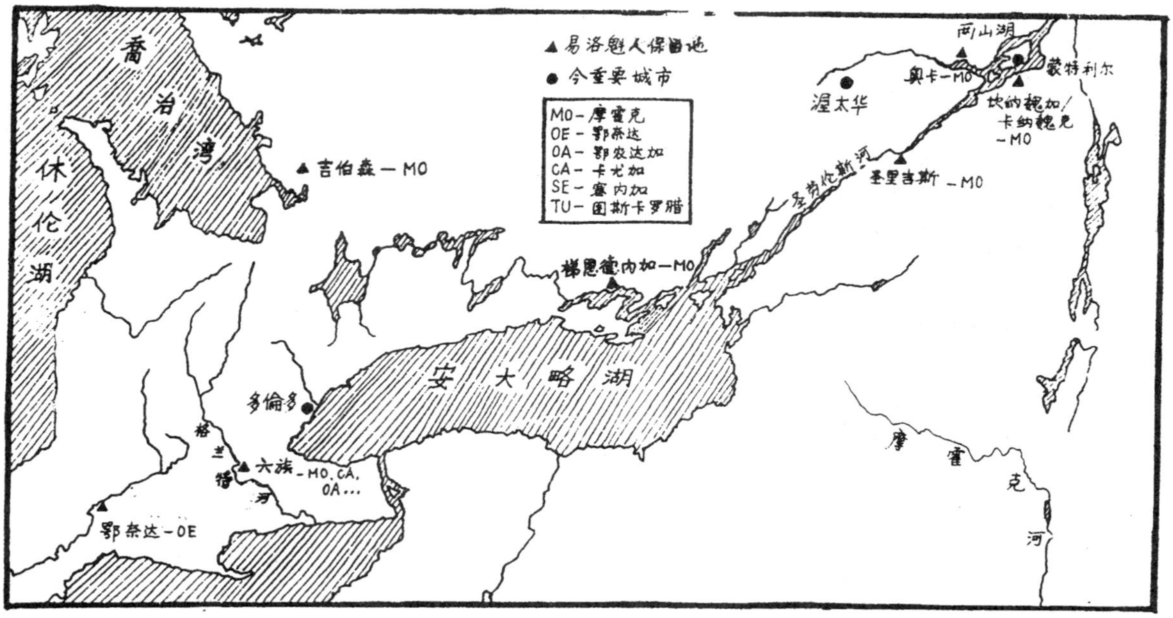

加拿大境内易洛魁人保留地分布图

易洛魁人在与欧洲人接触的最初一两百年中，一直维护了自己的独立地位，直到美国独立战争时期。如上所述，当时易洛魁诸部落对支持哪一方发生了分歧，伟大的易洛魁联盟分裂了，自此易洛魁人便不再作为一支独立的政治力量而存在。他们原来的土地被侵占，他们被迫分散和迁徙，一部分人被融合，一部分人分散居住于各个保留地之中。

虽然加拿大东南地区曾是操易洛魁语人分布范围，原来的居民经迁徙或被融合已不复存在。今天加拿大境内易洛魁人都是后来从美国境内迁来的。

现在易洛魁人共有 15 个保留地，在美境内 8 个，在加境内 7 个[1]。加拿大易洛魁人现有 30000 多人，我们亲自考察访问的仅有“六部”和“卡纳魏克”两个保留地。下面的介绍七个保留地的建立多参照前人记录写成（德鲁克，1986；赫尔，1987；布莱切德，1980；麦克米伦，1988）。

（一）六部保留地（Six Nations Reserve）

美国独立战争时期，摩豪克、卡尤加、鄂农达加和一部分塞内卡、奥奈达及图斯卡罗拉参加英方作战，战争失败后在受过西方教育的一位摩豪克青年军事酋长——约瑟夫·伯兰特（Joseph Brant）领导之下，有 2000 人北迁到格兰特河。1783 年，当时英国驻加拿大将军从奥吉贝部落手中买来格兰特河沿岸土地供他们居住。这部分土地原来范围很大，后伯兰特为了维持部落生存，改进农业，不断出卖土地，现在保留地只拥有格兰特河南岸，伯兰特福镇和卡列多利亚镇之间的地区。

六部保留地居民原只限于摩豪克部落，后来其他部落也有人不断迁入。这个保留地内居住

1 加拿大境内原有八个易洛魁保留地。在 Alberta 省靠近 Edmonton 不远处原来还有一个保留地，称为 Michels Band，是摩豪克部落后裔中曾为哈得逊湾公司担任毛皮贸易向导者组成的。由于长期与周围的克里—印第安人通婚，大多数已认同于克里人，自 1958 年起就不再列为易洛魁人保留地。

卡纳魏克保留地入口

今日易洛魁人住宅——小型房屋（卡纳魏克保留地）

六部保留地保存的长房供举行仪式之用

六部保留地摩豪克语学校

六部保留地内老人俱乐部

组成联盟六个部落的后裔，遂以“六部”为名。现在它为所有易洛魁人心目中的圣地，他们要在这里重建易洛魁人的传统政治结构，“联盟之圣火在纽约州熄灭以后，又在六部保留地重燃”。它不仅是15个易洛魁人保留地中最大的一个，也是全加拿大2251个保留地中最大的一个。一般书刊说它拥有10000人左右，而向导小姐（易洛魁人）告诉笔者，目前常住人口已有11000人，若包括在外工作人数，共达14000人左右。

（二）**卡纳魏克保留地**（Kahnawake Reserve）

卡纳魏克Kahnawake，或拼音为坎纳魏格Caughnawage，意为“在急流中”，原为一个村落名。它位于蒙特利尔西南不远之圣劳伦河畔。从1667年起即为传教士所居之地。美国纽约州境内易洛魁人冬季常来此狩猎，被传教士劝说留下，逐渐形成一个聚居区，称圣路易斯堡。这是加拿大易洛魁人保留地中最早的一个。居民均为原来的摩豪克部落，现有人口约6000人。

（三）**奥卡保留地**（Oka Reserve）

位于蒙特利尔之西的两山湖地区。原亦为传教士居住的地方。从17世纪70年代起，摩豪克部落一部分人迁来，逐渐形成一个保留地。由于这里原为阿尔贡琴—印第安人居住区（奥卡即阿尔贡琴语)，故这里易洛魁人深受他们狩猎文化的影响。

（四）吉伯森保留地（Gibson Reserve）

位于与休伦湖相连之乔治湾东岸，1881 年奥卡保留地中一部分人由于反对对他们砍伐木料的限制，迁此建立保留地。他们当然属于摩豪克部落。

（五）圣里吉斯保留地（St.Regis Reserve）

亦称 Akwessansene,意为“斑鸠鼓所在地”。地跨加拿大魁北克、安大略两省及美国的纽约州。是 18 世纪中叶卡纳魏克保留地由于内部矛盾（或谓人口拥挤）而分出的一部分居民所建立，他们亦属摩豪克部落。从行政区划说，它受两个国家三个地方政权的管辖，而它基本上是独立的。

（六）奥奈达保留地（Oneida Reserve）

位于休伦湖以南伊利湖以北的泰晤士河流域，美独立战争时，它参加美国一方，并未得到什么恩惠。19 世纪 20 年代，美国强迫印第安人向密西西比河以西迁徙，他们也属于迁徙的对象，一部分迁到今天威斯康星州。1839 年另一些人进入加拿大境内，便形成了这个保留地。

（七）梯恩德内加保留地（Tyendinega Reserve）

美国独立战争后，站在英国一方的摩豪克部落一部分人，进入加拿大，被给予在安大略湖北岸的 Quin te 湾一些土地（时在 1783 年），形成今天的 Quinte 摩豪克人。

这七个保留地政治的经济的现状及存在的问题，不是本文论述的重点。这里只想指出，保留地内易洛魁人的生活水平与白人相差无几，绿树丛中掩映着一幢幢现代化小楼，楼前停放着一辆或几辆自用汽车，交通方便，生活舒适。但民族问题仍然存在，时常在下列两个问题上发生争执：

一是土地问题。根据 1867 年英加政府的法令，印第安人拥有留给他们的土地，保留地内土地属印第安人集体所有。但地界划分和主权的归属不是非常明确，时常发生纠纷。我 1991 年 6 月访问卡纳魏克保留地之前不久，那里发生了易洛魁人抵制当地扩展高尔夫球场事件（报纸称“奥卡事件”），蒙特利尔当局动员了警察去弹压，在混乱中一名警察丧生，举国哗然。后加拿大联邦政府出动军队干预。我们去调查时，卡纳魏克保留地门前仍然戒备森严，对我们汽车盘查以后始准进入。

二是贸易问题。根据 1794 年 Jay 条约，印第安人可以自由来往美加边境，彼此拜访，相互参加节日活动，进行贸易而不需纳税。现在政府指责易洛魁人及其他印第安人不应利用过去法令来贩运奢侈品（如大批烟草）及违禁品，而易洛魁人则认为，禁止携带烟草是破坏他们的习俗。卡纳魏克保留地的首领告诉我：“烟草、跳舞、唱歌是我们印第安人的‘护照’，通过这些我们印第安人到处可受到接待。”的确，在日常交往中，共吸烟管是各地印第安人共有的非常普遍的礼仪，像笔者这样连纸烟都不吸的人，有时也不得不接过烟管，连咳带呛吸上一口，以免引起主人的不快。

这些表面上是土地和贸易的争执，实质上是印第安人在争自己的主权。因为在他们心目中，这片土地原是他们的，他们有权做一切事情。早在 1684 年一位易洛魁人首领曾这样告诉法国殖民者：“我们生来是自由的，我们可以到我们喜欢的地方，携带我们喜欢携带的东西，买卖我们喜欢买卖的东西。”（狄克因桑，1990）。虽然他们现在住在保留地中，位于加拿大或美国领土之内，

卡纳魏克保留地传统工艺品商店仍然建成长房形式

但他们认为他们从来没有被征服。像六部保留地的居民始终认为，他们是作为美国独立战争时英方盟友而进入加拿大的。至今仍然有一部分人认为不应受加拿大政府的管辖。20 世纪 60 年代，所有加拿大的印第安人获得选举权，但很多易洛魁人拒绝接受，怕因此丧失了独立性（麦克米伦，1988，84—85 页）。

三 易洛魁人的社会文化变迁

与欧洲人接触以后，易洛魁人固有的社会结构和传统文化，便不断发生变化。以六部保留地为例，考古发掘与文献记载的综合研究表明，到了 18 世纪，当地已有不少外族居民（欧洲移民、养子等）与易洛魁人通婚并混合（发现的人物画像已显示出混血儿的特征），易洛魁人衣服、饮食及居住等习惯已与欧洲人接近，已发现的遗物可以充分证明这一点。但易洛魁人原来的社会文化今天并未完全消失。试以加拿大易洛魁人保留地现状与上述固有的基本特征逐一对照，即可见其文化的保存与变迁情况。

（一）自 17 世纪以后，由于猎物减少，狩猎不再进行。易洛魁人一度完全靠农业为生，但他们个体农业难于与现代农业相竞争，故几十年前加拿大易洛魁人保留地已不经营农业。我在六部保留地只见到很少的小片玉米地。现在保留地内易洛魁人多变为工资劳动者，在附近大城市钢铁业或建筑业中担任工人，或在保留地内担任公职人员或教师。少数经营小商店或小企业（如枫树浆的生产），或制造传统的手工业品（陶器、鹿皮衣或供旅游者购买的纪念品等）。

男女分工情况是男子多出外当工人，妇女留在保留地内地经营小商店或制造传统手工业品，在保留地担任教师的女性也为数不少。

卡纳魏克保留地首领和他的妻子

（二）婚姻仍然实行单偶制。现在与过去比较一个显著变化是婚后便单独居住，既不从母，也不从父，自营住宅。住宅可能离父母住宅不远，但很少与母方亲属或父方亲属共住。现在，缔结婚姻及离婚的过程及手续已和西方社会一样。

（三）社会基本细胞已不再是扩大家庭，而是一对配偶及其子女组成的核心家庭，作为扩大家庭共居的长房早已不复存在。现在可见的是一幢幢现代化的小型住房。保留地中还有长房形式的建筑（如六部保留地就有四座），专供议事及举行仪式之用，被视为神圣或神秘之地，外人不得入内参观。

现在既以核心家庭是社会基本细胞，亲属之间（即使是已分家的父母与子女之间）已没有或很少有共同的经济生活。

（四）过去六个部落的后裔已分散，分别居住于保留地之中，部落组织已不存在或不起作用，但部落的认同感仍然强烈。每个人都会告诉你，他或她是属于摩豪克部落或其他什么部落。

氏族及其图腾名称仍然存在，现在六部保留地有九个氏族：海狸、龟、鳝、熊、狼、鹿、鹰、苍鹭、鹬。他们开玩笑地说，“我们是海陆空各有三个”。卡纳魏克保留地则有三个氏族：熊、狼、鹿。

现仍然实行氏族内不婚原则。但对子女是否仍然隶属母方氏族在今日易洛魁人之中则有两种不同意见。一派认为不必严守母系原则，姓氏可以随母，也可以随父；但另一派维护传统文化者坚持子女应与母亲同氏族。例如与我们长期交谈的卡纳魏克保留地首领坦纳荷克特的母亲属熊氏族，他便自认是熊氏族，他的颈下挂有一个熊形牙雕饰物，作为自己

卡纳魏克保留地世袭首领与本文作者合影

图腾的标志。

（五）现在保留地代替过去村落成为基本政治单位。1924 年政府首先在六部保留地建立新议事会，其成员（councillor）由选举产生，每两年选举一次，甚至由骑警（RCMP）出面封闭原来议事会的会所。但易洛魁人多不接受新的议事会，而组成由世袭首领组成的议事会。1959 年，传统主义者曾因占领选举议事会所而再次遭到骑警镇压。六部、卡纳魏克等保留地至今仍是两种议事会并存。在圣里吉斯保留地，由于地跨美、加两国，竟有三个议事会——美国承认的选举议事会，加拿大承认的选举议事会和世袭议事会。在奥奈达保留地，由于两种议事会相互对立，最后为全体人民出席的会议所代替。现在这两种议事会在某些方面互相竞争，某些方面也能彼此合作，共同为争取易洛魁人的合法权益而斗争。加拿大政府虽然只和选举议事会打交道，但对世袭议事会也不敢忽视。世袭议事会的存在，说明易洛魁人传统的政治组织并未完全消失。而且他们讨论问题时，仍然遵守原始民主全体一致的原则（德鲁克，1986，319—320 页；麦克米伦，1988，85—85 页）。

（六）“易洛魁联盟”早已解体，现在各保留地之间仍有一定的文化联系。节日盛会举行 Powwow（歌舞比赛活动），即使相距很远，也彼此走访。在政治方面，易洛魁人中传统主义者正在努力使美、加全体易洛魁人加强联系，重建像“易洛魁联盟”那样的政治结构。1969 年建立的加拿大“易洛魁人及其盟友协会”，为反对印第安人受到的不公正待遇而斗争。更重要的是易洛魁人在思想深处仍然认为自己是独立的人民，始终坚持自己是英方的盟友，对视他们为附庸或被统治者极为反感。他们反对“印第安法令”，因为按父系确认少数民族成员资格与他们母

TEKAWENNAKE

75¢

SIX NATIONS - NEW CREDIT REPORTER

Wednesday June 19, 1991

Volume 19, Edition 7

SECOND CLASS MAIL - REGISTRATION NO. 0930

Make it a point to do something every day that you don't want to do. This is the golden rule for acquiring the habit of doing your duty without pain.
- Mark Twain

What's Inside:

Liberal Fish Fry Set for Sunday... ..Page 3
"Songs of Our Fathers" Pow-wow.....Page 6
Empire Loyalists Launch Book..... Page 12

HHS student wins women's club bursary

Soroptomists contribute $3000 to area woman's education

Hagersville - A Six Nations mother of four and grandmother of one, who braved the taunts and jeers of others when she decided to return to high school two years ago, has won $3,100 in bursary monies from an international woman's club.

Diane Hill will graduate from Hagersville Secondary School this month - along with one of her teenage sons - and plans to pursue a native community care program at Mohawk College. She eventually hopes to earn an MA degree, perhaps from McMaster University in Hamilton.

And while she says that the decision to return to school was ... school). But, finally, I said to myself; just do it."

In addition to winning both the local and regional prizes for the Soroptomist club's Training Award Program ($100 and $3,000 respectively), Hill is a finalist for the worldwide prize of $10,000. She will be one of four contestants from Canada representing clubs from this country against those of nine other countries.

The Soroptomists are an association of professional and business women with 73,000 members worldwide, explains HSS teacher and clubmember Janice Schweder ... remembers Hill, as she and Janice explain the chronology of events. "So I filled out an application, never expecting to win."

But win she did.

And regardless of how things pan out for her in the big competition this summer, she seems to be on track now.

However, things weren't always that way.

As a single mom with a Grade 9 education trying to provide for herself and her family, she can remember working two jobs and waitressing on the weekends just to make ends meet.

"I thought, here I am, 34 years old - I deserve to get a job. But

六部保留地出版的报纸

系习惯相反。1920年左右，六部保留地甚至发行过自己的护照，派人去当时的国联申诉。当所有加境印第安人获得选举权后，如上所述，易洛魁人拒绝参加选举。他们的民族认同感和独立意识较之其他印第安人似更为强烈。这与过去他们建立的“易洛魁联盟”曾是北美大陆东北部一支强大的政治力量，是分不开的。

（七）现在，虽然长房经济和完整的母系继嗣已不存在，妇女在家庭和社会中的地位似未受影响。而且妇女仍积极参加公共事务，在推举世袭议事会成员时仍有发言权。六部保留地的议事会开会时，妇女和儿童常去长房旁听，并有专为她们设立的座位。

（八）自17世纪起，基督教即开始传入（卡纳魏克保留地最早一个教会已有300年历史）。现在易洛魁人一部分信仰基督教，一部分信奉传统宗教，但传统宗教已经发生了很大变化。大约在1800年左右，在今美国宾夕法尼亚州的塞内卡部落有一位首领称为Handsome Lake（即《古代社会》译为“美湖”者），在一场大病之后自称梦见三个神灵，让他把“大神”的信息带给全体人民。从此开始了宗教改革，并形成所谓“Handsome Lake法典”。他主张易洛魁人应保存自己的文化，但同时应了解世界已经发生的变化，适应新的生活，并提出不要酗酒等等。信仰的神祇也与原来不同，有趣的是美国总统乔治·华盛顿也成为易洛魁人信奉的诸神之一。

卡纳魏克保留地古老的教堂

现在易洛魁人民根据所信奉宗教不同而分为两派，其对待传统的社会结构和文化的态度也截然不同。信奉基督教者被称为“教堂派”，他们不再承认原来氏族划分及母系继嗣原则，认为选举议事会合法，完全说英语。信奉传统宗教者称为“长房宗教派”，他们主张保存或复兴全部传统文化，强调母系继嗣制度，不承认选举议事会，而支持原来世袭议事会；主张使用易洛魁人语文，虽然他们会说英语（麦克米伦，1988，83 页）。

（九）易洛魁人其他文化特征亦多有保存。个别老人还会写图画文字；原来的宗教节日（如种植节、采草莓节、青玉米节、仲冬节）仍要举行盛大庆祝；Lacrosse 球戏仍在进行，且列入加拿大国家运动项目；驱鬼仪式仍然存在，为保留地全体人民祈求健康；在许多舞蹈中仍要戴上假面，面具被视为易洛魁人重要艺术作品。

值得记述的是我们看到易洛魁人为了保存和振兴自己传统文化而作的努力。在六部保留地中，学校都兼学英语和易洛魁语，还有一所学校仅学易洛魁的摩豪克语；保留地出版自己的报纸，报道易洛魁人经济文化状况；保留地内餐馆中为游客准备各种易洛魁人传统食品；露天舞台上演出以易洛魁人神话故事及历史人物（如约瑟夫 · 伯兰特）为内容的戏剧；木雕面具作为易洛魁人的传统艺术品而大量制作。各保留地还联合成立了“东部林区印第安人文化教育中心”（设立在伯兰特福），专门研究如何保留和振兴易洛魁人及附近其他印第安人文化，按

六保保留地博物馆易洛魁人讲解员

17 世纪圣女 kateri Tekakaitha 之墓园

圣女 Kateri Tekakaitha（印第安人）像

1725 年法国为保护易洛魁人中基督徒建立的〞圣路易斯堡〞（前立者为卡纳魏克保留地中的易洛魁人）

自己的观点展览印第安人的历史文物。我们的访问即是这个组织接待和安排的。

余论

易洛魁人的过去和现在有不少问题值得研究，例如联盟制度、19 世纪的宗教改革、民族认同感的特别强烈等等。但对我们中国人来说，最需要给予正确阐释的是它的“母系社会”,正是在此方面过去误解甚多。现利用本文的余幅拟对有关母系社会的两个问题略作论述。

一是母系社会妇女的社会地位问题，即妇女的地位是否高于男子？本文第一部分已以实际材料表明，易洛魁妇女在内部事务方面握有支配权；而在政治军事及对外事务方面，实际权力仍操于男子之手。所谓“妇女统治男子”的现象，即在母系社会中亦不存在，故在现代人类学中已很少使用“母权制”一词（斯赖德等，1974，8 页）。当然也不能认为，在这里仍然是“男子占统治地位”（哈里斯，1977，92 页）。以易洛魁人母系社会来说，男女社会地位大体上是平等的，这就是母系社会与以男性为中心（male supremacy）的父系社会相区别的地方。

二是像易洛魁人这样的母系社会，是否为人类社会必经阶段？自 1861 年，J.J. 巴霍芬发表《母权论》一文，首倡母系先于父系为人类社会进化两个阶段之说；摩尔根以易洛魁人母系社会为实例，又对此进一步论述；后得到马克思和恩格斯的肯定和阐发，这一说法遂成为马克思主义历史观的一个组成部分。但大量的人类学资料表明，在世界各民族之中，实行母系的仅占

15%左右，多半发生在农业已得到发展的社会之中，在以狩猎、采集或游牧为生的社会中很少实行母系制度（斯赖德等，1974，663—670页）。众所周知，人类最早是狩猎、采集为生的，以后才有农业的发明。很难想象，像易洛魁人这样经营农业的母系社会曾是人类较早的社会形态。再以易洛魁人本身的历史发展来看，新的研究表明易洛魁人最早实行的并不是母系，而可能是两可系，后来才发展为母系，甚至是在与欧洲人接触以后才逐步加强的。如关于离婚后子女的处理，17世纪尚无固定规则，19世纪才有子女必须随母的规定；年青男女选择配偶最早纯由当事人决定，后来母亲的意见才起着决定作用（德里弗，1969，518页）。

关于母系继嗣制度之出现，除了由于妇女在农业中所起重要作用外，各地还有其具体的原因和条件。仍以易洛魁人为例，据研究，这里母系之建立和加强，实与男子经常长期外出，从事远途贸易和远征有关（哈里斯，1977，90页）。不是所有地区和民族都有产生母系社会的条件。

从上述可见，摩尔根《古代社会》一书首先提出、后经马克思、恩格斯充分肯定的原始社会发展模式，今天看来已很难成立。在《古代社会》一书出版十四年以后，恩格斯即已承认在新的材料面前，“摩尔根某些假说已被动摇，或甚至被推翻了”（《马克思恩格斯选集》，人民出版社，1972年，第4卷，16页）。从那时起又过去一百多年，今天有更多新的材料表明，这一原始社会发展模式本身，即人类从母系到父系的发展，已需要重新考虑。

关于摩尔根对易洛魁人调查，在几本前苏联关于原始社会史的小册子及国内学者一些著作中，也流传着一些不真实或不确切的说法，如说摩尔根为了获得第一手资料而长期作为养子生活于易洛魁之中云云。事实是摩尔根出生于卡尤加湖附近的奥罗拉，后定居于罗彻斯特城，这些地区原都是易洛魁人的领土范围，故他自幼年起即对易洛魁人文化有浓厚兴趣。他曾长期搜集易洛魁人材料，多次拜访易洛魁聚居区，但他本人仍居住在城市中，以律师和经营铁路为职业，并非专门从事人类学调查工作。由于他曾帮助塞内卡部落揭穿了地产公司侵占土地的阴谋，塞内卡部落为了表示感谢，遂于1846年接纳他为养子，给他起名为“one lying across”，意为“跨越之人”。他为了参加收养仪式，在部落中住了十天，是最长的一次。（参见海斯，1958，18—19页）

当然，摩尔根调查和研究之功不可泯灭。他出于对少数民族的同情和尊重，记录和搜集大量易洛魁人资料，至今仍是研究易洛魁人社会和文化的基础；特别是《易洛魁人联盟》一书，所述不限于联盟问题，实包括政治、经济、文化、宗教各方面，是一本完整全面的易洛魁民族志；他搜集了很多易洛魁人的文物，现在成为美国Albany城中纽约州博物馆中重要藏品。他在理论上的缺陷，实由于时代的局限性，他的某些观点是19世纪人类学家所共有的。

总之，我们对摩尔根及其同时代的学者是不应苛求的。问题在于今天我们自己是否还应置大量事实不顾，仍然坚信他在一百多年前提出的母系社会是人类必经阶段而且先于父系的模式。这倒是值得我们中国社会科学界认真考虑的。

（原载《社会科学战线》1994年第1期）

参考书目

D.S. 布莱切德

《卡纳魏克：一个历史的素描》，卡纳魏克，1980。

N. 邦维莱因

《易洛魁人的妇女》，载《易洛魁文化研究》，东北人类学不定期出版物第 6 号，1971。

J. 布朗

《易洛魁妇女：民族史的一个注释》，载《走向妇女的人类学》（R. 赖纳编），纽约：每月评论出版社，1975。

J.A. 狄克因桑

《卡纳魏克易洛魁人传统的贸易权利：一个历史的透视》，卡纳魏克，1990。

H.E. 德里弗

《北美印第安人》，芝加哥大学出版社，1969。

N. 德鲁克

《加拿大的易洛魁语部落和易洛魁人》，载《土著人民：加拿大的经验》（R.B. 摩利逊等编），多伦多，1986。

J. 奥唐勒尔

《约瑟夫·白兰特》，载《美洲印第安人的领导者》（D. 爱德蒙斯编），内布拉斯加大学出版社，1980。

W.N. 芬顿

《北美印第安手册 · 摩霍克》，华盛顿：斯密逊尼研究所，1978。

H.R. 海斯

《从猿猴到安琪儿》，纽约：阿尔弗雷德 · 诺夫出版社。

M. 哈里斯

《食人者和国王：文化的起源》，纽约：芬太奇书局，1977。

B. 赫尔等

《六部保留地》，安大略：费兹亨利和怀特赛德公司，1987。

G.T. 亨特

《易洛魁人的战争：部落之间贸易关系的研究》，威斯康星大学出版社，1940。

J.F. 拉菲托神父

《美洲印第安人的习俗》（W. 芬顿和 E. 摩尔合译）第一卷，多伦多：尚普兰学会，1974（首次以法文发表于 1724 年）。

A.D. 麦克米伦

《加拿大土著人民和文化》，温哥华：道格拉斯和麦克因泰公司，1988。

G. 马勒尼

《美洲印第安人的图画文字》，纽约：道弗出版公司，1972（首次发表于1889年）。
L.H. 摩尔根
《易洛魁人联盟》，新泽西：锡塔出版社，1962（首次出版于1851年）。本文很多插图采自此书。
《古代社会》，哈佛大学出版社，1964（首次出版于1877年）（按此书有多种中译本。为了方便读者，以下引文均注明商务1977年新译本的页数）。
《美洲土著房屋和家庭生活》，芝加哥大学出版社，1961（首次出版于1881年）。
G.P. 穆达克
《世界文化图表集》，匹兹堡大学出版社，1981。
M.G. 兰德尔
《易洛魁的妇女：过去和现在》，载W.N. 芬顿编《易洛魁文化的地区多样性讨论会刊》，1951。
D.M. 斯赖德，K. 高夫
《母系亲属关系》，伯克利：加尼福利亚大学出版社，1974。
W.A. 斯塔纳，R. 瓦特金斯
《北部易洛魁人奴隶制》，《民族史》38：1（1991）。
A.F.C. 华莱士
《塞内卡人的死亡和再生》，纽约：芬太奇出版社，1972。

（本文引用前人图片，除已加注明者外，多采自L.H. 摩尔根《易洛魁人联盟》及《美洲土著房屋和家庭生活》。）

以驯鹿为生的沙米人
——兼谈游牧社会若干问题

今日世界完全以游牧为生的民族已很少，惟生活在欧洲北极圈内部分沙米人现在仍靠牧养驯鹿过活。他们传统的生活方式和社会组织是复原和研究人类历史上游牧社会的重要资料。

1991—1992 年间承挪威国家人文科学基金会（NAVF）邀请，我偕内子访问挪威凡九阅月。除在奥斯陆大学及特罗姆瑟大学任教外，还对北极地区的沙米人进行了考察。承友人 H. 勃克曼、刘伯沙夫妇驱车千余里，带我们遍访挪威沙米人聚居地，并访问了沙米人研究所及沙米人文化博物馆。

本文便是根据那次考察结果并参考有关文献写成的。

一　概况

沙米人（Sami 或 Saami）在过去人类学献中称拉普人（Lapp）。前者为本族自称，意为“（我们）人民”；后者是瑞典人、芬兰人、俄罗斯人对他们的称谓，沙米人颇不乐闻。今天挪威、瑞典等国官方文件已统一称“沙米人”。

沙米人现共有 50000—70000 人（20 世纪 90 年代初统计），分布在北纬 60°—71°，东经 10°—40° 之间，散住于挪威的芬马克、特罗姆斯及诺兰三郡（约 30000—40000 人）[1]，瑞典的北博顿、西博顿及耶姆特兰等郡（约 17000 人），芬兰的沙米领地（约 5700 人）和俄罗斯的科拉半岛中部（约 2000 人），是一个跨境挪、瑞、芬、俄四国的民族。

沙米人语言属乌拉尔阿尔泰（Ural–Altaic）语系中的芬兰乌戈尔语（Finnish–Ugaria）语族，与匈牙利语及芬兰语接近。沙米语共有九种方言。挪、瑞、芬、俄四国合组的沙米人研究所（设在挪威的考吐克诺）正研究如何保护方言而又能形成一种规范化的沙米语问题。

不少沙米人会说所在国主体民族的语言（沙米人知识分子还多会说英语），沙米语中有很多这些语言（挪威语、瑞典语、芬兰语、俄罗斯语）中的借词。

沙米人原有简单的图画文字，用红色写在萨满鼓上，描绘神祇的形象和表述祈求的愿望（曼蔻，1950；阿尔巴克和贝格曼，1991）。17 世纪传教士曾以拉丁字母为基础为沙米人创造过文字，

1　按挪威政府法令，只有自认为沙米人，以沙米语为母语或其父母、祖父母至少有一个以沙米语为母语者，始得登记为沙米人。他们才有权选举沙米议会（1989 年召开了第一次会议）。故挪威沙米人口数不包括很早丧失语言者在内。

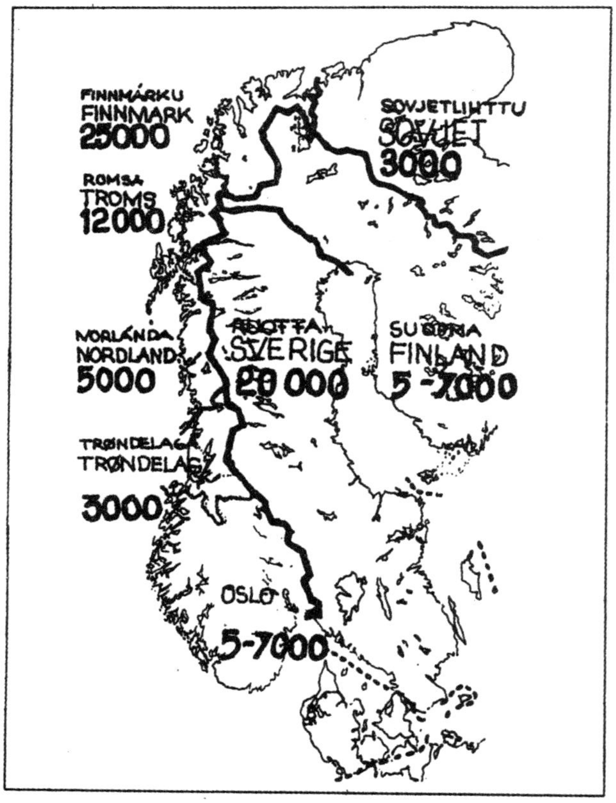

沙米人的分布地区及其人口数：挪威 40000—50000 人，俄罗斯约 3000 人，瑞典约 20000 人，芬兰 5000—7000 人（采自沙米人研究所《沙米人》，1990）

访问沙米人研究所

挪、瑞、芬、俄四国合组的沙米人研究所内部

1555 年图画：沙米人妇女（中间长发者）参与狩猎场面（表示当时猎物之多）

当今挪威沙米人已成立议会并有自己的国旗

书写宗教经籍。本世纪二三十年代及二战以后，语言文字学家又两次创造沙米文。1980年沙米人学者自己创造出一种新文字，普遍流行。目前已有大批用新沙米文写成的文学作品及记述沙米文化的著作问世，并出版了多种报刊，其中Sami Aigi（《沙米日报》），在挪威沙米人中发行甚广。

沙米人从何时起分布到今芬兰—斯堪的那维亚地区？有些学者认为当地“古石器时代”[1]以后的文化遗存，包括阿尔塔（Alta）著名的崖雕（赫尔斯考克，1988），为沙米人先民所遗留（崖雕一些画面能以沙米人习俗解释）；但另一些学者主张，沙米人形成一个具有自我认同意识的族群不可能如此之早。现在多数人达成的共识是公元前后相当于铁器时代早期的KjelmΦy文化明显属于沙米人祖先的遗存（沙米人研究所，1990，20—21页）。此后，沙米人才见于历史记载。塔西佗的《日耳曼人》（公元98年）一书及挪威北方首领奥塔（Ottar）《致英王报告书》（公元890年）提及Fenni人，据研究即包括沙米人的先民在内。“沙米”一词首先见于中世纪北欧英雄故事即所谓Saga之中。公元1200年，丹麦史学家曾记载沙米人擅长滑雪和射箭，同时开始使用“拉普”一词，此后沙米人在历史文献中便常以“拉普”出现。

关于沙米人对自己历史看法，则反映在他们古老诗歌（yoik）[2]之中。他们把沙米人历史分为三个阶段。第一阶段：沙米人先民发现了现今的土地，征服了更古老的土著居民。第二阶段：另一种与先来者有亲缘关系部落到来，居于统治地位并与之融合。第三阶段称“王的时代”，过去“自然的法律就是人的法律”，现在则为“王带来的法律”所代替（沙米人研究所，1990，19页）。这一传说似乎反映历史上沙米人曾形成某种政治组织，有自己的统治者，但这并不表明沙米人曾建立自己的政权。

从中世纪起，沙米人即臣服于所在地的国家政权，要纳贡或纳税。沙米人的分布地区，经过1751年以后一系列条约，分属挪、瑞、芬、俄四国至今。

沙米人原有自己的宗教信仰，有自己的巫师——萨满。他们崇拜日、月、雷、风；信奉神中有猎神、丰收之神、春天之神、看门女神；像其他北方民族一样，还有对熊的崇拜。这种原始宗教是适应于沙米人生态环境的（菲耶尔斯特伦，1987）。公元1600年左右，基督教开始传入（挪威沙米人地区第一个教堂建于1603年），带来欧洲先进技术文化。但18、19世纪以后，传教士推行官方强迫同化政策，摧残传统文化，推行所谓“挪威化”，禁止萨满活动，甚至对写有图画文字的萨满鼓也大加摧毁[3]，禁止学校使用沙米语，只准用挪威语教学。

所幸的是挪威政府二战以后改变了对沙米人的政策。今天沙米人不仅大力发展经济，而且正努力振兴自己的文化，大力推行自己语言文字。原始宗教的信仰和仪式至今仍在民间有影响，巨石怪树受到崇拜。

---

1 按当地无旧石器时代。所谓“古石器时代”（Old Stone Age），约距今13000年开始，大约相当其他地区中石器时代。到了距今8000年左右，进入新石器时代。当地亦无青铜文化的发现，距今2000年左右直接进入铁器时代。

2 沙米人的Yoik被称为是一种以声音和节奏表意记事形式的“记忆的艺术”。其内容多为对大自然、对驯鹿和其他动物的歌颂，世代相传。传世者约有1500首，已汇集出版。

3 早在公元1500年左右，萨满鼓即开始出现。其制法是将树干凿空，上蒙鹿皮，以alder树红色的汁为颜料，在鼓面上写图画文字。萨满正是在鼓声中进入“迷幻状态”，鼓是他们举行宗教仪式的重要法器。由于传教士们的摧毁，多已不存。现保存于欧洲各大博物馆中的共有71面。近年沙米人为了复兴传统文化，又开始制作。

1555 年图画：沙米妇女挤取驯鹿之奶（当时已知利用鹿奶）

1767 年的图画：围栏中的驯鹿

20 世纪初的图画：沙米人迁徙前套捉驯鹿，将其分群关入围栏

沙米人原靠狩猎、捕鱼、采集为生。他们在森林中猎取驯鹿和其他猎物，捕捉鸟类，在海湾捕捉鱼类和海兽，在内陆河湖中捞取淡水鱼，并且尽可能采集当地为数不多的野生植物，拣取鸟蛋和贝类，因地制宜，在严酷的北极环境中维持自己的生活。因人口不多，需求有限，尚能保持生态平衡。

收税者贪得无厌的需求，使沙米人不能不过度地狩猎，加上从 16 世纪以后火枪的传入，遂造成野生动物锐减。正是从 16 世纪起，沙米人便开始了驯鹿的豢养和放牧。其后，沙米人又建立了养畜牛羊为主的农庄。当然在条件有利地区，他们仍然从事狩猎和捕鱼。（参见奥德纳，1989 年）。

这样，为了适应北极地区生态环境，充分开发和利用当地贫乏而分散的资源，生活在不同地区的沙米人便有了不同的生计（subsistence）。沙米人因分布地区和主要生计的差异被划分为四个类型（沃伦、曼蔻，1962，19—90 页）：

（1）山区沙米人：亦称驯鹿沙米人，分布于欧洲大陆森林地带之北缘，主要是挪威、瑞典的北部山区，完全或主要以放牧驯鹿为生，随鹿定期迁徙。

（2）海边沙米人：主要分布于挪威芬马克海湾地区，靠捕捉鱼类和海兽为生。有时为方便渔

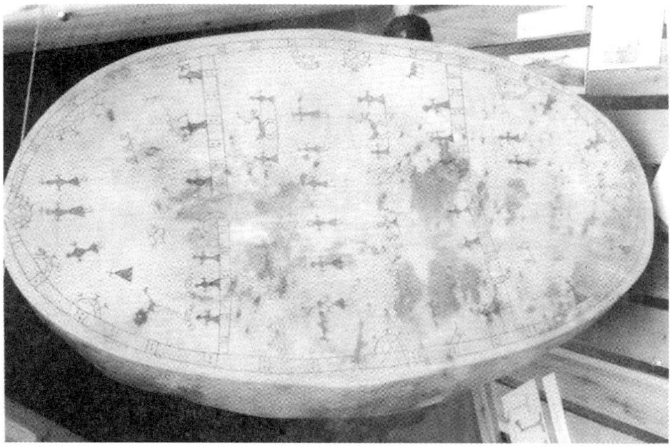

沙米人的萨满鼓

萨满鼓面图画文字描绘之沙米人定居点（顶有十字之房屋为教堂）

萨满鼓面图画文字中的麋鹿

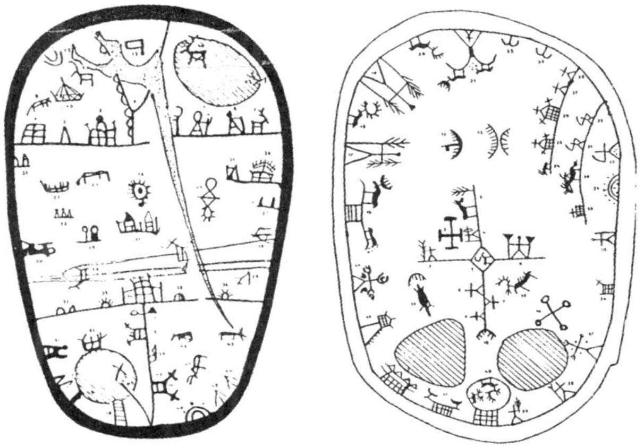

沙米人萨满鼓面上图画文字

猎而迁徙，但在海湾地区建立了固定住宅。这部分沙米人称为半迁徙者，他们接受外族影响较多，很早即建立养牛羊的农庄。

（3）林区沙米人：分布在芬兰、瑞典的森林地区，以套捉小动物和在内陆河湖中捕鱼为主要生活来源。他们还养有少量驯鹿，仅作为食物补充及运输工具。最近也建立了农庄。

（4）东部沙米人（Skolt Sami）：主要分布于俄罗斯的科拉半岛及周围地区。其经济生活兼有林区沙米人及海边沙米人的特点，从本世纪起也开始养少量驯鹿（每户不过10—20头）。其他地区沙米人信奉

前人记录中沙米人巨石崇拜画面

基督教（新教），他们则信仰俄罗斯传来的东正教。

还有分为六种类型的（尼卡尔，1977，1—44 页），即林区沙米人中住在伊纳里湖的，称为伊纳里湖沙米人（这里捕鱼特别重要），山区沙米人中沿着塔纳河居住的，称为河流沙米人（这里有较多农庄）。

本文下面介绍的是山区沙米人。在挪威有 2100 人，瑞典有 2700 人。

二　经济生活及居住模式

（一）驯鹿的习性及放牧方法

驯鹿分布于整个北极地区，在欧亚大陆者称为 reindeer，在北美则从印第安语称为 caribou。两者实为同一种属，学名为 *Ransifer tarandus*。其特点是雌雄两性均有角，惟雌性的角较小。交配时的鹿角长到最大。平均寿命为 15 岁，3 岁时达到性成熟。雌雄生育期为 10 年，一般是 9 月交配 5 月产仔。驯鹿原是狩猎对象。沙米人开始畜养驯鹿，见于公元 890 年挪威北方首领奥塔《致英王报告书》。当时养驯鹿是作囮子（decoy）引诱野生驯鹿以利狩猎[1]，说明当时仍以狩猎为主，驯鹿尚未大量驯养。1555 年瑞典学者 Olaus Magum 著作中，才开始提到沙米人以牧放驯鹿为主要生活来源。当地崖雕中常见驯鹿拉橇的图形。

驯鹿是具有迁徙习性的合群动物，有山驯鹿和林驯鹿之分，前者较后者群体性更强，迁徙路线更远。山区沙米人牧养的就是这种山驯鹿。

山驯鹿习惯于远途迁徙，由许多因素决定。第一，它们以极地苔藓（Lichen）为主要食物，这种植物只有冬天覆盖在雪下的才柔软可食，夏天则坚硬难咽；且这种植物生长甚慢，驯鹿如固守一处，专靠它不能维持生命；故驯鹿冬后不得不转移别处寻食。第二，山区夏天气候闷热，蚊蝇繁殖，驯鹿不堪其扰。有一种蝇会飞入驯鹿鼻中生卵，危害更大。这时驯鹿只好迁往海岸或更北的无树多风凉爽地区。第三，雌鹿喜欢选择在无树的石山或沼泽地生育，而且每年都前往固定地方，这也决定它们一年要迁徙一次。

山区沙米人既依靠驯鹿为生，便要迁就驯鹿的上述习性，随之迁徙，以便保护和照料鹿群。

沙米人一年四季的迁徙活动日程可以挪威芬马克地区为例。

春季（一般从 4 月开始）来临，驯鹿觅食渐感困难，便准备迁徙。男子从鹿群中找出拉橇的鹿（一般是阉割过的雄鹿），装好雪橇。雪橇有三种：一、人坐之橇，橇上覆盖毛皮；二、封闭之橇，装载全家重要物品及食物；三、敞开之橇，后面无栏，装载帐篷支柱及一般用物。一户约需 20 个雪橇才足敷用。迁徙时雌鹿在前（它们急于到达分娩地点），雄鹿在后，橇队在最后，沿着熟悉的路线奔驰。夜间天冷，雪硬便于滑行，故夜晚赶路，白天休息。

每天早晨到达露宿地点（多为历年迁徙时住过的），支上帐篷，升起火塘，吃饭睡觉。男人轮流看守鹿群。傍晚整装启程。若干日后到达营地。

在春季营地，每户都有自己固定的草皮覆盖的小屋及仓房，储藏着去年秋季在此留下的鹿肉和日用品。这时的主要工作是照顾雌鹿产仔，赶开雄鹿创造安静的分娩环境。5 月生下小鹿，

1 其法是以家养雌鹿引诱野生雄鹿来交配，或家养雄鹿头上绑以套索，引诱野生雄鹿来争斗时套捉。

牧人就地照顾。6 月蚊蝇渐多，就再次迁徙。这时小鹿长大，可以随畜群行动；而雪已融化，不能再乘雪橇，改用鹿驮运载用物。帐篷支架捆缚成束，架在鹿身两旁，每匹鹿只能驮 40 公斤左右。人多步行，仅老人小孩可以乘鹿，雪橇及冬季用物便留在春季营地。一切准备就绪，这支“旅行队”便又向夏季营地出发，仍是鹿群在前，驮鹿及人随后。

今日公路边所见沙米人崇拜的巨石

六七两月是夏季，人们选择凉爽地区作为营地，搭起帐篷，驯鹿任其自由觅食。这时要对小鹿加以标记，即在其两耳切出不同形状缺口。每个家庭的驯鹿有固定的耳标，互不雷同，事先用桦树皮或鹿皮作为式样，并要向政府登记。为了奖励子女在当年放牧中的辛劳，有些小鹿生下即归其所有。子女驯鹿耳标是在家庭驯鹿耳标之外再加若干缺口组成。过去取用鹿奶亦在这时进行。为防小鹿再吃奶，在其嘴里放入木栓。这段时间工作不多，相对闲暇，人们乘此探亲访友。8 月，夏季即将结束，鹿群经过两个月的自由活动，可能已与其他鹿群相混，必须集中起来，驱入自家的畜栏（长约数百码的围篱）。其法是将颈下系铃的头鹿先行套捉放入，群鹿必尾随入内。

特罗姆瑟附近的驯鹿崖雕

秋季约当 9–10 月。北极气候变化莫测，要及早动身前往秋季营地（即春季营地），迁徙路线与来时一样，却方向相反。沿途常遇到坏的天气，刮风或雨中夹雪，感到欣慰的是驯鹿比来时体重增加而且添了许多小鹿。

秋季是屠宰季节，也是欢宴的日子，营地中充满了肉香。大量鹿肉被烟熏干制，存放在仓房中，留待来年消费。多余的鹿肉则出售给前来收购的商人。这时又是驯鹿交配季节。雄鹿太多不利繁殖鹿群，故要阉割或去角，一百头鹿只留下六七头雄鹿。

11 月进入冬季。仓库留下足够的干肉，备好次年的干柴，取出雪橇，驮队又改为橇队，走上归途。到达冬季营地，漫长的冬季开始了，一般是从 11 月到次年 3 月，每天很少见到太阳或

驯鹿群

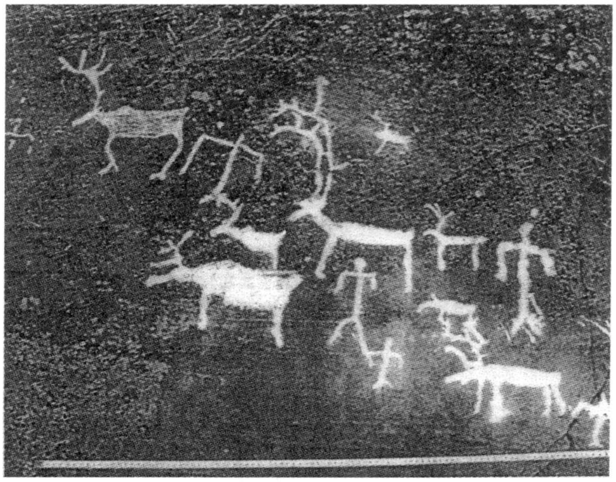

挪威崖雕中的驯鹿群

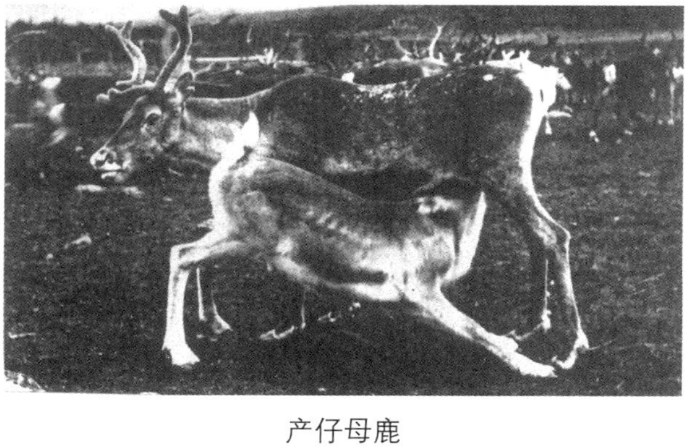

产仔母鹿

萨满鼓面图画文字中的驯鹿拉撬符号

捆扎帐篷准备迁徙

迁徙中的驯鹿雪橇队

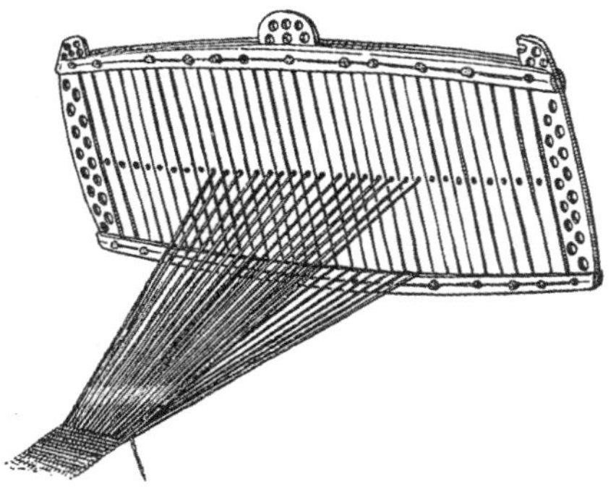

编织带子的织机

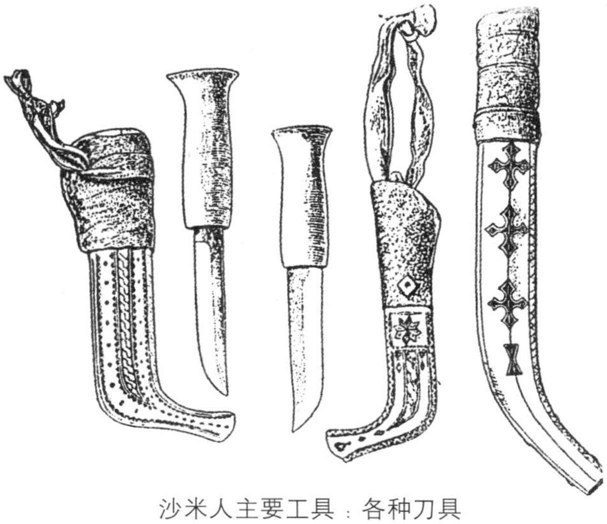

沙米人主要工具：各种刀具

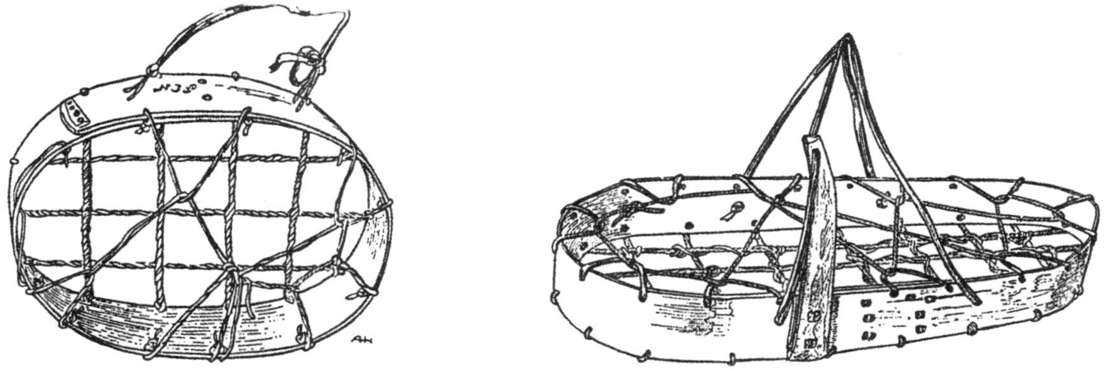

背篮（左）和婴儿篮（右）

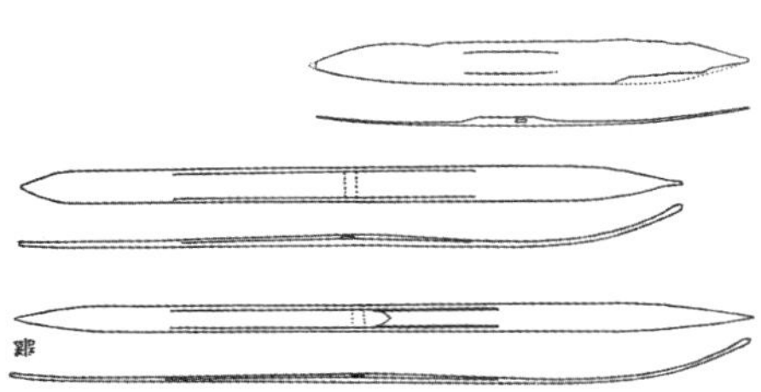

滑雪板

驮鞍

春季迁徙途中休息

终日不见太阳。这时，鹿群任其在山中游荡觅食苔藓，男人们组织起来日夜看护，防止狼的侵犯或鹿群走失。他们乘滑雪板，利用犬（沙米人视为家庭成员之一）为助手，到处巡行。近年，人们改乘摩托车（或摩托船）放牧，移营时除牧人外其他家庭成员可先行乘坐汽车前往。

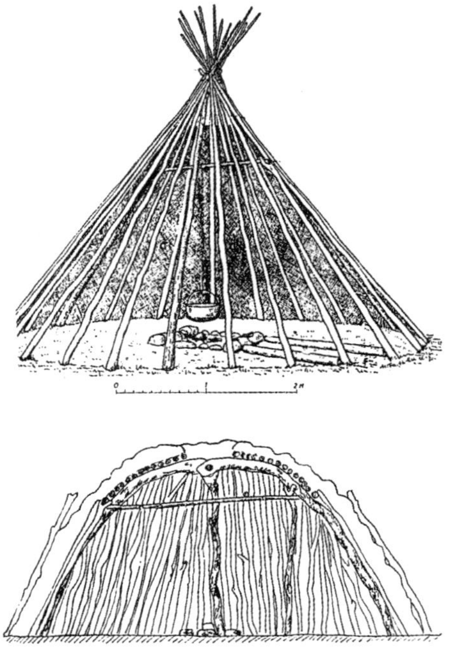

帐篷（上）和草皮顶小屋（下）的构造图

（二）随鹿迁徙的居住模式

山区沙米人每年必须随鹿迁徙，有固定路线和时间，是一种有规律的移动。他们有好几处住所，按照季节来往其间。这种定期迁徙的居住模式完全服从谋生的需要，是驯鹿经济的产物。

冬季营地居住时期最长，是山区沙米人的基地，算是他们的家。每个营地人户不多，每户一个帐篷，各有自己支撑帐篷的固定地点，好像是房屋地基，多位于取水及采薪方便之处，人们停留期间在此支起帐篷居住。

帐篷是由12—18根长12—15英尺的柱子支撑起来的圆锥形结构，外形与印第安人的“梯比”、中国鄂伦春族的“仙人柱”相似。帐篷的内部空间圆径约15英尺，外用羊毛毯（从定居的沙米人处购得）覆盖，顶上留有出烟口，内部四周堆放成束的鹿皮或桦树皮防风。地面中心有一个石砌火塘，由火塘到入口处为通道，以圆木为界。地面先铺细树枝再铺鹿皮。尽管外在寒风怒吼，帐篷内却温暖如春。

去沙米人帐篷中做客

沙米人的几种传统住所——帐篷、草皮顶小屋及木屋（克拉索克沙米人文化博物馆陈列）

帐篷内家庭成员有自己固定的床铺位置。丈夫和妻子位于内侧右方，烹饪用具便靠这边排放以便主妇操作。较大子女在内侧左方，与父母以火塘相隔；幼小儿童在入门处右方与父母相邻以便得到照顾。如有客人和雇工则在入门处左方。近年冬营地的帐篷渐为井栏式木结构房屋代替，内部布局不变。

春秋营地住房外还各有仓房，均为固定小屋，房顶以桦树皮覆盖再铺草皮（turf），因为这里要贮放来年需用的食物及重要东西。

独木小屋及独木梯（克拉索克沙米人文化博物馆陈列）

夏季营地仍使用帐篷，但是临时性的，不用厚重的羊毛毯而用帆布。

为便于鹿群在广阔的空间觅食，无论在哪类营地一般只包括几户互有亲属关系的家庭，很少有大量人口聚居。

沙米人居住的流动性和分散性，是为了适应当地严酷的自然环境，充分利用分散而有限的资源形成的。

（三）驯鹿在经济生活中的作用

山区沙米人在放牧空闲时期也偶尔捕鱼、套捉小动物和采集野生植物，但对整个经济生活不起重要作用。驯鹿才是他们赖以生存的惟一产品，一切生活必需品都取之于驯鹿。

鹿肉是主要食物。近年山区沙米人吃面包，也是鹿肉交换来的。杀鹿时，鹿血放入鹿胃制成的袋中收集起来，供人和牧犬食用。嫩的鹿角也能吃。过去饮鹿乳，并用以制乳酪，由于套鹿取奶费时太多，1920年以后已不再进行。

沙米人传统服装全取之于鹿。用大块鹿皮制上衣，腿部鹿皮制靴和裤子，带毛的鹿皮做外套和帽子。被褥用整张鹿皮。缝纫线是撕开的鹿筋。

工具、器具多用鹿皮、鹿角、鹿骨制成。虽然当前已使用现代化生活用品，也都是以鹿交换来的。沙米人从中世纪起就与相邻民族有商业往来（汉森，1984），驯鹿一向是他们用以交换的重要物资。

驯鹿还是他们重要的运输手段，迁徙全靠鹿拉橇、驮载和作为乘骑。

驯鹿在经济生活中这样重要，故沙米人视驯鹿为主要财富。鹿产品是他们惟一对外交换之物，聘礼、陪嫁、财产继承也均以驯鹿为计算单位。“没有驯鹿，就没有人类”，这一古老谚语在各地沙米人中流传。

二　家庭和社会

（一）婚姻的缔结和婚后居住

严禁近亲通婚，兄弟姐妹之间和兄弟姐妹的子女（我们所说的姑表、姨表、堂兄弟姐妹）不得婚配。这样被认为会造成“不好的血，养出精神错乱的后代”。在居住特别分散地区，配偶难觅，偶有表兄弟姐妹发生关系有了孩子，必须远走他方。（皮尔逊，1964，58 页）。

他们的亲属称谓属于“爱斯基摩式”，注意区分同辈亲属中亲疏之别，父母的兄弟姐妹各有不同称谓，应即与防止近亲结婚有关。

选择配偶除考虑有无血缘关系这一重要原则外，主要考虑经济情况，即看对方拥有多少驯鹿。但贫富之间结婚仍大有人在。富裕家庭喜欢选一个贫苦无家男子为婿，以增加放牧人手；而一个漂亮的女子或一个能力很强会唱 yoik 的男子，不管其他条件如何，极易找到配偶。

和世界很多民族一样，婚前年青男女有一段罗曼蒂克时期。婚前发生性关系者并不少见。在瑞典的沙米人雷尼奥俄马社区（位于挪、瑞边境的卡雷苏安杜南端）可达 15%（惠塔蔻，1955，46—47 页）。这种关系视为不当，但非婚生子女不受歧视，以后随母亲进入新家庭或由母亲的亲属抚养成人。

正常婚姻缔结过程是：男子选中对象征得父母同意，请兄长或其他亲属前往女方求婚，强调男子能力和男方驯鹿之众多，商定以多少驯鹿为聘礼，婚姻费用如何分担，新婚夫妇居住何方，结婚日期等等。结婚之日，至少要举行一次有双方直系亲属参加的宴会。现代沙米人已多信奉基督教，去本教区的教堂举行有关仪式。

与前人对游牧社会必存在一夫多妻制的臆想相反，沙米人实行严格的一夫一妻制，而且已婚夫妇绝对忠实于对方。离婚和通奸极少发生。如在瑞典康卡马社区的档案中，找不到这方面的案例。丈夫长期离家，妇女有回转娘家居住的，但不会导致离婚。婚姻关系解除惟一原因就是死亡。

新婚夫妇立即建有自己的帐篷，因一个帐篷最多只能住四个大人四个小孩或两个大人八个小孩，不能容纳更多人口。而且这对年轻夫妇从年幼时即各自积累起自己的驯鹿，再加上作为聘礼或陪嫁的驯鹿也归他们所有，已有自己的经济基础。婚后居住实际上只是加入哪方的亲属集团，在哪方营地建立自己帐篷的问题。

婚后居住于男方还是女方，取决于：一、哪方的自然资源足以支持新增加的人口；二、哪方缺乏劳动人手；三、在家庭中的地位（是否亲生子女，是否积累较多的驯鹿等）。其他条件相同，多选择较为富裕、本人在家庭中受到重视的一方。

但新的家庭加入哪方亲属集团并非一成不变。当上述条件改变或相处不和，则可转移。故人的一生根据方便和需要，可能先依附男方，又依附女方；甚至一年数易，可能夏天依附男方亲属，冬天又与女方亲属同住。

总之，沙米人婚后居住模式既非从夫方亦非从妻方，这在人类学上称为“两可居”（ambilocal residence），任凭当事人选择，无限制和规定[1]。

（二）家庭、世系和财产继承

由于结婚以后即有独立的住所和经济，山区沙米人的家庭组织属于核心家庭类型。一对夫妻及其未成年子女，有时再加上已成单身的父母和未成年弟妹，或者还有前来投靠的亲戚或雇工，

---

1 如瑞典的康卡马社区 43 对夫妻中，有 29 对是从夫居，10 对是从妻居，1 对未定，3 对是在“西达”内部结婚，不存在居住何方问题。

沙米人赫达副教授及其家人

住在同一帐篷中，组成一户。

家庭中男子从事放牧、屠宰、组织迁徙和运输、建造房屋和支撑拆卸帐篷，女人负责挤奶、缝纫、炊爨、照料老人和小孩。孩子也担任一些辅助性工作，到了十六岁便能独立工作。对家庭负主要责任的是丈夫，他决定鹿群出卖或屠宰，掌握经济大权，但妻子仍可发表意见，丈夫在家庭中无绝对权威。丈夫死后，寡母决定大事，儿子对放牧事务也要征求母亲意见。

家庭结合牢固，气氛融洽而温馨。沙米人子女对父母、后辈对老人百般照顾。最近，某些地方政府建造老人公寓，收容不必随鹿迁徙的老人，但子女多不忍心。父母对子女备加爱护，很少责骂，体罚更不存在。青年人享有充分自由，父母很少施以限制（惠塔蔻 1955，84 页），以养成孩子独立精神及迅速作出决定的能力，这是生存于严酷的北极地区人类必不可少的素质。

山区沙米人与婚后两可居住的习俗相适应，无氏族组织存在（惠塔蔻，1955，15 页），在核心家庭之上是几个有血亲或姻亲关系的核心家庭组成的亲属集团。

由于无氏族的存在，山区沙米人有名无姓。人名视其继承父亲还是母亲的世系，由己名再加上父名或者母名组成。如在阿尔塔陪我们参观的阿尔塔教育学院副教授 Odd Mathis Haetta 先生的女儿名 Anja H. Haetta，Anja 是她的名字，H. 是其母名略写，她连母名而不连其父名。Haetta 是他们一家所住的地名，这有点像姓却与氏族或家庭无关。

至迟自 17 世纪牧养驯鹿以后，沙米人便有了私有财产。帐篷、房屋、运输设备、工具及衣物，都属私人所有。而最重要的私有财产便是驯鹿。在习惯法中偷盗驯鹿是最大的罪过，严重者要逐出“西达”。牧地始终是公有的，各个“西达”有自己放牧范围，所属各户在其中自由放牧，没有划定明确的疆界。现在牧地所有权归属国家。

对驯鹿和其他财产子女均有继承权。父母一方死后，未亡人自己保留一部分其余分给子女，或保持财产不变等自己死后再分。驯鹿采取在子女中平均分配的办法。子女自幼积累作为“私房钱”的驯鹿自然仍归其所有。已婚子女在结婚时接受一份作为陪嫁或聘礼的驯鹿，未婚子女先取得同样一份，然后再平均分配。分归子女的驯鹿在已有家庭耳标上再加若干缺口即可。

帐篷、运输设备等财物，一般属于留在身边的幼子或幼女。已婚子女早已独立，已经具备这些东西。在瑞典的康卡马社区也有年长子女分得这些财物的，因为父母死前与他们同住的缘故。

贫穷人家子女有的去给富人家当雇工。男雇工从事看守鹿群及放牧活动；女雇工人数较少，与雇主家妇女一起从事家务劳动及挤奶等辅助性放牧活动。雇工早晨首先起来查看鹿群，劈木柴等沉重劳动也由他们担任。驯鹿关入围栏后雇工也有很多闲暇，“一星期工作可能只需五分钟即可完成”（塞兰德，1948，49 页）。

雇工住雇主家，相待如家庭成员。免费供应膳食，每年供给一套包括毛皮外套在内的衣服、烟叶或鼻烟，另外每年付给工资，平均约为七个英镑及五头母鹿（女工付给四头）及其当年所生的小鹿（以 20 世纪 50 年代初为例）。分给的驯鹿先在鹿耳上烙以新主人姓名为首字母作为标记，然后再改耳标。

在幼小驯鹿耳朵上刻出缺口，作为财产标志

雇工来去自由，一年结束后可另寻雇主，每年约为三分之一的雇工是在新主人家工作。当他们积累起一定数量的鹿群，他们便成为独立的牧人。总之，雇工身份绝对自由，与西方社会工人无别。无论在历史上还是现在，沙米人中无奴隶或其他人身隶属关系。

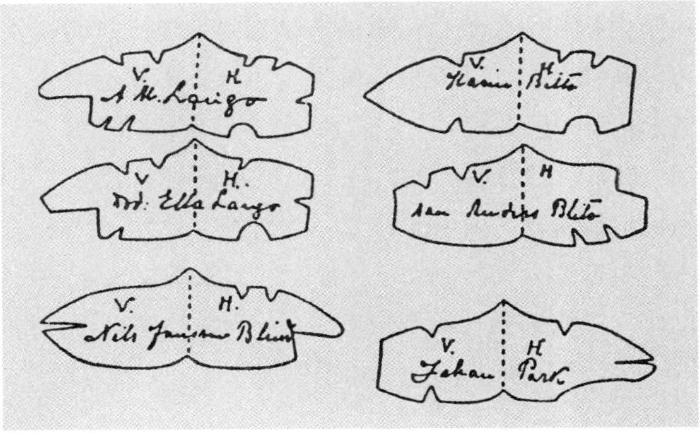

驯鹿耳标

（三）社会组织——“西达”

山区沙米人无氏族和部落组织，他们的社会基层单位是“西达”（siida）。“西达”在沙米语中原有狩猎地带之意，一个“西达”原应是一个共同狩猎的游群（band）。到了以畜养驯鹿的时代，“西达”便成为合作放牧的组织（英戈尔德，1980，265—266 页；惠塔蔻，1955，54—65 页）。其特征有如下述：

（1）由几个核心家庭组成，从 2 户到 8 户不等，一般拥有驯鹿有 1500—2000 头。

（2）核心家庭之间互有血亲或姻亲关系（也有个别的无亲属关系），其中必以一个核心家庭为中心。

（3）各户有自己对驯鹿及其他财产的所有权，驯鹿在一起牧放，在放牧活动中分工合作。畜群每户各出一人轮流看守，驯鹿多的出两人。

（4）可以自由离开原来的“西达”，但要新参加某一“西达”需得到该“西达”全体成员的同意。

（5）每个“西达”有一个首领（Sidda-ised），由作为“西达”中心的核心家庭或近亲集团产生，不经选举，自然产生，一般是该家庭具有丰富经验得到全体成员信任和认可者。首领不一定都是老人，因为老人不直接参加放牧活动。首领到了一定年龄便把位置交给儿子、女婿或其他近亲。交接时仍要得到全体成员同意，否则人们可以离开“西达”。

（6）首领责任是决定迁徙时间和路线、宿营和放牧地点，组织轮流看守驯鹿工作，在全体同意下接纳新的成员，调解和仲裁“西达”偶然发生的纠纷。首领无任何特权，他不能从其他成员处得到任何报酬或礼物，经济收入完全来自自己的驯鹿。

“西达”是一个规模甚小自由组合和谐团结的组织。“西达”之间几乎不发生任何纠纷。1751年以后，有沙米人分布的四个国家之间通过一系列条约划分了疆界，但规定沙米人可以跨越疆界放牧、狩猎。挪威规定几个“西达”可在国家划给同一个放牧区域随鹿迁徙，但每个“西达”仍固定在自己熟悉的传统地域内移动，不侵入他人牧地。

讨论

以放牧驯鹿为生的沙米人传统的生活方式和社会情况，有助于复原和研究人类历史上游牧社会者有如下诸端：

（1）游牧民族迁徙是为了迁就畜群觅食的需要，按照季节作有规律的移动而非随意乱迁。虽一年内换几个住地，但有一个是相对固定且时间较长的。迁徙有固定的路线和范围，除非遇到自然条件急剧变化及战争等突发事件，不作远离住地的大迁徙。对于文献中古代游牧民族“随畜迁徙”“逐水草而居”等词，似亦应作这样理解。

（2）虽然有些游牧民族实行父系，两者之间并无必然的联系。如上所述，沙米人就非父系。婚后他们实行“两可居住”，从男居或从女居全根据方便和需要。与此相适应的只能实行“两可系”，财产继承实行子女平分原则。男女地位大体平等，丈夫对妻子、父亲对子女并无强制的权力。据研究像西伯利亚的楚克奇人（Chuckchee）和科雅克人（Koryak）这样的游牧民族也是如此（皮尔逊，1964，108页）。国内仍然流行的人类发明了畜牧业便进入父权制的说法，只不过是一个过时的片面观点。

（3）沙米人以核心家庭为社会基本细胞，在家庭之上没有氏族，只有有血亲和姻亲关系的几个核心家庭组成的“西达”。这类社会组织在狩猎采集社会、一部分游牧社会、初期农业社会（如菲律宾、印尼婆罗洲等东南亚地区）普遍存在（参见穆达克，1981）。在艰苦自然环境内生活的早期人类，只能根据方便和需要选择婚后居住地点和世系继嗣方式，如仍固定实行父系或母系，便会破坏人口与土地及其他资源的平衡（参见基辛，1986中译本，391—399页）。那种以为氏族是远古人类惟一可能的社会组织，并把原始社会简单地分为母系氏族和父系氏族两个相继出现的阶段，是缺乏根据的。

（原载《社会科学战线》1996年第5期）

参考书目

T. 阿尔巴克、J. 贝格曼

《沙米人的萨满鼓》，芬兰：当纳宗教和文化史研究所，1991。

H. 艾德海姆

《拉普人的少数民族地位》，奥斯陆大学社会人类学不定期论文集第 14 种，1977。

P. 菲耶尔斯特伦

《沙米宗教中文化和传统的生态学透视》，载《沙米宗教》（T. 阿尔巴克主编），斯德哥尔摩，1987。

L.I. 汉森

《芬兰斯堪的那维亚北部的贸易和市场：公元 1550—1750》，*Acta Borelia* 1984：2。

T. 英戈尔德

《狩猎者、牧民和养殖者：驯鹿经济及其转变》，剑桥大学出版社，1980。

E. 曼蔻

《拉普人的魔鼓》，斯德哥尔摩：北方博物馆民族学专刊，1950。

ϕ. 沃伦、E. 曼蔻

《拉普人生活和习俗的概述》，奥斯陆大学出版社和牛津大学出版社，1962。

R.N. 皮尔逊

《瑞典康卡马社区拉普人的双系社会关系网络》，奥斯陆民族博物馆，1964。

K. 尼卡尔

《拉普人部落：四个国家的公民》，印第安纳大学出版社，1977。

K. 奥德纳

《瓦兰格地区沙米人的居住和经济：公元 1200—1900》，奥斯大学社会人类学系印，1989。

B. 奥尔森

《挪威北极圈瓦兰格地区沙米人游群结构的稳定和变迁：公元 1300—1700》，《挪威考古评论》20：2，1987。

沙米人研究所

《沙米人》，沙米人研究所，1990。

S. 塞兰德

《拉普人的土地》，斯德哥尔摩，1948。

K. 赫尔斯考克

《阿尔塔的崖雕》，阿尔塔博物馆，1988。

L. 惠塔蔻

《一个游徙的拉普人社区的社会关系》，奥斯陆民族博物馆，1955。

G.P. 穆达克

《世界文化图表集》，匹兹堡大学出版社，1981 年。

R. 基辛

《当代文化人类学》，于嘉云、张恭启合译，台湾巨流图书公司，1986。

（本文引用他人图片，除已加注明者外，主要采自 T. 阿尔巴克、丁 . 贝格曼《沙米人的萨满鼓》及 Φ. 沃伦、E. 曼蔻《沙米人生活和习俗概俗》两书。）

佤山汉族矿工族群认同的改变

关于族群认同的改变，两千多年前的儒家曾提出一个著名的论点："吾闻用夏变夷者也，不闻变于夷者也"（《孟子·滕文公》。这就是说只能是由"野蛮人"（"夷"）变为"文明人"（"夏"）而不是相反。中国历史上北方民族多次进入中原建立王朝，"落后的"统治者最终为被统治的汉族所同化，似乎又为上述论点提供有力的证明。再加上马克思说过"野蛮的征服者总是被那些他们所征服民族的较高文明所征服"（《不列颠对印度的统治的未来结果》，《马克思恩格斯全集》九卷)。导师的话更不容怀疑。因此，这一观点至今仍统治着中国的学术界，写进多种历史教科书。当我还是一个历史系大学生的时候，也对此深信不疑。

直到来到中国西南部从事民族研究，我才发现历史上既有少数民族被汉化也有汉族少数民族化。今天的少数民族中有些人的祖先原是汉人。即使被认为"最落后的"佤山地区，历史上也有大量汉族迁入，而最终变为佤族。

一　佤族和佤山

佤族，是一种说孟高棉语的民族，主要聚居在东经98°—100°、北纬22°—24°之间，这一地区称为"佤山"或"阿佤山"，现分属中缅两国。中国境内的佤山主要属西盟及沧源两县管辖。

佤族以农业为主要生计，主要采取刀耕火种方法，农作物有稻、玉米及一种称为"小红米"的谷类。鸦片种植非常盛行。佤山地下蕴藏着含银的方铅石矿（galena)。佤族还处于部落社会阶段。几个或几十个村寨组成一个部落，以一个大的村寨为中心。村寨和部落由世袭的或新兴的头人领导，部落之间因为某种特殊事件可组成暂时性的部落联盟，但佤山没有出现过统一的政权。佤族因为猎头习俗使他们有不好的名声。对他们自己而言，猎头只不过是为了农业丰收而举行的一种仪式。边缘地区佤族由于接受了小乘佛教放弃了猎头习俗，这一部分称为"熟佤"和"小佤"。中心地区一直到20世纪50年代中期仍保存猎头习俗，这一部分佤族便称为"生佤"或"大佤"。以上介绍的是20世纪50年代初中国境内佤族情况。缅境佤族情况从我所看过文献来看也大体如此。（巴顿，1929：63—66；斯柯特，1896：139—150；1900：493—519）

从历史到现在，佤族都是佤山主要居民。据估计，全部佤族人口已达80—90万人，在中国境内西盟、沧源两县的佤族分别占县人口71.9%和83.33%。佤山地区还有傣族、拉祜族和汉族，人口均不超过 10%。他们是佤山的少数族。

汉族在佤山的少数民族之中，人口又是最少的，1982 年统计他们在西盟和沧源两县人口中只分别占 6.2% 和 7.13%，而且 1950 年后迁入的政府工作人员和驻军又占其中绝大多数。在 50 年代初，汉族在佤山不足 1% 左右，多是二战之中或之后为逃避兵役或做小生意流入者，主要居住县城，住在农村之中的都是分散居住。他们没有像傣族、拉祜族那样建立自己的村寨。然而历史情况并非如此，佤山上曾经聚集过数以万计的汉人。

二　17—19 世纪汉族移民为了开矿进入佤山

1659 年，原是农民军首领的李定国将军率领士兵随明朝最后一个皇帝在满洲军队追击下逃到缅甸，两年之后皇帝终被抓回昆明处死，而李将军及其士兵从此分散居留在中缅边境，仍有数千人之众。其中一部分在佤山的西北今缅甸新维、南渡地区开办了波龙银厂（现在这里还有一个著名的波得温银矿）。另一部分曾到达佤山的班老一带。1962 年发现一枚印章上有“班老王”三字，被认为便是李定国将军以明朝皇帝名义颁发的。（《沧源佤族自治县志稿》4：257）。这里有佤山品位最高的银矿，一般认为它的首先开采应归功于李将军及其士卒。

这一银矿大规模开采是 18 世纪的事，其领导人名吴尚贤。他发现这里的矿可以产出较多的银子，便与矿山所在地佤族酋长蜂筑以打木刻这一传统方式订立合同，议定吴尚贤对全部矿山“任凭开采”，只要按期付给佤族租金。这一木刻一直保存到 20 世纪 30 年代。由于木刻上又书写汉字，使我们知道订立合同的确切年代是 1743 年（方国瑜，1943）。吴尚贤把自己创办的银矿称为“茂隆银厂”，冶炼中心便是今地图上称为“炉房”的地方，1960 年已划入缅境，但当时矿区“周围百余里”（王文韶，1901，卷 80），许多矿洞还在今中国境内。由于当时冶炼技术不高，矿石中大量的铅不知利用，故至今这一带还留下含有丰富的铅的矿渣（现在县人民政府在这里开办了一个“南腊铅厂”，利用几百年前矿工留下的矿渣来生产铅）。

吴尚贤这一利国惠民之举，却受到清廷的猜忌，欲加封闭，以致 1746 年云贵总督张允随上奏朝廷，建议不要封闭茂隆银厂。

> 滇省山多田少……地产五金，不但滇民以为生计，即江、广、黔省民人也多来滇开采。至外夷虽产矿峒，不谙煎炼，多系汉人赴彼开采，食力谋生，安静无事。夷人亦乐享其利……民人或遇赀耗，欲归无计，不得不觅矿谋生。今在彼打槽开矿及走厂贸易者不下二三万人，其平常出入莫不带有货物。其厂民与商贾无异。若概行禁止，此二三万人生计攸关。况内外各厂百余年来从无不靖……
>
> 滇省……生蛮名卡佤……其地茂隆银厂，内地民人吴尚贤赴彼开采，矿沙大旺。该酋原照内地厂例，提课作贡，计每年解银一万一千余两。（《东华录》乾隆十一年）。

从这里可以看出，银矿到了 1746 年已有“百余年”的历史，李定国首先开采之说确实有据。开采者均是汉人，有的来自云南腹地（吴尚贤就是云南石屏人），有的来自广东、广西、贵州等地。当地佤族不从事这一工作，只是坐收租金，他们也有利可图。国家每年可以收税达 11000 两银子，按当时 1777 年公布的税率（详下文）9% 计算，则全年产银达 122000 多两，说明产量很高。

关于茂隆银厂内部情况，据一位18世纪80年代曾随中国侵缅军队可能到过滇缅边境的官吏记述，当时矿厂本身拥有强大的武装，内部实行民主管理：

茂隆厂，厂例无尊卑，皆以兄弟称。大爷主厂，二爷统众，三爷主兵。时尚贤为厂主……厂兴旺。聚众数十万，一有事，则兄弟全出。……凡夷方开矿者相互联络。（吴楷，1790）。

这里说“聚众数十万”，或不免夸大。而据上引《东华录》，本厂“矿工有二三万人”，当是事实，而且当时矿工们都是集中居住，在佤山仍是一支强大的政治力量。吴尚贤和波龙厂的宫里雁被称为“边防两虎”（檀萃，1736—1795）。

沧源县原“班洪总管公署”（1933年反对英占茂隆银厂“班洪事件”的指挥中心）

清廷对于边境地区聚集这么多拥有武装的人一直心存疑虑，而吴尚贤“虽豪……不谙官场事”（吴楷，1790）。他对清廷毫无戒备之心，反而带着十头大象及其他贡品于1751年去京上贡，企图得到一个封号。当他由北京回到昆明时，官员们说他不该私有武装，下狱问罪，最后饿死于狱中。

但茂隆银厂并非如前人所说自“尚贤死而厂徒散”，还继续存在。1777年一份官方文件还为茂隆银厂规定了税收的比率：

准卡佤地方茂隆厂，每银一两抽课银九分，以四分五厘作课起解，以四分五厘赏给卡瓦首长。（《清会典事例》乾隆四十二年）。

1778年，一位官员奏书又提及茂隆厂：

卡瓦野人山，向有莽冷（茂隆）厂。……缅匪觊觎厂例，带兵向卡瓦索取分利。经莽冷头人率领厂丁，将缅匪打败。（李侍尧，1778）。

可见直到18世纪下半叶茂隆厂仍然拥有一支在佤山来说算是强大的武装。

18世纪中叶缅甸内乱，与茂隆银厂相互呼应的波龙银厂在当时首领宫里雁率领下介入这次内乱，并于1752年攻下阿瓦城。他们在缅甸史记载上称为Gue（哈威，1957：226），在中国历史上称为“桂家”（桂家因明朝最后一位皇帝曾封桂王而得名）。1762年宫里雁兵败，率众逃到中国境内为中国官吏所杀。宫里雁的士兵原由矿丁组成，他们也是来自“江西、湖楚，岁常有四万人”（赵翼，1736—1795）。兵败厂散后大概有一部分进入了茂隆银厂，壮大了茂隆银厂的力量，使茂隆银厂在18世纪下半叶继续作为一支政治力量活跃在佤山地区。

茂隆银厂正式关闭在1800年，是年有一份皇帝谕告留了下来：

茂隆银厂，近年以来，并无分厘报解，自系开采年久，硐老山空，矿沙无出。……

而聚集丁夫，亦恐滋生事端。……茂隆银厂着即封闭（《清会典事例》嘉庆五年）

害怕“聚集丁夫，滋生事端”才是朝廷关闭银厂的主要原因。

1810年，在佤山之东今澜沧县境创办于1728年的另一银矿——募乃银厂亦被朝廷关闭。但紧接着在今西盟永广一带又出现一个银矿，开办者为了区别于原来老银矿，便把新办的银矿命名为“新厂”，意为“新的矿厂”。

关于新厂几乎没有留下历史记载，仅有一份政府档案（方国瑜，1943）这样写道：

永广山下有新厂银，咸同年间（1851—1875年）湖、广人前来开办，获利已厚。迨至光绪八年（1882年），出矿尤旺，丁作集至万人。因该处附属于孟连土司，苛征厂税，报缴稍迟，即怒结野卡戮杀厂丁，渐至解散。

可见开矿者及矿丁全是汉人，最盛时也达到“万人”之多。

从19世纪末年之后，佤族便没有开采银矿之事了。1904年左右，云贵总督曾有重新开采茂隆银矿之议，但未付诸实施。1934年中英班洪之战中的中方领袖曾率众百余人到新厂银矿开采，因缺乏技术人员，亦未成功。

三 “我们都去猎头”

17—19世纪汉族移民曾在中缅边境主要开办过四个银厂。波龙银厂和募乃厂已不在佤族主要聚居区之内，可暂置不论。而茂隆银厂和新厂则位于佤山中心地区。据上引文献记载，分别是“二三万人”或“万人”，矿厂停办后，他们到哪里去了？

云南流传一句古老的谚语：“穷走夷方急走厂。”凡是到边疆的又是从事开矿工作的都是穷苦人民。吴尚贤本人就是以赶马帮为职业，历史记载称他为“马脚”（孙士毅，1770），在马帮中又是地位最低下者。他们即使想回家，故乡也没有他们立足之地，上引1747年云贵总督奏书中有“欲归无计”一语，正确地描述了他们的可悲境遇。矿厂解散后有一部分人只能留在当地。考虑到每个厂聚集的汉族矿工都是数以万计，留下的人应非少数。

这些人的下落和命运如何？历史已不再留下记载。只有通过实地调查来寻求答案。

通过前人和我自己到茂隆银厂和新厂遗址附近调查，发现留在佤山汉族矿工的后裔已完全认同于佤族。这从以下几点可以证明：

（一）村寨名称

下述村寨居民虽是佤族，从村寨名称可知原为汉人寨：

炉房——汉语，意为“安置冶炼炉的房子”。原为茂隆银厂中心，已划为缅境。

湖广——汉语，因原来居民来自两湖、两广而得名。现在附近保存矿洞遗迹甚多。

永贺——佤语。“永”为村寨，“贺”为汉人，即汉人村寨之意。

新厂——汉语。意为“新的银厂”。此寨现已不存在。今新厂寨乃1950年后新建。

永广——佤语。“永”为佤语，“广”为汉语，指广东、广西，意为“两广人所居的寨子”。

（二）佤族汉姓

有些佤族既有佤语的姓又有汉语的姓，相传有些汉姓即为迁来佤山著名人物后代：

李——据说是李定国将军及其家族的后裔。

白——据说是白文选的后裔。白文选是李定国部下一位将军。

吴——据说是吴尚贤的后裔。佤族称吴姓的人为“甘木贺”，意为“汉人之子侄”。

尹——据说是随吴尚贤来的矿工后裔。佤语称尹姓的人为“贺格朗”。“贺格”是“鹰”的意思。汉语中“鹰”与“尹”音同，故转化为“尹”。

张——据说是随吴尚贤来的开矿者后裔。当地传说与吴尚贤一起开矿的还有一个重要人物，名叫“张贡亮”。

佤山汉族矿工移民的后裔

尽管对自己祖先有这些传说，现在这些姓氏成员均已认同佤族，讲佤语，生活习惯宗教习俗同于佤族。南腊张姓有 5—6 户在 20 世纪三四十年代还保存烧香祭祖的汉族习俗，现已不实行。

（三）关于吴尚贤茂隆银厂的传说

20 世纪 50 年代南腊寨的佤族报告人这样告诉调查者：

“吴老爷”是佤族，原是一个孤儿，非常穷困。一天睡在树下，有班老寨的人路过，见他手脚有纹，像称银的戥子一样，就约他共同开矿，取得成功。皇帝知道了，要他们上贡，但贡银屡次为押送的官员吞没。吴老爷遂亲自押送，走到今双江一带被害。

附近地区传说大同小异，但认为吴尚贤是汉人，对佤族帮助很大。原来佤族没有铁三脚架和铁锄，他来后才有的。从他来后佤族才知道用银子打首饰，用银子作货币。这一带开水田和用牛耕田也是向他们学会的。（王敬骝等，1983：38—40；《佤族简史》，1985：277）。值得注意的上述传说都认为银矿是汉佤共同开采的，或认为吴尚贤就是佤族，与历史记载不同。这可视为当地居民（不管是原住佤族还是矿工后裔）共同塑造的新的集体记忆，使大家共有一个祖先光荣业绩，从而加强彼此的认同感。

（四）关于新厂银厂的传说和附近居民的口述家谱

茂隆银厂附近村寨居民即使认为祖先为汉人者，只能像讲故事一样谈到吴尚贤，不能具体讲述自己家族的历史。新厂银厂因为距今较近，附近新厂、永广等寨有些矿工后代尚能保持对祖先和家族历史的较清晰记忆，虽然他们也已具有佤族认同。1965 年 3 月我在这一带调查，新厂报告人岩搜说：

最先开办者为“老顾”（按：当地还有一处矿洞遗址，称为“老顾家洞”）、“老丁”等，距今约四五代。后来又几次来人，还有一次是孟连傣族来开采，曾盖傣族干栏式房屋居住，均因时常受佤族攻击而撤走。有些汉人矿工留下，开了水田耕种，就在今乡政府附近。后因与歹格拉寨结仇，歹格拉人扬言要来猎头，他们害怕，分散到各寨居住了。好在他们与佤族通婚，到处都有亲戚可以投靠。他们开的水田还在，现在永广有三户佤族种的水田就是汉人开的。

新厂、永广一带公认为汉族矿工的后裔共有四户，他们都已穿佤族服装，生活习惯全同佤族，都说佤语（和他们交谈要通过翻译），但知道自己祖先是原先开矿的，后来种田。有两户还记得家谱，曾应我们请求背诵家谱，有趣的是完全按着佤族方式从自己一代向上追溯：

岩果姆（20余岁）→岩垒→岩三→老王→司岗

岩来→娜海（60余岁）→岩连→岩鬼→贵州→司岗

“老王”、“贵州”（当来自贵州）都是汉名，是迁来佤山矿工第一代的名字。其后代则是佤名，采用了佤族的命名法。“司岗”是佤族背家谱最后必说的词，意为“出人洞”，是始祖的意思。通过家谱及背诵方式，表明这些人认为自己祖先是汉族，却又认为与佤族有共同的来源。

最后我到另一户汉族矿工后代家中访问，户生名岩桂，是个沉默寡言的人，对其身世不能提供更多情况，但当其他报告人谈到过去这一带猎头习俗时，他很自然地插话：

在“解放”（佤族对解放军的称呼）到来之前，我们都去猎头的。

这使我感觉到在我面前已是一个真正的佤族。按佤族习惯法，寨内如有个别汉人，可以不参加猎头。就在我到达新厂、永广以前不久，在小马散寨访问了二战时期迁入的三户汉族，他们曾以汉语明确告诉我，他们虽然住在佤山，必须参加本寨各种活动，但从没有参加过一次猎头的远征，只要为猎头战士送酒即可，谈起猎头至今仍表现出一种惧怕和厌恶的感情；而岩桂谈到猎头却是如此坦然，说明他已彻底完成了从汉到佤民族认同的转变。

结语和讨论

兹将本文要点概述如下，并略加讨论：

一、17—19世纪先后进入佤山的汉族矿工移民最终变为佤族，是一次大规模的（而不是个别的）族群认同的改变。它表明，来自复杂社会（或文明社会）的人民可以变为部落社会成员。

这为当前全世界人类学界关注的ethnicity问题，即族群变迁、族群关系及族群性的研究，提供了一项新的资料。

二、对世界其他地区族群变迁的研究表明，即使是文化很少差异的族群之间大规模的认同变迁，也不可能在短时期内例如一代人的时期内完成（伊利克逊，1993：29），至少在古代是如此。汉族和佤族之间在文化上存在着巨大差异，故汉族矿工认同于当地佤族经历了一个长期的痛苦的过程。

从上引文献可以看出，矿工原是集中居住的，有自己的政治组织和武装，他们力求保持汉族认同，加强内部凝聚力，对抗外来的侵犯。这时他们不可能想到认同于生活方式落后的佤族。及至矿厂解散，他们失去武装，不得不分散居住。为了消除佤族对自己的敌意，为了免于受到攻击或猎头，为了更好分享佤山资源（特别是土地），对留下的汉移民来说，改变原有的族群认同是惟一的选择。

三、汉族矿工所以能够顺利地改变自己的族群认同还有一个重要因素，这就是汉佤之间相互通婚。来到佤山开矿的必然多是青壮男子（上引文献中就称他们为“丁”或“丁夫”），他们未婚或没有把家庭迁来佤山（如吴尚贤的妻子仍在石屏）。当一部分决定长期居留佤山，必然要和佤山女子结婚。幸运的是佤族并不禁止与外族通婚。这样，当矿厂解散，他们便可投靠妻方亲属，分散于各个村寨之中（见上引新厂的传说）。当一个少数族与主体族通婚无障碍而且通婚率又是很高的话，必然失去其少数族的地位而完全融合于主体族之中。（哈利斯，1983：178）。

四、两个不同族群共处同一社会中长期直接接触必然发生涵化现象，而且往往是处于从属地位的族群向主体族群转化。（利佛尔德，1936：149—152）在佤山，佤族尽管文化落后，在政治上却居于统治地位，人口众多；汉族移民尽管文化进步，在政治上却是处于从属地位（至少矿厂解散后是如此），人口较少。因此，改变族群认同的必然是汉族。从这里也可以看出，决定族群变迁方向的因素是多元的，文化高低并不是决定性因素，并非文化低的族群必然要向文化高的族群转变。被涵化的族群，固有文化可以完全消失，也可能有一部分（特别在物质文化方面）保留下来，加入主体族文化之中。佤山能有水田和牛耕便是汉族矿工移民带来的。近代佤山中班洪、班老、新厂、永广一带水田较他寨为多，农业技术比较进步，就是因为这一带有较多汉族移民之故。

五、当前的民族学研究中，很注意集体记忆问题。共同的祖先起源神话、祖先的光荣业绩、历史上重大事件等等，都被作为一种集体记忆。每个族群常提醒和强调集体记忆来增强自己的认同感和成员之间凝聚力，但也会重建或调整集体记忆以适应族群认同的变迁。（哈尔伯瓦斯，1992；米德顿等，1990；王明珂，1997）如上所述，吴尚贤在当地传说中已不再是汉族而变为“佤族孤儿”，汉移民的家谱按佤族方式背诵并和佤族一样把始祖追溯到“司岗”，便是适应汉移民认同于佤族而对集体记忆的一种重建。通过这种重建，可以消除原来族群界限，增强统一的佤族认同。这对研究集体记忆和族群变迁关系，也是一个生动的例证。

附记：

本文英文稿准备过程中，H. 白海思博士给予很大帮助，在佤语方面则得益于王敬骝教授提供资料，在此一并致谢。

本文英文稿于 2000 年 5 月曾在瑞典隆德大学举行的国际会议上宣读。后发表于 *The Asia Pacific Journal of Anthropology*，11：2，2010（见附录），已有增订。

参考书目

R. 巴顿

《佤族日记》，仰光，1929。

J.G. 斯柯特

《野佤——一个猎头的民族》，《亚洲周报》3：1，1896。

《上缅甸和掸邦志》第 1 册第 1 卷，仰光，1900。

T.H. 伊利克逊

《族群性和民族主义》，伦敦，1993。

M. 哈利斯

《文化人类学》，剑桥，1983。

G.E. 哈威

《缅甸史》（中译本），北京，1957。

R. 利佛尔德

《涵化研究备忘录》，《美国人类学家》38 卷，1936。

G. 费诺罗

《文化人类学：应用的前景》，圣保罗，1992。

M. 哈尔伯瓦斯

《集体记忆》（L.A. 柯塞译），芝加哥大学，1992。

D. 米德顿等

《集体回忆》，伦敦，1990。

王文韶

《续云南通志稿》，1901。

王敬骝等

《南腊大户调查报告》，载《佤族社会历史调查资料》3，1983。

王明珂

《华夏边缘：历史记忆与族群认同》，台北，1997。

方国瑜

《炉房银厂故实录》，载《滇西边区考察记》，云南大学，1943。

吴　楷

《茂隆波龙两厂事略》，《裸黑山旅行记》，并载《乾隆腾越州志》，1790。

李侍尧

《乾隆四十三年奏折》（载《故宫博物院史料旬刊》22），1778。

赵　翼

《粤滇杂记》，1736—1795。

檀　萃

《茂隆厂记》，1736—1795。

孙士毅

《绥缅记事》（载《永昌府文征》卷一七），1770。

《东华录》。

《清会典事例》。

《佤族简史》，昆明，1985。

《沧源佤族自治县志稿》，沧源，1996。

中国西南民族保护生态环境的文化遗产

全世界在讨论着生态危机。人们为生态环境的日益退化——空气和水的污染、资源虚耗、气候恶化而担忧。

在前工业社会，人类的生态系统是相对平衡的。(Bodley,1975:160) 这除了由于当时人口较少及不存在工业化对生态环境的各种破坏外，还由于早期人类比起今天掌握现代科学技术的“文明人”，更能注意人和环境之间的协调。他们知道保护自己的环境，珍惜资源，能考虑子孙后代的利益。他们没有为保护生态环境颁布过连篇累牍的法令和公约，或发表过慷慨激昂的演说和宣言；他们仅仅是通过传统的习俗、宗教仪式和禁忌来维持生态平衡的。然而他们这些不成文的“环境保护法”似乎更有效力，能为社会全体成员自觉地遵守。

近年兴起的民族生态学（ethnoecology）便是研究各民族（特别是后进民族）对自己生态环境的认识、调节和适应的学科。中国西南少数民族传统文化中，保存了丰富的民族生态学遗产。要保存和发展少数民族传统文化，这方面遗产是不应被忽视的。

本文拟对中国西南地区少数民族如何保护自己的环境和合理利用自然资源，作一次初步的研究。

一　保护森林

森林是生态环境的决定因素。森林的破坏对气候、土壤、水流以及动植物资源，均会发生不良的影响。对亚热带地区来说，情况尤其如此。西南少数民族对此早有认识。如西双版纳傣族谚语云：

大象跟着森林走，气候跟着竹子走。

瑶族谚语云：

砍伐了森林，吃树皮；

毁换了山林，断了路。(《壮侗语族谚语》)[1]。

云南沧源县佤族谚语云：

---

1 凡下文所引壮侗语各族谚语，均据此书，不再加注。

宁蒗小凉山彝族神山

成片的树莫砍，人闹之处莫去。

毁了山，破坏了地方（王敬骝，1985）[1]。

这里的“山”，也指山上的树木而言。

西南少数民族既已认识到森林的重要性，他们民族生态学的核心便是保护森林。这一点已深入他们的思想意识，并反映在多种宗教活动之中。

关于宗教和生态的关系，近年来人类学家讨论颇多。早期功能学派已认识到宗教在社会内部的作用和影响，而当代一些人类学家认为它对资源和生态环境也有影响。如新几内亚人有一种杀猪祭祀（或称“猪宴”）习俗，对于调节分配和消费、保护有袋类动物，均有积极的作用(Rappaport,1984:3—4)。南美亚马逊盆地的阿丘亚雷人（Achuara),分散居住在很小的村落中，难以形成大的狩猎集团，他们的禁忌之一便是禁猎鹿、貘等大的动物，这可使他们集中精力获取小的动物（如鸟、鱼、猴子），从而能更有效地利用动物资源。(Ross,1978）北美拉布拉多的纳斯卡皮人（Naskapi）及另一些北方民族，以灼烧动物肩胛骨的占卜方法决定狩猎地带，据研究这样可增加偶然性，防止过多地杀戮，以免当地的动物资源枯竭。(Morre,1965）这样的占卜也有一种保护生态环境的作用。

中国西南少数民族是如何通过宗教活动来保护生态环境的呢？我认为，它是通过一系列禁忌来体现对森林和树木保护的。很多西南民族都有自己的神山，作为部落保护神、祖先或其他神祇的象征，或认为是他们栖身之处。人们定期前往祭拜，在山前举行仪式。例如，云南景洪县基诺族代表寨神的“神林”、西盟县佤族置放猎头木桩的“鬼林”、沧源县佤族那些位于村寨上方代表地方神的树林、宁蒗县摩梭人象征女神的“狮子山”、各地傣族的“竜山”（如孟连县城附近的“帕贺福”和“竜峨”、沧源县勐角的“竜色勐”等），都属于这样的神山。对有些神山，人们禁止入内，其上一草一木不许砍伐。例如，西双版纳傣文典籍《土司对百姓的训条》有云：

竜山的树不能砍。森林中间不能砍开树，盖房子在里面。……竜山不能盖房子，不要和鬼、神、佛抵抗（《傣族社会历史调查》3，39页）。

1 凡下文所引佤族谚语，均据此书，不再加注。

西双版纳勐仑地区的薪用林（″铁刀木″）

西南少数民族地区这样的神山禁忌到处可见。由于这一禁忌，使大片森林得以保存。据统计，西双版纳地区就有“竜山”400余处，所保存的森林面积约达30000— 50000公顷。（裴盛基，1986）若细加调查现在少数民族地区保存较好的山林，多因存在这样或那样的禁忌。“禁忌”（taboo）一词源于波利尼西亚语，原指对通往耗竭的耕地和捕捞过度的渔场的限制而言。（Harris,1983:116）中国古代帝王的“封禅”仪式，也是以山为祭祀对象而以保护山上树木为主要内容的。宗教活动寓有保护生态环境的功能，确具有普遍性。

西南少数民族对于不属于“神山”的森林，也知保护和爱惜。过去少数民族多在秋天和冬天取材或砍柴。由于春夏季节，万物萌发，草木成活较易而成长较快，不加樵伐，可使树木更好生长或再生。这不禁使我们想古代思想家孟子的“斧斤以时入山林，材木不可胜用也”的古训，而且公元6世纪的《齐民要术》中还有春夏伐木木会生虫的说法。

对森林最大威胁是人们对燃料的需求。据有关部门统计，现在云南省每年木材消耗中约有57%是作为薪用材烧掉的。但少数民族早有培育薪用树的习惯。如西双版纳傣族常在村寨附近栽值一种名叫“铁刀木”的树（学名为*Cassia siamea Lam*.，属云实科）[1]，专供砍伐作为烧柴。这种树从泰国传入，至今已有约400年的历史，它易于萌发，生长迅速，不需过多的人工管理而且燃烧性能良好。有了这种树提供薪柴，人们不必远道上山砍柴，既省人力，又保护了森林。

1 本文涉及的植物学名，均承裴盛基先生及昆明植物研究所其他专家提供，顺致谢意。

二　关于刀耕火种农业对生态环境的适应

云南畹町回环寨德昂族护林员一天三次呼喊村民注意防火

人们多将近年某些少数民族地区森林锐减归咎于刀耕火种，这并非事实。

以云南省西南边境地区为例，最迟从公元前一二千年起，人们就开始从事刀耕火种的农业。直到现代，该地区仍有部分少数民族从事刀耕火种的农业。20 世纪 50 年代初，这片地区森林覆盖率平均还达 60% 左右，可见在人口稀少的条件下，刀耕火种并未对森林造成太大的威胁。近年云贵高原上森林遭到破坏，是由很多原因造成的。假如说刀耕火种对森林破坏也负有一定责任，那主要是由于人口激增，无限度扩大了刀耕火种的规模所造成的。

传统的刀耕火种农业之所以没有造成对森林过多的破坏，主要在于它有一套完善的轮歇制度，即根据林木更新和恢复所需的年限，规划出若干块林地，一年砍种一块，周而复始。轮歇的周期因民族和地区而异，如佤族（西盟大马散）是 10 年，布朗族（勐海县曼兴源）是 12—15 年，基诺族（景洪县曼雅）是 13 年。过去在各族原有村寨组织或亲属群体控制之下，这套制度确曾有效地实施过。近三四十年来，由于旧的社会组织的解体和对传统文化中有益成分的忽视，新建的基层组织在政策多变的情况下又未能对刀耕火种进行有效的控制；更主要是少数民族人口激增，为了扩大耕地面积，人们不得不砍伐森林，遂造成了森林锐减。以景洪基诺山地区为例，20 世纪 50 年代初那里人口尚不足 5000 人，1965 年我去调查时全区仍只有 5967 人，而到了 1985 年，人口竟达到了 9318 人。由于人口的压力，不得不扩大刀耕火种规模，那里森林覆盖率遂从 50 年代初的 65% 左右，下降到现在的 40% 以下。（尹绍亭，1988）。

总之，除去像某些瑶族和苦聪人这样不断徙居的民族之外[1]，更多民族从事刀耕火种时，并不轻易砍伐新的森林。（庄孔韶，1987）据研究，对使用原始工具的民族来说，砍伐再生林地比砍伐原始森林（“老林”）要省力。（Conklin,1969）而过去刀耕火种民族之间战争多是为了争夺耕

1 这种居处不定的刀耕火种者，人口很少，对森林破坏力有限。

作过的林地而引起的。(Vayda,1961)不断砍伐新的森林，并不是传统刀耕火种农业的特征。

过去西南少数民族即使在砍树烧山时，对树木仍有一套保护的办法。以怒族和独龙族为例，砍树必留下二三尺高的树干以保护树根，使其易于发芽；砍伐后在树根周围还覆盖枝叶，以免树根晒死;烧山时再将枝叶扫开，以免烧死树根。火灾是对森林最大威胁，少数民族很注意防火。刀耕火种时为了防止山林起火，怒族和基诺族烧去耕地以外的树木，还要铲去耕地四周的杂草，留下数尺宽的“隔火道”。这种办法曾为很多刀耕火种民族所实行。(Conklin,1969)。

为了促使树林迅速恢复，独龙族还采取了人工培育树木的措施。他们发现当地有一种“水冬瓜树”(学名叫 *Alnus nepalensis D.Don.*)，生长很快（一般 5 年可以成林），烧后灰烬较多。当他们砍种一块新地的第一年便种下这种树苗，接连种地 3 年后仅丢荒两年又可砍种。这样便大大缩短了轮歇的周期。这是少数民族适应生态环境的又一创造。

当然，假如少数民族人口不断增长，刀耕火种农业最终不可避免会冲破传统的控制，而导致森林的破坏。这一现象在自然条件与中国西南部相似的东南亚各国也已出现，而且即使把刀耕火种农业全部转变为有固定耕地的集约农业，仍会带来新的矛盾。这是一个尚未解决的问题，有待于自然科学家和社会科学家的通力合作，才能找到出路。(Rambo,1982)。

三　保护水源

水为人们生活所必需。少数民族通过世世代代的观察,已知植物对涵养水源具有重要的作用。因此，他们对水源附近的树木和植物更加注意保护，禁止破坏。黎族谚语有云：

树多水才多。

云南罗平县布依族水塘边受人供奉的“龙树”

云南瑞丽县大登喊寨傣族水井边“神树”

芒市城边作为神树的大青树（“召和曼”）

又如基诺族不许砍山箐两侧的树，以防箐中无水；西双版纳傣族水井旁边的大青树（banyan），绝对不许砍伐；盈江县傣族知道若砍去水源附近的树，水源就会枯竭；沧源县佤族甚至对水源附近的茅草也禁止砍割。其谚语有云：

不能错砍一根社神的树，

不能误割一捎湖边的茅草。

一些以竹槽引水的山居民族，水和树所来自的山对他们来说便是神山或神树，山上一草一木更不能砍伐。树木和水的关系还反映在神话之中，如滇南一些民族认为大青树原是雨水之神。水池附近的大树往往作为神树加以崇拜。

在有条件的地方，少数民族相当重视对水的保护，防止污染，对饮用水还要加以严格的选择。西双版纳傣族多临河而居，却不饮河水，而从旁有大青树的水井或从大树旁流下的山泉中挑水饮用。很多民族都认为植物覆盖下的泉水最适合饮用。如凉山彝族谚语有云：

长在山顶上的松树最苍翠，

出自竹根下的泉水最清凉。（杨植森，1982，63 页）

傣族对非饮用水也讲求卫生。如西双版纳一些村寨规定，河水下游为妇女洗澡之处，中游为男子洗澡之处，而上游则为汲取生活用水之处，不得混淆。各地傣族水井之清洁，常受来访者称道。井上必盖有井亭，以防泥土、污物落入；井旁备有公用取水器具，以保证井水的卫生。

在实行灌溉农业的地区，水是农业的命脉。人们对水资源更为珍惜。典型的例子是西双版纳的傣族。这里的灌溉农业有悠久的历史，景洪坝子上沟渠纵横，有一套水利管理办法。每条水沟和水渠流经的村寨，均设专人管理水利。栽种之前，各寨要派人修沟，以免堵塞或渗漏。西双版纳地方政府于 1778 年颁布的《议事庭长修水利命令》中有这样的规定：

大家应该一起疏通渠道，使水能顺畅地流进大家的田里，使水顺畅无阻。……不得

瑞丽县大登喊寨傣族供奉树神的小屋

西双版纳傣族保护水井清洁的井亭

潞西县曼雅寨傣族供奉树神（"召和曼"）的小屋

云南德宏傣族保护水井清洁的井亭

争吵，不得偷放水。（张公瑾，1980）

为了合理利用水源，这里还建立了一套巧妙的分水办法：在各户水田和水渠连接处，根据水田数多少及距离主渠的远近，安置一个放水的竹筒。竹筒口径粗细不一，水田面积大和距离主渠较远者的竹筒较粗，反之便细。为了计算准确，还备有一种木制的"分水器"，专量竹筒的粗细，使水的分配公平合理，且不致浪费。傣文写成的法律中有这样的条文：

修理水沟时不参加，但又占用很多的水，不让给别人，罚三元。[《傣族社会历史调查》(3)，31 页]

其他民族也有类似规定。如黎族谚语云：

水位低大家灌溉，水位高大家疏通。

这套办法保证水田能按时栽插，是少数民族能合理和充分利用水资源的反映。

又湖南通道县侗族有“塞田坝水”的宗教仪式。每年二月二日，人们用糯米和一些可食的野生植物做成粑粑，祭祀神灵后分食。这种粑粑象征着以黏土和草堵塞田埂和沟渠。人们以此仪式提醒自己，及时修田修沟，以防漏水。这是少数民族节约水源的又一例证。

四　保护和美化居住环境

西南少数民族不仅保护已有的森林，而且注意在村寨周围植树，以调节气候、遮蔽烈日和美化环境。壮族谚语云：

植物盼人行，修路望人行。

沧源佤族谚语云：

祖父栽的大青树，父亲栽的围寨藤。

反映出他们曾有意识地绿化村寨。西双版纳傣族村寨中除广种果树及经济林木（棕榈、竹子等）外，还在佛寺旁栽种各种宗教用的植物，如贝叶树（*Corypha umbraculifera*）、菩提树（*F. religiosa*）等。盈江傣族还有路边植树的习惯，以利行人。贵州侗族喜欢在他们著名的“风雨桥”附近种树，美化村寨环境，方便行人纳凉、休息，称为“风水木”。

对于这些树木，水源附近的树木一样，按各族习惯法是不许砍伐的。其中有些已被神化，称为“神树”和“竜树”。西双版纳傣族的《土司对百姓的训条》中说：

寨子和其他地方的竜树不能砍。

寨子边的树林应保护，不能砍去。

假如砍去，则要罚款。其法律中有这样规定：

砍掉别寨的竜树，须负担该寨全部的祭费；若该寨死了人，按每人价格1500元赔偿。〔《傣族社会历史调查》(3)，30、39—40页〕

很多民族都有这样的神树，如阿昌族的“色曼”、哈尼族的“龙树”等，均得到很好的保护。

如何处理垃圾，是保护居住环境的重要课题。西南少数民族以户为单位把垃圾和畜粪一起蓄积起来，化为天然肥料。因此，在村寨中很难看到像城市中那样堆积如山的垃圾堆。他们并没有专门处理垃圾的机构和专职人员，而垃圾却不构成对居住环境的威胁。生态学家公认，这是处理垃圾最好方法，既可防止污染，又可避免化学肥料对土壤的危害。(Wolman, 1967:807)

有的少数民族还注意对居住环境的美化。各地傣族在种植观赏植物方面尤有优良的传统，他们种的缅桂花（*Michilia alba*），香气袭人；而房屋四周多种仙人掌类植物，既美化了环境，又可起篱笆的作用。

优美安静的环境不能没有鸟声。有几个西南民族有保护鸟类的良好习惯。西双版纳傣族并不禁止猎鸟，然鸟若飞入寨内，则对射猎有如下规定：

用枪去打停在别人谷堆上的鸟，罚银四两八钱四分；

云南盈江县傣族有去允燕塔附近种植大青树“做功德”的习俗（图中小树为该县某领导因“小孩读书不用功”新栽）

允燕佛塔周围大青树林

用枪去打停落在已割倒的稻谷上的鸟，罚银三两六钱三分；

用枪去打停落在别人家屋顶上的鸟，罚银三两六钱三分。〔《西双版纳傣族社会综合调查》（二），1984年，27页。〕

陇川县户腊撒有一个村寨特别喜欢白鹭。这个名叫宋项寨的寨子，居民世代相约禁止捕杀这种可爱的鸟，故白鹭入晚都到该寨树上栖宿。1973年5月21日黄昏，我路过该寨，曾见近千只白鹭停栖在寨边两棵大树上，蔚为壮观。据说，大理某些地区白族也有禁止伤害白鹭之俗。

五　结语

中国西南少数民族地区生态环境已经受到破坏。森林覆盖率的急剧下降，造成水土流失，河流干涸（如西双版纳的流沙河的流量从1953年的4立方米／秒，下降到1985年0.3立方米／秒），泥石流时有发生，旱涝频繁。

目前西南地区和全国一样，面临着社会的剧烈变化。为了吸取过去的教训，避免生态系统进一步恶化，继承和发展原来少数民族保护生态环境的优良传统是很有必要的。今后兴办任何事业，不能仅考虑经济效益，还应考虑社会效益和生态平衡；不能仅考虑眼前的利益，还应考虑到子孙后代的生活。

对于传统的民族生态学，应充分利用和因势利导。例如，我们当然不必提倡继续崇拜神山、神树，但可把它们宣布为宗教遗址和乡土文物而加以保护。习惯法中其他一些有利于保护环境的成分，可以通过地方立法或订立乡规民约来重新肯定和加以巩固。在生态保护方面，“草根社会”和人民大众应成为主力军，有关人类学家的意见应受到国家的重视。

（原载《当代中国人类学》，三联书店，1991 年。英文本曾于 1988 年在萨格勒布第十二届国际人类学和民族学大会上宣读，见附录）

参考书目

敬骝

《佤族熟语汇释》，昆明：云南民族研究所，1985。

尹绍亭

《刀耕火种农业的民族生态学研究》，《农业考古》13，1988。

庄孔韶

《云南山地民族游耕社区人类生态学初探》，《人类学研究》（续集），北京：中国社会科学出版社，1987。

杨植森

《凉山彝族谚语》，成都，1982。

裴盛基

《民族植物学》，《科学》37：2（1986）。

张公瑾

《西双版纳傣族历史上的水利灌溉》，《思想战线》1980 年 2 期。

《傣族社会历史调查（西双版纳）》之三，昆明：云南民族出版社，1983。

《壮侗语族谚语》，北京：中央民族学院出版社，1987。

Bodley, J.K.

Victims of Progress, Menlo Park: Cummings Publishing Co., 1975.

Conklin, H.C.,

An Ethnoecological Approach to Shifting Agriculture, *Environment and Cultural Behavior*, A.P.Vayda ed., New York: The Natural History Press, 1969.

Harris, M.

Cultural Anthropology, New York: Harper and Row Publishers, 1983.

Moore, O.K.

Divination : A new Perspective, *American Anthropologist* 59,1965.

Rambo,T.T.

Human Ecology Research on Tropical Agroecosystems in Southeast Asia, Singapore *Journal of Tropical Geography* 3:1,1982.

Rappaport,R.A.

Pigs for the Ancestor:Ritual in the Ecology of a New Guinea People, New Haven:Yale University Press,1984.

Ross,E.

Food Taboos,Diet,and Hunting Strategy:The Adaptation of Animals in Amazon Cultural Ecology, *Current anthropology* 19:1,1978.

Vayda,A.P.

Expansion and Warfare Among Swidden Agriculturalists, *American Anthropologist* 63,1961.

Wolman,A.

Deposal of Man's Wastes, in *Man's Role in Changing the Face of the Earth,* W.L.Thomas ed.,Chicago:The University of Chicago Press,1967.

酒与少数民族

后进民族喜爱饮酒，中外古今皆然。中国古代游记、风土记、地方志中，即屡见边裔民族“喜酒善饮”、“不醉无休”等记载。近代中外民族学著作中也不乏这方面的描述。美国和加拿大的黑人和印第安人酗酒问题比当地其他族群更为突出；澳大利亚土著居民，有靠救济金为生者，仍然终日在街头痛饮不休。当前中国少数民族饮酒人数（以占总人口之比例言）和酒之耗费（以占总收入的比例言），均已超过内地。他们还发展出许多关于饮酒的礼节，敬酒、劝酒有各种方法，必使客人喝醉自己尽兴为止。

这一现象具有普遍性，人人均能言之。然为何产生？其社会的和心理的根源如何？对健康和社会有何危害？应采取何种对策？这些问题似待作出进一步的探讨。

一

酒为人们普遍喜爱的刺激性饮料，并不限于少数民族。何以少数民族饮酒更为普遍？这是由于酒在他们社会生活和精神生活中具有下列功能：

一、酒可减弱神经的抑制作用，使人处于兴奋状态，从而打破拘束，流露真情。少数民族重视血缘的或地缘的纽带，注意维护群体之间的联系。饮酒可以增强亲戚朋友之间的友谊和感情，建立更亲密的关系。酒是他们聚会中不可或缺之物。故景颇族谚语云：“不吃酒，不能讲故事。”金平彝族谚语云：“壶中有酒客常在，壶中无酒客难留。”水族谚语云：“人没有酒不讲话，纺车不上油难旋转。”酒成为他们招待客人和交际的工具。不善饮酒者反而被嘲笑，认为是“没出息的”、“没有朋友”的人，所谓“男人不喝酒，白在世上走”（金平彝族谚语）。

二、过量饮酒，可使人眩晕或产生幻觉。对于相信超自然力量和信仰来世的少数民族来说，酒是“神奇的饮料”，可以满足精神生活和宗教活动中某种需要。不仅萨满、巫师借助于酒达到“鬼神附身”的境界，即一般人民亦以饮酒来脱离现实世界，暂时步入另一世界。在宗教仪式中，酒还是献给鬼神的重要供品。故佤族认为“无酒不成礼”。中国古诗中也有“为酒为醴，蒸畀祖妣，以洽百礼”之句。酒与宗教活动的关系是极为密切的。

三、酒能供给人体以热量，促进血液循环，有扩张微血管的作用。适当饮酒，可以减轻疲劳，祛除寒冷和湿气。对劳动条件普遍较差、劳动强度较大的少数民族来说，酒确有恢复体

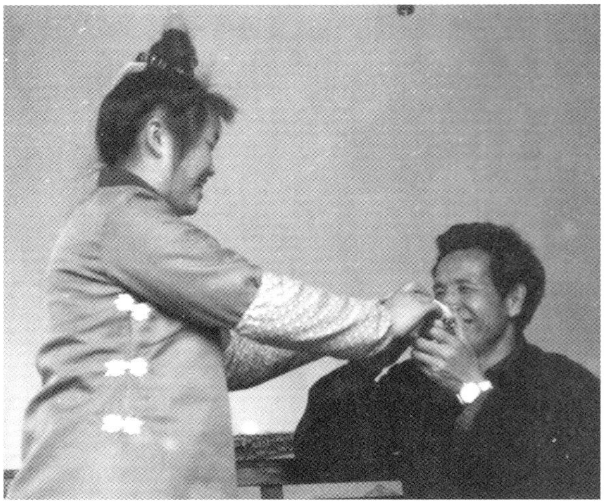

贵州雷山县西江大寨苗族姑娘向客人敬酒

西江大寨苗族劝酒方法——相互喂酒

广西隆林县苗族火塘边对饮

贵州三都县水族宴会上转圈敬酒

力的功能，又是治病的良方。

二

在中国，蒸馏酒（即俗称“白酒”者）出现较晚（最新的说法是始于东汉），而在少数民族地区尤晚。以西南民族而论，直到20世纪50年代初会制者寥寥，他们的白酒多仰赖汉区供应。他们普遍饮用的是发酵酒（俗称“水酒”或“泡酒”），即将谷物（米、糯米、小红米等）煮熟后放入容器发酵掺水饮之，不经蒸馏。凉山彝族谚语有云：“招待客人醪糟（即酒酿）好，吃了能醉不能饱”；佤族谚语有云：“酒米已经装入小坛子，水已倒入大坛子”。均指这种发酵酒而言。这种酒度数较低，除非过量饮用，一般不易产生危害。

近年来，少数民族饮酒习惯发生了重大变化，从自制低度的“水酒”改为购买高度的“白酒”。这是因为白酒在今少数民族地区已易购得，而且，相对于其他商品来说，低档的白酒价格较低，买酒省事方便。加之近年商品经济在少数民族地区有所发展，人民手中有钱买酒，故使酒的消费量猛增，与酒有关的社会问题在少数民族地区变得严重起来。

贵州从江芭撒苗族用竹筒饮用水酒

据医学和心理学的最新研究，饮酒者按其程度分为“消遣型”、“滥用型”、“上瘾型”三种，后两种即算酗酒，可对本人及社会造成危害。酗酒又可分“间歇性”（每年大醉4次）及“习惯性”（每年大醉12次）两种。以此标准衡量，则中国少数民族酗酒者甚众。云南金平有些村寨几乎每天都有人醉酒，个别人无日不醉。更多民族有这样习惯，每逢街期到集市沽酒痛饮。至于节日醉酒更为常事，媒体甚至作为经济富裕之象征加以报导。虽然目前还无法对每个民族酗酒者人数作出确切之统计，但比例之高是可以想见的。

由于酒的大量消费，除损害个人健康外，其对社会的影响则有下列诸项：1. 妨碍资金积累。有些少数民族经营副业而致富，却把大量钱财用于自己及招待朋友饮酒。2. 影响生活水平提高。贡山县有些民族因做酒及买酒消耗掉大量粮食而成为缺粮户。3. 影响社会治安。由于饮酒导致生活无着，个别人遂靠偷窃为生。4. 影响生产和工作。特别是干部染上酗酒恶习者，影响更大。贵州黔东南州流传着“农村干部天天醉，领导干部天天会”之谚。其他地区则有“基层忙吃喝，上层忙出国”之说。对这些人来说，一杯在手，什么国家大事，什么现代化建设，都将置诸脑后。

三

很多国家都颁布了“禁酒法令”，而中国目前还没有任何对酒的控制。

近年随着人民生活提高，酒的消费量急增。1990年，白酒达850万吨，为1980年215万吨的四倍。今后与酒有关的社会问题必将日趋严重。

今后有关部门在制定有关政策时，对少数民族饮酒问题，也应给予足够的注意。我认为，这主要应根据少数民族地区具体情况，以经济手段来进行调节，制定合理而有远见的措施：

第一，应该适当提高酒（包括低档白酒）的价格，并增收酒税，以此限制饮酒。这一点对少数民族也不能例外。不能把大量饮酒作为一种民族文化而给予任何优惠。

第二，在目前尚未脱贫的少数民族地区，应减少酒的生产，更应减少白酒的生产，节约粮食，以利脱贫。

第三，与目前全国提倡低度酒的生产步调相一致，在少数民族地区应提倡自酿含酒精较少的发酵酒。民族节日期间，更应发扬民族传统文化，提倡饮用少量各族原有的“水酒”或“果酒”，使宴会桌上外来的价昂的烈性酒、洋酒绝迹。特别是各级领导和外来客人若都能拒饮非民族风味的酒，将表明他们确有实施廉政之决心，为开创良好社会风气作出贡献。

（1995 年参加中国民族学会提交的论文。原载《中国人类学的发展》，三联书店，1996 年）

谈中国少数民族迁入城市
——以昆明为例

“城市化”就是从乡村生活到城市生活之转移过程（钱伯斯，1985：102)。城市中来自不同地区或不同民族的新居民对城市生活之适应，一直是城市人类学的研究课题之一。(佩尔特，1979：334—337)。

中国少数民族近40年来陆续迁入很多城市。作者曾在昆明居住多年，与那里的少数民族移民有过多年交往，这里以昆明为例，对中国少数民族的城市化作一初步探索。

一　族别、职业和居住模式

据1982年的人口普查，昆明的少数民族共有368138人，其中包括昆明四周山区原住民族（彝、白、苗等） 280000人以及在城区居住已久的回族约50000人。据估计，40年来陆续迁入昆明的少数民族约有30000人至40000人。(《昆明市情》，14页；《昆明民族、民俗和宗教调查》，8页。)

近年来迁入昆明的少数民族有20余个，其中包括彝、白、傣、哈尼、纳西等民族。他们迁入昆明市内的情况，不外乎下列几种：

1. 少数民族原来的首领（世俗的或宗教的）早在20世纪50年代便在政府安排下迁入昆明定居，有人还在政府中担任荣誉性职务；

2. 熟悉本族文化的人士来到政府机关或学校中任职或任教；

3. 一些少数民族青年来到昆明的大学或民族院校读书，毕业后有一部分留在昆明工作；

4. 近十年来，由于市场经济的发展，昆明也和中国其他城市一样，吸引了大批农民，其中包括来自少数民族的农民。尽管对他们的居留有很多限制，但其中终会有一部分人在昆明定居。

由于上述几种迁入方式，昆明的少数民族移民一般不存在失业问题，是在生活已有保障的前提下迁入的。各少数民族移民在昆明从事各种各样的工作，有政府官员、演员、文化机构（电台、电视台、民族出版社等）工作人员、学校教师、工人等。至于近年来迁入的农民、小商贩或独立手工业者，仍从事他们擅长的手艺，如白族从事木工和建筑；某些彝族支系（阿细人、撒尼人）的妇女制作和贩卖本族传统刺绣品，卖给外国旅游者；出售民族风味食品，更是很多民族一种谋生手段。像国外城市中某一低下职业专由某一移民群体担任（佩尔林，1960；莱保，1967：

大理白族出售凉粉

回族出售玉米饼

集中少数民族较多的机构之一：云南民族大学

路南撒尼人出售自己制的刺绣小包

回族出售卤鸡

外地回族也在顺城街上摆摊设店，图为来自石家庄的回族出售酱牛肉

昆明顺城街——传统的回族聚居区

59)，在昆明是不存在的。

昆明的少数民族移民在居住方面也有自己的特点。国外城市的移民一般是族群聚居。所谓“唐人街”便是大家都知道的例子。在纽约的意大利人甚至按其籍贯而分住不同的街区。(琼斯，1960）即使是移民中的贫困户，其所住的窝棚（squatter settlements）或贫民窟也都是按原来的亲属群体和地域群体而集中建立的（巴沙姆，1978）。但在昆明同在中国其他城市一样，人们不能自己选择地点集中建造住房，故在中国城市中，移民的居住模式是分散型的。

二　从文化震撼到城市适应

少数民族从乡村来到昆明，由于居住分散，因此不得不与其他族群的人共处，置身于完全陌生的文化环境之中。当他们刚刚来到城市时，往往不能适应，于是便发生了称为“文化震撼”(cultural shock）的各种现象。这主要表现在下列诸方面：

首先是居住环境方面。他们初入城市时，一个突出的感觉便是人口拥挤，声音嘈杂，令他们“心烦”。他们经常对笔者盛赞故乡山村的静谧和安宁。

其次是城市生活方式。他们初来时，对城市生活方式很不习惯。他们嘲笑那些烫发的妇女，称之为“老母熊”。他们认为城市饮食“口味不好”。傣族移民就常常感叹没有可口的酸竹笋和调味用的香茅草。景颇族移民则认为家乡的野菜比昆明的蔬菜好吃得多。他们对城市人的做饭方式尤感不惯。20世纪60年代作者在昆明曾见一位独龙族老人仍在水泥地上支三足架煮饭，而不使用宿舍中已为他准备好的炉灶。时至今日，虽然云南民族学院宿舍内已有煤气设施，仍可见一些少数民族老妇用木柴煮肉，其理由是“煤气烧出的肉不香”。他们不会或不愿使用较为现代化的一些生活设施。他们不是把垃圾倒在现成的垃圾箱中，而是采用烧的办法处理垃圾，仿佛在他们故乡的田野上烧草积肥一样。

最后，也是最重要的，是少数民族移民很难接受城市居民的道德观。例如有些保持几代同堂大家庭制度的民族，对于城市中的年轻人结婚后，多与父母分居，而且关系淡薄这一点，便常持批判的态度。这些意识形态方面的差异，常常造成人际关系上的隔阂。

城市是一个大“熔炉”。随着时间的推移，迁入城市的少数民族终将接受统一的城市文化。（巴劳，1978：343—344）在这方面，昆明也不例外。

据我多年观察，少数民族移民对城市生活的适应过程，常因年龄、性别、职业等而各有不同。下列几点是普遍性的现象：

1. 青年较年长者较先适应，男子比妇女较先适应。有些大学生入校一年便穿上牛仔裤，而有些早在20世纪50年代就迁入昆明的老年妇女至今仍着民族服装。

2.“白领”工作者似乎比从事较简单劳动的工作者较先适应。

3. 原来杂居的民族（他们已有与外族交往的经验）比原来聚居的民族较先适应。

4. 进入城市后经常与他族交往者较之只与本族交往者，较易适应城市生活。

5. 生活方式（特别是服装）方面的变化发生较早，而道德观等方面的变化最后发生。

三　发展传统文化和建立民族社团

中国城市中的少数民族虽然多有工作，在生活水平上与城市原有居民相差不大，但他们一想到本民族中尚在农村的亲友所过的贫困生活，就像世界其他城市中少数民族一样，倾向于把城乡生活的差别看成民族间的不平等。再加上由生活方式等方面所造成的人际关系的隔阂，少数民族移民便会有一种压抑感。他们与城市中其他族群的人在较长时期内不可能有亲密的关系（柯恩，1974；布德莱，1978）。这就导致了民族认同的加强。即使是原不相识的人，只要属于同一民族，他们会备感亲切。以自己民族的语言交谈，遇事相互帮助，经济上互通有无，并经常会晤和集会。

在昆明的各少数民族移民中，一年中最大的一次集会就是本族的传统节日。昆明原来只有回族按时举行各种节庆活动。近年来随着少数民族迁入昆明人数之增多，很多民族也开始在昆明举办传统节庆活动。例如：傣族移民过泼水节，彝族和白族移民过火把节，景颇族移民跳“总戈”。最近，纳西族、傈僳族、哈尼族也都在昆明举办自己的节日。每当过各族的节日时，在昆明的该族成员便齐集过节场所唱歌跳舞，举行各种仪式。通过这些活动，人们可以重建本族文化传统，也使青年一代有机会学习本民族文化。

近年来，在昆明的各少数民族知识分子中，还成立了以研究本族传统文化为目的各种学术团体。已正式成立的有“云南彝学会”和“纳西族文化研究会”等，有的得到政府资助，还出版了自己的刊物。

这些学会除研究本族文化之外，还起到联络感情的作用。但它们与有些（如非洲尼日利亚、加纳等地）“自愿性社团”又有所不同。会员们没有什么应尽义务，也没有为新入城的本族成员寻找工作的职能。他们的活动在文化方面。在这一点上，他们很像在纽约已获得固定职业的印第安人所组织的某些社团（利特尔，1965；布阮勒，1973）。随着城市化程度的加深，他们深恐民族传统文化不能继续下去，于是兴起研究、继承、发扬民族文化（歌舞、食物、节庆）的热潮。

结语

在过去的人类学文献中，中国城市和日本城市一样，向来被视为一种由单一民族居住的典型。（基辛，1976：57）但是近年来这种情况发生了变化。在中国出现了一批多民族的城市，而昆明便是其中之一。

可以预料，随着今后经济的进一步发展，城市中的少数民族移民必将越来越多。研究目前已迁入城市的少数民族的适应过程和民族关系，对今后解决城市中少数民族移民的社会问题，将是有帮助的。

（原载《城市人类学》，华夏出版社，1991年。英文本曾于1990年在北京召开的国际城市人类学会议上宣读，见附录）

参考书目

V. 巴劳

《人类学导论》，伊利诺斯：道西出版社，1978。

R. 巴沙姆

《城市人类学》，梅费尔德，1978。

J.H. 布德莱

《进步的牺牲品》，加利福尼亚：Cummings 出版社，1978。

E. 布阮勒

《城市亲属和非亲属》，载《城市人类学：城市化的跨文化研究》（A. 索撒尔编），牛津大学出版社，1973。

E. 钱伯斯

《应用人类学手册》，新泽西：朴仑梯克豪尔公司，1985。

A. 柯恩

《城市的族群问题》，伦敦：Tavistock 出版社，1974。

M.A. 琼斯

《美国移民》，芝加哥大学出版社，1960。

R.M. 基辛

《文化人类学：当代的展望》，纽约：Holt Rinehart and Winston，1976。

G. 克鲁茨

《城市适应的一个因素——分隔》，载《美国印第安人城市化》(J. 魏德尔等编)，西拉菲特公司，1973。

E. 莱保

《街头黑人的研究》，波士顿：Little，Brown and co.，1967。

K. 利特尔

《西非城市化：社会变迁中自愿社团》，剑桥大学出版社，1965。

H. 佩尔林

《美国劳工》，芝加哥大学出版社，1960。

G.H. 佩尔特等人

《人类经历的文化方面》，纽约：麦克米伦出版公司，1979。

《昆明市情》，昆明，1987 年。

《昆明民族、民俗和宗教调查》，昆明，1985。

他鲁人的婚姻形态

本文要介绍的是一种母系和父系交错存在、夫妻关系极不稳固的婚姻形态实例，可供研究原始社会史和婚姻史参考。这是根据20年前笔者调查所得材料写成的。

1962年初听说永胜县彝族中的他鲁人，在家庭婚姻方面保持着较为原始的习俗。同年9–10月我去永胜县对此进行调查。调查者除笔者外，还有县文化馆唐兆坤先生。翻译工作由蓝朝（年55岁，当过巫师）先生担任。

这次调查采取谱系法进行，共调查了10个自然村。这些自然村的名称是兰遮、庄上、本上、朱本着、上易黑姆、下易黑姆、数不住、要撇、大坪子、衣阮毕。其中兰遮村则是我们调查的重点。我们共记录了307户的家庭婚姻史，一般追溯到三代为止。此外，又选择了10个典型户进行了较深入的了解。

这次调查以家庭、婚姻问题为重点，对于经济、政治、文化方面的情况，只作了概略的了解。调查对象中有干部，有群众；有男有女；有老人，也有年轻人。除他鲁人外，我们还访问了周围的汉族及其他民族，听取他们对他鲁人婚姻的看法。经常是一个问题反复核对多次，尽量避免夸大失实。

这次调查是在各方面配合下进行的。县、公社、生产队的领导，为我们工作和生活作了妥善的安排。为了了解生殖、死亡和健康状况，我们访问过当地的卫生所；为了调查结婚和离婚的情况，我们请教过当地负责户籍的工作人员。对于所有协助工作、提供线索或介绍情况的朋友们，均在此顺致衷心的感谢。

调查归来，只写过一份汇报材料，另就他鲁人“羊骨卜”问题写过一篇短文（参见《他鲁人羊骨卜的调查和研究》,《考古》1964年2期）。“十年浩劫”,工作数变,全部材料始终不能整理公布。目前有些论著引用他鲁人婚姻习俗，似乎都是根据那份很粗略的汇报材料，这常使我深感不安。兹写此文,既将较重要的调查材料公布出来,又对他鲁人婚姻形态及相关问题提出个人一些看法，算是对这次调查作一交代。

下面介绍的材料都指1962年调查时及以前的情况，不包括这20年内的变化。因此，这些情况对他鲁人来说已成为历史的陈迹，而原始的婚姻习俗是任何民族历史上都曾存在过的，这决不是什么耻辱。相反，他鲁人能保存这样一种婚姻形态，为研究人类历史增添一份有价值的比较材料。

一 社会概况

位于半山的他鲁人村寨

他鲁人自称“他鲁苏”，附近的汉族、傈僳族、凉山彝族称之为“他鲁人”。部分汉族或称之为“他留”，乃“他鲁”之音变。

他鲁人绝大部分聚居在永胜城东南的他鲁河东岸。另在华坪的通达、永胜的期纳、仁和等地，也有少量的分布。他鲁人全部人口，据1954年民族识别时统计，共为2178人。在他鲁河聚居区，即有1592人。

在他鲁河聚居区内计有下列一些自然村：瓦刷、皮留、到到不、信老坡（花椒树）、瓦我（柞和桥）、阿从住、衣阮毕、兰遮、木本着、庄上、营盘、易黑姆（分上中下三寨）、耍撇、大坪子、数不住。这些村落现分属六得公社的双河、元山、易水三个大队管辖。在这些村落中，营盘主要是汉族居住，其他村落中亦有少量汉族。聚居区四周则有更多的汉族村寨围绕。

汉族在生产技术及文化方面，对他鲁人有很大的影响。

在他鲁人的周围除汉族外，还有“纳渣人”、“六得人”、“莨莪人”。这三种人的语言和风俗习惯与他鲁人大体相同。此外，他鲁人还和邻近的傈僳族及凉山彝族有些交往。

据1954年民族识别，他鲁人的语言属彝语支。他鲁人自己认为，他们的语言和“纳渣人”最近，和“六得人”、“莨莪人”的语言亦较接近，和水田彝族略能通话，而和凉山彝族的语言差异甚大。民族识别中把他们定为彝族的一个支系，他们颇有意见。

他鲁人没有自己的文字，亦不通行老彝文。远在清初，他鲁河地区即有义学的设置，乾隆年间署理知府江峤孙设义学七馆，其一即在他留[1]。他鲁人使用汉字应有很久的历史，然直至1950年识汉字者屈指可数，借贷时还有在山崖上刻划以助记忆者。

他鲁人以农业为主要生产部门。主要作物有水稻和玉米，铁农具有犁、锄、镰等，形制与附近汉区无别。水田较多，多分布在他鲁河沿岸的小块平地上，利用他鲁河水进行灌溉。他鲁人对水利灌溉颇为重视，且有一套较完善的管理方法。在聚居区内从大石桥到庄上设“水管”两人，选举产生，脱离生产，专门负责灌溉渠道之修理及水的分配，由这一带居民每户每年出稻谷半升（约合五斤）作为“水管”的报酬。水田的犁耙技术及田间管理，也达到一定水平，产量可达亩产五六百斤，约为籽种的四五十倍，已接近附近汉区的标准。

他鲁人也经营畜牧业。家畜种类有羊、牛、马、猪。其中以羊最多，当地谚语有云：“莨莪房子，

1《（光绪）永北直隶厅志》卷九《永郡新设义学碑记》。

他鲁羊子"，意为莨莪人会盖房子，而他鲁人会养羊。马亦不少，骡马是汉商来他鲁地区收购的重要物资。

打猎和捕鱼只是农闲时偶或为之，在经济生活中作用不大。他鲁人副业生产还有养蜂、挖药和烧炭。

他鲁人不会冶金、制陶和酿酒。主要手工业是织布，织布原料是麻加火草。织机是"水平式"的，纺线已用纺车。织出的麻布只有五寸宽，五天可织一"筒"（即一卷），可缝"派左"（男女所穿短上衣）两件。除织布外还有竹木编织，编制农业生产和家庭生活中必需的用具。

所有手工业生产都在农业劳动以外时间进行，只供自己消费，不拿到市场上出售。

他鲁人经济基本是一种自给自足经济。本族内部几乎没有商品交换。在和外界交换方面，主要靠赶永胜县城的街子，卖出木柴、松明、大牲畜、鸡和鸡蛋、梨和"香格豆"（做香的原料），买回盐、茶、麻和铁农具。偶尔也有汉族商人到他鲁地区贩卖盐茶，收购牲畜。他鲁人本身既无专业的手工业者，又无专业的商人。

他鲁人 1949 年前土地已完全私有，可以自由买卖。租佃关系早已存在，租额平均为产量的百分之五十。雇佣关系也有发展，短工较普遍，也有长工。还有一种"借谷还工"，即青黄不接之际借谷，农忙时为债主做工偿债，每借一升谷还五六个工。高利贷很猖獗，向本族富户借债，年利率百分之四十；若向附近汉族地主借债，年利率高达百分之一百。穷人还不起债者常去债主家长期帮工，以工钱抵债，还清为止，称为"帮身"，有帮工两三代才还清者。过去还有蓄奴之风，如光绪二十几年双河蓝正荣买过两个傈僳族为奴，一男一女，后配成夫妇，当地人称他们为"李家波"、"李家母"；光绪三十年左右易水陈官祥也买过一个傈僳族为奴，但到了 1950 年这里已无奴隶。总之，他鲁人过去应属于所谓封建地主经济，与附近汉区已无不同。只是与汉族相较，他鲁人内部地主较少，如云山大队地主十二户，内汉族八户，他鲁人四户。他鲁人之中拥有百亩以上的大地主，只有一户（名海乡才）。

他鲁人一个自然村常有好几个姓氏，仅个别村落只有一个姓（如柞叶桥都姓陈，数不住都姓王）。各个村落之间很少联系，亦无统一组织，各村有"老民"（他鲁人又称"抄麦"）一人负责祭"着恶"（详下）、修水利、修桥，不脱离生产，选举产生，一般是一年选一次。"老民"无特权，如办事不公道，则村民可随意罢免。这是他鲁人一种原始民主习惯。每年两次祭"着恶"，是全区性集会的惟一时机，举凡讨论修水利、修桥等大事及选举

位于院落之外的"姑娘"小屋

他鲁人男子

他鲁人妇女

及撤换“老民”、“水管”，均于是时进行。若遇外敌入侵，各村能自动组织起来抵御，如 1927—1928 年凉山彝族奴隶主来抢掠，全区在蓝文宠领导下曾组成临时武装进行战斗，事后即自动解散。总之，他鲁人在社会组织方面尚保存部落社会的若干成分。国民党统治时期，曾推行保甲制度，但保甲长们除了收税外在他鲁人社会生活中几乎不起什么作用。

他鲁人的村落多建造在半山之上，村落布局因山势而异，各户住宅多不集中。过去每村有一碉楼，以防凉山彝族奴隶主来抢劫。房屋形式如附近汉族，土墙，草顶或瓦顶，双斜面。富裕者房屋亦盖成四合院形式。室内布局是于正房中以木板或土坯搭成床状，称为“坑床”，火塘即设“坑床”之上，白天全家男女杂坐其上，喝茶吃饭，招待客人，晚上老人即睡于其上。青年壮年则住偏房，已婚夫妇各占一间。此外，每一户还有一间专供未婚妇女过自由性生活的住房，称为“诺马锡格”，意为“姑娘的小屋”。这种小屋多另建于正房之外；如是四合院，则建于院落之外；经济困难者房屋窄小，亦要在正房中隔出一间，供姑娘居住，方便她们过自由的性生活。此类房间名为“姑娘的小屋”，实际上，凡是单身妇女如离婚回娘家者、青年寡妇均住于此，或一人独宿，或数人合住。这种小屋是他鲁人居住方面的特点，是与他们特殊的婚姻习俗相联系的。

他鲁人女性未成年者，上身穿白色无领短衣（称为“派左”），下系白裙，月经来后穿黑裙，头顶束发。上身除“派左”外另套对襟无领外衣（称“派沙”），头梳双辫，缠于黑帕之上，与凉山彝族妇女头饰略同。妇女之裙极短，有褶，衣的领口、袖口均有花边。这里妇女服饰只有成年及未成年之分，而无已婚、未婚之别，或为他鲁人妇女婚前婚后均可过自由性生活无明显界限可分的反映。他鲁人男子传统服装是上身穿“派左”，下着长裤，裤脚甚大，外套“派沙”，赤足着草鞋，头梳辫缠黑帕，或戴瓜皮小帽。但近已不穿。上层人士亦有穿旗袍者，称为“派四”。男女服装均用自织麻布，白色麻布上往往间以红线，以为美观。天冷时男子另加羊皮背心；妇女背羊皮，如纳西族和白族。

他鲁人以米为主食，喜饮油茶。烹调习惯略同汉族，惟所制粑粑（糯米及饭米掺合做成，以油煎之）颇有特色，有“他鲁粑粑”之称。

他鲁人地区交通不便。西北有小路通永胜县城，西南有路通大厂，多是小路。行路全靠步行，运输靠马帮，但本族无自己的马帮，外族马帮来者亦不多。他鲁河上横架着几座桥梁（三板桥、大石桥、磨坊桥、柞叶桥、花椒桥），可说是他鲁人惟一的交通设施。由于交通极为闭塞，本地人除赶街子外很少外出，汉族商贩偶尔进入他鲁人地区，孩子见了还要躲避。与外界接触不多，也许是他们长期保持一些较原始婚姻习俗的原因之一。

山上祭神石龛

他鲁人固有宗教信仰是自然崇拜和祖先崇拜。自然崇拜重要活动是祭“着恶”和祭“米鲁”。“着恶”在他鲁语中是一个神祇的名字。代表“着恶”的是一个山坡，在吹风丫口，称“着恶岗”。我们认为，“着恶”最早应是他鲁人自然崇拜（拜山）的一种，后转化为全体他鲁人的部落保护神，故他们祭“着恶”亦称为“祭宗祠”。祭“着恶”一年两次，一次是六月二十四日到二十六日（阴历，下同）之间，即火把节前后，一次是过年时节（正月初八至十二日）。祭前例由各村“老民”集合商量，决定具体日期，凑钱筹备祭品，一般要有羊三只、猪一只、鸡、酒等，另外各户自备圆锥形粑粑十二个（如是闰年，要十三个）。祭前二天，由“录锡”（巫师）去“着恶岗”插松枝。祭祀之日各户至少派出一人齐集“着恶岗”，由“录锡”念经，由“老民”数人“打跳”，这时照例要由双河罗姓绰号“巴那”之家的人吹葫芦笙伴奏。然后大家分食祭品（吹葫芦笙者、录锡等执事人员另给酒肉茶等带回，“水管”可得羊头半个，“给他们献水龙”），并商量全区公共事务，选举或撤换“老民”、“水管”。据云，不祭“着恶”则庄稼不好。“六得人”、“纳渣人”亦有此俗，但另有自己的“着恶岗”。

“米鲁”意为“公山”。祭“公山”、“母山”乃永胜、华坪一带少数民族普遍流行的习俗。他鲁人祭“米鲁”按姓举行，每姓有自己的“公山”，于每年九月初一到初十前往祭祀。各姓每年轮流派一户担任筹备工作，称“录左”；亦有固定由某户长期担任者，称“假史”。“录左”和“假史”事先到各户集谷放债收利，充作祭祀费用，准备好羊、鸡、猪、香等物。届时每户出一人前往，先由“录锡”念经，然后分食祭品而散。他鲁人的一个姓原是一个氏族，祭“米鲁”以姓为单位，疑“米鲁”原为氏族保护神。据云，不祭“米鲁”会有暴风恶雨，降冰雹，可见这也是与农业生产有关的宗教活动。

他鲁人祖先祭拜主要在过年及“尝新”时进行。每户在墙上插柞树枝一束，代表祖先，对之祭拜。少数人户有供“天地君亲师”牌位者，是受汉族影响所致。

此外，他鲁人信奉“后龙山神”，屋后山坡上立石龛代表之。还拜“树神”（称“斯子林”，意即“山上之树”），凡人生病杀鸡往祭，相当于内地社神或土地庙之类。某些村寨还有本主崇拜，

身着传统服装的他鲁人巫师（"录锡"）

营盘村有过“土主庙”，应是外来的宗教信仰。

他鲁人普遍信神信鬼，认为鬼神可预知未来，故遇事皆要占卜，有羊骨卜（“烧羊膀”）、打草卦、数卜、鸡蛋卜和鸡骨卜等。[1]

他鲁人的巫师有两种，一种叫“涅甫”（亦称“东巴”），一种叫“录锡”（亦称“毕母”），从名称上即可见前者受纳西族影响，后者乃本族固有巫师。“涅甫”为人看病送鬼、占卜寻物等，送鬼时能口含烧红的铁犁铧，送鬼仪式与纳西族“东巴”略同。这种巫师人数较多，学习较易，有从师学习者，也有无师自通者。“录锡”主要负责祭“着恶”和祭“米鲁”时念经，为死人“开路”等等，他们要会背诵经文，学习较难，非从师学习不可。故“录锡”可以兼“涅甫”，而“涅甫”不得为“录锡”。这两种巫师皆不脱离农业生产，“涅甫”为人送鬼，报酬为半升谷子一顿饭；“录锡”念经仅多分祭品而已，别无其他报酬。

他鲁人行土葬，用木棺，与附近汉族全同。人死后停尸于院中，亲戚持酒及粑粑来吊唁。停尸时期有长达二三月之久者。择日开吊，由“录锡”念经一天一夜或三天三夜，为死者“开路”（即对死者灵魂指引一条前往另一世界之路，彝语支各族多有此俗）。有集中的公共坟地。夫妇有合葬之俗。离婚者、未嫁者及其子女葬母方坟地。

他鲁人行阴历，与汉族同。其节日有过年（初一至初七不生产，祭祖先、“打跳”及要狮子）、火把节（六月二十四日至二十六日，不点火把）、尝新（取新谷祭祖先并喂狗和牛）。过年及过火把节时祭“着恶”及九月祭“米鲁”，当然更是隆重的节日。

他鲁人的重要禁忌有：(1) 不得穿草鞋上“坑床”；(2) 屋内不吹笛子；(3) 不得在铁三脚架上和“坑床”上敲烟锅；(4) 过年之后直至六月二十四日这段期间不吹葫芦笙；(5) 晚上不犁田，(6) 妇女不进土主庙等。

他鲁人音乐有“录锡”过年时唱的“哥多乞”及祭“着恶”“米鲁”唱的调子，此外便是青

---

1 打草卦是用七根草，中结一扣，两端随便连接起来，然后解开中扣，视七根草是否连成一条，以定吉凶。此法用来卜问出行。数子是用四十二颗圆粒（如谷粒），分为三组，左为己，右为人，各除以四或四的倍数，看其余数，多者吉，少者凶。此法用以卜问出行和疾病。鸡蛋卜与鸡骨卜和其他民族无异。羊骨卜已详专文。

年男女所唱情歌。音调简单，不断重复，很少变化。乐器种类有葫芦笙（“英千”）、笛子（“必立”）、口弦（“出出”）等。青年男女还喜欢吹树叶（“斯票”），入晚则互吹树叶以求侣，正如《蛮书》所说：“声韵之中，皆寄情言”。

他鲁人的重要舞蹈是“打跳”[1]，过年及祭“着恶”时举行。“打跳”时不分男女老幼，手牵手形成一圈，以足顿地，随着葫芦笙伴奏节拍而走动。“打跳”时虽母子、父女、翁媳这样的关系亦不回避，只需隔开数人即可，这与其他民族集体舞蹈时有一定禁忌是不同的。“打跳”是男女结识的大好时机，往往在“打跳”之后，一对对情侣即离开人群走入僻静的山林。

他鲁人只有口头文学，这就是“录锡”在过年或死人唱调子的歌词，内容无非是“盘古王”开天辟地，洪水和兄妹成婚，从播种到收割的生产过程，万物起源，死的起源以及棺木寿衣起源等等。一般是五个音节一句，与彝族诗歌略同。此外，男女所唱情歌的歌词，更是他鲁人一项宝贵的文学遗产。这些情歌比喻生动，对答流畅，很有趣味。（见后）

他鲁人计数可至万，但一般人仍不喜欢算账，视为苦事，情歌中说到相思之苦则曰“我想你和算账一样难受”。他们对左右有自己的表达法，左称“拉我”（意为左手），右称“拉由”（意为“右边”）。有四方观念，东为“波杜”（日出），西为“波就”（日落）。南为“波马”（日尾），北为“波乌”（日头）。度以人体为标准，臂平伸之长为“乞波”，一肘之长为“乞沙”，中指与拇指拃开之长为“退磨”，食指与拇指拃开之长为“退沙”。衡具已用汉秤，但买牛仍用手量牛脚至肩之高来计价，买羊则全凭估计。量具已用汉族升斗。医药方面是巫医结合，“录锡”多兼行医，如为我们做翻译的蓝朝，一方面会念经，一方面能识药三百余种。

以上为他鲁人社会面貌、物质生活、宗教信仰、文化艺术等方面勾画出一个粗略的轮廓，他鲁人较原始的婚姻形态便是在这样的社会环境中保存下来的。1950 年以后，他鲁人社会发生了根本的变革，而在婚姻和家庭方面，他鲁人固有的习俗直到我们 1962 年调查时，几乎还没有什么变化。

二　通婚限制

他鲁人和周围的汉族、傈僳族、凉山彝族、水田彝族不能通婚，和语言、风俗习惯无甚差异的“六得人”、“纳渣人”、“莨莪人”可以通婚，但极不普遍。现在他鲁人与外族通婚者亦只限个别干部。

他鲁人内部排除近亲婚配，实行同姓不婚，近几十年来这一限制早已松弛，隔十代或十五代后便可通婚。

在各姓之间过去通婚也有一定限制，即蓝、海、王、陈四姓与段、杨、熊、罗、邱等姓不能通婚。前者称为“大姓”，后者称为“杂姓”。他鲁人历史上受高土司统治，高土司是大理国高泰祥后

1 传说“打跳”起源是这样的：远古时期有一帝王，已知播种许多种谷物，只缺稻种，乃发愿凡找到稻种者以女儿嫁之。有狗经过长途跋涉带回稻种来，帝王遵守诺言，狗遂与其女成亲，所生子女即今人类祖先。后来狗祖宗在一次烧山播种时被烧死，子孙寻见时尸体已生蛆，子孙乃争以脚踏蛆，“打跳”即为了纪念狗祖宗，其中顿脚的动作即由此而来。由此传说可反映“打跳”确为他鲁人自己的传统舞蹈，原为宗教祭祀中使用的。

裔[1]，应为白族。据云“杂姓”多为高土司之侍仆，如段、杨两姓专管为土司守坟、站班，邱姓专为土司捕鱼、搭棚子；而四大姓则是种粮、放羊的平民。这种限制反映过去有民族内婚的存在。近几十年来，“大姓”和“杂姓”已可通婚，甚至富贫之间通婚亦不受限制，惟“帮身”无人嫁之。

他鲁人实行姨表不婚，姑表兄弟姊妹之间可以婚配，以娶姑母之女情况为多，他们称之为“老母猪后面捉仔”。但这不是强迫性的或优先的婚配。

他鲁人也有非强迫性的妻姊妹婚和夫兄弟婚，但有下列限制：姊夫可续娶其妻妹，妹夫不得续娶其妻姊；兄死弟可娶其嫂，弟死兄不得讨其弟媳。这种婚姻要靠双方自愿，不是一种规定的义务。

凡属限制通婚者，例如翁媳之间、哥哥与弟媳之间、妹夫与妻姊之间，都是要相互回避的。但他鲁人亲属回避之俗，不如其他民族那样严格（如西伯利亚一些民族翁媳见面必须绕道而行，吉尔吉斯人媳妇甚至不能道及公公之名）。他鲁人上述亲属之间可以说话，可以在一起劳动和吃饭，只是不允许调笑，甚至当着这些亲属之面调笑其他异性，亦是不礼貌的行动；一同“打跳”时必须隔开数人。

他鲁人亲属回避之对象，也就是限制通婚之对象。由此可以证明，亲属回避之俗实来源于防止不应该通婚之亲属发生不正常关系。社交禁忌总与通婚限制有关。

凡是在限制通婚对象之外的，原则上均可成为自己的配偶。他们选择配偶时除上述限制外，不考虑其他因素，如年龄的悬殊、辈分的差异等等，特别在缔结非正式婚姻关系时更是如此。曾出现一个男子同时或先后与俩母女发生关系，或一个妇女与俩父子甚至祖孙三代发生关系的现象。由于彼此无血缘关系，并不视为反常。

〔例一〕兰遮村的蓝××（男，40岁[2]）与同村陈××（女，45岁）及其未婚所生女儿先后建立非正式关系。1947年与陈××正式结婚，与其女继续保持非正式关系。1953年其女才另嫁。

〔例二〕朱本着村蓝××（男，47岁）与同村×××（女，61岁），早在1930年左右即有非正式婚姻关系，后又与其在家所生女儿建立非正式关系。1946年左右，正式与其女儿结婚，×××现已年老也随之一齐过活。

〔例三〕双河王××（男，45岁），曾娶易水×××（女，60余岁）为妻。×××曾嫁人，夫死，与其前夫曾生一女，一并带来王家。后王××又与其女建立非正式婚姻。现俩老夫妇已死，女儿另嫁。

〔例四〕数不住村王××（男，50余岁）和下易黑姆×××（女，60余岁）及其女儿同时建立非正式婚姻关系。×××曾嫁人，其女乃前夫所生，离婚后一并带回娘家。现×××已死，而女儿一直未正式出嫁。

〔例五〕兰遮村×××（女），曾和庄上村蓝×（男）一家三代先后发生非正式婚姻关系。

1 参见（光绪）《永北直隶厅志》卷七《土司》。
2 本文例证中有关人物的年龄，均指我们调查时期（1962年）而言，下面不再一一注明。

至于和继母或继父之前婚子女缔结婚姻，这种情况更为普遍，他们称之为“一讨两代”：

〔例六〕兰遮村陈冠华之父娶同村蓝 ×× 为妻，自己又娶其继母在家所生之女保弟为妻。

〔例七〕朱本着村蓝日确之父讨易水王 ×× 为妻，王 ×× 带来一女，名四诗母，后日确又与四诗母结婚。

由于继父母前婚子女和自己以兄弟姐妹相称，但彼此之间并无事实上的血缘关系。然若违背了同姓不婚原则，则要受到舆论谴责甚至惩罚，下面是我们调查时发生的一例：

〔例八〕易水海 ××，1961 年娶其堂姑母（曾祖父之孙女）为妻，族人群起反对。结婚后，原居一院的叔伯们将院内砌墙一道，以示不与为伍。群众亦常加嘲笑，称之为“吃草的”。

这是因为堂姑母是同姓，相隔不过三代，不在通婚范围之内。易水海 ×× 的例子，是极少见的。

三 “尼查马”——非正式婚姻关系

他鲁人婚姻关系有两种，一种是正式的，一种是非正式的。非正式的婚姻关系称为“尼查马”，缔造这种关系的男方称“查波”（意为“假汉子”），女方称“查马”（意为“假老婆”）。

一个他鲁人不仅青年时代有许多“尼查马”关系，即在正式结婚之后仍能保持或缔结这种关系，这就使它和许多少数民族中流行的婚前性自由有所区别。“尼查马”关系是正式婚姻关系的准备和补充。

一个他鲁人当还是小孩子的时候，由于耳濡目染已知道许多性知识。如到了一定年龄，还不知道这方面的知识，也有人加以“教导”。男孩子由亲戚中的长辈来“教导”，女孩子则由自己母亲来“教导”。到了十五六岁，便开始过自由的性生活，这时女孩子即要搬入“诺马锡格”中去住了。如果一个已成年的姑娘没有几个“查波”的话，常要受母亲的责备和同伴的讥笑，骂为“不中用”。

关于“尼查马”关系的缔结是非常容易的。他鲁人的谚语有云：“四条腿的难找，两条腿的容易”，意即找一个异性朋友比获得一个牲口要容易得多。

缔结“尼查马”关系的过程大体是这样的：假如你看上一个并不相识的异性，只要在通婚范围之内的，即可开始追求。虽然他鲁人有谚语说：“只有男主，没有女现”，就是说应该由男子主动追求女子，但在实际生活中妇女主动追求男子（特别是比她年轻男子）之事比比皆是。这里的妇女并不像“文明社会”中妇女那样掩饰自己的感情。追求方式几十年前是唱情歌，如：

男（唱）：“我像一个跳蚤一样跳到你的身旁，我想你像算账一样的难受……”

女（唱）：“你不过是瓜藤子上开的一朵假花（意即虚心假意）……”

如此不断对唱，开玩笑，终于达到情投意合。近来已不行唱歌，但仍流行一套隐语。如：

男：“我想你，从很远的地方来找你。”

女：“从这样远的地方来，不是找我，还能找谁？这里站处没有，坐处没有，很对不起。”（意即允诺）

或者这样对答：

女："哪里是找我，怕是过路来歇腿的吧"！（意即不允）"以后过路再来吧！"（希望他继续追求）

至于寡妇或年龄大的妇女追求小伙子，则采取直截了当方式，语多不雅。

在实际生活中更常见的不是上述这样个人谈情说爱方式，而是通过集体活动。常常一群小伙子到"诺马锡格"中拜访姑娘，最后姑娘示意其中之一留下，即表示愿和他缔结"尼查马"关系。还有朋友介绍方式。一个小伙子常拥有好几个"查马"，他可以把自己的"查马"介绍给好朋友，甚至几个小伙子和一个"查马"发生关系，只要彼此是朋友，并不互相嫉妒。凡是有很多"查马"（特别是漂亮的"查马"）的小伙子，俨然以介绍人自居，在青年人中最有威信。嫉妒感情的薄弱，也是他们保持原始婚姻习俗的反映。

无论通过何种方式，一旦双方愿意，即可发生性的关系，男子夜间便可到"诺马锡格"中去了，从开始认识到发生关系，一般只要三五天，甚至更短时间。

"尼查马"关系维持多久，殊不一定，视双方意愿为转移。有的幽会一两次即分手，有的可维持十几年之久。

缔结"尼查马"关系的双方，除去共同的性生活外，没有共同的经济生活。白天男女各在自家田中劳动，晚上在"诺马锡格"中相聚。只是到双方发生一定感情时，才互相馈送礼物，一般是女送男一件自织的麻布"派左"，男送女从外面买来的新奇之物（如针线、棉布等）。

"尼查马"关系不限于青年人，在有了固定配偶后仍可和其他异性缔结这种关系，只需表面上瞒过正式配偶即可。如被遇见，夫妇间会发生口角甚至离婚，但不会受到社会舆论的谴责，更无什么法律的制裁。在婚后与他人缔结"尼查马"方面，男子享有较多的自由和方便，然还没有像易洛魁人等那样形成一种"男性的特权"。丈夫发现妻子与人通奸亦不能对她进行残酷的惩罚，最多离婚而已。当然，这种事情一旦发生，有时亦会发生纠纷：

〔例九〕××村蓝老九，1923年或1924年和兰遮村罗××之妻发生关系，被罗××发现，老九被捆打，赔滇币八十元。

〔例十〕花椒树罗××，1920年左右和同村蓝××之妻发生关系，被发现，赔二百元滇币，但蓝××将妻子连同两子一并"送"他。

由上例可见，男子发现其妻不忠，主要惩罚奸夫，目的在勒索财物，而对其妻很少惩罚，这也可证他鲁人妇女在婚姻方面和男子权利基本相等，她们还不是男子的附庸。

至于丈夫死了或离了婚的妇女，在缔结"尼查马"关系方面更不受限制。她们一般都回娘家，和未婚姑娘一样过自由的性生活：

〔例十一〕朱本着村×××，在家未嫁已生了一子。1930年左右嫁海××，其子带往海家。1945年海××死，自己带子回娘家，与他人不断建立"尼查马"关系，又生一女孩。

〔例十二〕朱本着村海×××之妻，六得人，人称"六得婆娘"，1962年初海××死，当即回转六得娘家，不久即与他人建立"尼查马"关系，到我们调查时已经怀孕。

〔例十三〕兰遮村×××，在家未嫁已生一子后嫁海××，1938年海××死后带子回家，与他人搞“尼查马”，又生一子。

这样，一个他鲁人的一生，常常要和数以十计的异性发生关系，多者达百个以上：

〔例十四〕庄上村蓝×，55岁，自称有过一百二十个左右的“查马”。

〔例十五〕兰遮村的陈××，29岁，自认已有过八十余个“查马”。

〔例十六〕双河陈××家有侄女三人，老大三十岁左右，有过“查波”五六十个；老二二十六岁，据云有过“查波”近二百个；老三二十一岁，已有过“查波”三四十个，姊妹合住一间“诺马锡格”，人称“马店”。

〔例十七〕××村海××之姊，绰号“阿栏卓”，意为“城门洞”，据云有过“查波”一百余个。此人1945年已死。

从后两例可见，社会舆论对那些关系太乱者已持有一种谴责的态度，替她们起绰号，加以嘲笑，甚至家人也有加以管束的，但始终未有形成什么惩罚的规定。

这种“尼查马”关系所生子女和正式婚姻关系所生子女一样，在社会上丝毫不受歧视。在他鲁人语言之中，无“私生子”这样的词汇。姑娘未嫁在家生孩子，同样有人持礼来贺。及至正式出嫁，多连孩子一同带往夫家，参加婚礼者常对夫家的人道喜说：“媳妇有了，孙孙也有了”。夫家不以为忤，反以为荣。未嫁时，这些子女从母姓，嫁后从男方之姓。男方对这些子女视若已生，将来同样分给财产。如丈夫死或离婚，这些子女又随母回娘家，仍恢复母性。至于夫死或离婚后妇女由于“尼查马”关系所生子女与未婚时所生子女同样看待不受歧视。

他鲁人一般情况还是要在许多“尼查马”关系中固定一个配偶，缔结正式婚姻关系。但也有不少人一生只过这种非正式婚姻生活，永不固定配偶。这种人在全民中占多大比例，我们这次调查未能作出精确统计，但我们所到之处，差不多每村都有几户，有些户一连几代都是如此：

〔例十八〕兰遮村的蓝四诗母，一生未嫁，生三女：刷子（早死）、刷日、刷巴。刷日未嫁，生一子（早死）一女。刷巴未嫁，亦未生子女。1948年左右四诗母死，余人尚在。四诗母及其女儿长相漂亮，不正式出嫁无特殊原因。

〔例十九〕衣阮毕村的熊五诗母，未嫁已生一子一女。1933年左右曾被凉山彝族掠去为奴，又生二子一女。现本人已49岁，不想再嫁人。五诗母年轻时颇漂亮。

〔例二十〕衣阮毕村的陈保母，未嫁生一子，名陈保。今本人已42岁。未闻有正式嫁人打算。本人年轻漂亮，后变懒，“不洗脸”。别无其他特殊之处。

〔例二一〕朱本着村的海长弟母，56岁，绰号“辣子”，一生未嫁，生一女。女儿海长英，曾嫁表哥海云光，不久即离婚回家。现母女均不固定配偶，只缔结“尼查马”关系。长弟母为人厉害，会劳动，人品不错，不嫁人无特殊原因。

〔例二二〕朱本着的蓝刷错，40余岁，一生未嫁，生一子（早死），虽有兄弟姐妹，并不和睦，现本人独自过活。刷错有病。

〔例二三〕庄上村的海双纳母，61岁，曾与熊有富建立长期“尼查马”关系，达七八年之久，生二女二子。二女早嫁，一子出生时据云因“房屋狭小”而扔弃，另一子尚存。双纳母始终不正式出嫁，年轻时人品好，会劳动，不嫁无特殊原因。

〔例二四〕熊有富，51或52岁，只与上述海双纳母缔结“尼查马”关系，一生未娶，准备接外甥女为后裔，尚未接来。有富劳动能力强，脾气坏，是个眯眯眼（因此绰号“巴达”），并无残疾。

〔例二五〕数不住村的王阿锡，61（或62）岁，绰号“派罗”（意为爱回家），一生未嫁，未生育。有妹名刷错，56岁，亦一生未嫁，生三子（均早夭）。今姐妹两人共同生活。阿锡和刷错年轻时“非常漂亮”，不嫁无特殊原因。

〔例二六〕朱本着村之蓝联科，其母一生未嫁，早死。本人已51岁，一生未娶，以侄女胥蓝正光（仅小自己一岁）为“养子”。联科年轻时人品好，有劳力，不娶无特殊原因。

〔例二七〕兰遮村之王治德，年龄已过40岁，一生未娶。其姐一生未嫁，已死，留下一子，治德留为养子。治德未娶亦无特殊原因。

〔例二八〕衣阮毕村的蓝香，40余岁，一生未娶。蓝香是哑巴。

以上诸例，除少数有残病者外，为什么终身不固定配偶？我们走访过上述诸人，男的回答说：“这样自在。”女的回答说：“懒得受汉子管。”当然也有笑而不答的。这些人和我们社会中“老处女”“独身主义者”应有所不同，他们是特殊婚姻制度造成的。

终身过“尼查马”生活者到了中年之后，男子则无依无靠，妇女则儿女成群而没有丈夫，生活都比较困难。现在生产队中五保户、困难户多是他们，人数较多，竟成为社会一项沉重的负担。

与“尼查马”习俗有关的是他鲁人在几代之前还保存类似节日放纵（festival dissolution）之俗。据云，当时每到六七月间大家要去东山采火草，供一年织布之用。每个男子只带自己“查马”前往，而不带自己的妻子，自己的妻子又随他人前往。到山上之后，男采女剥，在野外过宿吃饭，要历二十几天才回。回转村时，则有人敲罗锅盖，喊道：“从今日起不能乱来了，照老样子过日子”。以后各回已家，采来的火草男女各半。平时在父前不得调笑妇女，兄前不得调笑其妹，这时亦可无所顾忌，父兄见之亦只能回转身去，不能干涉。这使人们想起古罗马的“沙特恩”节。加利福尼亚—印第安人、有些印度部落及非洲部落亦流行类似习俗。

近几十年来此俗亦不行，然采火草照旧进行，多带正式妻子前往，但亦有带“查马”者。采得火草，回家剥皮，故现只需七八天的时间。

四 “尼木勒”——正式婚姻关系

他鲁人除去非正式婚姻关系外，一般人都有一个固定的正式配偶，这种婚姻关系称为“尼木勒”，意义和我们的结婚略同。男方称为“抄波”，女方称为“抄母”，和我们概念中的“丈夫”、“妻子”也一致。

这种正式婚姻之缔结全凭自愿，只有极少数由父母包办（如姑表婚多属此类）。凡父母包办者往往不能持久，很容易离婚：

〔例二九〕易水数不住村王少清，曾由父母包办与妻×××结婚，内心彼此不满，表面和气，各人自搞“尼查马”，互不干涉。共生二子一女，子已娶妻。1946年左右少清突然抛开子女财产，去上易黑姆王寡妇家上门。今王寡妇已死，少清尚存。

他鲁人十五六岁时开始寻找“查马”和“查波”，过自由性生活，要到25岁后才考虑正式结婚。

这时他（她）们已有许多异性朋友，正式配偶一般即在其中选择。选择的标准是：(1) 人品要好，有残疾者很难找到配偶；(2) 要能劳动，男子会做多种农活，女方除农活外，还要会织麻布，不会织麻布者终身找不到正式配偶的。此外，经济条件也要考虑，如妇女婚前所生子女太多，男子怕负担太重，一般不愿娶她，但这不起主要作用。至于年龄悬殊，过去是否正式结过婚等等，均不在考虑之列。不仅丈夫可以大于妻子，而且妻子大于丈夫者比比皆是：

〔例三十〕兰遮村的蓝观云，1945 年娶妻，时年 60 岁，其妻时年 20 余岁。

〔例三一〕兰遮村的蓝锡贞，今年 33 岁，其妻今 41 岁。

〔例三二〕兰遮村的蓝正芳夫妇，1942 年死，死时正芳 60 岁，其妻 74 岁。

有时年龄相差很大的配偶，却可相处很好。

选择好合意的配偶后，要告父母，请“录锡”烧羊膀，卜问婚姻是否合适。

烧羊膀是婚姻能否成功的关键。如卦兆不吉，即使两人情投意合，已有数年“尼查马”关系，甚至已生了几个孩子，也要立即打消正式结婚念头，各自再找配偶。如烧羊膀大吉大利，男方就立即请女方去说亲，女方父母没有不同意的，因为这里婚姻真正做到全凭当事人的意志而定。然后“吃订茶”（亦称“办茶”），算是订婚，不久即可结婚。

他鲁人一般实行夫方居住，结婚之日清晨男方请一亲戚（多为与新郎平辈之女性，如嫂嫂之类）前往女方，送上一些粑粑，并接新娘。新娘带上自己的应用衣物和织麻布全套工具，如在家已有子女，则还带上小孩和迎亲者一起到男方。而女方一到男家居住，即算结婚开始。富裕者也有杀猪杀羊宴请亲友的，这时亲友亦要送礼，女方亲友多送木柜，男方亲友送鞋。其受汉族影响较深者还要拜祖宗。但一般人是不请客的，凡不请客迎亲者就说“某某家想请姑娘帮忙做活”，女方即不会拒绝。现烧羊膀已不举行，结婚仍不请客送礼，过程极为简单。下面是我们调查期间所见一例：

〔例三三〕庄上村的蓝正高，20 余岁，1962 年 9 月底为了打谷方便，和生产队同伴们住在田边，是时和易水姑娘王 ×× 认识，三四天后发生关系。10 月 7 日王 ×× 和蓝正高同到庄上居住，按照惯例这日即算正式结婚。次日蓝正高和姑娘同回易水，将衣物及织布机背来庄上。王 ×× 在家已生三子，幼子亦一并带来，其余两子尚留易水，不久即将接来云。

总之，他鲁人结婚没有陪嫁，没有聘礼，也没有繁缛的礼节。这是他们婚姻原始朴素纯洁的一面。

结婚容易，离婚更易，这是他鲁人婚姻形态另一特点。它使得“尼木勒”关系具有极不固定的特点。

他鲁人离婚极为普遍，离过婚的人比没有离过婚的人要多得多。以兰遮村为例，已结婚的成年男子 19 人，其中 17 人离过婚。很多他鲁人离婚不止一次：

〔例三四〕朱本着村之蓝陈保母，年轻时嫁庄上陈四诗波，生一子名蓝发贵。后离婚，嫁莨莪人海可阳。不久又离婚，嫁大厂海“大厂爬”（绰号），三年后又离。1945 年左右，陈四保母已 60 余岁，又嫁朱本着村之蓝“滑匠”（绰号），其时“滑匠”55 岁。现“滑匠”已死，陈四保母尚健在。总计起来，她一生嫁四次，离三次，每改嫁一次，发贵即随母搬家改姓。最后一次嫁“滑匠”，发贵已20余岁，现姓蓝，即从新父“滑匠”之姓。

〔例三五〕朱本着村蓝廷高，第一次娶兰遮村之蓝××，生一子二女，1922年离婚。一两年后又娶易水蓝××，带一女儿来，又新生一子。1928年左右易水蓝××死，其子亦早夭，带来之女儿回外婆家。1930年，又娶双河之蓝××，未生子女，1931年离。1932年又讨易水另一蓝××，嫁过人，带一子来，又新生一子，名正发。1961年廷高死。妻蓝××及正发尚在。总计廷高一生共结婚四次，离婚两次。

〔例三六〕兰遮村之蓝“屁匠”（绰号），年轻时娶花椒树蓝××为妻，不久离婚。后娶庄上之王××，生四子一女。1926年，“屁匠”已57岁，其妻56岁，长子已娶媳并生一女，“屁匠”突然要求离婚，妻不愿，但“屁匠”坚持，其妻乃带领子女媳妇及孙女，赶着牲口，一齐回转娘家，另嫁易水蓝顺木（绰号“蓝达”）。“屁匠”则另娶双海××（时已50余岁）为妻，一年后又离，娶双河罗××（已有50余岁），一两年后又离，而将第一次结婚的妻子花椒树的蓝××接回。其时“屁匠”及其妻均已过60。现“屁匠”已死。总计“屁匠”一生共结婚五次，离婚四次。

〔例三七〕数不住村王正华，绰号“落左”，1939年娶易水王发珍之妹，后离婚。1951年又娶易水王荣富之女，当年即离婚。1953年另娶易水王云才之女，生一子，1958年又离，子随母去。总计正华一生共结婚三次，离婚三次。

〔例三八〕耍撇村段明宗，第一次娶上易黑姆的王××（是明宗表妹，“老母猪后面捉仔”），王××在家已生一子，一并带来，后离婚，母子均回娘家。第二次娶数不住村王××，生四子一女，因子女多生活困难，争吵不休，又离，子女均随母去。1948年左右又娶云山熊××，因不能生育，1958年又离。1960年又娶上易黑姆×××，带一子来。总计明宗一生共结婚四次，离婚三次。

离婚原因是：(1) 父母包办，原来即非自愿；(2) 婚后一方搞“尼查马”而被发觉；(3) 男子离家外出时间太长；(4) 妇女不能生育；(5) 缺粮少盐，生活困难而夫妻口角。实际上，离婚理由可以多种多样，有些理由在我们看来不成其为理由：

〔例三九〕上易黑姆蓝国珍夫妇，结婚已十七八年，并无不和。1958年妻病，国珍因家中无人照料，好意地背她去娘家暂住。其妻竟因此生气，病好亦不回，现已离婚。

〔例四十〕数不住村王正礼夫妇，结婚已有数年，生二子，均死。1962年其妻突然提出离婚，理由是“嫁后常生病，生娃儿活不成，大概这门亲事不合适”。现她已回娘家，实际上已离婚。

〔例四一〕衣阮毕村的罗××，1962年8月才娶兰遮蓝××为妻，三天后其妻突然回娘家，宣告离婚，据她自己说仅仅因为“怕和罗×× 在一起”。

总之，他鲁人和很多后进民族一样，任何细故均可成为离婚理由。一个克洛—印第安人（Crow Indians）仅仅为表示自己对神的坚定信仰，在节宴时可随意离去自己的妻子，这是民族学上著名的例证。他鲁人虽还达不到这样程度，离婚之随便仍引人瞩目。我们在他鲁人之中既能见到结婚几天即宣告离婚的年轻夫妇，又能见到儿女成群而又离婚另找配偶的老翁和老妪（如上述例二九之王少清、例三四之蓝陈保母、例三六之蓝“屁匠”、例三八之段明宗）。他鲁人不仅男子可以随时提出离婚之要求，妇女也可提出离婚。只要有一方提出，无论结婚多久有无子女，离婚之理由是否正当，另一方想不离也不行。

离婚手续极为简单。夫妻感情破裂，女方一般是先回娘家，一方提出离婚，对方立即同意，告诉“老民”，送点酒钱给“老民”（过去规定是三两六钱银子、一斤酒），亦可不送。如一方提出另一方不愿者，则由“老民”仲裁，赔偿一些东西[1]。若坚持不赔则“老民”及另一方亦无可奈何。很少有人因离婚而诉诸社会习惯以外的政治机构。现在他们离婚仍不经过法院，只是有时为了转户口关系而不得不告诉干部而已。过去据云离婚还有刻木为凭之事，离后又要反悔者要把木刻“吃下去”，近几十年已无实行者。事实上，他鲁人离婚也并不需要什么凭证，因为离婚后妇女即回娘家，像未嫁时一样过自由性生活。男子也另有了“查马”，他们又可以重新结婚。总之，他鲁人离婚极其容易，在他鲁语中，离婚叫“皮”，而丢失一件东西也叫“皮”，在他们看来配偶离异不过和丢失一件东西一样。这样的离婚和我们概念中的“离婚”是不同的，他们真正做到婚姻关系继续与否，实以当事者个人意志为转移。关于他鲁人离婚之容易，可以我们调查期间目睹的两件事例为证：

〔例四二〕兰遮村蓝锡确，1957 年娶蓝映开之女蓝 ×× 为妻，结婚时未办任何手续。生一子，蓝 ×× 婚前已生一子，一并带来。初感情甚好。后因锡确懒惰，生活困难，1961 年开始因口粮问题夫妻开始口角，妻即背小孩及衣物回娘家不归。1962 年某日锡确见映开突然不喊“阿布”（父亲），原来锡确已要娶双河 ××× 为妻了，称谓之改变即表示双方正式离婚。映开对此事也无意见，和锡确谈话如常，惟不再以翁婿相待而已。

〔例四三〕衣阮毕村罗绍西，1957 年娶双河（？）陈任弟为妻，1962 年 2 月突然关系破裂，任弟携属自己衣物回家不归，未办任何手续，即算离婚。我们调查期间，见任弟家人来大队部代她转户口关系。闻两人不久即将各自结婚。

他鲁人离婚一般不受约束。但在现实生活中，也逐渐形成一种反对离婚的“公共的感情”。有人要离婚，亲友得知一般要加以调解，说：“牙齿和舌头生在一起，没有不碰的时候”。或者这样说：“讨十个婆娘还不是两条腿的？”经过调解，偶尔也有打消离异之念的。但如调解无效，则亲友对双方都不能干涉。这和易洛魁人离婚情况大体一样（参见摩尔根《古代社会》第三编第四章）。总之，社会舆论虽开始有一种反映离婚的倾向，但还没有形成一种压力，使离婚者有所顾忌。当前对离婚者仍无任何约束，故离婚人数并不稍有减少。

离婚后子女一般随母离开父亲的住宅，即使已经成人甚至娶妻生子者亦是如此（见例三六蓝“屁匠”之事）。即使男方要留，妇女及子女亦多不愿。妇女带领子女回娘家，无论娘家经济多么困难，房屋多么狭窄，甚至父母已死，兄弟或侄儿亦不能拒绝。因为按古老的习惯法，妇女是本族的人，是不能不接纳的。离婚后子女从母方之姓，若母亲再嫁则从新父之姓。离婚回家再嫁妇女的子女，却可留在娘家，这时便继续从母方之姓，或作舅父之养子。

关于离婚后财产之处理，凡妇女带来的衣物及织布机要全部带回；凡结婚期间置备的财产，是男女双方劳动的积累，原则上要男女平分，但土地照例全归男方。现在自留地上庄稼归属常

---

1 据说过去习惯法规定：男离女赔五十两银子、一匹马；女离男赔三十六筒麻布。在实际生活中从未实行过这一规定。

成为离婚双方争执的原因。

五　婚姻关系不稳固的不良影响

他鲁人缔结正式婚姻关系全出自愿，没有包办婚姻，金钱在选择配偶时不起重要作用。他们结婚仪式简单，离婚自由，因此在他鲁人之中找不到同床异梦或貌合神离的夫妻，他们婚姻关系确实“没有显著道德的矛盾”。凡此均显示了他鲁人婚姻制度原始、朴素、纯洁的性质。但由于在正式婚姻关系之外大量存在非正式婚姻关系，加以离婚过于频繁，使得他鲁人婚姻关系极不稳固。这样的婚姻留下许多不良影响，据我们粗略观察，约有以下诸端：

第一，由于夫妻关系不固定，对子女的抚养不能不受到影响，加之早婚和过度的性生活，对子女体质亦可能有不良影响，使得这里死亡率极高。关于这方面确切数字未能作出统计，但在调查中常见一个家庭中儿童生得很多也死得多的情况：

〔例四四〕庄上村蓝开发，妻蓝××，均已40余岁，共生五子，四子夭折，现存一子，才五岁，还是先天性瘫痪。

〔例四五〕兰遮村蓝正清，妻陈××，两人都是33岁，已生过八个小孩，均夭亡，最近又生一子，尚未满月。

由于儿童死亡率较高，使他鲁人总的人口增长率是有限的。以他鲁大队1962年上半年为例，共出生十三人（男六，女七），死亡十一人（男四，女七）。当然要进行这方面的研究，需要作出逐年的精确的统计。

第二，这种婚姻对后代智力和体质有何不良影响，尚有待医学家和遗传学家作测验和研究。我们调查后的印象是他鲁人地区白痴、哑巴、瘫子及其他残疾者远较其他地区为多。

第三，由于性生活的混乱，梅毒等性病流行。

第四，由于性生活的混乱及轻易离婚，给妇女带来很大的痛苦。在他鲁人社会中，常见一个妇女带领一群儿女，无主要劳动力，生活非常困难。

第五，由于氏族纽带已经瓦解，而个体家庭又不稳定，离婚和终身只有“尼查马”关系者到了年老便无依无靠。这些寡妇鳏夫常靠救济为生，成为社会一项沉重的负担。

六　家庭及其不稳固性

他鲁人社会上普遍存在的是一对夫妻及其未婚子女（包括非亲生子女）组成的核心家庭，儿子娶妻后与父母一起过活的主干家庭也有存在，但几代共居或几个兄弟结婚后仍然不分家的现象很少。

家庭多行一夫一妻的单偶制，虽然习惯法允许男子多妻，特别在妻子不能生育的时候，但实际生活中多妻很罕见，因为离婚自由，妻子不育则男子即可提出离婚；加之他鲁人生活比较困难，人口太多男子负担不起。

从表面上看，他鲁人的家庭组成与附近汉族及其他民族无异。然细加观察，就可发现这种家庭有自己的特殊性。第一，离婚频繁而导致家庭经常改组。第二，由于终身只缔结“尼查马”关系者为数甚多，使得单身家庭（即男女独自过活）和单亲家庭（即妇女带子女或再加上其他亲属组成的家庭）在他鲁人社会中占有一定的比例。例如朱本着村 44 户，因离婚形成之单身或单亲家庭 3 户，一生不正式结婚之单身家庭 7 户；又如庄上村 47 户，离婚形成之单身或单亲家庭 4 户，一生不正式结婚之单身或单亲家庭 4 户。同时，由于离婚的普遍，现存家庭中的夫妻也常常是离婚之后再结婚的，而且还不能保证就此“白头到老”。这样，就使他鲁人家庭具有极不稳固的性质。家庭的不稳固性，正是他鲁人婚姻形态的特点之一。

七　父系和母系交错存在

他鲁人如正式结婚（即缔结“尼木勒”关系），一般要实行夫方居住。与此相适应的是按父亲计算世系，子女从父姓，财产传子而不传女。

但他鲁人若遇女方无劳动力或是独女；或男方经济困难，缺乏基本生产资料，不能独立组成家庭等情况，则实行妻方居住，即所谓“上门”。如要撇村 21 户，上门者 3 户；庄上村 47 户，上门者 6 户。有些妇女已经子孙满堂还想结婚又舍不得家业，乃找老翁“上门”，这在其他民族中殊为少见：

〔例四六〕庄上村王 ××，已 52 岁，子已 30 岁，夫早死，在我们调查之前不久，新招一人上门，此人已 56 岁。

〔例四七〕易水王 ×× 医生，夫死，有一子已 18 岁，一女已 25 岁，1962 年新招易水蓝 ×× 上门，两个年均过 50。

上门有两种形式，一种是赘夫改姓，称“实招”；一种是赘夫不改姓，称“虚招”，以后可回原家。凡上门者子女仍从母姓，就不实行父系。

还有下列情况亦不实行父系：夫死回娘家之妇女，离婚后回娘家之妇女，终身过“尼查马”生活之妇女，其子女均从母姓。如再嫁子女随往新父之家，又从新父之姓；如子女年龄已大仍留外婆家，则从母姓。有些家庭由于上述种种原因有接连数代按母系传递者，俨然形成一个母系家庭，这方面典型例证除上引例十八之蓝四诗母、例二十一之海“辣子”外，还有：

〔例四八〕数不住村王“布子”（绰号，意为长脚）家，有女名四诗母，曾嫁人，生二子二女。离婚后回娘家，二子一疯一痱，均早死，一女嫁人，另一女顺弟母终身不正式结婚，生一女名八诗母，又一生不嫁，生二子。该户已有三代按母系计算，均姓王。

这样，在他鲁人社会中除了大量存在父系家庭外，还有一部分是按母系传递的家庭。

此外，凡是夫死妇女一般都要回娘家（除非夫方已完全无人，自己和子女可以继承财产，则可以留下另招人上门）：

〔例四九〕朱本着村之蓝发玉死时，妻已怀孕，死后不数日，发玉之母对发玉之妻说：“别家丈夫死了，婆娘火燎屁股似地要回家，你还在这儿等什么？”其媳当时即背起衣物回六得娘家去了。

至于离婚的更是非回娘家不可。这些妇女的子女即使已经长大成人，也要随母而回去并改母姓（参见上引三六、三七、三八等例）。这样，又形成在一个家庭中时而实行父系，时而实行母系的情况。

像他鲁人父系母系交错存在的情况，并不是孤立的，在云南少数民族中还可找到其他例证。

八　男女分工和夫妻义务

他鲁人男女均要劳动，男的从事农业生产，在家中只帮妻子舂米。妇女除不犁田外要帮助男人搞各种农活，并负担沉重的家务劳动（背柴、背水、煮饭、带孩子），还要赶街子、织麻布等等。妇女在经济生活中起着重要的作用。

一个家庭中夫妻有义务共同劳动，解决生活问题，生病时要互相照顾，共同抚养子女。从表面上看似乎与一般家庭无异。

然而他们的家庭即夫妻之间缺乏一种要求对方对己忠诚或者说遵守贞操的义务，而这正是一个稳固的家庭不可缺少的。

如上所述，他鲁人即使正式结婚后，还会和另外的异性发生“尼查马”关系，如被发现会发生口角或纠纷，不一定导致离婚，尽管鸡毛蒜皮小事却常常成为离婚的理由。我们的印象是他鲁人贞操之概念很薄弱，这与他们嫉妒感情的缺乏是分不开的。

下面这些例证虽是个别的，或有助于说明这种现象：

〔例五十〕兰遮村陈××和王××，均已结婚生子，夫妻感情很好。1956年两人担任民兵放哨，长夜聊天，遂相约互换妻子为乐，事先不让各自妻子知道，摸黑进屋，事后妻子笑骂追打而已。次日，两对夫妻关系如常。群众对此事传为笑谈，但不加谴责。此两人并无其他不良行为。

〔例五一〕衣阮毕村熊××与海××之妻建立“尼查马”关系已有十余年之久，海××知之并不吵闹，近来反和熊××结拜成兄弟，三人一锅吃饭。

〔例五二〕朱本着蓝××与海××之妻建立“尼查马”关系已有一两年之久，海××骂其妻，其妻不理，与蓝××亲密如初。近海××已不再管，亦不离婚。据云海××有暗疾。

按后进民族有定期交换妻子之俗，如爱斯基摩人两个朋友之间可把妻子作一两日之交换，澳大利亚维多利亚州有些部落交换妻子可达一两月之久（称为“比马”）。还有些后进民族有以妻子款待客人之俗。他鲁人上述例证和这些习俗自有不同，然同样可反映他们贞操观念的薄弱，这是他们婚姻家庭处于原始状态的一种反映。

九　妇女的地位

妇女既然在生产劳动中承担很多的工作，在家庭中和男子处于同样的地位。尽管已形成一些轻视妇女的谚语，丈夫有时表现出一种优越感，但他们不能任意压迫自己的妻子，因为妻子随时可用离婚来解除这种压迫。

在经济方面，妇女甚至掌握更多权力。她们管理仓房，掌握食品的分配；负责赶街子，从事零星的商品交换。据说妇女会算账的远较男子为多，男子往往视算账为苦役。

在社会活动方面，如祭“着恶”和祭“米鲁”一般由各户男人参加，这主要因为妇女要在家照顾小孩和处理家务，在习惯法上并无禁止妇女参加这些活动之任何规定。如某户男子外出或无男子，则妇女即可出来参与祭祀，讨论全区大事，选举和撤换“老民”。妇女也可被选为“老民”，如朱本着村海洪彩之母即是著名的女“老民”。

他鲁人歧视妇女的意识表现在禁忌中有不许妇女进土主庙之规定（见前），据说这是因为妇女裙子染色时用过牛羊油，进入庙内会亵渎神灵。这种意识和土主崇拜本身一样，应是段土司统治时期从白族传入的。

十　子女和财产继承

他鲁人虽然实行父系继承，实际上继承自己财产和世系者并不一定都是亲生儿子。这一现象是由上述特殊的婚姻习俗所决定的。

如前所述，一个他鲁人男子除了自己亲生子女外，往往还有妻子婚前在家所生子女或妻子与前夫所生子女，这些孩子均随母亲而进入新的家庭。又由于离婚频繁，他自己可能生过子女，但随母而去而进入别人的家庭，故一个他鲁人老年男子身边子女往往并非亲生而是他人所生，甚至孤身一人没有子女。

若遇后一种情况，他们有收抚义子之俗。养子有不少来源于自己姐妹的子女，因为妇女在家所生子女、夫死或离婚带回子女年龄已大者有留在娘家的情况，这些孩子常变为舅舅的养子，即由舅甥关系变为父子关系（如例二七之王治德），也有收其他亲戚孩子甚至毫无关系的人为养子者。

由此可见，他鲁人的家庭即使按父系传递，从血统上言之，并非由一个男子传下亲生后裔。

正像他们不要求妻子严守贞操一样，他们对所谓“血统”也毫不重视。无论孩子是否自己所生，无论是亲子还是养子，他们都是一视同仁同样看待。

父亲对亲生或非亲生的子女都有抚养的义务，年幼时教会他们各种生产技术，长大要帮助他（们）成家立业。自己死后，财产传子，在亲生的和非亲生的儿子中平均分配。晚年身边无亲生之子者，财产则传给非亲生儿子或养子，而从不会想起那些已经进入其他家庭的自己“亲骨肉”（虽然哪些孩子是自己所生是清楚的）。总之，父亲们还没有财产一定要传给亲生儿子的思想。

女儿不能继承财产，但如离婚或夫死回转娘家者，还有那些一生不正式结婚者，父母及兄弟们有收容和赡养、扶助她们的义务。

子女对年老父亲（不管是生父还是继父）和母亲有赡养和照顾的义务。父母死，子女有服三年丧制度，即将“派沙”反穿。未嫁而生子女对舅父服三年丧与父同。母离婚重嫁子女对继父服丧与亲父同，而不奔亲生之父之丧。

一个家庭中母亲多是亲生之母，父亲可以是亲生之父，也可能是继父。子女们对待继父和对亲父一样。相反，若自己母死，父另讨继母，则子女对待继母却和亲母大不一样。我们调查结果凡是这样的家庭，继母和子女的关系很少是和睦的，谈话中常轻蔑地称继母为“那婆娘”，即使继母年老也不管其生活：

〔例五三〕朱本着村蓝贵荣，母早死，父娶一年老孤身妇女蓝行珍为妻。贵荣长大，是强劳动力，而父及继母年老失去劳动能力。最近贵荣只管其父生活，对继母不管。年老夫妇只好又离婚，行珍回娘家依靠侄儿过活去了。

总之，我们印象是他鲁人认为父亲是否生父是无关紧要的；而人只有一个亲生母亲，这就是为什么对生母和对继母态度大不相同之故。

十一　姓氏和命名法

他鲁人共有九个姓：蓝、王、海、陈、段、杨、熊、罗、邱。每一个姓原来都有他鲁语名称，后根据其音或意的相近，找一个汉字为代表，遂形成现在的汉姓。兹列表说明如下（凡解释不出的标以问号）：

汉姓	他鲁语名称	译意
蓝	操博	懒人（“懒”变为“蓝”）
王	挖汪	？（“汪”与“王”音近）
海	黑以	海（“海”与“黑以”音近）
陈	着气	？（？）
段	着扯	断树干（“断”讹为“段”）
杨	阿则	羊（羊讹为“杨”）
熊	易	狗熊（狗熊简称“熊”）
罗	基度	箩筐（箩讹为“罗”）
邱	阿吾	烟（烟会熏人，故为“邱”。云南话称熏烟为“qiu”）

从上表可见，他鲁人姓氏原有含意是动物（羊、熊）、物件（箩筐、断树干）和一些自然现象（海、烟），从各姓始祖传说中也可反映出姓氏之得名。如传说有一个姑娘河边挑水，遇断树干而孕，今段姓即其后裔。又如罗姓祖先传说由“箩筐”变来。原来一个姓也许是一个氏族。但这属于遥远的过去。

一个自然村原只有一个姓，且恪守严格的同姓不婚原则。随着氏族纽带的瓦解，到了近代一个自然村常包括若干姓，甚至同姓之间隔十代或十五代的已可结婚。

到了近代，他鲁人每个姓氏各个家庭之间已无任何联系，除祭“米鲁”按姓举行外，没有其他活动。

他鲁人命名法有好几种。一种是按出生次序命名法，男称“骨 ×”，女称“刷 ×”，第二个字代表出生次序，表列如下：

出生次序	男名	女名
老大	骨的	刷子
老二	骨日	刷日
老三	骨巴	刷巴
老四	骨错	刷错

续表

出生次序	男名	女名
老五	骨沙	刷沙
老八	骨抓	刷抓
老九	骨姑	刷姑
老十	骨次	刷次

命名时所用这一套表示次序的数词，与日常生活所用数词不同，是命名专用词汇，相当于内地古代的伯、仲、叔、季之类。

另一种命名法是根据孩子出生时家庭中最老的人年龄，男称 × 诗，女称 × 弟，第一个字即代表老者是几十岁抱的孙子。如男子有四诗、五诗、六诗、七诗……女子有四弟、五弟、六弟、七弟……女子或用他字，如闰弟（闰年所生）、顺弟、长弟（表示吉祥）等等。如子女娇惯，还有向别人借姓为名者，如杨保、蓝保之类，以求长寿。

凡头生子女多取吉祥名。最早还要以烧羊膀决定取何名好，近代此俗已废。

还有以出生时孩子体重命名者，如十二斤、十斤之类，与内地同。此法很不普遍。近来他鲁人常与汉人交往者又喜欢取一个汉族的名字，如为我们做翻译的蓝朝，大队会计陈开太等等，此皆受汉族的影响。

一个人出生时取一个名字，及至自己有了孩子，原名多废而不用，以其子女之名相称。此即著名人类学家泰勒（E.B.Tylor）所说的“亲从子名制”（teknonymy）。如“四诗母”“六弟保”，即表示是“四诗之母”“六弟之父”；“五诗由”，即表示是“五诗的奶奶”；等等。

他鲁人还喜欢根据生理特征及性格特点为人取绰号，不少人以绰号闻名于乡里，而本名反而很少为人所知。如我们上举例证中的“屁匠”、“辣子”、“巴达”、“长脚”之类。由于他鲁人实行固定的命名法，不少人名字互相重复，故本名之外取一绰号，或将绰号径加于本名之上（如“辣子长弟母”之类），可以相互区别。绰号之社会作用即在于此。

他鲁人尽管有上述一套复杂的命名法，却没有像其他彝语支民族所实行的父子联名制。他们不背家谱，不重世系。这是与他们父系和母系交错存在的家庭形态相适应的。

结语——他鲁人婚姻形态的初步分析

关于他鲁人家庭和婚姻的基本特征，可以概括地表述如下：

（一）他鲁人不仅婚前性生活十分自由，而且在正式结婚后还保留一定的自由。与此相适应的是嫉妒感情的缺乏和贞操观念的薄弱。

（二）社会上普遍存在的是一对配偶组成的家庭。由于婚姻的缔结和解除均很容易，全凭当事人的意志，不受法律或舆论的约束，任何小事均可导致离婚，使得这种家庭具有极不稳固经常改组的特点。

（三）由于有一部分妇女终身过自由性生活而永不正式结婚，由于离婚之普遍及离婚或夫死以后子女必须随母回娘家的习惯，使得在大量实行夫方居住和父系传递的家庭之外，还有一部分按母系传递的家庭。一个家庭可以交替地实行父系和母系。

（四）妇女和男子共同负担生产劳动，在社会上和家庭上基本处于平等的地位。在正式缔结婚姻之后，丈夫也不能随时压迫妇女，因为妇女随时可用离婚来解除这种压迫。

（五）无论是按父系还是按母系组成的家庭中，财产传子而不传女，但对终身不正式结婚、离婚或夫死回家的女儿，有收容赡养的义务。他鲁人不重视子女的血统，一个父亲没有把财产传给亲生儿子的欲望，对于亲生的或非亲生的儿子和养子，都是同样看待。

他鲁人这样的婚姻形态，根据当前仍在中国流行的婚姻演进理论无疑属于对偶婚。摩尔根指出，对偶婚“建立在一男一女的婚姻关系之上”，但是双方可以随意离弃，“缺乏一种独占的同居”。（《古代社会》，三联书店 1957 年译本，528–530 页）如前所述，他鲁人婚姻的最大特色就是一对配偶极不稳固的结合。

但是，他鲁人的对偶婚与摩尔根所介绍的对偶婚典型例证（无论是实行母系的易洛魁人还是实行父系的阿兹忒克人）[1] 都有所不同。他鲁人的对偶婚家庭出现父系和母系交错存在的情况，又他鲁人社会基本细胞是个体家庭，人们并非结合于“共同居住实行共产主义生活的氏族”之中，即使历史上存在过氏族，但到了近代氏族纽带已经瓦解。他鲁人早已用铁，农业生产已达到附近汉区的水平。社会制度亦与附近汉区无异，是一个有阶级分层的社会。

看来，对偶婚并非是代表原始社会一个发展阶段，而是后进民族普遍存在的一种婚姻形态。

这些问题决非浅学如笔者的人所能解决。本文仅是介绍一个民族尚保存的原始婚姻实例，供大家来共同分析和研究。

这里我们只想重复一下人所共知的科学真理，即任何规律、定理和结论只能来源于客观事实，应受客观事实所检验。看来，在原始社会史研究领域中，也有一个如何对待和处理新情况和新材料的问题。云南少数民族在家庭组织和婚姻形态方面，保存不少生动的有价值的材料。我们应根据国内的和国外的有关材料，重新研究和复原原始社会史。

（原载《西南民族研究》，四川民族出版社，1982 年）

---

1 目前中国流行的一些小册子和论文，把摩尔根和恩格斯所论述的婚姻发展阶段图解化和简单化，认为对偶婚到一夫一妻制和从母系到父系是同时发生之事，因此认为对偶婚只能是母系家庭才有的现象。这实是一种误解。摩尔根明确指出，阿兹忒克人对偶婚家庭就实行父系，每一个“新娘携来的所有物品都是牢牢记住的，如果遇到离婚的时候……可以分来还她”（《古代社会》531 页）。

利米人的婚姻形态

1978年第二次去沧源调查和记录崖画，临沧专区派文化局的李成龙先生协助工作。承他告知，前些年曾派工作组进驻永德县乌木龙地区，说那里“男女关系太乱”云云。在云南，凡遇到少数民族较特殊的婚姻形态，常称之为“男女关系太乱”。根据这一线索，我认为值得前往调查。

调查日期从1981年10月26日至11月5日。调查者除笔者外，还有王均兄。永德县方面派民委副主任李顺亭先生协助工作。翻译由岩子根寨张正忠先生担任。一共访问调查过七个自然村（乌木龙大寨、平掌、山背后、岭岗寨、菖蒲塘、岩子根、二道桥），对前四个自然村中130户以谱系法作了婚姻史的调查，对其他村寨一些特殊的或典型的事例也加以搜集。各户婚姻史一般由户主作为报告人。有不愿谈或不在家者，由同村干部或老人提供。

这份材料就是根据1981年调查写成的。文中未加注明者，均指1981年的情况。由于忙于他事，事隔20年后才公布材料，这是违反田野工作规则而且愧对当时支持和配合我们工作的利米朋友的。

一　社会概况

“利米”一词既是自称又是他称。在文献中或写作“列密”、“俐侎”。乌木龙是他们主要聚居区。

利米人语言属藏缅语族彝语支，自称与楚雄彝族可以通话，民族识别时被划为彝族。（1988年后乌木龙地区成立了彝族乡）。利米人完整地保存自己的语言，仅有常与外界接触的男子会说汉话。

乌木龙地区西距永德东距临沧各约100公里，临沧至永德公路横贯全境。全乡有利米人1514户，7301人。此外，利米人在与乌木龙毗邻的凤庆、云县境内也有分布（凤庆有600户，云县有100户）。所有利米人居住地区是连成一片的，估计全部利米人人口约有10000人。

在这片地区内居住的，还有语言与利米相通被称为“倮族”的族群及少量的汉族。“倮族”人口较多（乌木龙有6000多人），有自己的村寨。

史载利米人“宋以前不通中国。元泰定间始内附，聚处顺宁山箐中。……善踏弩，每射生得之即啖。……刀耕火种，土宜荞稗”（《皇清职贡图》）。顺宁即今临沧地区，大概到了元代利米人先民已在今天这片聚居区内居住。本族传说未能对其历史提供多少有用资料，他们只知是从

利米人村落

景东迁来，故人死送魂要送到景东。迁来先建邦卖寨（在今乌木龙大寨之北），后来才有其他村寨，邦卖至今还有全族共祭的神林。

利米人地区海拔在1600—2600公尺之间，气候寒冷。历史上一直以狩猎和刀耕火种为生（见上引历史记载）。到了1950年，狩猎在经济生活中早已不起重要作用，已会犁耕，并有了水田，但水田数量甚少。1949年以后水田及固定的旱地扩大，刀耕火种仍在实行。农作物有玉米、荞及稻，产量甚低。据乌木龙乡政府统计材料，1980年人均产量仅340斤。这里从事畜牧业原具有条件，乌木龙乡牧地达6000亩，比耕地多一倍以上。1980年人均拥有牲畜仅有1/4头牛，1/2只羊。当我们调查时，全国农村形势已有好转，但这里全乡人均口粮仅270斤，现金收入仅6.9元（1980年统计数字）。利米人地区是一个典型的高寒贫困山区，其贫困程度出乎想象。由于经济贫困，文化教育落后，成年人多为文盲，孩子入学率很低。到调查时为止，没有一个人读过大学，高中生只有三个。

利米人除不会制陶外，自己可以酿酒、打铁（以现成铁料加工，不知冶炼），从事石工、木工，但都是满足自己生活需要，无以此为生者。能为他们带来的收入惟一副业是妇女在家利用农闲时间在简单织机上织成的窄幅麻片，缝成麻袋出售，每只麻袋仅售3.5元，每工不值一角。全乡除有一个新建集体茶园外，无任何乡镇企业。

这里历史上就与外界很少商业往来，仅靠马帮为他们带来生活中不可或缺的盐。由于无物可供交换，过去盐价特高，很多人吃的是无盐饮食。本族向无专业商人，缺乏交换，反而形成人们普遍轻视商业。利米谚语有云："千买卖，万买卖，不如翻土块"，就是这种观点的反映。1950年以后情况有所改变，但外出的人仍少。只有到过昆明开会参观的人才知道世界上还有船这样的东西。本地区内部有传统的集市贸易，乌木龙就是一个大街子。街上设有"街长"。

土地、森林早已私有（神林属公有），但贫富分化程度不大。划为地主、富农的也未必拥有

妇女赶街

妇女纺织

正房

干栏式小型房屋

大量土地。1949 年前各村寨有传统头人管事。像云南很多地区一样，村寨之间有“立丛”之俗，即相邻村寨为了解决公共事务而建立一种临时组织。“丛”有“丛头”,民主推举。每年六月“丛头”召集开会，每户一人，议定如何防止偷盗财物、乱放牛马等事，或将议定之事用汉字写成乡规民约，然后杀羊两只，各人分吃。除“丛头”外，还有“乡老”，负责全区事务。此类人均经选举产生，无过多特权，不世袭。调查过程中听说过去岩子根李华甫曾被称为“利米王”，遂去他家了解。其人已死，子孙尚在。通过了解才知，他不过是一个有影响之较大头人。利米人似没有形成过大的部落组织，更无统一政权的出现，历史上没有土司，各村寨直接由顺宁府管辖。

生活的贫困反映在物质生活方面，最明显的便是房屋的简陋。房屋均为土墙，草顶或木板瓦为顶。我到过之处几乎没有看到一座过去留下的砖瓦房。人口多的于其正房旁盖有小屋。各户另有一座小型干栏式草房，下层养畜，上层住人。服饰方面，妇女穿传统的黑色服装，裤脚甚大，头梳辫，包黑帕，耳戴大环，赤足（近年才穿胶鞋），节日盛装亦不过衣缀花边，发辫上缀流苏，颈戴银饰而已。男子多已改穿汉装，传统服装仅于少数老人身上可见，衣裤均为黑色，衣右衽无领，头包帕，裹腿。

宗教节日活动方面较特殊的是每年一、三、四月均要去神林祭祀，但祭祀地点及神祇有异，祭品用羊用鸡或用猪亦不相同。有宗教头人“掌堂”司其事（一年一选）。全族神林在邦卖后山，此外各地也有神林。乌木龙大寨、平掌、岩子根共有一片神林，我们曾去参观。当地除树木保

利米人妇女

存甚好外，别无所见。1958 年后举凡以神林为依托之传统宗教仪式不再举行。此外，利米人也和汉族一样祭灶[1]，过春节[2]，过清明节；与彝族白族一样过火把节；与很多少数民族一样在收获之前举行尝新之礼，而且也让狗先尝。各家正屋墙壁插松毛，在上者代表“天”、“地”、“亡人”（死去祖先已举行“开吊”仪式者），在下者代表死去祖先而未“开吊”者，按时供献。

人死行土葬，有家族墓地，有碑无字，凶死者才火葬。仅黄竹林全部火葬，一个家族有一个火葬塘。利米人最重要的仪式是“开吊”，相当于彝族的“作帛”，是祖先死后举行的一种送魂（他们称为“送路”）仪式。仪式中要请巫师“录锡”作法、念经为死者开路。亲戚持礼来吊，对舅家要特别隆重接待，入村时孝子必须跪迎。设灵堂祭奠，置小棺材，放入草人，最后送往深山焚烧，谓如此才能使亡灵得到永远安息，否则亡灵仍在家内游荡，故此仪式实具有“二次葬”之意义。整个仪式在唢呐、芦笙奏乐声进行，不时举行仪式性舞蹈。事后则举行群众性“打歌”。人死可以立即举行“开吊”，亦可在多年后举行，父母均死可以一起“开吊”。“开吊”被视为子女对父母最大义务。1965 年后不再举行，近年又兴起，由于未经“开吊”的亡灵太多，以致“录锡”应接不暇。1981 年 10 月 28 日菖蒲塘尤姓“开吊”，我们曾参与观察，记有实录。

匮乏的物质条件并不妨碍利米人过着愉快的生活。他们谈情说爱，生儿育女，对生活持有乐天知命态度，而且颇知及时行乐。利米人歌舞是很发达的。音乐方面有各种调子，在丧葬、结婚、

1 除每年腊月春节前夕祭灶外，每逢打新灶要特别献祭。献祭日期必须逢四，即于每月初四、十四、二十四进行。

2 过春节较为特殊的活动是寨中有哪家牲口下仔，去牧场以公鸡一只祭祀，其他人家也自带食物前往牧场，分食后各家牵牲口去那一家转一圈，祈求生育。晚上打歌。

身着盛装参加宴会的利米人妇女

野外设立“灵堂”

男方亲属跪迎女方亲属

插立树枝以刀砍之为死者“开路”

参加仪式者跳舞（“打歌”）

仪式中巫师（“录锡”）吹葫芦笙

吹口弦的姑娘

敲击铓锣

过春节时分别演奏，歌词很难翻译。娱乐性乐器主要是葫芦笙。除重大节日外还不时在晚上举行对歌，男女老少均可参加，或在室内，或在山野。过去还有用鸡膝子蒙在竹筒上栓以棉线做成“唱筒”，作为他们的“麦克风”，这可说是利米人的一项创造。他们还会吹箫，弹奏弦乐器。像很多少数民族一样，吹树叶、口弦（“响篾”）是年青男女谈情说爱的音乐，如在家内吹奏会受到长辈的叱责。舞蹈称“打歌”，每逢节庆举行，原在室内，近年已移至露天，群众广泛参加。打歌有各种形式，举行于不同场合，有“喜不跳忧，忧不跳喜”之说。利米人少年儿童有自己玩具和游戏——磨秋千、打陀螺等，小姑娘们会用树叶做成各种玩偶，堪称儿童艺术佳作。

利米人与云南很多少数民族一样，已采用汉族农历，但农事活动主要靠观察自然物候，而不去翻历书。闰年和汉族一样。用数字记月，用干支纪日而不计时，时刻据太阳升落及出工收工命名。度量衡已多同汉族，但长度仍多用手臂丈量，有大拃、小拃、排等单位，量有箩、筒、升等单位。特殊之处是他们尽管商品经济极不发达，却很早重视量器、衡器的标准化，设有标准箩及标准秤，由“街长”掌握，这在他们的歌词中已有反映，这是值得研究的新问题。

以上便是我们调查时利米人的社会情况。下面介绍的较特殊的婚姻形态就是在这样环境下保存下来的。

二　通婚限制和择偶条件

利米人不与其他族群通婚。倮族村寨近在咫尺，而与倮族通婚者调查中未发现一例。与汉族结婚者发现几例，多为近年利米妇女嫁汉族干部或工人，过去也偶有与汉族通婚者，只限于个别散居于利米村寨中的汉族已经为利米人涵化者：

〔例一〕石坎子李期生之妻年保弟，约32岁，汉族，已在岭岗寨住了好几代，原嫁汉族，离婚，又嫁期生。期生1980年死，汉族来“问”过，不嫁，自称仍要嫁利米人云云。保弟利米语说得好。

〔例二〕乌木龙大寨杨老二之妻，年龄、姓名不详，为汉族，已与老二生四个子女，本人服饰尚有若干汉族特点，其他生活习惯与利米人无异。

利米人实行家族外婚。同一父系家族内不得通婚。同姓而非同支者仍可婚配。调查中未发现堂兄弟姊妹通婚者，说明这一规则被严格遵守。据说，只有凤庆班荆寨例外，故有下列谚语：

班荆十八家，本家 × 本家。

因未去调查具体情况不明。凡属本家族不能通婚，违者要罚牛一头认罪，并开除出族。族人见面甚至不能乱说话唱调子，"打歌"时尽量不能一起。过去每隔几年同一家族要把族人聚集一起"认本家"，以免发生误婚事件。

利米人允许姑表婚，但不是一种优先婚姻，更不是强迫性的。姨表之间不能婚配，调查中未发现例外。

有转房之俗。他们说按老规矩，兄死可娶其嫂，弟死兄不可娶其弟媳。实际上，兄死娶嫂之事也很少发生。

上述通婚限制之外，利米人择偶一般不再考虑其他条件。他们很不注意对方的财富，甚至也不考虑年龄的悬殊：

〔例三〕山背后李 ××，50 岁，前年娶妻乌木龙大寨 ×××，60 几岁，两人过去均结过婚，现感情很好。

〔例四〕乌木友大寨李 ××，第一次结婚时 18 岁，其妻张 ×× 比他大 11—12 岁，后离。

〔例五〕平掌李 ××，74—75 岁时娶妻尤 ××，50 几岁。他比岳母还大一岁。现李 ×× 已死。

〔例六〕山背后李 ××，女，死时 70 余岁，其时夫才 50 余岁，与其前夫之子同年或大一两岁。

青年男女相爱，全看对方模样（"人材"）好坏。姑娘希望小伙子"不带病"（"个子高矮无所谓"），男子希望姑娘"肤色白，头发黑"，装饰品多。及至正式结婚，女方希望男方会犁地，男方希望女方会织布，会干活。但一般说来未婚姑娘比离过婚的更受欢迎。选择正式配偶多少要考虑今后生活问题，但决不像城市中人那样计较存款多少、住房有无、是否负担老人，等等。近 30 年担任干部或工人的男子成为利米妇女的理想对象，但这种人在利米地区凤毛麟角，故只有个别妇女如愿以偿。家庭成分不同会成为离婚原因之一（详后），但当"买牛加"或结婚时却无人把这作为一项条件。

三　异性之间的交往："买牛加"和"朝波加"

利米人从十二三岁开始与异性交往，终其一生可以有不止一个异姓伴侣——男称女为"诺马南着"（年轻姑娘），女称男"朝南着"（青年人）。男子说"买牛加"，意为"玩姑娘"，妇女说，"朝南加"，意为"玩小伙"。通常就用"买牛加"一词笼统地代表这种关系，如姑娘也可说：今天去"买牛加"了。"加"是玩的意思，报告人和翻译对我们讲述时就干脆简略地用汉语"玩"

夜晚野外男女约会

来概括一切，如说“×× 和 ×× 两人都不会‘玩’，故不离婚”云云。

“买牛加”一般是晚间在野外进行。一对男女在劳动或节庆集会时相识而相悦，或由朋友介绍，于是约会。有一种约会之法是送树叶信，表示在何时何地相见。约会之处一般在树下或崖洞之中。除一对男女外，一个小伙子可以带几个姑娘，也可能几个小伙子各带自己姑娘同聚一处。约会时带上罗锅，煮饭消夜，有时还把家中的鸡捉来杀吃。“买牛加”的对象绝对排除不能通婚的对象，青年人由于不懂家族历史，偶有与本族约会者，初次可以得到原谅，但以后不能再犯。兄弟甚至年龄相差不大的叔侄可以同在一起“买牛加”，但各有自己的对象，不可和同一对象调情。“买牛加”时整夜野宿，要到天亮才回家，故利米民谣有云：

太阳出来谁知道，“买牛加”的人先知道。

相识既久，互赠礼物，一般是戒指、手镯（一般是集市买来的廉价货，不是真正的金银首饰），或男送女花布一段，女送男腰带。如愿结婚，则由男方告知父母，派“老媒人”去说亲。

有一个问题始终未能调查清楚，即男女野宿是否发生性关系？开始时他们异口同声说：只是说笑唱调子，疲倦时双方和衣睡觉直到天亮，“没有那种事”，“你们昆明汉人白天在大街上还手牵手，都不害羞，我们害羞”；“我们不像你们汉人那样当真”。直到和他们混熟以后，才承认有发生关系之事。有人笑着说“老猫见肉，不吃不得”。至于在什么情况下发生关系？发生关系占多大比例？事涉隐私，很难调查也不必调查。我请一个报告人回忆他及其青年时代的朋友每人“买牛加”的情况作出粗略估计，他说发生关系者大概占 10%—20%。调查中的确发现“买牛加”时就怀孕之例：

〔例七〕乌木龙大寨张 ×× 与第二次结婚对象李 ××，“玩”时怀孕，不得不讨。

〔例八〕平掌李××，71—72岁结婚，其妻曹××未到家“就有了大肚子”。

〔例九〕山背后李××，第一次婚姻娶回女方发现已怀孕，他很后悔，说自己“认不得”，故生子后即离婚，送给她“大母鸡一只”。

但上述不随便发生关系之说亦不容完全否定。由于“买牛加”时有人还只有十几岁，“不懂事”；有时多人一起聚会，“不方便”。更重要的是男女都怕怀孕，这样一般就得缔结正式婚姻，用他们的话就是“不得不讨”，“不得不嫁”。这些必然对他们起约束的作用。

“买牛加”之俗不能简单地理解为婚前性自由。它和很多少数民族流行的“婚前性自由”不同的是结婚之后仍在进行：

〔例一〇〕山背后罗××,20余岁,1980年家庭包办与李××结婚,但李××不愿，经常回娘家。调查时罗××对作者诉苦说“昨日回来做一天生产又回去了,她不在家睡，在外面找伴睡。她不是我婆娘，是我爹我妈的婆娘”。

〔例一一〕山背后李老二，40余岁，第一次婚姻妻子是阿宜碑×××，结婚当天来贺的客人还未散，便与男人（可能是原来朋友）上山玩，天亮时始回。

甚至直到老年仍是如此：

〔例一二〕山背后李×,50余岁,50年代已娶妻生一子。又与现在妻子李××在“买牛加”中相好，要求与前妻离婚，前妻不愿，硬离。当天离婚，当天接回李××。

〔例一三〕山背后张××，50余岁，有妻子儿女，并有孙子。后与寡妇李××相好，对方亦有孙子。两人同睡在大树下用花布盖身，被人误认为豹子而成笑柄。妻子管他，他竟把妻子的手敲断。

老人找伴之事，并不受到社会非难。对唱和赛歌更经常由老人唱主角（“他们会唱”），但必须与晚辈不在一起。据说使用“唱筒”就为了可与参加赛歌晚辈互不见面。

“买牛加”之俗从古代流传下来，一直保存至今。即使在大讲阶级斗争的时代，也未能禁止。他们告诉我,在大跃进那几年时,“玩”得更厉害,反正吃食堂,不做家事,入晚大家“都去野外了”。当时曾有规定说晚上“买牛加”白天影响生产,要罚工分,实际上“一个工分不值几文”,而且“大家都罚,无所谓”。这几年‘玩’的更比过去多,“过去不许在寨边玩，发现时被认为是欺老辱小，要挨敲。现在无人管了”。

四　婚姻之缔结

一般利米人都要缔结正式婚姻关系。男子称“以卡”，女子称“曼南”，与“买牛加”结识的朋友称谓不同，相当于我们的丈夫和妻子的概念。利米人婚姻对象大多数是在“买牛加”时认识的。一般情况下青年男女相悦之后告知父母，或父母先看中征求子女同意，当事人及家长均已同意后由男方请出媒人去女方“问日子”，这相当古礼中的“请期”。日子一般要问两次，第一次问年内是否可娶，第二次再选定何日为婚期。他们习惯上称媒人为“老媒人”，尽管他可能是个年轻人。媒人一般为男性，有时要直接问姑娘本人意见，就要请媒人之妻出面。若姑娘回答“兄弟姐妹还小”，便表示不同意；若回答“大人说得就得”，就表示同意。请媒人殊非易事。由于利米人离婚频繁，而离婚时又需媒人到场，故为人做媒有很多麻烦，除婚礼上得一猪头外别无好处，一般人不愿当媒人。“问日子”具有订婚的性质，利米人便将社会认可的正式婚姻称为“问”。如可说“×× 因为有残疾‘问’不着”。这颇似中国古代订婚有“问字”这一手续，便把婚嫁称为“字”一样（如“待字闺中”，“尚未字人”）。问日子不举行什么仪式，因为事先双方已经说好，请媒人只是形式（利米人喜欢套用政治术语称之为“走过场”）。1981 年 10 月 31 日晚曾去二道桥参与观察一次“问日子”的全过程。男方姓李，女方即为公社干部张立忠，请天生桥 × 老八为“老媒人”。初不愿担任，后闻事先双方家长及子女均已同意，遂勉强同意。老八为一精瘦老人，持酒两瓶由外施施而来，张家迎入室中坐于火塘之上方，问今年内办事否？得到肯定答复后便喝酒喝茶，谈闲话，不再提及婚嫁之事。 结婚仪式同样非常简单。据说原来婚礼新郎要备马迎亲，婚宴上喝牛角酒（以牛角为酒杯），新娘向长辈磕头等等仪式，早不实行。现在只是杀猪设宴招待来贺亲友。新娘次晨要为来贺长辈依次“送洗脸水”，是较特殊之俗。

媒人来女方〞问日子〞

无论过去和现在，利米人结婚不用聘礼和陪嫁，男方只给女方送点象征性礼物并负担婚礼当天费用，姑娘把随身衣物、首饰带往夫家即可：

〔例一四〕平掌张纪文 1981 年新结婚未久，其母回忆说：正月初六问定，二十六日接来新娘。衣服一样不买，被子做了新的，送去 30 元只收下 28 元，羊、酒一样不要。那一天请客用去 100 元左右。

若父母已故或年老不能过问家事，或本人根本不想经过请媒问日“走过场”，有把“买牛加”中两情相悦的女友直接领回为妻，不办任何仪式者。这样的婚姻也不受非议，仍然得到社会认可。

无论上述哪一形式下缔结婚姻，直到我们调查时为止都不按“婚姻法”去政府登记。在我们调查的 130 户中办登记者只有一例，因为他本人曾是民政干部，要以身作则，以后离婚便不得不经过政府，此事一直被群众引为笑谈：

〔例一五〕平掌李 × 第二次结婚，对象是二道桥张 ×× 之女。当时他自己是“民政”（民政干事），不得不按规定办理登记，以后离婚自然还要经过政府，“闹了不少纠纷”。

婚姻之缔结也有未征求子女同意全由双方家长做主，他们称此为“包办”，或“大人‘问’下的”。这一般发生在双方家长彼此认识或有“老亲”而子女年龄尚小的情况下，以后绝大多数会离婚。

利米人实行父方居住，婚后新娘入住夫家。上门者在详细调查过的四个村寨中只发现两例。

利米人严格地实行单偶制。即使过去的富裕者或大头人也无多妻的情况。与妻子感情不好，只能离后再娶。尽管他们可以在结婚之后继续参加“买牛加”，有几个女朋友或男朋友，不能领回家来。未离婚而又结婚者只发现一例，是自己想再婚而其妻已老，无法可离，便让原妻与儿子同住，分与一些东西，自己重新成家。

利米人之中也有仅参加过“买牛加”而终身未缔结正式婚姻者，这样的人在社会上被视为不正常，颇类似我们社会中“单身汉”或“老处女”，但不受任何歧视。调查的130户中，仅有3户是这样的人：妇女或因略有残疾（如“眼睛歪”）；男子或因年轻时过于爱“玩”，“挑来挑去，年纪大了挑不着了”。

五　婚姻之离异

利米人离婚之频繁，颇为惊人。我们作过婚姻史调查的130户中，30岁以上（新结婚者今后离婚可能性甚大，未统计在内）成年男女未离过婚者仅有18人，其中夫妇均未离婚者仅有7对，这些人今后是否不会离婚尚难预料。每户之中丈夫或妻子一生离婚三四次占绝大比例，而离婚五次以上者不乏其人：

〔例一六〕菖蒲塘罗××，男，40岁左右。他自述说：“第一次结婚是12岁，对方李××才14岁，是包办的，这姑娘和别人乱，一年多后离掉。第二次是阿茨洼的李×姐，记得那是1956年，我14岁，姑娘12岁，人‘害’（瘦弱丑陋之意），又是父母包办的，我不要，老人硬接来，半年后离。她想在，我硬丢了一块木头（指不刻道的砍木头，详后）。女方不愿必须这样的。以后我们在街上见面，开始很别扭，她还专逗人发火，现在我们没有隔阂了，见面还可开开玩笑。第三次娶的是李×妹，与我同年，又是个‘害’（瘦弱）姑娘，我原想不要，大人去‘问’的，我想讨来睡睡觉再看，半年以后，砍了木头（指打木刻）。第四次是上寨郭××，我爱她，她也爱我，她小我一岁，小孩生了一个。她妈也来跟我们在，样样事都管，街街（指赶街子）都管，不得不离。这以后‘荒’了（指没有老婆）两三年，我自己开始注意打扮，认识了乌木龙大寨××妹。我们同年，1966年10月结婚，她人平常，先后嫁过山背后、阿宜碑、团山、乌木龙，我爱她不是，她爱我也不是，赶街回来认识的。别人说‘讨吧’，我说‘要也得不要也得’，大人又去问，现我们已生了一个儿子七（？）个女儿。让她在着再瞧吧！其实，这一生我最爱的一个是天生桥的张××，小我一岁，去‘问’，她爹也同意了，叫等一年，以后吹了，这是很早的事了。”

〔例一七〕岭岗寨李××，男，40多岁。第一次娶下寨罗××，当时两人均20余岁，是阿舅姑娘、父母包办。一年余姑娘不愿，退礼物离去。第二次是大田队的罗××，是自己找的，嫁过人，有一子带来，后闹意见，又离，儿子带走。第三次是豹子寨×××，带来一子，三四月后，女方不愿，背起孩子离去。第四次是平掌李小×，年纪比男方大三四岁，不会生育，两年后又离。第五次是荒田李×妹，已与别人有孕，还离婚嫁××，半年后生了孩子离去。第六次是下寨张××，原丈夫留了两个女儿，李××去上门，不改姓，但张××又爱上了别人，一年后离。第七次娶平掌李××，一年后吵架后离，砍了木头。第八次是平掌李×，在了一年多，未生育，又离。后来李×嫁人，难产死了。第九次是现在的妻子团山李×，过去嫁过两次，现年34—35岁，算是“稳”[1]了。

〔例一八〕山背后杨小×，女，40余岁，已嫁六次。第一次嫁山背后李×，第二次嫁乌木龙大寨×××，第三次嫁团山×××，第四次嫁阿宜碑的×××，都是只住了几个月即离。第五次嫁××寨李×老时间较长，也只有一年多，生了一子，又离。第六次又与山背后李×复婚，儿子带来。因有别人劝说：“都不小了，做一家子算了。”杨小×被认为“不算很好看，人很调皮”（即风流之意）。现在他们已四个孩子，包括带来的那一个。现在他们关系一般，“不爱也不恨”，复婚在1962—1963年，已十几年了，他们的婚姻算是“稳”了。

〔例一九〕老本寨罗沙代，女，42岁。第一次嫁勐统李××，其时双方均小，几个月即离。第二次嫁毛稗田李××，第二天回门后即不归。第三次嫁班荆×××，仅一个月，“男的不要，她也不想在”。第四次嫁乌木龙大寨，大李×，人老实，但“女人以为自己人材好”，离去。第五次是嫁长门寨×××，男人有病，二月左右即离。第六次对象是黄皮箐×××，一年左右，男的说她“不好好干活”，叫她走。第七次是嫁勐统×××，半年左右，自己不想在，离去。第八次是大蓝保×××，也是半年左右就离，原因不明。第九次是嫁大坟坝李××，一年多，“不知为什么离婚”。第十次是老本寨的大××，是个孤人。她家现一共有三四个小孩，是不同丈夫生的。现在生活不错。

闻亚练寨有位妇女嫁过20次，翻译张正忠先生认识其人，但无法弄清其具体情况。还有人是有了新欢，做好准备，离婚当天即又结婚。

〔例二〇〕菖蒲老会计李×已与×沙基结婚多年。他们是1956年参加“青年突击队”认识的，有了身孕不得不讨。后李×又与李××好。60年左右提出离婚，沙基不想走，分与粮食、铺盖、锅盆给她，硬逼她走，离婚当天即讨李××。

正如乌木龙乡党委穆书记所说：“当天找，当天讨；一年内又离又讨；都是常有的事。”

离婚原因有以下诸端：(1）婚后双方或一方继续参加“买牛加”，另有心上人。故报告人“总结”说，凡不爱“玩”的人很不离婚。(2）婚后女不生育。但不育不离婚者也发现几例，他们可以抱养小孩为嗣。(3）父母包办，原来毫无感情。(4）女方干活不行或人有残疾，或对夫家的人不好，爱吵架。(5）男方打老婆或长期在外：

〔例二一〕平掌李老六第一次婚姻，因为他为生产队赶马，长期在外，其妻×九妹提出离婚。

除以上原因外，还有相当多的人因为一些小事甚至无缘无故就离婚。调查中曾问一些人为什么离婚，女的答曰“不想在”，男的答曰“不想要”，还有人笑说“不为什么”。

---

1 利米人汉语多是通过1949年以后开会学得的，他们常不适当地运用政治套话来形容他们婚姻关系。如不想再离婚被说成“思想安定”或“立场站稳”，婚姻关系比较固定便称为“稳”。

这30年来政治运动不断，大讲阶级斗争，也影响个别人的婚姻关系。“买牛加”时双方纯凭感情，不考虑出身成分等问题。及至婚后特别是男方成分不好常使妇女感到自己低人一等便提出离婚：

〔例二二〕山背后杨××娶××为妻，姑娘到家后因他是“地主儿”，虽已怀孕，坚持离婚，回家后生一女。

还有男方利用女方出身不好而始乱终弃的。

〔例二三〕山背后杨××是“文革”时红卫兵，人材不好，劳动又差，无人肯嫁。自以为出身好，便恐吓地主出身的李××嫁他，生一子一女。1975年当了保健员，又认为妻子影响他前途，强迫李××离婚，自己又讨团山××为妻，并强把儿子留下，女儿随母李××嫁天生桥去了。

这类似“文革”时期一些造反派欺凌出身不好女孩子。幸好在利米人中这样的坏人只是个别的例子，不如我们社会那样普遍。

利米人离婚要办一种特殊手续，即打木刻，他们称为“砍木头”。即使离婚出于妇女主动，必须经过男方“砍木头”才能算数。妇女不愿，更要“砍木头”表示决绝。

正常情况下的“砍木头”是取“泡木”（质软之树）一段，砍三道印痕，交给女方，过去女方持此作为凭证才能回转娘家，而且别人才敢再讨。按规定“砍木头”时“老媒人”应到场，还要再有一个证人。届时杀鸡一只，男女同吃，好说好散。以后见面仍以阿哥阿妹相称，互问家人情况，有经济困难甚至还可以相互帮助。

若离婚时发生较大争执，男方“砍木头”便要做出各种花样，以羞辱或为难对方。有时只砍一道表示“不完全给（你自由）”。有时随便丢给一块木头，表示轻蔑之意。有时不用“泡木”，而用栗树或辣子树，表示这女人“脾气硬”得像栗树一样或“人凶”得像辣子一样。因此，妇女们与丈夫吵架，常说出这样的话：

你砍栗树我也不离。

你砍辣子树也不见得没人要。

在这里“砍木头”方式成为一种象征，以表达双方感情破裂程度。

“砍木头”在1956—1957年以前一直是普遍实行的。不砍木头，妇女不离家。但1958年后很少实行。在调查中我们搜集到两个最晚“砍木头”例子，一在1964或1965年（平掌李××与张××离婚）。一在1979年（山背后的罗××与岭岗寨×××离婚）。

他们对于离婚并不视为什么严重之事。利米语中，离婚称“皮”，意为“丢掉”，这一点和他鲁人相同。有不少利米谚语，足以反映利米人对待离婚之态度：

隔了山还有山，隔了庙还有庙。

三脚的婆娘难找，二脚的婆娘你要多少？

土锅打烂，另外再买一个。

一年讨十二个婆娘，三十晚上没有婆娘。

离婚后一般不分财物，妇女随身衣物带回。感情好的也可分点东西如铺盖、罗锅之类。若结婚不久妇女提出离婚，要赔还男方所送礼物及结婚当天男方费用。离婚后妇女先回转娘家。幼小子女随母，较大子女（特别是男孩）可以随母，也可以留父家。妇女再嫁，孩子随母前往新夫之家。一般是做新娘的母亲先去，隔几小时后派人把孩子带来。子女可以保持原父之姓，也可改从继父之姓。还有母亲嫁人后，子女留在舅家长大的情况。寡妇再婚时其子女之处理与离婚妇女相同。离婚后还可复婚，遇到这种情况，后夫不能阻拦，也不需赔偿结婚费用。复婚仪式比结婚更简单，只需杀鸡请酒，过去要给长辈磕头，现已免除。

六　家庭组织及嗣继制度

利米人大多数家庭是一对夫妻及其未婚子女或弟妹（有时加上离婚回来的姐妹及其他单身亲戚）组成的核心家庭（nuclear family）。女儿结婚后自然是立即离开家庭，儿子结婚不久也要另盖新房，与父母分居。最后父母多与幼子一起生活，幼子结婚而父母健在可以分家，也可合住一起，这便可形成少数由两对配偶组成的主干家庭（stem family）。至于几代同堂或弟兄结婚后仍不分家，几对配偶合住一起的扩大家庭（extended family）在调查中未发现一例。

在家庭中男女均参加农业生产。妇女要负担沉重的家务劳动，并于农业劳动余暇织麻袋，取得微薄收入。家庭中丈夫掌握经济大权者居多，但若妻子能干而强悍也可当家。尽管在离婚问题上表现出若干男尊女卑现象，日常生活中男女在家庭中地位基本是平等的。在吃住方面家长无任何特权。丈夫打老婆之事并不经常发生。

父母疼爱子女，很少责打孩子。在子女成年后，父母要帮他们缔结正式婚姻。至少第一次婚姻要尽其所有费心操办。儿子结婚还要帮助他们另盖新房，至少先要暂时在正屋内隔出一间。女儿希望尽快嫁出去，故包办婚姻由女方主动的情况较多：

〔例二四〕乌木龙张 ×× 第三次婚姻是女方父母来说，她家有几个姑娘，你们如想要，“大的也得，小的也得”。

〔例二五〕平掌李从德为人老实。某日与其妻李 ×× 之父一起锄苞谷，其父说：“从德，从德，我家姑娘嫁你，格好？”遂结婚。

这与减轻家庭负担有关。但女儿一旦离婚，即使家中生活穷困人口太挤，也要接纳她，甚至包括她的孩子，使她有安身之处，等待再嫁，甚或在娘家度过余生。

子女未婚和父母一起过活时，颇知照顾父母，如抢干重活等等。结婚分家以后一般是各管自己生活，很少在经济上有什么帮助。但子女对父母要尽最后一次义务，这就是“开吊”，利米人视为大事。谚语有云：

老欠小，嫁讨；小欠老，开吊。

他们为了父母“开吊”要省吃俭用积蓄多年，届时要尽其所有，办得愈隆重愈好。“开吊”费用诸子平均负担，出嫁女儿只送粑粑不必出钱。

利米人毫无例外地实行父系继嗣。子女从父姓。财产由儿子承继，女儿不分财产。一般是长子结婚成家单独生活时，已分去一部分财物及生产工具，过去还有土地。父母最后随幼子过活，故父母死后房屋及其他财产自然而然要由幼子继承。人类学上幼子继承制之形成都是与核心家庭占主要地位，实行儿子结婚后即分家之制度有关。

利米人无子女者可以收养，收养的一般是自己亲戚之子女，收养时未闻要举办什么仪式。养子女要改从自己的姓，对财产之继承权与亲生子女同。

七　姓氏和命名法

利米人每个姓都是既有利米语的称谓，又有汉语的称谓。略举如下：

利米语	汉语
阿波	李
载海	张
阿咩	杨
都卢	字
磨卢	字
阿姑	罗
石保	曹
阿过	严
？	尤
京	金

大概原来只有利米姓，后来取一个与其音或意相近的汉姓。如“阿咩”是羊的叫声，就称为杨；“石保”是草的意思，故称为曹；“载海”音与张相近，就称为张；“京”音与金相同，故称为金。其中李姓人数最多，是利米人的“大姓”，“阿波”即父亲之意。除由“阿波”一姓变来外，还有些小姓不好译为汉姓者亦在其中。

利米人之姓仅以上几种。是否原来一个姓就是一个氏族，已难追溯。现在同姓中只要不是一个家族（世系群）已可结婚，可见至少现在之姓已不能作一个氏族看待，更不是由一个明确祖先传下的家族。

同姓之间已无任何特殊联系，即同一家族之间联系也不密切，仅保存家族墓地，同一家族墓在一起，并严格遵守同族不婚的原则。过去有定期召集族人“盘根古”之俗，现已不存。家族之中仅较近之亲属遇婚丧之事才相互来往。利米人的社会基层单位是地缘的村寨组织，而不是任何血缘组织。

利米人命名无严格规定。男子一般按出生次序起名字，如“老三”、“老九”之类，但很多人还喜使用表示吉祥的“万顺”、“贵生”、“富保”等字起汉名，打乱了兄弟排行。女子一般老大叫“沙基”，老二叫“沙代”……但还有一种特殊命名法，是按出生的季节或月份起名字，如“冬妹”、“腊妹”、“正姐”之类。这样，假如姐姐在五月出生命名为“小五”或“五妹”，而妹妹在四月出生，却可能命名“小四”或“四妹”。利米青年妇女也有起汉名的，如“芳妹”之类。利米人命名一个最大特点就是同名者太多，给调查者带来不便。

余论

利米人婚姻的基本特征，可以概括地表述如下：

（一）利米人享有较大的性生活自由，不仅婚前而且婚后可以和异性朋友在外野宿（俗称“买牛加”），不受社会非难。

（二）利米人正式婚姻实行严格的单偶制，不允许多妻。当婚后一方发现对方仍然参加“买牛加，”一般会导致离婚。由于这个原因再加上其他原因，利米人离婚甚为频繁，一个村寨之中没有离过婚的人在成年男女之中不足5%。人的一生离婚三四次，较为常见。一般要到男女年龄较大后婚姻关系才能相对稳固。

（三）利米人实行父方居住及父系嗣继制度。一对配偶及其未婚子女或加上单身父母（或其他亲戚）组成的核心家庭是利米人家庭主要形态。儿子结婚后便要分家。

利米人的婚姻形态与另文介绍的他鲁人的婚姻形态有若干相同之处（如婚后仍有性生活自由，离婚之频繁导致家庭经常改组等），但又各有特殊之处（如利米人完全实行父方居住及父系嗣继，而他鲁人有父系和母系交错存在的情况）。两者可以作比较的研究。

像利米人、他鲁人这样的婚姻形态，对中国文化人类学研究的意义在于它们提供了实例，有助于人们摆脱至今占统治地位的单线进化论的影响。由摩尔根《古代社会》首先提出并经马克思、恩格斯总结出的所谓婚姻“演化”规律，即认为人类是由血缘婚到群婚到对偶制再到一夫一妻制，已难成立。当代人类学的研究表明，灵长类动物已有成对偶居（pair–bonds）的现象，而且已有避免近亲交配的倾向。故血缘婚、群婚是不存在的。对偶婚被定义为“建立在一男一女婚姻关系以上”，但可随意离异，“缺乏一种独占的同居”。利米人、他鲁人的婚姻形态应属于这样的“对偶婚”。但这应是远古人类普遍存在的婚姻形态，既存在于氏族社会，也存在于没有氏族的社会。在他鲁、利米这两个族群中就无氏族组织。

随着对世界上仍以狩猎采集经济为生计的民族的深入了解，愈来愈多的人同意人类最早实行的应是两可居住（ambilcaol）。艰苦环境使要结婚的青年人只是根据情况“随遇而安”，不可能按一定规则选择婚后居住方式。与此相适应只能是两可系（ambilineal descent），有的实行母系，有的实行父系。像他鲁人父系和母系交错存在的情况，过去习惯上常用父系已经确定但遗留若干母系成分来表述，实际上它也许是人类较早两可系婚姻的遗留。后来的发展是从两可系到单系，大部分民族确立父系继嗣制度，少数确立母系继嗣制度。婚姻关系也从不稳定到相对稳定。婚姻家庭的演变一般应是如此。当然各地情况又千变万化，在社会发展问题上从来不存在什么放之四海而皆准的规律。

（简略本载《社会科学战线》2006年1期）

记滇西北几个喇嘛寺

1961—1962 年，我曾两次到滇西北地区从事考古调查。当时并无调查喇嘛寺的任务，但由于旅途寂寞，那时自己还较年轻爱动，所到之处只要附近有喇嘛寺，总要前往观光、游览。有时还在寺中住上几天，白日参观寺中之物，入夜与喇嘛们围火闲谈。接触既多，不免记录一些笔记，拍下一些相片。

近有友人从滇西北来，言及“十年浩劫”期间不仅规模宏大的中甸归化寺已荡然无存，即僻处于丽江城郊群山之中的五个小喇嘛寺亦无一幸免。我既为文物损失而惋惜，又为当时不曾进行深入调查而深感遗憾。由此不禁想起当时记录的那些资料，尽管非常简略，但在今天已不可多得，因略加整理提供出来，供研究喇嘛教及少数民族历史参考。

当时调查很不全面，记录较多的是有关喇嘛寺的历史、经济、政治方面的问题，对于宗教问题本身未作了解（当时有些宗教仪式已不举行）。这篇东西只是一鳞半爪，带有札记性质，故题曰《记滇西北几个喇嘛寺》。藏学是专门的学问，我对此是门外汉，所记之事难免错误，请方家不吝指正。

一　中甸归化寺

归化寺又称“松增林”，位于中甸县城西北十华里，不仅是滇西北地区最大的喇嘛寺，据说还是川康地区十三林（十三个大喇嘛寺）之一。

归化寺属喇嘛教中的黄教。寺庙建筑由逐层递高的平顶房组成。以最大经堂为中心，称“大寺”，屋顶有铜瓦，前檐竖立许多鎏金铜饰。三层均供有佛像。下层为全寺念经处，据说可容 1600 人同时念经，两侧有“藏经室”，存放经书；中层四面为“喀姆”等高级喇嘛念经、静坐及起居之所，四壁有高大橱柜，收藏各种名贵经书、法器及历代皇帝上谕；上层为精致的小佛堂，左边隔出房间，作为八大“老僧”会议场所。大寺之西有另一经堂（称“新寺”或“铜瓦寺”），规模较小，但较精致，亦三层，供宗喀巴像，据说铁棒喇嘛常驻此。紧接“新寺”之西有两幢建筑，分别为“西苏”、“觉厦”（详后）办公处。此外便为一幢幢喇嘛住宅，多自成院落。每个“康参”（详后）喇嘛住宅集中一片，各“康参”又自有经堂。大体说来，独克、东旺、乡城的“康参”在大寺之东，荣多、卓、结底的“康参”在大寺西，扎牙、龙巴的“康参”在大寺正南。

中甸归化寺全景

整个寺院有墙围绕，墙上盖木板或瓦片，墙刷成白色。围墙原共开五门，门有岗楼，以利防守。

全寺规模甚大，总面积达 30 万平方米左右，远望之，一大片平顶房屋耸立于山坡之上，极似布达拉宫。据喇嘛说，当时归化寺本是由西藏来的工匠仿布达拉宫设计建造的。

寺中所藏文物很丰富。有各种精美的鎏金佛像，有各种藏文经籍。参观时喇嘛常指某佛像曰："此为木天王所施舍"，"此为西藏送的"，我们无法断定其真伪。然闻寺中确有达赖五世（?）遗留下的佛像图画十六帧及其他各种珍贵图籍，均藏在"大寺"中大柜中，我曾提出是否可以看一看，喇嘛借口没有钥匙婉拒。喇嘛对寺中文物持一种自豪及神秘态度。

除"大寺"经堂有储藏经书及各种文物之房间外，在外面还常见一些四面封闭之小屋，专供藏经之用，称"藏经房"，经书属于全寺。另有属于活佛、喇嘛私人所有之经书。前世活佛读过的经书最为名贵，一页可卖很多钱。寺外又常见石砌圆堆（"嘛尼堆"），上插木杆，供转经之用。

归化寺最盛时有喇嘛 2000 余人，到了 1955 年有喇嘛 1326 人，我们调查时（1961 年 10 月）还有喇嘛 300 人左右。

（一）建寺历史

在调查中，开始即由喇嘛们讲述归化寺的来历，综合起来是这样的：

中甸原是西藏及"木天王"（即指丽江木氏土司）管的地方。原来只有"红教"和"黑教"，两派常闹"对立"，黑教失败，寺院全毁了，人还在，称为"仓巴"。至今各村还有他们的活动。"仓巴"会打卦、驱鬼，最大的本领是通过念经来阻止下冰雹，"很灵"，至今还得老百姓信任。春夏之间，各村要请他们念经，每年固定给他们几斗青稞，作为生活费用。

长时期来红教（应指噶玛噶举派的红帽系）势力一直在中甸占上风。那时中甸四周山上分布许多小的红教寺庙。自宗喀巴后，黄教兴起，到处用武力强迫红教改信黄教，中甸也开始变了。

清初藏区连年遭灾，西藏政府为祛灾延福建立了大喇嘛寺十三个，名十三林，归化寺即其一。归化寺之建立，就标志黄教在中甸地区已占统治地位。归化寺压迫周围红教小寺改教，但因红教在中甸已有长久历史，影响大，由中甸区"老民"出面说情，清朝大官又从中调解，最后只留下一个，即将建寺较早的罕批寺（"罕批"即最早之意）改名为承恩寺，允许他们不改变教义，规定人数不得超过 100 人，而且每年要缴纳青稞 33 斗及酥油 170 两给归化寺（由清政府转交）。此寺现代还在，有喇嘛三四十个，有活佛一个。此外，在东旺也有一个红教寺庙——欲丹寺，是 1937 年（?）才建的。当时归化寺极力阻止，双方几乎打起来，因东旺距离太远，最后还是

归化寺之转经堆

归化寺之天葬台

天葬台之砍尸石

归化寺之藏经房

建成了。中甸的红教有一定势力,在群众中还有一定的影响。喇嘛们说:“我们和承恩寺很合不来。承恩寺常把鬼送到归化寺，我们也把鬼送给他们；过去彼此常常作法，‘咒’对方，但也不见谁把谁‘咒’死”。黄教与红教对立情绪现仍很大。

后归化寺发生一个大变化。达赖五世（?）由清朝皇帝扶助登位，为表示感谢，便将中甸、德钦大片地区划给清朝管辖，归化寺也于这时归清，并改名为归化寺，归化即归清的意思。

归清以后，寺庙规模不断扩大。建寺时喇嘛名额规定只有 300 名，归清后名额增到 1225 名，每年每名喇嘛发口粮七斗半青稞，称为“皇粮”。归化寺最盛时期发展到两千多人，后增的名额便不吃“皇粮”。

以上所述与大家所了解喇嘛教一般情况及发展过程是符合的，与文献记载也是一致的。据记载，中甸古称“建塘”，元代以前为吐蕃游牧之地，明代丽江木氏土司势力确曾一度侵入中甸，明末清初木氏势力衰微，西藏势力又扩大到中甸地区。归化寺应建于康熙十八年（1679 年）。光绪《中甸厅志稿》（云南省图书馆藏抄本）有云：

归化寺，正在北隅，离城拾里，居瑞兆土山上。……五代达赖由西藏到甸，寻一胜地，欲建寺宇……于康熙己未年奏请圣主建立铜瓦大寺，层楼高耸，上接云霄。

关于中甸及归化寺划归清廷直接统治之时间，《清史稿》云在雍正六年。(光绪)《中甸厅志稿》云，雍正二年副总兵官奉命到甸建城，则设治应在雍正二年之前。民国《中甸县志稿·沿革》又云：

雍正二年，归版设治。……雍正六年，筑城。

无论如何，归化寺改归清廷管辖当在雍正即位之初。惟这时的达赖应为达赖七世，所谓“在清朝扶助下登位”，应指达赖七世格桑嘉措在清廷护送下由西宁至拉萨“坐床”事（参见魏源《圣武记》卷五》）。喇嘛们说是达赖五世，大概是弄错了。又喇嘛们说清廷规定归化寺名额为 1225 名，是近代实领口粮之人数，而据光绪《中甸厅志稿》，原来应为 1226 名（详后）。

（二）喇嘛的等级和地位

归化寺喇嘛不仅来自大小中甸、东旺、尼西、格咱（即所谓“上五境”），而且还有来自甘孜乡城者。当喇嘛者大部分为藏族，也有少数是附近的纳西族。

归化寺既为中甸地区统治中心，进寺当喇嘛成为一种光荣的事，只要经济能力允许，皆要送子弟入寺。家庭中当喇嘛者人数愈多，其家庭在社会上地位愈高。如家有两子，一子留家娶妻生子，送一子入寺；如有三子，多送二子入寺；还有将儿子全部送入寺当喇嘛者，而另找人“上门”为婿，负担家庭劳动。凡是在家成年男子，一切差役都落在头上，还有许多额外负担，这也是人民多方设法送子弟入寺当喇嘛之故。

寺内喇嘛有地位尊卑之别。大体说来，家庭愈富有者愈易取得高位，管事喇嘛多出身大地主或大牧主；而贫苦人民无力送子弟入寺，因入寺前要缴一笔类似“保证金”的款项（约为七十斗青稞），即使勉强入寺，由于无钱送子弟入藏（喇嘛入藏路费需自己筹措）以及无钱供他们钻营应酬，在归化寺时常处于卑微的地位。

兹先将归化寺喇嘛的各种等级，分别介绍于下：

1 活佛

活佛被认为是“菩萨化身转世”，地位高于一切。活佛之产生与西藏一样采用“转世法”。活佛行为不受约束，他所作所为总是对的。如一般喇嘛娶妻为教规所不许，为舆论所不容，而历史上个别活佛竟有娶妻的，且自有“理由”，大意说“活佛要升天了，娶妻可以留他在人间”。

归化寺活佛主要有四个：

松谋——属独克“康参”。

大浪——属乡城“康参”。

来松——属东旺“康参”。

根觉——属札牙“康参”。

活佛名来源该“康参”范围内之地名，是第一世出生处。

2“格西”

喇嘛中有学问的人，最谙熟经典且经考试及格者。一般是十几岁入藏，在三大寺攻读经典廿余年（一说十二年）后参加考试,如合格即取得“格西”学位。回寺后按考取“格西”之先后，可依次选为“喀姆”。

3“格弄”

即正式喇嘛，凡入寺十年又去过西藏朝参者，即算“格弄”。凡属“格弄”，即有资格担任寺内各种职位，仅仅不能担任“喀姆”，那要由“格西”等级选出的。

4“奔着”

俗称小喇嘛，即当喇嘛后还未入藏者。如经过十年不能入藏，则无论年龄多大仍称“奔着”。这些人或终身从事杂役，或有被寺庙开除的危险。凡是“奔着”不能担任寺内任何职位。

归化寺内有一套管理机构，设置各种职位，由“格弄”以上等级的喇嘛担任，略举如下：

（1）“喀姆”:全寺掌教者,由“格西”中选出,三年一选,领导全寺活动,地位仅次于活佛（相当西藏喇嘛寺的“堪布”）。

（2）“香尊”:“喀姆”之“秘书长”，任期一二年不等，多由“喀姆”之亲信担任。

（3）“扎仓”老僧:由八个“康参”（寺内地域性组织,详下）选举产生,每一“康参”选一人，组成老僧会议，管理全寺事务。

（4）“康参”老僧：由每个“康参”内部选出，领导本“康参”一切事务，多由老喇嘛担任。

（5）“英则”:对经典有研究之喇嘛,负责领导喇嘛们念经。他先念,其他人才能开口。每日在“大寺”念经三次，念经时坐中间高位，经常更换。在“英则”之下尚有“即觉”协助工作，亦由熟悉经典喇嘛充任。

（6）“格贵”：即执法喇嘛，负责喇嘛操行之管理。由两个“康参”共推一人轮流担任，一年一换。有权处罚衣冠不整不守清规之喇嘛，常以铁棒打人，故称“铁棒喇嘛”。念经时坐门边后面高位，监督群僧，最有权威。据云即使活佛念经有疏忽处，亦可跪谏，或责罚其侍者。我们调查时，每当步入大寺经堂看喇嘛念经，相熟者或点头招呼，或挤眉弄眼做鬼脸，铁棒喇嘛已不再施行其罚责之权了。

（7）“的娃”：为寺中管理经济事务的组织——“觉厦”、“西苏”（详下）的负责人。

（8）“念娃”：为“觉厦”、“西苏”中的管理人员，由“的娃”指定。

（9）“聪本”:“觉厦”、“西苏”中负责具体事务（例如出外经商、采购）人员，由各“康参”选举一人担任。

（10）“格干”：各“康参”内掌握经济大权主持日常事务之管事。要当此职务，必须先散发本“康参”内大小喇嘛茶叶、酥油、牛羊肉或银元，称为“份钱”，据说最多时要用去一万多银元。但当上“格干”之后，即可放债、贪污，不仅可以捞回本钱，而且可获高利。故当“格干”者多为家中有钱之喇嘛。这是真正掌握经济实权之职位。在“格干”之下亦设“念娃”,负责本“康参”经济具体事务。

（11）“古娃”和“吹则古娃”:负责保管青稞及跳鬼用的衣物、仪仗,相当于保管员,职位较低。大寺及各“康参”均有一两人，由群众选举或指定。

(12)“甲本”：统率武装。各“康参”推选一人担任。

按喇嘛的等级主要按宗教地位划分的。等级高的社会地位较高，但不一定都能担任职位，而真正掌握政治、经济大权的却是那些担任重要职位的喇嘛。

（三）寺庙组织

为了管理寺内事务，并统治整个中甸地区，归化寺设立了三套组织系统，各司其事。兹逐一介绍于下：

1“扎仓”“康参”“密参”系统

“扎仓”是全寺最高组织，管理全寺行政，是最高权力机构。他们统治全寺，是通过两种会议来实现的。

一是“拉西”会议，即由寺内活佛、“喀姆”及取得“格西”学位者组成。他们名义上是全寺地位最高的组织，实际上只限在宗教方面，决定礼仪，解释经典并负责处理活佛转世等事。

中甸最大世俗头人汪学鼎（参加〝吹云会议〞者）

二是老僧会议，由大寺所属八个“康参”各选一老僧组成，管理寺内一切行政、司法事务。

名义上这个会议要服从“拉西”会议，但他们掌握实际权力，并负责协调寺内寺外僧俗之间的关系，必要时有权逮捕人。

两种会议主持人是寺内活佛，也就是全寺最高领导者。归化寺多年来由著名的松谋活佛主持，我们调查时，他已去昆明。

“康参”是“扎仓”之下的区域性组织，从某一地区来的喇嘛即归该地区“康参”管理。归化寺内共分八个“康参”：

独克“康参”——管理大中甸城区及八个自然村，1955 年有喇嘛 193 人。

扎牙“康参”——又名外断“康参”，管理大中甸六个自然村，1955 年有喇嘛 226 人。

东旺“康参”——又名“裁绒康参”，管理东旺及格咱地区的翁水村，1955 年有喇嘛 209 人。

龙巴“康参”——管理尼西地区。1955 有喇嘛 273 人。该地区地少山多，不务农业，以经商和畜牧为生，故这个“康参”所属喇嘛多兼经营商业。

荣多“康参”——管理小中甸地区。1955 年有喇嘛 206 人。

结底“康参”——管理大中甸的结底、子尼两个自然村，以及格咱大部分村落。1955 年有喇嘛 107 人。

卓“康参”——又名江边“康参”，是管理纳西族喇嘛的“康参”。1955 年有喇嘛 63 人。

乡城“康参”——是管理来自今甘孜藏族自治州乡城县喇嘛“康参”。1955年有喇嘛52人。

以上八个“康参”中，以“独克”和“扎牙”两“康参”势力最大，可控制全寺，因为他们都来自大中甸，是归化寺所在地。

“康参”内也有老僧，有各种管理人员，有自己的经济。

“康参”之下有“密参”，为各“康参”管辖地区的自然村或庄园来的喇嘛组织。

又每个较大居民点还设有“经堂”亦归各“康参”领导。通过各“经堂”，归化寺可控制整个中甸地区的宗教活动。仅承恩寺附近很小地区，属于红教活动范围。

2“觉厦”“西苏”系统

这是全寺管理经济事务的组织。“觉厦”负责管理全寺之钱、粮、茶、米、盐、酥油之保管收支，内设“的娃”二人、“念娃”二人、“聪本”八人，负责具体工作。“西苏”负责管理大寺念经时所用的灯油等物及开支茶点等费用，内设“的娃”一人、“念娃”一人、“聪本”八人。

3“吹云”组织

这是归化寺专门控制寺外事务的组织，是民国初年才成立的。由“扎仓”八个老僧和中甸土官组成，管理整个中甸地区的军事和政治。全中甸的营官、各区的千总、把总均受其指挥。

归化寺本身还拥有一支不小的武装力量。平均每个喇嘛有一支枪。一些上层喇嘛，凭借寺内政治、经济力量，再加上自己手里的武装，便可控制僧俗大众。

兹将三种组织系统隶属关系，列表于后，以便读者。

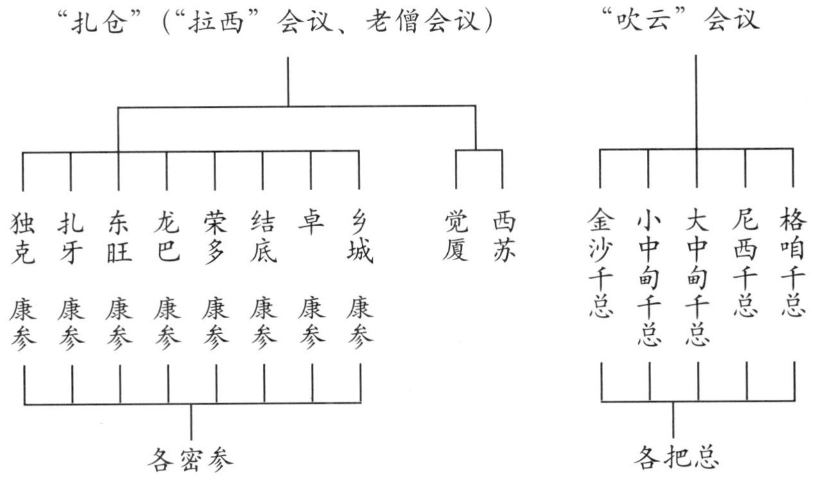

（四）寺庙经济

归化寺拥有广大的土地。据记载归化寺直接掌握的土地只有6个村，庄户210户，有麦地200余顷（见民国《中甸县志稿·喇嘛教》）。一说是370户（光绪《中甸厅志稿》）。实际上，中甸大量无主土地，名义上均属归化寺所有，谁要使用这些土地放牧，就要交付一定的费用；再加上归化寺还可直接向“上五境”老百姓征收摊派各种赋税（详下），这就使得全中甸都处在归化寺剥削之下。

归化寺对属于自己庄户的剥削，方式多种多样，有的属于实物地租性质：

(1)“龙咱客”（意为“自己的粮”）：每户交数斗或数十斗青稞，是自己份地的地租。

(2)“打董客”或“楚客”（意为“别人的粮”）：代绝户（即已无其人但花名册上有名的庄户）交的地租。

(3)“茂客”（酥油粮）：使用草场要交的酥油，又分“龙咱茂客”（自己应交部分）及“打董茂客”（代绝户交的部分）。

(4)“申客”（柴粮）：每年每户要交柴三驮。

(5)“史客”（银钱粮）：使用山场要交的银子。

(6)“毕申客”（栗柴粮）：每年每户要交栗柴一背。

(7)“抓客”（青草粮）：每年每户交青草廿捆。

(8)“属客”（麦秆粮）：每年每户交麦秆四捆。

(9)“扎茂客”（红土粮）：每户隔三年交纳红土一篮，供寺庙刷墙用。

(10)“徐茂客”（白土粮）：每村每年交纳白土二驮，供寺庙刷墙用。

(11)“羊马客”（蔓青粮）：每年每户交蔓青一捆。

还有一些剥削虽收实物，但明显由劳役地租转化而来：

(12)“察漏客”（粑粑粮）：原来磨糌粑是“奔着”（小喇嘛）的杂务，后“觉厦”将此差役转嫁于庄户身上，并改收粮食。

(13)“贵客”（明柴费）：原来服劳役时，要随身带来松明一背，供服役时照明之用。后劳役取消或转化为交实物，但松明仍要按时交纳。

(14)“打之拿”（放马费）：原来每年每村要为“觉厦”派两人放牧骡马，后无骡马，改为每村交青稞三四斗。

还有一些剥削完全是劳役地租性质：

(15)“觉厦拖欲”：即每年每村按时派人替“觉厦”扫雪、背水。

(16)“咱昌拖欲”：每年每村出一人到寺内做杂役。

(17)“徐茂懂”：每年每村轮流派六人到寺内做工两天，用白土刷墙。

(18)“扎茂懂”：每隔三年每村轮流派四人到寺做工两天，用红土刷墙。

(19)“给桌”：有固定三户为“觉厦”赶马，有驮运之事即要到差。

(20)“削工”：有固定三户为“觉厦”放牛。

(21)“布”：送信的差役，相当于“通讯员”，各村派一人服役。

(22)“乌拉”：地位高的喇嘛出外，各村需派伕马迎送。此为不定期劳役。（关于各种实物剥削和劳役，参考迪庆州工委1959年印《中甸县自然环境和社会情况》）

以上是作为庄户种寺庙土地或使用属寺庙牧场、山场应交的负担。此外，对在无主土地上放牧者，无论其为本寺庄户还是一般人民，要交寺庙一定数量的酥油，规定为产奶最旺季节（八月）最高一天的产量。

归化寺主要收入还有从历届政府中取得的固定“支助”，从雍正初年开始，一直到近代，形成定例。从粮食到日常用物，应有尽有。据光绪《中甸厅志稿》，最初每年赏赐如下银物：

口　粮　青稞1404石4斗4升5合

衣单银　330两

供品银　80两

杂　项　酥油3957斤4两5钱

小　布　445件18方

盐、铁、毛毯、麻布、土纸等

以后累有增减，至民国时期，据（民国）《中甸县志稿》，每年县政府应付给归化寺之银物有：

青　稞　1704石4升5合

衣单银　346元5角

供品银　22元2角2“仙”

酥　油　2464斤4两4钱

小　布　454件18“方”

沙　盐　8京石3京斗9升5合2勺

生　铁　274斤13两5钱

山羊毛毯　1327“托”4尺5寸

铁　斧　16把

土　纸　9000张

普差银　32元

这些东西原来虽来源于皇帝赏赐，实由中甸田赋收入中划拨。最早还允许归化寺自己向上五境“征收银粮”（光绪《中甸厅志稿》）。直至现代，像酥油、毛毯、沙盐、小布等仍由寺庙直接向人民折银征收。

归化寺除以上诸项财政来源外，还有以下收入：一是放高利贷，各“康参”每逢春末夏初对贫苦人民发放青稞、酥油、银元，秋收收回本息，利率一般是三分。实际上借半年要按一年计息。二是经商，每年“扎仓”及各“康参”均派出许多“聪本”出外经商，来往西藏及云南各地。

寺庙上述的各种收入，除了开支宗教上的费用，大部分为各级拥有职位喇嘛分别占有，作为职位的薪金。职位愈高者收入愈多，负责经济事务者还可贪污中饱。特别那些掌握“康参”经济大权的“格干”，必须先拿出一笔钱分给众人才得取得地位，他们的贪污可以说是公开的合法的，而一般喇嘛不能从寺庙得到什么收入。

但一般喇嘛也有自己独立的经济。喇嘛虽然出家，仍与自己俗家保持经济联系，甚或掌握其经济大权，可代俗家收租、经商。有时也能分得一部分土地，自己经营。一个喇嘛收入来源可以有以下的一项或几项：

（1）家庭供给的费用；

（2）自己分得土地上的地租；

（3）出外经商或放高利贷的收入；

（4）出外为人念经取得的报酬；

中甸藏族妇女和牦牛群

中甸中心镇经堂

（5）担任寺内职务时领的薪俸；

（6）在规定的1225名额内者，可每年领取七斗半青稞“皇粮”。（按这一名额可以由本家子弟世袭，也可以转让买卖，价约800元半开）。

（7）清代对喇嘛还有定时的赏赐，过年过节发给“饼子钱”。（这次调查中有一个老喇嘛解释过去不劳动的原因说：“过去连饼子钱都有人给，还要干什么活？”）

喇嘛收入除维持自己日常生活所需费用外，一生中还有两笔大的开支：一是入寺前要交一笔钱（相当于“保证金”）给“康参”。二是入藏路费。后者费用很大，故贫苦喇嘛终身不能入藏。

喇嘛在寺庙中住的房屋也属于自己的家庭。归化寺内房屋，远望之极像一座小城，但其中除去“扎仓”、“康参”的经堂及其他一些宗教性建筑属于寺庙外，所有喇嘛住宅都是私人陆续修建的。中甸几乎每个有钱的家族在归化寺中都有房屋，供自家子弟当喇嘛者居住。只有来自远地（如乡城）的喇嘛或贫苦的喇嘛无自己住宅，他们由所属“康参”供给房屋，要缴一定的租金。

这样，一个家族中当喇嘛者（往往是叔侄或兄弟关系），在归化寺中缴住在一起，再加上一些不属于自己家庭的徒弟（这种情况较少），组成归化寺中一个基层单位。他们自己烧饭吃，住在自己住宅中，俨然是一个“小家庭”，仿佛是他们俗家驻在归化寺中的分支机构。

因此，凡是在社会上有势力的家族在归化寺中地位愈高（当喇嘛的人多，担任职位者多，拥有更多的房屋和财产），而贫苦人民即使勉强送子弟当喇嘛，因为无钱入藏，不能担任任何职位，本族人少，孤立无援，在喇嘛寺中始终处于卑微的地位，甚至最后被开除出寺。总之，喇嘛本身也有贫富之分，社会地位有高低不之同，归化寺可说是藏族社会的缩影。

近年来青壮年喇嘛们参加劳动，自食其力。20世纪50年代初还要国家补助一部分，现已能自给。仅年老体弱者仍只管念经。有影响的上层喇嘛被列为统战对象安排工作。

（五）与西藏的关系

归化寺远在雍正年间即划归清廷直接管辖，故在政治上归化寺与西藏地方政府无直接隶属关系，在经济上也不对西藏负有什么义务。但是，归化寺与西藏的来往仍是很密切的。例如：

(1) 凡达赖“坐床”，要去送礼朝贺。

(2) 本寺活佛“转世”，要到西藏“查书”，决定寻找方向（这一点使西藏可以过问归化寺寻找活佛继承人事之事）。

(3) 本寺活佛地位高下，由西藏排定。据喇嘛自己说，往往要视送礼多少决定，至于宗教上繁文缛节不过是表面文章而已。

(4) 历史上“掌教”（“喀姆”）亦由西藏指定，归清以后才改为“格西”推举，但要逓知西藏认可。

(5) 凡是喇嘛必须入藏朝拜，到三大寺学习，否则不能成为正式喇嘛（“格弄”）。在西藏逗留期间愈长者，回来地位愈高。

以上虽是宗教上的联系，通过这些联系西藏对归化寺仍有很大的影响。

此外，西藏和中甸的经济的联系一直是很密切的。从清代起云南的铜要经过中甸运输入藏，以满足寺庙对铜的大量需求。西藏甚至定期（三年一次，或五年二次）派“铜官”带土产到云南送地方官，然后把铜运回去。中甸要为这些来往官员及货物，准备伕马。至于云南的茶叶更是大批经过中甸运入西藏。西藏运入云南的主要是药材，后来加上洋货。归化寺中的“聪本”经营的主要便是这种沟通滇藏的贸易。

二　丽江的五大寺
——福国寺、文峰寺、指云寺、普济寺、玉峰寺

在丽江城郊有五个喇嘛寺，它们的名称是福国寺、文峰寺、指云寺、普济寺、玉峰寺，合称为五大寺。

五大寺自称属喇嘛教中的“红教”，实指噶玛噶举派中的红帽系（参见《从文物考古材料看滇藏关系》），它们和另外八个红教喇嘛寺（维西的达摩寺、兰经寺、太平苑、寿国寺，高黎贡山的普化寺，鲁甸的灵照寺、吉星寺，巨甸的兴化寺）同属滇西北喇嘛教红教一派的重要基地，人们常称之为红教十三寺。至宗喀巴宗教改革后，黄教兴起，其他教派势力在康藏地区即趋衰微。但在丽江地区，黄教却不盛行，它们还未能在此喇嘛教分布的最南边缘地区取红教地位而代之。

喇嘛教不是丽江纳西族惟一的宗教信仰，但1950年前纳西族人民信仰该教者颇多，其影响之大不如纳西族固有“东巴教”，却远远超过其他宗教。五大寺中的喇嘛绝大多数都是纳西族，只有少数藏族和汉族。

寺庙建筑为汉式，屋檐高翘，屋顶覆瓦。寺中多收藏文物，如文峰寺、福国寺收存有明末清初留下的田契、账簿、建寺执照等。文峰寺中保存铜鼓一具及长达三丈之跳神用“唐卡”，尤为珍贵。

丽江喇嘛教本身颇具研究价值。第一，丽江是喇嘛教分布的最南边缘，这就不能不使此地喇嘛教带有许多特点。第二，丽江喇嘛寺全属所谓“红教”，要研究这一古老教派的有关问题，丽江也许是比较合适的地区之一。因此，弄清楚丽江喇嘛寺的情况，对于喇嘛教的研究工作也并

不是没有助益的。

（一）五大寺的创始

喇嘛教传入丽江地区不晚于明代末年，五大寺中最早者的历史可以上溯到到这一时期。徐霞客的《法王缘起》（见丁文江辑《徐霞客游记补编》）有云：

庚戌年，二法王曾至丽江。

按二法王即红教之活佛，庚戌年当指明神宗万历三十八年，即公元1610年。是年丽江地区已有来自西藏的喇嘛教领袖的活动。

五大寺中以福国寺建立最早。该寺为土司木氏所建，寺中现存碑文《丽江府芝山福国禅林纪胜记》叙寺之沿革云：

……雪山自西绵亘，层出叠巘而秀异特钟者芝山也。……当山之腹，孕为胜地，延长数里，松阴千重，盘桓夹崖，是为解脱林。林中梵刹，名楼飞观，绘椽薄栌金碧辉映者为福国寺。寺旧名安乐，因隐公为太淑人遣使诣阙，以请龙藏，天子嘉其孝也，御赐今额。……隐公为谁，累晋中大夫致仕参政木侯讳增号生白是也。

由此可见，福国寺远在木增时期（1587—1646）以前即已存在。又该寺现存雍正十三年（1735年）造的《丽江各寺观田地顷亩清册》，册中记载福国寺最早一项寺产置于嘉靖四十一年（1562年），该寺之建当不晚于是年。大概福国寺原系木氏之家庙，后来才改为喇嘛寺的。该寺不仅建立最早，且规模亦最大。最盛时喇嘛达200人。

指云寺的建立年代亦较早，光绪《丽江府志》记载：

指云寺……雍正五年（1727年），知府元展成捐助喇嘛僧立相等募建。

然上述《丽江各寺观田地顷亩清册》记该寺田亩有云：

康熙四十九年（1710年）九月十六日住持僧立相募置常住田壹分……

可见该寺建于雍正五年之前，志书记载不确。该寺的建寺历史传说是这样：某年西藏的大宝法王来丽江倡议修一喇嘛寺，手指山后白云深处曰："在此可以建寺"，于是就建立了指云寺，指云两字即因此而得名。该寺创建者名罗僧，是丽江喇嘛寺历史上著名的喇嘛。

五大寺中其他三个寺都是后来由福国寺、指云寺中划分出来的。由福国寺分出了玉峰寺，由指云寺分出了文峰寺和普济寺。

玉峰寺建自康熙年间（见光绪《丽江府志》）。原亦为木氏所修，后毁于战争，乾隆年间又重修。该寺现存乾隆二十一年（1756年）建寺执照对此事言之甚详：

丽江白沙有雪山，为一郡之来龙，从前土府培植风水，建有玉峰寺于雪（山）之右麓，继因兵燹……迨后父老……久怀兴复之切念。……查有喇嘛明菊鲁一僧，戒行清洁……原为福国寺首座，众僧师表，今缘足疾退辞，众等招徒央伊在寺住持……

据此明菊鲁原为福国寺喇嘛，后另组玉峰寺。大概这就是玉峰寺由福国寺分出之说所由来。

文峰寺建于乾隆四年（1739年），建寺之执照亦有保存。其文有云：

查此山原古刹倾坏，乾隆四年二月有西藏喇嘛到寺，恳请本府倡修，工程浩大，急难完峻。兹据该僧禀请给照，以便掌管。……右牌给喇嘛僧明具准此。

可见创建者名明具。此寺是在来自西藏之红教领袖倡议下修建的。

普济寺为乾隆三十六年建立，事见《丽江府志》。传说该寺活佛为指云寺罗僧之侄儿转化，可见普济、指云两寺关系之密切。

到了清道光三年（1823 年），在来自西藏的一位法王倡议下修了“静坐堂”（又名“安乐吉祥林”），位于文笔峰之巅。此寺供滇西北十三大寺所有喇嘛“静坐”之用，它不属于那一个寺，本身也不算一个独立的寺院，由五大寺共同管理。

（二）喇嘛的等级、职位和来源

五大寺内部组织是一致的。

喇嘛中有不同有等级，并设有各种职位。兹综述如下 ：

活佛——地位最高，以“转世”的方式产生，与藏区同。丽江五大寺遇活佛死，一般均要去西藏大宝法王或甘孜德格的四宝法王处请示活佛“转世”之地址，法王初只告知大致方向，据云必须送上厚礼，方肯明言具体地址。在丽江地区当喇嘛者社会地位不高，故按着法王所说地址找活佛时，或遭活佛父母拒绝。如遇这种情况，喇嘛寺亦无法强迫，只有听任此人死后再找，故常有寺中活佛空缺数代者。如文峰寺曾接连有三世活佛不肯入寺，这是在丽江地区这样喇嘛教势力和影响未占绝对优势的地区才有的现象。五大寺中以指云寺活佛地位最高。据云四宝法王原指定该活佛为滇西北十三寺之领袖，嘱其不得在某一寺停留，但终为指云寺迎往，遂为指云寺活佛，十三寺喇嘛奉之为最高领袖。又五寺最早一世活佛均为藏族，是西藏和甘孜地区派来的。以后各世在丽江地区“转世”，故多为纳西族。

掌教（“喀姆”）——地位仅次于活佛，为全寺宗教事务方面负责人，亦由选举产生，多选对喇嘛教经典研究者充任。

管事（“常住”）——为全寺经济事务方面负责人，亦由选举产生。有些寺在管事之下更设二管事襄助其事。

“都巴”——为正式喇嘛而又参加过“静坐堂”学习者。按喇嘛于入藏后必须在“静坐堂”中静坐三年，期满后即取得“都巴”称号。其情形接近黄教中的“格西”，被认为有学问的人，但“都巴”远较“格西”普遍。

“格弄”——即正式喇嘛。凡喇嘛入寺后已去过大宝法王或四宝法王处朝参一次以上者，即得为“格弄”。只有“格弄”才能参加“静坐堂”学习，并可被选担任各种职务。

“奔着”——刚入寺之小喇嘛，或虽年事已长而终身未入藏者。其地位最低，永远从事烧饭等杂役。

以上各种等级和名称多与归化寺相同（如“喀姆”、“格弄”、“奔着”）。比较起来，丽江喇嘛寺规模很小，内部组织也较简单。

喇嘛在寺中多有住宅，是师徒同居一起，像归化寺一家人世世代代为喇嘛有住宅的现象是不存在的。这是因为丽江喇嘛教并不像归化寺那样有势力有地位，一般人非迫不得已不愿当喇嘛。据了解，当喇嘛计有下列几种原因 ：1. 家境贫穷而父母早死者 ；2. 家庭贫穷而兄弟过多财产不敷分配者 ；3. 因生病而许愿或经算命本人“八字不好”者 ；4. 近代因国民党强拉壮丁而入寺逃兵役者。因此，丽江地此喇嘛出身多为穷人，富人很少愿送子弟为喇嘛。有些有钱人如遇“八字不好”，常买一穷人作为“替身”入寺为喇嘛。这些都是丽江地区喇嘛教的特点。在这里和归化寺不同，喇嘛不是什么“光荣的职业”。

因为喇嘛出身多是穷人，故入寺后一般由师父供给食宿。一个喇嘛率领几个小喇嘛住在自己的住宅中，自己烧饭吃，也像一个“家庭”一样，是喇嘛寺的基层单位。每一喇嘛收徒弟人数不等，一般是4—6人，也有一人不收者。师徒之关系如俗家之父子关系，喇嘛对徒弟有抚养教育之责，年老则靠徒弟供养服侍。喇嘛个人财产由徒弟继承，其中包括住宅、土地、衣服、经书及其他动产。师父对徒弟在法律上无约束能力。有些徒弟长到成年，不愿再过喇嘛生活而返家娶妻者，师父对此亦无可奈何。

（三）寺庙财产和收入

各寺庙有自己的土地。地租收入是寺庙的主要收入。各寺土地多少不等，规模最大的福国寺土地达千亩以上。

寺院土地之来源，从福国寺乾隆三十五年的《常住总册》进行分析，计有下列几个来源：1. 本家施舍；2. 喇嘛私人捐助；3. 向民间购买。最后一项尤占主要地位，可见喇嘛寺仍靠兼并农民土地而发展起来的。出卖土地给寺院者多是贫苦之农民，现存各种土地契约可以说明这一点，如乾隆三十三年和那挥卖田给玉峰寺是因为“逢灾，缺少使用”。乾隆三十九年和立合卖田给玉峰寺因为“缺少（欠）客债，兼之贫乏，度日艰难”。

从寺院现存各种契约文书可以看出，至迟在清初丽江地区喇嘛寺和内地一般地主一样，对农民进行收取地租。文峰寺尚存一件关于土地的诉讼档案，叙述乾隆四十四年（1779年）和毛苴、和毛伸被文峰寺控告“侵占丛林，违断骗租”。文峰寺在官府帮助之下逼农民具结，以后“如有欠租……任随拨租”。

寺院所取得的地租除支付一些宗教费用外，便发给寺中喇嘛作口粮。各寺喇嘛口粮数多少不一，视寺中经济情况而定。如福国寺大小喇嘛每年发口粮米4斗（大斗，每斗合90斤）、大麦1.2斗、小麦1.2斗。玉峰寺每人每年发稻谷一石（小斗，每斗合45斤）、大小麦各4斗。文峰寺每人每年发口粮1.1石（小斗），谷类不固定。喇嘛寺中以活佛待遇最高，凡所需求，寺中应尽量供给，据说平时每年收入约为一般喇嘛之十倍。其他担任职务之喇嘛（“常住”等）除口粮外，因经手钱财从中渔利，收入亦较多。

喇嘛生活费用不专靠口粮。据了解，口粮外尚有下列收入：1. 个人私有土地之地租收入；2. 念经之报酬；3. 俗家供给的临时费用（如入藏或入“静坐堂”所需费用）。

丽江喇嘛寺经济势力并不雄厚，喇嘛们出身贫苦，但当喇嘛后就不参加劳动。1950年后，丽江五大寺的土地大部分分给农民，寺周一些土地则留给喇嘛自己劳动。到我们调查时为止，福国寺还有喇嘛7人，玉峰寺有4人，文峰寺有6人，普济寺有9人，指云寺已无喇嘛。他们靠自己劳动已能自给自足，不再要国家补助。

（四）入藏朝参

红教也像黄教一样，有一个统一的组织和受人崇拜地位最高的活佛。余庆远《维西闻见录》云：

> 红教喇嘛相传十三种，维西惟格马一种。格马长五人，谓之五宝，轮回生番地，均十余世不灭，人称活佛。

文峰寺山后的静坐堂

所谓五宝，据这次调查了解，即红教的五个教主，称为大宝法王、二宝法王、三宝法王、四宝法王和五宝法王。其中以大宝法王地位最高。喇嘛说，大宝法王又名“噶玛巴”，也许就是上述记载“格马”一词之来源。

据老喇嘛说，大宝法王驻拉萨西南的楚布寺。二宝法王已被达赖除籍。三宝法王和五宝法王驻拉萨不远处。四宝法王驻今甘孜藏族自治州德格八蚌寺。红教这五个教主现都受黄教最高活佛达赖管辖。

正像黄教喇嘛要入藏朝参一样，丽江红教五寺的喇嘛们每人一生必须朝见法王一次，否则将终身为“奔着”，不能成为“格弄”。滇西北红教寺庙和四宝法王关系最为密切，喇嘛们如经济充裕，则朝见大宝法王、四宝法王各一次，如经济不充裕，则朝见四宝法王一次亦可。他们的解释是：德格四宝法王处亦有戒规 253 条，去四宝法王处即等于去大宝法王处一样。《维西闻见录》有云：

维西五寺红教喇嘛八百人，皆格马四宝喇嘛之法子也。

大概即指这些地区红教和四宝法王关系特别密切而言。

喇嘛朝参的路线是这样：去大宝法王处取中甸—德钦—西藏的道路，去四宝法王处取宁蒗—木里—德格的道路。然亦有不谙道路去德格而取道西藏者。

喇嘛入藏需要一笔很大费用，这笔费用多由自己师父或俗家（如经济较充裕的话）供给，也有自己逐年攒积筹措者。十分贫苦之喇嘛不能入藏，只能终身沦为“奔着”，从事烧饭等杂役。

入藏时需备牲口一匹，带干粮若干，另外还要购备送给大宝法王或四宝法王之礼物，多系丽江能买到而藏区缺乏者。如米、茶叶、火腿等等。到达彼处之后，则在停留期间（一般为一两个月）之食宿，由大宝法王或四宝法王免费供给。

丽江喇嘛入藏要经历一个艰苦的漫长的旅程。从丽江经木里到德格四宝法王处要走一个多月。如去西藏大宝法王处要走三个多月。旅途中不仅要爬行许多高山和险径，还要经受变化莫测的气候。此外，过去这些地区土匪出没，时常把行人的行李马匹劫去，使得喇嘛半途而返。尽管喇嘛入藏多和马帮同行，仍有受劫的危险。再加上黄教寺庙对这些红教喇嘛非常敌视，沿途不仅得不到接待，甚至还必须隐瞒自己的身份（一般是化装成藏族商人）以防意外。有人入藏五次，最后一次才到达目的地。有人中途遇险，不得不以乞讨为生。尽管有上述种种艰险，并不能阻挡喇嘛们入藏的愿望。他们只要力所能及，都要争取入藏一次。这一方面出自对宗教的虔诚，另一方面也是为了自己的“出路”，因为不入藏则终身将处于极卑微的地位。

（五）喇嘛的“学校”——静坐堂

喇嘛凡入藏归来者，皆可入静坐堂“学习”。

静坐堂设于文峰寺文笔峰之山崖上，维西、丽江十三寺之喇嘛均在此静坐。静坐堂藏名“鲁可”，据说是红教特有的制度。

静坐堂是供喇嘛学习、静修而设的，其性质有如“学校”。但这大概是世界上最严格的“学校”了。其学习期限为三年三月三日三时，在此期间，喇嘛“学员”们不能出大门一步，家人或师父来访，只能隔门而语，不能见面。不仅如此，在这三年多时间内，每人住一室，不准躺下睡觉，不论白天黑夜，除吃饭听讲时间外，只能在自己房间中打坐。睡觉也是坐着睡。有些喇嘛因此得下终身难治的慢性病。

丽江静坐堂共有 23 个内室，每届只收 23 名喇嘛静坐。堂中有活佛一人，老师一人，负责讲授经典，传授“秘诀”。另设管事一人，负责经济事务。此外，尚有烧饭工人一两名。以上算是静坐堂的工作人员，他们可以自由外出。老师及其他执事人员，均由五大寺推举或派遣适当人员轮流担任。

喇嘛入静坐堂后，仍由原来寺庙供给口粮，自己师父及俗家供给一部分零星费用。所需灯油等费用由静坐堂供给。静坐堂有一些财产和基金，专门用以支付这方面的费用。静坐堂不属某一个寺，而由五大寺共同负责，但指云寺活佛负较多责任，因为他名义上是滇西北十三寺的共同领袖。

喇嘛入堂静坐三年三月三日之后，其地位即由“格弄”变为“都巴”。故每当静坐期满，皆要举行类似“毕业典礼”之仪式，以示庆祝。典礼在文峰寺中举行，一般都要杀羊杀猪，大排筵宴，喇嘛“学员”之俗家亲人及寺中师友，皆持礼来贺。每个喇嘛还用泥土做成许多圆椎形物，象征塔，名曰“查查”，留置静坐堂外，谓可以此祈求长寿。今日在静坐堂外，犹可见这种圆锥形土块，堆积如山，皆历届由静坐堂“毕业”之喇嘛所遗。

最后一届静坐之喇嘛是 1949 年 9 月“毕业”的，其时已临解放，此后未再继续举行。这种“静坐”制度自此结束。

（六）喇嘛们的日常生活

喇嘛们只从事宗教活动。除去被邀出外念经及负有职务者要处理日常事务外，喇嘛们的日常生活一般是这样安排的：

早晚念经，日间教授徒弟藏文（丽江纳西族喇嘛多谙通藏文，但不能操藏语），或请汉族教师教徒弟汉文。此外，每天还到转经堂，转经三次。

每逢下列日期喇嘛们要集合一起念经或由活佛、“喀姆”讲法：阴历月 1—4 日，3 月 1—3 日，4 月 4—11 日，6 月 10—16 日，8 月 14—16 日，11 月冬至前后三天，12 月 23（或 24）—30 日。每到 12 月 30 日举行“跳神”仪式。

在我们凡夫俗子看来喇嘛们的生活是清苦沉闷而单调的，他们却视为精神最好寄托。今后对喇嘛应充分贯彻自愿原则，不能再采取粗暴的手段。对于喇嘛经典和文物更应特意保护，加强研究，发掘和继承藏传佛教哲学、科学和文化艺术遗产。“文革”中滇西北喇嘛寺遭受破坏，是一个严重的教训。

后记

关于喇嘛职务名称多和西藏喇嘛寺相同。例如，“喀姆”即“堪布”，“香尊”即“强佐”，“英则”即“翁则”，“格干”即“康参根格”；而“念哇”疑即“拉网”，“西苏”疑即“吉索”。本文沿用前人调查和地方志书所用的译名，以免造成不必要的混乱。实际上，用汉字记录民族语言都是很不准确的。

（原载《民族学报》第 2 期，1982 年）

附录一

Changes in Ethnic Identity Among Han Immigrants in the Wa Hills from the 17th to 19th Centuries

There is a well-known quotation from a Confucian classic dating to C. 2300 years ago which says:

I have heard of the Yi(夷) becoming Xia(夏),but I have not heard of the Xia being changed into Yi." (Mencius,Tengwengong Chapter 孟子 · 滕文公)

This is to say that the barbarian "Manyi" (蛮夷) in the frontier are able to change into the civilized "Huaxia" (华夏) of Central China, but not vice-versa. This attitude which has deeply influenced chinese historical research, overlooks the fact that "Huaxia" can also become "Manyi" . For example, there were large numbers of Han people, who, in the past, immigrated to the Wa area, a area which has been considered one of the most backward, and, in the end, became Wa. My paper introduces and discusses this subject.

I. The Wa Hills and Wa People

The Wa or Kawa are a Mon-Khmer speaking ethnic group who mostly reside between the eastern latitude of 98° —100°, and northern longitude of 22° —24°. This area is called the Wa Hills or the Awa Hills (Lebar, Hickey & Musgrave 1964: 130). Today these hills are divided between Burma and China. Wa Hills inside China is mostly under the administrative jurisdiction of Ximeng and Cangyuan Counties in Yunnan province (see map).

Until the 1950s ,the most part of the Wa practiced swidden agriculture. There were only a few areas where we found wet rice agriculture together with the use of ox-drawn plow. Their crops included rice, corn and a kind of grain ("small red rice") . From the beginning of the 20th century the Wa have also grown opium poppies. Their primary domestic livestock was cattle which played an important role in economic and social life. The Wa Hills also contain a store of galena silver.

Before the 1950s, the Wa were still a tribal society. The patrilineal nuclear family or extended family was the principal production unit. Each village as a socio-political unit in Wa society had one or several heads. Several villages constituted a tribe. From time to time, under special circumstances, a tribal confederation emerged. However, the Wa Hills were never unified under a single political authority.

Because the Wa practiced headhunting, they did not have a good reputation. They themselves believed, however, that headhunting was only a ritual practiced to ensure a good agricultural harvest. Those Wa living on the peripheries of the Wa Hills area became Hinayana Buddhists, and abandoned the custom of headhunting. They were called "Tame Wa" or "Little Wa" . Those Wa in the central area of the Wa Hills were called "Wild Wa " or "Great Wa" . They continued to practice headhunting up until the mid-1950s.

The above provides a brief introduction to the situation of the Wa before 1950 in the Chinese side. Based upon reports, the situation on the Burma side was essentially the same (Scott 1896: 139-150;Scott and Hardiman 1900:493-519).

From historical times up to the present, the Wa have been the principal inhabitants of the Wa Hills. According to the 1982 census, the Wa population living inside China reached 298,000(XWZG 1986: 19;CWZZ, 1996 vol I:47; WJS 1985:1). In 1950 the Wa population in Burma was 320, 000 (Embree and Thomas 1950: 54). Currently, the total population exceeds 800,000.

There are also some Shan, Lahu and Han populations living in the Wa Hills. Among them, the Han population is the smallest. Most of them are traders and run-away soldiers who immigrated into the Wa Hills during and after World War II. Yet, from the 17th to the 19th century, tens of thousands of Han had lived in the Wa Hills.

II. The 17th-19th Century Migration of Han into the Wa Hills for the Purpose of Opening the Mines

In 1659,General Li Dingguo(李 定 国),originally a peasant rebellion military commander who opposed the Ming Dynasty and then come over, accompanied the last Ming Emperor fled to Burma when he chased by Manchu troops. Two years later, the Emperor was captured by Manchu troops ,sent under escort to Kunming and died there. General Li and his soldiers continued to stay in the Chinese-Burmese border area. Part of them remained in what is today Burma's Hsenwi-Namdu area opening the Polong Silver Mine (there is in the same area the famous Bawldwin Silver Mine today). Another group reached the Banlao area of the Wa Hills. In 1962 a seal was discovered engraved with three Chinese characters: "班老王" (King of Banlao). It is believed that General Li Dingguo issued it in the name of the Ming Emperor and gave it to the local Wa head of Banlao (CWZZ 1996：Ⅳ－257). This area contained one of the highest grade silver mines in the Wa Hills (KYDBS, 1929). It was probably discovered and initially opened－up by soldiers of General Li, the first group of Han immigrants to the area. Afterwards, other Han people from interior came to exploit the mine.

The mine was most extensively worked during the 18th century. A Han immigrant named Wu Shangxian（吴尚贤）discovered that the mines in this area were very rich and could produce a lot of silver. He made a treaty with the local Wa leader using their traditional method of notching a piece of wood. This "notched wood treaty" bore Chinese characters which stated that the entire mine could be exploited by Wu, and that Wu would pay a "rent" to the Wa head of Banlao. This wooden treaty survived until the 1930s (Fang 1943b). From the Chinese inscription on the treaty, we know that the agreement was made in 1743. Wu shangxian called the mine he set up the Molong Silver Mine. The area of the mine was large and was said to be "more than 100 li（里）" (Wang 1901,vol. 80). The center of the mine was called the "Lu Fang" (in Chinese this means "the furnace room").

In 1746 the Governor of Yunnan－Guizhou sent a memorial to the Qing court saying that：

> In Yunnan province there are barbarians called Kawa. In the place where they live is the Molong Silver Mine which was set up by Wu Shangxian, a person from Yunnan. People from Jiangxi, Guangdong, Guangxi and Guizhou go to this area to work in the mines. The barbarians themselves do not know how to do the smelting. For the most part, the Han exploit the mines, the barbarians just receive their rent,and share in the profits. In this way, the arrangements are peaceful and without incident. …Even if these immigrants wish to return home ,they have no way to do so. Exploiting the mines has become the way they make their living. There are already at least 20,000 to 30,000 people working in the mines. If the mines are prohibited, these people would have no way to make a living. Moreover, for the past 100 years there have been no disturbances. (Zhang 1746)

It verifies that by 1746 this mine had been exploited for about 100 years, and the people working there were all Han Chinese immigrants. They already numbered 20,000 to 30,000 in mid－18th century.

According to the writings of an official who entered Burma with Chinese troops in the 1780s ,the internal organization of the silver mines at that time was structured like a large family：

> The system inside the mines did not distinguish between "upper and lower" ; everyone

was called "older brother" and "younger brother" each other. There were three bosses; the person who managed all the affairs of the mine was called "first uncle"; the person who managed the day to day subsistence needs was called "second uncle"; and the person who led the troops was called "third uncle". At the time when Wu Shangxian managed the mines, the silver mine prospered the most… When an alert was sounded, all the "brothers" of entire group went out to fight. … All the mines in the barbarians land maintained strong relationships. (Wu 1790)

We can see, in order to strengthen their internal solidarity, several tens of thousands of miners concentrated to live in or near the silver mines. They formed a kind of military organization which fought outsiders. The Molong Silver Mine and others (among them the most important was the Polong Silver Mine) also sustained close ties. In the Wa Hills they became a formidable political power. In historical records, Wu Shangxian and Gong Liya, the chief of the Polong Silver Mine, were named the "Two Frontier Tigers" (Tan 1736–1795).

The Qing government felt fearful and uneasy about the build-up of these quasi-military groups in the frontier area. However, Wu Shangxian himself "did not understand officialdom" (Wu 1790), and was not sufficiently wary of the Qing government. On the contrary, in 1751 he took ten elephants and other products to the court as tribute, seeking to obtain a feudal title. When he returned to Kunming from Beijing, officials blamed him that he should not create a private army, whereupon he was imprisoned and died.

Some documents recorded that after the death of Wu Shangxian, the miners from the Molong Silver Mine dispersed and the mine was closed (Wu 1790). However, these records are not correct. In a document dating to 1777 we can still find the fixed tax rate of the Molong Silver Mine, which was 9% of the output (QHDSL 1813: ql42). In 1778, another official document mentioned the Molong Silver Mine saying:

There had always been a Molong Silver Mine in the Awa region. …Burmese bandits, seeing that the silver mine brought in substantial income, came seeking to take some of its benefits. The head of the Molong Mine, leading the young and able-bodied miners, defeated the Burmese bandits. (Li 1778)

Thus, we can see that at the end of the 18th century, the Molong Silver Mine still existed ,and still maintained a quasi-military organization.

In the mid-18th century, the Polong Silver Mine, with about 40,000 miners mostly from Jiangsi and Hunan, led by Gong Liya involved with the internal struggles in Burma. In 1752 they attacked the Burmese city of Ava. According to Burmese texts these men were called the Gwe. In Chinese records they are called Guejia (桂家) because they originally were followers of "King Gui" (桂王),the original title given to the last Ming Emperor (Zhao1736–1795). In 1762,Gong Liyan's soldiers were defeated and fled back across the border into China where Gong Liyan and many of his soldiers were killed by Chinese officials (Shen 1770). The silver mines were dissolved. As for the miners ,some stayed in Burma, and were absorbed into the local population. Burmese texts to these as the Gwe–Shan and Gwe–Lawa (Harvey 1957: 266, fn, 131). These were the very ethnic groups that demonstrate the merging of the Gwe, Shan and Lawa. Others returned to the China, mostly going to the Molong Silver Mine.

The Qing court, all along, did not want to see the build–up of quasi–miliatry miners along the border. At last, the Molong Silver Mine was officially closed under instructions from the Emperor in 1800:

Recently the Molong Silver Mine has not paid its tax. Perhaps because the mine has been exploited for a long time and is now mined out.……However,there are still many able–bodied miners concentrated there, (they will) probably make trouble. The Molong Silver Mine,thus ,will have to be shutdown. (QHDSL 1813: Jq5).

However, in the area of today' s Yongguang, Simeng County, another silver mine appeared, named Xin Chang, which means "New Mine" for making a distinction with old mines.

There are not many historical records for the "New Mine" ,only the following passage found in a 1903 government archive:

There is a new silver mine at the foot of Yongguang Mountain. During the Xianfeng–Tongzhi periods (1851–1875) people from Hu and Guang (湖 广) came to exploit it. There were considerable profits. During the 8th year of the Guangxu period (1882) production was at its peak, and the numbers of miners reached 10,000. The area was under the administration of the Tusi (土司) of Menglian (孟连). The Tusi levied excessive tax. Just because the payments were slightly late,the Tusi colluded with the "Wild Wa" and went to kill the miners. Many people died. This mine ,in the end ,was dissolved. (Fang 1943c).

All the miners working in this silver mine were also Han immigrants. At the mine's peak, there were more than 10,000 men. After this mine was disbanded at the end of the 19th century, no more silver mines were opened up in the Wa Hills area.

We are most interested in the Molong and Xin Chang Silver mines which lie in the heart of the Wa Hills area. They are recorded as having 20,000 to 30,000 men and 10,000 men respectively. After the mines were closed, what happened to these Han miners? No records were left in historical sources, so we can only go to the Wa Hills and investigate remaining traces.

III. "We all went Headhunting"

In Yunnan an old saying has been passed down：

Those who go to the land of the barbarians are poor men，those who go to the mining regions are poor men who are desperate.（"穷走夷方急走厂"）

This is to say, all those who go to the border regions to work in the mines were people from the interior who have no other means for survival. Wu Shangxian himself, for example, was a "poor man" . In historical texts he is called "horses' feet" (Shen 1770). It means he had been a horse driver in the caravans. This is the lowest position within the caravan hierarchy. These impoverished peasants, had no land in their home areas. In the document issued by the Governor of Yunnan–Guizhou cited above, even if these people "wished to return home, they have no way to do so" . This document correctly describes their deplorable circumstances. After the mines were closed down, many of these men had no alternative but to stay in the Wa Hills.

According to the investigations made by earlier researchers and myself during 1950s and 1960s in villages which were near the Molong and Xin Chang silver mines, there are definitely quite a few descendants of the Han miners living there. However, they already completely identified themselves as Wa.

From the evidence presented below ,we can verify this claim.

1)Names of Villages

Provided below are the some names of villages whose present inhabitants are Wa, but whose names suggest that they originally were Han settlements or villages：

Lu Fang（炉房）——This is a Chinese name. The meaning is "the house in which the smelting oven is placed" . It was formerly the center of Molong Silver Mine,and is now inside Burma.

Huguang（湖 广）——This is a Chinese name. It received its name because its residents originally came from Hunan or Hubei and Guangdong or Guangxi (Fang 1943a). Traces of mining can be found in the area today.

Yonghe（永贺）——Its Wa name is *jaung, hɔ* with *jaung* means village and *hɔ* is a term which is used to refer to Han people. Its meaning is "Chinese village" .

Xin Chang（新 厂）——This is a Chinese name. Its meaning is "New Mine" as above–mentioned. This village no longer exists. Today' s Xin Chang Village was newly constructed after 1950.

Yongguang（永广）——In Wa this is called *jaung kuang, jaung* means village and *kuang* refers to Guangdong or Guangxi. Thus, the meaning is the "village in which people from Guangdong or Guangxi live" .

2)The Meaning of Surnames

Some surnames of Wa indicate their Han origin, and some are the descendants of famous persons who firstly immigrated to the Wa Hills (Wang 1983: 40;CWZZ vol. 4:108):

Li(李)——In Wa this surname is called *Khun hɔ siang seh.* It means "Lord of the Lower Treasure Palace" ,and is believed to refer to the descendants of General Li Dingguo and his family members.

Bai(白)——In Wa this surname is called *tɕ au pak*. It's meaning is "Leader of One Hundred Soldiers" . According to tradition these people are the descendants of Bai Wenxian (白文选). Bai Wenxian was another general who fled to Burma together with Li Dingguo.

Wu(吴)——In Wa this surname is called *kɔn hɔ.* The meaning is "sons and nephews of the Han people" . It is said they are the descendants of Wu Shangxian or the members of his families.

Zhang (张)——In Wa this is also pronounced *kɔn hɔ.* It is said they are the descendants of a important explorer named Zhang Gong Liang (张贡亮) who came with Wu Shangxian to work the mines.

Yin(尹)——In Wa these people are surnamed *hɔ klang*, klang in Wa means eagle which in Chinese is similar to the sound "ying" . Its meaning is "Han people those like eagle" . It is said that these are also the descendants of Han miners who came with Wu Shangxian.

Today, all the people with these surnames consider themselves Wa. They speak Wa ,and their daily habits and religious practice are Wa. Thirty to forty years ago,there were five to six households in Namla with the surname Zhang who preserved the Han practice of burning incense to the ancestors. This custom is no longer practiced now.

3)The Legends Surrounding Wu Shangxian's Molong Silver Mine

During the 1950s the Wa from Nanla Village reported following legend to investigator:

> Old Father Wu (i,e. Wu Shangxian) was a Wa. Originally he was an orphan and very poor. One day when he was sleeping under a tree a man from Banlao passed by. This man, seeing that Old Father Wu's hands and feet were covered with the design of a small balance used for measuring silver, invited Wu to open-up a mine together with him. After having success, the emperor asked them to pay tribute. Because the silver sent as tribute, was often misappropriated by the officials. Old Father Wu decided personally to escort the tribute. He reached as far as the area of the "two rivers" and was killed.(Wang 1983:39)

The legends from nearby villages are very similar. For example the story in Jiaoshan village is that the silver mine was discovered by the Wa when they were trapping rats. Although they carried out a headhunting sacrifice to ensure success, they were not successful in smelting the silver. They then made a divination using chicken bones to ask for instruction from the gods. The result was "the Han man Wu Shangxian was suitable" .The villagers then invited Wu to come and take charge of managing the mines(Wang 1983：39–40). These legends differ from the earlier historical records. We should note that according to these local legends, it is believed that the silver mines were opened together by Wa and Han. Moreover, in legend from Nanla above mentioned, Wu Shangxian himself "was a Wa" . From this we can see that the descendants of the local Wa and the Han immigrants had together created a new memory—the glory of Wu Shangxian's opening up and exploiting the mines belonged to everybody. In this way a common identity was forged.

4) The Legends Regarding the Xin Chang Silver Mine and the Oral Family Records of Nearby Residents

Because the Molong Silver Mine closed a longtime ago, when the villagers living in villages nearby the Molong Silver Mine talk about Wu Shangxian and the history of the Han immigrants, the narrative has a legendary quality. They are not able to tell their own history accurately. However, the history of the Xin Chang Silver Mine is more recent ,there are descendants of miners in nearby villages who still retain a memory of some of their ancestors and family history, even though they already have adopted Wa ethnic identity.

In March 1965,when I was carrying out fieldwork in Xin Chang a imformant said：

> The earliest persons to start up the mine were Old Gu (locally there is still an abandoned mine site called Old Gu's Cave), Old Ding etc. This was about four or five generations ago. The mine was relatively successful and was operated for a long time. After the mine closed, some people stayed on, built a village and made rice paddies. This village was located close to the today's township government seat. There was a time when they quarreled with the people from Daigela Village, and the people from Daigela made it known they were going to come to take heads. The former miners were afraid and dispersed into the surrounding villages. By this time they had already intermarried with Wa and had relatives in the surrounding villages where they could go and seek refuge. The paddy fields they created are still there, and used by Wa people of present–day. Later other groups of people came. They did not stay a long time. They were attacked by the Wa and escaped.

There were altogether four households in Xin Chang and Yongguang who consider themselves the descendants of Han miners. They no longer speak Chinese, and speaking with them required an interpreter. They knew that their ancestors were originally miners who afterwards tilled the fields. Two households still remembered their genealogies. When we asked them to recite their ancestor lineage, interestingly, they did it according to Wa style, i, e. starting with their own generation and going backwards. For example:

Household 1	Household 2
	Ai Muo
Ai Guo Mu (Head of Household, more than 20 years old)	Nuo Hai (head of household, more than 60 years old)
Ai Lei	Ai Lian
?	Ai Ge
Lao Wang	Guizhou
Si Kang	Si Kang

Both "Lao Wang" and "Guizhou" (meaning the ancestor came from Guizhou) are Han names——the names of miners who first moved to the Wa Hills. The second generation already used Wa names. During that time, the process of shift from Han to Wa already began. According to their myth, the Wa believe that they emerged from a cave or a gourd which is called Si Kang. Therefore, Si Kang represents the First Ancestor of Wa, and all Wa genealogies eventually trace themselves back to Si Kang. Thus, we can see through these genealogies that although a family may have Han ancestors, they all have the same First Ancestor as the Wa.

Finally, I went to visit another household who were also the descendants of miners. The head of the household was named Ai Gui. He was a silent and taciturn person of few words. When others began to talk about headhunting in the past, he suddenly spoke up saying : "Before the PLA soldiers came here, we all went headhunting."

According to Wa customary law, if a Han People lives in a Wa village, he did not have to participate in headhunting. For example, when I was in a village names Ma San, I interviewed persons in three Han households who had immigrated into the area during the Second World War. They told me, speaking in Chinese, that although they lived in the Wa Hills and had participated in various types of Wa village activities, they had never gone headhunting. They only had to give wine to the warriors who were about to go on a headhunting expedition.

When the Han people of Ma San talked about headhunting ,they felt somewhat appalled and horrified. So, when Ai Gui talked about headhunting with no misgivings, I realized that I had before me a true Wa!

IV. Summary and Conclusions

The conclusions of this paper can be summarized as follows:

1. The Han miner/immigrants who entered the Wa Hills during the 17th– 19th centuries became Wa. This is one example that people from a complex society,on a large scale and not as individuals ,can change to become members of a tribal society. This phenomenon contributes new material for research on ethnicity and ethnic identity change.

2. Ever if there are few difference between two ethnic groups, the total identity change is nearly impossible in the short run(Erikson,1993:29). The cultural difference between Han and Wa is vast. Thus, the shift in ethnic identity from Han to Wa must have been a long and difficult process. It is the result of gradual adaptation to the change in subsistence and environment.

We have already seen above that when the Han miners first immigrated to the area, they considered the Wa's lifeway "wild" , Wa people dangerous and threatening. So, the Han miners lived together in their own settlement or village, established their own political structure and quasi–military organization, in order to strengthen their internal solidarity, keep their original lifeway, and preserve their Han identity.

It was only after the mines were closed that the miners lived dispersedly in Wa village and turned to farming locally in order to live. At this time, their original political structure no longer existed, and they became a minority without any political power in Wa Hills. If a subordinated group maintained continuously their own solidarity, they would risk increasing the sense of alienation from the majority group(Harris 1983:179) and endanger themselves. So, only by changing their ethnic identity, the remaining Han miner could avoid being attacked and being headhunted by Wa and could access to local resources, especially land.

3. For the ethnic identity shift from Han to Wa intermarriage play an important role. Those miners who immigrated to the Wa Hills were males (in the documents they are called "ding" (丁) ,i. e. young and able–bodied men). They were either unmarried or unable to move their families to the area. When these men decided to settle down in the Wa Hills, they had to marry local girls. Fortunately, the majority ethnic group

Wa did not forbid marriage with outside ethnic groups. There were no barriers for intermarriage between Wa girls and Han miners. When such a intermarriage became widespread, it was inevitable that the Han live intermixed with the Wa, and gradually shift their identity to Wa. At last, the ethnic boundary(Barth 1969) between Han and Wa must be sure to disappear.

4. If two groups with different cultures have continuously direct contact within one society, the original culture of one or both group will inevitably change, usually the subordinate culture will change in the direction of dominate culture. The acculturation will necessarily take place. (Redfield 1936: 149,152; Ferraro 1992:304—305). In Wa Hills, the Han immigrants after the mines was closed, had just a sparse population and had no any political position. They were no doubt a subordinate group, in spite of their culture was a higher one; while the Wa people was a dominate group with a large population and in the position of control. Thus, the remaining miners and their descendants could only give up original Han culture. They had to speak the Wa language, wear Wa dress, and practice Wa customs. At last, they even participated in head hunting, indicating that the process of acculturation was complete.

5. During the process of acculturation, the subordinate culture sometimes can preserve some elements and blend into the dominate culture.(Ferraro 1992: 305) In Wa Hills, vestiges of Han culture are only preserved in the agricultural technology, for example, paddy fields and the use of the ox—drawn plow. These traits have been adopted by the Wa and incorporated into Wa culture. Today, the Wa villages near originally Molong and Xin Chang Mines have more paddy fields ,and their technological level of agriculture is higher. (WJS 1985: 27; Wang 1983: 38——40; Xu 1983:62—63).

6. In current ethnological research, a lot of attention is paid to collective memories. Common ancestors, origin myths, the outstanding achievements of the ancestors, and important events in history, are all made into a collective memory. Every group often calls attention to or strengthens its collective memory in order to encourage and strengthen the solidarity among its members. In addition, the group often wants to reconstruct and revise its collective memory in order to adapt to a change in ethnic identity (Wang 1997:45—60; Halbwachs 1992:38,119; Middleton & Edwards 1990:2—6). The change in ethnic identity of the Han immigrants in the Wa Hills, in this regard, is a vivid example. Wu Shangxian, manager of the Molong Silver Mine, in several variants of local legend is no longer a Han people from interior, but has become a “Wa orphan” . The genealogies of the descendants of the Han immigrants have already been

re-arranged according to Wa style and all of them trace themselves back to Si Kang, the First Ancestor of the Wa. All these were in order to adjust to ethnic changes and to reconstruct a new collective memory. In experiencing this reconstruction, immigrants and natives can lessen the original ethnic boundary and strengthen the unified ethnic identity.

(*The Asia Pacific Journal of Anthropology*, Vol II, No.2, June 2010)

References

Barth, F. (ed)

1969 *Ethnic Groups and Boundaries*. Oslo:Scandinavian University Press.

CWZZ editors

1996 *Cangyuan Wazu Zizhi Xian Zhi* (沧源佤族自治县志). Cangyuan.

Embree ,J. F. and W. L. Thomas

1950 *Ethnic Groups of Northern Southeast Asia.* Yale University Press.

Eriksen, T. H.

1993 *Ethnicity and Nationalism*. London:Pluto Press.

Fang Guoyu (方国瑜)

1943 a), Banhong Fengtu Ji(班洪风土记). b), Lufang Yinkuang Gushi Lu (炉房银矿故实录).c), Luohei Shan Luxing Ji(裸黑山旅行记). in *Dianxi Bianqu kaocha Ji* (滇西边区考察记).Yunnan University.

Ferraro, G.

1992 *Cultural Anthropology: An Applied Perspective.* St. Paul: West Publishing Co.

Halbwachs,M.

1992 *On Collective Memory*. translated by L. A. Coser. The University Of Chicago Press.

Harvey,G.E.

1957(1925) *History of Burma* (Chinese translation). Beijing:Commercial Press.

KYDBS editors

1929 *Kawa Yinkuang Diaocha Baogao Su* (Report of the Investigations of the Silver Mines of the Kawa). Yunnan Archives.

Lebar ,F. M. ,Hickey,G. C Musgrave, J.K.

1964 *Ethnic Groups of Mainland Southeast Asia*. New Haven:HRAF Press.

Li Shiyao (李侍尧)

1778 Qianlong Si Shi San Nian Zouzhe (乾隆四十三年奏折), in *Gugongbowuyuan*

Shiliao Xun Kan(故宫博物馆史料旬刊)22.

Middleton ,D. & Edwards,D.(ed.)

1990 *Collective Remembering*. London :Sage Publications.

QHDSL editors

1813 *Qing Hui Dian Shi Li*(清会典事例).

Redfield ,R. and others.

1936 Memorandum on the Study of Acculturation. *American Anthropology*, vol. 38.

Shen Shiyi (孙士毅)

1770 Sui Mian Ji Shi(绥缅记事),in *Yongchang Fu Wen Zheng*(永昌府文征) ,vol.17.

Scott, J. G.

1896 The Wild Wa:A Headhunting Race, *Asiatic Quarterly Review* 3(1).

1930 Burma and Beyong. London:Grayson and Grayson.

Scott ,J. O. and Hardiman J. P.

1900 *Gazeteer of Upper Burma and Shan States*, Part I,vol. I. Rangoon.

Tan Cui(檀萃)

1736--1795 *Maolong Chang Ji*(茂隆厂记).

Wang Jingliu(王敬骝) and Wang Hongdao(王宏道)

1983 Cangyuanxian Banhongqu Nanla Dahu Shehui Jingji Diaocha Baogao. (沧源县班洪区南腊大户社会经济调查报告). in *Wazu Shehui Lishi Diaocha* (佤族社会历史调查), vol. 3. Kunming: Yunnan People's Press.

Wang Mingke(王明珂)

1997 *Huaxia Bianyuan:Lishi Jiyi Yu Zuqun Rentong*(华夏边缘:历史记忆与族群认同). Taibei.Yunehen Press.

Wang Wenshao(王文韶) and others

1901 *Xu Yunnan Tongzhi Gao*(续云南通志稿).

WJS editors

1985 *Wazu Jian Shi*(佤族简史). Kunming:Yunnan Education Press

Wu Kai (吴楷)

1790 Molong Bolong Liang Chang Shi Lue(茂隆波龙两厂事略),in *Qianlong Tengyue Zhou Zhi*(乾隆腾越州志).

Xu Zhiyuan(许志远) and others

1983 Ximen Yongguang Wazu Shehui Jingji Diaoeha(西盟永广佤族社会经济调查),in *Wazu Shehui Lishi Diaoeha*. (佤族社会历史调查), vol. 2. Kunming:Yunnan People's press.

XWZG editors

1986 *Ximen Wazu Zizhi Xian Gaikuang* (西盟佤族自治县概况). Kunming: Yunnan

Nationalities Press.
Zhang Yunsui (张允随)
1746 Qianlong Shi Yi Nian Zouzhe(乾隆十一年奏折),*in Dong Hua Lu*(东华录).
Zhao Yi (赵翼)
1736—1795 *Yu Dian Za Ji*(粤滇杂记).

Acknowledgements

I express my thanks to Prof. Wang Jingliu who provided some useful materials of Wa language for me. Also I am very grateful to Dr.David Feingold and Dr.Heather Peters who had discussed this subject with me many times and encourage me to publish a paper, especially to Dr. Heather Peter who helped me to prepare the English version of this paper.

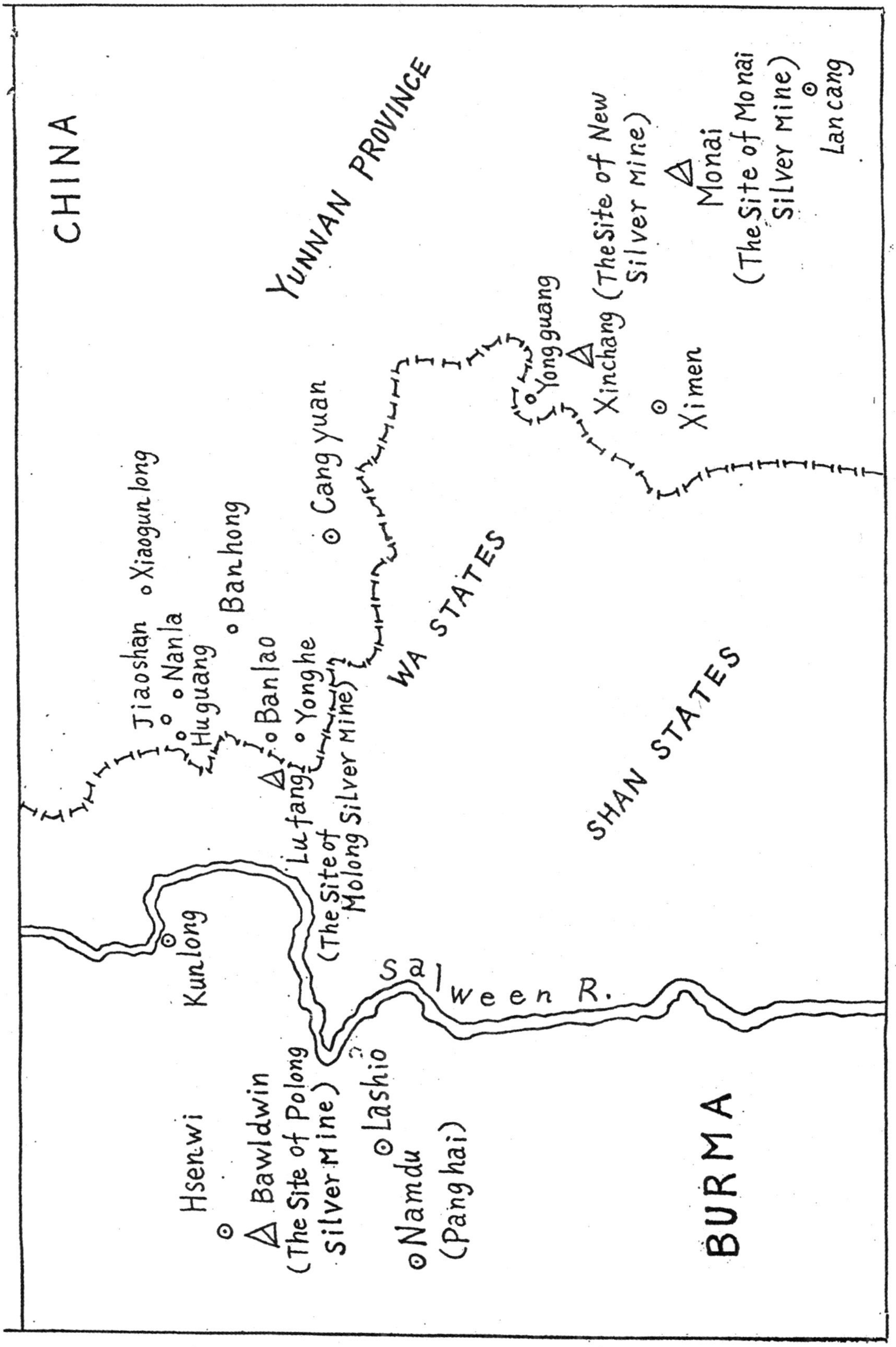
CHINA
YUNNAN PROVINCE
Lancang
Monai
(The Site of Monai Silver Mine)
Silver Mine)
(The Site of New Silver Mine)
Yongguang
Xinchang
Ximen
Xiaogunlong
Banhong
Cangyuan
Jiaoshan
Nanla
Huguang
Banlao
Yonghe
Lufang
(The Site of Molong Silver Mine)
WA STATES
SHAN STATES
Kunlong
Salween R.
Hsenwi
Bawldwin
(The Site of Polong Silver Mine)
Lashio
Namdu
(Panghai)
BURMA

附录二

The Ecological Legecy of Minorities in Southwestern China

The entire world is discussing the ecological crisis. People are worried and anxious over the increasing degeneration of the ecological environment——the pollution of air and water, the wasting of natural resources and an unfavorable change in climate.

The ecological crisis came with industrialization (Bodley, 1975 : 2-8). In preindustrial societies the human ecological system is relatively in balance. In addition to having a small population and lacking industrialization which damages the environment, preindustrial men paid more attention to harmonizing men with their environment than today's "civilized men" with all their control of science and technology. Preindustrial men knew how to protect their environment and valuable natural resources and were able to think about ecological benefits of future generations. They did not publish page after page of laws and pacts to protect the ecological environment, or issue speeches or declarations. They preserved the ecological balance only through traditional customs, religious rituals, and taboos. Yet, their unwritten "environment protection laws" seemed to have been more effective.

Ethnoecology, a field which has emerged only recently, researches the knowledge various ethnic groups(especially those who are still in a preindustrial stage of development)have of their own ecological environment, and how they regulate and adapt to it. Within the traditional cultures of China' s southwestern minorities, a rich legacy of ecology is preserved. In protecting and developing the beneficial aspects of minority traditional cultures, we must not neglect this ecological legacy.

This paper presents a preliminary study on how the southwestern minorities in China protect their own environment, and how they make rational use of their natural resources.

Another important issue is to understand how men control their population growth so as not to exceed their ecological carrying capacity. But because the questions connected with this aspect are rather vast and we still lack systematic investigation(especially lacking are reliable statistics), this aspect will be reserved for future research and not discussed here.

I. Protection of the Forests

Forests are a deciding factor of the ecology. Destruction of forests results in harmful influences on the climate, soil, water flow, and the natural resources of flora and fauna. The minorities of southwestern China very early understood the relationship of forests to the ecology. For example, among the Dai from Xishuangbanna there is a saying：

Elephants walk with the forests, the climate with bamboo.

The Yao have a saying(Anonymous, 1987)：

If you cut down all the trees, you have only the bark to eat. If you destroy the forests, you destroy your road to the future.

The Wa（佤）of Yunnan' s Cangyuan County have a proverb which says(Wang, 1985)：

You must not fell clusters of trees, you destroy the mountain is to spoil the land.

Since you cannot destroy mountains themselves, the term "mountain" as used here refers to the trees on the mountains.

The core of their ethnoecology is, thus, to protect the forests. This point is already deeply embedded in their ideological consciousness and is reflected in their various kinds of religious activities. Recently anthropologists have frequently commented on the relationship between religion and ecology.

Early functionalists believed that the influence of religion was limited to the internal constitution of society. At present, several anthropologists argue that it also influences the ecological environment external to society. For example, the Tsembaba of New Guinea practice the custom of ceremonial pig feasts. It is suggested that this has a positive effect on regulating the distribution and consumption of food, encouraging competition in raising pigs, and protecting the forests and local fauna(Rappaport, 1984：3—4). The Achuara of the South American Amazon Basin live in small dispersed villages, making it difficult for them to form large hunting groups. They have a taboo which prohibit them from hunting large animals such as deer, tapir, and the white-lipped peccary. This then causes them to concentrate their energy on taking small animals(birds, fish, monkeys,etc.), thereby enabling them to make more effective use of their animal resources(Ross, 1978). The Naskapi of Labrador, North America, as well as other groups, sometimes use the method of scapulimancy in order to decide where to hunt. It is suggested that this custom may increase the randomness of their hunting practices which may prevent them from over killing the animals and thereby avoiding exhausting their animal supply (Moore, 1965). Divination in this manner becomes a kind of mechanism to protect the ecological environment.

How do China's southwestern minorities protect their ecological environment through religious activities? I feel that, as in Polynesia (Harris,1983:216), it is expressed through a series of taboos protecting forests and trees. Many of the southwestern ethnic groups have their own sacred mountains which are regarded as symbols of gods which protect the tribe, ancestors, or other spirits. At certain times, people go to the mountains to worship or to conduct religious ceremonies. For example, the Jinuo (基诺) have a sacred forest which represents the village god, the Wa have a spirit forest where they place the poles bearing the heads they have hunted, and every Dai (傣) area has its Nong Mountain (竜山) which is sacred. People are prohibited from entering, settling, or even wandering through these mountains and are prohibited from cutting down even a single tree. For example, in the *Admonitions of the Dai Tusi (土司) to the Commoners*, it says(Anonymous, 1958):

The trees on the Nong Mountains cannot be cut. You cannot build houses on Nong Mountains, you don't want to antagonize the spirits, gods or the Buddha.

Due to this taboo a large portion of forests were protected. According to statistics, the Xishuangbanna region has more than 400 sacred mountains, thereby protecting an area of forest estimated between 3, 000—5, 000 sq. hectares (Pei, 1986: 28). Now if we investigate carefully, we will see that it is because of these kinds of taboos that forests located near the villages are well protected.

The "Feng Shan" (封 禅)ritual of china's ancient emperors to prohibit from entering a mountain had its political purpose, but it also served the important function of protecting the mountain's forests. Thus, it seems to be a widespread fact that religious activities have the function of protecting the ecological environment.

The southwestern groups also know how to protect and use sparingly forests which are not on sacred mountains. The Dai of the Xishuangbanna do not cut down trees during the spring and summer ("the rainy season"). If they cut wood at this period, they believe "insects will appear in the wood". Other ethnic groups also collect firewood or cut wood mostly in the late fall and winter, and very seldom go to the mountains to gather and cut wood during the spring and summer seasons, because that is the time trees thrive and grow more quickly. If you do not cut wood or gather firewood during this time, then the trees grow and survive better. This idea reminds us of a passage from Mencius, one of China's early 4th century B. C. philosophers, which says: "The woodcutter enters the forests according to the correct season. In this manner the forests can be used forever." The wanton cutting down of forests could not be considered as good behavior in ancient China.

The greatest threat to forests comes from man's fuel needs. According to government statistics, every year in Yunnan, 57 percent of the wood cut is used for firewood. However, early on, the minorities resolved this conflict by cultivating trees specially used for firewood. For example, the Dai from Xishuangbanna and other areas frequently cultivate a kind of tree called "Tie Dao" (*Cassia siamea Lam.*) near their villages. It is said that this tree came to the Xishuangbanna from Thailand about 400 years ago. This tree easily germinates, grows quickly, and does not require much effort to tend. Moreover, it is a good source of fuel (Pei, 1985 : 335—336). By cultivating this kind of tree to supply firewood, people do not need to go to the mountains to cut firewood, thereby both economizing man's labor and protecting the forests.

II. The Adaptation of Slash and Burn Agriculture to the Ecological Environment

In recent years the forests of southwestern China have suffered serious damage. People have attributed this damage to the practice of slash and burn agriculture. This, however, is not exactly the case. Let us take Yunnan's southwestern border region as an example. Since the neolithic period, people have practices slash and burn agriculture there. During the early 1950s, the ratio of forest cover in this region was still around 70 percent. Thus, one can see that when the population is low, slash and burn agriculture does not create a great threat to the forests. The recent damage to the forests in southwestern China is completely the result of rapid population growth coupled with the unrestricted expansion of cultivated land. For example, from 1980—1985 the province of Guizhou destroyed forests in order to open up 9 million "mu(亩)"of new, stable cultivated land. This was not the fault of slash and burn agriculture itself.

Traditional slash and burn agriculture, thus, does not cause excessive damage to the forests, and indeed, it originally incorporated ecologically adaptive measures. Many of the ethnic groups practiced systematic crop rotation in slash and burn agriculture. People programmed several pieces of forest land according to the fixed number of years it took for the soil fertility to restore itself. One year they would clear and cultivate one field, then they would rotate to another field while they allowed the first to recover. The rotation cycles varied——for the Wa of Ximeng County it was 10 years, for the Bulang (布朗) of Menghai County it was 12–15 years, for the Jinuo of Jinghong County it was 13 years. In the past, under the control of the various former Organization of grass-root society, this rotation method could be systematically carried out. After 1950s, with the disintegration of traditional social organization and the neglect of traditional culture, the local government could not effectively control the expansion of slash and burn agriculture. This lack of control is mainly due to the rapid population expansion among both the minorities and the Han in minorities region during the past 30 years. The people had no choice but to increase felling new forests in order to expand the scale of slash and burn agriculture, and thereupon created the situation where forests were sharply reduced. Let us take the region of Mt. Jinuo, Jing Hong County as an example. During the 1950s, the population there scarcely reached 5, 000. When I went there to do fieldwork in 1964, the population was only 5, 967. However, by 1985 the population had reached 9,318. As a result of not limiting the scale of slash and burn agriculture, the forest cover in that area has been reduced from around 65 percent in the 1950s to less than 40 percent(Yin, 1987).

We should also note that, most groups in the past, when they engaged in slash and burn agriculture, did not like to exploit new forests(Zhuang, 1987). Especially when the people use simple tools, it is far more efficient to fell trees in secondary forests than in primary——it saves a lot of labor(Conklin 1954 : 230). Scholars also point out that in the past most warfare among slash and burn agriculturalists resulted from competition over secondary, not primary, forests land (Vayda, 1961). Thus, we cannot say that the damage of forests is due to slash and burn agriculture.

In the past, the minorities even took meticulous care to ensure the revival of trees during the process of slash and burn agriculture. Let us take the Nu (怒) and the Drung (独龙) peoples as examples. When they cut down trees, they leave a 3 to 4 foot tree trunk in order to protect the root to guarantee easier regeneration. After cutting down the tree they also place a covering of leaves around the root to prevent its drying out and thus dying. Then during the burn phase, these leaves are moved from the roots to protect them from being burned. Both the Nu and the Jinuo also cut down the grass and vegetation around all four sides of the swidden plot leaving a "safety path" which prevents the trees of outside the field from catching fire. This method is practices by many slash and burn agriculturalists (Conklin, 1954 : 230).

In order to urge trees to regenerate more quickly, the Drung also adopted measures of intentionally planting and cultivating trees. They discovered that their area had a kind of tree(*Alnus nepalen*)which both grew very quickly(most mature within five years)and produced a lot of ashes during the burn which provides natural fertilizer in the swidden plot. They planted seedlings of this tree after the first year of opening up a new swidden field. After three years of cultivation, and two years of fields "rest" , the trees are then ready to burn once again. In this manner you can shorten the rotation cycle. This is another innovation of the minorities for ecological adaptation.

Of course, due to the increase of population, slash and burn agriculturalists will inevitably breach traditional means of control. and forest damage occurs. The problem of slash and burn agriculture is still to be resolved in many tropical forest regions(Rambo, 1982：86).

III. Protecting the Water Sources

Water is one of life' s basic needs. The southern minorities have experienced from observation generation after generation, and they already understand that plants play an important role in conserving water sources. Li (黎) people in Hainan Province have a saying(Anonymous, 1987)：

If you have many trees, then you have a lot of water.

So, they protect the trees and plants near their water supply from damage. The Jinuo prohibit felling trees in the mountain valleys in order to prevent the valley from losing its water supply. In Dai villages in the Xishuangbanna, it is strictly forbidden to harm the large Banyan trees next to their wells. They Dai of Ying Jiang County already knew that if you cut down the trees near the water source, the source dries up. The Wa of Cangyuan County furthermore even list cutting the grasses near their water source as a taboo. They have a proverb which says(Wang, 1985)：

It is prohibited to cut down a sacred tree；

It is also wrong to cut the grasses next to the lakes.

Those groups who live on the mountains and who get their water from the mountains by using a system of raised, connected bamboo tubes, always regard the mountains from which the water comes as sacred. They are prohibited from cutting even a single blade of grass or a single tree on these mountains. The relationship between plants and water is also reflected in the myths of these people. The Yi (彝) of southern Yunnan, for example, say that the "Spirit Banyan Tree" was originally transformed from rain water.

When conditions are appropriate, the minorities particularly pay attention to the hygiene of their water, guarding it against pollution. There is a strict criteria for the selection of drinking water. For example, although the Dai of Xishuangbanna usually live by the rivers, most do not use the river as a source of drinking water. They prefer, instead, to use well water located near a large Banyan tree, or to take the cool water from a mountain stream which flows from beneath trees. They store this water for drinking only in pottery urns specially manufactured for this purpose.

Many minorities believe that the best water for drinking comes from streams covered with plant vegetation. For example, the Yi of Liang Shan(Cold Mountains) have a saying(Yang, 1982：63)：

The pine trees which grow on top of the mountains are the most verdant.

The spring water which flows from beneath the roots of bamboo is the most pure and coo1.

The Dai also pay attention to the hygiene of water which is not used for drinking. For example, the village rules on bathing state that the women bathe downs team, the men in the middle, and the water you collect for daily household use should come from upstream. They must not confuse this.

The tastefulness and attractiveness of every Dai well is spoken of approvingly by most visitors. There wells must be sheltered by a pavilion to prevent dirt and pollution from entering. Furthermore, every well has a public dipper to protect the cleanliness of the well.

In areas practicing irrigation agriculture, water is considered the life blood of agriculture. Water thus becomes a kind of important resource. People must especially know how to regulate it and use it sparingly. A typical example of this kind of knowledge again comes from the Dai of Xishuangbanna. Here irrigation agriculture has a long history. In the plains of Jinghong, there were criss—cross networks of irrigation channels and a perfect system of water conservation, management, and distribution(Chang, 1980). In every village where the channels and water ditches flow, a headman is selected to oversee water conservation. Before the planting season, every village sends out men to repair the channels to prevent blockage and seepage which would waste the water. In 1778 the legislature of the government of the Xishuangbanna issued an edict concerning the repair of irrigation canals saying(Chang, 1980)：

Everybody must work together to clear the channels in order to allow the water to flow smoothly into the fields of every household. You must not dispute(over water)or use more water than you are allotted.

In order to use the water channels equitably, the Dai have established a rather clever system to divide the water. They place a bamboo tube at the place where every household' s paddy field and water ditch connects. The size of the diameter of the tube varies according to the size of the field and the proximity of the field to the water source. If the size of the paddy field is large or the distance from the water source far, then the diameter of the bamboo tube is wide. The diameter of each tube is accurately calculated by using a special wooden implement. This method therefore distributes the water fairly and equally. In Dai literature, there is a quote from *Regulations Concerning Fines and Penalties* which says(Anonymous, 1958):

If a person does not participate in canal repairs, but takes and uses a lot of water, and does not give water to other people, then he is fined three dollars.

This system guarantees that all those with paddy fields can plant according to the season. Other ethnic groups have also water regulations. A proverb of Li people says(Anonymous, 1987)：

If the water level is low, then everybody must share equally the water; if the water level is high, then everybody must come to dredge the irrigational canals.

The Dong（侗）of Hunan Province have a religious ceremony concerning water source. Every year on the 2nd day of the 2nd lunar month people make a kind of sticky rice cake made from glutinous rice and wild plants. After sacrificing to the spirits, the people divide and eat the cakes. This sticky rice cake symbolizes the clay and grass which block up the paddy fields and canals. They hold this ceremony to remind themselves to prevent seepage and waste of water. This is another illustration of economizing the water source.

IV. Protecting and Beautifying the Living Environment

The minorities of the southwest not only protect those forests they already have, but they also pay attention to planting trees around their villages in order to regulate the climate, provide shelter from the hot sun, and to beautify the surroundings. In the village, in addition to the extensive fruit trees and other economically valuable trees(such as palm, bamboo, etc.), there are frequently Banyan trees. usually planted at the time the village was founded. The Wa of Cangyuan Country have a saying(Wang, 1985)：

The Banyan tree is planted by our grandfathers, the rattan around the village is planted by our fathers."

This saying reflects that they very early had a consciousness about greening the village. The Dai of the Xishuangbanna plant several varieties of flora near their Buddhist temple, for example, *Corypha umbraculifera*, *F. religiosa*, etc. The Dai from Ying Jiang County further have the custom of planting trees along the sides of their roads for the benefit of travelers. So did the Zhuang（壮）people. They have a saying(Anonymous, 1987)：

It is hoped that the trees you plant become forests, and the roads you build will benefit the travelers.

The Tong of Guizhou Province also plant trees near their famous "Wind and Rain Bridge" which has a pavilion supplying travelers with a place to rest, to be sheltered from the wind and rain, or even to hold meetings.

According to the customary law of the minorities, it is absolutely forbidden to cut down these decorative trees as well as the trees near the water source. We should note that within this category of decorative trees, many have also become sacred. The Dai of Xishuangbanna call their sacred trees Nong trees (竜树), and cutting down any of these trees is, of course, taboo. For example, in *The Admonitions of the Dai Tusi to the Commoners* it is recorded that (Anonymous, 1958):

You cannot fell Nong Trees in the villages or any other place.

You ought to protect trees near the village. You must not cut them down.

In *Regulation of Fines and Penalties* it further says (Anonymous, 1958):

If you cut down the sacred trees of another village, you must pay a sacrificial fee; otherwise, people may die in that village, then you must pay 1, 500 dollars per person.

The village of many minority groups have this kind of sacred tree. For example, the "se man" ("色曼") tree of the Achang (阿昌), the Nong tree of the Hani (哈尼), etc. Up until today, the sacred trees within these villages are still protected.

How to deal with garbage is another important question in protecting the living environment (Wolman, 1967: 807). Among southwestern groups in China, every household collects and stores its garbage and animal manure. It is then used as a natural fertilizer. In minority regions you will not find the ugly mounds of garbage you have in big cities, and garbage does not constitute a great threat to the living environment. Ecologists generally acknowledge that using garbage as fertilizer is the best way to treat garbage. It can thus prevent pollution and avoid the damage of chemical fertilizers to the soil.

There are some ethnic groups who also pay attention to the beauty and comfort of the environment. For example, the Dai from every area traditionally cultivate decorative plants, such as the Mian Gui flower (*Michilla alba*)whose fragrance envelopes people. Around their houses they plant various kinds of cactus which both beautify the environment and serve as a fence.

A beautiful environment must also contain the sounds of birds. There are several ethnic groups who protect birds. Although the Dai of the Xishuangbanna do not prohibit hunting birds, if a bird enters the village, the people generally do not permit it to be shot. Several Dai documents have regulations prohibiting shooting birds near houses. For example, in *Regulations of Fines and Penalties* it says (Anonymous, 1958):

It is prohibited to use a gun to shoot a bird while it is sitting on another man's granary. The fine is three dollars.

It is prohibited to use a gun to shoot birds when other people are threshing grain. The fine is three dollars.

These prohibitions, in addition to preventing bird hunters from wounding innocent people, also protect the birds in the village so that you can frequently hear the singing of birds which increases the atmosphere of harmony and happiness. There is one village among the Achang of Long Chuan County where the people particularly delight in the white Heron. For generations the villagers have prohibited anyone from killing their favorite birds. So every night the white Herons all go to this village to roost. On May 21, 1978, I passed this village and saw hundreds of white Herons perched on two tall trees in that village. It was quite a spectacular sight. The Bai of some villages in the Dali region also have the same prohibition.

Conclusions

At the moment, the societies of the southwestern minorities are in the midst of severe change. Due to rapid population increase coupled with the development of local industries, their ecological environment has already suffered serious damage. The ratio of forest cover is quickly going down, soil erosion has appeared, the climate is worsening, and droughts and floods are on the rise.

From now on, In order to avoid serious ecological crisis, when government formulate economic development strategies and initiate enterprises for the minority areas, they should not only consider obvious economic income, but they must also pay attention to the social benefits and ecological balance as well. Government must furthermore not only consider the shortterm immediate benefits, but must also think about the benefits for future generations. It is necessary to research traditional ethnoecologies and inherit the minorities' ecdogical legacy preserving the environmont. For example, we should advocate the continuation of sacred mountains, sacred trees, and sanction them as traditionally, culturally important sites, and thereby legally protect them. Certain aspects of traditional customary law which work to preserve the local ecology can be turned into local law in order to guarantee that they continue. In accomplishing all of these things, grass-root society and common people should become the main force of protection of ecological environment. Anthropologists related to ecological enviornment should be respected by government and their opinions should be considered seriously.

References

(1) In Chinese

Anonymous.

A Series of Chinese Translations of Dai Documents, Kunming: Yunnan Nationalities Press, 1958.

Anonymous.

The Proverbs of Zhuang Dong Linguistic Groups, Beijing : Central Nationalities University Press, 1987.

Chang, Gong Jin.

The Irrigation System of Dai People Xishuangbanna in the Past, *Ideological Front* 1980 : 2.

Pei, Sheng Ji.

On the Ethnobotany, Science 37 : 2, 1986.

Wang, Jing Liu.

The Explanation of the Wa's Proverbs, Kunming : Yunnan Nationalities Research Ins. 1985.

Yang, Zhi Sen.

The Proverbs of Yi People in Cold Mountains : Sichuan Nationalities Press, Chengdu, 1982.

Yin, Shao Ting.

An Ethnoecological Research on the slash and Burn Agriculture of Jinuo People, *Agricultural Archaeology* 13, 1988.

Zhuang, Kung Shao.

A Preliminary Study on Human Ecology of Swidden Agriculturalists in Mountain Regions of Yunnan, *Anthropological Research*, additional vol., Beijing, 1987.

(2) In English

Bodley, J. K.

Victims of Progress, Menlo Park : Cummings Publishing Co. , 1975.

Conklin, H. C.

An Ethnoecological Approach to Shifting Agriculture, *Envirornment and Cultural Behavior*, A. P. Vayda ed. New York : The Natural History Press, 1969. Harris, M. *Cultural Anthroeology*. New York : Harper and Row, 1983.

Moore, O. K.

Divination: A New Perspective, *American Anthropologist*, 56, 1965.

Pei, Shengji.

Some Effects of the Dai People' s Beliefs and Practices Upon the Plant Environment of Xishuangbanna, Yunnan Province, Southwest China, *Cultural Values and Human Ecology in Southeast Asia*, K. Hutterer and T. T. Rambo ed. , The University of Michigan, 1985.

Rambo, T. T.

Human Ecology Research on Tropical Agroecosystems in Southeast Asia, *Singapore Journal of Tropical Geography* 3:1, 1982.

Rappaport, R. A.

Pigs for the Ancestors: Ritual in the Ecology of a New Guinea People. New Haven: Yale University Press, 1984.

Ross, E.

Food Taboos, Diet, and Hunting Strategy: The Adaptation of Animals in Amazon Cultural Ecology, *Current Anthropology* 19:1, 1978.

Vayda, A. P.

Expansion and Warfare Among Swidden Agriculturalists, *American Anthropologist* 63, 1961.

Wolman, A.

Disposal of Man' s Wastes, *Man's Role in Changing the Face of the Earth*, W. L. Thomas ed. Chicago: The University of Chicago Press, 1967.

Acknowledgements

I expressed my thanks to Dr.Heather Peters Who helped me in preparing the English Version of this paper.

(Presented at The 12th International Congress of Anthropological and Ethnological Sciences, Zagreb, 1988)

附录三

The Cityward Migrants of Minorities in China:A Case Study on Kunming Immigrants

"Urbanization" is a process of population shifting from rural life to urban life(Chambers, 1985 : 102). How the new comers from different areas and different ethnic groups adapt to the urban life, are important issue for urban anthropologists to study(Pelto, 1979 : 334–337).

In the recent forty years, many minority peoples have successively migrated to cities in China. In this article, I only take the Kunming as an example for exploration on the urbanization of Chinese minorities, because I had lived there for 30 years and made many friends with minority migrants. Thanks to the firsthand informations they provided, this paper can be prepared, Their names are omitted at the request of themself.

The Ethnic Groups of Migrants:Their Occupations and Settlement Pattern

According to the census of 1982, the minority inhabitants in Kunming counted 368138, included about 280000 native people who lived in Kunming suburban mountains for more than 2000 years at least, and about 50000 Moslems who lived in Kunming city from Yuan dynasty(1279—1368). It is estimated that there have been about 30000—40000 minority peoples migrating to Kunming in recent 40 years (Anonymous,1985:85;1987:4), These new migrants in Kunming, belong to more than 20 ethnic groups〔Yi（彝）, Bai（白）, Dai（傣）, Naxi（纳西）, Hani（哈尼）, etc.〕, have common causes for migration as follows:

1)The previous chieftains, secular and religions, had been arranged to settle down in Kunming by government in 1950s. Some of them held a honorary position in government.

2)Those who were familiar with their tradition and culture got jobs in government offices, universities, colleges and cultural instiutions.

3)Minority students enrolled in colleges and universities in Kunming. After their graduation, some of them were arranged to work in Kunming city.

4) In the recent 10 years, because of the development of market economy, large number of peasants including minority peasants entered to Kunming. Some of them must eventually settle down in spite of resident restriction on them.

From the above mentioned conditions, the unemployment of migrants in the big city, like that in foreign countries, does not exist in Kunming. The minority migrants in Kunming are engaging in various works:the officials, clerks, teachers, actors and actress, workers, etc. Even the minority peasants migrated under the guarantee of jobs or part time jobs. They have almost become individual traders or independent workers engaging their speciality. For example, the Bai people work as carpenters or builders, the Moslems sell roast–mutton–sticks and other traditional food, Ashi and Sani (both are branches of Yi)women make traditional embroideries and sell to the foreign tourists. In Western cities, certain occupations regarded as dirty and low is often undertaken by one ethnic group (Pelling, 1960 ; Leibow, 1967 : 59). This situation doesn't exist in Kunming.

The minority migrants in some Western cities, generally reside together to form their own communities, of which Chinatown in everywhere is well–known. Sometimes, inhabitants of a communities not only came from the same ethnic group, but also from the same region ; as the Italians in New York city, those immigrated from Sicily lived in one street, and from Naples in others. (Jones, 1966). Even the poor migrants build their "squatter settlements" or slums according to the original kin groups or local groups(Basham, 1978). In Kunming and other cities in China, all the migrants of one ethnic group or from one region cannot choice their residence and live together, so the most migrants can only lived in dormitories distributed to them. Even those individual traders who, made much money recently, their private houses or apartments is dispersed

In short, the settlement pattern of minority migrants in cities of China is a kind of dispersed residence.

From Cultural Shock to Urban Adaptation

The minority migrants moved to cities and resided scattered, so they lived among the peoples of other ethnic groups and under the different cultures. At the beginning, they naturally fell unadaptable and uncomfortable here and there. This situation which may be called "cultural shock" is shown as follows :

At first, they were not used to the resident environment of city. It was so crowded and noisy to them, and so they always felt "vexed" . Secondly, they were not accustomed to the lifeway in city. They have scorned women with their hair permanent waved and called them "femalebears" . They often feel the food of city "tasteless" . and this is caused by the "error cooking" . In 1960, 1 have seen a Dulong (独龙) chieftain who had settled down in Kunming for several years, still cooked with pot–and–fireplace on the cement floor, although there were good cooking facilities in his dormitory. Even today, you can see some minority women still cook pork with firewood in the Dorm of Yunnan Nationalities Institute, although they have already the gas fitting. The reason they given is "Pork cooked by gas is not delicious" . Many of minority migrants are not accustomed or don' t like to use modern fittings after they entered the city for a long time. For example, they don't throw rubbish into trash can which is ready for them, but burn these rubbish as if they did in their native village. Lastly, but not less importantly, it is difficult for them to accept the system of moral which the old inhabitants in any city regard as normal. For example, those who have just come from a extended family often keep a critical attitude to such a urban custom as son and his wife living apart from their parents after marriage. Because of these differences in ideology, many misunderstandings emerges between the old inhabitants and minority migrants.

The city seems to be a melting pot. As time goes on, the minority migrants will adapt city–culture at last(Barnauw, 1978:343–344). So is the case in Kunming.

According to my observation for many years, I believe that the differences of age, sex, occupation, etc, often dominate the process of minority migrants's adaptation to the urban life. The following situations are rather common:

1)The younger people's adaptation are quicker than the older, and the man are quicker than the women. The students put on jeans soon after they entered in university, while some old women still put on their traditional ethnic costumes though they lived in Kunming since 1950s.

2) Those who are "white collar" are quicker in adaptation than those "blue collar" workers.

3) Those who came from multi–nationalities region and have much experiences to deal with other ethnic groups, are quicker in adaptation than those immigrated from a single–nationality region and never lived among other ethnic groups.

4)After entering the city, those who frequently contact with people of other ethnic groups are much more easily adaptable to the urban life than those who only made friends within the group of their own.

5)In the process of adaptation, some aspects of lifeway, especially the ethnic costume, is more easily changed, while the views on moral and religin are difficult to transform.

Advocating Ethnic Cultures and Establishing Ethnic Associations

Although the minority migrants in Kunming have jobs and their living level is not too low compared with that of original residents；they still feel deprivation as all the minority people in the world(Bodley, 1979：163). Especially, when they think of the poor life of their relatives and friends in native land, it is easily to regard the differences between the urban life and rural life as unequality between majority and minority nationalities (Cohen, 1974). Besides, there is a gap between minority migrants and original inhabitants, caused by differences of lifeway. For these reasons, they don' t like to establish close relationship with other ethnic groups. Thus the ethnic identity among minority migrants in city is reinforced. If two persons of same ethnic group meet in Kunming downtown, though didn' t meet before, they will become much more intimate soon. The minority migrants belonging to same group often get together. They speak with their language, enjoy their traditional foods and drink heavily wines, and trace lineal or affinity relationship as possible. When some one is in difficulty, they help each other.

A grand gathering in a year is held at the time of their traditional festival. Originally, there had only festival held by Moslems in Kunming. But in the recent years, since minority migrants were on the increse and they wished strongely to advocate and develop their ethnic culture, more festivals were held, as "Water Splashing Festival" by the Dai, "Torch Festival" by the Yi and Bai, "Zong-Ge Dancing" ("跳总戈") by Jingpo (景颇). The Naxi, Hani and Lisu (傈僳) also held their own festivals in Kunming. During each festival, members of that ethnic group will gather at a certain place where they would have games, singings and dancings, and perform concerned ceremonies. Through these activities, their cultural tradition can be continued, and the youngers will have a chance to study many things from the elders.

For development of ethnic cultures, some associations were established in Kunming by minority intellectuals recently. Among these associations, "Yunnan Association of Yi' s Study", "Association for Naxi' s Study", "Association of Dai' s Study in Yunnan", etc., have set up formally and got permission and financial help from government. They even published journals. Although the main purpose of these associations is to study their own literature, history and writing language, they also functioned as a club to provide chances for friendly contact among minority migrants.

However, the members of association have no economic connection, no obligation seeking jobs for new comers. On this point, the minority associations in Kunming are rather like some organizations of Indians in New York(Krutz, 1973), and different from "Voluntary Communities" in Africa, as those in Nigeria, Ghana, etc. (Little, 1965 ; Bruner, 1973)

All the activities above-mentioned served one purpose, that is to prevent their traditional cultures and ethnic character from disappearing during the process of urbanization.

Conclusion

In the past, the city in China as well as in Japan, were regarded by some anthropologists as a kind of inhabitation where the population belonged to a single ethnic group (Keesing, 1976 : 57). But this situation in China had changed recently. Some multi-nationalities cities appeared, Kunming is one of them. It is imaginable that more minority migrants will enter cities hereafter. So, a study on the present day minority migrants and their adaptation, relationship with other inhabitants and activities for ethnic identity, will be helpful to solve the social problems in the future.

References

(1) In English

Barnauw, V.

Introduction to Anthropology : Ethnology. Illinoise : The Dorsey Press, 1978.

Basham, R.

Urban Anthropology. Meyfield, 1978.

Bodley, J. H.

Victim of Progress. California : Cummings Publishing Co. 1978.

Bruner, E.

Urban Kin or Non-kin, in *Urban Anthropology : Cross-cultural Studies of Urbanization.* A. Southall ed. Oxford University. Press. 1973.

Chambers, E.

Applied Anthropology : A prentical Guide. New Jersey : Prentical hall Co.1985.

Cohen, A.

Urban Ethnicity. London: Tavistock Publications, 1974.

Jones. M. A.

American Immigration. Chicago University Press, 1960.

Keesing, R. M.

Cultural Anthropology: A Contemporary Perspective. New York: Holt Rinehart and Winston. 1976.

Krutz, G.

Compartmentalization as a Factor in Urban Adjustment: The Kiowa Case, in *American Indian Urbanization.* Waddell, J. and Watson, O. M. eds. West Lafayette Inc., 1973.

Liebow. E.

Tally' s Corner: A Study of Negro Street-corner Men. Boston: Little, Bcown and Co., 1967.

Little, K.

West African Urbanization: A Study of Voluntary Association in Social Change. Cambridge University Press, 1965.

Pelling, H.

America Labor. Chicago University Press., 1960.

Pelto, G. H. and P. J.

The Cultural Dimension of the Human Adventure. New York: Macmillan Publishing Co., 1979.

(2) In Chinese

Anonymous

The Investigation of Ethnic Groups, Forklore and Religion in Kunming. Kunming, 1985.《昆明民族、民俗和宗教调查》

Kunming City Records, Kunming. 1987.《昆明市情》

(Presented at The International Conference of Urban Anthropology, Beijing, 1990)

铜鼓与南方民族

引言

铜鼓的历史源远流长。大约在距今 2700 年左右，它便首先出现在云南中部地区；而直至今日，它仍然存在于中国南方很多民族之中，受到人们的喜爱和重视。因此，铜鼓的研究工作已不仅仅属于考古学的范畴，它也是文化人类学（民族学）的课题之一。

把铜鼓作为一种历史文物进行著录和研究，在国内已有多种论著刊布；而从文化人类学角度对铜鼓加以考察，迄今尚是空白。笔者不揣浅陋，写成此书，拟在这方面做些探索，即以当代人类学的观点，通过民族志材料类比，研究铜鼓的社会功能及所反映的宗教信仰和思想意识，并从铜鼓的传布情况探索文化变迁之踪迹。为了帮助人们了解铜鼓的一般情况，本书对铜鼓的类型、分布和年代等问题，也做了简略介绍，但这部分不是本书的重点。

第一章　铜鼓研究的历史

一　前人对铜鼓的记录和收集

中国古代文献中有关铜鼓的记载比较丰富，世界上的铜鼓研究者，都乐于从中国古籍中征引材料，来阐述自己的观点。

有关铜鼓的最早记载，可以上溯到东汉初年。《后汉书 · 马援传》：

援……于交阯得骆越铜鼓，乃铸为马式。[1]

除了这条人所熟知的材料外，虞喜《志林》（宛委山堂本《说郛》卷五九引）云：

建武二十四年，南郡男子献铜鼓。

南郡指今湖北江陵。虞喜虽为晋人，所记为东汉初年事。这两条记载表明，远在公元 1 世纪时，中国人已对铜鼓给予很大的注意，并载入史籍。

东汉以后，有关铜鼓之事，可谓史不绝书。举凡地下出土、征伐有获、边裔进贡、民间所藏，以及铜鼓的形制花纹、冶铸方法甚至一些神话传说，在官修的正史和私人的笔记中时有记载。在铜鼓分布的滇、桂、黔、粤、川诸省的地方志中，对当地铜鼓多有详细的记述。

铜鼓也常出现于诗人文士的作品中，成为他们描写南方民族风情的题材。唐代著名诗人杜牧、温庭筠、许浑、孙光宪[2]，明代思想家王阳明[3]，清代学者和文士朱彝尊、袁枚、梁章钜[4]等人，都曾留下有关铜鼓的诗句，反映出前人对铜鼓的爱好。

铜鼓又曾见于古代画卷或画册之中。公元 899 年绘的《南诏中兴二年画卷》，清代傅恒等人编的《皇清职贡图》以及清代专门描绘贵州、云南等地少数民族风俗的画册，都有少数民族敲击铜鼓的画面，为古代铜鼓的使用留下形象化的材料。

中国人对铜鼓实物的收集，与文字的记录同样古远。最早收藏铜鼓的是宫廷。随着铜鼓有较多发现，从唐宋时期起，各地官府、神祠、庙宇中，甚至官僚士大夫的私人书斋中，也陈列

---

1 “马式”即铜马模型。这里是说把铜鼓熔化铸成铜马（参见《水经注 · 温水》引《林邑记》），作为品评辨别马匹优劣之标准。按同传有云：马援“善别名马”，曾拜师学“相马骨法”。

2 参见《全唐诗》中有关诸人的作品。

3 见所著《征南日记》（冒广生《批本随园诗话》引）。

4 见梁章钜编：《铜鼓联吟集》。

有铜鼓[1]。宋代士大夫还专爱搜集一种小的铜鼓，作为案头玩物[2]。

长期以来，铜鼓被看成神物或玩物，很少作为一种历史文物来研究。宋代研究古物之风兴起，而且宫廷及中枢机构即收藏有铜鼓[3]，然宋代金石学书籍（包括官修的《宣和博古图》）中，仍不见有铜鼓的著录。由于铜鼓上多无铭文，在当时人们看来，还算不上是“古物”[4]，不能引起金石学家的兴趣。

这种情况到了清代有所改变。清代金石学远迈前人，其重要的发展就是扩大了研究范围。正是从清代始，铜鼓才被金石学家列为自己的研究对象。他们摹绘铜鼓的形象，墨拓铜鼓的纹饰，将铜鼓和其他古铜器一起编入图录。这方面最重要的著作是官修的《西清古鉴》及其续作《西清续鉴》甲编和乙编，共著录了铜鼓23具（图一）。此后，冯云鹏、冯云鹓的《金石索》，吴云的《两罍轩彝器图录》卷九，端方的《陶斋吉金录》卷七等，也都著录有铜鼓的图录或铭文（铭文多为伪作）。虽然如此，金石学家对铜鼓始终不能像对其他青铜器那样精于鉴别和作出准确的断代。

图一《西清古鉴》著录的铜鼓

由于铜鼓实物及文献资料的积累，清代也出现了一些专门论述铜鼓的文字。例如罗士琳《晋义熙铜鼓考》[5]，专就一件传世铜鼓进行了精辟的考释。谢启昆的《铜鼓考》[6]，搜集有关铜鼓资料，进行综合的研究，力辩铜鼓非创自马援或诸葛亮，澄清了长期流传的错误。这在当时需要有一种敢于破除陈说的科学精神。

中国古文献中对铜鼓的记载，或得自传闻，或辗转相抄。金石学中著录的铜鼓，图像描绘不精，铭文又多赝品，但这些毕竟是古人留下的记录，是今天我们研究铜鼓不可忽视的材料。

随着近代科学进入中国，铜鼓和其他文物一样，不再仅仅作为“古董”而收藏和著录。人们逐渐认清它在考古学和历史学上的价值，以新的眼光进行研究。1936年，郑师许氏出版了《铜

1（唐）刘恂《岭表录异》卷上：“咸通末，幽州张直方贬龚州刺史，到任后，修葺州城，因掘得一铜鼓，载以归京。到襄阳，以为无用之物，遂舍于延庆禅院，用代木鱼，今见存焉。僖宗朝，郑絪镇番禺日，有林蔼者，为高州太守。有乡墅小儿，因牧牛得一铜鼓……纳于广帅，悬于武库，今尚存焉。”（宋）周去非《岭外代答》卷七：“铜鼓大者阔七尺，小者三尺，所在神祠、佛寺皆有之。”（宋）朱辅《溪蛮丛笑》铜鼓条：“麻阳有铜鼓，盖江水中掘得。……今入天庆观。”

2（宋）周去非：《岭外代答》卷七。

3（宋）陆游《老学庵笔记》卷二：“予在宣抚司，见西南夷所谓铜鼓者，皆精，铜极薄而坚，文镂亦颇精，叩之冬冬如鼓，不作铜声。秘阁下古器库，亦有二枚……初非古物，实不足辱秘府之藏，然自梁时已珍贵之如此，不知何理也。”

4《老学庵笔记》卷二。

5 此文有日照丁氏影印本传世。

6《粤西金石录》卷一五。

鼓考略》一书，介绍了上海博物馆收藏的铜鼓，初步汇集有关铜鼓的文字记载，并首次介绍了国外学者研究铜鼓的情况。这本书虽较简略，仍算是中国研究铜鼓的第一本专著。

二　近四十年来铜鼓研究的新进展

近四十年来，中国文物考古方面有很多新发现，作为南方少数民族的重要文物的铜鼓，也引起了人们很大的兴趣和重视。无论从材料积累来看，还是就研究的深度和广度来看，现在的铜鼓研究工作都已超过了前人。

这主要表现在下列四个方面：

（一）一批年代可靠地点明确的铜鼓的新发现。

过去人们掌握的铜鼓都是传世品。它们出土情况不明，很难据以解决铜鼓的年代、分布等问题。近四十年来，云南、贵州、广西等地古代墓葬中新发掘出一批铜鼓，不仅地点明确，而且通过碳 14 的测定或根据对共生器物已有的年代学知识，可以对铜鼓的入土年代作出较可靠的推断。这样就在铜鼓研究者面前展开了新的境界，使他们有可能对铜鼓有关问题作深入探讨。

近年中国南方地区春秋到明代墓葬中，有各种类型的铜鼓陆续出土。其他国家也发掘出不少铜鼓。以这些不同时期不同类型的铜鼓作为“标准器”，便可对传世铜鼓分别归类，从而把所有铜鼓排出前后的序列。

（二）传世铜鼓的搜集和集中。

铜鼓中大量存在的传世品，过去分散各地，或掌握在私人之手，研究不便。近四十年来，南方各省的博物馆、文化馆，把大批流散铜鼓搜集起来，妥善保存，或加以整理，陈列展览。有的还将一个省或一个单位收藏的铜鼓，择其精华，印成图录，并附考释。如闻宥编的《四川大学博物馆所藏古铜鼓考》和《续铜鼓考》，云南省博物馆的《云南省博物馆铜鼓图录》等。据不完全统计，现在中国各地博物馆、文化馆收藏的铜鼓已达 1300 多具，数量超过了世界上其他国家收藏铜鼓的总和。

（三）少数民族使用铜鼓的调查。

近四十年来，除了研究古代铜鼓外，人们还深入到尚在使用铜鼓的少数民族地区，调查那些“活的铜鼓”的使用情况、所有者身份以及有关仪式和信仰，同时也著录其形制和花纹，进行统计和登记。这项工作自 20 世纪 60 年代初本书作者调查云南西盟佤族铜鼓开其端，今天铜鼓研究者的足迹，已遍及苗、瑶、水、壮、布依、彝等使用铜鼓的民族地区。

这是一项崭新的工作。过去人们虽知国内某地某族仍在使用铜鼓，但无力前往调查。今天东南亚一些国家也有仍在使用铜鼓的少数民族，国外学者对此仅偶有提及，专门去调查铜鼓问题的尚不多见。故少数民族铜鼓之调查和研究，是中国近四十年来铜鼓研究工作的成绩之一。它不仅可为解决古代铜鼓中的疑难问题提供旁证和启发，而且也为研究有关少数民族历史和民族关系提供资料。

（四）研究论著的大量出现。

随着材料大量积累，人们研究铜鼓的兴趣与日俱增。迄今为止，已发表的铜鼓专著和论文已近百篇，充分反映出研究铜鼓的成绩。这些成绩主要是：

1. 突破了奥人黑格尔（F.Heger）的分类法，划分出早于黑格尔 I 型的铜鼓。

2. 基本上弄清楚了各型铜鼓的分布范围。

3. 开始进行对铜鼓冶铸方法的复原和合金成分的化学分析。

4. 对铜鼓的花纹图像、使用和社会功能等，较前有深入的理解。

关于铜鼓的论著，下面各章将随时加以征引，恕不一一介绍。这里只想提到已故的闻宥教授几本著作。据我所知，闻先生对铜鼓的研究，是抗战期间移居西南时开始的，而研究成果的刊布则是 50 年代初的事情。他一共写过三本书，除以上谈到的两种外，还有《古铜鼓图录》[1]。他在这本书中，不仅介绍了自己多年搜集的一些著名铜鼓的相片和拓片，而且介绍了西方学者的研究成果。他提出东西两式的划分，已为后来发现所证实。尽管有些论断今天看来已不尽妥当（如认为东式早于西式），然开创之功不可埋没。《古铜鼓图录》一书可算是中国铜鼓研究奠基之作。闻先生对今天铜鼓研究工作的影响是很大的[2]。除了大陆学者外，近年台湾和海外的学者，如凌纯声、罗香林、徐松石等，也有关于铜鼓的论著问世[3]。

近四十年来，中国铜鼓研究者还组织翻译了国外学者的有关铜鼓的著作。迄今为止，广西博物馆已印出《铜鼓研究资料选译》五集；云南民族学院民族考古研究室《民族考古译丛》第 1 辑专收铜鼓问题的译文；又中国社会科学院考古所编的《考古学参考资料》及其他刊物上，也常载研究铜鼓的译文。难能可贵的是广西博物馆等单位还组织人力翻译了不少越南学者有关铜鼓的近著，为大家了解另一发现铜鼓最多国家的研究情况，提供了方便。

三　国外学者对铜鼓的研究

国外学者在铜鼓研究方面也做出不少的成绩。

从 17 世纪末年开始，铜鼓从印尼、东南亚其他国家和中国，陆续流入欧洲。很多大城市（柏林、汉堡、维也纳、苏黎世、巴黎、伦敦、斯德哥尔摩、罗马、基辅，等等）的博物馆中，收藏有由殖民者或商人从亚洲得来的铜鼓。西方记述铜鼓文献最早可上溯到 1705 年，是介绍印尼巴厘岛一具当地奉为神物的异型铜鼓，它被认为能像月亮一样地“发光”[4]。

欧洲人开始不知铜鼓为何物。1883 年铜鼓第一次在维也纳展览会上展出，竟被底上面下地倒放在架子上。同年，阿姆斯特丹国际博览会上再次展出一具面有四蛙的铜鼓，仍是这样倒放着。观众指着铜鼓议论纷纷，这是什么东西？是一张桌子还是一件容器？是世界上哪一地区的产物？

---

1 上海出版公司 1955 年初版，中国古典艺术出版社 1957 年再版。

2 我本人对铜鼓发生兴趣，并偶尔作一些肤浅的研究，即深受闻先生的启发和帮助。他不仅借我有关资料，还曾对拙作详加校阅。附志于此，以示不忘。

3 凌纯声：《记本校二铜鼓兼论铜鼓的起源及其分布》，台湾《文史哲学报》第 1 期，1950 年；《东南亚铜鼓纹饰新解》，《中央研究院院刊》2 ：1，1955 年。罗香林：《越人铜鼓：它们的制造和用途》，载 F.S. 德里克主编《中国南部、东南亚和香港地区的历史学考古学和语言学研究论文集》，香港大学出版社，1967 年。徐松石：《百粤雄风，岭南铜鼓》，台湾，1977 年。

4 按 1705 年 G.E. 鲁姆费斯首次发表文章介绍印尼铜鼓。但早在 1682 年他就把第一面铜鼓送给意大利托斯卡纳大公爵，是为铜鼓传入欧洲之年。童恩正《试论早期铜鼓》（《考古学报》1983 年 3 期）亦曾叙述这一掌故，似略有疏漏。

一个奥地利人揭开了这个疑团。他曾在泰国任职,在宫廷中见过同样之物。每当国王出现时,人们便轻轻地敲打它，向国王表示敬意。人们终于知道，这原来是一种来自东方的特殊的打击乐器[1]。

此后，西方学者对铜鼓逐渐感兴趣。19 世纪末本世纪初，德国的迈尔（A.B.Meyer）、弗伊（W.Foy）[2] 和夏德（F.Hirth）[3],都对铜鼓有所论述。特别是格乐特（J.J.M.de Groot）,广泛征引中国文献，对铜鼓来源提出了比较正确的看法。他纠正了夏德误信旧说认为铜鼓是马援或诸葛亮所创的意见，第一次证明铜鼓是中国南部少数民族的作品，而且能认识到铜鼓是权力的象征[4]。

1902 年，当时维也纳的帝国和皇家博物馆人类学和民族学部的负责人黑格尔的巨著《东南亚的古代金属鼓》问世。此书广泛搜集当时欧洲各大博物馆中收藏品，以大量器物为出发点，非以前西方学者仅据个别实物和文献记载研究铜鼓可比。书中对 165 具铜鼓（其中 22 具为实物，143 具为拓片或相片）进行器物类型学（typology）的研究，共分为四种类型和三种过渡类型，详细地论证了形制和花纹的演化，对铜鼓的合金成分、冶铸方法也有所论述。黑格尔有些论点今天看来已不合适，然而他建立起的体系至今仍有强大的影响。后来大量发现证明，他的四种类型的先后序列基本上是正确的。这本书所以被目为铜鼓研究中的经典著作，决非偶然。值得一提的是黑格尔所依据的 165 具铜鼓中，也包括了《西清古鉴》的 14 具铜鼓，并根据其描绘不太精确的图形，分别归入他的分类之中。这在当时是难能可贵的。但奇怪的是他竟没有利用《西清续鉴》中的材料。

本世纪初，西方学者的注意力转移到印支半岛。法人巴梦薛（H.Parmentier）于 1918 年发表《古代青铜鼓》[5]，按照黑格尔氏的分类法，对当时越南的法国远东学院和他处私人收藏的 23 具铜鼓，分别加以介绍。1932 年他又发表了《印度支那考古学：记新发现之铜鼓》[6]，介绍泰国、老挝、柬埔寨等地铜鼓 30 余具。

1924—1928 年法国人巴若特（L.Pajot）在越南清化省东山村发掘古墓葬，获铜鼓 20 具，是为第一批考古发现之铜鼓，但报告迄今未发表[7]。

由于东山文化及其铜鼓的发现，研究东南亚史前文化而著名的奥地利学者海涅·革尔登（R.Heine-Geldern）、著名的汉学家瑞典学者高本汉（B.Karlgren）和斯坦因·卡伦菲尔（V.Stein-Callenfeld）等人发表文章，对铜鼓的起源和年代诸问题有所论述。(详后)

1934—1939 年，瑞典人阳士（O.R.T.Janse）继续发掘东山村，提高了发掘工作的科学性，但新获铜鼓数量不多，仅有两具及一些明器鼓而已[8]。

1 I.de 鲍克兰:《黑格尔〈东南亚古代金属鼓〉一书的注释》,载华西协和大学《中国文化研究所集刊》第 11 期,1945 年。
2 A.B. 迈尔:《东印度群岛的古代遗物》,德累斯顿皇家民族学博物馆,1884 年。A.B. 迈尔和 W. 弗伊:《东南亚之青铜鼓》,德累斯顿皇家民族学博物馆，1897 年。W. 弗耶：《东南亚之古代铜鼓》，载《维也纳人类学会报告》33，1903 年。
3 F. 夏德:《后印度之青铜鼓》,《通报》1,1890 年;《中国人关于青铜鼓之见解》，载《东方语言讨论会报告》7,1904 年。
4 J.J.M.de 格乐特：《东印度群岛及东南亚大陆铜鼓考》，载《东方语言讨论会报告》4，1901 年。
5 载《法国远东学院院刊》18，1918 年。
6 载《法国远东学院院刊》32，1932 年。
7 见 V. 戈露波：《安南北部和东京地区的青铜时代》，载《法国远东学院院刊》29，1929 年。
8 O.R.T. 阳士：《印度支那考古研究》第三卷。

除了越南外，西方学者对印尼[1]、马来半岛[2]及泰国[3]新发现的和传世的铜鼓，也继续著录和研究。

近四十年来，东南亚国家和中国一样，铜鼓研究工作有新的突破[4]。新发掘的一批铜鼓（例如越南的越溪鼓、马来西亚的甘榜双溪朗鼓、泰国的翁巴洞穴鼓）有明确的年代，为铜鼓学增添了重要的材料。

在大量新材料的基础上，国外学者开拓了研究铜鼓的新领域。他们不再局限于铜鼓的起源、年代和文化传播关系等问题，而是转向于铜鼓的社会功能和所反映的宗教意识的研究。如法国学者 M．皮拉诺里的《石寨山的青铜鼓：他们的社会意义和宗教意识》[5]，澳大利亚学者 H.H.R．罗弗魏索瓦的《东山鼓的分布：一些设想》[6]就都提出不少好的见解，值得我们借鉴。

最后，还要略谈一下日本学者对于铜鼓的研究。早在 19 世纪，已有松崎复《铜鼓考》、大给恒氏《古铜鼓考》等著作问世[7]。各博物馆中陆续收藏了一些铜鼓[8]。

近四十年来，日本学者对铜鼓的研究较前活跃。不少研究中国或东南亚地区考古的学者，对铜鼓问题均有所论述，如日野岩的《关于马来亚联邦巴生出土之铜鼓》（《东洋学报》1958 年 1 月号），市川健二郎的《青铜鼓的起源》（见《日本人类学会、日本民族学协会第 12 次大会纪事》，1958 年），冈崎敬的《石寨山遗迹与铜鼓问题》（《史渊》86 辑，1962 年），梅原末治的《南亚的铜鼓》（载《东方论集》，1962 年），松本信广的《古代稻作民宗教思想之研究——通过古铜鼓纹饰所见》（载《东南亚稻作民族文化综合调查报告》，1956 年），今村启尔的《古式铜鼓的变迁和起源》（《考古学杂志》59：3，1973 年）、《关于先黑格尔 I 式铜鼓》（东京大学考古研究室，1979 年），近森正、市原常夫的《西江、红河流域铜鼓的分布》（《中国大陆古文化研究》9—10 期，1980 年）等[9]。他们很注意介绍中国铜鼓新资料之发现和介绍中国学者的研究成果，在这方面白鸟芳郎的一系列著作可作代表[10]。

1 H.R.Van 希克伦：《青铜罐鼓》（《东方学》46，1953 年）及《印尼的青铜器铁器时代》（海牙，1958 年）。

2 J．洛文斯坦因：《马来金属时代的起源》，《皇家人类学会马来亚分会杂志》79：2，1956 年。

3 U．居勒尔：《古代金属鼓》，《暹罗学报》35：1，1944 年。

4 J.H.C.S．达维森：《1954 年以来北越考古学》，载 R.B．史密斯和 W．华森主编《早期东南亚》，牛津大学出版社，1979 年。

5 载 R.B．史密斯和 W．华森主编的《早期东南亚》。

6 载《纪念卡尔·叶特马民族学和历史学论文集》，1983 年。

7 参见郑师许：《铜鼓考略》，中华书局，1936 年。

8 雷从云《东京国内博物馆的中国古代铜鼓》，王大道《日本铜鼓概况》，分载《中国古代铜鼓研究通讯》（以下简称《通讯》）第 2、3 期（1982、1984 年）。

9 参见陈碧霞、彭南林：《云南文物考古文献目录》，云南省博物馆，1985 年。

10 见所著《铜鼓的来源及其在文化史上的意义——闻宥〈四川大学历史博物馆所藏古铜鼓考〉介绍》、《铜鼓型式和纹饰的分类——〈云南省博物馆铜鼓图录〉等所见》，并载《华南文化史研究》，1985 年。

第二章　铜鼓的类型及其分布

一　铜鼓的分类问题

我们研究文物，像研究动物、植物和矿物一样，首先要进行分类工作。

铜鼓的形状，正如古人所形容的那样，都是“形如腰鼓，而一头有面”[1]；“上宽而中狭，下则敞口”[2]；或者说“形如坐墩，中空无底”[3]。

表面看来，似乎所有铜鼓都是这个样子，然细加观察，就会发现具体形制各有不同。

为了掌握铜鼓不同类型形制上的特征，先要了解铜鼓各个部位名称及一些习惯用语（图二）。这对一般读者来说是必要的。

一具铜鼓分为下列几个部位：

面——鼓的平面。

身——鼓的主体。

胴——鼓身上端较宽部分。

腰——鼓身中间收缩部分。

足——鼓身下端向外敞开部分。

耳——鼓身两侧供系绳悬挂的纽。

此外，形容铜鼓还常有一些习惯用语。如：

光芒——鼓面中心击打处。

晕——鼓面和鼓身常有一道道平行的圆圈，两圈之间即称一“晕”。鼓面及胴部常有一道较宽的“晕”，称为“主晕”。其他的“晕”，或称“细晕”。

折棱——鼓足和鼓腰之间的突起界线。

界格——早期铜鼓腰部一般不见平行的“晕”，而是以垂直的花纹带，划分成4个、6个或8个方格，称为“界格”。

1（唐）刘恂：《岭表录异》卷上。

2（明）曹学佺：《蜀中广记》卷七〇引《游梁杂记》。

3（清）桂馥：《札朴》卷一〇。

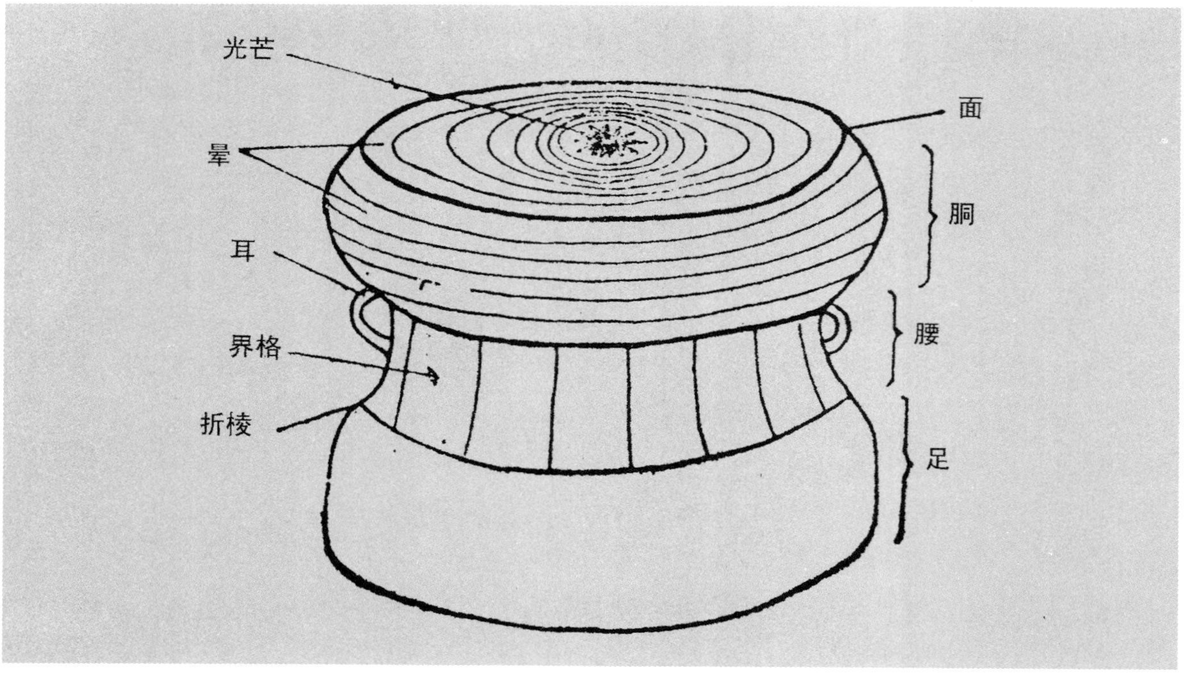

图二 铜鼓部位示意图

根据形制和纹饰的不同，铜鼓便可分为各种类型。

最早为铜鼓分类的是迈尔和弗伊。他们把当时印尼和欧洲一些博物馆所藏的52具铜鼓分为六类，由于当时所见材料甚少，不能代表铜鼓实际情况，这一分类法早不流行。

非常流行的是黑格尔的分类法。由于他掌握的材料比较丰富，四种类型的特征显著，简明易记，至今仍为世界上铜鼓研究者普遍采用。

中国学者从20世纪50年代起有自己的分类法。闻宥分为三类，而将黑格尔氏的Ⅲ型列为附录，仍是一种四分法[1]；黄增庆[2]和洪声[3]均分为四型，对某些类型先后序列似与黑格尔看法略异。表面上看，上述三种分类法都是四分法，然均将黑格尔的Ⅱ型排在前面，认为早于黑格尔的Ⅰ型。这一新看法现已证明不能成立。《云南省博物馆铜鼓图录》分铜鼓为甲、乙、丙、丁四式，其序列同黑格尔一致。

我们认为，黑格尔的分类并无太多错误。然一种原始铜鼓近年已在云南发现，为黑格尔氏所未见，自非他的分类法所能包括。又黑格尔氏的Ⅰ型包括范围太大，其中实有细分之必要[4]。因此，我在1978年提出了另一种分类法，即分为ABCDEF六型[5]，另有一种异型鼓，仅在印尼发现，

1 闻宥：《古铜鼓图录》，中国古典艺术出版社，1957年。

2 黄增庆：《广西出土铜鼓初探》，《考古》1964年第11期。

3 洪声：《广西古代铜鼓研究》，《考古学报》1974年第1期。

4 例如越南学者完全采用黑格尔的分类，但将黑格尔的Ⅰ型再分为五类（如黎文兰等：《越南青铜时代的第一批遗迹》，1963年）或三式（如阮文煊、黄荣：《越南发现的东山铜鼓》，1975年）。详见梁志明：《略述越南关于古代铜鼓的研究》，《云南文物》1980年第9期。

5 见《试论中国古代铜鼓》，《考古学报》1978年第2期。

暂时可不列入铜鼓发展的主要序列之中。

近年来，李定[1]、李伟卿[2]、张世铨[3]、兰峰[4]、王振镛[5]等，都提出了自己的分类法。国外学者一般仍采用黑格尔分类法，仅越南学者对其第Ⅰ类区分较细。

在本书中，我不想也没有必要一一评述他人分类的得失。这里只想指出以下几点，供今后进一步研究之参考。

第一，新分类法之提出除非由于发现了新的品种，或认为前人分类有明显的不合理之处，否则，今后似不宜仅为显示自己"与众不同"另作新的分类，以免造成不必要的混乱。

第二，类型的划分要有明显特征，要能简单明确地说明彼此的差异。例如，有的学者把D型分为"北流型"和"灵山型"两种，但只能举出一些枝节性区别：所谓"垂檐"（指鼓面边部微有下折）之有无，"环耳"或"扁耳"，某些花纹是否占"主要地位"，等等。然而又说，两者早期"基本相同，或者可说是一个类型"，有些鼓甚至"既可列入灵山型，也可视为北流型"。而且两者"年代相同，分布地域相同，只是后者（灵山型）范围较小，中心偏西"[6]。这就不能不使学者慨叹"其差异实不易掌握"[7]。我于此实有同感。这种铜鼓集中分布于广西、广东两省，笼统称为"粤式铜鼓"是可以的[8]。两广同行对它们究应如何分类，自有最后发言权。但我想，即使将来材料积累充分，非分开不可，亦不过是一种类型下的两种型式而已。

第三，某件铜鼓属于何类应根据形制、花纹作统一考虑，不应只据其一点立论，更不应随意为之。例如，有的文章把一些著名的B型鼓（如中国的开化鼓、越南的玉镂鼓）划为C型（即"冷水冲型"），又把与石寨山其他诸鼓有明显差别（蛙饰出现）的石寨山M10 ：3鼓划为B型[9]，实无法理解。

第四，一种类型之下如有必要可以分式，但各式之间至少应该有一定的共同性。例如，有的文章竟把E型和F型，算成一种类型的两式[10]，正如前人所指出，是"把两种不同形制的铜鼓硬扯到一起"[11]，不知出于何种考虑？

第五，在材料不足情况下，最好暂时不建立一种新的类型，留待材料积累更多时再说。例如，在四川南部和贵州遵义一带经常发现一种铜鼓，我把它们划入C型，但又感到与其他C型鼓确有一定差别，为此曾几易其稿。很多学者倾向于把它们单独划为一个类型，称"遵义型"。这一意见是很有道理的。但我更为赞赏的是不幸早逝的何纪生的意见。他对此类铜鼓作了深入的研究后指出，目前这类铜鼓在国内仅有35具，只有6具有明确的出土地点，本身又缺乏统一的特征，

---

1 李定：《铜鼓》，《文物》1978年第11期。
2 李伟卿：《中国南方铜鼓的分类和断代》，《考古》1979年第1期。
3 张世铨：《论古代铜鼓的分式》，《古代铜鼓学术讨论会论文集》（以下简称《论文集》1），文物出版社，1982年。
4 兰峰：《古代铜鼓分类及其有关问题探讨》，《第二次古代铜鼓讨论会资料集》（以下简称《资料集》），1984年。
5 王振镛：《南方铜鼓的类型学考察》，《第二次铜鼓讨论会论文集》（以下简称《论文集》2），文物出版社，1986年。
6 何纪生：《北流型铜鼓初探》，《论文集》1。
7 黄展岳：《对当前铜鼓的几点意见》，《论文集》1。
8 蒋廷瑜：《粤式铜鼓的初步研究》，《论文集》1。
9 张世铨：《论铜鼓的分式》，《论文集》1。
10 李伟卿：《中国南方铜鼓的分类和断代》，《考古》1979年第1期。
11 王克荣：《古代铜鼓研究中的几个问题》，《论文集》1。

建议暂不设立这种类型[1]。当然，将来若有更多新材料的发现，我不反对把它们当成一种新型。

在还没有统一的公认的铜鼓分类之前，只能按照我自己比较粗略的分类法来叙述材料和论证问题。惟其粗略，也许一般读者更易于掌握。但另列一表，列举各家的分类法于后以便对照（见表一）。

表一　各家铜鼓分类对照表

<table>
<tr><th>汪宁生</th><th>黑格尔</th><th>闻宥</th><th>云南省博物馆</th><th>黄增庆</th><th>洪声</th><th>李定</th><th>李伟卿</th><th colspan="2">张世铨</th><th>王振镛</th><th colspan="2">兰　峰</th><th colspan="2">黎文兰等</th><th colspan="2">阮文煊等</th></tr>
<tr><td>A</td><td></td><td></td><td></td><td></td><td></td><td></td><td rowspan="4">I型</td><td>a型</td><td>万家坝式</td><td>I型1式
II型1式</td><td rowspan="3">云南型</td><td>万家坝式</td><td></td><td></td><td></td><td></td></tr>
<tr><td>B</td><td rowspan="3">I型</td><td rowspan="3">乙型</td><td>甲型</td><td rowspan="3">二型</td><td rowspan="3">丙型</td><td rowspan="3">第一类型</td><td>b式</td><td>石寨山式</td><td>I型2式</td><td>石寨山式</td><td rowspan="3">东山鼓</td><td>I型
II型
III型</td><td rowspan="3">东山鼓</td><td>A型
B型</td></tr>
<tr><td rowspan="2">C</td><td rowspan="2">乙型</td><td>c式</td><td>冷水冲式</td><td>II型2式
II型3式</td><td>冷水冲式</td><td>IV型</td><td rowspan="2">C型</td></tr>
<tr><td></td><td>遵义式</td><td>I型3式</td><td>川黔型</td><td>宜宾式
遵义式</td><td>V型</td></tr>
<tr><td rowspan="2">D</td><td rowspan="2">II型</td><td rowspan="2">甲式</td><td rowspan="2"></td><td>一型</td><td>甲型</td><td rowspan="2">第二类型</td><td rowspan="2">II型</td><td>b式</td><td>北流式</td><td>III型2式
III型3式</td><td rowspan="2">两广型</td><td>北流式</td><td colspan="2" rowspan="4">（同黑格尔的分类）</td><td colspan="2" rowspan="4">（同黑格尔的分类）</td></tr>
<tr><td>三型</td><td>乙型</td><td>a式</td><td>灵山式</td><td>III型1式</td><td>灵山式</td></tr>
<tr><td>E</td><td>IV型</td><td>丙式</td><td>丁型</td><td>四型</td><td>丁型</td><td>第三类型</td><td rowspan="2">III型</td><td>b式</td><td>麻江式</td><td>V型1式
V型2式</td><td>川黔型</td><td>麻江式</td></tr>
<tr><td>F</td><td>III型</td><td></td><td>丙型</td><td></td><td></td><td></td><td>a式</td><td>克伦式</td><td>IV型</td><td>两广型</td><td>西盟式</td></tr>
</table>

兹将我所划分铜鼓六种类型的特征，逐一介绍如下：

（一）A 型

这类铜鼓的面部很小，腰部较细，全鼓显得较高。没有花纹或仅有简单的几何花纹。花纹或在鼓的内壁。鼓面中心击打处经常不作光芒形，与以后诸型皆异。鼓的制造较为原始、粗糙。

这是近三十年始在云南楚雄、祥云等地发现的新型。过去虽有发现，并未引起注意。例如，《云南省博物馆铜鼓图录》的第五鼓即属此型，但被当成 B 型。又云南省博物馆藏品中，还有从文物商店收购来的 4 具 A 型鼓[2]。

（二）B 型

这类铜鼓面部仍小于鼓身，但已较 A 型稍大。胴、腰、足三部分有明显的划分。鼓的纹饰精美，为各型铜鼓之冠。纹饰中以写实性的图像为主要题材，鼓面主晕常见飞鸟纹或房屋、羽人等，胴部主晕常见船形，腰部界格常见牛、鸟、羽人等。细晕中布满几何花纹，以三角齿纹、

1 何纪生：《关于铜鼓分型中的遵义型问题》，《论文集》2。

2 李昆声、黄德荣：《略论云南早期铜鼓》，《云南文物》第 9 期，1980 年。

同心圆纹、勾连纹等较为常见。

传世铜鼓中一些精品均属此型。例如：中国的开化鼓[1]、广南鼓[2]，越南的玉镂鼓[3]、慕烈鼓[4]、黄下鼓[5]，老挝 1924 年发现的鸟奔鼓[6]，等等。

（三）C 型

这类铜鼓面部突出于鼓身而腰部变粗，故胴部显得不甚突出。写实性图像（如羽人、船等）已开始图案化，然仍可辨认。鼓面出现青蛙的雕像，或蛙爪痕迹，是此型与 B 型显著区别。此外，鼓面还常见牛、马、人骑马、牛拉橇等雕像。我在瑞士苏黎世 Rietberg 博物馆还见到一件 C 型鼓，上有喂猪的雕像。

过去此型与 B 型被视为一种类型。现在中国几乎所有铜鼓研究者都同意把他们分开。传世鼓中属于此型者，如黑格尔《东南亚古代铜鼓》中 Wilczek 第二鼓，《西清古鉴》第一鼓、第四鼓，《西清续鉴》甲编的第一鼓、乙编的第一鼓，《陶斋吉金录》所谓“汉建武鼓”（铭文为伪刻），《四川大学所藏古铜鼓考》的甲、乙、丙、丁诸鼓，台湾大学藏的一件铜鼓[7]，著名的印尼的沙莱叶（Salayer）鼓[8]，等等。

（四）D 型

这类铜鼓面部突出于鼓身，腰部更粗，使胴、腰、足三部分划分已不明显。但腰足之间折棱痕迹尚存。鼓面、鼓身不再划出主晕。圆圈纹、钱纹、卷云纹、雷纹、方格纹等充满于细晕之中。鼓面有蛙，或大蛙身上又负小蛙。

传世铜鼓属于此型者有《西清古鉴》中第二、三、六鼓，广西博物馆藏的北流县水桶庵鼓[9]，上海博物馆藏的大铜鼓[10]，广州文管会所藏相传为南海神庙鼓[11]，等等。成都武侯祠藏鼓[12]亦属此型，当然非当地所出土。

（五）E 型

这类铜鼓是面部和鼓身相合；器身低矮；鼓耳不再像以前诸型那样位于鼓身中部，而是上移到胴部。花纹图案受到中原地区的显著影响，常见十二生肖、八卦、鱼龙纹等；并且铸有汉字，记载年代、铸造地点、铸造者或所有者姓名、吉祥语，等等。面部没有蛙饰。

属于此型的传世铜鼓有《西清古鉴》第八、九、十、十一、十二、十三、十四鼓，《西清续鉴》甲编的第三、四鼓，乙编的第二、三、四、五鼓，吴云《两罍轩彝器图释》卷九的第二鼓，商承祚《十二

---

1 闻宥：《古铜鼓图录》第七鼓。此鼓又名吉莱鼓。今存维也纳民族学博物馆。

2《云南省博物馆铜鼓图录》第四鼓，云南人民出版社，1959 年。今存云南省博物馆。

3 H. 巴梦薛：《古代青铜鼓》，《法国远东学院院刊》18，1918 年。今存越南历史博物馆。

4 F. 黑格尔：《东南亚古代金属鼓》，1902 年。此鼓又名沱江鼓。今存巴黎吉美博物馆。

5 V. 戈露波：《黄下金属鼓》，《法国远东学院院刊》40，1941 年。今存越南历史博物馆。

6 高本汉：《早期东山文化的年代》，《远东古物博物馆馆刊》14，1942 年。

7 凌纯声：《记本校二铜鼓兼论铜鼓起源及其分布》。

8 见 H.R.Van 希克伦：《印尼的青铜器——铁器时代》33—34 页；高本汉：《早期东山文化的年代》。

9 见上引洪声《广西古代铜鼓研究》。

10《古铜鼓图录》第一鼓。

11 何纪生、杨耀林、黄道钦：《广东古代铜鼓概述》，第一次铜鼓会议论文。

12《古铜鼓图录》第五鼓。

家吉金图录》的两个鼓,《四川大学所藏古铜鼓考》的戊、己、庚、辛、癸诸鼓,《铜鼓续考》的子、丑、寅、卯、辰、巳诸鼓。此外，凡是铸有铭文的铜鼓均属此型[1]。

（六）F 型

这类铜鼓和 D 型形似，全器形如圆筒，然鼓足稍向内收，鼓耳作三角形，与其他诸型作半圆形或环形者有异。以几何纹为主要装饰。鼓面或有蛙。足部还常有立体雕像，如树、牛、蜥蜴、象等，是此型特殊之处。

传世铜鼓属于此型的，如黑格尔《东南亚之古代金属鼓》之 Windsor 鼓、《云南省博物馆铜鼓图录》的第八鼓，等等。缅甸、泰国及云南西南边疆少数民族现仍使用的铜鼓，均属此型。

各种类型铜鼓各自分布范围究竟如何？何者为早？何者为晚？彼此之间有何关系？过去单凭铜鼓本身形制、花纹的演化进行推断和排列，不免有臆测之词。我们一向认为，这些问题的解决只能从新发现的年代、地点均较明确的铜鼓中选出一批“标准器”，才能对铜鼓分布和发展序列，作出科学的判断。(详第三章)

二　铜鼓在国内的发现和分布

现在就先来看看各型铜鼓在中国各地的发现和分布情况。

首先,这里要加以说明的是铜鼓常常因掳掠[2]、贡纳[3]、赏赐[4]、买卖和其他原因,传到很远的地方。故某地若只有个别铜鼓存在，并不能划为该型铜鼓分布范围。只有综览全局，才能得知真相。

兹先列举近几十年来各地铜鼓的重要发现。

（一）云南

1. 昆明官渡。1955 年在官渡小学出土 C 型鼓一具，同出物有大铜铃一件，与江川李家山出土者同[5]。

2. 晋宁。早在 20 世纪 40 年代大英博物馆已收藏来自晋宁的 B 型鼓残片 3 件，可能同属一具（或二具）铜鼓[6]。出土地点为“梁王山”，距此山不远处即为著名的石寨山遗址。

1955—1960 年发掘石寨山“滇”王及其家族墓，获铜鼓 17 具，内 B 型 16 具（图三）、C 型 1 具。发现时鼓面或放置铜俑，或用以盛贝。这些铜鼓分别出土于 9 座墓中，有 3 座墓出半两钱、草叶纹镜和百乳镜，可确定为西汉早期墓。整个墓葬群的年代约为战国晚期至西汉中期。

此外，还出土铜鼓形贮贝器 10 件。有些贮贝器盖上有人物活动场面或图像，表现当时人们

---

1 蒋廷瑜：《略论汉字铭文铜鼓》,《考古与文物》1982 年第 1 期。

2《陈书·欧阳頠传》:“南征夷僚，禽（擒）陈文彻，所获不可胜计，献大铜鼓，累代所无。”(《南史·欧阳頠传》同)。《明史·刘显传》:“(显）克寨六十余……得诸葛铜鼓九十三。”

3《宋史·蛮夷传》:“乾德四年，蔺州进铜鼓、虎皮、麝脐来贡……”,“淳化元年……（南丹州）淮通来贡银碗二十、铜鼓三面、铜印一纽”。

4《新唐书·南蛮传》:“(东谢蛮）有功者……赏以牛、马、铜鼓。”

5《近年来云南出土铜鼓》,《考古》1981 年第 4 期。

6 B. 格雷：《中国或东山》,《东方艺术》Ⅱ：3，1950 年。

图三　晋宁鼓（B 型）

图四 祥云鼓（A 型）

祭祀、乐舞等情况，其中常见人们敲击或陈列的铜鼓的情景[1]。这些形象化的资料，比铜鼓本身更具重要的价值。

3. 祥云。1961 年在大波那发现木椁铜棺墓一座，出土 A 型鼓一具[2]（图四）。据碳 14 测定，该墓年代为公元前 495±85 年[3]。

4. 江川。1972 年李家山发掘墓葬 25 座，在 3 座（M17、M23、M24）墓中出土 B 型鼓 8 具[4]（图五），或鼓面向上，或上下相合以盛贝。李家山有一座墓（M21）经碳 14 测定，为公元前 685±145 年[5]。但此为一个孤立的数据，且此墓未出土铜鼓，不能据以确定铜鼓入土年代。出土铜鼓的 3 座墓未见明显的西汉器物，据同出物判断，可以早到战国中晚期。

5. 陆良。1971 年（一说 1966 年），在小西营发现 C 型鼓一具（图六），无他物共出。

6. 云县。1972 年 7 月在下曼品发现 B 型鼓一具，无共生物，鼓出土时倒置，内有烧炭。

7. 昌宁。1983 年在八甲大山发现 A 型鼓一具，未发现其他遗物[6]。

8. 楚雄。早在 1960 年，该县大海波即出土 A 型鼓一具。据云同时出土者有常见的云南青铜器（无格剑、花蒂形格剑、长方形锄等）。

1975—1976 年又在该县万家坝古墓群中出土 A 型鼓 5 具（M1，1 具；M23，4 具。均外有烟熏痕）[7]。M1 有两个碳 14 测定数据：公元前 450±90、415±95 年；M23 有 3 个碳 14 测定数据，

---

1 《云南晋宁石寨山古遗址及墓葬》，《考古学报》1956 年第 1 期。《云南晋宁石寨山古墓群发掘报告》，文物出版社，1959 年。下面述及石寨山文物均引自上文，只注器号，不再一一注明出处。
2 《云南祥云大波那椁铜棺墓清理报告》，《考古》1964 年第 12 期。
3 《中国考古学中碳十四年代数据集》，文物出版社，1983 年，第 114 页。
4 《云南江川李家山古墓群发掘报告》，《考古学报》1975 年第 2 期。
5 《中国考古学中碳十四年代数据集》，第 115 页。
6 以上并见前引《近年来云南出土铜鼓》。
7 《楚雄万家坝古墓群发掘报告》，《考古学报》1983 年第 3 期。又见《近年来云南出土铜鼓》一文。

图五 江川鼓（B 型）

图六 陆良鼓（C 型）

分别为公元前 480±90、765±135、760±130 年[1]。

此外，万家坝出土之铜釜形如铜鼓，有一件铜釜更是由铜鼓足边加上两个立耳改装而成。这些也是研究铜鼓的有用参考材料。（参见《云南考古》有关图版）

9. 曲靖。1978 年该县珠街发掘古墓群，在 M1 中出土 B 型鼓一具，同出物有铜釜、陶鼎等[2]，约当战国晚期。

10. 牟定。1978 年该县新甸的福土龙发现一具 B 型（？）鼓，同时出土编钟一套。1980 年又征集到从戌街小贝苴出土之 A 型（或 AB 之中间型）铜鼓一具，发现时鼓面向下，未闻有他物共出[3]。

11. 弥渡。1978 年该县苴力三岔路村发现 A 型鼓一具；1979 年在苴力的青石湾村又发现 A 型鼓一具。均未有他物共出[4]。

12. 呈贡。1979—1980 年该县天子庙发掘 44 座墓葬。在最大的一座墓（M41）中发现 B 型鼓一具。此外，在中型墓（M33）中也发现铜鼓一具（图片未见发表），据描述似为 A 型（？）。墓葬群年代约当战国中晚期[5]。

13. 腾冲。1980 年左右该县古永出土 B 型鼓一具。1981 年固东公社发现 A 型鼓一具。但后者是否原为当地埋藏，抑或是外地传入，似有疑问[6]。

14. 禄丰。1983 年该县碧城镇出土 A 型鼓一具，无他物同出，发现时“鼓面朝向上”[7]。

1《中国考古学中碳十四年代数据集》，第 114—115 页。

2 见上引《近年来云南出土铜鼓》。

3 郭开云：《牟定县发现一面铜鼓》，《云南文物》第 11 期，1982 年；《牟定县小贝苴出土铜鼓》，《云南文物》第 12 期，1983 年。

4《云南弥渡县苴力公社出土两具早期铜鼓》，《考古》1981 年第 4 期。

5《呈贡天子庙滇墓》，《考古学报》1985 年第 4 期。

6《腾冲县发现古代铜鼓》，《云南文物》第 11 期，1982 年。

7 王正举：《禄丰县首次发现铜鼓》，《云南文物》第 15 期，1984 年。

15. 邱北。1983年从草皮村征集到一具B型鼓。据说该鼓早在1962年即出土于该村龙山背后，发现时鼓面向下，鼓内有3件铜矛铜钺之类武器[1]。

除上述近年几批发现外，云南境内出土的或庙宇神祠中收藏过的铜鼓的地点有广南、西畴、昭通、鲁甸、威信、永善、大姚、永仁、宾川、金平、永胜等地[2]。云南省还有一些以铜鼓命名的地方（如镇雄有铜鼓岭）[3]，也可以认为当地曾有铜鼓出土。

值得注意的是云南一些少数民族直到现代现实生活中仍然使用铜鼓。如西盟和沧源县少数村寨的佤族使用F型鼓（参见《佤族铜鼓》）；文山、富宁、广南、麻栗坡等地的彝族和壮族也使用铜鼓，几乎各型都有[4]；师宗的壮族使用E型鼓[5]；金平的傣族和壮族尚保存3具E型鼓[6]；又德宏、西双版纳傣族民间虽不用铜鼓，过去芒市傣族土司及车里土司衙署中仍有保存[7]，据描述两者均为F型；西双版纳克木人也仍然使用F型鼓[8]。

凡是少数民族仍然使用铜鼓的地方，当然应列入铜鼓分布范围之内。

总而言之，A、B、C、E、F诸型在云南都有分布。大体上说，A型分布于云南中部偏北地区；B型在滇池及滇南地区最为密集；C型在云南分布偏东偏南，且数量不多，似受广西或贵州影响；E型也有同样的情况；F型分布于云南西南部与缅甸、泰国接壤地区。

（二）贵州

1. 麻江。1954年修建谷峒火车站时，发现一批土坑墓，出土E型鼓一具（图七），鼓足向上。墓葬中还出土铁三足架、铁刀、铜臂钏等[9]。估计其年代在宋明之际。

2. 遵义。1957年在该县东南部皇嘴坟，发现播州安抚使杨粲夫妇合葬石室墓。在棺床之下腰坑中各出C型后期鼓一具。墓立于淳祐七年（1247），鼓之入土即在是年。杨粲棺下鼓身见“元祐”（1086—1093）钱痕迹，故鼓的铸造当在公元11世纪后期或以后[10]。（图八）

1964年在遵义马家湾一座已被破坏的土坑墓中，又发现C型后期鼓一具。鼓上有“元×”钱痕迹，极似宋钱。同出物有“壹百贰拾岁”铭文金牌、臂钏（“跳脱”）等。据估计，墓的年代当在宋明之际[11]。

1978年乌江区刀靶水一座已被破坏的宋代石室墓的男子棺床下腰坑中也发现C型后期鼓一具，与杨粲妻鼓形同[12]。

3. 赫章。1957年可乐辅初已出土B型鼓一具。1978年在可乐祖家老包发掘战国西汉时期墓

1《邱北县草皮村出土的石寨山型早期铜鼓》，《通讯》第4期，1986年。
2《新纂云南通志·金石考》五。
3 李家瑞：《汉晋铜鼓地域分布图》，《考古》，1961年第9期。
4 王大道：《云南富宁、麻栗坡两县铜鼓的调查与研究》，《论文集》2。李家材：《云南文山州的传世铜鼓》，《资料集》。白天明：《文山铜鼓》，《民族文化》1984年1期。
5 郭愉、李和林、戴宗钦：《师宗县传世铜鼓调查》，《民族调查研究》1986年第2期。
6 熊正益：《金平县发现三面传世铜鼓》，《云南文物》第13期，1983年。
7《新纂云南通志·金石考》五。
8《克木人的铜鼓》，《云南文物》第11期，1982年。
9 宋世坤：《贵州出土的铜鼓及其断代》，《考古》1983年第11期。
10 李衍垣：《试论杨粲墓铜鼓》，载《夜郎故地上的探索》，贵州人民出版社，1980年。
11 李衍垣：《遵义县出土铜鼓》，《文物》1965年第3期。
12 葛镇亚，宋世坤：《遵义县刀靶水出土的铜鼓》，《贵州民族研究》1983年第1期。

图七 麻江鼓（E 型）

图八 遵义杨粲墓铜鼓（C 型）

葬群，在 M153 中又出土 B 型鼓一具。在同类墓葬中，还出土与铜鼓形似之铜釜 19 件。

值得注意的是铜鼓与铜釜均侧放，而人的头骨位于其内，似埋葬时曾以鼓或釜罩于人头之上者。M58 的头有铜釜，足登铁釜（足趾骨在铁釜中），尤为奇特[1]。

除以上几批新出土的铜鼓外，桐梓、大方最近亦发现铜鼓[2]。据地方志书记载，历史上出土或收藏铜鼓的明确地点还有贵阳、滇镇、水城、开阳、仁怀、威宁、遵义等。近年从都匀、丹寨、长顺、望谟、从江、兴义、安龙、册亨、贞丰、兴仁等地征集得数十面铜鼓。以铜鼓命名的地方则多达 50 余处，如贵阳、清镇、安顺、桐梓、麻江、独山、普安、兴义、兴仁、开阳、印江、息烽等地有铜鼓山；玉屏、黎平、锦屏、贵定、贵阳等地有铜鼓岩；开阳、湄潭等地有铜鼓坡；平坝、印江、绥阳、石阡等地有铜鼓关；桐梓有铜鼓原；铜仁有铜鼓坳；贵阳、天柱、施秉、古州、兴仁、水城、普定有铜鼓洞；仁怀、铜仁有铜鼓滩；贵筑、永宁、仁怀、施秉、平坝、贵阳、遵义等地有铜鼓塘、铜鼓溪、铜鼓潭或铜鼓井；天柱、黄平、息烽、桐梓、余庆等地有铜鼓寨、铜鼓乡或铜鼓庙[3]。撇开一些由于风声似鼓鸣而附会外，绝大部分应与该地曾有过铜鼓有关。

此外，黔东南州凯里、雷山、榕江、从江、合江等地苗族，黔南州三都等地水族以及散居各地的布依族，至今仍使用铜鼓，绝大多数都是 E 型鼓（详见第六章）。

总之，贵州铜鼓的分布情况大体是 B 型分布于黔西北地区；C 型特别是一种晚期形式分布于遵义一带；E 型最多，到处可见。A、D、F 三型迄今无发现。

（三）四川

1. 会理。1975 年该县罗罗冲掘出一具 B 型鼓，发现时鼓面向下，无他物共出[4]。

2. 兴文。1951 年该县建武乡出土 C 型晚期鼓一具。1956 年曹云乡龙洞出土较典型的 C 型

1《赫章可乐发掘报告》，《考古学报》1986 年第 2 期。

2 宋世坤：《贵州桐梓、大方发现铜鼓》，《通讯》第 4 期，1986 年。

3 宋世坤：《贵州铜鼓的分布和类型》，第一次铜鼓讨论会论文。

4《四川会理出土的一面铜鼓》，《考古》1977 年第 3 期。

图九 兴文鼓（C 型）

图一〇 珙县鼓（C 型）

鼓一具。1978 年青联公社青平大队又出土 C 型（或 BC 中间型）鼓一具（图九）。建武乡曾同时发现巨型铜锅（釜）。

3. 宜宾。1979 年双龙公社沙坪队出土 C 型（或 BC 之中间型）鼓一具，未发现他物。

4. 珙县。1951 年洛表乡麻塘坝刘厂铜鼓包出土 C 型（或 BC 中间型）鼓一具（图一〇）。据说该地为古战场。

1981 年麻塘坝千子门出土 E 型鼓一具，无他物发现[1]。

值得注意的是珙县悬棺葬周围崖画中，有 9 处绘有铜鼓形象[2]。崖画时代或在明前[3]。

5. 古蔺。1954 年古蔺城关出土 C 型鼓一具，未发现其他遗物。

6. 阆中。1978 年县城附近发现一具 C 型晚期鼓，鼓已被破坏[4]。

据史书及地方志书记载，雅安、邛崃、泸州、叙永、珙县、兴文、西昌、会理、营山、盐边、綦江、宜宾、长宁、犍为、屏山等地过去均使用或出土过铜鼓。在南溪、芦山、名山、长寿、屏山、庆符、荣昌等地有铜鼓山、铜鼓坝、铜鼓渊、铜鼓寨等，巴县有铜鼓寺、铜鼓台，似表明这些地方有过铜鼓。成都武侯祠铜鼓、江津江炳琳祠堂陈列的铜鼓，显系由外地传入[5]。

四川少数民族现仍使用铜鼓者不多。仅会东少数布依族至今尚有 C 型一具 E 型两具[6]。凉山彝族地区曾出土铜鼓，所属类型不明，仅知布拖出土一面残破者，或为 C 型（图一一）。金阳土司和沙马土司家收藏过铜鼓（详见第六章）。

总之，四川铜鼓分布在川南地区。B 型仅有个别存在。C 型发现最多，今宜宾地区的珙县、

1 以上并见兰峰《四川宜宾出土铜鼓》，《考古》1983 年第 12 期。

2 沈仲常：《“僰人”悬棺岩画中所见的铜鼓形象》，《论文集》1。

3 见《四川珙县悬棺葬周围崖画和沧源崖画》，《民族学研究》第 4 辑，1982 年。

4 湛友芳：《四川阆中发现铜鼓》，《通讯》第 1 期，1981 年。

5 以上并见董其祥：《四川地区铜鼓的分布及其族属研究》，《论文集》2。

6 胡之嘉：《会东布依族传世铜鼓》，《资料集》。

图一一 布拖鼓（C 型？）

兴文等地似为此型的中心，历史记载明廷征伐都掌蛮，在这一带获大量铜鼓，适可相互印证。此外，E 型鼓也有发现，似由贵州等地传去。

（四）广西

1. 贵县。1955 年贵县高级中学一座木椁墓中发现 B 型鼓一具，同出物有铜博山炉、西汉五铢钱及铜镜等。墓葬被定为西汉后期[1]。

1965 年在泉索大队水利工地又出土 B 型鼓一具。

1976 年罗泊湾大型木椁墓中，发现 B 型鼓两具，一大一小，大鼓足部有刻文“百廿斤”，墓葬被推断属西汉初年[2]。

2. 金秀。1956 年平道乡出土 C 型鼓一具，鼓内有黄釉陶碗，据鉴定为南朝时物。

3. 邕宁。1977 年八塘区六塘乡六鸣山出土 C 型鼓一具。1977 年良庆公社那黄大队又出土 C 型鼓一具，均无他物共出。

4. 平南。1956 年在丹竹区，1958 年在上渡公社下渡水闸和大新区铜鼓山，1962 年在思明区三江乡下陶村，1972 年在大新公社和丹竹公社，先后出土 C 型鼓 6 具。

5. 灵山。1962 年灵山绿水村发现 D 型鼓一具（图一二），发现时鼓内残存泥土中有“开元通宝”钱一枚[3]。

又 1964 年在三海公社新洞大队帽岭，1962 年在烟墩公社佳平大队半边岭村，各有 D 型鼓出土[4]。

6. 北流。1964 年在雷冲公社，1965 年在六沙公牛岭，1971 年在府城公社肖屋园，1976 年

1《广西贵县汉墓的清理》,《考古学报》1957 年第 1 期。黄增庆:《广西贵县汉木椁墓清理简报》,《考古通讯》1956 年第 4 期。

2《广西贵县罗泊湾一号墓发掘简报》,《文物》1978 年第 9 期。

3 何纪生:《介绍广东灵山县出土的古代铜鼓》,《考古》1963 年第 1 期。灵山后划属广西。

4《广东古代铜鼓概述》，第一次铜鼓讨论会论文。

图一二 灵山鼓（D 型）

图一三 北流鼓（D 型）

在荔枝场，各出 D 型鼓一具，均无他物共出（图一三）。

又该县水桶庵曾保存最大的 D 型鼓（也是世界上最大的铜鼓）一具，早在 1955 年归广西博物馆收藏。

7. 宾阳。1963 年在邹圩公社长村岭，1972 年在思陇公社太守大队六谷村，各出 C 型鼓一具。

8. 横县。1964 年在广龙公社龙水村和南乡合山公社山口村，1970 年在云表公社六合大队凤山，先后出土 D 型鼓一具。云表公社六合大队出土者，在鼓内曾发现黄釉陶瓷碎片，经鉴定为广西东汉西晋墓葬中常见之物。

9. 南宁。1962 年心圩公社发现 D 型鼓一具。

10. 岑溪。1969 年樟木公社义昌江灯草塘发现 D 型鼓一具。广西博物馆现藏的五铢钱纹大铜鼓亦系 1954 年由岑溪得来。

11. 西林。1972 年该县普驮西汉初年墓中发现 B 型鼓 4 具，互相套合，以盛骨殖。铜鼓在这里已被用作“二次葬”之葬具。其中一具花纹精美，与著名的广南鼓类似。两具足边有六钻孔[1]。

12. 田东。1977 年该县祥周公社甘莲村清理了两座古墓，出土 B 型鼓一具，腰部以下已残。墓葬被定为战国晚期[2]。

13. 藤县。1975 年原濛江公社的横村农民，在该村冷水冲发掘一具 C 型鼓，鼓内有四耳陶罐一件，据云当地东汉早期墓也有同类物出土（图一四）。又早在 1964 年该县和平区相继出土 C 型鼓 2 具。鼓面除蛙饰外，还有骑士雕像。又 1964 年该县古龙也出土 C 型鼓一具。

14. 陆川。1976 年古城公社陆落大队发现 D 型鼓一具。鼓面铸有人形图画，双臂平举，与广西崖画及云南沧源崖画中人形相似。图画中涂以红色，与崖画红色亦同。

在此以前，1966 年在平乐区平安塘村十四岭，1977 年在良田公社西十村，均有 D 型鼓出土。

1《广西西林县普驮铜鼓墓葬》，《文物》1978 年第 9 期。

2《广西田东发现战国墓葬》，《考古》1977 年第 6 期。

图一四 藤县冷水冲鼓（C 型）

图一五 龙州响水鼓（F 型）

15. 桂平。1972 年该县发现一具 C 型鼓，鼓面蛙饰间有牛拉橇而牛上又骑人之雕像。早在 1954 年，该县已出土过一具有牛拉橇雕像之 C 型鼓，然牛上未骑人[1]。

1975 年该县蒙圩公社新阳大队发现 C 型鼓和 D 型鼓各一具，同埋一坑，两鼓均侧放，相距仅 10 厘米[2]。

16. 龙州。1971 年响水公社龙江大队发现 F 型或 D–F 中间型鼓一具（图一五），这是此型鼓在云南西南边疆地区之外首次出土。

17. 浦北。1972 年在小江公社文山大队半山坡，发现 D 型鼓一具。

18. 容县。1971 年容城公社牛冲生产队丰地顶，发现 D 型鼓一具。

19. 靖西。1982 年该县庭毫山出土 F 型鼓一具，发现时鼓面向上且残[3]。

此外，广东省博物馆曾在合浦、钦州（原属广东省）曾发现 D 型鼓[4]。广西博物馆在横县、宾阳、大新、邕宁等地征集到 C 型鼓，在合浦、玉林、横县、博白、容县、平南等地征集到 D 型鼓；在隆林、西林、龙州、龙胜、环江、巴马等地征集到 E 型鼓；南宁、柳州、河池等地废品收购站中收集的铜鼓中，亦以 E 型为最多[5]。

据地方志书记载，过去广西境内出土过或寺庙中收藏过铜鼓的地点有合浦、灵山、钦州、玉林、北流、博白、容县、桂平、贵县、陆川、平南、岑溪、邕宁、龙州、横县、上林、宾阳、扶绥、靖西、隆林、田林、乐业、凌云、宜山、凤山、象州、柳城。广西境内以铜鼓命名的地方为数亦多，如融安有铜鼓山、铜鼓滩，岑溪有铜鼓营，罗城有铜鼓水，贵县有铜鼓岭，昭平有铜鼓洞、铜鼓地和铜鼓峡，容县和平南均有铜鼓村，钦州有铜鼓井和铜鼓塘，合浦有铜鼓坝，灵山有铜

1 陈小波：《东汉牛橇骑士、鹭鸟羽人纹铜鼓》，《文物》1982 年第 1 期。

2 陈小波：《两个不同类型的铜鼓同穴出土》，《文物》1983 年第 5 期。

3 农学坚：《广西靖西出土一面西盟型铜鼓》，《通讯》第 2 期，1982 年。

4 何纪生、杨耀林、黄道钦：《广东古代铜鼓概述》。

5 以上发现除另加注明者外，均见洪声：《广西古代铜鼓研究》，《考古学报》1974 年第 1 期；《广西近年来发现的四件铜鼓》，《考古》1980 年第 4 期。

鼓岭[1]。

现代仍然使用铜鼓的少数民族则有都安、巴马、南丹、田林、马山、上林等地的瑶族（布努瑶），东兰、西林等地的壮族，隆林的彝族，等等。他们使用的绝大多数都是E型鼓。

大体说来，各型铜鼓在广西分布的情况是B型多在西部，贵县则是该型鼓分布最东边缘；C型分布甚广，较他省数量为多；D型集中在东南部；E型分布似偏北，与贵州连成一片；F型（或其原始型）亦有个别发现。

（五）广东

1. 信宜。1958年在镇隆公社尚文水库工地，1963年在高坡公社木根村七西屋山，1965年在新堡公社横源小学，1974年在东镇公社横岗大队，1975年在竹山公社樟坡大队樟坡小学，1976年在池洞公社岭砥大队、西村大队竹根村和劲口公社平地大队英云村，1977年在东镇公社尚文大队潭蓬岗，1978年在池洞公社旺沙大队偷鸭冲社，1980年在下堡公社曲湾冲大队，1981年在旺沙公社林渥大队，1984年在水口区大垌乡观二村，均有D型鼓出土。信宜是D型鼓出土最多的县之一。

2. 廉江。1964年在长山公社长山农场，1978年在营仔公社下洋大队下塘仔村，1982年在吉水公社燕山大队、西蓬塘大队、石城公社狗屎岭，1983年在石城公社三胎岭和塘蓬公社黄教大队打铁寮岭，均有D型鼓出土，发现时多鼓面向上。

3. 郁南。1974年东坝公社龙塘村发现D型鼓一具。

4. 阳春。1969年在河口公社河朗大队、1980年在马水公社中岗大队蟹地村，各有D型鼓出土。又岗美公社境内亦曾获D型鼓一具。

5. 云浮。1972年在六都公社南胜大队出土D型鼓一具。

6. 罗定。1980年在罗镜公社水摆大队出土D型鼓一具。又1970年满塘公社亦曾发现D型鼓。

7. 高州。1963年在大井公社湾角地、1965年在平山公社福芳大队中间垌、1975年在东岸公社东简村、1982年在顿梭公社石龙大队桶尾村，各出D型鼓一具。

8. 徐闻。1958年曲界公社友好农场出土D型鼓一具。

9. 昌江。1979年10月田坝公社南陵大队南岭大队出土D型鼓一具。

10. 陵水。1977年在岭门农场红八队、1982年在英洲公社鹅仔大队北高村、1983年在英洲公社福湾大队，各有D型鼓出土。在新村公社境内亦曾发现D型鼓。

11. 惠来。1982年在澳角大队港仔海滩下打捞得C型鼓一面。鼓身因海水冲刷磨损且沾上贝壳，说明浸泡海中已久。

12. 南海。1983年在里水公社联沙大队发现E型鼓两具（系当地黄家传世品，黄家曾在上海经商）。

13. 揭阳。1956年曾在明墓中出土小铜鼓一件，形似E型而面有蛙饰，共出物有端砚、毛笔、

1 以上参见徐松石：《粤江流域人民史》第22章；洪声：《广西古代铜鼓研究》；何纪生：《略述中国古代铜鼓分布地域》，《考古》1965年第1期。

铜印等。潮安明墓亦有同类小铜鼓出土，然未见详细报导[1]。

历史上广东境内出土或寺庙中收藏过铜鼓的地点有东方、海口、万宁、昌江、廉江、化州、茂名、信宜、高州、罗定、郁南、阳江、中山、南海、海康、肇庆。据所描述的情况看，大部分为D型鼓，仅中山诸葛武侯庙等地藏鼓，面有青蛙及骑士雕像，当属C型。

广东境内以铜鼓命名的地方有万宁的铜鼓岭、铜鼓塘，中山县有铜鼓地，德庆有铜鼓山、铜鼓塘，高鹤有铜鼓井，曲江有铜鼓石，丰顺有铜鼓嶂、铜鼓湖[2]。

大体说来，在广东铜鼓主要公布在北江以西地区，以海南岛及湛江地区发现最为密集。D型发现最多。C型有个别存在。E型传世亦不少，出土地点均不明，有些显系外来[3]，然不能排除广东地区历史上曾自制E型鼓之可能[4]。

在北江以东地区虽有以铜鼓命名的地名，然属当地出土的铜鼓并不多。前述惠来发现之C型鼓，乃由海中捞得；揭阳明墓出土小铜鼓，显属士大夫玩物（故与毛笔、端砚并出）。

（六）湖南

湖南省博物馆现藏铜鼓26具，内C型一具，D型3具，E型22具。虽只有一具E型鼓是1979年新晃侗族自治县新出土，其他无明确出土地点。据历史记载，今麻阳、吉首、永顺一带曾发现铜鼓或向朝廷进献铜鼓[5]。又湖南省境内也有以铜鼓命名的地方，如靖县有铜鼓滩，武岗有铜鼓岩，新宁有铜鼓岩等[6]。可以认为，湖南西部与贵州、广西毗连处，也属于铜鼓分布范围之内。而江西亦有一县名铜鼓，但无铜鼓出土，可以暂置不论。

除上述六省区外，中国其他各省博物馆及大学收藏铜鼓也甚多。例如上海博物馆收藏26具，包括D型大铜鼓一件，其重量仅次于北流水桶庵鼓[7]；南京博物院藏23具，除少数C型和D型鼓外，多为E型鼓[8]；南京大学历史系考古专业也藏有D型鼓一件[9]；安徽省博物馆收藏7具，除2具为C型外，余为E型[10]；厦门大学博物馆收藏5具，据描述情况看，C、D、F型各一具，E型两具[11]；台湾大学考古人类学系藏有C型和D型各一具[12]；旅顺博物馆也藏有铜鼓。这些铜鼓都是由南方流传去的，不能列为铜鼓分布地区。

综合以上所述，我们绘制出各型铜鼓在国内分布如下图，以供读者查考。凡是历史上或近现

---

1 以上参见何纪生、杨耀生、黄道钦：《广东古代铜鼓概述》；蒋廷瑜：《粤式铜鼓的初步研究》，第一次铜鼓讨论会论文；何纪生：《广东近年又出土一批铜鼓》，《通讯》第2期，1982年；张维：《八二年以来广东地区新发现和出土的铜鼓介绍》（《资料集》），《广东信宜县观二村出土一面北流型铜鼓》，《通讯》第4期，1986年。

2 以上并见上引《略述中国古代铜鼓的分布地域》及《广东古代铜鼓概述》。

3 如广东省博物馆所藏46号鼓，鼓内铸有篆文印章，文曰“楚雄卫山千户所百户印”，当来自云南（见杨耀林：《广东发现的带铭文铜鼓》，《考古》1982年第1期）。

4 《琼州府志》著录一件E型鼓，铭曰“大明成化十二年广州府番禺县客人李福通铸造”，客人当指客家人或新来汉族。关于广东历史上铸造铜鼓之事，在（清）屈大均《广东新语》中亦有记载。

5 参见《宋史·蛮夷传》、朱辅《溪蛮丛笑》等。

6 何介均：《湖南铜鼓概况》，第一次铜鼓讨论会论文。《湖南通志》卷二〇、二四、四四。

7 有关材料略见闻宥《古铜鼓图录》、郑师许《铜鼓考略》两书。

8 罗宗真：《略说南京博物院所藏铜鼓》，第一次铜鼓讨论会论文。

9 秦浩：《南京大学历史系所藏大铜鼓简析》，第一次铜鼓讨论会论文。

10 李国梁：《安徽省博物馆收藏的几件铜鼓》，《资料集》。

11 蒋炳钊：《夏门大学人类博物馆馆藏铜鼓介绍》，第一次铜鼓讨论会论文。

12 凌纯声：《记本校二铜鼓兼论铜鼓的起源及其分布》。

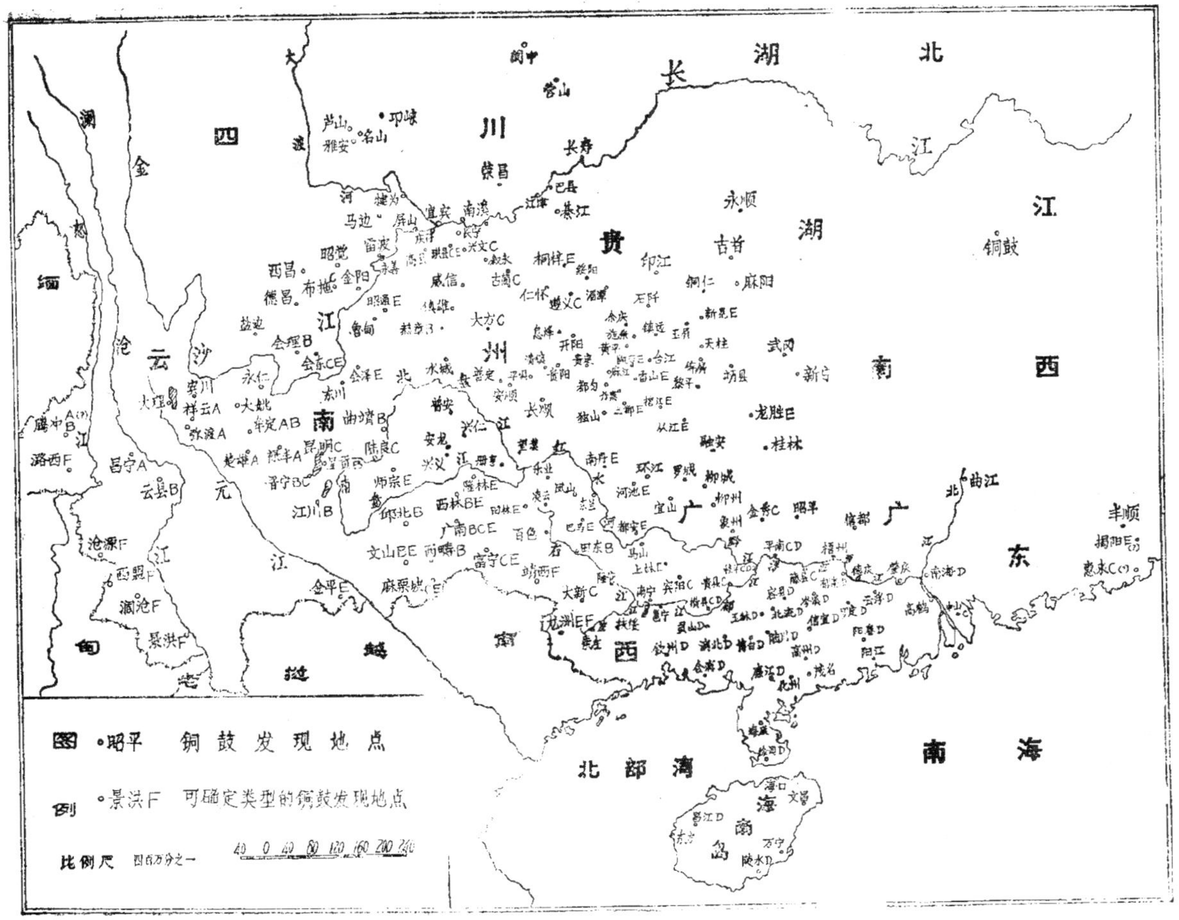

图一六 国内铜鼓分布图

代发现过铜鼓的县均绘出地名；只有那些可以确定铜鼓的类型者，才加注型名于县名之后。

总的说来，中国铜鼓分布范围大抵是西起中缅边界线，北抵长江上游和大渡河[1]，东至北江，南达海南岛。各型分布情况大抵是：A 型只发现于云南中部；B 型分布于云南、黔西北、四川安宁河流域及广西偏西地区；C 型散布各地，但有两个中心地区，一为川南黔北地区，一为广西；D 型分布于广西东南部和广东西南部（包括海南岛）；E 型各地皆有，然贵州似为中心之一；F 型在中国只分布于云南西南边境，然广西龙州靖西一带近有发现，是值得注意的现象。

三　铜鼓在国外的发现和分布

铜鼓之传布自不能以今日之国界为限，在东南亚诸国也有大量发现。虽然本书以论述国内铜

1 某些西方文献说铜鼓的分布北达中国长城或蒙古，不知何所据？我想是由《晋书·赫连勃勃载记》一条记载附会而来。该记载云：“赫连勃勃……复铸铜为大鼓、飞帘、翁仲、铜驼、龙兽之属，皆以黄金饰之，列于宫殿之前。”然此处铜鼓当指像传世“双鸟饕餮纹鼓”（参见容庚、张维持：《殷周青铜器通论》304）和 1977 年出土的崇阳铜鼓（《湖北崇阳出土一件铜鼓》，《文物》1978 年第 4 期）之类而言，与我们现在讨论的铜鼓无关。

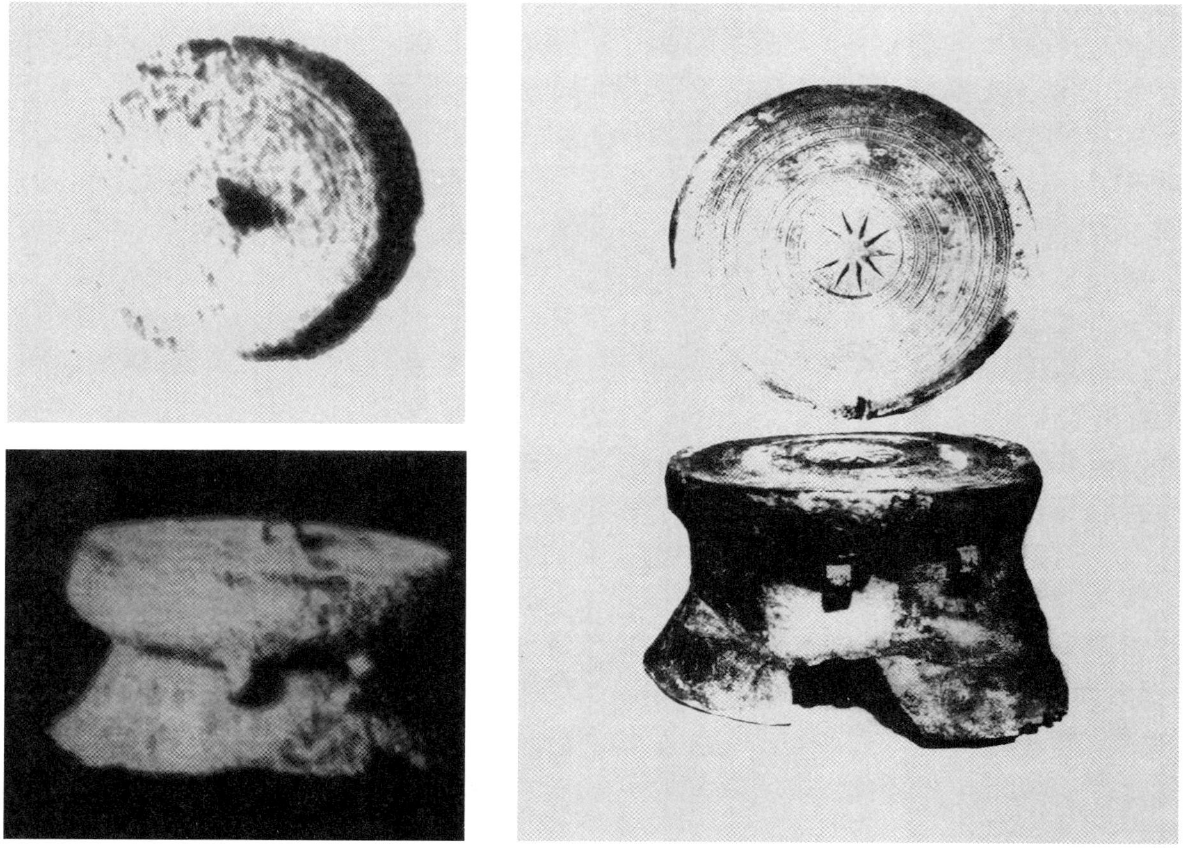

图一七 越南东山铜鼓和面有环纽小铜鼓

鼓为主旨，仍有必要对中国以外铜鼓之发现和分布情况略作介绍。这是探索中国南方民族和东南亚地区民族之间文化上的联系的极有价值的材料。

（一）越南

越南铜鼓数量之多仅次于中国。据阮文煊、黄荣的《越南发现的东山铜鼓》一书介绍，截至1975年为止，越南共发现所谓“东山鼓”52具。从已发表相片观之，其中40具属我们分类中的B型，出土于清化、南河、河西、和平、山箩、必安、老街、海防、北宁、安沛、海兴、土龙木诸省；11具属C型，出土于海阳、义安、河西、和平、昆蒿、宁平诸省；另有一具接近A型，即发现于河东省终美县的淞林鼓。

此外，截至1973年底D型在越南共发现27具，多发现于永富、宁平、清化、义安等省的山区。当地芒族现今铜鼓多为此型（仅有一具B型[1]），故又称“芒鼓”。E型也有发现，巴梦薛在其《古代青铜鼓》一文中介绍法国远东学院有14具，多由云南购入，仅少量发现于化平等地；又出土玉镂鼓的南河省龙独山寺曾发现一具。F型发现7具，多为传世品，收藏于河内综合大学、

1 J. 库辛奈：《芒族的人文地理和社会》，《民族研究所集刊》XLV，巴黎，1948年。

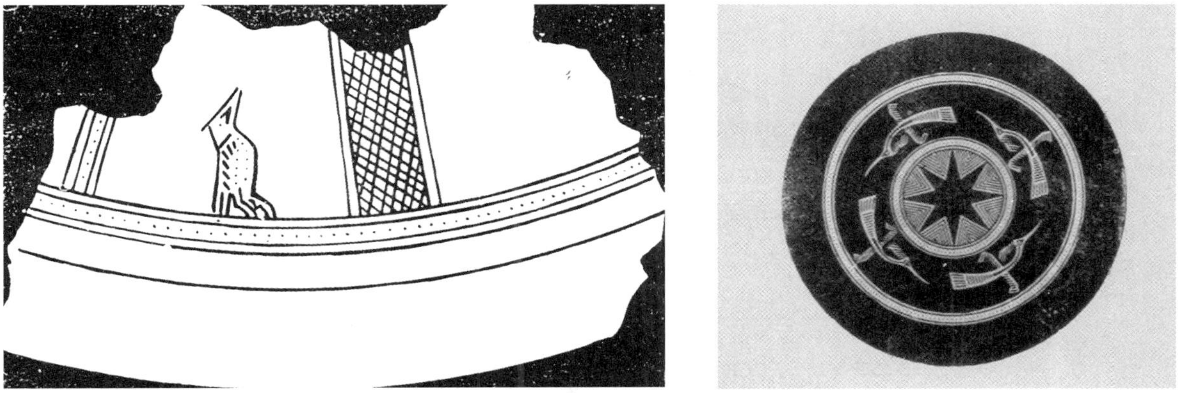

图一八 越南越溪鼓（B 型）

越南历史博物馆等地[1]。看来，越南不是 E、F 两型的原生地。

兹将越南铜鼓的重要发现略举于下：

1.1924—1932 年法国人巴若特（L.pajot）受法国远东学院的派遣，在清化省清化县东山村发掘古墓葬，获铜鼓 20 具（？）。有的小铜鼓面部有环纽（图一六）或狗形纽，非常奇特。另有许多明器鼓（体积甚小的实心铜鼓）。全部材料迄今未见公布，仅法国戈露波于《安南北部和东京地区的青铜时代》一文中略有披露。现在我们能见到完整图片者仅 3 具，藏越南历史博物馆，均为 B 型。有一具有蛙饰，应为 C 型。墓葬中出土半两钱、五铢钱、王莽钱及汉代铜镜等，故戈露波定这批铜鼓入土年代为公元 1 世纪。

2.1935—1939 年瑞典人阳士继续发掘东山村，在两座所谓“印度尼西亚人”墓葬中各出均已损坏的 B 型鼓一具（图一七），据说它们是殉葬时被故意破坏的。另有一些“明器鼓”，则被认为有用作钱币的可能[2]。一些越南书刊称这几具鼓已经遗失或下落不明。实际上，它们保存在巴黎以收藏东南亚古物而著称的 Cermuschi 博物馆。1984 年秋我去巴黎访问这家博物馆时，接待人员证实了这一点，虽然未见这几具鼓公开陈列（也许由于损坏太甚之故）。这两个墓被断定为早于当地东汉墓，故其中铜鼓当在东汉以前入土。

3.1958 年（一说 1959 年），在清化省密山县东汉时期砖墓中发现两具 B 型鼓，同出物有铜盆、铜剑、铜鼎和五铢钱等。

4.1959 年义安省义坛县东孝农场，掘获 C 型鼓一具，据称为越南铜鼓中面径最大的一具（面径达 90 厘米）。无他物共出。

5.1959 年河东省美德县富维乡人民修水渠，发现 B 型鼓一具，鼓面有 24 个均匀小孔。无他物共出。

6.1961 年海防水亢县越溪村连续发掘 5 座船棺墓，最大一个船棺出 B 型鼓一具（图一八）。

1 以上参见〔越〕郑明轩:《越南的古铜鼓研究情况》，梁志明译，《考古学参考资料》第 2 期，1979 年;〔越〕阮成斋:《关于最近搜集的一些黑格尔第二类型铜鼓》，梁志明译，《铜鼓研究资料选译》（以下简称《选译》）1，1979 年;〔越〕武胜:《黑格尔的第四类铜鼓》，梁志明译，《选译》1，1979 年。据梁志明统计，截至 70 年代中期止，越南共有 II 型（即 D 型）52 具，数字略有出入。参见所著《略述越南关于古代铜鼓的研究》，《云南文物》第 9 期，1980 年。

2 O.R.T. 阳士：《印度支那的考古研究》第 3 卷，1958 年。

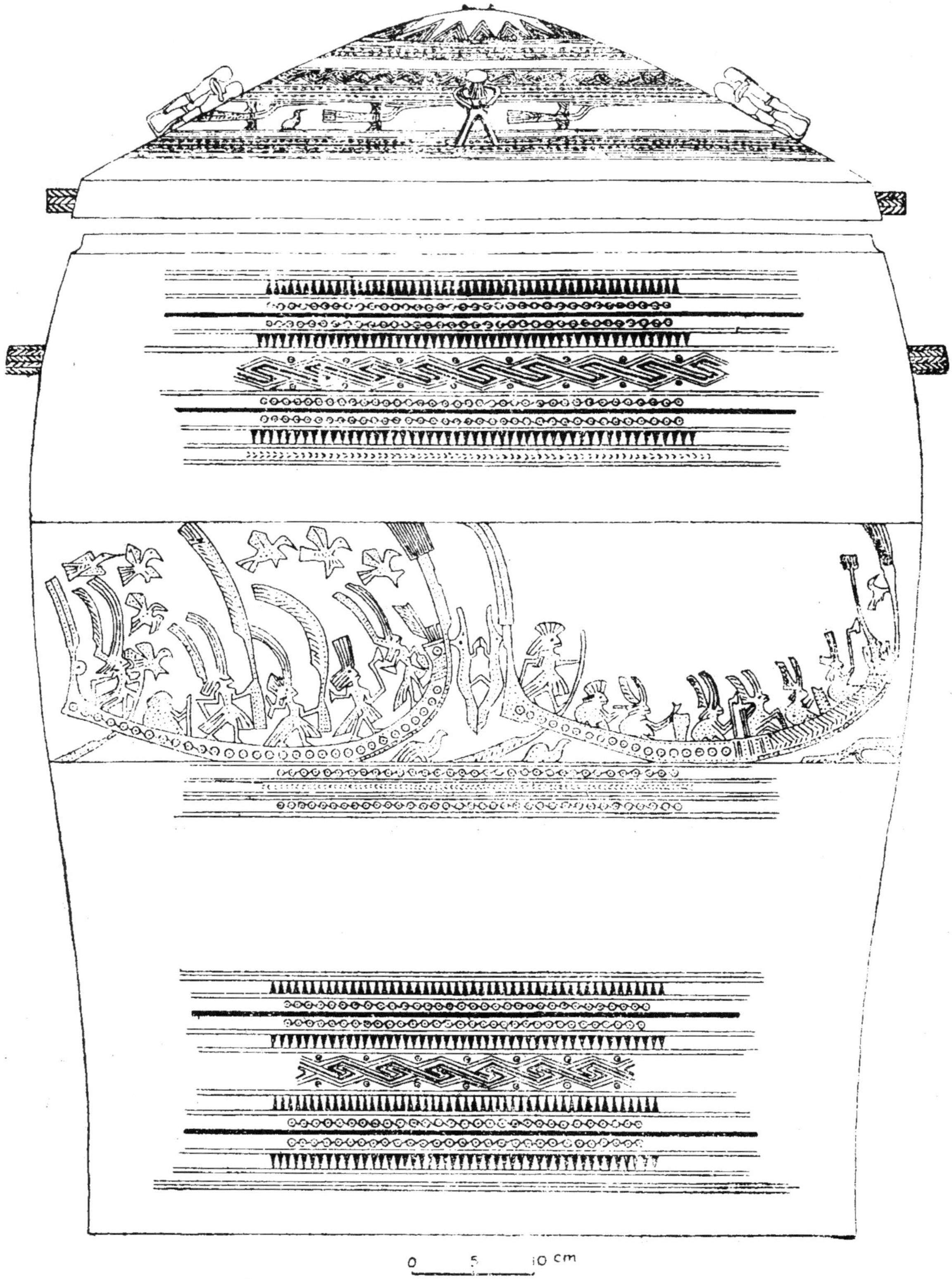

图一九 越南陶盛村与铜鼓同出的铜缸

这批船棺墓有 3 个碳 14 数据分别为距今：2480±100，2415±100，2330±100。

7.1961 年海兴省四圻县右钟村发现完整的 C 型鼓一具，鼓足向上。无他物共出。

8.1962 年安沛省镇安县富盛社陶盛村，发现 B 型鼓一具，距著名的陶盛铜缸（图一九）出土处仅 5 米[1]。鼓内盛满铜斧刃、铜戈、铜匕首、陶瓶、石耳环等遗物。值得注意的还有青蛙相负的雕像一件，后来铜鼓面部蛙饰也有作此形者。

9.1963 年清化省永乐县永宁社发现一具 B 型鼓（图二〇），鼓系横置，同出物有铜缸、汉五铢钱等。一说此鼓亦发现于东汉砖墓中。

10.1963 年老街省保胜县富盛村（原名“巴邪”）发现 B 型一具，仅剩鼓面。无他物共出。

11.1966 年和平省良山县安盛村的约丘，发现 B 型鼓一具，附近发现陶片和一件小石斧。

12.1966 年海兴省文江县九高社发现 B 型鼓一具，鼓面向下，鼓的周围发现砖和一件无釉陶盅。

13.1967 年河西省应和县芳秀社掘获 B 型鼓一具，鼓系横置。无他物共出。

14.1968 年宁平省儒关县蒙村发现 C 型鼓一具（图二一），鼓面有方孔钱纹（已发表的摹绘图中未见），据称与东汉墓中常见钱币相似。

15.1971 年清化省弘化县弘荣社掘获 B 型鼓一具，已残破。无他物共出。

16.1971 年清化省永禄县多笔村发现 C 型鼓一具，旁有汉代之铜瓶、铜盆、陶瓶和一个铜缸。

17.1972 年清化省台山县铁岗村发掘 B 型鼓一具，其旁发现一件汉代铜瓶。

18.1972—1973 年在义安省义坛县鼎乡水利工地发现古墓，出土 B 型鼓 4 具（图二二、二三）和明器鼓 4 具。在 3 号鼓中放置铜缸、铜壶各一件。关于鼎乡墓葬有一个碳 14 测定数据，距今为 1990±85。

19.1973 年河西省巴韦县富方社发现 C 型鼓 2 具。无他物共出[2]。

（二）老挝、缅甸和柬埔寨

老挝铜鼓发现尚少。据戈露波报导，1924 年当时在越南的法国远东学院博物馆从老挝收集到 B 型鼓一具，据称出土于湄公河畔的水田中（以下我们称乌奔鼓）[3]。此外，在沙湾拿吉以北 40 公里的会桑华村，也发现过 B（C？）型鼓 2 具[4]。

现今老挝境内少数民族仍有使用铜鼓者，最著名的是操孟高棉语的拉棉人（Lamet）。他们居住在老挝西北部琅勃拉邦南塔河围绕的山区，所使用的是 E 型鼓（详见第六章）。此外，在琅勃拉邦和丰沙里省、沙耶武里省的克木人及其他民族，也使用铜鼓，主要为 F 型[5]。

缅甸迄今未闻有早期铜鼓的发现。然如众所知，缅甸却是 F 型的大本营。不仅一些博物馆或

---

1 L. 贝扎西：《远东考古学手册：越南》，1972 年。《关于在安沛省发现的铜瓮或铜缸的补充说明》，《通讯》1 期，1981 年。

2 以上凡未加注明者，均据〔越〕黎文兰、范文耿、阮灵：《越南青铜时代的第一批遗迹》，梁志明译，中国铜鼓研究会，1982 年；〔越〕阮文煊、黄荣：《越南发现的东山铜鼓》，梁志明译，《选译》2，1979 年。关于碳 14 测定数据，见 W. 米欠：《最近北越的碳十四年代及其评论》，《香港人类学会杂志》第 7 卷，1976—1978 年。

3 V. 戈露波：《安南北部和东京地区的青铜时代》，《法国远东学院院刊》29，1929 年。

4〔越〕武胜：《越南和东南亚东山鼓分布状况》，梁志明译，《考古学参考资料》第 2 期，1979 年。（今老挝国家博物馆可见到至少 7 具铜鼓，计 C 型 3 具，B 或 C 型残破铜鼓 1 具，D、E、F 型各 1 具。有 1 具 C 型鼓甚大而图像精美，为近年发现。琅勃拉邦王宫中陈列的 F 型鼓更达数十具之多。——2010 年 4 月 24 日补注）

5〔越〕叶庭华、陈春球、范明玄：《老听人与铜鼓》，赵建国译，《选译》5，1983 年。

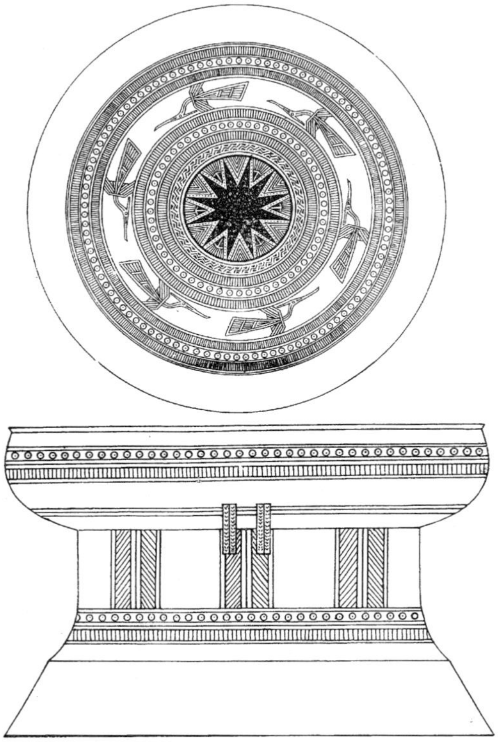

图二〇 越南永宁鼓（B 型）

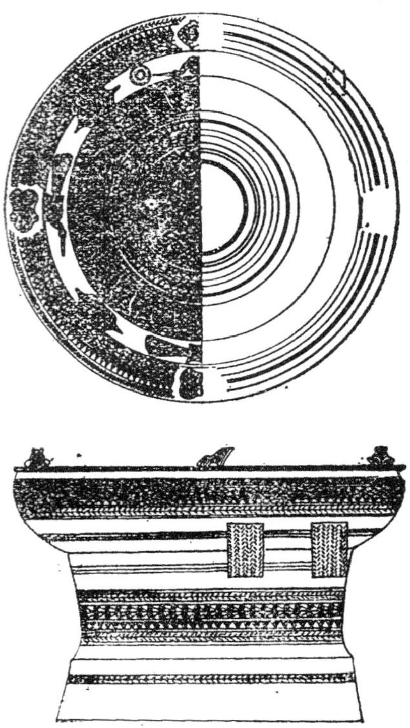

图二一 越南蒙村鼓（C 型）

私人手中收藏有这类铜鼓，而且克伦、克耶、佤、掸诸族直到现在还在使用。缅人称 F 型铜鼓为“发西铜鼓”，意为“蛙鼓”。克耶邦的威当城（Nwedaung）即今乐可，曾是制作这类铜鼓最盛的地方，直至 1894 年还有人制作[1]。甚至到了本世纪 20 年代，最后一个 F 型铜鼓制作者尚在人间[2]。

柬埔寨仅知出土有铜鼓 2 具，一具出土于马德望省的特南蒙鲁塞（Thnom Mong Russi），一具出土于磅占郎省的托斯塔（Tos-Tak Tangploch）。今均存金边博物馆[3]。

（三）泰国和马来西亚

泰国有早期铜鼓的分布。今曼谷国家博物馆中收藏有所谓“东山鼓”8 具，它们分别出土于程逸府、乌汶府、加拉信府、洛坤府、北碧府。按我的分类，其中有 B 型也有 C 型。F 型在泰国亦较普遍，不仅收藏于各博物馆和私人手中，泰国宫廷所用者也为此型。据信，它们多来自缅甸掸邦、克伦邦地区（图二四，右）。D 型只发现一件，来源不明。E 型只在古董商手中偶能见之。看来，泰国不是这两种类型铜鼓分布的地方。

---

1 H.I. 马歇尔《克伦铜鼓》，《缅甸研究学会杂志》19：1，1929 年。又参见《缅甸第二类型的“发西”古代铜鼓》，范宏贵译，《选译》1，1979 年，《缅甸百科全书·铜鼓条》，《中印泰缅民族志》，E.C. 肯尼：《中国的锣》，英国《人类》杂志第 27 卷，1927 年。

2 在国内研究铜鼓的文章中，克伦（Karen）及克耶（Kayan）两族常分辨不清。按今克耶族原为克伦族一支，一般称为“红克伦”。1948 年根据本族意愿始改今名，并成立克耶邦。其他各支仍称“克伦族”（参见 F.M. 勒巴、G.C. 希克莱、J.K. 木斯格锐夫：《东南亚大陆的族群》，1964 年，第 58—59 页）。故所谓克伦铜鼓，实即包括过去克耶邦制作的铜鼓。

3 R.B. 史密斯：《东南亚黑格尔Ⅰ式鼓一览表》，载《早期东南亚》。（我在该馆所见两具，一具为 B 型，另一具似为 D 型或 F 型，不属黑格尔Ⅰ型 ——2009 年 10 月 7 日补注）

图二二　越南鼎乡一号鼓（B 型）

图二三　越南鼎乡二号鼓（B 型）

兹将泰国境内比较重要的发现列举如下：

1.1932 年以前在程逸府的东扬（Thung Yang）共发现 4 具铜鼓，有一具面有蛙饰，当为 C 型，余为 B 型。同出物有青铜斧及某些铁工具。

2. 在呵叻府及洛坤府发现过 B 型鼓。又在素可太及泰国南部各地发现大体完好的 C 型鼓一具，出土年代不详。

3. 约 20 世纪 40 年代，U. 居勒尔氏收集到 F 型鼓 3 具。据云得自被焚烧的网巴茵（Bang pa–in 意为避暑宫）王宫废墟中。按此地距曼谷 120 公里，在湄公河畔，原阿瑜陀耶王朝在此建有王宫。当缅军侵泰时失火焚毁，曼谷王朝后期又在此建“避暑宫”。故这 3 具铜鼓若确系得自此地旧王宫，则其入土年代当在 1767 年缅军大举侵泰之时[1]。

4.1960—1962 年泰国丹麦联合考察队在北碧府锡沙越（Sri Sawat）的翁巴洞穴（Onaba Cave）发现 B 型鼓 4 具（图二五）。在此以前该洞已有 2 具 B 型鼓出土。1973 年收回其中一具，由于曾经过当地知府之手，被称为知府鼓（简称 G.D.）。这些铜鼓在洞穴中有成对置放的现象，同出物除青铜器（手镯等）外，还有铁器。而且附近发现船棺，据信铜鼓与船棺有关。经碳 14 测定，

1 以上并见〔泰〕清·犹地：《泰国的史前时代》，谢远章摘译，《选译》4，1980 年；〔法〕H. 巴梦薛：《印度支那考古学之九：记新发现之铜鼓》，《法国远东学院院刊》32，1932 年；U. 居勒尔：《古代金属鼓研究》，《暹罗学报》35：1，1944 年。

图二四　维也纳民族学博物馆收藏的（左）和泰国王宫陈放的（右）F 型鼓

其年代为距今 2180±100 年[1]。

马来半岛南部（今属马来西亚）也有 B 型和 C 型铜鼓的分布。其重要发现如下：

1.1926 年彭亨州的腾贝林河的 Batu Pasin Garam 发现 B 型鼓一具，只余残片。现存新加坡莱佛士博物馆。

2.1944 年雪兰峨州的巴生发现 B 型鼓面部残片和 11 块鼓身残片，现存吉隆坡国家博物馆。

3.1964 年在雪兰峨州的甘榜双溪朗发现 C 型 2 具，放在一块木板上（据认为是船棺残迹）。木板经碳 14 测定，年代从公元前 485±95 到公元后 100±90。

4.1965 年在丁加奴的瓜拉丁加奴的墓葬中，发现 C 型鼓 2 具，有铁矛等共出[2]。

（四）印尼

印尼发现铜鼓较早。早期铜鼓研究者的著作，常以印尼铜鼓为主要例证阐述自己的观点。据希克伦氏介绍，截至 20 世纪 50 年代为止，印尼共有铜鼓 22 个，分布于爪哇的茂物、展玉、普里昂岸、北加浪岸、万由马木、三宝垄、克壮、特芒贡等地，以及苏门答腊的克林季湖的 Danaugadeng 植物园附近，蒂汶岛附近的 Luang 岛、莱梯岛，卡伊群岛附近的 Koer 岛，西里伯斯群岛中的沙莱叶岛等地，大多数属于 C 型，少数为 B 型。仅爪哇的万丹发现过一具 E 型鼓，

1 P. 索伦森：《1960—1962 年泰国丹麦史前探险队报告》，《民俗》1962 年第 4 期；《翁巴洞穴及其第五鼓》，载《早期东南亚》。

2 以上并见 M.W.F. 特威迪：《史前马来亚》，新加坡，1955 年；B.A.V. 皮柯克：《甘榜双溪朗铜鼓》，载《马来亚历史》10：1，1965 年；《瓜拉丁加奴的东山铜鼓》，载《马来亚历史》10：2，1967 年；《马来半岛史前史的晚期》，载《早期东南亚》。

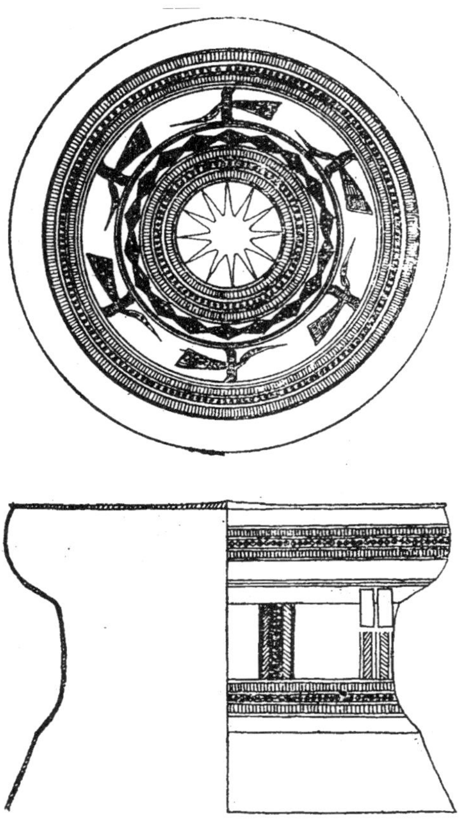

图二五 泰国翁巴鼓（B 型）

图二六 印尼沙莱叶鼓（C 型）

显系外地传入。此外，印尼还存在一种形体细长异型鼓（详见第三章）。

兹将印尼地区有意义的重要发现略举如下：

1. 早在 19 世纪，西方学者即在沙莱叶岛发现一具精美的 C 型鼓。这是迄今已发现最大的一具 C 型鼓（面径 102.6 厘米，高 92 厘米），是铜鼓艺术精品之一。面部主晕中有飞鸟及图案化的羽人，面部饰有四蛙，胴部主晕有船形图像，间以孔雀等图形。与一般 C 型不同之处是鼓足还有一圈宽晕，内有象和棕榈图画，描绘出一片热带风光。其造型和花纹之精美，绝不在 B 型鼓一些精品（玉镂鼓、开化鼓等）之下。它仍保存在巴厘岛一间木屋中，受到当地人民的崇拜。这具铜鼓自黑格尔《东南亚古代金属鼓》著录以来，高本汉在《早期东山文化的年代》等著作曾加以讨论。惜摹绘之图片均嫌粗糙，不足以反映出此鼓之优美。兹据国外友人所赠图片制版，以飨读者（图二六）。

2. 早在 19 世纪末，卡伊群岛之 Koer 岛一棵大树下发现 2 具 C 型鼓，一大一小，发现以后曾一度为当地居民所崇拜，产生种种神奇的传说。当地居民称大者为“男鼓”，小者为“女鼓”，并排埋藏。现存雅加达博物馆（大鼓中有一大片为一个瑞士工程师取走，现存瑞士苏黎世民族学博物馆）。值得注意的是大鼓面部主晕有猎人持弓射虎及以套索猎鹿的图像。据研究，鼓上图画的风格与汉代文物相似（图二七：右）。最近还发现一个已脱落之青蛙雕像之下有中国字，惟尚未见拓片，不知其详。但这具铜鼓之制作曾受中国强烈影响无疑。

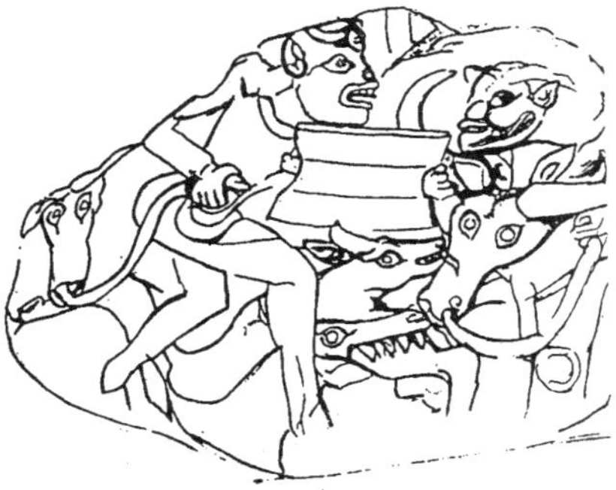

图二七　印尼卡伊鼓（C 型）的面部图像（右）和苏门答腊巨石浮雕上铜鼓图像（左）

图二八 印尼 Markalamau 鼓（C 型）面部人牵象（右）及跪拜图像（左）

3. 早在 18—19 世纪即见于报导巴厘岛大铜鼓（Pedjeng），具有自己特殊的风格。这是一具细长型铜鼓（高达 186 厘米，面径仅 160 厘米），花纹较特殊，不属于我们分类中任何一类。它和印尼阿洛尔、弗洛勒斯诸岛一种小的细长形铜鼓“摩科”相似，暂可合为一类，列入异型。“摩科”鼓是被用作通货的[1]，而 Pedjeng 大铜鼓在当地则受到崇拜，被认为原是“第二个月亮”[2]。在巴厘岛南部的 Manuabe 发现了制作这种鼓的石范 3 片，证明这类鼓即在巴厘岛制作。

4.1883 年在爪哇三宝垄之南发现一具 B 型鼓，面部主晕有 4 个长嘴鹰图案。

5.1911 年爪哇克杜也发现一具与 Pedjeng 鼓相同的异型鼓。

6. 爪哇的北加浪岸也发现过一具 B 型鼓，花纹布局与慕烈鼓等类似，面部有两主晕，一为羽人及飞鸟图案，一以马鞍形顶干栏式房屋为中心，屋旁有平台，有人在上击铜鼓。胴部有船形图案。

7.1937 年在桑吉安岛，共发现 6 具铜鼓（其中一具只余面部）。3 具发现在一个已被废弃村落的古墓中，一度为当地居民作求雨之用。值得介绍的是其中最大的一具 C 型鼓，村民们称之为马卡拉貌（Markalamau）鼓。此鼓虽已残破，但仍可看出图像之奇特。面部主晕中有一座马

1 C. 杜包斯：《阿洛岛的人民》，纽约，1944 年。

2 R. 海涅·革尔登：《后印度最古金属鼓的由来和意义》，《大亚细亚》第 8 期，1937 年。

鞍形顶的干栏式房屋，内有著中国衣冠者在行跪拜礼。又鼓身胴部也有船形图案，腰部界格中有羽人。最奇特者为足部亦分 20 格，内有象、马吃食、人骑象、人骑马、人牵象等形象。图案风格与他处早期铜鼓迥然不同，但却反映出中国文化的显著影响（图二八）。海涅 · 革尔登氏将此鼓图案与汉画像石作比较研究，推测其年代在公元 300 至 200 年之间[1]。

8. 苏门答腊出土铜鼓多为残片。值得一提的是 1953 年曾发现一块面部残片，其四周是石头围成的圆圈，可能具有宗教意义。

虽然苏门答腊铜鼓本身无足称道，但这里有两件与铜鼓有关的石刻，却是十分珍贵的资料。一件位于 Batugodjah，是一块长约 2 米巨石，就其天然形状雕成象形，象身两边有战士形浮雕，左边一个双手持象耳，颈戴圆环，腰有宽带，腿戴有圈形饰物，肩背一具铜鼓（B 型鼓）。此石刻现存巴东博物馆。海涅·革尔登以此与霍去病墓石刻比较[2]，不一定妥当，然风格古朴，无疑当属早期铜鼓流行的年代之物。

另一件位于 Airpurch，为 1934 年发现。巨石仅一面有浮雕。两人头戴牛角相对而立各拉一牛，牛鼻穿绳，两人之间有一铜鼓，鼓下有一犬。铜鼓属早期铜鼓形式（图二七 ：左）。雕刻风格与上述 Batugadjah 石雕同，当属同时代物[3]。

总之，铜鼓在东南亚地区分布范围是自中国而南，包括整个印支半岛和马来半岛，南达苏门答腊、爪哇直至卡伊群岛。但婆罗洲和菲律宾群岛迄今无发现。

各型在国外的分布具体情况大体上如下所述 ：

A 型——迄今尚无科学发掘品。越南的淞林鼓，或可归入此型，但仅此一具。最近报导，泰国曼谷古董店中发现一具无耳且无纹饰的原始铜鼓，内有班清文化彩陶片且粘连在一起[4]。然班清文化年代跨度甚大，至今争论颇多。彩陶究属何期？该铜鼓产于何地？我们等待着更多的材料发现和详尽的报告。

B 型——分布于东南亚各地，而以越南北部最为密集。

C 型——除缅甸外，几乎各地都有零星发现，然以印尼发现较多。有的明显为当地产品。

D 型——主要见于越南北部和中部的芒族居住的山区。

E 型——迄今无出土。即有之，亦为传世品，当自中国传入。

F 型——以缅甸掸邦、克耶邦为中心，散布于老挝、泰国等地。

---

1 R. 海涅 · 革尔登 ：《马卡拉貌铜鼓》，《古代印度》，1947 年。

2 R. 海涅 · 革尔登 ：《苏门答腊的考古学及艺术》，载《苏门答腊民族志》，维也纳，1935 年，林惠祥译，1960 年。

3 以上除另有注明者外，并见 H.R.Van 希克伦 ：《印尼的青铜器 — 铁器时代》，海牙，1958 年。

4 今村启尔 ：《关于先 I 式铜鼓》，王大道译，《通讯》4 期，1986 年。

第三章　铜鼓的年代和起源问题

一　铜鼓的断代

铜鼓年代的断定是一个复杂的问题。过去人们仅能凭形制、花纹的演变，推测各类铜鼓的前后序列。近几十年来，随着中国南方和东南亚地区新发现一批年代比较明确的铜鼓，以此为“标准器”可断定所属各类铜鼓的年代，把铜鼓的年代学奠立在科学的基础之上。

我在《试论中国古代铜鼓》一文中，即曾用上述方法，对各类铜鼓的相对年代和绝对年代加以拟定。然拙文写作时，堪称为“标准器”的铜鼓数量尚少，或虽已发现而材料尚未正式发表，或仅见报导而未见图片。故写作过程中，时有“标准器”不足之感。作为一种权宜之计，有时不得不以一些不太理想的标本充数。例如，我们选择金石学家考释过的“晋义熙四年鼓”作为C型的“标准器”，现在予以更换。倒不是因为此是“伪器”，或者应属D型[1]，而是因为原器早失，我们只能见到文字描述而未见图片。又如F型鼓迄今无发掘品，故又不得不从西盟佤族仍在使用的此型鼓中选择我们1965年采集的一件标本作为“标准器”，现也已更换。

今就近四十年新发现铜鼓中选择出较好的“标准器”，按其类型列成一表（见表二），以便查阅。“标准器”尽量以出土地点的小地名命名，以免混淆（有关材料出处，请参阅第二章的表，不再一一注明）。

这里要说明的是表中所列“标准器”大体上可分为三类：①古墓出土，有他物共出，可以断代，或墓葬本身经过碳14测定年代者；②虽系单独出土，从有关迹象或共出物仍可断定其入土年代之上限者；③铜鼓上铸有铭文记录制作年代，或纪年铭文虽系阴刻经断定非伪者[2]。在①②两类中，不仅包含截至1987年为止国内之发现，而且也搜罗了国外一些重要发现。前已说过，铜鼓之分布原无国界可分，只有把所有材料综合起来，才能窥知全貌。

1　张世铨《试论铜鼓的分式》一文说，此器“作伪的可能性较大”。然铭文虽是阴刻，经罗振玉鉴定非伪（《参见《俑庐日札》晋鼓条）。在这一点上，我只能相信罗振玉辨别古文字真伪的能力，而不敢苟同未见原拓片今人的断语。又张氏认为此为D型鼓，理由是“面边虚出廓外”（即面部突出鼓身），“四角有小蟾蜍”（即面有四蛙），然这些本是CD两型共有特征。重要的是此鼓还有“羽人”图像（所谓“范铸人持剑像”），岂是D型鼓所能有？

2　关于纪年铭文铜鼓，请参阅蒋廷瑜：《略论汉字铭文铜鼓》，《考古与文物》1982年第1期；杨耀林：《广东发现的带铭文铜鼓》，《考古》1982年第1期。

还要说明的是出土铜鼓一般只能断定其入土年代，而制作必在其前。一件铜鼓若不入土，又可被人们使用数百年之久。故铜鼓（除少数有纪年铭文者外）的断代只能是比较笼统的。我们只能把有关情况综合起来，说明某种类型铜鼓在某一段时期流行或比较流行。

兹据表二所列材料，对各型铜鼓流行年代试加论述。

（一）A 型

碳 14 数据表明，楚雄万家坝鼓入土年代为公元前 7—5 世纪；祥云大波那鼓入土年代为公元前 5 世纪。我不赞同总是按最早的碳 14 测定年代上限计算铜鼓的入土年代，从而把万家坝鼓定为“公元前七八世纪之物”。但考虑到 A 型鼓在云南地区公元前 5 世纪及以后墓葬中不再出现，可以认为 A 型鼓的流行年代在公元前 5 世纪以前，即春秋至战国之交。

（二）B 型

B 型鼓流行年代亦较明确。最早的 B 型鼓，无论在哪一地区，都无早于公元前 5 世纪者。关于 B 型鼓流行年代的下限，则因地区而异。大抵是在中心地区（如云南），无晚于公元前 2 世纪者；而在边缘地区则稍晚，可晚到公元前 1 世纪（如广西贵县中学鼓），甚至更晚（如越南密山鼓及一部分东山鼓[1]）。我们认为，把 B 型鼓流行年代定在公元前 5 世纪到公元 1 世纪是适当的。

这一时期正是中国西南地区和东南亚大陆诸国青铜文化高度发展时期，B 型鼓图像花纹精美，这与整个青铜文化的发展是分不开的。

（三）C 型

C 型鼓年代较早者为石寨山 M10 ： 3 鼓。由于同墓发现了草叶纹镜和铁器，该鼓入土年代约当汉武帝时期或稍晚，即公元前 2 世纪后期。马来西亚的甘榜双溪朗鼓，碳 14 测定年代跨度太长，从公元前 5 世纪直到公元 1 世纪，若取其中间值，则与我们对石寨山 M10 ： 3 鼓的推断并无矛盾。可以认为，C 型鼓的上限约在公元前 2 世纪左右。

东汉魏晋南北朝时期，即公元 1—5 世纪，为 C 型鼓昌盛时期。广西冷水冲鼓、平道乡鼓及越南的蒙村鼓的年代均可涵括在这一时期。在巴若特发掘的时代较晚的东山鼓中，至少有一具属于 C 型[2]。

C 型的晚期作品，暂以遵义宋墓出土诸鼓为代表。如前所述，不少学者主张为这批鼓另立新型。若暂包括在 C 型之中，则 C 型流行年代的下限可定在南宋时期。

（四）D 型

D 型“标准器”较缺乏。广西博物馆从岑溪征集来的桂 44 号铜鼓，上有五铢钱纹。从“五铢”字体看，分明属东汉五铢，故此鼓之铸造只能在东汉或晚于东汉。特别是自魏晋至隋这一段时期，社会动乱，不少政权虽曾铸造自己的钱币，但汉以来多种旧币一直仍在流通。这原是考古学的一般常识[3]。假如这一时期岭南豪家取东汉五铢钱来模制自己铜鼓的纹饰，这钱对他来说也并非

1 如巴若特发掘品即可晚到公元 1 世纪。戈露波这一意见颇受责难。东山文化内容复杂，延续年代颇长，然就巴若特发掘品而言，包括西汉半两、汉五铢和王莽钱，戈露波的断代原无错误。

2 V. 戈露波《安南北部和东京地区的青铜时代》一文介绍的 I .19244 号鼓，“鼓面外晕有四只小蛙”，一般应属 C 型。惟巴若特发掘的二十（？）具铜鼓，全部材料迄今未之见，其中 B 型、C 型各有几具，尚不得而知。

3 《中国大百科全书 · 考古学》，第 671 页。

表二　铜鼓分类及标准器表

类型	重要特征	流行年代	分布地区	标准器						
				器名	出土地点	数量	制作年代	入土年代	收藏单位	备注
A型	鼓面甚小，胴部显著突出。胴下有半圆形耳。足部展开，有折棱。素面，部分有简单纹饰。不分晕。无蛙。	先秦	云南中部	大波那鼓	云南祥云县大波那村	1		约公元前5世纪	云南博物馆	墓葬碳14年代：495±85 B.C.
				万家坝鼓	云南楚雄县万家坝	5		约公元前8—前5世纪	云南博物馆	墓葬碳14年代：415±95、450±90、480±90、760±130、765±135 B.C.
B型	鼓面仍小于鼓身，但较A型为大。胴部仍略有突出，胴下有半圆形耳，足部展开有折棱。面部中心有星形光芒。主晕内饰飞鸟纹和复杂图像，胴部主晕饰船及羽人。腰部有垂直花纹带划分为若干方格，内饰羽人、牛、鸟等，或空白无饰。图像写实，从面部到足部布满一道道细晕，内饰三角齿纹、同心圆纹、切线圆圈纹等。无蛙。	先秦至西汉	云南、贵州西部、广西西部、四川南部	石寨山鼓	云南晋宁县石寨山	16		约公元前3—前2世纪	云南省博物馆	
				李家山鼓	云南江川县李家山	8		约公元前4—前3世纪	云南省博物馆	
				珠街鼓（M41）	云南曲靖珠街	1		约公元前3—前2世纪	云南省博物馆	
				天子庙鼓	云南呈贡天子庙	1		约公元前4—前3世纪	昆明市文管会	
				可乐鼓	贵州赫章县可乐祖家老包	1		约公元前3—前2世纪	贵州省博物馆	
				贵县中学鼓	广西贵县中学	1		约公元前1世纪	广西博物馆	
				普驮鼓	广西西林县普驮村	4		约公元前2世纪	广西博物馆	
				罗泊湾鼓	广西贵县罗泊湾	2		约公元前2世纪	广西博物馆	
				甘莲村鼓	广西田东县甘莲村	1		约公元前3世纪	广西博物馆	
				东山鼓（巴诺特发掘）	越南清化省清化县东山村	20		约公元1世纪	越南历史博物馆	
				东山鼓（阳士发掘）	越南清化省清化东山村	2		约公元前2—1世纪	巴黎 Cernushi 博物馆	
				密山鼓	越南清华省密山县	2		约公元1—2世纪	越南清华省文化司	据称出土于东汉砖墓中
				越溪鼓	越南海防水亢县越溪村	1		约公元前5—前4世纪	越南历史博物馆	出土船棺墓中，其碳14年代：2330±100、2415±100、2480±100 B.P.
				永宁鼓	越南清化省永乐县永宁社	1		约公元1—2世纪	越南清化省文化司	据称出土于东汉砖墓。碳14年代为1990±85 B.P.。
				鼎乡鼓	越南义安省义坛县鼎乡	4		约公元1世纪	越南义安省文化司	
				翁巴鼓	泰国北碧府翁巴洞穴	5		约公元前2世纪		据信铜鼓与附近船棺有关。船棺年代为2180±100 B.P.。

续表

类型	重要特征	流行年代	分布地区	标准器							
				器名	出土地点	数量	制作年代	入土年代	收藏单位	备注
C型	鼓面等于鼓身或稍大于鼓身，胴下有半圆形耳，腰部增粗，足部折棱增宽。面部、胴部主晕及腰部方格均保存，其中羽人、船等写实图像几何化。其他晕饰各种几何花纹。鼓面有四蛙或牛车、骑士等立体雕像。	汉至宋	云南、贵州、四川、广西及广东部分地区。以川南、黔北及广西较为密集。	石寨山M10：3鼓	云南晋宁石寨山	1		约公元前1世纪	云南省博物馆	
				冷水冲鼓	广西藤县横村冷水冲	1		约公元1世纪	广西博物馆	鼓内有四耳陶缸罐一件，经鉴定为东汉早期物。
				平道乡鼓	广西金秀县平道乡	1		约公元4–6世纪	广西博物馆	鼓内有黄釉陶碗，经鉴定为南朝物。
				杨粲墓鼓	贵州遵义市皇瞻坟	2	公元1086—1093年或以后	公元1247年	贵州省博物馆	鼓身见“元祐通宝”钱痕迹。墓立于1247年。
				马家湾鼓	贵州遵义马家湾	1		约公元10–13世纪或以后	贵州省博物馆	
				刀靶水鼓	贵州遵义刀靶水	1		约公元10–13世纪	贵州省博物馆	
				蒙村鼓	越南宁平省儒关县蒙村	1	公元1–2世纪或以后		越南宁平省文化司	据称鼓面有钱纹，与东汉砖墓常见钱币相似。
				甘榜双溪朗鼓	马来西亚雪兰峨州甘榜双溪朗	2		约公元前5世纪至公元1世纪		鼓下木板（船棺残骸）碳14年代：485±95 B.C.、100±90 A.D.
D型	鼓面大于鼓身，腰部甚粗，半圆形耳在胴下。足部不再展开，折棱甚宽，略存痕迹，全鼓形如圆筒 面部、鼓身无主晕，腰部亦不再划分方格，遍体细晕，饰以花瓣纹、弦纹、圆圈纹、回纹等。鼓面有四蛙或六蛙，或大蛙身上更负小蛙。	魏晋至清	广西西部、南部、西南部，广东和海南岛	绿水村鼓	广西灵山县绿水村	1		公元7世纪或以后	广东省博物馆	鼓内出“开元通宝”钱一枚。
				凤山鼓	广西横县六合大队凤山	1	公元1—2世纪或以后	约公元1—4世纪	广西博物馆	鼓内出当地东汉魏晋墓葬中常见黄釉陶片。
				桂44号鼓	广西岑溪	1			广西博物馆	鼓身有五铢钱纹，形制如东汉五铢。

续表

类型	重要特征	流行年代	分布地区	标准器						
				器名	出土地点	数量	制作年代	入土年代	收藏单位	备注
E型	鼓面与鼓身相合，鼓身分为两段，有一凸棱为界。耳半圆形在胴部中间，与以上诸形不同。 鼓面有一个或数个宽晕，饰游旗纹、八卦、十二生肖等。边沿常有圆钉一圈。鼓身遍布细晕，饰回纹、栉纹、卷云纹、莲花纹、鱼龙纹、索纹等。花纹之中或夹铸汉字，内容为吉祥语、铸造年代或地点等。鼓面无蛙。	宋至清	云南、贵州、广西、四川、湖南	谷峒鼓	贵州麻江县谷峒车站	1		约公元12—16世纪	贵州省博物馆	
				“天元”鼓		1	公元1378年—1387年		广西博物馆	鼓面有铭“天元孔明”、“福寿进宝”。
				“成化十五年”鼓		1	公元1479年		广东佛山市博物馆	鼓身有铭“成化十五年”。
				“万历元年”鼓		1	公元1573年		贵州省博物馆	鼓面有铭：“万历元年”、“孔明置造”。
				“康熙二十一年”鼓		1	公元1682年		云南省博物馆	鼓身有铭“康熙三十一年岁在壬戌孟春造铸”。王朝纪年与干支不合，故知“三”应为“二”之误。
				“嘉庆三年”刻铭鼓		1	公元1798年以前		广东省博物馆	鼓身有錾刻铭文“嘉庆三年王家买同古（铜鼓），钱四千文，米三十斤钱一千五百文。嘉庆三年戊午年三月十六日王家□□□吴长记”。
				“嘉庆戊寅年”刻铭鼓		1	公元1818年以前		四川省博物馆	鼓面有阴刻铭文“大清嘉庆戊寅年十月吉日九莲寺住持道本置立”。按戊寅年为嘉庆二十三年。
				“道光年”鼓		2	公元1821—1850年		上海博物馆	鼓面主晕内有“道光年建立”、“万代进宝”、“永世家财”铭文。

续表

类型	重要特征	流行年代	分布地区	标准器						
				器名	出土地点	数量	制作年代	入土年代	收藏单位	备注
E型	鼓面与鼓身相合，鼓身分为两段，有一凸棱为界。耳半圆形在胴部中间，与以上诸形不同。 鼓面有一个或数个宽晕，饰游旗纹、八卜、十二生肖等。边沿常有圆钉一圈。鼓身遍布细晕，饰回纹、栉纹、卷云纺、莲花纹、鱼龙纹、索纹等。花纹之中或夹铸汉字，内容为吉祥语、铸造年代或地点等。鼓面无蛙。	宋至清	云南、贵州、广西、四川、湖南	“道光年鼓”		1	公元1821—1850年		广西博物馆	鼓面主晕有“道光年建立”、“福如东海，寿比南山”铭文。
				“道光二年鼓”		1	公元1822年		广西博物馆	鼓面主晕有“道光二年建立”、“万代进宝”、“永世家财”铭文。
				“道光五年”鼓		1	公元1825年		上海博物馆	鼓面主晕有“道光五年建立”、“万代进宝”、“永世家财”铭文。
				“道光八年”鼓		1	公元1828年		广西博物馆	鼓面主晕有“道光八年建立”、“万代进宝”、“永世家财”铭文。
				“道光十年”鼓		1	公元1830年		上海博物馆	鼓面主晕“有道光十年建立”、“万代进宝”、“永世家财”铭文。
				“道光十二年”鼓		1	公元1832年		维也纳民族学博物馆	鼓面主晕有“道光十二年建立”、“万代进宝”、“永世家财”铭文。“十二”两字上下排列。
F型	鼓面大于鼓身，鼓身自腰以下逐渐收缩，足部折棱痕迹亦无，全鼓形如上粗下细之圆筒。耳呈三角形，在胴部中间。 鼓面鼓身不再分主晕，腰部不再划分方格，遍体细晕，饰花瓣纹、眼纹、游旗纹、谷穗纹、栉纹和已经图案化的鸟、鱼等。鼓面有四蛙。鼓足有树、牛头、蜥蜴等浮雕。	明至清	云南西南边境地区	“网巴茵”鼓		3		约公元1767年		U.居勒尔氏藏品。据称得自“网巴茵”(Bang-Pa-in)旧址。按阿瑜陀耶王朝曾在此建有王宫，1767年左右缅甸侵泰时被焚。

“古董”，而是“现钞”。这铜鼓主人也根本谈不上是什么“爱好古董”的风雅人士，仍不过是夸示豪富的财主而已。总之，岑溪的桂44鼓上的五铢钱纹只能说明D型鼓流行年代的上限。

D型鼓的昌盛时期当在魏晋南北朝隋唐时期，凤山鼓、绿水村鼓均可支持这一观点。很多学者把D型鼓流行年代截至唐代为止，似尚待商榷。前已说明，我们讨论的是铜鼓流行年代，而不是其铸造年代。事实是，D型鼓自唐代以后一直在流传。绿水村鼓即有可能晚于唐代入土。清代两广地方志上著录的铜鼓应为D型[1]，寺庙神祠中收藏的亦多属D型（如南海神庙鼓、北流水桶庵鼓），越南芒族则至今仍在使用。反观ABC三型的情况，中国少数民族仍在使用者仅有个别的例子，一般是新从土中掘得者。故我们认为，D型鼓的下限应和EF两型一样，可延续到现代。

（五）E型

E型鼓流行年代的上限可早到南宋。遵义杨粲墓鼓，已显示出要从C型到E型转变的痕迹。谷峒鼓出土于宋明之际的墓中，也可说明这一点。

自元至清，E型鼓历久不衰，纪年诸鼓可以证明这一点。纪年鼓中最晚者为“道光十二年”鼓，说明直到1832年，仍在制作E型鼓[2]。中国少数民族及老挝拉棉人使用的多为E型鼓，又说明直到现代仍在被使用。

（六）F型

F型迄今无发掘品。只知它是年代最晚的铜鼓，其确切年代不明。据缅甸方面材料，它的兴起在500年前[3]，约当中国明代。现在姑以U.居勒尔收集的3具为“标准器”。据称这3具铜鼓从泰国“网巴茵”地区被焚旧王宫中得来。该地确有原阿瑜陀耶王朝在此建立的王宫，当缅军侵泰时被烧毁。若所说不误，则此3具铜鼓的入土年代必在公元1767年，即缅军大举攻泰之前。

F型至今仍为中国佤族、克木人、缅甸克伦族等所使用，故其流行年代应一直延至现代。

关于各型年代先后请参考《试论中国古代铜鼓》一文中铜鼓流行年代表。

二　各类铜鼓的发展序列和相互关系

各类铜鼓之间是否有一种演进关系？这是铜鼓研究的难题之一。

目前多数学者对这个问题的答案是肯定的。我们也认为有演进之关系，但不是直线发展而是错综复杂的。

这不仅因为各种类型出现时间有早有晚，而且因为从器物类型学上可以看出它们之间有因袭嬗变之迹。下面仅将各类铜鼓之相互关系作简明的叙述，过于详细的论证对一般读者可能是个不必要的负担。

A B两型形状略同，仅A型器身略高。又A型素面无纹饰或仅有简单纹饰，是一种器物初

1 参见上引洪声《广西古代铜鼓研究》表2。

2 西方铜鼓文献或把中国制作铜鼓年代的下限定在公元1700年。这是根据（清）屈大均《广东新语》有关广州地区铸造雌雄铜鼓的记载。然几具道光年款铜鼓表明，直到公元19世纪中叶中国铸造铜鼓之事仍然盛行。

3 见《缅甸百科全书》铜鼓条。一说“铜鼓”一词在11—12世纪孟族及缅族文书中已见，待查。

创阶段必然现象。B 型花纹精美，则是铜鼓工艺臻于成熟的标志，也是中国西南地区和东南亚地区青铜文化高度发展的产物。B 型应是 A 型的发展。

C 型与 B 型相比，面部扩大，腰部增粗，但从形制上仍可看出 C 型是 B 型的进一步发展：花纹布局沿袭 B 型（如面部、胴部各有主晕，腰部分为界格）；原来写实图像（船、羽人等）逐渐图案化；蛙饰的出现虽是 C 型的创造，但青蛙原是与 B 型鼓共生的青铜器常见题材（如云南安宁太极山出土一件铜钺上即有青蛙浮雕[1]，越南安沛省镇安县陶盛村发现的铜鼓内有青蛙相负雕像一件）。

D 型与 C 型在形制上似有较大区别，但仍有嬗变之迹可寻。器身不再分为明显的胴、腰、足三部分，显然是腰部继续增粗的结果；蛙饰也是沿袭 C 型；面部和胴部不再分出主晕，腰部不再划分界格，这不过在花纹布局方面有新的突破而已。

E 型在形制上似继承 C 型（特别是 C 型晚期鼓），但器身低矮，无蛙饰，鼓面仍分主晕，常见由羽人图像变来的“游旗纹”等，似 B 型对 E 型也有直接影响。又鼓身布满细晕，腰部不再划分界格，与 D 型似也有一定的关系。

F 型与 D 型有明显的一脉相承关系。不仅形制略同（仅 F 型足部较为收敛），而且同有蛙饰。但 C 型对 F 型似也有一些影响，F 型面部常有一晕较宽，内饰细小的游旗纹，可以说明这一点。

拙作《试论中国古代铜鼓》中曾就六种类型铜鼓的发展序列和相互关系作出图解，现略加修订，移植于此，以供参考：

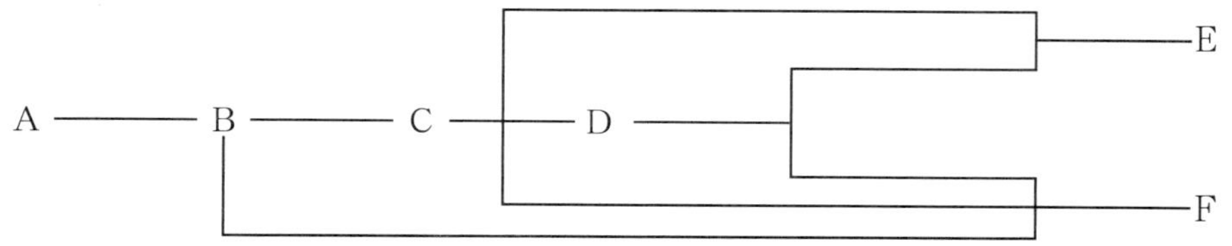

另有少数学者提出铜鼓两个系统说。即将 ABCE 四型列为一个系统，称为“西式”或称“滇桂系统”；D 型为另一系统，称为“东式”，或称“粤桂系统”[2]。此说并非近人始创。如《西清古鉴》把岭南地区铜鼓称为“伏波鼓”，把四川地区铜鼓称为“诸葛鼓”，说明该书编者们已想把铜鼓可分为两个系统。

我们在本书中不拟对铜鼓两个系统说作详细的评论，只想指出以下两点：

1. 两个系统说主要缺陷在于无视或低估了 C 型和 D 型的关系。近有学者一方面主张两个系统说，另一方面为了弥补这一缺陷，而提出 C 型是东西两个系统的交流型之说[3]。殊不知这又把 D 型的时代估计太早了。若承认 C 型出现早于 D 型，则 C 型自不可能由 D 型和其他什么类型融合而成。

1《云南安宁太极山古墓群清理报告》，《考古》1965 年第 9 期。
2 参见闻宥：《古铜鼓图录》；洪声：《广西古代铜鼓研究》；黄增庆：《广西两大类型铜鼓的特征和由来探讨》，《论文集》1。
3 胡振东：《试论中国古代铜鼓的体系及其关系》，《论文集》1。

2. 两个系统说另一缺陷是无法安排F型的位置。从器物类型学上分析，F型和D型最为接近，应该算成一个系统；从分布地区考虑，则F型分布更在所谓“西式”之西，实在无法称为“东式”。

总之，铜鼓各种类型之间的相互关系是一个复杂的问题，有待我们进一步研究。关键问题在于弄清C型和D型的关系，而两者发生接触的地区明显在今广西。我们期待着广西方面有更多新材料的出土。

三　关于铜鼓的起源和传布

关于铜鼓的发源地，一直有着不同的看法。国外学者最初是迈尔提出柬埔寨说。格乐特则主张为中国西南部蛮人所创。黑格尔在其大作中未具体地指出铜鼓的起源地点，但认为应产生于巨大河流附近而非滨海。后来，由于越南东山文化中发现大批铜鼓，学者们又把注意力集中到印度支那半岛。如巴梦薛认为应起源于湄公河一带，戈露波认为应为印支沿海地区的印度尼西亚人所创始。惟海涅·革尔登主张铜鼓连同所属的青铜文化应导源于欧洲，几乎无人相信他的说法。

国内学者过去除笼统地认为铜鼓应起源于中国西南地区外，凌纯声氏曾提出铜鼓应自两湖地区（“云梦大泽”）发源的主张，闻宥也有过类似的看法。

现在既已确定了A型鼓是最古老的铜鼓，其他类型由A型依次发展而来，则A型集中分布的云南中部[1]，应就是铜鼓的发源地。这一点是不言自明的。

前人关于铜鼓发源地的看法有不确切之处，由于材料的限制，无可厚非。然今天越南学者面对着大量发现的新材料，仍然主张铜鼓起源于越南北部，或具体地认为河西省就是铜鼓的故乡云云，则有必要略加考辨。

让我们先来看一下他们的论据。有关论据归纳起来无非是：(1) 早期铜鼓在越南北部发现数量最多，分布最为密集；(2) 具有精美写实性图像的铜鼓又是早期铜鼓中最古老的，也以越南发现最多；(3) 铜鼓是由越南新石器文化及早期铜器文化（冯原、铜豆、扪丘）中孕育产生的[2]。

我们认为，这些论据很难成立。越南北部确是铜鼓一个重要的分布中心，但不能说就是起源地。

现已查明，最古老的A型铜鼓是素面无纹饰或仅有简单纹饰的。即在B型鼓中，也并非是那几具图像精美铜鼓年代较早。所谓图像写实性愈强年代愈古老的说法，原是黑格尔提出来的，现已证明不能成立。图像精美的铜鼓在越南有玉镂鼓、慕烈鼓、黄下鼓，在中国也有开化鼓、广南鼓和西林鼓，并非越南所仅有。这类铜鼓多为传世品，年代不明，然西林鼓可确定为西汉初年之物，其入土年代尚晚于一般的B型鼓（如石寨山诸鼓、李家山诸鼓和越南的越溪鼓）。它们似为某一部落首领或贵族特意制造之物，而一般B型鼓（如最常见的面部主晕有四飞鸟的B

---

1 迄今发现多分布于云南，越南仅有淞林鼓等。参见彭南林：《先黑格尔Ⅰ式铜鼓说》，《云南省博物馆建馆35周年专集》。
2 参见梁志明：《略述越南关于古代铜鼓的研究》，郑明轩：《越南的古铜鼓研究情况》。

型鼓）似为成批的产品。它们和B型的区别仅在于此，而与其年代无关。

铜鼓确曾继承当地远古文化若干因素。例如铜鼓纹饰与冯原文化陶器纹饰，确有相似之处[1]。但这不过是制造铜鼓时，吸收了当地已有的艺术传统，而这已是B型鼓流行的时代，古老的A型鼓是无纹饰的。因此，这一点并无助于证明铜鼓起源于越南。越南学者提出河西省同延遗址发现青铜片[2]，但既然“太小”，是否就是“铜鼓的残片”？这一发现也不能作为证据。

总之，从目前材料看，大约在公元前7世纪，一种最原始的铜鼓（A型）在今云南中部被创造出来。以后，才陆续演化其他类型并向其他地区传布。

下面试据上面所说各类铜鼓的年代和分布情况，再对铜鼓的传布作一简单的勾画。

约公元前5世纪，在云南中部、南部直至越南北部广大地区，随着青铜文化的高度发展，铜鼓工艺也臻于完美，从A型鼓发展出以花纹精美著称的B型鼓来。很可能，B型鼓像其他青铜器一样，在这片地区内应有好几个制作中心[3]。由于至今尚未找到一处铸造铜鼓的遗址，使这种推测始终不能得到证实。

约在公元前2世纪时，B型鼓上写实性图像开始图案化，而且出于某种宗教观念，把当地青铜艺术中已流行的青蛙形象，作为青蛙附饰，于是出现了C型鼓。当然，C型鼓也加入了若干新因素，在较晚C型鼓上出现了两晋南北朝时期长江以南器物上流行的纹饰，这是自晋以来内地和当时的广州、宁州、交州地区经济文化频繁交往的反映[4]。

新型的出现并不意味着旧型的消失，它们往往还要并存一个时期，这是古器物演进关系中常见现象。从B型到C型的转变大概仍发生在云南地区，最早的C型鼓就发现在石寨山滇王墓葬群中，并与大量的B型并存。大约在公元前后，即相当于中国汉代的时候，C型和B型一同向南、向北和向东传布。在南面，通过印支半岛（老挝、泰国、柬埔寨）传到马来半岛，并越过马六甲海峡，传入印尼。从苏门答腊而东，通过爪哇、小巽他群岛，一直到达卡伊群岛。北面越过金沙江到达四川南部的宜宾地区和凉山地区。在东面，传入贵州西北部和北部、广西西部。凡是距离中心地区较远的发现，其年代总是较晚。例如，广西贵县是B型鼓分布的最东边沿，那里发现的B型鼓可晚到东汉。越南的密山鼓、永宁鼓和鼎乡鼓，均是东汉时入土。甚至东山鼓亦有一部分晚到公元1世纪。而在云南东汉墓中迄今无B型鼓的发现[5]。又如，C型鼓也有类似现象，广西冷水冲鼓、平道乡鼓均是东汉以后物，其分布于贵州北部和四川南部者，一直延至宋代仍有制作（如遵义发现诸鼓）。而在云南，C型鼓中年代可考的石寨山M10 ∶ 3鼓，则为西汉中期物。这一现象充分反映出B、C两型由云南向外传布之迹。

像B型鼓一样，C型鼓必有若干制作中心，惜今已无从查考。黔北及川南地区之C型晚期鼓，与一般C型鼓风格有异，或即为当地所制作。又印尼C型鼓有自己的特点，如著名的沙莱叶鼓，

1 《冯原》，载《亚洲展望》XXIII（1），1980年。

2 武胜：《越南和东南亚东山鼓分布状况》。

3 德麦琳（M.Dewall）：《东南亚高地青铜时代晚期的地方性制造中心》，载《早期东南亚》。

4 罗宗真：《铜鼓的纹饰和有关因素看六朝时期江南与西南地区的文化交往》，《论文集》2。

5 铜鼓传布愈南者，时代愈晚，前人已有所觉察。参见P.V.Van斯坦因·卡伦斐尔：《青铜罐鼓的年代》，《莱佛士博物馆馆刊》B—1 ∶ 3，1937年。

描绘出浓厚的热带风光，似亦为当地的产品[1]。谈到印尼铜鼓，过去总是归之于越南东山文化的东传，是不全面的。至少印尼的C型鼓的制作，似曾受到中国直接影响。如著名的马卡拉貌鼓上有跪拜的中国人像，卡伊群岛鼓耳下有中国字（参见第二章），这必是在中国影响下为当地所制作，因为任何地区从未发现过同类之物，而中国两广地区通过海路和印尼之间自古就有交通。这一现象是不难解释的。

约当公元1世纪以后，从C型鼓中演化出D型鼓。D型鼓在花纹、形制上都有突破，改变了铜鼓工艺一些传统作法。这一突破和转变，应是在广西发生的，因为广西正是C型D型交错存在的地方。如桂平县曾发现C型、D型同坑埋藏的现象。近来广西北流县铜石岭又发现一处矿冶遗址，出土铜鼓碎片一块，或以为是制作D型鼓的工场[2]。

D型鼓大概只有一个制作中心，因为它集中分布于广西西部、广东东部、雷州半岛及海南岛这片地区内，他处只有零星发现。越南芒族地区现仍存在较多的D型鼓，亦由广西传去。周去非《岭外代答》卷七："广西……铜鼓，大者阔七尺，小者三尺，所在神祠、佛寺皆有之。……交阯尝私买以归，复埋于山，未知其何义也。"所说大铜鼓，应指D型而言。大概自北宋起，这类铜鼓随着贸易交往而输入越南。

E型鼓和C型晚期鼓（如杨粲墓鼓）在形制上似有继承关系，但目前不知它在何地何时首先被创造出来。由于它在纹饰上反映出浓厚的汉族思想意识和艺术爱好，必是西南少数民族大量吸收汉族文化或与汉族融合之后的产物。它的上限可以到南宋。

由于E型分布甚广，制作中心自非一个。惜今多无考。但至少可以肯定，广州地区为制作中心之一。过去琼州府（今广东琼山县）天宁寺藏有E型鼓一具，铭曰"大明成化十二年广州府番禺县客人李福通铸造"[3]。客人或指客家人而言，可见明代广州可以制作E型鼓。屈大均《广东新语》记载清代广州制作铜鼓，应指E型而言[4]。

黔东南和黔南地区可能也有过制作E型铜鼓的中心。这里今天收藏E型鼓数量特多。今天广西等地少数民族使用的E型鼓，据称多由这一带买去。

广东省博物馆所藏一件E型鼓上，铸有"楚雄卫山千户所百户印"文，应为官吏定制时印于泥范之上者。考虑到官印一般不能携出辖境之外太远，故此鼓或为当地制造。若此推测不误，则云南中部也曾制作E型鼓。

至于中国境外E型鼓只有零星发现，学者公认是由中国传去。在国外，似无制作E型鼓的中心。

大约在公元14世纪前后，又发展出一种新的类型——F型。它和D型有直接继承关系，可能是D型流出国外形成的，也可能是在广西某地从D型孕育而成后才外传的。最近在广西靖西、龙州连续发现F型鼓或其雏型，暗示后一种可能性日益增大。而且可以推测，它们正是通过北部湾经海路传入东南亚的。据缅甸方面材料，F型是500年前由壮族传去，或有依据。

---

1 I.C. 格拉弗：《印尼的史前时代末期》，载《早期东南亚》。

2 姚舜安等：《北流型铜鼓及其铸造遗址初探》，金属早期生产及应用第二次国际会议论文，1984年。

3《琼州府志》卷四二《金石》。

4 按该书铜鼓条在描述各地寺庙收藏的D型鼓之后云："今铜鼓制皆小，最大者二尺余，圆脐突起，隆面而浅唇，不作虾蟆花绣纹。……广州炼铜鼓师不过十余人，其法绝秘。"所说情况正与E型相符。

F 型最大制作中心在今缅甸掸邦、克耶邦地区之内。克耶邦的威当（今乐可）曾是制作最盛的地方。今天其他国家 F 型鼓（包括中国云南西南边疆所用者）多由这里传来。

最后，我们还要顺便回答一下铜鼓究由何物变来的问题。这不算什么重要问题，而且有关讨论甚多；这里不想再浪费过多篇幅，只想指出以下两点：

第一，拙文《试论中国古代铜鼓》曾提出一种意见："铜鼓前身就是象脚鼓这样的原始木鼓"。非难者颇多，他们把这句话简单地归纳为"象脚鼓说"，殊违我之原意。象脚鼓是现代傣族、景颇族乃至某些东南亚国家所用之物；而一端蒙皮一端敞口的比较粗糙的同类之鼓，却曾在东南亚地区和太平洋岛屿诸岛许多原始民族之中普遍流行，是一种史前乐器。

图二九 印尼阿洛岛用作通货的"摩科"铜鼓

铜鼓由某种鼓类发展而来，这原是自戈露波[1]、海涅·革尔登[2]以来许多学者的共同意见，问题在于鼓类中哪一种才和铜鼓最为接近，我们仍然认为就是这种一端有面的原始木鼓。两者形制之差别，仅在原始木鼓作细长形，铜鼓器身低矮。然最早的 A 型鼓（如大波那鼓[3]）比起以后各型来，鼓身略呈细长形，暗示铜鼓有由细长向低矮发展的可能；而与原始木鼓一样的细长形铜鼓，实际上是存在的。这就是印尼发现的异型鼓，大的如 Pedjeng 鼓，小的为阿洛岛的"摩科"鼓（图二九），与上述原始木鼓形制全同。当然印尼异型鼓年代较晚，不能作为所有铜鼓的前身。但假如我们给予文化人类学上独立发明说以一定的地位，则不容否认，事物的发明和演进过程可以重复地发生。易言之，A 型铜鼓可以由当时云南流行的原始木鼓发展而来，正像印尼的"摩科"鼓由当地原始木鼓变来一样。仅 A 型鼓和上述原始木鼓之间"还有许多缺环，尚待今后继续发现"[4]。

---

1 见所著《安南北部和东京地区的青铜时代》。
2 见所著《后印度最古金属鼓的来历和意义》。
3 从入土年代看，大波那鼓较万家坝诸鼓似稍晚；从器物类型学上看，大波那鼓则更为原始，在这一点上我们同意今村启尔的意见，见所著《关于先黑格尔 I 式铜鼓》，《通讯》第 4 期，1986 年。
4 见上引《试论中国古代铜鼓》。

第二，目前流行的铜鼓起源于铜釜之说，貌似合理，破绽实多。一种器物若由另一种器物发展而来，则前者迟早总要被代替。而铜鼓与铜釜却总是“形影不离”，或一起出土，或经常混用[1]。此并不能证明铜鼓脱胎于铜釜。我将于最后一章中对此现象提出一种新的解释。

1 万家坝鼓底部多有烟熏痕迹，有一件铜釜是用铜鼓加上立耳必制而成（见《楚雄万家坝古墓群发掘报告》）。用铜鼓煮饭之事有文献记载，在今天民族习俗之中不断有所反映，此只能证明铜鼓可用作釜锅，而不是相反。

第四章 铜鼓上的纹饰

铜鼓受学者重视原因之一就在于铜鼓上有着丰富的纹饰。它们是研究古代有关民族历史、艺术、宗教信仰、思想意识、生活习俗、社会制度的重要资料。

铜鼓纹饰大体上可分为三类：(1) 图像，指写实性的图像；(2) 花纹，指几何纹或图案；(3) 立体附饰，指雕塑或浮雕性装饰。下面只择其重要者分别予以介绍，并探讨它们的意义。晋宁石寨山出土的贮贝器上，有精美的图像和非常复杂的立体附饰（人物活动场面），由于同类器物在他处迄今未发现，带有特殊性，且论述颇多，这里不再介绍。但它们反映的社会生活和人们信仰，和早期铜鼓所反映者有共同之处。读者如要进一步研究铜鼓纹饰问题，必须参考这方面资料[1]。

一 图像

铜鼓上有写实图像者仅见于B型鼓中几面精品。它们是中国的开化鼓（图三〇）、广南鼓，越南的玉镂鼓（图三一）、黄下鼓及现藏法国吉美博物馆的慕烈鼓（图三二）等。它们都是传世精品，自来受到人们的喜爱。

（一）干栏式房屋、舞蹈、舂米

见于上述几具鼓面主晕（图见《试论中国古代铜鼓》）在越南清化省广昌县收集的一面铜鼓亦有之，惟已简化[2]。

几幅图大同小异，均以一座干栏式房屋为中心。房屋上层内可见有人相向而坐或聚会之状。房顶上立一鸟或两鸟，两角更有鸟形装饰，相当于内地房屋上的鸱尾[3]，然却有更深的含义。房屋连有晒台，上有人坐而击铜鼓。旁边有一木架，上悬挂若干圆形物，当代表一组编锣，或有人作击打之状。房屋周围有头插羽毛或头戴鸟头人像（习称“羽人”），徒手或手持某物，作舞蹈之状。在干栏式房屋之旁，有时还见双人对舂一臼。

---

1 冯汉骥：《云南晋宁石寨山出土铜器研究》，《考古》1963年第6期；汪宁生：《晋宁石寨山青铜器图像中所见“滇”人的经济生活和社会生活》，《云南青铜器论丛》，文物出版社，1981年。

2 阮文煊、黄荣：《越南发现的东山铜鼓》，Ⅰ—Ⅳ、Ⅵ鼓。

3 闻宥：《铜鼓上几种花纹的试释》，《思想战线》1978年第6期。

图三〇　开化鼓

图三一　玉镂鼓

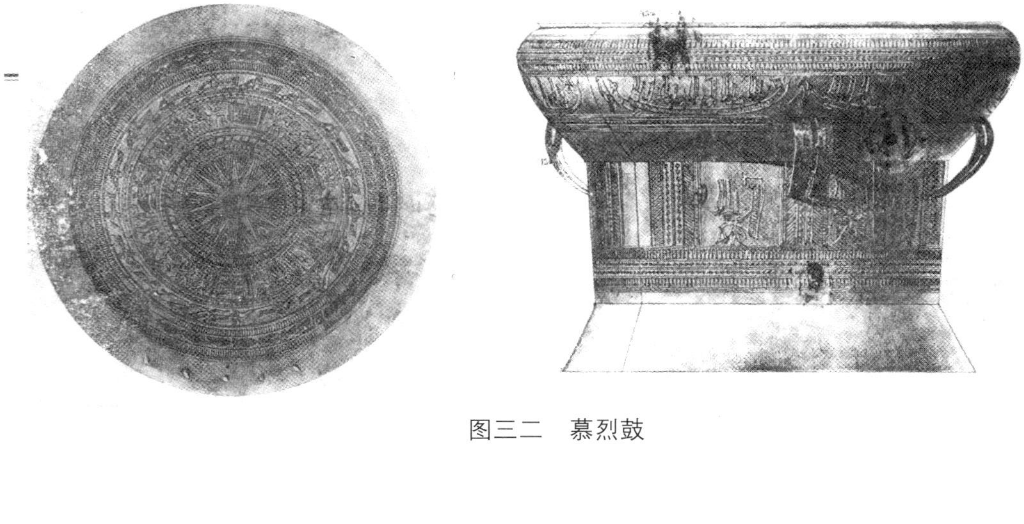

图三二　慕烈鼓

关于这一图像，释者颇众。黑格尔氏援引《广州记》记载，认为是人们手执金银钗参加铸鼓典礼。巴梦薛认为不过是描绘脱粒、舂臼、出征或出猎等当时人的“生存情况”。戈露波认为是像达押克人那样的“替瓦”仪式。闻宥认为是描绘当时的葬礼。越南学者认为是祈求丰收的仪式[1]。还有学者认为是对猎头仪式之描绘[2]。

我过去已就开化鼓图像作考释，现再作若干补充。此图像所描绘者应为一次由富人举办的带有“夸富宴”（potlatch）性质的盛会，其主要线索在于屋顶之鸟。据佤族习俗来类比，此为富人住宅之象征。舂米表示准备食物以便举行一次盛大之宴会。击铜鼓（非如巴梦薛所说是脱粒于箩筐之中）、编锣乃宴会时之奏乐，亦寓有夸示豪富之意。黄下鼓及开化鼓的图像可见舞蹈者中，有手持一物连于口中，显然是吹葫芦笙（或释此为人头，显误），描述宾客盈门跳芦笙舞之状。铜鼓本身即与“夸富宴”习俗有密切联系，故将此刻铸于鼓面显著地位。（详后）这一图像在B型以外未曾出现。但“羽人”（包括下述腰部方略中“羽人”）后来变为“游旗纹”，一直是C型、E型甚至F型的主要花纹之一。这一花纹演进的过程，黑格尔氏书中论述甚详。

（二）船

见于B型鼓之胴部主晕（图见《试论中国古代铜鼓》）。

晕中常见船4只或6只，船的形状各异。以几面图像精美的铜鼓上船纹为例，船的首尾高翘有鸟头形饰，每船有六七人，头插羽毛或戴鸟头，手持饰羽之桨。另有一竿悬有“建鼓”[3]或某种仪式用物。下有人被执，似为俘虏或人牲。船后有人持长桨为舵。玉镂、黄下两鼓，可见有人立于一架之上，手持弓弩。广南、西林、开化诸鼓，未见人持弓弩等情景。但广南鼓有人立而指挥，且船头有人，足悬于下，作划船之状。大多数铜鼓船纹没有这样复杂，只见船员3—4人，坐而划桨而已。

对上述船纹，戈露波释为像达押克人远送灵魂到天堂的“黄金船”之类。巴梦薛认为是海船的写照，以此作为铜鼓是沿海民族始创的证据。陶维英同意这一说法，认为雒越人就乘这船来到越南[4]。最近“海船说”更得到发展，把罗泊湾鼓上船纹释为可以航海的“双身船”[5]，甚至由此推论出越人即乘这样的船，远航太平洋，而且到达美洲[6]。

按“黄金船”之说，今已无人相信。值得讨论的是海船说。此说有一个明显破绽，即所有的船纹均无帆樯。悬挂“建鼓”或某种仪式用具之竿，仅略高于人身，其非桅杆可知，且其上从未有帆。“双身船”云云亦待商榷，罗泊湾鼓船纹所以被认为双头双尾者，实不过是龙舟头尾两根原象征动物的木饰（西双版纳傣族龙舟即有此物）。更重要的是即使是“双身船”，若航行于海洋亦必用帆。著名人类学家马凌诺斯基（B.Malinowski），对太平洋岛民这类船及航海技术作过详细调查[7]。我在柏林民族学博物馆见大厅中陈放着太平洋岛屿各种各样船只，有双身船，有带

1 阮文煊、黄荣：《越南发现的东山铜鼓》，第4页。

2 邱新民：《猎头民族羽冠考》，载《东南亚古代史地论丛》，新加坡，1958年。

3 庄礼伦：《浅谈古代铜鼓的乐舞图像》，《论文集》2。

4〔越〕陶维英：《越南古代史》，刘统文、子钺译，商务印书馆，1976年。

5 梁钊韬：《西瓯族源初探》，《学术研究》1981年第1期。

6 石钟健：《铜鼓船纹中有没有过海船》，《论文集》1。陈丽琼：《铜鼓船纹补释——兼论越人航渡美洲》，《论文集》2。

7 B.马凌诺斯基：《西太平洋的航海者》，纽约，1961年。

支架（outrigger）的船，均装备有席子或他种质料做的帆。无帆是不能在海洋中远航的。至于越人乘这样的船可到达美洲云云，更属臆测。

关于船纹，我们同意闻宥先生意见，不过是古代竞渡之俗的写照。古代竞渡所寓有的宗教意义，自较今日更强，故必伴随一系列祭祀仪式，竞渡有时也会继之以械斗，这就可解释为什么有些船纹上表现了持弓、执人等情景。明代桂林地区仍是如此[1]。玉镂鼓的船图上有明显的羽人手握一人之发，另有持弩向后欲射之状（图三三）形象地说明这一点。

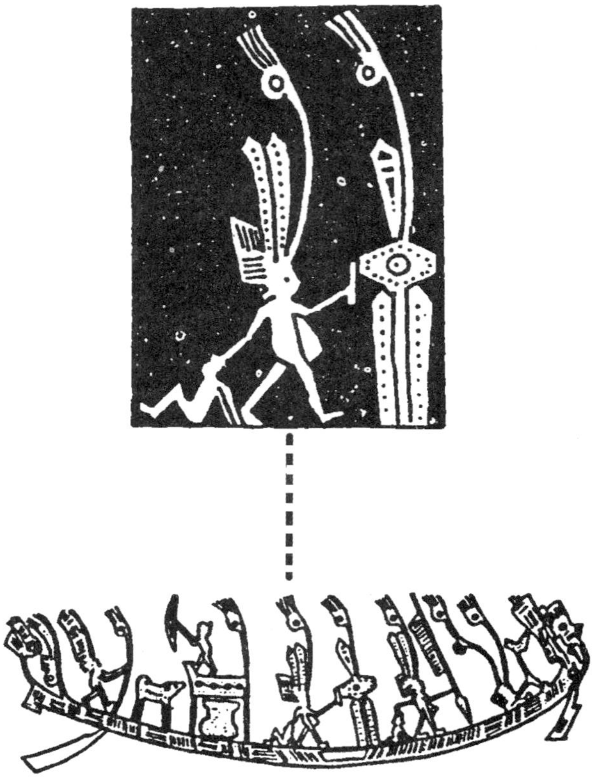

图三三　玉镂鼓胴部船图（下）及执俘而归情景（上）

最近有人提出铜鼓上船纹未必只有一种用途。还可能是"渔船"（如石寨山M1 ：1鼓）、"游戏船"（石寨山M13 ：3鼓），等等[2]。所谓"游戏船"之误会源于竞渡必包括一系列之乐舞节目。如石寨山M13 ：3鼓图像上有一人吹葫芦笙，面对诸人头戴兽齿（或兽角）作舞蹈之状，乃竞渡胜利后歌舞的情景，今广东等地龙舟竞渡取胜后仍如此。释为"渔船"之石寨山M1 ：1鼓图像，船上之鸟固可释为"渔鹰"之类，而船间又有牛及步行者夹杂其中，非捕鱼可知。船上之人及步行者均头插羽毛，说明在举行某种仪式。

船纹到了C型鼓上便图像化，有时竟作两船上下相反之状（如陆良小西营鼓），C型之后便不再出现。

（三）**鸟**

鸟见于B型鼓面主晕屋顶装饰，也常见于腰部方格或散布于胴部主晕船纹之间。鸟之数目不一，大抵是花纹精美诸鼓鸟数较多，花纹简单化诸鼓只见4鸟或6鸟。鸟之形象各异，有一种是嘴长而尖，颈长，腿细，当为白鹭之类，属鹤形目[3]（图三四）。

铜鼓上之鸟被视为铜鼓制作者之图腾，并无实据。考古学上若常见某种动物形象无法解释，便以图腾释之，这种办法不是解决所有问题的万灵药丹。

我们认为，至少铜鼓上常见之白鹭形象应与一种古老信仰有关，而非图腾。中国自古鼓和鹭

1 （明）邝露《赤雅》卷下桂林竞渡条："舟高十余丈，左右衣白者数人……各执利兵，旁置弓弩，遇仇敌，不返兵，胜则枭而悬之，铙歌合舞。……有司毫不敢诘。"

2 黄德荣、李昆声：《铜鼓船纹考》，《论文集》2。

3〔越〕武世龙、郑高奖、黎文兰：《越南铜鼓上的花纹》，王金池、袁仕仑摘译，《民族考古译文集》，云南省博物馆，1985年。

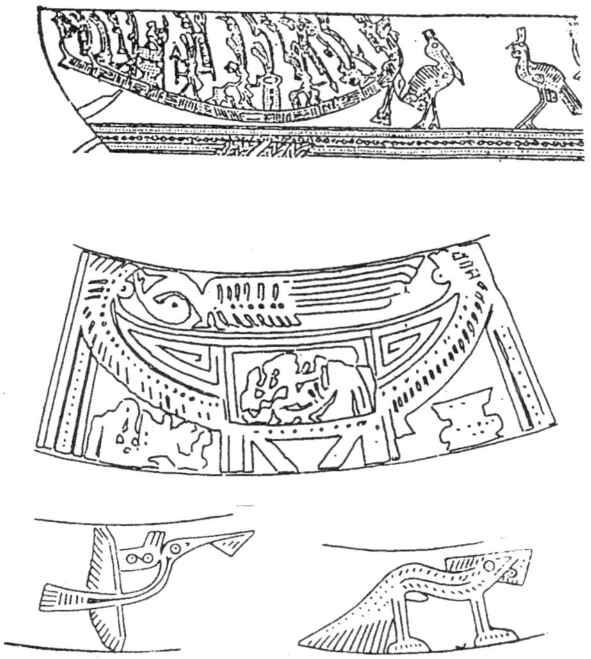

图三四　铜鼓上鸟纹

就是分不开的，鹭被视为鼓的“精灵”[1]。故楚墓出土鼓架上都以鹭为饰[2]。此或为铜鼓制作时受内地影响之证，中国西南民族和华夏民族在文化上有古老的联系。这一信仰也可能原是制作铜鼓者固有信仰。

此外，早期铜鼓纹饰确包含各种各样的鸟，如短喙的雀类、各种水鸟，甚至还有类似小鸡之类，其含义不能一一得知。印尼鼓上有孔雀纹，孔雀自是当地崇拜的鸟类。

从 C 型开始，鸟逐渐图案化并趋于消失。到了 F 型，鸟纹又活跃起来。鸟在铜鼓制造者宗教信仰之中，一直占有重要地位。

（四）磨秋

仅见于江川李家山 M24 ：42a 鼓腰部界格中（图见《试论中国古代铜鼓》）。

图以竖立之一柱为中心，上置可以旋转之枢纽上连横梁（绳索？），有 4 人头戴花冠，各持横梁之一端，绕柱旋转。

此为云南少数民族秋千游戏之一种，俗称“磨秋”，自古至今历久未衰[3]。今日彝、傣、佤等族过年犹以此为乐。

（五）椎牛

仅见于广南铜鼓腰部界格中（图见《试论中国古代铜鼓》）。

图以一柱为中心，柱上栓牛一条，一人手持钺类兵器，正待击杀，两旁有几组“羽人”跳舞。

此图当表示杀牛以举行某种仪式之情景，相当内地所谓“椎牛”大典。贵州苗族所谓“吃牯脏”之盛典，即以椎牛为重要内容。西盟佤族的各种宗教仪式，均要剽牛，杀牛多少为主办者富有程度之标志。

（六）仪式性舞蹈

B 型鼓之腰部界格中常见（图三五）。

每格有 1—2“羽人”作舞蹈之状，或头插羽毛，或头戴鸟头，或张手作势，或手持武器等物。

1《诗·鲁颂·有駜》：“振振鹭，鹭于下。鼓咽咽，醉言舞。于胥乐兮。”《隋书·音乐志》：“饰鼓以鹭，存其风流。或曰：鹭，鼓精也。越王勾践击大鼓于雷门以厌吴，晋时移于建康，有双鹭啄鼓而飞入云。”

2 参见袁荃猷：《关于信阳虎座鼓的复原问题》，《文物》，1963 年第 2 期。《湖北省江陵出土虎座鸟架两座楚墓的清理简报》，《文物》1964 年第 9 期。

3（元）李京《云南志略》：“罗罗……每岁腊月为春节，竖长竿，横设一木，号曰‘木床’。左右各坐一人，以互相起落为戏。”（道光）《广南府志》卷二：“正月……竖一直木于地，以一横木凿其中，合于直木头上。两人一左一右，于横木两梢头为戏。此落彼起，此起彼落，腾于半空，名曰‘磨秋’。”（民国）董一道《古滇土人图志》：“各属土人新年……以对秋为乐……名‘挟板秋’，立六尺木柱于地，柱头架横木，长一丈八尺，成丁字形。横木两端各乘一女夷，周围飞腾，互相起落，势必走马灯影。”

图三五 B 型鼓上“羽人”舞蹈图

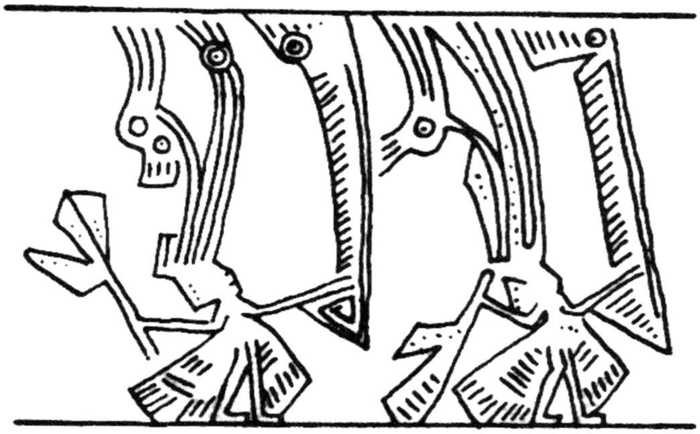

图三六　铜鼓面部头戴鸟饰羽人（左）及景颇族头饰犀鸟巫师（右）

有一手持不对称形钺而一手持长羽或巨鸟形饰物者（如黄下鼓、玉镂鼓）；有一手持短兵器而另一手持盾牌者（如石寨山 M14 ： 1 鼓）；有持旗幡状物者（如越南板吞鼓）。

以上显为各种仪式性舞蹈。举行宗教仪式时头插鸟羽为云南很多民族之习俗[1]。某些人像头戴鸟头，似为犀鸟之头。今日景颇族巫师（“董萨”）在祭祀时仍戴之（图三六）。

关于这些舞蹈具体情节和所代表之意义，由于材料局限，今天已很难加以复原。有的学者与中国古籍中“羽舞”（指执羽毛者）、“龠舞”（指持葫芦笙者）、“兵舞”、“万舞”（指执兵器和盾牌者）相比附[2]。即使彼此有关，铜鼓上舞蹈应为华夏民族同类舞蹈之原始形式，其起源仍有待探讨。

自 B 型以后，羽人图案化变为“游旗纹”（图三七）。

（七）牛

常见于 B 型鼓腰部界格（图三八）。

1（元）李京《云南志略》：“金齿百夷……髻插雉尾，手执兵戈，绕俘馘而舞。”（清）檀萃《滇海虞衡志》卷一三：“窝泥……头插鸡尾跳舞，名‘洗鬼’，或泣或歌。”

2　见上引冯汉骥《云南晋宁出土铜鼓研究》及庄礼伦《浅谈古代铜鼓的乐舞图像》。

绝大多数的牛是一种颈有高峰的牛(如江川 M24：42a 鼓[1]，越南约丘鼓，鼎乡Ⅰ号鼓)，《后汉书 · 西南夷传》记载永昌徼外产“封（峰）牛”，当指此牛。过去认为这种峰牛仅印度才有，其实它也是中国西南及东南亚地区固有牛种[2]。

图三七 由“羽人”变来的“游旗纹”

牛在古代西南民族经济生活中居于重要地位。晋宁石寨山青铜器上的动物形象中，牛的数量最多。它是当时交换媒介和财富的象征，故铸于宝贵的铜鼓之上[3]。

图三八 铜鼓图像中的“封牛”

（八）鹿

见于某些 B 型鼓（如玉镂鼓、庙门鼓）之面部主晕，也见于 B 型鼓腰部方格中（如西林鼓)。鹿总是雌雄相间排列(图三九)。

鹿类是石寨山文化和东山文化青铜器常见装饰题材（如越南发现一件不对称钺上即有一对鹿）[4]。在初民心目中，鹿象征着敏捷、智慧和幸运，更重要的它常被视为生育之征兆。铜鼓上的鹿雌雄相间就表明当时人们以此祈求子孙繁衍。

图三九 铜鼓上的鹿纹

（九）农庄图

铜鼓面部写实性图像，从 B 型以后便不再出现。但几具 E 型鼓内侧铸有反映当时农庄生活线条图画，值得介绍[5](图四〇、四一)。

这几幅图细节有所不同，都以干栏式房屋（带有汉式房顶者）为中心，旁有仓房及晒谷架之类建筑（前人包括我自己在内过去以此亦为干栏式房屋，不确)。有些还可见养鱼之池塘，代表水田之耙。此外，还有牛、有马、有人骑马者，有人群并排而立似作舞蹈之状者，还有鱼、龙等内地器物常见装饰花纹。

---

1 此鼓之牛或释为犀牛（见闻宥《铜鼓上几种花纹的试释》)，疑非是。

2 谢成侠：《中国牛种的起源和进化》，《科技史文集》第 4 辑，1980 年。

3 见《晋宁石寨山青铜器图像中所见“滇”人的经济生活和社会生活》，《云南青铜器论丛》，文物出版社，1981 年。

4 见《试论不对称形铜钺》，《考古》1985 年第 5 期。

5 商承祚：《十二家吉金图录》。黄增庆：《广西出土铜鼓初探》。宋曼：《一面铸有绘画内容的铜鼓》，《通讯》第 4 期，1986 年。

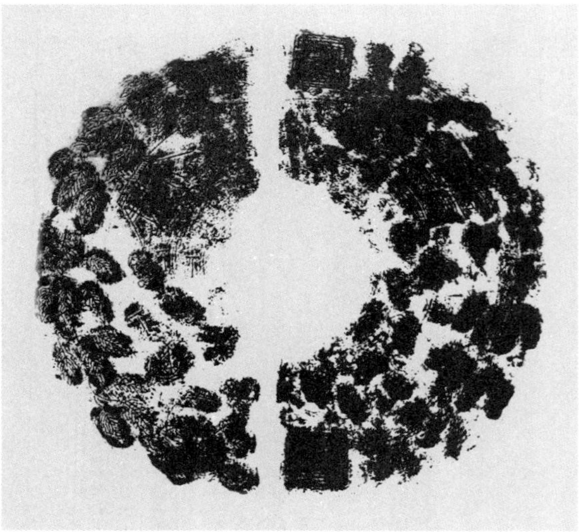

图四〇　E 型鼓内农庄图之一

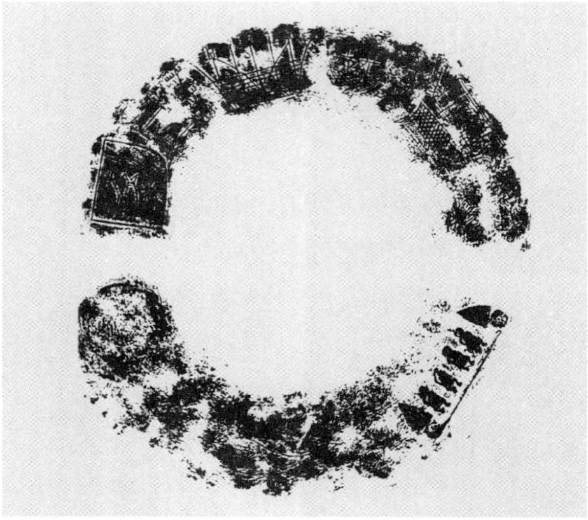

图四一　E 型鼓内农庄图之二

这是一幅农庄的图画。其目的仍在祈求丰收，夸示豪富（舞蹈人群表示宾客），但与上述 B 型鼓上以干栏式房屋为中心的“夸富宴”图像相比，社会经济已有相当的发展，而且铜鼓主人的生活方式及意识形态已受到汉族的深刻影响。

二　花纹

（一）鼓面中心图案

各类铜鼓鼓面中心都有一个打击点，作突起的圆形。周边多有光芒，有八角，有十二角，还有作十六角者。（图四二）

关于它的意义，或以为代表星[1]，黑格尔就称为“星”。更多的人以为象征太阳，并与东南亚地区太阳崇拜联系起来[2]，甚至称之为“太阳纹”。

这一似乎不成问题的问题，仍有重新考虑的必要。

新发现的 A 型铜鼓面部中心突起处，或仅作圆形而无光芒，如昌宁鼓、万家坝三鼓（M1 ∶ 2、M23 ∶ 158、M23 ∶ 160）均如此。弥渡苴力 2 号鼓，虽有六芒，芒间有一箭头，指向鼓耳部位，与太阳形象不类（图四二）。大波那鼓有四角，亦非太阳纹所能解释（图四二）。由上所述可见初创铜鼓民族对铜鼓面部中心纹饰，并未赋予太阳之意。按圆形青铜器之中心曾见同类图案（如石寨山出土之圆形铜饰），也难看出什么特殊含意。对铜鼓来说，它主要具有指示打击点的功能。鼓面中心圆饼外加光芒，是后来铜鼓制作者的发展。假如它寓有什么含意的话，也是后世的事。

（二）云雷纹

多见于 D 型鼓面和鼓身。

1 闻宥：《四川大学历史博物馆所藏古铜鼓考》，第 8—9 页。

2 M. 科拉尼：《印度支那太阳崇拜的遗迹》，《印度支那人类研究所集刊》Ⅲ，1940 年。

过去以此和殷周青铜器上云雷纹相比较，得出D型鼓可以早到西周的结论。现在这一派学者大多数已放弃了自己的观点。但仍普遍流行一种看法，即云雷纹是当时人们崇拜云雷的象征，并与文献记载岭南民族喜祀雷神相印证。

然云纹和雷纹原不过是后世金石学家起的名称，制器者如何称呼它们和赋予它们什么含意，是不得而知的。内地青铜器如此，铜鼓亦是如此。虽然岭南铜鼓曾用来祭祀雷神[1]，并称“雷鼓”，但与铜鼓上花纹不一定有必然的联系。

我们认为，云雷纹是像其他几何花纹一样，只是一种装饰，未必具有什么“微言大义”。

（三）钱纹

多见于D型鼓上（图四三）。

大体说来，共有五铢钱、四出五铢钱及仅具钱币形状的纹饰几种。它们的意义似同早期铜鼓用以盛贝一样，在于希望获得更多的财富。惟采取了内地钱币的形式，反映出这时使用铜鼓民族经济上和内地已有密不可分的联系。

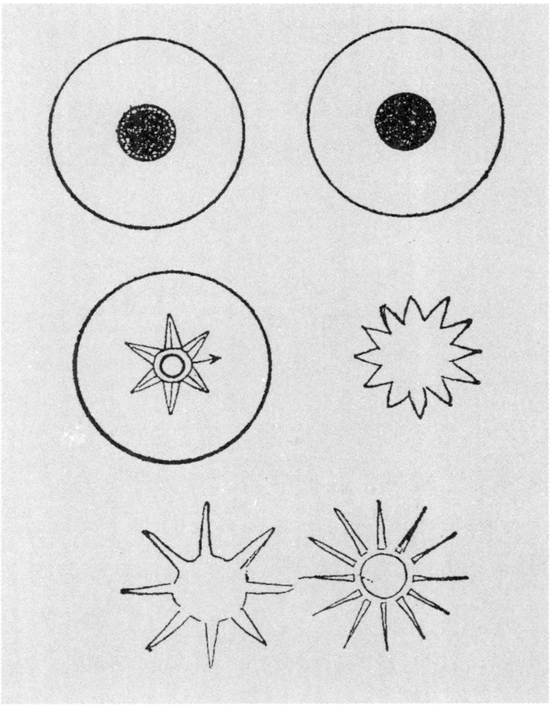

图四二 鼓面中心图案

（四）十二生肖、八卦

常见于E型鼓面部主晕。

它们无疑是内地装饰花纹的移植。这表明西南少数民族接受汉族思想意识和爱好，其中也包括了道家思想。

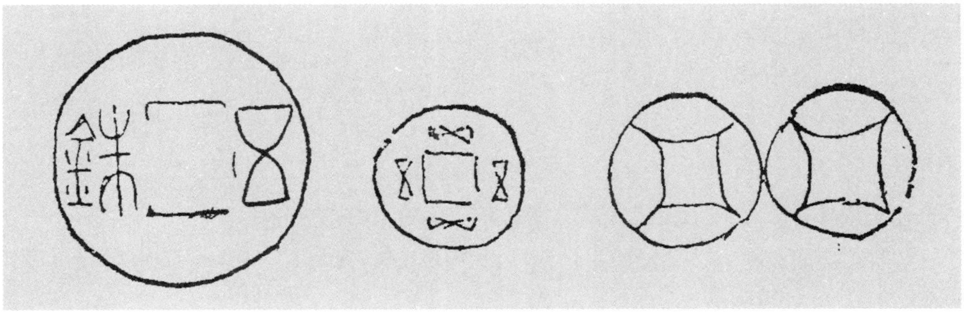

图四三 铜鼓上的钱纹

（五）吉祥语

见于E型鼓面主晕。

1 屈大均：《广东新语》铜鼓条。

这些汉字铭文，具有吉祥语性质，夹杂在花纹之中，也可视为一种装饰。如传世“天元”鼓上有“福寿进宝”及篆书“寿”字。云南省博物馆藏鼓中有作“盘古至今，人望（旺）财望”者[1]。最常见的铭文为“万代进宝”、“永世家财”，多有道光年款。此外，还有“福如东海”、“寿比南山”，以及印文“长命”、“富贵”、“福寿”等[2]。它们的含意及铸在铜鼓上之目的，是不待解释的。

三　立体附饰

图四四　鼓面青蛙附饰

（一）蛙

初见于C型鼓面部，经D型而传入F型，历久不衰。蛙饰均在面部边沿（图四四）。

蛙数或四或六或八，或大蛙身上又负小蛙，称为“累蹲”[3]，或仅铸出蛙爪（多属C型后期）。关于它们的意义解释不一。一种说法是饰蛙为了求雨。我们认为，对F型鼓的制作者和使用者来说，这一点可能是真实的。至今中国西盟佤族及缅甸克耶族还有这样的信仰。另一种说法是蛙饰可能表示尚武精神[4]。盖蛙易怒爱斗，铜鼓常用于战争，故铸蛙以祈胜利。这对那些“累蹲”蛙饰的铜鼓，尤有可能。汕头一位朋友告诉我，当地蛙群相斗，蛙身各负小蛙。第三种说法是饰蛙为了祈求丰收[5]。

我们认为，铜鼓上蛙饰的含意可能因地区、民族而异，以上诸说均可备考。

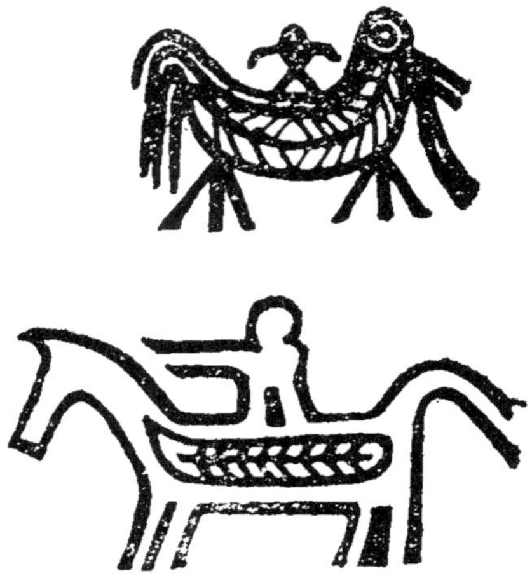

图四五　鼓面附饰中的人骑马

（二）马和骑士

多见于C型鼓面边沿，位于蛙饰之间（图四五）。

马可代步，对山区民族来说，是一种宝贵财富，骑马自然成为具有一定社会地位的标志。铜鼓上铸有马和人骑马像，反映出当时人们希望牛马成群、生活富裕。

对于广西桂平鼓面部的牛拉橇及瑞士苏黎世Rietberg博物馆藏鼓面部的喂猪（图四六），其意义与此类似，均表示希望家畜兴旺之意。

1　传世铜鼓也有类似铭文，作“盘古至今人财兴旺”，见刘体智《小校经阁金文》卷一三。

2　见上引《略论汉字铭文铜鼓》。

3（宋）周去非《岭外代答》卷七：“蟾皆‘累蹲’，一大一小相负也。”

4　见上引《广西古代铜鼓研究》。

5《中缅泰印边民志》，第82—83页。

图四六　鼓面附饰中的喂猪（右）及人骑马（左）（瑞士苏黎世 Rietberg 博物馆藏 C 型鼓）

（三）牛头

仅见于 F 型鼓足部。

在云南少数民族之中，特别是 F 型鼓流行的滇西及东南亚少数民族之中，是其重要财富，而牛头是牛的象征。如佤族富人剽牛以后便把牛头留下，堆放在家门屋檐之下，夸示自己的富有。景颇族“山官”、头人也常在自己房屋神圣的中柱上挂以牛头，作为财富和权力的标志。铜鼓上铸牛头为饰，当出于同样思想意识。

（四）蜥蜴

老挝一件 B 型鼓（乌奔鼓）面部主晕可见蜥蜴图像。蜥蜴或作为附饰，见于 F 型足部。

与青蛙一样，它们被铸在铜鼓上乃是为了求雨和止雨[1]。但也可能只是作为一种当地习见动物而被采用为装饰题材。罗马博物馆藏一件 F 型鼓，足部除蜥蜴外，还铸有蟹、猴、龟、鱼和蜗牛[2]。

（五）象和棕榈

F 型鼓足部常见象和棕榈形浮雕。又印尼沙莱叶鼓中足部有一宽晕，上有象和棕榈图像。

它们所反映的是热带和亚热带的风光，应是当地的产品。大象在东南亚、南亚及中国云南等地是吉祥的象征，棕榈树也寓有类似的意义。铸于铜鼓之上显然是为了祈求平安幸福。

1 潘世雄：《广西铜鼓纹饰的意义》，《论文集》1。

2 I.de 鲍克兰：《黑格尔〈东南古代铜鼓〉的解说》，《民族考古译丛》第一辑，1979 年。

第五章 历史上使用铜鼓的民族

从本章起，我们开始讨论铜鼓和民族、铜鼓和社会的关系。

铜鼓的发现遍及滇、黔、川、桂、粤诸省。当然不能认为，铜鼓分布地区内所有民族自古至今都是使用铜鼓的民族。一般情况下，地下出土铜鼓也不能直接告诉我们是古代哪个民族所使用。像晋宁石寨山铜鼓可以确定属于“滇”人，遵义杨粲墓两鼓可以确定属于宋代播州土司，仅是个别的例子。为了探讨历史上什么民族曾使用过铜鼓，我们必须依赖古代文献的记录。

但文献中有关铜鼓的记录亦极为阙略，而且常有如下的情况：(1) 只提到某地使用铜鼓，而不提及族属，或虽提到族属而只告诉我们一个笼统的族称（如“蛮”、“夷”、“苗夷”之类）；(2) 辗转相抄，全抄或部分摘录前人的记录而不加注明，使人极易误以为是当时的事情。

因此，我们对文献中有关铜鼓记载应首先进行一番辨析和考证，然后才能利用。当几种记录大同小异时，应以最早出现者为准。我们应选择那些明确、具体，而且直接提到族称的材料，摒除似是而非的或空泛的记录。下面我们按时代列举文献，讨论使用铜鼓者究竟有哪些民族。至于这些民族与今天民族之间是什么样的关系，不是我们研究的重点。

一 先秦、西汉时期

这一时期还没有关于铜鼓的文献记载。但晋宁石寨山 17 具铜鼓，可确定属于《史记 · 西南夷列传》的“滇”人。相邻的江川李家山及楚雄万家坝、祥云大波那等地铜鼓，也应属于与“滇”人同一族系的“耕田、有邑聚”的“椎髻”民族。因此，云贵高原上“椎髻”民族就是铜鼓主要的使用者，甚至可能就是铜鼓最早使用者或发明者。这一观点已为多数学者所接受。

二 东汉、魏晋时期

最早明确提及铜鼓族属者是《后汉书 · 马援传》记载的“骆越铜鼓”。“骆越”又作“雒越”，应为越人一支，但又称为骆，或又与当时中国西南地区广泛分布之僚人（“骆”、“僚”音通）有关[1]。东汉魏晋时期有关铜鼓记载，凡是明确提及族称的确多与僚有关。《太平御览》卷七八五引

---

1 戴裔煊：《僚族研究》，《民族学研究集刊》第 6 期，1948 年。闻宥：《四川大学历史博物馆所藏古铜鼓考》。

裴渊《广州记》(《后汉书 · 马援传》李贤注引略同)：

俚僚贵铜鼓。唯高大为贵。面阔丈余，方以为奇。初成悬于庭。克晨置酒招致同类，来者盈门。其中豪富子女，以金银为大钗，执以叩鼓，竟留遗主人，名曰“铜鼓钗”。

又《陈书 · 欧阳𬱟传》(《南史 · 欧阳𬱟传》略同)：

(梁左卫将军兰钦) 南征夷僚，禽 (擒) 陈文彻，所获不可胜计，献大铜鼓，累代所无。

又《隋书 · 地理志》：

自岭南二十余郡，并铸铜为大鼓。……有鼓者，号为“都老”，群情推服。本之旧事，尉陀于汉，自称蛮夷大酋长老夫臣。故俚人犹呼其所尊为“倒老”也，言讹故又称“都老”云。

这些记载所说之俚僚，分布于岭南即两广地区。由于多次提及所制造者为一种“大铜鼓”，对照 D 型鼓的情况、流行年代和分布地区，铜鼓研究者认为 D 型鼓之主人即俚僚民族。

三　南北朝、隋、唐、宋时期

晋代以后，文献中提到使用铜鼓的民族种类繁多，地区扩大。《新唐书 · 南蛮传》(《旧唐书 · 南蛮传》略同)：

西爨之南，有东谢蛮，赏有功者以牛、马、铜鼓……会集则击铜鼓，吹角，歌舞以为乐。

东谢蛮之确切地望至今未知，当在今云南文山、红河境。又《太平御览》卷七八六引《南州异物志》有云：

交广之界民曰乌浒。东界在广州之南，交州之北。……利得人食之，不贪其财货也……出得人，归家，合聚邻里，悬死人当中，四面向坐，击铜鼓歌舞饮酒。

乌浒人亦即僚俚之一支。《太平寰宇记》卷一六六有云：“俚人，即乌浒蛮。”此外，其他地区僚人继续使用铜鼓。如《太平寰宇记》卷七七《雅州风俗》：

邛雅之夷僚，俗信妖巫，击铜鼓以祈祷。

又同书卷八八《泸州风俗》：

其夷僚……击铜鼓，弄鞘刀。

又同书卷一三六《渝州风俗》：

蛮界乡村有僚户……不解丝竹，唯吹（？）铜鼓。

又《宋史 · 蛮夷传》：

雍熙元年，黔南言溪峒夷僚疾病击铜鼓、沙锣以祀鬼神。

所谓“溪”，指沿河地区；所谓“峒”，常误释为“山洞”，实指山间小块平地而言，至今壮族仍有此词。

在晋代以前，除了“骆越”有使用铜鼓的记录外，一般越人未闻有用铜鼓之俗。然晋代以后则偶见记载。如《太平御览》卷五六七引《风土记》：

越俗饮宴……乐器风首（？）、箜篌、琵琶、五弦、笛、铜鼓……铜钹等九种为一部。

又《太平寰宇记》卷一六九云：

太平军（今广东合浦一带）……夷人号钜，多采珠及甲香为业。亲戚宴会，即以瓠笙、铜鼓为乐。

此处越人大抵居今广西和广东西部雷州半岛一带。

过去认为，南诏无使用铜鼓之俗，然（唐）刘恂《岭表录异》卷上：

蛮夷之乐有铜鼓焉，形如腰鼓。……骠国进乐有玉螺、铜鼓，即知南蛮酋首之家皆有此鼓也。

《通典》卷一四四（《旧唐书·音乐志》同）：

铜鼓，铸铜为之，虚其一面，覆而击其上。南夷、扶南、天竺类皆如此。

《玉海》卷一一〇：

乾德四年四月辛亥，南蛮进铜鼓。

（宋）陆游《老学庵笔记》卷二：

予在宣抚司见西南所谓铜鼓者……此鼓南蛮至今用之于战阵、祭享。

上引记载所云"骠"为古代缅族，而所谓"南蛮"或"南夷"者，在唐宋文献中，一般指南诏和大理国而言。若谓此等记载不够明确，则尚有文物可证。传世"南诏中兴二年画卷"中，两次表现铜鼓，南诏王及其后妃、臣僚供养观音像前即有一鼓（图四八）[1]。据题记言，系从"茫道大首领"（当指今滇南某地统治者）处传来，大概他们使用铜鼓受他族之影响。与南诏有关之"乌蛮"过去认为与铜鼓无关，然今川南地区及与贵州接界处乌蛮实有是俗。《宋史·蛮夷传》四：

庆历初，泸州言："管下溪峒十州，有唐及本朝所赐州额，今乌蛮王子得盖居其地"。……诏复建姚州，以得盖为刺史，铸印赐之。得盖死，其子窃号"罗氏鬼主"。鬼主死，子仆射袭其号，浸弱不能令诸族。

乌蛮有二酋领……常入汉地鬻马。……二酋浸强大……（生）夷弱小，皆相与供其宝。

熙宁七年……命熊本经制之……本将蜀兵，募土丁及夷界黔州弩手，以毒矢射猎，贼惊溃……提点刑狱范百禄作文以誓之曰："蠢兹夷丑，渚溪之浒……杀人于货，头颅草莽……摄提孟陬，征伐有叙……丁为帝民，地曰王土。投其器械，籍入官府，百死一赎，莫保铜鼓。

这条记载研究铜鼓者很少征引，而它却是乌蛮用铜鼓之明证。以"莫保铜鼓"喻部落之惨败，可知对铜鼓之重视，甚至作为部落兴亡之标志。

四　元、明、清时期

宋代以后，文献激增，故有关铜鼓之记录亦增多。这里只择较重要者略举之。

这一时期大理地区使用铜鼓见于李京《云南志略》（宛委山堂《说郛》卷三六）：

（白人）死：尸束缚令坐如方柜，击铜鼓送丧。

---

1 参见H.B.查平：《云南的观音像》，《哈佛亚州研究杂志》第8卷，1944年。李霖灿《南诏大理国新资料的综合研究》（中央研究院民族学研究所专刊），台湾，1967年。汪宁生：《南诏中兴二年画卷考释》，《中国历史博物馆馆刊》第2期，1980年。

白人应即今大理地区白族之先民。

至于川滇黔今彝族地区，田雯《黔书》卷一有云：

罗施……鬼国醉鼓诸葛之铜，醵金赛社。

此处之“罗施鬼国”，自与上述宋代川黔边境之“罗氏鬼主”有一脉相承之关系。又（清）陈鼎著有《滇黔土司婚礼记》一书（载《小方壶斋舆地丛钞》第八帙），记述自己入赘今滇东某地龙姓土司之婚礼，数次言及击铜鼓之事：

余娶时，杂行汉礼，用乐器兼苗中铜鼓。……乃引婿中堂北向立，奏苗女乐，数十小婢，衣绯，击诸葛铜鼓震天，盘旋环绕于庭中，讴苗歌，抑扬宛转，如莺啼芳树焉……已而呼相者入，更苗锦衣舞蹈，击铜鼓，讴苗词，请新人登车。……举家涕泣以送……诸媵女皆涕泣……就车内击铜鼓，吹芦笙送之。……席地而坐饮交杯……饮毕，相者击铜鼓，歌喜词，撒红豆为祝。

书中时用“苗语”、“苗俗”诸词，实系泛指，并非指今苗族而言，又《蜀中广记 · 风俗》：

马湖之夷，岁暮百十为群，击铜鼓，歌舞饮酒，穷昼夜以为乐。

马湖即今屏山，“马湖之夷”为今四川凉山地区土著居民之一。

这一时期川南其他地区使用铜鼓之俗仍然盛行，其较显著者为都掌蛮。谈迁《国榷》卷五三：

宪宗成化四年（1468）一月……都掌蛮之捷，获铜鼓数十，斩五十级，擒二千人。己未……斩千余级，俘贼属四百，获铜鼓十七，牛马器械无算，焚二百余砦。

又万历年间续有征伐都掌蛮之举。《明史 · 刘显传》（谈迁《国榷》卷六九略同）：

都掌蛮者，居叙州戎县、介高、珙、筠连、长宁、江安、纳溪六县间，古泸贼也。……至是其酋阿大、阿二、方三等，据九丝山，剽远近……（显）令人诱以官，而分五哨，尽壁九丝城下，乘无备，夜半腰絙上，斩关入……克寨六十余，获贼魁三十六，俘斩四千六百，拓地四百余里，得诸葛铜鼓九十三，铜铁锅各一。……

从历年掳掠铜鼓之多，可见都掌蛮使用铜鼓之普遍。兴文县有《李长春平蛮碑》，记此役不曰“都掌”，而称“僰人”。都掌蛮应属僰僚系统之民族。

今云南文山地区有所谓花土僚者，仍有使用铜鼓之俗。（光绪）《续云南通志稿》卷一六一引《开化府志》：

花土僚……自正月至二月末，击铜鼓跳舞为乐，谓之过小年。

贵州地区使用铜鼓至为普遍。嘉靖《贵州图经》：

石阡县苗民司之仡佬，丧葬击铜鼓唱歌，男女围尸跳跃。

又（清）张澍《黔中记闻》：

仡佬……又有斜文布，名“顺水班”。盖模取铜鼓文以蜡刻板印布者。出独山州瀬土司。

可见清代贵州仡佬使用铜鼓，且以铜鼓纹饰作为蜡染之装饰[1]。蜡染亦原为使用铜鼓民族固有文化。又明代田汝成《炎徼纪闻》卷四（《贵州通志》卷九、《皇清职贡图》卷七略同）：

仲家……以十二月为岁首，俗尚铜鼓，中空无底，时时击以为娱。土人或掘地得鼓，

1 见（宋）朱辅：《溪蛮丛笑》。

即张言诸葛武侯所藏者，富者争购，即百牛不惜也。

又《皇清职贡图》卷八：

补笼苗……散处于贵阳、安顺、南笼、平越、都匀等处……岁首男女相聚击铜鼓，吹芦笙为乐。

又抄本《黔苗诗说》：

补笼风俗未相悬，仲子分支色总研。独怪残冬寒雪里，齐挝铜鼓乐新年。

“补笼”亦为仲家之一支（“仲子分支”）。仲家为今布依族之先民。

滇西南边境地区这一时期亦开始使用铜鼓。明代钱古训、李思聪《百夷传》(景泰云南图经本)：

僰夷……乐有三：僰夷乐、缅乐、车里乐。……车里乐者，车里人所作，用羊皮蒙三五长鼓，以手拍之，间以铜铙、铜鼓、拍板……（按《滇系》卷一二全抄此文）

又《恩乐县志》[1]：

僰夷，多姓刀……丧祭，以击铜鼓为号，闻声，亲戚毕至。

车里即今西双版纳。“僰夷”自指“摆夷”，今仍为傣族之别称。

海南岛地区这一时期使用铜鼓事见于（清）李调元《南越笔记》卷六：

琼州有黎金，似铜鼓而匾小，上三耳，中微其脐，黎人击之以为号，此即铛也。古时蛮部多以铜为兵，以铜为器，富者鸣铜鼓，贫者鸣铛，以为聚会之乐。

又如（清）张庆长《黎岐纪闻》(《小方壶斋舆地丛钞》第九帙）云：

俗好铜锣，小者为钲，亦锣类也。……大抵旧藏者佳，新制不及其值，或抵一牛或数牛，或有抵数十牛者，则益宝贵之。

铛即是钲，属铜锣之类，与铜鼓同为一种宝贵财富。

今苗瑶使用铜鼓的历史难以追溯。但无论是沿袭本身古老的文化传统，或因文化上受他族影响，到了这一时期苗瑶地区已普遍使用铜鼓了。(明）田汝成《炎徼纪闻》卷四（清人李宗昉《黔记》略同）：

苗人……岁时召亲戚挝铜鼓，斗牛于野。其负者，祭而食之，大脔若掌。以牛角授子孙，曰：“某祖、某父，食牛凡几”。

(清）傅恒《皇清职贡图》卷七（雍正《云南通志》卷二四略同）：

苗人，相传为槃瓠之种，楚粤黔皆有之。其在滇省者，惟曲靖、东川、昭通等府花，随各属土流管辖……遇节序，则击铜鼓，吹角，赛神。

(清）贝青乔《苗俗记》：

苗……椎牛歌舞，兼以赛神，名曰“吃牯脏”。红苗则间击铜鼓，名曰“调鼓”。

(清）徐家榦《苗疆闻见录》(光绪四年抄本）卷下：

苗疆（指今黔东南苗族地区）有铜鼓，形圆有耳……其平面上之纹缕不一，间亦有十二辰者，与汉之十二辰鉴仿佛相类。俗传为诸葛遗器，可避瘟，呼曰“诸葛铜鼓”。用兵苗疆，时恒获之。

以上言明清时期滇黔等地的苗族。关于瑶族使用铜鼓之事，见于韦书城《经遗堂全集》引《泗

1 原书未见，此条转引自戴裔煊《僚族研究》文。

城府瑶人献岁碑》。碑云：

每岁正月首偕诸寨瑶人诣府县行献岁礼，击铜鼓錞于，一歌百和。

又阮元《广陵诗事》[1]：

铜鼓本造于黔粤瑶、僮部落。

又《嘉靖重修一统志》：

瑶……在思恩……岁首祭先祖，击铜鼓，跳跃为乐。

泗城府指今广西凌乐一带，阮元说瑶族为铜鼓制造者，未必是事实（今瑶族铜鼓多购自他族，详后），然瑶族之在广西者，清代已用铜鼓则无可置疑。

大体说来，文献上所见使用铜鼓地区不断扩大和使用铜鼓民族之不断增多，与铜鼓实物发现范围之不断扩展情况，若合符节。如第三章所述，铜鼓正是由云南中部发源，而逐渐向外传布的。

一种文化之扩展和传布，或意味着民族迁徙和融合，或意味着军事征服，或意味着贸易往来和文化借用。关于铜鼓之传布及从一种类型到另一种类型的演化，究竟属于哪一种情况，应作具体分析。目前所能知道的是 D 型分布有特定范围，它的出现必由于当时当地社会上或民族成分上有相当剧烈的变化。E 型的出现标志着汉文化在南方的深入传播，以及汉族和少数民族之间的融合。而 D、E 两型，甚至还有 F 型（或其雏型）传入中国境外当由于贸易原因。

从上述可见，历史上很多民族均使用铜鼓，民族史界常以使用铜鼓作为证据来论证某一民族的族源问题，是未必妥当的。

[1] 原书未见，此据罗士琳《晋义熙铜鼓考》转引。

第六章　现代使用铜鼓的民族

到了50年代初期，中国还有一些少数民族在日常生活中使用铜鼓。如上所述，至迟从唐宋以后铜鼓作为一种文化现象，已不再成为某一系统的民族所专有，故现代使用铜鼓民族分属不同的语言集团。其中有操孟高棉语（Mon–Khmer）的佤族和克木人，有操苗瑶语（Miao–Yao）的苗族和瑶族，有操泰·卡傣语（Tai–Kadai）的壮族、布依族和水族，有操藏缅语（Tibeto–Burma）的彝族某些支系。

这些“活的铜鼓”的价值在于可以印证古代铜鼓研究中许多疑难问题。兹据笔者自己和他人调查所得，对这几个民族使用铜鼓的情况，试从来源、形制、所有权、使用方法、社会功能等各个方面略加介绍（详见《佤族铜鼓》、《水苗壮彝诸族使用铜鼓的习俗》）。

除以下介绍的几个民族外，有些民族与铜鼓关系较少，或过去虽曾使用现已放弃使用铜鼓的习俗，最后另列一节略加讨论。至于国外民族如缅甸的克伦族和掸族[1]，老挝的拉棉人、富奈人和高人[2]，越南的芒族（Muong）[3]等使用铜鼓情况，由于很难搜集到完备的资料，恕不介绍。

一　佤族

佤族有298000多人（1982年统计），大多数聚居于云南西盟、沧源两县，少数散居在孟连、耿马、镇康、澜沧等县。

铜鼓主要分布于西盟佤族之中。这部分佤族原有猎头习俗，即所谓“大佤”，保存佤族固有文化较多。沧源地区佤族文化上受傣族较多影响，仅有个别村寨使用铜鼓。

近年随着社会变迁，大量铜鼓被迫出卖于国家商业部门，1964—1965年，我们还见境外佤族常背铜鼓来供销社换盐巴和胶鞋等物。这就是为什么西盟和沧源商业部门均曾收购不少铜鼓的原因。然要谈佤族铜鼓使用情况，自应以西盟为例，这是稍有民族调查经验的人都不会弄错的。

1 有关情况，略见A.B.马歇尔：《克伦铜鼓》，《缅甸研究杂志》19：1，1929；《掸人铜鼓的用途》，《缅甸研究杂志》22：1，1932年。

2 有关情况，略见K.G.伊锡考维茨：《拉棉人：法属印度支那的山区农民》，纽约，1979年。〔越〕叶庭华、陈春球、范明玄：《老听人与铜鼓》，《选译》5，1983年。

3 有关情况，略见〔越〕黎文兰：《关于古代铜鼓起源的探讨》，范金迎译，《选译》4，1980年。

有人大谈沧源佤族使用铜鼓，真不知凭何据而云尔？

西盟佤族称铜鼓为“格老”。过去几乎每个村寨都有铜鼓，而且往往不止一个。在 1952 年，歹格拉、大马散、芒杏、莫士美、班哲、新厂永龙、永广 7 个村寨共有铜鼓 42 具；到 1965 年我们调查时为止，还有 22 具。

佤族铜鼓多属 F 型[1]。自称由祖先传下或购自邻近佤族村寨。溯其来源，实来自缅甸克耶地区，那里的乐可城又称威当（Nwedaung）[2]，过去曾是制作 F 型铜鼓的中心，而该地距佤族地区不远。

佤族铜鼓的主人多是富人，当地称为“珠米”，或由“珠米”中涌现出的新兴头人。有些世袭头人（“窝郎”），即使社会地位甚高，若不富裕，也不拥有铜鼓。最典型的例子是大马散的窝郎柳，号称是附近四十五个村寨最大头人，每逢他家盖“大房子”[3]，数十里外的人都要来送礼帮忙，然而他没有钱，故他家连一个铜鼓也没有。总之，在佤族社会中，铜鼓与财富密切地联系在一起。它是财富的标志，能帮助那些原来社会地位不高的富人提高社会地位。甚至“珠米”与人吵架时，边敲铜鼓边骂：“我连铜鼓都有了，你这穷鬼还吵什么？”在这里铜鼓竟成为压服别人的工具。

佤族“珠米”还不是一个稳定的富裕阶层。他们常因械斗、抄家、罚款等意想不到的原因而突然破产，故铜鼓也经常更换主人。买卖铜鼓多在佤族内部进行。在缅甸的营盘街、国内的西盟街等集市上，过去常进行铜鼓的交易；也有背着铜鼓串寨子或通过熟人介绍进行买卖的。1950 年以前，铜鼓交易除用滇币外，多用牛、鸦片或奴隶等进行实物交换。一个铜鼓约值二三头牛或全劳动力的奴隶一人。

铜鼓作为私有财富，和属于村寨所有的木鼓形成鲜明的对照。凡是全寨性活动（如拉木鼓[4]、猎头、祭人头等）只敲木鼓，只有私人举办的活动（“砍牛尾巴”和“做老母猪鬼”）才敲铜鼓。在这些活动中，以铜鼓夸示财富的社会功能得到充分反映，故有必要略作介绍。

“砍牛尾巴”于每年春天举行，由富人举办，全寨参加，其目的主要在于祈求丰收。举办者事先准备几条水牛以供剽杀，并通过一系列仪式将木鼓房所供人头送往树林中人头桩上。然后把一条黄牛拴在房前木桩（称“牛尾巴桩”）上，全寨成年男子齐集，手持短刀在旁等候，由巫师（“魔巴”）先将牛尾巴砍断，众男子便一拥而上，争割牛肉，多得肉者光荣，不得肉者为人所耻。

“做老母猪鬼”在“砍牛尾巴”之前不久举行，亦由富人举办，全寨参加。其目的主要在于祈求主人长寿、村寨平安。主人备老母猪一只，拴于房前石柱（称“老母猪石”）上，“魔巴”念咒，杀死祭鬼。

在这两种活动中，主办者都要准备大量的酒饭，以仪式中杀死的牲畜为肴，招待客人大吃一顿，来者不论关系亲疏都可赴宴。若主人家有铜鼓，则击打终日，以增加热闹气氛。通过这些活动，

---

1 方国瑜在《班洪风土记》中记自己曾在一个“野卡寨”（即“大佤”）名猛蕊者见铜鼓二具，“上有八卦款文，当中太极图”，似个别村寨亦有 E 型鼓存在。惟我们调查中接触铜鼓数十具，而 E 型鼓迄今未之见。

2 此城自在一篇译文中被误拼或误排为“牛当”后，一直以“牛当”之名被辗转抄引，盖由于抄用他人材料而不查对原文之故。铜鼓研究中引用国外材料类似现象时有发生。

3 “大房子”是西盟佤族富人或头人住宅，仍为干栏式房屋，面积较一般民房稍大，墙壁木板上有画，屋顶有木制鸟饰为标志。

4 木鼓即以一般粗树干做成的木槽鼓，每寨都有，供于所谓“木鼓房”中，由“窝郎”掌管。遇全寨性宗教活动则敲之。敲法是一人双手持捧自上而下击之，形同舂米动作。每隔多年，木鼓烂坏，便全寨出动拉回大树一段，另做新的木鼓，称“拉木鼓”。

主人显示自己富有而且慷慨好客，社会地位随之提高。每入西盟村寨，凡是房前有“牛尾巴桩”及“老母猪石”者，即知其为“珠米”或头人住宅。故“砍牛尾巴”和“做老母猪鬼”，具有人类学上时常讨论的“夸富宴”（potlatch）性质（详后），而铜鼓则在这些活动中起着扩大主人社会影响的作用。

若主人家无铜鼓，举办这些活动时便只有敲铓锣。铜鼓视为一种宝贵的私有财富，一般是不能轻易借人的[1]。

铜鼓除了由于夸示主人豪富的上述活动外，当村寨失火或有人死亡时亦敲之。这些属于意外事故，这时便不再考虑铜鼓属谁家所有。

西盟佤族敲击铜鼓方法是以绳穿耳，侧悬于屋梁之上，用一根头部裹布的木棒击打鼓面光芒中心。又铜鼓常与铓锣同敲，两者组合成不同的鼓点，因事而异。过去能传达出复杂的信号，现多失传。仅有两种鼓点：失火、死人，鼓点急促；做鬼，鼓点轻缓。失火、死人敲鼓，固然是为了通报于众人，即做鬼时敲鼓，用他们自己的话来说，也是为了“通知鬼神是哪一家做的鬼”，这样才能讨鬼神的“喜欢”。传递信号原是铜鼓的一项重要用途。

铜鼓不仅与铓锣同敲，不用时两者也存放在一起，一般是将铓锣盖于铜鼓之上，置于墙边，与猎人头的袋子、历年剽牛的牛头和打猎所获的兽头，并列一起，作为主人光荣、勇敢和富有的标志。

佤族对铜鼓有一些禁忌和信仰。如平时不能乱敲；妇女不能击打；不能拿出房外（敲打时只能悬于房檐之梁柱上）。1965 年 4 月 2 日，我参观西盟新厂永龙寨“珠米”艾操的“大房子”，他家有两个铜鼓，其上各覆盖着铓锣。由于室内太暗，我们要求拿出房外，以便仔细观摩和摄影，他坚决不同意，认为铜鼓一出房屋，“主人家财气就跑了”[2]。

二　克木人

克木人，在国内原称“岔满”，主要分布于越南、老挝和泰国，在中国仅 1600 人左右，散居于西双版纳的勐腊县和景洪县。

克木人的铜鼓属 F 型，自称由祖先传下。如勐腊曼峦寨的一具铜鼓，据说相传已有二十余代之久。

克木人铜鼓属村寨所有，由老人保存。用于下列场合：(1) 祭祖：三年大祭一次，于秋收后举行，由长房主持，共历三天，邀请同族及亲戚参加。大家在举行仪式之余，喝酒跳舞为乐，而于跳舞时必须铜鼓伴奏。(2) 求雨：有关仪式尚缺乏详细的报导，然亦须敲击铜鼓。

克木人的铜鼓与铓锣、铜钹、象脚鼓必须同奏。祭祖时多由妇女边击、边唱，而男子则随节拍跳舞[3]。

克木人之在国外者人数较多，使用铜鼓之俗保存较为完整，值得补充介绍。越南奠边府平

1 据了解，仅班哲、芒杏等少数村寨可借别人铜鼓来做“大鬼”。

2 参见上引《佤族铜鼓》文。

3 参见高立士:《克木人的历史传说与习俗特点》,云南民族研究所,1980 年。又见《克木人的铜鼓》,《云南文物》第 11 期，1982 年。

原西北部和西部的克木人（Tsa Khmu）铜鼓在春耕仪式之中起重要作用。仪式由家族长主持，前后共杀三只鸡。杀第一只鸡，取血和谷种以祭神；杀第二只鸡，以鸡血点于家族成员之前额，求神保佑老小及牛群之平安；杀第三只鸡，以血涂铜鼓和铓锣。族长祈祷说：“当大地初创时，鸟儿唱歌，长臂猿和谐的啼声远闻。这些声音给予我们很大的快乐，也使神喜欢。我们希望你的声音能像鸟儿和长臂猿的声音一样好听。它们能传遍整个国土并升入天界——神的家。我们用鸡血喷洒你，使你恢复原状。此后，从你身体迸发出的声音将永远悦耳。你不会破碎，不会裂开，即使在我们使劲敲打你的时候。”此后，青年男女喝酒聚宴，跳舞唱歌。春耕工作自此开始[1]。

老挝的克木人铜鼓属乡长所有，战时埋藏，用于盖新房、结婚及丧葬[2]。

三　苗族

苗族有 5021000 人（1982 年统计），散布于黔、滇、湘、桂诸省。

铜鼓主要保存在贵州苗族之中。抗战期间曾在贵州研究苗族的鲍克兰（I.de Beauclair）说：“贵州西部……苗族与铜鼓已无关联，他们甚至不复记忆有过铜鼓；而在贵州东部苗族之中，铜鼓时有发现。”[3]这样说似嫌绝对化，但确实是今黔东南苗族侗族自治州及黔南布依族苗族自治州内居住在清水江和都柳江流域的苗族使用铜鼓较为普遍。

兹先以我们自己调查过的雷山县苗族为例。

这里的苗族称铜鼓为“纽告”，他们自己认为自古即有此物。如一个神话故事说，铜鼓是始祖媾妮因补天有功而受赐于“天王”的[4]。但实际上他们所用铜鼓均属晚期，即我们分类中的E型。

苗族自己把铜鼓分为“穿山甲鼓”、“熊鼓”、“龙鼓”、“老虎鼓”，等等，因某些花纹和附饰而附会命名，不具有器物类型学上的意义。

雷山苗族铜鼓多数属村寨公有或家族公有，少数为私人所有。但私人铜鼓常因分家时铜鼓不能像其他财产那样平均分给子孙而转化为家族公有。

公有铜鼓多由“牯脏头”（世袭宗教头人，领导“吃牯脏”活动）保管，或由家族辈分高者或有一定社会地位者保存。现在村寨中的干部常成为铜鼓的保管人。原则上拥有所有权的各户均可使用铜鼓。实际上，每当过年借鼓敲者必然为富裕户，至少是当年有能力杀牛、杀猪和酿酒者。盖鼓声一响，男女毕集，齐来打鼓跳舞，主人要以酒肉招待，贫穷者实难负担这笔费用。而富裕者明知会耗去大量钱财，仍乐于借鼓来家，因为这是一件很有体面的事情。铜鼓用后，要送还保管人。

雷山苗族主要用于过苗年、尝新、盖新房和“吃牯脏”。最后一种情况仅限于那些“吃牯脏”活动已简化杀猪而不杀牛的村寨（如著名的西江大寨）。“吃牯脏”为苗族重要宗教活动，又称“囊疆牛”，现在又有称为“鼓社节”者。正规的“吃牯脏”，每隔 13 年举行一次，以一个村寨为单

1 H. 鲁克斯：《克木人》，《法国远东学院院刊》27 卷，1928 年。

2《老听人与铜鼓》，《选译》5。

3 鲍克兰：《贵州东南部的苗族部落及其文化构造》，《中央研究院民族学研究所集刊》第 10 期，1960 年。

4 张泰明：《苗族风俗与风俗传说》，黔东南苗族侗族自治州文化局印，1984 年，第 28—29 页。

位，邀请外寨参加，有一系列仪式和娱乐活动，主要内容是祭祀祖先和祈求丰产。届时要椎杀水牛数头，打皮鼓并制造新的皮鼓，即该寨有铜鼓亦不能敲打。有些村寨“吃牯脏”活动已简化，以猪代替水牛为祭品，故亦称“吃猪牯脏”，在这样的地区才可敲打铜鼓[1]。这类铜鼓一般为村寨公有，而且视为神圣之物，一般节庆活动不可使用。若该寨无铜鼓，亦可向外寨租用。例如，1986年西江大寨“吃牯脏”时，曾从凯里县摆底租得铜鼓一具，当时租价为人民币30元左右。

铜鼓敲击方法是以三根木棒绑扎成架，鼓侧悬于架，置于露天广场一块平地（或称“鼓堂”）上。鼓手一手以鼓锤击鼓面，一手持小木（竹）棒击鼓之胴部，可发出两种音响。有时还需另一人持木桶在铜鼓之后，一开一合以增强音响效果。苗族男女均可敲击铜鼓。

苗族铜鼓多与芦笙合奏。群众舞蹈围绕铜鼓而进行，鼓点因不同舞蹈而异。如雷山县莲花乡章翁寨有12种不同的鼓点，均以舞蹈动作而命名（如“捉螃蟹”、“喂棚鸭”、“打滚”、“鸡打架”等）。他们根据传说舞蹈编成的“铜鼓舞”，文艺调演中屡次获奖，故被称为“铜鼓之乡”。

铜鼓平日存放有一定的方法。如西江大寨原有一个铜鼓（1942年一次战乱中烧毁），固定由“牯脏头”唐姓保管。他在家中划出专门房间存放，鼓内盛满白米，谓如此可使粮食丰收。

雷山苗族有一套崇拜铜鼓的仪式。每当从存放处把铜鼓取出来之前，要先祭之，称为“起鼓”；租借铜鼓时，借鼓和还鼓都有一定的仪式，要向铜鼓主人敬献干鱼；打鼓之前，要先向鼓面喷酒；等等[2]。

他处苗族使用铜鼓之俗与上述大同小异。惟贵定县仰望地区苗族铜鼓仅用于丧葬活动，值得介绍。

仰望铜鼓平日公推一位最有威望寨老收藏，秘不示人，即使是隆重节日亦不使用。仅当有人死亡时，由该寨老人带领两名青年去借鼓。鼓拴于牛圈中，深夜时杀牛祭祀，同时击鼓，夜深人静鼓声传到很远地方。次日，他寨知有人死亡，都来吊唁。从此不再敲击，死人安葬后收鼓归还。在这里，铜鼓主要起着传递信号的作用[3]。

四　瑶族

瑶族有1411000人左右（1982年统计），分布于广东、广西、云南、贵州诸省。分为若干支系。据研究，使用铜鼓者主要是居住广西北部和西部、贵州的月亮山地区和云南富宁一带的布努瑶，今天尚有约10万人口（即番瑶、白裤瑶、木柄瑶等部分）使用铜鼓。十年浩劫前，仅南丹、都安等几个大的布努瑶聚居区就有铜鼓239具。瑶族铜鼓多属E型。他们自己把铜鼓分为“公”、“母”两种。“公鼓”壁厚，鼓身较高；“母鼓”壁薄，鼓身较矮。此外，他们还常为每个铜鼓起一个好听的名字。

瑶族铜鼓多称是祖先传下的。实际上，是常从外族购进的。贵州三都水族人说，1980年以来，他们的铜鼓不断被从广西来的瑶族买走。目前一具铜鼓约值人民币1000—1200元。

1　以上参见黔东南苗族侗族自治州编《苗族风俗与风俗传说》囊疆牛条；《民俗》第1集《黔东南加鸠苗族吃牯脏纪实》；贵州省博物馆编《贵州省少数民族传说故事》第1集《台江南宫吃牯脏情况》。

2　本节及以下诸节除另加注明者外，均据笔者自己调查。见《水、苗、壮、彝诸族使用铜鼓的习俗》一文。

3　姚忠：《贵定仰望的苗族是如何使用铜鼓的》，《资料集》。

瑶族（特别是白裤瑶）社会中存在一种大家族组织，即所谓“油锅”。铜鼓一般即属“油锅”公有，由“油锅头”（族长）保管，家族成员均可使用，但要得到“油锅头”的同意。它像“油锅田”一样，是一种公共财产。瑶族也有少数铜鼓属私人所有，但子孙分家时铜鼓一般不分，世代相传，便又变成“油锅”铜鼓。

瑶族铜鼓一般用于两种场合：(1）节日（如白裤瑶之春节、番瑶之达努节[1]等）；(2）丧葬。

铜鼓的敲击方法及有关习俗亦因不同场合而异。过节时，一般是悬于室内，“公鼓”和“母鼓”合奏。有的地方还有一种“赛铜鼓”之俗，即根据击鼓动作是否准确、鼓点是否熟练和击鼓时间之长短，来判断胜负，胜者被誉为“铜鼓王”。丧葬活动中一般只打单鼓，死者男性打“公鼓”，女性打“母鼓”。铜鼓要置于广场之上，吊在一根横木上击打，称为“铜鼓场”。有时亲友还背着铜鼓来吊唁；这时“铜鼓场”上，便形成十几个铜鼓并列一架同时敲击的雄伟场面。瑶族丧葬要砍牛祭鬼，死者较富裕者自必砍牛较多，砍牛即在铜鼓声中进行。在这里，铜鼓和砍牛一样，都起着夸示财富的作用。

瑶族铜鼓用一根鸡血藤做的鼓槌击打面部，另手以竹片击打鼓身。后面另有人持木桶助音。铜鼓多与牛皮大鼓合奏。

瑶族保存铜鼓有下列三种方法：(1）不用时埋入地下，用时挖出。埋鼓时要用山雀和老鼠祭鼓，据云可保护庄稼免遭雀鼠之害。(2）收藏于楼上近火塘的屋角，用铁链锁住。(3）存放于崖洞中。无论哪种方法，都是在极其保密的情况下进行，只有“油锅头”和少数人知之，一般成员不使与闻。故埋入地下铜鼓，常因当事人遇意外事故或遗忘而难以找到[2]。

五　壮族

壮族有13383000人左右（1982年统计），主要分布于广西各地。在云南东南部，也有壮族支系（侬人、沙人等）的存在。

壮族铜鼓传世者较多，今广西博物馆收藏铜鼓为全国之冠，应与壮族和其他少数民族普遍使用铜鼓有关。

兹先以我们调查过广西西林县壮族为例。

这里在20世纪50年代初，几乎每寨均有铜鼓。大炼钢铁时期损失大半，现存者已为数不多。西林壮族称铜鼓为“连”。从器物类型学观点看，所用铜鼓属一种类型即E型。但他们自己分为“公”、“母”两种。铜鼓多“从老辈子传下”，即使少数从外地买来，那也属于很久以前的事。如博雅村有一具“母鼓”，据说是10代前从贵州购进的。

西林壮族铜鼓，属家族公有或私人所有。凡家族公有者，固定由长房保管。如博雅村现有一鼓，为李姓公有，保管人李金亮自豪地说：“我是老大，借鼓非我点头不可，其他人管不好”。遇有婚丧之事，全寨人户（甚至非李姓者）均可借用；但过年时要看哪家“杀大猪”，则鼓归哪家打。鼓声一响，全寨老小男女都来参加，主人有义务招待喝酒吃肉，故非生活富裕者不可。过年时

1 达努节盛行于广西都安一带，传为纪念先民反抗土司的节日。

2 以上参见姚舜安：《布努瑶与铜鼓》，蒋廷瑜：《南丹白裤瑶的铜鼓》，并载《资料集》。

经常是无人敢于接鼓，这时只有在保管人的家中打鼓，故保存人不仅属于长房，还必须是其中的富户。铜鼓保管人之家自然而然地成为全寨社会生活和娱乐活动的中心，他本人在村寨中处于举足轻重的地位。

壮族铜鼓遇有下列场合敲击之：(1) 过年；(2) 结婚；(3) 丧葬；(4) 迁坟（“起祖”）[1]。此外，如那劳岑毓英、岑春煊家族把铜鼓供于祠堂中，祭祖时与钟同敲。此只是个别的例子，非壮族固有的习俗。

壮族击鼓之法和很多民族一样。鼓侧悬于屋梁，一手以鼓槌（据称用一种“万年树根”做成）击打鼓面，一手持筷子击打鼓边。这里也有用木桶在后助音之法。这种木桶据说要用 12 种不同的木料制成，才能取得好的音响效果。又西林壮族铜鼓上，时见人工钻孔，据说也是为了取得较高音响效果，“漏气，声音才好听”。击铜鼓时，另有皮鼓配合，组成各种鼓点。打鼓者只限男子。有些村寨舞蹈必以铜鼓伴奏。有些村寨（如博雅）过年仅敲铜鼓而不跳舞，“只是为了热闹”。

铜鼓平日不用，由保管人存放在秘密之处，虽至亲好友亦不告知。他处壮族也有把铜鼓埋入地下保存之俗，并与占卜相结合[2]。

壮族对铜鼓有一些信仰和崇拜。例如，过年借鼓来家时，要“先祭铜鼓，后祭祖先”。祭时置鼓于席上或毯子上，杀鸡以供，祷祝它“保佑老小平安，人不生病”。铜鼓耳上经常系着稻草绳，谓可防偷盗。每逢喜事加系红布，丧事加系白布。

他处壮族使用铜鼓与西林大同小异，除过年外，庆祝三月三日节亦敲之。如云南文山地区及师宗县的壮族铜鼓亦属 E 型鼓，分“公”、“母”两种。同姓公有，轮流保管。文山地区铜鼓上亦有人工钻孔。敲时亦侧悬于屋梁，惟以脸盆在后纵送助音而无特制木桶。师宗县铜鼓用前有一套很复杂祭祀仪式[3]。

六　布依族

布依族有 2119000 人左右（1982 年统计），分布于贵州黔南、黔东南、安顺等地区，云南及川南亦有少量分布。今布依族使用铜鼓已不普遍，仅贵州某些地区[4]及四川会东地区的布依族尚有铜鼓。

布依族与壮族语言相通，习俗相近，关系极为密切（广西有些壮族亦自称“博以”）。故两者使用铜鼓的情况亦极为相似。

布依族称铜鼓为“连”或“那连”，多属 E 型（四川会东布依族有一具属 C 型）。亦有雌雄之分。铜鼓多“由祖先传下”，属村寨或家族公有。会东布依族铜鼓固定由村寨中巫师保管。

---

1 “起祖”就是二次葬，现在壮族已不流行，仅死者埋葬的“风水不好”，或认为于生人不利时才举行。届时要拣取祖先遗骨放入特制陶罐（称为“金坛”）中，葬于另外的地方。

2 潘世雄：《铜鼓入土原因论》，《广西民族研究》1985 年第 2 期。

3 白天明：《文山铜鼓》，《民族文化》1984 年第 1 期。郭愉、李和林：《师宗县传世铜鼓调查》，《民族调查研究》1986 年第 2 期。

4 本世纪初日本人鸟居龙藏在贵州西部调查，认为使用铜鼓之风“仅限于仲家”，而鼓常被汉族夺去（见所著《苗族调查报告》，1937 年）。

布依族铜鼓用于：(1) 过年娱乐；(2) 丧葬。敲击方法是将鼓侧悬于三根木棒支成的架子上，以鼓锤击鼓面，以小竹棒击鼓身。打鼓时多用皮鼓伴奏，有复杂的鼓点。在贵州陇戛地区流传的鼓点，共分 12 段，还有用汉字记录布依语音的鼓点专书，称为“布陇戛分云”。四川会东布依族流传一本鼓谱，亦分 12 段，据说代表一年的 12 个月或一天的 12 个时辰。

铜鼓当过年用于娱乐时人人可敲。贵州独山、荔波等地布依族，还有以敲铜鼓为中心的舞蹈，称为“铜鼓刷把舞”，年青男女一二十人，手执“刷把”，按着鼓点起舞。在会东布依族之中，铜鼓若用于丧葬，则必须由毕摩敲之。

布依族对铜鼓也有一些迷信和信仰。如鼓耳系有羊角，据云起镇鼓作用；取鼓前先备鸡、酒、香、蜡、纸钱以祭；使用时还要在系鼓之绳上挂一支杀死的公鸡、一包米和蛋，作为贡品[1]。

七 水族

水族有 286000 人左右（1982 年统计），主要分布于黔南布依族苗族自治州的三都、独山、荔波等地，黔东南苗族侗族自治州的黎平、榕江亦有之。

水族是现实生活中保存铜鼓最多的民族。以三都水族自治县为例，尽管“大炼钢铁时期”铜鼓大批损坏，据最近普查全县仍有 314 具[2]，绝大多数为水族所有。

水族称铜鼓为“良”。他们自己根据鼓面光芒之突起形状及长短，分为熊爪鼓、虎爪鼓、鹰嘴鼓、鸽嘴鼓、乌鸦嘴鼓、斑鸠嘴鼓等。从器物类型学上考察，均属 E 型。此外，水族又分铜鼓为“公”、“母”两种，“公”者形体精巧，音宏亮；“母”者形体粗重，音质较差。

三都水族使用铜鼓有悠久历史，虽然无较早的文字记载，但当地明清时期，石室墓以铜鼓面部图案为墓石装饰[3]，证明数百年前民间铜鼓已很普遍。现在水族铜鼓多“从老辈传下”，很少有买他族铜鼓之事，而瑶族至今仍不断从水族地区购买铜鼓，亦证明水族拥有铜鼓之多。

水族铜鼓多属个人所有，也有家族公有者。凡属后一种情况都因原属同一祖先，子孙分家而铜鼓未分。一代一代相传，使所有后代都享有所有权。他们习惯上以铜鼓的“耳朵”为单位来划分这种所有权。如和寨石姓现有一个附近驰名的公有铜鼓，称“良格能”（按水族铜鼓多以最早所有者的名字命名，“格能”便是购进此鼓祖先的名字），被认为是音响最好的鼓，现为该村 120 户石姓所有。其中大房一支约 100 户共有“两个耳朵”，小房一支约 20 户也拥有“两个耳朵”。这 120 户都有权使用并保管铜鼓，但小房一支享有优先的权利。

水族铜鼓之继承，除子孙平分所有权外，还有在分家中作为一种财产折价单独分给个人者，从而转化为个人铜鼓。若分家时大家都争铜鼓，便要采取一种类似“抽签”之法：将鼓吊于屋梁上，使其旋转，诸子环立四周，鼓停止旋转时面部向谁，便归谁所有。今中和中心小学韦老师（家住周覃区亭牌村）家里收藏一鼓，即如此得来。

凡个人拥有铜鼓者，多半有钱有势。若无钱无势本人自无法购进铜鼓，即使祖先留下者亦难

1 李衍垣：《贵州苗、水、布依族的铜鼓调查》；胡之嘉：《会东布依族传世铜鼓》，并载《资料集》。

2 焦斌：《贵州三都水族自治县的铜鼓现存情况及其他》，《资料集》。

3 席克定：《贵州石板墓葬中铜鼓鼓面纹饰石刻》，《论文集》2。宋兆麟、严汝娴：《三都荣耀村水族画像石墓》，《贵州民族研究》1983 年第 1 期。

保住。如旁寨 83 户，曾有 10 具铜鼓，其中家族公有者 3 具，个人所有者 7 具。这 7 户过去多为富裕户或担任过保长之类。

公有铜鼓采取轮流保管方式，也可由族长或有威信者之“寨老”专门保管。凡拥有所有权之家，遇有喜事者都可使用，用毕必须归还保管者。铜鼓保管人必须经济富裕，或有一定社会地位。因过年过节照例要在他家打铜鼓，全村群众（不仅仅是拥有所有权者）会集，必须招待大家吃酒、吃肉。贫者担负不了这笔费用，即使有轮流保管铜鼓之权利，到时不敢接鼓。故常有一户连续多年保管铜鼓的情况，逐渐形成为专门保管人。甚至像和寨“良格能”鼓，也多年未换保管人。保管者对铜鼓要负一切责任。据和寨的乡规民约，村寨失火时保管人要先抢救铜鼓，再抢救自己衣物。否则铜鼓损失，要赔偿黄牛 120 头、猪 120 只、酒 120 斤，等等。因为该寨“良格能”鼓为 120 户公有，对每户都要赔上一份。保管人或因长期保管逐渐将公有铜鼓化为私有，因争夺公有铜鼓而涉讼之事时有所闻。

拥有铜鼓和长期保管铜鼓，都是一件光荣之事。凡掌握铜鼓者，言谈之中流露出一种自豪感。直至今日，凡经营副业而成为“万元户”者，他们首先想购置的东西不是彩电而是铜鼓。例如，堂州的潘邦信因办运输业而致富，新购铜鼓一具，价人民币 1200 元；水龙地母的张报因贩卖牛马及经营农业有方而发财，新购铜鼓一具，价 900 元。

水族铜鼓于下列情况下使用之：

（1）过“端”过“卯”：两者是水族传统节日。“端”是择旧历八月到十月下旬之间逢亥之日。“卯”是择旧历八月内逢卯之日，各寨具体日期不相一致。这两者就相当水族的过年，“悬铜鼓”是这些节日的重要活动之一[1]。

（2）结婚：据中和区的习惯，娶者敲铜鼓，而嫁者不敲。

（3）盖新房。

此外，据前人记录，水族在丧葬中也有敲铜鼓者[2]。但现在有些地方（如中和区）已不敲。现在流行的水族铜鼓舞[3]，据说就是据丧葬中敲铜鼓而舞的仪式性动作改编而成。

敲击方法是将鼓悬于屋梁，用鼓槌敲击面部，另以小竹棒（或筷子）击其胴部，另一人持木桶在鼓后作一开一合之动作。他们认为“不用木桶，声音传不远”。还有一人在旁击打皮鼓伴奏。敲打铜鼓只能在室内进行。男女均可击打，但妇女击鼓的情况较少见。

铜鼓平日不用，保存于家中楼上，内装白米。遇有战乱则埋于地下或藏于深山（如上述“良格能”鼓，当日寇侵占独山时便藏于山洞）。有人无子或儿子不孝，亦有死前将铜鼓埋入地下者，故水族地区常有铜鼓出土。我们在调查中获悉，中和区自 1980 年以来，从土中新掘得铜鼓三具。

水族对铜鼓有一些传说和信仰。如说铜鼓外借于主人不利（“老虎会吃人”，故私人铜鼓多不借出）；敲铜鼓前举行“招魂”仪式，以酒三杯祭之，敲时要以酒喷鼓面；等等。

---

1 参见潘一志：《水族社会历史资料稿》第七章《水族的风俗习惯及其变革》，1981 年。

2 参见岑家梧：《水家仲家风俗志》，载《西南民族文化论丛》，1949 年。

3 王思民：《水族铜鼓和铜鼓舞》，《民族文化》1984 年第 4 期。

八　彝族

彝族有 5453000 人左右（1982 年统计），分布于川、滇、黔三省，在广西西林、隆林等县也有少量分布。

彝族居住分散，支系复杂，彼此之间语言和风俗差异较大。有人未作深入了解，便得出“既没曾闻彝族历史上使用铜鼓的传说，目前也没有发现彝族使用铜鼓的事实”的结论，未免轻率。事实上，不仅历史上彝族先民使用铜鼓曾明确见于记载（见前章），而且在现实生活中个别地区彝族仍有使用铜鼓者。

以黔西北地区彝族而言，他们的洪水故事即已提到铜鼓[1]。传说今贵州大方县有古代彝族建造的“九重衙门”，在“第五重宫殿”中陈列有铜鼓[2]。这些虽属神话传说，多少能反映这一地区彝族先民曾有铜鼓。此与上引《宋史・蛮夷传》有关川黔地区“乌蛮”及“罗氏鬼主”使用铜鼓的记载，正可相互印证。但据我们在黔西北地区了解，到了清代末年，在所谓“九重衙门”所在地的贵州大方县彝族已不知铜鼓为何物。

再以保持传统文化较多的四川凉山彝族来说，该地区不断有铜鼓出土，有关于铜鼓的神话传说（如说布拖解放初期发现的铜鼓“会飞”）。铜鼓还被用于诅咒别人（一种“黑巫术”）。在彝语中也有“铜鼓”一词，称为“格则”。仅一些土司收藏过铜鼓，并不用于敲击，如沙马土司家中有一具铜鼓，作放置灵牌之用；金阳土司家中有一具铜鼓，奉为神灵。在现实生活中，早已不再使用铜鼓[3]。

另一些彝族地区情况与此迥异，现实生活中仍然使用铜鼓。兹以我们调查过的广西隆林县德峨区彝族和他人调查过的云南富宁县板仓地区彝族为例。

广西隆林县德峨区彝族，自称“俄普”，他称为“罗罗”。现仅有 1500 人左右。20 世纪 50 年代初尚有铜鼓七具（小德峨、岩头、那底、塘石村、杉树脚各一具，解邦两具），“大炼钢铁”及“十年浩劫”中均被毁去，现彝族人民手中已无铜鼓（仅区政府尚藏一具）。

据有关人员描述的形制特征来看，这里铜鼓均属 E 型。

德峨铜鼓均属个人所有。有鼓者都是当地比较富或社会地位较高者（过去担任区长、保长之类）。按习惯法铜鼓（若只有一具）照例传给长子，故这里和上述水、苗等族不同，个人所有之铜鼓不会转化为家族公有。

铜鼓仅在节日（春节和六月六）时敲击。敲法与很多民族同，将鼓侧悬于屋梁，一人击鼓，一人在后以 12 片杉木做成的木桶助音。有的地方以钹（铜镲）与铜鼓合奏。有固定的鼓点，每寨仅一两人会敲。这里的妇女不能敲击铜鼓。

1　毕节彝文翻译组：《洪水与笃米》（1984 年油印本）：“（天兵问）你今天这时，撞钟擂铜鼓，你有什么事？它是为何用？有事的一天，才叫你擂鼓。笃米亲口说：‘是我生儿子，传给举祖听，传给天上听。’”

2　贵州省民族研究所、毕节彝文翻译组：《西南彝志选》（1982 年）：“第五重宫殿，有鼓也有钟。……又在大地上，找到铜和铁，熔合在一起，造一个天鼓，中空形如瓮，实勺家的鼓。存放大地上，就是敞口鼓。”这里所说的鼓，据所描述的形状，自是铜鼓无疑。其所以称“天鼓”者，因彝族传说始祖所用最早铜鼓乃“天上”所赐。（见前注引《洪水与笃米》）

3　参见黄承宗：《谈谈凉山彝族与铜鼓》，《资料集》；毛瑞芬：《布拖县联布乡铜鼓考略》，《四川文物》，1985 年第 1 期。

过年过节时敲鼓只能在有鼓者屋中进行，全寨的人聚集作乐，主人招待酒肉。这里铜鼓是不外借的。

铜鼓平日不用，规定要放在粮食堆上，认为可使“粮食经吃”。

德峨彝族关于铜鼓有一些神话传说和崇拜仪式。例如：传说铜鼓会和龙王打架，故铜鼓不能近水；铜鼓耳上经常挂着山羊角，谓如此才可防止它“飞走”；敲击铜鼓前要先杀鸡祭之；打鼓必须自头至尾打完一通鼓点，中途停止会“头疼”；等等。

德峨主要居民为苗族，约占全部人口 9/10，彝族只占 1/10。有些村寨（如小德峨）是苗彝杂居的。然这里苗族却无铜鼓，每当过年过节彝族打铜鼓，苗族仅在旁参观，从来不会敲击。这一现象很值得注意。它说明这里彝族的铜鼓并非从附近其他民族学来，有自己的渊源。

云南富宁板仓地区，有一种自称“高脚倮”者，为彝族一个支系。迄今仍拥有 E 型和 C 型铜鼓。他们以 E 型为“公鼓”，C 型为“母鼓”。鼓属村寨所有，固定由“火头”（世袭头人）保管。

铜鼓主要于“跳宫节”（阴历三月八日、九日）及“过养年”（阴历四月初九、初十）时敲击。敲前先把鼓“请”到“宫坪”[1]上，侧悬于木架上，一手持槌击面部正中，另手持细竹棍击打鼓的胴部。另一人以脸盆在后纵送助音。有的地方（如龙洋寨）是“公”、“母”两鼓同击，“公”鼓侧悬于架，“母”鼓侧放于地，由鼓手同时并击[2]。铜鼓不用时，由保管人埋入地下保存，用时再取。

当地谚语有云：“先有铜鼓，后有倮族”，似铜鼓为彝族来到之前当地土著居民所用。即使彝族的铜鼓属于一种文化借用，那也是很久以前的事。今附近民族（如壮族）已不再使用铜鼓。

广南县彝族（倮族）亦保存铜鼓，并在现实生活中使用。

九　其他

中国还有一些民族保存有少量铜鼓，或仅作为古董玩物为统治阶级所收藏，或供设于殿堂寺庙之中而并不使用。例如：丽江纳西族的喇嘛寺（文峰寺）收藏 E 型鼓[3]；澜沧拉祜族头人曾拥有一具 F 型鼓[4]（图四七）。很明显，这些民族都不能算是使用铜鼓之民族。

然而下面几个民族与铜鼓的关系，却是值得讨论的问题。

首先要讨论的是傣族。他们先民（僰夷）有明确使用铜鼓的记载，已如前述。然到了近代，仅土司手中拥有少量铜鼓。如芒市傣族土司衙署曾藏一鼓[5]（F 型），但不敲击。西双版纳宣慰府中亦存 F 型铜鼓一具，平日与大皮鼓一起悬于大厅之内。逢节日（开门节、关门节）敲击之，敲鼓者必须为曾隶属于西双版纳土司的基诺族（属彝语支）。又每逢泼水节等节日亦抬此鼓出行，作为一种仪仗[6]。无论在哪里，铜鼓均已非民间日常生活中使用之物。又今沧源境内傣族缅寺中曾

1 所谓“宫坪”即一块平地，其中间或有一竹丛，称为“金竹”。这使我们想起西南古代民族对竹的崇拜和“竹王”故事。（见《华阳国志·南中志》）。

2 白天明：《文山铜鼓》，《民族文化》1984 年第 1 期。李家材：《云南文山州的传世铜鼓》，《资料集》。

3 汪宁生：《记滇西北的喇嘛寺》，《民族学报》2 期，1982 年。木基元：《丽江麻江型铜鼓漫话》，《玉龙山》1985 年 3 期。

4 此鼓今存澜沧县文化馆。

5《新纂云南通志·金石考》五。

6 李拂一：《车里》，商务印书馆，1931 年，第 148 页。有关铜鼓敲击情况，承刀世勋教授提供。

图四七　拉祜族头人过去所藏铜鼓（F 型）

藏两具 F 型鼓[1]，因其地处佤族地区，有可能原为佤族之物。金平地区个别傣族村寨，或傣壮两族杂居寨保存有 E 型鼓，每逢婚丧、节日时使用之，但无疑是受他族的影响[2]。由于报道太简略，我们尚难据此做过多的推论。鉴于傣族主要聚居区（德宏和西双版纳）一般人已不知铜鼓为何物，可以认为，就整体而论国内傣族已放弃了使用铜鼓的习俗。但国外泰族在宫廷中还使用铜鼓。

其次要讨论的是海南岛黎族。历史上黎族曾是使用铜鼓的民族，说已见前。到了现代，虽然铜鼓纹饰对黎族陶器、纺织物的影响到处可见，与铜鼓并存以三耳为特征的铜铛仍有保存，其上亦铸有蛙饰，但铜鼓本身已不存在[3]。凌纯声在《记本校二铜鼓兼论铜鼓的起源及其分布》（台湾大学《文史哲学报》第 1 辑，1950 年）一文引杨成志、王兴瑞之说，认为“至今黎族尚有铜鼓”，并说该校所藏的一具 D 型鼓，即来自“海南岛黎族”。这一点从 20 世纪五六十年代黎族民族调查资料中，尚难得到证实。

最后要讨论的是仡佬族。仡佬族历史上一直使用铜鼓，到了现代，随着其整个民族传统文化的丧失，铜鼓也不再保存。1940—1945 年，鲍克兰氏在贵州安顺调查仡佬族的历史时，发现那里已不用铜鼓，但老人追忆说，40 年前各家还有铜鼓，但已卖给“仲家”（即布依族）了[4]。

总之，国内现代仍然使用铜鼓的民族，主要是本章所举八种。有些民族历史上虽曾使用，但现代已放弃了这一习俗，便不能再列入现代使用铜鼓民族的行列。尽管如此，从上举八种民族的情况仍可看出，铜鼓存在不同系统的民族集团之中，有关习俗极为丰富多彩，为研究铜鼓的使用及社会功能，提供出许多意想不到的新资料。

1 方国瑜：《卡瓦山闻见记》，载《滇西边区考察记》，云南大学，1943 年。
2 熊正益：《金平县发现三面传世铜鼓》，《云南文物》第 13 期（1983 年）。
3 杨豪：《岭南铜鼓时代特征与族属的探述》，第一次铜鼓讨论会论文。
4 I.de 鲍克兰：《贵州仡佬的历史和现状》，载华西大学《中国文化研究所集刊》第 5 期，1946 年。

第七章　铜鼓用途和用法

一　铜鼓的原生用途和次生用途

考古学、历史学和民族学的资料均可证明，铜鼓的用途是多种多样的。兹逐项讨论如下：

（一）传递信号

这应是铜鼓的最早用途。经对楚雄万家坝几件铜鼓的频率加以研究，结果发现铜鼓与编钟相比，其频率“应属低频范畴……而频率愈低，在空气中传播愈远……故铜鼓主要用途就在于远距离传递信息”[1]。

这一发现至为重要，它以自然科学手段解决了铜鼓研究中一个难题，即铜鼓的原生用途问题。

传递信号之功能确实是贯穿于铜鼓的全部历史，有关记载较为丰富。例如，晋南北朝时期的僚人“鸣此鼓集众，到者如云”[2]；“欲相攻则鸣此鼓，到者如云”[3]。传世南诏中兴二年画卷中，表现了当时“打铜鼓,集村人”[4]的情景。“铜鼓”即铜鼓。明代都掌蛮仍然是“击鼓千岭,群蛮毕集”[5]。铜鼓之所以在战争或遇有意外事时，能起到迅速召集群众的作用，就在于它能通过声音的轻重缓急传递出不同的信号。正如清人檀萃在《滇海虞衡志 · 志器》中所说：“会集击之，声闻数里以传信。”

直到近代，瑶、壮等族仍然遇警则敲铜鼓[6]。西盟佤族铜鼓更有复杂的鼓点，能因事而异地传出不同的信号；即使在宗教活动中，敲铜鼓也是为了“通知鬼神”。贵州贵定县仰望地区苗族有人死亡，则深夜敲鼓，通知邻寨。缅甸克伦族当有人死亡及发生灾难时，专用铜鼓通知不在家的村落成员。即使远在数里之外，他们也能辨别出本村的鼓声[7]。

铜鼓和木槽鼓一样原是一种信号工具。

1 李连：《铜鼓的自然功能及主要用途的推测》，载《云南省博物馆建馆三十五周年专集》，1986 年。
2 太平御览》卷七八五引（晋）裴渊《广州记》。
3《隋书 · 地理志》。
4 见该画所附文字长卷。
5《明史 · 刘显传》。
6《晋义熙铜鼓考》引阮元《广陵诗事》。
7 见上引 H.I. 马歇尔：《克伦铜鼓》。

（二）祭祀

铜鼓用于宗教仪式之中，有古远的历史。晋宁石寨山贮贝器（M12 ：26）盖上的杀人祭祀场面中，有铜鼓、錞于并悬一架同时敲击的情景。同时出土三件铜房屋模型，是模拟当时供奉祖先的“神房”，其中可见铜鼓或供于放置人头的小龛之下，或有人敲击[1]。

后来人们一直把铜鼓主要用于各种宗教活动，祭祀神祇或祖先。唐代人温庭筠《河渎神词》：“铜鼓赛神来，满庭幡盖徘徊。”孙光宪《菩萨蛮词》：“铜鼓与蛮歌，南人祈赛多。”许浑《送客南归诗》：“铜鼓赛江神。”又《游樵山新兴寺宿石屏村谢家》：“家家扣铜鼓，欲赛鲁将军。”[2]明代魏濬《峤南琐记》：“二月十三日祝融生日，土人击铜鼓以乐神。”[3]清代李调元《南越笔记》卷七马人条：“其地有掘得文渊（按：即马援）所制铜鼓，马流人常扣击以享其祖，祖即文渊也。”屈大均《广东新语》铜鼓条：“雷人辄击之以享雷神。”皆其证。此外，历史上不少民族过年过节时都有敲击铜鼓的习俗，节日活动必包括祭祀的内容。甚至信仰佛教的民族拜佛时亦用铜鼓，如《南诏中兴二年画卷》中所见（图四八）。

现代民族的宗教活动中仍必须使用铜鼓。较著名者如苗族之“吃牯脏”，克木人之祭祖和春耕仪式，越南芒族之祭祀祖先[4]，老挝拉棉人之祈求丰收[5]，缅甸克伦族之求雨[6]等。又印尼桑吉安岛现存铜鼓，也曾被当地居民用来求雨。

（三）娱乐

祭祀常与歌舞相伴随，其中自寓有娱乐的意义。但单纯为了娱乐而敲击铜鼓一般是兴起较晚的。

晋宁石寨山一件贮贝器（M12 ：2）面部图像中，有铜鼓二具分别由男女敲击，而人群或徒手作势，或手持钵盂，作舞蹈之状。又上述几具图像精美的B型鼓面部主晕表现“夸富宴”的图像中，敲击铜鼓、吹芦笙、打编锣、羽人舞蹈几者并列在一起。这些图像中的敲击铜鼓，娱乐的性质已占有很大的成分。

随着历史的推移，铜鼓的神秘性日趋减少，而单纯用于娱乐的情况日益增多。如唐代东谢蛮“会集则击铜鼓、吹角以为乐”[7]；宋代越乇人“亲戚宴会，即以瓠笙、铜鼓为乐”[8]；明代仲家人“俗尚铜鼓，时时击以为娱”[9]；马湖之夷则“岁暮百十为群，歌舞饮酒，穷昼夜以为乐”[10]；清代黎人“富者鸣铜鼓，以为聚会之乐”[11]。

到了现代，苗、瑶、布依、水、彝各族的铜鼓，虽有多种用途，更多地用于娱乐，特别像广

1《云南青铜器丛考》，《考古》1981年第2期。

2 参见《全唐诗》中有关作品。

3 转引自《晋义熙铜鼓考》。

4 见前引J. 库辛奈：《芒族的人文地理和社会》。

5 见前引K.G. 伊锡考维茨：《拉棉人：法属印度支那山区农民》。

6 H.I. 马歇尔：《克伦铜鼓》。

7《新唐书·南蛮传》。

8（宋）乐史：《太平寰宇记》卷一六九。

9（明）田汝成：《炎徼纪闻》。

10（明）曹学佺：《蜀中广记·风俗》。

11（清）李调元：《南越笔记》卷六。

图四八 南诏中兴二年画卷中使用铜鼓情景

西西林县壮族和隆林县彝族，过年敲鼓“只是为了热闹”。又广西其他地区壮族在农作时敲铜鼓以减轻疲劳[1]，也可算同类性质。

（四）丧葬

铜鼓曾在丧葬中起重要作用。除了人死敲铜鼓报丧属于传递信号外，还有下列几种情形：

1. 用作随葬品。自A型鼓开始，凡地下出土铜鼓都发现于大型墓葬之中，是古代民族统治者或富有者曾用铜鼓随葬之明证。随葬铜鼓（如石寨山鼓、李家山鼓、东山鼓等）常见故意损坏痕迹，这是远古葬俗中对随葬品的一种处理方法。死者享用的只能是“已被杀死的”器物。换言之，人的灵魂所用者只能是“器物的灵魂”。大多数随葬铜鼓应是死者生前所用之物，除去越南东山文化出土的明器鼓，专为死者而制。铜鼓或置放在尸体之下腰坑中（如万家坝M1：12鼓），或放在棺床之下（如杨粲墓鼓、刀靶水鼓）。出于何种特殊信仰，今已无从考见。

现代国内民族已无以铜鼓随葬之俗，而国外民族之中尚可见此俗之残迹。如老挝的克木人相信，鼓面向下或凿破，表示阴间；鼓面向上，表示阳间[2]。缅甸克伦族则把铜鼓割下一小块，用以随葬[3]，这样，铜鼓就可同为活人和死人服务。

2. 用作葬具。这种情况较为少见，仅发现于实行二次葬的民族之中。广西西林县普驮村发现四具铜鼓，相互套合，以盛骨殖，是铜鼓用作葬具之例证。至于贵州赫章县可乐所发现人的头骨位于铜鼓之中，似埋葬时以鼓套于人头之上，这里铜鼓仍是一种随葬品，而非葬具。

现代民族中仅四川凉山彝族的沙马土司曾以铜鼓放置祖先灵牌，可视为铜鼓用为葬具之遗俗。彝族实行火葬，每隔一年举行“作戛”仪式，送祖先灵牌入隐秘之山洞，实具有“二次葬”的意义。

3. 用于葬仪。虽然几具B型鼓面部含有敲击铜鼓的图像，释为葬仪（见第四章）未必可靠；而后世铜鼓确曾在丧葬仪式中敲击。如元代白人“击铜鼓送丧”[4]，清代僰夷“丧祭，以击铜鼓为号”[5]，均为葬仪中使用铜鼓之证。

直至现代，瑶、水、壮、布依等族在丧葬一些仪式中仍然敲击铜鼓。缅甸克伦族鼓分“冷”、“热”两种，“冷”鼓用于其他场合，而“热”鼓专用于丧葬；供奉死者的米饭和鱼，亦必须放在铜鼓之上[6]。

（五）婚礼

婚礼一般为群众欢聚的大好时机，这时敲击铜鼓除为仪式所必需外，更多具有娱乐性。早期铜鼓是否曾用于婚礼中，尚无材料可资证明。这方面最早的确切记载，见于前引《滇黔土司婚礼记》，清初滇东某地可能属于彝族先民的婚礼，在迎亲、新娘过门、饮交杯酒各个环节，均要敲击铜鼓。现代民族婚礼中使用铜鼓者有中国壮族、水族和越南的芒族。

---

1 见徐松石：《粤江流域人民史》。唐人有《耘田鼓诗》：“农舍田头鼓，王孙筵上鼓，鼓兮鼓兮皆为鼓，一何乐兮一何苦。”（《古今图书集成·乐律典》引）由引可见，击鼓农作之俗由来已久。

2《老听人与铜鼓》，《选译》5。

3 见上引H.I. 马歇尔：《克伦铜鼓》。

4（元）李京：《云南志略》。

5 见上引《恩乐县志》。

6 H.I. 马歇尔：《缅甸克伦族的人类学和民族的研究》，俄亥俄：哥仑比亚大学，1922。

（六）战争

战争前敲击铜鼓召集群众，属于传递信号性质，早已有之。而在战争过程中鸣铜鼓助威，则为时较晚，在早期铜鼓中迄今无反映。晋宁石寨山贮贝器盖上虽有两次表现战争的场面（M6 ： 1、M13 ： 356），却均未见敲击铜鼓。这方面最早记载，属于南宋时期。铜鼓被南蛮“用之于战阵、祭享”[1]。明代的少数民族铜鼓也是“恒于战阵、祭享、宴会用之”[2]。

（七）报时

此亦非铜鼓原有用途，似汉人借用少数民族铜鼓作更鼓之用。如北宋时广西“州县用以为更点”[3]。清末民初某些地区铜鼓仍然“用为刁斗，昼烹饪，夜击鸣”[4]。

缅甸边境克伦族村寨头人以敲击铜鼓来召唤全村男子按时出工和收工[5]，也可归入这类用途。

大体说来，传递信号和宗教祭祀两项可说是铜鼓的原生用途，其他各项都是后起的，即由这两项派生出来的。例如，丧葬、婚姻必包含一系列宗教仪式，敲击铜鼓原为祭祀祖先或神祇所必需。又如，铜鼓之用于战阵、报时，则为传递信号用途之延伸。至于铜鼓之单纯用于娱乐则较晚，大概源于每逢宗教活动，群众咸集，在铜鼓声中唱歌跳舞，原为娱神，后来逐渐变为娱乐自己。久而久之，在一般节日活动或亲友宴会时，亦以敲击铜鼓为乐。

以上仅就铜鼓之使用言之。至于铜鼓用于贡纳、赏赐，乃至作为庙堂之陈设、士大夫之玩物，已是把铜鼓作为一种重要财富看待，而不是作为鼓来使用了。

铜鼓用以盛物[6]或煮物[7]，当属于临时性借用或出于当地某种信仰，均可暂置不论。

总之，铜鼓的用途不外以上几项，有些是原有的，有些是后起的。其中传递信号是最早的原生用途。即使祭祀时敲铜鼓，如西盟佤族所说，仍是为了把信息“通知鬼神”。

随着时代的推移，铜鼓的用途不断扩大。在某一个民族之中，铜鼓的用途很少是单一的，常常有好几方面的用途。在现代使用铜鼓的民族中，情况尤为如此。

二　铜鼓的敲击方法

铜鼓的敲击方法多种多样，归纳起来可分为两大类。

第一类方法是平置于架上或地上。其中最古老的敲击法是鼓手持棒自上而下击之，如舂米一样。此法在几具精美 B 型鼓面部主晕中已见。在与房屋相连的晒架上，可见四具铜鼓平置于支架上，下端悬虚。所绘铜鼓形象或有变形，从开化鼓可见其确为铜鼓（图三五）。今天越南芒族

---

1 （宋）陆游：《老学庵笔记》卷二。

2 （明）魏濬：《峤南琐记》（《晋义熙铜鼓考》引）。

3 （宋）周去非：《岭外代答》卷七。

4 袁嘉谷：《滇绎》卷一铜鼓条。

5 见上引 H.I. 马歇尔：《克伦铜鼓》。

6 石寨山、李家山铜鼓出土时，其中满盛贝壳；现代苗、水等族铜鼓不用时，内盛粮食；人们认为，如此可使财富增殖（详见第八章）。

7 万家坝鼓底部常见烟熏痕迹。王阳明有诗云：“铜鼓金川自古多，也当军乐也当锅。”（冒广生批本《随园诗话》引）。又前引袁嘉谷《滇绎》卷一：“（铜鼓）昼可烹饪。”近代广西少数民族仍用铜鼓煮饭（徐松石：《粤江流域人民史》）。此皆铜鼓用于煮物之证。

击铜鼓仍用此法。他们插四根木桩于地，两两相对，系鼓耳于桩上，鼓下地面挖一圆坑，鼓手五六人持木棍环立舂击[1]。老挝瑶族亦有类似方法，惟他们用盛水的竹筒作为击鼓之物[2]。这种自上而下舂击法有古老的渊源。铜鼓与作为信号鼓的木槽鼓在某一民族之中时常并存，而木槽鼓正是如此敲击的。西盟佤族如此，印尼某些民族也是如此，后者也用装水的竹筒舂击由树干挖空做成的木槽鼓[3]。中国苗族古代也用木槽鼓，今已不存，但仍保存类似越南芒族击鼓之法，即挖地成坑，蒙皮于其上，作为鼓而击之[4]。

更多的情况是将铜鼓平置而以鼓槌击之，如敲皮鼓一样。石寨山贮贝器（M12 ：2）舞蹈图中铜鼓凡两见，均平置，一由男性徒手而击，一由妇女手持叉物而击。铜房屋模型（M13 ：239）中的铜鼓，是以一种弯形器为击鼓之物。《南诏中兴二年画卷》和《皇清职贡图》中的铜鼓，均由鼓手双手执鼓锤而击。这大概曾是一种较普遍的方法。《旧唐书 · 音乐志》“覆而击其上”，即指此而言。然今日已不多见。

第二类方法是侧悬于架或屋梁之上。石寨山贮贝器（M12 ：26）杀人祭祀场面中，铜鼓与錞于并列一架，而铜鼓为侧悬，可见此法已相当古远。裴渊《广州记》及《隋书 · 地理志》所云“悬于庭”，虽语焉不详，大抵可以推知仍属这种敲击法。宋代范成大《桂海虞衡志·志器》（陆次云《峒溪纤志》铜鼓条略同）所云“铜鼓……两人舁行，以手拊之”，则是此法之衍变。在今日使用铜鼓民族之中，此法最为普遍。如中国佤、苗、瑶、水、布依、壮、彝诸族及缅甸克伦族，均以此法敲击。

各族悬鼓之架，或以三根木棒交叉绑扎而成，或以横木一根立于木柱之上，或有特制之木框（如今贵州雷山莲花乡苗族），殊无一定。大抵凡不愿将鼓携出屋外者，则悬于屋梁之上。古代还有将铜鼓侧吊于独柱上者，似受内地“建鼓”悬挂方法之影响。如《古今图书集成》“铜鼓图”中悬鼓方法，可能为古代州县衙署铜鼓之写照。《粤西丛载》卷一九云：“广西制府堂之左右各有一悬鼓之木架”，疑即指此。

铜鼓侧悬而击，还有一种增加音响效果之法，即以其种容器在后一开一合。此法之兴起不知始于何时，凡用此法者多为使用 E 型鼓之民族，可见为时不久。清代桂馥《札朴》卷一〇：“铜鼓……一人击，一人以瓦器从后面收其音而纵送之。其音有吉凶之别，蛮夷皆能审辨，吉者争买，凶者弃而不顾矣。”这里说助音物为瓦器，而水、壮、苗、瑶诸族则用特制之木桶，文山“高脚倮”则用脸盆。要之，只要容器即可。容器与鼓底相合，因共鸣原理而声音宏亮；两者相离时又恢复铜鼓原来音响。一合一开，便可形成不同音调。我见过广西西林县壮族使用木桶助音，确能产生较好的效果；而在水、苗等族之中，木桶助音已成为一种习惯性动作，徒具形式，故开合之间不见声音有何变化。此法在有些民族之中似已经失传。

此外，增加音响效果还另有他法。如《蜀中广记》卷七〇引《益部谈资》：“诸葛鼓乃铜铸……悬于水上，用柚木槌击之，声极圆润。”同卷引《游梁杂记》：“（铜鼓）置于水击之，

---

1 黎文兰：《关于古铜鼓起源的探讨》，《选译》4。

2《老听人与铜鼓》，《选译》5。

3 戈露波：《安南北部和东京地区的青铜时代》。

4 此据笔者在贵州从江县苗族中之调查。

其声甚巨。”此法也是利用共鸣的原理。又今壮族铜鼓上每见人工钻孔，据本族解释可以起调节音响的作用。这使我们想起古代铜鼓上除了损坏性凿孔是为了随葬外，也有排列整齐的小孔（如广西西林鼓、越南富维鼓），不知是否也与调节音响有关。

三　与铜鼓并用的乐器

铜鼓在以传递信号为主要用途的开始阶段，大概以单独使用为主。用于祭祀和娱乐活动等以后，则经常与其他乐器配合使用。

大体说来，与铜鼓并用的乐器，共有下列几种：

（一）锣

铜鼓与锣同敲，在前述几具精美的 B 型鼓面部主晕图像中已见。石寨山出土一件铜鼓形贮器上，便覆盖着一件状如斗笠的锣。越南东山文化中也发现铜鼓与锣并存的情况[1]。这种古老的传统一直延续到后世。《宋史·蛮夷传》：“（夷僚）疾病，击铜鼓、沙锣以祀鬼神。”清代彭崧毓《缅述》：“（乐器）惟口琴、芦笙、铜鼓、铓锣之属，岁时歌舞，用以合奏，亦尚婉转可听。”[2]屈大均《广东新语》铜鼓条：“凡击铜鼓必先击铛，以铛始亦以铛终。铛者，铜鼓之子，以子音引其母也。”按铛即锣之类。此指古代黎族情况而言，当时锣和铜鼓一样为黎族所珍爱[3]。

今天黎族已无铜鼓和锣并用的情况，但在其他民族之中却一直保存了下来。如中国的佤族、克木人，老挝的拉棉人等，铜鼓和铓锣同时敲击。泰国北部一些民族甚至把铜鼓就称为“锣”，有蛙者称为“蛙锣”[4]。锣在许多民族之中，也被看成是一种重要财富。

（二）錞于

錞于为中国古代内地一种乐器，流行于春秋战国时期，直至汉代。其在西南地区者为一种虎纽錞于，集中分布于川东、黔东及湖南境，据研究主要为古代巴人遗物[5]。錞于与早期铜鼓流行年代略同，分布地区互相连接。两者一度并存，然合用的情况似不很普遍。有关图像仅于石寨山贮贝器（M12：26）杀人祭祀场面中一见。有关记载则见于《泗城府瑶人献岁碑》。碑云：“击铜鼓、錞于，一歌百和。”[6]有的学者曾提出铜鼓可能由錞于变化而来[7]，尚未得到证明。

（三）笙类

此亦为西南少数民族古老乐器，故常与铜鼓合奏。开化鼓、黄下鼓等面部主晕图像中，在随着敲击铜鼓、编锣而舞蹈的羽人之中，可辨有吹葫芦笙的形象。晋宁石寨山铜房屋模型

---

1 O.R.T. 阳士：《印度支那考古研究》卷一。

2《永昌府文征》纪载卷三〇。

3（清）张长庆：《黎岐纪闻》：“俗好铜锣。……大抵旧藏者佳，新制不及其值，或抵一牛或数牛；或有抵数十牛者，则益宝贵之。盖锣多而佳者为大家。”

4 R. 海涅·革尔登：《后印度最古金属鼓的来源和意义》，《大亚细亚》8，1933 年。

5 徐中舒：《四川涪陵小田溪出土的虎纽錞于》，《文物》1974 年第 5 期。熊传薪：《湖南出土的古代錞于综述》，《考古与文物》1981 年第 4 期。李衍垣：《錞于述略》，《文物》1984 年第 8 期。

6 见《晋义熙铜鼓考》引。

7 徐中舒、唐嘉弘：《铜鼓与錞于》，《论文集》1。

（M13 ：239）中有一人击铜鼓，一人吹葫芦笙的情景。石寨山墓地在发现大批铜鼓同时，还有铜葫芦笙（M15 ：14、M15 ：15、M16 ：4、M17 ：9）实物出土。宋代广东合浦一带越㐌人宴会“以瓠笙、铜鼓为乐”。清代滇东彝族土司嫁女“击铜鼓，吹芦笙送之”。贵州补笼仲家人“岁首男女相聚，击铜鼓、吹芦笙为乐”。以上皆为铜鼓常与笙并用之证。

今日苗族和文山地区彝族（“高脚倮”）跳芦笙舞时，必以铜鼓伴奏。今凯里县舟溪地区有1942 年立的《甘囊香芦笙堂碑记》，其文曰 ：“窃维吹笙跻月，乃我苗族数千年来盛传之正当娱乐……更为我苗族自由婚配佳期……我寨先人吴乜灵公，建立一芦笙堂于此……每年自正月十六日起二十日止，各寨均得自由参加，毫无限制。笙堂一切秩序，均由我寨维持，禁吹鼓笙，特此碑铭，以照后世。”[1] 这里的“禁吹鼓笙”殊费解，想指另一种乐器，不是铜鼓与芦笙。我曾问过舟溪地区苗族人士，今天该地苗族每逢节日仍然敲铜鼓、吹笙。

（四）钹

钹俗称镲，原非中国固有乐器。据研究自晋以后始传入中国[2]，然它传入西南地区似稍早，石寨山出土一件铜饰牌（M13 ：38）上，已见持钹而舞的形象。它也曾和铜鼓并用。如古越人饮宴所用乐器中，既有铜鼓，也有铜钹[3]。

今天广西隆林德峨彝族和老挝拉棉人，仍有以铜鼓与镲合奏的习俗。

（五）其他鼓类

铜鼓也是鼓类，它和其他各种鼓仍可在一起并奏。

若干迹象表明，铜鼓与木槽鼓关系尤为密切。使用铜鼓的民族常有木槽鼓，佤族如此，历史上的苗族亦如此。而且铜鼓最早的敲击方法——自上而下地舂击，似即渊源于木槽鼓。铜鼓和作为信号鼓的木槽鼓在某些民族（如西盟佤族）之中，当发生意外事故时同起着传递信号的作用。

中国西南民族有一种大皮鼓，鼓身由整段树干挖空而成，两端蒙牛皮。它与铜鼓时常合奏，在壮、水、布依、瑶诸族中尤为盛行。瑶族丧葬的“铜鼓场”上时常有十余具铜鼓合奏的场面，这时要有一具牛皮大鼓作为指挥[4]。

一端蒙皮体形较小的今仍流行于云南的象脚鼓，其原始型可能与铜鼓有渊源关系，它与铜鼓合奏之事并不普遍。据《百夷传》记载，车里乐中有铜鼓，又有羊皮蒙的“长鼓”，这“长鼓”就是象脚鼓之类。在现今少数民族之中，仅克木人有以象脚鼓与铜鼓合奏之习惯。

除上述几种乐器外，古代民族敲击铜鼓还常配合吹牛角[5]。由于不是普遍的现象，不赘述。

---

1 吴培华 ：《甘囊香芦笙堂碑》，《黔东南文物志》第 1 集，1985 年。
2 林谦三 ：《东亚乐器考》，人民音乐出版社，1962 年，第 27—31 页。
3《太平御览》卷五六七引《风土记》。
4 蒋廷瑜 ：《南丹白裤瑶族的铜鼓》，《资料集》。
5 见《新唐书 · 南蛮传》、《皇清职贡图》。或与铜铙、拍板合用，见（明）李思聪《百夷传》。

第八章　铜鼓的社会功能和铜鼓崇拜

一　铜鼓的社会功能

为什么铜鼓受到许多民族如此重视？它具有何等重要的社会功能？它对人们思想意识和信仰有什么影响？这便是本章所要回答的问题。

当人们能冶铸青铜，并尝试着使用这种新的原料来制鼓时，突然发现这种新的鼓比被代替的以皮革和木料制造的古老的鼓来，音响宏亮，能更好地传递信息或给予人们以更大的欢乐。谁掌握铜鼓，谁便能号令更多的群众。久而久之，铜鼓本身即成为权力的象征。晋宁石寨山贮贝器人物活动场面上，房屋四周放着小的铜鼓，巨型铜鼓陈列在广场之上，形象地说明这一点。所谓“有鼓者，极为豪强”[1]，“有鼓者，号为‘都老’，群情推服”[2]，均指此而言。明代都掌蛮的首领阿大说“得鼓二三，便可僭号为王。击鼓千岭，群蛮毕集”[3]，更是一语道破了其中的道理。广东省博物馆藏的一具E型鼓上有“古僮（鼓撞）百姓归”，也说明铜鼓与号令群众的关系。

然铜鼓与一般鼓类不同，其原料要用贵重的青铜，不像木、皮之类原料随手可得；其制作要有专门的工匠，非一般群众所能制造。故铜鼓从其开始便是价昂之物。最早铜鼓的价格，已难考见。至少到明代鼓价是“多至千牛”[4]。在都掌蛮之中，“鼓声宏者为上，可易千牛，次者七八百（牛）”[5]。仲家人“或掘地得鼓，富者争购，百牛不惜”[6]。广东省博物馆藏一具E型鼓，据所刻铭文，其价值是“钱四千文，米三十斤钱一千五百文”，即共值五千五百文，是一笔可观的钱数。因此，只有富人才能买得起铜鼓。若社会地位很高而经济上贫穷者便不能购进铜鼓；相反，那些社会地位不高而经济上富有者，却可因购入铜鼓而提高社会地位。云南西盟佤族的铜鼓及其所有者情况，便可充分说明这一点。这样，铜鼓不仅是权力的标志，而又成为财富的象征，或者说其本身就是一种财富。

铜鼓的两种象征——权势和财富，便决定铜鼓在社会上有着夸示豪富，并帮助其所有者提高

1（晋）裴渊《广州记》。
2《隋书·地理志》。
3《明史·刘显传》。
4（明）邝露《赤雅》卷下。
5《明史·刘显传》。
6（明）田汝成：《炎徼纪闻》。

或巩固社会地位的功能。

这方面的突出表现是铜鼓与“夸富宴”的习俗紧密地联系在一起，并在其中起重要作用。

“夸富宴”是人类学上经常讨论的问题。它是美国著名人类学家F. 鲍亚士在北美洲西北岸印第安人的夸扣特尔（Kwakiutal）部落中首先发现的[1]。后经美国人类学家R. 本尼迪克特[2]及法国社会学家M. 毛斯[3]等人的研究，问题已很清楚。透过一些复杂的仪式和奇异的礼仪，这一习俗的实质不过是部落或氏族的首领之间，以大量消耗财产的方法来比赛豪富，而盛大的浪费性的宴会便是消耗财产的主要方法。这一习俗流行地区远不限于美洲印第安人，它曾流行于世界大部分地区，从美洲西北岸太平洋岛屿、东南亚大陆地区，直到古代印度。它代表贫富分化已经形成，而统治阶级尚未形成那样一个社会阶段[4]。据研究，中国古代也曾有过类似习俗[5]。无论如何，至少它在南方地区很多民族之中，无疑是存在过的。铜鼓便与这一习俗有关。

首先，这一习俗在铜鼓图像中已有反映。如前所述，在几具图像精美铜鼓面部主晕有代表富人住宅的干栏式房屋，屋内有人相聚；旁边有人舂米，在准备食物；此外，还有敲击铜鼓和编镠及“羽人”舞蹈等画面。我们认为，此即表现一次“夸富宴”的盛会，舞蹈者代表参加盛宴宾客。铜鼓在这一活动中，既可增加热闹的气氛，又是主人夸豪富的工具，常在这一活动中起着重要的作用，故把这一活动就描绘在铜鼓之上。

文献记载古代民族使用铜鼓，多和宴会相结合，而且现代使用铜鼓民族已提供出有力的证据。如上述西盟佤族及老挝拉棉人，等等。印尼阿洛岛的居民所使用的虽是小的异型鼓——“摩科”（moko），但其功能仍与铜鼓无异（参见《中国古代礼俗丛考》夸富宴条）。

铜鼓与铜釜常结不解之缘，也颇能证明铜鼓和“夸富宴”有关。云南楚雄万家坝鼓与铜釜同出，且有铜釜系铜鼓改装而成。贵州赫章可乐汉墓中死者头部套有铜鼓或铜釜。又广西浦北东汉墓中发现铜釜一件，底部纹饰与铜鼓面部图案全同[6]；同样器物在越南清化亦有发现[7]；海南岛临高县海边发现三件系东汉时的铜锅，口沿上有C型鼓面部常见的骑马人像等[8]。这些铜釜虽未与铜鼓共出，显然仍是同一文化的产物。四川兴文建武乡既发现了C型铜鼓，又发现了铜釜。文献记载也表明，使用铜鼓的民族常有铜釜。如铜鼓的最早制造者僚人“铸铜为器，大口宽腹，名曰铜爨，既薄且轻，易于熟食”[9]。明代都掌蛮既拥有大量铜鼓，又有“锅状如鼎，大可函牛，刻画有文彩”。万历元年之战明军曾掠获“铜铁锅各一”[10]。这些大的釜锅，只能在人群集聚或宴会中使用。铜鼓与铜釜时常并存，并不能说明铜鼓起源于铜釜，而是因为两者都是夸富宴中使用之物。

---

1 F. 鲍亚士：《夸扣特尔——印第安人的社会组织和秘密社会》，收入《夸扣特尔民族志》，芝加哥大学出版社，1966年。
2 参见R. 本尼迪克特：《文化模式》，波士顿，1959年。
3 参见M. 毛斯：《礼物：古老社会的交换的形式和功能》，纽约，1925年。
4 M. 哈里斯：《牛、猪、战争、巫师：文化之谜》，纽约，1975年。
5 E. 库柏：《古代中国的“夸富宴”：美洲西北岸印第安人和古代中国社会政治结构的比较》，《历史和宗教》2：2，1982年。
6 梁旭达、覃圣敏：《广西浦北县出土的青铜器》，《文物》1987年第1期。报告称为“铜盆”。
7 黎文兰等：《越南青铜时代的第一批遗迹》。
8 梁明桑：《广东临高出土汉代青铜釜》，《考古》1964年第9期。杨耀林：《海南岛发现汉代铜釜》，《文物》1979年第4期。
9《魏书·僚传》。
10《明史·刘显传》。

通过上面所述，可以认为铜鼓具体用途尽管多种多样，其主要社会功能已不在使用而在其本身。它们是权势和财富的象征，是提高或巩固铜鼓所有者社会地位的工具。

二 铜鼓的神化和铜鼓崇拜

当铜鼓的声响迅速召集来本部落的成员，在原始战争中取得胜利后，人们不会科学地分析战胜的原因；在万物有灵的信仰支配之下，人们把胜利归功于铜鼓的灵威。正如谈迁《国榷》卷六九记都掌蛮之铜鼓所云："始出劫，必击鼓高山，诸蛮闻声并四集，则椎牛享蛮，出劫数胜，皆鼓之灵也。鼓去则蛮运终。"铜鼓竟被视作部落的保护神。

祭祀时，人们在有节奏的铜鼓声中举行仪式性舞蹈；鼓声的频率刺激大脑中枢，能引进人们精神上和肉体上的异常反应，从而使舞蹈者处于兴奋的甚至是狂热的状态。当时人们对这一现象同样不能进行科学分析，而深信铜鼓内部一定蕴藏着一种超自然的神奇力量[1]。

由于这些原因，可能还有其他什么原因，铜鼓从其开始便被神化，被人们奉为神灵。

古今许多民族使用铜鼓求雨，作为葬具，祭祀祖先或神灵，祈求丰收，都是相信铜鼓具有神力的表现；而关于铜鼓有许多神奇的传说和禁忌，使用和保存铜鼓有一系列仪式，甚至铜鼓本身也成为祭祀的对象[2]，则是铜鼓被神化的结果。

使用铜鼓者都是农业民族。丰收对他们至关重要。许多宗教活动（祭祀神灵或祖先）中使用铜鼓，最终目的都是为了祈求丰收。他们甚至相信，铜鼓即使在不敲击的时候，其本身即可保佑丰收，使财富增殖。晋宁石寨山、江川李家山铜鼓内盛满贝币，现代水、苗、彝及克伦族用铜鼓盛米，都出于这种信仰。

由于这种信仰，铜鼓之神又被人格化。人们认为，铜鼓所以能导致丰产（fertility），乃由于铜鼓像人类和其他动物一样，有雌雄之分。

这一观念之形成似为时较早。广西贵县罗泊湾鼓一大一小，对照后世民族以鼓之大小为雌雄之别的习俗，或即代表雌鼓和雄鼓。又泰国翁巴洞穴铜鼓有成对埋藏的情况；马来西亚的甘榜双溪朗鼓、丁加奴鼓，越南的密山鼓，都是两具一起出土。印尼卡伊群岛的两具C型鼓，即分别称为"男鼓"和"女鼓"。两广地区将铜鼓分为雌雄的现象尤为普遍，南海神庙所藏两鼓即是很好的例子[3]；而且清代广州关于雌鼓和雄鼓的制法及击法，曾留下详细的记载[4]。现代民族中，中国的水、壮、瑶、彝诸族，老挝的一些民族仍把铜鼓分为"公"、"母"两种。缅甸掸邦地区曾

---

1 参见童恩正：《试论早期铜鼓》，《考古学报》1983年3期。

2 晋宁石寨山铜房屋模型供奉人头的小龛之下，供有铜鼓，并不敲击，似即作为祭拜对象。而当战争胜利之后，对曾用以号令群众的铜鼓更要加以祭祀。（清）毛奇龄《西河合集·蛮司合志》（五）记平都掌蛮之铜鼓有云："劫胜则复椎牛祭鼓以贿神。"

3 （明）邝露《赤雅》卷下："东粤（二鼓），则悬于南海神庙……雌雄互应。"屈大均《广东新语》铜鼓条："南海庙有二铜鼓。……铜鼓之大者，旧雌雄各一，今庙所存者雄也。其雌向遇风雷，飞入狮子海中，今雄鸣则雌辄相应云。"

4 （清）屈大均《广东新语》铜鼓条："击时先雄而后雌，宫呼商应，二响循环，音绝可听。……今铜鼓制皆小……不及二庙所藏者远甚，惟雌雄之别则同……先炼者为雄，后炼者为雌……而雄声宏而亮，雌声清而长，一呼一应，和谐有情。"

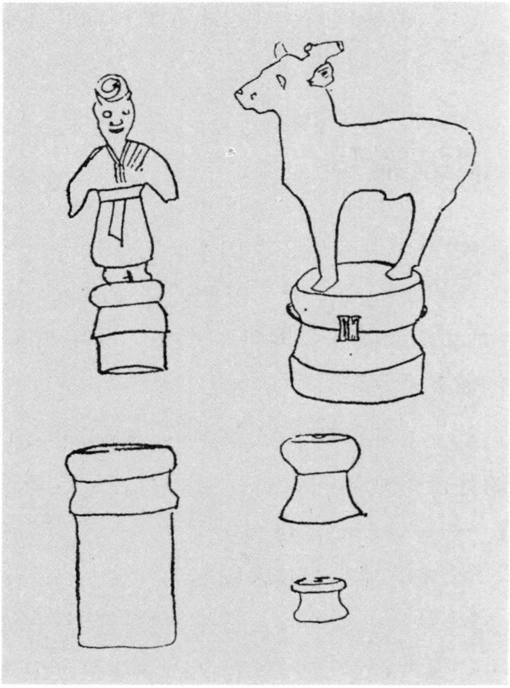

图四九 晋宁石寨山铜鼓形杖头饰和珠饰

图五〇 广西花山崖画中崇拜铜鼓的情景

成对地制作铜鼓（F型），以有蛙者为雄，无蛙者为雌[1]。看来，铜鼓区分雌雄及可以导致丰产的信仰，历久不衰。

铜鼓既代表权势和财富，又被视为一种神奇的力量，这就使铜鼓得到全社会（不仅仅铜鼓的主人）的喜爱和尊重，形成一种可称为铜鼓崇拜的心理状态。铜鼓不仅在社会生活各个方面起着重要作用，而且成为艺术创作的重要题材。晋宁石寨山的一些装饰品（如各种质料的饰珠等），常做成铜鼓的形状（图四九）。广西和四川的崖画中，表现了铜鼓的形象或人们对铜鼓膜拜的情景（图五〇）[2]。古代仡佬等族常模取铜鼓纹饰作为蜡染的图案[3]，而现代四川苗族的刺绣图案仍与铜鼓花纹类似[4]。古代水族墓葬石刻中，甚至雕刻有铜鼓面部图案作为装饰。一些民族史诗或民歌中，常提到铜鼓[5]。而铜鼓伴奏下的古老舞蹈经过改编，今日已成为受人喜爱的节目，如水族的铜鼓舞、布依族的铜鼓刷把舞等。

从公元前7世纪直到现在，铜鼓一直流传在中国南方和东南亚许多民族之中。它在社会生活各个方面曾起着重要的作用。我们还没有发现哪一种文物，能像铜鼓这样源远流长，影响深远。

1987年岁末全书脱稿

1〔泰〕清·犹地：《泰国的史前时代》。

2《花山崖壁画资料集》，广西民族出版社，1963年。《四川珙县“僰人”悬棺及岩洞调查记》，《文物资料丛刊》第2辑。

3 参见（宋）朱辅《溪蛮丛笑》点蜡条，（清）张澍《黔中记闻》。

4 成恩元：《川苗刺绣图案与铜鼓》，《贵州民族研究》1984年第4期。

5 广西的西林、隆林一带苗族的《洪水横流歌》有云：“人种造了，就在鼓里头。”见徐松石：《粤江流域人民史》。

附录

（译作）
黑格尔《东南亚古代金属鼓》的解说

I .De 鲍克兰 著

编辑下列资料是为了增加关于铜鼓问题的西方文献的知识，在当前条件下是很难接触这方面知识的。中央研究院历史语言研究所允许作者使用其优良的图书馆，非常感谢傅斯年所长的好意。

本文目的在于引起中国同行对铜鼓问题做系统的研究。黑格尔（F.Heger）1902 年根据对 165 个标本的鉴定，把铜鼓分为四个主要类型。从那以后，他的分类法已由法国和日本学者根据新的发现所采用和证实。但是，仍然存在悬而未决的问题，它们的解决主要看中国。这不仅为了普遍地扩大标本，使已经建立的系列更加完善并获得关于中国类型的清晰概念，而且更重要的是把第Ⅱ类型的老家确定下来，以免笼统地到处寻找。法国学者巴梦薛（H.Parmentier），特别是戈露波（V.Golubew），已经肯定了黑格尔的假想，即原始类型起源于东京。以这里为中心，铜鼓随着部落的迁徙而传入印尼。爪哇和沙莱叶岛（Saleyer）上发现的铜鼓属于第Ⅰ类型。同时第Ⅱ类型在中国土地上创造出来了。这是一种大而重的铜鼓。有环形耳，鼓面和鼓身覆盖四个或六个青蛙雕象，中间星形多为八角，有细的几何花纹。很可能，广西史籍所记的重量估计约达 40–50 公斤的铜鼓就属于第Ⅱ类型的标本。但是，各种地方志中的材料只有少数可供进行分类，并且也还需要实地调查。故民族学家在田野工作时，应把铜鼓研究包括到他们工作中去；假如可能的话，还要模拓其装饰花纹。根据民族学的杂志报导，铜鼓在广西（特别在瑶族之中）时常可以遇到，同时在贵州它们为富裕的仲家人所持有。在这些场合，铜鼓不像在大城市那样掌握在古董商的手中，当然很少有成为弄虚作假牺牲品的危险。必须记住，古代铜鼓均无年代；假如有，也是极其个别的，像第Ⅳ类型某些铜鼓那样，字是和铜鼓铸在一起的。刻出的字时常值得怀疑。

除了决定Ⅱ类铜鼓的老家以外，关于最晚的和特殊的中国类型（Ⅳ类）地理分布进行历史的研究。联系到中间类型Ⅰ－Ⅳ、Ⅱ－Ⅳ，是另一个有待解决的工作。原始的“蛮人”铜鼓作为贡献品或战利品到达朝廷及其周围，看来很早即成为评价很高的艺术品。同时古老的鼓又被其所有者——遭受镇压的部落——由于尊敬鼓的巫术力量而小心保卫，隐藏和埋入地下。可以推测，铜鼓制造者就开始生产一种较小的新鼓，鼓上传统花纹逐渐被起源于中国的花纹所代替，或按照中国的风格加以改造。

铜鼓本身除对研究装饰艺术形成一个单独的项目外，它还引起了对于研究东南亚历史的广泛兴趣。历史已证实铜鼓是公元开始时期出现的，这表明东京和安南的青铜文化有很高水平和长时期的经历。民族学家从第Ⅰ类型铜鼓的图像中可以找到有关的说明，并且对于东京三角洲古代文化能形成一个概念（“干栏”式房屋、船、弓、矛、乐器、锄，等等）。对这些战争和舞蹈图像及所描绘的各种动物的解释，揭示了宗教信仰和活动。对于中国西南部落的分类和他们属于东南亚哪一集团来说，拥有铜鼓（并参考中国作者掌握的其他文化特征）是一项有价值的标准。公元1世纪时东南亚文化的代表显然已经到达并深入西部中国。他们在今日中国地地上的残存，就其未被吸收和消灭的来说，是佤、崩龙和云南有关部落，可能还有贵州、湖南的仡佬和海南岛的黎族。但各种文化特征保存于中国西南复杂的民族图画之中，不只一种的中国节日（例如，龙舟）可以上溯到部落的活动，从而代替其原来的解释。

古代铜鼓所有者集团的民族学分析——这对研究今天铜鼓也是重要的——将揭示出铜鼓换手的事实；瑶和仲家虽然便用铜鼓已有好几个世纪，他们原来与铜鼓是没有联系的。其证据是明代田汝成《行边纪闻》说仲家从地下挖出古代铜鼓，他们把它归之于诸葛亮。

铜鼓研究确实打开了东南亚民族学和人类学家问题的广阔眼界。在比较民族学的观点指导下，分析丰富的中国文献资料和田野工作的成果，1是将来的紧迫任务。

导言

黑格尔（F.Heger）是维也纳帝国和皇家博物馆人类学及民族学部的负责人，1884年第一次在维也纳青铜器展览会上接触到铜鼓。魏尔切克伯爵（C.Wilzek）展出的一个大而奇怪的容器，是他从佛罗伦萨古董商处买来的，古董商对其来源一无所知。此物的形式、大小、特别是其花纹，引起了考古学家的普遍注意，他们对其来源感到迷惑。它的老家是亚述、中亚还是墨西哥？它是一个桌子还是一个容器？一个奥地利人解决了这个问题，他曾供职于暹罗的朝廷，在那里的宫廷中见过一个这样的鼓，每当国王出现于大厅时，人们就轻轻地敲打它。次年，黑格尔访问了阿姆斯特丹国际博览会，在博览会的中国部遇到了相同的鼓，是由中国古董商展出的，铜鼓再一次面向下放着，面部的蛙安置在雕刻木架之中。这个鼓由维也纳博物馆买下了。与此同时，德累斯顿的考古学家迈尔（A.B.Meyer）博士接到从巴塔维亚来的一个铜鼓的图，他将它和有关东印度其他文物的描述一齐发表。以后黑格尔进一步访求铜鼓，使维也纳博物馆收集到22件实物以及143个铜鼓的记录、拓片和照片。在一个汉学家的帮助之下，黑格尔也学习了中国书籍。他特别把《西清古鉴》中著录的十四个鼓包括在自己著作之中。通过调查证明，铜鼓已流散到全世界。柏林、巴黎、伦敦、斯德哥尔摩、罗马、基辅、河内、曼谷、加尔各答和巴塔维亚的博物馆，都拥有铜鼓，而更多的现在铜鼓是在中国私人收藏家和古董商手中，或由庙宇或寺院所珍藏。劳弗尔（B.Laufer）博士从北京向黑格尔报告，他从江苏为纽约自然史博物馆买了四个铜鼓。

1897年迈尔博士和弗博士一起发表一篇铜鼓论文《东南亚的青铜鼓》，次年阿姆斯特丹著名的汉学家格罗特（O. I .M.de Groot）的著作《东印度群岛及东南亚大陆铜鼓考》问世。这一研究成果很快就译成德文，并证明非常重要，因为其中包括了中国纪录中有关铜鼓材料的汇集。在此基础上，铜鼓的老家从此被确定与今日中国南部及西南部的土著民族有关，并和东京及安南山区部落相联系。当这些著作出现时，黑格尔自己的著作也差不多完成了，这时需要作适当的修改，以便包括新材料并和迈尔及格罗特相配合。黑格尔的著作是 1902 年出版的。

类型及其地理分布

迈尔在其上述著作中第一次对铜鼓进行分类，他是分为六种类型的。黑格尔占有的材料为迈尔的两倍之多，不同意迈尔之说。他把铜鼓区分为四种主要类型，外加三种过渡类型。第Ⅰ类型是原始型，最基本的也是最古老的一种，其他类型均由此引导出来。黑格尔对于这种类型掌握了 35 个标本，这种鼓的老家是在中国南部和主要是在越南东京，传到马来亚群岛的也是这种类型。第Ⅱ类型建立在 12 件标本之上，很早时期起即开始分枝，在中国南部地区发展了自己的特性。第三类型有 20 件标本，是克伦型，在花纹上显然受到其环境和一种特殊文化（高棉）的影响。最后的第Ⅳ类型是中国型，今日中国发现的鼓大多数属于这种类型，黑格尔是通过 62 件标本知道它的。这种类型的装饰主题深受中国花纹的影响。此外，还有三种过渡类型。Ⅰ—Ⅳ由 10 件标本所决定，其装饰花纹部分地继承了古代的形式，其显是中国式的。关于其形式、大小等一般外貌也把它和第Ⅰ类型联系起来。另外还有Ⅰ – Ⅱ类型和Ⅱ – Ⅳ类型。

外形、剖面、大小和重量

黑格尔书的第一部分对 165 个铜鼓作了详尽描述，第二部分叙述装饰花纹。黑格尔描述铜鼓，把铜鼓的面部区分出来，鼓面中心有星形，此外分为若干晕，多有花纹。晕是由中心向外来计算的。有些鼓最外晕上有雕象。鼓面之下是器身，一个中空的圆筒，无底，旁边凹凸不平。器身区分为干平行的晕，至少有四个把手，两两相对。鼓身有二至四道缝，是范铸的接合处。鼓面和鼓身的接合有种种情况，有时面部大于鼓身。关于剖面，根据对 140 个鼓的比较研究，结果如下：

第一类型，鼓身有三个部分，最上部分多少有些凸出，中间部分通常是最宽（窄？）的，第三部分外侈。面部和鼓身同大，或微有凸出。

第二类型：共有 12 件标本，鼓身也分为三节，但不甚明显。有时第三部分是以凸脊和第二部分分开的，面部相当凸出。

第三类型：不分节。面部时常凸出。

第四类型：面部适合鼓身，少数略有凸出。这种类型的 62 个例证中鼓身第一节和第二节没有明显分界。鼓身中间有一道线，成为这种类型的特征。但黑格尔不把鼓的剖面视为重要因素，而是在装饰花纹上建立自己的分类。

把手是和鼓铸在一起的，一般是两两相对。鼓依靠耳悬挂起来，当敲击时可使空气流通。耳是鼓身上部和中部分界的标志，第Ⅳ类型没有这种分界，其耳的位置很高，而且是相当大的耳。第Ⅰ类型和第Ⅳ类型的耳是圆形带状，第Ⅱ类型的耳通常是环形，第Ⅲ类型有着小的而且侧观作三角形的耳。

关于大小，最大的鼓由第Ⅰ类型和第Ⅱ类型所代表。第Ⅲ类是中等大小。第Ⅳ类是小的，有时非常之小。最重要的测量是面部的直径和鼓的高度。由于鼓身外凸，面径时常不是鼓的最大处，包括耳在内的最大直径才能实际反映鼓的大小。第Ⅰ类型面径在915—780mm之间，高在610—540mm之间。最大的鼓属于第Ⅱ类型，面径在1122—755mm之间，高在654—420mm之间。第Ⅲ类型包括中等的和小的鼓，测定数据是710—430mm和530—292mm。第Ⅳ类型由小鼓所代表，面径在560—318mm之间，高度在315—191mm之间。

仅知道有少数几个鼓的重量。第Ⅰ类型在鼓在65.4—23.3公斤之间。最重的鼓属于第Ⅱ类型，三件标本的重量分别是122.9、94.7、72.2公斤。第Ⅲ类仅知一个鼓的重量，为15．1公斤。30个第Ⅳ类型的鼓的重量是在21—11.8公斤之间。

原料和冶铸

鼓的原料，根据19件标本（属于Ⅰ、Ⅱ、Ⅳ类型）的化学分析，主要是铜、铅和锡。不同类型的合金成份如下表所示：

	铜	铅	锡
Ⅰ类型	60.82%—71.71%	14.25%—26.69%	4.90%—10.88%
Ⅱ类型	71.15%—79.02%	7.55%—10.94%	11.72%—15.44%
Ⅳ类型	73.30%—85.45%	3.75%—14.80%	9.19%—17.60%

由上可见Ⅰ类的鼓的铜锡不如Ⅱ类特别是Ⅳ类那样多，Ⅰ类铅的百分比很高。因为铅的百分比高（达26.69%），黑格尔选用“金属鼓”一词以代替“青铜鼓“一词，青铜一般被认为是不含铅的。不仅如此，黑格尔还指出Ⅰ类鼓合金和古代中国钱币合金之间的关系。根据格罗特引用《晋书》中的材料，公元378年禁止广州边境输出钱币，因为有蛮人熔钱铸鼓。黑格尔用这样的钱币进行分析，其最古的一种结果是：铜63.72%、铅26.40%、锡9.16%，这和Ⅰ类铜鼓的合金非常相似。

铜鼓经过专家鉴定，揭示了这样的事实：它们的铸造有两种不同的方法。Ⅰ、Ⅱ、Ⅳ类的大部分像今天铸钟那样，花纹印在蜡制粘土模子上，这样的鼓有二至四道的缝。由“失蜡法”铸造出来的鼓当然是无缝的。整个的鼓用蜡制模，复以粘土，当黏土烧硬蜡即溶化，金属液注入黏土模中。铅及锡成分较多的合金易于熔解，所有Ⅲ类是用这种蜡模铸造的。少数Ⅳ类鼓使用略加改变的“蜡模“法，粘土范在蜡溶后打开检查和修理。为黑格尔提供情况的专家们对于铜鼓工艺的高度技术表示惊羡。面部和鼓身上的雕象绝大多数是蛙，有时蛙和马（有骑士或骑士）结合在一起。后者出现于面部只限于Ⅰ类，多数情况是只有简单的蛙。有时蛙为蛙足的雕像所代表。Ⅰ类蛙数限于4个。6个出现于Ⅱ类，有蛙是Ⅱ类的通例，时常是外加1—4个蛙。Ⅳ类型是无蛙的。关于鼓身，只有Ⅱ类才有雕象，有一个标本是在胴部发现两个骑士。塑铸造动物在Ⅲ类上非常普遍，其中有蜗牛、象、蜘蛛和松鼠。在这方面非常有趣的是罗马博物馆的一个鼓，拥有大量雕象，面部四边是三只相叠的蛙，鼓身饰有蜥蜴和蟹，猴、龟、鸟、象、蜗牛和鱼，还有 5 种不能确定的四足动物。鼓身雕象属于晚期，这种装饰在缅甸及其边境的Ⅲ类鼓（克伦鼓）中得到发展。

花纹

花纹一章开始略述黑格尔研究这一问题的结果。他说花纹源于现实，它或多或少总是一个物件、人物或动物形象图案化的表现，原始人把它们连结起来以装饰器皿。花纹和一个大的或小的部落所共有的某种概念相联系。艺术家的感情和美的观念无论如何总是后起的。为了研究某种花纹，必须搜集其完整的序列，才能理清它的原始形式和派生物[1]。花纹的原始形式确定下来，其原来意义即可决定。黑格尔就是按照这些原则开始研究铜鼓的。两件最古的例证表明，至少主晕的原始概念是代表了制作铜鼓的民族生活中某些事情。这样必须决定较晚铜鼓相应的晕中的那些花纹是由这引起图像发展出来的。考虑到已知铜鼓比较起来还是少数，这一工作是困难的。不仅如此，还要考虑到全新花纹的出现是从不同文化（中国文化之于Ⅱ类和Ⅳ类、印度文化之于Ⅲ类）借用的，还有某些花纹会从这一晕移动到另一晕中去。这一点若发生在高度形式化的花纹上，其原始意义便完全忘却。第Ⅱ类型时常有这样的情形：某种萎缩的毫无意义可寻的花纹形式布满全鼓。一种花纹愈变得图案化，它在铜鼓上的地位愈难肯定。同样情形也见于Ⅲ类。如前所述，这两种类型是有严格地限制的，而且很早时期即从原来中心分离出来。

星形

136 个铜鼓面部中心的星形经过了分析，同时还知道 144 件标本星形光芒的道数。星形的中心面积大小不一，而有时与它的光芒分离。百分之八十二的星形具有十二道光芒，也有作十道、十四道、八道和六道光芒的。关于类型，黑格尔证明十二道光芒是Ⅰ类和Ⅳ类的通例，八道光芒属于Ⅱ类和Ⅲ类。Ⅰ类星形的不同形式，可用第 10—12 图（据黑格尔书的图版 XXX）为代表。第 14、15 图属于中间类型Ⅰ—Ⅵ类，第 16—17 图分别属于Ⅰ－Ⅱ、Ⅱ－Ⅵ类，第 18—20 图属于Ⅱ类。光芒之间的空隙时常填有花纹，由两个对称部分组成，实际上是代表一个人面。在较晚铜鼓上这种花纹是从Ⅰ类导引出来的，这一点非常明显，但Ⅱ类却由完全不同的花纹形式所代替。

面部

面部的主要花纹是铜鼓最有趣味的部份。它的图像反映了铜鼓所起源的部落的生活，这对于民族学家有着无比的价值。关于图像的解释见另章。已知三个Ⅰ类鼓面主晕的图像大体一致。黑格尔推测，它们是原始型，可为出现在后来铜鼓的同晕中的形式化的花纹提供线索，其中有些图像某些情节，或已失去意义。三个原始铜鼓的写实图像是由两个房屋似的建筑、四个正在打鼓的鼓手、一对舂米的人像组成一圈。在空隙之处填有跨立人像四个或三个。他们也作为船上乘客出现于胴部主晕，并以较大的形式出现于腰部垂直的界格中。这些人像以其由鸟的羽毛

1 黑格尔指出，海顿（A·C·Haddon）《英属新几内亚的装饰艺术》（都柏林，1894 年）一书是处理困难的花纹问题的杰作。

和冠组成的巨大的头饰而引人注目，鸟的眼睛用两个小的同心圆纹来表示。服装后面很长，有如长尾。人像持有不同之物，如高大的盾牌（也饰有羽毛）、武器和使用许多竹管做成的笛子之类的乐器。大多数铜鼓在相当于有写实图案原始主晕的晕中出现的花纹的演化，正是以这些人像为出发点的。Ⅱ类鼓是仅有的例外，如上所述它是没有主晕的，全鼓布满了高度图案化的几何纹。图Ⅰa 表示慕烈（moulié）鼓胴部的跨立人像（原大）。图Ⅰ是西里伯斯南端的东南方沙莱叶岛发现的唯一的鼓，它代表差不多已图案化的跨立人像，但和第一个鼓人像的联系还是明显的，表示一种人像是从另一种人像引导出来的其他过渡形式，无疑也是存在的，但今天还不清楚。例如，巴梦薛著录一个鼓与黑格尔据以得出其结论的慕烈鼓差不多一致，但更为精细。鸟眼同心圆纹（构成人像向纯粹花纹发展中重要细节之一）在巴梦薛的鼓上更为分明，在头饰上和盾牌上都是存在的。图 2a 采自另一个Ⅰ类鼓，表示花纹已高度形式化。这种形状的花纹尽管有各种变异，在许多Ⅰ类鼓上是常可见到的，其原始意义今已无从考见。Ⅲ类 19 个鼓中，仅有 9 个有这种图案，它渐渐消失而让位于新的花纹，是这种类型铜鼓的特征。图 24 和 25 表现出花纹减为狭晕。图 27、28 和 43 是选来说明Ⅳ类铜鼓图案的样子。它们有互相垂直的三边，同心圆纹的眼睛是经常有的，二三条带形旗子从眼圈中发射出来。带形旗向左或向右，殊不一定。

虽然材料还有许多空白点，许多花纹从跨立人像引导出来的证据就建立起来了。在约有二千年的漫长历史中，铜鼓传播到广大地区，数以千计，而且形式化的型式从一种到另一种转变的步伐是很慢的。在只知少数例证的今天，能够追溯其演化过程的花纹只有限的几种。

某些铜鼓的花纹变成为无意义的形式化的形状，并从面部原来位置移动到其他部位，也出现于鼓身。但这仅仅发生在很有代表性的Ⅳ类之中。与此同时，全新的主题代替了原有的主题。这样，在中国的Ⅳ类鼓面上就出现了龙、鱼、钱、八卦，少数甚至有中国字。而有时在这些奇异的主题之中，也残存着原始图案，惟已变得不可辨识。

飞鸟晕

较宽的飞鸟晕以一条狭环与主晕分开。此晕是非常有趣的，因为它的图案和一系列铜鼓相应的鸟相比较，再次显示出一种花纹从自然主义的具体形式通过不同过渡阶段最后向不可理解的几何纹发展。飞鸟晕甚至也可以考虑是四个Ⅰ类铜鼓的主晕，其面部再无其他主晕，所有典型的Ⅰ类都有鸟晕。Ⅱ类则无鸟晕。而在Ⅲ类 19 个鼓中，飞鸟晕是存在的，一次占有 2—4 道晕。Ⅳ类仅少数例证有鸟。慕烈铜鼓这种晕的 16 只鸟，一个紧接一个。这鸟有长的尖喙，并有细长的冠，翅膀不宽大，尾巴作三角形，眼睛以小的圆圈来表示，图 3、4、9（图版ＸＸＸⅥ）均属于Ⅰ类，显示出向着形式化型式发展的过程。Ⅳ类有飞鸟的主题的只有两例，在面部的一个晕中分别有 8 只和 4 只鸟，与其他图形交错在一起。在某些Ⅰ类铜鼓上，在不同的晕中也有另外的鸟纹，黑格尔称之为“双鸟尾”型式，见图版ＸＸＸⅥ的图 8。此种花纹和图版ＸＸＸⅥ的图 4 比较，可显示前者的左边代表后者鸟纹的腿和尾，右边加上同样的花纹以便对称。这种花纹的有趣之处见于图ＸＸＸⅥ的图 17，它是采自出现了中国起源的新花纹的Ⅱ类鼓中，其鸟尾和钱纹连在一起。黑格尔进一步把常见的菱形花纹追溯到双尾鸟，因它们出现于原为这种双鸟尾花纹而设的特殊的晕中。钱纹作为幸运的象征，是一种流行的中国形式，曾被Ⅱ类鼓所借用。但因它不是一种原始花纹，铜鼓制作者加以改变使之形式化，以致难以辨认。黑格尔举出很多例证来说明这种过程，从图版 XL Ⅳ的图 2、9 和 10 中可以得到一个概念，钱纹转变为四叶花纹，这样就创造了一种新花纹，它和原来花纹已没有什么联系。Ⅳ类也有钱纹，但这种类型铜鼓是在中国影响甚至可以说在其控制之下发展起来的。

鼓身主晕

关于鼓身上部，黑格尔所知的三个基本铜鼓及巴梦薛和戈露波分别于 1918 年和 1929 年描述的鼓，都以 6 只船的图形及两个向上有 9—11 个水手为主要特征，船上装备及船间立鸟的形象略有差异。沙莱叶鼓船有鱼（图版Ⅵ），船尾向上，形成一个奇怪的头。正是沙莱叶鼓，标志着原始鼓的写实图像向着图案化的发展第一步。图ＸＸＸⅣ的图 3、4、5、6 所表现的是鼓Ｉ类各例进一步的发展。船形当然是转变一种花纹的主要之物，鱼在某些鼓上也被保留。水手及鸟不再出现。原始鼓上是 6 只单独的船，后来它们成为仅仅是装饰图案时竟重复了 20 次。图 4、5 的鱼为其他花纹所代替。到此阶段整个花纹实际已推动其原始的意义。这种花纹的简单形式曾经翻转过来在 8 个Ｉ类鼓出现，同时另一些鼓上则完全没有船晕。这种主题也成为Ⅱ类装饰演化的一部分。非常简化的形式——图 9、10 实由图 7 引导出来，出现在鼓身的上节。另外的Ⅱ类鼓，花纹发展为图 13，在两只一正一反的形式化船间空隙处，形成了菱纹。图 15、16 也采自Ⅱ类鼓身，实际也是同一类。Ⅱ类鼓身上部各种装饰与上述主题全无联系。而Ⅳ类却存在大量船的图案。在许多鼓上，花纹非常简化，然从其形状及在鼓上的位置来看却无疑是船图案的遗留。这种类型某些鼓上简单化花纹表现出一种新发展的倾向，它成一系列新的图案的出发点，这是由于受中国文化新的影响所刺激。一种几乎和简化的船一致的花纹，时常出现在古代中国青铜器上，其来源很不清楚（图版ＸＸＸⅥ的图 4），因而很自然的，在Ⅳ类上中国装饰的简单形式和复杂形式渐渐代替了简化的船纹，在图版ＸＸＸⅤ中黑格尔有一系列图案说明了这种发展。这种花纹以其简单形式留在胴部，它也以复杂形式移到面部。

关于鼓身的结论是：船仅在Ｉ类非常清晰，这种花纹的简化形式出现于少量Ⅱ类鼓上，它在Ⅳ类由于中国影响而改变。Ⅲ类缺乏这种花纹，相应的晕中填以连续的实际上是代表水的波浪纹，因而黑格尔推测这可能和水的概念相联系，虽然水和船并不一定是相伴随的。

鼓身中的主要花纹

主要的Ｉ类鼓身中间部分的装饰由垂直的线分为八个界格，每一界格包括有跨立人像的形象。这些人像较面部人像为大，但其他方面是相似的，它们和船晕的水手某些形象也是相似的。各个人像的细节互不相同，因此它们必然是使用了单独的印模。在现存标本中沙莱叶鼓再次表现出走向形式化人像的第一步，这一过程由其他Ｉ类鼓继续进行。人像变成连续的花纹，而渐趋消失，垂直线分为八个界格保留下来。Ⅳ类鼓在鼓身上部和中部没有明显地分晕，这一部分的花纹与跨立人像没有关系。

本文篇幅不允许去介绍黑格尔对次要的晕的详尽讨论，同时还因为这需要大量的图片。黑格尔著作第二卷包含 45 幅图版，28 幅展示鼓的全部或大部分，其他的展示了 700 个以上的花纹摹本，大部分成组排列，尽可能的说明原始形式的原型和发展。对于上述主晕的主题，仅仅还要补充少量特别有趣的图案。Ｉ类鼓面部和胴部的下晕中有一种“点状”图案，在许多Ⅳ类的标本中它以小的突起的圆泡的形式也在鼓身上部晕中和面部出现。如众所知，某些学者把这些圆泡解释为钉头。钉头也出现在木鼓上，这里鼓皮是由钉子按上去的。因此得出结论说，青铜鼓的先驱是中国的木鼓。黑格尔否认对点状花纹做这种解释，因为它也存在于面部，钉头在这里是没有意义的。很可能由很晚中国制造者以完全不同方式来装饰的有些Ⅳ类鼓，受到中国鼓钉头概念的影响。黑格尔认为，点纹与“眼睛花纹”有关。这种装饰的来源是非常清楚的。其原始形式表现为一个有点的圆圈，或两个同心圆圈内有一点或无点，也有的是三个同心圆圈。

人像的眼仅有一点，同时它以上述四种形式之一出现于鸟眼中。这种鸟在图像占有突出部分，出现于屋顶上、出现于跨立人像的装束上或出现在船尾装饰的奇导动物的头上。鱼和孔雀翎像鸟一样，也有这种花纹。而眼花纹不知为什么也独立出现，Ⅰ类和Ⅱ类有这种情况。在原始鼓的房屋似的建筑上可以看以它，在这里它以一种简单的形式出现，黑格尔称之为“切线圆圈”。两个眼圈由一个对角线联接起来，由一个圆圈的上部接上另一个圆圈外圈的下部。这种图案可以由一对圆圈以上述方式组成，或者形成连续的花纹，对角线向左或向右。黑格尔把各种包旋图案都追溯到这种眼圈，是非常有趣和重要的。某些铜鼓的眼花纹由“紧闭的螺旋纹”所代替，这是一根包旋线由中心向外并和另一种侧转过来的同样花纹相接。这种花纹一看便知似乎与眼花纹相一致的，但它不是由同心圆圈所组成，而是由紧闭的螺旋所组成。黑格尔以四个Ⅱ类鼓上代替眼花纹的特别图案证实此事，眼花纹在各个鼓其他地方不再出现。眼花纹下一个变体的“对角螺旋纹”，其最后螺旋线的末端是开着的，并成为一螺旋的对角线。这种不连续的图案和西方古典考古学所谓“连续螺旋纹”是不同的。黑格尔据两个Ⅰ类鼓研究这种花纹，它在这里出现于小的晕中。同时它也存在于戈露波 1929 年描述的Ⅰ类鼓上，在那里它非常优雅地占据着面部的突出地位。戈露波指出这种图案今天还存在某些印度尼西亚部落（巴达克、达雅克）木雕或纹面花纹之中。

Ⅳ类鼓的螺旋有不同的连接法（两个螺旋共有16种可能的连接法，其中14种是实际存在的）。它是由眼花纹引导出来，抑或由中国艺术所传入，尚有疑问。中国艺术影响Ⅳ类的装饰是如此之深，而在中国装饰艺术中螺旋纹是非常普遍的。[1]

Ⅰ类的“菱形曲线”黑格尔解释为两个螺旋尾端连接一种有角的形式。这种花纹有不同的变化。

矩形图案和曲线图案彼此紧密相关。后者在古代中国艺术中也经常出现，它作为一种典型的中国图案独占地出现于Ⅳ类铜鼓。对于中国的曲线型式，黑格尔插入了下列有趣的叙述。据《博古图录》，古典的西方曲线在古代中国是不经常出现的，花纹经常采取“敞开的简单曲线”形状或以其变体“紧密的双曲线”而出现。与连接的曲线相区别，它可以称为短曲线。两种形式均用于装饰空隙之处，并在主题之间出现，连续的曲线是适合于条带状装饰。古代中国曲线经常被螺旋纹所代替，而且从一种形式到另一种形式的转变是经常性的。甚至如空间允许，双曲线可能由两个部分组成：一个是曲线，一个是螺旋线。[2]

矩形图案也限于Ⅳ类，由大量套在一起的矩形和有时是四方形组成。这也是典型的中国主题。

---

1 戈露波指出中国雷纹和印度尼西亚的螺旋纹可能有共同起源。

2 黑格尔此处参考了夏德博士的著作《中国和日本艺术中的回纹和三角纹》，载《中国研究》第一卷，1890 年。

结论

巴梦薛称黑格尔的书不仅是一部重要著作，而且还是一种“出色的花纹主题的总汇”。[1]黑氏对铜鼓的分类是进一步研究这一问题的基础。自从他介绍了165个鼓以来，最近发现使鼓的数字大大增加了，这是黑格尔所急切盼望的。他谦虚地把自己著作称为“献给装饰艺术的研究”。实际上，他把无意义的花纹追溯到具体的原始型式，清除了几何花纹是原始民族独立发明的概念，对于研究原始艺术是非常重要的。对于民族学家来说，黑格尔也给予同样有价值的启示。他强调铜鼓图像像蛙和星，应根据铜鼓创始者的概念来解释。虽然他对中国西部南部和印度尼西亚部落，特别是其在亚洲大陆的残留知道甚少，他自己还是明确地把铜鼓的来源和中国西南和印度支那部落相联系。黑格尔在这方面否认了马援和诸葛亮创造铜鼓之说。关于Ⅱ类鼓的老家，黑格尔是有怀疑的，但这个问题在同时期已由戈露波所解决（见后）。

黑格尔在这本书中还评论了另一个不为人们所知的关于铜鼓起源的理论，这里要加以介绍，因为这是普遍感兴趣的问题，而且其他地方是很少征引的。这是法国著名学者拉古伯里（Teriren de Lacouperie）一本没有完成的著作《非中国的神圣的古老青铜鼓》，刊于他的杂志《巴比伦和东方报告书》第七卷第9、10号和第八卷。著作没有完成，作者即已死去。

拉古伯里在其著作第一部分介绍了古代中国乐器，结论是青铜鼓不是起源于中国，虽然印度未发现任何铜鼓，他引用四次翻成中文的《普曜经》（Lalita vistava），指出印度是起源地。这本书中提到乐器有大鼓、陶鼓、青铜鼓等，据当地的编辑者的意见，释迦牟尼生前死后都听过它们。这本书还讲一步说：“前凉张重华统治时期（公元346—353年），从印度来的使团呈献了九种乐器，其中有铜鼓，即黄铜鼓。”拉古伯里结论是“上述历史事例证实了《普曜经》著者的话，古代印度是知道和使用青铜鼓的，但未述及鼓的形式和形状。……在现代印度40种乐器中，18种属于打击乐器，其中15种是鼓。拉古伯里列举这些以后又补充说：“这里不曾提及任何种类的青铜鼓，看来这种技艺很早即已放弃。”在其著作的以下部分，拉古伯里辑录了铜鼓的中国史料。他说铜鼓既非中国的又非印度的，而是从很古时候起属于中国南部和印度支那的土著民族。而著者未做出最后的结论。他时常倾向于把东亚文化溯源于西方特别是底格里斯和幼发拉底地区。正如黑格尔所说：“拉古伯里大概也曾想把这些地区作为铜鼓的老家。”

黑格尔的书在中国广泛为人所知是通过日本作者鸟居龙藏《苗族调查报告》[2]。鸟居龙藏同时补充描述了日本发现的Ⅱ类和Ⅳ类鼓。他也指出贵州苗和仲家刺绣图案与某些铜鼓花纹相符，而这些都属于Ⅳ类铜鼓，铜鼓上已采用了中国装饰。

由于古代铜鼓从6世纪起就被作为珍贵品而搜集，同时铜鼓的制造一直延续到上一世纪[3]，自然存在许多赝品。据说约在17世纪，广东有铸钟行会，技术是保密的[4]。铜鼓上年号铭文时常是

1 黑格尔从《四川通志》中摘引了《广州记》、《晋书》、《南史》的有关鼓的记載，许多有价值的史料是格罗特供给他的。

2 此书翻译黑格尔之名Heger误为Hegel。

3 黑格尔指出，一个Ⅳ类鼓上有有“通光二年”年号。

4 据门斯特本，《中国艺术史》，1924年。

后来刻上去的，而不是和鼓铸在一起的。

青铜鼓的其他文献

关于黑格尔著作出版以后青铜鼓的进一步发现，还要略说几句。巴梦薛在其《古代青铜鼓》一文（刊于《法国远东学院院刊》第18册，1918年）中，著录了22个鼓，大多数属于河内博物馆，其他在私人收藏家手中。巴梦薛按黑格尔意见分类，属于Ⅰ类的1个（这是一个很好的鼓，与黑格尔两个原始鼓相似），Ⅱ类6个，Ⅲ类2个，其他属于通常的Ⅳ类。Ⅰ类鼓保存于东京的庙宇中。6个Ⅱ类鼓来自东京，这一事实决定了这种类型的老家，这是黑格尔的著作所未提及的。然后对其Ⅰ类鼓详细描述，配以图版。此鼓高度和直径与黑格尔的慕烈鼓差不多一致，两个鼓星形均为十四角光芒，面部写实图像以同样方式排列，而河内鼓在细节上更加清晰，跨立人像拿着不同的武器。

面部在图像和飞鸟之间多出一晕，由一圈鸟及一对鹿交互组成。鼓身的船刻绘更加精致，船员装备与慕烈鼓有所不同。垂直界格中跨立人像同样出现，装备有斧头和笛子。巴梦薛对图像进行了解释，在某些方面他反对黑格尔的观点。他最后指出铜鼓花纹与东京古墓发现的青铜武器的花纹非常类似。这种观点在维克多·戈露波的杰作《东京和安南北部的铜器时代》中有详细的描述[1]。1924—1928年在《后汉书》中所说的九真地区的清化东山的马河右岸进行发掘，发现了与古代中国砖墓不同的墓葬，这种墓葬遍及东京。它们是简单的竖穴，随葬着大量物品，其中有铜鼓、农具、器皿、装饰品、武器和钱币。钱币多为半两和五铢，是没有年号的。[2]关于铜鼓一共发掘了20个及一些残片，鼓很小，实际上是大鼓的代替品，它们是敲不出声音的。但小鼓仍保存了形制的特征，面部中心有星形。有的面中间有钮以便悬挂。其中有一个钮，其下有狗形座。墓葬发现的其他物品中，斧头（当指钺——译者）特别有趣，因为它和Ⅰ类鼓跨立人像所持之物一致，后者表明此物是安在一根棒上的。作为图像一部分的两个舂米者所用的奇异器皿，在坟墓的随葬品中也发现类似之物。但对研究铜鼓最重要的收获是在有些武器上出现了相同的图案，船、人像、鹿证明武器是来自同一作坊之中。由于这一发现，有可能把铜鼓年代定在公元1世纪。不仅如此，所说武器合金成分的分析与铜鼓也很相近[3]。

众多的发现物、器物上丰富的花纹，证明东亚铜鼓文化在东京的发展曾达到高峰。据中国史料，这一地区青铜时代延续至公元3世纪。看来冶铸造青铜的技术来自北方，即中国。戈露波进一步描述了老挝稻田中发现的一个有价值的Ⅰ类鼓，从1924年起该鼓即归河内博物馆所有。他认为这个鼓属于东山文化。面部主晕很好地表现了上述“对角螺旋”的主题，旁有鸟晕及动物晕（戈露波认为是蜥蜴），鼓身上部有6只船，船有9—11个人像，还有鱼及一些鳄鱼。同时十二个垂直界格中各有一对鹿，其下是两个跨立人像。戈露波对写实图像

1《法国远东学院院刊》第19册，1929年。

2 半两钱使用于公元3世纪，五铢钱唐代还在流行。但有少量王莽钱，这个篡位者的时代是公元9—23年，可以允许把发现物的年代定在公元50年之前。

3 戈露波的提供数字是铜55%，铅17%，锡15%。

一般都作了聪明的和成功的解释，并且指出爪哇发现和保存有一个有关的铜鼓，这个鼓哈叟（G.A.J.Hazer）在《人类学的国际档案》（1910 年）中曾有描述[1]。这就使带有人像和船的Ⅰ类鼓的总数达到 5 个，沙莱叶鼓还未包括在内。在上述向形式化花纹走出第一步的鼓中有 3 个面部有写实图像。

叶慈（W.P.Yetts）在《苏末佛包罗藏品目录》第二卷（1930 年）中提及Ⅳ类铜鼓时毫无意义地发展了铜鼓起源于中国的理论。

虽然作者素来熟知这个问题的有关文献，他努力于把铜鼓追溯到一个没有留下例证的“中国原始形式”。按他的意见，古文字中提供的证据支持这样原始形式曾存在的信念。这种原始形式饰有鹭鸶花纹，作者从这一事实看出了和青铜鼓的联系。

从《周礼》中翻译的关于鼓的篇章，其中叙述了各种鼓及其在古代中国的应用，青铜鼓是不存在的，但作者反复说“可以推测鼓大量用于战争和为了耐久，有时是用青铜制造的”。他表示对中国作者责任心的怀疑，并提出另一个对他有利的论据，即《史记》记载：公元前 623 年，王把青铜鼓作为礼物送给秦穆公。为了证明这种神秘的中国青铜鼓原始形式饰有有冠的鸟（如部落铜鼓所表明那样），叶慈收集了古文字中关于“壴”字 20 个不同的形式。“壴”字上部看来是一种在生长的植物符号，叶慈却释为羽毛，同时根据它曾更加细致地出现在看来颇像一只象征性的鹰那些图像，推测它代表鸟。鹭鸶的冠毛或伞盖形成古代铜鼓晕中装备的一部分，以及白鹭图案是铜鼓和其他器物的普遍花纹，似乎使中国鼓和部落鼓联系在一起。

此处必须补充说明的是河南安阳墓葬的遗物表现了不少于 4 种打鼓的鼓手。其中圆筒状鼓从两边敲打，鼓安在座子上，座作动物形有两例[2]。上述雕刻中鼓顶的装饰非常清楚，可以解释为饰有流苏或羽毛的鼓棒，当打鼓时大概是摆动着的。而叶慈想要的“不动的鸟”却不曾出现。古文字中的装饰之由三叉形或某些点状线来形成因此就十分清楚了。

部落青铜鼓和中国青铜器之间联系较多的还是锣和铜镜。巴梦薛指出东京发掘的一件锣中有十四角光芒的星形。戈露波指出铜镜与铜鼓的可能联组。他推测原始的部落鼓与今天的萨满鼓是相似的，后者由木和皮所做成，饰有绘画。实际上据司塔贝（H.Strucbel）的著作[3]所述，海南岛的黎族在上述萨满仪式中使用一种有画的鼓，上有鹿的形象。这种鹿经常出现于铜鼓中，也出于戈露波所描述的铜斧上。此外，还知道黎族把古代铜鼓视为非常珍贵之物。

青铜鼓写实图像的解释

已知的少量原始铜鼓通过写实图像提供了一系列较晚铜鼓上大部分形式化的无意义的花纹的线索。黑格尔全面论述从具体形式到蜕变形式的演讲过程，使铜鼓成为研究花纹和装饰艺术

1 见《爪哇的金属鼓》。

2 一个是一个狗，另一个是一对狗（？）。狗与戈露波描述者的铜鼓模型上狗纽却有些类似。铜鼓上这样安钮将大大影响发音的和震动，但小的模型是不想敲击的。很可能，制作者根据自己的想像并抄袭了不同时期中国鼓的基座，后者是他在其他地方见过的。

3《海南岛黎族》，柏林，1937 年。

最有价值之物。

通过新的发现和中国文献资料，可以推断这种类型的铜鼓属于东京地区青铜时代的较晚阶段，从这一地区传布到中国西南部和印度尼西亚。民族学家因此试图从铜鼓上图形（如房屋、船和各种活动），获得关于古代文化的印象。这里可以回忆一下，三个看作原始类型的铜鼓面部主晕表现了连续的跨立人像严肃的行列，装备着巨大的羽毛头饰，携带着盾牌、各种武器和一种笛子。与人像交错在一起的是房屋似的建筑（可以辩识出有人在内），一对舂米的人和四个鼓手在打鼓（他们在垂直悬挂的鼓形器上敲打）。奇异的大鸟到处都有，有一些是坐在房顶之上。巴梦薛描述的河内铜鼓面部有一个晕是鸟和两个鹿交错排列。在鼓身垂直的界格中，有与面部相同的人像，但较大，有一个鼓上界格中也有对鹿。鼓身还发现了许多的船，船有高高的雕刻的船尾，其上有一队水手。四十多年前黑格尔试图根据他所知的极少的民族学材料解释这些图像。他相信在格罗特翻译的中国文献中有一篇可以提供解释。他摘引《广州记》记载的关于俚僚庆祝新鼓制成的仪式，有许多旁若无人客人首领应召唤而来，他认为人像所持的钗形物就是中国作者所指出的富人子女用以打鼓的金银钗。黑格尔把五个悬挂之物看作铜鼓，并认为是打鼓所用的技术的形象说明。在船中是参加仪式的宾客。黑格尔试作解释是带有许多保留的。巴梦薛不同意黑格尔的解释。他认为图像表现了部落准备某种战争之事，鼓形物是大篮子，内装谷物，以供战争之需。鸟代表着部落的动物图腾。

戈露波把铜鼓所表现的活动和现代印尼民族婆罗洲的达雅克人的活动和仪式联系起来。这样他就划出了一个文化圈 ，其中可以发现与古代东亚文化遗存的联系。在本文作者看来，这不仅对于研究铜鼓而且对于研究中国文献记载的南方部落，都是有益的。“南蛮”的习俗和活动，如干栏式房屋、食人之俗（与猎首联系一起）、凿齿、平台葬和崖葬，以上所举仅是一小部份，这样一些文化特征，与今天某些属马来人的印度尼西亚部落和亚洲大陆上那些文化和体质与马来部落相似的土著集团是非常类似的。这一点是经常被强调的[1]。例如，阿萨姆的那伽人，据胡顿（J.H.Hutton）所说：“他们与亚洲屿特别是婆罗洲人在文化上或在体质上很多相似之处”[2]。

东亚文化不同因素的组合未能清楚的建立起来，但从下列事实可以发现关于这种关系的解释：澳亚民族实际上是大量的融化了他们先行者——澳尼民族了[3]，同时把他们推向岛屿。安南、交阯和老挝的某些澳亚语，例如卡姆人和卡来人，说印尼—澳大利亚混合语言。在较晚时期从岛屿向大陆的迁徙也曾发生。

青铜鼓原来的家是东京湾的周围地区。当纪元开始，这一部分必然已为由孟高棉及他们先辈印尼族代表的澳亚民族所占据。今天居民对此问题不能提供什么线索，因为安南人在语言学上、人类学上都是一种高度混杂的民族，更不用说文化方面了。

1 所谓马来种族一般分为三个集团：原始马亚人，如塞芒（Semong）、塞诺（SenoiO）、库布（Kubu）和相同的原始部落都属之。文化较高的集团，如达雅克（Dayak）、巴达克（Battak），等等。古代的和近世的马来人，显示出受过印度和中国文化的影响，例如马来半岛及通常划为“马来亚”的岛屿上的居民。

2《安加米的那伽人》（The Angami Nagas），伦敦，1921 年。

3 此据斯密特（Schmidt）神父的分类，他区分出澳尼和澳亚两个语族。前者包括印尼、美拉民西亚、玻利尼亚三个分支。

戈露波在研究过程中时常提到芒族（moi），这是法属安南半岛文化低的部落的一般名称。上述卡来人即属此族。他认为这些民族和婆罗洲部落之间关系是既定事实，在依班人或婆罗洲的海洋达雅克人举行的仪式中，戈露波看出有与铜鼓图像类似之处。他从格拉波斯基（F.Grabwsky）的著作（分别刊于《人类学的国际档案》第二卷和第二十卷）中摘引了材料。这里叙述的一种仪式，是社会重要成员死后举行的。这种象征性仪式被认为有巫术力量，可使死者灵魂最后到达神的土地。死后经过较短或较长时期再举行仪式是巴达克、克伦、那伽和很多部落的共同习俗，或者每年为所有死者举行一次，或者几年举行一次，对于重要的领导人可以单独举行盛会。戈露波特另注意的海洋达雅克人有“黄金船 ”的传说，他们是乘此船到达婆罗洲沿岸的。现在这只船的新任务是运送灵魂去位于云海之中的“天国”。船由称为Tempohy Telon的神通广大的人来指挥，船头船尾用伟大的犀鸟的头和尾作为装饰[1]。在举行仪式过程中为死者准备一只船，通过不断敲鼓邀请灵魂入船。船中放着武器和锣，准备着高高的桅杆，使伴随灵魂去“天国”的鸟可以在上面栖身。

恶鸟则由驱邪者加以驱逐，这些恶鸟被认为有攫取魂灵并拉出船外的企图。在特别选择的地点建立了一个干栏式小屋，象征着“天国”所在。小屋以雕刻和绘画装饰起来，最后屋内还装满了礼物。为节日中招待众多宾客的舂米也是仪式的一部分[2]。戈露波摹录了达雅克人两张表现“黄金船”的画，其与鼓上的船确有惊人的相似之处。戈露波这样就根据今天海洋达雅克人的“替瓦”（Tiwah）仪式，把铜鼓图像解释为与这类似的仪式。舂米人像、饰有花纹和雕刻的小屋、鸟的出现，所有这些细节都赋予新的意义，而且看来是彼此相符的。关于四个打击鼓形器者，巴梦薛认为是装着去壳谷物，戈露波与黑格尔一样认为是鼓手。这方面的联系戈露汉举出下列事实为证：今天达雅克人仍以装水竹管垂直地敲打木鼓。关于跨立人像，作者参考了纽温胡斯（Neuiwenhuis）之说，纽温胡斯曾描述过达雅克人的歌舞仪式和舞蹈。

可惜戈露波实在不熟悉那伽部落的有关文献，特别是胡顿和米尔（Mill）充分描述安伽米人（Angami）和阿那伽人（Ao Naga）的专门论文。在那伽社会和宗教生活中起着重要作用的举行仪式的庄严行列，与铜鼓上的行列非常类似。男人们由犀鸟羽毛做的圈状头饰（犀鸟尾羽以前只有成功的猎头者才能佩戴）奇形怪状地装饰起来，携带着仪式用的武器，进行一种缓慢的舞蹈。胡顿描述安伽米－那伽人的舞蹈是这样的：“盛装年青男子组成的行列，以缓慢步伐移动着，走成圆圈或八字形，分为两行。感情是死板的，相当一部分姿态是用手和臂，上臂紧靠身体，肘上下摆动而不是向两边摆动。巨大笨重的装饰妨碍了行动。不能想象再有比这和铜鼓上跨立人像更为相似的了”。至于仪式所用武器（经常是加以装饰的），那伽人是用长矛和一种斧形物（tao），这是某些家庭所持有的祖传之物。仪式盾牌是用竹席做的，较平时用犀牛皮象皮或水牛皮做的更轻，它有5—7英尺高，时常饰有“眼睛”花纹，即同心圆圈。厚的羽毛从仪式盾牌中心升起，同时上角有染红的山羊头毛，加上前人的发辫。过去有功的老战士也曾佩戴犀鸟的头，这一事实可以解释铜鼓上某些人像的鸟头装备。

---

1 如众所周知，犀鸟从喜玛拉雅山到美拉尼西亚的部落（只要那里有犀鸟的）观念中起着重要的作用。它也和某些民族例如那伽集团图腾信仰有关，他们认为它来源于一个妇女，当一根犀鸟羽毛落在她膝上时，她怀孕了。

2 所有那伽部认为为了仪式的舂米是非常重要的，由年青未婚男女来完成。

铜鼓花纹就与写实图像有关的来说，就这样找到了虽然不是完美的却是满意的解释。至少是指出了方法，必须接着进行进一步的研究。面部中心的星和蛙雕象仍然有待解释。

1973 年 11 月 18 日初次译成

1974 年 4 月 8 日修改誊清

附记：

原文载华西协合大学《中国文化研究所集刊》第四卷，名为《读东南亚古铜鼓考》。拙译刊于《民族考古译丛》第一辑。原有插图若干幅，今略。文中引用图版，即黑格尔《东南亚古代金属鼓》一书的图版。此书已有中译本（黎广秀等译，中国古籍出版社，2004 年）。按号查阅，不难了解文意。

2010 年 4 月 32 日

(译作)

事物的起源

(德) Julius E.Lips 著

译者的话

此书征引了大量民族志和考古学的材料，探索各种生产活动、日用器具、社会制度和习俗的起源问题，内容涉及远古人类物质文化和精神文化诸多方面。它也可以说是一本简明的远古文化史。此书原来有一个副题，就称为《人类文化史》。

此书不仅对研究民族学、历史学和考古学的人来说，有可供参考之处；从事其他工作的人，若能在百忙之中看它一遍，亦能增长知识，大开眼界。例如，建筑工作者可以了解到最早的房屋是什么样子；机械师们可以了解到早在数万年前原始猎人已知利用各种机械原理来捕捉野兽；一个新闻工作者或通讯工作者，当看到原始人也会巧妙地传递消息或发布新闻，一定会感到惊异；一个教育工作者当看到所谓“野蛮人”教育孩子的方法会有许多可取之处，不能不引起深思。此外，要了解某种农作物开始种植和某种家畜开始驯养的地区，某些金属开始冶炼的时间，道路、桥梁、车辆、船只等的起源，政治、法律、宗教等的早期形态，此书也能为你提供答案，虽然是极为简单的答案。

人们有一种历史的兴趣，对任何事物总爱问一个从何而来，何时开始。朋友们，当你点燃一支烟卷、喝一杯酒、呷一口茶、观看一场戏剧表演或参加一场体育比赛的时候，你也想知道这些生活中的常见事物是如何起源的吗？这本书的有关章节同样能给你有趣的解答。据作者自称，这本书就是为了满足一般人对各种事物起源问题的兴趣和好奇心而写的（参见“序言”）。

本书的作者利普斯（Julius E. Lips），是著名的德国人类学家，生于萨尔地区，曾长期在科隆大学担任人类学系系主任和教授，并是科隆民族学博物馆的负责人。自希特勒上台后，他为了表示反对和抗议，自动辞去上述职务到巴黎教书。1934 年他应美国著名人类学家弗朗士 · 鲍亚士（Frantz Boas）的邀请，到美国哥伦比亚大学任教，从此定居美国。他一方面在美国一些大学教人类学，一方面又受英美学术团体的委托，从事实地调查。他曾对加拿大拉布拉多地区的印第安人进行过长期调查，发表了一系列著作。

这本《事物的起源》是他写的一本关于文化人类学的综合性著作，自出版后，很受读者欢迎。不仅出了英文版、德文版，并被译为俄文。在中国，友人李毅夫先生曾据俄文版译出几章，发表在《民族问题译丛》上，而全书内容始终未与广大读者见面。

此书有许多优点。首先，作者公正地指出，世界各民族对人类文化都做过贡献。他列举说明美洲印第安人一系列发现和发明（见第五章），称赞“中国是许多伟大而又奇妙的发明的发源地”（见第七章），并进一步肯定了冶铁术的故乡是在非洲（见第五章）。他认为，即使最原始的民族也有自己的创造，如帐篷就是在靠狩猎或放牧为生的印第安部落中首先发展起来的，而“在旅行或行军中，白人……尽其一切才智也未能发明较帐篷更为适用的东西”(第一章)。与此同时，他又通过歌颂原始民族的一些美德，来谴责“现代文明”的弊病。例如，他指出原始人的“住房是不成问题的，从不知道有收租的房产主和诉苦的房客。与痛苦的无保障的所谓‘文明’生活相反，这里支配生活的是和善与快乐、满足和互助”（第一章）。又说，原始人的教育“与钱财无关，所有人生来都有受教育的权利。……孩子是在父母面前成长起来的。因此，丛林和草原中的人们不知青少年犯罪为何物。……这里的父亲们不会面临没有力量使孩子们‘购买’教育的问题”(第十章)。

其次，有些人类这著作，为了证实自己的理论和学说，充满了冗长的说教和无休止的争辩，而此书绝大部分篇幅都在介绍材料，而且按照各个问题的历史顺序来叙述这些材料。作者的某些看法和观点，我们即使不同意，但他所引用的材料，对我们却是有用的。

当然，这本书也有它的缺点。例如，作者常把原始社会一些现象与当代问题作不恰当的联系，如说后进民族之中也有“经济危机”，甚至说“对钱币的崇敬……已深入原始人的灵魂，比起现代人尽可能地攫取大量必不可少的美元的愿望更为强烈”（第八章），这不能认为是普遍存在的事实。又如，作者自称全书十五章是选择了“与当代问题最有直接关系”的题目（见“序言”），实际上，他以大量篇幅讲述胡须、发式和唇膏的历史，讲述各种巫术仪式的细节，却未提及人类家族婚姻的问题，这不能不说是一个重大的缺陷。最后，从所引材料来看，由于本书涉及太广，有时也不免有失误之处。如谈到中国对丝、纸、印刷术、瓷器的发明时，他引用的几乎都是不正确的或过时的说法。对中国一些习俗的描述，也颇有曲解之处。当然，由于文字的隔阂，这方面是不应苛求于他的。

此书文字生动有趣，又带有德国人那种深奥的文风。个别地方我只能采取意译法，因为如逐字逐句照译，中国读者不仅不能体会原书的风趣和幽默，甚至可能莫知所云。但译者各方面知识浅薄，语言水平不高，不一定能完全无误地转述作者的原意，请读者给予批评指正。

这个译本是根据英国 George G.Harrap 公司 1949 年出版的英文本翻译的。为了帮助读者更好地理解全书，我写了一些注释。大体上涉及以下几方面的内容：一、本书惯用语和翻译中遇到的一些问题的解释；二、纠正原书一些错误，特别是涉及中国材料时的错误；三、一些特殊的习俗和事物的解释；四、对一些地名、人名（特别是著名的人类学家）的介绍。此外，本书包括大量民族名称，现择其重要者另编一表附于书后，不再一一注释。

此书的素描插图是作者夫人爱娃·利普斯（Eva Lips）亲手所绘，饶有趣味。译本收入时其顺序已按内容重新编排。

我译此书开始于 1963 年，到今已有十几年了。当时我在中央民族学院历史系工作，林耀华教授首先向我介绍此书。已故的傅乐焕教授又慨然把他珍藏的原书赠我，并劝我把它全部译出。我有感于这两位学术界前辈的深厚情谊和鼓励，便着手翻译此书。但开始不久即因忙于下去调查而搁置。1965—1966 年，在从事素非所愿的工作中又忙里偷闲地译了一小部分。一直到了“文革”时期，当时我和千百万人一样被剥夺了从事自己专业工作的权利，下放劳动，便蛰伏于云南泸西县农村一间破屋中继续翻译此书，聊以遣岁，竟把它最后译完了。

最近两年，我们的国家发生了可喜的变化。广大群众不甘心落后，如饥似渴地学习知识，了解世界。我每当看到图书馆门外排列着等待开放的队伍，书店柜台前挤满了争购新书的人群，不禁大为感动。我想，这本《事物的起源》讲述的虽是古老的事情，对人们扩大知识面，打开思路，也许是有帮助的，遂将译稿加以整理、修订，将它呈献给广大读者。

汪宁生

1980 年 2 月全部译稿誊清之夜

序言

写这本书的动机或许是简单的。在我看来，一个人类学家比起其他科学家来，其社会生活和专业的关系似乎更为密切。在宴会和鸡尾酒会上，经常有人问我："你是人类学家吗？现在告诉我关于人类学的一切"。

这样空泛的要求自然难于满足，但询问者在茶余酒后至少可以知道，碟子和叉子、椅子和化妆品、戒指和手镯、饮料和酒，均非近世所发明，而可上溯到黎明时期[1]。

更常遇到的问题并不都具有这样空泛的性质。不仅妇女还有男子，都想知道发式、唇膏和我们摩登妇女用的许多美丽的装饰，是不是近世的卓越发明。当人们了解到这些东西实际上已经存在几千年之久，所谓"野蛮人"使用的物件和设备甚至灵巧，或感到失望，或感到新奇和满足。

由日常之事引起的谈话，也曾转入到较为严肃的问题，例如社会保障，特别是含义不清的"民主"问题。这些看来似乎只是近代的成就，实际上却是对几千年前人类建立的同类制度不恰当的模仿。报纸和无线电的通讯专家们，在听到人类早已找到一些巧妙的方法能把重要消息有效而迅速地通知公众后，很感兴趣。

我真为人们对这些新鲜材料所表现出的强烈兴趣所震惊。在我的人类学同行和教师同事之中，这种兴趣甚至更为浓厚。我自己的感受，再加上他们的大力鼓励，促使我想把现代的工具、习惯、传统和信仰的起源，告诉一般公众。而我和学生及青年人多次谈话后，又使我注意到这些人的特殊兴趣。当然，我试图找出人类文化中究竟哪些方面和当代的问题最有直接关系，我对各行各业男女的特殊兴趣和好奇心进行选择以后，才确定了这本书的内容。

但是，所有这些鼓励本身还不会引导我写这本书，假如我没有强烈地感到这是一个人类学家的任务的话。在我们的时代，人类学家应在自己的领域中为促使各个民族和文化之间更好了解而工作。我们从原始人[2]那里得来的遗产，是所有种族和民族所共有的。由人类学材料所揭示出

---

1 黎明时期（The dawn of time），是本书常见的术语，泛指人类历史上古老的时期，相当于考古学上的旧石器时代和新石器时代。——译者

2 本书常以 primitive 和 The primitive 来形容和泛指一切尚未进入文明的社会或民族。我们当然知道这些词在现代人类学书刊中被视为含有贬义，已很少使用；但只能尊重原文，译为"原始的"或"原始人"，别无他法。实际上，利普斯对世界后进民族之同情和尊重，在本书中有充分的表露；他的人道主义精神和对世界各文化的正确认识和一视同仁的态度，比起当今只知大作表面文章，标榜自己尊重并要帮助后进民族实为骗取项目经费的中外时髦人类学家要高尚得多。——译者

所有民族的共性，最终将为世界大同的实现作出贡献。人类文化的最早发明者和赐予者不能用肤色、民族或宗教来区分——他们是无名的。但他们很多人献给人类的幸福，远比许多现代政治家为多。

第二次世界大战使我们和地球上几乎所有民族发生联系，新的“大发现时代”唤起了对于外国人和外国文化新的兴趣。另一方面，核物理学的发明又威迫着人类进化的道路，或者可能导致所有人类文明的毁灭。写这本书是为了有助于了解人类文化的发展，努力增进民族和文化之间的相互合作，是希望它对我们为实现世界大同而奋斗也能有所贡献。

Julius. 利普斯

第一章　家和家具[1]

“我们回家吧”，在任何语言中这都是一句神圣的话。在外部世界，人们为生存而斗争，为保卫亲人免于雨水、寒冷、炎热的侵袭和发生不测之祸而奋斗；而在家内，则可感到亲人的庇护以及火塘周围的亲切轻松气氛。人类没有不珍惜家的幸福的，而不管其形式如何。当夜幕降临，地球上所有人类，尽管各有特殊信仰，都喜欢在英国科尼什（Cornish）“公祷”所说的那样一种精神状态下闭眼休息：

主呀！拯救我们，
躲开阴魂和魔鬼，
以及长腿的野兽，
还有那些夜间游荡的东西。

原始人认为自己生活在一个万物有灵和到处都是鬼魂的世界中，暴露在大自然的直接威胁之下，对家的这种感觉较之对大自然已有充分认识的文明人更为强烈。

愈是古老和原始的人类，对家的范围便考虑得愈加广阔。对于最原始的人来说，家的基本概念不是可蔽风雨和遮盖家庭过夜的较长久的或临时性的建筑，而是部落的土地整体。任何入侵者敢于踏上这神圣的土地，都将为此付出生命。单个家族建立过夜住所的那一小块地方是无关紧要的，土地才是他们的家。土地属于所有人，所有人属于部落宣布作为已有的土地。

最古老的人类居住的形式是什么？报纸上漫画描绘的“洞穴人”，是否即是最早的家的主人？完全不是。科学家在洞穴中发现了经过漫长岁月后依然保存得很好的许多古人类遗物，这一事实使一般人误信洞穴是原始人首先解决住房问题的地方。这种看法低估了人类的才能，没有考虑到气候和地理条件对选择住所的影响。

某一地区存在洞穴，绝非人们居住的先决条件。更多的史前家族生活遗物是发现在平地，而不是发现在洞穴之中。洞穴或崖洞被选做住所总是有其适合于居住的特殊原因，例如冰川时期莫斯特阶段（Mousterian epoch）的严寒气候，或者猎取高山地区所盛产的猎物的需要。欧洲“骨文化”人们的猎物是洞熊，他们追随洞熊进入高山，故以那里为家。这类住宅中最高的是靠

1 本章标题原文是 Of Home and Hearth and Pots and Pan，直译应为“家、炉灶、罐和锅”。实际上，本章除讲述房屋、用火、日用器皿的起源外，还谈到各种卧具、坐具等的由来，故概括地译为今名。——译者。

近瑞士维梯斯的所谓“龙洞”，海拔达2438米。但是，与这些高山狩猎者同时存在而以低地动物作为猎取对象的人，则不住洞穴。例如，没有材料表明旧石器时代的前舍利文化（Pre-Chellan Culture）的人们曾生活在洞穴之中。洞穴生活或是出于一时的需要，或者更经常的是仅仅作为人造的经常居住的住宅的附属物。现代科学家们发现和描述的史前洞穴——法国维塞河流域的莫斯特洞穴、多尔道尼的芳德哥姆洞穴、阿里埃日河的马德齐尔洞穴、上加龙的奥瑞纳崖洞以及意大利和西班牙的许多古老洞穴——揭示了很有趣的事实，即这些洞穴主要不是作为家族的住宅，而是作为公房，或作为教堂（假如在这阶段可以使用这个名词的话）。虽然这些洞穴入口处偶尔为世俗的目的而使用，而其内部却存在具有宗教和巫术意义的神秘绘画，以及陈列着动物头骨的祭坛遗存，显示出内部是祭祀用的厅堂。仅仅洞穴前部偶尔用于居住。人们甚至宁愿以洞口的突出崖石之下，作为半露天住所。

图一　塔斯马尼亚人的风篱

图二　安达曼岛的风篱

在现代仍处于石器时代文化水平的很原始的部落（这样的部落很多）之中，仅有锡兰的维达人和印尼西里伯斯岛（即苏拉威西岛——译者）的托拉人，表现出对洞穴的喜爱，因为他们的所在地区遍布洞穴。许多同样古老的部落，则比较喜欢风篱（Windbreak）。这是温暖气候下最古老的“房屋”。与旧石器时代“洞穴人”同时的人，使用风篱也很普遍。由于它的材料易朽，不可能长久保存，只有弗雷（R.Forrer）曾在法国阿尔萨斯的斯皮乔（Spichern）附近发现过这样一个洪荒时代的“房屋”遗存。

风篱结构简单，以树或树枝插入土中，形成一道垂直的墙或半圆形的围墙，其上覆盖着短枝、树叶、树皮或草，就能提供一个可防风雨的初步住所。那些游徙部落[1]，像澳大利亚人、现已

1 本书常用“游徙部落”（nomadic tribe）一词，泛指一切以狩猎、采集或游牧为生的部落。——译者。

图三 〝蜂房〞（圆形小屋）

图四 夸丘特－印第安人四方形房屋

灭绝的塔斯马尼亚人、锡兰的维达人、菲律宾和马来亚的尼格利陀人、非洲的布须曼人和许多美洲印第安人，其经济方式迫使他们在广大区域内不断迁徙，故选用风篱为家。这些人随着要猎取的动物群移动，经常寻找草、根、浆果作为食物的补充，要能迅速地建造或拆毁他们的住处。假如几个家族一起狩猎，他们的风篱便紧挨在一起。布须曼人在狩猎行程中，能很快把灌木的枝简单地捆扎起来，造成所谓“波斯节斯”，作为蔽身之处。非洲卡拉哈里沙漠地带的风篱，则是较坚固的建筑物。玻利维亚的查科人有时将防护自己的风篱顶部编成长排，其上覆盖着灯心草，而尼格利陀人的风篱上则覆盖青草。印度安达曼人的住所不过是一个有四根柱子的风篱。美洲印第安人中像阿佩切人，用细枝间以粗枝建造一种名叫“魏喀额朴斯”的风篱，作为他们喜爱的夏季住宅。

风篱这种最古老的人造住所，甚至可以视为房屋的两种基本类型——圆形小屋和方形房屋的先型。最原始的部落喜欢圆形小屋，这在澳在大利亚和美洲、非洲许多民族之中均有发现。从建筑上看，圆形小屋不过是两个半圆形风篱编在一起，方形房屋则是在两个互相平行的直立风篱之上加一个顶部发展而来的。

风篱和由它引导出的房屋形式，在比较温暖的气候下是令人满意的。在较寒冷的地区，住所就必须用宜于避风和防御寒冷的材料来建造，这类材料仍是可迅速组装的。爱斯基摩人的雪屋（igloo），只不过是一个用雪和冰建成的圆形小屋，有一道敞开的长廊通往外面，以提供足够的空气，同时隔绝入口处的冷风。爱斯基摩人住宅的温暖和舒适是著名的。但正如斯蒂凡森[1]所报道的——“新营房较老营房要温暖些，因为新盖的是雪房子，而老的雪屋则成为冰的房子了”。虽然建造一座雪屋比起建造一座热带圆顶小屋来，需要较多的时间，但它还只是猎人临时的家。春天房顶的雪就开始融化，地面都是水坑，弄得“整个夏天爱斯基摩人房屋内部像一个湖”，此时便要放弃了。秋天雪开始结冰，这一住房又可重新使用。但这样的事仅在以前的占有者又回到原来地区时才会发生。

1 斯蒂凡森（V.Stefansson，1879—1962），加拿大人，著名的北极探险家，著有《我和爱斯基摩人在一起》（1913）、《友好的北极》（1921）、《伟大北方地区的猎人》（1922）等。——译者爱斯基摩人和其他原始部落常被贪婪的白人引诱去矿山做工，结果是采用了文明人用木头或铅板造成的小屋，这种居住设备的好处是值得怀疑的。例如，在美国的温赖特海口，它严重损害了土著居民的健康，以至白人自己不得不劝说他们返回古老的雪屋。其他许多受文明影响的地区（南非是其中之一）也做过同样的试验，后果总是有害的。

我们看到，人类最古老的人造风篱是两种主要房屋类型——圆形小屋和方形房屋的开端。但另外还有一种易于移动的住所——帐篷，也是源于风篱。原始人以及后来的模仿者所使用的各种不同的帐篷，是游徙民族的文化特征。这些人靠狩猎或放牧为生，必须能迅速地拆散或组装他们的房屋。

图五　平原印第安人的帐篷

北极和亚北极有关部落的帐篷，是一种圆锥形结构，木柱插成一圈，其上根据气候和季节的情况，覆盖着树皮或兽皮。我们很多人从儿童时代即熟知平原印第安人的圆锥形帐篷——“梯皮”，它的形式富有特色，制作精致。哪一篇完整的“西部冒险故事”能不提到“梯皮”呢？虽然这种帐篷一般面貌已众所周知，但它的建造方法大家并不熟悉，故有必要把华特曼（T.T.Waterman）的描述摘引如下：

> 安置“梯皮”，是将两根柱子放在一起成V形，其交叉处用绳子的一端捆缚起来，绳子其他部分任其悬挂着；再将第三根柱子系在V形的顶端，把三根柱子竖举起来，形成一个三足器形。这就是帐篷的基架。次要的柱子按其位置小心放好，妇女们（搭帐篷是妇女的主要工作）将绳子绕来绕去套住每一根柱子，并牢固地捆在一起。然后再将覆盖物高举就位拉紧，并用木钉钉在柱架周围的地上。覆盖物特意在顶部留下一孔以便出烟，并在烟孔之侧围上两片称为“耳朵”的东西，以覆盖烟孔。这类住所的分布，根据野牛群的分布而定。有时整个部落紧随在野牛群的侧翼，随它们的移动而移动。

这里叙述的每一个细节都是非常仔细的。印第安人的帐篷虽以移动为主要特征，在装配时各个部位的精确性却不容忽视。

一般人有时把“梯皮”和北美大西洋沿岸操阿尔衮琴语（Algonquian-speaking）的印第安人的棚屋（wigwam）混同起来。棚屋并非帐篷，此词仅仅意为“住所”。它是一种带有拱顶的圆锥形房屋，萨克人、佛克斯人和其他印第安部落直到今天还在使用。

加拿大拉布拉多半岛腹地的印第安人（如纳斯科皮人）的帐篷，颇不如平原印第安人的“梯皮”精致，而平面布局却是相同的。在这些几世纪来没有变化的部落作为狩猎地带的荒野中，现在许多老猎人覆盖帐篷仍然是冬天用北美驯鹿的皮，夏天用桦树皮。把这些东西用骨锥一片片地串缀起来，缝制得适合帐篷的柱架。但近代印第安人也从哈得孙海湾公司[1]收购站用珍贵的

1　哈得孙海湾公司（Hudson's Bay Company），1670 年由英国皇太子鲁朴特（Prince Rupert）等 17 人所始创，原是在加拿大收购印第安人毛皮输进英国的一个贸易机构。——译者

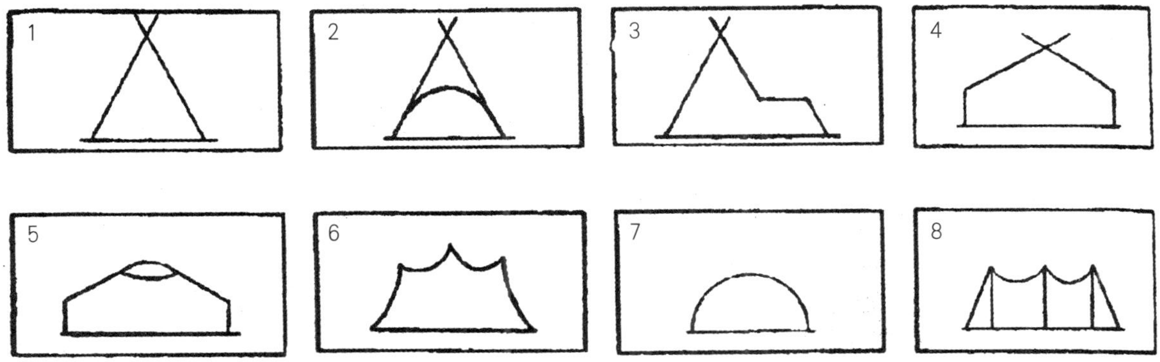

（1）北亚、北美地区 （2）拉普人 （3）爱斯基摩人 （4）亚洲远古部落 （5）亚洲牧人 （6）西藏和阿拉伯牧人 （7）索马里乍得湖地区 （8）南美巴塔戈尼亚人

图六　帐篷的主要类型

毛皮换回白人沉重的帆布来覆盖帐篷，其帐篷主要结构仍沿袭古代，仅仅加上一个横梁。这样的帐篷缺少古老帐篷上兽皮和树皮自然形成的美观外表，但当下雪时就不再显示出机器制品的低劣了。

欧洲仅有的北极部落拉普人的帐篷——“哥塔斯”，与北美的帐篷非常相似。夏季，“哥塔斯”便被较方便的构造轻巧的木屋所代替，这些木屋保持了帐篷结构的许多特色。俄罗斯的芬兰人（Finns）和阿姆河地区的民族，仍把两个风篱合在一起，形成一个鞍形屋顶。中亚的牧人用毡子和皮革盖成的帐篷“由尔塔斯”是低矮的，通常罩在地穴之上。这些住所被从中亚到西藏边境许多部落所使用。西藏的黑色帐篷用牦牛毛粗松地编成，很像面纱，却完全可以防水。北非沙漠游徙者的帐篷，平面为长方形，覆盖以棕榈叶或动物的皮。南美巴塔戈里亚高原的游徙者——特胡尔切人和佐尼卡人，也同样使用很方便的覆盖毛皮的帐篷。

就是在现今机械化时代，白人尽其一切才智也未能发明一种在狩猎、旅行或行军中较之帐篷更为实用的东西。男女童子军在帐篷中露营，学习欣赏大自然；我们许多人迅速地建造风篱，以保护野餐地点和营火，然而却不了解帐篷、风篱有悠久的历史。熟练的北极猎人（无论其为印第安人还是白人），仍然知道建造遮蔽所过夜的技术，他们用草和树枝编织成拱形，然后盖上一层层厚的冰雪。

所有这些临时住所的古老类型，有着共同的性质，即可以迅速地用手边的材料来建造，或用可以搬运的材料来安装和拆卸。但是，最早的坚固建筑物是什么呢？什么是我们所说的房屋的先驱呢？似乎奇怪而颇有意义的是，最早的坚固建筑物不是为人遮风避雨，而是为了保护和保存人们靠以为生的收集来的野生植物产品。很多部落（特别如澳大利亚和美洲的一些部落），部分地或完全地依靠一种或多种野生植物的种子、根、鳞茎、块茎作为全年食物。他们虽然不知农业耕作，仍从其住地大自然所提供的丰富的野生植物中取得生活必需品。那里生长的野生植物的根成千上万，野生稻田或橡树林也可以提供有用的食物，而对采集它们的人来说，最要紧的却是它们的储藏问题。这些部落不能总是以随摘随吃为生活手段，他们要储藏野生产品作为未来的经济保障。他们紧挨着收获地带建立起坚固的储藏室或仓房，足以保护珍贵的野生收获

图七　加利福尼亚的米沃克－印第安人储存橡籽的仓库

物，而他们自己继续住在易于朽坏的建筑物中。例如，加利福尼亚的橡籽收获者的仓房，就是一种坚固的有着圆锥形草顶的建筑物。

对早期居民来说，一个持久的家是奢侈品，只有像农民那样定居者才能有之，只有他们才能造就出符合我们概念的舒适住宅。从简单的方形或长方形房屋，陆续引导出很多种住所，特别是坚固的茅草房，有着双斜面屋顶，比古老类型的住所有较大的容积。这种“固定”房屋最早出现于新石器时代所谓“坎皮利[1]时期”。在现存“活的文化”中[2]，它是那些简单农业社会人们的家，他们由于需要等待收割自己种植的作物，不得不过定居生活。在受混合文化影响的地区，农民的房屋采取变化多端的各种形式，平面作椭圆形或方形，方形房屋偶尔有一个金字塔形的屋顶；或者把房屋建造在树上或柱子上。人们开始重视家的内部和外貌的美化了。为了保证建筑物的坚固，使用很多种建筑材料。建造一个房屋，少量的树枝或木柱不再够用了，将土、黏土、粪和稻草、青草或其他黏合材料，巧妙地混合起来，用来筑墙，使其能经受气候的变化。房屋不再是偶然供护身之用的临时性遮蔽所了，开始填入大量的财富；而且房屋的居住者和所有者的日益固定，又为社会生活创造了机会。大群的人第一次固定地住在一起，共同的兴趣和普遍的喜爱社交，产生了公共集会场所的需要，由此引导出公房建筑。在公房里，人们举行会议，歌手和说故事者使整个部落得到欢娱。

西非潘格威人在男子结婚后，立即建造两座房屋，一座作为妻子儿女的主要居室，另一座较大的作为集会房屋。他除去吃饭和晚上与其家人在一起外，大部分时间是在集会房屋中度过的。住宅随着家族的增多而增加，其外貌整齐划一，以致特斯曼（G.Tessmann）把这一个个的家比喻为“新从盒子里取出的房屋模型玩具”。

木结构房屋覆盖以黏土和类似材料，形状颇富有吸引力，特别是在非洲更是如此。坦桑尼亚

1 坎皮利（Compigny）是法国塞纳河流域一个村庄名，该地曾发现新石器文化遗存。——译者
2 此处原文是 living culture，本书常用此词泛指世界上的后进民族。——译者

梅鲁北部的穆斯古人就是这样房屋的建造者。在尼日尔地区，房屋平面为方形，并采取平顶的形式。这些都几乎毫无改变地为土耳其的安纳托里亚、波斯、印度中部和西北部各省文化发达民族所采用[1]。虽然原始农民知道烧陶技术，并未获得烧砖的知识，但很早就使用了日光砖。在中美和北美印第安人（如纳弗和人和普埃布洛人）的房屋建筑方面，黏土也作为一种建筑材料起着重要的作用。

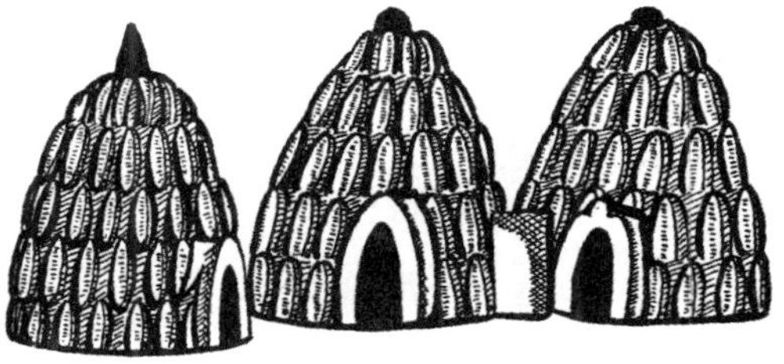

图八　喀麦隆的穆斯古人黏土房屋

为了适应气候和地理因素，农民房屋的种类多得不可胜数。在靠近湖岸或沼泽地带定居，导致出桩上房屋的建造。桩上房屋也有建造在干燥地区的，在这样情况下都是用来防御敌人的入侵。新几内亚桩上房屋，距地面1—3米或更高，建成一种和谐而宽敞的形式。

图九　上尼罗河的住宅——“图库尔”

史前“湖居文化”居住遗存表明，从黎明时期起桩上建筑即为人们所知。在欧洲，当洞穴还偶尔被用做临时住处的时候，就建造了桩上建筑。这些古老住宅中最著名的，是包括今天瑞士、德国和意大利各一部分的地区新石器时代的“湖居文化”之家。这些家中甚至已养有看家的狗。也曾发现坚固的木头地板上有桦树皮镶成的装饰，有用植物韧皮编的席子。经过几千年由于有利环境而保存下来的许多奢侈品，证明这些人有较高的生活水平。欧洲以外的史前建筑者，在东亚和印度支那地区也建造桩上房屋，成群地排列在一起，经常是排成一行，正像今天南海地区[2]的村落一样。婆罗洲偶尔有整个农村公社住在一座房屋之中的，房屋可长达100码以上。史前时期同样的“大房子”，曾在欧洲特别是乌克兰地区被发掘出来。在印尼和南美许多部落之中，流行长方形的公共住宅，时常是一个氏族全部住在其中，多达一百人；或者整个农村公社住在两座或三座大房子之中，房屋排列在一个中心广场的周围。新几内亚巴布亚人的房屋有200英尺长和40英

图一〇　苏门答腊巴塔克人的草顶房屋

1 这种平顶土房，中国西北和西南很多少数民族多有。在云南，当地人称为“土固房”或“土掌房”。——译者

2 南海地区（South Seas），一般指今南太平洋诸岛而言。——译者

图一一　霍皮人的崖屋（瓦勒皮的古代城镇）

图一二　齐姆希安—印第安人房前熊的画像

尺宽，设有“一个中间厅堂，与房屋等长[1]，专供男子使用。两边隔成房间，每个房间有三层，下层为炊爨之处，中层住妇女和小孩，上层住男子”。

美国阿拉斯加和加拿大的不列颠哥伦比亚的印第安部落，住的房子“大得足以住下两三代人，或包括两个或两个以上的社会阶级。房屋地面上排列着一层层的平台，每层之间相距2–3英尺，用砍出来的长而厚的杉木板做成平台的隔墙”。在特林吉特人之中，这样的房屋有美好的名称，如“好看的地点”、“你能游泳而过的地方”、“熊人之屋”，等等。这令人想起中世纪法国的房屋，它们因招贴画而得名，例如“可笑的小丑之屋”、“跳鱼之屋”和巴尔扎克不朽名著中的“猫球商店”[2]。

美国印第安人中的普埃布洛人的崖屋，是原始房屋的另一种类型，有的简直和矗立在纽约上空的摩天大厦相似，竟被当成是现代天才创造的奇迹。与普埃布洛人房屋相似的，还有非洲突尼斯的梅迪林（Medinine）地区的崖屋，它有着凿成的紧挨着的房间。

普埃布洛人的崖屋“米撒斯”和古代同类建筑物，如前苏联克里米亚的崖屋、伊朗卡帕多西亚的圆锥形住宅、美国亚利桑那过去的洞居，清楚地表明村庄居民建造这类住宅主要为了防御入侵者。

在那些不能利用天然的崖石设防之处，人们尽力建造土木工事或类似的防御设施。非洲的村庄外围，常有坚固的墙和栅，特别在大批猎取奴隶的时期更是如此。为了防御，他们进行过许多精心的设计。古老苏丹文化的房屋常常是完全隐藏在地下的。今日尼日尔地区许多人的家，坐落于土中。法属赤道非洲的班达人在具有战略意义的地点建造房屋，形成可以严密监视周围

1　巴布亚人这种大房子的内部布局，与中国云南基诺族略同。所谓“与房屋等长”的“中间厅堂”，实是在房间隔成一道长的走廊，兼作集会之用，并非真正的大厅。——译者

2　法国著名作家巴尔扎克写过一部中篇小说，名为《猫球商店》，以一个小商店为背景，这个商店挂着一幅猫玩球的画，因以为名。此书有中译本。——译者

的有利地势。

这些房屋有非常低矮的入口，使来访者不得不手足并用地爬进“客厅”。喀麦隆的姆巴姆地区东部有巨大的防御工事遗存，是过去操同一种生动语言的富劳人、伍特人和梯卡人所建造，其栅栏有巨大的门，坚实的黏土墙高达6米多，墙上有垛，防御者通过垛向攻击者投矛和射箭。

图一三　法属赤道非洲班达人的住宅

新几内亚的树屋只有借助绳梯才能爬上去，夜晚就把绳梯拉起。那里的门或原始的似门之物是著名的。他们曾发明出一种机械设备，使得只有“自己人”才能打开。木制的“锁门钥匙”非常巨大，以致丈夫夜晚出门无法在口袋中藏放一枚这样的钥匙。

图一四　新西兰毛利人房屋的雕柱

假如我们从审美角度评判原始人的家，则玻里尼西亚人完全可以获得奖金。例如，新西兰的毛利人把他们的方形房屋建造得像一座艺术纪念碑，给人以深刻印象。船形屋顶由芦苇、草或棕榈叶盖成，由雕刻得很美丽的柱子支撑着。形式的多种多样，显示出这些岛民所达到的较高文化水平。从普通居民简单的盖席小屋，直到富人艺术化的家，有一系列不同的装饰风格和结构，而公房“华纳”则是一座具有艺术性和趣味性工艺品的宝库。夏威夷人、萨摩亚人和尼阿福人，代表原始人所达到的最好的建筑成就和艺术成就。复活节岛（Easter Island）的巨大石像和波纳佩岛（Ponape）玄武岩做的史前遗物（迄今仍是隐蔽在神秘之中），是过去时代留下的宏伟遗存。毛利人那金字塔形的“驿站”或仓房，高达90英尺，底部每边近30英尺，上有尖顶，其中堆放大量为参加“哈卡利”宴会的宾客所准备的食物。

当人们开始记录自己历史的时期到来，便形成了发达文化[1]。大群居民集中于公社，这些公社不再是仅具有村庄的外貌了。新的工具可以砍凿石块，用来建造人们的住宅和公共建筑物。富人的宫殿开始标志等级和阶级的差异——城市诞生了。财富和权力，通过高耸的纪念性建筑物，表明自己的存在。这些建筑物是为了向未来显示力量而建造的。

古代墨西哥的阿兹蒂克人的房屋多种多样，从炎热地区盖有树枝的小屋直到高地的砖房，而

1 发达文化，原文为 high culture，本书常用来指那些已经发明了文字和进入金属时代的民族和文化。——译者

庄严的庙宇和宫殿则代表他们房屋建筑的最高峰。危地马拉的马雅人的宗教性建筑，甚至更为宏伟。

这些古代民族为了“传之久远”而建造的建筑物，是从未被超越的。埃及的金字塔，甚至到了今天还列入世界七大奇迹之中。他们凿石技术非常精确，石块不用灰泥砌在一起，却能耐久，我们至今还没有学会仿效这种技术。印度、中国的庙宇和巴比伦的乌尔（Ur）遗址所显示的技术和财富，使我们机械化的文明也只能艳羡不已，甘拜下风。罗马栈道、宫殿和纪念碑所用的灰泥，我们今天还不能照样合成。我们今天所用的抹泥刀和罗马人所用的形式完全相同，因为这是一种完善的形式。

从风篱到四面有墙的房屋，从树屋到堡垒，人造建筑物的发展似乎是一种人类力量和智慧的传奇史。但甚至最现代的房屋要能住人，仍然依靠神给予最早人类一种基本力量，这个永恒的礼物就是火。

家、部落和人类的生活，都不能不受火（这是太阳神秘的兄弟）的赐福。在人类意识中，火的重要性是如此之大，以至地球上没有哪个民族没有解释火的起源的故事。火被看成珍贵财富，许多神话说到神不愿把它分给凡人，人们不得不去偷火。据希腊人的看法，普罗米修斯（Prometheus）从宙斯（Zeus）那里偷来火，因而受到可怕的惩罚。在一些原始的澳大利亚人看来，偷火的贼是鹪鹩——一种很小的鸟，它在尾巴下面带来了天上神圣的火花。还有一些澳大利亚部落相信，火是从两个超人那里偷来的，他们企图扣留火不给人类；或者相信，火是渡鸟从贞女喀拉卡鲁克的掘土棒尖端抢来的。她是后来被流放到天空的贞女之一，至今仍站在白人所谓“金牛星座”的星群之中。

火对有或没有文字历史的许多民族来说，都是神圣的。印度的火神“阿耆尼”是人和神之间的使者，把在火的祭坛上牺牲了的灵魂带给神。拜火教徒以火作为世界创造者的象征，加以崇拜。“因为火的纯洁、光明、活动、机敏、多产和不朽，使它成为神最完善的象征”。日耳曼部落在夏至和冬至时向火致敬。在我们的《圣经》中，上帝在一片燃烧的丛林中对摩西显现，“圣灵”被物化为火焰的形式。更不用说，具有丰富的想象力的原始人曾以无数的神话来赞美火的伟大。玻里尼西亚毛利人的英雄神，即从海中举起岛屿来的“毛以”，也是火的传播者。非洲黑勒罗人把祖先崇拜和圣火崇拜联系起来，圣火在祭司家中用祖先灵魂居住的一种神树 *Lombretum primigenum* 做的一根小棒点燃，永使不灭。侍奉圣火的女子必须是未婚的，就像罗马供奉灶神必须是处女一样。火的生命和部落的生命是一致的。假如外来的首领获得圣火，即成为黑勒罗人的主人和保护者。例如，1850 年许多黑勒罗人从马黑勒罗人那里“取得了火”，因而成为马黑勒罗部落的成员。

布里亚特人帐篷的炉灶中住着火的精灵“加利伊增”，他“具有人的形状，只是在炉灶时身材矮小而已”。垃圾、尘土或其他废物，不能投入火中，这样会使他感到侮辱；刀子或尖形器不可用来拨火，这样可能弄瞎“加利伊增”的眼睛，使他不能驱赶恶鬼出屋。他比其他所有神祇更先接受牺牲。火不仅是一种财富，而且还是氏族本身的一部分。外来者不允许从炉灶中取火，假如一个来访布里亚特人的家中衔着烟管，离开以前必须把烟管敲空。

要取得珍贵的火，方法很多。早期富有才能的人发明许多方法来获取受人尊敬的火花。澳

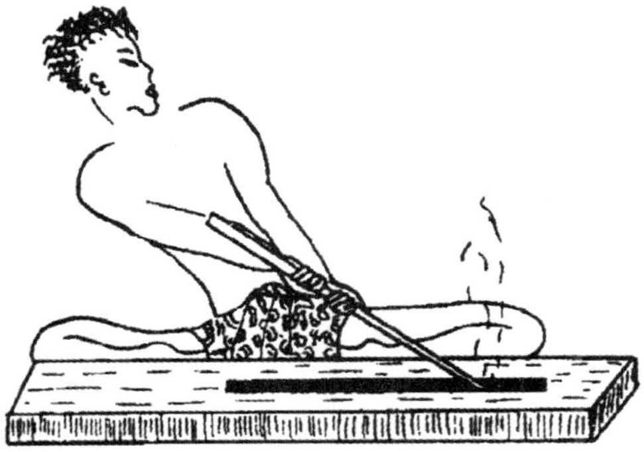

犁法取火

钻木取火

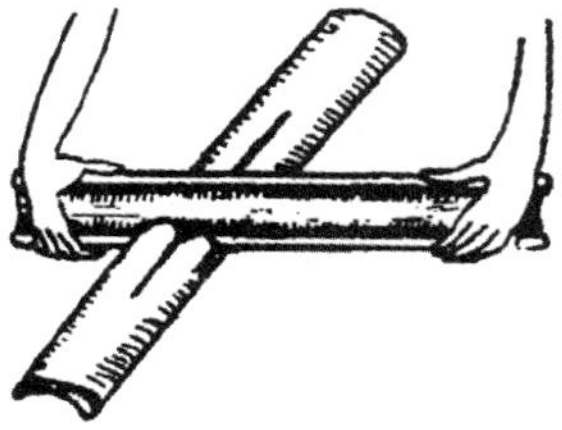

锯法取火

弓钻取火

图一五　取火的几种方法

大利亚人用一根木棒在一块底木上钻或摩擦，或用硬木制成的飞去来器锯一块软木来产生火花，当碎裂的木屑开始冒烟时，用引火物点燃并加添干草，直到火焰升起。火钻是一根圆棒，放在另一根木棒的凹孔之中，不断旋转，直到碎屑冒烟，轻轻吹后，引火物即爆发火焰。火锯的另一类型是两根竹片做成的，一根竹片上有凹槽，周围放引火物，另一根竹片放在凹槽中像锯一样拉来拉去。玻利尼西亚人的火锉又是另外一种取火法，由一根有着尖端的硬木和一块软木相摩擦，直至碎屑开始冒烟。

钻法分布于世界许多地方，从非洲布须曼人到南北美的印第安人都有之。绳钻、弓钻和北美印第安人的唧筒式钻，这几种巧妙的钻法，利用绳子和转动的轴，使费力的旋转动作机械化。所谓“火犁”方法是以一根木棒摩擦另一根有长凹槽的木棒，此法流行婆罗洲、玻利尼西亚和米克罗尼西亚的民族之中，而腓尼基的创世纪神话中也曾提及。马来人和新几内亚的土著居民，使用着火锯的各种方法。原始人甚至还知道“打火机”，用石头和石头、金属相击，这一打火动作迄今未改变。爱斯基摩人习惯于这样取火，因为冰天雪地之中缺乏干木头，非使用其他材料不可。此法也流行于南美许多部落之中。更机巧的方法是印度和婆罗洲的打火筒[1]，它以一根圆的木柱，内附一片引火物，填入一个大小适合的圆筒，反复抽压直至火花产生。

就是现在的童子军也知道，这些原始的取火方法是很久以前流传下来的。史前人类像今天的原始民族一样依靠它们。北欧冰川时期的坟墓中，曾发现黄铁矿石和火石并列在一起。罗马人

1　这种利用空气突然压缩产生热量取得火花的取火筒，中国傣族、景颇族亦有之，并不限于印度和婆罗洲。——译者

图一六 塔派特－印第安人和托巴－印第安人用犰狳尾做的火绒盒

发现了硫的发火性质，把它和火石结合使用。一直到大约1650年，利用磷和硫化合作用的化学取火工具才首次出现。约二百年以后，即1820年左右，第一个用硫化火柴的“磷瓶”在伦敦出售。随后，很快出现了琼斯（S.Jones）的摩擦火柴（Lucifer matches）[1]及后来的改进品。

自黎明时期起，火就是“家”这一概念中的重要因素，其重要仅次于屋顶。它给简陋的住所以人类的生趣。它是人的标志，因为没有动物保持这个神赐的礼物。当我们离家出外而为思乡病困扰时，我们时常回忆的就是作为象征欢乐聚会的火塘。

对原始人来说，火关系到生死存亡，无怪乎原始人在任何环境下都力图保持火种不灭，以便随时取用。在印第安人家中，火将熄灭时就用吹管或火扇使它重燃；在非洲，则用风箱。甚至在旅行之中，火也要随身携带。玻利维亚东部的诺泽人携带的袋子里，装着阴燃的“莫塔库”花碎屑，小心地包在潮湿的“帕塔节”树叶中。许多南美部落在丛林小道的十字路口保持着“加油站”，即将阴燃的引火物埋在灰中，还特别建造防雨的小屋，这样过路人就能获得现成的珍贵之火。在潮湿的原始森林中不是易取火的。当斯韦泽[2]告诉非洲土著居民关于欧洲森林起火之事，他们笑了：木头湿如海绵，如何能烧得起来？

帐篷、茅棚或房屋中间的火，是家族生活的中心，是温暖的源泉，是可口食物的制作者。产生灵感的火焰把古老的故事带进生活，把家庭的圈子拉得更紧。夜间，火是温暖的维持者和防止热带昆虫侵袭的友好的保护人。

房顶和火，是“家”的概念中两个基本因素。但是，没有人永远满足于最基本的需要。为了舒适，为了表达个人的愿望，人们为家创造了家具。

从某种意义上说，原始人[3]的睡眠是非常舒适地适应于气候的。人们最早的床是在地上简单地铺上新鲜的树枝。南美火地岛和北美许多地区则铺盖兽皮。澳大利亚和南非的温暖气候，允许人们盖的很少或完全省却。许多非洲部落喜欢裸体睡在木灰中，作为一种防御寒冷和昆虫的健身之道。太平洋和南亚许多部落睡在整洁的编席之上，玻利尼西亚人还根据家中席子的数量和年代，来确定其所有者的财富。

---

1 鲁西福（Lucifer），古罗马神话中代表启明星之神，他的形象是手执火把，故用作火柴之商标。——译者

2 斯韦泽（Albert Schweitzer,1875—1965），德国医生和哲学家，加蓬兰巴雷内医院的奠基者。著有《我的生活和思想》(1949)，1952年获得诺贝尔和平奖金。——译者

3 此处原文是 A Child of Nature，本书常以此形容原始部落。——译者

最早的“枕头”采取所能想象出来的各种形式，从粗糙的木块，直到精雕的长方凳，用以支撑和保护着土著居民复杂的发式。在非洲和南美，则发展为有着华美雕刻的小圆凳，它是“室内装饰”中一件漂亮的物品。

在我们思想意识中，一个正规的床是和高出地面的休息之处这一概念相联系的。现代的床的先驱就是靠墙用黏土或土做成的睡凳，它在西非、苏丹和北海岸印第安人之中是很普遍的。木板床，偶然铺上编成的很舒适的“垫子”，为南美丛林中许多原始家族所使用，在非洲亦很普遍。这是很古老的发现，甚至比另一著名的原始睡具——吊床还要古老。迄今仍被海员们认为非常舒适和实用的吊床，是在新几内亚特别在南美热带地区东部的部落之中发展起来的。它由植物纤维编成，相互交叉地吊在茅屋的卧室这中，“就像藤子缠绕在门外的树上一样”。

为了防御昆虫，发明了许多种原始的蚊帐。在瓜图－印第安人之中，帐子是用一种南美棕榈的叶子纤维编成，形如口袋，吊挂起来，使袋口罩住睡者的面部。新几内亚的北部巴布亚人用长的“蔻兰”草做成睡袋，这种袋子在岛民中是很受欢迎的贸易品。

一般的原始房屋，并不将桌椅算做必需的家具之列。家族成员们喜欢坐在席子上、兽皮上或地上，偶尔坐在石块或木头上。简单的凳子和条凳，在南美和南非的土著居民之中有所发现。拥有椅凳不认为是为了增加舒适，当思想上产生尊严的观念和高居人上的欲望（甚至在肉体方面）时，椅子便成为抬高身份的工具。一个人通过高踞在“巫师凳”或“头人凳”之上来显示他的高贵等级。这在黑大陆特别普遍，那里的“头人凳”是精心雕成的，成为非洲雕刻艺术中最佳作品之一。珍贵的贝壳和玻璃珠常用来装饰宝座，有些宝座被数以千计的蓝白两色玻璃珠全部覆盖，从而遮住了下面华丽的雕刻。

原始的家即使没有过多的家具，整个气氛的舒适和必需物品的齐备，仍然给予来访者以深刻印象。这些器物就原始人所达到的文化水平说，仍能给予家族生活以快乐。实用不是惟一的考

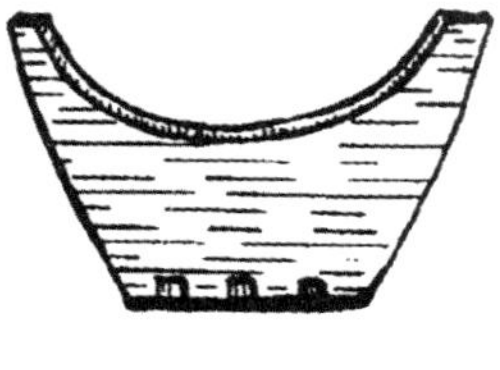

图一七　新几内亚
吉尔维克海湾的木枕

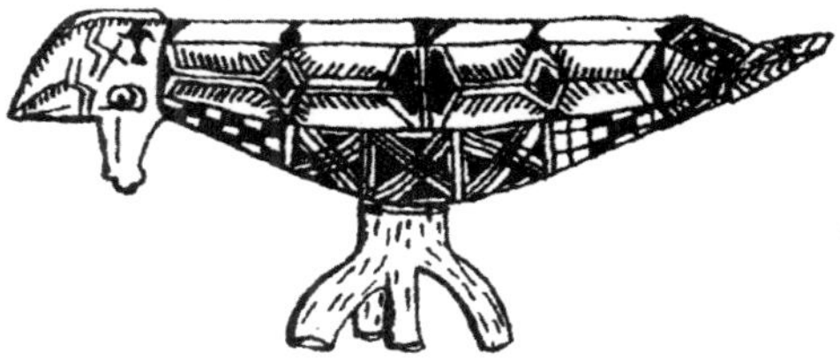

图一八　圣克鲁斯群岛的木枕

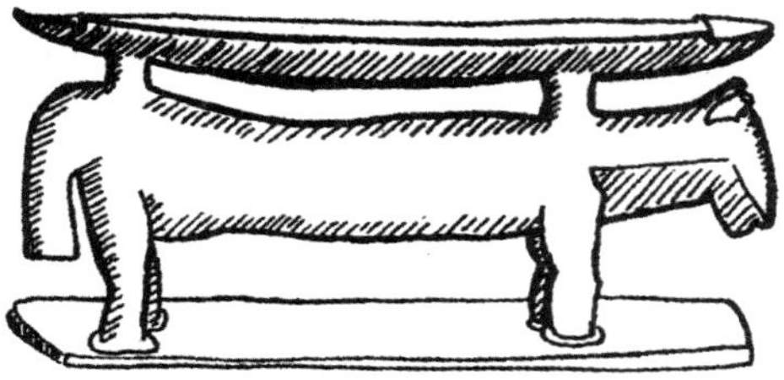

图一九　南非卡弗人的枕头

图二〇　新几内亚的枕头

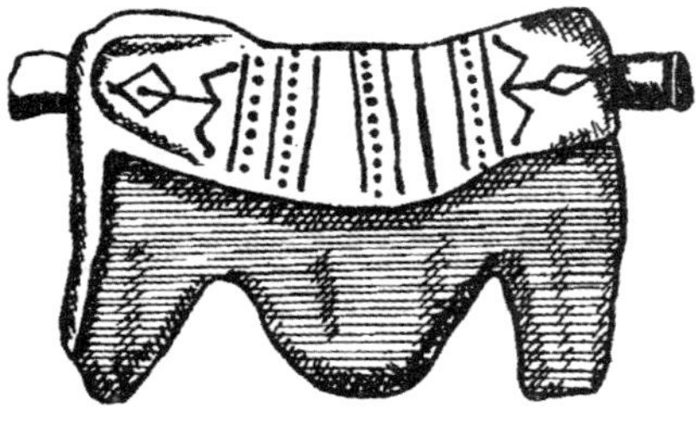

图二一　巴拉圭东部瓜拉尼－印第安人的杉木凳

图二三　圣克鲁斯群岛的木碗

图二二　喀麦隆的头人凳（木头雕成，上饰贝壳和玻璃珠）

虑，甚至最简单的家中也讲究家具的颜色、形式和情调。从澳大利亚人用赭石画的木容器和装饰漂亮的线袋，直到非洲美丽的陶器和艺术化的匙勺，均是如此。南海地区雕刻华美的碗和枕头，是我们博物馆中一些最值得骄傲的藏品。

一个部落愈是定居，其成员便能以愈多的时间用绘画或雕刻来美化房屋内部和外部的墙壁。阿拉斯加人的图腾柱和房屋的正面装饰，非洲人木板的和黏土的浮雕，特别是玻利尼西亚人家中雕刻嵌板，是这类独特艺术中的杰出例证。近代雕刻家想模仿它们的制作工艺、巧妙的色彩和异国情调的图案，但常告失败。

甚至史前人的房屋之中也装备有奢侈品，其中包括形状和装饰均富有艺术性的匙、针、石刀、雕刻工具、钻、纺锤和刨子。新石器时代的灯是庞贝城（Pompeii）和罗马古典油灯的先型。奥瑞纳时期将男人、女人和动物形象刻在或画在墙上，纯属一种爱美的表现；象牙小雕像，使一些房间大放光彩。伟大的宗教艺术的最早证据，则保存在西班牙和法国南部旧石器时代洞穴的巫术性动物画中。除此以外，我们在若干千年前经过装饰的容器、工具、梳子和碟子上，也发现了很多早期应用艺术。新石器时代整个文化阶段，都以当时工匠制造的陶器装饰图案来命名。

并非所有现存的原始部落在其厨房角落里都有陶器（因有些部落尚未进化到可以掌握制造陶器的秘密），但一切民族均有某种容器，以供采集、煮食或储藏之用。储水是最重要的，它使一个人群能自由行动，而不被束缚在泉水或河的旁边。但是，最原始的人不是轻易就能发现储水之法的。例如，火地岛的妇女和姑娘们用原始的皮袋或树皮袋装水，这些容器漏得厉害，使她们不得不快跑回家。澳大利亚人用天然的岩石坑或中凹的石头储水。原始的拉布拉多印第安人用桦树皮做的容器较为实用，把桦树皮缝在一起用树胶粘紧，即可以防水。他们的独木舟也是这样制造的。这些印第安人旅行时还使用可以折叠的桦树皮饮水杯，是用木签将桦树皮系在一起制成的。

在马来半岛，一节竹筒是最好的盛水器。在巴拉圭东部，印第安人用南瓜壳及一种名叫“塔

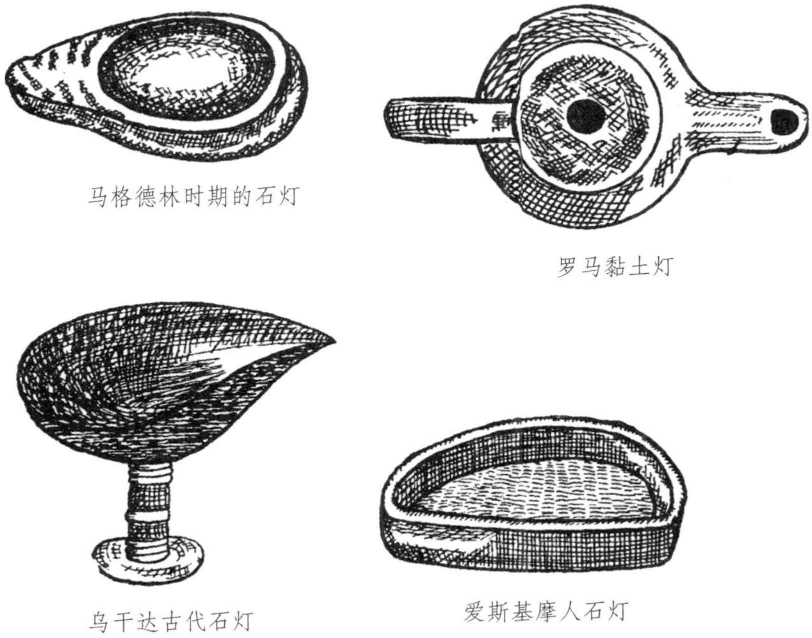

图二四　几件油灯

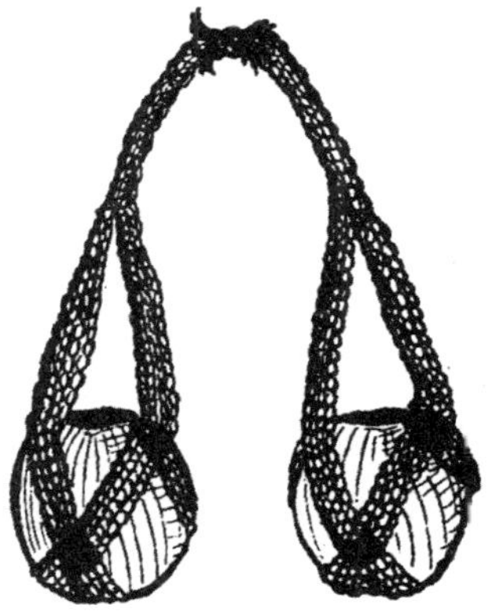

图二五　圣克鲁斯群岛的椰子壳盛水器（上系椰绳）

萨鲁苏”的竹子粗的部分储水。他们将这种竹子的细长部分去掉，并在其节上钻上几个饮水洞，又做成可移动的容器。同样的竹子有些部分还可用来做成实用的烧水壶，可以烧水几次，直到底部烧得太焦为止。椰子壳和葫芦也普遍用做盛水之器。另一类古老的盛水之器是印度和撒哈拉沙漠用兽皮缝成的袋子。

即使是最原始的部落，在发明房内容器方面也是富有智谋的。例如，澳大利亚人制造出有装饰的木碗和精致的线袋，以盛放采集来作为食物的果实和植物。树叶、贝壳或木头做的碟子和盘子，凡是原始家族所在之处都能发现。勺子比匙子较为古老，时常有着艺术性的装饰和优美的形状。

假如有一个魔术地毯能把我们安全带到世界偏僻角落中那些与世界隔绝的住宅，我们就会发现原始人的房子里一片和平舒适的景象。

加拿大拉布拉多腹地广大狩猎地带散布着桦树皮或驯鹿皮的帐篷，从这种圆锥形建筑的尖端烟孔中冒出炊烟。在家内，驯鹿肚做的“锅”中煮着肉汤，大的木制肉叉上烤着海狸尾巴，有装饰花纹的桦树皮容器内盖着用熊油和储存下来的越橘做的肉饼。令人喜爱的有棕色

图二六　尼科巴群岛用树皮做的炊具

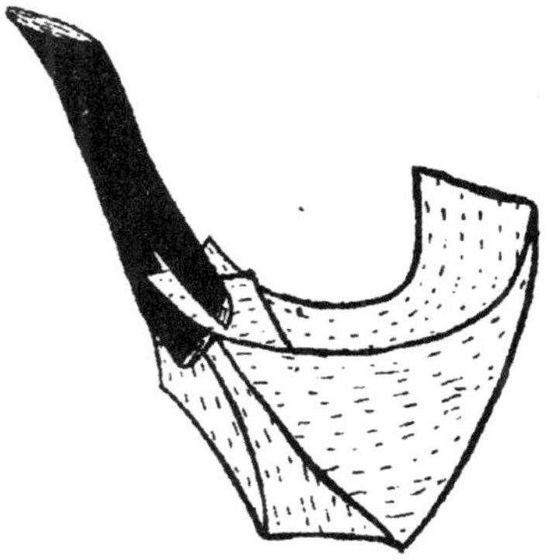

图二七　拉布拉多的蒙特纳斯－纳斯科皮－印第安人的桦树皮杯子（旅行用物）

和白色图案装饰的圆篮中，盛着印第安人的面包——“班诺克”。当木匙已经洗好，狗到外面雪坑休息，这时纳斯科皮人躺在铺着香树脂的地板上，靠着一束束水貂、貂、山猫、麝香鼠和银狐的珍贵皮毛。这些毛皮将在明年春天带到哈得孙海湾公司收购站去，换回冬天的必需品。火要小心地加以看管。饰有花纹的皮制的婴儿摇篮，在北方夜晚朦胧的光亮中缓慢地摇晃。狩猎的护符挂在墙上。年轻人会梦见年老德劭的“熊爷爷”，而年轻人的父亲却正祈求“北方的人”大发仁慈，不要送来一场新的大风雪，以免覆盖猎物的足迹和通往捕机的小径。

在更北的地方，爱斯基摩人躺在雪砌的圆屋中睡觉。雪做的床面上整齐地铺着麂皮、熊皮和麝香狐的皮。猎刀已经洗净。狗躺在入口的通道中，仍然大声地啃着骨头。50磅重的皂石灯（当地名称叫“乌库锡克塞利密特”）中，海豹油发着光亮。这种灯兼供炊爨和取暖之用，整个民族一度以此而得名。

加利福尼亚的印第安人的茅屋里是平静的。柄部光滑的薄片石刀放于厨房角落里，编织精致的篮子已经准备好，以便采集野生橡籽。在其旁边则是棉树做的臼、石制的杵和前代传下的泥条盘筑而成的粗糙陶器。

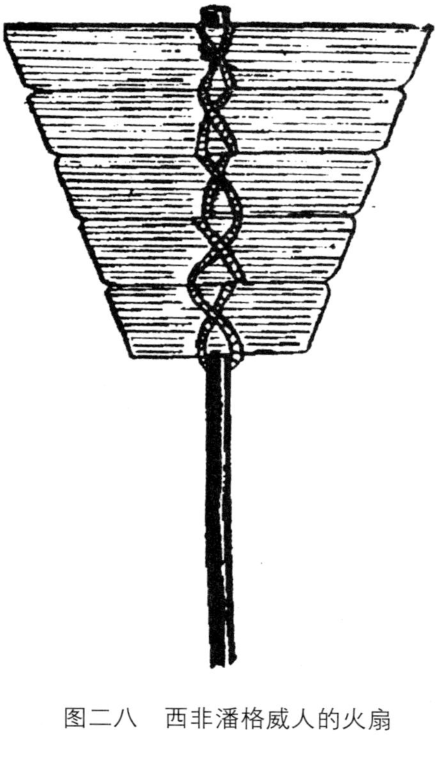

图二八　西非潘格威人的火扇

在所谓“野蛮人”的世界中，住房是不成问题的，从不知道有收租金的房产主和诉苦的房客。与痛苦的、无保障的所谓“文明”生活相反，这里支配生活的是和善和快乐、满足和互助。无论我们拜访何处原始人，都同样会发现一种对神的亲近以及内心的宁静。

东巴拉圭丛林中帕安人和切里峁人的家中，一间房子兼做会客室、厨房和卧室，同样呈现出一种令人感动的面貌。吊床用染成红色的棉、棕榈和凤黎科植物的纤维制成，专供房屋的男主人使用，其下放着棕榈叶做的舒适的席子，留给他的妻子。各处都陈放着具有动物形状的矮凳。家族不可缺少的爱禽——鹦鹉，正在学舌。扫帚（“梯皮加”）从不缺少，夯打过的地面非常清洁。从屋顶悬挂下来一个实用的架子，来存放食物和厨房用具，以防蚂蚁和犬。一种名叫“塔库里姆波”树的树皮制成的刃部锋利的刀已放好，以备房屋的主妇使用。

在非洲农业地区，一个典型的家可有较多的财产。铁的工具、各种样式带盖子的篮子、着色的编席、烧成的陶器和众多的小器物，使得物质财富丰富多彩。

潘格威人的公房墙壁四周放着长凳。火光日夜照耀在鼓上，照耀在屋顶悬挂下来的磨刀石上，并照耀在集体围猎用的巨大猎网之上。狩猎的战利品——动物头骨，装饰着房间。铁匠那地穴式作坊及其风箱和火扇，经常是公房设备的一部分。家族的住房三个角落为睡觉用的长凳

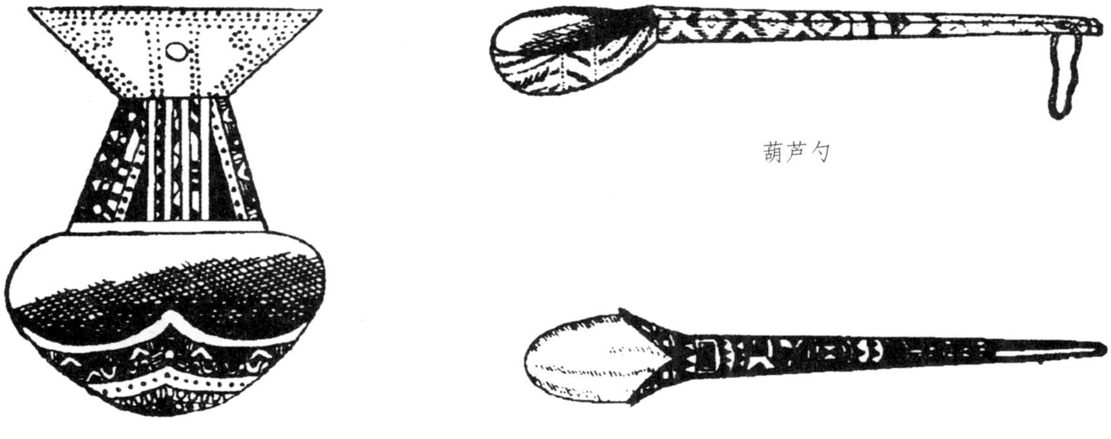

葫芦勺

男人用的勺子

锅勺

图二九　潘格威人的勺子

所占据，房间狭窄一边设置着火塘。陈放盘子和弄干衣服的架子，很合适地排列着。烘炒花生的板放在一个大的储藏食物的木盆之下，这种木盆就像一个食橱。妇女专用的长篮挂在墙上。三足圆凳留待尊贵的客人。井井有条的家中，有磨板和杵、编成的或木制的盘碗、各种形状葫芦勺（形状因男女而异）和扫帚，设备齐全。每逢节日盛会，舞蹈者被吸引到村庄的广场，拉菲亚树[1]做的火把放射出强烈而浪漫的光辉。

玻利尼西亚人美好的家中，内部装饰的调和和外部雕刻的华丽，完全相称。在波纳佩岛，雕刻的木柱之间以竹条为墙，竹条上缠以棕榈树纤维做的各种颜色的绳子。这种棕绳多得把木柱完全遮盖起来。黑色、红色和蓝色的绳子，在墙上缠成复杂的图案，并饰以流苏和贝壳。甚至石头地基上的竹制地板，也覆盖着棕绳。火塘是方形的，位于房间之中。睡席、磨光的椰子壳容器、坚果做的锉、石臼和杵以及其他许多工具和房屋设备，排列得很有风趣。装饰精美的篮子里，放有蚌刀和珊瑚、鱼皮做的工具；矛、桨、饰有花纹的棒和妇女纺织工具，装饰着墙壁。垃圾和尘土是一点也不允许有的。优美的帷幕把睡觉之处和房内其他部分隔开。各种木头雕成的枕头，常常附有竹制的足。形状优美的木碗和木碟，其上布满着装饰。柔软的树皮布做的帷幕和衣服上，有手绘的图案。扇子和撢子，进一步增加了奢华的情调。

新大陆和旧大陆的发达文化的家，吸取、借用和改变了许多早期的发明和财富。但他们通过制作方法的精确和专业化来加以改进，这不是原始建筑者和工匠所能及的。

比我们历史最早记录还要古老的居住遗址中，就发现纯属奢侈品的例证。阿布沙林（Abu shahrein）的史前遗址（即古老的埃利杜[2]）的发掘，发现了仔细磨过的地板和配有铰链的门，这种铰链是用远处进口的石头制成的。深的地窖和圆的窗户，能追溯到新石器时代的所谓“带纹陶”时期。古老安诺（Anau）文化的房屋是日光砖建成的，也配有带铰链的门。

1 拉菲亚树（raffia）是一种网状叶棕榈树，或称“酒椰”，学名为 *Raphia ruffia*，产于非洲、马达加斯加等地。——译者

2 埃利杜（Eridu），苏美尔古代城市，在今伊拉克南部，1946—1949 年在此发掘，有丰富收获。其最早年代可上溯到公元前 5000 年。——译者

图三〇　比属刚果的象牙笛

（模仿欧洲人钥匙形状）

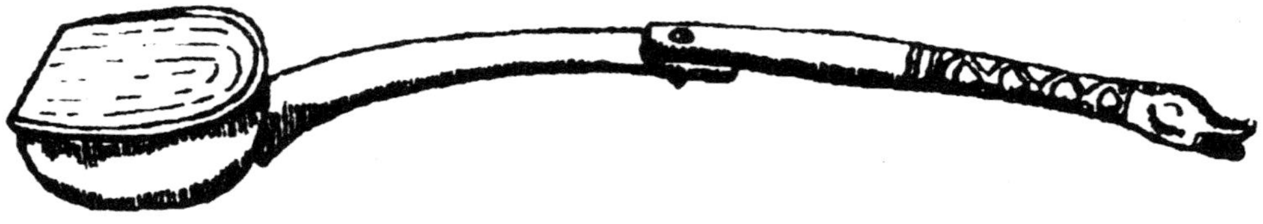

图三一　比属刚果的勺子

（模仿白人修补过的勺子形状）

有文字历史开始时期建立的古代庙宇和宫殿遗址，在科学家发掘之下均发现了令人震惊的高级奢侈品，其代表的生活水平是现代文明所不如的。1946 年俄罗斯科学家在南西伯利亚靠近中国边境的地方，发现公元以前建造的中国宫殿遗存[1]，其中充满了非常完美的宝藏。这个位于哈卡斯省（Khakassia）的宫殿，主厅占有大约 140 平方码的面积，屋顶盖有两种瓦，其上有组成圆圈的中国铭文，门上巨大的青铜呈有角的妖怪之形。在此遗址中发现了钳子、插销、青铜扣、金耳环和玉碟。炉灶连接着暖气管设备，把温暖散布于整个建筑。

现代建筑师试图模仿罗马人从底部使房屋地板变热的方法，均未成功，而朝鲜很多世纪以来却知道这样的先进传热方法。巴比伦的乌尔（今天的埃尔穆卡加）遗址宏伟的发掘，使我们现代艺术家怀疑：现代艺术是否能达到公元前第三千年代所已达到的水平。这一遗址发现的许多

1　这一发现的一般情况，可参见周连宽：《苏联南西伯亚所发现的中国式宫殿遗址》，《考古学报》1956 年 4 期。——译者

图三二　秘鲁古代陶瓶上的“工具革命图”

最佳标本陈列在大英博物馆。

一个历史的讽刺是白人借用原始人的发现以适合自己的需要，常常予以很大的改变，以至现代土著居民已很难认出其本来的目的。比属刚果的土著居民听白人用钥匙吹口哨，误以为此物是一个乐器，就用象牙替他们部落的人刻了一个钥匙形笛子。这样，他们便分享了欧洲人新近的发明。白人厨房中一个粗糙的勺子，曾以一枚铁钉修复，这给予刚果另一个土著居民以深刻印象，他们便为自己刻了一个非常相像的勺子，是由整块材料做成的，却刻出钉子和修复之状，模枋得惟妙惟肖，甚至修复部分那钉子下端突出之状也照样刻了出来。

当我们的有些家庭用具不顺手时，我们易于相信这些物件怀有恶意。人类制造用来减轻自己劳苦之物，有时会摆脱人类的控制，这一点绝非新的观念。初出师的男巫喃喃地说：“我如何才能摆脱自己召来的精灵。”其恐惧情况正与此相同。现代科学最高成就——原子能（这是从造物主处抢来他那关于太阳和星球的秘密），已经造成很大威胁，甚至全世界都害怕我们这个文明时代即将终结。

古代人类害怕自己制造的物件有潜伏危险，这使一个古秘鲁艺术家在奇莫时期[1]以前的瓶上绘了一幅“工具革命”的故事画。画的底边描绘着波浪、鱼和海豹，说明物件反抗人类剥削者之事发生在海岸。人的形象仅仅出现三个：两个是带着锁链的囚徒，第三个正处在攻击之下。其他角色都是物件，带头的是棍棒，它在中间正对人施以威胁；参与反叛者还有带子、帽子、投石器、弹弓、盔、钱袋和珍宝。现在物件反抗他们的雇主和统治者之日已经到来，他们准备对其傲慢进行报复。所有这些是和危地马拉古代奎奇人的古老神话是一致的。这个神话预告，总有一天，狗和小鸡、罐和盒子以及磨板将使人类尝尝苦头，人类是惯于把这些苦头强加于物的。磨板将磨碎人类发明者，罐子将煮他们，鸡将屠杀他们，盆将烤他们。据传说，此事过去发生了，将来还要再次发生：

> 很久以前，太阳不见了，世界笼罩在黑暗之中五天之久。这是物件动员的信号。石头开始磨人，臼和杵向主人进攻，甚至美洲驼也从厩中和田野中向它们的主人进行攻击。

1 奇莫（Chimu），公元14—15世纪在秘鲁北海岸兴起的古国。——译者无所不知的人类，看看你的周围吧！对于为你服务的物件，要和善一些，拿它们时要轻一些，它们对于粗暴待遇是会忿恨的。对你创造出来随时准备为你服务的物件，多加尊重吧！[1]

1 本书经常转述原始人的信仰和观念，并且按照原始人的口气来说，这些观念自然不属于作者。——译者

第二章 迷人的装饰

两个喜欢偶尔进行现场调查的妇女，访问纽约一个小教派的教堂（她们已经探知，这里是这个大城市守旧的怪人集中之处），这个教派的传道士这样欢呼她们的出现："荡妇耶洗别[1]来了！"信徒们随着传道士指指点点的手望去，看到这两个打扮入时、行动谨慎的闯入者脸红了。这是一种非常难堪的局面。

这件小事后来成为长久讨论的材料。提出来的问题是：为什么有些人把"罪恶"的概念和盛装的妇女联系起来？为什么他们把"一个涂脂抹粉的妇女"看成品质低劣的人？人工修饰增加魅力的想法真是和人类"纯真"的心不协调吗？

无论是几万年前还是今天，世界很多地方没有人不知"化妆品"一词的。人们遵循古老的规矩，为了美观、卫生和意识形态的理由，把自己修饰起来。当需要显示风韵时，"野蛮人"对于何者具有吸引力，何者没有吸引力，有明确的见解，而且从不放过自如地表现自己风韵的任何机会。男人和女人一样，努力使自己身体和衣着富有美感。当近代文明社会的男子被迫抑制虚荣心的时候，他们那未曾开化的兄弟们却公开地和异性的魅力相竞争，而且时常超过她们。

在西方文明中，个人风韵是多种多样的；而在原始人的不同部落中，这方面更为突出。他们对吸引力各有自己的标准，不抄袭邻人的习尚。

例如，贝斯特（Elsdon Best）叙述过毛利人所认为吸引力的必要条件。据说，一个好看的姑娘必须要有"平衡的身体、曲线的腿、好看的腰部、笔挺的姿态"。而按照毛利人妇女的看法，男人的美则包括"壮健成熟的容貌、好看的身体、英俊的窄脸、表情温和的大眼睛"。此外，这样一个安东尼斯[2]还必须是"和善的，并长着有线条的腰"。这些看法和我们自己希腊式的审美观点已相去不远。然文化发达的朝鲜人的观点与此相反，特别对于"希腊型"的脸看法不同。当他们在第二次世界大战中接触美国士兵时，害怕地跑开了，这些士兵在他们看来是"大鼻子的魔鬼"。许多北美印第安人，例如霍皮人，希望一个美丽的姑娘用谷物浆涂白她的脸，并把头发弄成蝴蝶圈状。

所有事实证明，处于各种文化水平的的人们都曾创造自己的美的规则，这是毫无疑问的。然

---

1 耶洗别（Jezebels），以色列王亚哈（Ahab）之妻，以残忍、放荡著名，故成为对妇女的贬词。——译者

2 安东尼斯（Adonis），女神维纳斯（Venus）所爱的男子，容貌英俊，故成为美男子的代称。——译者

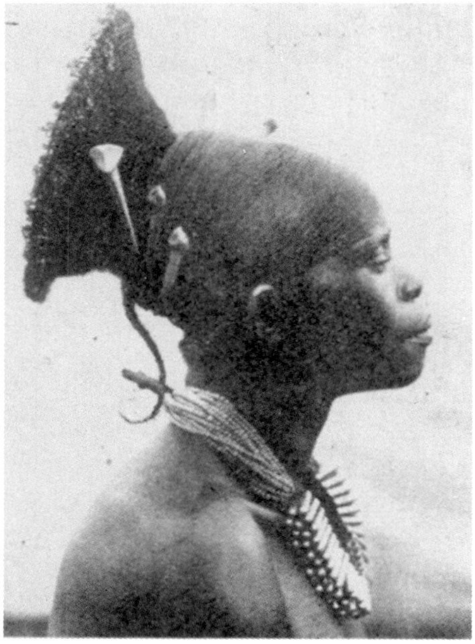
图三三　刚果统治者的妻子

而撇开我们在原始人中看到的细节差异不谈，他们有一点是一致的，即清洁是美观的基础。没有哪个受过教养的人，会违反身体卫生的严格规则。他们向本部落发出最凶的咒骂就是“你像白人那样地洗浴！”因为生活在原始人中的白人，时常是仅洗面部和双手的。

凡是曾在原始部落之中生活过的人，都报导这些部落爱好清洁。奥康尼尔[1]曾在波纳佩岛土著居民中住过很长时期，强调指出波纳佩人一天洗浴两三次，任何人忽略这个良好习惯，将“失去他的社会地位，将被驱逐并永蒙羞耻”。克里克—印第安人在这方面同样严格，他们每天在河中洗浴至少一次（冬天在雪中打滚四次）。老探险家阿德尔[2]曾指出这个习惯在印第安人中盛行。他说“忽视洗浴被认为是最严重的罪恶，甚至要用蛇齿来刮这些人的手脚”。

凡是用水方便的地方，许多探险者的报导都强调了那里未曾开化民族爱好清洁的态度。而在缺乏水的地方，例如撒哈拉沙漠，土著居民则埋在有卫生效用的沙中弄干净自己的身体。在南极和北极地区，严寒的气候使洗浴发生困难，原始人遂发明了蒸汽浴。他们建造了专用的浴室，先把石头烧热，再倒上水以产生蒸汽。洗浴者在浓厚的蒸汽中躺够后，常常迅速跳入小河的急流中，以结束这次洗浴。这样一次“土耳其式”的沐浴有时能容纳许多人，另一方面也采用了专供一两人进行蒸汽浴的小房间。甚至病人还以此治病，希望借助蒸汽来祛退寒热，这时常是在巫医歌唱和祈祷的帮助下进行的。近代斯堪的那维亚国家保存了蒸汽浴的古老习惯，他们的运动员多把自己充沛的体力归功于此。

皮肤经常暴露在热气和冷水中，在热带还要暴露在烈日照射之下，使得人体裸露部分需要小心地加以爱护。因此，世界上没有哪个部落是不用油脂来保持皮肤光滑和润泽的。男性和女性都备有葫芦或椰子壳制成的盛油器皿，以便他们能时常用“冷霜”擦身。有些非洲部落专以拉菲亚棕榈树的油来美容，并可防御多种昆虫。南海地区非常流行的润肤物是椰子，我们现在的时髦妇女所用润肤剂，也是以椰子的有效成分制成的。土著居民有一种聪明的方法，把椰子以适用工具撕开弄碎，放在阳光下发酵，使油分离出来，这样就易于用它合成化妆品了。

以棕榈油、海狸油、猪油甚至奶油作为基本要素，再加上美洲杉、姜根、药草或金属粉末，这样的混合剂大多具有保护性质，不仅可防日光灼伤或昆虫叮咬，而且如许多探险者所指出，可以防御寒冷和暴风。这些软膏被搽在身体的部分皮肤上，或者搽遍全身的皮肤。据可靠报告，许多部落实行这种原始保护皮肤方法，较之廉价的棉质衣服更有利于人们的健康。棉质衣服是

1　奥康尼尔（F.O.Connell，？—？），英国水手，在太平洋岛屿居住多年，曾被土著收为养子。有《在新荷兰和加罗林群岛居住十一年》（据他口述写成，1836年出版）一书传世。——译者

2　阿德尔（James Adair，1757—1840），英国商人，美洲开发者，曾生活于奇克索和彻罗基两个印第安部落之中，著有《美洲印第安人》（1775）。——译者

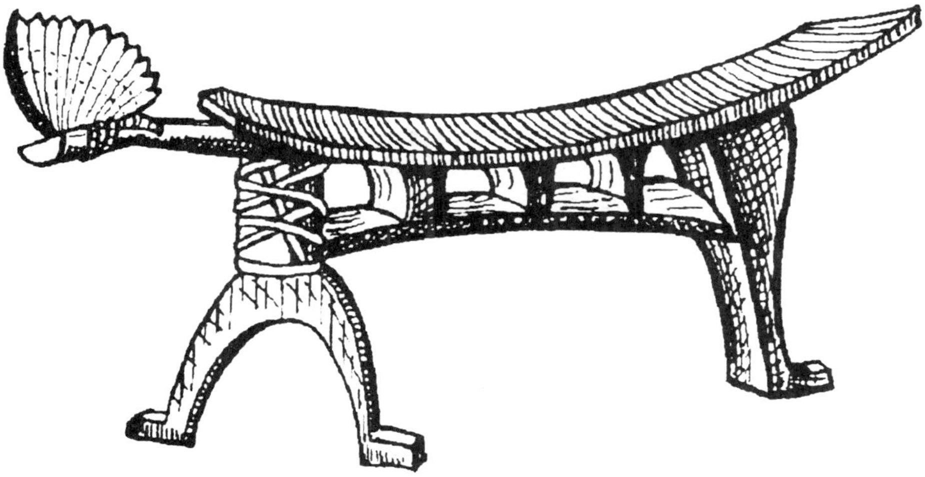

图三四　马肯群岛刮椰子的工作台

（以一种蚌壳为刮具）

图三五　西非配制油膏的调色板

晚近时期狡猾的“文明”商人强加于土著居民的。

颜料和油脂混合做成的化妆品和护肤剂，普遍流行，特别是流行于澳洲和非洲部落之中。它有医药和装饰的双重用途。

颜料加上油脂？这不也是对我们自己闺房或戏院化妆室中所用油膏的正确描述吗？确实是这样。这使我们回到“耶洗别”问题上来。用油膏打扮的技术，绝不能归咎于“近代的堕落”或一时轻薄的兴致。远在成文历史开始以前，男人和女人都意识到经过选择的颜料加在人的皮肤上具有吸引力。他们知道如何发现、识别和配制这些颜料，以供化妆之用。甚至某些部落关于领土不容通过的严格法律中，偶尔包括一个让步，即邻人或异部落为了获得“至关紧要的”颜料而旅行，可以允许通过保卫着的部落领土。这些颜料是只有一处或几处很远的地方才能找到的。

冰川时期开采颜料的遗迹证明，住在洞穴中的男人和女人曾出外寻找这些颜料。他们和今天原始民族一样，有把颜料和不同脂肪混合起来的剂方，以供“梳妆台”上使用。从旧石器时代的遗址中发现了这些冰川时期的化妆颜料，已经调好放在饰有花纹的骨头或石板做的容器中，并附有调色用的盘和杵。实际上，旧石器时代人们住宅遗存都显示出，这些化妆品当时供应充足，

法国上加龙洞穴画中的人像

西班牙科古尔崖画中跳舞的妇女

冰川时期的石灰石雕像——“魏仑道夫的维纳斯“

图三六　史前的诱惑

甚至在坟墓中也备有大量的混合着颜料的油脂，以便死者到另一世界上的长途旅行中随身携带。新石器时代以后，反映虚荣心的东西更多，其颜色种类之繁多比起数量来，更足以令人惊异。希累特[1]分析史前遗存，发现十七种不同的颜色，人们喜爱的有白色（泥灰岩的大理石），有黑色（煤和锰矿石），还有赤铁矿，从红色、橙色直到淡黄色。

这些颜色及其原料，和今天原始民族所用者恰好一致。巴布亚新几内亚的加泽尔半岛和美拉尼西亚的其他地区，在雕刻出来的美丽面具上主要使用红、白、黑三色，偶然也用一下从植物中取得的蓝色和青色。其他部落又加上其他颜色或混合物，都对这一种或那一种颜色，赋予特殊的意义，或给予一定的偏爱。

但我们赋予某种颜色象征性的特殊意义，和原始人的看法完全不同。对潘格威人来说，白色绝不意味着是纯洁的颜色，相反却是邪恶的颜色，其证据是它在“不吉的”拜月仪式中起重要的作用，但同时白色又被当成一种很美丽的颜色。紧接着白色的是黑色，这是“夜的颜色，是一切不如意、恐怖的颜色”。喜气洋洋的红色则象征着生活中的所有美好的事物。潘格威人诸部落又把紫色当做死的颜色，所有开淡紫色花的植物在当地名称中都含有 kun 和 bokun 一词，意为“灵魂”；树的淡蓝色阴影是死者心爱住宅的标志；美丽常和“邪恶的”白色连在一起，人们不艳羡鸟五颜六色的羽毛，但朴素的白鹭（*Bubulcus ibis*）却以“不可抗拒的美”使他们心醉。

1 希累特（M.Dechelette,1862—1914），法国考古学家，著有《原始时代凯尔特人和高卢罗马人考古学手册》五卷。——译者与潘格威人相反，对葡属东非的阿特华伯人来说，阴沉的黑色则是“愉快的颜色”。

原始人词汇表中有关颜色的名称表明，他们能辨别的色调是多种多样的。秘鲁东部的查马人知道黄色、“蓝色或青色”(同一个词)、紫色以及“香蕉似的橙色”。同时，西佩亚－印第安人对红、黄、橙、从黑蓝到黑青、淡蓝和淡青、棕、灰、黑、白等色，各有单独的表达法。

对某种颜色赋予象征意义的习尚，进入了所有发达的文化（包括我们自己）的宗教的和世俗的观念之中。古代阿兹蒂克人的经典中，大地四方各由不同颜色来标明：红色代表东方，蓝色代表西方，黄色代表北方，青色代表南方。而古代中国和伊朗则指定蓝色为东方，红色为南方，白色为西方，黑色为北方。西藏喇嘛庙中的恶魔时常是红色的。西藏许多神祇，坐在红色莲花之上。白色的花保留给最高的菩萨，蓝色的花则保留给喇嘛教中的“圣母玛利亚”——眼观音神。甚至每种物质元素都有自己的象征之色，木是青色，火是红色，土是黄色，铁是白色，水是蓝色。他们的著名祷词“唵嘛呢叭咪吽”（意为“啊，你这莲花之宝，阿门！”）的每个音节也有自己的颜色。“唵”象征天，是白色；“嘛”象征“无善神”的世界，是蓝色；“呢”象征人的世界，是黄色；“叭”象征动物世界，是青色；“咪”象征饿鬼世界，是红色；关于结尾那神圣的“吽”，则是通往地狱的门栓，被想象为黑色。[1]

在其他发达文化，像埃及、印度和中国，类似的例子是很多的。我们基督教同样实行颜色象征主义，在假日或举行葬仪时，把教堂用红、白、青、紫、黑等色装饰起来。天主教的教士们，仔细地为其教徒规定徽章的颜色。甚至在平常谈话中，我们也使用颜色象征法，尽管内容有所不同。例如，我们说“青眼魔鬼”、“蓝色的星期一”、“赤色分子”或“无罪之色的外衣”；而我们的政府则公布“蓝皮书”、“白皮书”和“黑色名单”。

原始人的光谱，如我们所见，并不多种多样，但他们却知如何造成喜爱之色。据报导，早期美洲印第安人把皮肤画成红色，因而被白人称为“红皮肤”，这种习惯甚至施加于婴儿和儿童。所用颜料是黑色和红色的矿石，放在小小的着色的鹿皮袋中，随身携带。新几内亚北部巴布亚人偏爱一种名叫“克克维克”之物的红色，他们把它烧后与椰子油混合，时常涂在身上；至于脸面、臂和腿，选取来自塞皮克的黄土来涂；胸部和股部则流行白色，其原料是从硫磺泉边取得的。

男女两性可以崇尚不同的颜色，甚至使用不同的画法。在洪都拉斯和尼加拉瓜的大西洋沿岸的印第安人之中，米斯克托部落和苏穆部落的妇女是用一种灌木（*Bixa orellana*）的红色种子作颜料，来画自己理想的图案。而男子不在复杂图案上多费心思，索性把身体裸露部分用黑色树胶完全涂满，其上再加一层松脂。红色也是玻利维亚东部蒂林尼人妇女喜爱的颜色，她们用新鲜的“乌鲁柯”（urucu——译者）把面部除鼻子和眼睑以外全画起来。同一地区诺泽人妇女则用此物画颊部和前额。阿根廷的巴塔戈里亚人，把黑色、红色和白色的土，和骨髓混合起来，厚厚地涂在身体上，“用来防御暴风”。南非班图人，像许多澳大利亚土著居民一样，用脂肪膏和赤铁矿相混合。非洲牧人则常用牛屎甚至牛尿调和颜料，他们相信牛尿有卫生作用，以致许多人当牛刚刚排出热尿时，迅速跑去洗手，并坚持用它作为洗眼剂。

---

1 熟悉藏学的朋友说，这段话中有关西藏宗教文化的叙述和解释不是很正确。——译者

我们一再发现人们对红色的喜爱，所用原料是多种多样的。加拿大蒙特纳斯的印第安人，在皮肤上戒用这种可爱的颜色。尽管如此，当我访问拉布拉多时，他们声称世界上没有哪种颜色能和红色的华美相比。他们开采朱砂，来装饰工具、独木舟和服装。

许多发达文化支持古代对红色的选择。今天印度妇女仍然用一种名叫“康康”的粉末，在前额点上红点。回教世界主要从灌木指甲花（*Lawsonia inermis*）的茎和叶中取得红色，用以表示美好和快乐。

被称为最现代化的迷人之物——唇膏（它也是红色的），实际上它的年代可以上溯到冰川时期。许多史前洞穴中曾发现大小合适和有着尖端的唇膏标本。用唇膏来加深妇女嘴唇的玫瑰色，已有若干万年之久了。

从最早时期开始，几何图案就被用来加强喜爱的颜色和增加人们的风韵。用这画成的图案可以表明某些特性，例如特殊部落的成员、已经成人、社会地位、勇敢，等等，也可以不表明什么东西。甚至死者骨骼有时还要挖出来，饰以繁复的装饰花纹。而许多史前的泥塑艺术，例如“魏仑道夫的维纳斯”[1]上，还现出红色图案的痕迹。这一习俗也在古典时期流行，其证据是在大英博物馆所藏一件瓶上，那个带着孩子的弗里吉亚[2]妇女臂上即有装饰花纹。又据莫塞努斯[3]报导，阿加塞西人（Agathyrsians）也把身体和头发画成蓝色。

人的皮肤上画上图案，显著效果是作为一种“心理武器”，引起敌人的恐怖。古代不列颠人在战争中以蓝色画身，具有可怕的外貌，曾给罗马的恺撒留下深刻的印象。古罗马作家塔西佗把画身的日耳曼·哈里人（Germanic Harian）看成“魔鬼的军队”。第二次世界大战中的黑面袭击队可算是他们的继承人。

原始部落画身时，偶尔还要用胶把其他物质粘在主要图案上，使其具有立体感。澳洲中北部当地居民在皮肤上画以红色和黑色圆圈形符号，其上再粘白色羽毛，取得很有创造性的效果。某些北美印第安人用饭粒和谷粒，来做出同样的装饰。

为了使经常使用的心爱图案具有持久性，导致了黏土印的发明。阿兹帝蒂克人称之为“平塔斗拉斯”，借助于它可以把一种固定的图案印在要印的地方。它在冰川时期已为人所知，今天南美中部的格兰查科地区仍然使用它。婆罗洲的达雅克人也用此法把喜爱的装饰花纹印在皮肤上，有时就用这样印上去的图案作为文身的底图。

画出来的图案总是易于洗去和褪色，这个不利条件引起另一观念的产生，即发现一种方法使选定的图案永久可在，其结果使出现了文身这一世界上分布广泛的习俗。形成图案的刺纹和斑点不是经常再加上颜色的，假如不加颜色，我们称之为“疤痕文身”。古老的塔斯马尼亚文化曾使用这种形式。今天，它在世界的另一部分——非洲大陆上，更为流行。

班达人（乌班吉河一个集团）男女在胸部、腹部、背部和双臂皮肤上，刺以布局调和的花纹。

---

1 “魏仑道夫的维纳斯”（The Venus of Willendlorf），是欧洲旧石器时代一件大理石女雕像的绰号，现存维也纳自然史博物馆。——译者

2 弗里吉亚（Phrygian），小亚细亚中西部的古代国家。——译者

3 阿美勒斯·莫塞努斯（Ammianus Mercellians，330—400），古罗马作家，有记述公元353—378年罗马史事的著作传世。——译者

图三七　南美格兰查科的乔罗蒂人文面的姑娘

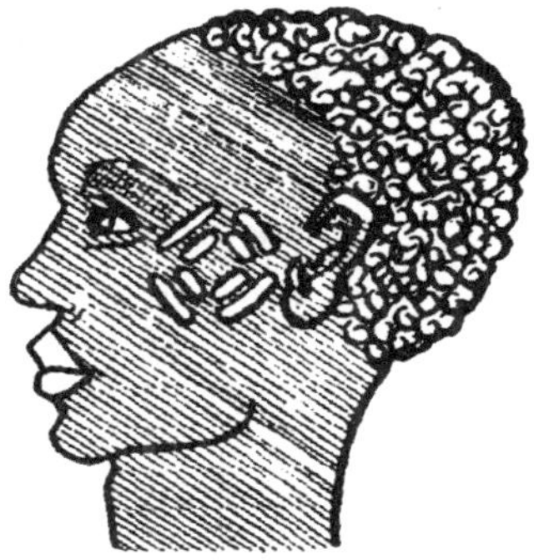

图三八　东非的疤痕文面

图三九　加拿大汤普孙—印第安人的画面

潘格威人用煤油把所想要的图案画在皮肤上，用刀子刺后再用烧过的树胶搽伤处，这样其全身便布满“可爱的”疤痕。如在大腿上这样进行美化，则被视为猥亵。扬迪人的妇女若对大腿进行装饰，也被认为是道德低劣。苏丹喀土穆的土著居民以文身作为部落标志，在婴孩们颊部刺上相同的花纹，伤处搽上硝、灰和经过选择的药草的混合物，几天后刺纹便肿大成圆圈形，并留下宽的疤痕。这是苏丹人特有的标记。

疤痕文身可以和涂色文身同时使用，也可以不同时使用。涂色文身手续更为细致，故有好看的线条、更为繁缛的图样和更加调和的布局。南海的当地居民在这方面达到了最好的效果，特别是新西兰的毛利人，他们那华美的螺旋形花纹，甚至使特意保存下来加以崇拜的死者头颅，也具有永久的吸引力。毛利人文化中常见的雕像，也有文身这一特征，有时花纹覆盖着雕像的裸体，占的面积很大。甚至受过洗礼的毛利人刻的圣母玛利亚裸体像上，也布满文身的古老图案。典型的毛利人文身图案可以表明社会等级和属于哪个特殊集团的成员，即对最古老的贵族来说也是值得骄傲之物，因为他看到自己的特性可以显示出来并受人崇敬。据一个白人艺术家的经验，一张毛利人首领的画像即使非常逼真也会遭到被画者的嘲笑，他以高傲的姿态在沙上画出自己文面图形，对白人解释说：“这才是真正的我，你画的毫无意义”。

英国水手奥康尼尔成为波纳佩岛首领的女婿，在他被这高贵的家族接纳为成员时，经过了全身刺上花纹的痛苦手续。后来他才知道，这些受人喜爱的花纹是部落已故首领和贵族的名字。整整一个星期，两个“女艺术家”拿着带有荆棘的文身板，按照他自己已绘好的文身图样精心地拍打，并用煤和油敷在伤处。

许多北美印第安部落也耽迷于文身的装饰艺术。有的部落仅限于妇女，如加利福尼亚州的托巴托拉贝尔和卡米亚；有的部落男女两性都流行文身，如在阿拉斯加南部。

这种习俗也曾渗入发达的文化。尼日利亚的贝宁地区的青铜板上古代人像胸部和额部的直线，就是文身的记号。近代日本侵略者所到地区看到男女身上布满文身图样（神和人、经典引文、戏剧场面、花和动物），惊慌失措。文身在我们西方文明中，已失去它原有的社会意义和艺术意义，而沦为粗鄙之事，仅为冒险的水手、戏子和罪犯所使用。

这些“艺术化的”画身和文身，占去身体的部分愈大，需要去掉的毛发愈多。加之，许多部落坚持这样的审美观点：一个有教养的人应该剃去所有毛发，仅仅头发是“必需的”。因此，我们看到去掉不需要毛发的多种方法，或者用贝壳连根拔掉（奥康尼尔说："快得像弄圣诞节的鹅！"），或者借助于木片、金属钳，或者就用手指甲来拔。这种习俗已成为印度教和回教对入教者要求的一部分。

面部的毛甚至也被认为是可厌之物。印第安人认为，任何胡须的痕迹都是不好看的。他们在颊部搽木灰尘以阻止其生长。许多部落天生就几乎是没有胡须，便一根一根地拔去眉毛，以保持面部的"清洁"。巴布亚人和印第安人实行拔去或剃掉前发，以达到高额的效果。在非洲也有此俗。

关于胡须是男子美的条件还是妨碍物，以及胡须随着时代不同而改变形式，属于文化史上最生动的篇章。据研究，近代胡须分为十五种形式，可以想象文明时期以前的胡须和腮毛形式更多。从澳大利亚人的络腮胡、许多巴布亚人螺旋式山羊须、非洲人的"亚述式"胡须，直到印第安人的光面无须，形式是多种多样的。至于西方人，考古学材料证明古典时期最早风尚是面部剃光。

根据蒙特芬德（H.Mötefindt）的说法，古代胡须最早证据属于克里特－迈锡尼时期[1]的末尾。最有趣的形式是在剃光的面部留下半圆形"刘海式"胡须，这种"古典式"胡须是从迈锡尼文化后期雅典墓地出土几何纹瓶上及7世纪奥林匹亚青铜浮雕上得知的。它也曾出现在阿苏斯[2]的庙宇浮雕上，而雅典卫城（Acropolis）的宙斯神及其崇拜者蓄有这样的胡须。这种胡须形式曾长期保存，其证据是公元966年英国埃德加王（Edgar）的小画像还表现他在捻弄"刘海式"胡须。今天阿拉伯南部和索马里海岸土著居民、锡兰的僧伽罗人、大洋洲十一个地区土著居民，其胡须也正是这种类型。阿兹蒂克众神的代表——"奎沙可特"和"蒂西兹蒂克"上唇剃光，沿着颊部便留有这种历史悠久的"刘海式"胡须。地中海从公元500年以后，在这种胡须之外又出现了络腮胡，大约一百年后这种"刘海式"胡须便完全为络腮胡所代替。

关于代表男性吸引力的胡须，蒙特芬德曾提供了充分的知识。他把上述"刘海式"胡须很清楚地分为三个阶段。第一阶段也是最早阶段，"刘海式"胡须原是一个塞姆（闪米特）部落所特有，近东民族一旦进入并和塞姆文化相接触，这种胡须形式便在他们之中流行。第二阶段是在一千年以后，"刘海式"不再限于塞姆部落，而变成近东所有民族所共有。十八王朝和十九王朝时期的埃及人就用这种胡须形式辨认近东土著居民。仅仅到了第三阶段，它才和任何民族集团分开，成为一种自由爱好。今天它不仅发现在原始文化之中，而且在欧洲渔民和农民之中也有发现。

迷人的装饰中，没有哪一项不能追溯到黎明时期。我们今天喜爱的许多风尚，已可显示到与外貌相联系的精神状态。对妇女发式来说，这一点特别真实。从没有文字时期到有文字的历史时期，不同民族采用的发型是很多的。当一种新的发型取胜时，受过历史学训练的研究人类虚荣心的学者，经常能把它作为文化变迁的证据来加以解释。

无需说明，气候和经济生活条件在这种变迁中起着决定性作用。一种精致的发型需要时间和睑讲究享受的心理。这些只有农业经济才能具备，而猎人和采集者不固定的生活就很难花许多时间来费事地安排他们的头发。

我们能粗略地把头发区分为三种主要型式：短的和纠结的（俾格米人和黑色人种）；不长不短的和波浪形的（澳大利亚人、维达人和白人）；长而直的（蒙古人种）。但这种技术性的区分

1 这一时期大约是公元前第二千年代的后半期。——译者

2 阿苏斯（Assos），古代城市，在今土耳其西部，1881—1882年美国考古学团体在此发掘，取得重要成果。——译者

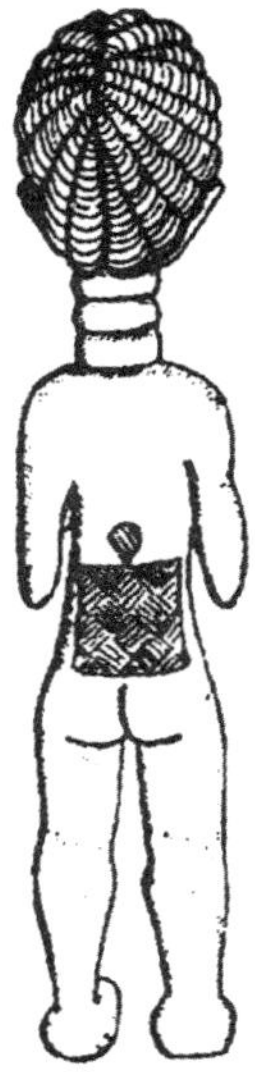

图四〇　西非人的发式和文身（科隆民族学博物馆的木雕像）

图四一　西非人的盔形发式

图四二　喀麦隆人的发式

太一般化了，不能正确表达实际型式的繁多。

当考虑到不同民族集团所处文化阶段的不同，我们便可提出一幅关于发式发展的图画。澳大利亚人可视为与最早人类相接近，在他们之中很难发现任何人工的发型。若要寻找不寻常的杰作，我们必须拜访西非的农业部落。他们的发型，使玛丽·安东纳特[1]的宫廷发式相形见绌。他们发型中最著名的一种是用黏土、动物脂肪及类似之物模制成型，可能维持几个月之久，可以说是一件雕塑杰作。在这件可保持长久的杰作上，再饰以玻璃珠、贝壳、黄铜装饰品、牛油和羽毛，有时这些饰物又以棕榈、苔藓等材料所构造之物加以固定。这种费时很久才能完成的杰作，非常巧妙，看起来就像一种坚固的帽子和头盔的形式，实际上它也就是帽子和头盔。有时这种发式本身已经改变甚至部落已经绝灭以后很久，它还出现在泥雕艺术品上。这就为白人研究者提供了一部西非发式的历史，帮助他们对艺术品进行断代研究。西非民族男女有时还使用假发。假发塑造得很巧妙，牢固地胶在头上，只有近处观察才能发现它和真发的区别。特斯曼统计过一个部落的发式和假发，共有 25 种之多，各不相同，并且各有自己的名称。刚果北部的曼格贝图人，特别喜爱长而狭的后脑（其头颅在年幼时经过人工变形），他们用一种后面剃光的发型，来突出其椭圆形头颅。

图四三　祖鲁人已婚妇女的发式

1　玛丽·安东纳特（Marie Antoinette,1755—1793），法国皇后，以挥霍浪费、不知人民疾苦著称。当她听说人民要求面包时，竟说“那就让他们吃糕饼”。——译者

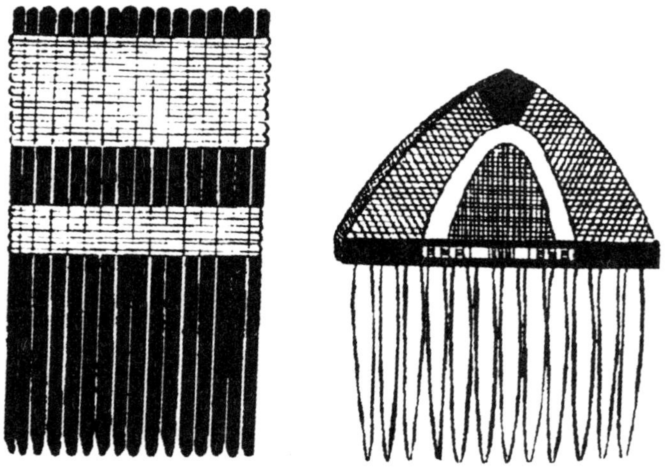

图四四　西非人的梳子

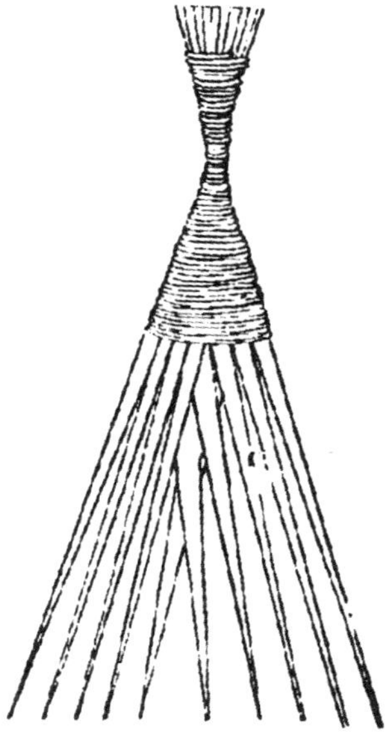

图四五　萨摩亚岛玻利尼西亚人的梳子

许多巴布亚人男子的发型，同样注重“建筑学”的趣味，但这种发型时常另有任务，即当举行神圣舞蹈时作支撑巨大假面之用，这样的习俗就不是只用虚荣心所能解释的了。十分奇怪的是这里的妇女和儿童则经常把头发弄短，而让男子去留长发。玻利尼西亚人的发型一般是很简单的，外貌很像是一个小的假髻，其原因是这些民族喜欢文身艺术，他们剃去部分头发以便提供进一步机会来从事这心爱的装饰艺术。

南北美洲许多印第安人把头发弄得很短，偶然在前额覆着“刘海”。有些部落如阿佩切人在头的中间留成发卷或宽的发圈，而爱斯基摩人则喜欢长发后垂，偶尔使用一个假髻。

从上述例证可见，近代西方文明几乎采用了以前流行的各种发型，只有西非那种发型未曾采用。在其他发达文化中，严格的宗教法规时常禁止接受某种发式。例如，断发即为回教国家妇女之禁忌。印度的美女也绝不能接受断发，对她们来说，断发是忧愁的寡妇的标志。

当我们的女士们去美容院染发时，并不是受近代哪个聪明人发明之赐，因为染发技术和人类本身一样古老。北美卡米亚－印第安人把美斯奎特树[1]的树皮中所取得的黑树胶煎沸，“用来加深头发的黑色”。这种习惯仅是一个孤证，因为更为流行的习俗是想把头发漂白或弄成淡色。许多玻利尼西亚部落借助于灰水或石灰来漂白他们的卷发，所达到的效果是红色或黄色。他们对此并不满意，在其头发上再加上赤铁矿粉末，这和他们那深棕色的皮肤形成奇异的对照。这种习俗非常普遍，仅新几内亚的哈根山（Mount Hagan）部落例外，故探险者罗斯（W.Ross）曾惊奇地指出这一部落“绝不将头发漂白和染色”。英国科学家巴尔福（Henry Balfour）就所罗门岛居民把头发用赤铁矿粉染红这一习惯，建立起有趣的理论。他把复活节岛上神秘巨像顶上巨大的红色石柱解释为“红发”，试图以此澄清经过长期讨论的关于岛上已灭绝的原来居民的来

1 美斯奎特树（mesquite），是美洲热带所产一种豆科植物，学名是 *Prosopis juliflorn*。——译者

图四十六　新几内亚巴布亚人男子的圆锥形帽子——“迪巴”（用胶粘在头发上）

源问题。据他说，这些原来居民是从所罗门岛来到复活节岛的，他们按照自己的形象塑立巨石，并突出了自己头发的红色。

显而易见，人类梳头发需要发明梳子或刷子之类方便的用具。旧石器时代坟墓中已经发现骨梳。即使是非常原始的火地人，也会使用由海豚那带牙齿的下颚骨做成的梳子。其他部落使用各种形状的毛刷和竹木梳，最普遍的一种是将一束木片、竹片或硬草捆缚成扁平形，缚扎之处顺便就作为梳柄。各个时期都知有发针，其形状也是多种多样的。

洗发的需要和可能，当然取决于发型是否要长久保存以及是否有美发用品。喜欢水的民族，如玻利尼西亚人，时常在游泳时洗发。美洲许多印第安人经常用丝兰或类似植物煎熬出来的水洗发。这样的清洗对非洲的发型当然是不合适的，但他们连续不断地搽油，偶尔加上黏土和像牛尿这样的洗涤剂，却也是防灰和防御令人讨厌的小昆虫的有效良方。

人们或许会设想，促进可爱的女帽和“花式帽”(picture hats) 发明的是想增加外貌完美，实际情况并非如此。许多部落尽管在热带阳光照射下，却不觉得有戴帽子的需要。帽子的出现总是有与实用价值无关的社会意义和宗教意义。许多非洲部落首领精美的盖头物，显然是尊贵的标志。顺便说说，这正如伞盖是原始民族中贵族或首领的标志一样。这种观念一直延续下来，从中国古代官僚表示等级的帽子，直到某些国家的陆海军随着等级而增加金辫的帽子，都是如此。天主教牧师的各种法冠，是这种观念的又一例证。

低温迫使人们戴帽子、“帕卡”[1]或类似之物，故寒带的盖头物总是具有简单的实用形状。但对热带人来说，帽子是王冠的先驱。非洲的白人侵略者的帽或盔，成为一种重要的“巫术性”物品，因为可向土著居民显示自己地位像一个统治者。

在有些部落中，特别是南海地区部落中，年轻男子成年后以给他戴帽作为标记，他必须在严格考验其勇气后才能获得它。新几内亚卡比里人把这种帽子称为“迪巴”，它作圆锥形，涂以石灰并饰以羽毛和花朵。人们把这种帽子用胶粘在头上，甚至睡觉时也不去掉。新几内亚哈根山部落的年轻人，“在胡须出现在双颊的时候”就允许戴帽，他们称之为“俄利亚”或“坎苦”。其相邻部落——穆里克人则只有在成丁礼举行以后，才有资格戴它。奥康尼尔在波纳佩人中见过这样的成丁礼。类似之物存在于地球上不同的地区，阿拉斯加西北岸的印第安人也有这样的帽子，称为“云帽”。

1 “帕卡”(parkas)，爱斯基摩人所戴的一种皮套帽。——译者这种奇异的圆锥形盖头物，长期以来起过神秘的作用。在某些方面，它似乎已失去尊贵的意义，而获得了魔术的意义。它成为中世纪巫师的帽子（即恶魔和妖人的标志）。11 世纪时戴这种帽子被法定为欧洲犹太人的义务，指定的颜色是黄色。1444 年的撒克逊钱币（即所谓“犹太人便士”）上那个有须的人，就戴着这样的帽子。拉塞使他的吉伯拉斯[1]在西班牙古代城市托勒多（Toledo）目击一个被西班牙宗教法庭（Spanish Inquisition）当众烧死的牺牲者，这人戴的所谓“卡罗查斯”，即是“纸板做的圆锥形高帽，上面画着火焰和魔鬼的形象”。古代这种帽子，今天仍是万圣节之夜[2]巫师马戏团魔术师的标记。而不守规矩的学童为了羞辱人而给戴上的“愚人帽”，则是这种帽子不光彩的最低一等。漫长的有声有色的帽子史再次证明这一事实，即追溯古代事物的起源，时常引出生动的启示。

不同民族对同一事物看法不同，这常常是有趣的事，而且其爱好各有不同，也足以令人惊异。例如，我们相信白的牙齿是有吸引力的，但并非在所有民族都这样想。然而，无论其审美观念如何，没有哪个部落成员是不想追求牙齿之美的。

保持牙齿洁白的想法，与我们的观念最为接近。非洲努尔人每天用灰和牛屎，来努力使牙齿达到洁白。潘格威人非常喜爱自己的牙齿，随身携带“牙刷”。这是一枝饰以黄铜的手杖，上端裂成许多猪鬃形钉齿，沉思的散步者什么时候感到需要，他就停下来给牙齿“来一次”。

与此完全相反，婆罗洲杜松人认为有诱惑力的嘴必须显出黑色的牙齿。探险者斯塔尔（J.Staal）描述过他们为达到此目的的而采用的熟练方法。他强调这样的事实：染齿是神圣的，只能在伟大的“梅金纳甘”神宴之前才能举行。药方如下：“把一种名叫‘夸瓦’的叶子捣碎，混合以一种树木（‘戈姆巴’）的灰，将此混合物涂在齿上，用一条折叠好的香蕉叶置于齿上压紧，以防弄掉颜色。这样保持 40 小时后，拿掉香蕉叶‘绷带’，再以一种爬虫（‘梯姆巴亭’）的皮捣碎加上石灰的新混合物来擦。俟干却后即可保持黑色。”这些人还喜欢用粗石子锉的方法“砍掉”牙齿。斯塔尔断言，经过这样处理他们决不为牙痛所苦，“虽然牙齿裸露，留待朽烂。……然而所有人咀嚼一种名叫‘西利’的东西，它显然可以预防牙痛”。

这种习俗只不过是原始部落为了各种理由而毁齿的一种形式。毁齿还常常是成丁礼的一部分，它标志一个人成年了。有些部落如努尔人，击碎长了六七年的下齿，解释说：“我们这样做为了显示人和野兽不同”。有些部落仅把前齿修成喜爱的尖头形，这甚至需要使用凿子。在澳大利亚东南部尤因人之中，凿去年轻人部分牙齿的仪式，由穿着神秘外衣的部落年老成员执行，他被推崇为“至高无上者”。当他开始使用木凿时，年轻人不敢稍为流露痛苦的表情。特斯曼描述潘格威人美化牙齿的方法是：“病人”仰天向躺着，紧紧咬着一个木棒，牙科技师把一片小铁凿放在齿上，用一块木头作锤把不要部分一片一片地打下。关于这种习俗的由来，正如一个卡姆巴人告诉林德伯罗姆（G.Lindblom）那样：“我们把牙齿改形是因为这样可以很好地唾吐”。西非的马查科人还告诉这个瑞典科学家一个小故事，林德伯罗姆如实地记了下来：

姑娘们去修牙齿，她们修理了。一个姑娘曾凿去六颗牙齿，另外两个姑娘拔掉牙齿。

1　拉塞（Aiain Rene' lesage，1668—1747），法国小说家和戏剧家，吉伯拉斯是他著名小说《吉伯拉斯 · 桑蒂连传》（著于 1715—1735 年）的主人翁。——译者

2　万圣节之夜，每年 10 月 31 日前夕，孩子们化妆为鬼怪，挨户索要糖果，各户门前点南瓜灯。——译者

姑娘共有三个，凿齿这一个修理得很好看。然后她们说："让我们看看谁凿得最好，谁拔得最好。"她们说："让我们唾吐一下。"她们唾吐了。那个修得好看的姑娘比其他人吐得更远。她们因嫉妒而激动，把她扔在水里。她死了。故事完了。

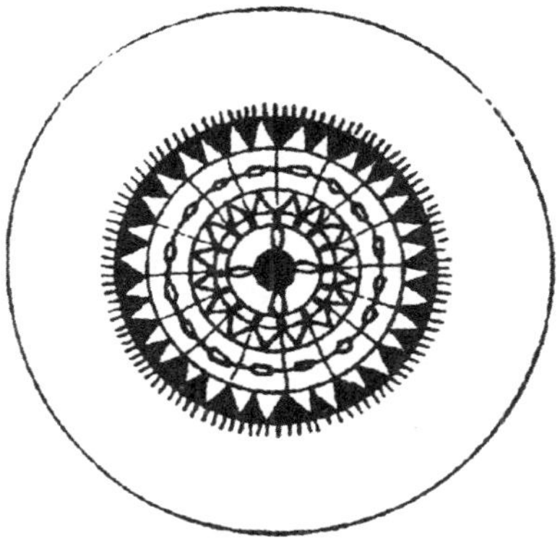
图四七　新爱尔兰岛男子胸前饰物

另一种古老的牙齿改形，是用宝石和金属镶包牙齿，文化发达的民族非常流行。达雅克人和巴达克人将前齿钻洞，然后用黄铜、黄金和珍珠蚌做的小圆片来填塞。墨西哥尤卡坦的马雅人将黄金或宝石作同样的用途。今天厄瓜多尔土著居民和印度人，亦以这样的风尚相夸耀。然无论其最后效果如何，这种美化牙齿形式仍是一种毁形。

牙齿毁形还不算最奇异之事，许多原始人为虚荣而洞穿鼻梁的习俗，才是名闻遐迩。首先穿入一根草棒，后来代之以较粗较大之物。直到最后可以随着本人喜爱把羽毛、骨、木或金属做的物件放入洞中为止。许多澳大利亚人盛行穿鼻的风尚，而玻利尼西亚的毛利人只有贵族家族才允许有这样的标志。当他们的婴儿穿鼻时，要举行必要的仪式。古时还必须用一根敌人骨头的尖端来穿孔。北部巴布亚人在刺穿鼻梁以外，还在右鼻孔穿洞，并填以心爱的装饰品。这种习俗曾为印度人所模仿，虽然他们用的是饰有宝石的金环，而不是岛民们用的猪牙和竹棒。穆里克－巴布亚人走得更远，他们洞穿自己的耳朵，并喜欢用一根锋利的小棒在眼虹膜四周“画”一圈黑点，用以突出他们的眼睛。

图四八　澳大利亚西北部的贝壳装饰品（刻纹内填以赤铁矿粉）

诱惑人最为奇异的方法是在上唇或下唇穿洞，或两唇都穿洞，然后填以木头圆片或象牙圆片，耳垂部分也时常这样处理。阿拉斯加的印第安人在下唇中心戴上的这样木片，称为“拉白利特”。西非特别是乍得湖地区的习俗，超出任何想象。那里的女性唇上戴的木圆片，其大如碟，无怪乎那些时髦的女士们不知道接吻的艺术了。穿耳也会导致可怕的改形，沉重的木棒把橡皮似的耳轮拉得向下垂，现代耳坠与之相比有今不如昔之感。

近代妇女把指甲染成从粉红色到紫色，这也并非是现代哪个聪明人的发现。许多原始民族在岩石或石片上锉她们的指甲，然后加上浓浓的红色。大英博物馆中史前时期木乃伊身上也有这样表现虚荣心的痕迹。后来，染指甲在中国和埃及，达到完善的地步。

假如男人和妇女在人体诱惑力以外，不再加上项圈、手镯、臂钏和羽毛等装饰品的话，那

图四九　克罗马农洞穴出土的史前螺壳项链

图五〇　石器时代雕刻的圆石项链

么人体本身的美化还有什么意思？从火地岛锡克兰人等身上所戴朴素的鸟骨珠子和骨壳、玻利尼西亚人头发上戴的鹦鹉那美丽的冠和极乐鸟的尾巴、非洲部落佩戴的沉重的黄铜盾牌和衣领，我们可以看出无数的巧思在为男人和女人的虚荣心服务！

自然界没有哪种东西，不曾用来装饰人体以显示风韵和富有。野猪牙、蝙蝠齿、蛋壳圆片、蛇骨、蜗牛、干果串珠、种子、美洲巨嘴鸟的喙、象牙碎片、龟壳耳饰、铁和金银铸造的环，仅是其中一些例子。但装饰品及材料的选择也是由其所有者所信奉的宗教和巫术来决定的。在崇拜月亮的母权民族中，可以发现珍珠、龟壳和金属做的形如新月的椭圆形之物以象征月亮（这种形式在回教世界仍占支配地位）；而太阳的崇拜者——游荡的父权民族则宁可采用圆形片饰，它出现在经过镶嵌和雕刻的各种华丽装饰品之中。

这些材料非常丰富，有些在世界范围内普遍流行。贝壳就是其中之一，它也具有货币价值。从澳洲到非洲腹部，它被戴在臂上、颈上或发型之上。其次是各种海生介类和鸵鸟蛋壳做的小圆片，前者见于太平洋，后者见于非洲。中世纪以来各种颜色的玻璃珠流入黑大陆，数量非常之多，它实际上已成为“当地的”装饰。西非流行的大型雕像和头人椅，其优美的雕刻有时竟完全被吸引人的珠子所覆盖。后来，它迅速为印经安人有选择地采用，但爱好时有改变。如南美辛古河附近会打扮的妇女们，除了红色珠子之外，不愿接受任何东西，这使想把最近十年流行的蓝色珠子送给她们的白人，深为苦恼。

有些部落，如加利福尼亚的卡米亚人，男子使用某种介类的壳，而只有妇女才能使用蚌蛐磨出的美丽“蓝珠”作为项圈。澳大利亚土著居民有两种特殊的偏爱：昆士兰、澳洲中部之西及南部之东北，使用包贝（*Melo diadema*）为装饰品；这个大陆仅有西半部使用珍珠蚌

(*Meleagrina maxima*) 壳为装饰品。这些装饰品时常雕刻精美的花纹，其大如盘，挂在胸前，它们具有巫术力量，而且正如澳大利亚学者斯宾塞和吉仑两氏[1]所说那样：求爱者手中有了它，可以使姑娘"内心激动得颤抖"，而取得成功。

图五一　古秘鲁奇莫时期的金质鼻饰

非洲金属工匠所制出色的饰物非常巨大，而这样沉重的装饰品，甚至还要戴上几十个之多。它们的制作工艺和较轻巧的装饰品（如包着铜丝的山羊毛手镯），可以相媲美。愈接近发达文化，愈加使用我们所说的珍贵材料来生产首饰。其中有所谓"阿柯利"，即贝宁的"蓝珊瑚"，这里出土的青铜碟上，可看出男人戴着项圈和手镯，压得他喘不过气来。古代秘鲁则有克里索科尔（Chrysocoll）出产的"青色珍珠"，和在萨波山（Cerro Sapo）印加文化以前矿洞获得的苏打石。纯金被非洲阿散蒂人用做珍宝的重量单位，而且今天北非沙漠地区姑娘们沉重的项圈中，可以发现数量惊人的新旧世界各种已不再使用的金币。侵略秘鲁的人发现，秘鲁家族日常小器具都用纯金做成。所有这些华美的装饰品，既戴在裸露的人体之上，也戴在穿了衣服的人体之上。装饰品和衣服一样古老，时常比衣服更为古老。人们穿衣服与否，决定因素在于气候。

西方的裤子、背心和夹克，起源于北极民族的服装。澳大利亚某些部落和火地人的古老服装，只不过是随便披着的毛皮和树皮腰带。捕兽为生的拉布拉多印第安人，并不以白貂外衣为时髦（这在纽约却是上流社会的标志），他们的时髦之物是哈得孙海湾公司毯子。这是社会风尚具有相对性的又一说明。

服装在其后来发展中，具有特色之物是树皮或树叶做的常常饰以羽毛的犊鼻裤，或酒椰树做的柔软可弯曲的腰带。另外流行的几种是：纤维织成的像衬衫似围裙、螺旋似的腰带和露兜树（pandanus）做的雨

图五二　比属刚果利奥博二世湖东北部落妇女的下装

1　斯宾塞（Walter Baldwin Spencer，1860—1929），澳洲生物学家和人类学家，著有《北部澳洲地区地土著部落》（1914）等。吉仑（Francis James Gillen，1855—1912），澳洲人类学家，与斯宾塞合著《中部澳洲土著部落》（1894）、《阿龙塔》（1927）。——译者

衣。所有这些服装，包括脚上的各种装备，更多的不是作为迷人的装饰，而是出于保护身体的需要。束胸或者可算是唯一的例外。束胸已成为最现代化的迷人装饰，其最初形式是发育成熟女孩子丰满乳房上系的一根带子。神父舒莱因（P.M.Schulien）坚持要葡属东非阿奇瓦伯人对这种习俗作出解释，他们解释说："先生，乳房颤动，男人见了会激动的"。许多部落都以有这种鲜艳的带子相夸耀，有时代之以一片布，"用以防止姑娘们走路时乳房上下晃动"。

只要大家穿着一样，就很难把日常衣服列入迷人的装饰。仅仅由于材料易于得到，由于画的印的和织成的图案的发展，由于扣子的发明和其他"非必需的"东西的出现，衣服才具有更多的个人风格，这时才谈得上有魅力的服装，因为真正的魅力是个人风韵的表现。

更为细腻的魅力，是随着对香料的欣赏而来的。最早时期的香料很难发现，因为很多热带的花没有香味，而化学的秘密又非没有成文历史的民族所能知。

与虚荣心有关的小器物、秘密盒、化妆台上的小瓶小盒，能够上溯到最早时期。旧石器时期就有用骨节做的盛口红的小瓶，也有化妆时调和颜料用的碗和杵。皮肤上涂油用的小盘子同样古老，后来古代埃及曾用讲究的材料来仿制。布满花纹的调色石板、骨瓶和盛有"冷霜"的有盖容器，发现在冰川时期洞穴之中。日本人缀以珠宝的精美的香囊，仅是对这些小瓶小盒的模仿。镜子最早形式是磨光的贝壳或金属圆片，后者在中国、拜占庭和希腊，发展成珍贵的金属镜，陈列在世界各地博物馆中，令人艳羡。

今天，机器制造的迷人装饰物，远远比不上公元以前那些发达文化的国家所达到的奢华。人们看过大英博物院藏的埃及和乌尔（约公元前2500年）的项圈，就会同意这一点。我们所有人都知道埃及的克利奥帕特拉[1]、罗马的独裁者和秘鲁印加人挖空心思的梳妆。拜占庭的狄奥多拉女皇[2]，就其梳妆来说，简直是一件活的艺术标本。她的蓝发上戴上金饰，她的足趾染成玫瑰色，她那中国丝绸做的枕头内填黑海鹤的软毛，她那柑橘木做的梳妆桌上放着上百件小瓶、小盒。她的肥皂来自西班牙，而浴盆是用笃耨香树做成的。

我们今天既缺乏闲暇又缺乏财富来从事这样精致的梳妆。此外，《利未记》[3]中有这样比较时新的话："你不要为死人损害你的肉体，也不要在身上印上任何标志，我是上帝。"这给予西方人以较多的清教徒的观念。

但那些不知写字和印刷的人们，没有听过这样的说教，因而所谓原始人的男男女女，仍然享用上帝从他老人家的自由王国——大自然中为他们提供的颜色和珍宝，仍然借助于几千年来曾忘却的技巧，来尽力增加身体的天然魅力。

1 克利奥帕特拉（Cleopatra，前69—前30），埃及女皇，美貌风流，先后为罗马统治者恺撒和安东尼的情妇。——译者
2 狄奥多拉女皇（Empress Theodora，—547），原为拜占庭君士坦丁堡名妓及女演员，后为查士丁尼一世之皇后，以生活豪奢腐化著称。——译者
3《利未记》（Leviticus），为《旧约全书》第三篇。——译者

第三章　最早的机器人

虽然荒野中的生活是艰苦的，早期人类仍能利用智慧的资源，而人类的小兄弟——动物界的成员却是拒绝利用的。早期人类用最简单的小器具工作时，开始怀有一种梦想：发现一种东西（不管是人类本身、巫术或其他）来帮助负载每日苦役的重担。假如他有足够的运气能拔开智慧宝瓶之塞，假如他能摩擦造物者的魔灯，也许会有一个魔鬼出现供他役使吧！但是，非常可惜，他的世界并非是《天方夜谭》的世界，若他曾经发现一个会巫术的助手的话，那也是用他自己的思想和双手创造出来的。这个仆人将是一个机器。真的，这是最早的机器，是最早的机器人。

人类是多么需要这样一种奇巧的装备啊！特别对那些没有农业知识，生活没有保障的民族来说，更是如此。狩猎和采集的艰苦工作常限制个人进行创造的愿望。从很高的树上认出蜂窝和经过必要的准备来取得蜂蜜；追踪和击落正在飞翔的鸟；埋伏在灌木丛中等待一些胆小动物走过；或者窥伺着鱼以便俟机在瞬息间用矛刺中，所有这样一些工作都要求猎人有大量的耐性。等待一个动物靠近得能够捕捉，可能要好几天的时间。在丰收时节储藏食物的观念没有得到发展或者还不知什么是丰收时节的社会中，许多家族为了寻食，不得不坚持长时间的紧张等待。

智慧的人类企图克服这些困难，他们用弓箭、标枪、套索、流星索、蝴蝶网和手抛的网套作为狩猎的工具。这比起木棒和石块来，无疑要好得多。当然，所有这些方法仍然需要要猎人的机敏和经常在场，但增加了人类徒手的力量，或者牢牢地困住猎物，直到猎人到达。有些工具还可使猎人每次捕获非止一个的鸟兽，例如猎网就是这样。猎人利用猎网，大家通力合作可驱赶许多猎物落网。从埃及法老哈雷姆布时代直到今天，人们都用这种方法捉鹌鹑和其他的鸟，把有坠的网在地上张开，由助威者赶鸟入网。婆罗洲达雅克人今天仍使用此法，他们以一组垂直网来捉鹿。东非的瓦香姆巴人用这种方法捕捉羚羊。白令海峡的爱斯基摩人用这种方法捉兔子，先把兔子驱入网中再用手捏死。这种方法比起最早那些狩猎方法是进步的，但猎人不离开现场，仍是狩猎取得成功的必要条件。

还有用类似方法截获鸟群的。西伯利亚人用网猎鹅，加拿大育空河沿岸爱斯基摩人用捉鲑鱼的网来截获鹧鸪。另外一种似乎不同的方法，也应用了驱兽入网的原理。例如，驱赶野牛群沿着两道会集在一起的篱墙进入绝壁，此法曾普遍流行于北美草原印第安人之中。某些原始的捉鸟方法，已成为我们自己狩猎习惯的一部分。如猎人用口哨声或用诱饵把猎物从隐蔽之中引出

图五三 霍屯督人猎象的陷阱

来，再用手抛出一种器械捉住它们，最后关在容器、笼子或网中。

所有这些方法增加了狩猎取得成功的可能性，但主要问题仍未解决，即如何使猎人不必在现场或靠近捕捉地点，也同样能取得成功。假如可用一种机械装置代替人，来等待投掷捕捉工具或武器，活捉或杀死猎物，将使猎人向个人有较大的自由方面迈出真正的的一步。这一装置的发明，将使他留在家中，也能照顾狩猎，而且可同时追踪好几处猎物的足迹。这样，他就能获得时间，从事其他行业，或者进行玩耍、唱歌和跳舞使生活愉快。可能是贪图安逸使原始人发明这样一种装置，我们不能肯定，但伏尔加河船夫不断重复的号子声似乎说明世界上到处都有人受到艰苦劳动的重压。

最早的革命性发明的日子终于到来了。人们终于第一次造出一种机械，当人不在时仍能工作。人类智慧终于创造了一种机器人，以精确的机械来代替自己。这种神奇的工具就是捕机。

捕机是像网、木棒和手抛网套之类一样工作的，仅仅是更为精确和更为有效而已。此外，它的力量比它所代替的微弱的人手之力要大。由于在精巧的扳机上应用了杠杆原理，轻轻一触即使相当大的甚至巨大的力量发生运动，和猎物的力量作灵巧的对抗。原始人肯定没有关于物理原理的书本知识，并对机械现象发生的原因毫无所知。但他们作为一个观察者，仍有足够的机敏来模仿所见自然界的现象来制作机械。活的树枝偶尔离位，必将跳回原位；枯死的树被飓风吹倒，声震山谷；地面洞穴被树枝覆盖会产生危险。这一些和另一些现象就是早期人类的物理教师，而且早期人类能熟练地运用从这些现象中学到的东西。在他们看到自己发明的装置已在工作时并不以有一种形式捕机为满足，他们把机械知识和他们对当地气候特性和动物习惯的卓越知识结合起来，成功地发明出几百种不同的捕机，都能巧妙地适应其周围环境的特殊条件。

原始人为了使他们的“机器人”生效，利用了水的流动性和冰的滑动性、丛林中口渴野兽沿着小径快步走向泉水的习惯、熊的喜吃甜食、狼犬的好奇、猫头鹰的贼性、夜游动物的怕人和山猫的骄傲（它为了获得自由只挣扎一次，决不挣扎第二次）。原始人知道猎物的特性，把留在捕机上人手的气味消灭掉，以扰乱猎物灵敏的嗅觉，就像现代罪犯有自己一套方法来消灭作为罪证的指印一样。原始人用烧焦的木头、树胶、松脂、血或像海狸（Castoretum）这样动物[1]的气味，来掩盖自己的气味。为了迷惑猎物的眼睛，原始人又在捕机周围建造栅栏或覆以树枝，或在其所掘陷阱之上铺以一束束干草，来进行巧妙的伪装。

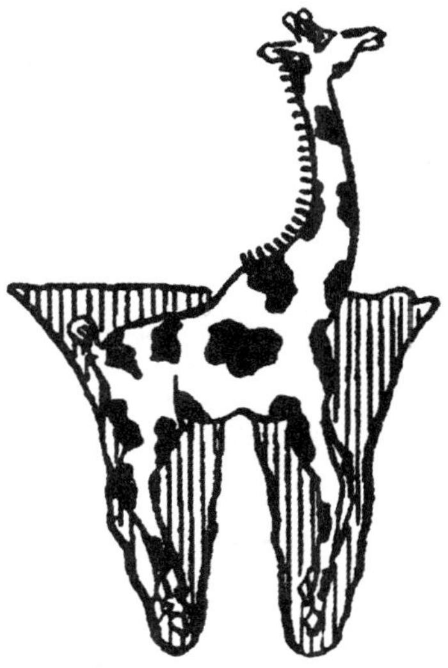

图五四　南非卡弗人捕捉长颈鹿的陷阱

原始人发明了几百种捕机，从捕鼠之竹筒到捕捉长颈鹿和象的巨大装置，大小都有，长时期来使科学家们惊奇不已。许多博物馆藏有调查人员带回的捕机或捕机的零件，既已不知为何物又难组装。捕机的仿制需要特殊的知识，而且这时常要对有关的部落、气候和动物界事先进行全面学习以后才能做得出来。

猎人不在现场即可活捉或杀死野兽的机械，如所应用的物理学原理一样多种多样。按照运动定理的不同，捕机可分为四大类。认识这四类捕机，可以很好理解早期人类为努力提高生活标准所显示的伟大智慧。这四种捕机主要类型，又有所能想象到的各种变体，为了取是更大的效能，时常将其中几种联合使用。

重力捕机如其名称所示，是运用重量以达到捕捉某种动物的预期效果。动物本身的重量或下落之物的重量，都要安排合适。使得机械一经扳动，即能打中动物。重力捕机现仍存在的最早类型是陷阱，利用动物本身重量来捕获动物。它一般只是在动物常走小径中间掘一个深洞，其口部以树枝、苔藓、树叶及其他类似之物伪装起来。猎物若不加猜疑地踏上覆盖物，就陷下去了，这样就在面积和自己大小一样的洞中被活捉。为了防止其逃跑，使用了几种方法：把洞穴尽量挖深，以排除动物跳出或爬出的可能；或者把洞穴挖成圆锥形，动物掉进被其自身重量所卡紧。

布须曼人捕捉长颈鹿，是把陷阱底部挖成两部分，中间留一道土墙，被捉的长颈鹿骑在土墙上徒劳挣扎，而无法举起自己的长腿。

为了增强陷阱的效果，在其底部偶尔插上尖棒，用以刺伤动物。陷阱不仅单独使用，也可以沿着篱笆按一定间隔排列几个陷阱，或者在动物通往喝水处的小径上安置许多陷阱，还时常建造相当长的最后交会在一起的篱笆墙来形成一条走向陷阱的道路。

我们可以回忆，第二次世界大战期间，陷阱这种有效方法也常被白人所模仿。坦克（这可说是现代的恐龙）同样陷入伪装的陷阱之中。在这里，所谓“动物自身的重量”就是坦克的重量。

重力捕机第二种类型是使用一根木头和其他重物连合起来，靠动物本身的触动，捕获或杀死动物。原始人根据经验已知，木头下落产生的力量与其高度成正比例，故把木头很巧妙地提高

1　海狸有一种特殊的气味。——译者

图五五　北美塔尔坦—印第安人猎取熊、狼和水獭的重力捕机

图五六　拉布拉多的印第安人网套捕机

到有效的最大限度。这类捕机最简单的一种是将一块重的石头支在小棒之上，保持平衡，小棒上放以诱饵，起着扳机的作用。动物一拉诱饵，使石头落在它身上。但是若石头太重的话，这种扳动方法即告无效，因为动物可以一点一点吃掉诱饵而竟能不使捕机发动。解决的办法是加上一系列减力的杠杆和发展出一种扳动装置。这样的捕机在全世界特别在北极民族之中普遍使用。横梁上重物愈增加，就需要扳动机械愈加精确。结果是令人惊奇的。蒙特纳斯－纳斯科皮人猎熊捕机以四五根巨木为重物，只要熊那好奇的鼻子碰它一下就发动了。

原始猎人既已完成重力捕机，又利用其他自然规律。他们观察到动物在原始森林中偶尔会被乱藤勒死，于是发明出网套捕机。原始人多将这种捕机垂直地安置起来，利用动物前进的运动使其落网。由于很多猎物身体最显露部位是颈部，故在动物常走小径上这样来安置网套，使得猎物的头一旦入套，就像套索一样勒紧。为了保持网套的张开，还需要大量次要的设备。在这里，也时常兼用围篱法，在两道篱笆的会合处安置网套。

根据网套原理造出的轮式捕机，是旧大陆很多地区仍然使用的一种装置。它是在草圈内插上许多易于弯曲的尖头棒，使棒尖向着中心。这种捕机设置在猎物常走小径的树上或木柱上，更经常的是覆盖在一个小洞之上。猎物一旦踏着易弯的棒，即被陷住，当它试图逃走时，尖头棒刺入它的嫩足。它愈努力挣扎，就愈觉得痛苦，直到尖头棒深深地刺入肉中。有时在这种钉轮

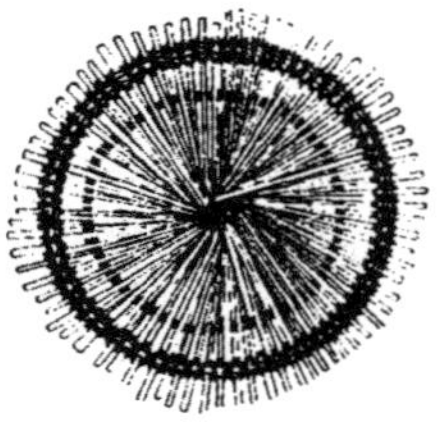

图五七　喀麦隆的钉轮捕机

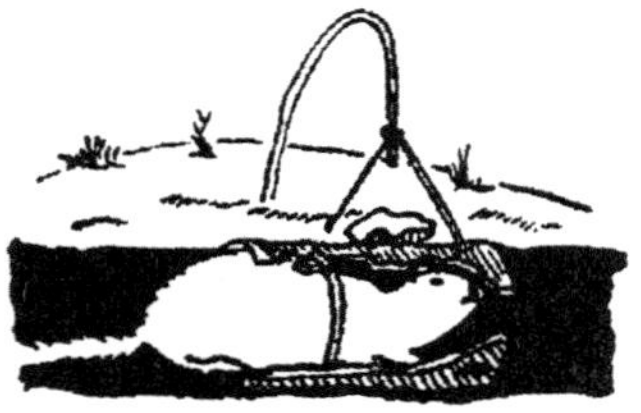

图五八　爱斯基摩人捕捉土拨鼠的跳柱捕机

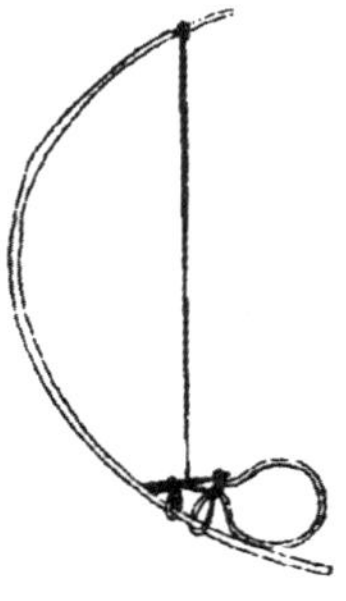

图五九　西非捉老鼠的跳柱捕机

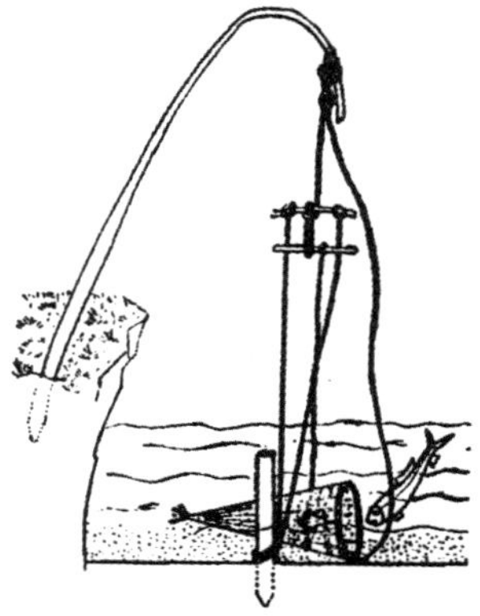

图六〇　西非带有鱼笼的跳柱捕机

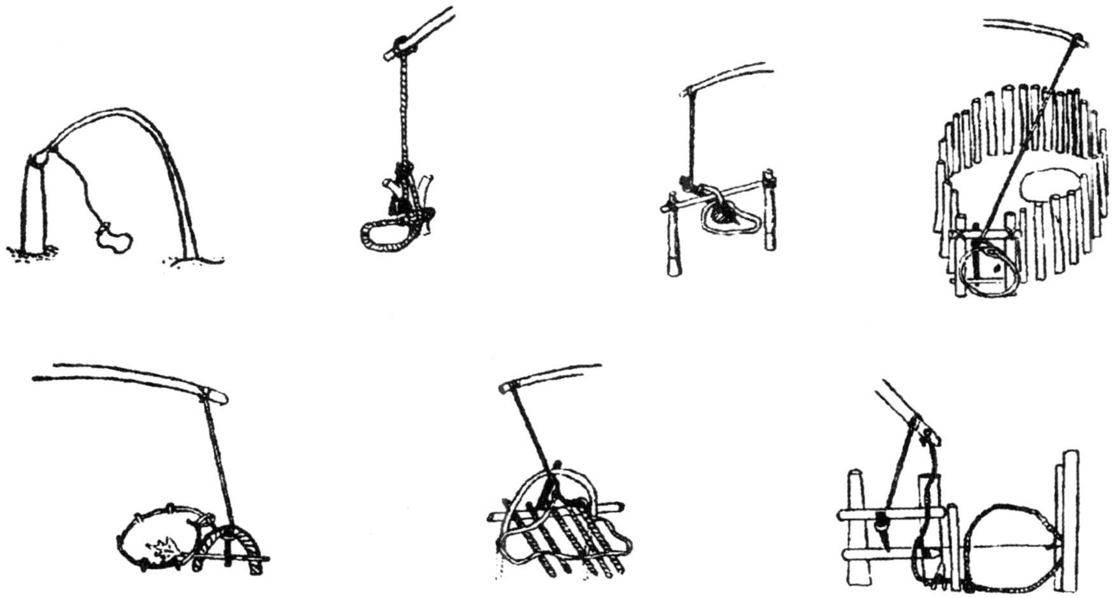

图六一　跳柱捕机的各种扳机

捕机周围再加上网套，当动物试图逃脱时立即关闭起来。

第三类主要的捕机体系是跳柱捕机，至今仍是非洲、亚洲和美洲许多民族日用之物。它是根据有弹力棍棒的惯性原理制成的。作为跳柱的材料是一根弯曲的树或树枝，它很自然要恢复平衡，把它固定在某种装置之上，便能利用它的动力。这种装置通常就是一个网套。

农业民族普遍使用跳柱捕机捕捉小动物，作为食物的补充。较为安定的生活使他们有暇建造这种捕机，并以许多方法改进了它的扳机装置。任何研究机械学和运动学的工程师，都会承认这些扳动装置是在现代技术中占有卓越地位的继动机械结构的最早应用。

跳柱捕机及其拉力原理，不仅用于动物捕机，弯曲棍棒的惯性还可服务于其他方面。中部刚果用跳柱处决奴隶和战争罪犯，一击之下即可将他们的头折断。至于现代绞刑架则不是真正的跳柱捕机，它根本不是什么捕机，绞刑架需要执行者在场，它仅是一种“类似捕机的捕捉方法”而已。

婆罗洲和印度斯坦的土著居民曾利用跳柱的帮助来拉动冶铁风箱。北欧农民的炉灶也使用同样的装备。在东亚，跳柱为当地的织机提供动力。有时跳柱捕机还可用来捕鱼，用鱼钩或鱼笼代替网套作为扳机。

跳柱捕机原理的另一运用是帮助原始人从事战争和和平的娱乐，因为跳柱捕机既是弓和弩的前驱，也是提琴和所有弦乐器的先驱。原始人把跳柱捕机转化为乐器的弓，把它安装在如南瓜壳这样一个发声板上，借助于很多这样的乐弓，他创造出最早的弦乐器——现代提琴和大提琴等的先驱。作为武器的弓和弩，也起源于跳柱捕机。我们能把弩上溯到公元前 12 世纪的中国[1]。弩在古代战争中所起的革命性影响，是历史研究者所熟知的。下列说法可能并不过分，即没有弩罗马帝

1 中国弩的使用可能上溯到远古时期，弩的实物在战国墓中才大量发现。——译者

图六二　诺尔顿海峡爱斯基摩人捕捉狼和狐狸的扭转捕机

国就不可能强大。而弩所根据的原理，正是原始人在建造动物捕机中首先发展起来的。

最后，根据另一广泛应用的力的原理制造出来的是扭转捕机。人们观察到有弹性的绳索缠绕起来，有恢复原状的性能，若阻碍它，便产生相当大的力量。腱、树根和植物纤维，均能产生扭转力量，使一个框架（时常连着一个网）套住动物，或使一块木头落下来打中动物。所有扭转捕机要能取得成功，就在于和动物直接接触，故要设计得紧凑周密。

这类捕机发源于亚洲、非洲地区的发达文化之中，后来广泛传布。凡是原始部落（如爱斯基摩人和楚克奇人）使用这类捕机，都是后来采用的，而不是自己的发明。这类捕机的全部结构和现代钢铁捕机是类似的，虽然所用材料不同。现代所有钢铁捕机，从简单的捕鼠机到捕捉大动物的巨大捕机，都不过是一种扭转捕机，只是在制造材料方面和原来发明者所用的不同而已。

东方扭转捕机的原理为希腊人所采用，在罗马巨大的投石机之类中达到高度的发展，其必不可少的引线是由两根腱交叉绕成的。甚至今天诺尔登海峡的爱斯基摩人捕捉狼、狐的捕机，仍用腱为材料。古代的弹道武器非常有用，欧洲有些博物馆在第一次世界大战时竟把它们交给政府处置，而它们也确曾被用来抛掷矿石。

原始人发明动物捕机开辟了很多条通往现代技术发展的道路，沿着最早机器人发展道路走的人，没有哪个能否认它的无比重要性。动物捕机的发明，比起车轮的发明对人类历史肯定有更大的影响。在建造动物捕机中所发现对新的动力的应用，比起人类技术史上任何单项发明都有更大的影响。

早期人类按照自己的要求来强迫自然工作，究竟始于何时？可以肯定的是在几万年以前早期人类的天才就发明捕机了。地球上没有哪个民族不知制造捕机这种或那种原理，连人类学上最古老的文化也知道捕机。史前材料同样证明了这一点，有时还为我们对不同类型捕机的断代提供可能。

法国南部加龙河地区（特别在多尔道尼）和越过比利牛斯山的西班牙比斯开的巴斯克地区，曾发现一些史前洞穴，无疑属于欧洲旧石器晚期人类的住宅和祭祀之处。在这些洞穴中，发现了早期人类艺术一些奇异的实例，特别是发现了某些不寻常的画，画着野牛和猛犸象等动物。经过漫长时期这些赭石画的红黄颜色仍保存得很好，一个奇怪的现象是动物形象很具有自然主义风格，却常和神秘的几何符号连在一起，符号有时甚至就画在动物身上。这些画特殊之处是有几何符号的动物画都不在洞穴入口处，更多的是在洞穴内部很远之处发现，阳光照射不到，要借助于人工照明才能看见。这些隐蔽地点的画显然不是为了作冰川时期的画廊，它们的真实目的何在？这曾使学者们一度大惑不解。

科学家们为了寻找答案，引用了某些事实。首先，大家知道冰川时期主要经济形式是狩猎，所以动物在早期人类心目之中有很高的地位。其次，今天北极部落、布须曼人和澳大利亚土著居民这样的原始人，仍然停留在和冰川时期人类相同文化水平和经济水平，他们的狩猎习惯可为解释神秘的洞穴画提供线索。

今天非洲布须曼人和澳洲的土著居民，在狩猎之前要集会举行巫术性舞蹈和仪式，以保证狩猎取得成功。他们在巫师带头下唱歌和表演，把要猎的动物（不论是袋鼠还是羚羊）的像，画在沙上或用赭石画在崖壁之上，猎人们然后群集在其周围，用矛来刺这些动物的像。这些部落坚信若无此仪式，次日将不能获得动物。在原始人心目之中，物体和其形象之间没有区别；对他们来说，画的动物和动物本身是一致的。因此，被画下来和刺击过的动物，已经被完全杀死，次日的狩猎不过是履行手续而已。

因此，把旧石器时代人类洞穴内部的画解释为同样的狩猎巫术仪式，并不是牵强附会之谈。洞穴中其他的画中表现有戴着动物面具的舞蹈巫师，又进一步支持了这一观点。这是今天原始部落之中也很流行的另一巫术性习俗，他们相信这些动物形象对于获得众多的猎物有好的影响，并能给予猎人好的运气。

假如冰川时期猎人也实行同样的仪式，他们如何猎取像野牛和猛犸象这样巨大的动物呢？他们的原始工具看来是不合适的。现代科学已解决了这个问题。那些神秘的符号以前认为是不可

图六三　冰川时期绘画中的重力捕机

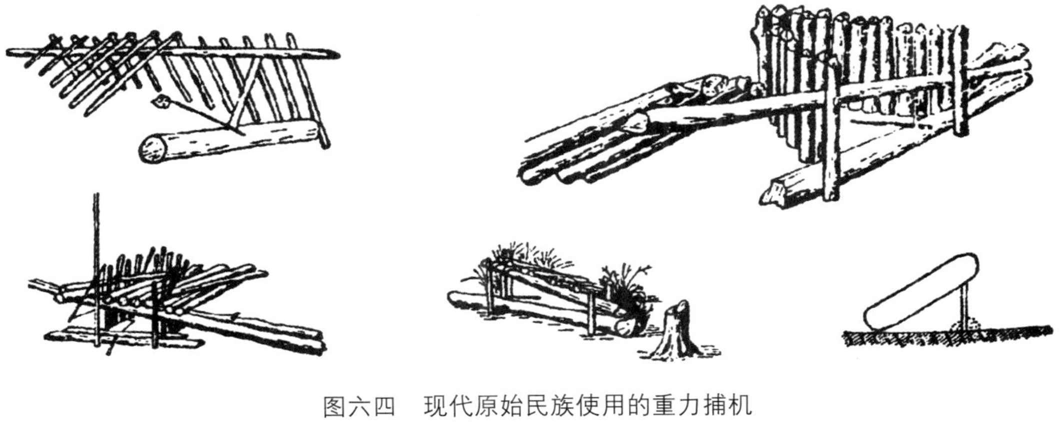

图六四　现代原始民族使用的重力捕机

图六五　埃及耶那孔波尼斯古代坟墓壁画描绘的轮式捕机捕捉羚羊

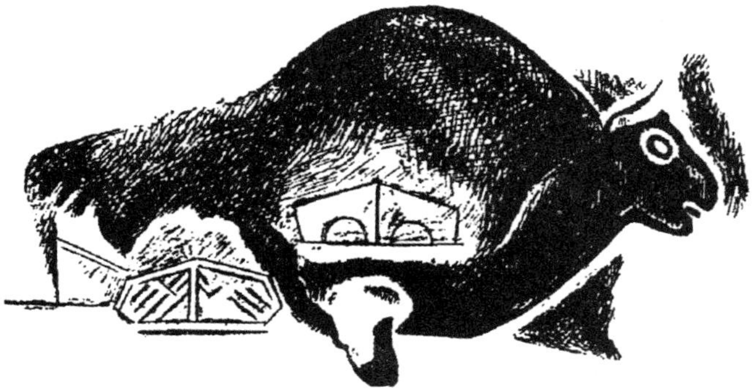

图六六　芳德哥姆洞穴冰川时期绘画中用重力捕机捕捉野牛

图六七　北婆罗洲捕机上的护符

知的，现已找到了正确的解释。今天国际科学界已毫不怀疑，这些符号就是表示动物捕机的略图，是几万年以前住在今法国和西班牙洞穴的欧洲早期居民画出来的。他们画得如此逼真，甚至能看出捕机结构的细节和各种类型。现在知道这些最早机械已有一万年到两万年的历史了。洞穴画可上溯到这些地区发生冰期和间冰期的时候，科学证明这时大约为公元前 20000—8000 年。

我们从这些古老的画中可以毫不困难地认出重力捕机（它画在芳德哥姆洞穴巨大野牛的身上），今天全世界原始部落还在使用这种捕机。南非布须曼人用它捕捉鬣狗，北美的塔尔坦 – 印第安人用它捉狼，黑足印第安人用它捉豺，东非马肯迪高原的土著居民用它捉羚羊，拉布拉多的印第安人用它捉熊。

钉轮捕机分布广泛，有着不寻常的历史，是一种很有趣的狩猎装置。我们发现它被清晰地画在许多史前洞穴中，也被画在古代埃及，如耶那孔波利斯（Hieraconpolis）坟墓的壁画之中。瑞典科学家林德伯罗姆指出它的分布遍及亚洲和非洲，在亚洲一直到和林、居延[1]甚至在阿姆河

1　中国甘肃居延地区过去发现的钉轮捕机，见 Bo Sommerström, *Archaeological Researches in Edsengol Region*, Part I Stockholm, 1956。最近此物在居延又有发现，见《文物》1978 年 1 期 15 页图 15。——译者

都有分布。弗罗贝尼乌斯[1]发表的利比亚费赞（Fezzan）地区旧石器时期崖画上，也有类似之物。而布日耶[2]从塔贝巴拉（Tabel Bala）得来的画表明，它在非洲撒哈拉沙漠也曾被广泛使用。

对于某些不熟悉人类最早机器人的人来说，这种看法似乎是奇怪的，即我们所知现代技术普遍利用的四种主要的力的原理，却导源于冰川时期无名的发明者，他们生活在地球上距今已有几万年之久了。在阿基米德以前很久，他们就根据杠杆原理发明了重要的继动机械和扳动机械，任何门外汉也能看出，现代机械学应用的是类似之物，虽然其结构已有相当的改进。

古代埃及人利用重力捕机原理创造了自动售货机。亚历山大城的赫恩[3]曾为我们提供了用这种机械出卖圣水的画，在这种机械中投入钱币，落到一种像“捕机”中的杠杆机械之上，从而打开水的龙头，流出水量恰和所付的钱相当。今天，当我们投入一个钱币在自动售货机中而收到一个“三明治”、一张邮票或一袋口香糖时，只不过再次证明重力捕机的有效而已。在这里，钱币起着动物的作用，其下落重量开动了扳机。自动售货机、旋转式栅门、自动留声机的动作，都受同样原理控制。

现代有两种“捕机”是在原始时代找不到先例的，这就是“电眼门”和有名的“电动捕鼠机”。前者当光束被走近的人的影子所阻时便自动开门，后者也有一个同样的光电机件。两者都是真正的捕机，而非“类似捕机的捕捉方法”，因为它们不需要任何人在场即可发生效力。两者新增加的玩意儿不过是电这个20世纪魔术师引导出来的，而人们不必在场也能做功的机器人观念，却和冰川时期同样古老。

---

1 弗罗贝尼乌斯（Leo Frobenius，1873—1938），法国人类学家，著有《非洲文化史》（1933）及《大西岛》（1921—1930）
等。——译者

2 布日耶（Henri Breuil,1877—1961），法国著名的旧石器时代考古学家，著有《早旧石器时代分期及其意义》（1912
等。——译者

3 亚历山大城的赫恩（Heron of Alexandria），生卒年不明，大约公元前2世纪到公元3世纪时曾住在亚历山大城。他以希腊文写下有关数学及古代机械的书数卷。——译者

第四章　友好的大地

人类从其开始，就依赖大地所赐予的礼物而生存。我们今天的基本食物——面包、肉、鱼、水果和蔬菜，同样是最早在地球上游荡的人类赖以生存的东西。即使在此“原子时代”，我们也不曾创造出神仙的美酒或哲学的药丸，可以作为这些基本食物的替代品。今天和古代惟一不同的是世界已经缩小，现在较之以往更加世界一体化。

今天，干旱毁灭了阿根廷、加拿大的小麦和缅甸、泰国的稻米收成，产牛国家的肉类减产，这时饥饿便统治全球，这一点和原始人并无不同。每当野牛群离开草原，加拿大印第安人的驯鹿没有出现，埃及尼罗河的水未曾泛滥，东非畜群为刺舌蝇所困扰，西伯利亚的驯鹿退向最远的北方，非洲布须曼人野生甜瓜因炎热而死，澳大利亚野生植物大叶苹[1]和“本雅—本雅”[2]的籽实为火烧毁，这些都会使原始人那更小的世界受到饥饿的折磨。

我们虽然通过从土壤中榨取更多食物，为地球上人口增长创造了前提，而在原则上我们取得食物的方法仍以祖先的实践为基础。我们和他们一样，仍然依靠来自植物界和动物界的产品。今天和几千年前一样，耕种和家畜饲养是养活我们的基本条件，而且祖先和我们现代人都不能克服气候的危害。

所有动物和植物的生长，在很大程度上依赖于气候，人类一切生活方式的形成也间接受气候的影响，故人类为了适应他们生活于其中的气候，曾被迫调节其习惯、所有物和一切物质需要。与此相适应的，动物界成员们也不得不改变身体上的器官和机能，以适合喜怒无常的气候。

75000 年前创造石器时代历史的种族——尼安德特人，面临着大概是最为严重的气候变化和随之而来的动植物界大变迁。这个非常古老和有才能的种族，能随着环境改变而成功地改变其经济和文化，以此来应对气候的巨大变迁。尼安德特人没有发展出农业和植物栽培的知识，但可能正是由于他们在这方面的无知，才能在连续变化条件下生存下来。无论大自然给予他们什么东西，他们都能赖以生存。

这种旧石器时代人类经济形式的特点是一群人的集体狩猎。他们以犀牛、猛犸、鹿、欧洲野牛、多毛犀和洞熊的肉，作为浆果、籽实等植物性食品的补充。这些早期人类留下的狩猎工

1 大叶苹（nardoo），澳洲植物，学名为 *Marsilea nacropsu*。——译者

2 “本雅—本雅”（bunya—bunya），澳洲一种松柏科植物，树干极高，俗称猴愁树，学名为 *Araucarid bidwillii*。——译者

具和武器表明，单独猎人若无他人合作是不可能杀死任何巨兽的，因此必然要集体狩猎。这一经济形式决定了集团组织是个人能够生存的前提条件。整个集团合作的另外原因是，一个猎物的肉的数量远远超过个体家庭的需要，足够在家庭以外分配。这种社会习俗绝不是为了人道主义，“大家平分”出之于经济的需要。猎物大家平分有很大的好处，某个集团狩猎运气不好，人们仍能从其他集团所获中分得东西。这种类型的社会又以其赶围野兽的知识，发展出第一个机器人——最早的动物捕机。

这种经济形式无疑是人类所有经济形式中最古老的一种，今天并未灭绝，现代原始部落仍在实行，这些部落我们称之为狩猎者和采集者。

他们遍布全球，处于各种不同的地理条件之下。生活在热带原始森林中的，有非洲的俾格米人、锡兰的维达人、马来半岛的塞芒人和塞诺人、苏门答腊的库布人以及南亚和南美许多氏族集团。生活于亚热带草原和沙漠中的狩猎者和采集者是南非布须曼人和澳大利亚许多部落。美洲最南海岸的火地人则是这种人分布在接近极圈地区的代表。这些民族经济活动和他们所居住地区各不相同的气候之间，有明显的关系。最显著的特征是由于缺乏食物而导致生活的不固定；为了生存，一个小的集团亦必须开拓大片领土，这使他们不得不连续地迁徙。

在此社会发展早期阶段，劳动分工已有发展，妇女主要采集植物性产品，如水果、籽实、根和球根，男子则提供肉和鱼。妇女敲碎土壤挖取植物球根和块茎的工具是简单的掘土棒，通常只是一根有尖的树枝。男子狩猎工具是矛和棒，有时也用弓箭。

他们使用原始工具的技术使目睹者大为惊讶。正如探险者塞韦尔特（P.J.Seiwert）所说喀麦隆俾格米人的一个部落——巴吉利人那样，他们的感觉和行动都像“森林中的主人”。尽管身材

图六八　穿雪鞋狩猎的印第安人

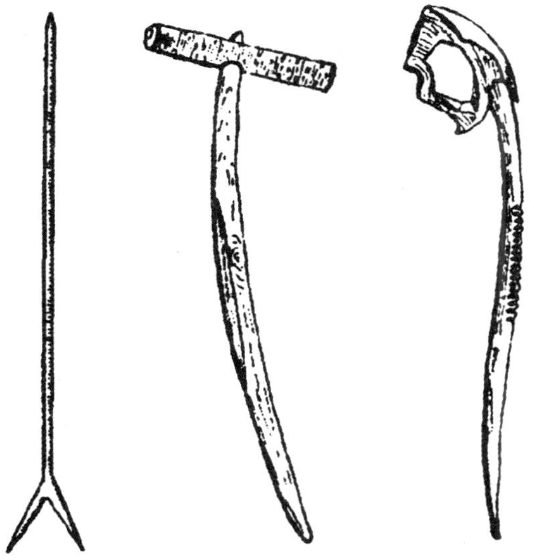

图六九　南美格兰查科（左）和加拿大不列颠哥伦比亚（中、右）的掘土棒

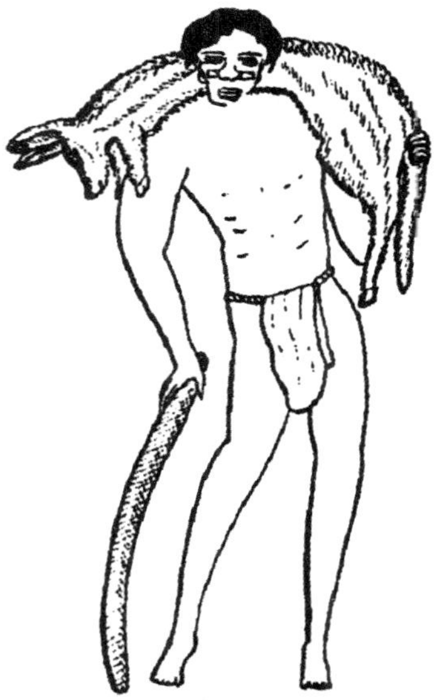

图七〇　澳大利亚的狩猎者

矮小，却无畏地攻击黑猩猩、豹子和野牛，甚至还有巨象。令人感兴趣的是这位作者描写巴吉利人猎象方法，和冰川时期猎取猛犸有类似之处：

他们先用象粪涂身，掩盖人的气味，以便接近动物时不被发觉。他们匍匐缓行，到达动物身边，突然用力把一根毒矛刺入象身下部柔软部位，象随即倒地，然后他们用锋利的丛林中用的砍刀砍断象鼻，使象流血至死。

这是早期人类克服原始装备的不完善而采取的聪明方法之一例。在开发有用的植物食品资源时，他们同样富有创造性。一个地方资源枯竭，立即在别的地方安身，有时将几平方英里的地区全部开拓。采集之物随着季节变化而不同。布须曼人在干季采集卡拉哈里沙漠贫瘠土地中的成千的带刺甜瓜，使他们没有水也能活得下去。

这些从事狩猎和采集的部落建立了很好的传统，绝不是看见东西就拿。他们仔细地区别有用植物和无用植物，将后者从食物中排除出去。对他们来说，发现一种新植物就是一项伟大的发明。沙拉辛（Sarasin）弟兄列举了锡兰维达人食用的四十种植物和二十种动物。托马斯（N.W.Thomas）指出，澳大利亚土著居民利用的可食植物有三百种之多。

关于狩猎和采集集团的人数多少，凡是食物条件最差的地方（如塔斯马尼亚、澳洲和北极地区）集团规模最小，这是必然的。根据罗特（H.L.Roth）的意见，塔斯马尼亚人一个集团包括三四个小屋，每个小屋中住三四个人。马廷（Martin）拜访过马六甲原始居民，人数最多的集团才有 27 人。塞利格曼（C.G.Seligmann）发现维达人是以一至五个人家庭为一个集团。根据马凌诺斯基[1]的说法，许多澳大利亚人以两三个家族为一个小单位到处游徙。随着经济条件好

1 马凌诺斯基（Bronislaw Malinowski，1884—1942），波兰人著名人类学家，是人类学中功能学派的创始人。重要著作有《西太平洋的航海者》（1922）、《野蛮人的性生活》（1929）等。——译者

图七一　布须曼人绘画中戴着鸵鸟面具接近鸵鸟的猎人

转，集团扩大了。豪伊特[1]说，澳洲东南的库尔集团共包括八个家庭，伍仑哲里集团包括六个家庭。帕萨（Passage）发现布须曼人的公社是由住在一起的十二个相连的风篱组成。安达曼人大约以五十个人为一集团而定居。

我们即使把狩猎和采集当做最古老经济形式，也不意味着这种生活方式就是“开始”。他们许多技术和关于武器、工具、捕机、狩猎方法和熟食的知识，证明已经过长时期的发展。在此以前人类的智力，已使人超越于动物之上。动物被迫使自己身体适应于食物的天然状态，而人类却发现一种方法使所发现的食物更适合体质。他借助于火把粗糙之物变为可食之物，使食物有味道并易于消化。

人类如何从最早的攫取经济进化到农业和畜牧业的发展阶段，是古代和近代科学上最有吸引力的问题之一。希腊的古典学者考虑过这个问题，他们区分出三种经济形式：第一种是他们自己的，建立在农业基础之上；第二种是希腊化世界边缘的游牧人；第三种即是采集者和狩猎者的攫取经济。这种观念的信徒基本错误是硬把这三种并存的文化排出年代的先后来，由此引导出狩猎、畜牧和农业“三阶段”理论。这种理论多少世纪以来被普遍接受而未遭到反驳。采集和狩猎这个最初阶段被描绘为天使的“黄金时代”，或者是野蛮的半人半兽时代。人类经济发展“三阶段”的顽固理论曾反映在18世纪的卢梭（J.J.Rousseau）和亚当·斯密（Adam Smith）的著作中。19世纪这个理论的宣传者有德国李斯特（F.List）、意大利的马蒂（S.Cognetti de Martiie）、法国史前学者莫尔蒂耶（Cabriel de Mortillet）和比利时的莱维累（Leveleye）。

但是，这种古老理论，特别是关于年代序列的假设，在日益增多的民族学材料和田野发现的新材料面前，不能再维持下去了。格罗塞[2]和哈恩[3]的著作，特别为人类不同经济形式的研究，

1 豪伊特（Alfred william Howitt，1830—1908），以研究澳大利亚著称的人类学家，著有《卡米拉罗伊和库尔奈》（1880）、《澳洲东南部的土著部族》（1904）等。——译者

2 格罗塞（Ernst Grosse，1867—1927），德国社会学家、人类学家和艺术史家，著有《艺术的开端》（1894）、《家庭的类型》（1896）、《东亚的雕塑》（1922）等。——译者

3 哈恩（Eduard Hahn，1856—1928），德国人类学家和地理学家，著有《家畜及其与人类经济的关系》（1896）、《人类经济作物的年龄》（1914）等，他主张原始农业比畜牧业悠久，且分布广泛。——译者

打开了新的局面。然而甚至到了今天，关于农业和畜牧业的发明的起源问题的科学争论并未结束。许多学者仍然试图借助心理学分析法，解释从攫取经济到生产经济的进化。例如，泰勒[1]相信，农业的发明根本不是什么“复杂的发明”，他坚持狩猎者和采集者在适合地点种下他们已熟悉的植物籽种和根，是十分自然的事。他争辩说，由于这个习惯导致了游徙的狩猎者和采集者定居下来，从而为较高级的生活方式奠定了基础。

根据最新的观点，这些心理学的解释不过是一种推测而已。民族学材料清楚地表明，在狩猎者和采集者之意识中，并不存在从事农业的思想准备。思想准备中最重要的因素是要能等待收获植物果实。无论白人慈善家在什么时候和什么地区，企图把攫取经济转变为农业，其结果都说明新生活方式之大敌仍是这种转变本身。供种植用的籽种没有入土，而是直接吃下肚子；白人专家自己种的地上还未成熟的幼苗被拔起来当场吃掉。

巴西政府选择了博罗罗人——一个狩猎和采集部落，作为农业试验的“豚鼠”，给他们土地和籽种。土地由政府派人耕好，并提供足够的食物，足以维持到收获时节。请看发生了什么事！土著居民一旦成为斧头的主人，便愉快地把“皮克”树砍倒，而过去他们只能爬上树去采摘果实的。甘蔗需要经常站岗放哨，以防完全被摧毁。木薯地则已被毁灭了。习惯于在森林中挖掘的妇女，把成长的灌木拔掉，然后以掘土棒来寻找“隐藏的块根”。

一个白人传教士企图使非洲的狩猎采集部落瓦西喀利人接受基督教和从事农业，受到他们样的责问：“难道猴子会饿死吗？我们了解森林和水道，我们从一个地方迁到另一个地方，是神要我们这样的。我们不用锄头耕地，因为神禁止我们这样做”。听了这番话，谁还能不想起“野地里的百合花”的故事，还操什么心呢？

吕宋的尼格利陀人有时被劝说试做一点种植之事。据万劳维堡（M.Vanoverbergh）说，他们“总是不想束缚在固定土地上”，“时常在种植物结实以前，他们已远走高飞，到森林其他地方去了”。

狩猎者和采集者不能发明或发展农业的一个最佳例证是比属刚果俾格米人的古老传说。这些俾格米人以自己的勇敢和自由而骄傲，认为自己胜过从事农业的尼格罗人。他们虽然生活于尼格罗人之中却未曾采用其经济方式。谢贝斯塔（P.P.Schebesta）记述他们为什么有权从尼格罗人种植园中采摘香蕉的传说如下：

> 一个俾格米人在森林中游荡，有一天来到黑猩猩的“村庄”，同行者还有一个尼格罗人。他们生平第一次看到一片香蕉林，结满了金黄色的香蕉。他们以为有毒，不敢吃，然而尼格罗人却怂恿俾格米人尝尝它的味道如何。最后，俾格米人吃了些，发现味道是可口的。尽管这样，尼格罗人还是不敢吃。到黄昏他们睡觉时，尼格罗人相信他的同伴夜间必将中毒而死。次晨他看到俾格米人还活着，非常惊讶。这时他自己才敢吃这种新的水果，他也发现味道很好。两人都想设法把香蕉在他们家的附近种植起来。俾格米人拿了一些果实，尼格罗人拿了一些嫩芽。俾格米人嘲笑尼格罗人“愚蠢”。两人回家了。矮小的俾格米人把果实种在田野中，尼格罗人把嫩芽栽种在种植地里。俾格米人徒劳地

---

1 泰勒（E.B.Taylor，1832—1917），英国人类学家，著有《原始文化》（1871）、《人类早期历史之研究》（1865）等。——译者

图七二　澳大利亚植物——大叶苹

图七三　澳大利亚收获者的"本雅—本雅"果实

等待香蕉成长，而香蕉烂在土壤中了。几月以后，他到尼格罗人村庄发现了一片美丽的香蕉树，结满果实，使他大为惊奇。但他向尼格罗人指出：自己不是一个种植者，从事狩猎要好得多。他劝告尼格罗人继续种植香蕉，他有时要进来取一份。从那时起，贝姆布蒂（当指俾格米人——译者）就宣布有权在尼格罗人种植园中采集香蕉，因为俾格米人是这种水果的发明者，尼格罗人是从他们那里学会吃这种水果的。

以上仅是一部分例证，已可说明建立在今天心理学基础上的假定，在任何地方也不能引导我们解决从采集和狩猎到农业和畜牧的过程。

许多人类学家和经济学家心目中考虑的另一假定，同样不能解决问题，这就是关于定居是从事农业的结果的观点。这种观点认为，人类在农业发明以前没有相对的定居，定居是发明农业的结果的不是其前提。这种看法也是没有事实根据的想象之词。至少是相对的定居，是发明农业所必需，这是毫无疑问的。除此以外，较高级经济形式的发明者，还要有必要的思想准备，即等待收获果实的思想。

什么样的民族集团才具有思想上和实际上的一切前提条件，使他们可以成为农业的发明者呢？

这样的民族集团是存在的，他们的经济类型在一切方面都能补足采集、狩猎和生产经济之间缺环，我们把他们称为"收获者"。他们依靠收获一种或几种野生植物，作为全年的食物。他们既不从事畜牧，也不从事农业，把全部经济体系建立在收获而不是采集野生植物的基础之上。

收获者部落曾经生活或今天仍然生活在世界的五大洲。从旧石器时代晚期到新石器时代的开始时期的经济，就以收获野生果实或谷物为基础。

今天非洲已很难发现真正的"收获者"，但据记载古代非洲许多部落收获野生植物和籽种曾在经济中起过一定的作用。希罗多德（Herodotus）报导，埃及人大量收获莲花百合，晒干后磨成粉，用来焙制面包。据他描述，其根很甜，大如苹果。柯茨（Kotschy）报导，科尔多凡地区收获野生稻谷来焙制面包。施魏因富特[1]把热带非洲食物主要来源——不是种植出来的稻谷，分为三种不同的品种。塞内加尔地区，收获来的野生稻谷是市场上一项重要商品，需求量大，比农业生产出来的稻谷卖价要高。

图七四　加利福尼亚的印第安人妇女运送水和草籽

我们在澳洲，特别是在极东、极南和北部地区，也发现收获者部落。他们赖以生存的食物是野生薯蓣、大叶苹籽实、百合根、“本雅—本雅”果实、苏铁科植物的果实及其他。有意义的是这些产品或保持其自然状态，或者还经过加工使其更易保存，作为他们全年的主要食物。有时也知用发酵方法处理食物，如卡奔塔利湾的部落就是这样。这种发酵方法被玻利尼西亚和某些北极部落进一步发展。新几内亚南部和西部收获的果实是西谷椰，它是许多部落的主要食物来源。

亚洲古代驯鹿部落在其养鹿以前可能是捕鱼者和收获者。收获野生的块根、葱类和蒜类在今天北极大部分地区居住着的楚克奇人、雅库特人、通古斯人生活之中，仍然起着重要的作用。特别是楚克奇人，收集一种马齿苋科植物（*Claytonia acutifolia willd*）的根部和心部腌泡起来，可以吃一年，直到下一个收获季节为止。玻利尼西亚人若无野生的面包树和椰子树，便不能在珊瑚礁上生存。

南美查科地区则收获长角豆（algaroba）和一种叫“图斯卡”的植物。阿劳卡人和古代秘鲁人收获野生的马铃薯。秘鲁哈什伯格（Harshberger）地方收集到的史前遗物中，发现了野生马铃薯小的块茎，径约 1 英寸，很像今天墨西哥某些山区生长的野生马铃薯。

北美收获者最重要食物是印第安人野稻、矮松籽实和橡籽。此外，还有豆荚、仙人掌根、芦苇和许多野生籽实，作为补充物和代替品。中部加利福尼亚之东的部落，主要依靠橡籽和矮松为生。这一点可以说明下列事实：近代以前他们部落的历史从不提及饥荒，和狩猎者、采集者的情况一样；而在今天，圣华金河（San Joaquin）流域橡籽减产（如 1941 年那样），就是一场灾难，因为橡籽正是约库特落成员的主要食物。有关此事的报导写道：“在白人把文明带到这一地区之前，储存的橡籽肉和橡籽粉取之不尽，但现在经常是几个月后即遭虫蛀。几乎每个印第安人帐篷——现在仍有几百个之多——都有软柳条编的篮子，储存着大量的干橡籽。”

北美大湖地区收获经济的生要产品是野稻和野生燕麦。早在 1683 年，神父亨尼平（Hennepin）报导说：“湖中不经过任何耕种，生长着丰富的燕麦。今天印第安老人讲述的许多

1 施魏因富特（Georg August Schweinfurth，1836—1925），德国人类学家，著有（非洲的心脏》（1878）及《非洲美术》（1875）。——译者

图七五　齐佩瓦—印第安人妇女把野稻打进独木舟

图七六　伊洛魁—印第安人收获谷物

有趣故事，都是与野稻地有关的。齐佩瓦人和苏人之间发生的多次流血战争，就是为了争夺野稻地。”

根据传说，野稻是“伟大的神灵为了使印第安人健壮而准备的”。后来，许多河流、湖泊和村庄，便以野稻命名。在齐佩瓦人语言中，八月的意思是“收获野稻之月”。这一带的苏人和阿尔衮琴人经济生活的中心，便是收获野稻。据伯恩斯（M.L.Burns）报导，当快要收获时，妇女把青苗一捆一捆地扎起来，防止风吹损坏或为水禽所食，也使以后的收割易于进行。谷物成熟了，采集到独木舟中，用桨或长叉驶出野稻地。奥吉贝人有一个传说，讲到可怕的饥馑时，他们向伟大的神灵祈祷，神灵现身于一个巫师前告诉他“注意那像矛一样尖锐的籽实，美食就在其中”。同时给予他们关于采集、去壳和炒焦的指导。奥吉贝人为了感谢神灵，每年收获之月都要举行丰收祭的仪式。当野稻收割以后，用棍子脱粒，放在日光下晒干，然后炒焦、弄干净、去壳，储存起来，有栗子般的甜味，非常可口。

这些民族和在本部落领地内游荡的随摘随吃的狩猎者和采集者不同，丰收时要储存食物以备不时之需。他们的住所较之古老攫取经济人们的住所更为坚固。他们在靠近收获地带某一地区长期停留，这种收获地有时包括几百平方公里的范围。无论是哪个收获者部落，也无论是收获什么类型的果实，这种经济形式对于他们的文化发展，都有强烈的影响，其中最重要的就是建造了贮藏室和仓房，以保证收获产品的安全。

收获者虽然没有计划性农业，其对待野生植物的态度，却不同于采集者和狩猎者，而与农业民族的精神状态相类似。他们在唱歌和举行仪式时，对收获的果实加以颂扬，并祈求丰产，因为收获者对于储存收获来的果实是十分感兴趣的。澳洲西部居民收获时，把一些野生薯蓣的嫩芽放回土中。奥吉贝人把收获来的野稻撒在水中，这样对他们下次收获有所帮助。太平洋区域的收获者，当椰子的老树已被砍倒，便清除土地，使新芽迸发。

收获地成为部落和社会活动中心。生活有了保障，使部落成员增多，比起狩猎者和采集者来，收获者的公社要大得多。温尼巴戈人每个居留地都有 300 人。新几仙亚瓦卡蒂米人和奥布图斯人每个公社由 1000 人组成，都是以野生的西谷椰为生的。在美洲，野稻地曾是苏人和阿尔衮琴

图七七　新西兰霍罗温努的仓库

图七八　非洲奥万博的储物容器

人分布之中心。玻利尼西亚多次种族迁徙都与面包树有关。

只有这些不从事耕作却和农业部落同样收获的人，才能看做农业的发明者。此外，收获者经济又为畜牧业的发明创造了前提。狩猎者和采集者不时为需要所烦扰，对捕得的动物不可能有友好的态度，他们为了生存不得不杀死眼前的任何东西。而收获者的生活有收获来的果实作为保障，他们能以友好的态度来对待野生动物。

收获文化的民族为农业和畜牧业的发展提供了前提条件，农业和畜牧业的技术可能就是从这种进步的攫取经济中发展而来的。在地球上所有适合的地区，这种经济在其历史发展过程中完善起来，最后和发达文化的特征——犁耕结合在一起。农业发明的确切地点，今天尚难决定，然许多迹象表明，亚洲南部和中部具备导致农业发明的有利条件。

我们已从早期新石器文化中获得一些关于农业存在的证据，故能将农业最早发展年代上溯到大约公元前第五千代。科学家海涅·革尔登[1]和门金[2]，把所谓“圆柱形锄文化”定为新石器时代最古老的农业生产经济。这种文化遍及全球，其最早分布地点据推想是在亚洲中部以南，可能是在中国。圆柱形的锄就是横断面呈圆形的石斧，有着锋利的刃和圆形或圆锥形的柄，这种文化即以此而得名。

这种文化确实是在全球范围都有分布，其巨大浪潮冲入欧洲和亚洲，包括东南亚和美拉尼西亚群岛所有地区。“圆柱形锄文化”的农业经济虽然因地而异，总是常常和猪的培育和饲养联系在一起。这意味着只要可能便将野猪活捉加以饲养。常常是把它们关在栅栏中，直到需要吃它为止。这就是为什么很多发掘地点中发现的野猪骨多于家猪的缘故。

关于人类种植的最早植物类型是灌木、鳞茎、块茎或树，是不能确定的。沃斯（W.Werth）

1 海涅·革尔登（Robert Heine—Geldem，1885—？），奥地利人类学家和考古学家，专门研究东南亚和太平洋地区的史前考古和民族学，近著有《太平洋地区迁徙的若干问题》（1954）、《南美冶金术的亚洲起源》（1954）等。——译者
2 门金（Oswald Menghin，1885—？），奥地利历史学家，著有《石器时代的世界历史》（1931）。——译者

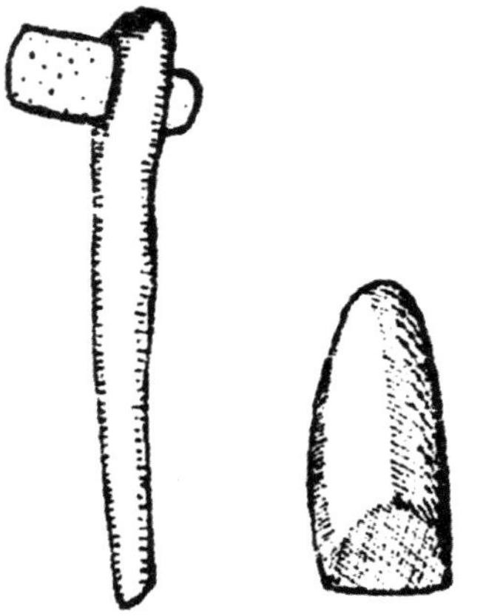

图七九　新石器时代的锄

图八〇　新几内亚的石锄

图八一　喀麦隆的铁锄

认为，在南亚香蕉是最早栽培的植物。根据布龙敦（G.Brunton）的意见，最古的栽培谷物是红小麦（emmer），公元前 5000 年前埃及农业中已有之。史前遗物的发现，对确定鳞茎和灌木最早栽培年代是没有帮助的，却可为最早栽培的谷物提供可靠的证据。关于栽培谷物的穗的图形已有发现，其年代上溯到新石器时代早期。苏联外里海的安诺的发掘证明，公元前 4500 年已知大麦的种植。瑞士新石器时代的“湖居文化”种植的植物有矮小麦、红小麦、一种谷类、两种大麦和一种小米。他们还种植了豌豆、扁豆、亚麻、罂粟籽和一种嫁接的苹果树。

无论最早栽培的是什么植物，农业最初形式总是不知有犁，只知有锄，有时还使用古老的掘土棒。这种经济形式即因锄得名。锄通常是柄和一个石头、蚌壳或铁的刃部组成的。

今天锄文化的分布仍是很广泛，其主要分布地区是热带非洲、美洲、印尼和大洋洲，经常种植的植物是鳞茎和块茎，如薯蓣、木薯、甘薯、野芋和马铃薯。谷物有玉米、稻谷和高粱。每一部落栽种植物的品种是有限的，经常是一种植物占绝对优势，作为经济主要基础。这并不意味着此主要植物就不需要其他不太重要的产品作为补充了。关于香料植物和麻醉性植物，差不多在任何地方都有栽培。

假如我们询问原始农民关于他们食用植物的起源和农业开始的年代，他们总是回答说：从不知道的时期起，祖先们即已种植。南美图皮人声称：木薯是从一个坟墓中开花的。巴凯里人相信这种植物是附近河中的鱼“波加杜”给他们的。这是上天给予人类的重要礼物，但在神话中，神和魔鬼、动物和英雄也出了一份力。

毫无疑问，农业的发明是妇女对人类财富的最大贡献之一。在攫取经济中，经常关心以植物食品供应家庭的是妇女，因此妇女可以把种植这项伟大的发明付诸实现。当然，男子的狩猎活动并不因农业的发明而停止，他们像过去一样继续狩猎，尽管部落主要给养已靠种出的植物来提供。

清除耕地，开始栽种，确定何处作为耕地，时常是举行庆祝活动机会，因为全村居民都是积极参加农业劳动的。

例如，巽他群岛的西弗洛勒斯岛（Western Flores）的纳达人，确定耕地绝不冒险从事，他们用一根称为“梯波”的竹子进行占卜。竹子放在火上烧出裂纹，裂纹大小和方向“告诉”他们应该做什么事。他们对“梯波”这样说：“‘梯波’！我们想开一块新耕地，假如通往耕地的道路有什么不吉，或耕地有什么危险，请在您的右上方出现裂纹。”假如回答是令人满意的，就要立即开始工作。

当一个锄文化的部落决定了新耕地，每人都要唱歌跳舞来庆祝，这时常在巫师领导下进行。耕地既已确定，次晨便出发工作。他们把一片树林、灌木丛或草地清除出来，用石锄把树砍倒，树根留在土中，砍下的树枝就烧掉，灰耙入土中作为肥料。男子从事费力的工作，妇女则准备“野餐“用的食篮。清除耕地时常要经过几天艰苦的劳动，此后妇女便进行栽种。这时要以各种巫术来保证所有重要作物的成长。例如上述纳达人再次和他们的“梯波”商量，设法“召唤谷魂到耕地集中”。他们对小竹棒这样说：“‘梯波’，我们现已清理好大片耕地，所有杂草已拔起，灌木都已烧掉，它是干净了。我们现在邀请谷魂来到这块地方，附身于谷物之上，这样我们可以有一次丰收。我们希望收来的谷物把仓房的梁柱压断，把仓房的地板压穿。‘梯波’，请允许我们有这样一次收成吧。假如您答应，请在左下方出现裂纹。”这时，妇女便把籽种放入土中。

南美印第安人把木薯的茎插在土中，使其成长为灌木。成熟的块茎根据需要，收获以后立即将新的茎插回原地。种植地保持整洁的外貌，给予许多白人好的印象。一个基督教牧师拜访葡属东非锡利河（Xire River）附近土著居民的耕地后，也曾这样评论道：“我曾想能教给这些黑人一些事情，现在知道从他们那里学得的东西很多”。

锄耕文化的许多部落，尽管对耕地这样小心照看，一般来说经过一两次丰收后仍要把耕地放弃，而另找新的耕地。然而刚果和美拉尼西亚有些部落现已使用轮种制。例如，非洲人的轮种次序如下：新开耕地种蚕豆，收获后种有穗小米，把木薯秧间种在小米之间。木薯块根长成要两年时间，等它们变成木质了，再在他处另开新耕地，另一次轮种又开始了。

许多锄耕文化的原始人很重视肥料之利。东非班图人有些部落用牛粪作为肥料。利文斯敦[1]看到赞比西（Zambesi）地方用烧焦的杂草肥地。北美新英格兰的印第安部落用鱼和介壳肥地。秘鲁印加人懂得鸟粪是有效的肥料。古代墨西哥人则使用人粪肥。

供欣赏用的花园起源于锄耕文化。人们把各种花和葡萄种在地边，或者如巴布亚人那样，种在果树之间。墨西哥湖中的浮动花园[2]，以及传说中西米拉米斯皇后[3]的空中花园，使早期花园达到完善的程度。

另一种生产经济是家畜（特别是牛）的驯化和饲养。它从其开始就对世界经济和世界历史有着重要的影响。

人们也许以为，动物的驯化和饲养是从锄耕文化中发展出来的，这是不真实的。驯化动物的最早证据和锄耕文化本身的结构，推翻了这种假定。牧人的文化和精神状态，与农民大不相同。我们在现代一些锄耕文化村落中，偶尔会发现豢养着一群动物，并不能证明那里在饲养家畜。它们处于野生状态，仅是捕捉起来加以豢养而已。

---

1 利文斯敦（David Livingstone，1813—1873），苏格兰人，牧师和非洲旅行家，著有《赞比西河及其支流》（1865）、《南非传教旅行及研究工作》（1857）等。——译者

2 浮动花园，墨西哥城等地在湖中漂浮的木筏上铺以泥土，种植花草，故名。——译者

3 西米拉米斯皇后（Queen Semiramis），传说中的亚述皇后，据说她曾建巴比伦城及空中花园。——译者

图八二　非洲人锄地

鸡和猪似乎情况特殊，因为它们是非迁徙性的。新石器时代遗物表明，当时已有大量野鸡和野猪被关起来保存着，留待庖厨需要时再杀。锄耕文化中若遇到正式的家畜饲养，皆是学自牧人。

狗是人类驯养的最早伴侣，旧石器时代就起着伴侣的作用。狗的祖先是狼。最古老的养狗中心是在北亚，冰川时期从这里传到欧洲。它完全驯化以后，才随着最早的定居者传入美洲。

马、牛、羊的饲养，是在有大量野生品种分布的地方发展起来的。中亚山区及其以北的高原地区，具备着有利的条件。弗劳（Flohr）和门金（O.Menghin）相信，土耳其西部到西藏高原，是养牛业发展的舞台。今天西藏牦牛的畜养，仍具有古代畜牧文化的所有标志。最早驯养的牛著名品种是长角类型，它可以上溯到亚洲牛的野生品种。山羊的驯养后于绵羊的驯养，它们看来都起源于这个特殊地区。

最早养牛地区之北的阿尔泰山和吉尔吉斯及巴腊宾草原，是养马和养骆驼的最早发展地区。从这里向西一直不断地传布到俄罗斯东南部和高加索，向东达到戈壁沙漠。马和骆驼原来用以载重和提供乳，从这些部落不固定的生活方式不可能发展出独立的经济形式。因此，我们发现这些骑畜驯养者无一例外地和依靠收获经济、农业经济或养牛经济的部落共生。中亚高原盛行养马，无疑可早到公元前第五千年代，即欧洲冰川时期的末尾。

养牛民族的文化，或者主动地通过本部落的迁徙，或者被动地通过他部落仿效自己的经济形式，其影响遍及全世界。考古发现，特别是彭佩利（R.Pumpelly）叙述的考古发现，为古老养牛文化提供了新颖的材料。在靠近外里海的阿沙哈巴德（Ashabad）的安诺，发现了保存很好的养牛文化遗物。出于15米深的最下一层，其年代可上溯到公元前3500年。同一地点还发现了栽培的大麦和小麦，故可推测安诺文化代表农业经济和养牛经济的混合形态。养牛甚至更为古老。

由于部落迁徙，养牛文化从最早发展地区向南方传布。欧洲和东亚虽然学会养牛，却未采用牧人全部文化形态。亚洲最南地区的养牛者，是南印度尼尔基里丘陵地（Nilgiri Hill）的托达人。牧人迁徙浪潮涌向伊朗、美索不达米亚和非洲。在非洲大陆，牧人从东北方面向埃及扩布，少数向北越过大陆到达加那利群岛（Canary Islands）。迁徙巨浪到了东非并向南发展，但撇开了热带非洲；畜养的动物主要是牛，兼有载重和骑乘双重用途。

这样，非洲主要经济形式是养牛，而亚洲则养绵羊和牦牛。畜群一般当做财富的象征，没有迫切需要是不屠杀的。因此，奶、毛和粪成为主要产品，对肉则不甚重视。

农业和畜牧业是生产经济两个分支，皆是从收获者的经济形式中发展出来，它们在地球广大地区相遇，并且互相混合。只有它们混合起来，才为世界性经济征服创造了前提条件。但若无犁的发明，地球上广大空间还是不能被利用来养活日益增长的人口。犁的发明和利用畜力（主要是牛，后来还有马）拉犁，使人们可能开发大片耕地，作为真正的农业生产的基础。犁本身是应用了锄和一种特殊的铲形刃的掘土棒的机械原理，其最早证据可以上溯到公元前第三千年代。多瑙河地区所谓“带纹陶文化”时期的农民已知用犁，同一时期它也为印欧部落所使用。

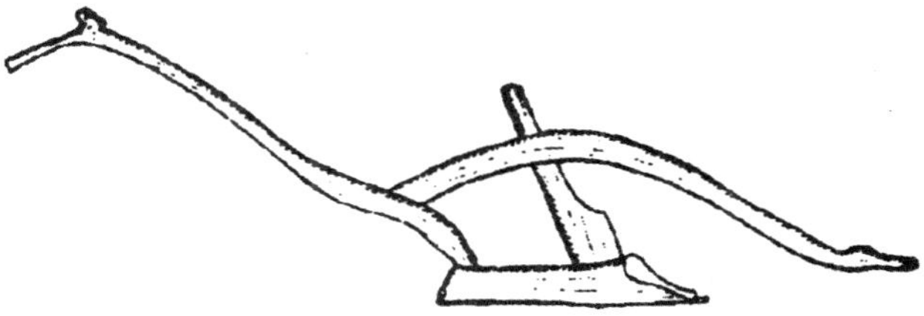

图八三　原始的犁

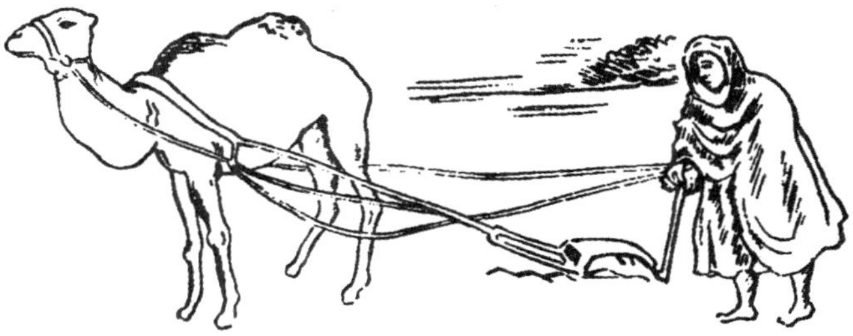

图八四　卡拜尔斯木犁

图八五　古埃及人拉犁

犁耕文化仅发生在历史上某一时期，在它散布到其他地区前仅发生在世界某一个地区。这个最早地区可能是有发达文化的美索不达米亚和埃及。

犁的最早形式是由树杈形木头做成，虽然最古老的新石器时代的犁表明，犁铧部分是石制的。这并不奇怪，因锄本身也装有石刃或蚌刃。甚至今天仍有某些地区使用木犁，例如欧洲东部和东南部就是如此。经常有人推测，轮子和车的发明与犁的使用有关，这是不正确的。原始的犁不用轮子。今天苏门答腊的巴塔克人、中国人、日本人的犁，也还不装轮子。

古代美洲不知有犁，可能由于缺乏曳引犁的动物。在墨西哥和秘鲁的发达文化中，锄耕文化的经济向园艺和修建梯田方面发展。

犁耕文化的显著特色是有计划地施肥和复杂灌溉体系的发展。18 世纪末期以前，古代的犁不曾有什么急剧的革新。此后，犁的木架终于用钢铁制造了，并把几架犁结合起来，成为一体。后来犁又用蒸汽机和内燃机这类机械动力来驾驶。

经济的故事就是这样结束了。这是使人类可以日益增长地生活在地球上一种最重要因素如何发展的故事。犁和养牛的知识，使掌握世界谷仓和家畜资源的民族，不仅能养活自己，而且能够满足近代全体人类的需要。

第五章　发明和早期手工业

歌德在《浮士德》中说："没有哪个凡人的意志，能够揭穿自然的秘密。"这一点最近可能已不再成真实。我们拍摄细胞生长的能力和控制宇宙力量的新知识，使我们揭开万物的秘密已达到这样的程度，竟有人发出责难之声。如温斯顿·丘吉尔就这样说："黑暗时代可能回来，石器时代可能随着科学的闪光飞回来。那些现在在可以赐予人类无限物质利益的力量，也可能引起人类全部毁灭。"这表明伟大的20世纪还有人害怕这些进步。

黑暗时代真是如此"黑暗"吗？当时和今天不同的是，现代人试图把自己提高为宇宙的主人，而在以往的年代自然却是人类的全能主人。当时人们从周围环境观察到的现象中，获得知识和初步技术，他们向周围事物学习。但即使如此，人脑的功能仍使人类创造了精神财富和物质财富，完全超越动物界的"天才"，而无愧于人的称号。

人们注意到大象折断树枝，用它打击追踪的狗。我们很熟悉建筑能手海狸的成就[1]。我们知道美洲小小的黄蜂会使用小石子作为日常工具，来夯打覆盖在小洞上的土壤，以保护洞中的藏卵。但这些动物的活动，是否能证明它们有一种计划性的思想呢？对这些自然物的使用，是否就是发明呢？

这些机智的动物，仅仅会有自然界提供之物作为工具，而不像人类那样有把自然界物质改变形状和赋予新的用途来制造工具的技术。动物可以是使用者，但不是发明者。

冰川时期人们就知道如何将原料做成工具，以提高自己的生活水平，远远超过他们的动物小兄弟。

原始时代没有亚里斯多德、伽利略、伏尔泰、爱迪生或贝尔[2]，没有一个人能被承认或尊崇为最早发明家。并非有人"灵机一动"，就发明了第一把石斧、第一座风篱或第一件毛皮服装。所有这些发明形成一道链条，它是一代一代无名发明者经验的逐步积累而形成的，是许多不同的发明相互结合的产物。我们无权假定史前时期每人都是"天才"，需要什么就发明什么。

"需要是发明之母。"没有哪句老话比这句话更为含混了。气候条件、心理准备、民族迁徙和

1 海狸善于在水中筑坝做窝，参见本书第十四章。——译者

2 贝尔（Alexander Graham Bell，1847—1922），美国科学家，电话发明者。其他诸人都是中国读者所熟知的西方著名科学家。——译者

思想传播，均是增进或妨碍技术知识扩展的决定因素。雪鞋和雪橇不可能发明于丛林之中；风箱和冶炉不可能起源于无铁的北极地区；一个布须曼人无论具有何等非凡的才能，也不想建造织布机和仓房；澳大利亚土著居民做不出毛毡或设想不出在吊床上睡觉；虽然这些技术的掌握将意味着他们生活标准的提高。他们思想上对这些毫无准备。假如教给他们这些秘密，他们也会迅速放弃，就像原始的俾格米人看不起周围的从事农业的尼格罗人那样[1]。

某种文化因素独立发明，或仿效其他文化的发明，有共同的前提条件，即必须在思想上有所准备，否则一种新的文化财富既不能发明出来，也不能被接受。独立发明和仿效之间的唯一区别是：发明乃从事创造的结果，而仿效仅说明接受的能力。为了说明这个观点，只举少数例证就够了。如日本人的文化结构使他们可以仿效西方文明的许多文化因素（甚至包括最现代化的武器），而布须曼人、澳大利亚人或火地人的文化决不会接受这样的发明，因为两者之间差距太大了。

另一方面，原始文化即使从外国文化中接受一些因素，也不知其原来意义。在非洲，竟把别针作为耳饰，把留声机看成是魔鬼歌唱队的化身，欧洲人的手表作为好玩的圆形装饰。

关于文化因素传布方面，值得强调的另一点是发明和改动之间也有所不同。发明是全新的事物，而改动仅是对古老发明的改进而已。

要决定一项早期发明的起源地，时常是困难的。文化传布的规模是这样广泛，以致我们发现今天世界不同地区的文化中心之间，不仅工具、房屋和日用之物，还有宗教、经济、道德和社会观念，都是完全相似的。

现代文明掌握的许多技术，在这一点上或那一点上，源于古代的发明，像一根长的链条一样可以上溯到黎明时期。虽然许多古代技术由于制作方法的改善已经过时，今天还有大量人类早期财富仍然照样地或仅有微小改变地在使用，另一些则为原始人在为白人所知之前好几个世纪所使用。

在白人到达以前，南北美洲的印第安人有一系列发明和发现。瑞典人诺登舍尔德[2]特别列举了他们对玉米、木薯、马铃薯、向日葵、野菜和蚕豆的认识和利用。印第安人还驯养了美洲骆马、羊驼、豚鼠、麝香鸭和火鸡。他们知道古柯碱和棉花，吊床也是他们的发明。此外，他们还知道了橡皮球和制造防水织物的方法。他们酿造致人死命的箭毒，并从番椒中取得毒气，作为战争的武器。

在库埃[3]及其“每天变一个样”的自我疗法问世以前很久，丛林中的巫医已以“自动暗示方法”(Auto-suggestive method) 医治病人。白人外科医生在试作锯解头颅手术中要损失百分之九十的病人，而北非土著居民却知道如何安全地打开人的头盖骨。他们和会动“恺撒手术”[4]的熟悉医

1 参见本书第四章。——译者

2 诺登舍尔德 (Nils Erland Herbert Nordenskjöld, 1877—1932)，瑞典人类学家和考古学家，著有《比较人种学研究》(1919—1931) 九卷及《南美铜器时代和青铜时代》(1921) 等。——译者

3 库埃 (Emilé Coué, 1857—1926)，法国药物学家和心理学家，首先提出以乐观主义的“自我暗示法”治疗病人。——译者

4 恺撒手术 (Caesarean Operation)，即妇女难产时施行的部腹术，传罗马恺撒大帝即靠此手术出生，故以他命名。——译者

生可以相媲美。瓦格纳·乔雷格[1]用疟疾疫苗麻醉法医治梅毒病人，获得了诺贝尔奖金。而在此以前好几个世纪，东非土著居民即能将梅毒病患者“送到沼泽地中”，以便引发对病有益的高烧。

相当我们所说“奢侈品”的东西，还有用南瓜壳和老鼠皮做的土电话，这是非洲人的一项古老的财富。爱斯基摩人的电话还带有皮套，通话距离可达125英尺。马可·波罗描绘为“人工肺”的空气调节塔，在今天巴林（Bahrein）岛仍很普遍。现代的墨镜并不比原始人的眼罩高明。北极地区用骨片或木片保护眼睛，以免被雪光刺瞎。织成的各种形状的眼罩，则在美拉尼西亚、玻利尼西亚和南美普遍流行，就像西藏以薄的黑毡为面纱一样。

每当几百代以前的工匠用石、木、骨、植物纤维和动物的皮首先制造一件使生活舒适之物，他们就为我们现代的物质享受奠定基础。研究早期工业，至少研究一下主要的早期工业，确是非常有趣的，因为它讲述了我们今日为之骄傲的许多事物起源的故事。

“最早的手工技艺是什么？人类最古老的工匠用的是什么材料？”这是一般人要求了解的问题。当然他们在任何一个民族博物馆藏品前漫步时，面对着各种材料制成的大量物品，便不再要求解答这些吸引他们来参观的问题了。

我们不可以忘记，经过漫长时期能保存下来之物所用材料都是不易朽坏的，而血肉之躯或植物纤维之类难免化为尘埃。石器时代以前很长时期，人们曾用木头作为材料。当时它像今天一样的丰富，然皆朽坏未能保存。从相当于史前人文化水平的塔斯马尼亚人（现已灭绝）、澳大利亚人（今仍存在）和其他大陆上采集者部落之中，还可看出黎明时期曾有过“木器时代”。若假定铁器时代、青铜时代和磨光石器时代，各有三千年的历史，可以有把握地说，打制石器时代及其前可能存在的“木器时代”延续的时代更长。这并不是说木质工具和器具所起的作用，到了后世就被其他材料完全代替（现代的家具就表明情况恰好相反），这仅仅意味着木头是最早用的材料，以及用当时的工具最易于处理的材料而已。

正像今天许多地区的情况一样，古老的人类所用材料以木头最为普遍，并占有主要地位。由于无合适工具可把自然状态的木材加工为木板，当建造较大的物件如风篱和独木舟时，树皮具有极端重要性。原始人借助于贝壳、兽齿、骨头和石头来做所需要的木片，虽不用金属工具，他们在木工方面能够取得和今天继续取得的成就，是足以惊人的。

原始人的（甚至较发达文化的）房屋是捆缚起来的。用筋腱或纤维缝成的或用胶粘成的树皮物品，经久耐用，令人惊讶。大的木器，如信号鼓或船，则是用一根坚固的树干做成，中空部分是用火烧出来的。

人类最古老的木质工具是掘土棒，是人们每天采集食物时不可缺少的助手。它是一根简单的有尖端的树枝，有时成叉状，尖端用火烧过使其坚硬。木矛从掘土棒演化出来，用于原始人另一种取得食物的活动——狩猎之中。木矛尖端放在火上烧得非常坚硬，有时超过燧石矛尖，甚至超过金属矛尖。亚洲的方法是把竹予放在油中浸泡，并放在热灰中烘干，做出的矛尖像金属一般坚硬。在最近远东地区的起义中，这样的竹矛曾和白人武器做有效的对抗。

盾牌加入木器大家庭为时较晚，它是由防御性的挡棒演化而来的。它具有各种形状，由各

1 瓦格纳·乔雷格（Wagner Janregg，1857—1940），奥地利精神病学家和心理学家。他获诺贝尔奖金在1927年。——译者

图八六　克拉克当旧石器时代早期的木矛头

图八七　澳大利亚南威尔士州西部的〝尼勒—尼勒〞木棒

图八八　加罗林群岛中特鲁克岛的进食用木碗

图八九　清除木薯叶的木夹

图九〇　南刚果的木碗

图九一　南海地区木雕衣架

图九二　南刚果的人头形木杯

种材料制成。另一种具有各种形状的武器是木棒，为所有原始部落所使用。从简单的树根或树枝，到南海地区举行宗教仪式舞蹈时所用缠有流苏和羽毛的雕花木棒，共有几十种之多。澳大利亚人的飞去来器应用了复杂的物理规律，每端有不同的平面，它是利用螺旋桨的原理制成的。

许多原始家族的木质用具，如匙、勺、盘、碗，等等，和我们自己所用的并无很大差别。叉子在少数地区偶然使用，但不是作为普通的食具，而是作为宗教仪式的用物。南海地区的食人者，就用三齿叉子取食人肉。红木做的洗指盂、盘子和盆，属于加利福尼亚的约罗克人的家庭设备。枕头、凳子和大的贮物木盒，在各个大陆很多民族之中都有发现。非洲蒂卡人的木凉鞋，上有优美的所有者标记，能和现代海滨所用凉鞋相媲美。玻利尼西来人房柱、跳舞面具、鼓和家庭用具上，有着华美的雕刻，并非金属工具刻成，所用工具不过是贝壳、粗糙的鱼皮、沙子

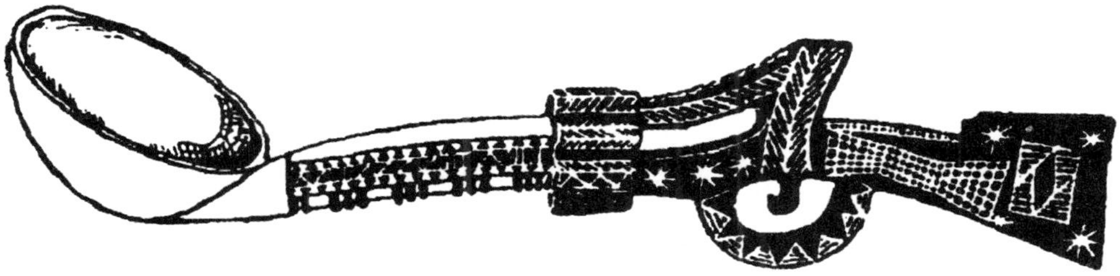

图九三　非洲黄金海岸的木勺

和磨光的浮石。非洲土著居民冶铁早于白人，故他们的碗、房柱、家具和玩偶，在形式上和制造工艺上都非常完美，以至现在丛林中的土著艺术学院吸引来白人世界的学生。

在发达文化中，木工技术变得显著不同，特别是增加了削平和合榫的技术。尽管如此，在原理上仍然毫无改变。原始人的木制动物捕机、弓箭及其他不计其数的木器，白人不仅加以仿制，而且作为他们后来用其他材料所制物件的“蓝图”。

图九四　澳大利亚巴瑟斯特岛的树皮篮

树皮是非常易于处理的木料。用树皮建造人类最早的家——风篱。许多部落用它做容器和篮子。它对某些民族来说，是一切材料中最重要者。拉布拉多的印第安人全部物质财富所用材料，除去兽皮外，就是树皮和木头。他们若没有桦树皮做的独木舟和木头雪橇的帮助，就不能获得猎物的皮毛。他们全部家庭设备，实际上都是用桦树皮按几何形状“缝制”成功的。桦树皮先用海狸齿割开，用撕开的松树根、动物的腱或皮线缝成容器，加上松脂和胶使之不漏水，并在上面装饰动物形象、神话人物和几何形花纹，涂成浅黑色和淡棕色，殊为悦目。在好看而坚固的带盖容器中，放着浓浓的果酱、熊脂和著名的肉饼，可以防御昆虫、尘土和潮湿。

树皮加以浸泡和棒打，变成一种光滑材料——树皮布，它可以代替纺织纤维做衣服用，这大概是树皮一项最重要的用途了。树皮布为较进步的文化所用，狩猎者和采集者对它是毫无所知的。它虽在非洲马达加斯加岛也有制造，其最重要的分布中心是印度尼西亚和玻利尼西亚，称为“塔帕”(tapa)。由这两个地区又传入南北美洲。欧洲和亚洲许多史前民族也知道树皮布。

“塔帕”用面包树、无花果树和桑树等韧皮制成。从树干上把树皮剥下，浸泡使软，用特殊的棒或锤拍打成为轻柔的纤维，最后做成质地比纺织出来的还要好的产品。玻利尼西亚的“塔帕”饰有五颜六色的整齐美丽的花纹，有时是画出来的，有时是用竹木模子印出来的。非洲拍打树皮布的锤是由一段象牙制成的，把红木碎末锤打进去作为染料。这里树皮布主要用途是做衣服的材料。美洲西北部印第安人用骨铲把杉树皮剥下，用骨锤击打成树皮布。他们许多舞蹈用的

图九五　蒙特纳斯－纳斯科皮人装肉饼用桦树皮篮上的花纹

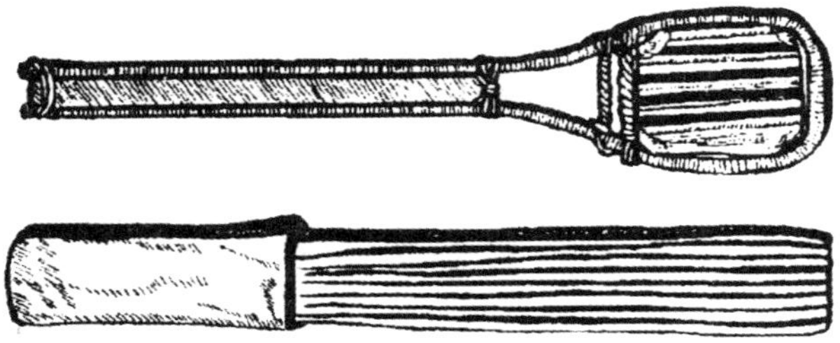

图九六　制造树皮布的木槌
（上：西里伯斯岛中部　下：圣克鲁斯群岛）

图九七　斐济群岛的树皮布－“塔帕”

色彩鲜明的毯子用杉树皮来制，把这种树皮纤维织入以狗毛和山羊毛为主要原料的毯子之中。

拍打韧皮制造树皮布的方法，对中国纸的发明有所影响[1]，纸的最早标本就是由桑树韧皮加上植物纤维制成。埃及纸草的发明也与这种方法有关，纸草是经过拍打和黏结而成的。

用骨、角、介壳和兽齿制作工具，和木头树皮的使用是同样的古老。在古老的旧石器时代，就已大量存在骨刀、角柄和介壳做的刮削器。史前时期各阶段都以当时占统治地位的骨工具命名。骨臼用来盛放颜料和油脂，洞熊带齿下颚用来做成有效的武器，鱼叉尖、锥、匙、刮子和针都是骨制的。现代原始部落仍以这些材料做同

1　中国南方地区自古就有树皮布（所谓“卉服”或即指此而言），近代傣族等少数民族还会制造。树皮布对发明纸的影响可以参见凌纯声《树皮布与造纸印刷术之发明》(1960)。——译者

火地人的骨工具

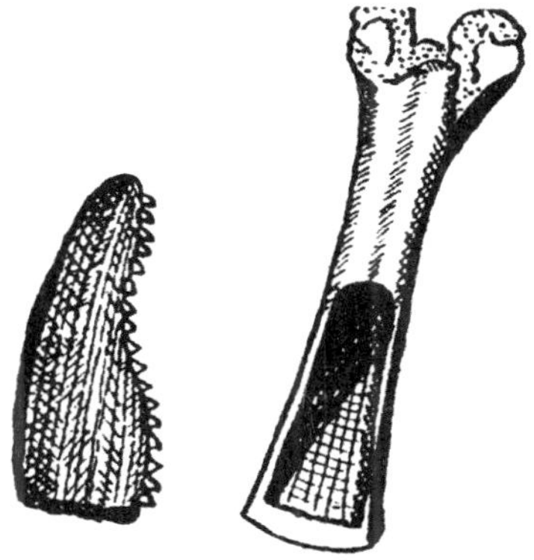

蒙特纳斯人一纳斯科皮
人用驯鹿腿骨做的刮毛器

新石器时代
的骨锥和骨钻

图九九　几种骨工具

图九八　旧石器时代
的骨刀

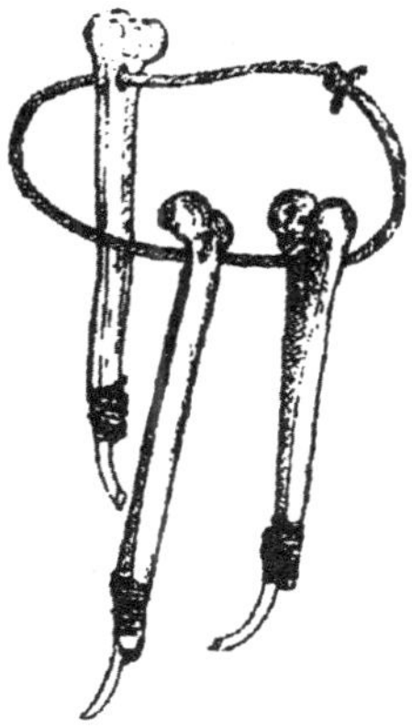

图一〇〇　东玻利维亚
西利昂—印第安人的刀子

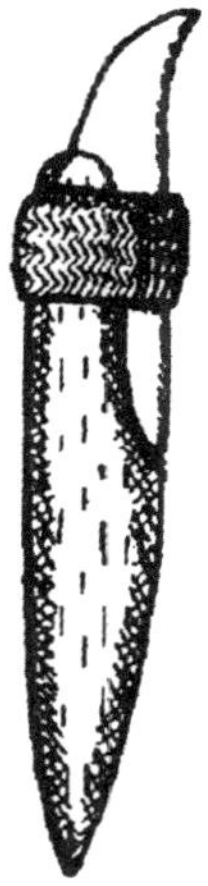

图一〇一　俾斯麦群岛的
剖椰刀（木柄，车渠壳刃）

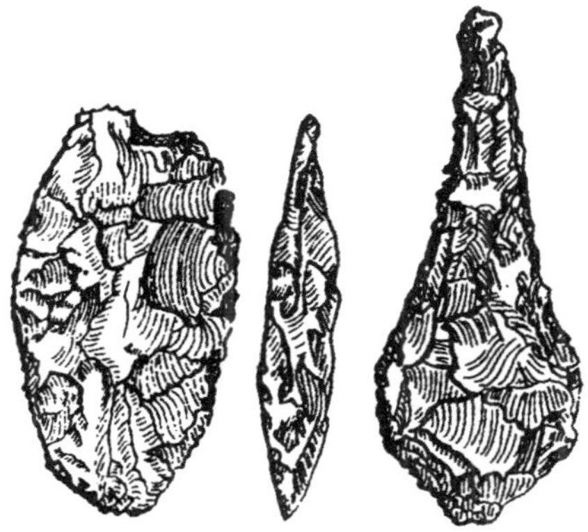

图一〇二　旧石器时代早期
的石片石器

图一〇三　旧石器时代晚期
的石尖状器

图一〇四　旧石器时代的石矛头
（左：早期　右：晚期）

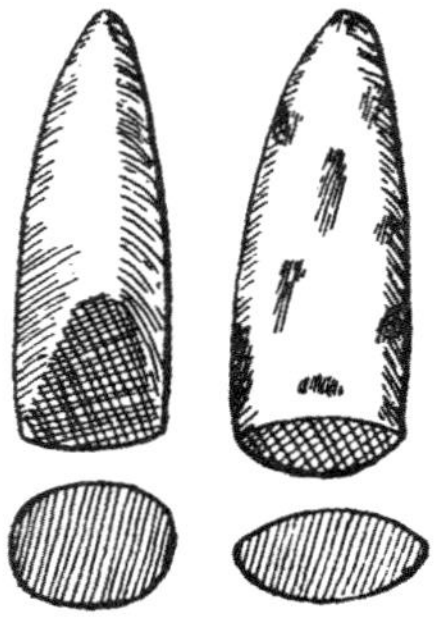
图一〇五　新石器时代工具
（左：圆柱形锄　右：火石做的斧头）

图一〇六　墨西哥杀死人牲用的石刀

样用途，情况完全一样。

今天澳大利亚人用骨锥编织草篮。大洋洲的圣克鲁斯群岛上，以猪肋骨为针。腿骨做的毛皮刮削器，是从加利福尼亚到拉布拉多的美洲印第安人的共同工具。骨刀流行于玻利维亚东部丛林之中，以猴子大腿骨为柄，以兔齿为刃。加拿大狩猎者的骨刀，则以海狸齿为其尖刃，而有一个木头和骨头的柄。现代原始民族所用的这类工具和黎明时期所用的完全一样，其外貌未曾发生任何变化。

在最早旧石器时代遗物中，打制石器的制造已有显著的目的性。我们必须假定，其前已经过一个发展阶段。“旧石器时代”（paleolithicum）一词，是由希腊文的“古”（palaios）和“石头”（lithos）构成，代表“古老的”或“打制石器”的概念。而“新石器时代”（neolithicum）一词，则象征着“较晚的”或“磨光石器”的时期。

不加磨光的古老石器，有各种打击痕迹，从人们赋予它的形状中，很易于确定其用途，如刮削器、切割器，等等。其柄部是木制的，不可能长期保存下来。石镞并不是很早的。

现代许多爱斯基摩人和印第安人部落，仍使用石刀。它们的柄或者是木制的，将刃部嵌进去缚扎或胶粘起来；或者就以石器本身的一端磨光为柄。加利福尼亚印第安人，用石英或黑曜岩做成无柄的石刀，用以剥取猎物的皮，并以同样材料做成有木柄的较小的石刀，供厨房中使用。古代阿兹蒂克人祭祀中杀人为牺牲时，要用石刀。今天许多种族在仪式性环切手术中仍然使用石刀，是这种习俗的残存。石斧在南美地区的考古发掘中曾有出土。瑞士史前“湖居文化”居民所用石锯，今天原始部落仍在使用，它们是在木槽内插以小石片制成的[1]。石钻在印第安人发达文化中仍然流行。石制手斧总是附有直的或弯的木柄，用胶灰、油灰、松脂粘合起来，或用绳子捆扎起来。

在家庭用具方面，石头的另一重要用途是作磨板和磨棒，全世界原始人的主妇们用它来磨碎谷物或其他植物食品。磨板是一块大石头，磨棒是一块较小的圆石头。从北美的收获者部落直

1　中国北方广大地区发现的“细石器”，有些就是嵌在木槽或骨槽中的小石片，这种工具一般释为石镰或石刀，而不称石锯。——译者

图一〇七 古埃及人凿制石瓶
（底比斯浮雕，公元前650前）

图一〇八 莫鲁妇女磨高粱

到非洲和太平洋岛屿的农业部落，都普遍使用这样的工具。

有些部落还用石头制造迷人的装饰品。非洲撒哈拉沙漠的图雷格人和苏丹西部诸部落，有黑色大理石做的手镯，非常规整、美观。

大洋洲的民族以精巧美观的石棒而著名。这种棒是用玄武岩、软玉和其他贵重石材做成的，上有雕像为饰，被用做首领和统治者的象征。毛利人用黑青色软玉做的玉笏，是现代博物馆一种很有艺术性的展品。

当参观民族文物时，引起我们艳羡的漂亮工艺品中还有各种编织而成的袋子、篮子和家庭用具，最原始的部落也能很精细地制造出这些东西。全世界都知道编织植物纤维的技术，而最完善的地方是非洲和南海地区。在北极地区，这种技术较为少见，那里缺乏适当的材料，故使当地工艺技术走向另外的道路。

编和织是人类两项最古老的手工艺。它们属于不同的发展阶段，很容易追溯出来。开始是简单地编连棕榈叶、韧皮绳和草片，最后发展出织布机及其生产的各种纺织品。尽管我们对篮子也说“编织”，这却与织机技术无关。织机技术只出现进步的文化中，而编织却是到处皆知的。

把植物纤维有规律地连结起来以生产容器、席子、筛子和其他编织和物，这都属于“编篮术”。这种技术除了偶尔用一下木头和骨头制成的锥和针，不需要其他的工具。例如，只要把一片棕榈叶羽状部分编织起来，即能做成一把好看而又坚固的扇子。太平洋岛屿和南美许多部落，就使用这样的扇子。

但是，更为重要的编织物是各种各样的容器，用来采集和储藏食物。“食物采集”一词，即意味着最古老的部落也需要容器，把大自然赐予他们之物收集起来带回家中。因此，无怪乎这些民族很重视编织容器，使其轻便、坚固而又有合用的形式。

澳大利亚的篮子有些是简单地编织起来的，有些则使用复杂的所谓“盘圈”编织方法。把芦苇和草做成圈状，其周围缠绕着韧皮纤维，然后一圈一圈地编织起来。这种方法是从制作投石器的技术发展出来的。他们还制作许多种袋子，系绳背负，使双手可以使用掘土棒。有些部落，如澳洲阿纳姆兰地区的土著居民，制作一种双层篮子，其上织出可以透见的图案，最流行的图

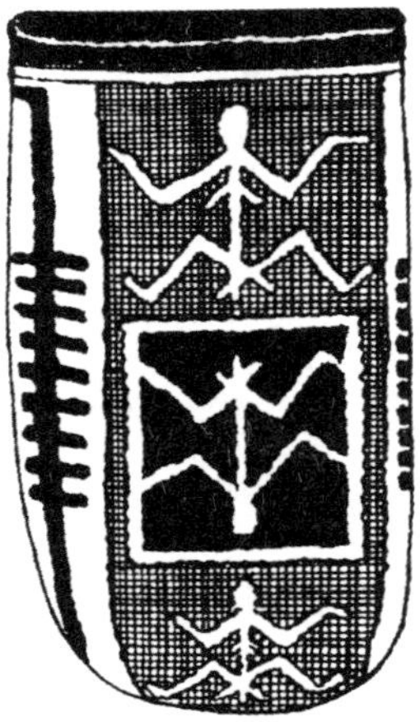

图一〇九　澳洲阿纳姆兰鳄鱼河地区的双层篮子

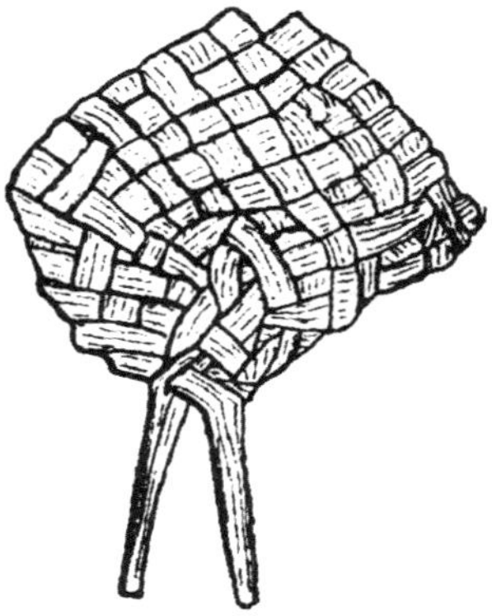

图一一〇　圣克鲁斯郡岛用椰叶织成的扇子

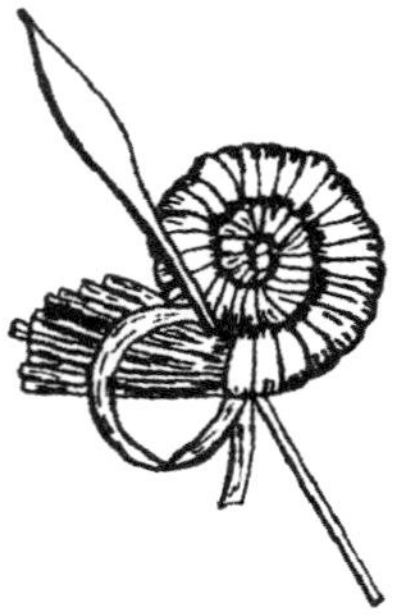

图一一一　用锥子盘圈的纺织技术

案是人像、鳄鱼、蜥蜴和大蜥蜴。

非洲瓦姆伯蒂－俾格米人，杀死和肢解猎物时，有一种就地编织篮子的方法。为了便于把猎物拿回家中，他们立即当场动手做一个漂亮的篮子，高过一码，形状完全像他们的蜂窝式小屋。当按照所需要的大小做成后，"小屋"便翻转过来，把肉放入，运回家中。

火地岛雅甘人知道四种不同的编篮术。他们不同的容器以所用技术的名称而著名。

美洲印第安人编篮术达到较高的水平，他们时常以编织物代替其他民族用木头或黏土做的东西，如碟、盘、碗、釜和婴孩的摇篮。特别是加利福尼亚的印第安人，其编篮术"无疑是最为发展的技术"，能生产出形状雅观、坚固、光滑的工具和容器，多加上五颜六色几何花纹作为装饰。这些部落中的最北部和约罗克人及其邻人，完全不用古老的"盘圈"编织技术。而迈杜人编篮术仍以这种"盘圈"为显著特征。圈的中心是三股嫩枝（脱皮的柳条或未脱皮的紫荆）编成，在编织过程中用骨针或木片把圈与圈之间的纤维拉紧。

迈杜人篮子多有棕红色和白色两种颜色，尽管不像波莫人和约库特人的容器那样完善，而其容量却和加利福尼亚其他部落规定的标准一致。迈杜人最有趣的物件，是收获野生植物所用之脱粒棒，由柳条编成。加利福尼亚普遍存在的芦苇席，是迈杜人一件心爱的"家具"，用它作为"坐垫、床及帐篷的顶部和门"。

从克娄伯[1]列举的约罗克人各种物品可以看出编织物用途是十分广泛的：

煮橡籽粥的篮子

置放房间周围的高而圆的容器

贮物用的直径达三英尺或更大的篮子

负载用的圆锥形背箩

采集野生籽实用的饰有花纹的小篮

1　克娄伯（Alfred Lonis Kroeber，1876—1960），美国人类学家，研究北美印第安人的权威，著有《加利福尼亚州印第安人手册》（1925）、《人类学》（1923），《北美文化领域和自然领域》（1939）。——译者

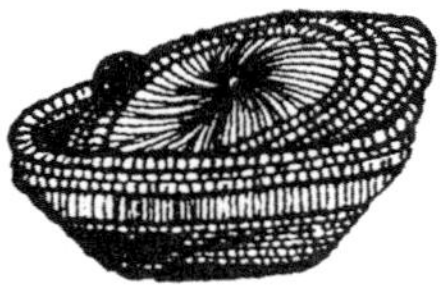

图一一二　非洲约鲁巴的篮子

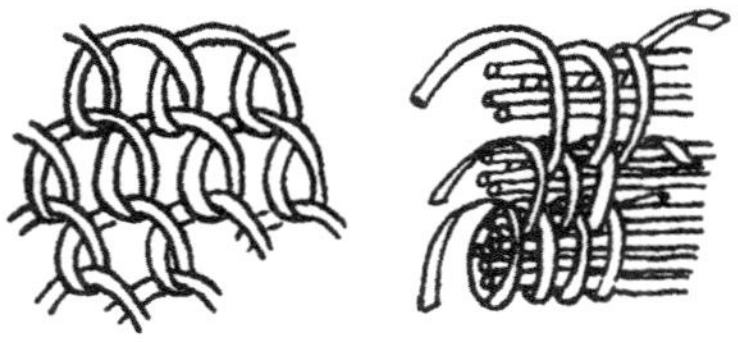

图一一三　火地岛的编织技术

图一一四　加利福尼亚约基人的篮子

有粗网纹的脱粒棒

大大小小的盘和碟

饰有花纹的小碗

盛烟草用的时常覆盖着鹿皮的篮子

舂打橡籽石板上用的漏斗

跳舞用的篮子

妇女的帽子

婴孩的背架

以上列举远不完备。其他部落，特别如波莫人、约基人和拉锡克人，还有其他各种编织物。经常使用的编织方法是两股相叠法。以榛子嫩枝或针叶树根为心，上面以一股有色纤维和另一股无色纤维相间，织出图案来。

美洲印第安人其他部落，如阿佩切人，编织的篮子坚牢得很，几乎是不漏水的。阿佩切人妇女采集制造这种篮子的柳条，放在潮湿地方以保持其易弯性，要用时劈开刮皮，编成圆圈，插入劈开的硬棒作为底部。有时还把鹿皮条编织进去，使口部柳条不暴露在外，最后做成一个大口的贮物罐。贮水的罐称为“土斯”，外面和里面涂上加热的矮松的树脂，一个中等大小这样的罐可以盛水五加仑。

南美印第安人发明的重要之物是称为“梯皮梯”的压管，用来榨取木薯的浆汁。它是由对角线形纤维交织而成的，一拉两端就可收缩，这样就把果汁完全压榨出来。辛古河地区除了“梯皮梯”外，还有许多其他编织物品，从棕榈叶编的大篮子，到小的吹箭筒、火扇、有盖的盒子和负载用的大背篓，应有尽有。

印度尼西亚和太平洋岛屿是编篮术另一中心。这一地区有许多种技术，从藤条和植物纤物“盘圈”的古老方法，直到编织凉鞋、扇子和背篓的方法，他们都会。圣克鲁斯群岛的背篓上有花纹和流苏，外貌与织机产品无别。虽然它们是用手编的，除去手指灵巧和高度熟练外没有任何其他的帮助。编织“无结之网”所用技术和编篮术是一样的，生产出来的袋子非常有力而柔软。太平洋岛屿上的“炊事员们”有手织的类似帐篷之物，暴风雨时张开以覆盖篝火。南海地区的编席太著名了，我们在这里无须细说。

非洲编织物是世界著名的，且种类繁多，关于其形状、纹饰的描述，已经占去几卷书的篇幅。从草编的大篱笆，到光滑的藤条编的背篓；从几千种日用容器——碗、筛子和拉菲亚棕榈编成的盘子，到保护婴儿入睡的四方形遮日小帐篷，人类凭其技巧和想象力，生产出数

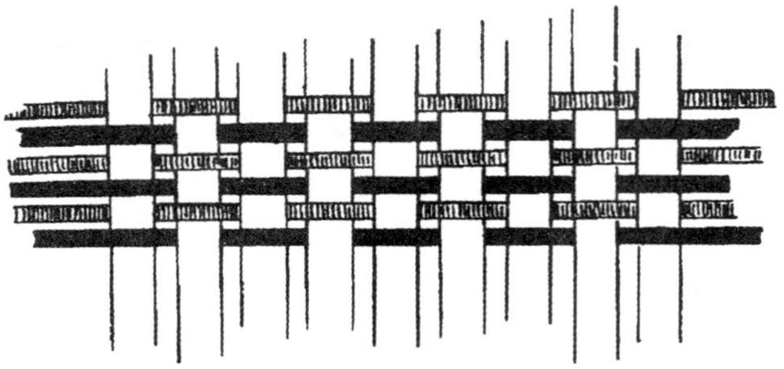

图一一五　荷属东印度交叉编织的图案

图一一六　荷属东印度的编篮技术

以千计的东西，形式非常合用而美观。只有去博物馆游览一下，才能对它们无与伦比的技术获得一个概念。喀麦隆和其他地区房屋都以编得很好的席子为顶，而且整个村落的街道也以坚固的席墙挡拦起来。

植物纤维的另一用途是做成绳线，这类编连材料在许多原始文化中起着重要的作用。套索和网是由绳子做成的，盖房子要用绳子把木柱捆扎起来。搓捻起来的植物纤维（无论其为处理过的还是原始形态的），在原始文化中是一种重要的材料。圣克鲁斯群岛的岛民们捕捉鲨鱼的套索非常坚固，足以捕住巨大的猎物。

潘格威人有个吸引人的故事说："动物之所以使人类可以杀死它们，就因为它们未能摧毁人的种植地，那里出产的植物纤维可以制造出鱼绳、套索和网来。"喀麦隆的蒂卡人种植一种麻类，用以制造坚固的拖绳和网；而他们的棉花，则作为制造妇女们围裙和篮子上所用带子的原料。

人的头发也用来制造绳子和带子。澳大利亚人用它作为制造腰带和项圈的材料。一个澳大利亚人女婿向岳母要头发来制绳子和带子时，岳母无权拒绝。大洋洲的新喀利多尼亚岛居民，以人发编的长带来装饰首领的帽子。阿萨姆土著居民用人发做的绳子，装饰他们的矛。在加拿大的梅尔维尔岛，用羽毛和植物纤维交织而成的腰带、手镯和头带，是有价值的"珍贵品"。当地战士们在战斗时，把以人发绳子悬在颈上的黄色羽毛球咬在口中，就像现在的拳师们在角斗时牙齿咬紧齿垫一样。

所有竹木编织的特点就是只靠人手从事全部工作，除偶尔用锥子外不需要其他工具的帮助；而编其他物件则要加上另一些工具，如编网时要有木制或骨制的针和一小块穿过网眼的木片之类。许多土著居民的编织者，还有一个大的工作架。例如，纳斯科皮人就在架上制造绝妙的"兔皮毯"。他们把皮卷好，切成一条一条的绳子，用来织成毯子，外貌很像整片毛皮做的大皮袍，实际上不过是单线编成的网状组织而已。

加利福尼亚迈杜人的制毯工艺，比我在拉布拉观察到的简单。迈杜人把皮条连成一长条，"在两根桩柱之间绕来绕去，形成纬线的垂直平面，用双股皮条作为经线来回交替地织入，每织完一道在纬线最外面打一个结"。拉布拉多的印第安人，则使用较高的编织技术。他们在木架上用一根木针穿来穿去，生产出非常匀称的毯子。皮圈之间仅有很小的看不见的孔，使其具有很大的隔绝作用。其他加利福尼部落还把羽毛织入他们的绳毯之中。

图一一七　纳弗和－印第安人妇女织地毯

无论谁看了用这些技术制出的产品，都对其匀称、平滑和整洁留下印象。它们具有精致的手工产品一切优点。但是，假如没有线的存在，还不可能有正式的纺织，线比起短的搓出来的古老绳子要完善得多。

要获得一根长的粗细一致的好线，需要有纺锤这种工具的发明。很多人知道把植物纤维做成条状，弄干净，或者更有技巧地加击打、弄松、弄直或梳刷。但如胡珀（L.Hooper）所说，正式的纺线还需要“对梳刷出来的纤维细丝进行匀称的转动，把它们扭绕在一起，做成粗的或较好的长线”。胡珀对纺锤下了一个很好的定义：“假如纺线悬吊一根小棒，一端有钩，另一端有重物，由于连续旋转的调节作用，使线纱易于匀称地扭绕，这样的棒便称为纺锤。”

人们开始定居，纺锤便出现在重要工具之中。我们能够确定，农业的发明和纺锤作为一种文化因素的出现，两者是有密切关系的。史前人最古老遗物表明，最早定居部落每个房屋中，都存在纺织的装备。公元前3500年外里海地区的安诺文化最下层发现了陶纺轮。同样之物在埃利杜（今天伊拉克的阿布沙林）遗址中，在史前希腊所谓“西斯克罗文化”中，在克里特岛新石器文化遗存中均有发现。古代欧洲“湖居文化”居民的家中，发现了纺锤和织机上的吊锤，经过长期保存下来的还有织机部件、架子、绕线工具以及席子和麻布的残片。现代原始人的纺锤，和古代的纺锤一样。发达文化的埃及、印度和秘鲁，也使用同样的纺锤。秘鲁的贵族妇女离家出访，身后都要跟随一个女仆，携带盛有纺锤和其他做针线活小物件的篮子。[1]

事实表明，由编织技术发展出来的织机是妇女的一项发明，男子成为纺织者是手工业技术已经专门化较晚时期的事情。织机是由编织架引导出来的。架子上有一排经线，把纬线来回织入。美拉尼西亚和南美热带地区土著居民，还有许多北美的印第安部落，就在简单的架子上编织头带、袜带和腰带。骨头或木头做的织针是织工所用梭和杼的先驱。

原始织机的形式是多种多样的，对它们进行分析是一种专门的研究。人类学家恰普耳（Chapplee）和克昂（Coon）[2]，按照织机的机械原理，按它们分为三大类：一、单杆织机，在两根桩柱之间横吊一根木杆；二、双杆织机，有两根固定的杆把经线拉直，经常平放，织的工作靠足踏进行；三、双梁织机，属于发达文化，开始出现了旋转的圆筒，使织出布料长度不受限制。双梁织机加上许多改进，就可看成现代工业织机的“模特儿”。

1　参见本书第十章。——译者

2　克昂（Carleton Stevens Coon，1904—1981），美国人类学家和考古学家，曾在非洲和阿拉伯等地进行人类学调查。著有《种族起源》（1962）、《狩猎的人》（1971）、《人类的故事》（1954）等，并与恰普耳合著过《人类学原理》（1942）。——译者

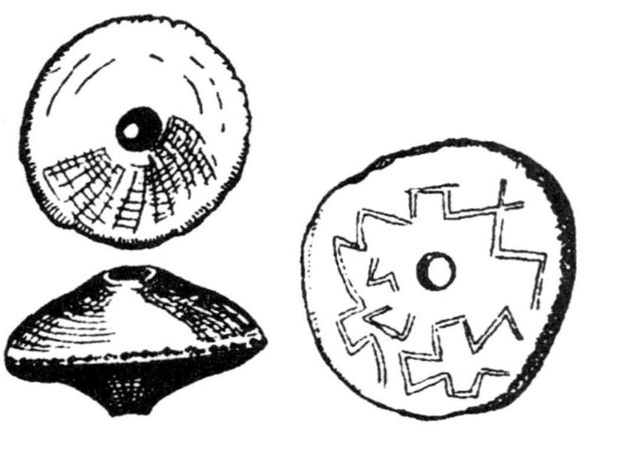

图一一八　希腊克诺梭斯发现的新石器时代纺轮（左）和塞萨尼人（西斯克罗文化）的史前纺轮（右）

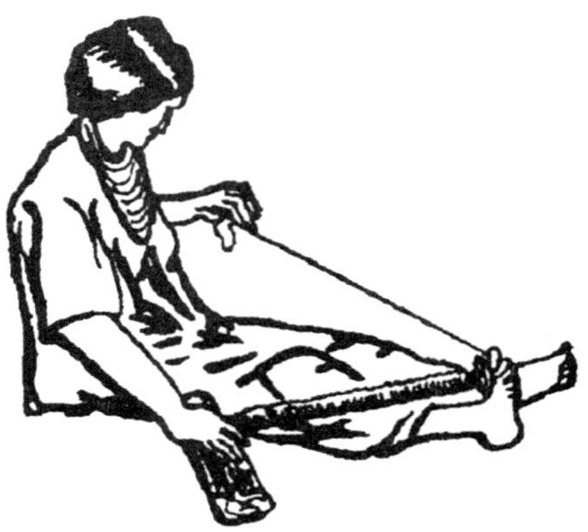

图一一九　玻利维亚奇梅尼－印第安人妇女纺线

这些手工织机，织出许多比我们工厂产品质量更好的精美纺织品。不慌不忙地精心制作，难以理解的和有意义的图案，光润柔和的天然色彩，使这些纺织品具有耐久而又美观的效果。

织机的分布只限于地球上某块较小的地区，在人类物质财富行列中出现较晚。它在文化高度发展的玻利尼西亚文化圈中是不存在的。它从未曾传入北美印第安人之中，唯一例外是美国西南部普埃布洛人和纳弗和人，他们以色彩缤纷的羊毛毯和衣料闻名于世。南非、亚洲草原、北极地区也都缺乏织机，北极地区以毡子和动物皮作为纺织物的代替品。

最早制造线的材料都是植物纤维：香蕉树的韧皮、荨麻、大麻和炎热地区的棉花。这也表明织机是编篮术的自然发展。羊毛作为衣料的起源是很晚的。

非洲最好的纺织者之中有喀麦隆的蒂卡人，其棉质围腰以红木染成，引人注目。今尼日利亚的豪萨人的首领和其他人的大袍子，以饰有彩色带为特色；而西非填有棉花的“腓尼基人”帽子，是最佳的工艺品。

美拉尼西亚土著居民精美的织席，或供睡觉，或作为“钱币”。除此以外，他们还用香蕉树纤维织围腰，多饰有流苏和很对称的花边。

古代发达文化织出多种各样的纺织品，都是艺术杰作。哥伦布以前秘鲁人在宗教仪式中，要以最佳纺织品供奉神祇。他们生产出来的束腰和坎肩上的图案，描述整套故事或表现神的现象，如虎神或弯曲的蛇等。他们的外衣上饰有投矛的人和飞鸟。他们史前坟墓中发现的衬衣、腰带和带有流苏的带子，显示出完美的纺织技术，超过了巴黎人哥伯林[1]的伟大产品。埃及织品之华美，从“王谷”（Valley of Kings）发现物中可以得知。中国的锦缎、波斯的天鹅绒和埃及科普特人的“土耳其毛巾”，均是手工织机制造出来的，远非现代仿制品所能及。

无论现代纺织技术如何和工业如何发展，有一种古代织物永远是历史的杰作，这就是丝。为了获得丝的秘密，曾经有很多人去冒险，消耗和牺牲了自己的生命。丝的发明者——中国人，长期以来珍贵地保持这个秘密。古代王子和教主为了表现自己的尊严华丽而渴望着丝，甚至今天“真丝”一词仍使尼龙及其派生物大为减色。大约在公元前200年，朝鲜人成功地学会了养

1 哥伯林（Gobelin），原为15世纪巴黎著名纺织家，17世纪后成为法国宫廷经营的纺织业名称。——译者

蚕的细节。丝的工艺知识随着这种“神奇织物”本身缓慢地传入日本和中亚，最后到达波斯和西藏。直到公元6世纪，查士丁尼大帝才把它传入拜占庭[1]，在此以后希腊人才能把“养蚕”知识成功地加入他们自己的工艺之中。没有哪个原始人部落有丝的发明或能制造丝，丝绸之路是文明之路。

并非只有纺织溯源于编篮术。编篮术还有一个小妹妹，即用黏土制造器皿的制陶术，它也是妇女的发明。虽然编篮术和制陶术所用材料完全不同，两者制作容器的方法实际上是密切关联的。

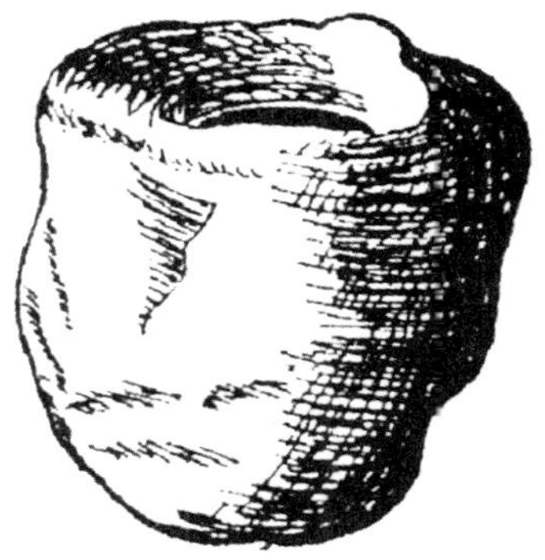

图一二〇　加利福尼亚洛代附近土墩墓发现的粗陶杯

制陶最古老一种方法是泥条盘筑法，直接导源于编篮术中“盘圈”技术。这并不表明熟悉古老编织技术的部落也需要陶器，制陶术和织机一样，在人类进入农业阶段以前的物质文化中不可能出现。较早的游荡部落既无时间和机会来发展从事手工艺的耐心和安定的工作条件，又很难运送易碎的器皿。这种器皿只是对固定的家庭才是有利的。

关于陶器的发明，一般认为是从编织的容器涂上灰泥和黏土防水的习惯发展而来。这样的容器放在火上或火边，启发出这样的概念，即用黏土来做一个，而不再依赖原来的篮子。这种假定是否正确，我们今天已无法知道。但对于日光晒干的黏土容器来说，发展过程可能是这样的；而烧制陶器能否认为也有同样的起源，却大可怀疑。诺登舍尔德（一个卓越的科学家）称这种观点是“颠倒的”。他认为，涂以黏土的篮子偶然烧烤之后绝不能变为陶器，而只能变为“一堆瓦砾”，并且推测备置和淘洗黏土和制作粗糙小碗的知识，必然早于制造大器皿的“泥条盘筑法”。关于陶器起源的争论，是这类问题具有挑战性的最佳说明。

制陶部落对于黏土按其成分和黏性不同，有不同的加工方法。把黏土弄干净和晒干，筛去杂质，若黏土太黏，要加细沙、粗沙、灰、碎木或草屑作为掺和料。南美印第安人把海绵动物的针骨加入黏土之中，这是他们的独立发明。当泥团光滑而有可塑性的时候，就可以开始制陶了。

世界各地制造陶容器共有五种主要方法，四种是原始人的，一种是发达文化特有的。

最简单粗糙的方法是取一块黏土团，慢慢地压其中心，使边缘高起来，用一块木片在外面拍打，另以一块石头放在器内作垫。新几内亚巴布亚人大多数陶器就是这样制造的，但他们也还有其他方法。

第二种方法是泥条盘筑法。用一根长的黏土条从底部一圈一圈地盘上去，一直达到所需要的高度为止，然后用石头或木片把器物内部和表面抹光。

第三种方法与此类似，即将一系列泥圈叠起来做成容器。底部由最小的圈做成的，依次递增，最大的圈是器物的口沿。像上述的泥条盘筑法一样，泥圈之间痕迹最后要一起抹去。

第四种方法是用一块圆形黏土做底部，周边按上许多泥瓣，一边缓慢转动，一边捺紧，使彼

1　查士丁尼（Justinian，483—565）时期，有两个波斯僧侣把蚕子传入拜占庭（参见Henry Yule，*Cathay and the way Thither*，I，pp.202—205）。实际上西方之有蚕丝较此为早，至迟在东汉末年（公元2世纪）大秦（东罗马）已有蚕丝。详见拙著《汉晋西域与中国文明》，载《考古学报》1977年1期。——译者

图一二一　新内几亚东海岸的泥条盘筑制陶术

图一二二　罗得西亚北部的泥圈相叠制陶术

图一二三　秘鲁的陶壶

此结合起来做成器物。

第五种方法使用了陶轮设备，这是发达文化特有的发明。陶轮的发明和所有轮子的发明一样，具有革命性，所利用的机械原理在自然界中是没有先例的，它的发现是人类想象力的胜利，而不是模仿从自然界中观察到的现象。埃及在公元前第三千年代开始即知有陶轮。克里特的工匠使用陶轮，是在青铜时代最早阶段。印度许多地区都有陶轮。在欧洲，陶轮约在公元前500年时首先出现于法国和德国南部。全部美洲大陆，却不知陶轮为何物。

原始陶器是在露天烧制的。许多器皿为了美观，饰有雕刻的或绘出的花纹。施釉的知识只为发达文化所掌握。

西非土著居民在陶器坯上刻花纹有一种有趣的方法：一根木棒上刻着轮廓分明的花纹图案，将此木棒沿着器坯滚动，使花纹整齐而匀称地印入器坯；较为复杂的图案，通过反复使用木棒即可获得。喀麦隆就是这样来装饰陶器的，器坯干却几个小时后在夜晚烧，做成的陶器非常坚固好看。西非陶器从小碗直到大口径的圆釜，大小具备。

北美印第安人，仅有像普埃普洛人和霍皮人这样少数部落是制陶专家，但他们伟大的艺术在过去几个世纪中衰落了。崖居者（普埃普洛人）以长条盘旋法做的陶器以黑色装饰为特色，而霍皮人废弃的城镇中的多色陶器则是杰作。加利福尼亚各部落制陶术已几乎忘却，近代印第安人要向祖辈请教，才知仍在使用的陶器是如何制成的。

南美印第安人是凹边陶缸的发明者。在缺乏石头的地方，他们石煮（石头烧热投入煮物容器）时有一个聪明办法，即用陶球来代替石块。这些印第安人也制造形状特殊的烟管。要研究人类的陶烟管，必须走遍全球，从原始丛林到荷兰人的古老客厅。

古代发达文化，特别是波斯、印度、埃及、墨西哥、秘鲁的古文化，有完善的制陶术。秘鲁坟墓中发现的华美的盛水罐，作人头形或人形，可与英国老人壶[1]媲美。无数的早期陶器艺术品，收藏在世界各个博物馆中。

1　老人壶（Toby），外形似戴三叉帽之矮胖老人，故名。此壶多作盛麦酒之用。——译者

图一二四　新石器时代主要陶器群

在史前学上，各文化阶段是按当时艺术家制造的陶器形状和花纹来命名的。

旧石器时代，即狩猎者和采集者的时代，不能制陶。而新石器时代，即早期农民的时代，却有形状、花纹都很优美的大量陶器。欧洲新石器时代三个主要阶段即以其陶器而得名：绳纹陶时期、钟形杯时期和带状陶时期。这些陶器遗物发现在北欧、中欧、比利牛斯半岛、意大利、法国、英国和古代多瑙河文化中心。

即使在很早时期，黏土的塑造也不仅仅为了实用。早在奥瑞纳时期中欧的原始人即以黏土模制人像，作为巫术用物或单纯娱乐之物。新石器时代与有美丽花纹的瓶、纺锤、陶模等并存的，还有大量陶制的动物和人物（特别是妇女）形象的玩偶。

古代埃及坟墓中发现的陶质的俑、工具和用具，种类很多，它们供死者在另一世界中使用。大英博物馆中这类藏品有几百种之多，从盛有象征性果蔬的小陶碟，到陶俑和陶护身符。

制陶术最高峰是瓷器的发明，这是文化发达的中国给人类物质财富增添的另一件礼物。瓷器最早出现大约在公元 700 年[1]。它源于人们要创造一种东西代替古代珍贵的玉碟和玉盘的愿望。中国最早瓷器不是白色，而是青色、灰色和蓝色，色调和可爱的玉石类似。后来才发展出要求瓷器轻而薄的想法，这时瓷器已不再认为是对玉器的模仿，而是由于本身的精致和美观受人喜爱了。

直至今日，中国瓷器（特别是景德镇制造的瓷器），大约仍是世界上最有价值之物。瓷器使各个时期权势者的桌子上增加光彩。第二次世界大战中，日本侵略者首先关心的是尽可能掠走许多珍贵的景德镇瓷器。胜利以后，中国政府命令景德镇的艺师们制造一组特别的碗和瓶，作为国家光复的光荣纪念。

人类用以制造所需之物的不仅有矿物和植物原料，来自动物界的原料在原始工业中也占有同等的地位。除去用骨和角做工具外，猎来动物的皮也为人类增加了更多的物质财富。史前工具中有毛皮刮削器、剥皮工具及其同类之物，肯定了人类最早技术就包括剥解兽皮的技能。

虽然硝鞣皮革的知识非最原始的部落所能知，在气候恶劣地区的澳大利亚人却会用袋鼠的腱筋把动物皮缝在一起做衣服。南非土著居民穿着粗糙的皮衣。美洲驼皮做的围巾和大的睡毯是火地人不可稍缺之物。整个非洲东海岸，从大陆南端到赤道森林，动物皮有各种用途，苏丹某些地区可视为“皮革之区”。

各大陆都会利用动物皮，但使生皮变为光滑柔软的皮，却要经过种种不同的处理。在这方面，牧人是最好的技术师。但北极及邻近地区的猎人和亚洲腹部的部落，也知很好利用他们的动物

1　作者这里引用的是过时的说法。中国至迟在公元 3 世纪时已能制造真正的青瓷。最近研究者甚至认为，郑州二里岗、江西吴城等地商代遗址出土的青釉器物，已属于瓷器的范畴。——译者

皮。若要制造简单的容器、帐篷、背袋等，只要刮去皮上的肉和腱即可。当需要光滑之皮来制造衣服、皮鞋和帽子等物时，还必须去毛。先用石、骨或介壳做的常附有柄子的刮肉器完成清除工作，然后才开始去毛。有些部落把毛扯掉，有些部落把兽皮浸泡水中使毛脱落。

去毛有多种方法。在非洲，是埋皮于地下，时常加上灰或树叶。在加利福尼亚，是把皮浸泡在丝兰调和料中。北极地区则把皮浸泡在尿中，此法亦为古代希腊、罗马所知晓。这样处理以后，即可将松散的毛扯掉，或像非洲许多部落那样，用粗绳子把毛搓掉。纳斯科皮人则把皮挂在垂直的架子上，用熊的大腿骨或海狸齿来进行去毛工作。

用盐、明矾和其他矿物来鞣皮的技术是发达文化的一项发明。尽管如此，原始人的皮革匠却知道使皮光滑柔软的许多种方法。例如，把鱼油、苔藓和动物的脑或肝擦入皮中，继之以卷、绞、击打和其他动作。老探险家梅森[1]精确地指出："在原始鞣皮技术中，人的体力是主要因素。"

原始的染色法是很多的。蒙特纳斯—纳斯科皮人做皮鞋的驯鹿皮，经过处理使皮的表面呈雪白色，非常光滑柔软。为了更合实用，再把这种柔软的皮放在盛有冒烟的木屑的桶中熏，染成纯棕色。黑足印第安人，对绑腿和皮鞋也烧像树皮来熏，使之变为黑色，他们因此得到"黑足"这一称号。爱斯基摩人的染皮方法是将准备好的皮革上放以紫蜗牛的汁，以产生漂亮的红色。奥马哈人用白枫树皮和黄铁矿混合起来，做成蓝色染料。草原印第安人用仙人掌的汁为染料。非洲的豪萨人和曼丁戈人，则将一种红树[2]的皮加以处理，以取得深红色的染料。

这些活动都是为了利用动物的皮。另一种工业则与从皮上取得的毛有关，这就是制毡术。对于中亚民族和苏丹部落来说，制毡是极为重要的。它在西藏达到非常完善的程度，那里牦牛的皮时常是不加处理地用以制造靴子、马鞍和其他马具，而毛则用以制毡，为此对牦牛要进行剪毛。由于动物的毛上都有小钩，经过专门处理后易于粘在一起，故将这些纤维梳理以后弄直和紧压，即可牢固地连结成一种坚实防水的材料。最好的西藏毡子薄如面纱，若需要覆盖冬天的帐篷和制作鞍垫、靴子的里布、地毯和其他装备时，则将一层毡子上再加几层，紧压成厚的毡子。

非常有趣的是很多生产羊毛的民族是不纺线的，制毡比把动物毛纺成纤维更为古老。

植物、动物、矿物都对人类早期工业有所贡献，但还是人类自身的技术才能洞穿地球表面，发现铜矿和铁矿，了解含有金沙的河流的秘密，把不同金属造成合金，在荒漠地区建立起冶铁炉。制造金属工具的能力，使从很早时期就延续下来的手工业，发生了根本的变化，为新的建设和新的征服提供了可能。而新的发明、新的工业，又加强了人类的力量。

铁器时代（我们今天钢的时代仅是它的晚近阶段）。在欧洲是始于距今3000年前，这时制铁的知识开始传入地中海地区。而在中国，公元前2357年尧帝统治时期的记载即提到金属（这一记载当然是不可信的。——译者）。埃及在公元前2800年就知道铁，尽管在公元前1600年以前铁一直列为珍贵之物。

虽然铁有值得尊敬的历史，铁的发明却是冶金术较年轻的一支。在铁器时期以前是青铜时代，青铜是由制造纯铜的知识发展而来的。

---

1 梅森（Otis Tufion Mason，1838—1908），美国人类学家，是人种分类法的先驱。著有《妇女对原始文化的贡献》（1894）、《美洲土著居民的编篮术》（1904）等。著名的《北美印第安人手册》一书也以他编制的美洲部落名单为基础。——译者

2 红树（mangrove），热带海滨生长的一种树，学名为 *Rhizphora mangle*。——译者

当我们想到古代金属，总喜欢细述来自埃及和乌尔、玻利维亚和哥伦比亚的金银宝物。传说中以往帝王的富有，由于埃及底比斯“王谷”及波斯、希腊、墨西哥的发现已可得知。古代发达文化尽管有我们所不及的大量财富和奢侈的艺术品，但他们的金瓶、项圈、耳鼻饰物、玩偶，并不能说明所有人都享有高度的生活水平，而只能说明极少数人享有特权，财富是在多数人处于可怕的贫穷中创造出来的。可以确定，哥伦比亚古代奇布查人制造日用金银器皿和在金面具、装饰物上焊接金丝的金匠，为埃及人开采金砂的奴隶，两者是一样的贫穷。古代帝国所有艺术宝物，若无权力工具的存在，就不可能被创造出来。

图一二五　古代埃及的炼金者

纯铜和青铜是制造工具最古老的金属，它们的历史可以上溯到新石器时代的末尾。当铜锡混合制成新的合金——青铜的技术发明以后，就标志着青铜时代的开始。早在公元前第四千年代的末尾，克里特岛就知道制造青铜技术。这种技术在地球上很多地区都有传布，以致今日已难确定它最先出现的地点。

图一二六　公元前 4 世纪一件银瓶子上的有翼山羊形把手

古代玻利维亚围绕波托西（Potosi）的高原上，建立了五千个制造青铜的冶炉。中国商代青铜器的制作，遵循着固定的艺术传统。这些青铜器在墓中埋藏了几千年，现出典雅的铜绿，作“翠鸟羽毛似的纯蓝色”或“西瓜皮似的纯青色”，只有非常纯正的青铜长期暴露在水中或空气中才能有之。

当想到原始冶金术，我们便注视着非洲的方向，因为自从发现黑大陆以后，那里金属品有惊人的发现。贝宁的宫殿中，装饰有青铜浮雕板和人物动物雕像，是非洲“蜡模铸造法”的高峰。根据这些艺术品上描绘的欧洲人服装来判断，西非这种工业在 16—17 世纪达到高潮。今天在喀麦隆的阿达马瓦、尼日利亚和多哥的部落中发现的青铜手镯、工具和装饰品，只不过是这种很有吸引力的“蜡模铸造法”的回光返照。

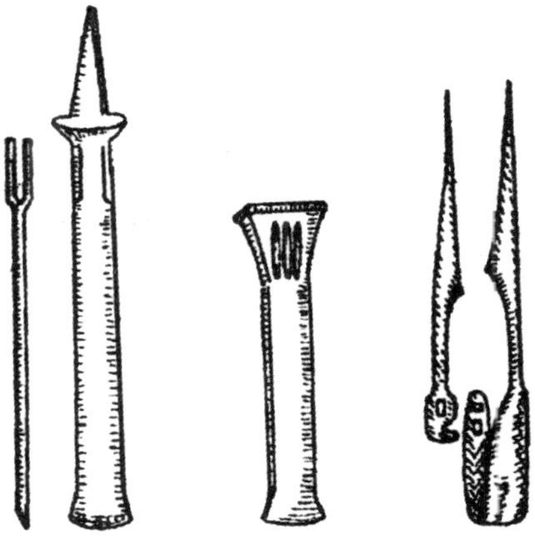

图一二七　早期埃及人的工具

（左：青铜凿，中：四方形插座，右：“罗马式”剪刀）

“蜡模铸造”技术是先用蜡做出所要物件形象的模子（大的物件用黏土为核心，四周加蜡做成模子），外面加上砖的粉末或石灰做的范，干后钻出通气孔和铸口，将范放在火上烧，使蜡熔化掉，便可倒入金属溶

图一二八　东非坦噶尼喀的冶铁炉

液。这样做出的雕像和浮雕，没有任何铸痕，还要再用锉、锤和短棒，进行修整，使之更加完善。贝宁出产的装饰，皆以雕刻精美的植物花纹和几何花纹为地，能引起文艺复兴时“蜡模铸造”技术大师切利尼[1]的羡慕。

非洲冶金术最动人的故事，还是铁的故事。并非所有非洲部落都知道冶铁术，布须曼人和俾格米人就不知道。但在白人知道铁以前，尼格罗人差不多都已知道冶铁了。铁可以认为是非洲一项成就。著名的科学家卢什安[2]极力主张铁起源于非洲，而其他科学家认为是从亚洲南部或小亚细亚传入的。即使如此，非洲也是土著冶铁技术的典型地区。在有文字的记载以前很久，土著居民就建立了高耸的冶铁炉。冶铁的最早时期，冶炉并非是不可或缺之物，有些部落在古老的灶穴中冶铁。这种灶穴和最早烧石头煮物的灶穴类似，冶铁技术的发明可能就和在火中把石头烧热的现象有关。

要能熔炼矿石，先必须有简单的冶炼设备，特别是风箱。风箱最早的先驱是风扇和吹管，从吹管发展出风箱两种基本形式——带有木吹嘴的皮袋式，以及可把空气打入灶穴或冶炉的唧筒式。欧洲的尖状手拉风箱是两者的结合。

原始铁匠装备十分简单，金属块或石块作为锤和砧，两根木棒或一把铁钳就是他的火钳。他的产品却是多种多样的，从农业工具、手工业工具、武器，一直到铁护臂、铁领口、铁珠子这样的大型“珍宝”，还有清除草莽的各种形状的砍刀、矛头“钱币”和无数对狩猎和家庭生活有用的东西。东非做的铁链条特别好，而 20 世纪抽铁丝的技术在原理上也未必比非洲抽铁丝技术增多什么东西。多哥和尼日利亚约鲁巴的冶炉高达 15 英尺以上。曼工戈人和富尔贝人的工匠，是最好的铁匠。西部班图人开采铁矿的坑道，长达 1 英里之远。黑大陆真是铁的大陆！

在冶铁这一伟大行业中，铁匠的社会地位是一个很有趣味的问题。他们享有特权，地位很高，特别在苏丹西部，他们像祭司一样受国王和首领的保护。而在整个北非，他们地处于可怕的受侮辱的最低层。斯图尔曼（F.Stuhlman）将这种状况解释为较晚到达北非浅皮肤的汉姆人和其他部落，发现黑人掌握了他们所不知的冶铁秘密，从而生出猜忌的敌对感情。

---

1 切利尼（Benvennuto Cellini，1500—1571），意大利文艺复兴时期著名工匠和雕刻家，有自传传世。——译者

2 卢什安（Felix von Luschan，1854—1924），奥地利人类学家和民族学家，著有《种族和国家》（1915）、《贝宁的古物》（1919）等。——译者

卡里斯姆的首领刀　巴扬西的刺刀　乌班吉的刺刀　刚果盆地的投掷刀　南喀麦隆的砍刀

图一二九　非洲人的刀子

世界另一些地区（如西藏）铁匠被看成最低等级的成员，则是由于宗教的原因。宰杀“神圣的”牛和铸出屠刀的人，都是卑贱者，不能升为喇嘛。但这并不意味着信徒就不愿参加禁止杀生的行列。在神都拉萨终于想出一个聪明之计，喇嘛对要杀的牛念经，以保证动物的投生和使供给屠刀的铁匠免于未来的不幸。亚洲另一民族布里亚特人却把铁匠视为社会精华，是与神有关系的人，免于纳税。蒙古人的“达克哈特”一词，就是属于骑士等级的铁匠。

铁的重要性在《圣经》许多注释中都有记述。如《旧约全书·撒母耳记》（XIII，3，19，20）：

以色列整个地区未发现铁匠，因为腓力斯坦人说，免得希伯来人制造剑和矛。但所有以色列人都到腓力斯坦人那里，各人磨快自己的犁铧、犁刀、斧头和鹤嘴锄。

即使在那时，铁已能决定战争和创造世界历史，如我们从《旧约全书·士师记》（I，19 和IV，3）得知：

主和犹大在一起，他赶走了山区的居民，但不能赶走河谷地区的居民，因为他们有铁的战车……以色列人向主呼吁，因为他们有九百辆战车，二十年来一直压迫以色列人。

正如皮特里[1]所指出，在古代发达文化中金属工具非常重要。他说：“几千个作者描写过巴台隆神庙[2]的雕刻，而没有一个曾描写雕刻的方法。”他对旧世界金属工具进行有趣味的研究，结果表明：“凿子 2500 年前即已完善”，“锯和钻子（头上安有金刚砂和宝石用以切割石英岩），6000 年前即在埃及使用”。实际上，许多古代工具不仅未曾为现代人所超越，而且原来好的设计经过漫长时期以后，已被改变或忘却。从埃及一种可以分开的剪刀和一种很合用的镰刀，特别可以证实这一点。

非、亚、欧三洲以外地区土著居民是不知有铁的。印第安部落中知道冶炼铁矿的只有秘鲁的坎姆帕斯人，他们是从白人那里学会这项技术的。整个太平洋岛屿不知使用金属，哥伦布以前的北美印第安人，用自己地区发现的铜来制造工具，就像他们的北方邻人——所谓“黄刀”爱斯基摩人一样。但这些工具是锤打成形的，因为土著居民缺乏冶炼的知识。关于南美的青铜，诺登舍尔德主张是一项独立的发明。

在非洲，冶铁常常是宗教仪式的中心。安哥拉的甘圭拉斯人挖掘冶铁的灶穴时，必须长时期禁止进食和性交，把神圣的植物根部投入灶穴中，然后杀鸡为祭，并以鸡血将植物的根弄湿说：“我们杀你，不是为了吃你的肉，而是为了可以出铁”。

1 皮特里（Sir Flinders Petrie，1854—1942），英国著名的埃及学家，曾负责埃及多处发掘。著有《埃及史》四卷（1894—1927）、《埃及艺术和手工业》（1909）、《史前时期的埃及》（1920）等。——译者

2 巴台隆神庙（Parthenon），在希腊雅典，祭祀文艺和农业之神雅典娜（Athena）。——译者

潘格威人若没有肯花钱的巫师进行准备，就不能开始冶铁工作。对会冶铁者要付出五只羊、五只鸡和五个黄铜圈，这都由巫师筹集支付。当冶炼时，巫师到场是他的一项义务。在一个小罐中放入巫术物件——一束树叶、“神树”之皮、毒药和一位“保护冶铁”的祖先的脑浆，封闭起来放入灶穴，然后填上木炭和矿石，最后盖上更多的煤。当把点燃的煤块放入灶穴时，拉风箱的奴仆开始工作，伴随着巫师的铁铃声和唱歌声以及呐喊、舞蹈和吹羚羊角发出的粗野音调。

亚洲布里亚特人中，只有祖先当过铁匠的人才能成为铁匠，普通的部落成员不能从事这一神圣的职业。另一方面，若有资格做铁匠的人拒绝这份“光荣”，将要死去。布里亚特人有一个古老传说，叙述人们没有铁的知识时的可怜生活。但在一个值得祝福的日子里，吉神“腾格利”决定使“波信陶”神及其九个儿子降凡，把冶铁这项手艺教给凡人。“波信陶”神不久即回转天上，其九个儿子却与人的女儿结婚。他们教出的第一个学生，即是所有铁匠之祖先。这几个儿子都有自己的名字，分别是铁匠所用工具的保护神。据萨德谢耶夫（G.Sandshejev）报导，布里亚特人根据这种信仰而举行的萨满仪式中有一首祷祝词是这样唱的：

你们这九个“波信陶”的白色铁匠呀！
你们，有着飞溅的火花、
喧闹的工具、坚固的钢钻、吱吱发声的锉刀，
你们都下降尘世。
你胸前有银做的模子，
你左手有钳子，
铁匠的法术是多么的强大啊，
你这有力的风箱是多么的神奇！
啊！你们这九个“波信陶”的白色铁匠！
骑着你们九匹白马。
你们的火花是多么的有力！

如此等等，直到“铁匠铺里神灵感到满意为止”。

铁的力量是强大的。但更强大的还是人类的想象力。

我们若把原始技术作为整体来考虑，就会发现很早就开始在两性之间存在一种合理的和明智的劳动分工。在非洲的俾格米人和布须曼人、澳大利亚人和火地人之中，妇女作为家族主妇，男子专门制造狩猎工具和从事有关狩猎的一切活动（例如俾格米人男子便专门制造毒箭）。锡兰的维达人妇女挖掘薯蓣和准备食物，而她们的丈夫则把猎得的动物带回家中。

曼恩（E.H.Mann）对印度安达曼人两性分工提供了一个有趣的观察。他指出，丈夫负责下列日常活动：狩猎、捕鱼、捉海龟、采集野生蜂蜜、建造独木舟和坚固的小房、制造弓箭和大部分的家用工具。妇女负责家务，照料小孩，获得植物性食品，烹煮，准备水，照管火，建造轻便的小房，制造简单的家用器皿和“珍宝”（当指装饰品——译者）。此外，为家庭其他成员剃面，制造疤痕和文身，也是妇女的工作。

在最早文化中，每人都能制造自己和家庭所需之物，农业阶段以前是不曾发展出专业性手工业的。男人从事原是妇女的工作，亦非罕见之事。喀麦隆姆巴姆地区东部的部落中，妇女是制

陶者，而男人却照管编织和纺织之事。与此相反，多哥的男人却是制造家庭用的陶器的人。在圣克鲁斯岛，妇女独自负责照料土地、烹煮和用网捕鱼；男人制造大部分物质财富，惟树皮布除外，那是妇女的工作。所有重要席子的编织以及工具和武器的制造，都由男人完成，他们时常集中在俱乐部房屋中从事这项工作。在美拉尼西亚，妇女单独负责制造陶器。

据贝斯特报导，毛利人男孩子所受有关男人的手艺方面的技术教育，极为广泛。对一个准备走向生活的年轻人的训练，从制造青砥石和骨质的矛、铲开始，稍后教给他制造拖锄和收获野芋所需的小工具，进一步的课程是教他们“建造房屋、小茅屋、炊用小屋、储藏定以及为储藏某些食物及其他东西的高台”。他要学习建造风篱、遮蔽所和小村庄，学习“如何用两种石锛修整木料和用木棰、木楔劈开木料，作为建造住宅、储藏室和防御性栅栏的材料，要学习如何使用石凿和石钻，还有木雕和绘画的技术”。贝斯特说，“另外的课程，则是和制造独木舟及其附件、制造鱼钩有关的”。

男性或女性被限制从事不同的工作，时常导致专业化，其结果是多面手的缺乏。非洲更是如此。一种工匠只能做一种东西，所有人需要这东西，必须与他交换。据特斯曼报导，潘格威人一个男子制造匙子，便不愿再雕刻勺子；制造凳子者只制造凳子；制造复合弓者只制造复合弓；男子用的背袋只能从男子背袋制造者那里获得，如此等等。这常常使部落的成员们为了些简单的小物件，不得不长途跋涉。像婴儿的背篮，由两根皮条做成，人人会做，但只有一个人才有资格制造它。

日益增长的专业化倾向，最后导致发达文化中固定的职业集团和等级的形成。中世纪欧洲的行会是这方面最突出的表现。今天机器时代走得更远，在大工厂装配线上工人一生制造一种螺旋或一种螺丝钉，只能做这一部分工作。这有助于提高大规模生产的效率，但是不是发展人类创造能力的有效方法，则又当别论了。

原始文化和我们一样，过分强调专业化常常导致个别技术的衰落，使原始人一度掌握的知识全部废弃。在白人输入货物影响之下情况更是如此。这就是为什么“进步”一词，必须和伟大的保存同时使用，因为我们为了从技术世界那里学点东西所舍弃的某种古老技术，就其灵巧性和创造性来说，未必就是低等的。

拉布拉多的印第安人钢捕机被偷后，要制造木捕机以维持生活，必须靠回忆其祖父辈制造方法。我们看到全世界古老技术和手艺的沦亡。廉价的铁器代替了美丽的石刀，琉璃珠取代了象牙和龟甲，光彩耀目的苯胺颜料消灭了用矿物和植物混合制成颜料的知识；在印度，著名的虫胶染料曾是成千上万的人一度赖以为生之物，在进口货影响下消失了；孟加拉本地棉厂的产品为兰开夏[1]机械化纺织产品所取代。

在现代大城市中心，我们每因寻找一个细心而有效地修理钟表的钟表匠而烦恼。我们对古代家具怀有很大的敬意，因为我们知道，现代的制造方法，既没有时间也没有技术来生产出具有长久价值之物。甚至土著工具也呈现出一种显著的质量衰退，一个好的博物馆长要会区别：是传统工匠细心制作的产品呢，还是从世界“原始人”所在角落传到我们手中的“出口货”？我

1 兰开夏(Lancashire)，英格兰一个郡，以工业发达著称。——译者

们的艺术家认识这一危险，努力抢救原始人的技术，例如纳弗和—印第安人和西非雕刻者的技术，从而导致保存土著手艺的学校的成立。

现代 20 世纪应用技术的提倡者，试图唤起对手制物件的重新评价，并试图做到能和原始人手工制物件在质量上相媲美。毫无疑问，那些原始人制造者必然名列前茅。

第六章　生活愉快

我们在享乐之前，必须经过相当多的准备工作，例如买票、打扮、按时到达或为了接待宾客而收拾自己的房间。无论我们意识到与否，这些准备工作已取消了我们快乐中一些因素。此外，文明人的“休闲”，仍常带有紧迫感。

原始人在这方面幸运多了。他们不需要为生活得愉快而努力准备。他们快活的性格不会因成功或失败而受影响，使他们永久保持一种愉快的精神状态。他们并非生活在天堂之中，艰难困苦是很多的，但他们完全适应自己那狭小而危险的世界，甚至不可避免的失望也能化为一种平静的哲人似的精神状态。当不幸的时候，未曾开化的人们希望事情变好。实际上，他们总是过得愉快的，因为他们要做什么事情，从不考虑时间的因素，他们是决不“迟到”的。

最古老的文化不知烟酒为何物，不需要什么人为的刺激来造成一次集会，很多庆祝活动是偶然发生的。在固定时期举行官方的宴会，那是较进步的发达文化的特征。当原始部落生活愉快时，他们随时行乐。庆祝者限于经过选择的一群人，这样的利己主义是不存在的，无论是亲邻们在小茅屋中或公房中的闲谈，还是收获者部落之间的联欢，能被接待的每个人都受欢迎，分享一切。

原始地区的愉快生活，当然在很大程度上依赖于食物的利用。没有哪个地方，饥饿还能想到好客。但当获得很多猎物的时候，当果实（特别是易于腐烂的果实）成熟的时候，当鲸鱼被刺中的时候，每一个参加者都会享受丰收的幸福。

原始厨房中的菜单，尽管受到气候条件的天然限制，但并不单调。例如，火地岛每年有大半时间，那阴冷而潮湿的森林“死了”，覆盖着一层“雪的尸衣”；而海岸的暗礁上却充满了可食的海鸟，如野鹅、企鹅、鹈鹕和海鸥。海里来的有海豹、海狮和鲸鱼等哺乳动物，以及贝类、蜗牛、蛤蚶、螯虾和海胆，供应丰富。平原上来的鸵鸟，其肉烧烤得可以得奖。所有肉类都是放在热灰中或篝火中烧烤或烹煮。冷湿气候下除伏牛花外不能生产什么植物性食物，但这些民族以其无盐的肉食和仅有的清水饮料，仍保持了他们的健康。对于过分迷信维他命的人来说，加拿大纳斯科皮人的话值得深思：“熊吃浆果，我们又吃熊，为什么我们还要为植物而操心呢？”

玻利维亚东部森林中游荡的猎人，如西里昂斯人，大自然提供他们更多的东西可供选择。他们在火中烤着各种棕榈树那味美的果实，热灰中烹烤着貘、短鼻鳄、野猪、海龟、松鼠、犰狳、蛇和昆虫，甚至还有蛆虫。

不毛地区（如阿拉斯加东南部）也能烹饪，说起来是非常有趣的。那里的土著居民将鱼卵捣碎，做成“冰淇淋”；或用冰冻的无患子做的甜粥，相互款待。阿拉斯加印第安人，在白人来到之前从不用盐，却知道吃各种植物，如野芹菜、酸模[1]和云杉嫩枝内层美味的白皮，还有红醋栗、蔓越橘、鲑鱼果、草莓、越橘和其他浆果。他们除吃海生食物和鸟类外，还享用海豹、熊和其他野兽的肉；但他们最主要食物，可能还是当地盛产的五种鲑鱼。鲑鱼或是吃新鲜的，或是加以风干和烤干。鲑鱼和比目鱼的头，则埋在地下，几天后腐烂了才食，用以款待尊贵的客人。鱼肉风干方法是爱斯基摩人很早就形成的习惯，而制出更可口食物的熏干法，则是拉布拉多的印第安人保存食物的典型方法。爱斯基摩人有把鱼窖藏以及吃腐败的冰冻生鱼的习惯，因而邻近的印第安人称之为“食生者”。

对收获者民族来说，每年大部分时间赖以为生的植物，不仅是自己的食物来源，也是待客的东西。在澳大利亚，每当收获百合根、“本雅－本雅”籽实、大叶苹的季节，整个部落都被邀请来分享盛宴。在每人能够随心所欲地大吃大喝的情况下，欣赏舞蹈和表演。

美洲卡米亚人用他们野生橡籽实，交换其邻居迪埃盖诺人栽培的西瓜。阿佩切人采集矮松籽实和采集仙人掌块茎的季节相同，他们举行的果品宴会是件社会大事。采集者成群地在山上扎营，彼此唱歌、说故事和闲谈，互享友谊，而不会有肚子空空的苦恼。

阿佩切人地区小河中充满着味美的鳟鱼，但人们从不食用，因为一个古老传说认为，有一次人们吃了鳟鱼以后得病，病人皮肤上有“像河里的鱼一样的斑点”，不久就死了。里甘（A.B.Reagan）说：“从那以后直至今天，没有哪个阿佩切人吃过鳟鱼。”巫师尽力使人们避开这一“危险”。

加利福尼亚的波莫人的鱼和橡籽，都有“神话的”来源。他们认为，世界共创造五次，有四次被大自然的力量摧毁了。关于橡籽知识传到印第安人中来，是在第三次的“马鲁姆达”时期，有一个神化身为老人教他们采摘橡籽，说：“这些你们要收集起来，可以用它做成粥糊”。他还教妇女如何把橡籽粉做成食物。好客的波莫人妇女邀请老人到自己小屋中吃第一次橡籽饭时，老人消失了。他们用这样的想法来安慰自己：“他离开我们必定又去教其他地区的人们了。”橡籽可以生吃，其粉可以焙成面包或煮成粥糊。橡籽烤焦和酿泡以后，还可做他们的“咖啡”。

农民创造出植物产品的多种用途，他们知道如何把栽培植物变为各种各样的食品。巴拉圭的瓜拉尼人，把木薯这种灌木的根放在沼泽中发酵一星期，做成“乳酪”；把它晒干舂粉又可做成粥糊；用这种粉烤成的薄煎饼“曼迪贝就”，也非常可口。剥皮的根或者放在水中煮，或者切碎、弄干、制成粉末，用油煎成一种名叫“波米斯”的食品。不剥皮的根常常放在热灰中焙烤。

南海、非洲和马来亚用芋类做成食物，需要长期的细心准备工作。例如，美拉尼西亚主妇们先把芋放在篮中背回家来，然后燃起大火。一边用贝壳做的刀把野芋皮剥掉，将弄干净的芋根一束一束地包在香蕉叶中，外层再加上大约二十片芋叶，最后用藤子捆扎起来。一顿饭需要多少包，视家庭大小及宾客人数而定。主妇还把剥下的皮和嫩叶同样包扎起来，留给猪吃。俟火已烧过，从灶中取出烧热的石头，把芋包放在还冒烟的灶中，再把烧热的石头盖在上面。两个小时以后，取出芋包，剥掉外衣，即可上桌了。班劳（K.Bannow）告诉我们，这时猪也不耐烦地等待自己的一份。这些猪养得很好。“其肉柔嫩味美，和牛肉一样”。

---

1 酸模，属石南科的一种小树，学名为 *Oxydendrum arboreum*。——译著

图一三〇 班图人妇女舂面粉和揉面团

南海另一种基本食用植物是西米。它是西谷椰的髓肉做成的。把西谷椰砍下来劈开，就在壳中把髓肉切碎，在河中用一种灵巧的筛类工具来搓洗，河水冲去碎末而留下所需要的西米团。干却之后，或者焙成坚硬的扁面包，或者煮成稠黏的粥糊。椰子能提供出“肉”、果汁和油，是一种非常重要之物。为了备制椰子而发明出各种形状的粉碎器械和磨锉器械。

各种香蕉在非洲的作用，就像木薯、野芋及其同类植物——面包树、红树等在其他大陆的作用一样。香蕉确实是尼格罗人的“面包”，经常将它焙烤或做汤。香蕉粉是从还发青的香蕉中取得的。把这种香蕉去皮、切块，煮成粥糊，加上胡椒和盐，做成糕团状，再放在水或棕榈油中煮。许多非洲食物都是以这种香蕉粉为基础做成的。非洲盛产各种鸟、鱼和肉类，实际上那里每样东西都是能吃的，从昆虫、老鼠和鳄鱼蛋，直到大象和鸵鸟。

非洲人通常在凉快的黄昏时刻进用主餐。友好集团之间的集会，变为一种欢庆活动，有唱歌、跳舞和表演。说故事者把黑夜变为五光十色的舞台，人们想象中的人物登台表演其奇遇和冒险。希卢克人在日落以后才能吃饭，他们认为在白天明亮的天空下吃饭是有失体面的。

非洲（特别是西非和苏丹的毗连地区）最奇异的美味食品是泥土。普利斯切（J.Plischke）指出：“属于高贵等级的人，每天要吃上三个‘泥卷’。”好的肥土也用作调味品，并烤成圆片或弄成粉末出售。

食土俗在包括南美、中国[1]和印尼在内的其他地区也有发现。加利福尼亚的塔图人，把枫木的粉末和红色黏土混合起来吃。德意志人和俄罗斯人在需要时就吃“石头奶油”或“矿物面粉”。17世纪西班牙的贵妇们，非常渴望服食来自埃特莫兹（Ertemoz）的美味泥土，政府和教会不得不规定对此“罪行”施以重刑。

盐是较可口的矿物，并非所有民族都知食盐，许多狩猎者和采集者部落干脆不使用它。他们用植物和带有香味的某种木灰作为食物调味品。

另一方面，有些非洲部落把盐列为人类最有价值的财富，有时要走很远的路程去换盐。若别处也不能获得，就用沼泽植物经过一番很复杂的处理来取得盐。

人要生存总不能没有水。水中加上喜爱的植物成分，就变成社交场合适用的饮料。在水中所加之物方面，茶可算是使用最普遍的了。据说茶从阿萨姆传到中国，公元4世纪茶在中国已普遍生长。但有一件公元前59年的古老文书，以幽默的诗句对顽固的奴隶发号施令，其中即已提

1 中国云南个别少数民族（如基诺人）有食土俗。至于内地，只有荒年时才服食“观音土”。——译者

到“烹茶尽具”[1]。最早的茶是用于医药方面的。茶叶和稻米、生姜、盐、橘子和牛奶一起吃，甚至加入洋葱同煮。

茶的刺激性和芬芳香味，使它变成世界上非常“社会化”的饮料之一。饮茶仪式属于亚洲发展起来的最佳传统[2]。在巴拉圭，生活中不可缺少的茶被错称为“梅提”，这原是呷茶用的带有管子的葫芦的名称。这里的茶特别具有刺激性。印第安人的任何集会，都不能缺少茶。

另一种征服全世界的热饮料是咖啡。它的味道究竟如何，只有在咖啡的故乡——非洲饮过咖啡的人才能知道。咖啡因首先出产在阿比西尼亚（即今埃塞俄比亚——译者）的卡发（Kaffa）省而得名，现在它的五十种品种已种植在地球上大多数热带地区。关于咖啡的知识传入阿拉伯和爪哇是在 15 世纪，不到两百年后它征服了南美国家和世界上其他地区。

当一群穿着包头外衣的阿拉伯人坐在棋盘前，以“神饮”消遣时，他们对待咖啡那种尊重传统的感情，非日本人饮茶仪式所能及。主人以非洲方式煮咖啡，把青的咖啡颗粒放在阴燃木炭的木碗中焙制，用木夹一颗一颗地翻动，焙好后放在木臼中用铁杵捣碎，精细粉末投入盛水器皿中煮沸，然后倾注入陶瓶中，再加上三四种调和咖啡的东西。经此复杂手续后，把宾客们的杯子斟满，《天方夜谭》式的气氛便充满室内，引起善于评鉴的宾客们的闲谈。

巧克力是得到普及的另一种美味饮料。巧克力由可可制造出来，它们都是中美印第安人的文化遗产。印第安人是从可可树的颗粒中发现这种饮料的。当白人探险者到达托尔蒂克人和阿兹蒂克人的国度时，不仅发现可可这种奇异的新饮料，还发现当地把可可粒作为钱币。有些印第安人（特别是在危地马拉），直到今天还以可可粒为通货。

古代墨西哥人用可可做饮料的方法是把可可粒焙烤、轧碎，在石板上磨成粉，加上香草和胡椒之类作为调料。糖是当时所不知的，只有富人才以蜂蜜和龙舌兰之类果汁，使他们的可可变甜。

公元 1520 年，可可的知识由西班牙征服者传入欧洲。一百年后，它从西班牙传到意大利和法国，在那里它成为非常普遍之物。把可可加甜并弄成块状，便做成所谓巧克力。它征服世界是在荷兰人冯·霍屯（Von Honten）发明把可可油分解出来的方法之后，由于这种方法才使得可可更加可口和易于消化。

虽然可可是中美地区的古典饮料，虽然这种植物现在已在很多热带地区种植，但作为原始人的饮料它只局限于一定的地区，而对整个原始文化未必有大的影响。由于白人的提倡和经营，巧克力在世界市场上取得了它现在的地位。

咀嚼某种东西和享用刺激性饮料同样愉快。咀嚼出来的汁以及咀嚼动作本身，具有镇定神经的效果。美拉尼西亚、密克罗尼西亚、东印度（主要指今印尼——译者）和马来亚群岛的原始人，视咀嚼槟榔为非常愉快之事。印度商人把处理槟榔的知识传入东非，就使那里土著居民的下颚忙碌不休。把一袋这样的特殊“口香糖”递给客人，是一种好客的态度，这其中有槟榔果的薄片、石灰或珊瑚粉末，包在胡椒属植物的绿叶之中。它有一种提神的苦味，但不利于牙齿的清洁。

1 这件文书即指王褒《僮约》（载《全汉文》卷 42）。从此可见，中国西汉时已饮茶成风，不必要到公元 4 世纪时才普遍。阿萨姆地区是野生茶分布地区之一，该地何时开始人工种茶尚无确切材料可以说明。——译者

2 亚洲饮茶仪式，当指日本“茶道”而言。这是镰仓时代从禅院中发展起来的一种习俗。敬茶、饮茶有很多礼节，并形成一种团体。最近日本“茶道代表团”还曾来中国访问。——译者

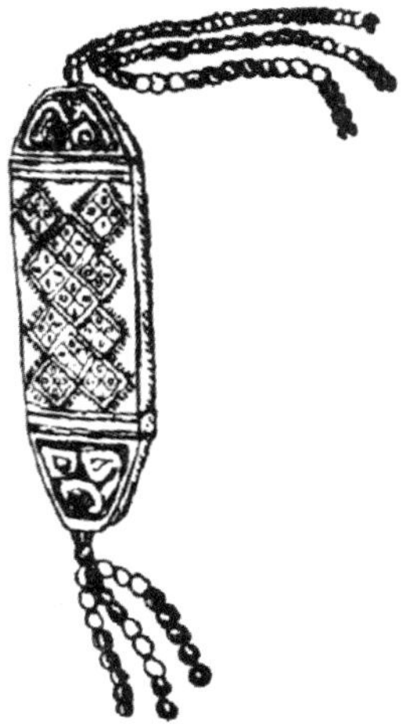

图一三一　蒂汶岛的槟榔盒

图一三二　麻醉性植物曼陀罗

图一三三　曼陀罗草多刺的荚

它把牙龈染成无法褪去的棕色。咀嚼槟榔的习惯产生出分布广泛的雕花小盒，用以盛放人们喜爱之物。

哥伦比亚古代奇布查人，随身带着同样装石灰的小盒。他们特别喜爱另一种咀嚼物——古柯。远在现代科学认识到古柯碱（它是从古柯树叶中提取出来的）以前很久，哥伦比亚、玻利维亚和秘鲁的土著居民就把古柯树的苦叶和石灰同嚼，可以很快感到精神旺盛。特别是白人世界把古柯碱配制成更为危险和迷惑人的东西，使其嗜好者发生很多悲剧，所有文明国家的法律都加以反对。

造成世界性不幸的另一种刺激物是鸦片，它是从罂粟籽中提炼出来的。

从马可·波罗时代起，就知道大麻的危险，称之为“天堂的钥匙”。assassin（谋杀者）一词，即导源于大麻嗜食者之名 hachiche。几个世纪之前，年老的齐贝酋长（Sheik al chebel）曾利用嗜食大麻而发狂的人们来杀死敌人。蒲德莱[1]的《人造的天堂》，对大麻爱好者来说，是一部经典著作，它有许多热烈的、可怖的和奇怪的情节，这位伟大艺术家自身的健康也是被大麻所摧毁的。

史前“湖居文化”的居民，从其遗留的工具来看，已知吸食大麻和鸦片。很多原始民族确实有从各种植物中提炼麻醉品的整套知识，他们口服和鼻吸这些麻醉品，或经过调制后服用。

在原始人世界中，希望神游于“人造的天堂”的愿望时常是有宗教原因的。当部落成员们一起服用麻醉品而处于梦幻昏醉状态时，他们这种集会多半具有仪式的性质。有些部落仅有巫师知道麻醉品的“巫术”，另一些部落士兵们在临战前，借助于人工刺激来维持勇气。处于攫取经济阶段的部落，大概只有澳大利亚人知道麻醉剂，他们用编成的小盒盛放心爱的“皮曲利”[2]叶，咀嚼这种叶子使他们进入梦幻似的精神状态。

在新几内亚，每当“非常激动的时候”就服用一种野菌（“伦达”），可以造成服用者的暂时

1 蒲德莱（Charles Baudelaire，1821—1867），法国诗人和评论家，有诗集《罪恶的追随者》传世。——译者

2 “皮曲利”（pituri），一种澳洲小树，学名是 *Duboisia hopwoodii*，木质软，开白花，叶中含有类似颠茄碱的成分。——译者

图一三四　佛罗里达州北部 16 世纪〝黑饮〞仪式画

疯狂。许多美洲印第安人非常熟悉麻醉品，他们所用品种很多，其中有美国新墨西哥州组尼人用的曼陀罗草[1]，北美草原、墨西哥及其他地区神秘仪式中使用的一种麻醉性含羞草（仙人掌类植物 peyotl）做的鼻烟，美国佛罗里达州的“黑饮”以及声名狼藉的印度大麻（marijuana）。后者对今日美国青年犯罪时常起重要作用。

轻微的刺激物和这些麻醉品有所不同，适可而止和过量也不能同日而语。烟草是快乐和友谊的最早源泉，仅有盲从的人才拒绝它提供的有益于人们思想的灵感。在朋友们相聚交换意见的任何地方，烟草的蓝色烟雾造成亲密的气氛；在安静的斗室之中，它引起许多发明者和哲学家创造性的思考；甚至圣人和僧侣也不反对来一次沉思的吸烟，作为自己无声的伴侣。

现代科学家对吸烟习俗的起源，看法未能一致。虽然林德伯姆 1947 年说过：“大约现在大家都已同意，烟草是从旧世界传到美洲的。”当代的学者在这个问题上仍然相信诺登舍尔德所说：“鼻烟、纸烟、雪茄、雪茄尖嘴和烟管，皆是印第安人的发明。”假如这样的话，首先到达美洲的白人，一定对土著居民“口中含着冒烟的草”的习俗感到惊异，而把这方面知识带回故乡。早在 16 世纪，烟草已普遍作为治疗牙痛、痛风和其他疾病的药方。法兰西驻葡萄牙大使让·尼科（Jean Nicot）把烟草介绍到法国皇室的圈子中，他把这种“药草”的碎叶作为药品送给梅弟奇的卡德琳[2]之子，而得到发明“尼古丁”的盛名[3]。

---

1 曼陀罗草（Jamestown weed），学名是 *Datura stramonium*。——译者

2 梅弟奇的卡德林（Catherine of Mecini，1519—1589），法皇亨利二世皇后，出生于意大利佛罗伦萨的梅弟奇家族，故有此名。——译者

3 “尼古丁”（nicotiana）一词，即来源于让·尼科之姓。——译者

图一三五　墨西哥古代抄本中成束的雪茄和烟灰缸

图一三六　墨西哥古代抄本中的吸烟者

图一三七　帕伦克庙宇石浮雕中玛雅人巫师吸烟

欧洲普遍吸食烟草，是后来的事情。从此对烟草是敌人还是朋友，一直存在争论：它是“罪恶之草”，还是“神的呼吸”？这种争论延续了几个世纪。一个研究烟草最有能力的历史学家斯塔尔（J.Staal）正确地指出：“再没有哪种植物，像烟草那样对人类经济生活和文化生活有广泛影响的了。”

烟草最早用于仪式之中，印第安人的“和平烟管”是著名的例子。享用烟草的形式即使在其故乡美洲大陆，也是多种多样的。南美有“卷烟”。图卡诺－印第安人以刻成的大叉子，来吸巨大的雪茄；“雪茄”一词即来源于中美语言。加利福尼亚的丘坎西人、加绍恩人、塔奇人、伍克查米人、约旦奇人和约尔曼尼人等，流行把烟草吃下去的方法。另外的方法还有太平洋沿岸最北边的印第安部落把烟叶和烧制的蚝壳粉混在一起。有些地区把烟草调和在水中饮用。据克娄伯说：“丘坎西人认为，吃烟草后就能发现邪魔。”拉布拉多的印第安人把树皮做的烟卷献给被杀死的熊吸食，以此仪式来抚慰熊的灵魂。每当爱斯基摩人得不到白人吸的烟草时，就依赖他们自己的“老牌子”——阿塔毛雅[1]。

北美许多印第安部落种植烟草，并广泛进行交易。另一些部落则采集各种野生的烟草。在非农业民族中，约罗克人种植的惟一植物就是烟草，否则他们就是一个非农业民族了。

烟草传入其他原始地区，引起不同的反应。在新几内亚，不仅吸食而且咀嚼烟草，男人、妇女和孩子用交换来的烟草卷成自己的“雪茄”。而波纳佩地区与此相反，土著居民“决不欣赏吸烟之乐”。其他太平洋岛屿的居民，仅把烟草当做咀嚼槟榔的“调味品”。非洲的土著居民，却

1　阿塔毛雅（Atamaoya），爱斯基摩语，就是烟草之意。——译者

图一三八　图卡诺—印第安人用夹子吸雪茄

图一三九　海达—印第安人木制烟斗

图一四〇　喀麦隆北部的陶烟斗

是十足的瘾君子。施韦泽把加蓬的兰巴雷内（Lambarene）地区称为“尼古丁慢性中毒之地”，并说妇女甚至是比男人更为过量的吸烟者；人们由于过分沉溺于吸烟而患失眠症，“为了麻醉自己的神经，竟继续通宵地吸烟”。英美烟草公司一个雇员，对于东非的卡维龙多人这样写道：“我们包装香烟是四支一盒，因为卡维龙多人一次要吸四支烟，嘴的两边各衔一支，两个鼻孔各放一支”。

潘格威人种植四种烟草。努尔人在烟中加入灰和牛粪，以“改进”烟味，这种混合物是以连着南瓜壳烟斗的巨大陶烟管来吸的。

从北美用“神圣的烟管石”刻成的简单烟管，到全世界用黏土、石片和木头做的富有装饰的烟管，各民族制造来装“神草”的容器，真是种类繁多。许多非洲故事中，烟草的起源解释为

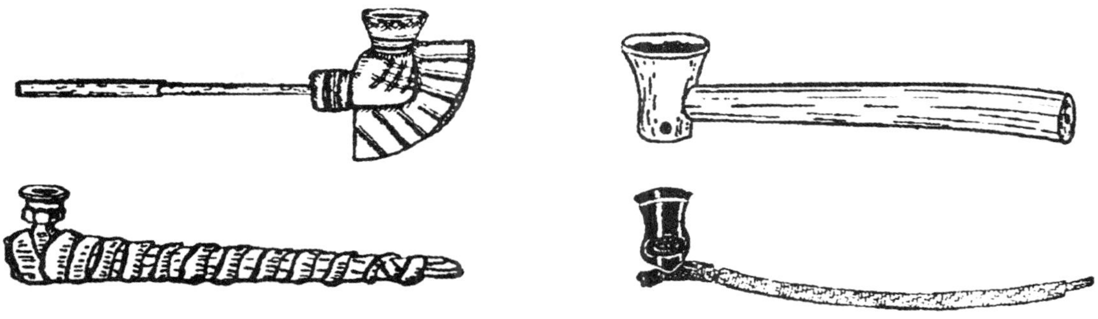

图一四一　几种烟管

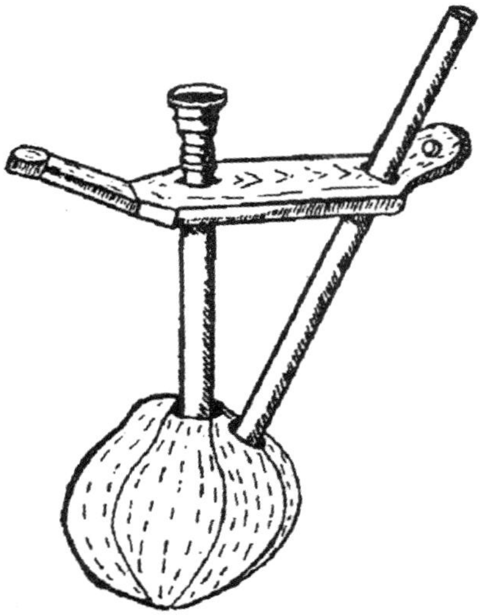

图一四二　非洲水烟管

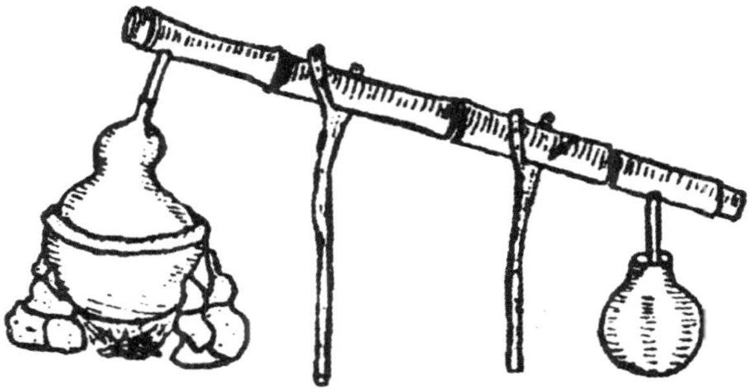

图一四三　摩鹿加群岛的棕榈酒蒸馏器

黑人的神所赐予的奇妙礼物。丛林中烟管的兴起，归属于生活应尽情享受这一观念。

在发达文化的烟管之中，印度、中国、波斯和阿拉伯的水烟袋，大概算是最风雅的了。它的结构是一个盛水容器（通常是椰子壳、鸵鸟蛋壳、陶制或瓷制的器皿），上端连着带有烟袋头的管子，盛水容器上另一根细的管子上有特制烟嘴，吸者从烟嘴吸冷水清滤过的烟。一群回教徒黄昏时坐在院落树阴下讨论世界和自身的事情，同时就安静地用带有各种管子的水烟袋吸烟。这里水烟袋的名称 narghile，源于波斯语 nargil，意即椰子。阿拉伯人和印度人的水烟管，在非洲许多地区被原始人所仿制。

当一群人吸烟消遣、亲切地交流思想和讲述漫长的故事时，若缺乏一杯含有酒精的饮料，总是美中不足。酒精是最古老的饮料，绝非文明的产物。法国香榭丽舍大街咖啡馆银盘中的开胃液、英国俱乐部中的威士忌、法国摩泽尔和莱茵的名酒和香槟酒，所有这些在原始农民制造的酒和啤酒中，在早期牧人的发酵奶酒中，都能找到先驱。

酒精的制造需要发明发酵方法。它的发明过程大概比较简单，可能是原始人把面包弄碎放在盛水容器中，次日看到表面起了泡沫，底部有了凝固的物质，他尝一下这种“水”，有一种不寻常的愉快感觉，因此他决定进一步从事此道。另一些未开化者切割龙舌兰的茎，喝它的汁，并把剩余的汁放在葫芦中带回家去，几个小时后看到果汁有了变化，他尝一下，认为值得研究。

一切含酒精的饮料可归结为两种：一、酒，其中酒精直接从糖中取得。二、啤酒，其中酒精是糖加上淀粉产生出来的。牧人饮用的以奶糖发酵的酒，是酒的旁支。

在原始部落的酒中，棕榈酒是非常普遍的一种。常见的方法是把棕榈树砍倒，支在架子上，树干向上一面开出像孩子的手那样大的切口，下面点燃微火，树汁便聚集在切口之中。用葫芦把树汁装起来，储藏在有盖容器中让它发酵，三四天后即制成酒。这时，丛林中的狂饮（像我们的鸡尾酒会一样普遍）就可以开始了。在热带气候下，早晨取出树汁，中午即可发酵，泡沫就冒出容器。这种发酵是由于空气中有酵母菌，把树汁中的糖变为酒精和碳酸。沉淀于器底的就是酵母菌。

许多非洲部落制造棕榈酒不用砍树法，人们爬上长着多汁嫩芽的树顶割开切口。黄昏割开，次晨酒即做成。这时挂在树上的葫芦，便成为丛林中旅馆主人对酒徒们表示欢迎的标记了。潘格威人那带有泡沫的黄色棕榈酒，有一种“令人难忘的奇香”。

阿兹蒂克人的“奥克梯”酒，是龙舌兰酒（pulque）的先驱。后者是用龙舌兰大的花柄酿成的。许多北美印第安部落用仙人掌类植物酿酒，如帕帕戈人就是这样。每当酿酒季节还要举行一系列庆祝活动，其巫师要举行祈雨巫术。玉米、甜薯、木薯和甘蔗都能酿出酒来，供热带那些快活的狂欢者饮用。

图一四四　比属刚果酿造啤酒的妇女

印度康代人，用一种棕榈树（salopoo gaxo）酿酒，每天可提供酒达 20 到 25 公升。当开花时节，他们“除了饮酒外啥事不干”，这是一个无限制的狂欢和跳舞的季节。婆罗洲的“梅金内坎”节，也是一次欢庆活动，只有富人才能举行，他们的“内西”酒是用稻米做的。当酒做好后，就敲锣集众，还准备大量的猪和禽类供庆祝者大吃大喝。

啤酒是阿佩切人心爱的饮料，他们是用仙人掌的块茎来制造啤酒的。玻利维亚东部诺泽人的啤酒，更多的是用野蜂蜜、玉米和丝兰酿造。为了促成发酵，有些部落用揉捏之法，有些部落则加以咀嚼。

非洲酿造啤酒的人比酿造其他酒的人更多。每个深入黑大陆的人，都曾被邀请到土著的“啤酒花园”中，加入全村欢乐人群的行列。

喜马拉雅山原始部落流行的啤酒，是用粟类和其他谷物制成的，称为“马鲁瓦”。他们酿酒用的“啤酒桶”，是一个盖着香蕉叶的竹筒。饮者以小管吸饮，一次又一次地向竹筒倒热水，直到酒失去刺激性为止。佛教僧侣和世界其他地区的宗教人士一样，是酿造啤酒的专家。

图一四五　吉尔吉斯人的蒸酒器

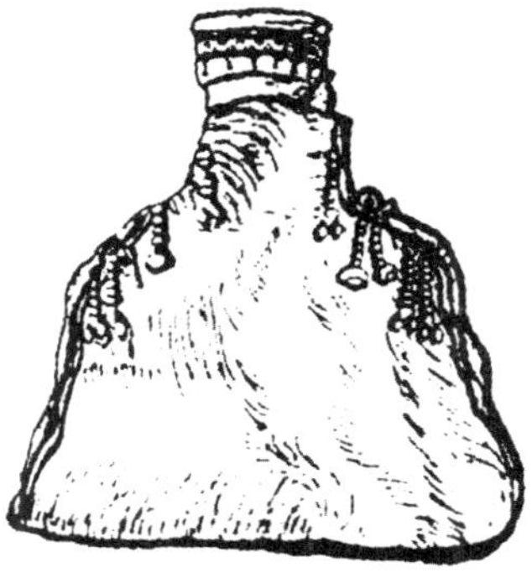

图一四六　雅库特人装″柯米斯″酒的马皮袋子

蒸馏法的发明，使饮料的酒精成分大为提高。它是如何发明的，只能做些推测。很可能是热带阳光晒热了盛酒的容器，使器盖内凝聚酒滴，人们发现这些酒滴比容器中的酒更为浓缩，将盖子延伸出来再加上使酒精蒸汽冷却的装置，蒸馏设备便创造出来了。印尼摩鹿加的土著居民就是这样从棕榈酒中制造他们的“白兰地”的。爪哇、泰国、锡兰和印度的马拉巴尔（Malabar）海岸，有很复杂的蒸馏设备，使人们制造许多类型的“白兰地”。

公元1253年就有传教士指出，从西伯利亚中部布里亚特山脉到西藏北部的广大地区，以及在吉尔吉斯地区，制造著名的“柯米斯”酒。马可波罗在旅行中也尝过这种酒[1]。1251年，阿布·加塞[2]把这种酒描写为“像蒸馏两次的谷物做的白兰地一样清澈”。“柯米斯”酒是用骆驼和驴的乳制成的，发酵物用的是奶油块。

原始人的故事和诗歌中充满了关于饮酒和酒徒的妙句。坦桑尼亚西北部的哈雅人谚语云：“赤身的人制造啤酒，穿衣的人来喝。”这颇有社会批评的意味，即表示穷人生产而富人享受。多哥的克潘杜人，当用葫芦传酒时，有互相谄媚的习俗。客人把最后的酒滴在地上，然后给自己起一酒名，其他人对此加上恭维的评语。如他说：“挡路的蛇。”其他人就说：“它是不怕棍子的！”若他说：“乌龟壳。”朋友们就大喊道：“我们是老乌龟的壳。”没有哪种昆虫和小动物能伤害这种有壳保护之物。

婆罗洲北部的杜松人的酒歌是富有才智的：

外面池塘是大的，
我们没有头痛；
房里池塘是小的，
而我们得了头痛病。

据探险者斯塔尔解释，歌的含义是他们在田野的池塘中饮水，不会感到什么不舒服；而房内小池塘，即装酒的器皿，却使他们头痛了。

---

1 马可波罗记载这种酒是用马乳做的，参见《马可波罗行纪》（冯承钧译，中华书局1954年版）第69章。——译者
2 阿布·加塞（Abul Ghazi，1605—1665），是有关蒙古史和鞑靼史的著名作者。这里的1251年疑为1651年之误。——译者

图一四七　中世纪末期欧洲人的"酒吧间"

从希腊的安纳克利温[1]和中国李太白以来，各个时代诗人们都高唱酒之歌。阿兹蒂克人的"克西朴"神，也以"夜饮者"而著名。他们的龙舌兰酒在最早时期仅限德高望重的"年老男女"饮用，仅仅当举行盛大的"泰库胡汤特利"宴会时，所有男女甚至孩子才允许没有限制地享受它。

公元前2500年前的埃及人，就酿造出四种不同的啤酒，而关于这种"神圣的"饮料的起源故事可以上溯到公元前4000年。一件象形文字的文书说："不要让啤酒压倒你，你倒下来跌碎骨头也没有人向你伸出手来。朋友们继续喝酒，并且说，'滚他的吧！喝醉的人'。"本书作者在一个美国黑人小教堂中也听到同样的话："不要成为一个罐子，当上帝打开后发现里面只有啤酒。"这两者之间是何等的相似！

从远在公元以前埃及的一位学者写给其学生的信中，可以判断当时埃及学生普遍沉溺于啤酒：

我听说你离开书本，听任自己寻欢作乐。你每天黄昏从这条街走到那条街，啤酒的气味使人们远远离开你。它摧毁你的灵魂。你的本领看来就是爬墙并闯进人家，人们躲开你，你伤害他们。

若把吃喝、抽烟之类看成原始人娱乐的仅有因素，那我们对人类各种族成员所享有的愉快生活就缺乏正确理解了。舞蹈、游戏、运动之事，由于它们自身的优点而时常举行；原始人普遍爱好娱乐的态度在这些完全清醒的活动中表现出来了。

原始人的孩子，也有从事游戏的权利。地球上所有民族都有玩具的发明，以此来使其幼儿的童年增加光彩。这些玩具或者为了单纯的娱乐，或者为了教育的目的。非洲的潘格威人孩子们用圆石子玩一种"弹子"游戏。他们的"九柱戏"用的是棕榈籽实。他们有玩偶、豌豆枪、鞭打的陀螺、拉线的傀儡、巫术性的游戏以及九连环、高跷、小型复合弓、动物捕机和鼓。他们进行拔河和赛跑。总之，他们有一个快乐儿童所想要的一切东西。

乔罗蒂－印第安人妇女为小女孩制作的玩偶，是这类玩偶中非常奇特的一种。玩偶的头非常小，很难引起注意，因而把纹面图样画在身体之上。原始世界孩子们看惯了裸体，这些玩偶不会引起什么想象。

图一四八　苏萨遗址出土的刺猬玩具（公元前2000年）

古代埃及的玩偶，同样具有现实主义风格。它装有可移动的双臂和头发织成的假发，假发中还织入小的黏土球，模拟努比亚的女仆发式中特有的油脂球。另一种令人喜爱的玩具是"面包师在工作"，在木板

1 安纳克利温〔Anacreon，前563（？）—前478〕，希腊抒情诗人，诗中充满对喝酒和爱情的歌颂。——译者

齐佩瓦—印第安人用榆皮和柳枝做的偶人

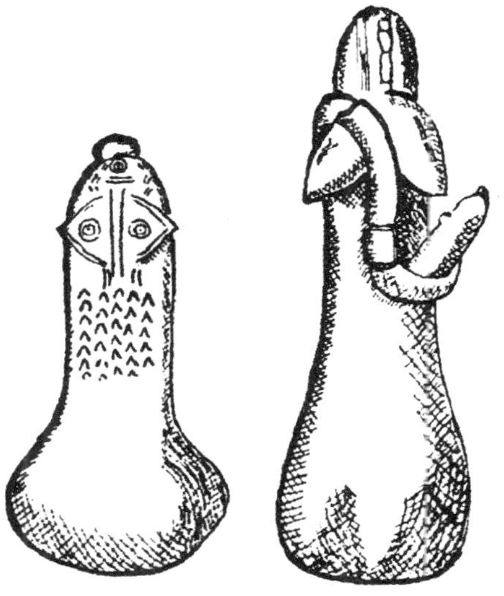

乔罗蒂—印第安人的偶人

图一四九　原始玩偶

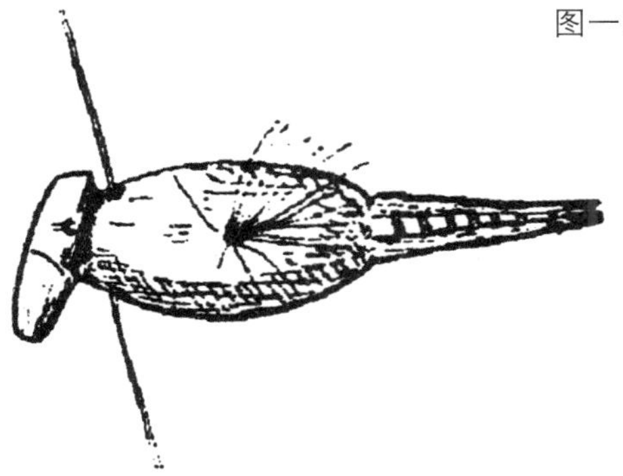

图一五〇　弓弦上跳舞的木鸟——圣克鲁斯群岛的玩具

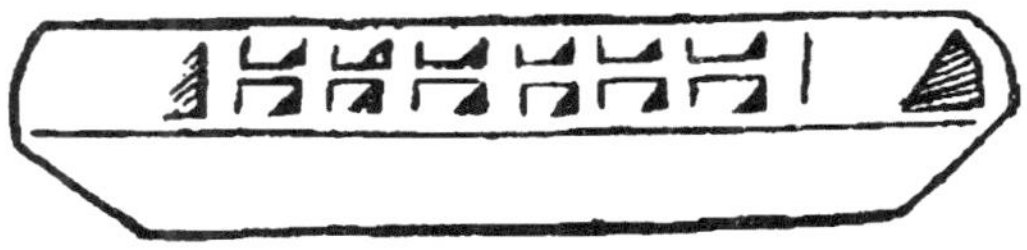

图一五一　潘格威人的游戏板

上安装一个可动的人形，当拉线时这人就将一块黏土前后移动，“揉捏面团”。埃及人还为其子孙建造了玩偶房屋，有镜子、柜子（带有可移动的抽屉）等小家具。他们还有拉线的动物玩具，鳄鱼的下颚会上下移动。人们豢养的爱畜则是猴子和有壮丽头饰的鸟（如戴胜鸟之类）。

全世界成人的游戏像人们想象力本身那样的丰富多样。跳舞占有主要地位，但即使是很原始部落（如澳大利亚）也有角力、掷矛比赛、球戏，特别是跳绳。跳绳在玻利尼西亚、美洲、非洲和世界其他许多地区也为人所知。我们所能想象的一切室内游戏，在原始人中都能找到先驱或同类之物，从记忆性游戏直到根据机会原则的板上游戏，后者很易于使原始人的钱输得精光，就像白人的赛马一样。这些游戏中最著名的大概要算是“曼卡拉”了，它在整个非洲大陆普遍流行。

非洲乌班吉河部落则热衷于“苦卡”游戏。在闹市上，人们失去成堆贝币。这种游戏纯属“雄性”的活动，正如探险者莱德（J.Leyder）所说：“妇女不玩它，她们没有时间”。

有些原始部落甚至在丧礼中也要游戏，决定胜负者被想象为死者灵魂。这一习俗在南美印第安部落之中特别发展，民族学家卡斯坦（R.Kansten）曾对此给以生动的描述：

> 夜晚的其余时间消磨在玩另一种游戏上。这种游戏是用烧着的棉花球来进行的。在死去的印第安人胃部放上木板，板上放一个个点燃的棉花球，玩者排列在尸体两边，把棉花球吹来吹去，使它不停地移动。每一个玩的人发现球在自己面前时便把它吹向另一边，那里的人又把它吹向另外的方向。游戏的目的在于免除从死者身体发出的一切危险，因为人们害怕病魔会再带走活着的亲属中其他的人。

但是，这样不愉快的目的并不能阻止参加者纵情游戏的狂热。南美为了使死者忘却活人，有举行宴会的习俗，甚至今天在现代化城市中仍很流行。厄瓜多尔操凯奇语的印第安人“当灵魂日（Day of the Souls）把食物献给死者”。

南海的军舰鸟也为娱乐性运动提供许多机会。军舰鸟的崇拜是一种普遍的习俗，特别在纳阿罗（Naoero）岛民之中。持有这种鸟的人必须是“神圣的人”，他戴着羽毛手镯，作为这种鸟神秘的“丈夫”，就像威尼斯的“道吉”[1]戴一个戒指，作为海的丈夫一样。鸟要先加驯养，在双翼和尾巴之中刻上主人的个人标记，这样便易于从空中把它们辨识出来。当驯养一只新鸟时，所有邻人都激动起来，快乐地高呼：“现在它乞食了！”主人用鱼饲养它们，用自己的嘴给它喂水。当它们训练得可以长久依附主人，再放它们自由，然后它们就能参加和另外的鸟竞赛，比赛飞的高度和技巧。

岛上有许多品种的鸟被当地运动员加以驯养和训练。其中有一种夜鸟，其名字（“埃德圭”）竟成为当地唐璜[2]的绰号。白天的运动项目是斗鸡、斗猪和斗鱼。虽然蜻蜓被认为是“死者的化身”，孩子们也加以驯养，使它们停留在离家很近的树枝上，在那里它们攻击飞过的其他蜻蜓，给予旁观者以很大的欢愉。

这类游戏是一种正规的运动，虽然在原始人娱乐之中，玩耍和运动的界限时常难以划清。

散步这种简单的运动不甚普遍，由于它是非常自然的活动，很少引起注意。原始人中的徒步者，时常负载着沉重的背袋，走过长距离的难走道路，即使如此，他们并不认为在创造记录。

跑步也不引人艳羡。人们为了获得生存，跑步是太需要了，以致很难看作是一种专门的运动。像澳大利亚人、布须曼人和霍屯督人，能够持久地追赶猎物，直到使它们累死。据科尔布（Peter Kolb）1719年报导，人们骑在马背上也赶不上霍屯督人。另外具有特殊天才的赛跑运动员是塔拉奥马人，他们住在墨西哥北部的马德雷山（Sierra Madre）上，其他部落公认他们为“拉雷马利”，即“善跑者”。他们能不停顿地跑上两百英里的距离。加利福尼亚湾的提布隆岛（Tiburon Islans）的吉里人，能够追赶一头强壮的鹿致死，能够在短时间内捉住一匹飞跑的马。他们能作这样的表演，是由于从幼年起即受训练，由于他们有比例适当的细长身体和对自己力气的充分珍惜。

爬高同样创造了惊人的记录，但在原始社会中也不认为是一种运动。在高树之顶摘取果实，从鸟窠中取蛋，割取野蜂蜜，等等，所表现出来的爬高能力给予人们以深刻印象，甚至具有同样爬高技巧的旁观者，也要以特别尊敬的言词来称赞这些爬高优胜者。

---

1 道吉（Doge），威尼斯共和国（1697—1797）的地方行政长官名称。——译者

2 唐璜（Don Juans），传说中西班牙贵族，出现于很多文学作品中，是一种乱追女人的风流男子典型。作者这里是说纳阿罗地区对风流的男子便称之为“埃德圭”。——译者

最吸引原始人运动迷的运动是跳高。东非的瓦托西人——一种身材特别细高的部落，认为这是令人羡慕的强健体魄的表现。年轻人如不能跳到自己身体那样高，就不被承认已经成人。他们利用低的白蚁窝或类似之物作为跳板，可以不费力地跳到平均两米多的高度。

投掷是许多民族喜爱的运动，石头或者就是最古老的铁饼。熟练的猎人准确的手和他们那些武器，把他们训练成投掷运动的最早冠军。北美印第安人观众中的鉴赏家，对投掷表演者的技巧和才能比起他们的力气更为重视。甘蔗、海狸齿、坚果和黏土块都可作为投掷器，表演有一定的规则，两群人彼此进行竞赛。在组尼人之中，投掷游戏具有宗教仪式性质，其设备要奉献于战神（这种游戏的保护神）祭坛之上。

飞去来器是澳大利亚人古代的狩猎和运动器具，也曾传到地球其他地区。它在北美印第安人某些部落、印度和埃及都有发现。在埃及，直到 19 世纪末整个军团都装备有飞去来器。

斐济岛、美洲、非洲和新几内亚还流行以投矛比赛，解决部落的争端，可以看成是运动员精神的高度表现。

在发达文化和很多原始部落之中，角力都是一种令人欢乐的运动。从澳大利亚到巴西，从非洲到芬兰，从玻利尼西亚到高加索，从东南亚到日本，在每个地方角力都引起雷鸣般的喝彩。在日本，“相扑”选手列入国家英雄之中。

拳击同样存在于各个文化发展阶段。汤加岛的土王，每隔一定时期就命令他的臣民举行拳击比赛。原始拳击或者不用手套，或者用一种厚的绳垫作为手套。太平洋的莫特洛克群岛拳击者使用鲨鱼齿，使拳击之手变为危险的武器，谁先倒下就算失败。原始运动事业中，甚至也有裁判员。在夏威夷，当出现不公正的行动或斗拳时间延续过长时，裁判员就进行干涉，他用木棒把拳击者双方隔开。

对原始人来说，游戏不算是一种运动。但玻利尼西亚岛民们骑在木板上破浪前进，进行激烈的竞赛，凡是不倒下而首先到岸的人就是胜利者。

所有运动中最普遍的一种，大概要算球戏了，长期以来它为印第安人、黑人、欧洲人和埃及人所喜爱。我们许多著名的游戏可以在原始部落球戏中找到来源。这些部落的球戏常具有巫术性或象征性的意义，这证明它有悠久的历史。

马科－印第安人，每当捕鲸鱼季节快到时，就用鲸鱼鱼骨和一根象征战神的棍子玩曲棍球戏。古代阿兹蒂克有一部法典认为，光明之神和黑暗之神彼此玩球。而墨西哥古代统治者责任之一，就是当午夜时守望着大熊星座，人们认为那是“星星玩球的地区”。球戏（特别是北美印第安人的球戏）如此多种多样，本身就值得研究。加拿大球戏和其他有双球门的球戏，使用着大小、形状不同的球，其中很多是用软皮（如鹿皮）内塞草或植物纤维做成的。欧洲足球的先驱，是爱斯基摩人皮壳内填物的足球。

古代埃及人用两个半圆形的皮或好的亚麻做壳，内塞稻草或切得很好的芦苇，缝在一起，做成径约四英寸的球。五颜六色硅石做的小球非常易碎，玩球者必须要有巧妙的技术。

在发达文化中，单纯的娱乐或消遣和定期的宴会、庆祝会之间的差距，有显著的发展。事先决定在规定时期举行胜利庆祝会、周年纪念会、婚礼和宗教的或国家的假日，有一种紧逼的感觉，和原始人思想意识完全不协调。而原始人那种普遍的、自发的、时间不定的各种方式的娱

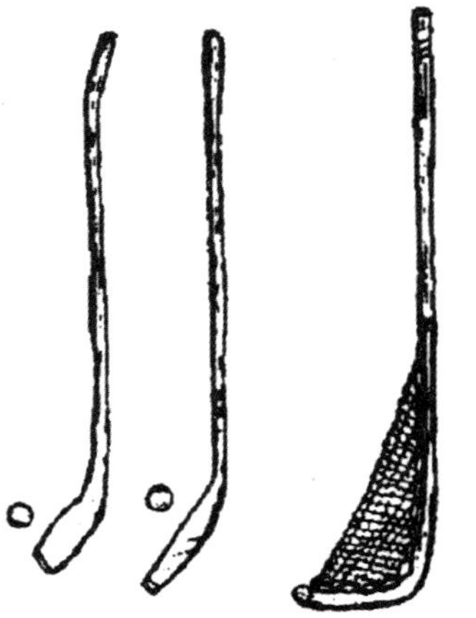

图一五二　莫诺—印第安人曲棒球（左）和帕萨马科迪－印第安人网球拍（右）

图一五三　曼旦—印第安人的足球

乐，并不亚于古典时期及前古典时期的官方庆祝活动，在这些经过国家或社会批准的活动中跳舞、演剧、游戏和大吃大喝的宴会结合在一起。

哥伦比亚奇布查人把一年分为界限分明的三段，其中有一段是专门从事宴会的时间。回教徒的快乐季节是“九月斋”[1]以后开始的。对天主教徒来说，快乐季节随着“圣灰日”[2]而结束。文明的宴会按计划进行，无论它的东道主是家庭、集团、俱乐部、政府、教会或国家，计划性和目的性侵入联欢之中，使得我们的集会更有魅力。但它是否比得上丛林中和草原上那些为快活而快活的集会所特有的欢乐，是大可怀疑的。

1 九月斋（Ramadan），每当回历九月，回教徒每天坚守严格之斋戒，从日出直到日落。——译者

2 圣灰日（Ash Wednesday），距复活节前七个星期，是大斋期的开始。是日有些教堂象征性地把灰点在人的前额，以示悔罪。——译者

第七章　陆路和水路交通

当我们闪闪发光的汽车在公路上呼啸而过，当我们的铁道载着飞快的火车驰向终点，这时旅行者常常因现代交通取得的高度成就而感到自负：我们是“无所不往”。

但是，尽管我们旅行工具及其高速度甚至在一百年前还是很难想象的，把地球广大空间联系在一起的道路——军用的和商用的道路——却属于人类最古老的成就。一条重要的小径，无论是通往水塘的小路还是越过高山通过沙漠的商道，一再被使用就成为历史悠久的通衢。当从茂密的丛林、岩石和树木以及其他障碍物中清除出一条道路时，便赢得了宝贵的时间，使人们能到达富有食物和水的地方，使前往贸易地点的旅行有了保障。由于道路指示出可靠方向，在荒野中迷失的危险大为减少，邻人可以去拜访，新的地区能够去开拓，民族大迁徙和文化因素的传播由于道路而易于进行了。从黎明时期起，道路便是和平或战争的伟大标志，道路把人和理念连结起来。

古代和今天一样，道路是部落之间、民族之间、城乡之间以及海岸和内地之间贸易的重要命脉。历史上伟大道路的故事，就是历史本身的故事。

非洲的商队和猎人，从乍得湖和廷巴克图到北海岸，从尼罗河、尼日尔河到苏丹，来回走动。苏丹的索科托、卡诺和类似的贸易中心，吸引着商人们。从埃及到所谓“赫克利斯之柱”[1]的古老道路是传奇性的。全部黑大陆，从地中海到内地，过去是今在仍然是布满着纵横交错的小径。

欧洲沿着多瑙河这条值得骄傲的河流两岸，史前时期就兴起了多瑙河文化，而且几千年来成为文化交流的中心。古代欧洲的“盐道”，把矿区的矿产品传布到贸易中心，甚至今天还保持“盐道”这一名称。这条“盐道”终点是在萨勒河上的赖兴哈尔（Reihenhall）和哈雷（Halle），而多瑙河、易北河和卢瓦尔河是它的商业航线。

小亚细亚从巴格达到巴士拉（Basra）的道路，在《天方夜谭》以后就永久留在人们记忆之中。通过乌拉山脉和里海之间的道路，民族迁徙一浪又一浪地流向欧洲。马可·波罗曾沿着古老的“丝绸之路”旅行，从撒马尔罕到兴都库什山，从戈壁大沙漠到北平。通过这条“丝绸之路”，珍贵的中国丝绸从中亚和前亚（Anterior Asia）传入罗马帝国。中国和罗马之间的贸易关系，开始于公元前114

1 “赫克利斯之柱”（Columns of Herecules），指今直布罗陀海峡而言。赫克利斯，希腊神名，相传他力大无比，直布罗陀两边山崖是他所立。——译者年[1]。据托勒密[2]报导，从凉州（指今甘肃武威一带——译者）到帕米尔高原的旅行要花费七个月的时间。

美洲玛雅人每年要前往距离很远的地方，从事伟大的商业远征。土著居民甚至还把从西卡兰努（Xicalano）通过原始森林到洪都拉斯产金地区的著名道路画出地图。1524—1525 年科泰斯[3]曾在这条道路上进行过冒险的旅行。

原始小径并不壮观，但它和大的道路同样古老，或比道路更为古老。它比道路更具有标志方向而不是道路的性质，其路线主要由该地区是否难走来决定。若地形允许，它蜿蜒地通过捷径和山的丫口横穿大陆。美国开辟者带篷货车曾在棕色人种（指印第安人——译者）的古老小径旅行。许多州的和联邦的公路循沿着印第安人的小路，从奇努马（Chinuba）到庞恰特伦湖的路易斯安纳（Louisiana）的道路仍然以“印第安人道路”而著称。科罗拉多州的公路就是建立在“圣菲小径”之上。

如众所知，地球上大的河流是货物交流和人类迁徙的决定因素。几千年来，尼罗河、黄河、幼发拉底河、底格里斯河、圣劳伦斯河、密西西比河、密苏里河和亚马逊河，是和人类历史紧密相关的。水上道路刺激了商业交换，创造出文化中心。下刚果的河流把整个部落转变为商业民族，这一现象在世界上屡见不鲜。

人类最早的建筑成就之一就是运河的修建，运河把大的水路联系起来。著名的隋炀帝（605—618）是很了不起的，他的专家们修建了一条光荣的皇家运河。亚马逊河地区，特别是莫佐斯省（Mojos），人们很早就修建许多运河来努力解决洪水泛滥问题。现代科学家倾向于相信在俄利诺科（Orinoco）和里奥内格罗（Rionegro）之间的大水道是人手修建的。

河流和水道可以把国家和国家、民族和民族联结起来，而它们对必须横渡河流才能到达目的地的旅行者也时常造成障碍。为了克服这种障碍，使道路越过横阻的河流，人类发明了桥梁。原始部落为越过河流和深渊，从最简单的设备到技术复杂的坚固建筑物，所创造的方法是多种多样的。

在喜马拉雅山崖石上，有原始牧人挖出的洞，旅行者在洞中插入竹梯，缓慢而冒险地爬上爬下。利用竹竿，也可以渡过深渊。在小河对岸树顶上系以牦牛毛做成的绳索，旅行者吊在绳索所附横棒或编成的座位上，可以像打秋千那样荡过对岸。两岸系上绳索的溜索桥，是秘鲁安第斯山印第安人常用的渡河设备。南美艾马拉人建造浮桥；瓦里人在小河中安置竹柱，像走钢丝一样前进；凯奇人则使用悬桥这样的建筑物。博托库多人和西里昂斯人，将一两根藤子架在河上，即可作为桥梁。

构造复杂的藤桥是原始造桥者的最大成就之一，这是美拉尼西亚人、非洲人、南美人、印度人和印度支那人的一项文化财富[4]。这种桥梁编织得像网一样牢固，形如一个长的半圆形篮子，每边高达行人的肩部或臀部，岸边牢实地打桩，作为拴结藤子之用；时常也把藤子附着在崖石或

---

1 公元前 114 年，是汉武帝元鼎三年。史载是年中国使臣通骊轩，骊轩以“眩人”（魔术师）来献（参见《汉书 · 张骞传》）。据一般看法，骊轩应指东罗马。——译者

1 托勒密（Claudius Ptolemy），公元前 2 世纪上半叶的人，亚历山大城的天文学家和地理学家。——译者

3 科泰斯（Hermando Cortes,1485—1547），西班牙对墨西哥的征服者。——译者

4 中国西南少数民族也善于建造藤桥，并已有悠久的历史。《史记 · 西南夷列传》记载今川西南地区有“筰人”，据后来的注释即因当地有这类桥梁而得名。——译者

图一五四　秘鲁的溜索

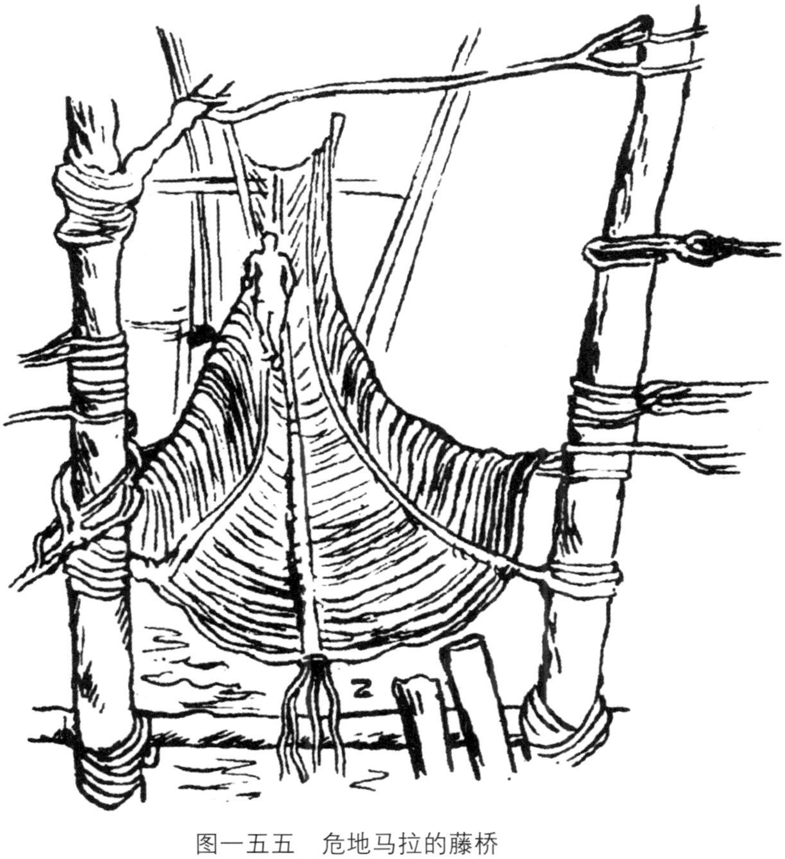

图一五五　危地马拉的藤桥

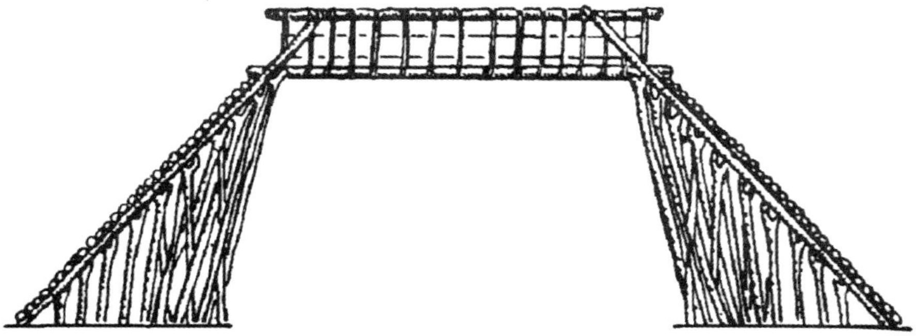

图一五六　吉布查人的木柱桥

图一五七　阿兹蒂克人的背物装置

伸出水面的树干上，另安置一根固定的横木，以防流水冲扫行人的足。

木桥最简单的一种自然是横在一条小河上的已倒树干。但如河流宽阔，便要建造出结构复杂的木桥，平稳地横架于柱子或树杈之上。在喀麦隆、美拉尼西亚和哥伦比亚，这样复杂桥梁建筑造型之美，是令人惊异的。

旅行者就是这样通过水路和陆路，通过小径和桥梁，使自己和携带的货物、食物到达目的地。

为了爬山，手杖是非常流行之物。但在有伟大木雕家的地方（例如非洲和婆罗洲），简单的木棍被做成各种夸张的形状，并成为等级的标志，甚或成为巫术力量的标记。

当需要携带物件时，世界上没有哪个民族是不知使担子易于负载之法的。头上的担子可以通过编织的圆环或填物的垫子来支撑。背上的担子可以通过背带或头带把重量合适地分布于全身。在亚洲和南北美洲印第安部落这种负载方法特别典型。它也存在于非洲，通常是背带上系着篮子或一种梯形物，负之于背。古代墨西哥人把这种梯形物称为“卡卡喀利”，把头带称为“米卡帕利”。

背上负担的并非都是无生命之物。亚洲和北美的母亲背着婴孩，这种方式使母子都很舒服。南美印第安人的婴孩是包在织成的宽带中，悬吊于母亲的肩头；有时也用梯形结构，母亲走路

图一五八　秘鲁库斯科陶瓶上所见背罐方法

图一五九　印第安人妇女背婴孩的装置

图一六〇　阿拉斯加和墨西哥的背带

图一六一　比属刚果莫巴利人妇女背水

图一六二　墨西哥印第安人的扁担

时就把婴孩捆扎在上面。古秘鲁的印加人的大型“安福拉”罐[1]，接近底部有两个特制把手，穿上绳子可以负之于背，以代替头顶这样的习惯。在较早文化中，负载重担是全体人的命运，人像牲畜一样负重是普遍的现象；但古代发达文化的封建主却把负载担的穷人看做低贱的等级。许多高贵的锡兰人头戴雕琢的梳子，显示他们这些人的头上是决不负物的。

最简单的手提包是网袋，这为许多民族特别是美洲民族所使用。非洲和亚洲使用皮袋。编织成的各种袋子和篮子、亚洲和美洲流行的圆锥形背篮、非洲流行的方形硬篮，所有这些服务于同一目的，即把货物集中起来以便运送。

扁担有非常古老的渊源。它是一根长的硬木，担在颈上，两端悬以重担使之平衡。由于两端重量必须相等，故使用两个形状大小一样的水桶或两捆一样的重担，最为合适。典型的扁担起源地是在亚洲，但南美的发现者在这个大陆有些地方土著居民之中也曾发现此物。诺登舍尔德告诉我们，当西班牙人强迫印第安人背负重担时，印第安人非常痛苦，他们习惯于以颈来担。

两个人或更多的人抬一根横木，其上悬以重担，这种方法应用了另外的技术原理。它可以携带各种重物，从猎得的动物、沉重的信号鼓直到死人的尸体。这种运输方法在非洲、亚洲、南海地区和南美某些地区，都非常普遍。

一个人由自己同胞抬着走，这是统治者、贵族和为了某种理由不希望面貌为周围所见的人才能享受的特权。这些与众不同的“骑者”所用的担架，由扁担发展而来。担架就是把靠椅或吊床附着于两根或四根木柱上，由脚夫来抬。在非洲，尽管任何装置都可用来抬人，都能强调权势者的权威，但担架仍然是首领、王子和有权势的白人旅行中最喜爱的“客车”。坐着担架到处走是中国高级官吏的特权；在中国南部它是能过水平较高生活的人旅行的传统方法。

在世界其他地区，哥伦比亚的奇布查人酋长坐在吊床中由他们的奴隶抬着走；秘鲁印加人统治者则坐在封闭的担架中旅行，他是这样的“神圣”，甚至不许其臣民看见自己的面孔。为了保护他神一般的面貌，担架前后有人跑步相随，为他清除路上行人。“王座之前垂帘”源于同样的概念，是埃及、阿比西尼亚和非洲其他地区一直到最南端的潘格威人的神圣传统。把神圣的或尊贵的面孔隐藏起来的愿望，使担架变为轿子。这种在古代道路上抬着走的“小房子”，从巴比伦和埃及直到古典的罗马都曾普遍使用，特别是贵族妇女们用它来从事旅行。十字军以后，轿子传入欧洲其他地区，17世纪时它以“椅架”（porte–chaise）之名风行一时。

在所有上述情况下，动力都是人的身体，其担子的重量沉重地落到双足之上。温暖地带许多原始人并不感到保护双足步行时免于受伤有什么必要，但为了增加速度或使其足印不易辨别，

1　“安福拉”（amphora），原为希腊古代一种盛酒的宽耳罐，后用来泛称一切带耳的罐。——译者

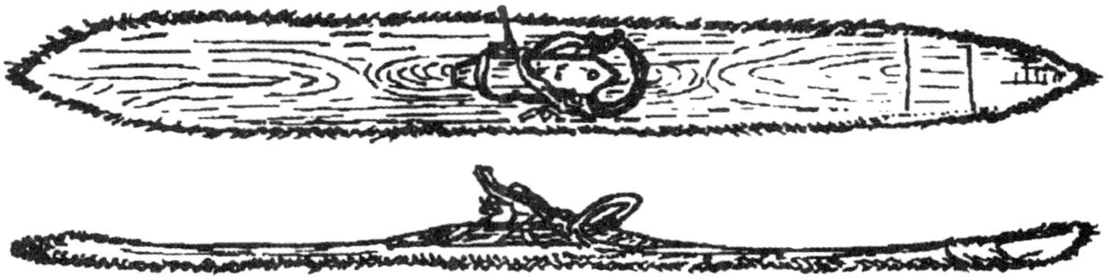

图一六三　东部雅克斯人用驯鹿皮覆盖的滑雪板

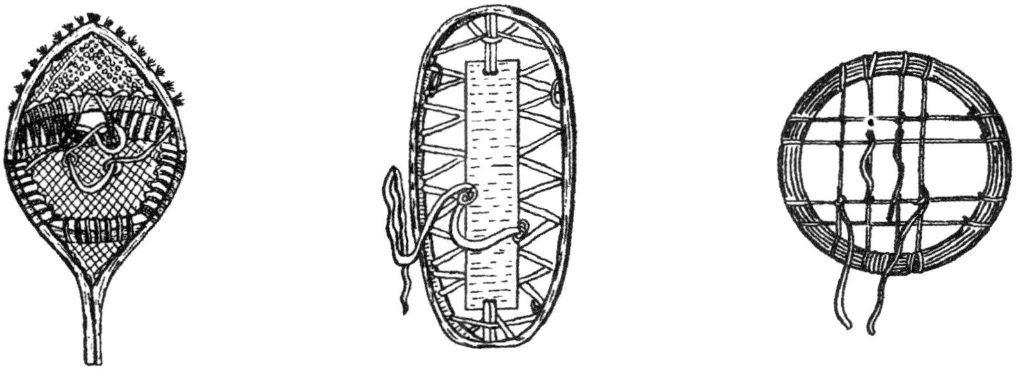

蒙塔纳斯—纳斯科皮人雪鞋　　欧洲阿尔卑斯山雪鞋　　加拿大巴芬兰爱斯基摩人雪鞋

图一六四　几种雪鞋

仍引导出许多足具的发明。古代探险者梅森的观点是有道理的，他把原始人的鞋子、凉鞋和鹿皮鞋称为实用的最初运输手段。在那些灼热的沙子使赤足难以着地的沙漠地区，在那些尖利的石头可能伤足的地方，就流行保护性的足具。例如，炎热的罗劳玛（Roroima）地区印第安人用一种棕榈（*Mauntia*）的叶子制造凉鞋。南非布须曼人所用凉鞋，则是原始凉鞋中最好的一种，它保护跑步者的足免为喀拉哈里沙漠所伤和防止足陷得太深。这样的凉鞋也是这些部落常用的狩猎装置，使部落成员能徒步追踪猎物，经过几天不停的追击，不允许猎物休息和吃东西，最后使它们力竭倒地。

凉鞋使人的双足在大地上更加安全，而滑具或冰刀则使人能在冰面上“跑步”。从旧石器时代以来，亚洲和欧洲就知用骨头制造冰刀。北欧古代文献“冰岛文学”（Edda）曾提到“冰骨”，13 世纪荷兰人“冰骨”发展出带有铁刃的冰刀。我们今天所用全部由金属制成的冰刀，是美国人 1850 年设计的[1]。爱斯基摩人用海象牙刻成的滑具，与古代骨冰刀毫无不同，猎人把它系在靴子上，在冰上追捕猎物。

滑雪板是为了在雪上而不是在冰上滑行，青铜时代的“滑木”是它的先型。欧洲和亚洲最北部的滑雪板，和我们所用者形式无别。它以桦树皮为底板，四边用驯鹿或海豹的皮覆盖，在两根带有骨尖和小铁箍的滑雪棍帮助下滑行。拉普人的滑雪板比起上述原始的滑雪板较长和较宽，

1　中国宋代即知溜冰，称为“冰戏”。清初宫廷举行“冰戏”、在冰鞋下已嵌铁条。时人有诗云：“铁若剑脊冰如镜，以履踏剑摩镜行。”故至迟 17 世纪时中国已有金属冰刀。——译者

它成为运动器具而不仅是狩猎装置，是在挪威的特里马克高原的山区首先发展起来的。在美洲原始人文化财富中，没有滑雪板。

滑雪板着重于速度，而另一种北极的发明——雪鞋，则是为了在深雪中安全散步。这种足具在世界所有北极地区都具有重要性。“雪鞋文化”源于亚洲，而远在爱斯基摩人散布到美洲大陆北部地区以前就传入美洲，并一直传到加利福尼亚北部。这种足具用鹿皮之类柔软皮革做成，猎人的足安置在其中间，用皮带绑扎起来。美洲的北极地区，实际上是古典雪鞋的中心，欧洲非常粗糙的雪鞋不能与美洲那复杂的雪鞋相比拟。

在拉布拉多内地的猎人之中，纳斯科皮人属于最有技巧的雪鞋制造者之列。雪鞋木制部分由男人刻成，而绑扎则是妇女的工作。目睹他们制造一双雪鞋（“阿沙姆”），是很吸引人的事。他们将一根桦树棒放在热水中泡软，然后在膝盖上弯成拱形，作为雪鞋的架子。为了使其保持正确的形状，把底边两端（后来形成所谓“尾巴”）用皮绳牢固地系在一起，其中间则用支撑物撑开。纳斯科皮人雪鞋平均长度约为 3 英尺，最宽部分约为 2 英尺。当上述架子充分干却后，加上十字形支柱，并用骨钻打出成排的洞，由妇女们用弄湿的鹿皮带在洞内穿来穿去，交织成有整齐图案的牢固的网眼。她们以其准确性和细心做成完美的成品后，将皮带在中心部分结成一连串的圈子，人们裹着鹿皮的足就置放于其中。

用这样雪鞋装备起来的猎人，很早就发明了一种在雪上或冰上拖曳其武器、粮秣和猎物的古老装备——雪橇。它大约是源于在动物皮上拉东西。杀死的熊、麋、大角鹿或驯鹿，原来是拖拉回来的，不久就用板代替这样粗糙的方法，这就产生了雪橇。新石器时代遗物证明，它的年代是悠久的。在欧亚北极地区，特别是芬兰和狩猎的拉普人游荡的地区，我们发现了雪橇的最古老形式，是以一块木板或几块木板简单制成。加拿大北部的平底长雪橇整个底部都接触地面，它是纳斯科皮人冬天不可缺少的运输设备，用来在雪上拖曳各种重担——小孩子、捕获的动物、木柴和送往坟墓的死者尸体。它的材料是长约近 15 英尺、宽 12–15 英寸的桦树板，底部两块主

图一六五　黑足印第安人的橇

图一六六　蒙塔纳—纳斯科皮人的雪橇

要木板的以 4 根横柱连结在一起，前端上翘部分是借助于热水做成功的，并有第 5 根横柱加以支撑，各个部件都钻有洞，用鹿皮带牢固地绑扎起来。当这些印第安人夏季乘独木舟前往他处时，他们把自己的平底长雪橇保存在狩猎地带的树顶之上。

爱斯基摩人及其相邻的印第安部落、撒摩耶特人、吉雅克人和亚洲北极地区其他民族，他们那带有滑板的雪橇，是雪橇一种较复杂的形式。这种滑板型雪橇（特别是爱斯基摩人所用的），可以假定为比较晚近的发明，诺登舍尔德认为它起源于旧大陆。爱斯基摩人原始木橇大约是没有滑板的，今天养鹿的爱斯基摩人仍在使用。在欧洲斯堪的那维亚民族之中，有所谓“夏季雪橇”，用以在针叶林平滑地面上运送木材。埃及人也流行这种方法，在沙上和其他平滑地面拖曳重担。

满栽的雪橇重量非一人之力所能移动。似乎自黎明时期起，人类就知道利用最古老的驯服动物——狗的拉曳之力，来减轻自己的负担。狗队拉曳着史前人类的雪橇，正如它们今天在北极荒野中拉曳原始民族平底长雪橇一样。

狗的古老驮伴是驯鹿。直至现代，在北欧和亚洲仍把驯鹿和麋一起作为负重之用。驯鹿用于拖曳，较用于骑乘和取奶为早。这一点对于牛的家族也是适用的。西藏的牦牛是最早驯服的品种，中国的水牛稍晚。欧洲“湖居文化”人们（最早讲求生活舒适的人）的住宅中，曾发现了驾驭母牛和公牛的轭。

欧洲旧石器时代已知道马的野生品种，从新石器时代起马就用来运送重担。“带纹陶”时期的遗存中，曾发现了马具。公元前第三千年代，马从亚洲经过小亚细亚传到巴比伦，到达埃及已是中王国的末期。北非人是培育良种马的能手，公元前 2000 年他们这一著名的传统就开始了。在美洲，哥伦布以前是不知道有马的。

在南美，远在哥伦布以前很久，骆马和羊驼就是人类的助手，今天仍是如此。亚洲的驼畜种类甚多，有狗、牦牛、马、驯鹿、骆驼、单峰骆驼、封牛、象和驴，甚至羊从黎明时期直到今天也拉着人类的车辆。但是，并非大地上所有民族都会利用畜力运载，澳洲、南海地区、日本和全部黑非洲，原来都不知道载重牲畜为何物。

动物用做乘骑较之用于驮运要晚一些。但是，小亚细亚的库尔蒂皮发现了公元前第三千年代中叶的骑乘人像。亚洲的“骑马文化”是非常古老的文化。到了晚近时期，北美平原印第安人和玻利维亚的查科人这样的南美部落，也非常喜爱马。他们实际上就是生活在马背之上。查科人的马鞍是内垫稻草的皮鞍，马刺是骨片做的。

在草原部落中，古代曾以狗拉橇（其结构是在两根棍棒上捆系着重担放在地上拉），后来马代替了狗。这种橇是运送帐篷、孩子、木材，等等非常古老的方法，在亚洲仍为吉尔吉斯人所使用。他们用骆驼拉橇，骆驼背上还可骑一个人。

从磕磕碰碰的笨重的橇，进化到平滑的运输手段，经过了很长的道路，只有通过运输界最高发明——轮子的发明，才能达到真正的舒适和高速度。轮子是发达文化的创造，原始人是不知道的。由于减少了和地面接触的面积，由于圆周运动的初步运用，由于重量造成的摩擦减至最低限度，大的负载用较小力气就可以运送了。沉重的东西，以前是“不能动的”，现在可以由人力或畜力运送了。

轮子最早的考古发现，其年代可上溯到美索不达米亚的城邦文化。据推想，滚动的概念源于在滑动木头上运送重物的实践。埃及人就用这种技术来移动方形石块，建造金字塔。最古老的轮子由圆形木盘做成，牢固地连结在随轮转动的轴上。后来有了改进，结果发明出车毂，并把中心部分挖空，交叉部分逐渐愈挖愈薄，到了青铜时代便引导出车辐的发展。早在公元前 2700 年，小亚细亚就知道有辐的车轮。

货车是运输的普遍方法，而双轮车最早却被描绘为仅有神才能使用的乘具。当凡人开始欣赏这种双轮车的舒适的时候，也只限于统治者，后来才由富人分享，古典时期它是贵族所喜爱的进行运动的乘具。轮子在神话中的意义是代表太阳、神和幸运，这就使它成为人喜欢的装饰。关于把燃烧的轮子滚下山或把木圆盘抛上天空，以庆祝冬至和夏至的习俗，其各种解释都把轮子和超自然力量联系起来。

两轮车比四轮车古老，而独轮车或手推车（在中国它时常装置着帆）也属于最古老的车辆。中国南部的独轮架子车只需驾驭着或推着它走即可，它减轻了负载者的工作。中国北部所谓“大车”用于长途旅行，在两轮之上安装着篷帆似的结构，使人想起美洲开辟者著名的带篷货车。

在几个世纪以前的战争中，掌握有轮车辆是决定性的战略因素。所有古典文献研究者，都熟悉由战车和罗马人带轮投石机组成的防御工事，它在古代历史上起过重要的作用。

中国是许多伟大而奇妙的发明的发源地，以至许多白人旅行家以为中国的人力车也是“典型的东方运输方式”，但是对中国人来说，它却是“洋车”。这是美国人的一项发明，距今仅一百年。

图一六七　古埃及人的双轮车

（公元前 1400 年）

图一六八　中国人有帆的独轮车

住在横滨的基督教传教士果伯（Jonathan Goble）妻子有病，医生嘱咐作“轻微的室外锻炼”，传教士在一个日本木匠帮助之下设计了这种车子。一个精明的法国人看见了它，认识到它的可能用途，于 1847 年把它介绍到中国。对于使用担架和轿子的古老中国人来说，它的吸引力太大了，竟成为一种产业的核心。现代中国城市中，大约有四十万人力车，冒着危险行驶于现在汽车之间。但是，它的命运已经注定，要成为历史的陈迹，因为政府已得出结论说，拉人力车的职业会“降低人格”，而这一法令却不适用传统所允许的担架和轿子。

古典战车和货车发展为更为舒适的车辆，从“顶有流苏的四轮双座车”直到现代的汽车。这种发展就像 19、20 世纪许多技术变革一样，是很迅速的。轮子的使用已有几千年之久，而机动车是从上世纪末才开始。把两者的历史加以比较，我们真想知道将来使用轮子的乘具将具有何种形式。

在丛林中为旅行者开辟出小径，在深渊和小河上架起了桥梁，人类的天才并不就此止步。只要天然河流指示出可以遵循的方向，人类就乘船沿着水道漂流。

一根漂流而下的树干，为水上旅行提供了最古老的方法。在新几内亚地的水道，仍可看到这种原始的方法。当探险者芬茨奇（Fintsch）的船只接近岛屿时，土著居民骑在树干上甚至树根上，以很熟练的方式围着他的船只划动。从漂流的木头逐渐发展出独木舟，它的分布是世界性的，是早期运输的普遍形式。

从澳大利亚到太平洋岛屿，从苏丹到欧亚的北极地区，许多原始的旅行者都知道独木舟。它的中空部分时常是烧出来的。在哥伦布以前，南美游徙民族仅有的船只便是独木舟，时常长达 60 英尺，人们乘它冒险出海。玻利维亚查科地区的瓜图人和帕雅圭人，驾驶独木舟沿着河岸航行，用的是针形长桨，形式和热带森林地区的曲柄桨有所不同。辛古河上游的大独木舟，以木板隔开为其特征。

北美阿拉斯加东南海岸印第安人独木舟的特殊之处，是制作精细并饰有人们喜爱的雕刻。克里格（H.W.Krieger）曾强调指出，“海岸印第安人喜好木工”，“木工几乎使他们着魔”。他们用整根杉树中间挖空做的长独木舟，据描述是“首尾部分高高翘起，用杉树板做成，上刻有花纹，内容为神话的和写实的动物形象，用作图腾和装饰。过去有些船备置杉树皮的席帆，长达 40 至 60 英尺。舵是没有的，船尾用一根桨来驾驶。巴腊诺夫（Baranoff）群岛之一的锡特卡岛（Sitka）土著居民乘独木舟沿着斯基纳河一直航行到辛普孙港。距离达 300 英尺以上”。这些独木舟能容纳乘客五十人。

非洲某些独木舟，特别是喀麦隆的独木舟，布满雕刻和龙纹；而苏丹的独木舟则较为粗糙。东非坦噶尼喀湖的渔民，又另有特别的独木舟。据白人神父描述，其制作法是先选好树，若太高就砍断，若太矮则连根掘出，把树干上根须、树枝和树皮去掉，用一把斧头，加上一种工具“伊苏”的帮助，把它挖空，留下两块厚木板作为足踏。白人神父还指出，弯曲的树也时常用来做独木舟，以至有些独木舟看起来“好像是不能直行”，实际上它们当然是能直走的。东非独木舟可以使用八年或更长时间，并且在舟上缠绕着祈求好运的符箓。一条新独木舟下水要举行巫术仪式，其中包括吁请祖先保护和对那些有危害新船罪恶企图的人和魔鬼发起一连串的攻击。

欧亚大陆北部的独木舟大概是进口货，并非史前时期的遗产。芬兰和俄罗斯北部沼泽地带，保存有很多古老的文化遗存，但未发现一个独木舟；而爱沙尼亚的村民们至今仍会建造独木舟，

图一六九　新几内亚的树根筏子

图一七〇　独木舟

称之为“拉尼马”。米甸多尔弗[1]在注入北极海的西伯利亚河下游，看到过独木舟，认为它是在“极圈之南部制造出来的，从那里传给北方的民族”。

粗糙的树皮船大约和独木舟同时或更为古老。火地岛的雅马纳人和他们的邻人（锡克兰人除外），用三片树皮以鲸鱼的触须粗糙地缝在一起，做成树皮船。它们时常由妇女双手持一根桨来驾驶，她的丈夫则在船头走来走去，拿着鱼叉做好准备，而孩子们忙于照料船的中部燃着的火，并不停地向外戽水。

某些非洲部落（如苏丹中部和东部的尼格罗人）建造同样脆弱的树皮船，同时也使用另一种水上工具——木筏。这些木筏是用一排纸草茎扎起来的，或用一种树的树干堆起来的，两者在尼罗河上游地区都很常见。南美木筏用的喀喀湖的软木制成。在印度，木筏出现在科罗曼德尔海岸。木筏也是北美加利福尼亚部落喜爱的运输方法，卡米亚人用 12—14 排木头建成长达 5 英尺的木筏，能载 7 个人。托巴托那贝尔的木筏只有其一半长，两端呈方形而且无边缘，当乘它刺鱼时只需要两个人。

最奇异的木筏是下科罗拉多的“科利塔”，是以编成的篮子涂上黏合剂而成，专作摆渡之用。阿萨姆土著居民巨大的黏土圆形容器，同样是奇异的，它载着乘客可安全渡过较短的距离。

皮筏是水上运输的另一种古老方法，它是在动物皮缝成的袋子里充满空气，并配备一个木制的或骨制的架子。在美索不达米亚、努比亚、印度和巴比伦的河流中，就漂流着这种膨胀的皮筏。草原印第安人的皮船是将一个圆形牛皮筏安在弹性木架上，外形很像一把张开的伞倒转过来。南美的鹿皮筏“皮罗塔”，是最近由阿根廷帕姆帕斯草原阿比波尼斯－印第安人中的高乔人传入的。

北亚的大皮船以海豹皮为筏，并有着动物肠织成的帆。史前欧洲曾广泛使用类似之物，拉普人那有皮篷的船就是其最后的代表。爱斯基摩人及今天其他北极民族的皮船，称为“卡雅克”和“乌米克”。“卡雅克”通常只乘一个猎人，只有阿拉斯加南部和阿留申群岛的土著居民在这种船中设置两三个座位。它以浮木为架，覆盖着缝在一起的海豹皮，仅为猎者留一个狭小圆孔，猎人穿着皮衣以防水。一个盛放鱼叉和鱼叉绳子的木浅盘和一些绳索，再加上一根单叶的或双叶的桨，

1 米甸多尔弗（Alexandr Fëdorovich Middendorf,1815—1894），俄国科学家和旅行家，对西伯利亚地区自然地理和民族情况有丰富的记述。——译者

便是猎人的仅有装备。他靠这些东西就可驾驭这很轻的筏子到处漂流。“乌米克”是敞口船，在大木架上覆盖以皮。它晚于“卡雅克”，可能起源于东北亚。格陵兰仅用它运输，不用于狩猎，被称为“女人之船”。

接近北极地区猎人及其近亲部落的桦树皮独木船，是一种非常有效的水上运输工具。不能把它和上述火地人吱吱作响的树皮船混为一谈，它先进多了。它是印第安人用“加拿大船树”或“纸树”的整片树皮缝起来的。用“缝”字来描述是恰当的，因为仅有很熟悉和有经验的剪裁者，才能在没有金属工具和白人的铁钉的帮助下做成这样的船。选好适合的树以后，用海狸齿做的斧子在其顶部和根部，切出深深的一圈，然后再垂直地切一道，便可小心地把树皮剥下来。当男人忙于这项工作时，其妻子便就地采集云杉的根，去掉黑皮，把白色的根裂成易弯曲的长条来煮，煮后留在水中，以保持其弯曲性，这是作为“缝线”所需要的。所有材料一旦齐备，独木舟建造者便准备建造地点，这可说是独木舟的“床”。这里地面必须是坚实的，上有少量的沙。树皮朝外的一面向下放在“床”上，然后向上弯曲，安在杉木做的底架上，以两根弯曲的长棍做的另一架子从外面卡住树皮。架子一旦安好，便在内堆大量重石把树皮压倒，并把重叠部分去掉，这样剪裁工作便完成了。下一步的工作是把已裁好的部分缝在一起。这是妇女的事情，她们先在树皮上按着距离相等的间隔用驯鹿骨钻出洞来，用云杉根做的线来缝。当各个部分以规整统一的方法缝在一起后，便在船身内建造出船缘。这时仍放着的石头便可以去掉了，因为船的形状已经固定。下一步是用煮过的云杉树胶来粘合缝的地方。妇女现在退出，再由男人在船内安上横的或竖的梁架（用云杉砍出来的），使独木舟最后具有一种圆底的非常对称的形状。

这种独木舟和平底长雪橇，大约是任何印第安人家族最重要的财富了。拉布拉多的印第安人许多家庭掌握三个或更多这样的独木舟，从夏天宿营的大湖地区迁移到狩猎的荒野地区，以便寻找重要的毛皮。春天独木舟又载着他们沿着小河回来，小河便是拉布拉

图一七一　玻利维亚的的喀喀湖软木船

图一七二　北印度的皮筏

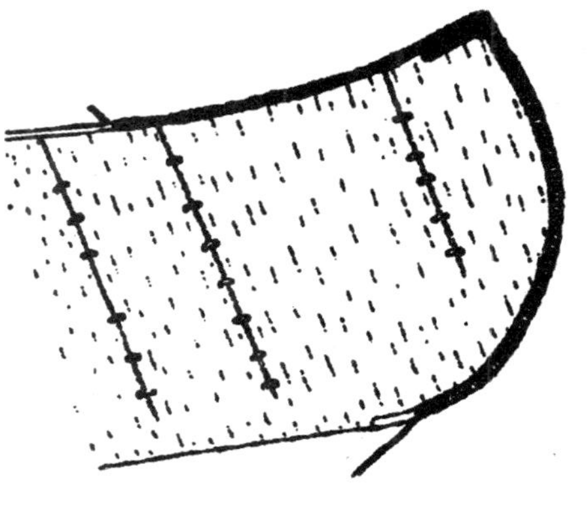

图一七三　蒙塔纳斯—纳斯科皮人用桦树皮〝缝成的〞独木舟头部

图一七四　所罗门群岛不带横架的独木舟——“芒”

图一七五　所罗门群岛的桨

图一七六　印尼马都拉海峡有帆独木舟的横架

多腹地野生树林中的“街道”。

仅仅那些曾经看过制造这些船所用的技巧、细心和完善工艺的人，才能想象这些船的美丽。在加拿大大量湖泊中缓慢划动着树皮独木舟，是值得骄傲的景观。

原始人建造最著名的船是南海地区的独木舟，以具有一个或两个“横架”（outrigger）为其特色。它们代表原始造船业的最高技术成就。

所罗门群岛的独木舟（称为“芒”），是没有“横架”的，但其他岛屿典型的独木舟一般都有“横架”。海顿[1]给它下了定义：“横架是横越船身延伸出去的平衡装置。”玻利尼西亚大的航船中的第二“横架”，时常为另一个附着于大船的独木舟所代替，这种形式源于印度尼西亚。较小的独木舟上时常载着装备齐全的小房，内有椰子、渔具、装水葫芦和炉灶。炉灶中的火保持不灭，使旅行者生活舒适。较大的船装备着露兜树叶织成的帆：新几内亚东南部和圣克鲁斯群岛的帆是燕尾形的；密克罗尼西亚和玻利尼西亚的帆是三角形的；美拉尼西亚是正方形或椭圆形的，时常附着于单桅或双桅之上。锚是大石头或填满石头的篮子。舵悬吊在船的尾部。

这些岛屿土著居民航海术相当发达，并有正式的航海图，以决定航行的方向。由于对海潮和星位非常熟悉，他们可以安全地在海中航行。加罗林群岛和马绍尔群岛上，还有定期的航海学校。北极星是北方的标志，十字星座是南方的标志，东方和西方则由其他许多著名的星来决定，这是哈姆布鲁奇（P.Hambruch）在他研究南海航海术著作中所叙述的。

原始人利用自然界提供的方便条件，发现了在陆地和海上旅行和迁移的许多方法。当我们搭上20世纪巨大的运输工具时，便认为自己是道路和河流的主人，但也应该考虑到我们并不像原始人那样，会自己建造和驾驶交通工具。我们不能独自掌握运送自己和物体的能力。

仅仅从航空时代开始以后，古老的陆路和水路才在很大程度上失去意义。我们发明了能飞过天空的奇妙的“魔术地毯”，而丛林中的旅行者只能在梦中见之。

1 海顿（Alfred Cort Haddon，1855—1940），英国人类学家，著有《人的研究》（1898）、《南洋猎头民族考察记》（1901）、《英属新几内亚的迁徙传播》（1920）及与他人合著的《大洋洲的独木舟》等。——译者

第八章　丛林中的华尔街[1]

每当发生财政危机，无论其为通货膨胀或通货收缩，我们必定要失去对钱币这种媒介物的信任。这时，我们这些文明的牺牲者苦恼不堪，不免偶然想起一些遥远的海外岛屿上那种牧歌式的简单社会，以为那里是经济有保障的理想避难所。殊不知那些质朴的原始人也有苦恼，与我们并无不同。一张美元和一个贝壳之间，仅有外表的区别。百老汇大街[2]上人们签出一张支票付款，和印第安人胡帕部落成员从皮袋中摸出红啄木鸟的头来付款，是完全一样的。全世界钱币的形状可以各不相同，但是随钱币而来的苦恼却是相同的。

原始民族普遍使用介类的壳为钱币。贝那边缘厚厚的发亮的壳，在地球上偏僻地区用做交换媒介，已有若干世纪之久。捞贝之法比较简单，把椰子树叶抛掷于水中，当这种软体动物爬上时就采集它们。各民族商人都用这种原始钱币贸易，这种贸易扩及中国、日本、东印度群岛和东非的马菲亚岛。13 世纪旅行家马可波罗指出，中国的秃落蛮[3]使用贝币。他写道："这是一些发亮的贝壳，就像以前狗颈上所戴的一样。"

发达文化有时也选择其他交换媒介。中国就用银和铜来代替贝壳，西藏则使用银；而在非洲，贝币的使用仍很普遍，其价值视部落所在地区到海岸的距离而异，愈远者其价值愈高。非洲腹地每件东西都可用贝币来付款，甚至白人传教士收集捐款也以贝计算。在布博卡人之中，一把斧头值 150 个贝，一块印度棉布值 600 个贝。你要买两块欧洲肥皂或一袋干蚱蜢，需要 100 个贝。在多哥的巴萨里人之中，一个新娘的价值是 15000 个贝，外加一头牛，这对要讨她的新郎来说都是高价的奢侈品。一个陶制偶像值 300 个贝，约合美元五分。古物和墓石、税金和罚款，全都用贝偿付。一个人在贝币方面破产，和在美元或英镑方面破产是一样的容易。

另一种介类——长牙贝（*Dentalium edulis*），为阿拉斯加和普季特湾之间古代印第安人所使用。妇女们从温哥华河岸边把它挖出来，它因光亮的白色和类似小型象牙的匀称形状而成为有价值之物。

南海岛民们几乎不用贝或长牙贝。他们不满足于仅仅使用介类天然的壳，而把介壳做成"钱"

1 本章讲述货币及财政制度起源。华尔街是美国纽约银行和金融机关集中的地方，故以此为喻。——译者

2 百老汇大街，纽约最繁华的街道，豪华商店和夜总会等多集中于此。——译者

3 秃落蛮，即土像人，当时分布在云南南部。据马可波罗记载，除了秃落蛮地区外，当时的"金齿"（今保山）、"哈剌章"（今大理）都以海贝为货币。参见《马可波罗行记》（冯承钧译）中册第 117—119、128 章。——译者

的形状，以绳索穿起来。这是他们“造币厂”经过认可的产品，故受到重视。

美拉尼西亚最为杰出的通货是螺币(nassa)，也称为“迪瓦拉”或“塔姆布”。制造它需要特殊的技艺，只有首领才有权利制造，妇女不能参与其事。“迪瓦拉”是用一种半英寸长的有着驼峰形壳的介类，即动物学家称为驼螺（*Nassa camelus*）的制成。这种介类发现于纳坎奈（Nakanai）沿岸，那里的土著居民用网从海底把这种珍贵之物捞上来，储藏于他们的小茅屋中，对这种动物尸体腐烂后发出的臭味满不在乎。

当西南季风的时节过去不久，许多人就从加泽尔半岛、塔利利海湾和邻近的岛屿，冒险乘着有“横架”的小船出发，前来捕捉“帕拉塔姆布”（土著居民对未加工的螺壳的称呼）。出于对宗教的热诚，“迪瓦拉”或“塔姆布”的捕捉和加工，全部过程都和隆重的仪式相伴随。对新生的男孩第一句祝词便是：“愿你长成一个伟大的强壮的人，使你可以多次旅行到纳坎奈地区，取得丰富的‘塔姆布’。”这种旅行大约需要一个月的时间。

对这一地区所有土著居民来说，“塔姆布”是最珍贵的财产，其价值高于生命和健康。“塔姆布”之名就意味着“伟大和神圣”，其所有者甚至可以不朽，因为据说仅有富人死后才能到纳坎奈地区，即出产“塔姆布”之圣地。

土著居民制造“塔姆布”之法是把螺壳压在椰子壳的小洞中，用一种介壳工具锋利边缘削去驼峰，在洞穿以后全部弄干净，进行复杂的漂白处理，使它有一个白色的外表。最后，将“塔姆布”穿成串，先穿在树皮条上去掉壳上最后的黄斑，再

图一七七　胡帕—印第安人的红啄木鸟“钱币”和麋鹿皮“钱包”

图一七八　贝壳钱币

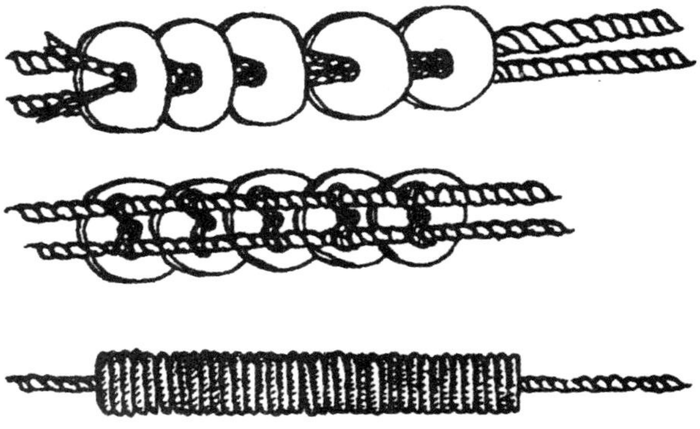

图一七九　新几内亚东南部的介币

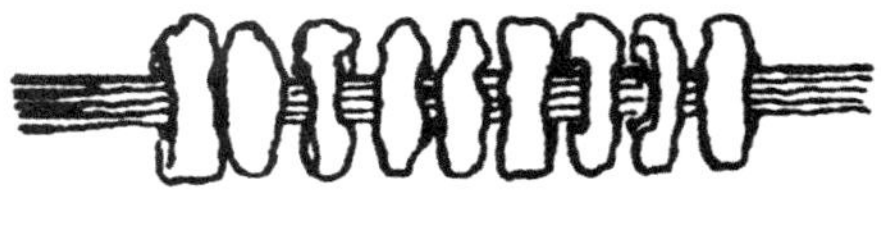

图一八〇　加泽尔半岛的介币——“塔姆布”（“迪瓦拉”）

穿入藤条。

人们在自己小屋中不想存放过多的“现金”，除必需的以外，个人财产其余部分都保存在“人民银行”或公共的“塔姆布”房屋里。这种房屋隐藏在灌木丛中，并有固定看守者来防卫。钱串系成环状，有时大如车轮，包在露兜树叶中，再用绳子捆好。这样的一环可以包含500哼（英制长度单位，每哼为六英尺——译者）的“迪瓦拉”，外形很像一个笨重的轮胎。

土著居民在把他们的财富存入“银行”以前，常坐在小屋前量他们的“迪瓦拉”钱串，体会占有财富的一切愉快。这和文明社会的财迷一次又一次地计算他们的银行存款，是没有什么不同的。

“迪瓦拉”在这些岛民之中起着重要的作用，他们日常生活中没有哪种活动不需要“迪瓦拉”。每件东西都以“迪瓦拉”来买卖，甚至小孩子也是如此，其价值为 10—15 串的“迪瓦拉”。一个新娘的价钱与此大约相等。妻子们被催促不断地工作，使她们的丈夫们尽可能换得更多的“迪瓦拉”，从而可以增加自己的权力和影响。

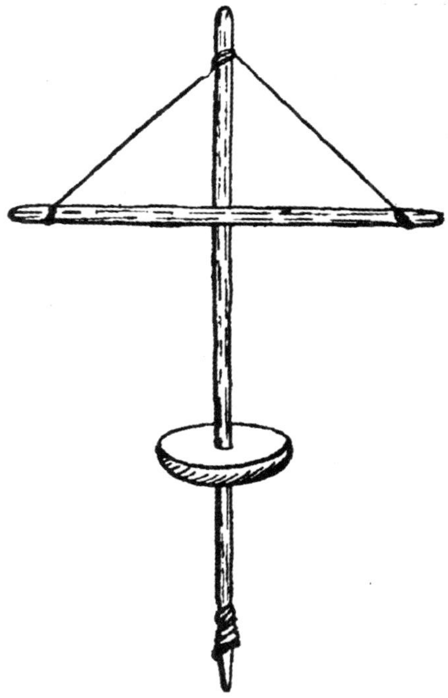

图一八一　新几内亚制造介壳片的钻子

战争时期，珍贵的“塔姆布”（“迪瓦拉”）钱串就埋入地下，有着大量钱串的财主称为“拉莱”或“帕团”，意为“首领”或“大老板”；而没有什么“塔姆布”的人则称为“拉弯”，意为“可怜虫。”

“迪瓦拉”甚至还可用以衡量非物质性的价值。没有什么错误是不能用支付“迪瓦拉”来补偿的。对于通奸，三五串是足够的了；谋杀大约需要五十串；偷窃需要二十串。偷窃“迪瓦拉”本身算是难以原宥的最大罪恶了，仍可用支付一笔规定的款项的办法赎罪。秘密会社因为喜爱“迪瓦拉”，有时滥用土著居民的宗教观念，借口神的意愿对天真的人们罚以“迪瓦拉”。战争时首领要想得到同盟者的帮助，必须慷慨地付出“迪瓦拉”。这种对钱的重视，与文明社会完全一样。

介币的另一种形式是将数千个介壳圆片系成一串，常常长达数码。加利福尼亚印第安人就用这种钱币购买新娘，或在收养孩子、丧葬、赌博甚至缔结和平协定时用它付款。印第安人也像南海岛民一样，用人体各部位来量这种钱串，从指尖到肘，从乳头到乳头，从肩到肩，等等。美洲这种钱串（wampum）是由白色或紫色厚壳蛤的壳的圆片组成的。把它织成环状，也可作为缔结条约的法律证书。

南海地区的介壳圆片和“迪瓦拉”相反，主要由妇女制造。它被赋予货币的价值，不是由于材料，而是由于人工造成的“钱币”形状。这种钱币著名的“造币厂”，坐落在所罗门群岛、布干维尔海峡的岛屿、班克斯群岛及其他地方。加泽尔半岛许多部落称这种介币串为“佩利”，用它换取螺币“拉沙”。据图恩瓦尔德[1]说：沿着布干维尔的布因海岸（Buin Coast）用 10—

1 图恩瓦尔德（Richard Thurnwald，1869—1954），德国人类学家，对所罗门群岛和俾斯麦群岛、新几内亚等地做过考察和研究。——译者

20呺长的介壳圆片买一头猪或一个寡妇，谋杀罪要付100—120呺，一个姑娘的价值高达150呺。

介壳圆片呈白色、黑色、紫色或红色，红色的见于波纳佩地区。其制法是把大的介壳打成碎片，压在木板上，用石头把它两边磨光，用一种原始的钻穿孔，然后穿在木槿类植物纤维做的绳索上，其边缘用浮石小心地锉平，使它们都具有标准的圆形。

在大洋洲的特鲁克群岛和莫特洛克群岛，小的圆片偶尔用果壳制成。马利亚纳群岛的岛民们则用乌龟壳薄片做成的钱串。

介壳圆片钱币属于最古老的交换媒介，在史前坟墓中即有发现，当时人们是把全部“财产”和死者一起埋葬的。

图一八二　新爱尔兰岛“猪币”串的一段

介壳圆片和其他被认为是有价值之物连结起来，就是所谓“猪币”，在巴布亚新几内亚的新爱尔兰岛就时常使用它。它是将多达两万个介壳圆片和玻璃珠穿在一起，中间编入植物纤维和狗齿，下端时常饰一个或几个猪尾。用这种钱可以买猪和妇女，买妇女时要再加上两串狗齿。

据彼特里（H.Petri）的说法，这样一串“猪币”大约有13米长，在一大串黑色和白色圆片之中每隔一定距离夹有大的果壳圆片，下面是染成橙色或黑色的植物纤维条织成的方块。四角饰以介壳圆片和猪尾。钱串其余部分则为很多串白色圆片、橙色圆片，外加椰壳和四枚狗齿，末端垂悬着一个珍珠蚌的壳和三条猪尾。

介币另一种形式是臂钏。在密克罗尼西亚，主要是由鸡形螺（*Conus millepunctatus*）的壳做成；在美拉尼西亚，是由砗磲（*Tridacna gigas*）做成。彼特里记述它们的交换价值是二十个砗磲臂钏换一座小茅屋或一个独木舟；图姆略（Tumleo）的土著居民用一个臂钏可以买一大批西谷椰或一只大的黄色极乐鸟，用两个臂钏可以买一条看门狗，用十个臂钏买一条猪。最有价值的是有黄斑的介壳做的臂钏，它们是用木弓和一条树皮做的锯类工具，从大的介壳上切下来的。加罗林群岛中部和西部（特别在波纳佩），这些臂钏是由螺壳做的。同样之物在史前时期即已使用。

珍珠蚌壳是另一种分布广泛的“钱币”。在加罗林群岛它称为“加”，呈铲形，有孔，用椰子树条穿起来。雅普岛仅允许妇女使用它为通货，因而它的当地名称意为“妇人之钱”。而雅普岛男子则使用完全不同的通货，即石头钱币。

雅普岛这种有名的石钱（称为“费”），是由帛琉群岛产的一种石灰岩——霰石（aragonite）做成的巨大石轮。雅普岛男人们为了采集这种石头必须进行一次数百英里的旅行。石钱和“迪瓦拉”一样，在其产地并不作为货币，而远地的部落却使用它们。这种石灰岩在没有任何金属工具帮助下从岩壁费力地取下来，放在木筏上由独木舟拖着运回雅普岛。

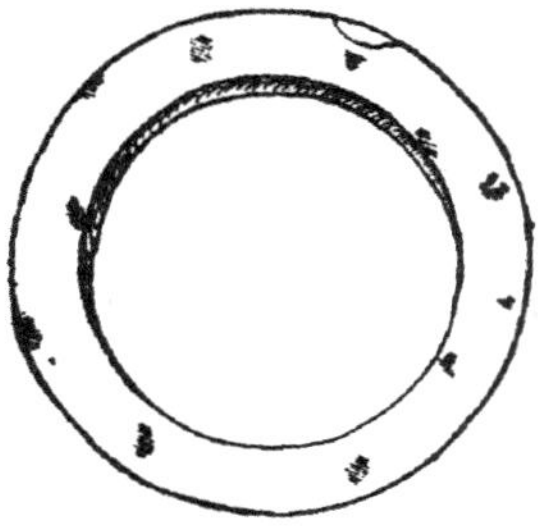
图一八三　所罗门群岛用黄点砗磲壳做的臂钏钱

图一八四　雅普岛的珍蚌壳钱币——"加"

图一八五　雅普岛的石钱——"费"

这种钱币很大，呈扁圆形，中有钻孔，似乎像一块磨石而较薄。它的价值根据其大而薄的程度而定，其直径有高达五码的，这大概是世界上最大的钱币了。它的大小是以手量的，1900年一个"费"直径为三拃的可买一袋椰干或大约十美元的商品，一个大的"费"相当一个妇女、一只独木舟、一头猪和大量的各种各样水果的价值。

这种大得出奇的通货要使用于日常贸易之中，当然很困难。因此，"费"总是陈列在人家门前。商人把货物卖给远地的人们，仅仅查看一下主顾的"费"的外貌及所在位置。他拥有的"费"可以遍布全岛，但对每一个这样的石轮并不进行实际的占有。雅普岛土著居民要用"费"支付税款或罚金时，白人统治者只是在其上简单地标明地方官吏姓名的开头字母。若此钱币再易换主人，就把开头字母擦去。中国[1]和印度新石器时代的发现说明，这种通货有非常古老的渊源。

新赫布里底群岛和伊萨贝岛使用大理石环为钱币。当地的猎头者用它可交换一个人头、一头很好的猪，或一个中等身材的年轻人。新几内亚南部地区，宗教仪式用的火成岩石斧是公认的通货。它们的"造币厂"在默纳（Murna），从那里向西流通到巴布亚海湾。猪、食物、独木舟和土地均可用这种货币换取，巫医进行一次成功的"巫术治疗"后，也以它收费。

在白人看来，最有价值的石头通货自然是宝石或半宝石"钱币"了。它们是稀有之物，故时常用来衡量价值，而不是日常使用的通货，虽然也有很多地方是当钱使用的。古代中国就曾以翡翠为钱币[2]。今天婆罗洲的土著居民则以玛瑙为钱。乌奇奇（Uchichi）土著居民的通货也是玛瑙，外加碧玉。加勒比海地区用软玉购买奴隶。直至今天，珍珠还是非洲的科尔多凡、达尔福尔和印度之法定钱币。

1624年探险者布劳恩提到他在喀麦隆的阿博什高地遇到一种称为"阿格里"神秘的珍珠（当地人称"阿布格"），两三把这样的珍珠甚至可以买一个人。据当地传说，"阿格里"珍珠采自本叶（Bonyae）地区，那里的矿井现已沉陷，这就是它为什么值钱的原因。仅有首领及其妻子们才允许拥有"阿格里"珍珠钱币。

探险者和商人把玻璃珠带到全世界，购买各地土产。有些地方把这些玻璃珠规定为货币，其

1 作者说中国有石钱，或指四川广汉等地发现的大石璧而言。参风郑德坤《四川古代文化史》34页(1946)。——译者
2 作者在此处不知误引了何书。玉类在中国似未曾作为正式通货。——译者

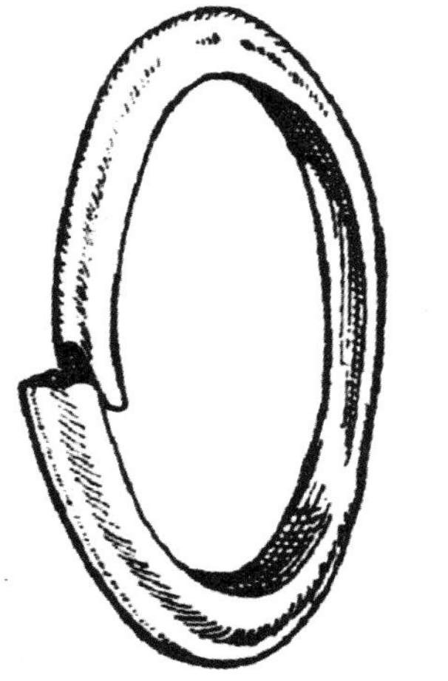

图一八六　新几内亚野猪獠牙钱币

价格随着风尚和爱好的改变而波动。请看南美印第安人吧！他们把全部财产投资于蓝色珠子上，而不是近代流行的红色珠子，他们过去的财产便变得一文不值，就像19世纪30年代经济危机时期某些股票一样。

非洲玻璃珠货币的使用非常广泛，易受风气改变的影响，因而人们多次试图把某种珠子价格“稳定下来”，但各种吸引人的产品不断进口，使这些努力遭到不可克服的困难。乌干达国王苏纳（King Soona）企图通过种植来收获大量玻璃珠，使自己不致受欧洲进口商的控制，但可悲的是这种企图只能成为笑柄。在克罗海岸着玻璃珠钱币，据当地人的看法，这是他们祖先从灌木丛中开采出来的，他们认为这种玻璃珠能在土壤中“生长”。

帛琉群岛居民喜爱一种“神圣的”矿物钱币，称为“奥道斯”。由于它非常稀少，故人们把它小心地窖藏起来。据六十年前白人贸易者估价，一块最佳品要值四千美元，这就说明为什么这些钱币未曾流通和很少示人。据彼特里说，这种钱币在当地“整个部落生活之中，起着决定性的影响”。

比较重要的交换媒介还有齿币。它通常由稀有的兽齿做成，多半在动物生长期加以人工的改形。其最奇异的一种是野猪的獠牙，要取得最高价值，必须使它长成环状。把幼年野猪上獠牙拔出来，就使下獠牙的尖端向下，几年就能变成环状，达到“理想的”的形式。巴布亚人特别欣赏这种钱币，他们把它戴在臂上。

狗齿钱币分布非常广泛，不仅新几内亚还有俾斯麦群岛和所罗门群岛，都发现了这种钱币。一只狗仅有四枚犬齿可作货币。把这些犬齿穿在三根平行的绳索上，即可以用来买猪、食物和陶器。一个妇女或年轻男子值一百个狗齿钱币。在新几内亚，这种钱币是部落之间贸易的重要流通手段。据斯米特（P.J.Schmidt）报导，北部巴布亚人制造手镯用来在达尔曼海港交换烟草，然后在克斯用这些货物交换狗齿，又在维塔姆用狗齿买值钱的红土，在维斯科林，他们又用红土交换西米和荷包，接着又用这些货物交换陶器，最后换回大串的狗齿。

新几内亚另外的钱币是袋鼠和负鼠的牙齿。布干维尔北部和其他地区则喜欢蝙蝠的牙齿（“里基”）和海豚的牙齿（“巴乌”）。海豚牙齿钱币也在圣克里斯托瓦尔（San Cristobal）和马兰他（Malanta）流通。班克斯群岛居民选择野猪齿为钱币。斐济群岛和吉尔伯特群岛诸部落的钱币则用抹香鲸的牙齿制造。欧洲人探险者曾报导过关于齿币比值的一个例子：非洲豪萨部落用一吨象牙和这位探险者交换价值不到美元五十分的棉布衣服。

“动物钱币”并不限于齿币，羽毛钱币也曾广泛使用。圣克鲁斯岛土著居民用小片羽毛织成带状，作为“辅币”，至于财富真正的标志还要看是否拥有大卷像屋顶木板瓦一样的羽毛。这样的一卷包含羽毛两千片之多，据斯佩塞说，其价值等于两头大猪或一个女孩的身价。羽毛包在树皮布（tapa）中，悬挂在火塘之上，防御昆虫，并且可向任何来访者骄傲地夸示自己的财富。这些羽毛卷世代相传，当其中红色磨损以后便失去价值了。富人们在灌木丛中建造自己的“银

图一八七　圣克鲁斯群岛的羽毛钱币卷

图一八八　班克斯群岛羽毛钱币项圈

行金库”，来安放他们的财富；有时全部落的财产都放在竹桩上公开展览。制造这些羽毛卷，要杀几百只禽鸟，以提供足够的羽毛，才可获得高价。鸽子、蜂鸟和小鸡的羽毛，均可制造这种钱币，但小鸡仅有眼圈四周好的毛才能选上。这种钱币的编织是妇女的工作。班克斯群岛是把小的红色羽毛系成一束或织成项圈，有时也加上白色羽毛，把红色羽毛衬托得更加显目。圣克鲁斯岛偶尔把这种钱币织成腰带形。

在玻利尼西亚，羽币和羽毛首饰达到最完善的地步。库克（Cook）1777年发现，这里鹦鹉的黄红两色羽毛是珍贵的钱币。岛民们用羽毛装饰的神像和著名首领用无数羽毛精巧织成的衣服，是许多白人博物馆中最宝贵的藏品。

威劳米兹（Willaumez）和法兰西群岛（French Islands）把食火鸡的羽毛和大腿骨用做钱币，这种通货所以得到高度珍视是因为这些岛上没有食火鸡之故。

阿萨姆北部有“头骨钱币”，是杀牛以后留下的牛头。婆罗洲猎头者则用人的头骨作为财富的中介物。

地球上最奇异而又广泛的钱币，是“食物钱币”。当然，部落使用它们是因为坚信充当钱币的这些东西是不会朽坏的。

盐是非洲很多地区公认的通货。盐币常常是用块形或砖形的石盐做成的。潘格威人在盐以外还加上一团煮过的木薯糊，称为“坎克”。印尼的尼亚斯岛以干猪肉为通货，竟没有受到卫生部门的阻止。古代墨西哥人的最小货币是可可粒，甚至今天还在边缘地区流通。中国许多省份广泛流行以砖茶为“钱币”。砖茶就是把茶叶压成砖头大小的块状。

一定分量的稻米也时常作为小的钱币使用，特别在苏门答腊和菲律宾的伊高罗人地区。亚洲许多地区直至今天还用米支付薪水和税款。东印度的木薯粉钱币是很著名的。印度尼科巴群岛的通货是一对一对的小坚果。在西藏，就选择了核桃（西藏有无此俗待查——译者）。关于植物性通货，还有干的香蕉皮和姜类的根，均见于加罗林群岛。瑞典的拉普地区，甚至今天还使用古代留下的干酪钱币。

图一八九　砖茶钱币（印有〝木〞字）

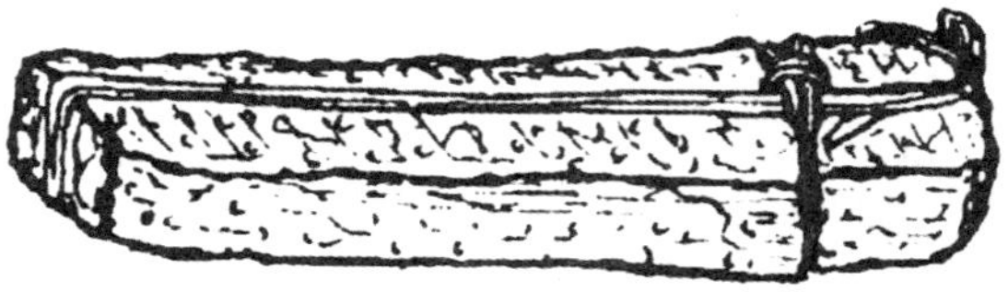
图一九〇　阿比西尼亚的石盐钱币

充当货币的还有刺激品。印尼的尼亚斯和西伯利亚东部把烟叶用于这一方面。西非的白种商人用烟叶支付货款，一片烟叶等于最小的“分币”。据艾伯特 · 施韦泽报导，加篷共和国的兰巴雷内，一片烟叶可买两个菠萝，所有小费也可用烟叶来付给。七片烟叶做成一支“烟头”，约值七个法郎。施韦泽告诫去非洲旅行的人说：

假如你要买食物，不要付钱，只付烟即可。假如你要防止被偷窃，坐船时必须坐在盛放贵重之物的箱子上。人们在水面上从嘴到嘴地传递着烟管，假如你要旅行舒适，给甲板上每人的手里塞两片烟叶，你将比付给白人钱币的人早两三个小时到达目的地。

比较危险的货币是在中国海南岛流通的鸦片烟[1]。沿着刚果卢安果海岸，使用白兰地酒为货币，也是同样的危险。这里是把白兰地倒在杯中或瓶中，来支付大小不同的款项。一个鸡蛋雨季时值半杯甜酒，旱季时提价到一满杯。一只山羊值三瓶甜酒和一件棉布衣服。虾夷人使用米酒付款，米酒是他们从日本人那里得到的。这种酒类钱币非常危险，因为它容易引诱持有者把自己的“财产”喝光，变为醉鬼。

随着橡胶贸易的发展，许多原始部落把橡胶球作为交换手段，非洲多哥地区人们甚至用以代替其传统的贝币。

与白人钱币概念最接近的是金属货币。特别在非洲，金属货币与其他货币同时使用。在那些不同文化相接触的地区，货币种类总是很多的，这已成为一种规律。这些金属货币并不具有我们所认为的钱币形状，而时常采取工具和武器的形式。

东非的塔波拉（Tabora），被土著居民称为“恩雅叶姆比”，意为“锄的地区”。其所以得名是因为六十年前由乌辛贾（Ussindja）土著居民运来十五万五千个铁锄（“叶姆比”）作为货币单位，再加上矛、刀和白人的枪支，均作通货之用。1906 年潘格威人对贸易主要物品规定了固定价格，尽管他们是采用铁矛钱作为标准货币，而由于各种不同的文化和经济因素交错在一起，

1　这里所说假如是指在有法定货币情况下，民间偶以鸦片烟为交换媒介，那么 1949 年前中国云南等地亦有这种情况，并不限于海南岛。——译者

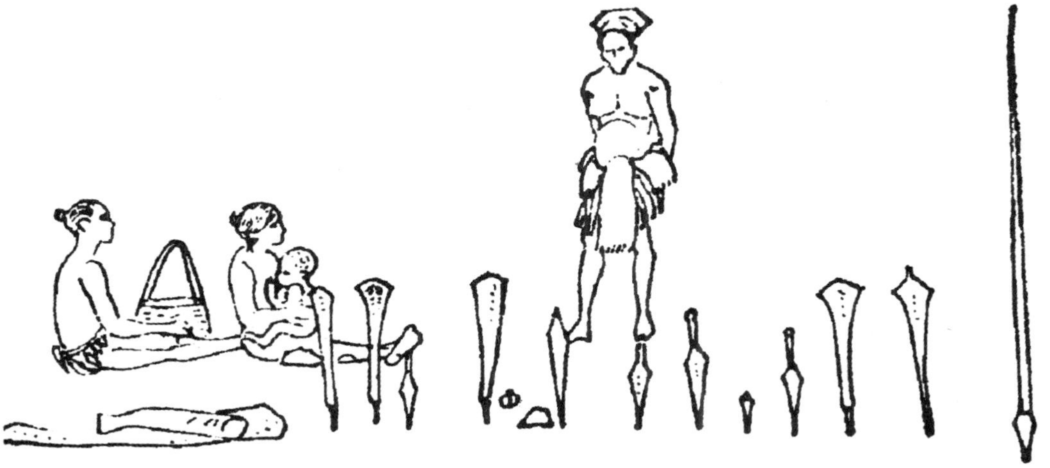

图一九一　谈生意时排列出来的刚果钱币

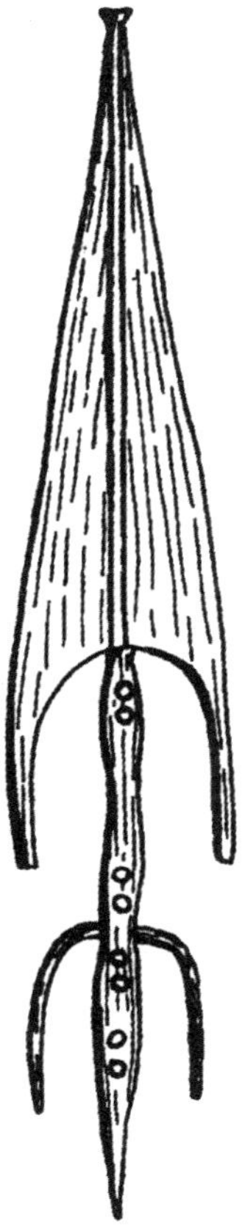

图一九二　北刚果的铁币

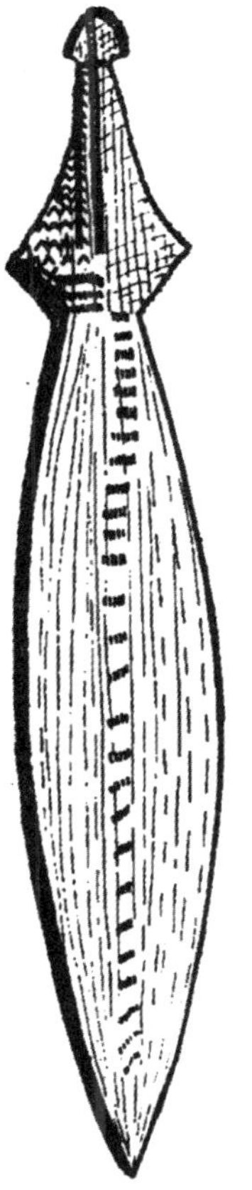

图一九三　刚果的铜币

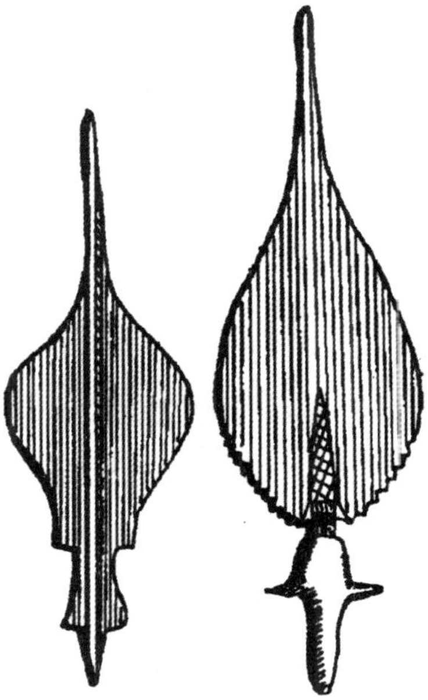

图一九四　西非的矛币

其他钱币也是同样被承认的。这就有可能把当地价格折合成英国钱币。例如，一个潘格威人的男子要寻求婚姻之乐，也必须为其新娘付出下列款项：

要付之物	折合英币		
	英镑	先令	便士
矛 6000 支	20	0	0
枪 12 支	6	0	0
火药 2 桶		4	0
野猪獠牙	3	0	0
羊 2 只	2	10	0
铁罐 2 个		10	0
衣服 10 件	2	0	0
帽子 5 顶		12	6
盐 13 罐	1	0	0
刀子 2 把		2	0
珠子 2 包		2	0
烟管 2 支		1	0
打火石 2 袋		1	0
棉花 1 帽子（满满的）		1	0
	共计：36 英镑	3 先令	6 便士

由上可见，潘格威人新娘的价钱是一笔可观的数字，这常常使得许多年轻小伙子成为终生的单身汉。

非洲金属钱币绝不靠欧洲进口。远在白人掌握冶铁知识以前，他们就知道在熔炉中冶铁的方法了。

非洲铁币喜爱采取常用工具形式，使一些货币宛如微型工具。例如，潘格威人的古老铁币形如小斧，用植物纤维的绳索穿在一起，呈扇形，这样的一束约值四分之一美元。但现在这种钱币已很少见，现在潘格威人的货币是铁矛头，其价值据其大小和工艺而定。一个普通的铁矛头约值美元二分，特别大的铁矛头约值美元二十五分。其他物品的价格是：

象牙	200 个铁矛头
犀鸟	10 个铁矛头
大老鼠	10 个铁矛头
烟管	1 个铁矛头
汤勺	2 个铁矛头
欧洲人的枪支	100—200 个铁矛头
豹的胡须	10 个铁矛头

东非的乌散道伊人也使用矛币，而西非班图人兼用斧币和矛币。巴森戈人则用投掷刀。非洲

图一九五　西非贝宁手持半环形铜币（“曼尼拉”）的商人（公元16世纪青铜板上所刻）

的俾格米人与相邻部落交换铁刀币和矛币，他们采用所谓“无声贸易法”，买卖双方把货物堆在指定地点，而彼此互不见面。

在上比努河沿岸，流通一种稀贵的货币，它是钉子和别针。与此相反，加利福尼亚的波莫－印第安人则选择了白云石和镁矿石精心磨成锥子为货币。

有一种特别的欧洲钱币曾在非洲土著居民之中普遍流行，这就是所谓有“玛丽亚·特雷莎银币”——一种值三个马克的德国古代钱币。它经过近东和苏丹进入黑大陆，传遍北非和西部阿拉伯，甚至越过赤道。这种银币在非洲土著之中太普遍了，他们竟对钱币一面所装饰的奥地利女皇肥胖的半身像崇拜起来，因他们对身材苗条之美是毫不欣赏的。

另一种外国钱币也曾征服了原始人地区，这是墨西哥银元，全远东都把它当成公认的通货。而印度卢比，则在西藏和东非流通。在阿比西尼亚，子弹壳曾被作为货币，这些过去战争的遗物，竟用来解决和平的交易。

刚果的珍贵货币是一种做成圣·安得烈（St. Andrew）十字架形的铜条。刚果斯坦利（Stanley）水域的钱币是沉重的半圆形铜条，上面有美丽的装饰。西非许多地区都知道这种钱币，人们称之为“曼尼拉”。特别在贝宁王国，它是公认的通货，十六十七世纪著名的青铜板上时常出现这种钱币。

古代中国具有各种材料和各种形状的金属钱币。最古老的一种是非常薄的青铜铲，有着四方形的銎口[1]。中国制造青铜铃和其他铸币，可早到公元前3世纪。“磬币”，亦称“月币”或“桥币”，以呈半月形状及卓越的工艺和精致的装饰而著名[2]。汉语中钱的意思就是“锄”，反映出锄是中国古老货币的原始形式。

东南亚地区以锣为货币，用它来购买妻子和支付罚款，也用它来积累财富。西部印度用金属鼓作为货币。黄铜环是西里伯斯岛的地方钱币。非洲班图人使用铁珠。巴森戈人使用纯铜装饰品或合金装饰品。北美的海达—印第安人则使用上有装饰的铜片，作为货币。人们喜爱这些“铜”，就像南海地区喜爱“迪瓦拉”一样。

但是，黄金仍是一切金属之王。地球上没有哪个地区能抗拒它的诱惑。许多原始部落公认金条和金沙为珍贵的交换媒介（我们所知的金币他们是不会制造的），但对黄金的定价各不相同。世界上不少地方，日常贸易用银，黄金被选中作为买卖珍贵美丽物品之用。在非洲，黄金海岸和阿散蒂地区，以金沙作为钱币，阿散蒂用著名的金珐玛（作奇怪小动物形和日用工具形）来

1 这里当指空首布而言。——译者

2 所谓“青铜铃”，或指中国古钱学家著录的铃形币而言。它和所谓“磬币”、“桥币”是货币还是装饰品尚难肯定。——译者

图一九六　古代中国青铜钱币

称金沙。金沙钱币也流通于中国[1]和印度支那地区，尤其是最迷恋黄金的国度——墨西哥。

现代文明国家已不再把金条作为交换手段，而把它们分铸为金币。各国在完全放弃金本位之前，都曾使用黄金铸币。但无论在现代国家，还是在非洲沙漠，一块真的金币一旦露面，总是引起人们渴望的注视，其价值是得到公认的。

美洲和欧洲过去的金币到哪里去了呢？若有人感到奇怪，作者可以报告在沙撒拉沙漠西部绿洲中亲自见到的一个“金币贮藏所”。那里的乌累德奈耳部落的年幼舞女，对沙漠中寻欢作乐的牧人表演自己的技艺。这些女孩子在干黏土建造的小房中狂弹吉他，每当她们举起手臂，绸衣的宽袖滑下来，就露出一串串用各文明国家金币做的手镯。这些金币都是从她们朋友和主顾中搜集来的。

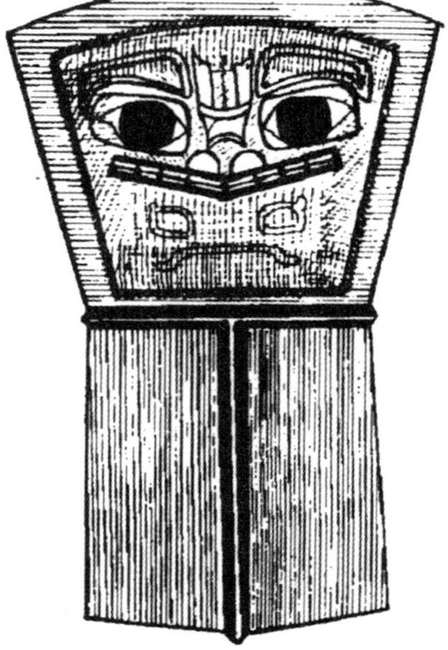

图一九七　海达人仪式上用的钱币——有刻画的铜片

许多原始部落只允许一个人或经过选择的一群男女制造自己的货币，正如文明国度只准政府在造币厂中制造铸币一样。非洲许多部落选中铁匠铸造货币，这有助于解释为什么铁匠是部落中很受尊敬的成员，仅列在皇族之后。苏门答腊的科林提人，将铸造红铜环或黄铜环钱币的特权授予两个指定的人，他们有光荣的称号，分别称为“潘伽威 · 简南”和“潘伽威 · 达拉”，这种荣誉可以传给子孙。

许多原始部落在铸币之外也有“纸币”，和文明社会一样。现代铸币导源于原始的铁工具和粗糙的金属条，而纸币便可上溯到很多民族使用的布币、席币和皮币。

美拉尼西亚东南部的萨摩亚人，以织得很好的席子为交换媒介。雅普岛的席币则较为粗糙，它被卷起来用绳索捆成一团。

1　中国直接以金沙为货币事，似盛行于古代云南某些地区。参见《马可波罗行记》（冯承钧译本）中册第 118 章。——译者美国西北部印第安人用毯子进行交易，它代表相当大的购买力。西伯利亚土著居民用毛皮缴纳税款。北美许多印第安人以海狸皮为钱币，而南美一些部落则用浣熊皮来进行交易。美国西北部印第安人还使用其他毛皮，如特林吉特人就使用麋鹿之皮。凡是使用这类钱币的地方，就能发现各种布币也同样在使用。

拉布拉多的印第安人一年一次举行传统的商业活动，他们把获得的毛皮送到“哈得孙海湾公司”，以便购买过冬物品，这可看做是使用“皮币”的另一种方式。直到最近这些印第安人的珍贵毛皮仍用“海狸钱”（简称为 M.Br.）为单位来估价，这是该公司过去发行“海狸钱”和印第安人做生意的一种遗迹。“海狸钱”代表一张最好海狸皮的价值。

在苏丹和上新几内亚，长时期流通布币。西藏人以“哈达”（一种丝织物）专作付款之用[1]。古代日本对诗人以衣服来付费。《天方夜谭》故事中也有同样的习俗，这已为读者所熟知。这种钱币和玻璃珠情况一样，常由于风尚的变化而影响其价值。例如，塞内加尔北部的摩尔人，只承认一种特殊的海军蓝印度棉布为钱币，他们凭嗅觉就能把冒牌货识别出来。

白人统治者在席币上盖上官方印记，也是导致纸币发明的一个方面。如葡萄牙人在安哥拉就是这样做的，他们只承认这种盖过印的席子为法定通货，允许用它交税。

从这种纤维质的钱币到西方世界普遍作为交换媒介的“真正的纸币”之间，只有一小步距离了。远在 13 世纪马可·波罗就报导“大汗”使用纸币的情况，这种纸币是用桑树纤维做成的：

> 制造这种纸要大张旗鼓，胡乱花钱，似乎是在熔化银子和纯金。每张纸上都要由指定的官府签名盖章。在这些手续照章完成以后，陛下委托造币厂最高长官再在每张纸上盖上珠红印玺。这样，它才被承认是有效的钱币。任何仿造者将作为滔天大罪而受惩处。[2]

中国汉代使用奇怪的皮币[3]，后为所谓“钱票”所代替。“钱票”和赌博所用筹码相似。中国人举行葬礼，要象征性焚烧冥钱，这是一些代表票据的纸片，用以愚弄那些爱钱的死鬼。南美欧洲人办的公共汽车公司发行一种用马来树胶做的车票，竟被土著居民当钱使用。

几乎每一种古老货币都围绕着无数的神话传说，把货币与神、祖先和自然界存在的各种鬼联系起来。这些信仰势必增加了钱币的地位，阻止抢劫和伪造。“文明的”银行抢劫犯仅有监禁的危险，原始的抢钱者则要处死，而且被认为得罪了神，将受到永恒的惩罚。因此，这种罪行在很多部落中几乎绝迹。

帕帕欧岛（Papa Islands）土著居民和很多原始人一样，认为他们的货币有不平凡的来源，是由神鸟和神鱼创造出来的，而且把它们藏在岛屿沿岸神秘之处。当钱币易手时，要加上附加费，用以抚慰“钱币的感情”。

在伊斯兰教中心麦加，很多妇女喜欢佩带古代威尼斯金币作为神符，全然不顾其上有着基督和圣·马可的像。在西藏，印度卢比也同样用做神符，而这却由于对他们自己宗教的虔诚，因为卢比上维多利亚皇后的像被误认为是达赖喇嘛的头像了。

美洲西北岸的铜片货币各有名字，保存在它们自己的“房子”之中，每天有食物供奉。妇

1 哈达是藏族一种礼仪用品，即使用做交换媒介只能是偶然的事情。——译者

2 这段话见于《马可波罗行记》（冯承钧译本）中册第 95 章。

3 汉武帝元狩四年以白鹿皮为币，行之不久即废。见《汉书·食货志》、《武帝纪》。——译者

女们被严格禁止进入它们的房中去。这些“铜钱”据推想是一个来自月亮的人送给部落成员的；另外有人相信它们是由城堡建在海里的一个强有力的首领带来的。

这种对钱币的崇敬和我们崇拜财神（Mammon）有所不同。因为它深入原始人的灵魂，比起当代尽可能攫取大量必不可缺的美元的愿望更为强烈。

世界各地都是既有小心谨慎的储蓄者，也有挥金如土者。美拉尼西亚的岛民们和我们的情况一样，是挥霍他们的财富还是小心地把财富堆放在储蓄银行中，全有自己的自由。为了安全地保存珍贵的介壳钱币，他们把“银行”建立在村落中心，由一个官吏看守着。那里的人们花费“迪瓦拉”时那种舍不得的心情，和我们花费“先令”时一样。加纳的萨拉加地区的买主在织成的钱包中装上20000个作为零花钱的贝壳，潘格威人臂上背包中装着铁币，阿比西尼亚人放在欧洲弹夹中的子弹壳，其效用是相同的。同样，在赌博时，非洲多哥的巴萨里人把贝壳押错了地方，和蒙特卡洛[1]浪子把搜罗来的钱作孤注一掷一样，都是要一输而光的。

坟墓中的死者甚至也无法逃避他们的债主。西非埃韦部落的死者身上由亲属们盖上贝壳，使其生前债主可能收回欠款。

纳税无论是用美元支付，还是用贝壳、席币或食物性货币来支付，都是令人讨厌之事。博木人每个男性公民要纳税1000个贝壳，拥有一群牛要加1000个贝壳作为“出售税”，养一个奴隶还要交纳“享乐税”2000个贝壳。

但是，每个地区都有自己的财主。非洲纳沙卡马（Nassakama）的国王把自己土地卖给非洲有限公司（African Company Ltd.），每年可得30万个贝壳的养老金。

投机商是最聪明的巫师，在原始社会也有这类人大显身手。阿散蒂部落的一个土著居民在1860年很机灵地抛出全部贝币，其时兑换率是每一美元换85串贝币。他等到36年后，兑换率提高到每一美元换216串贝，又买回大量贝币，因而成为当地最大富翁。

非洲科尔多凡高原1820年由官方引进一种铁币“哈沙什”。菲律宾苏禄群岛由苏丹规定了一种用于通货的棉布的兑换率，无论棉布进口增加或减少，不再更动。

每当由于风尚改变，或进口太多，原始部落便面临着通货膨胀。这时，像文明社会一样，唯一可以挽救投资者财产的方法便是实行一种明智的金融政策。例如，1840年博木人的君主奥玛（Shah Omar）宣布，“玛丽亚·特雷莎银币”和西班牙钱币从此为法定货币，贝壳为法定的辅币，这样来消除其他各种交换媒介的通货膨胀。

但如通货收缩，也能威胁一个民族的经济稳定。第二次世界大战时在荷属东印度群岛（今印尼——译者）发生了一个有趣的例子，荷兰的官方记录是这样报导的：

> 对位于遥远前哨的印度尼西亚人来说，金和银是没有价值的，他们长时期以色彩美丽的海产介类的壳为钱，这些介币过去是经过危险的陡峭山路从远处带来的。介壳易于腐坏，故必须时常补充更新。
>
> 但能找到这些特殊介壳的海岸，已落入日本人之手，由于缺乏钱币势必造成通货收缩，整个地区面临着经济体系瓦解的危险。

---

1 蒙特卡洛（Monte Canlo），摩纳哥著名赌场。——译者

最后，统治这个地区的荷兰官员只能派出一个官吏去澳大利亚解决这个问题，荷属东印度委员会（Nethdrlands East Indies Commission）接着又派人去澳大利亚海岸搜寻这种介壳，未得到什么结果。后来有一天，一个官员高兴地冲进委员会的办公室，大喊道："不会发生通货收缩了，我们已发现了钱币！"

他带领惊奇的荷兰官司员们到墨尔本百货商店，那里把这种发光的介壳卖给澳大利亚儿童作玩具。荷兰官员遂带回一袋一袋的光亮介壳，从而恢复了当地人民的繁荣和快乐。

在地球上仅有很少部落在某种程度上不依靠钱币来解决生计问题，其中有澳大利亚的狩猎者和采集者，他们不分贫穷和富有。但一个社会一旦形成复杂的经济形式，钱币的概念便进入人民的生活。至于钱币是贝壳、石头或皮革制成，还是金属制成，那只不过是偶然的不同和地区的差异。对于所有知道买和卖的秘密的人来说，贫穷的痛苦和财富带来的权力，则是到处一样的。

第九章　从信号鼓到报纸

白人探险者进入以前未到过的沙漠、草原和丛林时，会发现土著居民对于他们的到来并不感到惊异，有时甚至已为探险团成员准备好营房和食物。若问这些人如何知道来访者的到达，总是含糊和推诿地回答说："我们听说"。或者简单地回答："我们知道。"原始人生活在荒僻的地区，没有现代化通讯系统，究竟是如何获得这一消息的呢？

澳大利亚牧羊场中忠实的土著工人，会突然不见，几天以后又回来工作，仿佛什么事也没有发生过一样。若问他们，则吞吞吐吐地解释说："部落召唤我们回去，若不遵从召唤，将被处死"。这曾使许多牧场主大惑不解。什么召唤？在澳洲灌木丛生的贫瘠荒野中如何通知他们？

冒险进入原始地区的文明人必须估计到这一事实，即原始人也曾发明一种完备的"元线电报"系统。他们传播消息的古老方法简单易行，短路、无线干扰、磁暴或罢工都不能损害其效能。在空旷地区为生活而斗争是残酷无情的，人们生命的得救或毁灭，常取决于传递消息的快慢。白人很难获知土著居民密码的秘密，但他们一旦注意到这种密码复杂而又完善的特性，就不得不对其创造者的智慧表示敬佩。

最简单的交际媒介当然是语言，传递消息的其他听觉方法是由语言发展出来的。与听觉方法相对照的是传播消息的视觉方法，它的发展导致了文字的发明。我们今天所用的无线电和报纸，尽管方法十分完善，仍然要通过耳和目起作用。这是传达消息的两项原则。这两项原则从很早时期起即服务于同样的目的。我们发现，原始通讯中听觉方法（语言和声音）多由领域狭小的社会所采用，而视觉方法主要发现于占有广大空间的部落之中。

农业民族的社会是狭小的，其最大政治单位不过是村庄，故在这里发展出主要建立于声音或听觉原则上的通讯系统。另一方面，游牧民族集团散布于广阔地区，则发展了视觉的通讯系统。视觉系统最后导致古代发达文化中文字的发明，图画文字是其原始的形式。

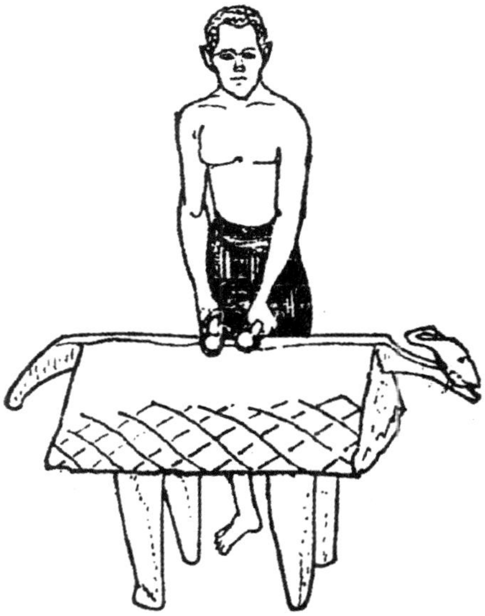
图一九八　比属刚果的锣（鼓？）

在发达文化出现以前，听觉和视觉这两项原则已经完善，并混合起来成为通讯机构和其他组织的复杂工具，专门致力于对当时公众的启蒙。书写技术最初是由祭司所发展的，并保守秘密为他们自己服务。但这并不意味着所有通讯方法原来都服务于宗教的目的。从最早时期起，促进各种通讯系统发明的就有两种力量：一种是宗教的推动，还有一种是理智的要求。

在原则上，现代通讯方法和原始人传递消息方法之间并非如人们所臆断的那样有什么根本的不同。电报、报纸和无线电，无论其传布消息的有效范围如何广泛，也不能把消息立即传到所有公众中去。

直到今天，许多文明社会乡村所用的通讯方法仍和原始民族类似。当村镇传呼员摇铃把村民们召集在一起去听市议会的公告或宣布召开下次会议时，所用方法正与新几内亚、非洲、南美的土著居民通讯系统相同。在那些地方，由村庄的鼓把重要消息传到社会中去。在“文明的”社会的落后地区，不识字的送货妇女画出一些符号代表萝卜、面粉或家庭零碎用具，来记下订货的项目，这和北美印第安人使用图画记事来记录传说、歌谣和他们部落的胜利，有什么不同呢？

还可以再作进一步的对比。我们在手帕上打个结，使自己不要忘记某件差事；我们在袖子上缠上黑纱，悲痛地表示家族某一成员的死亡；路标告诉我们应到何处去；锣声召唤我们去进餐；古代宣布人有罪要折断一根棍棒；欧洲过圣约翰节[1]要在山顶上升起火来。我们在这些场合所用的表达方法，和澳大利亚人的传信木刻、塔斯马尼亚人表示悲痛的画身、西伯利亚部落羊肠小径中的树枝标记、刚果卢安果的裁判官宣布判决时撕的草叶，以及草原印第安人、南美的普埃尔切人、澳大利亚人和巴布亚人的烟火信号，又有什么不同呢？它们都能拼出一些信息，并能为有关的人所了解。

语言是人们通讯的最古老方法，地球上没有哪个民族是没有语言的。语言并不仅仅靠说话起作用，也可用人的发音器官发出的种种声音来表达。锡兰的维达人和中非的俾格米人以一种特别的低声歌唱来传达消息。第二次世界大战时，一个美国陆军妇女队的下士马加里特·哈斯廷斯（Mangaret Hastings）因飞机失事落在新几内亚山谷之中，听见“一种古怪的连续不断的声音，愈来愈大，愈来愈近，像一群狗的叫声”。结果证明，这是一种信号，召唤当地人到出事地点来援救。新几内亚土著居民对这处“无线电话”是非常熟悉的，他们以设立转播消息的中继站的方法，从这个山顶到那个山顶相互召唤。

吕宋岛北部的尼格利陀人的传呼信号，探险者万荣维保（M.Vanoverbergh）区分为五种不同的类型。据他描述，这五种是：

（一）尖锐的没有变化的呼喊声，声调很高，表示“你在哪里？”时常在森林中使用。

（二）与上述的呼喊声相似，但声调较低，表示“发生了什么事？”“你需要什么？”时常用于森林中，作为对第（一）种呼喊声的回答。

（三）与以上的呼喊声相似，但较短促，紧接着另一种低而短的声音连续发出，表示“来吧！”“一切很好！”“由这里来”，等等。时常用于森林中，也可作交替的传呼，把消息一直传到住处和集会地点。

---

1 圣约翰节（Saint John's Day），每年6月24日浸礼教徒纪念圣约翰诞生之节庆活动。——译者

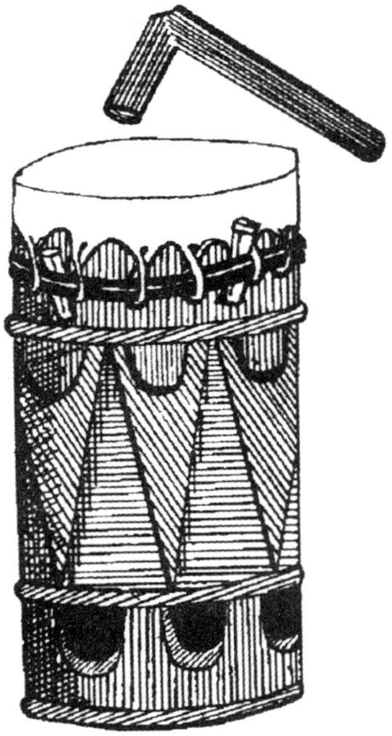

图一九九　西非潘格威人战鼓

图二〇〇　喀麦隆的信号鼓

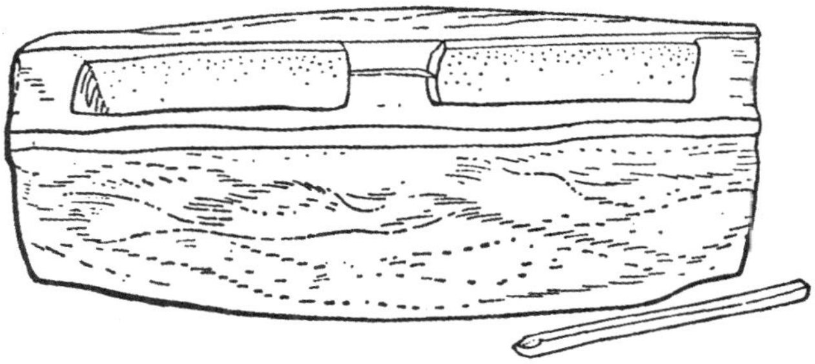

图二〇一　非洲人的木槽鼓

（四）长的尖锐呼喊声，开始声调很高，渐渐低落直到消失。每当发生暴风或雷声隆隆的时候，在场所有的人便齐声发出这种呼喊。

（五）“仅仅表示感情的呼喊声”。

胡仑－印第安人和伊洛魁－印第安人，以一种所谓“剥头皮的呼喊声”宣布战争中杀死敌人的人数。斯万顿[1]指出，在克里克－印第安人之中，“咳嗽声也形成一种通讯方法”。他能辨出什么是“死亡的咳嗽声”，什么是“战士成功地带回战利品的咳嗽声”。

科贝特（J. Corbett）告诉我们，印度原始村民当老虎来时，牲口受到威胁，便用这种方法向毗连公社的邻居们报警：

> 一个人站在居高临下的大崖石上或屋顶上喊叫，先引起邻人的注意，然后发出一种高声呼喊，传出有虎的信息。在很短时间内这一消息便从这个村庄到那个村庄传播开了。因此，通常在老虎开始攻击不久，人们就已知道。

但无论呼喊者站的地点如何具有战略性，人的声音总是微弱的。因此，以人为的工具代替声音是必然的发展，这样可以扩大范围，使所有要传知的对象都能听到。西班图人为此发明出一种使用信号管的复杂通讯系统。苏丹东部和喀麦隆北部则使用信号笛。喀麦隆的伍特人、南美的泽瓦人和卡里布人、加罗林群岛和阿默勒尔蒂的岛民们，都用号角和螺号来召集群众，鼓舞战斗的武士。我们近代军队用的军号与此类似。

另一种非常杰出的听觉的通讯工具是木槽鼓或信号鼓，这是西非、南美和新几内亚那些简

1 斯万顿（John Reed Swanton, 1873—1958），美国人类学家，著有《海达人类学研究》（1905）、《美国东南部的印第安人》（1946）等。——译者

图二〇二　南美图卡诺—印第安人信号鼓

单农业社会的文化特征[1]。它是将整棵树或一段树干中间挖空，留下两端不动，上面留下一条长而狭的槽，可以插入一个或几个鼓槌。由于鼓槌大小和鼓手所用力量之不同，可以发出高低不同的声音，结果便有可能发展出无穷无尽的密码系统。

这种信号鼓也有较小的，或者是具有不同的形状（如某些非洲部落的鼓作盒子形状）。法属赤道非洲乌班吉河一个部落——班达人有两种显著不同的鼓。第一种叫“林加”，是大树干做的鼓，放置在四足架上，用两根大小不同带有硬橡皮头的棒敲打。这种鼓主要用于村庄之间的通讯。第二种叫“奥克朴罗”，较小，呈圆锥形，用手或一根轻棒敲打。它主要是在部落举行埋葬仪式时作伴奏之用。

鼓发出各种信息，或具有仪式的性质，或宣布即将出猎等当前大事。探险者哈夫·胡姆莱（Hive Humley）进入尼日利亚一个村庄，事先就响起了强有力的鼓声。它通知所有能听见的人说：“到市场来吧，不要怕，来吧！白人在这里，要对你们说话，不是谈战争的事，来吧！”几英里内都能听到鼓声，隔一定时期重复一次，保证每人都有机会听懂。这种大鼓规定要安置在市场中心，就好像是一个地方电报局，所有重要消息都从那里传播给全体居民。

许多南美印第安人使用同类的鼓，常常多出一个伸入槽内的舌头。这种鼓有时沿袭着古代墨西哥和中美地区鼓的名字，称为“蒂彭纳茨利”，古代的鼓可能就是它的先驱。哥伦比亚的泽瓦人、厄瓜多尔的卡拉人、奥里诺利河和亚马逊河地区的希维罗人和图卡诺人，都用这种鼓召集群众。敲鼓用的是有橡皮头的棒，很远距离都能听见。鼓声宣布敌人的到来，号召建立防御工事，或召唤村民参加和平的集会。鼓上时常有优美的艺术雕刻作为装饰。

加泽尔半岛和新几内亚的其他地区一样，当地居民创造出多种多样的鼓点密码，能够表达出要传播的任何事情，如来访者的到达或狩猎野猪的成功。几乎每家都以有鼓为荣，彼此以鼓相互通话，就像我们使用“合用电话线”一样。北部巴布亚人有大的木槽鼓，称为“道本”；还有小的手鼓或滴漏形鼓，布满雕刻，一端蒙以蜥蜴皮，称为“佛岗”。后者他们跳舞唱歌时作伴奏之用，前者用来传递消息，不仅用于“向大家广播”，也可用于两个人之间私人通讯。传教士约瑟夫·斯米特（P.Joseph Schmidt）是这种鼓语言的专家，他设法听了许多私人的和公共的击鼓会话，以大小不同的点表示各种音量的方法巧妙地记录下来。下面例证便是他偷听的结果。

1　木槽鼓的分布远不限作者所列举的地区，它也存在于东南亚和中国西南地区。古代苗族曾经使用。直至20世纪50年代云南西盟佤族还有木鼓，用来召集群众和祭鬼。——译者例如，黄昏时丈夫饥饿地回到家中，发现妻子仍在濒海的湖中捉鱼，他要召唤妻子回家。如一个棕皮肤的人名叫沙加姆，就是这样敲出信号的：

·····｜·····｜······

最后六个鼓点代表沙加姆的个人姓名，是他自己的“签名”。

不仅个人而且整个民族都有自己的“主题歌”，使听者能立即区分发出信号者的身份，分出这是一个人呢，还是整个集团在说话。氏族“签名”叫“莫罗布”。例如，不只是沙加姆一个人的妻子，而是所有妇女离开家时间都很长了，就不需要各人召唤妻子回家，而由氏族本身以一种简单的“莫罗布”信号“说话”：

●●●●●●●●●｜····· ●●●●●●｜······●●●●●●●●●｜

·········●●●●●●●●●●｜●●●●●·············

个人的或“莫罗布”的每套鼓点都有名称，这使村庄中老妇们易于知道最新消息而说长道短。例如，她们听到名叫“甘卡巴利特”鼓点，她们立即知道某家订货送到了，而送货的孩子发现无人在家，故他打出“甘卡巴利特”来通知他那不在家的顾客：

·········｜·······｜·······｜·······｜·······｜·

鼓的信号使私人事务能为公众所知，这一特点给予小偷以很大的苦恼。他听到关于抓小偷的“那波罗姆”鼓点，知道全社会将被这种声音所激怒，马上要给他一顿好打。他可以立即躲起来，但“那波罗姆”的声音仍在他耳边不断回响，告诉他即将发生不愉快的事情：

······｜·····｜······｜·····

每天发生的欢乐之事和悲剧，就这样为大家所共享。

每人都喜欢听到公房发出邀请，这是由“烟草鼓”的信号——“沙盖杜本”广播出来的，有四种不同的音量，如下列所示：

●●●｜｜ ●●●｜｜ ●●●｜···●｜ ····｜●··｜●●●●●｜

所有人都因听到阴郁的单调的“鬼魂说话”的信号——“布拉格阿坦”而感到难过，它通报社会成员中有一个成年人突然死亡。

信号的复杂性要求细心地收听。为了易于收听，鼓点以前还有一个为了易于辨认的介绍性信号作为先导，如每个氏族信号（“莫罗布”）的固定“电台呼号”是：

····· ●●●｜●●●●●●●●●●●●●●｜●●｜｜

部落鼓点的种类无穷无尽，标准信号有警告鼓点、采集鼓点、槟榔果鼓点（号召每人带槟榔果到公房中来）、椰子鼓点、猪齿项圈鼓点（把这些“钱币”带来做交易，如购买独木舟），等等。

鼓声专用于人，对尊严的鬼神是不适用的，神要求一种笛子“布雷格”的声音。这种神圣的乐器只有男子才能吹奏。教会年轻人吹笛子是成丁礼的主要任务，谁不会很好地玩笛子，在社会上就没有威信。“布雷格”笛的声音也被认为是一个神灵的声音，神灵听到笛声就被吸引来了。如吹者技巧使“布雷格”神满意，他就进入笛中而被带入祭堂——“布雷格”房里，再进一步举行仪式。

视觉的通讯方法较之听觉的通讯方法，分布更为广泛。视觉通讯方法借助于可见的信号，从人体可能提供的信号开始，正如语言是最简单的听觉通讯方法一样，人体的姿态就是视觉通讯方法最简单形式。姿态可以用来表达关于数字、物体、状态或方向的简单答案，或再加上一系列模仿性姿势、组成整句的话，用以达到相互会话的目的。关于第一类姿态语言的例证，有喀麦隆的蒂卡人用姿势表示数字；有草原印第安人用姿势表示单词，如梳发的姿势表示“女性”，模拟圆锥形的姿势表示“帐篷”，借助于两手相背的姿势表示“死亡”，“太阳”是一个圆圈，“树”是表示出树枝的形状；等等。关于第二类姿态语言（即用模仿性姿势组成句子）见于印第安人之中，双方不发出任何声音就能说话。这种信号语言给予古代作家阿达尔以深刻印象，他生动地描述道：

> 现代美洲野蛮人就像是熟练的古代希腊罗马的哑剧演员和近代土耳其的哑人，借助于姿势、动作和面部表情，描述要说的最琐屑之事。两个相隔很远的印第安族，彼此一句话也听不懂，却可一起交谈，相互了解，并订立协定，而不用一个翻译。这样的事令人惊异，似乎是很难置信的。

这样，原始人就解决了文明人从未解决的问题，这就是从巴别塔[1]直到联合国会议成员之间语言不同都需要冗长翻译的问题。许多美洲和非洲部落使用过的或正在使用的信号语言，就是荒野中“世界语”。

仅仅最近无线电的发明，才改变了关于视线比声音传得更远的古老信念。在以前视觉通讯方法只有在可及范围内才是有效的。因此，在人类姿态之外再加上其他信号，发展视觉通讯的有效性和可见性，使其能达到更远的距离。

例如，一个印第安人认出一群野牛，他便匆忙登上能为本村人所见的高地，双手将一块毛毯高举过头，又缓缓落下，这是一种促使整个公社行动起来的信号。这就是他们的“摩斯密码”。[2]毛毯一起一落有时再加上升起和覆盖烽火的方法，使其更加完善。升起的烽烟可使更远的距离都能看见。假如手边无火，则把灰土抛上抛下，也可起到同样的效果。西明诺－印第安人“当狩猎时，分成几队，彼此用烟火信号联系，来保持一定的距离。他们点燃火使轻烟上升，又用毛毯覆盖使烟停止”（斯万顿语）。南美普埃尔切人和兰基尔斯人以烟火信号指挥战争行动。古代高卢人在和恺撒作战时也使用过烟火信号。

光线信号可以达到同样的效果。锡比克—印第安人 1902 年就使用过。当新来的政府代表团在锡比克人代表陪同下，由山脊向峡谷走去时，“代表就开始发信号”。据里根（A.B.Reagan）说，“信号用的是一种小的反光镜把阳光射过去”，以宣布白人来了。峡谷里的反光镜则回答说：“好，我们好了，我们已备好丰富的食物。”……队伍到达时发现“峡谷中每个印第安人已被信号召集在一起，迎接他们”。

重要信号必须不断重复才行，为此就要有赋予一些重要信号以持久性质的方法。这就是路标、警告标记、吁请援救标记的目的，在某种意义上也是财产标记所要达到的目的。

肖肖尼—印第安人在石堆上立柱作为信号指明到有水地方的确切方向。开蒂克莫

1 巴别塔（Tower of Babel）故事，见于《旧约全书·创世纪》。相传古代巴比伦欲建高达天庭之塔，因语言不通，终未建成。——译者

2 摩斯密码（Morse Code），一种电报密码名称，发明者是美国人 Samuel F.B.Morse（1791—1872），因以为名。——译者

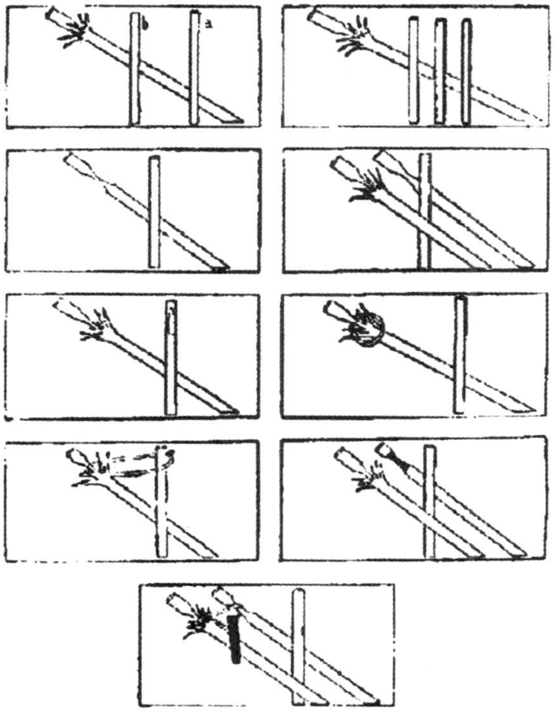

图二〇三　蒙塔纳斯—纳斯科皮人表示需要援助的信号柱

图二〇四　澳大利亚西部的传信棒

（Kiatexamut）的爱斯基摩人中的旅行者，沿途插上草缠的棒，表示他们走过的道路。非洲多哥的埃韦人走路，让熟悉丛林的人走在前面，用树叶和草来覆盖“错误”的小径，以此向后面一群人指示出“正确的”道路。通古斯人砍倒一棵小树，上附一支箭，箭头向下，指明捕机所在处。假如箭头向上，则表示猎人已离开附近地区。

但路上标记不仅为了旅行者，它也可能是一种要求他人远离危险地区的警告标记。阿佩刃—印第安人在通往发生疾病地区小径上，置放死的猫头鹰或猫头鹰画像，两者都表示死亡。据报导，当他们发生天花时，通往他们营地所有小径立即放上猫头鹰画像，“使印第安人不敢冒险走这条路，结果便无人染上天花”。

这些标记使过路者趋吉避凶，另一些则号召他们去指定地区，援助某些需要援助的人。我在加拿大印第安人蒙特纳斯—纳斯科皮人之中看过这种标记。他们在北极气候下孤独地生活在广阔的狩猎地带之中，同族之人常常相隔几英里。严峻的生活条件使他们发展出一种相互帮助的有效信号系统。要求公众帮助的标记，任何人看了都必须作出回答，拒绝回答就被认为是犯罪。经常是苦于饥饿或风吹雨打的遇难者，在沿路都插上有刻痕的信号棒，指示出遇难营地的方向。一个人看了这信号，或者立即前往，或者因他自己也没有适当的装备便在原来信号棒上加系一个信号，声明他何时回来，或告诉后来的过路者应做些什么事，来加入这个“慈善团体”。这些信号棒可以表达出事情的全部，不仅说明受难营地的方向，还借助于刻痕的深度和形状，说明疾病的性质和罹难人数。援助者给其他过路者的信号以树枝编成的圈来表示，若刻痕染黑则宣布其他人再去为时已晚，因为遇难者已经死亡。

财产标记是向公众宣布物件属于某一个人或一集团，它在许多民族之中普遍流行。宣布本身是对盗窃者的一种威胁。集团所有的财产，如爱斯基摩人的独木舟、拉普人及通古斯人的驯鹿群，亦加以标记。驯鹿是在耳朵上切出标记的，或在其肢体上烧出标记（如撒摩耶人即是这样）。个人、家庭或集团，都各有自己特殊的财产标记，其他人禁止使用。阿拉伯人对其骆驼、羊、马加上标记（“瓦斯姆”）表示它们属于某部落或某集团的财产。加拿大和美国的印第安部落也有财产标记。它在南美很不常见，只有埃姆巴雅人、阿特卢斯莱人、奇里瓜诺人，把财产标记加于他们的动物、奴隶或工具之上，甚至加于妇女身上的也不少。近代文明国家的牲畜养殖者仍保留这一古代习俗，并付诸实用，如比赛用的马就要佩戴所属厩房的标志。我们自己手提箱、手提包、行李袋上面加上姓名的大写字母，也属于同类范畴。

另外一些通讯不是发向“可能有关的人”，而是发向特定的个人或集团。这种通讯可以具有私人性质（如订货单），也可以具有政治的或外交的内容。在这一类通讯方法之中，有澳大利亚人传信木刻，它起着帮助传信者记忆的作用，需要传信者加以解释。它的内容有邀请参加宴会或成丁礼及商业上的订货。例如，“沙土商号”要“袋鼠商号”火速送来麻醉品“皮特里”若干，保证迅速以矛和飞去来器付款，便送去一根木刻，作为正式的订货单。

原始人部落之间使用的“外交传信包”或“外交传信棒”，具有国际性。如印第安人送给美国政府一包东西，其中包括饰有羽毛的谷穗，内填烟草（代表“和平的烟管”），其周围悬挂饰有羽毛的羊毛绳。这信的意思是“请总统吸烟”。易言之，它是一种和平的宣言。

西藏东部 Lustsu 人[1] 送给敌人一种点缀着羽毛的木刻，则宣布战争的到来。它告诉敌人：几百个战士已准备出发，将像飞鸟一样来到。非洲的尼姆—尼姆人是在敌人小路上插上一根谷穗和一根鸡毛，其附近树枝上系上一支箭。它的意思是任何人如漠视这些标记，特别是还想抢劫田园和杀别人的鸡的话，即将死于箭下。

这样的信偶尔也具有很强的私人性质，甚至可能作为情书。苏联尤卡吉尔人一个姑娘刻在桦树皮上的情书（或曾受欧洲人的影响），就属于这一类。这是一封失恋者写的忧伤之信。如图二〇五所示，房中（A 和 B）坐着被遗弃的姑娘——本信的作者（C），交叉线表示她的痛苦，C 的右上方虚线表示她的发辫。她的情敌（F）是一个偷走她爱人的俄罗斯姑娘，梳着辫子和穿着裙子。G 就是那不忠实的爱人。上方的交叉线就表现他迷恋俄罗斯姑娘之事。情敌 F 到 A 之间的交叉线（J）切断从 G 到 C 的爱情之线。M 代表作者的痴情。O 是一个尤卡吉尔人，他向本信作者求婚。P 和 Q 是 F 和 G 这一对姘头生的孩子。概括起来，这信应读如下：

你为那俄罗斯女人离开我了，她挡住你到我这儿来的路。你甚至和她生出孩子来了。我经常感到痛苦，虽然另有男子向我求婚，我还是只想念你。

帮助记忆的“信”另一变种，是借助于计算盒、结绳或贝串（wampum belts）来进行记录的方法。厄瓜多尔的卡拉人把大小、形状、颜色不同的卵石放在木盒中记录数字或事件。秘鲁沿海地区也使用同样的盒子。秘鲁古坟中发现的结绳“魁普”（khipus）是颇为著名的，用它可以“记录”行政事务、登记税收数字及其他。诗歌和其他文学作品，也曾以“魁普”

1 Lustsu，疑指今四川大凉山彝族（自称“诺苏”）。至于木刻加羽毛表示宣战的方法，中国西南很多民族都有。——译者来记录，但主要仍是为了提醒对口语的记忆。绳子的不同颜色表明要记录的事物（包括省、部落、不同种类的人，等等），绳结不同形状表明数字，旁边所加绳子则是“注释”。有一种政府官吏，称为“魁普卡马约克斯”，是这些“魁普”的专门保管员。结绳的使用不限于秘鲁，古代中国及其文化所影响的地区是“结绳记事”的另一中心[1]。这种方法至今仍为南美许多印第安部落所使用。

北美的贝串（偶尔和图画结合起来）充当订立契约的法律证书。尽管原来仅有订约双方才能解释其“内容”，而在其排列和颜色（白色和紫色）所代表的意义为众所周知以后，便逐渐变成传递消息一种普遍方法。1682年威廉·潘恩（William Penn）在沙卡马克孙(Shakamaxon)和林尼列纳佩—印第安人首领订立有名的领土条约，使用这样的贝串，现珍藏于宾夕法尼亚州历史学会之中。

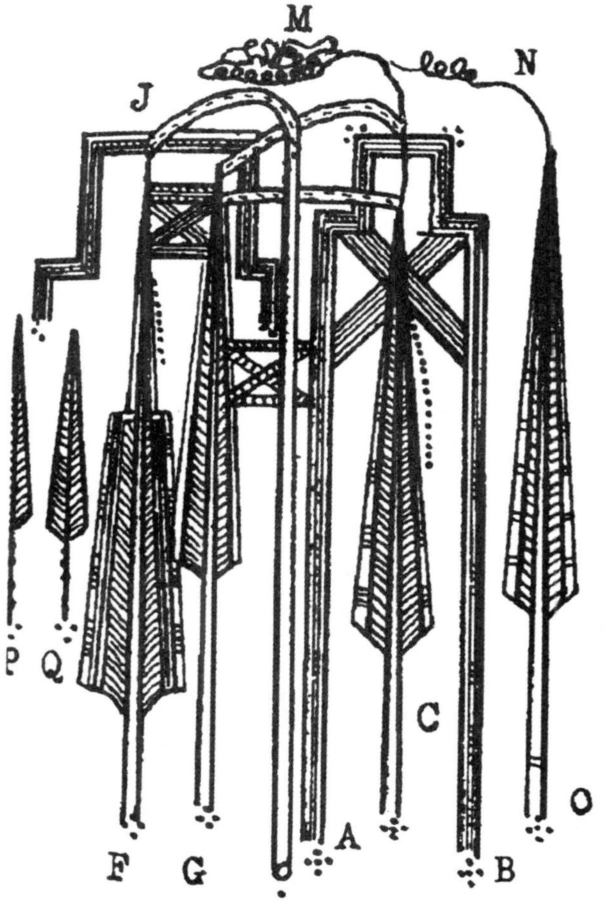

图二〇五　尤卡吉尔人一个姑娘刻在桦树皮上的情书

所有这些传达信息方法共同点即具有持久性质，这使其重要性超越于古老的声音信号和光线信号之上。但是，它们仍然需要对所用符号作出解释，而且是正确的解释。

图画具有更多写实性质，它们能够自己说话。我们在视觉的通讯方法之中已看出有一种图画来表达信息的倾向。北极部落、草原印第安人、西卡罗林群岛和帛琉群岛土著居民的图画，则提供了这种传递消息方法的卓越例证。在这些民族图画记录中，有关日常事务、特殊事件和部落传说的叙述。记录内容正解与否，经常受到社会的检查，凡是有意识报导错误消息以影响舆论的“阴谋宣传家”，要处以重罚。

在图画文书中，北美印第安人的编年史（或称“年终记事”）是众所周知的。它借助于人物、动物和景物的绘画，使其部落历史上的重要事件得以永久流传。美国特拉华州的印第安人，在“白脸人到来以前时期”，有所谓“华拉姆奥卢姆”，意为“忠实于生活的绘画”，用以记录他们和其他部落的生活和冒险。我们在其鹿皮、衣服和帐篷上，可以发现画着洪水、战争、食物丰收、烦恼和不幸，以及他们民族历史上重大事件的详细故事。

图画记录读起来有时就像吸引人的报纸标题。例如，爱斯基摩人以十二个相连图形记录猎取

1 关于中国古代及现代少数民族保存的结绳记事之俗，参见拙作《从原始记事到文字发明》。——译者

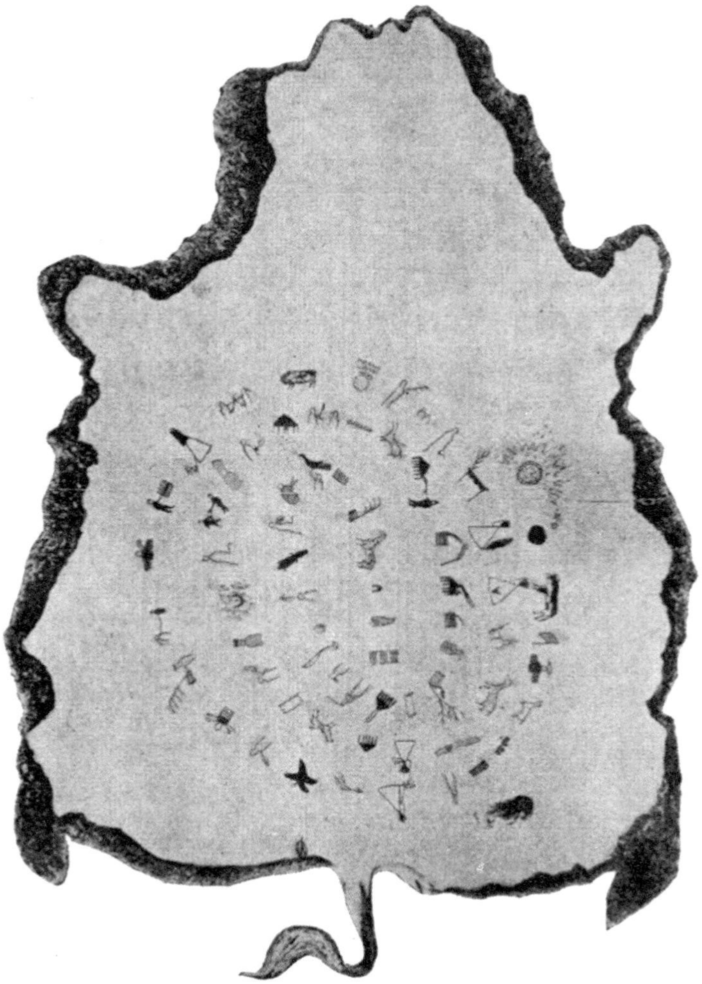

图二〇六　苏－印第安人（绰号〝孤犬〞）画在牛皮上的〝年终纪事〞

海豹之事，就是非常生动的。如图二〇七所示，左边第一个人是作者或仪式主持者，其右手指着自己，而其左手指的方向则表示事件的过程。在旁边那个持桨者说明狩猎是乘独木舟去的，其下的小人说明到达第一站所需要的时间（右手加于头上表示睡觉，左手举起一个手指表示一夜）。圆圈内有两点的符号表示大家在第一站停留的情景：一个小岛，上有两座茅屋。岛的右边作者接着叙述，狩猎者所到第二站也是小岛，但无人居住，在那里人们睡了两夜，故旁边那个人举起两个手指。从这儿开始故事进入高潮，人们看见两个海豹。这是以下面那个人伸出右手两个手指指着海豹图形来表示的。猎人准备好投枪，但它们却是被弓箭射中的。狩猎目的已经达到，人们能够回到耐久的冬季住宅去了，倒数第二个图形表示坐两个人的独木舟，桨向后划动，最后那个图形便代表他们的雪屋。这样就结束了猎取海豹的故事，它是由第一流“记者”记录下来的。

但是，即使是这样生动的图画记录，仍具有帮助记忆性质，仅仅参与其事者和记得其事者，或者是听到解释过每个图形的人，才能充分了解其意义。图形如仅就所描绘对象来说，其解释界限是很宽的，它们所传达画者的思想较之图形本身，是更重要的因素。

在大量使用图画记事地区，白人侵略者时常从中获得好处。他们可以通过当地的人才来传

图二〇七　爱斯基摩人图画文字

图二〇八　古墨西哥人描绘结婚仪式的经文

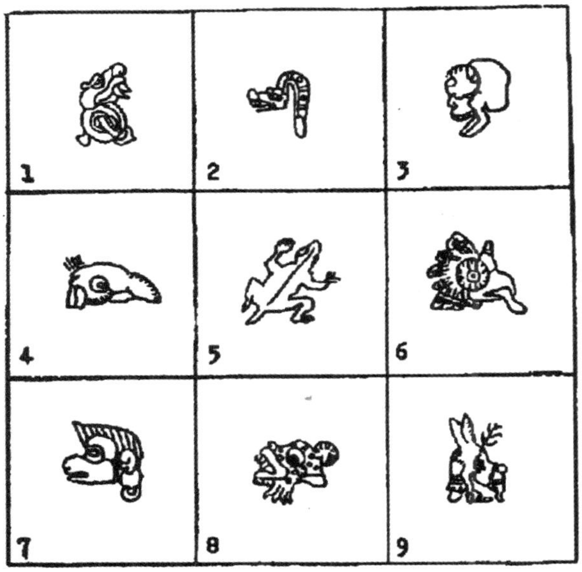

(1) 蛇　(2) 蛇　(3) 死亡　(4) 兔　(5) 蜥蜴
(6) 鹰　(7) 猴　(8) 美洲虎　(9) 鹿

图二〇九　古代墨西哥二十周历中的九个符号

播基督教。墨西哥的天主教牧师为了便于传教，把全部《教理问答》画在大幅布上，做礼拜时拿出来宣讲。

从写实的图形发展到线条化的抽象符号（我们称之为“字”）经历了漫长的道路。从图画到字母之间没有什么飞跃，其间经过很多阶段。符号表示的句子、单词文字、音节文字，最后是由固定地代表声音的字组成的拼音字母。一直到出现意义不变的确定的文字，任何识字的读者能用它复原口语时，才谈得上真正的文书，这是发达文化才有的特征。这一演化是从具体的图形到抽象的符号，从说明性图画到概括的文字。在长期发展过程中，文字的原始形式湮没了，要一一认识出来殊非易事。

中国、巴比伦、苏美尔、亚述和埃及这些发达文化的文字，为这一发展提供了很好的例证。埃及的象形文字能够复原为事物或概念的原始图形。例如，石罐的写实性图画，大约属于公元前 2900 年；经过八种不同的中间形式，转变为书写体“hnm”，大约属于公元前 400 年。又如，公元前第三千年代的纸草卷写实性图画，最后变为抽象符号“md3.t”。中国直至现在，其文字仍保持一种奇怪的简化的图

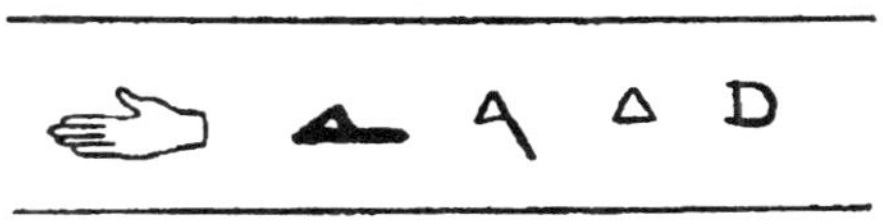

图二一〇　字母”D“的演变

公元前 2900—2800 年　公元前 2700—2600 年　公元前 2000—1800 年　约公元前 1500 年　约公元前 500—100 年

约公元前 1500 年　约公元前 1900 年　约公元前 1300 年　约公元前 200 年　约公元前 400—100 年

图二一一　从图画到字母——埃及象形文字“带把手石罐”的演化

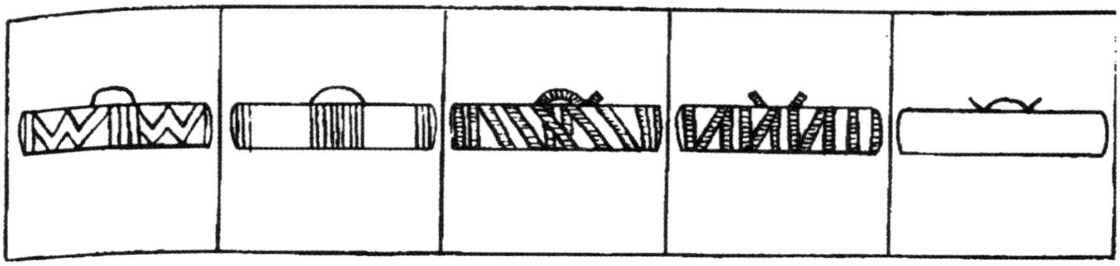

公元前 2900—2800 年　公元前 2700—2600 年　公元前 2000—1800 年　约公元前 1500 年　约公元前 500—100 年

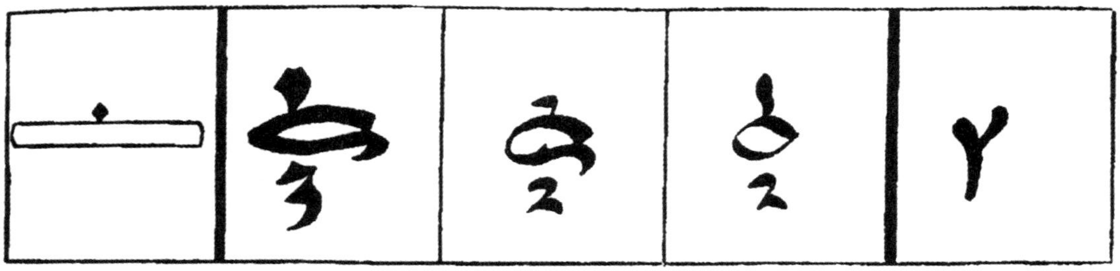

约公元前 1500 年　约公元前 1900 年　约公元前 1300 年　约公元前 200 年　约公元前 400—100

图二一二　从图画到字母——埃及象形文字“纸草卷”的演化

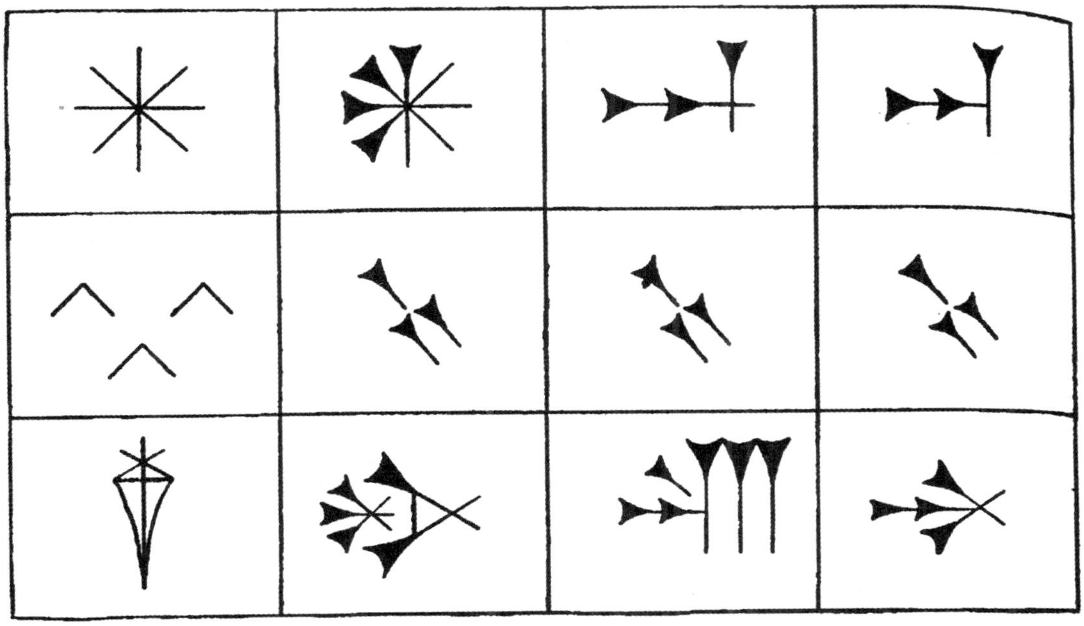

公元前 3000 年　公元前 2000 年（汉谟拉比时期）　公元前 1000—600 年（亚述时期）　新巴比伦时期

上排：代表“星”、“神”、“天”、“上面”的音节。中排：代表“山”、“土地”的音节。
下排：表示“匕首”的图画符号和文字

图二一三　楔形文字

画形式，它们原来就是表达物体或概念的图画。

亚述楔形文字从很早期时期即从其自然主义的形象中脱离出来，很难从这些字体中辨认出原始的图形。

我们自己的字母可能上溯到腓尼基人。多少世纪以来，它几乎没有什么变迁。现代某些怀疑论者说它“浪费”。萧伯纳（G.B.Shaw）就是字母一个最有名的敌人，他一再建议英国政府指定经济学和统计学的专家组成一个委员会，来创造一种新的英文字母，每个音以一个符号表示。第二次世界大战时，他表达这样的意见：鉴于每个字母每天要拼上几百万次，“假如把腓尼基字母打乱，再补充十七个希腊字母，每个字母仅代表一个音，所节省的费用足够支付战费”。不管怎样，我们的字母几千年来是工作得很好的。

人类若要为文字发明者树立纪念碑，把这些天才辨认出来是不可能的。没有任何人可以宣布为这一成就的创始者。但我们可以说，发达文化中的祭司们对于他们国家文字的发展和完善有很大的功劳。

书写的知识和把语言永久记录下来的能力，就意味着权力。历史上那些行使政治职能的人，巧妙地运用了这一权力。有了书写的知识，一个新的时代开始了。历史可以记录下来了。传统、法律和教义，过去保存在记忆中的知识和伟大文学作品，能够写下来保存到统治者的图书馆和庙宇去了。但普通的公民则被排除在外，书写知识仅为祭司、政府及其仆从们所掌握。

书写材料对于使这种新技术得以保存下来，起过重要的作用。巴比伦人和亚述人使用的黏土板是一种最早的书写材料。印度人以棕榈叶为书写材料（应指贝叶经——译者），而埃及人则使用纸草。远在公元前第三千年代，埃及人即知把纸草树茎切下来，粘卷成“书”。大约到了公元前 1400 年，羊皮或粗皮经过化学处理去毛和鞣化，表面再用硫磺石打磨光滑，用作“书写的纸”。这种新材料使卷状书籍成为过去，而导致出方形书籍的出现。

羊皮纸是一种很昂贵的材料，所以古老写本用海绵擦去字迹（如粗皮则刮去字迹），再用来书写。这种节俭的习惯，使得现代科学有办法从重写过的羊皮纸上认出最早一层的文字，导致许多古老书籍的发现。这类的羊皮纸文书称为 palimpsect，导源于希腊文 Palin Psestos，意思就是“刮去”。大英博物馆保存了一件这样的文书，11 世纪叙利亚文写在 9 世纪罗马文书之上，罗马文书又覆盖着 7 世纪时格拉尼 · 利采安（Granius licianus）以一种拉丁文（Unzial Script）字体写的抄本。

书写材料的重要性还表现于下面的事实：拉丁文的“书”（libel），即意为“树的内皮”或“韧皮”；希腊文的“书”（biol）即代表“纸草”。两者都是他们写书的材料。

书写材料非常珍贵，抄写书籍手续烦苦，使得有书成为少数人享受的一种特权。只有纸和印刷术发明以后，才打开珍贵书籍广泛传布的道路。

中国人公元 2 世纪时发明了纸，关于这一天才的发明者的姓名已有记载，他就叫蔡伦[1]。他用树皮、破布、麻和鱼网来进行第一次造纸试验。公元 8 世纪时，战争中被俘的中国人把纸的知识传到了土耳其斯坦。公元 794 年巴格达建立了一个官办造纸作坊。造纸的知识随着阿拉伯人传入欧洲，1340 年在意大利的法布里亚诺（Fabriano）建立了第一个造纸的磨。大约一百年以后，又有了印刷术的发明[2]，这就为“知识普及”打开道路，标志着我们心目中所谓书籍的开端。

书的主要任务过去和现在都是传布知识和技术，给人以娱乐，原来并不是作为传递消息的媒介。把印刷文字用于传布消息，是随着“宗教报告”和改革派小册子而来的，其年代不早于 16 世纪。第一批定期发行报纸的日期可以上溯到 1609 年，在今天德国的奥格斯堡和法国的斯特拉斯堡出现。非常有意义的是古代盎格鲁 · 撒克逊语中报纸叫 getidan，德语中报纸叫 zeitung，两者都是“消息”的意思。

随着报纸的发展和尽快获知消息的热情日益增长，新闻事业发展起来。从骑马传送消息的驿差，发展到现代新闻机构及电讯的使用。实际上，电讯的任何一种形式，无论是雷达、电视、无线电报或无线电广播，都是今天为耳和目服务的奴仆。它使听觉的和视觉的通讯方法同样有效，而原始人是不能掌握这种“巫术”的。

但除了这些高度精密的现代化新闻通讯系统外，在我们文明中至今仍保留许多最古时期的通讯方法。例如，触礁的水手射上天空呼救的信号弹，铁路上和陆海军使用的视觉信号，使我们想起原始人的烟火语言和光信号。汽笛呼号与“摩斯密码”，和原始地区信号鼓的鼓点是紧密相关的。无线电广播播出消息，这对地球上多数居民来说，不过是白人一种新的“巫术”装置而已。

1 作者这里引用了过时的说法。最新考古材料表明，中国西汉时期已有原始的纸。——译者

2 作者这里大概是指欧洲印刷术开始时期。此前很久，公元 6—7 世纪时，中国已有雕版印刷。——译者

第十章　无书的教育

教育是当代的要害问题。我们很多人认为，一个人由于环境恶劣未受教育，便丧失了重要机会，是很大的不幸。现代政府相信教育的重要性，“投资”于学习机构，收回的“利息”便是大批受过教育的男女，可以充当有能力的领导人。教育及其一套精心设计出来的体系，因为书本而加强。书本是一种可用钱买的智慧源泉。假如文明社会没有书本教育，那将像什么样子呢?

可以肯定的是，没有书本教育，我们也会有医生和传教士，有律师和被告，有婚姻和生殖。但我们的思想观点将有所不同。我们将强调“事实和形象”的教育，更强调记忆，强调应用心理学，强调人和人之间融洽相处的能力。假如我们教育体系仿效过去那样的无书的教育，我们会有最民主的“学院”。在所谓“野蛮人”之中，所有知识靠口传来继承下来，并为所有的人所共有，知识教给部落每个成员。因此，每个人都被平等地赋予生活的能力。

这是“起点平等”的理想条件。现代仅仅有进步的教育才企图恢复“起点平等”。在原始文化之中，对于传统教育的寻求和接受传统教育的义务是联系在一起的。原始文化中没有“文盲”(假如可把这个概念应用于无文字的民族的话)，而我们强迫国民受义务教育在法律上规定下来，德国是1642年，法国是1806年，英国是1876年。大量所谓“文明”国家迄今还没有义务教育。这就说明距离我们确信必须使孩子们分享过去“少数幸运儿”积累起来的知识，还有很长的道路。

在荒野中，教育与钱财无关，所有人生来都有受教育的权利。这里没有匆匆忙忙的现象，而在我们社会中，匆忙时常妨碍一个正在生长的人全面发展。这里孩子是在父母面前生长起来的，因此丛林和草原不知“青少年犯罪”为何物。这里不需要离家谋生，故不会忽视了对孩子的教养。这里父亲们不会面临着没有力量为孩子们“购买”教育的问题。

原始人和动物一样，完全有自由把生存所必需的技术传给后代。他们由于和动物密切接触，曾看过无尾袋熊教其幼儿如何爬上它们赖以为生的“由加利”树，看过浣熊母亲向其幼儿显示吃食物以前先洗一下的高明技术，看过海豹教导幼儿游泳，他们便这样来教育自己的后代。尽管这些技术仅仅是物质生活的需要，并不能包括在我们所理解的“教育”概念之中，但它们无疑仍具有精神价值。

地球上任何民族的教育都包括双重目的。第一个目的是传授谋生的技术。第二个更重要的和更费力追求的目的是培养孩子、少年和青年男女的道德、智力和宗教意识，以便将自己和社会维系在一起。原始人这种责任感，使他们超过周围的低级生物。为了达到这些目的所采取的方法，和人类皮肤颜色及方言种类一样，是多种多样的。他们传授手艺使用的是口语，不是使用印刷的书，而这一点无关紧要。他们没有专职教师，而母亲、父亲和受到尊敬的老人便是进行传统教育的指导者。

没有成文历史的民族为其儿女提供什么样的世界呢？他们的世界缺乏我们以为是进步的一些小东西，而在许多方面却较现代专业化的文明世界更为丰富和复杂。愈是古老的社会，离开专业化的概念便愈遥远。

原始人认为，可见世界和不可见世界之间并无界限可分。石头、山崖、月亮、星星、植物、动物都有生命，是人的同类，带有对人类友好的或敌对的力量，需要不断地侍奉和禳解。甚至使用日常工具——掘土棒或磨板、动物捕机或背篮，也需要遵守一定规矩或禁忌。这对我们来说似乎是多余之事，而对原始人来说，却是和野草的籽实、白天和黑夜、鱼和鸟一样的实际。不遵守这样一些关系重大的规矩，可以造成整个社区的危险，全部落时常要对一个成员的无礼行为负责。

例如，普埃布洛—印第安人中的组尼部落，把一切物件尊崇为“霍以”，意即“活人”。加利福尼亚州托巴托拉贝尔的居民，若不致简短的祷词，就不敢挖掘那神圣曼陀罗草的根。克里克－印第安人的姑娘和妇女，在“每月隐居时期”[1]敢提前离开，灾祸即会降临整个部落。一个人忽略和滥用神圣的规矩，可以危及全体的安全，这使教育成为整个集体的重要问题。大自然中的危险，无数会报复的精灵，使原始部落需要其后代保持一种恐惧和敬鬼的态度，这是没有这种危险的文明社会很难理解的。

当新生婴孩出生和命名的仪式举行完毕，婴孩在凡世的生活似乎一切正常，他的摇篮和身体便要立即以符箓、祈祷和祝愿来加以保护；而他发展着的灵魂要更加小心地看守着，并逐渐灌输古老的智慧。从一开始，当母亲拾柴、在地里劳动和制造日用器物时，孩子便由母亲背着到处走。他骑在母亲的臀部（如在非洲），或是在母亲所负的一种机巧的背具中（如印第安人那样），看望着世界，这时他已参与了母亲的活动。不久以后，他的小手指便要伸出来握母亲所持的工具了。他凝视着母亲进行神圣的舞蹈向死去的鬼魂祷祝，凝视着她手持的仪式用物，他的眼睛时刻追随着母亲的活动。

原始人儿童在嫩弱时期完全属于母亲。她深深地爱着他，用爱称呼唤他，有意识地和有意义地安排好他的环境。美国俄克拉荷马州的奇克索—印第安人喜欢把男孩放在豹皮上睡觉，使他们能获得这种猛兽的狡黠和精力；为其女孩选择小鹿的嫩皮或小水牛的皮，使她们长得温柔和羞涩。

原始人几乎不对孩子们施以体罚，虽然有恐吓孩子使其服从的其他方法。如西非潘格威人使用的方法是这样的：男子或较大孩子在住宅外面挥舞吼声器，发出声音，说是“吃小孩的”精灵“埃比本古”搞的花样。另一种方法是用木棍敲打土地，边敲边念“坏人……来了”。这些方法使孩子早就对不可知的力量有所了解。齐佩瓦—印第安人有同样的方法，他们以熊爪“要来

1 某些原始部落妇女每月来月经时，要单独居住，参见本章下文。——译者

抓了”这样的话恐吓小孩。有时真的来了，一只旧的鹿皮鞋填满了东西支在棍棒上，从外面慢慢伸进帐篷中作为“熊爪”，使那小“犯人”大为恐怖。

在犯了严重过失情况下，偶尔打一下是必要的，但很少有认真的鞭打。克里克—印第安人流行一种惩罚顽皮孩子的奇怪方法，母亲用锋利的双齿长嘴鱼（gar-fish）下颚骨来抓孩子的下肢，直到流血。这种貌似残酷的行为基于这样的信仰，即流血有益健康，而不是仅仅从惩罚来考虑。

图二一四　蒙塔纳斯—纳斯科皮人婴孩从祖母背上看世界

无须说明，所有原始民族都按部落标准来训练孩子保持身体的清洁。许多印第安人和爱斯基摩人对此特别严格，他们的孩子们从幼年时期便习惯于在小溪中洗浴和时常浸在水中，有时甚至下水之前先要把冰敲破。

原始人的孩子和我们的孩子一样，榜样是最早的教师，培养机智、端庄、礼貌等品质更是如此。例如，羞耻意识本非人之天性，它在世界各地表现形式各不相同。新几内亚的北部巴布亚人的小女孩不因裸体而害臊，但若有人见她巾结未系在头上，她便面红耳赤了。非洲和南美有些部落完全不穿衣服是不要紧的，若吃饭时被人看见则认为是粗暴的触犯。

西非潘格威人有“奥孙”一词（意为“害羞”），不断出现在他们的嘴边和心目之中。当他们便急时，由于“奥孙”之感，迫使他们发明出这样的暗示：“我要去拾柴”，或“我去看一下捕机”。白人探险者不理睬这些暗示，使他们十分憎恨。他们还忌说“厕所”（“埃杜克”）一词，婉转的说法是“到村落主人那儿去的路在哪里”？“假如我有困难，从哪里回去”？当他们拜访其他村落时，主要的行动就是要机智地这样提出问题。没有哪个有教养的潘格威人愿意说这一忌讳之词的。

忌讳甚至还扩大到对待鸟的方面。火地岛的雅马纳人认为，有一次他们的祖先因为飞来一只“拉克苏瓦鸟”而愉快地叫喊“春天来了”（他们把它当做“春天最早的知更鸟”），便侮辱了这种很敏感的鸟。结果，这被触犯的春天的使者竟送来冰雪，死了很多人。现在这种鸟飞过时，人们便沉默地站着，尊重它们那害羞的感情。

问好的习惯殊为复杂，原始人给予更多的注意，因为不遵守它可能导致坏运气、疾病，甚至导致战争。有些部落当客人到达时畏缩不前，直到客人走近得足以看出他们和平的态度为止。有些部落用跪下或平躺在地这样侮辱自己的方式迎接客人。脱下帽、鞋或其他服装，为了尊敬而不敢正视，或者转过身去背向客人，这些都是向客人问好的方式。许多原始人认为，对客人致词是粗鲁的，他们沉默地邀请客人来家款待，仅当客人休息过来以后，才彼此交换每一次问候。

斯蒂芬森在加拿大马肯济地区拜访一个陌生的部落，一大群人集合起来，每个部落成员走向前来这样自我介绍：“我是某某，我脾气是好的，我没有刀子，你是谁？”擦鼻子也是一种普遍的方式，并用以表示激动。洪都拉斯的米斯克托人则用鼻子摩擦身体，称为“听香气”。探险者报导说：“我们接吻受到他们的憎恶，并被看做是吃人的温和姿态。”

所有这些习惯，儿童耳濡目染，不用教导即变成他自己行为的一部分。许多原始人认为，从婴儿到青年是天使，是可以不负责任的。一个孩子不能定什么罪，他的错误行动是易于忘却的。正如特斯曼所说，许多西非部落认为，孩子是“人类生存的最早阶段，就像未变成蝴蝶前的毛虫一样”。潘格威人把人类分为两群：一种是好的，称为“比宾”；一种是坏的，称为“本古斯”；他们毫不迟疑地把孩子列入“比宾”之中。特斯曼还说，二十岁的青年请求宽恕自己的错误，就宣称他们“不过是孩子”，因此属于“好的”一类。这种观念在其他部落中也不以为非，组尼人神圣仪式中“科耶姆西”小丑虽是成年人扮演的，却称为“神话中的孩子”。（参见本书第十一章——译者）

当儿童黄金时代最早阶段已经过去，男孩子就有一种跟随父亲的强烈倾向，并模仿父亲捕兽、猎兽、战争、捕鱼或其他行动。这种很自然的英雄崇拜，引导他们制造小工具和武器，其形状酷似父亲所持之物。捉蚱蜢或老鼠的小捕机，是仿照父亲捉大的动物捕机的原理制成的。他们制造的捕鱼装置、种植工具、猎袋、弓弩、鼓和很多其他“玩具”，证明这些未来的部落成员，正在走着自己的道路。正在成长的男孩子在父亲和朋友们注视之下，逐渐掌握了本族各种发明和手工技艺。

女孩子也是一样。她们模仿母亲制造鹿皮鞋、烤木薯、采集橡籽、纺织和化妆，开始是作为游戏，后来则是专心致志，直到获得这些技术的全部知识为止。各个部落的父母亲都鼓励孩子们在这方面努力学习，不断教导他们关于技术和手艺的起源、神话中把技艺带给部落的祖先、有关的动物精灵、决定成败的超自然力量以及一切信仰和传统。

孩子们就是这样逐渐脱离了“天使”般的天真阶段，而进入青年期的烦人状态。像在我们社会一样，他们现在变得淘气，经历他一生中典型的不稳定时期。他们的游戏有时已缺少天真的成分，其行为反映本集团的道德标准。他们变得非常害羞和拘谨，或非常逼真地模仿双亲的行动。

新几内亚、美拉尼西亚和西非许多部落的孩子们在这方面发展较早，当其他部落孩子们还公然故作天真时，他们的天真已不复存在。他们那半孩子气的行为，使得模仿本民族神圣习俗时，颇有亵渎的意味。例如，西非的潘格威人把祖先头颅保存在神圣的木桶中，罩上尊贵的木雕；而其孩子们却把猴子头保存在棕榈树心做的小容器中，以模仿双亲在必要时举行的神圣的头颅舞蹈。

在这阶段，正在长大的孩子们时常感到长者对他们的态度发生了变化。不是所有胡闹都得到原谅，而由于他们还不属于成人“圈子之内”，这些行为又得不到应有的容忍。他们被剥夺了孩子的利益，还被排除在成人所享有的特权之外。

家族利用这种情况要求孩子们从事某些不愉快的职责。孩子们被兄长们支使得团团转，同时不允许参加成人的事情。例如，厄阿莱耶部落男孩子还未正式被接纳为成人时，在任何情况下都不能点火，因火代表成年男子的生命。古代克里克—印第安人的年轻人则“被强迫去点烟、取柴、帮助战士们调制‘黑饮’（参见本书第六章。——译者），并执行公共场地的贱役”。老作家斯万顿说，这种待遇是“为了刺激他们发奋，出外冒险去获取一个头皮，或用他们的话来说，提着头发把人头带回来”。因为仅仅这样做了以后，他们才被当成男人。

许多部落年青男女当发育成熟时，即受到注意，通过仪式把他（她）们接纳到社会中来。也有不举行成丁礼的，如托奎蒂尔（A.Turquetil）介绍的哈得孙海湾的爱斯基摩人、弗洛特林（E.W.Voegelin）介绍的加利福尼亚的托巴托那贝尔部落，就是这样，但这是例外而非通例。即使如此，托巴托那贝尔部落的姑娘还要由母亲或祖母“教以妇道”，小伙子则由老年男子“时常教导关于打猎习俗和行为的准则”。爱斯基摩人姑娘发育成熟，便采用妇人服装，在头上戴上帽子。

无论是否举行正式的仪式，类似我们发达文化的宗教中“坚信礼”实际上是存在的。在青年发育成熟时，要完成对他们的教导，教给前辈传下来的熟练技术、部落道德和宗教知识。教他们“公民学”，教他们关于社会行为、互助和所有“能做的和不能做的事情”。假如要举行一次正式的“毕业典礼”之类仪式，那么在其前还常要有专门进行教导的一段时期，灌输关于身体的、教育和神的概念，为即将到来的严格的成丁礼做好准备。

关于把那些丛林、沙漠和灌木地带的年青男女接纳进入本民族社会之中的成丁礼，论述颇多。瑞士科学家斯佩塞（F.Speiser）是一个最好的解释者。按照他的说法，原始成丁礼的深刻意义在于共享部落的重要食物。这些食物是生命的源泉，附托了某种神秘的力量。神仅对经过成丁礼神圣仪式而获得特权的人给予礼物。孩子原由父母喂养，当跨入成人门槛时就允许分享成人这些礼物，而为此必须博得丰收之神的仁爱。在从孩子过渡到成丁礼这段时期，他们不允许触及一切重要食物，对他们来说这是禁忌。

在最古老的文化中，祖先是附托于重要食物上的神圣力量。祖先崇拜为许多发达文化所继承，一部分原因即在于此。农业社会的“丰收之神”，被看做是神圣的食物保管者，而祖先仍在凡人和“丰收之神”之间起着中介人的作用。祖先帮助参加成丁礼者赢得“丰收之神”的喜爱，除给予食物礼物之外，又给他们以成人的体力。为了获得这种体力，孩子必须“死去”，成年人必须“出生”，所有成丁礼仪式都要举行这种象征性活动。这一想法导致出成丁礼的一系列节目：食物禁忌开始，死人精灵把孩子绑架而去，共享食物的准备（参加者隐居起来由精灵教给关于食物及取得食物的规则），男孩子增强体质以进入成熟期，在代表死人的魔鬼帮助下共享食物，食物禁忌解除，参加者被接受为完全长成的人。

但并非只有男孩子才经受成丁礼的仪式。最早的文化中，男人从事狩猎，妇女负责采集植物性食物，两者对维持部落生存是同等的重要，故两性都要以同样的热诚分别经受这种仪式。在农业阶段，栽培植物之事是至高无上的，女孩子成丁礼的重要性更是远远超过了男孩子。

男孩子在成丁礼仪式中必须显示出他已充分具有一个成人的素质。考验个人的勇气是在强迫下进行的。孩子时期象征性的“死亡”，常导致真正的残废。他们长时期隐居在荒野之中作智力和体力的准备，远离温暖的家和亲人，在扮演精灵的老人引导之下经受严格的考验。最后把决不能让妇女知道的秘密告诉他们，这是成丁礼的高潮，此后他们才能分享成人的特权。

一个男孩子几岁才可举行这个“毕业典礼”，并不是固定的，可以是九岁或十岁，也可以是

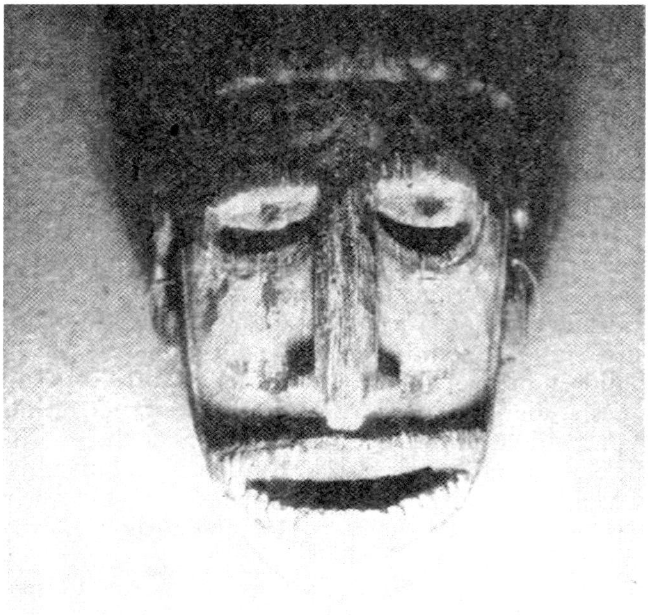

图二一五　新几内亚古代成丁礼用的魔鬼面具

十五岁或十六岁。有时要等待聚集一群人来共同参加，而气候条件或食物条件又会使仪式延续或提前举行。

这些仪式的情况究竟如何？由于这是属于部落神圣的传统，具有非常保密的性质，故关于实际过程很难获得可靠材料。部落以外任何人几乎不让接近这种仪式，探险者当然也不例外。仅有那些与土著居民有过长时期密切接触而同时又掌握人类学专门知识的人，才有可能揭示成丁礼的秘密。例如，英国探险者豪伊特自己就经历了澳洲东南部的库尔奈部落的成丁礼，古辛迪（M.Gusinde）在南美火地岛最南端的锡克兰人之中生活多年，最后被接纳为该部落的成员，这些人为我们提供了具体而正确的描述。

古辛迪在锡克兰人中的经历是一个生动的例证。该部落受人尊敬的老人经过沉思之后，选定一个日期来解脱那些即将成人的年青一代“沉重的义务”，把本族历史上根本性秘密显示给他们，并且授予与他们随着掌握秘密而俱来的特权。对年龄并不加以限定，但需要精神上的成熟——对异性保持威严的态度、充分的毅力，最重要的是要有保守秘密的能力。老人说：“我们要看这个人是否能管住自己的舌头，是否不再搞孩子气的游戏，以及是否能掌握我们的手艺。如他还不符合我们的期望，就让他等下一个仪式再参加。”假如他具备这些条件，他就被接受为候选者“克洛蒂克”了。

当一群“克洛蒂克”选好后，要选一个导师，即由一群参加成丁礼之中年龄最大者的父亲充当。此后，由聪明人选择一个合适的地点，它必须是完全隐蔽的，最好位于森林的外缘，有一个大的草地与部落营地隔开，并要靠近盛产驼马和野鹅的海岸，能为这一群人提供食物。在森林的边缘建造了小茅屋（称为“哈因”），作为这些“克洛蒂克”之家。此后，他们与家庭告别，妇女们号哭起来，“克洛蒂克”全身画成红色，“由于恐怖而浑身颤抖”，由他们的领导者护送着进入“哈因”。一个戴着面具的魔鬼出现了，这些年轻人从小就知道它是神通广大的“绍特”。现在“绍特”向一个个“克洛蒂克”发动进攻，直至“克洛蒂克”们发出无可奈何的呼喊，前额冒汗为止。这时要他们用自己的手揭去“绍特”的面具，他们惊讶地认出原来是一个部落成员扮成的。现在告诉他们，自小相信“绍特”是魔鬼的概念是错误的。这是使妇孺畏惧的一种聪明方法，谁要出卖这个秘密将立即处死。

“克洛蒂克”的日常训练非常严厉。在神圣的房屋“哈因”中每人的位置都有严格的规定，既不许说话，又不许笑，眼睛望着地上。他们只有一点点食物，几乎不允许睡觉。白天和许多夜晚在老人领导之下翻山越林，作长距离的行军。他们必须定期练习，增强射箭的能力。当他

图二一六 火地岛锡克兰人成丁礼中恐吓青年人的"魔鬼"

筋疲力尽回家以后，还必须局促于划定的位置上，静听关于"公民学"和"历史学"的教导。下列的教导就是他主要的课程："勤勉，可以信赖，尊敬老人，服从，利他主义，乐于助人，喜爱交际和做忠实的丈夫。"在这些基本课程详细讲述以后，就要对他们揭部落神话的秘密了。他知道了妇孺坚信为超自然力量的所有"魔鬼"，都是戴着面具身上画上红、白、黑色的部落中男子所扮，其中占统治地位的是使妇女更加迷惑的女鬼"沙朋"和她的丈夫"绍特"。

几个月以后，训练进入高潮。这就是由年高德劭的老人讲述锡克兰部落最神圣的秘密——起源神话。开始时总是这样说："古时，太阳和月亮、星星和风、山和河，都在地球上漫步，它们都具有人的形象，就像我们一样……"根据这一神话，以前部落是由妇女统治的，后来她们背叛了男人，男人举行起义。在起义过程中太阳、月亮、动物才变成现在这样的形象，并逃到现在他们所在地方去。男子为了保卫自己的未来，决心创作出戴面具的魔鬼的故事，现在这些魔鬼即由男子来扮演。谁要出卖这一秘密，将就地处死。但这是不需要的。锡克兰的男人保持这一秘密已有若干世纪，今天仍然如此。每当成丁礼最后一夜，皓月当空，那些以前的"克洛蒂克"们掌握了新的秘密，随着老人慢步从神圣小屋中走出，仪式性地越过草地，这时妇女们怀着畏惧远远地望着他们。

当我们考虑到锡克兰人是已知的最原始部落之一，便会对他们的忠实和他们对公民道德的重视深为惊异。若与我们百科全书式的很少灌输道德观念的学校教育相比较，他们这种教育形式似乎一点也不野蛮。豪伊特在澳洲狩猎者和采集者部落之中的经历，同样给人以深刻印象。

所有举行成丁礼仪式的部落，都以显示起源神话的核心秘密作为仪式的高潮。例如，组尼－印第安人参加成丁礼者，在高潮时要学习他们部落与"卡特西纳"面具相联系的"真实的"故事。这种面具出现在每年丰收宴会中，代代相传。

像面具这类秘密，我们倾向于解释为寓言或故事，而在原始人心目中，却代表宗教、历史和道德范例。这对他们来说是真实的事，就像我们看待英国大宪章和美国早期清教徒[1]的事一样。它们的影响确是极为强大，因为祖先在天之灵和自然界的精灵仍在原始人之中活动，任何时候都会干预个人的命运。假如对他们不敬，就会遭到报复；假如正确对待他们，就能带来幸福，

1　美国早期清教徒（American Pilgrim Fathers），指 1620 年一批英国清教徒移居美洲建立普利茅斯殖民地者。——译者

图二一七　霍皮人成丁礼中对男孩子进行鞭打

而且他们都还是活着的。我们历史上最有力量的不朽人物，也无此本领。

这样，无怪乎在人的一生中，认识这些秘密的真相，成为一个非常重要的时刻。虽然那些神圣的形象是由俗人扮演的，仍无损于他们神的性质。

有些成丁礼仪式特别强调“死亡”和“复活”的主题。参加者在隐居时期时常从头至足画成白色，表示他们已不再是活的人，他们的孩子阶段已经死去。一直要到他们最后和祖先在天之灵或丰收神交往以后，才再生为强有力的人。而在此以前，他们不仅在精神上受恐吓，肉体也要备受折磨。

曼旦—印第安人每年举行的成丁礼仪式，在这方面具有特别残酷的性质。它的高潮是一种名叫“波克杭”的可怕的钩悬仪式。参加者皮肤由一个祭司切割出口子，以便用钩。祭司戴着面具，很难认出他同样是人。钩上还附有沉重的水牛头骨，麦克劳德（W.C.Macleod）对其细节有生动的描述：

> 曼旦人房屋有四根中柱，参加成丁礼者被用绳子缚在钩上举起来，悬挂在一根柱子上。他身体赤裸，手持巫术袋，钩上还系着盾牌。当悬挂完毕，便由一个随从将他旋转起来。他因旋转而虚脱，然后一个旁观者高呼：“死了！”把他弄下来放在地上。他一直躺到真的死去或苏醒过来，无人理睬。假如真的死去，被认为是“大神”带走了（这是很少发生的），苏醒则认为是“神”使他复生。

这样还不够，“再生”后的年轻人，还要牺牲左手小指，作为对“大神”附加的奉献。

潘格威人的习俗差不多同样残酷。他们将隐居的“学员”，置于一种特别有毒的蚂蚁（房内弄进二百窝蚂蚁）叮咬之下，并用一种有毒的植物荚毛刺出血泡。这一切是伴随着高呼“我们杀你”来进行的。隐居期间，“学员”身体赤裸，画上代表死亡的白色。他们的性器官则盖上小的羽毛圈。他们玩一种特别的木琴，使任何有可能目击的人躲开。当最后被接纳为成人时，身体便画成红色，表示“复活”的愉快和生命的活力。

创造这些伤害方法的想象力，真是无穷无尽。尼罗河的努尔人，划破“学员”的前额，从这个耳朵到那个耳朵。新几内亚的北部巴布亚人，用锋利的叶子刺他们，或用荆棘鞭打他们。成年时实行割包皮或刺花的习俗普遍流行，有些学者把这种习俗解释为“象征性的阉割”，其实这也意味着暂时的死亡。

年轻人“毕业”以后真像是另外的人了。通过连续的绝食、学习、受苦和揭示部落秘密而结束其孩子阶段，通过各种考验和伤害而幸存了来，这使他们终身感到骄傲。他们又这样培养自己的孩子，尽一切可能对孩子实行必需的训练，使他们的孩子准备好接受最重要的考验——成丁礼。

据我们所见，在原始民族之中不存在“男女合校”。教给男孩和女孩的知识和性的规矩是各不相同的，考验又具有秘密的严酷的性质。更重要的是丛林“学院”课程包含有巫术意义，这些都不允许男女混杂。两性各有自己的终身秘密，这是部落力量的要素，故当举行成丁礼时需要将男性和女性严格隔离。

图二一八　西非潘格威人参加成丁礼者身画白色玩弄木琴

女孩精神上的成熟和体质上的变化是同时的，许多部落选择第一次月经为成年的标志。世界普遍知道这样的习俗：已婚或单身妇女，和女孩子一样，在来月经时住在单独的小屋中，自己照料自己，完全隐居，以一种特制的盘碟吃东西，使用的工具和器物要与他人分开，有时用后还要烧毁。当隐居时期结束，要沐浴净身并换上新衣服后才能露面。所有这些也可能是象征死亡和再生，在她们生育年龄要连续举行的。在来月经时期，妇女与男子严格地隔离开来，这不仅是一种风俗习惯，而且是神圣的法律，任何违反被认为将要使犯者个人和社会全体生病或死亡。

第一次月经时期的隐居被当成愉快之事。许多部落（特别是非洲部落）以唱歌和跳舞来庆祝，如多哥的克潘杜人把刚成年的姑娘称为“佐泽菲福”，并唱着这样的小调向她致敬：

> 新鲜的植物！新鲜的植物！佐泽菲福，庆祝她的发情期。我去看她。她的父亲是富有的，她的母亲也是富有的。要杀一只小鸡，煮给她吃，并为她准备果浆。一切都为了向她表示敬意。

新几内亚女孩子第一次来月经时，是送她礼物的机会，如送她腰带、手镯和用珍贵狗齿做的项圈。但在接收这些礼物之前，她要受相当于“公民学”、“家政学”的冗长教导，并忍受在胸前刺象征月亮的花纹及在咸水湖中举行仪式之苦。女“学员”们要躺在浅水中，由老妇人在她身上走过。巴拉圭的埃姆巴雅－印第安人女孩子一旦发育成熟，要授予有关“理论的”课程一个月或更多时间，由母亲充当女儿的教师。北美印第安人许多部落对此事也很重视。阿佩切－印第安人女孩子成丁礼比男孩子成丁礼更为复杂，“学员”们在被部落中其他妇女追赶之后，挨一顿殴打和经受苛刻的检查，此后她还必须在一张新毯子上随着鼓声跳舞，被扮演小丑和恶鬼的人所驱赶。

随着农业母权文化中妇女重要性的日益增长，女孩子发情期的到来（这是她生活中的里程碑），较之在较早社会中更受重视。姑娘发情期非常复杂的仪式的故乡是西非，她们从准备进入

图二一九　安哥拉中部恩戈恩戈河范耶姆巴部落女孩子的成丁礼

成年生活“学院”中举行成丁礼，发展到建立永久性妇女秘密会社。会社操着法律大权，用来惩戒和恐吓男性居民。这种妇女组织权力愈大，其成丁礼便准备得愈加严格。

在黄金海岸和奴隶海岸的“精修学院”[1]——杰弗中，“学员”的第一课便是剃光身上的毛发，用冷水洗浴后全身涂上仪式用的油脂。她要丢弃以前的衣服，由祭师给以特制的白色棉布新衣。她还要被迫采用一个新的名字，如用旧名将受严惩。所有这些都是作为过去的她已经“死亡”的象征。

她还要学习和使用一种新的语言——“阿布格贝”，这是妇女俱乐部所有成员用的秘密语。她必须学习新的礼节，向长辈表示问候时必须下跪和拍手，拍出奇妙的节奏。老年妇女每天给

1　精修学院（Finishing School），欧美专为已在普通中学毕业的姑娘而设的学校，内设音乐等课程，为她们进入社交界做好准备。这里用来比喻非洲原始民族为女孩子举行成丁礼的地方。——译者

她们上音乐课，还要教给她关于纺线、编织席子和篮子的要点，直到最后她掌握合成毒药的秘密。严格训练的目的就是消灭女孩子所有天然的感情，仅仅在她能高度自我控制后，才允许离开指定地点，并作一次短距离的出行，为“杰弗”集团取得水和柴。如她在履行这一职责时偶尔遇到自己家庭的成员，也必须视若陌生人。

所有这一切都是在威胁和残酷的惩罚下进行的。当“杰弗”的权威人士最后认为她是“完成品”了，才允许离开会社，作为一个新妇人回到家中，这就意味着“毕业”。这是一件大事，称为“从‘杰弗’中解脱出来”或“从油里解脱出来”，要由祭师举行仪式，用一只活鸡的血来表示她的新生，而且把她用五颜六色的花朵和羽毛装饰起来，送还她的父母，家中也欢乐地接待她。但在四个月内不允许她说当地语言，而只能使用秘密语“阿布格贝”。

虽然她在秘密会社的“学院”中仅停留短暂时期，但此后她就算是经过教化的人了。这一点还会发生更多的影响，即她有希望成为“专家”，她可以再回“学院”经受考验，可在秘密会社圈子内获得更有影响的地位。即使她离开集体去结婚，如发生婚姻纠纷的话，她也可以要求会社保障她的权利，会社可以允许她在那里暂时安身，会社的权威人士将为她说话，丈夫如要求她回家，必须付出一笔可观的罚金。

这些“学院”在教完精修课程以后还要继续存在，继续为“校友们”提供保护，增强妇女在家族中的影响和社会上的地位。

全非洲存在几百个这样的妇女秘密会社，如喀麦隆南部的“水仙会社”，巴科科（Bakoko）的“利西莫会社”、维伊（Vey）的“沙会社”，等等。许多会社有职务的女会员有权不露真相，戴着特殊的黑色木面具，面具上刻卷状假发，还有一整套穿戴和化妆方法，用以强调其“超自然力量”。

其中最有名的一个是尼日利亚的蒙迪兰（Mendiland）的“本杜俱乐部”（Bundu Club）。那里把成员分为三个等级。一、初学者（称为“迪格巴”），在宗教仪式中充当助手。二、女巫（称为“劳米”）。三、妇女最高官吏（称为“索韦”），女巫要执行她的法令。“迪格巴”仅是新入学的学生。其余妇女则有权组成固定的秘密法庭（Vehmic Court）。她们身穿盔甲似的黑衣，脸和手画上白色油彩，头戴雕刻的黑色面具，可以惩罚甚至杀死那些敢于冒险接近神秘地点的任何男子。“索韦”能发出“魔力”，使侵入者失去知觉。侵入者若拒绝付出一笔罚金，将被远卖为奴，或在“索韦”魔杖一指之下被处死。

“迪格巴”们毕业之后，这种教育肯定会在她们心目中留下痕迹。它引导出女权的高度发展，反过来又引起男子的反抗。他们也组织起秘密会社，以便自己不至于处于软弱地位。男人在自己的“学院”中对男孩子进行专门的教育，使他们成年时期可以应付危险。这些教育机构同样发展为固定的“俱乐部”，欢迎已毕业的“校友”参加。

在发达文化中，这些秘密会社所拥有的政治、教育和社会权力终被削弱，行政权力被政府拿过去了；年轻男女的教育则由祭师引入更保守的宗教轨道。秘密会社失去其复合性质，组成秘密会社的不同因素各自分散了。它们留下的遗迹便是今天遍于全世界的学生会、女学生联谊会以及无数的俱乐部和社团。

发达文化的教育机构和我们今天的教育机构，并无太多不同，虽然那些民族的教育比之今

图二二〇　西非“本社”秘密会社“初学者”的面具

图二二一　西非“本杜”秘密会社的女巫

天课程更加丰富，更和宗教概念交织在一起，更使用强加的方法。在印加人、阿兹蒂克人、埃及人的社会中，在伊斯兰教、佛教和喇嘛教的神秘教义中，教育所以发展水平很高，就因为它是阶级和等级的特权。对当时那一小群富人来说，现代的上学为了毕业以后可以赚钱的主张，是完全不存在的。他们关心的是使其他人保持完全无知的状态。古墨西哥第四代王伊茨库特（Itzcouatl，1427—1440）时期，有大批经典被公开烧毁，因为“它们抄本太多”，“很多人特别是农奴”假如都能熟悉“黑色和红色”（这是对以红黑两色写成的经典的美丽形容），会造成很大的危险。

因此，文字的发明有利于少数人，而不是对所有人的祝福。在印刷术发明以前的年代里，知识被看成是一定阶级的特权，这些人蔑视所谓“无知者”，并且不让他们接触刻在石头上和写在纸草或羊皮上的知识。在西藏的《死人书》中，古代喇嘛对于知识保密有这样的告诫：“普通人能干出什么好事来呢？”

这和原始人完全民主的教育方法、“起点平等”的教育原则，形成鲜明的对比。一个人需要全体人的知识，整个社会的智慧为部落每个成员所运用，这一理想因发达文化中阶级的发展而被摧毁。教育变成富人的特权。统一的舆论不复存在了，每个阶级和等级对思想、知识和礼仪各有自己的标准。每个阶级和等级的年轻人也成长为各不相同的人，不再按传统认可的共同理想而成长了。

发达文化中这种教育的社会不平等，这种一小群人受教育和广大群众无知状态的发展，使得高质量的教育仅对一小群娇生惯养者有利，优越的学校教育，又因奴仆围绕的家庭教育而加强。父母努力使孩子掌握智慧，以便将来取得领导地位。

这一切并不意味着这种教育是不严格的。相反，体罚和禁欲是重要的课程，两者可以看成是成丁礼的遗留。为了向神致敬，孩子们要用荆棘刺舌头、割耳朵和进行其他折磨。如阿兹帝克人语言中“半夜”一词，意为“一个人自我申斥的时候”，就说明了这一点。阿兹蒂克人父母亲把撒谎看做是最坏的罪行，不老实的孩子要用荆棘来刺嘴唇。男孩子不守规矩用荨麻鞭打，女孩子如外出时间太多则戴上足镣。父母对孩子的道德教育有很高的水平，与我们的教育原则可以作比较和对照。

古代墨西哥父亲们对儿子的长篇教导中有这样的训诫：

> 尊敬所有比你年长的人。决不要责备那些犯错误者，下一个犯错误的可能就是你自己。别人和你说话要专心地听。假如可能避免的话，决不要抢在老人的前面说话。在饭桌上决不能在老人之前吃喝，而只能沉默地等待。假如你接受了一件实惠的礼物，不要自鸣得意；假如你接受的是一件小礼物，也不要不当一回事。不要让财富使你自高自大。决不要说谎。不要沉溺于诽谤性谈话。不要树敌。你被任以公职，首先要考虑人们可能是试探你，即使你是一个最好的候选人，也不要一下子就接受这个职务。仅仅在他们催促之下，你才接受它，这样可以赢得他们的尊敬。我想用以上这些话来武装你的心灵，你要欣然接受它，不要拒绝，你一生的幸福将有赖于此。

母亲对女儿也有类似的话：

> 决不要忽视你的纺织和编织、缝纫和刺绣。不要睡得太多，不要在阴暗处躺得太久，要透一透新鲜空气。过于敏感会产生懒散和其他恶行。不要表现出你不喜欢某种职业。你如不能满足父母对你的要求，要有礼貌地请求原宥。不要过分自傲，神是按照自己的智慧来分配礼物的。不要和那些不守规矩的、不诚实的、懒散的妇女交往。不要多在街道和市场上露面，这些地方能使你毁灭。假如你拜访亲戚，手里要拿着纺锤，表示你自己是有用的人。我的女儿，这就是今天我要说的一切，愿神保佑你！

姑娘们有了这样的准备，便可安全上学了。学校共分两种。一种是讲学的会堂，白天上课，晚上住在家中。一种是庙宇学校，要在严格监督下寄宿其中，可以是短期的（像在精修学院中那样），如她自愿也可以终身在那里充当神的修女。

阿兹蒂克人对男青年的教育，花样很多。贵族家族的儿子十二三岁时送到祭司院中交给祭司训练，主要课程除了宗教仪式外还有严格的体质训练、天文学和他们国家的历史。毕业以后，便要转学到“歌舞所”中。“歌舞所”是一个易使人误解的名称，其实它远非娱乐之地，而是培养战士的教育机关。

其他发达文化的教育形式，仅在细节上有所差异。斯巴达人的教育理想是进行严格的训练，培养吃苦精神和守纪律的品质。

又经过若干世纪以后，全体人才有可能接触到较高的教育。印刷课本、公立学校、从教士中分离出来的专职教师，所有这些有利于近代“人人机会均等”理想的实现，这样又使教育主要目标恢复到原来的样子。

虽然我们的教育在课程项目方面丰富多彩，我们在培养人们精神的发展方面却不能和早期人类相比拟。由于强调职业性的课程，由于不完善的社会制度迫使人们急于赚钱，在课程表中太缺乏真正的精神鼓励了。我们对生命和自然现象的“合理”解释，又剥夺了人类心灵中原来拥有的许多好的推动力量。

我们克服了石器时代的“迷信”，却丧失了像原始人那样和自然的密切关系，丧失了对其他人和对动物的尊敬。我们“事实和形象”的教育，比起早期人类是否有所增进是很难肯定的。那些在我们以前曾在地球上散步和劳动的人们，对于道德、命运和生命需要的认识和评价，似乎更为接近历史的核心。

第十一章　表演开始

从最早时期起，人们就把演戏当做最好的娱乐方式。今天的许多原始民族，拥有相当多的戏剧和芭蕾舞的节目。

下面的摘录不是引自蒙特卡洛俄罗斯芭蕾舞团的节目单，也不是对别的舞蹈团各种舞姿的介绍，它只不过是南海地区巴布亚人一次表演的部分内容：

当英雄托马麻基发出开始的信号，所有的鸟[1]便一对一对地站好位置准备跳舞。在最后站着两只猫头鹰，前面是两只乌鸦，再前是两只燕八哥。在这些鸟之前站着两只白尾鹰、两只鹰、两只鸽子、两只杜鹃、两只矮鹦鹉和两只红鹦鹉。两只高贵的鹦鹉组成第一行。

舞蹈由猫头鹰开始，它们面向观众的行列优美地跳着旋转舞。当它们经过敲着鼓的音乐师之前时，那些妇女说："瞧这两个！谁能喜欢它们那周围有着丑陋的白色装饰的深陷眼睛？"实际上它们却是你所能想到的最可爱的猫头鹰。

当乌鸦舞过时，妇女们说："亲爱的，它们不是太黑了吗？谁愿意要它们？"然而这两个却真是漂亮的乌鸦。

现在，燕八哥出来跳舞了，那些任何事物都不能使她们中意的妇女们耳语道："它们是多么丑啊！黄色的嘴，羽毛上还有少量白点。"

当骄傲的白尾鹰开始动作时，妇女们又谈论道："谁能受得了它们那肮脏的黄色？"

在鹰跳舞时，每人都能听见妇女们的闲聊："瞧！它们有白色的颈部和红棕色的羽毛。它们是谦恭的，但仍然是丑陋不堪！"

接着下面是整洁的小鸽子。妇女们喊道："瞧那白色的颈部。它们想干什么就干什么，谁愿意要它们呢？！"

杜鹃是下一对，当它们在群众前舞蹈时，妇女们嘲笑它们："你们有带斑点的羽毛，是多么缺乏吸引力啊！如何会有人喜欢你们呢？"

在此以后，红鹦鹉和矮鹦鹉走过来，但妇女们继续贬低鸟们的优美动作和嘲弄它们

1　这里的鸟是指舞蹈中男人扮演的鸟人而言，他们头戴鸟头或插羽毛，身披羽毛之衣，模仿鸟的动作。有关情况可参见海顿（A.C.Haddon）的《南洋猎头民族考察记》。——译者

的羽毛的辉煌色彩。她们真正享受到的唯一愉快就是那些刻薄谈论。

最后，高贵的鹦鹉舞过来了，妇女们继续把贬词倾注到它们的头上。但当它们举起翅膀，里面的紫色条纹便显示出来了。这种颜色是如此美丽，以至妇女们立即忘记了嘲笑。紫色羽毛在阳光下像宝石一样闪光，无论谁看了都想抚摸一下，看是不是真的。妇女们抛掉她们的鼓，跑出自己的行列，试图缠住这些高贵的舞蹈者。这使鸟们大为惊吓，它们发出一声野性的呼啸，展开双翅飞入天空。

图二二二　美洲西北海岸印第安人面具——"布斯拉 · 马特拉"

这段文字包含原始民族一次正式表演的所有因素——舞蹈、音乐和乐谱。它表明这些原始民族有深厚的艺术情感，对演戏效果有细致的审美观点，对特征、色彩和个性有不寻常的认识。这种表演有尖锐的对白及其针对性，它也表现出旁观者如何参加到戏剧中去。

尽管经历了几千年的演进，尽管现代舞台设计有高超的技术，尽管节目单上列举的“后台”人员有几十个之多，戏剧（无论为一般性的戏剧还是特殊的戏剧）在基本概念和表现方法上，都未曾有所改变。现代舞台的基本要求在戏剧开始阶段即已流行。

当想更多了解演剧的最早根源的艺术好奇心，把我们引导到卷帙浩繁的图书馆中，去和舞台及戏剧的历史打交道时，我们被介绍给中世纪的神戏和更早的雅典阿提加的悲剧及其先驱——纪念塞特神[1]的合唱队，这里面便有戏剧的古老形式。演戏的成文历史一般都是到此止步，而把人类在戏剧方面的最早努力隐藏在朦胧的不可知的尘雾之中。

关于演戏的成文历史，我们已经听到很多。古典希腊有两种类型的戏剧，在情绪上和内容上各有不同，但又自始至终相互渗透。一类是有庄严风格的神圣的古典戏剧，一类是娱乐性的建立在插科打诨之上的讽刺喜剧——“米姆斯”(mimos)。“米姆斯”作为一种插曲、开场白或余兴，渗入了和打断了伟大悲剧延绵不绝的阴郁气氛，在那些紧张激烈的陈述中为观众提供出一种短期的安慰。它那机智的喜剧形式，加上它对日常琐事的嘲弄和对当时居领导地位的公民的讽刺，在文学上达到高度的完善。这方面的作家有希腊的赫仑达斯[2]，公元前3世纪人，其作品保存在大

1　塞特（Satyr），希腊神名，具有半羊半马的形状，生活在森林和山中，喜欢纵欲和大吃大喝，故纪念他的节日人们要举行狂欢活动。——译者

2　赫仑达斯（Herondas或Herondes），希腊诗人，他的诗多描绘粗鄙之事。有一卷写有他的诗作纸草文书保存下来，可辨认的还有约700行。——译者

英博物馆的纸草文书中。还有罗马的拉比里乌斯[1]，连恺撒都属于他的崇拜者之列。

古典悲剧和喜剧的遗产，中世纪时在法国得以复兴。当时基督教兄弟会（像法国的Confrére de la Passion）的演员们演出宗教性的神戏，而其世俗的同事——那些“无忧无虑的孩子们”却举行幽默的亵渎神灵的娱乐。后来，在英国，代表这两种潮流的是皇家小教堂（Royal Chapel）合唱队的孩子和漫游的戏子，再次分别代表严肃的成分和愉快的成分。阿提加的“米姆斯”的影响，像根红线贯穿于不朽的戏剧文学之中，从莎士比亚笔下的小丑和莫里哀笔下机智的侍从，直到歌德《窝尔普尔济斯节之前夜》[2]中的女巫，所有这些都是古代丑角的后裔，时常混入一些戏剧的严肃成分，它们因戏剧两种相反的成分（悲剧和喜剧的）而得以加强。

当教堂宣布历史上快乐的神祇是魔鬼的时候，当宗教的禁忌（特别在回教国度）阻止演戏的时候，爪哇和土耳其的影戏仍保持古代的传统，贡献出一种具有“米姆斯”精神的滑稽戏，用以满足人类对娱乐的渴望。我们戏剧中的庞奇和朱迪[3]也有同样的性质，而不是什么别的东西。

但是，希腊人的纪念塞特神的戏剧又是从哪里继承来的呢？在悲剧沉重的脚步中独自以轻快的步子跳跃的机智的讽刺家们又是从何而来的呢？这样一些戏是如何起源的？最早的戏剧像什么样子？它们的主题和舞台是什么？谁坐在观众席上而谁是“明星”？仅仅当我们对原始文化的戏剧和演出进行比较研究时才能找到答案。今天，我们发现自己已能对希腊的“米姆斯”和现代戏剧追本溯源。

普罗伊斯（K.Th.Preuss）把墨西哥戏剧和希腊戏剧加以比较，结果发现两者都起源于原始人生殖器崇拜仪式中的丰收神。“米姆斯”（如后来对它的称呼）的最早形式，不必认为属于低级的滑稽戏性质（这方面的因素仅是由丑角代表的）。阿提加喜剧合唱队中的化妆表演者和为了尊崇道尼苏斯[4]的舞蹈者，都是代表经过化妆的植物神。这种神在古代墨西哥为了鼓舞植物界所赐礼物的更新而举行的宗教宴会上是大量出现的。但是，在发达文化（墨西哥人是其中之一），“米姆斯”和宗教戏之联系是如此牢固，因而“米姆斯”神祇的起源被贬低为仅仅是讽刺的因素，甚至贬低为纯粹娱乐性质的猥亵的滑稽戏。

原来，丰收仪式被认为是促使自然界周而复始的更新，获得雨水以及从而获得田地丰收，迫使植物之神生产出农业果实所必需的。在新旧世界发达文化中，自然界的“死亡”和随之而来的复活，都要举行宴会来庆祝。奥西尼斯[5]、安东尼斯[6]、坦姆兹[7]、阿蒂斯[8]、迪米特[9]和上述的道尼苏

1 拉比里乌斯（Decimus Laberius，前105—43），罗马骑士阶级，滑稽戏作者和诗人，曾著叙事长诗记载恺撒对高卢之战。——译者

2 窝尔普尔济斯（Walpurgis），英国女圣徒名，她曾使撒克逊人基督化。每年5月1日前夕是纪念她的节日，相传是夜女巫将与魔王宴饮于哈尔茨山（Hrrz）。——译者

3 庞奇Punch），朱迪（Judy），均是傀儡戏中著名丑角名称。——译者

4 道尼苏斯（Dionysus），希腊奥林匹斯山众神之一，原为植物之神，后为葡萄和酒之神。他的节日要以开怀畅饮来纪念。——译者

5 奥西尼斯（Osiris），埃及主神。传为太阳神荷拉斯（Horus）之子。——译者

6 安东尼斯（Adonis），希腊神名。传植物是靠他的血生长的。他又是维纳斯女神之夫。（参见第二章注）——译者

7 坦姆兹（Tammuz），巴比伦农业之神，为其妻伊什塔（Ishtar）所杀，后又复生，故成为植物周而复始的象征。——译者

8 阿蒂斯（Attis），腓尼基植物神。——译者

9 迪米特（Demeter），希腊女神，掌管土地与农业，也是象征繁衍与婚姻之神。——译者

图二二三　法国阿里埃日旧石器时代洞穴画中戴着动物面具舞蹈的巫师

图二二四　西非富姆巴姆古代丰收祭中戴面具者

斯，都不过是丰收神的名字。他们死亡和复活要加以庆祝。在哑剧式舞蹈中，扮演这些神的演员举行表演的目的就是要增加田地的收成、促进狩猎和家畜的丰收。这些模仿性的舞蹈就是戏剧的开始。

但是，模仿性舞蹈很早就有了，实际上它们和人类本身一样古老。在旧石器时代晚期洞穴中发现的崖壁上的画，表现了旨在使猎物（如野牛、野猪、熊和鹿）大量增加的丰收舞蹈。画是在严守自然主义风格下完成的。演员是部落的巫医或巫师，戴着代表不同猎物的各种面具。

今天代表旧石器时代人类文化水平的最原始部落，如澳大利亚人、维达人、火地人和布须曼人，有同样的模仿舞蹈，想以此增加采集植物和猎取动物的数量。他们在与部落最重要食物有关的超自然力量交往时，以戏剧方式进行象征性的表演。

表演者非常注意学习动物的举止，学习它的跳跃和行动的姿态。例如，看过澳大利亚人袋鼠舞的探险者，对表演者伟大的模拟能力，表示一致的羡慕。

这些古老部落，在丰收戏剧之外，还表演历史戏，如那些以古代传说中的祖先迁徙故事为内容的历史戏。演员的人数可多可少。演员的朋友和亲属们，用五颜六色的彩画和羽毛把演员们装饰起来，这起着面具的作用。另外一些澳大利亚人的戏剧，以象征性和模仿性舞蹈形式演出，其主题为死亡和复活、爱情和嫉妒、友谊和仇恨。没有哪种模仿性舞蹈是没有一个主题的。

以上这些戏剧在某些方面仍具有严肃性或崇拜性。与此同时，还有只致力于纯粹的模仿性娱乐的另外一类表演，它可称为歌舞剧。这种类型的戏剧与宗教崇拜毫无关涉，虽然它们同样是古老的。这类表演提供审美观念的满足和肉欲的刺激，与宗教仪式的恐怖显著不同，其中最著名的便是澳大利亚人的“科罗薄利”。

举行“科罗薄利”的机会很多。当一种重要的野生果实成熟时，当出战之前，当一次快乐的狩猎之后，当与邻近部落会见时，都要举行“科罗薄利”。特别是在不同部落之间媾和的时候，一定要举行“科罗薄利”，并以此作为缔结和约的见证。

图二二五　美拉尼西亚的舞蹈面具

与传统崇拜仪式的歌和经文固定交替不同，“科罗薄利”时唱的歌和说白都是即席创作和富有机智的。任何愉快的观念都能转化为诙谐的言谈和姿态，随之而来的是异想天开并表现为古怪任性，在快乐的观众合唱之中一再重复。

这种澳大利亚戏剧，尽管结构松弛，还是有着精心准备的高潮，这就是画身的演员在朦胧的月光下突然出现或隐没。这时有一支见不到的乐队敲着打击乐器，激动着旁观者的神经。表演的愉快和诗的激情，均随着“科罗薄利”来到澳大利亚人之中。这种“科罗薄利”有时是很有艺术魅力的。

但“米姆斯”以及以后的现代戏剧并不是由这类纯粹娱乐性表演发展出来的，它来自宗教崇拜性的演出。在最古老的文化中即可找到“米姆斯”开始的证据。

当宗教性戏剧长期延续对观众灵魂压迫太重时，有一种要求安慰的愿望。于是就创造出一种戏剧角色，以其滑稽和突然出现来驱除对神圣巫术的恐惧，把笑带回给人们，与宗教仪式性戏剧那种真诚成鲜明的对照。这一角色是快活的开玩笑者，是愉快的英雄，是“米姆斯”中那些才华焕发的演员、滑稽家和丑角的老祖宗。他不受“审查官”的框框套套所束缚，在各幕之间愉快地即席表演，围着那些在神圣戏剧中扮演神的演员而跳跃。

每当澳大利亚灌木丛中出现画身的佩戴羽毛的这类小丑时，坐在“包厢”里的老人便失去自己的尊严。他们的眼睛注视着小丑的古怪动作，因为过度的笑而湿润了。他们声称“因为激动而笑破了肚皮”，并且正确地认识到横膈膜是快乐的发源地。

图二二六　苏—印第安人的灰熊舞

在这些场合中，令人可笑的不仅是人的行为，而且还有动物的特殊习惯。塔斯马尼亚人的袋鼠舞中，这种带着袋子的动物笨拙的跳跃，被完全模拟出来。有一种模仿鸸鹋的“芭蕾舞”，重现了这种鸟吃东西时头部的僵硬动作。舞蹈者还表现白人的马和二轮马车，他们拿着缰绳和鞭子，沿着舞台奔跑，像马一样点着头并且惟妙惟肖地嘶叫。

丑角的娱乐因素甚至闯入了非常严肃的成丁礼之中，给烦恼的参加者以短暂的喘息之机。火地岛的雅甘人的海豹舞，便是这样奇异的插曲之一。舞蹈的人们随着歌唱的节奏而前后摆动他们的身躯。他们像海豹那样慢吞吞地走动，用“鳍状肢”搔抓胸部和手臂，并且不时发出嘶哑的吼声，其间夹以彼此诉苦似的哼哼声。这使观众中的那些狩猎专家捧腹大笑，为了报答那些有才能的演员，爆发出喝彩之声。同样精彩的是他们对海鸟“卡拉帕”的模拟。“卡拉帕”慢慢走近，夹紧翅膀，发出这种鸟特有的鸣叫，作为高潮的是“一群鸟的突然登陆”。这些动作都做得如此逼真和准确，甚至白人探险者也看得入迷。雅甘人丑角拿手好戏还有表演两只兀鹰争夺一块肉，这也引起一阵阵的大笑。

原始民族在“剧场”中所享受的愉快表明：戏剧效果的深刻根源并不在于复杂的舞台器械、个别的“明星”或时髦的剧作家，想象力才是最妙的角色，哪里缺乏它，就会发生“喝倒彩”；它在哪里占优势，舞台便成为奇迹的世界。

我们上面所讨论的仅限于古老文化的戏剧和表演，从经济观点看属于攫取经济形式的民族。随着农业和驯养家畜的发展，人们更加依赖于那些能导致下雨或干旱、歉收或丰收、家畜生病或健康的神秘的超自然力量。这样，农民生活的本质就决定要通过努力表演和舞蹈，来满足那些控制他们食物供给的超自然力量，恳求它们的帮助和合作。

我们时常把简单的农业社会，特别像在非洲和南海地区那些农业社会，说成是“面具文化”。这说明当他们举行仪式和表演时，面具是生活中非常重要的因素。在面具表演中，面具是戏剧中的英雄，而不是戴着它的人；面具就是他所代表的角色，而不是他的外表。戴面具者实际上就是死者、祖先和动物的亡灵，这一概念有助于引起戏剧引起的恐惧。

图二二七　普埃布洛—印第安人的太阳神——〝保蒂瓦〞

除宗教戏外，一般性的娱乐也有面具表演，这些表演表现日常之事、历史和神话。这一类中一个逗人喜欢的例子，发现在马科－印第安人的“杜克瓦利”戏剧之中。马科人相信，地球上每种动物都曾经是人，因为偶然事故、疏失或犯罪，才把它们变成现在这个样子。这些“偶然事故”，便成为“杜克瓦利”的内容。面具装备有机动的小门，当表演达到高潮时开放，向惊慌的观众露出演员的眼睛、嘴和鼻子。爱斯基摩人使用同样的技巧，他们突然运用这种技巧，使目击者受到恐吓或得到娱乐。观众们的反应恰如在我们剧场中一样，对成功的戏，就报以喝彩，并使“再来一次”；若戏不能获得公众的喜爱，便将受到嘘声，并从节目单中消失。

农业民族宗教崇拜性的戏剧，与这些纯粹娱乐性表演不同，他们把庄严的面具强加于丰收神。演员的艺术主要被引导到使严肃的宗教戏趋于完善。这些表演的目的是提醒演员和旁观者。戏剧的最终目的就是为了部落现世的财富而利用那些不可知的巫术力量。但是宗教戏（有时要进行几星期之久）也偶然被幽默和亵渎神圣的插戏所打断。插戏较之冗长的例行公事的崇拜仪式表演更能使旁观者感兴趣和愉快。在普埃布洛人、曼旦人伊洛魁人之中，崇拜性戏剧和娱乐性插戏交替表演是特别典型的。

普埃布洛人的一个部落组尼人的祭祀，要有六种主要仪式，其中最重要的是“卡特西纳”。关于“卡特西纳”，意思就是由画和面具所象征的超自然力量。每个这样的面具有都有自己显著的特征，与所代表的神非常相像，故对组尼人来说它和超自然力量本身是一致的。许多面具都是在崇拜“科科”（或者说是雨神）时才佩戴，雨神是如此神通广大，人们被他望一下就要死亡。本泽勒（R.L.Bunzel）报导说：“科科”为了保护朋友们免遭此厄运，便“批准了面具舞蹈”，而且允诺“以雨的形象降临”。社区所有的男人都是“卡特西纳社会”的成员。他们所戴华丽的古老面具有一百多种，各有名称，而且以其装束细节之差异而区别。

属于普埃布洛集团的霍皮—印第安人有另一种仪式——“帕默蒂”节。仪式是以扮演太阳之神“保蒂瓦”开始，其面具上装饰有雨的符号。他是整个仪式的主持人，宣布演戏并安排所有表演者的轮唱。其他可辨识的面具中，还有火神、鹰和灰鹰、鸭子和鹫。这些角色的扮演者聚集在离村庄稍远之处，在那里他们戴好道具，由“保蒂瓦”引导，排成紧密的行列走向“戏台”。他们恰好在黄昏之前到达，在暗淡的阳光照射之下形成一幅赏心悦目的图画。戴鸟面具者展示他们五彩缤纷的羽毛，并且上下移动其手臂，以造成翅膀的印象。另外的面具佩戴者在其球形“头盔”下开始唱歌，并且摇动他们的响器，戏开始了。祭坛之前有献给“卡特西纳”的食物，着色的帘子充当背景，舞台地上则装饰着各种颜色的砂子。

大量的“卡特西纳”也出现于另外的场合。“波瓦穆”节以种豆象征性地再现大地的再生和净化时，“‘卡特西纳’回来”是其主要节目。

此一仪式由于“科耶姆西”的出现而被隔断，他是插戏中亵渎神灵的扮演者。“卡特西纳”仪式要求有十个“科耶姆西”，时常作为一个集团出现。虽然根据其服装很少，已容易把他们和其他舞蹈者区别开来，而每个“科耶姆西”仍有单独的命名和装扮。他们跟随着“父亲”，即由祭司选定的专门指导者。他们身体画成粉红色，脸隐藏在黏土做的奇形怪状的球形面具之下。他们仅有的服装是一条黑色围裙，而在跳到最高潮时还喜欢把它移开。他们的生殖器用绳子系着，自由自在地展露出来，因为人们说：“‘科耶姆西’完全有权去掉遮羞物，他们像孩子一样”。这种孩子气的未定形的角色享有神话赋予的特权。他们跟随着神圣的戴面具者，作各种滑稽的动作，其行动时常导致过度的淫猥。当他们经过房屋时，妇女们向他们泼水，“以便引诱雨水的立即到来”。虽然他们是滑稽的可笑角色，却享有很高的尊敬。关于他们老作家库欣[1]是这样说的：

> 他们是傻头傻脑的，而又像神和高级祭司那样聪明；因为他们说话就像疯子和狂人一样，谈论当时看见的东西，说出或许是聪明的言词和预言。而且尽管变成了随从和被收养者，却是古代舞剧“科科”的解释者和哲人。……他们不以人的名字命名，而使用没有意义的名字。

他们无论在哪里出现，总是为人提供娱乐。一个“科耶姆西”会突然在舞蹈者中间跳起来，呼喊道：“我的妻子和别的男人勾搭上了，今夜我自己进行一次小小的旅行”。他们有像变戏法者和魔术师一样的才能，在观众中受到高度评价。例如，他们烧一根羽毛，而在一次深呼吸之后又从嘴里把羽毛生出来，并且能使物件消失和再次出现。这使旁观者大为喜欢。

他们的助手叫“威特西纳”，向站在两旁的人投掷黏土球或泥块，他们自己则用小箭来射，表示蜂刺，或用树枝作为他们的愚人棒。这是经过长久时期保存下来的丑角另一属性。当这些原始丑角鞭打公众时，便“带走了坏运气”。

在其他部落如像锡利什人、努力马特人和纳弗和人之中，丑角又把使用愚人棒作为自己的特权，用以抑制旁观者的好奇心。纳弗和人中有所谓吞剑者，他把饰有羽毛的棒象征性地插入自己的咽喉。

在普埃布洛人仪式中，只有“科耶姆西”才是进行表演的演员，而“卡特西纳”面具的佩戴者仅仅执行严肃的舞蹈任务。这两种类型的戴面具者，一边是宗教性的“卡特西纳”，另一边是渎神的“科耶姆西”演员，必须认为是完全不同的角色。他们互不侵入对方的领域，虽然两者原来都有宗教崇拜方面的起源。

---

1 库欣（Frank Hamilton Cushing，1857—1900），美国人类学家，他对组尼－印第安人有深刻了解。著有《组尼族志异》（1883）、《组尼人民间故事》（1901）。——译者

图二二八　普埃布洛—印第安人“科耶姆西”面具

图二二九　普埃布洛—印第安人的“科耶姆西”跟随着戴面具的“卡特西纳”

“科耶姆西”以贪吃著名，喜欢收集可食的礼物，这种对食物的爱好使印第安人中的穷人想扮演“科耶姆西”角色，他们出不起象征神的面具的昂贵费用。这一点反过来又损害了“科耶姆西”的名声，一个有影响的有教养的部落成员决不愿表演“科耶姆西”。

图二三〇　曼旦—印第安人的牛神——“奥基赫德”

（出现在迎春的节日中）

草原印第安人的太阳舞蹈节中渎神的插戏和“科耶姆西”丑角，在许多方面是相仿的。在曼旦人的“奥基帕”仪式中，由魔鬼“奥基赫德”出来担当滑稽的角色。他的帽子上装饰有黑公鸡冠，他的脸隐藏在木制面具之下，面具的眼洞周围有白圈，牙齿由灯心草代表。他的肚子上画着太阳，背上画着半月形。他佩戴着野牛尾，在大草原上乱跑。这魔鬼时常到村庄搜索，在小屋每个角落中寻找礼物。他也在向寄生虫发展。

非洲也知道有这样的滑稽人们。这就是刚果盆地的著名小丑，称为“穆基什”。他闯入严肃的成丁礼仪式，诅咒那些想象中的妖怪。他的特点是玩把戏。他可以出现在高跷上，以高明的杂技技巧到处走动。假如他不想表现自己，可以把装备借给其他的人。

丑角的主要性格——多才多艺和万能——在世界各地都是一样的。哪里需要一个快活的即兴表演者，来和戏剧严肃部分相对抗，哪里就有这样的丑角。

丑角对食物和烹饪的过分爱好，一直到发达文化和中世纪及其以后都留下了印记。丑角的

图二三一　西非丑角“穆基什”

图二三二　西非踩高跷的“穆基什”

名字和他所在国家最喜爱的食物时常是一致的，在法国是“让巧克力”，在德国是“汉斯香肠”，在英国是“杰克布丁”，在意大利是“通心粉”，在荷兰是“腌泡鱼”。他的面具和属性恰和人类想象力本身一样的多种多样。无论他仅以画身和羽毛装饰为标志（如像澳洲那样），还是有精致的头饰和堪称艺术杰作的面具；无论他仅使用树枝或黏土球，还是使用像高跷之类复杂的支撑物和巫术性特技，当他出现时，没有人会怀疑一幕愉快的插戏开始了。

丑角为了大开玩笑，甚至从文明人的“疯狂”中汲取灵感。伊洛魁人的小丑模仿着溜冰者或火车头；新几内亚丑角，受到他们在第二次世界大战中经历的启发，像“伞兵”一样张开双臂从树上跳下。霍皮人熟练地模仿一个科学家在纸上乱画数据的动作，进行丑化。在非洲，最能博得喝彩的小丑就是那些能以白人“不文明的”习惯取笑的小丑，像尼日利亚的约鲁巴地区就是这样。

在加利福尼亚有些印第安人之中，丑角“希利达克”的职务是父子相传的，结果形成一种高度的职业自豪。这些民族没有丑角在场，不举行哀掉仪式和洗脸仪式[1]。阿佩切人以敬神的舞蹈来治病，在举行巫术表演时使扮魔鬼的小丑和扮“奇登”神的人混而为一。

1 洗脸仪式，不知是否指一种禳祓兼有赔偿意义的仪式而言。云南景颇族过去凡损害别人名誉则要赔牛若干条，称“洗脸牛”或“洗寨子牛”，或与此类似。——译者同样的丑角也在西藏跳神中出现。他们出现在象征性的喇嘛教神祇和魔鬼之中，当他们滑稽地模仿那些神圣的舞蹈者仪式性步伐时，便引起一阵阵的大笑。这些丑角穿着骷髅服装，在相应的地方画着骨骼形，与众神戴着饰金头盔形成鲜明的对照。据说，他们曾是禁欲主义者，静心潜修到如此程度，甚至没有注意被一个小偷剥去皮肤，从此他们便与小偷势不两立。他们常被召来发现任何窃贼的罪行。这也是“科耶姆西”所具有的一种能力。

在人们的概念中，丑角是快活的和傻头傻脑的，但又是很能给人以启发的角色；命定是可加以取笑的，但又不能嘲弄过分。因为，如组尼人所说：“‘科耶姆西’是危险的”。即兴表演的天才，随着丑角自身进入马戏团（这是丑角的近代放逐地），只有他们仍像原始时期一样穿得五颜六色，只有他们能对尊严的客人肆无忌惮。那偶尔的悲剧性谈吐或即席流露的深刻智慧提醒我们，他们在古代曾作为神的合伙人。

从丑角的形象及娱乐性表演中，发展出新旧世界发达文化的“米姆斯”。由狩猎者和采集者的模仿舞蹈，到农民的丰收祭和生殖器崇拜的舞蹈，由这里又到发达文化的“米姆斯”，是一个不断发展的过程，在古希腊人民的戏剧“米姆斯”和我们时代的伟大世界性戏剧的开始阶段中，达到了最高峰。

至于丑角那些原始形象，由于发展变化一度消亡。丑角的真正意义（即作为神祇——丰收之神、雨神、植物之神、动物之神的对立面）似乎丧失，或至少在发达文化的官方宗教为了引导“异教徒”走上新轨道而采取的一些古老仪式中，变得歪曲和不易了解了。官方定的神戏和圣迹戏掩盖了丰收仪式的原始意义，仅在个别仪式（例如古希腊的伊柳辛尼的秘密祭[1]）中才保存其某些因素。丰收仪式的保存者——小丑，不再被理解为带来安慰和愉快地进行插科打诨的人了，他现在成为一个大杂拌（原来他仅是其中的一部分），他被误解为生殖器神的本身了。

但在表演和戏剧发展最后过程中，丑角又恢复了原来的目的；而且正如古代宗教仪式中旁观者一样，我们现代戏剧的观众们仍然渴望不时有点滑稽性娱乐。每当剧情发展到过分悲剧性和智识化，熟练的剧作家便插入一种与之相反的快乐的调子，或者是一个即兴表演的小丑，或者由舞台导演加一段生动的话。歌德在《浮士德》各幕之间隙，以训练有素的狮子狗为主演。勒新[2]则以踩绳者提供喜剧的因素。

最早时期的戏剧制作人，无论他是指导角色行动的作者本身，还是一个舞蹈指挥（像组尼人和霍皮人和很多加利福尼亚部落之中那些舞蹈指挥一样），其重要性都是得到承认的。他被当做“演出的大老板”，甚至可以偶尔扮演一个小丑的角色。在乔装假扮时，他可以批评一个坏的首领。他通过“讲疯话”，倒退着舞蹈，使用自己充分的权力以诱导老人们撤换不胜任的头人，并选举新的的头人。

关于舞台，开始是一个广阔的露天场所。但即使是像火地人那样的原始部落也会熟练地计算观众距离舞台多远最为合适，效果最好，不允许观众过于接近表演者。从保存面具的专用小屋，发展出单独建造的舞蹈房屋，像爱斯基摩人和其他许多部落就是这样。普埃布洛人及其有关会

1 伊柳辛尼（Eleusinnian），古希腊阿提加地区的地名，每年在此祭祀女神迪米特及其女儿珀西芬，并举行游艺会。——译者

2 勒新（Gothold Ephralin lessing，1729—1781），德国著名的戏剧家和评论家。——译者

图二三三　霍皮—印第安人的舞台帷幕（上面绘饰长角的祭师形象——"阿洛沙卡"）

社，在专为表演而明确划分出来的地区演出他们的戏剧。

在发达文化之中，市场及庙宇的门道成为剧场的入口；或者把国王的宫廷当做演戏的场所。据萨哈根（Sahagun）和神父阿索斯塔（Acosta）的描述，阿兹蒂克人剧场是“一个四方形露天平台，一般位于市场中心或者在某些亭阁的脚下。此平台建得很高，使四边的观众都能看到”。在科泰斯的《记事》中，我们发现其中有对阿兹蒂克的一支特拉蒂洛科人剧场的描述。它是“用石头和石灰砌成的，高三十英尺，每边长三十步”。即使在最早文化中，舞台入口也是为演出者单独保留的。虽然实际上可能是既无门又无告示牌，还是像真有牌子一样，上写“不准入内”的禁令。

面具是演员的财富，是他的“戏装”。他可以有自己的面具或仅掌握面具的图案，或者是两者都有。假如他拒绝参加演出，整个表演就得停止，发生这样的事，其他部落的人是无权穿戴他的“戏装”的。特别神圣的面具，时常是全部落的财富，是可以由专门技师甚至是其他部落的专门技师定做的。如马科－印第安人就有由尼蒂纳特—印第安人艺术家雕刻和制作的最佳道具。

组尼人把“卡特西纳”面具分为两类。一类是古老的和永久性的“卡特西纳长老”，为扮演众神者所佩戴，它是全部落的财富。另一类是“舞蹈的卡特西纳”，为集体舞蹈时所用，它是任何买得起的富人都能定做的。据本泽尔所说，“卡特西纳长老面具受到很大的尊敬，它们是危险的”。很有意思的是“科耶姆西”也属于“卡特西纳长老”。

这些面具在舞蹈之后要拿到保存它的人家中，“用鹿皮或布包裹着以防尘土，悬挂起来或放在罐中。危险的面具都要放在罐中保存。面具是决不能放在地上的。面具每餐都要供饭，一些人带着食物进入面具的房间来喂它”。人们说：“进去喂祖父去吧！”危险的“卡特西纳长老”面具被设想为超自然力量的礼物，“世代相传”。它们的特点是现实主义的缺乏，那云似的符号和像动物或花之类的花纹，只有部落中专门人才才能“识出”，这使辨认它们成为一门学问。演戏就是成丁礼中一项主要课程。

面具（包括使用经文和唱歌）的所有权是一种财产，因此我们可以说这是一种固定的原始版权。新几内亚的穆里克人所戴面具“瓦伊姆诺”，只有一个名叫德贾连（Djanein）的村落居民才能制造。正如施米特神父所说：“所有其他村落必须到那里定制，至于面具‘劳因’则只能在卡劳（Karau）制作。”

这一点也同样适用于确定为某个氏族专有的歌曲。这种严格的版权在最早文化即已出现。例如澳大利亚西北海岸地区，据埃尔金（A.P.Elkin）报导，“每当在珍珠蚌的壳上刻图样时就唱一支特殊的赞美歌，而做这种图样的只限于懂得这种歌的人”。易言之，即歌的所有者，其他人是不行的。在同一地区舞蹈和唱歌以其发明者名字而命名，而且严加保卫，防止他人侵夺。歌的所有者可以“批准”一个“助手”和他一起唱，就像加利福尼亚东南部的卡米亚人所流行的那样。他们的歌只能为男子所有，其版权是一代一代传下来的。

歌也可出卖或遗赠，而且凡向所有者交付版税的人可以批准“借”歌。谁要使用就得付报酬，这种观念在组尼人之中发展得如此强烈，以致他们不能设想基督教牧师们传教时如何能把《圣经》上新鲜的故事随便讲出来，而“不收费用”。温尼巴戈人如未经作者批准（除作者外任何人都不被批准）就讲故事，当做盗贼和说谎者看待，而且即使故事是逐字逐句遵照原样，也被认为是“错的”。

原始人的演戏不是一成不变的，虽然某些舞蹈和唱歌属于舞台上永久性的“台柱 ”。每一幕不断变化，被缩短或加长。用许多方法来扩大节目单，邻近部落的戏和舞蹈可以借用，但那是享有版权的，取得上演权必须付报酬。上演权要从所有者（无论其为个人还是整个部落）那里购买，其他部落即使通过一次拜访可以记得演出全过程，也不敢不付报酬就把这戏列入自己的节目单。

原始人和我们自己一样，演戏的重要因素是观众。观众意味着整个部落，甚至有时还包括受到邀请的邻近部落。演出目的是使大众得到娱乐。演戏是每个人的事情，它对部落成员个人和全体都有贡献，它是真正公众意志的表现。门票是不知道的，因为既没有想捞钱的主办者，也不需要支付演员的薪水。我们职业的批评家惯于把一个戏“捧成功”或判处“死刑”，原始人与此相反，观众本身就能无误地和毫不宽容地表达自己的意见。

原始人的音乐几乎是戏剧不变的伴侣。即使戏剧本身不是音乐性的，也有各种各样的乐器来加强效果，如拨浪棒、鼓、笛、响棒、配乐用的弓、竖琴、吉他和喇叭。

原始人的音乐比我们的音乐更加强调节奏，而且这种节奏甚至比我们的交响乐更为丰富、复杂和多样化。原始人把不同的节奏主题交织在一起的技术是如此伟大，以致如霍恩博斯特尔[1]所说，我们不可能“乍听之下就把握住原始音乐节奏的复杂性”。

近代音乐最近背叛了和谐的传统（许多世纪以来和谐被当做音乐所能有的最佳方案），这和原始人音乐所达到节奏完善的最初阶段的方向是一致的。

原始音乐不像我们音乐那样有和谐的韵律，但却有旋律的节奏。古希腊德谟克利特（Domocritus）关于人类最早为了想模仿鸟的歌唱而创造音乐的观点，据一些土著居民的歌证明，可能部分正确。但音乐艺术并非从这样的想法中发展出来的。人类想模仿的不是鸟歌的“旋律”，而仅仅是鸟类愉快的颤声。这些颤声加进了人类的旋律。

最早的乐器是人类的声音。在原始歌唱中，由于歌唱者音域高度不同偶尔会使用平行的八度音，因而有时会创造出一种多音的印象，即使如此，总是严守单一旋律的。最古老的“歌剧乐谱”

1 霍博斯特尔（Erich Maria Von Hombostel，1877—1935），德国音乐学家，是比较音乐柏林学派的奠基人。他用自己的记谱法，记录了许多原始民族的音乐。——译者

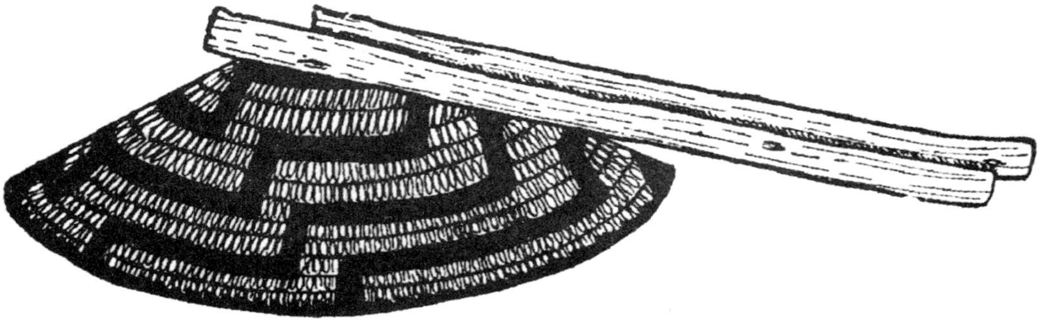

图二三四　尤马－印第安人当做鼓的篮子

是领唱者唱正文，加上合唱队一再重复元音很多而没有什么含义的叠句。当领唱者采取问的形式而其他歌唱者加以回答的时候，轮唱和对唱便发展起来了，和伴奏乐器的音响一起成长，形成歌剧，虽然歌词“脚本”仅仅存在于演出者的记忆之中。

关于原始表演主持者所拥有的乐器，根据霍恩博斯特尔的分类法，应分为四大类：实体乐器、薄膜乐器、弦乐器和吹奏乐器。实体乐器是敲击乐器，最简单的一种是人手伴随着唱歌和舞蹈而击拍。在像澳大利亚人这样最古老的文化中，响棒、拨浪棒和附加性的节奏装置已被使用，有时和葫芦或空心树做的原始响板合在一起使用。巴巴哥—印第安人是成对地使用响棒，他们上下搓动它，偶然用它敲打一只翻转过来的日用篮子，以扩大其音量。同样的想法导致马六甲半岛的原始部落把韧皮席卷起来，有节奏地以棒敲打，形成一种远处都能听到的破裂声。用竹管猛敲地面，同样是马六甲的有效敲击乐器。认识到挖空的木头可以发声，便导致木鼓的发明。它在很多方面可为舞蹈、表演和展示“超自然力量”提供高潮。在较小的打拍子的响器中，广泛分布的是拨浪棒之类，可以用所能想象出的各种材料，如葫芦、茧、木头、陶器、铁和青铜制成。还有铃，在西非乐器中特别常见。从吊在树上的响棒，经过长期演化，引导出发达文化中的钹和三角震动器。

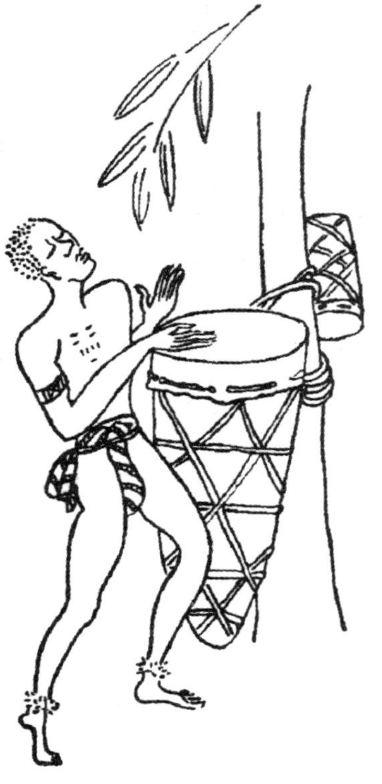

图二三五　非洲击鼓者

绷起来的薄膜，可用来制造发声的“薄膜乐器”。最古老的形式是牛吼器（“瓦尔迪尤弗尔”），它在澳大利亚人神秘的宗教仪式中起着重要作用。不经过成丁礼的人是不允许看见它的。它的非洲同类物是“默利吞”，用于同样神秘的场合，以改变人类的声音和音调。在举行神圣仪式时它掩盖歌手的身份，而且严禁妇孺看到它的真相。近代的“卡佐”（kazoo）——一种“在里面唱歌”的乐器，是牛吼器之类发展出来的。这类乐器中最重要的是蒙皮的鼓，在地球上所有农业地区都能发现。

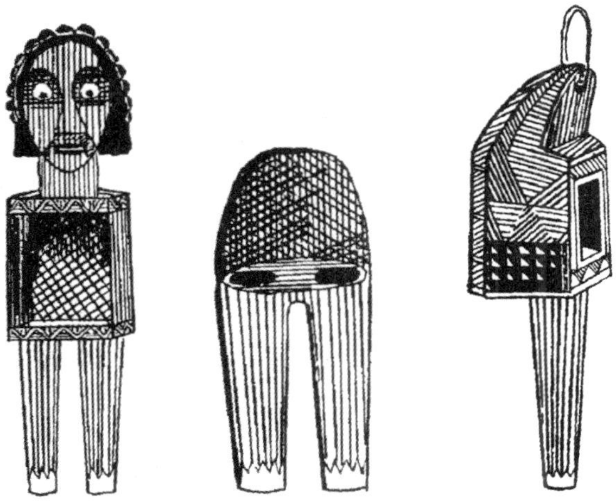

图二三六　潘格威人薄膜乐器——"默利吞"
（以蜘蛛蛋壳为膜）

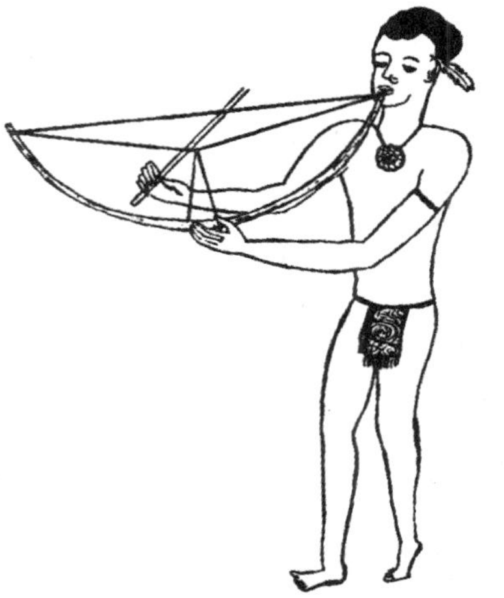

图二三七　加泽尔半岛的乐弓

弦乐器甜蜜的声音给原始人的表演加上抒情的味道，它在弓发明之后即已出现，弦乐器就是起源于弓的。而如我们所知，弓应溯源于人为最古老的机器人——动物捕机。单弦的乐弓，或者说一弦琴，是最古老的弦乐器。它再加上更多的弦和响板，就发展出竖琴、诗琴、七弦琴、三角琴、吉他、小提琴、大提琴及许多变种。

吹奏乐器的声音是柔和而有力的。从吱吱叫的笛子到奏乐的喇叭，这些送音机械被有效地用来强调原始戏剧的剧情高潮。从简单的管子或笛子，发展出差异很大的各种形式，或者是"将羽毛切断做成像藤管一样的羽毛口哨"，或者是从非洲直到南海那几十种竹木和金属制的笛子。马六甲土著居民喜欢风琴"阿奥"的声音。"阿奥"是将许多管子悬挂在树上的一种装置。一群笛子缚在一起导致出各种大小不同排管的发明，从几英寸到六英尺或更长，大小都有，它是我们风琴的基本形式。

非洲和新几内亚特别流行笛子。在新几内亚，神秘的布雷格笛是"布雷格"神的"声音"（参见本书第九章——译者），而面具则是他的"脸"。鼻箫、横笛和十字笛，是新几内亚几种著名的乐器形式。非洲人有用竹木和铁做成的笛子。由铁笛发展出喇叭。非洲的王子为了使他们的表演更加壮观，在宫廷中保持了一支由 30 个或更多的乐师组成的乐队。与喇叭有关的是号角，非洲使用的号角是一支羚羊角。犹太人在逾越节[1]仪式中仍保存着公羊角做的号角。约公元前 1400 年的欧洲史前时期的喇叭（"柳拉"）是青铜铸成的，它在斯堪的那维亚和北欧日耳曼人祭祀性戏剧中起过决定性的作用。

这种或那种乐器的单独使用和在管弦乐队中的联合使用，产生出刺激神经的音响，似乎传达了超自然力量的声音和灵感，甚至对冒险来参观原始戏剧的白人观众也是如此。乐器的效能是惊人的，而且有高超的技术使用它们。从澳大利亚人的响棒到有节奏的鼓声，从西非有木琴伴奏的合唱队到斯堪的那维亚和希腊的"柳拉"和三角竖琴，音乐把神的风韵加进人的演出之中。

1　逾越节（Passover），犹太人的一个节日。相传此日上帝夜行埃及，击杀每家之长子，而遇以色列人之家则过门不入，故纪念之。——译者

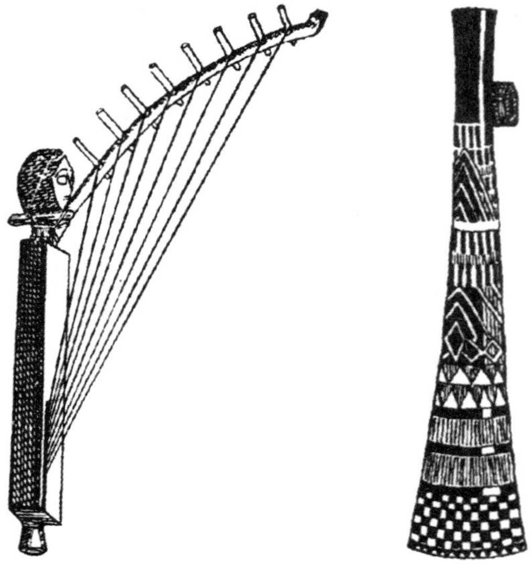

图二三八　潘格威人的竖琴（左）和木制喇叭（右）

图二三九　上尼罗河的吹笛者

它在荒野的剧场中，和在我们时代的歌剧院中一样，曾吸引住演员和观众。

比节奏、音响更早的，还有道白。在传统的戏剧和唱歌中，一系列道白就是“经文”。这样“经文”和音乐的意识同样古老，假如不是更为古老的话。

我们完全熟悉原始部落的习惯，即在舞剧中以重复发出声音或呼喊，作为一种加强节奏的表现方法。非洲人旅行时，负重者不断背诵重复句子，也是同样有效的。例如：

此处来了白人，
在许多事情上自以为了不起。
他有一把胡须和一个钢盔，
他的脸是红的，
而他的脚是软的。
哈哈哈！

这样的句子不断重复，竟把每天劳动的苦役变成了一种固定的“演出”。属于这一类的还有夏威夷人唱的歌：

科——科——杭纳，男人，
奥拉——库——杭纳，女人；
库莫——杭纳，男人，
拉诺——杭纳，女人。

这是一对对出席表演的名字，就这样一次又一次地重复着。

在澳大利亚、非洲和其他地方，合唱队领唱者唱的流畅的叙事歌是连续的文句和戏剧式的惊叹两者结合起来的，其他的歌唱者仅限于重复呼喊某些音节或一种单调的句子。

古老文化的原始综合性表演（syncretism）本身到了农业社会发生变化，在发达文化中便发展为文学的各种基本形式：诗、散文和戏剧。它们在古秘鲁的“奥兰塔”[1]中，在公元前500年印度的梵文古典戏中，以及在中国戏剧杰作中，成为文学的艺术；特别是12世纪中国戏剧，那是在形式上和在思想上都是未曾被超越的。

但是，无论文学规律在其后来发展中如何复杂，任何文学杰作都要以感情和思想为基础，都需要感觉的细腻和表达的完美。在这方面，甚至伟大的世界性戏剧中最有名望的悲剧和喜剧也不比原始人某些抒情戏文更为高明。举例来说，像澳大利亚人为了崇敬住在树上的蝉而轮唱的歌就是这样。蝉是芬克戈吉（Finke Gorge）东面一个部落的动物图腾，该部落人民以一年一度的夜晚表演来敬奉它，由一大群得意洋洋的演员进行演唱：

当黄昏为西方祝福的时候，
小蝉喳喳地叫嚷。
他们歌唱，
谦卑地抚慰着唱歌鸟儿的胸膛。

从树上落下，
忘我地歌唱。
在晒焦的草上颤动着，
那夕阳染红的翅膀。
年青的蝉儿在歌唱，
在靠近小溪的“卢姆巴”树上。
这树负担沉重，慢慢地摇晃，
他入了梦乡。

小蝉在歌唱，
邀请夜晚来到大地上；
夜晚轻柔地覆盖着，
灌木和我们的火塘。

1“奥兰塔”（Ollanta），古代秘鲁等地印第安人戏剧，16世纪在天主教影响下形成。——译者

第十二章 生命、自由和追求幸福[1]

文明时代以前人们的物质财富和精神财富，在其自然环境许可范围之内，是丰富多彩的。他们有充满舒适设备的家，他们掌握手工技艺，他们旅行，经营商业，传递消息，他们教育自己的儿童，他们有游戏和娱乐，他们认识到艺术的伟大。他们有这些好处，而免除了我们时代的许多苦恼。他们没有地主，没有收税者，没有失业的危险和政客的操纵。但是，我们却把他们称为原始人。

他们有道德规范，但他们有法律吗？他们不是安琪儿，谁来处理犯罪呢？他们没有警察，谁来维护法律和社会秩序呢？什么机构来代表全体成员的共同利益呢？

关于这些问题的答案是一片混乱，仅仅最近才有可能满足我们对原始人社会政治法律制度如何发展的好奇心。人类学家关于原始人法律的报导，以及法律家对原始人所作的人类学的报导，有许多是不正确的和异想天开的，因为缺乏了解和十分概念化而歪曲了事实。

从古代到大发现时期，甚至一直到今天，在这漫长时期里原始人被描绘为神话似的东西——或者是住在伊甸乐园中快活的懒汉，或者像野兽一样凶残的猎人。许多文明人观察者没有想到，原始人也是按上帝样子创造出来男人和女人，是“生来平等”的，他们也努力争取人的最高权利——生命、自由和追求幸福，而不管这种幸福的形式如何。

原始社会和我们的社会一样，政治机构（我们将要看到有许多种政治机构）的任务之一就是关心家庭、公社、地方集团、部落和整个民族的幸福和安全。原始社会中的政府和近代社会中的政府一样，其法律和社会的目标就是调节共同体内部和外部的生活，把大家团结起来，保证食物供给，维持已建立的秩序，保持边境内外的和平。

在澳大利亚土著居民、塔斯马尼亚人、布须曼人、维达人、博托库多人和火地人这样一些部落中，法定的地域单位是地方集团，而不是个人或单个的家族。在澳大利亚人之中，一个地方集团所占地域，从 4000 平方英里到 10000 平方英里，大小不等。这样一个共同体内有 20 个到 100 个成员。地方集团所宣布的地界，不仅本集团的成员，而且还有相邻集团的成员，都是熟知的。领土遭到入侵，引起整个集团、而不仅是个人或单个家庭的反抗。

1 这是美国独立宣言提出的人民应有的政治权利。本章讲述政治和法律制度的起源，故作者借用来作为标题。——译者

图二四〇　黑足印第安人审判官——"狼羽"

在塔斯马尼亚人之中，侵犯边界就等于宣战，这同样适用于澳大利亚的采集者和猎人，侵犯边界在他们之中时常导致战争。除去侵犯边界外，只有凶杀或掳掠妇女的情况，才会诉诸战争。报仇是集团的任务，而不是个人的或家庭的任务。

但是，原始世界的智慧和对人类生命的尊重，不允许把侵犯狩猎地带引起的战争继续到作战集团的一方全被摧毁的程度。时常是决定由每方出一样多的男子来作战。在很多情况下，通过一次集团安排的决斗以解决争端，实际上不等到作战者之一被杀死，就不想把决斗继续下去了，只要使一个人失去能力就足够了。博托库多人进行这样的决斗只用棍棒，而把弓箭留在家中。决斗时也可以一次对骂而结束，妇女们以互揪头发方式参加决斗。

有时，一个地方集团由于人口增多和随之而来的需要，扩展经济基地，不得不侵入另一集团的地域。弗雷泽[1]报导，澳大利亚瓦拉赖（Walarai）一个地方集团有这样情况：

> 他们派遣使者到一个毗连的小部落去，要求一部分土地。由于这是违反部落规定的事，同时自己的地域也不大，不能办到这一点，于是建议被拒绝了。前者便派人去说：他们要来夺取所要的东西。后者回答说：那样他们就要向邻近的近亲部落请求主持正义和进行援助。于是双方准备战争。在会见时，像平常一样说很多愤激的言词，最后同意次日每边以相等人数的成员来打个水落石出。但到了次日，只进行一场个人决斗便解决了争端。部落争端发生的普遍原因和解决办法都是这样。

我们社会也有发生争端的"普遍原因"，但近代那些入侵者不在谈判上花费过多的时间，而且国际争端绝不像澳大利亚人那样易于解决。

虽然对侵越边界的人一般都要处死，但某些经过特许的使者，佩戴一些显著的标志，可允许进入其他部落的地域，在别人安排下进行买卖、交换或商量事情。当出产必需的自然物（如制造斧子的石头、赤铁矿或大量需要麻醉物）的地区属于某一集团时，特别会发生这样的情况。假如需要交换这些货物，先要正式通知有关的地方集团，在很多情况下未经允诺就进入外人地域，便意味着死亡。只有一次，全凭澳大利亚一个部落的老人伟大的外交手腕才使非法越境者逃脱了死刑。据豪伊特报导，澳洲东南部的伍德索伦（Wudthaurung）集团一个人未经允许从伍伦哲里（Wurunjerri）集团采石场取了石头。两个集团便在彼此狩猎地带的交界处会晤，讨论这一案件：

> 在会晤时，伍德索伦坐在一边，伍伦哲里坐在另一边，但保持可以听到对方说话的

1　弗雷泽（James George Frazer，1854—1941），英国人类学家和民俗学家，他的名著是《金枝》（1890）、《图腾崇拜和族外婚制》（1901）。——译者

图二四一　博托库多人解决狩猎地带纠纷的决斗

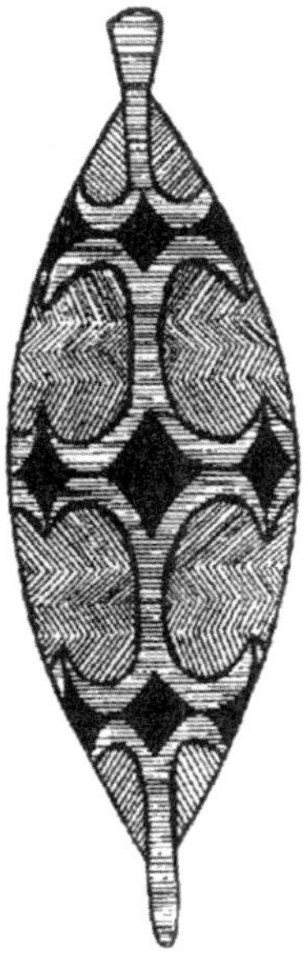

图二四二　澳大利亚东南部默鲁姆比河的盾牌

图二四三　澳大利亚人的矛

图二四四　澳大利亚土著居民使用投矛器

距离。每边老人坐在一起，年轻人在他们的背后，比利·比勒后面是本格里姆，比利·比勒要他“传话”，于是本格里姆站起来说：“是你们某些人派这个年轻人来取制造石斧的石头的吗？”

伍德索伦的头人回答说：“没有，我们没有派哪一个。”

然后比利·比勒对本格里姆说：“告诉老人，他们必须告诫年轻人，不要再这样干了。当人们说需要石头，老人必须通知我们。”

本格里姆大声地把这话重复了一遍。伍德索伦老人回答说：“这是对的，我们就这样办。”

他们并对那偷石头的年轻人提出强硬的告诫。双方于是重归于好。

这是地方集团为了保护地土地所有权而反抗外来者的典型事例。社会的团结性在和外界作斗争时表现出来，这使所有成员强有力地联系在一起，并使集团统一起来。考虑到没有哪个人离开自己的集团而不怕被杀，当然也只能如此。

保证对外和平是伟大的目标之一。在社会内部，保持和平和在获得食物方面彼此帮助，也是至高无上的任务。

食物供给决定于舆论所认可的社会互助。每一个人都知道维护自己社会的规矩。死兽的分配是有明确规定的，对没有收获的猎人也分一部分，这不是一种礼物，只不过是完成一项法定的义务。猎人杀死一只袋鼠，一条后腿给父亲，另一只后腿给叔父，尾巴给姐妹，肩部给兄弟，肝留给自己。在雅里戈人之中，杀死袋熊，仅有头归猎人自己，其他部分在其直系家庭之中和家庭之外分配。澳大利亚其他很多狩猎和采集部落计划分配食物之事，也曾见于报导。供给食物不仅是家族内部一项义务，而且还扩展为地方集团的义务。这对处于同样经济阶段的其他部落——布须曼人、博托库多人和维达人，也是适用的。在维达人之中，岩蜂的蜂窝要在所有家庭之间平均分配。

既然保卫土地和分配食物是整个社会的问题，那么就产生一个问题：他们有没有我们概念中的私有财产。这个问题不易回答。但我们可以说，假如“财产”的概念不是像盎格鲁—美利坚人法律那样用于广泛意义上，而是“作为一个人对某一事物的绝对支配”，那么这里是没有私有财产的。像武器、工具、装饰品和衣服这样一些东西，甚至是赤铁矿场，可以“属于”某一个人，但这种私有财产第三者也有许多权利，并不是独占的。像我们思想中那样的个人财产意识完全缺乏。例如给予个人的礼物很快即出现在别人手中，他是从原来受礼者那里收到的。法森[1]和豪伊特写道：“个人是不被承认的，他没有独立的权利。”无论如何，对氏族有价值的和必需的动产决不能成为私人财产。

这样，个人全部日常生活都处在社会的和法律的照管之下，而社会实现内部和平的有力武器就是舆论。它可以预防性地迫使个人服从法律，它又可主动地给犯罪者带来惩罚。个人不能逃避不利的舆论，因为他不能离开本团体而加入另一社会，离开就意味着必然死亡。因此，在采集者和狩猎者之中，仅舆论就是强有力的调节机构。法律强制机构不需要十分发展，仅能以不发达形式存在。

在社会内部，必须保持和平这一基本原则，不允许有对等报复（“以眼还眼，以牙还牙”）法律存在，甚至对最严重的罪行——集团内部的凶杀，也是如此。对于更多法律意义上的罪犯来说，惩罚是明确规定的。例如，塔斯马尼亚人对通奸者的处罚是毒打一顿，并用矛刺穿罪犯的腿；博托库多人妇女与人通奸，由她丈夫打一顿和施以烙印；澳大利亚人对同样的罪行是以争执双方的决斗来解决，而决斗无论如何不会导致死亡。

在澳大利亚人和其他一些采集者之中，舆论的执行者是老人。他们熟悉生活和部落的法律，不仅告诉青年人关于氏族地域的边界，而且教导他们关于婚姻、成丁礼、食物分配等规矩，所

1 法森（Lorimer Fison，1832—1907），澳大利亚人类学者，曾与豪伊特合著《卡米拉与库尔奈》（1880）一书，摩尔根曾为之作序。——译者

有这些规矩都是从不可记忆的时候起就已存在。老人手中还握有裁判权，可以处理整个社会事务，以及在当事者双方不能自行解决而提出要求时进行处理。这些老人除了处理边界入侵外，还必须审理一个氏族成员被外氏族的人凶杀事件，这种事件时常导致战争。在氏族内部，提交老人会议的是那些关于凶杀、妖术、违反婚姻规则、泄露男孩子成丁礼的秘密之类案件。惩罚通常是用矛把罪犯刺伤，而不是杀死他。

首领制度是很不发展的，或者是不存在的。体力或智力较强的人就能对本集团施以一定的影响，但他还得依靠舆论。据白人描述，这种文化阶段的首领的位置通常是白人给的，以促进白人和部落集团之间的关系。道孙（J.Dawson）公布过一个新的例证：澳洲最早的白人定居者曾和一些所谓首领缔结条约，割让十万英亩的土地。这个条约的复本已由道孙提供出来。

简略说来，采集者和狩猎者法律生活的准则便是如此。事实表明，把这些部落描绘为无政府主义是完全错误的。相反，法律的概念和规定，法律的组织和运用，在已报导的事实中表现得非常清楚，令人惊异。这些原始法律的特点就是在边界遭到侵犯或发生战争时全体一致反抗外来者，对内反对那些破坏食物供给的规矩的人。私人所有制只是刚刚开始，虽然不能否认某些类似所有权的个人权利的存在，但那不是有关土地或对全集团有价值或生存所必需的东西。外部的压力和部落区域的壁垒森严，是舆论及其执行机构在集团内部维护法律规范的强有力的支柱。

收获者民族（生产阶段以前原始部落另一大集团）的经济基础，使其法律结构和“政府”有多种特殊形式，与狩猎者和采集者有所不同。虽然这里的地方集团也握有一定地域的所有权，却不遵守土地神圣不可侵犯的原则。用现代术语说，那就是不动产的绝对价值已经转移到收获地带上去了，这部分土地对社会食物供给才是必不可少的。社会这部分领土的价值增长了，现在它作为集团生计的主要来源，在经济上和法律上都占有中心的地位。

收获地带面积有时是很大的。“本雅－本雅”生长区域可以扩展到70多英里。澳洲罗泊河的百合根生长区域和阿龙塔河的大叶苹生长区域，大小与之类似。收获地带通常就是地方集团居住的地方，因为经济结构要求较为固定的生活方式，即使为了保卫食物储存也必须如此。这样，收获地带变成居民集中的主要因素。这些部落比起狩猎者和采集者，地方集团成员人数要多得多。

在狩猎者和采集者之中，侵越部落边界意味着必然死亡。而在收获者之中情况却非如此，对任何侵越边界者都不加惩罚。实际上，边界过于灵活，在某种意义上可说边界已被废弃。澳洲的班吉兰人及其近亲部落，能到彼此区域去避难。有时两个集团甚至可以拥有共同的收获地带。当收获地带的果实成熟时，便邀请邻近部落来分享过剩的产品。

这些集会产生了重要的文化影响，就是说它们影响了对外的政治，并且是许多新的法律制度（原始的“国际法”、“商法”、“版权法”）的源泉。例如，在澳洲，当收获者集会的时候发生了有巨大意义的文化因素传播。这些集会不仅是进行贸易、举行共同的成丁礼、举办“科罗薄利”和游戏的大好时机，而且也为部落之间带来了文化交流。柯尔谈到卡比人时，曾描述有关“科罗薄利”戏剧的“巡回演出”的情况：

诗人曾把自己的作品介绍给邻近部落，这些部落邀请他们的同盟者来目睹演出并加以协助。在这种情况下，一次“科罗薄利”巡回演出了，甚至在那些听不懂一个字的地方，也以极大热情为其演唱。这些表演中的戏剧成分有时是相当多的。

版权法的概念对这些收获者部落来说，绝不是陌生的。他们有效地维护这种法律。在这里，我们已经发现一种国际版权保护法的开端。

许多探险者谈到所谓“中间领土”，这和因害怕敌对的邻人而放弃的边境地区（狩猎者和采集者之中常有这样的情形）是不相同的，而由邻近部落之间缔结条约所产生。例如，澳洲的格雷戈里河两岸的部落，双方协定建立了一个中立地区，范围长100多英里、宽50多英里，作为他们集会的地方。这样一块地区有经济方面和法律方面的意义。在经济方面，禁止利用这块土地上的野生动物和植物，以便留作部落之间集会时食用。在法律方面，中立地区只是在那些自己领地内经济基础已有保障的部落之间才有可能出现。

就澳洲来说，收获地带和一般土地一样，无疑属于整个地方集团所有。在收获季节，个体家族可以暂时分得一部分收获地，但土地仍是社会的财产。在查科人和那些收获野生马铃薯的部落之中，在巴西的马托格罗索（Matto Grosso）的希安亚姆人之中，收获地带所有权也是属于地方集团的。至于北美的奥吉贝人、梅诺米尼人和温尼巴戈人，凯特林（G.Gatlin）和斯库尔克拉弗特（Schoolcraft）两人的著作早就清楚地说明，收获地带属于地方集团全体，在每次收获之前重新分配给每个家庭。

除了收获物之外，采集的植物和猎得的动物经常是不能为采集者和猎者单独占有，而要按采集和狩猎部落流行的规矩那样来处理。澳洲的阿龙塔人和洛里察人对死的野兽有严格的分配和处置方法，有时狩猎者本人对自己的猎物完全无权处理。但是，处置猎物的权利也不属于政治性的地方集团，而属于一个小的单位——图腾氏族，它通常是一个经济单位。

在需要的时候，经济单位要负责供应个人的食物。在上湖（Upper Lake）沿岸，有一个古老的规矩：“任何一个值得尊敬的家庭食物歉收，社会集团的全部食物储备可用来弥补不足”。波塔瓦托米（Potawatomi）收获者部落首领波卡岗写道：“我们的人民时常把每样东西分给别人，只要有人上门求援。”

除了图腾集团（有一个传说中共同植物、动物或无生命物的祖先把集团神秘地联系在一起）和有政治内容的地方集团负责食物供给外，在收获者之中也发展出关于私人所有制的较为详细的法律规则。私人所有制受到部落保护。对财产权的侵犯是少有的，谁要破坏这些规则将受惩罚。

果树的私人所有制是存在的，而且时常受到尊重。阿龙塔人之中，树的所有权是在树枝上放一束草来标明。当有人发现一窝蜜蜂，他便在树根周围拔掉草并将小棒插在树上，对这棵上有蜂蜜的树作出标记。假如有人不顾这些标记，偷了果实或蜂蜜，受损害的一方有权把小偷用矛刺死。对任何未经猎人允许而取走已杀动物的人，也要给予矛刺的惩罚。一只已受伤的动物未经猎人允许而被另外某些人捕得，也使用同样的惩罚。但是，假如一个人向猎人提出请求，他是有权得到猎物的一部分的。

小偷偷了对维持生活无关紧要之物，不会有太坏的遭遇。假如他还回偷的东西，事情就算解决了。但假如他拒绝放弃偷来之物，原主有权用矛刺这罪犯的腿，或向他投掷“飞去来器”。

私人财产经常由长子继承。假如无子，就由最近的亲属继承。

通奸者有时要由地方集团给予暂时放逐的惩罚，为期约两三个月。在采集者和狩猎者之中，这样一种惩罚便意味着死亡。在收获者之中，则给予一种宽大的处分，而且只有在这样的部落才懂得对惩罚加以时间的限制。

这些部落中公共权力组织及其执行机构，表现出颇为一致的情景：首领制是很不发展的，虽然较之狩猎和采集者，收获者的首领制更为明显地开始了，甚至首领继承制也发生了。成为首领要通过两条道路，即通过领导很多强有力的图腾氏族，或个人具有突出的才能。政治性共同体的舆论仍时常具有决定性的权力，政治性共同体就是指地方集团的全体成员，有时以老人会议或氏族首领会议为代表。经常有人提出，在图腾部落之中法律规则特别具有强烈的宗教性，而且其根源在于图腾神话。我却未曾发现任何可以支持这种理论的材料，相反，斯特劳（C.Stehlow）明确说，在阿龙塔人之中基本的法律概念不是导源于部落祖先，实际上是由老人会议发展出来的，老人们在成丁礼中把这些概念告诉了年轻人。

在这些部落之中，特别有趣的另一种法律制度是避难权和禁忌的规则，两者有密切的联系。收获地带是列为禁忌的，直到收获时期为止，在指定的某一天由一个权威人士解除禁忌，随后才允许收割。在效果上（而不是在原因上），禁忌又是和另一地点相联系，这一地点被当做图腾神灵的老家，或是部落神圣的图腾用具储藏地。阿龙塔人有一种制度明显属于避难权：罪犯或外人逃到这一禁忌的地点便安全了，不能加以捕拿，这里的动物和植物也列入禁忌。避难权大约原有宗教的渊源，却发生了重大的经济后果。这是原始法律目的转变的一个例子。

与采集者和狩猎者法律制度相反，收获者法律规则不再从属于部落地域不容侵犯的原则。侵入部落或氏族的地域不受惩罚，仅仅其中特殊的地方如收获地带或避难地才通过禁忌方法加以保护。但这里也有以地方集团为代表的政治单位，经济单位是比较小的。

经济形式的不同和对外敌对关系的松弛，有两个明显的结果。一个是人口的大量集中，不仅有属于本集团的人，还有一些从其他地方集团来的人。另一个是法律上创造了部落之间一些制度（中间地域、部落之间的联欢）。在内部，法律和准则之间形成很大的差异。对外政治方面的改变如何巨大，从以下事实可表现出来：北美野稻地带，住有四个不同部落，彼此和平共处。

在政治领域内部，较之采集者和狩猎者组织更为严密。但最重要的是对那些与保障共同食物供给无关的个人权利（这是严密组织的对立面）也更加尊重了，例如版权法之类。但这些收获者部落也不承认个人对土地的所有权。

在北极猎人和受他们影响的部落之中，以维系社会、保障食物供给、保卫内外和平为目的的制度，与上面讨论的那些制度，面貌有所不同。几乎所有观察家都强调他们强烈的共产主义倾向。例如，爱斯基摩人借一只船，假如被借人有两只船的话，就不需要归还。猎捕鲸鱼则是整个社会的事情。北极民族“共产主义特性”并没有发展到超过其他采集者和狩猎者部落的程度，我们在这些部落之中可以发现其社会已作为法律单位而建立起来。北极文化的显著特色是在明确的民主形式内向分立主义发展的强烈倾向。虽然我们还没有像博戈拉斯[1]走得那要远，他说楚克奇人“可以说一个单独生活的人便形成楚克奇社会的基层单位”。但我相信，在北极世界中分立

1 博戈拉斯（Vladimir Germanovich Bogoras, 1865—1936），俄国民俗学家和语言学家，原为民粹党人，被流放科累河一带，开始考察东北边区民族，曾为楚克奇人创造出第一批教科书和文法，著有《楚克奇人的故事》（1899）。——译者

主义是极易看出的。

地方集团的边界是不固定的。侵越狩猎地带不被处死，无论其为陌生部落的个人或是一群人，经常是完全不加处罚的。阿姆河下游通古斯人，通常是在自己地域内狩猎，但也在其他人、特别是吉雅克人的土地上狩猎，而从不发生任何争吵。狩猎地带大约最初是属于地方集团的，有时分配给几个家庭集团。这两条原则同时并存，或者有时互相代替。

政治单位建立在地域原则之上，而不是建立在血统关系之上。例如，在沿海楚克人之中，村庄并不是由几个彼此有亲属关系的家庭所组成，而是由有权狩猎的家族所组成。经济单位通常是比政治社会小的小集团。捕鱼单位便由一只船的船员和其家庭组成，由领头人分配猎获物。在亚洲的北极民族和阿拉斯加的爱斯基摩人之中，经济单位（无论其为一只渔船上的船员、一个狩猎的家庭或一群家庭）时常使用财产标记来保卫其捕获物。但是，不能证明这就是个人的财产标记。这种标记数量较小，而且属于很多的人，即属于经济单位。

保障食物供给，首先是经济集团负责，然后才由整个社会负责。在北极部落之中，社会每个成员的经济保障竟成为法律方面的中心，以至所有个人权利都退居次要地位。但这只是在一个人生命因缺乏食物受到威胁的时候，才付诸实施。

例如，在欧洲拉普人驯鹿饲养者之中，个人的财产标记得到广泛的使用，同时还有一种确定与动产有联系的所有权的明显倾向。但这些个人权利在特殊情况下随时可以遭到破坏。这一点非常突出，甚至偷取驯鹿也可以成为合法，假如小偷是为了自己需要鹿肉食用的话。从拉普人观点来看，虽然已确定的个人所有权明显遭到漠视，这也不能算偷。这样的事在牧人之中是不多见的，但却是北极猎人的典型例证。拉普人法律这一部分是猎人的法律，而不是牧人的法律。

蒙特纳斯的纳斯科皮人中有另一例证，所达到的法律水平与拉普人相同。在特定的狩猎地带的狩猎权在任何时候可以被任何人破坏，只要这个人认为自己需要食物。外人可以在这里狩猎和安置捕机，但只能以此充饥和维持自己的生命。当需要的时候，他甚至可以捕食已在海狸窝上加以标记成为个人财产的海狸，但仅仅在需要时才能如此。

这种互助仅限于维持生命，而不能再进一步。它特别不适用于债务。父亲对儿子、寡妇对已故的丈夫，都不负有还债的义务。在家庭成员之间，没有像互尽义务这样的东西。这里的相互帮助不像狩猎者和采集者情况那样是由于外部压力的需要，而是由于舆论压力。舆论在不分阶级的社会里，较之在我们社会更有权力，并具有绝对权威的意义。

舆论在东北阿尔衮琴人之中，不仅对地方集团内部有影响，而且影响到集团之外；它能阻止一个名誉不好的本集团成员到另一集团去避难。在许多情况下，这就意味着此人要死在森林之中。政治权力不由首领掌握（即使有一个首领的话），仅仅由老人来掌握。归根到底，政治权力还要听从全体的舆论。

在中部爱斯基摩人之中，关于首领的缺少权力，鲍亚士[1]是这样描述的：“他的权力只限于决定在一定时期把小屋从一个地方转移到另一地方，但各个家族不是非听从他不可。他可以要求一些男人去猎鹿，另一些去猎海豹，但没有必须要服从他命令的任何义务”。博戈拉斯报导的楚

1 鲍亚士（Franz Boas，1858—1942），美国著名人类学家，对美洲北部印第安人有深入研究，是人类学中批判学派的创始人。著有《原始艺术》（1927）、《人类学与现代生活》（1928）、《种族语言和文化》（1940）等。——译者

克奇人也是一样。楚克奇人首领这样一个职位假如不是由俄罗斯人人为地制造出来，那也处于无权的地位。根据我自己的经验，我可以说纳斯科皮人也是如此。他们之中的米斯塔西尼集团没有首领已经很久，尽管负责印第安人的机构下令另选，他们直到现在也未曾另选一个。

在阿拉斯加某些爱斯基摩部落里，我们发现了例外。有些部落可能受西北美洲社会结构的影响，不仅部落组织内有一个首领，而且还有垂直的社会分化，出现一个奴隶阶级。在阿留申群岛居民中，进一步发现了奴隶制的开端。在楚克奇人之中也是如此（可能受从南面来的游牧部的影响），他们和西部爱斯基摩人的战争中，把战俘变成奴隶，但社会结构很少因此受到影响。

狩猎的捕兽能手依靠自己的个人能力，享有特殊的权力，因而经常在社会中充当调解人和"和事佬"的角色，但他们也没有绝对权威。假如一场争吵不能调解，或有一方不想讲道理，老人们是无能为力的。尽可能长时期保持和平，尽可能长时期使整个社会不被打扰，就是这些部落的基本态度。

在这方面舆论有着双重任务：首先是防止的任务，迫使个人行为正当和合法；其次是积极干预的任务，处理任何违反法律之事。但是，这里也只在有关集团要求采取行动，或者遇有像威胁社会和平这样的情况，才进行处理。偶尔偷取捕机上猎物的小偷、侵越边界者或争吵者，不由社会去追究，而留给受害的一方或有关集团去进行惩罚。例如在爱斯基摩人以赛歌解决争端时，社会就扮演中立的旁观者的角色。

但当经济保障因某一成员的行为受到威胁时，社会要进行干预了。属于这样的案件有屡教不改的小偷、经常在别人土地上狩猎的人、总爱吵架和打架的人。总而言之，就是那些我们今天称为惯犯的人。其惩罚可以像蒙特纳斯—纳斯科皮人那样，捆在树上；可以像白令海峡爱斯基摩人那样加以殴打；也可以放逐或者处死。处死根据情况可以采取箭射、刀杀、水淹、镖刺或其他方法。

代表舆论的诉讼和执行机构是不一致的。在蒙特纳斯—纳斯科皮人之中存在四种执行法律的机构：首领及其会议、萨满教巫师、舆论，有时还有哈得孙海湾公司的经理。在楚克奇人之中，由一群社会选举出来的特别杰出的人来采取行动，最后，甚至单独一个人未经任何法律手续就可在社会命令或默许下，把罪犯杀死。为了证实罪行，时常使被告发誓，而不是由证人发誓。楚克奇人的被告者常吁请太阳援助，或指熊为誓。

我们已经充分讨论了互不相同的三大民族集团的社会，从文化上说是人类社会中最古老的。他们相当于旧石器时代的部落和人民，并且保存了早期人类许多文化因素。他们的经济形式是攫取性的和非生产性的，这些部落法律制度的存在时常被人否定，但事实却非如此。这些攫取部落的法律当然不是由法官裁判的法律，它是人民的法律，是由人民制定并为人民服务的法律。

我们社会中人民对是非看法和法官判决之间的脱节状态，即正义和法律之间的对立，在原始社会是几乎不存在的。在法律概念方面，像在其他方面一样，个人是融化在他所生活的社会之中的，而他个人的行动又在整个社会结构中有所反映。个人和社会都很精通法律，而且原始人简单的法律原则也不需要有学问的法学家加以解释。这里几乎没有理论的立足之地，因为他们的法律本质上是实际的，是为了生命安全而创造的。法律的解释取决于这个目的，它的决定也取决于这个目的。

图二四五　比属刚果曼格贝图人的头人会议

通过法律或上诉来纠正判决，都是不可能的，因为这是一种严格的上面颁定的权威性法律。作出判决的伸缩性相当大，这并不意味着法律机关的能力缺乏或混乱不堪。与此相反，令人惊异的是这些原始文化中法律是发展的，而且法律诉讼程序有确定的原则，这种原则经过传统认可和舆论表达出来。在不分阶级的社会中传统和舆论是很少分开的。

随着生产经济的发展，不仅社会结构有所变化，而且法律结构也发生变化。但这种转变不是突然的。在早期农民的法律组织中，我们仍能发现攫取性社会所具有的特征，特别在有关个人社会保障和领土原则方面。

较简单的农业社会主要地域单位是村庄，这就是有一定限度的土地面积，加上很多个体家庭和家庭集团的小屋，或者有一座单独的氏族公房，位于全村的中心。各处的部落看来都分成这样的村庄，有一个首领领导，他有时还要不固定地依赖一个更高的首领。但首领的地位很不重要。例如，新几内亚的卡伊人的首领地位仅表现在他拥有最大的一块田地，其大量财富必须用来对自己村民或客人进行义务性的款待。他的权力是很微弱的，只有代表权。首领完全无权决定生死，仅在战争的情况下可以例外，像少数南美部落就是如此。老人会议是有权威的。

在园艺部落之中，原来可能在世系计算和财产继承方面实行母系制，虽然由于错综复杂的原因，各地这方面发展情况都很不清楚了。今天，喀麦隆森林中部落的家庭已按父系来组织，但这种规则显然是近来才开始的，因为那里的妇女甚至可以做首领。在非洲克罗斯河诸部落中，巴克威里人、杜阿拉人、巴坦加人原来的母系制组织仍然清晰可辨。

土地原来是公共财产。但土地耕作是创造了我们概念中的财产权，还只是创造了使用权？这还是有疑问的。出卖土地严格受到限制，这是一条原则。伊洛魁人说："土地像水和火一样，不能买卖。"在美拉尼西亚和西非，土地也不是买卖的对象。仅仅在耕作过的土地上我们发现了氏族的、家庭的或个人的所有权的开始。

在西非、美拉尼西亚和南美，妇女们无政治权利，或者只有作为秘密会社成员的时候才享有政治权利。与此相反，伊洛魁人妇女政治上处于显著地位。每隔两年由妇女分配一次可耕地，选举首领的也是她们。但她们的特权还不止此，在男子会议上甚至在决定战争和和平的时候，她们也享有否决权。她们还有权收养外人，并且能决定战争俘虏的命运。

在清理土地时互相帮助，流行于美拉尼西来和南美，而且不很经常地流行于非洲。[1]这一事实表明，食物供给不是个人的事情，归根结底是社会的事情。但互助仅在需要时才更为显著，

1　农业中原始互助习俗几乎是世界性的，在中国西南少数民族之中亦甚为流行，有各种不同的方式，如换工、共耕、全村性互助，等等。——译者

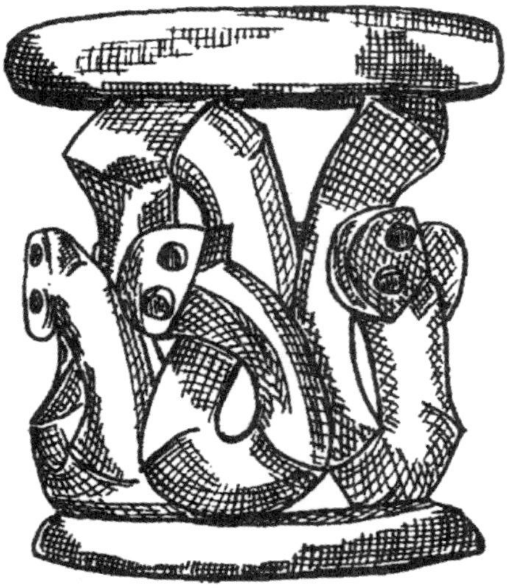

图二四六　喀麦隆班穆姆头人会议的凳子

图二四七　葡属刚果桑戈首领权力杖的头部

并且仅仅是用以防止发展出过于突出的富豪。

虽然土地通常不能为个人所有，可移动之物一般还是当做个人财产。这方面在西非地区特别发展，因那里秘密会社要收会费。秘密会社机构，比起首领制或老人会议，对部落法律的执行和发展起更重要的作用，特别在美拉尼西亚和非洲更是如此。

例如，喀麦隆西北部埃科伊人立法权和执行法律之权，掌握在“埃威恩比”秘密会社之手。“埃威”意为法律，“恩比”代表“豹会社”。它的成员可以接受也可以拒绝公开的法律。“埃威恩比”作为一切案件上诉的最高法庭，强调一种为攫取经济的部落所不知的制度：加入秘密会社和进入它的较高等级，通常依靠交付会费。任何人可以自由离开会社，但既然成员们有这样多的好处，这种事情实际上是不可能发生的。这些秘密会社的立法权时常发挥其权威的审判权力，深深地影响了民主的和闭塞的较小的社会，仅仅到了文化比较进步阶段，这种审判权才转移到农村公社手中，那是以首领和老人会议为代表的。

下面的例子可以说明一个案件实际上是如何审理的。例如，巴科西（Bakosi）的一个债权人要求偿还一只山羊，欠债者拒绝偿还，他请求“洛桑戈”会社的成员们给予援助。秘密会社通常是立即把自己的标记插在欠债者的屋前。由于提供这样的服务，秘密会社也要从欠债者那儿收取一只山羊。如果债务不能立即付清，如果会社的标记一直到了次晨还保留在欠债者屋前，那就要再付出一头牛供会社成员杀吃。毫不奇怪，任何欠债者都会急忙还债，并且满足秘密会社的要求。

假如一个人引诱另一个人的妻子并且拒绝赔偿损失，秘密会社以同样方式进行干预。

在巴沙人之中，由两个秘密会社——“门吉”和“乌姆”在夜间集会就发布命令、裁判和定刑做出决定。刑罚通常是处死，秘密执行。公众反应是：“‘门吉’审判我们。”很多秘密会社帮助每个要求自己正当权利的人，对成员或非成员都是一样。

在旧世界这样的农业民族之中，经常是不知道有超过农村公社的较大的政治联盟。秘密会社就是他们国际交往的工具，其影响不限于村庄或部落，而且扩展到很大的范围，特别在西非和美拉尼西亚中是如此。但它没有引导出大的政治联盟或各个城邦的形成，这是值得注意的。

较大政治组织的缺乏，仅是旧世界才有的现象。在美洲相应的部落之中，我们发现有与此恰好相反的发展。最好的例子是伊洛魁人的联盟——“纽约联盟”，包括五个（最后是六个）部落，由一个中心会社领导，必须一致同意才能作出决定。尽管首领是世袭的，这个中心组织却是一个松散的结构。作为其成员的每一个部落自己可以作战或缔结和平条约，只要联盟的利益不受到影响即可。

与旧世界——特别非洲和亚洲——的征服部落的习俗不同，美洲部落之间联盟的倾向是很强烈的，没有形成国家的部落更是如此。这种倾向可能受白人的影响。例如彻罗基人的情况就是这样，他们仿效美利坚合众国的样子，为自己创造了一种政府组织。一个部落征服另一个部落，导致阶级和专制政体的形成，这是旧世界的通常情况，特别在非洲是如此。但今天美国的印第安人之中却没有这种情况，仅有的例外是“博瓦坦帝国”（Powhatan Empire）[1]，这个国家在其版图最大的时候，面积达8000平方英里，包括150多个主要是征服来的城市。

非洲部落和美洲部落之间另一基本不同是在诉讼程序方面。除了自助权和上诉于秘密会社的权利外，西非森林地区土著居民有一种很发达的审判制度，在首领和老人组成的老人法庭前进行审判。传讯被告有许多种方式，或者直接由有关方面来办，或者通过首领。获得罪证的方法是拷打、发誓、神判（如喝毒药之类）、证人的证实、其他目睹者或文件的证明。通过秘密集会上多数同意，才能作出判决。支配诉讼的是一种“调停”制度，一个债务缠身的欠债者可以付给债主一笔较原来契约数目为少的钱，惩罚和其他痛苦的结局也可以交付罚金来避免。

这种正规的审判程序，是印第安部落所不知的。除去某些仪式和由当事人郑重声明之外，没有其他获得罪证的方法，特别是没有多种形式的神判。

游牧文化（美洲无这样的文化）的经济基础，经常混合有收获经济和农业社会的因素并受发达文化的影响，以至今天差不多已没有游牧部落仍保留其原始形式，今天很多游牧部落都是一种混合文化。但尽管有很大的混杂，我们仍能确定由这种经济模式制约的政府的共同特征，特别是中亚和非洲的牧人之中政府的特征。

牧地时常是全部的财产。边界线是没有明确划定的，这和收获部落文化情况类似。未经允许就在他人地域内放牧，并不受到惩罚。像这样部落很难有什么法律职能，父系家庭单位各自为政的原则统治着一切。这就意味着过去的集体因素已为分立的倾向所取代。包括兄弟、侄儿、儿子和孙子的大家庭集团，甚至可宣布政治上的独立。

---

1 博瓦坦（？—1618），北美印第安人阿尔衮琴部落的首领，曾在今美国弗吉尼亚州建立强大政治组织。但当时所征服地区无现代意义上的城市。——译者

部落由一个首领所统治，他可以选举产生，或者从父亲那里继承职位。他的影响大小取决于本人的个性和对人慷慨，而这都意味着要依靠舆论。首领在做出决定之前，要听从老人会议，未经他们同意不能发出任何命令，特别是关于土地方面更是如此。这种会议，黑勒罗人称之为“乌马卡里”，或如吉尔吉斯人那样称“白胡子”。首领不能处置土地，表现在下列事例：黑勒罗人首领和德国人缔结了关于割让土地的条约，但在土著居民眼里首领是无权处置土地的，由于对部落法律这样的忽视，导致德国和黑勒罗人之间的战争。

在牧人各自为政的社会中，特别是在养骆驼和养马者的社会中，不存在较大的政治联盟。争端由有关的双方自己解决，特别在要求血亲复仇时是如此。支付“和解”费用或付给首领以赎金，以求赦免一个已确定的罪犯（特别是杀人犯），这样的习俗不是游牧文化原有的特征，它的产生一定有后来的影响。

游牧文化典型特征是个人财产的发展和财富的积累，其形式便是大群的家畜。这使阶级发展起来，并导致产生一个社会等级阶梯，富人和穷人之间区分愈来愈显著了。这种阶梯制度的发展，仅仅当游牧文化和农业文化相遇并互相混合的时候，才达到最高峰。

在这些部落的继承法中，是一种长子继承权，即只能由长子一人来继承。仅仅在伊斯兰教影响之下，我们才看到各继承人之间某种程度的平等。

在旧世界，特别在亚洲和非洲，游牧社会创建了大的政权和帝国，带来了政治巨变。他们的好战的“离心力”（或者说外向的态度），与农民的民主的“向心力”（或者说内向的倾向）形成对比。这种“离心力”造成文化传播或其他具有历史影响的变迁。

就在上世纪之初，还能看到牧人侵占定居农民部落土地的典型事例，这就是非洲富尔贝人对阿达马瓦（Adamaua）的战争远征。这些侵略具有经济性质：他们要求新的牧场来放养瘤牛(zebus)。在成为攻击者和侵略者之前，富尔贝人是生活在尼格罗诸部落之中的，受到这些部落的宽容，有时还受他们压迫，长期以来他们甚至给农民的首领以初夜权。但富尔贝人领导者斯丘·乌斯曼（Schew Vsman）把部落的人召集起来，激励他们进行反对从事农业的“异教徒”，他们变成征服者了，其结果便是在非洲尼日尔河和沙里河之间建立了索科托帝国。[1]

富尔贝人的征服是近代仅有的事例，使我们可以从各方面来研究在没有欧洲人影响情况下牧人和农业社会相会合的过程。富尔贝人征服阿达马瓦不是因为自己是牧牛者，而是由于战术高明。他们有佩甲的骑兵，而农业部落没有有效的防御措施。

在征服这些“异教徒”之后，富尔贝人把他们变为纳贡者和农奴，把阿达马瓦地区分割为一个个专制政权。这种政权即使从现代社会学观点来看，也是符合“政权”这一概念的。

这样的政权由一个“埃米尔”[2]或苏丹领导，由一大群官吏来支撑着，其中不少是从奴隶中选拔来的。在阿达马瓦，有一个首相（“凯甘马”），一个武装力量的首领（“萨里基·恩·莱费达”），一个仪式主持人（“萨拉马”）。除这些以外，还有许多较小官吏。国家分为许多省和州，由苏丹的家臣统治着，称为“拉米杜”。在战争情况下，“拉米杜”必须提供军队，并且编列入伍。他每年还要向主子缴纳贡赋。

---

1 索科托帝国（Sokoto Empire），1809 在尼日利亚北部建立的穆斯林帝国，1903 年为英征服。——译者

2 埃米尔（emir），阿拉伯人之酋长或都督。——译者

图二四八　希鲁克人的战士

图二四九　西非贝宁 16 世纪象牙雕刻上的战士

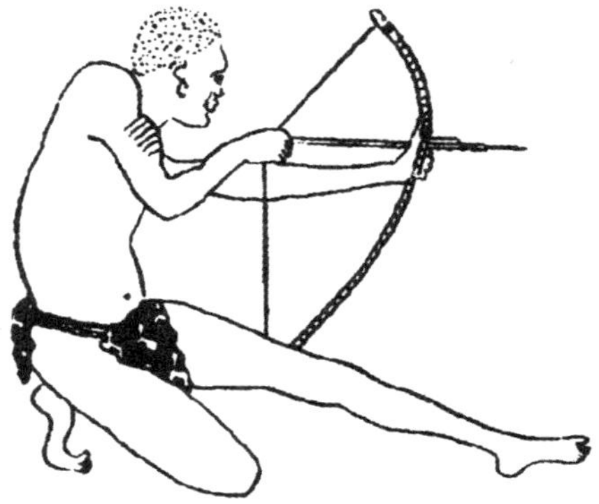

图二五〇　非洲吉尔人的战士

甚至“少数民族”在宫廷中也有联络人和领事——“加拉米达”，作为自己的代表。他们在苏丹和本族人民之间进行调停。

土地原来属于苏丹所有。苏丹靠出卖土地和收税来增加收入。在各种税收之中，以市场督办（“萨里卡 · 恩 · 卡苏阿”）征收来的市场税数额最多。

法律事务由“阿卡里”掌握，这是由苏丹任命的专职审判官；作为回教法律来源的《古兰经》，通常就是他的法典。刑罚有断肢、降低等级或监禁。凶杀和再次犯偷窃奴隶或马匹的罪行，则要处死。小偷要切断右手。无力偿付债务贬为农奴。血亲复仇可以用支付罚金来代替，罚金一部分归于苏丹。

上述富尔贝帝国的简单情况，可作为苏丹地区各族政府之代表。从西部埃韦人到东部的卡菲乔人都是如此。它也可以代表蒙古人和匈奴人创立的政权结构。

在美洲，可以纳切兹人的政权为例。他们的“神权主义”组织，同样有划分社会等级的原则。统治者有双重身份，既是高级祭司，又是国王（他的称号是“伟大的太阳”）。在森严的等级结构中，奴隶是最低等级。其次是平民，称为“臭人”。他们都由贵族来统治。贵族本身又分为三个等级——“太阳”、“高贵的人”和“光荣的人”。

法律不允许集团内部通婚，一个集团仅能和另一集团结婚。这样，“太阳”（即使是国王及其姊妹）也只能从“臭人”等级中选择配偶。一般情况下，孩子属于母亲所在的等级，但当一个贵族娶了平民的女儿，他们的孩子仍属于贵族。

通过在战争中的勇敢行为，或通过从事国王（即政权）特别委托的宗教性服务工作（这时常是残酷的），有可能进入较高等级。借助这些办法，一个“臭人”能成为一个“光荣的人”，一个“光荣的人”能成为一个“高贵的人”。但只有本人可以这样取得高贵的地位，而孩子们是不能继承它的。战争首领的位置，仅有“高贵的人”和“太阳”才能担任。

甚至在这种类型的社会中，由于所有印第安部落对国王一个人所代表的专制主义不满，也创造出一种限制办法，即有关和平和战争重大问题要在一种由年老首领和战士选举产生的会议上作出决定，不必通过统治者。最后的决定者是他们，而不是国王。各个阶级要向国王交纳贡赋。国王是对领土有支配权（虽然带有某种限制）的至高无上的君主。

最后列举的这些例证，表明已向发达文化的宪法和法律结构发展。在那里，全部法律程序——案例、规则、规范——都有文字写下来，以便居民们和后代了解。有成文历史民族的法律案件和方法不能很好显示法律制度的起源，而地球上比较古老民族的法律却做到这一点。

我们说处于文明的最早阶段的原始部落也有法律和法规，这可以得到证明吗？

当然可以。因为他们那里不是混乱不堪，而是有法律和秩序。法律的规则渗透到整个社会生活之中。外面来的压力，社会内部的舆论，便是强有力的调节因素。土地的所有权原来是集体的，属于地方集团，仅把使用权有时分配给某个家庭集团或某个单独的家庭。土地耕作本身没有创造所有权。甚至在苏丹和埃塞俄比亚的帝国之中，土地还不是我们心目中那样的私有财产，土地属于国王。国王—祭司既是半神半人者，同时又是一个人，当人民的公益需要的时候，可以杀死他。土地仅仅在他有能力作为政权的体现者时，才属于他。食物也是集体财产，与此相联系的是集体要对个人食物供给负责。

私人财产的发展，在收获者之中明显地已经开始。这种收获者还发展出“版权法”和“国际法”。“避难权”在收获者、牧人和玻利尼西亚人之中有所发现，它的进一步发展要追溯到希腊人和墨西哥人的庙宇[1]。在牧人和玻利尼西亚人之中，阶级分化曾经得到很大的发展。

无论如何，以下这些是清楚的：原始人的土地和“政府”之间存在着密切的联系；土地属于氏族、部落或民族，而不属于个人；社会也要对保障全体人的食物供给承担责任。

在原始人之中，个人不是永恒的。永恒的是人民、土地和法律。

1 古代希腊和墨西哥庙宇可作避难所。这种习俗在欧洲一直遗留到中世纪和近代，罪犯跑进教堂即不能逮捕。如众所知，V. 雨果著名作品《巴黎圣母院》中对此即有描述。——译者

第十三章　巫术和不可知的力量

原始人的世界是一个巫术的世界。开始，原始人认为存在着一种“力”，奇妙的“力”是无所不在的，它的存在和石头的坚硬、水的湿润一样的确定无疑，和现代物理学上“以太”一样的普遍。这种“力”仅仅对于现代人来说是超自然的，而对于原始人来说则是真实的和自然的。原始人所知的“力”，名称各有不同。在马来－玻利尼西亚人之中是“马那”，在易洛魁－印第安人之中是“奥伦达”，在苏－印第安人之中是“威坎”，在阿尔衮琴－印第安人之中是“曼尼陶”。原始人的目标便是承认这种“力”的工作，并参加进去，使用和掌握它。在原始人世界中不存在巧合，每件事物都有原因和联系，人们的任务便是发现它们。

在我们心目中，原因和效果之间的关系是我们逻辑思维的结果，特别是建立在自然科学的经验之上。在原始人心目中，原因和效果并不局限于物质世界的狭小领域，而是和可见世界以外的力量和现象相联系。对原始人来说，普遍存在的“力”完全是自然的，因为根据他们的思想方法，超自然的东西也是客观存在。我们称为信仰的现象，对他们来说却是知识的表现。他们一切行动和思想，是由可见的和不可见的世界所有事物和因素都是相互联系相互渗透这一概念所指导的。影响和利用这些神秘的“力”的努力，便称为巫术。

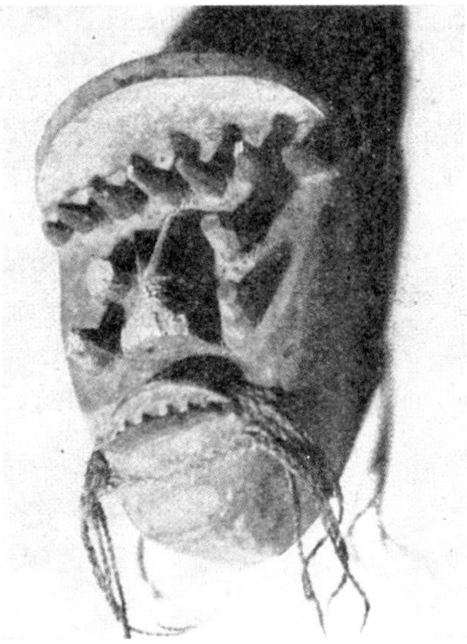

图二五一　利比里亚对抗瘟疫的巫术面具

对巫术力量的信仰，不仅遍及全世界，形成有关生命的哲学和宗教的最古老形式，而且还保存了数百万年之久，甚至一直存在到我们的时代。以原始人来说，每件事物——无论是有生气的或无生气的——都具有某种巫术的力量和性质。我们知道，同样原因在相等条件下会导致同样的结果，而原始人却不承认这一永恒的自然法则。因此，他们把这样一些看不见明显原因的现象，如疾病、死亡、成功、噩运、雨水、暴风雨和日出，都归之于所有事物固有的某种巫术力量。

巫术最古老的形式之一是那些关于获得食物的巫术，但是个人决不单独举行巫术仪式。在最古老攫取经济部落之中，整群猎人是一个经济单位，共同把巫术力量联合起来举行一个盛大的仪式。史前人的洞穴充满了这种巫术表演的证据。在史前人的心目之中，猎物——熊、水牛、鹿——的图画和活的动物本身是一致的。当他们用矛刺中动物形象时，即将举行的狩猎就有了成功的保证。今天澳大利亚人用沙上的画代替史前人的赭石画，仪式的参加者用矛刺中画在沙上的猎物，来保证次日狩猎的成功。

象征的形象若为象征的姿态所代替，也可以达到同样巫术的结果。在这样情况下，巫术仪式不是画猎物和刺猎物，而是由哑剧式的模仿所组成。澳大利亚人和许多北美印第安部落之中，就流行这种模仿猎物行为的现实主义巫术舞蹈。由这两种方法引导出来的是巫师用布和草做成动物形象，悬挂在小屋之中，加以刺击或射击。

同样的巫术行为，被用来保证和增加部落主要的食用植物。澳大利亚人哑剧式模仿采集果实，石头当成想要得到的块根挖起来，并象征性地藏进采集篮中。在白人世界中，这些巫术仪式保存在“五月柱”[1]建造方面，虽然其原始意义在历史过程中已经变质。某些地区在降灵节[2]后一周内，从树林中仪式性地取来一棵嫩树（多选取白桦和冷杉），偶尔还要有一个年轻人从头至足披着树叶和花，扮演树的角色。在这些庆祝活动中，巫术作用已不再是为了唤起一种或少数几种特殊的植物。“五月柱”及其变种，已成为所有生物的象征，是对古老的丰收神的崇拜。

巫术行为的对象不仅有动物和植物，而且还有自然力量。用象征性动作来鼓励日出和下雨，这基于下列信仰：人类在这方面的疏略将使他们不再加惠于人。假如人们不能以无休止的努力来促使它们工作的话，太阳将不再照射，雨水将不再落下了。

巫术行为中最重要的一种是用火作为象征，加强太阳的力量。特别是当一年最短的时候——冬至来临，太阳被想象为正处在疲倦中，要用巫术的火堆加以鼓舞。

例如，在纳弗和—印第安人之中这样的仪式是非常好看的。当夜降临，在一块围着松枝篱笆的空地中间的巨柱被点燃起来，并一直燃到天亮。庆祝者出现了，他们的头发披在肩上，他们的面部和身体涂上白黏土以象征太阳的白色，这些模仿者代表“漫游的太阳”。他们的手中拿着羽毛装饰的舞棒，围着火堆排成紧密的行列跳舞。他们从东到西来回移动，模拟太阳的运行。虽然火的热力现在已经差不多达到不可接近的程度，舞蹈者还是尽可能地靠近它，用他们棒头上的羽毛球点火。当一个人成功了，小球燃烧起来，他立刻替换上一个事先准备好的新羽毛圈，这便是新太阳的象征。于是欢乐的呼声响彻四周。

仪式的高潮是对日出象征性地模仿。开始，出现16个男人，一个篮子中装着太阳像，他们围绕一个高柱唱歌和跳舞。突然他们往回移动，这时太阳像缓慢而庄严地在柱子上升起，并在柱顶停留片刻，然后降下隐没不见了。

黎明快到时，结束了仪式。涂着白色的舞蹈者再次出现，点燃一片正在冒烟的杉树皮，以一种模拟舞蹈表示战斗。仪式地点周围的松篱原来仅在东方有一个入口，表示太阳由那里来。当真正的太阳在天空开始自己的旅程时，东西南北都打开豁口，表示太阳向各方放射光芒。

广场中心和篱笆四个入口的太阳图画，出现在印第安人许多艺术品之上。墨西哥的火神，就

1 “五月柱”(May—Pole)，每年5月1日在广场立一柱，上饰鲜花，人们围以跳舞。——译者

2 降灵节(Whitsunday)，每年复活节后的第七个星期日，是犹太教和基督教的重要节日。——译者

称为“四方的主人”。这种象征性的画中心有一个代表太阳的球，由此引出四根线条，结果形成一种十字形装饰。在北美印第安人装饰艺术中时常出现的多种十字形，都不过是象征性的太阳画而已。

其他许多原始部落也举行同样的仪式，虽然并非都是那样苦心经营的。南非贝丘纳人，每当阴沉的早晨，必要邀请太阳来穿透云层。太阳氏族的头人在家中点燃新火，部落每个成员来取一点火种到自己小屋中去。

一切火的崇拜都起源于太阳崇拜，但其形式是多种多样的，像印度教徒、袄教徒、古代墨西哥人和其他地方的人，对火的崇拜各有不同。火时常是太阳的代表。

关于各种形式的祈雨的巫术，也不是无关紧要的。因为对植物来说，祈雨和祈求太阳同等重要。这些仪式的中心便是对雨的模仿，如把水流在地上，或者像澳洲某些地区那样甚至从切开的静脉中抽出血来；用到处散播的羽毛象征着云；偶然还用小的石英晶体抛向妇女，妇女们为了躲“雨”用树皮来保护自己。农业部落在干旱时节，使水流过种植地，或以一种“邀请”方式玩水以便引雨。

巫术的关系不仅存在于事物及其类似的模仿者之间，事物和其名称之间的联系也是同样神秘的。甚至哲学家们，如柏拉图和亚里斯多德，也相信事物名称像看不见的核一样包含在事物之中，而且事物的性质正是由名称决定的。仅仅在最近两千年，欧洲中部人民才发展出这样的概念，即名称仅是所指物体的符号，而事物是在我们描写它们的名称之外独立存在的。愈古老的文化，

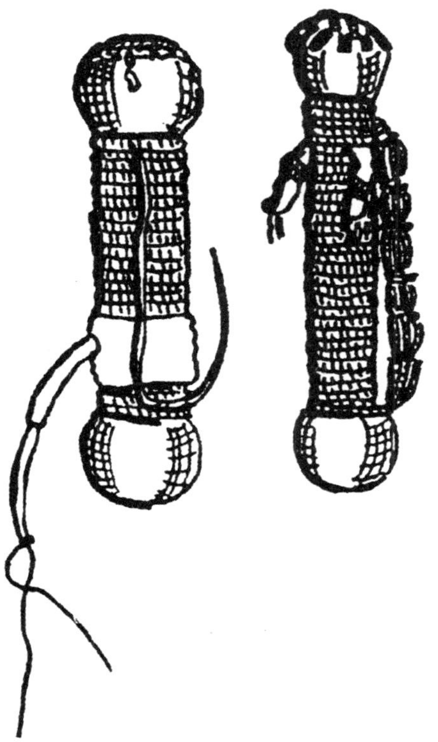

图二五二　南非祖鲁人巫术用的偶人

图二五三　婆罗洲巴达克人巫术杖

图二五四　南非的纳塔尔的祖鲁人施行巫术戴的鹫皮

关于事物及其名称几乎合为一体的观念愈强，这一信仰就是巫术咒语和巫术言词或呼叫的来源。对想要之物进行哑剧式模仿，时常混合以巫术言词。有些澳大利亚部落仪式性地宣布他们猎物的名称，用来“加强”他们的丰收舞蹈。

这些关系到食物和太阳、雨水之类自然力的巫术行为，具有主动的、积极的性质，而另一类对人类有影响的巫术，时常是多少带有消极性。针对人的巫术，大约起源于人类本能的表达感情的姿势。我们当想到一个仇敌逃走了，或者有某种规定禁止我们去和他算账时，会不由自主地握紧拳头。原始人也有同样的感情反应，他们是经常带着武器的，会本能地做出一种威吓敌人的象征性动作。假如敌人不久以后偶然病倒或死亡，于是自然而然会推想原来姿势就是发生效果的原因。一旦这样一种因果关系建立起来，便导致出威吓的姿势能使可恨的人生病或死亡的信念。姿势因而发展为有意识使用的巫术行为，这种行为被肯定为能摧毁可恨的人。“人身巫术”便建立在这一信念之上。

马六甲半岛的奥兰贝纳斯人相信，他们之中某些术士有本领能在很远距离杀死一个仇敌，只要用匕首或其他武器对仇敌住处的方向简单地指一下即可。某些澳大利亚部落土著居民对预想中牺牲品的方向，投掷人骨做成的魔箭，他们相信这一支箭会一直飞到那倒霉的人那里，穿透他的身体，而不会留下可见的伤痕，其结果是使他突然生病，可能死亡。其他部落以一种小矛用于同样的目标，巫师在黑暗中进行深呼吸，同时把矛投掷出去。就是一块尖骨或一片木头，如经过对它唱着或念着巫术言词，也可以用做巫术工具。

可怕的是一个人知道自己是这种妖术牺牲品时，时常会因此真的死去，因为他和仇敌一样强烈相信这种巫术行为的效果。在澳大利亚，一个土著居民在自己所有物中发现一片奇形怪状的尖骨头，其意义确切无疑，他感情上受到强烈震动竟达到如此程度，以致他开始苦恼起来，拒绝进食，有时即因过分紧张而死去。比他和他的仇敌更为强大的超自然力量“显灵”了，他注定要死亡的。

所有这些巫术病症，他们相信都是由于一种外来物件（如骨头、木头、石头或其他）所造成的。巫医的任务主就是在这些受害人身上去掉外来物件，假如他们还想幸免的话。巫医用吮吸、挤压、唱歌和其他动作，来从事这项工作；而且所有高明的术士对于如何产生明显效果，还各有自己的私人秘密。

由人身巫术的最古老类型产生出许多种较晚的形式，都是通过对类似物的动作中取得巫术效果。对能使对方痛苦的微小细节，都要作出动作，认为他们会真的遭受这样的打击。

苏联堪察加居民之中，当一个小偷不能辨认时，便把动物的腱投入火中，认为罪犯身体相应部分也会痛苦地起皱，而把他暴露出来。在欧洲有些地区，一个被遗弃的姑娘半夜里用针刺她那不忠的情人的画像，或者刺画像前的烛光，说道：“我刺这光，我刺我所爱那个人的心”。她相信，她那薄幸的爱人一定会死亡。

体内的痛苦时常被归之于魔鬼在肠子上打结。无怪乎拉普人不希望他们衣服任何部分有“魔鬼弄出来的”结。德国某些农村地区至今仍流行这样的观念：病痛是女巫在人体某些部分打结而造成的。

在阿拉伯，用类似的巫术行为来辨认罪犯。巫师把全村居民集合起来，以他为中心围成一圈，所有人坐下来，他把一枚大钉敲入土中，念唱神秘的咒语，然后说“起来”！所有人都站了起来，仅有一个人肢体不能动弹，还坐在地上，这就是罪犯。罪犯自己信仰这种万无一失的侦探方法，故使这种方法生效了。

所谓“生命树”观念，是类似人身巫术的另一例证。在这种情况下，人的命运是和一棵新栽的或选定的树联系在一起。树发生什么事，皆要落在人的头上。

但是，象征性巫术行为，不仅可用来蛊惑人，也可用来去掉敌方投来的蛊惑，或者作为一种预防的方法。

有些欧洲村民用椅子的坏腿做成夹板，来治疗大腿的骨折。许多“禳祓”仪式，都是为了从人体中去掉病因。突尼斯的病人，特别是风湿病患者，从凯鲁万（Kairouan）清真寺两根柱子之间狭窄的地方挤过，借助摩擦来解除自己的痛苦。日本人在禳祓日跳着通过草织的环，使自己免除疾病。苏联堪察加居民爬过木制的圈，来净化身体和灵魂。基督教的洗礼，是对新教徒的灵魂加以防御性的净化。

画猎物的像，在最早文化中时常是巫术狩猎仪式的中心，后来与此相类的是画人的像，针对它举行类似的巫术行为。人或东西的一部分画像，也可以用于巫术的目的。无论画像发生什么事，据认为在真人真物上也会发生。

姑娘象征性地刺蜡烛来杀死她那不忠的爱人，遵循的也是类似信仰。假如她以蜡制的心代替蜡烛，她的巫术就成为“画像巫术”一个真正的例子了。地球上到处都知道借助于画像的巫术行为。在马六甲半岛用蜡制成人像，来对“原主”进行诅咒，刺人像的眼会使他眼瞎，刺人像的头使他头痛，刺人像腰部将使他得胃溃疡，等等。假如要他死，就把人像从头至足地刺，并且就像对待真人身体那样把它逐步肢解。

有些美洲印第安人，按照真人形象溶制一个蜡像来“杀”他；或者把代表牺牲者的草人烧掉。马来人把一个男子和妻子的模拟像，背靠背地系在一起，以“造成”他们婚姻的苦恼，这样就会使他们“彼此谁也不看谁了”。

这类画像巫术，绝不局限于原始文化，在历史时期也曾实行，甚至到我们的时代还存在。罗马人把它看成是去掉仇敌的一种合乎逻辑的方法，他们用蜡和铅做成仇敌的像，然后念咒语把它摧毁，想这样来杀死仇敌。中世纪悬吊模拟人像的习俗，一直存在到今天。甚至靠近奥地利的施蒂里亚（Styria）地区，还在念咒帮助下用锥刺进蜡制偶人的“心脏”，来使真人得病或死亡。北英格兰农村居民仍然相信关于一个妇女的故事：她得了病，病得只剩下皮包骨，没有医生能帮她的忙，她另找村庄中奇妙的江湖医生。他要她寻找出那带给她不幸的东西，她终于找到一颗羊心，完全用针刺穿，把它烧毁之后她就病愈。羊心被用来作为她自己的心的巫术代替品了。

与主动性画像巫术相适应，防御性地借助于画像或象征性物体的巫术也发展起来。正像一个人或其心脏的像可以用来伤害活人身体相应部位一样，类似的摹拟像也可以驱除疾病。在认为恶魔进入人体会使人得病的地区，就对这种恶鬼的像——时常是动物的形象——加以刺击或射击。我们从《圣经》上知道的驱赶替罪羊的活动，就起源于古代驱赶病魔的“治疗”方法。仅仅在“罪恶”的概念发展起来之后，替罪羊才成为一个家庭或一个人免除罪过的媒介。犹太人在“赎罪日”（Day of Atonement）让一只山羊或一只鸟驮载着他们所有罪恶，把它驱入沙漠。印度的巴达加人在葬礼中把死者所有罪恶交给一只幼鹿“负载”，在大声呼喊中把它赶走。

在病痛被理解为神的惩罚那些地区，要将病人像或生病部位的像奉献于神，希望他取走祸根。天主教的献祭起源于这种信仰，将各种材料做的全身像，献给圣灵；或者将心、腿、足、臂及其他器官置于祭坛之上，以此治疗四肢和内脏的疾病。海涅在其《到凯维拉朝圣》一诗中对这种虔诚的信念有所描述：

谁供献一只蜡手，
将治疗他手的创伤；
谁给神一只蜡足，
将治愈他的病肢。

在德国的巴伐利亚，慢性头痛患者用烧土做成真人头一样大小的头像，内填大麦，悬挂于敬神行列通过的道旁树上。在法国的卢尔德之类的圣地，小教堂中填满了病愈者的手杖和撑拐，作为谢神的礼物。在马赛港的圣母院的美丽教堂（它的塔高耸于马赛全城之上），成百个船的模型在拱门上摇曳，这是船长们因为自己的船只在暴风雨中为圣母玛利亚所救而献上的礼物，或者是在远航之前他们希望用巫术方法保护自己的船只。

画像巫术另一变种是生物的影子也是他一部分或者就是他的灵魂的信仰。假如一个巴苏托—尼格罗人的影子为鳄鱼“捉住”的话，他就要死掉。在所罗门群岛上，一个人若踏着国王的影子要处以死刑。在马来半岛上，刺人的影子会使他“得病”。古代斯瓦比[1]的法律规定：一个自由人若为农奴所侮辱，允许他仪式性地打击犯罪者影子的颈部作为补偿。

人们不愿画像或照相之俗普遍流行，这可以追溯到同样的来源。许多原始人相信，掌握了他人画像，就可以对他施展巫术力量。在阿尔及尔的卡斯巴（Casbah），拍摄美丽的景色和那里的居民，至今仍是一项冒险的工作。艺术家坎内（Kane）画了一个印度首领的像，后来他被严肃地询问：是否种下了能使首领生病的病因。当他用烟草为礼物来抚慰他的“模特儿”时，“模特儿”提醒他说：对冒着生命的危险来说，这点礼物未免太少。遇到麻烦的画家最后将一个复本伪充原画当众毁去，以此平息部落的不安情绪。

伊斯兰教有描绘人像将会伤害其灵魂的信仰，禁止一切人像的绘画。因此之故，在清真寺中至今仍是不设像的。

---

1 斯瓦比（Swabian），古代欧洲一个公国名，位于今德国的巴伐利亚。——译者

人的名字和影子或画像，具有同样的巫术性质。神灵、魔鬼或死人勾魂时常是通过呼喊人名来完成的。呼喊人名时常是反复进行，正如《浮士德》中所说 ："你必须说它三次"。关于人名被人知道会使他暴露在巫术报复行为之前的恐怖，引导出某些澳大利亚部落这样的习俗，即只给小孩起名，他们太小了，不会有什么仇敌。当孩子长到青春期，名字即丢掉了，他们仅仅以父亲、兄弟、叔伯等相称。

在澳洲东南部的吉普斯兰（Gippsland），人的名字是严加保卫的部落秘密，因而使外来者不能用邪恶的巫术来伤害那些名字的主人。许多美洲印第安人禁止指出名字，说到某人时仅用嘴指一下那人所在的方向。有时以绰号代替真名，来保护其所有人。这种习俗在近代罪犯之中非常流行。在阿比西尼亚，男巫若不知道人的真名便无力加害于人。对许多部落来说，略提一下首领或统治者的名字就是忌讳。婆罗洲生病的孩子要换一个新的名字，使他得到新生。

图二五五　刚果用河马牙雕成的护符

与名字巫术密切联系的是普遍存在的诅咒巫术。对一个不在场的仇敌作出威胁的姿势，时常再加上咒骂或诅咒 ："你死吧！"或"我杀死你！"当象征性动作完全没落而口头的威胁取而代之，诅咒巫术的力量便以最强有力的形式出现了。

所有严肃的发誓、诅咒，都可上溯到这个根源，甚至我们的法庭也要在证人的证词上加上"凭上帝发誓！"所谓神判法有同样的起源，由上帝或超自然力量在公开考验中决定 ：一个人所说是否属实，是不是一个罪犯。在神判时，罪犯或无辜的人都必须拿一件危险的东西，吃下或喝下毒药，或者从火中走过，来证明他自称的无辜，其结果将决定他的命运。这里的毒药有时实际上是"无害的"，只是由于罪犯的良心发现和坚决相信考验他的这种饮料有不可思议的性质，才使他自我暴露。在那些使用真正毒药的场合，呕吐作为无罪的证据，不能吐出致死的饮料的就是罪犯，应该死去。

书写下人的名字，和画人像及呼喊人名一样，可在同样的情况下使用。印度教徒为了增加巫术力量，对施行法术的人像模型上写下姓名。印尼的巴厘人要弄死一个人，便在寿衣或棺材上写上名字加以埋葬，以代替其本人。人的名字写在纸上，象征性地悬吊或焚烧，也可以摧毁本人。书写神的或非神的名字，和巫术物件的使用结合起来，便形成护身符、符箓或保证好运的符咒。整个伊斯兰世界，都盛行佩带小袋子，内装写着神秘的词句、古兰经的语录和其他符号，作为保证好运的符咒。

上几内亚一个土著居民，有一次对白人探险者骄傲地出示他的巫术护符。这是一片纸，上面写着德文，责骂护符的主人是该地区最大的无赖。

为了增加书写下词句的力量，回教徒有时把写的东西和水吞下，或者用一种金属碗喝水，而把巫术的词句刻在碗上。中国医生当药方不能很快配成时，便把药方用墨写出来，由病人和水服下，或烧成灰由病人吃下。日本人流行的发誓方法是在纸上写出严肃的誓言，烧成灰吃掉，

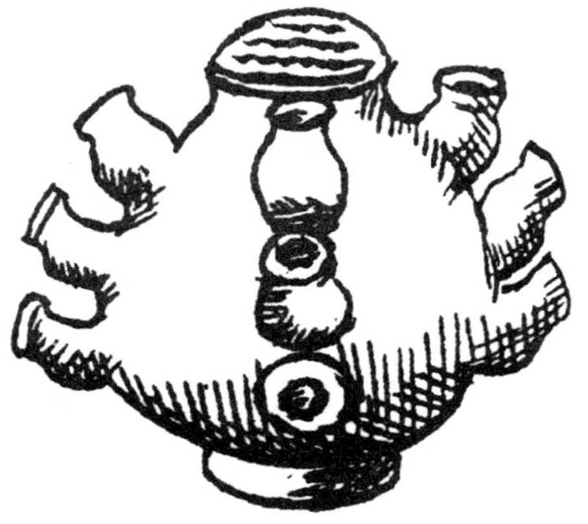

图二五六　受崇拜的陶罐（西非）

假如发誓者是一个说谎的人，据说这灰将成为毒药把他毒死。

有力的巫术还有从一个人身上取来物件，然后对他进行邪恶的诅咒。这样的物件有指甲、头发、唾液，甚至还有衣服碎片、武器零件，等等，都被当做人的一部分——他灵魂或精神的一部分，可以像人本身一样来对付。这种习俗遍布全世界。

在摩鹿加，人们要杀死仇敌，便搜集其遗弃的咀嚼物残渣、头发和衣服碎片，把它们混合物分别装入三个竹筒，一个埋于棺材之下，一个埋于那人房屋的台阶下，一个抛入大海。这种方法被认为可以万无一失地杀死仇敌。

从上述巫术信仰已发展出这样的习俗：所有可能为妖巫所利用之物要立即加以销毁。中非一个强有力的统治者——毛塔加姆乌吐痰，一个奴隶立即把它埋掉，并把土弄平使该地点无法辨认。南海地区的首领们经常后跟一个随从，带着痰盂，对盂里的东西要秘密加以处理。

在捷克的波希米亚，房前留下灰土或废物仍被看成是危险的事，因为女巫会从中了解房内在干什么，并据此进行邪恶的勾当。在捷克的摩拉维亚，剪下的头发必须烧掉。在古老的苏格兰，落发和削下的指甲时常是要烧毁的。

这种有关个人废弃物的巫术，既然被看做是疾病的原因，故病人试图从自称巫师的人那里买回这些东西。在新赫布里底群岛，巫医靠搜集各种废物卖给原主，而过着舒适的生活。在挪威的塔纳岛，所有土著居民携带着小篮子，仔细收集他们的零碎物，当经过水流时便丢进去“淹死”它们。澳大利亚的纳林耶里人，把别人吃肉剩下的骨头尽可能弄到手，愈多愈好，以此掌握本部落其他成员的命运；如有人成为他的仇敌，他就容易用巫术方法来对付。

许多爱情巫术（这种巫术流行于全世界）的信仰者，时常用爱人的所有物或身体上的东西，迫使他或她回心转意。这些东西时常捆成一束，并通过巫术的发誓使它更为有效。例如，在霍皮—印第安人之中，贝格里霍勒（E · Beaglehole）曾对这种巫术如何进行有所描述：

> 一个男人钟情于某个姑娘，把她一些头发、唾液、一片围巾或织出来的腰带上的线偷来。把这些东西和一根祈祷羽毛放在一起，系在小袋子里。他祈祷姑娘将要喜欢他，并把小袋子放入口袋或系在腰带下。姑娘据说会“肚脐眼下起火”，而且只要他携带着小袋子，她每晚都来拜访他。这种爱情巫术是危险的，姑娘和这个男人可能会因爱情而发疯致死。当男人对姑娘厌倦时，他便把那些引诱物付之一炬。假如他爱上另外的女人，他又做了一个新的小袋子。

人身巫术还有一种奇特的形式，是利用人走路或坐在地上留下的印迹。这样的印迹挖起来放在容器中干却，土一旦消失，那人的健康也就衰退了。马来人用这种迹印的土做成人像，火烤或“杀掉”。这种类型的巫术也为谈情说爱者所利用，希望迫使对象们回心转意。南斯拉夫的斯拉沃尼亚南部农村的姑娘，把对她们不忠的情人的足印泥土挖起来，在其中种一棵“永不凋谢”

的金盏花，她的情人的爱情便将像这花一样盛开而且绝不凋零。

巫术的世界观在人类文化最古老形式中，有力地发展起来。在农民之中，它转而支持一种关于死者及其灵魂的力量的强烈信仰，这种信仰在古代发达文化中发展到了新的高度。

在我们自己的文明中，尽管有近代科学的各项成就，仍然间歇地流行对巫术力量的信仰。特别在非常危险和感情极度紧张的时刻，原始人的世界观便俘虏了一部分“文明人”的意志。第二次世界大战期间，在避弹坑中和战场上许多士兵曾依靠某些保证好运的护符来鼓起勇气。这类物件被选来用于这样的目标，是和原始人创造的巫术密切相关的。

虽然在狩猎者和采集者文化中，我们已发现一种对死者灵魂力量信仰和认为死者随时随地继续存在的感情，但这种信仰并未强大到成为哲学和超越纯粹巫术因素的地步。这些只是在农业文化中才会发生。农民的经济形式和定居的生活方式，不允许在肉体上和精神上逃避“敌对的”力量，这就使崇拜死者成为他们世界观和全部生活的中心。在原始人心目中，死亡现象绝不是自然的，它是某种巫术带来的事情。有一种比死者强大的神秘力量征服了他，并抢走了他生活下去的能力。

活人身体中存在而死后即离开的东西，我们概念中称为“生命力”，原始人就认为是灵魂。虽然原始人关于灵魂的内在属性和它的位置的概念确实是多种多样的。它可以是一个人的呼吸，也可以是他的体温、心、血、脑、肝、肾、影子或回声。它时常是能使他活着的一些东西。神秘的灵魂和身体不是不可分离的，这一点似乎可由做梦现象证明。当身体熟睡时，除去灵魂独自出外遨游外，还有什么其他东西呢？因此，灵魂存在于身体之外的能力就得到承认了。

然后合乎逻辑的结论就是死亡的时候灵魂永远离开了肉体。无论哪里，凡是人们相信灵魂有一个去处，便时常坚信死亡是因为灵魂厌倦了尘世才离开的。但这是后来的解释，开始是相信肉体和灵魂的分离只与巫术影响有关，而巫术影响是施展妖术的结果，是有人在犯罪。曾发展出许多办法和习俗来辨认并且惩罚这些有罪的术士。

那么，这些跑出来的灵魂如何活动呢？它去什么地方呢？普遍认为它是以一种影子的形状住在坟墓附近，虽然常常是时间不长，或者认为它在部落领土内到处走动，就像活人一样。在最早文化中，例如中部澳洲的部落中，我们发现一种与此并行的观念，即灵魂到一个明确规定的属于它的地方去了。一个孩子出生，那是一个老的灵魂离开这庇护所进入母体，当孩子长大后死去，他的灵魂只不过是又回到灵魂国土。他可以托生，也可以不再托生。这种古老轮回信仰，甚至在很原始民族之中即已发现，它是在印度发达文化中得到高度发展的托生观念的雏形。

这一观念又为种种附加的观念所进一步补充。当一个人被鳄鱼或老虎所杀时，他的灵魂便住进这些动物身中。假如一个人淹死，他自己便变成了水上的精灵。假如坟墓长出一棵植物，埋在下面死者的灵魂便存在于其中。尸体旁边出现的蠕虫，或是蝴蝶、臭虫、蜻蜓、鸟，特别是蜥蜴和蛇，均可看成是灵魂新的化身。死人甚至可以选择他乐于生活其中的动物种类。

尸体埋葬以前和埋葬以后的灵魂形象常有明显的区别。只要没有举行葬礼，灵魂总是作为一种带有威胁性的魔鬼停留在尸体旁边，甚至以许多可怖的伪装，出现在生人之前。在那些流行二次葬的地方，在最后仪式举行之前，灵魂一直住在尸体附近。假如一个人因为某些原因完全没有接受正规的葬礼，就宣布为永远在活人之中游荡的孤魂野鬼。仅仅最后的正规的葬礼，才能抚慰死者的灵魂，这样灵魂才能自由自在地旅行到它的家中，即到该部落所设想的灵魂国土中去。有时灵魂国土和祖先来的地方是一致的，这是很久以前部落迁徙中废弃的地方，却仍然是灵魂的家。

灵魂国土的位置，时常与太阳运行直接联系。太阳神是引导死者灵魂去他们新居的向导。在所罗门群岛上，灵魂是和落日一起进入海洋。这一观念和太阳早晨升起就是出生、黄昏落下就是死亡信仰是有密切关系的。因为地球上没有任何活的东西比太阳更早，太阳第一个“出生”，也第一个“死亡”。玻利尼西亚人有一个神话和这种思想相联系，即认为太阳神“毛以”不死，在他之后的人类也不会死亡。

太阳有时实际上成为死亡的原因，太阳神从天上用他的光芒来刺凡人，并把他们拉到自己的地方去，或者用他那光芒组成的网捕捉凡人，然后用矛把他们杀死，或者太阳被想象为光芒之网中的一只蜘蛛，是用网捕捉人类的妖魔。因此，墨西哥死神就是以蜘蛛为象征的。太阳神沿着绳子或梯子（以太阳光芒为象征）爬上天空，同时灵魂也是沿着同样道路旅行到他们的天国中去，这就是雅各之梦[1]中安琪儿们爬上爬下所用梯子的来源——安琪儿就是死者灵魂的人格化。在新西兰，葡萄藤可通往灵魂国土“哈瓦伊基”，祖先的灵魂又沿着同样的葡萄藤爬到地球。在刚果王国，太阳祭师不允许像一般人一样地死，而必须吊在绳子上，沿着绳子他才能爬上太阳。

桥也可以通向太阳，或者船或独木舟也可运送死者灵魂到达太阳的乐土。希腊的船夫卡朗[2]的船，通过冥河（Styx）把死者灵魂送到地下世界，应出于同样的来源。

不仅桥或船可以把灵魂送往新居，动物（特别是鸟）也可以召唤来引导死者进入他们的国土。从这一观念发展出灵魂本身具有翅膀的观点。古代埃及人戏剧显示出这一发展的中间环节，在戏剧中人的形象和鸟的形象合为一体。古埃及鹰神荷拉斯明确具有太阳的性质，荷拉斯是王朝时期和前王朝时期国王们特有的称号。他们的权力中心在太阳城——赫利奥波利斯，这个城的统治者就是以“哈克梯”（意为“住在地上的荷拉斯”）称号而著名的国王；鸟和太阳的结合本身，就表明了他那超越于人和灵魂之上的超自然力量。在基督教概念中，灵魂鸟的翅膀成为安琪儿

图二五七　新几内亚的杀殉习俗——〞科彭斯内仑〞

1　雅各（Jacob），《圣经》中的人物。传为希伯来亚伯拉罕（Abraham）之次孙，以色列十二部落之始祖。安琪儿从天堂沿梯子爬上爬下事，据说是他逃亡中在 Bethel 地方所见。——译者

2　卡朗（Charon），希腊神话中的人物，他负责把亡灵渡过冥河送往地下，像中国民间相信人死后过奈何桥那样，要经过种种危险。——译者

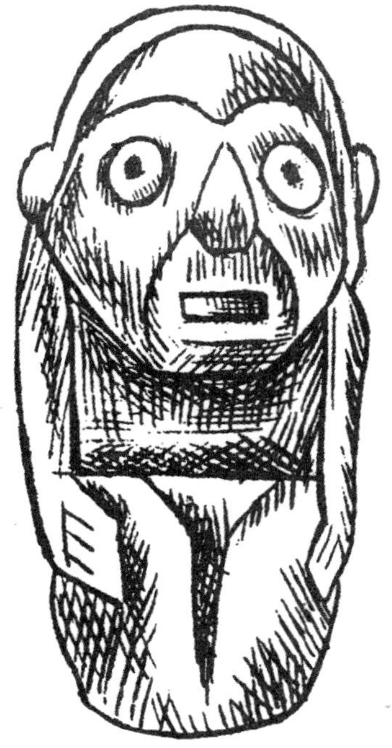

图二五八　海地人的祖先像

图二五九　印尼人的祖先像

的特色。

太阳本身可以描绘成一只鸟。我们仍然告诉小孩子：婴孩是鹤从池塘或湖泊中带来的，就是这种古老观念的再现。在古代许多地方，太阳是从水面升起的，而鹤由于它的红腿被相信与火相联系，因而也就与太阳相联系。

与灵魂旅行各种不同观念密切联系的是许多种原始埋葬形式，它们全起源于对死者灵魂的古老恐怖，或者像农民那样努力利用灵魂的力量为活人社会谋利。用闹声或诡计，来哄骗灵魂放弃他们的“罪恶的”意图，或者用食物和礼品来贿赂他们留在自己的地方，不要回到活人中来。在较晚文化中，这种观念引导出随葬的习俗，不仅随葬衣服、武器和装饰品，而且陪葬玩赏动物、骑畜和驮畜的灵魂，甚至还有奴隶和妇女在葬礼中被杀殉葬。尽可能杀很多的人，来使已死者灵魂快乐，这样灵魂就不会感到寂寞，而且不会再想给活人带来痛苦了。

据说所有灵魂希望有伴，故为他们选择旅伴而不要他们自己选择，似乎是聪明之举。为了使自己免被灵魂选中，有些部落杀死战争的俘囚或中计的外来者，这就是东印度群岛臭名昭彰的“科彭斯内仑”习俗的起源。“科彭斯内仑”的牺牲品是那些不加戒备的寻找蜂蜜者和寻找水源者，埋伏者以突然袭击来杀死他们。所有这些行动都是为了在灵魂想要行动之前就满足他们。因为亲属多半是灵魂渴望报复的对象，又因为亲属会把这带有传染性的危险传给别人，他们不得不隔离一段时期。在此之后，他们必须时常举行特殊的禳祓仪式，来确定他们是否已从“死亡的毒药”中完全解脱出来。

另外的预防性措施是不要指出死者的名字，因为如前所述，宣布他们的名字会使他们可怕地

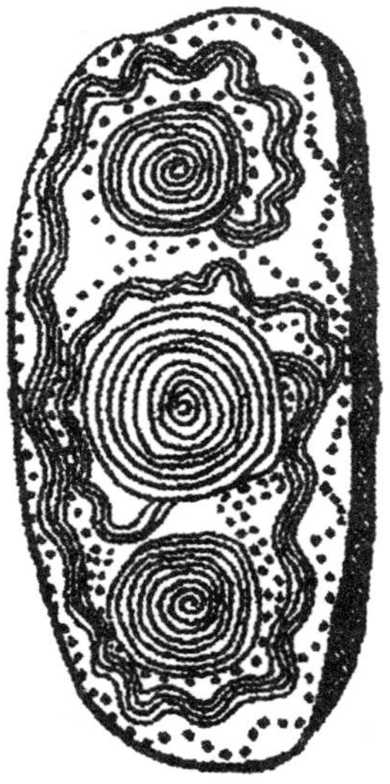

图二六〇 澳大利亚中部阿龙塔部落神圣的画石——"哲仑加"

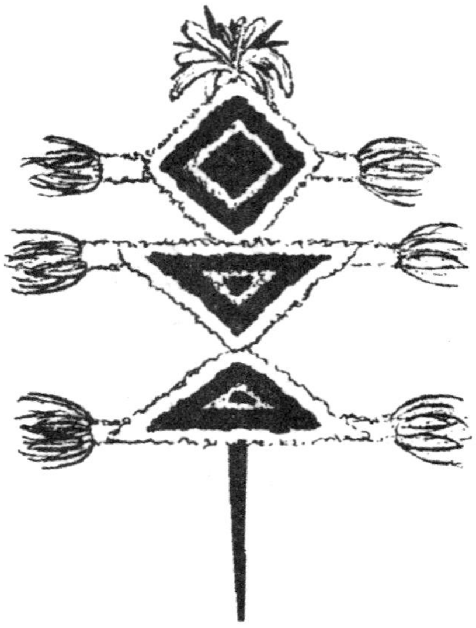

图二六一 阿龙塔部落蜘蛛图腾集团神圣的"万宁加"

图二六二 俄克拉荷马州保尼人部落的巫术束

显现。

从对死人的恐怖发展出相信死者灵魂有很强大的力量，这使得活人想从这种力量中获得利益，就像从其他自然力量中取得利益一样。要做到这一点，就必须使死者的灵魂尽可能地留在近处，而且又是在规定的地点。祖先的形象就是为这个目的服务的。

在澳洲中部，扁平形木头或石头代表一个男人或女人的灵魂，在出生以后就立即准备好。每个土著居民都有这种"灵魂木"或"灵魂石"，称为"哲仑加"。虽然死者灵魂回到另外地方去了，"哲仑加"仍保持灵魂的某些内容。因此之故，活人们搜集从祖先直到新近死去的人的"哲仑加"，看做最神圣的财富。这些祖先的灵魂石，全部搜集起来藏在部落区域之内，为了举行神圣仪式时使用。当举行成丁礼或为使食物供给取得更大增长时，它们的力量是会合起来进行"帮助"的。

图二六三　刚果西部的偶像

图二六四　荷属新几内亚的祖先像

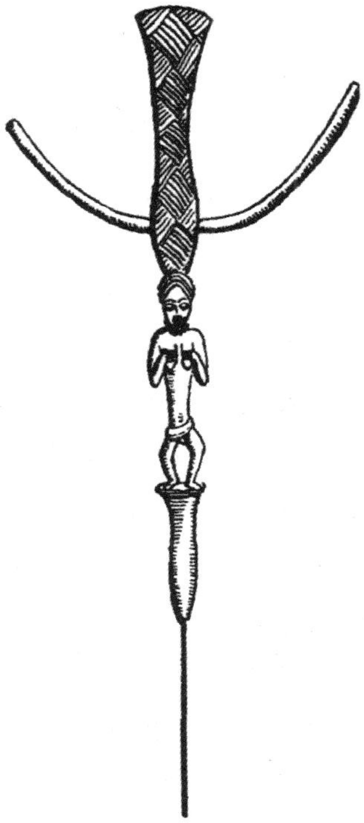

图二六五　南刚果乌鲁阿河的偶像形节杖

北部澳洲的“纳坦贾”和中部澳洲的“万宁加”是具有类似意义的东西，它们是由矛和人发扎在一起做成的，上覆红色和白色羽毛，在其顶上悬挂着一些“哲仑加”，供仪式中使用。

从这些“灵魂木”和“灵魂石”，发展出农民的祖先像，其中有很多是很著名的。但这些祖先像不是一个人生前或出生时制作，而只是死后才制作。它们和活人的灵魂不能等同，但却包含另外的东西，即“死去的灵魂”。在它们发展过程中，除去宗教的和巫术的意义之外，又寓有纪念性标志的意思。

在人造的祖先像处，死人的头骨或骨骼也作为含有“灵魂力量”之物而受到崇拜，并且这两种类型的偶像，偶然还结合在一起出现。

既然头骨时常被当成灵魂的座位，自然就要获得它、保存它。假如它属于一个杰出人物如祭司或首领，更是如此。头骨崇拜不限于对祖先的头骨，而且扩展到任何能获得的头骨，无论它是朋友的还是敌人的。

从死人崇拜和头骨崇拜，发展出面具崇拜及舞蹈和表演。刻成的面具，象征着灵魂、精灵或魔鬼。

但是，不只是人才具有强有力的灵魂。在所谓“万物有灵论”的世界观中，植物、动物、天体、山脉、河流，都被原始人赋予与其本身相等的灵魂和精灵。许多非洲土著居民砍树，在砍第一次后即要倒一些棕榈油在土中，这样被激怒的树的灵魂就会从“攻击者”那里引开，他因而可以免遭报复。北美印第安人乞求猎物原有的习俗，出于同样的信仰。

爱斯基摩人对被杀动物灵魂的态度，自己有详细的解释。他们相信，海豹和鲸鱼生活在盐水中，经常口渴，它们所以允许自己被杀死，仅仅为了猎人会给它清水喝以作为报答。假如猎人在它们被杀之后忽略了倒一勺水到它们嘴中这一仪式，其他海豹会立刻知道，将不再给这不可靠的猎人以杀它们的机会。北极熊因为会舐雪，是不会口渴的，但雄熊却渴望获得人类的工具，如弯刀或弓钻之类，雌熊则想要妇女的小刀、刮刀和骨锥。斯蒂凡森说：

> 结果，一只北极熊被杀时，它的灵魂伴随着毛皮进入人的房内，并和毛皮一起停留几天。当此时期，毛皮挂在房屋末端，和毛皮挂在一起的是熊想要的工具，挂什么工具根据熊的性别而定。在第四天或第五天后，通过念咒把熊的灵魂驱赶出屋，当它走出时便带走了和它悬挂在一起的工具的灵魂，并在今后使用它们。

爱斯基摩人的猎人及其妻子用这种方法小心地公正对待被杀动物的灵魂，假如他们忽略了，不仅在动物之中而且在人们之中，都将声名狼藉。动物将"避开"杀它的任何尝试。"某些妇女在社会上就以这种非常不好的品质而闻名。假如这样一个妇女成了寡妇，她那不能小心地对待动物灵魂的名声，将阻止她得到第二个丈夫。"

正如上述"工具也有灵魂"的信仰所示，在万物有灵世界观中无生命的物件都是具有灵魂的。而且制造工具的工匠，特别是铁匠或木雕匠，也是神秘的有时还是危险的人。他们可以影响所制之物的灵魂。

甚至性善和性恶，也可归因于住在人们意志中不同的精灵，而病魔是从死者灵魂中发展出来的，它自由自在地到处游荡。

从所有这些例证中，我们看到原始人世界中散布着看不见的精灵和生物，它们可以是活人的朋友，也可以是活人的仇人。它们都需要给予特殊的照顾，这样才能倾向于友好。而他们未来态度如何是可以由有智慧者预卜或加以解释的。鸟的飞翔、水的流动、动物的内脏、投掷棍棒落下的方位或神圣动物移动的方式，都能暴露出那些沉默而又强有力的灵魂的意图，人们可据此指导自己的行动。从这些占卜的信仰，发展出掷骰子和玩纸牌的游戏，而借助纸牌或茶叶来"预测未来"，可以上溯到这些非常古老的概念。

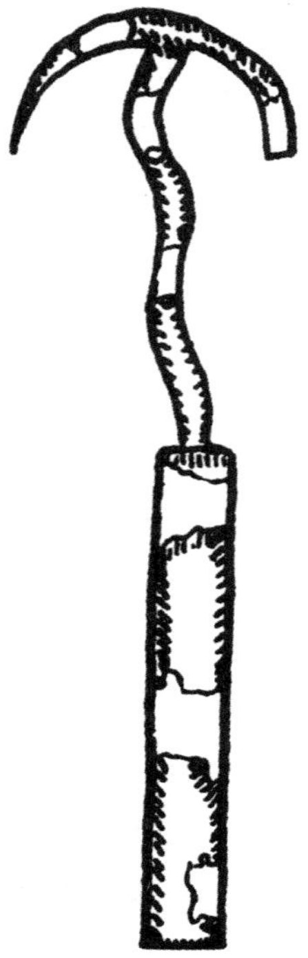

图二六六　多哥闪电神的象征

对灵魂力量的信仰和神话的最早形态（原始人对包括天地在内的伟大自然力量按照自己经验模拟其形象），最后都在相信有一种超越于人之上的超自然力量的信仰中，得到最高的表现。众多的神高踞于凡人之上，他们之中有许多是以特殊的作用和品质相区别的，差不多每一个都显示出从较早文化的观念中发展出来的痕迹。

古代发达文化中许多显赫的神祇，在外貌上仍然保持某种动物的属性。埃及神的体系特别提供了显著的例证。太阳神荷拉斯有一个鹰的头，他是吐火蛇（闪电）的主人，他靠吐火蛇帮助来摧毁敌人。月神托恩有一个白鹭的头。死神阿努比斯是蛇头。神的动物属性有时仅保持在乘骑方面，他本身还是具有人

图二六七　西藏人神圣的祈祷词——“唵嘛呢叭咪吽”

图二六八　危地马拉的凯奇—印第安人庆祝复活节

的形式。印度湿婆神（Siva）一度被想象为是一只公牛的老太阳神，现在是人的形象而骑着一匹棕红色的公牛。正是湿婆神作为一个太阳神，从黑夜的厩舍中把牛（光）解放出来。

作为宗教崇拜最古老形式的舞蹈，也被许多发达文化采用为神的一种性格。墨西哥人所有神祇都在舞蹈，他们被画成足上有铃，有乐师作为他们经常的伴侣。

祈祷，特别是固定的公式化的祈祷，和古代巫术咒语的关系是显而易见的。在西藏喇嘛教中，相信巫术性反复背诵的效果，由此引导出经常使用的转经筒，它为了虔诚教徒的利益而转动着“唵嘛呢叭咪吽”的神圣咒语。这种祈祷咒语有趣之处在于这样的事实，即所用的言词和祈祷者个人心愿已没有直接的联系。祈祷者分明相信，咒语引起一度召来的神祇的注意，神就会自动地关心他的信徒的需要。所谓西藏的转经筒就是内有一片纸，上写神圣的言词，借助附加上去的曲柄转动，就能当成祈祷者不停地“念经”，能毫不费力地重复千次以上[1]。这种装置和原始人舞蹈中所用的拨浪棒停留在同样的水平，它们都是和古老的“巫术歌唱”相结合。这种转经筒有的是庞然大物，在日本它是由一群“祈祷者”才能转动的，有的转经筒竟由水力或风力来驶转。

表达简单要求的非正规的祈祷，也同样古老。它们曾经是而且至今仍然是伴随着奉献神祇或精灵的礼物，以赢得它们的友好。最早观念中神是一种捉摸不定的东西，但能以礼物、牺牲或发誓来满足或影响它们。忽视这些奉献，将使神发怒。要由人类创造出一种自己和这些存在于可见世界之外的神之间的友好关系。神是高尚者的概念是随着道德观进入宗教领域的。

不同的人类天堂中，知识之树是一样的，仅所结的果种类不同。“善”和“恶”的概念没有绝对的标准，随着文化不同而异。上帝和众神主管着道德法典的实施。这些道德的性质是一个部落不同于一个部落，一个民族不同于一个民族，并且受制于历史的发展。

1　这里描写的转经筒，很多藏族地区都有。小者手持旋转，大者是一个木制圆筒安置在一根竖轴之上转动，上书六字真言。——译者较发达的文化把神的影响扩展到死亡之外，神作为审判者，根据地球上每个人道德行为分别给予报偿或惩罚。仅有一个后加的因素不在这一概念之内，即基督教地区认为上帝有赦免权。

原始人以自己的形象创造了自己的神，神时常被赋予人类的愿望和爱好。在此以外神还有人类所没有的力量。正像世界上一些伟大的宗教那样，对这些力量的信仰建立在忠诚基础之上。这种忠诚引导出神创造人的信仰。

牧师传教部分地或全部地代替了巫术和古老神祇的权力。但是，除非该部落的原始文化全部被摧毁，否则，基督教的教义和概念只有适合部落一般世界观才能全被吸收。尽管牧师在原始人之中连续不断地工作，白人努力的结果只不过时常取得一个原始宗教和基督教的混合物。在这方面，拉丁美洲印第安人部落在“复活节前的一周”（Semana Santa）举行的节庆活动，提供了很好的例证。因为这里新的基督教信仰和古老的巫术神话相混合，是显而易见的。

仅仅这样一些莫名其妙的信仰、神祇和忠诚成为原始部落世界的一部分，才能为原始崇拜者的思想所接受和能够接受。人再一次创造了他的神。

第十四章　每件事物都有自己的故事

即使在最寂静的荒野中，原始人仍为许多非其族类的精灵所围绕着。精灵的善和恶，与原始人的活动、希望和命运有直接的联系。他的动物邻居、他的植物朋友、他的星星祖先、他那些住在太阳、月亮、火山和河流中的神，都永远围绕着他。原始人和这些精灵连续不断地打交道，使得他的生活成为一部以永无休止的冒险为标志的令人激动的传奇。

原始人不能把这些冒险写在什么神圣的或世界性的著作之中，他借助传说来安慰自己的灵魂。传说在原始人环境中的重要性远远超过文明世界的发言。夜晚在小屋中、在营火边和在公房里的聚会，已成为强烈的精神交流的中心，超过了娱乐的范围，因为这里讲给后代的是有关古代的传统，后代将要一代一代地记住并传给自己的子孙。

古代的故事时常以这样的句子开始或结束："那是这样传给我们的"，或"老人是这样说的"。这不是没有理由的。原始人的神话是他们的《圣经》和历史书，是他们礼仪的法典和词典，是他们充满古代智慧的百宝箱和详细的心理学，最后的而不是无关紧要的，还是他们的笑料和智囊。这些神话有一点是共同的，即它们都不是"虚构的"，不是异想天开的（像我们听神话时所认为的那样），它们对讲者和听者来说，都是确实的真事。

没有成文历史的民族思想中所形成的和保存下来的神话，是一个充满珍珠的海洋。我们从其深处捞上来的一些，只不过是神话宝藏的一小部分。

原始人神话的主要特点在于对人类和自然环境不加区分。人、植物、动物、自然现象、天体、传说中的英雄和神，所有这些都在同等基础上和根据有关部落生活方式设想出来的环境中进行活动。原始人对外界事物的体质结构和心理构造毫无所知，于是便以人类自身作为外界事物性质和属性的尺度，而且天真地把自己的感情和习惯变为事物的"感情"和"习惯"，而有些事物按照我们的概念是根本没有生命的。物质、自然力、植物和动物，所有这些都像人一样地思想和行动。这就是为什么没有成文历史的民族的故事和神话是如此丰富多彩，如此绚丽迷人。

动物的"兄长们"（这里指的是原始部落，有些神话中动物和人类本是兄弟。——译者）坐在一起集会，有礼节地吸着烟，严肃地讨论关于动物王国的问题。狗像它那从事农业的人类兄弟一样，拥有一块种植地；豪猪在闲谈中寻求公正；珍贵的植物根只有对其灵魂简短致词之后才能挖掘；猎熊必须郑重地乞求原宥。巴西印第安人对害他的"邪恶的"石头和伤他的箭，要加以打击。弄伤一个人颈部的树，要仪式性地砍倒。虎氏族的成员若被指控“谋杀”，氏族另一成员必须被处死。

这样的习俗一直存在到我们的时代。美国法庭认为一条狗伤害人要负责任。古代希腊法庭判决一块木头或石头有弄死人之“罪”，要把它们严肃地抛到公社土地边界之外。我们的孩子责怪使他摔跤的椅子和桌子，而且和玩偶、球及其他玩具谈话，这出于同样的根源。南非布须曼人相信，鸵鸟用弓箭进行狩猎。澳大利亚对重要的机密消息，彼此要低声谈论，怕被某些动物偷听到而轻率地到处传播。

伟大的自然现象——白天和黑夜、太阳和月亮、雷、雨、暴风雨及其他，对原始人来说都是有灵魂之物的显现，它们是像人一样的“人”。太阳进行狩猎，月亮被捕机所捉住，云是从神的烟管中出来的烟。这些看法在我们自己语言中仍然有所表现。我们说，太阳“升起”、“照射”、“落下”，风“吹”或“叫”，暴风雨“咆哮”，雪“降落”，水“停止”或“流动”，所有这些用语，就好像描绘什么活的东西一样。我们现代物理学的术语也使用同类方法。我们以“马力”为计算单位，说速度“增加”，甚至原子也是“自己分裂”，直到在宇宙中为超自然力量所“击碎”和在铀中为人类所“击碎”。

隐藏在自然力“身体”之中活的精灵，在原始人世界中被想象为各种形状。在美洲西北岸，雷是雷鸟创造的，它拍打翅膀，发出隆隆之声和形成暴风。特林吉特人认为，有四个兄弟因姊妹曾和蜗牛交配而感到耻辱，一怒之下变成了雷。“当它们扇动翅膀时，你就听见雷声；当它们眨眼时，你就看见闪电。”

太平洋沿岸一个已经消失的部落——阿尔塞人，当雷声四起时要进行预防，并用这样的话来平息雷的发怒：“我的朋友，你躲开吧！”当雷有震破房屋的危险，他们跳舞，以棒代替雷击打房屋，并把木桶翻转过来使雷喜欢。当暴风雨到达高潮时，一个老人站起来暗示性地向他的人民说：“世间没做什么错事，老天这样做不会有什么坏的意思”。

在非洲潘格威人地区，闪电是“一个黑球”。它把“粪便”以树脂形式遗留在它所击过的树上。树脂要作为神物加以崇拜。

在喀麦隆的班穆姆人和蒂卡人认为，有三种闪电：“斧头”，会劈树；“白猴子”像猴子一样会破坏种植地；“公鸡”，会杀小偷。澳大利亚人把地震、暴风、大雨的同时并举，归于一个简单的来源：一个外貌像人一样但腿臂较短的蛇，它住在洞中，在凡人面前常以蛇、黄鳝或大蜥蜴的形式现身。杀一条神圣的蛇，就可以造成地震。火山之蛇（“乌瓦仑”）和一个妇女结婚后生了一个儿子，儿子来到山中，在那里坐着吸烟，向上空吐出石头和火。地震之蛇是人看不见的，它的头上有一个带有鸡冠似的巨大之物。

太阳可以是一个神、一个英雄、可以仅是一个人，或者可以是一根燃烧的柱子。太阳光芒是太阳神射向地球的箭，或者是把地球从海洋中钓起来的鱼线。或者如组尼人所说，太阳有两座房屋，一座在地球上，另一座在天空中，它在两者之间每天旅行一次。

月亮可以是一个男人、一个英雄、一个神，或者是一个妇女。特别对月亮上的山，有许多神话来解释。“月中人”可以是一个男人、一个女孩、或者是一只蟾蜍（如里奥阿塔古亚地区传说），或者是一只青蛙（如北美某些传说）。日食和月食是由于为动物所食。俄勒岗州的克拉马思人在日月食时说："灰熊吃了。"加利福尼亚州的迈杜人在日食时说：一个青蛙因太阳吃了它的孩子而被激怒，故追赶太阳并把太阳吃了。阿尔塞人认为，"乌鸦经常杀月亮，还有鹰、小鹰、猫头鹰也来杀。每当杀月亮时，所有鸟惯于会集在一起"。但是"即使月亮消失了，它还要重整面容，像过去一样"。日食则是太阳被"杀"，每当此时，一个盗贼总要因他的大量财富（长齿贝壳货币）继太阳之后而死。而且阿尔塞人的水桶都必须翻转过来，"因为当太阳被杀时，不希望水变成了血"。组尼人的月亮是"每月重生一次，十四天到达成熟期，此后她的生命则要衰落下去"。

太阳也可以是一匹白马。在较发达文化中马充当太阳神的乘骑，这种信仰就是印度以马为牺牲的来源。在德国的汉诺威仍然流行的一种古代宗教仪式，可归之于同样的观念。在圣诞节时期，一个强壮的年轻的村民骑一匹白马走过，向住户收集礼物，他就是太阳神的现身，以接受礼物代替古代的牺牲。12月26日圣史梯芬（St.Stephen）的骑者越过许多欧洲人的田地，向回来的太阳要求在即将到来的收获中赐予丰收，是出于同样的来源。许多国家圣诞游行中，在基督儿时化身前面或后面的圣诞老人只不过是古老的太阳神。

开始时天地不分，不少原始人的创世纪故事，详细描述如何从地球上把天举了起来。乌伊托托人的世界是创世主奈努马创造的，他抽烟沉思，拿起空的土地，用足在上面踩踏，然后从地上把天分开。组尼人描绘世界这种最早状态的古老故事，总是这样开始："很久以前，当地还是软的时候……"

古代埃及太阳神什乌，把天从地上分出来。记录这一事件的某些古老图画表明：地神吉布是一个男人，他上面站着一个代表天的女神努特，两者均由他们共同的父亲什乌支撑着。在努特身体上，还有众神乘舟旅行。

太阳乘舟旅行于天空的海洋，是地球上许多民族所熟知的，但既然天和地在地平线上似乎是长在一起的，故人经常相信每天两者在西方要分合一次，而每天黄昏太阳必须从两者之间小裂缝中通过。这是一件危险的事情，太阳在悄悄通过时经常受伤，被挤掉它的尾巴或大腿。希腊人的"西姆普莱加代斯神话"[1]认为，两块岩石能开能关，就出于这种信仰。澳大利亚人的太阳神只有一只好腿，另一只在旅行中弄成残废了。墨西哥人的太阳神同样是个跛子，某些古老的法典表现，他的左边残肢还流着血，但这里岩石被鱼所代替。这一观念引导出鱼夜晚吃了太阳而白天又吐出来的"约拿神话"[2]，和上述"西姆普莱加代斯神话"相结合。关于落日为黑夜所"吞噬"早晨又"吐出来"，光亮之球便重新浮现的神话，也是很古老的。

美国西北部海达人以鲸鱼吞食乌鸦（后者是神话中太阳神的人格化）的故事，对日落和日出提出了自己的解释。他们喜欢把故事画在神圣的物件之上。

非洲祖鲁人认为，当黄昏时天空出现一片红色，便是太阳为河里的妖怪吞食而"死"。在那

1 据该神话，黑海原有两块巨石，经常撞击，直至贾桑神（Jason）求金羊毛之船（"阿戈"）通过时才停止不动，形成今黑海之入口处。——译者

2 约拿（Jonah），《圣经》故事中人物，希伯来之预言者，因违抗上帝命令乘船逃遁，被飓风吹入海中，船为鱼吞食肚中凡三昼夜。——译者

些没有海洋或巨河的地方，太阳是被一只象或狼吃掉。“小红帽故事”[1]只不过是“约拿神话”的翻版，少女头上戴的红帽子就是落下的太阳，狼就是夜晚。有些地方认为白天的光明为代表夜晚的巨蛇所吞噬，这种故事中的蛇渐渐变成了神秘的龙。中国人认为龙从海中捉走了太阳。中国皇帝是太阳之子，要坐在金黄色的龙座上，他的旗子上表现带有太阳红球的龙。

在许多民族的神话中，地球上的生活开始于太阳从鱼（大地怪物）的黑暗的肚子中首次出现，或者是太阳从它游泳的盒子中首次出来。与太阳一起出现的生物，都曾逃入盒子中或船中以躲避洪水。在这里，我们认出了“诺亚方舟”[2]，它的祖先就是古老的太阳神。

洪水故事属于人类最古老的神话。它出现在印度、波斯、希腊和北欧的故事中。墨西哥人知道它；北极和临近地区的狩猎者、南北美洲各族、美拉尼西亚人，等等，都讲述着它。但是，过去假想这种洪水神话曾传布世界，已被现代科学所驳斥。洪水故事没有在中国[3]和日本出现，在佛教经典或埃及人和阿拉伯之中也未曾发现过。但迦勒底人记录的洪水和“创世纪”，可上溯到公元前2000年。

各种不同的洪水故事，是人类想象中最令人入迷的部分。科学家卷帙浩繁的著作中填满了这个故事。它也时常被原始人选来作为生命起源，或发生一次或几次“世界末日”后生物如何保存下来的合理解释。下面从几百个洪水故事中选出的一例，是加拿大的东部阿萨巴斯克人讲述的洪水故事的节录：

洪水故事[4]

开始人类和今天一样生活在大地上。但某个冬天，一些不寻常的事情发生了。雪下得这样大，把全世界都覆盖住了，只有最高的松树才在茫茫白雪中露出尖端。所有在人类中生活的动物，都急忙奔向天空，寻找温暖。松鼠跑得最快，爬上最高松树的尖端，在天空钻了一个洞，从洞中进入了天界。这个洞便是太阳。所有其他动物也急忙从同一个洞中挤进去了。松鼠距离热源最近，故他的毛皮被烤焦了，这就是为什么至今他仍是红色的缘故。

熊是天上至高无上的主人，不喜欢光亮像现在这样从天上流到地球上来，就用皮把太阳洞遮盖起来。这样，寒冷世界的天又黑暗起来了。熊和他的儿子们把所有天上的温暖都搜集起来，装在一个大皮袋中，挂在天上一棵大树上。在旁边还挂着一些贮存着其他气候的袋子，一个里面是雨，一个里面是雪，一个是好天气，一个是暴风雨，一个是寒冷。现在又有一个装着温暖了。熊和他的儿子们躺在树下，守卫着装着温暖的袋子，并且告诉其他动物说：“你们不准偷他！”在这些动物之中，谁有力量敢和强大的熊对抗呢？他们差不多绝望了。驯鹿知道如何跑得最快，建议尽他的力量试一下。他向熊游过去（熊守卫着的树长在天堂的岛上），在熊能阻挡他以前就抓走了袋子。熊取来了船，

---

1 小红帽（Little Red Riding Hood），是欧洲流行故事，内容为一个少女为变幻成人形的狼所害。——译者

2 诺亚方舟（Ark of Noah），传远古世界发生洪水，仅此舟上人幸免于难。诺亚为希伯来族一个族长名，方舟是他根据神的指示建造的。——译者

3 作者认为中国没有洪水故事是欠妥的。如众所知，大禹治水就是中国的洪水故事。云南二十二个少数民族中，有十六个民族流行洪水以后一男一女得救使人类得以绵延繁衍的神话传说。——译者

4 采自佩蒂托特（E.Petitot）的著作。——原注

图二六九　阿萨巴斯克人的洪水故事

但他划桨时，桨坏了，因为老鼠已偷偷把他凿穿，作为自己对公共事务的贡献。这就给了动物们把袋子拿走的一个机会。袋子很重，动物们轮流地把他挂在杆上挑着走。在从天上到地下漫长道路中，他们每夜必须休息。当一天黄昏他们准备宿营时，老鼠的鞋子走破了，就从袋子上割一块皮来补。这一行动不幸惹了大祸。温暖从洞中流出来、带着这样可怕的威力，以致覆盖大地的巨大雪毯很快融化了，变为惊人的洪水，不断上涨，甚至把最高的山也淹没了。

一个白发的印第安老人预见到这一事件，当雪融化时就曾警告同部落的人说："让我们造一个大的独木舟来救自己吧"。大家笑他。他们说："假如发洪水，我们能爬上山，那里洪水是不会到达的。"但他们错了，水捉住他们，他们淹死了，连最后一个人也淹死了。所有动物在洪水中毁灭了。洪水标志着世界的末日。

只有一个印第安人得救了，即那个老祖父埃特西，他不仅造好了船，而且把每种鸟兽各带一对在身边。动物们在埃特西的船上长期旅行，食物变得缺乏了，他们厌恶看见水，渴望土地，但毫无土地痕迹，洪水毫未消失。所有水生动物试图潜水找到地面，但没有成功。鹰飞去寻找一些坚实的土地，也没有找到什么东西。鸽子试试他的运气，出外两天才精疲力竭地回来，嘴里衔来了一个松枝，他曾看见有些树的尖端露出水面。这就鼓舞了其他动物，他们开始再次潜水寻找陆地。鼠在试探中几乎淹死。水獭留在水里时间过长，几乎死去，在倒下之前说"没有"。最后，小喇叭鸡试试他的运气，当他浮上水面时，足趾之间带有一些泥土。他再试一下，由于某种奇迹他成功地把大地举了起来。就是小喇叭鸡，把地球带回给今天所有活着之物。他是所有动物中最伶俐者。

原始土著居民的故事不仅解释了所有生物和物件（可见的或不可见的）的起源，他们生活中重要之事也成为神话故事的核心。动物的形状和颜色，都有"确实的"解释。负鼠有一张大嘴，是因为有一次对被它愚弄的鹿，笑得过度。号叫的猴子决不下树，因为它害怕貘，它有一次偷了貘的笛子。动物现在所以生活在丛林中，不像过去那样呆在房内，是因为它们受一个人的儿子的哄骗。某些动物被认为掌握了灵巧的策略，身材很小，却以敏捷的思维胜过比它们身大的“兄弟们”，我们的故事中的狐狸就扮演这种角色。在非洲和南美，海龟时常是聪明的家伙。有些动物以前是人，贪婪和自私的行为使“它们的手弯曲了”。但更常见的说法是动物乃人类的祖先。

有些动物被认为是“坏蛋”。像北方的狼獾是“印第安人的魔鬼”，能从捕机中偷去诱饵，并松开捕机，它甚至偷食印第安人贮藏在窖中成束的珍贵毛皮。对非洲潘格威人来说，猫鼬（“恩索姆”）是偷吃鸡蛋的罪犯。

与此相反，其他动物则由于“高贵的”品质而受到崇拜。在非洲许多地区，作为短鼻鳄杀手的巨大蜥蜴是神圣的，潘格威人平等地对待它，并用它的形象作为心爱的装饰。在北极地区，特别是熊，那是和人同等看待的，假如不是高于人的话。“迫不得已”杀熊的猎人要把和解的烟管插入熊嘴；熊的尸体不能为妇孺所见，以免熊发怒。纳斯科皮人相信，所有动物都像人一样生活在部落之中，但熊却非如此，因为每头熊都“自成首领”。

许多乡土故事，结尾都有教育意义，它们就是为了教育目的而讲述的。它们警告一个人不要忽略了神，不要动邻人的财产，不要讥笑上年纪的人，等等；或者嘲笑那些有非分之想者，像兔子想仿效朋友海狸在冰河中钓鱼几乎淹死之类。

原始人故事中闪烁着他们所有的智慧和欢乐。在他们光怪陆离的描述和类比中，有的欢欣，有的崇高，有的大胆，还有一些则无意识地宣讲了深奥的哲学问题。在非洲，法庭上讲述动物寓言以强调一个法律观点，或者洗刷被告的问题。在其他地方，以严肃地讲故事方式，向神提出婉转的请求。整个原始人世界中，古老故事提供的娱乐和教育，有效地代替了教会和学校、电影和杂志。无论故事内容如何，它们都是好故事，人们喜欢倾听。滔滔不绝地讲述，偶尔也插入歌和诗。巧妙的休止增加了人们的悬想，而且所有修辞方面的技巧都被用来迷惑听众的意志。

讲述古代故事的权利时常属于一群人所有，或者属于单独一个人所有。故事讲述者通常是一个老人，他的称号是“故事的主人”。

婆罗洲达雅克人区分出三种不同的语言：人的语言、灵魂的语言、神的语言。按印度尼西亚人美学观点，讲述故事分为普通的和风格高尚的两种。达雅克人对讲故事的权威，给予“伦塔斯”的称号，“他的话使人听了高兴”，他的工作是当人们在公房中编织时，使大家得到娱乐。他心爱的故事主题有神、魔鬼、人、植物和动物，有“美好世界”的宝石花，有骨头像刀似的吸血鬼，有英雄阿白的事业，有侏儒的诡计；还有著名的审判，决定烤鱼的香味必须以可爱的鼓声来偿付。达雅克人故事要具备三点——真实、瑰丽和逻辑次序，才容易讨人喜欢。在行的听众是不易被愚弄的。

非洲的讲故事者喜欢说：“像对火一样讲话。”爱斯基摩人和住在拉布拉多帐篷中的老人，当以简略的姿势和令人尊敬的声音讲述荒野中的秘密时，把北极光的奇妙景象用言词表达出来。一只鸟不再是鸟，而变为某些神奇的萨满的使者。夜像有生命之物那样呼吸。星星和月亮、熊和海狸、雪橇和冰，开始以人的声音讲话。所有人听着这种缓慢而令人激动的声音，都似乎接触到宇宙力量的存在。

但故事本身总比单纯描述这些故事更好一些，下面就是少数例子，它们都是按照本书主旨选出来的，有其共同的特点，即它们都是解释事物起源的故事：

太阳的起源

（澳大利亚人的神话）[1]

古时没有太阳，天空只有月亮和星星在一起放射光芒。地上没有人，只有鸟和一些动物，比我们今天知道的动物大得多。

有一天鸸鹋丁纳瓦和鹤布拉加在一起散步。但他们发生了误会，不久就开始打架。布拉加大发脾气，冲向丁纳瓦的窠，拿起一个蛋，用尽全力向天空抛去。蛋打中了天空一堆木柴，破成碎片，黄色的蛋黄流遍了木柴堆，并使他发生火焰，这样整个世界突然被燃烧的木柴照亮。到那时为止，地上只有很暗淡的光，现在为强烈的火光所掩了。

住在天上善良的精灵喜欢光明，想到假如每天有这样的火该多么好。于是他就创立一种规矩，每夜由做他仆人的精灵搜集木柴，当柴堆备好他便派晨星出去宣告：不久即要点火了。

但他注意到晨星的宣告只能为眼所见，不能唤醒地球上的睡者。他寻找一种声音能有效地与信号为伴。他不能找到恰当的人发出恰当的声音。

一个黄昏，他听公鸡“喔喔喀喀”的笑声。他对自己说：“这是我要找的人了。”每天早晨在柴堆开始发光之前，他就鼓励公鸡发笑。假如公鸡忽略自己的责任，就不点着柴堆。

从此“喔喔喀喀”很好地完成自己的工作，每天早晨他从未忽略在适当时间发出笑声。他在结束时要叫三次自己的名字：“喔喔喀喀！喔喔喀喀！喔喔喀喀！”

早晨，当精灵点着柴堆时，开始并不太热。快到中午，整个柴堆烧红了，他给地球相当多的热量。在此以后，热渐渐减退，到黄昏只留下微弱的红色，很快变成灰烬。夜晚仅有极少的燃烧木块保存着，小心地包在云朵中，这样早晨可以容易把火再燃起来。假如有人嘲弄“喔喔喀喀”（他是很敏感的），他早晨就停止发笑，然后大地将再次为黑暗所笼罩。

月亮的起源

（新几内亚的故事）[2]

在我们的沃曲金村，有一次哥哥和妹妹单独在家。他们饿了，寻找一个西谷椰来做一餐饭。他们揭开母亲保存西谷椰的大陶罐，发现一个大的西谷椰，很圆，发出如此美丽的光亮，他们竟忘却了饥饿，开始在小屋外玩起来了。

太阳神伍纳考从天上向地下窥视着他们的游戏，并且稍微降下一点以便更好地看看

1 采自帕克（K.Langloh Parker）的著作。——原注
2 采自梅厄（P.H.Meyer）的著作。——原注

图二七〇　纳斯科皮—印第安人的月中人故事

发光的西谷椰。最后，太阳用一片巨大的叶子遮着脸，免得烧焦了孩子们，来到可以谈话的距离，对孩子们说："把你们的球抛得高一点，让我也能看看"。

孩子们这样做了，太阳抓住了西谷椰，不管孩子们如何哭喊，把他带到天空中去了。在那以前太阳的生活是艰苦的，白天黑夜都要履行职责。现在他把西谷椰做成月亮，作为守夜的人。当月亮开始运行时，太阳就可以休息而且睡觉了。

月亮里的人的起源

（蒙特纳斯－纳斯科皮部落的托莫·卡瓦所述）[1]

古时没有夜晚，太阳和月亮在天上肩并肩地照射着，故永远都是白天。

一个印第安人，名叫泽加贝克。他追求黑暗，决定创造出夜晚。他是一个巧妙的捕兽者，能套住他想要的任何动物。有一次他的姊妹曾对他说：

"假如你想捉住一些不平常的东西，向我要一些长头发做一个套结，你用他能捉住其他印第安人不能捕捉的东西。"

那天，泽加贝克到他姊妹那里要一根她的头发。她说：

"你必定在搞什么事情。"

"啊，没有。"他说，并且唱起歌来了。

1 由利普斯（Julius E·Lips）记录。——原注

图二七一　海达—印第安人画的"月中人"

她给他一根头发，他用来做出一个套结。他把套结小心地设置在月亮经常走过的小路末端。信不信由你，他确实把月亮捉在里面了。

夜晚降临了，大地长时间黑暗着，泽加贝克哭泣起来，对自己做的事情感到害怕。

在他家帐篷中，他有一大袋的动物，都是他用套结捕捉的，有老鼠、鼹鼠和其他小东西。

当月亮已被捉住，他要姊妹把盛有动物的袋子拿给他。

"你要他干什么？"她问。

"别管，把他拿给我就行了。"他回答说。

他放动物出来，请求他们啮咬套结，放月亮出来。动物们一个接一个地咬，都无效。最后老鼠获得成功，把月亮解放出来。月亮再次跳到天上，追赶太阳，但她赶不上太阳了。从那时起，太阳和月亮就像我们今天看到的一样。白天和黑夜就这样创造出来了。

但泽加贝克不能忘却这次对月亮的冒险行动，不禁要再一次捉住月亮。

一天，他离开帐篷，准备打猎。

"你到哪里去？"他的姊妹问道。

"哦，我要去捉兔子。"泽加贝克回答。但他偷偷地走到世界边缘（月亮就是从那儿升起的），再一次设置套结来捉月亮。

当月亮升起时，她再次被套结捉住了。泽加贝克看见，很高兴，把月亮拿在手中就近地看，不再害怕。实际上他是太喜欢月亮了，竟急忙地走了进去。然后他割断了套结，月亮又升到天上去了。

从那以后，每天天黑他仍望着大地，我们称他为"月亮里的人"。

北美印第安人另一部落的海达人相信，月亮朗恩有一次看到地上一个人，他很喜欢，就放出光芒，把这个人拉上去和他做伴。被劫的印第安人试图抓住自己的水桶，因为他想和家庭留在地球上，但没有生效。从那以后，他就在月亮上了。每当他翻转仍然持在手中的水桶，就有雨落到地球上。

在密克罗尼西亚，如哈姆布鲁奇（P.Hambruch）和布兰代斯（A.Brandeis）告诉我们那样，月亮中人像根本不是一个男子，而是一个从瑙鲁岛（Nauru Is.）来的俊俏姑娘，她和祖母住在一棵很高的树下。姑娘名叫埃齐万诺科，长得非常美丽，使得祖母认为她不应和凡人结婚，而应从神祇之中选择夫婿。一天，祖母劝告姑娘用花朵和甜香的油装扮起来，给她一些巫药，叫她爬上树，愈爬愈高，一直爬上天空。以前还没有人能做到这一点。

埃齐万诺科按她所说的去做了。当她到达云中时，发现一个瞎眼老妇，用烧热的石头烤棕榈酒，放在三十个椰壳容器中糖化。姑娘渴得要命，便痛饮一番。老妇虽然眼瞎，还是发觉了这件事，威胁说：两个儿子黄昏回家要杀她的。姑娘试图得到饶恕，但没有用。最后，姑娘焦急了，建议为老妇医治眼睛。当姑娘触及瞎眼，立即有一些蜥蜴、臭虫和其他令人作呕的小动物从眼中跳出来，老妇重见光明了。这一成功使姑娘自己也大为惊讶。

老妇高兴地拥抱姑娘，把她藏在巨大的砗磲壳中，因为儿子回来要杀掉任何陌生人的。但第一个儿子伊古安回家时，注意母亲在他走近时闭上眼睛（因他是太阳，没有人望着他而眼不瞎的），便问是谁医好了她的眼睛。这时，第二个儿子也回了家，他就是月亮默利曼。当母亲告诉他们发生了什么事，两人都要见见姑娘。姑娘从砗磲壳中走出，因为长得太漂亮了，两个儿子都要和她结婚。他们让她自己选择一个，并答应决不嫉妒。老妇问姑娘，两个之中谁应做她的丈夫。埃齐万诺科回答：

“我不能和伊古安结婚，他太热了，我不能望他。但默利曼看来是这样的安静和温柔，我要和他去。”

有了这番话，默利曼便搂着姑娘一起驶向天空。当夜晚晴朗时，我们能看见他们正在一起旅行。

白天和夜晚的起源

（克里克—印第安人所述）[1]

动物们举行会议，熊“诺科西”担任主席，讨论如何分开白天和夜晚。

有些动物希望所有时间都是白天，另一些动物希望都是夜晚。在充分谈论之后，地松鼠“丘—思洛克—丘”发言：

“我看浣熊‘伍特科’尾巴上的圈圈是等同而相间的。首先是黑色，然后是淡色。我想白天和夜晚也应这样分开，像‘伍特科’的尾巴一样。”

动物们为“丘—思洛克—丘”的聪明所震惊，采用了他的计划，像“伍特科”尾巴上圈圈那样分开白天和夜晚，而且有规律地相互衔接。

熊“诺科西”出于嫉妒，抓破了“丘—思洛克—丘”的背，这样就使得地松鼠后代背上都有了条带。

火的起源

（克里克—印第安人是如何获得火的）[2]

所有的人来到一起，说：“我们如何获得火？”

一致同意兔子应该试一试，为人去取得火。兔子越过大水来到“东方”，他受到热情的接待，为他安排了一次盛大的舞蹈。兔子进入舞圈，穿着华丽的衣服，头戴一种特别的帽子，帽子插入了四根松香棒。

---

1 据斯万顿的著作。——原注

2 据斯万顿的著作。——原注

图二七二　克里克—印第安人火的起源故事

在跳舞时，人们愈来愈接近圆圈中央的圣火。兔子也愈来愈舞近圣火。舞蹈者向火鞠躬，愈弯愈低。兔子也向火鞠躬，愈弯愈低。突然，因为兔子躬身太低，帽子上松香棒点着火，他的头成为一片火焰。

人们为不敬神的客人竟敢触及神圣的火而震惊，他们愤怒地向他跑来。兔子跑开了，人们在后追赶。兔子跑向大水，跳了下去，人们被阻在岸边。

兔子游过大水，帽子上带着火焰。他回到他的人民之中。这样他们便从“东方”获得了火。

死的起源

（英属东非一个班图部落——卡姆巴人对这个问题的解释）[1]

天上伟大的老人说：“唉！我曾经创造了人，他们都死了。但我不想他们都死，他们应该复生。”

他创造了人，把他们分开安置到很远地区。至于他自己，则留在家中。

石龙子和织巢鸟一连三天来拜访老人。老人注意到织巢鸟非常爱说话，其中有真话，有谎言，而谎言多于真话。另一方面，伟大的老人认为石龙子是一个聪明的家伙，他的话是真实的。所以他就转向石龙子说：“到我所创造的那些人所住之处去，告诉他们：他们死了，甚至很死很死的，还应再起来。每人死后还能再生。”

织巢鸟留在老人那里，同时石龙子到达人的地方，开始说：“我听说……我听说……”嘿，他忘却了自己的使命。

织巢鸟对伟大老人说：“让我飞一次，到石龙子旁边去。”老人告知他说：“去吧！”当石龙子再次徒劳地对人类结结巴巴地说“我听说……”时，织巢鸟刚好到达。

织巢鸟立刻落下说：“我们听说人死将像芦根一样毁灭。”但石龙子现在回忆起来了，

1 采自布鲁泽（Brutzer）的著作。——原注

说：

“不对，要我们来说的是，人死应该再生。”

因为两者都坚持自己的口信是对的，因为他们不能取得一致的意见，他们便请喜鹊来做仲裁人。

“织巢鸟是对的，石龙子是不对的。”这就是喜鹊的决定。

从此人必须死，而且不能再生。

橡籽的起源

（卡鲁克—印第安人的神话）[1]

橡籽以前是印第安人中伊克沙亚弗部落的成员。这个部落在我们来此以前就在这里，他们现已变成动物、岩石、物件和卡鲁克人所珍视的仪式了。

图二七三　卡鲁克—印第安人橡籽起源故事

有三个橡籽姑娘：黑橡籽、褐橡籽和柱形橡籽，她们决定自己应有好看的帽子，每人便开始为自己编织一个。那时伊克沙亚弗部落还住在天界。姑娘们编织时，感到有些不寻常之事正在发生，便互相说：“我们最好走吧！人类要兴起了。”

黑橡籽没有完成她的帽子。褐橡籽没有时间清除她帽子里面露出的草，所以她把这不好的一面翻过来就这样戴着。只有柱状橡籽完成了她的帽子，并弄得干净。当她们准备就绪，又加入了槌状橡籽，她有一顶好帽子。

突然，她们从天界落到人间。她们已预感自己未来的命运，说：“人类将以我们为羹汤了”。在下落时，她们眼花缭乱，便闭起眼睛，把脸转向帽子里。

当她们到达地上，彼此嫉妒起来。褐橡籽希望柱状橡籽和槌状橡籽倒霉，仅仅因为她们有较好的帽子。这两者为了报复，则希望她变成黑色的。不良的愿望竟成为事实，因而今天没有人喜欢吃柱状橡籽，槌状橡籽也不好吃，因为难以舂碎，而用橡籽做的汤如是黑色，那也不能算是好汤。

在她们落地以前，刚刚打扮过自己。黑橡籽是脱光的，故今天我们把她从地上拣起，仍然是脱光的。褐橡籽也没有过多地打扮自己，因为帽子未完成，她认为打扮也没有什么价值。

因为她们下落时，脸转向帽子，故今天她们的脸仍在帽子之中。

---

1 采自哈林吞（John P.Harrington）的著作。——原注

图二七四　美拉尼西亚加泽尔半岛介币起源故事

介币的起源

（美拉尼西亚加泽尔半岛上的传说）[1]

古时我们就有介币。我们到盛产介类之处仅有四天旅程，但现在要花我们六个月的时间。为什么呢？请听吧。

一天，人们开船做一次短途旅行前往产钱地区，全村的人都在岸边看他们出发。一个老人告诫道："对你们遇到的每件东西都要有礼貌。"他们离开了。

不久他们即遇到了隐居的螃蟹，他谦恭地问他们早安。船上的人讥笑他说："瞧这家伙的丑脸，他不是令人作呕的吗？"他们没有向他致意。

隐居的螃蟹对他们说："前去好了，你们不会找到多少介币的。介类将迁移到远处去了，像你们这样的人是不配有介币的。"

真的，人们连一个介壳也找不到。他们忧闷地空手而回，什么钱也没有。

有一天，一个男孩子饿了，向父母要食物，但他们什么也不给，责骂孩子说："为什么不去吃你玩的烂泥，或者吃你那些玩友的烂泥"。孩子忧愁地去到岸边，他遇到一棵躺在水中的老树。

"你遇到什么事？"树说，"为什么你这样忧愁。"

"我父亲和母亲责骂我，"孩子说，"我不知道怎么办。"

"跳进来"，树说。孩子现在认出他就是一只独木舟。他们游出海去了。独木舟中有椰子，孩子有吃有喝。他们飞快地前进，直到最后在纳坎奈（那里今天仍能找到介币）登了陆。独木舟现在建议孩子编篮子。二个、八个、十个，一直编到三十个为止，把他们迎着浪潮排成一行。

"退回！"独木舟说。突然巨浪来到，浪中充满了介壳，漫过三十个篮子，浪退回之前已把篮子中填满了介壳。

1 采自梅叶（P.J.Meier）的著作。——原注他们现在不再单独在岸边了，因为另一只独木舟已经登陆，是由公鸡驾驶的。公鸡对孩子十分友好，建议孩子乘他的船回家。他把充满介币的三十个篮子全装在公鸡的独木舟中，向孩子村庄的方向驶去。途中遇到另一只独木舟，一个食火鸡坐在里面划着桨。他们交换了礼貌性的问候后，便彼此驶过了。

最后，他们到达孩子的村庄。当孩子到父母屋里去时，公鸡留在独木舟中守卫着钱篮子。孩子到了小屋，看见一个埋葬用的高架已经建成，送丧的人已经请来，埋葬的每件事情都准备好了。

“所有这些都是为你准备的。”父母对孩子说，“我们想你是死了，我们花费了最后的钱来准备这些。”

孩子拿了一大袋食物，并请父母随他去岸边。他向公鸡道谢，把食物给他，并卸下三十个装钱的篮子。公鸡重新跳进船中，游呀游呀，一直回到纳坎奈去了。

“我们应如何处理这些介壳呢？”父母问道。因为他们的钱是另一种形式的。

“在他们之上钻孔，并用绳子穿起来。”他们就这样做了。孩子们把他系成一个大环，给他的父母。

“拿着这个，作为你们为我花费的补偿。”他说。他的父母快乐地回家了。但孩子用其余的钱——那是很多的——建造了自己的小屋。现在他是全村最富有的人了。

在孩子引导之下，村民们有时远征到纳坎奈岛去（那里的最高统治者是公鸡和食火鸡），但他们从未像孩子发现那么多的介壳。虽然他们小心翼翼地向岛上两位主人致敬，虽然旅行要花掉他们六个月的时间，而能否找到介壳全靠介壳、独木舟、公鸡和食火鸡是否高兴。

陶器的起源

（东非乌卡姆巴人的故事）[1]

很久以前从白蚁窝中出来的最早人类有各种食物，但必须生食。食物是不加烹煮的。

一天，一个妇女从村庄出来到河边去，用一些卷起的叶子从河中取水。在岸上她发现了一块形状特殊的岩石，中间有凹洞。她把他用水填满，带回家去，置于灶上。黄昏她为家庭准备食物时，放些玉蜀黍和豆汁在凹石中煮。看啊！他有一种美妙的味道，比生的食物好多了。

次日早晨，一个邻居进来，看见凹石，很是羡慕，问妇女是否还有一个给她。

“没有”，第一个妇女说，“我在河边发现时，那儿只有一个。”

“让我们到那里再找一个。”

这两个妇女去了，到处寻找，没有这样的石头，但有肥沃的光滑的黏土。她们取了一些，加上水，试图模仿凹石形状做一个。试了五天，最后做成了一些小东西，她们称之为黏土器。她们把他们放在火上烧，变得像石头一样坚硬牢实。

在家中，她们把这些黏土器放在火塘上，并邀请来所有妇女 ：“来看，我们准备了

1 采自林德伯罗姆（Gerhard Lindblom）的著作。——原注

这些土器，能够煮水而不会流进火塘”。

她们用来煮豆汁，其味美妙无比！其他妇女试图仿效，但不成功，无论谁想要一只黏土罐（或者说“利昂古”）必须向这两个妇女订货，要付出美丽的蓝色珠子作为代价。

她们又把所有男人喊来，举行一次庆祝会纪念黏土器的发明。妇女的丈夫们又特别请了神圣的老人。老人在妇女手上唾吐祝福她们：“噗！噗！噗！”老人这样做了并且说：“你们变得很聪明了，你们发明了黏土器。”

他们忠告妇女，在做黏土器时，不要让男人窥见，否则她们会失掉自己的技术。她们听从这一忠告。

这就是人类如何学会做陶器的故事，我们的人民从那以后深受其惠。

雪鞋的起源

（不列颠哥伦比亚的卡里埃—印第安人的神话）[1]

一个卡里埃—印第安人和松鸡紧紧坐在一起。松鸡慷慨地告诉人如何做雪鞋。那是动物们从最早时期起就用来在深雪中走路的。松鸡告诉了每个细节，人们学会如何做框架了。当第一个框架做好，印第安人的妻子被叫进来，松鸡向她表演如何用皮条捆扎。这样妇女们便扎好第一双。人们谢过了松鸡，松鸡离开他们回家。

松鸡只走了一小段路便倒地而死，因为他说得太多。

这就是卡里埃—印第安人如何学做雪鞋的事。

即使我们有好的发明，我们也不应该说得太多。

逆戟鲸的起源

（特林吉特—印第安人的故事）[2]

海豹民族集团有一个人，是很有技术的木雕者。他想，印第安人如有逆戟鲸会高兴的。他便动手做一个。

他先用红杉来雕，然后用青松，接着又用其他种类的木料。他把每种雕像拿到海滩去，试图使他们游出去，但他们都留在水面而不游走。最后，他试用黄杉，这一次他成功了。

他做了不同种类的鲸鱼。有一种被他用印第安人的白粉，从嘴角到头画上白线条。他说：“这将是白嘴的逆戟鲸了。”

当他第一次放他们下水时，他领他们到海湾去，告诉逆戟鲸：他们可一直到海湾的尽头去，可以猎取海豹、鳙鲽和其他各种海底的东西，但无论何时不得伤害一个人。他告诉他们：“当你们浮上海湾时，人们将对你说：‘给我们一些吃的吧！’”

鲸鱼遵从他的教导，从那时起，就驱赶水中生物上岸，这样印第安人就能捉住他们。

在此以前，人们是不知逆戟鲸为何物的。

1 采自詹尼斯（Diamond Jenness）的著作。——原注

2 采自斯万顿的著作。——原注

图二七五　卡里埃—印第安人海狸起源故事

海狸的起源

（卡里埃—印第安人讲述）[1]

一对新结婚的夫妇离开弗雷泽湖，到南方的山上去打猎，在靠近一条小溪的地方单独宿营。丈夫从早到晚不在家，妇人感到寂寞，在小溪上筑一条拦河小坝，以消磨时间。丈夫发现小坝使水深了起来，对他涉水过河多有不便，便用脚把小坝弄坏了。

妇女哭了起来，说："为什么你要弄坏他。你不在时我是寂寞的，筑造这个消磨时间"。

次日，她做了另一个小坝，他又把他弄坏。这事一次又一次地发生，她愤怒极了。

一天，丈夫打猎回来，发现一个很大的坝，横跨于小溪之上，水的中间有一座海狸的房子。他的妻子正跪在池边，手中拿着下衣，一见丈夫来到，她立即把下衣塞在两腿之间，跳下水去，进入海狸房子里。丈夫把坝弄坏，让水流走，但找不到她。然后他弄坏了海狸房子，仍然不能找到她。那夜，他一个人睡了。

他次日早晨去打猎，回转时见妻子已经修好了小坝，并正在为住房工作。她完全变成海狸了。她躲开了他的捕捉。

他害怕妻子不再出现，她的族人会责怪他杀死了妻子，故回去把她全家带来，大家聚集在岸边。

他们看见一只大海狸跳出水来，坐在她的房顶上。这就是那妇人，她那拖曳的下衣变成了大而扁的尾巴。她招呼族人说："我的丈夫没有杀我，但我变成一个海狸了。现在回家去吧，因我不能和你们一起生活。"

这就是为什么海狸的肚肠和人类似，以及为什么现在这世界上有了海狸的原因。

猫的起源

（美国新墨西哥州的科奇蒂—印第安人的故事）[2]

在"画洞"有一个村庄。从这村庄出来了鹿、熊、狮子、山猫和野猫。他们说："现

---

1 采自詹尼斯的著作。——原注

2 采自贝内迪内特（Ruth Benedict）的著作。——原注

在我们将去东方尽量寻求最好的生活。”

在走以前他们说：“只有一件东西我们未曾得到，这就是猫，但我们如何才能得到猫呢？”

狮子站在圆圈中间，所有古老的动物在其周围吸烟。狮子说：“好，我准备好了。”他打喷嚏，从右鼻孔出来一个母猫；他又打喷嚏，从左鼻孔出来一个公猫。

由这两个猫生出来了所有的小猫。两个猫下临到科奇蒂人那里。狮子对猫说：“你们现在是狮子的后代，有像我一样的面孔。当你们有小猫时，人们将需要他们，因为人们有了这些猫就不会再有老鼠了。他们将是房屋的看守者。其他动物将生活在山中，只有你们这两个猫将生活在科奇蒂人之中。”

事情就是这样的。这就是为什么我们今天有了猫。

黑人的起源

（法属刚果的弗乔特人所述）[1]

万物开始时期，有四个人走过一片与世隔离的大森林。森林位于两条河之外，一条河是清的；一条河呈黑色，而且有污泥。那时候所有人都是白的。世界上没有黑人。

黑河就在四人的道路前面，但从清河涉水而过是比较愉快之事。考虑之后，决定通过黑河，两个人立即这样做了，另外两个却迟疑起来，并且跑开了。黑河中两个人招呼他们，催促他们跟着来，但是没有用，他们跑到清河涉水而过。当两人从清河中爬出时，大为惊惧，看见自己变为黑色的人，只有部分身体——嘴、足掌、手掌——由于曾接触黑河，仍然是干净的。

当四个同伴再遇到一起时，决定分手。黑人到达自己旅程终点，发现仅有小屋，他们和住在小屋里面的黑人妇女结婚了。那些从黑河爬出的白人发现了大房子，有白人妇女在里面，便和她们结了婚。

这就是为什么一些人是白的，另一些人是黑的。

“道西之歌”的起源

（西非曼丁果人的神话）[2]

有一位伟大的英雄，他的名字叫加塞，他打起敌人来很勇猛，并且大掠敌人的家。他想，他的光荣事业将永远不会被人忘却。

一天，他进行一次恶战后回家，看到一只鹧鸪坐在草上唱歌，鹧鸪的歌是这样的：“没有一把剑有这样大的力量，能使佩带他的人永不被人相忘。啊，加塞，你的战争事业将要毁灭，因为他们来源于残暴的力量。唱这支歌的我也是一样将被忘却，但我的歌不会遗忘。谢谢神祇，他允许唱这支‘道西之歌’。英雄、城市和国家总有一天将被忘却，但‘道西之歌’不会，他将地久天长。”

---

1 采自登内特（R·E·Dennett）的著作。——原注

2 采自弗罗贝尼乌斯（Leo Frobenius）的著作。——原注

当英雄加塞听见鹧鸪唱的歌，他有了心事，他开始沉思。他到一位聪明的老人那里请求指教。聪明的老人说：“鹧鸪是对的，毁灭的是剑的事业。英雄、城市和国家将被忘却，但‘道西’不会，这歌将会永存。”

加塞听了这番话，到一个铁匠那里。所有非洲的好东西都是由铁匠做出来的。加塞说：“给我做一个诗琴，这样我将用他弹奏‘道西之歌’，这歌因此永存。”

铁匠说：“我可以给你做一个，但诗琴是不能唱的。”

加塞说：“铁匠，做你的工作，其他是我的事。”

铁匠做了诗琴，带给加塞。加塞摸了一下试着弹奏他，但诗琴不唱。加塞对铁匠说：“怎么回事？为什么诗琴不唱？”

铁匠说：“这我以前已说过。”

加塞说：“让诗琴唱起来。”

铁匠回答说：“我做我的工作，其他是你的事。”

加塞说：“我该怎么办呢？”

铁匠回答：“诗琴是一片木头，他不能唱歌是因为他没有心。要靠你去为他提供一个心。这木头在打仗时必须放在你的背上，他必须吸收你眼中的泪和你嘴里的呼吸；你的忧愁必须变为他的忧愁；你的光荣必须变为他的光荣。木头必须不再是树的一部分，而成为你的命运的一部分。”

加塞根据这话，把他八个儿子喊来对他们说：“今天我们都去作战，但我们剑的事业将不会被忘却，武器的声音将长时期存在下去。我和你们——我的八个儿子，将在名叫‘道西’的歌中活下去”。

这样他们就去作战了。他们像英雄一样地战斗。加塞把诗琴带上背上，他那勇敢心脏的跳动，在木头中回响；当他胜利回时，疲竭的汗水濡湿了诗琴。

他带八个儿子打了八天，他总是把诗琴带在背上。每一天有一个儿子被杀，加塞把他们的尸体背在肩头，他们的血滴在诗琴上，他的泪落在诗琴上。

夜降临了，所有的人去睡觉了，但加塞不睡。他单独坐在火旁。他想到自己的光荣事业，想到他们是空虚的，他在深沉的寂寞中再次哭泣起来。

突然，他听见附近有一种声音，像从自己内部发出的声音。加塞听着，开始战栗起来。他听见诗琴在唱，诗琴唱着那不死的“道西之歌”。不是他的事业而是他的眼泪，给了诗琴一颗心。那就是为什么他能唱的原因。

从加塞到现在，几个世纪过去了。他的剑声已被忘却，但我们今天仍然唱着他的心灵之歌——“道西”。这歌是常存的，而且那些在我们之后出生的人还要继续唱他。

第十五章　人生旅途的终结

“人人难逃一死”的常识，永远高于我们所做之事和拥有之物，超越于我们的快乐和痛苦之上。《圣经》允许我们活“七十年”，或者“由于强壮之故，活八十年”，而在此之后我们必须“飞升”。现代统计学表明，我们许多人活不了这么长久。甚至科学的奇妙新药（据推想可望把人类生命延长到一百五十年），也不可能取消死亡的必然性。

我们对心脏终将停止跳动这一常识所取态度，取决于我们个人哲学对生命的看法，取决于我们能否和死亡协调起来的思想根源。法国著名文学家维克多·雨果著作中已判死刑的罪犯，在断头台的阴影下以这样的话作为安慰：“所有的人都被判处了死刑，只是执行日期不定而已”。这种关于死亡必然性的深思熟虑，和原始人的概念形成鲜明的对比。虽然原始地区比起文明世界来，其周围死亡的证据更为明显，他们就依靠杀死活物为生；而对原始人来说，他必将自然而然地死亡，这一点并未成为逻辑的必然。他不承认死亡的确定性。

对很多原始人来说，死亡的状态是由于超自然力量所造成的不幸事件，大多数是妖术所害。一场致命的疾病是受了邪恶的影响，甚至偶然事故也是由于敌对精灵的阴谋。在澳洲、南北美洲、美拉尼西亚、非洲马达加斯加和其他地方，死亡起源于“非自然的”事件，人只是带着厌恶的恐怖来接受它。甚至超自然力量方面的失误，也会造成死亡，像一些古代神话所解释的那样。许多部落又相信，性交和死亡有关，是前者的“发明”导致后者的发生。

原始人对他们自己将来会不会死亡，丝毫不假思索。对某些精灵小心提防和进行崇拜，也许能实现在地球上永恒的存在吧——谁知道呢？例如，非洲的克佩尔人崇拜老年男女，因为他们有足够的灵活性，多年以来避开了蜥蜴、魔鬼和嫉妒的祖先的攻击。

无论如何，下面这些是可以肯定的：地球上所有民族对于一个男人或妇女因何死亡，有非常确定的观念。许多民族相信，死者在一个说得很明确的地方继续存在，这个地方和死者在地球上所处环境相似，而且所有民族都按照符合自己观念的形式来埋葬死者。

关于活人如何照料死者，即使是最原始的文化也使用了多种方法。要推测哪一种埋葬方法最古老，是不可能的。塔斯马尼亚人和澳大利亚人，举行火葬或土葬；澳大利亚北部和西部的部落在树中埋葬死者，或者将死者葬在伸入高空的架子上，或者像在维多利亚州那样把死者遗体放在洞中休息。死人可以放在日光中或火中使其干却，然后置于树上或空心的树干之中。在

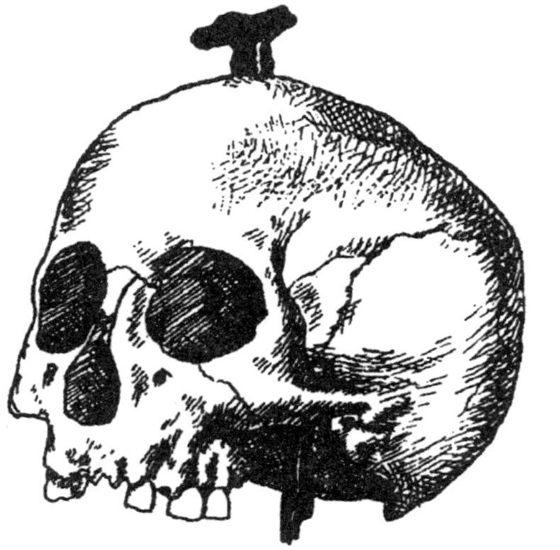

图二七六　西班牙发现的带钉头骨

圣克里斯托瓦尔[1]，知道有二十一种不同类型的葬法，从土葬、海葬、树葬、高架葬和葬在大袋子中，直到火葬和做成木乃伊。

所有这些安置尸体和照顾尸体的方法，并非单纯是关心死者福利所引起的；而是害怕那些由于死亡的“偶然事件”被排除于社会生活的人，从他们“伪装”为无能为力的状态下设法回来，以恐吓或伤害那些比他们长命的人。从史前时期到我们文明时期，关于死人会出于嫉妒而报复的观念，像一根红线贯穿于所有人类葬俗之中。塔斯马亚人在坟墓的土上压着石头，埃及人给木乃伊带上足铐，我们今天棺材上钉着铁钉，都起源于这种间歇发作的恐怖。

使尸体留在坟墓中方法很多。塔斯马尼亚人把尸体捆缚起来，以防止移动。澳大利亚人用矛把死者颈部钉在空树做的棺材上，或者葬后再把整个的树棺付之一炬。在史前西班牙，把死者的头钉在棺材上是正式的葬礼，这一仪式被发现是由于遗骨表现出头部有用巨钉刺穿的“二次杀”的证据。这一习俗曾长期流行，后来明显地仅限于一定的居民集团。在今天意大利的阿拉戈纳（Aragona），这种习俗还存在于这样一种诅咒中：“希望你像犹太人那样地挨钉子！”

整个地球上原始部落，就这样采取预防措施来使那些不会说话的“囚徒”不可能离开坟墓，不可能把他们力量用来反对社会。

死者被假想有许多种形状，这使它们的出现倍加危险。在东南澳洲，认为死者像星星一样站在天空，他们和部落的男巫有秘密的交往，甚至普通的男人和女人也偶尔听见他们的声音，并在早晨看见他们的足印。尸体本身可以照样活下去，虽然出现时有细微的改变。第一个出现在澳洲和非洲某些地区的白人，被当成部落中死亡者的灵魂。

为了劝诱死者留在他的葬地，亲友们试图使他的新家尽可能舒适。脸和身体不让直接接触泥土，死者或安放在崖洞中，以蔽风雨。澳大利亚人威梅拉部落中，一个英俊的年轻人被葬在坟墓中，本部落的人认为，当十一月阴冷雨水落进去时，他“太不舒适了”，朋友们便把他挖出来给以比较好的葬处，即放在一棵空心的树中，为了他的舒适永远把树封闭起来。

此外，还要以言词和允诺对死者表示敬意。但活人在作了这些姿态之后尽可能快些跑开，以免给以前同伴有纠缠自己的任何机会。在最古老文化中，我们发现有把死者简单地暴尸于野让动物来光顾的习俗，由于其他的原因这种方法在北极文化和猎人社会中特别典型。有时不待死的时刻真正到来，在被遗弃者还在作最后喘息之前，同部落人即匆忙离去，以逃避死者的精灵。

东部玻利维亚的莫约斯—印第安人部落一个成员偶然淹死时，其他的人立即跑进树林，因为害怕死者会把他们抓去一个做伴。同一地区的诺泽人，用席子把死者包裹起来，用一种名叫“穆

1 在古巴、委内瑞拉和多米尼加，都有名叫圣克里斯托瓦尔（San Cristobal）的地方。这里所说不知指哪一个而言。——译者

卡托”树的叶子建造一个小屋来遮盖遗体，以后即匆忙离开。

在那些把死者葬在高架上或树上的地区，以后要把骨头收集起来并埋入地下。遗骨的某些部分则恭敬地到处带着，以保证对死者的继续记忆，同时利用遗骨继承下来的巫术力量。

澳大利亚人用红色或黄色的铁矿石，来画这些骨头或头骨，把它们作为崇敬之标记加以保存。安达曼人把死者屈肢地葬入土中，或放在树上的平台上，以后收集遗骨做成装饰品，以供死者亲友佩戴。西部塔斯马尼亚人从还在冒烟的火葬堆上把骨头小心地收集起来，捆扎在兽皮中，由亲属们随身佩戴，作为对抗疾病和厄运的护符。 这一习俗在近代日本人之中还存在，他们从火葬地点拣取遗骨，例如伤心的父亲拣取他们死去的孩子遗骨，保存在值得尊敬的地方。

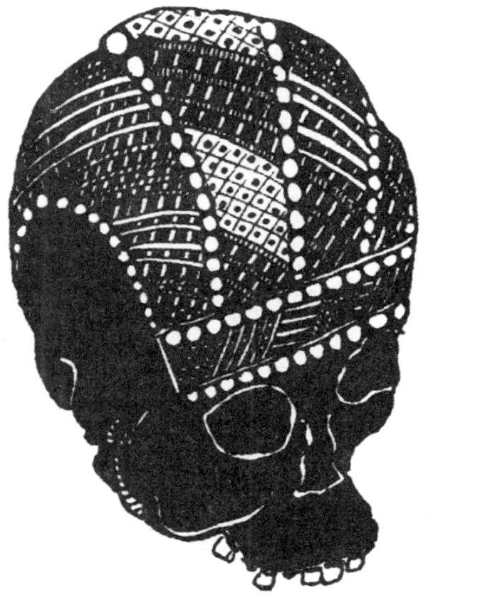

图二七七　澳大利亚阿纳姆兰的科帕平加部落的头骨（画有红白黄三色）

另一种不卫生的死者遗存，是置放于高木架上尸体流下的液体。据认为，它有巫术的性质，可为活人自己所利用。澳洲昆士兰东部的某些部落（如圭默伯拉人）年轻人，把他们那些伟大战士遗体放在木架上，让这种液体流在自己的身体上，以吸收死者的英雄气质；贝伦登克（Belendenker）地区土著居民用这种东西擦身体，使自己变得强壮；纳林耶里人把它收集在容器中，供他们巫术仪式中使用。

这种利用祖先巫术力量为活人谋利的努力，在农业文化甚至有更强烈的表现。由于定居和不能离开死者的地方，他们必须发现和死者建立永远的良好关系的方法。他们处理生和死的问题，都取决于和受制于他们和死去祖先之间的亲密关系。这些祖先的灵魂仍和他们一起生活，并继续生活在他们之中。虽然灵魂并非如我们意识中的那样不朽，但它活在身体某些部分，或以其他复生的形式活着。它在一定时期以后可以“老去”或“凋谢”。

在许多地区，例如在新赫布里底群岛，据推想灵魂可以再死两三次，直于完全消失为止。好像是只有不断的纪念和供奉牺牲来维系他们和活人之间的关系，祖先的灵魂才会“活着”。许多农业民族有一系列关于再生的思想体系，虽然还没有对发达文化中托生观念有所影响的道德观。例如，婆罗洲的达押克人相信，灵魂住在“伟大的外界”的时间，要比住在地球上的时间长七倍，最后再一次回到地球，托生为一个蘑菇、一个果实、一片树叶、一根草或一朵花。假如人吃了这样的植物或其一部分，他就要生一个孩子，那草或植物的灵魂生活于其中。

活人在紧迫或必要时，呼吁死人帮助或支持。这些呼吁时常是以对死者灵魂定期念咒和祈祷的形式出现的，并加上礼物。这种不断保持小心谨慎的态度，和采集者及狩猎者非常不同，后者是不知对亡灵供奉牺牲的。

一个有生命的灵魂，据信是住在他身体某些部分——心、脑、血或肾之中，或者呼吸或影子之中。但死者灵魂的主要座位时常是在头部。头部获得重要的意义，成为巫术力量的中心，头

图二七八　新爱尔兰黏土敷制的着色头骨

图二七九　美拉尼西亚东部的人头房

骨是专心致志崇拜的对象。特别在农业文化的最早时期，这种崇拜导致在人死后发掘他的头骨，因为据信头骨是神秘力量的宝座。这些头骨不仅要漆画和装饰，还时常用黏土复制成活人似的形象，眼睛是贝壳或石头做的。它们被保存在家中、公房中或特殊的容器中，作为宗教上敬畏的对象。在尊敬的头骨面前，土著法庭举行会议和谈话，在其支持之下做出至关重要的决定。

这种利用住在头骨中力量的愿望，不仅引导出保存已死家庭成员头颅的习俗，而且引导出获得尽可能多的甚至是陌生人的头颅的要求。仅仅为了获得这样的头颅，其他部落的男人、女人和孩子都可以杀死。美拉尼西亚和南美是为这种理由而实行猎头的地区。北美印第安人以头皮作为巫术标记，对它高度评价，也源于同一观念。牺牲者愈是强壮和愈是杰出，他的头皮或头骨的巫术力量愈大。

不仅头骨，还有头的柔软部分，都加以保存和仔细地制成木乃伊。这种习俗在以人头为战利品的著名的希维罗—印第安人中，得到高度发展。只有杀死一个敌人并曾以矛沾过敌人血的战士，才有制备这样战利品的特权。牺牲者的头发是细心分开的。从前额到颅切开口子，把头皮全剥离头骨，仅留下眼睛和舌头，然后把其柔软部分用植物纤维缝在一起，嘴唇用竹片固定地连接起来，只有颈部的开口不加以封闭。把这样的“皮袋”放在水中加热，在达到沸点前取出。这时它们收缩为大约原大的三分之一。部落的男巫师指导这一仪式每一个细节，现在他发出信号，制作人头的最后工作可以开始了。把热沙从颈部开口倒入，填满后的头又以热石头加以“熨平”，这个过程要反复进行，约达四十八小时之久，直到皮肤变得光滑、坚硬和有皮革的韧性。

格拉弗（Up de Graff）对这一制作过程提供了详细的描述。他说：“整个的头现在有橙子那样大小，它非常像活人。事实上，缩小的头正是原头的雏形。每个特征、头发和疤痕都无改变，甚至面部表情仍然保存。”由于头发保持原来的长度，形似长长的鬓毛，和那保存下来的令人刺目的脸配合得很好。无论谁有机会在世界各博物馆看了这些战利品，将为它们造成的栩栩如生的印象而感到惊异，尽管它们的制作方法和来源是可怕的。

图二八〇　希维罗人的人头战利品

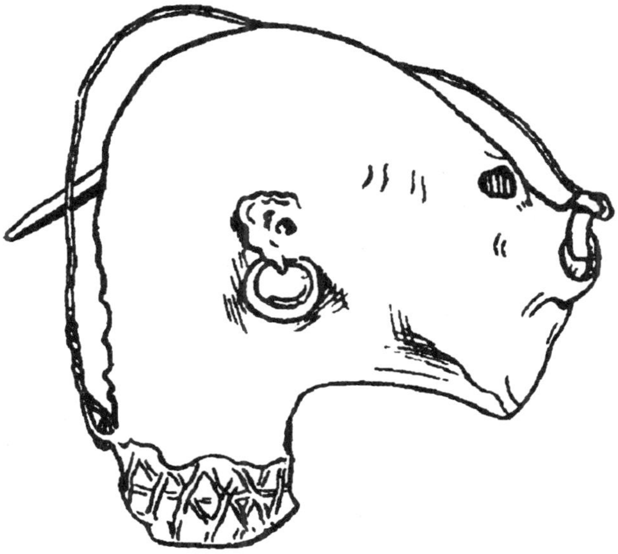

图二八一　新几内亚的充填起来的人头

新几内亚那像活的一样充填的头，和希维罗人作为战利品的头不能等同，但它们外表同样给人以深刻印象。多罗人（Dorro）的猎头者，做这种头的方法是用树皮和椰子纤维充填其中，拔去头发，并以黏土填在眼眶中。

农民对人头超自然力量的信仰，导致雕刻面具的发展。这是死者的代表。人们跳舞时要戴着它，不仅为了尊崇死者的灵魂，而且是为了把死者巫术力量转化为使社会获得利益和力量的源泉。

原始农民华丽的雕刻面具，或许是他们艺术和象征主义的高度表现。非洲面具有哥特式圣人的外貌。其他地区，特别是南海地区，这种东西表现出象征动物和魔鬼的整套打扮。新爱尔兰岛著名的面具“马拉甘斯”，是死者灵魂真正的或象征性的代表。它们都以有死者个人姓名而著称，面具的基部时常雕成一个猪头形——这是亲人们敬奉死者的礼物。

新几内亚北部巴布亚人的习俗，说明了头骨及遗骨崇拜和面具崇拜之间的密切关系。在埋葬之后，他们立即放一个饰有雕刻的面具在死者的地方，死者一直在所在处受到尊敬，直到把死者下颌骨从坟墓中弄出为止。下颌骨由家庭保持着，它是尘世和亡灵所居之地之间的媒介。

但是，不仅死者灵魂到处游荡，活着的灵魂也不必束缚于他们的主要位置（头部）之中。灵魂随时可以离开身体。这些游荡着的灵魂冒险出行，正如做梦所证明的那样。这种信仰存在于所有人类的英雄故事和迷信传说之中，从希腊、罗马直到现代文明的落后地区。在那些地区我们可发现古老的故事，描述着一个老鼠、一个野蜂或类似之物，从睡觉人的嘴里出来，带着他

图二八二　南刚果的木制舞蹈面具

的灵魂到梦境，等他醒时又回来。

由于巫术，也会发生陌生的灵魂进入睡觉者身体之事，造成我们称为神经错乱的精神状态。

一个人死后灵魂永远地离开身体，时常是因为有邪恶的巫师把它赶走。因此，农业社会中经常要寻找出造成死亡的罪犯。死者灵魂仍然在身体附近徘徊，特别在埋葬之前是这样，仅仅在二次葬即肉已朽烂时举行的最后一次埋葬之后，灵魂才旅行到神为死者而设的地方去。常常有从“外界”来的灵魂，像“接待委员会”那样，把新来的居住者安全地引入“未来”之地。如阿佩切人死者会遇到猫头鹰，由它携带亡灵到快乐的狩猎地带。有时死者对尚存人世的亲友，要作正式的告别性的拜访。在波纳佩岛，死者尸体在葬前要从一个小屋带到另一个小屋，每到一处都受到活人的大声悲叹。一个男人拿着桨，一个妇女拿着织布机，和死者一起到墓地，在埋葬地点之上建造一个小屋，这些最近亲属便在那儿住五六夜。此后，拆掉小屋，悲哀的人为表示尊敬剪短了头发，才回到日常生活中来。

在潘格威人之中，寻找造成死亡的“罪犯”工作，做得特别细致。葬礼就是一个机会，来发现死者是否是造成其他人死亡的妖巫。假如在死者内脏中发现“埃穆”这种邪恶的东西，这死者便作为有法术的妖人，要分别对待，没有资格举行像好人（“光明之子”）一样的葬礼。为了辨明情况，在葬礼中巫师（或称“切开的人”）是重要的执事。在他们履行职责之前，一个老人从悲痛人群中走上前来，发表葬前演说，主旨是声言要进行一次血的报仇，假如造成死亡的“有罪的一方”被认出的话。在此以后，尸体被放在集会中心一大块树皮上，衣服、手镯、项圈等都去掉，被带到房后种植地中，紧挨着他那已经挖开的坟墓，那坟墓是用新鲜树叶铺好的。

现在这样的时刻已经到来，即由巫师决定死者是“光明之子”？还是邪恶的妖人。他剖开尸体，检查内脏，宣布判决。根据他的发现，死者或受到“好人”的葬礼，放在树皮棺材中；或者以专为邪恶的人而设的方式，把尸体匆匆处理。

亲属们为了哀悼死者，披戴干树叶以代替平常的服装，剃光了头，戒除性交，把自己禁闭在房内，有时把他们的面部和身体画成白色——死的颜色。

据信，潘格威人死者的灵魂可以是以野兽影子的形式，在地面上踯躅，向那些使他致死的人寻求报复。另一方面，灵魂也可以是和善的。例如，一个贫穷的人死了亲爱的父亲，父亲可以为儿子牺牲第二次生命，把自己变成老虎，让儿子来杀虎，从而杀死他的灵魂。作出这样的牺牲，使其子能出卖有价值的虎皮和虎骨，能为自己买一个妻子。一个死去的潘格威人，在弥留之际认出祖先就在面前，还说“他们就在这儿”，并向祖先致意。在死者应祖先亡灵之邀去恩沙姆比（Nsambe）之前，他可以在树的阴影附近停留一段时期，人们夜间能听见他在那儿耳语。在大约一年之后，人们假定他是乐于离开前去恩沙姆比了，他的衣服礼仪性地陈列在他小屋附近，以一次欢乐的庆祝活动来纪念，这天的安排就是跳舞和大吃大喝。

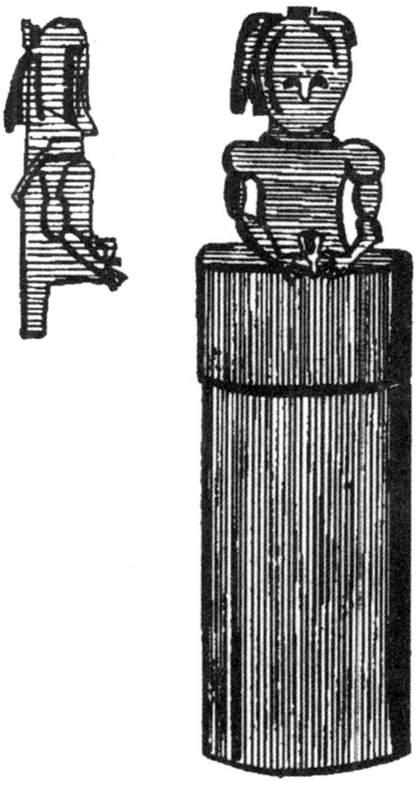

图二八三　潘格威人的头骨鼓

恩沙姆比是灵魂所在地的统治者，是创造之神。那地方是模仿尘世的，但在每一方面都比尘世完善。恩沙姆比给灵魂大块种植地、动物和树林；有食物和许多妇女，由社会快活地支配。“坏人”受到原宥。每个人都有好的生活。但即使是灵魂，老了也不能永远留在天界，恩沙姆比“不能容忍丑陋的东西”，把衰老的灵魂逐出自己的地方。这些灵魂落到潘格威人的土地上，留在那儿，衰弱了，但还是看不见的，仅仅一些动物意识到他们的存在，特别是白蚁，它在这些衰弱的年老灵魂“身体”之上建造了小山（即白蚁窝）。当白蚁窝最后化为尘土时，这意味着灵魂也还原为原来的物质——尘土。太阳、月亮和地球都是从尘土起源的。

现在死者仅仅住在他的头骨之中了，那是由他的家族发掘出来，并和其他古老头骨合起来放在小屋的头骨鼓中的。在紧急时期，当恩沙姆比送来疾病或坏收成时，头骨被拿出来，以一种神圣的舞蹈领往各处，请求它对潘格威人的神祇说好话。假如这种恳求无济于事，头骨便失宠了，受到威胁和侮辱，长时期被抛弃在外。

白蚁窝的一部分，因为它们包含有死者强有力灵魂的某些东西，被搜寻来作为护符或祈求好运的符箓。关于白蚁是人的灵魂一部分，这一信仰是广泛传布的，特别在南海地区。

以跳舞纪念死者的永别，是从非洲到南海和美洲农民的普遍习俗，一般是在第一次埋葬后一年左右举行。

为了抚慰死者，要以象征性的或死者实际所有的物件随葬，这样他们到另外地方旅行过程中可以用适当的形式装备起来。许多部落把死者留在尘世的所有物毁掉，不仅为了向死者表示不想“劫夺”他们，而且为了同时毁掉可能“传染”死亡的一切东西。

美国新英格兰的阿尔衮琴部落，杀死死者珍爱的狗，这样它们可以在他之前到达另外的世界。不治的病人甚至自己发表葬前演说，列举“他的得意之事，给家族一些指导，最后表示告别”。他的朋友把礼物纷纷投给他，以他心爱的食物设宴，并以嚎啕大哭使他相信他们的痛苦。当最后死去时，他们把死者包裹起来，“膝靠着胃，头靠着膝，像在母亲子宫中一样”地捆扎在皮革中，并且就像这样把他埋掉，随葬着他所有的一切——袋子、弓、箭、狗和哀悼的人们提供的另外礼物。

农民许多木制祖先像，表现出死者典型的屈肢姿态，而且许多史前的遗骨也发现有这样的情况。霍皮人用一种丝兰纤维的调和物洗死者的头发，之后便把尸体固定成一种坐着的姿态，假如需要的话膝和臂用丝兰捆扎起来，然后用“祈祷羽毛”（prayer feathers）来装饰死者——头发中一根，每只脚下一根（“把遗体带到另一世界”），每只手中一根，肚脐眼上一根（“那是人类呼吸所在之处”）。墓穴挖得很深，人埋入其中，面向西方。据贝格里霍勒报导，“墓穴被迅速用沙子填起来，在墓上插一根随便什么材料做的棍棒，作为‘呼吸’前往西方的阶梯”。

新几内亚习俗表现出同一观念，即灵魂可能离开或回转坟墓。他们在被埋葬者头部放一根竹杖。虽然祖先和图腾动物在人死后立即来接灵魂，把它带到较好地方去，而灵魂仍喜欢时常回到坟墓中来，恢复他的老样子。

与屈肢葬密切联系的是使用大瓮、篮子或其他类似物作为棺具。南美的图皮人部落，把死者放在大的陶瓮中，使他们避开泥土，并可保证亡灵不会回转。以后时常把骨头洗净上漆，并保存在特制的篮中。巴西博罗罗人把羽毛贴在死者遗骨上，并且以精心准备的宴会来纪念他们。死者的个性由演员们戏剧性再现出来，用以抚慰亡灵。在奇里库诺人之中和其他地方，瓮棺作为一次葬或二次葬（在遗骨洗净之后）的葬具也是常见的。

探险者斯塔尔曾经描述婆罗洲的杜孙人把死者放入瓮棺方法有趣的细节：

> 小屋周围和屋顶上，放着黄铜器、装饰品和珍贵的衣服。朋友们哭忠实的朋友，邻居哭诚实的邻居，说他很能喝酒，但就在饮酒时也不是爱打架的人。夜间，两个男子守卫，以打锣使自己不至入睡，而且以痛饮他们的“香槟酒”来鼓起勇气。第三天，尸体要放入罐内了。当看到这罐子时，人们会惊诧于这世界上如何可能把一个大人放入其中。罐的顶部在最大径处以锋利的刀子切开，先把足放入，膝弯曲着，把身体压下去。头弯曲到膝上或两腿之间，再把罐的顶部放上去。并用树脂之类和黏土密封。女祭司在这棺具上摇晃一块燃烧的冒着烟的木头，念着她那难懂的隐语。这是为了防止任何旁观者的灵魂进入死者的容器。

当月圆时或新月之前不能进行埋葬，瓮棺要放在房中一个长的时期。人们对“讨厌的空气”和苍蝇毫不介意，照样在这里吃喝、聊天和睡觉，直到瓮棺可以最后埋入土中这一天的到来。

非洲吉尔人仅仅对那些“和人或兽”作战而死的人，才进行屈肢葬。孩子们和那些死在床上的人是直肢埋葬的。坟墓围以篱笆并小心照管，“直至为白蚁吃掉为止，随后坟墓及其遮盖的死人都被忘却”。

与瓮棺葬或罐棺葬相联系的是美洲密西西比河上游和别处印第安人的土墩墓。但这种墓的年代不早，因为在罐棺或石棺内死者周围成千件文化遗物中，有些显然是来自白人。基廷（W.H.Keating）说：这种类型墓葬无疑是为了“在大草原中取得高耸的地位，否则是易于淹没的”。

想使死者免受土壤、水、冷的不好影响，以及免于自身的腐烂，引导出处理尸体的活动，这样遗体不会进一步改变或毁坏。这就是木乃伊的观念。木乃伊最早形式是把尸体干却或烟熏，如早期收获者之中所实行的那样。在太平洋的吉尔伯特群岛，木乃伊要留在家庭之这内很长时期，木乃伊参加人们的跳舞，被带到各处，并受到贵宾似的侍奉。

曼克（E.Manker）描述比属刚果的巴布温迪人对死者的处理，是如何制造木乃伊的最佳例证。巴布温迪人为重要的人或首领准备葬礼就是把他变成“尼奥姆博”，这要在死后立即完成。哀悼者穿戴树皮帽和破旧衣服，脸画成红色和黑色，把尸体悬在死者房屋的屋顶的吊索上，日夜用火来烤。看守尸体和尸体干却过程要进行几个月之久，直至尸体最后一点水分消失为止。

同时，从亲友们收集来的树皮席、棉质衣服和类似之物，堆积如山。“这样，死者就不必像一个穷困的和无人照管的贫民那样进入‘另一地区’了”。

图二八四　西非巴布温迪人葬仪中的人像——〝尼奥姆博〞（内装有人的尸体）

专门做“尼奥姆博”的主持人现被召进屋来，他带来“尼奥姆博”的头，是从人死后就已在做着的。那是一件艺术品，用红色棉布缝成的，内填草之类，“像活的一样，下巴柔软而圆整，厚唇的嘴张开着，露出成排的牙齿，眼睛被有效地画成红色和黑色圆圈，英俊的胡须装饰着双颊。现在死者黑色的干尸由‘尼奥姆博’主持人用上百码的布料包裹成巨大的一捆，臂、腿和足都是后加的，由内部一种东西很巧妙地支撑着。人像的胸部画着死者的文身。当一切做好，‘尼奥姆博’就比一座房子还要大些”。

在埋葬之日，全村参加一次巨大的宴会。宴会后，一群人带着“尼奥姆博”举行埋葬舞。舞蹈中“尼奥姆博”到处旋转着，高过屋顶。突然，旋转停止了，寂静笼罩着哀悼者，埋葬行列离开了村庄，行列之前就是那画成红色的巨像，在抬者之上摇晃着。当“尼奥姆博”以站的姿势下到墓穴时，在场每个人向空中跳，哪个人不跳或不能跳，会很快跟着“尼奥姆博”去的。所有的人都来帮助把那巨大的墓填起来，墓顶上以死者工具和器物作为装饰。最后要把死者的房子烧掉。

他到哪里去了？是作为一个受尊敬的有影响的人到极乐世界去了。他的朋友和家族如此隆重为他送别，无疑会给予灵魂所在之处他的那些同伴以深刻的印象。

在农业民族信仰中，灵魂死后旅行所去那遥远的国土，决非是一个恐怖区域。灵魂的生活条件，可与他在尘世生存条件相比，但却不会有经常的忧愁和不幸。死者生活的社会是模仿他们

图二八五　克罗—印第安人埋葬首领〝疯狼〞的高架

已离开的社会的。他们种植和收获，作战和恋爱——一切都在理想的条件下进行。农业民族知道来生可以期望，这对他们来说是没有任何怀疑的。

在牧人和玻利尼西亚人之中，死的概念又有所不同。两者把个人的主义观念发展到很大限度，比农民强调集体联系的社会中的个人主义要厉害得多，他们很少强调死者灵魂的普遍存在。他们对阶级和等级的强调，支配着他们死后观念。贵族和首领可望继续享受他们在尘世所享受的特权，而一部分平民则被否认有任何灵魂的存在。

汤加岛的玻利尼西亚人仅有统治者才是不朽的，普通人一旦死亡即停止存在。许多非洲牧人，仅有首领和巫师才允诺死后有灵魂的存在，普通人特别是妇女不能希望有一个继续生活下去的灵魂。一般来说，死亡就意味着毁灭，以其他形式生存下来只能是例外。

在收获者之中，这种态度的痕迹也是明显的。像澳大利亚的阿龙达人和洛里察人，灵魂到死者去的地方是短时期的，不久以后即要毁灭。伊斯兰教以前的阿拉伯部落和古代犹太人，关于死后生活的观念是很有限的。他们非常强调活着的人的重要性，似乎已形成一种观点，即死亡是个人活动不可避免的终结。

太阳崇拜是父权文化的典型特征，它引导出对平台墓和高架墓的特别重视。这样，死者就发现自己可以尽可能长久地暴露在神圣光芒照射之下。为此理由，许多美洲印第安人让死者在树上或高架上休息。密西西比河流域东面和西面的森林地区，内有许多排列规整的墓地。在那里，死者尸体被小心地包在席子、兽皮或桦树皮中，高放在树上或高架上，用做牺牲的动物头骨、作为礼物的烟草、弓和箭，装饰这高耸的坟墓。甚至在基督教影响下许多古老部落，仍然坚持他们这种古代埋葬方法。

埋葬的类型时常是由死者死的方式所决定的。例如，米西索加人把在狩猎中死的人，葬在很高的高架上；对那些战争中被杀死的人举行火葬，他们的骨灰带到村庄附近的墓地去。北美舍安内人把死者盛在橇篮中放在高架上，这种习俗是游荡的平原部落生活方式和死亡方式的合适象征。

平台葬和高架葬，曾经深深地影响了发达文化民族的习俗，特别是印度的袄教徒。他们的拜火教观念引导出尸体不得接触土壤的观念。死者在“寂静的高塔”中，被暴露在群鹰之前，尸体变成了骨架，以免肌肉腐烂。同时，免得再用受崇拜的火焰来消灭人体不洁之物。

与此类似的是亚述人所谓“吞食尸体”的食肉石，普林尼[1]描述它“在四十天内吃掉死者尸

1 普林尼（Caius Plinius，23—79），罗马自然科学家和作家。——译者

体”。这种石头仍然保存在小亚细亚阿苏斯城。现代科学证明，它们是以含铝的石灰石排列而成的，没有密封到可以防止绿头苍蝇和蛆虫从小的裂缝中钻进去，而林内（Linne）说过这些昆虫：“一匹倒下的马被三个绿头苍蝇的后代吞食，比被一匹狮子吞食要快得多”。

死尸作为一种没有意义和没有用处的废弃躯壳而遭到漠视，导致出许多牧人部落和有关社会的习俗，即在哪里死就把尸体简单地丢在哪里。这种习俗特别在东非多有发现。与此有关的是玻利尼西亚人把死者尸体放在洞中，不加任何特殊的照管。

这些民族很少利用死者的尸体。虽然如此，却时常试图把他们的统治者和贵族那易朽之躯以永久方式保存下来。保存这些遗体，不是起源于把尸体作为不朽灵魂的外壳而加以崇拜的愿望，它意味着把尸体变为纪念碑，用来扩展他个人生前享有的社会影响。这种保存是通过木乃伊化实现的。

在父系家长制文化的较晚类型中，偏爱火葬日益明显。它又代表死亡是最后结局的观念。在许多地区，例如在玻利尼西亚，仅有贵族和卓越人物才给予这样的葬法，火葬堆类型因人的等级而异。印度和东亚把这种处理尸体方法作为自己宗教仪式的一部分，特别在恒河沿岸，死者的公开火葬，是神圣不可侵犯的印度教习俗。

美洲和亚洲的北极民族文化，由许多种不同影响混合而成。他们和农民万物有灵世界的关系，比起和父权民族封建观念的关系更为密切。对他们来说，不仅人和兽，而且还有树、云、石头和河流，都是由精灵的力量所支持配有生命之物，而死者尸体也是活的，有能够危害或有益于活人的巫术力量。因为这种混合文化的发展，北极民族采取了差不多其他社会所有的埋葬方法，包括埋葬后石头压住坟墓，简单地弃尸于野让动物来吃，火烧和葬于高架。吉雅克人和楚克奇人把死者火葬，收集骨灰，建造小屋于其上，那个地方受到亲人们的崇拜。另一方面，蒙古人却坐视狗撕碎一个几小时前还活着的人。

高度发展的文化的葬俗，有必要简略地谈一下。例如纳切兹人，这些不寻常的人一度定居在密西西比河下游，现在灭绝了。他们那些低下等级或“臭人”等级的死者，以什么特殊方式来处理，古代作者未予注意。但一个“太阳”等级高贵首领的埋葬，肯定是一次引人注目的事件。耶稣会神父格雷维尔（Pere J.Gravier）和彭尼考特（P.Pénicaut in Margry）对这种埋葬提供了令人难过的描述。当埋葬时，许多无辜的活人为死者的光荣而失去了生命，不仅厨师和熟练的侍者必须在来世继续服务，而且还有父母们献出来的小孩。

1704年，一个伟大的女“太阳”死了，她那来自“臭人”等级的丈夫立即被绞死，这样他便能伴陪她到“伟大的死者之村”去。两人安置在灵车中，各有自己的小房间。在公共广场中建造了十四个高架，每个高架由一个在她生前抵押给她的男子（称为“穆里特斯”）侍候。这十四个人都穿节日的盛装，每人编织着绳子，那是为绞死他自己用的。每人的脸画成朱红色，各有五个奴仆侍奉。古代作者报导说：“在第四天末尾，他们开始举行尸体出行仪式。有十二个三岁的小孩，由其父母亲手绞死，向死者表示敬意，并以这些小尸体来‘装饰’高贵的灵车，殡葬行列就以带着死孩子的父亲为前导。最后，十四个抵押来的男子由死去首领的亲属唱着歌绞死。”

杀死活人以“安慰”死者的习俗，是发达文化中特别易于遇到的现象。它是从把来世描绘为和尘世类似的习惯中产生的。中国人的天堂和地狱，有“政府”官吏的整套系统，正如尘世一样。

图二八六　西藏人的塔

（内有喇嘛的骨灰）

事实上，没有人能想象出一个“伟大的死后世界”，其基本条件和命运与尘世理想的模式不相适应的。如教皇[1]在册封圣徒的仪式中，就要向“天上法庭所有的人”发出呼吁。

在农民万物有灵观念中，关于死后生活的概念以及后来加上的道德评价特别发展。牧人的阶级和等级概念，则表现为想把那些到另一世界长途旅行的高贵旅客尽可能完善地装备起来。

对死者的禁锢和死亡现象本身同样古老。史前坟墓多有阻止死者逃跑和再次出现的预防措施。时常把有些骨头移开，再加上其他的骨头，使尸体“混杂”。头扭转向后，面向土地，或者实行有目的性的毁伤。与此相同的是今天原始人把尸体的手系在颈上；用石头压着坟墓，或把它围起来；在葬前斩断头颅；筑造欺骗性的引向村外的小径；把死者很牢固地捆在棺中，使他不能离开限定的地方。

古代埃及人在这方面特别小心。他们对回来的死人（称为“阿丘”或“丘”）的害怕，引起许多种预防方法。当祭司把来世描绘为光荣的地方时，没有人能相信那里的快乐能和埃及人的快乐相比，故要竭尽全力防止“阿丘”回来。死者被杀掉头颅，要害器官如心和腿用各种诡计移开。由用连结的绳子禁锢尸体，发展出用许多码的绷带技巧地包扎木乃伊的遗体，绷带末端用复杂的结相连，并时常印上神像，用以恐吓灵魂，从而抑制其旅游的嗜好。埃及人棺材则用灵巧的锁封闭起来，使死者不可能从里面打开。此外，这些棺材上还有许多铭文，如此生动地赞美来世的舒适，使计划逃跑的死者也会被说服而愿留在棺材之中。

秘鲁的印加人把他们的统治者做成木乃伊，将他们以一种充分体现王权的蹲屈姿态埋葬。他们时常被牢固地捆成方形的一束，有时这一束之中包含几个遗体，其上安放一个人造的头，造成一种它只是一个木乃伊的印象。这些保存下来的死者尸体，据说有巫术性质，在战争中为了获得好运到处携带着它。有些印加统治者的木乃伊，装饰有黄金面具、珍贵的手镯和豪华的发饰，坐在金椅上，围着库斯科（Cuzco）太阳神庙的图画坐成一圈。

阿兹蒂克人也把他们最高贵的死者、战争中被杀死的战士和分娩时死去的妇女，做成木乃伊。

吉布查人死去的统治者，被葬在隐藏的坟墓中，里面备有很多盛着可可的袋子和装有“奇查”酒的瓶，周围有被杀殉的妻子和奴隶的尸体。

埃及金字塔有许多迷惑人的入口和歧路，也具有同样的目的，即把有巫术的木乃伊隐藏起来，防止闯入者偷取遗体和宝物，并从遗体神秘力量中获得好处。

在西藏，我们发现父权制典型的双重埋葬方法。普通人尸体完全毁掉，而贵族（特别是喇嘛）

1　普埃布洛人有位巫师（? —1690），亦名 Pope，1680 年他组织本族人民向西班牙殖民统治者斗争，曾使普埃布洛人独立了 82 年之久。在此期间，恢复了本族的文化传统。此处不知所指。——译者的尸体则做成木乃伊保存。圣体保存在神秘的木乃伊匣中，它时常有小庙的形状。普通人尸体则奉献于野生动物；假如鸟啄他们并把他们带走，灵魂即可上天。假如猪和狗吞食他们，就表明将在世间托生；假如死人迅速被吞食，意味着他是一个好人；假如不是这样，就说明他是一个坏人，他必定会受到压力和惩罚。神圣的喇嘛们用的喇叭和鼓，是用人肢骨或头骨做的，这表明发达文化的宗教中万物有灵信仰的古远；而向死者灵魂致词的习俗，则是从死者能听而不能回答这一古老观念中发生出来的。

借助外部象征表明一种哀悼状态的习俗，同样是古老的。把脸画成白色和黑色，据推想是诱使死者相信哀悼者是一个魔鬼，而不是值得羡慕的有生命之物。活人把他们自己禁锢起来，意味着平息死人的痛苦和嫉妒。

死亡时常冷不防地打击我们，就像它突然落到丛林中为“妖术”所害的人身上一样。我们对“人人难逃一死”的常识乐意或不乐意，是由我们认为灵魂是存在还是不存在所决定的。无论我们信仰什么，确定无疑的是只有“空房间里来的空虚”（西藏古文书中语），而且只有相信这一点的人才是快乐的。我们信仰形式不是那样非常重要，只需将信仰长期完整地和虔诚地加以贯彻。无论我们把“伟大的来世”描绘为个人不朽的一种形式，还是描绘为进入灵魂所在地的一种解脱；无论我们希望死后乘着鸟飞上太阳，还是像芦苇一样无忧无虑和天真无邪；假如我们生活听从造物主的指导（只有他才懂得紧张奋斗和幸福的意义，懂得生和死的意义，懂得一切事物的起源），我们的去世将是平静的。

参考书目

第一章

AYMARD, CAPITAINE A.: *Les Touareg* (Paris, 1911) .

BASTIAN, A.: *Die Vorstellungen von Wasser und Feuer* (Berlin, 1869) .

BEHN, F.: Das Haus in vorrömischer Zeit (Mainz, 1928) .

BENt, J.T.: The Ruined Cities of Mashonaland (London, 1892) .

BEST, E.: "Maori Store – houses and Kindred Structures" in *New Zealand Dominion Museum Bulletin*, 5 (Wellington, 1916) .

BIASUTTI, R.: "Abitazione" in *Encyclopedia Italiana* (1929) .

BIRKET–SMITH, K.: *The Caribou Eskimos, Report V* (Copenhagen, 1929) .

BOUYSSONIE, J, and DELSOL, H.: "Station Préhistorique de la 'Coumba' du Pré–Neufà Noailles (Corrèze) ," in *Revue d'anthropologie*, xxx (Paris, 1920) .

BROWN, A.R.: *The Andaman Islanders* (Cambridge, 1932) .

BUSCHAN, G.: "Australien and Ozeanian," in *Illustrierte Völkerkunde*, ii (Georg Buschan, Stuttgart, 1923) .

BUSHNELL, D.J., Jr.: "Native Villages and Village Sites East of the Mississippi" in *Bureau of American Ethnology Bulletin*, 69 (Washington, 1919) .

CAVALLER, Z.S.: "Parsee Women, in *India*, in"The British Empire Series, i (London, 1899) .

CHILDE, V.G.: *The Danube in Prehistory* (Oxford, 1929) .

CODRINGTION, R.H.: *The Melanesians: Studies in their Anthropolohg and Folk–lore* (Oxford, 1891) .

CRAWLEY: "Fire, Firegods, "in *Encyalopcedia of Religion and Ethics*, vi (New York, Edinburgh, 1931) .

CURR, E.M.: *The Australian Race* (4 vols., Melbourne, 1886 ~ 1887) .

DAIGRE, Rev.: " Les Bandas de l'Oubangui–Chari (Afrique Équatoriale Francaise) ," in *Anthropos*, xxvi (Vienna, 1931) .

DECORSE, J.: " L'Habitation et le village au Congo et an Chari," in *L'Anthropologie*, xvi (Paris, 1905) .

EVANS, A.: The Palace of Minos (London, 1921) .

FERGUSSON, J.: *History of Indian and Eastern Architecture* (2 vols., London, 1910) .

FEWKES, J.W.: "The Cave Dwellings of the Old and New Worlds," *in Smithsonian Report for 1910* (Washington, 1911) .

FORNANDER, A.: *An Account of the Polynesian Race, its Origin and Migrations, and the Ancient History of the Hawaiian People* (3 vols, London, 1877–1885) .

FORRER, R.: "Rhinocéros de Marck et outillage de bois déconverts dans un abri palédituique ancien à Spichem près Forbach, " in *Cahiers d'archéologie et d'histoire d'Alsace*, xviii (Strassbourg, 1927) .

GENNEP, A.VAN.: Mythes et légendes d'Australie (Paris, 1905) .

GIFFORD, E.W.: "The kamia of Imperial Valley," in *Bureau of American Ethnology Bulletin*, 97 (Washington, 1931) .

GIRAUD, E.: "Une Station précampignienne de la forêt de Montmorency," in *Institut International d'Anthropologie* (III session, Amsterdam) (Paris, 1928) .

GRAEBNER, F.: "Ethnologie," in *Die Kultur der Gegenwart* (Paul Hinneberg: Leipzig, Berlin, 1923) .

GUSINDE, M.: "Das Feuerland und seine Bewohner,"

in *Hochland, Monatsschrift für alle Gebiete des Wissens, der Literatur und Kunst (Karl Muth, Heft* 2: Munich and Kempten, 1929).

HADDON, A.H.: "The Kabiri or Girara District, Fly River, Papua," in *The Jonrnal of the Royal Anthropological Institute of Great Britain and Ireland*, xlvi: July–September (London, 1916).

HALL, H.R., and WOOLLEY, C.L.: *Ur Excavations*, i (Oxford, 1927).

HELLWALD, F.VON: *Haus und Hof in ihrer Entwicklug mit Bezug auf die Wohnsitten der Völker* (Leipzig, 1888).

HOERNES, M.: "The Earliest Forms of Human Habitation, and their Relation to the General Development of Civilization," in *Smithsonian Report for 1913* (Washington, 1914).

IRLE, J. : *Die Herero* (Gütersloh, 1906).

KRICKEBERG, W.: "Mexikanisch–Peruanische Parallelen," in *Festschrift für P. W. Schmidt* (Vienna, 1928).

KRIEGER, H.W.: "Indian Villages of South–east Alaska," in *Smithsonian Report for 1927* (Washington, 1928).

LEHMANN, O. : " Die Pfahlbauten der Gegenwart," in *Mitteilungen der Anthropologischen Gesellschaft in Wien*, xxxix (Vienna, 1904).

LEHNER, H. : "Der Festungsbau der jüngeren Steinzeit," in *Prähistorische Zeitschrift*, ii (Berlin, 1910).

LIPS, J.E.: Die *Geschichte der Völker ohne geschriebene Geschichte* (textbook for the new German High Schools, introduced in the British and French Zones of Occupation: Berlin, Stockholm, 1946).

Einleitung in die Vergleichende Völkerkunde (Leipzig, 1928).

Naskapi Law (Philadelphia, 1947).

MACIVER, D.R.: *Medieval Rhodesia* (London, 1906).

MAHLER: "Siedlungsgebiet und Siedlungsplätze in Ozeanien," in *Internationales Archiv für Ethnographie*, ii (Leiden, 1898).

MATHIASSEN, T.: Archeology of the Central Eskimos," in *Report on the Fifth Thule Expedition*", iv (Copenhagen, 1927).

MENGHIN, O.: *Weltgeschichte der Steinzeit* (Vienna, 1931).

MESSIKOMMER, H.:*Die Pfahlbauten von Robenhausen* (Zürich, 1913).

MÜLLER, P.F. "Beiträge zur Ethnographie der Guarani–Indianer im östlichen Waldgebiet von Paraguay," in *Anthropos*, xxix, xxx (1934 ~ 1935).

PASSARGE, S.: "Die Buschmänner der Kalahari," in *Mitteilungen aus den deutschen Schutzgebieten* (Berlin, 1905).

REAGAN, A.B.: "Notes on the Indians of the Fort Apache Region," in *Anthropological Papers of the American Museum of Natural History*, xxxi, Part V (New York, 1930).

ROTH, W.E.: "North Queensland Ethnography," in *Records of the Australian Museum Bulletins*, I–I2 (Brisbane, 1899 ~ 1909).

SANDSCHEJEW, G.: "Weltanschauung und Schamanismus der Alaren–Burjaten" (translated from the Russian), in *Anthropos*, xviii (1928).

SARFERT, E. : "Haus und Dorf bei den Eingeborenen Nordamerikas," in *Archiv für Anthropologie*, xxxv (1909).

SCHACHTZABEL, A.: "Die Siedlungsverhältnisse der Bantuneger," in *Internationales Archiv für Ethnographie*, Suppl.–Band, xx (Leiden, 1912).

SCHLITZ, A.: "Der Bau vorgeschichtlicher Wohnanlagen," in *Mitteilungen der Anthropologischen Gesellschaft Wien*, xxxiii (Vienna, 1903).

SCHMIDT, M. : *Völkerkunde* (Berlin, 1924).

SCHMIDT, P.J. : "Die Ethnographie der Nor–Papua (Murik–Kapu–Karau) bei Dallmannhafen, Neu–Guinea," in *Anthropso*, xviii, xxi (1923–24, 1926)

SCHMIDT, W., and KOPPERS, W.: *Völker und Kulturen*. Part I: *Gesellschaft und Wirtschaft der Völker* (Regensburg, 1924).

SPEISER, F.: "Schlange, Phallus, und Feuer in der Mythologie Australiens und Melanesiens," in *Verhandlungen der Nalurforschenden Gesellschaft in Basel*, xxxviii (Basel, 1927).

STEFANSSON, V.: *My Life with the Eskimo* (New York, 1929).

STOW, G.W.: *The Native Races of South Africa* (London, 1905).

TESSMANN, G, : *Die Pangwe* (2 vols., Berlin–Leipzig, 1913).

THOMAS, N.W. : The Natives of Australia (London, 1906).

WATERMAN, T.T.: "Native Houses of Western North America," in *Indian Notes and Monographs*, xi (New York, 1921).

"North American Indian Dwellings," in *Smithsonian*

Report for 1924（Washington, 1925）.
WAUTERS, A. D.: *L'Etat indépendant du Congo*（Brussels, 1899）.
WEGNER, R. N.: "Ostbolivianische Urwaldstämme," in *Ethnologischer Anzeiger*, Band ii, Heft 8（Berlin, 1932）.
WEULE, K. : *Leitfäden der Völkerkunde*（Leipzig and Vienna, 1912）.
WOOLLEY, C.L. : "Asia Minor, Syria, and the Egean, "in *Liverpool Annals*（Liverpool, 1922）. "Excavations at Ur of the Chaldees," in *The Antiquity Journal*, iii（Liverpool, 1923）.
The Sumerians（Oxford, 1928）.

第二章

ADAIR, JAMES: *The History of the American Indians*（London, 1775）.
AHLFELD, F., and WEGNER, R.N.: "Über die Herkunft der im Bereich altperuanischer Kulturen gefundenen Schmuckstücke aus Sodalith," in *Zeitschrift fü r Ethnologie*, 63.Jahrsang（Berlin）.
BALFOUR, HENRY: "Some Ethnological Suggestions in Regard to Easter Island," in *Folk–lore*（Oxford, 1917）.
BEAGLEHOLE, E.and P.: "Hopi of the Second Mesa," in *Memoirs of the American Anthropological Association*, 44（Menasha, Wisconsin, 1935）.
BERNATZIK, H.A.: *Gari–Gari*（Vienna, 1930）.
BEST, E.: "The Whare Kohanga and its Lore," in *Dominion Museum Bulletin*, 13（Wellington, 1929）.
CONZEMIUS, E. : "Ethnological Survey of the Miskito and Sumu Indians of Honduras and Nicaragua," in *Bureau of American Ethnology Bulletin*, 106（Washington, 1932）.
DAIGRE, REV. : "Les Bandas de l'Oubangui–Chari（Afrique Équatoriale Francaise）," in *Anthropos*, xxvi, 5, 6.
DANZEL, TH. W. : "Codex Hammaburgenses, eine neuentdeckte Bilderhandschrift des Hamburgischen Museums für Völkerkunde," in *Mitteilungen aus dem Museum für Völkerkunde in Hamburg*, xi（Hamburg, 1926）.
DÉCHELETTE, J. : *Manuel d'archéologie préhistorique, celtique, et galloromaine*（5 vols, Paris, 1908–31）.
DIVATIA, K.B.: "Hindu Women," in *India*, in"The British Empire Series"（London, 1899）.
FOY, W.: "Schemelartige Kokosnussschaber," in *Mitteilungen der Anthropologischen Gesellschaft in Wien*, xxxiv（Vienna, 1904）.
GIFFORD, E.W. : "The Kamia of Imperial Valley," in *Bureau of American Ethnology Bulletin*, 97（Washington, 1931）.
GUSINDE, M.: "Das Feuerland und seine Bewohner," in *Hochland*, ii Heft, August 1929（Munich and Kempten, 1929）.
HADDON, A. H.: "The kabiri or Girara District, Fly River, Papua," in *The Journal of the Royal Anthropological Institute of Great Britain and Ireland*, xlvi, July–September（London, 1916）.
HARRISON, J.E. : "Fragments of a Vase presumably by Euphronios," in *Journal of Hellemic Studies*（London, 1888）.
HORNBOSTEL, E. M. VON: "Chinesische Ideogramme," in *Anthropos*, xxv（1930）.
KARSTEN, R.: "Body–painting and Tattooing in South America," in *Ipek*（Leipzig, 1925）.
KRIEGER, H.W. : "Indian Villages of South–east Alaska," in *Smithsonian Report for 1927*（Washington, 1928）.
LINDBLOM, G. : "Kamba Tales of Supernatural Beings and Adventures," in *Archives d'Études orientales*, 2（J. A. Lundell: Leipzig and Lund, 1935）.
LIPS, J.E.: *The Savage hits back*（translated by V.Benson;London and New Haven, 1937）.
LUSCHAN, F.VON: "Alterthümer von Benin," in *Verhandlungen der Berliner Anthropologischen Gesellschaft*（Sitzung vom 19 März, 1898）.
McCARTHY, F. D.: *Australian Aboriginal Decorative Art*（Australian Museum, Sydney, 1938）.
MÖTEFINDT, H. : "Studien über die Geschichte und Verbreitung der Barttracht," in *Anthropos*, xxiii（1928）.
MOUNTFORD, C.P; and HARVEY, ALISON: " A Survey of Australian Aboriginal Pearl and Baler Shell Ornaments," in *Records of the South Australian Museum*, vi, 2（Adelaide, 1938）.
NIMUENDAJU, K. : "Wortliste der Sipaia–Sprache," in *Anthropos*, xxiv（1929）.
O'CONNELL, J. F. : *A Residence of Eleven Years* in *New Holland and the Caroline Islands: being the Adventures of James F. O'Connell, edited from his Verbal Narration*（Boston, 1836）.
PLISCHKE, H.: "Die technisch–wirtschaftliche Ausnutzung des Bedens bei den Narurvölkern," in *Handbuch der Bodenlehre, Band* x（Berlin, 1932）.
REAGAN, A.B. : "Notes an the Indeans of the Fort

Apache Region," in *Anthropological Papers of the American Museum of National History*, xxxi, Part V（New York, 1930）.

ROSS, WILLIAM: "Ethnological Notes on Mt Hagen Tribes（Mandated Territory of New Guinea）," in *Anthropes*, xxxi（1936）.

ST PÉRIER, COMTE DE: "Les Euvres d'art paléolithique de la vallée de la cave à Lespugue（Hante-Garonne）," in *Ipek*（Leipzig, 1925）.

SCHMIDT, J.: "Die Ethnographie der Nor-Papua（Murik-Kaup-Karau）bei Dallmannhafen, Neu-Guinea," in *Anthropos*, xviii-xix（1923-24）;xxviii（1926）.

"Neue Beiträge zur Ethnographie der Nor-Papua（Neu-Guinea）," in *Anthropos*, xxviii（1933）.

SCHMIDT, W., and KOPPERS, W.: *Völker und Kulturen*（Regensburg, 1924）.

SCHULIEN, P.M.: "Kleidung und Schmuck bei den Atchwabo in Portugiesisch-Ostafrika," in *Anthropos*, xxi（1926）.

SPENCER, W.B., and GILLEN, F.J.: *The Native Tribes of Central Australia*（London, 1899）.

The Northern Tribes of Central Australia（London, 1904）.

STAAL, J.: "The Dusuns of North Borneo," in *Anthropos*, xviii-xix（1923-24）;xx（1925）.

STREIT, C.: "Unbewegliche Körperzier in vorgeschichtlicher Zeit," in *Anthropos*, xxx（1935）.

SWANTON, J.R.: "Social Organization and Social Usages of the Indians of the Creek Confederacy," in *Forty-second Annual Report of the Bureau of American Ethnology*, 1924-25（Washington, 1928）.

TEIT, J.A.: "Tattooing and Face and Body Painting of the Thompson Indians, British Columbia," in *Forty-fifth Annual Report of the Bureau of American Ethnology*, 1927-28（Washington, 1930）.

TESSMANN, G.: Die Pangwe（2 vols, Berlin, Leipzig, 1913）.

VOEGELIN, E.W.: "Tübatulabal Ethnography," in *Anthropological Records* ii, I（University of California Press, Berkeley, 1928）.

WEGNER, R.N.: "Ostbolivianische Urwaldstämme," in *Ethnologischer Anzeiger*, Band ii, Heft 8（Berlin, 1932）.

WEULE, K.: *Negerleben in Ostafrika*（Leipzig, 1909）.

第三章

ALCALDE DEL RIO, H., BREUIL, H., and SIERRA, L.: *Les Cavernes de la région cantabrique*（Espagne）（Monaco, 1911）.

AVELOT, R., and GRITTY, H.: "La Chasse et la pêche dans les forêts de l'Ogoué（Congo Francais）," *in L'anthropologie*, 23（Paris, 1913）.

BOAS, F.: "The Central Eskimo," in *Sixth Annual Report of the Bureau of American Ethnology*, 1884-85（Washington, 1888）.

BOGORAS, W.: "The Chukchee," in *Memoirs of the American Museum of Natural History*, vii（New York, 1904-5）.

BREUIL, H., OBERMAIER, H., and VERNIER, W.: *La Pileta*（Monaco, 1915）.

CABRÉ, J.: *El arte rupestra en España*（Madrid, 1915）.

CAPITAN, L., BREUIL, H., and PEYRONY, D.: *La Caverne de Font-de-Caume*（Monaco, 1910）.

CARTAILHAC, E., and BREUIL, H.: La *Caverne d'Altamira*（Monaco, 1906）.

"Les Peintures et gravures murales des cavemes pyrénéennes," in *L'Anthropologie*, 19（Paris, 1908）.

DÉCHELETTE, J.: *Manuel d'archéologie pr é historique et Gallo-Romaine*（Paris, 1924）.

HAUSER, O.: *Der Mensch vor 100, 000 Jahren*（Leipzig, 1917）.

HOFFMAN, W.J.: "The Menomini Indians," in *Fourteenth Annual Report of the Bureau of American Ethnology*, 1892-93（Washington, 1896）.

HORWITZ, H.TH.: "Die Armbrust in Ostasien," in *Zeitschrift fü r historische Waffenkunde*

HOSE, C., and MACDOUGALL, W.: *The Pagan Tribes of Borneo*（London, 1912）.

HULSIUS, L.: *Siebende Schiffahrt.In das goldreiche Königreich Guineam, in Afrika gelegen*（Frankfurt am Main, 1628）.

KAPART, J.: *Primitive Art in Egypt*（translated by A.S.Griffith, London, 1905）.

KOCH-GRÜNBERG, TH.: *Zwei Jahre unter den Indianern*（2 vols., Berlin, 1909）.

KOLB, P.: *Beschreibung des Vorgeb ü rges der Guten Hoffnung und derer darauf wohnenden Hottentotten*（Frankfurt, Leipzig, 1745）.

KRAUSS, H.: "Tierfang bei den Wasaramo," in *Globus*, Band xcii（Braunschweig, 1927）.

LINDBLOM, G.: *Jakt-och-Fängstmetoder bland Afrikanska Folk*, Del i（Stockholm, 1925）.

"The Spiked Wheel Trap and its Distribution," in *Georgrafiska Annaler* (Stochholm, 1935) .

LIPS, .J.E.: *Fallensysteme der Naturvölker* (Leipzig, 1927) .

"Notes on Some Ojibway–Traps (Metagama Band) ," in *Ethnos*, 1937, 6 (Statens Etnografiska Museum, Stockholm, 1937) .

"Paläolithische Fallenzeichnungen und das ethnologische Vergleichs–material," in *Tagungsberichte der Deutschen Anthropologischen Gesellschaft* (Leipzig, 1928) .

"Trap systems among the Montagnais–Naskapi Indians of Labrador Peninsula," in *Statens Etnografiska Museum. Smärre Meddelanden* NO.13 (Stockholm, 1936) .

MASON, O.T.: "Traps of the Amerinds. A Study in Psychology and Inventiou," in *American Association for the Advancement of Science Proceedings*, 49 (Washington, 1900) .

MIDDENDORFF, A.VON: *Sibirische Reise*, Band iv. *Übersicht ü ber die Natur Nor–und Ostsibiriens*, Teil II, *Die Eingeborenen Sibiriens* (St Petersburg, 1875) .

MODIGLIANI, E. "*Un viaggio a Nias* (Milano, 1890) .

NELSON, E.W.: "The Eskimo about Bering Strait," in *Eighteenth Report of the Bureau of American Ethnology*, Part I, 1896–97 (Washington, 1899) .

OBERMAIER, H.: "Trampas cuaternarias para espí ritus Malignos," in *Bolet í n de la Real Sociedad epañola de Historia natural* (Madrid, 1908) .

PALLAS, P.S.: "*Reise durch verschiedene Provinzen des Russischen Reiches*," Zweiter Teil, erstes Buch vom Jahr 1770 (St Petersburg, 1773) .

PAYNE–GALLWEY, R.: *Projectile–throwing Engines* (New York, Bombay, Calcutta, 1907) .

ROTH, W.E.: "An Introductory Study of the Arts, Crafts and Customs of the Guiana Indians," in *Thirty–eighth Annual Report of the Bureau of American Ethnology*, 1916–1917 (Washington, 1924) .

SCHÄFER: "Altägyptischer Vogelfang," in *Amtliche Berichte aus den preussischen Kunstsammlungen*, 40.Jahrgang (Berlin, 1918–1919) .

SÖRGEL: *Die Jagd der Vorzeit* (Jena, 1922) .

TORDAY–JOYCE: "Notes ethnographiques sur les peuples communément appelés Balluba, ainsi que sur les peuples apparentés les Bushongo," in *Annales du Musée du Congo Belge*, Série iii, Tome ii, Fasc. i (Brussels, 1919) .

VINACCIA, G.: "Les Signes d'obscure signification dans l'art paléo–lithique," in *L'Anthropologie*, xxxvi, Nes. 1 ~ 2 (Paris, 1926) .

WILKINSON, I.G.: *The Manners and Customs of the Ancient Egyptians* (2 vols., London, 1878) .

第四章

ANUCIN, D.N.: "Über dire Hunderassen der Steinzeit an den Ufern des Ladogasees," in *Anthropological Congress in Tiflis* (1881) .

ARNDT, P.P.: "Die Religion der Nad'a," in *Anthropos*, xxvi (1931) .

BÉGOUIN, COMTE, and BREUIL, H.: "Les Ours déguisés de la caverne Trois Frères (Ariège) ," in *Festschrift fü r P. W.Schmidt* (Vienna, 1928) .

BEST, E.: "Maori Store–houses and Kindred Structures," in *New Zealand Dominion Museum Bulletin*, 5 (Wellington, 1916) .

BOULE, M.: Les Hommes fossiles (Masson, 1921) .

BROUGH SMYTHE, R.: *The Aborigines of Victoria* (London, 1878) .

BRUNTON, G.: "The Beginnings of Egyptian Civilization," in *Antiquity* (London, 1929) .

BÜCHER, K.: *Die Wirtschaft der Naturvölker* (Dresden, 1898) .

BUCKLAND, A.W.: "Primitive Agriculture," in *The Journal of the Anthropological Institute of Great Britain and Ireland*, viii (London, 1877) .

BURNS, M.L. (Acting Superintendent, Consolidated Chippewa Agency, Duluth, Minnesota, U.S.A.) : Unpublished remarks about "Wild Rice."

DRAKE, FRANCIS S. (editor) : *The Indian Tribes of the United States* (London, Philadelphia, 1885) .

GIFFORD, E.W.: "The Kamia of Imperial Valley," in *Bureau of American Ethnology Bulletin*, 97 (Washington, 1931) .

GILMORE, M. R.: "Uses of Plants by the Indians of the Missouri River Region," in *Thirty–third Annual Report of the Bureau of American Ethnology* (Washington, 1919) .

GROSSE, E.: *Die Formen der Familie und die Forner der Wirtschaft* (Leipzig, 1896) .

GRUBB, W.B.: *An Unknown People in an Unknown Land* (London, 1911)

HANN, E."Die Wirtschaftsformen der Erde, "in *Petermann's Geographischen Mitteilungen*, Band xxxviii (Gotha, 1892) .

Von der Hacke zum Pflug (Leipzig, 1914) .

HARSHBERGER, J.W.: "The Use of Plants among Ancient Peruvians," in *Free Museum of Science and Art. University of Pennsylvania Bulletin*, i (Philadelphia, 1897) .

KOCH-GRÜNBERG, TH.: *Zwei Jahre unter den Indianern* (2 vols., Berlin, 1909) .

KROMER, B.: *Vom neuen Afrika* (Düsseldorf, 1931) .

LIPS, J.E.: "Die Anfänge des Rechts an Grund und Boden bei den Naturvölkern und der Begriff der Erntevölker," in *Festschrift für P. W. Schmidt* (Vienna, 1928) .

LOEW, O.: "Züge aus dem Seelen-und Familienleben der nord-amerikan-ischen Indianer," in *Zeitschrift für Ethnologie*, Band 9 (Berlin, 1877) .

LUMHOLTZ, K.: *Unter Menschenfressem. Eine vierjährige Reise in Australien* (Hamburg, 1892) .

MARSHALL, W.E.: *A Phrenologist amongst the Todas or the Study of a Primitive Tribe in South India* (London, 1873) .

MENGHIN, O.: *Weltgeschichte der Steinzeit* (Vienna, 1931) .

MEYER, P.H.: "Wunekau, oder Sonnenverehrung in Neuguinea," in *Anthropos*, xxviii, i, 2 (Vienna, 1933) .

MORTILLET, G.DE: *Origines de la chasse, de la pêche, et de l'agriculture* (Paris, 1890) .

MUCH, M.: "Vorgeschichtliche Nähr-und Nutzpflanzen Europas," in *Mitteilungen der Anthropologischen Gesellschaft Wien*, xxxviii, 4 (Vienna, 1904) .

NORDENSKIÖLD, E.: *Indianerleben* (Leipzig, 1913) .
Indianer und Weisse in Nordostbolivien. (Stuttgart, 1922) .

PETERMANN, A., and HASSENSTEIN, B.: "*Inner-Afrika," I: Abteilung; II: Theodor Kotschy's Reise nach Kordofan*, 1839 (*Nach des Reisenden unveröffentlichen Tagebüchern*) (Ergänzungsheft 7 zu Petermann's Geographischen Mitteilungen) (Gotha, 1867) .

PIETTE, E. : "Études d'ethnographie préhistoriques, ii.Les Plantes cultivées de la période de transition au Mas d'Azil," in *L'Anthropologie*, vii (1896) .

PUMPELLY, R.: *Explorations in Turkestan* (Washington, 1908) .

RADIN, P.: "The Winnebago Tribe," in *Thirty-seventh Annual Report of the Bureau of American Ethnology*, 1915-16 (Washington, 1923) .

ROSEN, GRAF ERIC VON: *Vom Kap nach Kairo* (*Forschungen und Abenteuer der Schwedischen Rhodesia-Kongo Expedition*) (Stuttgart, 1924) .

SCHEBESTA, P.P.: " Erste Mittilungen über die Ergebnisse meiner Forschungsreise bei den Pygmäen in Belgisch-Kongo," in *Anthropos*, xxvi (1931) .

SCHMIDT, MAX: *Völkerkunde* (Berlin, 1924) .

SCHÜTTT, O. : *Reisen im südwestlichen Becken des Congo* (Berlin, 1881) .

SCHWEINFURTH, G.: "Über wild gesammelte Arten von Reis in Afrika," in *Berichte der Deutschen Botanischen Gesellschaft*, 44. Jahrgang, xliv (Berlin, Dahlem, 1926) .

SEIWERT, P.J. : "Die Bagielli, ein Pygmäenstamm des Kameruner Urwaldes," in *Anthropos*, xxi (1926)

SELIGMANN, C. G., and SELIGMANN, BRENDA Z.: *The Veddas* (Cambridge, 1911) .

SMITH, ADAM: *An Inquiry into the Nature and Causes of the Wealth of Nations* (2 vols., London, 1776) .

SPENCER, W. B. : *Native Tribes of the Northern Territory of Australia* (London, 1914) .

SPENCER, W. B., and GILLEN, F.J.: *The Native Tribes of Central Australia* (London, 1899) .

TEIT, J.: "The Thompson Indians of British Columbia," in *Memoirs of the American Museum of Natural History*, ii (Publications of the Jessup North Pacific Expedition: New York, 1900) .

U.S.DEPARTMENT OF THE INTERIOR: *Indians at Work* (a News Sheet for Indians and the Indian Service) , vii, October 1939, No. 2 (Washingten, 1939) .

VANOVERBERGH, M.: "Negritos of Northern Luzon (Conclusion) ," in *Anthropos*, xx (1925) .

VOEGEIIN, E. W.: " Tübatulabal Ethnography," in *Anthropological Records*, 2: 1 (University of California Press, Berkeley, 1938) .

VON DEN STEINEN, K.: *Durch Zentralbrasilien* (Berlin, 1894) .

WERTH, W. : "Zur Naturgeschichte und Kulturgeschichte der Banane," in *Festschrift für Eduard Hahn* (Berlin, 1919) .

WESTGARTH, W.: *Australia Felix* (Edinburgh, 1848) .

第五章

ANDREE, R. : *Die Metalle bei den Naturvölkern, mit Berücksichtigung prähistorischer Verhältnisse* (Leipzig, 1884) .

BARBA, A.: *Arte de los metales* (Madrid, 1640) .

BARBEAU, M. : "Assomption Sash," in *National Museum of Canada* (*Department of Mines and*

Resources）Bulletin, 93, in"Anthropological Series NO. 24"（Ottawa）.

BECK, L. : *Die Geschichte des Eisens*（3 vols., Braunschweig, 1891—97）.

BELCK, W. : "The Discoveries in the Art of Iron Manufacture," in *Smithsoaian Report for 1911*（Washington, 1912）.

BEST, E. : "The Whare Kohanga and its Lore," in *New Zealand Dominion Museum Bulletin*, 13（Wellington, 1929）.

BLÜMNER, H. : *Technologie und Terminologie der Gewerbe und Künste bei den Griechen und Römem*（1912）.

BRIGHAM, W.T. : "Mat and Basket Weaving of the Ancient Hawaiians described and compared with the basketry of the other Pacific Islands," in *Memoirs of the Bernice Pauahi Bishop Museum*（Honolulu, 1906）.

CHAPPLE, E.D., and COON, CARLETON STEVENS: *Principles of Anthropology*（New York, 1942）.

CLINE, W. : *Mining and Metallurgy in Negro Africa*（Menasha, 1937）.

CRÉQUI—MONTFORT, F.DE, and RIVET, P.: "Contribution à l'étude de l'archéologie et de la métallurgie colombienne," in *Journal de la Société des Américanistes de Paris*, ii（Paris, 1919）.

DAVID, J. : "Notizen über die Pygmäen des Ituriwaldes," in *Globus*, Band lxxxvi（Braunschweig, 1904）.

DIXON, R.B. : "Basketry Designs of the Indians of Northern California," in *Bulletin of the American Museum of Natural History*, xvii（Washington, New York, 1902）.

"Basketry Designs of the Maidu Indians of California," in the *American Anthropologist*, ii（Washington, New York, 1902）.

DUTT, R. : "Bengal," in *India*, in"The British Empire Series"（London, 1899）.

EPHRAIM, H. : "Über die Entwicklung der Webetechnik und ihre Verbreitung ausserhalb Europas," in *Mitteilungen des Städtischen Museums für Völkerkunde in Leipzig*, i, 1（Leipzig, 1905）.

FERGUSON, J.C. : "An Examination of Chinese Bronzes（Translation of an Account written in 1767 by Liang T'ung—shu）," in *Smithsonian Report for 1914*（Washington, 1915）.

FLINDERS PETRIE, W.M. : "History in Tools," in *Smithsonian Report for 1918*（Washington, 1920）.

FORSTMANN, C. : *Himatschal*（Berlin, 1926）.

FOY, W. : "Fadenstern und Fadenkreuz," in *Ethnologica*, ii, 1（Leipzig, 1913）.

"Zur Geschichte der Eisentechnik, insbesondere des Gebläses," in *Ethnologica*, i（Leipzig, 1909）.

"Zur Geschichte der Tanzkeulen von den Santa—Cruz Inseln," in *Ethnologica*, ii, 2（Leipzig, 1916）.

"Zur Geschichte des Gebläses und zur Herkunft der Eisentechnik," in Globus, Band xcvii, 9（Braunschweig, 1910）.

FRANCHET, L.: *Céramique primitive*（Paris, 1911）.

FRIEND, J.N. : *Iron in Antiquity*（London, 1926）.

GALLARDO, C. R.: *Tierra del Fuego: Los Onas*（Buenos Aires, 1910）.

GENNEP, A. VAN: "Netting without a Knot." in *Man*（London, 1909）.

GOWLAND, W. : "The Metals in Antiquity," in *The Journal of the Anthropological Institute of Great Britain and Ireland*, vol.xlii（London, 1912）.

GRAEBNER, F.: "Gewirkte Taschen und Spiralwulstkorbe in der Südsee," in Ethnologica, ii, 1（Leipzig, 1913）.

"Völkerkunde der Santa—Cruz Inseln," in *Ethnologica*, i（Leipzig, 1909）.

"Zur Kulturgeschichte der Melville—Insel." in *Ethnologica*, ii, 1（Leipzig, 1913）.

HABERLANDT, A. : "Afrika," in *Illustrierte* Völkerkunde, i（Georg Buschan, Stuttgart, 1922）.

HARRISON, H.S. : "Analysis and Factors of Inventions," in *Man*（1927）, "*Inventions*: Obtrusive, Directional, and Independent," in *Man*, xxvi, No. 7（July 1926）.

HIROA, TE RANGI: "Samoan Material Culture," in *Bernice* P. *Bishop Museum Bulletin*, 75（Honolulu, 1930）.

HOOPER, L. : "The Loom and Spindle, Past, Present, and Future," in *Smithsonian Report for 1914*（Washington, 1915）.

HORWITZ, H.T. : "Beiträge zur Geschichte der aussereuropäischen Technik," in *Jahrbuch des Vereins Deutscher Ingenieure*, xv（C. Matschoss, Berlin, 1926）.

"Systematik und Ökonomie bei technisch—geschichtlicher Forschung," in *Gesthichteblätter für Technik und Industrie*, xi, 1（Berlin, 1927）.

"Über den Gebrauch von Werkzeugen im Tierreich," in *Geschichteblätter für Technik und*

Industrie, xi, 1 (Berlin, 1927) .
KANDT, R. : "Gewerbe in Ruanda," in *Zeitschrift für Ethnologie*, xxxvi (Berlin, 1904) .
KIMAKOWICZ-WINNICKI, M. VON: *Spinn-und Webewerkzeuge* (Würzburg, 1910) .
KRICKEBERG, W.: "Amerika," in *Illustrierte Völkerkunde*, i (Georg Buschan, Stuttgart, 1922) .
KROEBER, A.L.: "Handbook of the Indians of California," in *Bureau of American Ethnology Bulletin*, 78 (Washington, 1925) .
KROMER, B. "Vom neuen Afrika (Düsseldorf,1931).
LIPS, J. E.: *Einleitung in die Vergleichende Völkerkunde* (Leipzig, 1928) .
Führer durch das Rautenstrauch-Joest-Museum der Stadt Köln (Cologne, 1927) .
LOTHROP, S. K. : "The Indians of Tierra del Fuego," in *Museum of the American Indian, Heye Foundation* (New York, 1928) .
LUSCHAN, F.VON: "Eisentechnik in Afrika," in *Zeitschrift für Ethnologie*, v, 41 (Berlin, 1909) .
McCARTHY, F.D."*Australian Aboriginal Decorative Art* (the Australian Museum, Sydney, 1938) .
MAES, J.: "La Métallmgie chez les populations du Lac Léopold II, Lukenie," in *Ethnologica*, iv (Leipzig, 1930) .
MARKWITH, C. : "Farewell to Bikini," in *National Geographic Magazine*, xc, No. 1 (Washington, July 1946) .
MARTIN, R.: *Die Inlandstämme der Malayischen Halbinsel* (Jena, 1905) .
MASON, O.T.: "Aboriginal American Basketry," in *Report of the U.S.National Museum* (Washington, 1902) .
"Aboriginal Skin Dressing," in *Report of the U.S.National Museum*, 1889 (Washington, 1891) .
MEINHOF, K. : "Die afrikanischen Religionen," in *Archiv für Religionswissenschaft*, viii, xi (Jena, 1904, 1908) .
MENGHIN, O.: *Weltgeschichte der Steinzeit* (Vienna, 1931) .
MONTANDON, C.: "La Vannerie de la civilisation aïnou," in *L'Ethnographie* (Paris, 1933)
Traité d'ethnologie culturelle (Paris, 1934) .
MORGAN, J, DE: "Observations sur les orignes des arts céramiques dans le bassin méditerranéen"in *Revue de l'École d'Anthropologie* (Paris, 1907)
MYRES, J. L. : "The Early Pot Fabrics of Asia Minor," in *The Journal of the Anthropological Institute of Great Britain and Ireland* (London, 1903) .
NOIRÉ, L. : *Das Werkzeug und seine Bedeutung* (Mainz, 1880) .
NORDENSKIÖLD, E.VON: *Modifications in Indian Culture through Inventions and Loans* (Göteborg, 1930) .
"The Copper and Bronze Ages in South America," vol.iv in *Comparative Ethnographical Studies* (translated by G.E. Fuhrken an G.M.E.Jeijer, Göteborg and Oxford, 1921) .
PFEIFFER, L. : " Beitrag zur steinzeitlichen Fellbearbeitung," in *Zeitschrift für Ethnologie* (Berlin, 1910) .
PISTORIUS, E. : "Frühformen der Gerbtechnik," in *Ledertechnische Rundschau*, 12.Jahrgang, Nr.22 (Berlin, 1920) .
PLISCHKE, J. : "Die technisch-wirtschaftliche Ausnutzung des Bodens bei den Naturvölkern," in *Handbuch der Bodenlehre*,10 (Berlin, 1932) .
PÖCH, R.: Stüdafrikanische Steinwerkzeuge aus verschiedenen Perioden," in *Sitzungsberichte der Anthropologischen Gesellschaft Wien* (Vienna, 1912) .
REAGAN, A. B. : "Notes on the Indians of the Fort Apache Region," in *Anthropological Papers of the American Museum of Natural History*, xxxi, Part V (New York, 1930) .
PICKARD, T.A.: *Man and Metals* (New York and London, 1932) .
SANDSCHEJEW, G. : "Weltanschauung und Schamanismus der Alaren-Burjaten" (translated from the Russian) , in *Anthropos*, xxii, xxiii (1927, 1928) .
SCHMIDT, W., and Koppers, W.: *Völker und Kulturen. Erster Teil: Gesellschaft und Wirtschaft der Völker* (Regensburg, 1925) .
SCHURTZ, H.: *Das afrikanische Gewerbe* (Leipzig, 1900) .
"Wertvernichtung durch den Totenkult," in *Zeitschrift für Sozialwissenschaft*, i (Berlin, 1898) .
SPEISER, F. : "Völkerkundliches von den Santa-Cruz-Inseln (mit Beitrögen von W. Foy) ," in *Ethnologica*, ii, 2 (Leipzig, 1916) .
STUHLMANN, F. : "Handwerk und Industrie in Ostafrika," in *Abhandlungen des Hamburgischen Kolonialinstituts*, i (Hamburg, 1910) .
TESSMANN, G.: *Die Pangwe* (2 vols, Berlin, Leipzig, 1913) .

THORBECKE, F.: "Im Hochland von Mittel-Kamerun (3.Teil)," in *Abhandlungen des Hamburgischen Kolonialinstituts*, xli (Hamburg, 1919).

WEGNER, R.N.: *Altperuanische Bildweberei und Ziergewebe in vorcolumbischer Zeit* (Frankfurt, 1932).

"Ostbolivianische Urwaldstämme," in *Ethnologischer Anzeiger*, ii, 8 (1932).

WILLIAMS, M. O.: "Bahrein: Port of Pearls and Petroleum," in *National Geographic Magazine*, lxxxix, 2 (Washington, February 1946).

WRAY, L. : "The Malayan Pottery of Perak," in *The Journal of the Anthropological Institute of Great Britain and Ireland* (London, 1903).

第六章

ANGULO, J.DE, and BENSON, W. R.: "The Creation Myth of the Pomo Indians," in *Anthropos*, xxvii (1932).

BANCROFT, H. H.: *History of Mexico* (New York, 1914).

BARRUFFALDI, G.: *La Tabaccheide* (Ferrara, 1716).

BERNATZIK, H.A.: *Gari-Gari* (Vienna, 1930).

BIRKET-SMITH, K.: "Drinking Tube and Tobacco Pipe in North America," in *Ethnologische Studien* (Leipzig, 1929).

BLÉGNY, G.DE.: *Le bon Usage du th é, du café, et du chocolat pour la préservation et pour la guérison des maladies* (Lyons, 1687).

BLONDEL, S.: *Le Tabac. Le Livre des fumeurs et priseurs* (Paris, 1891).

BREITKOPF, P. E. : "Beiträge zur Ethnographie der Kpando-Leute (Togo)," in *Anthropos*, xxii (1927).

BROOKS, J.E. : *Tobacco: its History, illustrated by the Books, Manuscripts, and Engravings in the Library of George Arents, Jr.*, 1698-1783 (4 vols., New York, 1937, 1943).

CÉSARD, R.P. : "Proverbes et contes Haya," in *Anthropos*, xxiii (1928).

CORTES, DON FERNANDO: *Drei Berichte an Kaiser Karl V* (translated from the Spanish by C.W.Koppe. Berlin, 1834).

CORTI, CONTE E.C.: *Die trockene Trunkenheit* (Leipzig, 1930).

CULIN, S.: "Games of the North American Indians," in *Annual Report of the Bureau of American Ethnology*, vol. 24 (Washington, 1907).

DENSMORE, F.: "Papago Music," in *Bureau of American Ethnology Bulletin*, 90 (Washington, 1929).

FORTSMANN, C. : *Himatschal* (Berlin, 1926).

FOY, W.: "Schemelartige Kokosnussschaber, : in *Mitteilungen der Anthropologischen Gesellschaft Wien*, xxxiv (Vienna, 1904).

GIFFORD, E.W. : "The Kamia of Imperial Valley," in *Bureau of American Ethnology Bulletin*, 97 (Washington, 1931).

GOMARA, F.L.DE: *Historia de las conquistas de Hernando Cortés* (Mexico, 1826).

GUSINDE, M.: "Das Feuerland und seine Bewohner," in *Hochland*, 11 (München, Kempten, 1929).

HARTWICH, C.: *Die menschlichen Genussnittel* (Leipzig, 1911).

HÖLTKER, G.: "Das Sündenbewusstsein bei den Azteken im alter Mexiko," in *Anthropos*, xxxi (1936).

"Einige Metaphern im Aztekischen des P.Sahagun," in *Anthropos*, xxvii (1932).

HORWITZ, H.T.: "Geschichte der Schokolade und der Schokoladen industrie," in *Beiträge zur Geschichte der Technik und Industrie, Jahrbuch des Vereins deutscher Ingenieure*, xiii (Berlin, 1923).

KARSTEN, R. : "Ceremonial Games of the South American Indians," in the Societas Scientiarum

FENNICA: *Commentationes Humanorum Litterarum*, iii, 2 (Helsingfors, 1930).

KAYSER, P.A.: "Spiel and Sport auf Näoero," in *Anthropos*, xviii-xix (1923-24).

KOCH-GRÜNBERG, TH.: *Zwei Jahre unter den Indianern* (2 vols, Berlin, 1909).

KRÄMER-BANNOW, E.: *Beikunstsinnigen Kannibalen der Südsee* (Berlin, 1916).

KRIEGER, H.W. : "Indian Villages of South-east Alaska," in *Smithsonian Report for 1927* (Washington, 1928).

KROEBER, A. L.: "Handbook of the Indians of California," in *Bureau of American Ethnology Bulledtin*, 78 (Washington, 1925).

LANDA, D.DE: *Relation de choses de Yucatan* (Paris, 1864).

LEWIN: *Über Areca Catechu, Chavuca Betel, und das Betelkauen* (1889).

LEYDER, J. : *Le Jeu des dés chez les Bwaka (Ubangi)* (Brussels, 1933).

LINDBLOM, G.: *Tubular Smoking Pipes, especially in Africa*.

LUMHOLTZ, K. : *Unter Menschenfressern. Eine vierjährige Reise in Australien* (Hamburg, 1892).

McGUIRE, J.D. : "Pipes and Smoking Customs of the American Aborigines, based on Material in the U.S.Museum," in *Annual Report of the Bureau of American Ethnology*, 1 (Washington, 1899) .

MAIER, H.W. : "*Der Kokainismus*" (1926) .

MASON, J.A. : "Use of Tobacco in Mexico and South America," in *Field Museum of Natural History Anthropological Leaflet*, 16 (Chicago, 1924) .

MÉTRAUX, A. : *La Cilivisation matérlle des tribus Tupi–Guarani* (Paris, 1928) .

MOREL–FATIO, A.: Comer Barro (Berlin, 1912) .

MÜLLER, P. F.: "Beiträge zur Ethnographie der Guarani–Indianer im östlichen Waldgebiet von Paraguay, " in *Anthropos*, xix, xxx (1934, 1935) .

NORDENSKIÖLD, E.VON: *Modifications in Indian Culture through Inventions and Loans* (Göteborg, 1930) .

"The American Indian as an Inventor," in *Journal of the Royal Anthropological Institute of Great Britain and Ireland*, lix (London, 1929) ."

"Von Chorotiindianerinnen in Ton modellierte Tier–und Menschen–figuren," in *Ymer* (Stockholm, 1910) .

PIETTE, L. : *Speise und Trank der Eingeborenen im tropischen Afrika* (Cologne, 1927) .

PLISCHKE, H.: "Die technisch–wirtschaftliche Ausnutzung des Bodens bei den Naturvölkern," in *Handbuch der Bodenlehre*, 10 (Berlin, 1932) .

PREUSS, K.TH. : "Der Feuergott als Ausgangspunkt zum Verständnis der mexikanischen Religion in ihrem Zusammenhange," in *Mitteilungen der Anthropologischen Gesellshaft Wien*, 33 (Wien, 1903) .

REAGAN, A. B. : "Notes on the Indians of the Fort Apache Region," in *Anthropological Papers of the American Museum of Natural History*, xxxi, Part V (New York, 1930) .

REDLICH, F. : *Rauschgifte und Suchten* (1929) .

ROSSILLON, P.: "Maeurs et coutumes du peuple Kui, Indes Anglaises," in *Anthropos*, vi (1911) .

SAFFORD, W.E.: "Daturas of the Old World and New," in *Smithsonian Report for 1920* (Washington, 1922) .

"Narcotic Plants and Stimulants of the Ancient Americans," in *Smithsonian Report for 1916* (Washington, 1917) .

SCHWEITZER, A.: *Zwischen Wasser und Urwald* (Munich, 1926) .

SELER, E.: *Gesammelte Abhandlungen zur amerikanischen Sprach–und Altertumskunde* (Berlin, 1902) .

STAAL, J.: "Dusun Drinking and Love Songs," in Anthropos, xxi (1926) .

"The Dusuns of North Borneo," in *Anthropos*, xvii, xix, xx, xxi (1923–1924, 1925, 1926) .

STAHL, G.: "Zigarre, Wort und Sache," in *Zeitschrift für Ethnologie* (Berlin, 1930) .

"Zur Frage des Ursprungs des Tabakrauchens," in *Anthropos*, xxvi (1931) .

STEFANSSON, V.: *My Life with the Eskimo* (New York, 1929) .

STEPHENS, J.L.: *Incidents of Travel in Central America, Chiapas, and Yucatan* (London, 1841) .

SWANTON, J.R.: "Contributions to the Ethnography of the Haida," in *Memoirs of the American Museum of Natural History* (V. Leyden, New York, 1905–9) .

"Social Organization and Social Usages of the Indians of the Creek Confederacy," in *Forty–second Report of the Bureau of American Ethnology* (Washington, 1928) .

TESSMANN, G.: *Die Pangwe* (2 vols., Berlin, Leipzig, 1913) .

THOMAS, H.: *Betäubungsmittel und Rauschgifte* (1929) .

VOGEL, H.: *Eine Forschungsreise im Bismarckarchipel* (Hamburg, 1911) .

WAGNER, G.: *Entwicklung und Verbreitung des* Peyote–Kultes (Hamburg, 1931) .

WIEDEMANN, A.: "Das Spiel im alten Ägypten," in *Zeitschrift des Vereins für Rheidnische und Westfälische Volkskunde*, 9. Jahrgang, Drittes Heft (1912) .

WILDEMANN, E.DE: *Les Plantes tropicales* (Brussels, 1902) .

ZIEGLER, J.J.: *Tabak oder von dem gar heilsamen Wunderkraute Nicotiana* (Zürich, 1616) .

第七章

ALEXANDER, A.B. : "Notes on the Boats, etc., of the South Sea Islands," in *U.S.Commission of Fish and Fisheries*. Part xxvii: *Report of the Commissioner for 1901* (Washington, 1902) .

BÄRTHOLD, A. : "Eine Wohnstätte bei Halberstadt mit einfacher Bandkeramik," in *Prähistorische Zeitschrift*, iv (Berlin, 1912) .

BOAS, F.: "Invention," in *General Anthropology* (edited by Franz Boas: Boston, 1938) .

BUSHNELL, D.I., Jr.: "The Choctaw of Bayou Lacomb, St Tammany Parish, Louisiana," in *Bureau of American Ethnology Bulletin*, 48（Washington, 1909）.

BYHAN, A.: "Nord−, Mittel−, und Westasien," in *Illustrierte Völkerkunde* ii（Georg Buschan, Stuttgart, 1923）.

CHAPPLE, E. D., and COON, C.S. : *Principles of Anthropology*（New York, 1942）.

DES NOËTTES, L. : *La Force motrice à travers les âges*（Paris, 1924）.

FORESTIER, G.: *La Roue*（Paris, 1900）.

GIFFORD, Ė.W. : "The Kamia of Imperial Valley," in *Bureau of American Ethnology Bulletin*, 97（Washington, 1931）.

GUSINDE, M. : "Das Feudrland und seine Bewohner," in *Hochland*, 11（München, Kempten, 1929）.

HABERLANDT, M.: "Ostasien," in *Illustrierte Völkerkunde*, ii（Georg Buschan, Stuttgart, 1923）.

HADDON, A.C.: "The Outrigger Canoes of Torres Straits and North Queensland," in *Essays and Studies Presented to William Ridgeway*（Cambridge, 1913）.

"The Outriggers of Indonesian Canodes," in *The Journal of the Royal Anthropological Institute of Great Britain and Ireland*（reprint（n.d.）, London）.

HAHN, E.: *Die Haustiere und ihre Bedeutung zur Wirtschaft des Menschen*（1896）.

HAMBRUCH, P.: "Die Schiffahrt der Südsee," in *Der Erdball*（reprint（n.d.））.

HATT, G.: "Notes on Reindeer Nomadism," in *Memoirs of the American Anthropological Association*, vi（1919）.

HEINE−GELDERN, R.: " Südostasien," in *Illustrierte Völkerkunde*, ii（Georg Buschan, Stuttgart, 1923）.

HERSEY, J. : "Ricksha No.34," *in Life Magazine*（New York, June 3, 1946）.

HORNELL, J. : "South American Balanced Canoes," in *Man*, 102（London, 1928）.

"The Origins and Ethnological Significance of Indian Boat Designs," in *Memoirs of the Asiatic Society of Bengal*, vii（Calcutta, 1920）.

HORWITZ, H.T. : "Die Entwicklung der Drehbewegung: Beiträge zur Geschichte der Technik und Industrie," in *Jahrbuch des Vereins Deutscher Ingenieure*. 10（Berlin. 1920）.

KRICKEBERG, W. : "Amerika," in *Illustrierte Völkerkunde*, i（Georg Buschan, Stuttgart, 1922）.

KRIEGER, H, W.: "Indian Villages of South−east Alaska," in *Smithsonian Report for 1927*（Washington, 1928）.

LA PÉROUSE, J.F.: *Atlas du voyage de la Pérouse*（Lindon, 1798）.

LIPS, J.E. : *Naskapi Law*（Philadelphia, 1947）.

LUTHER, C.J. : "Geschichte des Eissports," in *Geschichte des Sports aller Völker und Zeiten*, ii（Bogeng, 1927）.

MAGER, H.: *Le Monde polynésien*（Paris, 1902）.

MAN, E.H. : "Aboriginal Inhabitants of the Andaman Islands," in *The Journal of the Royal Anthropological Institute of Great Britain and Ireland*（London, 1932）.

MANNINEN, I. : "Zur Ethnologie des Einbaumes," in *Eurasia Septentrionalis. Antiqua*, i（1927）.

MASON, O.T. : "Primitive Travel and Transportation," in *Report of the United States Museum of Natural History for 1894*（Washington, 1896）

"The Human Beast of Burden," in *Report of the United States National Museum for 1886−87*（Washington, 1888）

MIDDENDORFF, A.TH: *Reise in den äussersten Norden und Osten Sibiriens während der Jahre 1843 und 1844*（Avols, st Peterburg, 1847−75）

MILLS, L.A.: *Britain and Ceylon*（British Information services: London, New York. 1946）

MONTANDON, G.: *Traité d'ethnologie culturelle*（Paris, 1934）.

MÖTEFINDT, H.: "Entstehung des Wagens und des Wagenrades," in *Mannus*, 10（Berlin, 1918）.

NORDENSKIÖLD, E.VON: *Modifications in Indian Culture through Inventions and Loans*（Göteborg, 1930）.

"The American Indian as an Inventor," in *Journal of the Anthropological Institute of Great Britain and Ireland*, lix（London, 1929）.

REINHARDT, L.: *Kulturgeschichte der Nutztiere*（1912）.

SCHÜCK, A.: Die Stabkarten der Marshall−Insulaner（Hamburg, 1902）.

SIRELIUS, O. : *"Über einige Prototype des Schlittens,"* in *Journal de la Socété Finno−Ougrienne*, xxx（Paris, 1913−18）.

SIRELIUS, U, T.: "Zur Geschichte des Prähislorischen Schlittens," in *Festschrift für P. W. Schmidt*（Vienna. 1928）

SMITH, U.A. : *The Early History of India* (third edition, Oxford, 1914) .

VOEGELIN, E. W.: "Tubatulabal Ethnography," in *Anthropological Records,* ii, I (University of California Press, Berkeley, 1938) .

VOJNICH, O.: *The Island World of the Pacific* (Budapest, 1909) .

VOLZ, W. : "Süd-und Ostasian," in *Illustrierte Völkerkunde*, ii (Georg Buschan, Stuttgart, 1923) .

WEISSE VÄIER: "Die Fischerei bei Utinta am Tanganyka," in *Anthropos*, xxviii (Vienna, 1933) .

WEULE, K.: *Leitfaden der Völkerkunde* (Leipzig, Vienna, 1922) .

第八章

ANDREE, R. : "Aggriperlen," in *Zeitschrift für Ethnologie* (Berlin, 1895) .

ARMSTRONG: "Shell Money from Rossel Island," in *Man*, xxiv (London, 1924) .

CATLIN, G.: *Illustrations of the Manners, Customs, and Condition of the North American Indians* (eighth edition, 2 vols, London, 1851;Edinburgh, 1903) .

CHAPPLE, E.D, aud COON, C.S. : *Principles of Anthropology* (New York, 1942) .

CHEVALIER, F.: L'*Afrique Centrale Francaise* (Paris, 1908) .

CODRINGTON, R.H.: *The Melanesians: Studies in their Anthropology and Folk-lore* (Oxford, 1891) .

COOTE,W.: *The Western Pacific. Being a Description of the Groups of Islands to the North and East of the Australian Continent* (London, 1883) .

FINSCH: *Samoafahrten* (Leipzig, 1888) .

HADDON, A. H.: "The Kabiri or Girara District, Fly River, Papua," in *The Journal of the Anthropological Institute of Great Britain and Ireland*, xlvi (London, July-December, 1916) .

HEINE-GELDERN, R.: "Urheimat und früheste Wanderungen der Austronesier," in *Anthropos*, xxvii (1932) .

JOHNSTON, H. H. : *British Central Africa* (London, 1897) .

LEENHARDT: *Notes d'ethnologie néo-calédonienne* (Paris, 1930) .

LETOURNEAU, C. : *L'Évolution du commerce* (Paris, 1897) .

LUSCHAN, F.VON: *Beiträge zur Ethnographie von Neuguinea* (Berlin, 1899) .

"Eisentechnik in Afrika," in *Zeitschrift für Ethnologie*, xli (Berlin, 1909) .

"Ethnographisches aus der Südsee," in *Mitteilungen der Berliner Anthropologischen Gesellschaft* (Berlin, 1892) .

MALINOWSKI, B. : *Argonauts of the Western Pacific* (London, 1922) .

MEINICKE, K.E. : *Die Inseln des Stillen Ozeans* (Leipzig, 1875) .

MÜLLER-WISMA, Z.W. : "Yap", in *Hamburger Wissenschaftliche Stiftung*, 1 Halbband, Band 2 (Hamburg, 1917) .

MÜNSTERBERG, O. : *Chinesische Kunstgeschichte* (2 vols., Esslingen, 1910, 1912) .

MURRAY, SIR JOHN P.: *The Papua of British New Guinea* (London, 1912) .

Netherlands News : V.January 11, January25, 1943 (New York, 1943) .

O'FERRAL: "Native Stories from Santa Cruz and Reefs Islands," in *The Journal of the Royal Anthropological Institute of Great Britain and Ireland*, xxxiv (London, 1904) .

PETRI, H.: "Die Geldformen der Südsee," in *Anthropos*, xxxi (1936) .

PFEIFFER, L.: *Die steinzeitliche Muscheltechnik und ihre Beziehungen zur Gegenwart* (Jena, 1914) .

POLO, MARCO (1254-1325) : *Marco Polo, il Milione* (edited by Luigi Foscolo Benedetto, Milano, 1932) .

RIVERS, W.H.R.: *The History of the Melanesian Society* (2 vols., Cambridge, 1914) .

SCHMELTZ, J. D. E.: *Schnecken und Muscheln im Leben der Völker Indonesiens und Ozeaniens* (Leyden, 1894) .

SCHMIDT, P.JOSEPH: "Die Ethnographie der Nor-Papua (Murik-Kaup-Karau) bei Dallmannhafen, Nen-Guinea," in *Anthropos*, xviii-xix, xxi (1923-24, 1926) .

SCHURTZ, H.: *Grundriss einer Entstehungsgeschichte des Geldes* (Weimar, 1898) .

SCHWEITIZER, A. : *Zwischen Wasser und Urwald* (Munich, 1926) .

SENFFT: "Dad Geld der Yaper," in *Deutsches Kolonialblatt* (Berlin, 1901) .

SPEISER, F.: "Völkerkundliches von den Santa-Cruz-Inseln." in *Ethnologica*, ii (Leipzig, 1916) .

STOKES, J. F.G. : "Notes on Polynesian Featherwork," in *Journal of the Polynesian Society* (London, 1925) .

TEMPLE, SIR R.: "The Beginnings of Currency," in *The Journal of the Royal Anthropological Instiute of Great Britain and Ireland*（Lodon, 1899）.

TESSMANN, G. : *Die Pangwe*（2 vols., Berlin, Leipzig, 1913）.

THILENIUS, G.: "Primitives Geld," in *Archiv für Anthropolgie*（Berlin, 1920）.

THURNWALD, R.: *Forschungen auf den Salomoninseln und im Birmarckarckipel*（Berlin, 1912）.

WEULE, K. : *Die Urgesellschaft und ihre Lebensfürsorge*（Stuttgart, 1912）.

WILLIAMS and CALVERT: *Fiji and the Fijians*（London, 1870）.

WIRZ, P.: *Résultats des expéditions scientifiques à la Nouvelle Guinée*（Leyden, 1924）.

WOODFORD, A.: "Notes on the Manufacture of the Malaita Shell-bead Money," in *Man*, viii（London, 1908）

第九章

ADAIR, J. : *The History of the American Indians*（London, 1775）.

ANDREE, R. : "Merkzeichen und Knotenschrift," in *Ethnographische Parallelen und Vergleiche*, i（Stuttgart, 1878）.

BYHAN, A. : "Nord-, Mittel-, und Westasien," in *Illustrierte Völkerkunde,* ii（Georg Buchan, Stuttgart, 1923）.

CHAPPLE, E.D., and COON, C.S.: *Principles of Anthropology*（New York, 1942）.

CORBETT, J. : *Man-eaters of Kumaon*（Bombay, New York, 1944）.

DAHL, A. : *Geschichte des Buches*（1928）.

DAIGRE, Rev. : "Les Bandas de l'Oubangi-Chari（Afrique Équatoriale Francaise）," in *Anthropos*, xxvi（1931）.

Études de la Société Royale Egyptienne de Papyrologie（Cairo, 1922, et seq.）

DANZEL, T.W. : "*Die Anfänge der Schrift*（Leipzig, 1912）

EVANS, A.J: Die europäische Verbritung primitiver Schriftmalerei und ihre Bedeutung für den Ursprung der Schreibschrift," in *Die Anthropologie und die Klassiker*（Heidelberg, 1910）.

HIVES, F., and LUMLEY, GASCOIGNE: *Ju-Ju and Justice in Nigeria*.

HOFFMAN, W.J. : "The Graphic Art of the Eskimo," in *Report of the U.S.National Museum*（Washington, 1897）.

KARMARSCH: *Geschichte der Technologie seit der Mitte des 18 Jahrhunderts*（1872）

KOCH-GRÜNBERG, TH.: *Vom Roroima zum Orinoco*（Berlin, 1916, 1917）.

Zwei Jahre unter den Indianern（2 Bände, Berlin, 1909）.

KRICKEBERG, W. : "Amerika," in *Illustrierte Völkerkunde*, i（Georg Busehan, Stuttgart, 1922）.

LIPS, J.E. : "Public Opinion and Mutual Assistance among the Montagnais-Naskapi," in *American Anthropologist*, vol.xxxix, No. 2（1937）.

MALLERY, G.: "Pictographs of the North American Indians," in *Fourth Annual Report of the Bureau of American Ethnology*（Washington, 1893）.

MITTEIS, L., and WILCKEN, U. : *Grundzüge und Chrestomanthie der Payruskunde*（2 vols., 1912）.

OBERMAIER, H. : "Der Mensch der Vorzeit," in *Der Mensch aller Zeiten*, i（Berlin, 1912）.

REAGAN, A.B. : "Notes on the Indians of the Fort Apache Region," in *Anthropological Papers of the American Museum of Natural History*, xxxi, Part V（New York, 1930）.

SCHMIDT, M. : *Völkerkunde*（Berlin, 1924）.

SCHMIDT, P.JOSEPH: "Die Ethnographie der Nor-Papua（Murik-Kaup-Karau）bei Dallmannhafen, Neu-Guinea," in *Anthropos*, xviii-xix（1923-24）, *Anthropos*, xxi（1926）.

"*Neue Beiträge zur Ethnographie der Nor-Papua（Nen-Guinea）*," in *Anthropos,* xxvii（1933）.

SCHNEIDER, H. : *Der kretische Ursprung des 'phöonikischen' Alphabets*（Leipzig, 1913）

STEINDORFF, G.: "Agypten," in *Amtlicher Führer durch die Halle der Kultur der Internationalen Ausstelung für Buchgewerbe und Graphik*（Leipzig, 1914）.

STüBE, R.: "Grundlinien zu einer Entwicklungsgeschichte der Schrift," in *Graphologische*（Munich, 1907）.

SWANTON, J.R. : "Social Organization and Social Usages of the Indians of the Creek Confederacy," in *Forty-second Annual Report of the Bureau of American Ethnology*, 1924-25（Washington, 1928）.

VANOVERBERGH, M.: "Negritos of Northern Luzon," in *Anthropos*, xx, xxiv（1925-1929）.

VERWORN, M. : "Die Technik der paläolithischen Knochen-und Steinzeichnungen," in *Korrespondenzblatt der deutschen Gesellschaft für*

Anthropologie, Ethngraphie und Urgeschichte (Berlin, 1914).

WEISS: "Der Weg der tausendjährigen Papiermacherei"in *Archiv für Buchgewerbe* (Leipzig, 1926)

WEULE, K.: *Vom Kerbstock zum Alphabet* (Stuttgart, 1915).

WUNDT, W.: *Völkerpsychologie* (Leipzig, 1905–17).

WUTTKE, H.: *Die Entstehung der Schrift, die verschiedenen Schriftsysteme, und das Schrifttum der nichtalphabetisch schreibenden Völker* (Leipzig, 1872).

第十章

BERNATZIK, H.A.: Gari–Gari (Vienna, 1930).

BREITKOPF, P.E.: "Beiträge zur Ethnographie der Kpando–Leute (Togo)," in *Anthropos*, xxii (1927).

BUNZEL, R.L.: "Introduction to Zuñi Ceremonialism," in *Forty–seventh Annual Report of the Bureau of American Ethnology* (Washington, 1932).
"Zuñi Katcinas," in *Forty–seventh Annual Report of the Bureau of American Ethnology* (Washington, 1932).

CATLIN, G.: *The O–kee–pa Ceremony of the Pawnee* (London, 1867).

CLAVUGERO, D.F.X.: *Geschichte von Mexiko, aus spamischen und mexikamischen Geschichtsschreibern, Handschriften, Gemälden der Indianer zusammengetragen, und durch Charten und Kupferstiche erläutert, nebst einigen kritischen Abhandhngen über die Beschaffenheit des Landes, der Tiere und Einwohner von Mexiko (aus dem Italienischen des. Abts Franz Xaver Clavigero durch Ritter Carl Cullen ins Englische, und aus diesem ins Deutsche übersetzt)* (Leipzig, 1789).

CONZEMIUS, E.: "Ethnological Survey of the Miskito and Sumu Indians of Honduras and Nicaragua," in *Bureau of Amercan Ethnology Bulletin*, I06 (Washington, 1932).

DENSMORE, F.: "Chippewa Customs," in *Bureau of American Ethnology Bulletin*, 86 (Washington, 1929).

DURAN, DIEGO (died 1588): *Historia de las Indias de Nueua Españay Islas de Tierra Firme, La Publia con un atlas de estampus, notas e illustraciones* (José F.Ramirez, México, 1867).

FROBENIUS, L.: *Die Masken und Geheimbünde Afrikas* (Halle, 1898).

GUSINDE, M.: " Männerzeremonien anf Feuerland und deren kulturhistorische Wertung," in *Zeitschrift fült Ethnologie*, Jahrgang 1926, Heft 3–4 (Berlin, 1926).

HÖLTKER, P.G,: "Die Familie bei den Azteken in Altmexiko," in *Anthropos*, xxv (1930).

HOWITT, A.W.: *The Native Tribes of South–east Australia* (London, 1904).

KROMER, B.: *Vom nenen Afrika* (Düsseldorf, 1931).

MACLEOD, W.C.: "The Nature, Origin, and Linkages of the Rite of Hook–swinging: with Special References to North America," in *Anthropos*, xxix (1934).

MüLLER, P. F.: "Beiträge zur Ethnographie der Guarani–Indianer im östlichen Waldgebiet von Paraguay," in *Anthropos*, xxix (1934).

MüLLER, W.: *Die ältesten amerikamischen Sintfluterzählungen* (Bonn, 1930).

PARKER, K. LANGLOH: *The Euahlayi Tribe* (London, 1905).

REAGAN, A.B.: "Notes on the Indians of the Fort Apache Region," in *Anthropological papers of the American Museum of Natural History* (New York, 1930).

SAHAGUN, FRAY BERNARDINO DE: *Einige Kapitel aus dem Geschichtswerk des Fary Benardino de Sahagun (aus dem Aztekischen übersetzt von Eduard Seler, herausgegeben von Cäcilie Seler–Sachs)* (Stuttgart, 1927).

SCHMIDT, P.J.: "Die Ethnographie der Nor–Papua (Murik–Kaup–Karan) bei Dallmannhafen, Neu–Guinea," in *Anthropos*, xxi (1926).

SPEISER, F.: "Die eleusinischen Mysterien als primitive Initation," in *Zeitschrift für Ethnologie*, 60. Jahrgang, Heft 4–6.
"Schlange, Phallus, und Feuer in der Mythologie Australiens und Melanesiens," in *Verhandlungen der Narurforsxhenden Gesellschaft in Basel*, xxxviii (Basel, 1927).
"Über die Initiationen in Australien und Mdanesien," in *Verhandlungen der Natufrorshcenden Gesellschaft in Basel* (Basel, 1929).

STEFANSSON, V.: *My Life with the Eskimo* (New York, 1929).

SWANTON, J. R.: "Social Organization and Social Usages of the Indians of the Creek Confederacy," in *Forty–second Annual Report of the Bureau of American Ethnology*, 1924–25 (Washington, 1928).

TESSMANN, G.: *Die Pangwe* （2 vols., Berlin, Leipzig, 1913）.

TURQUETIL, A. : "Notes sur les Esquimaux de la Baie Hudson, in *Anthropos* xxiii（1928）.

VOEGELIN, E. W. : "Tūbatulabal Ethnography," in *Anthropological Records,* ii, I（University of Califoroina Press, Berkeley, 1938）.

第十一章

ADEMOLLO, A. : *Corilla Olimpica* （1887）.

ARBESMANN, R.: *Das Fasten bei den Griechen und Römern* （Giessen, 1929）.

BÉGOUIN, COMTE H., and BREUIL, H. : "Les Ours déguisés de la caverne Trois Fréres （Ariége）," in *Festschrift für P. W.Schmidt* （Vienna, 1928）.

BERNATZIK, H.A.: *Gari–Gari* （Vienna, 1930）.

BUNZEL, R.L. : "Introdution to Zuñi Ceremonialism," in *Forty–seventh Annual Report of the Bureau of American Ethnology* （Washington, 1932）.

"Zuñi Katcinas," in *Forty–seventh Annual Report of the Bureau of American Ethnology* （Washington, 1932）.

CAPELLO, H., and IVENS, R.: *From Benguella to the Tenitory of Yacca: Description of a Journey into Central and West Africa* （translated by A.Elwes;London, 1882）.

CATLIN, G. : *Illustrantion of the Manners, Customs, and Condition of the North American Indians* （2 vols, London, 1851）.

CÉSARD, E. : "Les Muhaya（L'Afrique Orientale）," in *Anthropos*, xxxi（1936）.

CHRIST, W. VON: "Geschichte ter griechischen Litemtur," in J. von.Müller' s *Handbuch der khassischen Altertumswissenschaft* （W.Schmidt und O.Stählin, 1912–29）.

CRUSIUS, O.: *Untersuchungen zu den Mimiamben des Herondas* （Berlin, 1892）.

DAIGRE, REV.: "Les Bandas de l'Oubangui–Chari（Afrique Équatoriale Francaise）," in *Anthropos*, xxvi（1931）.

DENSMORE, F.: "Papago Music," in *Bureau of American Ethnology Bulletin*, go（Washington, 1929）.

"Yuman and Yaqui Music", in *Bureau of American Ethnology Bulletin*, 11o （Washington, 1932）

FEWKES, J.W. : "Fire Worship of the Hopi Indians," in *Smithsonian Report for 1920* （Washington, 1922）.

"The Katcina Altars Hopi Worship," in *Smithsonian Report for 1920* （Washington, 1922）.

FORSTMANN, C. : *Himatschal* （Berlin, 1926）.

FROBENIUS, L. : *Die Masken und Geheimbunde Afrikas* （Halle, 1898）.

GÉNIN, A. : "Notes on the Dances, Music, and Songs of the Ancient and Modern Mexicans," in *Smithsonian Report for 1920* （Washington, 1922）.

GIFFORD, E.W.: "The Kamia of Imperial Valley," in *Bureau of American Ethnology Bulletin*, 97 （Washington, 1931）.

HASTINGS, M.: "Shangri–la Invaded by Paratroop Rescuers" （International News Special Service, New York, 1945）.

HERZOG, R. : *Herondea* （Leipzig, 1926）.

HORNBOSTEL, E.M. VON: "Musik," in G.Tessmann's *Die Pangwe*, vol. ii（Berlin, Leipzig, 1913）.

JULLEVILLE, P.DE. : *Les Com é diens av France en moyen âge* （Paris, 1885）.

KERN, F. : *Die griechischen Mysterien der klassischen Zeit* （Berlin, 1927）.

KOPPERS, W. : *Unter Feuedand–Indianern* （Stuttgart, 1924）.

LEO, F.: *Geschichte der r ömischen Literatur*, i （Leipzig, 1913）.

LINDBLOM, G. : "The Use of Stilts, especially in Africa and America," in *Riksmuseets Etnografiska Avelning Smärre Meddelanden* No.3（Stockholm, 1927）.

LIPS, J.E. : "Die Anfänge des Theaters bei den Naturvölkern," in *Tagongsberichte der Deutschen Anthropologischen Gesellschaft* （Leipzig, 1928）.

MEYER, P. H.: "Wunekau, oder Sonnenverehrung in Neuguinea," in *Anthropos*, xxvii （1932）, xxviii （1933）.

MOUNTFORD, C.P.and HARVEY, ALISON: "A Survey of Australian Aboriginal Pearl and Baler Shell Ornaments," in *Records of the South Australian Museum*, vi, No. 2（Adelaide, 1938）.

PASTOR, W. : "The Music of Primitive Peoples and the Beginning of European Music," in *Smithsonian Report for 1912* （Washington, 1913）.

PREUSS, K.TH. : "Der Unterbau des Dramas," in *Vorträge der Bibliothek Warburg,* vii, 1927–28 （Leipzig, 1930）.

REAGAN, A.B. : "Notes on the Indians of the Fort Apache Region," in *Anthropological Papers of the American Museum of Natural History*, xxxi, Part V （New York, 1930）.

REICH, H.: "*Der Mimus*"（Berlin, 1930）.
SACHS, C. : *The Rise of Music in the Ancient World, East and West*（New York, 1943）.
World History of the Dance（New York, 1937）.
SCHMIDT, P.J. : "Neue Beiträge zar Ethnographie der Nor-Papua（Neuguinea）," in *Anthropos*, xxviii（1933）.
SCHÜTT, O. : *Reisen im südwestlichen Bechen des Congo*（Berlin, 1881）.
SPEISER, F.: "Die eleusinischen Mysterien als primitive Initiation," in *Zeitschrift für Ethnologie*, 60., Jahrgang, Heft 4-6.
"Über die Initiationen in Australien und Melanesion," in *Verhand lungen der Naturforschenden Gesellschaft in Basel*（Basel, 1929）.
STEFANSSON, V. : *My Life with the Eskimo*（New York, 1929）.
TESSMANN, G.: *Die Pangwe*（2 vols, Leipzing, Berlin, 1913）.
VESELOVSKY, A.N.: *Works*（St Petersburg, 1913）.

第十二章

AMUNSDEN, R. : *The North-west Passage*（2 vols, london, 1908）.
BASTFIANA. : *Der Fetisch an der Küste Guineas*（Berlin, 1884）.
BIEBER, F. J. : *Kaffa*（1923）.
BINDING, K. : *Die Normen und ihre Ubertretung*（Leipzig, 1890）.
BISCHOFS, P.J.: "Die Niol-Niol, ein Eingeborenenstamm Nordwest Australiens," in *Anthropos*, iii（Vienna, 1908）.
BOAS, F.: "Property Marks of Alaskan Eskimo," in *American Anthropologist*, i（Washington, New York, 1899）.
"The Central Eskimo," in *Annual Report of the Bureau of American Ethnology,* vi（Washington, 1888）.
BOGORAS, W. : "The Chukchee," in *Jessup Expedition,* vii（1904-9）.
BONWICK, J. : *Daily Life and Origin of the Tasmanians*（London, 1870）.
BUCHHOLZ, R. : *Land und Leute in Westafrika*（Berlin, 1876）.
BUCHNER, M.: *Kamerun*（Leipzig, 1887）.
BYHAN, A.: *Die Polarvölker*（Leipzig, 1909）.
CONSTEN, H. : *Weideplätze der Mongolen*（Berlin, 1920）.
Das Eingeborenenrecht. Sitten und Gewohnheitsrechte der Eingeborenen der ehemaligen deutschen Kolonien in Afrike und in der Südsee (Herausgegeben von E.Schultz-Ewerth und L.Adam)（2 vols, Stuttgart, 1929-30）.
DAWSON, J. : *Australian Aborigines*（Melbourne, 1881）.
DENSMORE, F. : "Uses of Plants by the Chippewa Indians," in *Annual Report of the Bureau of American Ethnology*, xliv（Washington, 1928）.
ELLIS: "Fitty-four Years' Recollections of Men and Events in Wisconsin," in *Wisconsin Historical Collections*, xxxvii（1923）.
FRASER, J. : *The Aborgines of New South Wales*（Sydney, 1892）.
GRAEBNER, F.: *Das Weltbild der Primitiven*（Munich, 1924）.
GROSSE, E: *Die Formen der Familie und die Formen der Wirtschaft*（Feiburg, Leipzig, 1896）
GUTMANN, B: *Das Recht der Dschagga*（Munich, 1924）
"Handbook of the American Indians North of Mexico," in *Bureau of American Ethnology*, xxx（Washington, 1910）.
HOFFMAN, W.J. : "The Menomini Indians," in *Annual Report of the Bureau of American Ethnology*, xiv（Washington, 1896）.
HOGBIN, H.I. : *Law and Order in Polynesia: a Study of Primitive Legal Institutions*（London, 1934）.
HOWITT, A.W. : *The Native Tribes of South-east Australia*（London, 1904）.
HOWITT, F.G.S. : "Notes on Australian Message Sticks and Messengers," in *The Journal of the Royal Anthopological Institute of Great Britain and Ireland*, xviii（London, 1888）.
JENK, A. E. : "The Wild-rice Gatherers of the Upper Lakes: a Study in American Primitive Economics," in *Annual Report of the Bureau of American Ethnology*, xix（Washington, 1900）.
JENNESS, D. : "The Life of the Copper Eskimo," in *Report of the Arctic Expedition*, 1913-18（Ottawa, 1922）.
KARUTZ, R. : *Unter Kirgisen und Turkmenen*（Leipzig, 1911）.
KRAFFT, M. : "Die Rechtsverhältnisse der Ovakuanjama und des Ovandonga," in *Mitteilungen aus den deutschen Schutzgebieten*, xxvii（Berlin, 1914）.
LEUSCHNER, S., and STEINMETZ, R.: *Rechtsverhältnisse von eingeborenen Völkern in*

Afrika und Ozeanien (Berlin, 1903) .
LING ROTH, H. : *The Ahoriginals of Tasmania* (Halifax, 1899) .
LIPS, J.E. : "Die Anfänge des Rechts an Grund und Boden bei den Naturvölkern und der Begriff der Erntevölker," in *Festschrift für P. W. Schmidt* (Vienna, 1928) .
Einleitung in die Vergleichende Völkerkunde (Leipzig, 1928) .
"Ethnopolitics and the Indians," in *Commonweal* (New York, March 15, 1935) .
"Government," in *General Anthropology* (edited by Franz Boas, Boston, 1938) .
"Kamerun," in *Das Eingeborenenrecht*, ii (Stuttgart, 1930) .
Naskapi Law (Philadelphia, 1947) .
"Public Opinion and Mutual Assistance among the Montagnais–Naskapi," in *American Anthropologist*, xxxix, No. 2 (1937) .
LOWIE, R.H. : *Primitive Society* (New York, 1920) .
MALINOWSKI, B.: *Crime and Custom in Savage Society* (London, 1926) .
MANSFELD, A. : *Urwalddokumente* (Berlin, 1908) .
MATHEW, J.: *Two Representative Tribes of Queensland (The Kabi and Wakka Tribes) . With an Inquiry concerning the Origin of the Australian Race* (London, Leipzig, 1910) .
MENGHIN, O. : "Die weltgeschichtliche Rolle der uraltaischen Völker," in *Archaologiai Ertesitő*, xlii (Budapest, 1928) .
MORGAN, L. H.: *League of the Ho–de–no–sau–nee, or Iroquois* (New York, 1904) .
NACHTIGAL, G. : *Sahara und Sndan* (Berlin, 1879–89) .
NELSON, N.C. : "The Eskimo about Bering Strait," in *Annual Report of the Bureau of American Ethnology*, xviii (Washington, 1899) .
NORDENSKIÖLD, E. VON : *Indianerleben. El Gran Chaco* (Leipzig, 1913) .
OPPENHEIMER, R. H. : *System der Soziologie* (Jena, 1929) .
PALMER, E.: "Notes on Some Australian Tribes," in *The Journal of the Royal Anthropological Institute of Great Britain and Ireland,* xiii (London, 1883) .
PASSARGE, S. : *Adamaua* (Berlin, 1895) .
Die Buschmänner der Kalahari (Berlin, 1907) .
PERON D'ARC, H.: *Aventures d'un voyageur en Astralie* (Paris, 1870) .
RADCLIFFE–BROWN, A.R.: "Primitive Law," in *Encyclopaedia of the Social Sciences*, ix (New York, 1933) .
"Three Tribes of Western Australia," in *Journal of the Royal Anthropological Institute of Great Britain and Ireland*, xliii (London, 1913) .
RIDLEY, W. : *Kamilaroi and Other Australian Languages* (Sydney, 1875) .
ROTH, W.E.: *Ethnological Studies among North–west–Central–Queensland; and Aborigines* (Brisbane, 1897) .
SARASIN, O.and F.: *Die Weddas von Ceylon* (Wiesbaden, 1893) .
SCHMIDT, W., and KOPPERS, W. : *Völker und Kulturen: Wrster Teil: Wirtschaft und Gesellschaft der Völker* (Regensburg, 1924) .
SCHRENCK, L.VON : *Reisen und Forschungen im Amur–Lande* (St Petersburg, 1891) .
SELIGMANN, C. G. and B.Z.: *The Veddas* (Cambridge, 1911) .
SPENCER, W.B., and GILLEN, F.J.: *Across Australia* (London, 1912) .
STOW, G.W.: *The Native Races of South Africa* (edited by G.M.Theal;London, 1905) .
STREHLOW, C. : "Die Aranda–und Loritjastämme in Zentralaustralien," in *Veröffentlichungen aus dem städtischen Völkermuseum* (Frankfurt, 1907, 1915) .
STRUEMPELL, K. : "Die Geschichte Adamauas nach mündlichen Überlieferungen," in *Mitteilungen der Geographischen Gesellschaft in Hamburg*, xxvi (Hamburg, 1912) .
SWANTON, J.R. : "The Indian Tribes of the Lower Mississippi and Adjacent Coasts of the Gulf of Mexico," in *Bureau of American Ethnology*, xliii (Washington, 1911) .
TAPLIN, G. : *The Folk–lore, Manners, Customs, and Language of the South Australian Aborigines* (Adelaide, 1898) .
TRENK. : "Die Buschleute der Namib," in *Mitteilungen ans den deutschen Schutzgebieten*, xxiii (1910) .
VINOGRADOFF, SIR PAUL: *Outlines of Historical Jurisprudence* (2 vols., London, New York, 1920–22) .
WEST, J.: *The History of Tasmania* (Launceston, Tasmania, 1852) .
WESTGARTH, W. : *Australia Felix* (Edinburgh, 1848) .
WHEELER, G.C.: *The Tribe and Intertribal Relations in Australia* (London, 1910) .

WIED, M. PRINZIZU: *Reise nach Brasilien* (Frankfurt, 1821) .

WIGMORE, J. : "Jottings on Comparative Legal Ideas and Institutions," in *Tulane Law Review*, vi (New Orleans, 1931) .

WOLLASTON, A.F.R.: *Pygmies and Papuans. The Stone Age today in Dutch New Guinea* (London, 1912) .

WUNDT, W. : *Völkerpsychologie*, Band 9, "*Das Recht*" (Leipzig, 1918) .

第十三章

BAYER, W. : "Die Religion der ältesten ägyprischen Inschriften," in *Anthropos*, xxiii (1928) .

BEAGLEHOLE, E.and P.: "Hopi of the Second Mesa," in *Memoirs of the American Anthropological Association*, 44 (Menasha, Wisconsin, 1935) .

BENEDICT, R.: "Religion," in *General Anthropology* (edited by Franz Boas; Boston, 1938) .

Berosi Chaldaeorum fragmenta (from 260 B.C.)(*Herausgegeben von Richter*)(Leipzig, 1825) .

BUCK, P.H.: *The Rangi Hiroa.Anthropology and Religion* (New Haven, 1939) .

CODRINGTON, R.H.: *The Melanesians: Studies in their Anthropology and Folk-lore* (Oxford, 1891) .

EHRENREICH, P.: *Die allgemeine Mythologie und ihre ethnologischen Grundlagen* (Leipzig, 1910) .

FRAZER, J.G.: *The Belief in Immortality and the Worship of the Dead* (London, 1913) .

The Golden Bough (3 vols, London, 1907-15) .

Totemism and Exogamy (London, 1910) .

FROBENIUS, L.: *Das Zeitalter des Sonnengottes*, i (Berlin, 1904) .

GRAEBNER, F.: *Des Weltbild der Primitiven* (Munich, 1924) .

HOBLEY, C.W.: *Bantu Beliefs and Magic* (London, 1922) .

HOWITT, A. W.: *Native Tribes of South-east Australia* (London, 1904) .

LÉVY-BRUHL: *L'Ame primitive* (Paris, 1927) .

La Mentalité primitive (Paris, 1922) .

La Mythologie primitive (Paris, 1935) .

L'Expérience mystique el les symboles chez les primitifs (Paris, 1938) .

LOWIE, R.H. : *Primitive Religion* (New York, 1924) .

MCCARTHY, F.D. : "Australian Aboriginal Decorative Art," in *Australian Museum Bulletin* (Sydney, 1938) .

NUOFFER, O.: "Ahnennguren von der Geelvinkbai, Holländisch Neuguinea," in *Abhandlungen und Berichte des Zoologischen und Anthropologisch-Ethnographischen Museums zu Dresden,* No. 2.

PEEKEL, P.G. : "Die Ahnenbilder von Nord-Neumecklenburg," in *Anthropos*, xxi (1926) .

PETITOT, ABBÉ: *Monographie des Dènè-Dindjié* (Paris, 1876) .

PREUSS, K.TH.: "Der Ursprung der Menschenopfer in Mexico," in *Globus*, Band lxxxvi (Braunschweig, 1904) .

"Der Ursprung der Religion und Kunst," in *Globus,* Band Lxxxvi (Braunschweig, 1904) .

"Die Schicksalsbücher der alten Mexikaner," in *Globus*, Band lxxix (Braunschweig, 1901) .

SCHMIDT, P.W.: *The Origin and Growth of Religion* (New York, 1930) .

SPENCER, W. B., and GILLEN, F.J.: *The Native Tribes of Central Australia* (London, 1899) .

STEFANSSON, V.: *My Life with the Eskimo* (New York, 1929) .

STREHLOW, C.: "Die Aranda-und Loritjastämme in Zenrtalaustralien," in *Veröffentlichungen aus dem städtischen Völkermuseum* (Frankfurt, 1907, 1915) .

TURNER, S.: *S. Turner's Gesandschaftsreise an den Hof des Teschoo Lama* (Hamburg, 1801) .

TYLOR, E.B.: *Primitive Culture* (2 vols., London, 1903) .

VIERKANDT, A.: "Die Anfänge der Religion und Zanberei," in *Globus*, Band xcii (Braunschweig, 1907) .

WIEDEMANN, A.: "Der Geisterglanbe im alten Ägypten," in *Anthropos*, xxi (1926) .

第十四章

ANDREE, R.: *Die Flutsagen* (Braunschweig, 1891) .

ANGULO, J.DE, and BENSON, W.R. : "The Creation Myth of the Pomo Indians"in *Anthropos* xxvii (1932)

BENEDICT, R.: "Tales of the Cochiti Indians"in *Bureau of the American Ethology Bulletin*, 98 (Washington, 1931) .

BRANDEIS, A. : Article in *Ethnologisches Notizblatt*, iii, 3 (Berlin, 1904) .

BRANDSTETTER, R.: *Die Kunst des Erzählens bei den Dayaken* (1930) .

BRUTZER: *Der Geisterglaube bei den Kamba* (Leipzig, 1905) .

BUNZEL, R.L. : "Introduction to Zuñi Ceremonialism," in *Forty-seventh Annual Report of the Bureau of American Ethnology* (Washington, 1932) .

BUSHNELL, D. I. Jr.: "The Choctaw of Bayou Lacomb, St Tammany Parish, Louisiana," in *Bureau of American Ethnology Bulletin,* 48 (Washington, 1909) .

CONZEMIUS, E.: "Ethnographical Survey of the Miskito, and Sumu Indians of Honduras and Nicaragua," in *Bureau of American Ethnology Bulletin*, 106 (Washington, 1932) .

DENNETT, R.E. : *Notes on the Folk-lore of the Fjort* (French Congo) (London, 1898) .

FRACHTENBERG, L.J.: "Alsea Texts and Myths," in *Bureau of American Ethnology Bulletin*, 67 (Washington, 1920) .

FROBENIUS, L. : *Erlebte Erdteile*, Band vi, in *Monumenta Africana* (Frankfurt, 1929) .

HAMBRUCH, P.: *Nauru, I, II* (Hamburg, 1914, 1915) .

HARRINGTON, J. P.: "Karuk Indian Myths," in *Bureau of American Ethnology Bulletin*, 107 (Washington, 1932) .

HARRINGTON, J. P., and ROBERTS, HELEN H. : "Picuris Children's Stories, with Texts and Songs," in *Forty-third Annual Report of the Bureau of American Ethnology*, 1925-26 (Washington, 1928) .

HEWITT, J. N. B.: "Iroquoian Cosmology," in *Forty-third Annual Report of the Bureau of American Ethnology,* 1925-26 (Washington, 1928) .

JENNESS, D.: "Myths of the Carrieer Indians of British Columbia." in *The Journal of American Folk-lore,* xlvii, Nos. 184-185 (New York, 1934) .

KARUTZ, R.: "Aus amerikanischer Mysteriensprache," in *Die Drei* (Jahrgang vi, Stuttgart, 1926) .

"Mensch und Tier," in *Das Goetheanum*, v, No. 27 (Stuttgart, 1926) .

KOCH-GRÜNBERG, TH. : *Indianermärchen aus Südamerika* (Jena, 1920) .

KRICKEBERG, W.: *Indianermärchen aus Nordarnerika* (Jena, 1924) .

KROEBER, A.L. : "Yuki Myths," in *Anthropos*, xxvii (1932) .

LINDBLOM, G.: "Kamba Tales of Supernatural Beings and Adventures," in *Archives d'études orientales,* xx, 2 (J. A. Lundell; Leipzig, Lund, 1935) .

LIPS, J.E.: *Tents in the Wilderness: the Story of a Labrador Indian Boy*, (London, 1944) .

MEIER, P.J.: *Mythen und Erzählungen der Küstenbewohner der Gazelle-Halbinsel (Neu-Pommern)* (Münster, 1906) .

MEYER, P.H.: "Wunekau, oder Sonnenverehrung in Neuguinea," in *Anthropos*, xxvii, xxviii (1932, 1933) .

MÜLLER, W.: *Die ältesten amerikanischen Sintfluterzählungen* (Bonn, 1930) .

MEUHAUSS, RICHARD G.: *Deutsch-Nenguinea,* iii (Berlin, 1911) .

PARKER, K.LANGLOH: *More Australian Legendary Tales, collected from Various Tribes* (London, 1898) .

PETTTOT, E. : *Traditions indiennes du Canada Nord-ouest* (Paris, 1886) .

REAGAN, A.B., and WALTERS, L.V.W. : "Tales from the Hoh and Quileute," in *The Journal of American Folk-lore,* xlvi, No.182 (New York, 1934) .

REITER, P.F. : "Trois récits Tongiens," in *Anthropos,* xxviii (1933) .

SPEISER, F.: "Schlange, Phallus, und Feuer in der Mythologie Australiens und Melanesiens," in *Verhandlungen der Naturforschenden Gesellschaft in Basel*, Band xxxviii (Basel, 1927) .

SWANTON, J.R.: "Haida Texts and Myths," in *Bureau of American Ethnology Bulletin*, 29 (Washington, 1905) .

"Myths and Tales of the South-eastern Indians," in *Bureau of American Ethnology Bulletin*, 88 (Washington, 1929) .

"Tlingit Myths and Texts," in *Bureau of American Ethnology Bulletin,* 39 (Washingtou, 1909) .

TARDY, L.: "Contribution à l'étude du folk-lore Bantou," in *Anthropos*, xxviii (1933) .

TATTEVIN, S.M. : "Mythes et légendes du sud de l'île Pentecôte (Nouvelles Hébrides) ," in *Anthropos*, xxiv (1929) .

TESSMANN, G.: *Die Pangwe* (2 vols, Berlin, Leipzig, 1913) .

THORBECKE, F.: "Im Hochland von Mittel-Kamerun, 3.Teil," in *Abhandlungen des Hamburgischen Kolonialinstituts*, xli (Hamburg, 1919) .

WASSÉN, H. : "The Frog in Indian Mythology and Imaginative World," in *Anthropos*, xxix (1934) .

WESSELSKI, A.: *Versuch einer Theorie des Märchens* (1932) .

第十五章

BEAGLEHOLE, E.and P. : "Hopi of the Second Mesa," in *Memoirs of the American Anthropological Association*, 44 (Menasha, Wiscousin, 1935) .

BENINGER, E. : "Die Leichenzestückelung als vor−und frühgeschichtliche Bestattungssittee," in *Anthropos*, xxvi (1931) .

BERNATZIK, H.A.: *Gari−Gari* (Vienna, 1930) .

BIARD, PÈRE P. : "Relation of New France, 1616," in *Jesuit Relations and Allied Documents*, iii (Cleveland, 1897) .

BUSHNELL,S.I., Jr.: "Burials of the Algonquian, Sionan, and Caddoan Tribes west of the Mississippi," in *Bureau of American Ethnology Bulletin,* 83 (Washington, 1927) .

BUSHNELL, D.I.: "Native Cemeteries and Forms of Burial East of the Mississippi," in *Bureau of American Ethnology Bulletin*, 71 (Washington, 1920) .

CHARLEVOIX, P.F.X.DE: *Journal of a Voyage to North America* (2 vols., London, 1761) .

CONSTEN, H. : *Weideplätze der Mongolen* (Berlin, 1920) .

DOERR, E.: "Bestattungsformen in Ozenien," in *Anthropos*, xxx (1935) .

GLEED, C.S. : *Eugene Fitch Ware: Address before the State Historical Society, at Topeka* (Topeka, Kansas, 1915) .

GRAVIER, PÈRE J. : "Journal of the Voyage of 1799," in *Jesuit Relations and Allied Documents*, lxv (Cleveland, 1900) .

HADDON, A.C. : "Stuffd Human Heads fron New Guinea," in *Man*, Nos, 18, 19, 20 (london, 1923) .

KEATING, W.H. : *Narrative of an Expedition to the Sources of St Peter's River* (2 vols, Philadelphia, 1824) .

KRICKEBERG, W. : "Amerika," in *Illustrierte Völkerkunde,* i (Georg Buschan, Stuttgart, 1922) .

MANKER, E. : "Niombo. Die Totenbestattung der Babwende," in *Zeitschrift für Ethnologie*, 64.Jahrgang.

MOORE, V. : *Ho for Heaven!* (New York, 1946) .

OBERMAIER, H. : "Leichennagelung in Altspanien," in *Festschrift für P. W. Schmidt* (Vienna, 1928) .

PALAVECINOK, E.: "Von den Pilagá−Indianern im Norden Argentiniens," in *Anthropos*, xxviii (1933) .

PEEKEL, P.G. : "Die Ahnenbilder von Neumecklenburg," in *Anthropos*, xxi (1926) .

PÉNICAUT IN MARGRY, P. : *Découvertes et établissements des Francais dans l'ouest et dans le sud del' Amérique Septentrionale: 1614−1754. Mé moires et documents originaux* (6 vols., Paris, 1875−86) .

PREUSS, K.TH. : *Religion der Uitoto* (Göttingen, 1921−23) .

"Tod und Unsterblichkeit im Glauben der Naturvölker," in *Sammlung gemeinverständlicher Vorträge und Schriften aus dem Gebiet der Theologie und Religionsgeschichte*, No. 146 (Tübingen, 1930) .

RADIN, P. : *The Road of Life and Death* (New York, 1946) .

REAGAN, A.B. : "Notes on the Indians of the Fort Apache Region," in *Anthropological Papers of the American Museum of Natural History*, xxxi, Part V (New York, 1930) .

SCHMIDT, P.J. : "Neue Beiträge zur Ethnographie der Nor− Papua (Neuguinea) ," in *Anthropos*, xxviii (1933) .

STAAL, J. : "The Dusuns of North Borneo," in *Anthropos*, xviii, xix, xx (1934−24, 1925) .

STÜLPNER, K.: *Der Tote im Brauch und Glauben der Madagassen* (Leipzig, 1929) .

SWANTON, J.R. : "The Indian Tribes of the Lower Mississippi and Adjacent Coasts of the Gulf of Mexico," in *Bureau of American Ethnology*, xliii (Washington, 1911) .

TESSMANN, G. : *Die Pangwe* (2 vols., Berlin, Leipzig, 1913) .

UP DE GRAFF, F.W.: *Bei den Kopfjägern des Amazonas* (Leipzig, 1924) .

WEGNER, R.N. : "Ostbolivianische Urwaldstämme," in *Ethnologischer Anzeiger*, ii, Heft 8 (Berlin, 1932) .

WESTERMANN, D. : *Die Kapelle* (Göttingen, 1921) .

WIEDEMANN, A. : "Der Geisterglaube im alten Ägypten," in *Anthropos*, xxi (1926) .

再版后记

《事物的起源》一书出版至今已有五十年了。这五十年来文化人类学和考古学积累了大量新的资料。在此基础上人们对人类史前史和古代文化史形成了不少新的认识。这些都是作者 J. E. 利普斯在写作此书时所不及见的。因此，此书某些章节的内容及论点，难免显得陈旧和过时。

下面是几个例子：

第一章介绍的是早期人类房屋、用火及各种家具的情况。作者纠正了当时流行的洞穴是早期人类惟一住所的说法，指出在平地游荡的狩猎者和采集者曾建造风篱为家，而且正是风篱导致了各种形式房屋的产生。作者正确指出各种住宅的材料和形式都是由当地气候及地理条件所决定的。在最后部分，作者对各地原始人的家所作的描述，更使读者如身临其境。但假如作者今天来写这一章，一定会补充更多新颖的资料和有趣的内容。例如，现已查明，桩上房屋（干栏式建筑）是热带或温带地区为了防止潮湿的一种普遍建筑形式，而在濒水地区这种建筑建造在水中或岸边，是为了取水方便。这类古代水上房屋遗址已在很多地区（如中国南部的广东高要、云南剑川、湖北蕲春）发现，不再限于作者所举的瑞士“湖居文化”，而且这样的房屋在今日老挝、泰国等地仍普遍存在。

关于多人共居的“大房子”（或称“长房”）也分布在世界范围。它可以是干栏式房屋，也可以是平房或其他形式的建筑。[1] 共居者可以是一个家族，一个氏族甚至一个没有亲属关系的地域性组织（这一点作者已经觉察，他说：“整个农村公社住在两座或三座大房子之下。”），这是早期人类居住模式的一个重要现象。对这样的问题，作者本应以较多篇幅加以介绍，而不应仅仅附在桩上建筑之后一笔带过。

关于原始取火方法，作者介绍也嫌简略，而且至少漏掉了“带锯”一项，即以藤条与竹木片相锯得火。此法在东南亚及太平洋岛屿地区曾普遍流行。[2]

第四章用作者的话来说讲述的是“经济的故事”，介绍了人类自古至今所采用的各种生计（谋食手段）。在作 者写作此书的时候，当然不会知道李奇夫妇（L.S.B.Leakey 和 Mary Leakey）及其子理查德 · 李奇（R. L. Leakey）在东非一系列关于从猿到人过程及最早人类谋食手段的

---

1 戴裔煊：《干栏——西南中国原始住宅的研究》，岭南大学出版社，1948 年。安志敏：《干栏式建筑的考古研究》，《考古学报》1963 年 2 期。汪宁生：《中国考古发现中的“大房子”》，《考古学报》1983 年 3 期。

2 R. J. Forbes, *Studiesin Ancient Technology*, VolVI, London, 1958.

重要发现。现在已有充分证据表明，人类最早生计虽然习惯上称为狩猎—采集阶段，把狩猎放在首位，实际上采集的重要性远远超过狩猎。最早人类是以植物性食物为主，而在取得肉食方面，食腐（即拣取已被杀死或自然死亡动物尸体）比狩猎更为重要。在后来的发展中狩猎才逐渐变得重要起来。[1] 关于狩猎—采集者的具体生活方式乃至社会组织等问题，通过理查德 · 李（R. B. Lee）对布须曼人的一支昆 · 桑人（Kung San）的调查，现在我们比利普斯也有更多的了解。[2] 关于农业发明时间，本书作者说农业开始于“公元前 5000 年”，当然也是一个过时的说法。新的发现表明，至少在公元前 7000 年，泰国已有明显的稻谷种植。与此大约同时，在近东也开始种植麦类。[3] 中国湖南、江西最近几年也发现了年代很早的人工栽培稻谷。以上仅是指谷物的开始种植而言，而薯芋类植物因其种植技术更为简单，某些研究者认为，其种植甚至应早于谷物栽培，虽然还没有找到直接的证据。

关于农业的发展，作者把犁耕以前农业统统称为“锄文化”或“锄耕文化”，是采用当时流行的看法。今天人们已不再把农业简单地分为“锄耕”、“犁耕”两个阶段。现在一般认为，在用犁以前，早期农业由于气候及地理条件不同，共分为“刀耕火种”农业、已有固定耕地的旱地农业、种植薯芋或果树的园艺农业等多种类型。而“刀耕火种”农业之中，按选地、清除土地、焚烧、下种、锄草等方面技术之不同，又可分为很多种。[4]

关于农业起源，现在还有许多问题尚待解决。但利普斯指出农业不能直接导源于采集，随摘随吃（所谓“从手到嘴”）的采集者不会有从事农业的思想准备，在简单采集和农业之间还有一个“收获经济”阶段，却是一个创见，至今尚未失去其科学价值。在本章中利普斯从民族志收集了大量有关材料，中国古代文献中也有收获“天生谷”的记载[5]，是值得今后研究农业起源问题者认真考虑的。

第五章讲述各种手工技艺的发明。作者认为石器时代之前还有一个“木器时代”，这当然是错误的。尽管竹木工具在早期人类工具中一直占有很大比重，但要制成竹木器仍有赖于坚硬的石工具。故在比直立人（Homo erectus）更早的能人（Homo habilies）阶段，已有打制石器与人骨共出，这就是近年新发现的著名的东非奥杜韦文化，距今已有约二百万年之久了。[6]“木器时代”说法在利普斯的时代虽有人提出，从不曾得到学术界普遍承认。奇怪的是今天中国学术界还有人重弹此调，竟作为一项新发现，似有必要在此略加辩明。

关于制陶术，作者说“在人类进入农业阶段以前的文化中不可能出现”，当然这也是一个过时的说法。日本发现了距今一万年以上的陶器，当时还没有农业，这陶器是狩猎—采集者留下来的。[7] 作者还说陶轮出现以前的制陶方法都属于“原始人”，也是不正确的表述。愈来愈多的民

1 B. M. 费根：《地球上的人们——世界史前史导论》（中译本），文物出版社，1991 年，115 页。

2 R. B. Lee, *The Kung San*, Cambridge University Press, 1979.R.B.Leeandl. DeVore (eds), Kalahari Hunter—Gatherers, Cambrige University Press, 1976.

3 见《地球上的人们—— 世界史前史导论》，283— 286、332— 333 页。

4 J. E. Spencer, *Shifting Cultivation in Southeastern Asia*, Berkey：U. C. Press, 1977.

5 例如（明）朱孟震《西南夷风土记》云：今滇西地区有“野生嘉禾，不待播种耘耨而自黍实，谓之天生谷，每季一收，夷人利之”。

6 吴汝康：《古人类学》，文物出版社，1989 年，126—128 页。

7《地球上的人们——世界史前史导论》，279 页。

族志材料表明，处于手制阶段以前的制陶业在美洲、亚洲、非洲仍然普遍存在，其制作者有些仍处于简单社会，有些（如在印度、东南亚大陆、南美）则早已进入文明。秘鲁从印加帝国以后已是文明社会，而直到今天制陶业仍停留在印加帝国以前的水平。[1]

关于人类各种金属开始冶炼的时间和地点，作者说“尚难确定最早出现地区”。新的研究表明，巴尔干半岛是一个值得注意的地区。这里发现了最早的矿山、青铜器和金器，其时代属公元前 5000 年。[2] 当然金属的利用可以是一项“独立的发明”，世界上早期冶炼中心可以不止一个，这是一个仍要不断探索的难题。

第八章介绍原始贸易，特别是货币的历史。近五十年来，人类学家对于简单社会中交换和贸易、货币和商品等采用经济学原理以新角度加以研究，已形成了经济人类学这一人类学的分支，出现了大量的论文和专著。[3] 可惜本书作者未及看到这方面的成果，否则本章一定会包含更多有趣的资料和精辟的论述。

第九章论述从原始纪事和表意方法到文字的产生。这一领域五十年来也有不少重大的发现。最重要的是马歇克（A. Marshack）对欧洲旧石器时代晚期骨器上的刻划符号的研究。这批遗物多年置放在博物馆仓库中，网结尘封，今经研究表明，其上的线条并不是随意刻划的，实是一种记事符号，可能是猎人对时间的记录。[4] 这就证明人类古老的通讯系统中，视觉方法与听觉方法是同样的古老，而在视觉方法中“线条化抽象符号”并非如作者所说由“写实的图形”发展而来，而是很早即已出现。但作者对文字界定，即认为“真正的文字”一定要是“任何识字的读者都能把它复原为语言”的“意义不变的符号”，是一个正确的论点。特别对中国读者而说，还有其现实意义。中国学术界至今风行把陶器上符号附会为古文字，有人与彝文相比附，甚至认为彝文早在仰韶文化即已出现，读者看了本章不能不引起深思。

第十章介绍原始人如何教育自己的后代，从婴儿的养育直至男女青年的成丁礼，充满着许多生动有趣的情节。当今人类学文献中在这方面有许多重要著作，例如米德（M. Mead）关于萨摩亚人、新几内亚人的儿童教育方面的著作[5]，作者未曾或没有来得及加以参考，总是美中不足。

关于成丁礼的分析，作者认为其“深刻意义在于共享部落的重要食物”，也未必妥当。现在研究表明，成丁礼实是人生从一个阶段到另一阶段过渡的礼仪（passage）之一，它标志着一个人青少年阶段的结束和成年生活的开始。任何过渡礼仪都要经过分离——隔离——融合三个步骤，作者描述成丁礼中从死亡到再生，实际上便是这三个步骤的体现。[6]青年人一旦完成了成丁礼，便可享有部落成员的一切权利，包括共享部落重要食物。共享食物是成丁礼的必然结果，而不是成丁礼的重要动机。

---

1 A. O. Shepard, *CeramicsFor the Archaeologists*, AnnArbor：Braun—Brummfield, 1980.

2《地球上的人们——世界史前史导论》，523 页。

3 K. Polanyi (ed), *Trade and Market in the Early Empires*, N.Y.：The Free Press, 1957. M.Sahlins, *Stone Age Economics*, Chicago：Aldine—Atherton, Inc., 1972.

4 A. Marshack, *The Rootsof Civilization*, N.Y.：Mcgraw—Hill, Inc., 1972.

5 M. Mead, *The Coming Age in Samoa*, Morrow Quill Paperbacks, 1961；*Growing Up in New Guinea*, N.Y.：William Morrow and Co., 1975.

6 A. C. Gennep, *The Rites of Passage*, translated by M. B. Vizedom, University of Chicago Press, 1961.

第十二章介绍了原始人的习惯法、政治组织的演化及早期政权的形成等问题。在原始法律方面，现在有了霍贝尔（E. A. Hoebel）的专著。[1] 在政治组织及早期政权形式方面，现在有塞维斯（E. R. Service）、弗利德（M. Fried）等人一系列著作。[2] 假如作者写作此章时能看到这些著作，一定会写得更加精彩动人。

顺便说说，在此章和他章中作者经常使用“母权”一词，此词在今天已被人类学界所扬弃。即使实行母系和母方居住的社会中（典型的如易洛魁—印第安人），也不存在由妇女统治一切的情况。妇女在家庭事务方面有较多决定权，而社会政治活动主要参与者仍是男子。这种社会中男女地位大体是平等的。[3]

第十五章介绍各种葬俗。作者正确指出有“一根红线贯穿于所有人类葬仪之中”，这就是它们都为了防止“死者设法回来恐吓或伤害那些比他们长命的人”。就这一点来说他的见解比今天中国一些讨论远古葬俗文字仍大谈“亲情”、“孝道”要高明得多。这从一个侧面也反映出了中国社会科学界当前的水平。

而这五十年人类学界在葬俗研究方面又积累了更多的材料，人们调查和发现了许多民族新的葬俗，如印尼托拉加人的崖葬、新几内亚的各种奇异葬俗，以及可能属于人类最早埋葬方法的室内葬、弃尸葬等。在此基础上甚至出现了丧葬人类学的专门研究。[4] 这些都是利普斯所未及见的，否则，本章对原始葬俗的描述一定大为改观。

总之，如上所述，本书部分章节现在读来已有过时之感，但仍包含不少精辟的见解，具有参考价值。特别是贯穿全书的中心思想是通过追溯一些重要制度、习俗、生活方式之起源，强调了人与自然之间的和谐发展之重要性，强调了不同民族和文化之间应该相互了解相互尊重，而这些正是人类学的永恒主题，是永远不会过时的。在研究方法方面，尽管当时还没有“民族考古学”这门学科，他已知把考古学和民族志两方面资料有机地结合起来，对史前时期及文明时代初期的人类社会一些重要方面进行复原，提出了不少令人叹服的真知灼见。这对五十年后的今天，几乎所有考古学教科书都有“民族考古学”的专章[5]，而中国考古学界却仍有少数人如张忠培反对“民族考古学”的存在（见《中国文物报》1995 年 7 月 30 日的文章），本文实有振聋发聩的作用。

更难能可贵的是作者能以有限的篇幅把人类学上的重要问题，作简明扼要的论述并使一般公众易于了解，而且文字风趣幽默，读来仿佛在欣赏一篇篇优美的散文。在同类著作中，仅有 R. 罗维的《文明与野蛮》（已有吕叔湘中译本）可与此书媲美。我认为，直到今天还尚未出现比这两本书更好的深入浅出的人类学著作。今天大家都同意人类学应成为人民大众的人类学，人类

1 E. A. Hoebel, *The Lawof Primitive Man*, Harvard University Press, 19545.

2 E. R. Service, *Origin of the State and civilization*, AnEvolutionary Perspective, N.Y.: Random House, 1971.

M. H. Fried, The Evolution of Political Society: An Essaysin Political Anthroplogy, N.Y.: Random House1967.

R. L. Carneiroa, A Theory of the Origin of the State, Science 69, 1970.

3 汪宁生：《易洛魁人的今昔》，《社会科学战线》1974 年 1 期。

4 R . Huntigtonand P. Metcalf, *Celebrations of Death: The Anthtopology of Mortuary Ritual*, Cambridge University press, 1979.

5 例如：D. H. Thomas, *Archaeology*, N.Y.: olt, Rinehartand Winston, 1979.C.Renfrew, and P.Bahn, *Archaeology: Theories Methodsand Practice*, N. Y.: Thame and Hadson. 1991。

学亦必须贴近现代生活，假如永远像今天中外新潮人类学著作那样缺乏新鲜材料，却拼命构架自己一套理论体系或模式，整篇堆砌别人莫知所云、自己也未必能说出确切含义的新名词，连同行都不能卒读，人类学又如何能为人民大众所了解呢?

基于以上原因，当拙译本问世近二十年之后，本书能再次出版，我非常高兴，并在百忙之中抽出时间对旧译本重加修订。

我在自己来日无多还有许多未竟工作尚待完成的情况下，仍愿意费力从事这项工作，还因为此书于我有一种纪念的意义。作者利普斯是非犹太裔人类学家中第一个站出来反对希特勒暴政的。他因此而被迫出走最后移居美国。他在书中不时通过歌颂简单社会中民主平等的自由自在的社会生活，实际上是在谴责当代一切暴力和专制。对七十年代初正在被迫下放劳动的我而言，此书很有吸引力，颇能引起我思想上的共鸣。实际上，当时手边除了此书外也别无他书可看。我翻译此书时从未想到有一天能够出版，实不过作为无聊生活中惟一的慰藉和寄托。回忆当时两个孩子也曾随我们夫妇先后发配到农村，无幼儿园和小学可进，无玩具和儿童读物伴随他们的童年，遇阴雨天气全家蛰伏在破陋的小屋之中，我便为他们讲述本书第十四章中“原始人”那些神话故事，和他们一起消磨时日，居然也能带给他们一些欢乐（浅化民族思维原和孩子相通)。故这本书在当时又成为我们全家的精神食粮。幸运的是我们全家终于熬过了那十年黑暗岁月，两个孩子终于长大成人，到大洋彼岸闯荡去了。

这次对旧译本的修订工作，除了改正个别误排、误译之处，还补入旧译本未曾付印的几幅插图，并请出版社将原书中参考书目按原样排印，不加翻译，附于书后。这份参考书目对于那些有外文阅读能力、希望对某些问题再作深入研究的人们，原是极为有用的。

旧译本出版之后，得到学术界不少前辈和朋友的鼓励。特别应提到的是已故著名考古学家夏鼐先生，曾就此书数次来信，说他和石兴邦先生曾打算翻译此书，现此书译成中文他感到很高兴。针对本书特点，他又提到考古学和民族学结合为一“很有前途之途径”。他对拙译有些地方采取意译不以为然，认为我费力很大而未必“讨好”，不如全部采取直译法，这次修订中我已遵从他的意见改了数处，但已不可能作大的改动。

此新译本得以问世，中国佛教协会《法音》编辑部的桑吉扎西先生为我联系出版单位，花费心血不少，谨在此表示谢意。

汪宁生

2000 年 1 月

第三版后记

《事物的起源》拙译本自1982年以来，已先后出版两次（四川民族出版社1982；敦煌文艺出版社，2000），现在第三版又将问世。要感谢贵州教育出版社和郑利强先生，这一版的编排似更为合理易读，又使我有机会改正了一些错误。

在三十年间，此书在中国竟出版三次，说明它已为中国广大读者所接受和欣赏。作者J．E．利普斯为“一般公众”而写的这本人类学著作确实写得深入浅出，趣味盎然，能满足“各行各业男女的好奇心”（作者序言）。

作者指出，人类学应为促进“各个民族和文化之间更好了解”和“相互合作”而工作（见作者序言）。这一点可说是人类学（这里当然指的是文化人类学即民族学）永恒的主题，过去是今天仍然是人类学研究工作最重要的目的。为此，首先要做到人类学著作能为人们所理解。假如都像今天充斥书肆的一些所谓人类学论著那样，或者不能提出任何新鲜资料和自己见解，只是一味生搬硬套来自国外自己还未必正确了解的新潮理论和时尚名词；或者长篇累牍大谈人类学如何为当今经济发展服务，如利用民族文化开展旅游之类，仿佛人类学只是经济工作甚至只是旅游业的附庸。这样它们如何能使人们对人类学有正确理解和产生兴趣呢？这类著作的命运已经注定，尽管它们能得到当今社会的鼓励和各种基金的支持，无论它们印刷得多么精美，无论作者的身价地位如何显赫，不久必将灰飞烟灭。而能够长久存在的只有那些包含大量可靠资料，能够启人心智丰富人类知识宝库的作品。

当今之中国，一本书只要市场需要有利有图，都难免遭到抄袭、剽窃或盗版的命运。《事物的起源》拙译本大概还不能算是非常畅销之书，竟也未逃此厄。最近出现一本所谓“李敏译”的由陕西师范大学出版社出版的《事物的起源》，略加翻阅，即可发现它是据拙译本胡编而成。拙译本（2000年版）一些排印错误之处，如英文字母K、P 等小写误为大写，或大写误为小写，所谓“李敏译本”中也无一不错；又拙译本有两处字句漏译，李敏先生也照样缺失。若非未看原书尽抄已有译本，岂能如此巧合？

据说学术界前辈启功先生（他去世前不久曾为拙作合集题写书名，在此顺致谢意），对于假冒或模仿他的书法卖钱，从不计较追究，认为必是生活困难有此需要。李敏先生无非也是为了获得微少稿费申报职称或申请基金之需要。在这方面，我们应该学习启先生的宽容和大度。

这里只想提醒广大读者，请注意一下《事物的起源》一书有“李逵”和“李鬼”的区别，谨防上当而已。

汪宁生

2010 年 1 月

（收入本集前承谢国先教授校正后提出意见，谨致谢意。）